Südamerika
für wenig Geld

Venezuela S. 1040
Guyana S. 710
Suriname S. 989
Kolumbien S. 730
Französisch-Guayana S. 691
Ecuador S. 584
Brasilien S. 303
Peru S. 867
Bolivien S. 202
Paraguay S. 832
Argentinien S. 56
Chile S. 456
Uruguay S. 1005

Regis St. Louis, Sandra Bao, Celeste Brash, Gregor Clark, Alex Egerton,
Brian Kluepfel, Tom Masters, Carolyn McCarthy, Kevin Raub,
Paul Smith, Phillip Tang, Lucas Vidgen

REISEPLANUNG

Willkommen in Südamerika 6
Karte 8
Südamerikas Top 15 10
Gut zu wissen 18
Südamerika für Einsteiger 20
Wie wär's mit 22
Monat für Monat 25
Reiserouten 29
Abseits der üblichen Pfade 34
Kleines Budget – große Abenteuer 36
Aktivitäten 45
Südamerika im Überblick 51

RIO DE JANEIRO S. 305

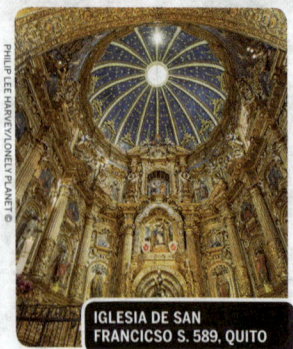

IGLESIA DE SAN FRANCICSO S. 589, QUITO

REISEZIELE IN SÜDAMERIKA

ARGENTINIEN 56
Buenos Aires 59
Rosario 85
Santa Fe 90
Paraná 94
Reserva Provincial Esteros del Iberá 95
Corrientes 97
Resistencia 99
Posadas 101
San Ignacio Miní 103
Puerto Iguazú 104
Parque Nacional Iguazú . 107
Córdoba 108
La Rioja 115
Santiago del Estero 116
Tucumán 117
Tafí del Valle 119
Cafayate 120
Salta 124
San Salvador de Jujuy ... 128
Quebrada de Humahuaca 130
Atlantikküste 133
Mar del Plata 133
Villa Gesell 136
Pinamar 137
Bahía Blanca 138
Sierra de la Ventana 139
San Luis 140
Mendoza 142
Uspallata 147
San Juan 149
Malargüe 150
Seengebiet 151
Neuquén 153
Junín De Los Andes 154
San Martín de los Andes 155
Villa La Angostura 156
Bariloche 157
Parque Nacional Nahuel Huapi 162
El Bolsón 162

Esquel 164
Parque Nacional Los Alerces 166
Patagonien 166
Puerto Madryn 166
Reserva Faunística Península Valdés 170
Trelew 171
Comodoro Rivadavia ... 173
El Chaltén 173
El Calafate 176
Río Gallegos 180
Feuerland (Tierra del Fuego) 181
Ushuaia 181
Parque Nacional Tierra Del Fuego 186

BOLIVIEN 202
La Paz 206
Tiwanaku 222
Titicacasee 223
Copacabana 223
Isla del Sol 229
Die Cordilleras & Die Yungas 232
Coroico 232
Chulumani 235
Sorata 235
Südlicher Altiplano ... 237
Oruro 239
Uyuni 243
Südwestlicher Rundkurs 248
Tupiza 249
Tarija 252
Zentrales Hochland ... 254
Cochabamba 254
Sucre 260
Potosí 265
Santa Cruz 270
Das Amazonasbecken . 276
Rurrenabaque 277
Trinidad 282

Inhalt

BRASILIEN 303
Rio de Janeiro 305
Búzios 330
Ilha Grande 332
Paraty 333
São Paulo 335
Belo Horizonte 344
Ouro Preto 347
Tiradentes 350
Curitiba 352
Ilha do Mel 355
Ilha de Santa Catarina . . 356
Porto Alegre 358
Foz do Iguaçu 361
Brasília 365
Pantanal 369
Cuiabá 372
Campo Grande 375
Bonito 376
Salvador 379
Lençóis 387
Morro de São Paulo 389
Itacaré 390
Ilhéus 391
Porto Seguro 392
Arraial d'Ajuda 393
Trancoso 394
Maceió 395
Recife 396
Olinda 400
Praia da Pipa 403
Natal 404
Fortaleza 407
Jericoacoara 411
São Luís 414
Parque Nacional dos
Lençóis Maranhenses . . . 416
Belém 420
Algodoal 423
Ilha de Marajó 424
Santarém 425
Manaus 427
Amazonas-Regenwald . . . 432
Guajará-Mirim 435
Xapuri 436

CHILE 456
Santiago 458
Valle de Maipo 474
Valparaíso 476
Viña del Mar 483
La Serena 486
Valle del Elqui 490
Copiapó 494
Parque Nacional Pan
de Azúcar 495
Antofagasta 495
Chuquicamata 497
San Pedro de Atacama . . 497
Iquique 504
Arica 509
Parque Nacional Lauca . . 512
Valle de Colchagua 513
Pichilemu 513
Chillán 516
Concepción 518
Das Seengebiet 519
Temuco 519
Parque Nacional
Conguillío 523
Villarrica 523
Pucón 524
Parque Nacional
Huerquehue 528
Valdivia 529
Osorno 532
Puerto Varas 534
Parque Nacional Vicente
Pérez Rosales 538
Puerto Montt 538
Chiloé 541
Ancud 542
Castro 544
Dalcahue &
Isla Quinchao 546
Parque Nacional
Chiloé 546
**Nördliches
Patagonien 547**
Parque Pumalín 547
Futaleufú 549
Coyhaique 551
Lago General Carrera . . . 553
Chile Chico 554
Villa O'Higgins 556
Südliches Patagonien . 556
Punta Arenas 556
Puerto Natales 560
Parque Nacional
Torres del Paine 564
**Feuerland
(Tierra del Fuego) 567**
Porvenir 568
Rapa Nui (Osterinsel) . 568
Hanga Roa 568
Parque Nacional
Rapa Nui 570

ECUADOR 584
Quito 588
Mitad del Mundo &
Umgebung 611
Nördliches Hochland . . 612
Mindo 612
Otavalo 614
Ibarra 618
Zentrales Hochland . . . 619
Parque Nacional
Cotopaxi 619
Latacunga 620
Quilotoa-Loop 621
Baños 622
Salinas 626
Riobamba 627
Volcán Chimborazo 629
Südliches Hochland . . . 629
Cuenca 630
Loja 637
Vilcabamba 638
El Oriente 640
Lago Agrio 640

REISEZIELE IN SÜDAMERIKA

Reserva de Producción
Faunística Cuyabeno 641
Coca 641
Parque Nacional Yasuní .643
Tena 643
Misahuallí 645
Puyo 647
Macas 648
**Pazifikküste &
Tiefland 649**
Súa 650
Canoa 651
Bahía de Caráquez 651
Manta 652
Puerto López 654
Montañita 656
Guayaquil 658
Machala 665
Galápagosinseln 666
Isla Santa Cruz 671
Isla San Cristóbal 674
Isla Isabela 675
Floreana 675

FRANZÖSISCH-GUAYANA 691
Cayenne 694
Rémire-Montjoly 699
Naturschutzgebiete
Trésor & Kaw 699
Kourou 700
Îles du Salut 701
St Laurent du Maroni .. 702
Mana & Awala-Yalimopo . 705

GUYANA 710
Georgetown 713
Berbice 719
Nordwestküste 719
Kaieteur National Park . 720
Iwokrama-Regenwald ... 720
Nördliche Rupununi-
Savanne 722

Südliche Rupununi-
Savanne 723

KOLUMBIEN 730
Bogotá 734
Zipaquirá 745
Suesca 745
Villa de Leyva 746
Parque Nacional Natural
El Cocuy 750
San Gil 750
Barichara 753
Parque Nacional del
Chicamocha 754
Bucaramanga 755
Karibikküste 756
Santa Marta 757
Taganga 761
Parque Nacional
Natural Tayrona 762
Ciudad Perdida 765
Guajira-Halbinsel 766
Cartagena 768
Mompox 777
Golfo de Urabá 778
**San Andrés &
Providencia 781**
San Andrés 782
Medellín 783
Santa Fe de Antioquia . 790
Guatapé 791
Manizales 792
Parque Nacional Natural
Los Nevados 795
Pereira 796
Salento 796
Valle de Cocora 798
Cali 798
Popayán 804
San Agustín 808
Tierradentro 811
Amazonasbecken 813
Leticia 814
Puerto Nariño 818

PARAGUAY 832
Asunción 835
Circuito Central 841
San Bernardino 843
Encarnación 844
Die Jesuitenmissionen . 848
Parque Nacional
San Rafael 848
Ciudad del Este 849
Mbaracayú Biosphären-
reservat 851
Concepción 852
Bahía Negra & der
paraguayische Pantanal . 853
Der Chaco 854
Die Mennoniten-Kolonien 854
Nationalparks im
Nordwesten 856

PERU 867
Lima 869
Die Südküste 887
Pisco 888
Ica 889
Huacachina 891
Nazca 892
Tacna 895
**Arequipa &
Das Canyonland 897**
Arequipa 897
Colca 904
Titicacasee 906
Juliaca 906
Puno 907
Inseln im Titicacasee . 912
**Cusco &
das Heilige Tal 913**
Cusco 914
Das Heilige Tal der Inka . 925
Aguas Calientes 929
Machu Picchu 931
Der Inkatrail 934
Zentrales Hochland . 937
Ayacucho 937

Inhalt

Die Nordküste **941**	Paysandú............1022
Trujillo................. 941	Salto 1023
Huanchaco 946	Tacuarembó & Umgebung............1024
Chiclayo...............947	Piriápolis 1025
Piura..................949	Punta del Este........1026
Máncora...............950	Cabo Polonio..........1030
Huaraz & die Kordilleren........... **952**	Punta del Diablo....... 1031
Huaraz 953	Parque Nacional Santa Teresa..........1033
Parque Nacional Huascarán.............958	
Nördliches Hochland .. **959**	**VENEZUELA** **1040**
Cajamarca.............959	**Caracas** **1045**
Chachapoyas 962	Parque Nacional El Ávila 1061
Kuélap 964	Archipiélago Los Roques 1061
Tarapoto...............964	Parque Nacional Henri Pittier 1064
Amazonasbecken **966**	Parque Nacional Morrocoy............1067
Puerto Maldonado......966	
Parque Nacional Manu ..969	Coro 1067
Pucallpa...............969	Adícora...............1069
Iquitos................970	**Die Anden** **1069**
Reserva Nacional Pacaya-Samiria......... 974	Mérida 1070
	San Cristóbal 1077
SURINAME **989**	Parque Nacional Mochima 1078
Paramaribo 992	Cueva del Guácharo ...1079
Commewijne 997	Río Caribe 1079
Brownsberg Nature Reserve & Brokopondo..998	Península de Paria.....1080
Oberlauf des Suriname..998	**Isla De Margarita** **1082**
Central Suriname Nature Reserve........1000	Porlamar 1083
Kabalebo 1001	El Yaque..............1084
Nieuw Nickerie 1001	Juangriego............1084
Galibi Nature Reserve & Coppename Nature Reserve 1001	**Guayana** **1085**
	Ciudad Bolívar 1085
	Salto Ángel (Angel-Wasserfälle) 1088
URUGUAY........ **1005**	Canaima..............1090
Montevideo **1008**	**Gran Sabana** **1093**
Colonia del Sacramento........... 1016	Roraima 1093
Carmelo..............1020	Santa Elena de Uairén..1094
Mercedes............. 1021	**Amazonas** **1097**
	Puerto Ayacucho 1097

SÜDAMERIKA VERSTEHEN

Südamerika aktuell 1118

Geschichte...........1120

Bevölkerung & Kultur 1127

PRAKTISCHE INFORMATIONEN

Allgemeine Informationen........1134

Verkehrsmittel- & wege 1144

Gesundheit 1152

Sprache 1158

Willkommen in Südamerika

Die hohen Anden, der Regenwald am Amazonas, Gletscher in Patagonien, Inkaruinen, Kolonialstädte, weiße Sandstrände und wildes Nachtleben: Südamerika ist voller Wunder und Abenteuer.

Betörende Landschaften

Von den schneebedeckten Andengipfeln bis zu den verzweigten Wasserwegen des Amazonas – Südamerika offenbart eine grandiose Vielfalt von Naturwundern: üppige Regenwälder, hohe Vulkane, wolkenverhangene Nebelwälder, knochentrockene Wüsten, rot glühende Canyons, eisblaue Gletscher und strahlend weiße Traumstrände. Kaum ein anderer Teil der Erde bietet so unterschiedliche Landschaften und so viele Highlights für Traveller.

Große Abenteuer

Man kann an von den Inka errichteten Tempeln vorbeiwandern, die imposanten Iguazú-Fälle bestaunen oder in einem Einbaum auf einem der zahllosen *igarapés* (Flussarme) des Amazonas paddeln und Flora und Fauna beobachten. Oder man saust mit dem Mountainbike die steilen Straßen der Anden hinunter, raftet auf den Flüssen durch Stromschnellen der Kategorie V oder reitet auf den riesigen Wellen von Atlantik oder Pazifik. Und wer glaubt, schon alles gesehen und erlebt zu haben, der kann die atemberaubende Landschaft Feuerlands bewundern, die einmalige Tierwelt der Galápagosinseln erkunden und einen Blick von den Tafelbergen der Gran Sabana ins Erdmittelalter werfen.

Kulturschätze

Auf dem ganzen Kontinent gibt es herrliche Kolonialstädte, deren kopfsteingepflasterte Straßen an verzierten Kirchen und eleganten, seit dem 18. Jh. kaum veränderten Plätzen vorbeiführen. Auf den Märkten werden farbenfrohe Textilien angeboten, die indigenen Völker des Regenwalds laden Traveller zu traditionellen Gerichten ein oder tanzen zum Rhythmus der afrobrasilianischen Trommeln. Die Kulturen Südamerikas hautnah zu erleben, ist kinderleicht – man muss sich nur darauf einlassen.

La Vida Musical

Salsa aus Kolumbien, Samba aus Brasilien, Tango aus Argentinien und Folkloremusik aus den Anden werden zwar überall auf der Welt gespielt, doch ist es etwas ganz anderes, diese Rhythmen in ihrer Heimat zu hören. In den *milongas* (Tanzbars) von Buenos Aires, den vibrierenden Sambaclubs von Rio und den *salsotecas* (Salsaclubs) von Quito spürt man den Pulsschlag dieser Musik. Und dann wären da noch die poetischen *trovas* in Peru, die gefühlvollen *pasillos* in Ecuador, der rasante *forró* in Brasilien, die temperamentvolle Merengue in Venezuela, die *steeldrum* in Guyana, Harfenmusik in Paraguay und, und, und. Also einfach ins Getümmel stürzen – und gleich noch einen Tanzkurs machen!

Warum ich Südamerika liebe

Von Regis St. Louis, Autor

Eines zur Warnung vorneweg: Südamerika kann zur lebenslangen Sucht werden. Mir war das nicht klar, als ich vor 15 Jahren meine ersten Andenwanderungen geplant habe. Wie viele andere Traveller war auch ich sofort Feuer und Flamme für die Wunder dieses Kontinents, seine nebelverhangenen Gipfel, seine tosenden Wasserfälle und riesigen Regenwälder. Nimmt man noch die von Menschen geschaffen Schätze hinzu, die quirligen Märkte, die malerischen Kolonialstädte und die aufregende Urbanität, dann weiß man: Das ist nur der Anfang, ein Ende gibt es in Südamerika nicht. Und auch, dass es noch viel, viel mehr zu entdecken gibt.

Mehr über unsere Autoren gibt's auf S. 1190

Oben: Kunsthandwerksmarkt zwischen Cuzco (S. 914) und Machu Picchu (S. 931), Peru

Südamerikas Top 15

Machu Picchu

1 Von der fantastischen Inka-Stadt in Peru (S. 931), die bis zu ihrer Wiederentdeckung Anfang des 20. Jhs. von der Welt vergessen worden war, stehen nur noch Ruinen. Doch der Anblick der smaragdgrünen Terrassen und steilen Gipfel, die bis zum Horizont reichen, übersteigt jede Vorstellung. Dieses Wunder der Ingenieurskunst hat sechs Jahrhunderte lang Erdbeben, ausländischen Invasoren und heulenden Stürmen getrotzt. Man sollte die Ruinen auf eigene Faust erkunden, durch die steinernen Tempel wandern und die schwindelerregenden Höhen des Huayna Picchu erkunden.

Amazonien

2 Das gewaltige, mehr als 7 Mio. km^2 große Amazonasgebiet ist die Heimat der größten Ansammlung tierischen und pflanzlichen Lebens auf der Erde. Es gibt zahllose Möglichkeiten, seine erstaunliche Artenvielfalt zu erleben: Man kann durch den Regenwald wandern, indigene Dörfer besuchen, über die grünen Wälder fliegen, langsam mit dem Boot von Ort zu Ort tuckern oder sich in einem Dschungelhäuschen entspannen, nachdem man den ganzen Tag lang wilde Tiere beobachtet hat. Der berühmte Regenwald breitet sich über neun Länder aus und jedes bietet hervorragende Ausgangspunkte, um ihn aus nächster Nähe zu erforschen. Hellroter Ara

PHILIP LEE HARVEY / LONELY PLANET ©

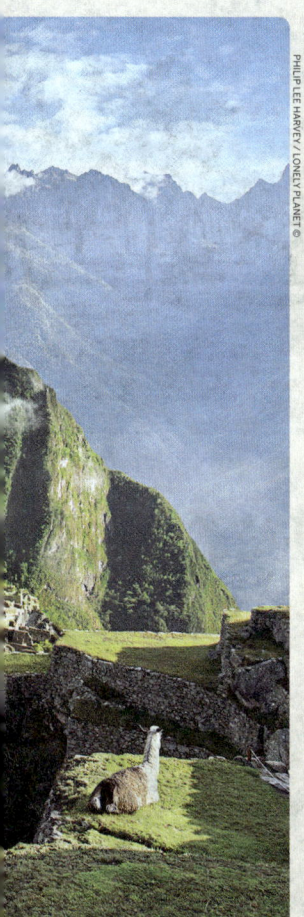

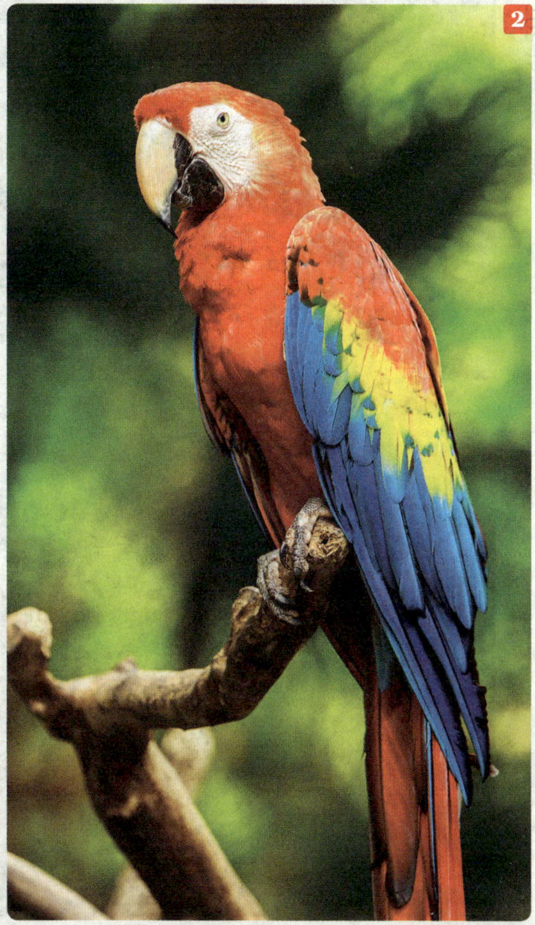

CZEKMA13 / GETTY IMAGES ©

Rio de Janeiro

3 Kaum eine Stadt versprüht mehr verführerischen Charme als Brasiliens Cidade Maravilhosa (großartige Stadt). Doch Rio (S. 305) hat noch viel mehr zu bieten: Atlantikblaues Wasser, weiße Sandstrände und das steil aufragende grüne Hinterland ergeben ein filmreifes Stadtbild, das seinesgleichen sucht. Dazu noch der Soundtrack aus betörend-lebendigem Bossa Nova und Samba – und schon fesselt Rios Energie jeden Besucher mit einer Realität gewordenen Tropenfantasie. Unwiderstehlich! Strand von Ipanema (S. 305)

Buenos Aires

4 Eine zauberhafte südamerikanische Metropole, dazu großartige Gourmetrestaurants, tolle Geschäfte, zügelloses Nachtleben und umwerfende Menschen – fertig ist Buenos Aires (S. 59). Die europäisch anmutende, weltoffene Stadt mag auch zwielichtige Viertel und Ghettos haben, aber gerade das macht ihren Reiz aus. Hier findet man altmodische Cafés, super Steaks, überraschende Architektur, spannende *fútbol*-Spiele und sinnlichen Tango, Buenos Aires ist elegant, verführerisch, gefühlsbetont, verwirrend, frustrierend und voller Attitüden. Einmalig!

Titicacasee

5 Der Titicacasee (S. 223) in Bolivien ist weniger ein See als ein Hochlandmeer und das höchstgelegene schiffbare Gewässer der Welt. In den Legenden der Anden gilt er als Geburtsort der Sonne. Hier verbindet sich ein ultraklarer blauer Himmel mit bitterkalten Nächten. Zu den fantastischen Attraktionen des Sees gehören die surrealen künstlichen schwimmenden Inseln, die vollständig aus fest verflochtenen Lagen Totora-Schilf bestehen. Packend und in vielfacher Weise einzigartig ist der schillernde, tiefblaue Titicacasee seit langer Zeit ein Zentrum der traditionsreichen Hochlandkulturen.

Salar de Uyuni

6 Wer hätte gedacht, dass Kälte sich so gut anfühlen kann? Auf einer drei- bis viertägigen Jeep-Tour durch die größte Salzebene der Welt (S. 248) friert man bis auf die Knochen – aber wahrscheinlich ist es auch die unvergesslichste Erfahrung der Bolivienreise. Die gewaltige Ausdehnung der Salzebene, ihre Nüchternheit und kristalline Perfektion inspiriert jeden, und die frühmorgendliche Erforschung von Felsgärten, Geysiren und kochend heißen Quellen erschafft – zusammen mit der Kameradschaft, die in diesen drei Tagen zwischen den Reisenden entsteht – eine einzigartige Stimmung.

Perito-Moreno-Gletscher

7 Dieser Gletscher (S. 179) in Argentinien ist wahrscheinlich der dynamischste der Erde. Er dringt bis zu 2 m pro Tag vor, was jede Menge aufregend-gruseliges Kalben bedeutet. Der Gletscher ist auch hervorragend zugänglich: Über ein Netz aus Stahlstegen, das perfekt nahe an der Gletscherzunge angelegt ist, kommt man sehr dicht ans Geschehen. Da steht jeder und beobachtet mit Spannung, wie der nächste häusergroße Brocken abbricht, langsam ins Wasser gleitet und dabei donnernde Zusammenstöße und riesige Wellen fabriziert. Einfach fantastisch!

Iguazú-Fälle

8 Das donnernde Brüllen, die spektakulären Kaskaden, der erfrischende Sprühregen – nichts bereitet auf den Moment vor, an dem man erstmals sprachlos die Iguazú-Fälle erblickt. Auf der brasilianischen Seite (S. 361) erstreckt sich die Szenerie in einem weiten wundervollen Panorama, während man in Argentinien (S. 107) dem ohrenbetäubenden „Teufelsschlund", der den atemberaubendsten Teil der Fälle bildet, sehr nahe kommt. Zusammen bilden die 275 Wasserfälle einen unvergesslichen „Wow"-Effekt.

Markt von Otavalo, Ecuador

9 Jeden Samstag scheint sich die ganze Welt in der wuseligen Stadt Otavalo in den ecuadorianischen Anden zu treffen. Ein riesiger Markt (S. 614) erstreckt sich quer durch die Stadt. Die Auswahl ist gigantisch, die Qualität mal so, mal so und die Massen können einem den Spaß verderben. Trotzdem findet man hier zwischen bunten Teppichen, Tigua-Volkskunst und ziemlich guten Strohhüten unglaubliche Schnäppchen. Nebenan übertönt das Quieken des Viehs auf Otavalos ebenso berühmtem Tiermarkt das Geplapper der Bauern.

Colonia del Sacramento, Uruguay

10 Wer die windigen Kopfsteinpflasterstraßen und die Geschichte von Uruguays früherem Schmugglerhafen (S. 1016) erkundet, begibt sich auf eine Zeitreise. Aber auch die Bars und Restaurants der Gegenwart und die Lage auf einer Halbinsel am Río de la Plata machen den Ort zu etwas Besonderem. Nur einen Katzensprung von Montevideo und Buenos Aires entfernt, ist „Colonia" ein klassisches Touristenziel. Doch selbst an Wochenenden schaffen es die Menschenmassen nicht, den Charme dieser Stadt zu trüben.

Torres del Paine

11 Der Wind peitscht und dunkle Wolken ballen sich über den Köpfen, als sich der Wanderweg weitet und einen atemberaubenden Blick auf zerklüftete Granitnadeln enthüllt, die hoch über die patagonische Steppe aufragen – die Torres del Paine (S. 564) sind stolzes Herzstück von Chiles berühmtem Nationalpark. Durch dieses Biosphärenreservat der UNESCO zu trekken, ist nichts für schwache Nerven – vier Jahreszeiten erlebt man oft an einem Tag –, aber den „W"-Trail zu durchwandern bleibt ein Initiationsritus für Generationen von abenteuerlustigen Reisenden.

Cartagena

12 Die perfekt erhaltenen Straßen in Cartagenas Altstadt (S. 768) laden zum Flanieren ein. Besucher sind hingerissen von der Anmut einer der schönsten Kolonialstädte Südamerikas. Innerhalb der imposanten Mauern haben weite Teile dieser kolumbianischen Stadt ihr spanisches Antlitz konserviert. Herrenhäuser prunken mit eleganten Holzbalkonen, Plazas mit wundervollen Kirchen. Am besten verliert man sich im Labyrinth der Gassen und findet heraus, wie der Ort Reisende seit Jahrhunderten verführt.

Encarnación

13 Mit einem neuen Strand, einer funkelnden Küstenpromenade und dem vibrierenden Karneval preist Paraguays „Perle des Südens" (S. 844) sich selbst als Antwort auf Rio de Janeiro an. Das mag zwar ein wenig ambitioniert sein, doch zweifelsohne macht Encarnacións einzigartige Version des Karnevals jede Menge Spaß. Die Besucher tanzen genauso wie die aktiven Teilnehmer, Schnee aus der Spraydose kühlt die heiße Sommerluft ab und die Party dauert bis in die frühen Morgenstunden.

Oberlauf des Suriname

14 Im Dschungel ist es heiß und schwül, doch die Schönheit seiner Pflanzen, der Gesang der Vögel und der über allem liegende süßlich-schwere Duft siegen über alle Unannehmlichkeiten. Im Central Suriname Nature Reserve, einem der größten Naturschutzgebiete Surinames (S. 999), kann man auf Plateaus mit Blick über endlose Wälder wandern und sich am Abend in einem Wasserfall abkühlen. Nachts tanzt man zum Beat afrikanischer Trommeln und bestaunt Sternschnuppen am tiefschwarzen Himmel in fast moskitofreier Glückseligkeit. Totenkopfäffchen

Salto Ángel

15 Nach einem Flug über die surreale Landschaft flacher *tepuis* (Tafelberge) zu Venezuelas Parque Nacional Canaima landet man neben den rosa Kaskaden der Laguna de Canaima. Danach folgt eine fünfstündige Flussfahrt durch den Regenwald. Vom Mirador Laime aus sieht man dann auf den Salto Ángel (Angel-Wasserfälle; S. 1088), den höchsten frei fallenden Wasserfall der Erde – über 979 m donnert er vom Auyan-Tepui aus in die Tiefe. Beim Schwimmen schaut man in den Wasserfluss hinauf, bevor man nachts in einem Hängemattenlager übernachtet.

Gut zu wissen

Weitere Infos gibt's im Abschnitt „Praktische Informationen" (S. 1133)

Flugzeuge
Flüge zwischen den Ländern sind oft kostspielig; Flugpässe bringen ordentliche Ersparnisse. Inlandsflüge sind generell erschwinglicher.

Busse
Außer im Amazonasbecken fahren sie überall: von Dorf zu Dorf und zwischen den Metropolen benachbarter Länder.

Autos
Praktisch zum Erkunden abgelegener Gegenden. Mietwagen sind teuer, ein Grenzübertritt mit ihnen ist oft schwierig.

Züge
Kaum Linien; einige Panoramastrecken in Argentinien, Bolivien, Brasilien, Ecuador und Peru.

Schiffe
Das Verkehrsmittel in Amazonien; langsame, überfüllte Boote: Eine Fahrt von Stadt zu Stadt dauert mitunter Tage.

Fahrrad
Respekt einflößend, aber lohnend; oft miese Straßen, Verkehrsraudis und starke Steigungen

Reisezeit

- Quito: Mai–Sept.
- Amazonasbecken: Juli–Nov.
- Cuzco: Mai–Sept.
- Rio de Janeiro: ganzjährig
- Buenos Aires: Nov.–April

Trockenes Klima
Tropisches Klima, Regen- & Trockenzeiten
Warme bis heiße Sommer, kalte Winter
Tropisches Klima, ganzjähriger Regen
Kaltes Klima

Hauptsaison
(Dez.–März)

➡ Hauptsaison in Brasilien und am Atlantik; Strände und Feste (Karneval!) ziehen die Massen an.

➡ Die beste Zeit für eine Reise nach Patagonien, auch wenn die Preise höher ausfallen.

Zwischensaison
(Okt.–Nov.)

➡ Die Trockenzeit im Amazonasbecken eignet sich perfekt für Tierbeobachtungen.

➡ Gute Zeit für Fahrten nach Rio, Buenos Aires und zu anderen Zielen an der Küste, da weniger Besucher und niedrigere Preise.

Nebensaison
(Juli & Aug.)

➡ In Chile und Argentinien haben viele Anbieter in den Strandresorts geschlossen, Bergpässe können wegen Schnees unpassierbar sein.

Tagesbudget
Günstig: unter 30 US$
→ Am billigsten sind Bolivien, Paraguay, Ecuador und Kolumbien

→ B ab 7 US$, DZ ab 20 US$

→ Auf Märkten einkaufen, günstige Menüs: ab 2,50 US$

Günstig: 30–90 US$
→ Günstige Urwald-Lodge im Amazonasgebiet: 50–80 US$/Tag

→ Wander-, Rad-, Vogelbeobachtungstouren: ab 50 US$/Tag

→ 3½-tägige Bootstour von Manaus nach Belém: 100 US$ (in der Hängematte)

Teuer: mehr als 90 US$
→ Wandern auf dem Inkatrail (4 Tage): 500 US$/Pers.

→ Mehrtägige Fahrt zu den Galápagosinseln: ca. 200 US$/Tag

Infos im Internet
Lonely Planet (www.lonelyplanet.com) Forum, Reisezielinfos, Hotels.

Latin American Network Information Center (www.lanic.utexas.edu) Jede Menge Links zu Themen rund um Südamerika.

Auswärtiges Amt der Bundesrepublik Deutschland (www.auswaertiges-amt.de)

Außenministerium der Republik Österreich (www.bmeia.gv.at)

Departement für auswärtige Angelegenheiten der Schweizerischen Eidgenossenschaft (www.eda.admin.ch)

Geld
Geldautomaten gibt es in größeren Ortschaften und Städten und sind grundsätzlich *die* Möglichkeit, um an Bargeld zu kommen. Nicht vergessen, einen Bargeldvorrat anzulegen, bevor es in ländlichere Gebiete geht!

Viele Hostels und günstige Hotels nehmen nur Cash.

Feilschen Auf Märkten darf gehandelt werden.

Bargeld Immer eine Notreserve in US-Dollar dabeihaben – die lassen sich am einfachsten wechseln!

Geld umtauschen Vorsicht beim Geldwechsel an den Grenzen: aktuelle Kurse prüfen und sich über Betrugsmaschen informieren!

Visa
Traveller brauchen für die Einreise in manche Länder Lateinamerikas eventuell ein Visum. Unbedingt im Voraus darum kümmern! Außerdem sollte man sichergehen, dass noch genügend freie Seiten im Reisepass vorhanden sind und dass dieser noch mindestens sechs Monate gültig ist.

Ankunft in Südamerika
Buenos Aires, Aeropuerto Internacional de Ezeiza: Shuttle-Busse ins Zentrum (regelmäßig, 145 AR$), Taxi (450 AR$)

Lima, Aeropuerto Internacional Jorge Chávez: Combi „La S" (2–3 S) ab der Av Elmer Faucett, Taxi (60 S)

Bogotá, Aeropuerto El Dorado: Shuttle-Bus zum Portal El Dorado und Transfer zum TransMilenio-Bus (1700 KOL$); Taxi (30 000 KOL$)

Mehr zu **Unterwegs vor Ort** gibt es auf S. 1144

Inspirationen für Traveller
Literatur
→ **Gabriel Garcia Marquez & Mario Vargas Llosa** Marquez *(Die Liebe in den Zeiten der Cholera)* and Llosa *(Der Krieg am Ende der Welt)* – Nobelpreisträger und mitunter Rivalen – gelten als die besten Literaten Südamerikas.

→ **Jorge Luis Borges** Weiteres Schwergewicht, das vor allem für seine Verflechtungen von Realem und Fantasie in Werken wie *Fiktionen* bekannt ist.

→ **Jorge Amado** Die farbenfrohen, derben Geschichte wie *Dona Flor und ihre zwei Ehemänner* sind in Bahia angesiedelt.

→ **Ernesto „Che" Guevara** *The Motorcycle Diaries: Latinoamericana* ist ein erfrischender Reisebericht aus der Feder des Revolutionärs.

→ **Bruce Chatwin** Melancholischer ist der Bericht *In Patagonien*, der Fakten und Erfindungen miteinander vermengt.

Musik
→ **África Brasil** (Jorge Ben Jor) Gefeiertes Album aus den Siebzigern mit Funk-, Samba- und Blueselementen.

→ **Amanecer** (Bomba Estéreo) Mix aus afrikanischen und indigenen Tanzbeats von einer originellen Band aus Kolumbien.

→ **Lunático** (Gotan Project) Brillante Fusion von Tango und elektronischen Grooves.

→ **Roots of Chicha** (Diverse Interpreten) Wilde Cumbias aus Peru mit psychedelischen, rockigen und melodischen Sounds.

→ **Tropicália ou Panis et Circencis** Berühmtes brasilianisches Zusammenspiel von Gilberto Gil, Caetano Veloso, Gal Costa and Tom Zé.

Südamerika für Einsteiger

Weitere Infos gibt's im Abschnitt „Praktische Informationen" (S. 1133)

Checkliste

- Ist der Reisepass noch mindestens sechs Monate nach Einreisedatum gültig?
- Sind alle notwendigen Visa rechtzeitig beantragt?
- Reiseversicherung o. k.?
- Gesundheitscheck und Impfungen notwendig?
- Kontaktlinsen und benötigte Medikamente besorgen.
- Bank Reisepläne mitteilen.
- Wichtige Dokumente (Pässe, Visa, Kreditkarten) scannen und sich für den Verlustfall selbst mailen.

An alles gedacht?

- Kleidung für eine Woche
- Regenfeste Kleidung und Hüllen für Elektronikgeräte
- Hut oder Mütze
- Gute Wanderschuhe
- Flip-Flops (für den Strand und verschmutzte Duschen)
- Ohrstöpsel
- Medizin/Verbandskasten
- USB-Stick
- GSM-fähiges Handy
- Nachfüllbare Trinkflasche
- Sonnencreme
- Desinfektionstücher

Top-Tipps für die Reise

- Nur nicht schüchtern sein. Die Einheimischen freuen sich, wenn man das Gespräch sucht und Interesse an ihrer Kultur zeigt.
- Gute Vorbereitung ist alles. Also am besten vor der Ankunft Infos zum Reiseziel und Wechselkurs einholen und eine Karte besorgen.
- Eile mit Weile. Nicht einfach zügig die Sehenswürdigkeiten abhaken und dabei all das Schöne drum herum übersehen.
- Ein paar Worte Spanisch und Portugiesisch lernen. Wenig Aufwand bringt oft viel Ertrag.
- Der Straßenverkehr ist chaotisch, Fußgänger haben keine Rechte.
- Wertsachen gehören in einen unsichtbar getragenen Geldgürtel.
- Nicht zu viel einpacken. Kleidung lässt sich waschen und auch in Südamerika kann man unterwegs einkaufen.
- Nicht den ganzen Kontinent in einen Monat stopfen. Besser ein, zwei Länder aussuchen und die dann richtig kennenlernen.
- Auf große Gegensätze bei Wetter und Terrain vorbereitet sein.

Kleidung

Hauptsache, leicht und bequem. Für das kühlere Hochland und klimatisierte Busse empfiehlt sich eine Jacke. Um sich bei Urwaldwanderungen vor den Mücken zu schützen, packt man am besten langärmlige Shirts und lange Hosen ein.

Schlafen

- **Hostels** Mehrbettzimmer bieten eine günstige und gesellige Unterkunft für Alleinreisende.
- **Hotels** Die Auswahl ist groß und reicht von kantigen Zellen bis zu glamourösen Boutiquehotels.
- **Pensionen** Oft Familienunternehmen; von Minimallösungen bis zu verschwenderischen Angeboten ist alles dabei.
- **Gastfamilienaufenthalt** Wie ein Einheimischer unter Einheimischen leben.

Sicherheit

Es wird so manches schwarzgemalt – besonders von Menschen, die noch nie in Südamerika waren. Das Risiko, Opfer eines Verbrechens zu werden, lässt sich mit gesundem Menschenverstand reduzieren.

➡ Bescheiden kleiden, auffälligen Schmuck und Designer-Sonnenbrillen zu Hause lassen.

➡ iPhones und andere teuer aussehende Geräte nicht in der Öffentlichkeit verwenden.

➡ Kredit- und Bankkartenklonen ist in Brasilien verbreitet. Nur stark frequentierte Geldautomaten innerhalb von Banken und während der Öffnungszeiten benutzen.

➡ In Städten nach Einbruch der Dunkelheit ein Taxi nehmen.

➡ In abgelegenen Gebieten besonders wachsam sein.

➡ Keine Wertsachen mit an den Strand nehmen oder im Zimmer herumliegen lassen.

➡ Vorsicht, K.O.-Tropfen – weder Essen noch Getränke von Fremden annehmen.

Feilschen

Handeln ist bei längeren Aufenthalten in Untekünften und auf Märkten eine gängige Praxis.

Trinkgeld

➡ In vielen Restaurants ist die Servicegebühr (und Steuern) in der Rechnung enthalten.

➡ Barkeeper kriegen selten Trinkgeld.

➡ Gleiches gilt für Taxifahrer. Allerdings gilt es als höflich, aufzurunden.

➡ Bei einer geführten Tour (z. B. in Amazonien, auf den Galápagosinseln) bekommt der Guide üblicherweise Trinkgeld.

Buenos Aires (S. 59)

Etikette

➡ Begrüßungen sind wichtig. In spanischsprachigen Ländern begrüßen sich die Menschen mit *buenos días* (Guten Morgen), *buenas tardes* (Guten Tag) oder *buenas noches* (Guten Abend), in Brasilien mit *bom dia, boa tarde* und *boa noite*.

➡ Stets beim Betreten und Verlassen eines Laden die Anwesenden grüßen (bzw. sich verabschieden).

➡ In geselliger Runde gibt man sich zur Begrüßung *besos* (Küsse) auf die Wange (in Brasilien: beide Wangen). Männer schütteln sich die Hände.

➡ Dem Anlass angemessen kleiden: So tragen beispielsweise in Buenos Aires nur Touristen und Sportler Shorts.

➡ Bevor man Menschen fotografiert, um Erlaubnis fragen. Möglicherweise wird man um eine Bezahlung gebeten.

Sprache

Englisch ist in Südamerika nicht weit verbreitet, ein paar spanische Sätze werden sich als nützlich erweisen. In vielen Ländern Südamerikas gibt's günstige Sprachkurse, vor allem in Ecuador. In Brasilien ist Portugiesisch die Amtssprache; zwar hilft es hier, wenn man etwas Spanisch spricht, da man dann zumindest das eine oder andere versteht, wirklich weit kommt man mit Spanischkenntnissen in Brasilien aber nicht. Wer vor Reise bereits einfache Sätze und die Ausspracheregeln beherrscht, kann unterwegs leicht dazulernen. Viele Einheimische haben große Geduld mit Reisenden, die ihre Sprache lernen, und honorieren selbst rudimentäre Floskeln.

Wie wär's mit...

Koloniale Pracht

In Südamerika gibt es verblüffend viele architektonische Wunder zu bestaunen: herrliche Kathedrale, stimmungsvolle Gassen, fotogene Plätze und bunte Häuser, die teilweise noch aus dem 16. Jh. stammen.

Quito In den geschäftigen Straßen des *centro histórico* sind an jeder Ecke tolle Kostbarkeiten zu entdecken. (S. 588)

Colonia del Sacramento Die pittoreske Stadt in Uruguay ist mit der Fähre von Buenos Aires aus zu erreichen. (S. 1016)

Ouro Prêto Mit vielen herrlichen Gebäuden aus dem 18. Jh. ist die Stadt am Hügel eine der schönsten Brasiliens. (S. 347)

Cartagena Die attraktivste Küstenstadt Kolumbiens hat eine gut erhaltene Altstadt direkt an der Karibikküste. (S. 768)

Arequipa Die alte Stadt in Peru bezaubert mit Gebäuden aus weißem Vulkangestein und tollen Restaurants. (S. 897)

Paramaribo Ein exotischer Mix aus Kolonialbauten und grasbewachsenen Plätzen prägt Surinames Hauptstadt. (S. 992)

Große Städte

In den Städten Südamerikas gibt es Spitzenmuseen, Gourmetrestaurants und ein wildes Nachtleben. Märkte laden zum Stöbern ein, bevor man in einem Künstlercafé faulenzt oder durch die Altstadt bummelt.

Rio de Janeiro Strände, wilder Samba und herrliche Szenerie – die *Cidade Maravilhosa* wird ihrem Namen mehr als gerecht. (S. 305)

Buenos Aires Bunte Stadtviertel, lange geöffnete Restaurants, klassische Cafés, Tangoclubs, die französisch und italienisch inspirierte Architektur – am liebsten würde man für immer bleiben. (S. 59)

Lima Erst gibt es tolles Seafood, dann hüpft man im Künstlerviertel Barranco von Bar zu Bar. Tagsüber geht's in die Museen, die großartige präkolumbische Kunst beherbergen. (S. 869)

Bogotá Salsa-Nachtclubs, eine faszinierende Altstadt und interessante Ziele in der Umgebung wie die unterirdische Salzkathedrale in Zipaquirá. (S. 734)

Valparaíso Die Künstlerstadt gehört zum UNESCO-Welterbe und ist Chiles (gar nicht so) heimliche Kulturhauptstadt. (S. 476)

Ruinen

Die alten Völker Südamerikas hinterließen ein reiches Erbe. Dabei sind die atemberaubenden Monumente und Artefakte aus Ton, Gold und Stein nur ein Bruchteil dessen, was einst existierte.

Machu Picchu *Die* Inka-Stätte schlechthin: Die Stadt in luftiger Höhe bildet den Höhepunkt einer mehrtägigen Wanderung. (S. 931)

Cusco In der ältesten bis heute bewohnten Stadt Südamerikas sind noch die Mauern und das Kopfsteinpflaster der Inka erhalten. (S. 914)

Kuélap Die Festungsstadt auf dem Gipfel eines Berges wurde einst von einem kriegerischen Nebelwaldvolk erbaut. (S. 964)

San Agustín Die geheimnisvolle San-Agustín-Kultur hinterließ im Südwesten Kolumbiens Hunderte Statuen und Skulpturen aus Vulkangestein. (S. 808)

Rapa Nui Auf dem polynesischen Eiland stehen die rätselhaften *moai*-Statuen. (S. 568)

Nazca-Linien Die geheimnisvollen Scharrbilder, die sich über Hunderte Quadratkilometer erstrecken, sind am besten aus der Luft zu erkennen. (S. 892)

Strände

Einsame Inseln, Surferparadiese, Partymekkas und feinsandige, weiß glitzernde Traumstrände zwischen tropischem Regenwald und

tiefblauem Meer lassen auch Sonnenanbeter in Südamerika auf ihre Kosten kommen.

Archipiélago Los Roques Die unberührten Inseln nördlich von Caracas sind ein herrliches Ziel für Sonnenanbeter, Schnorchler und Taucher. (S. 1061)

Arraial d'Ajuda Das ruhige Städtchen im Nordosten markiert den Beginn eines der schönsten Küstenabschnitte von Bahia. (S. 393)

Punta del Diablo Viel schöner als Punta del Este im Süden Uruguays ist dieser schöne, ruhige Küstenort südlich der Grenze zu Brasilien. (S. 1031)

Parque Nacional Natural Tayrona Der unberührte Nationalpark an der Karibikküste Kolumbiens erscheint mit seinen traumhaften Stränden wie das Paradies auf Erden. (S. 762)

Baia de Sancho Einer der schönsten Stränden Brasiliens liegt auf Fernando de Noronha. (S. 399)

Outdoor-Aktivitäten

Wer das Abenteuer sucht, erklimmt schneebedeckte Gipfel, rauscht reißende Flüsse hinunter oder stürzt sich in die Wellen. Rafting, Klettern, Mountainbiken, Drachenfliegen, Sandboarden, Seilrutschen und mehr garantieren Adrenalinkicks.

Rafting Im Süden Chiles warten aufregende Flussabenteuer in türkis bis glasklarem Wasser auf Kajak- und Raftingfans. (S. 48)

Mountainbiken Auf der 64 km langen Mountainbike-Strecke World's Most Dangerous Road nahe La Paz geht es in halsbrecherischem Tempo bergab. Da braucht man zuverlässige Bremsen – und (hoffentlich nicht)

Oben: Blaufußtölpel, Galápagosinseln (S. 666), Ecuador
Unten: Die gefährlichste Straße der Welt (S. 211), Bolivien

eine gute Auslandskrankenversicherung. (S. 213)

Drachenfliegen Bei einem Tandemflug gleitet man über die grünen Hügel Rios und landet an einem Traumstrand. (S. 315)

Sandboarden Im Schuss geht es die 150 m hohen Sanddünen nahe einer Wüstenoase im Norden Chiles hinunter. (S. 500)

Bergsteigen Mit Kletterschuhen und Steigeisen kann man die beliebte Tour auf den 5897 m hohen Volcán Cotopaxi in Ecuador unternehmen. (S. 619)

Atemberaubende Landschaften

Tosende Wasserfälle, kegelförmige Vulkane und feuerrote Canyons – es fehlen nur noch die Flugsaurier… Aber auch so fühlt man sich mitunter in die Urzeit unserer Erde zurückversetzt.

Parque Nacional da Chapada Diamantina Im Nordosten Brasiliens wandert man über Hochplateaus und badet unter Wasserfällen. (S. 388)

Iguazú-Wasserfälle Die wohl spektakulärsten Wasserfälle der Erde liegen an der argentinisch-brasilianischen Grenze. (S. 107)

Cañón del Cotahuasi Schwer zu erreichen, aber umso schöner – der tiefste Canyon der Welt im Anden-Hochland. (S. 904)

Salar de Uyuni Die größte Salzpfanne der Erde zeugt von einem prähistorischen See. (S. 248)

Roraima Die Mondlandschaft des Tafelbergs im Südosten Venezuelas wirkt mit ihren tiefen Schluchten, den Wasserfällen und fleischfressenden Pflanzen wie aus einer anderen Welt. (S. 1093)

Parque Nacional Torres del Paine Glitzernde Gletscher, blaue Seen und kahle Granitfelsen prägen Südpatagonien. (S. 564)

Feste & Events

Ob Prozessionen in der Semana Santa (Karwoche) oder Trubel beim Karneval, von traditionell bis surreal – Südamerika bietet für jeden etwas.

Karneval Überall in Brasilien wird vor Beginn der Fastenzeit kräftig gefeiert, besonders ausschweifend geht es in Salvador und natürlich in Rio zu. Paraguays Encarnación muss sich aber auch nicht verstecken. (S. 864)

Mamá Negra Dieses Fest in Ecuador geht mit Prozessionen, Hexen, als Frauen verkleideten Männern, Spanferkel und jeder Menge Alkohol einher. (S. 27)

Festival y Mundial de Baile Im August wird in ganz Buenos Aires bis zum Umfallen Tango getanzt. (S. 69)

Virgen de la Candelaria Puno in Peru feiert die Schutzheilige der Stadt mit einem rauschenden Straßenfest. (S. 907)

Fiesta del Santo Patrono de Moxos Eines der größten Feste Boliviens wird mit Feuerwerk, Tanz, Essen und fantasievollen Kostümen begangen. (S. 27)

Wandern & Trekken

Vor der Kulisse schneebedeckter Andengipfel, nebelverhangener Regenwälder und dichten Amazonas-Dschungels gewinnt Wandern eine neue Dimension.

Quilotoa Für Hardcore-Wanderer ein Muss: Die Tour führt durch die malerische Landschaft Ecuadors, übernachtet wird in einfachen Gasthäusern. (S. 621)

Choro Die viertägige Tour durch den Parque Nacional Cotopata in Bolivien beginnt in alpiner Landschaft und endet in der üppigen, subtropischen Vegetation der Yungas-Region. (S. 236)

Cordillera Huayhuash Die zehntägige Wanderung durchs peruanische Hochland ist mit einer Himalajatour vergleichbar – nur dass hier der Kondor um die Gipfel kreist. (S. 953)

El Chaltén Das Dorf im argentinischen Teil Patagoniens ist Ausgangspunkt für einzigartige Touren zu Gletschern, Seen und Bergmassiven. (S. 173)

Ciudad Perdida *Lost City* trifft *Indiana Jones*: Die Wanderung in Kolumbien führt in sechs Tagen zu den Ruinen der präkolumbischen Stadt und zurück. (S. 765)

Tiere & Pflanzen

In Südamerika gedeihen mehr Tier- und Pflanzenarten als irgendwo sonst auf der Welt.

Amazonasbecken Manaus ist einer der besten Startpunkte für eine Tour in den größten aller Regenwälder. (S. 427)

Pantanal In dem tierreichen Sumpfgebiet sollte man noch mehr Arten sehen als am Amazonas. Bester Ausgangspunkt: Cuiabá. (S. 369)

Galápagosinseln Die vielen Seelöwen und anderen Tiere auf den berühmten Vulkaninseln sind so zutraulich, dass man fast schon über sie stolpert. (S. 666)

Parque Nacional San Rafael Der Nationalpark im dichten Atlantischen Regenwald Paraguays bietet erfrischende Seen, Wanderwege und hervorragende Möglichkeiten zur Vogelbeobachtung. (S. 848)

North Rupununi Die Lodges in Guyana eigenen sich perfekt als Basis für Expeditionen in eine vielfältige Tierwelt. (S. 722)

Monat für Monat

TOP-EVENTS

Karneval Februar

Fiesta de la Virgen de la Candelaria Februar

Semana Santa März/April

Inti Raymi Juni

Festival Mundial de Tango August

Januar

In Brasilien und Argentinien ist Hauptsaison. Man sollte auf höhere Preise und großen Andrang gefasst sein, da auch die Stadtbewohner vor der Hitze an die Küste fliehen. Der Januar ist die beliebteste Zeit für Reisen nach Patagonien.

⚝ Santiago a Mil

Während dieses Theater- und Tanzfestivals werden in der chilenischen Hauptstadt Dutzende Aufführungen veranstaltet, inszeniert von internationalen wie einheimischen Ensembles. Der 17 Tage dauernde Event beginnt Anfang Januar (www.santiagoamil.cl) und findet überall in der Stadt statt, auch an kostenlos zugänglichen Veranstaltungsorten unter freiem Himmel.

⚝ Festival Nacional del Folklore

Das Städtchen Cosquín nahe Córdoba veranstaltet in der letzten Januarwoche Argentiniens Nationales Folklorefestival (www.aquicosquin.org). Es ist das größte und bekannteste seiner Art im Land.

Februar

Die sommerliche Gluthitze hat den südlichen Teil des Kontinents fest im Griff. Während des brasilianischen Karnevals sind die Preise exorbitant und Unterkünfte rar. In den Anden und im Amazonasgebiet ist es dagegen ziemlich feucht.

☆ Karneval

Das bacchantische Fest wird in ganz Südamerika gefeiert, aber das wilde brasilianische Treiben kurz vor Beginn der katholischen Fastenzeit ist am berühmtesten. In Rio und Salvador finden die lebhaftesten Feiern statt, mit Paraden, Kostümpartys und Fröhlichkeit rund um die Uhr. Der Karneval im Februar oder Anfang März dauert von Freitag bis Dienstag vor Aschermittwoch.

☆ Carnaval Encarnaceno

Auch wenn der nördliche Nachbar alle Aufmerksamkeit auf sich zieht, in Paraguay kann man ebenfalls gut Karneval feiern – besonders in Encarnación, wo an jedem Februarwochenende zügellos gefestet wird: mit Kostümparaden, hämmernden Beats und Partys bis tief in die Nacht (www.carnaval.com.py).

⚝ Fiesta de la Virgen de la Candelaria

Mariä Lichtmess (2. Feb.) wird überall im Hochland von Bolivien und Peru gefeiert, und zwar mit viel Musik, Getränken, Essen, Tanz, Prozessionen, Wasserballons (in Bolivien) und Feuerwerk. Die größten Feiern finden in Copacabana (Bolivien) und Puno (Peru) statt.

März

Im Süden ist es immer noch warm, aber die Strände werden leerer und die Preise fallen etwas. In den Anden ist es immer noch regnerisch.

◉ Semana Santa

In ganz Lateinamerika wird die Karwoche mit

Inbrunst gefeiert. In Quito (Ecuador) ziehen am Karfreitag Büßer in purpurfarbenen Gewändern durch die Straßen, in Ouro Prêto (Brasilien) sind die Straßen mit Blumen „bemalt". Ayacucho veranstaltet Perus schillerndste Semana Santa, die vor Ostern in einer die ganze Nacht dauernden Straßenparty ihren Höhepunkt findet.

Fiesta Nacional de la Vendimia

In Mendoza in der argentinischen Weinregion gibt ein berühmtes fünftägiges Erntefest (www.vendimia.mendoza.gov.ar) mit Paraden, Folklore-Darbietungen, Feuerwerk, der Segnung der Früchte und einer königlichen Krönung gefeiert – alles zu Ehren von Mendozas berauschenden Erzeugnissen.

Pujillay

Am zweiten Sonntag im März feiern in Tarabuco (Bolivien) Scharen von indigenen Einwohnern den Sieg der einheimischen Armeen über die spanischen Truppen im Jahr 1816. Dazu gehören rituelle Tänze, Gesang, Musik und jede Menge *chicha* (Maisbier).

Rupununi Rodeo

In Lethem (Guyana) bedeutet das Osterwochenende vor allem Spaß beim Rodeo. Etwa 10 000 Besucher kommen, um sich die Mischung aus Wildem Westen und indigenen Traditionen anzusehen. Da gibt's dann etwa Lassowerfen, Reiten mit und ohne Sattel (auf halbwilden Pferden und Stieren) und einen Schönheitswettbewerb.

Lollapalooza Chile

Das größte Rockfestival Chiles (www.lollapaloozacl.com) beginnt in Santiago Ende März oder Anfang April. Dabei tritt eine beeindruckende Zahl einheimischer und internationaler Bands auf – ganz wie bei der nordamerikanischen Version des Lollapalooza in Chicago. Wer frühzeitig Karten kauft, kommt billiger weg.

Semana Criolla

Nach dem Karneval ist dies Montevideos schwungvollstes Fest. Im Wesentlichen wird die Gaucho-Kultur gefeiert – man ehrt jene Hirten mit dem harten Blick und den Lederstiefeln aus dem Landesinneren Uruguays, bei denen selbst übergroße Gürtelschließen cool aussehen. Geboten werden Rodeos, Konzerte, Open-Air-Barbecues und Kunsthandwerksmärkte.

Mai

In Buenos Aires und Rio beginnt die Nebensaison mit kühlerem Wetter und günstigeren Preisen; in den Anden lässt der Regen nach – eine gute Zeit zum Wandern.

Diablos Danzantes

In Caracas sind die Diablos Danzantes (tanzende Teufel) los: Hunderte teuflisch verkleidete Tänzer sind zum Dröhnen von Trommeln in den Straßen unterwegs. Das venezolanische Fest, bei dem sich spanische und afrikanische Traditionen mischen, findet an Fronleichnam statt (Mai od. Juni).

Q'oyoriti

Um Fronleichnam herum (Mai od. Juni) findet eine faszinierende Wallfahrt der einheimischen Bevölkerung zum heiligen Berg von Ausangate außerhalb von Cuzco statt. Das Ereignis ist außerhalb Perus wenig bekannt, umso mehr aber einen Besuch wert.

Juni

Die Hauptsaison in den Andenstaaten entspricht dem europäischen Sommer (Juni–Aug.). Jetzt ist es hier am sonnigsten und trockensten. Große Touren wie die Wanderung auf dem Inka-Trail sollten rechtzeitig vorab gebucht werden.

Inti Raymi

Schon seit Jahrtausenden feiert die indigene Bevölkerung in vielen Städten der Anden die Sommersonnenwende und die Ernte mit diesem Fest. In Cuzco ist es *das* Ereignis des Jahres, das Tausende Besucher mit Straßenmärkten, Open-Air-Konzerten und nachgestellten historischen Ereignissen anzieht. In Ecuador ist Otavalo der Ort der Wahl.

Bumba Meu Boi

Dieses traditionelle Festival, das Ende Juni in der brasilianischen Region Maranhão gefeiert wird, vermischt afrikanische, indigene und portugiesische Elemente. Hunderte Gruppen tanzen und singen in den Straßen von São Luís und führen eine der großen Schöpfungsmythen der Region auf.

São Paulo Pride

Es ist offiziell: In São Paulo steigt die größte Schwulenparade des Planeten mit etwa 4 Mio. Teilnehmern. In den Tagen vor der großen Parade werden Straßenmärkte, Konzerte, Filmvorführungen und Ausstellungen veranstaltet. Die Parade selbst findet gewöhnlich an einem Sonntag Mitte Juni statt.

Juli

Der Juli ist im tiefen Süden einer der kältesten Monate und keine gute Zeit für einen Besuch von Patagonien oder Buenos Aires. Für eine Reise ins Pantanal ist der Juli aber genau richtig.

Fiesta del Santo Patrono de Moxos

Vom 22. Juli bis zum Monatsende verwandelt dieses feurige Fest das verschlafene San Ignacio de Moxos in eine wilde Partyzone. Auf dem Programm stehen Prozessionen, ausgefallene Kostüme (u. a. verwandeln sich Einheimische in kriegerische Amazonen), Feuerwerk und jede Menge Alkohol.

Gründung von Guayaquil

Straßentänze, Feuerwerk und Prozessionen sind Teil der Feierlichkeiten in den Nächten vor dem Jahrestag der Gründung Guayaquils (25. Juli). Da am 24. Juli auch noch Nationalfeiertag ist (Simón Bolívars Geburtstag), herrscht in Ecuadors größter Stadt in diesen Tagen Ausnahmezustand. Alles ist geschlossen.

August

In großen Teilen Südamerikas ist es trocken – wer das Amazonasgebiet, das Pantanal oder die Anden besuchen will, sollte es in dieser Zeit tun! Südlich des Wendekreises ist es kühl bis frostig.

Festival Mundial de Tango

Während dieses zweiwöchigen Festivals treten in Buenos Aires die besten Tangotänzer der Welt auf (www.tangobuenosaires. gob.ar). Der Konkurrenzkampf um den Titel des „weltbesten Tangotänzers" ist hart. In Unterrichtsstunden und Workshops können auch Besucher ihren Tanzstil verbessern.

Festival de Música del Pacífico Petronio Álvarez

In Cali werden Mitte August mit einem der schönsten kolumbianischen Feste fünf Tage lang die afrokolumbianische Musik und Kultur gefeiert (www. festivalpetronioalvarez. com). Dank der mehr als 100 Gruppen, die in der Stadt aufspielen, hört man überall ansteckende Rhythmen und sieht glücklich tanzende Menschen, die auch Besucher willkommen heißen.

La Virgen del Cisne

In Ecuadors südlichem Hochland nehmen jedes Jahr am 15. August Tausende von Pilgern an der außergewöhnlichen, 70 km langen Prozession teil, bei der die Virgen del Cisne (Schwanenjungfrau) nach Loja getragen wird.

Feria de las Flores

Das Blumenfestival in Medellín (www.feriade lasfloresmedellin.gov.co) sorgt für süße Düfte in der kolumbianischen Stadt. Zu den Höhepunkten gehören Konzerte, ein Lebensmittelmarkt, eine Pferdeparade, Orchideenausstellungen und die Desfile de Silleteros, bei der Bauern mit riesigen Blumenkörben beladen durch die Straßen ziehen.

September

In den Anden ist das Wetter trocken und sonnig, aber kühl; es sind weniger Menschen unterwegs. Der September ist eine gute – weil weniger regnerische – Zeit, das Amazonasgebiet zu besuchen

Bienal de São Paulo

Auf einer der weltweit wichtigsten Kunstausstellungen werden etwa 3000 Arbeiten von über 100 Künstlern aus aller Welt gezeigt. Die Biennale findet in Jahren mit gerader Jahreszahl von September bis Dezember statt, vornehmlich im Parque do Ibirapuera (www.bienal.org.br).

Fiesta de la Mamá Negra

Latacunga (Ecuador) ist Gastgeber eines der berühmtesten Feste im Hochland, das zu Ehren von La Virgen de las Mercedes gefeiert wird. La Mamá Negra wird von einem Mann gespielt, der sich als dunkelhäutige Frau verkleidet. Mit dem Fest wird die Befreiung der afrikanischen Sklaven im 19. Jh. gefeiert.

Oktober

Heftige Regenfälle erschweren Reisen in Kolumbien, in den Anden herrscht dagegen allgemein mildes Wetter. In Bolivien, Brasilien, Chile und Argentinien sorgen milde Temperaturen für angenehme Bedingungen.

Oktoberfest

Mit Volksmusik, Tänzen und Bier wird Mitte Oktober in Blumenau (www.oktoberfestblumenau.com.br) 17 Tage lang das Erbe von Brasiliens deutschen Einwanderern gefeiert. Es gilt als das größte deutsche Fest auf dem amerikanischen Kontinent.

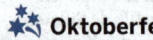 Círio de Nazaré

Beim größten Ereignis des Jahres in Belém sind 1 Mio. Menschen auf den Straßen, um an der Prozession zu Ehren eines der wichtigsten brasilianischen Symbole teilzunehmen. Die wilde, sehr spirituelle Veranstaltung geht mit Feuerwerk, Hymnen und einem großen, mit Blumen bedeckten Wagen einher, der knarrend und quietschend durch die Menschenmengen fährt.

November

Im Amazonasgebiet beginnt langsam die Regenzeit. In großen Teilen Südamerikas sind im November die Preise besser und weniger Menschenmassen unterwegs als im Dezember. Und das bei gutem Wetter.

Puno-Tag

Die folkloristische Stadt Puno in Peru ist das ganz Jahr über Schauplatz Dutzender farbenfroher Fiestas. Eine der besten ist der Puno-Tag, an dem kostümierte Tänzer, Militärparaden und Folklorebands das sagenumwobene Auftauchen des ersten Inkas, Manco Cápac, aus dem Titicacasee feiern.

Festival Internacional de Cine de Mar del Plata

Dieses Filmfestival ist eines der wichtigsten Lateinamerikas, 1950 feierte es Premiere (www.mardelplatafilmfest.com). An neun Tagen Mitte November läuft ein internationales Programm aus Filmen, Kurzfilmen, Dokumentationen und experimentellen Arbeiten.

Hmong-Neujahr

Lust auf etwas komplett anderes? Dann sollte man im kleinen Dorf Cacao (Französisch-Guayana) mit der laotischen Gemeinschaft das Hmong-Neujahr feiern. Das Fest findet mit traditionellen Gesängen und Tänzen, laotischer Küche und herrlich bestickten Kostümen im November oder Dezember statt.

Dezember

Im Dezember beginnt der Sommer mit Strandwetter (und höheren Preisen) an Atlantik- wie Pazifikküste. In den Anden ist es ziemlich regnerisch.

Buenos Aires Jazz Festival Internacional

Das große Jazzfestival von Buenos Aires (www.buenosairesjazz.gob.ar) zeigt die Talente von mehr als 200 Musikern im Rahmen von 70 verschiedenen Konzerten in der ganzen Stadt. Dabei stellen sich Jazzmusiker aller Stile vor – Newcomer und etablierte, Avantgarde und Mainstream, nationale und internationale.

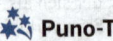 Fiestas de Quito

Quitos größtes Fest ist stets ein sehnlich erwarteter Event und wird in der ganzen ersten Dezemberwoche mit Paraden und Tanz begangen. Überall in der Stadt stehen Open-Air-Bühnen und die gesamte ecuadorianische Hauptstadt ist mit Musik erfüllt, während bunte *chivas* (seitlich offene Busse) die Feiernden durch die Straßen kutschieren.

Carnatal

Dieses Festival im Salvador-Stil, das im Dezember in Natal gefeiert wird, ist Brasiliens größter Karneval außerhalb der Saison. Dazu gehören lärmige Partys in den Straßen und *trios elétricos* (Bands, die auf Trucks mit riesigen Soundanlagen auftreten). Wer an dem Spaß teilhaben will, mischt sich unter die *blocos* (trommelnde und tanzende Teilnehmer der Paraden).

Réveillon

Es gibt eine ganze Menge toller Orte in Südamerika, um Neujahr zu feiern, aber Rio werden sie niemals toppen können. Etwa 2 Mio. Feierwütige sind in Glück verheißendes Weiß gehüllt und bevölkern die Strände Copacabanas, um sich das Feuerwerk anzuschauen, das die Nacht zum Tag macht.

Reiserouten

4–6 MONATE Die große Runde

Diese klassische Südamerika-Tour führt zu einigen der berühmtesten Sehenswürdigkeiten des Kontinents: Es geht in die Anden, den Regenwald des Amazonasgebiets, nach Machu Picchu, zu den Iguazú-Fällen und zu den Galápagosinseln.

Man startet in **Buenos Aires**, der faszinierenden Hauptstadt Argentiniens. Gen Westen fahrend stehen danach **Bariloche** mit seiner tollen Landschaft und das großartig grüne Seengebiet um **Puerto Varas** in Chile auf dem Programm. Im Norden wartet **Santiago**, bevor es zurück nach Argentinien nach **Córdoba** und ins herrliche **Salta** und wiederum nach Chile in die Oase **San Pedro de Atacama** geht. Dem Abstecher zum surrealen **Salar de Uyuni** in Bolivien folgt ein Besuch von **La Paz**. Über den Titicacasee hüpft man dann nach Peru, wo das alte **Cuzco**, **Machu Picchu** und **Lima** locken, und nach Ecuador.

Von **Guayaquil** geht der Flieger zu den **Galápagosinseln**. Zurück auf dem Festland besucht man das koloniale **Cuenca** und **Quito**. In Kolumbien warten die **Zona Cafetera** und **Medellín**, bevor man im karibischen **Cartagena** relaxt. Nach einem Abstecher in den **Parque Nacional Natural Tayrona** darf man in **Mérida** in Venezuela faulenzen, bevor es zum **Salto Ángel** geht. In Brasilien erkundet man um **Manaus** den Urwald und in **Rio** Strände und Nachtleben. Und über die **Iguazú-Fälle** geht's zurück nach Buenos Aires.

 Hoch in den Anden

Abenteuer vor unvergleichlichem Panorama, kulturelle Vielfalt, Städte voller bunter Märkte, koloniale Architektur, Nebelwälder und unwirkliche Wüste – das alles erlebt man auf einer Andentour von Kolumbien nach Argentinien.

Nach der Landung in **Bogotá** genießt man die historische Altstadt und das Nachtleben. Dann geht's zu den präkolumbischen Ruinen von **San Agustín** und in den **Parque Nacional Puracé** zum Wandern. Als nächstes stehen **Pasto** und die hübsch gelegene **Laguna de la Cocha** an.

In Ecuador besucht man **Otavalo** mit seinen Märkten, das ein guter Ausgangspunkt für Tagesausflüge zu den Bergseen ist. Weiter geht es gen Westen nach **Mindo** für ein Abenteuer im Dunst des Nebelwalds. Dann führt die Reise in den Süden nach **Quito** und zum **Volcán Cotopaxi**, wo sich vor majestätischer Kulisse tolle Wanderungen unternehmen lassen!

Nach einem Besuch im kolonialen **Cuenca** und einem relaxten Zwischenstopp in **Vilcabamba** geht es weiter nach Peru und hinunter nach **Huaraz**, wo eine Trekkingtour in der Cordillera Blanca ansteht.

Nach einigen Tagen in **Cuzco** läuft man auf dem Inkatrail nach **Machu Picchu**. Über den glitzernden **Titicacasee** fährt man nach Bolivien und wandert in der Cordillera Real. Der nächste Stopp ist der **Salar de Uyuni**, bevor die Reise über die **Quebrada de Humahuaca** nach Argentinien führt.

Zum Schluss wird das argentinische **Mendoza** erkundet, das ganz in der Nähe des gewaltigen **Cerro Aconcagua** liegt, des höchsten Gipfels der westlichen Hemisphäre.

 Tief im Süden

Das geheimnisvolle, windgepeitschte, gletscherübersäte Patagonien zählt zu den zauberhaftesten Reisezielen Südamerikas. Patagonien und die Inseln Feuerlands bereist man am besten zwischen November und März. Wer mit dem Zelt unterwegs ist, entdeckt mehr und reist günstiger.

Startpunkt ist **Bariloche**. Dort hat man zwei atemberaubenden Nationalparks, den **Parque Nacional Nahuel Huapi** und den **Parque Nacional Lanín**, direkt vor der Tür. Weiter geht es südwärts nach **Esquel**, wo die Schmalspurbahn La Trochita verkehrt.

Fortgesetzt wird die Reise mit einem Abstecher ins westlich gelegene chilenische Andendorf **Futaleufú**, einem grandiosen Rafting-Spot. Die malerische Carretera Austral führt nach **Coyhaique** und zum **Lago General Carrera**, wo sagenhafte Marmorhöhlen, die **Capillas de Mármol**, besichtigt werden können. Nächste Station ist das windgepeitschte **Chile Chico**, bevor man das argentinische **Los Antiguos** ansteuert.

Weiter im Süden liegen im atemberaubenden **Parque Nacional Los Glaciares** das Örtchen **El Chaltén** und, nahe El Calafate, der unglaubliche **Perito-Moreno-Gletscher**.

Zurück in Chile locken Trekking-Touren im Schatten der Granitnadeln der **Torres del Paine**. Nach einem Stopp in **Punta Arenas** geht es gen Süden zum argentinischen **Tierra del Fuego** (Feuerland), wo am südlichsten Punkt der Reise mit **Ushuaia** zugleich die südlichste Stadt der Welt erreicht ist.

Entlang der Atlantikküste geht es wieder zurück in nördlichere Gefilde. Unterwegs stattet man den Pinguinen der **Reserva Provincial Punta Tombo** und den Walen der **Reserva Faunística Península Valdés** einen kleinen Besuch ab, bevor zu guter Letzt ein Besuch von **Buenos Aires** die Reise abrundet.

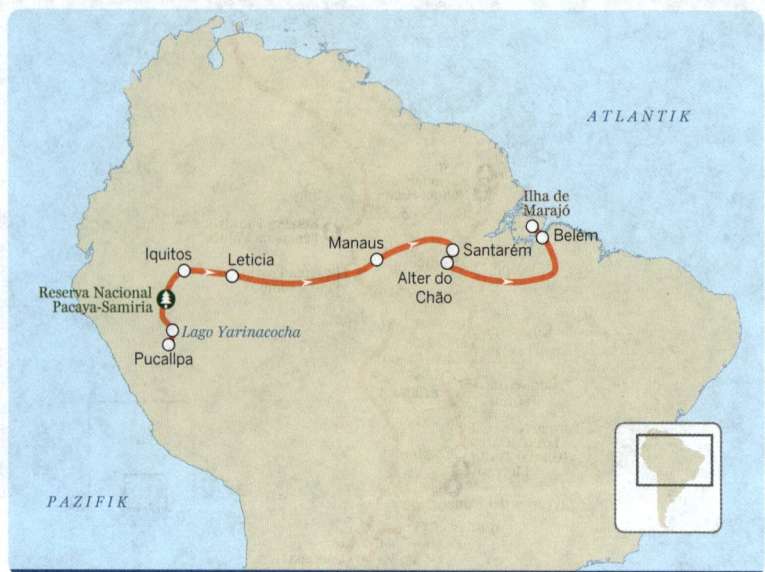

1–2 MONATE   Auf dem mächtigen Amazonas

Diese nicht ganz leichte, aber lohnende Route folgt dem Wasserlauf des mächtigen Stroms. Unterwegs können Wildtiere beobachtet, geschichtsträchtige Städte besucht und an schönen Stränden relaxt werden.

Die Tour beginnt im peruanischen **Pucallpa** (einen Flug oder eine lange Busfahrt von Lima entfernt). Bevor man sich dem Fluss widmet, sollte noch ein Abstecher zum nahen **Lago Yarinacocha** drin sein, einem von indigenen Dörfern umgebenen Altwassersee. Die Bootstour führt dann von **Pucallpa** aus auf dem **Río Ucayali** in nördlicher Richtung bis nach **Lagunas**, von wo aus es weiter in die **Reserva Nacional Pacaya-Samiria** mit ihren vielen Wildtieren geht.

Danach steht die lebendige Stadt **Iquitos** auf dem Programm. Hier nimmt man ein Boot ins Dreiländereck zwischen Peru, Kolumbien und Brasilien, wobei ein Zwischenstopp im kolumbianischen Leticia eingelegt werden kann.

Von Leticia sind es drei weitere schwül-heiße Tage bis ins lebhafte **Manaus**, das für sein Opernhaus aus dem 19. Jh. und die quirligen Märkte bekannt ist. Die Amazonasmetropole eignet sich außerdem gut als Startpunkt für Exkursionen in den Urwald.

Gemütlich geht es weiter ostwärts bis **Santarém**, wo die weißen Sandstrände von **Alter do Chão** darauf warten, erkundet zu werden. Nach weiteren dreieinhalb Tagen ist das kulturell vielfältige **Belém** erreicht, wo Traveller die traditionelle Küche des Amazonasgebiets kosten sollten.

Zum Schluss kann man noch auf die Flussinsel **Ilha de Marajó** übersetzen, auf der nette Dörfer, frei umherstreifende Büffel und hübsche Strände die Attraktionen bilden.

 Atlantikküste

Kolonialstädte, afrobrasilianische Kultur, traumhafte Strände und ein pulsierendes Nachtleben sind die Eckpfeiler des 7400 km langen Streifzugs entlang der Atlantikküste. Surfen, Schnorcheln, Trekkings durch dichte Wälder und Städtetouren sorgen für zusätzliche Würze.

Ausgangspunkt ist Argentinien, wo man sich vom Charme **Buenos Aires'** bezirzen lässt, bevor es rüber nach **Montevideo** geht. Auf dem Weg nach Brasilien stehen Stopps in den hübschen uruguayischen Strandorten an: im glitzernden **Punta del Este**, im von Wanderdünen gesäumten **Cabo Polonio** und im entspannten **Punta del Diablo**.

Weiter geht's nach **Florianópolis**, Tor zu einsamen Stränden und einer tollen Landschaft, und die Küste hinauf bis ins Kolonialstädtchen **Paraty**. Inselflair erwartet Traveller auf der mit Regenwald bedeckten **Ilha Grande**.

Anschließend locken die Strände, die grüne Landschaft und das von Sambarhythmen durchdrungene Nachtleben **Rio de Janeiros**. Mit dem Flugzeug ist man rasch in **Porto Seguro**, von wo man nach **Trancoso** und **Arraial d'Ajuda** fährt. Unweit dieser relaxten Städtchen liegen Strände vor der Kulisse hoch aufragender Klippen.

Brasiliens afrobrasilianische Perle **Salvador** ist einen längeren Stopp wert. Nördlich liegt **Olinda**, dem man noch einen Besuch abstatten kann, bevor in Recife der Flieger nach **Fernando de Noronha** startet.

Zurück auf dem Festland führt die Reise gen Norden ins Backpackerparadies **Jericoacoara** und zu den Dünen des **Parque Nacional dos Lençóis Maranhenses**. Als Letztes sind das Reggae-Mekka **São Luís** und die Kolonialstadt **Alcântara** dran.

Südamerika: Abseits der üblichen Pfade

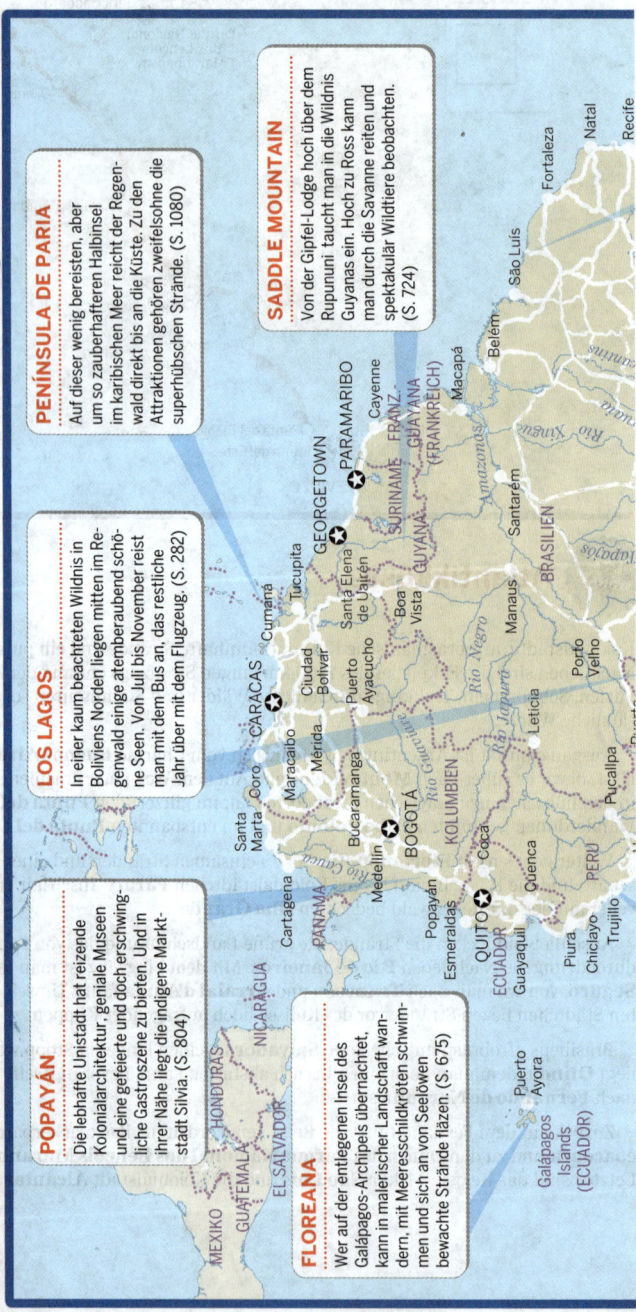

POPAYÁN
Die lebhafte Unistadt hat reizende Kolonialarchitektur, geniale Museen und eine gefeierte und doch erschwingliche Gastroszene zu bieten. Und in ihrer Nähe liegt die indigene Marktstadt Silvia. (S. 804)

LOS LAGOS
In einer kaum beachteten Wildnis in Boliviens Norden liegen mitten im Regenwald einige atemberaubend schöne Seen. Von Juli bis November reist man mit dem Bus an, das restliche Jahr über mit dem Flugzeug. (S. 282)

PENÍNSULA DE PARIA
Auf dieser wenig bereisten, aber um so zauberhafteren Halbinsel im karibischen Meer reicht der Regenwald direkt bis an die Küste. Zu den Attraktionen gehören zweifelsohne die superhübschen Strände. (S. 1080)

SADDLE MOUNTAIN
Von der Gipfel-Lodge hoch über dem Rupununi taucht man in die Wildnis Guyanas ein. Hoch zu Ross reitet man durch die Savanne und kann spektakulär Wildtiere beobachten. (S. 724)

FLOREANA
Wer auf der entlegenen Insel des Galápagos-Archipels übernachtet, kann in malerischer Landschaft wandern, mit Meeresschildkröten schwimmen und sich an von Seelöwen bewachte Strände flätzen. (S. 675)

REISEPLANUNG ABSEITS DER ÜBLICHEN PFADE

PARQUE NACIONAL DOS LENÇÓIS MARANHENSES

Zwischen März und September zeigt sich die Landschaft des Nationalparks mit kristallklaren Süßwasserlagunen in den Senken zwischen den Dünen von ihrer besonders spektakulären Seite. (S. 416)

KUÉLAP

Wer den Massen von Machu Picchu entfliehen will, sollte diese präkolumbische Zitadelle in Nordperu ansteuern. Am schönsten ist es, wenn man hier in einem der einfachen Gästehäuser übernachtet. (S. 964)

DER CHACO

Paraguays wilder, staubiger Westen strotzt vor tierischem Leben. Hier übernachtet man unter Myriaden von Sternen und verbringt die Tage damit, Aras, Otter, Tapire und unzählige andere Geschöpfe zu beobachten. (S. 854)

PARQUE NACIONAL PATAGONIA

Dieses Juwel aus wiederhergestelltem Grasland, rauschenden Flüssen und schneebedeckten Gipfeln ist die Heimat von Guanakos, Flamingos, Füchsen und Pumas – und ein tolles Areal zum Wandern und Zelten. (S. 553)

Karneval (S. 316, Rio de Janeiro, Brasilien

Reiseplanung
Kleines Budget – große Abenteuer

In Südamerika warten viele wunderbare Erlebnisse auf die Traveller, die auch mit kleinem Budget möglich sind: großartige Strände, wilde Tiere, fesselnde Städte – um nur einige zu nennen. Während es also auch ohne dicken Geldbeutel geht, kann ein wenig Planung durchaus dabei hilfreich sein, aus einer tollen Reise nach Südamerika eine unvergessliche zu machen.

Reiseplanung & Kosten

Zeitplan

12 Monate vor Reisebeginn Budget für die Reise berechnen – und anfangen, zu sparen.

6 Monate Entscheiden, welche Länder besucht werden sollen, wann und für wie lange.

8 Wochen Flüge buchen. Pass verlängern, sofern nötig.

6–4 Wochen Impfungen erledigen, Reiseversicherung abschließen.

4 Wochen Ggf. Visa besorgen. Spezialtouren und -unterkünfte buchen (Lodges im Amazonasgebiet, Galápagos-Kreuzfahrten).

2 Wochen Reist man in der Hochsaison, Unterkünfte für beliebte Reiseziele reservieren.

1 Woche Unterkunft in der Stadt buchen, in der die Reise beginnt; Koffer/Rucksack packen.

Durchschnittspreise

Flasche Bier 2–4 US$

Mittagstisch auf einem Markt 3–6 US$

Bett in Gemeinschaftszimmer 10–20 US$

DZ in Pension ab 20 US$

Fahrkarte, Fernbus ca. 1–2 US$/Std. Fahrt

1-stündiger Inlandsflug ab 100 US$

Seilbahn auf den Pão de Açúcar (Zuckerhut) 18 US$

Wildwasser-Rafting auf dem Oberlauf des Rio Napo ca. 65 US$

Reisezeit

Bei der Auswahl der Reisezeit hilft es zu berücksichtigen, welche Regionen besucht werden und was man vor Ort unternehmen möchte. So sind im Amazonasgebiet und im Pantanal die Monate mit den meisten Niederschlägen wenig geeignet, um dort Wildtiere zu beobachten. Südlich der Tropenzone erwarten den Traveller wiederum deutlich dramatischere jahreszeitliche Schwankungen mit erstaunlich strengen Wintern in Chile, Argentinien und selbst in Südbrasilien sowie sehr heißen Sommern.

Feste & Feiertage

Selbst wenn bei der Reiseplanung der Besuch eines bedeutenden Events oder Festes nicht im Mittelpunkt steht, so können deren Termine dennoch die Reisepläne beeinflussen. Man sollte sie also bei der Planung der Route berücksichtigen. Das größte Ereignis auf dem Kontinent ist sicher der Karneval, der an den vier Tagen vor Aschermittwoch stattfindet, wobei selbstredend in Brasilien die absolute Hochburg liegt. Man sollte sich also genau überlegen, wo man sich während dieser sehr bunten Tage aufhalten will. Die Preise für Flüge sind dann besonders hoch, die wenigen Busse, die fahren, überfüllt und Banken und viele Geschäfte geschlossen; Hotels und andere Unterkünfte erhöhen ihre Preise deutlich und verlangen oftmals zudem einen Mindestaufenthalt von meistens vier Tagen. Auch außerhalb Brasiliens wird der Karneval gefeiert, und zwar so ziemlich auf dem gesamten Kontinent.

Ein weiteres großes Ereignis im Festkalender von ganz Südamerika ist die Semana Santa (die Karwoche, also die Woche vor dem Ostersonntag): Viele Südamerikaner nehmen dann Urlaub und gehen auf Reisen. Im Juli gibt's zwei Wochen Ferien für die Schüler, die die Südamerikaner ebenfalls für ihren Urlaub nutzen.

Strände

Sich für die perfekte Zeit für einen Strandurlaub zu entscheiden, kann eine Herausforderung sein: Warm soll es sein, aber nicht drückend heiß, gleichzeitig möchte man wohl vermeiden, ausgerechnet dann ans Meer zu fahren, wenn es auch alle anderen tun. Die Zwischensaison ist vielleicht eine gute Idee, also die Zeit vor und nach den heißesten und besucherstärksten Monaten. November und März (im Anschluss an den Karneval) sind gute Monate für erholsame Tage am Strand, es herrscht weniger Andrang und die Preise fallen niedriger aus.

In den Strandgebieten im äußersten Süden Brasiliens – in den Bundesstaaten Santa Catarina und Rio Grande do Sul – eignen sich die meist kühlen Temperaturen wenig für Badespaß. Andernorts gibt's Strände, bei denen einem das Wetter das ganze Jahr über gewogen ist. In Rio ist es meist sonnig und warm, selbst im Juli, von einer Handvoll kühlerer, winterlicher Tage abgesehen.

Der Nordosten kennt keinen Winter, hier ist es zwölf Monate im Jahr heiß!

Reisen in den Regenwald

Bei einer Reise ins Amazonasgebiet sollte den Jahreszeiten besondere Aufmerksamkeit gewidmet werden. Obwohl es das ganze Jahr über regnet – es heißt ja nicht umsonst „Regenwald" –, fallen die Niederschläge von Januar bis Mai besonders heftig und ergiebig aus. Die Trockenzeit und beste Zeit für einen Besuch dauert von Juli bis Oktober. Die Jahreszeiten sind im Pantanal, das ebenfalls mit einer spektakulären Tierwelt aufwartet, fast identisch, mit einer winterlichen Trockenzeit von Juli bis Oktober und den schwersten Regengüssen von Januar bis März. Im Orinoco-Becken in Venezuela sind die Monate Januar bis Mai am trockensten und die beste Zeit für Tierbeobachtungen.

Bergwandern

In den Anden regnet es am meisten von November bis März, wobei der Februar der

Surfen am Strand von Ipanema (S. 305), Brasilien

nasseste Monate ist (dann ist auch der Inka-Trail geschlossen). Von Mai bis August herrschen generell die besten Bedingungen für Wanderungen in den Anden. Juni und Juli sind besonders angenehm – was aber auch bedeutet, dass in diesen Monaten dort am meisten los ist. Entsprechend sind es die Monate April, Mai, September oder Oktober, denen man bei der Reiseplanung den Vorzug geben sollte.

Surfen

In Brasilien ist das ganze Jahr über Surfsaison, auch wenn man den Wellen hinterherjagen muss. Im Norden herrschen von November bis März die besten Bedingungen, mit gutem Wellengang, vor allem in Fernando de Noronha. Im Süden gibt's in der Zeit von April bis November die besten Wellen, wenn Offshore-Winde und südatlantische Stürme entlang der gesamten Küste Surfern ideale Bedingungen spendieren. In Argentinien sind die Wellen von April bis Juni am besten, in Uruguay trifft man ganzjährig auf anständige Konditionen, die größten Wellen rollen im Winter heran (Juni bis August – dann wird man allerdings einen guten Neoprenanzug benötigen!).

> **REISEZEITEN**
>
> **Hauptsaison** Südamerikaner reisen am liebsten in den Sommermonaten der südlichen Hemisphäre – also etwa von Mitte Dezember bis Ende Februar. Es muss mit höheren Übernachtungspreisen, belebten Badeorten und in der Regel mit viel Betrieb gerechnet werden, vor allem an beliebten Urlaubszielen (also entlang der gesamten Küste von Atlantik und Pazifik).
>
> **Zwischensaison** Die Monate vor Winter- (April–Mai) bzw. Sommeranfang (Okt.–Nov.) sind oft eine gute Zeit für einen Besuch. Die Preise sind niedriger als in der Hochsaison und es sind weniger Menschen unterwegs. Dennoch kann das Wetter immer noch sehr angenehm sein für Strandtage und Aktivitäten im Freien.
>
> **Nebensaison** Von Juni bis August fällt das Thermometer in der südlichen Hälfte des Kontinents in frostige Bereiche. Resorts sind geschlossen und in Städten wie Buenos Aires, Santiago und Rio de Janeiro sind die Preise niedriger (außer im Juli, wenn die Einheimischen in den Winterurlaub gehen).

Skifahren im Cerro Chapelco (S. 155), Argentinien

Auf der pazifischen Seite verhalten sich die Dinge ein wenig anders. Entlang Chiles Küste findet man das ganze Jahr über ausgezeichnete Wellen vor, in Peru gibt's die besten in den Wintermonaten, vor allem von März bis November sind darunter einige mit beträchtlichen Dimensionen.

Skifahren

Wer die Vorzüge der großartigen Pulverschneeabfahrten der südlichen Anden genießen will, sollte Chile und Argentinien natürlich auch in der Skisaison besuchen, die von Mitte Juni bis Mitte Oktober dauert. Besonders gute Bedingungen finden Wintersportler im August vor.

Die Galápagosinseln

Die Inseln bieten zwei unterschiedliche Jahreszeiten, wobei die touristische Hochsaison auf die Monate Dezember bis April sowie Juli und August fällt.

Januar bis Mai ist es warm und feucht, die Tage sind sonnig, mit gelegentlichen, zwar starken, aber nur kurzen Regenabschnitten. Die kühle und trockene Jahreszeit beginnt im Juni und dauert bis Dezember an. Die Nebel, die sich dann oft über das Hochland legen, nennen man hier *garúa*. Während die Lufttemperatur bei durchschnittlich angenehmen 22° C liegt, ist das Wasser frischer.

Finanzplanung

Der günstige Wechselkurs westlicher Währungen in Südamerika bedeutet für den Traveller mehr Kaufkraft. Die Lebenshaltungskosten sind in den meisten Teilen des Kontinents deutlich niedriger als Zuhause. Wer sich aufs Sparen versteht, sollte mit einem Budget von etwa 40 US$ pro Tag auskommen, in den Andenländern gar mit 30 US$. In Chile und Französisch-Guayana dagegen wird man nur mit Mühe sein Tagesbudget unter 50 US$ halten können. Diese Richtwerte decken Ausgaben für Lebensmittel, Unterkunft, Transport vor Ort und das ein oder andere Bier ab, variieren aber nicht nur von Land zu Land, sondern auch von Region zu Region innerhalb der jeweiligen Länder. So ist das Leben im Nordosten Brasiliens teurer als im Südos-

Valparaíso (S. 476, Chile)

Spartipps

Es gibt viele Gelegenheiten, Südamerika auf wunderbare Weise zu erleben, ohne deswegen das Budget überzustrapazieren. Die folgende Liste stellt – Land für Land – einige davon vor:

➔ **Argentinien** Mit seinem faszinierenden Nebeneinander von Alt und Neu bietet sich Córdoba für eine nähere Erkundung an. Grandiose Architektur, Kirchen und Galerien mit freiem Eintritt, erschwingliche Quartiere und günstiges Essen auf dem Markt verleihen der Stadt zusätzlichen Reiz.

➔ **Bolivien** Dieses bezaubernde Land hält viele Abenteuer bereit, die sich auf eigene Faust erleben lassen. Ein guter Ausgangspunkt ist Copacabana, von wo aus man mit dem Boot zur Isla del Sol auf dem Titicacasee übersetzen kann, um dort dann in malerischer Landschaft zu wandern. Abends gibt's für unter 10 US$ Regenbogenforelle auf dem Teller und ein Bett für die Nacht. In La Paz kann man für 2 B$ den Botanischen Garten erleben, eine Oase der Ruhe; der *teleférico*, die Gondelbahn in der bolivianischen Hauptstadt, kostet 3 B$. Auf der Plaza Murillo oder der Plaza Avaroa dem geschäftigen Treiben beizuwohnen, ist natürlich kostenlos. Man kann auch eines der Kinder an den Schuhputzständen bitten, eine günstige Sightseeing-Tour durch den Stadtteil zu organisieren.

➔ **Brasilien** Rio de Janeiro muss kein teures Pflaster sein. Hostels gibt's in Hülle und Fülle (ab 15 US$/Nacht), billige Caipirinhas direkt am Strand und en masse Vergnügungen, die keinen einzigen Real kosten: Waldwanderungen bis Morro da Urca, kostenlose Ausstellungen im Centro Cultural Banco do Brasil und die Straßenparty in Lapa am Wochenende.

➔ **Chile** Dem ganz besonderen Charme von Valparaíso wird man im Handumdrehen verfallen, den zauberhaften Gassen mit Kopfsteinpflaster und den wechselnden, immer wieder großartigen Aussichten auf die Bucht. In dieser Studentenstadt gibt's viele Kneipen und Restaurants, wo man auch mit wenig Geld weit kommt.

➔ **Ecuador** In Baños kann man sich aufs Fahrrad schwingen, auf eigene Faust durch das landschaftlich reizvolle Hochland in den Urwald fahren und unterwegs an Wasserfällen eine Pause einlegen. Am Abend erholt man sich mit einem Bad in den Thermalquellen, gefolgt von einem Abendessen mit feinem Craftbier in einem der verlockenden Restaurants der Stadt.

➔ **Kolumbien** Die Schönheit der karibischen Küste ist kaum zu überbieten, vor allem rund

ten und während der Nebensaison ist manches billiger als zur Hauptreisezeit.

Zu diesen Grundkosten kommen die Kosten für Überlandreisen – per Bus, Schiff oder mit dem Flieger – und für Unternehmungen wie Tauchgänge, Mountainbike, Trekking- oder Sightseeing-Touren. Zusätzlich gibt's in der Regel unerwartete bzw. nicht eingeplante Ausgaben wie erhöhte Ticketpreise während bestimmter Feiertage oder weil das eigentlich vorgesehene Budgethotel ausgebucht ist und man auf ein teureres Zimmer ausweichen muss.

Tatsächlich werden die Kosten für die Unterbringung den Löwenanteil des Budgets verschlingen. Glücklicherweise bietet der Kontinent aber auch etliche günstige Unterkünfte. Je weniger Komfort man erwartet (Klimaanlage, Warmwasser, Zimmer mit Bad/WC), desto mehr lässt sich sparen. Bus- und Schifftickets sind innerhalb der einzelnen Länder normalerweise erschwinglich. Teurer wird es, wenn man auf das Flugzeug angewiesen ist oder wegen schlechter Straßenverhältnisse auf ungewöhnlichere Verkehrsmittel umsteigen muss (etwa Strandbuggys in Teilen des Nordosten Brasiliens).

REISEPLANUNG KLEINES BUDGET – GROSSE ABENTEUER

Oben: Cabo San Juan (S. 762), Parque Nacional Natural Tayrona, Kolumbien

Rechts: Escalera del Inca (S. 229), Isla del Sol, Bolivien

um den Parque Nacional Natur Tayrona. In der Nähe von Arrecifes kann man in einer Hängematte schlafen und die Tage mit dem Erkunden herrlicher Buchten und traumhafter Strände verbringen.

➡ **Französisch-Guayana** Es lohnt sich, sich die Zeit zu nehmen, um die kulturell reiche Stadt Cayenne zu erkunden. Dazu gehört auch ein Besuch auf dem geschäftigen Markt mit seinem Mix aus afrikanischen, indigenen und europäischen Einflüssen. Vietnamesische Stände verkaufen hier übrigens die beste Pho (Nudelsuppe) von ganz Südamerika.

➡ **Guyana** Die der afrikanischen Savanne ähnliche Landschaft von North Rupununi bietet sich als Basis an. Hier kann man auf einer Dschungelinsel in einer rustikalen Hütte Quartier beziehen, einheimische Dörfer besuchen, durch den Wald wandern, Angeln und nach Kaimanen Ausschau halten.

➡ **Paraguay** Encarnación bietet eine schöne Uferpromenade, einen verlockenden Flussstrand und günstiges wie leckeres *lomito Arabe* – eine Art Kebab à la Paraguay.

➡ **Peru** Gerade wenn man schon seit ein paar Wochen auf Achse ist, empfiehlt sich Cuzco, um sich von den Strapazen der Reise zu erholen. Durch die alten Straßen zu bummeln, die beeindruckende Inka-Architektur und die großartige Plätze zu erkunden und die malerische Ausblicke in sich aufzusaugen, kostet keinen Cent. Cuzco ist auch ein idealer Ort, um gleich gesinnte Traveller kennenzulernen.

➡ **Suriname** Paramaribos faszinierende niederländische Kolonialarchitektur (Holzbauten) ist die visuelle Vorspeise, bevor es beim Hauptgang richtig lecker wird: Es warten javanische Reisegerichte, chinesische Klöße, indische Roti und eine herzhafte kreolische Küche.

➡ **Uruguay** Punta del Diablo ist einer der schönsten Badeorte an der Atlantikküste, mit ungezwungener Atmosphäre und unprätentiösen Pensionen, Strandbars und Partys im Feuerschein am Strand.

➡ **Venezuela** In Ciudad Bolívar, einer Stadt am Fluss mit charmantem historischem Kern aus der Kolonialzeit, kommt man weit mit seinen Ersparnissen. Von hier starten auch die Wanderungen zum Salto Ángel, dem höchsten Wasserfall der Erde. Mérida bietet die preiswertesten Aktivitäten des Kontinents und Extremsportarten wie Paragliding und Bergsteigen. Mehrtägige Touren sind verhältnismäßig günstig und bieten tolle Erlebnisse, egal, ob man sich nun nach Los Llanos oder ins Orinoco-Delta aufmacht.

Das Budget im Blick

➡ Immer mit der Ruhe: lieber einen Ort genießen, anstatt zum nächsten Ziel zu eilen! Je weiter und schneller man durch die Gegend reist, desto mehr wird man ausgeben müssen.

➡ Essen wie ein Einheimischer z.B. an Straßenständen oder auf Märkten hilft sparen.

➡ Gemeinschaftszimmer in einem Hostel oder ein Doppelzimmer, das man sich mit Reisegefährten teilt, schonen ebenfalls das Budget.

➡ Weniger Luxus: Zimmer mit Ventilator anstatt Klimaanlage, Gemeinschaftsbad anstatt eigenem Bad auf dem Zimmer.

➡ Überlandfahrten mit dem Bus oder Zug sind deutlich günstiger als das Flugzeug.

➡ Flüge online buchen (auch Busfahrscheine, falls möglich), anstatt einem Reisebüro Provision zu zahlen.

➡ Schnorcheln statt Tauchen.

➡ Kleinere Städte sind günstiger als große.

➡ Genau überlegen, welche Orte und welche Nationalparks man besuchen will.

➡ Reisefreie Tage einlegen, z. B. für den Strand oder um die Gegend besser kennenzulernen.

➡ Pauschalangebote meiden (Transport, Unterkunft, Touren).

➡ Rechtzeitig informieren, was die Verkehrsmittel vor Ort kosten – und dann entsprechend mit dem Fahrer feilschen.

➡ Teure Überraschungen vermeiden, indem man den Preis mit dem Taxifahrer verhandelt, bevor man einsteigt.

➡ Ggf. Kosten für Visa nicht vergessen.

➡ Souvenirs erst am Ende der Reise kaufen – dann weiß man, wie viel das Budget noch hergibt.

➡ Täglichen Ausgaben notieren, um den Überblick über die durchschnittlichen Kosten zu behalten.

Im Schlaf sparen

Die Übernachtungskosten werden den größten Posten im Budget ausmachen. Nachfolgend ein paar Tipps, die helfen können, die Ausgaben im Rahmen zu halten:

➡ Sollte der Preis zu hoch sein, nachfragen, ob das Hotel oder die Pension auch billigere Zimmer anbietet.

➡ Sofern nicht gerade Nebensaison ist, sind die meisten Preise nicht verhandelbar. Trotzdem … nach einer Ermäßigung zu fragen, kostet nichts.

Paraglider in der Nähe von Mérida (S. 1070), Venezuela

➡ Sobald man sein Zimmer bezahlt hat, gibt es kaum noch Chancen auf eine Rückerstattung, unabhängig von der Größe der Schabe, die vor einem über den Boden gehuscht ist.

➡ Nur für die erste Übernachtung bezahlen – und nicht für mehrere Tage auf einmal. So bleibt die Möglichkeit, das Hotel zu wechseln falls einem das Zimmer nicht zusagt.

➡ Sollte man sich dazu entschieden haben, mehrere Tage zu bleiben, unbedingt nach einem Preisnachlass fragen. In manchen Hotels gibt's Rabatt, wenn man mehr als nur ein paar Tag bleibt.

➡ Reservierungen im Voraus – vor allem mit Vorauszahlung – sind in der Regel nicht erforderlich.

➡ Selber buchen, anstatt einem Dritten Provision zu zahlen (die ja das Reisebudget immer zusätzlich belastet).

Reisegepäck

Erfahrene Backpacker wissen: Je weniger man einpackt, desto weniger wird man auch überall mit sich herumschleppen müssen. Unser Tipp: Zu Hause die Tasche packen, und dann ein zweites Mal – aber mit einem Drittel weniger (Klamotten, und, und, und). So lange wiederholen, bis die Tasche klein genug ist, um ins Gepäckfach im Flugzeug zu passen. Denn je kleiner der Rucksack ist, desto leichter fällt es, in öffentliche Verkehrsmittel (die gelegentlich komplett anhalten) ein- und wieder auszusteigen. Auch wird es einfacher, den Taxifahrer links liegen zu lassen, der einem zu viel Geld abknöpfen möchte. Und man wird seltener zum Ziel von Schleppern und Gaunern.

Unterwegs mit technischen Geräten

Immer mehr Traveller nehmen gleich mehrere Elektronikgeräte – Smartphones, Tablets, Laptops, Kameras etc. – mit auf Reisen. Man sollte sich jedoch bewusst sein, dass unterwegs einige Gefahren lauern: Die Temperaturen in Südamerika schwanken zwischen heiß und eisig, Taschen können auf den Boden fallen und Taschendiebe ein Auge auf die Geräte werfen. Oder aber man landet mitsamt seinen Sachen in einem Regenguss, der alles durchnässt.

Dennoch ist es ratsam, zumindest ein WLAN-fähiges Gerät mitzunehmen, damit man mit den Lieben zu Hause in Verbindung bleiben kann (per E-Mail, Skype usw.). Auf Internetcafés sollte man sich nicht verlassen, da diese auch aus den meisten südamerikanischen Städten weitgehend verschwunden sind.

Diese Tipps sollte man beherzigen, wenn man mit Hightech-Equipment unterwegs ist:

➡ Nur ein oder zwei der heute sehr vielseitig einsetzbaren Geräte mitnehmen: ein Tablet, auf dem man Bücher lesen und E-Mails abrufen kann – oder ein Smartphone, mit dem zusätzlich auch telefonieren kann.

➡ Die Geräte sollte man möglichst in wasserdichte Hüllen packen, Batterien (so nötig) separat einstecken, für den Fall, dass es regnet.

➡ Reiseversicherung abschließen, die Diebstahl oder Schäden an den Geräten abdeckt.

➡ Sich bei WhatsApp oder einem ähnlichen Messaging-Dienst anmelden, damit man mit anderen Reisenden und Einheimischen, die man unterwegs kennenlernt, kommunizieren kann.

Reiseplanung
Aktivitäten

Wanderungen inmitten der himmelstürmenden Andengipfel, Raftings auf rauschenden Flüssen im Dschungel, Übernachtungen in einer Amazonas-Lodge, umgeben von den Klängen des Regenwalds, und, und, und – in jedem Land Südamerikas warten überall unvergessliche Abenteuer.

Wandern

Den Möglichkeiten zum Wandern sind praktisch keine Grenzen gesetzt. Egal, wohin man geht, atemberaubende Landschaften sind eigentlich nahezu garantiert: schneebedeckte Gipfel, Nebelwälder oder grüne Dschungel mit ihren einzigartigen Voraussetzungen für unvergessliche Tierbeobachtungen.

Die Andenländer sind berühmt für ihre alten Inka-Pfade, die prädestiniert sind für Ausflüge mit großartigen Aussichten. Obwohl die viertägige Trekkingtour nach Machu Picchu unter all diesen Touren der Klassiker ist, empfehlen sich auch alternative Routen. Sie sind billiger, weniger überlaufen, schöner und garantieren mehr Nachhaltigkeit. Eine weitere Möglichkeit in der Umgebung von Cuzco ist die spektakuläre sechstägige Wanderung rund um den als heilig verehrten Ausangate (6372 m), bei dem Passhöhen von 5000 m erklommen werden müssen; unterwegs passiert man riesige Alpaka-Herden und kleine Weiler, die seit Jahrhunderten jeder Veränderung getrotzt haben.

Gleich mehrere andere Touren führen ebenfalls entlang alter Inka-Pfade, darunter in Ecuador der weniger bekannte Inka-Trail nach Ingapirca. Und zahlreiche Wanderwege verlaufen auf alten Inka-Routen durch Boliviens Cordilleras zu den Yungas.

Auch in Brasilien warten viele interessante Wanderstrecken, sowohl in den nationalen und staatlichen Parks wie auch entlang der Küste. In Bahia bietet der

Top-Outdoor-Erlebnisse

Die Atacama erkunden (Chile)
Man erklimmt riesige Dünen, bewundert Petroglyphen und hinterfragt die Fata Morganen von Oasen.

Einen Vulkan besteigen (Ecuador)
Gipfelstürmer werden auf dem Volcán Cotopaxi (5897 m) mit unvergesslichen Ausblicken belohnt.

Im Cañón del Colca wandern (Peru)
Andenkondore gleiten über diesen rauen Canyon in Peru, den zweittiefsten der Welt.

Wildtiere im Amazonsgebiet
Man wohnt in einer Dschungel-Lodge und beobachtet Affen, Aras, Kaimane und viele Arten mehr (z. B. in Brasiliens Mamirauá Reservat).

Eine verlorene Stadt entdecken (Kolumbien)
Eine fabelhafte mehrtägige Tour führt über anspruchsvolle 44 km durch den Dschungel mit den bemerkenswert gut erhaltenen Ruinen der versunkenen Stadt Tayrona.

Mountainbiken auf der gefährlichsten Straße der Welt (Bolivien)
Nomen est omen – auf der spektakulären Andenpiste braucht man gute Bremsen!

Rafting (Chile)
In Patagonien rauscht man über die tosenden Stromschnellen des Futaleufú Rio.

Parque Nacional da Chapada Diamantina Gelegenheit für spektakuläre Tageswanderungen wie auch für mehrtägige Touren; Lençóis ist ein guter Ausgangspunkt. Weitere Highlights sind die Parks rund um Cambará do Sul, in der Chapada dos Guimarães und der Chapada Veadeiros.

Kolumbien bietet einige hervorragende Trekking-Möglichkeiten. Wer lieber Tageswanderungen unternehmen möchte, findet gute Strecken vor, von denen die meisten – etwa an der Laguna Verde und im Valle de Cocora – ohne Begleitung eines Führer angegangen werden können.

Die Nationalparks im Süden des Kontinents – u. a. in den Torres del Paine in Chile, im argentinischen Seengebiet und auch in Argentiniens stürmischem, aber spektakulärem Fitz-Roy-Massiv – sind großartige Wandergebiete mit ausgezeichneten Wegen, die zudem gut erreichbar sind. Und wer gerne abseits ausgetretener Pfade unterwegs ist, für den hält der Norden Patagoniens in Chile einige ausgezeichnete Touren bereit.

Weniger bekannte Bergketten wie Kolumbiens Sierra Nevada de Santa Marta (wegen der Ciudad Perdida) und die Sierra Nevada de Mérida in Venezuela sind ebenfalls interessant. Die zwei- bis dreitägige Wanderung auf den Gipfel der venezolanischen Roraima ist einer der unvergesslichsten Erfahrungen, die der Kontinent im Programm hat. Kolumbiens Parque Nacional El Cocuy ist eine tolle Gegend auch für nicht-technisches Trekking zwischen Gletschern.

Top-Reiseziele

Peru Die wichtigsten Trekking-Zentren sind Cuzco und Arequipa im Süden der Anden sowie Huaraz im Norden. Wanderer werden rund um Perus archäologische Ausgrabungen viele leicht zugängliche Wege finden, die auch Ziele für eher anspruchsvolle Trekkings sind. Von Arequipa aus kann man in einige der tiefsten Schluchten der Welt hinabsteigen: in die berühmten Cañón del Colca und Cañón del Cotahuasi. Kaum zu überbieten, was Ausblicke auf felsige, schneebedeckte Bergspitzen angeht, ist die Cordillera Blanca bei Huaraz. Die entlegene und raue Cordillera Huayhuash ist ähnlich atemberaubend. Eine klassische und beliebte Trekking-Route ist die viertägige Tour von Llanganuco nach Santa Cruz, wo die Härteren unter den Bergsteigern den 4760 m hohen und von Eis bedeckten Gipfeln eingerahmten Punta Union Pass erklettern.

Argentinien Im Seengebiet gibt es in mehreren Nationalparks, u. a. in Nahuel Huapi und in Lanín, einige hervorragende, ein- bis mehrtägige Wanderrouten. El Bolsón ist ein ausgezeichneter Ausgangspunkt für Wanderungen in Patagonien, sowohl für Touren durch die Wälder außerhalb der Stadt als auch für solche im nahe gelegenen Parque Nacional Lago Puelo. Im Parque Nacional Los Glaciares gibt's wunderbare Wandergebiete auf und um den Fitz Roy. Als Basis empfiehlt sich El Chaltén, wo man notfalls auch die Stürme aussitzen kann.

Chile Für geradezu epische Wandererfahrungen führt am Parque Nacional Torres del Paine in Patagonien kein Weg vorbei. Die atemberaubende Tour im Tierra del Fuego Dientes de Navarino bietet Ehrfurcht gebietende Isolation, ist aber schwieriger zu erreichen.

Kolumbien Die schweißtreibende, mehrtägige Wanderung an der Karibikküste zur Ciudad Perdida (Verlorene Stadt) führt durch den Dschungel und hüfthohe Flüsse. Im Parque Nacional Natural (PNN) El Cocuy umgeben den Wanderer ein Dutzend Fünftausender und phänomenale Höhenlandschaften. Der PNN Tayrona bietet zugängliche, kurze Wanderungen durch tropischen Trockenwald mit der Möglichkeit zum Essen, Trinken und Baden.

Ecuador In der Nähe des spektakulären Kratersees von Quilotoa gibt's einige ausgezeichnete Wanderrouten, u. a. auch von Dorf zu Dorf und mit der Option, ein paar Abkürzungen durch Höhenschluchten zu nehmen. Eine ausgezeichnete Strecke für einen Trip per pedes und auf eigene Faust führt von Quilotoa nach Isinlivi; übernachtet wird unterwegs in Chugchilán.

Venezuela Abgesehen von der spektakulären Reise nach Roraima bietet Venezuela in der Nähe von Mérida auch einige großartige Anden-Trekkings. Auch in der Umgebung des Parque Nacional El Ávila nördlich von Caracas finden sich einige gute Wanderwege.

Wildbeobachtungen

Die Zahl der großen und kleinen Kreaturen erreicht auf dem Kontinent der Nebelwälder, der Anden und des Amazonas-Regenwalds epische Ausmaße. Ob man nun ein begeisterter Hobbyornithologe ist oder einfach nur Affen in der Wildnis beobachten will, Südamerika ist nur schwer zu toppen. Die Artenvielfalt ist schlicht atemberaubend.

In Brasilien gibt es hervorragende Ziele fürs Wildlife Watching. In Amazonien sind Lodges perfekte Standorte, um nach Tukanen, Faultieren, Flussdelfinen und Affen Ausschau zu halten. Im Pantanal, einem großflächigen Feuchtgebiet, das sich bis nach Bolivien und Paraguay erstreckt, sind die Chancen sogar noch größer, noch mehr Tierarten als im Amazonasgebiet zu Gesicht zu bekommen,.

Apropos Bolivien: Der Parque Nacional Madidi ist die Heimat von über 1000 Vogelarten und von Wildtieren, die in den meisten bolivianischen Ökosystemen endemisch sind, sei es tropischer Regenwald, die Savanne, Nebelwälder oder in der alpinen Tundra. Agenturen, die oft von Wissenschaftlern oder Umweltschützern geleitet werden, organisieren Ausflüge von Santa Cruz, Cochabamba, Samaipata und, seltener, von La Paz aus.

Auch Peru verfügt über eine spektakuläre Vielfalt an Pflanzen und Tieren. Im weitläufigen Parque Nacional Manu leben Jaguare, Tapire und Affen in einem der unberührtesten Regenwaldreservate des Kontinents. Vor Perus Südküste bewohnen Kolonien lärmender Seelöwen und Pinguine die felsigen Islas Ballestas.

Mit über 1900 Vogelarten hat Kolumbien die größte Vielfalt der Erde. Und auch was die Zahl endemischer Arten angeht, kann es problemlos mit Peru und Brasilien konkurrieren. Die Anden sind Heimat zahlreicher Kolibris (mehr als 160 Arten); der Urwald Amazoniens ist voller Tukane, Papageien und Aras; und der PNN Puracé in der Nähe von Popayán ist Heimat des Kondors. *Der* Ort, um in Kolumbien Vögel zu beobachten, ist der Montezuma Peak, im PNN Tatamá in der Cordillera Occidental.

Auch das vergleichsweise kleine Ecuador besitzt eine erstaunlich vielfältige Fauna. Ornithologen sollten sich die Nebelwälder um Mindo vornehmen. Die Region des unteren Río Napo im Amazonasgebiet wartet mit einer noch größeren Biodiversität auf. Und die Galápagosinseln sind natürlich in jeder Hinsicht außergewöhnlich.

Mountainbiken

Von gemütlichen Fahrten durch landschaftlich bezaubernde Tiefebenen bis hin zu halsbrecherischen Abfahrten über die Hänge schwelender Vulkane – in Südamerika warten einige ziemlich spannende Ziele auf Mountainbiker. Die Anden sind gesegnet mit einigen der spektakulärsten Mountainbike-Gebiete der Welt. Der Zugang zu Gebirgen, herrlichen Seen, präkolumbischen Ruinen und Trails ist relativ unkompliziert, unzählige Ökozonen sind durch Pfade und Pisten für Geländewagen gut erschlossen. Leih-Mountainbikes gibt's reichlich, deren Qualität weist große Unterschiede auf. Insbesondere vor Downhills sollte man die wichtigsten Komponenten – Bremsen, Reifen, Schaltwerk – gründlich inspizieren. Wer längere und/oder mehrtägige Touren plant, ist besser beraten, sein eigenes Rad mitzubringen.

> ### VORBEREITUNG IST ALLES
> Viele Routen in Südamerika sind entweder nur unzureichend oder überhaupt nicht markiert. Wanderer sollten immer vor dem Start Erkundigungen einholen, da die Navigation oft ein wichtiger Faktor ist (viele Traveller sind leider schlecht vorbereitet). In puncto Ausrüstung sollte man auf gute und sichere Qualität achten – das gilt nicht zuletzt für Bergsteiger. Auch im Sommer kann es in den Anden zu extremen Temperaturschwankungen kommen. Sommerschlafsäcke und eine Ausrüstung, die nicht wasser- und wetterbeständig ist, werden nicht ausreichen!

Peru An wunderbarem Terrain herrscht kein Mangel. Außerhalb von Huaraz, Arequipa und sogar Lima gibt's Single-Track-Trails für Mountainbiker aller Leistungsstufen (von Greenhorn bis Crack). Für erfahrene Mountainbiker gibt's rund ums Sacred Valley, das Heilige Tal der Inka, fantastische Strecken, auch Downhills in den Urwald Amazoniens. Der Start erfolgt stets in Cuzco. Einfachere Touren wie etwa durch das Weinanbaugebiet rund um Lunahuaná und in den Cañón del Colca beginnen in Chivay.

Kolumbien Die beliebtesten Mountainbike-Strecken finden sich in San Gil und in Villa de Leyva; dort gibt es auch mehrere Adventure-Veranstalter und Fahrrad-Verleiher, die ihren Beitrag zum Adrenalinrausch der Biker leisten.

Bolivien Eine der längsten Abfahrten der Welt führt vom Parque Nacional Sajama bis runter zur chilenischen Küste in Arica. Berühmter ist allerdings der Thrill auf der World's Most Dangerous Road von La Cumbre nach Coroico; auf der

Abfahrt geht es fast 3600 Höhenmeter hinunter! Eine ebenfalls beliebte Route in der Nähe von La Paz führt durch das üppige Zongo-Tal und startet am Chacaltaya (5395 m).

Chile Ein von Mountainbikern favorisiertes Ziel im Norden ist San Pedro de Atacama. Großartige Touren durchs Seengebiet führen in unberührte Gebiete (die nur eingeschränkt durch öffentliche Verkehrsmittel erschlossen sind). Der neue Radweg rund um den Lago Llanquihue ist sehr beliebt, ebenso die Ojos de Caburgua-Rundroute bei Pucón.

Argentinien An den Mountainbike-Hot-Spots kann man Räder für Tagestouren mieten, auf eigene Faust oder geführt. Gute Ausgangspunkte sind im Seengebiet San Martin de los Andes, Villa la Angostura, Bariloche und El Bolsón, in Patagonien Esquel, in der Provinz Mendoza die gleichnamige Stadt und Uspallata, Barreal in der Provinz San Juan, im Nordwesten der Anden Tilcara sowie Tandil in der Provinz La Pampa.

Ecuador Für Adrenalinjunkies dürften die Abfahrten über die Flanken des Cotopaxi und des Chimborazo kaum zu schlagen sein. Von Baños führt La Ruta de las Cascadas (der Highway der Wasserfälle) über 61 km meist bergab nach Puyo. Unterwegs kann man sich in den namengebenden Wasserfällen erfrischen.

Bergsteigen

Auf dem Kontinent mit der längsten Gebirgskette der Welt sind die Klettermöglichkeiten nahezu unbegrenzt. Ecuadors Vulkane, die hohen Gipfel der peruanischen Cordillera Blanca und Cordillera Huayhuash, Boliviens Cordillera Real und der argentinische Aconcagua (6960 m; der höchste Gipfel der westlichen Hemisphäre) bieten Bergsteigern großartige Routen. Ein sehr beliebtes Kletterziel ist das Fitz-Roy-Massiv; der Cerro Torre gilt als einer der schwierigsten Gipfel der Welt. Die venezolanischen Anden sind nicht weniger attraktiv: Der Pico Bolívar ist zwar der Star unter den steinernen Riesen, viele weitere warten jedoch auch rund um Mérida auf ihre Bezwinger.

Die Anden sind ein Traum für Bergsteiger, vor allem in den Provinzen San Juan und Mendoza, in denen einige der höchsten Gipfel der westlichen Hemisphäre in den Himmel ragen. Während der Aconcagua der berühmteste ist, gibt es doch jede Menge andere, die interessanter und technisch anspruchsvoller sind. In der Nähe von Barreal bietet die Cordón de la Ramada fünf Sechstausender, darunter den gewaltigen Cerro Mercedario, dessen Gipfel auf 6770 m liegt. Die Region ist weniger dicht besiedelt als diejenige rund um den Aconcagua und wartet mit kniffligeren Routen auf, weshalb sie von vielen Kletterern bevorzugt wird. Die majestätische Cordillera de Ansilta, deren sieben Gipfel eine Höhe zwischen 5130 m und 5885 m erreichen, erstrecken sich ebenfalls in der Nähe.

Die großartige und fordernde Fitz-Roy-Kette im südlichen Patagonien unweit von El Chaltén gehört zu den schönsten alpinen Zielen der Welt, während die Berge des Parque Nacional Nahuel Huapi Spaß für Bergsteiger aller Leistungsklassen bieten.

Rafting

Ungezähmte Flüsse gibt's auf dem ganzen Kontinent. Sie liegen oft in spektakulärer Umgebung, winden sich durch tiefe Schluchten oder stürzen über Stromschnellen der Kategorie IV durch den Urwald.

Weltklasse-Rafting und -Kajaktrips warten in Ecuador. Auf einigen Flüssen reihen sich auf bis zu 100 km Länge raue Stromschnellen der Kategorie III und IV aneinander, bevor die Wasserläufe schließlich ruhiger werden und von den Anden entweder zum Pazifik oder ins Amazonasbecken fließen. Tena ist mit zwei der bekanntesten Flüsse des Landes vor der Haustür, dem Oberlauf des Río Napo (Kategorie III+) und dem Río Misahuallí (Kategorie IV+), das Rafting-Mekka von Ecuador.

Der Reichtum an malerischen Flüssen, Seen, Fjorden und Buchten macht den Süden Chiles zu einem Traumziel. Chiles Flüsse, die durch enge Schluchten der Anden toben, sind Weltklasse. Der Rio Futaleufú (Kategorie IV-V) im Norden Patagoniens bietet unvergessliche Erlebnisse. Zu den technisch nicht ganz so anspruchsvollen Revieren gehören die Flüsse außerhalb von Pucón und der schöne Rio Petrohué in der Nähe von Puerto Varas sowie der Río Simpson und Río Baker in der Region Aisén. In der Nähe von Santiago bietet der Cajón del Maipo ein zahmes, nicht weniger schönes Rafting-Erlebnis.

In Peru ist Cuzco das vielfältigste Raftingziel. Ob einige ruhige Stunden auf dem Urubamba, Adrenalinräusche auf dem Santa Teresa oder mehrtägige Trips auf dem Rio Apurímac (der genau genommen der Quellfluss des Amazonas ist) – für jeden ist das Passende dabei. Auf dem Tambopata stürzt man an der Ostflanke der Anden (Juni–Okt.) ins Tal hinunter und schwebt anschließend ein paar Tage lang auf dem Wasser durch unberührten Regenwald. Wildwasserspaß bieten auch der Río Cañete südlich von Lima und die Schluchten um Arequipa in Peru.

In Argentinien sind es einige Flüsse rund um Bariloche und Mendoza wert, sich nass zu machen. In Kolumbien steht der Río Suárez in der Nähe von San Gil für eine recht anständige Fahrt zur Verfügung.

Surfen

In Südamerika ist Brasilien sicher das bekannteste Ziel für Surfer, großartige Brandung gibt es in der Nähe von Rio und im Südosten sowie entlang der Küste von Santa Catarina bis São Luís. Surftrips nach Fernando de Noronha versprechen spektakuläre Momente, sind aber kein billiges Vergnügen.

In Peru finden die nationalen Meisterschaften an der Punta Rocas und am Pico Alto statt, einem Kamikaze-Break mit einigen der größten Wellen des Landes – eine Nummer nur für echte Cracks! Aber auch Perus Nordküste bietet eine ganze Reihe ausgezeichneter Surfspots. Am berühmteste ist sicher Puerto Chicama, wo Rides von mehr als 2 km möglich sind; es ist der wohl längste Lefthander der Welt.

Dank einer ganzen Reihe von Breaks entlang der ewig langen Pazifikküste kann Chile mit einer beachtlichen Surferkultur aufwarten, vor allem im mittleren und nördlichen Teil des Landes (Neoprenanzüge werden jedoch benötigt). Mit großen Breaks und langen Lefthandern gilt Pichilemu als Surferhauptstadt Chiles – und ist entsprechend Ausrichter der nationalen Meisterschaft: Die Wellenreiter pilgern zum perfekten Left Break an der Punta de Lobos, während Anfänger sich unweit von hier in La Puntilla austoben können. Die Küstenstraße Ruta 1 (RN1) ist ebenfalls von Surfspots gesäumt.

NOCH MEHR ABENTEUER

Es gibt kaum etwas, das es in Südamerika nicht gibt. Ob man über den Regenwald hinweggleiten oder auf einem Board riesige Sanddünen hinabdüsen will – hier ist's möglich.

Sandboarden Wem es nichts ausmacht, anschließend Sand an Stellen zu finden, von denen er vorher nicht einmal ahnte, dass es sie gibt, der sollte sich in Argentinien in San Pedro de Atacama oder in Iquique ins Vergnügen stürzen. In Peru kann man sich rund um Nazca Boards unter die Füße schnallen.

Walbeobachtung Mit einer Population von jährlich rund 400 Buckelwalen gilt Puerto López (Ecuador) als eine der bedeutendsten Kinderstuben der Meeressäuger. Zahlreiche Bootsanbieter durchschippern von Juni bis September die Gewässer.

Drachenfliegen Der zehnminütige Flug vom Pedra Bonita zum Strand von Rio de Janeiro ist pure Magie (oder, je nach Perspektive, blanker Terror).

Reiten In San Agustín (Kolumbien) kann man durch atemberaubende Landschaft reiten und dabei präkolumbische Stätten bestaunen.

Hundeschlittenfahren Man kann erst dann sagen, im Leben alles erlebt zu haben, wenn man eine Fahrt im Hundeschlitten ausprobiert hat. Argentinien ist ein großartiges Land, um sich auf dieses ganz besondere Abenteuer einzulassen. Anbieter gibt's in der Nähe von Caviahue, San Martín de los Andes und Ushuaia.

Strandsegeln In der Nähe von Barreal (Argentinien) kann man sich in einem wendigem Gefährt im Schatten der Andengipfel vom Wind über einen ausgetrockneten See treiben lassen.

Blitzejagen In Venezuela kommt es nahe der Mündung des Río Catatumbo in den Lago de Maracaibo zu einem faszinierenden Naturereignis: Blitz und Donner ohne Ende.

Ecuadors beste Wellen brechen vor der Isla San Cristóbal der Galápagosinseln. Auf dem Festland bietet Montañita einen mächtigen Reef Break mit großartigen Tubes.

Ebenfalls gute Wellen gibt's bei Mar del Plata (Argentinien) und in Uruguay. In Venezuela gibt's tolle Kitesurfspots in Adicora und in Margarita.

Skifahren & Snowboarden

Pulverschneefanatiker dürfen sich die Hände reiben. Von Juni bis September bieten Weltklasse-Skigebiete in den chilenischen und argentinischen Anden unzählige Möglichkeiten zum Skifahren, Snowboarden und auch Heliskiing. Hoffnung auf echte Schnäppchen sollte man sich keine machen, die Preise sind orientieren sich am hohen Niveau der Gebiete. „First Decents"-Abfahrten von den zahlreichen chilenischen Bergen in Patagonien werden zwar immer beliebter, allzu viele Möglichkeiten hierfür gibt es aber bislang noch nicht.

Die meisten Skigebiete liegen maximal eine Autostunde von Santiago entfernt, darunter das familienorientierte Gebiet La Parva, die für Anfänger wie Cracks geeigneten Pisten von El Colorado sowie das Valle Nevado, das viel Auslauf und renommiertes Heliskiing bietet. Das legendäre Portillo, Ort mit diversen Geschwindigkeitsrekorden und Sommertrainingsbasis für viele Skiprofis aus Europa und den USA, liegt nordöstlich von Santiago in der Nähe des Grenzübergangs nach Mendoza in Argentinien.

Termas de Chillán, östlich von Chillán, ist ein legerer Ort mit mehreren Pisten für Anfänger, während der Parque Nacional Villarrica in der Nähe der Kurstadt Pucón den zusätzlichen Nervenkitzel bietet, an den Hängen eines rauchenden Vulkans Ski zu fahren. Im Skigebiet Corralco am Volcán Lonquimay kommen Anfänger wie Könner auf ihre Kosten, außerdem sind von hier gute Touren ins Hinterland möglich. Östlich von Osorno bieten die Vulkane Osorno und Antillanca Pisten mit fantastischer Aussicht und eine familiäre Atmosphäre.

In Argentinien gibt es drei große Wintersportzentren: Mendoza, das Seengebiet und Ushuaia. Mendoza liegt in der Nähe des vielleicht besten argentinischen Skigebiets, Las Leñas, das mit den großartigsten Schneeverhältnissen und längsten Abfahrten lockt. Ebenfalls in der Nähe liegt Los Penitente. Im Seengebiet gibt's mehrere kleinere Skigebiete, u.a. am Cerro Catedral in der Nähe von Bariloche und am Cerro Chapelco in der Nähe von San Martin de los Andes.

Südamerika im Überblick

Südamerika – das sind 13 Länder, die mit atemberaubenden Natur- und Kulturwundern aufwarten. Die Herausforderung ist, sich zu entscheiden, was man zuerst besichtigt. Peru, Bolivien, Ecuador und Kolumbien bieten erschwingliche Abenteuer: die Andengipfel erklimmen, durch Nebelwälder wandern und Dörfer besuchen. Brasilien ist das Land der Traumstrände, des Nachtlebens und der unvergesslichen Ausflüge – ob mit dem Kanu auf dem Amazonas oder mit dem Strandbuggy durch den Nordosten. Chile und Argentinien warten mit tollem Hochland, malerischen Küsten und der schroffen Wildnis Patagoniens auf. Und wer gern abseits ausgetretener Touristenpfade unterwegs ist, kann den Urwald der Guyanas erforschen.

Überall auf dem Kontinent finden sich Kolonialstädte und abgelegene Küstendörfchen – genau das Richtige zum Erholen nach ein paar Tagen (oder Wochen) der Erkundung von Südamerikas unglaublichen Attraktionen.

Argentinien

**Großstädte
Landschaft
Outdoor**

Urbane Reize
Buenos Aires ist eine schillernde Metropole voller Tangolokale, altmodischer Cafés und hipper Boutiquen. Córdoba hat eine blühende Kunstszene, während Mendoza *das* Ziel für Abenteurer ist.

Naturwunder
Der Moreno-Gletscher ist der Wahnsinn. Auf und vor der Halbinsel Valdes tummeln sich Wale, Pinguine und andere Wildtiere. Und dann wären da noch die Felsformationen der Quebrada de Humahuaca und die majestätischen Iguazú-Fälle!

Outdoor-Aktivitäten
In Patagonien, rund um Mendoza und im Seengebiet kann man hervorragend wandern, bei Bariloche und Mendoza super Kanu fahren und in Las Leñas, Cerro Castor und Cerro Catedral klasse Ski fahren.

S. 56

Bolivien

**Landschaft
Trekking
Tierwelt**

Tolle Aussicht
Wer durch diese abgelegene Wildnis reist, kann die größte Salzwüste der Welt, Felsformationen, Täler voller Kakteen, Vulkane, schillernde Seen und den unendlich scheinenden Himmel bewundern.

Inka-Pfade
Um auf den Spuren der Inka zu wandeln, folgt man am besten ihren alten Wegen, die durch nebelige Täler und weite Wildnis führen. Ob man nun einen oder mehrere Tage unterwegs ist – das Wandern lohnt sich!

In die Wildnis
Natur pur – kein Wunder, dass Bolivien ein Lieblingsziel von Naturliebhabern ist! Viele große Nationalparks und Naturschutzgebiete schützen (bis zu einem gewissen Grad) endemische und vom Aussterben bedrohten Arten.

S. 202

Brasilien

**Strände
Tierwelt
Kultur**

Bezaubernde Küste
Seinem Ruf, ein Paradies zu sein, wird Brasilien gerecht: mit fast 7500 km palmengesäumter, herrlicher Küstenlinie. Fernando de Noronha, Bahia und Ceará sind tolle Beispiele.

Unübertroffene Artenvielfalt
Das Land mit der größten Artenvielfalt der Welt beheimatet eine unfassbar große und vielfältige Fauna. In besonderem Maße gilt dies für das Amazonasgebiet und das Pantanal – aber auch sonst ist die Tierwelt umwerfend, von Bonito bis Belém.

Schmelztiegel
Portugiesen, Japaner und Afrikaner, Araber, europäische Immigranten und die indigene Bevölkerung: Brasilien ist ein wahrer Schmelztiegel. *Isso é Brasil* – das ist Brasilien!

S. 303

Chile

**Outdoor
Landschaft
Wein & Pisco**

Wandern in Patagonien
Wind, Regen, rustikale *refugios* und eindrucksvolle Landschaften – die klassische „W"-Route im Parque Nacional Torres del Paine ist ein unvergessliches Abenteuer.

Wüstenlandschaften
Die Atacama, die trockenste Wüste der Welt, ist ein außerirdisch anmutender Ort mit Salzhöhlen, Mondlandschaften und mächtigen Geysiren umgeben von schneebedeckten Vulkanen.

Spirituosen (und Weine)
Chile streitet mit Peru um die Urheberschaft des *pisco*. Der Traubenbrand wird im Valle Elqui hergestellt. Unbestreitbar Chiles Verdienst ist es, den Carménère berühmt gemacht zu haben, einen vollmundigen Rotwein.

S. 456

Ecuador

**Architektur
Landschaft
Ökotourismus**

Kultur entdecken
Die kolonialen Zentren von Quito und Cuenca strotzen vor architektonischen Schätzen. In Quito und Guayaquil sind tolle Sammlungen präkolumbischer Kunst und Arbeiten von Oswaldo Guayasamín zu sehen.

Dramatische Landschaften
In Urwald-Lodges schnuppert man Amazonas-Luft, am Quilotoa die Höhenluft der Anden. Einfach atemberaubend sind die Galápagosinseln – sofern es die Reisekasse erlaubt, sollte man unbedingt hinfahren.

Ökotourismus
Klettern in den Anden (z. B. am Cotopaxi), Downhill-Mountainbiken (z. B. vom Chimborazo), Ökotouren in den Nebelwäldern von Mindo und Rafting bei Tena – Ecuador ist ein riesiger Abenteuerspielplatz.

S. 584

Französisch-Guayana

**Geschichte
Essen
Tierwelt**

Alte Gefängnisse
1852 bis 1938 kamen ca. 70 000 Häftlinge aus Frankreich nach Französisch-Guayana. Heute verschluckt der Urwald die Gefängnisse; besonders interessant sind die auf der Îles du Salut.

Aromenvielfalt
Afrikanische, vietnamesische, französische, indonesische und brasilianische Einflüsse, heimische Gewürze und frische Zutaten ergeben die spannende Küche Südamerikas.

Schildkröten, Vögel, Kaimane
Man kann bei einer Pirschfahrt im Kaw Nature Reserve nach Kaimanen und dem prächtigen Scharlachsichler (Roten Ibis) Ausschau halten oder während der Schildkrötensaison an die Küste fahren, wo Schildkröten ihre Eier in den Sand legen.

S. 691

Guyana

**Tierwelt
Kultur
Architektur**

Amazonas-Monster
Was Großes gefällig? Während man den größten Süßwasserfisch der Welt sucht, laufen einem auch Ameisenbären, Kaimane und anderes über den Weg. Das Beste: Die Tiere lassen sich nicht lange bitten.

Auf den Spuren der Ureinwohner
In den Rupununi-Savannen wandert man von einer Lodge zur nächsten, man beobachtet Vögel und lernt, mit Pfeil und Bogen zu schießen. Und nebenbei unterstützt man die Ureinwohner, da diese die Lodges betreiben.

Schmuckstücke
In Georgetown wurde nichts aufpoliert, aber genau das ist der Charme der Stadt. Die Windkühlung der Gebäude ist einfach genial, auch wenn man der Farbe beim Abblättern zusehen kann.

S. 710

Kolumbien

**Landschaft
Outdoor
Kaffee**

Naturschätze
Kolumbiens phänomenale Landschaften, von den gewaltigen Dünen bei Punta Gallinas bis zu den Gletschern des Nationalparks El Cocuy und den überfluteten Amazonaswäldern, bieten Stoff für ein ganz eigene Naturdokumentationen eines jeden Reisenden.

Endlose Reize
Die kleine Stadt San Gil ist der reinste Abenteuerspielplatz: Rafting, Klettern, Paragliding – das ist nur ein Bruchteil der Möglichkeiten, die sich in diesem Land Adrenalinjunkies bieten.

Schwarzes Gold
Auf den preisgekrönten Plantagen um Manizales und Armenia in der Zona Cafetera lernt man, wie man Kaffeebohnen pflückt und klassifiziert (und probiert das Endprodukt).

S. 730

Paraguay

**Geschichte
Kultur
Tierwelt**

Koloniale Relikte
Die Geschichte der Jesuiten in Südamerika begann und endete im Urwald Paraguays. Das soziale Experiment ist lange vorbei – die wundervollen Kirchen der Jesuiten blieben als stumme Zeugen zurück.

Indigene Einflüsse
Die hiesige Kultur ist geprägt von korrupten Diktatoren, aber auch einem starken indigenen Einfluss – der Kulturen-Cocktail macht das Land zu einem faszinierenden Ziel für Entdeckungsreisende.

Biodiversität im Chaco
In Paraguays arider Region Chaco existiert eine vielfältige Tierwelt. Auch wenn die Landschaft unwirtlich daherkommt, ist dies der beste Ort, um große Tiere wie Tapire, Pumas und die bedrohten Chaco-Pekaris zu beobachten.

S. 832

Peru

**Kultur
Ruinen
Landschaften**

Indigene Kultur
In Peru findet man die Kultur nicht in einem staubigen Museum. Sie ist überall anzutreffen. Die Traditionen der indigenen Bevölkerung spiegeln sich in den religiösen und saisonalen Festen wider.

Zivilisation der Inka
Von der Inkastadt Machu Picchu hoch oben in den Wolken bis zur Festung von Kuélap im Nebelwald – Perus Ruinen sind berühmt, aber das bedeutet nicht gleich Massentourismus. Viele erreicht man über Wanderwege, die für sich schon Attraktionen sind.

Von den Anden zum Amazonas
Von den Stränden, dem Amazonas-Regenwald und verlassenen Dörfern bis zu den Gipfeln der Cordillera Blanca bietet Peru schroffe und spektakuläre Landschaften.

S. 867

Suriname

**Kultur
Tierwelt
Architektur**

Marrons
Wer mit dem Boot den Oberlauf des Suriname hinunterfährt, sieht unzählige Lodges. Geführt werden sie von Marrons, die sich eine einzigartige Kultur bewahrt haben. Die Auswahl reicht von luxuriösen Bungalows bis zu einfachen Hängemattenplätzen.

Riesige Urwälder
Tief drinnen im Central Suriname Nature Reserve trifft man auf Affen, Myriaden von Vögeln, Kaimane und vielleicht sogar auf einen Jaguar oder eine Harpyie.

UNESCO-Erbe
Paramaribos Welterbe-Viertel ist mit nichts in der Welt zu vergleichen. Baustile aus der niederländischen Kolonialzeit treffen dort auf eine Art Wilden Westen – und das alles wird noch interessanter durch die Farben und die Kultur der Karibik.

S. 989

Uruguay

**Strände
Architektur
Landschaften**

Sonne, Sand & Surfen
Dank der über 300 km langen, herrlichen Küstenlinie muss man in Uruguay ziemlich sicher nicht frühmorgens schon mit dem Handtuch seinen Platz am Strand reservieren.

Kolonialer Reichtum
Die Colonia del Sacramento ist natürlich das Highlight, und auch Montevideos Altstadt hat viele Fans. Aber im Grunde findet man auf so ziemlich jeder Plaza im Land traumhaft schöne, von den Spaniern inspirierte Szenerien.

Im Landesinnern
Während sich Touristen am Strand vergnügen, zieht es die Kenner ins Landesinnere von Uruguay. Die wunderschöne, sanft geschwungene Bergkulisse ist der Inbegriff für Abenteuer abseits ausgetretener Pfade.

S. 1005

Venezuela

**Strände
Outdoors
Tierwelt**

Karibische Schönheit
Venezuela kann mit verlockenden Stränden aufwarten. Wir empfehlen das kleine Archipel Los Roques, das kolonialzeitliche Puerto Colombia und die Abgeschiedenheit der Península de Paria.

Adrenalinkicks
Dünensurfen bei Coro, Kitesurfen an der Karibik oder Paragliden in Mérida? Oder doch lieber eine Klettertour auf den mysteriösen *tepui* (Tafelberg) Roraima? Man hat die Qual der Wahl.

Alle Tiere – klein und groß
Im Parque Nacional Henri Pittier kann man Vögel beobachten, bei Los Llanos Anakondas, Ameisenbären und Capybaras und im Orinoco-Delta Brüllaffen, Kaimane und Piranhas – Venezuelas Fauna hat viel zu bieten.

S. 1040

Reiseziele in Südamerika

Argentinien

Inhalt ➡

Buenos Aires........59
Nordöstliches
Argentinien..........83
Nordwestliches
Argentinien..........108
Atlantikküste........133
Zentrales
Argentinien..........140
Seengebiet..........151
Patagonien..........166
Feuerland (Tierra
del Fuego)..........181
Argentinien
verstehen..........186
Praktisches..........195

Gut essen

- ➡ Sarkis (S. 74)
- ➡ Chan Chan (S. 73)
- ➡ La Nieta 'e la Pancha (S. 113)
- ➡ Kalma Resto (S. 186)

Schön übernachten

- ➡ Chill House Hostel (S. 71)
- ➡ Hostel Rupestre (S. 111)
- ➡ La Casona de Odile (S. 163)
- ➡ Nothofagus B&B (S. 175)

Auf nach Argentinien!

Mit seinen grandiosen Landschaften, den kosmopolitischen Städten und der lebendigen Kulturszene ist Argentinien ein Paradies für Traveller. Das Land erstreckt sich über fast 3500 km von Bolivien bis zur Spitze Südamerikas und umfasst vielfältige Landschaftsformen und Klimazonen. Naturliebhaber können die patagonische Steppe durchqueren, den höchsten Berg Südamerikas erklimmen, zwischen Pinguinen umherspazieren und die spektakulärsten Wasserfälle der Welt bestaunen. Wanderer genießen die Szenerie des Seengebiets und schwärmen von der von Gletschern geformten Landschaft Patagoniens und den Andenwüsten. Stadtmenschen werden sich in Buenos Aires wohlfühlen, können beim Tango eine kesse Sohle aufs Parkett legen, Designerklamotten kaufen, verschiedenste Speisen probieren und in Clubs die Nacht zum Tag machen.

Argentinien ist ein sicheres, freundliches, temperamentvolles Reiseland. Also nichts wie los und rein in ein unvergessliches Abenteuer!

Reisezeit
Buenos Aires

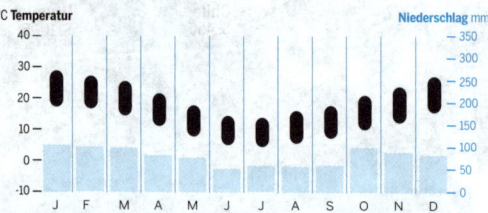

Dez.–Feb. Perfekt für Patagonien- und Strandurlaub. In Buenos Aires und im Norden ist es heiß.

März–Mai & Sept.–Nov. Super Klima in Buenos Aires, im Seengebiet und in Mendoza.

Juni–Aug. Hauptskisaison und die ideale Zeit für Reisen in den Norden. Die Strände sind leer.

Verkehrsmittel & -wege

Buenos Aires ist per Flugverkehr mit den meisten anderen südamerikanischen Hauptstädten verbunden. Auf dem Landweg besitzt Argentinien einige Grenzübergänge nach Bolivien, Paraguay, Brasilien und Uruguay sowie sehr, sehr viele nach Chile. Generell geht die Abfertigung an den Grenzen schnell, wenn alle Dokumente in Ordnung sind. Es ist verboten, auf dem Land- oder Luftweg Obst und Gemüse (sogar in Sandwichs), Milchprodukte oder Fleisch nach Chile einzuführen. Wer es dennoch tut, riskiert happige Geldstrafen!

REISEROUTEN

Zwei Wochen
Nach ein paar Tagen in Buenos Aires geht es weiter nach Mendoza (zu Weinproben und Outdoor-Abenteuern) und Bariloche (wo man im Sommer wandern und im Winter skifahren kann). Wanderbegeisterte sollten sich vor allem in das patagonische Dorf El Chaltén aufmachen und bei der Gelegenheit auch dem nahen El Calafate mit dem wundervollen Perito-Moreno-Gletscher einen Besuch abstatten.

Ein Monat
Wer ganz Argentinien in einem Monat erkunden will, muss ab und zu ins Flugzeug steigen. Man kann sich aber auch, je nach Jahreszeit, auf den Norden oder Süden konzentrieren. Zunächst verbringt man ein paar Tage in Buenos Aires. Die spektakulären Wasserfälle von Iguazú verdienen immer ein paar Tage. In die Kolonialstadt Salta fährt man am besten zwischen April und November, während Córdoba, Mendoza und das Argentinische Seengebiet ganzjährig reizvoll sind. In patagonischen Orten wie El Chaltén oder Ushuaia ist vieles von Juni bis August geschlossen (aber nicht die Skianlagen).

Essen & Trinken

➤ **Rindfleisch** Die Argentinier lieben perfekt gegrilltes Rindfleisch mit rauchiger, salziger Marinade.

➤ **Wein** Argentinische Weine lohnen eine Entdeckungsreise – von Malbecs aus Mendoza über Torrontés aus Cafayate bis hin zu den Syrahs aus San Juan.

➤ **Mate** Die meisten finden den ersten Schluck Matetee schauderhaft, aber bei dem bitteren, nach Gras schmeckenden Getränk lernt man leicht Menschen kennen.

➤ **Eiscreme** In Argentinien gibt's mit das beste *helado* weltweit. Es kommt als Berg mitsamt einem Löffel auf den Tisch.

➤ **Italienisches Essen** Pizza und Pasta ist nahezu überall zu finden – da fragt man sich fast, wer das alles essen soll.

➤ **Dulce de leche** Die Argentinier haben aus Milch und Zucker die beste Karamelsauce der Welt kreiert. Sie ist in fast allen süßen Leckereien des Landes enthalten.

ÜBERBLICK

➤ **Geld** Geldautomaten sind weit verbreitet; Kreditkartenzahlung ist in guten Hotels, Restaurants und Läden möglich

➤ **Sprache** Spanisch

➤ **Visa** Nicht erforderlich

➤ **Währung** Argentinischer Peso (AR$)

➤ **Zeit** MEZ -4 Std.

Kurzinfos

➤ **Fläche** 2,8 Mio. km²
➤ **Bevölkerung** 43 Mio. Ew.
➤ **Hauptstadt** Buenos Aires
➤ **Notfall** ☏ 101
➤ **Landesvorwahl** ☏ 54

Wechselkurse

Eurozone	1 €	16,69 AR$
	1 AR$	0,05 €
Schweiz	1 SFr	15,27 AR$
	1 AR$	0,06 SFr

Tagesbudget

➤ **B** 225–285 AR$, **DZ** 1125–2250 AR$

➤ **Abendessen mit zwei Gängen** 150 AR$

➤ **Bier in einer Bar** 30 AR$

➤ **Busticket (4 Std. Fahrt)** 350 AR$

Infos im Internet

➤ **The Argentina Independent** (www.argentina independent.com)

➤ **Landing pad BA** (www.landingpadba.com)

Highlights

① In Argentiniens mondäner Hauptstadt **Buenos Aires** (S. 59) essen, shoppen, Tango tanzen und die Nacht durchfeiern

② Die spektakulären, fast 3 km breiten **Iguazú-Fälle** (S. 107) bestaunen

③ Argentiniens zweitgrößte Stadt **Córdoba** (S. 108) mit ihrer alternativen Kultur entdecken

④ In **El Chaltén** (S. 173) und seinem traumhaften Umland nach Herzenslust wandern, trekken und campen

⑤ In den fantastischen Bergen und Seen bei **Bariloche** (S. 157) angeln, Ski fahren, wandern und raften

⑥ In **Mendoza** (S. 142) Weine von Weltklasse probieren und sich in Outdoor-Abenteuer stürzen

⑦ Einen Abstecher zum grandiosen, immer wieder kalbenden Perito-Moreno-Gletscher im **Parque Nacional Los Glaciares** (S. 179) unternehmen

⑧ Wale, See-Elefanten und Pinguine auf der **Reserva Faunistica Península Valdés** (S. 170), dem Mekka der Tierwelt, beobachten

⑨ In der **Quebrada de Humahuaca** (S. 130) den Blick über die schöne raue Berglandschaft mit den vielen Kakteen schweifen lassen

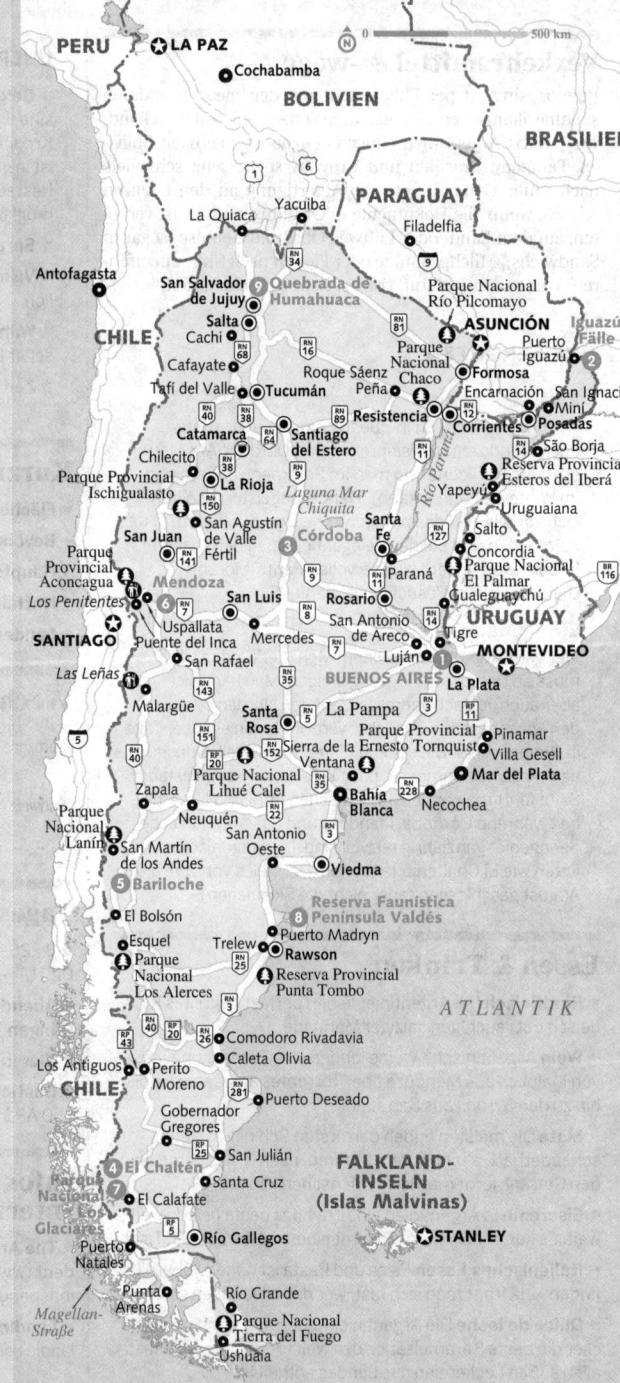

BUENOS AIRES

📞 011 / 13 MIO. EW. (GROSSRAUM BUENOS AIRES)

Es ist wahr, was so erzählt wird: Buenos Aires ist eine der spannendsten Städte Südamerikas, voller europäisch geprägter Bauten, stimmungsvoller Viertel und mit einem quirligen Nachtleben. Die leidenschaftlichen Einwohner der Stadt sind stolz und manchmal sogar etwas hochmütig, aber hat man sie erst einmal etwas kennengelernt, erweisen sie sich oft als sehr hilfsbereit.

Nach Argentiniens wirtschaftlichem Kollaps im Jahr 2002 rappelte sich Buenos Aires schnell wieder auf und leitete eine Renaissance ein, die heute noch anhält. Da das Ausland mit einem Mal viel zu teuer war, richteten die Argentinier ihre Energie aufs eigene Land – mit eindrucksvollen Resultaten: Noch immer schießen neue Restaurants, Boutiquen und Geschäfte aus dem Boden. Sie zielen nicht nur auf die Einheimischen und ihre Pesos ab, sondern auch auf ausländische Touristen, die harte Währung ins Land bringen.

Doch jede große Metropole hat auch ihre Schattenseiten. Sanierungsbedürftige Bürgersteige, allgegenwärtige Graffiti und dunkle Ecken – auch in den wohlhabendsten Vierteln – lassen erahnen, wie es in der Stadt zugeht. Hier gibt es Armut und Bettelei, und es liegt tiefe Melancholie in der Luft, genährt vom Wissen, dass der Reichtum des Landes nicht adäquat genutzt wird.

Aber: Nichts wie hinein in den verwirrenden Rummel dieser berauschenden Stadt, in die sich viele Besucher verlieben! Da wäre man nicht der Erste und nicht der Letzte…

⊙ Sehenswertes

Mitten in Buenos Aires befindet sich das *microcentro* mit vielen historischen Gebäuden und Museen. Nördlich davon liegen das wohlhabende Recoleta mit seinem berühmten Friedhof und Palermo mit zahlreichen Parks, tollen Restaurants und Bars. Weiter im Süden lebt die Arbeiterklasse, z. B. im Tangomekka San Telmo oder im kunterbunten „Raubein" La Boca. B. A. ist so vielseitig, dass es einen Tag und Nacht auf Trab halten kann.

⊙ Stadtzentrum

Im *microcentro* von Buenos Aires stehen viele europäische Gebäude aus dem 19. Jh. Reisende, die etwas mehr Lateinamerika erwartet haben, wird das zunächst überraschen. Am meisten ist auf der verkehrsberuhigten Calle Florida los, auf der sich gestresste Geschäftsleute, neugierige Touristen, Lederhändler auf Kundenfang sowie dubiose Geldwechsler tummeln. Immer einen Besuch wert sind die Galerías Pacífico, eines der großartigsten Einkaufszentren in Buenos Aires – die Deckengemälde hier sind ein echter Hingucker.

Die Florida kreuzt die geschäftige Av Corrientes. Wer dieser Durchgangsstraße nach Westen folgt, überquert dabei die ultrabreite Av 9 de Julio (hier heißt es: rennen!). Dort sticht der unglaubliche, phallusartige *Obelisco* ins Auge, ein Wahrzeichen von Buenos Aires. Gleich dahinter liegt das traditionelle Theaterviertel der Stadt, in dem sich viele günstige Buchläden befinden.

Östlich des Stadtzentrums liegt Puerto Madero, B.A.s jüngstes *barrio*. In dem renovierten Hafenviertel finden sich nette Fußgängerzonen, teure Lofts, trendige Restaurants und Bars sowie einige der teuersten Hotels der Stadt.

★ Plaza de Mayo   PLATZ

(Karte S. 62; Ecke Av de Mayo & San Martín) Die begrünte Plaza de Mayo zwischen Casa Rosada, Cabildo und Hauptkathedrale ist nicht nur Herz und Seele von Buenos Aires, sondern auch wichtigster Schauplatz von Kundgebungen und Demonstrationen. In der Mitte des Platzes erhebt sich die **Pirámide de Mayo**. Der weiße Obelisk, der an die Ausrufung der Unabhängigkeit von der Kolonialmacht Spanien erinnert, wurde am ersten Jahrestag der Proklamation aufgestellt. Donnerstags um 15.30 Uhr kann man die Madres de la Plaza de Mayo beobachten. Diese „Mütter der Verschwundenen" setzen sich inzwischen nicht nur für die Aufklärung des Schicksals ihrer von der Militärjunta verschleppten und ermordeten Kinder, sondern auch allgemein für soziale Gerechtigkeit ein.

Casa Rosada   GEBÄUDE

(Rosa Haus; Karte S. 62; 📞 011-4344-3600; ⊙ halbstündige Gratis-Führungen Sa & So 10–18 Uhr) An die rechteckige Plaza de Mayo grenzt im Osten die stattliche Casa Rosada mit dem Balkon, von dem aus Eva Perón einst ihre berühmte Ansprache an ihre bewegten Anhänger hielt.

Der rosafarbene Außenanstrich stammt aus der Regierungszeit von Präsident Sarmiento (1868–74), der angeblich durch die Mischung der Farben (Rot der „Föderalisten" und Weiß der „Unitarier") zur Versöh-

Großraum Buenos Aires

nung der verfeindeten Parteien beitragen wollte. Eine andere Theorie besagt, dass die Farbe typisch für die Ende des 19. Jhs. beim Häuseranstrich übliche Mischung aus Kalk und Ochsenblut sei.

Museo del Bicentenario — MUSEUM
(Karte S. 62; 011 4344-3802; www.museobicentenario.gob.ar; Ecke Av Paseo Colón & Hipólito Yrigoyen; Mi–So 10–18 Uhr) GRATIS Hinter der Casa Rosada weist ein keilförmiger Glaskörper auf das luftige, glänzende unterirdische Museum in den Ziegelgewölben des alten Zollhauses (*aduana*) hin. Der offene Bereich unten hat mehr als zwölf Nebenräume, die jeweils verschiedenen Abschnitten der turbulenten politischen Geschichte Argentiniens gewidmet sind. Zu sehen sind vor allem Videos (auf Spanisch), ein paar Artefakte sowie Wechselausstellungen und ein eindrucksvolles restauriertes Wandgemälde des mexikanischen Künstlers David Alfaro Siqueiros. Nicht versäumen: Evitas Kleid.

Catedral Metropolitana — KATHEDRALE
(Karte S. 62; Eintritt Museum 40 AR$; Mo–Fr 7.30–18.30, Sa & So 9–19 Uhr, Museum Mo–Fr 10–12.30 Uhr) Diese festlich anmutende Kathedrale entstand auf dem Gelände der ursprünglichen Kolonialkirche und wurde erst 1827 fertiggestellt. Sie ist ein bedeutendes religiöses und architektonisches Wahrzeichen. Die neoklassizistische Fassade zeigt Säulen und ein Basrelief mit Jakob und Josef im dreieckigen Giebelfeld. Nicht minder beeindruckend ist der geräumige Innenraum mit barocken Details und einem eleganten Rokoko-Altar. Ein kleines Museum widmet sich der Geschichte der Kathedrale. Papst-Franziskus-Souvenirs findet man in dem kleinen Souvenirladen am Eingang.

Cabildo — MUSEUM
(Karte S. 62; 011 4342-6729; www.cabildonacional.com.ar; Bolívar 65; Eintritt 15 AR$; Di–Mi & Fr 10.30–17, Do bis 20, Sa & So bis 18 Uhr) Das Mitte des 18. Jhs. als Rathaus fungierende

Cabildo ist heute ein Museum. Die Kolonnaden, die einst die gesamte Plaza de Mayo umspannten, mussten leider dem Bau von Zufahrtsstraßen weichen. Drinnen gibt's ein paar Erinnerungsstücke an die britische Invasion im frühen 19. Jh., einige Gemälde im kolonialen und im Stil der frühen Unabhängigkeitszeit und hin und wieder Wechselausstellungen. Vom Balkon im zweiten Stock bietet sich ein toller Blick auf die Plaza de Mayo.

Teatro Colón GEBÄUDE
(Karte S. 62; 011 4378-7127; www.teatrocolon.org.ar; Tucumán 1171; Führung 180 AR$; Führungen 9–17 Uhr) Eines der berühmtesten Wahrzeichen von Buenos Aires ist das prächtige und eindrucksvolle siebenstöckige Gebäude, die wichtigste Bühne für darstellende Kunst der Stadt und das einzige seiner Art im Land. Trotz seiner Größe hat das Colón, das einen ganzen Straßenblock einnimmt und neben 2500 Sitzplätzen noch 500 Stehplätze bietet, eine erstaunliche Akustik, was es zu einer Bühne von Weltklasse für Oper, Ballett und klassische Musik macht. Zur Eröffnung wurde Verdis *Aïda* aufgeführt, und seither ist das Publikum jeden Tag aufs Neue begeistert. Regelmäßig werden lohnende Führungen hinter die Kulissen des Opernhauses angeboten.

★ Centro Cultural Kirchner KULTURZENTRUM
(Karte S. 62; 800-333-9300; www.culturalkirchner.gob.ar; Sarmiento 151; Do & Fr 17–21, Sa & So 14–21 Uhr, außerhalb des Sommers kürzer) Néstor Kirchner *musste* einfach ein architektonisches Erbe hinterlassen – und dieses atemberaubende Kulturzentrum ist obendrein wohl sein bestes Werk. Es befindet sich in der ehemaligen Hauptpost von Buenos Aires, einem massiven Beaux-Arts-Gebäude, das acht Stockwerke hoch ist und einen ganzen Straßenblock füllt. Hier gibt es Dutzende von Räumen – Kunstgalerien, Theater, Veranstaltungssäle, Auditorien und sogar einen Eva-Perón-Raum sowie eine Dachterrasse. Das Highlight ist allerdings der riesige Konzertsaal La Ballena Azul mit 1800 Sitzplätzen, in dem das nationale Symphonieorchester Argentiniens zu Hause ist.

Colección de Arte Amalia
Lacroze de Fortabat MUSEUM
(Museo Fortabat; Karte S. 62; 011 4310-6600; www.coleccionfortabat.org.ar; Olga Cossettini 141; Eintritt 60 AR$; Di–So 12–20 Uhr, Führung auf Spanisch Di–So 15 & 17 Uhr) Das bemerkenswerte Kunstmuseum in prominenter Lage am Nordende von Puerto Madero macht mit seiner topmodernen Erscheinung dem Malba in Palermo Konkurrenz. Es zeigt Werke aus der Sammlung der Milliardärin, Wohltäterin und Gesellschaftslöwin Amalia Lacroze de Fortabat, der reichsten Frau Argentiniens. Es gibt Säle mit Werken der berühmten argentinischen Maler Antonio Berni und Raúl Soldi, aber auch internationale Größen wie Dalí, Klimt, Rodin und Chagall sind vertreten. Sehenswert ist in der Familienporträtgalerie Warhols bunte Darstellung von Fortabat höchstpersönlich. Für englischsprachige Führungen vorher anrufen!

Reserva Ecológica
Costanera Sur NATURSCHUTZGEBIET
(011 4893-1588; Av Tristán Achaval Rodríguez 1550; Nov.–März Di–So 8–19 Uhr, April–Okt. bis 18 Uhr) GRATIS Die wunderschöne Sumpflandschaft in dem 350 ha großen Naturschutzgebiet hat sich zu einem beliebten Wochenend-Ausflugsziel zum Picknicken und Wandern entwickelt. Vogelfans können sich an mehr als 300 Piepmatzarten erfreuen – Fernglas nicht vergessen! Darüber hinaus lassen sich noch Flussschildkröten, Leguane und Nutrias beobachten. Weiter östlich im Küstengebiet des Naturreservats kann man einen näheren Blick auf das sumpfige Wasser des Río de la Plata werfen. An warmen Wochenenden und in den Ferien gibt's für Radler am Nord- (Karte S. 62) und am Südeingang jeweils einen Fahrradverleih.

Manzana de las Luces GEBÄUDE
(Block der Erleuchtung; Karte S. 62; 011-4342-6973; www.manazadelasluces.org; Perú 272; Führung 35 AR$; Führungen Mo–Fr 15, Sa & So 15, 16.30 & 18 Uhr) In der Kolonialzeit war der

---

NICHT VERSÄUMEN!

➡ In Palermo Viejo shoppen und essen gehen.

➡ Sonntags auf dem quirligen Antiquitätenmarkt in San Telmo herumstöbern.

➡ Den sehenswerten Friedhof La Recoleta erkunden.

➡ Die Leidenschaft bei einem *fútbol*-Spiel erleben.

➡ Die Akrobatik bei einer Tangoshow bewundern.

➡ Sich in das unvergleichliche Nachtleben von Buenos Aires stürzen.

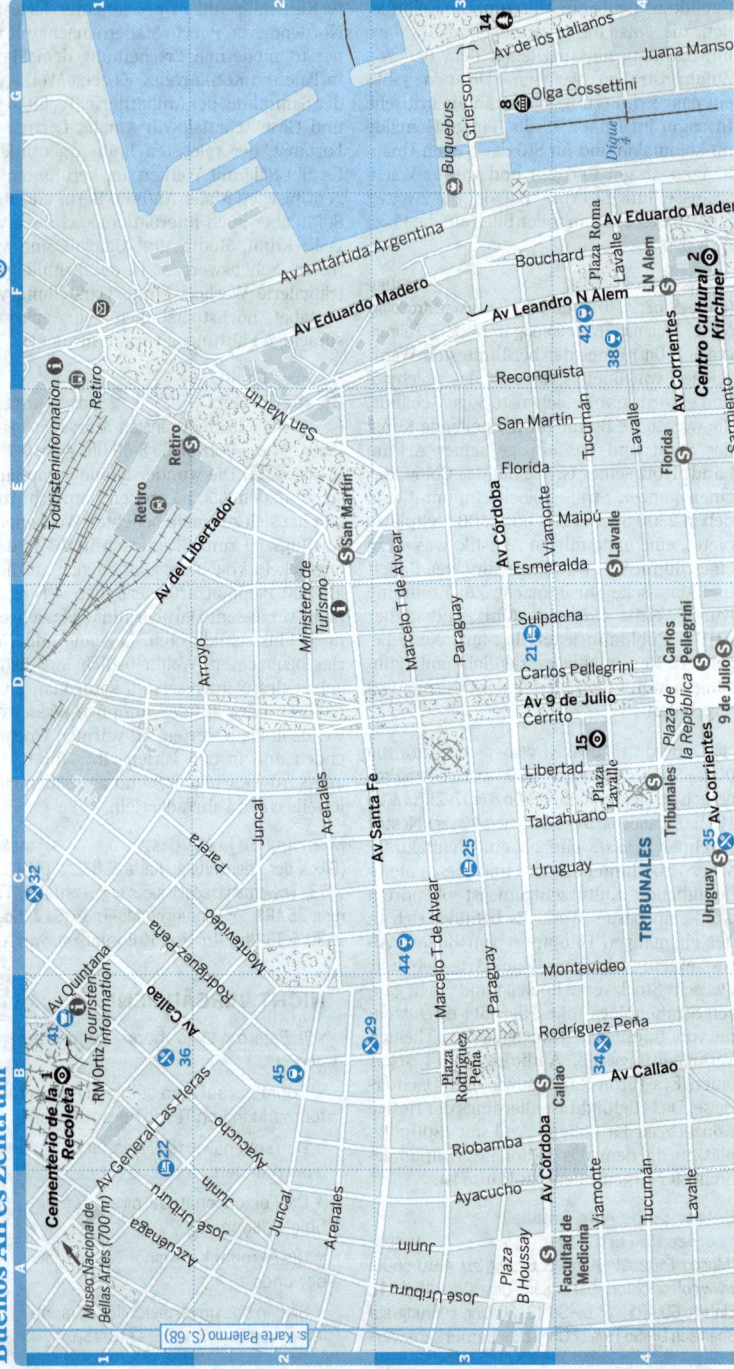

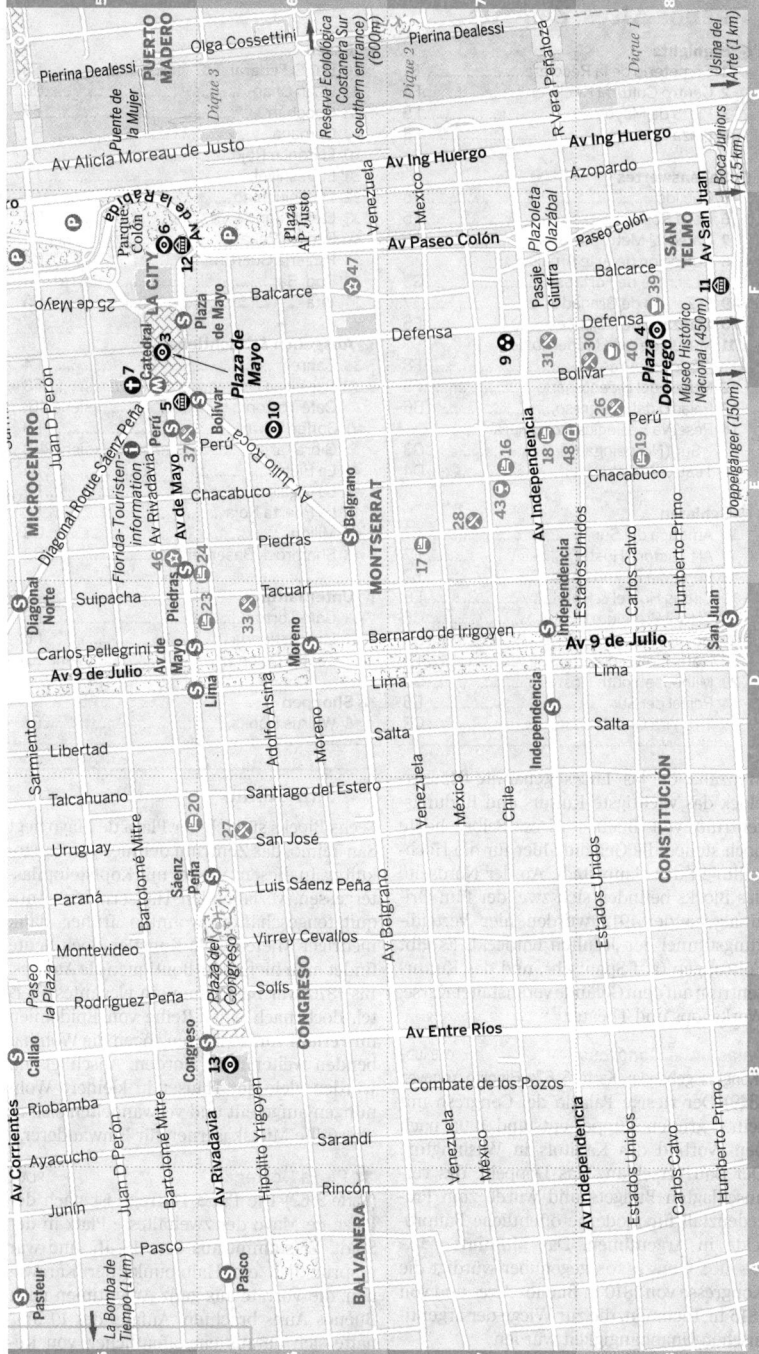

Buenos Aires Zentrum

◎ Highlights
1 Cemeterio de la Recoleta......................B1
2 Centro Cultural Kirchner......................F4
3 Plaza de Mayo..F5
4 Plaza Dorrego F8

◎ Sehenswertes
5 Cabildo...E5
6 Casa Rosada F5
7 Catedral Metropolitana........................F5
8 Colección de Arte Amalia
    Lacroze de Fortabat G3
9 El Zanjón de Granados F7
10 Manzana de las Luces E6
11 Museo de Arte Moderno de
    Buenos Aires.......................................F8
12 Museo del Bicentenario......................F5
13 Palacio del Congreso..........................B6
14 Reserva Ecológica Costanera
    Sur (Nordeingang) G3
15 Teatro Colón D4

🛏 Schlafen
16 América del Sur E7
17 Art Factory Hostel E7
18 Bohemia Buenos Aires........................E7
19 Circus Hostel & Hotel..........................E8
20 Estoril Premium Hostel C5
21 Goya Hotel...D3
22 Hotel Lion D'or B1
23 Milhouse Youth Hostel D6
24 Portal del Sur...E6
25 Yira Yira Guesthouse........................... C3

✕ Essen
26 Bar El Federal E8
27 Chan Chan C6
28 Chochán...E7
29 Cumaná...B2
30 El Banco Rojo..F8
31 El Desnivel..F7
32 El Sanjuanino.. C1
33 Latino Sandwich....................................D6
34 Parrilla Peña..B4
35 Pizzería Güerrín..................................... C4
36 Rodi Bar B1
37 Vita E5

🍸 Ausgehen & Nachtleben
38 Bahrein..F4
39 Bar Plaza Dorrego F8
    Café Tortoni...............................(siehe 46)
40 Coffee Town F8
    Gibraltar.....................................(siehe 48)
41 La Biela...B1
42 La Cigale...F4
43 La Puerta Roja E7
44 Milión... C3
45 Shamrock Basement B2

✪ Unterhaltung
46 Café Tortoni..E5
47 La Trastienda..F6
    Teatro Colón..............................(siehe 15)

🛍 Shoppen
48 Walrus Books..E7

Manzana de las Luces genannte Häuserblock das wichtigste Kultur- und Bildungszentrum von Buenos Aires. Selbst heute noch stehen die Gebäude hier für die Hochkultur in der Hauptstadt. An der Nordseite des Blocks befinden sich zwei der fünf Originalgebäude; 1912 wurden hier Verteidigungstunnel der Jesuiten entdeckt. Es gibt Führungen (auf Spanisch), und das Kulturzentrum auf dem Gelände veranstaltet Kurse, Workshops und Theater.

Palacio del Congreso GEBÄUDE
(Kongressgebäude; Karte S. 62; Hipólito Yrigoyen 1849) Der riesige Palacio del Congreso mit seiner grünen Kuppel entstand 1906 nach dem Vorbild des Kapitols in Washington. Der Bau verschlang das Doppelte des veranschlagten Budgets und wurde zum Präzedenzfall für moderne öffentliche Bauprojekte in Argentinien. Das **Monumento a los Dos Congresos** gegenüber würdigt die Kongresse von 1810 in Buenos Aires und von 1816 in Tucumán, die zur Wiege der argentinischen Unabhängigkeit wurden.

◉ San Telmo

Sechs Blocks südlich der Plaza de Mayo liegt San Telmo, das Zentrum der hiesigen Tangokultur. In diesem Viertel mit Kopfsteinpflastergassen, verfallenden Häusern und Antiquitätengeschäften wohnten früher dank niedriger Mieten viele Künstler, doch heute findet man hier mehr Boutiquen als Ateliers. Bis 1870 war San Telmo ein elegantes Viertel, doch nach einer Reihe von Epidemien im Verlauf von 20 Jahren zogen die Wohlhabenden weiter nach Norden. Anschließend wurden viele der Häuser in kleinere Wohnungen aufgeteilt und verwandelten sich in überfüllte Mietskasernen für Einwanderer.

★ Plaza Dorrego PLATZ
(Karte S. 62) Die Plaza Dorrego ist nach der Plaza de Mayo der zweitälteste Platz in der Stadt. Er stammt aus dem 18. Jh. und war ursprünglich ein Haltepunkt der Karawanen, die Vorräte aus ganz Argentinien nach Buenos Aires brachten. Anfang des 19. Jhs. hatte sich daraus ein öffentlicher, von Ko-

lonialgebäuden gesäumter Platz entwickelt, der noch heute so erhalten und von einer wundervoll altmodischen Atmosphäre geprägt ist. Die hiesigen Cafés und Restaurants entführen einen auf eine Reise zurück in die Vergangenheit – falls man die Kaffeehausketten in der Nähe ignorieren kann.

El Zanjón de Granados ARCHÄOLOGISCHE STÄTTE
(Karte S. 62; 011 4361-3002; www.elzanjon.com.ar; Defensa 755; Führung Mo–Fr 1 Std. 170 AR$, So 40 Min. 150 AR$; Führungen Mo–Fr 12, 14 & 15 Uhr, So 11–18 Uhr alle 20 Min.) Diese erstaunliche archäologische Stätte gehört zu den eher ungewöhnlichen Sehenswürdigkeiten in Buenos Aires. Oberhalb eines Nebenflusses wurden ab 1730 mehrere Tunnel, Abwasserkanäle und Zisternen erbaut, auf deren Basis eine der ältesten Siedlungen von Buenos Aires entstand, die später zu einem Familienanwesen wurde und anschließend als Mietwohnraum mit einigen Läden genutzt wurde. Führungen sollte man am besten vorab reservieren.

**Museo de Arte Moderno
de Buenos Aires** MUSEUM
(Mamba; Karte S. 62; 4300-9139; www.museodeartemoderno.buenosaires.gob.ar; Av San Juan 350; Eintritt 20 AR$, Di frei; Di–Fr 11–19, Sa & So bis 20 Uhr) In einem umgebauten alten Tabaklager zeigt dieses geräumige, mehrstöckige Museum Werke überwiegend argentinischer zeitgenössischer Künstler. Die Ausstellungen umfassen alles – von Fotos bis hin zu Industriedesign und von figurativer bis hin zu Konzeptkunst. Es gibt hier auch ein Auditorium und einen Souvenirladen.

Museo Histórico Nacional MUSEUM
(011 4307-1182; Defensa 1600; Mi–So 11–18 Uhr) GRATIS Das historische Nationalmuseum im Parque Lezama widmet sich vor allem der argentinischen Revolution vom 25. Mai 1810, geht aber auch bis in präkoloniale Zeiten zurück. Hier findet man mehrere Porträts von Präsidenten und anderen bedeutenden Persönlichkeiten sowie das hübsch beleuchtete Generalszimmer. Einen Blick wert ist auch die Nachbildung des Schlafzimmers von José de San Martín, einem militärischen Helden im Freiheitskampf Argentiniens (und anderer südamerikanischer Länder).

La Boca

Das lebhafte Arbeiterviertel La Boca liegt am alten Hafen und an der *boca* (Mündung) des Río Riachuelo. Es wurde einst von italienischen Einwanderern aus Genua gegründet. Die größte Attraktion ist der farbenfrohe Caminito, eine kurze, von Wellblechgebäuden gesäumte Fußgängermeile. Einheimische Künstler zeigen hier ihre knallbunten Gemälde und tragen so zum pulsierenden Ambiente bei. In diesem Viertel ist auch der Fußballclub Boca Juniors zu Hause.

Achtung: La Boca gehört zu den ärmeren *barrios* (Vierteln) von Buenos Aires. Hier sollte man sich keinesfalls abseits der normalen Touristenpfade bewegen – weder am Tag noch bei Nacht. Die Busse 29, 130 und 152 fahren nach La Boca.

★**Fundación Proa** MUSEUM
(4104-1000; www.proa.org; Av Don Pedro de Mendoza 1929; Eintritt 40 AR$; Di–So 11–19 Uhr) Nur topaktuelle einheimische und internationale Künstler dürfen in diesem eleganten Kunstmuseum mit hohen Decken, weißen Wänden und großen Ausstellungssälen ihre Werke präsentieren. Zu sehen sind umwerfende zeitgenössische Kunstinstallationen, die die ganze Bandbreite von Medien und Themen nutzen. Nach dem Museumsbesuch kann man auf der schicken Dachterrasse entspannen und bei einem Drink oder einem Snack die herrliche Sicht auf den Riachuelo genießen. Auf dem Programm stehen viele Kulturveranstaltungen, darunter Vorträge, Lesungen, Workshops, Konzerte und Filmvorführungen.

★**Museo de Bellas Artes de La
Boca Benito Quinquela Martín** MUSEUM
(011 4301-1080; www.museoquinquela.gov.ar; Av Don Pedro de Mendoza 1835; empfohlene Spende 20 AR$; Di–Fr 10–18, Sa & So 11.15–18 Uhr) In dem ehemaligen Haus und Atelier des surrealistischen Malers Benito Quinquela Martín (1890–1977) zeigt dieses Kunstmuseum Werke Martíns und anderer argentinischer Künstler. Arbeitende Männer, Schornsteine und Wasserspiegelungen sind wiederkehrende Themen in den von breiten, groben Pinselstrichen und dunklen Farben geprägten Arbeiten Martíns. Auf den Dachterrassen stehen Skulpturen unter freiem Himmel, und von ganz oben aus bietet sich ein herrlicher Blick auf den Hafen.

Recoleta

Das elegante Recoleta mit seinen prachtvollen Häusern im europäischen Stil und den internationalen Boutiquen ist das vornehmste Viertel von Buenos Aires. Hier gibt's auch einige hübsche Grünflächen wie die Plaza Intendente Alvear, wo an den Wochenenden ein Kunsthandwerksmarkt abgehalten wird. Am besten macht man es sich in einem der Cafés gemütlich und bewundert die riesigen *ombú*-Bäume. Mit etwas Glück sieht man auch ein paar *paseaperros* (Hundeausführer), die meist mit etwa 15 Hunden aller Größen und Rassen an der Leine Gassi gehen.

★ Cementerio de la Recoleta FRIEDHOF
(Karte S. 62; 0800-444-2363; Ecke Junín & Guido; 100 AR$; 7–17.30 Uhr) Die riesige Totenstadt ist vielleicht die Hauptattraktion von Buenos Aires und steht auf jeder Touristenagenda. Man kann stundenlang durch die unzähligen, von beeindruckenden Statuen und Marmormausoleen gesäumten „Straßen" schlendern. In den Krypten ruhen in staubigen Särgen die sterblichen Überreste der Elite der Stadt: frühere Präsidenten, Militärhelden, einflussreiche Politiker sowie Reiche und Berühmte.

★ Museo Nacional de Bellas Artes MUSEUM
(011-5288-9900; www.mnba.gob.ar; Av del Libertador 1473; Di-Fr 12.30–20.30, Sa & So 9.30–20.30 Uhr) GRATIS Das bedeutendste Museum für bildende Kunst in Argentinien beherbergt viele Schlüsselwerke von Benito Quinquela Martín, Xul Solar, Edwardo Sívori und anderen argentinischen Künstlern des 19. und 20. Jhs. Auch eindrucksvolle Werke europäischer Meister wie Cézanne, Degas, Picasso, Rembrandt, Toulouse-Lautrec und Van Gogh sind hier zu finden. Alles wird gut präsentiert, und es gibt auch ein Kino, Konzerte und Kurse.

◉ Palermo

Mit seinen grünen Parkanlagen, den imposanten Statuen und den eleganten Botschaften wirkt Palermo an sonnigen Wochenenden wie der wahr gewordene Yuppie-Traum der *porteños* (Bewohner von Buenos Aires). Samstags und sonntags wird eine Ringstraße um den Parque 3 de Febrero für den Autoverkehr gesperrt. Dann kann man sich hier u. a. Fahrräder oder Inline-Skates ausleihen oder einfach nur Leute beobachten. In Palermo gibt's außerdem den Campo de Polo (Poloplatz), das Hipódromo (Pferderennbahn) und das Planetario (Planetarium).

Auch ein Spaziergang durch das Viertel Palermo Viejo südlich der Parks sollte unbedingt auf dem Programm stehen. Jenes Viertel wird weiter unterteilt in die Bezirke Palermo Soho und Palermo Hollywood. Hier sind die hippsten Restaurants und die trendigsten Boutiquen der Stadt. Und das Nachtleben ist auch nicht ohne. Bei einem Spaziergang durch diese Gegend kann man wunderschöne alte Gebäude bestaunen.

★ Museo de Arte Latinoamericano de Buenos Aires MUSEUM
(Malba; Karte S. 68; 011 4808-6500; www.malba.org.ar; Av Figueroa Alcorta 3415; Eintritt 75 AR$, Mi 36 AR$; Do-Mo 12–20, Mi bis 21 Uhr) Hinter einer funkelnden Glasfassade verbirgt sich dieses luftige Museum für moderne Kunst, das zu den raffiniertesten in Buenos Aires gehört. Der Millionär und Wohltäter Eduardo Costantini zeigt seine erlesene Sammlung lateinamerikanischer Kunst, zu der Werke der argentinischen Künstler Xul Solar und Antonio Berni sowie der Mexikaner Diego Rivera und Frida Kahlo gehören. Im angeschlossenen Kino werden Art-house-Filme gezeigt; außerdem gibt's noch einen Souvenirladen und ein feines Café.

Jardín Zoológico ZOO
(Karte S. 68; 011 4011-9900; www.zoobuenosaires.com.ar; Ecke Av General Las Heras & Av Sarmiento; Erw./Kind 180 AR$/frei; Okt.–März Di-So 10–18 Uhr, April–Sept. bis 17 Uhr) Der recht ordentliche Zoo von Buenos Aires beherbergt auf seinem 18 ha großen Gelände mehr als 350 Tierarten, viele davon in natürlich angelegten und großen Gehegen. An sonnigen Wochenenden zieht er viele Familien an, die die großen Grünflächen und künstlichen Seen genießen. Einige der Gebäude, in denen sich die Tiere befinden, sind wirklich eindrucksvoll – unbedingt einen Blick aufs Elefantenhaus werfen! Weitere Highlights sind das Aquarium, die Affeninsel, das Reptilienhaus und die große Voliere. Der Eintritt zu einigen Bereichen (etwa zur Seelöwenshow oder zum Karussell) kostet extra.

Jardín Japonés GARTEN
(Karte S. 68; 011 4804-4922; www.jardinjapones.org.ar; Ecke Av Casares & Av Berro; Erw./Kind 50 AR$/frei; 10–18 Uhr) Dieses friedliche Paradies wurde 1967 eröffnet und 1979 (zur Hundertjahrfeier der Ankunft der ersten japanischen Einwanderer in Argentinien) der Stadt Buenos Aires gestiftet. Der Park lädt mit seinem japanischen Restaurant und

den hübschen mit Kois gefüllten Teichen, über die sich Brücken spannen, zur Erholung ein. Die japanische Kultur vermitteln auch die gelegentlichen Ausstellungen oder die Workshops zu Ikebana, Haiku, Origami, *taiko* (japanisches Trommeln) und andere Veranstaltungen.

Museo Evita MUSEUM
(Karte S. 68; 011 4807-0306; www.museoevita.org; Lafinur 2988; Eintritt 40 AR$; Di–So 11–19 Uhr) Jeder, der es in Argentinien zu Rang und Namen gebracht hat, besitzt ein eigenes Museum – und Eva Perón (1919–52) bildet da keine Ausnahme. Das Museo Evita verewigt die argentinische Heldin mit vielen Videos, historischen Fotos, Büchern, alten Plakaten und Titelblättern von Zeitungen. Das Highlight ist aber ihre Garderobe: Ihre Schuhe, Handtaschen, Hüte und tadellos aufgebügelten Kleider und Blusen liegen für die Ewigkeit konserviert hinter Glas. Sogar Evitas alte Brieftaschen und Parfümflaschen sind ausgestellt. Sehenswert ist das Foto, auf dem sie einen Fußball kickt – und zwar in Absatzschuhen!

✈ Aktivitäten

Die Hauptaktivitäten der *porteños* sind Spazierengehen, Shoppen und Tangotanzen. Wer lieber im Grünen ist, hält sich an die Parks von Palermo, wo Jogger zwischen umherschlendernden Familien Slalom laufen und junge Männer *fútbol* spielen.

Man kann in Buenos Aires auch radeln, ohne ein allzu großes Risiko einzugehen. Manche Straßen sind in letzter Zeit sogar mit Radwegen versehen worden. Gut radeln kann man in den Parks von Palermo (am Wochenende gibt's an der Av de la Infanta Isabel nahe der Av Pedro Montt einen Fahrradverleih), in Puerto Madero und in der nahe gelegenen Reserva Ecológica Costanera Sur (Drahtesel gibt's vor dem Haupteingang). Leihfahrräder bekommt man auch bei Radtourveranstaltern.

Schwimmbäder sind rar. Wer nicht in einem der teuren Hotels übernachtet oder Mitglied eines Fitnessclubs ist, kann sich im **Parque Norte** (011-4787-1382; www.parquenorte.com; Av Cantilo & Av Guiraldes; Mo–Fr 80 AR$, Sa 100 AR$, So 110 AR$; Schwimmbad Mo–Fr 8.30–20, Sa & So bis 22 Uhr), einem lustigen Wasserpark, Abkühlung verschaffen. Fußballer halten sich an die Buenos Aires Fútbol Amigos (www.fcbafa.com) und Yoga-Süchtige an Buena Onda Yoga (www.buenaondayoga.net).

Anbieter wie Tangol (S. 81) haben Aktivitäten wie Tangotanzen, Kajakfahren, Angeln und Besuche auf *estancias* (Ranches) im Programm, oft verbunden mit Ausritten. Wer mal etwas völlig anderes will, kann bei Argentina Polo Day (www.argentinapoloday.com.ar) Polo spielen lernen.

🎓 Kurse

Sprache

Buenos Aires ist sehr beliebt bei Leuten, die Spanisch lernen wollen. Es gibt hier viele Schulen und noch mehr Privatlehrer – einfach vor Ort nach empfehlenswerten Adressen fragen. Alle Schulen bieten gesellige Ausflüge an und vermitteln auch Unterkünfte; manche haben auch Freiwilligenjobs. Ganz anders ist www.spanglishexchange.com – eine Art lustiges Sprach-Speed-Dating.

Tango

Tangokurse werden überall angeboten – vielleicht sogar im eigenen Hostel. Viele preisgünstige Kurse findet man auch in *milongas* (Tanzlokalen), die Interessenten manchmal sogar englischsprachige Privatlehrer vermitteln. Bezahlbare Tanzkurse gibt's auch in Kulturzentren und Tanzschulen.

La Catedral KURS
(Karte S. 68; 15-5325-1630; www.lacatedralclub.com; Sarmiento 4006, 1. OG) Wenn Tango trendig und hip sein sollte, dann hier. Das abgedrehte Lagerhaus mit zwangloser Atmosphäre, lustiger Kunst an den Wänden und in Jeans gekleideten Tänzern ist vor allem für junge Leute, die tanzen lernen wollen, ideal. Liegt 1,5 Blocks südlich vom Subte-Bahnhof Medrano.

👉 Geführte Touren

Wer eine geführte Tour mitmachen will, kann zwischen vielen kreativen Angeboten wählen. Das Reisebüro Tangol (S. 81) bietet viele verschiedene Stadtführungen an, aber auch unter www.LandingPadBA.com findet man ein paar interessante Touren.

BA Free Tour STADTSPAZIERGANG
(15-6395-3000; www.bafreetour.com; Spende empfohlen) Kostenlose Stadtführungen (Spenden sind aber gern gesehen) mit jungen, engagierten Führern, die ihre Stadt lieben.

Biking Buenos Aires RADTOUR
(011 4300-5373; www.bikingbuenosaires.com) Diverse (z. B. zum Thema Graffitis oder Ar-

Palermo

chitektur) Radtouren durch Buenos Aires in Begleitung freundlicher US-amerikanischer und argentinischer Guides.

Foto Ruta FOTOGRAFIE
(☏ 011-6030-8881; www.foto-ruta.com) Der Workshop wird von zwei hier lebenden ausländischen Frauen betrieben. Die Teilnehmer werden mit Fotoapparaten bewaffnet in diverse Viertel geschickt, wo sie zu einem bestimmten Thema Fotos schießen. Im Anschluss schaut man sich gemeinsam die Diashow an.

Graffitimundo STADTSPAZIERGANG
(☏ 15-3683-3219; www.graffitimundo.com) Exzellente Führungen zu den besten Graffitis in Buenos Aires, bei denen man die Geschichte der Künstler und die hiesige Graffitikultur kennenlernt. Es gibt auch verschiedene Touren und Schablonen-Workshops.

Feste & Events

Im Folgenden ein paar der größten Events in Buenos Aires.

Festival y Mundial de Baile TANZ
(www.tangobuenosaires.gob.ar) Ende Februar bis Anfang März.

Festival Internacional de Cine Independiente FILM
(http://festivales.buenosaires.gob.ar) Beim Filmfestival im April laufen überall in Buenos Aires in- und ausländische Independent-Filme.

Arte BA KUNST
(www.arteba.org) Das beliebte Event im Mai zum Thema zeitgenössische Kunst stellt vielversprechende junge Künstler vor und präsentiert Top-Arbeiten in den Galerien.

Vinos y Bodegas WEIN
(www.expovinosybodegas.com.ar) Im September werden Weine von mehr als 100 argentinischen *bodegas* (Weingütern) vorgestellt. Ein Muss für Weinliebhaber!

Schlafen

Das *microcentro* von Buenos Aires liegt in der Nähe vieler Sehenswürdigkeiten und Dienstleistungen, allerdings ist es hier tagsüber voll und laut. San Telmo befindet sich ungefähr 15 Gehminuten weiter südlich und bietet sich für alle an, die koloniales Ambiente mit Kopfsteinpflastergassen, Tangolokale und die etwas rauere Atmosphäre eines Arbeiterviertels zu schätzen wissen. Palermo Viejo liegt nordwestlich vom Zentrum und

Palermo

Highlights
1 Museo de Arte Latinoamericano de Buenos Aires ... F2

Sehenswertes
2 Jardín Japonés ... E2
3 Jardín Zoológico ... D3
4 Museo Evita ... D3

Aktivitäten, Kurse & Touren
5 La Catedral ... C7

Schlafen
6 Chill House Hostel ... E6
7 Eco Pampa Hostel ... C4
8 Hotel Clasico ... B3
9 Infinito Hotel ... E3
10 Mansilla 3935 B&B ... D4
11 Palermo Viejo B&B ... B5
12 Reina Madre Hostel ... E5

Essen
13 Almacén Oui Oui ... A2
14 Bio ... B3
15 Burger Joint ... C4
16 Don Julio ... C4
17 El Preferido de Palermo ... C3
18 El Tejano ... C5
19 Fukuro Noodle Bar ... B3
20 Gran Dabbang ... C4
21 Las Pizarras ... C3
22 Oui Oui ... A2
23 Sarkis ... B4

Ausgehen & Nachtleben
24 Crobar ... D1
25 Kika ... B4
26 LAB Training Center & Coffee Shop ... A3
27 Magdalena's Party ... B4
28 Niceto Club ... A4
29 Sugar ... C4
30 Verne ... D4
31 Victoria Brown ... C4

Unterhaltung
32 La Bomba de Tiempo ... E7

---

ist mit dem Taxi in ungefähr zehn Minuten zu erreichen. Es ist ein hübsches Viertel mit vielen wunderschönen, alten Gebäuden; hier finden sich auch die besten länderspezifischen Restaurants, die trendigsten Boutiquen und die muntersten Bars vor Ort.

Die Zimmer in den Hostels haben nicht unbedingt ein eigenes Bad und sind zuweilen auch teurer als Zimmer in günstigen Hotels. Alle hier gelisteten Hostels bieten Küchenbenutzung, ein kleines Frühstück und kostenlosen Internetzugang; die meisten haben auch kostenloses WLAN und Spinde (Vorhängeschloss mitbringen!). Die größeren bieten mehr Dienstleistungen und Aktivitäten, viele akzeptieren auch Kreditkarten. Ausweise von Hostelling International sind in allen HI-Hostels und in Buenos Aires' Hostelling-International-Büro (S. 199) erhältlich.

In der argentinischen Hauptstadt gibt es auch einige gute Budgethotels. Die meisten bieten ein einfaches Frühstück und Kabel-TV. Einige akzeptieren Kreditkarten (allerdings manchmal gegen einen Preisaufschlag von bis zu 10 % – besser vorher fragen!). Die meisten aufgeführten Hotels haben auch Internet-Zugang für ihre Gäste.

Stadtzentrum

Milhouse Youth Hostel HOSTEL $
(Karte S. 62; 011 4345-9604; www.milhousehostel.com; Hipólito Yrigoyen 959; B/EZ/DZ ab 16/55/60 US$; ✱@🌐; S Línea A Av de Mayo) Die beliebte Jugendherberge mit jeder Menge Aktivitätsangebote und Dienstleistungen ist Buenos Aires' erste Partyadresse. Die Schlafsäle sind gut, und auch die privaten Zimmer können recht nett sein; die meisten liegen um einen hübschen Hof. Zu den Gemeinschaftsbereichen gehören ein Bar-Café (inklusive Billardtisch) im Erdgeschoss, eine TV-Lounge im Zwischengeschoss und eine Dachterrasse. Ein ähnliches Angebot hat das prächtige Nebengebäude.

Yira Yira Guesthouse PENSION $
(Karte S. 62; 011 4812-4077; www.yirayiraba.com; Uruguay 911, No 1b; EZ/DZ/3BZ 40/55/85 US$; ✱@🌐; S Línea D Callao) Das gemütliche, intime Apartment-Haus in zentraler Lage nahe der Innenstadt wird von der hilfsbereiten Paz geführt, die hier lebt. Das Haus hat Holzböden, hohe Decken und nur vier große Zimmer (alle mit Gemeinschaftsbad), die von einem zentralen Wohnbereich mit kleinem Patio abgehen. Ein guter Ort, um andere Traveller zu treffen. Vorab reservieren.

Portal del Sur HOSTEL $
(Karte S. 62; 011 4342-8788; www.portaldelsurba.com.ar; Hipólito Yrigoyen 855; B/EZ/DZ ab 16/40/50 US$; ✱@🌐; S Línea A Piedras) Eines der besten Hostels der Stadt verbirgt sich in diesem charmanten alten Gebäude. Hübsche Schlafsäle und prächtige private Zim-

mer von Hotelqualität reihen sich um einen Gemeinschaftsbereich, der zwar recht dunkel, dafür aber offen ist. Das Highlight ist die hübsche Dachterrasse mit tollem Blick und einer Bar mit Lounge. Das Hostel bietet kostenlose Tango- und Spanischkurse, Stadtspaziergänge sowie viele andere Aktivitäten an.

Estoril Premium Hostel   HOSTEL $
(Karte S. 62; 011 4382-9073; www.hostelestoril.com.ar; Av de Mayo 1385, 1. & 6. OG; B/EZ/DZ ab 19/45/60 US$; ❄@🛜) Dieses tolle Hostel verteilt sich auf zwei Etagen in einem alten Gebäude. Es ist schick und sauber und hat recht große Schlafsäle sowie Doppelzimmer mit Hotelstandard. Es gibt noch eine hübsche Küche und einen Innenhof. Von der herrlichen Dachterrasse bietet sich ein toller Blick auf die Av de Mayo. Die gleiche Familie betreibt noch ein billigeres Hostel im dritten Stock.

Hotel Lion D'or   HOTEL $
(Karte S. 62; 011 4803-8992; www.hotel-liondor.com.ar; Pacheco de Melo 2019; EZ/DZ/3BZ ab 32/43/59 US$; ❄🛜; ⓢLínea D Pueyrredón) Das Hotel hat seinen ganz eigenen Reiz (immerhin ist es eine alte Botschaft), die Zimmer unterscheiden sich jedoch stark: Manche sind klein und dunkel, andere hingegen groß. Trotz einiger Ecken und Kanten haben sie alle ein gutes Preis-Leistungs-Verhältnis, und die meisten wurden modernisiert und bieten nun einigen Komfort. Die alte Marmortreppe und der Aufzug sind wunderschön, und es gibt einen hübschen Bereich auf dem Dach. Die billigsten Zimmer teilen sich das Bad; die Klimaanlage kostet extra.

Goya Hotel   HOTEL $$
(Karte S. 62; 011 4322-9269; www.goyahotel.com.ar; Suipacha 748; EZ 60–70 US$, DZ 85–95 US$; ❄@🛜) Gutes Mittelklassehotel mit 42 modernen, komfortablen und mit Teppichen ausgelegten Zimmern. Es liegt an einer Fußgängerstraße, sodass sich der Verkehrslärm in Grenzen hält. Die „Classic"-Zimmer sind älter und haben offene Duschen, die „Superior"-Zimmer sind schicker und haben Badewannen. Es gibt noch ein hübsches Frühstückszimmer mit Patio und gutes Frühstück.

San Telmo

★ América del Sur   HOSTEL $
(Karte S. 62; 011 4300-5525; www.americahostel.com.ar; Chacabuco 718; B/DZ ab 18/70 US$; ❄@🛜; ⓢLínea C Independencia) Dieses prächtige boutiqueartige Hostel ist das schickste seiner Art in Buenos Aires und wurde eigens als Unterkunft erbaut. Hinter der Rezeption befindet sich ein hübscher Bar- und Bistro-Bereich mit einer großen, eleganten Holz-Veranda. Die sauberen Vierbettschlafsäle haben allesamt unglaublich gut gestaltete Badezimmer. Die privaten Zimmer sind geschmackvoll dekoriert und besser als in vielen Mittelklassehotels. Außerdem gibt's gute Serviceleistungen.

Art Factory Hostel   HOSTEL $
(Karte S. 62; 011 4343-1463; www.artfactoryba.com.ar; Piedras 545; B/DZ ab 17/47 US$; ❄@🛜) Das freundliche, einzigartig künstlerisch gestaltete feine Hostel bietet mehr private Zimmer als die meisten anderen – und alle haben riesige Wandmalereien und sind von verschiedenen internationalen Künstlern bemalt und dekoriert. Selbst die Flure und Wasserspeicher sind mit bunten Cartoons bemalt, und das weitläufige Herrenhaus aus den 1850er-Jahren steuert etwas Eleganz bei. Es gibt auch eine große Dachterrasse mit Hängematten und einen separaten Bar- und Lounge-Bereich mit Billardtisch.

Circus Hostel & Hotel   HOSTEL $
(Karte S. 62; 011 4300-4983; www.hostelcircus.com; Chacabuco 1020; B/DZ ab 15/50 US$; ❄@🛜♒; ⓢLínea C Independencia) Von der trendigen Lounge vorne bis zum von Holzplanken gesäumten Planschbecken hinten wirkt dieses Hotel-Hostel einfach nur hip. Sowohl die Schlafsäle als auch die privaten Zimmer sind klein und schlicht und haben einfache Möbel und ein eigenes Bad. Es gibt auch einen Billardtisch und einen schicken TV-Bereich, aber keine Küche.

Bohemia Buenos Aires   HOTEL $
(Karte S. 62; 011 4115-2561; www.bohemiabuenosaires.com.ar; Perú 845; Zi. ab 60 US$; ❄@🛜; ⓢLínea C Independencia) Das Hotel mit gutem Preis-Leistungs-Verhältnis hat die Atmosphäre eines gehobenen Motels und bietet 22 einfache, nette und recht große Zimmer, die aufgrund des weiß gefliesten Bodens ein wenig steril wirken. Keines der Zimmer hat eine Badewanne, dafür kann man aber den friedlichen grünen Hinterhof und die kleinen Innenhöfe genießen. Ein Plus ist das Frühstücksbuffet und es gibt ein Restaurant. Bei Barzahlung bekommt man evtl. Rabatt.

Palermo

★ Chill House Hostel   HOSTEL $
(Karte S. 68; 011 4861-6175; www.chillhouse.com.ar; Agüero 781; B 17 US$, DZ 49–67 US$;

@ 🛜; Ⓢ Línea B Carlos Gardel) Das umgebaute alte Haus mit hohen Decken und rustikal-künstlerischem Stil ist eines der Hostels mit der coolsten Atmosphäre in Buenos Aires. Es gibt hier zwei Schlafsäle und acht private Zimmer mit Bad (besonders hübsch ist Zi. 6). Auf der herrlichen Dachterrasse gibt's jede Woche *asados* (Grillabende) und manchmal auch Livemusik. Fahrräder kann man gratis ausleihen.

Reina Madre Hostel — HOSTEL $

(Karte S. 68; ☎ 011 4962-5553; www.rmhostel. com; Av Anchorena 1118; B/EZ/DZ ab 16/40/44 US$; ✽ @ 🛜; Ⓢ Línea D Pueyrredón) Dieses wundervolle Hostel ist sauber, sicher und gut geführt. Es befindet sich in einem alten Gebäude mit viel Charakter, hohen Decken und originalen Fliesen. Alle Zimmer sind komfortabel und modern (mit Gemeinschaftsbad). Daneben gibt's noch ein gemütliches Wohnzimmer mit Balkon und kleiner Küche inklusive vieler Esstische. Doch das Highlight ist die Grillterrasse auf dem Dach. Durch das Anwesen schleicht eine Hauskatze.

Eco Pampa Hostel — HOSTEL $

(Karte S. 68; ☎ 011 4831-2435; www.hostelpampa. com.ar; Guatemala 4778; B/EZ/DZ 20/70/85 US$; @ 🛜; Ⓢ Línea D Plaza Italia) ⚐ Buenos Aires' erstes „grünes" Hostel ist diese gemütliche Bleibe mit altmodischer Möblierung, Energiesparlampen und Recyclingsystem. Auf dem Dach gibt's einen kleinen Gemüsegarten, eine Kompostanlage und Sonnenkollektoren. Die Schlafsäle haben eine gute Größe, und alle acht privaten Zimmer haben ein eigenes Bad und einen Flachbild-TV (meist auch Klimaanlage). Eine weitere Filiale befindet sich in Belgrano.

Mansilla 3935 B & B — B&B $

(Karte S. 68; ☎ 011 4833-3821; www.mansilla 3935.com; Mansilla 3935; EZ/DZ 40/60 US$; ✽ @ 🛜) Das familienbetriebene B & B in einem heimeligen, recht dunklen Haus bietet ein großartiges Preis-Leistungs-Verhältnis. Alle sechs einfachen, aber hübschen Zimmer sind mit eigenem Bad ausgestattet. Die Decken sind hoch, und ein paar kleine Patios tragen zum Charme des Hauses bei.

Hotel Clasico — HOTEL $$

(Karte S. 68; ☎ 011 4773-2353; www.hotelclasico. com; Costa Rica 5480; Zi. 120–170 US$; ✽ 🛜) Das attraktive Hotel bietet 33 geschmackvolle „klassische", in Brauntönen gehaltene Zimmer mit Holzböden, modernen Annehmlichkeiten und teilweise mit kleinem Balkon. Wer etwas Besonderes will, entscheidet sich für das Penthouse mit Terrasse. Im kreativ gestalteten Aufzug blickt man durch eine Glaswand direkt auf ein kunstvolles Wandbild. Das hervorragende Frühstück wird unten im rustikal-hippen Restaurant serviert.

Infinito Hotel — BOUTIQUEHOTEL $$

(Karte S. 68; ☎ 011 2070-2626; www.infinitohotel. com; Arenales 3689; Zi. ab 105 US$; ✽ @ 🛜; Ⓢ Línea D Scalabrini Ortíz) Schon im kleinen Café- und Rezeptionsbereich in der Lobby gibt sich dieses Hotel durch und durch trendy. Die Zimmer sind klein, aber gut, und punkten mit Flachbild-TV, Kühlschrank und violetter Farbgestaltung; außerdem gibt's noch eine Sauna mit Whirlpool. Das Hotel demonstriert Umweltbewusstsein, vor allem durch Recycling. Es befindet sich in der Nähe einiger Parks, aber trotzdem noch in Gehweite zu Palermos Nachtleben. Im Preis inbegriffen ist das Frühstücksbuffet.

Palermo Viejo B & B — PENSION $$

(Karte S. 68; ☎ 011 4773-6012; www.palermoviejo bb.com; Niceto Vega 4629; EZ/DZ 70/80 US$; ✽ @ 🛜; ▯140) Das kleine, intime B & B befindet sich in einem umgebauten *casa chorizo* – einem schmalen, nach hinten langgestreckten Haus. Die sechs Zimmer vor dem grünen Hofgang sind einfach, aber ganz gemütlich; zwei haben ein Dachgeschoss. Alle Zimmer haben einen Kühlschrank; inbegriffen ist auch das gute Frühstück. Man sollte vorab seine Ankunftszeit mitteilen oder rechtzeitig anrufen – denn die Betreiber sind nachmittags oft unterwegs, um Besorgungen zu machen.

Der nächste Subte-Bahnhof – Línea B, Malabia – ist neun Blocks entfernt.

🍴 Essen

In Buenos Aires gibt es ausgezeichnete Restaurants für jeden Geldbeutel. Standard in den meisten Restaurants sind *parrilla* (Grillfleisch), Pasta, Pizza und *minutas* (Schnellgerichte). Wer auf der Suche nach etwas Speziellem ist, wird in Palermo fündig, denn dort gibt es viele Ethno-Lokale. Auch das Viertel Puerto Madero kann mit vielen Restaurants aufwarten. Allerdings sind die meisten auf Geschäftsleute ausgerichtet und folglich sehr nobel und relativ teuer. Im Angebot sind hier eher Steaks als Pfannengerichte.

Gute Nachrichten für Vegetarier: Anders als sonst in Argentinien gibt es in B.A. eine ganze Menge Restaurants, die kein Fleisch im Angebot haben – man muss nur wissen, wo man sie findet. Die meisten nichtvegetarischen Restaurants haben für Vegetarier nur ein paar Pastagerichte, Salat und Pizza auf der Karte – und das war es dann auch schon in Sachen fleischloser Küche.

Stadtzentrum

★ Chan Chan
PERUANISCH $

(Karte S. 62; 011 4382-8492; Hipólito Yrigoyen 1390; Hauptgerichte 60–90 AR$; Di–Sa 12–16 & 20–0.30, So bis 11.30 Uhr) Dank der fairen Preise und der relativ schnellen Bedienung ist dieses farbenfrohe peruanische Lokal mittags voller Büroangestellter, die sich die *ceviche* (in Zitronensaft marinierte Meeresfrüchte) und das *ajiaco de conejo* (Kaninchen- und Kartoffel-Eintopf) schmecken lassen. Es gibt auch viele Reisgerichte (*arroz chaufa* – nach peruanischer Art gebratener Reis), die man mit einem herben Pisco Sour oder einer *chicha morada* (süßer Fruchtdrink) runterspülen kann.

Latino Sandwich
SANDWICHES $

(Karte S. 62; 011-4331-0859; www.latinosandwich.com; Tacuari 185; Sandwich 40–56 AR$; Mo–Fr 8–17 Uhr) Einige der besten Lokale in Buenos Aires sind winzig – und dieser Sandwichladen in der Innenstadt ist ein typisches Beispiel dafür. Zur Wahl stehen diverse Sandwichs, z. B. argentinisches *milanesa* (paniertes Steak, Rucola und Guacamole), gegrilltes Schweinefleisch mit Cheddar oder gegrillte Zucchini und Auberginen. Es gibt nur einen Gemeinschaftstisch, aber die Kundschaft hier besteht auch vor allem aus Büroangestellten, die sich ihr Essen zum Mitnehmen einpacken lassen.

Pizzería Güerrín
PIZZERIA $

(Karte S. 62; 011 4371-8141; Av Corrientes 1368; Stück Pizza 16 AR$; So–Do 11–1, Fr & Sa bis 2 Uhr) Die billige, aber klassische alte Pizzeria an der Av Corrientes ist die richtige Adresse für einen schnellen Happen. Einfach bezahlen, auf ein Stück der vorgebackenen Pizza hinter der Glastheke zeigen und dieses dann im Stehen inmitten der vielen anderen Gäste verdrücken. Man kann sich aber auch hinsetzen und eine frisch gebackene Pizza bestellen – dann hat man noch mehr Auswahl.

Vita
REFORMKOST $

(Karte S. 62; 011 4342-0788; www.vitamarket.com.ar; Hipólito Yrigoyen 583; Hauptgerichte 60–65 AR$; Mo–Mi 8–20, Do & Fr bis 1, Sa 10.30–1, So 11–19 Uhr;) Das hippiemäßige, zwanglose Lokal mit gesundheitsbewusster Küche serviert leckere vegetarische Gerichte wie Bio-Seitan-Pizza, Linsenburger und Gemüse-Teigtaschen. Es gibt auch verschiedene frische Saftmischgetränke und *licuados* (Frucht-Shakes) – auf Wunsch mit einem Schuss Weizengras – sowie jede Menge Gourmet-Salate und Bio-Kaffee. Eine weitere Filiale befindet sich in Palermo.

Außerdem gibt's auch ein paar Regale mit zum Verkauf stehenden Reformhausprodukten.

Parrilla Peña
PARRILLA $$

(Karte S. 62; 011 4371-5643; Rodríguez Peña 682; Hauptgerichte 80–160 AR$; Mo–Sa 12–16 & 20–24, So 12–16 Uhr) Die einfache, traditionelle und alteingesessene *parrilla* (Grillhaus) ist für ihre erstklassige Fleischauswahl und ihre großzügigen Portionen bekannt. Der Service ist schnell und effizient – alles in allem: ein tolles Preis-Leistungs-Verhältnis. Hier trifft man selten auf Touristen; dies ist eher eine lokale Größe. Es gibt auch hausgemachte Pasta, Salate, *milanesas*, diverse leckere Desserts sowie eine gute Weinkarte.

San Telmo

El Banco Rojo
INTERNATIONAL $

(Karte S. 62; 011 4362-3177; Bolivar 914; Hauptgerichte 50–60 AR$; Di–Sa 12–0.30, So bis 23.30 Uhr) Das kleine, trendige Lokal ist ein Magnet für die Jugendlichen in San Telmo und tischt Sandwichs (mit Schweinefleisch aus dem Tandur oder Lamm-*kofta*), Falafel, Burger, Tacos und Salate auf. Wenn es welche gibt, sollte man unbedingt die *empanada de cordero* (Lamm-Teigtaschen) probieren. Sehr zwangloses Lokal mit lauter Rockmusik; Sitzplätze gibt's nur am Tresen.

Bar El Federal
ARGENTINISCH $

(Karte S. 62; 011 4361-7328; Carlos Calvo 599; Hauptgerichte 65–160 AR$; So–Do 8–2, Fr & Sa bis 4 Uhr;) Die historische Bar von 1864 hat eine klassische, leicht rustikale Atmosphäre mit originalem Holzdekor, Fliesen und einem auffälligen alten Tresen. Die Spezialität hier sind Sandwichs (vor allem mit Truthahn) und *picadas* (große Vorspeiseplatten), doch es gibt auch viele Arten Pasta, Salate, Desserts und eiskaltes Bier in hohen Gläsern.

El Desnivel
PARRILLA $$

(Karte S. 62; 011 4300-9081; Defensa 855; Hauptgerichte 100–180 AR$; Di–So 12–24, Mo 19–24 Uhr) Das berühmte, alteingesessene *parrilla*-Restaurant lockt mit Köstlichkeiten wie Chorizo-Sandwichs oder *bife de lomo* (Lendensteak) sowohl Einheimische als auch Touristen an. Der brutzelnde Grill vorne ist kein Spaß, wenn man auf einen Tisch wartet (der möglicherweise im großen Hinterzimmer steht). Deshalb frühzeitig herkommen – vor allem am Wochenende.

Chochán ARGENTINISCH $$
(Karte S. 62; 011 4307-3661; Piedras 672; Hauptgerichte 125–175 AR$; Mo–Fr 20–24, Sa & So 12–16 & 20–24 Uhr) Das Restaurant ist voll und ganz auf Schweinefleischliebhaber ausgerichtet. Rippchen, geschmorte Schweineschulter, Haxen und Ravioli – alles vom Schwein, auf Spanisch *chanchos* genannt (Chochán ist natürlich ein Wortspiel). Wie wär's mit einem Sandwich – mit Schweinebauch, zerkleinertem Schweinefleisch oder Schweinezunge? Oder einer Maissuppe mit geräuchertem Schweinefleisch? Oder einem kleinen Teller mit Blutwurst? Nur keine Hemmungen – sich vollzufuttern ist erlaubt.

Recoleta

Cumaná ARGENTINISCH $
(Karte S. 62; 011 4813-9207; Rodriguez Peña 1149; Hauptgerichte 75–125 AR$; 12–16 & 20–1 Uhr) Wer die regionale Küche Argentiniens kennenlernen will, sollte dieses farbenfrohe, preiswerte Restaurant mit großen Panoramafenstern und einem altmodischen Lehmziegelofen besuchen. Die Spezialität des Cumaná sind köstliche *cazuelas* (sättigende Eintöpfe mit Kürbis, Mais, Auberginen, Kartoffeln und Fleisch). Sehr beliebt sind auch die *Empanadas*, *locro* (Mais- und Fleischeintopf) und *humitas* (Tamales mit Mais, Käse und Zwiebeln). Um Wartezeiten zu vermeiden, früh kommen.

El Sanjuanino ARGENTINISCH $
(Karte S. 62; 011 4805-2683; Posadas 1515; Empanadas 19 AR$, Hauptgerichte 80–150 AR$; 12–16 & 19–1 Uhr) Das alteingesessene, gemütliche kleine Lokal hat das wohl preiswerteste Essen in Recoleta, was sowohl sparsame Einheimische als auch knausrige Touristen anlockt. Man sitzt oben oder unten (im Keller) und bestellt würzige *empanadas*, Tamales oder *locro*. Die gekrümmte Ziegeldecke trägt zur Kellergewölbe-Atmosphäre bei. Viele lassen sich ihr Essen aber auch zum Mitnehmen einpacken, denn die hübschen Parks von Recoleta sind nur ein paar Blocks entfernt.

Rodi Bar ARGENTINISCH $$
(Karte S. 62; 011 4801-5230; Vicente López 1900; Hauptgerichte 100–200 AR$; Mo–Sa 7-1 Uhr) Tolle Option für preiswertes, bescheidenes Essen im gehobenen Recoleta. Das traditionelle Eckrestaurant mit gediegener altmodischer Atmosphäre und umfangreicher Speisekarte hat für jeden etwas – vom billigen gemischten Teller bis hin zu relativ ungewöhnlichen Gerichten wie marinierter Rinderzunge.

Palermo

★ Sarkis NAHÖSTLICH
(Karte S. 68; 011 4772-4911; Thames 1101; Hauptgerichte 65–160 AR$; 12–15 & 20–1 Uhr) Das alteingesessene Restaurant der nahöstlichen Küche bietet fabelhaftes und preiswertes Essen. Am besten kommt man mit Freunden, um viele der exotischen Gerichte zu probieren. Den Anfang machen Hummus mit gebratenen Auberginen, *boquerones* (marinierte Sardinen), *keppe crudo* (rohes Fleisch) oder *parras rellenas* (gefüllte Weinblätter), gefolgt von Kebab oder Lamm in Joghurtsauce. Mittags ist nicht so viel los wie abends, wo man mit langen Wartezeiten rechnen muss.

Fukuro Noodle Bar JAPANISCH $
(Karte S. 68; 15-3290-0912; www.fukuronoodlebar.com; Costa Rica 5514; Nudelsuppe 110 AR$; Di–Do 20–24, Fr & Sa bis 1 Uhr) Eine willkommene Abwechslung bei all dem Fleischkonsum bietet dieses beliebte Lokal für einfache Hausmannskost. Hier gibt's vier Arten von Ramen-Nudeln, eine gute Auswahl an *bao* (Dampfklößen) und *gyoza* (Maultaschen), aber auch glutenfreie Nudeln, Sake und Craftbiere. Sitzplätze gibt's nur am Tresen.

Oui Oui INTERNATIONAL $
(Karte S. 68; 011 4778-9614; www.ouioui.com.ar; Nicaragua 6068; Hauptgerichte 70–90 AR$; Mo–Sa 8–20 Uhr;) Das charmante und beliebte französische Café punktet mit einem kleinen, gemütlichen Innenraum und hat nur Gutes zu bieten: dunklen Kaffee, buttrige Croissants und gläserweise Limonade. Zur Wahl stehen einfallsreiche Salate, Gourmet-Sandwichs und köstliches Gebäck. Im selben Block liegt das angeschlossene **Almacén Oui Oui** (Karte S. 68; Ecke Dorrego & Nicaragua; Di–So 8–21 Uhr).

Burger Joint AMERIKANISCH $
(Karte S. 68; 011 4833-5151; Jorge Louis Borges 1766; Burger 60 AR$; 12–24 Uhr) Die saftigs-

ten Burger von Buenos Aires gibt's in diesem beliebten, mit Graffitis übersäten Lokal. Der in NYC ausgebildete Chefkoch Pierre Chacra bietet sie auf vier – allesamt überzeugende – Arten an, z. b. mexikanisch (mit Jalapeños, Guacamole und scharfer Sauce) oder jamaikanisch (mit Ananas, Cheddar und Schinken) mit handgeschnittenen Pommes als Beilage.

El Preferido de Palermo ARGENTINISCH $

(Karte S. 68; 011 4774-6585; Jorge Louis Borges 2108; Hauptgerichte 100–120 AR$; Mo-Sa 9–23.30 Uhr) Traditioneller kann ein Lokal nicht sein. Der stimmungsvolle, familienbetriebene Laden serviert Tapas, Fleischplatten, hausgemachte Pasta und Meeresfrüchtesuppe. Die Spezialität sind Tortillas, *milanesas* und kubanischer Reis mit Kalbfleisch sowie Polenta. Von der Decke hängende Schinken, Olivengläser und hohe Tische mit klotzigen Holzstühlen tragen zum gemütlichen Ambiente bei.

★ Don Julio PARRILLA $$

(Karte S. 68; 011 4832-6058; Guatemala 4699; Hauptgerichte 115–230 AR$; 12–16 & 19.30–1 Uhr) Ein erstklassiger Service und eine hervorragende Weinkarte verleihen diesem traditionellen, sehr beliebten Eck-Steakhaus einen noblen Anstrich. Das *bife de chorizo* (dickes Rinderfilet) ist hier die Hauptattraktion, doch mindestens genauso gut sind das gebackene Ziegenkäse-*Provolone*, die *bondiola de cerdo* (Schweineschulter) und die Gourmetsalate. Außerdem sind die Portionen schön groß. Frühzeitig herkommen, um nicht warten zu müssen.

Gran Dabbang INTERNATIONAL, FUSION $$

(Karte S. 68; 011 4832-1186; Scalabrini Ortiz 1543; kleine Gerichte 80–95 AR$; Mo-Sa 20–24 Uhr) Zur Beschreibung der himmlischen Küche dieses bescheidenen Restaurants an einer geschäftigen Allee reichen die Worte „einzigartig" oder „kreativ" kaum aus. Es gibt etwa acht kleine Gerichte, eine wilde Mischung aus (u. a.) indischen, thailändischen und paraguayischen Einflüssen, die Küchenchef Mariano Ramón von seinen Reisen durch die Welt mitgebracht hat. Entweder früh oder spät kommen.

Las Pizarras INTERNATIONAL $$

(Karte S. 68; 011 4775-0625; www.laspizarrasbistro.com; Thames 2296; Hauptgerichte 140–215 AR$; Di-So 20–24 Uhr) In diesem schlichten und unprätentiösen, aber trotzdem exzellenten Restaurant tischt Chefkoch Rodrigo Castilla eine immer wieder wechselnde Auswahl diverser Gerichte wie gegrilltes Wild oder mit Kirschen und Pistazien gefülltes Kaninchen auf. Wer einen nicht so experimentierfreudigen Magen hat, entscheidet sich vielleicht für Spargel-Pilz-Risotto oder hausgemachte Pasta. Zur gemütlichen Atmosphäre trägt auch die Kreidetafel bei, auf der das Menü angeschrieben steht.

Bio VEGETARISCH $$

(Karte S. 68; 011 4774-3880; www.biorestaurant.com.ar; Humboldt 2192; Hauptgerichte 120–150 AR$; So-Do 11–24, Fr & Sa bis 1 Uhr;) Die Nase voll von Fleisch? Dann ist dieses gemütliche, familienbetriebene Restaurant mit gesunden, vegetarischen Bio-Gerichten genau das Richtige. Wie wär's mit Quinoa-Risotto, Curry-Seitan, mediterranem Couscous oder Pilzen a la Bahiana (auf brasilianische Art)? Unbedingt auch die erfrischende Ingwer-Limonade probieren. Es gibt auch glutenfreie und vegane Speisen sowie Rohkost. Kochkurse sind ebenfalls möglich.

El Tejano GRILLRESTAURANT $$

(Karte S. 68; www.facebook.com/ElTejanoBA; Honduras 4416; Hauptgerichte 105–145 AR$; Di-Sa 12.30–16.30 & 21–24 Uhr) Wer Lust auf Grillfleisch nach texanischer Art hat, ist hier goldrichtig: Larry Rogers ist ein waschechter Texaner, und er hat die besten gegrillten Rinder- und Schweinerippchen der Stadt, außerdem geräucherte Rinderbrust, Pulled Pork und Chicken Wings. Das Angebot ändert sich von Tag zu Tag, doch das Fleisch ist immer unglaublich zart und absolut köstlich. Ebenso lecker sind die E*mpanadas* und Pommes.

🍷 Ausgehen

In Buenos Aires wird die Nacht zum Tag gemacht, und es gibt jede Menge Cafés, Bars und Nachtclubs, in denen man die Nacht durchzechen kann. Cafés sind weit verbreitet und meistens vom frühen Morgen bis zum späten Abend geöffnet; sie bieten auch eine große Bandbreite an Essen und Getränken. Bars öffnen später und sind noch länger geöffnet – am Wochenende oft bis 6 Uhr. Nachtclubs kommen vor 2 Uhr aber kaum in Gang.

Wer die Nacht durchmachen will, kann sich dem von Expats geleiteten **Pub Crawl** (15-5464-1886; www.pubcrawlba.com) anschließen.

Stadtzentrum

Café Tortoni CAFÉ
(Karte S. 62; 011 4342-4328; www.cafetortoni.com.ar; Av de Mayo 829) Das klassische Tortoni ist Buenos Aires' ältestes und berühmtestes Café. Es ist inzwischen so bekannt unter Ausländern, dass es sich leider zu einer Art Touristenfalle entwickelt hat. Trotzdem ist der Besuch hier für jeden Touristen quasi ein Muss. Einfach ein paar *churros* (frittiertes Brandteiggebäck) mit heißer Schokolade bestellen und nicht an die überhöhten Preise denken. Jeden Abend finden auch Tango-Shows (S. 78) statt – dafür sollte man vorab reservieren.

Milión COCKTAILBAR
(Karte S. 62; 011 4815-9925; www.milion.com.ar; Paraná 1048; So-Mi 18-2, Do bis 3, Fr & Sa bis 4 Uhr) Eine der prächtigsten und elegantesten Bars von Buenos Aires ist das sexy Milión, das drei Etagen eines renovierten alten Herrenhauses einnimmt. Der Garten hinter dem Haus ist ein grünes Paradies. Auf dem Balkon darüber befinden sich die besten Sitzplätze des Hauses. Auch auf den reizenden Marmorstufen in der Nähe kann man einen Frozen Mojito oder einen Basilikum-Daiquiri, die leckersten Cocktails auf der Karte, genießen. Das Restaurant unten serviert internationale Gerichte.

La Cigale COCKTAILBAR
(Karte S. 62; 011 4893-2332; www.facebook.com/lacigalebar; 25 de Mayo 597; 12-16 & 18 Uhr–open end) Das sinnliche Bar-Restaurant oben ist tagsüber besonders bei Büroangestellten und abends bei Leuten aus der Musikbranche beliebt. An den meisten Abenden gibt's Livemusik oder DJs, doch am bekanntesten ist die „Minelek Night" am Dienstag, wenn Electronica und exotische Cocktails ein großes Publikum anziehen. Mittags und abends werden auch Fusion-Gerichte serviert.

Bahrein CLUB
(Karte S. 62; 011 6225-2731; www.bahreinba.com; Lavalle 345; Do-So) Den Großteil der tätowierten Jugendlichen von Buenos Aires zieht es scheinbar ins Bahrein, einen weithin beliebten Club in einem alten Bankgebäude in der Innenstadt (ein Blick in die „Schatzkammer" im Keller lohnt sich). Im Erdgeschoss legt der hauseigene DJ im loungeartig aufgemachten Funky Room House Music und Electronica auf. Unten liegt die angesagte Xss-Disco mit einer eindrucksvollen Musikanlage und einer Tanzfläche, die Platz für Hunderte von Leuten bietet.

San Telmo

★ Bar Plaza Dorrego CAFÉ
(Karte S. 62; 011 4361-0141; Defensa 1098; So-Do 8-24, Fr & Sa bis 3.30 Uhr) Die Atmosphäre in diesem traditionellen Café ist einfach unschlagbar. Man nippt an einem *submarino* (warme Milch mit Schokolade) und genießt dabei den Blick durch das Panoramafenster oder schnappt sich draußen einen Tisch auf der lebendigen Plaza. Angesichts der traditionell gekleideten Kellner, der Tangomusikberieselung, der alten Flaschen und der an die Wände gekritzelten Graffitis fühlt man sich durchaus ein wenig in die Vergangenheit zurückversetzt.

Coffee Town KAFFEEHAUS
(Karte S. 62; 011 4361-0019; www.coffeetownargentina.com; Bolivar 976, Mercado de San Telmo; 10-20 Uhr) Ein paar der besten Kaffees von Buenos Aires gibt's in diesem sehr gemütlichen Kiosk im Mercado de San Telmo (Eingang an der Carlos Calvo). Erfahrene Baristas servieren Fair-Trade-Bio-Kaffee aus aller Welt – Kolumbien, Kenia, Sumatra und dem Jemen. Das Gebäck passt hervorragend dazu.

La Puerta Roja BAR
(Karte S. 62; 011 4362-5649; Chacabuco 733; 17 Uhr–open end) Die Bar im Obergeschoss hat kein Schild – einfach nach der roten Tür Ausschau halten. Sie hat eine coole, relaxte Atmosphäre mit niedrigen Lounge-Möbeln im Hauptraum und einen Billardtisch im hinteren Bereich. In einer typisch traditionellen Bar wie dieser braucht man auf der Karte gar nicht erst nach Frucht-Cocktails zu suchen, doch es gibt gutes internationales Essen wie Currys, Tacos und Chicken Wings.

Doppelgänger COCKTAILBAR
(011 4300-0201; www.doppelganger.com.ar; Av Juan de Garay 500; Di-Do 19-2.30, Fr bis Sa 20-4 Uhr) Die coole, smaragdgrüne Eckbar ist einer der wenigen Orte in Buenos Aires, wo man perfekt gemixte Martinis bekommt, denn Wermut-Cocktails sind die Spezialität im Doppelgänger. Die ruhige Atmosphäre ergänzt ein faszinierendes, umfangreiches Angebot: Den Anfang kann man mit einem Journalist (Martini mit einem Schuss Bitterorange) oder einem Don Draper machen, und anschließend geneh-

migt man sich dann einfach noch den Bestseller der Bar: einen Old-Fashioned.

Gibraltar
PUB

(Karte S. 62; ☎ 011 4362-5310; Perú 895; ⓘ 12–4 Uhr) Das Gibraltar ist ein für Buenos Aires typischer Pub mit gemütlicher Atmosphäre und gutem Tresen – ideal für Alleinreisende. Hervorragend sind auch die echt ausländischen Gerichte – thailändisch, indisch oder englisch. Wer einen kleinen Wettkampf nicht scheut, kann hinten ein wenig Billard spielen. Es läuft auch Sport im TV, und jeden Tag von 12 bis 20 Uhr ist Happy Hour.

Recoleta

La Biela
CAFÉ

(Karte S. 62; ☎ 011 4804-0449; www.labiela.com; Av Quintana 600; ⓘ So–Do 7–2, Fr & Sa bis 3 Uhr) Eine Institution in Recoleta: Der Klassiker bedient die *porteño*-Elite schon seit den 1950er-Jahren – als sich Autorennfahrer hier häufig blicken ließen. Die Außenterrasse vorne ist für sonnige Nachmittage wie geschaffen – vor allem, wenn in der Nähe die Wochenend-*feria* (Straßenmarkt) in vollem Gange ist. Allerdings zahlt man für dieses Privileg 20 % mehr.

Shamrock Basement
CLUB

(Karte S. 62; ☎ 011 4812-3584; Rodríguez Peña 1220; ⓘ Do–Sa) Der coole, bescheidene Kellerclub ist bekannt für die erstklassigen DJs, die mit hämmernder House Music ein gemischtes junges Publikum anlocken. Oben herrscht im allseits beliebten irischen Pub Shamrock die ganze Nacht durch reges Kommen und Gehen. Nachts um 3 Uhr ist die Bude brechend voll; man kann aber auch die Treppe hinab gehen und unten ein paar Bierchen trinken.

Palermo

★ LAB Training Center & Coffee Shop
CAFÉ, KAFFEEHAUS

(Karte S. 68; ☎ 011 4843-1790; www.labcafe.com.ar; Humbolt 1542; ⓘ Mo–Sa 8–20 Uhr) Hohe Decken und Industrie-Chic prägen dieses exzellente Kaffeehaus. Zur Wahl stehen diverse im Haus geröstete Kaffeesorten. Diese laufen durch verschiedene Kaffeemaschinen (Chemex, AeroPress, V60, Kalita), durch die Vakuumkanne oder einfach durch den Filter. Sitzplätze gibt's vor allem am Tresen, aber oben steht auch noch ein Gemeinschaftstisch für Leute, die beim Kaffee gern etwas arbeiten wollen. Angeboten werden auch Kurse in Kaffee- und Espressozubereitung.

★ Verne
COCKTAILBAR

(Karte S. 68; ☎ 011 4822-0980; Av Medrano 1475; ⓘ Di–Do 20–3, Fr bis 4, Sa 21–4, So bis 3 Uhr) Gehobene und doch zwanglose Bar mit leichtem Jules-Verne-Anstrich. Cocktails sind die hiesige Spezialität, gemixt von einem der besten Barkeeper von Buenos Aires: Fede Cuco. Ein paar Tische, einige gemütliche Sofas und ein luftiger Hof sorgen für diverse Sitzmöglichkeiten, aber direkt an der Bar kann man beobachten, wie die Drinks gemixt werden (den französischen Absinth-Spender bemerkt?). Es gibt auch hausgemachten Negroni.

Magdalena's Party
BAR

(Karte S. 68; ☎ 011 4833-9127; www.magdalenasparty.com; Thames 1795; ⓘ Mo 20–2, Di 11–3, Fr & Sa bis 4, So bis 17 Uhr) Beliebtes Bar-Restaurant mit entspannter Atmosphäre und *buena onda* (guter Stimmung). Von Donnerstag bis Samstag legen abends DJs auf. Da die Drinks ziemlich preiswert sind, kann man sich hier schon mal warmtrinken, bevor es in die Clubs geht. Wodka-Limo wird hier in Krügen ausgeschenkt. Happy Hour ist täglich von 12 bis 24 Uhr, und es gibt leckeres, ausländerfreundliches Essen, z. B. frisch zubereitete Hamburger, Burritos auf kalifornische Art und Bio-Kaffee. Beliebt ist auch der Brunch am Wochenende.

Sugar
SPORTBAR

(Karte S. 68; ☎ 011 4831-3276; www.sugarbuenosaires.com; Costa Rica 4619; ⓘ Di–Fr 19–5.30, Sa 11–5.30, So 11–3 Uhr) Die lebendige Expat-Kneipe lockt allabendlich mit preiswerten Getränken und einfacher Hausmannskost wie Hähnchenstreifen und Buffalo Wings ein jugendliches Publikum an. Auf den fünf großen Bildschirmen laufen Sportsendungen. Donnerstags geht's bei der Ladies' Night etwas ruppiger zu. Wer am Wochenende rechtzeitig aus dem Bett kommt, kann hier Eier und Mimosas frühstücken.

Niceto Club
CLUB

(Karte S. 68; ☎ 011 4779-9396; www.nicetoclub.com; Niceto Vega 5510; ⓘ Do–Sa) Einer der größten Publikumsmagneten in der Stadt heißt Club 69, ein subversives, nicht zu versäumendes DJ-Event mit schrill aufgemachten Showgirls, tanzenden Dragqueens, futuristischen Videoinstallationen und Performancekunst, das jeden Donnerstag im Niceto Club stattfindet. Am Wochenende übernehmen in- und ausländische Meister am Plattenteller die Regie, um mit ihrem Mix aus Hip-Hop, elektronischen Rhythmen, Cumbia und Reggae die ausgelassenen Massen zu unterhalten.

Crobar CLUB
(Karte S. 68; 011 4778-1500; www.crobar.com.ar; Ecke Av de la Infanta Isabell & Freyre; Fr & Sa) Das schicke und große Crobar ist und bleibt einer der beliebtesten Nachtclubs in Buenos Aires. Freitags mischen normalerweise internationale DJs mit den neuesten Techno-Beats die Szene auf, samstags vergnügen sich die LGBTIQ-Massen mit Elektro-Pop und lateinamerikanischen Rhythmen. Zwischengeschosse und Laufstege unterbrechen die Etagen und gewähren einen Blick von oben aufs Geschehen. Man sollte einen prall gefüllten Geldbeutel mitbringen, denn der Club gehört preislich zur Spitzenklasse.

Kika CLUB
(Karte S. 68; www.kikaclub.com.ar; Honduras 5339; Di–So) Die extrem gute Lage – quasi mitten im Barviertel Palermo Viejo – lockt donnerstags ein trendiges Publikum zur beliebten „Hype-Party" ins Kika, wenn in- und ausländische DJs einen Mix aus Electro, Rock, Hip-Hop, Drum & Bass und Dubstep auflegen. An anderen Abenden geben Electronica, Reggaeton, Latino-Musik und Livebands den Ton an.

Victoria Brown COCKTAILBAR
(Karte S. 68; 011 4831-0831; www.victoriabrownbar.com; Costa Rica 4827; Di–Sa 21–4 Uhr) Versteckt hinter einer großen drapierten Tür liegt in einem netten Café diese Lounge mit exzellentem Essen und leckeren, erstklassigen Cocktails. Die sehr beliebte Cocktailbar punktet mit einem hübschen, raffinierten Ambiente im Industrie-Chic – selbst die WCs sind kreativ ausgestattet. Also aufbrezeln und rechtzeitig herkommen, um ein Sofa oder eine der geschwungenen Sitznischen ergattern zu können. Fürs Abendessen sollte man vorab reservieren.

☆ Unterhaltung

Da Buenos Aires niemals schläft, findet man an jedem Abend der Woche etwas Interessantes. Ständig gibt es Theateraufführungen, Konzerte und wirklich überall Tangoshows.

Jedes moderne Einkaufszentrum hat einen Kinokomplex mit mehreren Kinosälen. Die Filme laufen meistens in ihrer Originalsprache mit Untertiteln. Infos zu Spielzeiten findet man in den regionalen Zeitungen. Der englischsprachige Buenos Aires Herald (www.buenosairesherald.com) ist bei den meisten Zeitungshändlern erhältlich.

Ermäßigte Tickets (für ausgewählte Theater-, Tango- und Filmvorführungen) erhält man u.a. bei **Cartelera Vea Más** (011 6320-5319; www.veamasdigital.com.ar; Av Corrientes 1660, Local 2), **Cartelera Baires** (011-4372-5058; www.cartelerabaires.com; Av Corrientes 1382, Galería Apolo) und **Cartelera Espectáculos** (011 4322-1559; www.123info.com.ar; Lavalle 742).

Ticketek (011 5237-7200; www.ticketek.com.ar) hat Filialen in der ganzen Stadt und verkauft Karten für Großveranstaltungen.

Tango-Shows
Die meisten Traveller möchten sich in Buenos Aires auch eine Tango-Show anschauen. Nach „nichttouristischen" Veranstaltungen zu suchen, ist allerdings müßig, da der Tango nun mal ein Gesellschaftstanz ist, bei dem das Zuschauen einfach dazugehört. Billigere Shows sind in der Regel traditioneller. Bei einer *milonga* zeigen die Tänzer, was sie drauf haben; Zuschauer haben hier aber eigentlich nichts verloren (auch wenn einige *milonga*-Lokale ab und an Shows veranstalten).

Es gibt viele Tango-Shows mit Abendessen, die auf reichere Touristen abzielen. Manche sind wie Las-Vegas-Shows aufgemacht – inklusive Kostümwechsel, Trockeneis und in die Höhe gewirbelte Beine. Das sieht schon spektakulär aus. Reservieren.

Sonntags gibt's auf dem Antiquitätenmarkt in San Telmo und auf dem El Caminito in La Boca, gelegentlich auch auf der Calle Florida in der Nähe von Lavalle „kostenlose" Tangodarbietungen (Spende erbeten). Erschwingliche Vorführungen lassen sich auch in Kulturzentren, vor allem im Centro Cultural Borges (www.ccborges.org.ar), erleben.

Tango-Kurse kann man im Confitería Ideal belegen.

Café Tortoni TANGO
(Karte S. 62; 011 4342-4328; www.cafetortoni.com.ar; Av de Mayo 829) In dem historischen, leider aber auch sehr touristischen Café gibt's jeden Abend Tango-Shows (vorab reservieren). Wer davor einfach nur in das Café will, muss sich möglicherweise draußen anstellen. Ungeachtet dieser Nachteile ist das Tortoni aber das berühmteste Café in Buenos Aires mit einer netten Atmosphäre.

Tickets für die Tango-Show erhält man am selben Tag oder am Tag vorher im Café zwischen 11 und 17 Uhr (nur Barzahlung).

Livemusik

In einigen Bars gibt's auch Livemusik.

★ **La Bomba de Tiempo** LIVEMUSIK
(Karte S. 68; www.labombadetiempo.com; Sarmiento 3131; ⏱Mo 19 Uhr) Eine der größten und besten Partys in Buenos Aires ist das La Bomba de Tiempo, das jeden Montag um 19 Uhr im Ciudad Cultural Konex stattfindet.

Teatro Colón KLASSISCHE MUSIK
(Karte S. 62; ☏011 4378-7100; www.teatrocolon.org.ar; Cerrito 628) Buenos Aires' erste Adresse für Ballett, Oper und klassische Musik.

La Trastienda LIVEMUSIK
(Karte S. 62; ☏011 5254-9100; www.latrastienda.com; Balcarce 460) Das große, stimmungsvolle Haus in San Telmo mit Platz für mehr als 700 Leute hat eine gut bestückte Bar. Fast jeden Abend stehen in- und ausländische Künstler auf der Bühne mit Zugpferden wie Charlie García, Divididos, José González, Damien Rice und Conor Oberst. Aktuelle Infos findet man auf der Website.

Usina del Arte KONZERTHALLE
(www.usinadelarte.org; Agustín Caffarena 1) Das restaurierte alte Elektrizitätswerk ist ein mutiger Versuch, einem heruntergekommenen Teil von La Boca neues Leben einzuhauchen. Zu dem prächtigen roten Ziegelgebäude gehört ein malerischer Uhrenturm, und im Konzertsaal – der übrigens eine hervorragende Akustik hat – finden 1200 Zuschauer Platz. Hier gibt es neben Musik-, Theater- und Tanzvorführungen auch kostenlose oder preisgünstige Kunstausstellungen. Infos zu aktuellen Veranstaltungen findet man auf der Website.

Zuschauersport

Beim Fußball kocht hier die Leidenschaft richtig hoch. Die beliebtesten Clubs sind **Boca Juniors** (☏011 4309-4700; www.bocajuniors.com.ar; Brandsen 805) in La Boca und **River Plate** (☏001 4789-1200; www.cariverplate.com; Alcorta 7597) aus Belgrano, das nordwestlich vom Aeroparque Jorge Newbery liegt.

Die Preise für Tickets sind davon abhängig, welche Mannschaften antreten und wie die Nachfrage ist. Im Allgemeinen sind *entradas populares* (Stehplätze auf der Tribüne) am billigsten. Da befindet sich dann mitten unter den eingefleischten Fans; allerdings sollte man teure Uhren, Halstücher oder Kameras und andere Kennzeichen des wohlhabenden Mannes auf der Tribüne auf keinen Fall zur Schau stellen. Mit *plateas* (Sitzplätzen) fährt man allemal sicherer. Man kann ein Spiel auch im Rahmen einer Tour sehen, solche Angebote hat beispielsweise Tangol (S. 81) im Programm.

Polo wird in Buenos Aires vor allem von Oktober bis Dezember gespielt. Die Spiele werden im Campo de Polo in Palermo ausgetragen. Weitere Sportarten mit großem Besucherzuspruch sind Rugby, Pferderennen und *pato* (eine traditionelle argentinische Reitsportart).

🛍 Shoppen

Buenos Aires hat moderne Einkaufszentren und noble Shoppingmeilen wie die Florida und die Av Santa Fe. Im Angebot sind Klamotten von ordentlicher Qualität, Schuhe, Lederwaren, Accessoires, Elektronikartikel, Musik und Haushaltswaren. Importwaren (z. B. Elektronikartikel) sind aber sehr teuer.

Palermo Viejo ist das beste Viertel, wenn man Boutiquen und kreative Mode sucht. Die Avenida Alvear in Richtung Recoleta-Friedhof steht im Zeichen von Designer-Labels. Die Defensa in San Telmo säumen teure Antiquitätenläden. An den Wochenenden finden mehrere Kunsthandwerksmärkte statt, etwa die farbenfrohe *feria artesanal* vor dem Recoleta-Friedhof. Der berühmte Antiquitätenmarkt von San Telmo wird sonntags abgehalten. Lederjacken und -taschen bekommt man in den Geschäften in der Calle Murillo (Blocks 599–600) im Bezirk Villa Crespo. Preiswerte Importartikel aus der Dritten Welt gibt's in der Av Pueyrredón in der Nähe der Estación Once (Bahnhof Once) – dort findet man buchstäblich alles.

Walrus Books (Karte S. 62; ☏011 4300-7135; Estados Unidos 617; ⏱Di–So 12–20 Uhr) wird von einem amerikanisch-argentinischen Paar geführt und verkauft neue und gebrauchte englischsprachige Bücher (u. a. Reiseführer von Lonely Planet).

ℹ Praktische Informationen

EINREISESTELLEN

Einreisestelle (☏011 4317-0234; www.migraciones.gov.ar; Av Antártida Argentina 1355; ⏱Mo–Fr 7.30–14 Uhr)

GEFAHREN & ÄRGERNISSE

Wie in jeder anderen Großstadt gibt es auch in Buenos Aires Kleinkriminalität, doch generell ist die argentinische Hauptstadt ein ziemlich sicheres Pflaster. An vielen Orten können sich selbst Frauen, die allein unterwegs sind, nachts gefahrlos bewegen. Da die Menschen lange aufbleiben, sind häufig andere Fußgänger unterwegs. So bleiben die meisten Traveller ungeschoren. Aber natürlich muss man auch einigermaßen clever sein: etwa nicht mit teurem Schmuck herumlaufen, nicht mit der Brieftasche herumwedeln oder sie gar achtlos irgendwo hin legen. Auf belebten Plätzen ist immer Vorsicht vor Taschendieben geboten. Und natürlich sollte man auch seine Umgebung im Auge behalten und zumindest so tun, als fände man sich zurecht.

Wenn überhaupt, stören in Buenos Aires eher kleine Ärgernisse. Beim Kauf immer das Wechselgeld nachzählen und, vor allem an dunklen Orten wie in Taxis oder Nachtclubs, und aufpassen, dass einem keine Blüten angedreht werden! Echte Scheine haben ein scharfes Druckbild und vor allem ein Wasserzeichen. Beim Überqueren von Straßen immer den Verkehr im Auge haben und auf dem Bürgersteig um die Hundehäufchen herumlaufen! Frische Luft ist oft Mangelware: Dafür sorgen draußen die Luftverschmutzung und drinnen der Zigarettenqualm.

Jede Stadt hat ihre finsteren Ecken. Hierzu zählen in Buenos Aires der Bahnhof Constitución Estación sowie die östliche Rand von San Telmo und La Boca. Dort ist vor allem außerhalb der Touristenzonen selbst tagsüber immer Vorsicht angebracht. Die Avenida Florida hingegen ist allenfalls mitten in der Nacht ein problematisches Pflaster.

DER WEG INS ZENTRUM

Wer aus dem Ausland nach Buenos Aires reist, landet wahrscheinlich auf dem Flughafen Ezeiza 35 km südlich vom Stadtzentrum (die Fahrt ins Zentrum dauert ca. 40 Min.). Der saubere und moderne Flughafen verfügt über Restaurants, Läden, Internetzugang, eine Gepäckaufbewahrung und einen Informationsschalter (☎ 011-5480-6111; ⊙ 24 Std.).

Zur Einreise nach Argentinien wird Bürgern einiger Länder eine „Reziprozitätsgebühr" auferlegt, die dem entspricht, was Argentinier bei der Einreise in diese Länder bezahlen müssen. Diese Gebühr betrifft US-Amerikaner (160 US$, gültig für 10 Jahre), Australier (100 US$, gültig für ein Jahr) und Kanadier (92 US$, gültig bis einen Monat vor Ablauf des Passes). Die Gebühr muss online vor der Ankunft in Argentinien bezahlt werden; s. www.migraciones.gov.ar/accesibleingles. Die Quittung ausdrucken und mitbringen!

Eine Möglichkeit, in die Stadt zu kommen, ist der häufig verkehrende, komfortable Shuttleservice (145 AR$) von Manuel Tienda León (MTL; ☎ 011 4315-5115; www.tiendaleon.com; Av Eduardo Madero 1299, Flughafen Ezeiza); der Schalter befindet sich gleich hinter dem Zoll. Eine weitere Option ist Hostel Shuttle (☎ 011 4511-8723; www.hostelshuttle.com.ar).

Bei Taxis sollte man Fahrer, die Schilder hochhalten, links liegen lassen; stattdessen geht man zu den Taxiständen, wo man 450 AR$ bezahlt.

Pfennigfuchser nehmen den Bus 8 (8 AR$, 2 Std.) vor dem Terminal B oder vor dem Terminal A (rechts abbiegen und ein paar Minuten bis zur Bushaltestelle gegenüber der Petrobras-Tankstelle gehen). Man braucht eine SUBE-Karte (S. 82) für den Bus, die an dem *kiosko* gegenüber dem Check-in-Schalter 25 (das Schild sagt: „25 Std. geöffnet!") erhältlich ist.

Wer Geld wechseln will, sollte die *cambios* (Wechselstuben) mit ihren schlechten Kursen meiden. Die Banco de la Nación in der Nähe hat faire Kurse und ist rund um die Uhr geöffnet. Auf dem Flughafen gibt's mehrere Geldautomaten.

Die meisten Inlandsflüge landen auf dem Aeroparque Jorge Newbery (☎ 011 5480-6111; www.aa2000.com.ar) wenige Kilometer nördlich vom Stadtzentrum. Die Shuttles von Manuel Tienda León (60 AR$) brauchen 15 Minuten zum Stadtzentrum. Der Bus 45 fährt ebenfalls zum Zentrum; die Haltestelle liegt im Süden (beim Verlassen des Flughafens rechts halten). Ein Taxi in die Innenstadt kostet rund 130 AR$.

Ein Shuttle vom Flughafen Ezeiza zum Aeroparque kostet 155 AR$.

Der Busbahnhof Retiro liegt rund 1 km nördlich vom Stadtzentrum; dort gibt es Läden, Cafés, Telefon und Internet sowie eine Gepäckaufbewahrung. Dutzende Stadtbuslinien aus Buenos Aires treffen hier zusammen; von draußen erscheint der Busbahnhof wie eine brodelnde Masse, in der man sich nach einer zehnstündigen Busfahrt nicht zurechtfindet. Man kann die Subte (U-Bahn) nehmen, wenn das Ziel nahe einem U-Bahnhof liegt, oder geht zu einem der *remise*-Stände (eine Art Taxi) nahe den Bussteigen. Vor Ort gibt's eine Touristeninformation.

GELD

Zum Geldwechseln sind Banken und *cambios* (Wechselstuben) am sichersten. Am besten lassen sich US-Dollar umtauschen. Im Dezember 2015 wurden die Devisenkontrollen abgeschafft. Infolgedessen fiel die Nachfrage nach US-Dollar auf dem argentinischen Schwarzmarkt, aber man hört trotzdem noch auf der verkehrsberuhigten Av Florida immer Leute „cambio, cambio, cambio" rufen – diese Schlepper besser meiden!

Für die meisten Transaktionen braucht man einen Identitätsnachweis. In Banken bilden sich nicht selten lange Schlangen. *Cambios* haben etwas schlechtere Kurse, aber weniger Beschränkungen, und es geht schneller. In vielen Läden werden US-Dollar zu einem gar nicht schlechten Kurs angenommen.

Reiseschecks lassen sich nur sehr schwer einlösen und das auch nur zu schlechten Kursen. Eine Ausnahme bildet **American Express** (011 4310-3000; Arenales 707). An Geldautomaten herrscht kein Mangel. Es kann aber Abhebelimits geben – das hängt von der eigenen Bank ab. Auf Visa oder MasterCards kann man Barvorschüsse abheben – sicherheitshalber erkundigt man sich vor der Abreise bei seiner Bank.

INTERNETZUGANG

Internetzugang gibt es in Buenos Aires überall. Die Verbindungen sind in der Regel schnell und erschwinglich.

POST

Filialen der nationalen Post gibt's überall in der Stadt.

Correo Internacional (Karte S. 62; 011 4891-9191; www.correoargentino.com.ar; Av Antártida Argentina; Mo–Fr 9–15.30 Uhr) Verschickt Pakete (2–20 kg) ins Ausland. Pakete zunächst noch offen lassen – der Inhalt wird überprüft. Auch Versandkartons werden hier verkauft. In dem Gebäude mit gelber Fassade.

REISEBÜROS

Say Hueque (011 5258-8740; www.sayhueque.com; Thames 2062, Palermo) Das unabhängige Reisebüro hat sich auf maßgeschneiderte Abenteuertouren in ganz Argentinien spezialisiert und nimmt darüber hinaus auch diverse Flug-, Bus- und Hotelreservierungen vor. Im Angebot finden sich zudem verschiedene Touren durch Buenos Aires. Eine weitere Filiale befindet sich in San Telmo (011 4307-2614; Chile 557).

Tangol (011 4363-6000; www.tangol.com; Florida 971, Suite 31) Diese Agentur hat alles Mögliche im Angebot: Stadttouren, Tango-Shows, Guides für *fútbol*-Spiele, Hotelreservierungen, Spanischkurse, Flugtickets oder landesweite Pauschaltouren. Außerdem werden auch ausgefallenere Aktivitäten organisiert, beispielsweise Hubschraubertouren oder Fallschirmspringen. Eine weitere Filiale befindet sich in San Telmo (Defensa 831).

TELEFON

Telefonieren kann man am einfachsten in einem *locutorio* (kleinen Telefonladen), wo Telefonkabinen den Kunden eine sichere und ruhige Umgebung gewähren. Die Preise entsprechen denen von öffentlichen Telefonzellen; man benötigt jedoch kein Kleingeld. Die meisten *locutorios* bieten auch Fax- und Internetdienste zu vernünftigen Preisen.

Öffentliche Telefone sind zahlreich vorhanden. Sie funktionieren mit Münzen oder Magnetkarten, die an jedem Kiosk erhältlich sind. Weitere Infos zum Telefonieren in Argentinien gibt's auf S. 199.

TOURISTENINFORMATION

Viele kleine Touristeninformationen verteilen sich über die wichtigen touristischen Stellen im ganzen Stadtgebiet. Die Öffnungszeiten variieren je nach Jahreszeit.

Ministerio de Turismo (Karte S. 62; 011 4312-2232; www.turismo.gov.ar; Av Santa Fe 883, Retiro; Mo–Fr 9–19 Uhr) Erteilt hauptsächlich Auskünfte über Argentinien, hat aber auch Infos und Tipps zu Buenos Aires.

Touristeninformationen (www.bue.gov.ar) Florida (Infokiosk; Karte S. 62; Ecke Av Florida & Av Diagonal Roque Sáenz Peña); Recoleta (Infokiosk; Karte S. 62; Ecke Av Quintana & Ortiz); Busbahnhof Retiro (Karte S. 62; Mo–Fr 7.30–14.30, Sa & So 8.00–16.30 Uhr).

Touristenpolizei (Comisaría del Turista; 011 4346-5748, 0800-999-5000; Av Corrientes 436; 24 Std.) Stellt Dolmetscher für Reiseversicherungsberichte.

❶ An- & Weiterreise

BUS

Der dreistöckige Busbahnhof **Retiro** (Karte S. 62; www.tebasa.com.ar; Av Antártida Argentina) besitzt 75 Bussteige. Im Gebäude befinden sich Cafeterien, Läden, Toiletten, eine Gepäckaufbewahrung, Filialen der Telefongesellschaft mit Internetzugang, Geldautomaten und ein rund um die Uhr geöffneter Informationsstand, dessen Personal hilft, wenn man sich nicht zurechtfindet. Außerdem ist gegenüber von Bussteig 36 eine **Touristeninformation** (s. oben).

Im Folgenden findet sich sich ein kurzer Auszug aus dem sehr umfangreichen Streckenplan. Die Preise sind allerdings sehr unterschiedlich und hängen von Jahreszeit, Anbieter und Wirtschaftslage ab. Während der Ferienzeit steigen die Preise; man sollte seine Fahrkarte vorab kaufen. Aktuelle Preise findet man unter www.omnilineas.com.

Busverbindungen Inland

ZIEL	PREIS (AR$)	DAUER (STD.)
Bariloche	1900	24
Comodoro Rivadavia	1900	24
Córdoba	775	10
Mar del Plata	600	5½
Mendoza	1300	15
Puerto Iguazú	1700	18
Puerto Madryn	1500	19
Rosario	350	4
Salta	1600	21
Tucumán	1400	15

Busverbindungen ins Ausland

ZIEL	PREIS (AR$)	DAUER (STD.)
Asunción, Paraguay	1400	18
Foz do Iguazú, Brasilien	1500	19
Montevideo, Uruguay	600	8
Rio de Janeiro, Brasilien	3000	42
Santiago, Chile	1500	20
São Paulo, Brasilien	2700	34

FLUGZEUG
Die meisten Auslandsflüge starten vom **Flughafen Ezeiza** (www.aa2000.com.ar).

SCHIFF/FÄHRE
Mehrmals täglich fährt **Buquebus** (Karte S. 62; ☎ 011 4316-6500; www.buquebus.com; Ecke Av Antártida Argentina & Córdoba), das mehrere Büros in der Stadt unterhält, mit Schnellbooten (1 Std.) oder langsameren Booten (3 Std.) nach Colonia. Mindestens ein Schiff pro Tag fährt auch direkt nach Montevideo (3 Std.), allerdings ist es billiger, mit dem Schiff nur nach Colonia zu fahren und von dort aus einen Bus zu nehmen. Während der Saison werden auch kombinierte Boots- und Busreisen nach Punta del Este, Uruguays wichtigstem Strandresort, angeboten.

Im Sommer fahren mehr Schiffe. Es empfiehlt sich dann besonders, die Fahrkarte vor Fahrtantritt zu kaufen. Die Preise schwanken im Lauf des Jahres.

ZUG
Mit ein paar Ausnahmen beschränkt sich der argentinische Zugverkehr auf die Vororte von Buenos Aires und einige Kleinstädte. Zugfahren ist zwar billiger, doch mit den häufiger fahrenden Bussen kommt man schneller und bequemer ans Ziel.

ⓘ Unterwegs vor Ort

AUTO & MOTORRAD
In Buenos Aires mit einem Mietwagen herumzukurven, ist keine gute Idee. Die *porteños* führen sich hinter dem Lenkrad wie Verrückte auf, und dabei sollte man lieber nicht mitmischen. Außerdem ist der öffentliche Nahverkehr hervorragend. Andererseits eignet sich ein Mietwagen durchaus zur Erkundung des Umlands. Gute Adressen sind **Avis** (☎ 011 4326-5542; www.avis.com.ar; Cerrito 1535), **New Way** (☎ 011 4515-0331; www.new-wayrentacar.com; Marcelo T de Alvear 773) und **Hertz** (☎ 011 4816-0899; www.hertz.com.ar; Paraguay 1138).

Leihmotorräder bekommt man bei **Motocare** (☎ 011-4761-2696; www.motocare.com.ar/rental; Echeverria 738, Vicente Lopez) im *barrio* Vicente Lopez.

BUS
In der Taschenausgabe des Guía T (an vielen Kiosken erhältlich) sind die Fahrpläne von rund 200 Buslinien aufgeführt. Die Fahrpreise richten sich nach der Entfernung, sind aber günstig. Zum Bezahlen benötigt man eine SUBE-Karte. Die vorderen Sitzplätze älteren Fahrgästen oder Müttern mit Kindern überlassen.

Unter www.omnilineas.com kann man sich eine Übersicht über das Netz verschaffen.

FAHRRAD
Buenos Aires ist zwar nicht die beste Stadt für Fahrradfahrer, doch es wird besser: Es gibt Fahrradwege und ein kostenloses Bike-Sharing-Projekt, das allerdings eher auf Einheimische als auf Touristen ausgerichtet ist (auf 1 Std. begrenzte Nutzungsdauer, Kopie des Passes mit Einreisestempel nötig).

Zur Erkundung auf zwei Rädern eignen sich am besten die Parks in Palermo und die Reserva Ecológica Costanera Sur – an sonnigen Wochenenden gibt's dort auch Leihfahrräder. Unternehmen wie Biking Buenos Aires (S. 67) bieten Radtouren und einen Fahrradverleih. Wer

ⓘ DIE SUBE-KARTE

Die SUBE (www.sube.gob.ar) ist eine günstige, aufladbare Karte, die in der Subte (U-Bahn), in Stadtbussen und Lokalzügen gültig ist. Man bekommt sie an einigen Kiosken, in Lotterieannahmestellen, in Postämtern und allen Läden mit dem SUBE-Logo. SUBE-Kioske, an denen die Karte erhältlich ist, gibt es auch auf dem Flughafen Ezeiza und im Busbahnhof Retiro. Das Aufladen der Karte ist simpel und an vielen Kiosken und U-Bahnhöfen möglich.

am ersten Sonntag im Monat da ist, kann sich der hiesigen Radler-Demo anschließen.

TAXI & REMISE
Überall in den Straßen von Buenos Aires sieht man die schwarz-gelben Taxis. Sie sind relativ preisgünstig, und Trinkgeld ist unnötig; üblicherweise wird der Preis auf den nächsten vollen Peso aufgerundet.

In der Regel ist es sicher, sich am Straßenrand ein Taxi heranzuwinken. Allerdings hauen manche Fahrer Touristen übers Ohr. Deshalb immer darauf achten, dass der Fahrer den Taxameter anstellt. Man sollte auch immer in etwa wissen, wohin es geht und sichergehen, dass das Taxameter nicht zu schnell läuft (normalerweise springt er alle 200 m bzw. alle 3 Blocks weiter). Vorsicht, Falschgeld: Blüten fühlen sich anders an und haben kein (oder ein schlecht gemachtes) Wasserzeichen. Schließlich auch auf sein Geld achten: Manche Fahrer tauschen geschickt große Scheine gegen kleine oder echte Geldscheine gegen Blüten.

Als sicherer als die Taxis auf den Straßen gelten sogenannte *remises* (nicht gekennzeichnete Ruf-Taxis), da sie von etablierten Unternehmen ausgesandt werden. Sämtliche Geschäfte und Unterkünfte bestellen für ihre Kunden problemlos *remises* per Telefon. Und nicht vergessen: Die meisten Taxi- und *remise*-Fahrer sind ehrliche Leute, die hart für ihren Lebensunterhalt arbeiten.

U-BAHN
Die Subte von Buenos Aires ist schnell, effizient und billig. Für Traveller am wichtigsten sind die U-Bahnlinien A, B, D und E (vom *microcentro* zum westlichen und nördlichen Stadtrand) und die Línea C (zwischen Estación Retiro und Constitución).

Die U-Bahn verkehrt etwa von 5 bis 22.30 Uhr (So & Feiertage 8–22 Uhr) werktags in dichter Zugfolge, am Wochenende weniger häufig.

RUND UM BUENOS AIRES

Sehr beliebt sind Tagesausflüge ins bezaubernde, kopfsteingepflasterte Colonia del Sacramento (S. 1016) in Uruguay. Auch die uruguayische Hauptstadt Montevideo (S. 1008) ist leicht erreichbar. Der Badeort Punta del Este (S. 1026) ist nur einige Stunden von Buenos Aires entfernt.

Tigre

Etwa eine Stunde nördlich von Buenos Aires liegt dieses beliebte Wochenendausflugsziel der *porteños*. Man kann hier am **Flussufer** entlangschlendern, eine entspannende Bootsfahrt im **Delta del Paraná** machen und den **Mercado de Frutos** (der täglich stattfindende Kunsthandwerksmarkt präsentiert sich am Wochenende am attraktivsteb) durchstöbern.

Tigres **Touristeninformation** (☏ 011-4512-4497; www.vivitigre.gov.ar; Mitre 305; ⏰ Mo-Fr 9–18 Uhr) befindet sich hinter dem McDonald's. In der Nähe gibt es Schalter, die Tickets für die Pendlerboote verkaufen, die auf den Wasserwegen umherschippern. Die Touristeninformation ist gut und kann tolle Ziele empfehlen.

Am schnellsten und preisgünstigsten ist Tigre mit der „Mitre-Ramal Tigre"-Bahn vom Bahnhof Retiro aus (50 Min., häufig) zu erreichen. Malerischer ist die Fahrt aber, wenn man mit dem gleichen Zug nur bis zum Vorort Olivos fährt und dort in die Elektrobahn Tren de la Costa nach Tigre umsteigt. Die Busse 59, 60 und 152 halten ebenfalls am Tren-de-la-Costa-Bahnhof in Olivos.

San Antonio De Areco
☏ 02326 / 23 000 EW.

Das aus dem frühen 18. Jh. stammende pittoreske Dorf nordwestlich von Buenos Aires ist das symbolische Zentrum der aussterbenden *gaucho*-Kultur Argentiniens. Hier findet auch das größte *gaucho*-Fest des Landes statt: die **Día de la Tradición** am 10. November. Historische Gebäude säumen die nette Plaza. Die Handwerker der Kleinstadt sind bekannt für Maté-Zubehör, *rastras* (mit Silber beschlagene Gürtel) und *facones* (Messer mit langen Klingen). Hierher fahren regelmäßig Busse vom Busbahnhof Retiro in Buenos Aires (105 AR$, 2 Std.).

NORDÖSTLICHES ARGENTINIEN

Von der spektakulär-ungezähmten Natur der Iguazú-Wasserfälle im Norden bis hin zur schicken Raffinesse von Rosario im Süden hat der Nordosten Argentiniens die größte Vielfalt des Landes zu bieten. Die Region liegt zwischen dem Río Paraná und dem Río Uruguay – daher der Spitzname „Zweistromland". Die Flüsse haben der Region nicht nur geografisch, sondern auch in Bezug auf Lebensunterhalt und Spaßfaktor ihren Stempel aufgedrückt. Die dünn besiedelte benachbarte Provinz Chaco wird da-

Nordöstliches Argentinien

gegen oft als Argentiniens „Leeres Viertel" bezeichnet.

Der Nordosten war eine der Jesuiten-Hochburgen in Argentinien, bis diese 1767 vom amerikanischen Kontinent vertrieben wurden. Ihr Erbe ist im Nordosten der Region in den Überresten der vielen Missionen zu sehen.

Rosario

📞 0341 / 1190000 EW.

Wer die Atmosphäre von Buenos Aires liebt, sich aber von der schieren Größe der Stadt erschlagen fühlt, ist in Rosario vielleicht besser aufgehoben.

Die nur ein paar Stunden weiter nördlich gelegene Stadt ist in vielerlei Hinsicht die Nummer zwei Argentiniens – zwar nicht von der Einwohnerzahl her, dafür aber in Bezug auf Kultur, Wirtschaft und Ästhetik. Der blühende Handel und die wachsende Bevölkerung sorgten dafür, dass die Hafenstadt sogar als Kandidat für die Hauptstadt gehandelt wurde.

Heute wächst die Backpackerszene langsam, aber kontinuierlich, gestützt durch die große Universität und das damit verbundene Völkchen aus Studenten, Künstlern und Musikern.

Abends erwachen die Straßen zum Leben, und in den Bars und Clubs herrscht Hochbetrieb. Wenn am nächsten Tag dann alle aus den Federn gekrochen sind, trödelt man erst einmal zum Fluss hinunter, um mit noch mehr Drinks und Musik zu relaxen.

Aber es dreht sich nicht alles um Spiel und Spaß. Kulturinteressierte schätzen die hiesigen Museen und Galerien. Und Che-Guevara-Fans pilgern zu dessen Geburtshaus.

👁 Sehenswertes & Aktivitäten

👁 Stadtzentrum

Museo de Arte Contemporáneo de Rosario GALERIE
(MACRO; www.macromuseo.org.ar; Av de la Costa am Blvd Oroño; Eintritt 10 AR\$; ⊙ Do–Di 14–20 Uhr) Die Kunstgalerie befindet sich in einem bunt bemalten Getreidesilo an Rosarios eindrucksvoll saniertem Flussufer. Sie zeigt in kleinen, über acht Etagen verteilten Sälen Wechselausstellungen unterschiedlicher Qualität und meist von jungen, einheimischen Künstlern. Vom *mirador* (Aussichtspunkt) ganz oben bietet sich ein herrlicher Blick auf die Inseln im Fluss. Außerdem gibt's noch eine reizende Café-Bar am Fluss.

Museo de la Memoria MUSEUM
(www.museodelamemoria.gob.ar; Córdoba 2019; 10 AR\$; ⊙ Di–Fr 10–18, Sa & So 16–19 Uhr) Das Museum in einem ehemaligen Armee-Hauptquartier, nicht weit von jenem Ort entfernt, an dem die Polizei während des Schmutzigen Krieges (Zeit der argentinischen Militärdiktatur 1976–83) Menschen einsperrte, folterte und tötete, soll an die Gewalt und die Opfer erinnern. Es hat eine kleine, aber sehr bewegende Ausstellung (Beschriftung nur auf Spanisch) mit Berichten von Zeitzeugen, Fotos der „Verschwundenen" und einem Exkurs zur Geschichte der Grausamkeit des Menschen gegen den Menschen. Oben finden Wechselausstellungen statt.

Monumento Nacional a La Bandera DENKMAL
(www.monumentoalabandera.gob.ar; Santa Fe 581; Aufzug 10 AR\$; ⊙ Di–So 9–18, Mo 14–18 Uhr) Manuel Belgrano, der die argentinische Flagge entworfen hat, ruht in einer Krypta unter diesem kolossalen Stein-Obelisken an jener Stelle, an der zum ersten Mal die blau-weiß gestreifte Nationalflagge gehisst wurde. Auch wer mit ungezügeltem Nationalismus eher wenig anfangen kann, sollte trotzdem mit dem Aufzug bis ganz nach oben fahren und den tollen Blick aufs Ufer, den Paraná und die Inseln genießen. In dem hübschen Säulengang brennt eine ewige Flamme zum Gedenken an die Patrioten, die ihr Leben fürs Vaterland ließen.

⭐**Museo Municipal de Bellas Artes** GALERIE
(www.museocastagnino.org.ar; Ecke Av Carlos Pellegrini & Blvd Oroño; Eintritt 10 AR\$; ⊙ Mi–Mo 14–20 Uhr) Die lohnende Galerie zeigt einfallsreiche Ausstellungen mit Werken zeitgenössischer und Künstler des 20. Jhs. aus der MACRO-Sammlung. Die kleine Sammlung europäischer Kunst beinhaltet ein paar sehr schöne Stücke.

Museo Histórico Provincial MUSEUM
(www.museomarc.gob.ar; Av del Museo, Parque Independencia; Eintritt 10 AR\$; ⊙ Di–Fr 9–18, Sa & So 14–19 Uhr, Dez.–März Sa & So 15–20 Uhr) Die gut kuratierte Sammlung beinhaltet viele Werke aus der Zeit nach der Unabhängigkeitserklärung sowie exzellente Exponate indigener Kulturen aus ganz Lateinamerika. Besonders interessant ist die Sammlung religiöser

Rosario

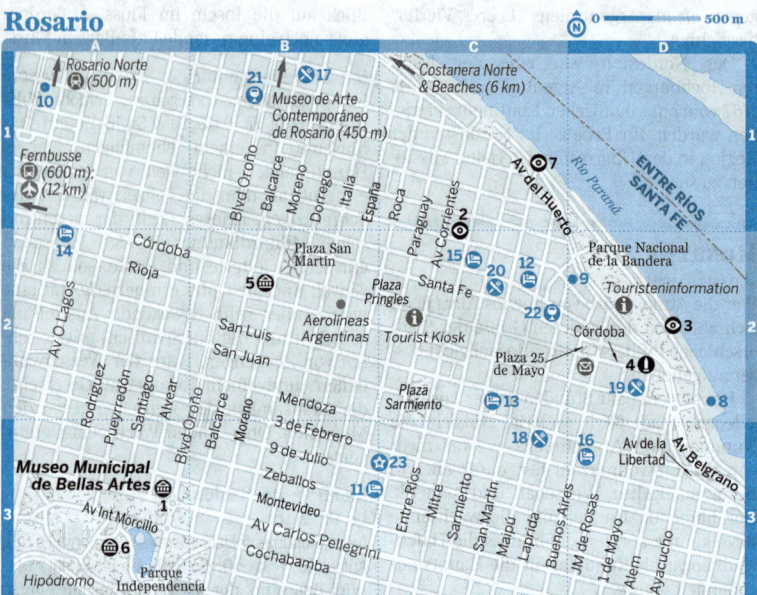

Barockkunst aus den südlichen Anden. Infos nur auf Spanisch. Das Museum ist geschlossen, wenn die Newell's Old Boys (Rosarios Fußballclub) ein Heimspiel im Stadium nebenan haben.

Casa Natal de „Che" Guevara GEBÄUDE
(Entre Ríos 480) In diesem Wohnhaus lebten Ernesto Guevara Lynch und Celia de la Serna, als ihr Sohn Ernesto Guevara de la Serna, besser bekannt als „Che" zur Welt kam. Ches Biograf Jon Anderson zufolge wurde Ernestos Geburtsdatum fälschlicherweise auf den 14. Juni 1928 datiert (er war wohl mehr als einen Monat älter). Jedenfalls war dies Ches erster Wohnort – wenn auch nur kurzzeitig. Heute ist es eine Privatwohnung, weshalb Besucher keinen Zutritt haben.

Costanera

Das Schönste an Rosario ist das Ufergebiet, wo die einstmals heruntergekommenen Lagerhäuser und Bahngleise inzwischen zur Unterhaltung der Menschen umfunktioniert wurden. Das Gebiet erstreckt sich von seinem Südende am Parque Urquiza um die 15 km bis zum nördlichen Stadtrand, unmittelbar an der Hängebrücke, die in die Provinz Entre Ríos führt. Eine reizende Gegend, wo man gut flanieren und alles beobachten kann – z. B. die vielen Vögel, spontane *fútbol*-Spiele oder die vorüberziehenden riesigen Frachtschiffe.

Costanera Norte UFER, STRAND
Im Sommer lockt dieser 5 km nördlich der Innenstadt beginnende Uferabschnitt viele Leute an die Strände. Den mittelmäßigen öffentlichen Strand Rambla Catalunya säumen eine Promenade und diverse Bar-Restaurants. Danach kommt der **Balneario La Florida** (Eintritt 25 AR$; Okt.–April 9–20 Uhr), der beste Strand mit Dienstleistungen und einem sicheren Badebereich. Die pittoresken Buden dahinter verkaufen Flussfische. Im Sommer fährt der Bus „Linea de la Costa" von Rioja/Roca hierher. Ansonsten nimmt man den Bus 102N/103N/143N bis zum Blvd Rondeau und läuft noch ein paar Blocks Richtung Osten.

Costanera Sur UFER
Die begrünte Zone unterhalb der Innenstadt bietet viel Platz für Jogger, Pärchen und andere. Hier findet man auch das Gebäude **Estación Fluvial** (La Fluvial; 0341-447-3838; www.estacionfluvial.com; März–Okt. 12–17 Uhr, Nov.–Feb. 10–18 Uhr) mit Bootsausflügen, Essen und Getränken im Angebot. Weiter nördlich kommt man an verschiedenen Kulturstätten vorbei und erreicht dann den **Parque de España** (Paraná-Flussufer) und

Rosario

◉ Highlights
1 Museo Municipal de Bellas Artes A3

◉ Sehenswertes
2 Casa Natal de 'Che' Guevara C1
3 Costanera Sur D2
4 Monumento Nacional a La
 Bandera D2
5 Museo de la Memoria B2
6 Museo Histórico Provincial A3
7 Parque de España C1

◉ Aktivitäten, Kurse & Touren
8 Estación Fluvial D2
9 Rosario Free Tour D2
 Rosario Kayak & Motor
 Boat Tours .... (siehe 8)
10 Spanish in Rosario A1

◉ Schlafen
11 1412 .... B3
12 Esplendor Savoy Rosario C2
13 Hotel La Paz C2
14 La Casa de Arriba A2
15 La Casa de Pandora C2
16 Residence Boutique Hostel D3

◉ Essen
17 Comedor Balcarce B1
18 El Ancla C3
19 La Marina D2
20 Lo Mejor del Centro C2

◉ Ausgehen & Nachtleben
21 Bound B1
22 El Diablito C2

◉ Unterhaltung
23 La Chamuyera C3

---

sein mausoleumähnliches Gebäude. Danach folgen ein Abschnitt mit Bars und Restaurants, wo es am Wochenende lebhaft zugeht, und schließlich das Museum für zeitgenössische Kunst.

🎓 Kurse

Spanish in Rosario SPRACHKURS
(☎15-560-3789; www.spanishinrosario.com; Cat-amarca 3095) Rosario ist ein toller Ort, um Spanisch zu lernen. Diese Sprachschule bietet erschwingliche Sprachprogramme und vermittelt auch Aufenthalte bei Gastfamilien und Freiwilligenjobs.

👉 Geführte Touren

★ Rosario Kayak & Motor Boat Tours TOUREN
(Paseos en Lancha y Kayak; ☎15-571-3812; www.boattours.com.ar; Estación Fluvial) Der freundliche, professionell betriebene und empfehlenswerte Anbieter mit mehrsprachigen Angestellten veranstaltet tolle Bootsfahrten im Paraná-Delta (180–250 AR$, 1–1½ Std.) mit optionalem Zwischenstopp an einer Insel im Delta zum Mittagessen. Man kann die Inseln auch mit dem Kajak erkunden (350 AR$, 3 Std.). Hier bekommt man auch Wassertaxis zu den Delta-Inseln (hin & zurück ab 70 AR$) und Leihfahrräder (150 AR$/Tag). Telefonisch, per E-Mail oder in der Estación Fluvial buchen.

Rosario Free Tour STADTSPAZIERGANG
(☎0341-560-3789; www.rosariofreetour.com; Maipú & Urquiza; ⊙Sa 11.30 Uhr) Hat zweistündige Stadtrundgänge auf Spanisch und Englisch. Treffpunkt ist an der Treppe des alten Zollhauses am Ende der Maipú. Die Teilnahme ist prinzipiell zwar gratis, doch Spenden bzw. Trinkgelder werden erwartet.

🎉 Feste & Events

Rosario ist an dem langen Wochenende um den 12. Oktober ziemlich dicht bevölkert. Viele Hotels und Hostels verdoppeln ihre Preise und sind schon weit vorab ausgebucht.

Semana de la Bandera FEST
Das größte Fest in Rosario ist die sogenannte Flaggenwoche, die ihren Höhepunkt am 20. Juni, dem Todestag von Belgrano, erreicht.

🛏 Schlafen

Es gibt Dutzende von Hostels, die aber oft von Polizeileuten oder anderen staatlichen Angestellten ausgebucht sind, sowie einige durchschnittliche Mittelklassehotels. Unter der Woche sinken die Preise normalerweise.

Residence Boutique Hostel HOTEL, HOSTEL $
(☎0341-421-8148; www.residenceboutique.com.ar; Buenos Aires 1145; B/DZ/3BZ 23/60/80 US$; ✳@☎) Das hübsche Gebäude aus dem frühen 20. Jh. beherbergt ein heiteres, hübsches Hotel-Hostel und ist etwas ganz Besonderes. Die gemeinschaftlich genutzten Bereiche sind voller Jugendstil-Elemente, und die kompakten, schicken Privatzimmer bieten richtig preiswerten Komfort. Ähnlich aufgemöbelt sind die Schlafsäle. In dem

> **INSIDERWISSEN**
>
> ### PICHINCHA
>
> Das zwischen Oroño und Francia und nördlich von Urquiza gelegene *barrio* (Viertel) Pichincha hat das spannendste Nachtleben der Stadt. Mit seinen grünen Straßen und den breiten Bürgersteigen wirkt es tagsüber wie eine verschlafene Vorstadt, aber abends findet sich praktisch an jeder Ecke eine schrille Bar oder ein hippes Restaurant. Hier befinden sich auch die besten *boliches* (Nachtclubs) der Stadt.

hübschen kleinen Hof mit Garten und im Frühstücksbereich kann man prima relaxen.

La Casa de Arriba HOSTEL $
(0341-430-0012; www.lacasadearriba.com.ar; Córdoba 2889; B Wochenende/werktags 19/15 US$; @ 🛜) Das Fingerspitzengefühl eines Designers hat aus dem alten Haus ein fabelhaftes Hostel gemacht. Freigelegte Ziegelsteine, kreativ genutzter Raum, moderne, regalförmige Etagenbetten und ein einladendes Ambiente prägen die komfortable, stilvolle Bleibe in Rosario. Das Zentrum ist zwar relativ weit weg, aber dafür liegen die Bars und Clubs quasi vor der Haustür.

Hotel La Paz HOTEL $
(0341-421-0905; www.hotellapazrosario.com.ar; Barón de Maua 36; EZ/DZ 35/42 US$; ❄ @ 🛜) Das einladende Budgethotel in guter Lage an der Plaza Montenegro sieht nach 70 Jahren im Geschäft noch immer gut aus. Hier bekommt man gute Qualität für sein Geld. Die Familienzimmer vorne haben Balkone mit Blick auf die Plaza Montenegro.

La Casa de Pandora HOSTEL $
(0341-679-9314; www.lacasadepandora.com.ar; Entre Ríos 583; B 14–15 US$; @ 🛜) Klein, künstlerisch und einladend: Dies ist nur eines vieler Hostels in Rosario, doch einige grundlegende Dinge – wie Sauberkeit – sind hier besser als anderswo. Nette Bleibe mit attraktiven Schlafsälen, einer Küche und einem kleinen Hof. Es gibt auch diverse Workshops (Yoga, Tanz, Volksmusik) und einen Fahrradverleih.

Esplendor Savoy Rosario HOTEL $$
(0341-429-6000; www.esplendorsavoyrosario.com; San Lorenzo 1022; Zi. Standard/Superior/Suite 110/120/180 US$; P ❄ @ 🛜 ♨) Selbst unter den vielen eleganten Gebäuden aus dem frühen 20. Jh. in Rosario sticht dieses Jugendstil-Schmuckstück hervor. Das Haus hat den Sprung in die Moderne ganz unbeschadet geschafft: Die Zimmer sind mit modernen Annehmlichkeiten ausgestattet, die von hundertjährigen Details begleitet werden. Ein überdachter Pool, eine elegante Café-Bar und ein Dachgarten zählen zu den Attraktionen. Das Hotel wird gern für Veranstaltungen gebucht – auf Frieden und Ruhe braucht man also nicht zu hoffen.

1412 HOTEL $$
(0341-448-7755; www.1412.com.ar; Zeballos 1412; Zi. 84 US$; ❄ 🛜) Das moderne Hotel mit ordentlichem Preis-Leistungs-Verhältnis bietet Komfort und Stil. Es hat eine perfekte Lage in der Nähe der geschäftigen Restaurantmeile an der Avenida Carlos Pellegrini. In der hübschen Lobby gibt's den ganzen Tag über gratis Tee, Kaffee und Kuchen. Die Zimmer sind sehr angenehm und obendrein auch schön modern.

Essen

Wer auf Entdeckungsreise gehen will, macht einfach einen Bummel auf der Av Carlos Pellegrini zwischen Maipú und Moreno. Das ist Rosarios Restaurantmeile. Zehn Straßenblocks sind hier den Grundpfeilern der argentinischen Küche gewidmet: Pizza, *parrilla*, Pasta, *tenedores libres* (All-you-can-eat-Lokale) und Eis. Viele Restaurants haben gleich alles im Angebot. Außerdem gibt es fast an jeder Straßenecke eine *confitería* (Café/Snackbar).

★ La Marina SPANISCH, MEERESFRÜCHTE $
(1 de Mayo 890; Hauptgerichte 40–95 AR$; ⊙ Mo-Sa 12–16 & 20–24 Uhr) Das Kellerlokal gleich oberhalb des Flaggendenkmals ist mit alten Plakaten der spanischen Tourismusbranche dekoriert. Hier bekommt man richtig leckere Meeresfrüchte wie *rabas* (Tintenfisch) oder saftigen Flussfisch vom Grill zu echt guten Preisen. Hier ist keine Tischreservierung möglich – man muss also mit Wartezeiten rechnen, denn das Restaurant ist zu Recht sehr beliebt. Nicht mit dem Restaurant darüber verwechseln!

Lo Mejor del Centro PARRILLA $
(Santa Fe 1166; Hauptgerichte 65–160 AR$; ⊙ 12-15 & 20–24 Uhr; 🛜) Als diese *parrilla* Pleite machte, taten sich die Angestellten zusammen und eröffneten sie als Kooperative wieder. Was für eine Leistung! Bessere Fleischgerichte gibt's in Rosario wohl nirgendwo, aber es gibt auch hausgemachte Pasta, Pael-

la und einfallsreiche Salate. An den dicht besetzten, in die Jahre gekommenen Tischen herrscht eine nette, gesellige Stimmung. Unter der Woche werden diverse preiswerte Mittagsmenüs angeboten.

El Ancla ARGENTINISCH $
(Maipú 1101; Hauptgerichte 50–100 AR$; ⊗ Mo-Fr 7–1, Sa 8–16 & 19–1, So 10–16 & 19–1 Uhr) Eines der vielen beliebten Eckrestaurants in Rosario: Das gut besuchte Lokal hat eine ansprechende alte Einrichtung und ein authentisches Flair. Das Essen – darunter jede Menge preiswerte Hauptgerichte – ist solide und gut, und man wird immer herzlich begrüßt. Gutes Budgetrestaurant!

Comedor Balcarce ARGENTINISCH $
(Ecke Balcarce & Brown; Hauptgerichte 50–120 AR$; ⊗ Mo–Sa 12–15 & 20.15–24 Uhr) Dieser typische, seit Jahrzehnten bestehende Eck-*bodegón* (traditioneller Diner) gehört zu einer aussterbenden Art. Die Gerichte der argentinischen Hausmacherküche werden in großen Portionen serviert. Die Qualität ist durchschnittlich bis gut und die Preise sind klasse. Alles in allem: ein authentisches Erlebnis. Vom Spitznamen *El Vómito* (die Kotze) sollte man sich nicht abschrecken lassen.

Escauriza MEERESFRÜCHTE $$
(☎ 0341-454-1777; Ecke Bajada Escauriza & Paseo Ribereño; Hauptgerichte 110–195 AR$; ⊗ 12–15.30 & 20–24 Uhr) Das legendäre Escauriza hinter dem Florida-Strand ist eines der besten Fischrestaurants in Rosario. Durch die riesigen Sitzbereiche drinnen und draußen weht der Duft von auf dem Kohlegrill brutzelnden Flussfischen wie *surubí* (Wels); den Anfang macht man mit köstlichen Meeresfrüchte-Empanadas. Service, Qualität und Quantität sind durchweg überzeugend. Man sollte einen Tisch reservieren und um 12 Uhr hier aufkreuzen, sonst muss man an Wochenenden im Sommer mittags elendig lange warten. Nur Barzahlung! Herrlicher Kaffee!

🍷 Ausgehen & Unterhaltung

In Rosario gibt's viele *restobares*, eine Mischung aus Café und Bar, die normalerweise ziemlich durchschnittliche Snacks und Hauptspeisen servieren. Viele eignen sich prima für einen Kaffee am Morgen, ein Glas Wein am Abend oder für etwas anderes in der Zwischenzeit.

Es gibt auch viele Tango-Schuppen in Rosario; am besten greift man sich in der Touristeninformation einen der monatlich

---

ABGELEGENE NATIONALPARKS IM NORDÖSTLICHEN ARGENTINIEN

Im nordöstlichen Argentinien gibt es mehrere unglaubliche Parks, deren Besuch sich lohnt, auch wenn die Anreise etwas schwierig ist. Hier sind einige aufgelistet. Mehr Infos finden sich unter www.parquesnacionales.gov.ar.

Parque Nacional El Palmar (☎ 03447-493049; www.parquesnacionales.gob.ar; RN 14, Km 199; Eintritt Argentinier/Mercosur-Staaten/Ausländer 70/100/120 AR$) In dem 8500 ha großen Park, für die Bestände der bedrohten Yatay-Palme schützt, leben Capybaras, Nandus (große, flugunfähige Laufvögel) und giftige Grubenottern. Im Park gibt es billige Campinggelegenheiten, gute Wanderwege und Badestellen. Er liegt zwischen Colón und Concordia an der Grenze zu Uruguay; beide Orte sind von Gualeguaychú aus leicht zu erreichen.

Parque Nacional Chaco (☎ 03725-499161; www.parquesnacionales.gob.ar) GRATIS Das Schutzgebiet umfasst 150 km² an Sümpfen, Palmsavannen und Beständen des sehr gefährdeten Quebrachoholzbaums (*quebracho colorado*). Hier leben weit mehr Vögel als Säugetiere – darunter Nandus, Jabirus, Rosalöffler, Kormorane und Karakaras –, aber noch viel mehr Moskitos. Unbedingt Insektenschutzmittel mitbringen! Campen ist kostenlos, es gibt aber nur einfache Einrichtungen. Die am nächsten gelegene Ortschaft ist das 5 km vom Parkeingang entfernte Capitán Solari, das von Resistencia aus leicht zu erreichen ist.

Parque Nacional Río Pilcomayo (☎ 03718-470045; www.parquesnacionales.gob.ar; RN 86; ⊗ 8–18 Uhr) In diesem 600 km² großen Park leben Kaimane, Tapire, Ameisenbären, Mähnenwölfe und unzählige Vögel, vor allem rund um die in der Mitte gelegene Laguna Blanca (in der aber wegen der Piranhas nicht gebadet werden kann!). Man erreicht den Park über die kleine Ortschaft Laguna Blanca (9 km östlich des Sees), in die man von Formosa aus kommt.

erscheinenden Flyer oder informiert sich unter www.rosarioturismo.com.

El Diablito
KNEIPE

(Maipú 622; ⊘ Di–Sa 21–3.30 Uhr) Mit seinem rot beleuchteten Innenraum, der noch von der Vergangenheit als Bordell zeugt, hat das Diablito eine ganz eigene Atmosphäre. Im Hintergrund läuft Rockmusik der '70er und '80er Jahre, und das Dekor mit Buntglasfeln und angelaufenen Spiegeln ist einfach prächtig.

Bound
CLUB

(Blvd Oroño 198; ⊘ Fr & Sa 21 Uhr–open end) Das schicke Bound mitten in der lebhaftesten Partymeile von Rosario war zur Zeit unserer Recherchen der beste *boliche* (Nachtclub) der Stadt. Die Türsteher gehen bei ihrer Auswahl, wer rein darf und wer nicht, ziemlich faschistisch vor – bei langen Warteschlangen überlegt man es sich besser zweimal, ob man sich anstellt.

La Chamuyera
TANGO

(Av Corrientes 1380; ⊘ Mo–So) Der stimmungsvolle Laden mit dem unterschwelligen Flair seiner teils illegalen Vergangenheit ist einer der besten Tango-Schuppen in Rosario. Donnerstags um 22.30 Uhr ist *milonga* angesagt, und montagabends stehen Übungstreffen auf dem Programm. Ansonsten gibt es an anderen Abenden noch Sprachveranstaltungen, Dichterlesungen und diverse Konzerte. Es lohnt sich immer, auf ein Bier und einen Plausch reinzuschauen.

ⓘ Praktische Informationen

Die informative **Touristeninformation** (☏ 0341-480-2230; www.rosarioturismo.com; Av del Huerto; ⊘ Mo–Fr 8–19, Sa 9–19, So 9–18 Uhr) befindet sich am Ufer. Zentraler liegt jedoch die **Filiale** (Córdoba, nahe der Av Corrientes; ⊘ Mo–Fr 8–19, Sa 9–19, So 10–18 Uhr) in der Innenstadt.

Cambios an der San Martín und der Córdoba lösen Reiseschecks ein. Es gibt viele Banken und Geldautomaten an der Santa Fe zwischen der Mitre und der Entre Ríos.

Die **Post** (www.correoargentino.com.ar; Córdoba 721; ⊘ Mo–Fr 8–20 Uhr) findet sich nahe der Plaza Sarmiento.

ⓘ Anreise & Unterwegs vor Ort

BUS

Der **Fernbusbahnhof** (☏ 0341-437-3030; www.terminalrosario.gob.ar; Cafferata & Santa Fe) befindet sich 4 km westlich vom Zentrum. Dorthin gelangt man mit einem der Busse, die die Santa Fe entlang fahren. Richtung Innenstadt nimmt man einen Bus mit der Aufschrift „Centro" oder „Plaza Sarmiento". Ein Taxi kostet etwa 40 bis 70 AR$.

Busse ab Rosario

ZIEL	PREIS (AR$)	DAUER (STD.)
Buenos Aires	250–285	4
Córdoba	360	5½–7
Mendoza	750–820	12–15
Montevideo, Uruguay	1162	8½

FLUGZEUG

Aerolíneas Argentinas (☏ 0810-22286 527; www.aerolineas.com.ar; España 840; ⊘ Mo–Fr 10–18, Sa 9–12 Uhr) fliegt viermal in der Woche nach Buenos Aires. **Sol** (☏ 0810-444-4765; www.sol.com.ar) hat täglich Flüge nach Buenos Aires und bedient auch Córdoba und saisonal auch Punta del Este. Remises vom/zum Flughafen (8 km von der Stadt entfernt) kosten um die 130 AR$.

ZUG

Der **Bahnhof Rosario Sur** (www.trenesargentinos.gob.ar; Ecke San Martín & Battle y Ordóñez; ⊘ Ticketschalter 18–1 Uhr) liegt 7,5 km südlich vom Zentrum die Avenida San Martín hinab. Von hier fahren täglich neue Züge über die verbesserten Gleise nach Buenos Aires (2./1. Klasse 175/225 AR$, 6½ Std.) mit Abfahrt in Rosario um 0.26 Uhr bzw. in Retiro um 16.07 Uhr.

Vom 3 km nordwestlich vom Zentrum gelegenen **Bahnhof Rosario Norte** (www.trenesargentinos.gob.ar; Av del Valle 2750) fahren Züge nach Buenos Aires, Tucumán und Córdoba. Wegen des schlechten Zustands der Gleise und Waggons sowie aufgrund der häufigen Zugverspätungen muss man schon ein echter Eisenbahnfan sein, um sich auf dieses Abenteuer einzulassen: Die Züge sind langsam, heruntergekommen und billig. Weit im Voraus reservieren.

Der Bus 140 fährt die Sarmiento hinab zum Bahnhof Rosario Sur. Mit dem Bus 134 geht's nach Norden die Mitre hinauf bis zu einem Block vor dem Bahnhof Rosario Norte.

Santa Fe

☏ 0342 / 526 100 EW.

Ohne die vielen Studenten wäre Santa Fe wahrscheinlich ziemlich langweilig. Ihnen verdankt die Stadt ihre gesunde Bar- und Clubszene. Und auch tagsüber gibt's immer was zu unternehmen.

Santa Fe

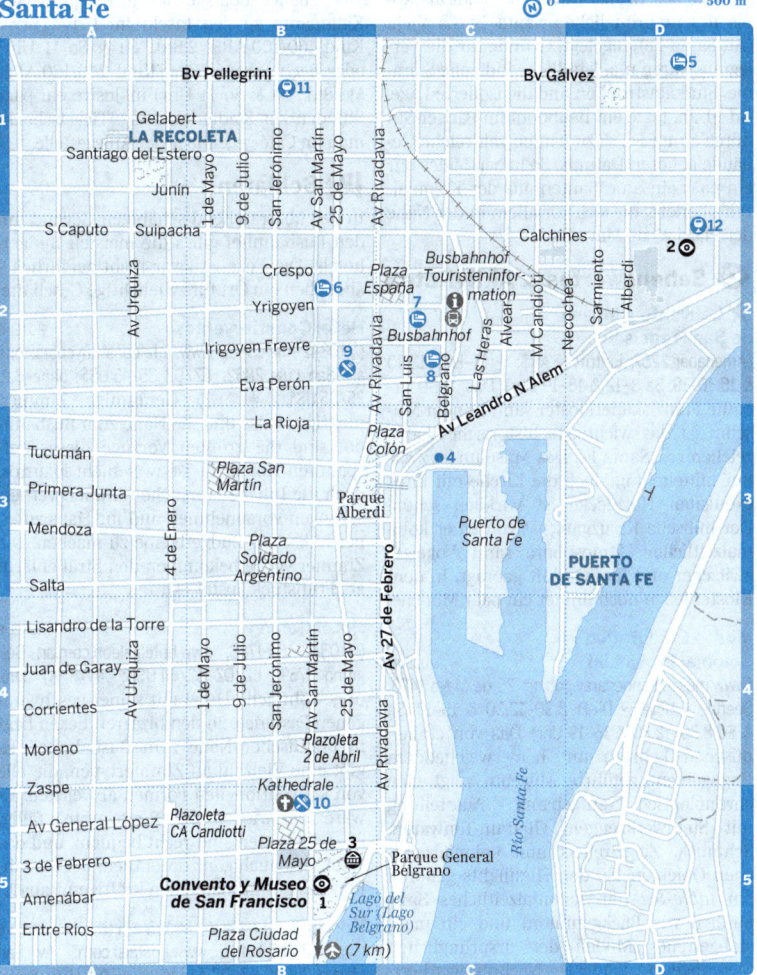

Santa Fe

◉ Highlights
1. Convento y Museo de San Francisco... B5

◉ Sehenswertes
2. Cervecería Santa Fe D2
3. Museo Etnográfico y Colonial Provincial... B5

✚ Aktivitäten, Kurse & Touren
4. Costa Litoral... C3

🛏 Schlafen
5. Ámbit Boulevard D1
6. Hostal Santa Fe de la Veracruz............ B2
7. Hotel Constituyentes C2
8. Hotel Galeón C2

✖ Essen
9. Club Social Sirio Libanés B2
10. Merengo...B5

◉ Ausgehen & Nachtleben
11. Chopería Santa Fe................................. B1
12. Patio de la Cerveza D2

Mitte des 17. Jhs. wurde die Stadt als Kopie des ursprünglichen Santa Fe La Vieja (Alt-Santa-Fe) angelegt. Gründe für die Verlegung waren u. a. feindliche indigene Stämme, Flutkatastrophen und die isolierte Lage. Im 19. Jh. fegte ein Bauboom im Pariser Stil durch Santa Fe; dazu kamen zahlreiche Gebäude neueren Datums. So haben leider nur ein paar einsame Bauten aus der Kolonialzeit überlebt, die sich vor allem in der Nähe der Plaza 25 de Mayo finden.

Sehenswertes & Aktivitäten

★ Convento y Museo de San Francisco KLOSTER
(Amenábar 2257; Eintritt 15 AR$; Di–Fr 8–12.30 & 15.30–19, Sa 8–12 & 16–19 Uhr) Das 1680 erbaute Franziskanerkloster samt seinem Museum ist das wichtigste historische Wahrzeichen von Santa Fe. Das Museum ist zwar nur mittelmäßig, doch die Kirche mit ihrer exquisiten Holzdecke ist wirklich schön. Der hübsche Kreuzgang ist von einer kolonialzeitlichen Atmosphäre samt Vogelgezwitscher und Blumenduft geprägt. In dem Kloster leben noch immer ein paar Mönche.

Museo Etnográfico y Colonial Provincial MUSEUM
(www.museojuandegaray.gob.ar; 25 de Mayo 1470; Spende 4 AR$; Di–Fr 8.30–12.30 & 15–19, Sa & So 8.30–12.30 & 16–19 Uhr) Das von einheimischen Lehrern mit herzerweichendem Engagement geführte Museum zeigt eine chronologisch aufgebaute Ausstellung mit Steinwerkzeugen, Guaraní-Tonwaren, Schmuck, Ziegelreliefs und kolonialzeitlichen Objekten. Zu den Highlights gehören ein *tabla-Set* (ein kolonialzeitliches Spiel ähnlich wie Backgammon) und ein maßstabgetreues Modell der ursprünglichen Siedlungen in Santa Fe. Nachmittags herrschen unterschiedliche Öffnungszeiten.

Cervecería Santa Fe BRAUEREI
(0342-450-2237; www.cervezasantafe.com.ar; Calchines 1401) Diese Brauerei stellt das Santa Fe Lager sowie unter Lizenz Budweiser und Heineken her. Kostenlose Führungen gibt's dienstags bis samstags um 17 Uhr. Aus Sicherheitsgründen müssen Teilnehmer robustes Schuhwerk und lange Hosen tragen. Die Teilnehmerzahl ist begrenzt; man kann sich online anmelden.

Costa Litoral BOOTSTOUR
(0342-456-4381; www.costalitoral.info; Dique 1) Vom sanierten Hafenbereich aus gibt's am Wochenende Bootsfahrten in einem großen Katamaran zu den Inseln im Fluss (Erw./Kind 160/100 AR$, 2 Std., Sa & So 11 Uhr) oder nach Paraná (Erw./Kind 260/160 AR$, 5½ Std., Sa & So 14 Uhr) inklusive ein paar Stunden zur Stadterkundung. Tickets bucht man im Café gegenüber der Anlegestelle.

Schlafen

In der überraschend schäbigen Gegend um den Busbahnhof gibt's die meisten Budgethotels. Die Ecke ist zwar nicht gefährlich – aber eben ein Ort für zwielichtige Geschäfte.

Hotel Constituyentes HOTEL $
(0342-452-1586; www.hotelconstituyentes.com.ar; San Luis 2862; EZ/DZ 35/45 US$, ohne Bad 25/35 US$;) Geräumige Zimmer, niedrige Preise und die Nähe zum Busbahnhof sind die größten Vorzüge dieses entspannten Hotels. Es ist zwar nicht luxuriös, doch die Inhaber versuchen immer, Verbesserungen vorzunehmen und ihr Haus zu einer hübschen Budgetbleibe zu machen. Die Zimmer vorne bekommen den Straßenlärm ab. Frühstück kostet extra.

Hotel Galeón HOTEL $
(0342-454-1788; www.hotelgaleon.com.ar; Belgrano 2759; EZ/DZ 52/64 US$;) Das ungewöhnliche Hotel mit seiner geschwungenen Fassade und den bizarren Ecken liegt in praktischer Nähe zum Busbahnhof. Es gibt eine Vielzahl an Zimmertypen, die alle von konventionellen Formen abweichen. Es wäre mal wieder eine Renovierung fällig, aber die Betten sind recht bequem, und das WLAN ist auch ganz ordentlich. Bei Barzahlung bekommt man einen kräftigen Rabatt.

Hostal Santa Fe de la Veracruz HOTEL $
(0342-455-1740; www.hostalsf.com; Av San Martín 2954; EZ/DZ Standard 46/63 US$, Superior 66/80 US$;) Das Retro-Hotel an der Fußgängerzone ist mit indigenen Motiven dekoriert und bietet einen höflichen Service, geräumige Superior-Zimmer und nicht besonders gute Standardzimmer. Das Haus könnte einen neuen Anstrich vertragen, zumal die Beige-Töne hier ziemlich überaltert aussehen. Mittagsschläfer freut, dass man sich mit dem Auschecken bis 18 Uhr Zeit lassen kann.

★ Ámbit Boulevard BOUTIQUEHOTEL $$
(0342-455-7179; www.ambithotel.com.ar; Blvd Gálvez 1408; Zi. Superior/Premium 100/112 US$;) Das aus dem frühen 20. Jh. stammende Herrenhaus eines Getreide-Magnaten

wurde in dieses kompakte, hübsche Hotel umgewandelt. Die erlesen dekorierten Zimmer wurden von verschiedenen Architekten gestaltet und sind allesamt reizend. Die Zimmer der Premiumklasse haben hohe Decken und alte Dielen; die Superior-Zimmer liegen im modernen Flügel im Oberstock, haben aber auch jede Menge Charme. Zwischen den beiden Etagen gibt es ein kleines Wellness-Becken.

✖ Essen

An der Belgrano, gegenüber vom Busbahnhof, gibt's mehrere Lokale mit argentinischen Gerichten wie Empanada, Pizza und *parrillada* (gemischtes Grillfleisch). Am Busbahnhof findet man eine Snackbar, die rund um die Uhr geöffnet ist und riesige Portionen solider Kneipenkost serviert.

El Quincho de Chiquito ARGENTINISCH $
(Ecke Brown & Obispo Vieytes; Menü 150 AR$; ⊗11.30–15 & 20–24 Uhr) Das legendäre Lokal ist die hiesige Institution, wenn es um Flussfisch geht. Es liegt 6 km nördlich der Innenstadt an der *costanera* (Uferstraße). Hier gibt's wenig Schnickschnack und keine komplizierte große Auswahl: Es werden vier oder fünf Gänge mit leckerem Surubí, Sábalo oder Pacú serviert, und man kann so oft nachordern, wie man will. Die Getränke kosten extra, sind aber günstig.

Club Social Sirio Libanés NAHÖSTLICH $
(25 de Mayo 2740; Hauptgerichte 50–130 AR$; ⊗Di-So 11.30–14.30 & 19–23.30 Uhr; 🕾) Versteckt in einem Durchgang, der zu einem Fitnesscenter führt, bietet dieses angenehm ungewöhnliche Lokal köstliche, gut zubereitete nahöstliche Gerichte sowie Flussfisch, Pasta und *parrillada*. Im Innenhof gibt's einen schönen Sitzbereich. Die Küche schließt mittags um 14.00 Uhr.

Merengo BÄCKEREI $
(Av General López 2632; Alfajores ab 5 AR$; ⊗9–12.30 & 15–20 Uhr) 1851 klebte Merengo zwei Kekse mit *dulce de leche* (Milch-Karamell) zusammen und erfand so den *alfajor*, der sich zum beliebtesten Snack in Argentinien entwickelte. Das Geschäft läuft noch immer gut: Der nette kleine Laden an der Plaza ist nur eine von mehreren Filialen.

🍺 Ausgehen

Santa Fes ausdauerndes Nachtleben konzentrierte sich einst auf das Gebiet La Recoleta rund um die Kreuzung Av San Martín und Santiago del Estero. Derzeit öffnen aber überall in der Stadt neue Bars und Clubs.

Chopería Santa Fe BAR
(San Jerónimo 3498; ⊗8–2 Uhr; 🕾) Die historische Eckkneipe ist ideal, um das hiesige Lager zu probieren. Die geräumige Pinte hat Tische am Straßenrand, eine von Zypressen beschattete Terrasse und natürlich einen Innenraum. Es gibt eine große Auswahl an argentinischer Kneipenkost wie *picadas* (große Vorspeisenteller), Sandwichs, Pizza und mehr.

Patio de la Cerveza BRAUEREI
(Ecke Calchines & Lavalle; ⊗14–1 Uhr) Der malerische Biergarten gehört zur gegenüberliegenden Brauerei Santa Fe, von der das Lager über eine „Bierbrücke" direkt hierher gepumpt wird. Man kann hier wunderbar draußen sitzen und sein *liso* – wie Fassbiere, die ganz traditionell in zylindrischen 8-oz.-Gläsern serviert werden, hier heißen – genießen. Dazu gibt's diverse Delikatessen, Sandwichs, Salate usw.

ℹ Praktische Informationen

Es gibt mehrere Geldautomaten an der *peatonal* (Fußgängermeile) San Martín.

Touristeninformation am Busbahnhof
(📞0342-457-4124; www.santafeturismo.gov.ar; Belgrano 2910; ⊗8–20 Uhr)

ℹ Anreise & Unterwegs vor Ort

Aerolíneas Argentinas (www.aerolineas.com.ar; 25 de Mayo 2287; ⊗Mo–Fr 9.30–17.30, Sa 9–12 Uhr) fliegt regelmäßig von Santa Fe nach Buenos Aires. **Sol** (📞0810-444-4765; www.sol.com.ar) täglich nach Rosario.

Am Infobüro im **Busbahnhof** (📞0342-457-4124; www.terminalsantafe.com; Belgrano 2910) hängen die Preise für sämtliche Fahrziele aus. Einige sind in der Tabelle unten aufgeführt:

BUSSE AB SANTA FE

ZIEL	PREIS (AR$)	DAUER
Asunción, Paraguay	746	13 Std.
Buenos Aires	410–440	6–7½ Std.
Corrientes	507	6½–8 Std.
Montevideo, Uruguay	1162	10
Paraná	16.25	40 Min.
Posadas	750	12 Std.
Rosario	128	2 Std.

Paraná

📞 0343 / 247 700 EW.

Paraná ist weniger bekannt als Santa Fe, dafür aber in vielerlei Hinsicht wesentlich attraktiver.

Das historische Zentrum am hügeligen Ufer des gleichnamigen Stromes ist größtenteils im Originalzustand erhalten. Die Stadt hat auch ein paar majestätische Plazas. Wie in dieser Ecke der Welt üblich, tummeln sich Nachtschwärmer am Flussufer – denn hier stehen zahlreiche Restaurants, Clubs und Bars zur Auswahl.

👁 Sehenswertes & Aktivitäten

Vom Stadtzentrum, der Plaza Primero de Mayo, ist die San Martín sechs Blocks weit eine *peatonal*. Seit 1730 steht eine **Kathedrale** an der Plaza Primero de Mayo, aber das heutige Gebäude wurde erst 1885 errichtet. Als Paraná die Hauptstadt der Konföderation war, tagte der Senat im **Colegio del Huerto** an der Kreuzung 9 de Julio und 25 de Mayo.

★ Museo Histórico de Entre Ríos   MUSEUM

(Ecke Buenos Aires & Laprida; Spende 5 AR$; ⊙ Di–Fr 8–12.30 & 15–20, Sa 9–12 & 16–19, So 9–12 Uhr) Das moderne Museum an der Plaza Alvear ist der ganze Stolz der Region. Es bietet Infos zur kurzlebigen Republik Entre Ríos und zur Schlacht von Monte Camperos. Außerdem sind *Maté*-Utensilien, mehrere massive Holztische und Porträts von Urquiza zu sehen. Der Großteil der Ausstellung stammt aus der Sammlung eines Dichters aus der Region.

★ Museo y Mercado Provincial de Artesanías   MUSEUM

(Av Urquiza 1239; ⊙ Mo–Fr 7–13 & 16–20, Sa 9–12 Uhr) 🌿 GRATIS Das Museum ist ein sympathischer kleiner Palast und zeigt Kunsthandwerk aus der ganzen Provinz. Von den Angestellten erfährt man Näheres über die Handwerkskunst. Die Komplexität mancher Stücke (z. B. Hüte aus engmaschig gewobenen Palmenfasern) ist wirklich verblüffend.

Costanera   UFER

Vom nördlichen Rand der Innenstadt führt der Parque Urquiza steil hinab zum Ufer des Río Paraná. Im Sommer nutzen die Leute das Ufergebiet gern zum Bummeln, Angeln und Baden. Es gibt einen öffentlichen Strand, die **Playa El Parque**, etwas westlich vom Privatstrand des Ruderclubs Paraná. Besser ist aber der Sandstrand **Playas de Thompson** 1 km weiter östlich hinter dem Hafen.

Costa Litoral   BOOTSFAHRT

(📞 0343-423-4385; www.costalitoral.info; Buenos Aires 212) Der Anbieter hat am Wochenende nachmittags Trips nach Santa Fe (einf. Fahrt Erw./Kind 160/100 AR$) und einstündige Rundfahrten auf dem Fluss (Erw./Kind 100/60 AR$) in einem großen Katamaran im Angebot. Abfahrt ist in der Nähe der Touristeninformation an der *costanera*.

Paraná en Kayak   KAJAKFAHREN

(📞 0343-422-7143; www.paranaenkayak.com.ar) Veranstaltet einfache Kajaktrips auf dem Fluss sowie längere Ausflüge.

🛏 Schlafen

★ Las Mañanitas   HOTEL $

(📞 0343-407-4753 www.lasmanianitas.com.ar; Carbó 62; EZ/DZ 40/65 US$; ❄@🛜🏊) Das herrlich entspannte kleine Budgethotel mit Sommerhaus-Atmosphäre hat neun Zimmer an einem Hof und einen Garten mit Pool. Die bunt gestalteten, komfortablen Zimmer unterscheiden sich stark – von dunklen Maisonette-Zimmern bis hin zu schlichteren, helleren Kammern. Charme und Freundlichkeit machen den größten Reiz der Anlage aus.

> **KARNEVAL IN GUALEGUAYCHÚ**
>
> Das entspannte, am Fluss gelegene Gualeguaychú ist in der Nebensaison ein ruhiger Ort, dreht aber im Sommer bei der längsten und schicksten **Karnevalsfeier** (www.carnavaldelpais.com.ar) des Landes mächtig auf. Zwischen Mitte Januar und Ende Februar ist an jedem Wochenende mächtig los. Im Zentrum des Geschehens steht das Corsódromo, wo der Eintritt an den meisten Abenden zwischen 150 und 220 AR$ kostet.
>
> Ordentliche Budgethotels reihen sich an der Bolívar zwischen der Bartolomé Mitre und der Monseñor Chalup, und im Ort gibt's mehrere Hostels.
>
> Gualeguaychú ist per Bus leicht von Buenos Aires (3½ Std.), Paraná und anderen Städten am Río Uruguay aus zu erreichen. Gualeguaychú ist außerdem ein Grenzübergang nach Uruguay: Fray Bentos liegt gleich jenseits der Brücke.

ⓘ EINREISE NACH BRASILIEN

Die kleine, ziemlich uninteressante Stadt **Paso de los Libres** ist das Tor zur brasilianischen Stadt Uruguaiana. Den Grenzübergang markiert eine Brücke rund zehn Blocks südwestlich der zentralen Plaza Independencia. Busse nach Uruguaiana (15 AR$) fahren häufig; sie halten an der Av San Martín auf Höhe der Colón und gegenüber vom Busbahnhof. Die Grenze ist rund um die Uhr geöffnet. Die nächstgelegene brasilianische Stadt, die einen Besuch lohnt, ist **Porto Alegre**.

Zwischen Pasos Busbahnhof und dem Stadtzentrum befinden sich einige sehr zwielichtige Viertel, also für die Strecke lieber den Bus (2,25 AR$) oder ein Taxi (20 AR$) nehmen!

Übernachten kann man im einfachen, aber gepflegten **Hotel Las Vegas** (☏ 03772-423490; hotellasvegas2000@hotmail.com; Sarmiento 554; EZ/DZ 30/50 US$; ❉ ☏) oder dem viel komfortableren **Hotel Alejandro Primero** (☏ 03772-424100; www.alejandroprimero.com.ar; Coronel López 502; EZ/DZ 50/70 US$; ❉ @ ☏ ☒). Barrestaurants finden sich an der Colón zwischen der Mitre und der Sitja Nia. Das beste Restaurant der Stadt ist das **El Nuevo Mesón** (Colón 587; Hauptgerichte 65–110 AR$; ⓧ 11.30–15 & 20–24 Uhr; ☏).

Von Paso de los Libres fahren regelmäßig Busse nach Mercedes (71 AR$, 2 Std.), Buenos Aires (570 AR$, 9 Std.), Corrientes (220 AR$, 5 Std.) und zu vielen anderen Zielen.

Entre Ríos Apart Hotel APARTMENTS $
(☏ 0343-484-0906; www.aparthotel-entrerios.com; Montevideo 55; EZ/DZ 44/68 US$; ❉ ☏) Die blitzblanken, geräumigen Apartments in einem schlichten, modernisierten Gebäude sind mit Herd, Mikrowelle, Kühlschrank, ausziehbarem Sofa, einem ordentlichem Bad und einem attraktiven Schlafzimmer ausgestattet. Im Preis inbegriffen sind auch das Frühstück und ein Parkplatz – ein tolles Angebot.

✗ Essen

Giovani ARGENTINISCH $
(Av Urquiza 1045; Hauptgerichte 60–110 AR$; ⓧ Mo–Fr 12–15 & 20–24, Sa bis 1, So bis 23 Uhr; ☏) Das schicke Restaurant mit einer recht eleganten, romantischen Atmosphäre, guter Bedienung und durchdachten Details wie Gratis-Kaffee befindet sich im Ortszentrum und serviert exzellentes Fleisch von der *parrilla* sowie köstliche Pasta. Es gibt auch eine gute Auswahl an Flussfisch.

Lola Valentina ARGENTINISCH $$
(☏ 0343-423-5234; Mitre 310; Hauptgerichte 80–150 AR$; ⓧ 12–16 & 20–24 Uhr; ☏) Dieses Restaurant verbindet die heitere Atmosphäre eines Kiezlokals mit einer förmlichen Bedienung und bietet mit seiner großen Auswahl an argentinischen Klassikern, köstlichen hausgemachten Pastagerichten, *parrilla*-Optionen und jeder Menge Fischspeisen ein hervorragendes Preis-Leistungs-Verhältnis. Das Lokal ist schnell voll – also frühzeitig kommen oder einen Tisch reservieren.

🍷 Ausgehen & Unterhaltung

Unter der Woche ist es in Paraná sehr ruhig, am Wochenende kommt Trubel auf. Am meisten los ist am Ostende der Uferpromenade in der Gegend Liniers Lineal.

ⓘ Praktische Informationen

Es gibt mehrere Geldautomaten in der *peatonal* San Martín.

Touristeninformation (☏ 0343-423-0183; www.turismoparana.gov.ar; Plaza 1 de Mayo s/n; ⓧ 8–20 Uhr) Hat hilfsbereite Angestellte und gute Broschüren. Weitere Filialen finden sich am Río Paraná (☏ 0343-420-1837; Laurencena & San Martín; ⓧ 8–20 Uhr) und im Busbahnhof (☏ 0343-420-1862; ⓧ 8–20 Uhr).

ⓘ Anreise & Unterwegs vor Ort

Der **Busbahnhof** (☏ 0343-422-1282) befindet sich an der Ramírez zwischen der Posadas und der Moreno. Die Busse 1, 4, 5 und 9 fahren in die Innenstadt. Alle 30 Minuten gibt's einen Bus nach Santa Fe (16,25 AR$, 40 Min.); manchmal muss man sich anstellen, weil Inhaber von Pendlerkarten Vorrang haben. Die Häufigkeit und Preise der anderen Busverbindungen sind vergleichbar mit denen von und nach Santa Fe.

Reserva Provincial Esteros del Iberá

Das Naturparadies Esteros del Iberá ist durchaus mit dem Pantanal in Mato Grosso in Brasilien vergleichbar. Wasserpflanzen und Gräser, darunter auch „schwimmende Inseln" bestimmen das Erscheinungsbild

ABSEITS DER ÜBLICHEN PFADE

YAPEYÚ

In diesem wunderbar friedlichen Ort gibt's Pferde zuhauf – und der Klang von Hufen, die abends über die rote Erde donnern, gehört zu den Dingen, die man hier nicht missen möchte. In Yapeyú kann man wunderbar entspannen; das ist einer der Orte, wo einen die Einheimischen auf der Straße grüßen.

Yapeyú liegt per Bus eine Stunde nördlich von Paso de los Libres. Gegründet wurde der Ort 1626 als südlichste der Jesuitenmissionen, berühmt ist er zudem als Geburtsort des großen argentinischen „Befreiers" José de San Martín.

Man kann die Jesuitenruinen erkunden – im hiesigen **Museum** (Sargento Cabral s/n; Di-So 8–12 & 15–18 Uhr) GRATIS gibt es eine umfassende Übersicht über alle Missionen – und die prunkvolle **Casa de San Martín** (8–12 & 14–18 Uhr) GRATIS bewundern, einen Pavillon, der die Ruinen des Hauses enthält, in dem San Martín 1778 geboren wurde.

An der Plaza zwischen beiden Städten liegt das schlichte, aber einladende **Hotel San Martín** (03772-493120; Sargento Cabral 712; EZ/DZ 25/40 US$;) mit Zimmern rund um einen halligen Innenhof. Etwas besser ist **El Paraíso Yapeyú** (03772-493056; www.paraisoyapeyu.com.ar; Ecke Paso de los Patos & San Martín; Bungalow für 2/4 Pers. 60/95 US$;), ein ältlicher Bungalowkomplex mit hübscher Lage am Fluss. Teurere Unterkünfte liegen am Highway westlich des Orts. Das **Comedor del Paraíso** (Matorras s/n; Hauptgerichte 40–60 AR$; 7–15 & 20–22.30 Uhr) ist ein liebenswertes, schlichtes, zentral gelegenes Lokal ohne Speisekarte mit einer kleinen, wechselnden Auswahl an Gerichten.

Täglich fahren vier Busse (36 AR$, 1 Std.) ab/nach Paso de los Libres und in die andere Richtung nach Posadas (181 AR$, 4½ Std.). Mehr Busse halten am Highway am Ortsrand.

---

des 13 000 km² großen unberührten Feuchtgebiets. Unter den Wildtieren hier sind Reptilien, u.a. Kaimane und Anakondas, außerdem Säugetiere wie Mähnenwölfe, Brüllaffen, Südamerikanische Fischotter, Capybaras, Pampas- und Südamerikanische Sumpfhirsche sowie mehr als 350 Vogelarten.

Vogelbeobachter und Naturfreunde aus aller Welt treffen sich im Dorf Colonia Pellegrini, 120 km nordöstlich von Mercedes, das innerhalb des Parks liegt und aber ein perfekter Ausgangspunkt für Erkundungstouren ist. Colonia Pellegrini ist mit seinen unbefestigten Straßen, wenig Verkehr und vielen Bäumen schon für sich ein nettes Ziel. Von Colonia Pellegrini aus jenseits des Dammes befindet sich ein Besucherzentrum, in dem man Informationen übers Reservat und kurze **Wanderwege** erhält, die man auf eigene Faust erkunden kann. Am Eingang des Dorfes gibt es eine hilfreiche **Touristeninformation** (www.ibera.gov.ar; RP40; 8–12 & 14–19 Uhr). Die zweistündigen **Barkassentouren** (150–180 AR$/Pers.), die überall angeboten werden, sind ihr Geld wert. Es gibt übrigens auch angenehme Ausritte (200 AR$), aber vom Boot aus hat man bessere Chancen, Wildtiere zu sehen.

Viele Hoteliers in Mercedes (der nächsten größeren Stadt) versuchen, ihren Gästen Pauschaltouren zu verkaufen, indem sie behaupten, im Ort sei alles ausgebucht, die Hotels seien geschlossen und dergleichen. Wenn man vorab buchen und alles inklusive haben will, kann man sich darauf einlassen. Aber in Panik brauchen man wahrlich nicht zu verfallen: Es sind stets mehr Betten verfügbar, als Touristen vor Ort sind, und es ist leicht (und viel billiger), sich sein Zimmer, seine Verpflegung und die Touren vor Ort zu organisieren. Die Touristeninformation in Colonia Pellegrini hat eine komplette Liste der Unterkünfte und Restaurants im Ort.

Campen kann man auf dem **städtischen Campingplatz** (15-629656; www.ibera.gov.ar; Mbiguá s/n; pro Pers. 1./jeder weitere Tag 70/50 AR$, nur für den 1. Tag 40 AR$/Fahrzeug) in Colonia Pellegrini, der ausgezeichnete grasbewachsene Stellplätze am Wasser bietet.

Es gibt einige *hospedajes* (einfache Hotels), die Zimmer mit eigenem Bad anbieten. Am besten ist wohl die **Posada Rancho Jabirú** (15-443569; www.posadaranchojabiru.com.ar; Yaguareté s/n; EZ/DZ/3BZ 30/44/66 US$;). Der **Hospedaje Los Amigos** (15-493753; hospedajelosamigos@gmail.com; Ecke Guazú Virá & Aguapé; Zi. 15 US$/Pers.;) rangiert derzeit bei Budgetravellern an oberster Stelle.

Wer das Geld hat und größeren Komfort will, findet im **Rancho de los Esteros** (15-493041; www.ranchodelosesteros.com.ar; Ecke

Ñangapiry & Capivára; EZ 318 US$, DZ Standard/Superior 407/424 US$, inkl. VP & Aktivitäten; ❄ 🛜 🏊) fast alles, was man sich wünschen kann.

Die Optionen zur Weiterfahrt ändern sich ständig: Am besten erkundigt man sich bei der Touristeninformation am Busbahnhof Mercedes nach den aktuellen Fahrplänen. Die Straße von Mercedes nach Colonia Pellegrini (120 km) ist nur nach Regengüssen mit normalen Autos nicht befahrbar.

Zur Zeit unserer Recherchen gab es keine Busse. Am billigsten ist die Anreise mit einem der zwei fahrplanmäßig verkehrenden Kleinbusse bzw. Geländewagen. Der Chartertransport ab Mercedes hierher (u. a. von den hier genannten Anbietern) kostet für bis zu vier Personen 1400 AR$. Wenn es nicht regnet, kann man auch *remises* anmieten.

Daniel Ortiz TRANSPORT
(☎15-431469; 250–300 AR$) Fährt täglich von 7.30 bis 8.30 Uhr ab Mercedes und hält außerhalb des Busbahnhofs. Auf Wunsch wird man auch vom Hotel abgeholt. Die Rückfahrt ab Pellegrini erfolgt zwischen 16 und 17 Uhr. Die Preise schwanken etwas.

Iberá Bus TRANSPORT
(Mario Azcona; ☎15-462836; 200 AR$) Verkehrt montags bis freitags von 12 bis 12.30 Uhr und samstags um 9.30 Uhr vom Markt an der Pujol zwischen der Gómez und der Alvear in Mercedes. Rückfahrt ab Pellegrini ist montags bis samstags um 4 Uhr.

Corrientes
☎0379 / 368 400 EW.

Corrientes ist eine große Stadt mit ordentlichen Museen und dem Ruf, ausgesprochen teuer zu sein. Insofern fällt es etwas schwer, Corrientes zu mögen, doch ein Versuch schadet nicht. Beim Bummel am Flussufer bei Sonnenuntergang fühlt man sich vielleicht doch ganz wohl hier. Der fast schon totgesagte **Carnaval Correntino** gehört heute zu den buntesten und protzigsten im Land und wird neun Wochen vor Ostern an vier aufeinanderfolgenden Wochenenden gefeiert.

◉ Sehenswertes & Aktivitäten

Diverse Firmen bieten Bootsfahrten auf dem Paraná; Listen hat die Touristeninformation.

★ Museo de Artesanías Tradicionales Folclóricas MUSEUM
(Quintana 905; ⏰Mo–Fr 8–12 & 15–19, Sa 9–12 & 16–19 Uhr) GRATIS Das faszinierende Museum in einem umgebauten Kolonialhaus zeigt eine kleine Sammlung feinen, traditionellen Kunsthandwerks (*artesanía*) und hat auch einen guten Souvenirladen. Am interessantesten ist es jedoch, zu beobachten, wie die Meister des Handwerks ihren Schülern die Arbeit mit Leder, Silber, Knochen oder Holz beibringen. In den anderen Räumen rund um den Hof verkaufen die Künstler ihre Arbeiten, die sie auch dort herstellen. Die Museumsführer sind engagiert, sachkundig und freundlich.

Turistas Con Ruedas RADFAHREN
(Costanera an der 9 de Julio; ⏰8–12 & 15–19 Uhr) GRATIS Mit seinem Reisepass erhält man in der Touristeninformation am Flussufer gratis für ein paar Stunden ein Fahrrad zur Erkundung der Stadt.

🛏 Schlafen

Corrientes schließt endlich im Hostelbereich auf und hat jetzt sogar eines der besten im Land zu bieten. Die Hotellandschaft wirkt dennoch irgendwie entmutigend: Die guten sind nicht billig, und die vergleichsweise billigen sind nicht gerade gut. Günstigere und bessere Hotels gibt's jenseits des Flusses in Resistencia. Die Touristeninformation hat eine Liste von *casas de familia* (bescheidenen Zimmern bei Gastfamilien).

Bienvenida Golondrina HOSTEL $
(☎0379-443-5316; www.hostelbienvenidagolondrina.com; La Rioja 455; B 21–23 US$, EZ/DZ 41/57 US$; ❄ @ 🛜) Dieses Hostel in einem wunderschönen, 100 Jahre alten Haus mit hohen Decken, Buntglasfenstern und künstlerischen Schnörkeln ist nur ein paar Schritte von der *costanera* entfernt. In den Schlafsälen stehen komfortable breite Pritschen mit viel Kopffreiheit, die Einrichtungen, zu denen auch kostenlose Leihfahrräder gehören, sind toll, und das Management ist einladend und sehr hilfsbereit. Werktags fallen die Preise.

Orly Hotel HOTEL $
(☎0379-442-0280; www.hotelorlycorrientes.com.ar; San Juan 867; EZ/DZ 50/60 US$, Zi. Superior 130 US$; ❄ @ 🛜 🏊) Das professionelle, zentral gelegene Drei-Sterne-Hotel hat zwei Kategorien: Die älteren „Standardzimmer" sind nett, aber recht klein. Sie werden nach und nach renoviert, man sollte also nach einem fragen, das schon aufgebessert wurde. Viel besser sind die „Superiorsuiten" mit riesigen Betten, modischen Sofas und gutem

La Rozada BOUTIQUEHOTEL $$
(☎0379-443-3001; www.larozada.com; Plácido Martínez 1223; EZ/DZ 78/88 US$; [P ✳ ☎]) Eine ausgezeichnete Option nahe dem Flussufer: Das Hotel bietet geräumige Apartments und Suiten in einem Hochhaus, das ungewöhnlicherweise in den Hof eines ansprechenden, bleigrauen historischen Gebäudes aus dem 19. Jh. gestellt wurde. Aus den meisten Zimmern hat man eine schöne Aussicht, ein Zimmer mit Balkon ist etwas teurer. Es gibt einen attraktiven Barbereich, und die Gäste können den Pool des nahegelegenen Ruderclubs benutzen.

✗ Essen & Ausgehen

Unbedingt Ausschau halten sollte man nach *chipas* (knuspriges Käsegebäck) und *sopa paraguaya* (Pastete auf Mehlbasis, die an Quiches erinnert). Manchmal stehen diese Spezialitäten auf den Speisekarten der Restaurants. Man bekommt sie aber vor allem bei den Straßenhändlern rund um den Busbahnhof.

Das Nachtleben spielt sich hauptsächlich rund um die Kreuzung Junín und Buenos Aires ab. Die Bars und Clubs in dieser Gegend sind an den Wochenenden gut besucht. Ein bisschen was los ist auch an der *costanera* westlich der Brücke.

El Quincho PARRILLA $
(Ecke Av Juan Pujol & Calle Roca; Parrillada für 2 Pers. 200–260 AR$; ⊙Mo-Sa 11.30–15 & 21–2, So 11.30–15 Uhr) Das rustikale und einladende, alteingesessene Restaurant befindet sich an einem Kreisverkehr in Gehweite zum Stadtzentrum. Hier stehen eher argentinische Leibgerichte wie Chorizo oder *morcilla* (Blutwurst) im Mittelpunkt als besonders tolle Steaks; es gibt aber immer ein Grillmenü mit tollem Preis-Leistungs-Verhältnis, außerdem regionale Spezialitäten und an den Wochenenden live *chamamé*-Musik. Kurz: Gute Qualität und riesige Portionen!

☆ Unterhaltung

Parrilla Puente Pexoa TRADITIONELLE MUSIK
(☎0379-445-1687; RN 12 am Kreisverkehr Virgen de Itatí; ⊙Fr & Sa ab 20.30 Uhr) In diesem entspannten Restaurant gibt's an jedem Wochenende *chamamé*-Tanz. Sobald das Tanzen beginnt, geht's hier richtig wild und lustig zu. Die Männer und Frauen erscheinen in voller *gaucho*-Aufmachung, und ungefähr ab 23 Uhr spielen jeden Abend bis zu vier *conjuntos* (Kapellen).

Die Anfahrt im Taxi kostet rund 60 AR$; man muss aber dem Fahrer unbedingt gleich klar machen, dass man zu der *parrilla* möchte, denn der Puente Pexoa ist anderswo.

ⓘ Praktische Informationen

Infostand der Städtischen Touristeninformation (Plaza JB Cabral; ⊙7–20 Uhr) Der hilfreiche kleine Kiosk an der Plaza ist theoretisch täglich geöffnet.

Städtische Touristeninformation (☎0379-447-4733; www.ciudaddecorrientes.gov.ar; Ecke Av Costanera & 9 de Julio; ⊙7–20 Uhr) Die Hauptstelle der Städtischen Touristeninformation ist nicht immer geöffnet.

Touristeninformation der Provinz (☎0379-442-7200; http://turismo.corrientes.gob.ar; 25 de Mayo 1330; ⊙Mo–Fr 7.30–14 & 15.30–20.30 Uhr) Hilfreich für Informationen über die Provinz.

ⓘ Anreise & Unterwegs vor Ort

Aerolíneas Argentinas (☎0379-442-3918; www.aerolineas.com.ar; Junín 1301; ⊙Mo–Fr 8–12.30 & 16.30–20, Sa 9–12 Uhr) fliegt täglich von Corrientes nach Buenos Aires. Der Stadtbus 105 (5,50 AR$) fährt zu dem rund 15 km östlich der Stadt gelegenen **Flughafen** (RN 12).

Vom **regionalen Busbahnhof** (Ecke Av Costanera General San Martín & La Rioja) fahren häufig Busse (7,40 AR$) und Sammeltaxis (25 AR$) nach Resistencia. Die Sammeltaxis fahren auch von der Kreuzung der Santa Fe mit der 3 de Abril. Aufgelistet sind hier auch einige Fahrten vom **Fernbusbahnhof** (☎0379-447-7600; Av Maipú 2400).

Der Bus 106 verbindet die San Lorenzo in der Innenstadt mit dem Busbahnhof.

BUSSE AB CORRIENTES

ZIEL	PREIS (AR$)	DAUER (STD.)
Asunción, Paraguay	226	6–7
Buenos Aires	864	12–14
Mercedes	146	3–4
Paso de los Libres	220	5
Posadas	270	4–4½
Puerto Iguazú	527	9–10

Resistencia

📞 0362 / 385 700 EW.

Liebhaber der Bildhauerei fühlen sich in Resistencia wie Fische im Wasser. Dank eines Gemeinschaftsprojekts der Stadtverwaltung und verschiedener Kunstorganisationen wurden in den Straßen und Parks der Stadt mehr als 500 Skulpturen aufgestellt, die sich nun jeder kostenlos anschauen kann. Das Stadtzentrum bildet die hübsche Plaza 25 de Mayo, die zahllose hohe Palmen und skurrile *palo borracho* (Florettseidenbäume) schmücken.

⊙ Sehenswertes

Alle **Skulpturen** aufzuzählen, die in den Straßen und städtischen Parks von Resistencia stehen, würde den Rahmen dieses Reiseführers sprengen. In der Touristeninformation erhält man eine Karte, auf der die Standorte der Werke verzeichnet sind – übrigens eine prima Gelegenheit für einen ersten Kontakt mit der Stadt. Der beste Ausgangspunkt ist das **MusEUM** (www.bienaldelchaco.com; Av de los Inmigrantes 1001; ⊙ Mo-Sa 9.30-13.30 & 16-20 Uhr) GRATIS, ein Freiluftatelier an der Nordseite des Parque 2 de Febrero. Hier sind gleich mehrere der eindrucksvollsten Skulpturen aufgestellt, und hier kann man während der **Bienal de Escultura** (www.bienaldelchaco.com), die in jedem Jahr mit gerader Jahreszahl in der dritten Juliwoche stattfindet, Bildhauer bei ihrer Arbeit beobachten.

★ **Museo del Hombre Chaqueño** MUSEUM
(http://museohombrechaco.blogspot.com; JB Justo 280; ⊙ Mo-Fr 8-13 & 15-20.30 Uhr) GRATIS Dieses kleine, aber ausgezeichnete Museum wird von engagierten Mitarbeitern unterhalten (von denen einige auch Englisch sprechen). Sie führen einen durch die Ausstellungen, die die drei Hauptpfeiler behandeln, aus denen sich die Bevölkerung des Chaco zusammensetzt: die indigenen Einwohner (gezeigt werden einige ausgezeichnete Keramiken und Musikinstrumente der Toba), die *criollos*, die aus der Vermischung von Europäern und den örtlichen Bevölkerungsgruppen hervorgingen, und schließlich die „Gringos", die im späten 19. Jh. in einer Einwanderungswelle aus Europa ins Land kamen. Am interessantesten ist der Raum zur Mythologie im Obergeschoss mit verschiedenen skurrilen Figuren aus dem Volksglauben des Chaco.

El Fogón de los Arrieros KULTURZENTRUM
(www.fogondelosarrieros.com.ar; Brown 350; Eintritt 10 AR$; ⊙ Mo-Fr 8-12 & 16-19 Uhr) Das 1943 gegründete Kulturzentrum mit Galerie ist seit Jahrzehnten die treibende Kraft hinter dem künstlerischen Engagement in Resistencia und berühmt für seine vielschichtige Sammlung von Kunstwerken aus dem Chaco und ganz Argentinien. Das Museum zeigt außerdem die Holzschnitzereien des örtlichen Künstlers und Kulturaktivisten Juan de Dios Mena. Lustig sind die respektlosen Epitaphe für verstorbene Gönner im Erinnerungsgarten; er heißt Colonia Sálsipuedes („geh, wenn du kannst").

🛏 Schlafen

Hotel Colón HOTEL $
(📞 0362-442-2861; www.colonhotelyapart.com; Santa María de Oro 143; EZ/DZ/Apt. 44/60/68 US$; ❄@🛜) Art-déco-Fans sollten sich gleich südlich der Plaza diesen Klassiker aus den 1920er-Jahren nicht entgehen lassen. Es handelt sich um ein bemerkenswert großes, ausdrucksstarkes Gebäude mit bezaubernd seltsamen Merkmalen aus seiner Entstehungszeit. Die renovierten Zimmer sind wunderbar – unbedingt ein solches verlangen, denn es gibt hier auch ein paar viel dürftigere Kammern mit Schaumstoffmatratzen und heruntergekommenen Badezimmern. Die Apartments haben ein gutes Preis-Leistungs-Verhältnis.

Hotel Alfil HOTEL $
(📞 0362-442-0882; Santa María de Oro 495; EZ/DZ 25/35 US$; ❄🛜) Dieses altmodische Hotel ein paar Blocks südlich der Plaza 25 de Mayo ist eine vernünftige Budgetoption. Die nach innen gelegenen Zimmer sind dunkel, empfehlen sich aber durchaus, wenn einen der nicht unerhebliche Straßenlärm in den nach außen gerichteten Zimmern (deren Balkone seltsamerweise nicht betreten werden können) stören sollte. Eine Klimaanlage kostet 2 US$ extra, was aber nichts daran ändert, dass die Unterkunft trotz fehlendem Frühstück ein unglaublich gutes Preis-Leistungs-Verhältnis hat.

★ **Amerian Hotel Casino Gala** HOTEL $$
(📞 0362-445-2400; www.hotelcasinogala.com.ar; Perón 330; EZ/DZ 113/125 US$; ❄@🛜🏊) Das schickste Hotel der Stadt bietet Zimmer verschiedener Art und einen makellosen Service. Die Zimmer sind für ihren Preis ausgezeichnet: sehr geräumig, schön abgestuft und in einem vage asiatisch gehalte-

nen Stil dunkel und elegant eingerichtet. Außer Geldspielautomaten gibt's hier auch eine Sauna, einen Fitnessraum und einen in sich abgeschlossenen Spa-Komplex. Der riesige Freiluftpool mit Bar ist ein besonderes Highlight.

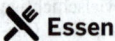 Essen

Mehrere attraktive *confiterías* und Eisdielen bringen neues Leben in das Gebiet nördlich und nordwestlich der Plaza 25 de Mayo.

Juan Segundo ARGENTINISCH $$
(Av Paraguay 24; Hauptgerichte 105–180 AR$; tgl. 12–14 & Di–Sa 21–0.30 Uhr; 🖃) Der zwanglos elegante, im Schachbrettmuster gefliesste Speisesaal und die ansprechenden Tische draußen machen dieses Restaurant in einem noblen Viertel attraktiv. Zu essen gibt's ordentliche Grillspeisen und Salate und noch bessere Fisch- und Fleischgerichte mit gut zubereiteten Saucen. Man findet einen Spielbereich für Kinder, aber kaum günstige Angebote auf der kurzen Weinkarte.

No Me Olvides ARGENTINISCH $$
(Laprida 198; Hauptgerichte 90–175 AR$; 6–3 Uhr; 🖃) Durch große Fenster und hohe Decken wirkt der Speisesaal des beliebten Eckrestaurants größer als er ist. Bunte Malereien, Papier-Lampenschirme und künstlerische Details sorgen für Verve und Farbe. Wie die heroisch anmutenden Öffnungszeiten verheißen, wird hier alles, vom Frühstück bis zum nächtlichen Cocktail, angeboten. Die Gerichte sind ein wenig überteuert, aber die Pasta, Ciabattas und *lomitos* sind wirklich ausgezeichnet.

Coco's Resto ARGENTINISCH $$
(Av Sarmiento 266; Hauptgerichte 110–160 AR$; Mo–Sa 12–14.30 & 20.30–24, So 12–14.30 Uhr; 🖃) Das intime, schön dekorierte Restaurant

---

ABSEITS DER ÜBLICHEN PFADE

NORDWÄRTS GEN PARAGUAY

Busse fahren von Resistencia aus in Paraguays Hauptstadt Asunción; sie überqueren die Grenze in Argentiniens äußerstem Norden in **Clorinda**, einer chaotischen Grenzstadt, in der es außer wuselnden Märkten wenig von Interesse gibt.

Ein weit besserer Zwischenstopp ist das glühend heiße **Formosa**, eine mittelgroße Provinzhauptstadt eine zweistündige Busfahrt nördlich von Resistencia. Hotels, Restaurants und Serviceeinrichtungen finden sich an der Av 25 de Mayo, die die verschlafene Plaza mit dem Ufer des Río Paraguay verbindet – die Uferpromenade ist der beste Ort für einen Spaziergang, sobald die Temperaturen fallen.

An der 6 km von der Stadt entfernten **Laguna Oca** kann man gut Vögel beobachten, aber der Rest der Provinz Formosa hat noch mehr zu bieten.

Ein guter Ort für Naturbeobachtungen ist der Parque Nacional Río Pilcomayo (S. 89) 126 km nordwestlich von Formosa und 55 km westlich von Clorinda. Es gibt täglich Busverbindungen mit **Laguna Blanca**, einer entspannten Ortschaft, in der Zitronen angebaut werden und die ein paar günstige Unterkünfte – **Residencial Guaraní** (☎ 03718-470024; Ecke San Martín & Sargento Cabral; Zi. 18 US$/Pers.; ✱) ist die beste – und *remises* (nicht gekennzeichnete Ruftaxis) zum Nationalpark hat. Der wichtigste See im Park heißt auch **Laguna Blanca**; dort veranstalten Ranger Kaiman-Beobachtungstouren in Booten.

Die Hauptattraktion der Provinz Formosa ist aber der **Bañado la Estrella** (www.banadolaestrella.org.ar). Das hinreißende Feuchtgebiet, eine Überschwemmungsebene des Río Pilcomayo, ist die Heimat einer erstaunlich vielfältigen Vogelwelt sowie von Alligatoren, Capybaras, großen Schlangen und schönen Wasserpflanzen. Von den Straßen, die sich kreuz und quer durch dieses 200 km lange, fingerförmige Gebiet ziehen, kann man viele Tiere erspähen – Feldstecher mitnehmen!

Die am praktischsten gelegene Ortschaft ist **Las Lomitas**, an der RN 81, 300 km westlich von Formosa, von wo regelmäßig Busse fahren (197 AR$, 5½–6 Std.). Von hier führt die asphaltierte RP 28 nach Norden. Sie durchschneidet auf einem Damm, der 37 km nördlich von Las Lomitas beginnt und ungefähr 15 km lang ist, das Sumpfgebiet. In Las Lomitas gibt's Unterkünfte, darunter das **Hotel Eva** (☎ 03715-432092; hotel_eva@hotmail.com; Av San Martín 250; Zi. 28–43 US$; ✱ @ 🖃), ein freundliches Haus, dessen dunkle Zimmer allerdings nicht mit der eleganten Steinfassade mithalten können. Man sollte eines der etwas teureren Zimmer nehmen, weil die bessere Betten haben.

belegt zwei Vorderzimmer eines Hauses. Hier speisen gerne Anzugträger aus dem nahegelegenen Provinzparlament. Mit einer vielseitigen Auswahl an Pasta, Fleisch mit verschiedenen Saucen, Flussfisch und einer großen Weinkarte ist das Lokal eine gute und angenehme Wahl.

Ausgehen & Nachtleben

El Viejo Café CAFÉ
(Pellegrini 109; 6–3 Uhr;) Das Café mit bunt zusammengewürfelter Dekoration in einem eleganten Gebäude ist zu jeder Tages- und Nachtzeit eine gute Wahl. Die Terrasse ist wundervoll für einen Drink zum Sonnenuntergang. An den Wochenenden, an denen es normalerweise Livemusik gibt, wird's später dann munterer. Die verfügbaren Mahlzeiten (Hauptgerichte 65–110 AR$) sind nicht spektakulär, aber dennoch recht solide.

Praktische Informationen

Geldautomaten finden sich nahe der Plaza 25 de Mayo.
Touristeninformation der Provinz (0362-445-3098; www.chaco.travel; López y Planes 185; 7.30–20 Uhr) Die regionale Touristeninformation hat aktuelle Infos über weiter entfernte Teile des Chaco.
Touristeninformation (www.chaco.travel; Mo–Fr 7–20, Sa & So 7–9.30 & 18–20.30 Uhr) Im Busbahnhof; gegenüber gibt's eine städtische Touristeninformation.
Touristeninformation (0362-445-8289; Roca 20; 7–12 & 14.30–20 Uhr) An der Südseite der Plaza 25 de Mayo.

Anreise & Unterwegs vor Ort

BUS

Die Fahrt mit dem Taxi zum **Busbahnhof** (0362-446-1098; Ecke MacLean & Islas Malvinas) kostet 80 AR$, alternativ kann man auch die Busse 3, 9 oder 110 von der Santa María de Oro nahe der Perón nehmen. In der Gegend sollte man hier nicht herumlaufen – Traveller haben von Raubüberfällen berichtet. Ein Busticket für zwei Fahrten kostet 15 AR$, erhältlich beim Hauptgeschäft im Busbahnhof oder bei Roca 35 an der Plaza.

Zwischen Resistencia und Corrientes verkehrt ein Stadtbus (markiert mit „Chaco–Corrientes"; 7 AR$). Man kann ihn vor dem Postamt an der Plaza 25 de Mayo nehmen.

Busse von La Estrella fahren viermal täglich nach Capitán Solari in der Nähe des Parque Nacional Chaco (57 AR$, 2½ Std.). Busse fahren außerdem u. a. zu folgenden Zielen:

ZIEL	PREIS (AR$)	DAUER (STD.)
Asunción, Paraguay	203	6
Buenos Aires	864	13–14
Córdoba	833	10–14
Posadas	287	4½–5
Puerto Iguazú	542	10–11
Salta	719	12–13
Santiago del Estero	586	8½–9½
Tucumán	675–735	11–12

FLUGZEUG

Aerolíneas Argentinas (0362-444-5551; www.aerolineas.com.ar; Justo 184; Mo–Fr 8–12.30 & 16.30–20, Sa 8–12 Uhr) hat täglich Flüge von Resistencia nach Buenos Aires. Der Aeropuerto San Martín liegt 6 km südlich der Stadt an der RN 11; die Fahrt mit einer *remise* kostet rund 80 AR$.

Posadas

 0362 / 324 800 EW.

Auf der Fahrt in Richtung Norden wird das Klima allmählich tropisch. Langsam, aber sicher kommt der Urwald in Sicht. Posadas ist zwar hauptsächlich als Knotenpunkt von Bedeutung: Von hier aus geht's nach Paraguay und zu den Jesuitenmissionen im Norden. Dennoch ist die coole, eigenwillige Stadt mit ihren reizenden Plazas eine Stippvisite wert. Unten am Flussufer gibt's viele Restaurants, Bars und Clubs.

Sehenswertes & Aktivitäten

Die Jesuitenmissionen sind die große Attraktion in dieser Region.

Costanera UFER
Am Nachmittag erwacht die *costanera* mit Joggern, Radfahrern, Gassigehern, Mate-Trinkern, Hotdog-Verkäufern und jungen Paaren, die über das Ufer nach Paraguay blicken, zum Leben. Das Wahrzeichen ist „Andresito", eine riesige **Skulptur** aus Edelstahl des Guaraní-Provinzmatadors Andrés Guacarurí (Guazuary), der ein wenig wie der Blechmann ausschaut, der nach einem Herzen sucht.

Fundación Artesanías Misioneras GALERIE
(www.famercosur.com.ar; Ecke Alvarez & Arrechea; Mo–Fr 8.30–12.30 & 17–20.30, Sa 9.30–12.30 & 17–20 Uhr) GRATIS Die Kultur der Guaraní ist in diesem Teil Argentiniens stark vertreten;

hier werden besonders schöne Stücke ausgestellt und verkauft. Eine weitere Filiale befindet sich an der *costanera*.

👉 Geführte Touren

Yacaré Tours TOUREN
(☎ 0376-442-1829; www.yacaretours.com.ar; Bolívar 1419) Veranstaltet halbtägige Ausflüge zu den argentinischen (1650 AR$/2 Pers.) und paraguayischen (1250 AR$/2 Pers.) Missionen sowie (u.a.) Touren zu Mate-Plantagen, zu den Saltos del Moconá und den Esteros del Iberá.

🛏 Schlafen

Posadeña Linda HOSTEL $
(☎ 0376-443-9238; www.hostelposadasmisiones.com; Bolívar 1439; B 13–15 US$, DZ 32 US$; ❄@🛜🏊) Das mit Sorgfalt geführte kleine Hostel in Gehweite von der Plaza empfängt seine Gäste herzlich. Es hat komfortable Schlafsäle mit einem Bad und einen Hof mit einem winzigen Tauchbecken. Die Privatzimmer mit angeschlossenem Bad sind etwas muffig, haben aber ein ordentliches Preis-Leistungs-Verhältnis. Das Hostel ist farbenfroh und entspannend und hat eine kleine, aber akzeptable Küche. Die Hausnummer täuscht: Das Hotel liegt zwischen den Hausnummern 1411 und 1419.

Le Petit Hotel HOTEL $
(☎ 0376-443-6031; www.hotellepetit.com.ar; Santiago del Estero 1630; EZ/DZ 50/60 US$; ❄@🛜)

ℹ️ EINREISE NACH PARAGUAY

Busse nach Encarnación (18 AR$) in Paraguay starten alle 20 Minuten von der Kreuzung der San Lorenzo mit der Entre Ríos. Wenn sich Schlangen bilden und die Grenzformalitäten länger dauern, kann die Fahrt mehr als eine Stunde dauern.

Alle müssen aussteigen, um die argentinischen Ausreiseformalitäten zu erledigen. Die Fahrkarte aufheben: Sollte der Bus ohne einen abfahren, steigt man in den nächsten. Auf der paraguayischen Seite wiederholt sich das Spiel. An der paraguayischen Einreisestelle gibt es eine Touristeninformation, und offizielle Geldwechsler hängen hier herum. Man sollte darauf achten, kleine Scheine zu bekommen: Eine Banknote à 100 000 Guaraní wird kaum irgendwo angebommen oder gewechselt.

Nach einer kürzlich vorgenommenen Erweiterung ist das Hotel gar nicht mehr so klein, aber nach wie vor schlicht und friedlich. Es wird von freundlichen Leuten geführt und bietet dunkle, akzeptable, makellos saubere Zimmer rund um einen grünen Hof oder das zentrale Atrium. Die Zimmer wirken etwas überteuert, aber das Hotel hat eine schöne Lage in einem ruhigen, sicheren Wohnviertel sieben Blocks abseits vom Zentrum des Geschehens. Bei Kartenzahlung wird ein Aufschlag von 20% erhoben.

⭐**Hotel Posadas Urbano** HOTEL $$
(☎ 0376-444-3800; www.hahoteles.com; Bolívar 2176; EZ/DZ/Suite 96/111/157 US$; ❄@🛜🏊) Das schick renovierte Hotel ist mit seinen vielen Einrichtungen und der tollen zentralen Lage schnell zum Platzhirsch geworden. Die großen, hellen, mit Teppichen ausgelegten Zimmer haben funkelnde Badezimmer, Balkone und große Fenster mit Ausblick über die Stadt. Die Suiten sind genauso, nur etwas größer. Zusätzliche Pluspunkte sind der Poolbereich im Atrium, Kunstausstellungen, Fitness- und Spa-Einrichtungen und die ansprechende Lounge.

🍴 Essen & Ausgehen

Billiges, wenig überraschendes Essen gibt's in den Pizza- und Pastaläden an der verkehrsberuhigten Kreuzung der Bolívar und der San Lorenzo, wo man auch draußen sitzen kann.

⭐**La Tradicional Rueda** PARRILLA $$
(La Ruedita; Arrechea & Av Costanera; Hauptgerichte 85–150 AR$; ⏱11–15.30 & 19.30–24 Uhr oder später; 🛜) Das mit uniformierten Kellnern und robusten Holzstühlen stilvoll und traditionell anmutende zweistöckige Grillrestaurant hat eine erstklassige Lage am Fluss und ist an dem Holzrad vor der Tür zu erkennen. Dank erstklassigen Fleischs, guter Salate und Flussfisch ist es eine Klasse besser als die meisten anderen hiesigen *parrillas*. Der Service ist ausgezeichnet.

La Querencia PARRILLA $$
(Bolívar 1867; Hauptgerichte 90–130 AR$; ⏱Mo-Sa 12–14.30 & 20–0.30, So 12–14.30 Uhr; 🛜) Die gehobene *parrilla* an der Plaza ist auf köstliches *galeto* (Brathähnchen) spezialisiert. Zu empfehlen sind auch die riesigen Schaschlikspieße mit verschiedenen leckeren Fleischsorten, und auch die Salate sind ungewöhnlich gut zubereitet. Der Service ist toll und die Atmosphäre prima.

Astillero ARGENTINISCH $$
(Av Costanera s/n; Hauptgerichte 110–170 AR$; ⊙12–15 & 20–24 Uhr; 🎔) Versteckt hinter Blattwerk am Flussufer wirkt dieses dreigeschossige Restaurant mit Balkon, von dem aus man einen Seitenblick auf den Rio Paraná erhascht, wie ein Teehaus. Das Essen war bei unserem Besuch nur mehr oder weniger gut, aber das Ambiente ist romantisch und die Karte hat durchaus Potenzial. Auf der Weinkarte stehen viele gute Tropfen, aber keine günstigen Angebote.

❶ Praktische Informationen

In der Innenstadt gibt's mehrere Geldautomaten.

Misiones-Touristeninformation (📞0376-444-7539; www.misiones.tur.ar; Colón 1985; ⊙7–20 Uhr) Es gibt weitere Touristeninformationsstände in der Stadt, aber dieser ist in Bezug auf die Öffnungszeiten am verlässlichsten.

❶ An- & Weiterreise

BUS

ZIEL	PREIS (AR$)	DAUER (STD.)
Buenos Aires	957	12–14
Corrientes	270	4–4½
Puerto Iguazú	258	4½–5½
Resistencia	287	4½–5
San Ignacio	46	1

FLUGZEUG

Aerolíneas Argentinas (📞0810-222-86527; Sarmiento 2280; ⊙Mo–Fr 8–12 & 16–20, Sa 8–12 Uhr) fliegt täglich nach Buenos Aires.

ZUG

Ein funkelnagelneuer Zug verbindet Posadas mit Encarnación in Paraguay, der zwischen 7.15 und 18.15 Uhr alle 30 Minuten in Posadas abfährt (18 AR$, 6 Min.). Die argentinischen und die paraguayischen Grenzformalitäten erledigt man im Bahnhof Apeadero Posadas (www.sofse.gob.ar).

❶ Unterwegs vor Ort

Der Busbahnhof von Posadas ist aus der Innenstadt mit den Bussen 8, 15 (ab der Junín), 21 und 24 (8 AR$) zu erreichen; die Fahrt mit dem Taxi kostet rund 90 AR$. Wer vom Busbahnhof kommt, nimmt die genannten Busse im angrenzenden städtischen Busbahnhof.

Der Bus 28 (8 AR$) fährt von der San Lorenzo (zwischen der La Rioja und der Entre Ríos) zum Flughafen. Die Fahrt mit einer *remise* kostet rund 100 AR$.

Die Busse 7 und 12 (8 AR$) fahren zum Bahnhof Apeadero Posadas.

San Ignacio Miní

📞0376 / 6800 EW.

Die meisten Traveller besuchen San Ignacio, die liebliche Kleinstadt zwischen Posadas und Puerto Iguazú, in erster Linie wegen der großen, gut erhaltenen Ruinen der Jesuitenmission, der die Stadt ihren Namen verdankt. Wer sich hier länger aufhält, sollte sich auch die Casa de Quiroga anschauen. Wer nur einen Zwischenhalt einlegt, kann sein Gepäck während der Besichtigung der Ruinen im Ticketbüro am Busbahnhof zur Aufbewahrung abgeben.

◉ Sehenswertes & Aktivitäten

Mission San Ignacio Miní RUINEN
(Eintritt 60 AR$; ⊙7–18 Uhr) Die Ruinen dieser Mission sind die am vollständigsten erhaltenen in ganz Argentinien und beeindrucken durch die Menge der immer noch sichtbaren Steinverzierungen und die umfangreichen Restaurierungsarbeiten. Alle Gebäude haben ihre Dächer verloren, aber viele der Wohnquartiere und Werkstätten wurden wieder aufgebaut.

Casa de Horacio Quiroga MUSEUM
(Av Quiroga s/n; Eintritt 50 AR$; ⊙7–17.30 Uhr) Der uruguayische Schriftsteller Horacio Quiroga strebte zurück zur Natur und ließ sich von dem selbstbewussten, improvisierten Lebensstil in Misiones inspirieren. Das schlichte Steinhaus am südlichen Ende der Stadt (30 Min. zu Fuß) hat er selber gebaut. Das angrenzende Holzhaus ist hingegen eine Rekonstruktion, die für eine Filmbiografie errichtet wurde. Auf dem Weg zu den Häusern passiert man einen durch Zuckerrohr führenden Weg, an dem Schautafeln und ein Audioguide über das tragische Leben des Dichters berichten, in dem Schusswaffenunfälle und Zyankali eine so große Rolle spielten, dass es fast schon komisch ist.

🛏 Schlafen & Essen

An der Rivadavia zwischen der Bushaltestelle und den Ruinen finden sich kleine Restaurants, die *milanesas* (panierte Koteletts), Pizza und dergleichen servieren.

Adventure Hostel HOSTEL $
(📞0376-447-0955; www.sihostel.com.ar; Independencia 469; Stellplatz 10 US$/Pers., B 12–16 US$, DZ 50 US$; ❄@🎔☀) Dieses gut und en-

gagiert geführte Hostel hat komfortable Schlafsäle mit entweder drei Betten oder vier Kojen in Etagenbetten, ordentliche Privatzimmer mit renovierten Bädern und ausgezeichnete Einrichtungen. Hier gibt's alles, von einer Kletterwand über Billardtische (in zwei Versionen) vis hin zu Tischtennisplatten und Wippen auf dem großzügigen Gelände. Das schmackhafte, hausgemachte Frühstück ist im Preis enthalten. Das Restaurant bietet ordentliche Pasta- und Pizzagerichte; es gibt auch einen Fahrradverleih (120 AR$/Tag) und Stellplätze mit Strom. HI-Mitglieder erhalten Rabatt.

Hotel La Toscana HOTEL $
(0376-447-0777; www.hotellatoscana.com.ar; Ecke H Irigoyen & Uruguay; EZ/DZ/3BZ/4BZ 30/40/45/50 US$; ❄🛜🏊) Das schlichte, einladende, von Italienern geführte Hotel liegt in einem friedlichen Stadtteil einen halben Block vom Highway entfernt und ist ein wirklich entspannendes Refugium. Die einfachen, aber kühlen und geräumigen Zimmer verteilen sich um den tollen Pool, die Terrasse und den Gartenbereich. Hier kann man sich prima erholen; das Preis-Leistungs-Verhältnis ist ausgezeichnet.

La Misionerita ARGENTINISCH $
(RN 12; Hauptgerichte 65–110 AR$; ⊙4–24 Uhr; 🛜) Das Restaurant am Highway gegenüber dem Eingang zur Stadt hat beeindruckende Öffnungszeiten, einen freundlichen Service und ein ordentliches Angebot an Burgern, *milanesas* und dergleichen, außerdem Grillspeisen und Gerichte mit Flussfisch. Es ist eines der wenigen Lokale, in denen man abends etwas essen kann.

❶ An- & Weiterreise

Der neue Busbahnhof liegt draußen am Highway, einen Fußmarsch von rund 1 km von den Ruinen entfernt. Es gibt regelmäßige Busverbindungen ab/nach Posadas (45 AR$, 1 Std.) und Puerto Iguazú (140–180 AR$, 4–6 Std.).

Puerto Iguazú
☎03757 / 42 000 EW.

Mit einer Weltklasseattraktion gleich vor der Haustür sollte Puerto Iguazú eigentlich von Touristen überlaufen wirken, tatsächlich aber schluckt das Städtchen die Massen geradezu und hat sich seine entspannte, kleinstädtische Atmosphäre zumindest teilweise bewahren können. Die Wasserfälle sind natürlich das Highlight. Viele Leute kommen ihretwegen direkt aus Buenos Aires und fahren anschließend gleich wieder zurück. Wegen des ständigen Zustroms von Backpackern gibt es eine muntere Hostel- und Restaurantszene.

⊙ Sehenswertes

Güirá Oga ZOO
(www.guiraoga.com.ar; RN 12, Km 5; Eintritt 100 AR$; ⊙9–18 Uhr, letzter Einlass 17 Uhr) 🍃
Auf dem Weg zu den Wasserfällen liegt diese Tierklinik mit Rehabilitationszentrum für verletzte Wildtiere. Es leistet auch wertvolle Forschungsarbeit zu den Wäldern von Iguazú und betreibt ein Zuchtprogramm für gefährdete Arten. Ein Mitarbeiter führt die Besucher durch den Dschungelpark und informiert über die Vögel und anderen Tiere sowie über die Unfälle, aufgrund derer sie hier behandelt werden. Die Besichtigung dauert rund 80 Minuten.

Casa Ecológica de Botellas GEBÄUDE
(http://lacasadebotellas.googlepages.com; RN 12, Km 5; Erw./Kind 70/40 AR$; ⊙9–18.30 Uhr) 🍃
Das faszinierende Gebäude, das unbedingt einen Besuch lohnt, steht rund 300 m abseits der Straße Richtung Wasserfälle. Die Besitzer benutzten Verpackungsmaterial – Plastikflaschen, Getränkekartons usw. – nicht bloß zum Bau des eindrucksvollen Hauses, sondern fertigen daraus auch noch Mobiliar und originelles Kunsthandwerk an, das sich gut als ungewöhnliches Mitbringsel eignet. Bei der Führung erfährt man, wie die Dinge hergestellt werden.

🛏 Schlafen

Garden Stone HOSTEL $
(☎03757-420425; www.gardenstonehostel.com; Av Córdoba 441; B 14 US$, DZ mit/ohne Bad 55/45 US$; ❄🛜🏊) Das Beste an diesem nett geführten Hostel ist der herrlich entspannende Gartenbereich mit Pool, einem Gemeinschaftsbereich und einer schlichten Küche. Weitere Vorteile sind die praktische Nähe zum Busbahnhof, das (im Preis enthaltene) schmackhafte Frühstück, die ziemlich dunklen, aber akzeptablen Schlafsäle und die friedliche Stimmung. Die Privatzimmer mit angeschlossenem Bad sind attraktiv und haben ein gutes Preis-Leistungs-Verhältnis.

Porämbá Hostel HOSTEL $
(☎03757-423041; www.porambahostel.com; Av 120; B 13–14 US$, Zi. 38–68 US$; ❄@🛜🏊) Dieses einladende, von einer Familie geführte Hostel befindet sich in Gehweite zum Bus-

bahnhof, hat aber trotzdem eine geruhsame Lage. Es bietet diverse großzügige Schlafsäle, Privatzimmer mit und ohne Bad sowie einen kleinen Pool. Es gibt eine Küche und eine entspannende, erholsame Atmosphäre.

Hospedaje Lola PENSION $
(03757-423954; residenciallola@hotmail.com; Av Córdoba 255; Zi. 25–30 US$; ✳@🛜) In Puerto Iguazú wird viel Preistreiberei betrieben, aber nicht hier. Die billige, von netten Leuten geführte Unterkunft liegt sehr nahe beim Busbahnhof und hat kleine, saubere Zimmer mit Bad zu einem tollen Preis. WLAN gibt's nur in dem Teil des Hauses, der in der Nähe der Wohnung der Familie liegt.

Hotel Lilian HOTEL $
(03757-420968; hotellilian@yahoo.com.ar; Beltrán 183; EZ/DZ/Superior-DZ/4BZ 42/55/65/79 US$; ✳@🛜) Das freundliche Hotel mit gutem Preis-Leistungs-Verhältnis wird von einer gastfreundlichen Familie geführt, die nicht darauf aus ist, Touristen abzuziehen. Die hellen, angenehmen Zimmer liegen rund um einen Hof voller Pflanzen. Die meisten „Superior"-Zimmer – der kleine Aufpreis lohnt sich – haben einen Balkon und sind sehr sonnig. Die Badezimmer sind alle geräumig und blitzblank. Hier ist alles, wie es sein sollte.

Irupé Mini PENSION $
(Hostel Irupe; 03757-423618; Av Misiones 82; EZ/DZ 10/20 US$, DZ mit Klimaanlage 25 US$; ✳🛜) Diese Unterkunft ist sehr schlicht, aber freundlich. Die Lage ist gut, und die billigen, kleinen Privatzimmer mit winzigen Bädern haben ein durchaus ordentliches Preis-Leistungs-Verhältnis. Am besten ein nach hinten liegendes Zimmer nehmen – die bekommen mehr Licht ab! Manchmal

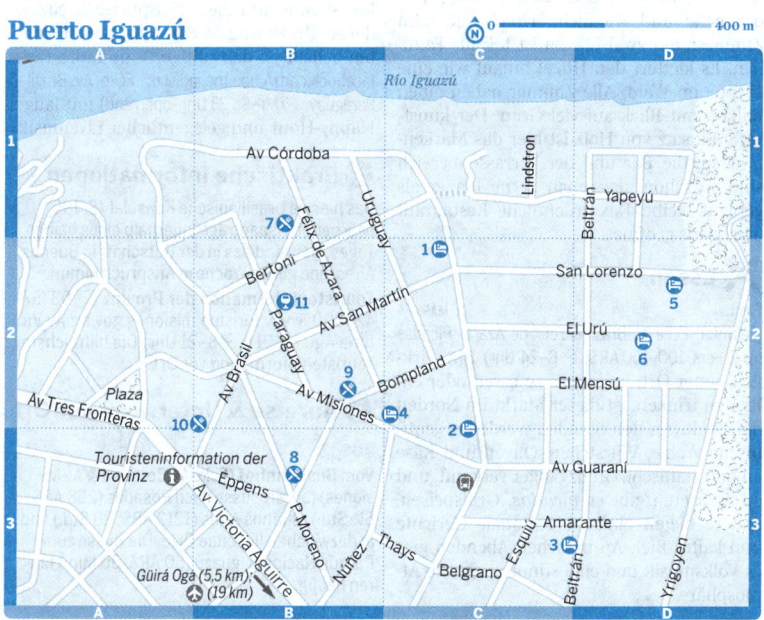

Puerto Iguazú

🛏 Schlafen
1. Garden Stone C2
2. Hospedaje Lola C3
3. Hotel Lilian C3
4. Irupé Mini C2
5. Jasy Hotel D2
6. Porãmbá Hostel D2

🍴 Essen
7. Feria B1
8. La Misionera B3
9. Lemongrass B2
10. María Preta B2

🍸 Ausgehen & Nachtleben
11. Cuba Libre B2

> **ⓘ EINREISE NACH BRASILIEN & PARAGUAY**
>
> Vom Busbahnhof in Puerto Iguazú fahren regelmäßig Busse nach Foz do Iguaçu in Brasilien (20 AR$, 1 Std.). Der Bus wartet während der Einreiseprozeduren. Die Grenze ist rund um die Uhr geöffnet, Busse fahren nur tagsüber.
>
> Vom Busbahnhof in Puerto Iguazú fahren auch häufig Busse nach Ciudad del Este in Paraguay (30 AR$, 1 Std.); sie warten an der Grenze, während man die Zollformalitäten erledigt.

sind die Zimmerpreise hier so günstig wie ein Schlafsaalbett.

Jasy Hotel HOTEL $$
(☎ 03757-424337; www.jasyhotel.com; San Lorenzo 154; DZ/4BZ 110/136 US$; ❄☎≋) Das originelle und friedliche Hotel mit zehn Zimmern auf zwei Etagen ist toll für Familien. Es klettert den Hügel hinauf wie eine Treppe im Wald. Alle Zimmer haben einen Balkon mit Blick auf viel Grün. Der kunstvolle Einsatz von Holz ist hier das Markenzeichen, die Bar und der Terrassenbereich sind so schön, dass man gerne länger als geplant bleibt. Das ordentliche Restaurant ist abends geöffnet.

✗ Essen

Feria MARKT $
(Feirinha; Ecke Av Brasil & Félix de Azara; Picadas für 2 Pers. 100–150 AR$; ⊙ 8–24 Uhr) Ein wirklich netter Ort, um etwas zu essen oder ein Bier zu trinken, ist dieser Markt im Norden der Stadt. An den Ständen werden argentinische Weine, Würstchen, Oliven und Käse an brasilianische Grenzgänger verkauft, und an mehreren gibt es *picadas*, Grillspeisen, andere bieten einfache regionale Gerichte und kaltes Bier. An manchen Abenden gibt es Volksmusik und eine stimmungsvolle Atmosphäre.

La Misionera EMPANADAS $
(P Moreno 210; Empanadas 12 AR$; ⊙ Mo–Sa 11–24 Uhr) Hier gibt's ausgezeichnete Empanadas mit sehr vielen Füllungen, auf Wunsch auch außer Haus.

Lemongrass CAFÉ $
(Bompland 231; Snacks 30–75 AR$; ⊙ Mo–Sa 8.30–14.30 & 17–21.30 Uhr; ✍) Das ist eines der wenigen ordentlichen Cafés in Puerto Iguazú. Hier bekommt man gute frische Säfte, ordentlichen Kaffee, köstliche Süßspeisen, Sandwichs, Burger und leckere herzhafte Tarts. Auch auf Bier, minzige Mojitos und Caipirinhas muss man nicht verzichten.

★ María Preta ARGENTINISCH $$
(Av Brasil 39; Hauptgerichte 85–165 AR$; ⊙ 19–0.30 Uhr; ☎✍) Das Restaurant mit Livemusik und Plätzen drinnen und draußen ist beliebt fürs Abendessen. Die Steaks werden wirklich so zubereitet, wie man sie haben will; hinzu kommt eine große Auswahl an typischen argentinisch-spanischen Gerichten. Wer will, kann auch ein Kaiman-Filet probieren. Die Bar bleibt nach Küchenschluss bis gegen 2 Uhr oder später geöffnet.

🍷 Ausgehen

Ausgehen macht in Puerto Iguazú so viel Spaß, dass selbst Brasilianer herüberkommen, um hart abzutanzen. Besonders viel los ist rund um die sechsspurige Kreuzung der Av Brazil und Av San Martín. Seit Urzeiten beliebt ist das kultige **Cuba Libre** (www.facebook.com/cuba.megadisco; Ecke Av Brasil & Paraguay; ⊙ Mi–So 23 Uhr–open end) mit langer Happy-Hour und gelegentlicher Livemusik.

ⓘ Praktische Informationen

Das hiesige brasilianische Konsulat (S. 195) bearbeitet Visaanträge innerhalb eines halben Tages, während das in der Botschaft in Buenos Aires eine ganze Woche in Anspruch nimmt.
Touristeninformation der Provinz (☎ 03757-420800; www.turismo.misiones.gov.ar; Av Victoria Aguirre 311; ⊙ 8–21 Uhr) Die hilfreichste Touristeninformation vor Ort.

ⓘ Anreise & Unterwegs vor Ort

BUS
Vom **Busbahnhof** (Ecke Av Córdoba & Av Misiones) fahren Busse nach Posadas (258 AR$, 5½ Std.), Buenos Aires (1212 AR$, 20 Std.) und in dazwischen liegende Orte. Die Busse zum Parque Nacional Iguazú (50 AR$, 30 Min.) fahren häufig.

FAHRRAD
Nahe dem Busbahnhof vermietet **Jungle Bike** (☎ 03757-423720; www.junglebike.com.ar; Av Misiones 44; 40/150 AR$ pro Std./Tag; ⊙ 8–20.30 Uhr) Fahrräder und arrangiert geführte Radtouren. Mountainbikes gibt's für 250 AR$ pro Tag.

FLUGZEUG
Aerolíneas Argentinas (☎ 03757-420168; www.aerolineas.com.ar; Av Victoria Aguirre 295; ⊙ Mo–Fr 8–12 & 15–19, Sa 8–13 Uhr)

Diese argentinische Fluglinie fliegt täglich nach Buenos Aires.

Die Fahrt mit einer *remise* zum 18 km südöstlich der Stadt gelegenen Flughafen kostet rund 200 AR$. Diverse Unternehmen bieten Shuttleservices (90 AR$) – in seinem Hotel nachfragen!

Parque Nacional Iguazú

Wasserfälle, so meinen manche, sollen negative Ionen und damit Glücksgefühle erzeugen. Klingt unglaubwürdig? Dann auf zu den Iguazú-Fällen – vielleicht wird man dort ja eines Besseren belehrt: Je näher man an die Fälle herankommt, desto besser wird offensichtlich die Stimmung. Schließlich brechen alle in hemmungsloses Kichern und Quietschen aus – Erwachsene, wohlgemerkt!

Aber der pure Glückstaumel ist nicht das einzige Argument für einen Besuch. Die Kraft, Größe und brachiale Geräuschkulisse der Fälle werden nur durch persönliches Erleben wirklich begreifbar. Selbst wer tierisch früh oder später am Tag kommt (Reisegruppen gehen meistens gegen 15 Uhr), wird das Spektakel nicht mutterseelenallein bestaunen können. Im Park (☏ 03757-491469; www.iguazuargentina.com; volljährige Ausländer/Mercosur/Argentinier 160/200/160, Kind 65/50/40, parken 70 AR$; ⊙ 8–18 Uhr) tummeln sich stets Argentinier, Backpacker, Familien und Reisegruppen – wen interessiert's? Wer in die Garganta del Diablo („Teufelsrachen") schaut, vergisst die Welt um sich herum sowieso.

Glaubt man einer Legende der Guaraní, sind die Iguazú-Fälle wie folgt entstanden: Ein eifersüchtiger Waldgott zürnte einem Krieger, der zusammen mit einem jungen Mädchen in einem Kanu flussabwärts flüchtete. Direkt vor dem Paar riss der Gott das Flussbett auf und schuf so die steilwandigen Wasserfälle. Das Mädchen stürzte in die Tiefe und verwandelte sich, unten angekommen, in einen Felsen. Von oben muss der Krieger, seither in der Gestalt eines Baumes gefangen, tagein, tagaus auf seine gefallene Geliebte herabblicken.

Die geologische Entstehungsgeschichte der Fälle klingt dagegen schon etwas nüchterner. Im südlichen Brasilien fließt der Río Iguazú über ein Basaltplateau, das abrupt vor dem Zusammenfluss mit dem Paraná endet. Unmittelbar vor der Kante teilt sich das Wasser in etliche Kanäle, die für die diversen, ganz eigentümlichen *cataratas* (Katarakte) verantwortlich sind.

Den tiefsten Eindruck hinterlässt die halbkreisförmige Garganta del Diablo. Mittels Barkasse und über eine Reihe von *pasarelas* (Laufstege) erreichen Besucher den lautesten und aufregendsten Teil der Fälle. Unglaublich spektakulär – bleibt nur noch die Frage: Wo ist das Bungee-Seil?

Trotz der Beeinträchtigung durch Entwicklungsmaßnahmen ist der 550 km² große Park ein echtes Naturwunder. In dem subtropischen Regenwald wurden bis heute über 2000 Pflanzenarten gezählt. Er ist die Heimat von unzähligen Insekten, 400 Vogelarten sowie etlichen Säugetieren und Reptilien.

Wenn man ausreichend Zeit hat, lohnt sich ein Abstecher auf die brasilianische Seite der Fälle. So kann man das ganze Spektakel noch mal aus einem anderen Blickwinkel genießen und sich einen tollen Gesamtüberblick verschaffen.

Gefahren & Ärgernisse

Die Strömung des Río Iguazú ist stark. Mehr als einmal sind Touristen mitgerissen worden und vor der Isla San Martín ertrunken.

Auch die Tierwelt ist nicht ohne: 1997 fiel der Sohn eines Park-Rangers einem Jaguar zum Opfer. Besucher sollten Abstand zu den Großkatzen halten. Macht man dennoch Bekanntschaft mit einem Jaguar, ist es wichtig, nicht in Panik auszubrechen. Stattdessen laut, aber beruhigend auf das Tier einreden und auf keinen Fall wegrennen bzw. ihm den Rücken zukehren. Um sich größer als das Tier zu machen und es einzuschüchtern, kann man mit den Armen rudern oder Kleidungsstücke schwenken.

◉ Sehenswertes

Bevor das Highlight, die Iguazú-Fälle, besichtigt wird, kann man sich eine Karte holen und einen Blick ins Museum werfen. Vom nahen Turm hat man einen tollen Panoramablick. Wenn am Vormittag unzählige Tagesbesucher in Bussen herangekarrt werden, sollte man sich schon auf den Weg gemacht haben. Unterhalb des Besucherzentrums legen kostenlose Barkassen zur Isla Grande San Martín ab, auf der man die tolle Aussicht auf sich wirken lassen kann. Außerdem bietet sie eine willkommene Zuflucht vor den Menschenmassen auf dem Festland.

Von diversen *pasarelas* (Fußgängerbrücken) aus ist der Ausblick auf kleinere Stromschnellen und die etwas weiter entfernte Garganta del Diablo gigantisch. Regelmäßig fährt ein Zug vom Besucherzentrum aus die verschiedenen Attraktionen ab. An der letzten Haltestelle führt ein Fußweg zu einer Aussichtsplattform direkt am Abgrund der Fälle.

🏃 Aktivitäten

Eine Erkundung des Naturlehrpfads Sendero Macuco lohnt sich vor allem morgens. Der Weg führt durch dichten Regenwald. Mittendrin zweigt ein steiler Pfad zum Fuß eines Wasserfalls ab. Ein weiterer Weg führt zum *bañado,* einem Sumpf voller Vögel. Für den gesamten Sendero Macuco (6 km) braucht man etwa zweieinhalb Stunden.

Um andere Ziele im Wald zu erreichen, fährt man per Anhalter oder mit einem Mietwagen auf der RN 101 in Richtung des Dorfs Bernardo de Irigoyen. Diesen Teil des Parks erkunden nur wenige Besucher, man findet hier nahezu unberührten Urwald.

Iguazú Jungle Explorer BOOTSTOUR
(☎ 03757-421696; www.iguazujungle.com) Bietet drei kombinierbare Touren: Am beliebtesten ist die kurze Bootsfahrt, die am Paseo Inferior startet und einen direkt unter einen der Wasserfälle bringt – ein haarsträubendes Erlebnis (350 AR$). Die „Gran Aventura"-Tour verbindet das mit einer Autofahrt durch den Dschungel (650 AR$). „Paseo Ecológico" (200 AR$) ist eine Naturbeobachtungstour in Schlauchbooten stromaufwärts von den Wasserfällen.

Vollmondwanderung GEFÜHRTE TOUREN
(☎ 03757-491469; www.iguazuargentina.com/en/luna-llena) In fünf aufeinanderfolgenden Nächten pro Monat gibt es diese geführten Wanderungen zur Garganta del Diablo. Pro Nacht finden drei Wanderungen statt: die erste (20 Uhr) bietet das Spektakel des aufgehenden Vollmonds, bei der letzten (21.30 Uhr) liegen die Wasserfälle im vollen Mondlicht. Man darf nicht erwarten, irgendwelche Wildtiere zu sehen. Im Preis (500 AR$) inbegriffen sind der Eintritt und ein Drink; ein Abendessen kostet extra (200 AR$). Man sollte vorab reservieren, weil die Zahl der Teilnehmer begrenzt ist. Für die Mondwanderer werden zusätzliche Busse in Puerto Iguazú eingesetzt.

ℹ️ Praktische Informationen

Die Busse aus Puerto Iguazú setzen die Fahrgäste am Centro de Informes ab, wo es ein kleines Naturkundemuseum gibt.

ℹ️ An- & Weiterreise

Regelmäßig fahren Busse nach Puerto Iguazú (50 AR$, 30 Min.).

NORDWESTLICHES ARGENTINIEN

Im Nordwesten wird Argentiniens Geschichte besonders greifbar. Durch ihre Sehenswürdigkeiten und Einwohner ist die „indigenste" Region des Landes stärker mit den benachbarten Andenstaaten verbunden als die europäisch geprägten Großstädte.

Córdoba

☎ 0351 / 1 317 000 EW.

Argentiniens zweitgrößte Stadt ist genauso, wie eine Stadt sein sollte: lebendig, munter, von handhabbarer Größe und (jedenfalls teilweise) einfach sehr schön. Kulturbegeisterte können hier leicht hängenbleiben. In Sachen Musik, Theater, Kino und Tanz ist in der Stadt immer irgendwo etwas los. Darüber hinaus besitzt Córdoba sieben Universitäten – hier herrscht eine Stimmung, wie man sie nirgendwo sonst im ganzen Land findet.

⊙ Sehenswertes

Die Besichtigung der kolonialzeitlichen Gebäude und Denkmäler Córdobas sollte mit dem Cabildo an der Plaza San Martín beginnen. An der Südwestecke der Plaza erhebt sich die von einer romanischen Kuppel gekrönte Iglesia Catedral (Ecke Independenciá & 27 de Abril; ⊙ Mo–Fr 8–20, Sa & So 8–12 & 17–20 Uhr), mit deren Bau 1577 begonnen wurde und die viele verschiedene Stile in sich vereint.

Südlich vom Zentrum befindet sich Córdobas Milla Cultural (Kulturmeile) – eine 1,6 km lange Strecke mit Theatern, Kunstgalerien und Kunstschulen. Die Highlights sind der Paseo del Buen Pastor (Av H Yrigoyen 325; ⊙ 10–21 Uhr) GRATIS, wo die Arbeiten junger, aufstrebender Künstler aus Córdoba im Mittelpunkt stehen, das Museo Superior de Bellas Artes Evita (Av H Yrigoyen 551; Eintritt 15 AR$, Mi frei; ⊙ Di–So 10–20 Uhr), das 400 Werke der bildenden Kunst beherbergt, und das Museo Provincial de Bellas Artes Emilio Caraffa (www.museocaraffa.org; Av H Yrigoyen 651; Eintritt 15 AR$; ⊙ Di–So 10–20 Uhr) mit erstklassigen Wechselausstellungen zeitgenössischer Kunst.

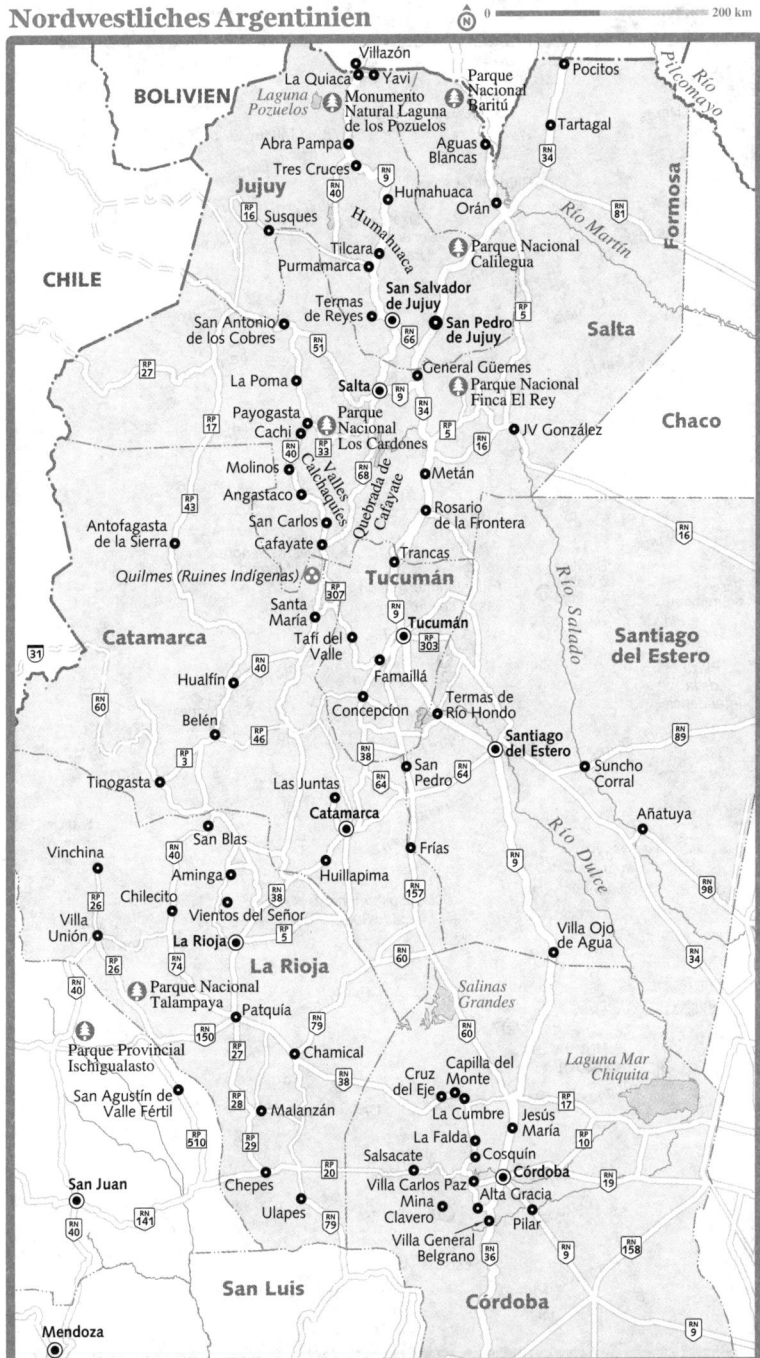

Córdoba

Córdoba

⊙ Sehenswertes
- 1 Cabildo B4
- 2 Iglesia Catedral B4
- 3 Museo de la Memoria B4
- 4 Museo Histórico de la Universidad Nacional de Córdoba B4
- 5 Museo Provincial de Bellas Artes Emilio Caraffa B7
- 6 Museo Superior de Bellas Artes Evita B7
- 7 Paseo del Buen Pastor B6

⊙ Aktivitäten, Kurse & Touren
- 8 Able Spanish School A3

⊙ Schlafen
- 9 Gaiadhon Hostel B6
- 10 Hostel Alvear C3
- 11 Hostel Rupestre B6
- 12 Hotel Quetzal D4
- 13 Hotel Viena A6
- 14 Sacha Mistol B3

⊙ Essen
- 15 Bruncheria A6
- 16 La Candela B4
- 17 La Nieta 'e la Pancha A6
- 18 La Parrilla de Raul A2
- 19 Mercado Norte C2
- 20 Sol y Luna B3

⊙ Ausgehen & Nachtleben
- 21 Captain Blue C1
- 22 Los Infernales A5

⊙ Unterhaltung
- 23 Centro Cultural Casona Municipal B2
- 24 Cineclub Municipal Hugo del Carril B5
- 25 La Sala del Rey A2

Museo Histórico de la Universidad Nacional de Córdoba MUSEUM
(Obispo Trejo 242; Führung 15 AR$/Pers.; ⊙ Führungen auf Englisch Mo–Sa 10 & 17 Uhr, auf Spanisch 11 & 15 Uhr) 1613 gründete Fray Fernando de Trejo y Sanabria das Seminario Convictorio de San Javier, das 1622 zur Universität erhoben wurde und heute die Universidad Nacional de Córdoba ist. Die Universität ist die älteste des Landes und beherbergt, neben anderen nationalen Schätzen, einen Teil der großen Bibliothek der Jesuiten und das Museo Histórico de la Universidad Nacional de Córdoba.

Das Innere kann man sich nur im Rahmen einer Führung anschauen, und das lohnt sich. Die Guides führen einen durch das Colegio und lassen einen in die Hörsäle schauen, während die Studenten herumwuseln.

Museo de la Memoria MUSEUM
(www.apm.gov.ar; San Jerónimo s/n; ⊙ Di–Fr 10–17 Uhr) GRATIS Das Museum in einem ehemaligen geheimen Internierungs- und Folterlager dokumentiert auf erschütternde Weise die Grausamkeit der argentinischen Militärdiktatur. Es wurde von der gefürchteten „Aufklärungsabteilung" (D2) betrieben, einer in Córdoba gegründeten Sondereinheit, deren Ziel es war, angebliche „Aufwiegler" zu entführen, zu foltern und deren Kinder an politisch „unverdächtige" Familien zu „vermitteln".

 Kurse

Able Spanish School SPRACHKURS
(☏ 0351-422-4692; www.ablespanish.com; Tucumán 76; ⊙ Mo–Sa 9–20 Uhr) Bietet gegen Aufpreis auch Unterkünfte und nachmittägliche Aktivitäten an. Wer sich für längere Kurse einschreibt, erhält Rabatt.

Tsunami Tango TANZKURS
(Laprida 453) Tangokurse und *milongas* (Di–So). Den Veranstaltungskalender und weitere Tango-Infos zu Córdoba im Allgemeinen gibt's auf www.tangoencordoba.com.ar.

🛌 Schlafen

★ Hostel Rupestre HOSTEL $
(☏ 15-226-7412; www.rupestrehostel.com.ar; Obispo Oro 242; B 11–14 US$, EZ/DZ ohne Bad 24/30 US$; ⛄🏊) Das sehr gut gestaltete stilvolle Hostel in großartiger Lage am Rand der Partyzone von Nueva Córdoba ist eine gut durchdachte Anlage: Auf dem Dach gibt's ein kleines Planschbecken, drinnen eine Kletterhalle, geräumige Schlafsäle und freundliches, engagiertes Personal.

Hostel Alvear HOSTEL $
(☏ 0351-421-6502; www.alvearhostel.com.ar; Alvear 158; B/DZ ab 11/38 US$; @⛄) Mit ausgezeichneter Lage und geräumigen Schlafsälen in einem stimmungsvollen alten Gebäude ist dieses Hostel eines der besseren im Innenstadtbereich.

Gaiadhon Hostel HOSTEL $
(☏ 15-800-5923; www.gaiadhonhostel.com.ar; Buenos Aires 768; B 11–13 US$, EZ/DZ ohne Bad 26/39 US$; ⛄) Das gemütliche kleine Hostel hat eine versteckte, aber gute Lage. Wenn es jemals ausgebucht wäre, würde es hier sehr

ABSTECHER

COSQUÍN

Dieser verschlafene kleine Ort liegt 55 km außerhalb von Córdoba, hoch oben in den Bergen. Einmal im Jahr erwacht er beim weltberühmten neuntägigen **Festival Nacional del Folklore** (www.aquicosquin.org) zum Leben, das seit 1961 immer im Januar stattfindet. Abgesehen davon ist hier nicht viel los. Eine Fahrt mit der **Aerosilla** (Sessellift; hin & zurück 85 AR$; ⊙ 9–18 Uhr) auf die Spitze des Cerro Pan de Azúcar (1260 m), 15 km außerhalb des Orts, verschafft einem eine tolle Aussicht über das Tal. Die Taxifahrt hin und zurück kostet 65 AR$ inklusive Wartezeit.

Zu den Unterkünften im Ort zählen das schlichte **Hospedaje Petit** (☎ 0351-451311; petitcosquin@hotmail.com; A Sabattini 739; EZ/DZ 45/60 US$) und das komfortablere **Hospedaje Siempreverde** (☎ 0351-450093; www.hosteriasiempreverde.com; Santa Fe 525; EZ/DZ 60/80 US$; 🛜). In der Festivalzeit kann es schwierig werden, eine Unterkunft zu finden – man sollte entweder früh buchen oder sich darauf einstellen, von Córdoba aus zu pendeln.

An der San Martín (zw. Plaza und Stadion) liegen Cafés, Restaurants und *parrillas* (Grillrestaurants). **La Casona** (Ecke San Martín & Corrientes; Hauptgerichte 80–120 AR$; ⊙ 11.30–23 Uhr) hat gute hausgemachte Pastagerichte sowie die üblichen Grillspeisen.

Busse fahren häufig nach Córdoba (34 AR$, 1½ Std.).

---

beengt sein. Das Haus hat eine gute Atmosphäre und blitzblanke, wenn auch etwas kleine Schlafsäle und Zimmer.

Hotel Quetzal   HOTEL $
(☎ 0351-426-5117; www.hotelquetzal.com.ar; San Jerónimo 579; EZ/DZ 43/64 US$; ❄@🛜) Das Hotel ist geräumige, minimalistische, moderne Zimmer. Eine überraschend ruhige Option in einem hektischen Viertel.

Sacha Mistol   HOTEL $$
(☎ 0351-424-2646; www.sachamistol.com; Rivera Indarte 237; Zi. ab 98 US$; ❄🛜≋) Ein weiteres unter den neuen, stilvollen und originellen Hotels der Stadt: Die Zimmer sind geräumig und komfortabel mit bunt zusammengewürfelter Kunst und gut gewählten Möbeln dekoriert. Es befindet sich in einem sorgfältig renovierten klassischen Gebäude in ruhiger, zentraler Lage an der Fußgängerzone und bietet als Extras Kunstausstellungen und ein kleines Schwimmbecken.

Hotel Viena   HOTEL $$
(☎ 0351-460-0909; www.hotelviena.com.ar; Laprida 235; EZ/DZ 59/75 US$; ❄@🛜) Das moderne Hotel im Herzen von Nueva Córdoba hat helle, saubere Zimmer und ein ausgezeichnetes Frühstücksbuffet. Es gibt viele Sitzecken im Foyer und ein Restaurant auf dem Gelände. Eine gute Wahl!

Essen

La Candela   ARGENTINISCH $
(Duarte Quirós 67; Empanadas 10 AR$, Locro 45 AR$; ⊙ 11–1 Uhr) Das rustikale, wunderbar stimmungsvolle Lokal wird von drei schrulligen, aber liebenswürdigen *Señoras* geführt.

Mercado Norte   MARKT $
(Ecke Rivadavia & Oncativo; Tagesmenü ab 60 AR$; ⊙ Mo–Sa 8–15 Uhr) In Córdobas Markthalle gibt's köstliches, günstiges Essen wie Pizza, Empanadas und Meeresfrüchte. An den sauberen Ständen findet man alles erdenkliche Fleisch, darunter auch ganze *chivitos* (Ziegen) und Schweine.

Bruncheria   CAFÉ $
(Rodriguez 244; Hauptgerichte 60–100 AR$; ⊙ Mo–Do 9.30–1.30, Fr–So 10–3 Uhr; 🛜) Diese tolle Bruncheria mit frischem Dekor, leckerem Essen und cooler Musik liegt im hippen Abschnitt von Güemes und ist ein angenehmer Ort fürs zweite Frühstück (wenn Kaffee und Croissants mal wieder nicht ausreichen), aber auch die Sandwichs sind nicht zu verachten.

Sol y Luna   VEGETARISCH $
(General Paz 278; Hauptgerichte ab 45 AR$; ⊙ Mo–Sa 12–15.30 Uhr; 🛜) Hier gibt's eine fantastische Auswahl an vegetarischen Speisen. Bei der kleinen Menüauswahl zahlt man pro Kilo.

La Parrilla de Raul   PARRILLA $
(Ecke Jujuy & Santa Rosa; Hauptgerichte ab 60 AR$; ⊙ 12–15 & 20.30–0.30 Uhr; 🛜) Das ist die wohl berühmteste der vielen *parrillas* in Córdoba. Die *Parrillada* für zwei Personen kostet nur 120 AR$; für Salate oder Getränke zahlt man extra.

⭐ La Nieta 'e la Pancha FUSION $$
(Belgrano 783; Hauptgerichte 120–170 AR$; ⊙ Mo–Fr 19–0.30, Sa & So 11.30–1 Uhr; 🛜) Das wunderbare Personal bietet ein wechselndes Menü köstlicher regionaler Spezialitäten, kreativer Pastagerichte und Spezialitäten des Hauses. Unbedingt Platz fürs Dessert lassen! Es gibt eine hübsche Terrasse im Obergeschoss, wo man Luft schnappen und die Leute unten auf der Straße beobachten kann.

🍷 Ausgehen

Córdobas beliebtester Drink ist zweifellos der Fernet (ein aus Italien stammender starker Kräuterschnaps), der fast immer mit Cola gemixt wird.

Für einen Barbummel bietet sich die Calle Rondeau zwischen der Independencia und der Ituzaingo an. Diese zwei Blocks sind vollgepackt mit Bars. Das zweite lohnende Gebiet ist das Güemes-Viertel längs der Cañada. **Los Infernales** (Belgrano 631; ⊙ Di–So 20–5 Uhr) ist hier die beliebteste Bar; man sollte sich aber etwas umschauen, denn es gibt noch viele andere.

Discos finden sich hauptsächlich nördlich des Zentrums an der Av Las Heras. Die Musikstile variieren – einfach zuhören, was einem gefällt, und nach Leuten Ausschau halten, die kostenlose Eintrittskarten verteilen! Im **Captain Blue** (Las Heras 124; ⊙ Mi–Sa 20 Uhr–open end) wird's so richtig voll, vor allem, wenn Bands auftreten; es gibt aber noch viele weitere Clubs in der Gegend.

☆ Unterhaltung

Cuarteto-Musik (Argentiniens Original-Pop, eine Erfindung aus Córdoba) ist hier schwer angesagt, was wahrlich keine Überraschung ist. Man hört ihn live in vielen Treffs, doch er lockt auch regelrechte Massen an. **La Sala del Rey** (Humberto Primero 439; ⊙ Do–Sa 21 Uhr–open end) ist ein respektabler Laden und der beste Ort, um eine *cuarteto*-Show zu erleben.

Cineclub Municipal Hugo del Carril KINO
(📞 0351-433-2463; www.cineclubmunicipal.org.ar; Blvd San Juan 49; Eintritt Mo–Mi 2,50 AR$, Do–So 4 AR$; ⊙ Kinokasse 9 Uhr–open end) Um einen tollen Kinoabend zu erleben, schaut man in diesem städtischen Filmtheater vorbei, das alles von Kunstfilmen über preisgekrönte lateinamerikanische Streifen bis hin zu regionalen Produktionen zeigt. Einfach vorbeikommen und ein Programm holen! Es gibt auch Konzerte und Theatervorstellungen.

Centro Cultural Casona Municipal KONZERTSTÄTTE
(www.casonamunicipal.com.ar; Ecke Av General Paz & La Rioja; ⊙ Mo–Fr 9–21 Uhr) Das Kulturzentrum zeigt zeitgenössische und Avantgarde-Kunst, veranstaltet Konzerte und bietet außerdem noch einmonatige Kunst- und Musikkurse.

🛈 Praktische Informationen

Geldautomaten finden sich nahe der Plaza San Martín.

Touristeninformation Casa Cabildo (📞 0351-434-1200; Independencia 30; ⊙ 8–20 Uhr) Die Touristeninformationen der Provinz und der Stadt teilen sich das Büro im historischen Casa Cabildo. Weitere Filialen finden sich am Flughafen und am Busbahnhof.

🛈 Anreise & Unterwegs vor Ort

BUS

Die Stadtbusse fahren nicht zum Busbahnhof, der aber nur kurze acht Blocks vom Stadtzentrum entfernt ist – einfach in Richtung auf den großen Kirchturm gehen! Ein Taxi sollte nicht mehr als 40 AR$ kosten.

Vom **Mercado Sud Minibus Terminal** (Blvd Illía), nahe der Buenos Aires, fahren häufig Kleinbusse nach Cosquín, Jesús María und Alta Gracia.

Die Fernverkehrsbusse fahren von Córdobas **Busbahnhof** (Netoc; 📞 0351-434-1692; Blvd Perón 300).

Busse ab Córdoba

ZIEL	PREIS (AR$)	DAUER (STD.)
Buenos Aires	810	10
Mendoza	725	10
Montevideo, Uruguay	1230	15
Salta	1181	12
Tucumán	670	8

FLUGZEUG

Aerolíneas Argentinas/Austral (📞 0351-410-7600; Av Colón 520) fliegt nach Buenos Aires, Salta und Puerto Iguazú, **Sol** (📞 0810-122-7765; www.sol.com.ar) nach Rosario und Neuquén.

Der **Flughafen** (📞 0351-475-0877) liegt rund 15 km nördlich der Stadt. Der Bus A5 („Aeropuerto") fährt von der Plaza San Martín dorthin. Man braucht für die Fahrt eine Magnetkarte oder einen *cospel* (Jeton); beides ist an Kiosken erhältlich. Ein Taxi zum Flughafen sollte ungefähr 140 AR$ kosten.

ZUG

Von Córdobas **Estación Ferrocarril Mitre** (☏ 0351-426-3565; Blvd Perón s/n) fahren Züge über Rosario nach Buenos Aires (50–300 AR$, 15 Std.). Das Ticket weit im Voraus reservieren!

Von der **Estación Rodriguez del Busto** (☏ 0351-477-6195; Cardeñosa 3500) am nordwestlichen Stadtrand fahren Züge nach Cosquín (6,50 AR$, 2 Std., tgl. 10.25 & 16.25 Uhr). Zu diesem Bahnhof fahren die Busse A4 und A7 von dder zentralen Plaza; die Taxifahrt kostet 55 AR$.

Rund um Córdoba

Jesús María

☏ 03525 / 53100 EW.

Nachdem die Jesuiten ihr Kapital vor der Küste Brasiliens an Piraten verloren hatten, bauten sie in Jesús María Wein an und verkauften ihn, um ihre Universität im kolonialzeitlichen Córdoba zu finanzieren. Die Stadt liegt 51 km nördlich von Córdoba an der RN 9.

Wer nur eine einzige Jesuitenmission besuchen will, sollte sich wohl für das **Museo Jesuítico Nacional de Jesús María** (☏ 03525-420126; Eintritt 20 AR$; ⊙ Di–Fr 8–19, Sa & So 10–12 & 15–19 Uhr) entscheiden. Die Stätte ist leicht erreichbar, liegt aber in einem ruhigen, ländlichen Umfeld. Sie ist wunderbar erhalten und restauriert und kann mit vielen Artefakten aufwarten.

Busse verbinden Córdoba und Jesús María (19 AR$, 1 Std.).

Alta Gracia

☏ 03547 / 48300 EW.

Das in der Kolonialzeit gegründete Alta Gracia liegt nur 35 km südwestlich von Córdoba. Die Bergstadt ist äußerst geschichtsträchtig: Die Liste der berühmten Einwohner reicht von jesuitischen Pionieren bis hin zum Vizekönig Santiago Liniers, vom spanischen Komponisten Manuel de Falla bis hin zum Revolutionär Ernesto „Che" Guevara. Die Touristeninformation befindet sich im Uhrenturm gegenüber vom Museum Virrey Liniers. Hier ist auch ein guter Stadtplan erhältlich.

⊙ Sehenswertes

Zwischen 1643 und 1762 errichteten die Jesuiten die **Iglesia Parroquial Nuestra Señora de la Merced** am Westrand der zentralen Plaza Manuel Solares. Die ehemaligen Jesuiten-Werkstätten **El Obraje** aus dem Jahr 1643 beherbergen heute eine öffentliche Schule. Liniers war einer der letzten Vizekönige von Río de la Plata. Er residierte im Gebäude des heutigen **Museo Histórico Nacional del Virrey Liniers** (☏ 03547-421303; www.museoliniers.org.ar; Eintritt 20 AR$, Mi Eintritt frei; ⊙ Di–Fr 9–19, Sa, So & Feiertage 9.30–18.30 Uhr) neben der Kirche.

Die Familie Guevara wohnte in den 1930er-Jahren in verschiedenen Häusern, aber ihr wichtigstes Domizil war die **Villa Beatriz**, die jetzt das **Museo Casa de Ernesto Che Guevara** (Avellaneda 501; Eintritt 75 AR$; ⊙ Mo 14–19, Di–So 9–19 Uhr) beherbergt.

SKURRILE ORTE IN CÓRDOBAS SIERRRAS

Aus irgendeinem Grund ist die Sierras-Region bei Córdoba eine der skurrilsten Argentiniens. Das Tolle an Reisen in diesem Gebiet ist, dass man immer wieder über etwas Wundervolles und Unerwartetes stolpert. Hier ein paar Tipps:

Capilla del Monte Das verschlafene kleine Hügelstädtchen ist unter UFO-Fans weltberühmt, die in der Hoffnung kommen, von der Spitze des mystischen Cerro Uritorco Kontakt zu Außerirdischen aufnehmen zu können.

Villa General Belgrano Das deutsche Erbe gibt der Stadt ein sehr europäisches Flair, vor allem beim Oktoberfest (www.elsitiodelavilla.com/oktoberfest), bei dem das Bier in Strömen fließt.

Villa Carlos Paz (www.villacarlospaz.gov.ar/turismo) Der Ferienort am See wirkt wie eine Mischung aus Las Vegas und Disneyland. Die Themenhotels (die Großen Pyramiden, der Kreml) verteilen sich um eine gigantische Kuckucksuhr.

Museo Rocsen (www.museorocsen.org) Die mehr als 11 000 Exponate in diesem Museum nahe der winzigen Ortschaft Nono außerhalb von Mina Clavero bilden die wahrscheinlich kunterbunteste Sammlung von Krempel und Schätzen, die man nur zu sehen bekommen kann.

Das Museum konzentriert sich stark auf die Jugendjahre der Revolutionsikone. Nach den Fotos zu urteilen, war Che schon mit 16 ein ziemlich engagierter junger Mann und sah mit 20 Jahren bereits sehr eindrucksvoll aus. Anrührend sind die Briefe, die Che gegen Ende seines Lebens an seine Eltern und Kinder schrieb.

Schlafen & Essen

Das **Alta Gracia Hostel** (03547-428810; www.altagraciahostel.com.ar; Paraguay 218; B/Zi. 12/35 US$) bietet geräumige, saubere Schlafsäle ein paar Blocks vom Uhrenturm den Hügel hinunter.

Die komfortabelste Unterkunft ist das **279 Boutique B&B** (03547-424177; www.279 altagracia.com; Giorello 279; Zi. 65 US$;), das von einem lebhaften New Yorker geführt wird, der viele Infos zur Region parat hat.

Parrillas und Straßencafés säumen die Av Belgrano in den wenigen Blocks den Hügel hinunter von der *estancia*. Das bei Weitem beste Restaurant der Stadt heißt **El Bistro del Alquimista** (Castellanos 351; Gerichte 130–250 AR$; Mo-Sa 16–24 Uhr;) mit einem wechselnden Angebot ausgezeichneter regionaler und internationaler Gerichte und einer tollen Weinkarte.

An- & Weiterreise

Vom **Busbahnhof** (Tacuarí at Perón) fahren alle 15 Minuten Busse nach Córdoba (17 AR$, 1 Std.). Man kann sie auf dem Weg durch die Stadt einfach heranwinken.

La Rioja

0380 / 181 000 EW.

Den Bewohnern von La Rioja ist die Siesta heilig. Zwischen 12 und 17 Uhr ist buchstäblich alles geschlossen (außer Buchläden – warum auch immer). Sobald die Sonne langsam hinter den umliegenden Bergen verschwindet, kommen die Leute wieder aus den Häusern, und die Plazas bekommen ein erfrischend munteres Flair. Für die meisten Traveller ist die Stadt ein Zwischenstopp auf der langen Strecke zwischen Mendoza und Salta. Wenn Zeit bleibt, steht ein Abstecher zum abgelegenen Parque Nacional Talampaya auf dem Programm.

Sehenswertes

★ **Museo Folklórico** MUSEUM
(Pelagio Luna 811; Eintritt gegen Spende; Di-Fr 9–13 & 17–21, Sa & So 9–13 Uhr) Das sehr lohnende Museum residiert in einem wunderbaren Lehmziegelgebäude aus dem frühen 17. Jh. und zeigt interessante Ausstellungen zu diversen kulturellen Aspekten der Region. Zu den Themen zählen *chaya* (die örtliche Musik von La Rioja), das Tinkunaco-Fest, Weberei und Weinbau. Die informative Führung ist sehr zu empfehlen, wenn man gut Spanisch versteht.

Convento de San Francisco KIRCHE
(Ecke 25 de Mayo & Bazán y Bustos; 7–13 & 17–21 Uhr) Der Franziskanerorden war hier sehr früh vertreten und machte schon im späten 16. Jh. seine Bautätigkeit auf. Aber Missgeschicke beim Bauen und später ein Erdbeben sorgten dafür, dass die heutige Kirche ein neugotisches Gebäude aus dem frühen 20. Jh. ist. Es beherbergt ein Bild des Niño Alcalde, das Christus als einen Kindkönig zeigt, der – in Amtsroben gewandet – symbolisch als der Bürgermeister der Stadt anerkannt wird.

Feste & Events

El Tinkunaco FOLKLORE
(31 Dez. 12 Uhr) Die Zeremonie El Tinkunako stellt symbolisch die Vermittlung des hl. Francisco Solano zwischen den Diaguita und den Spaniern im Jahr 1593 nach. Die Diaguita erklärten sich unter zwei Bedingungen zum Friedensschluss bereit: Der spanische Bürgermeister musste zurücktreten und durch den Niño Alcalde ersetzt werden.

Schlafen

Die Unterkünfte in La Rioja sind überteuert und zudem oft ausgebucht. In der Touristeninformation gibt's eine Liste von Unterkünften bei Gastfamilien.

Wayra Hostel HOSTEL $
(15-435-4140; www.wayrahostel.com.ar; Escalada 1008; B 11–15 US$, DZ 25–35 US$;) Das gut geführte Hostel ist nett, sauber und freundlich und trotz etwas Lärm von der Hauptstraße ziemlich ruhig. Man sollte den kleinen Aufpreis für den Schlafsaal im Erdgeschoss zahlen, denn der ist geräumig und etwas ruhiger. Die Zimmer sind gepflegt und bieten ein ordentliches Preis-Leistungs-Verhältnis. Das Hostel holt Gäste kostenlos vom Busbahnhof ab, vermietet Fahrräder und organisiert Gleitschirmflüge und Touren.

Hostel Apacheta HOSTEL $
(15-444-5445; www.facebook.com/apachetahostel; San Nicolás de Bari 669; B/DZ 15/45 US$;

✽☎) Das zentrale Hostel ist schlicht und angenehm und hat eine tolle Lage. Die geräumigen Schlafsäle sind mit verschiedenen Betten und Kojen und einer Klimaanlage ausgestattet. Das Haus ist im Allgemeinen sauber, auch wenn die Zimmer wohl nicht gerade gründlich gereinigt werden. Es gibt einen Fahrradverleih und ein aufblasbares Planschbecken. Wer aufs Frühstück verzichtet, zahlt 3 US$ weniger.

★ **Hotel Pucara** HOTEL $$
(☎0380-443-7789; www.hotelpucaralarioja.com.ar; República de Siria 79; EZ/DZ 50/77 US$; ✽@☎) Das kühle, ruhige und moderne Hotel bietet attraktive, komfortable Zimmer in einem ruhigen *barrio*. Die freundlichen jungen Inhaber haben es zu einem einladenden Ort gemacht. Steinmetzarbeiten und traditionelle Kunst schmücken die öffentlichen Bereiche. Die fünf sauberen, dunklen Zimmer haben ordentliche Matratzen. Die Unterkunft ist nicht luxuriös, doch in vielerlei Hinsicht das beste Hotel in La Rioja.

✕ Essen

Die Rivadavia östlich der Plaza 9 de Julio ist gesäumt von Cafés, Restaurants und *parrillas*.

Café del Paseo CAFÉ $
(Ecke Pelagio Luna & 25 de Mayo; kleine Gerichte 60–100 AR$; ⊗7.30–15 & 17.30–1 Uhr; ☎) Das Lokal an der Ecke der Plaza ist prima, um das hiesige Leben zu beobachten. Büroangestellte mit irgendwelchen Apple-Gadgets mischen sich unter Familien, an anderen Tischen schwatzen ältere Männer über die Neuigkeiten des Tages in dem beschaulichen Ort.

El Marqués ARGENTINISCH $
(Av San Nicolás de Bari 484; Gerichte 50–80 AR$; ⊗Mo–Sa 8–1 Uhr) Das schlichte Lokal gleich abseits der Plaza stellt viele teurere Restaurants in den Schatten. Sandwichs, traditionelle Gerichte aus der Region, Pasta, Pizza, Omelette und Grillfleisch – alles ist gut zubereitet und preislich angemessen. Kurz, ein gutes und günstiges Lokal; und auch die Frucht-*licuados* sind köstlich.

La Stanza ITALIENISCH $$
(Dorrego 164; Hauptgerichte 100–180 AR$; ⊗Di–Sa 12.30–15 & 20.30–24, So 12.30–15 Uhr) Das stilvolle, attraktive Restaurant gehört zu den besten vor Ort und hat ein fröhliches, erstaunlich städtisches Flair. Die einfallsreichen Pastagerichte sind etwas besser als in den meisten anderen Lokalen. Noch besser sind die köstlichen Fleischgerichte mit schmackhaftem gebackenem Gemüse als Beilage. Die Bedienung ist hilfsbereit, und das Ambiente ansprechend und fröhlich.

❶ Praktische Informationen

La Riojas praktischste Infostelle ist der **Infostand der Touristeninformation** (Plaza 25 de Mayo; ⊗Mo–Fr 8–13 & 16–21, Sa & So 8–21 Uhr) an der Plaza. Er hat einen ordentlichen Stadtplan, gute Infos zu Unterkünften und jede Menge Broschüren zu anderen Zielen in der Provinz.

❶ An- & Weiterreise

Aerolíneas Argentinas (☎0380-442-6307; www.aerolineas.com.ar; Belgrano 63; ⊗Mo–Fr 8–13 & 17.30–20.30, Sa 8.30–12.30 Uhr) fliegt montags bis samstags nach Buenos Aires.

La Riojas neuer **Busbahnhof** (Av Circunvalación s/n) ist 5 km vom Stadtzentrum entfernt. Die Busse 2, 6, 7 und 8 (6 AR$) verbinden den Busbahnhof mit dem Stadtzentrum. Die Taxifahrt kostet rund 50 AR$.

BUSSE AB LA RIOJA

ZIEL	PREIS (AR$)	DAUER (STD.)
Buenos Aires	985	14–17
Chilecito	120	3
Córdoba	400	6
Mendoza	563	8–9½
Salta	616	10
Tucumán	343	5½–6½

Santiago del Estero

☎0385 / 360 900 EW.

Das ruhige, heiße Santiago ist die „Madre de Ciudades" (Mutter der Städte). Die 1553 gegründete Siedlung war die erste spanische Stadt im heutigen Argentinien. Leider hat sie kein architektonisches Erbe aus jener Zeit, ist aber trotzdem ein angenehmer Zwischenstopp.

🛏 Schlafen & Essen

Hotel Avenida HOTEL $
(☎0385-421-5887; www.havenida.com.ar; Pedro León Gallo 403; EZ/DZ 27/50 US$; ✽☎) Man muss schon ein wenig Mitleid mit den Betreibern haben: Sie eröffneten ein einladendes kleines Hotel, das schön mit indigener Kunst ausstaffiert ist, direkt gegenüber dem Busbahnhof. Doch dann wurde der Busbahnhof ans andere Ende der Stadt verlegt. Jedenfalls lohnt sich der kurze Anmarsch aus dem Stadtzentrum. Das wundervolle

Hotel ist blitzsauber, renoviert, freundlich und wird ständig aufgebessert.

★ Altos del Estero HOTEL $$
(☏ 0385-422-7718; www.hotelaltosdelestero.com; Salta 40; EZ/DZ 60/80 US$; ❄@☎≋) Das aus einem Parkhaus umgebaute, kühle und angenehme moderne Hotel bietet viel Platz in zentraler Lage und einen hilfsbereiten Service. Die einladenden Zimmer haben ein sehr gutes Preis-Leistungs-Verhältnis; viele haben Balkone zur Straße oder zum Pool, die von warmen, modischen Beige- und Brauntönen bestimmt sind. Der Pool ist ordentlich und der Parkplatz im Preis inbegriffen.

Mía Mamma ARGENTINISCH $$
(24 de Septiembre 15; Hauptgerichte 75–130 AR$; ⊙12–15 & 21–0.15 Uhr; ☎) Das diskrete, verlässliche Restaurant liegt etwas versteckt an der Plaza. Gut gekleidete Kellner kümmern sich um das Wohl der Gäste. Es gibt eine Salatbar mit viel Gemüse und eine große Auswahl an Gerichten, darunter riesige *parrilla*-Teller und schmackhaftes *arroz a la valenciana* (Paella).

❶ Praktische Informationen

Die **Touristeninformation der Provinz** (☏ 0385-421-3253; www.turismosantiago.gob.ar; Libertad 417; ⊙Mo–Fr 7–21, Sa 10–13 & 17–20, So 10–13 Uhr) liegt an der Plaza.

Es gibt mehrere Banken mit Geldautomaten. Die Post befindet sich an der Kreuzung Buenos Aires/Urquiza.

❶ An- & Weiterreise

Aerolíneas Argentinas (☏ 0385-422-4333; www.aerolineas.com.ar; 24 de Septiembre 547; ⊙Mo–Fr 8.30–12 & 17–20, Sa 9–12 Uhr) fliegt täglich nach Buenos Aires.

Vom **Busbahnhof** (☏ 0385-422-7091; www.tosde.com.ar; Chacabuco 550) fahren häufig Busse nach Tucumán (125 AR$, 2 Std.) und Buenos Aires (960 AR$, 12 Std.).

Santiago del Esteros Schwesterstadt La Banda liegt an der Bahnstrecke zwischen Tucumán (4 Std.) und dem Bahnhof Retiro in Buenos Aires (23 Std.). Der Bus 117 beschreibt einen Rundkurs durch Santiagos Zentrum, ehe er über den Fluss zum Bahnhof fährt.

Tucumán

☏ 0381 / 864 700 EW.

Tucumán ist eine Großstadt mit Kleinstadtatmosphäre und einem deutlich verbesserten Angebot für Backpacker. Es gibt einige gute Hostels, ein pulsierendes Nachtleben und ausgezeichnete Möglichkeiten für Abenteuer in den umliegenden Hügeln. Der Unabhängigkeitstag (9. Juli) wird in Tucumán besonders lebhaft gefeiert, denn hier fand der Kongress statt, bei dem im Jahre 1816 Argentiniens Unabhängigkeit ausgerufen wurde.

⊙ Sehenswertes & Aktivitäten

Casa de la Independencia MUSEUM
(Casa Histórica; Congreso 151; Erw./Kind 30 AR$/frei; ⊙10–18 Uhr) In dieser Villa aus der späten Kolonialzeit riefen am 9. Juli 1816 nationalstaatlich gesinnte Rechtsanwälte und Geistliche die Unabhängigkeit Argentiniens von Spanien aus. Die Porträts der Unterzeichner schmücken die Wände des Saals, in dem das Ereignis stattfand. Es gibt viele Infos (auf Spanisch) über die Vorgeschichte und kostenlose Führungen (in englischer Sprache). Abends (außer Do) findet eine Sound-&-Light-Show statt (Erw./Kind 10/5 AR$); die Karten erhält man in der Touristeninformation.

Neben dem Gebäude finden sich Stände mit Kunsthandwerk und traditionellen Gerichten.

Museo Folclórico
Manuel Belgrano MUSEUM
(Av 24 de Septiembre 565; ⊙Di–Fr 9–13 & 17–21, Sa & So 17–21 Uhr) GRATIS Das nette Museum in einem Haus aus der Kolonialzeit zeigt eine gute Sammlung traditioneller Gaucho-Trachten, indigener Musikinstrumente (sehenswert sind die *charangos* – kleine Zupfinstrumente aus den Anden –, deren Resonanzkörper aus dem Panzer von Gürteltieren hergestellt sind) sowie Webereien und ein paar Töpferwaren.

🛌 Schlafen

A La Gurda HOSTEL $
(☏ 0381-497-6275; www.lagurdahostel.com.ar; Maipú 490; B/EZ/DZ 12/25/36 US$, 2BZ ohne Bad 32 US$; ❄@☎) Das im Obergeschoss eines hübschen alten Hauses untergebrachte, sehr angenehme Hostel macht vieles richtig. Es bietet Schlafsäle zu acht Betten mit Schließfächern und private Zimmer mit Etagenbetten, Klimaanlage und einem ganz ordentlichen Preis-Leistungs-Verhältnis. Es gibt einen Billardtisch und ausgezeichnet ausgestattete Badezimmer, einen Barservice und eine Küche. Alles ist blitzsauber. Das Management ist hilfsbereit und freundlich.

Casa Calchaquí
PENSION $

(☎ 0381-425-6974; www.casacalchaqui.com; Lola Mora 92, Yerba Buena; DZ/4BZ 53/80 US$, EZ/DZ ohne Bad 35/40 US$; ⊙ März–Jan.; ✳ 🕸 ≋) Das willkommene Refugium 8 km westlich vom Zentrum in dem noblen *barrio* Yerba Buena hat gemütlich-rustikale Zimmer rund um einen entspannenden Garten mit Hängematten, Bar und Mini-Pool. In Yerba Buena gibt's gute Restaurants und ein munteres Nachtleben. Hin kommt man per Taxi (75 AR$) oder mit den Bussen 102 oder 118, die gegenüber vom Busbahnhof abfahren.

Hotel Colonial
HOTEL $

(☎ 0381-422-2738; www.hotelcolonialweb.com.ar; San Martín 36; EZ/DZ 35/56 US$; ✳ 🕸 ≋) Das Hotel ist eine verlässliche, komfortable Budgetbleibe, wenn einen das in die Jahre gekommene Farbschema – die milchschokoladenbraunen Toiletten sind einfach nicht mehr so schick wie einst – nicht stört. Das Dekor der öffentlichen Bereiche besitzt einen Hauch kolonialen Flairs, und der Service wird hier nicht lax gehandhabt. Einen Pool gibt es in dem Anbau auf der anderen Straßenseite.

★ Tucumán Center
HOTEL $$

(☎ 0381-452-5555; www.tucumancenterhotel.com.ar; 25 de Mayo 230; EZ/DZ 109/125 US$; ✳ 🕸 ≋) An dem gehobenen Geschäftshotel mitten im Zentrum gibt's eigentlich rein gar nichts auszusetzen. Der Service und die Einrichtungen – u. a. ein Freiluftpool und Zugang zu einer richtigen Sporthalle ein Stück die Straße weiter – sind erstklassig, und die riesigen Betten sind ungemein bequem. Die Suiten bieten viel Platz und eine Badewanne mit Whirl-Effekt. Ausgezeichnetes Preis-Leistungs-Verhältnis!

🍴 Essen & Ausgehen

Von Donnerstag bis Samstag tobt das Nachtleben in der Calle Lillo im Viertel Abasto. Aus dem Stadtzentrum nimmt man die San Lorenzo nach Westen und gelangt mitten ins Geschehen. Dutzende von Bars und Nachtclubs stehen zur Auswahl. Weitere *boliches* gibt's in Yerba Buena, 6 km westlich des Stadtzentrums.

★ Mi Nueva Estancia
PARRILLA $

(Córdoba 401; Hauptgerichte 70–110 AR$; ⊙ Mo-Do 11–15 & 20–0.30, Fr-Sa 11–16 & 20–1.30 Uhr; 🕸) Einfach köstlich sind die Steaks in diesem beliebten Grillrestaurant, aber die Salatbar und die anderen Gerichte auf der Karte sind ebenfalls nicht zu verachten. Fürs Geld gibt's große Portionen in prima Qualität, und die Bedienung ist freundlich und effizient.

El Portal
ARGENTINISCH $

(Av 24 de Septiembre 351; Empanadas 9 AR$; Hauptgerichte 60–90 AR$; ⊙ 12–16 & 20–24 Uhr) Einen halben Block östlich der Plaza Independencia hat dieses rustikale Lokal mit Plätzen drinnen und draußen eine kleine, aber perfekt zusammengestellte Karte rund um Empanadas, *locro* und dergleichen, ergänzt um ein paar *milanesas* und Pizzen. Köstlich und authentisch!

Shitake
VEGETARISCH $

(9 de Julio 94; All-You-Can-Eat 70 AR$; ⊙ Mo–Sa 11.30–15.30 & 19.30–1 Uhr; 🕸 🍴) Mit einem Angebot schmackhafter vegetarischer Speisen in der Vitrine bietet dieses kleine, gut geführte Lokal ein überzeugendes Preis-Leistungs-Verhältnis. Zu essen gibt's Pizza, Empanada, Soja-*milanesa* u. v. m. Getränke müssen extra bezahlt werden. Man kann das Essen auch mitnehmen, dann zahlt man nach Gewicht.

★ Setimio
ARGENTINISCH $$

(Santa Fe 512; Hauptgerichte 120–210 AR$, Tapas 60–100 AR$; ⊙ Küche 10–16 & 19.30–1.30 Uhr; 🕸) Flaschen dekorieren die gesamte Wand dieses schicken Weinladens und Restaurants. Auf der Karte stehen Tapas spanischer Art, feine Salate, gut zubereitete Fischgerichte und andere Gaumenfreuden. Es gibt verschiedene offene Weine, und gegen ein kleines Korkgeld kann man aus den Hunderten von Flaschen auf den Regalen wählen.

ℹ Praktische Informationen

Touristeninformation (☎ 0381-430-3644; www.tucumanturismo.gob.ar; Av 24 de Septiembre 484; ⊙ Mo–Fr 8–21, Sa & So 9–21 Uhr) Die Touristeninformation an der Plaza ist sehr hilfsbereit und kenntnisreich. Die Filiale im Einkaufszentrum am Busbahnhof hat die gleichen Öffnungszeiten.

ℹ Anreise & Unterwegs vor Ort

BUS

Tucumáns **Busbahnhof** (☎ 0381-430-0352; Brígido Terán 350; 🕸) liegt ein paar Blocks außerhalb des Zentrums – ein ganz schöner Marsch, wenn man kein Taxi nehmen will. Es gibt dort eine Post, *locutorios*, einen Supermarkt, Bars und Restaurants – erfreulicherweise alles mit Klimaanlage.

Aconquija fährt nach Tafí del Valle (80 AR$, 2½ Std.) und Cafayate (240–270 AR$, 6 Std.).

Fernbusse fahren u. a. nach Santiago del Estero (125 AR$, 2 Std.), Córdoba (561 AR$, 11 Std.), Salta (290 AR$, 4 Std.) und Buenos Aires (1107 AR$, 15 Std.).

FLUGZEUG

Tucumáns **Aeropuerto Benjamín Matienzo** (TUC; 0381-426-5072) liegt 8 km östlich der Innenstadt. Hin gelangt man mit dem Bus 121, der am Zentrum und dem Busbahnhof vorbeikommt (4 AR$) oder mit einem Taxi (100 AR$). **Aerolíneas Argentinas** (0381-431-1030; www.aerolineas.com.ar; 9 de Julio 110; Mo–Fr 8.30–13 & 17–20, Sa 9–12.30 Uhr) und **LAN** (0381-422-0606; www.lan.com; San Juan 426; Mo–Fr 9–13 & 17–20 Uhr) fliegen mehrmals täglich nach Buenos Aires. Aerolíneas fliegt auch nach Córdoba.

ZUG

Von der **Estación Ferrocarril Mitre** (0381-430-9220; www.sofse.gob.ar; Plaza Alberdi s/n) fahren Züge nach Buenos Aires (70–400 AR$, 25 Std., Mi 16.16, Sa 21.01 Uhr).

Tafí del Valle

03867 / 3400 EW.

Tafí liegt in einem reizenden Tal oberhalb eines Sees. Hierher flüchten die Einwohner Tucumáns vor der Sommerhitze. In der Nebensaison herrscht weitaus weniger Betrieb (was nicht heißt, dass der Ort im Sommer von Touristen überschwemmt würde), aber der Aufenthalt ist trotzdem prima, zumal der Ort ein guter Ausgangspunkt zur Erkundung der Umgebung und der nahegelegenen Ruinen von Quilmes ist.

Sehenswertes & Aktivitäten

Parque de los Menhires MUSEUM
(Plaza s/n, El Mollar; Eintritt 15 AR$; Di–Fr 9–19, Sa & So 14–19 Uhr) Von Tafí aus am anderen Ende des Tals liegt das hübsche El Mollar mit dem Parque de los Menhires an der Plaza. Dabei handelt es sich um mehr als 100 behauene Monolithen, die in der umliegenden Gegend als Teil der Tafí-Kultur vor etwa 2000 Jahren aufgestellt worden waren.

Feste & Events

Auf einer Höhe von 2000 m ist Tafí eine Insel mit gemäßigtem Klima in einem subtropischen Meer. Hier wird ausgezeichneter Käse handwerklich hergestellt. Das **Käsefest** in der zweiten Februarwoche lohnt definitiv einen Besuch (und eine Kostprobe).

Schlafen & Essen

Zahlreiche *parrillas,* die sich auf *lechón* (Spanferkel) und *chivito* (Ziege) spezialisiert haben, säumen die Av Perón.

Nomade Hostel HOSTEL $
(0381-307-5922; www.nomadehostel.com.ar; Los Castaños s/n; B 18 US$; DZ mit/ohne Bad 48/60 US$; @) Das entspannte, farbenfrohe, überschwängliche und einladende Hostel, unanstrengende zehn Gehminuten von der Bushaltestelle entfernt (rechts abbiegen, der Kurve folgen und sich rechts halten!), hat eine hübsche Lage mit tollem Blick von dem großen Garten aus. Im Preis inbegriffen sind das Frühstück und ein schmackhaftes, schlichtes Abendessen; die Atmosphäre ist sehr angenehm. Im Sommer sollte man vorab reservieren. In der Nebensaison fallen die Preise kräftig. HI-Mitglieder erhalten Rabatt.

Hotel Virgen del Valle HOTEL $
(03867-421016; virgendelvalle@tafidelvalle.com; Los Menhires s/n; DZ 48 US$; @) Gleich abseits der Hauptstraße ins Ortszentrum bietet diese Unterkunft geräumige, komfortable, aber etwas dunkle Zimmer rund um einen kleinen Hof. Das Haus ist nicht luxuriös und hat einige Unannemlichkeiten, doch

> ### VON HIER AUS GEHT'S ABWÄRTS
>
> Für einen der schönsten Tagesausflüge ab Tafí del Valle braucht man keinen Führer. Man mietet ein Fahrrad, und mit dem geht es bergab, am See vorbei und hinaus auf die Straße nach Tucumán. Die 40 km lange Strecke geht fast durchgängig bergab und folgt dem Lauf des Río Los Sosa. Unterwegs kommt man an buchstäblich Hunderten von Bade- und Picknickstellen direkt am Straßenrand vorbei.
>
> Sobald der Fluss außer Sicht ist und die ersten Häuser auftauchen, ist der schönste Teil der Fahrt vorüber. Man kann jeden Bus nach Tafí heranwinken (natürlich an einer sicheren Stelle!), sein Fahrrad verstauen und gemütlich in den Ort zurückgondeln.
>
> An der Strecke gibt es weder Verpflegung noch Wasser – also beides mitnehmen! Unbedingt vor Fahrtantritt auch die Bremsen des Rads prüfen, denn ohne die kommt man hier nicht aus.

für zwei Personen ist es bei diesem Preis ein sehr gutes Angebot.

Hospedaje Celia   PENSION $
(☎ 03867-421170; Belgrano 443; Zi. 15 US$/Pers.) Die Pension liegt 100 m von der Kirche den Hügel hinauf zurückgesetzt von der Straße. Sie bietet helle, weiße komfortable Zimmer in einem ruhigen, freundlichen Ambiente und verfügt über Heizung und eigene Bäder. Es gibt freilich auch Unbequemlichkeiten (z. B. fehlen Steckdosen in den Zimmern, aber dem hilft das Personal mit einer Verlängerungsschnur ab). Der Preis ist jedenfalls absolut angemessen.

★ Estancia Los Cuartos   ESTANCIA $$
(☎ 15-587-4230; www.estancialoscuartos.com; Critto s/n; DZ 65–90 US$; P @ ☎) 🌿 Das hübsche Anwesen, zu dem grasende Lamas gehören, verströmt jede Menge Flair und liegt zwischen Busbahnhof und Zentrum. Die zweihundert Jahre alte Estancia wirkt wie ein Museum: Ehrwürdige Bücher stehen auf den antiken Regalen; die Zimmer wirken mit ihrem alten Holz und den Wolldecken schön authentisch, während die tollen Badezimmer ganz modern sind. Die neueren Zimmer sind weniger geschichtsträchtig, aber durchaus dem Flair des Anwesens angemessen.

Restaurante El Museo   ARGENTINISCH $
(Av José Silva s/n; Gerichte 30–90 AR$; ⏱ 12–16 Uhr) Das Restaurant in einer ehrwürdigen, aus Lehmziegeln errichteten Jesuitenkapelle, 1 km abseits des Zentrums, ist ein sehr stimmungsvoller Ort für ein Mittagessen mit traditionellen Spezialitäten wie *humitas*, Tamales und Empanadas. Man kommt einfach vorbei und schaut, was gerade angeboten wird.

Rancho de Félix   ARGENTINISCH $
(Ecke Belgrano & Perón; Hauptgerichte 75–130 AR$; ⏱ 11.30–15 & 20–24 Uhr; ☎) Diese große, warme, strohgedeckte Hütte ist besonders mittags sehr beliebt. Regionale Spezialitäten wie *locro* und *humitas* nehmen einen prominenten Platz auf der Karte ein, aber *parrilla* und Pasta gibt's auch. Die Qualität ist angemessen gut; die Preise sind fair. Bei wenig Betrieb bleibt das Restaurant manchmal abends geschlossen.

ⓘ Praktische Informationen

Casa del Turista (☎ 15-594-1039; www.tafi delvalle.gob.ar; Los Faroles s/n; ⏱ 8–22 Uhr) An der Fußgängerstraße.

ⓘ Anreise & Unterwegs vor Ort

Tafís **Busbahnhof** (☎ 03867-421025; Av Critto) liegt in kurzer Gehweite vom Zentrum. Busse fahren u. a. nach Cafayate (140 AR$, 4 Std.) und Tucumán (80 AR$, 2½ Std.). Mountainbikes kann man im Hostel Nomade ausleihen.

Cafayate

☎ 03868 / 13 700 EW.

Cafayate liegt auf 1600 m Höhe am Eingang der Quebrada de Cafayate inmitten einiger der besten Weinberge des Landes. Hier kann man sich zwei der größten Freuden des Lebens hingeben: dem Wein und der Natur. Wer wenig Zeit hat, kombiniert beides, indem er eine Flasche in die *quebrada* (Schlucht) mitnimmt – dafür empfiehlt sich ein Torrontés aus der Region, wenn man ihn ausreichend kühlen kann.

Große Zuschauermengen strömen im Februar zum Musikfest **La Serenata** (www.serenata.todowebsalta.com.ar; Eintritt Do 150 AR$, Sa & So 300 AR$).

⊙ Sehenswertes & Aktivitäten

Von der 25 de Mayo, zwei Blocks südlich der Colón, führt ein 5 km langer Spazierweg Richtung Südwesten zum Río Colorado. Folgt man dem Fluss ungefähr zwei Stunden stromaufwärts, kommt man zu einem 10 m hohen Wasserfall mit einer Schwimmstelle. Unterwegs kann man nach versteckten Felsmalereien Ausschau halten (für ein paar Pesos weisen Kinder aus der Gegend den Weg).

Mehrere Anbieter rund um die Plaza veranstalten Touren in die Quebrada (200 AR$/Pers.). **Majo Viajes** (☎ 03868-422038; majoviajes@gmail.com; Nuestra Señora del Rosario 77) schneidet nicht auf und ist verlässlich. Am besten geht man am späten Nachmittag: Dann sind die Farben interessanter, und man kann bessere Fotos schießen.

Museo de la Vid y El Vino   MUSEUM
(www.museodelavidyelvino.gov.ar; Av General Güemes; Ausländer/Argentinier 30/10 AR$; ⏱ Di–So 9–19 Uhr) Das eindrucksvolle Museum vermittelt eine gute Einführung in den Weinbau in der Region. Der stimmungsvolle erste Abschnitt, der sich anhand von Bildern und Gedichten mit dem Leben der Reben auseinandersetzt, ist besonders ansprechend. Die zweite Abteilung widmet sich der Weinherstellung. Außerdem gibt's ein Café, in dem man Weine probieren und kaufen

kann. Überall gibt's auch gute Erläuterungen auf Englisch.

🛏 Schlafen

⭐ Rusty-K Hostal
HOSTEL $

(☎ 03868-422031; rustyhostal@hotmail.com; Rivadavia 281; B 18 US$, DZ mit/ohne Bad 50/45 US$; @ 🛜) Die Ruhe in diesem von Weinranken bedeckten Hofgarten ist einfach himmlisch, die Zimmer und Schlafsäle sind makellos und die Betreiber freundlich. Mit seinen netten Doppelzimmern und der wundervollen Atmosphäre ist dies das Schmuckstück unter den günstigen Unterkünften in Cafayate. Die Preise gelten für den Hochsommer und fallen in der Nebensaison erheblich. Vorab reservieren!

Casa Árbol
PENSION, HOSTEL $

(☎ 03868-422238; www.facebook.com/casaarbol cafayate; Calchaquí 84; B/DZ 12/35 US$; 🛜) 🍴 Diese zwanglose Unterkunft ist mit ihrem luftigen, schönen Dekor und dem freundlichen Willkommen wirklich sehr angenehm. Es gibt hübsche, blitzblanke Zimmer und einen Schlafsaal mit vier Betten, die sich zwei Bäder teilen. Im Hof kann man sich erholen, und es gibt einen Frühstücksbereich und einen Garten.

El Hospedaje
PENSION $

(☎ 03868-421680; elhospedaje@gmail.com; Salta 13; DZ 70 US$; ❄🛜🏊) Das legere Gästehaus an einer Ecke nur einen Block von der Plaza prunkt mit alten Registrierkassen und ist absolut friedvoll. Die Zimmer unterscheiden sich in ihrem Zuschnitt, sind aber meist ziemlich klein. Sie liegen um einen hübschen Hof, in dem es wunderbar nach Lavendel duftet.

Portal del Santo
HOTEL $$

(☎ 03868-422400; www.portaldelsanto.com.ar; Chavarría 250; DZ unten/oben 135/154 US$; P❄@🛜🏊) Coole weiße Eleganz ist das Markenzeichen dieses gastfreundlichen, von einer Familie geführten Hotels, das mit seinen Bogengängen an einen kolonialen Palast erinnert. Die unteren Zimmer öffnen sich zur Vorderveranda und dem einladenden Gartenbereich mit Pool und Whirlpool. Die Zimmer im Obergeschoss bieten einen Ausblick in die Berge und mehr Platz. Alle Zimmer sind mit Kühlschrank und Mikrowelle ausgestattet, in den Suiten finden vier Personen Platz. Die Betreiber sind hilfsbereit und tischen ein großes, selbst zubereitetes Frühstück auf.

🍴 Essen

⭐ Casa de las Empanadas
EMPANADAS $

(Mitre 24; 12 Empanadas 90 AR$; ⊙Di-So 11-15 & 20-24 Uhr) Das mit den Kritzeleien zufriedener Kunden dekorierte schlichte Lokal hat eine große Auswahl an Empanadas, die allesamt köstlich sind. In Tonkrügen servierte regionale Weine, *humitas* und Tamales runden das Mahl ab. Wenn der Laden geschlossen ist, versucht man es in der zweiten **Filiale** (Nuestra Señora del Rosario 156; 12 Empanadas 90 AR$; ⊙11-15 & 19-23 Uhr).

Parrilla-Restaurants
PARRILLA $

(Rivadavia, zw. San Lorenzo & 12 de Octubre; Steaks 60-110 AR$; ⊙Mo-Sa 19-24, So 11-15 Uhr) Die schlichten Grillhäuser liegen weitab von der ziemlich zügellosen Touristenszene rund um die Plaza und bieten sich als lohnende Zuflucht für das Abendessen an. Das Gallito ist vor Ort berühmt, aber das benachbarte Parrilla Santos – es besteht nur aus einem Betonboden, einem Grill und einem Wellblechdach – hat genauso schmackhaftes Fleisch. Hier geht es unkompliziert zu. Großartiges Preis-Leistungs-Verhältnis!

Heladería Miranda
EISDIELE $

(Av General Güemes N s/n; Kugel 25-40 AR$; ⊙13.30-24 Uhr) Eine der kulinarischen Fragen, die sich in Argentinien öfter stellen, lautet, ob man sich für einen vollmundigen roten Cabernet oder für einen trockenen weißen Torrontés entscheiden soll. In Eisdielen kommen solche Fragen in der Regel nicht auf. Hier ist das anders: Das hiesige Weinsorbet ist Cafayates Stolz und Freude, doch sind andere Fruchtnoten, darunter *tuna* (Kaktusfeige) ebenfalls köstlich.

Piattelli
ARGENTINISCH $$

(☎ 15-405491; RP 2; Hauptgerichte 110-190 AR$; ⊙12.30-16 Uhr; 🛜) Das noble Weingut 5 km außerhalb von Cafayate ist mit seinem schönen Ambiente mit Plätzen drinnen und draußen und wunderschönem Blick in die Weinberge ein idealer Stopp für ein Mittagessen; und die raffinierten Gerichte enttäuschen wahrlich nicht. Internationale Einflüsse würzen die Karte. Am Wochenende (Reservierung empfohlen) werfen die Leute von den Freiluftgrill an und servieren mit die beste *parrilla* in diesem Teil des Landes.

El Terruño
ARGENTINISCH $$

(☎ 03868-422460; www.terruno.todowebsalta.com.ar; Av General Güemes N 30; Hauptgerichte 110-200 AR$; ⊙12-15.30 & 19.30-24 Uhr; 🛜)

Cafayate

Das Lokal mit Plätzen an der Plaza und höflichen, wenn auch schusseligen Kellnern hat merkwürdigerweise zwei Speisekarten. Die eine ist weniger traditionell: Auf ihr stehen z. B. einfallsreiche Salate mit Meeresfrüchten und gut zubereitete Hauptgänge, darunter viele Fischgerichte. Das Lokal ist überteuert, aber freundlich und recht verlässlich.

ⓘ Praktische Informationen

Der **Infostand der Touristeninformation** (☏ 03868-422442; Av General Güemes s/n; ⊙ Di–So 9–19 Uhr) befindet sich an der nordöstlichen Ecke der Plaza San Martín.

ⓘ Anreise & Unterwegs vor Ort

Der neue **Busbahnhof** (RN 40) liegt am nördlichen Stadteingang. Eine Fahrt zwischen Cafayate und Cachi kann eine anstrengende, aber lohnende Tour auf Nebenstraßen hinein in das Valle Calchaquíes werden.

Flechabus (www.flechabus.com.ar) hat Busse nach Salta (159 AR$, 4 Std.) und hinein ins Valle Calchaquíes über San Carlos nach Angastaco (60 AR$, 2 Std.).

El Aconquija (☏ 03868-421052; http://transportesaconquija.com.ar) fährt über Tafí del Valle (140–170 AR$, 5 Std.) nach Tucumán (240–270 AR$, 6x Std.). Es gibt zahlreiche Verbindungen nach Santa María zum Besuch der Ruinen von Quilmes in der Provinz Tucumán (45 AR$, 1 Std.).

Rund um Cafayate

Quebrada de Cafayate

Auf dem Weg von Cafayate nach Salta windet sich die RN 68 durch die „Marslandschaft" der Quebrada de Cafayate. Rund 50 km nördlich von Cafayate bildet die östliche Sierra de Carhuasi die Kulisse für markante Sandsteinformationen, etwa die Garganta del Diablo (Teufelsschlund), El Anfiteatro (Amphitheater), El Sapo (Kröte),

Cafayate

Sehenswertes
1 Museo de la Vid y El Vino C4

Aktivitäten, Kurse & Touren
2 Majo Viajes B3

Schlafen
3 Casa Árbol B3
4 El Hospedaje C2
5 Portal del Santo C4
6 Rusty-K Hostal B2

Essen
7 Casa de las Empanadas B2
8 Casa de las Empanadas II B3
9 El Terruño C3
10 Heladería Miranda C2

El Fraile (Pater), El Obelisco (Obelisk) oder Los Castillos (Burgen).

Anstatt per Mietwagen oder im Rahmen einer geführten Tour erkundet man die Quebrada am besten zu Fuß oder mit dem Fahrrad. Wanderer sollten immer genügend Trinkwasser dabeihaben und sich gleich morgens auf den Weg machen – nachmittags bläst meist ein unangenehm heftiger Wind. In Cafayate können Radler ihre Drahtesel in einen der El-Indio-Busse packen, die in Richtung Salta fahren. Ausgestiegen wird an der Garganta del Diablo (Teufelsschlund), einer beeindruckenden Schlucht. Mit dem Fahrrad dauert der Rückweg nach Cafayate je nach Kondition rund vier Stunden – zum Laufen sind die ungefähr 50 km allerdings zu weit. Wer die Nase voll vom Wandern hat, fährt einfach mit einem anderen Bus zurück in die Stadt.

Valles Calchaquíes

Durch diese Täler nördlich und südlich von Cafayate verlief früher eine Hauptroute über die Anden. Die Calchaquí widersetzten sich Versuchen der Spanier, sie zu Zwangsarbeitern zu machen. Schließlich waren es die Spanier leid, ständig ihre Packtrosse verteidigen zu müssen. Daher deportierten sie viele Calchaquí nach Buenos Aires, rissen sich das Land unter den Nagel und legten so den Grundstein für große Landgüter.

CACHI
03868 / 2600 EW.

Cachi ist ein wunderschönes Städtchen und der bei Weitem ansehnlichste Ort in den Valles Calchaquíes. Viel kann man hier nicht tun, aber auch das trägt zum Charme bei.

Während des Aufenthalts sollte man sich unbedingt das **Museo Arqueológico** (Eintritt gegen Spende; Di–So 9–18 Uhr) anschauen, eine schick präsentierte Sammlung von Funden aus der Region, darunter eine eindrucksvollen Reihe von Petroglyphen.

Diverse Veranstalter bieten Ausflüge und Aktivitäten in den umliegenden Hügeln. **Urkupiña** (03868-491317; www.urkupinatur.wix.com/cachi; Zorrilla s/n) veranstaltet Rad- und Quad-Touren und bietet recht günstige Transportverbindungen nach Cafayate über die RN 40.

Budgetunterkünfte sind der **städtische Campingplatz mit Hostel** (03868-491902; oficinadeturismo.cachi@gmail.com; Stellplatz für 2 Pers. inkl. Zelt 5 US$, mit Strom 8 US$, Hütte 32 US$;) und das **Nevado de Cachi** (03868-491912; Ruiz de los Llanos s/n; EZ/DZ 20/35 US$;). Zu den besseren Hotels im Ort zählt **El Cortijo** (03868-491034; www.elcortijohotel.com; Av ACA s/n; EZ 100 US$, DZ Standard/Superior 125/145 US$;), ein Boutiquehotel mit vernünftigen Preisen am Ortsrand.

Einige billige Restaurants liegen rund um die Plaza. Das interessanteste Restaurant vor Ort ist das **Ashpamanta** (Bustamante s/n; Gerichte 60–105 AR$; 12–15 & 19–22 Uhr;) gleich abseits der Plaza. Hier stammen alle Zutaten aus örtlicher Produktion.

Die **Touristeninformation** (03868-491902; oficinadeturismo.cachi@gmail.com; Güemes s/n; 9–21 Uhr) befindet sich in dem örtlichen Verwaltungsgebäude an der Plaza. Es hat einen scheußlichen Stadtplan, aber auch gute Infos zu Hotels und Attraktionen.

Es ist schwierig, aber nicht unmöglich, auf direktem Wege von Cachi nach Cafayate zu gelangen. Einfacher ist es, mit dem Bus über die malerische Strecke Cuesta del Obispo vorbei am Parque Nacional Los Cardones nach Salta (45 AR$, 4½ Std.) zurückzufahren.

Quilmes

Die vorkolumbianische **pucará** (Festung; Erw./Kind 30 AR$/frei; 8–18 Uhr) in der Provinz Tucumán, 50 km südlich von Cafayate, ist die am umfangreichsten restaurierte Ruinenstätte in Argentinien. Die komplexe städtische Siedlung stammt aus der Zeit um 1000 n.Chr., erstreckte sich über 30 ha und beherbergte um die 5000 Menschen. Das Volk der Quilmes überdauerte den Kontakt mit den Inka, konnte sich aber letztlich nicht gegen die Spanier behaupten, die 1667

DIE NEBENSTRASSE VON CACHI NACH CAFAYATE

Wer von Cachi nach Cafayate möchte (oder umgekehrt), kommt mit dem Bus bis Molinos bzw. Angastaco. Auf der 42 km langen, einsamen, aber wunderschönen Strecke zwischen beiden Ortschaften gibt es keinen Busverkehr. Trampen ist in diesem Landstrich verbreitet, aber der Verkehr ist dünn, und selbst in den Ortschaften, wo Busse fahren, tun sie das selten.

Hier voranzukommen, ist schwierig, aber nicht unmöglich. Sich einfach an die Straße zu stellen und den Daumen auszustrecken, wird wahrscheinlich nichts bringen. Was also tun? Sobald man in einem Ort ist, beginnt man herumzufragen, und zwar überall – auf der Polizeiwache, im Krankenhaus, an Kiosken usw. –, um herauszufinden, ob irgendwer irgendwen kennt, der in die gewünschte Richtung fahren will. Irgendwer wird irgendwen kennen, auf den das zutrifft, und so bleibt man nicht lange hängen. Falls aber doch, gibt es ordentliche, billige Unterkünfte und Restaurants in Molinos, Angastaco und San Carlos.

Vielleicht landet man am Ende auf der Ladefläche eines Pickups mit dem Wind in den Haaren und den Bergen vor Augen. Aber genau diese Art von Abenteuer hat man ja gesucht, als man seinen Flug gebucht hat.

Wem das zu abenteuerlich wird, der kann immer noch in der *remisería* (Taxibüro) vor dem Busbahnhof von Cachi fragen, ob da gerade eine Gruppe ist, der man sich anschließen kann. In *remises* passen vier Fahrgäste, und die Fahrt von Cafayate nach Cachi kostet 1100 AR$. Für die Strecke von Molinos nach Angastaco zahlt man ungefähr 200 AR$.

---

die letzten 2000 Angehörigen des Stammes nach Buenos Aires deportierten.

Die dicken Mauern der Siedlung unterstreichen den Charakter von Quilmes als Wehrsiedlung, aber Hinweise auf eine dichte Besiedlung finden sich auch nördlich und südlich von diesem Zentrum.

Die Busse von Cafayate nach Santa María kommen an der Ausfahrt nach Quilmes vorbei; von dort sind es noch 5 km bis zu den Ruinen.

Salta

📞 0387 / 655 500 EW.

Seit einigen Jahren ist Salta in der Backpacker-Szene schwer angesagt, und das zu Recht: Die Stadt ist prächtig, die Hostels sind attraktiv, das Nachtleben pulsiert, und im Ort und rundherum gibt's allerhand, was man unternehmen kann.

⊙ Sehenswertes

Salta verdankt seinen Ruf als schöne Stadt vor allem den diversen Kirchen, die sich über die Innenstadt verteilen. Die **Iglesia Catedral** (España 590; ⊙ Mo–Fr 6.30–12.15 & 16.30–20.15, Sa 7.30–12.15 & 16.30–20.15, So 7.30–13 & 17–21 Uhr) aus dem 19. Jh. hütet die sterblichen Überreste von General Martín Miguel de Güemes, einem Helden des Unabhängigkeitskrieges. Die prächtige, fast schon überladene **Iglesia San Francisco** (www.conventosanfranciscosalta.com; Ecke Caseros & Córdoba; ⊙ Mo–Sa 8–13 & 14–21, So 8–13 & 17–21 Uhr) ist ein Wahrzeichen von Salta. Nur Karmeliternonnen dürfen den im 16. Jh. aus Lehmziegeln errichteten **Convento de San Bernardo** (Caseros s/n; ⊙ Gebäck Mo–Sa 9–12 & 16–18 Uhr) betreten. Man kann aber zumindest das geschnitzte Portal aus *algarrobo* (Johannisbrotbaum) bewundern und während der Messe, die täglich um 8 Uhr gelesen wird, in die Kapelle hineingucken.

★ Museo de Arqueología de Alta Montaña   MUSEUM
(MAAM; www.maam.gob.ar; Mitre 77; Ausländer/Argentinier 70/50 AR$; ⊙ Di–So 11–19.30 Uhr) Eines der bedeutendsten Museen im nördlichen Argentinien: Die seriöse, informative Ausstellung konzentriert sich auf die Inka-Kultur und insbesondere auf die Kinderopfer, die auf einigen der imposantesten Gipfel in den Anden dargebracht wurden.

Im Mittelpunkt steht der mumifizierte Körper eines von drei Kindern (die Mumien werden alle sechs Monate im Wechsel gezeigt), die 1999 auf dem Gipfel des Llullaillaco entdeckt wurden. Die Entscheidung, die Körper öffentlich zur Schau zu stellen, war – so eindrucksvoll ihr Anblick auch ist – umstritten.

★ Pajcha – Museo de Arte Étnico Americano   MUSEUM
(www.museopajchasalta.com.ar; 20 de Febrero 831; Ausländer/Argentinier 40/20 AR$; ⊙ Mo–Sa 10–13 & 16–20 Uhr) Wer sich für indigene Kunst und

Kultur interessiert, muss dieses spannende Privatmuseum gesehen haben. In einer Reihe aufwendig realisierter Installationen werden archäologische Funde zeitgenössischem, aktuellem Kunsthandwerk aus ganz Lateinamerika gegenübergestellt, sodass eine sehr breit gefächerte Sicht auf die Kultur der Anden und ihr weiteres Umfeld geboten wird. Die Exponate sind farbenfroh und schön. Die engagierten Betreiber sprechen auch Englisch.

Cerro San Bernardo HÜGEL
Für einen hinreißenden Blick auf Salta empfiehlt sich die Fahrt mit dem **Teleférico** (0387-431-0641; einf. Fahrt/hin & zurück 55/110 AR$; 10–19 Uhr) vom Parque San Martín auf die Spitze des Hügels – die 1 km lange Seilbahnfahrt dauert acht Minuten. Alternativ kann man auch den Weg nehmen, der am **Güemes-Denkmal** beginnt. Oben auf dem Hügel befinden sich ein Café (von der Terrasse aus hat man den schönsten Blick), ein Wasserlauf und *artesanías* (Kunsthandwerksläden).

Aktivitäten

Verschiedene Veranstalter mit Sitz an der Buenos Aires nahe der Plaza 9 de Julio veranstalten Wildwasser-Raftingtouren außerhalb der Stadt. **Salta Rafting** (0387-421-3216; www.saltarafting.com; Caseros 177) bietet Rafting-, Seilrutschen-, Mountainbike- und Wandertouren sowie Ausritte.

Tren a las Nubes TOUREN
(www.trenalasnubes.com.ar; Ecke Ameghino & Balcarce; hin & zurück 182 US$; April–Mitte Dez. Sa) Der „Zug in den Wolken", Argentiniens berühmteste Bahnreise, führt von Salta hinunter ins Valle de Lerma, klettert dann die bunt gefärbte Quebrada del Toro hinauf und passiert die Ruinen von Tastil sowie San Antonio de los Cobres, ehe schließlich das atemberaubende Viadukt erreicht ist, das bei La Polvorilla (Höhe 4220 m) eine Wüstenschlucht überspannt.

Schlafen

★ Espacio Mundano B&B $
(0387-572-2244; www.espaciomundano.com.ar; Güemes 780; Zi. 58–82 US$;) Eine künstlerische Oase im Herzen von Salta. Die sehr originelle, freundliche und nett-chaotische Unterkunft ist eine Explosion an Farben und ist vollgestopft mit hübschen Tontieren und allen möglichen kunsthandwerklichen Kreationen. Die drei ansprechenden Zimmer sind individuell gestaltet und verfügen entweder über ein Bad im Zimmer oder eines vor der Tür.

Posada de las Farolas HOTEL $
(0387-421-3463; www.posadalasfarolas.com.ar; Córdoba 246; EZ/DZ 45/65 US$;) Die ordentlichen Zimmer mit Klimaanlage liegen im Stadtzentrum und haben ein gutes Preis-Leistungs-Verhältnis, manche blicken auf kleine Gartenhöfe. Das Hotel wird von freundlichen, höflichen Leuten geführt, ist blitzsauber und eine angenehm verlässliche Option. Durch einige angenehme Extras wie große, flauschige Badetücher sowie Haartrockner zeichnet es sich gegenüber den meisten Hotels in der gleichen Preiskategorie aus.

Residencial El Hogar PENSION $
(0387-431-6158; www.residencialelhogar.com.ar; Saravia 239; DZ 51 US$;) Die mit echter Herzlichkeit geführte, nette kleine Pension liegt an einer ruhigen Wohnstraße, über deren Ende der Cerro San Bernardo aufragt. Der Weg bis ins Zentrum ist aber nicht weit. Die attraktiven Zimmer zeigen nette Akzente. Dank der hilfsbereiten Eigentümer und des schmackhaften Frühstücks ist die Pension eine empfehlenswerte Unterkunft zu einem fairen Preis.

Coloria Hostel HOSTEL $
(0387-431-3058; www.coloriahostel.com; Güemes 333; B 10–12 US$, DZ 35 US$;) Aufgeschlossenes, engagiertes Personal und ein herrlicher Gemeinschaftsbereich mit offenem Grundriss und Blick auf den Garten und den kleinen Pool sind die wesentlichen Pluspunkte dieses freundlichen, zentral gelegenen Hostels. Es ist farbenfroh, sauber und für die Verhältnisse in Salta auch relativ nobel. Die Schlafsäle bieten zwar nicht viel Platz, sind aber doch komfortabel. Die privaten Zimmer sind sehr klein.

La Posta PENSION, HOSTEL $
(0387-422-1985; hostallaposta@gmail.com; Córdoba 368; B/EZ/DZ 15/28/45 US$;) Das schlichte, aber bezaubernde Gästehaus ist eine tolle Wahl für alle, die eine ruhige, friedliche und zentral gelegene Bleibe suchen. Die engagierten Betreiber halten sie makellos sauber. Die Zimmer mit angeschlossenem Bad sind ausgezeichnet, die Schlafsäle bieten genügend Raum und Schließfächer; zum schmackhaften Frühstück gibt's auch ordentlichen Kaffee. Kurz: eine ansprechende, entspannte Herberge.

Salta

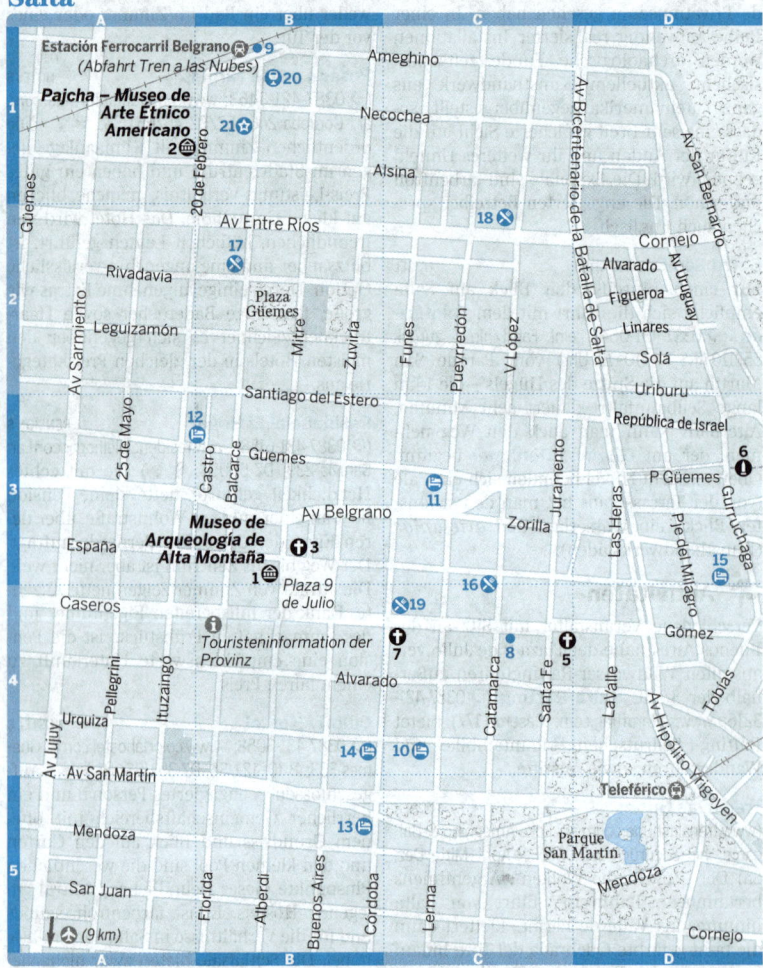

★ Carpe Diem   B&B $$

(☏ 0387-421-8736; www.carpediemsalta.
ar; Urquiza 329; EZ/DZ 100/110 US$; @ 🛜) In
diesem wunderbaren B&B fühlt man sich
dank gut durchdachter und liebevoller Details – beispielsweise frisch gebackenes Brot
zum Frühstück, nette Sitz- und Lesebereiche
und ein Computer mit Internetzugang – in
den attraktiven, mit edlen antiken Möbeln
ausstaffierten Zimmern beinahe so wohl
wie zu Hause. Die Einzelzimmer mit Gemeinschaftsbad sind von einem schönen,
grasbewachsenen Garten umgeben; sie sind
ziemlich klein, aber für 56 US$ ein gutes
Angebot.

🍴 Essen & Ausgehen

Die Westseite der Plaza 9 de Julio ist gesäumt von Cafés und Bars, die auch draußen
Tische aufgestellt haben; hier kann man gut
Kaffee trinken, eine Kleinigkeit essen oder
sich einen Drink genehmigen.

★ Chirimoya   VEGETARISCH $

(España 211; Hauptgerichte 50–90 AR$; ⊙ Mo–Sa
9–16 & 20.30–0.30 Uhr; 🛜 🌱) Das farbenfrohe und fröhliche vegane (etwas Honig wird
verwendet) Café-Restaurant ist gut für einen
angenehmen Zwischenstopp. Zu den täglich
wechselnden Gerichten, die in großzügigen
Portionen aufgetischt werden, gibt's köstli-

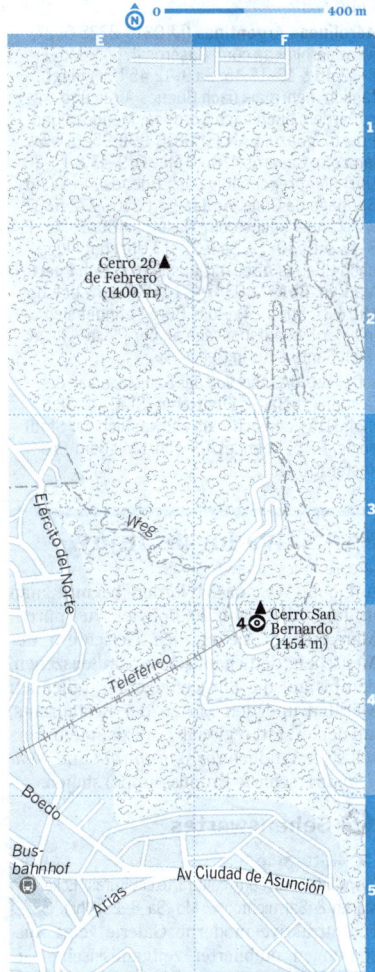

Salta

◎ Highlights
- 1 Museo de Arqueología de Alta Montaña..................B3
- 2 Pajcha – Museo de Arte Étnico Americano..................A1

◎ Sehenswertes
- 3 Catedral..................B3
- 4 Cerro San Bernardo..................F4
- 5 Convento de San Bernardo..................C4
- 6 Güemes-Denkmal..................D3
- 7 Iglesia San Francisco..................C4

◆ Aktivitäten, Kurse & Touren
- 8 Salta Rafting..................C4
- 9 Tren a las Nubes..................B1

◉ Schlafen
- 10 Carpe Diem..................C4
- 11 Coloria Hostel..................C3
- 12 Espacio Mundano..................B3
- 13 La Posta..................B5
- 14 Posada de las Farolas..................B4
- 15 Residencial El Hogar..................D3

◉ Essen
- 16 Chirimoya..................C3
- 17 Jovi II..................B2
- 18 La Monumental..................C2
- 19 La Tacita..................C4

◉ Ausgehen & Nachtleben
- 20 Macondo..................B1

◉ Unterhaltung
- 21 La Vieja Estación..................B1

che gemixte Säfte und Bio-Weine. Hier ist einfach alles lecker. Das Essen wird auch außer Haus geliefert.

Jovi II ARGENTINISCH $

(Balcarce 601; Hauptgerichte 70–110 AR$; ⊙12–16 & 20–1 Uhr) Die lange Terrasse mit Blick auf die Palmen an der Plaza Güemes ist nur einer der Gründe, dieses beliebte, bodenständige Restaurant zu mögen. Es hat eine große Auswahl schlichter Gerichte in großzügigen Portionen.

Auf der Karte stehen mehrere Kaninchen- und schmackhafte Fischgerichte, außerdem werden Gäste mit einem tollen Tagesmenü gelockt. Der Service ist hier wirklich ausgezeichnet.

La Tacita EMPANADAS $

(Caseros 396; Empanadas 8 AR$; ⊙Mo–Sa 8–23, So 10–23 Uhr) Die Empanadas dieses sehr schlichten, kleinen Lokals mit angenehm unaufdringlichem Ambiente zählen zu den besten der Stadt. Während eines Stadtspaziergangs kann man hier gut einen kurzen Zwischenstopp einlegen.

La Monumental PARRILLA $

(Entre Ríos 202; Hauptgerichte 105–155 AR$; ⊙12–15 & 20–1 Uhr) Man erkennt diesen typischen Kiezgrill an den Neonlichtern und den eifrig herbeiströmenden Kunden. Großzügige Portionen, eine eindrucksvolle Menge an kostenlosen Knabbereien, ein billiger Hauswein und gutes Fleisch stellen die Gäste zufrieden. Die halben Portionen (zu 70 % des Preises für eine ganze Portion) sind für eine Person mehr als genug. Achtung: Nicht

Ausgehen & Nachtleben

Das Balcarce-Viertel südlich des Bahnhofs ist bekannt für sein Nachtleben und seine vielen Tanzclubs. Das Macondo (www.facebook.com/macondo.barensalta; Balcarce 980; ⊙Mi–So 20 Uhr–open end; ☎) ist der richtige Ort für ein paar entspannte Drinks (jedenfalls werktags). Neben Bars und Discos gibt es am nördlichen Ende von Balcarce auch ein paar gute *peñas* (Volksmusikclubs). Hier geht es nicht nur um die Musik, sondern auch um das Publikum. Deswegen sollte man sich ruhig etwas umschauen. Beinahe seit Urzeiten besonders beliebt ist La Vieja Estación (✆0387-421-7727; www.la-viejaestacion.com.ar; Balcarce 885; Grundpreis 20 AR$; ⊙19–3 Uhr).

Praktische Informationen

Geldautomaten finden sich in der Innenstadt. **Städtische Touristeninformation** (✆0387-437-3340; www.saltalalinda.gov.ar; Caseros 711; ⊙Mo–Fr 8–21, Sa & So 9–21 Uhr) Verteilt Stadtpläne. Es gibt auch Schalter im Busbahnhof und im Flughafen, die je nach Personalstärke meist zwischen 9 und 21 Uhr geöffnet sind.

Anreise & Unterwegs vor Ort

BUS

Saltas **Busbahnhof** (✆0387-431-5022; Av Hipólito Yrigoyen; ⊙Information 6–22 Uhr) liegt südöstlich des Stadtzentrums in Gehweite der meisten innerstädtischen Hotels. Bus 5 verkehrt zwischen Busbahnhof, Innenstadt und Bahnhof.

Busse ab Salta

Drei Unternehmen fahren über Jujuy und Purmamarca nach San Pedro de Atacama in Chile (9–10 Std., 810 AR$, Abfahrt tgl. 7 Uhr) und weiter nach Calama, Antofagasta, Iquique und Arica (1283 AR$).

Weitere Ziele sind u. a.:

ZIEL	PREIS (AR$)	DAUER (STD.)
Buenos Aires	1300–1500	18–22
Cachi	120	4½
Cafayate	159	4
Jujuy	75	2
La Quiaca	240	7½
Mendoza	1275–1350	18–20
Resistencia	719	10-12
Tucumán	290	4¼

FLUGZEUG

Aerolíneas Argentinas (✆0810-2228 6527; www.aerolineas.com; Caseros 475; ⊙Mo–Fr 8–12.45 & 16–18.45, Sa 9–12.45 Uhr) fliegt täglich mehrmals nach Buenos Aires und außerdem auch nach Córdoba, Mendoza und Puerto Iguazú. **LAN** (✆0810-999-9526; www.lan.com; Caseros 476; ⊙Mo–Fr 9–13 & 17–20 Uhr) fliegt regelmäßig nach Buenos Aires und Santiago de Chile. **Andes** (✆0810-7772 6337; www.andesonline.com; Caseros 459; ⊙Mo–Fr 8–13 & 16.30–19, Sa 9.30–13 Uhr) hat Flüge nach Buenos Aires mit Anschluss nach Puerto Madryn. **BoA** (✆0387-471-1558; www.boa.bo; Mitre 37, Shop 24) – das Büro befindet sich in einer Einkaufspassage an der Plaza – fliegt nach Santa Cruz in Bolivien.

Der Bus 8A fährt von der San Martín an der Córdoba zu Saltas **Flughafen** (SLA; ✆0387-424-3115), der sich 9 km südwestlich der Stadt an der RP 51 befindet. Die Fahrt mit dem Taxi kostet 100 AR$.

San Salvador de Jujuy

✆0388 / 265 300 EW.

Auf dem Weg nach Norden beginnt man in Jujuy die Nähe zu Bolivien zu spüren: Man erkennt sie an den Gesichtern der Menschen, den chaotischen Straßenszenen, den bis auf die Bürgersteige ausgreifenden Märkten und den Karten der Restaurants, auf denen statt regionaler Spezialitäten ganz selbstverständlich *locro, humitas* und *sopa de maní* (scharfe Erdnusssuppe) stehen.

Sehenswertes

★**Culturarte** GALERIE
(www.facebook.com/culturarte.ccultural; Ecke San Martín & Sarmiento; ⊙Mo–Sa 8–23 Uhr) GRATIS Die attraktive moderne Galerie zeigt Ausstellungen etablierter zeitgenössischer argentinischer Künstler. Oft sind hier Werke von ausgezeichneter Qualität zu sehen, und es macht Spaß, die hiesige Szene kennenzulernen. Das Café verfügt über eine nette kleine Balkonterrasse mit Blick auf das Stadtzentrum.

Museo Temático de Maquetas Tupac Amaru MUSEUM
(Alvear 1152; ⊙8–23 Uhr) GRATIS Das überraschend charmante kleine Museum befindet sich in der Zentrale einer indigenen politischen Organisation, von der es auch eingerichtet wurde. Es erzählt mittels unterhaltsamer Dioramen von der Geschichte, den Traditionen und der Mythologie der indigenen Völker Argentiniens. Wer Spanisch

San Salvador de Jujuy

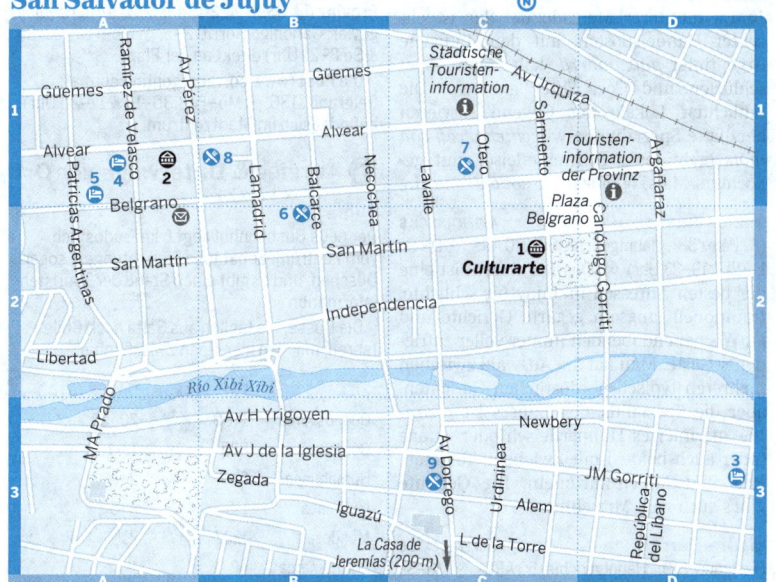

versteht, findet hier ausführliche Informationen zu diesem Thema.

🛏 Schlafen

Munay Hotel — HOTEL $
(☏ 0388-422-8435; www.munayhotel.com.ar; Alvear 1230; EZ/DZ 44/68 US$; 🛜) Das Budgethotel mit gutem Preis-Leistungs-Verhältnis und freundlichem Service bietet kleine, aber komfortable und makellose Zimmer in einer netten, kompakten Anlage ein paar Blocks abseits des Trubels. Einen der wenigen Parkplätze erhält man nur gegen Aufpreis. Die nach innen liegenden Zimmer bekommen viel von den Umgebungsgeräuschen ab.

D-Gira Hostel — HOSTEL $
(☏ 15-408-0386; www.facebook.com/dgira.hostel jujuy; JM Gorriti 427; B 10–11 US$, DZ 33 US$; @🛜) Das in einem uninteressanten, aber recht zentralen Stadtteil gelegene Hostel ist denen in der Innenstadt in mehreren Punkten überlegen: Man wird freundlich empfangen, die purpurfarbenen Wände sprechen an, und die Etagenbetten aus hellem Holz sind mit ihren dicken Matratzen und ordentlichem Bettzeug wirklich komfortabel. Die Schlafsäle bieten alle angeschlossene Bäder und viel Platz. Das Hostel überzeugt mit zupackender Mentalität, die sich in laufenden Verbesserungen zeigt.

San Salvador de Jujuy

◎ **Highlights**
1 Culturarte C2

◎ **Sehenswertes**
2 Museo Temático de Maquetas Tupac Amaru A1

🛏 **Schlafen**
3 D-Gira Hostel D3
4 Munay Hotel A1
5 Posada El Arribo A1

🍴 **Essen**
6 Krysys B2
7 Madre Tierra C1
8 Manos Jujeñas B1
9 Mercado del Sur C3

★ **Posada El Arribo** — BOUTIQUEHOTEL $$
(☏ 0388-422-2539; www.elarribo.com; Belgrano 1263; EZ/DZ 70/109 US$; ❄@🛜♨) Eine Oase im Herzen von Jujuy: Das beeindruckende, von einer Familie geführte Haus ist ein wahres Fest für die Augen. Die renovierte Villa aus dem 19. Jh. ist mit originalen Bodenfliesen, hohen Decken und Holzböden einfach wunderschön; es gibt viel Platz im Hof und einen großen Garten. Der moderne Anbau ist auch nicht schlecht. Wenn möglich, dennoch ein Zimmer im alten Haupthaus nehmen.

✖ Essen

Jujuys munterer Mercado del Sur ist ein echter Handelsposten, auf dem indigene Argentinier *mazamorra* (kalte Maissuppe) schlürfen und Cocablätter anbieten. Die schlichten Lokale der Gegend servieren herzhafte Spezialitäten wie *chicharrón con mote* (gebratenes Schweinefleisch mit gekochtem Mais) oder scharfe *sopa de maní*.

Manos Jujeñas   ARGENTINISCH $
(Av Pérez 381; Hauptgerichte 60–110 AR$; ⊙ Di–So 11–15 & 19–23 Uhr) 🍴 Das Restaurant ist eine der besten Adressen in Jujuy für schlichte, traditionell langsam gegarte Gerichte und an Wochenendabenden immer voller zufriedener Gäste. Man hat die Auswahl zwischen mehreren typisch nordöstlichen Gerichten, aber die Spezialität des Hauses ist *picante* – mariniertes Hühnerfleisch oder -zunge (oder auch beides) mit Zwiebeln, Tomaten, Reis und Anden-Kartoffeln. Die Gerichte gibt's auch zum Mitnehmen.

Madre Tierra   BÄCKEREI, CAFÉ $
(Belgrano 619; Hauptgerichte 50 AR$; ⊙ Mo–Sa 6.30–15 & 16–22.30 Uhr; 📶🍴) Das Lokal ist ausgezeichnet: Das vegetarische Essen (täglich ein Tagesmenü) ist prima, und zu den Sandwichs und Pizzen gibt's frische Säfte und Bio-Bier. Man sitzt im schönen Hofgarten. Die Bäckerei vorn im Haus liefert gesunde Brote.

★ Krysys   ARGENTINISCH $$
(Balcarce 272; Hauptgerichte 80–140 AR$; ⊙ Mo–Sa 12.30–15 & 20.30–0.30, So 12.30–15.30 Uhr; 📶) Die beste *parrilla*-Option ist dieses zentral gelegene Edelrestaurant, in dem man alle erdenklichen Grillspezialitäten in entspannter Atmosphäre genießt. Es steht aber noch viel mehr auf der Karte. Zum Hühnchen, Schwein oder Rind gibt's schmackhafte Saucen und außerdem diverse Vorspeisen. Die Preise sind fair, und das Fleisch wird so zubereitet, wie man es wünscht.

❶ Praktische Informationen

Viele Geldautomaten finden sich an der Belgrano. Die Banken sollten in der Lage sein, Reiseschecks einzutauschen.

Das Personal in der **Städtischen Touristeninformation** (📞 0388-402-0246; www.sansalvadordejujuy.gob.ar; Ecke Alvear & Otero; ⊙ 7–22 Uhr) im alten Bahnhof ist hilfsbereit und hat viele Stadtpläne und Broschüren auf Lager. Es gibt noch einen **Stand der Touristeninformation** (Busbahnhof; ⊙ Mo–Fr 7.30–21.30, Sa & So 8–13 & 15.30–21.30 Uhr) gleich vor dem Busbahnhof und eine **Touristeninformation der Provinz** (📞 0388-422-1343; www.turismo.jujuy.gov.ar; Canónigo Gorriti 295; ⊙ Mo–Fr 7–22, Sa & So 8–21 Uhr) direkt an der Plaza.

Die **Post** (www.correoargentino.com.ar; Belgrano 1136; ⊙ Mo–Fr 8.30–13 & 17–20 Uhr) befindet sich im Stadtzentrum.

❶ Anreise & Unterwegs vor Ort

BUS

Der neue Busbahnhof liegt 6 km südöstlich vom Zentrum. Er hat tolle Einrichtungen, sogar Duschen, und es gibt einen Stand der Touristeninformation.

Die Busse, die täglich aus Salta nach Chile fahren, machen hier einen Zwischenhalt.

ZIEL	PREIS (AR$)	DAUER (STD.)
Buenos Aires	1400	20–23
Córdoba	835	12–16
Humahuaca	66	2
La Quiaca	115	4–5
Mendoza	1207	21
Purmamarca	42	1¼
Salta	75	2
Tilcara	45	1¾
Tucumán	325	5

FLUGZEUG

Aerolíneas Argentinas (📞 0388-422-2575; www.aerolineas.com.ar; San Martín 96; ⊙ Mo–Fr 8.30–12.30 & 16.30–20.30, Sa 8.30–12.30 Uhr) fliegt nach Buenos Aires sowie über Córdoba nach Mendoza.

Jujuys **Flughafen** (📞 0388-491-1102) liegt 32 km südöstlich der Stadt. Ein **Flughafenshuttle** (📞 15-432-2482; 100 AR$) fährt dreimal täglich von der Kreuzung Canónigo Gorriti und Belgrano passend zu den angesetzten Flügen; die Fahrt mit einem Taxi kostet 340 AR$.

Quebrada de Humahuaca

Nördlich von Jujuy schlängelt sich die RN 9 durch die Quebrada de Humahuaca. Die malerische Landschaft besteht aus farbenprächtigen kahlen Hügeln und winzigen Dörfern. Die Quechua-Bauern bestreiten ihren kärglichen Lebensunterhalt, indem sie Mais anbauen und magere Rinder züchten. Entlang der kolonialen Postroute nach Potosí erinnern die Architektur und andere kulturelle Elemente an Peru und Bolivien.

Erdbeben zerstörten zahlreiche Lehmziegelkirchen; im 17. und 18. Jh. wurden viele davon wieder aufgebaut. Sie haben stabile Mauern, schlichte Glockentürme und großartige Türen. Das Holz der Vertäfelungen stammt vom *cardón*-Kaktus.

Tilcara

📞 0388 / 4400 EW.

Tilcara ist nicht nur die angenehmste Quebrada-Stadt, sondern auch eine der schmucksten. Hier gibt's ein paar tolle Restaurants und Unterkünfte.

Tilcaras Hauptattraktion ist die *pucará* oben auf dem Hügel. Die prähispanische Festung begeistert mit unverstellter Aussicht. Doch auch die Museen und der Ruf als Künstlerkolonie machen das Dorf zu einem reizvollen Zwischenstopp.

⊙ Sehenswertes & Aktivitäten

Pucará RUINEN

(Eintritt inkl. Museo Arqueológico Ausländer/Argentinier 50/25 AR$, Mo frei; ⊙9–18 Uhr) Die rekonstruierte vorkoloniale Befestigungsanlage liegt 1 km südlich vom Zentrum jenseits einer eisernen Brücke. Die strategische Lage ermöglichte es, das Flusstal in beide Richtungen zu beherrschen. Der Ort wurde zweifellos schon früher benutzt, aber die vorhandenen Ruinen entstanden zwischen dem 11. und 15. Jh. Man genießt eine wundervolle Aussicht, und für jede Seele, die einst hier lebte, scheint ein Cardón-Kaktus hier zu wachsen. Mehr Anregungen zu Sukkulenten erhält man im botanischen Garten am Eingang.

Museo Arqueológico MUSEUM

(Belgrano 445; Eintritt inkl. Pucará Ausländer/Argentinier 50/25 AR$, Mo frei; ⊙9–18 Uhr) Die in einem auffälligen kolonialzeitlichen Haus schön präsentierte Sammlung regionaler Artefakte enthält auch einige Stücke aus der *pucará*-Befestigungsanlage gleich südlich des Zentrums. Die Ausstellungen vermitteln einen Einblick in das Leben der Menschen zu jener Zeit (11.–15. Jh.). Besonders eindrucksvoll ist der Saal mit den Zeremonialmasken.

Bicicletería Carlitos FAHRRADVERLEIH

(Tilcara Mountain Bike; 📞 15-500-8570; tilcarabikes@hotmail.com; Belgrano s/n; Std./Tag 3,50/15 US$; ⊙9–19 Uhr) Das freundliche Unternehmen rund 100 m hinter dem Busbahnhof vermietet gut gewartete Mountainbikes und stellt eine hilfreiche Karte mit regionalen Radrouten zur Verfügung.

🛏 Schlafen & Essen

Billige Esslokale finden sich an der Belgrano und Lavalle zwischen Busbahnhof und Plaza Prado.

★ La Casa del Indio PENSION $

(📞 15-862526; www.argentinaturismo.com.ar/casadelindio; Ambrosetti s/n; DZ/3BZ 50/65 US$; 🛜) Es gibt wohl kaum charmantere Gastgeber als das junge Paar, das diese ansprechende Pension, die aus zwei Zimmern an einem kleinen, hübschen Hof neben ihrer Familienwohnung besteht, führt. Die schlicht und traditionell gestaltete Unterkunft hat einige schöne Steinmetzarbeiten und bietet Ruhe, Unabhängigkeit, Komfort sowie einen schönen, wilden Garten.

Albahaca Hostel HOSTEL $

(📞 15-585-5994; www.albahacahostel.com.ar; Padilla s/n; B/DZ 9/25 US$; 🛜) Das schlichte, sehr freundliche Hostel hat ein gutes Preis-Leistungs-Verhältnis, ordentliche Schlafsäle, komfortable Privatzimmer und eine gesellige Dachterrasse, auf der man gut andere Traveller kennenlernen kann.

★ Posada de Luz LODGE $$

(📞 0388-495-5017; www.posadadeluz.com.ar; Ambrosetti 661; Zi. 105–143 US$; @🛜🏊) Mit seiner neu-rustikalen Anmutung ist dieses kleine Haus ideal, um sich einige Tage zu entspannen. Die teureren Zimmer verfügen über Sitzbereiche, aber alle haben Lehmziegelwände, Schilfrohrdecken, Kanonenöfen und eigene Terrassen mit Liegestühlen und Blick über das Tal. Das hübsche Gelände umfasst einen Grillbereich und einen Kinderspielplatz; der Service ist ausgezeichnet.

Ma'koka CAFÉ $

(Belgrano s/n; Sandwich 45–65 AR$; ⊙8.30–21 Uhr; 🛜📞) ✆ Mit einem herrlich bunten Musikmix und interessanten Texten über die Region und die Anden im Allgemeinen ist dieser Buchladen mit Café wirklich prima. Der Kaffee ist der beste der Stadt; es gibt schmackhafte Kuchen und erstklassige Sandwichs mit Brot, das aus Coca oder örtlichen Maissorten gebacken ist. Auch Menschen mit Gluten-Unverträglichkeit finden mit Maniokbrot und anderen Leckereien hier eine große Auswahl. Der Inhaber besitzt großes Wissen über die indigene Bevölkerung Argentiniens.

★ El Nuevo Progreso ARGENTINISCH $$

(📞 0388-495-5237; Lavalle 351; Hauptgerichte 105–160 AR$; ⊙Mo–Sa 18–23.30 Uhr; 📞)

Einfallsreich zubereitete Lamagerichte, ausgezeichnete Fleischplatten, interessante vegetarische Speisen und tolle Salate bietet dieses Restaurant mit einladender Atmosphäre und einer auf Touristen abgestimmten Küche. Die Bedienung kann etwas distanziert sein, aber das Essen ist gut. Am Wochenende vorab reservieren!

☆ Unterhaltung

Das Nachtleben ist in Tilcara ziemlich ruhig, aber es gibt viele *peñas*, in denen abends live Volksmusik gespielt wird. **La Peña de Carlitos** (Lavalle 397; 10–24 Uhr; 🖥) zählt dabei zu den beständigsten.

❶ Praktische Informationen

Die **Touristeninformation** (Belgrano 366; Mo-Fr 8–21, Sa 9–13 & 14–21, So 9–13 Uhr) in der Gemeindeverwaltung verteilt einen nützlichen Stadtplan.

Die Banco Macro an der Plaza Prado hat einen Geldautomaten.

❶ Anreise & Unterwegs vor Ort

Busse Richtung Norden und Süden fahren vom Busbahnhof an der Exodo, drei Blocks westlich der Plaza Prado, u. a. nach Jujuy (45 AR$, 1½ Std.), Humahuaca (20 AR$, 40 Min.) und La Quiaca (90 AR$, 4 Std.).

Humahuaca

03887 / 8000 EW.

Humahuaca ist ein beliebter Zwischenstopp auf dem Weg von Salta nach Bolivien. Das überwiegend von indigenen Quechua bewohnte Dorf besteht aus Lehmziegelhäusern an schmalen Kopfsteingassen. In der umliegenden Gegend kann man viel unternehmen; der Ort selber liefert tolle Fotomotive.

⦿ Sehenswertes & Aktivitäten

Humahuacas 1641 errichtete **Iglesia de la Candelaria** (Buenos Aires) steht an der Plaza Gómez. Der hübsch knorrige **Cabildo** in der Nähe ist berühmt für seinen Uhrenturm, in dem täglich zur Mittagsstunde eine lebensgroße Figur des hl. Francisco Solano erscheint und den Segen erteilt. Von der Plaza führt eine Freitreppe hinauf zum ziemlich abgeschmackten **Monumento a la Independencia**.

🎭 Feste & Events

Der **Karneval** wird hier besonders ausgelassen gefeiert.

Am 2. Februar richtet das Dorf ein **Fest** zu Ehren der Virgen de la Candelaria, der Schutzpatronin des Orts, aus.

🛏 Schlafen & Essen

Viele Restaurants vor Ort bieten an den meisten Abenden live Volksmusik.

★ La Humahuacasa HOSTEL $
(15-412-0868; www.humahuacasa.com.ar; Buenos Aires 740; B/DZ 15/50 US$; 🖥) Das künstlerisch angehauchte, einladende und sehr freundliche Hostel liegt zentral und bietet ansprechende, gemütliche Schlafsäle rund um einen kleinen Hof. Das Haus ist gesellig und hat eine ordentliche Küche. Alles wirkt gepflegt und sauber. Es gibt nur ein privates Zimmer (ein DZ mit angeschlossenem Bad).

Hostal La Soñada PENSION $
(03887-421228; www.hostallasoniada.com; San Martín s/n; DZ/4BZ 50/70 US$; @🖥) Gleich jenseits des Zentrums liegt dieses von einem freundlichen Paar aus der Gegend geführte Gästehaus mit acht makellosen Zimmern rund um einen hübschen Hof mit farbenfrohen Bettdecken und guten Bädern. Frühstück gibt's im attraktiven Gemeinschaftsbereich; hier fühlt man sich willkommen.

Hostal El Coquena HOTEL $
(15-480-0384; hostalelcoquena@hotmail.com; Tres Sargentos s/n; Zi. 60 US$; 🖥) Vom Zentrum aus gleich jenseits der Brücke liegt diese ruhige Unterkunft, die von einem netten Paar mit Herzlichkeit geführt wird. Das Haus ist mit seinem großen Gemeinschaftsbereich, einer breiten, überdachten Galerie und großen Zimmern und Badezimmern sehr geräumig. Das Frühstück ist schmackhaft, und es gibt eine Gästeküche. Das Hotel ist zwar nicht luxuriös, aber das beste in Humahuaca, und das Preis-Leistungs-Verhältnis stimmt.

Aisito ARGENTINISCH $
(Buenos Aires 435; Hauptgerichte 50–90 AR$; 11–15 & 19–23 Uhr) Das freundlich dekorierte Lokal mit aufmerksamer Bedienung ist eine gute Option für günstige regionale Gerichte. Neben schmackhaften gebackenen Empanadas gibt es Pfannengerichte und saftiges Lama. An den Wochenenden und im Sommer abends erklingt tolle Livemusik.

Mikunayoc ARGENTINISCH $
(Ecke Corrientes & Tucumán; Hauptgerichte 50–110 AR$; 11–15.30 Uhr) Auf der umfangreichen Karte stehen mehrere interessante Lamagerichte und diverse Empanadas mit

ⓘ EINREISE NACH BOLIVIEN

Das kalte, windige La Quiaca ist ein wichtiger Einreisepunkt nach Bolivien. Im Ort gibt es ordentliche Unterkünfte und Restaurants, aber wenig, was Traveller sonst so interessieren könnte. Wenn man aber spätabends ankommt, übernachtet man besser hier, weil die Einrichtungen sehr viel besser sind als jenseits der Grenze in Villazón.

La Quiaca hat keine Touristeninformation, aber Straßenkarten bekommt man in der ACA-Tankstelle an der RN 9. Das **Hostel El Apolillo** (☏ 03885-422388; http://elapolillo-hostel.blogspot.com; Árabe Siria 146; B/DZ 15/45 US$; @ 📶) ✦ ist eines der besseren im Land und hat jede Menge Infos zu Verkehrsverbindungen und Aktivitäten vor Ort. Von den Hotels ist die **Hostería Munay** (☏ 0388-5423924; Belgrano 51; EZ/DZ ab 30/40 US$) noch so ziemlich das beste. Im **Hotel de Turismo** (☏ 0388-423390; laquiacahotel@gmail.com; Ecke Árabe Siria & San Martín; EZ/DZ 35/50 US$; @ 📶) bekommt man ordentliche Mahlzeiten (Hauptgerichte 90–130 AR$).

Am **Busbahnhof** (Ecke Belgrano & España) starten oft Busse nach Jujuy (110 AR$, 5 Std.), Salta (240 AR$, 7 Std.) und zu den Orten dazwischen; zudem gibt es Fernverbindungen.

Die Grenze liegt einen 1 km langen Fußmarsch vom Busbahnhof entfernt. Öffentliche Verkehrsmittel gibt es nicht, bestenfalls kann man ein Taxi aufzutreiben. Die Grenze ist generell rund um die Uhr geöffnet, aber darauf kann man sich nicht verlassen – ohne einen Plan B im Kopf sollte man besser nicht um 2 Uhr morgens hier ankommen.

---

interessanter Füllung. Auch die Salate sind zu empfehlen. Das nette, farbenfrohe Lokal hat einen herzlichen Service, dem man gerne verzeiht, wenn mal etwas schiefgeht.

ⓘ Praktische Informationen

Die **Touristeninformation** (Plaza Gómez s/n; ☉ Mo–Fr 7–21, Sa & So 9–21 Uhr) unter dem Uhrenturm hat unregelmäßige Öffnungszeiten, aber ausgezeichnete Infos zu Unterkünften und Attraktionen vor Ort.

ⓘ An- & Weiterreise

Vom **Busbahnhof** (Ecke Belgrano & Entre Ríos) fahren mehrmals täglich Busse nach Salta (148 AR$, 5 Std.) und Jujuy (66 AR$, 2 Std.) sowie Richtung Norden nach La Quiaca (60 AR$, 2 Std.).

ATLANTIKKÜSTE

Die Strände an der Atlantikküste bilden den „Hinterhof" von Buenos Aires. Auf der Suche nach Sonne und Spaß strömen im Sommer Millionen *porteños* in Städte wie Mar del Plata und Pinamar. Den Rest des Jahres über – und in kleineren Städten sowieso – geht's aber deutlich weniger hektisch zu.

Mar del Plata

☏ 0223 / 614 000 EW.

An Sommerwochenenden sieht man am Strand von Mar del Plata („Mardel") vor lauter Menschen keinen Sand mehr. Urlauber stehen praktisch Schulter an Schulter im knietiefen Wasser. Außerhalb des Sommers und an Wochentagen herrscht weniger Betrieb: Die Hotelpreise purzeln, und die Stadt verströmt ein entspannteres Feeling.

Argentiniens beliebtester Strandort wurde 1874 gegründet. Das einstige Handels- und Industriezentrum Mardel verwandelte sich später in einen Ferienort für betuchte *porteños*. Heute stranden hier hauptsächlich Urlauber aus der Mittelschicht.

⦿ Sehenswertes & Aktivitäten

★ **Puerto Mar del Plata**   HAFEN
(www.puertomardelplata.net) Mar del Plata gehört zu den wichtigsten Fischereizentren Argentiniens. Das Hafengebiet liegt 8 km südlich vom Stadtzentrum und lohnt einen Besuch, auch wenn der Zugang zur Mole mit dem Schiffsfriedhof und halb versunkenen Wracks, die in der Sonne rosten, inzwischen eingeschränkt ist. Man kann immer noch die ein- und ausfahrenden Fischerboote von der **Banquina de Pescadores**, dem malerischen, etwas touristischen Kai, aus beobachten. Man holt sich ein paar Calamari und ein Bier und schaut dem Treiben zu.

Torreón del Monje   HISTORISCHES GEBÄUDE
(☏ 0223-486-4000; www.torreondelmonje.com.ar; Ecke Viamonte & Paseo Jesús de Galindez) Das großartige, wie eine Burg auf einer Klippe über dem Ozean thronende Torreón del Monje ist kaum zu übersehen – einfach nach den roten Kuppeln und der Fußgängerbrücke aus Stein an der Uferstraße Aus-

schau halten. Das klassische Wahrzeichen erinnert an die Glanzzeit von Mar del Plata. Der argentinische Geschäftsmann Ernesto Tornquist ließ den mittelalterlich wirkenden Turm 1904 errichten, um die Gegend um sein Sommerrefugium zu verschönern. Die Aussicht lohnt, und auf der Terrasse kann man eine Kaffeepause einlegen.

Bicicletería Madrid — FAHRRADVERLEIH
(0223-494-1932; Yrigoyen 2249; ab 45 AR$/Std.; Mo-Fr 9-19, Sa & So 10-19 Uhr) Fahrradverleih.

Kikiwai Surf School — SURFEN
(0223-485-0669; www.clubdesurfkikiwai.wix.com/kikiwaisurfclub; Av Martínez de Hoz 4100, Playa Kikiwai; Surfunterricht 450 AR$/Pers. & Tag) Die alteingesessene Surfschule verleiht Surfbretter und gibt Surfunterricht am Waikiki Beach 11 km südlich der Stadt.

Acción Directa — OUTDOOR
(0223-474-4520; www.acciondirecta.com.ar; Av Libertad 3902; Mo-Fr 10-13 & 17-21, Sa 10-13 Uhr) Die Felsklippen am Meer und die Hügel der Sierra de los Padres eignen sich prima zum Klettern und Abseilen. Acción Directa betreibt eine Kletterschule und veranstaltet außerdem Mountainbike-, Kanu- und Campingtouren mit Aktivitäten und Übernachtung im freien Gelände.

Feste & Events

International Film Festival — FILM
(www.mardelplatafilmfest.com) Mar del Platas gut ausgebaute touristische Infrastruktur garantiert das ganze Jahr über eine große Auswahl an besonderen Events. Im November lohnt sich das Internationale Filmfestival, das 1950 startete, dann aber wegen politischer und wirtschaftlicher Schwierigkeiten des Landes ausgesetzt wurde. Es ist das wichtigste Filmfestival in Südamerika, zu dem Teilnehmer aus aller Welt anreisen.

Schlafen

Die Preise liegen im Januar und Februar um rund 30 % höher, es lohnt sich also, vorab zu reservieren.

Auf den überfüllten Campingplätzen, die überwiegend südlich der Stadt liegen, zahlt man etwa 30 AR$ pro Person; welche Einrichtungen jeweils vorhanden sind, erfährt man in der Touristeninformation.

Che Lagarto Hostel — HOSTEL $
(0223-451-3704; www.chelagarto.com; Alberti 1565; B/DZ ab 19/65 US$; @ 🛜) Die beliebte Filiale der Kette Che Lagarto punktet in so ziemlich jeder Hinsicht: Sie hat freundliches Personal, eine zentrale Lage nahe dem besten Nachtleben und den besten Einkaufsmöglichkeiten und blitzsaubere private Zimmer und Schlafsäle (alle mit Ventilator). Es gibt außerdem eine Gästeküche, einen schönen Aufenthaltsbereich, eine Cocktailbar und in den öffentlichen Bereichen kostenloses WLAN.

★ Villa Nuccia — PENSION $$
(0223-451-6593; www.villanuccia.com.ar; Almirante Brown 1134; DZ ab 134 US$; ❄@🛜≋) Die schöne Pension hat eine kleine Auswahl eleganter, individuell dekorierter geräumiger Zimmer in einem renovierten Haus und einem modernen Anbau. Hinter dem Haus gibt's einen Garten mit Swimmingpool und Whirlpool. Gäste rühmen das Frühstück und den Nachmittagstee, jeweils mit selbstgebackenem Kuchen.

Hotel 15 de Mayo — HOTEL $$
(0223-495-1388; www.hotel15demayo.com; Mitre 1457; EZ/DZ ab 68/98 US$; ❄🛜) Das moderne Hotel in bequemer Lage zwischen der Plaza San Martín und dem Strand von La Perla bietet recht kleine, aber makellose, und mit Flachbild-TV ausgestattete Gästezimmer mit sehr gutem Preis-Leistungs-Verhältnis, professionellen Service, ein Frühstücksbuffet und schnelles WLAN.

Hotel Sirenuse — HOTEL $$
(0223-451-9580; www.hotelsirenuse.com.ar; Mendoza 2240; DZ ab 82 US$; ❄@🛜) Das freundliche, von einer Familie geführte und wunderbar gemütliche kleine Hotel auf dem Hügel Stella Maris, nur ein paar Blocks abseits der Playa Varese, gehört zu jenen Unterkünften mit dem besten Preis-Leistungs-Verhältnis am Ort. Mit der dunklen Holzmöblierung und dem herzhaften Frühstück mutet sie eher wie eine Berghütte als wie ein Strandrefugium an. Traveller sind voll des Lobes über die freundlichen Betreiber. Man muss weit im Voraus reservieren.

Essen

Im Stadtzentrum gibt es viele *tenedores libres*. Die Qualität ist nicht gerade allererste Sahne, aber für gute Esser sind sie allemal eine passable Option.

La Fonte D'Oro — CAFÉ $
(Ecke Córdoba & San Martín; Snacks 15-45 AR$; 8 Uhr-open end) Das stilvolle Café hat mehrere Filialen in der Stadt; eine der nettesten

befindet sich an der Fußgängerpromenade San Martín in der Nähe der Kathedrale. Am geschwungenen Cafétresen kann man einen schnellen *cortado* (Espresso mit ein wenig Milch) trinken oder sich draußen einen Tisch schnappen und frisches Gebäck oder ein Stück Schokoladenkuchen bestellen und dem Treiben zuschauen.

Montecatini ARGENTINISCH $

(Ecke La Rioja & 25 de Mayo; Hauptgerichte 52–120 AR$; 12–15 & 20–24 Uhr;) Wenn man solide, preisgünstige Gerichte genießen will, kann man wie die Einheimischen in eine der vier Filialen dieses großen, modernen und populären Restaurants gehen. Auf der Karte gibt's für jeden etwas – Fleisch, Fisch, Pasta, *milanesas*, Sandwichs –, und die Portionen sind großzügig. Das Mittagsmenü unter der Woche (110 AR$ inkl. Dessert und ein Getränk) ist ein echtes Schnäppchen. Das Lokal ist gut geeignet für Familien und größere Gruppen.

El Bodegón ARGENTINISCH $

(La Rioja 2068; Hauptgerichte 75–150 AR$) Dank des kürzlich erfolgten Besitzerwechsels hat diese stilvolle Kneipe und *parrilla* jetzt ein jugendliches Publikum, und das Bier fließt in Strömen. Werktags gibt es gute und günstige Festpreismenüs, und zwar sowohl mittags als auch abends (120–150 AR$). Das Lokal hat eine bequeme Lage im Zentrum, nur ein Stück von der Plaza Mitre und der Plaza San Martín entfernt.

★ Sur MEERESFRÜCHTE $$

(0223-493-6260; Alvarado 2763; Hauptgerichte 95–250 AR$; 20–24 Uhr) Der Hype um das Sur, das viele Einheimische für das beste Meeresfrüchterestaurant der Stadt halten, weckt hohe Erwartungen. Drucke mit maritimen Motiven zieren die Backsteinwände und bilden eine gemütliche Kulisse; frischer Fisch und Meeresfrüchte stehen im Mittelpunkt des kulinarischen Angebots. Es gibt eine umfangreiche Weinkarte und köstliche Desserts.

🍷 Ausgehen

Die folgenden Treffs befinden sich im schicken Barrio Los Troncos und dem Gebiet an der Irigoyen und der LN Alem, zwischen der Almafuerte und der Rodríguez Peña, wo es viele Cocktailbars und Nachtlokale gibt. Das Viertel ist nicht groß – am besten schaut man sich selber in dem Gebiet um und überlegt, was einem zusagt.

★ Almacén Estación Central BAR

(Ecke Alsina & Garay; 19 Uhr–open end) Die schicke Bar in einem malerischen, überlegt restaurierten alten Gebäude residiert in einem alten Eckladen, in dem Marcelo Torcuato de Alvear, ein früherer argentinischer Präsident, seine Einkäufe erledigt haben soll. Hier drängen sich allabendlich die Einheimischen. Gutes Kneipenessen und häufige Happy Hours sind, vor allem an Wochenenden, ein zusätzlicher Anreiz zum Herkommen.

La Bodeguita del Medio BAR

(Castelli 1252; 18–4 Uhr) In diese nach einer Lieblingsbar Hemingways in Havanna benannte, stimmungsvolle, mit Kunst geschmückte Cocktailbar kommt man wegen der berühmten köstlichen Mojitos, den kubanisch inspirierten Gerichten und der Livemusik.

Antares BAR

(Olavarría 2724; 19–4 Uhr) Die coole Kleinbrauereikette hat mehrere Filialen in Mar del Plata, aber diese im Barrio Los Troncos ist zweifellos die beliebteste. Hier gibt's diverse Craftsbiere vom Fass, ausgezeichnete Kneipenkost und ein munteres einheimisches Publikum. Falls man sich mit jemandem unterhalten will, sollte man früh kommen – je später der Abend, desto lauter wird's.

🛈 Praktische Informationen

Die **Touristeninformation** (495-1777; www.turismomardelplata.gov.ar; Blvd Marítimo 2270; März–Dez. 10–20 Uhr, Jan. & Feb. bis 22 Uhr) befindet sich nahe der Plaza Colón.

Die meisten *cambios*, Banken und Geldautomaten finden sich nahe den Kreuzungen der San Martín und der Córdoba mit den Avs Independencia und Luro.

🛈 An- & Weiterreise

BUS

Mardels neuer Busbahnhof liegt neben dem Bahnhof. Busse fahren nach Buenos Aires (520 AR$, 5½ Std.), Pinamar (152 AR$, 2½ Std.) und Villa Gesell (138 AR$, 2 Std.).

FLUGZEUG

Aerolíneas Argentinas (0223-496-0101; www.aerolineas.com.ar; Moreno 2442; Mo-Fr 10–18 Uhr) und **Sol** (www.sol.com.ar) fliegen häufig nach Buenos Aires.

ZUG

Der **Bahnhof** (0223-475-6076; www.sofse.gob.ar; Av Luro 4700 an der Italia; 6–24

Uhr) liegt neben dem Busbahnhof. Im Sommer fahren täglich Züge nach Buenos Aires (*primera* 200 AR$, *Pullman-Klasse* 240 AR$). Die Fahrt dauert etwa sechs Stunden. Weitere Infos gibt's unter www.ferrobaires.gba.gov.ar; im Sommer sollte man Tickets weit im Voraus reservieren.

ℹ Unterwegs vor Ort

Der **Flughafen** (☏ 0223-478-0744) liegt 9 km nordwestlich der Stadt, zu erreichen mit dem Bus 542 „Aeropuerto" oder einem Taxi (ca. 100 AR$). Um vom Busbahnhof ins Zentrum zu gelangen, überquert man die Av Luro vor dem Busbahnhof und nimmt den Stadtbus 511, 512 oder 513 in südöstlicher Richtung. Ein Taxi zum Stadtzentrum kostet rund 35 AR$.

Villa Gesell

☏ 02255 / 30 000 EW.

Die entspannte Strandgemeinde ist in der Nebensaison verschlafen, doch im Sommer wird der Ort zu einer Spielwiese für junge *porteños*, die hier in den warmen Nächten Party machen. Der Ort ist eines der schönsten Küstenstädtchen mit gewundenen, sandigen Straßen, bezaubernden Sommerhäusern und auch größeren Ferienanlagen.

◉ Sehenswertes & Aktivitäten

Gesells langer **Strand** und die Promenade locken Schwimmer, Sonnenanbeter und Reiter an. Am Pier kann man das ganze Jahr über **angeln**.

Feria Artesanal MARKT
(Kunsthandwerksmarkt; Av 3 zw. Paseo 112 & 113) Von Mitte Dezember bis Mitte März gibt's jeden Abend einen Kunsthandwerksmarkt, auf dem viel handgemachter Schmuck, Holzschnitzereien, Gemälde und Souvenirs angeboten werden. In den übrigen Monaten findet der Markt nur am Wochenende statt.

Windy Playa Bar SURFEN
(www.windyplayabar.com.ar; Ecke Paseo 104 & Strand; ⊙ Sommer 8 Uhr–Sonnenuntergang) Die Surfschule ist an dem nachgebauten Piratenschiff am Strand sofort zu erkennen. Hier kann man Surfausrüstung mieten oder Surfstunden nehmen; die Strandbar ist die erste Adresse, wenn man Strandzubehör mieten oder bei schöner Aussicht ein kaltes Getränk oder ein Sandwich zu sich nehmen will.

Casa Macca FAHRRADVERLEIH
(Av Buenos Aires 449; 50 AR$/Std.) Der Fahrradverleih liegt zwischen der Paseo 101 und der Av 5.

🛏 Schlafen

Die günstigsten *hospedajes* liegen nördlich der Av 3. Im Sommer muss man vorab reservieren, ganz besonders in der zweiten Januarhälfte, wenn die Preise noch einmal kräftig anziehen.

★ La Deseada Hostel HOSTEL $
(☏ 02255-473276; www.ladeseadahostel.com.ar; Ecke Av 6 & Paseo 119; B/DZ ab 35/75 US$; @ 🛜) Das ultragemütliche Hostel sitzt oben auf einem grünen, von Immergrün eingefassten und von Rasen bewachsenem Hang in einem Wohnviertel zwischen Busbahnhof und Stadtzentrum, sechs Blocks vom Strand entfernt. Im Januar wimmelt es hier von jungen Argentiniern, während es in der Nebensaison ruhig ist. Es gibt Schlafsäle mit acht Betten, außerdem Privatzimmer (nur in der Nebensaison), großzügige Gemeinschaftsbereiche, eine nette Gästeküche und Frühstück bis 13 Uhr.

Medamar Playa Hotel HOTEL $$
(☏ 02255-463106; www.medamarplaya.com; Ecke Costanera & Paseo 111; EZ/DZ ab 79/92 US$; 🛜 🏊) Das schachtelartige, grünweiße Strandhotel ist betagt, aber der Service ist freundlich und die Lage unschlagbar. Außerhalb der geschäftigen Sommerzeit lohnt es sich, eines der Zimmer mit Balkon und Blick auf den Ozean und den winzigen Pool zu nehmen.

Hotel de la Plaza HOTEL $$
(☏ 02255-468793; www.delaplazahotel.com; Av 2, No 375; DZ/3BZ ab 100/140 US$) Das ordentliche Hotel in zentraler Lage zwischen dem Strand und dem Geschäftsviertel von Villa Gesell ist professionell geführt und das ganze Jahr über geöffnet – eine sehr gute Option, wenn man außerhalb der Saison in die Stadt kommt. Mehrere Restaurants sind weniger als einen Block vom Hotel entfernt.

🍴 Essen

An der Av 3 gibt's Pizza, Sandwichs, Eis und *parrilla*.

Die größte Bardichte findet sich am Paseo 105 zwischen Av 2 und Av 3. Die Strandrestaurants eignen sich bestens für ein paar Drinks und einen Snack bei Sonnenuntergang. Wenn es das Reisebudget erlaubt, kann man hier auch essen gehen.

Rancho Hambre EMPANADAS $
(Av 3, No 871; Empanada 15 AR$, Pizza 90–180 AR$; ⊙ 12–15 & 19.30 Uhr–open end, So mittags & Mi ganztägig geschl.) Das beliebte Lokal an der

Hauptstraße hat 36 Empanada-Varianten, von der einfachen (mit Hackfleisch) bis hin zu ausgefalleneren (mit Rucola, Parmesan und Walnüssen oder mit Schinken, Mozzarella, Backpflaumen und Muskatnuss). Man bestellt ein Dutzend zum Mitnehmen oder bleibt und isst eine Pizza. Eine zweite Filiale befindet sich an der Kreuzung der Av 3 mit dem Paseo 125.

El Viejo Hobbit KNEIPENKOST $$

(Av 8 zw. Paseo 11 & 12; Snacks 60–110 AR$, Fondue 200–340 AR$; ⊙ April–Nov. Fr & Sa 18 Uhr–open end, Dez.–März tgl.) Die skurrile Bar in einer Nebenstraße ist ein obligatorischer Stopp für Bierfreunde und Tolkien-Fans. Hinter der runden Vordertür beginnt das Hobbitland. Mehrere vor Ort gebraute Biere ergänzen die Karte, auf der Fondues einen prominenten Platz einnehmen. Es gibt ein gemütliches Obergeschoss und einen Hinterhof mit einem kleinen Hobbit-Haus, in dem die Kinder spielen.

La Delfina PARRILLA $$

(Ecke Paseo 104 & Av 2; Hauptgerichte 80–125 AR$; ⊙ 12–15 & 20–24 Uhr) Die umfangreiche Karte stellt sicher, dass jeder in dieser beliebten *parrilla* etwas findet. Hier gibt's Steaks, Pasta, Salate, Desserts und eine große Weinauswahl. Das Lokal ist leicht zu finden, es liegt direkt an der Hauptstraße.

ⓘ Praktische Informationen

Banken und Geldautomatengibt es an der Av 3. Die **Touristeninformation** (📞 02255-478042; www.turismo.gesell.gob.ar; Paseo 107 zw. Av 2 & 3; ⊙ März–Dez. 8–20 Uhr, Jan. & Feb. bis 24 Uhr) liegt im Zentrum abseits der Hauptstraße.

ⓘ Anreise & Unterwegs vor Ort

Der **Hauptbusbahnhof** (Ecke Av 3 & Paseo 140) liegt südlich der Stadt; der Bus 504 (6 AR$) fährt ins Zentrum. Es gibt Busse u. a. nach Buenos Aires (424 AR$, 5 Std.), Mar del Plata (125 AR$, 2 Std.) und Pinamar (45 AR$, 1 Std.).

Pinamar

📞 02254 / 25 000 EW.

Pinamar und die umliegenden Ortschaften sind fast so modisch wie Punta del Este in Uruguay. Reiche argentinische Familien vergnügen sich hier gern im Sommer.

⊙ Sehenswertes & Aktivitäten

Vieles ist nur am Wochenende und im Sommer geöffnet. Zu anderen Zeiten können Besucher friedlich durch die angrenzenden Kiefernwälder und an dem weiten, attraktiven Strand herumspazieren, ohne befürchten zu müssen, von anderen Urlaubern niedergetrampelt zu werden.

Fahrräder vermietet **Leo** (📞 02254-488855; Av Bunge 1111; 50 AR$/Std.; ⊙ 9–21 Uhr). Es gibt noch viele andere Aktivitäten, vor allem im Sommer – Broschüren dazu findet man in der Touristeninformation.

★ Feste & Events

Das **Pinamar Film Festival** (www.pantallapinamar.gov.ar) lockt Anfang März viele Besucher in die Stadt.

🛏 Schlafen

Reservieren ist im Januar unerlässlich. Manche Hotels verlangen dann eine Mindestbuchung von einer Woche. Die besten Optionen für kostenbewusste Traveller finden sich in der Nähe der südlich gelegenen Strände Ostende und Valeria, doch gibt es auch einige billigere Hotels und *hospedajes* an der Calle del Cangrejo nördlich der Touristeninformation.

Cabañas Pinaforet CABAÑAS $$

(📞 02254-409277; www.pinaforet.com.ar; Ecke Apolo & Jason; Jan. & Feb. ab 1290 US$/Woche; ❄🛜) Der nette Komplex aus fünf geräumigen Holzhütten (jeweils für bis zu 4 Pers.) liegt auf einem mit Kiefern bewachsenen Gelände, das nur wenige Schritte vom Busbahnhof und ein paar Gehminuten vom Stadtzentrum und dem Strand entfernt ist. Während die Wochenpreise im Sommer hoch sind, handelt es sich in der Nebensaison um eine tolle Budgetoption. Preise in der Nebensaison telefonisch erfragen.

Hotel Mojomar HOTEL $$

(📞 02254-407300; www.hotelmojomar.com.ar; De las Burriquetas 247; DZ ab 107 US$; ❄🛜) Das Hotel ist gehoben, wenn nicht gar luxuriös und hat eine tolle Lage drei Blocks abseits der Av Bunge und nur einen Block abseits des Strands. Das Haus mutet modern, aber freundlich an; die Zimmer sind klein, aber komfortabel, und einige blicken aufs Meer.

🍴 Essen & Ausgehen

Die Av Bunge ist gesäumt von Restaurants, Snackbars und Eisdielen. Im Sommer verwandeln sich die Restaurants am Ufer in Bars und Discos (keine Sorge – man hört sie) und bleiben generell bis zur Morgendämmerung geöffnet. In der Nebensaison kann man sich in dem Gebiet zwischen den Avs Bunge, Libertador und de las Artes umschauen.

★ Tante
INTERNATIONAL $$

(De las Artes 35; Hauptgerichte 55–175 AR$; 12–24 Uhr) Das elegante Restaurant mit Tearoom und Bar – ein paar Blocks vor dem Strand gleich abseits der Av Bunge – war einst das Haus eines bekannten Soprans der 1950er-Jahre. Heute gibt's hier deutsche, französische und alpenländische Spezialitäten wie Fondue, Crêpes, Gulasch, Wurst und Sauerkraut. Der Nachmittagstee ist ein Ereignis. Eine zweite Filiale befindet sich in Cariló.

Los Troncos
ARGENTINISCH $$

(Ecke Eneas & Lenguado; Hauptgerichte 45–130 AR$; Do-Di 12–15 & 20–24 Uhr) Dieses beliebte Lokal in einer Nebenstraße ist seit ungefähr vierzig Jahren im Geschäft und ist selbst in der Nebensaison oft voller Einheimischer. Es herrscht hier ein zwangloses, gastliches Flair alter Schule, und auf der Karte steht beinahe alles, von Braten über Meeresfrüchteeintöpfen bis hin zu hausgemachter Pasta – alle Gerichte sind perfekt zubereitet.

ⓘ Praktische Informationen

Die Libertador, die ungefähr parallel zum Strand verläuft, und die senkrecht zu ihr verlaufende Av Bunge sind die Hauptverkehrsadern; die Straßen zu beiden Seiten der Av Bunge greifen fächerförmig aus. In der **Städtischen Touristeninformation** (491680; www.pinamar.tur.ar; Ecke Av Bunge & Shaw; Mo–Fr 8–20, Sa 10–20, So 10–17 Uhr) erhält man einen guten Stadtplan.

ⓘ An- & Weiterreise

Der **Busbahnhof** (02254-403500; Jason 2250) ist zwölf Blocks vom Strand und sieben vom Zentrum entfernt. Busverbindungen gibt es u.a. nach Buenos Aires (350 AR$, 4½ Std.), Mar del Plata (152 AR$, 2½ Std.) und Villa Gesell (45 AR$, 1 Std.).

Bahía Blanca
0291 / 291 000 EW.

Bahía Blanca ist hauptsächlich ein Zwischenstopp für Traveller, die anderswohin wollen. Es ist aber auch eine angesichts ihrer Größe erstaunlich kosmopolitische Stadt, die sich damit rühmen kann, das am schlechtesten ausgeschilderte Museum in ganz Argentinien zu besitzen.

⊙ Sehenswertes

An Wochenenden gibt's eine **Feria artesanal** (Kunsthandwerksmarkt) auf der Plaza Rivadavia.

Museo del Puerto
MUSEUM

(0291-457-3006; www.museodelpuerto.blogspot.com; Ecke Guillermo Torres & Cárrega; Eintritt gegen Spende; Mo-Fr 9–12, Sa & So 16–20 Uhr) Das in einem bunt angestrichenen ehemaligen Zollgebäude untergebrachte kleine, aber spannende Museum ist eine Hommage an die Einwanderer in dieser Region. In den Räumen gibt es Archivmaterial und Fotos sowie Modelle einer alten *peluquería* (Friseurladen) und einer Bar. Die historische Sammlung beginnt schon draußen auf dem Hof, wo ein hölzernes Fischerboot und andere antike Artefakte von der interessanten Vergangenheit des Hafens künden.

🛏 Schlafen & Essen

★ Hotel Muñiz
HOTEL $$

(0291-456-0060; www.hotelmuniz.com.ar; O'Higgins 23; EZ/DZ ab 48/73 US$; ❊@🕿) Das Hotel, ein Wahrzeichen der Innenstadt, residiert in einem schönen alten Haus. Der altmodische Charme zeigt sich im Foyer in schwarzweiß gefliesten Böden, poliertem Balkenwerk und einer alten Telefonzelle. Lange Flure erschließen die auf vier Etagen verteilten Zimmer. Das Hotel ist eine wundervolle (und erschwingliche) Option, wenige Schritte von der zentralen Plaza entfernt.

Apart Hotel Patagonia Sur
HOTEL $$

(0291-455-2110; www.apartpatagoniasur.com.ar; Italia 64; EZ/DZ ab 72/85 US$; 🕿) Das freundliche Hotel ist bei Familien und kostenbewussten Travellern sehr beliebt. Es hat betagte, aber absolut funktionale, apartmentartige Zimmer mit Einbauküchen. Ein zusätzlicher Pluspunkt ist das im Preis inbegriffene kontinentale Frühstück, zu dem es frisches Obst und eine überraschende Vielfalt an hausgemachtem Kuchen und Gebäck gibt. Das Haus liegt ein kurzes Stück südlich der Plaza nahe der Kreuzung der O'Higgins mit der Italia.

★ El Mundo de la Parrilla
PARRILLA $$

(Av Colón 379; Hauptgerichte 60–150 AR$; Mo 20 Uhr–open end, Di-So 12–15 & 20 Uhr–open end) Die Einheimischen sind sich einig, dass die geschäftige, zwanglos elegante *parrilla* eines der besten Speiserestaurants der Stadt ist. Neben Feinschmecker-Empanadas, saftigem *lechón* und praktisch allen erdenklichen Steak-Varianten bietet das Lokal auch zwanzig Salate und ausgezeichnete traditionelle argentinische Desserts.

Bamboo BUFFET $$
(Chiclana 298; Buffet mittags/abends 150/165 AR$, Kinder halber Preis; ⊘12–15 & 20.30–24 Uhr) Dieser von einer chinesischen Familie effizient geführte *tenedor libre* ist eine gute Wahl, wenn man nach einer endlosen Busfahrt richtig ausgehungert ist. Es gibt eine Reihe asiatisch angehauchter Speisen und daneben typisch argentinische Kost, darunter eine große Auswahl an Grillfleisch.

❶ Praktische Informationen

Alle Infos zu Konzerten, Ausstellungen und Theatervorführungen rund um die Stadt stehen in der *Agenda Cultural*, die in der Touristeninformation, in Restaurants und Bars ausliegt.
Infostand der Touristeninformation (✆ 0291-459-4000; www.turismo.bahiablanca.gov.ar; Alsina 65, Municipalidad de Bahía Blanca; ⊘Mo–Fr 9–18, Sa 9.30–13 & 14.30–18 Uhr) Eine weitere Filiale ist im Busbahnhof.

❶ Anreise & Unterwegs vor Ort

Der Flughafen befindet sich 15 km östlich der Stadt. **Aerolíneas Argentinas** (✆ 0291-456-0561; www.aerolineas.com.ar; San Martín 298; ⊘Mo–Fr 10–18 Uhr) hat Flüge nach Buenos Aires.

Der **Busbahnhof** (Brown 1700) liegt rund 2 km östlich der Plaza Rivadavia; viele Regionalbusse fahren in die Stadt (Magnetkarten sind an Kiosks erhältlich). Ein Taxi kostet rund 50 AR$. Um sich die Anfahrt zum Busbahnhof zu sparen, kann man Tickets auch an den Kiosken rund um das südliche Ende der Plaza Rivadavia kaufen. Busverbindungen bestehen u. a. nach Buenos Aires (750 AR$, 9 Std.), Mar del Plata (505 AR$, 7 Std.) und Neuquén (630 AR$, 7 Std.).

Traveller, die nach Sierra de la Ventana gelangen wollen, haben zwei Optionen: Condor Estrella betreibt täglich zwei Busse (110 AR$, 2½ Std.) und Norte Bus einen Tür-zu-Tür-Shuttleservice (120 AR$, 1 Std.), der zwei- oder dreimal pro Tag fährt. Plätze vorher telefonisch reservieren!

Vom **Bahnhof** (✆ 0291-452-9196; Cerri 750) fahren an mehreren Tagen in der Woche Züge nach Buenos Aires. Die Fahrt kostet 115 AR$ in der *turista und 205 AR$ in der* Pullman-Klasse.

Sierra de la Ventana

✆ 0291 / 5000 EW.

Nach Sierra de la Ventana strömen die *porteños*, um der Hitze des Sommers zu entkommen. Man wandert ein wenig und kühlt sich anschließend an den Schwimmstellen ab. Wanderer und Bergsteiger zieht es häufig in die nahe gleichnamige Gebirgskette im Parque Provincial Ernesto Tornquist, deren zerklüftete Gipfel über 1300 m in die Höhe ragen.

🏃 Aktivitäten

Wer eine hübsche Wanderung unternehmen will, überquert zunächst den kleinen Damm am Ende der Calle Tornquist (dort gibt's eine **Badestelle**). Auf der anderen Seite kommt dann der **Cerro del Amor** in Sicht. Für den Aufstieg zum Gipfel wird man mit einem schönen Blick auf den Ort und die Pampa belohnt.

Rodados El Montañes (✆ 0291-648-0142; Ecke Fortín Mercedes & Iguazú; ⊘Mo–Sa 9–13 & 17-20.30 Uhr) verleiht hochwertige Mountainbikes.

🛏 Schlafen & Essen

Es gibt mehrere kostenlose Campingstellen am Fluss; sanitäre Anlagen finden sich ganz in der Nähe im schönen, grasbewachsenen kommunalen Schwimmbad. Manche Restaurants bleiben außerhalb der Sommermonate (Dez.–März) an einem oder auch an mehreren Tagen in der Woche geschlossen. Selbstversorger finden mehrere Supermärkte und Lebensmittelgeschäfte an der Hauptstraße.

Alihuen Hotel HOTEL $$
(✆ 0291-491-5074; www.lasierradelaventana.com.ar/alihuen; Ecke Tornquist & Frontini; DZ/3BZ ab 81/108 US$; 🛜🏊) Das charmante alte Hotel liegt rund vier Blocks abseits der Hauptstraße strategisch günstig am Flussufer. Das Haus ist zwar nicht wirklich luxuriös, aber mit seinen knarrenden Holzböden und schlichten Möbeln sehr stimmungsvoll. Hinzu kommen viele Außenbereiche zum Entspannen, darunter ein Swimmingpool, der bei warmem Wetter zur Erfrischung einlädt.

Cabañas Bodensee CABAÑAS $$
(✆ 0291-491-5356; www.sierrasdelaventana.com.ar/bodensee; Rayces 455, Villa La Arcadia; Hütte 2/4 Pers. ab 78/97 US$; 🛜🏊) Die Hütten dieser friedvollen Anlage rund um einen netten Swimmingpool sind eine angenehme Bleibe in Gehweite zum Stadtzentrum. Jede besitzt eine kleine Küche und eine Veranda mit einer großen *parrilla*. Die Anlage befindet sich im Viertel Villa La Arcadia – die meisten Attraktionen von Sierra de la Ventana liegen am gegenüberliegenden Flussufer.

Hotel Provincial HOTEL $$
(☏ 0291-491-5024; www.hotelprovincialsierra.com; Drago 130; DZ/3BZ ab 139/157 US$; ❄️🌐🏊) Das große alte Hotel wurde kürzlich umgestaltet. Die Zimmer wirken frisch und relativ luxuriös, aber das wirkliche Highlight hier sind die öffentlichen Bereiche, zu denen zwei Swimmingpools, ein Wohnzimmer samt knisterndem Kamin und Ausblick in die Berge, ein modernes Restaurant und ein Spa gehören. Das Hotel ist gleichermaßen bei Familien und Pärchen beliebt.

ⓘ Praktische Informationen

Die **Touristeninformation** (☏ 0291-491-5303; www.sierradelaventana.org.ar; Av del Golf s/n; ◷ 8–20 Uhr) liegt in der Nähe des Bahnhofs.

ⓘ An- & Weiterreise

Sierra de la Ventana besitzt keinen Busbahnhof; die Busse fahren von den Büros der jeweiligen Unternehmen ab. **Condor Estrella** (☏ 0291-491-5091; www.condorestrella.com.ar) betreibt Busse nach Buenos Aires (550 AR$, 9 Std., 6-mal/Woche) und Bahía Blanca (110 AR$, 2½ Std., 2-mal tgl.). Wenn die Abfahrtszeit nicht passt, fährt man mit einem der *combi*-Unternehmen, z. B. **Norte Bus** (☏ 0291-15-468-5101), mit dessen Minibussen man etwas schneller nach Bahía Blanca (ca. 120 AR$) kommt.

Ferrobaires (www.ferrobaires.gba.gov.ar) bietet zweimal wöchentlich auf der Bahnstrecke von Bahía Blanca nach Buenos Aires eine Zugverbindung nach Sierra de la Ventana (115–205 AR$) an.

Rund um Sierra de la Ventana

Im 6700 ha großen **Parque Provincial Ernesto Tornquist** (☏ 0291-491-0039; www.tornquist.gov.ar; Erw./Kind 10/4 AR$; ◷ Dez.–März 8–17 Uhr, April–Nov. 9–17 Uhr) kann man gut wandern oder sich von Rangern geführten Touren anschließen. Der Park ist der Ausgangspunkt für Wanderungen auf den 1136 m hohen **Cerro de la Ventana**. Der Aufstieg auf den wohl meistbestiegenen Berg des Landes dauert rund zwei Stunden und ist für alle, außer vielleicht für kurzatmige nikotinsüchtige *porteños*, leicht zu bewältigen. Man muss früh aufbrechen: Nach 11 Uhr im Winter oder 12 Uhr im Sommer ist der Aufstieg nicht mehr möglich.

Die Busse, die zwischen Bahía Blanca und Sierra de la Ventana unterwegs sind, können einen am Parkeingang absetzen; aus dem Dorf fahren auch Busse direkt zum Park (40 AR$, 1 Std.).

ZENTRALES ARGENTINIEN

Die Hauptattraktion hier ist wohl der Rebensaft. In der Region Cuyo liegen die Weinbauzentren Mendoza, San Luis und San Juan. Doch auch nach dem Genuss von ein paar Flaschen gibt's keinen Grund zum Däumchendrehen: Argentiniens „Abenteuerspielplatz" begeistert mit vielen Möglichkeiten zum Wandern, Skifahren und Klettern. Auch Raftingfans kommen auf ihre Kosten.

San Luis

☏ 0266 / 170 000 EW.

San Luis entwickelt sich allmählich zu einem Backpackerziel, hat jedoch noch einen langen Weg vor sich. Die meisten Besucher kommen wegen des nahe gelegenen Parque Nacional Sierra de las Quijadas. Das Geschäftszentrum bilden die beiden Parallelstraßen San Martín und Rivadavia zwischen der Plaza Pringles im Norden und der Plaza Independencia im Süden.

Die großen Schlafsäle mit mehreren Betten im **San Luis Hostel** (☏ 0266-442-4188; www.sanluishostel.com.ar; Falucho 646; B/2BZ 12/28 US$; @🌐🏊) sind nicht gerade ansprechend, ansonsten ist das Hostel jedoch hübsch. Das Personal organisiert Ausflüge nach Sierra de las Quijadas und Touren zu den örtlichen Goldminen.

Die Av Illia verläuft von der charmanten Plaza Pringles in nordwestlicher Richtung und ist das Zentrum der munteren Barszene von San Luis. An dieser Straße finden sich auch viele Fast-Food-Lokale. Das **Aranjuez** (Ecke Pringles & Rivadavia; Hauptgerichte 60–100 AR$; ◷ 8–22.30 Uhr; 🌐) ist ein durchschnittliches Café mit Bar und Restaurant, das sich mit seinen Tischen draußen gut für eine Verschnaufpause eignet.

Es gibt mehrere Banken (die meisten rund um die Plaza Pringles) mit Geldautomaten. Die **Touristeninformation** (☏ 0266-442-3957; www.turismo.sanluis.gov.ar; Ecke Av Illia & Junín; ◷ 9–21 Uhr) hat eine schon fast überwältigende Anzahl an Infos zum Umland von San Luis.

Aerolineas Argentinas (☏ 0266-442-5671; Av Illia 472; ◷ Mo–Fr 9–18, Sa bis 13 Uhr) fliegt

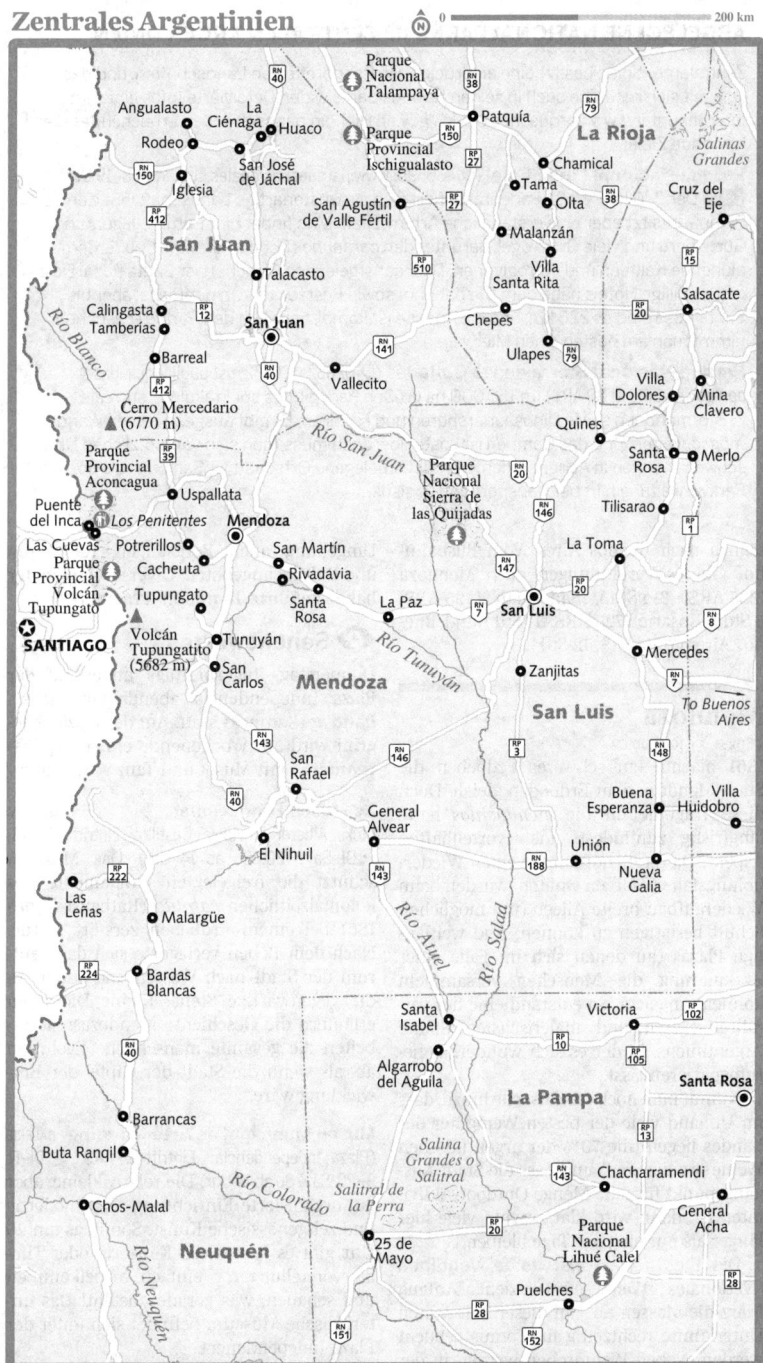

ABGELEGENE NATIONALPARKS IM ZENTRALEN ARGENTINIEN

Zentralargentinien besitzt eine eindrucksvolle Bandbreite von Landschaften, und das spiegelt sich natürlich auch in seinen Nationalparks wider. Detaillierte Infos gibt's im Internet unter www.parquesnacionales.gov.ar. Hier ein paar schwer zu erreichende, aber lohnende Ziele:

Parque Nacional Lihué Calel (436595; www.parquesnacionales.gob.ar; 8–19 Uhr) GRATIS Der 320 km² große Park präsentiert sich als wüstenartige Landschaft inmitten der Pampa, besitzt aber eine erstaunliche Artenvielfalt. Man findet hier Pumas, Jaguarundis, Gürteltiere und viele Greifvögel, darunter den *carancho* (Schopfkarakara), außerdem blühende Kakteen und Petroglyphen. Die nächstgelegene Ortschaft ist Santa Rosa. Dort gibt es billige Hotels nahe dem Busbahnhof sowie Restaurants an der Plaza, aber bis Santa Rosa sind es 226 km, und die Anreise ist kompliziert. Um den Park zu besuchen, nimmt man am besten einen Mietwagen.

Parque Nacional Sierra de las Quijadas (02652-490182; usopublicoquijadas@apn.gov.ar; Eintritt 80 AR$) Im 150 000 ha großen Park gibt es spektakuläre, surreale Felsformationen sowie Dinosaurierspuren und Fossilien. Es gibt ausgezeichnete Wandermöglichkeiten, und das Campen ist kostenlos, doch muss man sich vor plötzlichen Überschwemmungen in Acht nehmen. Die nächstgelegene Ortschaft ist San Luis; die dortige Parkverwaltung hilft bei Transport und Logistik.

---

täglich nach Buenos Aires. Vom Busbahnhof gibt es Verbindungen nach Mendoza (335 AR$, 3½ Std.), San Juan (425 AR$, 5 Std.), Rosario (725 AR$, 11 Std.) und Buenos Aires (1150 AR$, 12 Std.).

Mendoza

0261 / 1 100 000 EW.

1861 machte ein schweres Erdbeben die Stadt Mendoza dem Erdboden gleich. Doch diese Tragödie für die *mendocinos* hatte langfristig zumindest einen vorteilhaften Aspekt: Da die Behörden für einen Wiederholungsfall vorsorgen wollten, wurden beim Wiederaufbau breite Alleen (um möglichen Schutt beseitigen zu können) und weitläufige Plazas (an denen sich im Falle einer Evakuierung die Menschen versammeln können) angelegt. So entstand eine der verführerischsten und malerischsten Städte Argentiniens, in der es sich wunderbar herumspazieren lässt.

Nimmt man noch die Tatsache hinzu, dass im Umland viele der besten Weingüter des Landes liegen (die 70% der argentinischen Weine produzieren) und dass die Stadt Ausgangspunkt für jede Menge Outdoor-Aktivitäten ist, dann wird klar, warum viele hier länger als nur ein paar Tage bleiben.

Die **Fiesta Nacional de la Vendimia** (Nationales Weinlesefest) zieht Anfang März die Massen an – in dieser Zeit sollten Unterkünfte rechtzeitig im Voraus gebucht werden. Neben Weinproben werden in der Umgebung auch Bergsteigen, Radtouren und Rafting angeboten. Diverse Veranstalter haben geführte Touren im Programm.

Sehenswertes

Donnerstags bis sonntags findet auf der Plaza Independencia abends ein **Kunsthandwerksmarkt** statt. Auf der Plaza Pellegrini wird am Wochenende ein **Antiquitätenmarkt** mit Musik und Tanz veranstaltet.

★**Museo Fundacional** MUSEUM
(Ecke Alberdi & Videla Castillo; Eintritt 27 AR$; Di-Sa 8–20, So ab 14 Uhr) Das Museum schützt die freigelegten Fundamente des kolonialzeitlichen *cabildo* (Rathauses), das 1861 bei einem Erdbeben zerstört wurde. Nach dem Beben verlagerte sich das Zentrum der Stadt nach Westen und Süden an die gegenwärtige Stelle. Kleine Dioramen erläutern die Geschichte Mendozas; sie arbeiten die gesamte menschliche Evolution ab, als wenn die Stadt der Gipfel der Entwicklung wäre.

Museo Municipal de Arte Moderno GALERIE
(Plaza Independencia; Eintritt 23 AR$; Di-Fr 9–20, Sa & So ab 14 Uhr) Die relativ kleine, aber gut organisierte Einrichtung zeigt moderne und zeitgenössische Kunst. Sonntags um 20 Uhr gibt es kostenlose Konzerte oder Theatervorstellungen – einfach vorbeikommen und schauen, was gerade ansteht! Das unterirdische Museum befindet sich unter der Plaza Independencia.

Parque General San Martín · PARK

In dem schönen, 420 ha großen Park am Seeufer zu flanieren oder im Schatten des Rosengartens zu dösen, sind gute Methoden, um eines der Highlights der Stadt richtig zu genießen. Marschiert man auf der Sarmiento/Civit hinaus zum Park, kann man unterwegs auch noch einige der schönsten Häuser Mendozas bewundern. Einen Lageplan des Parks erhält man im **Centro de Información** (0261-420-5052; Ecke Av Los Platanos & Av Libertador; 9–17 Uhr); das befindet sich innerhalb der eindrucksvollen Eingangstore, die aus England herübergeschafft wurden und für den osmanischen Sultan Abdülhamid II. angefertigt worden waren.

Bodega la Rural · WEINGUT

(0261-497-2013; www.bodegalarural.com.ar; Montecaseros 2625; Führung 90 AR$; Mo–Fr 9–13 & 14–17 Uhr) Die Führungen sind nur durchschnittlich, aber das Museum ist faszinierend: Man sieht altes Weinbaugerät, darunter eine Traubenpresse, die aus einem ganzen Kuhfell hergestellt wurde. Führungen in spanischer Sprache gibt's jeweils zur vollen Stunde. Wer eine englischsprachige Führung wünscht, ruft vorher an. Ansonsten kann man sich auch kostenlos auf dem Gelände umschauen.

Di Tomasso · WEINGUT

(0261-587-8900; www.familiaditommaso.com; Urquiza 8136; Führung 40 AR$; Mo–Sa 10–18 Uhr) Das schöne historische Weingut reicht bis in die 1830er-Jahre zurück. Die Führung schließt eine kurze Besichtigung des ursprünglichen Weinkellers ein.

✈ Aktivitäten

Die Besteigung des in der Nähe gelegenen Aconcagua gehört zu den beliebtesten Aktivitäten hier, aber es gibt auch viele Veranstalter, die u. a. Rafting-, Kletter-, Mountainbike- und Wandertouren anbieten. Solche Touren lassen sich über die meisten Hostels organisieren.

Im Winter kann man bei mehreren Anbietern an der Av Las Heras Skier mieten.

Inka Expediciones · WANDERN

(0261-425-0871; www.inka.com.ar; Av Juan B Justo 345, Mendoza; Mo–Fr 9–18, Sa bis 13 Uhr) Bietet auch nach Kundenwünschen maßgeschneiderte Expeditionen.

Argentina Ski Tours · TOUREN

(0261-423-6958; www.argentinaskitours.com; Av Belgrano 1194B; Mo–Fr 11–20.30, Sa ab 17.30 Uhr) Veranstaltet Skitouren mit Rundumservice und Skiunterricht auf Spanisch und Englisch. Dieser Veranstalter vermietet die beste Skiausrüstung vor Ort und vermittelt zudem eine Reihe von Unterkünften auf dem Berg.

Argentina Rafting · ABENTEUERTOUREN

(0261-429-6325; www.argentinarafting.com; Amigorena 86; Mo–Sa 9–18 Uhr) Im Angebot sind Rafting, Mountainbiken, Kajakfahren, Gleitschirmfliegen, Klettern und andere Aktivitäten.

🍽 Kurse

Intercultural · SPRACHKURS

(0261-429-0269; www.spanishcourses.com.ar; República de Siria 241; Mo–Sa 9–20 Uhr) Einzel- und Gruppenunterricht in Spanisch und international anerkannte Prüfungen. Kann auch bei der Suche nach einer längerfristigen Unterkunft in Mendoza helfen.

🛏 Schlafen

Zwischen Januar und März steigen die Hotelpreise, insbesondere während des Weinfests Anfang März. Manche Hotels vergeben nur dann Betten, wenn man auch eine Tour bei ihnen bucht. Solche Unterkünfte sind hier aber natürlich nicht aufgeführt.

★Hostel Alamo · HOSTEL $

(0261-429-5565; www.hostelalamo.com.ar; Necochea 740; B 14–17 US$; DZ 37–58 US$; @ 🛜 🏊) Sauberes Hostel in toller Lage mit geräumigen Vierbettschlafsälen, tollen Aufenthaltsbereichen und einem wunderbaren Garten mit kleinem Pool.

Hostel Lagares · HOTEL $

(0261-423-4727; www.hostellagares.com.ar; Corrientes 213; B/DZ 17/65 US$; ❄ 🛜) Dieses „Luxus"-Hostel ist zwar etwas teurer als die Konkurrenz, bietet aber auch viel: Es ist makellos sauber, die Schlafsäle sind geräumig, und das Frühstück ist großzügig. Charmante Innen- und Außenbereiche steigern die Attraktivität.

Hostel Lao · HOSTEL $

(0261-438-0454; www.laohostel.com.ar; Rioja 771; B 20 US$; Zi. 58–65 US$; Zi. ohne Bad 40 US$; ❄ 🛜 🏊) Das Hostel wirkt eher wie ein cooles B&B, denn in jedem Schlafsaal stehen nur vier Betten. Die geräumigen Privatzimmer befinden sich in einem umgebauten Familienhaus, die teureren blicken direkt auf den schönen Hinterhof.

Mendoza

Map of central Mendoza, Argentina

Streets and landmarks shown on map:
- Av Juan B Justo
- Av E Civit
- Paso de los Andes
- Sobremonte
- Av Boulogne Sur Mer
- Centro de Información
- Grandaderos
- Av Aristides Villanueva
- Olascoaga
- M Zapata
- Rodríguez
- Liniers
- Avellaneda
- Alvarez
- L Aguirre
- Peru
- 25 de Mayo
- Chile
- Av Mitre
- Av Godoy Cruz
- Paz
- España
- Barcala
- Ferrocarril San Martín (außer Betrieb)
- Necochea
- Plaza Chile
- Gutiérrez
- Espejo
- Av Sarmiento
- Rivadavia
- Plaza Independencia
- Plaza Italia
- Av Las Heras
- Patricias Mendocinas
- Plaza San Martín
- 9 de Julio
- Av San Martín
- Touristen-information
- Infostand für Touristen
- San Juan
- Catamarca
- Bus to Airport
- Bus to Maipú
- Garibaldi
- Lavalle
- Buenos Aires
- La Rioja
- Entre Ríos
- San Luis
- Córdoba
- Corrientes
- Salta
- José F Moreno
- Plaza Sarmiento
- P de la Reta
- Amigorena
- Montevideo
- Plaza España
- San Lorenzo
- Av Colón
- España
- Vargas
- San Martín
- Don Bosco
- Plaza Pellegrini
- Av LN Alem
- Zuloaga
- Vicente López
- Pardo
- Av José Vicente Zapata
- Pedro Palacios

Directional notes:
- Blah Blah Bar (650 m); Museo Fundacional (1 km)
- Intercultural (200 m)
- (400 m)

400 m / N

Mendoza

◉ Sehenswertes
1 Museo Municipal de Arte Moderno E3
2 Parque General San Martín A2

⊕ Aktrivitäten, Kurse & Touren
3 Ampora Wine Tours D2
4 Argentina Rafting F3
5 Argentina Ski Tours D2
6 Inka Expediciones C1
7 Trout & Wine E3

⊙ Schlafen
8 Banana Hostel B2
9 Hostel Alamo D2
10 Hostel Lagares G1
11 Hostel Lao G4
12 Hotel Casino D2
13 Hotel Nutibara E3
14 Hotel Zamora D2
15 Mendoza Inn B3

⊗ Essen
16 Anna Bistro C1
17 Arrope F4
18 Cocina Poblana C3
19 El Palenque C3
20 Fuente y Fonda D3
21 La Flor de la Canela B1
22 La Mira D2
23 Mercado Central E2
24 Patancha D3

⊙ Ausgehen & Nachtleben
25 La Reserva F3
26 Por Acá B3

Mendoza Inn HOSTEL $
(☎ 0261-438-0818; www.mendozahostel.com; Av Arístides Villanueva 470; B 12–15 US$, DZ mit/ohne Bad 45/39 US$; @ 🛜 ≋) Das Hostel in toller Lage und mit nettem, zweisprachigem Personal gehört zu den besseren. Es hat großzügige Gemeinschaftsbereiche; der große, schattige Hinterhof und der Pool sind super.

Hotel Casino HOTEL $
(☎ 0261-425-6666; www.nuevohotelcasino.com.ar; Gutiérrez 668; EZ/DZ 40/56 US$; ❄ 🛜) Das Hotel an der Plaza Chile bietet ein paar gute, geräumige und einige ziemlich kleine, eher durchschnittliche Zimmer. Allesamt sind sauber und komfortabel, man sollte sich aber vor der Zusage erst ein paar anschauen.

Banana Hostel HOSTEL $
(☎ 0261-423-3354; www.bananahostel.com.ar; Julio A Roca 344; B 16–30 US$, DZ mit/ohne Bad 76/65 US$; ❄ @ 🛜 ≋) Das große Hostel liegt im ruhigen Wohnviertel La Quinta. Pluspunkte sind die Gemeinschaftsbereiche, der Hinterhof und der riesige Swimmingpool.

Hotel Zamora HOTEL $
(☎ 0261-425-7537; Perú 1156; EZ/DZ 37/48 US$; ❄ 🛜) Das nette kleine, von einer Familie geführte Hotel ist stilvoller als die meisten anderen dieser Preisklasse. Es bietet komfortable Zimmer, ein Frühstücksbuffet und einen charmanten Hof mit plätscherndem Springbrunnen und spanischen Fliesen.

Hotel Nutibara HOTEL $$
(☎ 0261-429-5428; www.nutibara.com.ar; Mitre 867; EZ/DZ 94/113 US$; ❄ 🛜 ≋) Etwas abseits der Hauptplaza ist das Nutibara eine gute Option in dieser Preisklasse. Die Zimmer unterscheiden sich in der Größe (manche EZ sind sehr eng), und das Farbschema in beige ist nicht jedermanns Sache, aber der Pool ist fantastisch und die Anlage gut gepflegt.

✕ Essen

Die Straßenrestaurants an der verkehrsberuhigten Av Sarmiento sind prima, um Leute zu beobachten. Die Restaurants an den Avs Las Heras und San Martín bieten gute und günstige Festpreismenüs – das jeweilige Angebot steht auf Tafeln.

Mercado Central MARKT $
(Ecke Av Las Heras & Patricias Mendocinas; Hauptgerichte ab 70 AR$; ⊙ 8.30–23 Uhr) Im renovierten Mercado Central findet man billige Pizza, Empanadas und Sandwichs.

El Palenque ARGENTINISCH $
(Av Arístides Villanueva 287; Hauptgerichte 80–140 AR$; ⊙ Mo-Sa 12-2 Uhr; 🛜) Nicht versäumen sollte man dieses hervorragende, beliebte Restaurant. Es ist im Stil einer altmodischen *pulpería* (Taverne) aufgemacht, und der Hauswein wird in traditionellen *pinguinos* (weißen Tonkannen in Pinguinform) serviert. Die Gerichte und Vorspeisen sind erstklassig. Die Tische draußen sind immer voll, und es herrscht gute Stimmung.

La Flor de la Canela PERUANISCH $
(Av Juan B Justo 426; Hauptgerichte 65–100 AR$; ⊙ 12–15 & 21–1 Uhr, Mi geschl.) Wer es scharf mag, kann dieses schlichte, authentisch peruanische Lokal ein paar Blocks abseits des Zentrums besuchen. Was ihm an Flair fehlt, macht es durch Geschmack wieder wett.

Cocina Poblana NAHÖSTLICH $
(Av Arístides Villanueva 217; Gerichte ab 70 AR$; ⊙ Mo-Sa 12-15 & 19-1 Uhr) Das sehr schmack-

hafte, billige nahöstliche Essen (Hummus, Falafel, Dolma) ist nach all den Steaks eine willkommene Abwechslung. Das Şiş Kebap mit Kısır ist sehr zu empfehlen.

Arrope VEGETARISCH $

(Primitiva de la Reta 927; 18 AR$/100 g; ⊙ 8–15 Uhr; 🌱) Wer keinen Appetit auf Fleisch hat, bedient sich am üppigen Buffet dieses gemütlichen vegetarischen Café-Restaurants.

La Mira FUSION $

(Av Belgrano 1191; Hauptgerichte 85–140 AR$; ⊙ 9–24 Uhr) Hier gibt's köstliche, innovative Gerichte in einem entspannten Ambiente. Jedes Gericht wird mit Beilagen serviert (manchmal muss das Gemüse extra bestellt werden), und es gibt auch eine kleine, aber erlesene Weinkarte.

★ Anna Bistro FUSION $$

(Av Juan B Justo 161; Hauptgerichte ab 120 AR$; ⊙ 12–2 Uhr; 🌐) Das Restaurant ist eines der schönsten in Mendoza. Es gibt einen wundervollen Gartenbereich, coole Musik und sorgfältig zubereitete Gerichte.

Fuente y Fonda ARGENTINISCH $$

(Montevideo 675; Hauptgerichte 150 AR$; ⊙ 12–15 & 20–24 Uhr) Hier speist man wie am Familientisch: Die gute, ehrliche Hausmannskost wird in großen Portionen auf die Mitte des Tischs gestellt, und alle langen zu. Eine ordentliche Weinkarte und leckere, kostenlose Desserts runden das Bild ab.

Patancha INTERNATIONAL $$

(Perú 778; Hauptgerichte 90–150 AR$; ⊙ Mo–Sa 10–2 Uhr) Das nette kleine Lokal serviert tolle Tapas, traditionell beliebte Gerichte wie etwa *humitas* und die eine oder andere Überraschung, z. B. Pfannengerichte mit Meeresfrüchten. Das Mittagsmenü für 55 AR$ ist ein Schnäppchen.

Ausgehen

Die Av Aristides Villanueva westlich des Zentrums ist Dreh- und Angelpunkt von Mendozas lebendiger Barszene. Am besten sieht man sich einfach selbst um – hier aber noch ein paar Tipps.

Por Acá BAR

(Av Arístides Villanueva 557; ⊙ Mi–Sa 8 Uhr–open end) Die Lounge-Bar lässt sich kurz beschreiben: außen violett und gelb und innen gepunktet. Ab 2 Uhr füllt sich der Laden, und am Ende der Nacht wird oft auf den Tischen getanzt. Gute, tanzbare Retro-Musik!

Blah Blah Bar BAR

(Escalada 2307; ⊙ ab 18 Uhr) Ein Tajamar-Highlight und Mendozas Version einer gemütlichen Kneipe – hip und unprätentiös zugleich, mit entspannter Atmosphäre und vielen Sitzmöglichkeiten im Außenbereich.

La Reserva SCHWULENBAR

(Rivadavia 34; Eintritt frei–75 AR$; ⊙ Di–Sa ab 21 Uhr) Die kleine ausgewiesene Schwulenbar zieht eine gemischte Klientel an. Jede Nacht um 24 Uhr gibt es gewagte Dragshows und anschließend Hardcore-Techno.

Praktische Informationen

Weinkenner und Interessierte sollten sich eine kostenlose Ausgabe der englischsprachigen Zeitschrift **Wine Republic** (www.wine-republic.com) besorgen, die sich der Wein- und Gastronomieszene Mendozas widmet.

Touristeninformationsbüro (📞 0261-431-5000; ⊙ 8–20 Uhr) Im Busbahnhof. Ein weiterer Kiosk befindet sich an der Kreuzung der Avs Las Heras und Mitre.

Post (Ecke Av San Martín & Colón; ⊙ Mo–Fr 8–18, Sa 9–13 Uhr)

Touristeninformationskiosk (📞 0261-420-1333; Garibaldi; ⊙ 8–18 Uhr) Der hilfreiche Kiosk nahe der Av San Martín ist die bequemste Informationsquelle.

Touristeninformation (📞 0261-420-2800; www.turismo.mendoza.gov.ar; Av San Martín 1143; ⊙ Mo–Fr 8–22 Uhr) Gute Karten und viele Broschüren.

An- & Weiterreise

BUS

Der **Busbahnhof** (📞 0261-431-3001; Ecke Av de Acceso Este & Av Costanera) liegt rund 10 Blocks östlich vom Stadtzentrum.

ZIEL	PREIS (AR$)	DAUER (STD.)
Aconcagua	90	3½
Buenos Aires	1375	14
Córdoba	805	9
Las Leñas	200	7
Los Penitentes	82	4
Malargüe	201	6
Neuquén	1025	12
San Juan	224	2
San Luis	335	3½
Tucumán	1127	14
Uspallata	68	2
Valparaíso, Chile	500	8

> ### WEINTOUREN IN MENDOZA
>
> Es wäre fast schon eine Schande, nach Mendoza zu kommen und nicht zumindest ein Weingut zu besuchen. Argentiniens Weine werden immer besser und stoßen deshalb auch international auf wachsendes Interesse. Viele Weingüter bieten Weinproben an.
> Hier ein paar Vorschläge, die sich je nach Zeit und Geldbeutel anbieten:
>
> ➡ Mit dem Bus die Gegend rund um Maipú und Luján erkunden.
>
> ➡ Mit dem Bus nach Maipú fahren, dort ein Fahrrad mieten (80 AR$) und eine Tour in Eigenregie unternehmen. Radler können einen 40 km langen Rundkurs einschlagen, der u. a. zu Di Tomasso (S. 143) und der Bodega la Rural (S. 143) führt. Man sollte sich im Vorfeld die Öffnungszeiten telefonisch bestätigen lassen. Zu den etablierten Anbietern in Maipú zählen **Coco Bikes** (☏ 0261-481-0862; Urquiza 1781; Fahrrad 70 AR$; ⊙ Mo–Sa 9–18 Uhr) und **Mr Hugo** (☏ 0261-497-4067; www.mrhugobikes.com; Urquiza 2228; Fahrrad 80 AR$/Tag; ⊙ Mo–Sa 9–18 Uhr). Sie stellen einfache Karten und ordentliche Räder zur Verfügung, die man vor dem Aufbruch aber trotzdem überprüfen sollte (Bremsen, Sattel usw.). Karten der Region gibt's auch in den Touristeninformationen in Mendoza.
>
> ➡ Eine günstige (ca. 360 AR$) Tour, wie sie Hostels und Tourveranstalter anbieten. Die sind für durchschnittliche Ansprüche durchaus in Ordnung. Sie können allerdings überbucht sein und hektisch ablaufen, und man wird keine wirklich guten Tropfen bekommen.
>
> ➡ Eine hochwertige Weintour mit einem Veranstalter wie **Trout & Wine** (☏ 0261-425-5613; www.troutandwine.com; Espejo 266; ⊙ Mo–Sa 9–13 & 15–20 Uhr) oder **Ampora Wine Tours** (☏ 0261-429-2931; www.mendozawinetours.com; Av Sarmiento 647; ⊙ Mo–Sa 9–21, So ab 17 Uhr). Diese kosten ab etwa 1950 AR$, dafür besucht man einige exklusive Weingüter in kleiner Gruppe und kostet Proben der besten Weine, die die Region zu bieten hat.

FLUGZEUG

Aerolíneas Argentinas/Austral (☏ 0261-420-4185; Av Sarmiento 82; ⊙ Mo–Fr 10–18, Sa bis 13 Uhr) Die beiden Fluglinien teilen sich das Büro; Aerolíneas fliegt mehrmals täglich nach Buenos Aires.

LANChile (☏ 0261-425-7900; Rivadavia 256; ⊙ Mo–Fr 10–19 Uhr) Fliegt zweimal täglich nach Santiago de Chile.

ⓘ Unterwegs vor Ort

Mendozas Flughafen liegt 6 km nördlich der Stadt. Der **Bus 60 („Aeropuerto")** (Salta, zw. Garibald & Catamarca) fährt von der Calle Salta direkt dorthin. Der Busbahnhof ist rund 15 Gehminuten vom Zentrum entfernt; wer nicht laufen will, nimmt den Trolley nach Villa Nueva.

Die Fahrt im Stadtbus kostet 3,50 AR$ (mehr bei längeren Strecken); man braucht eine Redbus-Magnetstreifen-Karte, die an den meisten Kiosken in Werten zu 5 und 10 AR$ zu haben ist.

Uspallata

☏ 02624 / 3800 EW.

Das Dorf 1751 m über dem Meeresspiegel liegt 150 km westlich von Mendoza an einer Kreuzung der RN 7 in einem ausgesprochen malerischen Tal. Es ist umgeben von mehrfarbigen Bergen und ein toller Ausgangspunkt zum Erkunden der Umgebung. Filmfreaks dürfte möglicherweise interessieren, dass hier auch Szenen des Brad-Pitt-Streifens *Sieben Jahre in Tibet* gedreht wurden.

◉ Sehenswertes

1 km nördlich der Highwayabzweigung nach Villavicencio führt eine ausgeschilderte Nebenstraße zu den Ruinen und dem Museum von **Bóvedas Históricas Uspallata**, einer Stätte, wo schon in präkolumbischer Zeit Erz verhüttet wurde. Ungefähr 4 km nördlich von Uspallata findet sich an einem vulkanischen Felsvorsprung in der Nähe eines kleinen Denkmals für den seliggesprochenen Ceferino Namuncurá eine Reihe verblasster, aber noch erkennbarer **Felszeichnungen**.

🛏 Schlafen & Essen

Hostel International Uspallata   HOSTEL $
(☏ 15-466-7240; www.hosteluspallata.com.ar; RN 7 s/n; B/DZ 11/45 US$, Hütte 60–80 US$) Das freundliche Hostel 7 km östlich des Dorfs hat schlichte, aber komfortable Zimmer und ein paar nette, kleine Hütten. Man bekommt auch Abendessen (85–120 AR$). Vom Hostel aus kann man gut wandern; Fahrräder und Pferde werden vermietet. Den Busfahrer bitten, einen vor der Ankunft in Uspallata vor dem Hostel abzusetzen.

Hotel Portico del Valle   HOTEL $$

(☎02624-420103; Las Heras s/n; B/EZ/DZ 18/54/64 US$) Das neu gebaute Hotel direkt an der Kreuzung wirkt leicht modernistisch. Es ist nichts Besonderes, aber für ein paar Tage durchaus in Ordnung. Das zugehörige Hostel befindet sich in einem separaten Gebäude ein paar Blocks weiter – an der Rezeption nachfragen.

★ Café Tibet   CAFÉ $

(Ecke RN 7 & Las Heras; Hauptgerichte 65–100 AR$; ◷8–23 Uhr) Kein Besuch in Uspallata wäre komplett, ohne zumindest einen Kaffee in diesem seltsamen, kleinen Lokal getrunken zu haben. Das Essen ist nichts Besonderes, aber das Dekor – aus übrig gebliebenen Kulissen aus dem Film *Sieben Jahre in Tibet* – ist ein Muss für alle Fans des Surrealen.

El Rancho   PARRILLA $$

(Ecke RN 7 & Cerro Chacay; Hauptgerichte 100–150 AR$; ◷Di–So 12–15 & 19–1 Uhr) Die gemütlichste und verlässlichste *parrilla* in der Stadt. Es gibt alle üblichen Gerichte und einen guten *chivo* (Ziegenbraten).

ⓘ Praktische Informationen

Die **Touristeninformation** (☎02624-420009; RN 7 s/n; ◷8–21 Uhr) befindet sich gegenüber dem YPF-Bahnhof.

ⓘ An- & Weiterreise

Der Busbahnhof liegt versteckt hinter dem neuen, ausnehmend hässlichen Casino an der Hauptstraße. Hier fahren Busse nach Mendoza (68 AR$, 2½ Std.), Puente del Inca (60 AR$, 1 Std.) und zu den dazwischen liegenden Ortschaften. Die grenzüberschreitenden Busse nach Santiago sind oft voll; im Winter kann der Pass wochenlang für den Verkehr gesperrt sein.

Rund um Uspallata

Los Penitentes

Los Penitentes (☎0261-429-9953; www.los-penitentes.com; Lift 360–490 AR$/Tag) liegt zwei Stunden südwestlich von Uspallata auf einer Höhe von 2580 m. Das Gelände eignet sich bei genügend Schnee ausgezeichnet für Abfahrts- und Skilanglauf; der maximale Höhenunterschied der 21 Hänge liegt bei über 700 m. Skilifte und Unterkünfte sind sehr modern. Der Skipass kostet je nach Jahreszeit zwischen 360 und 490 AR$ pro Tag. Die Skisaison dauert von Juni bis September.

In der gemütlichen Hütte des **Hostel Los Penitentes** (☎in Mendoza 0261-425-5511; www.penitentes.com.ar; DZ 24–31 US$) kommen 38 Besucher in sehr kleinen Zimmerchen unter. Es gibt eine Küche, einen mit Holz beheizten Kamin und drei Gemeinschaftsbäder. Mahlzeiten kosten ab 70 AR$; im Sommer zahlt man für die Schlafplätze nur die Hälfte. Im Winter veranstaltet das Hostel Skilanglauf- und Abfahrtstouren, im Sommer Wanderungen auf den Aconcagua und diverse Ausflüge. Mehr Komfort bietet das **Hotel Ayelén** (☎in Mendoza 0261-428-4343; EZ/DZ ab 129/193 US$), das ganzjährig geöffnet hat. Die Einrichtung ist super und das Essen im Restaurant sehr gut.

Mehrere Busse aus Mendoza fahren täglich auf dem Weg nach Uspallata (82 AR$, 4 Std.) durch Los Penitentes.

Puente del Inca

Wer in Richtung chilenische Grenze fährt, stößt ca. 8 km westlich von Los Penitentes in 2720 m Höhe auf eines der tollsten Naturwunder Argentiniens. Nahe der Abzweigung zum Aconcagua überspannt die Puente del Inca, eine von der Natur geschaffene Steinbrücke, den Río Mendoza. Darunter befinden sich Felsmauern und die Ruinen einer alten Badeanlage, die das warme Schwefelwasser der Thermalquellen gelb gefärbt hat. Von hier aus kann man in den Parque Provincial Aconcagua wandern.

Das kleine, schlichte Hostel **Hostel El Nico** (☎0261-592-0736; elnicohostel@gmail.com; B/DZ 22/44 US$) organisiert Bergsteigen, Gletschertouren und Schneeschuhausflüge. Zum Haus gehören auch ein günstiges Restaurant und eine Bar. Weitere Restaurants liegen verstreut um den Park.

Täglich besteht eine Busverbindung nach Mendoza (93 AR$, 4 Std.).

Parque Provincial Aconcagua

Der Parque Provincial Aconcagua an der chilenischen Grenze umfasst 710 km² Hochland rund um den höchsten Gipfel der westlichen Hemisphäre, den 6962 m hohen **Cerro Aconcagua**. Wanderer finden Basislager und Unterstände unterhalb der Schneegrenze.

Für den Aufstieg zum Gipfel des Aconcagua braucht man mindestens 13 bis 15 Tage, vor allem wegen der erforderlichen Akklimatisierung. Wer sich an den Aufstieg wagen will, sollte sich R. J. Secors Wanderführer *Aconcagua* besorgen und die Website www.aconcagua.mendoza.gov.ar anschauen.

Von Mitte November bis Mitte März braucht man fürs Wandern und Bergsteigen eine Genehmigung. Die Gebühren richten sich nach der Parksaison, die nach einem komplexen System organisiert ist – aktuelle Infos gibt's unter www.aconcagua.mendoza.gov.ar. Die Hauptsaison erstreckt sich von Mitte Dezember bis Ende Januar. Die Genehmigungen kann man in Mendoza bei der Haupttouristeninformation (S. 146) kaufen.

Viele Anbieter von Abenteuertouren in und rund um Mendoza veranstalten Exkursionen ins Hochgebirge.

San Juan

0264 / 109 000 EW.

Wenn es hier nach Kerosin riecht, dann weil die stolzen Bürger von San Juan die Gehwege polieren – ein bisschen seltsam ist das schon. Doch San Juan ist schön, vor allem aber lohnend wegen der nahen Weingüter und als Tor zum Parque Provincial Ischigualasto.

Anders als in den meisten argentinischen Städten ändern die Straßen nach der Kreuzung mit der zentralen Plaza ihren Namen nicht, sondern nur den Namenszusatz nach der Himmelsrichtung. Die Zählung der Hausnummern beginnt an der Plaza und setzt sich mit der Entfernung von ihr fort. So gibt es etwa eine Laprida 150 Este und eine Laprida 150 Oeste.

Sehenswertes & Aktivitäten

Museo de Vino Santiago Graffigna MUSEUM

(0264-421-4227; www.graffignawines.com; Colón 1342 Norte; Mo-Sa 10–19, So bis 16 Uhr) GRATIS Dieses Weinmuseum lohnt einen Besuch. Zu ihm gehört auch eine Weinstube, in der man viele der besten Weine von San Juan probieren kann. Einfach den Bus 12A vor der Touristeninformation an der Sarmiento nehmen (3 AR$, 15 Min.) und den Fahrer darum bitten, einem zu sagen, wann man aussteigen muss.

Triasico Turismo TOUREN

(0264-422-8566; www.triasico.com.ar; Sarmiento 42 Sur; Mo-Sa 9–13 & 16–20 Uhr) Der Anbieter ist auf Touren zum Reservat Ischigualasto (640 AR$, mind. 2 Pers.) spezialisiert – man kann es hier versuchen, wenn man Schwierigkeiten hat, eine Gruppe zusammenzubekommen.

Schlafen

San Juan Hostel HOSTEL $

(0264-420-1835; www.sanjuanhostel.com; Av Córdoba 317 Este; B 11–12 US$, EZ/DZ 25/32 US$, ohne Bad 16/21 US$;) Das ausgezeichnete kleine Hostel mit unterschiedlichen Schlafsälen und Zimmern hat eine praktische Lage zwischen Busbahnhof und Stadtzentrum. Gute Infos zu Touren und regionalen Attraktionen und ein Whirlpool auf dem Dach runden das Angebot ab.

Hotel Alhambra HOTEL $

(0264-421-4780; www.alhambrahotel.com.ar; General Acha 180 Sur; EZ/DZ 30/40 US$;) Die recht kleinen, mit Teppich ausgelegten Zimmer bekommen durch dunkle Holzvertäfelungen einen Hauch von Klasse. Kleine Details wie die Ledersessel und die goldenen Standaschenbecher in den Fluren bedienen den Kitschfaktor, und die zentrale Lage ist das Tüpfelchen auf dem i.

Hotel Selby HOTEL $

(0264-422-4766; www.hotelselby.com.ar; Rioja 183 Sur; EZ/DZ 45/50 US$) Schick ist das Hotel nicht, aber die Zimmer sind von ordentlicher Größe, und die Lage in der Innenstadt ist unschlagbar. Gutes Preis-Leistungs-Verhältnis!

Hotel del Bono Suite HOTEL $$

(0264-421-7600; www.hoteldelbono.com.ar; Mitre 75 Oeste; DZ/Suite 96/110 US$;) Mit ein paar schicken Gestaltungsmerkmalen, die das Hotel nicht ganz so durchschnittlich wirken lassen, ist dieses Haus ein für diesen Preis gutes Angebot. Zusätzliche Pluspunkte sind die ordentlich bestückten Kochnischen und der Pool auf dem Dach.

 Essen

Im verkehrsberuhigten Abschnitt der Rivadavia drängen sich Straßencafés und Fastfood-Imbisse.

Baró INTERNATIONAL $

(Rivadavia 55 Oeste; Hauptgerichte 80–120 AR$; 8–23.30 Uhr) Das beliebte Café-Restaurant an der Hauptstraße hat die größte Auswahl an Pastagerichten in der Stadt. Mit seiner relaxten Atmosphäre bietet es sich jederzeit für eine Kaffeepause oder einen Drink an.

Soychú VEGETARISCH $

(Av José Ignacio de la Roza 223 Oeste; Buffet 60 AR$; Mo-Sa 12–21, So 11–15 Uhr;) Das ausgezeichnete Buffet gehört zu einem Reformkostladen mit allen möglichen Lebensmitteln und einer Reihe von Tees. Wer früh kommt, hat die größte Auswahl.

★ de Sánchez   FUSION $$
(Rivadavia 61 Oeste; Hauptgerichte 130–200 AR$; Di–So 12–15 & 20–24 Uhr) San Juans versnobtestes Restaurant im Zentrum ist tatsächlich richtig gut. Es bietet eine kreative Karte mit Meeresfrüchtegerichten, eine adäquate Weinkarte (auf der alle großen Tropfen aus San Juan stehen) und eine ruhige Atmosphäre.

❶ Praktische Informationen

Touristeninformation (0264-422-2431; www.turismo.sanjuan.gov.ar; Sarmiento 24 Sur; 8–19 Uhr) Hat einen guten Plan von Stadt und Umgebung sowie Infos zum Rest der Provinz, etwa zum Parque Provincial Ischigualasto.

❶ An- & Weiterreise

Aerolíneas Argentinas (0264-421-4158; Av San Martín 215 Oeste; Mo–Fr 10–18, Sa bis 13 Uhr) fliegt täglich nach Buenos Aires.

Vom **Busbahnhof** (0264-422-1604; Estados Unidos 492 Sur) fahren Busse nach Mendoza (225 AR$, 3 Std.), Córdoba (675 AR$, 9 Std.), San Agustín de Valle Fértil (130 AR$, 4 Std.), La Rioja (506 AR$, 6 Std.) und Buenos Aires (1460 AR$, 15 Std.).

Autos vermietet **Classic** (0264-422-4622; Av San Martín 163 Oeste; 9–19 Uhr). Wenn man zum Naturschutzgebiet Ischigualasto möchte, ist es eine der billigsten Optionen, im Hostel eine Gruppe zusammenzutrommeln und sich gemeinsam ein Auto für einen Tag zu mieten.

Rund um San Juan

San Agustín de Valle Fértil

Das relaxte Nest liegt 250 km nordöstlich von San Juan inmitten von farbenprächtigen Hügeln sowie Flüssen. Die Einwohner leben von Landwirtschaft, Viehzucht, Bergbau und vom Tourismus. San Agustín dient als Ausgangspunkt für Abstecher in die Parks Ischigualasto und Talampaya. Außerdem kann man sich in der Umgebung **Petroglyphen** ansehen und den Río Seco erkunden.

Die **Touristeninformation** (General Acha; Mo–Fr 7–13 & 17–22 Uhr, Sa 8–13 Uhr) an der Plaza hilft bei der Planung von Touren. Vor Ort gibt's einen Campingplatz, günstige Unterkünfte und ein paar prima *parrillas*. Geld sollte man vor der Anreise wechseln.

Jeden Tag pendeln Busse zwischen San Juan und San Agustín (130 AR$, 4 Std.).

Parque Provincial Ischigualasto

Der Parque Provincial Ischigualasto erstreckt sich über ein Wüstental, das zwischen Bergketten aus Sedimentgestein liegt. An jeder Biegung des Canyons haben die wechselnden Pegel des Río Ischigualasto unzählige Fossilien und Dinosaurierknochen aus der Trias freigelegt, die bis zu 180 Mio. Jahre alt sind. Das Wasser hat zudem eigentümliche Formen in das einfarbige Mergelgestein, den roten Sandstein und die Vulkanasche gegraben. In der öden „Mondlandschaft" wachsen Wüstenpflanzen wie *algarrobo*-Bäume, Büsche und Kakteen. Dazwischen tummeln sich Guanakos, Kondore, Pampashasen und Füchse.

Inoffiziell ist neben dem Besucherzentrum in der Nähe des Eingangs campen erlaubt. Neben einer *confitería* mit einfachen Mahlzeiten und kalten Getränken gibt's hier auch Toiletten und Duschen. Allerdings ist Wasser oft Mangelware – und Schatten sucht man ohnehin vergeblich.

Ischigualasto liegt ungefähr 80 km nördlich von San Agustín. Aufgrund seiner Größe und Abgeschiedenheit ist eine Erkundung des Parks eigentlich nur mit Fahrzeug sinnvoll. Nachdem man den Eintritt bezahlt hat, begleitet ein Ranger Besucherfahrzeuge auf einem zwei- oder dreistündigen Rundkurs über die unbefestigten Pisten, die nach Regenschauern eventuell nicht passierbar sind.

Wer kein eigenes Transportmittel hat, kann sich bei der Touristeninformation in San Agustín nach Touren oder einem Wagen mit Fahrer erkundigen oder sich an die Parkverwaltung (Valle de la Luna, Valley of the Moon; admission 160 AR$; 8–18 Uhr) wenden. Veranstalter in San Juan bieten Touren zum Park an, es ist aber erheblich billiger, wenn man auf eigene Faust nach San Agustín fährt und sich dort etwas organisiert. Einige Touren sind gleich mit einem Besuch im **Parque Nacional Talampaya** verbunden, der fast 100 km nordöstlich vom Ischigualasto liegt.

Malargüe

0260 / 21600 EW.

Zu präkolumbischer Zeit jagten und sammelten die Pehuenche im Malargüe-Tal, aber mit der Ankunft europäischer Kolonisten, die hier Ackerbau betrieben, verloren sie ihr Land. Heute ist die Ölgewinnung ein Hauptgewerbezweig, außerdem ist Malargüe, das 400 km südlich von Mendoza liegt, das ganze Jahr über ein Zentrum für Outdoor-Aktivitäten: Las Leñas ist das beste Skigebiet Argentiniens, außerdem gibt's in der Nähe archäologische Stätten und Tierreservate sowie geführte Höhlentouren.

Schlafen & Essen

Restaurants säumen die fünf Blocks der San Martín südlich der Plaza.

Eco Hostel Malargüe — HOSTEL $
(0260-447-0391; www.hostelmalargue.com; Finca 65, Colonia Pehuenche; B 13 US$, DZ mit/ohne Bad 72/56 US$;) Das Hostel/B&B befindet sich 6 km südlich der Stadt auf einer Bio-Farm und wurde auf nachhaltige Weise gebaut. Die Zimmer sind schlicht, aber komfortabel, die Umgebung ist schön, und auch das Frühstück (mit Produkten von der Farm) kann sich sehen lassen.

Hosteria Keoken — HOTEL $
(0260-447-2468; Puebla 252; EZ/DZ 45/55 US$;) Das nette, schlichte, kleine Hotel gleich abseits der Hauptstraße hat Zimmer, die für den Preis durchaus gemütlich und komfortabel sind. Die Inhaberin ist eine ältere Señora.

El Nevado — APARTMENTS $$
(15-440-0712; www.aparthotelnevado.com.ar; Puebla 343; Apt. ab 65 US$;) Die Apartments haben ein ausgezeichnetes Preis-Leistungs-Verhältnis und können pro Tag, aber auch für längere Aufenthalte angemietet werden. Sie bieten eine voll ausgestattete Küche, separate Schlafbereiche und hinten einen hübschen kleinen Garten.

★ El Quincho de María — ARGENTINISCH $
(Av San Martín 440; Hauptgerichte 80–130 AR$; 12–23 Uhr) Das beste Essen im Stadtzentrum hat die gemütliche kleine *parrilla*, in der alles, von den Gnocchi bis zu den Empanadas, hausgemacht ist. Unbedingt probieren sollte man das leckere Şiş Kebap für 60 AR$.

Los Olivos — ARGENTINISCH $$
(San Martín 409; Hauptgerichte 110–170 AR$; 12–23.30 Uhr) Das Restaurant hat eine prima Auswahl an gut zubereiteten Speisen. Die Karte unterscheidet zwischen „Gourmet"- (regionale Spezialitäten wie Ziege oder Forelle) und „klassischen" Gerichten (einfallsreichen Abwandlungen typisch argentinischer Kost).

Praktische Informationen

Die hilfreiche Touristeninformation (0260-447-1659; www.malargue.gov.ar; RN 40, Parque del Ayer; 8–20 Uhr) hat ihr Büro am Highway am nördlichen Ende der Stadt. Es gibt noch einen kleinen Infostand (9–21 Uhr) im Busbahnhof.

An- & Weiterreise

Vom Busbahnhof (Ecke Av General Roca & Aldao) gibt's regelmäßige Verbindungen nach Mendoza (201 AR$, 6 Std.) und Las Leñas (45 AR$, 1½ Std.). Im Sommer fährt einmal pro Woche ein Bus über den 2500 m hohen Paso Pehuenche und hinunter in den gewaltigen Canyon des Río Maule nach Talca in Chile.

Südwärts geht täglich ein Bus nach Buta Ranquil (271 AR$, 5 Std.) in der Provinz Neuquén, wo man Anschluss zu Zielen weiter im Süden hat. Das Ticket mindestens einen Tag im Voraus im Billardclub los Amigos bei Transportes Leader (0260-447-0519; San Martín 775) buchen!

Las Leñas

Nach Las Leñas zieht es reiche Argentinier genauso wie Touristen. Im nobelsten Skiort des Landes wedeln sie die Pisten hinunter. Anschließend wird auf den Putz gehauen, bis die Sonne wieder über die schneebedeckten Gipfel schaut. Im Sommer kann man wandern, ausreiten und Mountainbike fahren. Trotz seines St.-Moritz-Images ist der Ort auch durchaus etwas für Traveller mit kleinerem Geldbeutel.

Las Leñas liegt nur 70 km von Malargüe entfernt. Betrieb herrscht ungefähr von Juli bis Oktober. Auf 33 Pisten brettern Skifahrer aus bis zu 3430 m Höhe ins Tal (max. Höhenunterschied: 1230 m). Je nach Saison kosten Liftpässe für einen ganzen Tag im Schnee zwischen 495 und 795 AR$.

Budgetreisende können in Malargüe wesentlich günstiger übernachten – nach Las Leñas geht's dann mit einem Shuttle-Bus. Busfahrten von Mendoza aus kosten 150 AR$ und dauern sieben Stunden.

SEENGEBIET

Das Seengebiet erstreckt sich von Neuquén bis hinunter nach Esquel und ist ein tolles Ziel, an dem jede Menge Abenteueraktivitäten locken. Man findet hohe Berge zum Klettern oder Skifahren vor, rauschende Ströme für Wildwasserfahrten, klare Seen zum Bootfahren und Angeln sowie schöne Nationalparks für Entdeckungstouren. Von der Metropole Bariloche bis zur Hippiekommune El Bolsón haben die Städte

Seengebiet

und Ortschaften des Seengebiets ihr je eigenes landschaftliches, architektonisches und kulturelles Flair. Da es das ganze Jahr über interessante Aktivitäten gibt, sollte man sich die Region auf keinen Fall entgehen lassen.

Die ersten Bewohner des Seengebiets waren die Puelche und die Pehuenchen, die so genannt wurden, weil sie sich von den Kernen des *pehuén*-Baumes, also der Andentanne, ernährten. Im späten 16. Jh., als die Spanier das Gebiet erkundeten, war hier das einheimische Volk der Mapuche vorherrschend und blieb es, bis im 19. Jh. die europäischen Siedler anrückten. Trotzdem leben auch heute noch Mapuche in der Gegend, vor allem auf dem Gelände von Nationalparks.

Neuquén

0299 / 231 200 EW.

Ob von vorne oder hinten gelesen – Neuquén bleibt Neuquén (man muss nur die Betonung ausblenden). Die Provinzhauptstadt schmiegt sich in die Biegung des Zusammenflusses der Flüsse Limay und Neuquén. Sie bildet das Tor nach Patagonien und ins Seengebiet, ist aber gleichzeitig ein wichtiges Zentrum für Handel und Landwirtschaft. Auch wenn Neuquén nicht gerade ein Touristenmagnet ist, ist die Stadt doch nett. Für Dinofans interessant: Ganz in der Nähe wurden die Knochen der weltweit größten Dinosaurier ausgebuddelt.

Sehenswertes

Museo Nacional de Bellas Artes MUSEUM
(Ecke Bartolomé Mitre & Santa Cruz; Mo-Sa 10–20, So 16–20 Uhr) GRATIS Das Museum zeigt Kunst aus der Region und häufig auch Wanderausstellungen.

Schlafen & Essen

Punto Patagonico Hostel HOSTEL $
(0299-447-9940; www.puntopatagonico.com; Periodistas Neuquinas 94; B 25 US$, DZ mit/ohne Bad 70/50 US$;) Neuquéns bestes Hostel ist eine gute Option: Es hat komfortable Schlafsäle, eine geräumige Lounge und einen schönen Gartenbereich.

Parque Hotel HOTEL $
(0299-442-5806; www.parquehotelnqn.com.ar; Av Olascoaga 271; EZ/DZ 40/56 US$;) Die geräumigen Zimmer haben Fliesenböden und ansprechende Details. Manche wirken allerdings etwas betagt, die meisten bieten aber Ausblick auf die geschäftige Straße.

Hotel Neu HOTEL $$$
(0299-443-0084; www.hotelneu354.com; Rivadavia 354; EZ/DZ 135/178 US$;) Das Geschäftshotel gehört zu den besseren seiner Art vor Ort und bietet mittelgroße, aber nicht beengt wirkende Zimmer mit frischem, modernem Dekor. Das Haus hat eine sehr zentrale Lage und einen Fitnessraum.

La Nonna Francesa INTERNATIONAL $
(0299-430-0930; 9 de Julio 56; Hauptgerichte 90–150 AR$; Mo-Sa 11–15 & 20–24 Uhr) Das Essen in dieser französisch-italienischen Trattoria gehört zum besten in Neuquén – die Pastagerichte sind ausgezeichnet, aber das Highlight sind die Forellengerichte.

Tres Catorce INTERNATIONAL $$
(9 de Julio 63; Hauptgerichte 100–160 AR$; Di-So 20–2 Uhr;) Das kulinarische Angebot in Neuquén hat sich in den letzten Jahren deutlich verbessert, und dieses zwanglosstilvolle Lokal trägt wesentlich dazu bei. Die Gerichte sind sorgsam zubereitet und überlegt garniert. Auf der kleinen Weinkarte steht eine Reihe erlesener Tropfen.

Praktische Informationen

Es gibt mehrere Banken mit Geldautomaten.
Die **Touristeninformation der Provinz** (0299-442-4089; www.neuquentur.gov.ar; Félix San Martín 182; 7–21 Uhr) hat gute Landkarten und Broschüren. Es gibt einen zentraler gelegenen Infostand (Olascoaga s/n; 8–20 Uhr) im zentralen Park.

Anreise & Unterwegs vor Ort

Der Flughafen ist 5 km von der Innenstadt entfernt. **Aerolíneas Argentinas** (0299-442-2409/10/11; Santa Fe 52) hat täglich Flüge.

Neuquéns moderner Busbahnhof liegt 4 km westlich des Zentrums; drinnen gibt es eine Touristeninformation. In die Innenstadt gelangt man mit dem häufig fahrenden Bus „Pehueche" (5,50 AR$) oder einem Taxi (50 AR$). Vom Busbahnhof fahren Busse u. a. nach Bariloche (546 AR$, 6 Std.), Bahía Blanca (589 AR$, 7 Std.), Buenos Aires (1324 AR$, 15 Std.), Junín de los Andes (645 AR$, 6 Std.), Mendoza (1025 AR$, 10 Std.), Viedma (605 AR$, 10 Std.) und Temuco in Chile (400 AR$, 10 Std.). Für die meisten Stadtbusse braucht man Magnetkarten,

---

DINOSAURIER

Die Provinz Neuquén hat eines der weltweit größten Vorkommen von Dinosaurierfossilien und ein paar Museen, die den Giganten der Urzeit gewidmet sind. Lohnende Ziele sind u. a. Plaza Huincul, Villa El Chocón und das Centro Paleontológico Lago Barreales, die alle nur ein paar Autostunden entfernt sind. Die Region wartet zudem mit Seen, *bodegas* (Weingütern), einem bemerkenswerten Vogelschutzgebiet und erstklassigen Angelstellen auf. Am besten ist man hier mit einem Mietwagen unterwegs (ca. 600 AR$/Tag). Infos und Karten gibt's in der Touristeninformation.

die man am Busbahnhof und an einigen Kiosken kaufen kann. Achtung: Zwischen 23 und 6 Uhr gilt bei Taxis ein um 20% höherer Tarif.

Junín De Los Andes

📞 02972 / 12 600 EW.

Das nette Junín bezeichnet sich selbst als die „Forellenhauptstadt" Argentiniens, und tatsächlich gibt es in der Gegend ein paar schöne Flüsse, in denen es von Forellen wimmelt. Das ruhige, bedächtige Städtchen liegt am schönen Río Chimehuín 42 km nördlich von San Martín de los Andes. Hier kann man nicht viel tun außer zu wandern, den Fluss und die Berge zu erkunden und den prächtigen Parque Nacional Lanín zu besuchen. Wer sich für Kirchen interessiert, sollte sich die Christusfigur in der Kathedrale anschauen – sie hat das Antlitz eines indigenen Mapuche.

⊙ Sehenswertes & Aktivitäten

Museo Mapuche — MUSEUM
(Padre Milanesio 751; Eintritt gegen Spende; ⊙ Mo-Fr 9–12.30 & 14–19, Sa 9–12.30 Uhr) Das Museum zeigt u.a. Webereien der Mapuche und archäologische Funde.

Parque Vía Christi — PARK
(Eintritt 30 AR$; ⊙ 8–20 Uhr) Vom Westrand der Stadt kommt man in 15 Minuten zum hügeligen, mit Kiefern besetzten Parque Vía Christi, wo man die 19 Kreuzwegstationen abwandern kann (tagsüber geöffnet). Die Anlage verbindet auf sehr kreative, durchdachte Weise christliche Motive mit dem Leiden und den Kämpfen der Mapuche.

Ciclismo Mavi — FAHRRADVERLEIH
(Felix San Martín 415; ⊙ 9–13 & 15–18 Uhr) Vermietet Mountainbikes (30/160 AR$ pro Std./Tag).

🛏 Schlafen & Essen

El Reencuentro — HOSTEL $
(📞 02792-492220; www.elreencuentrohostel.blogspot.com; Illera 189; B/EZ/DZ 16/18/35 US$; 🛜) Das recht neue Hostel überzeugt mit freundlichen Gastgebern, Schlafsälen mit vier Betten, guten Einrichtungen und vielen Aktivitäten und Infos.

Camping Laura Vicuña — CAMPEN $
(Ginés Ponte s/n; Stellplatz 6 US$/Pers.; 🛜) Einen städtischen Campingplatz in so herrlicher Lage wird man anderswo kaum finden: Er liegt auf einer Insel zwischen zwei plätschernden Bächen und bietet alle Einrichtungen und darüber hinaus voll ausgestattete Hütten (mind. 3 Nächte).

★ Hostería Chimehuín — HOTEL $$
(📞 02972-491132; www.interpatagonia.com/hosteriachimehuin; Ecke Coronel Suárez & 25 de Mayo; EZ/DZ 67/95 US$; 🛜) Das schöne Hotel liegt ein paar Minuten außerhalb des Stadtzentrums. Wer früh bucht, hat die besten Aussichten, ein Zimmer mit Balkon und Blick auf den Bach zu ergattern. Aber alle Zimmer sind groß, freundlich und komfortabel, und das Anwesen wirkt ruhig und friedlich.

Sigmund — ARGENTINISCH $
(Juan M de Rosas 690; Hauptgerichte 80–140 AR$; ⊙ 12–24 Uhr; 🛜) Das angesagte Lokal hat ein farbenfrohes, künstlerisch angehauchtes Dekor, gesundes Essen und eine tolle *onda* (Stimmung). Zur Auswahl stehen Dutzende von Pizzen, Pastagerichten, Sandwichs und Salaten, und der Service ist freundlich.

Lespos — PIZZA $$
(Domingo Milanesio 520; Hauptgerichte 100–150 AR$; ⊙ 12–1 Uhr) Die einladende kleine Pizza- und Burger-Bar hat mehr Atmosphäre als die meisten anderen. Es gibt eine große Pizza-Auswahl und einen guten Musikmix.

ℹ Praktische Informationen

An der Plaza gibt's eine Bank mit einem Geldautomaten.

Touristeninformation (📞 02792-491160; www.junindelosandes.gov.ar; Ecke Domingo Milanesio & Coronel Suárez; ⊙ 8–21 Uhr) Hat engagiertes, hilfsbereites Personal. Hier gibt es Angelgenehmigungen und eine Liste mit lizenzierten Angelführern.

ℹ An- & Weiterreise

Der Flughafen liegt 19 km weiter südlich Richtung San Martín de los Andes.

Der Busbahnhof befindet sich drei Blocks westlich der Plaza; Busse fahren u.a. nach San Martín de los Andes (55 AR$, 45 Min.), Bariloche (145 AR$, 3 Std.) und Neuquén (645 AR$, 6 Std.).

Parque Nacional Lanín

Mit 3776 m Höhe ist der schneebedeckte Gipfel des Volcán Lanín die Hauptattraktion in diesem ruhigen **Nationalpark** (www.parquenacionallanin.gov.ar; Eintritt 80 AR$), in dem große Wälder aus *lenga*-Südbuchen und Chilenischen Araukarien gedeihen. Die

Gletscher des Pleistozän hinterließen blaue, langgestreckte Seen, die sich wunderbar zum Campen und Angeln eignen. Karten und Infos haben die Büros der Nationalparkverwaltung in Junín oder San Martín.

Im Sommer (Januar und Februar) ist der **Lago Huechulafquen** von Junín aus leicht zu erreichen. Dort finden sich mehrere lohnende Wanderwege und man hat einen ausgezeichneten Blick auf den Volcán Lanín. Die Mapuche betreiben u. a. die Campingplätze **Raquithue** (5 US$/Pers.) und **Bahía Cañicul** (0297-249-0211; 5 US$/Pers.). Wer will, kann aber auch rund um den Park kostenlos zelten. Vorräte muss man selbst aus der Stadt mitbringen. Gute Campingstellen und Wanderwege gibt es auch am bewaldeten **Lago Tromen**.

Von San Martín geht es mit dem Boot westwärts auf dem **Lago Lácar** nach Paso Hua Hum, wo eine Straße hinüber ins chilenische Puerto Pirehueico führt; es gibt hier auch Busverbindungen. Hua Hum hat ebenfalls Campingstellen und Wanderwege zu bieten. Am beschaulichen **Lago Lolog**, 15 km nördlich von San Martín, finden sich Campingplätze und gute Angelstellen.

Im Sommer fahren Vans vom Busbahnhof in Junín am Lago Huechulafquen entlang bis nach Puerto Canoas und weiter (55 AR$, 2–3-mal tgl.). Sie verkehren auch zu den Lagos Tromen und Curruhué. Die Busse, die über die Pässe Hua Hum und Tromen nach Chile fahren, setzen Traveller auf Wunsch unterwegs ab, sind aber im Sommer oft überfüllt.

San Martín de los Andes

02972 / 28 000 EW.

Das hübsche San Martín ist ein kleines, schickes Ferienziel, das im Sommer von ausgelassenen Argentiniern quasi überrannt wird. Das Städtchen schmiegt sich an den Ufern des Lago Lácar zwischen zwei grüne Berge und besitzt viele Holz- und Steingebäude, die als Berghütten gestaltet sind und in denen es häufig so nette Dinge wie Schokoladengeschäfte, Eisdielen und Souvenirläden gibt. Hinter den Touristenstraßen liegen dann aber hübsche Wohnviertel mit schönen Rosengärten. Im Umland gibt es tolle Waldwege, die ideal sind zum Wandern oder Radfahren.

Sehenswertes & Aktivitäten

Che-Guevara-Fans sind in dem kleinen Museum **La Pastera** richtig, das der Ikone gewidmet ist.

Am Ende der 2,5 km langen, steilen und staubigen Wanderung zum **Mirador Bandurrias** (Eintritt 10 AR$) kommt man in den Genuss eines großartigen Ausblicks auf den Lago Lácar. Unbedingt einen Snack oder ein Mittagessen einpacken! Hartgesottene Radfahrer können sich bei verschiedenen Anbietern in der Stadt Räder ausleihen. Die Fahrt zum *mirador* (Aussichtspunkt) dauert etwa eine Stunde und führt über unbefestigte Wege. Der hübsche, kleine Strand **Playa la Islita** liegt 2,5 km hinter dem Mirador.

Im Winter kommen Skifahrer in **Cerro Chapelco**, einem 20 km entfernten Skizentrum, auf ihre Kosten.

Am Pier beginnen siebenstündige Bootstouren nach Paso Hua Hum (hin & zurück 750 AR$). Von dort kommt man zu Wanderwegen und einem Wasserfall. Zudem verkehren Boote nach Quila Quina (hin & zurück 250 AR$), wo Strand und Wassersportmöglichkeiten winken.

Schlafen & Essen

In der Hauptsaison (Ende Dez.–März, Ostern, Juli & Aug.) sollten im Voraus reserviert werden.

El Oso Andaluz Hostel HOSTEL $
(02972-427232; www.elosoandaluz.com.ar; Elordi 569; B/DZ ab 11/35 US$; ✱ @ ✆) San Martíns gemütlichstes kleines Innenstadt-Hostel hat im Verhältnis zur Bettenzahl viele Bäder, stimmungsvolle Gemeinschaftsbereiche sowie gute und günstige Privatzimmer.

Camping ACA CAMPEN $
(02972-427332; Av Koessler 2175; Stellplatz 9 US$/Pers.) Der große Campingplatz liegt am östlichen Stadtrand. Stellplätze in der Nähe des Highways sollte man besser meiden. Pro Stellplatz gilt eine Mindestbelegung von zwei Personen.

Hostería Hueney Ruca HOTEL $
(02972-421499; www.hosteriahueneyruca.com.ar; Ecke Obeid & Coronel Pérez; EZ/DZ 63/74 US$; ✆) Die großen terrakottagefliesten Zimmer blicken auf einen netten, gepflegten kleinen Hinterhof. Die Betten sind groß und solide; die Duschen haben Glaswände.

★**Hostería La Masía** HOTEL $$
(02972-427688; www.hosterialamasia.com.ar; Obeid 811; EZ/DZ 560/890 AR$; ✆) Mit dunklen Holzvertäfelungen, gewölbten Toren und gusseisernen Lampen hebt dieses Hotel den Edelweiß-Kitsch auf ein neues Niveau. Die Zimmer sind groß und komfortabel, und die

meisten bieten Ausblick in die Berge. Kamine sorgen im Foyer für Wärme. Die Betreiber sind meist vor Ort und sorgen dafür, dass sich alle wohlfühlen. Hervorragend!

Rotui
HOTEL $$

(☎ 02972-429539; www.rotui.com.ar; Perito Moreno 1378; EZ/DZ ab 60/120 US$; ❄ 🐾) Diese hübsche Lodge aus Holz und Stein steht auf einem peinlich genau gepflegten Gelände mit Blick auf den Bach Arroyo Pochulla. Die Zimmer sind mit großen Doppelbetten, Parkett und Daunendecken üppig ausgestattet. Die Apartments und Hütten sind ein gutes Angebot, wenn man in Gruppen unterwegs ist.

★ Corazón Contento
CAFÉ $

(Av San Martín 467; Hauptgerichte 85 AR$; ⊙ 9–23 Uhr; 🐾) Die nette kleine Bäckerei mit Café hat eine ausgezeichnete Auswahl frischer, gesunder Snacks und Speisen. Die Salate sind genauso toll wie die frisch gebackenen Scones und Muffins.

Pizza Cala
PIZZA $

(Av San Martín 1129; Hauptgerichte 60–130 AR$; ⊙ 12–1 Uhr; 🐾) Bei Einheimischen ist dieses immer weiter expandierende Restaurant nahe der Plaza die erste Wahl in Sachen Pizza. Es gibt hier alle Klassiker sowie einige „Gourmet"-Versionen, z. B. mit Räucherforelle, Spinat und Aubergine.

Bamboo
PARRILLA $$

(Ecke Belgrano & Villegas; Hauptgerichte ab 140 AR$; ⊙ 12–16 & 21–1 Uhr; 🐾) Ein Leser behauptet, dass diese gehobene *parrilla* das „beste Fleisch in ganz Argentinien" habe. Da wir es noch nicht geschafft haben, wirklich alle *parrillas* in Argentinien durchzuprobieren, überzeuge man sich selbst.

❶ Praktische Informationen

Mehrere Geldautomaten finden sich nahe der Plaza San Martín.

Büro des Lanín-Nationalparks (Intendencia del Parque Nacional Lanín; ☎ 02972-427233; www.parquenacionallanin.gov.ar; Ecke Elordi & Perito Moreno; ⊙ Mo–Fr 8–14 Uhr) Das Büro hat einige Landkarten, Broschüren und Infos zum Straßenzustand auf der Ruta de los Siete Lagos.

Touristeninformation (☎ 02972-427347; www.sanmartindelosandes.gov.ar; Ecke Av San Martín & M Rosas; ⊙ 8–21 Uhr) Gibt überraschend offene Informationen zu Hotels und Restaurants und hat ausgezeichnete Broschüren und Landkarten.

❶ An- & Weiterreise

Der Flughafen befindet sich 23 km nördlich der Stadt. **Aerolíneas Argentinas** (☎ 02972-410588; Mariano Moreno 859; ⊙ Mo–Sa 8–22, So 9–21 Uhr) hat täglich Flüge im Angebot.

Der Busbahnhof liegt fünf Blocks westlich der Plaza San Martín. Von ihm fahren Busse u. a. nach Junín de los Andes (7 AR$, 55 Min.), Villa La Angostura (121 AR$, 2½ Std.) und Bariloche (177 AR$, 4 Std.). Von Dezember bis Februar gibt es auch Busse zu chilenischen Zielen wie Temuco (720 AR$, 6 Std.) – mindestens zwei Tage im Voraus buchen.

Villa La Angostura

☎ 0294 / 11100 EW.

Die Kleinstadt Villa La Angostura ist ein echtes Juwel. Der Name ist dem spanischen Wort *angosta* (eng) entlehnt und bezieht sich auf die 91 m breite Landenge, welche die Stadt mit der herrlichen Península Quetrihué verbindet. Villa ist unzweifelhaft touristisch, hat dabei aber glücklicherweise seinen Charme nicht verloren: Die Hauptstraße ist drei Blocks lang und wird von für diese Region typischen „Berghütten" aus Holz und Stein gesäumt. Im Winter zieht es Skifahrer zum nahen Cerro Bayo.

Im Stadtzentrum El Cruce finden sich neben dem Busbahnhof auch die meisten Hotels und Geschäfte. Die Hauptstraße heißt Arrayanes. Im baumbeschatteten La Villa gibt's ein paar Restaurants, Hotels und einen netten Strand. Es liegt 3 km weiter südwestlich am Ufer des Lago Nahuel Huapi.

◉ Sehenswertes & Aktivitäten

Auf der Halbinsel Quetrihué wächst der Arrayán, ein Myrtengewächs mit zimtfarbener Rinde. Der kleine, aber schöne **Parque Nacional Los Arrayanes** (Eintritt 120 AR$) 🌿 schützt diesen Baumbestand. Der größte *bosque* (Wald) liegt an der Südspitze der Halbinsel; man erreicht ihn im Rahmen einer 40-minütigen Bootsfahrt (einfache Strecke/hin & zurück 95/170 AR$), oder man nimmt von La Villa aus den unkomplizierten 12 km langen Wanderweg über die Landenge.

Geübte Mountainbiker (es gibt Stufen und Berge) leihen sich ein Rad, um zum Arrayán-Wald zu kommen. Hin oder zurück kann man das Boot nehmen und die andere Strecke wandern oder radeln (Bootstickets für die Rückfahrt vorab kaufen!). Essen und Wasser mitnehmen! Gegen Ende des Wegs findet sich eine ideale Picknickstelle an einem See.

Am Beginn des Weges führt in der Nähe des Strandes ein steiler Seitenpfad (30–45 Min.) zu Aussichtspunkten hinauf, von denen aus man einen tollen Rundblick über den Lago Nahuel Huapi hat.

Vom Stadtteil El Cruce gelangt man auf einer 3 km langen Wanderung nach Norden zu einem Wegbeginn namens **Mirador Belvedere**, von wo aus man nach weiteren 30 Gehminuten zu schönen Aussichtspunkten kommt. In der Nähe befindet sich der **Cascada Inayacal**, ein 50 m hoher Wasserfall, und einige Wanderstunden weiter kommt das herrliche Tal **Cajón Negro** in Sicht. Man sollte sich vorher in der Touristeninformation eine Karte mitsamt Wegbeschreibung holen, denn die Wege und Abkürzungen in der Gegend sind ganz schön verwirrend.

🛏 Schlafen & Essen

Folgende Adressen befinden sich in oder nahe El Cruce. Für Übernachtungen im Januar und Februar im Voraus reservieren!

★ Hostel Bajo Cero HOSTEL $
(☏ 0294-449-5454; www.bajocerohostel.com; Río Caleufu 88; B/DZ 25/63 US$; @ 🛜) Etwas mehr als 1 km westlich vom Busbahnhof bietet dieses prächtige Hostel große, gut gestaltete Schlafsäle und hübsche Doppelzimmer. Außerdem gibt's einen netten Garten, eine Küche und luftige Gemeinschaftsbereiche.

Residencial Río Bonito PENSION $
(☏ 0294-449-4110; www.riobonitopatagonia.com.ar; Topa Topa 260; DZ/3BZ 50/65 US$; @ 🛜) Die Pension hat helle, freundliche Zimmer in einem umgebauten Familienhaus in ein paar Blocks vom Busbahnhof entfernt. Der große, komfortable Speiseraum ist ein Pluspunkt, genauso wie die freundlichen Gastgeber und die auch Gästen zugängliche Küche.

Camping Cullumche CAMPEN $
(☏ 0294-449-4160; moyano@uncu.edu.ar; Blvd Quetrihué s/n; Stellplatz 8 US$/Pers.) Auf dem abgeschiedenen, aber großen Campingplatz, der vom Blvd Nahuel Huapi gut ausgeschildert ist, kann es im Sommer sehr betriebsam sein, zu anderen Zeiten ist er sehr angenehm.

La Roca de la Patagonia HOTEL $$
(☏ 0294-449-4497; www.larocadelapatagonia.com.ar; Pascotto 155; EZ/DZ 82/94 US$; ❄ 🛜) Das nette kleine Hotel mit nur sechs Zimmern liegt gleich abseits der Hauptstraße in einem großen, umgebauten Haus, sodass hier viel Platz ist. Das Dekor – viel Holz und Stein – ist typisch patagonisch. Von der Terrasse hat man einen tollen Blick in die Berge.

Gran Nevada ARGENTINISCH $
(Av Arrayanes 106; Hauptgerichte 90–130 AR$; ⏱ 12–23.30 Uhr) Mit dem Großbild-TV (in dem wahrscheinlich Fußball läuft) und den großen, günstigen Festpreismenüs ist dieses Lokal bei Einheimischen sehr beliebt. Man kommt hungrig und geht zufrieden.

Nicoletto ITALIENISCH $$
(Pascotto 165; Hauptgerichte 100–180 AR$; ⏱ 12–15 & 20–23.30 Uhr) Die beste Pasta weit und breit gibt's in diesem bescheidenen, von einer Familie geführten Restaurant gleich abseits der Hauptstraße. Alles ist gut – frisch zubereitet und mit einer guten Auswahl an Saucen –, aber die Forelle *sorrentino* mit Lauchsauce ist besonders zu empfehlen.

La Encantada ARGENTINISCH $$
(☏ 0294-449-5515; Cerro Belvedere 69, El Cruce; Hauptgerichte 120–170 AR$; ⏱ 12–24 Uhr; 🛜) In der netten kleinen Hütte bekommt man alle patagonischen und argentinischen Spezialitäten. Das Essen ist sorgsam zubereitet und schön präsentiert; die Stimmung ist herzlich und einladend. Die Pizza ist mit die beste vor Ort, und es gibt eine gute Auswahl regionaler Biere und Weine.

ℹ Praktische Informationen

Geldautomaten finden sich überall.
Post (Las Fuschias 121; ⏱ Mo–Fr 8–18, Sa 9–13 Uhr) In einer Einkaufspassage hinter dem Busbahnhof
Touristeninformation (☏ 0294-449-4124; Av Arrayanes 9; ⏱ 8–21 Uhr)

ℹ Anreise & Unterwegs vor Ort

Vom **Busbahnhof** fahren Busse nach Bariloche (60 AR$, 1¼ Std.) und San Martín de los Andes (121 AR$, 2½ Std., am besten links sitzen). Wer nach Chile fahren will, muss seinen Platz für die durchfahrenden Busse vorab reservieren. Busse nach La Villa (wo die Boote anlegen und sich der Parkeingang befindet) fahren alle zwei Stunden. In der Stadt gibt es mehrere Fahrradverleihe.

Bariloche

☏ 0294 / 109 300 EW.

San Carlos de Bariloche, die größte Stadt im argentinischen Seengebiet, zieht sommers wie winters Heerscharen von Travellern an. Die Stadt liegt wunderbar malerisch an

Bariloche

den Ufern des schönen Lago Nahuel Huapi, und um sie herum ragen hohe Gipfel in den Himmel auf. Das Zentrum Bariloches ist immer voller Touristen, die in den unzähligen Schokoladengeschäften, Souvenirläden und trendigen Boutiquen einkaufen, aber die wirklichen Attraktionen liegen außerhalb der Stadt: Der Parque Nacional Nahuel Huapi lockt mit spektakulären Wanderwegen, und außerdem gibt es in der Gegend großartige Möglichkeiten zum Campen, für Wandertouren, Wildwasser-Rafting, zum Angeln und Skifahren. Trotz seines ziemlich touristischen Charakters eignet sich Bariloche prima als Zwischenstopp. Hier kann man gemütlich ausruhen, Besorgungen erledigen und natürlich auch Spaß haben.

Sehenswertes & Aktivitäten

Das Herz der Stadt ist das Centro Cívico, eine Ansammlung öffentlicher Gebäude aus Holz und Stein. Der Architekt Ezequiel Bustillo lehnte sich bei der Erschaffung an mitteleuropäische Stile an und schuf eine Architektur, die heute für das Seengebiet als typisch gilt. Hier liegt auch das **Museo de la Patagonia** (0294-442-2309; Centro Cívico; Eintritt gegen Spende; Di–Fr 10–12.30 & 14–17, Sa 10–17 Uhr), das über die Geschichte der Region informiert und ausgestopfte Tiere und archäologische Fundstücke zeigt.

Raftingtrips auf dem Río Limay (leicht; Klasse II) oder Río Manso (Klasse III-IV) sind sehr beliebt; **Extremo Sur** (0294-442-7301; www.extremosur.com; Morales 765; 9–18 Uhr) und **Aguas Blancas** (0294-443-2799, www.aguasblancas.com.ar; Morales 564; 9–13 & 15–19 Uhr) veranstalten gute Touren.

Bei Kajaktouren erhält **Pura Vida Patagonia** (0294-15-441-4053; www.puravidapatagonia.com.ar) beständig gute Bewertungen. Weitere angebotene Aktivitäten sind u.a. Wandern, Klettern, Radfahren, Gleitschirmfliegen, Angeln und Skifahren.

Viele Agenturen und Hostels bieten Touren an. Eine auf Backpacker eingestellte Agentur ist **Adventure Center** (0294-442-8368; www.adventurecenter.com.ar; Perito Moreno 30; 9–18 Uhr) mit mehreren interessanten Angeboten in der Region.

Kurse

La Montaña SPRACHKURS
(0294-452-4212; www.lamontana.com; Elflein 251, 2. OG; Mo–Fr 9–16 Uhr) Eine empfehlenswerte Spanischschule.

Schlafen

Reservieren sollte man zwischen Ende Dezember und Februar, im Juli und August sowie an Feiertagen (besonders zu Ostern).

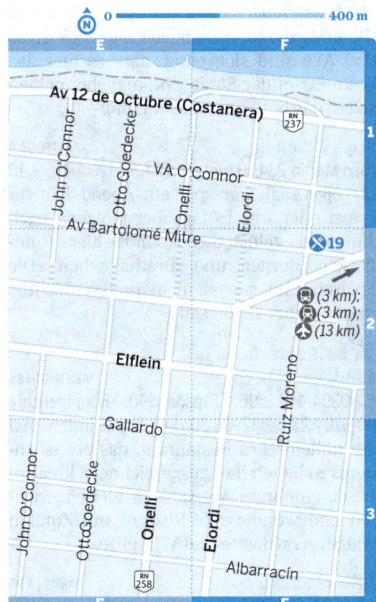

Bariloche

◉ Sehenswertes
 1 Museo de la Patagonia C1

◆ Aktivitäten, Kurse & Touren
 2 Adventure Center C1
 3 Aguas Blancas B2
 4 Club Andino Bariloche B2
 5 EXtremo Sur B3
 6 La Montaña C2

◉ Schlafen
 7 Hospedaje Wikter A2
 8 Hostel 41 Below B2
 9 Hostel Los Troncos A1
 10 Hostel Patanuk A1
 11 Hostería La Paleta del Pintor B3
 12 Hotel Aconcagua B1
 13 Hotel Tirol B1
 14 Periko's B2

◉ Essen
 15 Alto El Fuego B2
 16 Covita D1
 17 Familia Weiss D1
 18 Helados Jauja C1
 19 La Fonda del Tio F2
 20 La Marca C1
 21 La Trattoria de la Famiglia
    Bianchi A1
 22 Rock Chicken A1

◉ Ausgehen & Nachtleben
 23 Los Vikingos B2
 24 South Bar B2

Hostel Los Troncos   HOSTEL $
(☏0294-443-1188; www.hostellostroncos.com.ar; San Martín 571; B/DZ ab 26/63 US$; 🕿) Das Hostel ist eine Stufe besser als die meisten anderen vor Ort. Es bietet moderne Zimmer mit Bad und gemütliche Details wie Leselampen am Bett. Hinzu kommen entspannte Gemeinschaftsbereiche, eine kantinenartige Küche und ein netter kleiner Hofgarten.

Hostel 41 Below   HOSTEL $
(☏0294-443-6433; www.hostel41below.com; Juramento 94; B 16–19 US$, DZ ohne Bad 50 US$; @🕿) Das intime Hostel hat saubere Schlafsäle, schöne Doppelzimmer (mit Ausblick) und ein angenehmes Ambiente. Die Küche und der Gemeinschaftsraum sind prima.

Periko's   HOSTEL $
(☏0294-452-2326; www.perikos.com; Morales 555; B 180 US$, DZ mit/ohne Bad 54/45 US$; @🕿) Das stimmungsvolle kleine Hostel steht auf einem Hügel mit Blick hinunter auf die Stadt. Es gibt eine gute Auswahl unterschiedlicher Zimmer, ausgezeichnete Gemeinschaftsbereiche, eine Küche und gute Infos von dem im Haus ansässigen Reiseveranstalter.

Hospedaje Wikter   HOTEL $
(☏0294-442-3248; www.hospedajewikter.com.ar; Güemes 566; EZ/DZ 35/60 US$; 🕿) Vom Zentrum den Hügel hinauf bietet dieses freundliche kleine *hospedaje* geräumige Zimmer in einem hellen, modernen Gebäude. Die Badezimmer sind größer als sonst in dieser Preisklasse üblich. Einige Zimmer haben eine schöne Aussicht.

La Selva Negra   CAMPEN $
(☏0294-444-1013; www.campingselvanegra.com.ar; Av Bustillo, km 2,950; Stellplatz 12 US$/Pers.) Der der Stadt am nächsten gelegene Campingplatz findet sich 3 km westlich an der Straße nach Llao Llao. Er hat gute Einrichtungen. Im Herbst tritt man einfach aus seinem Zelt und kann Äpfel pflücken.

Hostel Patanuk   HOSTEL $
(☏0294-443-4991; www.patanuk.com; Av Juan Manuel de Rosas 585; B/DZ 90/260 AR$; 🕿) Bariloches einziges Hostel am Flussufer ist zu empfehlen. Durch die großen Panoramafenster hat man das Wasser und die Berge direkt vor sich. Hartholzböden, eine geräumige Küche und eine komfortable Lounge runden das Bild ab.

Hotel Tirol
HOTEL $$

(📞 0294-442-6152; www.hosteriatirol.com.ar; Libertad 175; Zi. mit Stadt-/Seeblick 128/148 US$; @ 🛜) Direkt in der Stadtmitte bietet diese bezaubernde kleine Lodge komfortable, geräumige Zimmer. Die Zimmer nach hinten raus und der helle Sitz-/Frühstücksbereich haben einen spektakulären Blick auf den See und die Gebirgskette im Hintergrund.

Hostería La Paleta del Pintor
HOTEL $$

(📞 0294-442-2220; www.lapaletadelpintor.com.ar; 20 de Febrero 630; EZ/DZ 73/90 US$; 🛜) Alles an diesem Gästehaus wirkt klein und niedlich – abgesehen von den großen und luftigen Zimmern mit kleinen, aber makellosen Bädern und den Großbild-TVs.

Hotel Aconcagua
HOTEL $$

(📞 0294-442-4718; www.hotelaconcaguabariloche.com; San Martín 289; EZ/DZ 67/79 US$; ❄ 🛜) Die zentrale Lage direkt an der Hauptstraße ist unschlagbar, und der Blick aus den nach hinten gerichteten Fenstern auf den See und die Berge ist wahrlich eindrucksvoll. Die Zimmer wirken etwas betagt, aber das Hotel ist blitzsauber und wird sehr gut geführt.

🍴 Essen

Zu den Spezialitäten zählen *jabalí* (Wildschwein), *ciervo* (Reh) und *trucha* (Forelle). In vielen Bars gibt's auch was zu essen.

Covita
VEGETARISCH $

(📞 0294-442-1708; VA O'Connor 511; Hauptgerichte 30–60 AR$; ⏱ Mo–Sa 12–15, Fr & Sa 20–23 Uhr; 🌿) In dem wunderbaren Café ist „gesundes" Essen Trumpf: Es gibt hier makrobiotische, vegane und sogar Rohkost. Auf der Karte stehen u. a. Salate, Pfannengerichte, Currys, Sushi sowie frische Bio-Säfte.

La Fonda del Tio
ARGENTINISCH $

(Av Bartolomé Mitre 1130; Hauptgerichte 60–120 AR$; ⏱ 12–15.30 & 20–24 Uhr) Hier gibt's nichts, was Touristen beeindrucken soll, sondern einfach nur große Portionen typisch argentinischer Gerichte. Die kurze Speisekarte wechselt täglich – einfach vorbeischauen und sehen, was es gibt.

La Marca
INTERNATIONAL $

(Urquiza 240; Hauptgerichte 100–160 AR$; ⏱ 12–24 Uhr; 🛜) Die noble *parrilla* hat (für Bariloche) vernünftige Preise. Es gibt eine eindrucksvolle Auswahl an Grillspießen: mit Rind, Hühnchen, Reh, Lamm oder Lachs. An sonnigen Tagen sitzt man draußen an einem Gartentisch.

Helados Jauja
EISDIELE $

(Perito Moreno 48; Eiscreme ab 35 AR$; ⏱ 9–23.30 Uhr) Alle sind sich einig, dass es hier das beste Eis in der Stadt gibt, manche meinen sogar, das beste im ganzen Land.

Rock Chicken
FASTFOOD $

(San Martín 234; Hauptgerichte 75–120 AR$; ⏱ 10 Uhr–open end) Wer spät am Abend Hunger kriegt oder wen es tagsüber plötzlich nach Junkfood gelüstet, bekommt hier Rindfleisch, Burger und Brathähnchen. Die Speisen sind gewiss nicht preisverdächtig, machen aber schön satt.

★ La Trattoria de la Famiglia Bianchi
ITALIENISCH $$

(📞 0294-442-1596; España 590; Hauptgerichte 80–110 AR$; ⏱ 12–23.30 Uhr; 🛜) Endlich mal ein italienisches Restaurant, das etwas Anderes zu bieten hat: ausgezeichnete, kreative Pasta, eine gute Auswahl an Fleischgerichten und wundervolle Risottos mit Zutaten wie Meeresfrüchte und Wildpilze.

Alto El Fuego
PARRILLA $$

(📞 0294-443-7015; 20 de Febrero 445; Hauptgerichte 130–250 AR$; ⏱ 12–15 & 20–24 Uhr; 🛜) Die am häufigsten empfohlene *parrilla* der Stadt überzeugt durch die Kombination aus bestem Fleisch und einer erlesenen Weinkarte. Das Lokal ist klein; wer hier zu Abend essen möchte, sollte reservieren. Bei gutem Wetter kann man aber auch mittags kommen und sich auf die luftige Terrasse setzen.

Familia Weiss
ARGENTINISCH $$

(Palacios 167; Hauptgerichte 120–180 AR$; ⏱ Mo–Do 12–16 & 20–24, Fr–So 12–24 Uhr; 🛜) Das beliebte Familienrestaurant bietet gute und günstige regionale Spezialitäten wie Reh, Forelle und Gulasch. Die bebilderte Karte ist praktisch für die, die mit Spanisch ihre Probleme haben, die Atmosphäre ist angenehm, und abends gibt's Livemusik.

🍷 Ausgehen

An der Juramento, gleich abseits der San Martín, gibt's vier kleine, aber beliebte Bars. In den meisten Bars bekommt man auch etwas zu essen.

Los Vikingos
BAR

(Ecke Juramento & 20 de Febrero; ⏱ Mo–Sa 19–3 Uhr) Die lässige kleine Eckbar hat eine gute Auswahl an Kleinbrauereibieren zu ausgezeichneten Preisen. Die Musik ist cool und die Deko bunt zusammengewürfelt. Am Wochenende legen DJs auf.

South Bar BAR
(Juramento s/n; ⊙ 20–4 Uhr) Entspannte Kneipe, in der man sich tatsächlich mit jemandem unterhalten kann, während man sein Bier trinkt. Auch Dart spielen ist möglich.

❶ Praktische Informationen

Internetcafés und Geldautomaten gibt's überall.

Büro des Parque Nacional Nahuel Huapi (☎ 0294-442-3111; San Martín 24; ⊙ Mo–Fr 8–16, Sa & So 9–15 Uhr) Das Büro des nahegelegenen Nationalparks.

Club Andino Bariloche (☎ 0294-442-2266; www.clubandino.org; 20 de Febrero 30; ⊙ 9–13.30 & 15–19 Uhr) Hier erhält man viele Infos (auch zum Campen) und die obligatorischen Wandergenehmigungen für den Parque Nacional Nahuel Huapi. Auf den Wanderkarten, die man hier kaufen kann, sind auch die Mountainbike-Trails eingezeichnet. Man erhält auch Infos zu den im Park vorhandenen Schutzhütten für Wanderer.

Städtische Touristeninformation (☎ 0294-442-3022; Centro Cívico; ⊙ 8–21 Uhr) Hier bekommt man vieles kostenlos, darunter nützliche Stadtpläne und den offen kommerziellen, aber trotzdem relativ nützlichen *Guía Busch*, der zweimal im Jahr aktualisiert wird und grundlegende touristische Informationen zu Bariloche und dem Argentinischen Seengebiet enthält.

❶ Anreise & Unterwegs vor Ort

AUTO
In der Stadt gibt's viele Autovermieter; zu empfehlen ist **Andes** (☎ 0294-443-1648; www.andesrentacar.com.ar; San Martín 162; ⊙ 9–18 Uhr). Ein Mietwagen kostet rund 550 AR$ (inkl. 200 km) pro Tag.

BUS
Der Busbahnhof liegt ungefähr 2,5 km östlich vom Zentrum entfernt. Um ins Zentrum zu kommen, muss man ein Ticket (9 AR$) am Ticketbüro von 3 de Mayo kaufen, nach draußen gehen und an der nahen, in Richtung auf den Bahnhof liegenden Bushaltestelle auf den Bus warten. Wenn man aber nicht zwischen 9 und 19 Uhr ankommt, muss man ein Taxi (50 AR$) nehmen, weil der Busschalter außerhalb dieser Zeit geschlossen ist.

Einige Fernbusunternehmen haben auch ein Büro in der Innenstadt, sodass man es mit etwas Glück vielleicht vermeiden kann, extra zum Busbahnhof zu fahren, um sein Anschlussticket zu kaufen.

Chaltén Travel (☎ 0294-442-3809; www.chaltentravel.com; Quaglia 262) hat eine zweitägige Pauschaltour nach El Calafate in seinem Angebot.

Busse ab Bariloche

ZIEL	PREIS (AR$)	DAUER (STD.)
Buenos Aires	1784	20–21
El Bolsón	123	2¼
Osorno, Chile	350	5
Puerto Montt, Chile	375	6
San Martín de los Andes	177	4
Villa La Angostura	60	1¼

FAHRRAD
Bikeway (☎ 0294-461-7686; www.bikeway.com.ar; Av Bustillo km 12,5) vermietet Fahrräder und veranstaltet Radtouren in die Umgebung.

FLUGZEUG
Der Flughafen liegt 15 km östlich der Stadt; vom Zentrum nimmt man den Bus 72 (15 AR$) oder ein Taxi (140 AR$).

Aerolíneas Argentinas (☎ 0294-443-3304; Av Bartolomé Mitre 185; ⊙ Mo–Fr 9–19, Sa bis 13 Uhr), **LAN** (☎ 0810-999-9526; www.lan.com; Av Bartolomé Mitre 534; ⊙ Mo–Sa 9–14 & 15–18 Uhr) und **LADE** (☎ 0294-442-3562; www.lade.com.ar; John O'Connor 214; ⊙ Mo–Sa 9–15 Uhr) bieten Flüge an.

ZUG
Der **Bahnhof** (☎ 02944-423172) liegt neben dem Busbahnhof. Ob der **Tren Patagonico** (☎ 02944-423172; www.trenpatagonico-sa.com.ar) auch wirklich zu der 16-stündigen Fahrt nach Viedma startet, steht meistens in den Sternen – man sollte sich vorab unbedingt in der Touristeninformation oder auf der Website erkundigen.

---

❶ BARILOCHES STADTBUSSE

Für die Ortsbusse in Bariloche braucht man eine Magnetkarte, die im **Ticketbüro 3 de Mayo** (☎ 0294-442-5648; Perito Moreno 480), in der Innenstadt oder am Busbahnhof erhältlich ist. Dort kann man auch praktische *horarios* (Fahrpläne) für alle Ziele mitnehmen. Die Karten kosten 20 AR$ und sind beliebig aufladbar. Auf den meisten Strecken kostet die Fahrt 9 AR$, die teuerste kostet 15 AR$. Manche Hostels leihen ihren Gästen Magnetkarten gegen eine Kaution aus.

Parque Nacional Nahuel Huapi

Der Lago Nahuel Huapi, ein Gletschersee von mehr als 100 km Länge, bildet das Kernstück dieses prächtigen Nationalparks. Im Westen markiert der 3554 m hohe Monte Tronador den Scheitel der Anden und die Grenze nach Chile. Feuchte Valdivia-Wälder bedecken die unteren Hänge, und im Sommer wachsen Wildblumen auf den Bergwiesen.

Eine beliebte Wanderroute ist der 60 km lange **Circuito Chico**. Alle 20 Minuten fährt Bus 20 (von der Ecke San Martín & Morales in Bariloche) am Lago Nahuel Huapi entlang bis nach Puerto Pañuelos, wo einige Male pro Tag Bootstouren zum schönen **Puerto Blest**, der touristischen **Isla Victoria** und der hübschen **Península Quetrihué** starten. Bus 10 rollt in der anderen Richtung ins Binnenland über die **Colonia Suiza** (eine kleine Schweizer Waldgemeinde) bis nach Bahía López, wo man eine kurze Wanderung zur Spitze der Halbinsel Brazo de la Tristeza unternehmen kann. Im Sommer fährt Bus 11 den gesamten Circuito ab und verbindet Puerto Pañuelos mit Bahía López. Im Winter kann man den 8 km langen Abschnitt an der sehr wenig befahrenen Fernstraße entlangmarschieren und kommt dabei durch herrliche Waldgebiete. Eine schöne Nebenstrecke von etwa zwei Stunden Länge führt nach Villa Tacul an den Gestaden des Lago Nahuel Huapi. Am besten wandert man von Bahía López nach Puerto Pañuelos und nicht umgekehrt, da wesentlich mehr Busse von Pañuelos aus nach Bariloche zurückfahren. Man muss aber daran denken, die Busabfahrtszeiten in Bariloches Touristeninformation zu checken! Die Fahrtpläne variieren von Saison zu Saison.

Wer Lust auf Radfahren hat, fährt mit dem Bus bis Km 18 600 vor und leiht sich ein Fahrrad bei **Bike Cordillera** (☎0294-452-4828; www.cordillerabike.com; 300AR$/Tag; ⏱9–18 Uhr). So radelt man zwar nicht die ganze Strecke, vermeidet aber die verkehrsreiche Av Bustillo und kann die landschaftlich schöneren Abschnitte des Rundkurses genießen. Vorher anrufen, um ein Rad zu reservieren! Achtung: Es ist eine 25 km lange bergige Strecke! Aber die Attraktionen am Weg entschädigen für die Mühen.

Skifahren ist im Winter, zwischen Mitte Juni und Oktober, angesagt. **Cerro Catedral** (☎0294-440-9000; www.catedralaltapatagonia.com; ⏱Mitte Juni–Mitte Okt.), etwa 20 km westlich der Stadt gelegen, ist eines der größten Skizentren in Südamerika. Hier liegen Dutzende Skihänge und es gibt eine Standseilbahn, eine Gondelbahn sowie zahlreiche weitere Einrichtungen (inkl. Verleiher). Das Beste aber ist die Aussicht: Die Gipfel rund um die Seen sind ein prachtvoller Anblick.

Wer hier wandern will, kann den **Cerro Otto**, den **Cerro Catedral** und den **Cerro Campanario** hinaufkraxeln; auf alle diese Gipfel führen aber auch Sessellifte. Bei der sechsstündigen Wanderung an den Hängen des Monte Tronador zum Refugio Meiling muss man in der Regel einmal übernachten, da man von Bariloche aus eine zweieinhalbstündige Anfahrt bis zum Startpunkt (Pampa Linda) hat. Die Tour auf den Gipfel des Tronador bewältigen nur geübte Bergsteiger.

Wanderer sollten sich beim Club Andino (S. 161) oder im Büro des Parque Nacional Nahuel Huapi (S. 161) in Bariloche nach dem Wegzustand erkundigen, da die Strecken auch im Sommer infolge von Schneefällen unpassierbar sein können.

El Bolsón

☎0294 / 17 000 EW.

Hippies können jubeln: Es gibt zumindest *ein* unverzichtbares Reiseziel für sie in Argentinien, und das ist El Bolsón. In dieser liberalen Künstlergemeinde leben Alternative, die den Ort zur „atomfreien Zone" und „Öko-Kommune" erklärt haben. Das unscheinbare El Bolsón liegt 120 km südlich von Bariloche und ist von zerklüfteten Berggipfeln umgeben. Seinen wirtschaftlichen Wohlstand verdankt der Ort dem milden Klima und dem fruchtbaren Boden, der einer Reihe von Bio-Farmen zugutekommt. Diese produzieren Hopfen, Käse, Beeren und allerlei sonstiges Obst. All diese Erzeugnisse kann man auf der berühmten **Feria Artesanal** (Kunsthandwerksmesse) kaufen, die einen Eindruck vom Geist der Gemeinde vermittelt. Neben Bio-Nahrungsmitteln wird hier auch kreatives Kunsthandwerk angeboten. Man sollte die *feria* tagsüber dienstags, donnerstags oder am Wochenende besuchen; sie wird auf der Plaza Pagano abgehalten. Am meisten los ist am Samstag.

Für Sommeraktivitäten in der Gegend, beispielsweise Rafting auf dem Río Azul, Paragliding oder Ausritte, wendet man sich an **Grado 42** (☎0294-449-3124; www.grado42.com; Av Belgrano 406; ⏱Mo–Sa 8.30–20.30, So 10.30–13 & 17–19 Uhr).

🛏 Schlafen

In den umliegenden Bergen gibt es viele Campingmöglichkeiten sowie *refugios* (Schutzhütten; B 50–60 AR$).

⭐ La Casona de Odile Hostel HOSTEL $
(📞 0294-449-2753; www.odile.com.ar; B/DZ 18/55 US$; @🛜) 🅿 Das Hostel befindet sich 5 km nördlich des Zentrums und ist eines der besten im Land. Es steht auf einem 2 ha großen, parkartigen Ufergelände. Man kommt für ein paar Tage und ist vielleicht zwei Wochen später noch nicht weitergezogen.

La Casa del Arbol HOSTEL $
(📞 0294-472-0176; www.hostelelbolson.com; Perito Moreno 3038; B ab 16 US$, DZ mit/ohne Bad ab 47/40 US$; @🛜) Das tolle kleine Hostel hat ein paar gute Privatzimmer, geräumige Schlafsäle, eine ausgezeichnete Küche und schöne Aufenthalts- und Außenbereiche.

Hostería Luz de Luna HOTEL $
(📞 0294-449-1908; www.luzdeluna.guiapatagonia.net; Dorrego 150; EZ/DZ 55/75 US$; 🛜) Das Hotel ist groß, aber die Zimmer wirken trotzdem nett und anheimelnd. Dass alle individuell gestaltet und die Badezimmer makellos sind, sind weitere Pluspunkte. Die Zimmer im Obergeschoss sind heller und haben die schönere Aussicht.

Camping Refugio Patagónico CAMPEN $
(📞 0294-448-3888; www.refugiopatagonico.com.ar; Islas Malvinas s/n; Stellplatz 7 US$/Pers., B/DZ 14/100 US$; 🛜) Die Anlage ist für einen Campingplatz nicht schlecht: Im Kern handelt es sich um ein freies Feld, aber an der Seite plätschert ein Bach. Die Einrichtungen sind gut; zu ihnen gehören *asados* und ein moderner Toilettenblock. Wer ein Zimmer sucht, findet anderswo aber bessere Angebote.

La Posada de Hamelin PENSION $$
(📞 0294-449-2030; www.posadadehamelin.com.ar; Granollers 2179; EZ/DZ 70/90 US$; 🛜) Das schöne rustikale kleine Refugium hat nur vier Zimmer, die aber mit freiliegenden Balkendecken und unverputztem Mauerwerk wirklich prachtvoll sind. In dem sonnigen Essbereich im Obergeschoss schmeckt die Empanada gleich doppelt so gut.

Hostería La Escampada HOTEL $$
(📞 0294-448-3905; www.laescampada.com.ar; Azcuénaga 561; EZ/DZ 60/100 US$; 🛜) Eine erfrischende Abwechslung unter den insgesamt eher langweiligen Unterkünften in El Bolsón: Dieses Hotel besticht mit modernem Design, hellen, luftigen Zimmern und einer relaxten Atmosphäre.

Hostería San Jorge HOSTEL $$
(📞 0294-449-1313; www.sanjorgepatagonico.com; Perito Moreno & Azcuénaga; EZ/DZ 65/90 US$; 🛜) Das Hotel in toller zentraler Lage hat große, makellose Zimmer rund um einen kleinen Garten. Das Frühstücksbuffet mit hausgemachten Leckereien trägt zu seinem Reiz bei.

🍴 Essen & Ausgehen

Das Essen auf der **Feria artesanal** (Plaza Pagano; ⏱ Di, Do, Sa & So 10–16 Uhr) 🅿 ist schmackhaft, gesund und günstig.

La Salteñita FASTFOOD $
(Av Belgrano 515; Empanadas 10 AR$; ⏱ 10–21 Uhr) Scharfe Empanadas auf nordargentinische Art gibt's in dieser billigen Rotisserie.

Jauja EISDIELE $
(Av San Martín 2867; Kugel ab 35 AR$; ⏱ 8–23 Uhr; 🛜) Die verlässlichste *confitería* (Café, das kleine Gerichte anbietet) vor Ort hat alle üblichen Speisen und einiges, was für El Bolsón typisch ist (z. B. hausgemachtes Brot und Erdbeersaft). Die Tagesgerichte lohnen einen Blick – das Risotto mit Lamm und Wildpilzen ist hervorragend. Die angeschlossene Eisdiele ist legendär, also unbedingt Platz für den Nachtisch lassen!

⭐ La Gorda INTERNATIONAL $$
(📞 0294-472-0559; 25 de Mayo 2709; Hauptgerichte 130–190 AR$; ⏱ Di–So 19–23.30 Uhr; 🅿) Das Restaurant sollte man keineswegs versäumen. Es bietet große Portionen köstlicher, gut zubereiteter Gerichte in einem relaxten, aber stilvollen Ambiente. Es gibt gute vegetarische Angebote, ein paar asiatische Gerichte, feine Fleischspeisen und einige interessante Beilagen. An warmen Abenden kann man auch draußen an einem Gartentisch sitzen. Auf jeden Fall vorab reservieren!

Otto Tipp ARGENTINISCH $$
(📞 0294-449-3700; Ecke Roca & Islas Malvinas; Hauptgerichte 120–200 AR$; ⏱ Dez.–Feb. 12–1 Uhr, März–Jan. Mi–Sa ab 20 Uhr; 🛜) Nach einem harten Tag, an dem man dies oder das unternommen oder auch nur gefaulenzt hat, gibt es kaum etwas Besseres und Entspannenderes, als sich durch die hiesige Auswahl an Kleinbrauereibieren zu arbeiten. Die Gäste können sechs Sorten kostenlos probieren, und zu essen gibt's eine gute Auswahl regionaler Spezialitäten wie Räucherforelle oder in Schwarzbier gegartes patagonisches Lamm.

ℹ️ Praktische Informationen

Die kompetente **Touristeninformation** (☎ 0294-449-2604; www.elbolson.gov.ar) befindet sich in der Nähe der Plaza Pagano. Sie hat gute Infos zu Wanderungen in der Gegend und Busfahrpläne. In der Stadt gibt's keine Wechselstuben und nur zwei Geldautomaten (an denen sich zuweilen lange Schlangen bilden). Die Post liegt gegenüber der Touristeninformation.

ℹ️ Anreise & Unterwegs vor Ort

Einen zentralen Busbahnhof gibt es hier nicht; mehrere Busunternehmen verteilen sich über die Stadt. Via Bariloche hat die meisten Fahrten von und nach Bariloche. Die Fahrpläne kann man in der Touristeninformation erfahren. Busse fahren u. a. nach Bariloche (115 AR$, 2½ Std.), Esquel (170 AR$, 2½ Std.) und Buenos Aires (ab 2042 AR$, 23 Std.).

Fahrräder vermietet **El Tabano** (☎ 0294-449-3093; Perito Moreno 2871; ⊙ Mo–Sa 9–18 Uhr).

Rund um El Bolsón

Der spektakuläre Granitkamm des 2260 m hohen **Cerro Piltriquitrón** wölbt sich im Osten auf wie das Rückgrat eines prähistorischen Tiers. *Remises* bringen einen bis in eine Höhe von 1100 m („Plattform"). Von dort führt eine 40-minütige Wanderung zum **Bosque Tallado** (Eintritt 20 AR$, nur im Jan., Feb. & Ostern), einem Hain mit rund 50 aus Baumstämmen geschnitzten Figuren. Ein 20-minütiger Aufstieg führt dann von dort zum **Refugio Piltriquitrón** (B 8 US$, Stellplatz frei), wo man etwas trinken oder auch übernachten kann (Schlafsack mitbringen!). Von dieser Unterkunft aus sind's noch zweieinhalb Stunden bis zum Gipfel. Das Wetter ist sehr wechselhaft, man muss also für alle Temperaturen ausgerüstet sein.

Auf einem Kamm 7 km westlich der Stadt befindet sich der **Cabeza del Indio** (Eintritt 4 AR$), ein Felsvorsprung, der an das Profil eines Menschen erinnert. Auf dem Weg dorthin hat man einen großartigen Blick auf den Río Azul und den Lago Puelo. Ungefähr 10 km nördlich der Stadt gibt es ein paar **Wasserfälle** (Eintritt je 4 AR$). All diese Attraktionen sind am besten im Januar und Februar mit dem Bus erreichbar.

Nach einer gut dreistündigen Wanderung erreicht man die enge, schöne Schlucht des **Cajón del Azul**. Am Ende der Schlucht steht ein freundliches *refugio*, in dem man etwas essen oder auch übernachten kann. Von dem Punkt, an dem einen die städtischen Busse (15 AR$) absetzen, sind es 15 steile und staubige Minuten bis zum Ausgangspunkt des Weges zum Cajón del Azul.

Rund 18 km südlich von El Bolsón befindet sich der windgepeitschte **Parque Nacional Lago Puelo**. Hier kann man zelten, schwimmen, angeln, wandern oder eine Bootstour zur chilenischen Grenze unternehmen. Im Sommer fahren regelmäßig Busse aus El Bolsón hierher.

Esquel

☎ 02945 / 32 400 EW.

Wenn man der Pfefferkuchenromantik von Bariloche und anderer niedlicher Orte im Seengebiet überdrüssig ist, wirkt das alte, prosaische Esquel wie ein frisches Lüftchen. Das Städtchen in den spektakulären, zum Wandern einladenden Gebirgsausläufern des westlichen Chubut ist das Tor zum Parque Nacional Los Alerces und ein entspanntes, freundliches Basislager für jede Menge Abenteueraktivitäten – sehr erholsam nach der anstrengenden Fahrt auf der RN 40.

👁 Sehenswertes & Aktivitäten

Den aktuellen Zugfahrplan erfährt man in der Touristeninformation.

La Trochita EISENBAHN
(☎ 02945-451403; Fahrpreis 400 AR$) Argentiniens berühmte Schmalspur-Dampfbahn fährt bei ihrer wöchentlichen Reise von Esquel nach El Maitén mit einer durchschnittlichen Geschwindigkeit von weniger als 30 km/h – wenn sie schnell fährt. Heute ist *La Trochita*, die Paul Theroux scherzhaft als *The Old Patagonian Express* bezeichnete, sowohl Touristenattraktion als auch alltägliches Beförderungsmittel für die Einheimischen.

EPA ABENTEUERTOUREN
(Expediciones Patagonia Aventura; ☎ 02945-457015; www.epaexpediciones.com; Av Fontana 484) Veranstaltet Raftingtouren, Canyoning, Ausritte und Wanderungen. Wer eine Wildwasser-Raftingtour (halber Tag 1550 AR$ inkl. Transport) auf dem (90 km entfernten) Río Corcovado unternimmt, kann in dem empfehlenswerten Hostel am Flussufer übernachten. Baumwipfel-Touren, Ausritte und Wanderungen starten am Mountain Center, einer attraktiven, aus Holz errichteten Lodge im Parque Nacional Los Alerces. Die Gäste können Kajaks ausleihen, und auch Campingmöglichkeiten sind vorhanden.

Coyote Bikes FAHRRADVERLEIH
(📞 02945-455505; www.coyotebikes.com.ar; Rivadavia 887; 120 AR$/ganzer Tag; ⊙ Mo–Fr 9–13 & 15.30–20, Sa 9–13 Uhr) Verleiht im Sommer Mountainbikes und informiert über Trails.

🛌 Schlafen

⭐ Sol Azul HOSTEL $
(📞 02945-455193; www.hostelsolazul.com.ar; Rivadavia 2869; B 15 US$; @ 📶) Das einladende Hostel wirkt schmuck wie eine Berghütte und legt mit einer Sauna und einer voll ausgestatteten Küche mit Profi-Herden noch einen drauf. Es gibt auch Abendessen mit regionalen Produkten. Die Schlafsäle befinden sich in einem hinten liegenden Gebäude; sie haben kleine, aber ordentliche Badezimmer. Das Hostel liegt am Nordrand der Stadt, eine Taxifahrt vom Zentrum entfernt. Das Frühstück ist nicht im Preis inbegriffen.

Planeta Hostel HOSTEL $
(📞 02945-456846; www.planetahostel.com; Av Alvear 1021; B/DZ 25/70 US$; 📶) Das alte, aber farbenfroh angestrichene Haus in der Innenstadt hat einen freundlichen Service, aber beengte Zimmer. Mit Daunendecken, einer makellosen Gemeinschaftsküche und einer TV-Lounge liegt das Hostel über dem Durchschnitt.

Sur Sur HOTEL $$
(www.hotelsursur.com; Av Fontana 282; DZ/3BZ 75/90 US$; 📶) Das beliebte Familienunternehmen vermittelt Behaglichkeit und Komfort. In den kleinen, gefliesten Zimmern gibt's TV, einen Ventilator und einen Fön. Die Korridore sind mit Fotos aus der Gegend geschmückt, die frühere Gäste geschossen haben. Es gibt ein Frühstücksbuffet.

🍴 Essen & Ausgehen

Dimitri Coffeehouse CAFÉ $
(Rivadavia 805; Hauptgerichte 45–80 AR$; ⊙ Mo–Sa 9–20 Uhr) Das überaus liebenswerte pastellfarbene Café serviert große Salate, Backwaren und Sandwichs auf bunt zusammengewürfeltem Geschirr. Man trinkt Bier oder Kaffee in einer lockeren, zwanglosen Atmosphäre.

⭐ Don Chiquino ITALIENISCH $$
(Av Ameghino 1641; Hauptgerichte 160 AR$; ⊙ 12–15.30 & 20–24 Uhr) Pasta ist in Argentinien wahrlich nichts Neues, aber dass der Inhaber Zauberkunststücke vorführt, während man aufs Essen wartet, schon. Das Ambiente wirkt nett chaotisch, und Gerichte wie *sorrentinos* mit Rucola stellen die Gäste voll zufrieden.

Quillen VEGETARISCH $$
(📞 02945-400212; Av Fontana 769; Hauptgerichte 90–180 AR$; ⊙ Di 9–15, Do–Sa 9–15 & 20–1 Uhr; 🌱) Mit seinem Angebot an Bio-Pizza, Pastagerichten, frischer Limo und Kleinbrauereibieren könnte dieses Restaurant auch in Palermo, Buenos Aires, zu Hause sein statt am Fuß der Anden. Die leichten veganen und vegetarischen Speisen sind jedenfalls ein Gottesgeschenk, wenn man gerade die Fahrt auf der Ruta 40 hinter sich hat.

El Bodegón BAR
(📞 15-428117; Rivadavia 905; ⊙ 11–15 & 19 Uhr–open end) Das gemütliche Barrestaurant aus Backstein mit Tischen auf dem Gehweg und kaltem Bier wirkt gesellig. Im Sommer gibt's täglich, in der Nebensaison wöchentlich Livemusik von argentinischem Rock über Blues bis hin zu alternativen Tönen.

Hotel Argentino BAR
(25 de Mayo 862; ⊙ 16–5 Uhr) Der lässige raue Wildwest-Saloon eignet sich mehr zum Zechen als zum Übernachten, lohnt aber einen Besuch: Der Inhaber ist freundlich, das 1916 errichtete Gebäude vollgestopft mit Relikten und Skulpturen, und am Wochenende geht es hier richtig zur Sache.

ℹ️ Praktische Informationen

Banken mit Geldautomaten finden sich an der Alvear und an der 25 de Mayo nahe der Alvear.

ABSTECHER

TEATIME IN TREVELIN

Das historische Trevelin, aus den kymrischen Wörtern für Dorf (*tref*) und Mühle (*melin*), ist die einzige Gemeinde im Innern der Provinz Chubut mit einem ausgeprägten walisischen Charakter. Der entspannte, idyllische Ort bietet sich für einen ruhigen Tagesausflug mit Nachmittagstee (15–20 Uhr) an. Man knabbert etwas Gebäck bei **Nain Maggie** (📞 02945-480232; www.nainmaggie.com; Perito Moreno 179; ⊙ 15.30–20.30 Uhr) oder **La Mutisia** (📞 02945-480165; Av San Martín 170; ⊙ 15.30–20.30 Uhr) und spitzt die Ohren: Mancher Einheimische spricht hier immer noch die kymrische Sprache aus der walisischen Heimat.

Von Esquel nach Trevelin fahren halbstündlich Busse (19 AR$, 30 Min.).

Die gut organisierte, hilfreiche und mehrsprachige **Touristeninformation** (02945-451927; www.esquel.gov.ar; Ecke Av Alvear & Sarmiento; Mo–Fr 8–20, Sa & So 9–20 Uhr) hat eine eindrucksvolle Auswahl an detaillierten Karten und Broschüren.

❶ Anreise & Unterwegs vor Ort

Der Flughafen liegt 24 km östlich der Stadt (Taxi 80 AR$). **Aerolíneas Argentinas** (02945-453614; Av Fontana 406) fliegt mehrmals wöchentlich nach Buenos Aires (einf. Flug ab 2890 AR$).

Esquels moderner Busbahnhof befindet sich acht Blocks nördlich vom Stadtzentrum an der Kreuzung der Av Alvear und der Brun. Busse fahren u. a. nach El Bolsón (180 AR$, 2½ Std.), Bariloche (280 AR$, 4½ Std.), Puerto Madryn (644 AR$, 10 Std.) und Comodoro Rivadavia (530 AR$, 9 Std.). Die Busse nach Trevelin (19 AR$, 25 Min.) starten am Busbahnhof und halten auf dem Weg nach Süden an der Av Alvear.

Parque Nacional Los Alerces

Der nur 33 km westlich von Esquel gelegene **Park** (Eintritt 120 AR$) ist mit seinen reißenden Bächen, grünen Bergen und spiegelnden Seen ein unberührtes Stück Andenlandschaft. Die Hauptattraktion ist aber die Patagonische Zypresse oder Alerce (*Fitzroya cupressoides*), eine der langlebigsten Lebensformen des Planeten, von denen es manche Exemplare auf ein Alter von bis zu 4000 Jahren bringen. Verlockt von bekannteren Parks im Norden und Süden lassen sich die meisten Wanderer dieses herrliche Gebiet entgehen, was einen Aufenthalt hier umso reizvoller macht.

Die zurückweichenden Gletscher der Andengipfel, die hier kaum 2300 m erreichen, haben urtümliche Seen und Bäche hinterlassen. Hier kann man wunderbar angeln und die Aussicht genießen. Weststürme sorgen für einen Niederschlag von fast 3000 mm pro Jahr, aber die Sommer sind mild, und die östliche Zone des Parks ist viel trockener. **Intendencia** (Parkbüro; 02945-471015; Sommer 8–21 Uhr, ansonsten 9–16 Uhr) hilft beim Planen von Exkursionen.

Eine beliebte fünfstündige Bootstour führt von Puerto Chucao (am Lago Menéndez) nach **El Alerzal**, einem leicht erreichbaren Standort der seltenen Patagonischen Zypressen (560 AR$). Während des zweistündigen Aufenthalts wandert man auf einem Rundweg vorbei am Lago Cisne und einem attraktiven Wasserfall und gelangt schließlich zu **El Abuelo** (Großvater), einer 57 m hohen, 2600 Jahre alten Alerce.

Im Park gibt es organisierte **Campingplätze** (Stellplatz 13 US$/Pers.) und einige kostenlose Campingmöglichkeiten. Am Lago Krüger gibt es einen Campingplatz, ein Restaurant und billige *hosterías*, erreichbar zu Fuß (17 km, 12 Std.) oder mit dem Bootstaxi aus dem nahen Villa Futalaufquen. In Esquels Touristeninformation gibt es eine Liste aller verfügbaren Unterkünfte.

Von Januar bis Mitte März verkehren zweimal täglich Busse ab Esquel (50 AR$, 1¼ Std.), in der übrigen Zeit nur viermal pro Woche.

PATAGONIEN

Wenige Orte auf der Welt regen die Fantasie so sehr an wie das sagenhafte Patagonien. Man kann die öde RN 40 (Südamerikas Route 66) abfahren, zuschauen, wie ein Gletscher hausgroße Eisberge kalbt und in einer der fantastischsten Gebirgslandschaften der Erde wandern. Hier warten walisische Teestuben, versteinerte Wälder, urige Vorposten, Pinguinkolonien, riesige Schaffarmen und Forellen, die zu den größten überhaupt zählen. Der Himmel ist weit und die späten Sonnenuntergänge haben fast etwas Mystisches.

Seinen Namen verdankt Patagonien angeblich den Mokassins der Tehuelche – die Schuhe erweckten den Anschein, das Volk hätte sehr große Füße: *pata* bedeutet „Fuß" auf Spanisch. Geografisch ist die Region hauptsächlich eine windige, kahle und flache Einöde. Nur an der Ostküste gibt es eine reiche Fauna, während sich im Westen die Anden auftürmen. Eine ganze Reihe berühmter Menschen zog es dennoch hierher, von Charles Darwin bis hin zu Bruce Chatwin; und auch Butch Cassidy und Sundance Kid trieben sich hier herum. Das ändert aber nichts daran, dass Patagonien zu den am dünnsten besiedelten Gegenden überhaupt zählt.

Puerto Madryn

0280 / 73 600 EW.

Das Tor zur Halbinsel Valdés ist von Tourismus und Industrie geprägt, hat sich aber auch einige kleinstädtische Züge bewahrt: Im Radio werden entlaufene Hunde gesucht, und die Einheimischen sind freundlich und haben die Ruhe weg. Mit Sommer-

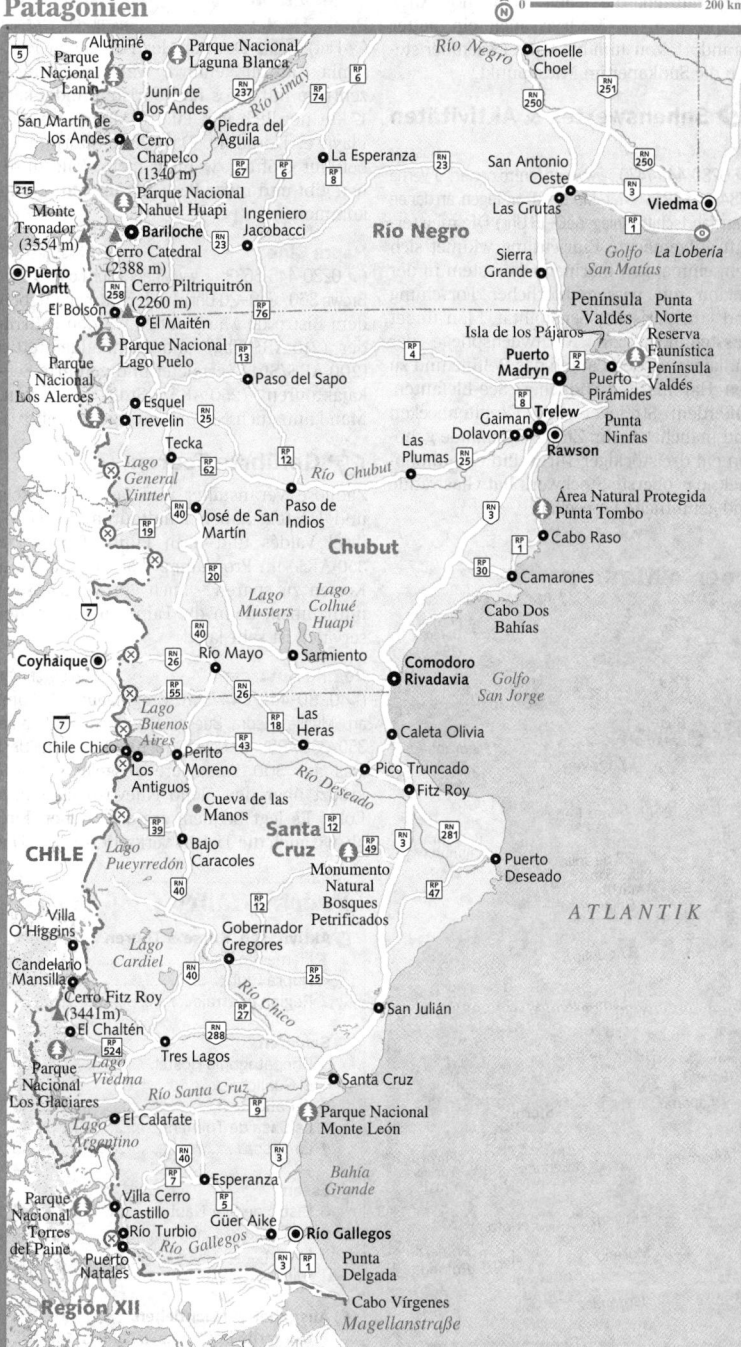

temperaturen, die jenen in Buenos Aires entsprechen, ist Madryn auch ein netter Strandort. Von Juni bis Mitte Dezember stehen die Südkaper im Mittelpunkt.

👁 Sehenswertes & Aktivitäten

⭐ EcoCentro   MUSEUM
(☎ 0280-445-7470; www.ecocentro.org.ar; J Verne 3784; 125 AR$; ⊙ Mi–Mo 17–21, an Tagen, an denen Kreuzfahrtschiffe anlegen 10–13 Uhr) Die meisterhaft aufgemachte Einrichtung widmet sich dem einmaligen marinen Ökosystem in der Region mit wissenschaftlicher Forschung und künstlerischer Sensibilität. Man findet Ausstellungen zur Nachwuchspflege der Südkaper, zu den Lauten der Delfine und zu den Harems der Südlichen See-Elefanten, außerdem Streichel- und Gezeitenbecken und manches mehr. Zu dem Gebäude gehören ein dreistöckiger Turm und eine Bibliothek; das oberste Stockwerk hat Glaswände und gemütliche Leseecken.

Puerto Madryn

Observatorio
Punta Flecha   NATURSCHUTZGEBIET
(⊙ Flut) GRATIS Das von der Fundación Patagonia Natural geführte Walbeobachtungszentrum mit Infos für Touristen findet sich 17 km nördlich von Puerto Madryn an der Playa el Doradillo. Das Observatorium ist bei Flut geöffnet, wenn es mehr Wale zu sehen gibt und mehr Besucher an den Strand kommen.

Napra Club   WASSERSPORT
(☎ 0280-445-5633; www.napraclub.com; Blvr Brown 860; ⊙ 9–20 Uhr) In der Baracke neben dem Bistro de Mar Nautico werden Fahrräder (210 AR$/Tag) und Stehpaddelbretter (200 AR$/Std.) vermietet und geführte Seekajaktouren (250 AR$/2 Std.) angeboten. Man kann auch Neoprenanzüge mieten.

👉 Geführte Touren

Zahllose Veranstalter und fast alle Hotels und Hostels haben Landtouren zur Halbinsel Valdés und nach Punta Tombo (je 350 AR$) im Programm. Wasser (und – um Kosten zu sparen – auch ein Mittagessen) mitnehmen, denn die Fahrt zu beiden Reservaten ist sehr lang!

Regina Australe   BOOTSFAHRT
(☎ 0280-445-6447; www.reginaaustrale.com.ar; Muelle Piedra Buena; Erw./Kind 4–12 Jahre 350/250 AR$; ⊙ Ticketbüro 10–13 & 14–19 Uhr) Das auf 300 Passagiere ausgelegte Schiff kreuzt über den Golfo Nuevo nach Punta Lobo. Es legt bequem am städtischen Pier ab, wo auch die Tickets verkauft werden. Die

Puerto Madryn

🟢 Aktivitäten, Kurse & Touren
1 Flamenco Tour	B2
Napra Club	(siehe 8)
2 Regina Australe	B1

🔵 Schlafen
3 Chepatagonia Hostel	B3
4 El Gualicho	A3
5 El Patio B&B	A3
6 La Casa de Tounens	A2
7 La Tosca	A3

🟠 Essen
8 Bistro de Mar Nautico	B4
9 La Taska	A2
10 Lupita	A3
11 Olinda	B2

🟣 Ausgehen & Nachtleben
12 Margarita Bar	B2

dreistündige Fahrt startet samstags, sonntags, mittwochs und an Feiertagen immer um 13 Uhr. Das Schiff hat drei Decks. Es gibt Fastfood und eine Bar an Bord.

Flamenco Tour TOUREN
(0280-445-5505; www.flamencotour.com; Belgrano 25) Der Veranstalter bietet eine Reihe von Touren an, von üblichen Walbeobachtungstouren über Schnorchelausflüge bis hin zu Sterngucker-Fahrten im Geländewagen die Küste entlang (Teleskope und eine zweisprachige Anleitung inbegriffen).

Schlafen

Die aufgeführten Preise gelten für die Hauptsaison (ca. Okt.–März). Im Januar besser vorab reservieren.

★ La Tosca HOSTEL $
(0280-445-6133; www.latoscahostel.com; Sarmiento 437; B 26 US$, DZ/3BZ/4BZ 104/117/130 US$, EZ/DZ/3BZ ohne Bad 65/78/98 US$; @ 🛜) In dem gemütlichen Gästehaus wird man von Inhaber und Personal mit Namen begrüßt. Das Hostel, die Schöpfung eines vielgereisten Paars, ist modern und komfortabel. Das Haus besitzt einen grasbewachsenen Hof und gute Matratzen. Das abwechslungsreiche Frühstück bietet hausgemachten Kuchen, Joghurt und Obst. Die Doppelsuiten und das Bad mit Duschmöglichkeit nach dem Checkout sind wunderbar. Es gibt auch einen Fahrradverleih.

La Casa de Tounens HOSTEL $
(0280-447-2681; www.lacasadetounens.com; Passaje 1 de Marzo 432; B 18 US$, EZ/DZ 45/55 US$, ohne Bad 40/45 US$; @ 🛜) Die aufgeschlossene Herberge nahe dem Busbahnhof wird von einem freundlichen parisisch-argentinischen Paar geführt. Es gibt nur wenige Zimmer, daher ist die Betreuung persönlich. Es gibt einen schönen, steingepflasterten Hof mit Hängematten, einen Gästegrill und selbst gebackenes Brot zum Frühstück.

Chepatagonia Hostel HOSTEL $
(0280-445-5783; www.chepatagoniahostel.com.ar; Storni 16; B/DZ 19/60 US$; @ 🛜) Das stilvolle, heitere Hostel gehört einem freundlichen Paar, das Touren für die Gäste bucht und zweimal die Woche Grillfeste veranstaltet. Weitere Pluspunkte sind die komfortablen Betten und die Möglichkeit, vom Balkon aus Wale zu erspähen. Die Gäste können im Haus ihre Kleidung waschen und sich Mahlzeiten zubereiten. Fahrräder werden vermietet (150 AR$/Tag).

El Gualicho HOSTEL $
(0280-445-4163; www.elgualicho.com.ar; Marcos A Zar 480; B/DZ/3BZ 15/55/63 US$; @ 🛜) Das schicke, zeitgemäße Hostel hat sehr stilvolle Unterkünfte, auch wenn die Matratzen von seltsam schlechter Qualität sind. Uns gefielen die Gemeinschaftsbereiche mit Billardtisch und Hängematten, das Haus ist aber mit 120 Betten sehr groß und daher unpersönlich. In den Doppelzimmern gibt es TVs. Fahrräder werden vermietet, und an der Anschlagtafel stehen eine ganze Menge Aktivitäten.

Camping ACA CAMPEN
(0280-445-2952; info@acamadryn.com.ar; Camino al Indio; Stellplatz EZ/DZ 9/12 US$; ⊙ Mai-Aug. geschl.) Bäume schützen die 800 kiesbestreuten Stellplätze vor dem unaufhörlichen Wind. Es gibt keine Kochgelegenheiten, aber Snacks (und manchmal auch vorbereitete Mahlzeiten) sind verfügbar. Aus der Innenstadt fährt der Stadtbus 2 bis auf 500 m an den Campingplatz heran – an der Endhaltestelle (La Universidad) aussteigen!

★ El Patio B & B B&B $$
(15-440-8887, 0280-447-5224; www.elpatiohostalpatagonia.com; Mitre 46; DZ mit/ohne Bad 90/75 US$; @) Gäste werden in diesem rustikalen B&B in einem altmodischen Gebäude mit Zitaten als Songs an den Wänden freundlich begrüßt. Die sieben weiß getünchten Zimmer liegen um einen schönen, sonnigen Hof. Das Frühstück umfasst Vollkorn-Weizenbrot, Joghurt, Obst und Zerealien. Die Inhaberin Carla arbeitete als Naturführerin und hat hilfreiche Tipps auf Lager.

🍴 Essen & Ausgehen

La Taska CAFÉ $
(15-499-4870, 0280-445-7200; 9 de Julio 461; Hauptgerichte 80–150 AR$; ⊙ 12–23.45 Uhr) Die Einheimischen schwärmen von riesigen Portionen und günstigen Preisen in dem kleinen, von einem quirligen Koch geführten Lokal.

Lupita MEXIKANISCH $
(15-472-2454; Av Gales 195; Hauptgerichte 80–120 AR$; ⊙ 20–1 Uhr) Das winzige, farbenfrohe Lokal tischt Travellern, die etwas Herzhaftes wünschen, Nachos und Fajitas auf. Die Küche kommt zwar nicht wirklich direkt aus Guadalajara, tut aber mit Weizen-Tortillas und hausgemachten Salsas ihr Bestes.

Olinda ARGENTINISCH $$
(0280-447-0304; Av Roca 385; Hauptgerichte 70–235 AR$; ⊙ 12–16 & 19.30–1 Uhr) Das zeit-

gemäße Café mit Plätzen auf der Terrasse, Kerzenbeleuchtung und einer coolen Atmosphäre serviert schmackhafte, auf der Tafel angeschriebene Gerichte, zu denen man Limonade oder Gin Tonic trinkt. Die Gerichte wie patagonisches Lamm oder gegrillte Shrimps aus der Region mit Meersalz sind immer frisch, genauso wie das im Haus gebackene Brot. Die Festpreismenüs sind gut und günstig; die aufwendigen Desserts reichen gut für zwei Personen.

Bistro de Mar Nautico MEERESFRÜCHTE $$
(0280-447-4289; Blvr Brown 860; Hauptgerichte 75–280 AR$; 8–24 Uhr) Das geschäftige Café hat ein unschlagbares Strandflair und emsige Kellner alter Schule. Meeresfrüchteliebhaber stürzen sich auf den gegrillten Fisch oder die knusprigen Calamari. Darüber hinaus gibt es hier Burger, Pizzen und sogar Frühstück. Der Ausblick auf das Wasser ist so prächtig wie bei kaum einem anderen Restaurant in Puerto Madryn. Nach 20 Uhr ist das Speisenangebot reduziert.

Margarita Bar KNEIPE
(Roque Sáenz Peña; 11–4 Uhr) In der trendigen, schummrigen Kneipe mit Backsteinwänden gibt's ein großes Cocktailangebot, freundliches Barpersonal und ordentliches Essen (Hauptgerichte 60–175 AR$). Am Wochenende wird ab 1.30 Uhr getanzt.

ⓘ Praktische Informationen

Die **Touristeninformation** (0280-445-3504; www.madryn.gov.ar/turismo; Av Roca 223; Dez.–Feb. 8–21 Uhr, April–Nov. kürzere Öffnungszeiten) ist im Zentrum und am Busbahnhof vertreten. Geldautomaten gibt es massenweise.

ⓘ Anreise & Unterwegs vor Ort

Puerto Madryn verfügt über einen Flughafen, aber die meisten Flüge landen 65 km weiter südlich in Trelew (Tür-zu-Tür-Shuttle 50 AR$/Pers., Taxi 200 AR$; Busse, die zwischen Puerto Madryn und Trelew fahren, können am Flughafen halten). **Aerolíneas Argentinas** (0280-445-1998; Av Roca 427), **LADE** (0280-445-1256; Av Roca 119) und **Andes** (0280-445-2355; www.andesonline.com; Belgrano 41) bieten Flüge an. Die Flughafengebühr beträgt 32 AR$.

Vom **Busbahnhof** (www.terminalmadryn.com; Ecke Ciudad de Nefyn & Dr Ávila) fahren Busse u. a. nach Puerto Pirámides (75 AR$, 1½ Std.), Trelew (47 AR$, 1 Std.), Comodoro Rivadavia (438 AR$, 6 Std.), Río Gallegos (1312 AR$, 18 Std.), Esquel (650 AR$, 10 Std.), Bariloche (814 AR$, 15 Std.) und Buenos Aires (ab 1350 AR$, 18 Std.).

Mietwagen bekommt man bei **Hi Patagonia Rent-a-Car** (0280-445-0155; www.hipatagonia.com; Rawson 419); der Preis liegt bei etwa 1350 AR$ (inkl. 200 km) pro Tag.

Reserva Faunística Península Valdés

0280

Als Heimat von See-Elefanten, Guanakos, Nandus, Magellan-Pinguinen und zahlreichen Meeresvögeln ist die UNESCO-Welterbestätte der **Reserva Faunística Península Valdés** (Eintritt Erw./Kind 5–12 Jahre 260/130 AR$; 8–20 Uhr) eines der schönsten Naturschutzgebiete in Südamerika. Mehr als 80 000 Gäste besuchen pro Jahr das 3600 km² große Reservat mit einer Küstenlänge von mehr als 400 km. Die Möglichkeiten zu Wildtierbeobachtungen sind außerordentlich, aber die unbestrittene Hauptattraktion sind die gefährdeten Südlichen Glattwale oder Südkaper (*ballena franca austral*). Die wärmeren, geschützteren Gewässer am Golf sind zwischen Juni und Mitte Dezember eine wichtige Kinderstube der Südkaper.

Beim Betreten des Reservats passiert man zunächst den schmalen, 5 km langen Hals der Halbinsel. Im Norden kann man einen Blick auf die **Isla de los Pájaros** erhaschen. Die Form der kleinen Insel erinnerte Antoine de Saint-Exupéry, wie seinem Buch „Der kleine Prinz" zu entnehmen ist, an einen Hut oder „eine Boa, die einen Elefanten verschlungen hat". Von 1929 bis 1931 war Saint-Exupéry hier als Postflieger im Einsatz. Sehenswert sind die **Salina Grande** und die **Salina Chico** – die Salzmarschen liegen 42 m unter dem Meeresspiegel und sind die tiefgelegensten Landgebiete Südamerikas.

Die **Caleta Valdés** ist eine von einer langen Landzunge aus Kies abgeschirmte Bucht und ein beliebter Tummelplatz der See-Elefanten. Gleich nördlich davon hat sich eine große Kolonie von Magellan-Pinguinen ihre Bruthöhlen gebuddelt. Bei **Punta Norte** dösen Seelöwen und See-Elefanten vor sich hin, während ab und zu Schulen von Orcas das Meer durchstreifen.

Das Zentrum der Halbinsel ist **Puerto Pirámides**, eine sandige, struppige Siedlung an einer Straße, in der gerade einmal 500 Menschen leben. Man kann hier übernachten, wenn man näher an den Naturattraktionen dran sein möchte. Die Einrichtungen sind minimal: Es gibt hier nur einen Geldautomaten (der vielleicht gerade außer Betrieb ist) und keine Autovermietung. Tauchgänge, Ausritte und Mountainbike-Touren werden angeboten. Außerhalb der Walbeobachtungssaison lohnen sich Bootstouren eigentlich nur für jene, die sich für Watvögel und Seelöwen interessieren – gelegentlich kann man vielleicht auch einen Delfin sichten. Infos gibt's in der **Touristeninformation** (☏ 0280-449-5048; www.puertopiramides.gov.ar; 1era Bajada; ⊙ 8–20 Uhr).

🛏 Schlafen & Essen

Hostel Bahía Ballenas HOSTEL $
(☏ 15-456-7104; www.bahiaballenas.com.ar; Av de las Ballenas s/n; B 20 US$; ❄ @ 🛜) Das einladende Backsteinhostel hat zwei riesige Schlafsäle und ist sofort an dem „Backpackers"-Schild zu erkennen. Gäste erhalten Rabatt für Touren in der Gegend. Die Küchenbenutzung ist im Preis inbegriffen; das Frühstück kostet extra (40 AR$).

Camping Municipal CAMPEN $
(☏ 15-420-2760; 12 US$/Pers.) Der mit Kies bestreute, bequeme und geschützte Campingplatz hat saubere Toiletten, einen Laden und Münz-Warmwasserduschen. Er liegt an der Straße, hinter der Tankstelle. Im Sommer sollte man früh kommen, um sich seinen Platz zu sichern. Nicht direkt am Strand sein Lager aufschlagen – die Flut steigt hier wirklich hoch!

La Casa de la Tía Alicia PENSION $$
(☏ 0280-449-5046; Av de las Ballenas s/n; DZ 83 US$; 🛜) Das rosafarbene Haus mit nur drei hüttenartigen Zimmern, die sich um einen schönen Garten verteilen, ist eine gemütliche Bleibe für Paare. Den Tee gibt's aufs Zimmer, Wasser wird aufbereitet, und Abfälle werden kompostiert.

★ Guanaco KNEIPENKOST $$
(☏ 0280-449-5046; Av de las Ballenas s/n; Hauptgerichte 142–180 AR$; ⊙ Mo, Di, Do & Fr 19–23.30, Sa & So 12–15.30 & 19–23.30 Uhr) Kunstinstallationen auf der überdachten Veranda sind der Hinweis auf diese schrille *cervecería*, die Kleinbrauereibier von Hernan und anderen Produzenten aus der Region ausschenkt. Die Gerichte, z. B. Lamm-Ravioli, Fisch mit Butter und Kräutern und riesige Salate, sind zufriedenstellend. Die Bedienung kann längere Zeit brauchen – das Lokal ist klein. Dass die Kunden zufrieden sind, zeigt sich daran, dass hin und wieder geschlossen werden muss, weil alle Vorräte aufgebraucht sind.

🛈 An- & Weiterreise

Im Sommer fahren zwei- bis dreimal täglich Busse von Puerto Madryn nach Puerto Pirámides (75 AR$, 1½ Std.). An den Wochenenden und in der Nebensaison sind weniger Busse unterwegs.

Trelew

☏ 0280 / 98 600 EW.

Trelew ist zwar in seinem walisischen Erbe verwurzelt, aber kein besonders idyllischer Ort. Der eher langweilige, mittelgroße Knotenpunkt liegt in bequemer Nähe zu vielen Attraktionen, hat aber selbst wenig zu bieten. Das wirtschaftliche Zentrum der Region ist ein guter Ausgangspunkt zum Besuch der walisischen Dörfer Gaiman und Dolavon. Einen Besuch lohnt das erstklassige Dinosaurier-Museum.

Ende Oktober leben beim **Eisteddfod de Chubut** walisische Traditionen auf.

👁 Sehenswertes

★ Museo Paleontológico Egidio Feruglio MUSEUM
(☏ 0280-442-0012; www.mef.org.ar; Av Fontana 140; Erw./Kind 95/65 AR$; ⊙ Mo-Fr 9–18, Sa & So 10–19 Uhr) Das Naturkundemuseum zeigt die wichtigsten Fossilienfunde Patagoniens, hervorragende lebensgroße Dinosaurierexponate und mehr als 1700 fossile Reste von Pflanzen und Meerestieren. Neben informativen Erläuterungstafeln gibt es Naturgeräusche, Videos und Führungen in verschiedenen Sprachen. Zur Sammlung gehören Fossilien von Sauriern aus der Region, z. B. des Tehuelchesaurus, des Patagosaurus und des Titanosaurus.

🞋 Geführte Touren

Nievemar TOUREN
(☏ 0280-443-4114; www.nievemartours.com.ar; Italia 20) Veranstaltet Ausflüge nach Punta Tombo und die üblichen geführten Touren.

🛏 Schlafen

Hostel El Agora HOSTEL $
(☏ 0280-442-6899; www.hostelagora.com.ar; Edwin Roberts 33; B 19 US$; ❄ @ 🛜) Die Backpackerbleibe residiert in einem blitzblanken, schmucken Backsteinhaus. Es gibt einen kleinen Hof, einen Büchertausch und eine Waschküche. Auch geführte Radtouren werden angeboten. Das Hostel ist zwei Blocks von der Plaza Centenario und vier vom Busbahnhof entfernt.

★ La Casa de Paula B&B $$

(☎ 15-435-2240; www.casadepaula.com.ar; Marconi 573; EZ/DZ/3BZ/4BZ 100/120/130/140 US$; ❋ 🛜) Nach einem Tag voller Sonne und Wind kann man sich gut im Haus der Künstlerin Paula erholen. Die Zimmer haben große Doppelbetten mit Daunendecken und gewebten Tagesdecken. Die Einrichtung in dem modernen Wohnhaus ist bunt zusammengewürfelt und freundlich, im Radio dudelt Jazz und im gemütlichen Wohnbereich liegen Modezeitschriften aus. Es gibt auch einen üppigen Garten. Zum hervorragenden Frühstück gibt's hausgemachte Marmelade.

Die neuen Suiten mit Balkon oder Terrasse sind ideal für Familien.

🍴 Essen & Ausgehen

Sugar MODERN-ARGENTINISCH $$

(25 de Mayo 247; Hauptgerichte 90–190 AR$; ⏱ 7–1 Uhr; 📶) Das moderne Restaurant an der Plaza Independencia gibt schlichten, klassisch-argentinischen Gerichten eine besondere Note. Man findet hier z. B. *milanesas* mit Quinoa, Pfannengerichte mit Rindfleisch, gegrilltes Gemüse und Fisch mit Kräutern. Auch Salate und frische Säfte sind im Angebot. Die Küche ist nicht hochklassig, aber eine willkommene Abwechslung zum argentinischen Einerlei.

★ Touring Club CAFÉ

(Av Fontana 240; ⏱ 6.30–2 Uhr) Die historische *confitería* (Snacks 60 AR$) kündet von alten Zeiten – vom Butch-Cassidy-Steckbrief über die Decke mit Prägemuster bis hin zu der alten Theke hinten im Raum. Selbst die Kellner im Smoking scheinen aus einer anderen Epoche zu stammen. Der Service ist schlecht, und die Sandwichs sind mittelmäßig, aber das Ambiente ist einmalig.

❶ Praktische Informationen

An der Plaza sind die gute **Touristeninformation** (☎ 0280-442-0139; www.trelewtourismo.wordpress.com; Ecke San Martín & Mitre; ⏱ Mo–Fr 8–20, Sa & So 9–21 Uhr), Banken mit Geldautomaten und die **Post** (Ecke 25 de Mayo & Mitre).

❶ Anreise & Unterwegs vor Ort

Der Flughafen liegt 6 km nördlich der Stadt, zu erreichen mit dem Bus nach Puerto Madryn (Fußweg 300 m) oder einem Taxi (30 AR$).
Aerolíneas Argentinas (☎ 0280-442-0222; Rivadavia 548) fliegt nach Buenos Aires.

Trelews Busbahnhof befindet sich sechs Blocks nordöstlich der Innenstadt. Busse fahren u. a. nach Puerto Madryn (45 AR$, 1 Std.), Gaiman (15 AR$, 30 Min.), Comodoro Rivadavia (294 AR$, 5 Std.), Bariloche (787 AR$, 12 Std.) und Buenos Aires (935 AR$, 18 Std.).

Autovermieter gibt's am Flughafen und in der Stadt.

Rund um Trelew

Gaiman

☎ 0280 / 9600 EW.

Ein Stück Wales in Patagonien gefällig? Dann auf nach Gaiman, das 17 km westlich von Trelew liegt! Die Straßen hier sind ruhig und breit, die Häuser schlicht und niedrig. An heißen Tagen kühlt sich die Dorfjugend im nahen Fluss ab. Die meisten Besucher kommen nach Gaiman, um in einer der guten **walisischen Teestuben** Gebäck und Kuchen zu kosten. In der Regel öffnen diese Läden gegen 14 Uhr und servieren für 150 bis 200 AR$ so viel Tee und hausgemachtes Gebäck, wie man möchte.

Das kleine **Museo Histórico Regional Gales** (Ecke Sarmiento & 28 de Julio; Eintritt 10 AR$; ⏱ Dez.–März tgl.15–20 Uhr, April–Nov. Di–So 15–19 Uhr) dokumentiert anhand von alten Fotos aus der Pionierzeit und Haushaltsgegenständen die Geschichte der walisischen Siedler.

Gaiman lässt sich von Trelew aus problemlos als Tagesausflug besuchen, wer jedoch hier übernachten möchte, trifft mit dem gemütlichen **Dyffryn Gwirdd** (☎ 0280-449-1777; patagongales@yahoo.com.ar; Av Eugenio Tello 103; EZ/DZ 30/45 US$; 🛜) mit sieben einfachen, aber netten Zimmern (Frühstück kostet extra) eine gute Wahl. Einige Teestuben bieten ebenfalls Unterkünfte.

Bei der Orientierung hilft die **Touristeninformation** (☎ 0280-449-1571; www.gaiman. gov.ar; Ecke Rivadavia & Belgrano; ⏱ Dez.–März 9–20 Uhr, April–Nov. bis 18 Uhr).

Regelmäßig verkehren Busse ab/nach Trelew (15 AR$, 30 Min.).

Área Natural Protegida Punta Tombo

Die **Área Natural Protegida Punta Tombo** (Eintritt 180 AR$; ⏱ Sept.–April 8–18 Uhr) ist das größte Pinguin-Brutgelände auf dem südamerikanischen Kontinent – mehr als eine halbe Million Magellan-Pinguine nisten hier; hinzu kommen Königs- und Felsenscharben, Riesensturmvögel, Dominikanermöwen, flugunfähige Magellan-Dampfschiffenten und Klippen-Austernvögel. Ranger begleiten die Besucher zu den Nistplätzen.

Centro Tombo (◷8–18 Uhr) heißt die Besucherinformation, in der es auch eine *confitería* gibt. Besuchen kann man das Schutzgebiet mit einer geführten Tour ab Trelew oder Puerto Madryn, ansonsten muss man ein Auto mieten, was für Gruppen eine gute Option darstellt.

Comodoro Rivadavia
☏ 0297 / 177 000 EW.

Für Touristen ist die staubige Hafenstadt Comodoro, die von Hügeln mit Ölfördertürmen, Tanks und Windenergieparks umgeben ist, meist nicht mehr als ein Umsteigepunkt. Die moderne, arbeitsame Stadt ist aber auch ein Tor zu nahegelegenen Attraktionen und hat allerhand nützliche Einrichtungen (z. B. einen Walmart). Die Hotels sind teuer.

🛏 Schlafen & Essen

Belgrano Nuevo Hotel HOTEL $
(☏ 0297-406-9615; Belgrano 738; EZ/DZ 38/50 US$; 🛜) Holzdecken und gewölbte Türen geben dem zentral gelegenen Hotel zumindest im Eingangsbereich etwas Flair. Drinnen wirkt es mit seinen kleinen, oft sehr dunklen Zimmern recht trostlos. Die besten (Zi. 18, 19 & 20) haben Fenster nach außen.

Puerto Mitre PIZZA $
(☏ 0297-446-1201; Ameghino 620; Hauptgerichte 90 AR$; ◷12–15 & 20–23 Uhr) Traveller finden hier Pizza und argentinische Empanadas.

ℹ Praktische Informationen

Touristeninformation (☏ 0297-444-0664; www.comodoroturismo.gob.ar; Av Rivadavia 430; ◷ Mo–Fr 8–20, Sa & So 9–15 Uhr) Freundlich, gut bestückt und gut organisiert.

ℹ Anreise & Unterwegs vor Ort

Der Flughafen liegt 8 km östlich des Zentrums (Bus 1,75 AR$, Taxi 63 AR$). **Aerolíneas Argentinas** (☏ 0297-444-0050; Av Rivadavia 156), **Lan Argentina** (☏ 0297-454-8160; Airport) und **LADE** (☏ 0297-447-0585; Av Rivadavia 360) bieten Flüge an.

Der Busbahnhof liegt im Stadzentrum. Von dort aus fahren Busse beispielsweise nach Puerto Madryn (533 AR$, 6 Std.), Los Antiguos (410 AR$, 5 Std.), Esquel (610 AR$, 10 Std.), Bariloche (860 AR$, 12 Std.), Río Gallegos (815 AR$, 11 Std.) und Buenos Aires (1825 AR$, 24 Std.).

Los Antiguos
☏ 02963 / 3360 EW.

Im kleinen, landwirtschaftlich geprägten Los Antiguos an den windigen Ufern des Lago Buenos Aires finden sich *chacras* (kleine, selbständige Farmen), die Kirschen, Erdbeeren, Äpfel, Aprikosen und Pfirsiche anbauen. Der Ort ist ein attraktiver Grenzübergang nach Chile, und die Anreise auf der RN 40 kann schon ein Abenteuer sein.

Am zweiten Januarwochenende wird mit Rodeos und Livemusik die **Fiesta de la Cereza** (Kirschfest) gefeiert. **Chelenco Tours** (☏ 02963-491198; www.chelencotours.tur.ar; Av 11 de Julio Este 584; ◷ 10–13 & 16.30–21.30 Uhr) veranstaltet Ausflüge zur Cueva de las Manos, in der sich tolle Felsmalereien ab der Zeit um 7370 v. Chr. finden, und zum Monte Zeballos, wo man wandern und mountainbiken kann.

Zwanzig Gehminuten östlich vom Zentrum liegt der von Zypressen beschattete **Camping Municipal** (☏ 02963-491265; Av 11 de Julio s/n; Stellplatz Zelt 10 US$ plus 20 AR$/Pers., B/Hütte 40/50 US$) mit Stellplätzen und Hütten. Das **Hotel Los Antiguos Cerezos** (☏ 02963-491132; hotel_losantiguoscerezos@hotmail.com; Av 11 de Julio 850; EZ/DZ/3BZ 50/78/90 US$; 🛜) hat sterile Zimmer. Besser, aber teurer ist das **Hotel Mora** (☏ 15-420-7472; www.hotelmorapatagonia.com; Av Costanera 1064; EZ/DZ mit Seeblick 96/122 US$, EZ/DZ/3BZ ohne Ausblick 72/102/128 US$; 🛜) am Seeufer. Gute Café-Kost gibt's im **Viva El Viento** (☏ 02963-491109; www.vivaelviento.com; Av 11 de Julio 447; Hauptgerichte 40–220 AR$; ◷ Okt.–April 9–21 Uhr; 🛜).

Die **Touristeninformation** (☏ 0297-491261; info@losantiguos.tur.ar; Av 11 de Julio 446; ◷8–20 Uhr) hat Infos zu Aktivitäten, u. a. zum Angeln und Windsurfen. Vor Ort gibt's eine Bank mit Geldautomaten.

Werktags fahren um 12 Uhr Busse über die Grenze ins 12 km entfernte Chile Chico (100 AR$). Von November bis März fährt **Chaltén Travel** (www.chaltentravel.com) an Tagen mit gerader Zahl nach El Chaltén und El Calafate (1290 AR$, 12 Std.). Außerdem fahren Busse u. a. nach Perito Moreno (43 AR$, 45 Min.), Bariloche (1290 AR$, 12 Std.) und Comodoro Rivadavia (518 AR$, 7 Std.). Fahrpläne erhält man in der Touristeninformation.

El Chaltén
☏ 02962 / 1630 EW.

Das farbenfrohe Dorf blickt auf den hinreißenden nördlichen Abschnitt des Parque

Nacional Los Glaciares. Im Sommer kommen Tausende von Wanderern, um die tollen Routen unterhalb der zackigen Gipfel des **Fitz-Roy-Massivs** zu erkunden. Bergsteiger wollen u. a. den Hauptgipfel des **Cerro Fitz Roy** (3441 m) bezwingen. Selbst im Sommer muss man auf Wind, Regen und kaltes Wetter eingestellt sein; dann sind auch die Gipfel wegen der Wolken nicht zu sehen. Wenn die Sonne scheint, ist El Chaltén jedoch ein Paradies für Outdoor-Fans.

Achtung: El Chaltén liegt innerhalb der Grenzen des Nationalparks; deswegen gelten die Vorschriften bezüglich des Umgangs mit offenem Feuer und des Sicherheitsabstands zu Flussläufen. Das Wasser der Flüsse in der Region ist ungefiltert trinkbar, und so sollte das auch bleiben! Von April bis Oktober ist in El Chaltén fast alles geschlossen.

🏃 Aktivitäten

Laguna Torre — WANDERN
Der Blick auf die eindrucksvolle Felsnadel des Cerro Torre ist das eigentliche Highlight. Bei gutem Wetter – d. h. wenig Wind und klarer Himmel, sollte man sich gleich auf den Weg machen (einf. Strecke 9 km, 3 Std.), denn der zackige Cerro Torre ist an normalen, stürmischen Tagen kaum zu sehen.

Laguna de Los Tres — WANDERN
Die Wanderung zu diesem Hochgebirgssee ist etwas anstrengender (einf. Strecke 10 km, 4 Std.) als die zur Laguna Torre. Es handelt sich um eine der malerischsten Stellen im Park. Die Wege sind sehr steil; bei schlechtem Wetter ist besondere Vorsicht geboten.

Lago del Desierto & Chile — WANDERN
Der Lago del Desierto liegt rund 37 km nördlich von El Chaltén (1 Std. mit dem Auto auf einer Schotterpiste) nahe der chilenischen Grenze. Am See führt ein 500 m langer Weg zu einem Aussichtspunkt, von dem aus man See und Gletscher bewundern kann. Am Ostufer des Sees führt ein Weg weiter bis nach Candelario Mansilla in Chile.

Immer beliebter werden ein- bis dreitägige Kombinationen aus Wanderung und Fährfahrt über die Grenze nach Chile und weiter bis Villa O'Higgins, der Endstation der Carretera Austral. Die Strecke ist auch bei Radlern populär, obwohl ein großer Teil der Zeit draufgeht, um Rad und Gepäck an steilen Stellen, die zu eng für die Radtaschen sind, zu schultern und hinaufzutragen. Es gibt Planungen, hier eine Straße zu bauen, aber das kann noch Jahrzehnte dauern.

Spa Yaten — GESUNDHEIT & FITNESS
(📞02962-493394; spayaten@gmail.com; San Martín 36; Massage 1 Std. 650 AR$; ⌚10–21 Uhr) In diesem Spa gibt's Duschen, Bademäntel und Badeschuhe, sodass müde Wanderer hier direkt von der Strecke einkehren können. Angeboten werden diverse Anwendungen und Massagen. Es gibt Whirlpools in einem Gemeinschaftsraum und eine Sauna. Massagen vorab reservieren!

👉 Geführte Touren

Patagonia Aventura — ABENTEUERTOUR
(📞02962-493110; www.patagonia-aventura.com; Av San Martín 56) Eiswanderungen (1700 AR$, 2 Std.) und Eisklettertouren (3000 AR$, ganztägig) am Viedma-Gletscher mit Zugang zu den Kreuzfahrtschiffen. Nicht inbegriffen ist der Transport zum Startpunkt Puerto Bahía Túnel (170 AR$).

Casa de Guias — BERGSTEIGEN
(📞02962-493118; www.casadeguias.com.ar; Lago del Desierto s/n) Das freundliche, professionelle Unternehmen hat englischsprachige Führer, die von der Argentinischen Bergführervereinigung (AAGM) zertifiziert sind. Es ist auf Kleingruppentouren spezialisiert. Angeboten werden Wanderungen, Bergbesteigungen (nur für Fitte) und Kletterkurse.

🛏 Schlafen

Die Preise gelten von Ende Dezember bis Ende Februar, und in dieser Zeit sollte man vorab reservieren. Bei manchen Unterkünften ist das Frühstück inbegriffen.

Albergue Patagonia — HOSTEL $
(📞02962-493019; www.patagoniahostel.com.ar; Av San Martín 392; B US$17, EZ/DZ/3BZ 65/77/88 US$, EZ/DZ ohne Bad 40/45 US$; ⌚Sept.–Mai; @🛜) Das prächtige, einladende Bauernhaus aus Holz hat hilfsbereites Personal. Die in einem separaten Gebäude untergebrachten Schlafsäle sind geräumig und modern und haben guten Service und eine fröhliche Atmosphäre. Die B&B-Option umfasst Zimmer mit Bad, Küchenbenutzung und ein großes Buffetfrühstück im Fuegia Bistro.

Die Unterkunft vermietet auch Fahrräder und bietet eine einmalige Radtour zum Lago del Desierto mit Shuttle-Möglichkeiten an.

Lo de Trivi — HOSTEL $
(📞02962-493255; www.lodetrivi.com; Av San Martín 675; B 22 US$, DZ mit/ohne Bad 84/62 US$; 🛜) Gute Budgetoption: An das umgebaute Haus wurden Container und Verdecks mit

alten Betten als Sitzplätze auf der Veranda hinzugefügt. Das wirkt improvisiert, funktioniert aber gut. Es gibt ordentliche Gemeinschaftsbereiche mit und ohne TV; am besten ist die kantinenartige Gästeküche. Die Doppelzimmer bestehen aus behaglichen Containern, in die kaum das Bett hineinpasst.

Rancho Grande Hostel HOSTEL $

(☏02962-493092; www.ranchograndehostel.com; Av San Martín 724; B/DZ/3BZ/4BZ 25/98/120/ 140 US$; @ 🛜) Die wuselige Backpacker-Bleibe fungiert als so etwas wie Chalténs Hauptbahnhof, denn hier halten die Busse von Chaltén Travel. Alle finden hier etwas, von Busreservierungen über (kostenpflichtigen) Internetzugang bis zu einem Café. In den sauberen Vierbettzimmern stapeln sich die Decken, im Badezimmertrakt gibt es Reihen von Duschkabinen. Die Privatzimmer bieten ein eigenes Bad und kostenloses Frühstück.

Condor de Los Andes HOSTEL $

(☏02962-493101; www.condordelosandes.com; Ecke Río de las Vueltas & Halvor Halvorsen; B/DZ/ 3BZ 18/66/79 US$; @🛜) Das anheimelnde Hostel mit abgewetzten Etagenbetten, warmen Zimmern und knisterndem Kaminfeuer wirkt wie eine Skihütte. Die Gästeküche ist makellos, und es gibt komfortable Aufenthaltsbereiche.

Camping El Relincho CAMPEN $

(☏02962-493007; www.elrelinchopatagonia.com. ar; Av San Martín 545; Stellplatz 10/5 US$ pro Pers./Fahrzeug, Hütte für 4 Pers. 100 US$) Der private Campingplatz hat Stellplätze, die dem gnadenlosen Wind offen ausgesetzt sind.

★Nothofagus B&B B&B $$

(☏02962-493087; www.nothofagusbb.com.ar; Ecke Hensen & Riquelme; EZ/DZ/3BZ 84/92/ 110 US$, ohne Bad 68/76/95 US$; ⊗Okt.–April; @🛜) 🌱 Das aufmerksame und liebenswerte Chalet bietet Gästen ein warmes Refugium mit herzhaften Frühstücks-Optionen. Durch die Trennung von Bio-Müll und andere Maßnahmen, etwa das Handtücher nur auf Anfrage ausgewechselt werden, hat sich das B&B das Sello Verde (Öko-Siegel) verdient. Die Zimmer besitzen Balkondecken, Teppiche und einige auch eine schöne Aussicht. Manche Zimmer teilen sich das Bad im Korridor mit einem anderen Zimmer.

Posada La Base PENSION $

(☏02962-493031; www.elchaltenpatagonia.com. ar; Calle 10, No 16; DZ/3BZ 70/90 US$) Im smarten, großen Haus gibt es geräumige Zimmer, die alle nach draußen blicken und Zugang zu einer makellosen Küche haben. Größere Gruppen sollten die Zimmer 5 und 6 buchen, die sich eine innen gelegene Küche mit Essbereich teilen. Im Empfangsbereich gibt es einen beliebten Video-Raum mit Filmen in verschiedenen Sprachen. Wer zwei Nächte oder länger bleibt, erhält Rabatt.

🍴 Essen & Ausgehen

Die meisten Hostels und Hotels sowie einige Restaurants bieten Lunchpakete.

★La Cervecería KNEIPENKOST $$

(☏02962-493109; Av San Martín 320; Hauptgerichte 80–160 AR$; ⊗12–24 Uhr) Das Pint nach der Wanderung geht in dieser munteren Kneipe mit sympathischem Personal und einer schlagfertigen Barfrau schnell in einen regelrechten Ausgehabend über. Zu einem Krug ungefiltertem Pilsner oder einem trüben Bock isst man Pasta oder *locro*.

Techado Negro CAFÉ $$

(☏02962-493268; Av Antonio Rojo; Hauptgerichte 60–145 AR$; ⊗12–24 Uhr; 🌱) 🌱 Das schlichte bunte Café mit Malereien an den Wänden und eine raue, ungezwungene Atmosphäre, die zu El Chaltén passt. Es gibt gute und günstige, teilweise auch gesunde argentinische Kost, z.B. hausgemachte Empanadas, mit *humita* gefüllten Kürbis, Vegetarisches mit braunem Reis, Suppen und Pastagerichte. Auch Lunchpakete werden angeboten.

Patagonia Rebelde ARGENTINISCH $$

(☏02962-493208; San Martín 430; Hauptgerichte 130–240 AR$; ⊗12.30–16 & 18–24 Uhr) Das schlichte Speiselokal mit sozialkritischen Wandmalereien und rustikaler Aufmachung serviert schmackhafte, riesige Portionen *al disco*, die in Eisenpfannen zubereitet werden. Von einer Portion Hühnchen mit Orange oder Lamm mit Pilzen und Speck, je mit Gemüse und Fritten, werden zwei ausgehungerte Wanderer satt. Auch der gebratene *provoleta*-Käse ist zu empfehlen. Die Bedienung ist freundlich, aber niemand hat es eilig.

La Vinería WEINBAR

(☏02962-493301; Av Lago del Desierto 265; ⊗16–3 Uhr) Die aus Alaska hierher versetzte Bar hat eine große Karte mit argentinischem Wein, Kleinbrauereibiere und tolle Häppchen.

ℹ️ Praktische Informationen

In der **Parkverwaltung** (☏02962-493004, 493024; pnlgzonanorte@apn.gov.ar; donations welcome; Dez.–Feb. 9–20 Uhr, März–Nov. 10–17 Uhr), gleich vor der Brücke in den Ort links, gibt's Landkarten und Infos für Wanderer (sowie Videos für Regentage); die täglichen Busse halten hier ohne besondere Aufforderung. Die hilfreiche **Städtische Touristeninformation** (02962-493370; Terminal de Omnibus; 9–22 Uhr) befindet sich im Busbahnhof.

Ausreichend argentinische Pesos mitbringen, denn es gibt nur zwei Geldautomaten (einen davon im Busbahnhof). Nur wenige Stellen akzeptieren Reiseschecks oder Kreditkarten, und die Wechselkurse sind schlecht.

In den kleinen Supermärkten vor Ort gibt's ein ordentliches Angebot von Verpflegung und Vorräten. Ausrüstung wie Kocher, Benzin, Schlafsäcke, Zelte und warme Kleidung kann man in mehreren Geschäften an der San Martín (der Hauptverkehrsstraße) kaufen oder mieten. Fahrräder und Bergführer kann man ebenfalls mieten.

❶ An- & Weiterreise

Die folgenden Fahrzeiten gelten für Dezember bis Februar; in der Nebensaison werden die Verbindungen seltener oder gar nicht bedient. Mehrmals täglich fahren Busse nach El Calafate (350 AR$, 3½ Std.). Las Lengas fährt einige Male pro Tag zum Lago del Desierto (250 AR$, 1 Std.) und der Hostería El Pilar (100 AR$, 20 Min.).

Chaltén Travel (02962-493092; www.chaltentravel.com; Ecke Av MM De Güemes & Lago del Desierto) sorgt von Mitte November bis Mitte April an ungeraden Tagen für Transportverbindungen nach Los Antiguos (1290 AR$, 12 Std.) und Bariloche (2190 AR$, 2 Tage, Preis der Übernachtungsunterkunft nicht inbegriffen)

Eine wachsende Zahl von Travellern unternehmen die ein- bis zweitägige Reise nach Villa O'Higgins in Chile (dem Endpunkt der Carretera Austral); eine Kombination aus Wanderung und Fährfahrt (nur Nov.– März); Einzelheiten finden sich unter „Durch die Hintertür nach Argentinien" (S. 554).

El Calafate

02902 / 21300 EW.

El Calafete ist nach den Beeren benannt, die, einmal gekostet, dafür sorgen, dass man immer wieder nach Patagonien zurückkehren will. Darüber hinaus bietet die Stadt eine andere unwiderstehliche Attraktion: den Glaciar Perito Moreno, der 80 km entfernt im Parque Nacional Los Glaciares zu finden ist. Der Gletscher ist ein prächtiges Highlight, aber seine Popularität führt zu einem Auswuchern der einst idyllischen Kleinstadt und einer rapiden Gentrifizierung. Trotzdem ist El Calafete immer noch ein netter Ort mit einer ganzen Menge an Dienstleistungen für Traveller. Dank seiner strategischen Lage zwischen El Chaltén und Torres del Paine (Chile) ist es zudem ein vielbesuchter Zwischenstopp.

👁 Sehenswertes

★ Glaciarium   MUSEUM

(02902-497912; www.glaciarium.com; Erw./Kind 230/100 AR$; Sept.–Mai 9–20 Uhr, Juni–Aug. 11–20 Uhr) Das tolle, einmalige und aufregende Museum widmet sich der Welt des Eises. Exponate und zweisprachige Filme zeigen, wie sich Gletscher bilden. Hinzu kommen Dokumentationen von Expeditionen ins kontinentale Eis und nachdenklich stimmende Überlegungen zum Klimawandel. Erwachsene ziehen zum Besuch der *bar de hielo* (140 AR$ inkl. Drink), eines blau beleuchteten, eiskalten Clubs, Pelze über und laben sich an Wodka oder Fernet-Cola, die in Gläsern aus Eis serviert werden. Das Glaciarium liegt 6 km außerhalb von Calafate auf dem Weg zum Nationalpark. Um hinzukommen, nimmt man den kostenlosen, stündlich fahrenden Shuttle von der 1 de Mayo zwischen der Av Libertador und der Roca. Der letzte fährt eine Stunde, bevor das Museum schließt.

🧭 Geführte Touren

Enjoy!   ABENTEUERTOUREN

(02902-497722; www.enjoycalafate.com; Via Ferrata 580 AR$) Der beliebte Veranstalter ist auf Abenteuertouren spezialisiert. Zu den Aktivitäten mit zweisprachigen Führern zählen u.a. die Besteigung des Cerro Roca, Klettern auf Klettersteigen, Abseilen und Heruntersausen auf Seilrutschen. Ein Büro gibt es nicht, die Teilnehmer werden in den Unterkünften abgeholt. Die Unternehmungen starten von der Estancia 25 de Mayo.

Overland Patagonia   TOUREN

(02902-491243, 492243; www.glaciar.com; Gletschertour 640 AR$) Der Veranstalter, der im Hostel del Glaciar Libertador und im Hostel del Glaciar Pioneros vertreten ist, organisiert die alternative Gletschertour zum Glaciar Perito Moreno, die aus dem Besuch einer *estancia*, einer einstündigen Wanderung im Park und optional auch aus Bootsfahrten auf dem See (250 AR$ zusätzlich) besteht.

🛏 Schlafen

Von Ende Dezember bis Ende Februar sollte man vorab reservieren.

El Calafate

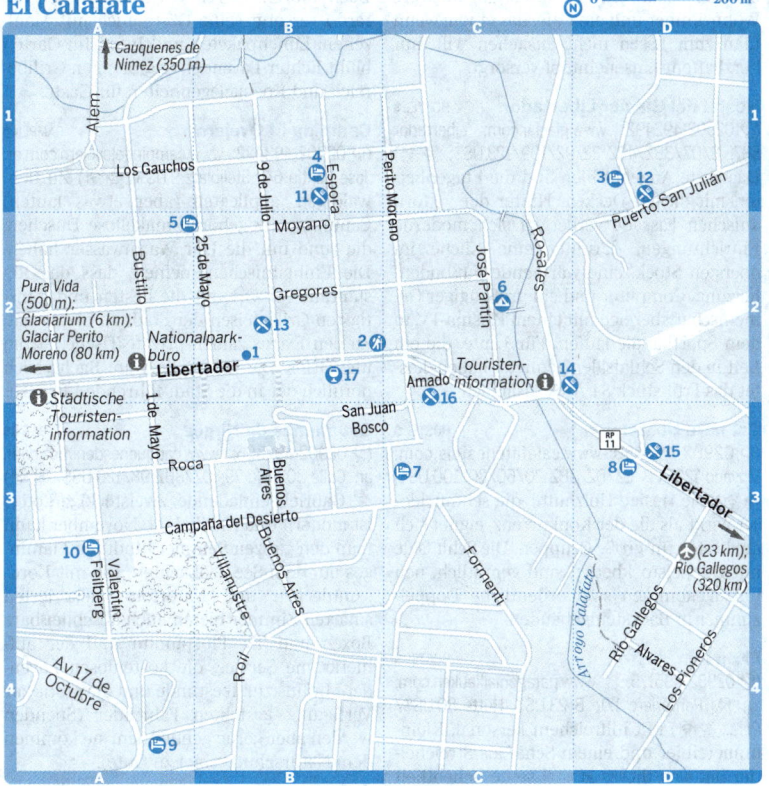

El Calafate

⊕ Aktivitäten, Kurse & Touren
 1 Chaltén Travel....................................... B2
 2 Hielo y Aventura B2

⊜ Schlafen
 3 America del Sur D1
 4 Bla! Guesthouse B1
 5 Calafate Hostel A2
 6 Camping El Ovejero C2
 7 Hostal Schilling C3
 8 Hostel del Glaciar Libertador................D3
 9 I Keu Ken Hostel A4
 10 Las Cabañitas..A3

⊗ Essen
 11 Buenos Cruces B1
 12 Esquina Varela.......................................D1
 13 La Fonda del Parillero..........................B2
 14 La Tablita C2
 15 María Brownies.....................................D3
 16 Viva la Pepa C2

⊙ Ausgehen & Nachtleben
 17 Librobar B2

America del Sur HOSTEL **$**
(☏ 02902-493525; www.americahostel.com.ar; Puerto Deseado 151; B/DZ/4BZ 35/97/153 US$; @ 🕾) Die beliebte Backpacker-Unterkunft hat eine stilvolle Lodge mit Aussicht und beheizten Böden. Die Doppelzimmer sind gleichförmig, aber angenehm. Das Personal sorgt für Gesellschaft, so gibt es in der Hauptsaison Grillfeste mit Salatbuffet.

Hostal Schilling PENSION **$**
(☏ 02902-491453; http://hostalschilling.com; Paradelo 141; B/EZ/DZ/3BZ 25/63/75/95 US$, DZ ohne Bad 60 US$; 🕾) Die freundliche Pension ist eine gute Wahl dank der zentralen Lage und dem guten Preis-Leistungs-Verhältnis. Das ist vor allem Cecilia, Marcelo und Raimiro, der Eigentümerfamilie zu danken, die den Gästen Tee einschenken und ihnen

bei den Planungen helfen. Es gibt mehrere Wohnzimmer und ein Café, das einen, wenn man zum Essen nicht ausgehen will, mit herzhaftem Linseneintopf versorgt.

Hostel del Glaciar Libertador   HOSTEL $
(02902-492492; www.glaciar.com; Libertador 587; B/D/3BZ/4BZ 22/92/109/123 US$; @🖥) Das beste Angebot hier sind die Etagenbetten mit dicken Decken. Hinter der viktorianischen Fassade verbergen sich moderne Einrichtungen, darunter eine Küche im obersten Stock, eine wärmende Fußbodenheizung, Computer und ein großzügiger Gemeinschaftsbereich mit einem Plasma-TV, in dem Sportkanäle laufen. Für Leute, die ein Bett in den Schlafsälen gemietet haben, kostet das Frühstück 84 AR$ zusätzlich.

Calafate Hostel   HOSTEL $
(02902-492450; www.calafatehostels.com; Moyano 1226; B/EZ/DZ/3BZ 20/60/80/100 US$; @🖥) Die riesige Holzhütte, die schmuckloser wirkt als die der Konkurrenz, eignet sich am besten für große Gruppen. Die Schlafsäle mit Doppelstockbetten sind gemütlich, neu hinzugekommen sind ordentliche Doppelzimmer in Backsteingebäuden.

I Keu Ken Hostel   HOSTEL $
(02902-495175; www.patagoniaikeuken.com.ar; FM Pontoriero 171; B 23 US$, Hütte 80 US$/Pers.; @🖥) Mit hilfreichem Personal, Kleinbrauereibier und einem Schaf als Streicheltier hat sich dieses Hostel seine Beliebtheit erobert. Zu den Extras zählen einladende Gemeinschaftsbereiche, eine Terrasse und erstklassige Barbecues (keine Sorge, das Streichelschaf landet nicht auf dem Grill!). Die Unterkunft liegt fast ganz oben an einem steilen Hügel, sodass für gute Aussicht und körperliche Betätigung gesorgt ist.

Bla! Guesthouse   HOSTEL $
(02902-492220; www.blahostel.com; Espora 257; B 20–25 US$, DZ/3BZ 80/95 US$; 🖥) Wer sich fragt, wo die ganzen Hipster geblieben sind, muss nur in dieses winzige, entspannte Design-Hostel reinschauen. Die Schlafsäle sind beengt, die Privatzimmer aber komfortabel – abgesehen von den dünnen Wänden.

Las Cabañitas   HÜTTEN $
(02902-491118; www.lascabanitascalafate.com; Valentín Feilberg 218; Hütte für 2/3 Pers. 84/105 US$, B/DZ ohne Bad 25/65 US$; ⊘ Aug.–Juni; @🖥) Die erholsame Anlage hat malerische Finnhütten mit Wendeltreppen, die zu den Betten und Apartments unter dem Dach führen. Der engagierte Besitzer Gerardo versorgt seine Gäste auch mit Mahlzeiten, Lunchpaketen und Infos. Im Garten blüht Echter Lavendel, es gibt einen Grillbereich und Kochgelegenheiten für Gäste.

Camping El Ovejero   CAMPEN $
(02902-493422; www.campingelovejero.com.ar; José Pantín 64; Stellplatz 9 US$; @🖥) Zu dem waldigen, gepflegten (aber etwas lauten) Campingplatz gehören makellose Duschen, die rund um die Uhr Warmwasser haben. Die Einheimischen meinen, dass das Restaurant vor Ort mit die besten und günstigsten Grillspieße der Stadt zu bieten hat. Zu den Extras zählen private Tische, Strom und Grills. Die Anlage liegt am Bach gleich nördlich der in die Stadt führenden Brücke.

Cauquenes de Nimez   B&B $$
(02902-492306; www.cauquenesdenimez.com.ar; Calle 303, No 79; DZ/3BZ 98/120 US$; ✳🖥) 🍃 Gabriels einladende, zweistöckige Lodge ist modern und rustikal. Ab November kann man den ganzen Sommer hindurch Flamingos auf den See beobachten. Die mit Kordsamtdecken und Naturfotos dekorierten smarten Zimmer bieten auch abschließbare Boxen und TV. Pluspunkte sind der aufmerksame Service, die kostenlosen Lavendel-Muffins zur Teestunde und die gratis zur Verfügung gestellten Fahrräder (Spenden werden aber gerne genommen; sie kommen dem Naturschutzgebiet zu Gute).

🍴 Essen & Ausgehen

Einige Cafés verkaufen Lunchpakete. Plastiktüten sind in El Calafate verboten, also in den Supermarkt Taschen mitnehmen!

Viva la Pepa   CAFÉ $
(02902-491880; Amado 833; Hauptgerichte 60–120 AR$; ⊘ Mo–Sa 12–21 Uhr) Das freundliche, mit Kinderzeichnungen dekorierte Café ist auf Crêpes spezialisiert, bietet aber auch tolle Sandwichs mit selbst gebackenem Brot (empfehlenswert sind die mit Hühnchen, Äpfeln und Blauschimmelkäse), frische Säfte und Mate-Tee in Flaschenkürbissen.

María Brownies   DESSERTS $
(02902-496817; Libertador 524; Snacks 60 AR$; ⊘ Mi–Mo 15.30–20.30 Uhr) Das liebenswerte Teehaus verwöhnt seine Gäste mit hausgemachten Brownies, Zitronentarts und Scones.

Esquina Varela   ARGENTINISCH $
(02902-490666; Puerto Deseado 22; Hauptgerichte 85–110 AR$; ⊘ 19 Uhr–open end) Die

Wellblechhütte, in der man gute und billige Gerichte bekommt, ist ein echter Fund im teuren Calafate. Beginnen kann man mit einem Bier und ein paar gebratenen Calamari. Auf der kurzen Karte stehen Lammeintopf, Steaks, *locro*, aber auch vegetarische Optionen. Es gibt hier auch Livemusik.

La Fonda del Parillero — PARRILLA $
(9 de Julio 29; Hauptgerichte 45–180 AR$; ⊙10–23 Uhr) In diesem geschäftigen Grill ist man zwanglos. Es gibt ein paar Tische draußen und einen Schalter für Essen zum Mitnehmen, der besonders willkommen ist, wenn man spätabends noch etwas essen will. Neben Lammsteaks gibt es auch hausgemachte Pasta, Pies und diverse Empanadas.

★ Buenos Cruces — ARGENTINISCH $$
(☏02902-492698; Espora 237; Hauptgerichte 130–220 AR$; ⊙ Mo–Sa 19–23 Uhr) Die neue Sensation der Stadt ist dieses kleine, von einer Familie geführte Restaurant, das argentinischen Klassikern frischen Pfiff verleiht. Los geht's mit einem warmen Rindfleisch-Salat mit Balsamico. Die Forelle im Nussmantel auf Reis ist riesig und gut, zu empfehlen sind auch die gebackenen Ravioli mit Roquefort. Der Service ist gut.

Pura Vida — ARGENTINISCH $$
(☏02902-493356; Libertador 1876; Hauptgerichte 90–185 AR$; ⊙ Do–Di 19.30–23.30 Uhr; ✉) Das entspannte, schummrig beleuchtete Lokal mit echter argentinischer Hausmannskost ist ein Muss. Die langjährigen Inhaber kochen selber die Hühnchen-Pies mit viel Butter und schenken den Wein aus. Für Vegetarier gibt es braunen Reis und Gemüse aus dem Wok sowie diverse gute Salate. Nicht versäumen sollte man die leckeren Schoko-Brownies mit Eiscreme und warmer Beerensauce. Vorab reservieren!

La Tablita — PARRILLA $$
(☏02902-491065; www.la-tablita.com.ar; Rosales 24; Hauptgerichte 100–150 AR$; ⊙12–15.30 & 19–24 Uhr) Steaks und Lamm vom Grillspieß sind die Highlights in dieser zufriedenstellenden *parrilla*, die aus gutem Grund so über die Maßen beliebt ist. Für den normalen Hunger reicht ein halbes Steak, abgerundet mit einem guten Malbec, frischem Salat oder Knoblauchfritten.

Librobar — KNEIPE
(Libertador 1015; ⊙10–3 Uhr; ⊛) Oben im Zwergendorf serviert dieser hippe Buchladen mit Bar Kaffee, teure Cocktails und Flaschenbier. Man kann in den Fotofolianten über die patagonische Natur blättern oder seinen Laptop mitbringen, um das kostenlose WLAN zu nutzen.

❶ Praktische Informationen

In der Stadt gibt es mehrere Banken mit Geldautomaten, denen aber an geschäftigen Wochenenden schon mal das Geld ausgeht. Wer El Chaltén besuchen will, sollte hier ausreichend Geld abheben.

Nationalparkbüro (☏02902-491545; Libertador 1302; ⊙ Dez.–April 8–20 Uhr, Mai–Nov. bis 18 Uhr) Das Büro hat Broschüren und eine ordentliche Karte des Parque Nacional Los Glaciares. Am besten holt man sich hier seine Infos, ehe man zum Park aufbricht.

Städtische Touristeninformation (☏02902-491090, 491466; www.elcalafate.tur.ar; Av Libertador 1411; ⊙8–20 Uhr) In dem Büro gibt's Stadtpläne und allgemeine Infos. Es gibt auch noch einen Kiosk am Busbahnhof (☏02902-491090; www.elcalafate.gov.ar; Ecke Libertador & Rosales; ⊙8–20 Uhr); beide Büros haben einige Angestellte, die auch Englisch verstehen.

❶ Anreise & Unterwegs vor Ort

Ves Patagonia (☏02902-494355; www.vespatagonia.com) bietet einen Tür-zu-Tür-Shuttleservice (120 AR$). **Aerolíneas Argentinas** (☏02902-492816, 492814; Libertador 1361), **LADE** (☏02902-491262; Jean Mermoz 168) und **Lan** (☏02902-495548; 9 de Julio 57) bieten Flüge. Flüge von/nach El Calafate sehr frühzeitig reservieren!

Calafates Busbahnhof liegt ein paar Blocks über der Hauptstraße. Busse fahren u. a. nach Río Gallegos (360 AR$, 4 Std.), El Chaltén (350 AR$, 3½ Std.) und Puerto Natales in Chile (475 AR$, 5 Std.).

Im Sommer bietet **Chaltén Travel** (☏02902-492212; www.chalentravel.com; Libertador 1174; ⊙9–21 Uhr) die abenteuerliche Zweitagesfahrt von El Calafate über die abenteuerliche Ruta 40 nach Bariloche (2190 AR$). Autos vermietet **Servi Car** (☏02902-492541; www.servi4x4.com.ar; Libertador 695; ⊙ Mo–Sa 9.30–12 & 16–20 Uhr).

Parque Nacional Los Glaciares

Wenige Gletscher bieten so viel Spannung und Aufregung wie der bläulich schimmernde **Glaciar Perito Moreno**: Die 60 m hohen, gezackten Eisgipfel brechen krachend ab, poltern wie Gewehrschüsse knallend zu Tal in den See, wo sie kleine Flutwellen auslösen und dann als Eisberge im Wasser schwimmen – ein haarsträubend eindrucksvolles Erlebnis. Der Gletscher, das Highlight im **Parque Nacional Los Glaciares** (Eintritt 260 AR$, erhoben nach 8 Uhr), ist 35 km lang, 5 km breit und 60 m hoch, und ständig brechen große Eisstücke von seiner Kante ab. Während die meisten Gletscher auf der Welt zurückgehen, gilt der Glaciar Perito Moreno als „stabil". Immer wieder rückt ein Teil seiner Front so weit vor, dass er die Península de Magallanes erreicht und den Brazo-Rico-Arm des Lago Argentino blockiert. Durch den Stau baut sich ein gewaltiger Druck auf, bis sich das Wasser nach einigen Jahren einen Weg bahnt und den Eisdamm zum Einsturz bringt – ein spektakuläres Ereignis.

Der Glaciar Perito Moreno ist wie geschaffen als Touristenattraktion. Die Península de Magallanes ist dem Gletscher nahe genug für einen spektakulären Blick, aber weit genug entfernt, dass man nicht in Gefahr gerät. Viele Laufstege und Plattformen gewähren beste Sicht. Es lohnt sich, einfach ein paar Stunden auf den Gletscher (und die über ihm kreisenden Kondore) zu blicken und darauf zu warten, dass der nächste große Eisberg abbricht.

Die meisten Touren ab El Calafate kosten ab 450 AR$ für den Transport (einen Platz auf der linken Seite wählen), den Führer und ein paar Stunden am Gletscher. Wer nicht an einer Tour teilnehmen will, kann ein Taxi anheuern oder geht zum Busbahnhof von El Calafate; die Fahrt hin und zurück kostet 130 AR$, und man kann mehrere Stunden am Gletscher verbringen. Es empfiehlt sich durchaus, später am Nachmittag zu kommen, wenn weniger Besucher unterwegs sind und nach der Hitze des Tages mehr Eisberge abbrechen.

Es gibt keine Wanderwege. Eine Cafeteria vor Ort verkauft Sandwichs und Snacks; am besten bringt man sich aber sein Mittagessen mit. Das Wetter ist wechselhaft, und es kann windig werden – Zwiebellook ist angesagt!

Bootstouren zu anderen Gletschern werden angeboten; die abenteuerlichste Option ist eine Tour mit **Hielo y Aventura** (☏ 02902-492205, 02902-492094; www.hieloyaventura.com; Libertador 935, El Calafate) mit Gletscherwanderungen und Einführungen ins Eisklettern.

Río Gallegos

☏ 02966 / 95 800 EW.

Das Zentrum der Kohle- und Ölförderung und der Schafzucht hat für Traveller wenig zu bieten, abgesehen davon, dass Fliegenfischer in der Nähe einige der besten Angelstellen des Kontinents finden. Die Einrichtungen für Traveller sind gut, aber die meisten Besucher schauen hier auf dem Weg nach El Calafate, Puerto Natales oder Ushuaia nur kurz vorbei.

🛏 Schlafen

El Viejo Miramar HOTEL $
(☏ 02966-430401; hotelviejomiramar@yahoo.com.ar; Av Kirchner 1630; DZ 58 US$) Das Hotel hat schicke, mit Teppich ausgelegte Zimmer und makellose Badezimmer und ist eine gute Wahl. Zur Zeit unserer Recherche wechselte es gerade den Besitzer. Das Frühstück ist im Preis enthalten.

Hostel Elcira HOSTEL $
(☏ 02966-429856; Zuccarino 431; B/DZ 17/40 US$; ☎) Das blitzblanke, aber kitschige Familienhaus mit freundlichen Gastgebern liegt weitab vom Stadtzentrum, aber nur zehn Gehminuten vom Busbahnhof entfernt.

⭐**La Lechuza** ARGENTINISCH $$
(☏ 02966-425421; Sarmiento 134; Hauptgerichte 115–168 AR$; ⏱ 11.30–16 & 20–24 Uhr) Das stimmungsvollste Lokal in Río Gallegos ist dieses schicke Pizzeria-Restaurant, das seine ersten Erfolge in El Calafate feierte. Der Speisesaal hat gedämpfte Beleuchtung, die Wände sind mit alten Zeitungen und Weinkisten bedeckt. Auf der Karte stehen viele Pizzen, u.a. mit Spinat, Caprese und patagonischem Lamm und Pilzen. Es gibt auch Weine und Schnäpse.

ℹ Praktische Informationen

Centro de Informes Turistico (Av San Martín s/n; ⏱ Okt.–April 9–20 Uhr) Nützlicher Infostand auf dem Mittelstreifen.

ℹ Anreise & Unterwegs vor Ort

Der Flughafen ist 7 km vom Stadtzentrum entfernt (Taxi 60 AR$). **Aerolíneas Argentinas** (☏ 0810-2228-6527; Av San Martín 545), **LADE** (☏ 02966-422316; Fagnano 53) und LAN bieten Flüge an.

Der Busbahnhof liegt rund 2 km außerhalb des Zentrums an der RN 3 (Bus B oder C, 3 AR$). Busse fahren u. a. nach El Calafate (360 AR$, 4 Std.), Ushuaia (628 AR$, 12 Std.), Comodoro Rivadavia (715 AR$, 11 Std.), Río Grande (488 AR$, 8 Std.) und Buenos Aires (2680 AR$, 36 Std.). Nur zweimal pro Woche fahren Busse nach Punta Arenas in Chile (300 AR$, 6 Std.); deswegen sollte man sein Ticket vorab kaufen.

FEUERLAND (TIERRA DEL FUEGO)

Der windzerzauste Archipel an der Südspitze des amerikanischen Kontinents ist verlockend und mürrisch zugleich – aber auch wunderschön, uralt und seltsam. Die Traveller, die als erste dieses Ziel am Ende der Welt erreichten, fanden diese Region viel komplexer als erwartet. Spannend ist die Historie des Landes mit ihren Geschichten von Schiffswracks, indigenen Völkern und gescheiterten Missionen. In Feuerland (Tierra del Fuego) gibt sich die Natur kühn und wild – von den öden Ebenen über die rostroten Torfmoore und moosbedeckten Lenga-Südbuchenwälder bis hin zu den schneebedeckten Gebirgszügen über dem Beagle-Kanal. Der Archipel, den sich Argentinien mit Chile teilt, besteht aus einer großen Insel, der Isla Grande, der zu Chile gehörenden Isla Navarino und vielen kleineren, unbewohnten Inseln.

1520 stattete Magellan auf seiner Suche nach einer Durchfahrt zu den asiatischen Gewürzinseln Feuerland einen Besuch ab. Vorbeifahrende Schiffe tauften den Archipel Feuerland (Tierra del Fuego) nach den Lagerfeuern, die sie an den Ufern erspäht hatten. Die Ureinwohner waren die Selk'nam (oder Ona) und die Haush, die als Landnomaden Tieren nachstellten, sowie die vom Fischfang lebenden Völker der Yámana und der Kawesqar (Alakaluf). Im frühen 19. Jh. begann die Besiedlung und Landnahme durch die Europäer, wobei die Ureinwohner fast vollständig vernichtet wurden.

Ushuaia

🎵 02901 / 57 000 EW.

Ushuaia, ein geschäftiger Hafen und Ausgangspunkt für Abenteuertouren, besteht aus einer Reihe steiler Straßen und zusammengewürfelter Gebäude unter den schneebedeckten Gipfeln der Montes Martial. Hier treffen die Anden in scharfer Talfahrt auf das Südpolarmeer und versinken hinter der Stadt in den Wogen.

Die Stadt hat eine Lage, mit der sich wenige andere vergleichen können, und Ushuaia macht sich seinen Status als Ort am Ende der Welt gut zu Nutze. Immer mehr Schiffe machen auf dem Weg in die Antarktis hier Station. Der endlose kommerzielle Betrieb weiß offenbar nichts von Ironie: Da wird ein Souvenirladen nach Jemmy Button benannt (einem Eingeborenen, der nach England verschleppt und dort zur Schau gestellt wurde) oder ein Skizentrum nach einer zerstörerischen invasiven Spezies. Aber mit einem Bier aus der südlichsten Kleinbrauerei der Welt in der Hand kann man prima aufregende Outdoor-Abenteuer planen: Wandern, Segeln, Skifahren, Kajakfahren und sogar Tauchen kann man schon einige Minuten außerhalb der Stadt.

⦿ Sehenswertes & Aktivitäten

Das kleine, aber gute **Museo del Fin del Mundo** (🎵 02901-421863; www.museodelfindelmundo.org.ar; Ecke Av Maipú & Rivadavia; Eintritt 130 AR$; ⊙10–19 Uhr) widmet sich der Geschichte der Ureinwohner Ushuaias und der Natur der Gegend; erwähnenswert sind die Werkzeuge aus Knochen und der Raum mit den Vogelpräparaten. Zum Museum gehört außerdem noch das historische Gebäude an der Av Maipú 465. Das ausgezeichnete **Museo Marítimo & Museo del Presidio** (🎵 02901-437481; www.museomaritimo.com; Ecke Yaganes & Gobernador Paz; Eintritt 200 AR$; ⊙9–20 Uhr) befindet sich in einem alten Gefängnis, in dessen 380 kleinen Zellen bis zu 700 Insassen untergebracht waren. Man findet hier interessante Exponate zu Antarktis-Expeditionen, ausgestopfte Pinguine und eine Kunstgalerie. Im winzigen **Museo Yámana** (🎵 02901-422874; Rivadavia 56; Eintritt 75 AR$; ⊙10–19 Uhr) wird etwas über die Geschichte dieses Eingeborenenvolks erzählt.

Wenn man den Glaciar Perito Moreno in El Calafate gesehen hat, wird einem der hiesige **Glaciar Martial** nur wie ein x-beliebiger Eisklumpen vorkommen, aber zumindest befindet er sich in einem schönen Tal mit Blick auf Ushuaia und den Beagle-Kanal. Zu Fuß oder per Shuttle (120 AR$) geht es zur Basis 7 km nordwestlich der Stadt; von dort gelangt man in einem rund zweistündigen Aufstieg zum Gletscher. Vor Ort gibt's ein Teehaus mit Snacks und **Baumwipfel-Touren** (www.canopyushuaia.com.ar; Refugio de Montaña, Cerro Martial; Erw./Kind inkl. Transport 32/28 US$; ⊙Okt.–Juni 10–17.15 Uhr).

Bootstouren führen zu *estancias,* einem Leuchtturm, nach Puerto Williams, zu einer Vogelinsel und zu Kolonien von Seelöwen oder Pinguinen. Man sollte sich nach der Größe des Boots und des überdachten geschützten Bereichs erkundigen, nachfragen, ob es zweisprachige Führer gibt und ob man irgendwo an Land geht (nur Pira Tour landet bei der Pinguinkolonie, die Oktober bis

Feuerland (Tierra del Fuego)

März besiedelt ist). Die Touren kosten rund 750 AR$; Tickets gibt's am Kai, bei Reiseveranstaltern und in den Hotels.

Die vo Missionar Thomas Bridges gegründete und 85 km östlich von Ushuaia gelegene **Estancia Harberton** (Skype estanciaharberton.turismo; www.estanciaharberton.com; 15. Okt.–15. April 10–19 Uhr) war die erste *estancia* auf Feuerland. Die 200 km2 große Ranch besitzt eine herrliche Landschaft und eine faszinierende Geschichte. Es gibt ein gutes Museum, und optional kann man auch eine Bootsfahrt zur Pinguinkolonie in der Gegend unternehmen. Hin kommt man mit dem Taxi, mit einem Mietwagen oder im Rahmen einer Bootstour. Man kann auf der *estancia* auch übernachten (B 50 US$, EZ/DZ mit VP & Aktivitäten 325/580 US$).

Die Wandermöglichkeiten beschränken sich nicht auf den Nationalpark: Die gesamte Bergkette hinter Ushuaia ist mit ihren Seen und Flüssen ein Natur-Wunderland. Die Wege sind schlecht markiert; Wander- und Bergführer kann man bei der **Compañía de Guías** (02901-437753; www.companiadeguias.com.ar; ganztägige Wanderung 105 US$) engagieren.

Im Winter sind sowohl Skiabfahrten als auch Langlauf möglich. Das wichtigste Skiresort ist das rund 27 km von Ushuaia entfernte **Cerro Castor** (02901-499301; www.cerrocastor.com; Liftticket 1 Tag Erw./Kind 730/500 AR$; Mitte Juni–Mitte Okt.), wo es fast 20 Abfahrtshänge gibt. Die Skisaison dauert von Juni bis Oktober.

☞ Geführte Touren

Viele Reisebüros verkaufen Touren ins Umland. Man kann ausreiten, Kanu fahren oder mountainbiken, nahegelegene Seen besuchen, Vögel und Biber beobachten und im Winter sogar Hundeschlittenfahrten unternehmen. Zu den besseren Abenteuertour-Veranstaltern zählen **Tierra** (02901-433800, 15-486886; www.tierraturismo.com; Onas

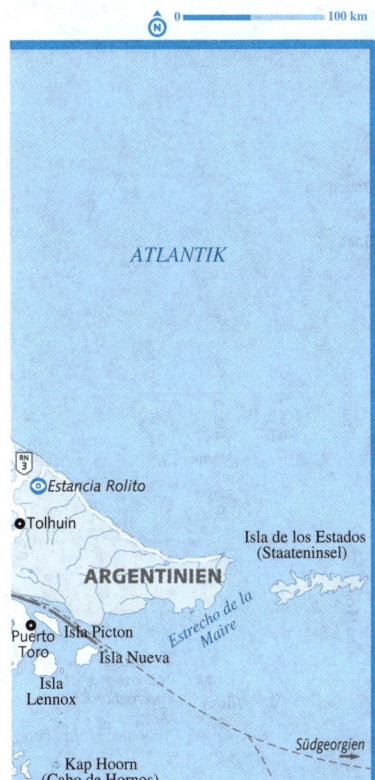

235, Büro 4C) , **Canal Fun** (02901-435777; www.canalfun.com; Roca 136) und **Rayen Aventura** (02901-437005; www.rayenaventura.com; Av San Martín 611).

Schlafen

Im Dezember und Januar reserviert man besser vorab.

★Antarctica Hostel HOSTEL $
(02901-435774; www.antarcticahostel.com; Antártida Argentina 270; B/DZ 26/85 US$; @ ⏻) Die freundliche Backpacker-Bleibe überzeugt mit freundlicher Atmosphäre und hilfsbereitem Personal. Der offene Grundriss und das Bier vom Fass sind recht dazu angetan, Bekanntschaften zu schließen. Im Gemeinschaftsraum können die Gäste abhängen oder Karten spielen und in der coolen Balkon-Küche kochen. Die Zimmer bestehen aus Beton; sie sind groß und sauber und haben außerdem auch eine Fußbodenheizung.

Hostel Cruz del Sur HOSTEL $
(02901-434099; www.xdelsur.com.ar; Deloquí 242; B 25 US$; @ ⏻) Das entspannte, gut organisierte Hostel besteht aus zwei renovierten Häusern (von 1920 und 1926), die orangerot angestrichen und durch einen Gang verbunden sind. Die Preise im Schlafsaal beruhen auf der Raumkapazität; der einzige Nachteil besteht darin, dass sich das zugehörige Bad in einem anderen Stockwerk befinden kann. Es gibt einen schönen Hinterhof, aber die Gemeinschaftsflächen in den Häusern sind knapp bemessen.

Torre al Sur HOSTEL $
(02901-430745; www.torrealsur.com.ar; Gobernador Paz 855; B/DZ 20/35 US$; ⏻) Das Schwesterhostel des Cruz del Sur wirkt von außen nicht besonders eindrucksvoll, präsentiert sich aber innen einladend und gut organisiert mit farbenfrohen Zimmern, renovierten Badezimmern und einer gut bestückten Küche. Die freundliche Gastgeberin heißt Marisa.

Los Cormoranes HOSTEL $
(02901-423459; www.loscormoranes.com; Kamshen 788; B 31–40 US$, DZ/3BZ/4BZ 107/132/155 US$; @ ⏻) Das freundliche, ruhige HI-Hostel liegt zehn Gehminuten nördlich (und hügelaufwärts) von der Innenstadt. Die Schlafsäle mit sechs Betten und Fußbodenheizung liegen an Laubengängen aus Holzplanken; manche haben ein eigenes Bad. Die Doppelzimmer haben Böden aus poliertem Beton sowie Daunendecken – das beste ist Zimmer 10, mit Ausblick auf die Bucht. Die Bettwäsche könnte mal erneuert werden, und die Gemeinschaftsbereiche sind mittelprächtig. Zum Frühstück gibt's Eier, die man sich selbst zubereitet, und frischen Orangensaft.

Yakush HOSTEL $
(02901-435807; www.hostelyakush.com; Piedrabuena 118; B 28–30 US$, DZ mit/ohne Bad 105/95 US$; ⊘ Mitte Okt.–Mitte April; @ ⏻) Das farbenfrohe Hostel wirkt im Verhältnis zum Gebotenen überteuert. Das gilt insbesondere für die dunklen Doppelzimmer.

★Galeazzi-Basily B&B B&B $$
(02901-423213; www.avesdelsur.com.ar; Valdéz 323; EZ/DZ ohne Bad 45/65 US$, Hütte für 2/4 Pers.110/140 US$; @ ⏻) Das Beste an diesem eleganten Holzhaus ist die herzliche, gastfreundliche Betreiberfamilie, bei der man sich gleich wie zu Hause fühlt. Die Zimmer sind klein, haben aber einen persönlichen

Ushuaia

Touch. Da die Betten Einzelbetten sind, könnten Paare eine der modernen, hinten stehenden Hütten bevorzugen. Die Anlage ist friedlich, und man spricht hier Englisch, Französisch, Italienisch und Portugiesisch.

Mysten Kepen PENSION $$
(02901-430156, 15-497391; http://mystenkepen.blogspot.com; Rivadavia 826; DZ/3BZ/4BZ 94/144/175 US$;) Hier lebt man wie in einer argentinischen Familie. Die Gastgeber Roberto und Rosario erinnern sich gern an frühere Gäste. Ihr makelloses Heim mit zwei Kindern wirkt auf freundliche Art belebt. Die Zimmer haben recht neue Installationen, bunte Kordsamtdecken und praktische Borde, wo man seine Lektüre ablegen kann. Abholung vom Flughafen möglich. Im Winter gibt's Rabatt

Essen & Ausgehen

Almacen Ramos Generales CAFÉ $
(02901-4247317; Av Maipú 749; Hauptgerichte 73–175 AR$; 9–24 Uhr) Mit den skurrilen Erinnerungsstücken und Aushängen zu örtlichen Umweltproblemen, von denen man noch nie gehört hat, vermittelt dieser ehemalige Gemischtwarenladen einen Einblick in das echte Leben in Ushuaia. Die Einheimischen veranstalten hier ihre Zusammenkünfte. Der französische Bäcker sorgt für Croissants und knusprige Baguettes. Es gibt auch Fassbier aus der Region, eine Weinkarte und kleine Gerichte wie Sandwichs, Suppen und Quiche.

Freddo EISDIELE $
(Av San Martín 209; Kugel 50 AR$; 9.30–0.30 Uhr) Eine der besten Eisdielen Argentiniens hat ihre Türen im eingeschneiten Ushuaia geöffnet – da fühlt man sich doch gleich wie im Sommer.

Cafe Bar Banana CAFÉ $
(02901-424021; Av San Martín 273; Hauptgerichte 60–130 AR$; Mo-Fr 8–1, Sa bis 2, So 9–1 Uhr) Mit hausgemachten Burgern und Pommes,

Ushuaia

◎ Highlights
1 Museo Marítimo & Museo del Presidio... F3

◎ Sehenswertes
2 Museo del Fin del Mundo E4
3 Museo Yamaná E4

⊕ Aktivitäten, Kurse & Touren
4 Canal Fun D3
5 Rayen Aventura D3
6 Tierra A3
7 Ushuaia Turismo C3

⊜ Schlafen
8 Antarctica Hostel E3
9 Galeazzi-Basily B&B E1
10 Hostel Cruz del Sur E4
11 Los Cormoranes B1
12 Mysten Kepen E1
13 Torre al Sur C3
14 Yakush B3

⊗ Essen
15 Almacen Ramos Generales C4
16 Cafe Bar Banana E3
17 Chiko D4
18 Freddo E3
19 Kalma Resto F4
20 Paso Garibaldi E3

⊙ Ausgehen & Nachtleben
21 Dublin Irish Pub C3
22 Viagro D4

Sandwichs und Steaks mit Eiern ist dieses Lokal bei Einheimischen beliebt für reichhaltiges, aber günstiges Speisen mit Freunden.

Paso Garibaldi ARGENTINISCH $$
(☏ 02901-432380; Deloquí 133; Hauptgerichte 150–250 AR$; ⊙ Di-Sa 12–15 & 19-23.30, So 19-23.30 Uhr) Dieses neue Restaurant ist mit seiner herzhaften regionalen Kost (beispielsweise Schwarzbohnen-Eintopf, aromatische Salate oder gebratener Seehecht) erfrischend unprätentiös. Die wiederverwertete Deko wirkt ein bisschen zu improvisiert, aber die Bedienung ist aufmerksam, und die Gerichte sind preisgünstig.

Chiko MEERESFRÜCHTE $$
(☏ 02901-431736; 25 de Mayo 62; Hauptgerichte 110–260 AR$; ⊙ Mo-Sa 12–15 & 19.30-23.30 Uhr) Ein Segen für Meeresfrüchtefans: Die knusprigen, riesig großen Calamari-Ringe, die *paila marina* (Meeresfrüchte-Eintopf) und Fischgerichte wie *abadejo a pil pil* (Pollack in Knoblauchsauce) sind so gut zubereitet, dass einen die langsame Bedienung nicht stört. Die chilenischen Erinnerungsstücke künden vom Heimweh der aus Chile stammenden Inhaber.

Dublin Irish Pub PUB
(☏ 02901-430744; 9 de Julio 168; ⊙ 19–4 Uhr) Bei dem munteren Geplauder und den in Strömen fließenden Drinks in diesem bei Ausländern besonders beliebten Pub wirkt Dublin eigentlich gar nicht so fern. Gelegentlich gibt's Livemusik. Unbedingt probieren sollte man mindestens eins der drei örtlichen Beagle-Biere.

Viagro BAR
(☏ 02901-421617; Roca 55; ⊙ 20–4 Uhr) Wenn man von dem etwas unglücklich gewählten unglücklichen Namen einmal absieht, ist diese Cocktailnische ideal für ein Rendezvous mit schummriger Beleuchtung; Tapas und exotische Cocktails bringen den Abend in Schwung. Am Samstagabend wird getanzt.

> **NICHT VERSÄUMEN**
>
> ### KALMA RESTO
>
> Das winzige Kalma Resto (☏ 02901-425786; www.kalmaresto.com.ar; Antártida Argentina 57; Hauptgerichte 180–390 AR$; ⊙ Mo-Sa 16–23 Uhr) sorgt ganz schön für Aufsehen und setzt Feuerland-Klassiker wie Krebs und Tintenfisch ganz neu in Szene. Schwarzer Zackenbarsch kontrastiert hier mit scharfer Tomatensauce und gebratenes Lamm mit erdigen Wildpilzen. Der Service ist erstklassig. Der junge Küchenchef Jorge Monopoli macht persönlich die Runde an den wenigen, schwarz eingedeckten Tischen.

❶ Praktische Informationen

Geldautomaten sind weit verbreitet.
Nationalparkverwaltung (☏ 02901-421315; Av San Martín 1395; ⊙ Mo-Fr 9–17 Uhr) Infos zum Parque Nacional Tierra del Fuego.
Städtische Touristeninformation (☏ 02901-437666; Prefectura Naval 470; ⊙ 8–21 Uhr) Das sehr hilfreiche Büro hat Englisch und Französisch sprechendes Personal, ein Schwarzes Brett und Broschüren in vielen Sprachen sowie gute Infos zu Unterkünften, Aktivitäten und Verkehrsverbindungen. Am Flughafen gibt's eine Zweigstelle (☏ 02901-423970; ⊙ zur Ankunft von Flügen).

❶ Anreise & Unterwegs vor Ort

Im Januar und Februar sollte man Transportmittel ab/nach Ushuaia vorab reservieren.

Ushuaias Flughafen liegt 4 km südlich vom Zentrum (Taxi 120 AR$). **Aerolíneas Argentinas** (☏ 0810-2228-6527; Ecke Av Maipú & 9 de Julio) und **LADE** (☏ 02901-421123; Av San Martín 542) unterhalten Büros, LAN verkauft seine Tickets über Reiseveranstalter.

Ushuaia hat keinen Busbahnhof, aber die Touristeninformation kann bezüglich Verkehrsverbindungen weiterhelfen. **Taqsa** (☏ 02901-435453; Fadul 126) und **Tecni-Austral** (☏ 02901-431408; Roca 157) betreiben täglich Busse nach Río Grande (250 AR$, 3 Std.) und Río Gallegos (750 AR$, 12 Std.); beide Unternehmen fahren außerdem einige Male pro Woche nach Punta Arenas (920 AR$, 12 Std.). **Lider** (☏ 02901-442264; Gobernador Paz 921) und **Montiel** (☏ 02901-421366; Gobernador Paz 605) fahren bis zu achtmal täglich nach Río Grande. In Río Gallegos oder Punta Arenas hat man Anschluss nach Puerto Natales.

Im Stadtgebiet fahren Taxis. Ein Mietwagen kostet rund 800 AR$ pro Tag (inkl. 200 km).

Parque Nacional Tierra Del Fuego

Der wunderschöne **Parque Nacional Tierra del Fuego** (Eintritt 170 AR$, erhoben 8–20 Uhr), der sich vom Beagle-Kanal im Süden bis jenseits des Lago Fagnano im Norden erstreckt, liegt 12 km westlich von Ushuaia. Nur ein kleiner Teil des Parks ist öffentlich zugänglich, und es gibt nur wenige, kurze Wanderwege. Der Ausblick über die Buchten, Flüsse und Wälder ist aber wunderbar malerisch. Ausschau halten sollte man nach *cauquén* (Magellangänsen), Kormoranen und Lappentauchern. Oft sieht man europäische Kaninchen und Kanadische Biber – diese eingeführten Arten richten große Schäden im Ökosystem an. Gelegentlich sichtet man auch Füchse und Guanakos. Meeressäuger sind hauptsächlich auf den vorgelagerten Inseln zu finden.

Die Wege im Park sind auf der Karte eingezeichnet, die man in Ushuaia in der Touristeninformation oder bei der Nationalparkverwaltung erhält. Es gibt auch ein nettes Besucherzentrum im Park mit Restaurant und kleinem Museum. Übernachten kann man im **Camping & Refugio Lago Roca** (☏ 15-412649; Stellplatz pro Pers./B 10/22 US$); in der Nähe gibt es eine Cafeteria und einen winzigen Lebensmittelladen.

Minibusse zum Park (hin & zurück 300 AR$) starten stündlich von der Kreuzung Av Maipú und Fadul (tgl. 9–18 Uhr). Für Gruppen kommt ein Taxi günstiger. Vom 8 km westlich von Ushuaia gelegenen Bahnhof (bis dorthin ein Taxi nehmen) kann man auch mit der Schmalspur-Dampfbahn **Tren del Fin del Mundo** (☏ 02901-431600; www.trendelfindemundo.com.ar; Erw./Kind zzgl. Parkeintritt 500/100 AR$) fahren.

ARGENTINIEN VERSTEHEN

Argentinien aktuell

Im Dezember 2015 wurde Mauricio Macri, der seit 2007 Bürgermeister von Buenos Aires gewesen war, zum Präsidenten Argentiniens gewählt. In einer überraschenden Stichwahl schlug er Daniel Scioli, den bevorzugten Kandidaten der scheidenden Präsidentin Cristina Kirchner, und beendete damit die zwölfjährige peronistische

Herrschaft. Macri versprach drastische ökonomische Veränderungen und begann auch sogleich mit ihrer Umsetzung: Die Restriktionen beim Handel mit ausländischen Devisen wurden aufgehoben (womit das Geschäft auf dem „grauen Markt" für US-Dollars praktisch beendet war), die Exportsteuern gesenkt, um den Handel mit landwirtschaftlichen Produkten anzukurbeln, und Tausende überflüssiger Jobs im öffentlichen Sektor gestrichen.

Mit diesen Maßnahmen will Macri das Wirtschaftswachstum steigern und (wieder einmal) ausländische Investoren anlocken, gleichzeitig Argentiniens immenses Haushaltsdefizit reduzieren und die unerträglich hohe Inflationsrate senken. Diese Politik unterscheidet sich deutlich von der Cristina Kirchners, die auf starke staatliche Eingriffe in die Wirtschaft setzte und mit Hilfe der Reserven der Zentralbank des Landes den Kurs des Pesos künstlich stütze. Macris Herrschaft hat gerade erst begonnen – erst die Zeit wird zeigen, ob sich die argentinische Wirtschaftslage durch diese Maßnahmen bessern, sie weiter stagnieren oder sich sogar verschlimmern wird. Auf jeden Fall liegt neuer Optimismus in der Luft – viele Leute glauben, dass die Talsohle erreicht sei und es jetzt nur aufwärts gehen könne. Und da das Land solche Zyklen schon oft erlebt hat, bleibt nichts anderes übrig, als eine neue Runde in Argentiniens ökonomischer Achterbahn zu drehen.

Geschichte

Die „gute alte Zeit"

Vor der Ankunft der Spanier durchstreiften nomadische Jäger und Sammler die Wildnis des alten Argentiniens. Die Yámana (oder

---

EINE REISE ANS ENDE DER WELT – DIE ANTARKTIS

Eine Reise in die atemberaubende Antarktis ist ein einmaliges Abenteuer: kostspielig, aber jeden Cent wert. Hier geht es um mehr, als einen weiteren Kontinent auf seiner Liste abzuhaken. Das Land und die Eismassen erheben sich Hunderte Meter hoch, kilometerweit bedeckt unberührter Schnee wellenförmig die Ebenen, und über die Berghänge wälzen sich unzählige Gletscher. Eisberge türmen sich hoch auf und nehmen die unwahrscheinlichsten Formen an. Die Tierwelt bietet Tausende von neugierigen Pinguinen und eine große Vielfalt an Vögeln, Robben und Walen.

Für einen Normalsterblichen sind Kreuzfahrten der einfachste und beste Weg, um den weißen Kontinent zu besuchen. Die Saison dauert von November bis März; in der Spitzenzeit sind die Fahrten oft ausgebucht. Gegen Saisonende ergattert man vielleicht ein Last-Minute-Ticket, die Fahrt auf einem nicht allzu großen Schiff (für weniger als 100 Passagiere) kostet aber immer noch mindestens 5000 US$. Reguläre Tickets gibt's ab etwa 7000 US$. Man sollte unbedingt nachfragen, wie viele Tage man wirklich in der Antarktis verbringt – die Durchquerung des Südpolarmeers dauert in beide Richtungen jeweils bis zu zwei Tage – und wie viele Landgänge vorgesehen sind. Je kleiner das Schiff, desto mehr Landgänge pro Passagier – das gilt zumindest, wenn das Wetter mitspielt.

Wegen der Nähe zur Antarktischen Halbinsel (1000 km) starten die meisten Kreuzfahrten in Ushuaia. Last-Minute-Buchungen lassen sich über **Freestyle Adventure Travel** (2901-609792; www.freestyleadventuretravel.com; Gobernador Paz 866) vornehmen, ein Mitglied der Allianz 1% für den Planet, die ebenfalls Touren um Kap Hoorn mit Rabatt anbietet, sowie über **Ushuaia Turismo** (02901-436003; www.ushuaiaturismoevt.com.ar; Gobernador Paz 865). Weitere Veranstalter mit Pauschalangeboten sind u. a. **Rumbo Sur** (02901-421139; www.rumbosur.com.ar; Av San Martín 350; Mo–Fr 9–19 Uhr), **All Patagonia** (02901-433622; www.allpatagonia.com; Juana Fadul 48; Mo–Fr 10–19, Sa bis 13 Uhr) und Canal Fun (S. 183).

Unbedingt überprüfen, ob das gewählte Unternehmen Mitglied der IAATO (www.iaato.org) ist, die sehr strikte Richtlinien bezüglich eines verantwortlichen Antarktis-Tourismus hat. In Ushuaia bekommt man grundlegende Infos im sehr hilfreichen **Antarctica Tourist Office** (02901-430015; www.tierradelfuego.org.ar/antartida; Av Maipú 505; 9–17 Uhr wenn Kreuzfahrtschiffe im Hafen liegen) am Kai.

Ein unverzichtbarer Begleiter mit Infos zu Geschichte und Fauna der Region ist der Führer *Antarctica* von Lonely Planet.

Yahgan) in Patagonien sammelten Schalentiere. In den Pampas erlegten die Querandí mithilfe von *boleadoras* (Gewichte an Schnüren) Nandus (straußenähnliche Vögel) und Guanacos (Verwandte der Lamas). Bei den Guaraní oben im subtropischen Nordosten hatte der Maisanbau Tradition, während die Diaguita im trockenen Nordwesten ein landwirtschaftliches Bewässerungssystem entwickelten.

1536 stießen die Querandí unglücklicherweise auf aggressive Spanier, die auf der Suche nach Silber waren. Sie vertrieben die Eindringlinge schließlich ins etwas gastlichere Paraguay. Zurück blieben jedoch Rinder und Pferde; sie vermehrten sich munter und wurden zur Lebensgrundlage der legendären *gauchos*. Die hartnäckigen Spanier kehrten 1580 zurück und errichteten schließlich Buenos Aires. Zwar begrenzten Handelsbeschränkungen aus Spanien das Wachstum der neuen Siedlung. Die nördlichen Kolonien Tucumán, Córdoba und Salta blühten dennoch auf, indem sie die boomenden Silberminen Boliviens mit Maultieren, Stoffen und Lebensmitteln versorgten. Unterdessen rückten Spanier von Chile aus in die Andenregion Cuyo ein, in der damals Wein und Getreide produziert wurde.

Weg in die Unabhängigkeit

1776 ernannte Spanien die Schmugglersiedlung Buenos Aires zur Hauptstadt des neuen Vizekönigreichs des Río de la Plata – ein Indiz für die strategisch günstige Lage des Hafens. 1806 hoffte eine verbrecherisch gesinnte britische Streitmacht auf ein Stück vom Handelskuchen und startete einen Invasionsversuch. Die Siedler taten sich jedoch zusammen und verscheuchten die Eindringlinge nach kurzer Zeit. Wenig später erhoben sich die selbstbewussten Kolonisten gegen Spanien. 1816 wurde dies mit der vollständigen Unabhängigkeit belohnt.

Doch die Einheit währte nicht lange. Einige Provinzen widersetzten sich schon bald der Autorität von Buenos Aires. Argentinien zerfiel in zwei verschiedene Lager: die Einwohner von Buenos Aires (Unitaristen) und die Landbevölkerung (Föderalisten). Ein Bürgerkrieg brach aus – die blutigen und rachsüchtigen Konflikte zwischen den beiden Parteien brachten das Land an den Rand des Zusammenbruchs.

1829 kam Juan Manuel de Rosas an die Macht. Obwohl Föderalist, installierte er seine eigenen unitaristischen Prinzipien und konzentrierte die Macht auf Buenos Aires. De Rosas stellte eine große Armee auf, rief die *mazorca*, eine grausame Geheimpolizei, ins Leben und der Überseehandel musste fortan über die Hafenstadt abgewickelt werden. Erst 1852 stürzte Justo José de Urquiza an der Spitze einer unitaristischen Armee den Diktator. Als erster Präsident Argentiniens setzte Urquiza eine Verfassung in Kraft.

Anfang und Ende der Goldenen Jahre

Argentiniens neue Gesetze öffneten das Land für ausländische Investitionen, den Handel und die Einwanderung. In den folgenden Jahrzehnten wurden Schafe, Rinder und Getreide ohne Beschränkungen exportiert. Einwanderer aus Spanien, Italien, Frankreich und anderen Ländern Europas kamen nach Argentinien, um sich ein besseres Leben aufzubauen. Der Wohlstand hielt Einzug, und Argentinien wurde zu einem der reichsten Länder des frühen 20. Jhs.

Der Wohlstand war allerdings sehr ungleich verteilt. Schwankungen in der Weltwirtschaft führten zu Restriktionen im Außenhandel. Nach 1890 strömten immer mehr arme Einwanderer nach Buenos Aires, dessen Bevölkerung sich auf beinahe 1 Mio. Bewohner verdoppelte. Aber die Industrie konnte nicht alle Einwanderer aufnehmen und ihre Bedürfnisse befriedigen: Der Graben zwischen Reich und Arm vertiefte sich. 1929 setzte das Militär eine unfähige Zivilregierung ab und übernahm die Macht. Aber erst ein zuvor unbekannter Oberst namens Juan Domingo Perón versuchte, der drohenden sozialen Krise entgegenzutreten.

Die Peróns – geliebt und gehasst

An den Peróns scheiden sich bis heute die Geister – sie sind die am meisten verehrten und zugleich die am meisten gehassten Politiker Argentiniens. Viele Bürger sind sogar der Meinung, dass sich das Land seit Peróns erster Präsidentschaft nie wieder ganz erholt hat, weder wirtschaftlich noch intellektuell.

Juan Perón bekleidete ursprünglich einen unbedeutenden Posten im Arbeitsministerium. 1946 schaffte er es mithilfe seiner charismatischen späteren Ehefrau Eva Duarte (genannt Evita) in das Präsidentenamt. Seine Sozialprogramme und neuen Wirtschaftserlasse kamen der Arbeiterklasse zugute, aber die eiserne Kontrolle über das Land trug faschistische Züge: Perón missbrauchte seine Macht als Präsident für umfangreiche Einschüchterungen und um die Pressefreiheit zu ersticken. Unterdessen kochte die dynamische Evita ihr eigenes (und manchmal rachsüchtiges) politisches Süppchen, wenngleich sie vor allem für ihre karitative Arbeit und ihren Kampf für die Frauenrechte verehrt wurde.

Die wachsende Inflation und wirtschaftliche Probleme schwächten 1952 Perón während seiner zweiten Amtszeit. Evitas Tod im selben Jahr war ein weiterer Nackenschlag. Nach einer Verschwörung floh Perón 1955 nach Spanien, um dort sein Comeback zu planen. Fast zwei Jahrzehnte später witterte er seine große Chance, als Héctor Cámpora 1973 als Präsident zurücktrat – Perón gewann die Wahl im Handumdrehen. Doch schon Mitte 1974 starb er, und Argentinien versank abermals in Chaos und Regierungsintrigen, wie sie das Land seit Peróns Aufbruch ins Exil heimgesucht hatten. 1976 ergriff das Militär erneut die Macht – die düstersten Jahre in der Geschichte Argentiniens begannen.

Schmutziger Krieg (1976–1983)

Ende der 1960er-Jahre herrschte eine stark regierungsfeindliche Stimmung. Eine linksgerichtete peronistische Guerillatruppe namens Montoneros bildete sich. Perfekt organisiert, verübten die größtenteils gebildeten Jugendlichen aus der Mittelschicht Bombenanschläge auf ausländische Geschäfte und verlangten Lösegeld für entführte Beamte. Mit Banküberfällen finanzierten sie ihren bewaffneten Kampf und verbreiteten soziale Botschaften. Am 24. März 1976 führte General Jorge Videla einen unblutigen Militärputsch an und übernahm die argentinischen Regierungsgeschäfte. Es folgte eine Zeit des Terrors und der Brutalität: Was beschönigend als „Prozess der Nationalen Reorganisation" (oder „El Proceso") bezeichnet wurde, war in Wirklichkeit ein Zeugnis staatlich unterstützter Gewalt und Anarchie, die sich vor allem gegen die Montoneros richtete.

Die berüchtigte „Guerra Sucia" („Schmutziger Krieg") kostete schätzungsweise bis zu 30 000 Menschen das Leben. Nulltoleranz lautete das Prinzip, mit dem sich die Diktatur an die Verfolgung Andersdenkender machte – ob nun revolutionäre Guerillas oder einfache Bürger, die nur die unverhohlene Brutalität des Regimes ablehnten: „Verschwundene" wurden ohne rechtsmäßigen Prozess verhaftet, gefoltert und umgebracht. Zynischerweise endete der Schmutzige Krieg erst, als sich das Regime auf eine echte Militäroperation einließ: die Rückgewinnung der Falklandinseln (Islas Malvinas).

Falklandkrieg

Während der Militärdiktatur ging Argentiniens Wirtschaft immer weiter den Bach hinunter und versank schließlich im Chaos. „El Proceso" war langsam, aber sicher ans Ende gekommen.

Im Dezember 1981 übernahm General Leopoldo Galtieri den „heißen Stuhl" des Präsidenten. Um vor dem Hintergrund einer stagnierenden Wirtschaft an der Macht zu bleiben, spielte der verzweifelte Galtieri einen nationalistischen Trumpf aus und startete im April 1982 eine Invasion, um die Briten von den Falklandinseln (Islas Malvinas) zu vertreiben. Diese beanspruchte Argentinien bereits seit 150 Jahren für sich.

Die kurze Besetzung der Inseln löste eine Welle der nationalistischen Euphorie aus, die rund eine Woche lang anhielt. Dann begriffen die Argentinier, dass Großbritanniens „Eiserne Lady", Premierministerin Margaret Thatcher, alles andere als ein Mauerblümchen war – besonders, da sie selbst ums politische Überleben kämpfte. Großbritannien schlug zurück und schickte ein Flottenkontingent, um die Inseln zurückzuerobern. Nach 47 Tagen mussten sich Argentiniens schlecht ausgebildete Soldaten geschlagen geben. Aufgrund dieses Gesichtsverlustes zog sich das Militär schließlich aus der Regierung zurück. 1983 wurde Raúl Alfonsín neuer argentinischer Präsident.

Krise ...

Alfonsín brachte Argentinien die Demokratie zurück und löste ein paar territoriale Konflikte mit Chile. Zwar konnte er auch die Inflation etwas eindämmen, dem schwer geprüften Land jedoch letztlich nicht wieder gänzlich auf die Beine helfen.

Unter Carlos Menem, Präsident von 1989 bis 1999, erfuhr Argentinien eine kurze Wohlstandsphase. Er privatisierte ganze Wirtschaftszweige und nahm umfangreiche Kredite auf. Zudem stoppte Menem die Inflation, indem er den Argentinischen Peso an den Amerikanischen Dollar koppelte. Die Stabilisierung war jedoch nur von kurzer Dauer. Nach ein paar Jahren wurde der Peso so hoch dotiert, dass argentinische Produkte auf dem Weltmarkt nicht mehr konkurrenzfähig waren. Am Ende von Menems Amtszeit stieg die Arbeitslosenquote steil an.

Im Jahr 1999 trat Fernando de la Rúa das Präsidentenamt an. Er erbte einen fast bankrotten Staatshaushalt. Gleichzeitig ging es mit der Wirtschaft noch weiter bergab: Die Arbeitslosigkeit breitete sich weiter aus, und das öffentliche Vertrauen schwand immer mehr. 2001 taumelte die Wirtschaft am Rande des Zusammenbruchs, im Dezember trat Fernando de la Rúa zurück. In vierzehn Tagen erlebte das Land drei Übergangspräsidenten, ehe schließlich Eduardo Duhalde ins Amt gewählt wurde. Duhalde wertete den Peso im Januar 2002 ab; die Verschuldung betrug nun 140 Mrd. AR$.

... und das Comeback

Nach einer Zeit der Instabilität pendelte sich der Wert des Pesos im Verhältnis zu dem des US-Dollars bei etwa 3:1 ein, was wegen der plötzlich günstigen Exporte zu einem Wirtschaftsboom führte. Der linksgerichtete Néstor Kirchner wurde 2003 zum Präsidenten gewählt und entwickelte sich zu einer sehr beliebten politischen Führungsfigur. Er stärkte die Wirtschaft, zahlte einen Teil von Argentiniens Schulden an den Internationalen Währungsfonds zurück und bekämpfte die Korruption. Argentiniens Bürger durchlebten rosige Zeiten und blickten zuversichtlich in die Zukunft.

2007 endete Kirchners Amtszeit, er mischte jedoch weiterhin in der Politik mit. Seine Frau, Cristina Fernández de Kirchner, kandidierte für das höchste Amt des Landes und wurde die erste gewählte Präsidentin Argentiniens. Trotz einer holperigen ersten Amtszeit, in der sich der übliche Korruptionsskandal ereignete und große Proteste gegen Steuererhöhungen laut wurden, wurde Cristina 2011 wiedergewählt. Wahrscheinlich trug auch die große Anteilnahme, die ihr nach dem Tod ihres Mannes infolge eines Herzinfarkts (2010) zuteil wurde, dazu bei.

Cristina Kirchner führte großzügige Sozialprogramme und liberale Regelungen zur gleichgeschlechtlichen Ehe ein und machte die Verbrechen der Militärdiktatur (1976–1983) zum Thema. Aber ihre Präsidentschaft war auch von hoher Inflation, wirtschaftlicher Instabilität und Massenprotesten geprägt. Ihre wachsende Unbeliebtheit ließ den fragwürdigen Plan scheitern, die Begrenzung der Präsidentschaft auf zwei Amtszeiten aufzuheben.

Kultur

Bevölkerung

Rund 90% der Argentinier leben in städtischen Ballungsräumen; die Alphabetisierungsrate liegt bei über 97%.

Die meisten Bewohner des Landes haben Ahnen, die im 19. Jh. aus Italien, Spanien und vielen anderen Ländern Europas eingewandert sind. In neuerer Zeit kamen auch Japaner, Koreaner und Chinesen (außerhalb der Städte weniger) sowie Menschen aus anderen südamerikanischen Staaten wie Peru, Bolivien, Paraguay und Uruguay hinzu.

Die Gruppe der Ureinwohner macht weniger als 1% der argentinischen Gesamtbevölkerung aus; die größte Teilgruppe sind die Mapuche Patagoniens. Kleinere Gruppen, u.a. von Guaraní, Tobas, Wichi und Tehuelche, leben im Norden des Landes. Fast 15% der Einwohner sind *mestizos* (Menschen gemischt indianisch-spanischer Abstammung); sie leben meist im Norden.

Lebensart

Über ein Drittel der Argentinier lebt unterhalb der Armutsgrenze. Um Geld zu sparen und die Familienbande zu stärken, wohnen oft mehrere Generationen zusammen unter einem Dach.

Familien halten fest zusammen – die Sonntage sind oft dem gemeinsamen *asado* (Barbecue) vorbehalten. Auch Freundschaften stehen sehr hoch im Kurs; Argentinier gehen bevorzugt in großen Gruppen aus. Man begrüßt sich traditionell mit Küsschen auf die Wange – selbst Fremde tun das und Männlein und Weiblein gleichermaßen.

Argentinier sind abends am liebsten *richtig* lange unterwegs. Das Abendessen kommt häufig erst um 22 Uhr auf den Tisch, und an Wochenenden muss man sich gar bis Mitternacht gedulden, bis endlich der Nachtisch verspeist werden kann. Bars und Diskos haben oft bis 6 Uhr morgens geöffnet (sogar in kleineren Städten).

Im ganzen Land genießt der Kult rund um den Matetee einen hohen Stellenwert. Die Leute schlürfen das bittere Kräutergebräu zu Hause, bei Arbeit, Sport und Spiel. Auch auf Reisen und bei Picknicks sind die Schalen und Thermoskannen mit heißem Wasser immer mit von der Partie. Und wer zu einem Materitual eingeladen wird, darf sich geehrt fühlen.

Religion

Der Katholizismus ist die offizielle Staatsreligion, und die meisten Argentinier sind auch römisch-katholisch. Den zweiten Platz nehmen die protestantischen Glaubensgemeinschaften ein. Außerdem existiert in Buenos Aires eine der größten jüdischen Gemeinden außerhalb Israels – und hier steht auch die wohl größte Moschee in ganz Lateinamerika.

Spiritismus und Totenverehrung werden weithin praktiziert: Auf den Friedhöfen Recoleta und Chacarita erweisen Pilger Volksidolen wie Juan und Evita Perón oder Carlos Gardel ihre Reverenz. Glaubenskulte wie der um die Difunta Correa („die verstorbene Correa") in der Provinz San Juan haben ebenfalls Hunderttausende Anhänger.

Kunst

Kino

Mit den Filmen von Regisseuren wie Luis Puenzo (*Die offizielle Geschichte;* 1984) und Héctor Babenco (*Kuss der Spinnenfrau;* 1985) hat das argentinische Kino bereits früher internationales Format erreicht.

Zu den neueren beachtenswerten Werken aus Argentinien zählen Fabián Bielinskys geistreicher Film *Nueve reinas* (*Die neun Königinnen*; 2000), Juan José Campanellas *El hijo de la novia* (*Der Sohn der Braut;* 2001), der in der Kategorie Bester fremdsprachiger Film für den Oscar nominiert war, und Lucrecia Martels *La niña santa* (2004) über das Erwachsenwerden und die Entdeckung der Sexualität. Carlos Soríns *Bombón el perro* (2004) ist eine mitreißende Geschichte über den Hund als besten Freund des Menschen und die verschlungenen Wege, die das Schicksal einschlägt.

Pablo Trapero ist einer der führenden Filmemacher Argentiniens. Zu seinen Arbeiten zählen die Komödie *Familia rodante* (*Familia rodante – Reisen auf Argentinisch;* 2004) und *El Clan*, ein Kriminalfilm, der 2015 bei den Internationalen Filmfestspielen von Venedig mit dem Silbernen Löwen ausgezeichnet wurde. Ein weiterer bedeutender Regisseur ist Daniel Burman, der zuletzt die heitere Komödie *El Misterio de la felicidad* (2015) herausbrachte. Burman war Koproduzent bei Walter Salles' von Che Guevara inspiriertem Film *Diarios de motocicleta* (*Die Reise des jungen Che*; 2004).

Weitere bemerkenswerte Filme sind Damián Szifrons witziges *Tiempo de valientes* (2005) und Lucía Puenzos *XXY* (2007), die Geschichte eines transsexuellen Jugendlichen. *El hombre de al lado* (2009) von Mariano Cohn und Gastón Duprat ist ein preisgekröntes Moral-Drama, das beim Sundance Film Festival gezeigt wurde. Der jüngste mit einem Oscar ausgezeichnete argentinische Film ist Campanellas Krimi-Thriller *El secreto de sus ojos* (In ihren Augen; 2009).

Lucía Puenzo führte Regie bei *Wakolda* (2013), der wahren Geschichte jener Familie, mit der der berüchtigte Nazi-Arzt Josef Mengele eine Zeit lang unerkannt in Südamerika lebte. Zuletzt war Damián Szifrons schwarze Komödie *Relatos salvajes* (Wild Tales – Jeder dreht mal durch!; 2014) für den Oscar des besten Films in einer Fremdsprache in der Nominierung.

Literatur

Argentiniens berühmtester Literat ist Jorge Luis Borges, bekannt für seine Kurzgeschichten und Gedichte. Im lebendigen und fantasievollen Stil erschuf Borges alternative Realitäten und raffinierte Zeitzyklen. Tipp: seine surrealen Werke *Labyrinthe* und *Fiktionen*. Ein anderer Autor, Julio Cortázar, brachte es zu internationaler Anerkennung, indem er über scheinbar normale Leute schrieb – dabei bediente er sich seltsamer Metaphern und skurriler Beschreibungen unsichtbarer Realitäten. Sein großer Roman *Himmel und Hölle* erfordert jedenfalls sicherlich mehr als einen Lesedurchgang.

Ernesto Sábato bereicherte die Literaturwelt mit intellektuell angehauchten Romanen und Essays. Viele davon beschäftigen sich mit der Kluft zwischen Gut und Böse. Zu Sábatos wichtigsten Werken zählt *Sobre héroes y tumbas* (*Über Helden und Gräber*), das in den 1960er-Jahren bei der argentinischen Jugend hoch im Kurs stand. Sein aufrüttelnder Aufsatz *Nunca más* beschreibt die Grausamkeiten des Schmutzigen Krieges. Weitere bekannte Schriftsteller aus Argentinien sind z. B. Manuel Puig *(Kuss der Spinnenfrau)*, Adolfo Bioy Casares *(Morels Erfindung)*, Osvaldo Soriano *(Schatten)*, Roberto Arlt *(Die sieben Irren)* und Silvina Ocampo, die Gedichte und Geschichten für Kinder verfasst.

Ein zeitgenössischer Schriftsteller ist Juan José Saer (1937–2005), der Kurzgeschichten und komplexe Kriminalromane veröffentlicht hat. Vom Romanautor Rodrigo Frésan stammen die Bestseller *Geschichte Argentiniens* und die psychedelischen *Kensington Gardens*. Auch Ricardo Piglia und Tomás Eloy Martínez gehören zu den bekannten argentinischen Autoren. Sie haben nicht nur wichtige Werke verfasst, sondern auch an sehr bekannten Universitäten Amerikas unterrichtet.

Musik

Legenden wie Carlos Gardel und Astor Piazzolla machten die Tangomusik populär, und Zeitgenossen wie Susana Rinaldi, Adriana Varela und Osvaldo Pugliese führen die Tradition weiter. Zu den aktuellen Tango-„Fusionbands" zählen z. B. Gotan Project, BajoFondo Tango Club und Tanghetto.

Die Volksmusiker Mercedes Sosa, Leon Gieco, Horacio Guarany, Atahualpa Yupanqui und Los Chalchaleros waren sehr einflussreich für die Entwicklung der argentinischen *música folklórica*, das gleiche gilt für Mariana Baraj und Soledad Pastorutti.

Die Rockstars Charly García, Gustavo Cerati, Andrés Calamaro, Luis Alberto Spinetta und Fito Páez gehören zu Argentiniens bekanntesten Musikern, zu den berühmtesten Bands zählen Soda Stereo, Sumo, Los Pericos, Babasónicos, Divididos, Sui Generis und Los Fabulosos Cadillacs.

Für zeitgenössische argentinische Musik stehen die exzentrische Band Bersuit Vergarabat, die alternativen Catupecu Machu, die facettenreichen Gazpacho und das Multitalent Kevin Johansen.

Zu den Schwergewichten in der DJ-Clubmusikszene zählen Aldo Haydar (Progressive House), Bad Boy Orange (Drum'n'Bass), Diego Ro-K (der „Maradona der argentinischen DJs") und Gustavo Lamas (der Ambient-Pop mit Electro-House verbindet). Der preisgekrönte Hernán Cattáneo ist auch schon mit Paul Oakenfold und beim Burning Man aufgetreten.

Córdobas rhythmischer *cuarteto* ist Argentiniens ureigene Popmusik, der gröbere *cumbia villera* stammt aus den Slums und verbindet Cumbia mit Gangsta Rap, Reggae und Punk. *Murga* ist eine Art artistisches Musiktheater mit Darstellern und Trommlern, das oft im Karneval zu erleben ist.

Essen & Trinken

Essen

Insgesamt ist die argentinische Küche nicht besonders abwechslungsreich: Die meisten Leute scheinen sich mit Fleisch, Pasta und Pizza zu begnügen. Dafür aber ist das berühmte Rindfleisch oft wirklich erstklassig. In einer *parrilla* (Grillhaus) oder bei einem *asado* (Barbecue) sollte man *bife de chorizo* (dickes Roastbeef), *bife de lomo* (Filet) oder eine *parrillada* (gemischter Grillteller) probieren. Dazu passt *chimichurri*, eine schmackhafte Soße aus Knoblauch, Petersilie und Olivenöl. Steaks werden in der Regel medium *(a punto)* serviert, wer es lieber ganz blutig mag, bestellt es *jugoso*.

Der italienische Einfluss ist bei Gerichten wie Pizza, Spaghetti, Ravioli oder den bissfesten *ñoquis* (Gnocchi) unübersehbar. Vegetarisches Essen bekommt man in Buenos Aires und anderen Großstädten. *Tenedores libres* (All-you-can-eat-Büfets) sind beliebt und haben ein gutes Preis-Leistungs-Verhältnis. Nahöstliche Gerichte sind im Norden verbreitet, während es im Nordwesten ähnlich würzige Gerichte wie in Bolivien oder Peru gibt. In Patagonien steht Lammfleisch ganz oben auf der Karte, während Spezialitäten wie Forelle, Wildschwein oder Reh im Seengebiet angesagt sind.

Confiterías (Cafés) werfen in der Regel *lomitos* (Steaks), *milanesas* (panierte, schnitzelartige dünne Steaks) und Hamburger auf den Grill. *Restaurantes* haben ein umfangreicheres Speiseangebot und professionelle Kellner. Cafés schenken normalerweise Alkohol aus und servieren einfache Gerichte.

Große Supermärkte haben häufig eine Theke mit gutem, preisgünstigem Essen zum Mitnehmen. Westliche Fast-Food-Ketten sind in den größeren Städten vertreten.

Das einfache Frühstück besteht aus Kaffee oder Tee mit *tostadas* (Toast), *manteca* (Butter) und *mermelada* (Marmelade). Me-

> **TANGO**
>
> Der Tango ist Argentiniens erotischer Tanz, der angeblich in den 1880er-Jahren in den Bordellen von Buenos Aires entstanden sein soll (obwohl auch die uruguayische Hauptstadt Montevideo diese Ehre für sich beansprucht). Bis zu seinem Durchbruch in Europa war er allerdings eine verfemte Randerscheinung, ehe er um 1913 in Argentinien richtig populär wurde. Der berühmteste Tangosänger war Carlos Gardel.

dialunas (Croissants) gibt es gesüßt und ungesüßt.

Empanadas sind gebackene oder frittierte Teigtaschen mit Gemüse, Rindfleisch, Käse oder anderen Füllungen. *Sandwichitos de miga* (dünne Sandwichs ohne Kruste mit Schinken oder Käse) passen gut zum Nachmittagstee. An vielen Kiosken erhält man leckere *alfajores*, Keks-Sandwichs mit *dulce de leche* (einer dicken Milch-Karamellsoße) oder *mermelada*, die mit Schokolade überzogen sind.

Zu den *postres* (Nachspeisen) zählen *ensaladas de fruta* (Obstsalate), Pasteten und Kuchen. *Facturas* (Gebäck) und Törtchen werden gern mit *crema* (Schlagsahne) oder *dulce de leche* serviert. Das argentinische *helados* (Speiseeis) orientiert sich am italienischen Vorbild und zählt zum besten in Südamerika.

Die übliche *propina* (Trinkgeld) in Restaurants beträgt 10 % der Rechnungssumme. In eleganteren Restaurants wird der Rechnung oft, unabhängig vom Trinkgeld, ein *cubierto* von einigen Pesos für das Brot und die Benutzung des Geschirrs hinzugefügt.

Getränke

ALKOHOLFREIE GETRÄNKE

Softdrinks gibt's überall. Mineralwasser gibt's *con gas* (mit Kohlensäure) und *sin gas* (ohne Kohlensäure). Man kann aber auch einfach *agua de canilla* (Leitungswasser) bestellen, das in Argentinien in der Regel bedenkenlos trinkbar ist. *Licuados* sind mit Wasser oder Milch verdünnte Fruchtsäfte.

Die Argentinier lieben Kaffee, und man kann ihn in diversen Versionen bestellen. Ein *café con leche* besteht zur Hälfte aus Kaffee und zur Hälfte aus Milch, ein *cortado* ist ein Espresso mit einem Spritzer Milch. Ein *café chico* ist ein Espresso.

Auch Tee ist weit verbreitet. Eine Einladung zu einem Glas Mate sollten Traveller nicht ausschlagen; allerdings ist das Gebräu aus grasartigen Kräutern nicht jedermanns Sache.

ALKOHOLISCHE GETRÄNKE

Argentinier trinken gern mal ein Glas, aber dennoch in Maßen. In vielen Cafés, Restaurants und Bars stehen Bier, Wein, Whiskey und Gin auf der Karte. Beliebte Biermarken sind Quilmes und Isenbeck; nach *chopp* (Bier vom Fass oder Lager) fragen! Im Argentinischen Seengebiet gibt's viele Kleinbrauereien.

Manche argentinische Weine haben internationales Format; sowohl rote (*tintos*) als auch weiße (*blancos*) sind ausgezeichnet, aber besonders bekannt ist der rote Malbec. Die größten Weinbaugebiete finden sich in der Nähe von Mendoza, San Juan, La Rioja und Salta.

Das gesetzlich vorgeschriebene Alter für den Genuss alkoholischer Getränke liegt in Argentinien bei 18 Jahren.

Sport

Rugby, Tennis, Basketball, Polo, Golf, Motorsport, Skifahren und Radfahren sind beliebte Sportarten, aber im Mittelpunkt der nationalen Sportbegeisterung steht der Fußball. Die Nationalmannschaft gewann zweimal die Weltmeisterschaft, 1978 und 1986. Lionel Messi ist heute der größte Fußballstar Argentiniens.

Ein absoluter Klassiker sind die Begegnungen zwischen River Plate und den Boca Juniors, denn die Rivalität zwischen den beiden Vereinen ist sehr stark ausgeprägt.

Natur & Umwelt

Geografie

Argentinien ist riesig! Es belegt Rang acht in der Liste der größten Länder unseres Planeten. Es erstreckt sich von Norden nach Süden auf etwa 3500 km Länge und umfasst viele verschiedene Landschafts- und Geländeformen.

Die Anden säumen den Nordwestrand Argentiniens. Hier überleben nur besonders zähe Kakteen und struppige Vegetation. Die hohen Gipfel und Salzseen grenzen an die subtropischen Flachlandprovinzen Salta und Santiago del Estero. In den heißen und malerischen Provinzen Tucumán, Catamarca und La Rioja im Süden werden landwirtschaftliche Produkte und Wein angebaut.

Die trockenere Buschlandschaft der westlichen Vorberge der Anden geht in die zickzackförmigen Flusstäler und heißen Niederungen der Provinzen Chaco und Formosa über. Die meisten Niederschläge fallen im Nordosten – darum sind hier Sumpfwälder und subtropische Savannen zu finden. Zur dicht bewaldeten Provinz Misiones gehören die unglaublichen Iguazú-Fälle. Die Flüsse, deren Wassermassen über gigantische Stufen in die Tiefe stürzen, führen zu den grasbewachsenen Schwemmlandschaften der Provinzen Corrientes und Entre Ríos. Die Sommer hier sind ausgesprochen heiß und feucht.

Aus der Region Cuyo im zentralen Westen (Provinzen Mendoza, San Juan und San Luis) kommen die meisten argentinischen Spitzenweine. Zentralargentinien umfasst das bergige Córdoba und die stark landwirtschaftlich geprägte Provinz Santa Fe. Die Pampas bestehen aus einer flachen, dicht bewachsenen Ebene voller Anbauflächen und Viehherden. Entlang der Atlantikküste gibt's viele beliebte und attraktive Strände.

Patagonien nimmt das untere Drittel Argentiniens ein. Der Großteil der Region ist flach und trocken. In Richtung der Anden fällt aber jede Menge Regen, der das argentinische Seengebiet mit seiner üppigen Vegetation speist. In den südlichen Anden finden sich gigantische Gletscher, und auf den kühlen Steppen der Ebenen darunter grasen Schafe in riesigen Herden.

Die Inselgruppe Feuerland gehört hauptsächlich zu Chile. Die Landschaft der Nordhälfte ähnelt jener der patagonischen Steppe, dagegen überziehen dichte Wälder und Gletscher die bergige Südhälfte. Das Klima kann relativ mild sein – selbst im Winter –, wenngleich man immer mit Temperaturen unter dem Gefrierpunkt rechnen muss. In dieser Region ist das Wetter ganzjährig sehr wechselhaft.

Wie einige andere Länder erhebt Argentinien außerdem Anspruch auf einen Teil Antarktikas.

Nationalparks

Argentinien hat eine ganze Menge Nationalparks und bundesstaatliche Schutzgebiete. Sie umfassen diverse Landschaftsformen und Klimazonen wie Sümpfe, Wüsten und Regenwälder. Zu den zahlreichen Highlights gehören riesige Bäume, Wasserfälle und Gletscher.

Zu den besten Parks in Argentinien zählen u. a.:

Parque Nacional Iguazú (S. 107) Weltberühmt wegen seiner gigantischen Wasserfälle.

Parque Nacional Los Alerces (S. 166) Hier gibt es uralte Wälder mit patagonischen Zypressen (Alerce).

Parque Nacional Los Glaciares (S. 179) Eindrucksvolle Gletscher und hohe Berggipfel.

Parque Nacional Nahuel Huapi (S. 162) Zeichnet sich durch eine wunderschöne Berglandschaft aus.

Parque Nacional Tierra del Fuego (S. 186) Außergewöhnliche Scheinbuchenwälder und eine reiche Fauna.

Parque Provincial Aconcagua (S. 148) Hier erhebt sich der höchste Gipfel des Kontinents.

Reserva Faunística Península Valdés (S. 170) Das Gebiet ist berühmt für seine Küstenfauna.

Reserva Provincial Esteros del Iberá (S. 95) Sumpflandschaft mit facettenreichem Tierleben.

Tiere & Pflanzen

Die berühmten Pampas bestehen vor allem aus weitläufigen Grassteppen. Sie sind die Heimat vieler Raubvögel und importierter Pflanzenarten. Im nördlichen Sumpfland leben die ziemlich bizarr aussehenden Capybaras (auch Wasserschweine genannt) – es sind die größten Nagetiere der Welt. Außerdem tummeln sich hier Sumpfhirsche, alligatorähnliche Kaimane und viele große Zugvögel.

Die großen Waldgebiete Argentiniens befinden sich in der subtropischen Provinz Misiones und an den östlichen Andenhängen südlich der Provinz Neuquén. Dort wachsen vor allem Südbuchenarten und Nadelhölzer. Im Seengebiet in Südargentinien sollte man Ausschau halten nach der seltsam anmutenden Andentanne (auch unter dem Namen Chilenische Araukarie bzw. *Araucaria araucana* bekannt). In den Höhenlagen der Anden und im Großteil Patagoniens sind Weideflächen eher rar. Über den Salzseen der nördlichen Anden fliegen Rosaflamingos. In den Steppen Patagoniens bekommt man mit etwas Glück auch Guanacos, Nandus und Maras (patagonische Hasen) zu Gesicht, aber auch Gürteltiere, Schopfkarakaras und Graufüchse treiben sich hier herum. Pumas und Kondore leben in den Vorbergen der südlichen Anden, lassen sich aber nur sehr selten blicken.

An der Küste Patagoniens, vor allem rund um die Península Valdés, können Naturliebhaber ausgezeichnet die zahlreichen Meeresbewohner beobachten. In den Fluten tummeln sich u. a. Südkaper, Seelöwen, Südliche See-Elefanten, Magellanpinguine und Killerwale.

PRAKTISCHES

❶ Allgemeine Informationen

AKTIVITÄTEN

➜ Argentinien ist eine tolle Spielwiese für Traveller, die auf der Suche nach Abenteuer sind. In den vielen herrlichen Nationalparks kann man im Sommer hervorragend wandern und klettern, vor allem in der Gegend rund um Bariloche und das patagonische Fitz-Roy-Massiv. Und dann wäre da natürlich noch der höchste Gipfel der Welt außerhalb Asiens, der majestätische, 6962 m hohe Aconcagua.

➜ Skifahrer finden traumhafte Bedingungen in großen Wintersportzentren wie Cerro Catedral, Las Leñas (in der Nähe von Malargüe), Los Penitentes oder Chapelco (in der Nähe von San Martín de los Andes) vor. Die Skisaison dauert von etwa Mitte Juni bis Mitte Oktober – im Sommer toben sich hingegen zahlreiche Mountainbiker in den Bergregionen aus.

➜ Radfahrer zieht es beispielsweise auch nach Mendoza, in die nordwestlichen Anden, ins argentinische Seengebiet und nach Patagonien (Vorsicht: starke Winde!). Die mitunter abgelegenen und schlechten Straßen sind oft nur Schotterpisten, die man am besten mit Mountainbikes bewältigt. In den meisten Touristenzentren können Drahtesel auch ausgeliehen werden – allerdings entspricht die Qualität der Fahrräder häufig nicht dem, was man von zu Hause gewohnt ist.

➜ Im Seengebiet und in Patagonien finden Fliegenfischer ein paar der besten Angelreviere der Welt. An den Haken gehen hier u. a. eingeführte Forellen und Atlantische Binnenlachse von gewaltigen Ausmaßen. Die Saison dauert in der Gegend von November bis Mitte April. Gefangene Flossenträger werden größtenteils wieder in die Freiheit entlassen.

➜ Wildwasser-Rafting wird im Umkreis von Mendoza und im Seengebiet angeboten. In etlichen Touristengegenden kann man sich zudem auch bei Ausritten oder bei Gleitschirmflügen vergnügen.

ARBEITEN IN ARGENTINIEN

In Argentinien gibt es nur wenige Gelegenheitsjobs für Ausländer. Die besten Chancen hat man noch im Bereich Englischunterricht, besonders in Buenos Aires und in anderen großen Städten. Die meisten Lehrer kommen allerdings gerade so über die Runden. TESOL- und TESL-Zertifikate können die Jobsuche erleichtern. Auch in Bars und Hotels mit größtenteils ausländischer Klientel gibt's eventuell Arbeit.

Viele Ausländer arbeiten illegal mit einem Touristenvisum, das alle drei Monate erneuert werden muss – wenn sie in Buenos Aires leben, machen sie in der Regel mehrmals im Jahr einen Abstecher nach Uruguay. In den Ferienmonaten Januar und Februar gibt es kaum Stellenangebote.

Jobangebote finden sich unter http://buenos aires.en.craigslist.org und in den Kleinanzeigen unter www.baexpats.org.

BOTSCHAFTEN & KONSULATE

Die aufgeführten Botschaften befinden sich alle in Buenos Aires. Auch Konsulate gibt es in einigen anderen Städten.

Bolivianische Botschaft (☎ 011-4394-1463; www.embajadadebolivia.com.ar; Av Corrientes 545); Konsulat: La Quiaca (☎ 03885-422283; www.consuladoboliviano.com.ar; 9 de Julio 100; ⊙ Mo–Fr 7–18.30 Uhr)

Brasilianische Botschaft (☎ 011-4515-6500; www.conbrasil.org.ar; Carlos Pellegrini 1363, 5. OG); Konsulate: Paso de Los Libres (☎ 03772-425444; Mitre 894); Puerto Iguazú (☎ 03757-420192; Córdoba 278)

Chilenische Botschaft (☎ 011-4808-8601; www.chile.gob.cl/argentina; Tagle 2762); Konsulate: Bariloche (☎ 02944-523050; España 275); Esquel (☎ 02945-451189; Molinari 754); Mendoza (☎ 0261-425-5024; Belgrano 1080); Neuquén (☎ 0299-442-2447; La Rioja 241); Río Gallegos (☎ 02966-422364; Moreno 148); Salta (☎ 0387-431-1857; http://chileabroad.gov.cl; Santiago del Estero 965; ⊙ Mo–Fr 9–13 Uhr); Ushuaia (☎ 02901-430909; Jainén 50)

Deutsche Botschaft (☎ 011-4778-2500; www.buenosaires.diplo.de; Villanueva 1055, Buenos Aires); Konsulate: Bariloche (☎ 294-442-377-6160, Emilio Morales 460); Córdoba (54 351 489 09 00, Elíseo Canton 1870); San Miguel de Tucumán (☎ 381-423-9279, Santiago del Estero 1257).

Österreichische Botschaft (☎ 011-4809-5800; www.bmeia.gv.at/botschaft/buenos-aires.html; French 3671, Buenos Aires; Konsulate: Bariloche (☎ 294-442-377-6160, San Carlos de Bariloche Emilio Morales 460); Córdoba (☎ 351-472-0450, Jeronimo Cortez 636); Mendoza (☎ 261-425-5558, Av Espana 948 Piso 2 Of 206)

Paraguayische Botschaft Buenos Aires (☎ 011-4802-3432; www.www.embajadadel paraguay.org.ar; Av. Gral. Las Heras 2545,

---

> ### ❶ VORSICHT: ELEKTRONIKDIEBE!
>
> Wegen strenger Einfuhrbeschränkungen ist der Kauf bestimmter Elektronikprodukte in Argentinien derzeit praktisch unmöglich. Wer sein Smartphone dabei hat, sollte es nicht unnötig aus der Tasche holen und gut darauf aufpassen. Gleiches gilt für Tablets und Laptops.

Buenos Aires); Konsulate: Córdoba (☎ 351-424-5265, Calle Urquiza 26 c); Posadas (☎ 0376-423-858; San Lorenzo 179); Puerto Iguazú (☎ 03757-424-230; Perito Moreno 236)

Schweizer Botschaft (☎ 011-4311-6491; www.eda.admin.ch/buenosaires Av Santa Fe 846, 12. Stock, Buenos Aires); Konsulate: Córdoba (☎ 351-428-0671, Simon Bolívar 387); Mendoza (☎ 261-425-6766, 9 de Julio 1140)

Uruguayische Botschaft Buenos Aires (☎ 011-4807-3040; www.embajadadeluruguay.com.ar; Av Las Heras 1907) Gualeguaychú (☎ 03446-426-168; Rivadavia 510)

FEIERTAGE & FERIEN

Behörden und Geschäfte haben an den meisten offiziellen Feiertagen geschlossen. Um das Wochenende zu verlängern, werden Feiertage oft auf den nächsten Montag oder Freitag verlegt. Regionalspezifische Feiertage sind hier nicht aufgeführt.

Año Nuevo (Neujahrstag) 1. Januar
Karneval Februar/März (Mo & Di)
Día de la Memoria (Gedenktag für den Militärputsch von 1976) 24. März
Semana Santa (Ostern) März/April
Día de las Malvinas (Malvinas-Tag) 2. April
Día del Trabajador (Tag der Arbeit) 1. Mai
Revolución de Mayo (Jahrestag der Mairevolution von 1810) 25. Mai
Día de la Bandera (Nationalflaggentag) 20. Juni
Día de la Independencia (Unabhängigkeitstag) 9. Juli
Día del Libertador San Martín (Todestag des hl. Martín) 3. Montag im August
Día del Respeto a la Diversidad Cultural (Tag des Respekts vor der kulturellen Vielfalt) 12. Oktober (oder 2. Mo im Oktober)
Día de la Soberanía Nacional (Tag der nationalen Souveränität) 20. November (oder 4. Mo im November)
Día de la Concepción Inmaculada (Tag der Unbefleckten Empfängnis) 8. Dezember
Navidad (1. Weihnachtsfeiertag; Geschäfte sind ab dem Mittag des 24. Dezember geschl.) 25. Dezember

---

LÄSTIGE INFLATION

Die in diesem Buch angegebenen Preise waren zur Zeit unserer Recherchen aktuell, dürften aber wegen der heftigen Inflation in Argentinien, die offiziell bei 10 %, inoffiziell aber bei rund 25 % liegt, inzwischen stark gestiegen sein. Vor der Buchung sollte man die aktuellen Preise checken, um keine böse Überraschung zu erleben.

FRAUEN UNTERWEGS

Auch alleinreisende Frauen kommen in Argentinien gut zurecht. Teilweise ist Argentinien für Frauen sogar sicherer als Europa, die USA und die meisten anderen Länder Lateinamerikas. Dennoch regiert im Land der *machismo* – diverse Männer verspüren das Bedürfnis, die Attraktivität einer Frau umgehend zu kommentieren. Mit Schnalzen, Nachpfeifen oder *piropos* (anzüglichen Bemerkungen) versuchen sie, das Objekt der Begierde auf sich aufmerksam zu machen. Anstatt ihnen gleich in ihre Kronjuwelen zu treten, sollten Frauen solche Lümmel einfach ignorieren – und es damit ihren argentinischen Leidensgenossinnen gleichtun. Denn die meisten Männer meinen es im Grunde nicht böse. Ja, einheimische Frauen betrachten *piropos* mitunter sogar als Kompliment.

Der *machismo* hat auch seine Gutes: Die Herren halten den Damen der Schöpfung die Tür auf und lassen ihnen den Vortritt. Beim Einsteigen in Busse ist dies von Vorteil – wenn frau sich sputet, ergattert sie leichter einen freien Platz.

FREIWILLIGENARBEIT

Folgende Organisationen bieten u. a. ehrenamtliche Jobs in Argentinien an:

Anda Responsible Travel (www.andatravel.com.ar/en/volunteering) Der Reiseveranstalter aus Buenos Aires unterstützt örtliche Gemeinden.

Conservación Patagonica (www.conservacionpatagonica.org/) Hilft bei der Einrichtung eines Nationalparks.

Fundación Banco de Alimentos (www.bancodealimentos.org.ar) Kurzfristige Jobs bei einer Tafel-Einrichtung.

Patagonia Volunteer (www.patagoniavolunteer.org) Freiwilligenjobs in Patagonien.

Volunteer South America (www.volunteersouthamerica.net) Eine Auflistung von NGOs, die Freiwilligjobs in Südamerika anbieten.

WWOOF Argentina (www.wwoofargentina.com) Bio-Farmen in Argentinien.

GEFAHREN & ÄRGERNISSE

Trotz gelegentlicher Verbrechenswellen ist Argentinien eines der sichersten Länder Lateinamerikas. Die meisten wachsamen Touristen verlassen Buenos Aires glücklich und unbeschadet. Außerhalb der Großstädte sind schwere Straftaten nicht häufig. In Hostels sollte man Wertsachen wegschließen, denn gelegentlich kommt es zu Diebstählen durch andere Traveller.

Die größte Gefahr i lauert im Straßenverkehr. Als Fußgänger darf man niemals glauben, Vortritt zu haben – Auto- und Busfahrer nehmen keine Rücksicht. Wer empfindlich gegen Zigarettenrauch ist, sollte wissen, dass viele Argentinier rauchen und die Gesetzesbestimmungen lockerer sind als in anderen Ländern.

GELD

Am besten reist man mit einer Kombination aus US-Dollar, argentinischen Pesos, Bank- und Kreditkarten. Seit 2013 dürfen ausländische Reisende touristische Dienstleistungen in Argentinien nur noch in Devisen (etwa US$) und nicht mehr in argentinischen Pesos bezahlen, dies sollte also bereits bei der Zusammenstellung der Reisekasse bedacht werden.

Bargeld

→ Banknoten gibt's im Wert von 2, 5, 10, 20, 50 und 100 Pesos (Scheine im Wert von 200 und 500 Pesos sollen 2016 ausgegeben werden, die Einführung eines 1000-Peso-Scheins im Jahr 2017 wird erwogen). Ein Peso hat 100 Centavos. Münzen gibt es im Wert von 5, 10, 25 und 50 Centavos sowie 1 und 2 Pesos. Oft werden US-Dollar akzeptiert, man sollte aber immer ein paar Pesos dabei haben.

→ US-Dollar lassen sich am leichtesten einwechseln, aber die *cambios* (Wechselstuben) akzeptieren weithin auch Euro. Insbesondere in Buenos Aires ist viel Falschgeld im Umlauf; Infos findet man unter www.landingpadba.com/ba-basics-counterfeit-money.

Feilschen

→ Im Nordwesten und auf Kunsthandwerksmärkten landesweit kann man feilschen, besonders wenn man mehrere Sachen kauft. Aber so verbreitet wie in anderen südamerikanischen Ländern ist das Feilschen in Argentinien nicht, und in den meisten Geschäften im Land ist es sicherlich nicht erwünscht.

→ Wenn man mehrere Tage in einem Hotel übernachtet, kann man oft einen Preisnachlass aushandeln. Viele bessere Hotels gewähren auch einen Rabatt bei Barzahlung.

Geld wechseln

→ Die meisten Banken oder *cambios* (Wechselstuben) tauschen US-Dollar, Euro und Schweizer Franken in argentinische Pesos um. *Cambios* haben etwas schlechtere Wechselkurse, unterliegen aber weniger Einschränkungen, und oft sind die Schlangen hier kürzer. Um sich auszuweisen, den Pass mitbringen!

→ In Buenos Aires trifft man auf zwielichtige Gestalten, die den Passanten auf der Av Florida „cambio, cambio, cambio" zurufen. Am besten ignoriert man diese Devisenschieber.

→ Reiseschecks werden in Läden nicht akzeptiert. Sie sind (selbst in Banken) schwer einzulösen und wenn, dann zu schlechten Kursen.

→ Vor der Abreise unbedingt über den aktuellen Wechselkurs informieren, weil der Kurs des argentinischen Pesos stark schwankt.

Geldautomaten

→ *Cajeros automáticos* (Geldautomaten) gibt's in Argentinien in fast jeder kleineren oder größeren Stadt. Sie können auch benutzt werden, um von größeren Kreditkarten Vorschüsse abzuheben. Sie sind der einfachste Weg, um an Bargeld zu kommen, und oft gibt es auch eine Bedienungsanleitung auf Englisch.

→ Je nach der heimischen Bank gibt es verschiedene Obergrenzen zur Bargeldabhebung. Die örtliche Bank erhebt für Transaktionen am Geldautomaten eine kleine Gebühr (unabhängig von Gebühren, die die heimische Bank erhebt). Man kann mehrmals am Tag Geld abheben, sollte aber bedenken, dass die Transaktionsgebühren in jedem Fall erhoben werden.

→ Beim Abheben sollte man besser einen ungeraden Betrag wählen, also z. B. 990 AR$ statt 1000 AR$ – so stellt man sicher, dass man auch ein paar kleine Scheine zum Wechseln erhält. Die argentinischen Geldautomaten zahlen keine US-Dollar aus.

Kreditkarten

→ Je größer ein Hotel ist, desto eher akzeptiert es Kreditkarten; das gleiche gilt für Läden oder beim Kauf von Bustickets. Einige Geschäfte schlagen bei Kreditkartenzahlung einen *recargo* (Aufpreis) von bis zu 10 % auf die Kaufsumme auf – besser vorher nachfragen! Achtung: Das Trinkgeld in Restaurants (10 %) kann nicht auf die Rechnung aufgeschlagen werden, sondern muss bar bezahlt werden!

→ Am weitesten verbreitet sind MasterCard und Visa, aber auch American Express wird weithin akzeptiert. Begrenzte Bargeldauszahlungen sind möglich (am besten bei der Banco de la Nación), aber schwierig, weil mit Papierkram und Gebühren verbunden.

GESUNDHEIT

Für Argentinien sind keine Impfungen erforderlich. 2009 gab es in einigen Teilen Nordargentiniens einen Ausbruch von Denguefieber. In den Hochanden sollte man auf zusätzlichen Sonnenschutz und etwaige Anzeichen von Höhenkrankheit achten. Weitere Infos sind unter http://www.nc.cdc.gov/travel/destinations/argentina.htm zu finden.

Das Leitungswasser in den Städten ist üblicherweise trinkbar, durch Salate und Eiscreme besteht kein Gesundheitsrisiko. Viele verschreibungspflichtige Medikamente sind in Argenti-

---

> **ZWEIERLEI PREISE**
>
> Einige bessere Hotels, manche Museen und Tangoveranstalter, die meisten Nationalparks und eine größere Fluglinie haben ein zweistufiges Preissystem eingeführt: Ausländer zahlen für die gleiche Leistung das Doppelte (oder sogar mehr) als Inländer.

PREISKATEGORIEN ESSEN

Die folgenden Preiskategorien beziehen sich auf den Preis eines Hauptgangs.

$ unter 110 AR$
$$ 110–180 AR$
$$$ über 180 AR$

nien frei erhältlich. Wer im Notfall medizinische Behandlung westlichen Standards benötigt, kann von seiner Botschaft entsprechende Empfehlungen einholen.

INTERNETZUGANG

→ WLAN gibt's in vielen (wenn nicht gar den meisten) Hotels und Cafés, in Restaurants und auf Flughäfen. Die Verbindungen sind meist gut, und die Nutzung kostenlos. Internetcafés und *locutorios* (Telefonzentren) mit günstigem Internetzugang gibt's praktisch in allen kleineren und größeren Städten des Landes.

→ Um auf argentinischen Tastaturen das @-Symbol (*arroba*) zu erhalten, hält man die Alt-Taste gedrückt und gibt 64 ein; man kann auch AltGr-2 tippen. Alternativ fragt man den Betreiber: „*¿Cómo se hace la arroba?*"

ÖFFNUNGSZEITEN

→ Oft haben die Geschäfte von 9 bis 13 Uhr und dann wieder von 16 bis 20 oder 21 Uhr geöffnet. Dieses Muster ist in den Provinzen nach wie vor weit verbreitet, aber in Buenos Aires sind die Behörden und viele Geschäfte mittlerweile durchgehend von 9 bis 18 Uhr geöffnet.

→ Restaurants öffnen generell mittags von 12 bis 15 und abends von 20 bis 24 Uhr, am Wochenende auch länger.

→ Die Cafés sind ganztägig geöffnet, die meisten Bars öffnen spät, gegen 21 oder 22 Uhr.

POST

Briefe und Postkarten (bis 20 g) können problemlos in die USA, nach Europa oder Australien geschickt werden; selbst kleinere Ortschaften verfügen in der Regel über eine Post. Pakete unter 2 kg können von jedem Postamt verschickt werden, aber alle schwereren Sendungen durchlaufen die *aduana* (Zollstelle). Allzu wertvolle Dinge sollte man besser nicht versenden.

Die mittlerweile privatisierte Post, **Correo Argentino** (www.correoargentino.com.ar), ist im Verlauf der Jahre verlässlicher geworden, wichtige Post sollte aber *certificado* (als Einschreiben) geschickt werden. In einigen Großstädten gibt es private Zustelldienste wie OCA und FedEx, die aber wesentlich teurer sind.

RECHTSFRAGEN

Viele in den meisten europäischen Ländern verbotene Drogen sind auch hier illegal. Vor dem Gesetz gelten Verdächtige bis zum Nachweis ihrer Schuld als unschuldig, doch nicht selten sitzen Menschen ohne Gerichtsprozess jahrelang hinter Gittern. Wer verhaftet wird, darf sich offiziell einen Anwalt nehmen, telefonieren und die Aussage verweigern.

Wer sich vernünftig verhält, wird in der Regel keine Probleme mit der Polizei bekommen. Falls doch, sollte man höflich erwähnen, dass man Kontakt mit seiner Botschaft aufnehmen wird. Autofahrer könnten mit den Worten *¿Cómo podemos arreglar esto más rapido?* (Lässt sich das irgendwie schneller regeln?) einer Lösung näherkommen. Auf alle Fälle sollte man seine Ausweispapiere (auch eine Kopie) mit sich führen und sich im Umgang mit Polizisten und anderen Beamten höflich und kooperativ verhalten.

SCHWULE & LESBEN

Argentinien ist zwar ein erzkatholisches Land, aber es gibt durchaus tolerante Enklaven für Schwule und Lesben. Das gilt vor allem für Buenos Aires, das ein Top-Reiseziel für Schwule ist. In der Tat war Buenos Aires die erste lateinamerikanische Stadt, in der gleichgeschlechtliche Lebenspartnerschaften anerkannt wurden (2002).

Argentinische Hetero-Männer agieren körperbetonter, als man das vielleicht gewohnt ist: Wangenküsse und stürmische Umarmungen sind durchaus üblich. Hand in Hand durch die Straßen zu spazieren, wäre für Lesben kein auffälliges Verhalten, da auch heterosexuelle Frauen das gerne tun, aber schwule Männer sollten das Händchenhalten unterlassen, wenn sie keine unerwünschte Aufmerksamkeit erregen wollen. Eine gewisse Diskretion kann jedenfalls nicht schaden.

SPRACHE

Außer an der Tendenz zur Überschwänglichkeit sind Argentinier in Lateinamerika und anderswo unschwer an ihrer italienisch gefärbten Aussprache des *castellano* (Spanischen) zu erkennen. In Buenos Aires wird man *lunfardo*, den blumigen Slang der Hauptstadt, vernehmen.

Im Nordwesten trifft man auf viele Quechua-Sprecher, die aber meist auch Spanisch können. In den südlichen Anden sprechen viele Menschen Mapuche, Guaraní hört man überwiegend im Nordosten.

Argentinien ist ein tolles Reiseziel, um Spanisch zu lernen. Allein in Buenos Aires gibt es Dutzende Sprachschulen (und Privatlehrer). Auch andere große Städte wie Bariloche, Mendoza und Córdoba haben Sprachschulen.

STROM

Die Netzspannung beträgt in Argentinien 220 V bei 50 Hz. Die meisten Stecker haben entweder zwei Rundstifte (wie in Europa) oder drei gewinkelte Flachstifte (wie in Australien).

TELEFON & TEXTNACHRICHTEN

→ *Locutorios* (Telefonstuben) gibt's in jeder Ortschaft. Man betritt eine Kabine, macht seinen Anruf und zahlt dann vorne am Schalter. Das ist im Vergleich zu den (seltenen) Telefonzellen draußen die bessere Wahl: Man ist geschützter, hat weniger Lärm und braucht kein Kleingeld zum Telefonieren.

→ Von *locutorios* aus nach den USA, nach Europa oder Australien zu telefonieren, ist abends und an den Wochenenden am billigsten. Am günstigsten ist es, eine Prepaid-Telefonkarte am Kiosk zu kaufen oder Internettelefondienste wie Skype zu nutzen.

→ Handynummern beginnen immer mit ☏ 15. Diese ist immer zuerst zu wählen, wenn man von einem Festnetzanschluss anruft, nicht aber, wenn man ein Handy benutzt.

→ Wer aus dem Ausland einen Anschluss in Argentinien anrufen will, wählt zunächst den Zugangscode für Auslandsgespräche (☏ 00), dann die Argentinien-Vorwahl (☏ 54), anschließend die Ortsvorwahl (die erste Null weglassen) und schließlich die Rufnummer.

→ Wer aus dem Ausland einen Handy-Anschluss in Argentinien anrufen will, wählt zunächst den Zugangscode für Auslandsgespräche, dann die ☏ 54, dann die ☏ 9, dann die Gebietsvorwahl (ohne die erste Null) und schließlich die Rufnummer ohne die Handy-Vorwahl 15.

→ Argentinier telefonieren hauptsächlich im GSM 850/1900-Netz. Wer über ein Tri- oder Quadband-GSM-Handy ohne Sperre verfügt, kann in Argentinien eine Prepaid-SIM-Karte kaufen und diese dann beliebig aufladen. Man kann hier aber auch Handys kaufen oder mieten. Der Markt ändert sich schnell, am besten informiert man sich kurzfristig im Vorfeld.

→ Um Textnachrichten zu schicken, braucht man die ☏ 15 nicht vorzuwählen. Whatsapp ist auch in Argentinien beliebt, um kostenlos Textnachrichten zu senden, das setzt aber natürlich voraus, dass auch der Empfänger die App installiert hat.

TOILETTEN

Die öffentlichen Toiletten sind in Argentinien in besserem Zustand als in den meisten anderen südamerikanischen Ländern, erreichen aber noch immer nicht westliche Standards. Öffentliche Toiletten gibt's in Restaurants, Fastfood-Läden, Einkaufszentren und sogar großen Hotels. Man sollte Toilettenpapier dabeihaben und darf weder Warmwasser, noch Seife oder Papierhandtücher erwarten. In kleineren Ortschaften muss man möglicherweise für die Benutzung öffentlicher Toiletten eine kleine Gebühr bezahlen.

TOURISTENINFORMATION

In allen touristisch geprägten Städten Argentiniens gibt es günstig gelegene Touristeninformationen, viele davon mit englischsprachigem Personal.

In Buenos Aires ist jede Provinz Argentiniens mit einer Touristeninformation vertreten. In Buenos Aires befindet sich ebenfalls die ausgezeichnete Stelle des Ministerio de Turismo (S. 81) mit Infos zum gesamten Land.

UNTERKUNFT

Überall in Argentinien gibt es eine ausgezeichnete Auswahl günstiger Hostels. Die meisten sind wirklich nett und bieten auch Touren und Dienstleistungen an. Bei allen sind die Küchenbenutzung und das Bettzeug inbegriffen; meistens gibt es auch einen Handtuchverleih, Internetzugang, kostenloses WLAN, eine Gepäckaufbewahrung, ein kleines Frühstück sowie Doppelzimmer (diese sollte man vorab reservieren). Man muss nicht Mitglied bei **Hostelling International** (☏ 011 4511-87223; www.hostels.org.ar; Av Florida 835, Buenos Aires) oder **HoLa** (www.holahostels.com) sein, um in einem Hostel dieser Organisationen unterzukommen, aber Mitglieder erhalten einen Rabatt von ca. 10 %.

Residenciales sind kleine Hotels. Unter *hospedajes* oder *casas de familia* versteht man normalerweise Familienwohnhäuser mit zusätzlichen Gästezimmern und Gemeinschaftsbädern. Hotels sind mit bis zu fünf Sternen gekennzeichnet; im Preis für die Zimmer sind meist ein eigenes Bad, ein kleines Frühstück – Kaffee oder Tee und Brot oder Croissants – inbegriffen. In Buenos Aires kann man auch prima ein Apartment mieten. Wer sich sehr lange in der Stadt aufhalten will, kann auf diese Weise sehr viel Geld sparen.

Campen ist in Argentinien recht günstig und sehr beliebt. Campingplätze liegen jedoch häufig ziemlich weit vom Stadtzentrum entfernt. Auch zu Nationalparks gehören oft Campingplätze mit Service-Einrichtungen, teilweise auch einsame *refugios* (Schutzhütten für Wanderer).

Von November bis Januar ist in Buenos Aires Hauptsaison – dann sind Unterkünfte am teuersten. In Patagonien ist während des Sommers (Nov.–Feb.) am meisten los, im Juli und August füllen sich die Skiorte sehr schnell. Im Dezember und Januar verzeichnen Reiseziele im Norden

---

PREISKATEGORIEN SCHLAFEN

Die folgenden Preiskategorien beziehen sich auf ein Doppelzimmer mit Bad in der Hauptsaison. Die Unterkunftspreise sind in US$ angegeben und schließen die Steuern ein.

**$** unter 75 US$; B (Schlafsaal) 15–19 US$

**$$** 75–150 US$

**$$$** über 150 US$

und die Strandorte am Atlantik die meisten Besucher (Letztere sind das restliche Jahr über quasi Geisterstädte). In der Hauptsaison ist es ratsam, Unterkünfte rechtzeitig zu reservieren.

VISA
→ Deutsche, Österreicher und Schweizer benötigenfür die Einreise nach Argentinien kein Visum. Bei der Ankunft erhält man automatisch einen Stempel, der für einen 90-tägigen Aufenthalt berechtigt. Änderungen sind aber jederzeit möglich, man sollte sich daher vor der Reise z. B. bei der argentinischen Botschaft oder beim Auswärtigen Amt des eigenen Heimatlandes informieren.

→ Für Visaverlängerungen (600 AR$ für 90 Tage) sind die *migraciones* (Einreisestellen) in iProvinzhauptstädten zuständig. Es gibt auch eine Einreisestelle (S. 79) in Buenos Aires.

❶ An- & Weiterreise

BUS
Von Bolivien, Paraguay, Brasilien, Uruguay und Chile aus ist Argentinien mit dem Bus erreichbar.

FLUGZEUG
Vom kosmopolitischen Buenos Aires aus gibt es Flugverbindungen in die meisten südamerikanischen Hauptstädte. Argentiniens größter internationaler Flughafen ist der Aeropuerto Internacional Ministro Pistarini in Buenos Aires, der Ezeiza genannt wird. Der Aeroparque Jorge Newbery wird als Aeroparque bezeichnet und ist der nationale Flughafen der Hauptstadt. Eine Handvoll weiterer Städte hat offiziell „internationale" Flughäfen, allerdings werden meist nur inländische Ziele angeflogen. Aerolíneas Argentinas ist die nationale Fluglinie.

SCHIFF/FÄHRE
Es gibt Fährverbindungen zwischen Buenos Aires und verschiedenen Städten in Uruguay.

> #### ❶ EINREISE NACH CHILE
> Für die meisten Traveller ist die Überquerung der Grenze von Argentinien nach Chile eine relativ schnelle, einfache Prozedur. In der Regel fährt man mit dem Bus durch, und es gibt keine Gebühren. Die Grenzposten sind tagsüber geöffnet; Dorotea (in der Nähe von Puerto Natales) im Sommer sogar rund um die Uhr. Wer die erforderlichen Papiere besitzt und nichts Illegales (das sind auch frische Lebensmittel jeder Art) einführt, dürfte keine Probleme haben. Man sollte versuchen, sein Ticket so früh wie möglich zu kaufen, weil die Busse nach Chile schnell ausgebucht sind.

❶ Unterwegs vor Ort

AUTO
→ In Argentinien ein Auto zu mieten, ist nicht ganz billig. Aber dafür hat man die Chance, ausgetretene Pfade zu verlassen und ein Abenteuer auf eigene Faust zu erleben. Das Mindestalter für Autofahrer beträgt in Argentinien 18 Jahre.

→ In Buenos Aires sollte man unbedingt auf ein Auto verzichten: Der Verkehr ist mörderisch und die Parkplatzsuche ein Albtraum, wohingegen der öffentliche Nahverkehr bestens ausgebaut ist.

→ In den größeren Städten unterhält der **Automobile Club Argentina** (ACA; Karte S. 68; www.aca.org.ar) Filialen, Servicestationen und Werkstätten. Mitglieder ausländischer Partnerorganisationen (z. B. des deutschen ADAC) können nach ihren Fahrzeugen sehen lassen und bekommen bei Straßenkarten Ermäßigung (Mitgliedsausweis vorzeigen!). Die Zentrale des ACA befindet sich in Buenos Aires.

→ Um ein Auto in Argentinien zu mieten, muss man mindestens 21 Jahre alt sein. Ein internationaler Führerschein ist nicht notwendig.

BUS
→ Die modernen, schnellen und komfortablen Fernbusse sind in der Regel die günstigste Art, Argentinien zu bereisen. Bei Fahrten von mehr als sechs Stunden werden Pausen eingelegt oder im Bus Getränke, süße Snacks und manchmal auch einfache Mahlzeiten angeboten. Alle Reisebusse haben Toiletten, die aber oft schmutzig sind, kein Wasser haben (Toilettenpapier und Erfrischungstücher mitbringen!) und sich nur für „kleine Geschäfte" eignen.

→ Exklusivere Unternehmen bieten teurere *coche-cama-*, *ejecutivo-* oder *suite*-Sitze, in denen man sich meist richtig hinlegen kann. Aber auch die normalen Busse sind in der Regel relativ komfortabel, sogar bei langen Fahrten.

→ An den Busbahnhöfen gibt es meist Kioske, Toiletten, günstige Lokale und eine Gepäckaufbewahrung. In kleinen Städten sollte man den Fahrplan genau studieren (und möglichst gleich das Busticket kaufen), da einige Strecken nur unregelmäßig bedient werden.

→ Im Sommer gibt es mehr Verbindungen. Während der Ferienmonate wie Januar, Februar oder Juli sollte man sein Ticket vorab kaufen. Wer weiß, wann er wo sein wird, kann manchmal ein Ticket von einem beliebigen Abfahrtspunkt zu seinem Zielpunkt erwerben – dies hängt allerdings vom jeweiligen Busanbieter ab.

→ Informationen über Ticketpreise ab Buenos Aires findet man unter www.omnilineas.com.

FAHRRAD
→ Radtouren quer durchs Land sind bei Reisenden mittlerweile sehr beliebt. Zu den schönen

Strecken im Norden zählen die Fernstraße von Tucumán nach Tafí del Valle sowie die Quebrada de Cafayate. Rund um Mendoza kann man Radtouren unternehmen und dabei Weingüter besuchen. Auch im Seengebiet gibt es malerische Strecken, darunter die „Siete Lagos"-Route.

➤ Probleme bereiten der Wind (der in Patagonien so heftig blasen kann, dass man nur mühsam vorankommt) und rücksichtslose Autofahrer. Insofern sind weniger befahrene Nebenstraßen immer eine gute Alternative.

➤ Fahrräder können in touristischen Gebieten vielerorts ausgeliehen werden und sind prima zur Erkundung der näheren Umgebung geeignet.

FLUGZEUG

➤ Das argentinische Fluglinienangebot ändert sich ständig. Kleinere Gesellschaften kommen und gehen. Die Flugpreise lassen sich schlecht prognostizieren, sind aber in der Ferienzeit (Juli & Ende Dez.–Feb.) stets am höchsten. Angesichts der beträchtlichen Zeitersparnis sind bestimmte Flüge im riesigen Patagonien oft insgesamt nicht teurer als die entsprechenden Busreisen.

➤ Die wichtigsten Fluglinien Argentiniens sind **Aerolíneas Argentinas** (www.aerolineas.com.ar), und **LAN** (www.lan.com). Jede Fluglinie hat ein Hauptbüro und regionale Vertretungen in verschiedenen Städten.

➤ Für die Reiseplanung könnten spezielle Flugpässe für Argentinien interessant sein. Man wendet sich dafür am besten an ein Reisebüro, das auf Südamerika spezialisiert ist, denn solche Angebote kommen und gehen. Manche dieser Flugpässe können nur im Ausland gekauft werden (manchmal zusammen mit einem internationalen Flugticket). Oft ist ihre Gültigkeit auch auf einen bestimmten Zeitraum beschränkt.

GEFÜHRTE TOUREN

➤ Der Großteil des Landes lässt sich gut auf eigene Faust erkunden. Aber es gibt auch bestimmte Ziele, bei denen eine geführte Tour informativer und günstiger ist. Dazu zählen der Perito Moreno bei El Calafate sowie die Peninsula Valdés und Punta Tombo nahe Puerto Madryn.

➤ Wildwasserrafting, Walbeobachtungsfahrten und andere Aktivitäten sind nur im Rahmen von Touren möglich. In Buenos Aires werden viele interessante Touren angeboten, die tiefere Einblicke in die großartige Stadt vermitteln; dazu zählen Fahrradausflüge, Graffiti-Trips und kulinarische Touren.

NAHVERKEHR

➤ Selbst kleine Städte verfügen über ein gutes Busnetz. In einigen Städten, beispielsweise Buenos Aires, werden Magnetkarten als Fahrscheine benutzt, die man an Kiosken und kleinen Geschäften erhält.

➤ Taxis haben Taxameter mit Digitalanzeige. Trinkgeld wird nicht erwartet, Fahrgäste können aber aufs Wechselgeld verzichten. *Remises* sind Taxis oder normale Autos ohne Taxameter, die telefonisch bestellt werden können – das Personal nahezu aller Hotels und Restaurants übernimmt dies gern für seine Gäste. Solche Fahrzeuge sind allgemein verlässlicher als Taxis, da sie von renommierten Firmen betrieben werden. Vor dem Einsteigen sollte man den Fahrpreis erfragen.

➤ Buenos Aires ist die einzige argentinische Stadt mit einem U-Bahn-System („Subte").

TRAMPEN

➤ Trampen ist niemals wirklich sicher, und wir können es auch nicht empfehlen. Wer trampt, geht ein gewisses, möglicherweise sehr ernstes Risiko ein.

➤ Gute Stellen zum Trampen sind die Tankstellen in den Randzonen von Großstädten, wo Lkw-Fahrer ihre Trucks betanken. In Patagonien sind die Entfernungen groß und Transportmittel rar; man muss sich auf lange Wartezeiten einstellen und braucht unbedingt Verpflegung und warme, winddichte Kleidung. Auch braucht man eine Extraration Trinkwasser, vor allem im staubtrockenen Norden.

➤ *Haciendo dedo* (Trampen) ist für Frauen in Argentinien einigermaßen sicher, dennoch gilt: Nie alleine trampen, nicht in ein Auto mit zwei Männern einsteigen und nicht nachts unterwegs sein! Wer im ländlichen Raum den Daumen ausstreckt, geht kein besonderes Risiko ein – in Buenos Aires sollte man das Trampen aber unterlassen.

➤ Ein Schild vergrößert die Chancen, mitgenommen zu werden, besonders wenn etwas darauf steht wie *visitando Argentina de Alemania* (besuche Argentinien, komme aus Deutschland), statt nur der Zielort. Argentinier interessieren sich nämlich für Ausländer.

ZUG

➤ Busse sind schneller, flexibler und zuverlässiger. Trotzdem fahren Fernverkehrszüge von Buenos Aires nach Rosario, Córdoba, Tucumán, Bahía Blanca und zu einigen Strandorten am Atlantik. Außerdem gibt es eine Verbindung von Viedma nach Bariloche.

➤ Der ausgesprochen pittoreske und berühmte Tren a las Nubes (S. 125) tuckert von Salta nach Chile. Dieser Zug ist allerdings notorisch unzuverlässig, deswegen unbedingt vorher zweimal checken.

➤ In Patagonien gibt es ein paar Touristenzüge (alles Schmalspur), die auf kurzen Strecken verkehren, z. B. La Trochita (S. 164), der in Esquel oder El Maitén startet, oder den Tren del Fin del Mundo (S. 186) in Ushuaia.

Bolivien

Inhalt ➡
La Paz............. 206
Titicacasee 223
Die Cordilleras &
Die Yungas........ 232
Südlicher Altiplano ..237
Zentrales Hochland . 254
Der Südosten 270
Das Amazonas-
becken 276
Bolivien verstehen .. 285
Praktisches 294

Top-Abenteuer
➡ El Choro Trek (S. 236)
➡ Amazonas-Tour (S. 277)
➡ Wandern auf der Isla del Sol (S. 229)
➡ Klettern in den Cordilleras (S. 213)

Schön übernachten
➡ Las Olas (S. 225)
➡ Hostal Sol y Luna (S. 233)
➡ Casa Verde (S. 263)
➡ La Posada del Sol (S. 276)
➡ Chalalán Ecolodge (S. 282)

Auf nach Bolivien!

Bolivien ist nichts für schwache Nerven: Für die Besteigung der bis zu 6000 m hohen Andengipfel sind Steigeisen und Eispickel erforderlich, eine Radtour auf der „gefährlichsten Straße der Welt" ist nur mit Helm und hoher Risikobereitschaft zu meistern, der Sprung im Hängegleiter über tiefe Abgründe erfordert ebenso viel Mut wie der Kampf mit der Angelrute um einen der 3 m langen Fische. Die atemberaubenden Berge, Flüsse und Schluchten Boliviens bringen viele an ihre Grenzen.

Zu den hier heimischen Wildtierarten gehören die faszinierenden Langzungenfledermäuse und giftigen Korallenottern. In den Regenwäldern leben die verschiedensten Arten lautstark kreischender Papageien, darunter auch die weltweit seltenste Spezies der Blaubartamazone. Überall flattern buntschillernde Schmetterlinge und unzählige Nachtfalter umher, und im öden Altiplano sind die geschmeidigen Alpakas und Vicuñas zu beobachten.

Reisezeit
La Paz

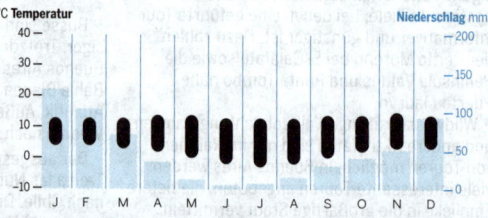

Mai–Okt. Die Hochsaison im Winter bietet sonnige Tage und angenehme Temperaturen.

Nov.–April Regenzeit: Reisen ist schwieriger, vor allem im Flachland; Stadttouren sind möglich.

Feb.–April Festivals im ganzen Land sorgen für Lichtblicke in der trüben Regenzeit.

Verkehrsmittel & -wege

Zu Boliviens Grenzübergängen gehören Guajará-Mirim und Corumbá (Brasilien), La Quiaca und Pocitos (Argentinien), Tambo Quemado und Hito Cajón in der Nähe von San Pedro de Atacama (Chile), Yunguyo und Desaguadero (Peru) und Fortín Infante Rivarola (Paraguay). Es ist relativ einfach, nach Bolivien ein- und wieder auszureisen, aber an einigen abgelegenen Grenzübergängen muss man möglicherweise eine kleine Gebühr zahlen. Je nach Grenzübergang kann es auch sein, dass der Nachweis für die Gelbfieberimpfung vorgelegt werden muss. Nach San Pedro de Atacama kommt man am besten mit einer Tour von Uyuni.

REISEROUTEN

Zwei Wochen
Einen Tag sollte man sich in La Paz aklimatisieren und die bunten Märkte besuchen. Von dort geht es zum Titicacasee und dann den Altiplano hinunter zum Salar de Uyuni, wo eine dreitägige Jeeptour in klirrender Kälte startet. Dann geht es nach Potosí, das zum Weltkulturerbe der UNESCO gehört, und weiter ins strahlend weiße Sucre, um mit den Studenten auf den Plazas abzuhängen. Über Cochabamba geht es durch die „aussichtsreiche" Landschaft zurück nach La Paz, wo am letzten Tag eine Mountainbike-Tour hinunter nach Coroico führt.

Ein Monat
Nach den oben beschriebenen zwei Wochen begeben sich Abenteuerlustige auf den Takesi oder Choro Trek und fliegen dann in einer kleinen Klapperkiste nach Rurrenabaque, um den Parque Nacional Madidi zu erkunden. Wer lieber Städte besucht, reist direkt nach Santa Cruz und unternimmt eine mehrtägige Rundfahrt zu den Missionen der Jesuiten. Danach geht es zu den Ruinen im spektakulären Parque Nacional e Área de Uso Múltiple Amboró nahe des friedlichen Dorfes Samaipata.

Essen & Trinken

→ **Salteñas, Tucumanas, Empanadas** Mit Gemüse und Fleisch gefüllte Teigtaschen

→ **Sopa** Jede Mahlzeit beginnt mit einer Suppe. Wer eine Nussallergie hat, sollte wissen, dass *maní* Erdnuss heißt.

→ **Pollo** Hühnchen: frittiert (*frito*), am Spieß gebraten (*a la broaster*), am Grill zubereitet (*asado*) oder gebraten (*dorado*).

→ **Carne** Rindfleisch wird traditionell *asado* oder *parrillada* (gegrillt) angeboten.

→ **Api** Ein köstliches Getränk aus gemahlenem lila Mais.

→ **Mate de coca** Tee aus getrockneten Kokablättern

→ **Singani** Weinbrand

→ **Sonso** Für Santa Cruz typischer Pfannkuchen aus gebratener Yucca und Käse

ÜBERBLICK

→ **Währung** Boliviano (Bs)

→ **Sprachen** Spanisch, Quechua, Aymará

→ **Geld** Geldautomaten sind noch selten, zum Tauschen sind US-Dollar am besten.

→ **Visa** Bis zu 90 Tagen Aufenthalt ist kein Visum nötig, man braucht aber einen noch sechs Monate gültigen Reisepass.

→ **Zeit** MEZ −5 Std.

Kurzinfos

→ **Fläche** 1 098 580 km^2
→ **Bevölkerung** 11 Mio.
→ **Hauptstadt** Sucre (offiziell), La Paz (in der Praxis)
→ **Notruf** 119
→ **Landesvorwahl** 591

Wechselkurse

Eurozone	1 €	7,52 Bs
	1 Bs	0,13 €
Schweiz	1 SFr	6,88 Bs
	1 Bs	0,14 SFr

Tagesbudget

→ **Bett im Hostel** 30–50 Bs
→ **Abendessen** 20–35 Bs
→ **Bus** 35 Bs
→ **Bier** 7 Bs

Infos im Internet

→ **Bolivia Express** (www.bolivianexpress.org)
→ **Bolivia Online** (www.bolivia-online.net)
→ **Bolivia Web** (www.boliviaweb.com)

Highlights

❶ Potosí (S. 265), die silberne Stadt der Kontraste entdecken

❷ Die spektakulären Landschaften und die Artenvielfalt im **Parque Nacional e Área de Uso Múltiple Amboró** (S. 276) erkunden

❸ Bei einem Stadtrundgang in die Geschichte von **Sucre** (S. 260) eintauchen. Hierbei werden Architektur und Kultur beleuchtet

❹ Entlang der **Jesuitenmissionen** (S. 276) die lebendige Geschichte der Chiquitania erleben

❺ Ausspannen in **Samaipata** (S. 275), dann die El-Fuerte-Ruinen besuchen

❻ Inmitten von Ökotouristen, Brüllaffen, Vögeln und Käfern durch den Regenwald des **Parque Nacional Madidi** (S. 281) wandern

❼ Wandern, Radfahren, Klettern, Rafting ... die **Cordillera Real** (S. 211) ist ein Abenteuerspielplatz

❽ Am **Titicacasee** (S. 223) Sonne und Sand genießen und die Ruinen, verlassenen Buchten und kleinen Wanderwege erkunden

❾ Am surrealen **Salar de Uyuni** (S. 248) das eigene „Requiem for a Dream" komponieren

❿ „In der Hängematte liegen extrem" – in **Coroico** (S. 232) diese Herausforderung annehmen

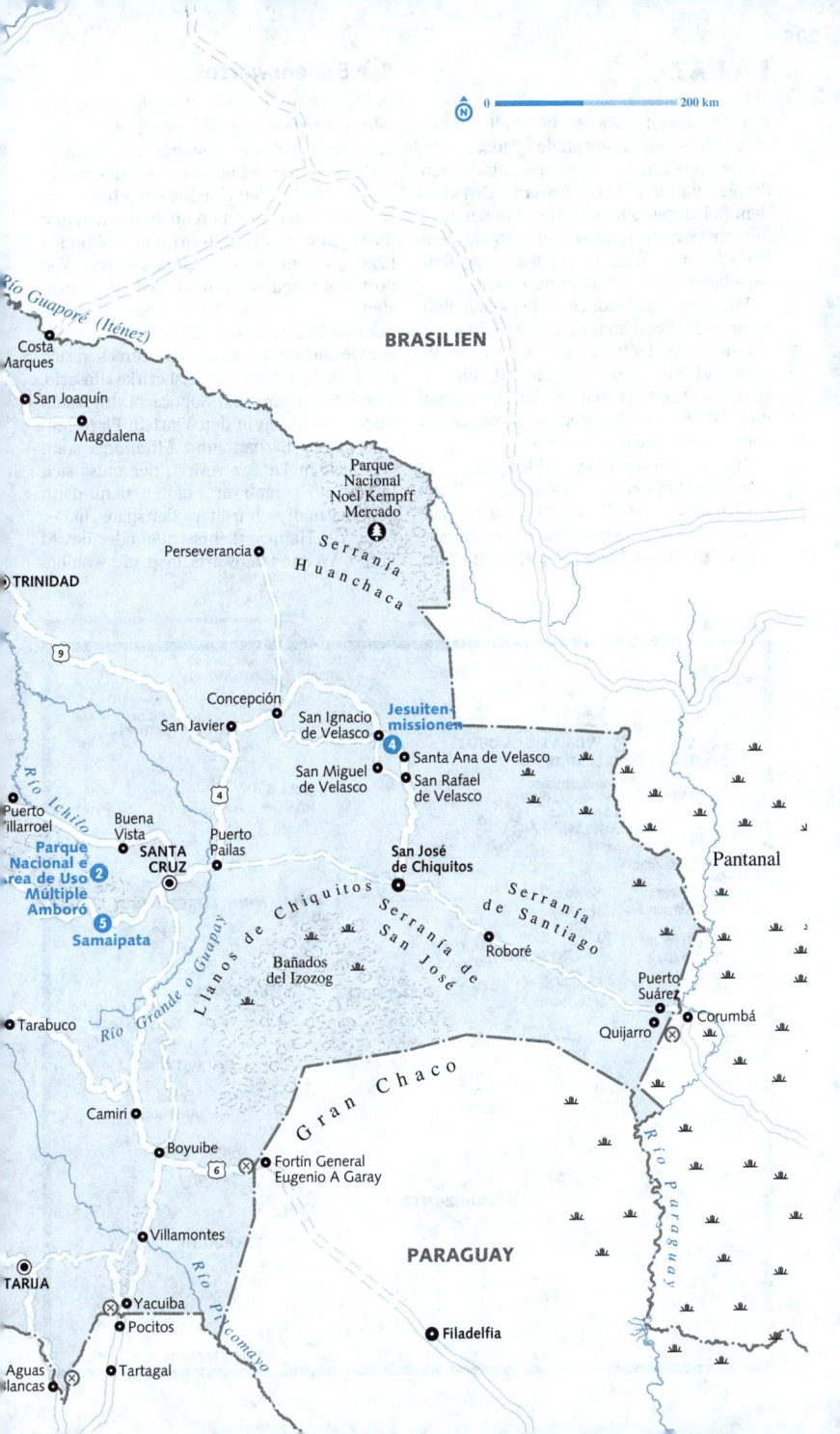

LA PAZ

02 / 1,6 MIO. EW.

Auf den ersten Blick ist die Stadt ein einziges Chaos aus drängelnden Fußgängern, Straßenverkäufern, hupenden Minibussen, Straßenmärkten und Tänzern. Zwischen dem höher gelegenen El Alto und der Zona Sur verkehrt die unglaublich schnelle, neue Seilbahn, und überall sprießen neue Boutiquehotels wie Pilze aus dem Boden.

Wer aus den ländlichen Regionen Boliviens in die Stadt kommt, erlebt meist einen Kulturschock. La Paz ist nun mal eine echte Großstadt mit Lärm, Gestank und Müll, die zugleich strahlend hell wie die Sonne auf dem Altiplano und düster und schicksalhaft wie ein Roman von Dickens ist.

Dieses Labyrinth der Widersprüche, in dem Kopfsteinpflaster auf nacktem Beton trifft und gotische Kathedralen neben gläsernen Hoteltürmen aufragen, erschreckt und fasziniert die Besucher gleichermaßen.

Sehenswertes

Der Großraum La Paz unterteilt sich in drei sehr unterschiedliche Gebiete. Nördlich des Zentrums liegt die unabhängige Gemeinde El Alto (hier ist auch der Flughafen). In dieser gedeihenden Handels- und Industriestadt mit ihren faszinierenden Märkten und nicht ganz so vielen Touristenattraktionen liegt das Zentrum der Aymará-Kultur. Von dort aus gesehen befindet sich die Innenstadt von La Paz, in der die meisten Urlauber ihre Zeit verbringen, unten im Tal. Auf der westlichen Seite des Tals erstrecken sich die bedeutsamen Handelsbezirke Rosario, Belen, San Pedro und Sopocachi. Im Osten findet das Leben in den Vierteln Plaza Murillo, Santa Bárbara und Miraflores statt. Wer sich in La Paz verirrt, der muss sich immer nur bergabwärts halten, denn dann befindet man sich früher oder später in der Nähe der Hauptverkehrsstraße oder des El Prado. Weiter talabwärts liegt die wohlha-

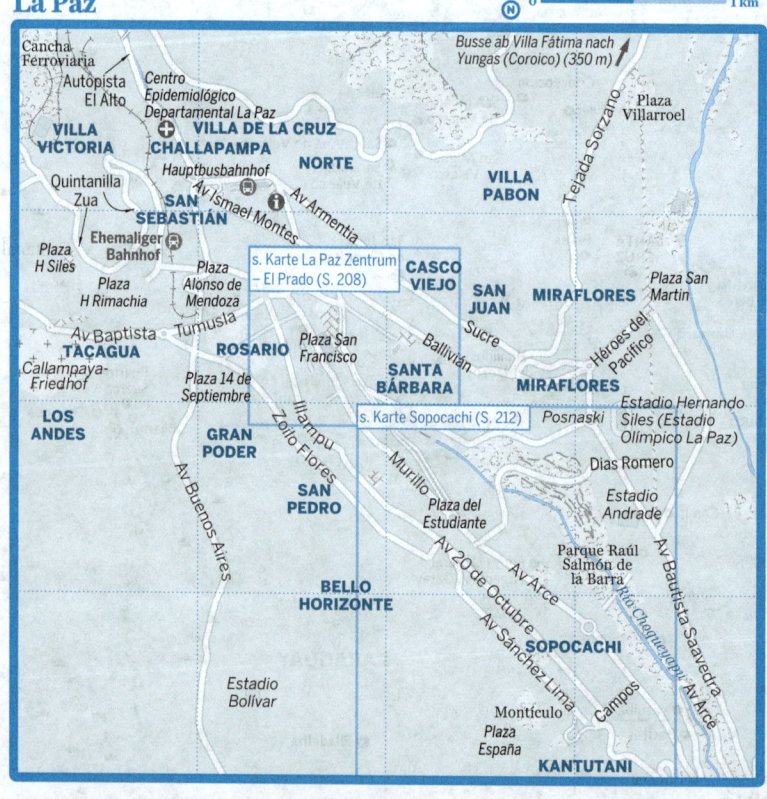

ℹ️ SICHERHEIT IN LA PAZ UND ANDEREN GROSSEN STÄDTEN

In La Paz wie auch in ganz Bolivien sollten Reisende immer sehr vorsichtig sein, besonders nachts. Mit etwas gesundem Menschenverstand kommt man aber ziemlich weit.

➡ Am besten in Gruppen reisen, nach 20 Uhr ein Funktaxi nehmen: Diese Taxis haben ein Funkgerät im Auto und eine Werbekugel auf dem Dach. Keine Taxis nehmen, die nur durch einen „Taxi"-Aufkleber als solche zu erkennen sind. Immer nur wenig Bargeld bei sich tragen, und Schmuck und elektronische Geräte im Hotel lassen. Keinesfalls versuchen, irgendwo Kokain zu kaufen, denn die Dealer sind gefährliche Typen und es drohen extrem harte Strafen, wenn man erwischt wird.

➡ Es gibt auch falsche Polizisten und Touristenführer. Authentische Polizisten tragen immer eine Uniform (Undercover-Polizisten ist es strikt untersagt, Ausländer zu schikanieren) und würden niemals von Touristen verlangen, ihren Pass vorzuzeigen, mit ihnen in ein Taxi zu steigen oder sich öffentlich durchsuchen zu lassen. Wer mit einem Blender konfrontiert wird, sollte sich weigern, ihm Wertsachen zu zeigen (Geldbeutel, Pass, Geld etc.) und darauf bestehen, zu Fuß zur nächsten Polizeistation zu gehen. Kommt es zu körperlicher Bedrohung, ist es immer am besten, seine Wertsachen direkt abzugeben.

➡ Nachts kann man das Restaurant oder Hotel darum bitten, ein Taxi zu rufen, dann werden die Taxidaten in einer Zentrale festgehalten. Keine Taxis mit Fremden teilen und Vorsicht vor Fahrern, die einen direkt ansprechen (vor allem in der Nähe zwielichtiger Busbahnhöfe).

➡ Bagatell- und Taschendiebstähle sind in Lokalen, Busbahnhöfen, Internetcafés und auf Märkten häufig. Deshalb sollte man seine Sachen stets im Blick haben.

➡ Eine beliebte Masche besteht darin, dass jemand das Opfer „aus Versehen" bekleckert oder anspuckt. Während man dabei ist, das Malheur wegzuwischen, nimmt ein anderer einem die Tasche weg oder schlitzt den Rucksack auf. Außerdem sollte man davon absehen, Wertsachen vom Boden aufzuheben, die „heruntergefallen" sind. Damit riskiert man, des Diebstahls beschuldigt oder ausgeraubt zu werden.

---

bende Zona Sur, wo es eine gute Auswahl an gehobenen Restaurants und Hotels gibt.

⊙ Westlich des El Prado

Zur Gegend westlich vom Prado gehören die faszinierenden Märkte um Rosario, Belen und San Pedro, der Friedhof und das gehobene Sopocachi-Viertel.

Iglesia de San Francisco KIRCHE
(Karte S. 208; Plaza San Francisco) Die Vorgängerin der heutigen Kirche aus behauenen Natursteinen wurde 1548 von Fray Francisco de los Ángeles gegründet. Nachdem sie in einem heftigen Schneesturm im 1610 eingestürzt war, wurde sie von 1744 bis 1753 wieder aufgebaut. Das Baumaterial stammte aus den Steinbrüchen im nahegelegenen Viacha. Die Fassade ist mit Motiven aus der Natur wie *chirimoyas* (Zimtäpfel), Pinienzapfen und tropischen Vögeln verziert.

Mercado de Hechicería MARKT
(Hexenmarkt; Karte S. 208) Der ungewöhnlichste Markt der Stadt findet in den beiden Straßen Calle Jiménez und Linares zwischen der Sagárnaga und Santa Cruz statt. Inmitten von geschäftigen *artesanías* (Touristenläden, mit regionalem Kunsthandwerk), werden nicht etwa Hexerei und Schwarze Künste wie in Horrorfilmen angeboten, sondern Heilkräuter und traditionelle Hausmittel sowie einige sehr exotische Zutaten für die religiösen Rituale der Aymara.

★ Fundación Solón GALERIE
(Kunstgalerie Walter Solón Romero; Karte S. 212; ☏ 241-7507; www.funsolon.org; 2519 Av Ecuador, Sopocachi; 10 Bs; ⊙ Mo–Fr 9–12.30 & 15–19 Uhr) In dem Gebäude lebte einst Walter Solón Romero, einer der bedeutendsten und politisch aktivsten Künstler des Landes. Er war vor allem für seine kunstvollen Wandmalereien und Begeisterung für Don Quijote bekannt. Während der repressiven 1970er-Jahre zahlte Solón mit dem Tod seines inhaftierten Sohnes einen sehr hohen Preis. Den Schrei nach Gerechtigkeit verdeckt der Humor in seinen Werken nur oberflächlich.

Museo de Instrumentos Musicales MUSEUM
(Museum für Musikinstrumente; Karte S. 208; Jaén 711, Casco Viejo; Eintritt 5 Bs; ⊙ 9.30–13 &

La Paz Zentrum – El Prado

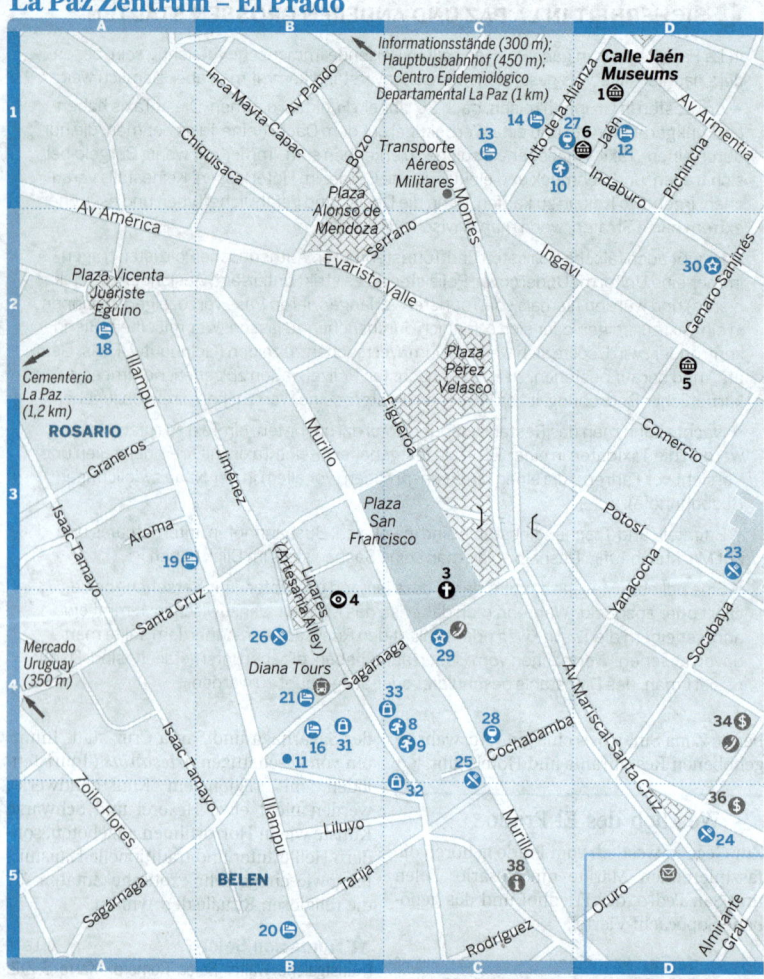

14–18.30 Uhr) Das Kind des *charango*-Meisters Ernesto Cavour Aramayo ist ein Muss für alle Musiker und Musikfans. Zu sehen sind alle möglichen Arten des *charango*, dem traditionellen bolivianischen Zupfinstrument, ähnlich einer Ukulele, und weitere Instrumente der bolivianischen Volksmusik. Außerdem wird Unterricht im Spielen des *charango* und verschiedener Blasinstrumente für etwa 50 Bs pro Stunde angeboten.

Museo de Arte
Contemporáneo Plaza MUSEUM
(MAC, Museum für Zeitgenössische Kunst; Karte S. 212; 231-3036; Av 16 de Julio 1698 (El Prado); Eintritt 15 Bs; 9–21 Uhr) Das private Museum ist in einem äußerst interessanten Gebäude untergebracht: Die wunderbar restaurierte Villa aus dem 19. Jh. ist eines von nur vier erhaltenen Häusern aus dieser Zeit am Prado und hat herrliche Buntglaspaneele, die vom berühmten Gustave Eiffel entworfen wurden. Zu der ziemlich bunt zusammengewürfelten Sammlung gehören eine Reihe ganz ordentlicher, aber nicht überwältigender Werke aus Bolivien und der ganzen Welt. In einem ausschließlich Che Guevara gewidmeten Raum befindet sich ein einziges Kunstwerk, das nur aus Dominosteinen besteht.

beobachtet man ein paar Stunden lang das Treiben auf der **Plaza Eduardo Avaroa** und geht dann in den **Monticulo Park** hinauf, um die wunderbare Aussicht zu genießen.

Dabei sollte man, besonders am Abend und in der Nähe der Plaza Avaroa und Plaza España besonders vorsichtig und wachsam sein. Am besten mit einem Funktaxi fahren.

★ **Mi Teleférico** SEILBAHN
(Städtisches Seilbahnnetz; Karte S. 212; www.miteleferico.bo/teleferico/maps; Fahrkarte 3 Bs; 6–23 Uhr) Die vom österreichischen Unternehmen Doppelmayr errichtete *teleférico* war jahrzehntelang ein Prestigeobjekt bolivianischer Politiker. Unter Präsident Morales ließ der Widerstand gegen das Projekt nach, und im Mai 2014 wurden die Seilbahnlinien in den Nationalfarben Rot, Grün und Gelb in Betrieb genommen.

Eine sehr günstig gelegene Haltestelle ist *Supu Kachi* (Sopacachi), 2 Straßen oberhalb der Plaza España.

Mit insgesamt 10 km ist es das längste Seilbahnsystem der Welt. Wer von Zona Sur nach El Alto fahren will, kann nacheinander die gelbe und grüne Linie benutzen, muss dann aber den doppelten Fahrpreis bezahlen, denn es ist nicht möglich, kostenlos von einer Linie in die andere umzusteigen. In den kommenden zwei Jahren sollen eigentlich weitere sechs Linien in Betrieb gehen, doch die Gegner des ehrgeizigen Projekts wiesen bereits Ende 2015 darauf hin, dass die bestehenden drei Linien nur zu 30% ausgelastet seien, und die Gondeln für bis zu 10 Passagiere niemals vollbesetzt seien.

Dabei ist die Fahrt hoch über dem Verkehrschaos und den tiefen Schluchten von La Paz ein unbeschreibliches Erlebnis. An den Haltestellen helfen tatkräftige junge Leute in hellen Warnwesten den Passagieren in die Gondeln und sorgen für eine möglichst gleichmäßige Beladung. Das sanfte Schweben der Gondeln wird nur unterbrochen, wenn sie an einer Betonstütze vorbeirumpeln. Dabei sind sie so schnell, dass man es locker zum Mittag- oder Abendessen in die Zona Sur und wieder zurück schafft. Die Tour ist nichts für schwache Nerven, aber das ist eben Bolivien.

Cementerio La Paz FRIEDHOF
(cementerio.lapaz.bo; Av Baptista) Wie fast überall in Lateinamerika werden auch hier die Toten zuerst nach westlichem Vorbild begraben oder in einer Krypta beigesetzt und nach 10 Jahren exhumiert und verbrannt. Dann kaufen oder mieten die Hinterbliebenen für die Urne eine Nische mit Glasfront in der Friedhofsmauer. Sie schmücken die Nische mit einem Namensschild und Erinnerungsstücken und stellen Blumen hinter die Scheibe.

Sopocachi STADTVIERTEL
Hier befinden sich einige der besten Restaurants und Nachtclubs von La Paz. Erst

Östlich des El Prado

Kathedrale KIRCHE
(Karte S. 208; Plaza Murillo) Die Kathedrale von 1835 ist zwar eines der jüngsten religiösen Bauwerke in La Paz, aber auch eines der be-

La Paz Zentrum – El Prado

◎ Highlights
1 Calle Jaén Museums D1

◉ Sehenswertes
2 Kathedrale E3
3 Iglesia de San Francisco C3
4 Mercado de Hechicería B4
5 Museo de Etnografía y Folklore D2
6 Museo de Instrumentos Musicales D1
  Museo de Metales Preciosos ...... (siehe 1)
7 Museo Nacional del Arte E3

⊕ Aktivitäten, Kurse & Touren
8 B-Side C4
9 Gravity Assisted Mountain Biking C4
10 La Paz on Foot C1
11 Pico Verde Languages B4

🛏 Schlafen
12 Ananay Hostal D1
13 Arthy's Guesthouse C1
14 Bacoo Hostel C1
15 Hospedaje Milenio E1
16 Hostal Maya Inn B4
17 Hostal República F4
18 Hotel Continental A2
19 Hotel Las Brisas A3
20 Hotel Milton B5
21 Hotel Sagárnaga B4
22 Wild Rover F4

⊗ Essen
23 Alexander Coffee & Pub D3
24 Confitería Club de La Paz D5
25 Irupana C4
26 Pepe's Coffee Bar B4

⊘ Ausgehen & Nachtleben
27 Bocaisapo C1
28 Café Sol y Luna C4

⊙ Unterhaltung
  Peña Huari .... (siehe 16)
29 Peña Parnaso C4
30 Teatro Municipal Alberto
   Saavedra Pérez D2

⊚ Shoppen
31 Artesanía Sorata B4
32 Comart Tukuypaj C4
33 Spitting Llama Bookstore &
   Outfitter C4

ⓘ Praktisches
34 Banco Mercantil D4
35 Banco Nacional de Bolivia E5
36 Cambios América D5
37 Casa de Cambio Sudamer E5
38 Instituto Geográfico Militar C5
39 Migración E5

eindruckendsten, denn sie wurde direkt an einen steilen Abhang gebaut. Der Haupteingang liegt 12 m höher als das Fundament in der Calle Potosí. Die riesige Kathedrale mit der hohen Kuppel, den wuchtigen Säulen, dicken Steinmauern und hohen Decken ist einfach überwältigend. Dagegen ist der Altar recht einfach gehalten.

Museo Nacional del Arte MUSEUM
(Nationales Kunstmuseum; Karte S. 208; www.mna.org.bo; Ecke Comercio & Socabaya, Casco Viejo; Eintritt 15 Bs; ⊙ Di–Fr 9.30–12.30 & 15–19, Sa 10–17.30, So 10–13.30 Uhr) Das faszinierende Museumsgebäude wurde 1775 aus rosafarbenem Viacha-Granit errichtet und originalgetreu im prachtvollen Stil des Mestizo- und Andenbarock restauriert. Den Mittelpunkt des riesigen Innenhofs, der von drei Stockwerken mit Säulengängen umgeben ist, bildet ein hübscher Alabasterbrunnen. Die Stockwerke sind verschiedenen Epochen gewidmet, wobei der Schwerpunkt der Ausstellung auf religiösen Werken liegt.

Museo de Etnografía y Folklore MUSEUM
(Volkskundemuseum; Karte S. 208; ☎ 240-8640; www.musef.org.bo; Ecke Ingavi & Sanjinés, Casco Viejo; Eintritt 20 Bs; ⊙ Mo–Fr 9–12.30 & 15–19, Sa 9–16.30, So 9–12.30 Uhr) Auch dieses, besonders für Anthropologiefans interessante Museum befindet sich in einem wunderbaren Gebäude. Das einstige Wohnhaus Marqués de Villaverde wurde in den Jahren von 1776 bis 1790 errichtet. Glanzstück des Museums ist die Ausstellung Tres Milenios de Tejidos mit fantastischen Webarbeiten aus dem ganzen Land. Auf Nachfrage öffnen die Museumsmitarbeiter für die Besucher auch die Schubladen unter den Wandteppichen.

★ **Calle Jaén Museums** MUSEUM
(Karte S. 208; Calle Jaén, Casco Viejo; Kombiticket 4 Bs; ⊙ Di–Fr 9–12.30 & 14.30–19, Sa & So 9–13 Uhr) Die vier kleinen Museen in der Straße mit den schönsten Kolonialgebäuden der Stadt können gut auf einmal besucht werden. Das Kombiticket gibt's im Museo Costumbrista. Das auch als Museo del Oro (Goldmuseum) bekannte **Museo de Metales Preciosos** (Edelmetall-Museum; Jaén 777) besteht aus vier beeindruckend gestalteten Räumen mit präkolumbischen Silber-, Gold- und Kupferarbeiten sowie Stücken aus Tiwanaku.

Museo Nacional de Arqueología Tiwanaku   MUSEUM
(Archäologisches Nationalmuseum; Karte S. 212; 231-1621; Tiawanacu 93, Casco Viejo; Eintritt 10 Bs; ⊗Mo–Fr 9–12.30 & 15–19, Sa 9–12 Uhr) Das Museum zwei Straßen östlich des El Prado zeigt anhand einer kleinen Sammlung von Kunst- und Gebrauchsgegenständen die interessantesten Aspekte der Tiwanaku-Kultur – zumindest, was davon übriggeblieben ist.

Parque Raúl Salmón de la Barra   PARK
(Karte S. 212; an der Av Simón Bolívar, Miraflores; ⊗Sonnenaufgang–Sonnenuntergang;) Im Stadtpark von La Paz gibt's mehrere interessante Skywalks und der Aussichtspunkt **Mirador Laikakota** (Karte S. 212; Av del Ejército; Eintritt 10,15 US$; ⊗9–17.30 Uhr). Hier schlagen auch Wanderzirkusse oft ihr Lager auf.

◉ El Alto

La Ceja   STADTVIERTEL
Das lebhafte „Augenbrauen"-Viertel ist eines der Geschäftszentren der Gegend und hat deshalb die höchsten Immobilienpreise. Hier findet man vor allem elektronische Geräte und sonstige Waren aller Art. Ein unvergessliches Markterlebnis bietet der riesige **Mercado 16 de Julio** (⊗Do & So 6–15 Uhr), der sich entlang der Hauptverkehrsader bis zum Plaza 16 de Julio erstreckt. In dem Paradies für Kaufsüchtige gibt es nichts, was es nicht gibt. Und von Lebensmitteln bis zu Elektronik, Fahrzeugen und Tieren wird alles zu recht vernünftigen Preisen angeboten. Dennoch sollte man aufs Geld achten, und zwar in doppelter Hinsicht!

🏃 Aktivitäten

Mountainbiken
Gleich vor den Toren von La Paz gibt's tausende Mountainbike-Strecken. Fortgeschrittene Fahrer können sich auf der **Gefährlichsten Straße der Welt** kopfüber in ein prickelndes Abenteuer stürzen, während Profis sich mehr zur weniger befahrenen **Route von Chacaltaya nach Zongo** hingezogen fühlen oder die teils einspurigen Strecken rund um **Sorata** für einen Preis von

---

TÖDLICHE ABFAHRTEN & DIE GEFÄHRLICHSTE STRASSE DER WELT

Viele Veranstalter, die die steilen Mountainbike-Touren zwischen La Cumbre und Coroico anbieten, statten ihre Teilnehmer am Ende mit T-Shirts aus, die damit prahlen, man habe die Strecke überlebt. Man sollte bei allem Nervenkitzel aber nicht vergessen, dass der Schotterweg schmal ist (nur etwas über 3,2 m breit), mit bis zu 600 m hohen, steil abfallenden Klippen und nur wenigen Schutzplanken. Im März 2007 wurde eine Ersatzstraße eröffnet. Zuvor war die Straße zwischen La Paz und Coroico im Bericht einer interamerikanischen Entwicklungsbank (IDB) als gefährlichste Straße der Welt bezeichnet worden, mit durchschnittlich 26 Fahrzeugen pro Jahr, die in den Abgrund stürzen.

Seit die neue Straße in Betrieb genommen wurde, wird die alte inzwischen fast nur noch von Radfahrern, Materialwagen und merkwürdigen Touristenbussen genutzt.

Etwa 15 Radfahrer sind auf der 64 km langen Tour (mit einem Höhenunterschied von 3600 m) bisher gestorben und Leser berichten vielfach von Nahtoderfahrungen und schrecklichen Unfällen. Bei der Auswahl des Veranstalters ist also unbedingt Vorsicht geboten. Ein Gespräch mit dem Tourguide, eine Inspektion des Fahrrads inklusive Bremsbelag und Gängen sowie die Frage, wie Unfällen vorgebeugt wird, sind in diesem Fall angemessen. Und es gilt: Die billigere Variante ist nicht unbedingt die bessere!

Praktische Infos
Der Trip beginnt um etwa sieben Uhr morgens in La Paz. Der Veranstalter kümmert sich darum, dass man am Hotel abgeholt wird. Von dort aus wird man auf den *cumbre* (Gipfel) bugsiert, der etwa 45 Minuten außerhalb von La Paz liegt. Die Touren kosten zwischen 310 und 750 Bs, aber der Preis lohnt sich. Erfahrene Radler können eine Auswahl an einspurigen Wegen für einen Aufpreis von 100 Bs buchen. Die meisten Veranstalter bieten ein gutes Mittagsbuffet in Coroica an und manche haben sogar Deals mit Hotels laufen, die einem eine Dusche oder ein Bad im Swimming Pool erlauben. Wer die alte Straße benutzen will, zahlt 25 Bs drauf. Mitbringen sollte man Sonnencreme, Schwimmzeug und ein Staubtuch (wenn keines angeboten wird). Vorher muss man unbedingt fragen, wie die Wasserversorgung unterwegs aussieht. Am frühen Abend wird man wieder vom Bus abgeholt und kann damit rechnen, ab etwa 21 Uhr zurück in La Paz zu sein.

Sopocachi

zusätzlichen 100 Bs in Angriff nehmen. Für Anfänger lohnt sich dagegen die Abfahrt von **Balcón Andino** nahe der Zona Sur.

Gravity Assisted
Mountain Biking MOUNTAINBIKEN
(Karte S. 208; 231-3849; www.gravitybolivia.com; Linares 940, La Paz) Der hoch angesehene und sehr professionelle Veranstalter mit viel Erfahrung genießt zu Recht einen ausgezeichneten Ruf unter Mountainbikern. Die speziellen Downhill-Bikes von Kona sind in einwandfreiem Zustand. Der „Dangerous Road Trip" (750 Bs/Pers.) endet mit einer warmen Dusche, einem All-you-can-eat-Büfett und einem Besuch der Tierschutzstation Senda Verde.

B-Side MOUNTAINBIKEN
(Karte S. 208; 211-4225; bside-adventures.blogspot.com; Linares 943, Rosario) Dieser Veranstalter bietet die sehr empfehlenswerte Coroico-Tour an (310–690 Bs/Pers.). Der von Reisenden hoch gelobte Anbieter stellt den Teilnehmern ein Rad nach ihren Wünschen zur Verfügung und passt die Touren an die Gruppengröße und das Leistungsniveau an.

Trekken & Klettern
La Paz ist der Ausgangsort für die meisten Klettertouren in die Cordilleras. Anfänger können Touren nach Huayna Potosí buchen (2-3 Tage, 900–1100 Bs) und erfahrenere Kletterer können sich an den Illimani (4–5 Tage, 485 US$), Sajama (5 Tage, 650 US$), Parinacota (4 Tage, 530 US$) und andere Riesen heranwagen.

Abgesehen von seiner Höhenlage ist La Paz samt Umgebung fürs Wandern wie geschaffen. Viele Agenturen in La Paz bieten täglich Wandertouren nach Chacaltaya an, grob 35 km nördlich von La Paz und eine gute Möglichkeit, einen der hohen Gipfel zu bezwingen. Für Tageswanderungen auf eigene Faust fährt man von La Paz ins Valle de la Luna, Valle de las Animas oder zur Muela del Diablo. Mehrtägige Trips oder Touren führen ins Hampaturi-Tal und in den Cotopata Nationalpark.

Andean Expeditions/
Dirninger KLETTERN, WANDERN
(7755-0226, 241-4235; www.andean-expeditions.com; Sagárnaga 271, Galeria Las Brujas) Das von einem Österreicher gegründete Unternehmen bietet Trekkingtouren in die Berge Boliviens und seiner Nachbarländer an, die von UIAGM-zertifizierten Mitarbeitern geführt werden. Dirninger lebt schon mehr als 10

Sopocachi

◎ Highlights
1 Fundación Solón C6

◎ Sehenswertes
2 Mirador Laikakota E2
3 Museo de Arte Contemporáneo Plaza B2
4 Museo Nacional de Arqueología Tiwanaku C2
5 Parque Raúl Salmón de la Barra C2

◎ Aktivitäten, Kurse & Touren
6 America Tours B2
7 Andean Summits C7
8 Animales SOS C7
9 Centro Boliviano-Americano E5
10 Magri Turismo D3

◎ Schlafen
11 Onkel Inn A2

◎ Essen
12 Alexander Coffee & Pub B2
13 Alexander Coffee & Pub D5
14 Arco Iris C4
15 Armonía C5
16 Café Ciudad B2
17 Cafe La Terraza D4
18 Cafe La Terraza B2
19 Horno Camba C7
20 Irupana C5
21 Ketal Hipermercado E5
22 La Espinita C6
23 La Guinguette D5
24 Mercado Camacho B1
25 Paceña La Salteña D4
26 Sergiu's Pizza C3

◎ Ausgehen & Nachtleben
27 Abbey Road C5
28 Green Bar C5
29 Mongo's D5
30 Reineke Fuchs D4

◎ Ausgehen & Nachtleben
31 Centro Arte y Culturas Bolivianos C6
32 Thelonious Jazz Bar C4
33 Traffic Dance E5

◎ Praktisches
34 24-Stunden-Apotheke B1
35 Argentinische Botschaft C4
36 Australische Botschaft C4
37 Brasilianische Botschaft D4
38 Kanadische Botschaft C7
39 Clínica Alemana F6
40 Ecuadorianische Botschaft A1
41 Deutsche Botschaft D4
42 InfoTur A1
43 Italienische Botschaft E5
44 Paraguayische Botschaft D5
45 Peruanische Botschaft C4
46 Spanische Botschaft F6
47 Touristenpolizei E1
48 Britische Botschaft F6
49 US-amerikanische Botschaft F6

Jahre hier und die Touren sind alles andere als das Übliche.

Andean Summits — KLETTERN
(Karte S. 212; ☎ 242-2106; www.andeansummits.com; Muñoz Cornejo 1009, Sopocachi) Der Veranstalter bietet von Bergsteigen und Trekking über Jeeptouren alle möglichen Outdoor-Aktivitäten in Bolivien und anderen Ländern an. Die Inhaber selber sind UIAGM- bzw. IFMGA-zertifizierte Bergführer.

La Paz on Foot — ÖKOTOUREN
(Karte S. 208; ☎ 7154-3327, 240-6238; www.lapazonfoot.com; 710 Indaburo, nahe Calle Jaén) Das erstklassige Unternehmen wird von dem Ökologen und leidenschaftlichen Umweltschützer Stephen Taranto geleitet, der aus den USA stammt. Im Angebot sind die verschiedensten Aktivitäten wie Wanderungen in und um La Paz, in die Cordillera Apolobamba, die Yungas, nach Chulumani, in den Nationalpark Madidi und zum Titicacasee. Der interaktive Stadtrundgang durch La Paz (Preis für die Halbtages- oder Tagestour je nach Gruppengröße) führt von El Alto in die Zona Sur hinunter. Ebenfalls im Angebot sind Kunst- und Architekturführungen sowie Touren zur Zeitgeschichte, Aufputschmitteln (Koka, Kakao, Kaffee) und Wandmalereien. Die Führer sprechen mehrere Sprachen.

Gleitschirmfliegen

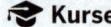 **AndesXtremo** — GLEITSCHIRMFLIEGEN
(☎ 7358-3349; www.andresextremo.com; 450 Bs) Wem die *teleférico* nicht hoch genug ist, schwingt sich mit dem Gleitschirm und einem der drei Brüder in die Luft hoch über La Paz. Der Flug von Yanari über die zerklüfteten Berge und Schluchten dauert etwa 20 bis 30 Minuten. Die Gäste dürfen sogar alleine fliegen bzw. steuern (aber nur 1 Min. lang). Ein weiterer Startpunkt ist in Cochabamba.

Kurse

Pico Verde Languages — SPRACHKURSE
(Karte S. 208; ☎ 231-8328; www.pico-verde.com; Sagárnaga 363, 2. Stock, Rosario) Die Unterrichtszeiten können individuell festgelegt werden, die Schüler wohnen bei Gastfamilien.

👉 Geführte Touren

Viele bolivianische Veranstalter sind in La Paz angesiedelt. Die meisten bieten Tagestouren (70–500 Bs/Pers.) in und um La Paz und zum Titicacasee, nach Tiwanaku, ins Zongo-Tal, nach Chacaltaya, ins Valle de la Luna und andere Gegenden an.

America Tours ÖKOTOUREN
(Karte S. 212; ☎ 237-4204; www.america-eco tours.com; Av 16 de Julio 1490 Oficina No 9, El Prado, La Paz) Der sehr empfehlenswerte Veranstalter bietet eine große Auswahl an gemeinnützigen Ökotourismusprojekten und verschiedene Touren rund um La Paz und im ganzen Land an. Die Mitarbeiter sprechen Englisch.

Magri Turismo GEFÜHRTE TOUREN
(Karte S. 212; ☎ 244-2727; www.magriturismo.com; Capitán Ravelo 2101, La Paz) Das Reisebüro organisiert eine Vielzahl von Touren zu den Sehenswürdigkeiten von Bolivien.

Turisbus BUSTOUREN
(☎ 245-1341; www.gruporosario.com/turisbus-tours; La Paz) Die ein- oder mehrtägigen Touren für Gruppen oder Einzelreisende führen zu Zielen in ganz Bolivien.

🎉 Feste & Events

Zu den größten Festen und Feiertagen im Jahr gehören Alasitas (24. Jan.), das Fest des Wohlstands, und El Gran Poder (Ende Mai bis Anfang Juni). Beide sind besonders für Touristen eine Attraktion. Die Fiestas Universitarias finden in der ersten Dezemberwoche statt und werden von tumultartigen Feierlichkeiten und Wasserbomben in Hülle und Fülle begleitet.

🛏 Schlafen

Die meisten Backpacker wollen unbedingt im Zentrum von La Paz übernachten. Die Gegend um den Mercado de Hechicería (Hexenmarkt; zwischen Illampu, Santa Cruz und Sagárnaga) ist das reinste bolivianische Reiseghetto. Wer näher an Kinos, einer größeren Auswahl an Restaurants und ein paar Bars wohnen möchte, sollte aber auch eine Unterkunft nahe von Sopocachi in Betracht ziehen.

🛏 Westlich des El Prado

Hotel Continental HOTEL $
(Karte S. 208; ☎ 245-1176; www.hotelcontinental bolivia.com; Illampu 626, Rosario; EZ/DZ/3BZ mit Bad 100/150/200 Bs, mit Gemeinschaftsbad 80/120/190 Bs; 🛜) Das düstere und etwas trostlose Hotel im Zentrum ist bei sparsamen Reisenden sehr beliebt. Der scharfe Geruch des Reinigungsmittels raubt den Atem, beweist aber, dass das Zimmer geputzt wurde.

Hostal Maya Inn HOTEL $
(Karte S. 208; ☎ 231-1970; www.hostalmaya.com; Sagárnaga 339, Rosario; EZ/DZ/3BZ inkl. Frühstück 100/180/240 Bs, mit Gemeinschaftsbad 80/140/180 Bs; @🛜) Die besseren Zimmer des freundlichen, aber einfachen Hotels haben Fenster, die anderen aber meist nicht. Zudem können die Zimmer vorne ziemlich laut sein. Nichtraucher dürfte die verqualmte Luft stören, und das Wasser der elektrischen Duschen ist nicht wirklich warm.

Hotel Sagárnaga HOTEL $
(Karte S. 208; ☎ 235-0252; www.hotel-sagarnaga.com; Sagárnaga 326, Rosario; EZ/DZ inkl. Frühstück 180/270 Bs; @🛜) Ein Ritter in glänzender Rüstung am Empfangsschalter (wobei es sich *nicht* um den betreffenden Mitarbeiter handelt, der aber auch sehr freundlich ist) und die Spiegel in den Zimmern sind das einzig Glänzende in dem recht düsteren, verrauchten Hotel im Stil der 1980er-Jahre, das ansonsten aber ganz akzeptabel ist. Die nach Osten hinausgehenden Zimmer sind die besten, die „A"-Zimmern im 1. Stock haben neuere Betten und sind entsprechend teurer. Aus den Solarduschen kommt angenehm warmes Wasser.

Onkel Inn HOSTEL $$
(Karte S. 212; ☎ 249-0456; www.onkelinn.com; Colombia 257, Sopocachi; B/EZ/DZ/3BZ inkl. Frühstück 75/130/200/300 Bs; @🛜) Das freundliche HI-Hostel befindet sich in fantastischer Lage zwischen San Pedro und dem Prado. Hier ist deutlich weniger los als in den Hostels beim Busbahnhof, sodass es ideal für Reisende ist, die es eher *tranquilo* mögen. Die hellen, modern eingerichteten Schlafsäle mit hübschen orange-weißen Tagesdecken sind die schönsten der Stadt, auch wenn die Stockbetten teilweise schwindelerregend hoch sind. Im freundlichen Gemeinschaftsbereich steht auch ein Billardtisch.

Hotel Milton HOTEL $$
(Karte S. 208; ☎ 236-8003, 235-3511; www.hotel miltonbolivia.com; Illampu 1126-1130, Rosario; EZ/DZ/3BZ inkl. Frühstück 120/230/330 Bs; @🛜) Einchecken und abschalten! Mit rotem Vinyl an den Wänden, Wandmalereien und knalligen Tapeten ist das Hotel wirklich ein verlorenes Paradies der 1970er-Jahre. Die düstern Zimmer auf der Rückseite sind

auch etwas schmuddelig, aber die hellen Zimmer mit hohen Decken vorne bieten einen tollen Blick über La Paz und machen das Hotel zu einer guten Budgetunterkunft.

Hotel Las Brisas HOTEL $$
(Karte S. 208; ☎ 246-3691; www.hotelbrisas.net; Illampu 742, Rosario; EZ/DZ/3BZ inkl. Frühstück 196/280/406 Bs; @ 🛜) Die ordentliche Budgetunterkunft im Stil der „Bolivianischen Moderne" hat schlichte, saubere Zimmer, deren Fenster teilweise auf einen Innenhof hinausgehen. Die Wände sind mit abgefahrenen Malereien geschmückt, die Bettwäsche ist kühl und frisch, das Mobiliar ist teilweise etwas abgenutzt und die Außenwände sind verglast. Von den Zimmern der Vorderseite hat man eine tolle Aussicht, es gibt einen hübschen Innenhof, ein Restaurant auf der sonnigen Dachterrasse, und das Personal ist sehr freundlich.

Östlich des El Prado

Wild Rover HOSTEL $
(Karte S. ,194; ☎ 211-6903; www.wildroverhostel.com; Illimani s/n, Miraflores; B 45–65 Bs, EZ mit Gemeinschaftsbad 65 Bs; @ 🛜) Wer andere Reisende treffen will, ist hier genau richtig. In dem Hostel herrscht eine raue, fast rücksichtslose Atmosphäre, wie sie Leute um die 20 lieben und Leute über 30 verabscheuen. Die Zimmer in vielen anderen Hostels sind wesentlich besser und in den Schlafsälen ist kaum Platz, aber das Leben spielt sich sowieso im lauten irischen Pub ab.

Arthy's Guesthouse PENSION $
(Karte S. 208; ☎ 228-1439; arthyshouse.tripod.com; Ismael Montes 693; Zi. mit Gemeinschaftsbad 100 Bs/Pers.; @) Die saubere, gemütliche Pension mit der leuchtenden orangefarbenen Eingangstür wird zu Recht als „Oase der Ruhe" gelobt, obwohl sie sich in einer der belebtesten Straßen der Stadt befindet. Die freundlichen, Englisch sprechenden Besitzer sind äußerst hilfsbereit. Eine Küche steht auch zur Verfügung. Allerdings schließt das Haus um Mitternacht.

Ananay Hostal HOSTEL $
(Karte S. 208; ☎ 290-6507; www.hostal.ananay.com; Jaén 710; pro Person inkl. Frühstück 140 Bs, mit Gemeinschaftsbad 105 Bs; @ 🛜) Den Mittelpunkt des schönen, alten Wohnhauses bildet ein hell gestrichener Innenhof. Die ehemalige *peña* (Volksmusik-Club) inmitten der Museen der Calle Jaen verfügt nun über eine Dachterrasse mit Blick auf die Stadt und mehrere gemütliche Gemeinschaftsräume, darunter auch ein TV-Zimmer mit Sitzsäcken. Der äußerst passende Name ist übrigens Quechua und bedeutet „wie nett".

Bacoo Hostel HOSTEL $
(Karte S. 208; ☎ 228-0679; www.bacoohostel.com; Alto de la Alianza 693; B 45–70 Bs, DZ 190 Bs; @ 🛜) Das weitläufige Party-Hostel hat eine Bar und einen Whirlpool (oh, là, là!) und jede Menge geselliger Gäste, die unbedingt Anschluss suchen. Sehr angenehm sind die Daunendecken und festen Matratzen. Es gibt Schlafsäle für vier bis 18 Personen. Deshalb im Voraus buchen oder Ohrstöpsel mitbringen! Das Hostel macht einen recht ungepflegten Eindruck, ist aber in der Nähe des Busbahnhofs und der Calle Jaén.

Hospedaje Milenio HOTEL $
(Karte S. 208; ☎ 228-1263; hospedajemilenio.blogspot.com; Yanacocha 860, Casco Viejo; Zi. mit Gemeinschaftsbad 40 Bs/Pers.; 🛜) Es ein langer Weg bergauf zu dem einfachen, lässigen Hotel mit witzigen Gemeinschaftsbereichen, freundlichem Personal und einer Bücherbörse. Die spottbilligen Preise machen es zu einer tollen Budgetunterkunft. Die besten Zimmer sind im Obergeschoss und haben Fenster, die nach draußen gehen, während die Fenster der meisten Einzelzimmer zum Innenhof hinausgehen. Leider sorgen die weichen, durchgelegenen Matratzen für Rückenschmerzen. Ende 2015 wurde das Gebäude renoviert.

Hostal República HOSTEL $$
(Karte S. 208; ☎ 220-2742; www.hostalrepublica.com; Illimani s/n, Miraflores; DZ/Apt. 240/550 Bs, B/EZ mit Gemeinschaftsbad 66/180 Bs; @ 🛜) Das Hostel drei Straßen von der historischen Altstadt entfernt, befindet sich ebenfalls in einem schönen alten Gebäude, das einst das Wohnhaus eines der ersten Präsidenten Boliviens war. Mit den beiden großen Innenhöfen ist es eine herrliche Oase der Ruhe. Obwohl die Zimmer alle recht einfach sind, ist es hier doch wesentlich angenehmer als bei den lautstarken irischen Nachbarn. Es gibt auch zwei Apartments für jeweils fünf Personen.

🍴 Essen

Wer die lokale Küche probieren will, ist preislich mit den *almuerzos* (Mittagsmenüs) in einem der kleinen Bistros am besten bedient. Vor der Tür stehen oft Kreidetafeln mit den Angeboten. Straßenstände und

Märkte bieten leckere Kleinigkeiten an und vegetarische Restaurants gibt's auch.

Wer sich nicht an einer hektischen Atmosphäre und durchaus fragwürdiger Hygiene stört, wird die interessantesten (und billigsten) Mahlzeiten auf den Märkten finden. Der *comedor* (Esshalle) des **Mercado Uruguay**, abseits Max Paredes, bietet Menüs mit Kutteln und *ispi* (sardinenähnliche Fische) für weniger als 8 Bs an (die Qualität variiert und die Umgebung ist einfach). Weitere Orte für einfaches und preiswertes Essen sind die Straßenmärkte um die Av Buenos Aires und den **Mercado Camacho** (Karte S. 212; Ecke Av Simon Bolívar & Av Bueno), die für ihre Saftstände, frisches Brot sowie luftige *llauchas* (Käsepasteten) bekannt sind.

Westlich des El Prado

Horno Camba   LATEINAMERIKANISCH $
(Karte S. 212; Mendez Arcos 732; 10–20 Bs) Hier gibt es leckeres Santa-Cruz-Frühstück und zum Mittagessen *sonsos* und *cuñapes* sowie gute Tagesgerichte. Eine Filiale befindet sich an der Landaeta in der Nähe der Plaza de Estudiante.

Paceña La Salteña   FASTFOOD $
(Karte S. 212; Av 20 de Octubre 2379, Sopocachi; Salteña 5–10 Bs; 8.30–14 Uhr) Hier sollte man unbedingt die regionale Spezialität *salteña* probieren, denn die mit Fleisch und Gemüse gefüllten Teigtaschen sind einfach himmlisch! Auch die apricotfarbenen Wände, Chintz-Vorhänge und goldenen Verzierungen machen die preisgekrönte *salteñería* zu etwas ganz Besonderem. Es gibt auch rein vegetarische *salteñas*, die *ebenso* ebenso lecker und saftig sind.

Armonía   VEGETARISCH $
(Karte S. 212; Ecuador 2284, Sopocachi; Buffet 32 Bs; Mo–Sa mittags;) Über der Librería Armonía in Sopocachi gibt es für Vegetarier ein gutes All-You-Can-Eat-Mittagessen mit vielen Ökoprodukten.

Sergiu's Pizza   PIZZA $
(Karte S. 212; 6 de Agosto 2040, Prado; Stücke ab 12 Bs; 12–7 Uhr) Das Bistro in der Nähe der Aspiazu-Treppe, das besonders bei Studenten beliebt ist, serviert ordentliche Pizzas und Fast Food im New York Style.

La Espinita   SEAFOOD $
(Karte S. 212; 712 Quintin Barrios; Hauptgericht 15–25 Bs; Mo–Fr 12–14.30 & 18.30–21, Sa & So 14–15 Uhr) Das herzhafte „Anden-Mittagessen" besteht aus vier Sorten Fisch, die in einer köstlichen, hausgemachten Panade gebraten und mit knusprigen *ispi* (winzigen, sardinenähnlichen Fischen) sowie Kartoffeln und *mote* (Maiskolben) serviert werden. Zum Nachtisch gibt's ein einfaches, aber sehr leckeres Eis. Kein Wunder, dass die Einheimischen scharenweise in das winzige Lokal strömen und Fremde neugierig beäugen.

Pepe's Coffee Bar   CAFÉ $
(Karte S. 208; Jiménez 894, Rosario; Snacks 10–25 Bs) Das sehr einladende, fröhliche Künstlercafé in einer sonnigen Ecke des Hexenmarktes lädt zu einem entspannten Kaffee oder Cocktail ein. Neben üppigem Frühstück und vegetarischem Mittagessen gibt's hier auch Regale voller Reiseführer und englischsprachige Zeitschriften.

Irupana   SUPERMARKT
(Karte S. 208; Ecke Murillo 1014 & Tarija, Rosario) Diese Kette, die sich auf gesunde Ernährung

---

LEICHTE KOST

Auch wenn sie sehr zuckerlastig sind, können in diesen Kettenrestaurants selbst Leute mit einem empfindlichen Magen problemlos essen.

Alexander Coffee & Pub Filialen am Prado (Karte S. 212; www.alexandercoffee.com; Av 16 de Julio 1832, El Prado; Hauptgerichte 16–40 Bs; 6–23 Uhr), in Socabaya (Karte S. 208; www.alexandercoffee.com; Calle Potosí 1091, Socabaya; Hauptgerichte 16–40 Bs; 6–23 Uhr) und Sopocachi (Karte S. 212; www.alexandercoffee.com; 20 de Octubre 2463, Sopocachi; Hauptgerichte 16–40 Bs; 6–23 Uhr).

La Terraza Café Filialen am Prado (Karte S. 212; 16 de Julio 1615, Prado; Hauptgerichte 10–40 Bs; –open end) und in Sopocachi (Karte S. 212; 20 de Octubre 2331, Montenegro Bloque; Hauptgerichte 10–40 Bs; open end).

Api Happy Hier werden diverse Variationen des kochendheißen, lilafarbenen Wundertranks *paceña* und dazu passende Snacks serviert. Filialen an der Plaza Murillo, an der Plaza Estudiante und in der Zona Sur.

spezialisiert hat, verkauft regionale Bio-Produkte. Eine weitere Filiale befindet sich in **Sopocachi** (Karte S. 212; Ecke Fernando Guachalla & Av Sanchez Lima, Sopocachi).

Arco Iris SUPERMARKT
(Karte S. 212; Guachalla 554, Sopocachi; ⊘ Mo-Sa 8-20 Uhr) Der Supermarkt verfügt über eine große *pastelería* (Konditorei) und eine gut sortierte Feinkostabteilung mit Fleisch- und Milchprodukten aus der Region wie geräucherte Lamasalami sowie frischen Palmherzen und Trockenfrüchten.

Ketal Hipermercado SUPERMARKT
(Karte S. 212; Ecke Av Aniceto Arce & Pinilla, Sopocachi) Von Oliven über Käse und Cracker bis hin zu Bier findet man in diesem Supermarkt alles, was man für ein leckeres Picknick braucht.

La Guinguette FRANZÖSISCH $$
(Karte S. 212; Pedro Salazar 497, Sopocachi; Hauptgerichte 45-70 Bs; ⊘ Mo-Sa 9-23 Uhr) In dem schicken Restaurant an der oberen Ecke der Plaza Avaroa treffen sich coole Leute aus aller Welt. Im gemütlichen Bistro bekommt man für 45 Bs ein ausgezeichnetes Mittagsmenü, das aus einer Suppe, Sandwich und Dessert besteht. Danach kann man in der geselligen Raucherbar den französischen Anisschnaps Pastis oder ein Quinoa-Bier genießen. Am Wochenende gibt's gelegentlich Livemusik.

✘ Östlich des El Prado

Café Ciudad INTERNATIONAL $
(Karte S. 212; Plaza del Estudiante, El Prado; 15-40 Bs; ⊘ 24 Std.; 🕾) Diese Institution in La Paz serviert jeden Tag rund um die Uhr heißen Kaffee, leckere Pizzas, Hamburger und weitere internationale Klassiker sowie eines der besten *pique machos* (bolivianisches Gericht mit Würstchen und Pommes in einer würzigen Sauce) der Stadt. Das entschädigt locker für die Unfreundlichkeit des Personals.

Confitería Club de La Paz CAFÉ $
(Karte S. 208; Ecke Ave Camacho & Ave Mariscal Santa Cruz, El Prado; Hauptgerichte 10-30 Bs) Hier genießen vor allem gut gekleidete, ältere Herren ihren täglichen Kaffee mit einer Empanada. Das Café war früher einmal als Treffpunkt von Schriftstellern und Politikern, und davor von NS-Verbrechern bekannt. Heute ist es eher bekannt für starken Espresso und guten Kuchen.

🍷 Ausgehen & Nachtleben

Bocaisapo KNEIPE
(Karte S. 208; Jaén, Casco Viejo; ⊘ Do-Sa 19 Uhr-open end) Die beliebte Künstlerkneipe bietet Livemusik bei Kerzenschein, ein irres Koka-Gebräu und jede Menge affektierter Möchtegern-Künstler aus La Paz.

Mongo's KNEIPE
(Karte S. 212; Hermanos Manchego 2444, Sopocachi; ⊘ 18-3 Uhr) Die ungezwungene Kneipe mit ausgezeichnetem Kneipenessen, in der auch auf den Tischen getanzt wird, ist ein seit Ewigkeiten beliebter Treffpunkt von Einheimischen und Touristen.

Café Sol y Luna KNEIPE
(Karte S. 208; www.solyluna-lapaz.com; Ecke Murillo & Cochabamba, Rosario; ⊘ 9-1 Uhr) Die einfache, von Niederländern geführte Kneipe bietet leckere Cocktails, guten Kaffee und schmackhaftes internationales Essen. Auf den drei gemütlich eingerichteten Ebenen gibt es auch eine Bücherbörse und eine umfangreiche Sammlungen an Reiseführern, darunter auch viele aktuelle Lonely-Planet-Titel, sowie Vorträge, Salsa-Tanzen, Livemusik und vieles mehr. Sehr empfehlenswert ist das hier ausgeschenkte *chala* (bolivianisches Weißbier).

Green Bar KNEIPE
(Karte S. 212; Belisario Salinas 596, Sopocachi) Das Stammpublikum dieser kleinen, einzigartigen Kneipe ist eine bunte Mischung aus Intellektuellen, Mädchen wie aus einem Modigliani-Gemälde, verschrobenen Typen, Rockern und Tunichtguten.

Reineke Fuchs BIERKNEIPE
(Karte S. 212; Jáuregui 2241, Sopocachi; ⊘ Mo-Sa ab 18 Uhr) Das *Brauhaus* mitten in Sopocachi bietet (importiertes) deutsches Bier, einen *Schnapsladen* und herzhafte Fleischgerichte. Das hier nach deutscher Tradition gebraute eigene Bier ist gut und stark. Ein zweites Brauhaus befindet sich in der Zona Sur.

Abbey Road KNEIPE
(Karte S. 212; Belisario Salinas, Sopocachi; ⊘ Mi-Sa abends) Hier darf man getrost nach einem „Blonden aus Cochabamba" fragen, denn Besitzer Jaime weiß genau, dass damit ein Bier aus einer der wenigen kleinen Hausbrauereien des Landes gemeint ist. Diese machen dem staatlichen bolivianischen Brauereikonzern mit den bekannten Marken Paceña und Huari zunehmend Konkurrenz. Die Kneipe mit den Wänden voller

Poster der Beatles ist zwei Häuser von der Green Bar entfernt.

☆ Unterhaltung

Die meisten *peñas* (Orte, an denen traditionelle Andenmusik zu hören ist) präsentierten Musik, die auf *zampoñas* (Panflöten), *quenas* (einfachen Holzflöten) und *charangos* (kleinen Zupfinstrumenten) gespielt wird. Oft gehören aber auch Gitarrendarbietungen und Liedvorträge dazu. Viele werden mit täglichen Shows beworben, tatsächlich finden aber in den meisten Lokalen nur am Freitag- und Samstagabend Shows statt, die um 21 oder 22 Uhr beginnen und bis 1 oder 2 Uhr am Morgen dauern. Der Eintritt variiert zwischen 30 und 80 Bs und beinhaltet oft das erste Getränk. Essen kostet extra.

Jeden Monat gibt's die kostenlose Broschüre *Kaos* (sie liegt in Bars und Cafés aus). Sie beschreibt, was Tag für Tag in La Paz angeboten wird.

Fußballspiele finden im Estadio Hernando Siles (Estadio Olímpico La Paz; Miraflores) meist an Sonntagen (das ganze Jahr über) sowie mittwochs und samstags statt. Die Preise variieren je nach Sitzplatz und danach, ob es ein lokales oder internationales Spiel ist (20–100 Bs).

Peña Huari TRADITIONELLE MUSIK
(Karte S. 208; ☎ 231-6225; Sagárnaga 339, Rosario; Eintritt 105 Bs; ⊙ Show 20 Uhr) Die bekannteste *peña* der Stadt wird vor allem von Touristen und bolivianischen Geschäftsleuten besucht. Im dazugehörenden Restaurant werden bolivianische Gerichte serviert, wie Lamasteaks, Forellen aus dem Titicacasee, *charquekan* (getrocknete Fleischstreifen) und Salate. Die Musik spielt ab 20 Uhr.

Peña Parnaso TRADITIONELLE MUSIK
(Karte S. 208; ☎ 231-6827; Sagárnaga 189, Rosario; Eintritt 80 Bs; ⊙ Show 20.30 Uhr) Auch mittags geöffnet (35 Bs), ohne Show.

Centro Arte y Culturas Bolivianos LIVEMUSIK
(Karte S. 212; Ecuador 2582, Sopocachi) In dem Kunstkomplex finden wechselnde Ausstellungen statt, es gibt Livemusik (Do-Sa), ein ordentliches Restaurant und ein Terrassencafé. Ab 20 Uhr nennt es sich Luna Llena Rock Bar.

Thelonious Jazz Bar JAZZCLUB
(Karte S. 212; Av 20 de Octubre 2172, Sopocachi; Eintritt um die 25 Bs; ⊙ Mo-Sa 19-3 Uhr) Bebop-Fans werden die einfache, bezaubernde Bar lieben: Die Atmosphäre ist fantastisch, und die Live-Auftritte sind oft sehr spontan. Die nächsten Veranstaltungen werden auf einer Anzeigetafel über dem Eingang angekündigt.

Traffic Dance TANZLOKAL
(Karte S. 212; Av Aniceto Arce 2549, El Prado) Hier kann man zu Livemusik von internationalem Pop bis Disco abtanzen und dazu leckere Cocktails schlürfen. Außerdem werden Salsa-Kurse angeboten.

Teatro Municipal Alberto Saavedra Pérez THEATER
(Karte S. 208; Ecke Sanjinés & Indaburo, Casco Viejo; Karten 20–50 Bs) Das städtische Theater bietet ein ehrgeiziges Programm aus Folklore-Shows, Volksmusik und ausländischen Theatervorführungen. Es befindet sich in einem toll restaurierten Gebäude mit rundem Zuschauersaal, kunstvoll gearbeiteten Balkonen und einem riesigen Deckengemälde.

🛍 Shoppen

La Paz ist ein Paradies für Shoppingfreunde. Die Preise stimmen und die Qualität des Angebots ist überraschend gut.

Die Haupteinkaufsgegend für Reisende liegt entlang der extrem steilen und wortwörtlich atemberaubenden Calle Sagárnaga zwischen Santa Cruz und Tamayo und breitet sich über die benachbarten Straßen aus. Hier befindet sich auch die Calle Linares, eine Gasse voller Kunstgeschäfte.

Zum Tauschen von Büchern ist die Bar Oliver's Travels bestens geeignet, aber auch Gravity Assisted Mountain Biking und das Café Sol y Luna.

Artesanía Sorata KUNSTHANDWERK
(Karte S. 208; www.artesaniasorata.com; Sagárnaga 303, Rosario) Das gemeinnützige Projekt hat sich auf handgemachte Puppen, echte Alpaka-Produkte und andere wundervolle Dinge in guter Qualität, die auch exportiert werden, spezialisiert.

Comart Tukuypaj KUNSTHANDWERK
(Karte S. 208; www.comart-tukuypaj.com; Linares 958, Rosario) Die hier angebotenen Lama- und Alpaka-Produkte sowie *artesanías* aus dem ganzen Land sind fair gehandelt, von guter Qualität und werden auch exportiert. Im Obergeschoss befindet sich ein Ausstellungsraum der Weberinnenkooperative Inca Pallay, wo die berühmten Jal'qa- und Candelaria-Webereien zu sehen und zu kaufen sind.

Spitting Llama Bookstore & Outfitter OUTDOORAUSRÜSTUNG (Karte S. 208; www.thespittingllama.com; Linares 947) In der Posada de la Abuela liegt dieser einmalig freundliche Laden, der von Karten bis hin zu Ausrüstung alles anbietet – auch Zelte, Rucksäcke und Wanderschuhe.

🛈 Praktische Informationen

EINWANDERUNGSBEHÖRDE
Migración (Karte S. 208; 211-0960; www.migracion.gob.bo; Camacho 1468; Mo–Fr 8.30–16 Uhr) Das Prozedere kann Kopfschmerzen bereiten, ist aber nötig, um eine Visumsverlängerung zu erhalten.

GEFAHREN & ÄRGERNISSE
La Paz lässt sich wunderbar zu Fuß erkunden. Man sollte aber den Hinweis der Einheimischen „camina lento, toma poco … y duerme solo" (Geh langsam, trink wenig … und schlaf alleine) ernst nehmen, wenn man die Auswirkungen der soroche (Höhenkrankheit) minimieren will. Acetaminophen (auch als Tylenol oder Paracetamol bekannt) hilft, ebenso viel Wasser.

Vorsicht beim Überqueren der Straße! Zur Hauptverkehrszeit stark befahrene Straßen meiden, denn dann sind die Abgase buchstäblich überwältigend.

Proteste sind keine Seltenheit in La Paz (sie arten auch immer wieder mal aus). Meist finden sie in der Gegend der Plazas San Francisco und Murillo statt.

GELD
Bolivianos oder US-Dollar kann man an zahlreichen Geldautomaten an Hauptverkehrsknoten in der ganzen Stadt abheben. Bargeld mit Kreditkarte (nur Bolivianos; Betrag je nach Grenze im eigenen Heimatland) ohne Kommission und mit wenig Aufwand bekommt man an den unten genannten Stellen.

Für dringende Überweisungen ins Ausland geht man am besten zu **Western Union/DHL** mit Filialen in der ganzen Stadt.

Casas de cambio (Wechselstuben) im Zentrum sind oft praktischer als Banken.

Vorsicht vor gefälschten US-Dollarnoten oder Bolivianos, besonders bei cambistas (Geldwechsler auf der Straße), die an den Kreuzungen von Colón, Camacho und Santa Cruz herumlungern. Das Einlösen von Reiseschecks kann zur Unmöglichkeit werden, mit der Ausnahme von Wechselautomaten und Banken.

Banco Mercantil (Karte S. 208; Ecke Mercado & Ayacucho)

Banco Nacional de Bolivia (Karte S. 208; Ecke Colón & Camacho)

Cambios América (Karte S. 208; Camacho 1223, Casco Viejo) Wechselstube.

Casa de Cambio Sudamer (Karte S. 208; Colón 206 Nähe Camacho, Casco Viejo; Mo–Fr 8.30–18.30, Sa 9.30–12.30 Uhr) Mit Money-Gram-Service für Überweisungen.

INTERNETZUGANG
Kostet zwischen 2 und 4 Bs pro Stunde. Viele der Cafés mit jüngerem Publikum und die meisten Hotels haben inzwischen WLAN.

MEDIEN
La Razón (www.la-razon.com), El Diario (www.eldiario.net) und La Prensa (www.laprensa.com.bo) sind die wichtigsten Tageszeitungen in La Paz. Die nationalen Medienkonzerne **ATB** (www.bolivia.com) und **Grupo Fides** (www.radiofides.com) bieten auf ihren Internetseiten die aktuellsten Nachrichten. Im Bolivian Express (www.bolivianexpress.org) finden sich Infos zu Kulturveranstaltungen in ganz Bolivien und Artikel in Englisch.

MEDIZINISCHE VERSORGUNG
Bei ernsthaften medizinischen Notfällen erkundigt man sich am besten bei der Botschaft des Heimatlandes nach Empfehlungen für entsprechende Ärzte.

24-Stunden-Apotheke (Farmacia 24 Horas; Karte S. 212; Av 16 de Julio; 24 Std.) Sehr gute Apotheke am Prado.

Centro Epidemiológico Departamental La Paz (Centro Pilote; 245-0166; Vásquez, nahe der Perú; Mo–Fr 8.30–11.30 Uhr) Hier bekommt man Mittel gegen Malaria und kann sich gegen Tollwut und Gelbfieber impfen lassen. Eine sterile Spritze für die Impfung muss man sich allerdings vorher in einer Apotheke besorgen.

Clínica Alemana (Karte S. 212; 243-2521; Av 6 de Agosto; 24 Std.) Medizinische Versorgung nach deutschem Standard.

High Altitude Pathology Institute (224-5394, 7325-8026; www.altitudeclinic.com; Saavedra 2302, Miraflores) Das Institut ist Mitglied der International Association for Medical Assistance to Travelers (IAMAT) und bietet computergestützte medizinische Check-ups. Außerdem hilft es bei Problemen mit der Höhenluft. Die Mitarbeiter sprechen Englisch.

NOTFALL
Feuerwehr & Krankenwagen (118)
Polizei (110)
Touristenpolizei (Policía Turística; Karte S. 212; 800-140-081, 800-140-071; Puerta 22, Plaza del Estadio, Miraflores) Neben der Disco Love City. Die Englisch sprechenden Beamten nehmen denuncia (Anzeigen) zu Diebstählen auf, die für die Versicherung benötigt werden. Sie ermitteln aber nicht und kümmern sich schon gar nicht um die Wiederbeschaffung der gestohlenen Sachen. Deshalb unbedingt

auf die Ausstellung der Papiere bestehen! Vor dem Busbahnhof gibt's ebenfalls einen Stand.

POST

Hauptpostamt (Ecobol; Karte S. 208; Ecke Mariscal Santa Cruz & Oruro, Prado; ⊙Mo–Fr 8–20, Sa 8.30–18, So 9–12 Uhr) *Lista-de-correos*-Post (postlagernd) wird hier zwei Monate umsonst aufgehoben. Zum Abholen braucht man einen Ausweis. Am Zollschalter im Untergeschoss kann man Pakete ins Ausland aufgeben.

TELEFON

Die praktischen *puntos* (private Fernsprechämter) verschiedener Anbieter wie Entel, Cotel, Tigo, Viva etc. finden sich überall in der Stadt. Zudem sind mittlerweile auch Mitarbeiter der Mobilfunkanbieter in den Straßen unterwegs und bieten ihre Handys für ein Telefonat an. Die vielen Straßenstände der Stadt verkaufen Telefonkarten und bieten ihre Telefone für kurze Ortsgespräche zu etwa 1 Bs pro Minute an. Sim-Karten fürs Handy, die hier *chips* heißen, gibt's für etwa 10 Bs von Entel und anderen Anbietern.

Entel (Karte S. 208; Ayacucho 267, Casco Viejo; ⊙Mo–Fr 8.30–21, Sa 8.30–20.30, So 9–16 Uhr) In der Hauptverkaufsstelle von Entel kann man sich auch anrufen lassen oder ein Fax versenden.

International Call Center (Karte S. 208; Galería Chuquiago, Ecke Sagárnaga & Murillo; ⊙8.30–20 Uhr) Hier kann für wenig Geld ins Ausland telefoniert werden.

TOURISTENINFORMATION

In den Büros der Touristeninformation und beim Hauptpostamt gibt's kostenlose Stadtpläne.

Informationsstände (Zentraler Busbahnhof; ⊙wechselnde Öffnungszeiten) Die Kioskmitarbeiter verteilen Stadtpläne und helfen bei der Zimmersuche.

InfoTur (Karte S. 212; ✆265-1778; www.visitbolivia.org; Ecke Av Mariscal Santa Cruz & Colombia, El Prado; ⊙Mo–Fr 8.30–19, Sa & So 9.30–13 Uhr) Hier sind Stadtpläne, Karten und ausführliche Infos erhältlich. Einige Mitarbeiter sprechen auch Englisch.

❶ An- & Weiterreise

Die meisten Reisenden kommen entweder am internationalen Flughafen El Alto oder am zentralen Busbahnhof an. Busse aus dem Inland Boliviens halten manchmal auch am Bahnhof von Villa Fátima oder aber in der Gegend um die Plaza 1 de Mayo.

BUS

In La Paz gibt es drei Busbahnhöfe. Vom zentralen Busbahnhof aus fahren Busse zu den meisten nationalen und internationalen Zielen. Wer in die Yungas oder zum Amazonas will, muss nach Villa Fátima fahren. In Richtung Sorata, Titicaca oder Tiwanaku muss man zuerst in die Gegend des Friedhofs. In den meisten großen Städte in Bolivien fährt einmal pro Stunde ein Bus, weniger oft besuchte Orte werden einmal am Tag angefahren. Busse zu internationalen Zielen fahren etwa einmal in der Woche. Vorher den Fahrplan überprüfen, dieser könnte sich durchaus ändern. Mit dem *micro* kommt man zu allen Abfahrtsorten, Funktaxis sind aber die sicherere Variante.

Touristenbusse bringen einen sicher und komfortabel nach Copacabana, Puno (bei einem der Veranstalter in La Paz buchen), Tiwanaku, Uyuni und ins Valle de la Luna.

Diana Tours (Karte S. 208; www.diana-tours.com; Hauptbusbahnhof; Trips 60 Bs) Geführte Rundreise ins Valle de la Luna, Abfahrt 8.30 Uhr.

Nuevo Continente (Hauptbusbahnhof; 60 Bs) Geführte Rundreisen nach Tiwanaku, Abfahrt 9 Uhr, Rückkehr 16 Uhr.

Todo Turismo (www.todoturismo.bo; Hauptbusbahnhof; 230 Bs) Direkte Busfahrten über Nacht nach Uyuni, Abfahrt 21 Uhr (10 Stunden).

Hauptbusbahnhof

Vom **Hauptbusbahnhof** (Terminal de Buses; Plaza Antofagasta) fahren Busse in die Regionen südlich und östlich von La Paz sowie in die Nachbarländer. Der Busbahnhof, der ebenfalls von Gustave Eiffel entworfen wurde, befindet sich nördlich des Zentrums – zu Fuß sind es gut 15 Minuten bergauf. Die Fahrpreise der einzelnen Gesellschaften sind relativ einheitlich.

ZIEL	PREIS (BS)	DAUER (STD.)
Arequipa	117–220	14
Arica	150–200	10
Buenos Aires	650–730	48–50
Camargo	100	16
Cochabamba	43–106	8
Copacabana	30	3–4
Cuzco	160–180	14
Iquique	120–180	11–13
Juliaca	110	9
Lima	450–500	28
Oruro	20–25	3½
Potosí	120	9
Puno	70–150	8
Santa Cruz (neue Straße)	220	17
Sucre	180	12
Tarija	80–120	18
Tupiza	120–180	18
Uyuni	120–200	11–12
Villazón	140–250	18

FRIEDHOFSBEZIRK

Busse, die vom Friedhofsbezirk (Baptista La Paz) aus abfahren, bringen einen günstig nach Tiwanaku, Titicaca und Sorata (über Desaguadero). In dieser Gegend ist es besonders im Dunkeln zwielichtig, also aufs Gepäck achten.

ZIEL	PREIS (BS)	DAUER (STD.)
Copacabana	15	3
Desaguadero	15	2
Huarina (von Cordillera Apolobamba)	10	3
Sorata	17	5
Tiwanaku	6–15	1½

Villa Fátima

Von **Villa Fátima** (Tejada Sorzano) fahren zumeist *micros* nach Coroico und in andere Orte der Yungas und des Amazonasbeckens. Der aus mehreren Haltestellen in verschiedenen Straßen bestehende „Busbahnhof" liegt etwa 1 km oberhalb der Plaza Gualberto Villarroel. Um herauszufinden, wo die jeweiligen Micros oder Busse abfahren, muss man sich durchfragen. Die Busse nach Coroico fahren beim Büro der Gesellschaft in der Yanacachi neben einer ehemaligen Tankstelle ab, die Busse ins Amazonasbecken in der Las Americas, ebenfalls neben einer Tankstelle, und die Busse nach Chulumani in der San Jorge. Weitere Büros und Haltestellen befinden sich in der Virgen del Carmen, westlich der Las Américas.

ZIEL	PREIS (BS)	DAUER (STD.)
Caranavi	15–25	8
Chulumani	30	4
Coroico	20–30	3
Cumbre	20	1
Rurrenabaque	120	18–20
Yolosa	20	3

FLUGZEUG

Der internationale Flughafen von El Alto (LPB) liegt auf dem Altiplano, vom Zentrum etwa 10 km auf einer Mautstraße entfernt. Die inländische Abreisegebühr beträgt 15 Bs, die internationale liegt bei 25 US$ (nur mit Bargeld in der Flughafenhalle zu zahlen).

Der Minibus 212 fährt zwischen 7 und 20 Uhr regelmäßig zwischen Plaza Isabel la Católica und dem Flughafen. Wer vom Flughafen aus mit dem Bus in die Stadt fährt, kann überall am Prado aussteigen.

Funktaxis (etwa 70 Bs für bis zu 4 Pers.) holen einen direkt an der Haustür ab. Preise bei der Buchung durch den Fahrdienstleister bestätigen lassen oder den Fahrer zur Überprüfung beim Einsteigen fragen. Für die fünfte Person kostet es 10 Bs mehr. Flüge mit Transportes Aéreos Militares (TAM) gehen vom Militärflughafen in El Alto ab. Vom oberen Ende des Prado einen Río-Secro-*micro* nehmen. Taxis kosten etwa das Gleiche wie zum Hauptflughafen in El Alto.

Abflugzeiten und Flugpläne ändern sich oft. Online checken oder vorher anrufen.

ⓘ Unterwegs vor Ort

MICRO & MINIBUS

Die Fahrt in den knatternden und rauchspuckenden *micros* (kleine Busse oder Minibusse) kostet etwa 2 Bs. Mit dem Minibus kommt man fast überall hin, er kostet aber auch mehr. Zusätzlich zu einer Routennummer oder Buchstaben zeigen die *micros* auf einer Anzeigetafel auf der Frontscheibe an, wo sie hinfahren und welche Route sie nehmen. Im Minibus kündigt meist ein junger Helfer schreiend den nächsten Stopp an. An der Straße muss man winken, damit der Bus an den ausgewiesenen *paradas* (Haltestellen) oder, wenn kein Polizist zu sehen ist, wo immer man will, anhält.

FUNKTAXI

Funktaxis (mit Kugeln auf dem Dach, auf denen ihre Telefonnummern zu lesen sind) sind sehr zu empfehlen. Im Zentrum kostet eine Fahrt etwa 10 Bs, von Sagárnaga nach Sopocachi oder von Sopocachi ins Friedhofsviertel 12 bis 14 Bs (zu den Stoßzeiten mehr) und 15 bis 20 Bs zur Zona Sur. Nach 23 Uhr steigen die Preise ein wenig an. Der normale Taxiservice (nur mit Taxizeichen, keine Telefonnummer oder Kugel) arbeitet mit Gruppentaxis, in denen jeder Passagier etwa 6 Bs bezahlt. Diese sind aber für Entführungen bekannt.

Wenn möglich, sollte man sein Hotel oder Restaurant darum bitten, ein Taxi zu rufen. Ansonsten kann man Taxis überall anhalten, außer an Kreuzungen und in Gegenden, die von der Polizei abgesperrt wurden. Immer vor Fahrtantritt den Preis bestätigen lassen.

GEMEINSCHAFTSTAXIS ODER MINIBUSSE

Trufis nennt man die Gemeinschaftstaxis oder Minibusse, die feste Routen abklappern. Ihr Ziel wird auf Schildern auf dem Dach oder der Windschutzscheibe ausgewiesen. In der Stadt zahlt man für eine Fahrt ca. 3 Bs, zur Zona Sur 4 Bs.

RUND UM LA PAZ

Tiwanaku

Es ist zwar nicht Machu Picchu oder Tikal, aber ein Besuch bei den Ruinen von Tiwanaku (auch als Tiahuanaco oder Tihuanaco bekannt) ist allemal ein lohnender Tagestrip von La Paz aus. Die Fundstätte an sich, mit ein paar geschnitzten Monolithen, Bogengängen, Arkaden und einem ordentlichen Museum, ist zwar nicht übermäßig herausragend, aber für Geschichtsinteressierte ist es traumhaft, in die Mythen und Mysterien dieser verlorenen Zivilisation einzutauchen. Im gleichnamigen Dorf gibt es ein paar Hotels, Restaurants, eine lustige kleine Plaza mit zauberhaften Skulpturen, die von Tiwanaku-Stilrichtungen inspiriert wurden, und eine Kirche aus dem 16. Jh., die aus Steinen von der Tiwanaku-Stätte gebaut wurde.

Über jene Menschen, die das Zeremonialzentrum am südlichen Ufer des Titicacasees vor mehr als tausend Jahren erbauten, ist nur wenig bekannt. Archäologen sind sich einig, dass sich die Zivilisation Tiwanakus ungefähr um 600 v. Chr. ausbreitete. Der Bau des Zeremonialzentrums begann um etwa 700 n. Chr., aber um 1200 n. Chr. war die Gruppe bereits wieder in Vergessenheit geraten und zu einer weiteren „verlorenen" Zivilisation geworden. Ihr Einfluss, insbesondere ihre Religion, ist in Funden nachgewiesen worden, die in jener Gegend auftauchten, die später zum riesigen Reich der Inka wurde.

Die Ruinen besuchen

Den Eintrittspreis für **Fundstätte und Museum** (Fundstätte & Museum 80 Bs; ⊙ Tickets 6–16 Uhr, Fundstätte 9–17 Uhr) bezahlt man gegenüber vom Besucherzentrum. Wer auf eigene Faust unterwegs ist, sollte seinen Besuch im Museum beginnen, um ein Grundverständnis für die Geschichte zu entwickeln und erst danach zu den Ruinen gehen. Geführte **Touren** (☏ 7524-3141; tiwana kuguias_turismo@hotmail.com; für 1-6 Pers. 80 Bs) gibt's auf Englisch und Spanisch und sind sehr zu empfehlen.

Das Highlight des Museumsbesuchs ist der massive 7,3 m große Monolito Bennett Pachamama, der 2002 aus dem mit Smog verpesteten Templete Semisubterráneo in La Paz gerettet wurde.

Nur 100 m westlich des Fundorts liegt das **Hotel Akapana** (☏ 289-5104; www.hotelakapa na; Ferrocarril; EZ/DZ inkl. Frühstück 80/150 Bs) mit drei Etagen, einfachen Zimmern mit schönem Ausblick, rund um die Uhr heißem Wasser und einem zauberhaftem Blick auf die anliegenden Fundstätten.

ⓘ An- & Weiterreise

Viele Veranstalter in La Paz bieten geführte Halb- oder Ganztagestouren zu vernünftigen Preisen nach Tiwanaku an (70–140 Bs/Pers.). Transport und ein zweisprachiger Guide sind inklusive.

Nuevo Continente (Hauptbusbahnhof; Tickets 60 Bs) bietet geführte Rundtouren nach Tiwanaku an. Abfahrt ist um 9 Uhr am Hauptbusbahnhof von La Paz, Rückkehr um 16 Uhr.

Wer sich lieber auf eigene Faust auf den Weg macht, kann den Bus vom Friedhof in La Paz nehmen. Der fährt jede Stunde und kostet zwischen 6 und 15 Bs.

Minibusse, die oft überbesetzt sind, halten am Museum in der Nähe des Eingangs. Für die Rückfahrt nach La Paz kann man an der Hauptplaza im Dorf in den Minibus steigen. Unbedingt darauf achten, dass Cementario vorne dran steht, sonst wird man in Ceja (El Alto) rausgeworfen.

Empresa Ferroviaria Andina (FCA; ☏ 241-6545; www.fca.com.bo; Tickets 10–40 Bs) hat ein Pilotprogramm gestartet, das vereinzelte Zugfahrten von El Alto in La Paz nach Tiwanaku (mit einer Pause von 1½ Std.) sowie nach Guaqui am Titicacasee (2 Std. Pause) anbietet. Am zweiten Sonntag jedes Monats fährt der Zug um 8 Uhr morgens von La Paz aus ab (10–40 Bs). Auf der Website nachsehen oder im Voraus anrufen.

TITICACASEE

Alles, was sich nahe des beeindruckenden Gewässers befindet, von den traditionellen Aymarádörfern bis zu den Gletschergipfeln der Cordillera Real, wird zur Kulisse, während die Einzigartigkeit und Anziehungskraft des Sees alle Blicke und Energie in seine Tiefen zu ziehen scheint.

Auf 3808 m zwischen Peru und Bolivien gelegen, bietet der 8400 km² große See Ausflüge zu den vielen Inseln, die das Ufer säumen, zu vergessenen Buchten und schwimmenden Inseln und zu Partys in der Touristenhochburg Copacabana. Wer Glück hat, lernt ein paar Einheimische kennen und erfährt von ihnen mehr über Kultur und Tradition von Boliviens Top-Attraktion.

Copacabana

☏ 02 / 14 900 EW.

Die freundliche, bezaubernde Kleinstadt liegt zwischen zwei Hügeln am südlichen Ufer des Titicacasees. Jahrhundertelang war es ein bedeutender Wallfahrtsort, und bis heute strömen die Pilger aus dem In- und Ausland zu den Fiestas.

Titicacasee

Außerdem scheinen in dem Dreh- und Angelpunkt des „Gringo Trails" in Bolivien mehr Argentinier und Europäer als Einheimische zu leben. Wem diese Massen zuviel sind, unternimmt eine gemütliche Wanderung entlang des Sees oder zum El Calvario hinauf. „Copa" ist nicht nur das Sprungbrett zur Isla del Sol und zur Isla de la Luna, sondern bietet sich auch als Zwischenstopp auf dem Weg von La Paz nach Puno oder Cuzco an.

◉ Sehenswertes & Aktivitäten

In Copa passiert das meiste auf den Plazas 2 de Febrero und 6 de Agosto, die Haupteinkaufsmeilen, die von Osten nach Westen verlaufen. Der Verkehrsknotenpunkt liegt an der Plaza Sucre, die Richtung Westen am See endet und in einen Spazierweg (Costañera) entlang des Seeufers übergeht.

Die faszinierende **Kathedrale** (6 de Agosto) im maurischen Stil dominiert die Stadt mit ihren Kuppeln und farbigen Azulejos (blaue Keramikfliesen im portugiesischen Stil). Die berühmte schwarze Virgin-de-Candelaria-Statue befindet sich im Obergeschoss der Camarín de la Virgen de Candelaria (tägl. geöffnet, die Öffnungszeiten variieren aber). Das bunte Bendiciones de Movilidades (*cha'lla*, Segnen der Automobile) findet während der Festivalsaison täglich (am verlässlichsten am Wochenende) um 10 Uhr vor der Kathedrale statt.

Im Norden der Stadt erhebt sich der **Cerro Calvario**. Ein staubiger, aber landschaftlich reizvoller Weg beginnt an der Kreuzung von Av 6 de Agosto und Costañera. Der Weg zum Gipfel, der bei der Kirche am Ende der Destacamento 211 beginnt, führt an den 14 Stationen des Leidenswegs Christi vorbei. Der 30-minütige Aufstieg lohnt sich besonders während des Sonnenuntergangs.

Zu den weiteren Sehenswürdigkeiten der Stadt, die aber alle nur sporadisch geöffnet sind, gehören die Sternwarte **Horca del Inca** aus der Vorinka-Zeit (Inti Watana; Eintritt

10 Bs), das etwas vernachlässigte **Tribunal del Inca** (Intikala; Eintritt 5 Bs) nördlich des Friedhofs, und das gemeinnützig geführte **Kusijata** in einem Herrenhaus der Kolonialzeit, das eine kleine archäologische Ausstellung präsentiert. 3 km nordöstlich der Stadt befindet sich noch das **Baño del Inca**.

Am Seeufer werden alle möglichen Wassersfahrzeuge sowie Fahrräder (70 Bs/Tag) und Motorräder (50 Bs/Std.) verliehen.

Wandern, Radfahren oder einfach mit dem Bus von Copacabana nach Yampupata, einem winzigen Dorf 17 km nördlich der Stadt, fahren, sind lohnende Aktivitäten.

Feste & Events

Alasitas Festival — RELIGION
Im Ort ist es Tradition, Miniaturen von Gegenständen wie Autos oder Häuser segnen zu lassen. Dazu beten die Gläubigen, dass sie den echten Gegenstand bis zum nächsten Jahr ihr Eigen nennen können. Das Fest findet am 24. Januar statt.

Fiesta de la Virgen de Candelaria — RELIGION
Das Fest zu Ehren der Schutzheiligen von Copacabana und von Bolivien wird hier besonders groß gefeiert. Dazu reisen Teilnehmer und Gäste aus ganz Bolivien und sogar Peru an. Gefeiert wird mit viel Musik, traditionellen Aymará-Tänzen, Essen und Trinken. Zum Höhepunkt des Festes werden am dritten Tag gut 100 Stiere in ein steinernes Gehege an der Straße nach Yampupata getrieben, wo sich mutige und betrunkene Einheimische zu ihnen gesellen. Das Fest findet vom 2. bis 5. Februar statt.

Karfreitag — RELIGION
Die Stadt füllt sich mit Pilgern, die zur Abenddämmerung einer feierlichen Prozession bei Kerzenschein folgen.

Schlafen

Es gibt einige Budgetunterkünfte, besonders entlang der Calle Jáuregui, die etwa 30 Bs pro Person kosten (in der Hauptsaison und bei Festen allerdings weitaus mehr). Das Wasser ist knapp hier, also nicht zu lange duschen. Mit kaltem Wasser muss man übrigens durchaus rechnen.

Hostal Flores del Lago — HOTEL $
(862-2117; www.hostalfloresdellago.com; Jáuregui; EZ/DZ/3BZ 100/140/210 Bs; 🛜) Das große vierstöckige Hotel nördlich des Hafens ist eine erstklassige Budgetunterkunft. Die sauberen Zimmer sind zwar etwas feucht, bieten aber eine tolle Aussicht. Und es gibt einen freundlichen, sonnendurchfluteten Eingangsbereich. Außerdem stehen zwei große Familienzimmer für vier oder mehr Personen zur Verfügung.

Hostal Sonia — HOTEL $
(862-2019; hostalsoniacopacabana@gmail.com; Murillo 256; 50 Bs/Pers.; @🛜) Das lebhafte Hotel mit hellen, freundlichen Zimmern ist den Aufpreis von gut 10 Bs pro Person gegenüber anderen Budgetunterkünften durchaus wert. Von den Zimmern im Obergeschoss hat man einen tollen Ausblick, und nicht zuletzt die schöne Dachterrasse machen es zu einem der besten Budgethotels der Stadt. Wem das zu einfach ist, geht in das neue, schicke Hotel Lago Azul, das sich ebenfalls im Besitz der Familie befindet.

Hostal Emperador — HOTEL $
(862-2083; Murillo 235; Zi. 35 Bs/Pers., ohne Bad 25 Bs) Das einfache, aber lebhafte und farbenfrohe Hotel mit warmen Duschen, Wäscheservice, kleiner Gemeinschaftsküche und Gepäckaufbewahrung ist besonders beliebt bei sparsamen Reisenden. Der neuere Gebäudeteil an der Rückseite hat hellere Zimmer mit Bad und eine sonnige Terrasse, die zum Entspannen und Genießen der Aussicht einlädt.

★ Las Olas — BOUTIQUEHOTEL $$
(862-2112, 7250-8668; www.hostallasolas.com; Pérez 1-3; EZ/DZ/3BZ 39/49/64 US$, Suite 74 US$; @🛜) Mit diesem Hotel ist es wie mit Weihnachtsgeschenken: Verrät man zuviel, sind sie keine Überraschung mehr. Deshalb nur soviel: originell, kreativ, stilvoll, umweltfreundlich, traumhafter Blick. Es gibt mehrere Küchen, eigene Terrassen mit Hängematten und einen mit Solarenergie betriebenen Whirlpool. Ein einmaliges Erlebnis, das sein Geld wert ist.

Hotel La Cúpula — HOTEL $$
(862-2029; www.hotelcupula.com; Pérez 1-3; EZ/DZ/3BZ 19/39/52 US$, Suite mit EZ/DZ/3BZ 30/55/66 US$; 🛜) Das einladende Hotel mit den zwei markanten, strahlend weißen Kuppeln am Hang des Cerro Calvario ist der Traum von Reisenden aus aller Welt. Ebenso traumhaft ist der Blick auf den See. Die Zimmer sind recht einfach, doch das Hotel mit Hängematten, Gemeinschaftsküche und freundlicher Atmosphäre liegt mitten in einem wundervollen Garten. Das hilfsbereite Personal spricht mehrere Sprachen. Wem die Kunstwerke an den Zimmerwänden

Copacabana

gefallen, kann sie kaufen und mitnehmen Möglichst im Voraus buchen.

Hostel Leyenda HOSTEL $$
(☏ 7067-4097; hostel.leyenda@gmail.com; Ecke Av Busch & Constañera; EZ/DZ inkl. Frühstück 100/200 Bs, Suite 250 Bs; ☎) Die gute Budgetunterkunft mit Blick auf den See hat einen üppigen Garten und Zimmer im „bolivianischen Boutiquestil". Die Eckzimmer bieten jede Menge Platz fürs gleiche Geld. Die Suite im obersten Stock ist teurer, aber auch schöner und hat sogar ein Floß aus *totora*-Schilf auf der eigenen Terrasse.

Copacabana

⊙ Highlights
1 Kathedrale..D4

🛏 Schlafen
2 Hostal Emperador D4
3 Hostal Flores del Lago.........................A2
4 Hostal Sonia D4
5 Hostel Leyenda B4
6 Hotel La Cúpula...................................B2
7 Hotel Lago Azul A3
8 Hotel Utama B2
9 Hotel Wendy Mar C4
10 Las Olas B2

🍴 Essen
11 Stände am Strand B4
12 Huanchaco B3
13 La Choza C3
   La Cúpula Restaurant .... (siehe 6)
14 La Orilla B3
15 Puerto Viejo..B3
16 Restaurant Aransaya C3

🍸 Ausgehen & Nachtleben
17 KM/0...B3

🛍 Shoppen
   Hotel La Cúpula .... (siehe 6)

Hotel Lago Azul HOTEL $$
(☎ 862-2581; Ecke Costañera 13 & Jáuregui; EZ & DZ 120 Bs) Das neueste Hotel der Stadt steht direkt am See und hat schön gestrichene Zimmer mit Heizung, kleinem Balkon und guten, nagelneuen Matratzen. Die Einrichtung ist etwas nüchtern, doch die Lage unschlagbar.

Hotel Wendy Mar HOTEL $$
(☎ 7882-4240, 862-2124; www.hotelwendymar.com; Av 16 de Julio; EZ/DZ/3BZ inkl. Frühstück 150/260/360 Bs; 🛜) Von den makellos bezogenen Betten bis zu den blitzblanken Fußböden ist in diesem ausgezeichneten Budgethotel alles sauber und ordentlich. Einige Zimmer bieten Blick auf den See.

Hotel Utama HOTEL $$
(☎ 862-2013; www.utamahotel.com; Ecke Peréz & San Antonio; EZ/DZ inkl. Frühstück 140/250 Bs; P @ 🛜) Das gute, saubere Hotel auf einem Hügel hoch über der Stadt hat feste Matratzen, eine witzige Gemeinschaftsterrasse und hochwertige Gasboiler für warme Duschen. Einige Zimmer bieten eine schöne Aussicht. Zu den Annehmlichkeiten gehören die kostenlose Gepäckaufbewahrung, ein schöner Garten und eine Bücherbörse.

Essen

Die lokalen Spezialitäten heißen *trucha criolla* (Regenbogenforelle) und *pejerrey* (Königsfisch aus dem Titicacasee). Sie werden für gerade einmal 20 Bs entlang der Stände am Strand verkauft. Das A und O für Schnäppchen ist der *comedor*-Markt, auf dem man sich ein „Insulinschock"-Frühstück oder, wenn man nachmittags dort ist, Tee mit *api morado* (heißes Maisgetränk; 2 Bs) und zuckersüße *buñuelos* (Donuts oder Frittiertes; 1 Bs) genehmigen kann.

Restaurant Aransaya BOLIVIANISCH $
(Av 6 de Agosto 121; Mittagsmenü 15 Bs, Hauptgerichte 30–45 Bs; ⓘ mittags) Das superfreundliche Lokal ist vor allem für großes, kaltes Bier und leckere Forelle mit Unmengen von Beilagen bekannt. Es ist sauber, traditionell und überaus beliebt bei den Einheimischen.

La Choza CAFÉ $
(Av 16 de Julio, zw. Busch & Av 6 de Agosto; Snacks & Sandwiches 10–25 Bs; ⓘ 10–20 Uhr) Beliebter Treffpunkt von argentinischen Rastas. In dem ganztägig geöffneten Café kann man bei einem Sandwich auf den Bus warten und dabei die heilige Dreieinigkeit von Jimi Hendrix, Bob Marley und Marilyn Monroe an den Wänden bewundern.

La Orilla INTERNATIONAL $$
(☎ 862-2267; Av 6 de Agosto s/n; Hauptgerichte 45–52 Bs; ⓘ Mo–Sa 16–21.30 Uhr; 🍴) Für viele ist dieses gemütliche Lokal mit maritimem Ambiente das beste Restaurant der Stadt. Tatsächlich bietet es erntefrisches, knackiges Gemüse und interessante Forellengerichte, etwa mit Spinat und Speck. Superlecker! Auch die andianischen Falafel sind sehr gut.

Huanchaco PERUANISCH $$
(Restaurant Peruana; Av 6 de Agosto s/n; Hauptgerichte 40–110 Bs) Eigentlich sollte man in Bolivien nicht peruanisch essen. In diesem Restaurant aber sehr wohl! Denn die *papa a la huancaino* (Kartoffeln in würziger, gelber Sauce) und *chupe de camarones* sind eine willkommene Alternative zur immer gleichen *pizza de copa*. Dazu gibt's *suspira a la limeña,* ein hochprozentiger Cocktail aus *pisco*, Eiweiß und Kondensmilch.

La Cúpula Restaurant INTERNATIONAL $$
(www.hotelcupula.com; Pérez 1-3; Hauptgerichte 24–59 Bs; ⓘ 7.30–15 & 18–21 Uhr, Di mittags ge-

schl.; ◷) Auf der umfangreichen Speisekarte stehen kreative bolivianische und internationale Gerichte aus regionalen Zutaten. Neben jeder Menge Fleischgerichte gibt es auch Vegetarisches wie eine leckere Lasagne und Käsefondue mit echtem Greyerzer – himmlisch! – sowie bolivianisches Schokofondue mit frischen Früchten.

Puerto Viejo INTERNATIONAL **$$**
(puertoviejocafecopacabana.blogspot.com; Av 6 de Agosto 684; Hauptgerichte 35–50 Bs) Das zwanglos rustikale, gemütliche Café mit Bar und Ethno-Einrichtung ist bei Touristen sehr beliebt. In entspannter Atmosphäre werden bis spät in die Nacht gute Burger und Pizza serviert. Die Bedienungen sind abermanchmal recht langsam. Ein Ableger befindet sich in der Costañera neben dem Trout Stand #1.

Ausgehen & Nachtleben

KM/0 BAR
(Km Null; Av 6 de Agosto) Die Bar ist 50 m vom großen Anker entfernt. Die Rockstars der 1960er-Jahre schmücken die Wände, Argentinier mit Rastalocken spielen Gitarre, zu gutem, einfachem Essen werden Drinks des Tages serviert. Nicht zuletzt das freundliche Personal sorgt für die allzeit gute Stimmung.

Shoppen

Den besten Büchertausch gibt's im **Hotel La Cúpula** (www.hotelcupula.com; Michel Pérez 1-3).

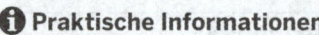 Praktische Informationen

Immer wieder wird von unangenehmen Zwischenfällen in illegalen Minibussen und Taxis berichtet, die zwischen La Paz und Copacabana verkehren. Besonders betroffen sind Reisende, die nachts in La Paz ankommen. Die Fahrer stopfen oft viel zu viele Passagiere in ihre kleinen Minibusse und rasen dann wie die Wahnsinnigen durch die Nacht. Reisende sollten deshalb unbedingt die offiziellen Touristenbusse (oder zumindest große Busse) benutzen und versuchen, möglichst tagsüber in La Paz anzukommen.

Die Kombination aus dünner Höhenluft, strahlendem Sonnenschein und Reflexion des Wassers verstärkt die UV-Strahlung um ein Vielfaches. Deshalb immer gut mit Sonnenschutzmitteln einreiben und eine Kopfbedeckung tragen. Zudem sollte man Unmengen von Wasser trinken, um einer Dehydrierung vorzubeugen.

An der Plaza Sucre befinden sich drei Geldautomaten. Fast alle Geschäfte in der Av 6 de Agosto, der „Wall Street" von Copacabana, wechseln auch Geld. US-Dollar werden lieber genommen als Euro. Die Scheine müssen aber sauber und dürfen nicht eingerissen sein. In den meisten *artesanías* ist auch peruanische Währung erhältlich, doch jenseits der Grenze in Kasani oder Yunguyo ist der Wechselkurs wesentlich besser.

Centro de Información Turística (◷ 6717-9612, 7251-6220; www.visitacopacabana.com; Ecke Av 16 de Julio & Av 6 de Agosto; ⊙Mi–So 9–13 & 14–18 Uhr) Auf der offiziellen Website der Touristeninformation von Copacabana sind ausführliche Infos über Veranstaltungen und

---

ⓘ EINREISE NACH PERU

Die meisten Reisenden überqueren die Grenze nach Peru bei Copacabana (über die Straße von Tiquina) oder in der schmuddeligen Stadt Desaguadero (um Copacabana komplett zu umgehen). Die peruanische Zeit ist eine Stunde hinter Bolivien. Während der gesamten Grenzüberquerung den Rucksack immer bei sich tragen!

Micros (kleine Busse oder Minibusse) zum Grenzübergang Kasani–Yunguyo (3 Bs, 15 Min.) fahren regelmäßig an der Plaza Sucre in Copacabana ab, sobald sie voll sind. Bei der Passkontrolle in Kasani erhält man den Ausreisestempel und geht danach zu Fuß über die Grenze. Manchmal verlangen die Grenzposten auch eine Gebühr (von etwa 30 Bs) für den Grenzübertritt. Auf peruanischer Seite warten *micros* und Taxis, um die Reisenden nach Yunguyo zu bringen (ca. 6 PEN, 15 Min.). Von dort fahren Busse nach Puno. Eine bequeme Alternative ist die Fahrt mit einem Touristenbus von La Paz nach Puno über Copacabana (ab 60 Bs), wobei teilweise auch ein paar Tage Aufenthalt in Copacabana möglich sind. Achtung: Auch wenn die Fahrkarte bis nach Cuzco oder einen anderen Ort in Peru gilt, muss man auf jeden Fall am internationalen Busbahnhof von Puno umsteigen. Dieser ist drei Straßen vom städtischen Busbahnhof entfernt.

Die schnellere, aber langweiligere Route führt über Desaguadero am Südufer des Sees. Von hier gibt's viele Busverbindungen nach Peru. Der Grenzübertritt ist meist problemlos: Bei der **bolivianischen Passkontrolle** (⊙8.30–20.30 Uhr) erhält man den Ausreisestempel (für max. 30 Bs), geht über eine Brücke und erhält beim *migración* auf peruanischer Seite den Einreisestempel. Von dort fährt stündlich ein Bus nach Puno (ca. 3½ Std.).

Für ausführliche Infos zum Grenzübertritt in umgekehrter Richtung, siehe S. 912.

Festivals der Gegend zu finden. Es gibt auch einen Link zu diversen gemeinnützigen Tourismusprojekten sowie zu einem interessanten und kostenlosen Museum. Obwohl ein hilfsbereiter Mitarbeiter des Büros Englisch spricht, sind dort nur grundlegende Infos zu erhalten.

Post (Plaza 2 de Febrero; ⊙ Mo–Fr 10–20, Sa 9–12 Uhr) Die Öffnungszeiten der Post gelten auch für die Banken in Copacabana.

❶ An- & Weiterreise

BUS

Die meisten Busse fahren in der Nähe der Plazas 2 de Febrero oder Sucre ab. Die etwas bequemeren Nonstop-Touren von La Paz nach Copacabana – u. a. Milton Tours und Combi Tours – kosten ca. 40 Bs und sind das Geld wirklich wert. Sie starten in La Paz um etwa 8 Uhr morgens und verlassen Copacabana um 13.30 Uhr (30 Bs, 3½ Std.). Tickets können beim Veranstalter gekauft werden. Am Estrecho de Tiquina (Straße von Tiquina) muss man aus dem Bus aussteigen und mit der Fähre (1,50 Bs/Pers., 5–21 Uhr) die Strecke zwischen den Städten San Pedro de Tiquina (Touristeninformation auf der zentralen Plaza) und San Pablo de Tiquina zurücklegen.

Busse nach Peru, z. B. nach Arequipa (120 Bs, 8½ Std.), Cuzco (110 Bs, 15 Std.) und Puno (30 Bs, 3–4 Std.) fahren in Copacabana von der und zur Av 6 de Agosto. Nach Puno kann man auch den öffentlichen Minibus von der Plaza Sucre zur Grenze bei Kasani nehmen (3 Bs, 15 Min.). Von Peru aus kommt man mit regelmäßigen, wenn auch überfüllten Transportmöglichkeiten nach Yunguyo (5 Min.) und Puno (2½ Std.).

SCHIFF

Tickets für Bootstouren zur Isla de la Luna und zur Isla del Sol gibt's bei den Veranstaltern an der Av 6 de Agosto oder an den Verkaufsständen am Strand. Mit einer großen Gruppe unterwegs? Dann sollte man darüber nachdenken, ein privates Boot vom Veranstalter für etwa 600–800 Bs am Tag zu mieten. Die separate Rückfahrt ist von beiden Inseln aus möglich.

Isla del Sol

🎵 02 / 2500 EW.

Die Isla del Sol (3808 m), eine ausgedehnte Insel mit verschiedenen traditionellen Gemeinschaften, einer durchaus ordentlichen Infrastruktur für Touristen, ein paar interessanten Ruinen, tollen Ausblicken, schönen Wanderungen und natürlich viel Sonne kann leicht zu einem besonderen Highlight der Tour zum Titicacasee (und vielleicht der gesamten Reise) werden.

Die 70 km² große Insel lädt zu einem Aufenthalt von mindestens ein oder zwei Nächten ein. Jeweils einen Tag kann man im Norden und Süden der Insel verbringen. Ein Rundwanderweg zu den wichtigen Sehenswürdigkeiten ist an einem Tag zu schaffen, die fixen Halbtagestouren hingegen sind wirklich nur etwas für diejenigen, die in kürzester Zeit so viel wie möglich sehen wollen.

Die Bewohner der „Sonneninsel" wohnen entweder in den Hauptsiedlungen von **Cha'llapampa** an der nördlichen Spitze der Insel oder in **Cha'lla** hinter einem herrlichen Sandstrand an der zentralen Ostküste oder aber dem größten Ort auf der Insel, **Yumani**, der sich entlang des Bergzugs über der Escalera del Inca im Süden erstreckt.

Auf der Isla del Sol gibt es keine Fahrzeuge. Besucher müssen sich also darauf beschränken, die felsigen Pfade entlangzuwandern (manche sind heute im Stil der Inka gepflastert) oder mit dem Boot zu reisen. Die wichtigsten Häfen liegen am **Pilko Kaina**, an der **Escalera del Inca** in Yumani und in der Nähe des **Templo del Inca** und der **Chincana-Ruinen** bei Cha'llapampa. Es gibt außerdem noch einen weiteren kleinen Hafen bei **Japapi** an der Südwestküste.

⊙ Sehenswertes

Für jede Sehenswürdigkeit der Insel ist der Eintritt einzeln zu entrichten.

Escalera del Inca   GÄRTEN

(Eintritt 5 Bs) Oberhalb des Fährhafens im Dorf Yumani führt die schön restaurierte Escalera del Inca (Inka-Treppe) an Terrassengärten, kleinen Läden und Hotels vorbei. Für den steilen Anstieg über 200 Höhenmeter in weniger als 1 km sollte man sich ausreichend Zeit nehmen und/oder einen Esel (30–50 Bs) das Gepäck tragen lassen.

Pilko Kaina   RUINEN

(Eintritt 5 Bs) Die berühmte Ruinenstätte im Süden der Insel liegt geschützt an einem steilen Hang mit Terrassenfeldern. Sie ist 2 km von Yumani entfernt und zu Fuß in etwa 30 Minuten zu erreichen. Das bekannteste Gebäude ist der zweistöckige **Palacio del Inca**, den vermutlich der Inka-Herrscher Tupac-Yupanq errichten ließ.

Cha'lla   DORF

(Eintritt 15 Bs) Das hübsche kleine Dorf liegt an einem herrlichen Sandstrand, der an die Strände der griechichen Inseln erinnert. Das recht weitläufige Dorf erstreckt sich bis weit über den Hügel im Süden. Am Strand befinden sich ein kleiner Kiosk und ein noch

Isla del Sol

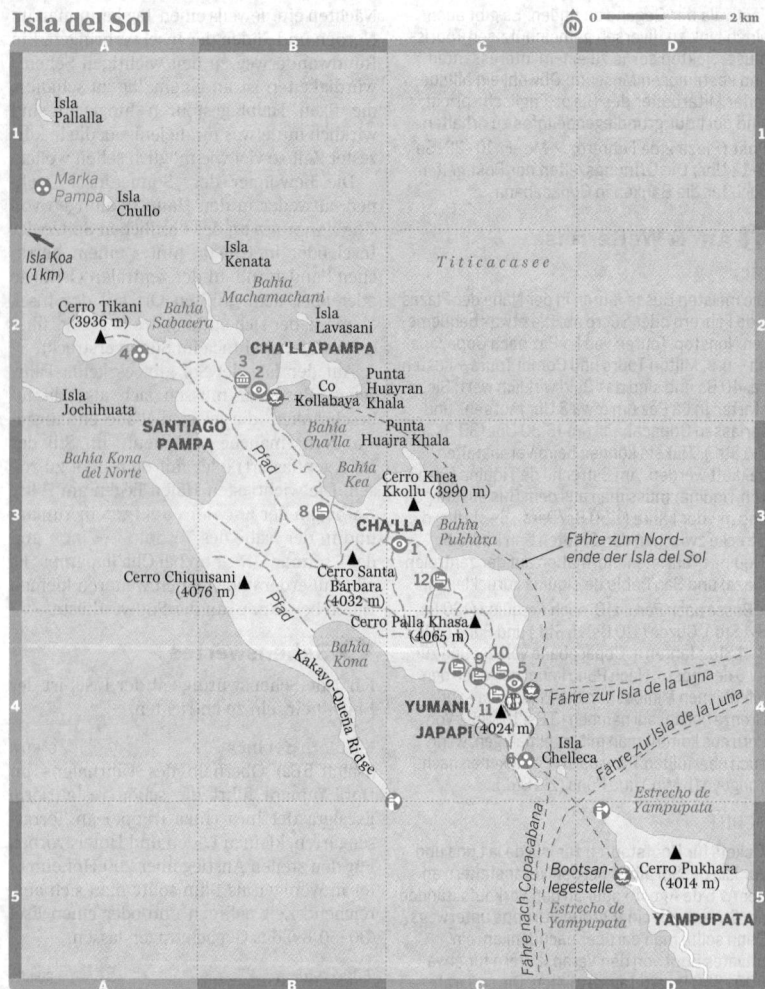

recht neues Hotel; ein weiteres Hotel befindet sich auf dem Hügel: **Hostal Qhumphuri** (☏ 7152-1188, in La Paz 02-284-3534; hostal qhumphuri@hotmail.com; EZ/DZ 20/40 Bs). Der Weg ins Dorf hinunter ist kostenpflichtig.

Cha'llapampa
DORF

Die Boote der meisten Touren zu den Ruinen im Norden legen in Cha'llapampa an, einem kleinen Dorf, das sich beiderseits einer schmalen Landenge erstreckt. Im winzigen **Cha'llapampa Museum** (Cha'llapampa; Eintritt inkl. Chincana-Ruinen 10 Bs) sind Kunst- und Gebrauchsgegenstände zu sehen, die 1992 in Marka Pampa ausgegraben wurden. Die Einheimischen nennen den Ort „La Ciudad Submergida (Versunkene Stadt)". Unter den staubigen Ausstellungsstücken befinden sich auch kleine anthropomorphe Figuren, Stücke aus der Tiwanaku-Zeit, keramische *koa*-Räuchergefäße in Form eines Puma und Kelche, die an die Vorstellungen vom Heiligen Gral à la Monty Python erinnern.

Chincana-Ruinen
RUINEN

(Eintritt 10 Bs) Die spektakulärste Ruinenstätte der Insel liegt ganz im Norden. Das bedeutendste Gebäude ist der **Palacio del Inca**, ein riesiges Labyrinth aus meterhohen Mauern und schmalen Wegen, das auch als

Isla del Sol

⊚ Sehenswertes
1. Cha'lla C3
2. Cha'llapampa B2
3. Cha'llapampa Museum B2
4. Chincana-Ruinen A2
5. Escalera del Inca C4
6. Pilko Kaina C4

🛏 Schlafen
7. Hostal Puerta del Sol C4
8. Hostal Qhumphuri B3
9. Hotel Imperio del Sol C4
10. Inti Wasi Lodge C4
11. Las Cabañas C4
12. Palla Khasa C3

El Laberinto bezeichnet wird. Mitten im Labyrinth befindet sich ein kleiner Brunnen, dessen heiliges Wasser den Pilgern zufolge auch den Geist reinigt.

🛏 Schlafen

Am schönsten schläft es sich in Yumani. In Ch'allapampa und Ch'alla gibt es ein paar einfache Unterkünfte. In der Hochsaison (Juni–Aug., Feste) ist mit doppelt so hohen Preisen zu rechnen.

Hotel Imperio del Sol   HOTEL $
(☎ 7196-1863, 7373-4303; Zi. mit/ohne Bad 100/50 Bs pro Pers.) Die ausgezeichnete und zentral am dorfseitigen Hang gelegene Unterkunft hat saubere Zimmer und freundliches, zuverlässiges Personal.

Inti Wasi Lodge   HOSTEL $
(☎ 7196-0223; museo_templodelsol@yahoo.es; B 30 Bs/Pers., Hütte inkl. Frühstück 80 Bs/Pers.) Die vier einfachen, aber gemütlichen Hütten haben ein eigenes Bad und eine grandiose Aussicht. Zum Hostel gehört auch das sehr empfehlenswerte Restaurant Palacio de la Trucha. Um hierher zu kommen, biegt man vor dem Hostal Illampu rechts ab und geht den Berg hinauf.

Palla Khasa   HÜTTEN $$
(☎ 7321-1585; es-la.facebook.com/palla.khasa; EZ/DZ inkl. Frühstück 260/310 Bs, EZ/DZ im Bungalow 510/710 Bs) Das erstklassige Hotel liegt etwa 300 m nördlich von Yumani auf einem schönen Gelände. Die einfachen, aber funktionalen Zimmer im unteren Teil haben originell verzierte Holzbetten und bemerkenswert niedrige Decken. Zimmer Nummer 3 ist am besten. Im oberen Bereich befindet sich eine Handvoll runder Steinbungalows, die erstaunlich geschmackvoll eingerichtet sind und über hübsch gefliese Bäder mit gasbeheizten Duschen verfügen. Hier ist auch die Aussicht besser. Das hoteleigene Restaurant ist sehr zu empfehlen.

Las Cabañas   HÜTTE $$
(EZ/DZ inkl. Frühstück 80/160 Bs) Die einfachen Bungalows von Las Cabañas mit großartigem Ausblick stehen auf einem Hügel zwischen der Stadt und der Bootsanlegestelle und bieten rund um die Uhr heißes Wasser. Die Betten sind angenehm und schön weich.

Hostal Puerta del Sol   HOTEL $$
(EZ ohne/mit Bad 40/150 Bs, Hütte 150 Bs/Pers., DZ 200 Bs) Das freundliche Hotel liegt auf einem Felsvorsprung hoch oben auf dem Berg. Von den meisten Zimmern hat man einen schönen Blick (insbesondere von Nummer 14). Die Bettwäsche ist sauber, und es gibt eine hübsche Terrasse. Die Zimmer mit Bad sind wesentlich besser ausgestattet und weisen auch die typischen Textilien der Anden auf. Passive Solarheizungen sorgen nachts für angenehme Wärme in den Hütten.

🍴 Essen

In Yumani gibt's mehr Pizzerias als es *trucha* im Titicacasee gibt. Die Speisekarten der Lokale sind fast identisch; *almuerzos* und Abendmenüs kosten meist zwischen 25 und 30 Bs.

ⓘ An- & Weiterreise

Barkassen legen täglich zwischen 8.30 und 13.30 Uhr vom Strand in Copacabana ab. Je nach Saison und Betreiber wird man auf Wunsch im Norden oder Süden der Insel abgesetzt (mit dem Anbieter vereinbaren). Rückfahrt ab Yampupata um 10.30 und 16 Uhr (20 Bs) und ab Cha'llapampa um 13 Uhr (20 Bs).

Die meisten der Ganztagestouren beginnen direkt im Norden in Cha'llapampa (2–2½ Std.). Die Boote ankern nur für 1½ Std., sodass man gerade genug Zeit dafür hat, zu den Chincana-Ruinen und zurück zu wandern, um das Boot noch zu erwischen, das um 13 Uhr zur Escalera del Inca und Pilko Kaina im Süden der Insel ablegt. Hier verbringt man etwa zwei Stunden, bis es zurück nach Copa geht.

Die meisten Halbtagestouren fahren nur den Süden der Isla del Sol an.

Wer gerne einmal die ganze Insel erleben möchte, kann morgens in Cha'llapampa aussteigen und Richtung Süden zur Escalera del Inca (Yumani) wandern. Hier legt nachmittags das Boot zurück.

Asociación Unión Marines (Costañera, Copacabana; einfache Strecke 20 Bs, hin & zurück

25 Bs; ⊙ Abfahrt in Copacabana 8.30 & 13.30 Uhr) Direkt neben dem großen Anker am Ende der Av 6 de Agosto legen die Fähren in den Norden und Süden der Isla del Sol ab. Auf der Rückfahrt legen sie einen Zwischenstopp auf einer schwimmenden Insel ein.

Titicaca Tours (Costañera, Copacabana; Rundfahrt 35 Bs; ⊙ Abfahrt in Copacabana 8.30 Uhr) Bei dieser Bootsrundfahrt hat man eine Stunde Aufenthalt auf der Isla de la Luna und fährt dann weiter zur Südspitze der Isla del Sol. Dort hat man zwei Stunden Zeit, bevor es zurück nach Copacabana geht.

DIE CORDILLERAS & DIE YUNGAS

Zwischen den Anden und dem Amazonas liegt diese felsige Übergangszone, die all das bietet, was man von einem bolivianischen Abenteuer erwartet.

Wer gern nach oben sieht, findet hier 6000 m hohe Gletschergipfel und adrenalingeladene Mountainbikeabfahrten. Naturliebhaber und Kulturfans werden die Nebelwälder und die am Hang liegenden, halbtropischen Yunga-Städtchen Chulumani, Coroico und Sorate lieben. Von hier aus führen Treks zu Wasserfällen, man kann zu Flussfahrten ins Amazonasgebiet aufbrechen, mit dem Mountainbike fahren bis einem der Allerwerteste weh tut oder einfach die frische Luft seines Bergrefugiums genießen.

Coroico

🖉 02 / 19 400 EW.

Coroico, bekannt für seine warmen Temperaturen, spektakulären Ausblicke, guten Resorthotels für jeden Geldbeutel und eine ansteckend entspannte Atmosphäre, ist der meistbesuchte Ort in den Yungas. Wie ein Adlerhorst liegt er auf der Schulter des Cerro Uchumachi. Diese Lage verschafft dem Dorf einen Ausblick, der sich über bewaldete Schluchten, von Wolken umgebene Gipfel, Obstgärten mit Zitrusfrüchten, Kaffeeplantagen und Dutzende kleiner Dörfer erstreckt. Bei klarem Wetter sieht man bis zu den schneebedeckten Gipfeln der Cordillera Real.

Yolosa liegt von Coroico etwa 7 km entlang der „Gefährlichsten Straße der Welt" entfernt. Im Ort gibt es ein paar schöne Fleckchen, eine Tierstation und einen stetigen Strom staubbedeckter Radfahrer, die ihre Fahrt auf der „Gefährlichsten Straße" meist hier beenden.

⊙ Sehenswertes & Aktivitäten

Für den Aufstieg zum **El Calvario** braucht man knapp 20 Minuten. Der Ausblick ist toll und über die Kreuzwegstationen gelangt man zu einer grünen Anhöhe und einer **Kapelle**. Einfach bergauf in Richtung Hotel Esmeralda laufen. Vom El Calvario aus gibt es zwei gute Ausgangspunkte für den Wanderweg. Der linke führt zu den **Cascadas**, drei Wasserfällen 5 km (2 Std.) von der Kapelle entfernt. Der rechte bringt einen zum **Cerro Uchumachi** (hin & zurück 5 Std.) mit atemberaubendem Talblick.

Wer alleine unterwegs ist – vor allem als Frau – sollte sich vorher bei seinem Hotel über die Sicherheitslage informieren.

Etwa drei Stunden nördlich von Coroico stößt man auf den **Río Coroico**, der durch Nor Yungas fließt. Dies ist der beliebteste Fluss des Landes, was den gewerblichen Floßverkehr anbetrifft. Außerdem ist er von La Paz aus gut zu erreichen.

Veranstalter aus La Paz bieten Touren über die „Gefährlichste Straße" nach Coroico an, aber vielen Travellern zufolge organisiert das Coroico Star Café auf der Plaza gute Trips. Im Ort kann man in den meisten Hotels Fahrräder ausleihen, um die nahegelegenen Attraktionen zu erreichen.

Asociación de Guias Turismo Local de Coroico   GEFÜHRTE TOUREN
(🖉 7306-9888, 7207-8732; Plaza García Lanza; ⊙ 8–12 & 14.30–19.30 Uhr) Hier kann man sich über das touristische Angebot der Stadt informieren und Führer für Touren zu den Sehenswürdigkeiten der Region buchen. Eine solche geführte Tagestour (bis zu 4 Pers.) kostet zwischen 250 und 450 Bs und beinhaltet die Fahrtkosten.

Cross Country Coroico   MOUNTAINBIKEN
(🖉 7157-3015; www.cxccoroico.lobopages.com; Pacheco 2058) Die Gegend rund um Coroico ist ein Paradies für Mountainbiker. Der freundliche Veranstalter organisiert Tagestouren zu den Sehenswürdigkeiten der Region. Die Touren werden für alle Leistungsstufen angeboten und kosten ab 280 Bs pro Person. Im Preis enthalten ist ein Führer und ein Lunchpaket. Das Büro ist hin und wieder geschlossen, und das Ganze soll auch ziemlich unorganisiert sein.

🛏 Schlafen

An den Wochenenden von Juni bis August sind die Hotels oft ausgebucht. Man kann im Voraus reservieren, es gibt aber keine

Garantie dafür, dass die Reservierungen auch wirklich berücksichtigt werden. An Feiertagswochenenden steigen die Preise manchmal um bis zu 100 %. Rund um das Dörfchen Yolosa (etwa 7 km nördlich der Stadt) gibt es ein paar Ökounterkünfte, die man ausprobieren sollte.

La Senda Verde Resort LODGE $
(7472-2825; www.sendaverde.com; Zi. inkl. Frühstück 120–150 Bs/Pers.;) Das tolle Hotel ist etwas außerhalb an der Straße von Yolosa nach La Paz (500 m südlich von Yolosa). Es liegt mitten im Grünen am Ufer von zwei Flüssen und ist der ideale Ort zum Entspannen. Neben den ausgezeichneten Doppel-*cabañas* gibt es auch ein super Baumhaus.

Hostal Kory HOTEL $
(7156-4050; Kennedy s/n; Zi. 120–140 Bs/Pers, ohne Bad 80 Bs;) Das sechsstöckige Hotel mitten in der Stadt ist eine der besten Budgetunterkünfte. Sowohl vom großen Pool als auch von den Zimmern der weitläufigen Anlage hat man einen fantastischen Blick auf das Tal und die Gipfel der Kordilleren. Die Bettwäsche ist schon etwas älter, aber die Zimmer sind sauber. Im Pool dürfen für 25 Bs auch Nichtgäste planschen.

Hostal Tunqui Eye HOTEL $
(7350-0081; miranda_gui@hotmail.com; Iturralde 4043; Zi. 80 Bs/Pers., ohne Bad 40 Bs;) Der supergünstige Neuzugang hat noch recht neue Betten, ziemlich saubere Bettwäsche und eine Terrasse mit schöner Aussicht. Die Außenküche ist praktisch für Selbstversorger. Leider hat die Hawaii-Bar dichtgemacht.

Hostal Sol y Luna RESORT $$
(7156-1626; www.solyluna-bolivia.com; Stellplatz 40 Bs, EZ 145–220 Bs, DZ 240–360 Bs, EZ/DZ mit Gemeinschaftsbad 85/120 Bs;) Die Hotelanlage an einem von Dschungel bedeckten Hügel bietet ansprechende rustikale *cabañas* (Hütten), einfache Hotelzimmer und Stellplätze (nur in der Trockenzeit). Zu der weitläufigen Anlage auf einem 6 ha großen Grundstück gehören zwei Pools, ein kleines Thermalbecken, abgeschiedene Bungalows und zauberhafte Märchenwälder. Außerdem werden Yogakurse angeboten. Das weitab vom Trubel gelegene Hotel ist von der Stadt bergauf in 20 Minuten zu Fuß oder mit einem Taxi für 20 Bs zu erreichen.

Hotel Esmeralda HOTEL $$
(213-6017; www.hotelesmeralda.com; Julio Suazo s/n; EZ/DZ 250/440 Bs, B/EZ/DZ ohne Bad 90/160/280 Bs;) Das Partyhotel am Hügel über der Stadt liegt auf einem traumhaften Gelände mit sagenhaftem Ausblick und hat einen Pool. Das Angebot reicht von einem Bett im Schlafsaal bis hin zu großen Zimmern mit Bad und Balkon. Die Zimmer ohne eigenes Bad sind teilweise etwas düster. Eine Bücherbörse und das Hotelrestaurant sorgen dafür, dass es die Gäste nicht nach draußen zieht.

Essen

Die Plaza ist umringt von zahlreichen günstigen Cafés und Pizzerien.

Cafe Tafaddalu NAHÖSTLICH $
(7728-9130; Heroes del Chaco; Hauptgerichte 20–40 Bs; Do-So 8–21 Uhr) Arabische Musik und Shishas zu Falafel, Köfte und Kibbeh sorgen für arabisches Flair mitten in den Yungas. Es gibt aber auch Kaffeespezialitäten aus aller Welt, amerikanisches Frühstück (wenn's denn sein muss) und bolivianische Empanadas. Der Name bedeutet wörtlich „Setzt Euch", und bei den gastfreundlichen Besitzern fühlt man sich wirklich wie bei Freunden. Das Café ist in einer Seitenstraße der Plaza.

Bamboo's Café MEXIKANISCH $
(Iturralde 1047; Hauptgerichte 20–40 Bs) Das freundliche Restaurant serviert typisch mexikanische Guacamole, Tacos, Burritos und Bohnenpüree bei Kerzenschein. Gegen später kann man dann noch den einen oder anderen Drink nehmen.

Cafe Almendra VEGETARISCH $
(Héroes del Chaco s/n; Hauptgerichte 10–20 Bs) Das Restaurant in einer Straße oberhalb des Hotels Bella Vista wird von einem netten, jungen Paar geführt, das Vollwertgerichte und -snacks wie köstliche *sonsos* und *patacones* serviert. Außerdem werden Bücher und Marmeladen aus Obst der Region verkauft. Das Ganze ist schon etwas hippiemäßig, aber noch im Rahmen.

Carla's Garden Pub DEUTSCH $$
(Bäckerei & Konditorei; 7207-5620; Pasaje Linares; Hauptgerichte 30–50 Bs; Mi-Fr 9.30-14.30 & 18.30-22, Sa & So 9.30-22 Uhr) Die Kombination aus niederländischer Bierkneipe mit Strohdach und deutschem Restaurant befindet sich an der Plaza, direkt am Anfang der steilen Treppe, und ist am „Geöffnet"-Schild zu erkennen. Die beiden Besitzerinnen servieren gutes Frühstück, verführerische Kuchen und Backwaren sowie Nudelgerichte

TOLLE TAGESTOUREN RUND UM COROICO

Der Ort ist ein guter Ausgangspunkt für Tagesausflüge oder längere Touren.

Poza Esmeralda y Turquesa Die Tourveranstalter in Coroico bieten einen Nachmittagsausflug zum Baden in dem türkisblauen „Geheimtipp" an.

La Senda Verde Refugio Natural (7472-2825; www.sendaverde.com; Yolosa; Eintritt 69 Bs; 10–12.30 Uhr) Das 12 ha große Tierschutzgebiet liegt nur 500 m nördlich von Yolosa (Taxi 40 Bs, Minibus 10 Bs). Dort kann man auch für mindestens zwei Wochen Freiwilligenarbeit für 1370 Bs pro Woche (inkl. 3 Mahlzeiten täglich) leisten und übernachten. Oder man fährt einfach nur für eine Stunde hin. In dem Schutzgebiet befindet sich auch eine Auffangstation für Tiere, die vor skrupellosen Tierhändlern gerettet werden. Unbedingt im Voraus buchen, Kinder unter 10 Jahren haben keinen Zutritt.

Zzip the Flying Fox (2231-3849; www.ziplinebolivia.com; Yolosa; 1 Fahrt 255 Bs; 9–11 & 13–17 Uhr) An drei Seilrutschen rauscht man in der Nähe von Yolosa mit bis 85 km pro Stunde durch die Baumwipfel. Die insgesamt 1500 m lange Seilrutsche kann mit der Mountainbike-Abfahrt auf der „Gefährlichsten Straße der Welt" kombiniert werden. Veranstalter in Coroico und La Paz haben diese Tour im Programm.

---

und unglaublichen Sauerbraten mit Spätzle. Gelegentlich gibt's auch Livemusik.

El Cafetal INTERNATIONAL $$
(elcafetal.coroico.info; Miranda s/n; Hauptgerichte 30–50 Bs; Mi–Mo) Das abgeschiedene Hotelrestaurant mit Traumblick ist mit Rattanstühlen und Schiefertischen ausgestattet. Auf der französisch angehauchten Speisekarte stehen süße und salzige Crêpes, Soufflés, Currys, vegetarische Lasagne und besondere Spezialitäten wie Lamagulasch. Die Inhaber betreiben auch das Bon Apetit Cafe in der Innenstadt.

☆ Unterhaltung

Oasis Diskoteka TANZEN
(Murcielaguitos; Pacheco s/n; 5 Bs; Fr–So) Wenn die Bars der umliegenden Restaurants um Mitternacht schließen, wird es Zeit fürs Oasis und ein kühles Huari mit den Einheimischen. Dazu wird nach der in Bolivien allgegenwärtigen *cumbia*-Musik abgetanzt.

ℹ Praktische Informationen

In der Nähe vom Hostal El Cafetal gibt es ein einfaches Krankenhaus an jener Straße, die oberhalb des Ortes aus ihm hinausführt. Ernsthafte medizinische Probleme sollte man aber in La Paz behandeln lassen. In Coroico gibt es keinen Geldautomaten, der ausländische Karten akzeptiert und nicht alle Hotels nehmen Kreditkarten. Touristeninformationen im Web findet man auf www.coroico-info.com.

Prodem (213-6009; Plaza García Lanza; Mi–Fr 8.30–12.30 & 14.30–18 Uhr) Tauscht Dollars zu fairen Kursen und zahlt einen Barvorschuss auf Kreditkarte mit 5% Kommission.

Touristeninformation (Busbahnhof; 8–20 Uhr) Es gibt auch einen Informationsstand am Busbahnhof.

ℹ An- & Weiterreise

Die Straße zwischen La Paz und Coroico ist mittlerweile geöffnet und ersetzt die „Gefährlichste Straße der Welt" als Zufahrt zum Ort. Sie ist komplett asphaltiert, doch bereits in der kurzen Zeit seit der Eröffnung wurden schon einige Abschnitte durch Erdrutsche zerstört. Busse und *micros* aus La Paz kommen am Busbahnhof an der Av Manning an. Zur Plaza muss man einen steilen Weg bergauf in Kauf nehmen oder ein Taxi chartern (5 Bs). **Turbus Totaí** (289-5573) bietet bequeme Taxifahrten vom Busbahnhof nach La Paz an. Los geht's, wenn das Taxi voll ist (25 Bs, 2 Std.).

Vom Villa-Fátima-Viertel in La Paz aus fahren zwischen 7.30 und 20.30 Uhr mindestens einmal pro Stunde Busse und *micros* nach Coroico (25 Bs, 3½ Std.), und am Wochenende und in den Ferien sogar öfter. Auf dem Weg wird in Yolosita angehalten, einem recht umtriebigen, ziemlich staubigen Knotenpunkt, in dem man in Busse und *camiones* (offene Lastwagen) Richtung Norden nach Rurrenabaque (100 Bs, 15–18 Std.) oder weiter ins bolivianische Amazonasgebiet umsteigen kann.

Richtung Chulumani fährt man am besten erst einmal zurück nach La Paz. Die Anschlussstelle zur Straße nach Chulumani ist zwar in Unduavi, dort haben aber nur wenige vorbeikommende *micros* noch freie Plätze.

Zum Zeitpunkt der Recherche war die Straße nach Caranavi nur zwischen 15 und 6 Uhr geöffnet. Es fahren Busse vom Bahnhof in Coroico dorthin (sowie zu anderen Zielen am Amazonas), und zwar für 30 Bs.

Chulumani

📞 02 / 17 700 EW.

Die friedliche, kleine Hauptstadt von Sud Yungas klebt malerisch an einem Hügel. Mit dem hübschen zentralen Platz, einem betriebsamen Markt und tropischer Lässigkeit ist sie Coroico sehr ähnlich, wird aber kaum von internationalen Gästen besucht.

Vielleicht liegt das ja an den Leichen im Keller der Stadt: NS-Kriegsverbrecher Klaus Barbie lebte nach dem Zweiten Weltkrieg im alten Sägewerk hoch über der Stadt, und der Geist von José Luis Tejada Sorzano, dem bolivianischen Präsidenten während des unseligen Chacokrieges soll in einer Burg der Gegend umgehen.

⊙ Sehenswertes & Aktivitäten

In der Gegend um Chulumani gibt es zahlreiche schöne Wanderwege. Ein fünfstündiger Weg bergab, auf dem man von Schmetterlingsscharen begleitet wird, führt von Chulumani runter zum Río Solacama. Zurück kommt man leicht mit dem Bus oder dem *micro*. In drei bis fünf Stunden kann man zudem bis nach Ocabaya wandern, während andere Wege vom höhergelegenen Dörfchen Villa Remedios zu tiefer liegenden Orten oder von Chicaloma nach Ocabaya führen. Eine weitere schöne Wanderung ist der fünfstündige Weg von Chulumani nach Chirca. Hier steht die Kirche einer verehrten Jungfrau.

🛏 Schlafen & Essen

Gute, preiswerte Brathähnchen gibt's im freundlichen Restaurant Rinconcito Chulameño an der Plaza Libertad. Ebenfalls an der Plaza befindet sich der ganz ordentliche Imbiss Snack San Bartolomé.

Country House   HOTEL $
(📞 7528-2212; Tolopata 13; Zi. inkl. Frühstück 100 Bs/Pers.; 🏊) Das freundliche Hotel neben dem Streetball-Platz, 10 Gehminuten westlich der Plaza, ist wohl das beste Hotel hier. In den rustikalen, makellos sauberen Zimmern gibt's warme Duschen und frische Blumen. Das Frühstück ist hervorragend, überall sind Vögel zu beobachten und zum Abendessen wird köstliche Hausmannskost (wie die sagenhafte Quinoa-Pie) serviert. Besitzer Javier organisiert auch Touren in die Umgebung sowie Tubing-Fahrten.

Hostal Dion   HOTEL $
(📞 289-6034; hostaldion@hotmail.com; Bolívar s/n; Zi. inkl. Frühstück mit/ohne Bad 80/60 Bs pro Pers.) Das gemütliche Hotel ein paar Häuser südlich der Plaza Libertad ist die beste Unterkunft im Zentrum. Die makellos sauberen Zimmer haben Kabel-TV, elektrische Duschen und blitzblanke Fliesenböden. Im Innenhof befindet sich ein hübscher Garten, der aber der Sperrstunde unterliegt.

ℹ Praktische Informationen

Chulumanis Touristeninformation besteht aus einem Häuschen auf der Hauptplaza. Es gibt keinen Geldautomat im ganzen Ort. Die Banco Fie auf der Plaza und Prodem (zwei Ecken westlich der Plaza auf der Pando) ermöglichen Auszahlungen mit der Kreditkarte.

ℹ An- & Weiterreise

Seit die ursprüngliche Straße von La Paz nach Coroico für den Verkehr gesperrt wurde, kann sich die abenteuerliche Strecke von La Paz nach Chulumani als „Gefährlichste Straße der Welt" rühmen. Leider ist die atemberaubend schöne Straße wirklich nur mit extrem starken Nerven zu bewältigen.

Wer den Yunga-Cruz-Treck wandert, beendet diesen in Chulumani. Außerdem liegt die Stadt günstig erreichbar aus Yanacachi, wo der Takesi-Treck endet. Von Yanacachi aus geht man die Hauptstraße hinunter und wartet dort darauf, in Richtung Tal mitgenommen zu werden. Nach Chulumani sind es etwa 1½ Std.

Von Villa Fátima in La Paz, gleich um die Ecke der Calles San Borja und 15 de Abril, fahren verschiedene Anbieter zwischen 8 und 16 Uhr nach Chulumani, sobald das Fahrzeug voll ist (20 Bs, 4 Std.). In Chulumani fahren die Busse Richtung La Paz bei der *tranca* (Polizeistation) ab. Wer aus Richtung Coroico kommt, steigt bei Unduavi aus und wartet dort auf eine Umsteigemöglichkeit. Man muss aber damit rechnen, nur einen Stehplatz zu bekommen. Wer sicher einen Sitzplatz haben möchte, muss nach La Paz zurück fahren.

Sorata

📞 02 / 23 000 EW.

Langsam erholt sich der Ort von dem schweren Rückschlag Anfang der 2000er-Jahre und wird immer mehr zu einem versteckten Kleinod der Yungas. Die Zufahrtsstraße ist asphaltiert, und die Einwohner werden zunehmend freundlicher. Sorata strahlt zwar noch immer nicht so hell wie sein Erzfeind Coroico, doch das subtropische Dorf, das hoch über einem üppig grünen, landwirtschaftlich genutzten Tal liegt, bietet zumeist tolles Wetter und ist ein guter Ausgangspunkt für einige der besten Trekkingtouren und Mountainbikeabfahrten in Bolivien.

Am besten sucht man sich in La Paz – oder noch besser direkt in Sorata – einen einheimischen Führer und erkundet mit ihm diese völlig unterschätzte Gegend.

🏃 Aktivitäten

Wandern & Spazierengehen

Die Hochsaison für Wanderer sind die Monate zwischen Mai und September. Ehrgeizige Abenteurer mit einer Woche Zeit können sich den Wanderweg **El Camino del Oro** vornehmen, eine uralte Handelsroute zwischen dem Altiplano und den Goldfeldern des Río Tipuani. Man muss aber wissen, dass dies eine raue Gegend ist und heute auch nicht mehr viele Menschen diesen Weg gehen. Mit den raubeinigen Bergarbeitern vor Ort kann es ganz schön gefährlich werden, außerdem muss man, weil hier nur wenig los ist, einen Teil des Weges mit Macheten freischlagen. Wer hier wandern möchte, sollte in jedem Fall einen einheimischen Guide mitnehmen.

Eine Alternative ist der steile Aufstieg zur **Laguna Chillata**. Es ist ein langer Tagestrip mit diversen Wegvarianten (am besten geht man mit einem Guide, denn man sieht den See erst, wenn man dort ist). Weitere Optionen bieten der **Laguna-Glacial-Weg** (5100 m), ein zwei- oder dreitägiger Höhenweg, der herausfordernde fünftägige **Mapiri Trail** oder der siebentägige **Illampu-Rundweg**.

Soratas Wirtschaft entwickelt sich weg vom Tourismus und hin zum Bergbau und zur Landwirtschaft (mit Koka, Marihuana und so weiter). Deshalb gibt es immer weniger Guides, die ihren Service anbieten oder Lasttiere, die man ausleihen kann. Blutrünstige Berichte zeigen auch, dass dies eine gefährliche Gegend zum Wandern sein kann. Viele Veranstalter bieten in dieser Region deshalb gar keine Touren mehr an. Man sollte unbedingt mit Einheimischen reden, bevor man sich auf den Weg macht.

Asociación de Guias Turismo Local de Coroico GEFÜHRTE TOUREN
(Sorata Guides & Porters Association; ☎ 213-6672; guiasorata.com; Sucre 302) Die Vereinigung von Tour-Führern verleiht Ausrüstungen in unterschiedlicher Qualität und organisiert verschiedene Wanderungen. Die Kochausrüstung ist im Preis inbegriffen, nicht aber das Essen. Von den Teilnehmern wird erwartet, dass sie auch für das Essen der Tour-Führer aufkommen. Mit ihren Erlösen unterstützt die Kooperative Landarbeiter und gemeinnützige Projekte. Die Führer sprechen nur Spanisch.

Gruta de San Pedro HÖHLE
(Höhle von San Pedro; Eintritt 15 Bs; ⊙ 8–17 Uhr) Die Höhle ist ein beliebtes Ausflugsziel der Gegend. Die Aymará nannten sie Chussek Uta (Haus der Eulen). In der etwa 500 m langen Höhle befindet sich ein See, der mit einem Tretboot überquert werden kann (20 Bs). Führer mit Lampen weisen den Besuchern den Weg. Laut der bolivianischen Organisation PCMB zum Schutz der Fledermäuse leben in der stockdunklen Höhle drei Arten von *murciélagos*, die sich von Nektar und Insekten ernähren.

Mountainbiken

Gravity Tours MOUNTAINBIKEN
(Andean Epics; ☎ 7127-6685; www.gravitybolivia.com) Der Veranstalter mit Sitz in La Paz ist die erste Adresse für Mountainbike-Touren rund um Sorata. So beinhaltet die grandiose Tour, die in sechs Tagen von La Paz nach Rurrenabaque führt, auch eine Übernachtung in Sorata (3350–3850 Bs/Pers., alles inkl.). Es werden aber auch kürzere und preisgünstigere ein- bis dreitägige Touren rund um Sorata angeboten, darunter eine

---

WANDERN IN DEN CORDILLERAS

Zwischen dem Altiplano und den Yungas gibt's gleich mehrere lohnende Wanderstrecken, von denen der **Choro** (von La Cumbre nach Coroico; 70 km), der **Takesi** (Taquesi; 45 km) und der **Yunga Cruz** (114 km) mit die beliebtesten sind. Die zwei- bis viertägigen Wanderungen beginnen alle mit einem kurzen Anstieg und führen dann von spektakulären Hochgebirgslandschaften aus talwärts, hinein in die üppige Vegetation der Yungas. In dieser Region befindet sich auch der **Huayna Potosí** (6088 m), der beliebteste der größeren bezwingbaren Berge – diesen Gipfelsturm bieten viele Reisebüros in La Paz an.

In der Trockenzeit (Mai–Sept.) lassen sich die Wanderungen am besten realisieren. Sicherheit ist jedoch immer ein Problem und es gibt Berichte über unschöne Vorkommnisse, einschließlich Raub und Körperverletzung. Am besten vor dem Start die Situation vor Ort überprüfen und besser nicht alleine wandern.

Tagestour auf der „Geisterstraße" zu der Burg, in der es spuken soll.

🛏 Schlafen

Hotel Santa Lucia
HOTEL $
(✆ 7151-3812; Zi. mit/ohne Bad 55/45 Bs pro Pers.) Das Hotel in der Nähe des Fußballplatzes ist die sauberste Unterkunft der Stadt. Hinter der hellgelben Fassade herrscht eine etwas förmliche Atmosphäre, doch die Matratzen sind (für die Verhältnisse in Sorata) ausgezeichnet, die Bettlaken frisch und die Gemeinschaftseinrichtungen in Ordnung. Inhaber Seracín ist recht freundlich.

Hostal Las Piedras
HOTEL $
(✆ 7191-6341; www.laspiedrashostal.lobopages.com; Ascarrunz s/n; EZ/DZ/3BZ 120/160/195 Bs, EZ/DZ ohne Bad 70/110 Bs) Von den meisten Zimmern des deutschen Hotels hat man einen tollen Blick. Die Stimmung ist gut, es gibt eine Gemeinschaftsküche und einen witzigen Aufenthaltsbereich. Die Bettwäsche ist sauber, aber Matratzen und Kissen sind total durchgelegen. Zum Frühstück (30–46 Bs) gibt's selbst gebackenes Vollkornbrot und Joghurt.

Hotel Paraíso
HOTEL $
(Villavicencio s/n; Zi. 40 Bs/Pers.) Das zentral gelegene Hotel hat einen hellen Innenhof voller Blumen, mehrere Dachterrassen mit schöner Aussicht, neue Betten auf alten Teppichen und ordentliche Zimmer mit eigenem Bad, in dem die Duschen etwas merkwürdig verkabelt sind.

★ Altai Oasis
LODGE $$
(✆ 7151-9856; www.altaioasis.lobopages.com; Av Samuel Tejerin; Zeltplatz 30 Bs, EZ/DZ 245/315 Bs, Hütte 700 Bs, B/EZ/DZ ohne Bad 84/125/250 Bs; 🛜 ✦) Mit dem üppig grünen Garten, Hängematten und einem Terrassencafé ist dies eine Oase außerhalb der Stadt. Die mit Gras bewachsenen Zeltplätze liegen am Fluss, die Zimmer sind gemütlich, und die rustikalen, aber romantischen *cabañas* sind raffiniert und fantasievoll bemalt. Nur die durchgelegenen Matratzen sollten mal ersetzt werden.

🍴 Essen

In den kleinen, günstigen Restaurants rund um den Markt und die Plaza gibt's sättigende *almuerzos* zu durchaus moderaten Preisen.

★ Café Illampu
BÄCKEREI $
(Snacks 20–35 Bs; ◯ Mi-Mo 9–18.30 Uhr) Das nette, sehr entspannte Café liegt an der Straße zur Gruta de San Pedro. Von Sorata sind es 15 Minuten auf und ab zu Fuß. Das Café sollte man erst auf dem Rückweg besuchen, denn angesichts der herrlichen Ruhe, des tollen Ausblicks, schönen Gartens und der Lamas kann man die Höhle schon mal vergessen.

Mercado
MARKT $
(Muñecas s/n; Hauptgerichte 5–20 Bs) Auf dem Markt bekommt man die richtigen Leckereien für ein Picknick. Ein paar Imbissstände gibt es außerdem auch.

Altai Oasis
INTERNATIONAL $$
(Hauptgerichte 20–50 Bs; ✦) 20 Gehminuten von der Stadt entfernt bietet das friedliche Restaurant auf der schönen Terrasse des Hotels guten Kaffee, verschiedene Drinks und eine große Auswahl an vegetarischen Gerichten. Es gibt aber auch saftige T-Bone-Steaks sowie Borschtsch und Gulasch aus der osteuropäischen Küche. Man kann aber auch einfach nur bei einem kühlen Getränk den herrlichen Blick ins Tal und den Klang der Windspiele genießen.

ℹ Praktische Informationen

Sonntag ist Markttag und der Dienstag, an dem viele Geschäfte geschlossen sind, wird *domingo sorateño* (Soratas Sonntag) genannt. Es gibt weder eine Touristeninformation noch einen Geldautomaten.

ℹ An- & Weiterreise

Vom Friedhofsbezirk in La Paz fahren zwischen 4 und 17.30 Uhr stündlich Busse nach Sorata ab (17 Bs, 3 Std.). Von Soratas Plaza aus fahren, sobald sie voll sind, *micros* und *flotas* (Langstreckenbusse) zwischen 4 und 17 Uhr zurück nach La Paz.

Sindicato de Transportes Unificada Sorata (Plaza Enrique Peñaranda s/n) bietet täglich Fahrten nach Copacabana (40 Bs, 9 Uhr), Coroico über La Paz (36 Bs, 9 Uhr), Achacachi (12 Bs, keine feste Zeit) und Huarina (15 Bs stündl.) an. Wer nach Copacabana will, kann auch in Huarina aussteigen und dann auf den nächsten, wahrscheinlich überfüllten, Bus warten. Die Busse halten auch in der Stadt auf der holprigen Straße zur Goldminensiedlung Mapiri, für die man ein Fahrzeug mit Allradantrieb benötigt.

SÜDLICHER ALTIPLANO

Die harsche, manchmal nahezu urzeitliche Geografie des südlichen Altiplano spricht vor allem diejenigen an, die eine große Faszina-

Der Südwesten

tion für trostlose und einsame Orte empfinden. Die Hochebene erstreckt sich von La Paz aus nach Süden und ist von majestätischen Vulkangipfeln, Landstrichen mit baumloser Wildnis und der weißen Leere der gespenstischen *salares* (Salzebenen) umgeben, in denen beinahe kein Leben möglich ist. Der nächtliche Sternenhimmel ist einzigartig und die Luft unvorstellbar kalt.

Die Gegend um den Parque Nacional Sajama zeichnet sich durch spektakuläre Abenteuer in der Wildnis aus. Feierfreudige hingegen ziehen den Karneval in der staubigen Bergarbeiterstadt Oruro vor. Weiter im Süden ist der Salar de Uyuni die Hauptattraktion. Die dreitägige 4WD-Tour ist für viele Touristen das Highlight. In den wärmeren, kakteenübersäten Tälern um Tupiza warten Ausritte und Mountainbike-Touren.

Oruro

02 / 264 700 EW.

Oruro ist dreckig und überlaufen, das Essen ist grauenhaft und abgesehen von der Karnevalsaison gibt es nicht viel zu erleben. Aber trotzdem hat dieser Ort – das höchstgelegene Dorf der Gegend, eine Bergarbeiterstadt, die sich von niemandem etwas gefallen lässt – etwas an sich, das Reisende immer wieder fasziniert und den Besuch zu einem eigenartig ursprünglichen Erlebnis macht, das viele berauschend finden.

Viele Touristen lassen Oruro einfach komplett aus, obwohl es im Ort ein paar vernünftige Museen gibt und auch die Umgebung einiges zu bieten hat. Aus kultureller Sicht ist Oruro ein bunter Ort mit einer reichen Tanz- und Musiktradition, die besonders in den zügellosen Feierlichkeiten zum Karneval ausgelebt wird.

Sehenswertes & Aktivitäten

Was in der Stadt vor sich geht, konzentriert sich auf die Gegend um die Plaza 10 de Febrero und Plaza del Folklore. Bolívar ist die Haupteinkaufsstraße, die sich abends wunderbar zum Leutegucken eignet.

Museo Sacro, Folklórico, Arqueológico y Minero MUSEUM
(Plaza del Folklore s/n; Eintritt 10 Bs, Foto-/Filmerlaubnis 3/20 Bs; 9–11.45 & 13.45–17.30 Uhr) Das ausgezeichnete Doppelmuseum gehört zum Santuario de la Virgen del Socavón. Bei der Führung, die in der Kirche beginnt, wird auch ein alter Bergwerksstollen besichtigt, in dem Werkzeuge der Bergleute und Darstellungen des teuflischen Bergwerksgottes El Tío zu sehen sind. Im Obergeschoss sind archäologische und volkskundliche Ausstellungsstücke zu sehen, darunter steinerne Lamaköpfe aus der Wankarani-Zeit und traditionelle Karnevalskostüme.

Die Besichtigung des Museums ist nur im Rahmen einer Führung möglich (alle 45 Min.). Die Führer sind zwar sehr kompetent, sprechen aber oft kein Englisch. Dafür haben die Ausstellungsstücke teilweise zweisprachigen Informationstafeln.

Casa de la Cultura Simón Patiño MUSEUM
(Soria Galvarro 5755; Eintritt 8 Bs; Mo–Fr 8.30–11.30 & 15–18, Sa 9–14 Uhr) Im ehemaligen Wohnhaus des Zinnbarons Simón Patiño ist noch die komplette Einrichtung mit Möbeln, persönlichem Krimskrams und hochwertigem Spielzeug (das natürlich nicht angefasst werden darf) sowie ein reich verziertes Treppenhaus im Jugendstil zu sehen. In der Eingangshalle im Erdgeschoss finden Wechselausstellungen statt, die Dauerausstellung ist im Obergeschoss untergebracht. Eine Besichtigung ist nur mit Führung möglich.

Museo Casa Arte Taller Cardozo Velasquez MUSEUM
(527-5245; juegueoruro@hotmail.com; Junín 738; Eintritt 8 Bs; wechselnde Öffnungszeiten) Das Museum ist eigentlich das skurrile Wohnhaus und Atelier der Künstlerfamilie von Bildhauer Gonzalo, seiner töpfernden Ehefrau Maria und ihren fünf Töchtern. Die Besucher dürfen sich alles ansehen: von den Ateliers voller künstlerischem Krimskrams bis hin zu Gonzalos faszinierenden Skulpturen im grünen Innenhof. Die Statue in der Mitte stellt Pachamama (Mutter Erde) dar.

Mina San José MINENTOUR
(Führung auf Englisch 400 Bs/Pers.) Rund um Oruro gibt es viele Bergwerke, die meist von *cooperativos* (kleinen Gruppen von Bergleuten, die die Abbaurechte für eine bestimmte Zeit erwerben) betrieben werden. Eine der größten Minen ist die Mina San José, die schon seit über 450 Jahre in Betrieb und teilweise für Besucher zugänglich ist. Die halbtägigen Bergwerksführungen auf Englisch werden von Charlie Tours organisiert.

Termas de Obrajes THERMALQUELLEN
(Eintritt 15 Bs) Die Thermalquellen sprudeln 25 km nordöstlich der Stadt und sind ein beliebtes Ziel für einen Wochenendausflug. In der gut geführten Anlage gibt es ein

Oruro

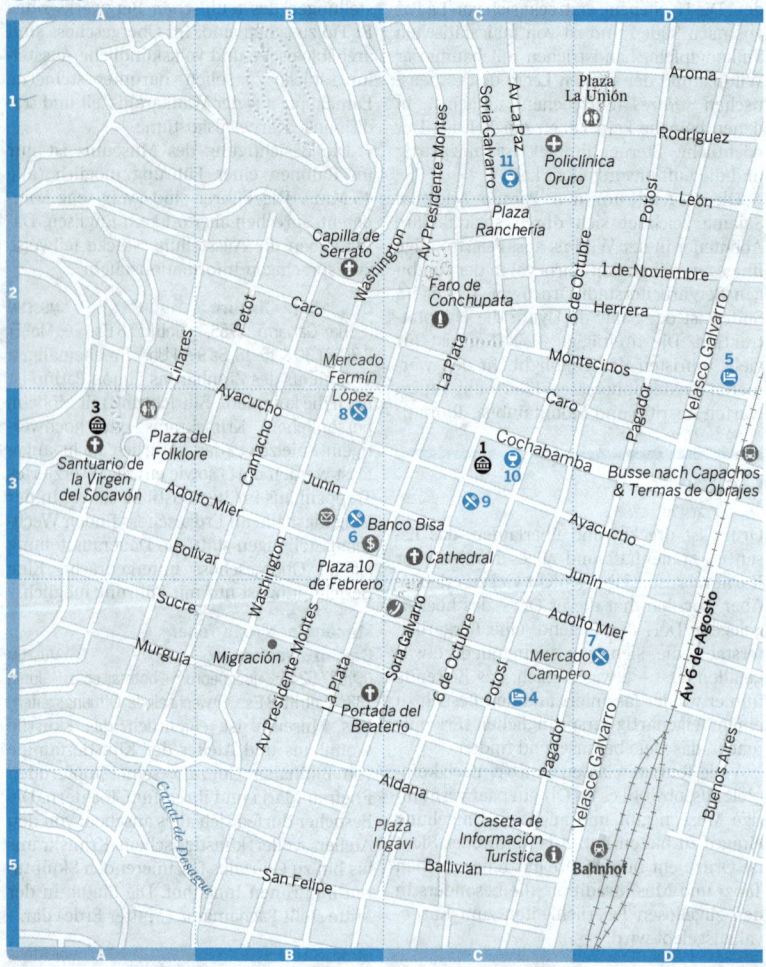

Schwimmbecken und Baderäume mit Wannen, die man für 30 Minuten buchen und immer wieder mit dem magnesiumhaltigen Wasser auffüllen kann.

Charlie Tours GEFÜHRTE TOUREN
(524-0666; charlietours@yahoo.com) Das von dem sehr erfahrenen Juan Carlos Vargas geführte Unternehmen hat sich auf Touren in der Region spezialisiert. Neben Stadt- und Bergwerksführungen sowie Ausflügen nach Calacala und zu den Termas de Obrajes werden auch Touren zu weiter entfernten Sehenswürdigkeiten wie Chipaya, Salar de Coipasa und Sajama angeboten. Da sich die Büros außerhalb der Stadt befinden, sollte man anrufen oder eine E-Mail schicken.

⚜ Feste & Events

Carnaval KARNEVAL
Zum spektakulären Karneval, der am Samstag vor Aschermittwoch beginnt, verwandelt sich die Stadt in einen einzigen Festzug. Die Feierlustigen – darunter die stolzen Einheimischen, von denen sich 90% *quirquinchos* (Gürteltiere) nennen – bespritzen sich mit Wasser (was, um ehrlich zu sein, echt nerven kann). Bei den Paraden (u.a. **Entrada** und **La Diablada**) treten Tänzer in ziemlich grellen Masken und Kostümen auf.

Oruro

◎ Sehenswertes
1. Casa de la Cultura Simón Patiño C3
2. Museo Casa Arte Taller Cardozo Velasquez F4
3. Museo Sacro, Folklórico, Arqueológico y Minero A3

🛏 Schlafen
4. Hotel Repostero C4
5. Residencial 3 de Diciembre D2

✖ Essen
6. La Casona B3
7. Mercado Campero D4
8. Mercado Fermín López B3
9. Restaurant Ardentia C3

🍷 Ausgehen & Nachtleben
10. Dali C3
11. Pub the Alpaca C1

🛏 Schlafen

Es gibt ein paar praktische, wenn auch einfache *alojamientos* (Unterkünfte mit niedrigen Standards) rund um den Bahnhof auf der Velasco Galvarro.

Residencial 3 de Diciembre HOSTEL $
(☏ 527-9205; Montecinos 198; Zi. 60 Bs/Pers., mit Gemeinschaftsbad 50 Bs; P 🛜) Die recht akzeptable Budgetunterkunft hat zumindest große, luftige Zimmer. Die Einrichtung und insbesondere die grell pinkfarbenen Gemeinschaftsbäder sind alles andere als preisverdächtig, aber sparsame Reisende können es auch wesentlich schlechter treffen.

Hotel Repostero HOTEL $$
(☏ 525-8001; ph_tania@hotmail.com; Sucre 370; EZ/DZ/3BZ inkl. Frühstück 150/200/230 Bs; P 🛜) Das Namensschild ist fast das schönste an diesem etwas heruntergekommenen, aber charmanten alten Hotel. Die durchweg verrauchten Zimmer in unterschiedlicher Qualität befinden sich in zwei Gebäudeteilen und bieten alle Kabel-TV und gute, warme Duschen. Heizung kostet 10 Bs extra. Die Zimmer im 3. Stock sind am besten.

✖ Essen

Mercado Campero (Essen 10–20 Bs; ⊘ 6–20 Uhr) und **Mercado Fermín López** (Essen 5–15 Bs; ⊘ 6–20 Uhr) vereinen eine Reihe an Mittagslokalen auf sich.

Restaurant Ardentia INTERNATIONAL $
(Soria Galvarro 5865; Hauptgerichte 20–35 Bs; ⊘ Mo-Sa 19–23 Uhr) Es ist nicht ganz nachvollziehbar, warum das Restaurant mit einem an Halle Berry erinnernden Gesicht wirbt, doch davon abgesehen, ist das Essen sehr gut. Es gibt raffiniert zubereitete Lasagne, einfache, aber leckere Hühnchen- und Rindfleischgerichte sowie die üblichen Klassiker wie Hamburger. Das würde mit Sicherheit auch Halle Berry schmecken.

La Casona ITALIENISCH $$
(Montes 5969; Pizza ab 55 Bs) Die *salteñas* zum Mittagessen und die Pizzas zum Abendessen kommen immer frisch aus dem Ofen. Kein Wunder, dass das kleine Lokal zu jeder Tageszeit gut besucht und abends sogar rappelvoll ist.

🍷 Ausgehen & Nachtleben

Pub the Alpaca BAR
(☎ 527-5715; La Paz 690; ⊙ Do–Sa 20–1 Uhr) Die gemütliche, schwedisch-bolivianische Kneipe mit großen Schaufenstern wurde erst vor kurzem renoviert. Zur guten Stimmung tragen auch die gut gemischten Cocktails bei. Wenn die Tür noch geschlossen ist, einfach klopfen oder läuten.

Dali KNEIPE
(Ecke 6 de Octubre & Cochabamba, 2. Stock; ⊙ 10–2 Uhr) Die Mischung aus Café, Bar und Pub mit Holzboden ist so versnobbt, wie es in Oruro eben geht. Daher besteht das Publikum vor allem aus jungen Trendsettern. Das Essen kann man vergessen, aber die Drinks sind gut und die Kneipe ist ideal zum Vorglühen.

ℹ Praktische Informationen

In der Stadt gibt es mehrere Banken mit Geldautomaten, vor allem rund um die Plaza 10 de Febrero. Die Wechselstuben an den Bus- und Zugbahnhöfen tauschen auch Euro, aber zu einem sehr schlechten Kurs.

Banco Bisa (Plaza 10 de Febrero) Geldautomat.

Caseta de Información Turística (Touristeninformation; ⊙ 24 Std.) An den Ständen gibt's Stadtpläne und Broschüren. Die Touristenpolizei ist meist auch in der Nähe und manchmal auch die einzige Standbesetzung.

Migración (☎ 527-0239; www.migracion.gob.bo; Sucre, zw. Washington & Av Montes; ⊙ Mo–Fr 8.30–12.30 & 14.30–18.30 Uhr) Hier werden Visa verlängert.

ℹ An- & Weiterreise

BUS

Abfahrt und Ankunft aller Fernbusse ist am **Busbahnhof** (☎ 527-9535; Brasil s/n; Bahnhofsgebühr 1,50 Bs), der 15 Minuten zu Fuß oder eine kurze Taxifahrt nordöstlich vom Zentrum liegt. Zum Busbahnhof geht man auf der Av 6 de Agosto Richtung Norden bis zur Kreuzung mit der Aroma, biegt rechts ab und geht bis zur nächsten Querstraße. Im Erdgeschoss befindet sich eine Gepäckaufbewahrung (5–8 Bs).

Busse nach La Paz fahren alle 30 Minuten ab, und auch nach Cochabamba, Potosí und Sucre gibt es regelmäßige Verbindungen. Wer nach Santa Cruz möchte, muss in Cochabamba umsteigen. Jeden Tag fahren Nachtbusse nach Arica, Calama und Iquique in Chile.

Die Nachtbusse nach Uyuni starten zwischen 19 und 21 Uhr. Unbedingt einen Schlafsack gegen die Kälte mitnehmen! Oder man fährt nach Potosí und von dort mit einem bequemen, auch tagsüber verkehrenden Bus weiter. In Uyuni kommen die Busse dann zumeist vor Sonnenaufgang an, doch die Passagiere dürfen im Bus weiterschlafen, bis die Sonne aufgeht. Anders die Luxusbusse von Cruz del Norte (120 Bs) aus La Paz, die gegen Mitternacht in Oruro sind und dann zu einer vernünftigeren Zeit in Uyuni ankommen. Allerdings muss ein Platz in diesen Bussen im Voraus reserviert werden.

ZIEL	PREIS (BS)	DAUER (STD.)
Arica (Chile)	140	8
Calama (Chile)	120–250	15
Cochabamba	30	5
Iquique (Chile)	70–100	8
La Paz	35	3–5
Potosí	30	5
Sucre	50–80	8
Tarija	60–80	12
Tupiza	60	10–12
Uyuni	30–35	7–8
Villazón	70–120	12

ZÜGE AB ORURO

Expreso del Sur (Di & Fr 14.30 Uhr):

ZIEL	PREIS (BS EINFACHE FAHRT ZWEITE/ERSTE KLASSE)	ANKUNFT
Uyuni	60/120	21.20 Uhr
Tupiza	107/239	3 Uhr
Villazón	126/279	6.05 Uhr

Wara-Wara-Linie (Mi & So 19 Uhr)

ZIEL	PREIS (BS EINFACHE FAHRT STANDARD/ZWEITE/ERSTE KLASSE)	ANKUNFT
Uyuni	32/47/102	2.20 Uhr
Tupiza	56/80/181	8.35 Uhr
Villazón	67/100/220	12.05 Uhr

ZUG

Richtung Süden fahren Züge aus Oruro nach Villazón an der argentinischen Grenze und halten unterwegs in Uyuni, Atocha und Tupiza. Die etwas luxuriösere Variante ist der Expreso del Sur, der Oruro jeden Dienstag und Freitag um 14.30 Uhr verlässt. Die Wara-Wara-Linie ist die billigere Version mit Abfahrten am Mittwoch und Sonntag um 19 Uhr. Zurück geht es aus Villazón immer montags, mittwochs, donnerstags und samstags. Bummelzüge aus Uyuni fahren nach Calama (Chile). Mindestens einen Tag im Voraus die Tickets am **Bahnhof** (☎ 527-4605; www.fca.com.bo; ⊙ So–Fr 8.15–11.30 & 14.30–18 Uhr, Di & Fr, Zeiten variieren) kaufen und nicht vergessen, den Pass mitzubringen. An Abfahrtstagen hat auch ein Fundbüro geöffnet. Ansonsten: Sein Hab und Gut während der Fahrt immer im Auge haben und einen Schlafsack mitbringen.

Uyuni

☎ 02 / 29 500 EW.

Uyuni scheint so erbaut worden zu sein, als würde die Stadt sich gegen die wüstenartige Landschaft stemmen wollen. Verlassen und dennoch unverdrossen liegt sie am südwestlichsten Zipfel Boliviens. Wer Uyuni in Anwesenheit eines Bolivianers erwähnt, muss mit einem zweideutigen Pfeifen und der Bemerkung *harto frío* – sehr kalt – rechnen. Trotz der eiskalten Bedingungen herrscht in Uyuni eine fröhliche Atmosphäre, die jede Woche Hunderte von Touristen mitreißt, die die Stadt auf ihrem Weg zum Salar de Uyuni entlang des südwestlichen Rundkurses durchqueren.

⊙ Sehenswertes

Von der Stadt aus sind Tagestrips zum Salar de Uyuni möglich. Die meisten entscheiden sich aber für eine drei- oder viertägige Tour.

Cementerio de Trenes   HISTORISCHE STÄTTE
(Eisenbahnfriedhof) GRATIS Die einzige echte Sehenswürdigkeit der Stadt besteht aus einer Sammlung rostiger alter Dampflokomotiven und Waggons, die teilweise noch aus dem 19. Jh. stammen, als in Uyuni noch Eisenbahnwagen hergestellt wurden. Heute verfällt der einstige Stolz der Stadt auf dem ehemaligen Werksgelände an der Av Ferroviaria, 3 km südwestlich des modernen Bahnhofs.

Museo Arqueología y Antropológico de los Andes Meridionales   MUSEUM
(Av Arce, auf Höhe der Colón; Eintritt 5 Bs; ⊙ Mo–Fr 8.30–12.30 & 14.30–18.30 Uhr) In dem kleinen Museum sind Mumien, Langschädel, Fossilien, Tonwaren und Textilien zu sehen. Die Beschreibung, wie die Schädel in diese Form gebracht wurden, ist leider nur auf Spanisch.

☞ Geführte Touren

Den Salar de Uyuni und andere Attraktionen des südwestlichen Rundkurses kann man im Grunde unabhängig voneinander besuchen, dies kann jedoch dank unzuverlässiger Transportmittel und der Abgelegenheit der Gegend zu einer echten Herausforderung werden. Die Mehrheit schließt sich deshalb organisierten Touren von Uyuni oder Tupiza aus an. Von Ende Dezember bis Ende März ist die Salzebene überflutet. In dieser Zeit haben alle Veranstalter geschlossen und man kommt nur maximal 10 km weit in die Ebene hinein.

Preise

Geführte Touren kosten für drei Tage bei einem der Standardveranstalter zwischen 700 und 800 Bs und 800 bis 1000 Bs bei gehobenen Anbietern. Viertagestrips und kundenspezifische Touren kosten 800 Bs oder mehr. Im Preis inbegriffen sind ein Fahrer (der auch als Guide, Mechaniker und Koch fungiert, wahrscheinlich aber nur Spanisch spricht), zwei Übernachtungen (die Qualität variiert je nach Veranstalter), drei Mahlzeiten am Tag und die Anreise. Für die Isla Incahuasi zahlt man eine Art Eintrittsgeld von 30 Bs und eine weitere Gebühr von 150 Bs, um in das Naturreservat zu gelangen. Wer nach Chile reisen will, zahlt an der Grenze 21 bis 50 Bs. Kreditkarten werden von vielen Veranstaltern nicht akzeptiert.

Den Veranstalter besser nicht nach den Preisen aussuchen, denn die billigeren sind oftmals nicht sehr sicher.

Was nimmt man mit?

Man sollte ein paar Liter Wasser, Snacks, eine Stirnlampe, Sonnencreme, Sonnenbrille, Hut und warme Kleidung (inklusive Handschuhe und einer warmen Jacke) mitnehmen. Auch ein Schlafsack ist zu empfehlen. Der Veranstalter kann einem darüber Auskunft geben, ob man umsonst einen Schlafsack bei ihm ausleihen kann. Manche verlangen etwa 50 Bs Leihgebühr, doch dieses Geld ist sehr gut angelegt.

Schlafen & Essen

Auf den Standardtouren verbringt man die erste Nacht in einem Hotel, das aus Salz gebaut wurde (es liegt gleich am Rande der Salzebene). Die zweite Nacht schläft man in

> **ⓘ DEN RICHTIGEN VERANSTALTER FINDEN**
>
> Abgesehen von denen der obersten Preisklasse unterscheiden sich die Tourveranstalter in der Regel kaum voneinander: Sie bieten zumeist die gleichen Touren an, teilen sich die Fahrer und bilden Gruppen von fünf bis sechs Teilnehmern (keinesfalls bei größeren Gruppen teilnehmen!). Das kann auch bedeuten, dass, wenn man eine Tour bei Veranstalter A gebucht hat, man am Ende mit Veranstalter Z unterwegs ist.
>
> Damit sind die Kunden in einer recht starken Position. Aus Berichten anderer Reisender und Erkundigungen bei mehreren Agenturen kann man sich ein Bild der Anbieter und ihrer Angebote machen und sich dann für einen Veranstalter entscheiden. Wer sich selbst eine Tour zusammenstellt, lässt sich diese vom Veranstalter schriftlich bestätigen. Von Vorteil ist es auch, gleich als Gruppe zu buchen (Reisende in Kneipen und Hostels darauf ansprechen). Die Tourveranstalter der obersten Preisklasse nutzen bessere Hotels, bieten auch maßgeschneiderte Touren an und haben die zuverlässigeren Autos.
>
> Auch wenn sich die Situation langsam bessert, kommen immer noch Touristen bei solchen Touren ums Leben, zumeist durch Unfälle, die von betrunkenen Fahrern verursacht werden. Deshalb sollte man sich im Voraus unbedingt das für die Tour genutzte Fahrzeug ansehen und den Fahrer kennenlernen. Wenn der Veranstalter dann versucht, den Fahrer oder das Fahrzeug zu wechseln, sollte man ihn deutlich darauf hinweisen. Unterwegs sollte man darauf achten, dass der Fahrer keinen Alkohol trinkt, und wenn doch, einen anderen Fahrer verlangen.
>
> **Cordillera Tours** (☏ 693-3304; www.cordilleratraveller.com; Av Ferroviaria 314) Guter Veranstalter von Touren nach Chile.
>
> **Esmeralda Tours** (☏ 693-2130; www.esmeraldatoursuyuni.com; Av Ferroviaria) Freundlicher und seriöser Veranstalter, dessen Touren hoch gelobt werden.
>
> **Toñito Tours** (☏ 693-2094; www.bolivianexpeditions.com; Av Ferroviaria 152) Teure, erstklassige Touren.

einer einfachen Hütte. Keine der Hütten ist beheizt, in manchen gibt es aber warmes Wasser (10 Bs extra), und man sollte sich darauf einstellen, zu frieren. Meist wird die ganze Gruppe zusammen in ein Zimmer gesteckt. Wer alleine reist, kann für die einfachen Hotels etwa 30 Bs pro Nacht einrechnen.

Der Fahrer ist meist zugleich der Koch und die Qualität des Essens kann somit stark variieren. Vegetarier sollten vor der Abfahrt mit dem Veranstalter sprechen.

Standardtouren

Die beliebteste Tour ist eine dreitägige Rundreise mit den Stationen Salar de Uyuni, Laguna Colorada, Sol de Mañana, Laguna Verde und anderen. Pro Tag nehmen ungefähr 20 bis 50 Personen an der Tour teil.

Für 200 Bs kann man auch eine Tagestour zur Isla Incahuasi buchen, doch wenn man schon auf diesem Wege kommt, sollte man auch mit den anderen zusammen bleiben.

🛏 Schlafen

Nur in den besseren Hotels am Ort darf man auf eine Heizung hoffen und das Wasser wird in Uyuni das ganze Jahr über rationiert. Unbedingt einen Schlafsack mitbringen!

Hotel Avenida   HOTEL $
(☏ 693-2078; Av Ferroviaria 11; Zi. 70 Bs/Pers., mit Gemeinschaftsbad 50 Bs; @🛜) Das Hotel in der Nähe des Bahnhofs ist bekannt für saubere, renovierte Zimmer, freundliches Personal und Waschtröge. Die neueren Zimmer im überdachten Bereich sind schöner und wärmer. Diese sind ihr Geld durchaus wert, haben aber auch keine Heizung, sodass es sich empfiehlt, einen Schlafsack (oder Schlafgefährten) mitzubringen.

Los Girasoles Hotel   HOTEL $$
(☏ 693-3323; girasoleshotel@hotmail.com; Santa Cruz 155; EZ/DZ/3BZ inkl. Frühstück 280/400/550 Bs) Das schöne Hotel hat hübsche Zimmer mit großen, bequemen Betten, TVs, Kaktusholzvertäfelung und mit Gas beheiztem Bad. Im Preis inbegriffen ist Frühstück vom Büfett. Etwas lästig ist, dass man auch tagsüber läuten muss, um eingelassen zu werden.

Piedra Blanca Backpackers Hostel   HOSTEL $$
(☏ 7643-7643; www.piedrablancabackpackers.hostel.com; Av Arce 27; B 70 Bs, Zi. inkl. Frühstück mit/ohne Bad 135/100 Bs pro Pers.) Der Emporkömmling der örtlichen Hotelszene befin-

Uyuni

det sich in einem schicken Gebäude. Es hat einen witzigen Gemeinschaftsbereich und schönen Innenhof. Die drei Schlafsäle bieten jeweils Platz für sechs bis acht Personen, und es gibt auch ein paar Zimmer mit und ohne Bad. Die Schlafsäle sind mit großen Stockbetten aus Kiefernholz, guten Matratzen, dicken Decken und Heizung (!) ausgestattet.

Hotel Julia
HOTEL $$

(693-2134; www.juliahoteluyuni.com; Ecke Av Ferroviaria & Av Arce; EZ/DZ/3BZ/4BZ 200/300/420/500 Bs, EZ/DZ mit Gemeinschaftsbad 120/200 Bs; @🛜) Das hübsche, saubere Hotel mitten im Zentrum hat beheizte Zimmer und kochend heiße Duschen. Es lohnt sich, den Aufpreis für ein Zimmer mit Bad zu bezahlen, denn diese sind auch heller. Frühstück ist im Preis inbegriffen.

✕ Essen

Wer es eilig hat, isst am besten auf und um den *comedor*-Markt an den günstigen Im-

Uyuni

◉ Sehenswertes
1 Uhrenturm............................B3
2 Museo Arqueología y Antropológico de los Andes Meridionales........................B3

✪ Aktivitäten, Kurse & Touren
3 Cordillera Tours C3
4 Esmeralda Tours...................C3
5 Toñito Tours.........................B4

🛏 Schlafen
6 Hotel Avenida C3
7 Hotel Julia C3
8 Los Girasoles Hotel...............D1
9 Piedra Blanca Backpackers Hostel C3

✕ Essen
10 Extreme Fun Pub B3
11 Lithium Club C2
12 Minuteman Revolutionary Pizza.........B4
13 Wiphala Pub........................C3

> **EINREISE NACH CHILE**
>
> Die meisten Veranstalter bieten inzwischen auf Anfrage hin zusammen mit chilenischen Agenturen Verbindungen über die Grenze nach San Pedro de Atacama an. Umsteigen muss man kurz hinter der Laguna Verde. Dies sollte unbedingt im Voraus mit dem Veranstalter abgesprochen werden. Es ist klug, vorher dem Büro der Migración (s. unten) in Uyuni einen Besuch abzustatten. Der Grenzposten von Hito Cajón ist zuverlässiger als früher und meist rund um die Uhr geöffnet. Hier wird eine Ausreisesteuer von 15–30 Bs verlangt (21 Bs ist Standard). Wer sicher gehen will, dass der Posten geöffnet ist, sollte versuchen, vor 18 Uhr dort zu sein.

bissständen. Vor dem Fast-Food-Kiosk neben dem Uhrenturm gibt's ein paar Sitzgelegenheiten und preiswerte Snacks (8–35 Bs), z. B. Sandwiches und Hamburger. Beinahe alle Restaurants dienen auch als Pub (yeah!).

Wiphala Pub   KNEIPENESSEN $$
(693-3545; Av Potosí 325; Hauptgerichte 30–60 Bs; 16–1.30 Uhr) Die nach der bunten Flagge der Aymará benannte Kneipe ist durch und durch traditionell. Holztische, Brettspiele und eine bodenständige Stimmung sorgen für eine freundliche Atmosphäre. Zu essen gibt es leckere bolivianische Gerichte, vor allem mit Lamafleisch und Quinoa, zu trinken u. a. Quinoabier (35 Bs).

Extreme Fun Pub   KNEIPENESSEN $$
(Av Potosí 9; Hauptgerichte 20–45 Bs; 14–2 Uhr) In dem schrägen Labyrinth aus unzähligen Korridoren gibt's gute Burger und Cocktails wie den „Sexy Llama Bitch". Die Kneipe hat einen Salzsteinboden, freundliches Personal, eine Bücherbörse und tolle Fotos vom *salar* (sowie einige nicht so tolle von Teilnehmern der Happy Hour) an den Wänden. Da hier immer wieder was Neues geboten wird, lohnt es sich, regelmäßig vorbeizuschauen.

★ Minuteman Revolutionary Pizza   PIZZERIA $$$
(693-3186; Av Ferroviaria 60; Frühstück 30–40 Bs, Pizza 60–110 Bs; morgens & abends) Das von Chris aus Boston und seiner bolivianischen Frau Sussy geführte Restaurant im Toñito Hotel ist zu Recht bei Reisenden aus aller Welt sehr beliebt. Hier erhält man die beste Pizza Boliviens, die zudem mit einem Feinschmeckersalat serviert wird. Zum herzhaften Frühstück gibt's Kaffee oder Tee, soviel man mag. Es ist aber auch der ideale Ort, um ein gemütliches Bier oder Glas Wein zu trinken. Unbedingt vorher reservieren!

Lithium Club   BOLIVIANISCH $$$
(693-3399; Av Potosí 24; Hauptgerichte 80–120; 16–24 Uhr) Das noble Restaurant kombiniert traditionelle bolivianische Gerichte wie *charque de llama* (getrocknetes Lamafleisch) und *pailita de llama* (Eintopf mit Lamafleisch) mit europäischen Einflüssen. Die Eleganz des Speiseraums mit der hohen Decke im Kolonialstil wird von den im Hintergrund laufenden Rockhymnen der 1980er-Jahre noch unterstrichen.

Praktische Informationen

Vor allem rund um den Bahnhof und an den Bushaltestellen sollte man auf Geld und Wertsachen achten. In der trinkfreudigen Karnevalszeit haben Taschendiebe Hochsaison. Generell sollte man sich vor angeblich hilfsbereiten jungen Männern in Acht nehmen, die beim Kauf der Busfahrkarte oder dem Verstauen des Gepäcks „helfen" wollen.

Es gibt Geldautomaten in der Stadt, doch sie funktionieren nicht immer.

Banco Nacional de Bolivia (Av Potosí) Geldautomat

Banco Union (Ecke Sucre & Av Potosí) Sehr praktisch gelegener Geldautomat.

Hospital Obrero (693-2025) Das Krankenhaus in der Av Arce am Stadtrand ist sehr gut und akzeptiert die meisten Reisekrankenversicherungen.

Infotur (693-3666; Ecke Av Potosí & Av Arce; Mo-Fr 8–12 & 14.30–18.30 Uhr) Das Büro verfügt über eine umfangreiche Auswahl an Infomaterial in Uyuni und ganz Bolivien.

Migración (7307-9328; Colón; Mo-Fr 8.30–12 & 14.30–18.30 Uhr) Hier werden nur Visa verlängert. Die Visa selbst sowie die Einreise- und Ausreisestempel muss man sich an der Grenze besorgen oder riskiert eine Geldstrafe.

Office of Reserva Nacional de Fauna Andina Eduardo Avaroa (REA; 693-2225; www.boliviarea.com; Ecke Colón & Avaroa; Mo-Fr 9–18 Uhr) Wer auf eigene Faust unterwegs ist, kann in dem recht nützlichen Büro der Nationalparkverwaltung in Uyuni die Eintrittsgebühr für den Park (150 Bs) bezahlen. .

Post (693-2405; Av Arce Esquina Cabrera)

Prodem (Plaza Arce) Wechselt US-Dollar und zahlt Bargeld auf die Kreditkarte aus.

❶ An- & Weiterreise

Uyuni ist mit Bus, Zug und Flugzeug zu erreichen. Die Busfahrkarte sollte man spätestens einen Tag vor Abfahrt, die Zugfahrkarte möglichst lange im Voraus kaufen.

BUS

Zum Zeitpunkt der Recherche war der brandneue Busbahnhof mit touristischer Infrastruktur, auf den die Busgesellschaften sehnsüchtig warten, fast fertiggestellt. Bis es endgültig soweit ist, fahren die Busse am Westende der Av Arce ab, ein paar Minuten zu Fuß von der Plaza Arce entfernt. Da die meisten Ziele von mehreren Busgesellschaften angefahren werden, sollte man unbedingt Preise, Fahrzeiten und Leistungen vergleichend. Die Busse nach Potosí fahren stündlich. Wer nach Sucre möchte, fährt am besten zuerst nach Potosí und steigt dort um.

Nach La Paz fährt man am sichersten und bequemsten in einem Bus von **Todo Turismo** (☎ 693-3337; www.todoturismo.bo; Cabrera 158; einfache Strecke 270 Bs). Die beheizten Busse mit freundlichem Personal und einer Mahlzeit an Bord fahren täglich um 20 Uhr ab. Abfahrt in La Paz ist um 21 Uhr vor dem Edificio Paola an der Uruguay, in einer Straße vom zentralen Busbahnhof entfernt. Außerdem fahren von Uyuni regelmäßig Busse nach:

Oruro & La Paz Die Busse von Omar fahren in der Regel um 19 oder 20 Uhr ab. Um die unbefestigte Straße nach Oruro zu vermeiden und nicht den ganzen Tag auf die Abfahrt des Busses zu warten, kann man auch nach Potosí fahren und dort umsteigen.

Tupiza & Villazón Abfahrt der Busse von Predilecto ist um 18 und 20 Uhr, doch die Zugverbindung ist besser.

Calama (Chile) Die Nachtbusse von Cruz del Norte fahren um 4 Uhr ab (120 Bs, 9 Std.). Abfahrt in Calama ist um 6 Uhr.

ZIEL	PREIS (BS)	DAUER (STD.)
Cochabamba	72–155	12
La Paz	71–270	10–12
Oruro	35–117	7–8
Potosí	35–40	3½
Sucre	60–70	8
Tupiza	50	7–8
Villazón	60	10

FLUGZEUG

Am schnellsten kommt man mit einem Direktflug von La Paz nach Uyuni. Der internationale Flughafen liegt 1 km nördlich der Stadt.

ZUG

Uyuni hat einen modernen, gut funktionierenden **Bahnhof** (☎ 693-2153; www.fca.com.bo; Ferroviaria s/n). Züge in den Norden fahren nach Oruro, in den Süden nach Villazón und in den Osten nach Calama in Chile. Da sie oft voll besetzt sind, sollte man die Fahrkarte einige Tage im Voraus kaufen oder sie sich über eine Agentur besorgen. Immer wieder sind Züge verspätet oder fallen ganz aus, und oft dauert es unendlich lange, bis der nächste Zug fährt – aber das gehört nun mal dazu.

Ist der Rucksack oder Koffer zu groß, muss er im Gepäckwagen transportiert werden. In diesem Fall vor Abfahrt des Zuges ganz besonders auf eventuelle Diebe achten.

Der Zug nach Avaroa an der chilenischen Grenze fährt montags und freitags um 3 Uhr (31 Bs, 5 Std.). Von dort geht es über die Grenze nach Ollagüe, wo die Erledigung der Grenzformalitäten einige Stunden dauern kann. Mit einem anderen Zug geht's dann weiter nach Calama (91 Bs ab Uyuni, 6 Std. ab Ollagüe). So kann zwar die ganze Fahrt bis zu 24 Stunden dauern, doch ist sie ein einzigartiges, wenn auch unbeque-

ZÜGE AB UYUNI

Expreso del Sur

ZIEL	PREIS (BS EINFACHE FAHRT ZWEITE/ERSTE KLASSE)	ABFAHRT	ANKUNFT
Oruro	60/120	Do & So 0.05 Uhr	6.55 Uhr
Tupiza	47/120	Di & Fr 21.40 Uhr	3 Uhr
Villazón	72/180	Di & Fr 21.40 Uhr	6.05 Uhr

Wara-Wara-Linie

ZIEL	PREIS (BS EINFACHE FAHRT STANDARD/ERSTE KLASSE/BUSINESS)	ABFAHRT	ANKUNFT
Oruro	32/47/102	Di & Fr 1.45 Uhr	9.05 Uhr
Tupiza	25/38/76	Mo & Do 2.50 Uhr	8.35 Uhr
Villazón	38/56/118	Mo & Do 2.50 Uhr	12.05 Uhr

mes, Erlebnis. Mit dem Bus ist die Fahrt nach Calama wesentlich angenehmer.

Expreso del Sur Die ziemlich luxuriösen Busse fahren donnerstags und sonntags um 00.05 Uhr von Uyuni nach Oruro, dienstags und freitags um 21.40 Uhr nach Atocha, Tupiza und Villazón im Süden.

Wara Wara Die preisgünstigeren Busse dieser Gesellschaft fahren dienstags und freitags um 1.45 Uhr nach Oruro sowie montags und donnerstags um 2.50 Uhr nach Atocha, Tupiza und Villazón.

Südwestlicher Rundkurs

Der südwestlichste Zipfel von Bolivien ist eine ehrfurchtgebietende Ansammlung rauer und vielfältiger Landschaften, die von der blendend weißen Salzwüste Salar de Uyuni bis zu den geothermischen Nährböden von Los López führt, einem der rauesten Wildnisgebiete der Welt und ein wichtiger Schutzraum für viele Lebewesen der Anden.

Ein großer Teil der Region wird durch das Reserva Nacional de Fauna Andina Eduardo Avaroa (REA; www.bolivia-rea.com; Eintritt 150 Bs) geschützt, das 1973 gegründet wurde, sich über 7150 km² erstreckt und jedes Jahr mehr als 50 000 Besucher empfängt.

Salar de Uyuni

Eine der fesselndsten und schaurigsten Sehenswürdigkeiten unseres Planeten ist sein größter Salzsee (12 106 km²). Er liegt auf einer Höhe von 3653 m. Wenn er austrocknet, dann wirkt der *salar* wie ein weißer Ausläufer des unvorstellbaren Nichts. Da sind nur der blaue Himmel und der weiße Boden. Wenn sich etwas Wasser auf der Ebene sammelt, spiegeln sich die Wolken und der blaue Altiplanohimmel perfekt auf der Oberfläche wider. Der Horizont verschwindet.

EINFACHER RUNDKURS

Nach Zwischenstopps beim Cementerio de Trenes, den Cochani-Salzabbaugebieten und einem inzwischen geschlossenen Salzhotel (Eintritt 25 Bs) geht die Tour weiter zur spektakulären Isla Incahuasi (Eintritt 30 Bs), die besser als "Isla del Pescado" bekannt ist und im Herzen des *salar*, 80 km westlich von Colchani liegt. Der Aussichtspunkt auf dem Hügel ist von Kakteenpflanzen bedeckt und von einem Meer aus flachen, weißen, sechskantigen Salzfliesen umgeben. In der Mitte der Insel befindet sich das Museo Ritual mit ein paar interessanten spanischsprachigen Ausstellungen über Rituale, Glauben und Kultur der Aymará.

Die meisten Gruppen machen hier Mittagspause. Es gibt auch ein Café-Restaurant (nyc0079@hotmail.com; Hauptgerichte 14–48 Bs, Mittagsmenü 40 Bs; ⊙ Juli–Okt. mittags), das vom "Mongo's" aus La Paz geführt wird. Reservierungen per E-Mail.

Viele Touren beinhalten in der ersten Nacht die Unterkunft in einem der Salzhotels um das Dörfchen Chuvica, das am östlichen Rand der Salzebene liegt. Ein ausgeschilderter, 1 km langer Weg gleich südlich vom Dorf führt den Berg hinauf zu einer kleinen Höhle (vor Sonnenuntergang sollte man zurück sein!). Es gibt außerdem ein kleines Geschäft hier. Die Salzhotels (⌂ 7441-7357; 50 Bs/Pers., Vollverpflegung 150 Bs) im Ort sind fast identisch. Es gibt keine Heizung, dafür Böden, Möbel und Wände aus Salz und einen Speisesaal, in dem man zusammen essen und vor Kälte bibbern kann. Für weitere 10 Bs darf man heiß duschen.

Der tiefe Südwesten

Manch Sehenswertes von überraschender Schönheit verbirgt sich in diesem abgelegenen Winkel des Landes, der oft am zweiten oder dritten Reisetag besucht wird. Die surreale Landschaft ist fast baumlos, nahe der chilenischen Grenze erheben sich sanfte Hügel und Vulkane. Zur Fauna gehören u. a. drei Flamingoarten, darunter die bemerkenswerten, sehr seltenen Jamesflamingos, außerdem viele Lamas (Vikunjas) und Eulen.

Die folgenden Punkte sind die wichtigsten Ziele, die von den meisten Touren angefahren werden. Die Laguna Colorada, ein in Ziegelrot leuchtender See, eingefasst von mattweißem Mineralgestein, liegt etwa 25 km östlich der chilenischen Grenze. Das auf 4950 m Höhe gelegene Geysirbecken Sol de Mañana besteht aus brodelnden Schlamm- und dampfenden Schwefellöchern. Hier ist Vorsicht geboten: Feuchte Stellen oder ein lockerer Untergrund können recht gefährlich werden. Die nahen heißen Quellen, die Termas de Polques, ermöglichen ein relaxtes morgendliches Bad im schwefelhaltigen Wasser bei angenehmen 30 °C – und das auf 4200 m Höhe!

Die grünblaue Laguna Verde liegt in der südwestlichsten Ecke Boliviens auf 5000 m Höhe. Hinter dem See erhebt sich der spektakuläre 5960 m hohe Kegel des Volcán Licancábur, der zusammen mit einem einheimischen Bergführer bestiegen werden kann.

Wer noch ein paar Tage Zeit hat, kann von Uyuni aus die verlassenen Städte und historischen Stätten der Gegend besuchen.

Im halbverlassenen Minenort **Pulacayo**, 22 km nordöstlich von Uyuni, sind einige interessante Gebäude zu sehen, darunter die herrschaftliche Villa von Aniceto Arce Ruíz, dem 22. Präsidenten von Bolivien. Dazwischen stehen verrrostete Lokomotiven aus der Blütezeit der Stadt im 18. Jh. vor atemberaubenden Felsformationen. Die verlassenen Minen der Kooperative können mit einheimischen Führern besichtigt werden, geben aber nicht viel her. Der Bus nach Pulacayo (5 Bs) fährt vor dem Postamt in Uyuni ab.

Bei einigen *salar*-Touren wird auch die Salzstadt **Colchani** besucht. Das kleine **Museum** (5 Bs) ist ganz dem Salzhandel gewidmet und zeigt jede Menge „salzige" Kunstwerke. Teilweise kann man den Männern der Salzgenossenschaften bei ihrer interessanten Arbeit zusehen. Wer die riesige Salzpfanne des Salar auf eigene Faust erkunden will, sollte hier beginnen.

🛈 Anreise & Unterwegs vor Ort

Den tiefen Südwesten erkundet man am einfachsten mit einer Gruppe von Uyuni aus. Auf den dreitägigen Standardtouren werden alle genannten Attraktionen angefahren. Alternativ kann auch in Tupiza gestartet werden mit Uyuni als Endpunkt – ebenfalls eine sehr gute Option.

Tupiza

📞 02 / 44 700 EW.

Im ruhigen Tupiza ticken die Uhren langsamer als in anderen bolivianischen Städten. Wer also ein paar Tage lang Ruhe haben möchte, ist hier richtig. Andererseits kann man sich auch, wie Butch Cassidy und Sundance vor 100 Jahren, auf halsbrecherische Cowboyabenteuer begeben oder auf einer Nebenstraße zum Salar de Uyuni fahren.

Die Hauptstadt von Sud Chichas liegt in einer spektakulären Wildwest-Landschaft im Río-Tupiza-Tal und ist von einer rauen Landschaft umgeben – eigenartig ausgewaschene Felsen in Regenbogenfarben wechseln sich mit verworrenen *quebradas* aus Kies (meist trockene Schluchten) und kakteenbewachsenen Hängen ab.

👁 Sehenswertes & Aktivitäten

Tupizas wichtigste Attraktion ist die spektakuläre Landschaft der Umgebung, die man am besten zu Fuß oder auf dem Rücken eines Pferdes erkundet. Empfehlenswerte Ziele in der näheren Umgebung sind die Schluchten und Felsformationen der **Quebrada de Palala**, **Quebrada de Palmira**, **El Cañon del Duende**, **Quebrada Seca** und **El Sillar**, alle weniger als 32 km entfernt.

Ein kurzer Fußmarsch auf den **Cerro Corazón de Jesús** wird, vor allem bei Sonnenuntergang, mit einem schönen Blick über den Ort belohnt. Donnerstag- und samstagmorgens finden in der Nähe des Bahnhofs lebhafte **Straßenmärkte** statt.

👉 Geführte Touren

In Tupiza bieten immer mehr Veranstalter Touren auf dem Südwestlichen Rundkurs an, die entweder in Uyuni oder wieder in Tupiza enden, manchmal aber auch bis nach San Pedro de Atacama in Chile führen. Die übliche Vier-Tages-Tour kostet zwischen 1300 und 1600 Bs pro Person.

Die Veranstalter organisieren auch einfache Ausritte (200/350/490 Bs für 3/5/ 7 Std.) sowie Reitausflüge mit einer Übernachtung in einer einfachen Unterkunft in den Dörfern Espicaya oder Quiriza. Außerdem bieten sie einen Triathlon an (300–380 Bs/Pers. inkl. Mittagessen, bei 4 Teilnehmern). Dabei wird einen ganzen Tag lang die Gegend aktiv mit dem Geländewagen, zu Pferd und auf dem Mountainbike erkundet. Wem das zu anstrengend ist, bucht nur eine Jeeptour (480–600 Bs/Tag) oder eine geführte Wanderung (150–240 Bs/halber Tag).

La Torre Tours GEFÜHRTE TOUREN
(📞 694-2633; www.latorretours-tupiza.com; Chichas 220, Hotel La Torre) Ein freundliches Ehepaar organisiert maßgeschneiderte Touren in die Umgebung von Tupiza und zum *salar*. Außerdem werden Fahrräder verliehen (80 Bs/3 Std.).

Tupiza Tours GEFÜHRTE TOUREN
(📞 694-3003; www.tupizatours.com; Chichas 187, Hotel Mitru) Der Pionier unter den Veranstaltern in Tupiza entwickelte viele der Touren, die jetzt auch von seinen Konkurrenten angeboten werden. Bei der sehr beliebten zweitägigen „Butch and Sundance"-Tour (1500 Bs/2 Pers.) wird der verlassene Bergwerksort **Portugalete** besucht und im winzigen Dörfchen San Vicente übernachtet.

🛏 Schlafen

Die einfachste Lösung ist die Übernachtung in den *residenciales* (Budgetunterkünften) gegenüber vom Bahnhof.

Hotel La Torre
HOTEL $

(☎694-2633; www.latorretours-tupiza.com; Chichas 220; EZ/DZ inkl. Frühstück 100/160 Bs, Zi. mit Gemeinschaftsbad 60 Bs/Pers.) Das solide, zentral gelegene Hotel wird von einer ehemaligen Krankenschwester und einem Arzt geleitet. Es hat saubere Zimmer mit guten Betten und schönem Bad. Die Zimmer an der Vorderseite des weitläufigen Kolonialhauses sind zwar heller, aber auch kälter, und das Bettzeug ist teilweise verklumpt. Mit Gästeküche, Dachterrasse und TV-Raum ist das Hotel ideal, um mit anderen Reisenden in Kontakt zu kommen.

Hostal Valle Hermoso
HOSTEL $

(☎694-4344; www.vallehermosotours.com; Arraya 478; EZ/DZ 70/120 Bs, B/Zi. mit Gemeinschaftsbad 30/50 Bs pro Pers.; ☎) Das Hostel alter Schule hat eine Bücherbörse, Dachterrasse und großzügige Gemeinschaftsbereiche. Es ist sauber, günstig gelegen und HI-Mitglieder bekommen 10% Ermäßigung.

Tupiza Hostal
HOTEL $

(☎694-5240; Florida 10; Zi. mit Gemeinschaftsbad 40 Bs/Pers.) Das perfekte Hotel für sparsame Reisende. Die Zimmer sind zwar etwas düster, die Betten ziemlich schlecht und die Treppe ist tödlich, aber die Bettwäsche ist sauber und im Innenhof kann man toll mit anderen Reisenden abhängen. Es gibt eine Dusche für alle und eine Gemeinschaftsküche.

★ Hotel Mitru
HOTEL $$

(☎694-3001; www.hotelmitru.com; Chichas 187; EZ 260 Bs, DZ 350–450 Bs, EZ/DZ mit Gemeinschaftsbad 90/160 Bs; @☎☎) Das beste Hotel der Stadt ist seit Generationen im Familienbesitz. Obwohl immer viel los ist, herrscht doch eine entspannte Atmosphäre. Und nach einem heißen, staubigen Tag auf dem Pferd kann man im Pool abtauchen. Die Zimmer verschiedener Qualität verteilen sich auf zwei Gebäudeteile: den älteren „Gartenbereich und den neueren „Kaktusbereich".

✴ Essen

Günstiges Essen bekommt man an den Straßenständen vor dem Bahnhof und in den *comedores* (einfachen, preiswerten Restaurants) rund um den Markt.

Alamo
MEXIKANISCH $

(Ecke Chichas & Avaroa; *almuerzo* 15 Bs, Snacks 8–15 Bs, Hauptgerichte 20–40 Bs; ⊙Mo-Sa) In dem schrägen, zweistöckigen Lokal, das eher an einen Western-Saloon erinnert, sitzen Einheimische und Touristen im mexikanischen Ambiente mit allerlei Schnickschnack. Auf der Speisekarte stehen hauptsächlich leckere Fleischgerichte wie *pique macho* (Rindfleischstücke und Würstchen auf einem Haufen Pommes mit Salat, Tomaten, Zwiebeln und scharfem *locote*-Paprika), die in riesigen Portionen serviert werden.

★ Milan Center
PIZZERIA $$

(Ecke Chichas & Chuquisaca; Hauptgerichte 25–55 Bs, Pizzas 33–111 Bs; ⊙Mo-Sa) Die knusprige Pizza mit dünnem Boden und leckerem Belag in unzähligen Variationen ist die beste der Stadt. Die überdachte Terrasse hinter dem Haus ist eine herrliche Oase der Ruhe mitten in Tupiza.

Rinconcito Quilmes
ARGENTINISCH $$

(Suipacha 14; *almuerzo* 13 Bs, Hauptgerichte 20–50 Bs) Nur wenige Touristen finden den Weg in dieses kleine Lokal, das für sein preis-

ZÜGE AB TUPIZA

Expreso del Sur

ZIEL	PREIS (BS EINFACHE FAHRT ZWEITE/ERSTE KLASSE)	ABFAHRT	ANKUNFT
Villazón	25/60	Mi & Sa 3 Uhr	6.15 Uhr
Uyuni	47/120	Mi & Sa 17.30 Uhr	23.50 Uhr
Oruro	107/239	Mi & Sa 17.30 Uhr	7.10 Uhr

Wara-Wara-Linie

ZIEL	PREIS (BS EINFACHE FAHRT STANDARD/ZWEITE/ERSTE KLASSE)	ABFAHRT	ANKUNFT
Villazón	14/20/45	Do & Mo 8.45 Uhr	12.05 Uhr
Uyuni	25/38/76	Mi & Sa 11 Uhr	1.15 Uhr
Oruro	56/80/181	Mi & Sa 11 Uhr	10.05 Uhr

ℹ️ EINREISE NACH ARGENTINIEN

Das ausufernde, staubige und chaotische **Villazón** ist der wichtigste bolivianische Grenzübergang nach Argentinien. An der Grenze und auf dem Busbahnhof ist immer die Hölle los, da viele Bolivianer im benachbarten Argentinien arbeiten. Deshalb muss man sich verstärkt vor den üblichen Betrügern in acht nehmen: Falschgeld und kleine Diebstähle sind an der Tagesordnung.

Das **argentinische Konsulat** (7386-2411; Plaza 6 de Agosto 123; Mo–Fr 8–13 Uhr) liegt am Hauptplatz der Stadt. Zahlreiche *casas de cambio* in der Av República Argentina in der Nähe der Brücke bieten recht gute Wechselkurse für US-Dollar und argentinische Pesos, weniger gute für Bolivianos. Die **Banco Mercantil** (JM Deheza 423) tauscht Bargeld um und hat einen Geldautomaten mit US-Dollar und Bolivianos.

Die Busse Richtung Norden fahren vom **Busbahnhof Villazón** (Bahnhofsgebühr 2 Bs) ab. Mit Ausnahme der Busse nach Tarija fahren alle über Tupiza (15–22 Bs, 2½ Std.). Da die Strecke durch eine äußerst reizvolle Landschaft führt, sollte man möglichst tagsüber fahren und sich einen Platz am Fenster sichern. Nachts kann die Fahrt dagegen zum Albtraum werden. Außerdem fahren regelmäßig Busse über Potosí (80–120 Bs, 11 Std.) und Oruro (140–160 Bs, 17 Std.) nach La Paz (140–170 Bs, 21 Std.). Jeden Abend fahren Busse über die holprige, aber spektakuläre Strecke nach Tarija (40 Bs, 7–8 Std.) und weiter nach Bermejo, wo viermal täglich ein Bus abfährt. Die Fahrkartenschalter der argentinischen Busgesellschaften befinden sich gegenüber dem Busbahnhof in Villazón, die Busse fahren aber alle am Busbahnhof von La Quiaca jenseits der Grenze ab. Die Verkäufer sowohl der argentinischen als auch der bolivianischen Busgesellschaften drängen die Reisenden zum schnellen Ticketkauf, doch sollte man sich damit Zeit lassen, um vielleicht einen früheren Bus zu erwischen. Für längere Strecken lässt sich der Preis gut herunterhandeln. Andererseits versuchen die Verkäufer, die Reisenden bei kürzeren Strecken übers Ohr zu hauen.

Der Bahnhof von Villazón liegt 1,5 km nördlich des Grenzübergangs. Eine Taxifahrt dorthin kostet 5 Bs. Sonntags ist der Fahrkartenschalter geschlossen.

Wer nur kurz La Quiaca besuchen möchte, muss sich nicht bei der Einreisebehörde melden, sondern kann einfach über die Brücke gehen. Das ist normalerweise kein Problem, es sei denn, man gerät in die Schlange der Händler, deren Waren durchsucht werden. Dann kann die Einreise mit Zollabfertigung Stunden dauern.

Das **bolivianische Zoll- und Einreisebüro** (24 Std.) an der Nordseite der internationalen Brücke erteilt die Aus- und Einreisestempel (letztere in der Regel nur für 30 Tage). Offiziell sind die Stempel zwar kostenlos, doch manchmal werden zwischen 21 und 50 Bs als „Servicegebühr" verlangt. Das argentinische Zoll- und Einreisebüro ist von 7 bis 23 Uhr geöffnet. Es gibt nur wenige Formalitäten zu erledigen, doch die Wartezeit und die umfangreichen Zollkontrollen können sich in die Länge ziehen. Wer nach Argentinien einreist, muss außerdem damit rechnen, an weiteren Kontrollpunkten südlich der Grenze nochmals durchsucht zu werden.

---

wertes, sättigendes Mittagessen bekannt ist. Gegessen wird im großen Speiseraum oder an den Tischen auf der Straße. Bei den beliebten *asados* (Barbecues) am Wochenende kommt erstklassiges Fleisch aus Argentinien auf den Grill.

ℹ️ Praktische Informationen

Wäsche kann man in vielen Unterkünften waschen lassen. Einfache Stadtpläne und Karten von der Umgebung sind bei den meisten Tourveranstaltern erhältlich.

Banco Union (7 de Noviembre, auf Höhe Sucre) Der Geldautomat akzeptiert auch ausländische Kreditkarten.

Latin America Cambio (Avaroa 160) Tauscht verschiedene Währungen, aber nicht immer zu den besten Kursen.

ℹ️ An- & Weiterreise

BUS

Der **Busbahnhof** (Arraya) bietet Verbindungen zu den wichtigsten Zielen und Verkehrsknotenpunkten in der Region. Allerdings starten die meisten Busse erst abends. Nach Villazón und zur argentinischen Grenze fährt man am besten mit einem *rapidito* (20 Bs), die vor dem Busbahnhof warten und losfahren, sobald sie voll besetzt sind. *Rapiditos* fahren auch nach Potosí (80 Bs, 3½ Std.). Da sie deutlich schneller als der Bus

ZIEL	PREIS (BS)	DAUER (STD.)
Cochabamba	80	16–18
La Paz	50–70	13–15
Oruro	50–60	10–11
Potosí	25–50	5
Tarija	50–80	7
Uyuni	40–50	7
Villazón	15–22	2

sind, ist es oft besser, erst nach Potosí zu fahren und dort dann in einen Bus umzusteigen.

ZUG

Leider verpasst man auf der Zugreise die Landschaften auf dem Weg nach Uyuni. So sollte man den unbequemeren Bus in Betracht ziehen. Der Ticketschalter am **Bahnhof** (694-2529; www.fca.com.bo) hat unregelmäßig geöffnet, wenn Züge abfahren. Es ist einfacher, die Tickets gegen geringen Aufpreis über eine Agentur zu kaufen.

Tarija

04 / 205 300 EW.

Ein angenehm mildes Klima und die kleine koloniale Altstadt machen Tarija zu einem lohnenswerten Reiseziel, auch wenn viele Bolivianer aus den großen Städten die gesamte Region im Südwesten des Landes für rückständig und unzivilisiert halten. Doch die von Palmen gesäumten Plätze inmitten des dichten Straßengewirrs, die entspannte Atmosphäre und lebhaften Restaurants scheinen genau das richtige Maß an Weltoffenheit und Kultiviertheit darzustellen. Denn spätestens nach einem gemütlichen Nachmittag mit einem Glas des hiesigen *vino* an der zentralen Plaza könnte man hier für immer bleiben.

Sehenswertes & Aktivitäten

Casa Dorada MUSEUM
(Ingavi O-370; Führung 5 Bs; nur mit Führung Mo–Fr 9–11 & 15–17, Sa 9–11 Uhr) Das mit Gold und Silber frisch gestrichene „Goldene Haus" mit dem von Freiheitsengeln geschmückten Dach sieht von fern wesentlich beeindruckender aus, als es tatsächlich ist. Es ist nur im Rahmen einer Führung zu besichtigen, die jeweils zur vollen Stunde beginnt.

Museo de Arqueología y Paleontología MUSEUM
(Ecke Lema & Trigo; Mo–Sa 8–12 & 15–18 Uhr) GRATIS Das zur Universität gehörende Archäologische und Paläontolgische Museum zeigt prähistorischer Tiere und bietet einen Einblick in das Leben der ersten Menschen in der Gegend um Tarija. Im Erdgeschoss werden gut erhaltene Überreste von Urwelttieren präsentiert, im Obergeschoss befinden sich die Ausstellungen zur Geschichte, Geologie und Anthropologie mit alten Gebrauchsgegenständen, Waffen, Tonwaren und prähistorischen Jagdwerkzeugen, darunter eine gewaltige Keule, die als *rompecabezas* (Kopfzertrümmerer) bezeichnet wird.

Viva Tours TOUR
(663-8325; Bolívar 251, 2. OG) Viva Tours ist unschlagbar, wenn es um Weintouren und abenteuerliche Ökotrips ins Hinterland von Tarija geht. Mit im Programm sind auch vier nahegelegene nationale Schutzgebiete.

VTB Tours GEFÜHRTE TOUREN
(664-4341; www.vtbtourtarija.com; Ingavi O-784) Das Büro des Veranstalters, der zu den am längsten in der Stadt tätigen gehört, befindet sich im Hostal Carmen. Er hat einen ausgezeichneten Ruf und Englisch sprechende Führer. Die sehr guten Touren auf dem Inca Trail oder zu den Tajzara-Lagunen im Reserva Biológica Cordillera de Sama (1600 Bs/Pers.) für mindestens drei Teilnehmer müssen im Voraus gebucht werden.

Schlafen

Casa Blanca HOSTEL $
(664-2909; luiszilvetiali@gmail.com; Ingavi 645; B 60 Bs; @) Das weiß getünchte Haus aus der Kolonialzeit mit dem schattigen Innenhof ist bei weitem die schönste Budgetunterkunft der Stadt. In den drei Schlafsälen stehen nur jeweils zwei Stockbetten. Die Bäder sind sauber und haben zuverlässig warme Duschen. Das Hostel befindet sich zwar in einer ruhigen Seitenstraße in der Nähe der zentralen Plaza, kann nachts je nach Belegung aber recht laut werden.

Hostal Zeballos HOTEL $
(664-2068; Sucre N-966; EZ/DZ 120/160 Bs, ohne Bad 60/120 Bs;) Das auf den ersten Blick sehr schöne Hotel ist mit unzähligen Topf- und Kletterpflanzen geschmückt. Der Eindruck täuscht aber gewaltig, denn die Zimmer sind alle ziemlich heruntergekommen und die im Untergeschoss sogar ausgesprochen mies und düster.

Hostal del Sol HOTEL $$
(666-5259; www.hoteldelsol.com.bo; Sucre 782; EZ/DZ inkl. Frühstück 250/350 Bs; @) Das gute und günstig gelegene Hotel ist nur

zwei Straßen von der zentralen Plaza entfernt. Die Zimmer zur Straße hin sind sehr hell und haben einen winzigen Balkon, das Frühstück wird in einem ebenso lichtdurchfluteten Speiseraum im 2. Stock serviert. Die inneren Zimmer sind nicht so hell und nicht so schön, haben aber alle Flachbild-TVs und blitzblanke Marmorfußböden.

Hostal Carmen HOTEL **$$**
(664-3372; www.hostalcarmentarija.com; Ingavi 0-0784; EZ/DZ ab 190/280 Bs; @) Das professionell geführte Hotel in einer ruhigen Seitenstraße westlich des Zentrums bietet die üblichen Zimmer auf drei Stockwerken des großen Hauses. Die preiswerteren Zimmer im obersten Stock sind sehr einfach, aber näher an der Dachterrasse, von der man einen tollen Blick auf die Stadt hat. Im Haus befindet sich das Büro der empfehlenswerten VTB Tours, deren Mitarbeiter ausländischen Touristen gerne weiterhelfen.

Essen

Wer ganz mutig ist, probiert *ranga ranga* (Kutteln mit Zwiebeln, Tomaten und Chili) und *chan faina* (Lammmagen mit Gemüse). Aber empfindlichen Mägen wird zumindest *sopa de maní* (Erdnusssuppe) oder *saice* (Geschnetzeltes mit Gemüse) schmecken. Und nicht die Desserts vergessen: *dulce de lacayote* (Feigenblatt-Marmelade mit Zimt gemixt), *pepitas de leche* (Zimttoffee) und *tojori* (Pfannkuchen mit Nelken und Anis) sind wahre Köstlichkeiten. Außerdem sollte man unbedingt die *Guía Gastronomica* von der Touristeninformation mitnehmen. Sie informiert über weitere appetitanregende Optionen.

Hot Wings:
The Unique Flavor US-AMERIKANISCH **$**
(Calle 15 de Abril 147; Hauptgericht 30 Bs) Die Chicken Wings des mit Coca-Cola-Werbung zugekleisterten Fast-Food-Restaurants an der Plaza Sucre sind wirklich scharf und schmackhaft, aber bestimmt nicht „einzigartig". Nicht jedermanns Geschmack dürfte die grelle Neonbeleuchtung und die ständig auf dem riesigen Fernseher laufenden Konzertmitschnitte von U2 und anderen Popstars sein.

★ Guten DEUTSCH **$$**
(Ecke Calle 15 de Abril & Colón; Hauptgericht 55 Bs; Mo–Do 9–24, Fr & Sa 9–3, So 10–15 Uhr) Einheimische mit ihrer Familie oder Freunden sowie zumeist bolivianische Touristen lassen sich hier saftige Steaks, panierte Schnitzel und leckere Fischgerichte schmecken. Es herrscht eine entspannte und herzliche Atmosphäre, untermalt von klassischem Blues aus den USA. Auf den Holztischen stehen Kerzen, die Backsteinwände sind mit farbenfrohen Gemälden geschmückt.

Taberna Gattopardo INTERNATIONAL **$$**
(Plaza Luis de Fuentes y Vargas; Hauptgerichte 20–55 Bs; 8–24 Uhr;) Die von Europäern geführte Taverne mit Café in einer der schönsten Ecken der zentralen Plaza ist hervorragend geeignet, bei einem starken Espresso Leute zu beobachten. Die Speisekarte ist riesig und bunt gemischt, das Essen eher mittelmäßig. Es gibt die üblichen Salate, Burger, Pizzas, ein paar bolivianische Spezialitäten, Steaks und Fleischfondue. Der Speiseraum im Inneren ist trotz der hohen Decke eher düster.

La Floresta Don Ñato BÜFETT **$$**
(Carretera a San Jacintom, Barrio Germán Busch; Büffet 45–60 Bs; Fr–So;) Das All-you-can-eat-Büfett mit Schweinefleisch, Hühnchen und Salaten wird in einem großen, schattigen Garten mit Swimmingpool aufgebaut. Dazu gibt's frisch zubereitete Limonade aus Krügen. Da das Restaurant etwas außerhalb der Stadt ist, fährt man am besten mit dem Taxi hin. Das Personal kann dann ein Taxi für die Rückfahrt rufen.

★ Pizza Pazza PIZZERIA **$$$**
(Ecke Carlos Lazcano & Belgrano y Pino; Pizzas 40–110 Bs) Die temperamentvolle Wirtin Edith Paz Zamora ist leidenschaftliche Kunstsammlerin und ebenso leidenschaftliche Pizzabäckerin. An den Wänden hängen farbenfrohe Gemälde dicht an dicht, und Kreative aller Art tummeln sich vor allem donnerstags (Abend der Kunst) und freitags (Künstlerabend) in dem Lokal, wenn es Volkskunst, Musik und Tanz zur leckeren Pizza gibt. Um eingelassen zu werden, muss man läuten.

Ausgehen & Unterhaltung

Nach Flugblättern Ausschau halten, die *peñas* ankündigen, die meist am Wochenende in Restaurants stattfinden.

Xoxo BAR
(Calle 15 de Abril; 8–24 Uhr) Die mit Pop Art und Getränkedosen aus aller Welt dekorierte Cafébar mit Tischen auf der zentralen Plaza ist fast jeden Abend voller junger Nachtschwärmer.

❶ Praktische Informationen

Rund um die zentrale Plaza gibt's jede Menge Geldautomaten. **Casas de cambio** (Bolívar) tauscht US-Dollar und argentinischen Peso.
Infotur (☎ 667-2633; www.turismo.tarija.gob.bo; Ecke 15 de Abril & Sucre; ⏰ Mo–Fr 8–12 & 14.30–18.30, Sa & So 9–12 & 16–19 Uhr) Hier sind einfache Stadtpläne und recht nützliche Infos zu Sehenswürdigkeiten in Tarija und Umgebung erhältlich. Allerdings sprechen die Mitarbeiter nur Spanisch.
Migración (☎ 664-3450; Ecke La Paz & Oruro) Das Büro beim Parque Bolívar erteilt Ein- und Ausreisestempel und verlängert Visa.

❶ Anreise & Unterwegs vor Ort

BUS

Zum Zeitpunkt der Recherche wurde 7 km südlich der Stadt gerade ein neuer, moderner Busbahnhof gebaut. Bis zu seiner Fertigstellung wird der Busverkehr über den viel zu kleinen, aber günstiger gelegenen alten **Busbahnhof** (☎ 663-6508) abgewickelt. Der dortige **Touristenkiosk** ist allerdings keine große Hilfe. Die meisten Fernbusse starten zwischen 16.30 und 20.30 Uhr. Die Busse nach Santa Cruz fahren über Villamontes, wo es Anschlussverbindungen nach Yacuiba und Asunción in Paraguay gibt. Allerdings fährt letzterer Bus erst in den frühen Morgenstunden ab, was eine lange Wartezeit in Villamontes bedeutet. Die Busse von **Juarez** fahren dienstags, donnerstags und sonntags direkt nach Salta in Argentinien (220 Bs, 8 Std.).

ZIEL	PREIS (BS)	DAUER (STD.)
Cochabamba	90–115	26
Oruro	90	20
Potosí	60–70	12–15
Santa Cruz	90–115	24
Sucre	70–90	18
Villamontes	40–50	9

FLUGZEUG

Der **Flughafen Oriel Lea Plaza** (☎ 664-2195) liegt 3 km östlich der Stadt in der Nähe der Av Victor Paz Estenssoro. **TAM** (☎ 664-2734; www.tam.bo; La Madrid O-470), **BOA** (☎ 611-2787; www.boa.bo; Trigo, zw. Alejandro del Carpio & Lema), **Ecojet** (☎ 611-3427; www.ecojet.bo; Ecke Colón & Madrid) und Amazonas fliegen von hier nach La Paz, Santa Cruz, Sucre und Cochabamba. Die Flüge kosten zwischen 220 und 450 Bs. Bei den Flügen nach La Paz und Sucre wird meist ein Zwischenstopp in Cochabamba eingelegt). TAM und Amazonas fliegen auch ein- bis zweimal in der Woche die kurze Strecke nach Yacuiba (300–500 Bs).

Rund um Tarija

San Lorenzo, 15 km nördlich von Tarija, entlang der Straße nach Tupiza, ist ein idyllisches Kolonialzeitdörfchen mit gepflasterten Straßen und geschnitzten Balkonen. *Micros* und *trufis* (3 Bs, 30 Min.) fahren von der Ecke Av Domingo Paz und Sarancho in Tarija tagsüber ungefähr alle 20 Minuten ab.

Tomatitas, mit seinen natürlichen Badestellen, drei reizenden Flüssen (Sella, Guadalquivir und Erquis) und netten kleinen Lokalen, eignet sich sehr gut für Tagesausflüge ab Tarija. Von hier aus kann man in das 9 km entfernte **Coimata** wandern oder per Anhalter fahren. Dort gibt es noch mehr Badegelegenheiten und einen Wanderweg, der 40 Minuten lang dem Fluss zu den zweistufigen **Coimatafällen** hinauf folgt, die insgesamt etwa 60 m in die Tiefe stürzen.

Das **Sama-Bioreservat** ist für den Schutz repräsentativer Beispiele der Ökosysteme des Altiplano und des interandinen Tals zuständig. Der Eintritt zum Reservat kostet 15 US$ und ist in den Preisen der Tourveranstalter meist mit eingeschlossen.

Um zum Reservat oder nach Comaita zu kommen, nimmt man die *micros A* und *B* nach Tomatitas. Sie fahren alle 20 Minuten von der Ecke Av Domingo Paz und Saracho in Tarija ab (1,50 Bs). Manche fahren über San Lorenzo weiter bis nach Jurina (5 Bs). Bei der Schule aussteigen und den restlichen Weg laufen. Von der Ecke Campesino und Comercio in Tarija fahren ziemlich regelmäßig Busse nach Coimata (3 Bs).

El Valle de la Concepción, oder einfach nur „El Valle", ist das Herzstück der bolivianischen Wein- und Singaniproduktion.

Viva Tours (S. 252) in Tarija veranstaltet geführte Touren zu den Winzern des Tals. Wer lieber auf eigene Faust unterwegs ist: El Valle liegt an der Straße nach Bermejo. An der *tranca* östlich von Tarija rechts halten. Taxis und *micro V* fahren, sobald sie voll sind (5 Bs, 30 Min.), von der Ecke Corrado und Trigo ab.

ZENTRALES HOCHLAND

Cochabamba

☎ 04 / 630 600 EW.

Die lebhafte, betriebsame Stadt gehört zu den Boomtowns in Bolivien und hat eine ganz eigene, eher mediterran anmutende

Vitalität, die sie wohl dem recht milden Klima verdankt. Während der größte Teil der Einwohner noch in Armut lebt, zeugen einige Stadtteile von beträchtlichem Wohlstand.

Die breiten Boulevards der Neustadt werden von unzähligen Restaurants aller Art gesäumt, in denen es von begeisterten *cochabambinos* nur so wimmelt. Die ebenso lebhafte Barszene ist von Studenten und jungen Angestellten geprägt. Berühmt ist Cochabamba für das Maisbier *chicha*, das Lieblingsgetränk der Einheimischen.

So bleiben viele deutlich länger in der Stadt als geplant.

◉ Sehenswertes & Aktivitäten

★ Palacio Portales   PALAST
(c.pedagogicocultral@fundacionpatino.org; Potosí 1450; Eintritt mit Führung 15 Bs; ⊘ Park Di–Fr 15–18.30, Sa & So 9–12 Uhr, Führungen auf Englisch Mo–Fr 16 & 17, Sa 10.30 & 11.30, So 12.30 Uhr) Der Palast des Zinnbarons Simón Patiño symbolisiert wie nichts anderes das goldene Zeitalter des Bergbaus in Bolivien. Obwohl Patiño selbst nie in dem opulenten Palais im europäischen Stil von 1927 wohnte, wurde es mit den kostbarsten Materialien der damaligen Zeit ausgestattet: Marmor aus Carrara, edle Hölzer aus Frankreich, Wandteppiche und feine Seidenstoffe aus Italien. Bei der Gestaltung des Parks und der Außenanlagen ließ Patiño sich von Schloss Versailles inspirieren, das Spielzimmer ist der Alhambra in Granada nachempfunden und die Vorlagen für die riesige Eingangshalle lieferte kein Geringerer als der Vatikan.

Convento de Santa Teresa   KLOSTER
(Ecke Baptista & Ecuador; Eintritt 20 Bs; ⊘ Stündliche Führungen Mo–Fr 9–11 & 14.30–16.30, Sa 14.30–16.30 Uhr) Das vornehme, etwas heruntergekommene Kloster könnte aus einem Roman von Gabriel García Márquez stammen. Bei den (rund 45-minütigen) Führungen durch die charmant vernachlässigte Anlage werden der ruhige Kreuzgang und die Klosterkirche mit wunderbaren Altären und Werken von Bildhauern aus Spanien und Potosí besucht. Interessanter und beeindruckender als die Architektur oder Kunst des Klosters ist vielmehr die Vorstellung vom klösterlichen Leben der Nonnen hier.

Museo Arqueológico   MUSEUM
(Ecke Jordán E-199 & Aguirre; Eintritt 25 Bs; ⊘ Mo–Fr 8–18, Sa 8–12.30 Uhr) Das archäologische Museum bietet einen ausgezeichneten Einblick in die indigenen Kulturen Boliviens. Die Ausstellung ist in drei Bereiche unterteilt: die archäologische, ethnografische und paläontologische Sammlung. Die Erläuterungen in Spanisch sind sehr gut, und nachmittags ist manchmal ein Englisch sprechender Museumsmitarbeiter da.

Cristo de la Concordia   WAHRZEICHEN
(Innominada, Zona la Chimba; ⊘ Di–Sa 10–18 Uhr, So 9–18 Uhr) Die riesige Christusstatue auf dem 2800 m hohen Cerro de San Pedro außerhalb von Cochabamba ist die zweithöchste der Welt. Sie ist 44 cm höher als die berühmte Statue *Cristo Redentor* in Rio de Janeiro, die genau 33 m hoch ist, entsprechend 1 m für jedes Lebensjahr von Jesus Christus. Die *cochabambinos* erklären diese zusätzlichen Zentimeter damit, dass Jesus schließlich *„33 años y un poquito"*, also „etwas mehr als 33 Jahre" alt wurde. Der Aufstieg zur Statue wird mit einem fantastischen Rundumblick auf die Stadt und das Tal belohnt.

COCA-LAND

Gut 1200 t Cocablätter werden jeden Monat in Bolivien konsumiert. Das veranlasste Präsident Evo Morales, es in der Verfassung von 2009 zu einem wesentlichen Bestandteil der bolivianischen Tradition zu erklären.

Doch nicht alle Cocablätter, die im Land geerntet werden, sind für den traditionellen Eigenbedarf gedacht. Bolivien ist, je nach Sichtweise, der zweit- oder drittgrößte Kokainproduzent der Welt und erzeugt jedes Jahr 290 t des weißen Pulvers. Das Coca wird landesweit auf einer Fläche von 240 bis 300 km² angebaut (abhängig davon, wie stark die Ausrottungsbemühungen sind). Die legale Coca-Produktion ist auf lediglich 120 km² begrenzt.

Wer mit dem illegalen Stoff erwischt wird, kann nicht auf die Hilfe der jeweiligen Botschaft hoffen. Also am besten die Finger davon lassen. Ebenso strafbar ist es in den meisten Ländern, Cocablätter einzuführen. Deshalb sollte man tunlichst alles zerkauen, bevor man Bolivien verlässt.

Cochabamba

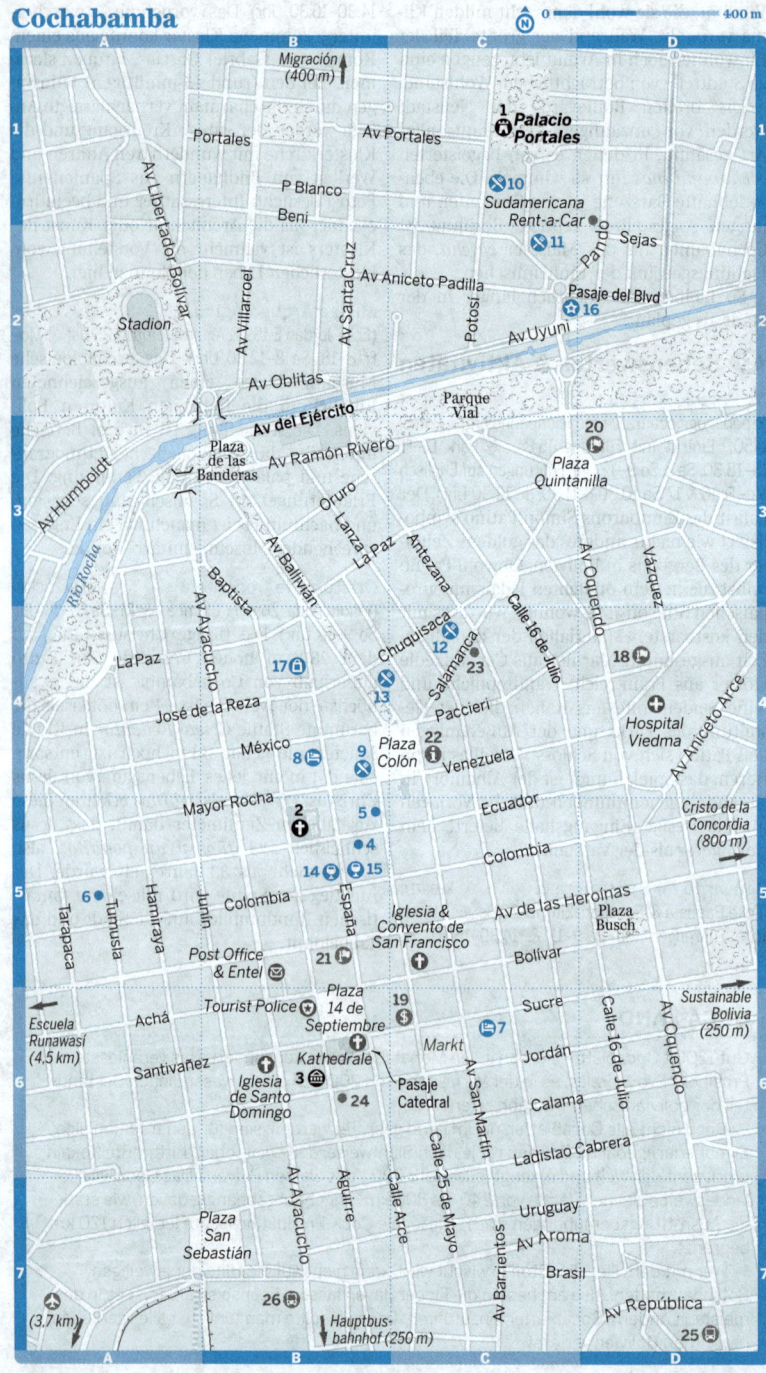

Cochabamba

◉ Highlights
1 Palacio Portales C1

◉ Sehenswertes
2 Convento de Santa Teresa B5
3 Museo Arqueológico B6

✚ Aktivitäten, Kurse & Touren
4 Bolivia Cultura B5
5 Centro Boliviano Americano B5
6 Fremen Tours A5

🛏 Schlafen
7 Residencial Familiar C6
8 Running Chaski Hostal B4

✖ Essen
9 Gopal B4
10 Kabbab C1
11 María Bonita C2
12 Páprika C4
13 Sucremanta B4

● Ausgehen & Nachtleben
14 Cerebritos B5
15 Simón Bolívar B5

✪ Unterhaltung
16 Levoa C2

🛍 Shoppen
17 Spitting Llama B4

ⓘ Praktisches
18 Argentinisches Konsulat D4
19 Banco Unión C6
20 Brasilianisches Konsulat D3
21 Deutsches Konsulat B5
22 Infotur C4
23 Lavaya C4

ⓘ Transport
24 BoA B6
25 Micros & Busse nach Chapare D7
26 Micros nach Quillacollo,
    Pahirumani & Sipe Sipe B7

Tourist Bus BUSTOUREN
(☏ 450-8920; 25 Bs/Pers.) Die Busse starten um 10 und 15 Uhr an der Plaza Colón und fahren alle Sehenswürdigkeiten der Stadt ab.

🎓 Kurse

Cochabamba ist beliebt für Spanisch- oder Quechua-Unterricht. In den Kulturzentren werden Kurse (ca. 50 Bs/Std.) angeboten.

Centro Boliviano Americano SPRACHKURSE
(☏ 422-1288; www.cbacoch.org; Calle 25 de Mayo N-0365) Kann private Lehrer empfehlen.

Escuela Runawasí SPRACHKURSE
(☏ 424-8923; www.runawasi.org; Maurice Lefebvre N-0470, Villa Juan XXIII) Für 1340 Bs pro Woche taucht man an dieser empfehlenswerten Schule tief in die Sprache und Kultur des Landes ein. So werden auch Ausflüge nach Tunari, Torotoro und in den entspannenden Regenwald von Chapare angeboten.

👉 Geführte Touren

Bolivia Cultura ABENTEUERTOUREN
(☏ 452-7272; www.boliviacultura.com; Ecuador E-0342) Der freundliche und sehr professionelle Veranstalter organisiert Touren in den Parque Nacional Torotoro und zu anderen Sehenswürdigkeiten der Region. Die Teilnehmer sind überwiegend ausländische Reisende, einige Mitarbeiter sprechen Englisch. Sehr zu empfehlen.

Fremen Tours GEFÜHRTE TOUR
(☏ 425-9392; www.frementours.com.bo; Tumusla N-245) Bietet Ausflüge in die Umgebung an und sehr gute Touren nach Chapare, zum Amazonas und zum Salar de Uyuni.

🛏 Schlafen

Man sollte sich nicht von den extrem niedrigen Preisen der Unterkünfte in der Marktgegend und um den Busbahnhof herum locken lassen. Sie sind nicht ohne Grund so niedrig – besonders nach Einbruch der Dunkelheit ist diese Gegend ziemlich gefährlich.

★ Running Chaski Hostal HOSTEL $
(☏ 425-0559; www.runningchaski.com.bo; España 449; B 75 Bs, EZ/DZ 130/195 Bs; @ 🛜) Das 2014 eröffnete Hostel ist die mit Abstand beste Budgetunterkunft der Stadt. Nicht zuletzt wegen des außerordentlich guten Services ist es meist gut belegt. Deshalb sollte man unbedingt im Voraus buchen, vor allem am Wochenende. Durch den schönen Eingangsbereich im kolonialen Stil gelangt man in einen kleinen Garten mit Rasen. Die Zimmer mit Holzfußboden sind modern eingerichtet. Das Personal hilft bei der Reiseplanung.

Residencial Familiar PENSION $
(☏ 422-7988; Sucre E-554; EZ/DZ 100/130 Bs, ohne Bad 50/80 Bs; @ 🛜) Die preiswerte Pension in einem schönen, aber baufälligen alten Haus hat einen Innenhof, in dem eine nackte Statue in einem Brunnen ohne Wasser steht. Die einfachen Zimmer mit Betonfußboden und schäbigem Mobiliar sind alles andere als ansprechend. Die Pension hat auch kein Namensschild, befindet sich

aber genau gegenüer dem blauen Gebäude des Colegio Nacional Bolívar.

✕ Essen

Die *cochabambinos* bezeichnen sich selbst stolz als die größten Gourmets Boliviens. Es gibt für Feinschmecker tatsächlich eine große Vielfalt an lokalen Spezialitäten, beispielsweise *lomo borracho* (Rind mit Ei in einer Biersuppe) und *picante de pollo* (Hähnchen in würziger Sauce). Am besten in der Touristeninformation um den *Cochabamba-Gastronòmica*-Prospekt bitten.

In ganz Cochabamba gibt es tolles Essen und Snacks auf den Straßen – die *papas rellenas* (Kartoffeln mit Fleisch- und Käsefüllung) an der Ecke von Achá und Villazón sind besonders köstlich. Großartige *salteñas* (mit Pastete gefüllte Muscheln) und Empanadas gibt's überall. Die Einheimischen schwören auf die *anticuchos* (Rinderherz-Schaschlik), die an der Ecke der Avs Villaroel und América die ganze Nacht über brutzeln.

Sucremanta LATEINAMERIKANISCH $
(Av Ballivián 510; Hauptgerichte ab 18 Bs; ⊙10–14 Uhr) Das Restaurant einer traditionellen Kette bietet solide Gerichte der Region wie *mondongo* (Kutteln) und *menudito* (Eintopf mit Schweine-, Rind- und Hühnchenfleisch).

María Bonita MEXIKANISCH $
(Beni 0539, nahe Potosí; Hauptgerichte 15–25 Bs; ⊙Mo–Sa 18–23, So 11–21 Uhr) Das bezaubernde Lokal in hellen Pastellfarben ist mit mexikanischen Andenken wie Poster von Frida Kahlo und Fußballtrikots dekoriert. Es wird vom Sohn eines mexikanisch-bolivianischen Ehepaars geführt. Die leckeren Burritos, Enchiladas und *chimichangas* (fritierte Burritos) werden ansprechend serviert. Am Wochenende gibt's preiswerten Brunch mit *ceviche* and *sopa de frijol* (Suppe mit schwarzen Bohnen). Die Stimmung ist gut, ein Schild fordert ausdrücklich zu Gesprächen auf.

Kabbab NAHÖSTLICH $$
(Potosí N-1392; Hauptgerichte 30–60 Bs; ⊙17–24 Uhr) Das Lokal neben dem Palacio Portales, das denselben Eingang wie die Bar Muele del Diablo hat, bietet persische Fleischspieße in 1001 Variationen. Dazu gibt es köstliches Fladenbrot aus dem Lehmofen, türkischen Kaffee und gutes Baklava.

Gopal VEGETARISCH $$
(Mayor Rocha 3577; Büfett 18 Bs, Hauptgerichte 20–40 Bs; ⊙Mo–Sa 11–14 Uhr; ✈) Das ganz ordentliche vegetarische Restaurant bereitet traditionelle bolivianische Gerichte auf Sojabasis und Currys nur mit Gemüse zu.

Páprika INTERNATIONAL $$$
(www.paprika.com.bo; Chuquisaca; Hauptgerichte 30–95 Bs; ⊙11:30–24 Uhr; 🔊) Auf der Speisekarte des schicken, modernen und sehr beliebten Restaurants mit Bar findet sich eine bunte Mischung aus bolivianischen und internationalen Gerichten, darunter leckere Ofenkartoffeln und Fondues, aber auch ausgefallene Kreationen mit Strauß- und Lamafleisch. Die trendige Bar ist ideal für einen Drink zu später Stunde und um junge Einheimische zu treffen.

🍷 Ausgehen & Unterhaltung

Am El Prado (Av Ballivián) gibt's jede Menge Bars und Kneipen, und auch auf der Calle España ist viel los – letztere bietet eine ständig wechselnde Auswahl an sehr ansprechenden und unkonventionellen Café-Bars.

Unter der Woche (nach Mitternacht) verwandeln sich viele der Bars auf dem El Prado und der España in Mini-Discos, aber an den Wochenenden zieht es die Schickeria zur Recoleta und Av Pando.

Simón Bolívar BAR
(España E-250; ⊙Mo–Sa 18.30–1 Uhr; 🔊) Junge Frauen mit Brille lesen Pablo Neruda und trinken Craft-Bier, während junge Männer vor dem Eingang auf einem mitgebrachten Grill fürs Abendessen sorgen. Dazu spielen „Neue Reggae-Bands" auf. An den Wänden hängen Bildnisse von Evo Morales im Stil von Andy Warhol. Die zwanglose Bar über dem Hostal Nawpa ist derzeit voll im Trend.

Cerebritos BAR
(España N-251; ⊙18 Uhr–open end) In der liebenswert schmuddeligen Bar mit Tischen aus Kabeltrommeln läuft Rock und Hip-Hop in voller Lautstärke. Spezialität des Hauses ist eine Platte voller bunter Mini-Cocktails, die die hiesigen Studenten beim *cacho* (Würfeln) kippen.

Levoa CLUB
(Paseo del Blvd, La Recoleta) Am Wochenende tanzen die Trendsetter in diesem Club in La Recoleta ab.

🛍 Shoppen

Spitting Llama BÜCHER & OUTDOOR-AUSRÜSTUNG
(www.thespittingllama.com; España 615; ⊙Mo–Fr 9–20, Sa 9–13 Uhr) Beim „spuckenden Lama" gibt's Campingausrüstung und fremdsprachige Bücher, u. a. auch Lonely Planet Bände.

❶ Praktische Informationen

Die Einheimischen raten davon ab, die Straßen südlich der Ave Aroma aufzusuchen, die besonders nachts sehr gefährlich sind – man sollte sich nicht von den günstigen Unterkünften in diesem Viertel locken lassen. In der Nähe befindet sich der Busbahnhof, also nicht überrascht sein, wenn man frühmorgens ankommt und den Bus bis Sonnenaufgang nicht verlassen darf. Auf den Märkten gibt es viele Taschendiebe. Die Straßen Colina San Sebastián und Coronilla Hill unweit des Busbahnhofes sind beide auch tagsüber extrem gefährlich und sollten auf keinen Fall besucht werden.

Geldwechsler gibt's vor allem an der Av de la Heroínas und unweit des Marktes bei der 25 de Mayo. Ihre Kurse sind konkurrenzfähig, aber einige akzeptieren nur US-Dollar in bar. In den großen Banken befinden sich viele Geldautomaten, hier erhält man auch Auszahlungen mit Kreditkarte; an der Ecke Heroínas und Ayacucho gibt's mehrere Geldautomaten. Die **Banco Unión** (25 de Mayo Ecke Sucre) hat eines von mehreren Western-Union-Büros.

Hospital Viedma (☏ 453-3240; Venezuela; ⊙ 24 Std.) Öffentliches Krankenhaus für alle Fälle.

Infotur (☏ 466-2277; www.cochabambaturistica.com.bo; Plaza Colón; ⊙ Mo–Fr 8–12 & 14.30–18.30 Uhr) Das Büro hält gute Stadtpläne und Broschüren bereit, ist bei konkreten Fragen und aktuellen Infos aber etwas überfordert. Darüber hinaus hat die Touristeninformation noch mehrere Kioske in der Stadt, u. a. am Busbahnhof und Flughafen, die auch samstagvormittags geöffnet sind.

Lavaya (Ecke Salamanca & Antezana; ⊙ So geschl.) Die meisten Hotels bieten ihren Gästen zwar einen Wäscheservice, doch diese Wäscherei ist auch sehr gut.

Migración (☏ 452-4625; Av Rodríguez Morales, zw. Santa Cruz & Potosí; ⊙ Mo–Fr 8.30–12.30 & 14.30–18.30 Uhr) Hier werden Visa und Aufenthaltsgenehmigungen verlängert.

Post & Entel (Ecke Ayacucho & Av de las Heroínas; ⊙ 6:30–22 Uhr) In dem großen Gebäude befinden sich die Hauptpost und die Büros von Entel. Die Post von Cochabamba ist sehr zuverlässig und ihre Einrichtungen gehören zu den besten im Land. Der Schalter für Express-Sendungen befindet sich im Stockwerk unter der Eingangshalle.

Touristenpolizei (☏ 450-3880, Notruf 120; Plaza 14 de Septiembre; ⊙ 24 Std.)

❶ Anreise & Unterwegs vor Ort

BUS

Der **Hauptbusbahnhof** von Cochabamba (☏ 422-0550; Ayacucho; Terminalgebühr 4 Bs) ist südlich des Zentrums. Es gibt einen Informationsstand, einen Posten der Touristenpolizei, eine Gepäckaufbewahrung, mehrere Geldautomaten und eine *casa de cambio*. Da der Verkehr rund um den Busbahnhof das reinste Chaos ist, lohnt es sich tagsüber und mit nicht allzu viel schwerem Gepäck ein paar Straßen weit zu Fuß zu gehen und erst dann ein Taxi zu nehmen.

Trufis und *micros* in die Dörfer östlich von Cochabamba fahren an der Av República auf Höhe der Barrientos oder der 6 de Agosto ab. *Micros* nach Torotoro (25 Bs) starten täglich außer Donnerstags um 18 Uhr sowie donnerstags und sonntags um 6 Uhr morgens. Die Fahrzeuge in die Orte westlich der Stadt fahren an der Kreuzung von Ayacucho und Aroma ab. *Micros* nach Villa Tunari starten an der Kreuzung von Av República und Oquendo.

Mehrmals täglich fahren Busse nach La Paz und Santa Cruz. Nach Oruro und Potosí fahren meist Nachtbusse.

ZIEL	PREIS (BS)	DAUER (STD.)
Buenos Aires	750	54
La Paz	30–100	7
Oruro	25	4½
Potosi	65–85	15
Santa Cruz	40–110	10
Sucre	40–100	11
Villa Tunari	Bus 15, *trufi* 35	Bus 4, *trufi* 3

FLUGZEUG

Der Flug von La Paz zum **Jorge Wilstermann Airport** (Flugsteuer national/international 14/170 Bs) in Cochabamba ist einzigartig. Dafür sollte man beim Flug von La Paz aus auf der linken Seite des Flugzeugs sitzen.

TAM (☏ 441-1545), **BOA** (☏ 414-0873; www.boa.bo; Ecke Jordan & Aguirre), **Ecojet** (www.ecojet.bo; Plazuela Constitución 0879, Ecke 16 de Julio) und Amazonas fliegen täglich von Santa Cruz über Cochabamba nach La Paz sowie direkt nach Sucre. Ebenso wird täglich nach Trinidad und Tarija geflogen, von letzterem ein paarmal in der Woche auch weiter nach Yacuiba (der Flugplan wechselt aber ständig).

Rund um Cochabamba

Der **Parque Nacional Tunari**, ein leicht zugänglicher, 3090 km² großer Park wurde 1962 gegründet, um die bewaldeten Hänge oberhalb von Cochabamba zu schützen. Er umfasst eine große Vielfalt von Biotopen, von trockenen, interandinen Tälern bis hin zu den feuchten und hochgefährdeten Polylepis-Wäldern der Cordillera Tunari.

Die Ruinen von **Inka-Rakay** sind eine zweieinhalbstündige Wanderung vom Dorf

Sipe Sipe entfernt, das 27 km südwestlich von Cochabamba liegt. Der Wanderweg führt querfeldein, ist aber gut ausgeschildert. Die Ruinen sind ein guter Abstecher, aber mehrere Camper haben von Überfällen in der Gegend berichtet. Sonntags ist in Sipe Sipe Markttag. Direkt-*micros* fahren mittwochs und samstags hierher; sonst muss man über **Quillacollo** fahren, das mit dem *micro* von Cochabamba aus zu erreichen ist.

Etwa 160 km nordöstlich von Cochabamba liegen die dampfige, entspannte Chapare-Stadt **Villa Tunari** sowie **Inti Wara Yassi** (Parque Machía; www.intiwarayassi.org; 2–6 Bs; Do–So 9.30–16.30 Uhr), ein Wildschutzreservat – eine nette Gegend mit mildem Klima, in der man sich nach dem Altiplano wieder aufwärmen kann.

Der **Parque Nacional Torotoro** liegt 135 km südöstlich von Cochabamba im Gebiet Potosí. Hier erwarten einen Dinosaurierspuren, tolle geologische Formationen, Höhlen und Ruinen. Die Straße wurde in den letzten Jahren verbessert, kann von November bis Februar aber nach wie vor tückisch sein.

Sucre

04 / 259 400 EW.

Das stolze und vornehme Sucre ist die schönste Stadt Boliviens und das symbolische Herz des Landes. Hier wurde die Unabhängigkeit ausgerufen, und obwohl der Sitz der Regierung und des Finanzministeriums sich heute in La Paz befinden, wird Sucre in der Verfassung als Hauptstadt des Landes anerkannt.

Strahlend weiß getünchte Gebäude schützen wunderschöne Innenhöfe – die Stadt bietet einen großen Reichtum an Kolonialarchitektur. Durch strenge Regierungskontrollen bezüglich der Stadtentwicklung konnte Sucre als Vorzeigeobjekt Boliviens erhalten werden. Die Stadt wurde 1991 zur UNESCO-Welterbestätte ernannt.

Sucre liegt in einem Tal und ist von niedrigen Bergen umgeben, was der Stadt ein mildes und angenehmes Klima verleiht. Es ist bis heute ein Zentrum des geistigen Lebens, und sowohl die Stadt als auch ihre Universität genießen den Ruf, Zentren des fortschrittlichen Denkens in Bolivien zu sein.

Sehenswertes

Für den besten Blick auf die Stadt sollte man auf die Kuppel des nationalen Polizeibüros in der **Prefectura de Chuquisaca** (Staatliches Regierungsgebäude; Ecke Estudiantes & Arce) steigen, die neben der Kathedrale liegt.

★ **Casa de la Libertad** MUSEUM
(www.casadelalibertad.org.bo; Plaza 25 de Mayo 11; Eintritt inkl.Führung (optional) 15 Bs; Di–Sa 9–12 & 14.30–18.30, So 9–12 Uhr) Wenn es um die Geschichte Boliviens geht, ist dieses Museum unschlagbar. Schließlich wurde hier am 6. August 1825 die Unabhängigkeitserklärung unterzeichnet. Als Geburtsort der bolivianischen Nation wurde es deshalb zum nationalen Denkmal erklärt. Die nur Spanisch sprechenden Museumsführer sind einsame Spitze und werden am Ende ihrer Führung regelmäßig mit viel Applaus bedacht.

Museo de Arte Indígena MUSEUM
(www.asur.org.bo; Pasaje Iturricha 314; Eintritt 22 Bs; Mo–Sa 9–12.30 & 14.30–18 Uhr) Das hervorragende Museum für die Kunst der Ureinwohner ist ein Muss für alle, die sich für die indigenen Völker in der Umgebung von Sucre interessieren. Im Zentrum der Ausstellung stehen gewebte Textilien der Jal'qa und Candelaria (Tarabuco). Das Museum ist nicht nur sehr faszinierend, sondern hat auch einen interessanten Nebeneffekt: durch die Wiederentdeckung der längst vergessenen Webtechniken ihrer Vorfahren entwickelten die Völker eine Art „Nationalstolz" und ein neues Selbstbewusstsein. Es gibt Erläuterungen auf Englisch und die Besucher können den Webern bei der Arbeit zusehen.

Museo de Etnografía y Folklore MUSEUM
(Musef; www.musef.org.bo; España 74; Mo–Fr 9.30–12.30 & 14.30–18.30, Sa 9.30–12.30 Uhr) GRATIS Das „Musef" ist in einem beeindruckenden Gebäude untergebracht, in dem einst die Banco Nacional residierte. In mehreren faszinierenden Ausstellungen wird die große Vielfalt der Völker und Kulturen in Bolivien sehr anschaulich präsentiert. Im Erdgeschoss gibt es zwei Reihen mit spektakulär beleuchteten Masken, die wirklich furchteinflößend sind, sowie prachtvolle Kostüme und Gewänder für Feste und Zeremonien. Die zweite Dauerausstellung ist den Uru-Chipaya gewidmet. Anhand von Rekonstruktionen und alltäglichen Gebrauchsgegenständen erhalten die Besucher einen guen Einblick in das dörfliche Leben und die Kultur dieses uralten Volkes.

**Parque Cretácico
(Cal Orck'o)** ARCHÄOLOGISCHE STÄTTE
(Kreidezeitpark; www.parquecretacicosucre.com; Eintritt 30 Bs; Mo–Fr 9–17, Sa 10–20, So 10–17

Uhr) Ganz offensichtlich war der Steinbruch des heutigen Zementwerks der Fabrica Nacional de Cemento SA (Fancesa), 5 km nördlich des Zentrums von Sucre, schon vor 65 Mio. Jahren von riesigen Tieren bevölkert. 1994 entdeckten Arbeiter in dem Steinbruch eine fast senkrechte Tonsteinwand mit mehr als 5000 Fußabdrücken von mindestens acht verschiedenen Arten von Dinosauriern. Bis heute ist dies die größte Konzentration von Dinosaurierspuren weltweit!

Templo Nuestra Señora de la Merced KIRCHE
(Pérez 1; Eintritt 10 Bs; ⊙Mo-Fr 10-12 & 15-17 Uhr) Nach der derzeitigen Restaurierung (deren Ende zum Zeitpunkt der Recherche noch nicht absehbar war) wird der Innenraum der schönsten Kirche von Sucre wieder im alten Glanz erstrahlen. Schon jetzt bietet sich vom Glockenturm ein Traumblick. Als der Orden de La Merced 1826 von Sucre nach Cuzco ging, nahmen die Brüder auch alle Aufzeichnungen und Dokumente mit. Deshalb ist das genaue Gründungsdatum der Kirche nicht bekannt, es dürfte aber um 1540 liegen.

Catedral KIRCHE
(Plaza 25 de Mayo; ⊙Heilige Messe Mo-Sa 8-9, So 9-11.30 Uhr) In der Kathedrale aus der Mitte des 16. Jhs. fügen sich die späteren barocken Ergänzungen harmonisch in die ursprüngliche Renaissancearchitektur ein. Der Glockenturm des prachtvollen Gebäudes ist ein Wahrzeichen der Stadt. Der strahlend weiße, einschiffige Innenraum ist mit Gemälden der Apostel sowie einem üppig verzierten Altar und einer schönen Kanzel geschmückt. Wer den Gottesdienst nicht besuchen möchte, betritt die Kathedrale durch das Museo Eclesiàstico de Sucre nebenan.

Museo Eclesiàstico de Sucre MUSEUM
(Ortiz 31; Eintritt 20 Bs; ⊙Mo-Fr 10-12 & 15-17 Uhr) Das Museum neben der Kathedrale beherbergt eine der schönsten Sammlungen religiöser Kunst und Reliquien des Landes. Die Ausstellung besteht aus vier Bereichen, die während der Führung nach einem bestimmten Ritual einzeln aufgeschlossen werden.

Museo de la Recoleta MUSEUM
(Plaza Azures; Eintritt 10 Bs; ⊙Mo-Fr 9-11.30 & 14.30-16.30, Sa 15-17 Uhr) Das Franziskanerkloster in der Calle Polanco hoch über der Stadt wurde 1601 gegründet. Seitdem war es nicht nur Kloster und Museum, sondern auch Kaserne und Gefängnis. Glanzstück der Klosterkirche ist der Chor, dessen wunderbare Holzschnitzereien von 1870 das Martyrium der 1595 in Nagasaki gekreuzigten Mönche zeigen.

Aktivitäten

Es gibt zahlreiche Agenturen in der Stadt, und fast alle bieten Ausflüge zum Sonntagsmarkt von Tarabuco an (rund 40 Bs/Pers.); auch viele Hotels und *hostales* arrangieren diesen Trip. Viele veranstalten auch Tagesausflüge zur Cordillera de los Frailes, und da diese länger dauern, haben auch die Gemeinden mehr davon.

Bolivia Specialist GEFÜHRTE TOUREN
(4643-7389; www.boliviaspecialist.com; Ortiz 30, Sucre) Die Touren führen nicht nur zu Zielen in der Umgebung von Sucre, sondern auch zu Orten in ganz Bolivien. Wenn das Büro in der Stadt geschlossen ist, kann man es im Bar-Restaurant Florín versuchen.

Condor Trekkers WANDERN
(7289-1740; www.condortrekkers.org; Ecke Calvo & Boliviar; ⊙Mo-Sa 8.30-18.30 Uhr) Der beliebte und sehr empfehlenswerte Veranstalter organisiert verschiedene mehrtägige Wanderungen in der Region. Im Büro, das sich im ebenfalls beliebten Café gleichen Namens befindet, hängt ein Whiteboard, auf dem man sich eintragen und weitere Interessenten ansprechen kann, um sich die Kosten zu teilen. Mit einem Teil der Erlöse werden angeblich Entwicklungshilfe-Projekte unterstützt.

Joy Ride Turismo SRL OUTDOOR-AKTIVITÄTEN
(645-7603; www.joyridebol.com; Ortiz 26) Fast jeden Tag macht sich eine Gruppe zu einer der beliebten Wanderungen, Radtouren oder Reitausflüge auf den Weg. Auch Gleitschirmfliegen ist im Angebot, und zwar sowohl Tandemsprünge als auch Kurse. Das Büro, in dem es weitere Infos gibt und alles gebucht wird, befindet sich im gleichnamigen Café.

Kurse

Fox Language Academy SPRACHKURSE
(644-0688; www.foxacademysucre.com; Av Chuquisaca 134) Die Sprachschule bietet auch Freiwilligenarbeit an. Mit dem Geld, das die Schüler für Spanisch- und Quechua-Kurse bezahlen, subventioniert die Schule den Englischunterricht für arme Kinder der Region. Die Sprachschule befindet sich im Gebäude des Instituto Médico.

Sucre

⭐ Feste & Events

Die Einwohner von Sucre finden immer einen Grund zum Feiern. Es lohnt sich, in der Touristeninformation die Liste der religiösen Feste durchzuschauen.

Fiesta de la Virgen
de Guadalupe
RELIGION

Am Wochenende vor oder nach dem 8. September strömen Menschen aus dem ganzen Land in die Stadt, um mit den *campesinos* das traditionelle Fest mit viel Musik, Volkstanz und Gedichtsvorträgen zu feiern. Am nächsten Tag kleiden sich alle in farbenfrohe Kostüme und tragen das Bildnis der Virgen de Guadalupe und andere religiöse Symbole unter silbernen Bögen in einer langen Prozession rund um die Plaza 25 de Mayo.

🛏 Schlafen

Die Unterkünfte von Sucre sind die teuersten des Landes. Die preiswertesten Optionen gibt's unweit des Marktes und entlang der Calles Ravelo und San Alberto.

La Dolce Vita
PENSION $

(☎ 691-2014; www.dolcevitasucre.com; Urcullo 342; EZ/DZ/3BZ 90/140/195 Bs; EZ/DZ ohne Bad 55/100 Bs; @ 🛜) Die backpackerfreundliche Pension hat einfache Zimmer in unterschied-

Sucre

◎ Highlights
1 Casa de la Libertad B2

◎ Sehenswertes
2 Catedral B3
3 Museo de Arte Indígena D5
4 Museo de la Recoleta D5
5 Museo Eclesiàstico de Sucre B3
6 Museo Nacional de Etnografía y
   Folklore C2
7 Prefectura de Chuquisaca B3
8 Templo Nuestra Señora de la
   Merced B4

◎ Aktivitäten, Kurse & Touren
Bolivia Specialist .... (siehe 17)
9 Condor Trekkers C3
10 Fox Language Academy A5
Joy Ride Turismo SRL .... (siehe 17)

◎ Schlafen
11 Casa Verde C4
12 Hostal San Francisco C2
13 La Dolce Vita C1

◎ Essen
14 Bibliocafé B3
15 Doña Lía C3
16 Florín C3
17 Joy Ride Café B3

◎ Ausgehen & Nachtleben
18 Goblin Brew Pub D4
19 La Quimba C4
20 Salfari A4

◎ Unterhaltung
21 Centro Cultural los Masis C3

lichen Preisklassen. Die Gemeinschaftsküche ist recht schmuddelig, dafür kann man auf der Terrasse die Sonne genießen. Bei längerem Aufenthalt gibt's Ermäßigung.

Casa Al Tronco   PENSION $
(☎ 642-3195; www.casaaltronco.com; Topater 57; EZ/DZ 80/150 Bs; 🛜) Die bezaubernde Pension im Stadtteil Recoleta hat nur drei Zimmer. Deshalb unbedingt im Voraus buchen! Von den beiden Terrassen hat man einen tollen Blick auf die Stadt. Dank des herzlichen Empfangs und der praktischen Gemeinschaftsküche fühlen sich die Gäste oft so wohl, dass sie wesentlich länger als geplant bleiben. Tatsächlich wird es ab fünf Übernachtungen günstiger.

HI Sucre   HOSTEL $
(☎ 644-0471; www.hostellingbolivia.org; Loayza 119; B/EZ/DZ 40/140/200 Bs, EZ/DZ ohne Bad 50/100 Bs; @🛜) Der größte Vorteil des Hostels ist seine günstige Lage, denn es ist nur zwei Straßen vom Busbahnhof entfernt. Es befindet sich in einem architektonisch eigenwilligen Gebäude, das so manche Überraschung birgt, wie etwa Holzfußböden und offene Kamine in den Schlafsälen sowie einen hübschen Hinterhof mit Garten. Einige Zimmer haben sogar ein Wellnessbad und Kabel-TV.

Hostal San Francisco   PENSION $
(☎ 645-2117; Arce 191; EZ/DZ 80/140 Bs; 🛜) Mit der imposanten Eingangshalle und dem üppig verzierten Treppenhaus scheint diese Unterkunft in eine wesentlich höhere Preisklasse zu gehören. Der erste Eindruck wird durch die einfachen Zimmer schnell relativiert, und so sind die Preise durchaus angemessen.

★**Casa Verde**   B&B $$
(☎ 645-8291; www.casaverdesucre.com; Potosí 374; EZ/DZ/Suite inkl. Frühstück 140/250/360 Bs; @🛜🏊) Die makellose Pension ist wirklich wie ein zweites Zuhause und deshalb zu Recht so beliebt. Mit dem erstklassigen Service und der unglaublichen Hilfsbereitschaft des freundlichen belgischen Besitzers René ist es sogar eher unterbezahlt. Die nach Renés Kinder und Enkel benannten Zimmer liegen rund um einen kleinen Innenhof mit Swimmingpool. Im Winter wärmen dicke Decken in den Betten.

✗ Essen

Doña Lía   FAST FOOD $
(Calvo 75; Hauptgericht 24 Bs; ⊙18–23 Uhr) In dem Lokal mit nacktem Betonfußboden und kahlen Wänden gibt's eigentlich nur Brathähnchen mit Pommes, die aber superflott serviert werden. Obwohl das Fleisch ziemlich trocken ist, sind die Hähnchen immer schnell ausverkauft.

Florín   INTERNATIONAL $$
(Bolívar 567; Hauptgerichte 35–45 Bs; ⊙Mo-Fr 10-2, Sa & So 8.30 Uhr–open end) Das stimmungsvolle Bar-Restaurant serviert eine bunte Mischung aus typisch bolivianischen und internationalen Gerichten wie Tandoori-Hühnchen, Pad Thai und Moussaka, die aber bei weitem nicht an die Originale heranreichen. Zudem gibt's ein „Full English breakfast". Sehr beliebt ist auch die Bar mit der 13 m langen Theke, an der sich

Einheimische und Ausländer abends auf ein Bier oder zwei treffen.

Joy Ride Café INTERNATIONAL $$
(www.joyridebol.com; Ortiz 14; Hauptgerichte 35–70; Mo-Fr 7.30–2, Sa & So 9–2 Uhr;) Das vor allem bei Ausländern beliebte Café mit Restaurant und Bar bietet eine komplette Rundumversorgung: vom Espresso am frühen Morgen bis zum Wodka um Mitternacht. Dazu werden jeden Abend Filme gezeigt und am Wochenende gibt's Tabledance. Das Lokal ist riesig, aber freundlich und hat eine ellenlange Speisekarte. Wenn es richtig voll ist, kann das Personal auch überfordert sein.

Bibliocafé LATEINAMERIKANISCH $$
(Ortiz 42 & 50; Hauptgerichte 20–40 Bs; 11–3 Uhr) Das Café besteht aus zwei Teilen, die für jeden etwas bieten: der eine Teil ist düster und gemütlich, der andere etwas schicker. Der Service ist gut. Auf der Speisekarte stehen Nudelgerichte und mexikanisch-bolivianische Gerichte, die ebenso wie die Drinks, bis spät in die Nacht serviert werden. In dem fröhlichen, zwanglosen Lokal gibt's auch regelmäßig Livemusik.

★ El Huerto INTERNATIONAL $$$
(645-1538; www.elhuertorestaurante.net; Cabrera 86; Hauptgerichte 65–80 Bs; Di & So 12–16, Mi-Sa 12–16 & 19–22 Uhr) Das Restaurant ist von einem schönen, abgeschiedenen Garten mit grünem Rasen und Sonnenschirmen umgeben. So fühlt man sich eher wie auf einer schicken Gartenparty. Das erstklassige Personal serviert stilvoll angerichtete, traditionelle Gerichte (u. a. mit Chorizo-Wurst), wie sie wohl im ganzen Land nicht besser und schöner präsentiert zu finden sind.

Ausgehen & Unterhaltung

Discotecas (nur an den Wochenenden) findet man nur nördlich vom Zentrum; sie sind am einfachsten mit dem Taxi zu erreichen.

Jeden Monat erscheint eine Broschüre mit den aktuellen kulturellen Events in Sucre; sie liegt in den Touristeninformationen sowie in Bars und Restaurants aus.

Goblin Brew Pub BAR
(Grau 246; Fr & Sa 20 Uhr–open end) Die Bar mit der hohen Decke, die eher an eine spanische Taverne erinnert, bietet eine gute Auswahl an Craft-Bieren.

Salfari KNEIPE
(Bustillos 237; 20–0.30 Uhr) Die kleine, aber feine Kneipe hat eine große einheimische Stammkundschaft. Zumeist sind lebhafte Poker- und *cacho*-(Würfel)spiele in Gange. Die hausgemachten Fruchtcocktails sind lecker, haben es aber ganz schön in sich.

La Quimba BAR
(Grau 238; Di-Sa 19.30 Uhr–open end) Irgendwie ist in der winzigen Bar freitagabends oft überraschend viel Platz für diverse Musiker, die von Jazz bis Weltmusik fast alles spielen. In entspannter Künstleratmosphäre werden zu coolen Drinks vegetarische Gerichte wie Linsen- und Quinoaburger (20 Bs) serviert.

Centro Cultural los Masis DARSTELLENDE KUNST
(645-3403; Bolívar 561; Mo-Fr 10–12 & 15.30–21 Uhr) Hier finden Konzerte und andere kulturelle Veranstaltungen statt. Zu dem Kulturzentrum gehört auch ein kleines Museum, in dem Musikinstrumente aus der Region zu sehen sind. Außerdem werden Quechua-Kurse angeboten.

Praktische Informationen

Geldautomaten befinden sich überall im Stadtzentrum, allerdings nicht am Busbahnhof.

Gute Infos zu Stadt und Region gibt's im Internet unter www.sucreturistico.gob.bo.

Hospital Santa Bárbara (646-0133; Ecke Ayacucho & René Moreno; 24 Std.) Gutes Krankenhaus.

Infotur (645-5983; San Alberto 413; Mo-Sa 8–12 & 16–18, So 9–12 & 14.30–18 Uhr) Bei der Touristeninformation sind nützliche Infos über die gesamte Region Chuquisaca erhältlich.

Hauptpost (Ecke Estudiantes & Junín; Mo-Fr 8–20 Uhr) Im Untergeschoss des ruhigen Postamtes befindet sich ein *aduana* (Zollamt) für *encomiendas* (Pakete).

Migración (645-3647; www.migracion.gob.bo; Bustillos 284; Mo-Fr 8.30–16.30 Uhr) Hier werden Visa und Aufenthaltsgenehmigungen ohne viel Aufheben verlängert.

Oficina Universitaria de Turismo (644-7644; Estudiantes 49; Mo-Sa 16–19, So 14–19 Uhr) Die Touristeninformation wird von Studenten geleitet, die teilweise auch Stadtführungen vermitteln.

Touristenpolizei (648-0467; Plazuela Zudáñez)

An- & Weiterreise

BUS & SAMMELTAXI

Der **Busbahnhof** (644-1292; Av Ostria Gutiérrez) liegt auf einem Hügel, 3 km vom Zentrum entfernt. Am besten steigt man in der Ravelo in ein *micros A* oder *3* (1,50 Bs) oder nimmt ein Taxi, da in den *micros* oft kein Platz für das Gepäck ist. Wer nicht nur bis Potosí fahren will, sollte die Fahrt im Fernbus unbedingt einen Tag im Voraus buchen und einen Platz reservieren. Die Bahnhofsgebühr beträgt 2,50 Bs. Es gibt einen Infostand, aber keinen Geldautomaten. Um Fahrkarten zu kaufen, muss man nicht unbedingt zum Busbahnhof fahren. Viele Reisebüros in der Stadt verkaufen ebenfalls Fahrkarten für bestimmte Verbindungen und kassieren dafür eine kleine Provision.

Die Busse nach La Paz fahren in der Regel zwischen 16 und 18.30 Uhr ab.

Wer nach Tarija, Villazón oder Uyuni möchte, fährt am besten zuerst nach Potosí und von dort dann weiter. Die schnellste und bequemste, wenn auch nicht preiswerteste Art, nach Potosí zu kommen, ist mit einem Sammeltaxi (50 Bs, 2 Std.). Dieses kann vom Hotel oder auch direkt bestellt werden. Zu empfehlen sind **Turismo Global** (642-5125) und **Cielito Lindo** (644-1014).

ZIEL	PREIS (BS)	DAUER (STD.)
Camiri	100	14
Cochabamba	40–70	10–12
La Paz	70–180	12–14
Oruro	40–60	8–10
Potosí	15–30	3
Santa Cruz	94–105	15–20

FLUGZEUG

TAM (646-0944; Bustillos 143), **BOA** (691-2360; www.boa.bo; Audiencia 21), **Ecojet** (691-4711; www.ecojet.bo; Dalence 138) und **Amaszonas** (643-7000; www.amaszonas.com; Calvo 90) fliegen mehrmals täglich nach Cochabamba, La Paz und Santa Cruz. Zum Zeitpunkt der Recherche war der **Flughafen Juana Azurduy de Padilla** (645-4445) 5 km nordwestlich der Stadt noch in Betrieb, aber der im Bau befindliche neue internationale Flughafen Alcantarí, 25 km südlich von Sucre, sollte im März 2016 eröffnet werden. Die Steuer für Inlandsflüge beträgt 11 Bs.

❶ Unterwegs vor Ort

Die örtlichen *micros* (2 Bs) fahren Rundtouren auf den Einbahnstraßen Sucres. Die meisten warten unweit des Marktes und können auch fast überall problemlos herangewunken werden. Zum Busbahnhof fährt *micro A*, der Flughafen ist mit den *micros F* und *J* (1 Std. Fahrtzeit) oder einem Taxi (25 Bs) zu erreichen.

Rund um Sucre

Das kleine Dorf **Tarabuco** hat eine vorwiegend indigene Bevölkerung, liegt 65 km südöstlich von Sucre und ist bekannt für seine wunderbare Webkunst, den farbenfrohen, munteren **Sonntagsmarkt** und das Pujllay-Festival am dritten Sonntag im März, zu dem Hunderte Indios aus den umliegenden Dörfern in traditionellen Kostümen den Ort fluten.

Tarabuco erreicht man von Sucre aus am besten mit einem Charterbus (40 Bs hin & zurück, 2 Std./Strecke), der morgens gegen 8.30 Uhr vor dem Hostal Charcas an der Ravelo abfährt. Tickets dafür gibt's in größeren Hotels und in Reisebüros. Von Tarabuco aus kehren die Busse zwischen 11 und 15 Uhr nach Sucre zurück.

Alternativ fahren sonntags zwischen 6.30 und 9.30 Uhr *micros* (10 Bs, 2 Std.), sobald sie voll sind, von der Av de las Américas ab und kommen gegen 15.30 Uhr zurück.

Die spektakuläre **Cordillera de los Frailes** verläuft durch den Westen des Departamento Chuquisaca und durch den Norden des Departamento Potosí und birgt reizvolle Wanderwege mit tollen Ausblicken. Die Heimat des quechuasprachigen Jalq'a-Volkes hat eine Reihe interessanter Stätten, die einen Besuch wert sind. Dazu gehören die Felsmalereien von **Pumamachay** und **Incamachay**, das Weberdorf **Potolo**, der dramatische **Maraguakrater** und die **heißen Quellen von Talula**. Es gibt viele Wanderrouten, die durch wenig besuchte Gebiete führen. Um die Kultur der Region möglichst wenig zu beschädigen – und um nicht hoffnungslos vom Weg abzukommen –, organisiert man sich am besten einen lizenzierten Führer (ca. 200 Bs/Tag, plus Verpflegung) in Sucre.

Potosí

02 / 189 700 EW.

Die Konquistadoren haben El Dorado, die legendäre goldene Stadt, nie gefunden, dafür aber Potosí und seinen Cerro Rico, einen „reichen Hügel" aus Silber, in die Hände bekommen. Die Stadt wurde 1545 gegründet, kurz nachdem Erz entdeckt wurde, und schon bald finanzierte das hier geförderte Silber das gesamte Spanische Reich. Wenn etwas sehr lukrativ ist, bezeichnet man es in Bolivien selbst heute noch als *vale un Potosí* (wertvoll wie Potosí).

In den Blütejahren wurde Potosí zur reichsten und größten Stadt des amerikanischen Kontinents. Bis heute wird hier Metall unter undenkbar schlechten Bedingungen gefördert – wer die Arbeiter nicht in der Mine besucht, wird das kaum glauben können. Aber der Rest von Potosí – seine großen Kirchen, die kunstvolle Kolonialarchitektur und die bescheidenen, freundlichen Einwohner – sind ein wahres Vergnügen.

Sehenswertes

Das Stadtzentrum ist voller Kolonialarchitektur.

Casa Nacional de la Moneda MUSEUM
(www.casanacionaldemoneda.org.bo; Ayacucho, nahe Bustillos; Eintritt mit Führung 40 Bs, Fotoerlaubnis 20 Bs; Führungen Di–Sa 9, 10.30, 14.30 & 16.30, So 9 & 10.30 Uhr) Die Nationale Münze ist die größte Sehenswürdigkeit in Potosí und gehört zu den besten Museen in Südamerika. Die erste Münze in Potosí ließ der Vizekönig von Toledo 1572 am Standort der heutigen Casa de Justicia errichten. Deren Nachfolgerin ist in einem riesigen, unglaublich schönen Gebäude untergebracht, das einen ganzen Häuserblock einnimmt. Man muss kein Numismatiker sein, um sich von der Geschichte der ersten weltweit gültigen Währung faszinieren zu lassen.

Los Ingenios HISTORISCHE STÄTTE
Am Ufer des Río Huana Mayu in den höher gelegenen Stadtvierteln Cantumarca und San Antonio befinden sich einige schöne Ruinen der *ingenios* (Schmelzhütten), in denen früher das Silber aus dem Erz des Cerro Rico gewonnen wurde. Einige dieser Hütten, von denen ursprünglich 82 an einer 15 km langen Strecke standen, stammen aus den 1570er-Jahren und waren bis etwa 1805 in Betrieb. Bei den meisten Touren zu den Minen am Cerro Rico wird auch eine *ingenio* besucht, die noch in Betrieb ist.

Museo & Convento de San Francisco MUSEUM
(622-2539; Ecke Tarija & Nogales; Eintritt mit Führung 15 Bs; Führungen Mo–Fr 9.30, 11, 15 & 16, Sa 9 & 12 Uhr) Das 1547 von Fray Gaspar de Valverde gegründete Kloster ist das älteste in Bolivien. Da es rund 150 Jahre später bereits zu klein war, wurde es 1707 abgerissen und in den folgenden 19 Jahren wieder aufgebaut. Im Museum ist eine schöne Sammlung religiöser Kunst ausgestellt, darunter Gemälde aus der Schule von Potosí wie *Die Errichtung des Kreuzes* von Melchor Pérez de Holguín, mehrere Werke von Juan de la Cruz Tapia aus der Mitte des 19. Jhs. und 25 Szenen aus dem Leben des hl. Franz von Assisi.

Torre de la Compañía de Jesús KIRCHE
(Ayacucho, nahe Bustillos; Eintritt Turm 10 Bs; Mo–Fr 8–11.30 & 14–17.30, Sa 8–12 Uhr) Der schöne, reich verzierte Glockenturm ist so ziemlich alles, was von der ehemaligen Jesuitenkirche übrig blieb. Er wurde nach dem Einsturz der Kirche 1707 errichtet. Sowohl der Turm als auch das Portal der Kirche sind mit kunstvollen Elementen des Mestizo-Barock verziert. Hier befindet sich auch die Touristeninformation von Potosí.

Catedral KIRCHE
(Plaza 10 de Noviembre) Der Bau der Kathedrale von Potosí begann 1564 und dauerte bis etwa 1600. Anfang des 19. Jhs. stürzte sie größtenteils ein. Das heutige Bauwerk mit seiner eleganten Linienführung wurde im neoklassizistischen Stil errichtet und gehört zu den herausragendsten Beispielen dieser Stilepoche in Bolivien. Die Ausstattung des Innenraums gehört zu den schönsten in Po-

---

ACHTUNG: GEFÄHRLICHE MINEN

Die Minen der Kooperativen, die man besichtigen kann, sind keine Museen, sondern Bergwerke, in denen gearbeitet wird und die für manchen zum Albtraum werden können. Jeder, der eine solche Minentour unternimmt, muss sich im Klaren über die damit verbundenen Risiken sein. Jeder, der Angst vor diesen Risiken hat oder an Klaustrophobie, Asthma oder anderen Atemwegsproblemen leidet, sollte auf die Tour verzichten. Mediziner verweisen zwar darauf, dass die begrenzte Dauer einer solchen Minentour von ein paar Stunden sehr wahrscheinlich keine dauerhaften Gesundheitsschäden verursacht, doch wer nur die kleinsten Bedenken hinsichtlich der Auswirkungen von Asbest und Quarzstaub hegt, sollte nicht in die Bergwerke einfahren. Davon abgesehen, kann es auch zu den üblichen Unfällen kommen, wie Explosionen, Steinschlag, führerlose Transportwagen, usw. Verantwortungsvolle Tourveranstalter weisen auf die möglichen Gefahren im Bergwerk hin und lassen die Teilnehmer eine entsprechende Erklärung unterschreiben. Veranstalter, die dies nicht tun, sind nicht seriös und sollten gemieden werden.

Potosí

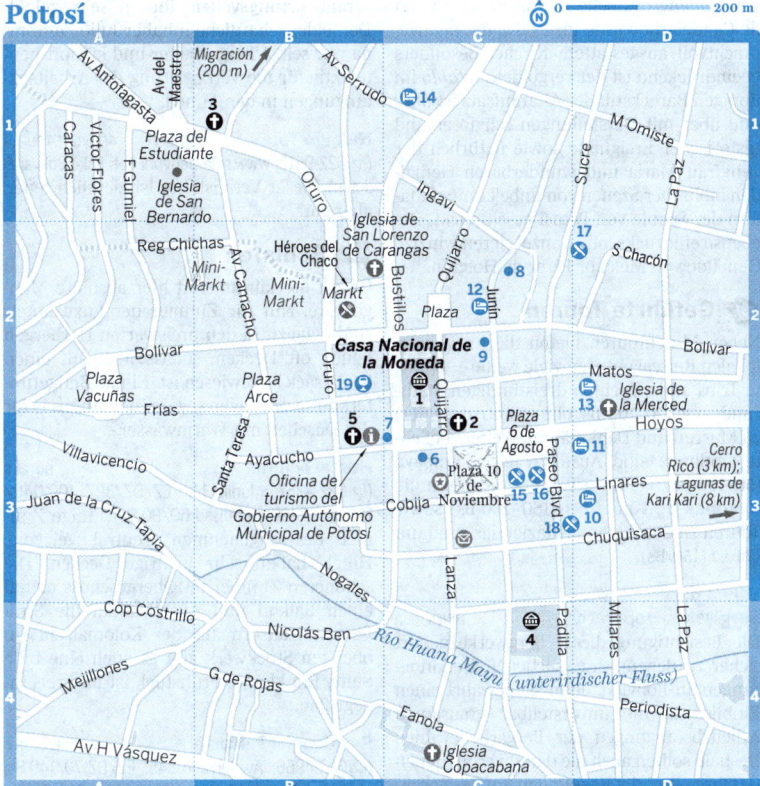

Potosí

⊙ Highlights
1 Casa Nacional de la Moneda C2

⊙ Sehenswertes
2 Catedral.. C3
3 La Capilla de Nuestra Señora de Jerusalén.. B1
4 Museo & Convento de San Francisco................................. C4
5 Torre de la Compañía de Jesús B3

⊙ Aktivitäten, Kurse & Touren
6 Altiplano Tours................................... C3
7 Big Deal Tours.................................... C3
8 Greengo Tours.................................... C2
9 Hidalgo Tours..................................... C2

⊙ Schlafen
10 Hostal Carlos V Imperial..................... D3
11 Hostal Colonial................................... D3
12 Hostal Felimar.................................... C2
13 Hostal Patrimonio............................... D2
14 Residencial Felcar C1

⊗ Essen
15 Café la Plata...................................... C3
16 La Salteña... C3
17 Phishqa Warmis................................. D2
18 Pizzeria Lobo's Cafe-Pub C3

⊙ Ausgehen & Nachtleben
19 La Casona Pub................................... B2

tosí. Vom **Glockenturm** (Eintritt 10 Bs; ⊙ Mo–Fr 8–12 & 14–18 Uhr) hat man einen tollen Blick auf die Stadt. Zum Zeitpunkt der Recherche wurde die Kathedrale gerade umfangreich restauriert.

La Capilla de Nuestra Señora de Jerusalén KIRCHE
(Plaza del Estudiante; ⊙ So 9–19 Uhr) Die kleine Kirche ist ein wenig bekanntes Schmuckstück von Potosí. Aus einer anfangs sehr

bescheidenen Kapelle zu Ehren der Virgen de Candelaria wurde im 18. Jh. die heutige, prachtvoll ausgestattete Kirche. Besonders beeindruckend ist der vergoldete *retablo* im üppigen Barockstil: der Altaraufsatz ist über und über mit Darstellungen religiöser und historischer Ereignisse sowie natürlich der Jungfrau Maria und wunderbaren Gemälden biblischer Szenen von unbekannten Malern der Schule von Potosí geschmückt. Die ebenso eindrucksvolle Kanzel zieren winzige Gemälde von Melchor Pérez de Holguín.

Geführte Touren

Neben Minentouren bieten die unzähligen lokalen Reiseagenturen viele weitere geführte Trips an: z. B. einen dreistündigen Stadtrundgang (70-100 Bs ohne Eintrittsgelder) zu Museen und Denkmälern. Weitere beliebte Optionen sind Ausflüge nach Tarapaya (50-100 Bs), geführte Wanderungen um die **Lagunas de Kari Kari** (160-280 Bs) sowie Touren zu den Kolonial-Haziendas rund um Potosí (150 Bs).

Minen der Bergwerkskooperative MINENTOUR

Die Besichtigung dieser Bergwerke gehört sicher zu den unvergesslichen Reiseerinnerungen an Bolivien, denn sie gewährt einen Einblick in die unvorstellbar grausamen Arbeitsbedingungen der Bergarbeiter hier. Deshalb sollten auch die damit verbundenen Gefahren und die Reaktionen auf das voyeuristische Betrachten der Leiden vieler Menschen nicht unterschätzt werden. Bei der Ausfahrt aus den Stollen sind viele Besucher fassungslos und/oder es ist ihnen übel.

Altiplano Tours MINENTOUR

(622-5353; Ayacucho 19) Am Ende dieser Minentouren können sich die Teilnehmer selbst an der Bergwerksarbeit versuchen. Der Veranstalter bietet auch Ausflüge zu *tinku*-Veranstaltungen (rituellen Kämpfen).

Big Deal Tours MINENTOUR

(623-0478; www.bigdealtours.blogspot.com; Bustillos 1092) Die Bergwerksbesichtigungen werden von ehemaligen und noch aktiven Bergarbeitern geführt. Daher sind die Führungen sehr informativ, mitreißend und humorvoll, und es kommt zu interessanten Begegnungen mit den gerade arbeitenden Kumpels.

Greengo Tours MINENTOUR

(623-1362; Junín 17) Das Unternehmen mit einem kleinen Café im Büro wird für seine verantwortungsvollen Touren sehr gelobt. Der leidenschaftliche Inhaber Julio Zambrana war selbst Bergarbeiter und kämpft heute aktiv für die Verbesserung der Arbeitsbedingungen in den Minen.

Hidalgo Tours GEFÜHRTE TOUREN

(622-9512; www.salardeuyuni.net/; Ecke Bolívar & Junín) Dieser Veranstalter ist ziemlich teuer, aber gut.

Schlafen

Gute Unterkünfte sind hier absolute Mangelware. Nur die Zimmer der Luxushotels sind beheizt, in den preiswerten Herbergen fehlen oft Decken, sodass man auf einen Schlafsack angewiesen ist. Einige Budgetunterkünfte verlangen sogar einen Aufpreis für das Duschen mit Warmwasser.

Hostal Felimar HOTEL $

(622-4357; Junín 14; EZ/DZ/3BZ 100/140/170 Bs, EZ/DZ ohne Bad 60/90 Bs) Einige Zimmer des angenehmen, zentral gelegene Hotels haben sehr niedrige Decken. Die schöneren Zimmer im Obergeschoss bieten einen Balkon und Ausblick auf die Straße mit Häusern aus der Kolonialzeit. Im obersten Stockwerk gibt es auch eine tolle Suite. Ein kleines Frühstück ist im Preis inbegriffen.

Residencial Felcar PENSION $

(622-4966; Av Serrudo 345; EZ/DZ 70/140 Bs, ohne Bad 30/60 Bs) Die solide Unterkunft hat einfache Zimmer – in den günstigeren ist es nur mit Schlafsack auszuhalten –, gute Duschen mit Warmwasser und eine hübsche Terrasse. Einige Zimmer verfügen sogar über Heizung und TV. Sonntagmittags gibt's für 25 Bs ein traditionelles Barbecue mit Lamafleisch.

Hostal Carlos V Imperial HOTEL $$

(623-1010; frontdesk@hostalcarlosv.com; Linares 42; EZ/DZ inkl. Frühstück 180/240 Bs, ohne Bad 80/160 Bs, Suite 280 Bs; @) Für die Verhältnisse in Potosí ist das Hotel gar nicht so schlecht, auch wenn die Zimmer mit Gemeinschaftsbad ziemlich klein und düster sind. Die Zimmer mit Bad sind dagegen ihr Geld wert, und ein echtes Schnäppchen ist die geräumige, lichtdurchflutete Suite, die locker mit einem Zimmer in einem teuren Hotel mithalten kann.

Hostal Patrimonio HOTEL $$

(622-2659; www.hostalpatrimonio.com; Matos 62; Zi. ab 380 Bs; @) Die Zimmer des ganz guten Standardhotels gehen auf einen zentralen Innenhof hinaus. Den fehlenden Charme machen das freundliche Personal und die funktionierenden Warmwasserduschen wieder wett. So ist das Hotel immer noch besser als die meisten Unterkünfte dieser Preisklasse in der Stadt. Die Zimmer an der Vorderseite können vor allem am Wochenende sehr laut sein, denn direkt gegenüber befindet sich ein Nachtclub.

Hostal Colonial HOTEL $$
(622-4265; www.hostalcolonialpotosi.com; Hoyos 8; EZ/DZ/3BZ 320/420/510 Bs; @) Das freundliche, strahlend weiße Hotel in einem gepflegten Kolonialhaus bei der zentralen Plaza hat recht kleine Zimmer mit Fenstern zum Innenhof. Sie bieten jedoch alle eine Minibar und Kabel-TV, teilweise auch eine Badewanne. Die Lage der alteingesessenen, sehr beliebten Mittelklasse-Unterkunft ist fantastisch, das Personal ist sehr hilfsbereit und spricht Englisch.

Essen & Ausgehen

Bei den kleinen *comedores* und Verkaufsständen auf dem Markt gibt's preiswertes Frühstück mit Brot, Gebäck und Kaffee. Im Untergeschoss befinden sich ein paar ausgezeichnete Obststände. Bis zum frühen Nachmittag werden überall auf dem Markt auch Empanadas mit Käse und Fleisch verkauft, abends bieten Essensstände an den Straßen *humitas* (in Blätter eingewickelter Maisbrei) mit Käse an.

★Café la Plata CAFÉ $
(Plaza 10 de Noviembre; Hauptgerichte 14–35 Bs; Mo 13.30–23, Di-Sa 10–23 Uhr) Das schöne Lokal mit hohen Decken ist bei weitem das beste und anspruchsvollste Café der Stadt. Es ist auf eine altmodische Art schick und gemütlich, und der perfekte Ort, um durch die großen Fenster das Treiben auf der Plaza zu beobachten. Der Espresso ist stark, der Wein wird offen ausgeschenkt und überall liegen Zeitschriften zum Schmökern. Kuchen, Sandwiches, Salate und Nudelgerichte sind ebenfalls sehr gut.

La Salteña LATEINAMERIKANISCH $
(Padilla 6; *salteña* 3,50 Bs) Die meisten Bolivianer geben ungern zu, dass es ausgerechnet in Potosí die besten *salteñas* gibt und sie hier so saftig, würzig und lecker sind, wie sie sein sollten. Und am besten probiert man die Köstlichkeit für 3,50 Bs natürlich im gleichnamigen Lokal.

**Pizzeria Lobo's
Cafe-Pub** INTERNATIONAL $$
(Padilla; Hauptgerichte 35–70 Bs; 10–23 Uhr) Das düstere, eisig kalte Lokal liegt in einer kleinen Gasse mit Kopfsteinpflaster. Auf der umfangreichen Speisekarte stehen zwar auch die üblichen Gerichte mit Rind- und Hühnchenfleisch sowie Burger und Sandwiches, aber die Spezialität des Hauses sind natürlich Pizzas, die es in gut zwei Dutzend Varianten gibt. Das Ganze ist mit einem Sammelsurium aus Fußballpostern und aufgehängten Muskinstrumenten dekoriert, mittendrin steht ein Billardtisch.

Phishqa Warmis INTERNATIONAL $$
(Sucre 56; Hauptgerichte 20–50 Bs, Mittagsbüfett 25 Bs; 8–24 Uhr) Die gemütliche kleine Bar mit Restaurant hat farbenfrohe Wände und eine Gewölbedecke. Die Meinungen über das Essen im Bistrostil gehen weit auseinander, doch das *almuerzo* vom Büfett ist wirklich gut. Mit der vornehmen, aber freundlichen Atmosphäre und dem aufmerksamen Service ist das Lokal durchaus einen Versuch wert.

La Casona Pub KNEIPE
(Frías 41; Mo-Sa 18–24 Uhr) Die stimmungsvolle Kneipe befindet sich im alten Wohnhaus des königlichen Münzbeauftragten von 1775. In freundlicher Atmosphäre wird das übliche Kneipenessen serviert. Dazu gibt's jeden Freitagabend Livemusik.

❶ Praktische Informationen

Im Stadtzentrum gibt es zahlreiche Geldautomaten.

Oficina de turismo del Gobierno Autónomo Municipal de Potosí (622-7404; www.potosy.com.bo; Ayacucho, nahe Bustillos; Mo–Fr 8–12 & 14–18, Sa 8–12 Uhr) Die Mitarbeiter sind sehr hilfsbereit und tun alles, um das Angebot und den Service in der Sadt zu verbessern.

Migración (622-5989; Calama 188) Für Visaverlängerungen.

Post (Ecke Lanza & Chuquisaca; Mo–Fr 8–20, Sa 8–17.30, So 9–11.30 Uhr) In der Nähe der zentralen Plaza.

Touristenpolizei (Plaza 10 de Noviembre; 8–12 & 14–18 Uhr) Die Polizeistation im Erdgeschoss des Gobernación-Gebäudes ist nützlich und hilfreich.

❶ An- & Weiterreise

Die Fahrpläne und Kontaktdaten aller Transportunternehmen findet man auf www.potosy.com.bo.

Micros und Minibusse (1,30 Bs) pendeln zwischen dem Zentrum und den Cerro-Rico-Minen sowie dem Busbahnhof. Taxis berechnen im Stadtzentrum 4 Bs pro Fahrgast, abends etwas mehr und 10 Bs zum Busbahnhof.

BUS & SAMMELTAXI

Alle Straßen nach Potosí führen durch eine malerische Landschaft, und so zeigt sich die Stadt bei der Ankunft am Tage von ihrer allerschönsten Seite. Der Busbahnhof liegt etwa 2 km nördlich des Stadtzentrums an der Av Las Banderas. Von hier aus starten die *flotas* (Überlandbusse) in alle Richtungen, nur nicht nach Uyuni. Von der Kathedrale in der Stadt zum Busbahnhof fahren *micros I* und A.

Einige *flotas* fahren zwar direkt nach La Paz, doch ist es oft günstiger, ab Oruro zu fahren. Das gleiche gilt für Sucre: Sammeltaxis (50 Bs, 2¼ Std.) sind zwar teurer als die *flotas*, dafür aber schneller, bequemer und holen ihre Fahrgäste auf Wunsch auch im Hotel ab. Zu empfehlen sind **Cielito Express** (624-6040) und **Correcaminos** (624-3383). Wer alleine unterwegs ist, geht besser direkt in ihre Büros hinter dem Busbahnhof, denn die Wagen fahren erst los, wenn sie voll sind.

Die Busse nach Uyuni (40 Bs, 5 Std.) starten am alten Busbahnhof, der 15 Gehminuten vom Zentrum an der Av Universitaria am Berg liegt. Zwischen 7 und 12 Uhr fahren sie alle 30 Minuten, am frühen Abend auch häufiger. Die 210 km lange Strecke durch die wilde Berglandschaft ist wahrlich atemberaubend.

Die Busse von Autobuses Quirquincho und zwei weiteren Gesellschaften fahren nach Buenos Aires in Argentinien.

ZIEL	PREIS (BS)	DAUER (STD.)
Cochabamba	52–120	10–12
La Paz	52–135	8–9
Oruro	30–40	5–6
Sucre	15–30	3
Tarija	60–70	10–12
Tupiza	60–100	7
Villazón	60–80	9

Rund um Potosí

Die **Lagunas de Kari Kari** sind künstliche Seen, die Ende des 16. und Anfang des 17. Jhs. von 20 000 Sklaven errichtet wurden, um Potosí mit Wasser und die 82 *ingenios* der Stadt mit Wasserkraft zu versorgen. Am einfachsten lassen sich die Lagunas de Kari Kari mit einer der lokalen Reiseagenturen besuchen – sie berechnen rund 180 Bs pro Person und Tag (in einer Dreiergruppe).

Der Glaube an die heilenden Kräfte von **Tarapaya** (3600 m), den meistbesuchten **heißen Quellen** in der Region um Potosí, reicht bis zur Inka-Zeit zurück. *Camiones* nach Tarapaya (4 Bs, 30 Min.) fahren von 7 bis 19 Uhr etwa halbstündlich von der Plaza Chuquimia unweit des alten Busbahnhofs in Potosí ab. Ein Taxi kostet ca. 70 Bs pro Strecke. Das letzte *micro* von Tarapaya zurück nach Potosí startet zwischen 17 und 18 Uhr.

Für eine geruhsamen Erholungskur oder eine gemütliche Hügelwanderung empfiehlt sich ein Besuch der **Hacienda Cayara** (622-6380; www.hotelmuseocayara.com.bo; Zi. 180 Bs/Person), die etwa 25 km talwärts nordwestlich von Potosí liegt.

DER SÜDOSTEN

Der bolivianische Oriente ist keine Landschaft, die man in den Touristenbroschüren des Landes sieht. Diese tropische Region – die fruchtbarste Boliviens – hat das spürbare Verlangen, sich von dem traditionellen Hochland-Image Boliviens abzugrenzen.

Obwohl Santa Cruz die bevölkerungsreichste Stadt des Landes ist, ist es ihr gelungen, sich trotz ihrer kosmopolitischen Einwohner das Flair einer Kleinstadt zu bewahren. Von hier aus kann man die charmanten Missionsstädte besuchen, welche die schönsten und faszinierendsten Beispiele jesuitischer Architektur aufweisen, die Bolivien zu bieten hat. Unweit der kleinen Stadt Samaipata verbergen sich Ruinen aus der Prä-Inka-Zeit; Revolutionäre können zu jenem Ort pilgern, an dem Che Guevara bei Vallegrande seinen „Gott" (Richard Gott) traf; im unberührten Parque Nacional e Área de Uso Múltiple Amboró kann man meilenweit wandern und die Tierwelt beobachten.

Santa Cruz

03 / 1.45 MIO. EW.

Santa Cruz kann mit seiner Kleinstadtatmosphäre, dem Fehlen von Hochhäusern und dem ruhigen und entspannten tropischen Flair durchaus überraschen. Das Zentrum ist voller Leben, und in den schmalen Straßen sind viele Geschäftsleute unterwegs, die an den Straßenständen *chicha* (gegärtes Maisgetränk) trinken, während Taxis und Pferdewagen um den vorderen Platz an den Ampeln wetteifern. Die Einheimischen entspannen sich auf dem zentralen Platz und hören *camba* (Musik des östlichen Hochlands), die Restaurants schließen zur Siesta und die mit Veranden versehenen Häuser sind von kleinen Geschäften gesäumt, die preiswerte lokale Produkte verkaufen.

Es lohnt sich, hier ein paar Tage zu verbringen, durch die Straßen zu laufen, in einem der vielen internationalen Restaurants zu speisen und Equipetrol, den Spielplatz der Reichen und Schönen zu besuchen, wo das hemmungslose Nachtleben tobt. Alternativ kann man sich den Einheimischen anschließen und auf dem großen Platz entspannen.

◉ Sehenswertes & Aktivitäten

Santa Cruz an sich hat nur wenige Attraktionen, aber die schattige **Plaza 24 de Septiembre** mit ihrer **Kathedrale** ist ein schöner Platz, um sich zu entspannen – bei Tag und Nacht. Vom **Glockenturm** (Eintritt 3 Bs; ⊙ Di, Do, Sa & So 10–12 & 16–18 Uhr) aus hat man einen guten Blick auf die Stadt.

Parque El Arenal   PARK

Die Einheimischen entspannen sich gern an der Lagune des El Arenal, aber nachts sollte man diesen Ort meiden. Auf einer Insel in der Lagune befindet sich ein Basrelief des bolivianischen Künstlers Lorgio Vaca, das historische und moderne Aspekte von Santa Cruz darstellt.

Jardín Zoológico   ZOO

(Erw./Kind 10/5 Bs; ⊙ 9–18.30 Uhr) Die einheimischen Vögel, Säugetiere und Reptilien werden erfreulich artgerecht gehalten, nur die Lamas dürften etwas zu warm angezogen sein. In den Bäumen des Zoos leben Faultiere und Totenkopfäffchen wie in freier Wildbahn.

Museo Guaraní   MUSEUM

(3er anillo; Eintritt 5 Bs; ⊙ Mo–Fr 8–12 & 14–18 Uhr) Das kleine, aber sehr professionell geführte Museum gegenüber dem Zoo zeigt eine sehr faszinierende Ausstellung zur Kultur der Guaraní. Besonders beeindruckend sind die Tiermasken und *tinajas*, riesige Tongefäße zur Herstellung des Maisbiers *chicha*.

Aqualand   SCHWIMMEN

(Tageskarte 50–70 Bs, halber Tag 35–50 Bs; ⊙ Do–So 10–18 Uhr) Das Erlebnisbad beim Flughafen Viru-Viru nördlich des Zentrums bietet eine willkommene Abkühlung in der stickigen Hitze der Stadt. Am besten fährt man mit dem Taxi hierher (ca. 40 Bs).

⚑ Geführte Touren

Amboró Tours   GEFÜHRTE TOUREN

(☎ 339-0600; www.amborotours.com; Libertad 417, 2. Stock) Die Touren führen in den Amboró-Nationalpark und ins Pantanal. Auf Anfrage werden auch Touren in die Nationalparks Kaa-Iya und Noel Kempff Mercado organisiert.

Bird Bolivia   VOGELBEOBACHTUNG

(☎ 3-356-3636; www.birdbolivia.com) Die professionellen Touren zur Beobachtung von Vögeln und Wildtieren werden von erfahrenen Fachleuten geleitet.

Misional Tours   GEFÜHRTE TOUREN

(☎ 4-360-1985; www.misionaltours.com; Los Motojobobos 2515, Santa Cruz) Der gut organisierte und zuverlässige Veranstalter hat sich auf Touren zu den Missionen der Umgebung spezialisiert, ist aber auch für andere Sehenswürdigkeiten in ganz Bolivien zu empfehlen.

⌇ Schlafen

★ **Los Aventureros**   HOSTEL $$

(☎ 343-4793; www.losaventureros.net; Rivera Méndez, zw. Beni & Alemania; B 70 Bs, EZ/DZ inkl. Frühstück 175/245 Bs; ❋ @ ≋ ☎) Das Hostel wird von zwei ehemaligen *mochileros* (Backpackern) aus Sucre geführt, die mit ihrer eigenen Erfahrung als Weltenbummler das perfekte Hostel für abenteuerlustige Individualreisende geschaffen haben. Das tolle, neuartige Haus bietet ausgezeichnete Zimmer zu vernünftigen Preisen und abgefahrene Kuriositäten wie Nomadenzelte für alle, die im Freien schlafen wollen.

Residencial Ikandire   HOTEL $$

(☎ 339-3975; www.residencialikandire.com; Sucre 51; EZ/DZ/3BZ 180/270/340 Bs, EZ/DZ ohne Bad 110/190 Bs; ❋) Beim Umbau des Kolonialhauses aus dem 18. Jh. blieben viele origi-

---

ABSTECHER

BIOCENTRO GÜEMBE

Ein toller Ort für einen Tag außerhalb von Santa Cruz ist das **Biocentro Güembe** (☎ 370-0700; www.biocentroguembe.com; Km 5, Camino Porongo, Zona Urubó; Erw./Kind 90/50 Bs; ⊙ 8.30–18 Uhr) mit einer Schmetterlingsfarm, Orchideenausstellung und 15 natürlichen Wasserbecken. Am einfachsten gelangt man mit dem Taxi hierher (40 Bs).

nelle Merkmale erhalten. Im Vergleich zu anderen Unterkünften im Zentrum ist das Hotel gar nicht so schlecht und auch nur einen Katzensprung von der zentralen Plaza entfernt.

Jodanga Backpackers Hostel HOSTEL $$
(339-6542; www.jodanga.com; El Fuerte 1380, Zona Parque Urbano; B 85–100 Bs, DZ/3BZ 300/340 Bs, DZ ohne Bad 210 Bs; ✳@☼) Das hervorragend ausgestattete HI-Hostel mit Swimming- und Whirlpool, Billardtisch und tollen Zimmern mit Klimaanlage ist der Traum aller Backpacker. Zur fröhlichen Partystimmung trägt auch die hauseigene Bar bei. Das Hostel organisiert auch erstklassige Spanischkurse für 60 Bs pro Stunde.

Hostal Rio Magdalena HOTEL $$
(339-3011; www.hostalriomagdalena.com; Arenales 653; EZ/DZ/3BZ 140/200/270 Bs; ✳☎☼) Das stimmungsvolle Mittelklassehotel mit gemütlichen Zimmern, einladendem Swimmingpool und Dachterrasse mit fantastischem Blick auf die Stadt war ein beliebter Treffpunkt des US-amerikanischen Friedenscorps.

✘ Essen

In der Av Monseñor Rivero reiht sich ein schickes Café ans andere.

Naturalia BIO-LEBENSMITTEL
(Independencia 452) Der Bioladen bietet eine große Auswahl an gesunden Erzeugnissen aus der Region und betreibt auch ein kleines Café.

Vegetarian Center Cuerpomonte VEGETARISCH $
(Aroma 64; Büfett 35 Bs/kg; ⊙Mo–Sa 11.30–18 Uhr; ✇) Das reichhaltige Büfett umfasst einfache Gerichte wie Quinoakuchen, Süßkartoffelpüree, Salate, Gemüsesuppen und viele andere gesunde Köstlichkeiten.

Naïs INTERNATIONAL $$
(Av Alemania; Hauptgerichte 40–89 Bs) Das chilenische Restaurant bietet von allem ein bisschen: Grillgerichte mit dicken, saftigen Steaks, Hühnchen in leckerer Sauce und feinen Fisch. Das Essen ist lecker und nicht zu teuer, aber noch wesentlich besser ist das unglaublich tüchtige, aufmerksame Personal, das niemals aufdringlich wird.

★ Taj Mahal INDISCH $$$
(Bumberque 365; Hauptgerichte 55–130 Bs; ⊙abends) Krishna sei Dank! Es ist ja schon schwierig genug, in Südamerika überhaupt ein indisches Restaurant zu finden, und dann auch noch ein gutes! Umso erfreulicher ist dieses noble Lokal. Der Besitzer stammt zwar aus Bangladesh (trotz der vielen Fotos vom Taj Mahal an den Wänden), doch das macht für die hervorragenden Shrimps-, Hühnchen und Lammgerichte, die in riesigen Portionen serviert werden, keinen Unterschied. Das Restaurant befindet sich in einer kleinen Straße hinter dem Cinecenter.

ⓘ EINREISE NACH BRASILIEN

Der meistgenutzte Grenzübergang nach Brasilien liegt bei Quijarro, am Ende der Zuglinie; ein zweiter, weniger bekannter Grenzübergang ist in San Matías, dem Zugangspunkt zum nordbrasilianischen Pantanal.

Man wird wahrscheinlich zwischen 7 und 9 Uhr mit dem Zug in Quijarro ankommen und dort von zahlreichen Taxifahrern begrüßt, die einen zur 3 km entfernten Grenze fahren wollen (10 Bs). Die **Zollämter** (⊙Mo–Fr 8–11 & 14–17, Sa & So 9–13 Uhr) liegen rechts und links der Brücke. Bolivianische Beamte berechnen manchmal inoffizielle Gebühren für den Ausreisestempel, aber man sollte sich höflich behaupten. Am Grenzübergang muss man ein Impfzertifikat für Gelbfieber vorlegen. Ausnahmen werden nicht gemacht, und wer keines hat, wird sofort in eine Impfklinik gebracht. Auf der brasilianischen Seite der Grenze warten gelbe *canarinhos* (Stadtbusse), die nach Corumbá (2,50 R$) fahren. An der Grenze erhält man einen brasilianischen Einreisestempel. Diesen sollte man so schnell wie möglich holen, um Probleme zu vermeiden und sicherzustellen, dass man die nötigen Visa hat, falls sie erforderlich sind.

Etwas abenteuerlicher ist der Grenzübergang San Matías. In der Trockenzeit fährt um 19.45 Uhr in Santa Cruz ein Trans-Bolivia-Bus nach Cáceres in Brasilien (30 Std.), der in San Matías hält (150 Bs, 26 Std.). Die brasilianische Einreise- oder Ausreisestempel erhält man im Polícia-Federal-Büro in der Rua Antônio João 160 in Cáceres; seine Aus- bzw. Einreisestempel für Bolivien bekommt man in Santa Cruz.

🍷 Ausgehen & Nachtleben

Die angesagtesten Ausgehmöglichkeiten sind an der Av San Martin zu finden, zwischen dem zweiten und dritten *anillo* (Ring) im Barrio Equipetrol. Ein Taxi vom Zentrum hierher kostet 10 bis 15 Bs. Der Eintritt schlägt mit 20 bis 70 Bs zu Buche, und die Getränke sind ziemlich teuer.

Am Río Pira'i treffen sich an den Wochenenden vor allem junge Leute. Zu anderen Zeiten kann die Gegend aber recht unsicher sein. Die Av Busch, unweit der Universität, ist von Bars gesäumt, in denen kräftig getrunken wird.

Irish Pub   PUB
(Plaza 24 de Septiembre) Der Pub an der Ostseite der großen Plaza wird schnell zur zweiten Heimat von Reisenden aus aller Welt, trotz des recht teuren Biers. Zu essen gibt's köstliche Suppen und gutes Kneipenessen sowie Spezialitäten aus der Region. Hier kann man zwar frühstücken und zu Mittag und zu Abend essen, doch die meisten Gäste genießen nur entspannt das Bier und beobachten das Treiben auf der Plaza unter ihnen.

Lorca   BAR
(Moreno 20; ⊙8 Uhr–open end) Die Bar ist eines der innovativsten und angesagtesten Lokale der Stadt und ein beliebter Treffpunkt von Künstlern und allen, die irgendwie anders sind. Bei einem Caipirinha oder Mojito kann man herrlich entspannen und die Livemusik genießen (Eintritt 30 Bs). Bevor die Musik spielt, werden Kurzfilme gezeigt.

Tapekuá   LOUNGE
(www.tapekua.com; Ecke La Paz & Ballivián; ⊙Mi-Sa ab 19.30 Uhr) Die noble, aber zwanglose bolivianisch-schweizerische Bar bietet gutes, bodenständiges Essen und fast jeden Abend Livemusik (Eintritt 20–30 Bs.).

Kiwi's   BAR
(Bolívar 208; ⊙Mo–Sa) In entspannter Atmosphäre kann man *bebidas extremas* aus 2-Liter-Eimern trinken und/oder Shisha rauchen. Es gibt auch leckere Snacks und Sandwiches, die natürlich mit stilechten *papas kiwi* (Kiwi-Kartoffeln) serviert werden.

Liberty Resto Bar   KNEIPE
(Libertad 321) Zur allabendlichen Verwandlung vom lässigen Restaurant, das tagsüber das übliche Kneipenessen serviert, in einen wilden Rockmusik-Club passen die Poster von Rockstars an den Wänden. Livemusik gibt's nur am Wochenende.

☆ Unterhaltung

Eleguá   DARSTELLENDE KUNST
(24 de Septiembre 651) Je nach Wochentag ist das Haus ein kubanisches Kulturzentrum, eine Bar oder eine Tanzschule. Am Wochenende ist es eine tolle Latino-Disco, in der zur neuesten Sambamusik abgetanzt wird.

El Rincón Salteño   VOLKSMUSIK
(Ecke 26 de Febrero & Charagua; ⊙Fr–So ab 22 Uhr) Dies ist eines der wenigen Häuser, und dazu noch ein ausgezeichnetes, in dem in Santa Cruz traditionelle *peñas* (Veranstaltungen mit Volksmusik) zu hören und sehen sind. Auf der Bühne am zweiten *anillo* (Ringstraße) treten von argentinischen Gitarristen über kubanische Trommler bis hin zu einheimischen Sängern und Tänzern in traditionellen Kostümen die verschiedensten Künstler auf.

ℹ️ Praktische Informationen

Santa Cruz hat eine leicht ovale Form und ist in *anillos* (Ringen) angelegt, die konzentrische Kreise um das Zentrum bilden; die Ringe wiederum sind durch *radiales* (Speichen) miteinander verbunden. Radial 1, die Straße zum Flughafen Viru-Viru, verläuft etwa von Nord nach Süd; die *radiales* bewegen sich in Uhrzeigerrichtung weiter bis zur Radial 27.

Innerhalb des *primer anillo* ist die Junín jene Straße mit den meisten Banken, Geldautomaten und Internetcafés; die Av René Moreno ist von Souvenirläden und Bars gesäumt. Nordwestlich vom Zentrum liegt die Av San Martin (auch als Barrio Equipetrol bekannt), das Zentrum der Partygänger. Sie ist also voller Bars und Clubs.

Vorsicht vor Betrügern, die vorgeben, von der Einreisebehörde zu sein und Touristen dazu auffordern, ihre Reisepässe oder andere Identitätsnachweise zu zeigen – in diesem Fall sollte man sich unbedingt den Ausweis des angeblichen „Beamten" zeigen lassen. Kein echter Polizist wird einen auf der Straße dazu auffordern, seine Ausweisdokumente zu zeigen; Vorsicht ist auch bei „Polizisten in Zivil" geboten, die sich mit Sicherheit als Betrüger herausstellen.

Clínica Foianini (☎336-2211; Av Irala 468)
In der Klinik lassen sich vor allem Botschaftsangehörige behandeln. Reisende haben aber immer wieder beklagt, die Klinik führe unnötige Untersuchungen durch und zwinge die Patienten zu längeren Aufenthalten als nötig, um mehr Geld kassieren zu können.

Clínica Japonesa (☎346-2038; Av Japón, 3. anillo interno)
An der östlichen Seite des dritten *anillo* liegt diese empfehlenswerte Klinik, die für professionelle und preiswerte medizinische Versorgung bekannt ist.

Entel (Warnes 82) In der hiesigen Zentrale von Entel gibt's die besten Telefontarife.

Fundación Amigos de la Naturaleza (FAN; ☎355-6800; www.fan-bo.org; Carretera a Samaipata, Km 7,5; ⊙Mo–Do 8–16.30, Fr 8–14 Uhr) Auch wenn die FAN-Stiftung nicht mehr für die Parkverwaltung zuständig ist, bietet sie noch immer die besten Infos über die Nationalparks des Landes. Das Büro ist westlich der Stadt nahe der alten Straße nach Cochabamba (*Micro* 44).

Infotur (☎336-9581; www.gmsantacruz.gob/turismo; Sucre; ⊙8–12 & 15–19 Uhr) Bei der Touristeninformation im kostenlosen Museo de Arte Contemporáneo sind ausführliche Infos über die Region und das ganze Land erhältlich.

Migración (☎333-2136; Av Omar Chávez; ⊙Mo–Fr 8.30–16.30 Uhr) Das *migración*-Büro befindet sich südlich des Zentrums in der Nähe des Fußballstadions. Visa können aber auch am Flughafen Viru-Viru verlängert werden.

Touristenpolizei (☎800-14-0099; Plaza 24 de Septiembre) Am Nordrand der Plaza.

❶ Anreise & Unterwegs vor Ort

BUS, MICRO & SAMMELTAXI

Das **Terminal Bimodal** (☎348-8482; Bahnhofsgebühr 3 Bs) ist Bus- und Eisenbahnhof zugleich. Es befindet sich 1,5 km östlich des Zentrums am Ende der Av Brasil, kurz bevor diese in den dritten *anillo* einmündet und bietet alle Service-Einrichtungen. Die Schalter für Fahrtziele in der Region befindet sich rechts vom Eingang, der für nationale und internationale Ziele links davon.

Den größten Teil des Terminals belegen *flotas* (Überlandbusse) und Züge. Auf der anderen Seite des Tunnels sind die *micros* (Minibusse) für Fahrten in die Region zu finden. Abfahrt der *flotas* ist meist morgens bis 10 Uhr und abends ab 18 Uhr. Statt den ganzen Tag auf die Abfahrt eines *flota* am Abend zu warten, sind Ziele in der Region oft schneller, wenn auch komplizierter, mit einer Reihe von *micros* oder Taxis zu erreichen.

Die *flotas* zu den Missionen der Jesuiten und in die Chiquitania fahren morgens und abends nach 20 Uhr. *Micros* starten den ganzen Tag über etwa alle 2 Stunden, fahren aber oft nur bis nach Concepción. Busse nach San Rafael, San Miguel und San Ignacio (60–70 Bs, 8 Std.) über San José de Chiquitos fahren zwischen 6.30 und 20 Uhr ab.

Die kleinen *micros* und *trufis*, die regelmäßig zu Zielen in der Region Santa Cruz fahren, starten zumeist vor dem alten Busbahnhof, manchmal aber auch von *micro*-Bahnsteigen im Terminal Bimodal. Die *trufis* nach Buena Vista (23 Bs, 2 Std.), warten in der Nähe des alten Busbahnhofs. **Trufis nach Samaipata** (☎333-5067; Ecke Av Chavez Ortíz & Solis de Olguin, Santa Cruz) (30 Bs, 3 Std.) fahren gegenüber der Av Cañoto ab, zwei Häuserblocks vom alten Busbahnhof entfernt. *Trufis* nach Vallegrande (60 Bs, 6 Std.) starten von der Plazuela Oruro am dritten *anillo*.

ZIEL	PREIS (BS)	DAUER (STD.)
Camiri	30	5
Cochabamba	alte Straße 54–110; neue Straße 50–131	8–10
Concepción	35–50	5
La Paz	alte Straße 91–228; neue Straße 81–220	8–10
Quijarro	70–150	9
San Javier	30–40	4
San José de Chiquitos	50	4
San Matías	120–150	16–18
Sucre	70–170	13–23
Tarija	80–254	14
Trinidad	49–134	8–10
Yacuiba	47–126	15

FLUGZEUG

Auf dem **Internationalen Flughafen Viru-Viru** (VVI; ☎338-5000) 15 km nördlich des Stadtzentrums starten und landen neben einigen Inlandsflügen auch die meisten internationalen Flüge. Der eigentliche Inlandsflughafen ist der kleinere **Aeropuerto El Trompillo** (☎351-1010) im Südosten der Stadt.

Da es regelmäßige Flüge zu Zielen im ganzen Land gibt, ist es kein Problem, die gewünschte Verbindung direkt oder zumindest über Cochabamba zu buchen. Die Flüge können im Internet, bei Reisebüros und Tourveranstaltern sowie direkt am Flughafen gebucht und bezahlt werden.

ZUG

Vom Terminal Bimodal fahren Züge nach Yacuiba an der Grenze zu Argentinien und Quijarro an der Grenze zu Brasilien. Für den Zugang zu den Bahnsteigen muss eine Bahnsteigkarte gekauft und der Pass beim Aufsichtspersonal vorgelegt werden.

Seit die Straße von Santa Cruz nach Quijarro nun durchgehend asphaltiert ist, haben die Zugverbindungen innerhalb der Chiquitanía erheblich an Bedeutung verloren. Auch verdient die Strecke längst nicht mehr den alten Spitznamen „Todeszug", sondern ist eine gemütliche, bequemere Fahrt als mit dem Bus, dauert aber deutlich länger.

Auf der Strecke von Santa Cruz nach Quijarro über San José de Chiquitos und Roboré (nach Santiago de Chiquitos) verkehren zwei Arten von

ZÜGE AB SANTA CRUZ

Expreso Oriental (Mo, Mi & Fr 13.20 Uhr)

ZIEL	PREIS (BS)	ANKUNFT
San José	35	19.30 Uhr
Roboré	50	23.42 Uhr
Quijarro	70	6.02 Uhr

Ferrobus (Di, Do & So 18 Uhr)

ZIEL	PREIS (BS)	ANKUNFT
San José	100	23.08 Uhr
Roboré	100	2.12 Uhr
Quijarro	235	7 Uhr

Zügen: Die gemütlichen Super-Pullman-Waggons von Expreso Oriental sind am preiswertesten und langsamsten. Schneller, bequemer und teurer sind die Züge von Ferrobus.

Rund um Santa Cruz

Samaipata

In den letzten Jahren hat sich das verschlafene Dorf in den Ausläufern der Cordillera Oriental zu einem der Hauptorte des „Gringo Trails" im Osten Boliviens entwickelt. Viele Ausländer blieben auch für immer und betreiben nun den Großteil der vielen Hostels und Restaurants. Besucher kommen vor allem wegen der Prä-Inka-Stätte El Fuerte, in der manche noch die spirituelle Energie der uralten Kultstätte spüren wollen. Samaipata wird aber auch immer mehr zum Basislager für Touren in den Parque Nacional Amboró.

Außerdem ist es ein beliebtes Ziel für Wochenendausflüge der Einwohner von Santa Cruz (*cruceños*). In der Quechua-Sprache bedeutet Samaipata „Ruhe im Hochland", was treffender nicht sein könnte.

Trufis fahren, sobald sie voll besetzt sind, den ganzen Tag zwischen Santa Cruz und Samaipata (30 Bs, 3 Std.) hin und her. In Santa Cruz fahren sie an der Ecke Av Omar Chavez Ortíz und Solis de Olguin, ein paar Häuserblocks vom alten Busbahnhof entfernt ab, in Sampaipata an der zentralen Plaza.

Geführte Touren

Jukumari Tours GEFÜHRTE TOUR
(7262-7202; Av del Estudiante) Eine hervorragende, lokal geführte Agentur. Sie bietet neben Touren zu den örtlichen Attraktionen auch Pauschaltrips zum Che-Pfad und zu den Jesuitenmissionen.

Michael Blendinger Tours ÖKOTOUR
(944-6227; www.discoveringbolivia.com; Bolívar) Von einem Biologen geführte Orchideentouren, Vogelbeobachtungs-Trips und Vollmondausflüge auf Englisch und Deutsch.

Schlafen

Finca La Víspera HÜTTEN $
(944-6082; www.lavispera.org; Stellplatz 50 Bs, DZ 420 Bs, Hütte für 7 Pers. 850–1100 Bs) Die schöne, entspannte Unterkunft befindet sich auf einem Biobauernhof am südwestlichen Stadtrand von Samaipata. Es gibt sehr schöne Zimmer mit gemeinsamer Küche und vier freistehende Ferienhäuschen für zwei bis sieben Personen. Von allen hat man einen tollen Blick über das Tal. Auf dem Campingplatz stehen Duschen mit

---

ABSTECHER

PARQUE NACIONAL NOEL KEMPFF MERCADO

Der wunderbar abgelegene und ökologisch sehr wichtige Parque Nacional Noel Kempff Mercado ist die Heimat einer breiten Vielfalt von Amazonas-Tieren und -Pflanzen.

Der Versuch, einen Touristenweg zum Park einzurichten, scheint gescheitert zu sein. Der Park ist immer noch eine spannende Option abseits ausgetretener Pfade für unabhängige Traveller, die das Abenteuer suchen – wer den Park besuchen will, bucht am besten in einer Reiseagentur in Santa Cruz.

Warmwasser und Kochgelegenheiten zur Verfügung. Der Hof ist 15 Gehminuten von der Plaza entfernt.

La Posada del Sol HOTEL $$
(7211-0628; www.laposadadelsol.net; Zona Barrio Nuevo; EZ/DZ 240/340 Bs; ❈🕿) Die modernen, geschmackvoll eingerichteten Zimmer mit Bad und hochwertiger Bettwäsche aus ägyptischer Baumwolle sind rund um einen wunderbaren Garten angeordnet. Die Aussicht ist traumhaft. Im Preis für die Übernachtung ist ein Essen im ausgezeichneten Restaurant Luna Verde mit Bar enthalten. Das Hotel liegt am Berg, drei Straßen nördlich der Plaza.

Parque Nacional e Área de Uso Múltiple Amboró

Dieser ungewöhnliche Park erstreckt sich über zwei Klimazonen: die wärmere amazonische Zone im Norden und die kühlere, den Yungas ähnelnde Zone (nur mit weniger Moskitos!) im Süden. Das Dorf Buena Vista, zwei Stunden (100 km) nordwestlich von Santa Cruz, eignet sich als Ausgangspunkt für Touren in die spektakuläre, bewaldete Tieflandebene des Parks.

Der einfachste und sicherste Weg den Park zu besuchen ist im Rahmen einer geführten Tour mit einem der empfohlenen Tourveranstalter in Santa Cruz.

Rundtrip zu den Jesuitenmissionen

Ab dem späten 17. Jh. gründeten Jesuiten im östlichen Tiefland Boliviens Siedlungen, die sogenannten *reducciones*. Sie erbauten Kirchen, errichteten Farmen und unterrichteten die indigene Bevölkerung in Religion, Landwirtschaft, Musik und Handwerk, quasi als Gegenleistung für deren Glaubensübertritt und ihre Arbeit. Ein Rundtrip nördlich und östlich von Santa Cruz führt zu einigen Missionen, deren Gebäude sich in unterschiedlichen Stadien des Verfalls befinden. Einfache Kost und Logis findet man in den meisten Ortschaften. Infos im Internet gibt's auf der Webseite der UNESCO: http://whc.unesco.org/en/list/529.

San Xavier Die älteste der Missionen (1691 gegründet) und ein beliebtes Ausflugsziel für reiche *cruceños*.

Concepción Der hübsche Ort hat eine knallbunte Kirche von 1709 und Werkstätten für die Restaurationsarbeit zu bieten.

San Ignacio de Velasco Das kommerzielle Zentrum des Gebiets rund um die Jesuitenmissionen.

San Miguel de Velasco Ein verschlafenes Örtchen mit einer herrlichen, sorgsam restaurierten Kirche von 1721.

Santa Ana de Velasco Winziges Dorf, urige Kirche aus dem Jahr 1755.

San Rafael de Velasco Die Kirche aus den 1740er-Jahren hat einen bemerkenswert schönen Innenraum.

San José de Chiquitos Der Grenzort nennt die einzige aus Stein erbaute Kirche der Region sein Eigen (zum Zeitpunkt der Recherche war der Restaurierung fast abgeschlossen).

Wer den Missions-Rundweg mit öffentlichen Verkehrsmitteln bereisen will, sollte wissen, dass die Busfahrpläne entgegen der Uhrzeigerrichtung abgestimmt sind: am besten beginnt man die Rundtour in San José de Chiquitos. Wer aber in Uhrzeigerrichtung unterwegs ist, wird aufgrund der nicht aufeinander getakteten und unregelmäßigen Busfahrpläne eine ziemlich frustrierende Reise erleben. Weniger zeitaufwendig ist eine geführte Tour von Santa Cruz, die rund 500 US$ für einen viertägigen Pauschaltrip kostet, bei der alle wichtigen Städte angefahren werden. Hierbei ist der Veranstalter Misional Tours (S. 271) empfehlenswert.

DAS AMAZONASBECKEN

Das Amazonasbecken ist eine der größten und faszinierendsten Regionen Boliviens. Die Regenwälder hier haben eine unglaublich reiche Flora und Fauna, und ein paar Tage im stickigen Regenwald sind ein unvergessliches Erlebnis. Aber nicht nur die Wälder sind hinreißend, sondern auch der besondere Reichtum an indigenen Kulturen, Traditionen und Sprachen, der die Region prägt.

Die von bemoosten Hügeln umgebene Stadt Rurrenabaque ist für viele Reisende der erste Zugangspunkt zur Region und die Hauptbasis für Besuche des faszinierenden Parque Nacional Madidi. Der Ort ist zunehmend von einer ethnisch-ökotouristischen Industrie geprägt, die es sich zum Ziel gemacht hat, den lokalen Gemeinden zu helfen. Das Dorf San Ignacio de Moxos ist für seine wilde Fiesta im Juli bekannt, Trinidad, die größte Siedlung des Amazonasbeckens und ein aktives Viehwirtschaftszentrum, ist der Transitpunkt in Richtung Santa Cruz. Die nördlich von hier liegenden Grenzstädte Riberalta und Cobija befinden sich dagegen in sehr abgelegenen Regionen, die nur ganz wenige Traveller zu bereisen wagen.

Rurrenabaque

03 / 19 200 EW.

Das verschlafene „Rurre" erstreckt sich beiderseits des tiefen Río Beni und ist von moosbedeckten, üppig grünen Hügeln umgeben. Obwohl es ein beliebtes Reiseziel von Ausländern ist, sind die über die Plaza fegenden Straßenbesen morgens das lauteste Geräusch in der Stadt. Abends bringen fantastische Sonnenuntergänge den Himmel zum Glühen, und dichter Nebel legt sich über den Fluss zwischen den üppig grünen, feuchten Bäumen. Sobald es dunkel ist, erwacht der Regenwald zum Leben und erfüllt die Gegend mit lautem Krächzen, Bellen, Surren und Brüllen.

In diesem Außenposten der Zivilisation sind die Straßen voller Rucksackreisenden, und die Restaurants, Cafés und Hotels sind völlig auf den Geschmack der „Gringos" eingerichtet. Einige dieser Traveller verbringen den ganzen Tag in den allgegenwärtigen Hängematten. Wenn sie sich dann genug entspannt haben, unternehmen sie meist abenteuerliche Bootstouren in den Regenwald und in die Pampas.

Ihren merkwürdigen Namen verdankt die Stadt den Ureinwohnern in dieser Gegend, denn es ist die Ableitung von „Arroyo Inambaque", der hispanisierten Version des Tacana-Namens „Suse-Inambaque", die „Schlucht der Enten".

Sehenswertes & Aktivitäten

El Chorro SCHWIMMEN
Der malerische Wasserfall mit Badebecken ist 1 km flussaufwärts von der Stadt entfernt. Auf einem Felsen schräg gegenüber des El Chorro ist das uralte **Bild einer Schlange** zu sehen, die eine Warnung für die Reisenden darstellte: Sobald das Wasser des Flusses die Schlange erreicht hatte, galt der Beni als nicht mehr schiffbar. Da der Wasserfall nur per Boot zu erreichen ist, muss man eine entsprechende Fahrt im Hafen buchen.

Canopy Zipline Villa Alcira ABENTEUERSPORT
(892-2875; www.ziplinecanopy.amawebs.com; 250 Bs/Pers.) Für einen größeren Adrenalinschub sorgt die rasante Fahrt durch die Baumwipfel des Regenwalds im nahen Dorf Villa Alcira. Die gemeinnützig betriebene „Größte Seilrutsche" Boliviens ist nur etwas für Schwindelfreie mit starkem Magen.

Geführte Touren

Bala Tours GEFÜHRTE TOUR
(892-2527; www.balatours.com; cnr Santa Cruz & Comercio) Hat ein Regenwaldcamp (Caraco-

---

ⓘ EINE REGENWALD- & PAMPAS-TOUR AUSWÄHLEN

Rurrenabaque lebt von seinen Regenwald- & Pampas-Touren, aber die Qualität, die die vielen Reiseveranstalter bieten, ist sehr unterschiedlich – im Namen des Wettbewerbs verhalten sich einige Anbieter bei Weitem nicht so verantwortlich, wie sie sollten.

Nicht alle Reiseagenturen bieten also das gleiche Serviceniveau, und billiger ist definitiv nicht gleich besser. Die lokalen Behörden haben für eine dreitägige Exkursion mit zwei Übernachtungen einen Mindestpreis von 900 Bs festgelegt.

Man sollte nur bei Agenturen buchen, die vom SERNAP autorisiert sind, denn sie sind die einzigen, die den Parque Nacional Madidi legal betreten dürfen.

Ausländer müssen in Begleitung eines örtlichen Führers reisen, aber nicht alle von ihnen sprechen gut Englisch.

Regenwaldtouren

Bei den meisten Touren fährt man mit dem Kanu flussaufwärts den Río Beni entlang; einige Boote fahren weiter bis zum Río Tuichi. Unterwegs wird am Ufer gehalten und gezeltet, es finden Regenwaldwanderungen statt, und es gibt viele Möglichkeiten zum Schwimmen und Entspannen in der Hängematte. Die Unterbringung erfolgt generell in den Privatcamps der Reiseagenturen.

Pampas-Touren

In den Feuchtsavannen nordöstlich der Stadt kann man leichter Tiere beobachten, aber die Sonne ist drückender und die Insekten aufdringlicher.

Das Amazonasbecken

les), eine komfortable Pampaslodge am Río Yacumo und eine Wald-Lodge in Tacuaral.

Fluvial Tours/Amazonia Adventures
TOUR
(892-2372; www.fluvialtoursbolivia.com; Avaroa) Die älteste Agentur von Rurrenabaque.

Schlafen

Wer bereit ist, auch mehr zu zahlen, sollte in einer Ökolodge in Madidi übernachten.

Hotel Oriental
HOTEL $
(892-2401; Plaza 2 de Febrero; EZ/DZ/3BZ 100/ 150/210 Bs) Wer Leute trifft, die im Oriental übernachten, das direkt an der Plaza liegt, wird sie wahrscheinlich ständig schwärmen hören, wie hervorragend dieses Hotel ist – und das ist es wirklich. Im Preis inbegriffen sind komfortable Zimmer, großartige Duschen, Hängematten im Garten und große Frühstücksgerichte.

Hostal Pahuichi
HOTEL $
(892-2558; Comercio; EZ/DZ/3BZ 100/ 130/170 Bs;) Es ist schon erstaunlich, was mit durch eine Renovierung aus einem altersschwachen Hotel werden kann. Die frisch renovierten Suiten sind farbenfroh, geschmackvoll und fast schon schick mit po-

hässlichen Entlein, 200 m von der zentralen Plaza entfernt, ist ein stolzer Schwan geworden. Bei dem kompletten Umbau wurden hochwertige *tacuara* (Bambus-) Türen eingebaut, ein nierenförmiger Swimmingpool mit Blick auf den Beni und eine herrliche Terrasse voller Hängematten angelegt. An den Zimmerfenstern sind keine Fliegenschutzgitter, doch über den Betten hängen *mosquiteros* (Moskitonetze). Tolle Budgetunterkunft.

Essen & Ausgehen

Am Flussufer gibt's mehrere Fischrestaurants: Das kerzenbeleuchtete La Cabaña und das Playa Azul grillen oder braten den Fang des Tages für rund 40 Bs. Neben den Standardgerichten *benis* und *masaco* (pürierte Yuccas oder Kochbananen, serviert mit Trockenfleisch, Reis, Nudeln, dünner Suppe und Bananen) sollte man auch unbedingt einmal die hervorragenden Gerichte *pescado hecho en taquara* (Fisch in einer speziellen Pfanne gebacken) oder *pescado en dunucuabi* (in Blätter aus dem Regenwald gewickelter und über dem Holzfeuer gebackener Fisch) probieren.

★ La Perla de Rurre   SÜDAMERIKANISCH $$

(Ecke Bolívar & Vaca Diez; Hauptgerichte 40–50 Bs) Viele in Rurre werden einem erzählen, dass La Perla ihr Lieblingsrestaurant ist, und „die Perle von Rurre" serviert tatsächlich köstliche Speisen mit Fisch und Hühnchen. Das Ambiente ist schlicht, aber der Service hervorragend.

★ Juliano's   EUROPÄISCH $$

(Santa Cruz, zw. Avaroa & Bolívar; Hauptgerichte 45–70 Bs; 17–23 Uhr) Fusionsküche im Dschungel: Der über Paris eingewanderte tunesische Besitzer zaubert traumhafte Fischgerichte (unbedingt das *pescado* Juliano probieren!) und serviert als einziges Restaurant der Stadt Meeresfrüchte, die er aus Peru bezieht. Zum Nachtisch gibt's typisch französische Crème brûlée.

Restaurant Tacuaral   INTERNATIONAL $$

(Ecke Santa Cruz & Avaroa; Hauptgerichte 15–40 Bs, Sandwich 18 Bs) Die Tische stehen auf dem schattigen Gehweg, die umfangreiche Speisekarte bietet das gesamte Programm von Frühstück bis Abendessen. Das freundliche und beliebte Restaurant ist vor allem für seine Lasagne bekannt. Die mexikanischen Gerichte reißen einen nicht vom Hocker, dafür sind die Sandwiches riesig.

---

lierten Holzmöbeln eingerichtet und haben blitzblanke, gefliese Badezimmer.

Hotel Los Tucanes de Rurre   HOTEL $

(892-2039; Ecke Bolívar & Aniceto Arce; EZ/DZ 80/100 Bs, mit Gemeinschaftsbad 70/80 Bs) Das Haus mit Strohdach hat einen großen Garten, eine Dachterrasse und einen tollen Blick auf den Fluss. Die einfachen Zimmer sind in zarten Farben gestrichen. Auf der Terrasse schaukeln Hängematten und es gibt einen Billardtisch. Frühstück ist im Preis enthalten.

Hostal El Lobo   HOSTEL $

(7012-5362; hostalellobo@gmail.com; Comercio; B 50 Bs, EZ 120 Bs;) Aus dem einstigen

Rurrenabaque

Rurrenabaque

◉ Aktivitäten, Kurse & Touren
 1 Bala Tours B2
 2 Fluvial Tours/Amazonia
    Adventures C3

⊜ Schlafen
 3 Buchungsbüro der Chalalán
    Ecolodge.. B3
 4 Hostal El Lobo A4
 5 Hostal Pahuichi B2
 6 Hotel Los Tucanes de Rurre................... D2
 7 Hotel Oriental A4
 8 Buchungsbüro San Miguel del Bala...... B2

⊗ Essen
 9 Casa de Campo A4
 10 Juliano's..C2
 11 La Perla de Rurre C3
 12 Restaurant Tacuaral C2

◉ Ausgehen & Nachtleben
 13 Banana Pub Disco C1
 14 Jungle Bar Moskkito C3
 15 Luna Lounge B2

Casa de Campo GESUND $$$
(☎7199-3336; Comercio; Frühstück 25–75 Bs; ⊗8–14 & 18–22 Uhr) Auf einer luftigen Terrasse gegenüber dem Hostal El Lobo wird nur gesunde Kost serviert: vom Frühstück mit hausgemachten Backwaren, das es den ganzen Tag über gibt, zu vegetarischen Gerichten, Suppen und Salaten. Frühstücken ist hier am teuersten in der Stadt, aber die gastfreundliche Adele tut alles, damit sich ihre Gäste wohlfühlen und sie gibt auch Tipps für Wanderungen in der Region.

Jungle Bar Moskkito BAR
(www.moskkito.com; Vaca Diez) In der peruanischen Bar wird Englisch gesprochen. Die

Stimmung ist gut, das Personal gut gelaunt und mit den Grünpflanzen, die vom Strohdach herunterhängen, fühlt man sich wie im Dschungel, auch ohne Moskitos. Für Unterhaltung sorgen Darts, Billard und die riesige CD-Sammlung, aus der sich die Gäste ihre Wunschmusik zusammenstellen können.

Luna Lounge BAR
(Avaroa, auf Höhe Santa Cruz) Die lebhafte Bar gehört zu den ältesten in Rurre und serviert gute Pizza zu tollen Cocktails.

Banana Pub Disco CLUB
(Comercio; Eintritt inkl. 1 Getränk 15 Bs) In dem etwas zwielichtigen Club tanzen kubanische Ärzte, betrunkene Einheimische und ausländische Reisende in feuchtfröhlicher Eintracht zu Salsa und bolivianischem Groove.

ⓘ Praktische Informationen

Es gibt zwei Geldautomaten in der Stadt, darunter den sehr günstig gelegenen der **Banco Union** (Comercio) einen Häuserblock nördlich der Plaza. Notfalls kann man sich auch Bargeld bei **Prodem** (Avaroa; ⊙ Mo–Fr 8–18, Sa bis 14 Uhr) besorgen, allerdings nur auf Visa- und Mastercard-Kreditkarten sowie Bankkarten von Visa. Touren können in der Regel mit Kreditkarte bezahlt werden.

Einreisebehörde (☏ 892-2241; Arce zw. Busch & Bolívar; ⊙ Mo–Fr 8.30–12.30 & 14.30–18.30 Uhr) Hier werden Visa verlängert.

Post (Arce)

Sernap Parque Nacional Madidi Office (☏ 892-2246, 892-2540; Libertad, San Buenaventura; ⊙ Mo–So 7–15 Uhr) Die Parkverwaltung befindet sich hinter dem Markt in San Buenaventura am anderen Flussufer. Der Parkeintritt kostet 125 Bs, sollte im Preis von geführten Touren aber inbegriffen sein.

Touristeninformation (☏ 7138-3684; Ecke Vaca Diez & Avaroa; ⊙ Mo–Fr 8–12 & 14.30–18 Uhr) Die Mitarbeiter beantworten geduldig alle Fragen und informieren ausführlich über verantwortungsvollen Tourismus, haben aber kaum Broschüren oder andere Materialien.

ⓘ Anreise & Unterwegs vor Ort

BUS
Der Busbahnhof ist gegenüber dem Flughafen. Eine Fahrt mit dem *mototaxi* (Motorikscha) von der Stadt zum Busbahnhof kostet 5 Bs, und zwar bei allen Anbietern.

Die Busse starten mehrmals täglich zu ihrem Horrortrip nach La Paz (80 Bs, 18–24 Std.) mit Zwischenstopp in Yolosa (65 Bs, 14–20 Std.), von wo es weiter nach Coroico geht. Wer sich die schmalen, kurvigen Straßen und steilen Abgründe der Anden nicht in einem großen Bus antun möchte, fährt mit dem Bus nur bis Caranavi (70 Bs) und von dort mit einem Sammeltaxi weiter. Denn dort beginnt der schlimmste, aber auch malerischste Abschnitt der Strecke.

Die Straße nach Trinidad (130 Bs, 17–30 Std.) über San Borja (Taxi/Bus 80/60 Bs, 15 Std.) und San Ignacio de Moxos (100 Bs, 12 Std.) ist immer noch eine der schlimmsten in Bolivien und ist in der Regenzeit grundsätzlich gesperrt. 2015 wurde mit dem Bau einer neuen Straße von Rurre nach Trinidad begonnen, die 2 Jahre später fertig sein sollte, um die Nerven, Rücken und Hinterteile der Fahrgäste etwas zu schonen.

Derzeit fahren die Busse ganzjährig nach Riberalta (120 Bs, 17–40 Std.) und Guayaramerín (120 Bs, 18 Std.–3 Tage), doch sind die Fahrten in der Regenzeit nur mit viel Ausdauer, Insektenschutzmittel und Proviant auszuhalten.

FLUGZEUG
Der Flughafen von Rurre liegt ein paar Kilometer nördlich der Stadt. Der kurze Flug nach La Paz ist eine erschwingliche Alternative zu 24 grauenvollen Stunden im Bus. Kein Wunder, dass die Flüge immer schnell ausgebucht sind. Bei schlechtem Wetter fallen sie zudem oft aus.

Amazonas (☏ 892-2472; Comercio, auf Höhe Santa Cruz) fliegt täglich nach La Paz (ab 480 Bs), hatte zum Zeitpunkt der Recherche aber nur ein einziges Flugzeug. Wenn dieses gerade „gewartet" wird, fällt der Flug eben aus.

SCHIFF/FÄHRE
Dank der Guayaramerín-Straße sind heute nur wenige Transportschiffe auf dem Río Beni nach Riberalta unterwegs, und bei niedrigem Wasserstand ist der Verkehr ganz lahmgelegt. Man braucht etwas Glück, und muss einen fairen Preis für die Bootsfahrt aushandeln, die bis zu zehn Tage dauern kann.

Parque Nacional Madidi

Die Wasserscheide des Río Madidi ist eines der intaktesten Ökosysteme Südamerikas. Der größte Teil davon wird durch den 18 000 km² großen Parque Nacional Madidi geschützt, der von dampfenden Tiefland-Regenwäldern bis hin zu 5500 m hohen Andengipfeln zahlreiche Biotope umfasst. Das nur selten besuchte „Nirgendwo" ist die Heimat für eine unglaubliche Vielfalt an Amazonastieren und -pflanzen: Hier leben 44 % aller Säugetierarten der Neuen Welt, 38 % aller neotropischen Amphibien, ca. 1000 Vogelarten und mehr bedrohte Arten als in jedem anderen Park der Welt.

Die bewohnten Teile des Parks entlang des Río Tuichi haben von der UNESCO eine

> **ABSTECHER**
>
> **MEHR AMAZONAS ERLEBEN**
>
> **San Ignacio de Moxos** ist ein freundliches, ruhiges Moxos-Dorf 92 km westlich von Trinidad. Es widmet sich ganz der Landwirtschaft und hat ein Flair, das sich stark von allen anderen bolivianischen Orten unterscheidet. Am besten besucht man San Ignacio zum Jahresfest am 30. und 31. Juli. Am leichtesten ist es von Trinidad aus zugänglich, mit *camionetas* (Pickups), die (wenn sie voll sind) von der *parada* an der 1 de Mayo Nähe Velarde abfahren (70 Bs, 4 Std.).
>
> Nördlich von Santa Ana de Yacuma befindet sich ein Ensemble von elf wundervollen Naturseen – bekannt als die **Los Lagos** – die von wildem Regenwald gesäumt und durch ein Netz von unkrautbestandenen Wasserläufen miteinander verbunden sind. Diese einzigartige und bezaubernde Region ist aufgrund ihrer Abgeschiedenheit bisher kaum von ausländischen Touristen erschlossen. Am sichersten und unkompliziertesten erreicht man die Seen mit einem Charterflugzeug von Trinidad oder Santa Cruz. Von Juli bis November kann man in Santa Ana de Yacuma auch eine Anreise auf dem Landweg arrangieren. Es ist eine spektakuläre, sechsstündige Fahrt.

Spezialregelung erhalten, die es der indigenen Bevölkerung erlaubt, die traditionellen Ressourcen des Regenwaldes zu nutzen; aber der Park sollte in der Vergangenheit auch schon einmal für den Erdölabbau und als Standort eines bedeutenden Wasserkraftprojektes dienen.

Es ist schwierig, den Park auf eigene Faust zu besuchen, aber wer das dennoch tun will, muss im Sernap-Büro in San Buenaventura eine Eintrittsgebühr von 125 Bs zahlen – und sich von einem autorisierten Führer begleiten lassen. Der bei weitem einfachste und verantwortungsvollste Weg, den Park zu sehen, ist aber ein Besuch bei den Gemeindeprojekten.

Schlafen

★ **Chalalán Ecolodge** LODGE $$$
(892-2419; www.chalalan.com; 3 Nächte & 4 Tage, alles inkl. 490 US$/Pers., 145 US$/Tag) Diese Lodge ist das älteste und erfolgreichste Projekt des gemeinnützigen Ökotourismus in Bolivien. Von hier aus können die Gäste durch weitgehend unberührten Regenwald streifen und die artenreiche Vielfalt der Tierwelt bestaunen. Die einfachen, aber eleganten Hütten der Lodge stehen rund um die malerische Flussschleife der Laguna Chalalán. Gebucht werden kann in den Büros in **Rurrenabaque** (892-2419; www.chalalan.com; Comercio, auf Höhe Campero) und **La Paz** (02-231-1451; www.chalalan.com; Sagárnaga St, La Paz).

★ **Sadiri** LODGE $$$
(in Santa Cruz 7162-2567; www.sadirilodge.com; alles inkl. 150 US$ pro Pers./Tag.) Die wunderbare Lodge ist das jüngste Projekt des gemeinnützigen Ökotourismus. Sechs luxuriöse Hütten stehen versteckt im dichten Regenwald am Fuße der Serranía Sadiri. Die Lodge wird von Mitgliedern der Gemeinde betrieben und verfügt über die am besten ausgebildeten Naturführer in der Region von Rurrenabaque. Am besten per E-Mail unter sadirilodge@gmail.com buchen. Im Preis inbegriffen ist Vollpension sowie der Transfer von und nach Rurrenabaque.

San Miguel del Bala LODGE $$$
(892-2394; www.sanmigueldelbala.com; 450 Bs pro Pers./Tag) Die paradiesische Ökolodge liegt flussaufwärts von Rurre am Eingang zum Nationalpark Madidi. Die Fahrt mit dem Boot dauert 40 Minuten. Die Bewohner des Tacana-Dorfs zeigen den Besuchern gern ihre traditionellen Anbaumethoden, Web- und Holzschnitzarbeiten. Die Hütten haben Mahagoni-Fußboden, eigenes Bad und seidene Moskitonetze über den Betten. Das **Buchungsbüro** (892-2394; www.sanmigueldelbala.com; Comercio) ist in Rurrenabaque.

Trinidad

03 / 106 400 EW.

Trinidad ist der Ort, den man erreicht, wenn man den langen, tiefen Río Mamoré abwärts gereist ist oder zwischen Santa Cruz und Rurrenabaque unterwegs ist. Trotz seiner Kolonialarchitektur und den von Kolonnaden geprägten Straßen ist Trinidad eine moderne Stadt, die rapide wächst. Ihre auffälligste Attraktion ist der große, grüne und tropisch anmutende zentrale Platz (Trinidad liegt nur 14 Grad südlich des Äquators), auf dem einst eine Population freundlicher Faultiere lebte.

Die Stadt La Santísima Trinidad (Allerheiligste Dreifaltigkeit) wurde 1686 von Padre Cipriano Barace als zweite Jesuitenmission im Flachland des südlichen Beni gegründet. Ursprünglich wurde sie am Ufer des Río Mamoré erbaut, 14 km von ihrer heutigen Lage entfernt, aber Fluten und Seuchen entlang jenes Flussufers machten eine Verlegung erforderlich. 1769 wurde die Ortschaft in die Nähe des Flusses Arroyo de San Juan versetzt, der die Stadt heute in zwei Hälften teilt.

Sehenswertes & Aktivitäten

Plaza Gral José Ballivián PLATZ
Hauptsehenswürdigkeit der Stadt ist dieser schöne Platz mit hohen, tropischen Bäumen, üppigen Gärten und einer dörflichen Atmosphäre. Abends kann man auf der Plaza ein leckeres Eis essen und dabei Hunderte von Motorrädern beobachten, die rund um den Platz brausen. Noch bis vor kurzem wurde der Verkehr von einem Polizisten geregelt, der auf einem großen Holzstuhl saß und mit Hilfe eines Drahtes jeweils den Stromkreis für das rote, gelbe und grüne Licht der Ampel schloss.

Museo Kenneth Lee Ethno-Archaeological MUSEUM
(Av Ganadera; Eintritt 5 Bs; 8–12 & 15–18 Uhr) Das nach dem *gringo querido del Beni*, dem hochverehrten weißen Mann des Amazonas, benannte Museum nördlich des Zentrums gilt als das kulturelle Glanzstück von Trinidad. Gezeigt werden Kunst- und Gebrauchsgegenstände, traditionelle Musikinstrumente und Stammestrachten der Ureinwohner in der Region.

Parque Pantanal PARK
(Av Laureano Villar; 8–18 Uhr) GRATIS Der dicht bewaldete Park an der Straße zum Flughafen ist schon lange keine Pflege- und Aufzuchtstation für Wildtiere mehr – die Schützlinge wurden einfach zu aggressiv –, aber man kann immer noch auf den schönen Wegen entlang spazieren und Vögel beobachten, vor allem Blatthühnchen mit gelben Flügeln, die auf Seerosenblättern übers Wasser gehen. Den Eintritt von 1 Bs für den Zoo am Ende des Parks kann man sich sparen, denn es gibt nur eine traurige Anakonda in einem 60 cm tiefen Teich zu sehen.

Turismo Moxos GEFÜHRTE TOUR
(462-1141; turmoxos@entelnet.bo; Av 6 de Agosto 114) Turismo Moxos organisiert dreitägige Delfinfahrten auf dem Río Ibare, Besuche von Sirionó-Dörfern, viertägige Kanusafaris in den Regenwald und eintägige Reitausflüge in abgelegene Regionen.

Schlafen

Hostal El Tajibo HOTEL $
(462-2324; Av Santa Cruz 423; EZ/DZ 100/160 Bs, mit Klimaanlage 200/260 Bs) Das Hotel mit schönen, fast schon schicken Zim-

---

ⓘ ABSTECHER NACH BRASILIEN

Wer von den nördlich gelegenen bolivianischen Städten Cobija und Guayaramerín aus nach Brasilien einreisen will, muss den Río Acre bzw. den Río Mamoré überqueren.

Es ist sehr leicht, vom bolivianischen Guayaramerín aus im Rahmen einer Tagestour die brasilianische Stadt Guajará-Mirim zu erkunden. Tagesbesuche sind erwünscht, und man braucht nicht einmal ein Visum. *Lanchas* (10 Bs) über den Fluss legen von 6 bis 18 Uhr alle 30 Minuten vom Hafen ab; auch in der Nacht fahren einige. Wer weiter nach Brasilien hinein oder von dort nach Bolivien einreisen will, muss aber die Formalitäten an der Grenze erledigen. Die Einreisebehörden in **Guajará-Mirim** (Av Quintina Bocaiúva; Mo–Fr 8–12 & 14–18 Uhr) und **Guayaramerín** (Av Costanera) sind in den jeweiligen Hafenbezirken.

Über die Brücke von Cobija nach Brasiléia ist es eine lange, heiße Schinderei. Einreisebzw. Ausreisestempel erhält man bei der Einreisebehörde in Cobija am bolivianischen Ende der Brücke sowie von der **Polícia Federal in Brasiléia** (Av Prefeito Moreira; 8–12 & 14–17 Uhr). Mit etwas Verhandlungsgeschick bringen die Taxis einen zur Polícia Federal in Brasiléia, warten, während man alle Formalitäten erledigt, und bringen einen dann weiter ins Zentrum oder zum Busbahnhof. Alternativ nimmt man eine *lancha* (5 Bs) über den Río Acre; von hier aus sind es noch weitere 1,5 km bis zur Polícia Federal.

Obwohl die Beamten es nicht immer kontrollieren, braucht jeder, der die Grenze passiert, ein Impfzertifikat für Gelbfieber, um nach Brasilien einreisen zu dürfen. Wer keines hat, geht in die praktische und relativ hygienische Klinik am Hafen auf der brasilianischen Seite.

mern und bequemen Betten zählt zu den besseren Budgetunterkünften der Stadt. Einige sind mit Balkon zur Straße hinaus. Bei den Zimmern mit Klimaanlage ist das Frühstück im Preis inbegriffen. Die neuen Matratzen sind eine Wohltat, aber die Zimmer könnten einen neuen Anstrich gebrauchen. Den Besitzern gehört auch das nahezu identische Hotel Colonial ein paar Straßen weiter.

Hotel Colonial   HOTEL $
(462-2864; Vaca Diez 306; EZ/DZ 100/160 Bs, mit Klimaanlage 200/260 Bs; ❄) Das von den Besitzern des Hostal El Tajibo geführte Hotel ist ein paar Straßen von der Plaza entfernt.

Hostal Santa Cruz   PENSION $
(462-0711; Av Santa Cruz 537; EZ/DZ 80/150 Bs, EZ ohne Bad 60 Bs) Eine farbenfrohe Einrichtung, handbemalte Wandbehänge und leuchtend bunte Bettwäsche sollen die Zimmer der etwas heruntergekommenen Budgetunterkunft aufpeppen. Auch haben alle Zimmer Kabel-TV. Die Zimmer im Obergeschoss sind luftiger (und etwas teurer). Das nette alte Inhaberpaar stellt auch eine Gästeküche zur Verfügung, hilft aber nicht beim Kochen.

★ Hostal Sirari   HOTEL $$
(462-4472; Av Santa Cruz 538; EZ/DZ/3BZ 100/170/200 Bs, mit Klimaanlage 170/200/250 Bs; ❄) Bietet fürs gleiche Geld etwas mehr Qualität als die anderen Hotels der Stadt.

🍴 Essen & Ausgehen

Trinidad ist eine Viehzuchtregion, also gibt es hier Unmengen an Rindfleisch. Wer aufs Geld achten muss, geht zum Mercado Municipal, wo man für einen geringen Preis die lokale Spezialität, *arroz con queso* (Reis mit Käse), sowie Shish Kebab, *yuca* (Maniok), Kochbananen und Salat genießen kann. Rund um die Plaza finden sich mehrere gute Restaurants.

Pescaderia Don Pedrito   FISH & CHIPS $$
(346-22545; Manuel Maraza, Zona German Busch; Hauptgericht 60 Bs) Es stehen genau sechs Gerichte auf der Speisekarte, die alle 60 Bs kosten: gebraten, gegrillt, als Ceviche usw. Alles klar? Gut. Die örtlichen *mototaxi*-Fahrer erklären das Don Pedrito zum angesagtesten Lokal der Stadt. Also entspannt man sich bei einem kühlen Bier und verfolgt die Fußballübertragungen im TV. Unter den Mangobäumen warten die Katzen geduldig auf Essensreste von den Tischen.

El Tabano   SEAFOOD $$
(Villavicencio, auf Höhe Mamoré; Hauptgerichte 20–55 Bs) Mit der lebhaften Atmosphäre und dem ausgezeichneten Essen ist die Restaurantkneipe mit Grasdach ein beliebter Treffpunkt junger Einheimischer. Kühles Bier und leckere Cocktails werden auch im Innenhof serviert. Auf der Speisekarte stehen kreative Gerichte mit Fisch und Kaiman.

★ Churrasquería La Estancia   GRILL $$$
(Ibare nahe Velarde; Hauptgerichte 40–120 Bs) Ganz egal, wen man in Trinidad nach gutem Rindfleisch fragt – man wird immer hierher geschickt. Mit seinem Palmblattdach und dem Holzkohle-Barbecue vermittelt das Lokal die Atmosphäre einer Ranch, und wer die üppigen, saftigen Steaks genießt, fragt sich währenddessen, wie andere Restaurants es angesichts dieser Klasse überhaupt wagen können, sich *churrasquerías* (Grillrestaurants) zu nennen.

Los Faroles   INTERNATIONAL $$$
(Av 6 de Agosta, auf Höhe Av 18 de Noviembre; *almuerzo* 25 Bs, Hauptgerichte 40–130) Hier gibt's tatsächlich auch (zwei) Salate! Ansonsten serviert das für die Verhältnisse in Trinidad recht noble Restaurant von allem etwas: Pizzas, Steaks, Hühnchen und Fisch. Es gehört zwar zum Luxushotel Campanario, bietet aber dennoch jeden Mittag ein hervorragendes *almuerzo* (Tagessen) zum vernünftigen Preis.

ℹ Praktische Informationen

Außer zum Duschen sollte man in Trinidad stets abgefülltes Wasser verwenden – die städtische Wasserversorgung ist verunreinigt!

Einige Geldautomaten in der Nähe der zentralen Plaza akzeptieren internationale Karten; es ist ein guter Ort, um sich mit Bargeld einzudecken, bevor man in die Amazonasregion weiterreist. Wechselstuben gibt's auf der Av 6 de Agosto zwischen der Suárez und Av 18 de Noviembre.

Einreisebehörde (462-1449; Av Los Tajibos Nähe Ibañez Carranza) Im oberen Stock des weißen Gebäudes, ein Block vom Busterminal.

Touristeninformation (462-1322; Vaca Diez zw. 18 Noviembre & Suarez; ⊙ Mo–Fr 8–12.30 & 14.30–18.30 Uhr)

ℹ Anreise & Unterwegs vor Ort

BUS & CAMIONETA
Der weitläufige Busbahnhof liegt 10 Gehminuten östlich vom Zentrum. Die Fahrt mit dem Taxi kostet 20 Bs. Mehrere *flotas* fahren jeden Abend

zwischen 18 und 22 Uhr nach Santa Cruz (normal/*bus cama* 50–80 Bs, 8–10 Std.). Theoretisch fahren die Busse mehrerer Gesellschaften auch täglich über San Borja (70 Bs, 8–12 Std.) nach Rurrenabaque (130 Bs, 17–30 Std.), in der Regenzeit von November bis Mai jedoch grundsätzlich nicht. Ebenfalls nur in der Trockenzeit fahren Busse täglich nach Riberalta (200 Bs, 17–30 Std.) und Guayaramerín (200 Bs, 22–35 Std.).

Camionetas (kleine Pickup-Laster) fahren von der *parada* in der 1 de Mayo auf Höhe der Velarde nach San Ignacio de Moxos (70 Bs, 4 Std.), sobald sie voll besetzt sind. Gelegentlich fahren auch Busse (50 Bs, 6 Std.) dorthin, die gegen 9 Uhr am Busbahnhof starten.

Gegenüber dem Busbahnhof warten auch immer ein paar Vans und Autos, die, sobald sie voll besetzt sind, in folgende Orte fahren: San Ignacio (50 Bs) und San Borja (70 Bs), wo man für weitere 20 Bs nach Yucumo bzw. 70 Bs nach Rurrenabaque fahren kann.

FLUGZEUG

Am Flughafen Jorge Henrich Arauz, der sich ganz im Nordwesten der Stadt am Ende der Av Laureano Villar befindet, müssen Reisende eine Abfluggebühr von 7 Bs bezahlen. Etwas mehr kostet die Fahrt dorthin mit dem *mototaxi*.

BOA (Boliviana de Aviación; 901-105010; www.boa.bo; Sucre, zw. Ballivian & Cochabamba) fliegt sechsmal in der Woche nach La Paz, Santa Cruz, Cobija, Tarija, Sucre und Cochabamba. **EcoJet** (901-105055, 465-2617; www.ecojet.bo; Ecke Av 6 de Agosto & Santa Cruz) fliegt täglich nach Cochabamba und regelmäßig nach La Paz, Santa Cruz, Guayaramerín, Riberalta, Cobija, Sucre und Tarija. **TAM** (462-2363; Ecke Av Bolívar & Av Santa Cruz) fliegt täglich nach La Paz (650 Bs) mit Zwischenstopp in Cochabamba (400 Bs) oder Santa Cruz (550 Bs) sowie täglich nach Guayaramerín und Riberalta (630 Bs).

Eine Taxifahrt vom und zum Flughafen kostet rund 25 Bs. Wer nicht allzu viel Gepäck hat, kann auch mit einem preiswerteren *mototaxi* (10 Bs) fahren: Es ist wirklich unglaublich, wieviel Gepäck die Fahrer mit viel Kreativität befördern!

BOLIVIEN VERSTEHEN

Bolivien aktuell

In Bolivien ist die Krise der Status Quo. Proteste, Armut, Ungleichheit und nur langsamer wirtschaftlicher Fortschritt sind hier an der Tagesordnung – ebenso Bewegungen, die für eine größere soziale Gerechtigkeit kämpfen. Im Zentrum des Ganzen stehen Präsident Evo Morales und seine Verfassung, institutionelle Reformen und eine liberale Politik, die den revolutionären Umschwung der Nation in Richtung Sozialismus markierten.

Wirtschaftlich gesehen wurde die Verstaatlichung der Energie- und Bergbauinteressen von der armen Bevölkerung Boliviens begrüßt. Sie führte jedoch auch zu einer Verschlechterung der Beziehungen zu ausländischen Investoren und Regierungen. Und trotz der himmelhohen Rohstoffpreise ist die Wirtschaft Boliviens längst nicht so gewachsen, wie man sich erhofft hatte. Der Export von Rohmaterialien ist die Lebensgrundlage der Nation. Mit den größten Lithiumvorräten der Welt sowie Unmengen an Erdgas und Mineralien könnte Bolivien sehr wohl auch in naher Zukunft ein zufriedenstellendes Wirtschaftswachstum erreichen. Die größten Hindernisse auf diesem Weg werden Umweltbedingungen (Abholzung, Wüstenbildung und Klimawandel), flaue Auslandsmärkte sowie die Weigerung ausländischer Unternehmen sein, ihr Geld und Know-How in ein Land zu investieren, das eine hohe Rate von Verstaatlichungen aufweist.

Trotz des Wirtschaftswachstums lebt über die Hälfte der Bolivianer immer noch in Armut, und die sozialen Programme der Regierung von Evo Morales, die unter der neuen Verfassung ins Leben gerufen wurden, haben nur minimale Fortschritte bei der Armutsbekämpfung im Land bewirkt.

Die neuen Maßstäbe haben dennoch zu Erfolgen in der Neuausrichtung der Sozialstrukturen Boliviens geführt. Obwohl es für die indigene Mehrheit des Landes, die heute eine wichtige Rolle in der Politik spielt, praktisch kein Entkommen aus der Armut zu geben scheint (selbst heute), gibt es einen Funken von Selbstbewusstsein und Hoffnung unter diesen Menschen, der niemals deutlicher zu spüren war.

An der politischen Front kommt es immer häufiger zu Krisen. Die Menschen protestieren gegen schlechte Arbeitsbedingungen und Bergbauprojekte, die Flüsse und Straßen verschmutzen, Gemeinden verdrängen und die Ökosysteme beeinträchtigen. Proteste führen regelmäßig zu Straßensperrungen und haben negative Auswirkungen auf die Wirtschaft. Außerdem hat das Land unter der Gewalt des sich immer weiter ausbreitenden Drogenhandels zu leiden.

Morales' Bemühungen, Land und Wohlstand neu zu verteilen, stoßen in der erdgas- und rohstoffreichen Region im Osten Boliviens (in der es viele Autonomiebewegungen gibt) auf starken Widerstand. Aber trotz dieser Gegenstimmen – und der wachsenden Unzufriedenheit über das, was viele als schwache Regierungsführung und weitverbreitete Korruption bezeichnen – erwarten viele, dass die zahlreichen sozialen Programme, die von der Regierung gefördert und mit den wachsenden Einnahmen aus Bergbau, Landwirtschaft und Erdgasexporten finanziert werden, die Revolution des Präsidenten weiter vorantreiben.

Geschichte

Boliviens bewegte Geschichte wird in jedem Bereich des Alltagslebens spürbar. Die bedeutenden Ereignisse, die die Vergangenheit geformt haben – die Blütezeit der Tiwanaku und die Pax Incaica, die spanische Eroberung, die Unabhängigkeitsbewegung, die Entdeckung großer Mineralvorkommen, der Verlust von Territorien an Nachbarländer auf allen Seiten, plötzliche ökonomische Wendungen, Erfolge und Fehlschläge sowie Putsch um Putsch – haben auch das Bolivien geschaffen, das man heute kennt.

In den prähispanischen Ruinen, kolonialen Kirchen, Museen, Galerien und chaotischen Märkten der Stadtzentren kann man sich mit den künstlerischen Aspekten der Geschichte dieses Landes befassen. Die Spuren der über 6000 Jahre alten Kultur sind in der Sprache, der Kleidung, den Gebräuchen und Traditionen der einheimischen Völker zu sehen, aber auch in der einzigartigen, zweigeteilten Gesellschaft, die heute erstmals mit dem Aufstieg des ersten selbsterklärten indigenen Präsidenten konfrontiert wird.

Der ökonomische Windschatten dieser dualen Gesellschaft ist vor allem in der Unterschicht und bei der indigenen Mehrheit spürbar, aber auch in den riesigen Bauwerken von La Paz und den weitläufigen Haziendas rund um Santa Cruz.

Vom rein ökonomischen Standpunkt aus gesehen ist Bolivien ein Land, das niemals hätte sein sollen. Der Staat hat reiche Naturressourcen, aber eine kleine Bevölkerung – was bedeutet, dass er vor allem Rohstoffe produziert. In politischer Hinsicht wurde Bolivien zwischen stärkeren Einflussbereichen, z. B. von Cuzco, Madrid, Lima, Buenos Aires und Washington, D.C., hin- und hergezerrt. Und während ein großer Teil der Geschichte des Landes zwar der des restlichen Südamerikas ähnelt, haben sich in Bolivien Seele, Charakter und Gegebenheiten vereint, um eine komplexe und verwickelte Geschichte zu schaffen, die einzigartig ist.

Die präkolumbische Zeit

Nach der Zeitenwende entwickelten sich an der peruanischen Küste und in den Tälern fortschrittliche Zivilisationen. Die Hochlandzivilisationen kamen erst etwas später auf. Einige Archäologen definieren die frühe Geschichte der Zentralanden als eine der „Horizonte" – Früher, Mittlerer und Später Horizont –, von denen jeder durch charakteristische Architektur- und Kunstströmungen geprägt war.

Der sogenannte Frühe Horizont (1400–400 v. Chr.) war eine Ära architektonischer Innovation und Aktivität, was vor allem an den Ruinen von Chavín de Huantar sichtbar wird, die an den östlichen Hängen der Anden in Peru liegen. Die Einflüsse von Chavín waren weitverbreitet, selbst nach dem Niedergang der Chavín-Gesellschaft, und reichten sogar bis in den Frühen Mittleren Horizont (400 v. Chr.–500 n. Chr.) hinein.

Der Mittlere Horizont (500–900 n. Chr.) war durch die imperiale Expansion der Tiwanaku- und Huari-Kulturen (aus dem Ayacucho-Tal im heutigen Peru) gekennzeichnet. Die Tiwanaku brachten technologisch fortgeschrittene Werke hervor, vor allem die gleichnamige Stadt. Sie schufen beeindruckende Keramik, vergoldete Ornamentik, gravierte Säulen und Scheiben mit Kalendermarkierungen sowie Modelle, die ihren bärtigen weißen Anführer Viracocha darstellten.

Die Periode zwischen 900 und 1475 ist als der Späte Mittlere Horizont bekannt. Nach dem Fall der Tiwanaku kamen am Südufer des Titicacasees regionale Stadtstaaten wie Chan-Chan in Peru und die Aymará-Königreiche an die Macht. Aber die präkolumbische Periode war vorrangig durch die Blütezeit und den Fall des Inkareiches definiert.

Um 1440 begannen die Inka, ihre politischen Grenzen zu erweitern. Der achte Inkakönig, Viracocha (nicht zu verwechseln mit der Tiwanaku-Gottheit selben Namens), glaubte, der Sonnengott habe ihn nicht nur beauftragt, andere Stämme zu erobern, auszuplündern und zu versklaven, sondern auch zu organisieren und in das Reich des gütigen Sonnenkönigs zu integrieren.

Zwischen 1476 und 1534 konnte die Inkazivilisation ihren Machtbereich bis auf die Aymará-Königreiche rund um den Titicacasee ausdehnen.

Ende der 1520er-Jahre begannen interne Rivalitäten, ihren Tribut vom Reich zu fordern: Die Söhne des Inka Huayna Capac – Atahualpa und Huáscar – zettelten nach dem Tode ihres Vaters einen blutigen Bürgerkrieg an. Atahualpa (der die nördlichen Bereiche des Reiches kontrollierte) siegte.

Die Konquistadoren

Die spanische Eroberung Südamerikas verlief auffallend schnell. Das durch den Bürgerkrieg der Inka entstandene Machtvakuum begünstigte die Eroberung, ebenso wie die Epidemien, die durch eingeschleppte europäische Krankheiten hervorgerufen wurden.

Alto Perú (die Region, die wir heute als Bolivien kennen) wurde im Bürgerkrieg der Inka Huáscar zugesprochen, was Diego de Almagro die Einnahme des Landes relativ leicht machte.

1544 gab Diego Huallpa seine Silberfunde am Cerro Rico in Potosí bekannt. Bis dahin hatten die spanischen Eroberer den Überresten des Inkareiches längst ihren Stempel aufgedrückt.

Potosí wurde offiziell 1545 gegründet, und 1558 erlangte Alto Perú mit der Einrichtung eines Audiencia (Königshofes) in Sucre seine Autonomie von Lima. Wie ein Spinnennetz schossen rund um Potosí Verkehrsknotenpunkte, Bauerngemeinden und weitere Hilfszentren aus dem Boden. Die profitabelste Silbermine der Welt, nämlich die in Potosí, kamen den Ambitionen der Spanier entgegen – das Silber versetzte das Land in die Lage, die Gegenreformation in Europa zu unterstützen und mindestens zwei Jahrhunderte lang die Extravaganzen der Monarchie zu finanzieren.

Unabhängigkeit

Die erste Hälfte des 19. Jhs. war in Bolivien (und auch in der restlichen Welt) eine Zeit der Revolutionen und des Kampfes um Unabhängigkeit. Zwischen 1803 und 1805 führten Ernteausfälle und Epidemien zu schweren Schäden bei der bolivianischen Wirtschaft. Und wenn die Wirtschaft krankt, ist das der Nährboden für Revolutionen. Zudem waren die Kolonisten dank der Französischen Revolution, Napoléons Kämpfen in Europa und der britischen Unterstützung lateinamerikanischer Unabhängigkeitsbewegungen endlich in der Lage zu erkennen, wie eine Welt ohne Königshäuser aussehen würde.

Im Mai 1809 gewann die erste Unabhängigkeitsbewegung des spanischen Amerika an Boden und war in Chuquisaca (das spätere Sucre) voll im Gange und bald schlossen sich weitere Städte an.

In den frühen 1820er-Jahren gelang es General Simón Bolívar, Venezuela und Kolumbien von der spanischen Vorherrschaft zu befreien. 1822 sandte er Mariscal (Feldmarschall) Antonio José de Sucre nach Ecuador, um die Royalisten in der Schlacht von Pichincha zu schlagen. 1824, nach jahrelangen Guerilla-Aktionen gegen die Spanier und den Siegen von Bolívar und Sucre in den Schlachten von Junín (6. Aug.) und Ayacucho (9. Dez.), erlangte Peru endlich seine Unabhängigkeit.

Obwohl Argentinien und Peru sich die Potosí-Minen eigentlich unter den Nagel reißen wollten, konnte Sucre eine Unabhängigkeitserklärung von Perú bewirken, und 1825 war die neue Republik Bolivien geboren. Bolívar (ja, das Land wurde nach ihm benannt) und Sucre waren die ersten beiden Präsidenten des Landes. Nach einem kurzlebigen Versuch des dritten Präsidenten, Andrés Santa Cruz, eine Konföderation mit Peru zu bilden, begannen die Dinge allerdings schiefzugehen. Die chilenische Opposition brachte die potenziell mächtige Nation schließlich zu Fall, und danach spielte Bolivien nur noch eine untergeordnete Rolle in regionalen Angelegenheiten – bis in die 1880er-Jahre hinein wurde die nationale Politik durch die Herrschaft von *caudillos* dominiert. Noch in den 1930er-Jahren wurde das Land von einer Ziviloligarchie regiert, die in liberale und konservative Gruppen geteilt war. Danach brach das traditionelle politische System abermals zusammen, was bis zur Revolution von 1952 zu ständigen Militärinterventionen führte.

Ein schrumpfendes Land

Zur Zeit der Unabhängigkeit umschlossen die Grenzen Boliviens weit über 2 Mio. km². Aber die Nachbarländer strebten danach, dieses Territorium für sich zu gewinnen, indem sie den Zugang zu den Küsten und zu jener Region verwehrten, die von uralten Amazonas-Gummibäumen bedeckt war.

Der Küstenverlust erfolgte zwischen 1879 und 1884 im Salpeterkrieg gegen Chile. Viele Bolivianer glauben, dass es Chile gelang, die kupfer- und nitratreichen Sandgebiete der Atacama-Wüste sowie 850 km Küstenlinie von Peru und Bolivien zu annektieren, weil seine Soldaten während des Karnevals einmarschierten. Obwohl Chile versuchte, Bolivien durch den Bau einer Eisenbahnverbindung zwischen La Paz und dem Ozean sowie die zollfreie Hafennutzung in Antofagasta zu entschädigen, haben die Bolivianer diesen verheerenden *enclaustramiento* (Einschließung) nie vergessen.

Der nächste große Verlust erfolgte 1903 während des Gummi-Booms, als Brasilien einen Teil des bolivianischen Inlandes annektierte. Brasilien und Bolivien hatten zunächst gleichermaßen die Wälder der Acre-Region geplündert – doch die Gegend war so reich an Gummibäumen, dass Brasilien einen Disput über die Oberherrschaft entfachte und seine Armee ins Land einmarschieren ließ. Anschließend überzeugte Brasilien die Acre-Region, sich von der bolivianischen Republik abzuspalten und annektierte sie prompt.

Zudem gab es zwei Gebietsverluste an Argentinien. 1882 annektierte dieses Land zunächst einen großen Teil des Chaco. Dann, 1883, wurde auch Puna de Atacama von Argentinien einverleibt. Die Region war sowohl Chile als auch Argentinien angeboten worden: ersterem im Austausch gegen den Litoral, letzterem im Austausch gegen die Erklärung der Oberhoheit Boliviens über Tarija.

Nach seiner Niederlage im Salpeterkrieg versuchte Bolivien verzweifelt, den Chaco, eine unwirtliche Gegend, unter der große Ölfelder vermutet wurden, als Zugang zum Atlantik über den Río Paraguay an sich zu reißen. Zwischen 1932 und 1935 wütete ein besonders brutaler Krieg zwischen Bolivien und Paraguay um das umstrittene Gebiet – über 80 000 Menschen verloren dabei ihr Leben. Obwohl kein eindeutiger Sieg errungen werden konnte, wurden beide Nationen es müde, zu kämpfen und nahmen 1938 Friedensverhandlungen auf, bei denen der Großteil des Territoriums Paraguay zugesprochen wurde.

Weitere politische Konflikte

Im 20. Jh. wurden Landwirtschaft und Bergbau Boliviens von wohlhabenden Zinnbaronen und Landbesitzern kontrolliert, während die Bauern durch ein feudales System der Leibeigenschaft (namens *pongueaje*) unterdrückt wurden. Die Prügel, die Bolivien im Chaco-Krieg einstecken musste, schufen den Nährboden für reformistische Gruppen. Sie führten außerdem zu zivilen Unruhen unter den *cholos* (indigene Völker, die sich traditionell kleiden, aber in Städten leben – diese werden heute als *mestizos* bezeichnet, der Begriff *cholo* gilt als Schimpfwort) und einer Reihe von Putschen durch reformwillige Militärführer.

Die bedeutendste Entwicklung war die Gründung der politischen Partei Movimiento Nacionalista Revolucionario (MNR). Diese Partei vereinte die Massen unter dem Banner der Reform und verursachte Spannungen zwischen Bauern und Bergarbeitern auf der einen und den nicht ortsansässigen Zinnbaronen und Landbesitzern auf der anderen Seite. Unter der Führung von Víctor Paz Estenssoro ging die MNR aus den Wahlen von 1951 als Sieger hervor, aber in letzter Minute vereitelte ein Militärputsch seinen Machtantritt. Es folgte eine Periode schwerer Kämpfe, die mit der Niederlage des Militärs und dem Machtantritt von Paz Estenssoro endete und als Nationale Revolution von 1952 bezeichnet wird. Er verstaatlichte die Bergbauunternehmen, vertrieb die Zinnbarone, beendete die *pongueaje* und gründete Comibol (Corporación Minera de Bolivia), die staatliche Organisation, die für den Bergbau verantwortlich ist.

Die MNR konnte sich unter verschiedenen Führern zwölf Jahre lang an der Spitze behaupten. Aber trotz der Unterstützung der USA verebbte ihre Effektivität und Popularität, und Víctor Paz Estenssoro wurde immer autokratischer; 1964 wurde seine Regierung schließlich von einer Militärjunta gestürzt, die von General René Barrientos Ortuño angeführt wurde. Fünf Jahre später kam Barrientos bei einem Hubschrauberabsturz um, und es folgte eine Reihe von Putschen, Militärdiktatoren und -regierungen.

Vor diesem Hintergrund übernahm 1971 der rechtsgerichtete Koalitionsführer General Hugo Banzer Suárez die Macht, der bis 1978 für zahlreiche Turbulenzen sorgte, die von reaktionärem Extremismus und Menschenrechtsverletzungen geprägt waren.

Die folgenden drei Jahre waren von fehlgeschlagenen Wahlen, neu ernannten Präsidenten, Militärstreichen und brutalen Regimes geprägt. Menschen wurden gefoltert, verhaftet oder verschwanden spurlos, und es kam zu einer starken Zunahme der Kokainproduktion und des Schwarzhandels.

1982 wählte der Kongress Hernán Siles Zuazo, den zivilen, linksgerichteten Führer der kommunistisch unterstützten Partei Movimiento de la Izquierda Revolucionaria (MIR), zum Präsidenten. Er läutete eine der längsten demokratischen Perioden in der bolivianischen Geschichte ein, die bis heute andauert. Doch das Land hatte weiter mit Arbeitsproblemen, skrupellosen Regierungsausgaben und einer immensen Geldentwertung zu kämpfen, die zu einer gigantischen Inflationsrate führten, die einmal sogar 35 000 % innerhalb eines Jahres erreichte.

Als Siles Zuazo nach drei Jahren aufgab und Neuwahlen ausrief, kehrte Víctor Paz Estenssoro in die Politik zurück, um zum vierten Mal Präsident zu werden. Er erließ sofort strenge Maßnahmen, um die Wirtschaft wiederzubeleben: Er verdrängte Arbeitsverbände, löste Regierungseinschränkungen des internen Handels auf, senkte Regierungsdefizite, verhängte einen Lohnstopp, schaffte Subventionen ab, entließ Arbeiter aus ineffizienten, regierungseigenen Unternehmen, ließ den Peso frei gegen den US-Dollar schwanken und setzte bewaffnete Truppen ein, die den Frieden sichern sollten.

Innerhalb weniger Wochen wurde die Inflation gedrosselt, doch die in die Höhe schnellende Arbeitslosigkeit bedrohte die Stabilität der Regierung.

Das Chaos regiert

Die frühen 1990er-Jahre waren von politischer Apathie, Parteipolitik und dem Kampf zwischen *capitalization* (die Öffnung staatlicher Unternehmen für internationale Investitionen) und populistischen Modellen charakterisiert. Der freie Markt triumphierte mit der Wahl von Gonzolo „Goni" Sanchéz de Lozada, dem MNR-Führer, der während der Regierungszeit von Estenssoro bei der Drosselung der Inflation durch „Schocktherapie" eine Schlüsselrolle gespielt hatte.

Investoren aus Übersee erhielten in den einst staatlichen Unternehmen 49 % Eigenkapital, die vollständige Wahlkontrolle, Lizenzen, in Bolivien operieren zu dürfen und bis zu 49 % der Profite. Die übrigen 51 % der Anteile wurden den Bolivianern als Renten gezahlt und mittels Participación Popular unter der Bevölkerung verteilt – ein Programm, das dafür gedacht war, das Geld nicht in die Städte, sondern in ländliche Schulen, Kliniken und andere lokale Einrichtungen zu investieren.

Ende 1995 wurden die Reformbemühungen durch gewaltsame Unruhen wegen der von den USA angeordneten Koka-Ausrottung in Chapare überschattet. 1997 erlangten die mit den Reformen unzufriedenen Wähler 22,5 % und brachten damit abermals den „Comeback-König" und früheren Diktator General Hugo Banzer Suárez ins politische Spiel. In den späten 1990er-Jahren war die Öffentlichkeit zunehmend unzufrieden mit Banzers Maßnahmen zur Koka-Ausrottung und der weitverbreiteten Korruption. Im Bezirk Cochabamba führten die steigenden

---

BOLIVIENS INDIGENE VÖLKER

Hochland

Aymará Die Aymará-Kultur entstand am Südufer des Titicacasees nach dem Untergang der Tiwanaku. Heute leben die Aymará in den Regionen rund um den See und in den Yungas. Sie betrachten El Alto in La Paz als ihre Hauptstadt.

Quechua Sie stammen von den Inka ab. Die Sprache der Quechua sprechen heute 9 bis 14 Mio. Menschen in Bolivien, Peru, Ecuador, Chile, Kolumbien und Argentinien.

Chipaya Möglicherweise sind dies die direkten Nachfahren der Tiwanaku.

Kallawaya Ein abgeschieden lebender Stamm, dessen Sprache allmählich ausstirbt.

Tiefland

Chiquitano Sie leben vor allem in der tropischen Savanne der Chiquitania in der Region um Santa Cruz, aber auch in der Region Beni und in Brasilien. In Bolivien leben etwa 180 000 Chiquitanos, von denen aber nur gut ein Viertel auch Chiquitano spricht.

Guaraní Angehörige dieses Volksstammes leben in Paraguay, Brasilien und Teilen von Uruguay und Bolivien.

Mojeño Bis ins 17. Jh. war diese bedeutende Volksgruppe mit mehr als 350 000 Menschen besonders stark in der Region Beni vertreten.

Gaspreise, der Wassermangel sowie der wirtschaftliche Abschwung zu starken Unruhen.

Nach einer erfolgreichen Kampagne, die von US-amerikanischen Politikberatern unterstützt wurde, die „Goni" engagiert hatte, wurde er im August 2002 zum Präsidenten gewählt. De Lozadas Wirtschaftspolitik führte zu landesweiten Demonstrationen, bei denen im folgenden Jahr bei einem Polizeieinsatz in La Paz 67 Menschen getötet wurden. Nach weiteren Massenprotesten trat Goni im Oktober 2003 zurück und floh ins Exil in die USA. Bis heute verlangt Bolivien seine Auslieferung, um ihn für die Ereignisse von 2003 zur Rechenschaft ziehen zu können. Vertreter der damaligen Opfer haben ihn in den USA auf Entschädigungszahlungen wegen Völkermord verklagt. 2014 entschied das Bezirksgericht von Florida, dass Anklage gegen ihn gemäß dem US-amerikanischen Torture Victim Protection Act (Gesetz zum Schutz der Opfer von Folter und Völkermord) erhoben werden könnte. Dagegen legten beide Seiten 2015 Einspruch ein.

Auch Gonis Nachfolger Carlos Mesa musste nach massiven Protesten, hoher Benzinpreise und anhaltender sozialer Unruhen 2005 zurücktreten.

Die Ära Morales

Im Dezember 2005 wählten die Bolivianer den ersten indigenen Präsidenten des Landes. Evo Morales vom Movimiento al Socialismo (MAS), ein früherer *cocalero* (Cocabauer) und Abgeordneter aus Cochabamba, gewann die Wahl mit fast 54 % aller Stimmen, nachdem er versprochen hatte, die traditionelle politische Klasse zu verändern und die arme (vor allem indigene) Mehrheit der Nation zu stärken. Nach der Wahl stellte sich Morales ins Rampenlicht, reiste durch die Welt und traf sich mit Venezuelas Präsidenten Hugo Chávez, dem kubanischen Idol Fidel Castro, Brasiliens Lula da Silva und Mitgliedern des südafrikanischen African National Congress. Um ein symbolisches Zeichen zu setzen, verstaatlichte er am Maifeiertag 2006 die Erdgasreserven und hob die Steuern für Energieinvestoren an, ein Schachzug, um die bolivianischen Ressourcen auch in bolivianischen Händen zu bewahren.

Im Juli 2006 ließ Morales eine nationale verfassungsgebende Versammlung wählen, um dem Land eine neue Verfassung zu geben. Die neue, sozialistisch geprägte Verfassung wurde mit einer Mehrheit von 67 % vom bolivianischen Volk angenommen. Mit der ersten Verfassung Boliviens, die in einer Volksabstimmung angenommen wurde, erhielt die indigene Bevölkerungsmehrheit deutlich mehr Rechte, was Morales zu einer zweiten Amtszeit von fünf Jahren verhalf. Außerdem wurde die Größe des erlaubten Landbesitzes reduziert und Land von riesigen Viehfarmen und Großgrundbesitzern an arme, indigene Bauern verteilt.

2014 wurde Morales wieder mit einer Mehrheit von 60 % (und doppelt so vielen Stimmen wie sein härtester Konkurrent) zum Präsidenten bis 2020 gewählt. Damit hat er die notwendige Unterstützung, um seine Politik der sozialen Entwicklung und für mehr Gleichberechtigung fortzuführen.

Kultur

Mentalität

Bolivien ist vor allem eine Schichtgesellschaft. Und obwohl sich die Archetypen, die in der 500-jährigen Herrschaft der spanischen Nachkommen aufkamen, langsam auflösen, ist es immer noch stark von Hautfarbe, Sprache, Kleidung und Vermögen abhängig, zu welcher Gesellschaftsschicht man gehört und welche Chancen man in seinem Leben hat.

Die Mentalität der Menschen ist auch vom Klima und der Höhenlage abhängig. Die *cambas* (Tieflandbewohner) und *kollas* (Hochlandbewohner) reden gern darüber, was sie von den anderen unterscheidet (und in ihren Augen besser macht). Man sagt, die Tieflandbewohner seien warmherziger, lässiger und wohlwollender gegenüber Fremden; die Hochlandbewohner sollen härter arbeiten, aber dafür weniger offen sein. Obwohl diese Vorurteile eigentlich immer scherzhafter Natur zu sein schienen, haben sich die regionalen Spannungen in den letzten Jahren verstärkt, und vor allem Santa Cruz ist ständig in den Medien präsent.

Das Leben ist nicht leicht – für die meisten Bolivianer ist es sogar sehr hart – also versuchen viele, sich an einfachen Dingen zu erfreuen: Fußball, Sonnenaufgänge, guter Regen und reiche Ernten, Geburtstage, religiöse Feste, Coca, *cerveza* (Bier), aber auch Geburten und Taufen.

Lebensart

Das Leben in dieser selbstsicheren Nation ist von Anfang an stark in der Familie verwurzelt. Egal, aus welchem Stamm oder welcher Schicht man kommt, man ist immer eng mit seiner Verwandtschaft verbunden. Im Hochland ist das Konzept des *ayllu* (das traditionelle Bauernsystem, das durch gemeinschaftlichen Landbesitz sowie eine gemeinsame Verwaltung und Entscheidungsfindung charakterisiert ist), das noch aus Inkazeiten stammt, bis heute von großer Bedeutung.

Das Alltagsleben variiert; viele *campesinos* (Bauern) leben ohne fließendes Wasser, Heizungen und Elektrizität, und einige tragen Kleidung, die sich seit der Ankunft der Spanier in Lateinamerika kaum verändert hat. Aber in den bolivianischen Städten genießen Tausende von Menschen den Komfort moderner Annehmlichkeiten und einen sehr modernen Lebensstil.

Homosexualität ist zwar legal in Bolivien, wird in dieser Machogesellschaft aber nicht offen ausgelebt. Trotz einer zunehmenden Zahl an Schwulenbars in einigen größeren Städten bleibt die Schwulenkultur also relativ verhalten.

Religion

Etwa 95% aller Bolivianer bekennen sich zum römisch-katholischen Glauben und praktizieren diesen in unterschiedlichem Ausmaß. Die übrigen 5% sind Protestanten, Agnostiker oder gehören zu anderen Religionen. Stark evangelikale Bewegungen finden mit ihren Predigten vom Fegefeuer und dem baldigen Ende der Welt immer mehr Anhänger. Trotz der politischen und wirtschaftlichen Stärke der westlichen Religionen ist es offensichtlich, dass die meisten religiösen Aktivitäten eine Mischung aus Christentum und Glaubenssystemen der Inka und Aymará sind.

Bevölkerung

Bolivien ist eine multiethnische Gesellschaft mit einer großen Vielfalt an sprachlichen, kulturellen und künstlerischen Traditionen. Das Land verfügt über die größte Population indigener Volksgruppen in Südamerika; die meisten Soziologen und Anthropologen geben an, dass über 60% der Bevölkerung indigener Abstammung sind.

Bolivien hat 36 identifizierte indigene Völker. Die meisten von ihnen bezeichnen sich als Aymará (etwa 25%) oder Quechua (etwa 30%), von denen viele im Hochland leben. Die übrigen Gruppen (darunter auch die Guaraní und Chiquitano) leben fast alle im Tiefland.

Mestizos (Menschen von indigener und zugleich spanischer Abstammung) bilden einen beträchtlichen Teil der Bevölkerung. Einige *mestizos* fühlen sich der „weißen Gesellschaft" zugehörig, während andere ihre Wurzeln bewahren und sich in die indigene Gesellschaftsschicht einfügen.

Küche

Die bolivianische Küche wird von Fleisch dominiert, das normalerweise von Reis, stärkehaltigen Knollen (meist Kartoffeln) und geschnittenem Salat begleitet wird. Das Gericht wird oft mit *llajhua* (einer scharfen Sauce auf Tomatenbasis) übergossen. Suppen sind eine Spezialität.

Desayuno (Frühstück) besteht aus kaum mehr als Kaffee und einem Brötchen; danach folgt oft ein Vormittagssnack wie *salteña* (Gebäck mit Fleisch und Gemüse), *tucumana* (ein empanadaartiges Gebäck) oder eine Empanada.

Almuerzo (Mittagessen) ist die Hauptmahlzeit des Tages. Die besten und preiswertesten Gerichte findet man in und um die Märkte herum (oft unter 10 Bs) und in einfachen Speiselokalen, die Mittagsmenüs anbieten (meist zwischen 15 und 40 Bs). *La cena*, das Abendessen, wird meist à la carte serviert.

Es gibt auch immer mehr vegetarische Kost, aber die besteht meist aus verkochtem Gemüse, Reis, Pizza oder Pasta. Quinoa ist eine prima Getreidesorte, die sich perfekt für Vegetarier eignet.

Kunst

Musik & Tanz

Während alle Musiktraditionen der Anden spanische, amazonische und afrikanische Elemente sowie Einflüsse aus der Inkakultur und der Zeit vor den Inka aufweisen, hat jede Region Boliviens dennoch ihre ganz eigenen Musik- und Tanztraditionen sowie Musikinstrumente entwickelt.

Das bekannteste Musikinstrument Boliviens – auf welches das Land zu Recht stolz ist – heißt *charango* und gilt als König der Streichinstrumente. Es wurde nach dem Vorbild der spanischen *vihuela* und der Mandoline entwickelt und gewann erstmals in den Blütejahren des Bergbaus in Potosí an Beliebtheit. Ein anderes weitverbreitetes Instrument auf den Gringo-Märkten ist die *quena*, eine kleine Flöte aus Zuckerrohr, Knochen oder Keramik. Das Instrument erfreut auch Europäer seit vielen Jahrhunderten, und die frühesten Exemplare – aus Stein – wurden in der Nähe von Potosí gefunden. Ein besonders kurioses Instrument namens Jaguar-Rufer stammt aus der Amazonas-Region. Dieser ausgehöhlte Flaschenkürbis hat ein kleines Loch für die Hand des Spielers und scheint gute Arbeit bei der Raubtierjagd zu leisten.

Bei den traditionellen Altiplano-Tänzen werden Krieg, Fruchtbarkeit, Jagdfähigkeiten, Heirat und Arbeit zelebriert. Als die Spanier eintrafen, brachten sie europäische und mit ihren Sklaven auch afrikanische Tänze mit. Deshalb entwickelten sich Tänze mit vielerlei Elementen, die heute gern bei allerlei Festlichkeiten aufgeführt werden.

Der Karneval von Oruro zieht unzählige Einheimische und Ausländer an. Potosí ist berühmt für sein *tinku*, ein traditionelles Festival, bei dem rituelle Kämpfe ausgetragen werden. La Paz hingegen ist bekannt für die La Morenada, bei denen die Tänze der afrikanischen Sklaven nachgestellt werden, die am Hof von Vizekönig Felipe III. lebten.

Webkunst

Bolivianische Textilien zeichnen sich besonders durch ihre vielfältigen Muster aus. Die meisten zeigen ein hohes Maß an Kunstfertigkeit, das sich aus jahrtausendealten künstlerischen Traditionen heraus entwickelt hat. Das gebräuchlichste Kleidungsstück heißt *manta* oder *aguayo*, ein Schal, der aus zwei handgewebten Streifen besteht, die an den Ecken verbunden werden. Häufig zu sehen sind auch die *chuspa* (Beutel für Cocablätter), der *chullo* (Strickmütze), die *falda* (Rock), gewebte Gürtel und Touristensouvenirs wie Kamerataschen aus Stoffresten.

Jede Region hat ihren eigenen Webstil sowie spezielle Motive und Formen der Anwendung. Kunstvolle Muster mit Tiersymbolik sind die Markenzeichen der Webereien von Tarabuco, während aus Potolo, nordwestlich von Sucre, auffällig rot-schwarze Muster kommen. Muster mit Tiersymbolen sind auch im wilden Charazani-Land nördlich des Titicacasees und in mehreren Altiplano-Regionen um La Paz – darunter Lique und Calamarka – beliebt.

Einige extrem feine Gewebe werden in Sica Sica hergestellt, einem der vielen staubigen und unscheinbaren Dörfer zwischen La Paz und Oruro, während aus Calcha, südöstlich von Potosí, ein sehr festes Gewebe – mit über 150 Fäden pro Zoll – sowie professionelle Spinnereierzeugnisse kommen (hier werden die besten Textilien Boliviens hergestellt).

Die Vicuña-Faser, die edelste und teuerste Textilfaser der Welt, wird in Apolobamba und im Parque Nacional Sajama hergestellt.

Sport

Wie in den meisten lateinamerikanischen Ländern ist *fútbol* (Fußball) der Nationalsport. „Bolívar" und „The Strongest" aus La Paz nehmen meist (obwohl sie oft schwach abschneiden) am Copa Libertadores teil, dem jährlichen Showdown der besten Clubs Lateinamerikas. In den Großstädten finden jedes Wochenende professionelle *fútbol*-Spiele statt, während in den Straßen fast rund um die Uhr Fußball gespielt wird. Den kleinen Städten fehlen oft grundlegende Einrichtungen, aber ein gepflegtes *cancha* (Fußballfeld) findet man fast überall – und man darf jederzeit mitspielen. In einigen Gemeinden dürfen Frauen noch immer nicht Fußball spielen, aber auf dem Altiplano haben sich in letzter Zeit einige weibliche Teams gegründet: Hier wagen sich immer mehr Frauen an den Ball – und zwar in *polleras* (Röcken) und Trikots.

In den ländlichen Gemeinden wird bei Sonnenuntergang Volleyball gespielt, hauptsächlich von Erwachsenen, die sich mehrmals pro Woche zu einem Match treffen. Racquetball, Billard, Schach und *cacho* (ein Würfelspiel) sind ebenfalls beliebt. Der inoffizielle „Nationalsport" aber ist das Schlemmen und Feiern – allabendlich gehen Tänzer und Trinkfreudige dieser nahezu sportlichen Betätigung nach.

Natur & Umwelt

Wer an Bolivien denkt, stellt sich ein Land vor, das hochgelegen (La Paz), trocken (Altiplano) und salzig (Uyuni-Salzebenen) ist. Das mag für große Teile des Landes zwar zutreffen, aber die bolivianische Landschaft hat viel mehr zu bieten als Berge. Die unterschiedlichen Höhenlagen – von 130 m über dem Meeresspiegel in den Regenwäldern des Amazonasbeckens bis hin zu 6542 m in den Anden – haben zahlreiche ökologische und geologische Nischen hervorgebracht, die vielen Arten eine Heimat bieten. Ökologisch gesehen ist Bolivien eins der vielfältigsten Länder des Kontinents.

Dass in Bolivien 1415 Vogel- und 5000 bekannten Pflanzenarten vorkommen, ist im weltweiten Vergleich sehr viel. Bolivien gehört außerdem zu jenen neotropischen Ländern, die die meisten endemischen Spezies (Arten, die nur in Bolivien existieren) aufweisen: 21 Vogel-, 28 Reptilien, 72 Amphibien- und 25 Säugetierarten, die nirgendwo sonst auf der Welt zu finden sind.

Aber während es eigentlich offensichtlich scheint, dass seine natürlichen Ressourcen einer der größten Pluspunkte Boliviens sind, wissen leider nicht alle diese Vorteile zu schätzen, die eben nicht immer einen direkten finanziellen Wert haben. Von den üppigen Wäldern des Parque Nacional e Área de Uso Múltiple Amboró bis zu den Feuchtgebieten des Pantanal ist die Vegetation, die die Erdgasfelder von Chaco und die *Polylepis*-Wälder der Anden verbirgt, in ständiger Gefahr, durch die wirtschaftliche Ausbeutung völlig zerstört zu werden.

Geografie

Der Westen des Landes ist von zwei Anden-Bergketten mit vielen Gipfeln über 6000 m Höhe bestimmt. Zwischen Bolivien und der Pazifikküste erhebt sich die westliche Cordillera Occidental. Die östliche Cordillera Real verläuft südöstlich und im Süden weiter durch Zentralbolivien, wo sie auf eine weitere Bergkette trifft und mit ihr die südliche Cordillera Central bildet.

Der gespenstische Altiplano (Höhe 3500 bis 4000 m) wird von den zwei Cordilleras geradezu eingequetscht. Er ist eine gigantische, nahezu baumlose Ebene, die von Bergen und einsamen Vulkankegeln durchsetzt ist. Am nördlichen Ende des Altiplanos erstreckt sich bis über die peruanische Grenze der Titicacasee - er ist einer der höchstgelegenen schiffbaren Seen der Welt. In der äußersten Südwestecke ist das Land trockener und spärlicher bevölkert. Hier befinden sich auch die salzigen Überreste der zwei riesigen, uralten Seen Salar de Uyuni und Salar de Coipasa.

Östlich der Cordillera Central liegen die zentralen Hochlandregionen, Regionen mit Hügeln, Tälern und fruchtbaren Becken, die ein mittelmeerartiges Klima aufweisen. Nördlich der Cordillera Real erstrecken sich die Yungas, die eine Übergangszone zwischen dem trockenen Hochland und dem feuchten Tiefland bilden.

Über die Hälfte der Fläche Boliviens liegt im Amazonasbecken, mit stickigen tropischen Regenwäldern im westlichen Teil und flachen *cerrado* (Savannen) und Ausläufern des Pantanal-Sumpfgebietes im Osten. In der südöstlichen Ecke des Landes erstreckt sich das fast unzugängliche Buschland des Gran Chaco, einem trockenen, dornigen Wald, in dem die höchsten Temperaturen des Landes herrschen.

Tiere & Pflanzen

Die Flora und Fauna wird von der Geografie des Landes bestimmt und variiert von Region zu Region beträchtlich. Im Altiplano leben Vicuñas, Flamingos und Kondore; im Chaco gibt es Jaguare, Pumas und Pekaris; das Pantanal bietet Riesenottern, Sumpfhirschen und Wasservögeln eine Heimat, und das Amazonasbecken weist die weltweit größte Dichte an Spezies auf – hier lebt eine unglaubliche Vielfalt an Reptilien, Papageien, Affen, Kolibris, Schmetterlingen, Fischen und Käfern (an die Zillionen!).

Die Stars der Tierwelt stehlen dabei allen die Show: der majestätische Jaguar, das größte Raubtier des Kontinents, der elefantennasige Tapir (*anta*) und der laufende Staubsauger, der Große Ameisenbär. Hier lebt außerdem die größte Vogelart Amerikas, der straußenartige Rhea oder *ñandú*, der in einigen Regionen erstaunlich häufig vorkommt; mit ein wenig Glück sieht man sogar den atemberaubenden Andenkondor – der natürlich von den Inka sehr verehrt wurde –, wie er sich dank der Bergthermik scheinbar mühelos emporschwingt.

Von den Flusstieren wird man am ehesten die Wasserschweine (die wie riesige Wasser-Meerschweinchen aussehen) und die Kaimane (Alligatoren) zu Gesicht bekommen. Nicht selten sieht man in Flüssen im Bezirk von Beni Anakondas, und eine Piranha-Sichtung ist fast schon Pflicht für jeden, der Zeit am Amazonas verbringt.

Reisende auf dem Landweg sehen oft Gürteltiere, Füchse, *jochis* (Agutis) und den graugesichtigen, lamaartigen Guanako. Ähnlich, aber eleganter proportioniert, sieht der struppige Vicuña aus, der wegen seiner Wolle einst gnadenlos gejagt wurde, sich inzwischen aber erholt hat. Seine domestizierten Verwandten, das Lama und das Alpaka, muss man dagegen nicht lange suchen.

Landesweit bemühen sich viele gemeinnützige Gruppen um den Naturschutz. Neben internationalen Organisationen haben die folgenden lokalen Gruppen einen guten Ruf:

Asociación Armonía (www.armonia-bo.org) Informiert über alles, was man über die Beobachtung und den Schutz von Vögeln wissen muss.

Fundación Amigos de la Naturaleza (www.fan-bo.org) Eine der aktivsten lokalen Naturschutzgruppen, die landesweit arbeitet.

Protección del Medio Ambiente del Tarija (http://prometa.org.bo) Arbeitet in der Gran-Chaco-Region an einer Reihe von Sozial- und Naturschutzinitiativen.

Nationalparks

Hier eine Auswahl der schönsten Nationalparks und Naturschutzgebiete – insgesamt gibt es 22 – und was man dort sehen kann.

Parque Nacional e Área de Uso Múltiple Amboró (S. 276) Heimat für seltene Brillenbären, Jaguare und eine erstaunliche Vielfalt von Vogelspezies in der Nähe von Santa Cruz.

Parque Nacional Apolobamba Diese entlegene Bergkette an der peruanischen Grenze hat die größte Kondorpopulation Boliviens und bietet ausgezeichnete Wandermöglichkeiten.

Parque Nacional Cotapata Der größte Teil des Choro Treks führt durch dieses Gebiet in den Yungas, das auf halber Strecke zwischen La Paz und Coroico liegt.

Parque Nacional Madidi (S. 281) Das Gebiet dient dem Schutz des Lebensraums vieler Tierarten; insbesondere leben hier mehr als 100 Vogelarten.

Parque Nacional Noel Kempff Mercado Der abgelegene Park an der brasilianischen Grenze bietet einer Vielzahl von Tierarten ein Zuhause. Landschaftlich sehr reizvoll.

Reserva Nacional de Fauna Andina Eduardo Avaroa (S. 248) Ein Highlight des südwestlichen Rundkurses, u. a. mit artenreichen Lagunen.

Parque Nacional Sajama (S. 239) Schließt an den prachtvollen chilenischen Parque Nacional Lauca an; in dem Reservat liegt der Volcán Sajama (6542 m), Boliviens höchst gelegener Gipfel.

Parque Nacional Torotoro (S. 260) Hier finden sich riesige Felsformationen mit Dinosaurierspuren aus der Kreidezeit, außerdem Höhlen und antike Ruinen.

Parque Nacional Tunari (S. 259) Auf einer Wanderung von Cochabamba aus erreichbar. Erwähnenswert: die hübschen naturbelassenen Wanderwege durch die Gebirgslandschaft.

PRAKTISCHES

ℹ Allgemeine Informationen

AKTIVITÄTEN

Bolivien ist wie ein Themenpark für Abenteurer. Man hat die Auswahl zwischen mehrtägigen Trekkingtouren, „leichten" Tageswanderungen, Mountainbiketrips, bei denen einem die Zähne klappern, sowie Klettertouren zu abgelegenen Andengipfeln. An den Flüssen locken Raftingtouren und Schwimmausflüge, es gibt Jeepfahrten zu vergessenen Ecken des alten Inka-Reiches und alles, was man sich sonst noch so vorstellen kann. Während Expeditionen auf eigene Faust sehr abenteuerlich sind, verringert man mit einem örtlichen Führer als Begleiter die Gefahr von Zwischenfällen (man kann ausgeraubt werden, sich verirren oder sich schlicht komplett einsam und verlassen fühlen). Zudem unterstützt man so gleichzeitig die lokale Wirtschaft.

Wanderungen und Trekkingtouren sind die wahrscheinlich lohnendsten Aktivitäten in den Anden – mit Gepäckträger, Lama und erfahrenem Guide ist man bestens gerüstet für ein großes Abenteuer. Einige der beliebtesten Wander- und Trekkingwege Boliviens beginnen in der Nähe von La Paz, überqueren die Cordillera Real entlang uralter Inkarouten und enden in den Yungas.

Trekking in Bolivia von Yossi Brain und der Lonely Planet Führer *Trekking in the Central Andes* sind gute Ratgeber.

Klettern in Bolivien ist so extrem wie das Land selbst: Im trockenen südlichen Winter (Mai–Okt.) können die Temperaturen innerhalb eines Tages um bis zu 40 °C steigen. Wenn man sich an die relativ dünne Luft des Altiplano gewöhnt hat (das dauert mindestens eine Woche), warten über einem immer noch 2500 m mit noch dünnerer Luft.

Ein Plus für Kletterer ist der gute Zugang zu den Bergen. Auch wenn hier nicht überall öffentliche Verkehrsmittel unterwegs sind, verlaufen die Straßen immerhin in unmittelbarer Nähe vieler toller Berggipfel.

Die **Asociación de Guías de Montaña** (☎ 214-7951; www.agmtb.org) in La Paz zertifiziert Kletterführer in Bolivien.

Bolivien ist mit einem der beeindruckendsten Mountainbiketerrains der Welt gesegnet: sieben

Monate im Jahr nahezu perfektes Wetter, ein relativ problemloser Zugang zu den Höhenzügen, faszinierende Seen, alte Ruinen und Pfade sowie unzählige Ökozonen, die durch ein weitverzweigtes Netz von Wanderwegen und Jeeprouten miteinander verbunden sind.

Zu den größten Geheimnissen Boliviens gehören die zahlreichen Wildwasserflüsse, die an den Osthängen der Anden, zwischen Cordillera Apolobamba und Chapare, entlangtosen.

Einige Reiseveranstalter in La Paz organisieren Tagesausflüge an den Río Coroico. Weitere Optionen sind Touren zum Río Unduavi und zu den vielen wilden Chapare-Flüssen.

Auch Kanutouren durch das Amazonasbecken entlang des Río Beni sind unvergessliche Erlebnisse, ebenso Trips auf dem Río Mamoré, die in Trinidad beginnen.

ARBEITEN IN BOLIVIEN

Qualifizierte Englischlehrer, die eine bezahlte Arbeit in Bolivien annehmen wollen, können sich bei dem professionell geführten **Centro Boliviano-Americano** (CBA; Karte S. 212; 02-243-0107; www.cba.edu.bo; Parque Zenón Iturralde 121, La Paz) in La Paz melden, das auch Büros in anderen Städten unterhält. Neue, unqualifizierte Lehrer müssen im Gegenzug für ihre Ausbildung auf zwei Monate Gehalt verzichten. Mehr verdienen Mathe-, Naturwissenschafts- oder Sozialkundelehrer an Privatschulen. Zugelassene Pädagogen mit Vollzeitstelle bekommen bis zu 500 US$ im Monat. Andere Traveller finden Arbeit in Gringo-Bars, Reisebüros oder Hostels. Man sollte aber bedenken, dass man in diesem Fall wahrscheinlich einem Bolivianer eine Jobchance wegnimmt.

BOTSCHAFTEN & KONSULATE

Die vollständige Liste der diplomatischen Vertretungen in Bolivien findet sich auf www.embassiesabroad.com/embassies-in/bolivia.

Argentinien (Karte S. 212; 02-241-7737; www.ebolv.cancilleria.gov.ar; Aspiazu 475, La Paz) Konsulate in Cochabamba (04-425-5859; www.ccoch.cancilleria.gov.ar; Federico Blanco 929), Santa Cruz (03-332-4153; www.cscrs.cancilleria.gov.ar; Junín 22, 3. Stock) und Tarija (04-7298-9168; www.ctari.cancilleria.gov.ar; Ballivian 699).

Brasilien (Karte S. 212; 02-244-0202; Av Arce, Edificio Multicentro, La Paz) Konsulate in Cochabamba (04-425-5860; Av Oquendo N-1080), Guayaramerín (855-3766; Ecke Av Beni & Av 24 de Septiembre; Mo–Sa 9–17 Uhr), Santa Cruz (03-333-7368; Av Busch 330) und Sucre (04-645-2661; Arenales 212).

Chile Konsulate in La Paz (02-279-7331; www.chileabroad.gov.cl; Calle 14 No 8024, Calacoto) und Santa Cruz (03-335-8989; René Moreno 551, 1. Stock).

Deutschland (Karte S. 212; 02-244-0066; www.la-paz.diplo.de; Av Arce 2395, La Paz) Konsulate in Cochabamba (04-425-4024; Ecke España & Av de las Heroínas, Edificio La Promontora, 6. Stock) und Sucre (04-645-2091; Avaroa 326).

Österreich (02-244-2094; Calle Montevideo 130, Edificio Requima, Piso 6 Casilla 270, La Paz)

Paraguay (Karte S. 212; 02-243-2201; Pedro Salazar 351, Edificio Illimani, La Paz)

Peru (Karte S. 212; 02-244-1250; www.embaperubolivia.com; Fernando Guachalla 300, Sopocachi, La Paz)

Schweiz (02-275-1001; Calle 13, No. 455, Esquina 14 de Septiembre, Obrajes, La Paz)

FEIERTAGE

An den bedeutenden Feiertagen haben Banken, Büros und andere Dienstleister geschlossen und das öffentliche Transportwesen platzt aus allen Nähten; möglichst vorab reservieren.

Nuevo Año (Neujahr) 1. Januar
Semana Santa (Osterwoche) März/April
Día del Trabajo (Tag der Arbeit) 1. Mai
Día de la Independencia (Unabhängigkeitstag) 6. August
Día de Colón (Kolumbus-Tag) 12. Oktober
Día de los Muertos (Allerseelen) 2. November
Navidad (Weihnachten) 25. Dezember

Um sich gegenüber den Nachbarn herauszustellen, hat jedes bolivianische Departamento auch einen eigenen Feiertag – Oruro: 10. Februar; Tarija: 15. April; Chuquisaca: 25. Mai; La Paz: 16. Juli; Cochabamba: 14. September; Santa Cruz und Pando: 24. September; Potosí: 10. November; Beni: 18. November.

FOTOGRAFIE

Während einige Bolivianer sich gern als Fotomotiv zur Verfügung stellen, sind andere entweder misstrauisch gegenüber Kameras oder verlangen Geld für ein Foto. Auch viele Kinder fragen nach Geld, und oft erst, nachdem sie schon fotografiert wurden. Am besten fragt man vorher um Erlaubnis und nimmt Rücksicht auf die Wünsche der Einheimischen.

FRAUEN UNTERWEGS

Obwohl Frauen in der bolivianischen Gesellschaft eine wichtige Stellung einnehmen und

---

PREISKATEGORIEN:ESSEN

Die folgenden Kategorien gelten jeweils für ein Hauptgericht.

$ weniger als 30 Bs
$$ 30 bis 60 Bs
$$$ mehr als 60 Bs

immer mehr Frauen in öffentlichen Positionen arbeiten (es gab sogar einmal eine Präsidentin und bereits mehrere Bürgermeisterinnen), ist der Machismo in Bolivien immer noch sehr dominant. Zuhause regieren die Frauen, während alles, was außerhalb geschieht, meist von Männern geregelt wird. Als alleinreisende Frau kann allein die Tatsache, dass man ohne Begleitung als unverheiratet erscheint und sich weit weg von Heimat und Familie aufhält, dazu führen, dass die Leute einen argwöhnisch betrachten und als unehrenhaft ansehen.

Wie in vielen Ländern des spanischsprachigen Lateinamerikas wird von Frauen besondere Bescheidenheit erwartet.

Als Sicherheitsvorkehrung sollten alleinreisende Frauen versuchen, immer vor Sonnenuntergang an einem Ort einzutreffen. Wer nachts ein Taxi nehmen muss, sollte lieber ein Funktaxi rufen als irgendeines an der Straße heranzuwinken. In der Zeit vor dem Karneval und bei Festlichkeiten können alleinreisende Frauen zum beliebten Ziel für Wasserbomben werden, was ziemlich lästig und ärgerlich werden kann.

Frauen sollten niemals allein wandern und gerade nachts nie allein unterwegs sein.

FREIWILLIGENARBEIT

Animales SOS (Karte S. 212; ☏ 02-230-8080; www.animalessos.org; Illampú 665, La Paz) Die Tierschutzorganisation kümmert sich um herumstreunende Tiere, die misshandelt oder missbraucht wurden.

Senda Verde (☏ 7472-2825; www.sendaverde.com; Yolosa) In dem Wildtierreservat außerhalb von Coroico können Freiwillige für jeweils zwei Wochen mitarbeiten.

Sustainable Bolivia (☏ 04-423-3783; www.sustainablebolivia.org; Julio Arauco Prado 230, Cochabamba) Die gemeinnützige Organisation in Cochabamba vermittelt kurze und längere Einsätze von Freiwilligen in 22 Unternehmen und Organisationen im ganzen Land.

GEFAHREN & ÄRGERNISSE

In Bolivien kommt es immer häufiger zu Verbrechen gegenüber Reisenden, vor allem in La Paz und (etwas weniger häufig) in Cochabamba, Copacabana und Oruro. Gaunereien sind an der Tagesordnung, und es sind immer wieder Leute unterwegs, die vorgeben, Polizisten, Vertreter der Touristenpolizei oder „hilfsbereite" Touristen zu sein.

Soziale Proteste haben eine lange Tradition in Bolivien: Es gibt derzeit über 1000 schwelende Konflikte, die häufig zu Demonstrationen führen und auch Traveller in Mitleidenschaft ziehen können. Obwohl sie in der Regel friedlich verlaufen, können sie manchmal bedrohlich werden, wenn aufgewühlte Demonstranten Steine werfen oder die Polizei Gewalt anwendet und die Menge mit Tränengas zu zerstreuen sucht. *Bloqueos* (Straßensperren) und Streiks von Verkehrsarbeitern führen oft zu großen Verspätungen. Während dieser Streiks sollte man nicht Taxi fahren – man könnte als Zielscheibe der Streikenden enden.

In der Regenzeit kommt es immer wieder zu Überflutungen, Erdrutschen und Straßenausschwemmungen, was wiederum zu großen Verspätungen führt. Es kann auch durchaus passieren, dass man nach einem Erdrutsch nachts steckenbleibt – also immer genug Verpflegung, Getränke und warme Kleidung mitnehmen.

Die Minentouren in Potosí, Fahrradtouren in der Umgebung von La Paz sowie die Jeeptouren rund um den Salar de Uyuni sind inzwischen so beliebt geworden, dass die Reiseagenturen gern mal die Sicherheit außer Acht lassen. Also unbedingt genau informieren, bevor man eine Tour bucht.

Wie immer beim Reisen hängt die Sicherheit auch damit zusammen, ob man allein oder in einer Gruppe reist: Alleinreisende sollten besonders und jederzeit vorsichtig sein, vor allem nachts.

GELD

Die Währung Boliviens ist der Boliviano (Bs). Die meisten Preise sind an den US-Dollar gebunden. Es werden nur unbeschädigte Dollarnoten angenommen (sie sind die Währung für Spareinlagen).

Der Boliviano ist in 100 Centavos unterteilt. Es gibt Banknoten zu 10, 20, 50, 100 und 200 Bs und Münzen im Wert von 1, 2 und 5 Bolivianos bzw. 10, 20 und 50 Centavos. Die Bolivianos werden oft noch Pesos genannt, da die Währung erst 1987 umbenannt wurde; außerhalb des Landes wird man sie übrigens kaum los.

Gefälschte Bolivianos und US-Dollar sind heute weniger häufig im Umlauf als früher, kommen aber immer noch häufiger vor, als man es sich wünscht.

Bargeld

Wechselgeld für größere Banknoten (über 10 Bs) aufzutreiben, ist in Bolivien ein Volkssport, denn Kleingeld ist außerhalb der Großstädte Mangelware. Wer Geld umtauscht oder große Einkäufe tätigt, sollte sich immer kleine Scheine und Münzen zurückgeben lassen. Die meisten Banken wechseln große Scheine zwar, Schlange stehen ist hier aber kaum zu vermeiden. Größere Banknoten sollten unbedingt auf eventuelle Schäden untersucht werden, denn man kann sie häufig nicht wechseln, wenn sie abgenutzt oder zusammengeklebt sind.

Devisen tauschen

Besucher fahren in der Regel mit US-Dollar am besten (Traveller haben uns berichtet, dass Euros sich nur schwer umtauschen lassen). Devisen können in den *casas de cambio* (Wechselstuben) und bei einigen Banken in größeren Städten eingetauscht werden. Häufig kann man auch in Reisebüros und Hotels und manchmal auch in Souvenirshops Geld wechseln. *Cambistas* (Straßengeldwechsler) gibt's in den meisten Städten, doch sie tauschen nur US-Dollar (zu ungefähr dem gleichen Kurs wie die *casas de cambio*). Nach Geschäftsschluss sind sie ganz praktisch, aber man muss sich vor Betrügern hüten, die Falschgeld herausgeben.

Die Kurse unterscheiden sich von Ort zu Ort kaum, einen Devisenschwarzmarkt gibt's nicht. Die Währungen der Nachbarstaaten kann man in den Grenzgebieten und bei *casas de cambio* in La Paz umtauschen. Vorsicht vor beschädigten Scheinen: Wenn die Hälften eines zusammengeklebten Scheins nicht die gleiche Seriennummer haben, ist der Schein wertlos. Auch 100-US$-Scheine der CB-B2-Serie und 50-US$-Scheine der AB-B2-Serie werden nicht überall akzeptiert.

Geldautomaten

In mittleren und großen Städten gibt es viele *cajeros automáticos* (Geldautomaten), und zwar meist in den Banken Banco Nacional de Bolivia, Banco Bisa, Banco Mercantil Santa Cruz und Banco Unión. Hier kann man mit Visakarte, MasterCard sowie Plus- und Cirrus-Karte 50er- und 100er-Banknoten (manchmal auch Dollar) abheben; Europäer haben uns schon von Problemen mit ihren Bankkarten berichtet.

In Kleinstädten ist die lokale Bank Prodem eine gute Möglichkeit für Auszahlungen mit Visa- und MasterCards (es wird eine Gebühr von 3–6 % berechnet), und viele Filialen sollten samstagmorgens offen sein; Öffnungszeiten und Geldautomaten sind jedoch im Allgemeinen nicht wirklich verlässlich. Man sollte sich generell also nicht auf die Geldautomaten verlassen und immer ausreichend Bargeld bei sich tragen, besonders, wenn man ländliche Regionen besucht.

Internationale Überweisungen

Am schnellsten lässt sich Geld aus dem Ausland mit **Western Union** (www.westernunion.com) verschicken. Eine neuere, alternative Option ist **MoneyGram** (www.moneygram.com), das in allen Großstädten Filialen hat, aber eine deftige Gebühr berechnet. Auch die eigene Bank kann gegen eine geringere Gebühr Geld an eine mit ihr kooperierende bolivianische Bank übertragen, was aber einige Werktage dauern kann.

PayPal wird inzwischen immer häufiger als Zahlungsweise in Hotels akzeptiert.

Kreditkarten

Recht bekannte Kreditkarten wie Visa, MasterCard und (seltener) American Express werden am ehesten in Großstädten in besseren Hotels, Restaurants und Reisebüros akzeptiert.

Trinkgeld

Außer in den teureren Restaurants gibt es keine festen Trinkgeldregeln. Ansonsten lassen die Einheimischen bei gutem Service meist 10 % Trinkgeld in Münzen da.

GESUNDHEIT

Sauberkeit und Hygiene gehören nicht zu den Stärken Boliviens. Darum sollte man immer genau hinschauen, was man da zu sich nimmt. Leitungswasser ist in der Regel kein Trinkwasser – also möglichst nur Mineralwasser trinken und auf Wanderungen Jodtabletten mitnehmen (der Darm wird sich dafür bedanken).

Der Altiplano liegt auf einer Höhe von 3000 bis 4000 m. Viele Besucher von La Paz, Copacabana und Potosí leiden deshalb unter der Höhenkrankheit und extreme Komplikationen wie Hirnödeme haben schon den Tod ansonsten fitter, gesunder Personen verursacht. Diabetiker sollten außerdem berücksichtigen, dass nicht alle Instrumente zur Messung des Blutzuckerspiegels in Höhen von über 2000 m korrekt funktionieren.

Bolivien liegt offiziell in der Gelbfieberzone, eine Impfung wird daher empfohlen. Wer in andere Länder weiterreist, kann ohnehin gesetzlich dazu gezwungen werden, eine Impfung vorzuweisen (Brasilien z. B. verlangt bei der Einreise eine Bescheinigung). Umgekehrt müssen alle, die aus einem Gelbfiebergebiet nach Bolivien einreisen, einen Impfnachweis vorlegen. Im Tiefland sind vorbeugende Maßnahmen gegen Malaria erforderlich.

Die medizinischen Einrichtungen mögen nicht dem Standard entsprechen, den man von zu Hause gewohnt ist, aber es gibt ordentliche Krankenhäuser in den größten Städten und annehmbare Kliniken in den meisten Ortschaften (dies gilt jedoch nicht für die abgelegenen Landesteile!).

INTERNETZUGANG

Fast an jeder Ecke gibt es ein Internetcafé, und in den meisten Mittelklasse- und Luxushotels (und vielen Cafés) gehört WLAN zum Standard. Die Preise variieren zwischen 2 und 5 Bs für eine Stunde. In kleineren Städten muss man mit höheren Preisen und langsamen Satellitenverbindungen rechnen – Infos gibt's bei den Entel-Büros.

KARTEN

Landkarten sind in La Paz, Cochabamba und Santa Cruz bei Los Amigos del Libro und in einigen Buchläden erhältlich. Von der Regierung publizierte topografische und spezielle Karten gibt's im **Instituto Geográfico Militar** (IGM; Karte S. 186; Juan Pablo 23, Edificio Murillo, San Pedro; ☺ Mo–Fr 8.30–12.30 & 14.30–18.30 Uhr) mit Büros in La Paz und den meisten anderen Großstädten.

Internationale Quellen für schwer zu findende Landkarten sind u. a. die US-amerikanischen Webseiten **Maplink** (www.maplink.com) und **Omnimap** (www.omnimap.com) sowie die britische Seite **Stanfords** (www.stanfords.co.uk). In Deutschland gibt der **Deutsche Alpenverein** (www.alpenverein.de) eine Reihe von Kletterkarten heraus.

ÖFFNUNGSZEITEN

Bis auf Restaurants haben sonntags alle Geschäfte und Dienstleister geschlossen.
Banken Montags bis freitags 9 bis 16 oder 18 Uhr, samstags 9 oder 10 bis 12 oder 17 Uhr.
Märkte öffnen schon um 6 Uhr morgens, manche auch sonntags.
Restaurants Die Öffnungszeiten sind individuell verschieden, in der Regel sind sie jedoch zum Frühstück (8–10 Uhr), zum Mittag- (12–15 Uhr) und zum Abendessen (18–22 oder 23 Uhr) geöffnet.
Geschäfte Montags bis freitags von 9.30 bis 12 und 14 bis 18 Uhr, samstags von 10 oder 12 bis 17 Uhr.

POST

Selbst kleinere Ortschaften haben Postämter, oft ausgeschildert als „Ecobol" (Empresa Correos de Bolivia). In großen Städten ist die Post meist zuverlässig (obwohl viele Sendungen stark verspätet ankommen), bei wichtigen Sendungen empfiehlt es sich allerdings, den kleinen Aufschlag für ein Einschreiben zu bezahlen oder sie per Kurier zu versenden. **DHL** (www.dhl.com) ist dabei das zuverlässigste Kurierunternehmen, das auch internationalen Service bietet.

Postales (Postkarten) oder Briefe via Luftpost (mit einem Gewicht bis 20 g) kosten rund 7,50 Bs in die USA, 9 Bs nach Europa und 10,50 Bs in alle anderen Länder. Wer den relativ zuverlässigen Express-Postservice nutzt, zahlt etwa dieselben Preise wie bei den privaten Kurierunternehmen.

RECHTSFRAGEN

Obwohl Bolivien ein bedeutender Koka-Produzent ist, sind Drogen einschließlich Kokain auch hier streng verboten. Besitz und Konsum von Drogen wird mit Gefängnis bestraft. Wird ein Ausländer mit Drogen erwischt, kann (und will) die Botschaft des jeweiligen Heimatlandes in der Regel auch nicht helfen. Also am besten nicht mal an Drogen denken!

SCHWULE & LESBEN

Homosexualität ist in Bolivien zwar durchaus legal, aber noch nicht allgemein akzeptiert. Im Jahr 2004 versuchte das Parlament (ohne Erfolg) das Gesetz 810 einzuführen, das es homosexuellen Paaren erlaubt hätte, zu heiraten und Pflegekinder bei sich aufzunehmen.

Schwulen- und Lesbenbars sowie andere Lokalitäten mit Homosexuellen als Zielgruppe finden sich nur in größeren Städten, vor allem in Santa Cruz und La Paz, und haben immer noch Untergrund-Charakter. In Hotels kann man sich problemlos ein Zimmer teilen, sollte sich aber diskret verhalten.

Gruppierungen, die für die Rechte von Schwulen und Lesbenn eintreten, sind in La Paz (MGLP Libertad), Cochabamba (Dignidad) und am sichtbarsten im fortschrittlichen Santa Cruz aktiv, das 2001 die erste Gay-Pride Boliviens organisierte. La Paz ist bekannt für „La Familia Galan", die großartigsten Trasvestie-Queens der Hauptstadt, die die Bolivianer mit Theateraufführungen über Themen wie Sexualität und Geschlechtsidentität aufklären möchten. Die feministische Aktivistengruppe **Mujeres Creando** (www.mujerescreando.org) wurde in La Paz gegründet und setzt sich für die Rechte unterdrückter Gruppen ein.

STROM

Die Netzspannung beträgt in der Regel 220V (50 Hz). Die meisten Steckdosen und Stecker haben zwei runde Pole, aber es gibt auch abweichende Stecker im amerikanischen Stil mit zwei parallelen, flachzackigen Polen.

TELEFON

Bolivien hat die Landesvorwahl 591. Für internationale Gespräche von Bolivien aus ist die 00 vorzuwählen. Anrufe von Telefonbüros werden immer billiger, vor allem, da es inzwischen einen starken Wettbewerb zwischen den Anbietern gibt – ein Telefonat kann zwischen 1,50 Bs und 8 Bs pro Minute kosten. In La Paz telefoniert man am günstigsten in den internationalen Callcentern rund um die Calle Sagárnaga (2 Bs/Min.).

Handys sind überall problemlos erhältlich (und so beliebt wie Internettelefonie).

Doch selbst die Bolivianer hadern mit ihrem Telefonnetz. Hier eine kleine Anleitung für Telefonate:

Handys

Anrufe von Handy zu Handy sind innerhalb der gleichen Stadt sehr einfach – man wählt einfach die achtstellige Telefonnummer. Manchmal verweist eine Bandansage (auf Spanisch) an die Nummer eines anderen Betreibers – das bedeutet, die Person, die man anrufen will, befindet sich nicht in derselben Stadt oder Region (oder hat eine SIM-Karte aus einer anderen Region). In diesem Fall muss man erneut anrufen und zuerst die 0, dann die zweistellige Betreibernummer und anschließend die achtstellige Handynummer wählen. Für Anrufe von Handy zu Festanschluss innerhalb derselben Stadt muss man in den meisten Fällen zuerst die einstellige Regionalvorwahl und dann die siebenstellige Festnetznummer wählen. Für Anrufe vom Handy zu Festnetzanschlüssen, die sich in einer anderen Region befinden, wählt man in der Regel zuerst die 0 plus den zweistelligen Betreibercode, dann den einstelligen Regionalcode und anschließend die siebenstellige Telefonnummer. Wer z. B. von La Paz aus in Sucre anrufen will, wählt die 0, +10 (oder einen anderen Betreibercode – die 10 ist der Betreibercode von Entel), dann die 4 (der Regionalcode von Sucre) und anschließend die siebenstellige Telefonnummer.

Internationale Telefonate

Für internationale Telefonate zuerst ⏹ 00, danach die Landesvorwahl, dann die Regionalvorwahl (ohne die erste 0) und am Ende die Telefonnummer wählen.

Öffentliche Telefone

Von öffentlichen Telefonzellen oder -ständen lassen sich problemlos Festnetznummern anrufen; einfach den Kassierer um Rat fragen.

Regionalvorwahlen

Jedes Departamento (Region) hat eine eigene, einstellige Regionalvorwahl, die man eingeben muss, wenn man aus einer anderen Region oder Stadt anruft. Sie muss auch gewählt werden, wenn man sich gerade in derselben Region befindet. Die Regionalvorwahlen lauten: (⏹ 2) La Paz, Oruro, Potosí; (⏹ 3) Santa Cruz, Beni, Pando; und (⏹ 4) Cochabamba, Chuquisaca, Tarija.

Telefonieren

Um einen anderen Festnetzanschluss in derselben Stadt anzurufen, wählt man einfach die siebenstellige Telefonnummer. Wer eine andere Region anruft, wählt zuerst die ⏹ 0, dann den einstelligen Regionalcode und anschließend die siebenstellige Nummer, z. B. ⏹ 02-123-4567. Wer in Handy anruft, sollte vorher den Kassierer um Hilfe bitten; die meisten *puntos* haben für Telefonate zu Festnetz- und Handyanschlüssen jeweils eigene Telefone; wer sowohl einen Handy- als auch einen Festnetzanschluss anrufen will, muss wahrscheinlich die Kabine wechseln.

Telefonnummern

Die Telefonnummern der *líneas fijas* (Festnetzanschlüsse) haben sieben Ziffern; Handynummern haben acht Ziffern. Es gibt viele verschiedene Telefonanbieter, z. B. Entel, Cotel, Tigo, Boliviatel und Viva. Jeder Anbieter hat einen eigenen Code (zwischen ⏹ 010 und ⏹ 021).

TOILETTEN

→ Es gibt in Bolivien viele, meist jedoch ziemlich ungepflegte *baños públicos* (öffentliche Toiletten), deren Benutzung in dicht bewohnten Gebieten etwa 1 Bs und in entlegenen Gegenden (wie dem Salar de Uyuni) 5 Bs kostet.

→ Man sollte immer Toilettenpapier dabei haben.

→ Das Toilettenpapier wird in Bolivien nicht heruntergespült, sondern in den vorhandenen Abfalleimern entsorgt.

TOURISTENINFORMATION

Es gibt viele Büros, die sowohl die *prefectura* (Region) als auch die *alcaldía* (eine bestimmte Stadt) abdecken. In den Großstädten, wie Santa Cruz und La Paz, gibt's gesonderte Büros für beides. Die Touristeninformationen – meist mit dem neuen InfoTur-Banner – sind allerdings nicht immer hilfreich. Servicio Nacional de Áreas Protegidas (Sernap) ist die beste Informationsquelle für die Nationalparks Boliviens.

ÜBERNACHTEN

Die bolivianischen Unterkünfte gehören zu den preiswertesten Südamerikas, obwohl der Preis meist nicht mit der angebotenen Leistung korrespondiert.

Das bolivianische Hotelbewertungs-System unterteilt Unterkünfte in *posadas* (Gasthäuser), *alojamientos*, *residenciales*, *casas de huéspedes*, *hostales* (Hostels) und *hoteles* (Hotels). Die billigsten Unterkünfte sind meist rund um die Bus- und Bahnhöfe zu finden, obwohl diese Viertel oft die gefährlichsten der Stadt sind. Probleme mit ausgebuchten Zimmern gibt's nur an beliebten Wochenendzielen wie Coroico sowie bei Fiestas (besonders beim Karneval in Oruro und Festivals in Copacabana). Die Preise verdoppeln sich dann.

Im Altiplano wird der Preis oft auch davon bestimmt, ob Heizung und Warmwasser vorhanden sind, und in den Tieflandregionen sind Klimaanlagen und Ventilatoren häufig die entscheidenden Faktoren.

Warnung: Einige Leser haben uns darüber informiert, dass in Bolivien Propangas-Heizgeräte falsch benutzt werden. Diese werden manchmal in preiswerteren Unterkünften verwendet, dürfen aber gar nicht in geschlossenen Räumen

---

PREISKATEGORIEN:SCHLAFEN

Die folgenden Preisklassen beziehen sich auf ein Doppelzimmer mit Bad in der Hauptsaison, und zwar inklusive aller Steuern und Gebühren.

La Paz

$ weniger als 180 Bs

$$ 180 bis 560 Bs

$$$ mehr als 560 Bs

Restliches Land

$ weniger als 160 Bs

$$ 160 bis 400 Bs

$$$ mehr als 400 Bs

betrieben werden, also am besten gleich ablehnen, wenn einem ein derartiges Gerät angeboten wird.

Bolivien bietet exzellente Campingmöglichkeiten, besonders entlang von Trekkingrouten und in entlegenen Bergregionen. Die Ausstattung (von unterschiedlicher Qualität) kann problemlos in La Paz und in beliebten Trekking-Basislagern wie Sorata ausgeliehen werden. Es ist immer gut, zuerst um Erlaubnis zu fragen, wenn jemand in der Nähe ist. In einigen Regionen ist es schon zu Diebstählen und Raubüberfällen gekommen – bevor man irgendwo zeltet, sollte man sich also immer über die Sicherheitslage in der Gegend informieren.

VISA

Reisepässe müssen bei der Einreise noch mindestens ein halbes Jahr gültig sein. Die Ein- und Ausreisestempel sind kostenlos. In entlegenen Grenzregionen werden für einen Ausreisestempel jedoch häufig 15 bis 30 Bs verlangt. Persönliche Dokumente – nämlich Reisepass und Visa – muss man immer mitnehmen, besonders in den Tieflandregionen. Es ist sicherer, Kopien der Originaldokumente bei sich zu tragen.

Die bolivianischen Einreisebedingungen ändern sich häufig und lassen sich vielfältig auslegen. Jedes bolivianische Konsulat und jede Grenzstelle hat eigene Verfahren.

Bürger der meisten südamerikanischen und westeuropäischen Länder (das gilt auch für Deutschland, Österreich und Schweiz) bekommen bei der Einreise eine Touristenkarte, die bis zu 90 Tage gilt. Wer länger bleiben will, muss diese verlängern lassen. Das kann bei den Migrationsbehörden in jeder größeren Stadt einfach gemacht werden; Staatsangehörige mancher Länder bezahlen pro 30-tägiger Visaverlängerung 198 Bs. Reisende können maximal 180 Tage pro Jahr im Land bleiben. Bei Überschreitung der 90-Tages-Frist kann auch die Beantragung eines Visums fällig werden. Die Visa werden von Vertretern des bolivianischen Konsulats, aber auch der benachbarten südamerikanischen Konsulate, ausgestellt. Die Beantragung von Visa für Brasilien kann sehr kompliziert sein, also vorher informieren. Die Kosten variieren je nach Konsulat und Nationalität des Bewerbers, bewegen sich aber bei ungefähr 2500 Bs.

Bei längerem ungenehmigten Aufenthalt werden Strafen von 14 Bs pro Tag (oder mehr, je nach Nationalität) verhängt, zu bezahlen bei der Migrationsbehörde oder am Flughafen, zudem kann man an der Grenze oder am Flughafen bei der Ausreise Probleme bekommen.

🛈 An- & Weiterreise

Als Binnenland verfügt Bolivien über etliche Aus- und Einreisestellen an den Grenzen, die man per Schiff, Bus, Zug, Flugzeug, zu Fuß oder mit dem Rad erreichen kann. Einige Optionen sind allerdings leichter zu bewältigen als andere.

EINREISE NACH BOLIVIEN

Wer alle nötigen Dokumente dabeihat und bereit ist, ein paar Fragen zum Zweck seines Besuchs zu beantworten, wird keine Probleme bei der Einreise haben. Wer über einen kleineren Grenzposten nach Bolivien einreist, wird wahrscheinlich aufgefordert, eine „Ausreisegebühr" zu zahlen. Wenn in diesem Buch keine anderen Hinweise dazu stehen, sind diese Gebühren aber inoffiziell. Die Öffnungszeiten der Grenzen können sehr unzuverlässig sein; man sollte sich vor der Ein- oder Ausreise immer in einem *migración*-Büro (Einreisebehörde) in der nächstgelegenen Großstadt informieren. Wer plant, die Grenze außerhalb der angegebenen Zeiten oder an einer Stelle ohne Grenzposten zu überqueren, muss sich vor der Aus- oder Einreise einen Ausreise- bzw. Einreisestempel im nächstgelegenen *migración*-Büro holen.

FLUGZEUG

Da nur wenige europäische und US-amerikanische Fluggesellschaften direkt nach Bolivien fliegen, sind die Preise sehr hoch. Dagegen gibt es Direktflüge in die meisten großen Städte Südamerikas, wobei die Flüge von und nach Chile und Peru am preiswertesten sind. Bei Reisenden aus Westeuropa wird Santa Cruz als Zielflughafen immer beliebter. Aufgrund der unterschiedlichen Höhenlagen und der damit verbundenen Kosten sind Flüge nach La Paz teurer als nach Santa Cruz. Am höchsten sind die Preise von Anfang Juni bis Ende August und von Mitte Dezember bis Mitte Februar.

Wichtige internationale Flughäfen sind der El Alto in La Paz (LPB), der früher John F. Kennedy Memorial hieß, und Viru-Viru in Santa Cruz (VVI).

Aerolíneas Argentinas (✆ 800-100-242; www.aerolineas.com.ar)

American Airlines (✆ 800-100-541; www.aa.com)

Avianca (✆ 1-866-998-3357; www.avianca.com)

BOA (✆ 901-105-010; www.boa.bo)

LAN Airlines (✆ 800-100-521; www.lan.com)

TAM (✆ 2-244-3442; www.tam.com.br)

AUF DEM LANDWEG
Auto & Motorrad

Wer in Bolivien mit dem Auto oder dem Motorrad unterwegs ist, braucht eine gesunde Portion Geduld (und Geschick als Mechaniker!), doch damit erwartet ihn ein unvergesslicher Trip. Die meisten Autovermietungen akzeptieren nationale Führerscheine, aber wenn man viel fahren möchte, sollte man einen internationalen Führerschein mitbringen. Um Motorräder oder

Mopeds auszuleihen, genügt für gewöhnlich der Reisepass.

Bus

Täglich fahrende *flotas* (Fernverkehrsbusse) verbinden La Paz mit Buenos Aires (Argentinien) via Bermejo oder Yacuiba, mit Salta (Argentinien) via Tupiza/Villazón, mit Corumbá (Brasilien) via Quijarro sowie mit Arica und Iquique (Chile) via Tambo Quemado. Zunehmend beliebt als Abstecher bei Fahrten im Salar de Uyuni (s. S. 247) ist der Grenzübergang nach San Pedro de Atacama (Chile). Die beliebteste Landroute nach oder von Puno und Cusco (Peru) aus, führt über Copacabana, etwas schneller geht es via Desaguadero. Täglich fahren mehrere Busse von Santa Cruz über Villamontes nach Asunción in Paraguay.

Zug

Die einzige noch verbliebene internationale Zugstrecke Boliviens verläuft von der Villazón-Oruro-Linie bei Uyuni zweigförmig nach Westen. Sie führt durch die Anden zur chilenischen Grenze bei Avaroa/Ollagüe und dann steil hinunter nach Calama in Chile. Weitere abenteuerliche Zweigstrecken enden an der argentinischen Grenze bei Villazón/La Quiaca und Yacuiba/Pocitos sowie im brasilianischen Pantanal bei Quijarro/Corumbá.

MIT DEM SCHIFF

Von Brasilien und Peru verkehren unregelmäßige Fähren auf dem Amazonas.

❶ Unterwegs vor Ort

Die bolivianischen Straßen werden zunehmend besser; in den letzten Jahren wurden auch etliche Straßen asphaltiert. Auch der Flugverkehr verläuft problemloser, ist nun kostengünstiger und weiter verzweigt, vor allem in den Tieflandregionen. Der Großteil Boliviens ist durch kleine Busse, Züge und Fluglinien verbunden. Es dauert aber immer noch recht lange, von A nach B zu kommen, und Straßensperren (durch Demonstranten) sowie Straßenblockaden (durch Bauprojekte oder Erdrutsche) sind nicht ungewöhnlich, ebenso überflutete Straßen sowie Flüsse, die durch niedrige Wasserstände nicht passierbar sind.

BUS

Busse sind mit ihren zahlreichen Reiserouten die beliebtesten Verkehrsmittel in Bolivien. Sie sind billig und relativ sicher, können manchmal aber auch unbequem und ziemlich nervenaufreibend sein. Die Fernstreckenbusse heißen *flotas*, große Busse *buses* und die kleinen (meist älteren) *micros*. Wer im Busterminal sucht, fragt nach *la terminal terrestre* oder *la terminal de buses*. Jedes Terminal berechnet eine kleine Gebühr von ein paar Bolivianos, die man beim Einsteigen in den Bus oder beim Ticketkauf am Schalter an einen Agenten zahlt.

AUSREISEGEBÜHR

Die Ausreisegebühren variieren je nach Flughafen und Ziel. Sie müssen an allen Flughäfen gezahlt werden (entweder am Schalter oder an einem separaten Fenster) und sind nicht im Ticketpreis enthalten. Die Steuern für Inlandsflüge betragen zwischen 11 und 15 Bs. Die Ausreisegebühr für internationale Flüge ist 25 US$. Einige Flughäfen erheben auch eine Gemeindesteuer von bis zu 7 Bs.

Nur bei langen Reisen muss man eine Wahl treffen: Die besseren Unternehmen bieten *coche* (oder *bus*, normale Busse), *semi-cama* (Busse mit verstellbaren Sitzplätzen und Fußauflagen) und *cama* (Nightliner mit Schlafplätzen) an. Nightliner kosten das Doppelte, können den Preis aber durchaus wert sein. Die Touristenbusse, die zu beliebten Zielen wie Copacabana und Uyuni fahren, sind doppelt so teuer, aber sicherer und komfortabler.

Man sollte seine Wertsachen immer bei sich tragen (und nicht im Gepäckfach verstauen!). Wenn das Gepäck doch woanders verstaut werden muss, die Koffer unbedingt mit einem Schloss verriegeln. Immer warme Kleidung und für Reisen in den Altiplano einen Schlafsack mitnehmen. Die Fahrten können bis zu drei Stunden länger als angegeben dauern. Nachts irgendwo steckenzubleiben kommt häufig vor.

FLUGZEUG

Inlandsflüge sind in Bolivien sehr preiswert und die schnellste und zuverlässigste Art, abgelegene Orte zu erreichen. Außerdem wird auch in der Regenzeit geflogen. Auch wenn es wetterbedingte Flugausfälle durchaus gibt, kommen Flugzeuge noch am ehesten ans Ziel, selbst während der sommerlichen Überflutungen im Norden Boliviens. Die Flugpläne ändern sich oft, und ständig werden Flüge gestrichen. Deshalb unbedingt im Voraus erkundigen!

Amazonas (✆ 901-105-500; www.amaszonas.com) fliegt mit kleinen Maschinen von La Paz nach Uyuni, Rurrenabaque, Trinidad, Santa Cruz und anderen Orten im Tiefland sowie nach Cuzco in Peru und Asunción in Paraguay.

Transporte Aéreos Militares (Karte S. 208; ✆ 02-268-1111; www.tam.bo; Montes 738, Prado) fliegt nach Cobija, Cochabamba, Guayaramerín, Puerto Suárez, Riberalta, Rurrenabaque, Santa Cruz, Sucre, Tarija, Trinidad, Yacuiba, Ixiamas und Uyuni.

GEFÜHRTE TOUREN

Geführte Touren sind die beste Lösung für alle, die wenig Zeit haben oder eine gewisse

Bequemlichkeit schätzen, und oft die einfachste Möglichkeit, abgelegene Gebiete zu erkunden. Sie sind außerdem vergleichsweise billig, wenngleich der Preis von der Zahl der Teilnehmer einer Tour abhängt. Zu beliebten Zielen organisierter Trips gehören Tiwanaku, Uyuni und abgelegenere Highlights wie die Cordillera Apolobamba. Solche Ausflüge bucht man am besten in La Paz oder der Ortschaft, die dem gewünschten Ziel am nächsten liegt.

Es gibt unzählige Veranstalter, die Komplettpakete für Wanderer und Bergsteiger sowie Abenteuertouren durch den Regenwald anbieten. Für Bergwanderungen in den Cordilleras gibt's maßgeschneiderte Expeditionen inklusive Führern, Transport, Trägern, Köchen und Ausrüstung. Auch Trekkingausrüstung zum Leihen ist bei vielen Veranstaltern zu haben.

NAHVERKEHR

Micro, Minibus & Trufi

Micros (kleine Busse oder Minibusse) sind in den größeren Städten unterwegs und dort das billigste öffentliche Verkehrsmittel. Sie befahren feste Routen, und die Routennummern oder -buchstaben stehen meist an einem Anschlag hinter der Frontscheibe. Am Bus findet man auch eine Beschreibung der Route und der Straßen, die nacheinander angefahren werden. *Micros* können unterwegs überall herangewinkt werden, obwohl es in den größeren Städten immer häufiger feste Bushaltestellen gibt. Wer aussteigen will, geht nach vorn und sagt dem Fahrer oder Assistenten, wo der Bus anhalten soll.

Minibusse und *trufis* (Autos, Vans oder Minibusse), auch als *colectivos* bekannt, sind vor allem in den größeren Städten verbreitet. Sie fahren feste Routen ab, die durch Anschläge an der Frontscheibe gekennzeichnet sind. Sie sind billiger als Taxis und fast ebenso komfortabel. Wie bei den *micros* kann man unterwegs überall ein- und aussteigen.

Taxi

In den Städten sind Taxis relativ preiswert. Ein paar wenige sind sogar mit Taxametern ausgestattet, aber in den meisten Städten gibt es für kurze Fahrten Standardpreise, die pro Fahrgast gelten. In einigen Orten agieren die Taxis als Sammeltaxis und berechnen wie die *trufis* auch einen festen Preis pro Person.

Funkttaxis wiederum berechnen immer einen Festpreis, der für bis zu vier Personen gilt; wenn sich fünf Leute reinquetschen, steigt der Preis aber nur um wenige Bolivianos. Wenn man Taxis nutzt, sollte man genug Kleingeld dabei haben; die Fahrer geben gern vor, kein Wechselgeld zu haben, in der Hoffnung, man erlässt ihnen die Differenz. Taxifahrer erhalten im Allgemeinen kein Trinkgeld.

In den größeren Städten sollten besonders Alleinreisende nachts ein Funktaxi bestellen, statt eines auf der Straße heranzuwinken; einfach im Hotel oder Restaurant Bescheid sagen, die Angestellten rufen dann eines.

SCHIFF/FÄHRE

Es gibt keinen regelmäßigen Passagierschiffverkehr im Amazonasbecken, daher müssen Traveller meist mit Frachtschiffen reisen. Die beliebtesten Routen verlaufen von Puerto Villarroel nach Trinidad und von Trinidad nach Guayaramerín. Es gibt aber auch weit weniger frequentierte Strecken, z. B. von Rurrenabaque oder Puerto Heath nach Riberalta. Solche Schiffsreisen sind heutzutage allerdings sehr anstrengend und auch nur ziemlich schwierig zu organisieren.

TRAMPEN

Dank des relativ einfachen Zugangs zu *camiones* und dem weiten Netzwerk an Bussen ist es weder nötig noch besonders beliebt, in Bolivien zu trampen. Es gibt dennoch einige Tramper, und Fahrer von *movilidades* – Autos, *camionetas* (Pickup-Lastwagen), NGO-Fahrzeugen, Tanklastwagen und anderen Verkehrsmitteln – nehmen oft gern jemanden mit, wenn sie Platz haben. Man sollte vor dem Einsteigen immer nach dem Preis fragen, selbst bei kurzen Strecken, und die Fahrt sollte immer etwa die Hälfte des Busfahrpreises der jeweiligen Strecke kosten.

ZUG

Seit der Privatisierung Mitte der 1990er-Jahre ist der Passagierbetrieb außerordentlich eingeschränkt worden. Das westliche Netz wird von **Empresa Ferroviaria Andina** (FCA; www.fca.com.bo) betrieben und verläuft von Oruro nach Villazón an der argentinischen Grenze; eine Zweigstrecke verläuft von Uyuni südwestlich nach Avaroa (an der chilenischen Grenze).

Der Osten liegt in den Händen von **Ferroviaria Oriental** (www.ferroviariaoriental.com). Das Unternehmen betreibt eine Linie von Santa Cruz zur brasilianischen Grenze bei Quijarro, wo man ins Pantanal weiterreisen kann. Ein unregelmäßig verkehrender Zug fährt von Santa Cruz nach Süden bis Yacuiba an der argentinischen Grenze, und es gibt ein Pilotprojekt, das Touristenzüge von La Paz nach Tiwanaku betreibt.

Brasilien

Inhalt ➜
Rio de Janeiro...... 305
Der Südosten 329
Der Süden..........351
Der zentrale Westen 365
Der Nordosten 379
Der Norden 419
Brasilien verstehen . 436
Praktisches 446

Gut essen
- Peixe Brasileiro (S. 413)
- Espírito Santa (S. 323)
- Aconchego Carioca (S. 340)
- Xapuri (S. 346)
- Estação das Docas (S. 422)

Schönste Strände
- Baía de Sancho (S. 399)
- Praia do Espelho (S. 394)
- Praia Lopes Mendes (S. 332)
- Praia de Jericoacoara (S. 411)
- Baía dos Golfinhos (S. 403)

Auf nach Brasilien!

Brasilien – schon der Name verheißt ein Paradies: himmelblaues Meer mit 7500 km Sandstränden, Metropolen voller Musik und idyllische tropische Inseln, bezaubernde Kolonialstädte und zerklüftete rote Canyons, majestätische Wasserfälle und kristallklare Flüsse, üppige Regenwälder und dichte Urwälder, tolle Menschen und Spitzen-Fußball. Das alles gibt's hier in Hülle und Fülle.

Das Land schlägt Besucher schon seit Jahrhunderten in seinen Bann, denn alle Übertreibungen erweisen sich immer wieder als wahr. Und der Karneval, Brasiliens größtes Fest, setzt noch einen drauf. Er geht einher mit Samba zum Hüftenschwingen, hinreißenden Kostümen und ungezügelter Lebenslust und fährt wie ein Blitz durch die Städte und Ortschaften des Landes – aber die brasilianische Partylaune endet keineswegs am Aschermittwoch. *O Jeito Brasileiro* – die brasilianische Lebensweise – zeigt die Lust der Einwohner am Leben und ergreift alle überall und zu jeder Zeit.

Reisezeit
Rio de Janeiro

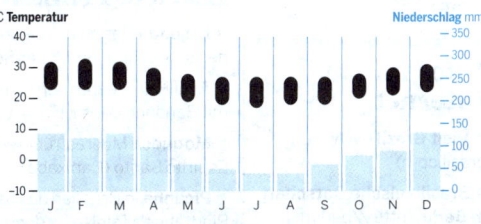

Dez.–Feb. Der Sommer im Vorfeld des Karnevals ist siedend heiß. Regenzeit im Amazonasbecken.

Sept.–Nov. Der Andrang wird geringer, der Frühling bringt Heiterkeit und angenehmes Klima.

März–Juni Nebensaison: günstige Preise, moderate Temperaturen und Sonne im Nordosten.

ÜBERBLICK

- **Geld** Geldautomaten sind weit verbreitet, Kreditkarten werden weithin akzeptiert
- **Sprachen** Portugiesisch; 180 indigene Sprachen
- **Visa** Für EU-Bürger und Schweizer nicht erforderlich
- **Währung** Real (R$)

Kurzinfos

- **Fläche** 8 456 510 km²
- **Hauptstadt** Brasília
- **Notfall** 192
- **Vorwahl** 55

Wechselkurse

Eurozone	1 €	3,65 R$
	1 R$	0,27 €
Schweiz	1 SFr	3,33 R$
	1 R$	0,29 SFr

Tagesbudget

- **Budgetunterkunft in Rio** 49 R$ (B) bis 147 R$ (DZ)
- **Mittagessen** 16–30 R$
- **Cocktail** 10–26 R$
- **Busticket Rio–Ouro Preto** 92 R$

Infos im Internet

- **Visit Brazil** (www.visitbrasil.com)
- **Brasilianische Botschaft in Berlin** (http://berlim.itamaraty.gov.br/de/)
- **Rio Times** (www.riotimesonline.com)
- **Gringoes** (www.gringoes.com)

Verkehrsmittel & -wege

Brasilien hat Grenzen zu allen anderen südamerikanischen Ländern (außer Chile & Ecuador). Zu den beliebtesten grenzübergreifenden Routen gehören die Amazonasfahrt von Belém oder Manaus nach Leticia (Kolumbien) oder Iquitos (Peru), eine Wanderung im Pantanal mit Weiterreise im Zug ab Corumbá nach Santa Cruz de la Sierra in Bolivien sowie ein Besuch des Dreiländerecks zwischen den Iguaçu-Wasserfällen und Ciudad del Este (Paraguay) bzw. Puerto Iguazú (Argentinien). Mit dem Flugzeug bestehen Direktverbindungen zu den meisten südamerikanischen Hauptstädten, z. B. nach Asunción, Buenos Aires, Caracas, Lima, Montevideo und Santiago de Chile (sowie nach Santa Cruz de la Sierra, Bolivien). Es gibt auch Fernbusse nach Asunción, Buenos Aires, Montevideo, Santiago de Chile und Santa Cruz de la Sierra in Bolivien.

REISEROUTEN

Zwei Wochen
Zunächst stürzt man sich ins Gewühl der Cidade Maravilhosa (Wunderbare Stadt – Rio de Janeiros Spitzname passt!) und nimmt mit allen Sinnen die Eindrücke und den Samba-Rhythmus von Südamerikas verführerischster Stadt in sich auf. Dann stehen ein paar Tage Natur in zwei der ökologisch wichtigsten Gebieten der Erde an: im Amazonasgebiet und im Pantanal. Bei Foz do Iguaçu besichtigt man den faszinierendsten Wasserfall der Welt.

Ein Monat
Bei mehr Zeit lässt sich das Programm um einige malerische Ziele erweitern: die gut erhaltenen Kolonialstädte in den Bundesstaaten Rio (Paraty) und Minas Gerais (Ouro Preto & Tiradentes), die herrlichen Strände von Fernando de Noronha, Bahia oder Florianópolis, die tollen Dünen- und Wüstengebiete im Parque Nacional dos Lençóis Maranhenses und die Wasserwunderwelt von Bonito.

Essen & Trinken

- **Feijoada** Das Nationalgericht: herzhafter Eintopf aus Bohnen sowie Rind- und/oder Schweinefleisch
- **Açaí** Palmbeeren vom Amazonas, in der Regel vermischt mit Bananen, Müsli, Honig und *guaraná*-Sirup
- **Moqueca** Meeresfrüchteeintopf aus Bahia (Bahiana) oder Espírito Santo (Capixaba)
- **Picanha** In Brasilien das beliebteste und saftigste Stück vom Rind; ähnelt Tafelspitz, doch wird die Fettschicht belassen
- **Pão de Queijo** Das Käsebrot aus Maniokmehl, Milch, Eiern und Käse ist ein überall verbreitetes Alltagsgericht
- **Cachaça** Rumartiger Schnaps aus vergorenem Zuckerrohrsaft
- **Caipirinha** Cocktail aus *cachaça*, Zitronensaft und Zucker

RIO DE JANEIRO

♪ OXX21 / 6,4 MIO. EW.

Rio de Janeiro liegt an einem der beeindruckendsten Fleckchen der Erde und ist umgeben von traumhaften Bergen und weißen Sandstränden, grünen Regenwäldern und tiefblauem Meer. Wer sich unter die Bevölkerung mit dem wohl weltweit meisten Sex-Appeal mischt, wird mit einem berauschenden tropischen Cocktail und dem Gefühl belohnt, im Paradies angekommen zu sein.

Die *cariocas*, wie die Einwohner Rios genannt werden, haben die Kunst des Lebens perfektioniert. Sie leben für den Moment, tummeln sich an den weltberühmten Stränden von Copacabana und Ipanema, genießen die Aussicht vom Corcovado und Pão de Açúcar und feiern in den Tanzsälen, Bars und Open-Air-Cafés, die überall in der Stadt zu finden sind. Seit Jahrhunderten zieht das Paradies Besucher in seinen Bann, die sich von ihm auf unterschiedlichste Art und Weise verführen lassen. Lust auf Surfen vor Prainha, Wanderungen in den Regenwäldern von Tijuca, Segeltörns in der Guanabára-Bucht oder Tanzvergnügen in Lapa? Oder darf's einfach nur Leutegucken am Strand von Ipanema sein?

Obwohl Rio einige ernsthafte Probleme hat, denken viele Einwohner (und auch Ausländer) nicht mal im Traum daran, irgendwo anders leben zu wollen. Wer will es da für einen Zufall halten, dass Christus gerade hier mit ausgebreiteten Armen über die Stadt wacht?

Geschichte

Die Stadt verdankt ihren Namen frühen portugiesischen Entdeckern, die im Januar 1502 die große Baía de Guanabara (Bucht von Guanabara) sichteten und sie, weil sie sie für einen Fluss hielten, auf den Namen Rio de Janeiro (Januarfluss) tauften. Erste europäische Siedler an der Bucht waren die Franzosen, die 1555 die Kolonie France Antarctique gründeten. Die Portugiesen, die einen Machtzuwachs der Franzosen befürchteten, verjagten diese im Jahr 1567 und setzten sich dauerhaft an der Bucht fest. Aufgrund der Zuckerrohrplantagen und des Sklavenhandels erlangte die Siedlung Bedeutung und wurde während des Goldrauschs in Minas Gerais im 18. Jh. stark ausgebaut. 1763 löste Rio de Janeiro, das inzwischen auf 50 000 Einwohner angewachsen war, Salvador da Bahia als Hauptstadt der portugiesischen Kolonie Brasilien ab. Nach einem Kaffee-Boom, einer Einwanderungswelle aus Europa und der Zuwanderung befreiter Sklaven hatte Rio im Jahr 1900 schon 800 000 Einwohner.

Das goldene Zeitalter Rios währte von den 1920er- bis in die 1950er-Jahre, als die Stadt zu einem exotischen Reiseziel der internationalen High Society wurde. Als 1960 die Hauptstadtfunktion auf Brasília überging, hatte Rio aber bereits mit Problemen zu kämpfen, die auch heute noch nicht gelöst sind. Zuwanderer strömten aus den armen Regionen des Landes in die *favelas* (Slums; informelle Siedlung), wodurch die Zahl der Armen in der Stadt anwuchs und sich die Kluft zwischen Reich und Arm vertiefte.

Trotz ihrer Probleme hat die Stadt aber in den letzten Jahren geradezu unglaubliches Glück gehabt: Sie wurde zum Austragungsort der Fußballweltmeisterschaft 2014 gewählt und hatte als erste südamerikanische Stadt überhaupt die Ehre, 2016 die Olympischen Sommerspiele, das größte Sportereignis der Welt, auszurichten. Damit nicht genug: 2012 wurde Rio de Janeiro in die Liste der UNESCO-Welterbestätten aufgenommen.

Gewalt und Armut sind zwar weiter große Probleme in Rio, die Lage hat sich im letzten Jahrzehnt aber doch verbessert. Das Programm zur Befriedung der Favelas hat zu einem Rückgang der Gewaltkriminalität und in einigen Favelas zu Verbesserungen der sanitären und verkehrsmäßigen Infrastruktur geführt. In Vorbereitung auf die Fußballweltmeisterschaft von 2014 und die Olympischen Sommerspiele von 2016 wurden große Investitionen getätigt, um Rios Hafengebiet neu zu beleben, das U-Bahnnetz erheblich auszuweiten und überall in der Stadt neue Museen und Kulturstätten zu schaffen.

◉ Sehenswertes

Sand, Himmel und Meer sind nicht die einzigen Attraktionen Rios: Auf Besucher warten historische Viertel, farbenfrohe Museen, Kirchen aus der Kolonialzeit, malerische Gärten und spektakuläre Aussichten.

◉ Ipanema, Leblon & Gávea

Die Viertel Ipanema und Leblon, die durch zauberhafte Strände und schöne, baumgesäumte Straßen bestechen, sind Rios schönste Ausflugsziele und beliebte Wohnorte für junge und schöne (und reiche) *ca-*

Highlights

1 Dem verführerischen Zauber **Rio de Janeiros** (S. 305) mit seinen wilden Sambaclubs, sonnigen Stränden, hohen Gipfeln und herrlichen Sonnenuntergängen erliegen

2 In den donnernden Wasserfällen bei **Foz do Iguaçu** (S. 361) die Stimme von Mutter Natur vernehmen

3 Auf **Fernando de Noronha** (S. 399) unberührte Sandstrände entdecken

4 Bei der Fahrt auf dem mächtigen **Amazonas** (S. 432) scharfzahnige Piranhas und die glühenden Augen von Kaimanen erspähen

5 In malerischen Kolonialstädten wie **Ouro Preto** (S. 347), **Paraty** (S. 333) oder **Tiradentes** (S. 350) über das Kopfsteinpflaster schlendern

6 Bei den regelmäßigen abendlichen Straßenfesten in **Salvador** (S. 379) dem betörenden Schlag der Trommeln folgen

7 Im **Pantanal** (S. 369) auf die Pirsch nach spektakulären Tieren gehen und danach in die nahe Wasserwunderwelt von **Bonito** (S. 376) eintauchen

8 In wundervollen Nationalparks wie **Lençóis Maranhenses** (S. 416) und **Chapada Diamantina** (S. 388) durch surreale Landschaften wandern

riocas. Verschiedene Gruppen dominieren einzelne Strandabschnitte, oft rund um *postos* (erhöhte Aussichtspunkte für Rettungsschwimmer). Posto 9 an der Vinícius de Moraes ist der Treffpunkt für die Schönen, ganz in der Nähe – gegenüber von Farme de Amoedo – ist der Bereich für Schwule. Und Posto 11 in Leblon ist bei Familien beliebt.

Gávea ist ein wohlhabendes Viertel, das für seine Lebenskünstler bekannt ist.

Copacabana & Leme

Der traumhaft geschwungene Strand (Karte S. 314; Av Atlântica) von Copacabana ist 4,5 km lang und pulsiert nur so vor Energie. Touristen, Prostituierte und Kinder aus den *favelas* – alle sind sie Teil einer ausgelassenen Menschenparade. Dutzende Restaurants und Bars mit Blick auf das Meer reihen sich entlang der Av Atlântica.

Museu do Imagem e Som MUSEUM
(Karte S. 314; www.mis.rj.gov.br; Av Atlântica, nahe Miguel Lemos) Mit dem eindrucksvollen Museum des Bildes und des Tons (Eröffnung 2016) besitzt Copacabana endlich eine hervorragende Attraktion für Regentage. Das von dem berühmten New Yorker Büro Diller Scofidio + Renfro (das auch New Yorks

Rio de Janeiro

NEUES IN RIO

Praça Mauá
Rios einst verlassener Hafen erlebt eine spektakuläre Erneuerung. Die Praça Mauá ist heute Heimat mehrerer beeindruckender neuer Museen, darunter des schönen, von Santiago Calatrava entworfenen Museu do Amanhã (Karte S. 320; www.museudo amanha.org.br; Rodrigues Alves 1).

Botafogo & Humaitá
Alle Augen richten sich auf diese benachbarten Viertel nördlich von Copacabana. Einige der besten neuen Restaurants der Stadt wurden hier eröffnet, und außerdem sind stimmungsvolle Gastropubs, kreative Kunststätten und brummende Nachtlokale wie die Cabaret Lounge (Karte S. 310; 2226-4126; www.cabaretlounge.com.br; Voluntários da Pátria 449, Humaitá; Grundpreis 15–40 R$; Di–Do 19–3, Fr & Sa 15–5 Uhr) entstanden.

Metro-Erweiterung
In Vorbereitung auf die Olympischen Sommerspiele von 2016 wurden sechs neue U-Bahnstationen eröffnet. Die neue *linha* 4 verbindet Ipanema über Leblon, Gávea und São Conrado mit dem Jardim Oceânico in Barra.

Stadtbahn
Die neue Stadtbahn VLT (www.vltcarioca.com.br) sorgt für einen effizienten, flotten Transport durch die Innenstadt. Mit ihr erreicht man leicht die Praça Mauá und hat eine gute Ost-West-Verbindung zwischen der Praça Tiradentes und der Praça XV (Quinze) de Novembro.

Favela-Schick
In Rios Favelas (Slums, wilden Siedlungen) tut sich viel. In den Favelas in der Nähe der Zona Sul finden sich tolle Hostels, muntere Bars und erstklassige Restaurants – alle mit wunderbarer Aussicht von dem Berg.

Kleinbrauereien
Die Kleinbrauereiszene ist in Rio schlagartig aufgeblüht, und es gibt nun eine ganze Palette von Brauereikneipen überall in der Stadt, z. B. das As Melhores Cervejas do Mundo (Karte S. 314; Ronald de Carvalho 154, Copacabana; Mo–Sa 15–23 Uhr). Man kann vor Ort produzierte Biere, aber auch einmalige Kreationen aus ganz Brasilien probieren, auch solche von Brauern, die Früchte und Gewürze aus dem Amazonasbecken verwenden.

Copacabana im Aufschwung
Das Uferviertel erlebt eine Renaissance dank kreativer neuer Restaurants, Bars mit Kleinbrauereibier und des Museu do Imagem e Som (S. 308), eines fantastischen Musik- und Filmmuseum.

Rückkehr der Bonde Returns
Die knallgelbe Bonde-Straßenbahn (S. 312) ist nach dem tragischen Unfall von 2011 wieder auf der Schiene, sodass die malerische Fahrt von Centro nach Santa Teresa über den Arcos da Lapa wieder möglich ist.

Fahrräder
Neue Fahrradwege wurden gebaut; 33 weitere Kilometer sind geplant. Rio verfügt auch über ein Fahrrad-Leihsystem – Bike Rio (4003-6054; www.mobilicidade.com.br/bikerio.asp) – man braucht aber eine örtliche Telefonnummer, um es nutzen zu können.

Gourmet-Stadt
Der Zustrom global orientierter neuer Restaurants gestaltet die kulinarische Szene um. Zu den Neuankömmlingen zählen authentische mexikanische, peruanische und spanische Lokale, und viele andere Restaurants interpretieren und präsentieren brasilianische Rezepte auf einfallsreiche Weise neu.

Flamengo, Botafogo, Catete & Humaitá

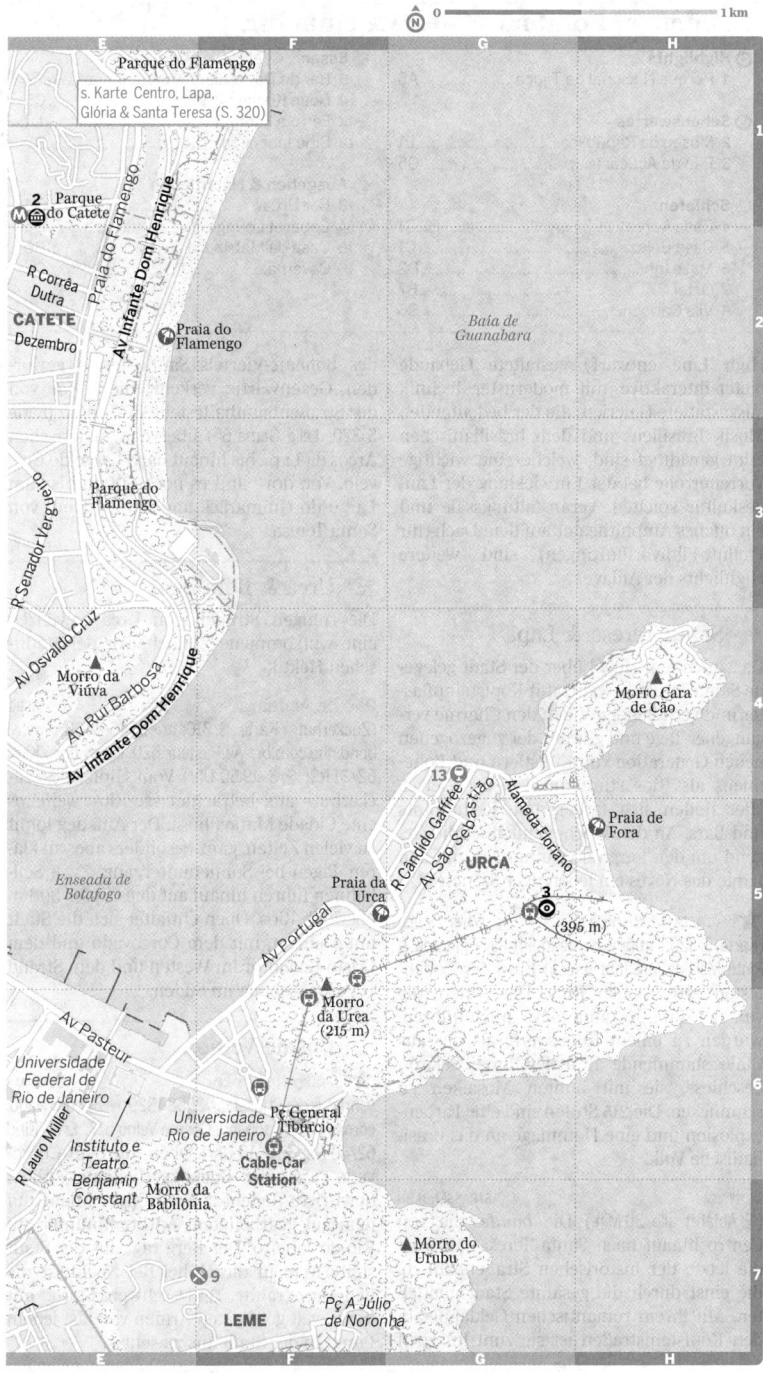

Flamengo, Botafogo, Catete & Humaitá

◎ Highlights
1 Parque Nacional da Tijuca...................A5

◉ Sehenswertes
2 Museu da República..............................E1
3 Pão de Açúcar G5

🛏 Schlafen
4 Casa Áurea C1
5 Casa Beleza C1
6 Maze Inn..D2
7 Oztel B7
8 Vila Carioca...C6

✖ Essen
9 Bar do David...F7
10 Boua Kitchen & Bar.............................C5
11 Ferro e Farinha....................................D1
12 Sírio Libaneza D2

◉ Ausgehen & Nachtleben
13 Bar Urca..G4
14 Cabaret Lounge B6
15 Casa da Matriz.....................................B6
16 Caverna..C6

High Line entwarf) gestaltete Gebäude bietet interaktive, mit modernster Technik ausgestattete Galerien, die der bedeutenden Musik Brasiliens und dem brasilianischen Film gewidmet sind, welche eine wichtige Vorreiterrolle bei der Entwicklung der Landeskultur spielten. Veranstaltungssäle und ein offenes Amphitheater auf dem Dach (für Freiluft-Filmvorführungen) sind weitere Highlights der Anlage.

◉ Santa Teresa & Lapa

Das auf einem Hügel über der Stadt gelegene Santa Teresa bewahrt mit Kopfsteinpflaster und verfallenden Villen den Charme vergangener Tage und gilt mit der zugezogenen neuen Generation von Künstlern und Bohemiens als Rios stimmungsvollstes Viertel. Hier finden sich farbenfrohe Restaurants und Bars. An den Wochenenden ist die Gegend um den Largo do Guimarães und den Largo das Neves ein lebendiger Szenetreff.

★ Escadaria Selarón WAHRZEICHEN
(Karte S. 320; Treppe zw. Joaquim Silva in Lapa & Pinto Martins in Santa Teresa) Eine der beliebtesten Attraktionen Rios: Die Stufen, die von der Rua Joaquim Silva hinaufführen, wurden zu einem Kunstwerk, als der aus Chile stammende Künstler Jorge Selarón beschloss, sie mit bunten Mosaiken zu schmücken. Die 215 Stufen sind eine Farbenexplosion und eine Hommage an das brasilianische Volk.

Bonde STRASSENBAHN
(⏱ Abfahrt alle 30 Min.) Die *bonde*, die von Centro hinauf nach Santa Teresa fährt, ist die letzte der historischen Straßenbahnen, die einst durch die gesamte Stadt gondelten. Mit ihrem romantischen Geklapper in den Kopfsteinstraßen ist sie zum Inbegriff des Boheme-Viertels Santa Teresa geworden. Gegenwärtig verkehrt die *bonde* von der Straßenbahnhaltestelle in **Centro** (Karte S. 320; Lélio Gama 65) über den malerischen Arcos da Lapa bis hinauf nach Largo do Curvelo. Von dort sind es noch 500 m bis zum Largo do Guimarães und ins Zentrum von Santa Teresa.

◉ Urca & Botafogo

Die ruhigen Straßen von Urca gewähren eine willkommene Zuflucht vor der städtischen Hektik.

Pão de Açúcar BERG
(Zuckerhut; Karte S. 310; ☎ 2546-8400; www.bondinho.com.br; Av Pasteur 520, Urca; Erw./Kind 62/31 R$; ⏱ 8–19.50 Uhr) Vom Gipfel des Zuckerhuts aus betrachtet ist Rio zweifellos eine Cidade Maravilhosa. Der Aufstieg lohnt zu vielen Zeiten, ganz besonders aber an klaren Tagen bei Sonnenuntergang. Zwei Seilbahnen führen hinauf auf den Gipfel, 396 m oberhalb Rios. Oben entfaltet sich die Stadt unter einem, mit dem Corcovado und dem Cristo Redentor im Westen und dem Strand von Copacabana im Süden.

◉ Cosme Velho

★ Cristo Redentor DENKMAL
(Christus der Erlöser; ☎ 2558-1329; www.corcovado.com.br; Zahnradbahn, Cosme Velho 513; Erw./Kind 62/40 R$; ⏱ 8–19 Uhr) Oben auf dem Corcovado (was „der Bucklige" bedeutet) blickt der Cristo Redentor mit ruhiger Miene auf dem gut gearbeitetem Antlitz hinunter auf Rio de Janeiro. Der Berg ragt aus der Stadt steil 710 m in die Höhe. Bei Nacht ist die hell angestrahlte, 1145 t schwere Statue mit ihren weit geöffneten Armen von fast jedem Punkt in der Stadt aus zu sehen.

◎ Centro, Glória & Praça Mauá

Rios wimmelndes Geschäftsviertel Centro ist eine Mischung aus Bürohochhäusern und Überresten der glanzvollen Vergangenheit in Form prächtiger Barockkirchen, weiter Plätze und Kopfsteinstraßen. Nördlich von Centro liegt die Praça Mauá, eine Plaza am Ufer, die zum Symbol von Rios Renaissance geworden ist.

Museu de Arte do Rio MUSEUM
(MAR; Karte S. 320; www.museudeartedorio.org.br; Praça Mauá 5; Erw./Kind 8/4 R$; Di & letzter So im Monat frei; ⊗ Di–So 10–18 Uhr) Das die Praça Mauá überragende MAR ist ein Sinnbild für die Wiedergeburt von Rios einst heruntergekommenem Hafenviertel. Das riesige Museum beherbergt vielfältige Ausstellungen, die sich Rios in all seiner Komplexität – die Schönheit der Stadt, ihre Menschen, ihre Landschaften, ihre Herausforderungen und ihre Konflikte – annehmen. Zunächst fährt man mit dem Fahrstuhl hinauf zum obersten (6.) Stock und genießt den Blick über die Bucht. Es gibt hier auch ein ausgezeichnetes Restaurant. Dann arbeitet man sich auf dem Weg nach unten durch die Galerien mit internationalen und nur in Rio besuchbaren Ausstellungen.

★ Museu Histórico Nacional MUSEUM
(Karte S. 320; ☎ 3299-0311; www.museuhistoriconacional.com.br; abseits der General Justo, nahe der Praça Marechal Âncora; Eintritt 8 R$, So frei; ⊗ Di–Fr 10–17.30, Sa & So 14–18 Uhr) Das in dem 1764 erbauten kolonialzeitlichen ehemaligen Zeughaus untergebrachte, eindrucksvolle Museum birgt historische Zeugnisse, die sich auf die Geschichte Brasiliens von seiner Gründung bis zu den frühen Tagen der Republik erstrecken. Zu den Highlights zählen vergoldete kaiserliche Kutschen, der Thron Dom Pedros II., riesige Ölgemälde, die Szenen aus dem schrecklichen Krieg mit Paraguay zeigen, und ein lebensgroßes Modell einer kolonialen Apotheke.

◎ Catete & Flamengo

Museu da República MUSEUM
(Karte S. 310; ☎ 2127-0324; museudarepublica.museus.gov.br; Rua do Catete 153; Eintritt 6 R$, Mi & So frei; ⊗ Di–Fr 10–17, Sa & So 14–18 Uhr) Das Museu da República residiert im wunderbar restaurierten **Palácio do Catete**. Der Palast wurde von 1858 bis 1866 errichtet und ist leicht an den Bronzekondoren auf dem Dachgesims zu erkennen. Das Gebäude war Wohnsitz der brasilianischen Präsidenten von 1896 bis 1954, als Präsident Getúlio Vargas hier Selbstmord beging. Das Museum besitzt eine schöne Sammlung von Kunst und Artefakten aus der Zeit der Republik und beherbergt ein gutes Mittagsrestaurant, ein Kino für anspruchsvolle Filme und einen Buchladen.

◎ Jardim Botânico & Lagoa

Jardim Botânico GARTENS
(☎ 3874-1808; www.jbrj.gov.br; Jardim Botânico 920; Eintritt 9 R$; ⊗ 9–17 Uhr) Der 137 ha große exotische Garten mit mehr als 8000 Pflanzenarten wurde 1808 auf Geheiß des Prinzregenten Dom João (des späteren Königs Johann VI. von Portugal und Brasilien) angelegt. Der Garten ist werktags ruhig und beschaulich, an den Wochenenden tummeln sich hier Familien. Zu den Highlights zählen die Palmenreihe (die bei der Eröffnung des Gartens gepflanzt worden war), die Abteilung zu den Pflanzen des Amazonasbeckens, der See mit den Riesenseerosen der Art *Victoria regia* und das umschlossene **Orquidário** mit 600 Orchideenarten.

★ Lagoa Rodrigo de Freitas SEE
(Karte S. 318) Die Lagoa Rodrigo de Freitas, einer der malerischsten Flecken der Stadt, ist von einem 7,2 km langen Wander- und Radweg umgeben. Fahrräder und Tretboote ausleihen kann man an Ständen an der Ostseite des Sees. Wem der Sinn eher nach Caipirinhas (Cocktails aus Limettensaft, Zucker, Eis und hochprozentigem Zuckerrohrschnaps) als nach Schwanenbooten aus Plastik steht, findet zu beiden Seiten des Sees **Uferkioske**, wo man draußen essen und trinken kann. An warmen Abenden gibt's hier zuweilen auch Livemusik.

Parque Lage PARK
(☎ 3257-1800, Führungen 3257-18721; www.eavparquelage.rj.gov.br; Jardim Botânico 414; ⊗ 9–19 Uhr) Dieser schöne Park liegt zu Füßen der Floresta da Tijuca rund 1 km vom Jardim Botânico entfernt. Es gibt hier Anlagen im Stil eines englischen Landschaftsgartens, kleine Seen und eine Villa, in der die **Escola de Artes Visuais** (Schule der visuellen Künste) residiert, die kostenlose Kunstausstellungen und gelegentlich Performances veranstaltet. Der Park ist ein beschaulicher Ort, im Café genießt man seinen Kaffee oder sein Essen in schöner Umgebung.

Copacabana & Leme

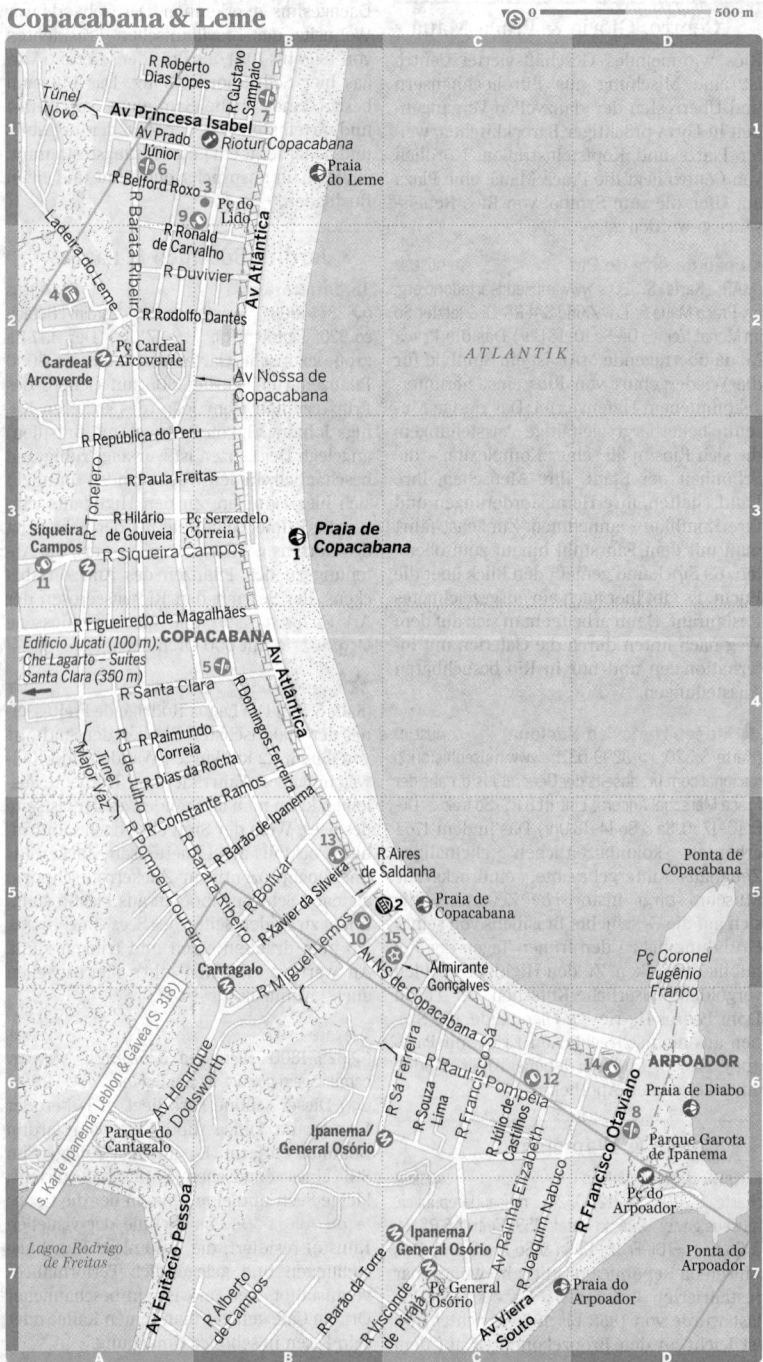

Copacabana & Leme

◎ Highlights
1 Copacabana Beach B3

◎ Sehenswertes
2 Museu do Imagem e Som C5

✪ Aktivitäten, Kurse & Touren
3 Cook in Rio B1

🛏 Schlafen
4 Cabana Copa A2

✖ Essen
5 Bibi Sucos B4
6 Galeto Sat's A1

7 Joaquina B1
8 TT Burger D6

◉ Ausgehen & Nachtleben
9 As Melhores Cervejas do Mundo B1
10 Escondido B5
11 Fosfobox A3
12 Le Boy C6
13 Mais Que Nada B5
14 TV Bar D6

✪ Unterhaltung
15 Bip Bip C5

◎ Parque Nacional da Tijuca

Nur 15 Minuten von den Betonburgen Copacabanas führen Wanderwege durch den üppigen tropischen Regenwald. Das 120 km² große Refugium des **Parque Nacional da Tijuca** (Karte S. 310; www.parquedatijuca.com.br; ⊙8–17 Uhr) ist ein Überrest des Atlantischen Regenwalds. Ausgezeichnet markierte Wanderwege führen über kleine Gipfel und vorbei an Wasserfällen.

Am besten nimmt man ein Taxi oder schließt sich einer organisierten Tour an.

🏃 Aktivitäten

Der fantastische Drachenflug vom 510 m hohen Pedra Bonita, einem der riesigen Granitfelsen, die sich vor der Kulisse der Stadt auftürmen, gehört sicher zu den Höhepunkten jedes Brasilien-Trips.

Delta Flight in Rio DRACHENFLIEGEN
(☎3322-5750, 99693-8800; www.riobyjeep.com/deltaflight) Mit mehr als 20 Jahren Erfahrung hat sich Ricardo Hamond einen soliden Ruf als sicherheitsbewusster und sehr professioneller Pilot erarbeitet. Er hat schon mehr als 12 000 Tandemflüge bewältigt.

Cook in Rio KOCHKURS
(Karte S. 314; ☎8761-3653; www.cookinrio.com; 2. Stock, Belfort Roxo 161; 75 US$/Pers.) Bei den praktischen eintägigen Kursen von Simone Almeida erlernt man die Zubereitung von *moqueca* (Meeresfrüchteeintopf) oder *feijoada* (Eintopf mit Schweinefleisch und schwarzen Bohnen). Darüber hinaus erfährt man, wie Beilagen und Drinks zubereitet werden: z. B. *aipim frito* (frittierte Maniokscheiben), ein perfekter Topf Reis, Dessert oder ein meisterhafter Caipirinha (das Geheimnis besteht darin, wie man die Zitronenscheiben schneidet).

☞ Geführte Touren

Brazil Expedition TOUR
(☎99998-2907; www.brazilexpedition.com; Stadtführung 120 R$) Die freundlichen, englisch sprechenden Führer veranstalten eine Vielzahl traditioneller Touren rund um Rio, darunter Trips zum Cristo Redentor, nächtliche Exkursionen zu den Sambaschulen, Besuche im Fußballstadion Maracanã an Spieltagen, Touren zur Straßenkunst und Besuche in *favelas*.

Jungle Me WANDERN, GEFÜHRTE TOUR
(☎4105-7533; www.jungleme.com.br; Tour ab 150 R$) Dieser erstklassige Veranstalter bietet ausgezeichnete Wandertouren durch den Parque Nacional da Tijuca unter der Leitung kundiger Führer. Die Tour „Gipfel & Wasserfälle" ist eine anspruchsvolle Wanderung, bei der man mehrere Steilhänge erklimmt, von oben den atemberaubenden Blick auf Rio genießt und schließlich ein erfrischendes Bad unter einem Wasserfall nimmt. Bei der Tour „Wilde Strände von Rio" wandert man zu malerischen Stränden in den wenig besuchten westlichen Vorstädten von Rio.

Rio by Bike RADTOUR
(☎96871-8933; www.riobybike.com; Tour 100–125 R$) Zwei niederländische Journalisten betreiben diesen Radtourveranstalter. Die ausgezeichneten Touren verbinden die Fahrt durch schöne Landschaften mit kulturellen Einblicken. Man erhält einen tollen Überblick über die Stadt: Die Guides weisen einen auf Wahrzeichen hin und erläutern Schlüsselereignisse, die Rio geformt haben. Die Ausflüge dauern drei bis vier Stunden

und führen überwiegend über separate, vom Autoverkehr getrennte Radwege.

Eat Rio Food Tours STADTSPAZIERGANG
(www.eatrio.net; 90 US$/Pers.) Bei diesen sehr empfehlenswerten Touren besucht man in kleiner Gruppe Märkte, Snackbars und andere kulinarische Brennpunkte, um eine große Palette exotischer Früchte, Säfte und Imbisskost zu probieren, die außerhalb Brasiliens kaum bekannt ist. Die ausgezeichneten, Englisch sprechenden Führer vermitteln nicht nur kulinarische, sondern auch kulturelle Einblicke. Im Preis der Tour sind alle Lebensmittel und Snacks sowie am Ende ein großes Mahl enthalten.

Paulo Amendoim KULTURTOUR
(99747-6860; http://favelatourrio.com; Tour 75 R$) Der empfohlene Guide Paulo Amendoim ist der frühere Präsident der Bürgervereinigung von Rocinha. Er scheint alle Menschen in der Favela zu kennen; die nette, individuell abgestimmte Tour hilft Besuchern zu erkennen, was sich jenseits der Klischees dort abspielt.

Free Walker Tours STADTSPAZIERGANG
(97101-3352; www.freewalkertours.com) Der gut organisierte Veranstalter bietet kostenlose Stadtspaziergänge mit etwas Geschichte und Kultur im Zentrum von Rio. Man besucht u. a. die Travessa do Comércio, die Praça XV, Cinelândia, die Arcos da Lapa und die Stufen von Selarón. Die Führung ist kostenlos, aber der Guide bittet am Ende um ein Trinkgeld – nach unserer Einschätzung sind 50 R$ für die interessante dreistündige Führung durchaus angemessen.

Feste & Events

Rios **Karneval** gehört zu den größten und wildesten Festen der Welt. Er ist ein farbenprächtiges, hedonistisches Bacchanal, das für gewöhnlich in einem Atemzug mit dem Namen der Stadt genannt wird. Obwohl der Karneval angeblich nur fünf Tage dauert (Fr–Di vor Aschermittwoch), beginnen die *cariocas* schon Monate vorher mit dem Feiern. Die Parade von aufwendig gestalteten Festzugswagen durch das *Sambódromo* wird von Tausenden eifrigen Trommlern und wirbelnden Tänzerinnen begleitet und bildet den Höhepunkt der Festlichkeiten. Aber so richtig los geht es erst auf den Partys überall in der Stadt.

Nachtclubs und Bars veranstalten besondere Kostümfeste, zudem gibt's kostenlose Livekonzerte (Largo do Machado, Arcos do Lapa, Praça General Osório). Wem nach etwas Frivolität zumute ist, der kann sich auf verschiedenen Bällen in der Stadt vergnügen. *Bandas* bzw. *blocos* gehören zu den besten Arten, das Fest ganz wie die *cariocas* zu feiern. Sie bestehen aus einer Prozession von Trommlern und Sängern, der sich alle anschließen, die auf den Straßen tanzen wollen. Zeit und Ort erfährt man bei Riotur (S. 328). Die *blocos* in Santa Teresa und Ipanema sind empfehlenswert.

Der beeindruckende Hauptumzug findet dann im **Sambódromo** (www.sambadrome.com; Marques do Sapucaí) in der Nähe der Metrostation Praça Onze statt. Vor 30 000 überschwänglich feiernden Menschen darf jede der zwölf Sambaschulen eine Stunde lang ihr Können demonstrieren – das Ganze ist einfach betörend! Die besten Schulen treten am Karnevalssonntag und -montag gegeneinander an (26. & 27. Feb. 2017; 11. & 12. Feb. 2018). Am sichersten erreicht man das Sambódromo mit dem Taxi oder mit der Metro, die während der Festivitäten rund um die Uhr fährt.

Liesa (Karte S. 320; 3213-5151; http://liesa.globo.com; Av Rio Branco 4, Centro; Sept.–Karneval Mo–Fr 10–16 Uhr), die offizielle Sambaschulenvereinigung, beginnt im Dezember oder Januar mit dem Verkauf von Tickets, die zu großen Teilen sofort von Reiseveranstaltern geschnappt werden, die sie dann später zu höheren Preisen weiterverkaufen. Man sollte sich bei Riotur erkundigen, wo die Tickets zu bekommen sind, denn die offizielle Verkaufsstelle ändert sich von Jahr zu Jahr. Der Nennwert der Tickets liegt zwischen 140 und 500 R$. Bis zum Karneval-Wochenende sind die meisten ausverkauft, es gibt aber viele Schwarzhändler. Wenn man ein Ticket bei einem Schwarzhändler (die braucht man nicht zu suchen – sie finden einen!) kauft, muss man darauf achten, dass man sowohl die Plastikkarte mit dem Magnetstreifen als auch das Ticket mit der Platznummer erhält. Die Tickets für verschiedene Tage sind farbkodiert, also auch das Datum prüfen!

Wer kein Ticket gekauft hat und trotzdem dabei sein will, geht während des Karnevals gegen Mitternacht zum Sambódromo. Dort bieten dann Schwarzhändler vor dem Tor Tribünenplätze für rund 50 R$ an. Unbedingt genau nachsehen, für welchen Bereich das Ticket gilt – die meisten Händler versuchen, zuerst ihre schlechtesten Plätze loszuschlagen!

🛏 Schlafen

Die Zona Sul ist der schicke Bereich der Stadt, wo sich das gesamte touristische Geschehen abspielt. Ipanema und Leblon sind in Sachen Unterkunft die ansprechendsten Viertel der Zona Sul. Das auf einem Hügel liegende historische Boheme-Viertel Santa Teresa ist Rios charmantestes *bairro* (Stadtviertel). In weiteren Vierteln, die im Norden an der U-Bahnlinie liegen (Botafogo, Flamengo & Catete), gibt es generell günstigere Unterkünfte als in den am Strand liegenden Vierteln im Süden.

🛏 Ipanema, Leblon & Gávea

Rio Hostel – Ipanema HOSTEL **$**
(Karte S. 318; ☏2287-2928; www.riohostelipanema.com; Casa 1, Canning 18, Ipanema; B/DZ ab 60/180 R$; @🛜) Das freundliche Hostel befindet sich in einer kleinen Villa in einem ruhigen Teil von Ipanema. Die bunt gemischten Gäste freuen sich über die sauberen Zimmer, die luftige Dachterrasse mit Hängematten und die kleine Vorderveranda. Die Lage ist fantastisch, denn bis zu den Stränden von Ipanema oder Copacabana sind's jeweils weniger als zehn Gehminuten. Der Eingang ist nicht mit einem Schild gekennzeichnet und liegt hinter einem Tor, deshalb sollten Traveller sicherstellen, dass sie im Hostel erwartet werden!

Lemon Spirit Hostel HOSTEL **$**
(Karte S. 318; ☏2294-1853; www.lemonspirit.com; Cupertino Durão 56, Leblon; B 70–90 R$; ✻@🛜) Das Hostel ist eines der wenigen in Leblon und hat eine ausgezeichnete Lage nur einen Block vom Strand. Die Schlafsäle (je 4–6 Betten) sind sauber, schlicht und ziemlich schmucklos. An der Vorderseite des Hauses gibt's einen winzigen Hof, die attraktive Bar im Foyer ist ein gutes Plätzchen, um bei einem Caipirinha andere Traveller kennenzulernen.

Leblon Spot Design Hostel HOSTEL **$$**
(Karte S. 318; ☏2137-4310; www.leblonspot.com; Dias Ferreira 636, Leblon; B werktags/Wochenende 62/110 R$, DZ 260–350 R$; ✻@🛜) Die Lage ist hervorragend – einige der besten Restaurants und Bars von Rio liegen in kurzer Gehentfernung. Das Hostel in einem früheren Wohnhaus hat bunte, aber ziemlich enge Zimmer mit Holzböden, eine kleine Lounge und eine winzige Veranda. Anders als in anderen Hostels der Stadt geht es hier nicht besonders gesellig zu, und das Personal ist auch nicht besonders freundlich.

Margarida's Pousada POUSADA **$$**
(Karte S. 318; ☏2239-1840; www.margaridaspousada.com; Barão da Torre 600, Ipanema; DZ ab 300 R$; ✻@🛜) Wer statt eines Hochhaushotels lieber etwas Kleineres und Gemütlicheres sucht, kann es mit dieser *pousada* (Pension) mit einer großartigen Lage in Ipanema versuchen. Elf ansprechende, schlicht möblierte Zimmer verteilen sich über das niedrige Gebäude. Das Margarida vermietet in der Nähe auch mehrere voll ausgestattete Privatapartments.

Bonita HOSTEL **$$**
(☏2227-1703; www.bonitaipanema.com; Barão da Torre 107, Ipanema; B 60 R$, DZ mit/ohne Bad 270/220 R$; ✻@🛜☕) Das umgebaute Haus

---

WOHNEN IN DEN FAVELAS

Unterkünfte in *favelas* (Slums) sind nichts Neues: Schon seit einem Jahrzehnt wagen sich unerschrockene Traveller in die Barackensiedlungen vor. Im Zuge der Befriedung immer weiterer *favelas* schießen jetzt aber Hostels und *pousadas* (Gasthäuser) noch schneller aus dem Boden als die Baracken, aus denen die *favelas* bestehen.

Maze Inn (Karte S. 310; ☏2558-5547; www.jazzrio.com; Casa 66, Tavares Bastos 414, Catete; B 90 R$, EZ/DZ ab 175/225 R$) Der lebensfrohe Engländer Bob Nadkarni betreibt diese fast schon legendäre *pousada* mit Jazzschuppen in der Favela Tavares Bastos. Jazzabende gibt's jeden Monat am ersten und dritten Freitag (30 R$).

Vidigalbergue (☏3114-8025; www.vidigalbergue.com.br; Casa 2, Av Niemeyer 314, Vidigal; B 45–60 R$; ✻@🛜) Ein toller Blick aufs Meer ist der Clou in diesem freundlichen Hostel unten in der Favela Vidigal.

Mirante do Arvrão (☏3114-1868; mirantedoarvrao.com.br; Armando de Almeida Lima 8, Vidigal; B/EZ/DZ ab 58/158/400 R$; ✻🛜) Die überraschende Entdeckung in Vidigal bietet schöne Zimmer und eine tolle Aussicht – die Anlage ist noch dazu aus nachhaltigen Materialien errichtet.

Ipanema, Leblon & Gávea

Ipanema, Leblon & Gávea

◎ Highlights
1 Lagoa Rodrigo de Freitas E1

◎ Sehenswertes
2 Strandabschnitt für Schwule F3

🛏 Schlafen
3 Leblon Spot Design Hostel B2
4 Lemon Spirit Hostel B3
5 Margarida's Pousada D2
6 Rio Hostel – Ipanema H3

✖ Essen
7 Brasileirinho G3
8 Cafeína F3
9 Delírio Tropical E3
10 Frontera G3
11 Vero F3
12 Zazá Bistrô Tropical F3

● Ausgehen & Nachtleben
13 Belmonte A2
14 Bibi Sucos B3
15 Brewteco A2
16 Canastra G3
17 Garota de Ipanema F3
18 Jobi A3
19 Palaphita Kitch G1
20 Tô Nem Aí F3

✪ Unterhaltung
21 Vinícius Show Bar F3

🛍 Shoppen
22 Hippie Fair G3
23 Toca do Vinícius F3

in ruhiger Lage hat Geschichte: Hier wohnte die Bossa-Nova-Legende Tom Jobim von 1962 bis 1965, und hier schrieb er einige seiner berühmtesten Songs. Die Zimmer sind sauber und schlicht möbliert, die meisten öffnen sich auf die Gemeinschaftsterrasse oberhalb eines kleinen Pools unten im Hof.

Copacabana & Leme

Cabana Copa HOSTEL $
(Karte S. 314; 3988-9912; www.cabanacopa.com.br; Travessa Guimarães Natal 12, Copacabana; B 40–80 R$, DZ 180–250 R$;) Der Spitzenplatz unter den Hostels gebührt diesem griechisch-brasilianisch geführten Schmuckstück, das sich in einem Winkel von Copacabana in einem in den 1950er-Jahren im Kolonialstil errichteten Haus verbirgt. In dem Haus mit seinen zahlreichen originalen architektonischen Details und schmucken Bodenbelägen gibt es hauptsächlich Schlafsäle mit vier bis zehn Betten. Zum Hostel gehören Gemeinschaftsbereiche und eine muntere Bar.

Che Lagarto – Suites Santa Clara BOUTIQUEHOSTEL $$
(3495-3133; www.chelagarto.com; Santa Clara 304, Copacabana; Zi. mit/ohne Bad ab 220/170 R$;) An einer von Bäumen gesäumten Straße in Copacabanas Bairro Peixoto bietet dieses umgebaute Wohnhaus saubere, schlichte und gepflegte Zimmer (nur Zimmer, keine Schlafsäle) und unten eine kleine Lounge, in der man andere Traveller kennenlernen kann. Das freundliche Personal hat hilfreiche Ratschläge parat und weist den Weg zu vielerlei Aktivitäten.

Edificio Jucati HOSTEL, APARTMENTS $$
(2547-5422; www.edificiojucati.com.br; Tenente Marones de Gusmão 85, Copacabana; DZ/4BZ ab 230/290 R$;) In einer ruhigen Straße nahe einem kleinen Park bietet das Jucati Apartments mit Zimmerservice, Schiefer-

Centro, Lapa, Glória & Santa Teresa

Centro, Lapa, Glória & Santa Teresa

◉ Highlights
1 Escadaria Selarón C4
2 Museu Histórico Nacional D3

◎ Sehenswertes
3 Bonde-Haltestelle C3
4 Museu de Arte do Rio B1
5 Museu do Amanhã C1

🛏 Schlafen
6 Cama e Café A4
7 Casa Cool Beans A5
8 Casa da Gente C4
9 Rio Hostel B4

✴ Essen
10 Bar do Mineiro A5
Cafecito .... (siehe 10)
11 Confeitaria Colombo C2
Cristóvão .... (siehe 11)
12 Espírito Santa B5

⚫ Ausgehen & Nachtleben
13 Week B1

⚫ Unterhaltung
14 Carioca da Gema B4
15 Rio Scenarium B3

böden und kleinen, aber brauchbaren Küchen. Bevor man eines nimmt, sollte man sich den Grundriss des Quartiers anschauen. Die meisten Apartments haben nur ein Schlafzimmer mit einem Doppelbett und ein Wohnzimmer mit einem Etagenbett. Der kleine überdachte Hof eignet sich prima zum Entspannen.

Santa Teresa & Lapa

Rio Hostel HOSTEL $
(Karte S. 320; 3852-0827; www.riohostel.com; Joaquim Murtinho 361, Santa Teresa; B/EZ/DZ ab 35/80/120 R$; ※@ ⑦ ≋) Das beliebte Hostel in Santa Teresa ist sehr heimelig. Der Hinterhof ist mit seinem Pool ein tolles Fleckchen Erde, um andere Traveller kennenzulernen, und es gibt auch eine Gästeküche. Die Zimmer sind sauber. Zu den hübschen Doppelzimmern gehören auch private Suiten hinter dem Pool, die eine schöne Aussicht gewähren.

Casa da Gente PENSION $
(Karte S. 320; 2232-2634; www.casadagente.com; Gonçalves Fontes 33, Santa Teresa; EZ/DZ 125/185 R$; ⑦) Einen kurzen Spaziergang vom oberen Ende der Escadaria Selarón entfernt findet sich diese einladende, französisch-brasilianisch geführte Pension, in der großer Wert auf Nachhaltigkeit gelegt wird. Das Regenwasser wird gesammelt, der Abfall kompostiert, Sonnenkollektoren sorgen für Strom, und das Dach ist begrünt. Die Zimmer sind hell, sauber und schlicht eingerichtet.

★ **Casa Beleza** POUSADA $$
(Karte S. 310; 98288-6764; www.casabeleza.net; Laurinda Santos Lobo 311, Santa Teresa; Zi. 260–450 R$; ※ ⑦ ≋) Das hübsche Anwesen stammt aus den 1930er-Jahren und war einst eine Gouverneursvilla. Tropische Gärten breiten sich oberhalb des malerischen Pools aus, und manchmal können Gäste hier sogar Tukane und Affen in den umliegenden Bäumen erspähen. Die kleine und friedliche Unterkunft umfasst gerade einmal vier Zimmer und eine Villa in ruhiger Lage (mit einer Dachterrasse mit Panoramablick).

Casa Áurea PENSION $$
(Karte S. 310; 2242-5830; www.casaaurea.com.br; Áurea 80, Santa Teresa; DZ 300–340 R$, EZ/DZ ohne Bad 170/220 R$; ※ ⑦) Die zweistöckige Pension hat rustikalen Charme und residiert in einem der ältesten Wohnhäuser von Santa Teresa (1871 erbaut). Sie bietet schlichte, aber gemütliche Zimmer und einen großen, geschützten Garten, wo man in der Hängematte entspannen, den Grill anwerfen oder sich eine Mahlzeit in der Freiluftküche zubereiten kann. Die Besitzer sind sehr gastfreundlich und nett.

Cama e Café GASTFAMILIE $$
(Karte S. 320; 2225-4366; www.camaecafe.com; Progresso 67, Santa Teresa; Zi. 196–300 R$) Eine nette Alternative zu Hotels und Pensionen: Cama e Café ist ein B&B-Netzwerk, bei dem Traveller ein Zimmer bei einheimischen Anwohnern mieten können. Man hat die Wahl zwischen mehreren Dutzend Optionen; die meisten Zimmer gibt's in Santa Teresa, ein paar aber auch in Laranjeiras, der Zona Sul und Barra.

Botafogo & Urca

Vila Carioca HOSTEL $
(Karte S. 310; 2535-3224; www.vilacarioca.com.br; Estácio Coimbra 84, Botafogo; B 35–60 R$, DZ 130–320 R$; ※@ ⑦) An einer friedlichen, von Bäumen gesäumten Straße bietet dieses entspannte und einladende Hostel Schlafsäle mit vier bis fünfzehn Betten in einem hübsch dekorierten Haus. In den Gemeinschaftsbereichen kann man sich gut unter die anderen Traveller mischen.

Oztel HOSTEL $$
(Karte S. 310; 3042-1853; www.oztel.com.br; Pinheiro Guimarães 91, Botafogo; B 45–75 R$, DZ 240–230 R$; ※@ ⑦) Rios coolstes und farbenfrohstes Hostel wirkt mit seiner Warhol-Ästhetik wie eine Kunstgalerie. Die künstlerische Veranda und die Bar laden zum Abhängen ein, aber der wirkliche Clou sind die Privatzimmer mit einem Hof unter der Nase der Cristo-Redentor-Statue – eine schrillere Bleibe wird man in Rio nicht finden.

Essen

Die besten preiswerten Optionen sind Mittagsbüfetts mit Selbstbedienung und Saftbars. Eine weitere stimmungsvolle Adresse ist die Joaquim Murtinho in Santa Teresa. An der Ecke Mem de Sá und Lavrádio in Lapa finden sich viele *botecos* (kleine Nachbarschaftsbars), die man vor der Party besuchen kann. Selbstversorger decken sich am besten bei der überall in Rio vertretenen Lebensmittelkette Zona Sul mit Vorräten ein, die nach dem begehrtesten Stadtteil Rios benannt ist.

Ipanema, Leblon & Gávea

Vero
EIS $

(Karte S. 318; ☎ 3497-8754; Visconde de Pirajá 260; Eis 11–16 R$; ⊙ 11–24 Uhr) Diese von Italienern geführte *gelateria* macht Rios bestes Eis. Es gibt mehr als zwei Dutzend aromatische und sahnige Versuchungen, darunter *gianduia* (Schokolade mit Haselnuss), *caramelo com flor de sal* (Karamell mit Meersalz), *figo com amêndoas* (Feige mit Mandeln) und klassische Sorten wie *morango* (Erdbeereis). Das Angebot wechselt täglich.

Cafeína
CAFÉ $

(Karte S. 318; ☎ 2521-2194; www.cafeina.com.br; Farme de Amoedo 43; Quiches 10 R$, Sandwiches 20–40 R$; ⊙ 8–23.30 Uhr; 🛜) Das einladende Café mit Tischen auf dem Bürgersteig im Herzen von Ipanema ist ein feines Plätzchen, um einen Espresso zu trinken und die Passanten zu beobachten. Es gibt auch frisch gemachte Sandwiches, Salate, Quiches und einige sehr aromatische Desserts.

Delírio Tropical
BRASILIANISCH $

(Karte S. 318; ☎ 3624-8164; www.delirio.com.br; Garcia d'Ávila 48; Salate 15–22 R$; ⊙ Mo-Sa 11–21 Uhr; 🛜) Das Delírio Tropical serviert eine verführerische Auswahl von Salaten, die man mit Grillforelle, Lachs-Carpaccio, Filet Mignon und anderen Speisen ergänzen kann. Der offene Raumplan sorgt für ein nettes, zwangloses Ambiente, man muss aber früh kommen, wenn man mittags dem Massenandrang entgehen will.

Frontera
BÜFFET $$

(Karte S. 318; ☎ 3289-2350; Visconde de Pirajá 128; 60 R$/kg; ⊙ 11.30–23 Uhr) Das von einem niederländischen Koch geführte Frontera bietet mehr als 60 Speisen im Rahmen seines leckeren Mittagsbüffets. Zu der delikaten Auswahl gehören Grillfleisch, Pasteten, Pasta mit Meeresfrüchten, Salate, frisches Obst, gegrilltes Gemüse und Desserts. Für das Sushi und die Nachspeisen von der Theke muss man extra bezahlen. Dunkles Holz und alte Reiseplakate sorgen für ein gemütlicheres Ambiente als in den meisten Lokalen, die ihr Essen nach Gewicht abrechnen.

Brasileirinho
BRASILIANISCH $$

(Karte S. 318; ☎ 2523-5184; Jangadeiros 10; Hauptgerichte 38–59 R$; ⊙ 12–23 Uhr) Das rustikal eingerichtete Restaurant an der Praça General Osório serviert gute, traditionelle Mineiro-Küche. Zu den beliebten Gerichten zählen *tutu a mineira* (pürierte schwarze Bohnen mit Maniok), *carne seca* (gedörrtes Rindfleisch) und *picanha* (Rumpsteak). Die *feijoada* ist prima – kein Wunder, denn das Brasileirinho wird von demselben Besitzer geführt wie die Casa da Feijoada, das beste *feijoada*-Lokal in Ipanema.

★ Zazá Bistrô Tropical
FUSION $$$

(Karte S. 318; ☎ 2247-9101; www.zazabistro.com.br; Joana Angélica 40; Hauptgerichte 60–86 R$; ⊙ Mo & Di 19.30–24, Mi–Fr 12–24, Sa & So ab 13 Uhr) In einem mit Kunst ausstaffierten und skurril dekorierten umgebauten Wohnhaus serviert das Zazá schön angerichtete Speisen mit asiatischem Einschlag, die, wenn möglich, mit Bio-Zutaten zubereitet sind. Zu den beliebten Gerichten zählen Hühnchencurry mit Jasminreis, flambierte Garnelen mit Risotto und Grillfisch mit karamellisierter Kochbanane. Die Cocktails sollte man unbedingt probieren.

Copacabana & Leme

Bibi Sucos
BRASILIANISCH $

(Karte S. 314; ☎ 2255-5000; Santa Clara 36; Hauptgerichte 18–36 R$; ⊙ So–Do 8–1, Fr & Sa bis 2 Uhr) Das Lokal verfolgt im Wesentlichen das gleiche Erfolgsrezept wie die **Filiale in Leblon** (Karte S. 318; ☎ 2259-4298; www.bibisucos.com.br; Av Ataúlfo de Paiva 591A; Säfte 6–15 R$; ⊙ 8–1): Das Bibi serviert Dutzende Säfte und dazu herzhafte und süße Crêpes, Sandwiches, Burger, Pastagerichte, Quiches und Salate, die man sich selbst zusammenstellen kann. Es gibt Tische im Freien und eine muntere Atmosphäre. Zum Mittagessen früh oder spät kommen, um den Massen zu entgehen!

Galeto Sat's
BRASILIANISCH $

(Karte S. 314; ☎ 2275-6197; Barata Ribeiro 7; Hauptgerichte 18–26 R$; ⊙ 12–5 Uhr) Als eines der besten Brathähnchenlokale in Rio hat das entspannte Galeto Sat's seit seiner Eröffnung im Jahr 1962 viele Fans gewonnen. Man schnappt sich einen Sitz an der geflieste n und mit Spiegeln versehenen Wand, bestellt ein *chope* (Bier vom Fass), schnuppert den Duft der am Spieß gebratenen Vögel und stürzt sich schließlich auf das sättigende Mahl. Mit 50 R$ ist das Menü für zwei Personen unschlagbar günstig.

Joaquina
BRASILIANISCH $$

(Karte S. 314; ☎ 2275-8569; Av Atlântica 974; Hauptgerichte 34–46 R$; ⊙ 11.30–24 Uhr; 🛜) Vieles spricht für dieses Lokal: Die tolle Lage am Meer mit Sitzbereichen im Freien, die ausgezeichneten Caipirinhas, bei denen nicht mit frischen Früchten geknausert wird, sowie das schmackhafte brasilianische Essen zu fairen Preisen. Sonntags gibt's *feijoada* (34 R$), samstags Ochsenschwanz mit Reis (ebenfalls 34 R$). Früh kommen, bevor alles ausverkauft ist! Weitere Highlights sind *moqueca*, Shrimps-Risotto und vegetarisches Stroganoff.

Bar do David BRASILIANISCH $$
(Karte S. 310; Ladeira Ary Barroso 66; Vorspeisen 20–30 R$, Hauptgerichte ca. 35 R$; Di–So 8–22 Uhr) Das schlichte offene Lokal in der Favela Chapéu Mangueira bietet ausgezeichnete Snacks. Der Chefkoch und Inhaber David Vieira Bispo war früher Fischer, und seine Meeresfrüchte-*feijoada* (Reiseintopf) ist hervorragend – die gibt's aber nur am Wochenende. An anderen Tagen hält man sich an Meeresfrüchte-*croquetes*, Knoblauchshrimps, Würstchen mit Maniok und andere kleinere Gerichte, zu denen ein, zwei Caipirinhas prima passen.

TT Burger BURGER $$
(Karte S. 314; Francisco Otaviano 67; Hauptgerichte ca. 30 R$; So–Mi 12–24, Do–Sa bis 4 Uhr) Der Sohn des berühmten örtlichen Küchenchefs Claude Troisgros betreibt diesen noblen Burger-Laden im Brooklyner Stil. Mit seinen köstlichen Burgern (das Guaven-Ketchup ist hervorragend), knusprigen Pommes und Milchshakes hat er sich eine echte Fangemeinde erobert. Mit U-Bahn-Fliesen, eingerahmten Fotos, Holzböden und einer kleinen Terrasse vorn wirkt das Ambiente charmant. Eine weitere Filiale liegt an Leblons Hauptstraße (Av Ataúlfo de Paiva).

Centro

Confeitaria Colombo BRASILIANISCH $
(Karte S. 320; 2505-1500; www.confeitariacolombo.com.br; Gonçalves Dias 34; Gebäck ca. 9 R$, Sandwiches 18–40 R$; Mo–Fr 9–19, Sa bis 17 Uhr) Buntglasfenster, in Brokat gefasste Spiegel und Marmortheken bilden ein luxuriöses Ambiente für einen Kaffee oder eine Mahlzeit. Die im späten 19. Jh. gegründete Institution serviert Desserts – darunter ein gutes *pastel de nata* (Eiercreme-Tart) –, die dem eleganten Dekor würdig sind. Wer noch mehr von der Pracht sehen will, kann sich im darüber gelegenen Restaurant **Cristóvão** (Karte S. 320; Gonçalves Dias 34; Büfett 87 R$; 12–16 Uhr) über das große Büfett mit brasilianischen Gerichten hermachen.

Lapa & Santa Teresa

Cafecito CAFÉ $
(Karte S. 320; 2221-9439; www.cafecito.com.br; Paschoal Carlos Magno 121; Sandwiches 14–26 R$; Do–Di 9–22 Uhr;) Ein paar Stufen oberhalb der Straße lockt dieses Freiluftcafé eine Mischung aus Ausländern und Stammgästen aus der Nachbarschaft an; der argentinische Inhaber wohnt schon lange in Santa Teresa. Man bekommt hier Importbiere, Desserts, Cocktails (Caipirinhas und Mojitos), Tapas und schmackhafte Ciabatta-Sandwiches mit Zutaten wie Artischockenherzen, Gorgonzola und Prosciutto.

Bar do Mineiro BRASILIANISCH $$
(Karte S. 320; 2221-9227; Paschoal Carlos Magno 99; Hauptgerichte 51–75 R$; Di–Sa 12–2, So bis 24 Uhr) Schwarzweißfotos von legendären Sängern zieren die Wände dieses *boteco* (kleine Freiluftbar) alter Schule im Herzen von Santa Teresa. Seit Jahren kommt das muntere Publikum in Scharen, um hier traditionelle Gerichte aus Minas Gerais zu genießen. Die *feijoada* (Eintopf mit Bohnen, Fleisch und Reis) ist toll und wird jeden Tag angeboten, genauso wie Vorspeisen, beispielsweise *pasteis* (herzhaftes Gebäck). Die starken Caipirinhas bringen die Gäste in Stimmung.

★**Espírito Santa** AMAZONISCH $$$
(Karte S. 320; 2507-4840; Almirante Alexandrino 264; Hauptgerichte 50–88 R$; Mi–Mo 12–24 Uhr) Das Restaurant residiert in einer schön restaurierten Villa in Santa Teresa. Man speist draußen auf der hinteren Terrasse mit weiter Aussicht oder drinnen in dem charmanten, luftigen Speisesaal. Es gibt reichhaltige, fachkundig zubereitete Fleisch- und Meeresfrüchtegerichte aus dem Amazonasbecken und dem Nordosten.

Jardim Botânico & Lagoa

★**Volta** BRASILIANISCH $$
(3204-5406; www.restaurantevolta.com.br; Visconde de Carandaí 5; Hauptgerichte 40–60 R$; Mo–Sa 12–24, So bis 18 Uhr) In einer noblen alten Villa mit offener Terrasse in einer friedlichen Ecke des Jardim Botânico serviert dieses Restaurant verspielte, moderne Gerichte, die von typischer brasilianischer Hausmannskost abgeleitet sind. Zunächst gibt's kreative Vorspeisen wie Tapioka-Fladen mit Sardinen oder *coxinha* (mit Hühnerfleisch gefüllte Maisbällchen) mit Frisch-

käse aus Minas, danach kann man sich z. B. Süßkartoffel-Gnocchi mit Kürbiscreme oder ein zartes Filet Mignon gönnen.

Botafogo & Urca

Boua Kitchen & Bar BISTRO $
(Karte S. 310; www.theboua.com.br; Nelson Mandela 102, Botafogo; Burger 26–38 R$) Der muntere Gastropub hinter dem U-Bahnhof Botafogo ist eines von mehr als einem Dutzend Lokalen und Bars an dieser Straße. Die Auswahl von Kleinbrauereibieren (mit einem wechselnden Sortiment belgischer, deutscher, US-amerikanischer und brasilianischer Gebräue) ist hervorragend. Man kann draußen sitzen, dicke Burger, Vorspeisen oder Steak und Gorgonzola-Risotto essen und sich dabei die Passanten anschauen.

Glória, Catete & Flamengo

Sírio Libaneza NAHÖSTLICH $
(Karte S. 310; www.rotisseriasl.com.br; Largo do Machado 29, Loja 16-19; Snacks 8–24 R$; ☉ Mo–Sa 8–23 Uhr; 🛜) Der stets gut gefüllte Laden bietet schmackhafte, billige syrisch-libanesische Kost und tolle Säfte. Zu empfehlen sind das herzhafte *kibe de forno* (im Ofen gebackenes, würziges Rinderhack), die Hummus-Gerichte oder die *kafta* (Köfte). Zum Nachtisch gibt's Süßes, z. B. Baklava. Das Lokal befindet sich in der Galleria Condor am Largo do Machado.

★**Ferro e Farinha** PIZZERIA $$
(Karte S. 310; Andrade Pertence 42; Pizza 30–40 R$; ☉ Mi–Sa 19–23.30, So ab 18.30 Uhr) Sei Shiroma aus New York und ein Team aus geschickten Bäckern servieren Rios beste Pizza in diesem stimmungsvollen, nett verfallenen Laden in Catete. Es gibt nur wenige Plätze, nur ein paar Barhocker rund um die Pizzabäcker und den Ofen in der Mitte sowie ein paar Tische draußen. Man sollte also frühzeitig kommen, bevor der Massenandrang einsetzt.

Ausgehen

In Ipanema, Leblon und Copacabana gibt's schicke Nachtlokale und Bars alter Schule. Die junge Barszene lockt Partylustige nach Gávea, während Ehepaare das malerische Lagoa bevorzugen. In den schmalen Fußgängerstraßen von Centro nahe der Praça XV tummeln sich Barbesucher werktags zur Cocktailstunde, während Santa Teresa ein Viertel für einen richtig entspannten Cocktail ist. Lapa wird mit seinen Sambaclubs und schrägen Freiluftbars an Wochenenden spätabends zu einer einzigen Straßenparty.

Rios zahlreiche Saftbars sind ein Muss. Leute beobachten und dabei einen Kaffee

---

SCHWULEN- & LESBENSZENE IN RIO

An den Stränden sammeln sich Schwule gern an den Getränkeständen gegenüber dem Copacabana Palace Hotel in Copacabana sowie gegenüber der Farme de Amoedo (Rios schwulster Straße) in Ipanema. An der Praia do Ipanema sammeln sich Schwule am Abschnitt zwischen Posto 8 und 9. Eine schwulenfreundliche Unterkunft ist das **Casa Cool Beans** (Karte S. 320; ☎ 2262-0552; www.casacoolbeans.com; Laurinda Santos Lobo 136, Santa Teresa; DZ 250–400 R$; ✱@🛜☸), das Schwulen gehört und von ihnen geführt wird. Weitere Infos finden sich unter www.riogayguide.com.

Le Boy (Karte S. 314; ☎ 2513-4993; www.leboy.com.br; Raul Pompéia 102, Copacabana; Grundpreis 10–30 R$; ☉ Di–So 23–5 Uhr) Den Schwulentempel gibt's schon seit 1992. Er veranstaltet Themennächte mit Dragshows und Go-Go-Boys.

Tô Nem Aí (Karte S. 318; ☎ 2247-8403; Ecke Farme de Amoedo & Visconde de Pirajá; ☉ 12–3 Uhr) Der Name bedeutet: „mir egal". Der entspannte Treff an der schwulsten Straße von Ipanema ist toll, um nach dem Strand ein bisschen abzuhängen.

TV Bar (Karte S. 314; www.bartvbar.com.br; Shopping Cassino Atlântico, Av NS de Copacabana 1417, Copacabana; Grundpreis 15–50 R$; ☉ Do–Sa 22–5, So bis 3 Uhr) Ein angesagter und trendiger Treff: In einem früheren TV-Studio legen DJs inmitten von allerlei audiovisuellem Gerät auf.

Week (Karte S. 320; ☎ 2253-1020; www.theweek.com.br; Sacadura Cabral 135, Centro; Sa 22–5 Uhr) Der Import von São Paulos großer Institution ist seit 2007 eine große Erfolgsgeschichte. Samstag ist am meisten los, dann heizen internationale DJs richtig ein. Der Club befindet sich in einer historischen *carioca*-Villa nahe dem Hafen.

trinken kann man in den Straßencafés in Ipanema und Leblon.

Ipanema, Leblon & Gávea

★ Canastra
WEINBAR

(Karte S. 318; Jangadeiros 42; ⊕ Di–Sa 18.30–1 Uhr) Auf den ersten Blick wirkt das Canastra wie ein x-beliebiges, zwangloses *boteco* in einer Nebenstraße der Stadt mit Tischen auf dem Bürgersteig und vielen Leuten, die sich über Drinks und Snacks hermachen. Aber das Essen ist hervorragend, und getrunken wird hier vorzugsweise Wein, was vielleicht nicht überraschend ist, da drei Franzosen das Lokal führen.

Belmonte
BAR

(Karte S. 318; Dias Ferreira 521; ⊕ 11–3 Uhr) Die Bar ist ein Wahrzeichen in Leblon und lockt stets große Massen an. Praktisch an jedem Abend ist hier Straßenparty, denn ab 20 Uhr nehmen die Biertrinker auch die Bürgersteige in Beschlag. Wenn man einen Tisch ergattern kann, sollte man auch die leckeren, preisgünstigen, mit Krebsen, gedörrtem Rindfleisch, Shrimps, Palmherzen und anderen Zutaten gefüllten *pasteis* (frittierten Teigtaschen) probieren.

Brewteco
BAR

(Karte S. 318; Dias Ferreira 420; ⊕ 11–1 Uhr) Die Kleinbrauereiszene hat Rio erreicht: Das Brewteco hat jede Menge einmaliger Flaschenbiere aus aller Welt im Angebot, darunter kalifornische India Pale Ales von Ballast Point, beliebte deutsche Marken wie Weihenstephaner, belgische Ales und einzigartige brasilianische Biere wie Fraga Weiss, ein Weizenbier aus Rio.

★ Palaphita Kitch
LOUNGE

(Karte S. 314; 2227-0837; www.palaphitakitch.com.br; Av Epitácio Pessoa s/n; ⊕ 18–1 Uhr) Das offene Lokal mit Strohdach, rustikalen Bambusmöbeln, flackernden Tiki-Fackeln und einer beschaulichen Lage am Ufer des Sees ist der richtige Ort für einen Drink bei Sonnenuntergang. Paare kommen gern hierher, um die Aussicht und die kreativen (aber teuren) Cocktails zu genießen; die Caipirinhas mit ungewöhnlichen Früchten aus dem Amazonasbecken und dem Nordosten des Landes sind ein Hit.

Garota de Ipanema
BAR

(Karte S. 318; 2522-0340; Vinícius de Moraes 49; ⊕ 12–2 Uhr) Zu Anfang hieß das kleine, offene Lokal Bar Veloso. Mit dem Namen und der Anonymität war es vorbei, als zwei abgerissene junge Stammgäste – Tom Jobim und Vinícius de Moraes – den berühmten Song *Girl from Ipanema* schrieben. Der Song machte Geschichte, und sogar der Name der Straße änderte sich.

Jobi
BOTECO

(Karte S. 318; 2274-0547; Av Ataúlfo de Paiva 1166; ⊕ 9–5 Uhr) Seit 1956 hat die beliebte Kneipe viel Bier ausgeschenkt – und ist so populär wie eh und je. Die schmucklose *botequim* (Bar mit Tischbedienung) ist immer noch gut voll; am besten schnappt man sich einen Tisch auf dem Bürgersteig und lässt die Nacht kommen. Gegen den Hunger gibt's leckere Vorspeisen; das *carne seca* (gedörrtes Rindfleisch) und die *bolinhos de bacalhau* (Kabeljau-Kroketten) sind prima.

Copacabana & Leme

Escondido
BAR

(Karte S. 314; Aires de Saldanha 98, Copacabana; ⊕ Di–So 18–1 Uhr) Das Escondido ist eine der besten Bierbars in Copacabana und hat ein wechselndes Angebot von Kleinbrauereibieren wie American Pale Ales, Stouts und Cider, darunter immer zwei Dutzend Sorten vom Fass. In dem entspannten Lokal trifft man sich mit Freunden, trinkt ein paar Bier und isst Kneipenkost (z. B. riesige Burger).

Botafogo & Urca

Caverna
BAR

(Karte S. 310; 3507-5600; www.espacocaverna.com; Assis Bueno 26; ⊕ Mo–Fr 18–1, Sa 19–2 Uhr) Noch ein Grund, warum Botafogo derzeit Ipanema in Sachen Coolness den Rang abläuft: Diese Rock-&-Roll-Bar mit Bistro serviert Kleinbrauereibier und saftige Burger in lustiger Atmosphäre – an manchen Abenden ist die Musik allerdings ziemlich laut.

Bar Urca
BAR

(Karte S. 310; 2295-8744; Cândido Gaffrée 205, Urca; ⊕ 8–23 Uhr) Die beliebte Nachbarschaftsbar mit Restaurant ist toll nahe dem Ufer in Urca gelegen. Abends genießt das gemischte Publikum an der Kaimauer kalte Drinks, Vorspeisen und die schöne Aussicht.

☆ Unterhaltung

Livemusik

★ Bip Bip
LIVEMUSIK

(Karte S. 314; 2267-9696; Almirante Gonçalves 50, Copacabana; ⊕ So–Fr 18–24 Uhr) Seit Jahren

> **WERTSACHEN VERGRABEN!**
>
> Rios Strände sind ein Jagdrevier von Dieben, und es gibt seit Kurzem einen alarmierenden Anstieg von *arrastãos* – Kriminelle ziehen an den Stränden entlang und rauben alle aus, die ihnen in die Quere kommen. Daher niemals Wertsachen an den Strand mitnehmen! Wenn es sich nicht vermeiden lässt, kann man dem Vorbild schlauer Einheimischer folgen: Die stecken ihre Wertsachen in eine Plastiktüte, vergraben die im Sand und breiten das Badetuch darüber aus. Aus den Augen, aus dem Sinn!

ist dies einer der beliebtesten Treffs, um live eine *roda de samba* (rund um einen Tisch improvisierten Samba) zu erleben, obwohl es sich nur um ein Ladenlokal mit ein paar abgewetzten Tischen handelt. Am späteren Abend wird das von Bäumen gesäumte Viertel zum Schauplatz echter Jamsessions; dann erobern die Musik und die Feierlustigen die Straße.

Rio Scenarium SAMBA
(Karte S. 320; www.rioscenarium.com.br; Rua do Lavradio 20, Lapa; Grundpreis 25–50 R$; ◉Di–Sa 19–4 Uhr) Einer der malerischsten Treffs der Stadt: Das Rio Scenarium umfasst drei üppig mit Antiquitäten dekorierte Stockwerke. Von Balkonen blickt man hinunter auf die Bühne im 1. Stock, wo sich die Tänzer im Rhythmus der jazzigen Samba, zu *choro* oder *pagode* (populäre Sambamusik) bewegen. Die Stätte wird auch außerhalb Brasiliens stark beachtet, deswegen kommen neben Einheimischen mindestens genauso viele Ausländer.

Carioca da Gema SAMBA
(Karte S. 320; www.barcariocadagema.com.br; Av Mem de Sá 79, Lapa; Grundpreis 25–40 R$; ◉Mo–Fr 19–2, Sa & So ab 21 Uhr) Heute ist das Carioca da Gema von anderen Clubs umgeben, war aber bei seiner Eröffnung im Jahr 2000 einer der Pioniere in Lapa. In dem kleinen, warm beleuchteten Club treten immer noch einige der besten Sambabands der Stadt auf; an den meisten Abenden drängt sich das feierlustige, bunt gemischte Publikum auf der Tanzfläche.

★Vinícius Show Bar LIVEMUSIK
(Karte S. 318; 2523-4757; www.viniciusbar.com.br; 2. Stock, Prudente de Morais 34, Ipanema; Eintritt 35–50 R$) Der Treff, der sich als „Tempel des Bossa Nova" anpreist, ist seit 1989 ein Wahrzeichen des Viertels. Der trauliche Raum ist die ideale Kulisse für erstklassigen Bossa Nova und gelegentlich auch für Música Popular Brasileira (MPB) und Samba. Die Veranstaltungen beginnen in der Regel zwischen 21.30 und 23 Uhr.

Nachtclubs

Fosfobox CLUB
(Karte S. 314; 2548-7498; www.fosfobox.com.br; Siqueira Campos 143, Copacabana; Eintritt 15–60 R$; ◉Mi–Sa 23–4 Uhr) Der Kellerclub versteckt sich unter einem Einkaufszentrum nahe dem U-Bahnhof. Gute DJs legen alles auf, von Funk bis Glam Rock, und das Publikum ist bunter gemischt als in den meisten anderen Clubs.

Mais Que Nada CLUB
(Karte S. 314; www.maisquenada-rio.com.br; Xavier da Silveira 34, Copacabana; ◉Mi–So 19–2 Uhr) Der kleine, muntere Club lockt mit tanzbarer Samba, Salsa und Rock zu gleichen Teilen *cariocas* und Gringos an. Der Grundpreis liegt je nach Veranstaltung zwischen 10 und mehr als 25 R$. Der Eintritt zur Samba am Mittwochabend ist frei.

Casa da Matriz CLUB
(Karte S. 310; 2266-1014; www.facebook.com/casadamatriz; Henrique de Novaes 107, Botafogo; Eintritt 20–40 R$; ◉Mi–Sa 23–5 Uhr) Kunst schmückt diesen Raum in Botafogo. Mit ihren zahlreichen verschiedenen Räumen (Lounge, Filmsaal, Tanzflächen) verkörpert die alte Villa die kreative Seite des *carioca*-Geists. In der Regel findet sich hier ein studentisches Publikum. Eine Liste der Veranstaltungen gibt's auf der Facebook-Seite.

Tanzen

Ab September kann man in den großen Karnevalschulen bei Proben zuschauen. Bei den lebhaften wie zwanglosen Veranstaltungen wird getanzt, getrunken und gefeiert. Die Schulen liegen in zwielichtigen Vierteln – auch wenn man also besser nicht allein hingehen sollte, darf man sie sich nicht entgehen lassen.

Mangueira SAMBA
(2567-3419; www.mangueira.com.br; Visconde de Niterói 1072, Mangueira; ◉Sa 22 Uhr) Sambaschule.

Salgueiro SAMBA
(2238-9226; www.salgueiro.com.br; Silva Teles 104, Andaraí; ◉Sa 22 Uhr) Sambaschule.

Sport

Estádio do Maracanã STADION
(☎ 8871-3950; www.suderj.rj.gov.br/maracana.asp; Av Maracanã, São Cristóvão; 40–80 R$; ⊗ 9–19 Uhr; Ⓢ Maracanã) Ein Fußballmatch im Maracanã-Stadion, Brasiliens Fußballtempel, ist ein fast psychedelisches Ereignis. Die Spiele zählen zu den aufregendsten der Welt, insbesondere wenn es um ein Meisterschaftsspiel geht oder die konkurrierenden Clubs der Stadt – Flamengo, Vasco da Gama, Fluminense oder Botafogo – gegeneinander antreten. Gespielt wird das ganze Jahre, und zwar meist mittwochs, donnerstags, samstags oder sonntags.

 Shoppen

★ Hippie Fair MARKT
(Karte S. 318; Praça General Osório; ⊗ So 9–18 Uhr) Auf dem Hippie Fair (eigentlich Feira de Arte de Ipanema), dem berühmtesten Markt der Zona Sul, gibt's Kunstwerke, Schmuck, Kunsthandwerk, Bekleidung und Souvenirs. An den Ständen in den vier Ecken der Plaza sind schmackhaftes *acarajé* (Kroketten aus zerstampften Augenbohnen mit einer Sauce aus *vatapá* – Maniokpaste, Kokosnuss und *dendê-Öl* – mit Shrimps; 9 R$) sowie ausgezeichnete Desserts (4 R$) zu haben. Nicht verpassen!

Toca do Vinícius MUSIK
(Karte S. 318; ☎ 2247-5227; www.tocadovinicius.com.br; Vinícius de Moraes 129; ⊗ Mo–Fr 11–19, Sa 10–18, So 15–18 Uhr) Bossa-Nova-Fans sollten sich diesen Laden nicht entgehen lassen. Neben einer reichen Auswahl von CDs und Schallplatten (ab 40 R$) von zeitgenössischen und älteren Künstlern gibt's hier auch Partituren und Musikbücher. Rund um den Laden finden sich Gedenkstätten für große Songschreiber wie Vinícius de Moraes und Chico Buarque.

❶ Praktische Informationen

GEFAHREN & ÄRGERNISSE

In Vorbereitung auf die Fußballweltmeisterschaft von 2014 und die Olympischen Sommerspiele von 2016 hat die Stadt große Anstrengungen unternommen, ihre nicht gerade berauschende Kriminalitätsstatistik zu verbessern, allerdings hat die aktuelle Wirtschaftskrise manche der erreichten Fortschritte wieder zunichte gemacht. Viele der schlagzeilenträchtigen Gewalttaten resultierten aus dem Kampf zwischen der Polizei und Drogenhändlern, die früher viele *favelas* in der Stadt kontrollierten. Durch die Einführung der *Unidade de Polícia Pacificadora* (UPP; befriedende Polizei) ist das Gebiet drastisch geschrumpft, in dem die Drogenhändler ungestört operieren können. Die deutlich sichtbare stärkere Polizeipräsenz in den Gebieten der Zona Sul mit hohem Tourismusaufkommen und die Installation weiterer Überwachungskameras rund um die Hotels in Copacabana und Ipanema haben dazu beigetragen, dass weniger Verbrechen gegen Touristen verübt werden.

Busse sind ein bekanntes Jagdrevier von Dieben. Man sollte sie nach Einbruch der Dunkelheit möglichst nicht benutzen und an Bord die Augen offenhalten. Nachts sollte man nicht durch einsame Straßen oder an einsamen Stränden herumlaufen, sondern stattdessen ein Taxi nehmen. Das gilt insbesondere für Centro, ein Gebiet, das

---

ANKUNFT IN RIO

Premium Auto Ônibus (www.premiumautoonibus.com.br; einfache Strecke 15 R$) betreibt sichere, klimatisierte Busse, die vom internationalen Flughafen verschiedene Ziele ansteuern und verschiedene Strecken fahren. Zur Zona Sul nimmt man den Bus 2018, der von 5.30 bis 23 Uhr alle 30 Minuten Richtung Süden durch die *bairros* (Viertel) Glória, Flamengo und Botafogo und entlang der Strände von Copacabana, Ipanema und Leblon bis nach Barra da Tijuca (ebenso in umgekehrter Richtung) fährt und unterwegs überall anhält, wo jemand aussteigen will. Je nach Verkehrslage braucht der Bus 75 bis 120 Minuten für die gesamte Strecke. Bus 2918 ist die schnellere Alternative, wenn man direkt nach Barra möchte. Es gibt auch eine Verbindung zum Flughafen Santos Dumont (Bus 2101) und eine zum Busbahnhof (Bus 2145). Am U-Bahnhof Carioca in Centro kann man in die Metro umsteigen.

Wer per Bus in Rio ankommt, sollte zum Hotel ein Taxi nehmen, weil der Busbahnhof in einer zwielichtigen Gegend liegt. Um ein Taxi zu bekommen, geht man zu dem kleinen Kiosk nahe dem Riotur-Schalter im 1. Stock des Busbahnhofs. Der durchschnittliche Fahrpreis beträgt 50 R$ zum internationalen Flughafen und 40 R$ nach Copacabana oder Ipanema.

man am Wochenende meiden sollte, weil es dann wie ausgestorben und damit gefährlich ist.

Das Fußballstadion Maracanã lohnt einen Besuch. Man sollte aber nur Geld für den einen Tag mitnehmen und sich von großem Gedränge fernhalten.

Trotz der UPP sollte man sich nicht ohne einen kundigen Führer in den *favelas* umschauen.

Falls man Opfer eines Raubüberfalls wird, sollte man seine Wertsachen dem Täter widerstandslos aushändigen. Die Räuber setzen ihre Waffen bei Widerstand rücksichtslos ein. Es ist vernünftig, eine dicke Brieftasche mit kleinen Scheinen dabeizuhaben, die man bei Raubüberfällen aushändigen kann.

GELD

Geldautomaten der meisten Kartennetze sind weithin verfügbar, aber oft umständlich. Die besten Optionen sind Bradesco und Banco do Brasil, die ausländerfreundlich sind und keine Gebühren erheben (und danach die Citibank, die allerdings Gebühren verlangt). Trotz allem erwartet einen frustrierendes Herumprobieren, bis man einen Automaten findet, der die ausländische Geldkarte akzeptiert.

Banco do Brasil Centro (Senador Dantas 105, Centro); Copacabana (Av NS de Copacabana 1292, Copacabana); Internationaler Flughafen Galeão (1. Stock, Terminal 1, Internationaler Flughafen Galeão)

Citibank Centro (Rua da Assembléia 100, Centro); Ipanema (Visconde de Pirajá 260, Ipanema)

MEDIZINISCHE VERSORGUNG

Clinica Galdino Campos (☎ 2548-9966; www.galdinocampos.com.br; Av NS de Copacabana 492, Copacabana; ⊙ 24 Std.) Das beste Hospital für Ausländer bietet hochwertige medizinische Versorgung und mehrsprachige Ärzte (die sogar Hausbesuche machen). Die Klinik arbeitet mit den meisten internationalen Krankenkassen und Reiseversicherungspolicen zusammen.

NOTFALL

Touristenpolizei (☎ 2332-2924; Ecke Afrânio de Melo Franco & Humberto de Campos, Leblon; ⊙ 24 Std.) Wenn man sich bei Raubüberfällen oder Diebstählen an die Touristenpolizei wendet, hat das zwar keine größeren Nachforschungen zur Folge, man erhält aber ein Anzeigeformular, das man seiner Versicherung vorlegen kann.

TOURISTENINFORMATION

Riotur (Karte S. 320; ☎ 2271-7000; www.rioguiaoficial.com.br; 9. OG, Praça Pio X; ⊙ Mo-Fr 9–18 Uhr) unterhält Büros und Kioske, in denen man Stadtpläne, Verkehrsinfos und Tipps zu Attraktionen und Events erhält. Die mehrsprachige Website ist eine gute Informationsquelle. Alle Riotur-Büros verteilen nicht nur Stadtpläne, sondern auch den alle zwei Monate erscheinenden *Rio Guide* mit vielen Infos, u. a. zu den größeren saisonalen Events. Neben den Filialen im **Terminal 1** (☎ 3398-4077; Terminal 1, Ankunftshalle der Inlandsflüge, Internationaler Flughafen Galeão; ⊙ 6–23 Uhr) und **Terminal 2** (☎ 3367-6213; Terminal 2, Ankunftshalle der internationalen Flüge, Internationaler Flughafen Galeão; ⊙ 6–23 Uhr) des Internationalen Flughafens Galeão gibt's Kioske an folgenden Orten:

Riotur Copacabana (Karte S. 314; ☎ 2541-7522; Av Princesa Isabel 183; ⊙ Mo–Fr 9–18, Sa bis 15 Uhr) Gute Infos zu Events während des Karnevals.

Riotur Ipanema (Karte S. 318; Visconde de Pirajá & Joana Angélica; ⊙ 8–21 Uhr) Nützlicher Infostand im Herzen von Ipanema.

Riotur Leblon (Karte S. 318; Ataulfo de de Paiva & Dias Ferreira; ⊙ 8–18 Uhr) Touristeninformation am Anfang der besten Restaurantstraße von Leblon.

ⓘ An- & Weiterreise

BUS

Busse fahren vom schicken **Rodoviária Novo Rio** (☎ 3213-1800; Av Francisco Bicalho 1) rund 2 km nordwestlich von Centro ab. Täglich starten hier mehrere Busse zu den meisten größeren Zielorten, aber am besten kauft man sich sein Ticket bereits im Voraus. **ClickBus** (www.clickbus.com.br) akzeptiert internationale Karten und Bezahlung per Paypal. Nach dem Kauf erhält man den Buchungsbeleg und die Nummer des Tickets.

FLUGZEUG

Die meisten Flüge starten vom Aeroporto Galeão (GIG; auch Aeroporto António Carlos Jobim genannt), der sich 15 km nördlich vom Zentrum auf der Ilha do Governador befindet. Die Shuttle-Flüge (*ponte aérea*) von/nach São Paulo sowie einige Flüge zu anderen nahegelegenen Städten nutzen den Aeroporto Santos Dumont (SDU) im Zentrum, 1 km östlich vom U-Bahnhof Cinelândia.

ⓘ Unterwegs vor Ort

BUS

Rios neues BRS (Schnellbussystem) sieht eigene öffentliche Verkehrskorridore in Copacabana, Ipanema, Leblon und Barra vor. Der Fahrpreis beträgt bei den meisten Bussen rund 3,40 R$. Das Fahrtziel ist jeweils vorn an dem beleuchteten Schild angegeben. Wenn man den gewünschten Bus sieht, den Arm ausstrecken – die Fahrer halten nicht, wenn sie nicht herangewinkt werden!

BUSSE AB RIO DE JANEIRO

ZIEL	GÜNSTIGSTER PREIS (R$)	DAUER (STD.)	UNTERNEHMEN
Belém	600	54–60	Expresso Brasileiro (www.expressobrasileiro.com.br)
Belo Horizonte	95	7	Util (www.util.com.br)
Brasília	150	18	Util (www.util.com.br)
Buenos Aires (AR)	450	46	Pluma (www.pluma.com.br), Crucero del Norte (www.crucerodelnorte.com.ar)
Búzios	66	3	Viação 1001 (www.autoviacao.com.br)
Curitiba	170	13	Penha (http://vendas.nspenha.com.br)
Florianópolis	230	18	Kaissara (www.kaissara.com.br)
Foz do Iguaçu	245	23	Pluma (www.pluma.com.br), Kaiowa
Ouro Preto	80	7	Util (www.util.com.br)
Paraty	70	4½	Costa Verde (www.costaverdetransportes.com.br)
Porto Alegre	321	1½	Penha (http://vendas.nspenha.com.br)
Recife	445	28	São Geraldo (www.saogeraldo.com.br)
Salvador	300	38	Aguia Branca (www.aguiabranca.com.br)
Santiago de Chile	486	62	Pluma (www.pluma.com.br), Crucero del Norte (www.crucerodelnorte.com.ar)
Vitória	110	8	Aguia Branca (www.aguiabranca.com.br)

FAHRRAD

In Rio ziehen sich viele Kilometer Fahrradweg am Strand rund um Lagoa und am Parque do Flamengo entlang. Es gibt ein öffentliches Fahrradentleihsystem, darüber hinaus kann man Räder an den Ständen an der Ostseite der Lagoa Rodrigo de Freitas (ca. 15 R$/Std.) sowie bei diversen Fahrradläden am Fahrradweg zwischen Copacabana und Ipanema mieten.

Rio by Bike (S. 315) veranstaltet ausgezeichnete geführte Radtouren.

U-BAHN

Mit Rios **Metro** (www.metrorio.com.br; ⊙Mo–Sa 5–24, So 7–23 Uhr) kommt man prima herum. Die Hauptlinie führt von Ipanema-General Osório nach Saens Peña und hat in Estácio Anschluss an die zweite Linie nach São Cristóvão, Maracanã und weiter. Die wichtigsten Bahnhöfe in Centro sind Cinelândia und Carioca. Ein ehrgeiziger, 2,5 Mrd. R$ teurer Ausbau sollte 2016 fertiggestellt sein. Die einfache Fahrt kostet 3,70 R$.

TAXI

Rios Taxis bieten sich an, wenn man nachts unterwegs ist oder Wertsachen dabei hat. Der Einstiegspreis beträgt 5,20 R$, jeder Kilometer kostet 2,05 R$ – nachts und sonntags mehr.

DER SÜDOSTEN

Wer es schafft, sich von Rio loszureißen, wird vor den Toren der Stadt auf einige der schönsten Attraktionen Brasiliens stoßen. Nördlich von Rio wartet die Costa do Sol (Sonnenküste) mit dem teuren Badeort Búzios, ein beliebtes Wochenendziel heißblütiger *cariocas*. Die spektakuläre Costa Verde (Grüne Küste) erstreckt sich von Rio bis nach São Paulo. Sie überrascht mit vom Regenwald überwucherten Inseln (Ilha Grande), gut erhaltenen Kolonialstädten (Paraty) und Bilderbuchstränden entlang des ganzen Küstenabschnitts.

Auch eine Tour ins gesellige Minas Gerais bietet sich an. Diese Gegend ist in ganz Brasilien für ihre herzhafte Küche und die freundlichen Bewohner bekannt. Und die Zeit scheint stehen geblieben zu sein in Goldminenstädten aus der Kolonialzeit wie Ouro Preto oder in verschlafenen Orten wie Tiradentes, in denen sich hinter jeder Ecke ein historisches Highlight versteckt.

Der Höhepunkt ist aber Südamerikas Kulturhauptstadt São Paulo, die mit einigen der besten Museen, Nachtclubs und Restaurants Südamerikas aufwarten kann.

ⓘ Anreise & Unterwegs vor Ort

Rio de Janeiro ist das wichtigste Tor zu den Küstenregionen. Wer von Süden und Westen kommt, erreicht die Costa Verde auch über São Paulo. Belo Horizonte, Brasiliens drittgrößte Stadt, ist der Ausgangspunkt zu den alten Goldgräberstädten von Minas Gerais.

Der Südosten

Zahlreiche Flüge verbinden die drei Großstädte des Südostens miteinander: Belo Horizonte, Rio und São Paulo. Darüber hinaus verkehren unzählige Busse im gesamten Südosten. Die Ilha Grande erreicht man mit der Fähre ab Angra dos Reis, Mangaratiba oder Conceição de Jacareí.

Búzios

☎ 0XX22 / 27 000 EW.

Ehe Búzios für Rio de Janeiro das wurde, was die Hamptons für New York City sind – ein Erholungsort für die Reichen und Schönen –, war es ein schlichtes Fischerdorf und ein sonnenverwöhntes Refugium für die französische Schauspielerin Brigitte Bardot, die es sich in den 1960er-Jahren an den 17 sagenhaften Stränden des Städtchens gut gehen ließ, an denen es damals sonst nur die Fischer gab. Heute wird das 167 km östlich von Rio gelegene wunderschöne und wilde Búzios wegen der wachsenden Zahl der Argentinier, die hier leben oder Ferien machen, scherzhaft auch Búzios Aires genannt – wohl eine Revanche für Bariloche/Brasiloche.

Aktivitäten

Die größten Attraktionen in Búzios sind die natürliche Umgebung sowie die unzähligen Möglichkeiten zum Entspannen und Shoppen, das Nachtleben und der Wassersport.

Tour Shop Búzios BUSTOUR, BOOTSTOUR
(☎ 2623-4733; www.tourshop.com.br; Orla Bardot 550; Tour ab 50 R$) Dieser Veranstalter betreibt den Búzios Trolley, einen offenen Bus, der täglich zwölf von den Stränden der Halbinsel anfährt. Angeboten werden hier auch Schnorchel-, Tauch- und Raftingtouren sowie Ausflüge mit einem Schoner und einem Katamaran mit Glasboden.

Schlafen

Búzios ist auf Paare eingestellt, für Traveller, die allein reisen, kann das Übernachten daher teuer werden. Die im Folgenden genannten Preise gelten für die Hauptsaison (Dez.–März & Juli).

★ Local Friend Hostel   HOSTEL $$
(☏ 2623-0614; www.localfriendbuzios.com; Av Geribá 585; B 60–65 R$, DZ/3BZ/4BZ 180/235/290 R$) Der Name sagt schon alles über das brillante neue Hostel einen Block abseits des Strandes von Geribá. Nach einer achtjährigen Weltreise (Neuseeland, Europa, USA) hat der aus Rio-Grande-do-Sul stammende Chefkoch Eduardo Ghilardi seine ansteckende *gaucho*-Gastlichkeit nach Búzios gebracht und lädt seine Gäste ein, hier offline zu gehen und sich im *real life* mit anderen auszutauschen, z. B. beim Surfen, Kajakfahren, beim Spielen von Brettspielen oder im Rahmen der Teilnahme an einem der regelmäßig von ihm veranstalteten Kochkurse mit Abendessen.

★ Nomad Búzios   HOSTEL $$
(☏ 2620-8085; www.nomadbuzios.com.br; Rua das Pedras 25; B 57–75 R$, DZ 200–325 R$; ✴@☏) Búzios' Hostel mit der besten Lage befindet sich mitten in der Partyzone der Rua das Pedras direkt am Meer. Aus den sieben Doppelzimmern (vier davon mit Terrassen) hat man einen prächtigen Blick auf den Ozean. Aber auch mit einem Bett in den Schlafsälen (4–13 Betten) wohnt man angesichts der Liegestühle und Liegen auf der Uferterrasse und der Caipirinhas zu 7 R$ hier sehr angenehm.

L'Escale   POUSADA $$
(☏ 2623-2816; www.pousadalescale.com; Travessa Santana 14, Ossos; Zi. ab 280 R$, mit Meerblick 340 R$; ⊘ Mai–Sept. geschl.; ✴☏) Will man eines der drei Zimmer mit Meerblick, Terrasse und Hängematten in dieser kleinen, niedlichen, von Franzosen geführten *pousada* haben, sollte man vorab reservieren. Die Unterkunft im entspannten Ossos hat eine herrliche Strandlage. Die Inhaber Sylvia und Francis betreiben auch das gleichnamige Restaurant im Erdgeschoss, das Fischsuppe, Meeresfrüchte und französische Spezialitäten wie Boeuf bourguignon, süße und herzhafte Crêpes oder Profiteroles serviert.

✕ Essen & Ausgehen

Chez Michou Crêperie   CRÊPERIE $
(☏ 2623-2169; www.chezmichou.com.br; Rua das Pedras 90; Crêpes 15–28 R$; ⊘ Do–Di 12 Uhr–Open End, Mi ab 17 Uhr) Die Massen strömen nicht nur wegen der süßen und herzhaften Crêpes hierher, sondern auch wegen der gemixten Drinks an der Freiluftbar, dem Sportfernsehen auf dem Großbildschirm und am Wochenende wegen der auflegenden DJs (ab 21 Uhr).

★ Nami Gastrobar   JAPANISCH, FUSION $$
(☏ 2623-6637; www.facebook.com/namigastrobar; Ecke Rua dos Namorados & Gerbert Perissé; Hauptgerichte 33–89 R$; ⊘ Mi–Fr 18.30–23, Sa 12.30–23, So 12.30–17 Uhr) Nahe dem Strand von Geribá verbindet dieses Restaurant traditionelle japanische Küche mit peruanischen, mexikanischen und anderen Einflüssen zu einem spektakulär vielseitigen, internationalen kulinarischen Erlebnis. Frische Meeresfrüchte stehen im Mittelpunkt beim *ceviche* mit Zitronensaft, den knusprigen Wasabi-Lachs-Tacos, den Tempura-Shrimps und dem in Miso marinierten Schwarzen Zackenbarsch, aber Fleischfreunde kommen bei vielen Gerichten, darunter delikaten Scheiben gegrillten Rindfleischs mit Sesamsprossen oder Spareribs mit geröstetem Mais, auch nicht zu kurz.

Restaurante do David   SEAFOOD $$
(☏ 2623-2981; Manoel Turíbio de Farias 260; Hauptgerichte 21–75 R$; ⊘ 12–24 Uhr) Das auch nach 40 Jahren immer noch gut besuchte Restaurant serviert im Stadtzentrum hochwertige Meeresfrüchte an kleinen Holztischen mit roten Tischdecken.

❶ Praktische Informationen

Bradesco (Av José Bento Ribeiro Dantas 254) Einer von mehreren Geldautomaten in der Innenstadt.

Secretaria de Turismo (www.buzios.rj.gov.br/informacoes_turisticas.aspx) Es gibt zwei gut mit Personal ausgestattete Büros: das eine am Eingangsportal der Stadt (☏ 2623-4254; Av José Bento Ribeiro Dantas; ⊘ 8–21 Uhr), das andere gleich abseits des Hauptplatzes in Armação (☏ 2623-2099; Travessia dos Pescadores 110, Armação; ⊘ 8–21 Uhr). In beiden erhält man Stadtpläne und Infos zu Hotels.

❶ An- & Weiterreise

Beim **Busbahnhof** (Estrada da Usina 444) von Búzios handelt es sich einfach um eine überdachte Bushaltestelle ohne zugehöriges Gebäude fünf Blocks südlich des Ufers von Armação. Busse von **Viação 1001** (☏ 2623-2050; www.autoviacao1001.com.br) fahren von Búzios zum Busbahnhof Novo Rio in Rio de Janeiro (48–61 R$, 2¾ Std., tgl. 6–20 Uhr, min. 10-mal). Das gleiche Unternehmen fährt täglich viermal direkt zum Flughafen Galeão in Rio (80 R$)

sowie einmal täglich nach Copacabana und zu anderen Stränden in der Zona Sul (90 R$).

❶ Unterwegs vor Ort

Die städtischen Busse, die Búzios und Cabo Frio (4,50 R$; 45 Min.) verbinden, fahren über die Av José Bento Ribeiro Dantas und die Estrada da Usina; eine praktische **Bushaltestelle** (Estrada da Usina) befindet sich gleich gegenüber jener, von der die Busse nach Rio starten.

Ilha Grande

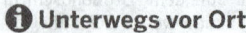
/ 0XX24 / 3600 EW.

Die 150 km südwestlich von Rio de Janeiro gelegene Ilha Grande war früher ein ruhiges Plätzchen, wo sich mehr Angler als Paparazzi tummelten, heute aber steppt hier der Bär. Die meisten internationalen Jetsetter wohnen auf ihren Privatjachten und den Inseln um die Baía de Angra, während sich Backpacker, Brasilianer der Mittelklasse sowie Globetrotter in und rund um Vila do Abraão, die Hauptsiedlung auf Ilha Grande, sammeln.

Dass Brasiliens drittgrößte Insel immer beliebter wird, ist kein Wunder: Prachtvolle Strände grenzen hier an Hügel, die mit üppigen Wäldern bedeckt sind – bedeutende Reste des schnell verschwindenden Ökosystems der Mata Atlântica. 60 % der Insel gehören zu dem 12 052 ha großen Parque Estadual da Ilha Grande, Brasiliens größtem Inselpark.

Auf Ilha Grande gibt es weder Privatautos noch Banken – also vor dem Relaxen mit Bargeld eindecken!

◉ Sehenswertes & Aktivitäten

Die Gelegenheiten zu Outdoor-Abenteuern sind auf Ilha Grande zahllos. Überall im Stadtgebiet sind Karten angeschlagen, auf denen 16 verschiedene ausgeschilderte Wege verzeichnet sind, die durch den üppigen Wald zu mehreren der 102 Strände der Insel führen. Beim Besuch mancher Strände ist es möglich, nur die eine Strecke zu wandern und für den Rückweg ein Boot zu nehmen.

Bevor man sich auf den Weg macht, sollte man den Leuten in seiner *pousada* mitteilen, wohin man geht und wann man zurück sein will. Es empfiehlt sich, ausreichend Wasser, Insektenschutzmittel und eine Taschenlampe mitzunehmen, weil unter dem Urwalddach die Nacht ganz plötzlich einbricht. Abseits der besonders stark genutzten Wege ist es ratsam, einen Führer zu engagieren, da das Wandern dort wegen schlecht markierter Wege und wegen der Giftschlangen eine Herausforderung ist.

★ **Praia Lopes Mendes** STRAND
Dieser scheinbar endlose Strand liegt direkt am offenen Meer, bietet gute Wellen zum Surfen (vor Ort werden Surfbretter und Longboards verliehen) und gilt als einer der schönsten Brasiliens. Zu erreichen ist er über einen der beliebtesten Wanderwege auf Ilha Grande (6,1 km, 3 Std.). Dieser beginnt am östlichen Ende des Stadtstrands von Abraão, führt über die Hügel zur **Praia de Palmas** und folgt von der Küste zur **Praia do Pouso**. Alternativ kann man von Abraão nach Pouso auch ein Boot nehmen. Von Pouso marschiert man noch eine Viertelstunde bis zur Praia Lopes Mendes.

🛏 Schlafen & Essen

In Vila do Abraão wimmelt es von *pousadas*. Angeführt sind die Preise der Hauptsaison (Dez.–März), in der Nebensaison (April–Nov.) fallen sie um bis zu 50 %. Jede Menge Restaurants finden sich an der Rua da Praia, der Rua Getúlio Vargas und der kleinen verkehrsberuhigten Travessa Buganville.

Che Lagarto HOSTEL $
(☎ 3361-9669; www.chelagarto.com; Praia do Canto; B 39–75 R$, DZ 175–235 R$; @ 🐾) Die unschlagbare Lage am östlichen Ende des Hauptstrands von Abraão, die malerische Uferterrasse und die Bar, in der die Caipirinhas strömen, sind die größten Pluspunkte dieses zu Südamerikas größter Kette gehörenden Hostels. Boote aus Conceição de Jacareí können einen am Hostel Aquário nebenan absetzen, ansonsten läuft man zehn Minuten vom Zentrum von Abraão.

Jungle Lodge PENSION $
(☎ 99977-2405; www.ilhagrandeexpeditions.com; Caminho de Palmas 4; DZ 140–160 R$; @) Das rustikale fünf Zimmer und ein Freiluft-Chalet umfassende Gästehaus versteckt sich oberhalb des Ortes im Regenwald. Geführt wird es von einem Pantanal-Guide mit wilder Mähne und seiner deutschen Frau. Hier wohnt man ganz anders als im 1,5 km entfernten Abraão. Die Aussicht von der offenen Dusche ist fabelhaft.

★ **Pousada Manacá** POUSADA $$
(☎ 3361-5404; www.ilhagrandemanaca.com.br; Praia do Abraão 333; DZ 280–320 R$, 3BZ 360–400 R$; ❄ 🐾) In dieser von Franzosen geführten Strand-*pousada* lohnt es sich,

vorab zu reservieren und den kleinen Aufpreis für ein Zimmer vorn mit Balkon und Hängematte zu bezahlen. Auf der netten, vor dem Haus gelegenen Terrasse wird das großzügige Frühstück serviert. Weitere Pluspunkte sind der Kühlschrank im Zimmer, das verlässliche, mit Solarstrom bereitete Warmwasser und der zentrale Hof zum Ausspannen. Der Inhaber Gerard steht in den Siebzigern und spricht fünf Sprachen.

Las Sorrentinas ARGENTINISCH, ITALIENISCH $
(www.facebook.com/Sorrentinas; Getúlio Vargas 638; Hauptgerichte 24–27 R$; ⊙ Mo–Sa 18.30–22.30 Uhr) Erstklassige hausgemachte *sorrentinos* (ravioliartige, gefüllte Nudeltaschen) sind die Spezialität in diesem luftigen, oben gelegenen und von Argentiniern geführten Restaurant. Die Teigtaschen sind mit allem Möglichen gefüllt, von Gorgonzola, Walnüssen und Mozzarella bis zu Schinken, Käse und Basilikum, dazu gibt's Saucen nach Wahl. Das Lokal verdient Extrapunkte für die freundliche Bedienung und die starken Caipis.

Lua e Mar SEAFOOD $$
(Praia do Canto; Hauptgerichte für 2 Pers. 80–155 R$; ⊙ Do–Di 11–23 Uhr) Die auf dem Sand stehenden, von Kerzen beleuchteten Tische sind ein geruhsamer Ort, um den tosenden Wellen und den herumhastenden Krabben zuzuschauen und dabei schmackhafte *moqueca* (Fischeintopf) und andere Meeresfrüchtegerichte für zwei zu genießen.

ⓘ An- & Weiterreise

Am schnellsten und unkompliziertesten gelangt man von Rio aus mit Tür-zu-Tür-Shuttle-Diensten zur Insel, z. B. **Easy Transfer** (☏ 99386-3919; www.easytransferbrazil.com) – man wird von jedem Hostel oder Hotel und jeder *pousada* in Rio abgeholt und auf der Insel abgesetzt (85 R$, 3½–4½ Std.), passgenaues Umsteigen vom Kleinbus ins Schnellboot im Küstenort Conceição de Jacareí inklusive. Easy Transfer bietet einen ähnlichen Dienst auch ab Paraty (75 R$, 3½ Std.).

Die Insel mit öffentlichen Verkehrsmitteln zu erreichen, ist etwas billiger, aber komplizierter, da man zwischen verschiedenen Strecken wählen und zwei separate Tickets (eines für den Bus und eines für das Boot) kaufen muss.

Costa Verde (www.costaverdetransportes.com.br) betreibt Busse von Rio zu den drei Häfen, von denen Boote zur Ilha Grande ablegen: Conceição de Jacareí (49 R$, 2½ Std., tgl. 5-mal), Mangaratiba (30 R$, 2½ Std., tgl. 4-mal) und Angra dos Reis (49 R$, 3 Std., stündl.).

Die häufigsten Überfahrten gibt es von Conceição de Jacareí; dort legen Schnellboote (30–35 R$, 20 Min.) und Schoner (15–20 R$, 50 Min.) zwischen 8.30 und 18 Uhr alle ein, zwei Stunden ab und kehren zwischen 8 und 17.30 Uhr von Abraão zurück. Von Angra dos Reis fahren ebenfalls Schnellboote (40 R$, 30 Min.) und Schoner (25 R$, 80 Min.). Zu den Schifffahrtsunternehmen, die eine oder beide Strecken bedienen, gehören **Objetiva** (☏ 3361-5963; www.objetivatour.com), **Cambeba Flex** (☏ 3361-5662; www.cambebailhagrande.com), **Angra Flex** (☏ 3365-2125, 3365-4180; www.facebook.com/angraflex) und **Acuaflex** (☏ 3361-5156; www.aguaviavatour.com.br).

Günstiger, aber weniger häufiger sind die Fähren zur Ilha Grande, die **CCR Barcas** (www.grupoccr.com.br/barcas) täglich ab Angra dos Reis und Mangaratiba (14 R$, 80 Min. von beiden Häfen) betreibt. Die Fähren legen in Angra werktags um 15.30 und am Wochenende um 13.30 Uhr ab und kehren von Abraão täglich um 10 Uhr zurück. In Mangaratiba legen die Fähren täglich um 8 Uhr und freitags um 22 Uhr ab und kehren von Abraão täglich um 17.30 Uhr zurück. In der Hauptsaison fahren manchmal zusätzliche Fähren, darüber informiert man sich am besten vor der Abfahrt vor Ort.

Angra ist der günstigste Hafen für alle, die von der Ilha Grande nach Westen reisen wollen. Vom Busbahnhof von Angra, 1,5 km östlich der Schiffsanlegestellen, fahren Busse von Colitur nach Paraty (11,30 R$, 2 Std., tgl. 6–23 Uhr min. stündl.).

Paraty
☏ 0XX24 / 37533 EW.

Dass es sich um einen wirklich historischen Ort handelt, ahnt man bereits bei den ersten Schritten über das unebene Kopfsteinpflaster. Das ist Paraty, einer der fotogensten Orte Brasiliens. In der fantastischen Kolonialstadt wimmelt es von Touristen manchmal nur so. Dennoch sorgen die wunderschönen Straßen und Gassen, die von weiß getünchten und bunt verzierten Häusern gesäumt sind, für eine eher verschlafene Atmosphäre.

⊙ Sehenswertes

Die Öffnungszeiten der historischen Kirchen von Paraty scheinen sich ständig zu ändern; wie sie gerade lauten, erfährt man in der Touristeninformation.

Casa da Cultura MUSEUM
(☏ 3371-2325; www.casadaculturaparaty.org.br; Dona Geralda 177; ⊙ Di–So 10–22 Uhr) GRATIS In einer schönen kolonialzeitlichen Villa zeigt

Paratys Casa da Cultura Wechselausstellungen und veranstaltet Events; der Schwerpunkt liegt auf der Lokalkultur. Von der Hauptgalerie im Obergeschoss hat man einen tollen Blick auf die Stadt.

🏃 Aktivitäten

★ Paraty Adventure — OUTDOOR

(☎ 3371-6135; www.paratyadventure.com; Marechal Deodoro 12) Die freundlichen Brasilianer Alessandra und Edsom betreiben diese wundervolle, kleine Agentur, die Gästen abseits ausgetretener Pfade Abenteuer und einen Einblick in die örtliche Kultur bietet. Zu den Highlights zählen die ganztägige Mountainbike- und Wandertour zum Pedra da Macela, dem höchsten Gipfel der Region (180 R$), und die dreitägige Wanderung nach Ponta da Juatinga, dem abgelegenen Fischerdorf, in dem Alessandra aufgewachsen ist (840 R$ inkl. Mahlzeiten & Unterkunft bei Gastfamilien).

★ Paraty Explorer — OUTDOOR

(☎ 99952-4496; www.paratyexplorer.com; Praia do Jabaquara) Die Agentur am Strand von Jabaquara, die von den freundlichen Outdoors-Fans Paddy (aus Irland) und Rodrigo (aus Brasilien) betrieben wird, ist auf Seekajaktouren, Stehpaddel- und Wanderabenteuer rund um die Bucht von Paraty spezialisiert. Zu den Wanderzielen zählen der spektakuläre Pão de Açúcar do Mamanguá, der historische Trilha do Ouro (Goldweg) im Nationalpark Serra da Bocaina und abgelegene Strände an der Costa Verde.

🛏 Schlafen

Wer zwischen Dezember und Februar kommen will, sollte vorab reservieren. In der historischen Innenstadt liegen die Preise beträchtlich höher. Wer günstig übernachten will, findet mehrere Campingplätze und Hostels an den Stränden von Pontal und Jabaquara (gleich nördlich der Stadt, jenseits der Fußgängerbrücke).

★ Happy Hammock — HOSTEL $

(☎ 99994-9527; www.facebook.com/happyhammockparaty; Ponta Grossa; B/DZ 55/150 R$) Das von Schweizern geführte Strandhostel liegt am Ponta Grossa, eine 15-minütige Bootsfahrt von Paraty entfernt. Ohne Straßenanbindung, mit nur begrenzt verfügbarem Generatorstrom und einem prächtigen Blick aufs Meer ist das Happy Hammock ein traumhaftes Refugium am Ende der Welt. Gäste können in Hängematten entspannen, im phosphorizierenden Wasser baden oder zu nahe gelegenen Stränden wandern, noch ehe die Ausflugsboote ankommen. Abendessen (15 R$) und Bootstransport (30 R$) vorab reservieren!

Che Lagarto — HOSTEL $

(☎ 3361-9669; www.chelagarto.com; Benina Toledo do Prado 22; B 39–56 R$, Zi. 153–180 R$; ❄@🛜🏊) Versteckt in einer Nebenstraße zwischen dem Busbahnhof und dem historischen Zentrum ist dieses muntere Hostel eine gesellige Oase mit einer einladenden Bar, einem Grill, einem kleinen Poolbereich, unzähligen organisierten Aktivitäten und direktem Transport nach Rio, zur Ilha Grande und nach São Paulo. Wer es ruhiger mag, fragt nach einem Zimmer abseits des Trubels im Anbau.

Hotel Solar dos Gerânios — GASTHOF $$

(☎ 3371-1550; www.paraty.com.br/geranio; Praça da Matriz; EZ/DZ/3BZ 120/180/240 R$; @🛜) Seit Jahrzehnten führt ein- und dieselbe Familie dieses rustikale Gästehaus an der belebten Praça da Matriz, das günstigste Hotel in Paratys kolonialzeitlichem Zentrum. Skulpturen aus Holz und Keramik, Böden und Wände aus Stein, Säulen und Balkendecken, ein Hof voller Pflanzen, Katzen und Hunde sorgen für ein stimmungsvolles Ambiente. Mehrere Zimmer verfügen über Balkone mit Ausblick auf den Platz.

🍴 Essen & Ausgehen

Highlights sind die Karren mit Süßigkeiten im Ort, genauso wie die Caipirinhas. Paraty ist für seinen *cachaça* (einen hochprozentigen Zuckerrohrschnaps) fast ebenso berühmt wie Minas Gerais.

Manuê — SANDWICHES, SAFTBAR $

(www.facebook.com/manueparaty; Rua João do Prado 1; Sandwichs 6–13 R$, Säfte 6–8 R$; ⊙ Mi-Mo 10–23 Uhr; 🛜) Mit gutem Kaffee, kostenlosem WLAN, zwei Dutzend verschiedenen Säften und einer köstlichen Auswahl günstiger Omeletts und *dobrados* (getoastete Fladenbrot-Sandwiches) lockt das kleine Lokal ein bunt aus Einheimischen und Travellern gemischtes Publikum an.

Quiosque Dito e Feito — SEAFOOD $$

(Praia do Pontal; Hauptgerichte für 2 Pers. 50–90 R$; ⊙ 10–18 Uhr) Fragt man Einheimische, wo es günstige und frische Meeresfrüchte gibt, werden sie einen zu diesem schlichten Strandkiosk an der Praia do Pontal schicken.

Hier gibt's gebratenen Fisch, *moqueca* und *caldeirada do mar* (ein Meeresfrüchteeintopf für drei Esser). Die Portionen sind riesig, auf Anfrage erhält man aber auch halbe Portionen.

Casa do Fogo BISTRO $$
(☎ 3371-3163; www.casadofogo.com.br; Comendador Jose Luiz 390; Hauptgerichte 38–79 R$; ⊙18–1 Uhr) Der Name sagt es schon: Hier geht's feurig zu: Im Mittelpunkt stehen mit dem örtlichen *cachaça* flambierte Meeresfrüchte, und auch die Desserts werden flambiert serviert.

☆ Unterhaltung

Van Gogh Pub LIVEMUSIK
(Samuel Costa 22; ⊙Do-Mo 21 Uhr–open end) Paratys Neuzugang hält die Altstadt fünf Nächte die Woche mit Livemusik, darunter Reggae, Samba, Rock, Jazz, Blues und *forró*, bei Laune.

Paraty 33 LIVEMUSIK
(www.paraty33.com.br; Rua da Lapa 357; ⊙So-Do 12–1, Fr & Sa bis 4 Uhr) Das Paraty 33 ist der munterste Club im historischen Zentrum. Zur frühen Happy Hour gibt's MPB und Bossa Nova und am Wochenende spätabends einen Mix aus DJs und Livemusik.

❶ Praktische Informationen

Bradesco (Av Roberto Silveira) Hat zwei Blocks nördlich vom Busbahnhof mehrere Geldautomaten, weitere gibt's neben in der Banco do Brasil.

CIT (☎ 3371-1222; Dr Samuel Costa 29; ⊙8–20 Uhr) Paratys kürzlich ins historische Zentrum umgezogene Touristeninformation hat noch eine Filiale (☎ 3371-1897; Av Roberto da Silveira s/n; ⊙8–20 Uhr) gleich abseits des Highway BR-101.

❶ An- & Weiterreise

Der **Busbahnhof** (Rua Jango Pádua) liegt 500 m westlich der Altstadt. Busse von **Costa Verde** (www.costaverdetransportes.com.br) fahren häufig nach Rio de Janeiro (66 R$, 4¾ Std., tgl. 12-mal). Colitur verkehrt nach Angra dos Reis (11,30 R$, 2 Std., 5–20 Uhr stündl.). Busse von **Reunidas** (www.reunidaspaulista.com.br) fahren nach São Paulo (58 R$, 5¾ Std., 6-mal tgl.).

São Paulo

☎ 0XX11 / 11,3 MIO. EW.

São Paulo ist ein echtes Monster. Die südamerikanische Gastronomie-, Mode-, Finanz- und Kulturhauptstadt ist eine echte Megastadt in jeder erdenklichen Hinsicht. Im Großraum leben 21 Mio. Menschen und stehen mehr Wolkenkratzer, als man zählen kann. Insofern kann man die Stadt durchaus das südamerikanische New York nennen. Es gibt eine schwindelerregende Menge erstklassiger Museen, Kulturzentren, experimenteller Theater und Kinos. Die Nachtclubs und Bars von „Sampa" gehören zu den besten auf dem Kontinent und die Restaurants der Stadt zu den besten der Welt. Trendige *paulistanos* glauben an harte Arbeit und kräftiges Feiern. Trotz ständiger Klagen über Straßenkriminalität, verstopfte Straßen und Luftverschmutzung denkt kaum jemand daran, der größten Stadt der südlichen Hemisphäre auf Dauer den Rücken zu kehren.

◉ Sehenswertes

Das stimmungsvolle alte Zentrum von São Paulo liegt zwischen der Praça da Sé, der Metrô-Station Luz und der Praça da República. Das Centro Velho ist ein verkehrsberuhigter Irrgarten mit einer faszinierenden Vielfalt architektonischer Stile. (Immer nach oben schauen, denn in den Erdgeschossen haben sich die überall gleichen langweiligen Läden eingenistet!) Weitere interessante Ecken für Stadterkundungen sind das japanische Viertel Liberdade, in dem es auch Gemeinden aus anderen asiatischen Ländern gibt, und das Künstlerviertel Vila Madalena. In beiden Vierteln gibt's am Wochenende muntere Straßenmärkte, und zwar in Ersterem auf der Praçada Liberdade, in Letzterem auf der Praça Benedito Calixto (dort nur Sa).

★**Mercado Municipal** MARKT
(Mercadão; Karte S. 336; www.oportaldomercadao.com.br; Rua da Cantareira 306; ⊙Mo-Sa 6–18, So bis 16 Uhr) Die Markthalle ist eine Belle-Époque-Schöpfung aus Buntglas und einer Reihe großer Kuppeln. Der sagenhafte Markt in ihrem Inneren ist auf alles Essbare spezialisiert. Hier kann man auch manche der für Sampa typischen Gerichte probieren: Mortadella-Sandwiches bei Bar do Mané sowie *pasteis* (mit Fleisch, Käse oder Fisch gefüllte frittierte Teigtaschen).

Museu do Futebol MUSEUM
(www.museudofutebol.org.br; Praça Charles Miller s/n, Pacaembu; Erw./Student 6/3 R$, Do Eintritt frei; ⊙Di-So 9–17 Uhr; ⛫) Versteckt unter den Tribünen des Pacaembu-Stadions, eines far-

São Paulo Zentrum

benfrohen Art-déco-Gebäudes, widmet sich dieses fantastische Museum Brasiliens größter Leidenschaft – dem Fußball. Die auf zwei Etagen verteilte Multimedia-Ausstellung vermittelt auch Leuten, die sich weniger für Fußball interessieren, etwas von der Begeisterung bei Meisterschaftsspielen.

★ Pinacoteca do Estado　　MUSEUM
(Karte S. 336; www.pinacoteca.org.br; Praça da Luz 2; Erw./Student 6/3 R$, Sa Eintritt frei; Di–So 10–18 Uhr) Das elegante neoklassizistische Museum beherbergt eine ausgezeichnete Sammlung von Kunst des 19. bis 21. Jhs. aus Brasilien und ganz besonders aus São Paulo. Unter den ausgestellten Werken sind Namen großer Künstler wie Portinari und Di Cavalcanti vertreten. Es gibt ein hübsches Café mit Blick auf den angrenzenden Parque da Luz.

★ Theatro Municipal　　THEATER
(Karte S. 336; 3397-0300; www.theatromunicipal.org.br; Praça Ramos de Azevedo) São Paulos prächtigstes Bauwerk ist dieses Theater, das ab 1903 nach dem Vorbild der Pariser Oper (heute Palais Garnier) errichtet wurde. Die reich verzierte Fassade macht Anleihen bei allen erdenklichen Architekturstilen, vom Barock bis zum Jugendstil. Das Innere prunkt mit Gold und Marmor. Es gibt kostenlose englischsprachige Führungen (Di–Fr 11 & 17, Sa 12 Uhr).

★ Museu de Arte de São Paulo　　MUSEUM
(MASP; www.masp.art.br; Av Paulista 1578, Bela Vista; Erw./Student 25/12 R$, Di ganztägig & Do ab 17 Uhr Eintritt frei; Di & Do–So 10–18, Mi bis 20 Uhr) Das Museum besitzt die größte Sammlung westlicher Kunst in Lateinamerika und ist Sampas ganzer Stolz. Das von Lina Bo Bardi entworfene und 1968 fertiggestellte

São Paulo Zentrum

⦿ Highlights
1 Banespa E5
2 Mercado Municipal F4
3 Mosteiro São Bento E4
4 Pinacoteca do Estado E1
5 Theatro Municipal C5

Aktivitäten, Kurse & Touren
6 SP Free Walking Tour B5

Essen
7 Estadão B6

Ausgehen & Nachtleben
8 Alberta #3 ....B6

Museum schwebt über einer Betonplaza, die sich sonntags in einen Antiquitätenmarkt verwandelt. Der Bau gilt vielen als Klassiker des Modernismus und einer kleinen, lautstarken Minderheit als Scheußlichkeit.

⭐ Museu Afro-Brasil   MUSEUM

(www.museuafrobrasil.com.br; Av. Pedro Alvares Cabral s/n, Parque Ibirapuera, Tor 10; Erw./Student 6/3 R$, Do & Sa Eintritt frei; ⊙ Di–So 10–17 Uhr) Das wichtige, faszinierende Museum im Parque do Ibirapuera zeigt im 3. Stock eine Dauerausstellung, die die fünf Jahrhunderte afrikanischer Einwanderung nachzeichnet (und den 10 Mio. Afrikanern, die beim Aufbau Brasiliens ihr Leben verloren, die Ehre erweist). In den unteren beiden Etagen sind Wechselausstellungen zeitgenössischer Kunst mit Schwerpunkt Afrika zu sehen.

🛏 Schlafen

Zu den besten Wohngebieten für Traveller gehören das Boheme-*bairro* Vila Madalena, 6 km westlich der Praça da Sé, wo es heute zusätzlich zu künstlerischen Boutiquen, avantgardistischen Galerien und einem florierenden Nachtleben hippe Hostels gibt, sowie das grüne, wohlhabende Viertel Jardim Paulista 5 km südwestlich vom Centro.

⭐ We Hostel Design   HOSTEL $

(☎ 2615-2262; www.wehostel.com.br; Morgado de Mateus 567, Vila Mariana; B 57–73 R$, DZ ohne Bad 160–210 R$; ❄@📶) Einfach prächtig: São Paulos bestes Hostel residiert in einer schönen, 100 Jahre alten weißen historischen Villa in einer ruhigen Wohnecke von Vila Mariana. Von der Gästeküche über die nahezu umlaufende Veranda voller Hängematten bis zu dem kitschigen Wohnzimmer wurde hier alles mit Kennerblick für Stilmöbel und echte Antiquitäten gestaltet.

Ô de Casa   HOSTEL $

(Karte S. 338; ☎ 3063-5216; www.odecasahostel.com; Inácio Pereira da Rocha 385, Vila Madalena;

Vila Madalena

B 50–60 R$, Zi. 150 R$, Zi. ohne Bad 130 R$; ✱ ⓦ) Das künstlerisch gestaltete, farbenfrohe Hostel ist eines der ältesten und hübschesten in dem Viertel. Es hat eine gesellige Bar und Dachterrasse. Die gemischten Schlafsäle zu vier, sechs oder acht Betten reihen sich der Länge nach aneinander; die zugehörigen Bäder sind gepflegt. In der Dependance auf der anderen Straßenseite gibt's ruhigere Privatzimmer, die bei Pärchen beliebt sind, die etwas mehr Intimsphäre haben und Wartezeiten vor dem Bad vermeiden wollen, ohne auf die Hostel-Atmosphäre verzichten zu müssen.

LimeTime Hostel — HOSTEL $
(Karte S. 338; ☎ 3798-0051; www.limetimehostels.com; Mourato Coelho 973, Vila Madalena; B ab 35 R$, DZ 110 R$; @ ⓦ) Das geselligste Hostel in Vila Madalena ist dank der Bar im Hof, die für alle geöffnet ist, und der erstklassigen Lage mitten unter den Bars und der Kunstszene des Viertels auch das bessere der beiden LimeTime-Häuser in der Stadt. Es gibt zwar nur Schlafsäle, aber jeder hat ein eigenes Bad, und die alte Dachterrasse ist nett. Kein Frühstück; für Handtücher muss extra bezahlt werden.

★ Guest Urban — BOUTIQUEHOTEL $$
(Karte S. 338; ☎ 3081-5030; www.guesturbansp.com.br; Lisboa 493, Pinheiros; EZ/DZ ab 253/273 R$; ✱ @ ⓦ) Das Hotel wurde 2015 in dieser Villa aus den 1930er-Jahren eröffnet. Die vierzehn Zimmer zeigen industriellen Schick (freiliegende Träger und Backsteine, unbehandelter Stahl und Sichtbeton), und es gibt einen sonnigen offenen Hof und avantgardistische Kunst (Reproduktionen werden im Foyer verkauft). Das Hotel liegt einen Block abseits der Praca Benedito Calixto mitten im Szeneviertel Pinheiros.

Lobo Urban Stay — PENSION $$
(☎ 3569-7198; www.lobourbanstay.com; Haddock Lobo 839, Jardins; B/EZ/DZ/3BZ 60/150/200/250 R$; @ ⓦ) Der ruhige, auf Design Wert legende Newcomer bietet stadtweit die beste Lage fürs Geld, nämlich mitten in São Paulos schickstem Viertel. Das von zwei jungen Journalisten geführte Haus hat einen Schlafsaal mit acht Betten und eigenem Bad sowie zwei geräumige Zimmer (besonders günstig für Traveller, die solo reisen).

Pousada Dona Ziláh — POUSADA $$
(☎ 3062-1444; www.zilah.com; Minas Gerais 112, Higienópolis; Zi./3BZ 315/390 R$; @ ⓦ) ✎ Nach 30 Jahren in Jardins bedeutet der Umzug in diese 1932 erbaute Villa im an Paulista angrenzenden Higienópolis das Ende einer Ära, nicht aber das Ende des Charmes. Die sechs neuen Zimmer bieten verbesserten Komfort, vor allem in Sachen Badezimmer. Die großen Gartenanlagen werden mit dem gefilterten Dusch- und Spülwasser bewässert.

 Essen

Das Essen ist in Sampa himmlisch: Diese Qualität wird nirgendwo sonst in Südamerika geboten.

Butantan Food Park — FOOD-TRUCK $
(www.butantanfoodpark.com.br; Agostinho Cantu 47, Butantã; Hauptgerichte 15–25 R$; ⊙ Mo-Mi 11–16, Do-Sa bis 22, So 12–19 Uhr) Der beste Ort, um in die kräftig expandierende Food-Truck-Szene der Stadt einzutauchen, ist dieser Dauerparkplatz, wo jeden Tag 15 bis 35 immer wieder andere Anbieter zu finden sind (Trucks, Karren, Fahrräder, Bierzelte) – bei jedem Besuch entdeckt man etwas Neues. Am Wochenende ist das Ganze ein richtiges kulinarisches Fest. Der Parkplatz ist 650 m von der Metrô-Station Butantã (gelbe Linie) entfernt.

Rong He — CHINESISCH $
(www.ronghe.com.br; Rua da Glória 622, Liberdade; Hauptgerichte für 2 Pers. 14–45 R$; ⊙ Mo-Fr 11.30–15 & 18–22.30, Sa & So 11.30–22.30 Uhr) Das beste chinesische Restaurant der Stadt ist eine Institution in Liberdade. Zunächst einmal muss man aber über die mürrische Bedienung hinwegsehen. Die *gyoza* (pfannengebratene japanische Klöße) und die hausgemachten chinesischen Nudeln werden (gebraten oder im Kochkessel als

---

Vila Madalena

🛏 Schlafen
1 Guest Urban D2
2 LimeTime Hostel B2
3 Ô de Casa B3

🍴 Essen
4 Bráz Pizzaria A3
5 Feijoada da Lana B2

🍸 Ausgehen & Nachtleben
6 Boca de Ouro C3
7 Empório Alto de Pinheiros A3
8 São Cristóvão B2
9 Superloft A4

✪ Unterhaltung
10 Ó do Borogodó C3

Suppe – *ensopada* – zubereitet) der treuen Kundschaft in großen und preisgünstigen Portionen serviert. Die Schlange reicht bis vor die Tür. Durch das Fenster in der Küche kann man den Nudelmeistern bei der Arbeit zuschauen.

Estadão
FASTFOOD $

(Karte S. 336; www.estadaolanches.com.br; Viaduto 9 de Julho 193, Centro; Sandwichs 14–29 R$; 24 Std.) Das klassische *lanchonete* (Snackbar) in Centro serviert den ganzen Tag kleine Gerichte. Ein Muss ist das hiesige Markenzeichen: das Sandwich mit *pernil* (Schweinelende), zerlassenem Käse nach Wahl (Provolone!) und sautierten Zwiebeln.

★ Aconchego Carioca
BRASILIANISCH $$

(3062-8262; Alameda Jaú 1372, Jardins; Hauptgerichte für 2 Pers. 56–86 R$; Mo 18–23, Di–Sa 12–24, So 12–18 Uhr;) Ein aus Rio zugezogener *boteco* (kleine Freiluftbar), der sich schnell eine treue Stammkundschaft erworben hat. Diese verdankt er der Tatsache, dass er brasilianischem Kleinbrauereibier, kreativen *bolinhos* (gebratenes Fingerfood – empfehlenswert ist das *virado à paulista* mit Bohnen, Grünkohl, Würstchen, Rindfleisch und Ei oder auch die *feijoada*-Version) und fabelhaften, in großen Portionen aufgetischten Abwandlungen traditioneller Gerichte wie *bobó de camarão* (Shrimps in Maniokpüree; davon werden drei Personen satt!) seine ungeteilte Aufmerksamkeit widmet.

★ Jiquitaia
BRASILIANISCH $$

(3262-2366; www.jiquitaia.com.br; Antônio Carlos 268, Consolação; Hauptgerichte 43–68 R$; Mo 12–15, Di–Fr 19–23.30, Sa 12–23.30 Uhr) Der aufstrebende brasilianische Chefkoch Marcelo Bastos erntet Auszeichnungen für seine preisgünstige Einführung in die zeit-

---

NICHT VERSÄUMEN

PIZZA PAULISTANA

New York, Chicago (und sogar Neapel) haben São Paulos ausgezeichneter *pizza paulistana* – einem der bestgehüteten Geheimnisse der Stadt – nichts entgegenzusetzen. Die Einheimischen meinen, sie sei so gut, dass selbst Italiener neidisch würden. Aber schließlich haben sich Ende des 19. Jhs. auch so viele italienische Einwanderer in der Stadt niedergelassen, dass Sampa eine der größten italienischen Städte außerhalb Italiens wurde. Heute gibt es fast 6000 Pizzerien in der Stadt, und mehr als 1 Mio. Pizzas werden pro Tag hier verputzt. Man sollte nicht abfahren, ohne den folgenden Lokalen einen Besuch abgestattet zu haben:

Bráz (Karte S. 338; www.brazpizzaria.com.br; Vupabussu 271, Pinheiros; Pizza 49–75 R$; So–Do 18.30–0.30, Fr & Sa bis 1.30 Uhr;) Bei einem Essen hier vergisst man, dass Pizza eigentlich aus Italien stammt. Am besten wie die Einheimischen erst mal ein *chope* (Bier vom Fass) bestellen und sich dann als Vorspeise ein warmes, in würziges Olivenöl getauchtes *pão de calabresa* (Wurstbrot) gönnen! Dann geht es mit der Pizza weiter. *Fosca* (mit geräuchertem Schinken, *catupiry*-Käse, Mozzarella und Tomatensauce) ist derzeit besonders angesagt. Das unvergessliche kulinarische Erlebnis gibt's auch in **Rio** (2535-0687; Maria Angélica 129; Pizza 50–80 R$; 18–24 Uhr), wenn São Paulo nicht zur Reiseroute gehört, und in Sampa auch in Moema und Higienópolis.

Speranza (3288-3512; www.pizzaria.com.br; Treze de Maio 1004, Bixiga; Pizza 44–86 R$; So–Do 18–1, Fr & Sa bis 1.30 Uhr;) Diese Pizzeria ist eine der ältesten und traditionsreichsten São Paulos. Im italienischen Viertel Bixiga bietet die Familie Tarallo schon seit 1958 gute Pizza. Ein ideales Mahl: Zunächst ausgezeichnete Bruschetta als Vorspeise, gefolgt von der exzellenten, streng traditionellen Pizza Margherita. Die Pizzeria liegt in kurzer Gehentfernung von der Metrô-Station Paulista/Brigadeiro.

Leggera Pizza Napoletana (3862-2581; www.pizzerialeggera.com.br; Diana 80; Pizza 30–38 R$; So & Di–Do 19–23, Fr & Sa bis 23.30 Uhr;) Der brasilianisch-italienisch-US-amerikanische *pizzaiolo* Andre Guidon importiert alles, was nur irgend machbar ist, aus Italien – und dieser kleine Familienbetrieb ist ein Inbegriff der brasilianisch-italienischen Diaspora. Die unterschiedlich großen, nicht in Stücke geschnittenen Pizzas (sowie die paar Calzones) sind zweifellos die besten in Sampa – sie kommen aus einem von weltweit nur etwa 500 neapolitanischen Pizzaöfen, die von der *Associação Verace Pizza Napoletana* zertifiziert sind. Reservierung empfohlen!

SAMPA FÜR SPARFÜCHSE

Man kann es nicht schönreden: Brasilien ist teuer, und São Paulo setzt dem noch die Krone auf. Das heißt aber nicht, dass man hier bei knappen Mitteln keinen Spaß haben könnte. Hier kommen die besten kostenlosen Angebote:

Banespa (Edifício Altino Arantes; Karte S. 336; João Brícola 24; ⊙ Mo–Fr 10–15 Uhr) Einen der besten Panoramablicke auf die Stadt hat man von der Spitze dieses 161 m hohen Wolkenkratzers, der 1939 fertiggestellten, brasilianischen Version des Empire State Building. Man kann mit dem Fahrstuhl kostenlos zur Aussichtsterrasse in der obersten Etage fahren und die Aussicht genießen.

Achtung: Man braucht irgendeine Identitätsbescheinigung, um sich anzumelden. Erst heißt es sich beeilen, dann wieder warten: Zunächst geht's zur Anmeldung, dann wartet man auf den Fahrstuhl zur 26. Etage, steigt in einen zweiten Fahrstuhl um und kraxelt schließlich die Wendeltreppe hinauf zum Ziel. Die maximale Verweildauer von fünf Minuten wird rabiat durchgesetzt, aber der Ausblick ist einfach hinreißend.

Mosteiro São Bento (Karte S. 336; ☏ 2440-7837; www.mosteiro.org.br; Largo de São Bento s/n; ⊙ Mo–Mi & Fr 6–18, Do 6–20, Sa & So 6–12 & 16–18 Uhr) Die Kirche, eine der ältesten und wichtigsten der Stadt, datiert auf das Jahr 1598 zurück, wenn auch die neugotische Fassade erst zu Beginn des 20. Jhs. entstand. Drinnen sind eindrucksvolle Buntglasfenster zu bewundern. Während der Messe (werktags 7, Sa 6, So 10 Uhr) hört man gregorianische Gesänge.

SP Free Walking Tour (Karte S. 336; www.spfreewalkingtour.com; ⊙ Mo, Mi & Sa 11.30 Uhr) Während des langen, aber faszinierenden, dreieinhalbstündigen Stadtspaziergangs samstags um 11.30 Uhr erhält man tiefe Einblicke in die 450-jährige Geschichte Sampas. Man trifft sich dreimal die Woche um 11.30 Uhr neben dem CIT an der Praça da República und geht am Largo São Bento wieder auseinander; unterwegs gibt's diverse, nur für Teilnehmer des Spaziergangs gültige Rabatte.

Ein Av-Paulista-Stadtspaziergang (Do & So 15.30 Uhr) führt durch die moderne Stadt. Los geht's an der Banco do Brasil an der Kreuzung von Paulista und Rua Augusta auf der Seite von Jardins. Die Tour endet dreieinviertel Stunden später an der Praça Oswaldo Cruz. Ein auf Kunst, vor allem Graffiti bezogener Stadtspaziergang beginnt dienstags und sonntags um 11 Uhr vor der Metrô-Station Fradique Countinho in Vila Madalena.

---

gemäße brasilianische Küche – man wählt in seinem niedlichen, gemütlichen, an ein Bistro erinnernden Restaurant einfach drei Gänge für sein eigenes Menü (69 R$), z. B. den unglaublichen *moqueca* (Fischeintopf aus Bahia) für eine Person. Bastos' Schwester Nina mixt die ausgezeichneten Caipirinhas mit frischen Früchten.

★ **Feijoada da Lana** BRASILIANISCH $$
(Karte S. 338; Aspicuelta 421, Vila Madalena; Feijoada werktags/Wochenende 42/74 R$; ⊙ Di–Fr 12–15.30, Sa & So 12.30–17 Uhr) Lana, von Beruf Journalistin, serviert in einem kleinen Haus in Vila Madalena ihre sehr beliebte Version des brasilianischen Nationalgerichts *feijoada*. Angerichtet wird hier vielleicht nicht so kunstvoll wie bei manchen teureren Alternativen, dafür ist die Bedienung freundlich, das Essen herzhaft, und (am Wochenende) gibt's auch *batidinha de limão*, eine Art gestreckten *caipirinha*.

★ **Lamen Kazu** JAPANISCH $$
(www.lamenkazu.com.br; Tomás Gonzaga 51, Liberdade; Hauptgerichte 22–48 R$; ⊙ Mo–Sa 11–15 & 18–22.30, So 11–15 & 18–21 Uhr; ☏) Das Restaurant ist nicht so berühmt (und günstig) wie das nahe gelegene konkurrierende Aska, aber dass 99 % der Kundschaft Japaner sind, hat schon etwas zu bedeuten. Das feurige Kara Misso Lamen (würzige Brühe und scharf gewürztes Schweinefleisch als Zugabe zu den üblichen Würzen; 35 R$) mit der hausgemachten Chilisauce ist eine Offenbarung, was aber eigentlich für alles auf der Karte gilt.

🍷 Ausgehen

Traditionelle Barviertel sind Vila Madalena (am Wochenende besonders die Ecke Aspicuelta & Mourato Coelho), die Mario Ferraz in Itaim Bibi und Baixo Augusta, wo sich die Szene der Schwulen, Lesben und Sympathisanten mit Künstlervolk mischt, sodass hier das bunteste/coolste Nachtleben der Stadt zu finden ist. An der Paulista sind die Straßenbars nahe der Joaquim Eugênio de Lima zur Happy Hour gut gefüllt.

Bars

⭐ Veloso
BOTECO

(www.velosobar.com.br; Conceição Veloso 56, Vila Mariana; ⏰ Di–Fr 17.30–0.30, Sa ab 12.45 Uhr, So 16–22.30 Uhr) Zu dem ausgezeichneten *boteco* unweit der Metrô-Station Vila Mariana sollte man früh kommen – die Massen drängen sich um die Tische. Hier gibt es einige der besten Caipirinhas der Stadt in exotischen Geschmacksrichtungen (*jabuticaba*, Sternfrucht mit Basilikum, Mandarine mit *dedo-de-moça*-Paprika; 18–30 R$) und erstklassiges *coxinha* (gegrilltes Hühnerhackfleisch mit *catupiry*-Käse und Gewürzen; 27,60 R$).

Alberta #3
BAR

(Karte S. 336; www.alberta3.com.br; Av São Luís 272, Centro; Grundpreis 15–35 R$; ⏰ Di–Sa 19 Uhr–Open End) Der dreistöckige Hipster-Treff abseits der Praça da República hat sich von Hotelbars und -foyers der 1950er-Jahre inspirieren lassen. Die Musik besteht überwiegend aus klassischem Rock, Jazz und Soul; sehr oft legen auch DJs auf der kleinen Tanzfläche auf.

Empório Alto de Pinheiros
BAR

(Karte S. 338; www.altodospinheiros.com.br; Vupabussu 305, Alto de Pinheiros ; ⏰ So–Mi 12–24, Do–Sa bis 1 Uhr; 📶) Mit dem Hype um die brasilianischen Kleinbrauereibierszene entwickelte sich dieser Nachbarschaftstreff zu einer Bar mit Kleinbrauereibieren für echte Feinschmecker. *Cerveza*-Fans werden bei mehr als 400 Flaschenbieren und 33 Fassbieren, darunter auch seltene Sorten brasilianischer Produzenten, richtig nervös. Man braucht allerdings auch ein paar Bier, um den Service zu ertragen.

Boca de Ouro
COCKTAILBAR

(Karte S. 338; www.bocadeouro.com.br; Cônego Eugênio Leite 1121, Pinheiros; Cocktails 8–24 R$; ⏰ Mo–Do 18–24, Fr & Sa bis 2 Uhr; 📶) Klassische Cocktails, gemixt mit der Sorgfalt eines Kunstrestaurators, und ein ganz eindeutig unbrasilianisches Ambiente (eine absolut schlichte Theke hinter einer Fassade, die scheinbar aus Sandstein gebaut ist und mit etwas Einbildungskraft in Brooklyn vorstellbar wäre) sorgen dafür, dass das Boca de Ouro neuartig wirkt und Künstlertypen anlockt.

São Cristóvão
BOTECO

(Karte S. 338; www.facebook.com/barsaocristovao; Aspicuelta 533, Vila Madalena; Hauptgerichte 32–84 R$) Fußballmemorabilia (mehr als 3500 Stück) aus der Sammlung des Eigentümers prägen das Bild in diesem ausgelassen-stimmungsvollen *boteco*.

Suco Begaço
SAFTBAR

(www.sucobagaco.com.br; Haddock Lobo 1483, Jardins; Säfte 8–15 R$; ⏰ Mo–Sa 9–21, So 12–20 Uhr; 📶) Das Flaggschiff der schnell expandierenden Saftbar-Kette bringt täglich 600 Softdrinks, gemixt mit Wasser, Orangensaft, Tee oder Kokosmilch, unter die Leute. Dazu gibt's sehr preisgünstige Salate und Sandwiches, deren Belag man selbst bestimmt.

☆ Unterhaltung

Die Clubszene hier kann es mit dem aufregenden Nachtleben New Yorks und den Preisen in Moskau aufnehmen. Am meisten los ist in den Vierteln Vila Olímpia (schick, teuer, Electronica) und Barra Funda/Baixo Augusta (Rock, Alternatives, Bodenständiges). Einige Clubs bieten die Wahl zwischen einem Grundpreis oder der teureren *consumação*-Option, die aber von der Zeche abgezogen wird. Bei den meisten Clubs gibt's Rabatt, wenn man sich per E-Mail oder telefonisch vorher auf die Gästeliste setzen lässt.

Die drei großen Fußballclubs in São Paulo sind der **São Paulo FC** (www.saopaulofc.net), der im 67 428 Plätze fassenden Estádio do Morumbi (einer Spielstätte der Olympischen Spiele von 2016) aufläuft, **Palmeiras** (www.palmeiras.com.br), der im neuen, 43 600 Plätze bietenden Allianz Parque nahe Barra Funda spielt, sowie die **Corinthians** (www.corinthians.com.br), die in der neuen Arena Corinthians, 24 km östlich von Centro, antreten.

D-Edge
CLUB

(📞 3665-9500; www.d-edge.com.br; Auro Soares de Moura Andrade 141, Barra Funda; Grundpreis 30–140 R$; ⏰ Mo & Mi–Sa 23 Uhr–open end) Mit einer der bemerkenswertesten Anlagen und einem Aufgebot weltbekannter DJs ist dieser Club, in dem Schwule und Heteros willkommen sind, zwar etabliert, aber immer noch ein Muss für Electronica-Fans.

Ó do Borogodó
SAMBA

(Karte S. 338; 📞 3814-4087; Horácio Lane 21, Vila Madelena; Grundpreis 25 R$; ⏰ Mo–Fr 21–3, Sa ab 13, So 19–24 Uhr) Trotz der Enge und der unebenen Böden ist dieser Club der beste vor

ANKUNFT IN SÃO PAULO

Passaro Marroon (www.passaromarron.com.br) betreibt zwei Flughafenbusse. Der **Airport Bus Service** (www.airportbusservice.com.br; einfache Strecke ab 42 R$) ist für den Weg vom/zum internationalen Flughafen Guarulhos besonders effizient; die Fahrzeuge halten am Aeroporto Congonhas, in Barra Funda und Tiête, an der Praça da República und an verschiedenen Hotels rund um die Paulista und Augusta.

Am billigsten sind hingegen die Linien 257 und 299 des Airport Service – die 299 braucht länger, daher besser meiden! Beide Linien fahren vom/zum Metrô-Bahnhof Tatuapé (5,15 R$, 30–45 Min., 5–0.10 Uhr alle 15 Min.; Vorsicht: leicht zu verwechseln mit dem teureren, gerade erwähnten Airport Bus Service – beide fahren direkt nebeneinander vor dem Terminal 2 ab!).

Guarucoop (2440-7070; www.guarucoop.com.br) ist das einzige Taxiunternehmen, das den internationalen Flughafen bedient. Es verlangt zur Fahrt in die Stadt Preise, die einem den Urlaub verhageln (135,64 R$ zur Av Paulista, 161,04 R$ nach Vila Madalena).

Uber erhielt Anfang 2015 die Freigabe, Fahrgäste am internationalen Flughafen aufzunehmen. Der Preis ist generell um 30 bis 40 R$ niedriger als bei Guarucoop, insbesondere, wenn man ein UberX erwischt. Die Fahrer können einen aber nicht an der nahen Wendekurve, sondern nur an der am entgegengesetzten Ende aufnehmen.

Zum Flughafen Congonhas fährt man mit dem Bus 875A-10 „Perdizes-Aeroporto" von der Metrô-Station São Judas oder nimmt ein normales Taxi (40–60 R$ ab den meisten für Touristen interessanten Vierteln).

Terminal Tiête und Barra Funda, die beiden wichtigsten Busbahnhöfe, sind an das Metrô-Netz mit den gleichnamigen Stationen angeschlossen.

Ort, wenn es um Livemusik der Richtungen Samba, *chorinho* und *pagode* (populäre Sambamusik) geht. Zur tollen Musik gibt's billige Caipirinhas und ein ausgelassenes sexy Publikum.

Superloft CLUB
(Karte S. 338; www.superloft.com.br; Cardeal Arcoverde 2926, Pinheiros) Der aus 34 Containern gebaute multikulturelle Treff hat jede Menge Kunst-, Musik- und Club-Events im Programm. Vor 0.30 Uhr freier Eintritt.

❶ Praktische Informationen

Geldautomaten gibt's überall – alle nur denkbaren Banken sind an der Paulista vertreten (nur in in Vila Madalena sind sie rarer).

GEFAHREN & ÄRGERNISSE

Verbrechen sind in São Paulo ein Problem, doch werden Touristen nicht häufig zum Opfer, wenn sie nicht gerade in einen *arrastão* geraten, bei dem bewaffnete Banditen ein ganzes vollbesetztes Restaurant im Handumdrehen ausrauben. Besondere Vorsicht ist abends und an den Wochenenden im Zentrum geboten, weil dort dann weniger Menschen unterwegs sind. In den Bussen und auf der Praça da Sé muss man sich vor Taschendieben hüten.

GELD
Bradesco-Geldautomat (www.bradesco.com.br; Wisard 308, Vila Madalena) Der Geldautomat in Vila Madalena, der am ehesten ausländische Karten akzeptiert.

MEDIZINISCHE VERSORGUNG
Einstein Hospital (2151-1233; www.einstein.com.br; Albert Einstein 627, Morumbi) Das am südwestlichen Rand von Morumbi gelegene Einstein ist eines der besten Krankenhäuser Lateinamerikas.

NOTFALL
Deatur-Touristenpolizei (3120-4417; Rua da Cantareira 390; ⊗8–19 Uhr) Die Sondereinheit der Polizei für Touristen hat englischsprachige Beamte und findet sich am Mercado Municipal.

POST
Correios (www.correios.com.br; Haddock Lobo 566, Jardins; ⊗9–17 Uhr) Eines der vielen Postämter der Stadt in besonders praktischer Lage.

TOURISTENINFORMATION
CIT (Karte S. 336; 3331-7786; www.cidadedesaopaulo.com; Praça da República; ⊗9–18 Uhr); Flughafen GRU (Terminals 1 & 2; ⊗8–20 Uhr); Mercado Municipal (Karte S. 336; Rua da Cantareira 306, Rua E, Portão 4; ⊗Mo–Sa 8–17, So 7–16 Uhr); Paulista (Av Paulista 1853; ⊗9–18 Uhr); Olido (Karte S. 336; São João 473; ⊗9–18 Uhr); Tiête-Busbahnhof (Av Cruzeiro do Sul 1800, Rodoviário Tiête, Santana; ⊗6–22 Uhr); Flughafen Congonhas (Av Washington Luis s/n, Congonhas Airport, Vila Congonhas; ⊗7–22 Uhr) São Paulos Touristen-

informationsstände bieten alle gute Stadtpläne und hilfreiche Karten über die einzelnen Viertel.

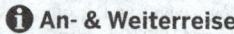 An- & Weiterreise

BUS

Südamerikas größter Busbahnhof, der Terminal Tietê, 4,5 km nördlich von Centro, bietet Busverbindungen zu Zielen auf dem ganzen Kontinent. Busse, die am frühen Morgen und am späten Nachmittag ankommen, sollte man meiden – dann sind ellenlange Staus die Regel.

Die Busse ins Pantanal fahren vom Terminal Barra Funda 5,3 km nordwestlich von Centro.

FLUGZEUG

Der internationale **Flughafen GRU** (2445-2945; www.gru.com.br; Rod Hélio Smidt s/n) liegt 25 km östlich vom Zentrum. Die meisten Inlandsflüge starten von den Terminals 1 und 2 im Hauptgebäude, aber Azul und Passaredo nutzen den 2 km südwestlich gelegenen neueren Terminal 4. Die meisten internationalen Flieger nutzen jetzt den neuen, an das Hauptgebäude angebundenen, eindrucksvollen und erstklassigen Terminal 3, der 2014 eröffnet wurde. Ausgenommen sind derzeit einige Mittelstreckenflüge aus Zentral- und Südamerika und der Karibik (von Aerolíneas Argentinas/Austral, Aeromexico, Avianca/Taca, Boliviana de Aviacion, Copa, Tame etc.)sowie ein paar Nachzügler aus Afrika (Ethiopian, Royal Air Maroc, TAAG) und Europa (Air Europa) – doch sollte man sich vorab informieren, weil der Umzug auf den T3 noch nicht abgeschlossen ist. Häufig fahrende, kostenlose Shuttles verbinden die Terminals rund um die Uhr.

Der Aeroporto Congonhas, 14 km südlich des Zentrums, wickelt nur Inlandsflüge ab, darunter die meisten Flüge nach Rio (Flughafen Santos Dumontt), die mindestens alle halbe Stunde starten. Auch viele andere Ziele werden von diesem Flughafen bedient.

Unterwegs vor Ort

São Paulos gewaltiges öffentliches Nahverkehrsnetz ist mit 15 000 Bussen und 1333 Linien das komplexeste der Welt. Die Busse (3,50 R$) sind im Berufsverkehr überfüllt; das Netz ist verwirrend, aber die vielen Linien decken jeden Winkel der Stadt ab. Viele Orte sind mit der ausgezeichneten **Metrô São Paulo** (www.metro.sp.gov.br), der U-Bahn der Stadt, zu erreichen. Die Metrô (einfache Strecke 3,50 R$) ist billig, sicher, schnell und fährt zwischen 4.40 und 24 Uhr.

Belo Horizonte

0XX31 / 2,5 MIO. EW.

Belo Horizonte ist Brasiliens drittgrößte Stadt und die ausufernde Hauptstadt von Minas Gerais. Obwohl sie viele kulturelle Attraktionen und Architekturjuwelen bietet, ist sie vor allem als eine Stadt bekannt, in

BUSSE AB SÃO PAULO

ZIEL	GÜNSTIGSTER PREIS (R$)	DAUER (STD.)	UNTERNEHMEN
Angra dos Reis	70	7½	Reunidas Paulista (www.reunidaspaulista.com.br)
Asunción (PY)	184,50	20	Pluma (www.pluma.com.br)
Belo Horizonte	102	8	Cometa (www.viacaocometa.com.br)
Brasília	171	15	Real Expresso (www.realexpresso.com.br)
Buenos Aires (AR)	370,50	36	Pluma (www.pluma.com.br)
Curitiba	75	6	Cometa (www.viacaocometa.com.br)
Florianópolis	126	11	Catatrinense (www.catarinense.net)
Foz do Iguaçu	114,50	15	Pluma (www.pluma.com.br)
Montevideo (UY)	390	32	TTL (www.ttl.com.br)
Paraty	54	6	Reunidas Paulista (www.reunidaspaulista.com.br)
Pantanal (Cuiabá)	247	26	Andorinha (www.andorinha.com)
Pantanal (Campo Grande)	193	13½	Andorinha (www.andorinha.com)
Recife	436	45	Itapemirim (www.itapemirim.com.br)
Rio de Janeiro	78	6	1001 (www.autoviacao1001.com.br)
Salvador	326	32	São Geraldo (www.saogeraldo.com.br)
Santos	22	1¼	Cometa (www.viacaocometa.com.br)
Santiago (CH)	405	54	Pluma (www.pluma.com.br)

ABSTECHER

EIN WELTKLASSE-MUSEUM IN BELOS HINTERHOF

Die herausragende Attraktion im Großraum von Belo ist das weltgrößte Freiluftmuseum für zeitgenössische Kunst. Das **Instituto de Arte Contemporânea Inhotim** (3571-97000; www.inhotim.org.br; Rua B, Inhotim, Brumadinho; Erw./Student Di & Do 25/12,50 R$, Fr–So 40/20 R$, Mi Eintritt frei; Di–Fr 9.30–16.30, Sa & So bis 17.30 Uhr) ist ein ausgedehnter Gartenkomplex 50 km westlich der Stadt nahe der Ortschaft Brumadinho. 21 Galerien für moderne Kunst von Weltklasse und zahlreiche draußen aufgestellte Skulpturen verteilen sich über das Gelände. Viele der ausgestellten internationalen Werke haben monumentale Proportionen; die Säle wurden eigens gebaut, um sie aufzunehmen. Der 2006 eröffnete Garten wird ständig erweitert und enthält mehr als 4000 verschiedene Pflanzenarten (darunter eine der weltgrößten Sammlungen von Palmen) und Seen, auf denen Schwäne schwimmen.

Man kann sich auf eigene Faust umschauen oder sich einer der täglichen Führungen anschließen, die von Guides geleitet werden, die etwas von bildender Kunst und Naturkunde verstehen. Zehn Lokale versorgen die Besucher vor Ort mit allem von Hotdogs bis zu internationaler Gourmetkost. Der Mittwoch bietet sich als Besuchstag an, weil dann der Eintritt frei ist. Am Wochenende kann es ziemlich voll werden, dann werden aber auch die meisten Führungen angeboten.

Von Dienstag bis einschließlich Sonntag betreibt **Saritur** (3479-4300; www.saritur.com.br) Direktbusse (hin & zurück 53,40 R$, je 1½ Std.) von Belo Horizonte nach Inhotim. Abfahrt ist um 8.15 Uhr, zurück geht es werktags um 16.30 und am Samstag und Sonntag um 17.30 Uhr.

---

der man sehr gut essen, ausgehen und sich wohlfühlen kann. Mit dem schnellen Wachstum des Industriegiganten kamen auch Hunderte *botecos*, die alle ihren eigenen Stil haben. Wegen der vielen Kneipen und Bars wurde „Beagá" – die Einheimischen nennen ihre Stadt nach den Initialen B. H. – der Titel „Bar-Hauptstadt Brasiliens" verliehen.

⊙ Sehenswertes

Fans des modernistischen Architekten Oscar Niemeyer werden sich seine rund um einen großen, künstlichen See im Stadtteil Pampulha, nördlich der Innenstadt, verteilten Schöpfungen nicht entgehen lassen. Infos zu allen neuen Museen an der Praça da Liberdade finden sich unter www.circuitoculturalliberdade.com.br.

★ Centro Cultural Banco do Brasil   KULTURZENTRUM

(www.bb.com.br/cultura; Praça da Liberdade 450; Mi–Mo 9–21 Uhr) GRATIS Der Ende 2013 eingeweihte prächtige Palast an der Praça da Liberdade ist eines der kulturellen Schmuckstücke von Belo Horizonte. Die große Galerie im 3. Stock zeigt Sonderausstellungen, die alle paar Monate abwechseln. Im Erdgeschoss gibt's kostenlose oder preisgünstige Kunst-Events, darunter Filmvorführungen, Theater und Tanz; einen Veranstaltungskalender erhält man vor Ort. Der Innenhof lädt mit seinen Cafés, Buntglasfenstern und dem einziehbaren Dach jederzeit zu einem netten Päuschen ein.

★ Memorial Minas Gerais – Vale   MUSEUM

(www.memorialvale.com.br; Praca da Liberdade s/n; Di, Mi, Fr & Sa 10–17.30, Do bis 21.30, So bis 15.30 Uhr) GRATIS Das Highlight nach der Neugestaltung der Praça da Liberdade (2010) ist dieses topmoderne Museum, das auf drei Fluren mit hochmodernen interaktiven Sälen und audiovisuellen Installationen die Geschichte der Kultur von Minas Gerais vom 17. bis ins 21. Jh. nachzeichnet.

★ Mineirão & Museu Brasileiro de Futebol   STADION, MUSEUM

(3499-4300; www.minasarena.com.br/mineirao; Av Antônio Abrahão Caram 1001; Erw./Kind Stadionführung 8/4 R$, inkl. Fußballmuseum 14/7 R$; Di–Fr 9–17, Sa & So bis 13 Uhr) GRATIS Ein unverzichtbares Ziel für Fußballfans: Belo Horizontes legendäres, 65 000 Plätze fassendes Stadion wurde für die Weltmeisterschaft von 2014 komplett umgebaut und erhielt ein brandneues Fußballmuseum, eine Esplanade und LEED-zertifizierte Verbesserungen in Sachen Energieverbrauch. Bei den einstündigen Führungen sieht man die Umkleidekabinen, die Duschen, das Pressezentrum, die Tribünen und das umgestaltete Spielfeld und hört manch wehmütiges Wort über die Niederlage der Brasilianer gegen

Deutschland bei der Fußball-WM, aber auch etwas über die Revanche im Rahmen der Olympischen Spiele. Mit dem Kombiticket kann man zudem das Museum besuchen, dessen Ausstellungen über den Bau des Stadions, über berühmte Spiele und Spieler sowie über die Geschichte des Fußballs informieren.

Schlafen

Belo Horizonte hat kein spezielles zentralisiertes Hotelviertel – die meisten günstigen Unterkünfte verteilen sich über die Wohnbezirke.

★Hostel Savassi   HOSTEL $

(3243-4771; hostelsavassi.com.br; Antônio de Albuquerque 626; B 45–50 R$;) Das für die Fußballweltmeisterschaft von 2014 errichtete Hostel hat eine traumhafte Lage an einer verkehrsberuhigten Straße im Herzen von Savassi. Die drei Schlafsäle mit sechs bis zwölf Betten bieten Leselampen und Stromanschlüsse an jedem Bett, im oberen Stockwerk laden die helle Gästeküche und die künstlerisch gestaltete Lounge bzw. der Fernsehbereich Traveller zum Verweilen und Sich-Kennenlernen ein.

Samba Rooms Hostel   HOSTEL $

(3267-0740; www.sambaroomshostel.com.br; Av Bias Fortes 368; B 35–55 R$, EZ/DZ 100/150 R$, EZ/DZ ohne Bad 90/140 R$; @) In praktischer fußläufiger Entfernung von der Praça da Liberdade, dem Mercado Central und der Haltestelle des Flughafenbusses bietet das freundliche Hostel in einem historischen Gebäude Schlafsäle mit fünf bis neun Betten und angenehme Gemeinschaftsbereiche, darunter ein großzügiges Wohnzimmer mit Parkettboden, eine gut ausgestattete Gästeküche und eine Reihe offener Terrassen. Minuspunkte sind der Straßenlärm und die ziemlich muffigen Privatzimmer hinter dem Haus.

Hotel Ibis   HOTEL $$

(2111-1500; www.ibis.com.br; João Pinheiro 602; Zi. 145–215 R$; @) Auf halber Strecke zwischen der Innenstadt und Savassi und nur ein paar Schritte von der grünen Praça da Liberdade entfernt bietet dieses sehr praktische Kettenhotel in einem hässlichen Hochhaus hinter einem hübschen Stadthaus aus den 1930er-Jahren komfortable, wenn auch nicht gerade aufregende Zimmer. Das Frühstück (17 R$) und der Parkplatz (17 R$) sind nicht im Preis inbegriffen.

Essen & Ausgehen

Im Gebiet zwischen der Praça Sete und der Praça da Liberdade sorgen zahlreiche *lanchonetes* (Snackbars) und *por kilo*-Imbissrestaurants für einen schnellen, günstigen Happen. Im Viertel Savassi finden sich viele Spitzenrestaurants und der Löwenanteil der *botecos*, für die Beagá so berühmt ist.

Casa Cheia   MINEIRA-KÜCHE $

(3274-9585; www.restaurantecasacheia.com.br; Laden 167, Mercado Central; Tagesgericht 25–29 R$; Mo-Sa 11–23.30, So bis 17 Uhr) Zu Dutzenden stellen sich die Leute für einen Tisch in diesem alteingesessenen Lokal im Mercado Central an, dessen Name „volles Haus" bedeutet. Eine Heerschar Frauen bereitet traditionelle Gerichte an dem riesigen Herd, u. a. *pratos do dia* (günstige Tagesgerichte) wie die unbedingt zu empfehlende *feijoada* am Samstag. Die neue Filiale in Savassi (3234-6921; Cláudio Manoel 784; Tagesgericht 25–29 R$; Mo-Sa 11–23.30, So bis 17 Uhr) hat die gleiche Karte und die gleichen Preise.

San Ro   ASIATISCH, VEGETARISCH $

(3264-9236; Professor Moraes 651; 53,90 R$/kg; Mo-Fr 11.30–15, Sa & So bis 15.30 Uhr;) Vegetarier und alle, die der fleischlastigen Küche des Bundesstaats überdrüssig sind, eilen zum Büfett dieses beliebten asiatisch-vegetarischen Restaurants, wo man sein Essen nach dessen Gewicht bezahlt.

★Xapuri   MINEIRA-KÜCHE $$

(3496-6198; www.restaurantexapuri.com.br; Mandacarú 260; Hauptgerichte pro Pers. 49–70 R$; Di-Sa 12–23, So bis 18 Uhr) Dona Nelsas lokale Institution serviert an Picknicktischen unter einem Strohdach fabelhafte *mineira*-Kost. Dicht daneben gibt's Hängematten, in denen die Kinder vor dem Essen spielen oder in denen man sich nach dem Essen ablegen kann. Vorn lodert der traditionelle Holzofen; in zwei langen Theken sind die bunten Desserts nett zur Schau gestellt.

★Café com Letras   CAFÉ

(3225-9973; www.cafecomletras.com.br; Antônio de Albuquerque 781; Mo–Do 12–24, Fr & Sa bis 1, So 17–23 Uhr;) Mit Livejazz am Sonntag, DJs von Donnerstag bis Samstag und einer Boheme-Atmosphäre ist dieser Buchladen mit Café ein netter Ort, um leichte Gerichte (22–60 R$) zu essen, etwas zu trinken, die Regale zu durchstöbern und das kostenlose WLAN zu nutzen. Eine neue Filiale findet sich im **Centro Cultural Banco do Brasil**

BUSSE AB BELO HORIZONTE

ZIEL	PREIS (R$)	DAUER (STD.)	UNTERNEHMEN
Brasília	145	11–12	União (www.expressouniao.com.br), Kaissara (www.kaissara.com.br)
Diamantina	88	5	Pássaro Verde (www.passaroverde.com.br)
Ouro Preto	30	2	Pássaro Verde (www.passaroverde.com.br)
Rio de Janeiro	93	7	Util (www.util.com.br), Cometa (www.viacaocometa.com.br)
Salvador	259	23	Gontijo (www.gontijo.com.br)
São João del Rei	55	3½	Sandra (www.viacaosandra.com.br)
São Paulo	116	8¼	Cometa (www.viacaocometa.com.br)
Vitória	103	8¾	São Geraldo (www.saogeraldo.com.br), Kaissara (www.kaissara.com.br)

(Centro Cultural Banco do Brasil, UG; ⊙10–21 Uhr). Das Café sponsert Jazzkonzerte beim jährlichen **Savassi Festival** (www.savassifestival.com.br; ⊙ Mitte Sept.).

Arcangelo BAR
(2. Stock, Ed Maletta, Rua da Bahia 1148; ⊙Di–Sa 18–24 Uhr) Diese Bar ist die beste der vielen in dem freisinnig-intellektuellen Maleta-Gebäude in Centro. Vom ständig voll besetzten Freiluftbalkon im 2. Stock hat man eine tolle Aussicht. Die Happy Hour wurde zur besten in Beagá gewählt.

ⓘ Praktische Informationen

Belotur Confins Airport (☏ 3689-2557; ⊙ Mo–Fr 8–22, Sa & So bis 17 Uhr) Am Hauptausgang des Flughafens, vor der Gepäckausgabe.
Belotur Mercado Central (☏ 3277-4691; ⊙ Mo 9–17.20, Di 8–16.20, Mi–Sa 8–17.20, So 8–13 Uhr) Im Erdgeschoss der berühmten Markthalle von Belo.
Belotur Mercado das Flores (☏ 3277-7666; Av Afonso Pena 1055; ⊙Mo–Fr 9–18, Sa & So 8–15 Uhr) Am Blumenmarkt an der westlichen Ecke des Parque Municipal.
Belotur Pampulha Airport (☏ 3246-8015; ⊙ Mo–Fr 8–17, Sa 8–16, So 13–17 Uhr)
Belotur Pampulha Lakeshore (☏ 3277-9987; Av Otacílio Negrão de Lima 855; ⊙ Di–So 8–17 Uhr) Am Seeufer in der nördlichen Vorstadt Pampulha.
Belotur Rodoviária (☏ 3277-6907; Praça Rio Branco; ⊙ Mo–Fr 8–18, Sa & So bis 17 Uhr) Im Busbahnhof.

ⓘ An- & Weiterreise

Belo Horizonte hat zwei Flughäfen. Internationale Flieger nutzen den kürzlich renovierten und erweiterten **Aeroporto Confins** (CNF), 40 km nördlich der Stadt. Der **Aeroporto da Pampulha** (PLU), 10 km nördlich vom Stadtzentrum, liegt praktischer, ist aber nur für Inlandsflüge vorgesehen. Von beiden Flughäfen starten Flüge zu vielen Zielen in Brasilien.

Expresso Unir (☏ 3689-2415; www.conexaoaeroporto.com.br) betreibt die häufig verkehrenden, komfortablen Conexão-Aeroporto-Busse zwischen der Innenstadt und beiden Flughäfen. Der *convencional*-Bus (zu beiden Flughäfen einfache Strecke 10,70 R$) fährt zwischen 3.45 und 22.45 Uhr alle 15 bis 45 Minuten (an Wochenenden weniger häufig) von Belos Busbahnhof ab. Die Fahrzeit beträgt rund 30 Minuten zum Flughafen Pampulha und 70 Minuten zum Flughafen Confins. Ab Confins starten Busse Richtung Stadt zwischen 5.15 und 0.15 Uhr.

Belos **Fernbusbahnhof** (☏ 3271-3000; Praça Rio Branco 100) liegt nahe dem nördlichen Ende der Innenstadt.

Ouro Preto

☏0XX31 / 70 281 EW.

Ouro Preto liegt inmitten einer faszinierenden, üppigen Berglandschaft, 114 km südöstlich von Belo Horizonte. Wer zum ersten Mal durch die Straßen und Gassen schlendert, wird sich im Handumdrehen ins 18. Jh. zurückversetzt fühlen. Auf den Hügeln wachen wunderschöne barocke Kirchen über die malerischen Plätze und verwinkelten Kopfsteinpflasterstraßen der von der UNESCO ins Weltkulturerbe aufgenommenen Altstadt zu ihren Füßen – Besucher erwartet zweifelsohne ein Juwel unter den Goldgräberstädten von Minas Gerais.

⊙ Sehenswertes & Aktivitäten

Es gibt praktisch keine Gebäude aus dem 20. Jh., die das tolle kolonialzeitliche Erscheinungsbild der Stadt stören. Besser aber nicht montags kommen, denn dann sind die meisten interessanten Stätten geschlossen!

★ Igreja de São Francisco de Assis KIRCHE
(www.museualeijadinho.com.br; Largo de Coimbra s/n; Erw./erm. 10/5 R$; ⊙ Di–So 8.30–11.50 & 13.30–17 Uhr) Die herrliche Kirche ist das wichtigste Werk brasilianischer Kolonialkunst nach Aleijadinhos Prophetenstatuen in Congonhas. Die Verzierungen an der Fassade wurden, vom Speckstein-Medaillon über die Wasserspeier in Kanonenform bis hin zu dem Franziskanerkreuz mit Doppelbalken, von Aleijadinho persönlich geschaffen. Die Innenausmalung stammt von seinem langjährigen Partner Manuel da Costa Ataíde.

Matriz Nossa Senhora do Pilar KIRCHE
(Praça Monsenhor Castilho Barbosa; Erw./erm. 10/5 R$; ⊙ Di–So 9–10.45 & 12–16.45 Uhr) Die im Südwesten der Stadt gelegene Kirche ist (abgesehen von São Francisco in Salvador), die am opulentesten ausgeschmückte Kirche Brasiliens. 434 kg Gold und Silber wurden aufgewendet, und die Kirche reich mit Kunstwerken geschmückt. Bemerkenswert sind die Kerzenhalter in Vogelform, das Rollwerk der Kirchentüren und das (echte, von einem bußfertigen Gläubigen gestiftete) Haar der Jesusfigur.

Matriz Nossa Senhora da Conceição de Antônio Dias KIRCHE
(www.museualeijadinho.com.br; Praça Antônio Dias; Erw./erm. inkl. Museu do Aleijadinho 10/5 R$; ⊙ Di–Sa 8.30–12 & 13.30–17, So 12–17 Uhr) Die von Aleijadinhos Vater Manuel Francisco Lisboa entworfene Kirche wurde zwischen 1727 und 1770 errichtet. Der Adler mit gesenktem Kopf und die von Cherubim umgebene Jungfrau Maria stehen beide auf Mondsicheln – ein portugiesisches Bildsymbol für den Sieg der Christen über die Mauren. Aleijadinho ist nahe dem Altar begraben. Das angrenzende **Museu do Aleijadinho** (www.museualeijadinho.com.br; Rua da Conceição; Erw./erm. inkl. Igreja NS da Conceição 10/5 R$; ⊙ Di–Sa 8.30–12 & 13.30–17, So 12–17 Uhr) zeigt Werke Aleijadinhos und anderer Meister des 18. Jhs. Als wir hier waren, war die Kirche wegen Renovierung geschlossen, sollte aber im Laufe des Jahres 2016 wiedergeöffnet werden.

Igreja de Santa Efigênia dos Pretos KIRCHE
(☎ 3551-5047; Santa Efigênia 396; Erw./erm. 5/2,50 R$; ⊙ Di–So 8.30–16.30 Uhr) Die mit dem Gold aus der Mine des Chico-Rei finanzierte Kirche wurde Mitte des 18. Jhs. von den Sklavengemeinde erbaut und ist Santa Efigênia, einer nubischen Prinzessin, geweiht. Die Figur der Madonna im Rosenkranz in der Fassadennische stammt von Aleijadinho. Der Legende nach füllten die Sklaven die Kasse der Kirche, indem sie ihre mit Goldstaub durchsetzten Haare im Taufbecken wuschen oder Goldstaub in Zahnlöchern oder unter den Fingernägeln einschmuggelten.

Museu da Inconfidência MUSEUM
(www.museudainconfidencia.gov.br; Praça Tiradentes 139; Erw./Kind 10/5 R$; ⊙ Di–So 10–17.20 Uhr) Das historische Museum residiert in Ouro Pretos alter Stadtverwaltung samt Gefängnis, einem attraktiven Gebäude, das zwischen 1784 und 1854 an der Südseite der Praça Tiradentes errichtet wurde. Das Museum enthält das Grabmal von Tiradentes, Dokumente zur Inconfidência Mineira, Folterinstrumente und wichtige Arbeiten von Manuel da Costa Ataíde und Aleijadinho.

Museu do Oratório MUSEUM
(www.museudooratorio.org.br; Adro da Igreja do Carmo 28; Erw./erm. 5/2,50 R$; ⊙ 9.30–17.30 Uhr) Das Museum zeigt eine fabelhafte Sammlung handgeschnitzter *oratórios* – kleiner Hausaltäre und tragbarer Devotionalienschreine, die ins 17. Jh. zurückdatieren. Es befindet sich in der Casa do Noviciado, einem dreistöckigen Gebäude aus der Kolonialzeit, in dem Aleijadinho gewohnt haben soll, als er an der angrenzenden Igreja Nossa Senhora do Carmo arbeitete.

Igreja Nossa Senhora do Carmo KIRCHE
(Brigadeiro Mosqueira; Eintritt 3 R$; ⊙ Di–Sa 8.30–11.10 & 13–17, So 10–15 Uhr) Bei dieser hübschen, zwischen 1766 und 1772 errichteten Kirche arbeiteten die wichtigsten Künstler der Region zusammen. Die Fassade und zwei Seitenaltäre stammen von Aleijadinho.

🛏 Schlafen

Trilhas de Minas Hostel HOSTEL $
(☎ 3551-6367; www.trilhasdeminashostel.com; Praça Antônio Dias 21; B 45–50 R$, DZ 120 R$; 🛜) Das Hostel mit drei Zimmern prunkt mit einer direkten Sicht auf die Kirche Nossa Senhora de Conceição gleich gegenüber und hat noch ein weiteres Extra zu bieten: Die Inhaber betreiben eine Reiseagentur, die Exkursionen in die Umgebung mit Schwerpunkt auf einem Einblick in die Kultur veranstaltet. Freundliche Haustiere, ein Perma-

Ouro Preto

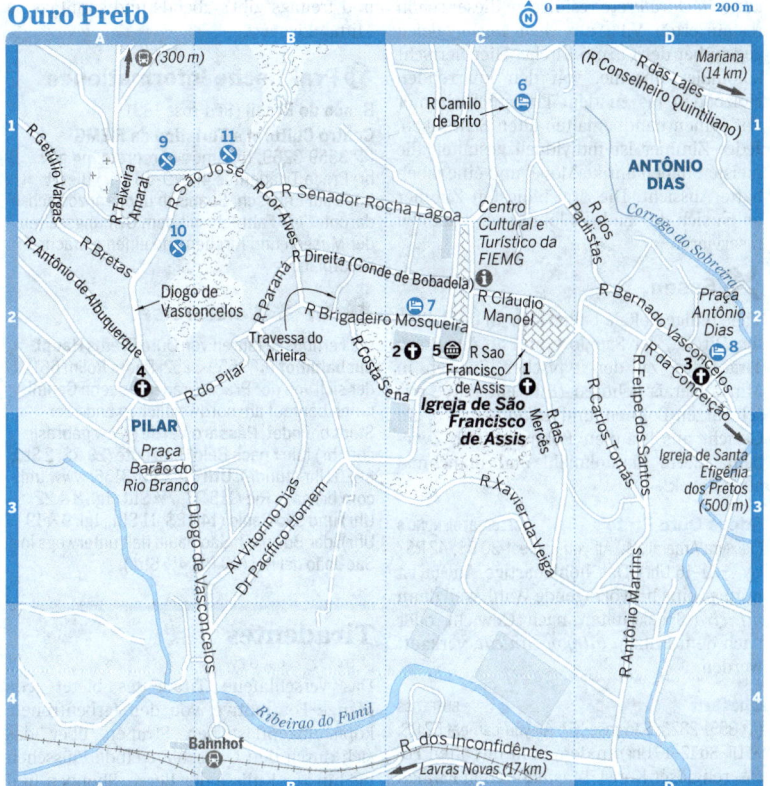

kultur-Garten hinter dem Haus und Möbel aus wiederverwertetem Holz unterstreichen das Engagement der Inhaber für Nachhaltigkeit und Tierschutz.

Pousada Nello Nuno POUSADA $
(3551-3375; www.pousadanellonuno.com.br; Camilo de Brito 59; EZ 125–130 R$, DZ 160–200 R$, 3BZ 200–273 R$;) Die von einer Familie geführte *pousada* liegt ruhig nordöstlich der Praça Tiradentes. Sie bietet saubere und luftige *apartamentos*, die mit viel Kunst ausgeschmückt sind und sich um einen netten, mit Steinplatten ausgelegten Hof verteilen. Die Inhaber sprechen Französisch und Englisch.

★ **Pouso do Chico Rei** GÄSTEHAUS $$
(3551-1274; www.pousodochicorei.com.br; Brigadeiro Musqueira 90; EZ 210–250 R$, DZ 240–290 R$, 3BZ 310–370 R$, 4BZ 400–450 R$; EZ/DZ/3BZ ohne Bad ab 100/175/260 R$;) Die bei Weitem beste Mittelklasseunter-

Ouro Preto

Highlights
1 Igreja de São Francisco de Assis C2

Sehenswertes
2 Igreja NS do Carmo C2
3 Matriz NS da Conceição de Antônio Dias D2
4 Matriz NS do Pilar A2
5 Museu da Inconfidência C2
  Museu do Aleijadinho .... (siehe 3)
  Museu do Oratório .... (siehe 2)

Schlafen
6 Pousada Nello Nuno C1
7 Pouso do Chico Rei C2
8 Trilhas de Minas Hostel.....................D2

Essen
9 Adega Ouro Preto A1
10 Chafariz A2
11 O Passo B1

kunft in Ouro Preto residiert in dieser schön restaurierten Villa aus dem 18. Jh. gleich gegenüber der Carmo-Kirche. Hier herrscht kolonialer Charme, von den knarrenden Holzböden bis zu dem Frühstückszimmer mit seinen handbemalten alten Schränken. Jedes Zimmer ist individuell gestaltet, die meisten haben antike Möbel und eine fabelhafte Aussicht. Die drei billigsten Zimmer teilen sich das Bad. Es lohnt sich, vorab zu reservieren.

Essen

Viele billige Lokale ballen sich an der belebten Direita, der São José und an der Praça Tiradentes. Zu den typischen Speisen in Minas Gerais gehören *tutu*, ein Püree aus schwarzen Bohnen, und *feijão tropeiro*, ein Gericht aus braunen Bohnen, Kohl, Zwiebeln, Eiern, Maniokmehl und manchmal auch Speck.

Adega Ouro Preto SELBSTBEDIENUNG $
(Teixeira Amaral 24; All-you-can-eat 30 R$, 42 R$/kg; 11–16 Uhr) Das höhlenartige Adega ist mittags eine hervorragende Wahl, weil dann *mineira*-Spezialitäten nach Gewicht oder nach dem Prinzip *all you can eat*, verkauft werden.

Chafariz BÜFFET $$
(3551-2828; São José 167; All-you-can-eat 52 R$; Di–So 12–16 Uhr) In dem bunt mit alten Fotos, religiöser Kunst, brasilianischen Fahnen und Antiquitäten dekorierten Lokal, einer örtlichen Institution, wird eines der leckersten, wenn auch nicht der billigsten Büfetts in Minas aufgebaut. Im Angebot sind dann traditionelle regionale Gerichte wie *lombo* (gebratene Schweinelende) oder *feijão tropeiro*, gefolgt von Minas-Käse und *goiabada* (Guavenpaste) zum Nachtisch. Der *cachaça*, Kaffee oder *jabuticaba*-Likör zum Abschluss sind im Preis inbegriffen.

★ **O Passo** ITALIENISCH $$
(www.opassopizzajazz.com; São José 56; Pizza 32–69 R$, Hauptgerichte 39–79 R$; So–Do 12–24, Fr & Sa bis 1 Uhr) Das bei Einheimischen beliebte Restaurant residiert in einem hübschen Gebäude aus dem 18. Jh. mit traulichen, von Kerzen beleuchteten Räumen und ist auf Pizza, Pasta und Salate spezialisiert. Dazu gibt's eine gute Weinkarte. Die entspannte Terrasse am Bach ist ideal für einen Drink am Nachmittag. Nicht versäumen sollte man das *rodizio de pizzas* (*all you can eat*-Pizza, 35,90 R$) am Dienstagabend. Donnerstags und freitags gibt's abends und sonntags zu Mittag Livejazz.

ℹ Praktische Informationen

Banco do Brasil (São José 189)
Centro Cultural e Turístico da FIEMG (3559-3269; turismo@ouropreto.mg.gov.br; Praça Tiradentes 4; 9–18 Uhr) Bietet Infos auf Englisch, Spanisch und Französisch, darunter ein Faltblatt mit den Öffnungszeiten der Museen und Kirchen und einen einfachen Stadtplan.

ℹ An- & Weiterreise

Die Fernbusse fahren von Ouro Pretos **Hauptbusbahnhof** (3559-3252; Padre Rolim 661), der sich von der Praça Tiradentes zehn Gehminuten bergauf am nordwestlichen Ende der Stadt befindet. **Pássaro Verde** (www.gabrasil.com.br) fährt nach Belo Horizonte (29 R$, 2 Std., 6–20 Uhr stündl.), **Util** (3551-3166; www.util.com.br) nach Rio (115 R$, 7¾ Std., tgl. 8 & 22 Uhr) und São Paulo (140 R$, 11 Std., tgl. 9 & 19 Uhr); der Bus nach São Paulo hält unterwegs in São João del Rei (60 R$, 4½ Std.).

Tiradentes

0XX32 / 6900 EW.

Das verschlafene Tiradentes bietet jede Menge Fotomotive, von den farbenfrohen, kopfsteingepflasterten Straßen über das sich durch den Ort schlängelnde Flüsschen bis hin zur Kulisse der Berge. Shoppen und Gastronomie stehen hier ganz oben auf der Agenda: pro Kopf gerechnet hat das Städtchen die höchste Konzentration von Sternerestaurants im Land. Berühmt ist der Ort auch für seine Kunstschreiner und für hochwertige Haushaltswaren und Kunstgegenstände. Das Umland lockt mit schönen Wanderungen, bei denen man eventuell erworbene Pfunde wieder loswerden kann.

⊙ Sehenswertes

★ **Igreja Matriz de Santo Antônio** KIRCHE
(Padre Toledo s/n; Eintritt 5 R$; 9–17 Uhr) Die nach dem Schutzheiligen von Tiradentes benannte prächtige Kirche ist eine der letzten Entwürfe Aleijadinhos. Der blendend goldene Innenraum steckt voller alttestamentlicher Symbolik. Bemerkenswert sind die polychrome Orgel, die in Portugal gebaut und 1798 von Eseln hierher geschafft wurde, und die sieben goldenen Phönixe, die a langen, geflochtenen Ketten Kerzenleuchter halten. Die berühmte Sonnenuhr draußen vor der Kirche stammt von 1785.

Igreja NS Rosário dos Pretos KIRCHE
(Praça Padre Lourival; Eintritt 3 R$; ⊙9–17 Uhr) Diese schöne steinerne Kirche mit ihren vielen Bildern schwarzer Heiliger wurde 1708 von und für Sklaven erbaut. Da diese tagsüber keine freie Zeit hatten, wurde das Gotteshaus bei Nacht errichtet – daran erinnern die Deckenmalereien mit einem achtzackigen schwarzen Stern und einem Halbmond.

Museu de Sant'Ana MUSEUM
(museudesantana.org.br; Cadeia; Erw./erm. 5/2,50 R$; ⊙Mi–Mo 10–19 Uhr) Das 2014 im früheren Gefängnis der Stadt geschaffene Museum ist das jüngste innovative Museumsprojekt der in Belo Horizonte ansässigen Angela Gutierrez, die auch das Museu do Oratório (S. 348) in Ouro Preto und das **Museu de Artes e Ofícios** (☎3248-8600; www.mao.com.br; Praça Rui Barbosa 600; Erw./Kind 5/2,50 R$, Sa & Mi & Do 17–21 Uhr Eintritt frei; ⊙Di & Fr 12–19, Mi & Do 12–21, Sa & So 11–17 Uhr). in Belo Horizonte schuf. Die schlichte, aber schön präsentierte Sammlung enthält 270 Bildwerke der hl. Anna aus Holz, Stein und Terrakotta aus der Zeit vom 17. Jh. bis zur Gegenwart. Zweisprachige Tafeln erläutern die Bedeutung der hl. Anna in der Ikonografie Brasiliens und deren Entwicklung im Barock und im Rokoko.

Museu do Padre Toledo MUSEUM
(Padre Toledo 190; Erw./erm. 10/5 R$; ⊙Di–Fr 10–17, Sa bis 16.30, So 9–15 Uhr) Das kürzlich renovierte Museum ist Padre Toledo gewidmet, einem brasilianischen Priester und Revolutionshelden des 18. Jhs. Es befindet sich in dem 18 Zimmer umfassenden Haus, das der Padre bewohnte und in dem sich die Aufständischen erstmals trafen. Die Sammlung umfasst Antiquitäten aus der Region, Dokumente aus dem 18. Jh. sowie einige schöne Deckenmalereien, die sich faszinierend in den in den Fußboden eingelassenen Spiegeln betrachten lassen.

🛏 Schlafen & Essen

Pousada da Bia POUSADA $$
(☎3355-1173; www.pousadadabia.com.br; Ozanan 330; EZ/DZ werktags 180/240 R$, Wochenende 200/260 R$; 🛜🏊) Gleich außerhalb des historischen Zentrums betreibt die französisch und englisch sprechende Inhaberin Bia diese reizende *pousada* mit einem sonnigen Frühstückspavillon, einem duftenden Kräutergarten und einem entspannenden Poolbereich. Die Zimmer rechts vom Garten gewähren die schönere Aussicht, bieten aber weniger Privatsphäre als die zur Linken. Es gibt außerdem zwei geräumige neue Deluxe-Zimmer (180–200 R$/Paar zzgl. 30% pro weitere Pers.).

Pousada da Sirlei GÄSTEHAUS $$
(☎3355-1440; www.facebook.com/PousadaSirlei; Antonio de Carvalho 113; EZ/DZ 100/200 R$; 🅿@🛜🏊) Die idyllische Herberge liegt fünf Gehminuten von den Kopfsteinpflastergassen und dem Busbahnhof entfernt schräg gegenüber von einer hübschen Plaza. Prägend sind die bunt zusammengewürfelten Teppiche und der großmütterliche Charme.

Divino Sabor SELBSTBEDIENUNG $
(Gabriel Passos 300; pro kg 41,90 R$; ⊙Di–So 11.30–14.30 Uhr) Das Selbstbedienungslokal ist bei Einheimischen wegen des Grillfleischs und der üblichen Palette von *mineira*-Spezialitäten sehr beliebt.

Bar do Celso MINEIRA-KÜCHE $
(Largo das Forras 80a; Hauptgerichte 20–36 R$; ⊙Mi–Mo 12–20 Uhr) Das von Einheimischen geführte Restaurant am Hauptplatz serviert bodenständige *mineira*-Kost zu vernünftigen Preisen. Menschen mit weniger Appetit wissen das *prato mini*, eine kleinere, für eine Person berechnete Portion, zu schätzen (18 R$).

ℹ Anreise & Unterwegs vor Ort

Tiradentes' Busbahnhof liegt gleich nördlich des Hauptplatzes und jenseits des Flusses. Die beiden Unternehmen Presidente (3,35 R$, 20 Min.) und Vale do Ouro (3,80 R$, 30 Min.) betreiben regelmäßig Busse zwischen Tiradentes und São João del Rei.

Die beste Variante, um nach Tiradentes zu gelangen, ist die wundervolle Zugfahrt von São João del Rei. Die *Maria-Fumaça* („Dampfende Maria") von **Trilhos de Minas** (☎3355-2789; trilhosdeminas.com; einfache Strecke/hin & zurück 40/56 R$, Kind 6–12 Jahre & Senior über 60 Jahre halber Preis) wird von Dampfloks aus dem 19. Jh. gezogen und tuckert von São João malerische 13 km nach Tiradentes. Die Züge fahren freitags, samstags, sonntags und an Feiertagen täglich jeweils zweimal in beide Richtungen. Fährt man ab São João, hat man auf der linken Seite den schöneren Ausblick.

DER SÜDEN

Unglaublich schöne weiße Sandstrände, unberührte tropische Inseln und das Donnern der Wasserfälle von Iguaçu sind nur einige der Attraktionen des reichen Südens Brasiliens. Besucher, die zum ersten Mal diese Ecke des Landes bereisen, bleiben oft nur kurz, und das, obwohl man in den Bundesstaaten Paraná, Santa Catarina und Rio Grande do Sul eine radikal andere Sicht auf das Leben der Brasilianer bekommt: *Gaúchos* führen auf den weiten Ebenen der Grenze zu Argentinien und Uruguay noch immer ein Cowboy-Leben. Andererseits weisen Gebäude im Architekturstil der Alten Welt, europäisches Bier und blonde, blauäugige Menschen auf den Einfluss der Millionen Einwanderer aus Deutschland, Italien, der Schweiz und Osteuropa hin.

❶ An- & Weiterreise

Die wichtigsten Flughäfen finden sich in Curitiba, Florianópolis, Porto Alegre und Foz do Iguaçu, letztere Stadt grenzt an Argentinien und Paraguay. Von allen genannten Städten aus gibt es gute Busverbindungen nach São Paulo.

❶ Unterwegs vor Ort

Kurzstreckenflüge und längere Busfahrten verbinden die wichtigsten Städte des Südens. Wer zur Ilha do Mel will, sollte unbedingt die Panoramabahn von Curitiba durch die Serra do Mar nach Morretes nehmen.

Curitiba

📞 0XX41 / 1,7 MIO. EW.

Das für seine umweltfreundliche Bauweise und Stadtplanung bekannte Curitiba gehört zu Brasiliens Erfolgsmetropolen. Schöne Parks, gut erhaltene historische Gebäude, wenig Staus und jede Menge Studenten prägen das Stadtbild.

👁 Sehenswertes & Aktivitäten

⭐ **Museu Oscar Niemeyer** MUSEUM

(MON; 📞 3350-4400; www.museuoscarniemeyer.org.br; Marechal Hermes 999; Erw./Kind 9/4,50 R$; ⊙ Di–So 10–18 Uhr) Das exotische, augenförmige Museum wurde von dem Architekten entworfen, der Brasília zu großen Teilen gestaltet hat, und ist nach ihm benannt. Das Gebäude ist mit lustigen tanzenden Figuren in kräftigen Farben angemalt. Wechselausstellungen präsentieren brasilianische und internationale Künstler des 20. und 21. Jhs., zudem gibt es eine ausgezeichnete Dauerausstellung über Niemeyer.

Linha Turismo STADTRUNDFAHRT

(www.urbs.curitiba.pr.gov.br/transporte/linha-turismo; Rundfahrt 35 R$; ⊙ März–Okt. Di–So 9–17.30 Uhr alle 30 Min., Nov.–Karneval 8.45–18 Uhr alle 15 Min.) Die Rundfahrt mit dem Doppeldecker ist praktisch, um sich die Sehenswürdigkeiten innerhalb und außerhalb der Innenstadt von Curitiba anzuschauen. Die Tour beginnt an der Praça Tiradentes, und man kann auf der 25 Highlights umfassenden Fahrt bis zu viermal aus- und wieder einsteigen. Die Haltepunkte werden auf Englisch und Spanisch ausgerufen. Wer mag, kann die Fahrt auch an einem beliebigen anderen Tag fortsetzen.

🛏 Schlafen

⭐ **Motter Home** HOSTEL $

(📞 3209-5649; www.motterhome.com.br; Desembargador Motta 3574; B 44–48 R$, Zi. 140 R$; @ 🛜) Im grünen Mercês – 15 Gehminuten vom Largo da Ordem – residiert Curitibas bestes Hostel in einer auffällig kanariengelben, mit Türmchen bekrönten Villa aus den 1950er-Jahren. Das Haus ist mit auffälligen Kunstwerken, eleganten Gemeinschaftsbereichen im Retro-Stil, originalen Hartholzböden und abgefahrenen Türgriffen ausstaffiert.

Curitiba Casa HOSTEL $

(📞 3044-7313; www.curitibacasahostel.com; Brasílio Itiberê 73; B 44–42 R$, Zi. 145 R$; @ 🛜) Trotz der ungünstigen Lage 15 Minuten östlich der *rodoferroviária* (Bahnhof & Busbahnhof) hat das Hostel mehr Fans als der *futebol*. Das Haus ist sauber, farbenfroh und hat Klasse.

🍴 Essen & Ausgehen

Mercado Municipal MARKT $

(www.mercadomunicipaldecuritiba.com.br; 7 de Setembro 1865; ⊙ Mo 7–14, Di–Sa bis 18, So bis 13 Uhr) 🌱 In Curitibas ausgezeichneter Markthalle gibt es die verschiedensten Imbissstände, Cafés und Feinschmeckerläden, und hier wurde auch der erste Bio-Food-Court in ganz Brasilien eröffnet.

Yü ASIATISCH $$

(www.yurestaurante.com.br; Praça General Osório 485; 72,90 R$/kg; ⊙ Mo–Fr 11.30–15, Sa & So 12–15.30 Uhr; 🛜) Ein Hinweis auf den doch beträchtlichen Anteil asiatischer Immigranten in Curitiba ist dieses etwas teurere *por kilo*-Restaurant, in dem viele hochwertige koreanische, chinesische und japanische Gerichte auf die Tische kommen, beispielsweise Sushi, Sashimi und wunderbarer *lula apimentada* (Tintenfischsalat mit Gewürzen).

Der Süden

★ Hop'N Roll BAR

(www.hopnroll.com.br; Mateus Leme 950; Pint 13–29 R$; Mo–Do 17.30–1.30, Fr & Sa bis 2.30 Uhr; ☎) Die 32 Kleinbrauereibiere vom Fass – in regulären Pints serviert – sorgen in dieser ausgezeichneten Bierbar immer für großen Andrang. Bierfans finden den Löwenanteil der örtlichen und südbrasilianischen Kleinbrauereibiere und ausgewählte Importbiere wenn nicht als Fass-, dann als Flaschenbiere auf der mehr als 130 Sorten umfassenden Karte. Zudem braut der Laden auch noch sein eigenes Bier. Wer einen Sitzplatz haben will, sollte vorab reservieren.

ℹ Praktische Informationen

PIT (Postos de Informações Turísticas, Touristeninformation; ☏ 3225-4336; www.turismo.curitiba.pr.gov.br; Rua 24 Horas; ⊙ 9–18 Uhr) Curitibas Touristeninformationen sind mit Hochglanzbroschüren und Stadtplänen ausgerüstet. Die bemühten und hilfsbereiten Mitarbeiter sprechen auch ein wenig Englisch. Filialen gibt es am Flughafen (Ankunftshalle; ⊙ 7–23 Uhr) und im Oi Torre Panorâmica (☏ 3339-7613; Castro Vellozo 19, Oi Torre Panorâmica; ⊙ Di–So 10–18.30 Uhr).

ℹ An- & Weiterreise

BUS

Curitibas Fernbusbahnhof und der Bahnhof der Stadt bilden den drei Blocks umfassenden Komplex des *rodoferroviária*, der sich 2 km südöstlich vom Stadtzentrum befindet und anlässlich der Fußballweltmeisterschaft von 2014 renoviert wurde. Der Zugang zu den Abfahrtsbereichen ist nur noch Reisenden mit Tickets möglich. Fahrkartenschalter für Busse, die über die Grenzen des Bundesstaats hinausfahren *(interestadual)* finden sich im 2. Stock des ersten Blocks; die Busunternehmen, die Ziele innerhalb von Paraná bedienen *(estadual)*, haben ihren Sitz in der 2. Etage des zweiten Blocks. Der Bahnhof nimmt den dritten Block hinter den beiden Busbahnhofsblocks ein.

FLUGZEUG

Vom kürzlich erweiterten **Aeroporto Internacional Afonso Pena** (CWB; ☏ 3381-1515; Av Rocha Pombo s/n, São José dos Pinhais), 18 km südöstlich von Centro, gibt es Direktflüge zu Städten in ganz Brasilien.

ZUG

Der wundervolle **Serra Verde Express** (☏ 3888-3488; www.serraverdeexpress.com.br; Estação Ferroviária, einfache Strecke Economy-/Touristen-/Executive-Klasse 79/99/149 R$) verlässt Curitiba täglich um 8.15 Uhr und fährt dann 900 m hinab durch die üppige Vegetation der Serra do Mar bis zu der historischen Ortschaft Morretes. Er erreicht diese um 12 Uhr und startet um 15 Uhr zurück nach Curitiba, wo er um 18.30 Uhr ankommt. Im Ticket der Executive-Klasse sind ein zweisprachiger Führer und Bier inbegriffen.

ℹ Unterwegs vor Ort

URBS (www.urbs.curitiba.pr.gov.br) betreibt Curitibas futuristisches Bussystem mit seinen integrierten Haltestellenröhren, den sogenannten *tubos*. Die Fahrt mit den Stadtbussen, bei denen mehrere Hybridfahrzeuge im Einsatz sind, kostet 3,30 R$ (So 1,50 R$).

Der Bus 208 (Ligeirinho/Aeroporto) fährt ab Centro alle 30 Minuten (3,30 R$, 30 Min.). Man steigt an der Av 7 de Setembro in östlicher Richtung zu. Der teurere, mit WLAN ausgestattete **Aeroporto Executivo** (☏ 3381-1326; www.aeroportoexecutivo.com.br; einfache Strecke 13 R$) startet am *rodoferroviária* (5.15–0.30 Uhr alle 15 Min., So ab 6 Uhr) zum Flughafen (letzter Bus zur Stadt dort 0.30 Uhr) und hält unterwegs nur an ausgewählten, gut markierten Haltestellen in Centro.

Paranaguá

Paranaguá ist der Heimathafen der Fähren zur idyllischen Ilha do Mel. Die farbenfrohen, aber im Lauf der Zeit verblassten kolonialen Gebäude am Hafen vermitteln eine Atmosphäre lässiger tropischer Dekadenz.

🛏 Schlafen

Hostel Continente   HOSTEL $
(☏ 3423-3224; www.hostelcontinente.com.br; General Carneiro 300; B 50 R$, EZ/DZ/3BZ 80/140/

BUSSE AB CURITIBA

ZIEL	GÜNSTIGSTER PREIS (R$)	DAUER (STD.)	UNTERNEHMEN
Asunción (PY)	163	15	Pluma (www.pluma.com.br)
Buenos Aires (AR)	366	32	Pluma (www.pluma.com.br)
Joinville	28	2	Catarinense (www.catarinense.net)
Morretes	22	1½	Graciosa (www.viacaograciosa.com.br)
Paranaguá	27	1¾	Graciosa (www.viacaograciosa.com.br)
Florianopólis	74	5	Catarinense (www.catarinense.net)
São Paulo	80	7	Itapemirim (www.itapemirim.com.br)
Foz do Iguaçu	155	10	Catarinense (www.catarinense.net)
Rio de Janeiro	162	13	Penha (http://vendas.nspenha.com.br)
Santiago (CL)	396	54	Pluma (www.pluma.com.br)

165 R$; ❇🕿) Das HI-Hostel hat saubere, aber beengte Schlafsäle und Doppelzimmer in beneidenswerter Lage gegenüber der Fähranlegestelle. Es gibt eine Waschküche und eine Gemeinschaftsküche.

❶ An- & Weiterreise

Abaline-PR (🕿 3455-2616; www.abaline.com.br; General Carneiro 258) betreibt tagsüber Boote zur Ilha do Mel; s. rechte Spalte.

Vom **Busbahnhof** (🕿 3420-2925; Ponta do Caju) am Ufer starten täglich 15 Busse von **Viação Graciosa** (🕿 3462-1115; www.viacaograciosa.com.br) nach Curitiba (25 R$, 1½ Std.); einer fährt nach Morretes (11,50 R$, 1 Std., 17 Uhr).

Ilha do Mel

🕿 OXX41 / 1200 EW.

Die Ilha do Mel (Honiginsel) ist der bezauberndste Urlaubsort im Bundesstaat Paraná. Die unregelmäßig geformte Insel in der Mündung der Baía da Paranaguá bietet überwiegend unberührte Strände, eine gute Brandung zum Surfen und malerische Wanderungen entlang der Küste. Autos gibt's auf der Insel nicht; Staus auf den schönen Sandwegen der Insel beschränken sich daher auf mit Surfbrettern bewaffnete brasilianische Radfahrer und verwirrte Ausländer in neuen Badelatschen.

⊙ Sehenswertes & Aktivitäten

Die Ilha do Mel lässt sich in zwei Teile unterteilen, die durch den Strand bei Nova Brasília an der schmalsten Stelle der Insel miteinander verbunden sind. Der größere, nördliche Teil ist im Wesentlichen ein Naturschutzgebiet, in das sich – die Praia da Fortaleza mit dem gut erhaltenen **Fort** aus dem 18. Jh. ausgenommen – kaum Touristen verirren.

Einen traumhaften Blick hat man vom **Farol das Conchas** (Leuchtturm von Conchas) östlich von Nova Brasília. Die schönsten **Strände** sind die Praia Grande, die Praia do Miguel und die Praia de Fora im Osten. Der Fußmarsch entlang der Küste von Nova Brasília nach Encantadas dauert ungefähr anderthalb Stunden – alternativ kann man aber auch für 10 R$ ein Boot nehmen.

🛏 Schlafen & Essen

Pousadinha Ilha do Mel　　　　POUSADA $
(🕿 3426-8026; www.pousadinha.com.br; Caminho do Farol s/n, Nova Brasília; Zi. ab 140 R$, Zi. ohne Bad ab 80 R$; ❇🕿) Der neuere Anbau mit schicken Zimmern aus hiesigem Hartholz, die Hängematten und mit Sonnenenergie beheiztes Wasser bieten, ist die beste Option, obwohl Sparfüchse die gemütlichen billigeren Zimmer auch zu schätzen wissen. Das Pousadinha hat ein beliebtes **Restaurant**, das Pasta und Meeresfrüchte (Hauptgerichte für 2 Pers. 56–96 R$) serviert und auch Nichtgästen offensteht.

Hostel Encantadas Ecologic　　　HOSTEL $
(🕿 9678-6428; www.facebook.com/hostelcantadasecologic; Encantadas; Stellplatz 20 R$/Pers., B 35 R$, mit Bad 45 R$, DZ mit/ohne Bad 110/80 R$; 🕿) Das billigste Hostel der Insel ist eine farbenfrohe, aber sehr schlichte Unterkunft mit abgeratzten Schlafsälen und Zimmern. Das Frühstück kostet 10 R$.

Recanto Francês　　　　　　　POUSADA $$
(🕿 3426-9105; www.recantodofrances.com.br; EZ/DZ mit Ventilator 120/200 R$; 🕿) Nachdem die Franzosen gegangen sind, hat die charmante Luciane die nur ein paar Stufen vom Strand Mar do Fora entfernte *pousada* übernommen und stellt sicher, dass die rustikalen, aber farbenfrohen Schindelhütten rund um den netten Garten weiterhin preisgünstige Gastlichkeit bieten. Die *crepiocas* (eine Mischung aus Crêpe und Tapioca) zum Frühstück sind eine feine Sache.

★ Mar e Sol　　　　　　　　　SEAFOOD $$
(Praça Felipe Valentim, Farol dos Conchas; Gerichte 18–30 R$; ⊙11–22 Uhr; 🕿) Am Weg zum Leuchtturm serviert das Mar e Sol spektakuläre Fisch-, Shrimps- oder Krabben-*moquecas* (für 2 Pers. 87–125 R$), Meeresfrüchte-Risottos und billigere Tagesgerichte in Einzelportionen. Junior, der Papagei, krächzt Empfehlungen.

❶ Praktische Informationen

CIT (Centro de Informações Turística; www.fumtur.com.br; Ankunftsdock, Nova Brasília; ⊙8–19 Uhr, Nov.–März bis 20 Uhr) Encantadas (⊙8–12 & 14–18 Uhr, Mo & Di geschl.) Hilfreiche Kiosks der Touristeninformation.

❶ An- & Weiterreise

Abaline-PR (s. linke Spalte) fährt mit Booten (hin & zurück 40 R$) von der Fähranlegestelle gegenüber der Touristeninformation in Paranaguá (Sommer 8.30, 9.30, 11, 13, 15, 16.30 & 18 Uhr, NS nur 9.30 & 15. 30 Uhr) zunächst nach Nova Brasília (1½ Std.) und dann nach Encantadas (2 Std.). Zurück nach Paranaguá auf dem Festland fahren die Boote ab Nova Brasília im Sommer um 7.30, 10, 13.30, 15.30,

16.30, 18.30 und 19 Uhr. In der Nebensaison legen die Boote werktags um 8 und 17 und am Wochenende um 10 und um 17 Uhr ab. Alle Fahrten beginnen jeweils eine halbe Stunde früher in Encantadas.

Alternativ nimmt man einen der täglich sechs Busse von **Viação Graciosa** (S. 355) ab Curitiba nach Pontal do Sul (34,50 R$, 2½ Std.) auf dem Festland gegenüber von Encantadas und schifft sich dort für die 30-minütige Überfahrt nach Nova Brasília oder Encantadas (hin & zurück 30 R$) ein. In der Hauptsaison legen die Boote alle halbe Stunde in Pontal zwischen 8 und 20 Uhr und von der Ilha do Mel zwischen 7 und 20 Uhr ab; in der Nebensaison fahren sie stündlich.

Ilha de Santa Catarina

Seit Jahren lockt die prächtige Ilha de Santa Catarina Surfer und Sonnenanbeter aus ganz Brasilien, Argentinien und Uruguay an. Die Strände sind die Hauptattraktion der Insel – es gibt lange, ununterbrochene Sandstrände und abgeschiedene kleine Buchten im grünen, wilden Ufergebiet.

Aktivitäten

Surf-, Kitesurf- und Tauchveranstalter säumen den Strand von Barra da Lagoa an der Ostseite der Insel. Ein paar Kilometer weiter südlich kann man auf den Dünen an der Praia da Joaquina sandboarden oder an der Lagoa da Conceição stehpaddeln.

Der südliche Zipfel der Insel bietet ausgezeichnete Wandermöglichkeiten, z. B. den einstündigen, durch einen üppigen Wald führenden Weg von Pântano do Sul zum einsamen Strand Lagoinha do Leste. Zwischen Juni und November kann man auch Wale beobachten.

Schlafen & Essen

Im Folgenden nennen wir unsere Favoriten an der belebten und geselligen Lagoa da Conceição sowie im ruhigeren Südteil der Insel. Diese hat jedoch an ihren 42 Stränden noch viel mehr Ecken mit prima Sand und wunderbaren Wellen zu bieten. In der Nebensaison fallen die Preise um 15 bis 40%. Billig essen kann man auf dem **Food-Truck-Parkplatz** (www.foodtruckparkinglot.com.br; Henrique Veras do Nascimento 190; ⏱ Mi–Fr 18–24, Sa & So 16–24 Uhr).

★ **Tucano House**   HOSTEL $
(☎ 3207-8287; www.tucanohouse.com; Rua das Araras 229; B 55–70 R$, Zi. mit/ohne Bad 220/200 R$; ⏱ März–15. Nov. geschl.; ❄ @ 🛜 ❄) 🏖
Die Geschwister Lila und Caio sind die engagierten Gastgeber in diesem ökologisch fortschrittlichen Hostel mitten im Trubel von Lagoa. Ihr Zuhause aus Kindheitstagen bietet jetzt solar beheizte Duschen und eine Regenwasserzisterne. Zu den Extras gehören die Möglichkeit, kostenlos Fahrräder und Surfbretter zu nutzen, sowie Inselabenteuer in ihrem herausgeputzten VW-Bus.

Backpackers Share House   HOSTEL $$
(☎ 3232-7606; www.backpackersfloripa.com; Servidão da Prainha 29; B 55 R$, DZ/3BZ ohne Bad 180/210 R$; @ 🛜) Vom Strand von Barra da Lagoa aus jenseits der Fußgängerbrücke findet sich diese verrückte weiße Festung mit dem aufgemotzten Motorrad auf dem Dach. Extras wie kostenlose Caipirinhas, die kostenlose Ausleihe von Surfbrettern sowie anderem Strandspielzeug und Grillabende locken ein internationales, partylustiges Völkchen an.

Café Cultura   CAFÉ $$
(www.cafeculturafloripa.com.br; Severino de Oliveira 669; Kaffee 4–11 R$, Hauptgerichte 18–43 R$; ⏱ 9–24 Uhr; 🛜) Im besten Café vor Ort gibt's Frühstück (bis 13 Uhr), Waffeln, Salate, Panini, raffinierte Hauptgerichte und auf verschiedene Art zubereitete Kaffeespezialitäten – kurz: für jeden etwas. Die Inhaber sind ein Kalifornier, der früher bei Starbucks Barista war, und seine brasilianische Frau, eine Kaffee-Erbin. Das Café ist stets voll und die Bedienung dementsprechend gestresst.

Florianópolis

✆ 0XX48 / 421000 EW.

Das städtische Zentrum der Ilha de Santa Catarina ist Florianópolis, das von der Bucht und von Bergen umgeben am Westrand der Insel liegt. Obwohl die Stadt recht hübsch ist und sich eine Erkundung durchaus lohnt, fahren viele Traveller auf dem Weg zu den Stränden einfach nur durch.

Schlafen

Centro Sul Hotel   HOTEL $
(☎ 3222-9110; www.centrosulhotel.com.br; Av Hercílio Luz 652; EZ/DZ/3BZ 98/148/188 R$; ❄ @ 🛜) Das CSH genannte Hotel ist eine komfortable, kitschig aufgemachte preisgünstige Bleibe. Alles ist etwas abgewetzt, aber die Zimmer sind sauber und selbst in der Hauptsaison günstig. Die beste Option für eine billige Übernachtung!

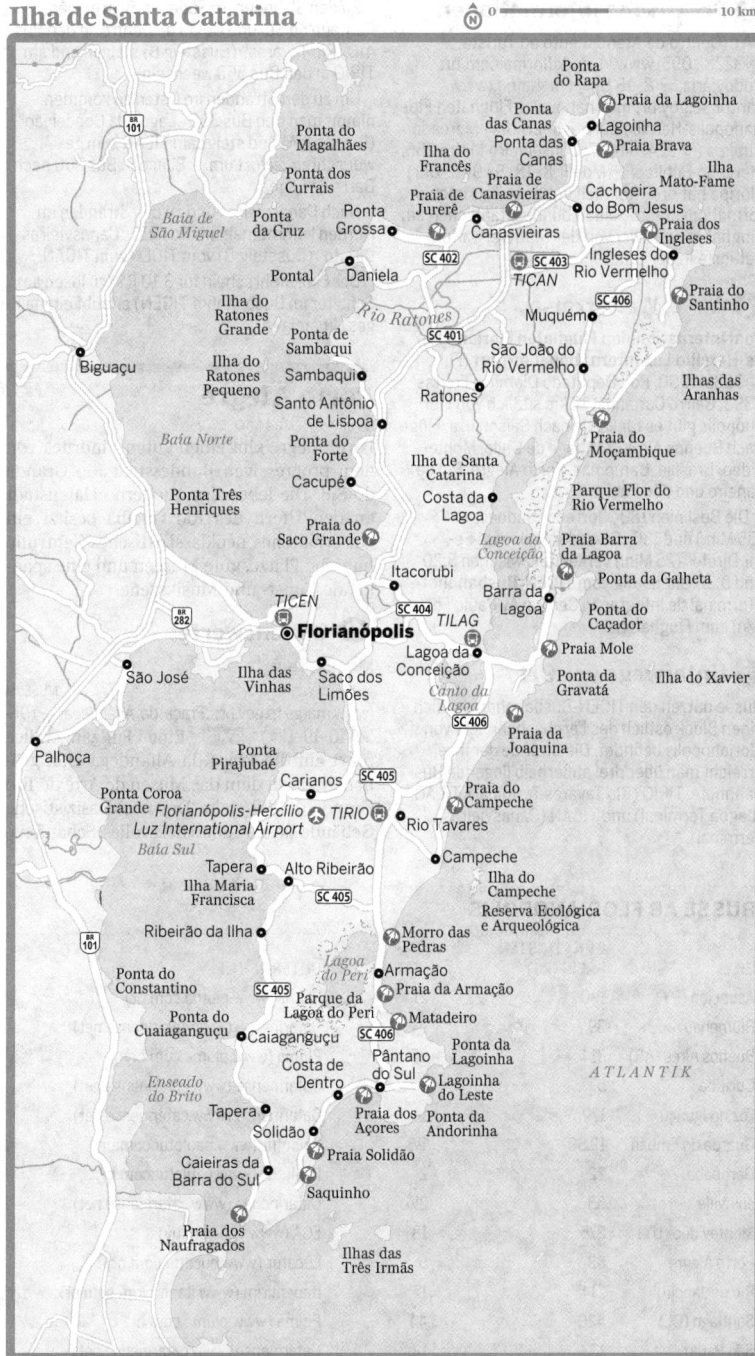

❶ Praktische Informationen

CAT (Centro de Atendimento ao Turista; ☏3228-1095; www.vivendofloripa.com.br; Rodoviária; ⊗8–18 Uhr) Flughafen (www.santur.sc.gov.br; Internationaler Flughafen Florianópolis-Hercílio Luz; ⊗8–20 Uhr) Mercado Público (☏3240-4407; Conselheiro Mafra 255, Mercado Público; ⊗Mo–Fr 8–18, Sa 9–12 Uhr) Floripa hat drei staatlich geführte Touristeninformationsstände, einen bundesstaatlichen am Flughafen und zwei von der Stadtverwaltung geführte in der Stadt.

❶ An- & Weiterreise

Vom **Internationalen Flughafen Florianópolis-Hercílio Luz International Airport** (FLN; ☏3331-4000; Rod Deputado Diomício Freitas 3393, Bairro Carianos) 12 km südlich von Florianópolis gibt es täglich je nach Saison u. a. Flüge nach Buenos Aires, Santiago de Chile, Montevideo, Brasília, Campinas, Porto Alegre, Rio de Janeiro und São Paulo.

Die Buslinien 183 „Corredor Sudoeste" (35 Min.) und 186 „Corredor Sudoeste Semi-Direto" (25 Min.) verkehren zwischen 5.20 und 0.30 Uhr häufig vom **TICEN-Busbahnhof** (Terminal de Integração Centro; Av Paulo Fontes s/n) zum Flughafen.

❶ Unterwegs vor Ort

Busse nutzen den TICEN-Busbahnhof, der sich einen Block östlich des Fernbusbahnhofs von Florianópolis befindet. Die Strände der Insel erreicht man über drei außerhalb liegende Busbahnhöfe: TIRIO (Rio Tavares Terminal), TILAG (Lagoa Terminal) und TICAN (Canasvieiras Terminal).

Zu den Stränden im Süden, z. B. Armação, Pântano do Sul und Costa de Dentro, in den Bus 410 „Rio Tavares" (Bussteig B) steigen und am TIRIO in den Bus 563 wechseln!

Um zu den Stränden im Osten zu kommen, nimmt man den Bus 330 „Lagoa da Conceição" (Bussteig A) und steigt am TILAG zum gewünschten Zielort um, z. B. in den Bus 360 nach Barra da Lagoa.

Nach Canasvieiras und zu den Stränden im Norden kommt man mit Bus 210 „Canasvieiras Direito" (Bussteig B) vom TICEN zum TICAN.

Der Einzelfahrschein für 3,10 R$ (zu lösen am Schalter im Busbahnhof TICEN) erlaubt einmaliges Umsteigen.

Porto Alegre

☏0XX51 / 1,4 MIO. EW.

Porto Alegre gibt einen guten Eindruck von dem progressiven Bundesstaat Rio Grande do Sul. Die lebendige, moderne Hafenstadt an den Ufern des Rio Guaíba besitzt ein gut erhaltenes neoklassizistisches Zentrum, hübsche Plätze, gute Museen und eine spannende Kunst- und Musikszene.

⊙ Sehenswertes

Museu de Arte do Rio Grande do Sul MUSEUM
(www.margs.rs.gov.br; Praça da Alfândega; ⊗Di–So 10–19 Uhr) GRATIS Eine Fußgängerallee führt auf die Praça da Alfândega, den grünen Platz, an dem das Museu de Arte do Rio Grande do Sul steht. Das neoklassizistische Gebäude ist ein eindrucksvolles Schaufens-

---

BUSSE AB FLORIANÓPOLIS

ZIEL	GÜNSTIGSTER PREIS (R$)	DAUER (STD.)	UNTERNEHMEN
Asunción (PY)	190	21	Pluma (www.pluma.com.br)
Blumenau	39	3	Catarinense (www.catarinense.net)
Buenos Aires (AR)	314	25	Pluma (www.pluma.com.br)
Curitiba	57	5	Catarinense (www.catarinense.net)
Foz do Iguaçu	179	14	Catarinense (www.catarinense.net)
Guarda do Embaú	13,50	1½	Paulotur (www.paulotur.com.br)
Garopaba	22	2	Paulotur (www.paulotur.com.br)
Joinville	53	2½	Catarinense (www.catarinense.net)
Montevideo (UY)	275	18	EGA (www.ega.com.uy)
Porto Alegre	83	6	Eucatur (www.eucatur.com.br)
Rio de Janeiro	214	17	Itapemirim (www.itapemirim.com.br)
Santiago (CL)	420	44	Pluma (www.pluma.com.br)
São Paulo	133	12	Catarinense (www.catarinense.net)

ABSTECHER

PARQUE NACIONAL DE APARADOS DA SERRA

Der wunderbare **Nationalpark** (✆3251-1227; Eintritt 7 R$; ◷Di–So 8–17 Uhr) ist 18 km von der Ortschaft Cambará do Sul entfernt, die annähernd 200 km nordöstlich von Porto Alegre liegt. Seine berühmteste Attraktion ist der **Cânion do Itaimbezinho**, eine fantastische enge Schlucht mit dramatischen Wasserfällen und nackten, 600 bis 720 m hohen Felswänden.

Zwei leichte Wege, die man auf eigene Faust begehen kann – die **Trilha do Vértice** (hin & zurück 2 km) und die **Trilha Cotovelo** (hin & zurück 6 km) – führen vom Besucherzentrum zu Wasserfällen und schönen Aussichtspunkten in die Schlucht. Die anspruchsvollere **Trilha do Rio do Boi** verläuft 7 km auf dem Grund der Schlucht. Für diesen Weg, der in der Regenzeit gesperrt ist, benötigt man einen Führer. Für Führungen empfiehlt sich das ausgezeichnete Öko-Unternehmen **Cânion Turismo** (✆3251-1027; www.canionturismo.com.br; Getúlio Vargas 876; ◷8–19 Uhr).

Ein Bus von **Citral** (www.citral.tur.br) fährt montags bis samstags um 6 Uhr von Porto Alegre nach Cambará do Sul (36 R$, 5½ Std.). Zur Rückfahrt nach Porto Alegre muss man um 6.30 oder 13.30 Uhr den Bus nach São Francisco de Paula (14,80 R$, 1 Std.) nehmen und dort nach Porto Alegre (ab 21,60 R$, 3 Std.), Canela (ab 7,90 R$, 1 Std.) oder Gramado (ab 9,15 R$, 1 Std.) umsteigen. Ein Taxi zum Nationalpark kostet hin und zurück 100 R$.

---

ter für Künstler aus der Region. Im Erdgeschoss macht sich das einladende Bistrot de MARGS die grüne Umgebung zunutze – ein netter Ort für ein Mittagessen.

Museu Histórico
Júlio de Castilhos MUSEUM
(www.museujuliodecastilhos.blogspot.com; Duque de Caxias 1205; ◷Di–Sa 10–17 Uhr) GRATIS
Das Museum nahe der Praça da Matriz zeigt *gaúcho*-Zeugnisse in einem typischen Wohnhaus des 19. Jhs.

Schlafen

Die meisten Traveller steigen in Cidade Baixa ab, dem Viertel das südöstlich an die historische Innenstadt anschließt. Dort befindet sich nicht nur das Zentrum des Nachtlebens, sondern es gibt auch reichlich Hostels.

★ Porto Alegre Eco Hostel HOSTEL $
(✆3019-2449; www.portoalegreecohostel.com.br; Luiz Afonso 276; B 49 R$, EZ/DZ ab 70/120 R$; @ 🛜 ♿) Das hervorragende Hostel liegt an einer ruhigen Wohnstraße im Herzen von Cidade Baixa, die Möbel sind umweltbewusst aus Recycling-Holz. Das alte Wohnhaus aus den 1930er-Jahren hat einen schönen Garten im Hinterhof; das Personal spricht Englisch.

Brick Hostel HOSTEL $
(✆3028-3333; www.brickhostel.com; Cabral 217; B 39–45 R$, Zi. 140 R$; ❄ 🛜) Das Hostel in Rio Branco liegt in Gehentfernung zum Parque Farroupilha, zu Moinhos dos Ventos und Centro, bildet aber ein ruhiges Refugium sowohl gegenüber dem Zentrum als auch gegenüber der trubeligen Cidade Baixa. Das Hostel im abgefahrenen Retro-Stil hat einen künstlerischen Gemeinschaftsbereich (angesagte Kunst aus der Region steht zum Verkauf), Schlafsäle mit Schließfächern, Leselampen und Stromanschluss für jeden Gast sowie ein paar minimalistische Privatzimmer.

Essen & Ausgehen

Sabor Natural BÜFETT $
(Siqueira Campos 890; Büfett 20 R$; ◷Mo–Fr 11–15 Uhr; 🌱) Vegetarier freuen sich über das rindfleischfreie *all you can eat*-Biobüfett, das mittags in der Innenstadt angeboten wird. Man stürzt sich nach Herzenslust auf die Suppen, Salate und Gemüsegerichte.

★ Atelier das Massas ITALIENISCH $$
(✆3255-8888; www.atelierdemassas.com.br; Riachuelo 1482; Pasta 30–54 R$; ◷Mo–Sa 11–14.30 & 19–23.30 Uhr; 🛜) Das kneipenartige Pastalokal ist wegen der Atmosphäre genauso zu empfehlen wie wegen seiner guten Pastagerichte; an den griesgrämigen Kellnern alter Schule sollte man sich nicht stören. Es gibt ein unwiderstehliches Vorspeisenbüfett und eine Riesenauswahl hausgemachter Pasta.

Mercado Público MARKT $$
(www2.portoalegre.rs.gov.br/mercadopublico; ◷Mo–Fr 7.30–19.30, Sa bis 18.30 Uhr) Auf Por-

Porto Alegre

Porto Alegre

Sehenswertes
1. Museu de Arte do Rio Grande do Sul B2
2. Museu Histórico Júlio de Castilhos B3

Essen
3. Atelier das Massas C3
   Banco 40 .... (siehe 4)
   Bar Gambrinus .... (siehe 4)
4. Café do Mercado B2
5. Mercado Público B2
6. Sabor Natural A2

to Alegres wimmelndem Markt wird Essbares in rauen Mengen angeboten. Zu den besonders empfehlenswerten Läden zählen das **Banco 40** (www.banca40.com.br; Mercado Público; Mo-Fr 8-19.30, Sa bis 18.30 Uhr) mit seiner unvergleichlichen *super bomba royal* (eine pompöse Kreation aus Eiscreme und Obstsalat; 14,90 R$), das europäische Meeresfrüchterestaurant **Gambrinus** (www.gambrinus.com.br; Mercado Público; Hauptgerichte 36-85 R$; Mo-Fr 11.30-20.30, Sa bis 16 Uhr) und das zu den besten Cafés der ganzen Stadt zählende **Café Do Mercado** (www.cafedomercado.com.br; Mercado Público; Kaffee 4-13,50 R$; Mo-Fr 8-19.30, Sa 9.30-17 Uhr).

★ **Biermarkt Von Fass** BAR
(www.biermarkt.com.br; Barão de Santo Ângelo 497; Bier 9-48 R$; Mo-Sa 18-23.30 Uhr;) Aus den 38 Zapfhähnen sollen in dieser Kneipe in Moinhos dos Ventos die meisten Fassbiere in ganz Lateinamerika sprudeln. Wir sind uns da nicht so sicher, aber ohne jeden Zweifel ist das Lokal ein Paradies für Fans von Kleinbrauereibieren. Der Schwerpunkt liegt auf Bier aus Brauereien der Region, vertreten sind auch Koproduktionen von Seasons (mit Green Flash aus San Diego) und Tupiniquim (mit Kopenhagens Evil Twin).

❶ Praktische Informationen

CAT (Centro de Atencão ao Turista; ☎ 3225-0677; www.turismo.rs.gov.br; Rodoviária; ⊙ Mo–Fr 8–16, Sa & So bis 13 Uhr) Flughafen (Ankunftshalle, Terminal 1; ⊙ 7.30–22 Uhr) Die Tourismusbehörde des Bundesstaats Rio Grande do Sul betreibt zwei hilfreiche Touristeninformationszentren.

CIT (Centro de Informações Turísticas; ☎ 3211-5705; www.portoalegre.travel; Mercado Público; ⊙ Mo–Sa 9–18 Uhr) Cidade Baixa/Linha Turismo (☎ 3289-6765; Travessa do Carmo 84; ⊙ 8–18 Uhr) Flughafen (☎ 3358-2048; Ankunftshalle, Terminal 1; ⊙ 8–22 Uhr) Drei der praktischsten und am besten organisierten städtischen Infostände.

Correios (www.correios.com.br; Siqueira Campos 1100; ⊙ Mo–Fr 9–18, Sa bis 12 Uhr) Post.

❶ An- & Weiterreise

Kostenlose Shuttle-Busse verbinden die Terminals 1 und 2 von Porto Alegres **Aeroporto Internacional Salgado Filho** (POA; ☎ 3210-0101; Av Severo Dulius) 6 km abseits des Stadtzentrums. Vom Flughafen gehen Flüge zu größeren Zielen überall in Brasilien sowie internationale Flüge u. a. nach Buenos Aires, Lima, Lissabon, Miami, Montevideo, Panama-Stadt und Santiago de Chile ab. Zum Flughafen kommt man per Taxi (25–30 R$, 15 Min.) oder der Metro (1,70 R$, 30 Min.), bei der man mit dem kostenlosen **Aeromóvel** (Brasiliens erstem mit Luftkraft betriebenem öffentlichem Verkehrsmittel) zu den Terminals kommt.

Den geschäftigen **Fernbusbahnhof** (☎ 3210-0101; www.rodoviaria-poa.com.br; Largo Vespasiano Julioveppo 70) 1,5 km nordöstlich von Centro erreicht man per Metro; ein Taxi vom Prepaid-**Ponte do Taxi** (☎ 3221-9371; Rodoviária) im Zentrum kostet rund 10 R$. Ist man mit viel Gepäck unterwegs, werden zusätzlich 6,55 R$ erhoben.

Werktags fahren tagsüber zwei und nachts zwei Busse nach Chuí an der Grenze zu Uruguaya (am Wochenende insgesamt nur zwei); zu weiteren Zielen kann man in Pelotas umsteigen.

❶ Unterwegs vor Ort

Wichtige Station von Porto Alegres U-Bahn **Trensurb** (www.trensurb.gov.br; einfache Strecke 1,70 R$; ⊙ 5–23.20 Uhr) sind die Bahnhöfe Estação Mercado (am Hafen), Estação Rodoviária (die nächste Station) und Flughafen (3 Stationen weiter). Nach Cidade Baixa vom Flughafen aus den Bus T5 sowie vom Busbahnhof den Bus 282, 2821, 244 oder 255 nehmen (3,25 R$)!

Foz do Iguaçu

☎ 0xx45 / 251000 EW.

Das gewaltige Rauschen von 275 Wasserfällen, die 80 m tief in den Rio Iguaçu stürzen, scheint die Stadt Foz mit einem aufregenden, tiefen Brummen zu überziehen – und das, obwohl die berühmten Cataratas (Fälle) 20 km südöstlich der Stadt liegen. Nach dem Besuch der Fälle kann man in die Wälder Paraguays eintauchen oder den Itaipú-Stau-

BUSSE AB PORTO ALEGRE

ZIEL	GÜNSTIGSTER PREIS (R$)	DAUER (STD.)	UNTERNEHMEN
Buenos Aires (AR)	249,50	21	Pluma (www.pluma.com.br)
Cambará do Sul	36	6	Citral (www.citral.tur.br)
Canela	29	3	Citral (www.citral.tur.br)
Chuí	101,50	7	Planalto (www.planalto.com.br)
Curitiba	126	13	Penha (http://vendas.nspenha.com.br)
Florianópolis	86	6	Santo Anjo (www.santoanjo.com.br)
Gramado	27	3	Citral (www.citral.tur.br)
Montevideo (UY)	205,50	12	TTL (www.ttl.com.br)
Pelotas	50	3½	Embaixador (www.expressoembaixador.com.br)
Rio de Janeiro	295	26	Penha (http://vendas.nspenha.com.br)
Rio Grande	73	5	Planalto (www.planalto.com.br)
Sânto Angelo	110	7	Ouro e Prata (www.ouroeprata.com)
São Francisco de Paula	22	3	Citral (www.citral.tur.br)
São Paulo	213	19	Penha (http://vendas.nspenha.com.br)
Torres	36	3	Unesul (www.unesul.com.br)

ABSTECHER

JESUITENMISSIONEN

Im frühen 17. Jh. gründeten Jesuitenmissionare im heutigen Dreiländereck zwischen dem nordöstlichen Argentinien, dem südöstlichen Paraguay und den angrenzenden Regionen Brasiliens eine Reihe von Indianermissionen. Nachdem diese zwischen 1631 und 1638 verheerenden Angriffen von Sklavenhändlern aus São Paulo und feindseligen Indigenen ausgesetzt waren, beschränkte sich die Tätigkeit der Missionare auf die 30 Missionen, die am leichtesten zu verteidigen waren. Sie entwickelten sich zu Zentren der Kultur und der Religion, ja zu einem Staat innerhalb der Kolonien, den manche Gelehrte als eine Insel der Utopie, des Fortschritts und des Sozialismus betrachtet haben. Auf seinem Höhepunkt in den 1720er-Jahren zählte dieses Gemeinwesen mehr als 150 000 Einwohner vom indigenen Volk der Guarani.

Sieben der heute verfallenen Missionen liegen im Nordwesten des brasilianischen Bundesstaats Rio Grande do Sul, acht are in Paraguay und 15 in Argentinien.

Die Ortschaft Santo Ângelo ist der Hauptausgangspunkt für einen Besuch der brasilianischen Missionen; am interessantesten und am besten erhalten ist die Sítio Arqueológico São Miguel Arcanjo (Erw./Kind 5/2,50 R$; 9–12 & 14–18 Uhr, Mo geschl.) 53 km südwestlich von Santo Ângelo in São Miguel das Missões. Mehrere Busse fahren täglich von Porto Alegre nach Sânto Angelo, wo es Anschluss nach São Miguel das Missões (10,20 R$, 1 Std., 4-mal tgl.) gibt.

---

damm besichtigen, eines der größten Wasserkraftwerke der Welt.

Sehenswertes & Aktivitäten

Um die Wasserfälle richtig erfassen zu können, muss man sie von beiden Seiten sehen. Von Brasilien aus hat man einen grandiosen Überblick, von der argentinischen Seite kommt man deutlich näher heran. Die meisten Hostels bieten ganztägige Ausflüge auf die argentinische Seite (S. 107) der Wasserfälle für 150 R$.

Parque Nacional do Iguaçu   WASSERFALL
(3521-4400; www.cataratasdoiguacu.com.br; Erw./Einwohner von Mercosur-Staaten/Brasilianer 52,30/41,30/31,30 R$, Kind 8 R$; 9–17 Uhr) Um die Wasserfälle zu besuchen, fährt man mit dem Bus bis zur dritten Haltestelle, dem Hotel das Cataratas. Hier kann man den Trilha das Cataratas beginnen. Der 1200 m lange Weg folgt dem Ufer des Rio Iguaçu bis zur Garganta do Diablo. Dort nimmt man den Panoramaaufzug, um die Wasserfälle von oben zu betrachten.

Itaipu   STAUDAMM
(0800-645-4645; www.turismoitaipu.com.br; Tancredo Neves 6702; Panoramatour/Sonderführung 27/68 R$; reguläre Führung stündl. 8–16 Uhr) Mit einer Leistung von 14 Mio. kW ist dieses zu zwei Staaten gehörende Wasserkraftwerk das zweitgrößte der Welt und zugleich dasjenige, welches pro Jahr den meisten Strom produziert. Die eindrucksvolle, ungefähr 8 km lange und 200 m hohe Staumauer ist ein denkwürdiger Anblick, insbesondere wenn bei hohem Wasserstand des Flusses ein riesiger Strom den Überlauf hinunterstürzt.

Parque das Aves   VOGELPARK
(Bird Park; www.parquedasaves.com.br; Av das Cataratas, Km 17.1; Eintritt Ausländer/Brasilianer 34/24 R$; 8.30–17.30 Uhr) In dem 5 ha großen, besuchenswerten Vogelpark, der 300 m vom Eingang des Parque Nacional do Iguaçu entfernt ist, leben mehr als 800 Vogelarten, darunter Scharlachsichler, Nacktkehl-Glockenvögel und jede Menge Flamingos. Die Tiere sind in 8 m hohen Volieren mitten im Wald untergebracht, von denen einige begehbar sind.

Macuco Ecoaventura/ Safari   BOOTSTOUR, WANDERN
(3574-4244; www.macucosafari.com.br; Brasilien) Bootstouren und Wanderungen auf der brasilianischen Seite.

Schlafen

Tetris Container Hostel   HOSTEL $
(045-3132-0019; www.tetrishostel.com.br; Av das Cataratas 639; B 35–40 R$, DZ ab 160 R$; ❄@🛜≋) Brasilien coolstes Hostel ist aus 15 Containern zusammengebaut; selbst der Pool ist ein mit Wasser gefüllter Container! Auch sonst macht man sich Industrieabfall zunutze: Die Waschbecken sind z. B. aus Ölfässern hergestellt. Farbenfrohe Bäder hellen die Schlafsäle (einer mit vier

Betten ausschließlich für Frauen; zwei gemischte mit zehn bzw. zwölf Betten) auf. Der Patio/Barbereich ist spitze und das Personal prima.

★ Hostel Natura HOSTEL $
(☎ 3529-6949; www.hostelnatura.com; Av das Cataratas km 12,5; Stellplatz/B pro Pers. 28/50 R$, DZ/3BZ 140/150 R$, EZ/DZ/3BZ ohne Bad 105/130/154 R$; ❄@🛜🏊) Das Hostel liegt auf einem prächtigen Gelände zwischen zwei kleinen Seen inmitten einer üppig grünen Landschaft. Die Zimmer sind angenehm und ordentlich, und draußen gibt's viel Platz zum Entspannen, ein Restaurant und eine nette Bar. Das Hostel liegt 12 km außerhalb der Stadt auf den Weg zu den Wasserfällen. Nur Barzahlung.

Pousada Sonho Meu PENSION $
(☎ 045-3573-5764; www.pousadasonhomeufoz.com.br; Mem de Sá 267; EZ/DZ 160/210 R$; P❄@🛜🏊) Was von außen wie ein Verwaltungsgebäude aussieht, entpuppt sich als eine angenehme, gerade einmal 50 m von den regionalen Busbahnhof entfernte Oase. Die Zimmer sind frisch renoviert und schlicht mit Bambus eingerichtet; es gibt einen tollen Pool (mit einem Miniwasserfall), einen Frühstücksbereich, eine Freiluftgästeküche und einen herzlichen Empfang.

🍴 Essen

Tropicana CHURRASCARIA $
(www.pizzariareopicana.com.br; Av Juscelino Kubitschek 228; Büffet 26 R$; ⏱11–15.30 & 18.30–23.30 Uhr; 🛜) Für wenig Geld kann man hier so viel essen, wie man will – und es schmeckt richtig gut. Entsprechend groß ist der Andrang.

Oficina do Sorvete CAFÉ $
(www.oficinadosorvete.com.br; Av Jorge Schimmelpfeng 244; pro kg Sandwich/Eis 44,50/44,90 R$; ⏱13–0.30 Uhr; 🛜👪) Hier gibt's fast 50 bunte, erfrischende Eiscremesorten von dekadent

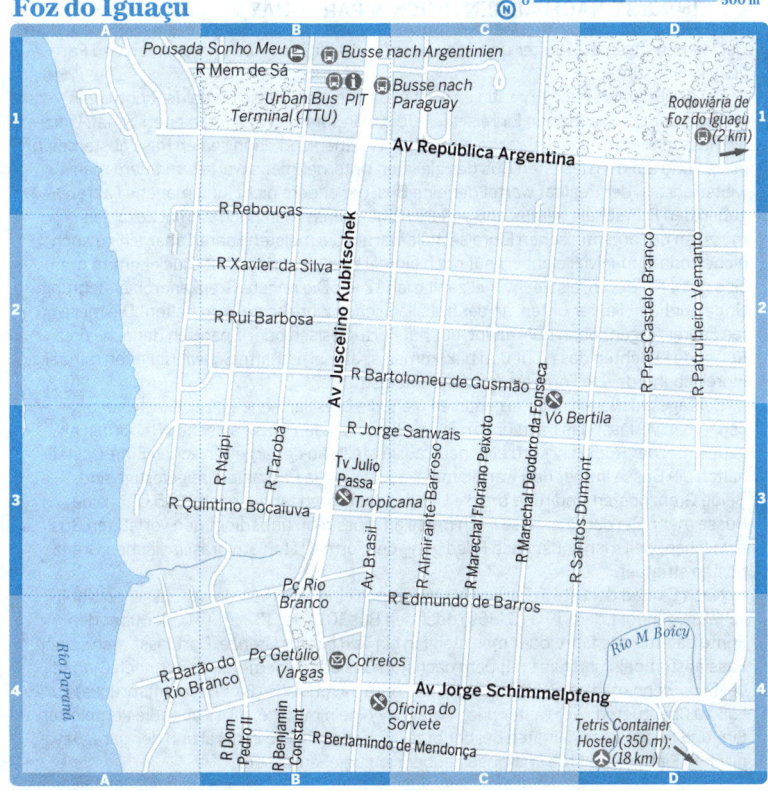

Foz do Iguaçu

(Doce de Leite, Caramelo, Coco Quemado) über Sorten mit exotischen Früchten (Jabuticaba) bis hin zu alkoholischen (Caipirinha).

★ Vó Bertila PIZZA $$
(www.vobertilla.com.br; Bartolomeu de Gusmão 1116; Pizza 22–68 R$, Pasta für 2 Pers. 48–82 R$; ⊙6.30–0.30 Uhr, Mo geschl.) Die zwanglose, von einer Familie geführte Cantina bietet Holzofenpizza (auch für 1 Pers.!) und authentische Pastagerichte in großen Portionen. Das gemütliche, mit Hartholz verkleidete Lokal atmet bodenständige italienische Gastlichkeit, auf die man sich in Brasilien so gut versteht. In der Regel ist der Laden voll.

❶ Praktische Informationen

PIT (☏0800-45-1516; www.pmfi.pr.gov.br/turismo; Av das Cataratas 2330, Vila Yolanda; ⊙7–23 Uhr) Bietet Karten und detaillierte Infos über das Gebiet. Das Hauptbüro liegt in Vila Yolanda, außerhalb der Stadt an der Av das Cataratas auf dem Weg zu den Wasserfällen und ist mit dem Bus 120 zu erreichen. Weitere Filialen finden sich am Flughafen (☏0800-45-1516; Aeroporto Internacional de Foz do Iguaçu/Cataratas; ⊙8–22 Uhr), am Fernbusbahnhof (☏0800-45-1516; Av Costa e Silva 1601; ⊙7–18 Uhr) und am Regionalbusbahnhof (☏0800-45-1516; Kubitschek 1310; ⊙7.30–18 Uhr).

Correios (www.correios.com.br; Praça Getúlio Vargas 72 ; ⊙Mo–Fr 9–17 Uhr) Post.

Polícia Federal (☏3576-5500; www.dpf.gov.br; Av Paraná 3471) Die Polícia Federal ist eine wichtige Anlaufstelle zur Abwicklung von Einreiseformalitäten.

❶ An- & Weiterreise

Tägliche Flüge verbinden den **Aeroporto Internacional Foz do Iguaçu/Cataratas** (IGU; ☏3523-4244) mit Lima und mehreren brasilianischen Städten. Bei der Ankunft hat man von einem Platz auf der linken Seite des Flugzeugs aus einen wunderschönen Blick auf die Wasserfälle.

---

❶ EINREISE NACH ARGENTINIEN & PARAGUAY

Derzeit benötigen EU-Bürger und Schweizer für die Einreise nach Argentinien und Paraguay kein Visum.

Bei der Busfahrt nach Argentinien warten die meisten Busse (in beide Richtungen) nicht an der brasilianischen Einreisestelle, bis man seine Formalitäten erledigt hat. Offiziell muss man sich einen Fahrschein vom Fahrer geben und dann seinen Pass abstempeln lassen und auf den nächsten Bus des gleichen Unternehmens warten, mit dem man weiterfährt. In der Realität wartet der eine Bus, der andere nicht, und manche Fahrer geben den Fahrschein heraus und andere nicht, sodass man noch einmal bezahlen muss. An der argentinischen Einreisestelle warten die meisten Fahrer, aber einige auch nicht, sodass man vielleicht erneut noch einmal bezahlen muss. Mit Glück kommt man also mit 4 R$ davon, als Pechvogel zahlt man 12 R$. Die reinste Grenzanarchie! Achtung: Unbedingt den Fahrer bitten, an der brasilianischen Einreisestelle zu halten! Die meisten Fahrer fragen, wenn überhaupt, nur auf Portugiesisch oder Spanisch danach. Viele Reisende beachten das nicht und bekommen später ernsthafte Schwierigkeiten mit der Einreisebehörde – in Form einer saftigen Geldstrafe.

Bei Tagesausflügen nach Argentinien nicht die brasilianische Einreisekarte vergessen – man verlässt das Land und muss die Karte bei den brasilianischen Behörden abgeben! Bei der Rückkehr wird eine neue ausgestellt. An der argentinischen Einreisestelle halten die Busse immer und warten meist auch, bis alle Passagiere abgefertigt sind. Beide Grenzposten sind rund um die Uhr geöffnet, doch fahren nach 19.15 Uhr keine Busse mehr. Bei der Rückreise nach Brasilien muss man unbedingt den vorletzten Bus erwischen, weil man sonst nach Erledigung der Formalitäten am brasilianischen Grenzposten strandet.

Nach Ciudad del Este in Paraguay nimmt man einen Bus von der Av Juscelino Kubitschek gegenüber dem TTU (S. 365) oder den Bus 101 oder 102 im TTU, der über den Ponte da Amizade fährt, oder man steigt in ein Taxi bis zur Grenze. Dort lässt man seinen Pass abstempeln und fährt mit dem nächsten Bus oder einem Taxi weiter nach Ciudad del Este, wenn man es nicht vorzieht, den Ponte da Amizade (Freundschaftsbrücke) zu Fuß zu überqueren. Wer weiter nach Paraguay hinein möchte, muss aber die kompletten Ein- und Ausreiseformalitäten bei der brasilianischen Polícia Federal und der paraguayanischen Einreisebehörde im Konsulat über sich ergehen lassen.

BUSSE AB FOZ

Der **Fernbusbahnhof** (045-3522-3336; Av Costa e Silva 1601) liegt 3 km nordöstlich des Stadtzentrums.

ZIEL	GÜNSTIGSTER PREIS (R$)	DAUER (STD.)	UNTERNEHMEN
Asunción	55	6½	Sol del Paraguay (www.soldelparaguay.com.py)
Buenos Aires	290	18	Crucero del Norte (www.crucerodelnorte.com.ar)
Campo Grande	140	13	Eucatur (www.eucatur.com.br)
Curitiba	153,50	10	Catarinense (www.catarinense.net)
Florianópolis	185	16	Catarinense (www.catarinense.net)
São Paulo	195,95	16	Kalowa (www.expressokaiowa.com.br)
Rio de Janeiro	273,53	24	Kalowa (www.expressokaiowa.com.br)

Unterwegs vor Ort

Der Regionalbusbahnhof heißt **TTU** (Terminal Turístico Urbano; 2105-1385; Av Juscelino Kubitschek 1385; 5–24 Uhr). Bus 120 „Aeroporto/Parque Nacional" fährt zwischen 5.25 und 24 Uhr alle 22 bis 30 Minuten zum Flughafen (2,90 R$, 30 Min.) und zur brasilianischen Seite der Wasserfälle (40 Min.). Der Bus 120 „Centro/TTU" fährt vom Flughafen nach Centro (den Ausgang am linken Ende nehmen und nach dem blauen „Ônibus"-Schild Ausschau halten!). Die Stadtbusse 105 und 115 verkehren auf der 6 km langen Strecken zwischen Fernbusbahnhof und dem TTU.

Um auf die argentinische Seite zu gelangen, nimmt man auf der Mem de Sá gegenüber dem Regionalbusbahnhof oder an der Av das Cataratas, die näher an den meisten Hostels liegt, einen Bus nach Puerto Iguazú (4 R$, 1 Std.). Diese Busse fahren zwischen 6.15 und 19.15 Uhr ungefähr halbstündlich (So weniger häufig). Vom Busbahnhof in Puerto Iguazú fahren Busse von **Río Uruguay** (www.riouruguaybus.com.ar) zu den Wasserfällen (hin & zurück 100 A$, 30 Min., 7.20–20.50 Uhr häufig).

DER ZENTRALE WESTEN

Brasiliens Zentraler Westen bietet atemberaubende Panoramen und eine außergewöhnliche Tierwelt – ein Muss für alle Naturliebhaber und Outdoorfreaks. Das Pantanal ist eines der bedeutendsten Feuchtgebiete der Erde und die Hauptattraktion dieser Gegend. In den sich windenden Flüssen, in den Savannen und Wäldern gibt es mehr Tiere und Pflanzen als sonst irgendwo in der Neuen Welt. Weitere Highlights sind die spektakulären *chapadas* (Hochebenen), die sich wie leuchtend rote Riesen über dem dunkelgrünen *cerrado* (Savanne) erheben und in denen man sensationelle Wasserfälle und malerische Schwimmbecken erkunden kann, Bonito, wo in kristallklaren Flüssen zahllose Fische schwimmen und ein einzigartiges Naturwunder bestaunt werden kann, und Brasiliens surreale, auf dem Reißbrett entworfene Hauptstadt Brasília.

Brasília

0XX61 / 2,6 MIO. EW.

Auch wenn die einst futuristische Hauptstadt inzwischen etwas in die Jahre gekommen ist, bleibt sie ein imposantes Zeugnis einer nationalen Initiative. Ende der 1950er-Jahre wurde Brasília innerhalb von nur drei Jahren aus dem Boden gestampft, um schließlich Rio de Janeiro als Regierungssitz abzulösen. Als Stadtväter gingen Präsident Juscelino Kubitschek, Architekt Oscar Niemeyer, Stadtplaner Lucio Costa und Landschaftsarchitekt Burle Marx in die Geschichtsbücher ein.

Sehenswertes

Brasílias wichtigste Bauwerke gruppieren sich auf einer Strecke von 5 km entlang dem Eixo Monumental und sind hier von Nordwesten nach Südosten aufgelistet. Weiter südlich, im „Cockpit" des an ein Flugzeug erinnernden Stadtgrundrisses, stehen die interessantesten Regierungsgebäude: der **Palácio do Itamaraty** (Palast der Bogen; 3411-8051; www.itamaraty.gov.br; Esplanada dos Ministérios, Bloco H; Mo–Fr 9–11 & 14–18, Sa & So 9–11 & 13–18 Uhr) GRATIS, der **Palácio da Justiça** (3216-3216; Esplanada dos Ministérios; Mo–Fr 14–16, Sa & So 10–15 Uhr) GRATIS und der **Congresso Nacional** (Parlament; 3216-1771; www.congressonacional.leg.br; Praça dos Três Poderes; 9–17 Uhr) GRATIS. Um sie zu besuchen, muss man mit den Bussen 104 und 108 fah-

Der zentrale Westen

ren und dabei lange Fußmärsche in Kauf nehmen. Bequemer ist es, sie sich im Rahmen einer Stadtführung anzuschauen.

Memorial JK   MUSEUM
(3226-7860; www.memorialjk.com.br; Praça do Cruzeiro; Erw./Kind 10/5 R$; Di–So 9–18 Uhr) Das Grabmal des Präsidenten Juscelino Kubitschek befindet sich unter wunderschönem, von der französischen Künstlerin Marianne Peretti gestaltetem Buntglas in dieser Gedenkstätte. Das Museum enthält Kubitscheks 3000 Bände umfassende Privatbibliothek und Bilder zur Geschichte Brasílias. Sehenswert ist der Ford Galaxie des Präsidenten von 1973.

★ Fernsehturm   TURM
(Eixo Monumental; Di–So 9–19.45 Uhr) GRATIS Vom 75 m hohen Aussichtsdeck des Fernsehturms hat man einen ordentlichen Überblick über die Stadt, es liegt aber nicht hoch genug, dass man die Flugzeugform des Stadtgrundrisses genau erkennen könnte.

Im Zwischengeschoss befindet sich ein von einer bäuerlichen Genossenschaft geführtes, charmantes Café.

★ Santuário Dom Bosco   KIRCHE
(3223-6542; www.santuariodombosco.org.br; W3 Sul, Quadra 702; 7–20 Uhr) GRATIS Die Kirche enthält 80 Betonsäulen zwischen Wänden, die aus 7400 Glasbausteinen aus Murano-Glas bestehen. Das in verschiedenen Blautönen leuchtende Glas symbolisiert den Sternenhimmel und taucht die Kirchenbänke in eine künstliche Unterwasserwelt. Der zentrale Kronleuchter wiegt 2,5 t und erhöht mit seinen 435 Glühlampen die monatliche Stromrechnung um ein Beträchtliches.

★ Museu Nacional   MUSEUM
(3325-5220; Esplanada dos Ministérios; Di–So 9–18.30 Uhr) GRATIS Die sphärische Halbkuppel des Architekten Oscar Niemeyer enthält im Innern ein Zwischengeschoss, das weitgehend bis zur Decke reichenden Säu-

len getragen wird. Aus dem Sockel springt eine Rampe hervor, die sich außen wie ein Saturnring um das Gebäude legt.

★ **Catedral Metropolitana** KIRCHE
(☎3224-4073; www.facebook.com/catedraldebrasilia; Esplanada dos Ministérios; ⊙ Mo, Mi & Do 8–17, Di & Sa 10.30–17, So 8–18 Uhr) GRATIS Mit ihren sechzehn bogenförmigen Säulen und dem von Buntglas geprägten Inneren bildet die Catedral Metropolitana einen himmlischen Anblick. Am Eingang finden sich die eindrucksvollen Statuen der vier Apostel von Ceschiatti, der auch die im Inneren schwebenden Aluminiumengel schuf.

🛏 Schlafen

Budgetunterkünfte sind in Brasília Mangelware, aber immerhin reduzieren viele Hotels im Zentrum an den Wochenenden ihre Preise. Faustregel: In Brasília sind die Preise umso niedriger, je weniger Stockwerke ein Hotel hat.

Hostel 7 HOSTEL $
(☎3033-7707; www.hostel7.com.br; SCLRN 708, Bloco I, Loja 20; B 80–90 R$; ❋@⛢) Brasílias bestes Hostel hat drei Schlafsäle mit acht oder zwölf Betten für Männlein und Weiblein und einen, der Frauen vorbehalten ist. Die Zimmer sind schlicht, bieten aber Schließfächer, Klimaanlage und Bäder; die Gemeinschaftsbereiche sind klein. Hinten gibt es einen netten überdachten Hof mit Barbereich. Örtliche Kunst und historische Fotos der Stadt sorgen für Lokalkolorit.

Brasília Zentrum

⊙ **Highlights**
1 Catedral Metropolitana.........................A5
2 Congresso Nacional A6
3 Museu Nacional A4
4 Palácio do Itamaraty A6
5 Fernsehturm.......................................B2

⊙ **Sehenswertes**
6 Palácio da Justiça B6

🛏 **Schlafen**
7 Econotel A2
8 Hotel Diplomat B2

✕ **Essen**
9 Conjunto Nacional B3
10 Marietta...B2
11 Shopping Brasília.................................B2

🛍 **Shoppen**
12 Pátio Brasil...A2

Econotel HOTEL $$
(☎3204-7337; www.hoteleconotel.com.br; SHS, Quadra 3, Bloco B; EZ/DZ/3BZ ab 139/239/309 R$; ❋⛢) Das billigste Hotel im SHS. Die Zimmer sind jedoch neuer, frischer und besser ausgestattet und die Korridore etwas freundlicher als in vielen älteren Hotels ei-

ABSTECHER

DER RUF DER NATUR

Hier befindet man sich im Cerrado-Land, der südamerikanischen Savanne. Naturfreunde, die des städtischen Lebens in Brasília überdrüssig sind, finden Zuflucht in den umliegenden Graslandschaften.

Das zum brasilianischen Nationalerbe erklärte **Pirenópolis** liegt vor einer wunderschönen Bergkulisse und lockt am Wochenende Ausflügler aus dem 165 km östlich gelegenen Brasília an. Hauptattraktionen sind die malerischen Gebäude aus dem 18. Jh. und zahlreiche Wasserfälle in der Umgebung. 20 km von der Stadt entfernt bieten der **Parque Estadual da Serra dos Pireneus** (3265-1320; www.semarh.goias.gov.br/site/conteudo/parque-estadual-dos-pirineus-pep; 8–17 Uhr, Sommer 9–20 Uhr) und die **Reserva Ecológica Vargem Grande** (3331-3071; www.vargemgrande.pirenopolis.tur.br; Rua do Frota 888; Eintritt 25 R$; 9–17 Uhr) wundervolle Wasserfälle und Badelöcher, während das **Santuário de Vida Silvestre Vagafogo** (3335-8515; www.vagafogo.com.br; 9–17 Uhr) mit einer Waldwanderung auf eigene Faust (20 R$) und einem köstlichen Wochenendbrunch (45 R$) lockt. **Goianésia** (3331-2763; www.viacaogoianesia.com.br) lässt täglich vier Busse ab Brasília (24,50 R$, 3 Std.) dorthin fahren.

Der spektakuläre **Parque Nacional da Chapada dos Veadeiros**, 220 km nördlich von Brasília, besteht aus Hochland-Cerrado; in der herrlichen Landschaft mit weitem Himmel, Canyons, Wasserfällen und oasenartigen Inseln von Palmhainen tummeln sich Mähnenwölfe, Große Ameisenbären und 1,4 m hohe Nandus. Die dem Park am nächsten gelegenen Orte sind das esoterisch angehauchte **Alto Paraíso de Goias** (40 km östlich) und das ruhige **São Jorge** (2 km südlich); in beiden gibt es viele komfortable und charmante Unterkünfte. Drei Busse von **Real Expresso** (2106-7144; www.realexpresso.com.br) fahren täglich von Brasília nach Alto Paraíso (43,10 R$, 4½ Std., 10, 19 & 21 Uhr).

---

ner höheren Preisklasse. Die teureren „Luxuszimmer" sind größer und moderner; die Rezeption ist, verglichen mit ähnlichen Hotels in SHN, deutlich professioneller.

Hotel Diplomat
HOTEL $$
(3204-2010; www.diplomathotelbrasilia.com; SHN, Quadra 2, Bloco L; EZ/DZ/3BZ ab 199/239/279 R$; ❄ 📶) Das renovierte Hotel nahe dem Fernsehturm überzeugt mit großzügigem Frühstück, kostenlosem WLAN und beträchtlichen Rabatten am Wochenende (die Zimmer im Sockelgeschoss sind am billigsten). Für Einzelreisende gibt's *cabinas* von der Größe eines Zugabteils.

🍴 Essen & Ausgehen

Wenn man günstige Essgelegenheiten sucht, die vom SHS und SHN zu Fuß zu erreichen sind, ist man auf die Food-Courts in folgenden klimatisierten Einkaufszentren der Innenstadt angewiesen: **Shopping Brasília** (www.brasiliashopping.com.br; Quadra 5, Asa Norte SCN; Mo-Sa 10–22, So 14–20 Uhr), **Pátio Brasil** (www.patiobrasil.com.br; Asa Sul, W3 SCS; Mo-Sa 10–22, So 12–20 Uhr) und **Conjunto Nacional** (www.conjuntonacional.com.br; SDN CNB, Conjunto A; Mo-Sa 10–22, So 12–20 Uhr).

Studenten treffen sich auf ein billiges Bier im **Quadrado de Cerveja** (SCLN 408 Norte).

Naturetto
BRASILIANISCH
(www.naturetto.com.br; CLN 405, Block C; 46,90 R$/kg; Mo-Fr 11.30–15 & 18.30–21.30, So 11.30–16 Uhr; 📶 🌱) Das ausgezeichnete, nahezu vegetarische (es gibt auch Fisch) *por kilo*-Restaurant lohnt wegen seiner kreativen Gerichte und des rustikalen, innerstädtischen Ambientes einen Besuch. Ernährungsberater sind zur Stelle, überwachen die Speisen und beantworten Fragen; mittags ist das Lokal voll.

Marietta
SANDWICHS $
(www.marietta.com.br; 2. Stock, Shopping Brasília; Sandwiches 14,50–28 R$; Mo-Sa 10–22, So 14–20 Uhr) Der Sandwichladen verkauft dreieckige Scheiben Brot mit Rucola, Büffelmozzarella und sonnengetrockneten Tomaten. Es sind auch preisgekrönte Säfte und tolle Salate im Angebot.

Nossa Cozinha Bistrô
FUSION $$
(3326-5207; www.nossacozinhabsb.blogspot.com.br; SCLN 402, Bloco C; Hauptgerichte 32–56,40 R$; Mo-Sa 11.30–15 & 19.30–24 Uhr; 📶) In diesem wunderbaren, fast provisorisch anmutenden Bistro, das sich in einem Hinterhof des Bloco C versteckt, erwartet die Gäste ausgezeichnete Qualität. Der in den USA ausgebildete Koch serviert Leckerbissen, z. B. sein Markenzeichen: Schweine-

rippchen (samtig, schokoladig, schmackhaft!). Für brasilianische Verhältnisse ist die Rechnung eine positive Überraschung.

Bar Beirute BOTECO
(www.facebook.com/barbeirute; SCLS 109, Bloco A; So-Mi 11-1, Do-Sa bis 2 Uhr) Diese Institution der Stadt besitzt einen riesigen Außenbereich, auf dem sich ein trendigeres Publikum drängt als es in den meisten anderen Treffs zu finden ist. Das Lokal ist ein Treff der GLS-Szene – das clevere brasilianische Akronym für Schwule, Lesben und Aufgeschlossen –, aber alle Gäste sind gern gesehen. Es gibt keinen besseren Ort in der Stadt, um etwas zu trinken, z. B. ein eiskaltes Beira – die eigene Biermarke des Beirute!

❶ Praktische Informationen

Banken finden sich in diversen Sektoren, die am bequemsten erreichbaren Geldautomaten gibt es in den Einkaufszentren, an Verkehrsknotenpunkten und entlang der Via W3.

CAT (www.vemviverbrasilia.df.gov.br; Aeroporto Internacional Presidente Juscelino Kubitschek; 8–18 Uhr) Tres Poderes (Centro Atendimento ao Turista; 8693-2542; Praça dos Três Poderes ; 8–18 Uhr) Die beiden hilfreichsten Touristeninformationen in der Stadt.

Correios (www.correios.com.br; SHS, Quadra 2, Bloco B; Mo–Fr 9–17 Uhr) Postfilialen gibt's auch in der Ankunftshalle des Flughafens und in den wichtigsten Einkaufszentren.

❶ An- & Weiterreise

Brasílias schicker neuer **Aeroporto Presidente Juscelino Kubitschek** (BSB; 3364-9037; www.aeroportobrasilia.net) liegt 12 km südlich vom Zentrum. Am einfachsten gelangt man vom oder zum Flughafen mit dem **Ônibus Executivo Aeroporto** (Bus 113; 3344-2769; www.tcb.df.gov.br; einfache Strecke 8 R$; 6.30–23 Uhr). Er fährt zwischen 6.30 und 24 Uhr (am Wochenende bis 23 Uhr) alle 30 Min. eine Schleife vom Flughafen über die Rodoviária Plano Piloto (den regionalen Busbahnhof), die gesamte Esplanada dos Ministérios, den SHS (45 Min.) und SHN (30 Min.). Billiger ist der Stadtbus 0.102/102.1 (2 R$, 40 Min.).

Vom neuen Fernbusbahnhof, der **Nova Rodoviária Interestadual** (3234-2185; SMAS, Trecho 4, Conjunto 5/6), 3 km südwestlich des Randes von Asa Sul, fahren Busse nach fast überall.

❶ Unterwegs vor Ort

Die Nova Rodoviária Interestadual und die Rodoviária Plano Piloto des Regionalverkehrs sind durch die **Metrô DF** (www.metro.df.gov.br; Sa & So/Mo–Fr 2/3 R$; Mo–Fr 6–23.30, Sa & So 7–19 Uhr; Haltestelle Estação Shopping) und den Stadtbus 108.8 (2 R$, 20 Min.) miteinander verbunden.

Pantanal

Das ungefähr 210 000 km² große, bis nach Paraguay und Bolivien hineinreichende Na-

❶ TAXIS

In Brasília sollte man immer die Rufnummer eines Taxiunternehmens bei sich haben, denn Taxis sind in den Superquadras so selten wie Schnee. Bei **Unitaxi** (3325-3030) oder **Rádio Táxi Alvorada** (3321-3030; www.radiotaxi33213030.com.br) – die Apps beider Anbieter kann man herunterladen – ist bei Bestellung 20 bis 30 % Rabatt vom Taxameterpreis drin (was aber Ausländern nicht immer gesagt wird). Daher sowohl den Telefonvermittler als auch den Fahrer erinnern: *Com o desconto, por favor!*

BUSSE AB BRASÍLIA

ZIEL	GÜNSTIGSTER PREIS (R$)	DAUER (STD.)	UNTERNEHMEN
Belém	358	35	Transbrasiliana (www.transbrasiliana.com.br)
Campo Grande	255	19	Motta (www.motta.com.br)
Cuiabá	178	20	Expresso São Luiz (www.expressosaoluiz.com)
Goiânia	28	3	Araguarina (www.araguarina.com.br)
Porto Velho	332	42	Andorinha (www.andorinha.com)
Rio de Janeiro	195	17	Itapemirim (www.itapemirim.com.br)
Salvador	150	22	Real Expresso (www.realexpresso.com.br)
São Paulo	189	14	Real Expresso (www.realexpresso.com.br)

turparadies ist Brasiliens größte ökologische Attraktion. Hier leben exotische Tiere und Pflanzen in einer Fülle wie nirgendwo sonst in Südamerika. Während der Regenzeit (Dez.–April) überschwemmen der Rio Paraguai und die kleineren Flüsse des Pantanals einen großen Teil dieser niedrig gelegenen Region und schaffen *cordilheiras* (Vegetationsinseln oberhalb des Wasserspiegels). Das Wasser im größten Süßwasserfeuchtgebiet der Erde steigt im nördlichen Pantanal gegen März und weiter südlich teilweise erst im Juni um bis zu 3 m über die Niedrigwasserstände. Diese jahreszeitliche Überflutung begrenzt die menschliche Besiedlung der Region, dafür finden Wildtiere hier ein unglaublich reiches Nahrungsangebot. Vertreten sind 650 Vogel- und 80 Säugetierarten, darunter Jaguare, Ozelote, Pumas, Mähnenwölfe, Hirsche, Ameisenbären, Gürteltiere, Tapire, Brüll- und Kapuzineraffen. Die Gewässer wimmeln von Fischen; Vögel fliegen zu Tausenden ein und sammeln sich in riesigen Nistkolonien. In der Trockenzeit (Juli–Nov.), wenn sich die Tiere um die begrenzten Wasserstellen sammeln, sind die Beobachtungsmöglichkeiten einfach spektakulär. Für Natur- und Tierfreunde ist das Pantanal Brasiliens Garten Eden.

Geführte Touren

In den Tourangeboten sind im Allgemeinen Transport, Unterkunft, Mahlzeiten, Wanderungen, Ausritte und Bootsfahrten enthalten.

Die wichtigsten Orte, wo man Touren vereinbaren kann, sind Cuiabá im Norden (für die Transpantaneira) und Campo Grande im Süden (für die Estrada Parque), während Corumbá an der bolivianischen Grenze heute eher eine Nebenrolle spielt. Die Touren ab Cuiabá sind in der Regel etwas teurer, aber auch professioneller (kleinere Gruppen, besser ausgebildete Führer) als jene, die in Campo Grande oder Corumbá angeboten werden, und führen auch tiefer ins Pantanal hinein.

Nördliches Pantanal

★ **Pantanal Nature** NATURTOUR
(0xx65-9994-2265, 0xx65-3322-0203; www.pantanalnature.com.br; Professor Francisco Torres

---

❶ AUSWAHL DES TOURVERANSTALTERS

Der Pantanal-Tourismus ist zu einem großen Geschäft geworden, und in der Vergangenheit haben einige Unternehmen zweifelhafte Methoden angewandt, um Kunden zu gewinnen. Jetzt werden Maßnahmen ergriffen, um gegen die schlimmsten vorzugehen, aber ein paar Tipps für einen sicheren und angenehmen Trip sind gleichwohl angebracht:

➜ Keine übereilte Entscheidung treffen, schon gar nicht, wenn man gerade aus dem Nachtbus steigt!

➜ Die Entscheidung nicht vom Preis abhängig machen! Billige Touren sind selten die besseren, aber auch teure Touren können eine Enttäuschung sein.

➜ Foren besuchen, Online-Bewertungen lesen, mit anderen Travellern sprechen – wie waren ihre Erfahrungen? In Campo Grande sind einige Tourveranstalter schnell dabei, Konkurrenten übel nachzureden. Daher sollte man nur auf Leute hören, die eigene Erfahrungen gemacht haben.

➜ Optionen vergleichen, aber immer daran denken, dass der Veranstalter oder Verkäufer nicht unbedingt identisch ist mit dem Führer, mit dem man mehrere Tage in der Wildnis zubringen wird. Deshalb sollte man darum bitten, den Führer vorab kennenlernen zu dürfen. Es ist gut zu wissen, wie es mit dessen Sprachkenntnissen aussieht.

➜ Niemals einem Mittelsmann Bargeld geben! Man sollte auch keine Bustickets kaufen, wenn der Verkäufer sagt, jemand anderes würde einem das Ticket geben, nachdem man ihn bezahlt hätte.

➜ Wenn man nur etwas Umweltbewusstsein besitzt, keine Lodge und keinen Veranstalter wählen, der Tiere aufgreift, damit man sich mit ihnen fotografieren lassen kann, oder der anderweitig Tiere und Pflanzen und damit das fragile Ökosystem beschädigt.

➜ Budgettouren für Gruppen konzentrieren sich nur auf die spektakulären und leicht zu erblickenden Arten. Wer die Natur etwas besser kennenlernen will, sollte mehr ausgeben und einen privaten Führer engagieren.

Pantanal

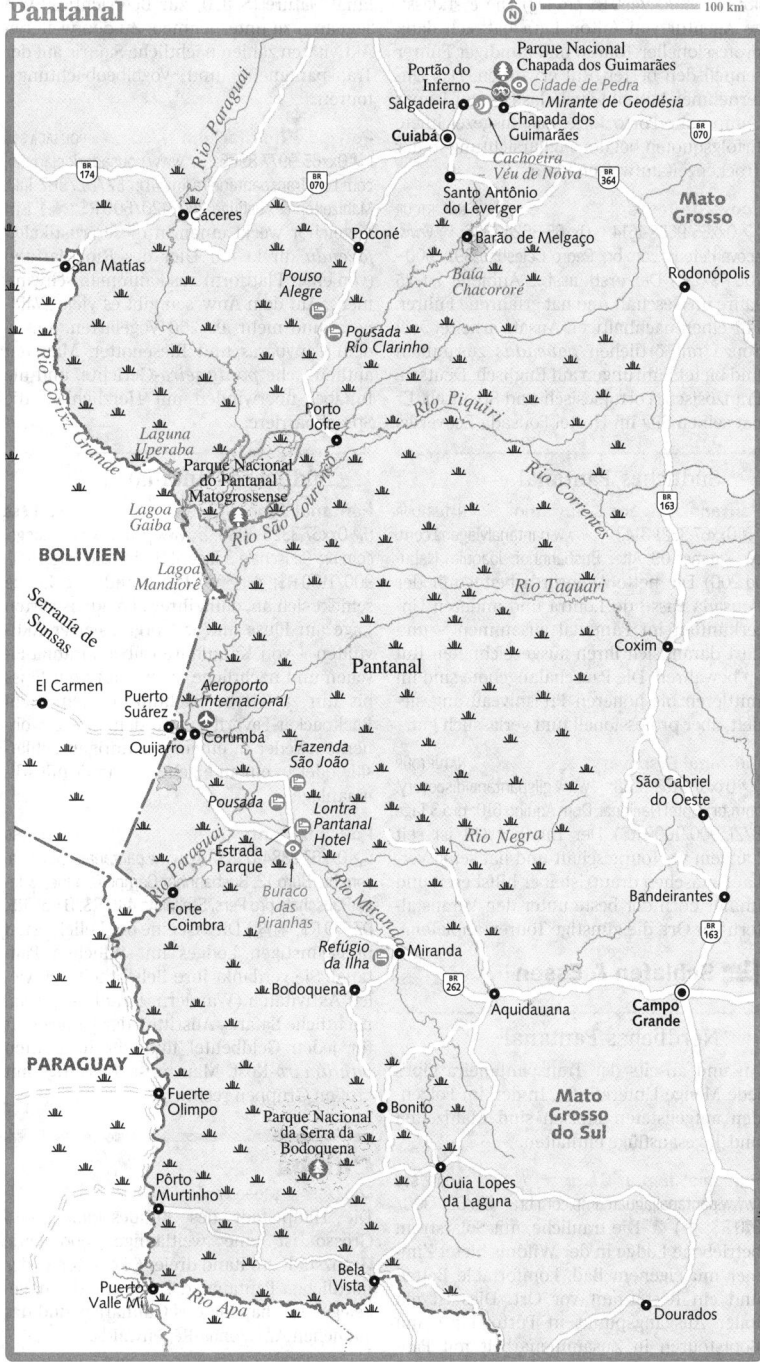

48; HS/NS 700/450 R$ pro Tag) Die erstklassige Agentur von Ailton Lara hat sich dank professioneller Touren und kundiger Führer schnell den besten Ruf erworben. Das Unternehmen betreibt auch das Panatal Jaguar Camp nahe Porto Jofre, das ausgezeichnete Erfolgsquoten bei der Jaguarsichtung in der Trockenzeit aufweisen kann.

Ecoverde Tours NATURTOUR
(0xx65-9638-1614, 0xx65-3624-1386; www.ecoverdetours.com.br; Pedro Celestino 391; 500–700 R$/Tag) Der erstklassige Anbieter ist 25 Jahre im Geschäft und hat erfahrene Führer. Für einen nachhaltigen Ansatz arbeitet Joel Souza mit örtlichen *pousadas* zusammen und bietet Führungen auf Englisch, Deutsch, Französisch, Portugiesisch und Spanisch. Er hat seinen Sitz im Hostel Pousada Ecoverde.

Südliches Pantanal

Pantanal Viagens & Turismo NATURTOUR
(0xx67-3321-3143; www.pantanalviagens.com.br; Zimmer 09, Alter Busbahnhof, Joaquim Nabuco 200) Die nette Agentur arbeitet mit der Pousada Passo do Lontra und anderen Unterkünften im Pantanal zusammen – und hart daran, sich ihren ausgezeichneten Ruf zu bewahren. Die Pauschalangebote sind im mittleren bis höheren Preisniveau angesiedelt, aber professionell und verlässlich gut.

Pantanal Discovery NATURTOUR
(0xx67-9163-3518; www.gilspantaldiscovery.com.br; Hotel Nacional, Dom Aquino 610; pro 3 Tage B/Zi. 900/1000 R$) Der Inhaber Gil ist seit Langem im Tourgeschäft und hat seine Verkaufsmaschen drauf, ist aber hilfsbereit und immer noch der beste unter den Veranstaltern vor Ort, die günstige Touren anbieten.

Schlafen & Essen

Nördliches Pantanal

An und abseits der Transpantaneira gibt's jede Menge Unterkünfte. In den im Folgenden aufgelisteten Preisen sind Mahlzeiten und Tagesausflüge enthalten.

Pantanal Jaguar Camp LODGE $$$
(www.pantanaljaguarcamp.com.br; EZ/DZ 300/670 R$) Die trauliche, mit Solarstrom betriebene Lodge in der Wildnis bietet Zimmer mit eigenem Bad, komfortable Betten und ein Restaurant vor Ort. Dies ist ein toller Ausgangspunkt in Porto Jofre, um Bootstouren in Zusammenarbeit mit Pantanal Nature (S. 370) zur Beobachtung von Jaguaren zu unternehmen. Zu den weiteren Aktivitäten zählen nächtliche Safaris auf der Transpantaneira und Vogelbeobachtungstouren.

Pousada Rio Clarinho POUSADA $$$
(0xx65-9977-8966; www.pousadarioclarinho.com.br; Transpantaneira km 40; EZ/DZ/3BZ inkl. Mahlzeiten & Ausflüge 250/420/600 R$) Ein Vogelchor weckt einen in dieser rustikalen *fazenda* direkt am Ufer des Rio Clarinho (von einer Plattform aus kann man schwimmen). Auf dem Anwesen gibt es viele Waldwege und mehr als 260 Vogelarten, außerdem Capybaras und Riesenotter. Man isst authentische *pantaneiro*-Gerichte, und die Inhaber überwinden mit Herzlichkeit die Sprachbarriere.

Südliches Pantanal

Pantanal Jungle Lodge LODGE $$$
(0xx67-3325-8080; www.pantanaljunglelodge.com.br; Pauschale 3 Tage, 2 Nächte pro Pers. B/DZ 900/1100 R$) Die brandneue Lodge schickt sich an, dank ihrer beneidenswerten Lage am Fluss und gut organisierter Aktivitäten – von Kanufahren über Piranha-Fischen und nächtliche Safaris auf dem Fluss bis hin zu Tierbeobachtungstouren – ein Backpacker-Favorit zu werden. Gäste wohnen entweder in einem der luftigen Schlafsäle oder in einem eigenen Zimmer mit Klimaanlage.

Pousada Santa Clara POUSADA $$
(0xx67-3384-0583; www.pantanalsantaclara.com.br; Büro 12, Busbahnhof Campo Grande; 3-Tage-Pauschale pro Pers. Stellplatz 440 R$, B 660 R$, DZ 770 R$) Dies ist eine der beliebtesten preisgünstigen Lodges im südlichen Pantanal. Sie verdankt ihre Beliebtheit den vielen Aktivitäten (Wandern, Piranhas angeln, nächtliche Safaris, Ausritte), der Unterkunft für jeden Geldbeutel und der herzhaften *pantaneiro*-Kost. Man muss allerdings mit großen Gruppen rechnen.

Cuiabá

0XX65 / 530 300 EW.

Die Hauptstadt des Bundesstaats Mato Grosso ist eine weitläufige, boomende Grenzstadt am Rand dreier Ökosysteme: des nördlichen Pantanal, des *cerrado* der nahegelegenen Chapada dos Guimarães und des südlichen Amazonas-Regenwalds.

🛏 Schlafen

★ Hostel Pousada Ecoverde POUSADA $
(☎ 3624-1386; www.ecoverdetours.com.br; Celestino 391; EZ/DZ ohne Bad 50/80 R$; 🛜) Die rustikale *pousada* befindet sich in einem 100 Jahre alten kolonialen Haus und hat hinten einen beschaulichen, kleinen Urwald mit Hängematten, Katzen, Hühnern und Perlhühnern. Der freundliche Inhaber Joel Souza von Ecoverde Tours ist ein örtlicher Naturexperte und einer der Vorreiter des Ökotourismus in der Region. Seine *pousada* hat fünf Zimmer mit Ventilator, zu denen vier Bäder draußen gehören.

Pantanal Backpacker HOSTEL $
(☎ 9939-6152; www.pantanalbackpacker.com; Av Mal Deodoro 2301; B/2BZ 40–60/150 R$; ❄ @🛜🏊) Eine richtig luxuriöse Budgetunterkunft mit Wasserfall und Pool, zehn Gehminuten vom Zentrum des Nachtlebens entfernt: Hier wurde genau darüber nachgedacht, was Backpacker brauchen. Entsprechend gibt es eine Küche, Bäder und Schließfächer in jedem Zimmer, komfortable Stockbetten und aufmerksames Personal. Zu den angebotenen Touren nach Nobres und darüber hinaus gibt's positives Feedback.

Hotel Mato Grosso HOTEL $$
(☎ 3614-7777; www.hotelmt.com.br; Costa 643; EZ/DZ/3BZ 148/194/228 R$; P❄🛜) Die schlichten, aber sauberen Zimmer haben ein gutes Preis-Leistungs-Verhältnis und bieten einfachen Komfort.

🍴 Essen

Mistura Cuiabana SELBSTBEDIENUNG $
(☎ 3624-1127; Ecke Pedro Celestino & Cândido Mariano; 28 R$/kg; ⏰ Mo–Fr 11–14.30 Uhr) In dem blauweißen kolonialen Gebäude an der Ecke gibt's mittags ein ausgezeichnetes Büfett mit regionalen Gerichten (die gebratenen Bananen sind himmlisch).

Choppão BOTECO $$
(www.choppao.com.br; Praça 8 de Abril; Hauptgerichte für 2 Pers. 58–90 R$; ⏰ 11.30–24 Uhr; 🛜) Diese Institution nimmt eine ganze Kreuzung in Cuiabá ein und ist bei Einheimischen sehr beliebt. Geboten werden riesige Portionen Fleisch oder Fisch für zwei Personen, dazu gibt's kaltes *chope* (gezapftes Bier) in eigens gekühlten Krügen.

Getúlio INTERNATIONAL $$
(☎ 3624-9992; www.getuliogrill.com.br; Av Getúlio Vargas 1147; Hauptgerichte 39–65 R$; ⏰ Di–So 11–14.30 & 17–2 Uhr) Diese Mischung aus Sportbar und elegantem Restaurant ist bei den Jungen und Trendbewussten beliebt. Man wählt aus einer respektablen Weinkarte, isst sich mittags am Büfett satt oder führt seine Verabredung zu einem romantischen italienischen, brasilianischen oder japanischen Abendessen aus. Die Desserts laden zum Verweilen ein, und auf dem Hof draußen legen jeden Abend DJs auf.

☆ Unterhaltung

Im Ort gibt es zwei Zentren des Nachtlebens: Muntere Sportbars mit vielen Plätzen im Freien finden sich rund um die hübsche Praça Popular (alias Praça Eurico Gaspar Dutra) und weitere Lokale an der Av Getúlio Vargas. Ortstypischer geht's dagegen an der kleinen Praça da Mandioca zu, wo Einheimische in drei praktisch identischen Bars Skol trinken und am Wochenende Livebands auftreten.

ℹ Praktische Informationen

Sedtur (☎ 3613-9300; www.sedtur.mt.gov.br; Voluntários da Pátria 118; ⏰ Mo–Fr 9–18 Uhr) Hat ein paar hilfreiche Landkarten und Broschüren in portugiesischer Sprache.

ℹ An- & Weiterreise

Mehrere Fluglinien verbinden Cuiabás Aeroporto Internacional Marechal Rondon (CGB) mit Städten überall in Brasilien. Der Busbahnhof liegt 3 km nördlich vom Stadtzentrum.

Die Autovermieter vor dem Flughafen sind in der Regel günstiger als die drinnen. Für die Transpantaneira eignet sich am besten ein VW Golf oder ein Fiat Uno. Achtung: Die Straßenverhältnisse können bei Nässe unberechenbar werden, ganz besonders südlich der Brücke über den Rio Pixaím bei Kilometer 65.

ℹ Unterwegs vor Ort

Vom Flughafen fährt der Bus 24 (3,10 R$) vor das Las Velas Hotel ab – beim Verlassen des Flughafens nach links gehen und 100 m bis zur Av Getúlio Vargas laufen. Eine Taxifahrt kostet rund 35 R$. Busse zum Flughafen findet man an der Praça Ipiranga und der Kreuzung der Av Coronel Duarte mit der Av Getulio Vargas.

Im Busbahnhof fährt ein Bus ins Zentrum zur Praça Alencastro (3,10 R$). Häufiger fahren mit „Centro" beschilderte Busse vor dem Busbahnhof; diese setzen einen an der Av Isaac Póvoas ab – man steigt am besten vor dem CAT-Büro aus. Ein Taxi, das man im Busbahnhof nimmt, kostet rund 30 R$. Der Bus 7 verbindet den Flughafen mit dem Busbahnhof.

BUSSE AB CUIABÁ

ZIEL	PREIS (R$)	DAUER (STD.)	HÄUFIGKEIT	UNTERNEHMEN
Alta Floresta	197	14	6-mal tgl.	Verde Transportes (www.viagemverde.com.br)
Brasília	178–196	23	7-mal tgl.	Viação São Luiz (www.viacaosaoluiz.com.br), Eucatur (www.eucatur.com.br)
Bom Jardim	41	5	14 Uhr tgl.	TUT Transportes
Cáceres	42–53	3¾	6-mal tgl.	Verde Transportes (www.viagemverde.com.br), Eucatur (www.eucatur.com.br)
Campo Grande	93–116	12	17-mal tgl.	Motta (www.motta.com.br), Eucatur (www.eucatur.com.br)
Chapada dos Guimarães	28	1¼	9-mal tgl.	Expresso Rubi
Goiânia	115–149	18	8-mal tgl.	Viação São Luiz (www.viacaosaoluiz.com.br), Eucatur (www.eucatur.com.br)
Poconé	12	2½	6-mal tgl.	TUT Transportes
Porto Velho	156–185	23–26	10-mal tgl.	Eucatur (www.eucatur.com.br), Gontijo (www.gontijo.com.br)

Rund um Cuiabá

Parque Nacional Da Chapada Dos Guimarães

Das wunderschöne Hochplateau 60 km nordöstlich von Cuiabá erinnert an den Südwesten der USA. Seine besonderen Sehenswürdigkeiten sind der 60 m hohe Wasserfall **Cachoeira Véu de Noiva** (Brautschleier; 9–16 Uhr; letzter Zutritt 12 Uhr) GRATIS, der Aussichtspunkt **Mirante de Geodésia** (der geografische Mittelpunkt Südamerikas) und die bunt schillernden Felsvorsprünge der **Cidade de Pedra** (Steinerne Stadt; ab 180 R$/Pers.; 9–16 Uhr), die transzendente Augenblicke verspricht. Der Véu de Noiva ist der einzige Teil des Parks, den man auf eigene Faust besuchen kann, für alle übrigen muss man einen zertifizierten Führer engagieren. Der Zugang beschränkt sich dabei auf drei Rundwege von Tageslänge: den **Circuito das Cachoeiras** (Wasserfall-Weg; ab 160 R$/Pers.), der an sechs Wasserfällen vorbeiführt, den **Circuito Vale de Rio Claro** (Weg durch das Tal des Rio Claro; ab 180 R$/Pers.) mit Blick in das üppige Tal und Schnorchelmöglichkeiten in Teichen im Wald sowie schließlich den und **Circuito Vale do Rio Claro** (ab 130 R$/Pers.), der den Véu de Noiva mit umfasst, sowie den **Roteiro da Caverna Aroe Jari e Lagoa Azul** (Weg zur Aroe-Jari-Höhle; ab 230 R$), auf dem man Brasiliens größte Sandsteinhöhle besucht. Alle Ausflüge beginnen um 9 und enden um 18 Uhr. Wer mitwill, sollte die Teilnahme vorab reservieren, ganz besonders im Juli, August und September. **Chapada Explorer** (3301-1290; www.chapadaexplorer.com.br; Praça Dom Wunibaldo 57; Mo–Sa 8–11 Uhr) ist ein empfehlenswerter Veranstalter, wenn ein Besuch des Parks geplant ist.

Busse von **Expresso Rubi** (3621-2188) fahren vom Busbahnhof in Cuiabá zur Ortschaft Chapada (18 R$, 1¼ Std., tgl. 9-mal, 6.30–19 Uhr). Die beste Aussicht bei der Fahrt ab Cuiabá bietet sich, wenn man auf der rechten Seite sitzt. In der Gegenrichtung starten die Busse in Chapada zwischen 5.30 und 19 Uhr. Chapadas Bushaltestelle liegt zwei Blocks entfernt von der Hauptplaza (Praça Dom Wunibaldo).

Poconé

Der staubige Vorposten Poconé, 100 km südwestlich von Cuiabá, ist das verschlafene Tor zur Transpantaneira, so verschlafen, dass, wie ein Einheimischer bemerkte, „hier sogar die Restaurants Mittagspause machen". Länger als für eine Mahlzeit wird man sich in Poconé kaum aufhalten. Wer selbst auf der Transpantaneira fahren will, kann aber durchaus hier übernachten, um dann früh aufzubrechen und die Tierwelt morgens in voller Aktion zu erleben.

Die **Pousada Pantaneira** (3345-3357; www.pousadapantaneira.com.br; Rodovia Transpantaneira, Km 0; Rodizio 35 R$;) ist eine zu

Recht beliebte *churrascaria* am Beginn der Transpantaneira.

Banco do Brasil (Campos Sales) hat einen Visa-/MasterCard-Geldautomaten, auf dessen Funktionstüchtigkeit man sich aber nicht verlassen sollte.

TUT Transportes (☎ 065-3317-2200) betreibt Busse von Cuiabá nach Poconé (12 R$, 2½ Std., tgl. 6-mal, 6–19 Uhr, Gegenrichtung 6–19.30 Uhr). In Poconé halten die Busse am Busbahnhof zehn Blocks außerhalb des Stadtzentrums und fahren dann zur Praça da Matriz weiter.

Hinter Poconé wird die „Fernstraße" zu einer von Schlaglöchern übersäten, unbefestigten Piste, die 145 km ins Pantanal hineinführt und in Porto Jofre endet.

Campo Grande
☎ 0XX67 / 766 500 EW.

Die betriebsame Hauptstadt des Bundesstaats Mato Grosso do Sul ist das urbane Zentrum der Region und ein wichtiger Ausgangspunkt für Reisen ins Pantanal.

🛏 Schlafen

Preiswerte Hotels befinden sich rund um den alten Busbahnhof am westlichen Ende der Alfonso Pena. Das Nachtleben von Campo Grande konzentriert sich weiter östlich in derselben Straße.

Hauzz Hostel — HOSTEL $
(☎ 8118-7270; www.hauzzhostel.com; Piratininga 1527; EZ/DZ 70/140 R$; ❄🛜) Ein ruhiges, sicheres Hostel mit gemütlichen Zimmern mit Ventilator, deren Bewohner sich mehrere Badezimmer teilen. Die nette Gastgeberin Christina tut ihr Bestes, um trotz der Sprachbarriere zu helfen. Das Hostel ist drei Blocks vom Shopping Campo Grande entfernt und liegt praktisch, wenn man den Parque das Nações besuchen will.

Oka Hostel — HOSTEL $
(☎ 3026-7070; www.okabrasilhostel.com.br; Jeriba 454; B/DZ 65/150 R$; ❄@🛜) Die muntere Backpackerbleibe in einer umgebauten Villa mehrere Blocks südlich vom Shopping Campo Grande punktet mit hilfsbereitem, Englisch sprechendem Personal und Gemeinschaftsbereichen, die dazu einladen, mit anderen Travellern ins Gespräch zu kommen. Nachteile sind die beengten Schlafsäle, die in der heißesten Jahreszeit unzulängliche Klimaanlage, die zu wenigen Badezimmer und die Lage abseits vom Geschehen.

Hotel Nacional — HOTEL $
(☎ 3383-2461; Dom Aquino 610; EZ/DZ mit Klimaanlage 70/140 R$, ohne Klimaanlage 65/80 R$; ❄@🛜) Die schlichte Budgetunterkunft ist bei ausländischen Backpackern und brasilianischen Studentengruppen sehr beliebt. Man hat die Wahl zwischen einfachen Zimmern mit Gemeinschaftsbad und besseren mit Klimaanlage, Bad und Fernseher.

Turis Hotel — HOTEL $$
(☎ 3382-2461; www.turishotel.com.br; Allan Kardec 200; EZ/DZ/3BZ 151/226/275 R$; ❄🛜) Das ausgezeichnete, modern-minimalistische Haus ist entschieden zu trendy für seine Lage und bietet ein sehr gutes Preis-Leistungs-Verhältnis. Das Frühstück ist prima, und das Personal tut alles, um trotz geringer Englischkenntnisse zu helfen.

🍴 Essen

Restaurante da Gaucha — SELBSTBEDIENUNG $
(Allan Kardec 238; Büfett 13 R$; ⏱ 11.30–23 Uhr) Das praktische Billiglokal liegt ganz in der Nähe mehrerer zentraler Hotels und ist wegen seiner unschlagbaren Preise und der köstlichen Gerichte vom *all you can eat*-Büfett bei Backpackern beliebt.

Cantina Romana — ITALIENISCH $$
(☎ 3324-9777; www.cantinaromana.com.br; Rua da Paz 237; Hauptgerichte für 2 Pers. 38–60 R$; ⏱ 11–14 & 18–23 Uhr) Die günstige italienische Cantina und Pizzeria alter Schule ist seit 1978 gut im Geschäft dank aufmerksamer Bedienung, riesigen Portionen und dem authentischen Ambiente. Uns schmeckten die *gnocchi alla siciliana*. Wer sich werktags über das Mittagsbüfett hermacht, braucht kein Abendessen mehr.

Varandas do Pantanal — PANTANEIRO-KÜCHE $$
(Av Bom Pastor 306; Hauptgerichte 13–45 R$; ⏱ Di–Sa 18–24 Uhr) In diesem lokalpatriotischen Restaurant genießen Heimwehkranke aus Corumbá echte *pantaneiro*-Küche. Zu den herausragenden Gerichten zählen *sarrabulho* (ein herzhafter Eintopf mit Herz, Nieren und Leber) und *arroz pantaneiro* (Reis mit sonnengedörrtem Rindfleisch und für die Region typischen Würstchen) mit gebratener Banane. Zum Essen gibt's Livemusik (Do–Sa, Grundpreis 6 R$) und starke Caipirinhas.

ℹ Praktische Informationen

Kleine Touristeninformationskioske gibt's im **Busbahnhof** (☎ 3314-4448; Rodoviária; ⏱ 6–

BUSSE AB CAMPO GRANDE

ZIEL	PREIS (R$)	DAUER (STD.)	UNTERNEHMEN
Bonito	55	6½	Cruzeiro do Sul (www.cruzeirodosulms.com.br)
Brasília	238–261	23½–24½	Motta (www.motta.com.br), Viação São Luiz (www.viacaosaoluiz.com.br)
Corumbá	105–125	6	Andorinha (www.andorinha.com)
Cuiabá	92–123	10–13	Andorinha (www.andorinha.com), Eucatur (www.eucatur.com.br)
Foz do Iguaçu	150	18	Nova Integração (www.novaintegracao.com.br)
Ponta Porã	80	6	Expresso Queiroz (www.expressoqueiroz.com.br), Cruzeiro do Sul (www.cruzeirodosulms.com.br)
Rio de Janeiro	303–317	24	Andorinha (www.andorinha.com)
São Paulo	207–223	15½	Andorinha (www.andorinha.com), Motta (www.motta.com.br)

22 Uhr), am **Flughafen** (☎ 3363-3116; ⊙ 6.15–24 Uhr) und an der **Feira Central** (☎ 3314-3872; Feira Central; ⊙ Mi–So 18–22 Uhr).

Banco do Brasil (Av Afonso Pena 2202; ⊙ Mo–Fr 11–16 Uhr) Visa-/MasterCard-Geldautomat und Wechselschalter.

Bradesco (Av Afonso Pena 1828; ⊙ Mo–Fr 11–16 Uhr) Visa-/MasterCard-Geldautomat.

CAT Morada dos Bais (☎ 3314-9968; Av Afonso Pena; ⊙ Di–Sa 8–18, So 9–12 Uhr) Die hilfreiche Touristeninformation verteilt einen ausgezeichneten Stadtplan und hat eine umfangreiche Datenbank mit Infos über den Bundesstaat. Das Personal organisiert Stadtführungen. Empfehlungen zu Unternehmen, die Pantanal-Touren veranstalten, erhält man hier aber nicht.

ⓘ An- & Weiterreise

Der **Aeroporto Internacional de Campo Grande** (☎ 3368-6050; Av Duque de Caixas) liegt 7 km außerhalb der Stadt; vom Busbahnhof fährt der Expreso Mato Grosso (9 R$, stündl.) dorthin. Ein Taxi kostet rund 30 R$.

Campo Grandes Busbahnhof liegt 5 km südlich von Centro an der Costa e Silva.

Am schnellsten nach Bonito kommt man mit **Vanzella** (☎ 3255-3005; www.vanzellatransportes.com.br), einem Kleinbusservice, der Passagiere direkt am gewünschten Ziel absetzt (100 R$, 4–5 Std., tgl. 9.30, 14.30, 18 & 23 Uhr, Rückfahrt 7.30, 10, 12.30 & 18.30 Uhr).

ⓘ Unterwegs vor Ort

Die Ortsbusse 61 und 87 (3 R$) verbinden den Fernbusbahnhof mit dem Stadtzentrum. Hinzu kommt der stündliche Tür-zu-Tür-Service Expreso Mato Grosso (9 R$). Um die Stadtbusse zu nutzen, muss man von **Assetur** (☎ 0800-647-0060; www.assetur.com.br; Visconde de Taunay 345) einen *passe de ônibus* (Buskarte) kaufen, der an Zeitungsständen, in Drogerien und an Kiosks an Bushaltestellen erhältlich ist. Die Karten gibt es für einmalige Nutzung *(unitario)* oder wiederaufladbar *(recarregável)*. Ein Taxi zum Zentrum kostet rund 30 R$.

Bonito

☎ 0XX67 / 19 500 EW.

Inmitten spektakulärer Naturwunder ist Bonito das Vorbild und der Brennpunkt des brasilianischen Ökotourismus-Booms. Der Ort lockt Besucher mit einmaligen, kristallklaren Flüssen und vielen Aktivitäten wie Abseilen, Rafting, Ausritten oder Vogelbeobachtungen. Der Ort ist kein Backpacker-Paradies, aber alles hat beste Qualität, und die Erlebnisse sind wahrhaft unvergesslich.

⊙ Sehenswertes & Aktivitäten

Für die meisten Attraktionen vor Ort braucht man Führer, die die lizenzierten Reiseveranstalter an der Hauptstraße von Bonito vermitteln. Die Preise sind festgelegt, Preisvergleiche anzustellen, lohnt sich also nicht. In den Tourpreisen sind in der Regel Neoprenanzüge, die Schnorchelausrüstung und manchmal auch ein optionales Mittagessen enthalten, nicht aber der An- und Abtransport. Um sich in den Abismo de Anhumas abseilen zu dürfen, muss man am Vortag ein erfolgreiches Training im **Abseil-Trainingszentrum** (General Osório; ⊙ 9–18 Uhr) absolviert haben. Bei Aktivitäten im Wasser ist die Verwendung von Sonnenschutz- oder Insektenschutzmitteln verboten.

★ **Abismo de Anhumas** ABENTEUERTOUR (www.abismoanhumas.com.br; Abseilen 633 R$, Tauchen 891 R$) Man seilt sich in eine gigantische, wunderschöne Höhle mit einem unterirdischen See hinein ab. Nur der Sicherheitsgurt und das Seil, in das man eingehängt ist, verhindern einen Sturz in den 72 m tiefen Abgrund. Nachdem man unten angelangt ist, spaziert man um den See und bewundert die wundervollen Felsformationen. Danach kann man in der kalten Unterwasserwelt tauchen oder schnorcheln (Sichtweite 30 m). Phallische Felsspitzen ragen aus der Tiefe empor. Anschließend klettert man an dem Seil wieder aus der Höhe heraus. Ein hinreißendes Abenteuer!

Das außerweltlich wirkende Erlebnis ist die bei Weitem faszinierendste Attraktion in Bonito. Pro Tag sind nur 18 Besucher in der Höhle zugelassen.

★ **Rio da Prata** SCHNORCHELN
(www.riodaprata.com.br; 5-stündiger Ausflug inkl. Mittagessen 218 R$; ⊙ 6.30–14 Uhr) Der wunderbare Ausflug an den Fluss 56 km südlich von Bonito umfasst eine Wanderung durch den Regenwald und eine 3 km lange Schnorcheltour auf dem Rio Olha d'Agua, in dessen unglaublich klarem Wasser 55 Fischspezies leben, sowie auf dem Rio da Prata, der zwar weniger klar ist, in dem man aber auch riesige Pacus und große, gefährlich aussehende Dourados beobachten kann.

Buraco das Araras VOGELBEOBACHTUNG
(www.buracodasararas.com.br; Eintritt 55 R$) Einen Besuch des Buraco das Araras, der größten Doline der Welt, bei Sonnenuntergang hängen die meisten Traveller an einen Tag draußen am Rio da Prata und der Laguna Misteriosa dran. Auf der 1 km langen Wanderung gibt es zwei Aussichtspunkte, von denen aus man Dutzende Hellroter Aras beobachten kann, die zu ihren Schlafplätzen zurückfliegen. Ihr metallisches Krächzen ist laut vernehmlich. Ein eindrucksvolles Schauspiel!

Balneário Municipal SCHWIMMEN
(Eintritt 25 R$; ⊙ 8–18 Uhr) Eine der wenigen Naturattraktionen, für die man keinen Führer braucht, ist das Balneário Municipal, ein natürliches Schwimmbecken am Rio Formoso mit klarem Wasser, einem netten Strand und vielen Fischen 7 km südöstlich der Stadt. Man kann hier den ganzen Tag verbringen und sich mittags an den Buden einen Snack genehmigen. Hin gelangt man per Fahrrad oder Motorradtaxi (einfache Strecke ca. 10 R$).

🛏 Schlafen & Essen

Papaya Hostel HOSTEL $
(☎ 3255-4690; www.papayahostelbonito.com; Vicente Jacques 1868; B/DZ 50/150 R$; ✳ @ 🕾 ☙) Das papayafarbene Hostel in praktischer Nähe zum Busbahnhof ist eines der Refugien, deretwegen Traveller gern die Abreise verschieben. Das liegt an dem zum Entspannen einladenden Poolbereich, den Grillabenden, der Möglichkeit, sich mit anderen Travellern beim Kochen auszutauschen und den vielen Touren, die der hilfsbereite, Englisch sprechende Inhaber organisiert.

Bonito HI Hostel HOSTEL $
(☎ 8180-7231; www.bonitohostel.com.br; Lúcio Borralho 716; B 48 R$, DZ mit/ohne Klimaanlage 135/115 R$; ✳ @ 🕾 ☙) Die richtig gut laufende Backpacker-Bleibe ist eines der besten HI-Hostels Brasiliens. Sie liegt zwar

---

ℹ TRANSPORTMITTEL IN BONITO

Viele der Attraktionen von Bonito liegen lange Wege vom Ort entfernt, und es gibt keine öffentlichen Verkehrsmittel. Einige Pensionen leihen ihren Gästen Fahrräder aus, und an der Hauptstraße kann man für rund 30 R$ pro Tag ein ordentliches Mountainbike mieten. Hotels stellen manchmal, aber nicht immer, Transportmittel zur Verfügung. Wenn man ein Transportmittel benötigt, kann man sich an den örtlichen Shuttle-Dienst Vanzella (S. 379) wenden, der einen zu jedem Ausflugsziel bringt, wenn vier Personen zusammenkommen.

Wenn man in einer Gruppe unterwegs ist, kann es sich als günstiger erweisen, einfach an jedem beliebigen Ponto de Táxi ein Taxi für den ganzen Tag zu mieten (80–180 R$, je nach Entfernung). Wenn man allein unterwegs ist, sind Mototaxis eine praktikable Alternative. Hier sind einige ausgewählte Preise genannt: Rio Sucuri (hin & zurück 38 km, 56 R$), Gruta do Lago Azul (hin & zurück 38 km, 56 R$), Abismo Anhumas (hin & zurück 41 km, 60 R$), Rio da Prata (hin & zurück 100 km, 120 R$), Boca da Onça (hin & zurück 120 km, 140 R$). Die Fahrer warten oder holen einen zu dem vereinbarten Zeitpunkt wieder ab.

etwas abseits der Action, punktet aber mit Hängematten, einem Pool, großen Schließfächern, einer Küche, einer Waschküche, Leihfahrrädern und mehrsprachigem Personal. Zu jedem Schlafsaal gehört ein eigenes Bad, und die Privatzimmer mit Klimaanlage – im Sommer ein Muss! – haben Hotelniveau. Der Inhaber wird sicherlich nie einen Charme-Wettbewerb gewinnen.

Pousada Muito Bonito POUSADA $$
(3255-1645; www.hotelmuitobonito.com.br; Coronel Pilad Rebuá 1444; EZ/DZ/3BZ 180/250/230 R$; P✱@✆) Man dürfte kaum irgendwo ein besseres Preis-Leistungs-Verhältnis finden als in dieser ausgezeichneten Budgetpension im Zentrum. Geführt wird das Haus von der zweiten Generation der Pionierfamilie Doblack. Die *pousada* bietet aufgehübschte, gut eingerichtete Zimmer rund um einen kleinen Hof. Die gleichen Leute betreiben auch eines der beliebtesten Tour-Unternehmen vor Ort und haben dementsprechend jede Menge Infos zur Gegend auf Lager.

Vicio da Gula Café BURGER $
(3255-2041; Coronel Pilad Rebuá 1852; Burger 13–24 R$; 12–2 Uhr) Das beliebte Ecklokal bietet tolle Burger, Pommes und *açaí na tigela*, eine beerenartige Frucht, serviert in einer Schale). Angesichts der Kuchentheke kann sich der Aufbruch verzögern.

O Casarão SELBSTBEDIENUNG $$
(3255-1970; Coronel Pilad Rebuá 1835; Büffet 35 R$; Mo-Sa 11.30–14.30 & 18.30–22.30, So 11.30–15 Uhr) Das gut besuchte Büfetrestaurant liegt an der Hauptstraße und wird von Einheimischen besonders gern am Sonntag aufgesucht, wenn die meisten anderen Lokale geschlossen sind.

★ A Casa do João SEAFOOD $$$
(3255-1212; www.casadojoao.com.br; Nelson Felicio 664a; Hauptgerichte 28–54 R$; 11.30–14.30 & 18–23.30 Uhr) Das beste Fischlokal der Stadt ist vor allem für seinen *traíra* (einen Raubfisch) berühmt, der hier auf alle möglichen Arten zubereitet und serviert wird: Es gibt ihn in einer Suppe, gegrillt oder mit einer Passionsfruchtsauce. Alle Möbel des Lokals wurden aus dem Holz toter Bäume geschreinert, die in der Gegend zusammengetragen wurden.

🍷 Ausgehen

Taboa Bar BAR
(3255-1862; www.taboa.com.br; Coronel Pilad Rebuá 1837; 17 Uhr–open end) In dieser mit Graffiti bedeckten Institution an der Hauptstraße treffen sich Einheimische und Traveller, um der Spezialität des Hauses, *pinga* (*cachaça*) mit Honig, Zimt und Guaraná, zuzusprechen. Das Essen ist auch nicht schlecht.

ℹ️ Praktische Informationen

Bonito ist winzig. Alles, was Traveller brauchen, finden sie an der frisch renovierten Hauptstraße, der Pilad Rebuá.

Bradesco (Colonel Pilad Rebuá 1942) Praktisch, um Geld abzuheben.

ℹ️ An- & Weiterreise

Azul (www.voeazul.com.br) fliegt zweimal wöchentlich zwischen Bonito und dem Aeroporto Internacional de Viracopos in Campinas (Bundesstaat São Paulo) und zwar sonntags und mittwochs (1½ Std.); in der Hauptsaison gibt es mehr Flüge.

Corumbá

„Corumbaly" (das alte Corumbá) ist eine anmutig verfallene Hafenstadt nahe der bolivianischen Grenze. Der auch als Cidade Branca (Weiße Stadt) bekannte Ort liegt per Straße 403 km nordwestlich von Cam-

BUSSE AB BONITO

ZIEL	PREIS (R$)	DAUER (STD.)	HÄUFIGKEIT
Campo Grande (Bus)	55	6	12 & 18 Uhr
Campo Grande (Minibus)	100	5	7.30, 10, 12.30 & 18.30 Uhr
Corumbá (Bus)	81	6	12.30 Uhr
Corumbá (Minibus)	120	5	wöchentl. 2- bis 3-mal
Estrada Parque (Minibus)	100	3½	tgl. 1-mal
Iguaçu Falls (Minibus)	200	12	wöchentl. 2-mal
Ponta Porã (Bus)	64	7½	12 Uhr

> **ⓘ EINREISE NACH BOLIVIEN**
>
> Zwischen 6 und 19 Uhr fährt der Fronteira-Bus (3 R$, 15 Min.) alle 25 Minuten von Corumbás Praça Independência zur bolivianischen Grenze. Die Taxifahrt vom Zentrum zur Grenze kostet rund 40 R$, wer allein oder zu zweit unterwegs ist, fährt mit einem Motorradtaxi günstiger (24 R$).
>
> Alle brasilianischen Ausreiseformalitäten müssen bei der **Polícia Federal** (☏ 3234-7822; www.dpf.gov.br; ⊙ Mo–Fr 8–11 & 14–17, Sa & So 9–13 Uhr) an der Grenze erledigt werden. Die Abfertigungsstellen beider Länder haben begrenzte Öffnungszeiten, wer zu anderer Zeit ankommt, muss in Corumbá übernachten. Für die Einreise nach Bolivien benötigen Bürger der meisten Staaten kein Visum, wohl aber US-Bürger. Sie erhalten ihr Visum (135 US$) entweder im Heimatland oder beim bolivianischen Konsulat (S. 447) in Corumbá.
>
> In Bolivien legen *colectivos* (5 B$) und Taxis (ca. 30 B$) die 3 km zwischen der Grenze und dem Bahnhof von Quijarro zurück. Zur Weiterreise nach Santa Cruz gibt es zwei Optionen: den schnelleren und komfortableren Ferrobus (235 B$, 13 Std., Abfahrt Di, Do & Sa 18 Uhr, Ankunft 7 Uhr) und den günstigeren Expreso Oriental (70 B$, 16¾ Std., Abfahrt Di, Do & So 13 Uhr, Ankunft 5.40 Uhr). Tickets möglichst vorab kaufen!

po Grande. Die Stadt liegt auf einem steilen Hügel über dem Rio Paraguai; jenseits des Flusses erstreckt sich das Pantanal bis zum Horizont.

An einem langen Wochenende Mitte Februar erwacht die verschlafene Provinzstadt bei einer der größten und besten Karnevalsfeiern Brasiliens zum Leben. Ansonsten zieht es wohlhabende brasilianische Angler hierher, die auf Hotelbooten ins Pantanal fahren, sowie Traveller, die nach Bolivien weiterreisen wollen.

Übernachten kann man im zentral gelegenen **Hotel Laura Vicuña** (☏ 3231-5874; www.hotellauravicuna.com.br; Av Cuiabá 775; EZ/DZ/3BZ 90/130/168 R$; ❄☏) oder im **Hostel Pantanal** (☏ 9641-5524; Joaquin Murtino 359; B/DZ 40/130 R$; ☏) nahe dem Busbahnhof. Die besten Restaurants liegen an der Frei Mariano zwischen Hausnummer 400 und 500.

Vom **Fernbusbahnhof** (☏ 3231-2033; Porto Carreiro) fahren regelmäßig Busse nach Campo Grande (ab 81 R$, 6 Std.), das Ticket kauft man besser im Voraus. **Vanzella** (☏ 3255-3005; www.vanzellatransportes.com.br) bringt einen nach Bonito. Vom **Aeroporto Internacional de Corumbá** (☏ 3231-3322; Santos Dumont) fliegt gegenwärtig nur Azul dreimal pro Woche zum Aeroporto Internacional de Viracopos in Campinas (Bundesstaat São Paulo).

DER NORDOSTEN

Ein ganzjährig warmes Klima, landschaftliche Schönheit und eine sinnliche, an Traditionen reiche Kultur verwandeln den Nordosten Brasiliens in ein echtes Tropenparadies. Die über 2000 km lange, fruchtbare Küste wartet mit unzähligen weißen Bilderbuchstränden, üppigen Regenwäldern, Sanddünen und Korallenriffen auf. Die wunderschöne Natur macht diese Region zu einem beliebten Ziel für alle möglichen Outdoor-Aktivitäten.

Der Nordosten Brasiliens blickt auf eine reiche Kolonialgeschichte zurück. Herrlich restaurierte wie auch reizvoll verfallende Gebäude schmücken malerische Städte wie Salvador, Olinda und São Luís, in denen lebhafte Feste, unzählige Rhythmen, Klänge und Tänze sowie exotische Speisen und Meeresfrüchte ein unbeschreibliches Urlaubsflair herbeizaubern. Die kulturell vielfältigste Region Brasiliens weiß zu verwöhnen!

Salvador

☏ 0XX71 / 2,7 MIO EW.

Salvador da Bahia, eines der funkelndsten Schmuckstücke Brasiliens, ist die afrikanische Seele des Landes. In der Stadt blüht die afrikanische Kultur der Sklavennachfahren wie nirgendwo sonst in der Neuen Welt, wunderbare kulinarische, religiöse und musikalische Traditionen, Tanz- und Kampfstile haben sich hier erhalten. Die Kultur Salvadors basiert zu großen Teilen auf der afrobrasilianischen Religion Candomblé, einem Synkretismus aus katholischen und animistischen Glaubenstraditionen, bei dessen Ritualen die Gläubigen mit der Geisterwelt kommunizieren.

Salvador liegt auf einer Halbinsel an der Baía de Todos os Santos. Das Zentrum am Hafen wird von einer steilen Klippe in zwei Teile geteilt: In der Cidade Baixa (Unterstadt) mit dem Hafen findet das wirtschaftliche Leben Salvadors statt, in der Cidade Alta (Oberstadt) mit dem Viertel Pelourinho (Pelô) schlägt das kulturelle Herz. Der Pelô ist zudem das historische und touristische Zentrum und Amüsierviertel der Stadt. Die Cidade Baixa und der Streifen zwischen der Praça da Sé und Praça Campo Grande sind tagsüber sehr belebt, nachts hingegen menschenleer. Im Süden der

Der Nordosten

Stadt liegt an der Spitze der Halbinsel das wohlhabende Stadtviertel Barra, während sich die Wohngebiete im Nordosten der Stadt am Ufer des Atlantiks erstrecken; am interessantesten sind Rio Vermelho und Itapuã.

Sehenswertes

Cidade Alta

Das Viertel Pelourinho ist von stimmungsvollen historischen öffentlichen Plätzen geprägt: dem dreieckigen **Largo do Pelourinho** (Pelourinho), der nach dem Pranger benannt ist, an dem Sklaven einst ausgepeitscht wurden, der **Praça da Sé**, dem ehemaligen Kathedralenplatz der Stadt, und dem **Terreiro de Jesus** (Praça 15 de Novembro), der traditionell eine Stätte für religiöse Feiern war und heute von Straßenhändlern, Musikanten und *capoeiristas* bevölkert ist. Weitere Viertel in der Oberstadt sind Carmo und Santo Antônio.

★ Pelourinho   VIERTEL
Das Zentrum der Cidade Alta bildet der Pelourinho, eine UNESCO-Welterbestätte voller farbenfroher kolonialzeitlicher Gebäude und prächtiger Gotteshäuser. Wandert man durch die kopfsteingepflasterten Straßen und bewundert die ältesten Bauten der Stadt, wird einem klar, dass der Pelô nicht ausschließlich eine Touristenattraktion ist. Kulturzentren und Musik-, Tanz- und Capoeira-Schulen haben sich in den pastellfarbenen Gebäuden aus dem 17. und 18. Jh. angesiedelt.

★ Elevador Lacerda   HISTORISCHES GEBÄUDE
(3322-7049; Einzelfahrt 0,25 R$; 7-23 Uhr) Der schön restaurierte Elevador Lacerda im Stil des Art déco verbindet die Cidade Alta mit dem Viertel Comércio. Die vier Aufzugskabinen bewältigen in 30 Sekunden den Höhenunterschied von 72 m. Die Jesuiten installierten im 1610 den ersten, manuell betriebenen Seilaufzug, mit dem Waren und Passagiere vom Hafen hinauf in die Siedlung transportiert wurden. 1868 wurde eine Eisenkonstruktion mit rasselnder Dampfmaschine eingeweiht; 1928 wurde der Aufzug schließlich elektrifiziert.

Igreja e Convento São Francisco   KIRCHE
(Cruzeiro de São Francisco; Eintritt 3 R$) Die barocke Kirche zählt zu den prächtigsten in Brasilien und stellt großen Glanz und Reichtum zur Schau. Ein etwa 80 kg schwerer Kronleuchter aus Silber baumelt über den mit Blattgold verzierten Holzschnitzereien. Der Hof des Konvents ist mit handbemalten *azulejos* (portugiesischen Fliesen) bedeckt. Der Komplex wurde 1723 fertiggestellt.

Museu Afro-Brasileiro   MUSEUM
(3283-5540; www.mafro.ceao.ufba.br; Terreiro de Jesus; Erw./Kind 6/3 R$; Mo-Fr 9-17.30, Sa 10-17 Uhr) Das Museum besitzt eine der wichtigsten Sammlungen in Bahia. Es zeigt Holzschnitzereien, Körbe, Töpferwaren und andere Artefakte, die brasilianische und afrikanische Kunsttraditionen verbinden. Das Highlight ist der Raum mit 27 riesigen, wundervollen beschnitzten Holztafeln des aus Argentinien stammenden Künstlers Carybé, des wohl berühmtesten Künstlers Salvadors im letzten Jahrhundert.

Cidade Baixa, Barra & Küste

Am Ufer von Barra kann man den Sonnenuntergang über Bahias ältester Festung, **Santo Antônio** (1598), beobachten. Die nahegelegene **Praia do Porto** ist ein kleiner, in der Regel voller Strand mit ruhigem Wasser. Weniger überfüllte Strände mit sauberem Wasser findet man weiter nördlich: **Piatã** (25 km), **Itapuã** (27 km) und **Praia do Forte** (80 km).

★ Museu Náutico da Bahia   MUSEUM
(Schifffahrtsmuseum von Bahia; 3264-3296; www.museunauticodabahia.org.br; Largo do Farol da Barra s/n, Forte de Santo Antônio da Barra; Erw./Student 15/7,50 R$; Di-So 9-18 Uhr, Jan. & Juli tgl.) Neben einer herrlichen Aussicht findet man im Forte de Santo Antônio da Barra auch noch das ausgezeichnete Schifffahrtsmuseum mit Relikten und Exponaten aus der Zeit der portugiesischen Seefahrer sowie faszinierenden Ausstellungen zum Sklavenhandel. Alle Informationen gibt es auf Portugiesisch und auf Englisch – eine Seltenheit in Bahia. Wer in Salvador nur für den Besuch eines Museums Zeit hat, sollte sich für dieses entscheiden.

Halbinsel Itapagipe

★ Igreja Nosso Senhor do Bonfim   KIRCHE
(3316-2196; Praça Senhor do Bonfim; Di-Do & Sa 6.30-12 & 14-18, Fr & Sa 5.30-12 & 14.30-18 Uhr) Die berühmte Kirche aus dem 18. Jh. steht ein paar Kilometer nördlich vom

Salvador

Comércio auf der Halbinsel Itapagipe. Von hier stammen die *fitas* (bunten Bänder), die man überall in Salvador sieht. Sie sind nicht nur ein Souvenir dieser Kirche, sondern ein Symbol von Bahia. Die Kirche gilt als Ort von Wunderheilungen und ist daher ein beliebter Andachtsort.

Kurse

Kurse in Capoeira, afrikanischem Tanz und Trommeln lassen sich leicht über die Hostels und *pousadas* im Pelourinho vereinbaren. Die Preise, das Angebot und die Zahl der Teilnehmer variieren je nach Saison.

Salvador

⦿ Highlights
- 1 Elevador Lacerda C6
- 2 Museu Náutico da Bahia A3
- 3 Pelourinho C4

⦿ Sehenswertes
- 4 Igreja e Convento São Francisco D4
- 5 Largo do Pelourinho C3
- 6 Museu Afro-Brasileiro C4
- 7 Plano Inclinado Gonçalves C4
- 8 Praça da Sé C4
- 9 Terreiro de Jesus C4

Schlafen
- 10 Âmbar Pousada B2
- 11 Hostel Galeria 13 .... D4
- 12 Hostel Solar dos Romanos C3
- 13 Laranjeiras Hostel D4
- 14 Open House Barra A1
- 15 Pousada Estrela do Mar A2

Essen
- 16 Bar Zulu D4
- 17 Cafélier B1
- 18 Camafeu de Oxossi B6
- 19 Caranguejo de Sergipe B2
- 20 Pelô Bistrô C3
- 21 Restaurante do Senac C3

Ausgehen & Nachtleben
- 22 Casa do Amarelindo Bar C3
- 23 O Cravinho C4
- 24 Pereira A2

Unterhaltung
- 25 Balé Folclórico da Bahia D3

Shoppen
- 26 Mercado Modelo B6

✲ Feste & Events

★ Karneval · KULTUR
Der Karneval in Salvador (Feb./März) ist der zweitgrößte in Brasilien und für viele der beste. Er besteht aus Umzügen mit *axé*- und *pagode*-Bands auf langsam fahrenden *trios-electricos* (langen Festwagen mit riesigen Lautsprechern). Ein *trio* oder Trommel-Corps bildet zusammen mit seinem Gefolge in einem abgegrenzten Gebiet rundum einen *bloco*. Die Leute zahlen Hunderte Reales für das *abadá* (Outfit) ihrer Lieblingsband, hauptsächlich aus Prestigegründen und weil man in dem abgesperrten Bereich sicherer ist. Aber auch *fazer pipoca*, sich als „Popcorn" in den Straßen aufzuhalten, ist an Karneval nicht schlecht. Es gibt drei Hauptgebiete: der Weg vom Strand von Barra nach Rio Vermelho (am touristischsten), der schmale Weg von Campo Grande zur Praça Castro Alves und schließlich der Pelourinho (keine Festwagen, hauptsächlich Konzerte und Trommelgruppen). Weitere Infos gibt's unter www.carnaval.salvador.ba.gov.br.

Lavagem do Bonfim · RELIGION
Salvadors größtes Fest nach dem Karneval ehrt den Heiligen, der in Bahia besonders viele Anhänger hat: den mit dem Candomblé verbundenen Senhor do Bonfim. *Baianas* (Frauen, die als „Tanten aus Bahia kostümiert sind) mit Blumenkörben und in rituellen Kostümen marschieren am zweiten Donnerstag im Januar in einer Prozession 6 km von der Cidade Baixa zur Igreja Nosso Senhor do Bonfim.

Festa de Iemanjá · RELIGION
Das wohl wichtigste Fest des Candomblé gilt am 2. Februar der *orixá* Iemanjá, der Göttin des Meeres und der Fruchtbarkeit. Die Anhänger des Kults versammeln sich morgens an der Praia Rio Vermelho, wo Blumen, Kuchen, Heiligenbilder und Parfüms gesegnet und der Göttin geopfert werden. Am anschließenden Straßenfest, das bis in die Nacht dauert, beteiligen sich einige der besten Bands aus Salvador.

⌨ Schlafen

Am Pelô gibt's zahlreiche Hostels. Wer hier übernachtet, ist mitten drin im Geschehen, aber auch beständig von Lärm umgeben. Vom ruhigeren Strandviertel Barra kommt man problemlos zum Pelô und kann trotzdem die Annehmlichkeiten eines Wohnviertels genießen. Wer in der Zeit rund um den Karneval herkommen möchte, muss unbedingt im Voraus reservieren.

⌨ Cidade Alta

★ Hostel Galeria 13 · HOSTEL $
(☏ 3266-5609; www.hostelgaleria13.com; Acciole 23; B/DZ ab 35/140 R$; ❄ 📶 ☒) Das bei Backpackern immens beliebte Hostel residiert in einem alten, kolonialen Haus mit Swimmingpool und einer marokkanisch aufgemachte Lounge. So was ist selten bei Hostels, und erst recht in einem, das zudem noch eine so tolle Lage mitten im historischen Zentrum hat. Frühstück gibt's bis 12 Uhr, und auch Nichtgäste dürfen sich auf

> **KARNEVAL: GEFAHREN & ÄRGERNISSE**
>
> Das größte Risiko während des Karnevals in der Woche vor Aschermittwoch geht von Menschenmassen aus, die vor einer Schlägerei flüchten – man sollte also stets unbedingt die nähere Umgebung im Auge behalten. Die Polizeipräsenz ist sehr hoch, ständig wird man angefasst und durchsucht. Kostüme sind unüblich – die meisten kommen in Shorts und Tennisschuhen. Hier noch ein paar Tipps:
>
> ➙ Kleine Gruppen bilden und verlassene Gegenden meiden!
>
> ➙ Frauen sollten nicht allein unterwegs sein und Hosen tragen.
>
> ➙ Man sollte nur wenig Geld einstecken, und das möglichst in die Schuhe stopfen.
>
> ➙ Sämtlichen Schmuck, Uhren und schöne Sonnenbrillen im Hotel lassen!
>
> ➙ Taschendiebe nicht herausfordern – die drohen Gewalt nicht nur an!
>
> ➙ Immer eine Kopie des Reisepasses mitführen!

dem Gelände aufhalten. Das Hostel gehört zur ausgezeichneten Bar Zulu gleich um die Ecke.

Hostel Solar dos Romanos HOSTEL $
(☎ 3321-6812; www.hostelsolardosromanos.com; Portas do Carmo 14; B 35–50 R$, DZ 100–120 R$; ❄☎) Das saubere und günstige Hostel punktet mit einer ungewöhnlichen Kombination: einer Lage im Zentrum des Pelourinho und einer Terrasse mit Blick auf die Bucht. Die Doppelzimmer sind schlicht; die Gästeküche kann rund um die Uhr benutzt werden.

Laranjeiras Hostel HOSTEL $
(☎ 3321-1366; www.laranjeirashostel.com.br; Rua da Ordem Terceira 13; B 40–48 R$, EZ ab 65 R$, DZ 96–115 R$, 3BZ ab 150 R$; ❄@☎) Das Hostel in der hübschen, gelben, kolonialen Villa gehört zu den besten Budgetunterkünften im Pelô. Die Zimmer (von Schlafsälen bis komfortablen Suiten) haben hohe Decken. Geld sparen kann man, wenn man ein Zimmer mit Ventilator und ohne Klimaanlage nimmt. Zu den Extras zählen die Küchenbenutzung, die Waschküche und eine Crêperie im Haus.

Pousada Baluarte POUSADA $
(☎ 3327-0367; www.pousadabaluarte.com; Ladeira do Baluarte 13; DZ 130–190 R$, 3BZ 250 R$; ❄☎) Das von einem freundlichen französisch-brasilianischen Paar geführte Baluarte mutet mit seinem einladenden, häuslichen Ambiente wie ein B&B an. Es gibt gerade einmal fünf mit Hartholzböden ausgestattete Zimmer, die mit schönen Blockdrucken eines örtlichen Künstlers geschmückt sind. Das köstliche Frühstück wird auf der Veranda serviert. Bis zum Pelourinho sind es zehn Gehminuten.

Cidade Baixa, Barra & Küste

★**Open House Barra** POUSADA $
(☎ 3264-0337; www.openhousebarra.com; Bernardo Catarino 137, Barra; B 44 R$, DZ mit/ohne Bad 132/110 R$; ☎) Die ausgesprochen bunte und gemütliche Herberge wird von Künstlern mit guten Verbindungen zur örtlichen Musik-, Tanz- und Filmszene geführt. Zu den Highlights gehören gelegentliche Konzerte und Capoeira-Vorführungen im Haus, besonders während des Karnevals, wenn hier eine der denkwürdigsten Partys in Barra steigt.

Âmbar Pousada POUSADA $
(☎ 3264-6956; www.ambarpousada.com.br; Afonso Celso 485; B/EZ/DZ 50/120/135 R$; @☎) Die bei Travellern, die ihren Geldbeutel schonen wollen, sehr beliebte und entspannte Hostel-Pension hat eine einladende Atmosphäre. Die Schlafsäle sind ruhig, die Doppelzimmer klein – einige der privaten Bäder sind vom Zimmer nicht durch eine Tür, sondern nur durch eine Trennwand getrennt –, aber es gibt großzügige Gemeinschaftsbereiche. Die *pousada* ist nur zwei Gehminuten vom Strand entfernt.

Pousada Estrela do Mar POUSADA $$
(☎ 3264-4882; www.estreladomarsalvador.com; Afonso Celso 119, Barra; DZ 190–225 R$; ☎) Das weiß verputzte Haus mit dunkelblauen Fensterläden wirkt wie ein Stück in die Tropen versetztes Portugal und ist von Grün umgeben. Innen sind die schlichten weißen Wände mit bunten Bahia-Malereien und leuchtend blauen Fliesen geschmückt. Das Haus liegt nahe dem Strand an einer ruhigen, von Bäumen gesäumten Straße.

 **Essen**

Salvador ist bekannt für seine afrikanisch geprägte Bahia-Küche. Eine Spezialität an Straßenständen ist *acarajé* (Brätlinge aus braunen Bohnen und getrockneten Shrimps). Wer Meeresfrüchte-Snacks zu kleinen Preisen genießen möchte, mischt man sich an den Imbissen im Erdgeschoss des Mercado Modelo (S. 386) unter die Einheimischen.

✕ Cidade Alta

★ Bar Zulu INTERNATIONAL $

(Laranjeiras 15; Hauptgerichte 14–30 R$; Mi-Mo 13–1 Uhr, Di geschl.; 📶🅿) Das entspannte Eckrestaurant mit Bar und Tischen draußen bietet eine große Auswahl spanischer Tapas, internationaler und Bahia-Gerichte sowie offener argentinischer Weine und Cocktails, z. B. den bunten „Galeria 13" aus Limettensaft, Wassermelone und *cachaça* (Zuckerrohrschnaps). Zu empfehlen sind der Burger des Hauses, das Thai-Curry sowie alle Reisgerichte, darunter eine leichte Variante der *moqueca* (Fischeintopf).

★ Cafélier CAFÉ $

(3241-5095; www.cafelier.com.br; Rua do Carmo 50; Snacks & kleine Gerichte 8–25 R$; Mo-Di und Do-Sa 14.30–21.30, So 14.30–20 Uhr, Mi geschl.) Das einzigartige, idyllische Café versteckt sich in einem alten Haus mit einer spektakulären Lage auf einer Klippe über dem Ozean. Man genießt die herrliche Aussicht, den fein zubereiteten Cappuccino, den saftigen Schokoladenkuchen, herzhafte Snacks und offene Weine.

★ Restaurante do Senac BÜFETT $$

(www.ba.senac.br; Largo do Pelourinho 13; Büfett a quilo 35 R$/kg, Büfett típico 48 R$; Büfett a quilo Mo-Fr 11.30–15.30 Uhr, Büfett típico tgl. 11.30–15.30 Uhr; 🅿) Das beste Bahia-Büfett vor Ort: Die Kochschule Senac bereitet ein verführerisches Sortiment regionaler Gerichte zu, darunter mehrere Arten von Meeresfrüchten, *moqueca* und traditionelle Desserts. Das eindrucksvolle Büfett *típico* ist in der obersten Etage aufgebaut und nicht mit dem Büfett *a quilo* im Erdgeschoss zu verwechseln, das sich für ein schnelles Mittagessen anbietet.

✕ Cidade Baixa, Barra & Küste

In den Küstenvierteln Barra und Rio Vermelho gibt es unzählige Restaurants, vor allem in den beiden Parallelstraßen hinter der Praia do Farol in Barra und an der Rua Feira de Santana in Rio Vermelho.

Camafeu de Oxossi BAHIA-KÜCHE $

(3242-9751; Mercado Modelo, Praça Cayru; Hauptgerichte 18–45 R$; Mo-Sa 9–18, So bis 14 Uhr) Ein durchschnittliches Bahia-Menü kommt in diesem zwanglosen Lokal auf der oberen Terrasse des Mercado Modelo auf die Tische. Das Lokal ist zwar touristisch und das Essen nicht weiter bemerkenswert, aber viele Shoppingfans und Traveller, die auf die Fähre nach Morro warten, machen hier Pause, um einen Kaffee, einen Saft, Snacks, *moqueca* oder ein kaltes Bier bei schönem Ausblick auf die Bucht zu genießen.

★ Caranguejo de Sergipe SEAFOOD $$

(3248-3331; Av Oceânica & Fernando Luz, Barra; Hauptgerichte 22–40 R$; Di-So 11–2, Mo ab 16 Uhr) Das bei Einheimischen sehr beliebte, immer volle Restaurant ist bekannt für seine frischen Krabben und die Teller mit gegrillten Meeresfrüchten und Gemüse. Den kundig zubereiteten *maracujá*-Caipirinha (Passionsfruchtcocktail), den vielleicht köstlichsten Drink am Strand, sollte man sich nicht entgehen lassen.

Ausgehen & Nachtleben

Cidade Alta

Die Plazas und gepflasterten Straßen sind voller Partywütiger, die sich an Plastiktischen das Bier teilen oder Trommlergruppen hinterhertanzen. Dienstags ist besonders viel los.

O Cravinho BAR

(www.ocravinho.com.br; Terreiro de Jesus 3; 11–23.30 Uhr) Die mit Fässern dekorierte Nachbarschaftsbar ist meistens von einer bunten Mischung aus Einheimischen und Reisenden bevölkert und hat sich auf aromatisierte *cachaça*-Drinks spezialisiert, beispielsweise auch die Variante mit Nelke – das Markenzeichen der Bar. An vielen Abenden in der Woche wird hier Livemusik gespielt. Die Bar ist ein stimmungsvolles Plätzchen für einen schnellen Drink, wenn man sich im Pelourinho umschaut.

Casa do Amarelindo Bar COCKTAILBAR

(3266-8550; www.casadoamarelindo.com; Hotel Casa do Amarelindo, Portas do Carmo 6; 12 Uhr-open end) Die schicke, tropisch aufgemachte Bar im netten **Pelô Bistrô** (www.casadoamarelindo.com; Hotel Casa do Amarelindo, Portas do Carmo 6; Hauptgerichte 45–70 R$; 11.30–22.30 Uhr; 🅿) in der Casa do Amarelindo ist der ideale Ort für einen Schlummertrunk; besser noch ist die Aussichtsterrasse, wo ein kundiger Barkeeper nach Einbruch der Dunkelheit klassische Cocktails mixt.

Cidade Baixa, Barra & Küste

Barras Nachtleben konzentriert sich um den Jardim Brasil, wo coole Freiluftbars ein hippes, zumeist gut betuchtes Publikum anlocken. Der Largo de Santana und der Largo da Mariquita im Boheme-Viertel Rio Vermelho sind voller Leute, die Bier trinken und *acarajé* essen. Rund um diese Plätze finden sich angesagte Bars.

★ **Pereira** BAR
(3264-6464; www.pereirarestaurante.com.br; Sete de Setembro 3959, Barra; Di–So 12–16 & 17–1 Uhr) Von der Küstenstraße, die eine Kurve um die Spitze von Barra beschreibt, führt eine Treppe hinauf zu diesem stilvollen Restaurant mit Weinbar. Das *chope* vom Fass ist ausgezeichnet und der Blick auf den Sonnenuntergang über dem Ozean wunderschön.

☆ Unterhaltung

Salvador ist das pulsierende Zentrum einer unglaublichen Musikszene. In der Hauptsaison gibt es fast jeden Abend ein Konzert irgendwo in den Innenhöfen des Pelourinho, teilweise kostenlos, teilweise mit einem Eintrittspreis von bis zu 30 R$. Zu den Treffpunkten zählen der Largo de Tereza Batista, der Largo do Pedro Arcanjo, die Praça Quincas Berro d'Água und der Terreiro de Jesus. Traditionelle Afro-Trommelbands halten auch regelmäßig *ensaios* (Proben), marschieren durch den Pelourinho, blockieren den Verkehr und locken das Publikum hinter sich her.

Zu den Gruppen, die man sich anhören sollte, gehören Filhos de Gandhy, Salvadors berühmteste (den Traditionen des Candomblé folgende) *afoxé*-Truppe; Ilê Aiyê, die erste ausschließlich schwarze Karnevalsband; die nur aus Frauen bestehende Gruppe Dida; die weltberühmte Band Olodum, eine Dienstagabend-Institution im Pelourinho; Timbalada, die Gruppe um den Komponisten und Musiker Carlinhos Brown; die Königinnen der Popmusik Salvadors – Margareth Menezes, Ivete Sangalo und Daniela Mercury sowie weitere Gruppen und Künstler wie Muzenza, Male Debalê und Araketu.

Veranstaltungskalender finden sich unter www.agendacultural.ba.gov.br und www.aldeianago.com.br.

★ **Jam no MAM** LIVEMUSIK
(www.jamnomam.com.br; Erw./Kind 7/3,50 R$; Sa 18–21 Uhr) Samstagabends gibt's Jazz und Bossa Nova im MAM (Museu de Arte Moderna; 3117-6139; www.mam.ba.gov.br; Contorno s/n; Erw./Kind 6/3 R$; Di–Fr & So 13–19, Sa bis 21 Uhr) – ein Muss für Musikfans. Am besten kommt man früh, schaut sich erst das Museum an und genießt den Ausblick bei Sonnenuntergang. Die Stätte liegt zwar in Gehweite vom Pelourinho, aber auf dem einsamen Weg sind Überfälle sehr häufig, weshalb es sich dringend empfiehlt, ein Taxi zu nehmen.

★ **Balé Folclórico da Bahia** DARSTELLENDE KUNST
(3322-1962; www.balefolcloricodabahia.com.br; R Gregório de Mattos 49, Teatro Miguel Santana; Eintritt 40 R$; Shows Mo–Sa 20 Uhr) Die weltberühmte folkloristische Tanzgruppe zeigt eine erstaunliche, professionelle Show.

Teatro Castro Alves LIVEMUSIK
(www.tca.ba.gov.br; Praça 2 de Julho, Campo Grande) Die größten Künstler treten in Salvadors schönster Veranstaltungsstätte, dem Teatro Castro Alves, auf. In der Concha Acústica (Amphitheater) finden den ganzen Sommer über jede Woche Konzerte statt.

🛍 Shoppen

Mercado Modelo KUNSTHANDWERK
(www.mercadomodelobahia.com.br; Praça Cayru, Cidade Baixa; Mo–Sa 9–19, So bis 14 Uhr) In der zweistöckigen Markthalle – in der einst Sklaven gefangen gehalten wurden – gibt es Dutzende touristische Stände, die örtliches Kunsthandwerk anbieten, und Lebensmittelbuden, an denen die Einheimischen einkaufen.

ⓘ Praktische Informationen

Die meisten *pousadas* und viele Restaurants verfügen über WLAN. Geldautomaten finden sich überall im Stadtzentrum, am Busbahnhof, am Flughafen und in den Einkaufszentren. Man sollte sich an die Geldautomaten innerhalb von Bankgebäuden halten, weil die draußen stehenden Automaten eher gehackt werden.

Bahiatursa (3321-2463; www.bahiatursa.ba.gov.br; Rua Francisco Muniz Barreto 12, Pelourinho; Mo–Do 8.30–21, Fr–So bis 22 Uhr) Die Tourismusbehörde ist freundlich, wenn auch nicht gerade gut organisiert. Das Büro im Pelourinho, in dem es Stadtpläne und Veranstaltungskalender zu allem gibt, was in der Stadt stattfindet, ist die beste Anlaufstelle.

Es existieren auch noch Schalter am Busbahnhof und am Flughafen sowie eine städtische Touristeninformation (Emtursa Lacerda; ☏ 3321-3127; www.emtursa.salvador.ba.gov.br; Elevador Lacerda, Cidade Alta). Infos bekommt man auch unter www.bahia.com.br.

Delegacia do Turista (Touristenpolizei; ☏ 3116-6817; Cruzeiro de São Francisco 14, Pelourinho) Alle Verbrechen, die gegen Touristen verübt wurden, fallen in die Zuständigkeit der Touristenpolizei der Stadt. Einige wenige Beamte sprechen Englisch oder Französisch.

GEFAHREN & ÄRGERNISSE

Wenn man in Brasilien ausgeraubt oder bestohlen wird, dann höchstwahrscheinlich in Salvador. Das sollte einen zwar nicht von einem Besuch hier abhalten, aber zu großer Wachsamkeit animieren – vor allem nachts. Einsame Gegenden sind zu meiden, und in Menschenmengen sollte man auf seine Taschen achten. Leser berichten, dass sie sich im Pelô wie „eine geschützte Art" gefühlt hätten, aber abseits ausgetretener Pfade geraten Reisende schnell in brenzlige Situationen. Der Streifen vom Largo do Pelourinho nördlich nach Santo Antônio ist bekannt für nächtliche Überfälle – ein Taxi nehmen!

❶ An- & Weiterreise

BUS

Die meisten Reisebüros vor Ort verkaufen keine Bustickets, und Salvadors Busbahnhof ist weit vom Zentrum entfernt, deswegen ist es am besten, vorab zu planen und das Ticket zu kaufen, wenn man an- oder vorbeikommt. Einige wenige Buslinien beginnen mittlerweile, ausländische Kreditkarten für Online-Reservierungen zu akzeptieren; man kann sein Glück auf Websites wie www.clickbus.com.br oder www.busbud.com versuchen.

Für längere Fahrten braucht man häufig neben dem Busticket noch eine *interestadual*- (Bundesstaaten-)Karte (4,50 R$). Man zieht sie an den Ausgangstoren durch, um zu den Bussteigen zu gelangen.

Ausgewählte Preise und Reisezeiten ab Salvador:

ZIEL	DAUER (STD.)	PREIS (R$)
Belo Horizonte	23	259
Ilhéus	8	76–156
Lençóis	8	65–78
Maceió	11	117–145
Natal	25	212
Porto Seguro	11	176
Recife	16	161
Rio	30	299
São Paulo	32	372

FLUGZEUG

Merere inländische und internationale Fluglinien nutzen Salvadors Aeroporto Internacional Luis Eduardo Magalhães (SSA). TAP, American Airlines und Aerolineas Argentinas fliegen direkt nach Lissabon, Miami bzw. Buenos Aires. Die Flüge zu anderen Zielen im Ausland sind normalerweise mit Umsteigen in São Paulo oder Rio de Janeiro verbunden.

❶ Unterwegs vor Ort

Vom Flughafen (30 km östlich vom Zentrum) erreicht man Barra und die Cidade Alta mit dem Ortsbus „Praça da Sé" (3 R$, 1–1½ Std.) oder dem neuen Bus der Executive-Klasse von First Class (www.firstclassbus.com.br, 30 R$).

Von Salvadors Fernbusbahnhof (8 km östlich vom Zentrum) überquert man die Fußgängerbrücke zum Shopping Bahia und nimmt jeden beliebigen Bus mit der Aufschrift „Praça da Sé" (3 R$, 30–45 Min.).

Reguläre Stadtbusse (3 R$, 20–30 Min.) verbinden die Praça da Sé und Barra.

Die Ober- und die Unterstadt sind im Zentrum durch den sagenhaften, im Art-déco-Stil gestalteten Elevador Lacerda (S. 381) und durch die kürzlich restaurierte Standseilbahn **Plano Inclinado Gonçalves** (Praça da Sé & Guindaste dos Padres, Comércio; 0,15 R$; ◐ Mo–Fr 7–19, Sa 7–13 Uhr) verbunden.

Lençóis

☏ 0XX75 / 10 000 EW.

Lençóis ist die schönste der alten Diamantenminen-Städte in der Chapada Diamantina, einer bergigen, bewaldeten Oase in der staubigen *sertão*-Region (*sertão* bedeutet „trockenes Hinterland"). Auch die Umgebung der Stadt hat einiges zu bieten: Unmengen von Höhlen, Wasserfällen und Hochebenen mit wundervollen Panoramablicken warten darauf, entdeckt zu werden. So überrascht es kaum, dass Lençóis ein Hotspot für Wanderer und ein Traum für Naturfans ist.

◉ Sehenswertes & Aktivitäten

Spazieren gehen & Schwimmen

Zwei stadtnahe Wanderungen kann man problemlos ohne Führer unternehmen. Die erste führt Richtung Südwesten an der Bushaltestelle vorbei und folgt dem Rio Lençóis 3 km stromaufwärts bis in den Parque Municipal da Muritiba. Dort kommt man an einer Reihe von Stromschnellen vorbei, die als **Cachoeira Serrano** und **Salão de Areias Coloridas** (Saal der bunten Sande) bekannt sind; hier sammeln Künstler die Materialien für ihre Flaschensandbilder. Unterwegs passiert man auch das natürliche Schwimmbecken **Poço Halley** sowie die Wasserfälle **Cachoeirinha** (Kleiner Wasserfall) und **Cachoeira da Primavera** (Frühjahrs-Wasserfall). Der zweite Weg folgt der São Benedito 4 km nach Südosten aus der Stadt zum **Ribeirão do Meio**, einer Ansammlung natürlicher Schwimmbecken mit Wasserrutsche.

Wandern & Trekken

Südwestlich von Lençóis umfasst der 1520 km² große **Parque Nacional da Chapada Diamantina** eine atemberaubende Landschaft mit Wasserfällen, Flüssen, Affen und einer interessanten Geologie. Zu den herausragenden Sehenswürdigkeiten in der Nähe von Lençóis zählen der **Poço Encantado**, eine mit bemerkenswert blauem Wasser gefüllte Höhle, die **Lapa Doce**, eine weitere Höhle mit eindrucksvollen Formationen, die **Cachoeira da Fumaça**, Brasiliens höchster Wasserfall (420 m), und der **Morro do Pai Inácio**, ein Tafelberg, von dem sich ein herrlicher Blick über ein Tal voller Hochebenen bietet.

Im Park gibt es nur wenig Infrastruktur, die Wege sind nicht markiert. Busverbindungen sind eher selten. Am besten schließen sich Traveller einer organisierten Tour an oder engagieren gleich einen zertifizierten Führer.

Geführte Touren

Die Tourveranstalter in Lençóis (es gibt welche an jeder Ecke) organisieren verschiedene halb- und ganztägige Autotouren (140–180 R$/Pers. je nach Gruppengröße und Ziel) sowie Wanderungen mit zertifizierten Führern, die zwischen ein paar Stunden und bis zu einer Woche oder länger dauern können. Die Veranstalter stellen die Gruppen zusammen und vermieten die nötige Ausrüstung. Mehrtägige Wanderungen sind normalerweise mit Camping, Übernachtungen in Privatquartieren oder *pousadas* verbunden.

H2O Travel Adventures OUTDOOR
(3334-1229; www.h2otraveladventures.com; Pousada dos Duendes, Rua do Pires s/n; 10–21 Uhr) Veranstaltet unterschiedliche Tagesausflüge und Wanderungen; auf der Website des Unternehmens sind zu jedem Ausflug sämtliche Attraktionen und der Schwierigkeitsgrad detailliert beschrieben.

Schlafen

Für die Zeit um große Feiertage herum sollte man unbedingt reservieren. Das gilt vor allem für São João, das größte Fest in der Stadt Ende Juni.

★ **Pousada Lua de Cristal** POUSADA $
(3334-1658; www.pousadaluadecristal.com.br; Patriotas 27; EZ/DZ/3BZ 120/150/200 R$;) Das charmante neue Gästehaus hat einen außergewöhnlich freundlichen Inhaber und bietet nette, schlichte Zimmer mit alten Buntglasfenstern. Aus vielen Zimmern hat man einen guten Blick auf den Ort. Ein weiteres Plus ist das Frühstück an den draußen stehenden Tischen.

Pousada dos Duendes HOSTEL $
(3334-1229; www.pousadadosduendes.com.br; Rua do Pires s/n; B 50–70 R$, DZ 150–260 R$;) Mit seiner entspannten Atmosphäre, einem offenen Lounge-Bereich, einem Garten voller Hängematten und einem Restaurant, in dem Vegetarier auf ihre Kosten kommen, ist das Duendes eine Backpacker-Institution. Man kann hier alles vereinbaren: Parktouren, Reitausflüge, Kajaktrips, und die Küche versorgt einen auf Anfrage mit einem Lunchpaket. Das Hostel liegt fünf Gehminuten außerhalb des Ortes.

Pousada Safira POUSADA $
(3334-1443; www.pousadasafira.com; Miguel Calmon 124; DZ mit/ohne Bad 110/90 R$;) Diese bodenständige Pension wird von Dona Eulina geführt, die wegen ihrer mütterlichen Wärme und Gastfreundlichkeit vor Ort legendär ist. Die schlichte, aber gemütliche Unterkunft ist bei Travellern ein Hit.

Essen & Ausgehen

★ **Cafeteria São Benedito** CAFÉ $
(Rua da Baderna 29; Hauptgerichte 12–25 R$; Mi–Mo 17–23 Uhr, Di geschl.;) Das moderne Kaffeehaus ist ein willkommener Neuzugang in Lençóis. Es serviert guten Kaffee, Gourmetsandwiches, Suppen, Wraps und hausgemachte Desserts, die nach einer Tageswanderung besonders gut schmecken. Der ursprüngliche Standort ist in der Pousada Canto das Águas, aber dieses zentral gelegene Café ist für die meisten Traveller leichter zu erreichen.

★ **O Bode** BÜFETT $
(9913-0722; Beco do Rio; 24 R$/kg; 12–17 Uhr, Hauptsaison bis 22 Uhr) Auf einer offenen Terrasse über dem Fluss bietet dieses nette

und beliebte Pro-Kilo-Restaurant ein kleines, aber feines Büfett mit Fleisch, Pasta und Salaten. Abends ist das Lokal eine einladende Pizzeria.

★ **Lampião** BRASILIANISCH $$
(☏ 3334-1157; Baderna 51; Hauptgerichte 28–40 R$; ⊙ 12–23 Uhr) Das beliebte Lokal ist auf Gerichte aus dem Nordwesten Brasiliens spezialisiert. Es gibt Grillfleisch, Fisch und Hühnchen in Portionen für zwei Personen draußen an den netten Tischen. Mittags bekommt man ein gutes und preisgünstiges Mittagsmenü.

❶ Praktische Informationen

Das Online-Portal von Guia Lençóis (www.guialencois.com.br) hält jede Menge Infos für Traveller bereit. Die **Banco do Brasil** (Praça Horácio de Mattos 56) hat Geldautomaten auf dem Hauptplatz.

Associação dos Condutores de Visitantes de Lençóis (☏ 3334-1425; Ecke Baderna & 7 de Setembro; ⊙ 8–12 & 14–20 Uhr) Hat Informationen zu Tourführern. Guides lassen sich auch über die vielen Veranstalter und Reisebüros vor Ort engagieren.

❶ An- & Weiterreise

BUS

Real Expresso (☏ 3334-1112; www.realexpresso.com.br) lässt vier oder fünf Busse pro Tag aus Salvador (65–78 R$, 7–8 Std.) abfahren. Wer einen davon nimmt, sollte einen Pullover einpacken: In den Bussen wird die Klimaanlage voll aufgedreht.

FLUGZEUG

Von Lençóis' Aeroporto Horacio de Mattos (LEC), 22 km östlich der Stadt, fliegt Azul Airlines zweimal wöchentlich nach Salvador und Belo Horizonte.

Morro de São Paulo

Das trendige, isolierte Morro liegt gegenüber der Bucht von Salvador und ist per Boot erreichbar. Bekannt ist Morro für sein ausschweifendes Nachtleben, aber es hat sich auch seinen ruhigen Charme entlang der Fußgängerhauptstraße erhalten, die zwischen den drei bewaldeten Hügeln verläuft. Die Strände mit ihrem flachen, warmen Wasser verschwinden bei Flut. Dann kann man zum Wasserfall wandern, eine Bootsfahrt rund um die Insel machen, die ruhigere Nachbarinsel **Boipeba** besuchen oder vom Fort aus den Sonnenuntergang bestaunen. Ein kurzer Aufstieg führt vom Bootsanlegesteg hinauf zum Hauptplatz von Morro. Auf der Caminho da Praia geht's hinunter zu den durchnummerierten Stränden: Am meisten los ist an der Segunda Praia (2. Strand) und an der Terceira Praia (3. Strand) – zu Fuß sind diese zehn bis 15 Minuten von der Praça entfernt.

🛏 Schlafen

Reservierungen sind rund um die Feiertage erforderlich, besonders während des Karnevals und der *ressaca* (den fünf Tagen nach Karneval). In der Nebensaison fallen die Preise beträchtlich.

Che Lagarto Hostel HOSTEL $
(☏ 3652-1018; www.chelagarto.com; Fonte Grande 11; B ohne/inkl. Frühstück ab 40/65 R$, DZ ohne/inkl. Frühstück ab 112/125 R$; ❄⛱) Das zu einer Kette gehörende Hostel liegt in praktischer Nähe zur Fähranlegestelle und zum örtlichen Nachtleben. Hier herrscht eine jugendliche Partystimmung, und dank der von Wald umgebenen Sonnenterrasse aus Holz fühlt man sich hier wie mitten im Dschungel.

Pousada Natal POUSADA $
(☏ 3652-1059; Caminho da Praia s/n; DZ ab 120 R$; ❄⛱) Die entspannte Budgetunterkunft an der Hauptstraße hat schlichte Zimmer und freundliches Personal und liegt praktisch zwischen dem Hafen und den Stränden. Um hinzukommen, braucht man einfach nur der Menge zu folgen, die vom Hafen zu den Stränden eilt – die *pousada* findet sich auf halber Strecke zwischen der Plaza und der Primeira Praia.

★ **Pousada Porto de Cima** POUSADA $$
(☏ 3652-1562; www.pousadaportodecima.com.br; Porto de Cima 56; DZ/3BZ/4BZ ab 209/280/355 R$; ❄⛱) Die schäbig-schicken Hütten stehen in einem üppigen, urwaldartigen Garten oberhalb des Meeres auf dem Weg zum Strand von Porto de Cima. Von seiner Hängematte auf der Veranda die stahlblauen Kolibris und gelegentlich vorbeikommende Affen zu beobachten, ist absolut entspannend, und das Frühstück ist geradezu malerisch.

🍴 Essen & Ausgehen

Hungrigen steht eine große Auswahl zur Verfügung. Die Partyszene konzentriert sich um die Segunda Praia.

★ Pedra Sobre Pedras CAFÉ $
(Segunda Praia; Hauptgerichte 8–15 R$; ⓢ 24 Std.) Das kleine Café befindet sich auf einer Holzterrasse hoch über der Segunda Praia gleich neben dem Fußweg. Man zieht sich einen Hocker heran und genießt Crêpes, gut gemixte Caipirinhas und den prächtigen Ausblick auf das Getümmel am Strand.

Tia Lita BAHIA-KÜCHE $
(www.pousadatialita.com.br; Terceira Praia; Hauptgerichte 15–35 R$; ⓢ 11–22 Uhr) In dem zwanglosen und beliebten bodenständigen Restaurant werden Fisch, Hähnchen oder Rindfleisch vom Grill mit Reis und Salat serviert, außerdem Sandwiches und *moqueca* (Fischeintopf). Es liegt an einer engen Gasse abseits der Terceira Praia.

★ Portaló Bar & Restaurante COCKTAILBAR
(www.hotelportalo.com; Hotel Portaló; ⓢ 12–22 Uhr) Die Terrasse dieses Hotels ist *der* angesagte Ort, um bei Sonnenuntergang den herrlichen Blick über den Hafen, DJ-Musik und fröhliche, mit tropischen Blumen verzierte Drinks zu genießen. Es gibt auch eine richtige Abendkarte, wenn man hier auch essen möchte. Man sieht das Hotel schon, wenn man bei der Ankunft auf der Insel den Fuß an Land setzt.

ⓘ Praktische Informationen
Es existieren zwar ein paar Geldautomaten auf der Insel, doch empfiehlt es sich, ausreichend Bargeld vom Festland mitzubringen, weil vor allem in der Hauptsaison wegen der Touristen den Automaten schon mal das Geld ausgeht. Viele Unterkünfte und Restaurants akzeptieren auch Kreditkarten. Internetcafés sind reichlich vorhanden (4–7 R$/Std.).
CIT Tur (☎ 3652-1083; www.morrosp.com.br; Praça Aureliano Lima; ⓢ 8–22 Uhr) Auf der Spitze des Hügels über der Anlegestelle verkauft das Centro de Informações ao Turista Schiffs- und Inlandsflugtickets, organisiert Ausflüge und verteilt Karten.

ⓘ An- & Weiterreise
Vom Terminal Marítimo Turístico in Salvador setzen fünf- bis siebenmal täglich Katamarane und kleine Fähren (75–80 R$, 2 Std.) nach Morro über. Reservieren kann man bei Reiseveranstaltern auf der Insel oder direkt bei **Biotur** (☎ 3641-3327; www.biotur.com.br), **Farol do Morro** (☎ 3652-1083; www.farolodomorrotour.com), **IlhaBela** (☎ in Salvador 9195-6744; www.ilhabelatm.com.br) oder **Lancha Lulalu** (☎ 9917-1975). Während der Fahrt kann es ziemlich heftig schaukeln, also besser mit leerem Magen kommen oder, wenn man zu Seekrankheit neigt, eine Tablette gegen Übelkeit einnehmen! Auf den kleineren Booten wird man als Passagier in der Regel nass. Wer von Süden anreist oder von Salvador aus kommend Geld sparen will, fährt nach Valença, wo regelmäßig Boote (10 R$, 1½ Std.) nach Morro übersetzen. **Cassi Turismo** (☎ 4101-9760; www.cassiturismo.com.br) bietet auch eine Boots- und Busverbindung zum Flughafen von Salvador (90 R$, 3 Std.).

Itacaré
⌖ 0XX73 / 24 000 EW.
Itacaré besitzt wunderschöne Surfstrände, die von einem großen Biosphärenreservat mit Atlantischem Regenwald umgeben sind. Dank der entspannten Surferatmosphäre kann man sich hier, vor allem außerhalb der Spitzensaison, prima erholen. Itacaré ist inzwischen längst seinen bescheidenen Ursprüngen als Fischerdorf an der Flussmündung entwachsen; dank der kürzlich ausgebauten Straße kommt nun ein beständiger Strom von Wochenendbesuchern aus Salvador in den Ort.

Es gibt mehrere Internetcafés und einen Geldautomaten an der Hauptplaza. Einen Überblick erhält man unter www.itacare.com.br.

🏃 Aktivitäten
Surfstunden nehmen und Surfbretter ausleihen kann man fast überall, beispielsweise bei Veranstaltern wie **Brazil Trip Tour** (☎ 9996-3331; www.braziltriptour.com; R Pedro Longo 235) oder **Easy Drop** (☎ 3251-3065; www.easydrop.com; R João Coutinho 140; Surfunterricht 210 R$/Tag, Wochenpauschale ab 1795 R$). Die hübschen Stadtstrände sind die an der Flussmündung gelegene **Praia de Concha** sowie die drei winzigen Surfstrände **Resende**, **Tiririca** und **Ribeira**. Sie verteilen sich wie abgeschnittene Fingernägel über Buchten, die von mit Regenwald bedeckten Hügeln voneinander getrennt sind. Ein Weg, den man sich nicht allein gehen sollte, führt vom Ribeira zum schlichtweg paradiesischen **Prainha**. Jenseits davon locken noch weitere kleine Paradiese: Es lohnt sich, **Engenhoca**, **Havaizinho** oder **Itacarezinho**, 12 km südlich der Stadt, anzusteuern oder einen Tagesausflug zur Peninsula de Maraú (75 R$) zu unternehmen, bei dem man unterwegs Pausen an der **Lagoa Azul** und an der **Praia Taipús de Fora** machen kann, wo es ausgezeichnete Bedingungen zum Schwimmen und Schnorcheln gibt.

🛌 Schlafen

Zahlreiche preisgünstige *pousadas* säumen die Hauptstraße. Mittelklasseunterkünfte findet man hinter der Praia da Concha. Rund um Weihnachten und Karneval sollte man vorab buchen; das restliche Jahr zahlt man nur die Hälfte.

⭐ Pousada Ilha Verde   POUSADA $
(✆ 3251-2056; www.ilhaverde.com.br; Ataíde Setúbal 234; EZ/DZ ab 100/140 R$, Chalet für 4 Pers. 360 R$; ❄️ 🛜 🏊) Ⓟ In einem üppig-grünen Ambiente bietet das Ilha Verde einmalig dekorierte Zimmer, bei denen sich die Besitzer von ihren Weltreisen inspirieren ließen. Zu den Extras zählen private Patios, ein einladender Swimmingpool, große Außenbereiche, in denen man herrlich im Grünen entspannen kann, und ein Fairtrade-Laden mit brasilianischem Kunsthandwerk aus Stroh und Muscheln.

Casarão Verde Hostel   HOSTEL $
(✆ 3251-2037; www.casaraoverdehostel.com; Castro Alves s/n; B 30 R$, DZ ohne Bad ab 70 R$; ❄️ 🛜) Budgettraveller schwärmen von dem freundlichen Empfang und den tadellosen, geräumigen Zimmern in dem hübschen, geschickt zu einem Hostel umgebauten kolonialen Haus, das, wie der Name sagt, blassgrün angestrichen ist.

Albergue O Pharol   HOSTEL $
(✆ 3251-2527; www.albergueopharol.com.br; Praça Santos Dumont 7; B/DZ ab 32/85 R$, Apt. für 4 Pers. ab 190 R$; ❄️ @ 🛜) Das zentral gelegene, entspannte und bei Backpackern sehr beliebte Hostel hat ordentliche Zimmer, die teilweise einen eigenen Balkon besitzen. Es gibt eine Gemeinschaftsküche und eine Waschküche für Gäste. Der einzige Nachteil ist, dass man kein Frühstück bekommt.

🍴 Essen & Ausgehen

Tio Gu Café Creperia   CRÊPES $
(www.tiogu.com; Pedro Longo 488; Hauptgerichte 15–30 R$; ⊙ Di–Sa 17–24, So bis 23 Uhr; 🛜 ♿) Ⓟ Der umweltbewusste Surfertreff hat ein treues Publikum dank der perfekt zubereiteten Crêpes (darunter leckere Nachtisch-Versionen mit Schokolade und Kiwi) und der gesunden Obst- und Gemüsegerichte.

Alamaim   NAHÖSTLICH $
(www.restaurantealamaim.com.br; R Pedro Longo 204; Hauptgerichte 15–35 R$; ⊙ Mo–Sa 14.30–22 Uhr; ♿) Hier bekommt man seinen Hummus: Das coole, aber zwanglose Lokal ist auf vegetarische arabische Küche von Falafel bis Couscous spezialisiert und hat gemütliche Lounge-Bereiche, in denen man sich nach dem Surfen oder Schwimmen prima erholen kann.

Mar e Mel   BAR
(✆ 3251-2358; www.maremel.com.br; Rua D, Praia da Concha; Hauptgerichte 20–38 R$; ⊙ 17–24 Uhr) An drei Abenden die Woche (Di, Do & Sa 21 Uhr) können Unternehmungslustige hier live *forró* hören und dazu tanzen. Es gibt eine geräumige Holzterrasse und eine große Auswahl an Meeresfrüchtegerichten und Drinks.

ℹ️ Anreise & Unterwegs vor Ort

Rota (✆ 3251-2181) betreibt stündlich Busse nach Ilhéus (14 R$, 1¾ Std.) und täglich einen nach Porto Seguro (74 R$, 8 Std.). Für Traveller, die nach Norden wollen, bietet **Cidade do Sol** (www.viacaocidadesol.com.br) täglich sechs Busse nach Bom Despacho (42 R$, 5 Std.), von wo aus Fähren (4 R$, 45 Min.) sie nach Salvador bringen.

Ilhéus

✆ 0XX73 / 184 000 EW.

Die bunten Häuser aus der Zeit um die Jahrhundertwende und die verwinkelten Straßen laden zu wunderbaren Spaziergängen durch das kompakte Stadtzentrum ein. Ruhm und Ansehen verdankt Ilhéus dem Kakao und dem von hier stammenden Romancier Jorge Amado. Die besten Strände der Stadt, z. B. die **Praia dos Milionários**, liegen im Süden.

Im Zentrum finden sich viele Geldautomaten und Internetcafés. Ein **Touristeninformationskiosk** (✆ 3634-1977; www.brasilheus.com.br; Praça Dom Eduardo; ⊙ Mo–Sa 9–17 Uhr) steht zwischen der Kathedrale und dem Meer.

👁️ Sehenswertes

Casa de Jorge Amado   MUSEUM
(✆ 3634-8986; Amado 20; Eintritt 2 R$; ⊙ Mo–Fr 9–12 & 14–18, Sa 9–13 Uhr) Das Haus, in dem Amado bei seinen Eltern wohnte und an seinem ersten Roman arbeitete, wurde restauriert und in ein schönes und informatives Museum über sein Leben umgewandelt. Nur wenige Schriftsteller erfahren eine solche Ehrung noch zu ihren Lebzeiten, aber Amado war lange vor seinem Tod im Jahr 2001 zu einem Symbol seines Landes geworden.

🛏 Schlafen & Essen

Ilhéus Praia Hotel
HOTEL $$

(☎ 2101-2533; www.ilheuspraia.com.br; Praça Dom Eduardo, Centro; EZ/DZ ab 132/165 R$; ❄🛜🏊) Das Hochhaushotel hat hie und da schon Faulecken, aber aus vielen Zimmern hat man einen schönen Blick auf die Kathedrale an der entgegengesetzten Seite der Plaza. Die relativ hohen Preise wirken angesichts der durchschnittlichen Zimmer überzogen, aber das Haus liegt extrem günstig, wenn man übernachten und sich schnell noch das historische Zentrum anschauen will.

Berimbau
CAFÉ $

(Ecke Paranaguá & Valadares; Hauptgerichte 12–28 R$; ⊙ Mo-Fr 10-17 Uhr) Im Berimbau ist im besten Sinne des Wortes die Zeit stehengeblieben: Das klassische Ecklokal wirkt wie der Schauplatz eines brasilianischen Films der 1960er-Jahre. Morgens werden hier die Büroangestellten des Stadtzentrums mit Kaffee, Sandwiches und Backwerk versorgt, und mittags gibt's ein gut besuchtes Büfett. Das richtige Plätzchen, um etwas Lokalkolorit zu schnuppern!

⭐ Bataclan
BRASILIANISCH $$

(☎ 3634-0088; www.bataclan.com.br; Av 2 de Julho 77; Hauptgerichte 28–65 R$; ⊙ Mo-Sa 10-17 Uhr, Events verschiedene Termine) Das koloniale Gebäude war einst ein von Kakaobaronen besuchtes Kabarett (und einer der Schauplätze von Amados *Gabriela wie Zimt und Nelken*); 2004 wurde es restauriert und erstrahlt nun in altem Glanz. Heute dient es als Restaurant und Kulturstätte, in der Konzerte und Kunstausstellungen stattfinden. Werktags gibt es ein Mittagsbüfett (11.30-14.30 Uhr).

ℹ An- & Weiterreise

Vom 4 km östlich des Zentrums gelegenen *rodoviária* fahren Busse von **Rota** (www.rotatransportes.com.br) nach Itacaré (14 R$, 1½ Std., ca. stündl.) und Porto Seguro (54–73 R$, 6 Std., tgl. 4-mal). **Águia Branca** (www.aguiabranca.com.br) fährt nordwärts nach Salvador (76–156 R$, 8 Std., tgl. 5-mal).

Porto Seguro

☎ 0XX73 / 127 000 EW.

Porto Seguro ist ein beliebter brasilianischer Ferienort mit hübschen Stränden und einem quirligen Nachtleben. Zudem ist Porto Seguro das Tor zu den kleinen, am Meer gelegenen Zufluchtsorten Arraial und Trancoso. Berühmt wurde die Stadt, weil hier die Portugiesen erstmals Amerika betraten, aber auch durch den Lambada, der so sinnlich ist, dass er einst verboten war.

👁 Sehenswertes

Cidade Histórica
HISTORISCHE STÄTTE

Man braucht Ermunterung, um die Stufen zu Porto Seguros Altstadt zu erklimmen. Als Belohnung erwarten einen farbenfrohe historische Gebäude und ein weiter Blick über die Küste. Achtung: Das Gebiet ist zwar bei Nacht schön beleuchtet, aber die Stufen sind bei Dunkelheit gefährlich. Besser ein Taxi nehmen!

Strände

Nördlich der Stadt liegt die Orla Norte (Nordküste), eine lange, ruhige Bucht mit weißen Sandstränden, *barracas* und großen Strandclubs vor einer Kulisse aus üppiger Vegetation. Zu den Stränden in der Gegend zählen die **Praia Curuípe** (3 km außerhalb der Stadt), die **Praia Itacimirim** (4 km), die **Praia Mundaí** (6 km), die **Praia de Taperapua** (7 km) und die **Praia do Mutá** (10 km).

🎉 Feste & Events

Carnaporto
KULTUR

(www.carnaporto-axemoi.com.br) Der Karneval (Feb./März) in Porto Seguro ist der berühmteste in Bahia, abgesehen von dem in Salvador. Das Fest ist vergleichsweise klein und sicher und besteht aus ein paar *trios elétricos*, die die Hauptstraße mit dröhnender *axé*-Musik hinunterziehen. Heute kommen aber genauso viele Touristen wegen der Partys am anderen Ufer in Arraial d'Ajuda.

🛏 Schlafen & Essen

Es gibt viele Budget- und Mittelklasse-*pousadas* gleich nördlich vom Hafen, aber Arraial d'Ajuda (am anderen Ufer) ist die schönere Adresse. Die meisten Restaurants und Bars liegen rund um die Passarela do Álcool (Schnapspromenade) nahe dem Hafen. Nach strömen Straßenkünstler und Musikanten auf die umliegenden Plätze. An Cocktailständen gibt es Obstcocktails und *capeta* (Guaraná, Kakaopulver, Zimt, gesüßte Kondensmilch und Wodka) – damit geht der Abend richtig los. *Barracas* (Imbissstände) und Strandclubs sorgen am Strand fürs leibliche Wohl.

Hotel Estalagem
BOUTIQUEHOTEL $

(☎ 3288-2095; www.hotelestalagem.com.br; Marechal Deodoro 66; Zi. 110-165 R$; ❄🛜🏊) Das erschwingliche Boutiquehotel zählt zu den stilvolleren Unterkünften in Porto Seguro und residiert in einem kolonialzeitlichen, 1801 errichteten Gebäude – im Eingangsbereich sieht man die aus dem Korallenriff gewonnenen alten Steine, die ursprünglich mit Walöl verfugt waren. Die renovierten Gästezimmer sind zurückhaltend gestaltet und komfortabel; sie haben eigene Balkone mit Blick hinunter auf den Swimmingpool.

Tia Nenzinha BAHIA-KÜCHE $$
(Av Portugal 170; Hauptgerichte für 2 Pers. 35–70 R$) Das schlichte Restaurant besteht seit 1976 und serviert eine gute Auswahl von Bahia-Gerichten.

❶ Anreise & Unterwegs vor Ort

Porto Seguros Flughafen (BPS) wird von mehreren Inlandsfluglinien bedient und liegt 1,5 km westlich vom Busbahnhof und 3 km nordwestlich des Hafens.

Vom 500 m westlich der Cidade Histórica gelegenen Busbahnhof fährt **Rota** (www.rotatransportes.com.br) viermal täglich nach Ilhéus (54–73 R$, 6 Std.) und einmal nach Itacaré (74 R$, 8 Std.). **Águia Branca** (www.aguiabranca.com.br) hat Nachtbusse nach Salvador (176 R$, 11 Std.) und Rio de Janeiro (207 R$, 22 Std., über Vitória).

Arraial d'Ajuda

0XX73 / 13 000 EW.

Arraial liegt auf einer Klippe oberhalb langer Sandstrände und weist eine sonderbare Mischung aus gehobenem Tourismus und entspannten Backpackern auf. Niedrige, bunt angemalte Gebäude stehen rund um die traditionelle Plaza; die Straßen hinunter zu den Stränden sind von *pousadas*, Bars und Restaurants gesäumt. Arraial bietet Feierlustigen ein tolles Nachtleben, aber auch wer tropische Entspannung sucht, kommt auf seine Kosten.

Der der Stadt am nächsten gelegene Strand ist die überfüllte **Praia Mucugê**, doch ein kurzer Weg Richtung Süden bringt einen zur traumhaften **Praia de Pitinga** und dahinter zu weiteren prächtigen Stränden. Im Zentrum gibt's mehrere Geldautomaten und Internetcafés.

🛏 Schlafen & Essen

Außerhalb der Hauptsaison sinken die Preise um die Hälfte. Billiges Essen gibt's im Zentrum an der Praça São Bras und der Praia Mucugê.

> **PARTYS IN PORTO**
>
> Porto Seguro ist für seine Partynächte mit Lambada, Capoeira, *axé* (afro-brasilianischer Pop mit Elementen von u. a. Samba, Rock und Soul), *forró* (Volksmusik aus dem Nordosten) und Samba berühmt, die zunehmend brasilianische Teenager anlocken, die sich frisch von der elterlichen Leine befreit haben. Die Partys steigen in örtlichen Strandclubs wie **Tôa-Tôa** (✆ 3679-1555; www.portaltoatoa.com.br; Av Beira Mar, Km 5, Praia de Taperapuã), **Barramares** (✆ 3679-2980; www.barramares.com.br; Av Beira Mar, Km 6, Praia de Taperapuã) oder **Ilha dos Aquários** (✆ 3268-2828; www.ilhadosaquarios.com.br; Ilha Pacuio; Büro in Porto Seguro, Av Conselheiro Luiz Viana Filho 278; Erw./Kind unter 10 Jahren 65 R$/frei; ⊙ Fr 20 Uhr–open end; Kartenbüro Di–So 20–5 Uhr). Der Eintritt kostet 25 bis 75 R$ (billiger, wenn man die Eintrittskarten vorab bei Straßenhändlern in der Stadt kauft). Erst ab 22 Uhr steppt so richtig der Bär.

Arraial d'Ajuda Hostel HOSTEL $
(✆ 3575-1192; www.arraialdajudahostel.com.br; Campo 94; B/DZ ab 48/145 R$; ❄@ 🛜 ♨) Das farbenfrohe HI-Hostel verfügt über gut ausgestattete Privatzimmer und Schlafsäle in einem schrillen Gebäude im griechisch-bahianischen Stil mit einem Swimmingpool im Hof. Traveller mögen die Gemeinschaftsküche im Freien und die Lage in Strandnähe.

Art Hotel Aos Sinos Dos Anjos POUSADA $
(✆ 3575-1176; www.aossinosdosanjos.com; Ipê 71; EZ/DZ ab 110/140 R$; 🛜 ♨) Das einmalige Schmuckstück ist vollständig mit Werken örtlicher Künstler dekoriert und angefüllt mit bunten Mosaiken, Heilkristallen, Muschelschalen und Skulpturen. Die zweistöckigen Suiten mit jeweils eigener Terrasse und Hängematten gewähren Ausblick auf den hübschen Swimmingpool. Die Anlage versteckt sich in einer Seitenstraße, die parallel zur Rua Mucugê verläuft.

★ Portinha BÜFETT $
(www.portinha.com.br; Mucugê s/n; 36 R$/kg; ⊙ Di–So 12–17.30 Uhr; 🌱) Vom Aussehen her würde man nicht vermuten, dass dieses schmucke Lokal ein Selbstbedienungsrestaurant ist, denn mit den eleganten Tischen im Freien und seinem stilbewussten

Publikum wirkt es wie ein Nobelrestaurant. Wie die anderen Filialen in Porto Seguro und Trancoso serviert das Portinha ein eindrucksvolles Büfett mit Meeresfrüchten, Salaten, Eintöpfen und gegrilltem Fleisch; alle Speisen werden über einem Holzfeuer warm gehalten.

Beco das Cores BRASILIANISCH $

(Ecke Mucugê & Beco das Cores; Hauptgerichte 15–45 R$; ⊙17 Uhr–open end) Das muntere Einkaufszentrum ist wegen der Atmosphäre und der Vielfalt eine große Attraktion: Man bekommt hier gutes Sushi, Crêpes, Pizza und anderes leckeres Essen. An den Sommerwochenenden gibt es abends Livemusik – man kann hier gut einen Cocktail trinken.

 ## Ausgehen & Unterhaltung

Das Nachtleben im Zentrum Arraials konzentriert sich auf die Rua Mucugê und die benachbarte Beco das Cores, eine Passage mit mehreren Bars und Livemusik an den Wochenenden. Im Sommer veranstalten Arraials Strandclubs riesige Partys (Grundpreis 25–50 R$).

Morocha Club CLUB

(www.morochaclub.com; Mucugê 260; normalerweise kein Grundpreis; ⊙18 Uhr–open end, Event-Termine variieren) Im Ort ist das Morocha das Epizentrum des Nachtlebens, vor allem im Sommer und rund um den Karneval. Der beliebte Treff der Einheimischen ist am frühen Abend ein eher entspanntes, wohnzimmerartiges Restaurant und wird später zu einem munteren Club mit Konzerten, Tanz, DJs und Themenpartys.

ⓘ An- & Weiterreise

Passagier- und Autofähren sind tagsüber fast ununterbrochen und nach 24 Uhr stündlich zur vollen Stunde zwischen Porto Seguro und Arraial (3,50 R$ nach Arraial, Rückfahrt frei, 10–15 Min.) im Einsatz. Von Arraials Anlegestelle kommt man mit Bussen oder Kombis ins Ortszentrum (2,70 R$, 10 Min.).

Trancoso

♪0XX73 / 10 000 EW.

Das kleine tropische Paradies liegt auf einem hohen Felsvorsprung mit Blick auf den Ozean. Das Zentrum bildet das malerische **Quadrado**, eine große, begrünte Fläche mit weißer Kirche und bunten Häusern; es stammt noch aus der Zeit, als die Stadt eine Jesuitenmission war. Abends herrscht auf den Restaurantterrassen, die den schicken Platz säumen, eine Menge Betrieb. Die Strände im Süden von Trancoso sind bezaubernd, vor allem die **Praia do Espelho** (20 km südlich), abseits der Straße nach Caraíva.

Geldautomaten und Internetcafés gibt's hier reichlich.

🛏 Schlafen & Essen

Die meisten Unterkünfte sind teuer. Für die Feiertage im Voraus reservieren!

Café Esmeralda
Albergue Pousada POUSADA $

(☎3668-1527; www.trancosonatural.com; Praça São João 272; DZ ab 90 R$; ❋☎) Die billigste Übernachtungsoption im Quadrado ist dieses freundliche, mehrsprachige Gästehaus mit schlichten Zimmern mit Ventilator – die „Superior"-Zimmer mit Klimaanlage sind etwas teurer (DZ ab 120 R$). Die *pousada* liegt hinter dem gleichnamigen Café, was praktisch ist, weil im Preis kein Frühstück enthalten ist.

★ Pousada Jacarandá POUSADA $$

(☎3668-1155; www.pousadajacaranda.com.br; Vieira 91; Bungalows für 2 Pers. ab 220 R$; ❋☎≋) 🍃 Die umweltfreundliche *pousada* besteht aus sechs freistehenden Bungalows aus natürlichen, vor Ort beschafften Materialien und hat einen hübschen Swimmingpool sowie mit Kunst geschmückte Innenbereiche. Die Unterkunft ist ein kurzes Stück sowohl vom Quadrado als auch vom Strand entfernt. Die ruhige Lage ist aber ein Vorteil, wenn man Entspannung sucht.

★ Rabanete BÜFETT $

(www.portinha.com.br; Praça São João s/n; 44 R$/kg; ⊙12–20 Uhr, Jan. & Feb. bis 22 Uhr) Dieser Klassiker in Trancoso war bis zu dem kürzlich erfolgten Besitzerwechsel als Portinha bekannt und lockt Hungrige mit einem üppigen Büfett (die Desserts sollte man sich nicht entgehen lassen!) und stimmungsvollen Plätzen an die Picknicktische unter Bäumen im Quadrado. Es ist eines der wenigen auch mittags geöffneten Restaurants.

Uxua Praia Bar BRASILIANISCH $$

(www.uxua.com; Praia dos Nativos; Hauptgerichte 35–50 R$; ⊙11.30 Uhr–Sonnenuntergang) Auch wer nicht in Trancosos Luxushotel, dem Uxua Casa Hotel & Spa, übernachtet, kann die stilvolle, aber entspannte Strandbar des Hotels besuchen. Tagsüber ist sie der angesagte Ort für Cocktails und Meeres-

> **ABSEITS DER ÜBLICHEN PFADE**
>
> ### CARAÍVA: STRANDIDYLLE AM ENDE DER WELT
>
> Das einsame, zauberhafte Caraíva ist ein sandiges Dörfchen südlich von Trancoso, das versteckt zwischen einem von Mangroven gesäumten Fluss und einem langen Surfstrand mit wogendem Wasser liegt. Die Idylle wird noch verstärkt durch die völlige Abwesenheit von Autos. In der Nebensaison ist in Caraíva fast alles geschlossen. Geldautomaten gibt es hier nicht – Bargeld mitbringen!
>
> Bootstouren stromaufwärts, zu den spektakulären Stränden nördlich des Dorfes oder südlich zum **Parque Nacional de Monte Pascoal**, lassen sich leicht über die örtlichen *pousadas* organisieren, genauso wie Ausritte oder Wanderungen nach **Barra Velha**, einem Dorf der indigenen Pataxó in 6 km Entfernung von Caraíva. Eine 14 km lange Wanderung, Bootstour oder Busfahrt nach Norden bringt einen zur berühmten **Praia do Espelho**, die weithin als einer der zehn besten Strände Brasiliens gilt.
>
> Um Caraívas Zauber wirklich kennenzulernen, sollte man hier übernachten. Die Unterkünfte reichen von einfachen Stellplätzen bis zu Mittelklasse-Strandrefugien wie der **Pousada Cores do Mar** (3668-5090; www.pousadacoresdomarcaraiva.com.br; Rua da Praia 850; Cottage für 2/4 Pers. ab 250/350 R$; ❋ ⚡). Moskitonetze sind unverzichtbar. Köstliche *moquecas* (Meeresfrüchteeintopf aus Bahia) und einen traumhaften Blick auf den Fluss findet man im **Boteco do Pará** (www.botecodoparacaraiva.com.br; Hauptgerichte für 2 Pers. 45–80 R$; ◷ Di–So 11–18 Uhr, Juni geschl.).
>
> Täglich fahren zwei Busse zwischen Caraíva und der Fährenlegestelle in Arraial d'Ajuda (20 R$, 2 Std.), die unterwegs in Trancoso halten. Von der Bushaltestelle in Caraíva befördern einen Kanus (Tag/Nacht 4/5 R$, 5 Min.) in den Ort, wo einem Karrenschieber (20 R$/Gepäckladung) mit dem Gepäck weiterhelfen.

früchteplatten – einfach nach dem großen, hölzernen Fischerboot Ausschau halten, das geschickt in eine Bar umfunktioniert wurde!

❶ An- & Weiterreise

Stündlich verbinden Busse (10 R$) und Kleinbusse Trancoso mit Arraial d'Ajuda (50 Min.) und der dortigen Fährlegestelle (1 Std.); einige fahren weiter bis Porto Seguro. Bei Ebbe ist die 13 km Standwanderung von Arraial aus eine idyllische Alternative.

Maceió

⌂ 0XX82 / 933 000 EW.

Maceió, die Hauptstadt des Bundesstaats Alagoas, hat einen langen Strand, geschützt von einem Riff im blaugrünen Meer, an dem man prima baden kann. Die städtischen Strände mit ihren wogenden Palmen sind verführerisch, aber die wahren Strandjuwelen befinden sich gut eine Stunde außerhalb der Stadt.

◉ Sehenswertes & Aktivitäten

Von der Praia de Pajuçara aus segeln malerische *jangadas* (traditionelle hölzerne Fischerboote aus dem Nordosten Brasiliens) 2 km aufs Meer hinaus. Dort kann man in natürlichen, vom Riff gebildeten Becken baden. Die **Praia de Ponta Verde** und die **Praia Jatiúca** sind gute Stadtstrände mit ruhigem Wasser. Die von Strandbars gesäumte hübsche **Praia do Francês** (24 km) ist die wichtigste Adresse, wenn man ein Wochenende in Maceió verbringen möchte, denn hier befinden sich viele *pousadas*. Weiter südlich liegt die **Praia do Gunga** gegenüber von Barra de São Miguel (34 km) an einer Flussmündung. Weniger überlaufene Strände nördlich der Stadt sind u. a. **Garça Torta** (12 km), **Riacho Doce** (14 km) und **Ipioca** (23 km). Ein lohnendes Ausflugsziel ist auch **Pontal da Barra** (8 km südlich von Maceió), wo Traveller gern traditionelle Alagoa-*filé* (Häkeleien) kaufen. Hier legen auch Boote zu einer malerischen vierstündigen Rundfahrt über die Lagune ab.

Pedala Maceió   FAHRRADVERLEIH
(9183-9882; www.pedalamaceio.com.br; Ecke Dr. Antonio Gouveia & JP Filho; 14 R$/Std.; ◷ 6–23 Uhr) Mit einem Fahrrad oder einem Dreirad lässt sich Maceiós 20 km langer Uferweg prima erkunden. Dieser Anbieter betreibt an den Stränden vier Leihstationen.

🛏 Schlafen & Essen

Unterkünfte in Maceió sind teuer. Die Unterkünfte in den Strand-*bairros* Pajuçara und Ponta Verde sind viel schöner als die im Zentrum. Die *barracas* am Strand bieten beliebte preiswerte Snacks wie *tapiocas recheadas* (herzhaft oder süß gefüllte Tapiokapfannkuchen) und *caldo de polvo* (Tintenfischeintopf).

Gogó da Ema POUSADA $

(☎ 3327-0329; www.hotelgogodaema.com.br; Francisco Laranjeiras 97, Ponta Verde; EZ/DZ/3BZ ab 100/120/150 R$; ❄🛜) An einer ruhigen Seitenstraße in der Nähe von zwei hübschen Stränden liegt diese nach einer berühmten alten Palme (die 1955 in der Stadt umstürzte und zu ihrem Symbol wurde) benannte fünfstöckige, tropisch aufgemachte *pousada*. Dass die Rezeption rund um die Uhr besetzt ist, erweist sich als besonders hilfreich, wenn man spät ankommt oder einen frühen Flug erwischen will.

Maceió Hostel e Pousada HOSTEL $

(☎ 3231-7762; www.maceiohostel.com.br; Jangadeiros Alagoanos 1528; B/DZ ab 50/120 R$; ❄🛜) Das ein paar Blocks vom Strand entfernte HI-Hostel ist klein – in den Schlafsälen mit vier Betten bleibt kaum Platz für den Rucksack –, aber freundlich und effizient. Die Doppelzimmer sind schlicht und blitzsauber und verfügen über gute Duschen und große Schließfächer.

Sueca Comedoria SELBSTBEDIENUNG $

(☎ 3327-0359; www.suecacomedoria.com.br; Dr. Antônio Gouveia 1103, Pajuçara; 35 R$/kg; ⊗ Mo-Fr 11.30–16 Uhr) Trotz des Namens bietet dieses schicke Selbstbedienungslokal gegenüber dem Strand kein schwedisches Essen. Der Familienbetrieb verkauft vielmehr frische Meeresfrüchte und regionale Gerichte und ist ideal für ein schnelles Mittagessen an einem Strandtag.

★ Divina Gula BRASILIANISCH $$

(www.divinagula.com.br; Nogueira 85, Jatiúca; Hauptgerichte 29–58 R$; ⊗ 12 Uhr–open end, Mo geschl.; 🅿🚻) Das Restaurant ist eine Institution in Maceió und spezialisiert auf die herzhafte Küche aus Minas Gerais und dem Nordosten. Das *picanha* (Steak) ist so ausgezeichnet wie das *carne de sol* (gegrilltes Pökelfleisch) mit Kochbananen, Mais und Zucchini. Es gibt eine Kinderkarte, vegetarische Gerichte und eine ausführliche Cocktailkarte.

☆ Unterhaltung

★ Lopana BAR

(www.lopana.com.br; Viana 27; ⊗ 11 Uhr–open end) Maceiós beste Strandbar brummt immer: Wenn hier ein Gitarrist klimpert und die gut aussehenden Leute unter den hoch aufragenden Palmen Bier oder Caipis trinken, glaubt man sich in eine Filmkulisse versetzt.

❶ Praktische Informationen

Geldautomaten finden sich in den Geschäftsvierteln in Strandnähe. Internet gibt's in den meisten Unterkünften.

❶ An- & Weiterreise

Inlandsflüge starten von Maceiós Aeroporto Internacional Zumbi dos Palmares (MCZ) 25 km nördlich des Stadtzentrums. Der Fernbusbahnhof liegt 4 km nördlich vom Zentrum. **Real Alagoas** (www.realalagoas.com.br) fährt nach Recife (38–68 R$, 5 Std., tgl. 11-mal) und **Rota** (www.rotatransportes.com.br) nach Salvador (117–145 R$, 9¾–11½ Std., tgl. 4-mal).

Stadtbusse (ab 2,50 R$) verkehren zu allen Stränden im Norden und Süden.

Recife

☎ 0XX81 / 1,54 MIO. EW.

Recife ist eine der bedeutendsten Hafenstädte im Nordosten Brasiliens und wegen seines reichen tänzerischen und musikalischen Erbes im ganzen Land bekannt. Das etwas schmuddelige Geschäftszentrum ist auf allen Seiten vom Wasser umgeben und tagsüber sehr belebt, aber nachts und sonntags wie leergefegt. Das ruhigere Recife Antigo auf der Ilha do Recife ist von pittoresken Kolonialgebäuden geprägt. Die meisten Traveller steigen in Boa Viagem, einem reichen Vorort südlich vom Zentrum mit langem goldenen Strand, oder in Recifes friedlicherer Schwesterstadt Olinda ab.

◉ Sehenswertes & Aktivitäten

In der Altstadt gibt es viele restaurierte Prachtgebäude mit englischsprachigen Infotafeln. Beim Bummel durch Recife Antigo kann man die farbenprächtigen Häuser und die historische Synagoge an der **Rua Bom Jesus** und das in ein Einkaufszentrum umgewandelte ehemalige Zollgebäude **Paço Alfândega** (www.pacoalfandega.com.br; Rua da Alfândega 35; ⊗ Mo-Sa 10–22, So 12–19 Uhr) bewundern. Ein wichtiges Wahrzeichen der Altstadt ist der **Marco Zero** (Praça Rio Branco), ein kleiner Kilometerstein 0 nahe dem Ufer, der die Stelle bezeichnet, wo die Portugiesen 1537 Recife gründeten. Gegenüber im Centro befindet sich der **Pátio de São Pedro**, ein schöner gepflasterter Platz mit

Recife

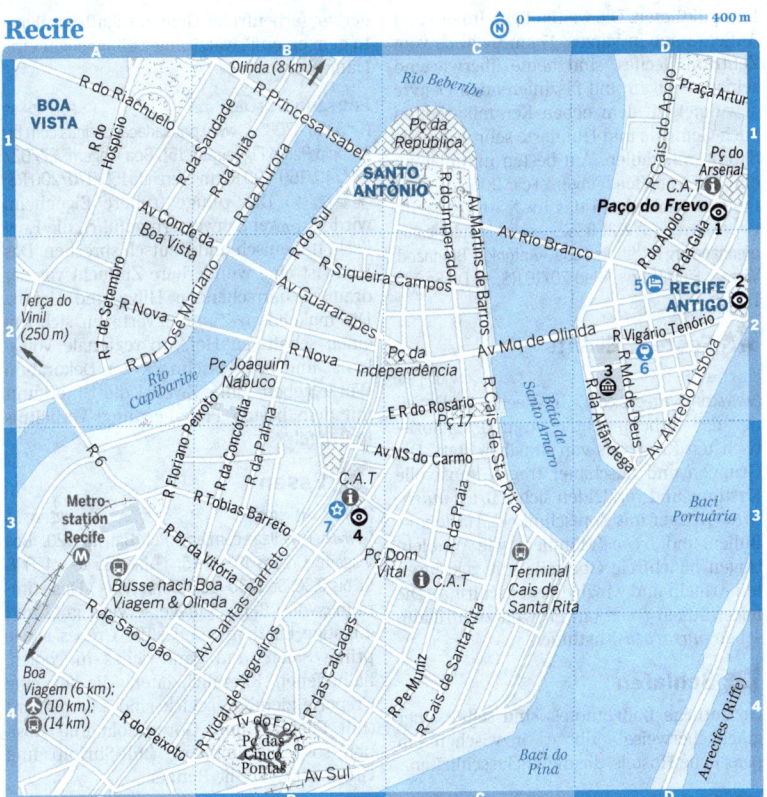

charakteristischen Häusern und einer hübschen Barockkirche.

★ Paço do Frevo KUNSTZENTRUM
(www.pacodofrevo.org.br; Praça do Arsenal; Eintritt 6 R$; ⊙ Di, Mi & Fr 9–18, Do bis 19, Sa & So 12–19 Uhr) Das neue, auffällig rote Gebäude ist eine kleine, moderne Huldigungsstätte für *frevo*, den typischen Tanz im Karneval von Recife. Hier gibt es Ausstellungen sowie Vorführungen und Kurse in *frevo*; zu den Highlights zählt die Dauerausstellung in der obersten Etage, bei der man riesige Karnevalsinsignien von Recifes berühmten *blocos* (Trommel- und Tanzumzügen) auf dem Fußboden unter Glas bestaunen kann. Das Museum ist zweisprachig beschildert.

★ Oficina Cerâmica Francisco Brennand MUSEUM
(✆ 3271-2466; www.brennand.com.br; Várzea; Eintritt 10 R$; ⊙ Mo–Do 8–17, Fr bis 16, Sa & So 10–16 Uhr) Francisco Brennand, der 1927 als Sohn einer irischen Einwandererfamilie geboren wurde und heute als Brasiliens größter Keramikkünstler gilt, erweckte die stillgelegte Fliesenfabrik seiner Familie zu neuem Leben und schuf seine eigene Marke für dekorative

Recife

⊙ Highlights
1 Paço do Frevo D1

⊙ Sehenswertes
2 Marco Zero D2
3 Paço Alfândega D2
4 Pátio de São Pedro B3

🛏 Schlafen
5 Azul Fusca Hostel D2

🍸 Ausgehen & Nachtleben
6 Burburinho D2

✿ Unterhaltung
7 Terça Negra B3

Keramikfliesen. Die weitläufigen Innen- und Außenräume in Várzea, 11 km westlich vom Zentrum Recifes, sind heute überwiegend seinem riesigen und faszinierenden Oeuvre gewidmet, zu dem neben Keramikarbeiten auch Gemälde und Hunderte sehr originelle Skulpturen zählen. Am besten nimmt man ein Taxi von Boa Viagem (ca. 200 R$) und besucht auch gleich das **Instituto Ricardo Brennand** (2121-0352; www.institutoricardo brennand.org.br; Alameda Antônio Brennand, Várzea; Eintritt Erw./Kind 20/10 R$; Di–So 13–17 Uhr).

Feste & Events

Karneval KARNEVAL

(www.carnavalrecife.com) In Recife findet einer der farbenprächtigsten und folkloristischsten Karnevals von Brasilien statt. Die Gruppen und Zuschauer tragen kunstvolle Kostüme und verkleiden sich z. B. als *maracatu* (Krieger mit Kopfschmuck), Harlekine, Bullen und *frevo* (Männlein wie Weiblein tragen bauchfreie Oberteile mit gekräuselten Ärmeln und winzige Regenschirme). Die feierwütigen *frevo* tanzen wild zu afrikanischen *maracatu*-Rhythmen.

Schlafen

Ordentliche Budgethotels sind selten, aber glücklicherweise gibt es inzwischen ein paar neue Hostels, die die Lücke schließen.

Azul Fusca Hostel HOSTEL $

(3023-5007; www.azulfuscahostel.com; Mariz e Barros 328, Recife Antigo; Wochenende/werktags 50/45 R$;) Der „Blaue Käfer" (gemeint ist das Auto) ist ein reizvolles neues Hostel, das nur wenige Schritte vom Marco Zero entfernt ist. Spartanischer Schick, Minimalismus und Stahl prägen die beiden Schlafsäle mit zwölf Betten und den fortschrittlich designten Gemeinschaftsbereich mit modernistischen Möbeln im Stil der 1950er-Jahre und hochwertigen Küchengeräten. Wenn man nur einen Tag für die Kulturattraktionen von Recife Antigo erübrigen kann, sollte man hier übernachten.

Albergue Piratas da Praia HOSTEL $

(3326-1281; www.piratasdapraia.com; Av Conselheiro Aguiar 2034, Boa Viagem; B mit Klimaanlage 53–59 R$, Zi. 149 R$;) Versteckt im 3. Stock des Edificio Barão de Camaçari (Eingang an der Rua Osias Ribeiro) fühlt man sich in diesem einladenden, bunten Hostel fast wie bei einem Freund zu Hause, denn es gibt eine saubere Küche und wunderbar farbenfrohe Gemeinschaftsbereiche. In dem einen Privatzimmer hängt sogar eine Hängematte.

Pousada Casuarinas POUSADA $$

(3325-4708; www.pousadacasuarinas.com.br; Antônio Pedro Figueiredo 151, Boa Viagem; EZ/DZ/3BZ 140/160/190 R$, mit Veranda 150/170/200 R$;) Das ruhige frühere Eigenheim wird von zwei Schwestern geführt, die Englisch, Italienisch und Deutsch sprechen. Das Haus ist eine wunderbare Zuflucht vor der draußen herrschenden Hitze und Hektik. Die makellosen Zimmer verteilen sich um einen schattigen Hof, wo regionale Volkskunst und Schnickschnack der Dekoration Würze geben. Ohne Zweifel die Unterkunft mit dem besten Preis-Leistungs-Verhältnis in Recife!

Essen

Bercy Village CRÊPERIE $

(www.bercyvillage.com.br; Rui Batista 120, Boa Viagem; Crêpes 19–29 R$; Mo–Do 18–24, Fr & Sa bis 0.30, So 17.30–23.30 Uhr;) Das stimmungsvolle Bercy Village serviert gute und günstige herzhafte und süße Crêpes sowie prima Salate und Sandwiches in coolen, halboffenen Räumlichkeiten, die für eine Crêperie ziemlich schick sind. „Perpignan" (mit Filet Mignon, Gorgonzola und Rosinen) sowie „Champagne" (mit Shrimps und Greyerzer) sind die Renner.

Mooo BURGER $

(Av Domingoes Ferreira 4236, Loja B, Boa Viagem; Burger 26–29 R$; 18–24 Uhr;) Brasiliens Gourmetburger-Hype hat sich über das ganze Land und auch nach Recife ausgebreitet. Die Burger in diesem trendigen Lokal – z. B. die bei Einheimischen beliebte „Sertão"-Variante mit *carne de sol* (schmackhaftes eingesalzenes und getrocknetes Fleisch) und *coalho*-Käse – sind prima, aber die Zwiegelringe vielleicht sogar noch besser. Es gibt auch mehrere Pfannengerichte (darunter Poutine) und ordentliche Importbiere.

★ **Camarada Camarão** SEAFOOD $$

(3325-1786; www.ocamarada.com.br; Baltazar Pereira 130, Boa Viagem; Hauptgerichte für 2 Pers. 73–180 R$; Mo–Do 12–23, Fr & Sa bis 24, So bis 22 Uhr;) Im luftigen, brummenden Camarada kommen Shrimps in unzähligen kreativen Variationen auf die Tische: z. B. als Fondue, in Salaten, in Bier mariniert oder in der *moqueca* (Eintopf). Das Lokal ist aber auch wegen der Happy Hour beliebt; dann drängen sich die Kunden mit einem eiskalten Gezapften vorn auf der Terrasse. Die *moqueca* mit Shrimps und Hummer sowie das *bobó de camarão* (Shrimps in Manioksauce) sind hervorragend.

🍷 Ausgehen & Unterhaltung

Recife ist zu Recht stolz auf sein Nachtleben und die vielfältige Musik, die in der Stadt zu hören ist. Viele Treffs liegen in Boa Viagem, aber auch in den Straßen hinter dem Paço Alfândega in Recife Antigo gibt's muntere Bars. Die Stadt besitzt die größte Schwulenszene im Nordosten.

In Centro ist der Patio de São Pedro ein beliebter Treffpunkt zum Abhängen, ganz besonders beim **Terça Negra** (Schwarzer Dienstag; www.facebook.com/tercanegrarecife; Pátio de São Pedro; Di 20–1 Uhr), einem kostenlosen Abend voller afrobrasilianischer Rhythmen. Auch beliebt ist das **Terça do Vinil** (Largo do Santa Cruz, Boa Vista; 19–24 Uhr), ein weiteres kostenloses Event am Dienstag, bei dem DJs auf dem Largo do Santa Cruz MPB-Platten auflegen. Nach *clones* (Sonderangeboten mit zwei Drinks zum Preis von einem) gucken, die überall in Recife zu bekommen sind!

Burburinho BOTECO
(www.facebook.com/barburburinho; Tomazina 106, Recife Antigo; Mo & Mi 11.30–24, Di bis 18, Do bis 1, Fr bis 3, Sa 18–4 Uhr) Das von Studenten, Journalisten und Bohemians frequentierte Burburinho ist drinnen netter, als es von außen wirkt. Meist gibt's mindestens dreimal die Woche Livemusik – zuletzt waren das Blues-, Jazz- und Soulsessions am Donnerstag und Rock am Freitag und Samstag. Montagabends legen DJs einen Musikmix auf.

Companhia do Chope BOTECO
(www.chopperiacompanhia.com.br; Av Conselheiro Aguiar 2775; Kneipenkost 33,50–84,50 R$, Chope 5,35–9,30 R$; Mo–Do 17–24, Fr & Sa 10–0.30, So 10–24 Uhr;) Die lärmige Kneipe, in der sich seit 1984 interessante Leute drängen, befindet sich in einer luftigen, offenen Einkaufs-Plaza in Boa Viagem. Zur besten Kneipenkost zum Teilen in Recife gehören die *coxinhas* und *empadas* hier. Flinke Kellner servieren den Leuten, die sich durch den Abend flirten, kaltes Fassbier.

ℹ️ Praktische Informationen

CAT (Centro de Atendimento ao Turista; 3182-8299; www.turismonorecife.com.br;

ABSTECHER

PARQUE NACIONAL MARINHO DE FERNANDO DE NORONHA

Einen einstündigen Flug von Recife oder Natal entfernt liegt die aus 21 Inseln bestehende idyllische Inselgruppe Fernando de Noronha mit der vielleicht grünsten Landschaft Brasiliens, dem **Parque Nacional Marinho de Fernando de Noronha** (www.parna noronha.com.br; Eintritt Brasilianer/Ausländer 89/178 R$) . Hier finden sich Brasiliens idyllischste Strände und eine streng geschützte Meeresfauna; Noronha ist ein Schildkrötenschutzgebiet und der weltweit beste Ort, um Spinnerdelfine zu beobachten. Da pro Tag nur 270 bis 400 Menschen im Flugzeug nach Noronha transportiert werden können, hält sich der Tourismus in Grenzen. Nimmt man noch Brasiliens beste Surf- und Tauchspots hinzu, ist das Paradies komplett.

Noronha wurde erst 1988 für den Tourismus geöffnet (früher befanden sich hier ein Gefängnis und ein militärisches Sperrgebiet). Seither sind keine Neubauten an den Stränden gestattet, sodass die weitläufigen Sandstrände wie die Baía de Sancho und die Praia do Leão einfach traumhaft sind. Es gelten auch Einschränkungen für den Auto- und Schiffsverkehr und für die Besiedlung: Brasilianer dürfen hier nur leben, wenn sie hier geboren wurden (alle anderen bekommen bestenfalls eine schwer zu ergatternde Aufenthaltsgenehmigung). Es gibt keine Ferienwohnungen, keine Kettenhotels, keine Strandverkäufer, keine Menschen. Insgesamt handelt es sich um eine ökologische Erfolgsgeschichte – und ein herrliches Besuchsziel.

Aber das Paradies hat seinen Preis. Hin- und Rückflug ab Recife (mit Azul oder Gol) oder ab Natal (mit Azul) kosten zwischen 700 und 1200 R$, und alle Besucher müssen eine Inselabgabe von 51,40 R$ pro Tag entrichten sowie einmalig eine Nationalparkeintrittsgebühr von 178 R$ (Ausländer) bzw. 89 R$ (Brasilianer). Englischsprachige Hilfe in Sachen Unterkünfte oder Aktivitäten auf der Insel findet man unter **Your Way** (99949-1087; www.yourway.com.br) .

Guararapes International Airport, Ankunftshalle; ⏱24 Std.); Busbahnhof (☎3182-8298; Rodoviária; ⏱7–19 Uhr); Patio de São Pedro (☎3355-3311; Patio de São Pedro, Santo Antônio; ⏱Mo–Fr 9–18 Uhr); Praça do Arsenal (☎3355-3402; Rua da Guia s/n; ⏱8–20 Uhr); Praça da Boa Viagem (☎3182-8297; Praça de Boa Viagem; ⏱8–20 Uhr); Mercado de São José (☎3355-3022; Mercado de São José; ⏱Mo–Fr 6–17, So bis 12 Uhr) Die CAT-Filiale am Flughafen nicht mit der kleineren Touristeninformation der selbstständigen Stadt Jaboatão dos Guararapes verwechseln – das ist die erste, die einem in der Ankunftshalle ins Auge fällt!

Delegacia do Turista (Touristenpolizei; ☎3322-4867; www.policiacivil.pe.gov.br; Guararapes International Airport, Ankunftshalle; ⏱24 Std.) Recifes Touristenpolizei hat ihren Sitz unpraktischerweise im Flughafen, in einem Gang links vom Luck Receptivo.

ⓘ An- & Weiterreise

BUS

Recifes Busbahnhof, der **Terminal Integrado de Passageiros** (TIP; ☎3452-1088), liegt 17 km südwestlich vom Zentrum und ist durch die Metro mit dem zentralen U-Bahnhof in Recife verbunden (1,60 R$, 25 Min.). Busse fahren u. a. nach Natal (50 R$, 4½ Std.), Maceió (38 R$, 4 Std.) und Salvador (167 R$, 18 Std., tgl. 3-mal). Tickets für Fernbusse kann man beim Ticketservice **Disk Rodoviária** (☎3452-1211, Whatsapp 98867-7454; www.diskrodoviaria.com.br) kaufen.

FLUGZEUG

Mehrere Inlandsfluglinien nutzen Recifes **Guararapes International Airport** (REC; ☎3322-4353) 10 km südlich vom Zentrum und 2 km landeinwärts vom südlichen Ende von Boa Viagem. Zu den internationalen Zielen, die von hier angeflogen werden, zählen Buenos Aires, Lissabon, Frankfurt am Main und Miami.

ⓘ Unterwegs vor Ort

Strecken- und Fahrplaninformationen zu Recifes Bussen (2,45 R$, So 1,20 R$) gibt's online unter www.granderecife.pe.gov.br (erst „Serviços", dann „Atendimento ao Usuário" und schließlich „Itinerário" anklicken!). Recife besitzt eine zwei Strecken umfassende Metro (1,60 R$), die ideal ist, um zum Busbahnhof oder Flughafen zu kommen.

Der Bus 032 „Setúbal/Conde da Boa Vista" verbindet Boa Viagem mit Recife Antigo. Von Recifes zentralem U-Bahnhof nach Boa Viagem nimmt man den Bus „Setubal (Príncipe)".

VOM/ZUM FLUGHAFEN

Von einer beschilderten Haltestelle vor der Ankunftshalle des Flughafens fährt der klimatisierte Bus 042 (3 R$) nach Boa Viagem (20 Min.) und über eine langsame und verwickelte Route ins Zentrum (45 Min.). Eine schnellere und billigere Verbindung ins Zentrum von Recife ist die Metro (U-Bahn; 1,60 R$, 15 Min.), die direkt jenseits der stark befahrenen Straße vor dem Flughafen hält.

Ein Prepaid-Taxi von Coopseta kostet vom Flughafen nach Boa Viagem zwischen 20 und 33 R$ und nach Olinda und zum Busbahnhof 73 R$. Während der Hauptverkehrszeiten sind diese Taxis günstiger als die Taxis mit Taxameter des Konkurrenzunternehmens Coopstar, ansonsten ist es genau umgekehrt. Die Schalter beider Unternehmen liegen nahe beieinander im Bereich der Gepäckausgabe.

Olinda

☎0XX81 / 378 000 EW.

Wenn Recife wie eine Arbeiterstadt wirkt, die hart schuftet, um über die Runden zu kommen, ist Olinda ihre Schwesterstadt, die aus dem bürgerlichen Leben ausgebrochen ist, um ihre künstlerische Seite auszuleben. Die malerische, unkonventionelle Kolonialstadt ist voller Ateliers; ständig finden spontane Konzerte und *cachaça*-Partys statt. Passend dazu wartet Olinda mit herrlicher Architektur auf: Im auf einem Hügel über dem Meer gelegenen historischen Zentrum flankieren prächtige pastellfarbene Häuser ein beeindruckendes Ensemble von Barockkirchen.

Sehenswertes & Aktivitäten

Die Altstadt lässt sich problemlos zu Fuß erkunden. Man kann beispielsweise den Alto da Sé hinaufsteigen. Oben auf dem Platz thront die Kathedrale über der Stadt,

Olinda

⊚ Sehenswertes
1 Convento de São Francisco C2
2 Igreja NS do Carmo C3
3 Mosteiro de São Bento B4

⏾ Schlafen
4 Albergue de Olinda D2
5 Cama e Cafe Olinda B2
6 Pousada do Carmo A1

⊗ Essen
7 Casa de Noca B2
8 Creperia B3
9 Estação Café B2
10 Patuá A2

⊙ Ausgehen & Nachtleben
11 Bodega de Véio A1

und man hat einen tollen Blick auf Olindas Kirchen vor der Kulisse des Ozeans und der in der Ferne sichtbaren Wolkenkratzer von Recife. Überdies findet man hier zahlreiche Imbissstände.

Es gibt viele schöne Kirchen, darunter die frisch restaurierte **Igreja Nossa Senhora do Carmo** (Praça do Carmo; empfohlene Spende 2 R$; Di–So 9–12 & 14–17 Uhr) im Zentrum, das barocke **Mosteiro de São Bento** (Rua São Bento; Mo–Sa 8–11.30 & 14.15–17.30, So 8–9.30 & 14.30–17 Uhr) mit prachtvoll vergoldetem Altar und einem italienischen Gemälde des hl. Sebastian aus dem 14. Jh. sowie den **Convento de São Francisco** (Rua de São Francisco 280; Eintritt 3 R$; Mo–Sa 9–12.30 & 14–17.30 Uhr) mit einem bemerkenswerten gefliesten Kreuzgang.

Feste & Events

Karneval KARNEVAL
(www.carnaval.olinda.pe.gov.br) Olindas Karneval ist traditionell, farbenprächtig, gemütlicher und sicherer als der Karneval in den großen Städten. In den Straßen erklingt schnelle, frenetische *frevo*-Musik, begleitet von schweren Trommelschlägen der *maracatu*. Bei dem ausgelassenen, etwas unzüchtigen Fest ziehen kostümierte *blocos* und Zuschauer durch die Straßen.

Schlafen

Zum Karneval sollte man weit im Voraus buchen; manchmal ist es billiger, ein Zimmer oder ein Haus anzumieten.

★**Cama e Cafe Olinda** B&B $
(98822-9083; www.camaecafeolinda.com; Rua da Bertioga 93; Zi. 165 R$;) Der Österreicher Sebastian und seine brasilianische Frau Yolanda sorgen für Gastlichkeit in diesem unbeschilderten B&B mit nur zwei Zimmern. Man findet hier viel örtliche Kunst sowie Hängematten zum Ausruhen vor und hat einen schönen Blick aufs Meer und auf Recife. Gäste werden die außerordentliche

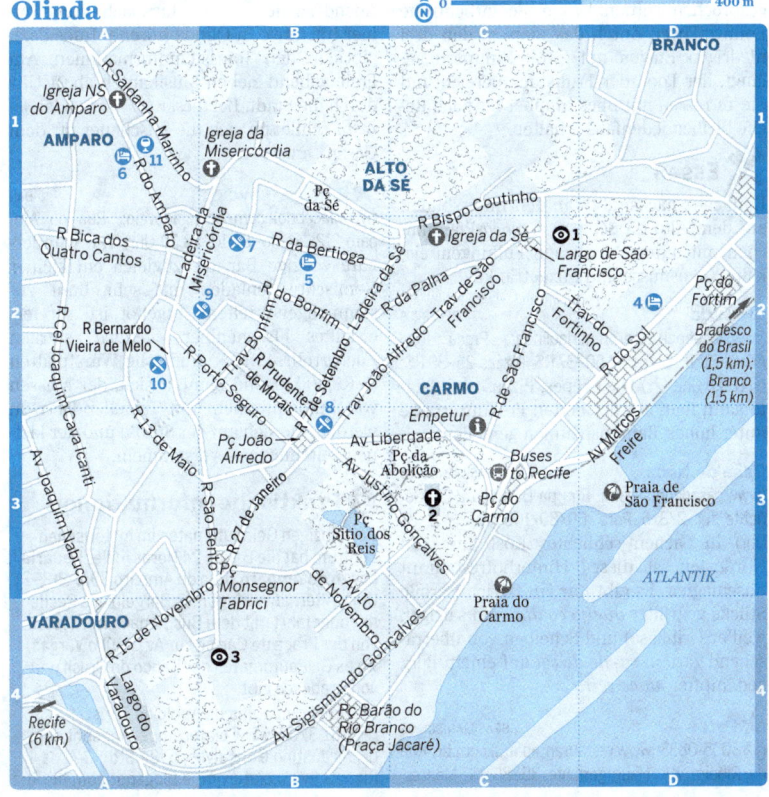

Sorgfalt und das Ambiente genießen: Das Frühstück auf der Terrasse (mit frisch auf dem Anwesen gepflücktem Obst) ist nur eines von vielen Highlights.

Albergue de Olinda　　　　　HOSTEL $

(☏ 3429-1592; www.alberguedeolinda.com.br; Rua do Sol 233; B/EZ/DZ/3BZ 50/120/130/180 R$; ❄ ☎ ≋) Olindas ausgezeichnetes HI-Hostel liegt zwar nicht gerade an einer stimmungsvollen Straße, bietet aber modernen Komfort, saubere, schlichte Zimmer, nach Geschlechtern getrennte Schlafsäle und einen recht großen Garten mit einem hübschen Pool, Liegestühlen, Freiluftküche, Grillbereich und vielen Hängematten.

Pousada do Carmo　　　　　POUSADA $

(☏ 99501-7956; www.pousadadocarmoolinda.com.br; Rua do Amparo 215; DZ/3BZ 130/165 R$; ❄ ≋) Da die frühere Pousada Bela Vista, eine altbewährte Budgetbleibe, gerade erst von deutschen in brasilianische Hände übergegangen und auch die Website noch nicht fertig ist, kann das letzte Wort noch nicht gesprochen werden. Das große, farbenfrohe Lounge-Foyer, durch das man zu den drei niedrigen Etagen mit zwölf Zimmern gelangt, der Pool, der Frühstücksbereich und die Terrassen mit Blick hinüber bis nach Recife bleiben jedenfalls erhalten.

✖ Essen

Einfache Snacks gibt's an den Imbissbuden auf dem Alto da Sé, z. B. *tapioca*-Pfannkuchen mit unterschiedlichen Füllungen, eiskalte Kokosnüsse und Mixgetränke.

Creperia　　　　　　　　　CRÊPERIE $

(www.facebook.com/creperiaolinda; Praça João Alfredo 168; Crêpes 8,50–37 R$; Pizzas 25–39 R$; ⊙ 11–23 Uhr; ✐) Die Crêpes, Pizzas und Salate kann man auf der netten Freiluftterrasse unter hohen Bambusbäumen genießen.

Casa de Noca　　　　　BRASILIANISCH $

(www.casadenoca.com; Rua da Bertioga 243; Gerichte für 2/3/5 Pers. 60/80/100 R$; ⊙ 11–23 Uhr) In Sachen schlichter Kost aus dem Nordosten ist dieses Hinterhofrestaurant unschlagbar. Es gibt nur ein Gericht: große Stücke gegrillter *queijo coalho* (ein salziger, weißer Grillkäse) und Scheiben von überraschend zartem *carne de sol* auf einem Berg gedämpfter *macaxeira*.

★ Patuá　　　　　　　BRASILIANISCH $$

(☏ 3055-0833; www.restaurantepatua.com.br; Rua da Ribeira 79; Hauptgerichte 35–85 R$. Meeresfrüchte für 2 Pers. 89–171 R$; ⊙ Di 11–15, Mi–Sa 11–15 & 18–22, So 11–16 Uhr; ☎) Chefkoch Alcindo Queiroz ist bescheiden und bodenständig, aber ein Zauberer in der Küche. Er serviert regionaltypische *moquecas* und Meeresfrüchte, die sich als eine unerwartete Überraschung entpuppen. Los geht's mit der Taperoá-Vorspeise – flambierte Shrimps auf einer gebratenen Banane in einer Rosa-Pfeffer-Sternanis-Sauce – dann folgt ein ausgezeichneter Meeresfrüchteeintopf im Stil von Pernambuco. Dazu gibt's eine hausgemachte Pfeffersauce mit Essig.

🍷 Ausgehen & Unterhaltung

Am Freitag- und Samstagabend gibt's kostenlos Bossa Nova und *chorinho* (ein zwangloses Instrumentalmusikgenre, das sich im späten 19. Jh. in Rio entwickelte) im **Estação Café** (Prudente de Morais 440; Gerichte 3,50–35 R$; ⊙ Di–Do 11.30–20.30, Fr & Sa 12.30–23, So 12–20.30 Uhr; ☎). Normalerweise kann man diese und andere brasilianische Rhythmen von Mittwoch bis Samstag am Abend sowie an Sonntagsnachmittag immer irgendwo in Olinda hören – Infos dazu gibt's in den Touristeninformationen. Am Freitagabend ziehen Musikanten ab 21 Uhr durch die Stadt. Bei dieser *serenata* oder *seresta* schließt sich die Zuschauer oft dem Gesang an.

★ Bodega de Véio　　　　　　　BAR

(www.facebook.com/bodegadoveio; Rua do Amparo 212; ⊙ Mo–Sa 10–23.30 Uhr) Die wunderbare winzige Bar, die zugleich ein kleiner Gemischtwarenladen mit sehr bunt zusammengewürfeltem Angebot ist, serviert eiskaltes Flaschenbier, *cachaça* (starken Zuckerrohrschnaps) und tolle Wurstplatten (8 R$/100 g) und bemüht sich, der Massen von Einheimischen und Traveller Herr zu werden, die sich auf der Straße und der kleinen Seitenterrasse versammeln.

ℹ Praktische Informationen

Den einzigen Geldautomaten im historischen Zentrum hat die Banco 24 Horas in der **Padaria Largo do Amparo** (Rua do Amparo 395; ⊙ 8–21 Uhr). Ansonsten bringt man Bargeld aus Recife mit oder fährt mit dem Bus 10 nach Nordosten, von der Praça do Carmo zur Av Getúlio Vargas, wo es Geldautomaten der Banco do Brasil und von Bradesco gibt.

Ciatur (Compañía de Apoio ao Turista; ☏ 3181-3703; www.ciaturpmpe.blogspot.com.br; Av Justino Gonçalves; ⊙ 24 Std.) Rua da Ribeira (www.ciaturpmpe.blogspot.com.br; Rua

do Ribeiro s/n) Sehr hilfreich und im Stadtgebiet präsent; mit Englisch kommt man aber nur bei der Touristenpolizei am Flughafen weiter.
Empetur (Empresa de Turismo de Pernambuco; 3182-8294; www.pe.gov.br/orgaos/empetur-empresa-de-turismo-de-pernambuco; Av da Liberdade s/n; 8–18 Uhr) Die Touristeninformation des Bundesstaats hat nette, Englisch sprechende Angestellte.

GEFAHREN & ÄRGERNISSE
Die Kleinkriminalität ist während des Karnevals besonders präsent. Nachts nicht allein durch einsame Straßen laufen!

❶ Anreise & Unterwegs vor Ort

Der Bus 910 „Piedade/Rio Doce" fährt ungefähr halbstündlich von Boa Viagem nach Olinda und zurück. Die Busse 1983 „Rio Doce/Princesa Isabel" und 1992 „Pau Amarelo" fahren vom Terminal Cais de Santa Rita im Zentrum von Recife nach Olinda und zurück. Die Fahrt kostet jeweils 3,35 R$. Olindas Hauptbushaltestelle befindet sich an der Praça do Carmo.

Die Taxifahrt nach Olinda kostet rund 45 R$ von Boa Viagem, 65 R$ vom Busbahnhof in Recife und 73 R$ vom Flughafen.

Praia da Pipa
0XX84 / 3000 EW.

Unberührte, von zauberhaften Klippen gesäumte Sandstrände mit springenden Delfinen vor der Küste machen Pipa zu einem der besten Strände. Die einstmals friedliche Hauptstraße ist zwar längst kommerzialisiert, trotzdem ist Pipa außerhalb der Hauptsaison auch heute noch ein ruhiges Plätzchen, und dank der guten Unterkünfte und Restaurants kann man hier gut und gern eine Woche verbringen.

An der langen Hauptstraße finden sich all die Einrichtungen, die man als Traveller eben benötigt: Internetcafés, Geldautomaten, Waschsalons, Bars und Restaurants. In den hiesigen Geschäften gibt's kostenlos einen nützlichen Stadtführer von Pipa.

◉ Sehenswertes & Aktivitäten

An der Baía dos Golfinhos tollen regelmäßig Guyana-Delfine herum. Die Entscheidung, ob man sich nähert, sollte man den Tieren überlassen – auf keinen Fall die Delfine bedrängen oder füttern! Die Praia dos Golfinhos ist nur bei Ebbe über den Hauptstrand zu erreichen.

In der Nähe befinden sich noch mehrere andere lohnende Strände, die man problemlos zu Fuß oder per Minibus erreichen kann. Einer davon ist die von Surfern favorisierte **Praia do Amor** gleich südlich der Stadt mit Surfbrettverleih und Surfkursen. Ein beliebtes Ziel ist auch die **Lagoa de Guarairas**, 8 km nördlich der Stadt; **Bicho do Mangue** (99928-1087; www.bichodomangue.blogspot.com.br; 30 R$/Pers.) bietet dreistündige Kajaktouren auf der Lagune. Von der **Creperia Marinas** (www.hotelmarinas.com.br; Av Governador Aluizio Alves 301; Crêpes 16–40 R$; 11–20 Uhr) an der Anlegestelle kann man prima den Sonnenuntergang beobachten.

Santuário Ecológico de Pipa
NATURSCHUTZGEBIET

(99982-8044; www.ecopipa.com.br; Eintritt 10 R$; 7–17 Uhr) Das kleine, private Naturschutzgebiet liegt an der Hauptstraße 2 km westlich vom Stadtzentrum. Es dient dazu, zumindest einen Teil der Küste von Pipa vor der Erschließung zu bewahren. Gut markierte Wanderwege führen durch Sekundärwald zu eindrucksvollen Aussichtspunkten über der Baía dos Golfinhos und der Praia do Madeiro, von denen aus man bei Flut oft große Suppenschildkröten beobachten kann.

🛏 Schlafen

Der Konkurrenzkampf hält die Preise für Unterkünfte in Pipa moderat. An allen wichtigeren Feiertagen sollte man reservieren. An beiden Enden der Stadt gibt es Campingplätze.

★ Pousada Xamã
POUSADA $

(3246-2267; www.pousadaxama.com.br; Cajueiro 12; EZ/DZ/3BZ 90/150/180 R$; ❄@🛜🏊) Versteckt in einer Nebenstraße an Pipas südlichem Ende liegt eine der besten Budget-*pousadas* des Nordostens. Die supernette Inhaberin Neuza bietet gute und günstige, nett dekorierte Zimmer, von denen sich die meisten zu dem grünen, von Blumen gesäumten Pool- und Gartenbereich mit Hängematten und Kolibris öffnen. Das Frühstück ist gut, und es gibt einen Transport vom Flughafen Natal (180–200 R$, max. 4 Pers.).

Hostel do Céu
HOSTEL $

(3246-2235; www.hostelceu.jimdo.com; Rua do Céu 153; B/DZ mit Ventilator 50/150 R$; @🛜🏊) Dies ist kein Party-Hostel, aber die von einer argentinischen Familie geführte Herberge bietet mit erstklassigen getrennten und gemischten Schlafsälen die beste Budgetunterkunft in Pipa. Das Privatzimmer, wenn man es denn bekommt, hat das beste Preis-Leistungs-Verhältnis der Stadt – es handelt sich um einen farbenfrohen und luftigen Raum unter dem Dach mit großen Fenstern, durch die man sowohl auf das Meer als auch in den Sonnenuntergang blicken kann.

Media Veronica Hostel HOSTEL $

(3246-2607; mediaveronicahostel.com.br; Albacora 267; B 45 R$, Zi. 120 R$, jeweils ohne Frühstück; ❄️🌐) Das Hostel in einer neueren und größeren Anlage, die nur 100 m von seinem alten Standort entfernt ist, ist das engagierte Projekt des Argentiniers Juan Pablo, der mit vernünftigen Preisen und einem Fokus auf Sauberkeit, Sicherheit und Informationen für die Gäste punktet. Die Schlafsäle haben vier, sechs oder zehn Betten (Letzterer wirkt beengt), hinzu kommen ein paar Privatzimmer mit Aussicht aufs Meer und in den Blumengarten.

🍴 Essen & Ausgehen

Pipa verfügt über eine große Auswahl meist recht teurer Restaurants. Das Nachtleben konzentriert sich auf die Hauptstraße und ein paar *barracas* am Strand.

Dona Branca BÜFETT $

(Av Baia dos Golfinhos; Gerichte ab 15 R$; ⊙11–21 Uhr) Das erschwingliche Lokal gehört zu einer aussterbenden Gattung in beliebten Strandorten wie Pipa. Man wählt zwei Fleischstücke vom Grill und füllt dann den Teller mit Reis, Bohnen, Salat und anderen Beilagen vom Büfett. Fisch oder Shrimps kosten 2 R$ mehr, und 3 R$ Strafe muss zahlen, wer seinen Teller nicht leer isst.

Oba JAPANISCH $

(www.facebook.com/obayakisoba; Ecke Albacora & Rua da Arara; Hauptgerichte 22–33 R$; ⊙18–23 Uhr, Mi geschl.) Eine Seltenheit: Hier kommt zu günstigen Preisen echte japanisch-brasilianische Yakisoba nach São-Paulo-Art mit Nudeln, Gemüse, Shrimps, Hühnchen oder Steak auf den Tisch. Litschi-*sakerinhas* (mit Sake statt *cachaça*) erhöhen den Spaßfaktor.

★ Cruzeiro do Pescador SEAFOOD $$

(3246-2026; www.cruzeirodopescador.com.br; Ecke Av Baía dos Golfinhos & Concris; Hauptgerichte 55–65 R$, für 2 Pers. 105–150 R$; ⊙13–16 & 19–22.30 Uhr; 🌐) Am südöstlichen Ortsrand, rund 1,5 km abseits des Zentrums, verbirgt sich dieses kulinarische Erlebnis in einem unscheinbaren Haus – unbedingt testen!

Chefkoch Daniel macht und gestaltet alles selbst, von der handgeschriebenen Speisekarte über das romantische Ambiente im Kerzenschein bis hin zu den Gerichten aus Produkten, die aus dem eigenen Garten kommen. Die Gerichte sind köstlich und aromatisch – einige Rezepte stammen aus Indien oder aus Bahia.

ℹ️ Praktische Informationen

Allgemeine Infos zu Pipa finden sich unter www. pipa.com.br oder www.mapaguiapipa.com.br. In Pipa ist man auf Bargeld angewiesen: Viele Unterkünfte und Restaurants akzeptieren keine Kreditkarten, und die wenigen Geldautomaten, die ausländische Karten annehmen, sind häufig kaputt oder leer.

ℹ️ An- & Weiterreise

Busse von **Oceano** (3311-3333; www.expresso-oceano.com.br) fahren täglich zwölfmal (So 6-mal) von Natals Rodoviária Nova nach Pipa (13,50 R$, 1½ Std.). Kleinbusse von **Alternativo Vans** (99973-0353) bedienen die gleiche Strecke dreimal am Tag (12 R$, 2½ Std.). Ein Taxi vom Flughafen Natal nach Pipa kostet 170 bis 200 R$.

Wer aus Recife oder anderen Orten weiter südlich kommt, steigt in Goianinha aus und nimmt einen Kleinbus (die „Delfinkutsche") nach Pipa (3,75 R$, 50 Min.), der hinter der Kirche mit dem verblassten hellblauen Anstrich 200 m abseits des Haupt-Highways hält.

Natal

0XX84 / 804 000 EW.

Sonne und Sandstrand locken die Leute nach Natal, in die entspannte Hauptstadt des Bundesstaats Rio Grande do Norte im Nordosten Brasiliens. Natal auf einer langen, sandigen Halbinsel hat kilometerlange, regelmäßig von der Sonne umschmeichelte Strände und Dünen. Das Tourismusamt bewirbt die Stadt dank der zehn sonnigen Monate im Jahr als „Sun City". Der Strand-Vorort Ponta Negra, 14 km südlich vom Zentrum, ist der beste Travellertreff, denn hier gibt es zahlreiche Unterkünfte und Restaurants.

👁 Sehenswertes & Aktivitäten

Forte dos Reis Magos FORT

(Eintritt 3 R$; ⊙8–16 Uhr) Die Festung mit dem sternförmigen, fünfzackigen Grundriss, mit der 1598 der Aufbau der Stadt begann, steht immer noch auf dem Riff an der Spitze der Halbinsel am nördlichen Ende der Stadt.

Der Ausblick auf die Stadt, die Ponte Nova und die Dünen jenseits des Rio Potengi ist fantastisch.

Praia Ponta Negra　　　　　　STRAND
Von Natals Stadtstränden ist die Praia Ponta Negra (14 km südlich vom Zentrum) trotz starker Bebauung der schönste. Der **Morro de Careca**, eine monströse, steile, ins Meer abfallende Düne, türmt sich am südlichen Ende des Strandes auf. Bus 56 fährt von hier die anderen Strände der Stadt ab. Man steigt also ein und dort aus, wo einem das Wasser gefällt.

Dunas de Genipabu　　　　ABENTEUERTOUR
Ein beliebter und spannender Ausflug führt zu den spektakulär hohen und steilen Dünen bei Genipabu, rund 10 km nördlich der Stadt. Dort kann man sich für rund eine Stunde in einem Strandbuggy die Sandberge hinauf- und hinunterfahren lassen. Einige Anbieter sind zu empfehlen: **Natal Vans** (3642-1883; www.natalvans.com.br; Duna Barcane Mall, Av Engenheiro Roberto Freire 3112, Ponta Negra; Mo-Fr 7-22, So bis 21 Uhr) und **Marazul** (3219-6480; www.marazulreceptivo.com.br; Rua Vereador Manoel Sátiro 75, Ponta Negra; 8-22 Uhr) bieten mehrere recht standardisierte Ausflüge, die man problemlos über die eigene Unterkunft buchen kann.

🎉 Feste & Events

Carnatal　　　　　　　　UMZUG, MUSIK
(www.carnatal.com.br) Natals aus der Saison gefallener Karneval, der ausgelassenste in Brasilien, wird mit *trios elétricos* (Kapellen auf Festwagen) und *blocos* mit Namen wie Burro Elétrico (elektrischer Esel) oder Cerveja & Coco (Bier & Kokosnuss) Anfang Dezember an vier Tagen in den Straßen im Viertel Lagoa Nova gefeiert.

🛏 Schlafen & Essen

Ponta Negra ist einladender als die Innenstadt.

Republika Hostel　　　　　　HOSTEL $
(3236-2782; www.republikahostel.com.br; Porto das Oficinas 8944, Ponta Negra; B 45 R$, EZ/DZ mit Ventilator 80/100 R$, mit Klimaanlage 100/120 R$; ❄ @ 🛜) Die schummrige Bar, die bequemen Hängematten und gemütlichen Fernsehebereiche, die große, saubere Küche und der Essbereich sorgen für eine behagliche Atmosphäre, in der man sich gern unter die anderen Traveller mischt. Das Hostel ist in einem umgebauten Wohnhaus untergebracht, das an Santorin erinnert, und wird von dem vor Ort angesagten Koch Anderson geführt, der viele Jahre in England und Portugal gelebt hat. Es hat eine gute Lage in der Nähe einiger der besten Lokale von Ponta Negra.

Albergue da Costa　　　　　　HOSTEL $
(3219-0095; www.albergueadacosta.com.br; Av Praia de Ponta Negra 8932, Ponta Negra; B/D 55/110 R$; ❄ @ 🛜 ♒) Das superfreundliche HI-Hostel hat komfortable Schlafsäle, gutes Frühstück, großzügige Gemeinschaftsbereiche und eine entspannte Leitung. Weitere Pluspunkte sind die kostenlos mögliche Nutzung von Skateboards, Fahrrädern und Surfbrettern sowie die regelmäßigen geselligen Aktivitäten wie Livemusik und Grillabende. Die Betreiber sprechen Englisch, Italienisch und Spanisch.

Casa de Taipa　　　　　　BRASILIANISCH $
(www.facebook.com/casadetaipatapiocariaecuscuzeria; Av Praia de Ponte Negra 8868, Ponta Negra; Gerichte 12-36 R$; 17-24 Uhr; 🛜 📶) Die wohl berühmteste *tapiocaria* Brasiliens verwandelt ein traditionelles Straßengericht für 4 R$ in einen Gourmetschmaus. Besucher und Einheimische strömen in Scharen zu dem bunten, festlichen Lokal, um kurz in der Pfanne gebratene Tapioka-„Pfannkuchen" mit süßer oder herzhafter Füllung (Gemüse, Käse, gegrilltes Pökelfleisch, Garnelen) zu genießen; es gibt sogar eine Version mit *moqueca*.

★ Camarões Potiguar　　　　　SEAFOOD $$
(www.camaroes.com.br; Pedro da Fonseca Filho 8887, Ponta Negra; Hauptgerichte für 2 Pers. 66-119 R$; 11.30-15.30 & 18.30-24, So bis 23 Uhr) Die bunte, stilvolle und kreative Hommage an die Garnele ist vielleicht Natals bestes kulinarisches Erlebnis – logisch, dass das Lokal ständig voll ist. Los geht's mit traditionellen Shrimps und Catupiry-*pastel* (dünne, mit Shrimps und Käse gefüllte frittierte Teigtaschen), anschließend wählt man beispielsweise Garnele in Kürbis oder unseren Favoriten: das Bonfim (Garnele, sautiert mit Cashewkernen, *coalho*-Käse und aromatischer *biquinho*-Paprika mit *vatapá*-Risotto).

Cipó Brasil　　　　　　　　PIZZA $$
(www.cipobrasil.com.br; Aristides Porpino Filho 3111, Alto de Ponta Negra; Pizzen 21,50-83,50 R$; 18-24 Uhr; 🛜 📶) Das unbestritten beliebte Lokal mit der lustigen Urwalddeko bietet tolle Pizza mit einem Boden mit Sesamkörnern (in mehr als 30 Sorten von Shrimps mit vier

Arten Käse bis zu Bananen und Schokolade) und außerdem herzhafte und süße Crêpes. Das Lokal ist ein guter Ausgangspunkt für einen Ausgehabend. Früh kommen, um Wartezeiten zu vermeiden!

Ausgehen & Nachtleben

Das Viertel Alto de Ponta Negra, der obere Teil von Ponta Negra rund um die Rua MA Bezerra de Araújo zusammen mit der Rua Aristides Porpino Filho, ist gespickt mit unterschiedlichen Bars, in denen abends zwischen Mittwoch und Samstag immer viel los ist. Der Sextourismus ist hier eine unerfreuliche Begleiterscheinung. Petrópolis im Stadtzentrum ist das beste Viertel, wenn man bei Einheimischen angesagte Bars und *botecos* ohne viele Touristen kennenlernen möchte.

Praktische Informationen

Geldautomaten finden sich am Ufer von Ponta Negra. Es gibt unregelmäßig besetzte Touristeninformationsschalter im Busbahnhof und im **Centro de Turismo** (3211-6149; www.turismo.natal.rn.gov.br; Aderbal Figueiredo 980, Petrópolis; 8–19 Uhr).

An- & Weiterreise

BUS

Fernbusse fahren von der **Rodoviária Nova** (3205-2931; Av Capitão Mor Gouveia 1237), 6 km südlich des Zentrums, nach Fortaleza (85 R$, 8 Std.), Recife (50 R$, 4½ Std.), João Pessoa (34 R$, 3 Std.) und Salvador (212 R$, 21 Std.).

FLUGZEUG

Von Natals neuem **Aeroporto de Natal** (Aeroporto Internacional Governador Aluízio Alves; 3343-6060; www.natal.aero; Av Ruy Pereira dos Santos 3100 , São Gonçalo do Amarante), 35 km westlich von Ponta Negra in São Gonçalo do Amarante, starten regelmäßig Flüge nach Lissabon, Buenos Aires, Mailand und Kap Verde sowie zu vielen brasilianischen Städten.

Unterwegs vor Ort

Natals neuer Flughafen liegt 35 km westlich von Ponta Negra – ein ganz schönes Stück. Ortsbusse brauchen von dort mehr als zwei Stunden, aber diese Strapaze lohnt sich nicht. Die meisten Traveller entscheiden sich für die bequemeren Kleinbusse von **Natal Transfer** (3343-6272; www.nataltransfer.com.br; 35 R$) oder **Van Service** (4141-2848; www.vanservice.com.br; 40 R$) nach Natal und Pipa (95 R$), die nach der Ankunft jedes Flugzeugs fahren. Ein Taxi vom Flughafen kostet ungefähr 100 bis 120 R$ nach Ponta Negra und rund 228 R$ nach Praia da Pipa.

Vom Busbahnhof nimmt man nach Ponta Negra den Bus 66 (2,65 R$) von der Haltestelle gegenüber der Petrobras-Tankstelle; eine Taxifahrt kostet zwischen 30 und 50 R$ je nach Tageszeit und der Lage des Ziels in Ponta Negra.

Canoa Quebrada

0XX88 / 2800 EW.

Das von Fortaleza aus gut erreichbare Fischerdorf wurde zunächst zu einem Hippie-Treff und hat sich inzwischen zu einem luxuriösen Ferienort entwickelt. Doch noch immer kann man hier ein paar relaxte Tage verbringen. Die von rostbraunen Klippen gesäumten Strände sind hübsch, aber überlaufen. Es gibt jede Menge Outdoor-Abenteuer zu erleben, u. a. Strandbuggy-Touren zur **Ponta Grossa** und den umliegenden Dünen (max. 4 Pers. 300–350 R$) oder **Tandem-Gleitschirmflüge** (100 R$) mit **Vôo Duplo Jerônimo** (98806-6570; 10- bis 20-minütiger Flug 100 R$). Die Kitesurfsaison geht von Juli bis Dezember; Kurse werden angeboten.

Billig übernachten kann man im **Hostel Pousada Ibiza** (3421-7262; www.hostelpousadaibiza.com; Dragão do Mar 360; B 48–55 R$, DZ 140–160 R$;). Die Unterkunft hat recht kleine Schlafsäle mit angeschlossenem Bad sowie Doppelzimmer, dazu einen Balkon mit Lounge-Bar, von dem aus man auf die Action im Ortszentrum blickt. Zahlreiche Mittelklasse-*pousadas* (die in der Nebensaison sehr günstig sind) bieten beträchtlich mehr Komfort, darunter die ausgezeichnete britisch-niederländische **Pousada California** (3421-7039; www.californiacanoa.com; Nascer do Sol 135; Zi. 200–300 R$;), die von Canoas Hauptstraße einen Block Richtung Strand entfernt ist.

Mittags sollte man sich den gegrillten Fisch nicht entgehen lassen, den es – schlicht zubereitet und mit Salz, Limetten und Chimichurri garniert – im argentinisch geführten **Lazy Days** (www.facebook.com/barraca.days; Praia; Hauptgerichte 28–40 R$; 9–17 Uhr) gibt, der besten der Strand-*barracas* an Canoas malerischen roten Klippen. Das Nachtleben kreist um die **Regart Bar** (Dragão do Mar s/n; Grundpreis 3 R$; 15–3 Uhr) und ähnliche Treffs am „Broadway", der Hauptstraße von Canoa Quebrada. In der Hauptsaison veranstaltet die **Freedom Bar** (Fr & So 18–24 Uhr) Wochenend-Reggae-Partys am Strand.

Banco do Brasil und Bradesco haben Geldautomaten in einer Einkaufs-Plaza an der Rua Dragão do Mar.

São Benedito (www.gruposaobenedito.com.br) betreibt täglich fünf Busse (24,50 R$, 3¼ Std.) zwischen Canoa und Fortaleza. Alternativ bietet **Oceanview Turismo** (3219-1300; www.oceanviewturismo.com.br; 45 R$) einen schnelleren Tür-zu-Tür-Service mit Kleinbussen (45 R$, 2½ Std.) von den Hotels am Meireles-Strand in Fortaleza.

Wenn man per Bus aus Natal oder von einem anderen Punkt im Süden kommt, sollte man in Aracati, 13 km südwestlich von Canoa, für die kurze Strecke von Aracati nach Canoa in den Bus Fortaleza–Canoa von São Benedito (1,10 R$), einen halbstündig verkehrenden *topique*-Kleinbus (2,50 R$) oder in ein Taxi (25–30 R$) umsteigen.

Der neue Flughafen in Aracati wurde 2015 für den kommerziellen Flugverkehr freigegeben, doch bislang sind die Rollbahnen noch ungenutzt.

Fortaleza

0XX85 / 2,45 MIO.

Die weitläufige Hauptstadt des Bundesstaats Ceará ist ein beliebter Strandort, hat aber außer Sandstränden und ein paar Dienstleistungseinrichtungen für Backpacker kaum etwas zu bieten, um Besucher länger als ein paar Tage hier festzuhalten. Fortaleza kann sich glamourös, düster oder kitschig geben – je nachdem, wo man sich gerade aufhält. Von seiner besten Seite zeigt es sich in den Küstenvierteln mit turbulentem Nachtleben und zahlreichen Restaurants. Der **Fortal** (www.fortal.com.br) ist ein aus der Zeit gefallener Karneval à la Salvador in der zweiten Julihälfte.

Sehenswertes & Aktivitäten

Centro Dragão do Mar de Arte e Cultura KUNSTZENTRUM
(3488-8600; www.dragaodomar.org.br; Dragão do Mar 81; Mo–Do 8–22, Sa & So bis 23 Uhr) Der ausgezeichnete, weitläufige Komplex umfasst Kinos, Veranstaltungsorte, ein gutes Café, ein Planetarium und zwei gute Museen: das **Museu de Arte Contemporânea** (MAC; www.dragaodomar.org.br; Dragão do Mar 81, Centro Cultural Dragão do Mar; Di–Fr 9–19, Sa & So 14–21 Uhr) GRATIS und das **Memorial da Cultura Cearense** (MCC; www.dragaodomar.org.br; Dragão do Mar 81, Centro Cultural Dragão do Mar; Di–Fr 9–19, Sa & So 14–21 Uhr) GRATIS, das Ausstellungen zur traditionellen Lebensweise und Kultur in Ceará zeigt. Erhöhte Laufstege verbinden die in verschiedenen Blocks gelegenen Straßen. Die Anlage fügt sich gut zwischen die umliegenden älteren Gebäude ein, von denen viele restauriert wurden und jetzt Bars, Restaurants und Kunsthandwerksateliers beherbergen. Das Zentrum ist ein erfolgreicher gesellschaftlicher Bezugspunkt der Stadt und bei Einheimischen sehr beliebt.

Strände

An der **Praia do Meireles** gibt's eine schöne Uferpromenade mit gemütlichen Bier-*barracas* am Strand und schicken, klimatisierten Restaurants und Hotels auf der anderen Straßenseite. Der Fischmarkt und der abendliche Kunstgewerbemarkt locken ebenfalls viele Leute an. Die **Praia do Futuro** weiter östlich ist der sauberste und beliebteste Stadtstrand. Im Nordwesten erstreckt sich die ruhige **Praia do Cumbuco**, an der man Ausflüge in die Dünen und mit der *jangada* (traditionelles Segelboot) unternehmen kann. Die Veranstalter vor Ort bieten auch längere Touren mit Jeeps und Strandbuggys entlang Ceará prächtiger Küste bis hin nach Jericoacoara an.

Schlafen

Die Konkurrenz zwischen den vielen Hotels sorgt für richtige Schnäppchen, etwa für Budgetpreise in einigen Mittelklassehotels.

★**Refugio Hostel Fortaleza** HOSTEL $
(3393-4349; www.refugiohostelfortaleza.com; Deputado João Lopes 31, Centro; B mit/ohne Bad ab 50/40 R$, Zi. mit Ventilator 120 R$; @) Das bei Weitem beste Hostel in Fortaleza: Der deutsche Inhaber Karl hat die alte Villa umweltbewusst mit natürlicher Belüftung und solarbeheizten Duschen ausgestattet. Die Bäder und die Küche sind für ein Hostel überraschend gut, bemerkenswert sind auch die durchdesignten Gemeinschaftsbereiche, darunter der sonnige Patio mit Grillbereich und die diversen Terrassen. Die Schlafsäle verfügen über bunte Schließfächer, Originalfliesen und Hartholzböden.

Albergaria Hostel HOSTEL $
(3032-9005; www.albergariahostel.com.br; Antônio Augo 111, Praia de Iracema; B mit Ventilator/Klimaanlage 40/45 R$, DZ/3BZ 128/148 R$; @) Das freundliche, schön gelegene und gut geführte Hostel hat sehr gute Service-Einrichtungen, darunter ein Bar-Res-

Fortaleza

taurant (mit einem routinierten Chefkoch) und ein Hinterhof mit einem Pool, sowie eine durch den freundlichen, Englisch sprechenden Inhaber geförderte gesellige Atmosphäre. Es gibt nach Geschlechtern getrennte und gemischte Schlafsäle mit vier Betten (inkl. Trennvorhängen und Schließfächern mit Stromanschluss) sowie vier gute Zimmer mit eigenem Bad. Das Frühstück ist üppig. Reservierung erforderlich!

Hotel La Maison HOTEL $

(3048-4200; www.hotellamaison.com.br; Av Desembargador Moreira 201, Meireles; Zi. 150 R$; ✴@🛜) Das Hotel in Meireles weist ein ausgezeichnetes Preis-Leistungs-Verhältnis auf und ist nur ein paar Blocks vom Strand entfernt. Es besitzt 25 makellose Zimmer (die im Obergeschoss sind generell heller als die im Erdgeschoss) und helle, farbenfrohe Gemeinschaftsbereiche. Der französische Besitzer kennt die Stadt sehr gut, spricht Englisch und kann einem zu allem Auskunft geben. Zum üppigen Frühstück gehört viel Obst – aber wo ist nur der Brie?

🍴 Essen

In Iracema finden sich viele günstige Lokale; edler speist man in Meireles. Im Centro Cultural Dragão do Mar isst man abends ebenfalls sehr gut.

⭐ 50 Sabores EISCREME $

(3023-0050; www.50sabores.com.br; Av Beira Mar 2982, Meirelles; 1/2 Kugeln 11/15 R$; ⏱10–23.45 Uhr; 🐕) Die Eisdiele zählt zu den berühmtesten Brasiliens, hat aber einen völlig irreführenden Namen, denn statt 50 gibt es in Wirklichkeit 150 Sorten, darunter Geschmacksrichtungen wie Caipirinha (mit *cachaça*-Zuckerrohrschnaps – keine Abgabe an Jugendliche unter 18 Jahren!) und Bier sowie unzählige brasilianische Früchte und die üblichen klassischen Sorten. Genießer sollten sich bloß nicht weismachen lassen, eine Kugel Tapioka und eine Kugel *açaí* wären keine empfehlenswerte Kombination! Es gibt auch eine Filiale in **Mucuripe** (www.50sabores.com.br; Av Beira Mar 3958, Mucuripe; ⏱7–24 Uhr).

Santa Clara Café Orgânico CAFÉ $

(Centro Dragão do Mar, Praia de Iracema; Stückchen 5–16 R$; ⏱Di–So 15–22 Uhr; 🛜🍴) 🌿 Das Santa Clara ist in der Stadt einer der angesagten *pontos de encontros* (Treffpunkte), wo die hippen Menschen zusammenfinden (und mittels der eisigen Klimaanlage abkühlen). Das wunderbare kleine Café in einem Obergeschoss des Dragão do Mar serviert Biokaffee, Sandwiches, Crêpes, Omeletts, Waffeln, Tapoika und jede Menge verschiedene Kaffeespezialitäten.

Fortaleza

⊙ Sehenswertes
1 Centro Dragão do Mar de Arte e Cultura B1
2 Memorial da Cultura Cearense B2
3 Museu de Arte Contemporânea B2
4 Praia do Meireles G2

🛏 Schlafen
5 Albergaria Hostel D1
6 Hotel La Maison G3
7 Refugio Hostel Fortaleza B2

✖ Essen
8 50 Sabores G2
9 Colher de Pau H3
Santa Clara Café Orgânico .... (siehe 13)

🍷 Ausgehen & Nachtleben
10 Boteco Praia E2
11 Órbita C1

🛍 Shoppen
12 Ceart D3
13 Ceart B1

★ **Colher de Pau** BRASILIANISCH $$
(☎ 3267-6680; www.colherdepaufortaleza.com.br; Ana Bilhar 1178, Varjota; Hauptgerichte für 2 Pers. 30–153 R$; ⊙ 11–24 Uhr, Mo geschl.; 🛜🍴) Der große „Holzlöffel" mit großem Außenbereich ist eines der besten Lokale in einem Viertel mit vielen beliebten Restaurants der mittleren Preiskategorie. Es gibt hervorragende Meeresfrüchte, darunter eine herrlich reichhaltige *peixada* (Fisch, Gemüse und Kräuter in einer Kokossauce), und das Restaurant wird beständig zu denen gewählt, die in der Stadt die beste regionale, nordostbrasilianische Kost zu bieten haben. Auch für Atmosphäre ist gesorgt: Von Mittwoch bis Sonntag werden ab 17 Uhr live *sertanejo* (Country-Pop aus dem Nordosten), Samba und *forró* (Tanzmusik aus dem Nordosten) gespielt.

🍷 Ausgehen & Unterhaltung

Iracemas legendäres Nachtleben kreist um die Bars und Clubs rund um das Centro Cultural Dragão do Mar.

Boteco Praia BAR
(☎ 3248-4773; www.botecofortaleza.com.br; Av Beira Mar 1680, Meireles; ⊙ Mo–Fr 17–3, Sa & So 12–3 Uhr; 🛜) *Der* angesagte Treff für Gespräche bei einem abendlichen Drink lockt Gäste aller Altersstufen in die lange, säulengestützte Halle und auf die Terrasse mit Blick auf die Uferpromenade. Das Privileg hat seinen Preis: Ein *chope* kostet 7 R$, und 9

NICHT VERSÄUMEN

BRASILIENS NORDKÜSTE: PARADIES DER WINDSPORTARTEN

An Brasiliens Nordküste gibt es mindestens von Juli bis Dezember anhaltende stetige Winde und damit ideale Bedingungen zum Wind- und Kitesurfen. Windsportschulen und Ausrüstungsvermieter finden sich jede Menge an den Atlantikstränden von Ceará und Rio Grande do Norte, sodass man hier problemlos seine Fähigkeiten trainieren oder das Surfen lernen kann. Abgesehen von den unten genannten Highlights lohnen auch **Canoa Quebrada** (S. 406) und die **Praia Cumbuco** nahe Fortaleza einen Besuch.

Jericoacoara

Der Urvater der brasilianischen Windsportziele ist ein magischer Ort mit gewaltigen Dünen und unberührten, scheinbar endlosen Stränden. Von Ende Juni bis in den Februar blasen stetige Passatwinde mit durchschnittlich 23 bis 30 Knoten von Afrika herüber und sorgen für traumhafte Bedingungen für Anfänger und erfahrene Surfer. Eine muntere, gesellige Szene und eine Reihe von Wind- und Kitesurfschulen komplettieren das Paradies.

Icaraí de Amontada

Vor der Kulisse einer wunderschönen, gekrümmten, palmenbestandenen Bucht mit ein paar Fischerbooten, hohen Dünen und nur ein paar Menschen erinnert das 200 km nordwestlich von Fortaleza gelegene Icaraí de Amontada an Jericoacoara, wie es vor 25 Jahren war. Beim Club Ventos kann man Surfunterricht nehmen und sich Ausrüstung ausleihen. Übernachtungen sind in der Casa Zulu möglich, einer rustikal-stilvollen *pousada*, die von einem jungen französischen Windsurfer geführt wird.

São Miguel do Gostoso

Das von einsamen weißen Sandstränden umgebene São Miguel do Gostoso liegt 110 km nördlich von Natal und ist bislang nicht vom Pauschaltourismus entdeckt worden. Wind- und Kitesurfer strömen zum windigen Ponta de Santo Cristo, wo der **Clube Kauli Seadi** (99197-1297; www.clubekauliseadi.com; Praia do Cardeiro; 9–17.20 Uhr) Surfunterricht anbietet und Ausrüstung verleiht.

bis 54 R$ zahlt man für die verführerischen Gerichte wie *picanha*-Steak, gegrillten Oktopus oder scharfe Würstchen, die die aufmerksamen Kellner auftragen.

Órbita BAR
(www.orbitabar.com.br; Dragão do Mar 207, Praia de Iracema; Eintritt 30 R$; Do–So 21–4 Uhr;) Die große schwarz und purpurn gestaltete Bar erinnert an einen Rockclub in einer College-Stadt, nur dass die Gäste in der Regel besser aussehen. Das flirtbereite Oberschichtpublikum sammelt sich um die Snooker-Tische und lauscht Livemusik (Rock, Surf, Pop).

Mucuripe Music CLUB
(www.mucuripe.com.br; Ecke Santo Dumont & Engenheiro Santana Júnior, Papicu; Grundpreis ca. 25 R$; Fr 22–5 Uhr) Der neue Laden von Mucuripe Music ist nicht nur die beste und stilvollste Disko im Nordosten, sondern auch ein riesiger, moderner Treffpunkt für 1500 Gäste mit VIP-Suiten nahe der Bühne, auf der DJs auflegen und *forró*, *sertaneja*, *axé*, Rock und andere Livemusik gespielt wird. Wenn man hier jemanden verliert, wird man ihn oder sie wohl erst am nächsten Morgen wiederfinden…

Shoppen

Der Bundesstaat Ceará ist für sein Kunsthandwerk bekannt (von hier kommen die besten Hängematten Brasiliens).

Ceart KUNSTHANDWERK
(www.fortaleza.ce.gov.br/turismo/produtos-artesanais; Centro Dragão do Mar; Di–Fr 9–21, Sa & So 15–21 Uhr) Der schöne, bundesstaatlich geführte Kunsthandwerksladen verkauft Spitzen, Keramik, Holzschnitzereien, Körbe und Taschen aus Sisal und *carnaúba*-Palmfasern sowie Textilien. Eine andere Filiale befindet sich in **Aldeota** (www.fortaleza.ce.gov.br/turismo/produtos-artesanais; Av Santos Dumont 1589, Aldeota; Mo–Sa 9–21, So 14.30–20.30 Uhr).

Praktische Informationen

Internetcafés sind reichlich vorhanden. Geldautomaten gibt's am Flughafen, Busbahnhof, Mercado Central und in Meireles, vor allem rund um die Av Abolição und den Club Náutico.

Casa do Turista (SETFOR; ☏ 3105-2670; www.fortaleza.ce.gov.br/turismo; Av Beira Mar, Mucuripe; ⊙ 9–21 Uhr) Die städtische Tourismusverwaltung betreibt einen Informationskiosk am Strand von Meireles, von dessen Mitarbeitern manche Englisch sprechen. Man erhält einen guten englischsprachigen Stadtführer. Weitere Filialen verteilen sich über die Stadt, zu finden z. B. in Centro (☏ 3105-1444; Praça da Ferreira, Centro; ⊙ Mo–Fr 9–17, Sa 8–12 Uhr) und im Mercado Central (☏ 3105-1475; UG, Mercado Central, Av Nepomuceno 199; ⊙ Mo–Fr 9–17, Sa 8–12 Uhr).

Deprotur (Delegacia de Proteção ao Turista; ☏ 3101-2488; www.policiacivil.ce.gov.br; Costa Barros 1971, Aldeota; ⊙ Mo–Fr 8–18 Uhr) Fortalezas Touristenpolizei hat zwar am Wochenende geschlossen, aber die hiesige Polizeiwache ist rund um die Uhr besetzt.

GEFAHREN & ÄRGERNISSE
An den Stränden, in Bussen, im Stadtzentrum und an der Beira-Mar muss man sich vor Taschendieben und generell vor Diebstahl hüten.

❶ Anreise & Unterwegs vor Ort

Mehrere Inlandsfluglinien nutzen Fortalezas **Aeroporto Pinto Martins** (☏ 3392-1200; Av Carlos Jereissati 3000); darüber hinaus gibt es internationale Flüge nach Buenos Aires, Frankfurt am Main, Lissabon, Miami und Mailand. Ein Festpreis-Taxi vom Flughafen nach Meireles oder zur Praia de Iracema kostet 42 R$.

Fernbusse von Nordeste verkehren nach Natal (86 R$, 9 Std.) und Fernbusse von Guanabara nach São Luís (132 R$, 19 Std.) und Recife (92 R$, 14 Std.).

Die Fahrt mit einem Stadtbus kostet 2,40 R$ (So & Feiertage 1,80 R$). Der Bus 013 „Aguanambi I" hält vor dem Busbahnhof und fährt nordwärts die Av Dom Manoel hinauf zum Centro Dragão do Mar, während die Linie 078 „Siqueira/Mucuripe" den Busbahnhof mit den Stränden von Iracema und Meireles verbindet. Der Bus 404 „Aeroporto Benfica Rodoviária" pendelt vom Flughafen zum Busbahnhof.

Jericoacoara

☏ 0XX88 / 2000 EW.

Jericoacoara (sprich: dsche-ri-kwah-*kwah*-ra) oder kurz Jeri ist wahrhaftig ein ganz besonderer Ort. Das Dorf mit seinen Sandstrand wartet mit Nachtleben, endlosen Stränden und einer idyllischen, abgeschiedenen Lage auf. Es breitet sich an einem breiten grauen Strand mit einer riesigen gelben Sanddüne und grünen Hügeln dahinter aus. Die entspannte Atmosphäre verleitet Brasilianer wie Traveller oft dazu, länger zu bleiben als geplant. Der Ort ist eines der besten Ziele in Südamerika für Sportarten, die mit Wind zu tun haben, und auf den für Longboards geeigneten Wellen kann man prima surfen lernen.

Jeri besteht aus sechs parallel verlaufenden *ruas*, die in westlicher Richtung zum Strand führen. Von der großen Sanddüne aus nach Norden heißen sie: Nova Jeri, Dunas, São Francisco, Principal, Forró und Igreja.

Trotz des stetigen Wachstums hat sich Jeri viel von der traumhaften Stimmung eines Ortes am Ende der Welt bewahrt. Hoffentlich wird sich daran nichts ändern, wenn in der 30 km entfernten Gemeinde Cruz der neue Flughafen eröffnet werden sollte, an dem in den letzten Jahren mit Unterbrechungen gebaut wurde!

Vorsicht vor *bichos de pé* (Parasiten im Boden, die an die Füße gehen) – nicht barfuß laufen! In Jeri gibt es keinen Geldautomaten, der ausländische Karten akzeptiert; die nächste Möglichkeit, sich mit Bargeld zu versorgen, ist die **Banco do Brasil** (Av Manoel Teixeira 139, Jijoca; ⊙ Filiale Mo–Fr 9–14 Uhr, Geldautomat tgl. 7–18 Uhr) im eine Stunde entfernten Jijoca. Viele Unterkünfte und Restaurants akzeptieren Kreditkarten.

◉ Sehenswertes & Aktivitäten

Die abendliche Wanderung auf die **Duna Pôr do Sol** (Sonnenuntergangsdüne), einen hohen Sandberg am westlichen Rand von Jeri sollte man sich wegen des herrlichen Blickes in den Sonnenuntergang nicht entgehen lassen. Zu weiteren beliebten Aktivitäten zählen **Buggyfahrten** zu umliegenden Dünen und Seen, die 3 km lange Wanderung zum östlich des Ortes gelegenen Felsbogen **Pedra Furada** und der traditionelle **Capoeira**-Kreis an Jeris Hauptstrand in der Abenddämmerung. Mehrere Veranstalter, darunter die **MH Kiteschool** (☏ 3669-2268; www.mhkiteschool.com; Pousada Bella Jeri, Travessa da Rua do Forró), **Rancho do Kite** (☏ 3669-2080; www.ranchodokite.com.br; Principal, Preá; ⊙ Laden 10–13 & 15.30–23 Uhr) und **Kiteiscool** (☏ 99670-2330; www.kiteiscool.com; Praça Principal; ⊙ 8.30–12 & 16.30–23 Uhr) bieten **Unterricht in Windsportarten** und vermieten Ausrüstung.

🛏 Schlafen

Bei Dutzenden *pousadas* im Ort herrscht an Betten wirklich kein Mangel. Während der Regenzeit (März–Juni) fallen die Preise drastisch, und man wohnt in Mittelklasseunterkünften zum Schnäppchenpreis.

Jericoacoara Hostel — HOSTEL $
(☎ 99747-8070; www.jericoacoarahostel.com.br; São Francisco 202; Stellplatz 25 R$/Pers., B mit Ventilator/Klimaanlage 50/60 R$, DZ mit Ventilator/Klimaanlage 160/195 R$; ✻ 🛜 ≋) Die ziemlich schlichten Zimmer und Schlafsäle sind nicht weiter erwähnenswert, aber dieses Hostel punktet mit seiner einladenden Atmosphäre. Der große Hof mit Hängematten und gut bestücktem Kühlschrank sorgt für geselliges Beisammensein. Der dreisprachige Betreiber Gaúcho hat für seine Gäste immer Reisetipps, nützliche Infotafeln und einen preiswerten Wäscheservice parat – und passt auf, dass kein Unfug passiert.

Villa Chic — HOSTEL $$
(☎ 4062-9624; www.villachicjeri.com; Principal; B 65 R$, Zi. 220 R$; ✻ @ 🛜 ≋) Wer der Hostel-Partyszene entwachsen ist, für den sind diese ausgezeichneten Schlafsäle die besten in Jeri, zumal sie zu einer Boutique-*pousada* gehören. Die drei Schlafsäle (einer für Frauen, einer für Männer, einer gemischt) haben je acht Betten und je anderthalb Badezimmer (das „halbe" besitzt keine Dusche), die zu den schicksten gehören, die zu so einem Preis zu finden sind.

Bella Jeri — POUSADA $$
(☎ 3669-2268; www.bellajeri.com.br; Travessa da Rua do Forró; EZ/DZ 200/250 R$; ✻ 🛜 ≋) Das Bella Jeri hat sieben nette, geschmackvolle Zimmer mit Backsteinwänden, soliden Holzmöbeln und Hängematten sowie einen angenehmen Garten, einen Pool und eine luftige Dachterrasse mit Blick auf die Düne und den Ozean. Das Frühstück ist toll, und die Englisch sprechenden Inhaber betreiben auch das Jeri Off Road (S. 414) sowie die MH Kiteschool (S. 411), sodass man hier alles aus einer Hand bekommt, wenn man das möchte.

Pousada Surfing Jeri — POUSADA $$
(☎ 3669-2260; www.surfingjeri.com.br; São Francisco 150; DZ 300–330 R$; ✻ 🛜 ≋) Die 25 solide gebauten, mit Holzböden und -decken versehenen Zimmer und Apartments vertei-

---

ABSTECHER

VON JERICOACOARA ZUM PARQUE NACIONAL DOS LENÇÓIS MARANHENSES

Die Fahrt von Jericoacoara westwärts zum Parque Nacional dos Lençóis Maranhenses ist eines *der* großartigen Reiseerlebnisse in Südamerika: Sie dauert, je nach Strecke, zwischen neun und 24 Stunden, und in der abenteuerlichsten Version rattert man lange Strecken entlang verlassener Strände über eine holprige Piste zwischen Sanddünen, vorbei an einsamen Gemeinden und prächtiger Landschaft.

Die schnellste und kostspieligste Option ist eine eintägige Direktfahrt von Jericoacoara zum Nationalpark. **Jeri Off Road** (S. 414) befördert einen in rund neun Stunden für rund 1300 R$ (bis zu 4 Pers.). Die Reise führt per Auto nach Paulino Neves (6½ Std.), von dort geht es per Geländewagen die Küste entlang nach Caburé (40 Min.), anschließend mit dem Boot (muss vorab reserviert werden) gemütlich weiter nach Barreirinhas, wobei man sich optional unterwegs das Delta do Parnaíba anschauen kann.

Das beste Preis-Geschwindigkeits-Verhältnis hat man, wenn man öffentliche Verkehrsmittel nutzt, was sich über **Global Connection** (S. 414) in Jericoacoara organisieren lässt. Am späten Nachmittag nimmt man einen Passagier-Truck nach Jijoca (15 R$, 40 Min.) und steigt in den Bus von **2M** (☎ 3322-8596) nach Paulino Neves (58 R$, 6½ Std.) um, der um 19 Uhr (So 17 Uhr) fährt und gegen 2 Uhr sein Ziel erreicht. In Paulino Neves kann man übernachten oder gleich um 4 oder 6 Uhr mit einem Toyota-*jardineira*-Truck weiter nach Barreirinhas (30 R$, 2 Std.) fahren.

Wer viel Zeit hat, kann auf eine langsamere, aber malerischere Alternative zurückgreifen: Dazu nimmt man den regulären Bus von Jijoca nach Camocim oder einen Geländewagen, der am Strand von Jericoacoara nach Camocim fährt, steigt dann in einen Bus oder Kleinbus von Camocim nach Parnaíba um, wo man schließlich Anschluss nach Paulino Neves und Barreirinhas hat.

In östlicher Richtung, vom Nationalpark nach Jeri, sind die Fahrpläne der öffentlichen Verkehrsmittel entlang der Küste weniger gut getaktet; hier lohnt sich eine Direktfahrt im Geländewagen.

len sich über einen schattigen grünen Garten mit einem Pool. Insgesamt ist das Haus eine sehr ansprechende Wahl.

✗ Essen

Mehrere einfache Lokale überall in der Stadt bieten *prato feito* (Tagesgerichte) für weniger als 20 R$.

Club Ventos BÜFETT $
(☎ 3669-2288; www.clubventos.com; Praia de Jericoacoara; 60 R$/kg; ☺12–17 Uhr; 🛜) Man genießt die Aussicht aufs Meer von der im Schatten von Cashewbäumen liegenden Terrasse in Jericoacoaras bestem *por-kilo*-Restaurant und setzt sich dann in einen Sessel, um für den Rest des Nachmittags zu dösen. Die ausgezeichnete Auswahl von Salaten und Gemüsen ergänzt das begrenzte, aber schmackhafte Hauptgerichtesortiment.

Jeri Jú BRASILIANISCH $
(Forró; Gerichte 15–26 R$; ☺7.30–11.30 & 12.30–20 Uhr) Das ordentliche, von einer Familie geführte Mittagsrestaurant ist das beste unter den günstigen Lokalen, die sich auf *pratos feitos* (Tagesgerichte) spezialisiert haben.

Gelato & Grano EISCREME $
(Praça Principal 1; 1/2/3 Kugeln 8/10/14 R$; ☺12–24 Uhr) Wenn es etwas gibt, wonach man in dieser Hitze schmachtet, so ist es Eis. Die ungeheuer populäre, im Farmhausschick gestaltete Eisdiele am Hauptplatz hat 20 Geschmacksrichtungen vorrätig und wird ständig von Süßschnäbeln – Einheimischen und Urlaubern gleichermaßen – umschwärmt. Brownie, belgische Schokolade und Pistazie sind die beliebtesten Sorten, aber typisch brasilianische wie *açaí* oder Tapioka gibt's natürlich auch.

⭐ Peixe Brasileiro SEAFOOD $$
(Ecke São Francisco & Beco do Guaxêlo; Fisch/Shrimps/Hummer pro kg 45/90/130 R$; ☺19–23.30 Uhr) Hier stehen nur ein paar Tische in der sandigen Gasse, in der örtliche Fischer abends frisch gefangene Fische zubereiten. Man wählt sein Abendessen also nach Gewicht in der *peixaria* nebenan aus, die von der gleichen Familie geführt wird, z. B. *pargo* (roter Schnapper), *garoupa* (Zackenbarsch), *robalo* (Seebarsch), Shrimps und/oder *langosta*. Nachdem die gewählten Meeresfrüchte gewogen wurden, setzt man sich hin und wartet, während sie gegrillt und nur mit Zitronensaft und Salz gewürzt werden.

🍷 Ausgehen & Unterhaltung

Vom frühen Abend können Feierwütige an Strandkarren am Ende der Rua Principal billige Caipirinhas und andere gemixte Drinks (7–16 R$) kaufen. Jericoacoara besitzt viele Nachtlokale mit Livemusikprogramm; legendär sind die *forró*-Nächte im **Restaurante Dona Amélia** (www.facebook.com/donaamelia.restaurante; Forró; ☺Mi & Sa 23–3 Uhr) und im **Maloca** (Igreja) sowie die Samba-Abende am Freitag in der **Pousada Solar de Malhada** (www.solardamalhada.com; Rua da Matriz). Es eröffnen ständig neue Locations, es lohnt sich also herumzufragen.

Samba Rock Cafe BAR
(www.sambarockcafe.com; Principal; Cocktails 10–20 R$; ☺9.45–1.30 Uhr) Die wohl stimmungsvollste Bar in Jeri hat eine erstklassige Lage an einer Ecke am Hauptplatz. Rustikale Holzmöbel sind unter einer großen, illuminierten Akazie aufgebaut. Donnerstags bis sonntags legen DJs zur Happy Hour (18–20 Uhr) Electronica auf; außerdem gibt's live MPB (Mo, Mi & Sa), Samba (Di & Fr), Reggae (Do) und Latinomusik (So).

Cachaçaria Gourmet BAR
(www.facebook.com/cachacariagourmetjeri; Travessa Ismael; Cachaça 8–20 R$; ☺18–24 Uhr) Wer starken Schnaps ohne Musikuntermalung kippen möchte, ist in dieser netten, winzigen Bar richtig, die sich auf Brasiliens Feuerwasser, den *cachaça*, spezialisiert hat. Es gibt hier um die 90 Marken. Viele davon stammen wie der Betreiber aus Minas Gerais. 30 Sorten sind immer im Angebot, und der Schnaps wird sogar zu Frozen-Caipirinhas gemixt (was sonst kaum gemacht wird, obwohl es eigentlich naheliegt).

ℹ️ An- & Weiterreise

Fretcar (☎ 99700-7373; www.fretcar.com.br; São Francisco; ☺6–6.15, 8–11, 12–17 & 18–22.30 Uhr) betreibt täglich bis zu fünf Busse von Fortalezas Busbahnhof nach Jericoacoara (ab 55 R$, 6–7 Std.). Einige der am Nachmittag fahrenden Busse nehmen auch Passagiere an Fortalezas Flughafen und am Praiano Hotel am Strand von Meireles auf, ehe sie die vierstündige Fahrt Richtung Westen nach Jijoca antreten. Der letzte (im Ticketpreis inbegriffene) Teil der Reise ist die einstündige Fahrt in einer *jardineira* (offener Geländewagen) über sandige Pisten durch die Dünen von Jijoca nach Jericoacoara. Fretcar-Tickets (möglichst am Vortag kaufen!) erhält man am **Beach Point** (☎ 3086-7055; www.beachpointceara.tur.br; Ecke Av Beira Mar & Oswaldo Cruz,

Nr. 1 Beira-Mar Trade Center; 9–12 & 13–20 Uhr) in Fortaleza oder bei **Global Connection** (99900-2109; Forró; 9–22 Uhr) in Jericoacoara.

Zahlreiche Unternehmen, darunter **Enseada** (3091-2762; www.enseada.tur.br; Av Monsenhor Tabosa 1001, Loja 10) und **Victorino** (3047-1047; www.vitorinotur.com.br; Av Monsenhor Tabosa 1067) bieten einen direkten Tür-zu-Tür-Service mit Kleinbussen von Fortaleza nach Jericoacoara (75 R$, 6 Std.) an.

Die aufregendste Art, Jericoacoara von Fortaleza aus zu erreichen, ist eine Fahrt den Strand entlang in einem Geländewagen – diese Option wird von Veranstaltern angeboten, z. B. von **Jeri Off Road** (3669-2268; www.jeri.tur.br; Pousada Bella Jeri, Travessa da Rua do Forró), die für die Fahrt 750 R$ (bis zu 4 Pers.) berechnen.

São Luís

0XX98 / 1,1 MIO. EW.

Dank eines prächtigen kolonialen Stadtkerns, der die richtige Mischung aus verblasster Eleganz und schön restaurierten Gebäuden hinbekommt, darf sich São Luís als Juwel in der Krone Nordostbrasiliens betrachten. Gepflasterte Straßen sind von bunt gestrichenen und herrlich gefliesten Villen gesäumt, die inzwischen zum UNESCO-Weltkulturerbe gehören. Die reiche folkloristische Tradition der Stadt wird mittels farbenprächtiger Feste zelebriert. Überdies ist São Luís auch die Reggae-Hauptstadt Brasiliens.

São Luís wird vom Rio Anil in zwei Halbinseln geteilt. Auf der südlichen Halbinsel befindet sich das Zentrum, das auf einem Hügel oberhalb des historischen Stadtkerns Praia Grande liegt. Auf der Nordhalbinsel liegen wohlhabende Vororte (São Francisco) und Stadtstrände (Calhau).

Sehenswertes & Aktivitäten

Das Zentrum von São Luís ist das am besten erhaltene koloniale Viertel im Nordosten und voller Stadthäuser aus dem 18. und 19. Jh., die mit farbenfrohen portugiesischen *azulejos* (dekorativen Fliesen) verkleidet sind. Seit den späten 1980er-Jahren bemüht man sich im Rahmen des Projeto Reviver (Erneuerungsprojekt) darum, das Zentrum nach Jahrzehnten der Vernachlässigung und des Verfalls allmählich wiederzubeleben. In vielen der restaurierten Gebäude sind heute Regierungsstellen, Kulturzentren, Museen, Galerien, Kunsthandwerksläden, *pousadas*, Bars und Restaurants untergebracht.

Am Wochenende zieht es die Einheimischen zur **Praia do Calhau**, einem 9 km vom Zentrum entfernten, breiten, hübschen Strand.

Casa de Nhôzinho MUSEUM

(Portugal 185; Di–So 9–18 Uhr) GRATIS In der bunten, faszinierenden Casa do Nhôzinho finden Besucher eine Sammlung kreativer Fischfallen, Räume voller indigenem Kunsthandwerk aus Maranhão und viele farbenfrohe, feine Bumba-Meu-Boi-Figürchen aus dem 20. Jh., angefertigt von Mestre Nhôzinho.

Casa das Tulhas MARKT

(Largo do Comércio; 7–20 Uhr) In dem Marktgebäude aus dem 19. Jh. ist heute ein interessanter Mix aus örtlichem Kunsthandwerk und Essen zu finden, von getrockneten Garnelen und Paranüssen bis hin zu einem künstlich purpurn gefärbten Maniokschnaps, dem *tiquira*, und der regionalen Limonade Guaraná Jesus. Es gibt hier auch ein paar Bars, in denen es am späten Nachmittag munter wird.

Feste & Events

São Luís besitzt eine der längsten Folkloretraditionen Brasiliens, was sich bei vielen Festen, etwa beim Karneval, deutlich zeigt. Zwischen Anfang Mai und Anfang Juni feiert die Stadt zwei bis drei Wochen lang die **Festa do Divino Espírito Santo**, bei der sich der besonders starke afrobrasilianische Einfluss nicht übersehen lässt. Das berühmte Fest **Bumba Meu Boi** nimmt die zweite Junihälfte ein. Die **Tambor de Mina** im Juli ist ein wichtiges Event für die Anhänger afrobrasilianischer Kulte.

Schlafen

★ Casa Frankie POUSADA $

(3222-8198; www.casafrankie.com; Rua do Giz 394; EZ/DZ/3BZ 80/100/120 R$; ❋@🛜🏊) Die günstigste Übernachtungsoption im historischen Zentrum wird von einem entspannten Dänen geführt, der das koloniale Stadthaus – ein früheres Bordell – restauriert und darin schlichte, aber wirklich tolle Zimmer eingerichtet hat. Die Zimmer sind groß, das Haus zeichnet sich aber vor allem anderen hauptsächlich durch seine schönen Gemeinschaftsbereiche aus, zu denen eine luftige Veranda mit eindrucksvollen originalen Fensterläden, ein hübscher Pool und ein Hof rund um einen ausladenden Mangobaum gehören.

São Luís

Pousada Colonial
POUSADA $

(☎ 3232-2834; www.hotelpousadacolonial.com.br; Afonso Pena 112; EZ/DZ/3BZ 126/156/186 R$; ✱ @ ☎) Das renovierte Altstadthaus mit einem Innenhof und einmaligen erhabenen *azulejos* innen und außen besitzt einen gewissen kolonialen Charme. Die Zimmer werden diesem Ambiente nicht ganz gerecht: Einige haben keine Fenster, aber alle haben neue Matratzen mit frischen Bettlaken, eine Klimaanlage und einige auch einen schönen Ausblick über die Dächer der Altstadt.

Solar das Pedras
HOSTEL $

(☎ 3232-6694; www.ajsolardaspedras.com.br; Rua da Palma 127; B/DZ 40/90 R$; ☎) Das HI-Hostel in dem restaurierten Wohnhaus aus dem 19. Jh. hat akzeptable, saubere Einrichtungen, u.a. einen recht großen Sitzbereich, aber die Zimmer sind düster und schlecht belüftet; die Küche ist klein. Insgesamt ist es wegen der Architektur trotzdem die beste Backpacker-Bleibe. Rabatt für HI-Mitglieder.

São Luís

◎ Sehenswertes
1 Casa das Tulhas B3
2 Casa de Nhôzinho B3

🛏 Schlafen
3 Casa Frankie B4
4 Pousada Colonial C4
5 Solar das Pedras C3

🍴 Essen
6 Dom Francisco B3
7 Restaurante Senac C3

✪ Unterhaltung
8 Bar do Nelson A2
9 Cafofinho da Tia Dica B3

🍴 Essen

★ Restaurante Senac
BÜFETT $$

(Rua de Nazaré 242; Mittagsbüfett 38 R$, Hauptgerichte für 2 Pers. abends 40–83 R$; ⊙ Mo–Sa 12–15, Fr 19–23 Uhr; ☎) Das Schaufenster der

São-Luis-Filiale von Brasiliens bekanntester Kochschule in São Luis ist mittags wegen des erstklassigen *all you can eat*-Büfetts immer voll. Geboten werden eine große Salattheke, acht oder zehn Fleisch- und Meeresfrüchtegerichte, Reis, Gemüse, leckere Desserts und ein Klavierspieler. Abendessen gibt es nur freitags: à la carte mit guten regionalen Gerichten.

L'Apero FRANZÖSISCH, BRASILIANISCH $$
(3727-8121; Av Litoranêa, Modulo 4A; Hauptgerichte 35–44 R$; Di-Sa 11–1, So 10–22 Uhr;) Der französisch geführte große Kiosk am Strand von São Marcos verspricht gutes Essen, gute Musik und gute Stimmung, besonders sonntags, denn alle in São Luís wissen, dass es dann nur hier Livemusik gibt. An den meisten Abenden in der Woche spielen Bands, oder es legen DJs auf.

Dom Francisco BRASILIANISCH $$
(Rua do Giz 155; Mittagessen 34,90 R$/kg, Hauptgerichte 25–35 R$; Mo-Sa 11–15.30 & 18–23 Uhr) Für das ausgezeichnete Büfett versuchen die Köche nicht, alle Gerichte zuzubereiten, die jemals in Maranhão auf den Tisch kamen, sondern beschränken sich auf ein ausgewähltes Sortiment leckerer Speisen. Abends isst man hier à la carte.

🍷 Ausgehen & Unterhaltung

Die *barracas* an den Stränden von Ponta d'Areia, São Marcos und Calhau sind beliebte Kneipen, die als Extras die Meeresbrise und abends Livemusik zu bieten haben.

Im Centro Historíco kommt abends das Nachtleben rund um den Largo do Comércio in Schwung, vor allem vor dem **Cafofinho da Tia Dica** (Beco da Alfândega; 11–24 Uhr) und in der Rua da Trapiche in Ufernähe.

São Luís ist die Reggae-Hauptstadt Brasiliens; viele Bars und Clubs veranstalten regelmäßig Reggae-Abende, manchmal live, manchmal mit DJs. Man kann sich bei den Einheimischen und in den Touristeninformationen erkundigen, was gerade angesagt ist, oder auch unter www.kamaleao.com/saoluis nachschauen. Es gibt hier auch eine muntere Schwulen- und Lesbenszene.

Bar do Nelson LIVEMUSIK
(98840-3196; www.facebook.com/bardonelson reggaeroots; Av Litorânea 135, Calhau; Eintritt 5–20 R$; Do-Sa 21–3 Uhr) Die Bar do Nelson wirkt wie ein heruntergekommenes Clubhaus. Der berühmteste Reggae-Schuppen der Stadt punktet mit Livemusik und Tanz. Eine zweite Filiale hat inmitten der Bars an der Rua da Trapiche (Rua da Trapiche 39) im historischen Zentrum aufgemacht.

Casa das Dunas LIVEMUSIK
(3227-8695; www.casadasdunasma.com.br; Av Litorânea s/n; Di-So 16–2 Uhr) Das größte Ereignis der Stadt seit *picanha* in Scheiben: der massive, architektonisch eindrucksvolle Unterhaltungskomplex wurde 2015 eröffnet. Die Veranstaltungsstätte an der Praia do Calhau ist zugleich Bar und Livemusik-Location und eine gute Adresse für Musik von DJs, MPB und *forró*. Auch landesweit bekannte Künstler zieht es hierher.

ℹ️ Praktische Informationen

Central de Informações Turísticas (SETUR; 3212-6210; www.saoluis.ma.gov.br/setur; Praça Benedito Leite; Mo-Fr 8–18, Sa & So bis 12 Uhr) Das Hauptinformationsbüro von Setur, dem städtischen Tourismusamt, ist zugleich das nützlichste, weil die Angestellten, auf die wir trafen, Englisch und Französisch sprachen.

DETUR (Delegacia Especial de Turismo; 3214-8682; Rua da Estrela 427; Mo-Fr 8–18 Uhr) Die Wache der Touristenpolizei in São Luís, in der man Verbrechen melden und Anzeige erstatten kann. Verblüffenderweise spricht hier niemand Englisch.

ℹ️ Anreise & Unterwegs vor Ort

São Luís' **Aeroporto Internacional de São Luís – Marechal Cunha Machado** (3217-6100; Av dos Libaneses, Tiriríca), 12 km südöstlich der Stadt, wird von allen größeren Inlandsfluglinien angeflogen. Die Taxifahrt in die Stadt kostet 48 R$. Alternativ fährt der Bus 901 „São Cristóvão Aeroporto" (2,60 R$) zwischen dem Flughafen und der Praça Deodoro rund 1 km östlich des Centro Histórico, doch ist die Option nachts aus Sicherheitsgründen nicht zu empfehlen.

São Luís' **Fernbusbahnhof** (3243-1305; www.rodoviariasaoluis.com.br; Av dos Franceses 300, Santo Antônio), 8 km südöstlich vom Zentrum, erreicht man per Taxi (30–37 R$) oder dem Vila Sarney/Africanos-Bus (2,60 R$) ab dem Terminal Praia Grande. Busse fahren nach Belém (143 R$, 13 Std.) und Fortaleza (132 R$, 17 Std.). Die Nachtbusse werden häufig ausgeraubt. Deswegen sollte man lieber fliegen, zumal das oft billiger ist.

Parque Nacional dos Lençóis Maranhenses

Der spektakuläre Nationalpark umfasst 1500 km² sanft geschwungener weißer Dünen. Am besten besucht man ihn zwischen Mai und September, wenn das Regenwasser zwischen den Sandhügeln kristallklare Seen bildet. Der wichtigste Zugang ist die einigermaßen reizlose Ortschaft Barreirinhas, die immerhin aber wunderschön an einer Biegung des Rio Preguiça nahe der südöstlichen Ecke des Parks liegt.

Wer mindestens zwei Nächte in der Gegend verbringen will, findet zwei weitere Zugangspunkte, die die Anreise lohnen: Das einsame Fischerdorf Atins liegt geborgen zwischen Dünen, dem Fluss und dem Meer an der Mündung des Rio Preguiças. Santo Amaro ist ein Dorf an der westlichen Grenze des Parks, wo die Dünen direkt an den Ortsrand reichen. Am Flussufer gibt es Sandstrände, sodass man baden kann, auch wenn die Lagunen in den Dünen trocken gefallen sind. Beide Dörfer sind viel charmanter als Barreirinhas.

Zahlreiche örtliche Veranstalter, darunter Caetés Turismo (✆3349-0528; www.caetesturismo.com.br; Av Brasília 40B, Barreirinhas; ◷8–18 Uhr und São Paulo Ecoturismo (✆3349-0079; www.saopauloecoturismo.com.br; Av Brasília 108, Barreirinhas; ◷7–20 Uhr), bieten Ausflüge in den Park. Ein üblicher Ausflug ab Barreirinhas besteht in einer halbtägigen Geländewagentour zur Lagoa Azul (60 R$) und Lagoa Bonita (70 R$), zwei der größten Seen im Park. Angeboten wird auch eine wundervolle siebenstündige Bootsfahrt (70 R$, tgl. 8.30 Uhr) zur Mündung des Rio Preguiças. Bei Halten unterwegs wandert man in den Dünen bei Vassouras, besteigt den Leuchtturm von Mandacaru und isst am Tagesausflügler-Strand von Caburé.

Wer tiefer in den Parks vordringen und denkwürdige mehrtägige Wanderungen erleben will, wendet sich an Veranstalter wie Terra Nordeste (✆3221-1188; www.terra-nord

REISEN AUF DEM FLUSS

Flussreisen sind ein einzigartiges Amazonasabenteuer. Bevor man sich diesem stellt, sollte man aber wissen, dass die meisten Boote langsam und überfüllt, oft muffig und stinkend, manchmal düster und nie komfortabel sind. Wer forró-Musik liebt, wird sie nach dieser Reise hassen. Zum Glück sind die Brasilianer freundlich und das Leben am Fluss interessant!

➤ Wer stromabwärts reist, kommt weitaus schneller voran – dafür schippern die Boote stromaufwärts näher am idyllischen Flussufer entlang.

➤ Vor der Abfahrt dümpeln die Boote oft mehrere Tage lang im Hafenbecken – bevor man sich für eines entscheidet, sollte man die Qualität des Bootes überprüfen.

➤ Die Preise variieren kaum. Tickets kauft man am besten an Bord oder an offiziellen Ständen in den Hafengebäuden. Straßenhändler versprechen zwar Rabatte, hauen einen aber vielleicht übers Ohr.

➤ Normalerweise können camarotes (Kabinen) gebucht werden, die zusätzliche Privatsphäre und Sicherheit bieten. Man sollte sicherstellen, dass die Kabinen einen Ventilator oder eine Klimaanlage haben. Camarotes sind meist genauso teuer wie ein Flug.

➤ Man sollte seine Hängematte ein paar Stunden vor der Abfahrt aufhängen (bekommt man auf jedem Markt ab 20 R$, Seile nicht vergessen!). Es gibt normalerweise zwei Decks für Hängematten; am besten sucht man sich einen Platz auf dem Oberdeck (über den Motoren) und weitab der stinkenden Toiletten. Andere Reisende werden ihre Hängematten wahrscheinlich über oder unter der eigenen anbringen. Mitunter übernehmen Hafenarbeiter gegen ein kleines Trinkgeld die Befestigung der Hängematte: ein Angebot, das man annehmen sollte, wenn man sich nicht mit Knoten auskennt.

➤ Man sollte einen Regenmantel oder Poncho, Bettwäsche oder eine leichte Decke, Klopapier und Tabletten gegen Durchfall mitnehmen.

➤ Die Verpflegung (im Preis enthalten) besteht größtenteils aus Reis, Bohnen und Fleisch, Wasser oder Saft. Am besten ein paar Liter abgefülltes Wasser, Obst und Snacks mitbringen! Auf dem Oberdeck befindet sich meistens eine Snackbar.

➤ Es empfiehlt sich, das Gepäck stets im Blick zu behalten, besonders vor und während der Stopps. Die Reißverschlüsse verschließen und den Rucksack in einer Plastiktasche aufbewahren! Wertgegenstände immer bei sich tragen!

este.com; Rua do Giz 380; ⊙ Mo–Fr 9–18 Uhr)
oder Sandwalkers (✆98864-0526; sandwal
kers.ma@gmail.com; Atins).

Zu den guten Budget-Lodges zählen die **Casa do Professor Hostel** (✆98808-2546; www.casadoprofessorhostel.com; Projectada 305, Barreirinhas; Stellplatz/Hängematte/B 15/25/35 R$; @🛜) in Barreirinhas, die **Pousada Irmão Atins** (✆98864-4288; www.pousadairmaoatins.blogspot.com.br; Rua Principal, Atins; EZ/DZ mit Ventilator 80/160 R$, mit Klimaanlage 130/190 R$; ❄@) in Atins und das **Ciamat Camp** (✆99604-5824; www.ciamatcamp.com; Santo Amaro; EZ/DZ 220/235 R$) in Santo Amaro. Grillfisch, Holzofenpizza und jeden Abend Livemusik gibt's im **A Canoa** (Av Beira Rio 300, Barreirinhas; Hauptgerichte 22–39 R$; ⊙11.30–23.30 Uhr; 🛜) am Flussufer in Barreirinhas.

Cisne Branco (✆3243-2847; www.cisnebrancoturismo.com.br; Anacleto de Carvalho 623, Barreirinhas) betreibt täglich vier Busse zwischen São Luís und Barreirinhas (46,50 R$, 4½ Std.). Alternativ gibt es über **BRTur** (✆98896-6610; www.brtur.net.br; 60 R$) einen effizienteren Tür-zu-Tür-Service mit Kleinbussen (60 R$).

Am einfachsten gelangt man mit einem Toyota-Geländewagen (25 R$, 2 Std.) ab Barreirinhas nach Atins oder indem man an der

Der Norden

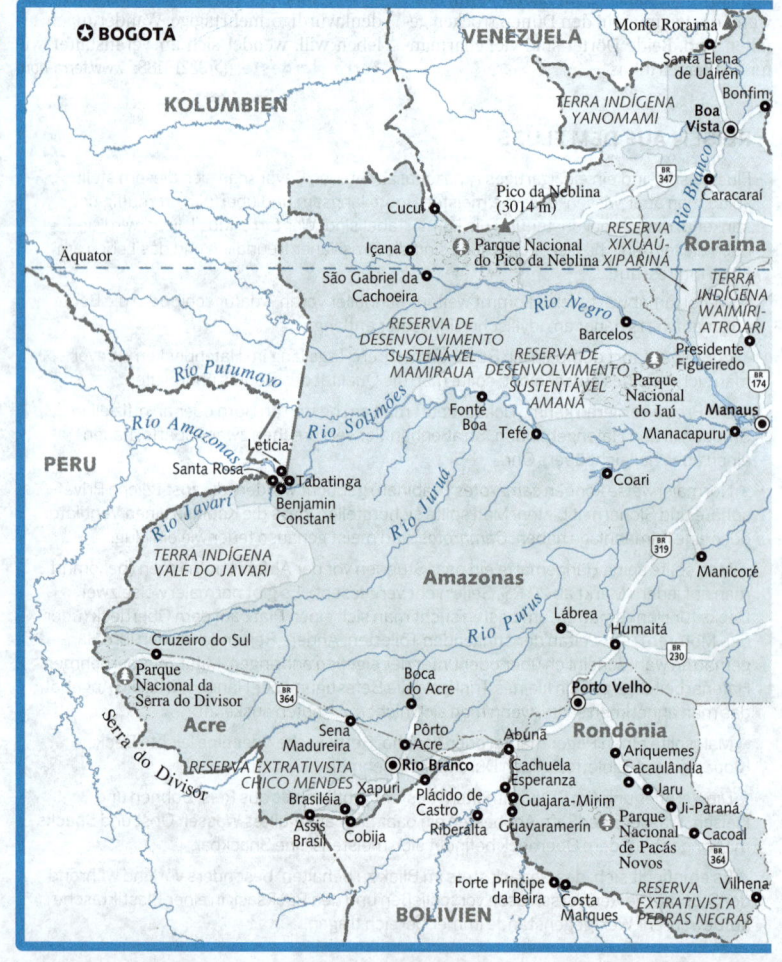

täglichen Bootsfahrt den Rio Preguiças hinunter teilnimmt und an der Flussmündung aussteigt. Die Anreise nach Santo Amaro ist komplizierter, die Einzelheiten erfragt man am besten vor Ort.

Barreirinhas eignet sich auch als Sprungbrett nach Jericoacoara.

DER NORDEN

Wer an den Amazonas denkt, stellt sich einen romantischen, fast schon mystischen Ort vor, hat gleichzeitig aber leider auch nur allzu reale Bilder im Kopf. Die Zukunft des riesigen, aus Flussläufen und Regenwäldern bestehenden Gebietes, der grünen Lunge unseres Planeten, geht uns alle an.

Allein die Zahlen sind unglaublich: Das Amazonasbecken umfasst eine 6 Mio km² große Fläche, knapp über die Hälfte davon befindet sich auf brasilianischem Staatsgebiet. Das Gebiet umfasst 17% der weltweiten Trinkwasserreserven, und der Hauptfluss transportiert in seinem Mündungsgebiet 12 Mrd. l pro Minute!

In den weitläufigen Wäldern kann man immer noch eine erstaunlich vielfältige Tier- und Pflanzenwelt beobachten, doch sollte man sich bewusst sein, dass man nur

selten Jaguare oder Anakondas zu Gesicht bekommen wird. Dennoch ist ein Regenwaldtrip eine wertvolle Erfahrung: Man kann die hiesige Tier- und Pflanzenwelt kennenlernen und beobachten, wie die lokalen Stammesgemeinden sich an die Wasserwelt angepasst haben. Flusstouren von Manaus aus sind beliebte, aber bei Weitem nicht die einzigen Optionen, das Amazonasbecken zu bereisen. Belém, die größte Stadt am Amazonas, ist ein reizvoller Startpunkt für die Erkundung der Region. Auch die ruhigen weißen Sandstrände von Alter do Chão sind einen Zwischenstopp auf dem Weg flussaufwärts wert.

❶ Anreise & Unterwegs vor Ort

Der Busverkehr ist auf ein paar Strecken im Norden begrenzt, sodass auch die Flüsse hier als Straßen dienen. Die konkurrierenden Fluglinien bieten manchmal günstigere Preise als Boote mit Hängematten – daher gilt: unbedingt die Angebote prüfen!

Belém

◩ OXX91 / 1,4 MIO. EW.

Das wohlhabende Belém ist von einer kulturellen Raffinesse, die man in einer derart abgelegenen Stadt nicht erwartet. Den Reichtum verdankt die Stadt ihrer Lage als Tor zum Amazonas: Ob Holz oder Sojabohnen, sämtliche Produkte passieren erst Belém, bevor sie auf den Markt kommen. Neuerdings wird auch in den Tourismus investiert – mit beeindruckenden Ergebnissen. Wer sich Zeit nimmt und über die von Mangobäumen gesäumten Boulevards schlendert, die Parks und Museen erkundet und den wundervollen Anblick des Amazonas genießt, wird diese attraktive Stadt nicht so schnell vergessen.

Das kompakte Geschäftsviertel Comércio zwischen der Av Presidente Vargas und der Av Portugal ist tagsüber laut und belebt und nachts menschenleer. In der ruhigeren Cidade Velha (Altstadt) befinden sich die

Belém

meisten historischen Gebäude von Belém. Östlich vom Zentrum findet man im wohlhabenden Nazaré einige schicke Läden und Restaurants.

◉ Sehenswertes & Aktivitäten

Mittelpunkt der Cidade Velha ist die Praça Brandão, an der sich die **Catedral da Sé** (Praça Frei Brandão; ⏱7–12 & 14–19.30 Uhr) erhebt. Die meisten Sehenswürdigkeiten haben montags geschlossen.

Forte do Presépio · FORT
(Praça Fr Brandão; Eintritt 4 R$, Di frei; ⏱Di–Fr 10–18, Sa & So bis 14 Uhr) Die Stadt Belém wurde 1616 mit der Errichtung dieser imposanten Festung begründet, die die portugiesischen Interessen am Fluss gegen Überfälle durch Franzosen und Niederländer schützen sollte. Heute beherbergt das Fort ein kleines, aber ausgezeichnetes Museum, das sich hauptsächlich mit den indigenen Gemeinschaften im Bundesstaat Pará beschäftigt; die Ausstellung ist nur auf Portugiesisch beschildert. Von den dicken Steinwällen aus hat man einen tollen Blick auf den Fluss und die Stadt.

Mercado Ver-o-Peso · MARKT
(Blvd Castilhos França; ⏱Mo–Sa 7.30–18, So bis 13 Uhr) Der Name dieses Marktes am Ufer mit dem auffälligen, von vier Türmchen bekrönten Gebäude stammt noch aus kolonialen Zeiten, als die Portugiesen die Waren *ver o peso* (das Gewicht prüften), um die fälligen Steuern festzulegen. Das Sortiment von Früchten, Tieren, Heilpflanzen und vielem anderen ist faszinierend. Wer früh kommt, kann zuschauen, wie die Fischerboote ihren Fang löschen.

Teatro da Paz · HISTORISCHES GEBÄUDE
(Praça da República; Eintritt 6 R$, Mi frei; ⏱Führung Di–Fr 9–12 & 14–18, Sa & So 9–12 Uhr) Das Teatro da Paz an der Praça da República ist eines der schönsten Bauwerke in Belém. Es wurde 1874 im neoklassizistischen Stil erbaut und zeigt die ganze Pracht der Kautschuk-Boom-Ära: Säulen, Büsten, Kristallspiegel und Innenräume im Stil des italienischen Opernhauses. Die halbstündigen Führungen stellen einen ganz interessanten Ausflug in die glanzvollen Tage der Stadt dar.

Museu Emílio Goeldi & Parque Zoobotánico · ZOO
(☎3219-3300; www.museu-goeldi.br; Av Governador Magalhães Barata 376; Park, Aquarium & Dauerausstellung je 2 R$; ⏱Di–So 9–17 Uhr) Die ausgezeichnete Anlage mit Zoo und Museum zeigt viele Tierarten aus dem Amazonasbecken, von Manatis und Anakondas bis zu Jaguaren und Riesenottern. Außerdem gibt es eine Voliere, ein Aquarium und eine ausgezeichnete Dauerausstellung von Artefakten antiker Völker Amazoniens. Familien statten dem Museum sonntags gern einen Besuch ab.

Valeverde · BOOTSTOUR
(☎3213-3388; www.valeverdeturismo.com.br; Estação das Docas) Veranstaltet diverse kurze Bootsfahrten auf dem Fluss (45–160 R$/Pers.), darunter Vogelbeobachtungstouren bei Sonnenaufgang und nette Kreuzfahrten in den Abend. Valeverde hat ein Büro am Kai an der Estação das Docas und fährt täglich von dort ab; in den meisten Fällen ist eine vorherige Anmeldung nicht erforderlich.

✯ Feste & Events

Círio de Nazaré · RELIGION
Am zweiten Sonntag im Oktober ziehen mehr als 1 Mio. Gläubige mit der Figur der Jungfrau von Nazaré von der Kathedrale zur Basílica de Nossa Senhora de Nazaré. Darauf folgt eine zweiwöchige riesige Sause.

🛏 Schlafen

Hotel Unidos · HOTEL $
(☎3224-0660; www.hotelunidos.com.br; Ó de Almeida 545; EZ/DZ/3BZ 100/120/150 R$; ❄@⏰) Das Unidos hat große, makellose Zimmer und kompetentes, gastfreundliches Personal. Die Deko ist zugegebenermaßen schlicht, und die Fenster sind klein, aber

---

Belém

◉ Sehenswertes
1 Catedral da Sé A3
2 Forte do Presépio A3
3 Mercado Ver-o-Peso A2
4 Teatro da Paz D3

✚ Aktivitäten, Kurse & Touren
5 Valeverde B2

🛏 Schlafen
6 Hotel Unidos C2

🍴 Essen
7 Boteco das Onze A3
8 Estação das Docas B1
9 Govinda Belem C2

🍷 Ausgehen & Nachtleben
10 Amazon Beer B1

die Preise sind niedriger als bei vergleichbar ausgestatteten Alternativen, zumal es auch noch einen Rabatt von 15 % bei Barzahlung gibt. Das Hotel liegt in kurzer Gehentfernung zu vielen Restaurants und Sehenswürdigkeiten und nahe bei Bushaltestellen, falls man anderswo hin fahren will.

Amazônia Hostel Belém HOSTEL $
(3278-4355; www.amazoniahostel.com.br; Av Governador José Malcher 592; B 54 R$, EZ/DZ 81/111 R$, ohne Bad 71/103 R$; ❄@🛜) Die 100 Jahre alte Villa eines Kautschukbarons ist der ideale Standort für Beléms am längsten bestehende Jugendherberge. Die recht kleinen Schlafsäle sind mit soliden Stockbetten und großen Schließfächern ausgestattet und verfügen über 4 m hohe Decken und prächtige Holzböden. Internet, eine Küche und eine Waschküche sind willkommene Extras. Die Preise sind hoch für ein Hostel, und die Betreiber geizen bei Frühstück und Bettwäsche, aber sonst ist die Unterkunft durchaus angenehm.

★ Manacá Hotel HOTEL $$
(3222-9224; www.manacahotel.com.br; Travessa Quintino Bocaiúva 1645; EZ/DZ/3BZ 155/180/210 R$; ❄🛜🏊) Die Zimmer in diesem Boutiquehotel sind gemütlich und modern (wenn auch etwas dunkel); die Gemeinschaftsbereiche besitzen schöne Holz- und Steinböden und mit kreativer Kunst dekorierte Wände. Das Viertel ist ebenfalls nett und bietet stilvolle Läden und Restaurants. Es gibt einen kleinen Swimmingpool.

 Essen

Belém ist bekannt für *pato no tucupí* (Ente in Maniokssaft und prickelnder Sauce aus *jambu*-Blättern), *tacacá* (eine klebrige Suppe aus Maniokwurzeln, getrockneten Shrimps und *jambu*-Blättern) und *maniçoba* (schwarze Bohnen, Schweinefleisch und Maniokblätter). Klassische Billigimbisse sind u.a. die *tacacá*-Stände an der Basílica de Nossa Senhora de Nazaré; Verkäufer von billigen Säften, *salgados* (Snacks) und *pratos feitos* stehen auch im Mercado Ver-o-Peso.

Govinda Belem INDISCH $
(3222-2272; www.restaurantegovindabelem.blogspot.com.br; Travessa Padre Prudencio 166; 20 R$; Mo-Fr 11.30-15, Sa 12-14.30 Uhr; 🌱) Die Gerichte sind indisch (Samosas, *dal* etc.), aber mit deutlichem brasilianischen Einschlag (*farofa, jambu*). Auf jeden Fall schmecken sie lecker und sind rein vegetarisch – eine sehr willkommene Abwechslung zur typischen brasilianischen Kost, die ein bunt gemischtes Publikum anspricht. Man wählt drei oder vier Gerichte von der Tageskarte; die einfallsreichsten Speisen gibt's am Samstag. Das Lokal ist nett dekoriert und die Bedienung schnell und freundlich.

★ Estação das Docas RESTAURANTS $$
(www.estacaodasdocas.com.br; Blvd Castilho França; So-Mi 10-24, Do-Sa bis 3 Uhr) Einer der besten Orte in Belém, um zu essen, wonach einem gerade der Sinn steht. In dem weitläufigen Komplex gibt es fast ein Dutzend Restaurants. Die meisten haben Sitzbereiche drinnen und draußen und sind mittags, abends und auch noch spät in der Nacht geöffnet. Zu den besonders beliebten zählen das Lá em Casa, das teures, aber hervorragendes regionales Essen serviert, und Amazon Beer mit schmackhafter Kneipenkost und Kleinbrauereibieren.

Boteco das Onze BRASILIANISCH $$
(Praça Frei Brandão; Hauptgerichte 21-63 R$; Di-So 12-24, Mo 17-24 Uhr) Das Restaurant im Einkaufszentrum Casa das Onze Janelas gehört zu den besten Bar-Restaurants der Stadt. Es hat einen Speisesaal, dessen Wände mit moderner Kunst geschmückt sind, und hinten eine luftige Außenterrasse mit Blick auf den Fluss. Zu empfehlen ist die *moqueca de filhote*, ein schmackhafter Eintopf mit Wels, Shrimps und Hummer. An den meisten Abenden gibt's Livemusik.

🍷 Ausgehen & Unterhaltung

Amazon Beer BIERHALLE
(www.amazonbeer.com.br; Av Marechal Hermes, Estação das Docas; 17-1 Uhr) So sehr die Brasilianer Bier auch lieben, es kann doch überraschend schwierig sein, etwas Ausgefalleneres als Pilsner zu bekommen. Diese preisgekrönte Brauerei ist mit einem Amber Ale, einem niederländischen *witbier* (Weizenbier), einem India Pale Ale und sogar einem einmaligen *açaí*-Stout, eine Ausnahme – die Biere werden alle vor Ort gebraut. Es gibt Sitzbereiche drinnen und draußen, eine richtige Speisekarte und sogar zum Verkauf als Souvenir angebotene Biergläser. Das Lokal ist oft sehr voll.

Casa do Gilson LIVEMUSIK
(3272-7306; Travessa Padre Eutíquio 3172; Fr 20-3, Sa & So 12-3 Uhr) Beléms beste Livemusik gibt's in dieser 1987 eröffneten Location.

Das Publikum aus Intellektuellen und Hipstern genießt hier erstklassige Samba, *choro* (improvisierte, sambamäßige Musik) und anderes. Es gibt gutes Essen; die Atmosphäre ist toll. Das Casa do Gilson liegt zwischen den Ruas Nova und Tambés.

❶ Praktische Informationen

Estação das Docas (Blvd Castilhos França) Zahlreiche Geldautomaten in einer sicheren Umgebung.
SETUR (3212-0575; www.paraturismo.pa.gov.br; Praça Waldemar Henrique; ⊙Mo–Fr 8–14 Uhr) Eine recht hilfreiche Filiale der bundesstaatlichen Tourismusbehörde.
Touristenpolizei (CIPTUR) (3212-0948; Praça Waldemar Henrique s/n, Paratur Office)

GEFAHREN & ÄRGERNISSE
Im Viertel Comércio kommen Raubüberfälle vor, wenn dort wenig Verkehr herrscht (nachts & So). Abends sollte man ein Taxi nehmen. Taschendiebe treiben sich am Mercado Ver-o-Peso herum.

❶ An- & Weiterreise

BUS
Der Busbahnhof liegt an der Av Almirante Barroso 3 km östlich vom Zentrum. Um zur Innenstadt zu kommen, nimmt man von der gegenüberliegenden Straßenseite den Bus 316 „Guamá–P Vargas". Zum Busbahnhof nimmt man die gleiche Linie ab der Av Presidente Vargas. Eine Taxifahrt zu Zielen an der Av Presidente Vargas kostet zwischen 20 und 22 R$.

Ausgewählte Reisezeiten und Reiseziele ab Belém:

ZIEL	DAUER (STD.)	PREIS (R$)
São Luís	10	131
Fortaleza	24	266
Salvador	33	360
Rio de Janeiro	50–53	425–550

FLUGZEUG
Viele Inlandsflüge sowie Flüge nach Suriname im Norden starten vom Beléms **Aeroporto Internacional Val-de-Cans** (3210-6000) 8 km nördlich vom Zentrum. Die Busse 634 „E Marex–Arsenal" und 638 „Pratinha–P Vargas" verkehren zwischen dem Verkehrskreisel vor dem Flughafen und der Innenstadt von Belém (2,50 R$, 40 Min.). Die Fahrt mit dem Taxi kostet 50 R$.

SCHIFF/FÄHRE
Die Schiffe nutzen Beléms schön renovierten **Terminal Hidroviária** (Av Marechal Hermes). Die Tickets werden an den Schaltern im Innern verkauft. Die Schiffe nach Santarém (Hängematte/Kabine 230/800 R$, 3–4 Tage) und Manaus (Hängematte/Kabine 370/1200 R$, 5–6 Tage) legen mittwochs, freitags und jeden zweiten Dienstag ab.

Algodoal
0XX91

Das nur per Boot erreichbare Algodoal ist ein einfaches Dorf in idyllischer Lage. Sandige Straßen, kein Autoverkehr, billige Unterkünfte und weiße Strände – das sind gute Voraussetzungen für einige erholsame Tage!

Das Dorf besteht aus drei langen Parallelstraßen. Am Ende des Dorfes gelangt man über einen kleinen Fluss (bei Ebbe einfach hindurchwaten, bei Flut mit einem Kanu übersetzen) zur hübschen Praia do Farol. Der Strand beschreibt eine Kurve und geht in die 8 km lange Praia da Princesa über. Es gibt noch andere kleine Dörfchen auf dieser Insel, die durch Kanäle in drei Hauptabschnitte geteilt ist. Man kann das Eiland zu Fuß, per Pferdekarren oder Kanu erkunden.

Praktisch jedes zweite Haus hier ist eine *pousada*. Die meisten verfügen über sehr einfache Zimmer, Hängematten und manchmal auch einen Platz zum Zelten (Moskitonetz mitbringen!). Der Konkurrenzkampf hält die Preise niedrig, und viele Unterkünfte bieten WLAN. Zu den guten Optionen zählen das **Hotel Bela Mar** (3854-1128; http://belamarhotel.blogspot.com.br; Magalhães Barata; EZ/DZ mit Ventilator 60/80 R$, mit Klimaanlage & Minibar 70/100 R$; ❄), das erste Hotel, auf das man auf dem Weg von der Bootsanlegestelle trifft, und die **Pousada Ponta do Boiador** (99215-9939; www.boiador.com; Bertoldo Costa; DZ Standard/Suite 150/180 R$; ❄⌘) mit direktem Strandzugang und einer großen Uferterrasse, auf der es Mahlzeiten, kaltes Bier und gelegentlich Livemusik gibt.

Die meisten Hotels verköstigen Hungrige. Das von einer Familie geführte **Restaurante La Izla** (Bertolda Costa; Hauptgerichte 15–30 R$; ⊙11–23 Uhr) serviert einfache brasilianische Kost (gebratener Fisch, Fleisch, Reis und Bohnen) an Tischen auf einem sonnigen Hof. Was es gerade gibt, steht an der Wand des Schindelhauses der Betreiber angeschrieben.

Es gibt keine Geldautomaten, und nicht alle Hotels akzeptieren Kreditkarten, daher sollte man aus Belém Bargeld mitbringen.

Zur Insel gelangt man über das auf dem Festland gelegene Marudá. Vom Busbahnhof in Belém starten Busse (21,50 R$, 4 Std., tgl. 4-mal) von **Rápido Excelsior** (✆3249-6365) zum Hafen von Marudá, wo fünfmal täglich Boote nach Algodoal (7 R$, 40 Min.) ablegen. **Sinprovan** (✆3226-5879) betreibt schnellere klimatisierte Kleinbusse (31 R$, 3½ Std.) von Belém nach Marudá, doch setzen diese ihre Fahrgäste fünf lange Blocks vom Hafen entfernt ab. In Algodoal warten von Eseln gezogene Karren auf die Schiffe, um Passagiere zu ihren Hotels zu fahren (10 R$/Pers.), alternativ sind es zu Fuß nur zehn Minuten ins Dorf.

Ilha de Marajó

✆ 0XX91 / 250 000 EW.

Die grüne Insel liegt an der Mündung des Amazonas und ist größer als 70 Staaten der Erde, aber größtenteils sumpfig und unzugänglich. Die Hauptsiedlung Breves im Südwesten der Insel und drei südöstlich gelegene Dörfer – Soure, Salvaterra und Joanes – sind jedoch problemlos von Belém aus zu erreichen und geben gute Ziele für ein paar relaxte Tage ab. Die Insel hat außergewöhnlich gastfreundliche Bewohner und ist der Herkunftsort des farbenprächtigen Folkloretanzes *carimbó*. Ein weiteres Markenzeichen der Region sind Büffel – die sich oft auf den Speisekarten finden. Es empfiehlt sich, es den Einheimischen gleichzutun und (Leih-)Fahrrad zu fahren.

Joanes

Am nächsten zur Bootsanlegestelle in Camará liegt das verschlafene Dörfchen Joanes mit den Ruinen einer Jesuitenkirche aus dem 17. Jh. und einem hübschen Sandstrand. Das Vieh wandert hier über die graswachsenen Straßen, an denen ein paar Läden und Sandwichstände vor sich hin träumen. Die schöne **Pousada Ventania do Rio-Mar** (✆3646-2067; www.pousadaventania.com; Quarta Rua; EZ/DZ 125/155 R$) thront auf einer vorspringenden Klippe mit Blick auf das Ufer. Der Strand ist nur ein paar Stufen entfernt. Das Personal kann diverse Ausflüge arrangieren, darunter Kanu- und Angeltouren mit örtlichen Führern. Nur Barzahlung.

Salvaterra

Das städtischer wirkende Salvaterra liegt rund 18 km nördlich von Joanes und besitzt mit der Praia Grande den besten und längsten Strand auf der Insel.

Auf einem von Mangobäumen beschatteten Grundstück am Meeresstrand warten in der **Pousada Bosque dos Aruãs** (✆3765-1115; Segunda Rua; EZ/DZ 85/100 R$, Suite 155/175 R$; ❄🛜) gute, schlichte Holzhütten auf Stelzen mit Ausblick aufs Wasser auf Gäste. Die Anlage ist etwas schäbig, aber sehr friedlich und hat ein tolles Restaurant. Die Praia Grande ist zehn Gehminuten entfernt.

Soure

Soure, die größte Ortschaft auf dieser Seite der Insel, besteht aus einem verzweigten Netz von Straßen, die in Büffelpfaden auslaufen. Die **Banco do Brasil** (Rua 3 zw. Travessa 17 & 18; ⏱Mo–Fr 10–15 Uhr) und **Bradesco** (Rua 2 zw. Travessa 15 & 16; ⏱Mo–Fr 10–15 Uhr) haben Geldautomaten. **Bimba** (Rua 4 zw. Travessa 18 & 19; pro Std./Tag 2/15 R$) vermietet Fahrräder; Internet gibt's bei **Cyber Gigabyte** (Travessa 15 an der Rua 2; 2,50 R$/Std.; ⏱Mo–Sa 8.30–12 & 15.30–19.30 Uhr).

Im Ort sollte man **Cerâmica Mbara-yo** (Travessa 20 zw. Rua 3 & 4), das Atelier des preisgekrönten Keramikkünstlers Carlos Amaral, besuchen, der in seinen Arbeiten die Keramiktraditionen der Aruã und der Marajoara kombiniert. Eine 3 km lange Radtour von Soure nach Norden bringt einen zur **Praia Barra Velha**, wo an Imbissbuden Getränke und Meeresfrüchte verkauft werden. Dahinter liegt die **Praia de Araruna**, ein langer, wunderschöner und einsamer Strand. Unterwegs passiert man einen Fluss; bei Flut kann man ihn nur per Boot überqueren. Eine Alternative ist die landeinwärts über die Rua 4 erreichbare **Praia do Pesqueiro** (11 km), ein weiterer Strand, der ein beliebtes Wochenendziel ist.

Drei nahe gelegene *fazendas* (Ranches) bieten sich für interessante Halbtagesausflüge an. Die **Fazenda Bom Jesus**, die **Fazenda São Jerônimo** und die **Fazenda Araruna** locken Besucher mit den gleichen einfachen Aktivitäten: Man kann z. B. auf Wasserbüffeln reiten, Mangroven und Strände besuchen sowie Vögel, Affen und andere Tiere beobachten.

Neben den hohen Cosampa-Wassertürmen hat das **Hotel Araruna** (✆8793-2481; nelsonmarajo@hotmail.com; Travessa 14 zw. Rua 7 & 8; EZ/DZ 75/99 R$) große, schlichte Budgetzimmer; eine schickere Unterkunft mit WLAN ist die **Pousada O Canto do Francês** (✆3741-1298; http://ocantodofrances.blogspot.com.br; Ecke Rua 6 & Travessa 8; EZ/DZ 120/150 R$; ❄🛜). Das **Pousada Restauran-**

te Ilha Bela (Rua 1 an der Travessa 13; 20–30 R$; ⊙ 7–15 & 18–23.30 Uhr, Di geschl.) serviert typische frische *marajoara*-Kost, darunter gebratenen Fisch und Büffelsteaks. Am Freitagabend gibt's Livemusik.

ⓘ Anreise & Unterwegs vor Ort

Arapari Navigação (☏ 3241-4977) und **Rodofluvial BANAV** (☏ 3269-4494, 8047-2440) betreiben Boote vom Terminal Hidroviário in Belém nach Camará (Deck/klimatisierte VIP-Lounge 20/35 R$, 3 Std., Mo–Sa 6.30 & 14.30, So 10 Uhr, Rückfahrt Mo–Sa 6.30 & 15, So nur 15 Uhr). Wartende Busse und klimatisierte Kleinbusse schaffen die Passagiere von der Anlegestelle in Camará nach Joanes (7 R$), Salvaterra (7 R$) und Soure (10–15 R$).

Zwischen den Zentren von Salvaterra und Soure fährt ein Boot (2 R$, 15 Min.), das ablegt, wenn es voll besetzt ist (was einige Zeit dauern kann). Ein paar Kilometer westlich von Salvaterra überquert stündlich eine Autofähre (kostenlos, 5 Min.) den an dieser Stelle viel schmaleren Kanal nach Soure. *Mototaxis*, Taxis und gelegentlich auch Kleinbusse befördern die Leute auf der Insel.

Santarém

☏ 0XX93 / 295 000 EW.

Die meisten Traveller hetzen zwischen Belém und Manaus hin und her und verpassen dabei das, was sie eigentlich sehen wollten: den Amazonas. Ein Zwischenstopp in der Flussstadt Santarém ermöglicht nicht nur eine ersehnte Pause von einer langen Bootsfahrt, sondern gibt auch die Möglichkeit, den Regenwald und die dort lebenden indigenen Völker etwas genauer kennenzulernen. Santarém selbst ist eher uninteressant, aber die schönen Strände am Fluss und die herrlichen Regenwaldschutzgebiete in der Nähe haben schon so manchen seinen Reiseplan umwerfen lassen.

⊙ Sehenswertes

Vom Ufer in Santarém hat man eine gute Sicht auf den Zusammenfluss des teefarbenen Rio Tapajós und des milchkaffeebraunen Amazonas. Die beiden Ströme fließen einige Kilometer nebeneinander, bis sie sich vermischen.

Museu Dica Frazão MUSEUM
(Peixoto 281; Eintritt gegen Spende; ⊙ Mo–Sa 8–18 Uhr) Dona Dica Frazão hat ein Dreivierteljahrhundert lang Kleidung und Stoffe aus Naturfasern wie Gräsern oder Holzfasern hergestellt. Sie geht auf die 100 Jahre zu und ist seit Kurzem auf einen Rollstuhl angewiesen, aber immer noch schafft sie Kunstwerke und führt Gäste durch die Ausstellungsraum mit ihren Schöpfungen, zu denen ein Kleid für eine belgische Königin, ein Tischtuch für einen Papst und Kostüme für das Boi-Bumbá-Fest gehören.

🛏 Schlafen & Essen

Hotel Encontro das Águas HOTEL $
(☏ 3522-1287; encontrodasaguashotel@hotmail.com; 24 de Octubro 808; EZ 95 R$, DZ 115–130 R$; ❄🛜) Die großen, sauberen Zimmer sind mit ordentlichen Betten und recht modernen Bädern ausgestattet. Wegen des günstigen Preises sind sie bei Travellern, Familien und Geschäftsreisenden gleichermaßen beliebt. Das Hotel hat einen freundlichen, aufmerksamen Service und eine praktische Lage gleich westlich des Marktes. Einige Zimmer besitzen große Fenster mit Blick auf den Fluss und sind entsprechend hell.

★ **Restaurante Piracema** BRASILIANISCH $
(☏ 3522-7461; www.restaurantepiracema.com.br; Av Mendonca Furtado 73; 20–45 R$; ⊙ Di–Sa 11–23.30, So bis 15 Uhr) Das Restaurant gilt vielen als das beste vor Ort. Aus regionalen Zutaten werden Gerichte zubereitet, die man nirgendwo sonst bekommt. Das Markenzeichen ist *peixe á Piracema*, eine sphärische Konstruktion aus geschichtetem, geräuchertem *pirarucú* (einem Süßwasserfisch), Bananen und Käse – seltsam, aber köstlich! Die Portion reicht für zwei.

ⓘ Anreise & Unterwegs vor Ort

BUS

Busse nach Alter do Chão (2,50 R$, 60 Min., ungefähr stündl.) oder zum Flughafen nimmt man an der Av Rui Barbosa.

Fernbusse fahren von Santaréms Busbahnhof (2,5 km westlich der Stadt) nach Cuiabá (36 Std.), wenn die Straßenverhältnisse das zulassen, aber die Verbindung ist während der Regenzeit äußerst unzuverlässig.

FLUGZEUG

Azul, Gol, MAP und TAM fliegen vom **Aeroporto Eduardo Gomes Airport** (STM), 14 km westlich vom Zentrum von Santarém, nach Manaus und/oder Belém. Ein Taxi zur Stadt kostet 60 R$. Der „Aeroporto"-Bus (2,25 R$, 30 Min.) fährt vom frühen Morgen bis gegen 18 Uhr unregelmäßig und am Wochenende seltener. Vorsicht: Nicht den Bus „Aeroporto Velho" nehmen – der fährt dahin, wo der Flughafen früher einmal war!

SCHIFF/FÄHRE

Die Schiffe nach Manaus (Hängematte/Doppelkabine 150/600 R$, 40–48 Std., Mo–Sa 12 Uhr) und Belém (Hängematte/Doppelkabine 180/800 R$, 48 Std., Fr–Mo 11 Uhr) legen an den Docas do Pará 2,5 km westlich vom Zentrum ab.

Der Kleinbus „Orla Fluvial" (2,25 R$) verbindet den Uferbereich der Innenstadt mit beiden Häfen; er fährt alle 20 bis 30 Minuten bis 19 Uhr. Ein Taxi oder mototaxi zu den Docas do Pará kostet 15 bzw. 4 R$.

Rund um Santarém

Floresta Nacional (Flona) Do Tapajós

Gewaltige *samaúmas* (Kapokbäume), deren Stämme so dick sind, dass 20 Männer zusammen sie nicht umfassen können, sind ein Highlight dieses 5440 km² großen Schutzgebiets am Ostufer des Rio Tapajós. Im Reservat leben zahlreiche kleine Gemeinden hauptsächlich vom Kautschukzapfen, Fischen und Sammeln von Paranüssen. Mancherorts gibt es bescheidene Ökotourismusprojekte; bei einem Ausflug lernt man nicht nur den Wald kennen, sondern gewinnt auch Einblicke ins Dorfleben.

Die am Fluss gelegenen Dörfer **Maguarí** und **Jamaraquá** nehmen schon länger Traveller auf und haben die größte Infrastruktur in Sachen Unterkünfte, Touren und andere Dienstleistungen. Ein drittes Dorf, **São Domingo**, liegt am Eingang zum Reservat und besitzt ebenfalls schlichte touristische Einrichtungen.

ICMBio (3522-0564; www.icmbio.gov.br/flonatapajos; Av Tapajós 2267, Santarém) verwaltet das Reservat und hat ein Basisbüro in São Domingo. Schiffe und Busse zum Reservat halten hier, damit Traveller sich registrieren können, aber eine Eintrittsgebühr wird nicht länger erhoben.

Von Santarém fahren Busse nach Maguarí und Jamaraquá (9 R$, 2–3 Std., Mo–Sa 11, So 6.30 Uhr, Rückfahrt ab Jamaraquá Mo–Sa at 4.30 & 6, So 16.30 Uhr). Der Bus am Sonntag verfügt über eine Klimaanlage.

Nach Flona kommt man auch per Boot von Alter do Chão. Selbständige Schiffsinhaber veranstalten Tagesausflüge (ca. 100 R$/Pers.), aber die beinhalten eine strapaziöse, in beiden Richtungen je dreistündige Fahrt in einem kleinen Motorkanu, und eine Führung gibt's nicht. Tourveranstalter verlangen 180 bis 200 R$ pro Nase; sie benutzen schnellere und bequemere Motorboote, und ein ortsansässiger Guide ist im Preis inbegriffen. Die Veranstalter bieten auch Ausflüge mit Übernachtung nach Flona, bei denen man auf einem Flussboot übernachtet.

Alter do Chão

0XX93 / 7000 EW.

In dem wundervoll relaxten, am Fluss gelegenen Paradies wird man länger als geplant bleiben wollen. Wegen der weißen Flussstrände und des tropischen Ambientes ist Alter do Chão einer der schönsten und entspannendsten Orte am Amazonas. Von Juni bis Dezember sind die Strände am breitesten, doch auch zu anderen Zeiten ist Alter do Chão einen Besuch wert.

Gegenüber vom Stadtplatz liegt die idyllische Sandinsel **Ilha do Amor** im Rio Tapajós, die auf zahllosen Postkarten abgebildet ist. Den großen **Lago Verde** in der Nähe kann man prima per Boot oder Kanu erkunden. Weitere Attraktionen in der Gegend sind der Regenwald Flona do Tapajós und der **Rio Arapiunes** mit blendend weißen Stränden und klarem Wasser.

Auf dem Stadtplatz gibt es kostenloses WLAN und einen Geldautomaten der **Banco do Brasil** (im Mini-Center Mingote, Praça 7 de Setembro; Mo–Sa 6.30–20.30, So bis 19.30 Uhr); einige Geschäfte akzeptieren Kreditkarten.

🏃 Aktivitäten

Man kann hinüber zur Ilha do Amor paddeln (auf Stachelrochen achten!) oder bei höherem Wasserstand ein Ruderboot (hin & zurück 8 R$) nehmen. Auf der Insel werden Kajaks verliehen.

Mäe Natureza ÖKOTOUR
(99131-9870, 3527-1264; www.maenaturezaecoturismo.com.br; Praça 7 de Setembro; 8.30–13 & 16–23 Uhr) Die verlässliche und schon lange bestehende Agentur wird von freundlichen argentinischen Expats geführt. Man sollte sich nach den wochenlangen Abenteuertouren in abgelegene Gebiete und zum Wasserfall Brinco das Moças erkundigen, der tief in der Reserva Extrativista Tapajós-Arapiuns liegt. Tagesausflüge inklusive Klettern auf Bäume, Kitesurfen oder Stehpaddeln lassen sich ebenfalls vereinbaren.

🎉 Feste & Events

Die **Festa do Çairé** in der zweiten Septemberwoche ist mit Tänzen und Umzügen das größte Volksfest im Westen Parás.

🛏 Schlafen & Essen

Es gibt viele zwanglose, auf Backpacker eingestellte Unterkünfte.

⭐Pousada do Tapajós Hostel HOSTEL, INN $
(☎ 99210-2166; pousadatapajos.com.br; Rua Lauro Sodré 100; B 50 R$, DZ/3BZ/4BZ 140/165/195 R$; ❄🛜) Die Schlafsäle in diesem Hostel fünf Blocks westlich vom Zentrum sind sauber und komfortabel, aber etwas beengt. Sie haben solide Stockbetten und große Schließfächer. Die privaten Gästezimmer sind blitzsauber und modern und liegen weitab der Schlafsäle. Es gibt einen großen Hinterhof mit Hängematten, eine offene Küche und ein üppiges Frühstück, bei dem oft Gäste (und sogar einige Nicht-Gäste) zusammenkommen, um Ausflüge zu buchen. Das WLAN ist nicht immer zuverlässig.

Albergue da Floresta HOSTEL, POUSADA $$
(☎ 99209-5656; www.alberguedafloresta-alterdochao.blogspot.com; Travessa Antônio Pedrosa s/n; Hängematte 30 R$, B 50 R$, Hütte EZ 120 R$, DZ 170–200 R$) Die relaxte Backpackerbleibe hat einen großen Hängemattenbereich, Schlafsäle und farbenfrohe Holzhütten mit Ventilator und eigenem Bad. Es gibt eine Freiluftküche; das Frühstück kostet 20 R$. Die Anlage versteckt sich zwischen den Bäumen östlich des Zentrums – hinter dem Espaço Alter do Chão der Beschilderung in die grüne, unbefestigte Straße folgen. Es gibt Kurse in angolanischem Capoeira und einen Fahrrad- und Kajakverleih.

Tribal BRASILIANISCH $
(Travessa Antônio Lobato; Gerichte 10–36 R$; ⊙11–23 Uhr) Auf der Churrasco-Platte liegen Steaks, Würstchen, Hühnchen und Zunge. Die gut zubereiteten Fischgerichte reichen leicht für zwei, sogar wenn man den Kartoffelsalat weglässt. Der offene Speisesaal nimmt zwei Etagen ein und liegt anderthalb Blocks von der Plaza entfernt auf der anderen Seite der Rua Dom Macedo.

Siria VEGETARISCH $
(Travessa Agostinho Lobato S/N; 20 R$; ⊙mittags–abends; 🌱) Die nette Chefköchin und Eigentümerin bereitet nur einen veganen Hauptgang pro Mahlzeit, der als *prato feito* (Tagesgericht) vorn auf der Tafel angeschrieben ist. Von Kichererbsenomelett bis zu Gemüse-Tarts – alles ist hervorragend und wird mit braunem Reis, frischem Salat und kreativen Drinks wie Hibiskus- und Maracuja-Eistee plus Dessert serviert. Es gibt einen bunten Speisebereich im Freien und gelegentlich sogar Livemusik oder Filmvorführungen.

☆ Unterhaltung

⭐Epaço Alter do Chão LIVEMUSIK
(☎ 9122-9643; www.espacoalter.com.br; Ende der PA-457; Grundpreis ab 14 R$; ⊙Di–Sa 8–1 Uhr; 🛜) Etwas Lohnendes gibt es immer in dieser coolen Musik-Kultur-Restaurant-Location am östlichen Ende der Uferpromenade. An den meisten Samstagabenden wird live *carimbó* geboten, und gastierende Bands spielen Rock, *forró*, Samba, Reggae und anderes; was gerade ansteht, ist auf der Facebook-Seite und auf der draußen angebrachten Kreidetafel aufgelistet. Das Essen und die Drinks sind gut, die Bedienung ist manchmal langsam. Kostenloses WLAN.

🛍 Shoppen

⭐Araribá Cultura Indígena KUNSTHANDWERK
(☎ 3527-1324; www.araribah.com.br; Travessa Antônio Lobato; ⊙9–21 Uhr) Der vielleicht beste Laden für indigene Kunst im Amazonasgebiet – das Angebot reicht von billigen Halsketten bis hin zu Masken und Zeremonialkostümen von musealer Qualität und repräsentiert Gemeinschaften aus dem gesamten Amazonasbecken. Die Ware wird auch nach Hause geschickt; Kreditkartenzahlung möglich.

ℹ An- & Weiterreise

Von der Kreuzung der Rua Dom Macedo Costa und der Travessa Antônio A Lobato (einen Block abseits der Praça 7 de Setembro) fahren stündlich Busse nach Santarém (2,50 R$, 1 Std.).Vom Flughafen Santarém nimmt man den stündlich verkehrenden Bus zur Abzweigung nach Alter do Chão und wartet dort auf den Bus Santarém-Alter do Chão. Ein Taxi vom Flughafen kostet 90 R$.

Manaus

☎0XX92 / 1,8 MIO EW.

Großstadt im Herzen des Amazonasurwalds, bedeutende Hafenstadt, 1500 km vom Meer entfernt – das zunächst fast schon geheimnisvolle Manaus scheint ein Ort der Gegensätze zu sein. Doch dieser Zauber nutzt sich schnell ab. Manaus ist eine weitläufige, größtenteils unromantische Stadt, die aus ihrer Lage am Fluss zu wenig macht. Langsam aber ändern sich die Dinge: Derzeit werden die eleganten Gebäude aus der

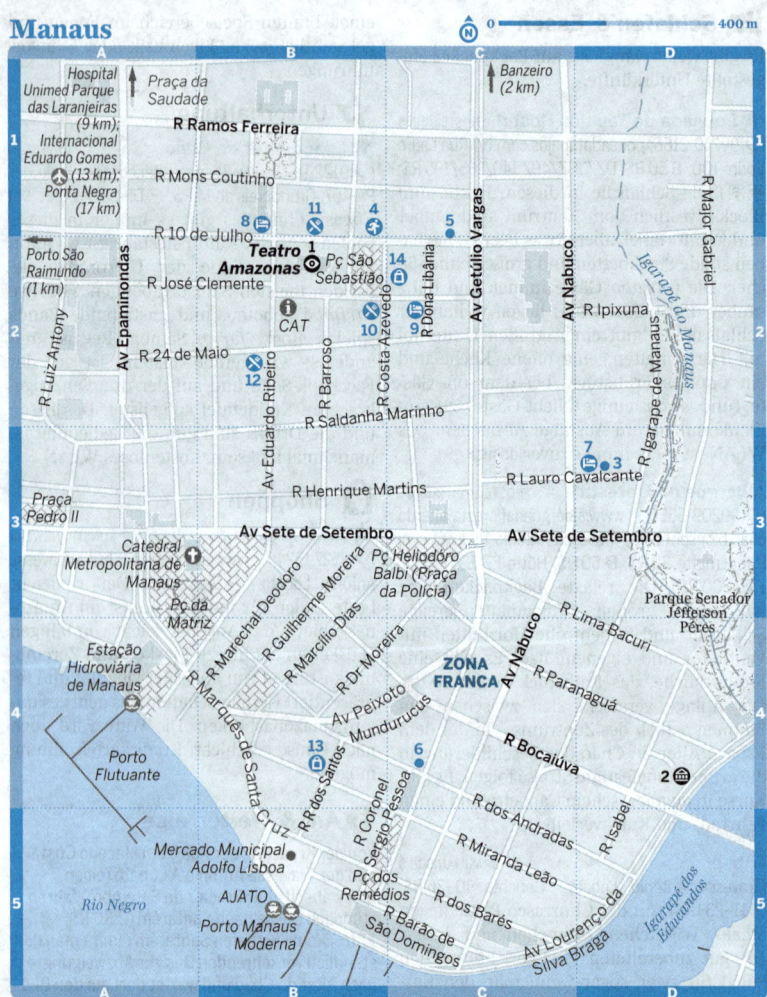

Zeit des Kautschuk-Booms restauriert. Und auf jeden Fall ist Manaus ein sympathischer Ort, Hauptverkehrsknotenpunkt der Amazonasregion und ein beliebter Startpunkt für Regenwaldtouren. Wer nach ein paar Tagen in der Wildnis in die Stadt zurückkehrt, wird sie – schon allein wegen des Luxus der klimatisierten Hotels und Restaurants – ohnehin mit ganz anderen Augen sehen.

Das Teatro Amazonas bildet das Herz des Zentrums. Die angrenzende Praça São Sebastião wartet mit bunten restaurierten Gebäuden, Terrassencafés und an den meisten Abenden ab 19 Uhr mit Livemusik oder kulturellen Vorführungen auf. Das u-förmige Gebiet, das von der Av Epaminondas, der Av Floriano Peixoto und der Av Getúlio Vargas gebildet wird, ist ein tagsüber belebtes und lautes Geschäftsviertel, das nachts und an Sonntagen wie ausgestorben wirkt. Auch die Praça da Matriz und die Zona Franca sind nachts zwielichtige Regionen.

👁 Sehenswertes

★ Teatro Amazonas
THEATER
(📞 3232-1768; Praça São Sebastião; Führung 20 R$; ⏰ 9.15–17 Uhr, Führungen bis 16 Uhr alle 30 Min.) Das prächtige Opernhaus wurde auf dem Höhepunkt des Kautschuk-Booms

Manaus

⊙ Highlights
1 Teatro Amazonas B2

⊙ Sehenswertes
2 Centro Cultural Usina Chaminé D4

⊕ Aktivitäten, Kurse & Touren
3 Amazon Antonio Jungle Tours............D3
4 Amazon Eco Adventures B1
5 Amazon Gero Tours C1
6 Amazonas Indian Turismo C4

⊜ Schlafen
7 Hostel Manaus D3
8 Hotel Manaós B1
9 Local Hostel...C2

⊗ Essen
10 Casa do Pensador..............................B2
11 Delícias Caseiras.................................B1
12 Skina dos Sucos.................................B2

⊜ Shoppen
13 Comercial São Bento B4
14 Galeria Amazônica.............................C2

gebaut; die Architekten, die Kunsthandwerker und selbst viele Rohmaterialien kamen aus Europa. Brasilianisch war hingegen die ursprüngliche Auffahrt, bei der Kautschuk untergemischt wurde, um das Klappern eventueller spät ankommender Kutschen abzudämpfen. Auf dem Veranstaltungskalender steht heute ein ausgezeichnetes Opernfestival im April und Mai. Bei den Führungen kann man sich den Prachtbau genauer anschauen.

★ Jardim Botânico Adolpho Ducke PARK
(☎ 3582-3188; http://jardimbotanicodemanaus.org; Av Margarita S/N; Eintritt 8–10 R$, Di frei; inkl. Turm 24–30 R$, Di 16 R$; ⊙ Di–So 9–17 Uhr, letzter Einlass 16 Uhr) GRATIS Dieser über 100 km² große „Garten" ist tatsächlich der weltweit größte städtische Wald. Es gibt ein Netz aus fünf kurzen Wegen (Guide und geschlossene Schuhe erforderlich, 2–3 Std., im Eintritt inkl.) und ein Freiluftmuseum (MUSA; Museu da Amazônia) mit Wechselausstellungen zur Flora und Fauna im Amazonasbecken und einem spektakulären, 42 m hohen Beobachtungsturm. Am Wochenende ist der Park stärker ausgelastet. Komfortable Shuttle-Busse (☎ 99286-9888, hin & zurück 30 R$, 45 Min.) starten um 9 und 16 Uhr vor der Touristeninformation (CAT). Ansonsten nimmt man den B76 (2,50 R$, 1 Std.) ab der Praça da Matriz.

Centro Cultural Usina Chaminé MUSEUM
(☎ 3633-3026; Av Beira Rio at José Paranaguá; ⊙ Di–Fr 10–16, So 17–20 Uhr) GRATIS Das auch als Museu dos Cinco Sentidos (Museum der fünf Sinne) bezeichnete, innovative Museum illustriert anhand der fünf Sinne das Leben und die Kultur der Indigenen und der Caboclos. Man hört Tonaufzeichnungen von Indianersprachen, riecht Gewürze aus der Region, bewundert indigene Volkskunst und vieles mehr, während man von einem Saal in den nächsten weiterzieht.

Centro Cultural dos Povos da Amazônia MUSEUM
(☎ 2123-5301; www.povosdamazonia.am.gov.br; Praça Francisco Pereira da Silva s/n; ⊙ Mo–Fr 9–16 Uhr) GRATIS Das Zentrum dieses massiven Kulturkomplexes bildet das ausgezeichnete Museu do Homem do Norte (Museum der Menschen des Nordens), das eine unglaubliche Fülle von Artefakten und Multimedia-Material zu den indigenen Völkern Amazoniens birgt. Vom Zentrum aus fahren die Busse 625, 711 und 705 alle an dem Museum vorbei. Wer ein Taxi nimmt, gibt „Bola da Suframa" als Ziel an.

Encontro das Águas FLUSS
Gleich hinter Manaus fließen der warme, dunkle Rio Negro und der kalte, kaffeebraune Rio Solimões wegen ihrer unterschiedlichen Geschwindigkeit, Wasserdichte und Temperatur ein paar Kilometer nebeneinander her, ohne sich zu vermischen. Dieses Farbenspiel tritt überall am Amazonas auf, aber nirgendwo so spektakulär wie hier. Bei Tagesausflügen wird hier immer ein Halt eingelegt, und viele Tourveranstalter kommen auf den Weg zu ihren Lodges hier zumindest vorbei.

🛏 Schlafen

Was die Lage angeht, ist die Gegend um das Teatro Amazonas ideal. Pfennigfuchser finden nahe am Hafen viele preisgünstige *pousadas*.

★ Hostel Manaus HOSTEL $
(☎ 3233-4545; www.hostelmanaus.com; Cavalcante 231, Centro; EZ mit Ventilator/Klimaanlage 45/50 R$, EZ ohne Bad 80 R$, DZ mit/ohne Bad 140/125 R$; ❄ @ 🛜) Manaus' erstes Hostel ist immer noch das beste, obwohl die Konkurrenz härter geworden ist. Es zeichnet sich durch geräumige, freundlich dekorierte Gemeinschaftsflächen und einen Essbereich auf dem Dach aus, und im Haus hat ein sehr

renommierter Tourveranstalter seinen Sitz. Der Nachteil ist die Lage mehrere lange Blocks vom Zentrum entfernt. Die großen, einfachen Schlafsäle und die ordentlichen Privatzimmer sind durchaus angemessen. Küchenzugang, eine Waschküche mit Selbstbedienung und freundliches Personal sind weitere Pluspunkte.

Local Hostel
HOSTEL $

(2 3213-6079; localhostel.com.br; Rua Marçal 72; B 45–49 R$, DZ 130–143 R$, 3BZ 183 R$; ※) Ein in fast jeder Hinsicht tolles Hostel: Es liegt einen Block vom Opernhaus entfernt, hat freundliches junges Personal und saubere, komfortable Schlafsäle mit Trennvorhängen, Leselampen und Stromanschlüssen je Bett. Die schicken Privatzimmer lohnen die Ausgabe. Der Hauptnachteil sind die begrenzten Gemeinschaftsbereiche, sodass es schwieriger ist, andere Traveller kennenzulernen oder auch nur ein Buch zu lesen.

Hotel Manaós
HOTEL $$

(2 3633-5744; www.hotelmanaos.com.br; Av Eduardo Ribeiro 881; EZ/DZ 139/159 R$; ※⚫) Dass das Hotel eines der ältesten von Manaus ist, sieht man den großen, modernen Zimmern und modernisierten Einrichtungen nicht an. Recht neues Bettzeug, Bäder, Klimaanlage und Fernseher sorgen für Komfort, der knarrende, alte Fahrstuhl und das Foyer im Stil der 1970er erinnern an die Vergangenheit. Die Lage ist top: Das Haus steht schräg gegenüber der Praça Sebastião, und von vielen Zimmern hat man Blick auf das Opernhaus. Das Frühstück ist großzügig.

🍴 Essen

Wer abends essen will, schaut sich auf der Av Getúlio Vargas und an der Praça São Sebastião um.

★ Casa do Pensador
PIZZERIA, BRASILIANISCH $

(Praça São Sebastião; Hauptgerichte 13–28 R$; ⊙16–23 Uhr) Die schlichten Holztische des entspannten Restaurants auf dem Platz gegenüber dem Teatro Amazonas sind ideal, um zu Abend zu essen oder einfach ein Bier zu trinken. Auf der Karte stehen hauptsächlich Pizzas (auch ein paar vegetarische) und die üblichen Gerichte mit Fleisch, Reis und Bohnen.

Skina dos Sucos
SAFTBAR $

(Ecke Av Eduardo Ribeiro & Rua 24 de Maio; Säfte 4–8 R$, Snacks 4–12 R$; ⊙Mo–Sa 7–20 Uhr) Man sucht sich einen Platz an der Theke in diesem geschäftigen Lokal und bestellt sättigende Snacks oder Sandwiches zu den großen *sucos* (frischen Säften) aus regional angebauten Früchten wie *guaraná* (eine tropische Beere, der Heilwirkungen nachgesagt werden), *cupuaçú* (eine süßliche Verwandte der Kakaobohne) oder *graviola* (Stachelannone).

Delícias Caseiras
BRASILIANISCH, SELBSTBEDIENUNG $

(Rua 10 de Julho; Mittagessen 30 R$/kg, Hauptgerichte 20–45 R$; ⊙11–15 Uhr) Die Tische stehen eng beieinander, und die Ventilatoren arbeiten in voller Stärke, um den vielen treuen Kunden, die sich in diesem großartigen Ladenlokal gleich abseits der Praça São Sebastião einfinden, Abkühlung zu verschaffen. Das Mittagessen mit Selbstbedienung ist hervorragend, vor allem angesichts des Preises. Abends serviert das Lokal bodenständige Klassiker.

🍷 Ausgehen & Unterhaltung

Die Gegend um das Teatro Amazonas eignet sich im Zentrum am besten zum Ausgehen. Außerhalb des Zentrums ist das 13 km entfernte Ponta Negra die wichtigste Zone in Sachen Nachtleben. Dort gibt es einen Flussstrand, eine Promenade, Bars und diverse Restaurants. Beliebte Nachtlokale finden sich an der Estrada de Ponta Negra am Eingang zu diesem Viertel.

★ Porão do Alemão
LIVEMUSIK

(www.poraodoalemao.com.br; Estrada da Ponta Negra 1986; 25 R$; ⊙Mi–Sa 22.30 Uhr–open end) In dem schon lange bestehenden Club mit Bar an der Estrada de Ponta Negra laufen brasilianischer und internationaler Rock und Pop. Der Laden ist ein sicheres Fleckchen, und das muntere Publikum setzt sich gleichermaßen aus Travellern und Einheimischen zusammen. Oben gibt es einen VIP-Bereich (40 R$).

🛍 Shoppen

Comercial São Bento
OUTDOOR-AUSRÜSTUNG

(Miranda Leão 133; ⊙Mo–Fr 8–17.30, Sa bis 16 Uhr) Einer von mehreren *casas de redes* (Hängemattenläden), die sich an dieser Ecke konzentrieren. Dieses Geschäft hat eine riesige Auswahl und freundliches Personal. Geeignete Stoffhängematten für Touren auf Flussbooten gibt's ab 30 R$; größere, schönere und haltbarere kosten zwischen 60 und 190 R$. Wer im Urwald übernachten möchte, sollte sich besser auch ein Moskitonetz (14–30 R$) anschaffen.

Galeria Amazônica KUNSTHANDWERK
(☎3233-4521; www.galeriamazonica.org.br; Costa Azevedo 272; ⊙Mo–Sa 8–20 Uhr) Der Laden direkt an der Praça São Sebastião ist in der Stadt die erste Adresse für echtes Kunsthandwerk aus der Region, z. B. Korbwaren, Töpferarbeiten und Volkskunst. Die Preise sind eher hoch, das gilt aber auch für die Qualität.

❶ Praktische Informationen

CAT (☎3182-6250; www.visitamazonas. am.gov.br; Av Eduardo Ribeiro 666 ; ⊙Mo–Fr 8–17, Sa & So 8–12 Uhr) Ein freundliches und hilfsbereites Büro der bundesstaatlichen Tourismusagentur an der südwestlichen Ecke der Praça São Sebastião.

Fundação de Medicina Tropical (☎2127-3555; Av Pedro Teixeira 25) Das renommierte, auch als Hospital de Doenças Tropicais bekannte Krankenhaus ist auf Tropenkrankheiten spezialisiert. Hier kann man sich kostenlos gegen Gelbfieber impfen lassen.

Touristenpolizei (☎3231-1998; Av Eduardo Ribeiro) Im Centro de Atendimento ao Turista.

GEFAHREN & ÄRGERNISSE

Am Flughafen sollte man Schleppern aus dem Weg gehen, die Urwaldtouren und Unterkünfte bewerben. Nach 23 Uhr sollte man das Hafengebiet und die Praça da Matriz meiden. Wer spät mit dem Boot ankommt, sollte zum Hotel ein Taxi nehmen, da Raubüberfälle nicht selten sind.

❶ An- & Weiterreise

BUS

Busse von **Eucatur** (☎3301-5800; www.eucatur.com.br) fahren fünfmal täglich nach Boa Vista (120 R$, 11–12 Std.). Wer gen Norden weiter nach Venezuela reisen will, nimmt am besten in Manaus den Bus um 18 Uhr, weil man mit diesem die beste Chance hat, den einsamen Bus zur Grenze zu erwischen, der um 7 Uhr in Boa Vista abfährt.

FLUGZEUG

Mehrere Fluglinien bieten Inlandsflüge von Manaus' **Aeroporto Internacional Eduardo Gomes** (☎3652-1210; Av Santos Dumont 1350), 13 km nördlich des Zentrums, an. Direktflüge ins Ausland gehen u. a. nach Miami (American Airlines & TAM) und Panama City (Copa). Kleinere Fluglinien nutzen den Terminal 2 (Eduardinho) 600 m östlich von Terminal 1.

SCHIFF/FÄHRE

Die großen Passagierfähren, die den Rio Solimões befahren, legen an Manaus' Hauptpassagierhafen, dem **Estação Hidroviária de Manaus** (www.portodemanaus.com.br; Porto Flutuante), an. Schiffe, die stromabwärts nach Belém fahren, legen üblicherweise in Itacoatiara, Parintins, Santarém und Monte Alegre an. Schiffe, die den Rio Solimões hinauffahren, machen in Tefé, Benjamin Constant und Tabatinga Halt. Schiffe, die den Rio Madeira hinauf nach Porto Velho tuckern, stoppen in Manicoré und Humaitá.

Das **Ticketbüro** des Hauptbahnhofs (☎3233-7061, 3088-5764; Marquês de Santa Cruz; ⊙6.15–17.45 Uhr) verkauft Passagen für die meisten Flussschiffe, die lange Strecken zurücklegen. Man sollte nicht bei den Straßenhändlern kaufen, die sich draußen herumtreiben – ihre Tickets mögen billiger sein, aber wenn etwas schiefgeht, ist man auf sich allein gestellt.

Ajato (☎3622-6047; www.terminalajato.com.br; Porto Manaus Moderna; ⊙Mo–Fr 8–17, Sa

---

❶ EINREISE NACH VENEZUELA & GUYANA

Boa Vista, die Hauptstadt des Bundesstaats Roraima, ist ein Ort ohne besondere Touristenattraktionen, aber ein nützliches Sprungbrett für Ausflüge nach Venezuela und Guyana. Fünf Busse verbinden die Stadt täglich mit Manaus (119 R$, 10–12 Std.). Von Boa Vista fahren täglich vier Busse zum kleinen Bonfim (18 R$, 1½ Std.) an der Grenze zu Guyana und einer nach Pacaraíma (21 R$, 3½ Std.) an der venezolanischen Grenze. Nach Pacaraíma verkehren auch Sammeltaxis (35 R$, 2½ Std.).

Bevor man in den Bus nach Venezuela steigt, sollte man sich im Konsulat in Manaus oder in Boa Vista erkundigen, ob man eine venezolanische Touristenkarte benötigt. Die Busse halten vor der Einreise nach Venezuela am brasilianischen Grenzposten der Polícia Federal, wo man den Ausreisestempel bekommt.

Vor der Einreise nach Venezuela sollte man in Brasilien Geld tauschen. Das bewahrt einen vor dem ungünstigen offiziellen Wechselkurs an venezolanischen Geldautomaten.

Vor der Ausreise nach Guyana holt man sich den Ausreisestempel bei der Polícia Federal nahe am Fluss, der die Grenze bildet. Einige der Busse von Boa Vista nach Bonfim halten hier und fahren dann weiter zum Flussufer. Hält der Bus nicht, nimmt man vom Busbahnhof in Bonfim ein Taxi zur Polícia Federal und geht die kurze Strecke zum Fluss zu Fuß. Motorkanus setzen einen über. Lethem liegt 5 km vom anderen Flussufer entfernt und bietet bessere Unterkünfte als Bonfim. Möglichst nicht bei Dunkelheit eintreffen!

ⓘ EINREISE NACH PERU & KOLUMBIEN

Vor der Ausreise aus Brasilien holt man sich bei der **Polícia Federal** (✆ 3412-2180; Av da Amizade 26; ⊙ 8–18 Uhr) in Tabatinga seinen Ausreisestempel.

Reist man stromaufwärts auf dem Weg nach Iquitos in Peru, nimmt man eines der von **Transtur** (✆ 3412-2945, in Iquitos 51-65-29-1324; http://www.transtursa.com; Rua Marechal Mallet 248) oder **Transportes Golfinho** (✆ 3412-3186, in Iquitos 51-65-225-118; www.transportegolfinho.com; Rua Marechal Mallet 306, Tabatinga) betriebenen Schnellboote, die am frühen Morgen vom Porto da Feira (70 US$, 10 Std.) in Tabatinga ablegen. Die peruanischen Grenzformalitäten werden auf dem Weg nach Santa Rosa erledigt. Zwischen 6 und 18 Uhr fahren auch häufig Motorboote von Tabatinga nach Santa Rosa (3 R$, 5 Min.).

Um nach Leticia (Kolumbien) zu kommen, nimmt man ein Taxi gen Norden, ein *mototaxi* oder einen Kombi an der Av da Amizade (alias Av Principal) in Tabatinga oder läuft von Tabatingas Hafen und dem Konsulat Kolumbiens (S. 447) 2 km nach Norden zur Grenze.

8–12 Uhr) betreibt komfortable Schnellboote stromaufwärts nach Tefé (240 R$, 13 Std.) und Tabatinga (550 R$, 36 Std.) von dem kleineren **Porto Manaus Moderna** (hinter dem Mercado Municipal Adolfo Lisboa) 500 m östlich des Haupthafens.

ZIEL	PREIS (R$) HÄNGEMATTE/ DOPPELKABINE	DAUER
Belém	325/1200	4 Tage
Porto Velho	200/600	4 Tage
Santarém	160/750	36 Std.
Tabatinga	350/1500	7 Tage
Tefe	150/590	36 Std.

ⓘ Unterwegs vor Ort

Der Bus 306 (2,50 R$, 30 Min.) und der klimatisierte Bus 813 (5 R$) verkehren ungefähr halbstündlich zwischen dem Flughafen und dem Stadtzentrum. Die praktischsten Haltestellen in der Innenstadt finden sich an der Praça da Matriz und in der Av Getúlio Vargas nahe der Rua José Clemente. Die beiden genannten Buslinien halten auch in der Nähe des Fernbusbahnhofs. Beim Verlassen des Busbahnhofs die Fußgängerbrücke über die Rua Recife überqueren, hinter der Tankstelle links von der vielbefahrenen Straße abbiegen und 100 m bis zur Bushaltestelle laufen.

Die Taxis am Flughafen nehmen einen Festpreis von 75 R$ für die 20-minütige Fahrt in die Stadt, in umgekehrter Richtung zahlt man rund 65 R$. In jedem Fall sollte man vor dem Einsteigen aber den Preis vereinbaren. Eine Taxifahrt zwischen dem Busbahnhof und dem Stadtzentrum kostet 35 bis 40 R$.

Amazonas-Regenwald

Viele Besucher der Amazonasregion rechnen damit, außerhalb von Manaus Jaguare zu sehen oder mit Lanzen tragenden Indigenen um Perlen zu handeln. Weit gefehlt. Manaus ist eine Großstadt, und die Zahl der Touristen ist hoch. Trotzdem wird man auf einem typischen Trip durch den Regenwald wahrscheinlich rosafarbene und graue Flussdelfine, Kaimane, Affen, Taranteln und zahlreiche Vögel sehen. Faultiere sind viel zu träge, um sich immer vor neugierigen Blicken zu verbergen, Seekühe, Anakondas, Tapire und Jaguare bekommt aber man nur mit sehr viel Glück zu Gesicht. Je entlegener, unbewohnter und unberührter die Region ist, desto mehr Tiere wird man sichten.

Eine Regenwaldtour planen

Die typische Regenwaldtour dauert zwei bis vier Tage – es sind aber auch längere Touren möglich. Die meisten Reisebüros bieten in etwa das gleiche Programm an: Die Teilnehmer angeln normalerweise Piranhas, beobachten nachts Kaimane, stapfen durch den Regenwald und erfahren dabei einiges über traditionelle Heilkräuter und Nutzpflanzen, sie zelten im Wald, besuchen ein Dorf und machen eine Bootsfahrt bei Sonnenaufgang, bei der sich Aras und Delfine blicken lassen. Auf jeden Fall schippert man mit dem Kanu durch die *igarapés* und *igapós*, in denen eine vielfältigere Pflanzen- und Tierwelt lebt als in den Kanälen und Flüssen. Die beste Zeit für einen Urwaldtrip sind daher die Monate März bis Juli, denn dann steht das Wasser am höchsten.

„Weiße" Flüsse wie in der Region um den Lago Mamorí haben oft eine vielfältigere Tier- und Pflanzenwelt zu bieten als die „schwarzen" wie der Rio Negro. Doch gibt es hier auch mehr Moskitos und eine dichtere Vegetation – ein Nachteil, wenn man Tiere beobachten will.

Man braucht robustes Schuhwerk, lange Hosen, ein langärmliges Shirt, einen Regenmantel, Insektenspray, eine Taschenlampe und eine Wasserflasche. Ferngläser mit starker Vergrößerung erleichtern das Beobachten der Tiere. Man sollte sich erkundigen, wie viel Wasser vor Ort zur Verfügung steht. Den Reisepass nicht vergessen!

❶ Gefahren & Ärgernisse

Einmal gebucht, geht es unweigerlich in die Wildnis. Man sollte also schon im Vorfeld bedenken, dass man seine persönliche Sicherheit in die Hände anderer Menschen legt und sich in eine fremde, abgelegene Region vorwagt. Am besten reist man mit Reisebüros oder Führern, die beim Touristenbüro des Bundesstaats Amazonas registriert sind (nicht den Zertifikaten vertrauen, sondern online unter www.visitamazonastour.com nachsehen!). Wer mit einer registrierten Agentur oder Reiseführer unterwegs ist, hat größere Chancen, den Reisepreis erstattet zu bekommen, wenn etwas schief geht. Frauen sollten darauf achten, in einer Gruppe mit mindestens drei Personen zu reisen und in entlegenen Regionen niemals allein mit einem Führer unterwegs zu sein.

Manaus ist ein großer Tummelplatz von Betrügern. Eine Tour sollte man immer im amtlich registrierten Büro einer Reiseagentur bezahlen. Da große Konkurrenz herrscht, basteln viele Betrüger falsche Personalausweise und Quittungen, fälschen Bestätigungsanrufe an Agenturen und geben vor, Guides und Agenturen zu vertreten, die in Reiseführern aufgelistet sind. Die meisten Betrüger treiben sich am Flughafen herum, sie „arbeiten" aber auch auf der Straße und an Hotelrezeptionen. Der Konkurrenzkampf wird sogar online ausgefochten: Agenturen mit gutem Ruf werden auf Tourismus-Websites von „enttäuschten Touristen" kritisiert, hinter denen sich rivalisierende Reisebüros verbergen.

👉 Geführte Touren

In Manaus gibt's unzählige Tourveranstalter. Die hier empfohlenen Optionen sorgen für recht authentische Erlebnisse und Abenteuer. Die meisten unterhalten eine kleine Lodge oder ein Urwaldcamp, wo die Teilnehmer wohnen und von wo aus Aktivitäten wie Kanufahrten, Wanderungen oder Angelausflüge unternommen werden. Viele (aber nicht alle) dieser Unterkünfte verfügen über Annehmlichkeiten wie Strom und Spültoiletten. Die Preise liegen zwischen 150 und 350 R$ pro Person und Tag und decken in der Regel alles ab: Unterbringung, Verpflegung, Trinkwasser, Transport, Aktivitäten und Führer. Die Preisunterschiede beziehen sich hauptsächlich auf die Art der Unterkunft: Hängematte und Gemeinschaftstoilette ist die billigste Option, gefolgt von Schlafsaal und Privatzimmer. Am teuersten sind die Übernachtung auf Flussbooten und spezialisierte Touren.

Amazon Antonio Jungle Tours ÖKOTOUR

(📞 3234-1294, 9961-8314; www.antonio-jungletours.com; Hostel Manaus, Rua Lauro Cavalcante 231) Die Lodge von Amazon Antonio liegt am malerischen (und moskitofreien) Rio Urubú und verfügt über Schlafsäle, private Zimmer, Chalets und sogar eine Hütte mit zwei Schlafzimmern. Alle Unterkünfte sind gepflegt, freundlich dekoriert und umweltbewusst gestaltet. Wanderungen mit Übernachtung im Busch führen tief in den Primärwald. Man kann auch noch länger bleiben, wenn die Tour vorbei ist, man aber noch entspannen, Kanu fahren und die Aussicht von dem Beobachtungsturm genießen will. Das Angebot ist etwas teurer, aber seinen Preis wert.

Amazon Eco Adventures ÖKOTOUR

(http://amazonecoadventures.com; Rua 10 de Julho at Rua Tapajós; ⓗ 8–18 Uhr) Diese neuere schwimmende Lodge umfasst fünf Zimmer, jeweils mit Bad und Ventilator, und einen großen Patio mit Hängematten zum Entspannen und Baden. Die Anlage ankert auf einem riesigen See, wo das schwarze (moskitofreie) Wasser des Rio Urubú auf das weiße (tierreiche) Wasser des Amazonas trifft, sodass man die Vorteile beider Welten genießt. Touren führen in die Flutebenen am Amazonas, in denen es von Vögeln und Affen wimmelt.

Amazon Gero Tours ÖKOTOUR

(📞 99198-0111, 99983-6273; www.amazongero.com; Rua 10 de Julho 695) Gero Mesquita, ein überschwänglicher, netter Typ, betreibt die beliebte Lodge im Juma-Mamori-Gebiet, die über komfortable Schlafsäle und Zimmer sowie ein Geschwader ausgebildeter Führer (manche ehemalige Führer haben inzwischen eigene Agenturen eröffnet) verfügt. Neben den üblichen Touren arrangiert Gero mehrtägige Treks in unberührte Wälder und bietet auch Programme von „gesellschaftlicher Nachhaltigkeit", bei denen Traveller bei dringend benötigten Gemeinschaftsprojekten helfen können.

Amazonas Indian Turismo ÖKOTOUR

(📞 99240-5888; amazonasindian@hotmail.com; Andradas 311) Der alteingesessene Budget-

DREILÄNDERECK

Am Nordostufer des Amazonas – rund 1100 km westlich von Manaus – sind Tabatinga (Brasilien) und Leticia (Kolumbien) durch eine unsichtbare internationale Grenze voneinander getrennt. Das gegenüberliegende Flussufer und die Inseln mitten im Fluss gehören zu Peru. Santa Rosa, die peruanische Grenzstadt, liegt auf einer Insel. Von diesem Dreiländereck aus gibt es Reiserouten, die alle drei Länder miteinander verbinden – ein guter Ausgangspunkt für Urwaldtrips. Leticia, die größte und schönste der drei Grenzstädte, bietet die besten Dienstleistungen.

Zwischen Tabatinga und Manaus gibt es Flugverbindungen. Von Tabatingas Porto Fluvial legen jeden Mittwoch und Samstag sowie an einigen Dienstagen zwischen 8 und 14 Uhr langsame Boote nach Manaus (Hängematte 350 R$, 7 Tage) ab. Man sollte früh kommen, um einen guten Hängemattenplatz zu ergattern, weil die Schiffe oft ziemlich überfüllt sind. Schnellboote von **Ajato** (3412-2227, in Manaus 092-3622-6047; Mo-Fr 8-17, Sa 8-12 Uhr) fahren am Dienstag-, Donnerstag-, Samstag- und Sonntagmorgen von Tabatinga nach Manaus (550 R$, 35 Std.).

---

veranstalter unterhält am Rio Urubú ein rustikales Camp mit Plumpsklos und ohne Strom. Viel Zeit wird man dort aber nicht verbringen, weil der Veranstalter auf mehrtägige Wanderungen durch den Wald spezialisiert ist, bei denen man in improvisierten Camps in Hängematten schläft, die zwischen zwei Bäumen aufgehängt werden. Das Unternehmen gehört Ureinwohnern und wird von ihnen geführt; die meisten Guides sind Uapixanas, und alle sprechen Englisch.

Lo Peix ÖKOTOUR
(98182-4793; www.lopeix.com; 435–1680 R$/Pers., 3–12 Tage) Die spanisch-brasilianischen Eigentümer haben Jahre damit verbracht, den Amazonas in einem Flussboot zu erkunden, ehe sie ein Tourunternehmen gründeten, das das Gleiche tut. Die Touren führen u. a. zu Orten wie dem Anavilhanas-Archipel, dem Jaú-Nationalpark und zu prähistorischen Stätten nahe Airão Velho. Unterwegs wird oft Halt gemacht, um Kanu zu fahren, zu wandern, zu schnorcheln und örtliche Gemeinden zu besuchen. Das eigens gebaute Schiff enthält kleine, komfortable Kojen, topmoderne Sicherheitseinrichtungen und wird mit Solarstrom versorgt.

★ **Tropical Tree Climbing** ÖKOTOUR
(www.tropicaltreeclimbing.com; BR-178, Km 144, Presidente Figueiredo) Zu den Touren mit dem freundlichen französisch-venezolanischen Veranstalter gehören gartenfrische Speisen, Wanderungen durch den üppigen Wald und natürlich ein (oder zwei) Baumbesteigungen – meist klettert man auf einen gewaltigen *angelim* oder *samaúma*. Der gedudige und kundige Eigentümer und Guide (der Fotograf Leo Principe) verwendet ein einzigartiges Seilsystem, mit dem ein 50 m hoher Aufstieg relativ einfach ist. Übernachten kann man in komfortablen neuen Gästezimmern oder sogar oben in einem Baum.

Porto Velho

0XX69 / 429 000 EW.

Porto Velho, die Hauptstadt des Bundesstaats Rondônia, ist ein wichtiger Umschlagplatz für die brasilianische Landwirtschaft, weil Sojabohnen von hier auf Lastkähnen den Rio Madeira hinauf zu den Ozeanfrachtern geschafft werden. Traveller kommen auf dem Weg vom Pantanal nach Manaus durch Porto Velho. Am Amazonas gibt es ein paar schöne Stellen, aber sonst ist die Stadt im Wesentlichen ein Umsteigepunkt.

Zu den gut gelegenen Unterkünften zählt das **Vitória Palace Hotel** (3221-9232; Duque de Caxias 745; EZ/DZ 50/60 R$; ✱ ☎) mit ältlichen, aber ordentlichen Zimmern mit hoher Decke. Günstig essen kann man am Büfett des **Caffé Restaurante** (3224-3176; Av Carlos Gomes 1097; 32–35 R$/kg; Mo-Sa 11–15 Uhr), und in Sachen Nachtleben gibt es eine Reihe lebhafter Bars nahe der Av Pinheiro Machado und der Av Presidente Dutra.

Inlandsflüge starten von Porto Velhos Aeroporto Internacional Jorge Teixeira de Oliveira (PVH) 7 km nördlich des Zentrums. Ein Taxi zur Stadt kostet 40 R$, alternativ nimmt man einen Stadtbus (die Haltestelle liegt beim Verlassen des Terminals zur Rechten).

Schiffe nach Manaus (Hängematte 250 R$, Doppelkabine mit Ventilator/Klimaanlage 700/900 R$, 2½ Tage) legen dreimal pro Woche am Flusshafen im Stadtzentrum ab. Tickets kauft man bei lizenzierten Händlern wie der Agência Monte Sinai (✆ 99346-7101, 3223-1987; transportesmontesinai @hotmail.com; ⊗ Mo–Sa 8–18 Uhr).

Busse (63 R$, 6 Std., tgl. 7-mal) und Sammeltaxis (100 R$, 4 Std.) fahren nach Guajará-Mirim, Busse außerdem auch nach Rio Branco (75 R$, 8–10 Std., tgl. 9-mal) und Cuiabá (170–270 R$, 24–25 Std., tgl. 7-mal). Vom Busbahnhof in die Stadt (3 km) nimmt man einen Stadtbus oder ein Taxi (15 R$).

Guajará-Mirim

✆ 0XX69 / 42 000 EW.

Buschige Bäume spenden auf den mit roter Erde bedeckten Bürgersteigen dieser provinziellen Grenzstadt Schatten und schützen so vor der gnadenlosen Sonne. Die Stadt liegt gleich gegenüber dem bolivianischen Guayaramerín.

Das familiengeführte Hotel Mine-Estrela (✆ 3541-1206; Av 15 de Novembro 460; EZ/DZ 50/80 R$; ❄ ☎) hält betagte, aber akzeptable Zimmer an der Hauptstraße zwischen dem Busbahnhof und dem Hafen bereit. Zu den Restaurants in der Nähe zählt das Oásis (✆ 3541-1621; Av 15 de Novembro 460; 34 R$/kg; ⊗ 11–15 Uhr, Di geschl.), auf dessen wirklich guten Mittagsbüfett frisch gegrilltes Fleisch zu finden ist.

Bradesco (Av Costa Marques 430) hat Geldautomaten. Bolivianos und Reales kann man bei den Geldwechslern im Hafen von Guayaramerín umtauschen.

Busse (63 R$, 6–7 Std., tgl. 7-mal) und *colectivos* (100 R$, 4 Std.) fahren vom Busbahnhof, 2 km östlich des Hafens, nach Porto Velho. Ein Taxi zwischen dem Busbahnhof und dem Stadtzentrum kostet 20 bis 30 R$, ein *mototaxi* 12 R$.

Rio Branco

✆ 0XX68 / 336 000 EW.

Der abgelegene Bundesstaat Acre ist ein berühmtes Schlachtfeld zwischen brasilianischen Umweltschützern und Abholzungslobbyisten. Traveller können hier das Amazonasbecken abseits ausgetretener Pfade erkunden. Acre ist auch das Tor zum Regenwald im Norden Boliviens. Rio Branco, die sehr entspannte Hauptstadt am Fluss, ist allemal einen ein- bis zweitägigen Aufenthalt wert.

Der beige-grüne Palacio Rio Branco (Praça Povos da Floresta; ⊗ Di–Fr 8–18, Sa & So

> **ⓘ EINREISE NACH BOLIVIEN ÜBER GUAJARÁ-MIRIM**
>
> Motorboote (7 R$, 10 Min.) nach Guayamerín (Bolivien) legen rund um die Uhr vom Hafen am Ende der Hauptstraße 15 de Novembro in Guajará-Mirim ab. Vor der Ausreise holt man sich bei der Policía Federal (✆ 3541-0200; Ecke Avs Presidente Dutra & Bocaiúva; ⊗ 7–21 Uhr) einen Ausreisestempel. Bolivianische Einreisevisa (160 US$, nur für US-Bürger erforderlich) werden normalerweise noch am gleichen Tag vom bolivianischen Konsulat (S. 447) nahe dem Flussufer ausgestellt.

16–18 Uhr) GRATIS ist ein restauriertes Meisterwerk des Art déco mit einer historischen Ausstellung. Gleich unterhalb davon befindet sich das nicht sonderlich hilfreiche Centro de Atendimento ao Turista (Praça Povos da Floresta; ⊗ Mo–Sa 8–21, So 9–12 Uhr). Daneben sind Banken mit Geldautomaten.

Das Museu da Borracha (Kautschukmuseum; Av Ceará 1441; ⊗ Di–Fr 8–18 Uhr) GRATIS war 2015 wegen Renovierung geschlossen, lohnt aber einen Besuch, wenn es wiedereröffnet wird. Es befindet sich in einer restaurierten Villa und zeigt Ausstellungen zur Geschichte des Kautschukzapfens und zum Leben und zur Arbeit von Chico Mendes.

Am stimmungsvollsten zum Übernachten ist das Zentrum, dessen Ufer malerische Brücken und niedliche, bunte Häuser zieren. Das AFA Hotel (✆ 3224-1396; www.afabistro.com.br; Ribeiro 109; EZ/DZ 92/138 R$; ❄ ☎) hat geräumige, kürzlich renovierte Zimmer, ein gutes Mittagsbüfett und eine einladende Atmosphäre. In der Nähe gibt's im schön renovierten Mercado Velho (Praça Bandeira; Gerichte ab 6 R$; ⊗ 7–22 Uhr), einem historischen Hafengebäude, Musik- und Kultur-Events sowie einen Food-Court mit günstigen *pratos feitos*.

Von Rio Brancos kleinem Flughafen, 22 km nordwestlich vom Zentrum, starten täglich Flüge nach Porto Velho und Brasília. Der Bus 304 „Custódio Freire" (2,90 R$, 45 Min.) fährt ungefähr stündlich zum Stadtzentrum.

Von der schicken Rodoviária Internacional de Rio Branco (✆ 3221-3693; www.rodoviariainternacional.com; Km 125, Hwy 364) 8 km südwestlich der Stadt fahren Busse nach Porto Velho (80 R$, 8–10 Std., tgl. 4-mal), Xapurí (30 R$, 3½ Std., 6 & 13.45 Uhr) sowie Brasiléia (36 R$, 4 Std., tgl. 3-mal). Vom Busbahnhof zum Zentrum nimmt man einen Bus mit der Bezeichnung „Norte-Sul", „Parque Industrial" oder „Jacarandá" (2,90 R$, 20–30 Min.).

Xapuri

0XX68 / 16 000 EW.

Xapuri, ein charmantes Städtchen mit hübschen Häusern, blühenden Bäumen und roten, staubigen Straßen, lohnt einen Zwischenstopp. Von hier stammt der Kautschukzapfer und berühmte Umweltschützer Chico Mendes, der jahrelang erfolgreich gegen die Zerstörung des Regenwalds durch Abholzung und Viehzucht kämpfte und 1988 ermordet wurde. Die einen Block vom Busbahnhof entfernte **Casa Chico Mendes** (www.chicomendes.org.br; Batista de Moraes 494; Di-Fr 8.30–16.30, Sa 9–13 Uhr) GRATIS ist das schlichte Holzhaus, in dem Mendes mit seiner Familie wohnte, ehe ihn die Kugel des Attentäters auf den hinteren Stufen niederstreckte (1988). Bei den Führungen sieht man eine grafische Darstellung des Überfalls und die immer noch vorhandenen Blutspritzer an den Wänden. Auf der anderen Straßenseite zeigt die Fundação Chico Mendes postergroße Bilder des Aktivisten, persönliche Gegenstände und internationale Auszeichnungen. Mendes' Tod sorgte für Entrüstung und führte letztendlich dazu, dass weite Teile des Regenwalds in dem Bundesstaat unter Naturschutz gestellt wurden.

Ein kurzes Stück vom Busbahnhof entfernt liegt die **Pousada das Chapurys** (3542-2253; pousada_chapurys@hotmail.com; Sadala Koury 1385; EZ/DZ/3BZ 70/100/130 R$;), eine alteingesessene Unterkunft, deren freundliche Betreiber enge Freunde von Chico Mendes waren. In einem Park nahe der Plaza an der Rua Brandão gibt es entspannte Stellen, wo man sich draußen mit einer Pizza oder einem Bier hinsetzen kann. Will man die Landschaft kennenlernen, in der Mendes Kautschuk zapfte und Paranüsse sammelte, bietet sich die 32 km außerhalb Xapuris gelegene **Pousada Ecológica Seringal Cachoeira** (9947-8399; B 60 R$, DZ 130 R$, jeweils inkl. Frühstück;) an, eine gemütliche Ökolodge mit Schlafsälen, Chalets, Essen (mittags & abends 30 R$), geführten Wanderungen und anderen Aktivitäten.

Busse fahren nach Rio Branco (30 R$, 3½ Std., 6 & 15.20 Uhr) und Brasiléia (10 R$, 2 Std., 10 Uhr).

BRASILIEN VERSTEHEN

Brasilien aktuell

Brasilien gilt seit eh und je als „das Land der Zukunft". Denn seit Langem glauben viele, dass dieses Land mit seinen großen Ressourcen und all dem Reichtum schließlich Erfolg haben müsste. Die typische Replik der Einwohner lautete allerdings: „Doch die Zukunft kommt nie". Und wieder einmal scheinen die Einwohner Recht zu behalten.

Brasilien überstand die seit 2008 anhaltende weltweite Rezession besser als fast alle

---

> **ⓘ EINREISE NACH BOLIVIEN & PERU**
>
> Westlich von Xapuri liegt am Ufer des Río Acre die Stadt **Brasiléia**. Der Fluss trennt sie von dem weitaus hektischeren Cobija auf bolivianischer Seite. In Brasiléia finden Traveller Geldautomaten, Geldwechsler und ein bolivianisches Konsulat. Die **Pousada Las Palmeras** (3546-3284; Rua Odilon Pratagi 125 an der Geny Assis; EZ/DZ 60/80 R$;) ist eine reizende Bleibe mit tollem Frühstück. Busse verkehren nach Rio Branco (30 R$, 4 Std.) und Xapuri (12 R$, 2 Std.). Sammeltaxis fahren dieselben Strecken zum doppelten Preis in der Hälfte der Zeit.
>
> Man kann die Brücke zwischen Brasiléia und Cobija jederzeit ohne Genehmigung passieren, aber wer weiter nach Bolivien vordringen will, muss sich einen Ausreisestempel von der **Polícia Federal** (3546-3204; 8–19 Uhr) in Epitáciolândia, der Nachbarstadt Brasiléias, holen. Busse aus Rio Branco oder Xapuri können einen dort absetzen. Cobija verfügt über Unterkünfte, einen Flughafen und miese Busverbindungen.
>
> Wer nach Peru einreisen will, holt sich in Epitáciolândia einen Ausreisestempel, fährt mit dem Bus nach Assis (12 R$, 2 Std.) und überquert den Río Acre in Richtung Iñapari in Peru. Wenn man übernachten muss, findet man in Assis bessere Unterkünfte als in Iñapari. Die Busse von Rio Branco nach Assis halten unterwegs theoretisch bei der Polícia Federal – vor Aufbruch nachprüfen! In Rio Branco gibt es ein peruanisches Konsulat.

anderen Länder, und das starke Wirtschaftswachstum füllte die Taschen der aufblühenden Mittelschicht, während der Rest der Welt unter der Krise ächzte. Das Land rückte 2012 kurzzeitig in den Rang der sechstgrößten Wirtschaftsmacht auf und überholte damit Großbritannien. 2015 mussten die Brasilianer schmerzlich erfahren, dass die Regel der Schwerkraft – was aufsteigt, muss auch wieder herunterkommen – nach wie vor ihre Geltung hat.

Brasilien konnte im Kampf gegen sein größtes Problem, die krassen Einkommensunterschiede zwischen Arm und Reich, einige Fortschritte erzielen (rund 20 % der Bevölkerung schafften während des vielgepriesenen brasilianischen Booms einen Klassensprung), aber 2015 stand Brasilien vor großen Schwierigkeiten: der größten Rezession seit der Weltwirtschaftskrise. Dilma Rousseff, die erste weibliche Präsidentin in der 200-jährigen Geschichte des Landes, hielt sich während der meisten Zeit in ihrer zweiten Amtszeit bedeckt, da ihre Regierung im vielleicht größten Korruptionsskandal der brasilianischen Geschichte versank. *Operação Lava-Jato* (Operation Autowäsche) ist der Name der anhaltenden staatlichen Untersuchungen, die von einem Milliarden Dollar umfassenden Geldwäschesystem rund um den Ölgiganten Petrobras (und u. a. den Baukonzern Odebrecht) ausgehen – wie groß das System wirklich war, ist noch nicht bekannt. Unter dem Vorwurf, bestechlich zu sein und überhöhte Rechnungen zu stellen, wurden zahlreiche Unternehmensvorstände und Regierungsbeamte aus Rousseffs Regierung und ihrer Partei, dem Partido dos Trabalhadores (PT), unter Anklage gestellt und verhaftet, die Präsidentin selbst blieb noch unversehrt. Die Ölproduktion von Petrobras stagnierte gleichzeitig, und das Unternehmen entwickelte sich zum höchstverschuldeten der Welt. Rousseffs Zustimmungsrate in der Bevölkerung sank auf ein sagenhaftes Rekordtief von 8 %.

Unterdessen fiel Brasiliens Kreditwürdigkeitsrate bei Standard & Poor's auf Ramschniveau ab, nachdem die Regierung Ende 2015 ein 17 Mrd. US$ umfassendes Sparprogramm aufgelegt hatte, infolgedessen öffentliche Aufträge eingefroren, rund 1000 Jobs gestrichen und zehn Ministerien aufgelöst wurden. Die Landeswährung Real, die noch drei Jahre zuvor als die am meisten überbewertete der Welt gegolten hatte, verlor im letzten Jahr fast 40 % ihres Werts gegenüber dem US-Dollar und bleibt angeschlagen. Die Arbeitslosigkeit erreichte Ende 2015 zweistellige Werte. Der brasilianische Boom war endgültig vorbei.

Und gerade, als man dachte, es könnte nicht schlimmer kommen, brach am 5. November 2015 der Damm eines Rückhaltebeckens in Minas Gerais. Rund 60 Mio. m³ toxischer Bergwerksabwässer zerstörten die Ortschaft Bento Rodrigues und ergossen sich in den Fluss Doce (und 17 Tage später in den Atlantischen Ozean). Das Ereignis gilt als die schlimmste Umweltkatastrophe in der Geschichte Brasiliens. Rousseffs zögerliches Reagieren auf die Tragödie stieß weithin auf Kritik. Schließlich wurde dann durch Eduardo Cunha, den damaligen Sprecher des Unterhauses, einen politischen Widersacher von Rousseff, ein Amtsenthebungsverfahren gegen die Präsidentin eingeleitet, ehe Cunha selbst wegen des Vorwurfs, Bestechungsgelder im Petrobras-Skandal angenommen zu haben, Gegenstand einer Untersuchung wurde. Brasilien war Ende 2015 so stabil wie ein Kartenhaus in einem Tornado.

Trotz der politischen, ökonomischen und ökologischen Probleme wuchsen die Begeisterung, aber auch die Spannungen im Vorfeld der Olympischen Spiele von 2016, und die Augen der Welt richteten sich auf Rio de Janeiro. Nachdem die Nörgler durch die wunderbare Fußballweltmeisterschaft eines Besseren belehrt worden waren – was Brasiliens Eignung als Gastgeber betraf, denn spielerisch enttäuschte die Mannschaft –, konnte Brasilien eine festliche Ablenkung, zumindest für einige Wochen, sehr gut gebrauchen. Trotz einiger offenkundiger Mängel, über die sich die Sportler beschwerten, wurden es fröhliche Spiele, nicht zuletzt, weil die Athleten des Landes, allen voran die Fußballer, erfolgreich waren.

Dilma Rousseff wurde am 31. August 2016 vom Senat ihres Amtes enthoben. Michel Temer, der bis dato Vizepräsident gewesen war und dem Partido do Movimento Democrático Brasileiro angehört, hat bis auf Weiteres die Funktion des Staatsoberhaupts übernommen.

Geschichte

Die indigene Bevölkerung

Über die ersten Bewohner Brasiliens weiß man wenig. Aus den ältesten Fundstücken (hauptsächlich Keramik, Abfallhügel und

Skelette) schließen Archäologen, dass die ersten Menschen vor etwa 50 000 Jahren in die Region gewandert sind, früher als in andere Gebiete des amerikanischen Kontinents.

Auch ist nicht bekannt, wie viele Menschen um 1500 hier lebten, als die Portugiesen an Land gingen. Schätzungen bewegen sich zwischen 2 und 6 Mio. Vermutlich gab es mehr als 1000 Stämme, die als nomadische Jäger und Sammler oder als sesshafte Ackerbauern lebten. Es kam immer wieder zu Kriegen zwischen den Stämmen. Manchmal wurden gefangene Feinde nach einer Schlacht rituell getötet und verspeist.

Am Anfang interessierten sich die Portugiesen wenig für die Einheimischen, die sie als Steinzeitmenschen betrachteten. Und das dicht bewaldete Land bot kaum etwas für den europäischen Markt. Doch das änderte sich, als portugiesische Händler Interesse am Rotholz (Brasilholz) entwickelten, das der Kolonie später ihren Namen gab, und Kolonisten kamen, um es abzubauen.

Natürlich lieferte die indigene Bevölkerung die benötigten Arbeitskräfte. Zunächst hatte sie die merkwürdigen, stinkenden Fremden freundlich empfangen und ihre Arbeitskraft, ihre Nahrung und ihre Frauen im Tausch gegen die Ehrfurcht gebietenden Metallwerkzeuge und den faszinierenden portugiesischen Schnaps angeboten. Aber schon bald nutzten die Neuankömmlinge die Bräuche der Einheimischen aus, nahmen ihnen das beste Land weg – und versklavten sie am Ende.

Als die Kolonisten entdeckten, dass Zuckerrohr in der Kolonie gut gedieh, wurde die Arbeitskraft der Einheimischen wertvoller denn je und der Verkauf von einheimischen Sklaven entwickelte sich bald zu Brasiliens zweitgrößtem Handelszweig. Die Branche wurde von *bandeirantes* beherrscht, brutalen Männern, die die Indianer im Landesinneren jagten und gefangen nahmen oder töteten. Ihre Taten stellten mehr als jeder Vertrag sicher, dass ein großer Teil des südamerikanischen Landesinneren an das portugiesische Brasilien fiel.

Jesuitenpater bemühten sich sehr um den Schutz der indigenen Bevölkerung, letztendlich aber hatten sie nicht die Kräfte, um den Angriffen etwas entgegenzusetzen (1759 wurden die Jesuiten dann aus Brasilien ausgewiesen). Einheimische, die nicht von Kolonisten getötet wurden, fielen nicht selten Krankheiten zum Opfer, die die Europäer eingeschleppt hatten.

Die Afrikaner

Im 17. Jh. ersetzten afrikanische Sklaven die indigenen Gefangenen auf den Plantagen. Zwischen 1550 und 1888 wurden rund 3,5 Mio. Sklaven nach Brasilien verschifft – das sind fast 40% aller Sklaven, die in die Neue Welt kamen. Afrikaner galten als bessere Arbeiter und waren gegen die europäischen Krankheiten resistenter, leisteten aber auch energischen Widerstand. Während der ganzen Kolonialzeit bildeten sich *quilombos*, Gemeinden geflohener Sklaven. Sie reichten von *mocambos*, kleinen Gruppen, die sich in den Wäldern versteckten, bis zur großen Republik Palmares, die sich über weite Strecken im 17. Jh. behaupten konnte. Unter der Führung des afrikanischen Königs Zumbí hatte Palmares in seiner Blütezeit zwischen 10 000 und 20 000 Einwohner. (Die Zahlen sind unter den Fachleuten umstritten).

Nach Angaben der NGO Comissão Pró-Índio in São Paulo gibt es 2000 bis 3000 Dörfer in Brasilien, die als *quilombos* entstanden sind. Ihr Wachstum wurde erst durch die Abschaffung der Sklaverei 1888 gestoppt.

Wer auf den Plantagen überlebte, suchte in afrikanischen Religionen und Kulturen Trost, oft in Form von Tanz und Gesang. Die Sklaven erhielten eine oberflächliche Unterweisung im Katholizismus, sodass bald ein synkretistischer Glauben entstand. Spirituelle Elemente vieler afrikanischer Stämme, beispielsweise der Yorubá, blieben erhalten und wurden den Sklavenhaltern durch eine katholische Fassade schmackhaft gemacht. Hier liegen die Wurzeln der modernen Religionen Candomblé (eine afro-brasilianische Religion aus Bahia) und Macumba (eine aus Afrika stammende Religion), die noch bis vor Kurzem gesetzlich verboten waren.

Das Leben auf den Plantagen war zwar schon elend, aber auf viele Sklaven wartete ein noch schlimmeres Schicksal. In den 1690ern wurde im heutigen Minas Gerais Gold entdeckt – und der Goldrausch ließ nicht lange auf sich warten. In den Bergtälern schossen chaotische Städte wie Vila Rica de Ouro Preto (Reiche Stadt des schwarzen Goldes) aus dem Boden. Einwanderer überschwemmten die Region, und zahllose Sklaven wurden aus Afrika importiert, um in Minas zu arbeiten – und zu sterben.

Die Portugiesen

Jahrelang sahen die Machthaber Portugals in der brasilianischen Kolonie nicht viel mehr als ein einträgliches Geschäft. Diese Einstellung änderte sich, als Napoleon 1807 in Lissabon einmarschierte. Der Prinzregent – später unter dem Namen Dom João VI. bzw. Johann VI. bekannt – verlegte seinen Hof umgehend nach Brasilien. Er blieb dort noch nach Napoleons Niederlage bei Waterloo 1815. Als er 1816 König wurde, erklärte er Rio de Janeiro zur Hauptstadt eines vereinten Königreiches aus Brasilien und Portugal. Damit machte er Brasilien zur einzigen Kolonie der Neuen Welt, die einem europäischen Monarchen als Sitz diente. 1821 kehrte Dom João nach Portugal zurück und setzte seinen Sohn Pedro als Regenten von Brasilien ein.

Im darauffolgenden Jahr versuchte das portugiesische Parlament, Brasilien wieder den Status einer Kolonie aufzuzwingen. Der Legende zufolge zog Pedro daraufhin sein Schwert und rief: *„Independência ou morte!"* (Freiheit oder Tod). Er krönte sich kurzerhand selbst zum Kaiser – Dom Pedro I. (Peter I.). Portugal war zu schwach, um gegen seine Lieblingskolonie in die Schlacht zu ziehen. Deshalb erlangte Brasilien ohne Blutvergießen die Unabhängigkeit.

Dom Pedro I. regierte neun Jahre lang. Er brachte ganze Land gegen sich auf, indem er ein uneheliches Kind nach dem anderen zeugte, und musste schließlich zugunsten seines fünfjährigen Sohnes, Dom Pedro II., abdanken. Bis zur Volljährigkeit des künftigen Kaisers litt Brasilien unter einem Bürgerkrieg. 1840 bestieg Dom Pedro II. mit großem Rückhalt in der Bevölkerung den Thron. Während seiner 50 Jahre währenden Herrschaft förderte er ein mächtiges parlamentarisches System, führte Krieg gegen Paraguay, mischte sich in die Angelegenheiten von Argentinien und Uruguay ein, sorgte für eine große Einwanderungswelle, schaffte die Sklaverei ab – und schuf einen Staat, der die Monarchie nicht mehr benötigte.

Die Brasilianer

Im 19. Jh. löste der Kaffee den Zucker als wichtigstes Exportgut Brasiliens ab. Brasilien lieferte bis zu 75% der Weltproduktion. Infolge der Mechanisierung und des Eisenbahnbaus schnellten die Profite in die Höhe; die Kaffeebarone wurden sehr einflussreich.

1889 wurde das antiquierte Kaisertum durch einen von den Kaffeebaronen unterstützten Putsch gestürzt. Der Kaiser musste ins Exil gehen. Die neue brasilianische Republik erhielt eine Verfassung nach dem Vorbild der USA. Fast 40 Jahre lang wechselten zivile und militärische Präsidenten einander ab, de facto aber lag die Macht immer in der Hand des Militärs.

Der Kaffee behielt seine immense Bedeutung, bis der Markt in der Weltwirtschaftskrise 1929 zusammenbrach. Die geschwächten Kaffeebarone von São Paulo, die die Regierung kontrollierten, schlossen sich mit einer Allianz der Opposition und nationalistischen Offizieren zusammen. Als ihr Präsidentschaftskandidat Getúlio Vargas die Wahlen von 1930 verlor, ergriff das Militär die Macht und übergab ihm die Führung.

Vargas, der sich als guter Taktierer erwies, beherrschte 20 Jahre lang die politische Bühne. Zeitweise lehnte sich seine Regierung an die faschistischen Staaten von Mussolini in Italien und Salazar in Portugal an. Vargas verbot politische Parteien, inhaftierte Gegner und zensierte die Presse. Bis 1954 war er immer wieder an der Macht, bis das Militär den Rücktritt erzwang. Vargas reagierte, indem er einen Brief an das brasilianische Volk schrieb und sich erschoss.

Juscelino Kubitschek, der 1956 zum Präsidenten gewählt wurde, war der erste, den Brasiliens Gelder mit vollen Händen ausgab. Sein Motto lautete: „Der Fortschritt von 50 Jahren in fünf Jahren." Seine Kritiker entgegneten: „Die Inflation von 40 Jahren in vier Jahren." In Anbetracht des riesigen Schuldenbergs, den Kubitschek durch die Errichtung von Brasília anhäufte, kamen die Kritiker der Wahrheit näher. Anfang der 1960er-Jahre hatte die Inflation die brasilianische Wirtschaft fest im Würgegriff. Der Sieg Castros in Kuba verschärfte die Angst vor dem Gespenst namens Kommunismus. 1964 strauchelte Brasiliens instabile Demokratie durch einen Militärputsch ihrem Ende entgegen.

Das autoritäre Militärregime herrschte fast 20 Jahre. Die meiste Zeit boomte die Wirtschaft, wenngleich sie teilweise stark von internationalen Banken abhängig war. Generell forderte das Wachstum große Opfer von der Bevölkerung: Die vernachlässigten sozialen Probleme spitzten sich zu, Millionen Menschen strömten in die Städte und die *favelas* (informelle Siedlung) wuchsen fast ins Unermessliche.

Die letzten Jahrzehnte

Die letzten Jahrzehnte waren für Brasilien sehr erfreulich. Nachdem Fernando Collor de Mello, der erste demokratisch gewählte Präsident seit 30 Jahren, wegen Korruption seines Amtes enthoben wurde, stabilisierte sich das Wirtschaftswachstum, und das Armenhaus Südamerikas blühte auf.

Collors Vizepräsident und Nachfolger Itamar Franco führte die noch heute gültige Währung, den Real, ein und löste damit einen Wirtschafts-Boom aus. Die Früchte erntete sein Nachfolger, der frühere Finanzminister Fernando Henrique Cardoso, der sich als Präsident in der Mitte der 1990er-Jahre über das Wirtschaftswachstum und ausländische Investitionen in Rekordhöhe freuen konnte. Ihm wird vor allem zugute gehalten, dass es ihm gelang, die Hyperinflation in Brasilien zu beenden – allerdings ging dies häufig zu Lasten der Lösung sozialer Probleme.

Im Jahr 2002 gewann der Sozialist Luiz Inácio Lula da Silva mit dem Versprechen sozialer Reformen die Präsidentenwahl. Lula entstammte einer einfachen Arbeiterfamilie und wurde in den frühen 1980er-Jahren zu einem bekannten Gewerkschaftler und Streikführer. Später gründete er den Partido dos Trabalhadores (Arbeiterpartei, PT), in dem sich seine Anhänger, die soziale Reformen forderten, sammelten. Lulas zwei Amtszeiten gehören finanzpolitisch zu den verantwortungsvollsten in der Geschichte des Landes, trotzdem behielt er dabei die gewaltigen sozialen Probleme des Landes im Blick. Leider gab es auch Schattenseiten, vor allem den weit ausufernden *Mensalão*-Korruptionsskandal, der 2005 ans Licht kam, eine Reihe von PT-Funktionären ihre Ämter kostete und schließlich 2012 in einem Sensationsprozess vor dem Obersten Gericht gipfelte, dem das ganze Land gespannt folgte.

Lulas Nachfolgerin und Parteifreundin Dilma Rousseff wurde 2011 als erste Frau in das Präsidentenamt gewählt. Als ehemalige kommunistische Widerstandskämpferin, die im Kampf gegen das Militärregime gefoltert wurde und eine mehrjährige Haftstrafe absitzen musste, versprach sie, die nötige Kraft für eine harte Linie im Kampf gegen die Korruption aufzubringen. Aber eine unglückliche Wirtschaftspolitik und ein Milliarden Dollar großer Korruptionsskandal um Brasiliens Ölgiganten Petrobras veränderten die guten Aussichten für das Land. 2015, zur Mitte ihrer zweiten Amtszeit, steckte das Land in der Rezession und litt unter Korruption und der schwersten Umweltkatastrophe seiner Geschichte. So regten sich erste Zweifel, ob die Präsidentin das Ende ihrer zweiten Amtszeit erreichen würde – und diese sollten zur Gewissheit werden: Ende August 2016 wurde Rousseff ihres Amtes enthoben; Michel Temer übernahm die Regierungsgeschäfte. Eines ist aber gewiss: Bei den nächsten Wahlen, die regulär 2018 stattfinden sollen, steht viel auf dem Spiel.

Kultur

Die brasilianische Kultur ist von den Portugiesen geprägt, die dem Land ihre Sprache und ihre Religion gaben, aber auch von der indigenen Bevölkerung, von Immigranten und Afrikanern. Der afrikanische Einfluss ist vielerorts deutlich zu spüren, besonders stark aber im Nordosten, wo Religion, Musik und Küche aus Afrika die brasilianische Identität stark beeinflusst haben.

Bevölkerung

In Brasilien sind die Menschen so vielfältig wie die Landschaft, die sie bewohnen. Gemäß der Zählung der IBGE (Statistikbehörde Brasiliens) von 2010 sind 47,5 % der Bevölkerung weiß, 7,5 % schwarz, 1,1 % asiatisch, 43,4 % gemischt und 0,43 % indigen – aber die Zahlen sagen wenig aus über die vielen Schattierungen, die in Brasiliens großem Schmelztiegel zu finden sind. Bis Ende des 19. Jhs. bestand die Bevölkerung aus indigenen Gruppen, Portugiesen, Afrikanern (die als Sklaven nach Brasilien gebracht worden waren) und ihren durchmischten Nachkommen. Seither gab es Einwanderungswellen u. a. aus Italien, Spanien, Deutschland, Japan, Russland und dem Libanon.

Lebensart

Brasilien hat zwar die sechstgrößte Wirtschaft der Welt, reichlich Ressourcen und eine gut entwickelte Infrastruktur, doch der Lebensstandard variiert stark. Die Schere zwischen arm und reich geht – im weltweiten Vergleich – mit am weitesten auseinander.

Seit der massenhaften Landflucht Mitte des 19. Jhs. leben die Ärmsten der Armen in *favelas*, die jede Stadt umgeben. Viele Unterkünfte bestehen hier aus kaum mehr als ein paar zusammengenagelten Brettern. In nur wenigen *favelas* gibt es sauberes Wasser, ein Abwassersystem oder eine Gesundheitsversorgung. Die Straßen werden von Drogenbossen beherrscht, und das Verbrechen ist allgegenwärtig.

Die Reichen leben oft nur einen Steinwurf entfernt, manchmal nur durch eine Autobahn abgetrennt. Oft wohnen sie in modernen Festungen, die von Mauern und bewaffneten Wächtern geschützt werden. Und ihr Lebensstil gleicht dem der Oberschichten in Europa und Nordamerika.

Aber die wahre Schönheit Brasiliens entsteht, wenn alles zusammenkommt – in einem Samba-Club, bei einem Fußballspiel, einem Karneval-Umzug oder am Strand – und dabei eine untrennbare Einheit entsteht. Die Brasilianer lieben Partys, und Festivitäten gibt's das ganze Jahr über. Dennoch ist hier nicht alles Samba und *sakerinhas* (Cocktails) – manchmal leiden Brasilianer auch an *saudade*, einem nostalgischen, oft sehr melancholischen Weltschmerz und undefinierbarem Verlangen. Dieses Gefühl drückt sich in vielen Werken von Jobim, Moraes und anderen großen Liedermachern aus und offenbart sich in vielen Formen, vom unbestimmten Heimweh bis zum tiefen Bedauern über begangene Fehler.

Wenn Brasilianer nicht gerade Samba tanzen oder in Traurigkeit versinken, helfen sie einander gern. Liebenswürdigkeit ist weit verbreitet und wird auch erwartet. Der Altruismus ist sehr nützlich in einem Land, das für seine Bürokratie und lange Warteschlangen berüchtigt ist. Für alles gibt es einen offiziellen Weg und den *jeitinho*, den kleinen Umweg. Ein wenig Freundlichkeit – und ein paar Freunde – helfen sehr oft weiter.

Religion

Brasiliens katholische Gemeinde ist die größte weltweit, in dem Land sind jedoch Vielfalt und Synkretismus willkommen. Problemlos findet man hier katholische Kirchgänger, die an spirituellen Sitzungen teilnehmen oder in einem *terreiro* (dem Haus einer afro-brasilianischen religiösen Gemeinschaft) um Hilfe beten.

Brasilien hat seine wichtigsten religiösen Wurzeln im Animismus der indigenen Bevölkerung und in den katholischen und afrikanischen Religionen, die von den Sklaven eingeführt wurden. Zuletzt kam das evangelische Christentum hinzu, das sich über ganz Brasilien ausdehnte, besonders in den ärmeren Gegenden.

Die afro-brasilianischen Religionen entstanden, als die Kolonisten den Sklaven die Ausübung ihrer ursprünglichen Religionen verboten. Die Sklaven ließen sich aber nichts so leicht verbieten, verpassten ihren afrikanischen Göttern einfach katholische Namen und beteten sie weiterhin an. Die konventionellste der so entstandenen Religionen ist Candomblé: Die Rituale werden in der Yoruba-Sprache abgehalten und in einer *casa de santo* oder einem *terreiro* von einem *pai de santo* bzw. einer *mãe de santo* durchgeführt (wortwörtlich vom „Vater" oder der „Mutter eines Heiligen" – den Candomblé-Priestern). Die Gottheiten des Candomblé werden *orixás* genannt, und jeder Mensch soll von einer dieser Gottheiten beschützt werden.

In Bahia und Rio versammeln sich riesige Massen von Anhängern der afro-brasilianischen Kulte, um an den Festivals am Ende des Jahres teilzunehmen – besonders an denen, die am Abend des 31. Dezembers und am Neujahrstag stattfinden. Millionen Brasilianer pilgern dann an den Strand, um Iemanjá, die Meeresgöttin, zu ehren. Ihr Alter Ego ist die Jungfrau Maria.

Kunst

Architektur

Brasiliens beeindruckende kolonialzeitliche Architektur kann man in Städten wie Salvador, Olinda, São Luís, Ouro Preto und Tiradentes bewundern. Über die Jahrhunderte machten sich besonders zwei Architekten einen Namen: Aleijadinho, der im 18. Jh. die meisterhaften Barockbauten in den Bergbaustädten von Minas Gerais schuf, und Oscar Niemeyer, der Modernist und Funktionalist des 20. Jhs. Er zeichnete in den 1950er-Jahren für die neue Hauptstadt Brasília verantwortlich und entwarf viele andere großartige Gebäude im ganzen Land. Niemeyer starb 2012 im Alter von 104 Jahren.

Kino

Brasiliens große Filmindustrie hat im Laufe der Jahre eine Reihe guter Streifen produziert. Einer der neueren Hits war *Tropa do Elite* (2007), eine mutige Darstellung der in Rio herrschenden Kriminalität und Korruption aus der Sicht eines Angehörigen der BOPE (Batalhão de Operações Policiais Especiais). Sehr erfolgreich war auch der Anschlussfilm *Tropa de Elite 2: O Inimigo Agora É Outro* (2010), der den höchsten Umsatz in der Geschichte des brasilianischen Films einspielte.

Der gleiche Regisseur, José Padilha, machte bereits 2002 mit dem Streifen *Ônibus 174*, der einen schockierenden Blick sowohl auf die Unfähigkeit der brasilianischen Polizei als auch auf die brutale Realität der sozialen Schieflage Brasiliens warf, auf sich und das brasilianische Kino aufmerksam. Erzählt wurde die Geschichte eines einsamen Gangsters, der 2000 in Rio einen Bus kaperte und die Insassen stundenlang als Geiseln festhielt, während das Ereignis live im Fernsehen gezeigt wurde. Sein jüngstes, von der Kritik gerühmtes Projekt bei Netflix, *Narcos*, porträtiert dramatisch die kolumbianischen Drogenkartelle der 1980er-Jahre. Der brasilianische Schauspieler Walter Moura spielt die Rolle des kolumbianischen Drogenbarons Pablo Escobar.

Einer der Topregisseure Brasiliens ist Fernando Meirelles. Er machte sich einen Namen mit dem Film *City of God*, der die Brutalität in einer *favela* in Rio zeigt und für den Meirelles eine Oscar-Nominierung erhielt. Nach diesem Erfolg drehte Meirelles drei Hollywood-Filme, von denen der von einer Verschwörung handelnde und in Afrika gedrehte *Der ewige Gärtner* (2004) das größten Kritikerlob erhielt und Rachel Weisz den Oscar für die beste weibliche Nebenrolle einbrachte.

Walter Salles gehört zu Brasiliens bekanntesten Regisseuren. Sein hoch gelobter und mit einem Oscar prämierter Film *Central Station* (1998) erzählt die Geschichte einer einsamen Frau, die einen obdachlosen Jungen auf der Suche nach seinem Vater begleitet.

Einblicke in die Zeit der Diktatur bietet Bruno Barretos Film *O Que É Isso Companheiro*, der 1997 in Deutschland unter dem Titel *Vier Tage im September* herauskam. Er erzählt die Entführung des US-Botschafters in Brasilien durch linke Guerillas 1969.

Ein weiterer Meilenstein in der Geschichte des brasilianischen Films ist *Asphalt-Haie* (1981), der das Leben in Rio durch die Augen eines Straßenjungens beschreibt und der brasilianischen Gesellschaft ein Armutszeugnis ausstellt.

Literatur

Joaquim Maria Machado de Assis (1839–1908), Sohn eines freigelassenen Sklaven, ist einer der großen, frühen Schriftsteller Brasiliens. Assis hatte einen herrlichen Sinn für Humor und nahm in menschlichen Angelegenheiten eine einfühlsame – wenn auch zynische – Haltung ein. Zu seinen wichtigsten Romanen gehören *Quincas borba*, *Die nachträglichen Memoiren des Bras Cubas* und *Dom Casmurro*.

Jorge Amado (1912–2001), Brasiliens berühmtester zeitgenössischer Autor, schuf Porträts der Menschen und Orte Bahias. Bekannt sind vor allem *Gabriela wie Zimt und Nelken* und *Dona Flor und ihre zwei Ehemänner*.

Paulo Coelho ist der Romanschriftsteller Lateinamerikas, der nach Gabriel García Márquez am häufigsten gelesen wird. Seine New-Age-Legenden *Der Alchimist* und *Auf dem Jakobsweg* begründeten Mitte der 1990er-Jahre seinen Ruhm.

Musik

Die Samba ist eine brasilianische Institution. Sie ist stark von afrikanischen Einflüssen geprägt und eng mit dem Karneval verbunden. Die heute bekannteste Form der Samba ist *pagode*, eine zwanglose Variante, zu deren führenden Vertretern die Sänger Beth Carvalho, Jorge Aragão und Zeca Pagodinho gehören.

Eine weitere brasilianische Erfindung ist der Bossa Nova, der in den 1950er-Jahren aufkam und mit dem von Antônio Carlos Jobim und Vinícius de Moraes komponierten Klassiker *The Girl from Ipanema* Weltruhm erlangte. Der Begründer des Bossa Nova, der Gitarrist João Gilberto, tritt noch immer auf, ebenso seine Tochter Bebel Gilberto, die durch ihren Mix aus weichem Bossa-Sound und elektronischem Groove das Interesse an diesem Musikstil neu entfacht hat.

Der *tropicalismo*, eine Mischung aus verschiedenen brasilianischen Musikrichtungen und nordamerikanischem Rock und Pop, eroberte Ende der 1960er-Jahre die Bühnen. Protagonisten wie Gilberto Gil und Caetano Veloso sind immer noch sehr aktiv. Gil war 2003 bis 2008 sogar Brasiliens Kulturminister.

Die Liste neuer Talente wird mit jedem Tag länger. Ganz oben steht der Schauspieler und Musiker Seu Jorge, der in dem Film *City of God* mitspielte. Für das 2005 erschienene *Cru*, ein innovatives Hip-Hop-Album mit politischer Botschaft, erhielt Jorge mehrere Auszeichnungen. Auch sein Album *Seu Jorge & Almaz* von 2010 ist ein von der Kritik gefeierter Mix aus Soul, Samba und Rock, das er zusammen mit dem Drummer Pupillo und dem Gitarristen Lucio Maia – beide Mitglieder der legendären Rock- und

Hip-Hop-Gruppe Nação Zumbi – und dem preisgekrönten Filmmusikkomponisten Antonio Pinto (*Central Station, City of God*) am Bass aufnahm. Jorge trat auch bei der Schlussfeier der Olympischen Spiele 2012 in London auf. Sein neustes Album Músicas Para Churrasco, Vol 2 erschien 2015.

Brasilianischer Rock (sprich: hock-i) ist ebenfalls sehr beliebt. Gruppen und Künstler wie Zeca Baleiro, Kid Abelha, Jota Quest, Ed Motta und die vom Punk beeinflusste Band Legião Urbana sollte man sich ruhig mal anhören.

Wo auch immer man in Brasilien hinkommt, man hört mit Sicherheit regionale Musikstile. Am bekanntesten ist der *forró* (fo-ho), eine lebendige, synkopische Musik aus dem Nordosten mit einer Mischung aus Klängen der *zabumba* (afrikanischer Trommel) und des Akkordeons. *Axé* steht für eine Mischung aus Samba, Pop, Rock, Reggae, Funk und karibischer Musik, die in den 1990er-Jahren in Salvador da Bahia aufkam und vor allem durch die großartige Daniela Mercury populär wurde. Heute füllt die Sängerin Ivete Sangalo ganze Stadien. Im Amazonasgebiet trifft man auf *carimbo*-Rhythmen und den sinnlichen Tanz, der mit diesen Rhythmen verbunden ist.

Sertanejo, die brasilianische Country-Musik, erlangte 2011 internationalen Ruhm, als Michel Teló seinen Hit *Ai Se Eu Te Pego* herausbrachte und damit ein unerklärliches Phänomen lostrat. Der Song ist der wohl berühmteste brasilianische Hit seit *The Girl from Ipanema*.

Essen & Trinken

Brasilianische Restaurants servieren riesige Portionen, und oft sind die Gerichte für zwei Personen bemessen – nichts für Alleinreisende, da einzelne Portionen entsprechend teurer sind (zwischen 60% und 70% des Preises für zwei) – andererseits können Portionen für zwei oft auch drei satt machen (mit Logik kommt man dieser brasilianischen *trios*-Mathematik nicht bei). Die Grundzutaten der brasilianischen Küche sind *arroz* (weißer Reis), *feijão* (schwarze Bohnen) und *farofa/farinha* (Mehl aus der Maniokwurzel bzw. Mais). Eine typische Mahlzeit bezeichnet man als *prato feito* (Menü, oft mit „pf" abgekürzt) oder *refeição*. Sie besteht aus den genannten Zutaten, Fleisch, Hühnchen oder Fisch und kostet in den meisten Lokalen 8 bis 14 R$.

Eine weitere gute Option sind Mittagsbüfetts, bei denen *por kilo* (pro Kilogramm) bezahlt wird. Hier wird das Essen aufs Gramm genau berechnet, pro Kilogramm werden rund 35 bis 60 R$ fällig (auf einen großen Teller passen etwa 500 g). Lokale mit *por-kilo*-Preisen sind auch gut für Vegetarier geeignet. Ein weiteres Angebot sind *rodízios* mit Festpreis: Die meisten *churrascarias* (Grillrestaurants) bieten *rodízio*-Abendmenüs an, bei denen zahllose Grillspieße mit verschiedenen Fleischsorten am Tisch serviert werden. Die meisten Lokale berechnen Reisenden zu hohe Preise und geben zu wenig Wechselgeld heraus. Also die Rechnung sorgfältig überprüfen!

Die brasilianische Küche ist regional sehr unterschiedlich. Die *comida baiana* der Nordostküste ist afrikanisch inspiriert und verwendet verschiedene Pfeffersorten, Gewürze und das reichhaltige Öl der *dendê*-Palme. Die Pantanal- und Amazonasregion ist für ihre leckeren Fischgerichte bekannt. Die *comida gaúcha* in Rio Grande do Sul verwendet viel Fleisch. Minas Gerais ist für sein herzhaftes, venenverstopfendes Essen bekannt, das oft Hühnchen und Schweinefleisch enthält (im restlichen Brasilien heißt es auch, dass jedes brasilianische Gericht in Minas besser schmeckt). São Paulo hingegen, Heimat vieler Italiener, Japaner und Araber, ist das Gourmet-Mekka des Landes.

Es gibt unzählige brasilianische Früchte, aus denen göttliche *sucos* (Säfte) hergestellt werden. In jeder Stadt gibt's reichlich Saftbars, die 30 bis 40 Sorten führen und 8 bis 12 R$ für ein großes Glas verlangen.

Cafezinho puro (Kaffee) wird in Brasilien stark, heiß, in ländlichen Gegenden oft sehr süß und normalerweise ohne Milch (*leite*) getrunken. *Refrigerantes* (Erfrischungsgetränke) gibt's überall. *Guaraná*, ein Getränk aus der Frucht einer Pflanze aus dem Amazonasgebiet, ist so beliebt wie Cola.

Die beiden bekanntesten alkoholischen Getränke Brasiliens sind *cachaça* (auch *pinga* genannt), ein hochprozentiger Zuckerrohrschnaps, und *cerveja* (Bier). *Cachaça* kann ziemlich stark oder relativ mild sein und ist die Grundlage für den berühmten brasilianischen Cocktail Caipirinha. Unter den gängigen Biersorten sind Colorado, Bohemia, Original und Serramalte die besten. Aber die Kleinbrauereiszene ist seit 2013 geradezu explodiert, vor allem São Paulo, Paraná, Rio Grande do Sul und Minas Gerais.

> **ℹ BRASILIANISCHES BIER**
>
> Fassbier, *chope* (sprich: scho-pi) genannt, steht bei den Brasilianern hoch im Kurs. Die Schaumkrone kann das halbe Glas ausfüllen – sie gilt als Zeichen von Qualität. Man kann Bier auch ohne Blume *(sim colarinho)* bestellen, aber manche Bars bestehen auf einer mindestens zwei Finger breiten Schaumschicht.

Invicta, Seasons, Wähls, BodeBrown und Way produzieren einige der besten Kleinbrauereibiere des Landes.

Sport

Brasilien ist zwar das größte katholische Land der Welt, aber die eigentliche Religion ist *futebol* (Fußball). Und die Brasilianer sind aus gutem Grund so leidenschaftliche Anhänger. Die meisten Leute sind der Meinung, die Brasilianer spielen den kreativsten, kunstvollsten und spannendsten Fußball. Brasilien ist schließlich das einzige Land, das fünfmal Weltmeister wurde (1958, 1962, 1970, 1994 & 2002). Dennoch schied die Nationalelf bei den letzten Weltmeisterschaften früh aus, und auch die Bilanz bei den Olympischen Spielen ließ lange zu wünschen übrig.

Die schwere 1:7-Niederlage gegen Deutschland im Halbfinale der Fußballweltmeisterschaft von 2014 – noch dazu auf heimischem Boden – gilt als die demütigendste Niederlage in der Fußballgeschichte des Landes. Deutschlands gnadenloser Offensivfußball – vier Tore in sechs Minuten! – war Brasiliens große Heimniederlage und fügte der nationalen Seele schwere Narben zu. Die Niederlage beendete die seit 1975 anhaltende Serie von 62 Heimsiegen in Folge. Das zweite Mal ging Brasilien als Gastgeber der Fußballweltmeisterschaft nicht als Sieger hervor (nach 1950, als Brasilien das erste Mal den Cup ausrichtete und im Maracanã-Stadion in Rio auf herzzerreißende Weise gegen Uruguay verlor). Brasilien verlor 2014 anschließend auch noch das Spiel um den dritten Platz gegen die Niederlande mit 3:0 und landete auf einem enttäuschenden vierten Platz. Das ganze Jahr danach wollte sich niemand im Trikot der Nationalmannschaft blicken lassen.

Seit dem traurigen Sommer 2014 haben sich die Dinge für die *Seleção* nicht wirklich gebessert, obwohl sie von Neymar geführt wird, einem der dynamischsten jungen Superstars in der Branche. Dunga, der 1994 in dem Weltmeisterteam gespielt hatte, kehrte als Manager zurück, nachdem Luiz Felipe Scolari nach der Weltmeisterschaftsniederlage seinen Rücktritt erklärt hatte, und gewann schnell und eindrucksvoll einige Freundschaftsspiele. Aber die krachende Niederlage gegen Paraguay bei der Copa América von 2015 bewies, dass das Team noch nicht aus dem Gröbsten heraus war. Mit der Niederlage gelang es Brasilien das erste Mal in fast 20 Jahren nicht, sich für den FIFA-Konföderationen-Cup von 2017 zu qualifizieren.

So ruhten die Hoffnungen auf Erlösung ganz auf den Olympischen Sommerspielen, die 2016 das erste Mal auf südamerikanischem Boden, in Rio de Janeiro, stattfanden. Und tatsächlich konnte die Mannschaft die Herzen der brasilianischen Fans zurückgewinnen: Sie gewann im legendären Maracanã-Stadion Gold – im Spiel gegen die deutsche Nationalmannschaft.

Natur & Umwelt

Geografie

Als fünftgrößtes Land hinter Russland, Kanada, China und den USA grenzt Brasilien an jedes südamerikanische Land, sieht man von Chile und Ecuador ab. Der 8,5 Mio. km² große Staat bedeckt fast den halben Kontinent.

In Brasilien gibt es vier wichtige geografische Regionen: die Küste, der Planalto Brasileiro (Brasilianisches Bergland), das Amazonasbecken und das Paraná-Paraguai-Becken.

Der schmale, 7400 km lange Küstenstreifen erstreckt sich zwischen dem Atlantik und den Gebirgszügen der Küste. An der Grenze zwischen Uruguay und dem Bundesstaat Bahia fallen die Berge oft steil zur Küste ab. Nördlich von Bahia sind die Küstengebiete flacher.

Der Planalto Brasileiro erstreckt sich über den größten Teil des südlichen Hinterlands des Amazonasbeckens. Er ist von etlichen großen Flüssen durchzogen und wird von Gebirgszügen unterbrochen, von denen keiner höher als 300 m ist.

Das dünn besiedelte Amazonasbecken macht 42 % Brasiliens aus und wird im Süden von Gewässern des Planalto Brasileiro gespeist, während sich im Westen die Anden und im Norden das Hochland von Guyana (auch Guyana-Schild genannt) erheben. Im Westen ist das Becken 1300 km breit, im Osten verengt es sich zwischen dem Hochland von Guyana und dem Planalto auf 100 km. Mehr als die Hälfte des 6275 km langen Rio Amazonas verläuft nicht durch Brasilien, sondern durch Peru, wo er auch entspringt. Der Amazonas und seine 1100 Nebenflüsse führen schätzungsweise 20 % des Süßwasservorkommens der Erde. Der Pico da Neblina (3014 m) an der Grenze zu Venezuela ist der höchste Gipfel Brasiliens.

Das Paraná-Paraguai-Becken im Süden Brasiliens erstreckt sich bis zu den Nachbarländern Paraguay und Argentinien. Hier liegt ein großes Feuchtgebiet, das als Pantanal bekannt ist.

Tiere & Pflanzen

Brasilien besitzt die weltweit größte Biodiversität. Hier sind mehr bekannte Arten von Pflanzen (56 215), Süßwasserfischen (3000) und Säugetieren (578) beheimatet als in jedem anderen Land der Erde. Und auch bei den Vogel- (1721) sowie den Reptilienarten (651) ist das Land ganz vorn mit dabei. Viele Arten leben im Amazonischen Regenwald, der in Brasilien 3,6 Mio. km² und in den Nachbarländern 2,4 Mio. km² bedeckt. Er ist der größte tropische Wald und das artenreichste Ökosystem der Welt. 20 % aller Vogel- und Pflanzenarten und 10 % aller Säugetiere sind hier zu Hause.

Weitere Arten leben über das ganze Land verstreut. Die größte Katze Brasiliens, der Jaguar, streift durch den Amazonischen und den Atlantischen Regenwald, den *cerrado* (Savanne) und das Pantanal.

In den vielfältigen Lebensräumen lassen sich noch viele andere brasilianische Säugetiere entdecken, beispielsweise fünf weitere Großkatzen (Puma, Ozelot, Langschwanzkatze, Tigerkatze und Jaguarundi), der Große Ameisenbär und 77 Primatenarten, darunter verschiedene Brüllaffenarten und Kapuzineräffchen, die Totenkopfaffen (die am häufigsten vorkommenden Affen im Amazonasbecken) und etwa 20 kleinere Marmosetten- und Tamerinarten. Dann gibt es noch den haarigen und langnasigen Nasenbär (eine Art Waschbär), den Riesenflussotter, den Mähnenwolf, den Tapir, Pekaris (wie das Wildschwein), Sumpf- und Pampashirsche, das Wasserschwein (mit 1 m Länge das größte Nagetier der Welt), den Amazonasdelfin, der oft im Amazonas und seinen Nebenflüssen gesichtet wird, und – last, not least – den Amazonasmanati (Seekuh), einen noch größeren Flussbewohner.

Der Großteil der Wildtiere, die man sieht, sind Vögel. Der größte ist der flugunfähige, 1,4 m große Nandu, der im *cerrado* und im Pantanal lebt. Dutzende Arten von Papageien in prächtigen Farben, Aras, Tukane und Trogone sind hier ebenfalls anzutreffen. Im Amazonasbecken oder im Pantanal kann man sogar hellrote Aras und – mit etwas Glück – blau-gelbe sehen.

Alligatoren sind im Amazonasbecken und im Pantanal nicht zu übersehen. Eine der fünf Arten Brasiliens, der Mohrenkaiman, wird bis zu 6 m lang. Zu den Wasserbewohnern gehört auch der *pirarucu*, einen Fisch, der 3 m Länge erreichen kann. Seine roten und silberbraunen Schuppen erinnern an chinesische Gemälde. Vom berüchtigten Piranha gibt es etwa 50 Arten, sie leben im Amazonasbecken in den Flüssen Orinoco, Paraguai, São Francisco und in den Flüssen Guyanas.

Nationalparks

Brasilien besitzt 69 Nationalparks, die von der ICMbio (www.icmbio.gov.br) verwaltet werden; 26 sind für die Öffentlichkeit zugänglich.

Der Parque Nacional da Chapada Diamantina (S. 388) liegt in einer gebirgigen Region im Nordosten und eignet sich mit seinen Flüssen, Wasserfällen, Höhlen und Badelöchern hervorragend zum Wandern.

Der Parque Nacional da Chapada dos Guimarães (S. 374) auf einem felsigen Hochplateau nordöstlich von Cuiabá mit seinen Schluchten wartet mit atemberaubenden Aussichten und beeindruckenden Felsformationen auf.

Der **Parque Nacional da Chapada dos Veadeiros** ([✆] 3455-1116; www.chapadadosveadeirosoficial.com.br; Di–So 8–18 Uhr, Einlass nur bis gegen 12 Uhr) GRATIS, 200 km nördlich von Brasília, ist ein hügeliger Nationalpark inmitten von Wasserfällen und natürlichen Schwimmbecken und umfasst eine ganze Palette seltener Tiere und Pflanzen.

Der Parque Nacional da Serra dos Órgãos liegt in der Gebirgslandschaft des Südostens; der Park ist ein Mekka für Kletterer und Bergsteiger.

Der Parque Nacional de Aparados da Serra (S. 359) im Südosten ist berühmt für seine enge Schlucht mit einem 700 m in die Tiefe abfallenden Steilhang und hat Wanderwege mit herrlichen Aussichtspunkten.

Im Parque Nacional dos Lençóis Maranhenses (S. 416) im Nordosten gibt es spektakuläre Strände, Mangroven, Dünen und Lagunen.

Der Parque Nacional Marinho de Fernando de Noronha (S. 399) ist das brasilianische Inselparadies mit unberührten Stränden, himmelblauem Wasser und erstklassigen Tauch- und Schnorchelmöglichkeiten. Er ist eine der weltweit besten Stellen zur Beobachtung von Spinnerdelfinen.

Umweltprobleme

Bei der letzten Bestandsaufnahme wurde festgestellt, dass inzwischen mehr als ein Fünftel des Amazonas-Regenwalds vernichtet ist, wenn auch die Geschwindigkeit der Abholzung in den letzten Jahren etwas abgenommen hat. Der Staat treibt weiterhin Erschließungsprojekte im Amazonasbecken voran, doch nehmen Proteste dagegen in den letzten Jahren zu. Besonders kontrovers diskutiert wird seit Langem das Wasserkraftprojekt Belo Monte am Xingu im Bundesstaat Pará (das drittgrößte Wasserkraftwerk weltweit nach der Drei-Schluchten-Talsperre in China und dem Wasserkraftwerk Itaipu an der Grenze zwischen Brasilien und Paraguay), obschon Ende 2015 die drohende Sperrung des Rio Xingu – und die anschließende Errichtung der ersten Turbine des Staudamms – immer noch nicht begonnen hatten. Doch die Staudammkatastrophe von Bento Rodrigues, eine gewaltige Umweltkatastrophe von noch unbekanntem Ausmaßen, stahl 2015 dem Belo-Monte-Projekt auf traurige Weise die Schlagzeilen.

Am 5. November 2015 brachen zwei Dämme, die unter der Aufsicht von Samarco standen, einem Jointventure zwischen dem englisch-australischen Bergwerkgiganten BHP Billiton und dem brasilianischen Unternehmen Vale. 60 Mio. Kubikmeter toxischer Grubenabwässer und Schutt ergossen sich in das Tal des Santarém in Minas Gerais. Mindestens 13 Personen wurden getötet, und das Dorf Bento Rodrigues wurde zerstört. Über den kontaminierten Fluss Doce erreichte der Abwasserschlamm 17 Tage später den Atlantik, nachdem er unterwegs alles zerstört hatte. Nach Umfang und Schaden lässt sich die Katastrophe mit der BP-Ölpest im Golf von Mexiko (2010) vergleichen; sie gilt als die größte Umweltkatastrophe in der brasilianischen Geschichte.

Die Untersuchungen halten noch an, aber erste Ergebnisse geben laxe Sicherheitsbestimmungen und mangelnde Wartung als Gründe an. Die Reaktionen des verursachenden Unternehmens und der Regierung stießen auf heftige Kritik: Die damalige Präsidentin Dilma Rouseff ließ sich eine Woche Zeit, ehe sie der Katastrophenzone einen Besuch abstattete, womit sie den Kritikern, die sie als ungeeignet für das Amt ansahen, neuen Zündstoff lieferte. Zum Zeitpunkt unserer Recherche kündigte die brasilianische Regierung an, sie wolle Samarco auf 5,2 Mrd. US$ Schadenersatz für Sanierungsmaßnahmen und die Entschädigung der Opfer verklagen, aber eine noch so hohe Summe könnte den angerichteten Schaden nicht wiedergutmachen.

PRAKTISCHES

ⓘ Allgemeine Informationen

AKTIVITÄTEN

Abenteurer finden in Brasilien genug Gelegenheiten, ihren Adrenalinspiegel in die Höhe zu treiben – beim Canyoning, Gleitschirmfliegen, Kitesurfen, Wakeboarden, Raften, Surfen, Wandern, Tauchen oder Bergsteigen.

Zum Wandern und Klettern eignen sich am besten die kühleren Monate zwischen April und Oktober. Hervorragende Wandergebiete sind z. B. die Nationalparks Chapada Diamantina in Bahia, Serra dos Órgãos im Bundesstaat Rio de Janeiro, Chapada dos Veadeiros in Goiás und Serra de São José nahe Tiradentes in Minas Gerais.

Surfen kann man am besten in Fernando de Noronha zwischen Dezember und März. Gute Surfstrände gibt's auch im Süden und Südosten: Saquarema, die Ilha de Santa Catarina, São Francisco do Sul, die Ilha do Mel, Búzios und Rio de Janeiro. Im Nordosten bieten sich Itacaré und die Praia da Pipa an. Am besten sind die Wellen im brasilianischen Winter (Juni–Aug.).

In Búzios im Bundesstaat Rio kann man gut wind- und kitesurfen und sich die nötige Ausrüstung ausleihen. Der absolute Windsurfer-Hotspot Brasiliens ist aber die Küste Ceará nordwestlich von Fortaleza (Juli–Dez.). Die beliebtesten Surfzentren dieser Region sind Jericoacoara und Canoa Quebrada.

ARBEITEN IN BRASILIEN

In Brasilien ist die Arbeitslosenrate hoch, und Traveller dürfen daher normalerweise nicht arbeiten. Ausländer finden aber häufig in größeren Städten einen Job als Sprachlehrer, entweder an einer Schule oder als Privatlehrer. Die Bezahlung ist zwar nur mittelmäßig, wer jedoch drei bis vier Tage in der Woche arbeitet, kann davon leben.

BOTSCHAFTEN & KONSULATE

Die Botschaften befinden sich alle in Brasília, aber viele Länder unterhalten auch Konsulate in Rio und São Paulo und oft auch in weiteren Städten. Bei den Adressen in Brasília steht „SES" für „Setor de Embaixadas Sul".

Argentinien (0xx61-3212-7600; www.cpabl.mrecic.gov.ar; SES Quadra 803, Lote 12, Brasília); Konsulate: Foz do Iguaçu (0xx45-3574-2969; www.cpabl.mrecic.gov.ar; Travessia Bianchi 26; Mo–Fr 10–15 Uhr); Porto Alegre (0xx51-3321-1360; Rua Coronel Bordini 1033); Rio de Janeiro (0xx21-2553-1646; Praia de Botafogo 228, Raum 201, Botafogo); São Paulo (0xx11-3897-9522; www.cpabl.mrecic.gov.ar; Av Paulista 2313, Bela Vista)

Bolivien (0xx61-3366-2238; Quadra 809, Lote 34); Konsulate: Brasiléia (0xx67-231-5605; Meireles 236); Corumbá (0xx69-3541-8620; Rua Antônio Maria Coelho, 667 Centro); Guajará-Mirim (0xx69-3541-8622; Beira Rio 50); Rio de Janeiro (0xx21-2552-5490; Av Rui Barbosa 664 No 101)

Deutschland (0xx61-3442-7000; www.brasilia.diplo.de; Av das Nações, SES, Q 807, Lote 25, Brasília); Konsulat: Rio de Janeiro (0xx21-2554-0004; www.rio-de-janeiro.diplo.de; Carlos de Campos 417)

Guyana (0xx61-3248-0874; Casa 24, SHIS Quadra 5, Conj 19, Brasília)

Kolumbien (0xx61-3214-8900; brasil.embajada.gov.co; Av das Nações, SES, Q 803, Lote 10, Brasília); Konsulat: Tabatinga (3412-2104; http://tabatinga.consulado.gov.co; Sampaio 623)

Österreich Brasilia (0xx61-3443-3421; SES, Av. das Nações, Quadra 811, Lote 40) Konsulat: São Paulo (0xx11-3842-7500; Edificio Net Office, Av. Dr. Cardoso de Melo 1470, Conj. 711, Vila Olimpia)

Paraguay (0xx-61-3242-3968; embaparaguai.org.br; Av das Nações, SES, Quadra 811, Lote 42, Brasília); Konsulat: Foz do Iguaçu (0xx45-3523-2898; fozconsulpar@mre.gov.py; R Marechal Deodoro da Fonseca 901; Mo–Fr 9–13 Uhr)

Peru (0xx61-3242-9933; www.embperu.org.br; Av das Nações, SES, Quadra 811, Lote 43, Brasília); Konsulat: Rio de Janeiro (0xx21-2551-9596; www.consuladoperurio.com.br; 2. Stock, Av Rui Barbosa 314, Flamengo)

Schweiz Brasília (0xx61-3443-5500; SES, Avenida das Nações, Qd. 811, Lote 41) Konsulat: Rio de Janeiro (0xx21-3806-2100; Rua Cândido Mendes 157, 11. Stock)

Uruguay (0xx61-3322-6534; www.emburuguai.org.br; Av das Nações, SES, Quadra 803, Lote 14, Brasília); Konsulate: Porto Alegre (0xx51-3325-6200; Av 24 de Outubro 850); Rio de Janeiro (0xx21-2553-6030; www.emburuguai.org.br; 6. Stock, Praia de Botafogo 210)

Venezuela (0xx61-2101-1010; http://brasil.embajada.gob.ve; Av das Nações, SES, Quadra 803, Lote 13, Brasília); Konsulate: Boa Vista (0xx95-3623-6612; Av Benjamin Constant 968; Mo–Fr 8–12 Uhr); Manaus (0xx92-3584-3813; Río Jamary 10, Conj Vieiralves, Nossa Senhora das Graças); Rio de Janeiro (0xx21-2554-5955; 14. Stock, Av Presidente Vargas 463, Centro, Rio de Janeiro)

FEIERTAGE & FERIEN

Ano Novo (Neujahr) 1. Januar

Karneval (Fr–Di vor Aschermittwoch) Februar/März. Die Festivitäten beginnen in der Regel schon weit vor den offiziellen Feiertagen.

Paixão & Páscoa (Karfreitag & Ostersonntag) März/April

Tiradentes (Gedenktag für Tiradentes) 21. April

Dia do Trabalho (Tag der Arbeit) 1. Mai

Corpus Christi (Fronleichnam; 60 Tage nach Ostern) Sonntag im Mai/Juni

Dia da Independência (Unabhängigkeitstag) 7. September

Dia da Nossa Senhora de Aparecida (Tag der Schutzpatronin Brasiliens) 12. Oktober

Finados (Allerseelen) 2. November

Proclamação da República (Tag der Proklamation der Republik) 15. November

Natal (Weihnachten) 25. Dezember

FRAUEN UNTERWEGS

In den Städten des Südostens und Südens werden ausländische Frauen ohne Begleitung kaum besondere Beachtung finden. In den traditionelleren ländlichen Gebieten des Nordostens ziehen blonde, hellhäutige Frauen allerdings reichlich Aufmerksamkeit auf sich, vor allem wenn sie ohne männliche Begleitung in der Gegend unterwegs sind.

Der Machismo ist in Brasilien etwas verdeckter als im spanischsprachigen Lateinamerika. Flirten ist eine häufige Form der Kommunikation, aber in den meisten Fällen harmlos. Frauen müssen sich nicht gleich beleidigt, belästigt oder angemacht fühlen.

PREISKATEGORIEN: ESSEN

Die folgenden Preise gelten für ein normales Hauptgericht (inkl. Steuern, aber ohne die 10% Servicegebühr):

**$** unter 30 R$

**$$** 30–75 R$

**$$$** über 75 R$

ZIKA-VIRUS: WARNUNG FÜR SCHWANGERE

Seit 2014 erlebt Brasilien einen Ausbruch von Zika-Virus-Infektionen. Der von Mücken übertragene Virus verursacht selten Beschwerden (nur eine von fünf infizierten Personen leidet unter grippeähnlichen Symptomen). Der Virus wird jedoch mit Mikrozephalie (Schädelfehlbildung mit möglichen Hirnschäden) bei Babys in Zusammenhang gebracht, deren Mütter während der Schwangerschaft infiziert wurden. Das deutsche Auswärtige Amt empfiehlt schwangeren Frauen, Reisen nach Brasilien (und in andere Länder, in denen dieser Virus auftritt) nach Möglichkeit zu verschieben.

Es ist ratsam, sich den Kleidungsnormen der jeweiligen Regionen anzupassen: Die knappen Strandkleidern aus Rio sind für die Straßen im Hinterland z. B. nicht geeignet.

In den meisten brasilianischen Apotheken bekommt man für rund 17 R$ die Pille für danach (*a pílula do dia seguinte*). Tampons und andere Hygieneartikel sind problemlos erhältlich.

FREIWILLIGENARBEIT

Die in Rio de Janeiro ansässige Gesellschaft **Iko Poran** (0xx21-2252-8214; www.ikoporan. org; Pintora Djanira 58, Santa Teresa) vermittelt Freiwilligen den Kontakt mit Organisationen, die deren Hilfe benötigen. Freiwillige arbeiten in Brasilien u. a. als Tanz-, Musik- und Sprachlehrer. Iko Poran organisiert auch Unterkünfte. In Großbritannien vermittelt die lobenswerte Organisation **Task Brasil** (www.taskbrasil.org.uk) Volontäre nach Rio.

GEFAHREN & ÄRGERNISSE

Brasilien macht immer wieder Schlagzeilen mit Gewaltverbrechen und wegen seiner hohen Kriminalitätsrate. Reisende sollten ihren Verstand einsetzen und sich an die Vorsichtsmaßnahmen halten, die überhaupt überall in Südamerika angebracht sind:

- Nur so viel Geld einstecken, wie man tatsächlich gerade braucht! Es empfiehlt sich außerdem, immer einen dicken Packen kleiner Scheine dabei zu haben, den man bei einem Überfall aushändigen kann.
- Unauffällig kleiden, Schmuck zu Hause lassen und keine iPhones, iPads und andere protzige Elektronik spazieren tragen!
- Man sollte sich wachsam und zielgerichtet bewegen. Kriminelle stürzen sich auf bekifft, unsicher oder orientierungslos wirkende Personen.
- Es ist ratsam, nur Geldautomaten zu benutzen, die sich in Gebäuden befinden. Vor der Benutzung die Umgebung abchecken! Diebe observieren Geldautomaten und Wechselstuben.
- Im Zimmer Fenster und Türen auf sicheren Schluss prüfen und keine Wertsachen herumliegen lassen!
- Zu Stadtstränden nur Badesachen, Handtuch und ein Minimum an Kleingeld mitnehmen – sonst nichts!
- Bei Dunkelheit sollte man verlassene Straßen, Parks und Stadtstrände meiden.
- *Favelas* nur in Begleitung aufsuchen.

GELD

Brasiliens Währung ist der Real (sprich: *he-ao*, abgekürzt R$); der Plural lautet *reais* (*he-ais*). Ein Real hat 100 Centavos. Es gibt Scheine im Wert von 2, 5, 10, 20, 50 und 100 R$.

Geldautomaten

Geldautomaten sind weit verbreitet, aber mit ausländischen Karten haben sie oft Probleme. Am besten bringt man mehrere Karten mit, sucht vor Ort die Bank heraus, deren Automaten sie akzeptieren und hebt anschließend immer dort Geld ab. Vierstellige PINs sind der Standard. Im Allgemeinen sind die Automaten von Citibank, Banco de Brasil, Bradesco und Banco24Horas (einem Zusammenschluss brasilianischer Banken) am erfolgversprechendsten. Gebührenfrei sind die Automaten von Banco do Brasil und Bradesco nutzbar. Die Abhebelimits variieren (normalerweise zw. 300 und 800 R$), aber mit einer ausländischen Karte kann man in der Regel mehrmals bis zum Tageslimit der eigenen Bank abheben. Bradesco ist in dieser Hinsicht am kundenfreundlichsten.

Kreditkarten

Man kann in Brasilien viele Käufe mit Kreditkarte bezahlen und Bargeld an Geldautomaten abheben. Visa wird am häufigsten akzeptiert, gefolgt von MasterCard. American Express und Diners Club sind außerhalb der großen Metropolen kaum einsetzbar.

GESUNDHEIT

- Malaria ist in bestimmten Gebieten am Amazonas sowie im Nordwesten Brasiliens ein Problem. Traveller sollten eine Malaria-Prophylaxe in Erwägung ziehen (Chloroquin ist in diesen Gebieten allerdings wegen der Resistenz der Erreger nicht wirksam) und sich bestmöglich durch geeignete Kleidung gegen Insektenstiche schützen. Brasilien ist zu einem Hauptverbreitungsgebiet des durch Mückenstiche übertragenen Denguefiebers in Lateinamerika geworden; besonders betroffen sind die Regionen um Rio und Bahía. Wer sich in einer Gegend mit tagaktiven Stechmücken aufhält, ist gefährdet und sollte auf Insektenschutzmittel zurückgreifen.

→ In den meisten städtischen Gebieten ist das Leitungswasser sauber, schmeckt aber nicht besonders gut. In abgelegeneren Gegenden sollte man das Wasser filtern oder abgefülltes Wasser kaufen.

→ Die Sonneneinstrahlung ist in Brasilien sehr intensiv, sodass Hitzschlag, Dehydrierung und Sonnenbrand drohen. Man sollte daher viel Wasser trinken, starken Sonnenschutz auftragen und sich langsam an die hohen Temperaturen gewöhnen, bevor man sich in anstrengende Aktivitäten stürzt. Bei Dehydrierung hilft *agua de coco* (Kokosmilch), weil sie Elektrolyte enthält.

→ Eine Gelbfieber-Impfbescheinigung ist für die Einreise mittlerweile nicht mehr vorgeschrieben, die Impfung wird aber sehr empfohlen. An den meisten brasilianischen Grenzübergängen und großen Flughäfen kann man sich impfen lassen (für Ausländer kostenlos) und erhält auch gleich die Impfbescheinigung. Es ist aber besser, sich die Spritze noch vor Reiseantritt geben zu lassen.

INTERNETZUGANG

WLAN ist in Brasilien weit verbreitet und in den meisten Unterkünften kostenlos verfügbar.

KARTEN & STADTPLÄNE

Quatro Rodas produziert den guten, landesweiten Straßenatlas *Rodoviário* (25 R$), der in besseren Buchläden erhältlich ist. Gute topografische Karten geben IBGE (www.ibge.gov.br) heraus, der staatliche geografische Dienst, sowie DSG (www.dsg.eb.mil.br), der geografische Dienst der Armee. Sie sind nur hie und da erhältlich, die IBGE-Karten aber in den IBGE-Büros in den meisten Hauptstädten der Bundesstaaten.

ÖFFNUNGSZEITEN

Banken Mo–Fr 10–16 Uhr
Bars 19–2, Wochenende bis 4 Uhr
Läden & staatliche Stellen (auch Postämter) Mo–Fr 9–17, Sa bis 13 Uhr
Restaurants 8–10.30 (Frühstück), 12–15 (Mittagessen), 19–23 Uhr (Abendessen)

POST

Die staatliche brasilianische Post heißt *Correios* (www.correios.com.br) und ist sofort an den Farben Gelb und Blau zu erkennen. Postfilialen gibt's überall.

RECHTSFRAGEN

Im Umgang mit brasilianischen Polizisten sollte man wachsam, aber respektvoll sein: Wer gegenüber einem Beamten schimpft, brüllt oder anderweitig ausfallend wird, kann in Brasilien durchaus verhaftet werden.

Auf den Konsum oder den Besitz von Drogen stehen strenge Strafen. Die Polizei teilt keineswegs die tolerante Haltung der meisten Brasilianer gegenüber Marihuana. Bei Polizeikontrollen an den Landstraßen werden Autos nach dem Zufallsprinzip angehalten. Alkohol und Autofahren vertragen sich einfach nicht. Brasilien ist diesbezüglich besonders streng: Seit 2008 herrscht die gesetzliche 0,0 ‰-Grenze. Schwerpunktkontrollen (als *blitz* bezeichnet) sind in Großstädten häufig, vor allem in Rio und São Paulo.

Aus Bolivien und Peru wird eine große Menge Kokain durch Brasilien geschleust. Wer aus einem der Andenstaaten nach Brasilien einreist und dort Koka-Blätter gekaut hat, sollte alle Restbestände entsorgen und sein Gepäck gründlich reinigen.

SCHWULE & LESBEN

Der Machismo herrscht in Brasilien noch immer vor. Sich offen zu seiner sexuellen Orientierung zu bekennen, ist also weiterhin eine Herausforderung. Rio, São Paulo und Florianópolis haben die größten Szenen, aber auch in Salvador und

---

VORSICHT, BETRUG!

Betrug mit Kreditkarten und Geldautomaten ist in Brasilien vor allem im Nordosten weit verbreitet. Das Nachmachen von Karten (port. *clonagem*) ist die beliebteste Methode – der Gauner platziert einen falschen Kartenleser in einem Geldautomaten, der die Kartendaten kopiert und die PIN stiehlt, wenn man Geld abhebt. Das war's! Ein paar Stunden später verschwinden 1500 R$ in Recife vom Konto, während man seine Karte bei sich hat und am Strand in Rio vergnügt Caipirinhas schlürft.

Um Betrug vorzubeugen, wird in Restaurants das Kartenlesegerät an den Tisch gebracht oder der Gast aufgefordert, zur Kasse mitzukommen, wenn mit Karte bezahlt werden soll. Niemals sollte man die Kreditkarte unbeaufsichtigt aus der Hand geben.

→ Stark frequentierte Geldautomaten innerhalb von Banken benutzen, und zwar nur während der Öffnungszeiten!

→ Bei der Eingabe der PIN immer das Tastenfeld abdecken!

→ Wenn möglich keine freistehenden Geldautomaten benutzen; niemals einen Automaten nutzen, der manipuliert wirkt!

anderen Städten gibt's gute Schwulenkneipen. Nicht nur GLS *(Gays, Lesbians e Simpatizantes)* finden sich hier ein, sondern auch Heteros. Gute Internetseiten für homosexuelle Traveller sind beispielsweise www.riogayguide.com und www.riog.com.br.

SPRACHE

Portugiesisch belegt nach allgemeiner Einschätzung Rang sechs unter den meistgesprochenen Sprachen der Erde. Das brasilianische Portugiesisch unterscheidet sich stark vom europäischen, trotzdem können sich Portugiesen und Brasilianer einigermaßen gut miteinander verständigen. Spanisch und Portugiesisch sind hingegen wechselseitig nicht verständlich: Wer Spanisch kann, wird zwar in der Lage sein, portugiesische Sätze zu entziffern, sich aber kaum verständlich machen können und die gesprochene Sprache nicht verstehen. Einige Brasilianer könnten es auch als beleidigend empfinden, wenn Ausländer meinen, ihre Spanischkenntnisse anbringen zu müssen. Im englischsprachigen Lonely Planet Sprachführer *Brazilian Portuguese* finden Reisende weitere Hinweise und nützliche Floskeln.

Portugiesischkurse werden in Brasilien immer häufiger angeboten, z. B. vom **IBEU** (Instituto Brasil Estados Unidos; www.ibeu.org.br) in Rio sowie von **Polyglot** (www.polyglot.com.br) und der **Universidade Presbiteriana Mackenzie** (www.mackenzie.br) in São Paulo. Landesweit vertreten ist die Sprachschule **Wizard** (www.wizard.com.br). **Celpe-Bras** (http://portal.inep.gov.br/celpebras) ist die einzige Schule in der man ein Zertifikat in Portugiesisch als Fremdsprache erwerben kann, das vom brasilianischen Erziehungsministerium anerkannt wird.

STROM

Brasilien hat keine einheitliche Stromspannung. Sie liegt irgendwo zwischen 110 und 220 V. Für Elektrogeräte sollte man einen Adapter und einen Überspannungsschutz für Gleichstrom mitbringen.

TELEFON
Auslandsgespräche

Die Landesvorwahl Brasiliens ist die 55. Wenn man aus dem Ausland jemanden in Brasilien anrufen möchte, bei der Ortsvorwahl die 0xx weglassen!

Gespräche vom brasilianischen Festnetz der Embratel in ausländische Festnetze beginnen bei 0,78 R$ pro Minute in die USA, 1,66 R$ nach Europa und 1,51 R$ nach Australien.

Orelhões (Telefonzellen) sind für Anrufe ins Ausland nicht sehr geeignet, es sei denn man hat eine internationale Telefonkarte oder führt ein R-Gespräch. Die meisten Kartentelefone sind auf Inlandsgespräche beschränkt – und selbst wenn nicht, reicht eine brasilianische Telefonkarte mit 30 Einheiten bei einem Gespräch ins Ausland kaum für eine Minute.

Ohne internationale Telefonkarte ist die beste Alternative Skype.

Für ein internationales R-Gespräch *(a cobrar)* kann man sich über die Telefonnummer ☏ 0800-703-2111 (Embratel) mit der internationalen Vermittlung Brasiliens verbinden lassen.

Handy

Brasilien nutzt GSM-Netze mit den Frequenzen 850/900/1800/1900, die mit denen in Europa kompatibel sind. Das landesweite Mobilfunknetz 4G LTE mit den derzeitigen Frequenzen 2500/2690 ist mit vielen, aber nicht allen eingeführten Smartphones kompatibel, z. B. funktionieren nur die hier genannten iPhone-6- und iPhone-6-Plus-Modelle: www.apple.com/iphone/LTE (andere Modelle funktionieren zwar, werden aber auf 3G zurückgestuft). Die Nummer der meisten *celular* (Handys) besteht aus neun Ziffern (in manchen Bundesstaaten sind es aber auch noch acht) und beginnt mit einer 6, 7, 8 oder 9. Ein Handy anzurufen, ist teurer als ein Festnetztelefonat. Handys haben Ortsvorwahlen wie ein Festnetzanschluss; wer aus einer anderen Stadt anruft, muss diese Vorwahlen benutzen.

Tim (www.tim.com.br), **Claro** (www.claro.com.br), **Oi** (www.oi.com.br) und **Vivo** (www.vivo.com.br) sind die größten Anbieter. Ausländer können prinzipiell eine lokale SIM-Karte gegen Vorlage des Passes und ohne brasilianische Steuernummer kaufen, aber die meisten Handyanbieter scheinen davon nichts wissen zu wollen – man muss sich auf einen Kampf einstellen.

Inlandsgespräche

Inlandsgespräche kann man von normalen Kartentelefonen auf der Straße *(orelhões)* aus

---

> ### ⓘ STECKDOSEN
>
> Brasilien hat 2010 beschlossen, die Vereinheitlichung der Steckdosen vorzuschreiben. Demnach sind alle neuen Elektrogeräte mit dem neuen Drei-Stifte-Stecker (der bis dahin nur in Brasilien und Südafrika vorhanden war, aber auch in ganz Europa eingeführt werden soll) ausgestattet. Bis die Regelung vollständig umgesetzt worden ist, wird es Jahre dauern, und derzeit trifft man noch immer am häufigsten auf die alten Steckdosen für Zwei-Stifte-Stecker nach US-amerikanischer Art. Wer in einem neu erbauten oder renovierten Hotel absteigt, muss möglicherweise einen Adapter (6 R$) kaufen.

führen. Karten sind mit 20 bis 100 Gesprächseinheiten erhältlich und kosten zwischen 5 und 20 R$. Man erhält sie bei Straßenhändlern und überall dort, wo *cartões telefônicos* angeschrieben steht.

Um ein Orts-R-Gespräch zu führen, wählt man 9090 vor der Nummer.

Für Ferngespräche wählt man die 0, dann den Code des Netzbetreibers, die zweistellige Vorwahl und schließlich die gewünschte Telefonnummer. Man muss jeweils einen Netzbetreiber auswählen, der den eigenen Standort und den des Gesprächspartners abdeckt; die Betreiber machen meistens in den Gebieten Werbung, die sie vorrangig bedienen. Der landesweite Anbieter Embratel (Code 21) sollte überall funktionieren.

Für ein Fern-R-Gespräch innerhalb Brasiliens wählt man 9 vor der 0xx. Eine Bandansage auf Portugiesisch fordert einen dann dazu auf, nach einem Signalton den eigenen Namen und Standort zu nennen.

TOILETTEN

Öffentliche Toiletten stehen Reisenden an allen Busbahnhöfen und Flughäfen zur Verfügung. Meistens muss man für die Benutzung eine kleine Gebühr von rund 1 R$ bezahlen – je nachdem, was man vorhat.

TOURISTENINFORMATION

In Brasilien unterstehen fast alle Touristeninformationen dem jeweiligen Bundesstaat oder der Stadt und sind unter den Kürzeln CIT (Centro de Informações Turísticas), CAT (Centro de Atendimento ao Turista) oder PIT (Pontos de Informação Turística) zu finden. Verbreitet sind auch Setur (Secretaria de Turismo), Semtur (Secretaria Municipal de Turismo) und Sedtur (Secretaria de Estado de Desenvolvimento do Turismo).

UNTERKUNFT

Die Unterkünfte in Brasilien sind verhältnismäßig einfach, aber normalerweise recht sauber und relativ sicher. Fast überall bekommen Übernachtungsgäste eine Art *café da manhã* (Frühstück).

Jugendherbergen heißen eigentlich *albergues da juventude*, aber diese Bezeichnung hat eine leicht negative Bedeutung im Portugiesischen. Hostels im international gebräuchlichen Sinn werden mittlerweile auch langsam in Brasilien eingerichtet, und es gibt inzwischen schon zahlreiche exzellente Optionen. Ein Bett in einem Schlafsaal kostet zwischen 45 und 75 R$ pro Person.

Die brasilianischen Hotels zählen zu den teuersten in ganz Südamerika; *pousadas* warten dagegen mit deutlich mehr Charme und Lokalkolorit auf. Hierbei handelt es sich in der Regel um kleine, von einer Familie geführte

> **PREISKATEGORIEN: SCHLAFEN**
>
> Die folgenden Preise gelten für ein Doppelzimmer mit Bad in der Hauptsaison:
>
> **$** unter 160 R$
>
> **$$** 160–350 R$
>
> **$$$** über 350 R$
>
> In Rio, São Paulo und Brasília gelten höhere Preiser:
>
> **$** unter 200 R$
>
> **$$** 200–500 R$
>
> **$$$** über 500 R$

Gästehäuser, obwohl sich mittlerweile auch einige Hotels als *pousadas* bezeichnen, um ihren Charme-Quotienten ein bisschen aufzupolieren. Ein Doppelzimmer in einer *pousada* kostet normalerweise zwischen 140 R$ (rustikal) und mehr als 1000 R$ für eine besonders luxuriöse Unterkunft.

VERANTWORTUNGSBEWUSSTES REISEN

Auch Reisende sollten dazu beitragen, die gefährdete brasilianische Umwelt zu schützen. Es ist dringend empfehlenswert, möglichst nur umweltfreundliche Reiseangebote wahrzunehmen. Meiden sollte man Reisebüros, die nicht aktiv für den Umweltschutz arbeiten (beispielsweise Anbieter im Pantanal, die ihre Tourteilnehmer dazu ermutigen, Wildtiere gegen deren Willen anzufassen).

Wer die Angebote der Gemeinden nutzt, lässt sein Geld direkt den Menschen vor Ort zukommen statt irgendwelchen Konzernen. Das gilt auch, wenn man Kunsthandwerk und andere Gegenstände direkt bei den Produzenten oder ihren Vertretern kauft.

VISA

EU-Bürger und Schweizer benötigen für einen bis zu 90-tägigen Aufenthalt in Brasilien kein Visum.

Minderjährige, die ohne Eltern oder Vormund nach Brasilien einreisen wollen, benötigen eine notariell beglaubigte Erlaubnis des nicht mitreisenden Elternteils, des Vormunds oder eines Gerichts. Es ist empfehlenswert, frühzeitig Informationen beim brasilianischen Konsulat einzuholen.

Aktuelle Infos zu Visa finden sich unter www.lonelyplanet.com/brazil/visas. Außerdem sind die Websites des Auswärtigen Amts, des österreichischen Außenministeriums und des Eidgenössischen Departements für auswärtige Angelegenheiten wichtige Informationsquellen für Brasilienreisende.

Ein-/Ausreisekarte

Bei der Einreise nach Brasilien müssen alle Touristen eine *cartão de entrada/saida* (Ein-/Ausreisekarte) ausfüllen. Die Einwanderungsbehörden behalten die eine Hälfte der Karte, man selbst bekommt dann die andere. Die Karte darf man auf keinen Fall verlieren! Bei der Ausreise muss man dem Grenzbeamten die zweite Hälfte wieder aushändigen.

Die meisten Besucher dürfen 90 Tage im Land bleiben. Falls man aus irgendeinem Grund weniger bekommt, wird das neben dem Stempel im Pass vermerkt.

Visaverlängerungen

Die brasilianische *Polícia Federal*, die Büros in den Hauptstädten der Bundesstaaten und in Grenzstädten unterhält, bearbeitet Visaverlängerungen von Bürgern jener Länder, bei denen eine Aufenthaltsverlängerung zulässig ist. Inhaber von Pässen aus Schengen-Staaten müssen für 90 Tage das Land verlassen, ehe sie wieder 90 Tage einreisen dürfen – Verlängerung ist keine Option.

❶ An- & Weiterreise

Brasilien verfügt über mehrere internationale Flughäfen und grenzt mit Ausnahme Chiles und Ecuadors an sämtliche südamerikanischen Länder.

Flugtickets, Mietwagen und Touren kann man online unter lonelyplanet.com/bookings buchen.

BUS
Argentinien

Der wichtigste Grenzübergang für Traveller ist Puerto Iguazú–Foz do Iguaçu, die eine 20-stündige Busfahrt von Buenos Aires entfernt liegt. Weiter südlich kann man von Uruguaiana (Brasilien) nach Paso de los Libres (Argentinien) und von dort per Bus weiter nach Buenos Aires gelangen.

Direktbusse verbinden Buenos Aires mit Porto Alegre (250 R$, 18 Std.) und Rio de Janeiro (450 R$, 42 Std.). Weitere Ziele sind Florianópolis (315 R$, 25 Std.), Curitiba (370 R$, 34 Std.) und São Paulo (375 R$, 36 Std.).

Bolivien

Brasiliens längste Grenze zieht sich durch abgelegene Feuchtgebiete und Wälder und wird regelmäßig von Schmugglern überquert. Die wichtigsten Grenzübergänge nach Bolivien befinden sich in Corumbá, Cáceres, Guajará-Mirim und Brasiléia.

Der am stärksten benutzte Übergang ist der zwischen Quijarro (Bolivien) und Corumbá (Brasilien), der ein guter Ausgangspunkt ist, um ins Pantanal zu kommen. Von Quijarro aus gibt es eine tägliche Zugverbindung nach Santa Cruz (Bolivien). In Corumbá stehen Reisenden Busverbindungen nach Bonito, Campo Grande, São Paulo, Rio de Janeiro und ins südliche Brasilien zur Verfügung.

Cáceres in Mato Grosso (Brasilien) hat eine tägliche Busverbindung mit Santa Cruz (Bolivien) über den bolivianischen Grenzort San Matías.

Guajará-Mirim in Brasilien ist nur durch den Fluss von Guayaramerín in Bolivien getrennt. In den beiden Städten werden Busverbindungen zu anderen Zielen im jeweiligen Staat angeboten (in Guayaramerín auch Flüge), aber zwischen Ende Dezember und Ende Februar sind die Straßen im nördlichen Bolivien häufig wegen der starken Regenfälle so gut wie nicht benutzbar.

Brasiléia (Brasilien) ist eine viereinhalbstündige Busfahrt von Rio Branco entfernt und liegt gegenüber von Cobija (Bolivien), von wo aus es Bus- und Flugverbindungen zu anderen Zielen in Bolivien gibt. Auch hier haben die Busfahrer in der Regenzeit mit überfluteten Straßen zu kämpfen.

Chile

Brasilien hat zwar keine gemeinsame Grenze mit Chile, es existieren aber Direktbusse von Santiago über Argentinien zu Städten in Brasilien wie Porto Alegre (415 R$, 36 Std.), São Paulo (446 R$, 54 Std.) und Rio de Janeiro (486 R$, 62 Std.).

Französisch-Guayana

Die brasilianische Stadt Oiapoque, die 560 holprige Kilometer Busfahrt von Macapá (120 R$, 12–15 Std.) entfernt ist, liegt am Ufer des Río Oiapoque gegenüber von St.-Georges (Französisch-Guayana). Auf der Straße zwischen St.-Georges und Cayenne, der Hauptstadt von Französisch-Guayana, verkehren Kleinbusse (man sollte früh am Morgen kommen, um einen zu erwischen).

Guyana & Suriname

Von Boa Vista fahren täglich Busse nach Bonfim im Bundesstaat Roraima (26 R$, 1½ Std.) an der Grenze zu Guyana. Lethem im Südwesten von Guyana liegt nur eine kurze Fahrt per Motorkanu (4 R$) entfernt.

Die Überlandverbindungen zwischen Suriname und Brasilien führen entweder durch Französisch-Guayana oder Guyana.

Kolumbien

Leticia am Amazonas im äußersten Südosten Kolumbiens grenzt an die brasilianische Ortschaft Tabatinga. Man kann die dortige Grenze zu Fuß, per Kombi oder im Taxi überqueren. Wenn man sich schon in Kolumbien befindet, ist Leticia aber eigentlich nur per Flugzeug erreichbar. Tabatinga ist einen kurzen Flug (oder eine mehrtägige Bootsfahrt auf dem Amazonas) von Manaus oder Tefé entfernt.

Paraguay

Die beiden wichtigsten Grenzübergänge sind Ciudad del Este (Paraguay)–Foz do Iguaçu (Brasilien) und Pedro Juan Caballero (Paraguay)–Ponta Porã (Brasilien). Direktbusse verkehren regelmäßig zwischen Asunción in Paraguay und brasilianischen Städten wie Florianópolis (320 R$, 20 Std.), Curitiba (240 R$, 14 Std.), São Paulo (205 R$, 20 Std.) und Foz do Iguaçu (80 R$, 5 Std.).

Peru

Es verkehrt mindestens ein Bus am Tag von Rio Branco (Brasilien) über den Grenzübergang Assis (Brasilien)–Iñapari (Peru) auf der neuen, für 2,75 Mrd. US$ gebauten Transoceánica nach Puerto Maldonado (Peru). Man erreicht Assis auch mit den täglichen Bussen ab Epitáciolândia (18 R$, 2 Std.) und überquert den Rio Acre nach Iñapari.

Uruguay

Von Reisenden am häufigsten genutzt wird der Grenzübergang zwischen Chuy (Uruguay) und Chuí (Brasilien). Andere Übergänge sind Río Branco/Jaguarão, Isidoro Noblia/Aceguá, Rivera/Santana do Livramento, Artigas/Quaraí und Bella Unión/Barra do Quaraí. Busse verkehren u. a. zwischen Montevideo und Porto Alegre (205 R$, 12 Std.), Florianópolis (275 R$, 18 Std.) und São Paulo (390 R$, 32 Std.) in Brasilien.

Venezuela

Von Manaus aus fahren fünf Busse am Tag nach Boa Vista (120 R$, 12 Std.), wo man Anschluss nach Puerto La Cruz (Venezuela; 240 R$, 20 Std.) hat und weiter nach Caracas oder zur Isla Margarita gelangt.

FLUGZEUG

Die verkehrsreichsten internationalen Flughäfen sind der Aeroporto Galeão (früher Aeroporto Internacional António Carlos Jobim; www.rioga leao.com) in Rio de Janeiro und der Aeroporto Guarulhos (GRU Airport; www.gru.com.br) in São Paulo. An den Flughäfen von Salvador und Recife kommen ein paar Direktflüge aus Europa und Nordamerika an.

LATAM (früher Tam; www.latam.com) ist Brasiliens wichtigste internationale Fluglinie. Mit Fliegern dieses Unternehmens gehen Flüge nach New York (USA), Miami (USA), Paris (Frankreich), London (Großbritannien), Lissabon (Portugal) und zu sieben südamerikanischen Städten.

SCHIFF

Schnelle Passagierschiffe legen die 400 km lange Strecke über den Amazonas zwischen Iquitos (Peru) und Tabatinga (Brasilien) normalerweise in acht bis zehn Stunden zurück (rund 100 US$). Von Tabatinga aus können Traveller dann noch 3000 km stromabwärts bis zur Flussmündung weiterfahren.

Von Trinidad in Bolivien gelangt man im Rahmen einer rund fünftägigen Bootsfahrt auf dem Río Mamoré nach Guayaramerín gleich gegenüber der brasilianischen Grenzstadt Guajará-Mirim.

❶ Unterwegs vor Ort

AUTO

Achtung: Die Straßen in Brasilien sind gefährlich, vor allem die stark befahrenen Autobahnen wie die von Rio nach São Paulo. Jedes Jahr gibt es Zehntausende Verkehrstote im Land. Besonders riskant ist das Fahren bei Dunkelheit, da dann oft Betrunkene auf den Straßen unterwegs und Gefahrenstellen weniger schnell zu erkennen sind.

Trotzdem kann die Fahrt mit dem Auto eine bequeme (wenn auch recht teure) Möglichkeit sein, Brasilien zu erkunden. Ein kleiner Mietwagen für vier Personen kostet ohne Kilometerbegrenzung und inklusive einer Basisversicherung rund 100 bis 120 R$ pro Tag (mit Klimaanlage 140–160 R$). 1 l Normalbenzin schlägt mit 2,80 bis 4 R$ zu Buche, das aus Zuckerrohr hergestellte Äthanol (álcool) kostet etwa die Hälfte. Allerdings ist hier der Verbrauch auch um etwa 30 % höher (die meisten Autos fahren mit beiden Kraftstoffen und werden hierzulande Flex-Autos genannt).

Führerschein

In Brasilien darf man ab einem Alter von 18 Jahren Auto fahren. Die meisten ausländischen Führerscheine sind auch in Brasilien gültig. Trotzdem empfiehlt sich die Anschaffung eines internationalen Führerscheins, weil man möglicherweise auf einen Polizisten treffen könnte, der seine Schwierigkeiten mit ausländischen Dokumenten hat.

BUS

Die Busverbindungen in Brasilien sind normalerweise ausgezeichnet. **Itapemirim** (www.itapemirim.com.br) und **Cometa** (www.viacao cometa.com.br) sind zwei der größten und besten Busunternehmen. Die besten Quellen, um landesweit Busverbindungen zu ermitteln, sind **Busca Ônibus** (www.buscaonibus.com.br) und **ClickBus** (www.clickbus.com.br) – über die letztgenannte Website kann man Bustickets mit internationalen Kreditkarten oder per PayPal kaufen.

Es gibt drei Arten von Fernbussen. Die billigsten Busse, die *convencional*-Klasse, sind recht bequem und haben Sitze mit nach hinten klappbaren Rückenlehnen, meistens eine Bordtoilette und manchmal auch eine Klimaanlage. Die *executivo*-Busse verfügen über etwas breitere Sitze und halten unterwegs seltener, die Fahrten kosten aber auch ungefähr 25 % mehr. Die luxuriösere *leitos*-Klasse kostet bis zu doppelt so viel wie die *convencional*-Klasse und bietet dafür breite Liegesitze mit Kissen, Klimaanlage und manchmal auch einen Reisebegleiter, der Sandwiches und Getränke serviert. Nachtbusse aller Klassen legen meist weniger Zwischenstopps ein.

Busreisen durch Brasilien können relativ teuer werden; der Fahrpreis der *convencional*-Klasse liegt durchschnittlich bei 12 bis 15 R$ pro Stunde.

In den meisten Städten existiert ein zentraler Busbahnhof (*rodoviária*, sprich: ho-do-vi-ah-ri-ja). Wenn man an Wochenenden oder Feiertagen (vor allem Dez.–Feb.) unterwegs sein möchte, bucht man am besten im Voraus.

FLUGZEUG
Inlandsflüge

Brasiliens größte Inlandsfluglinien heißen Gol und LATAM (seit 2015 der neue Name nach dem Zusammenschluss der chilenischen LAN mit der brasilianischen Fluglinie Tam) sowie Avianca und Azul. Flieger von Azul nutzen den Flughafen in Campinas, 100 km nordwestlich von São Paulo. Zum Flughafen Viracopas in Campinas gelangt man mit dem kostenlosen Shuttle-Transfer ab dem Aeroporto Congonhas, der Metrostation Barra Funda und dem Shopping El Dorado in São Paulo.

Inzwischen akzeptieren manche große Inlandsfluglinien bei Onlinebuchungen auch ausländische Kreditkarten – das funktioniert aber nicht immer zuverlässig. Wird die Kreditkarte abgelehnt, müssen die Buchenden die Zahlung in dem Büro der Fluglinie oder im Reisebüro tätigen.

Flugpässe

Der Flugpass **Gol South America** gilt für Reisen innerhalb des Gol-Netzes, wozu ein umfassendes Liniennetz in Brasilien und Flüge zwischen Brasilien und Chile, Argentinien, Paraguay, Uruguay, Peru und Bolivien gehören. Der Preis für diesen Flugpass beträgt 629 US$ zuzüglich Steuern für vier Flüge und 822 US$ für fünf Flüge; jeder weitere Flug schlägt dann noch mit 140 US$ zu Buche. LATAMs South American Airpass und der Flugpass Visit South America der **Oneworld Alliance** (www.oneworld.com) bieten ähnliche Angebote.

Die Pässe müssen vor der Einreise nach Brasilien gekauft werden. Auch der Reiseweg muss zum Kauftermin festgelegt werden – für nachträgliche Änderungen werden möglicherweise Nachzahlungen fällig. Viele Reisebüros verkaufen den Flugpass – eine gute Adresse ist **Brol** (www.brol.com), das auf Brasilienreisen spezialisiert ist.

Wenn man aus irgendeinem Grund einen auf dem Flugpass eingetragenen Flug nicht nehmen kann, sollte man alle anderen Flüge bestätigen. Einige Traveller mussten bereits feststellen, dass alle ihre Flugpassreservierungen aus dem Computer gestrichen wurden, nachdem sie einen Flug verpasst hatten, oder abgewiesen wurden.

GEFÜHRTE TOUREN

Das Amazonasgebiet und das Pantanal sind die beiden beliebtesten Regionen für geführte Touren in Brasilien. Mit einem ausgebildeten Führer wird man mehr erleben und auch eher an schlecht zugängliche Orte kommen, wo man die besten Möglichkeiten zum Beobachten von Wildtieren hat. In vielen Nationalparks Brasiliens, beispielsweise in den Parks Lençóis Maranhenses, Chapada dos Guimarães und Chapada Diamantina, sind sachkundige Führer zwar nicht unbedingt vorgeschrieben, aber doch unverzichtbar.

NAHVERKEHR
Bus

Lokale Busse sind preiswert, fahren häufig und decken ein verzweigtes Liniennetz ab. An vielen Bussen ist vorn groß das Fahrziel angeschrieben, sodass Traveller kaum im falschen Bus landen können. Die meisten Fahrer halten nur an, wenn man ihnen rechtzeitig ein eindeutiges Handzeichen gibt.

Normalerweise steigt man vorn ein und hinten aus. Der Fahrpreis (meist 2,90–3,50 R$) ist beim Schaffner angeschrieben, der an dem Drehkreuz sitzt und das Geld kassiert und wechselt. Nach 23 Uhr und zu Stoßzeiten (in den meisten Gegenden 12–14 und 16–18 Uhr) sollte man nicht mit dem Bus fahren.

Taxi

Taxis in der Stadt sind nicht billig. In Rio beginnen die Taxameterpreise bei 5,20 R$ und

WICHTIGE INLANDSFLUGLINIEN

Avianca	www.avianca.com.br	☏ 0300-789-8160
Azul	www.voeazul.com.br	☏ 0800-887-1118
Gol	www.voegol.com.br	☏ 0300-115-2121
LATAM	www.latam.com	☏ 0800-570-5700

steigen pro Kilometer um 2,05 R$, in São Paulo beginnen sie bei 4,50 R$ und steigen um 2,75 R$ pro Kilometer (nachts und sonntags sind die Preise noch höher); in anderen Städten sind die Preise etwas niedriger. Unbedingt darauf achten, dass der Fahrer den Taxameter anstellt, bevor er losfährt! In einigen kleinen Städten gibt es Festpreise und keine Taxameter. Praktisch ist die Website **Tarifa de Taxi** (www.tarifadetaxi.com), auf der die Taxipreise in großen brasilianischen Städten von einem Punkt zum anderen aufgeführt sind.

SCHIFF/FÄHRE

Der Río Negro, der Río Solomões und der Río Madeira sind die Autobahnen Amazoniens. Auf den Wasserstraßen (die alle in den mächtigen Amazonas münden) kann man Tausende Kilometer zurücklegen und auf dem Weg von oder nach Peru oder Bolivien das gewaltige Amazonasbecken erkunden.

ZUG

Es gibt nur sehr wenige Passagierzüge. Eine der wenigen verbliebenen, lohnenden Linien führt von Curitiba das Küstengebirge hinunter nach Morretes.

> ### 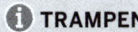 TRAMPEN
>
> Außer in der Region des Pantanal und um Fernando de Noronha ist Trampen in Brasilien eine schwierige und ziemlich unsichere Angelegenheit. Wer es trotzdem versuchen will: Mitfahrgelegenheit heißt auf Portugiesisch *carona*.

Chile

Inhalt ➡
Santiago........... 458
Nördliches Chile.... 485
Zentrales Chile 513
Das Seengebiet 519
Nördliches
Patagonien 547
Südliches
Patagonien 556
Rapa Nui
(Osterinsel)........ 568
Chile verstehen......571
Praktisches 579

Schön übernachten

- El Tesoro de Elqui (S. 493)
- Ecobox Andino (S. 517)
- Palafito Cucao Hostel (S. 547)
- Destino No Turistico (S. 554)
- Ilaia Hotel (S. 558)

Gut essen

- Peumayen (S. 469)
- Cocina Mapuche Mapu Lyagl (S.528)
- Mercadito (S. 545)
- Mamma Gaucha (S. 552)
- Afrigonia (S. 562)

Auf nach Chile!

Das groteske schmale Chile verläuft vom Bäuchlein Südamerikas bis hinunter zu seinem Fuß und erstreckt sich dabei von der trockenste Wüste der Welt bis zu riesigen Gletscherfeldern. Die unterschiedlichen Landschaftsformen entlang der 4300 km sind geprägt von Dünen, fruchtbaren Tälern, Vulkanen, Wäldern, Gletschern und Fjorden. Die Natur wartet an jeder Ecke mit großen und kleinen Wundern auf und bildet eine symphonische Einheit. Travellern erscheint es oft unfassbar, dass so viel für so lange Zeit intakt geblieben ist und Abenteuerreisende kommen voll auf ihre Kosten.

In Chile fühlt man sich aufgrund der Nähe zu nationalen und natürlichen Grenzen immer angenehm abgeschieden. Das Land wird von den Anden und dem Pazifik eingerahmt und ist im Schnitt gerade mal 175 km breit. Da überrascht es nicht, dass man immer wieder dieselben Traveller trifft. Das lockere, entspannte Flair, das untrennbar mit dem Alltagsleben dieses Fleckchens Erde in einem der abgelegensten Winkel der Welt verbunden ist, zieht jeden in seinen Bann.

Reisezeit

Santiago

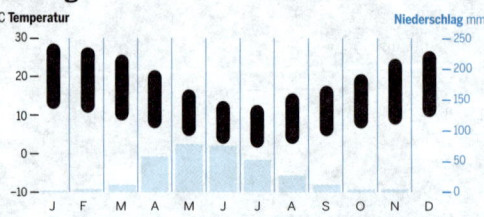

Nov.–Feb. Jetzt ist Patagonien am schönsten (und teuersten). Die Strände sind oft überfüllt.

März–Mai, Sept. & Okt. Traubenernte in Weinregionen; angenehme Temperaturen in Santiago.

Juni–Aug. Super Wetter im Norden; die Chilenen genießen ihren Winterurlaub im Juli.

Verkehrsmittel & -wege

Im Norden grenzt Chile an Peru und Bolivien. Mit Argentinien teilt sich das Land eine endlos lange Ostgrenze mit zahlreichen Übergängen, die über die Anden führen. Achtung: Im Winter sind viele Pässe geschlossen.

Die Mehrzahl der Busse mit internationalen Zielen fährt am Terminal de Buses in Santiago ab. Beliebte Verbindungen nach Argentinien sind u. a. Santiago nach Mendoza und Buenos Aires, Calama nach Jujuy und Salta, La Serena nach San Juan, Temuco nach San Martín de los Andes sowie die Bus-Fähr-Kombinationen zwischen Puerto Varas und Bariloche. Weitere internationale Verbindungen sind u. a. Arica nach Tacna in Peru (mit dem Zug, einem *colectivo* oder einem Bus) sowie Iquique nach Colchane in Bolivien.

REISEROUTEN

Eine Woche
Einen Tag lang erkundet man Santiagos Museen und Cafés, dann flüchtet man in die malerische Hafenstadt Valparaíso. Von Zentralchile aus muss man sich entscheiden, in welche Richtung es weitergehen soll. Im Norden liegt San Pedro de Atacama mit Abenteuersport, mystischer Wüstenlandschaft und einem atemberaubenden Sternenhimmel. Im Süden liegt Patagonien mit Gletschern und dem Trekkingparadies Torres del Paine.

Zwei Wochen
In der zweiten Woche sucht man sich sein Abenteuer selbst aus: Weinproben im Colchagua-Tal, wandern in den Anden oder Skifahren im Wintersportort Portillo, surfen in Pichilemu, eine Erkundungstour am Ende der Welt in Tierra del Fuego oder ein Besuch einer Pisco-Brennerei außerhalb von La Serena.

Essen & Trinken

→ **Pisco** Gemixt mit Zucker und frisch gepresstem Zitronensaft wird der Traubenweinbrand zum berühmten Cocktail *pisco sour*.

→ **Seafood** An Chiles langer Küste locken massenweise herrlich frische Fische (*pescado*) und Krustentiere (*mariscos*), u. a. in Form von Suppe, Eintopf oder *ceviche* (rohe, marinierte Meeresfrüchte).

→ **Pasteles** Die herzhaften Aufläufe mit *choclo* (Mais), *carne* (Fleisch), *jaiva* (Krebs) oder *papas* (Kartoffeln) sind eine traditionelle Spezialität. Man findet sie in Kleinstädten und bei chilenischen Familien zu Hause.

→ **Wein** Chiles Weinregionen sind zu Recht weltberühmt. Unbedingt probieren sollte man den vollmundigen roten Carménère, der ursprünglich aus Bordeaux stammt, heute aber nur noch hier gekeltert wird.

ÜBERBLICK

→ **Geld** Viele Geldautomaten; Kreditkarten werden oft akzeptiert

→ **Sprache** Spanisch

→ **Visa** Für max. 90-tägige Aufenthalte brauchen EU-Bürger und Schweizer kein Visum

→ **Währung** Chilenischer Peso (Ch$)

→ **Zeit** MEZ –6/–5 Std.

Kurzinfos

→ **Fläche** 748 800 km^2

→ **Einwohner** 17,6 Mio.

→ **Hauptstadt** Santiago

→ **Notruf** ☏ 133

→ **Landesvorwahl** ☏ 56

Wechselkurse

Eurozone	1 €	756 Ch$
Schweiz	100 Ch$	0,13 €
	1 SFr	689 Ch$
	100 Ch$	0,14 SFr

Tagesbudget

→ **Bett im Hostel** 8000–12 000 Ch$

→ **Abendessen** 4000–10 000 Ch$

→ **Busticket Santiago–Valparaíso** 5000 Ch$

Infos im Internet

→ **Sernatur** (http://chile.travel)

→ **Go Chile** (www.gochile.cl)

SANTIAGO

📞 02 / 6 034 000 EW.

Santiago ist überraschend, weltoffen, energiegeladen, kultiviert und weltgewandt, eine Stadt der synkopischen kulturellen Strömungen, der ausufernden Partys, der weitläufigen Museen und der Nobelrestaurants. Kein Wunder, dass 40 % aller Chilenen in der Hauptstadt leben. Mit der wachsenden Wirtschaft, einer neu aufflammenden Kunstszene und jeder Menge Exzentrizität im Gepäck, ist Santiago eine alte Stadt, die sich gerade im Aufbruch hin zu einer modernen Renaissance befindet.

Geschichte

Santiago wurde 1541 von Pedro de Valdivia gegründet, der den Ort aufgrund des gemäßigten Klimas und der zur Verteidigung strategisch guten Lage auswählte. Bis zum Nitrat-Boom in den 1880er-Jahren wuchs die Stadt kaum. Der Hauptbahnhof wurde von Gustave Eiffel entworfen. 1985 zerstörte ein Erdbeben einen Teil der klassischen Innenstadtarchitektur. Dank der intelligenten Konstruktionsweise und der strengen Bauvorschriften richtete das Erdbeben vom Februar 2010 vergleichsweise wenig Schaden in Chiles Hauptstadt an.

⊙ Sehenswertes

„El Centro" hat die Form eines kompakten Dreiecks und ist nicht nur der älteste, sondern auch der geschäftigste Teil Santiagos. Es wird im Norden vom Río Mapocho und dem Parque Forestal, im Westen von der Vía Norte Sur und im Süden von der Av General O'Higgins (bzw. der Alameda) begrenzt. Nördlich und östlich des Zentrums befindet sich das Barrio Bellavista mit dem Cerro San Cristóbal (Parque Metropolitano). Richtung Westen liegt mit dem Barrio Brasil die Künstlerenklave der Stadt. Die reichen *comunas* (Stadtgebiete) Providencia und Las Condes erstrecken sich an der Dreiecksspitze in Richtung Osten und sind über die Alameda erreichbar. Südlich von Providencia beginnt das Wohnviertel Nuñoa.

⊙ Centro

★ **Museo Chileno de Arte Precolombino** MUSEUM
(Chilenisches Museum für Präkolumbische Kunst; 📞 02-928-1500; www.precolombino.cl; Bandera 361; Eintritt 3500 Ch$; ⊙ Di-So 10–18 Uhr; Ⓜ Plaza de Armas) Der Schwerpunkt des besten

Highlights

① Zu den schroffen Felstürmen von Chiles schönstem Nationalpark namens **Torres del Paine** (S. 564) wandern

② Schlürfend und schnüffelnd durch die besten Weingüter Chiles im **Valle de Colchagua** (S. 513) wanken

③ In den Hügeln des unkonventionellen **Valparaíso** (S. 476) in abschüssigen Gassen urbane Kunst bewundern

④ Den endlosen Sternhimmel über der trockensten Wüste der Erde der Welt, der **Atacama-Wüste** (S. 497) genießen

⑤ Sich auf dem außerirdisch anmutenden **Chiloé-Archipel** (S. 541) mit Pinguinen, nebligen Küstenlandschaften und Legenden bekannt machen

⑥ In **Patagoniens** (S. 547) Wildnis wandern, campen, paddeln und reiten

⑦ Die rätselhaften *moai* (Statuen) auf der **Osterinsel** (S. 568) bestaunen

⑧ In den Surfzentren **Iquique** (S. 504) und **Arica** (S. 509) an der Nordküste auf den Wellen reiten

⑨ In **Feuerland** (Tierra del Fuego, S. 567) zum friedlichen Ende der Welt flüchten

Museums von Santiago sind erlesene Keramiken aus den meisten großen präkolumbischen Kulturen. Neben Dutzenden von aufwendig geformten anthropomorphen Gefäßen gehören auch eine große Maya-Stele aus Stein und eine faszinierende Ausstellung über Textilien der Andenregion zu den Höhepunkten des Museums.

Plaza de Armas PLATZ
(Ecke Monjitas & 21 de Mayo; M Plaza de Armas) Seit der Stadtgründung (1541) ist die Plaza de Armas das symbolische Herz Santiagos. In der Kolonialzeit war ein Galgen ihr grausiger Mittelpunkt; heute steht hier allerdings stattdessen ein Ehrenbrunnen für den *libertador* (Befreier) Simón Bolívar im Schatten von mehr als 100 Honigpalmen.

Catedral Metropolitana KIRCHE
(Plaza de Armas; Mo–Sa 9–19, So 9–12 Uhr; M Plaza de Armas) An der Plaza de Armas erhebt sich die neoklassizistische Catedral Metropolitana (erb. 1748–1800). Wenn Bischöfe am prächtigen Altar die Messe feiern, könnten sie eventuell Unbehagen verspüren, denn in der Krypta darunter liegen ihre Vorgänger begraben. Zum Zeitpunkt der Recherche wurde die Fassade der Kirche gerade renoviert, sie müsste jedoch inzwischen wieder in voller Pracht erstrahlen.

Barrio París-Londres VIERTEL
(Ecke París & Londres; M Universidad de Chile) Das Miniviertel rund um die Kreuzung zweier Kopfsteinpflasterstraßen (París & Londres) wurde auf dem Gelände des Franziskanerkonvents der Iglesia de San Francisco erbaut und besteht aus würdevollen Stadthäusern im europäischen Stil, die aus den 1920er-Jahren stammen. An der Londres 38 (S. 462) weist ein Mahnmal darauf hin, dass der Bau unter Pinochet als Folterzentrum diente.

Estación Mapocho KULTURZENTRUM
(Bahnhof Mapocho; www.estacionmapocho.cl; wechselnde Veranstaltungszeiten, s. Webseite; M Puente Cal y Canto) Von der Estación Mapocho aus fuhren früher Züge nach Norden, Erdbebenschäden und der Verfall des Schienennetzes führten dann aber zur Schließung des Bahnhofs. Inzwischen wurde das Gebäude als Kulturzentrum mit Kunstausstellungen, großen Konzerten und Fachmessen wiederbelebt.

Palacio de la Moneda HISTORISCHES GEBÄUDE
(Morandé 130; Mo–Fr 10–18 Uhr; M La Moneda) **GRATIS** Der neoklassizistische Bau ist Chiles Präsidentenpalast. Er entstand im späten 18. Jh. nach einem Entwurf des italienischen Architekten Joaquín Toesca und beherbergte ursprünglich die Münzprägeanstalt des Landes. Die Innenhöfe sind normalerweise zugänglich. Wer sich eine Woche vorab per E-Mail (visitas@presidencia.cl) anmeldet, kann auch an einer Führung teilnehmen.

Centro Cultural Palacio La Moneda KUNSTZENTRUM
(02-355-6500; www.ccplm.cl; Plaza de la Ciudadanía 26; Ausstellungen ab 5000 Ch$; 9–21

SANTIAGO IN...

...zwei Tagen
Los geht's an der belebten **Plaza de Armas**. Man kann einen Blick in den alten Bahnhof **Estación Mapocho** werfen, der nun als Kulturzentrum dient; alternativ geht man einen Kaffee trinken und im **Centro Cultural Palacio La Moneda** moderne Kunst nebst Fairtrade-Kunsthandwerk bewundern. Nach einem Seafood-Mittagessen im **Mercado Central** besteigt man den **Cerro Santa Lucía**, um Santiago von oben zu sehen. Im **Galindo** in Bellavista gibt es schließlich ein typisch chilenisches Abendessen. Am zweiten Tag besichtigt man zuerst **La Chascona** (Pablo Nerudas Wohnhaus) und nimmt dann die Seilbahn zum Gipfel des **Cerro San Cristóbal**. Nach einer Mittagspause mit tollem Seafood in der skurrilen **Peluquería Francesa** werden der Buchladen und Veranstaltungskalender im **Centro Gabriela Mistral** inspiziert. Später empfiehlt sich noch ein Abstecher zu **Catedral** für einen *rica rica sour* (Pisco Sour mit Wüstenkräutern).

...vier Tagen
Am dritten Tag steht Wandern im **Cajón del Maipo** oder die Verkostung lokaler Lesen auf einem Weingut an. Ein leckeres Steak im **Las Vacas Gordas** unterbricht am vierten Tag die Besichtigung der Straßenkunst im **Barrio Brasil**. Der Aufenthalt in Santiago klingt mit einem Abendessen und Drinks im **Liguria** (Providencia) aus.

Santiago

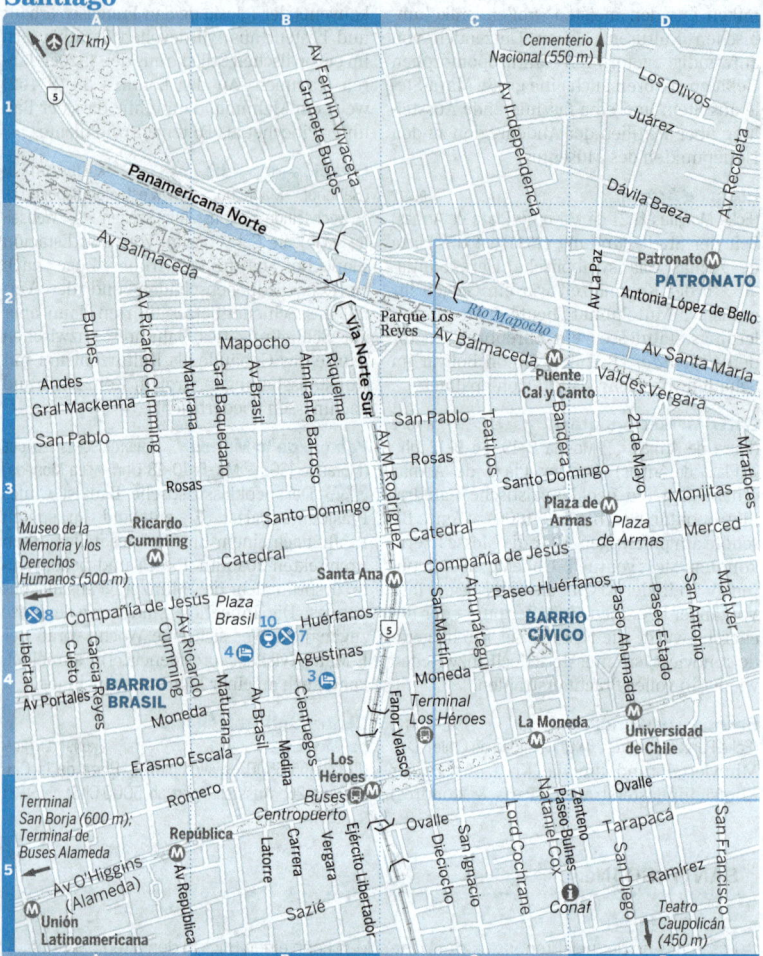

Uhr, Ausstellungen bis 19.30 Uhr; 🚻; Ⓜ La Moneda) Eine von Santiagos jüngeren Kultureinrichtungen verleiht dem Begriff Untergrundkunst eine ganz neue Bedeutung – und das im wahrsten Sinne des Wortes: Das Centro Cultural liegt nämlich unterhalb der Plaza de la Ciudadanía und die gewölbeartigen Räumlichkeiten des Zentrums werden durch ein Glasdach mit Tageslicht erhellt. Rampen führen vorbei am staatlichen Programmkino Cineteca Nacional durch das zentrale Atrium nach unten bis man zwei große Ausstellungsflächen erreicht, auf denen verschiedene Wechselausstellungen zu sehen sind.

👁 Barrios Lastarria & Bellas Artes

Die beiden bildhübschen Viertel bilden Santiagos Trendsetter-Zentrum und das Herz der hiesigen Cafészene. Sie beherbergen zudem drei der besten örtlichen Museen.

★ Centro Gabriela Mistral   KUNSTZENTRUM
(GAM; ☎ 02-566-5500; www.gam.cl; Av O'Higgins 227; ⊙ Plazas 8–24 Uhr, Ausstellungsflächen Di–Sa 10–20, So ab 11 Uhr; Ⓜ Universidad Católica) GRATIS Das eindrucksvolle Zentrum für Kultur und darstellende Künste ist nach der chilenischen Dichterin Gabriela Mistral benannt,

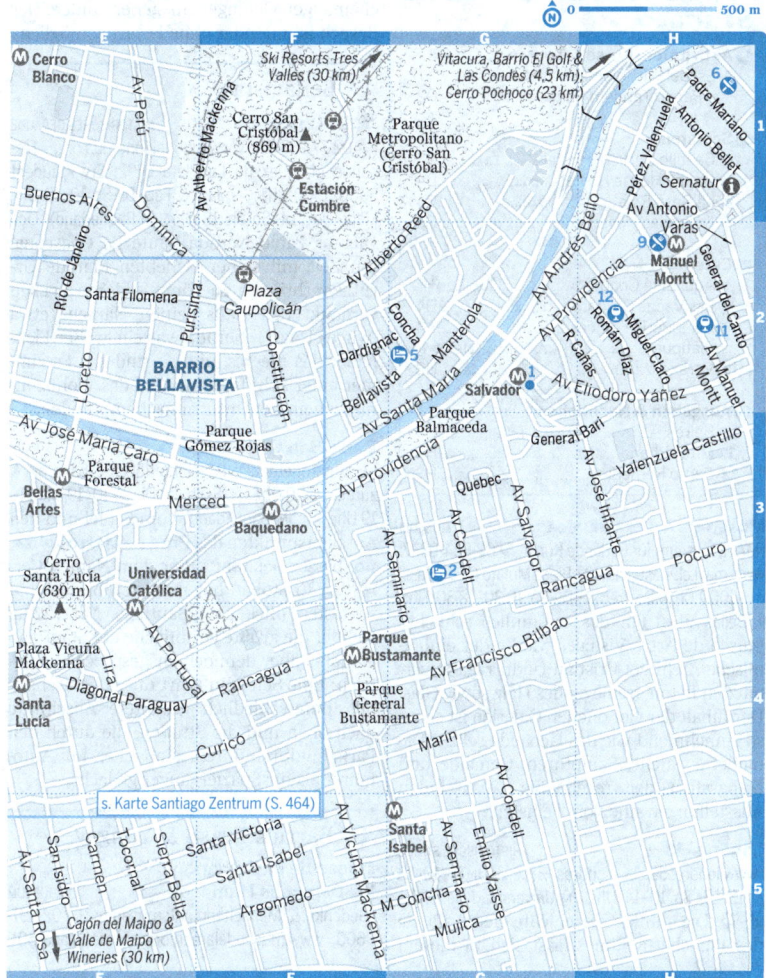

die als erste Lateinamerikanerin den Literaturnobelpreis gewann. Das GAM ist ein aufregender Neuzugang in Santiagos Kunstszene und bietet fast täglich Konzerte und Aufführungen.

Cerro Santa Lucía PARK
(Eingänge Ecke O'Higgins & Santa Lucía, Ecke Santa Lucía & Subercaseaux; ⊙ März–Sept. 9–18 Uhr, Okt.–Feb. bis 20 Uhr; Ⓜ Santa Lucía) GRATIS Bei einem nachmittäglichen Spaziergang in diesem liebevoll gepflegten Park kann man wunderbar dem Chaos des Centro entfliehen. Bis ins 19. Jh. war der Cerro nichts als ein steiniger Hügel, bis ihn der Bürgermeister Benjamín Vicuña Mackenna in einen der bemerkenswertesten Parks der Stadt verwandeln ließ.

Museo Nacional de Bellas Artes MUSEUM
(Nationales Museum der Schönen Künste; www.mnba.cl; Parque Forestal s/n; Erw./Kind 600 Ch$/frei; Ⓜ Bellas Artes) In dem 1910 anlässlich des 100-jährigen Bestehens Chiles errichteten prächtigen Palacio de Bellas Artes ist dieses Museum der Schönen Künste untergebracht. Hier ist eine hervorragende Dauerausstellung chilenischer Kunst zu sehen. Samstags und sonntags werden um 10.30 Uhr kostenlose Führungen angeboten.

Santiago

Aktivitäten, Kurse & Touren
1 Escuela de Idiomas Violeta Parra/Tandem Santiago G2

Schlafen
2 Castillo Surfista Hostel G3
3 Happy House Hostel B4
4 La Casa Roja B4
5 Nomades Hostel G2

Essen
6 Aquí Está Coco H1
7 Las Vacas Gordas B4
8 Peluquería Francesa A4
Platipus .... (siehe 4)
9 Voraz Pizza H2

Ausgehen & Nachtleben
10 Baires B4
11 Mito Urbano H2
12 Santo Remedio H2

Museo de Artes Visuales   MUSEUM
(MAVI, Museum für Bildende Kunst; ☎02-664-9337; www.mavi.cl; Lastarria 307, Plaza Mulato Gil de Castro; 1000 Ch$, So frei; ⊙Di–So 10.30–18.30 Uhr; ⓜBellas Artes) Für das erstaunlich schlichte Museo de Artes Visuales wählte der einheimische Architekt Cristián Undurraga unverputzten Beton, freiliegendes Holz sowie Glas. Der Inhalt der vier offenen Galerien ist ebenso einnehmend wie das Gebäude selbst: Die moderne Stiche, Skulpturen, Gemälde und Fotografien der regelmäßig wechselnden Ausstellungen sind vom Feinsten.

Londres 38   HISTORISCHE STÄTTE
(www.londres38.cl; Londres 38; ⊙Di–Fr 10–13 & 15–18, Sa 10–14 Uhr; ⓜUniversidad de Chile) GRATIS Die dunkle Geschichte der Anfänge des Pinochet-Regimes lässt sich in diesem ehemaligen Gefangenenlager erkunden. Der Besuch ist mit oder ohne Führung möglich.

Bellavista

★La Chascona   HISTORISCHES GEBÄUDE
(☎02-777-8741; www.fundacionneruda.org; Fernando Márquez de La Plata 0192; Erw./Student 5000/1500 Ch$; ⊙Jan. & Feb. Di–So 10–19 Uhr, März–Dez. Di–So bis 18 Uhr; ⓜBaquedano) Der Dichter Pablo Neruda baute La Chascona, um Zeit mit seiner Geliebten Matilde Urrutia verbringen zu können; deren Locken verdankt das Haus seinen Namen (etwa „wirres Haar"). Neruda war ein großer Liebhaber des Meeres, und so sind das Esszimmer einer Schiffskabine und das Wohnzimmer einem Leuchtturm nachempfunden.

Cerro San Cristóbal   PARK
(www.parquemet.cl; Pio Nono 450; Seilbahn hin & zurück 2000 Ch$; ⊙Seilbahn Di–So 10–19, Mo 14–19 Uhr; ⓜBaquedano) Vom Gipfel und den Aussichtspunkten des **Parque Metropolitano**, besser bekannt unter dem Namen Cerro San Cristóbal, hat man den besten und weitesten Blick über Santiago. Mit 722 ha stellt er die größte Grünfläche der Stadt dar, ist dabei aber dennoch ausgesprochen städtisch: Eine Seilbahn führt durch landschaftlich unterschiedlich gestaltete Abschnitte nach oben und die Straßen, die durch den Park hindurchführen, sind eher für Autofahrer als für Spaziergänger gedacht.

Barrios Brasil & Yungay

Museo de la Memoria y los Derechos Humanos   MUSEUM
(Gedenk- & Menschenrechtsmuseum; ☎02-597-9600; www.museodelamemoria.cl; Matucana 501;

PARQUE POR LA PAZ

Während der Militärdiktatur folterte die DINA (Dirección de Inteligencia Nacional; chilenische Geheimpolizei) ca. 4500 politische Gefangene in der Villa Grimaldi und ermordete dort weitere 266. In seinen letzten Tagen ließ das Pinochet-Regime den Bau schleifen, um die Geschehnisse zu vertuschen. Nach der Rückkehr zur Demokratie wurde das Gelände jedoch in einen ergreifenden Gedenkpark namens **Parque por la Paz** (☎02-292-5229; www.villagrimaldi.cl; Av Jose Arrieta 8401, Peñalolén; ⊙10–18 Uhr) GRATIS verwandelt: Jedes Element symbolisiert jeweils einen anderen Aspekt der hier verübten Gräuel; ein Besuch hier ist faszinierend, aber erschütternd. Bitte nur sehr respektvoll fotografieren – andere Anwesende könnten Familienangehörige oder frühere Häftlinge sein! Um eine Führung zu arrangieren, empfiehlt sich ein rechtzeitiger Besuch der Website. Hierher fahren die Transantiago-Busse D09 und 513 (Bip!-Karte erforderlich), die direkt vor der Metrostation Plaza Egaña (Ausgang an der Av Vespucio) starten und gegenüber vom Parkeingang halten.

⊙ Di–So 10–18 Uhr; Ⓜ Quinta Normal) GRATIS Das 2010 eröffnete Museum ist nichts für schwache Nerven: Es beleuchtet die schrecklichen Menschenrechtsverletzungen und das massenhafte „Verschwinden" von Menschen unter Chiles Militärregime (1973–1990).

⊙ Las Condes, Barrios El Golf & Vitacura

Glitzernde Wolkenkratzer, streng bewachte Apartmentblocks, amerikanische Kettenrestaurants und funkelnagelneue Einkaufszentren: Diese Viertel legen es darauf an, die internationale Manifestation von Chiles sensationellem Wirtschaftswachstum zu sein.

★ **Museo de la Moda** MUSEUM
(Modemuseum; ☏ 02-219-3632; www.museodelamoda.cl; Av Vitacura 4562; Erw./Student & Senior/Kind 3500/2000 Ch$/frei, Mi & So alle Besucher 1800 Ch$; ⊙ Di–Fr 10–18, Sa & So 11–19 Uhr; Ⓜ Escuela Militar) Das elegante, privat betriebene Modemuseum zeigt eine große und hervorragende Dauerausstellung zu westlicher Kleidung. Besonders stark sind dabei Designer des 20. Jhs. vertreten.

Costanera Center GEBÄUDE
(www.costaneracenter.cl; Andrés Bello 2461; Ⓜ Tobalaba) Finanzielle Probleme haben die Fortführung dieses ehrgeizigen Projekts während der Bauphase mehrfach behindert, mittlerweile sollte es aber fertig sein. Zu den vier Wolkenkratzern des Costanera Center gehört mit dem **Gran Torre Santiago** (300 m) auch das höchste Gebäude Südamerikas. Die Türme beherbergen Luxuswohnungen, ein Nobelhotel, ein Einkaufszentrum und einen Gastrobereich mit Panoramablick.

⊙ Barrio Recoleta

Belebte koreanische Lokale, ein geschäftiger Marktplatz, auf dem jede Menge reife Früchte dargeboten werden und eine bunte Schar von Straßenhändlern steht: Dieses aufstrebende *barrio* ermöglicht es, mal eben vom Touristenpfad abzuweichen.

Cementerio General FRIEDHOF
(www.cementeriogeneral.cl; Av Profesor Alberto Zañartu 951; ⊙ 8.30–18 Uhr; Ⓜ Cementerios) GRATIS Santiagos Cementerio General ist nicht einfach nur ein Friedhof, er ist eine richtiggehende Gräberstadt, deren Grabstätten oft von berühmten einheimischen Bildhauern verziert wurden. Die Namen an den Grabgewölben lesen sich wie ein Who is Who der chilenischen Geschichte. Für die turbulentesten Momente stehen das Grab Salvador Allendes und das **Memorial del Detenido Desaparecido y del Ejecutado Político**, das an die „Verschwundenen" der Pinochet-Diktatur erinnert.

Patronato VIERTEL
(begrenzt durch Recoleta, Loreto, Bellavista & Dominica; Ⓜ Patronato) Dieses *barrio* in einem *barrio*, das ganz grob zwischen den Straßen Recoleta, Loreto, Bellavista und Dominica liegt, ist das Zentrum der Einwanderergemeinden von Santiago, besonders der Koreaner, Chinesen und Araber. Die bunten, leicht heruntergekommenen Häuserblöcke sind von historischen Häusern gesäumt und von Neon-Leuchtschildern erhellt. Im Hintergrund kann man fast ständig den Klang von Cumbia hören.

La Vega Central MARKT
(www.lavega.cl; Ecke Nueva Rengifo & López de Bello; ⊙ Mo–Sa 6–18, So bis 15 Uhr; Ⓜ Patronato) Ob Himbeeren, Quitten, Feigen, Pfirsiche, Dattelpflaumen oder Netzannonen – was in Chile wächst, ist hier auch zu bekommen. Der Markt wird von Dávila Baeza, Nueva Rengifo, López de Bello und Salas begrenzt. Wer früh erscheint, erlebt die lautstark agierenden Händler in voller Aktion.

CHILENISCHES SPANISCH FÜR ANFÄNGER

Das chilenische Spanisch hört sich an wie verwaschener Singsang: Es wirkt vernuschelt und ist mit Ausdrücken gespickt, die die übrige spanischsprachige Welt nicht versteht. Die Sätze enden oft mit ¿Cachay? (Hast du's?) oder mit dem allgegenwärtigen *pues* (ausgesprochen „po"), das in Kombination mit *sí* (ja) zu *sípo* wird und dann ungefähr „nun ja" bedeutet. Ländliche Begriffe sind in dieser ehemals bäuerlichen Gesellschaft fest verankert. So bezeichnet man junge Männer als *cabros* (Ziegen), beschwert sich mit *es un cacho* (wörtl. „Das ist ein Horn", d.h. der Knackpunkt bzw. das Problem) und geht zum *carretear* zu einer *carrete* (wörtl. Wagen; Party bzw. feiern). Echte Sprachfans holen sich am besten *How to Survive in the Chilean Jungle* (John Brennan, 2006) in Santiagos englischen Buchläden. ¿Cachay?

Santiago Zentrum

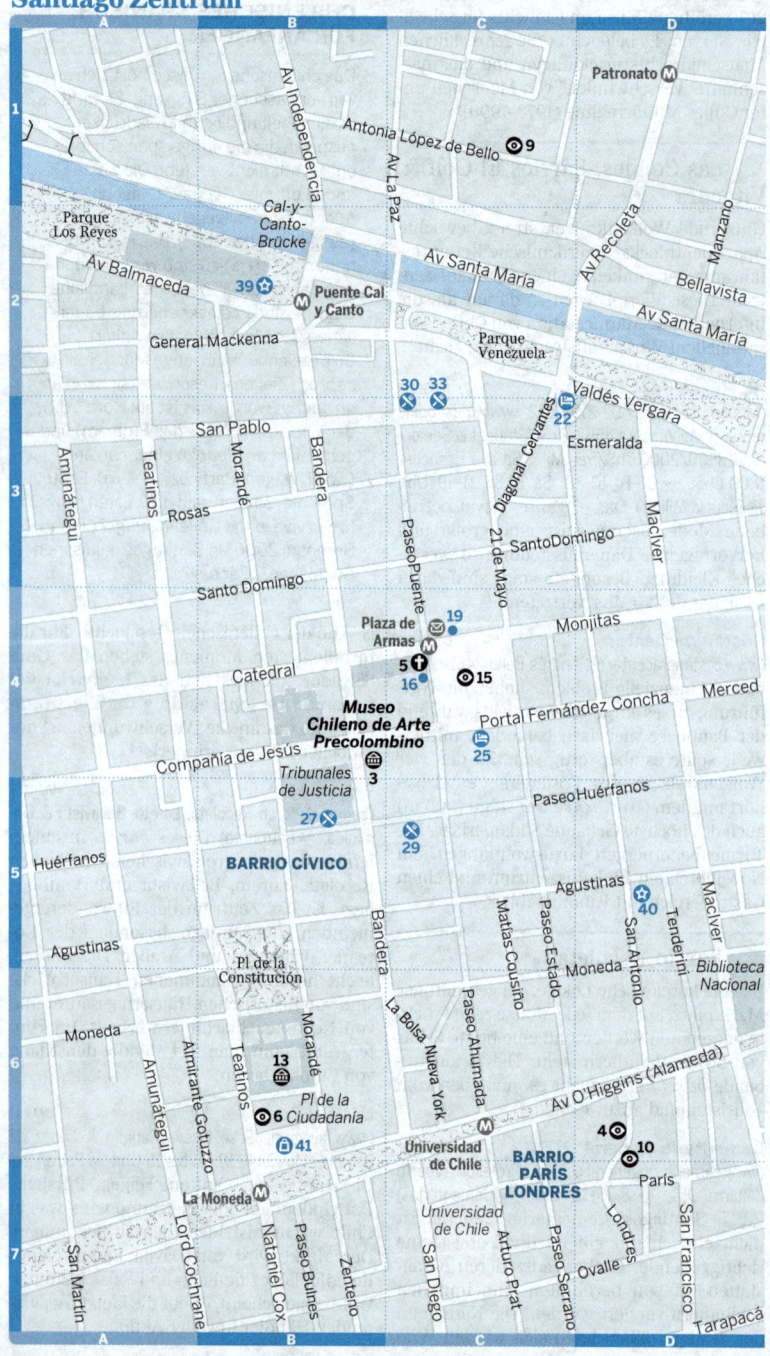

Santiago Zentrum

⊙ Highlights
1. Centro Gabriela Mistral F5
2. La Chascona H1
3. Museo Chileno de Arte Precolombino B4

⊙ Sehenswertes
4. Barrio París-Londres D6
5. Catedral Metropolitana C4
6. Centro Cultural Palacio La Moneda B6
7. Cerro San Cristóbal H1
8. Cerro Santa Lucía E5
9. La Vega Central C1
10. Londres 38 .... D6
11. Museo de Artes Visuales F4
12. Museo Nacional de Bellas Artes E3
13. Palacio de la Moneda B6
14. Patronato E2
15. Plaza de Armas C4

⊙ Aktivitäten, Kurse & Touren
16. Free Tour Santiago C4
17. La Bicicleta Verde E2
18. Natalislang H4
19. Turistik C4

⊙ Schlafen
20. Andes Hostel & Apartments E4
21. Bellavista Hostel H2
22. CasAltura Boutique Hostel C3
23. Ecohostel G7
24. Hostal Forestal G4
25. Hostel Plaza de Armas C4
26. La Chimba G1

⊙ Essen
27. Bar Nacional B5
28. Café Bistro de la Barra E4
29. El Naturista C5
30. Empanadas Zunino C3
31. Emporio La Rosa F4
32. Galindo H2
33. Mercado Central C3
34. Peumayen H2
35. Tambo F5

⊙ Ausgehen & Nachtleben
36. Boca Naríz F4
37. Catedral E4

⊙ Unterhaltung
38. Bar Constitución H2
39. Estación Mapocho B2
40. Teatro Municipal D5

⊙ Shoppen
41. Artesanías de Chile B6
42. Centro Artesanal Santa Lucía E6
43. Centro de Exposición de Arte Indígena E5

🏃 Aktivitäten

Outdoor-Aktivitäten sind Santiagos Stärke. Wer spontan Lust auf Wandern verspürt, kann den Cerro San Cristóbal erklimmen.

Das flache, übersichtliche Santiago hat ein kleines Netz von *ciclovías* (Radwegen). Der Tourveranstalter La Bicicleta Verde (S. 466) verleiht Drahtesel und Helme. **Recicleta** (www.recicleta.cl/mapa-de-santiago-en-bicicleta) fördert das Radfahren in der Stadt und informiert mit seiner interaktiven Routenkarte auch über radlerfreundliche Einrichtungen.

In Santiagos direktem Umkreis gibt es tolle Möglichkeiten zum Skifahren; das nächstgelegene Skigebiet heißt **Farellones & El Colorado** (☎02-889-9210). Das Ökotourismus-Resort Cascada de las Animas (S. 476) organisiert erschwingliche Wandertouren und -ritte. Zudem schickt es **Raftingfans** von Oktober bis März durch Río-Maipo-Stromschnellen der Kategorie III.

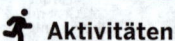 Kurse

Escuela de Idiomas Violeta Parra/Tandem Santiago SPRACHKURS
(☎02-236-4241; www.tandemsantiago.cl; Triana 863, Providencia; Anmeldegebühr 55 US$, Unterricht 1 Std. 22 US$, Unterricht 20 Std. 180 US$; MSalvador) Herausragende Lernerfolge, freundliche Atmosphäre und kulturelle Aktivitäten. Auf Wunsch kann auch die Unterbringung in WGs oder eigenen Apartments arrangiert werden. Auf der Webseite finden sich Informationen zu Sonderkursen wie „Spanisch für Anwälte" oder „Medizinisches Spanisch".

Natalislang SPRACHKURS
(☎02-222-8685; www.natalislang.com; Arturo Bürhle 047, Centro; 3-tägiger Intensiv-Schnellkurs f. Traveller ab 135000 Ch$; MBaquedano) Tolle Adresse für schnelle Intensivkurse. Eine ausführliche Liste der Optionen findet sich auf der Webseite.

👉 Geführte Touren

★ **La Bicicleta Verde** GEFÜHRTE TOUR
(☎02-570-9338; www.labicicletaverde.cl; Loreto 6; Radtouren ab 18000 Ch$, Leihfahrrad pro Std./ganzer Tag 2000/15000 Ch$; MBellas Artes) Bei La Bicicleta Verde werden Räder und Helme verliehen. Alternativ kann man sich auch einer der sehr empfehlenswertesten geführten Touren wie etwa Bike at Night (30000 Ch$) anschließen.

Free Tour Santiago
STADTSPAZIERGANG

(☏ Handy 9236-8789; www.freetoursantiago.cl; Catedral Metropolitana, Plaza de Armas; ⊙ Tourbeginn 10 & 15 Uhr; ⓂPlaza de Armas) Die Guides der vierstündigen Stadtspaziergänge durchs Zentrum Santiagos arbeiten nur für Trinkgeld – deshalb einen angemessenen Betrag geben! Eine Reservierung ist nicht nötig: Die Guides tragen rote T-Shirts und warten vor der Catedral Metropolitana (S. 459).

Turistik
BUSTOUR

(☏ 02-820-1000; www.viajesturistik.com; Plaza de Armas s/n, städtisches Tourismusbüro; Tagesticket ab 20 000 Ch$; ⊙ 9.30–18 Uhr; ⓂPlaza de Armas) Die Doppeldeckerbustouren zwischen dem Centro und dem Einkaufszentrum Parque Arauco erlauben beliebiges Aus- oder Zusteigen an 12 Haltestellen. Weitere Details können der Online-Karte entnommen werden.

Feste & Events

Santiago a Mil
THEATER

(www.fundacionteatroamil.cl/santiago-a-mil) Das große Theaterfestival im Januar bringt Experimentaltruppen aus aller Welt auf Santiagos Bühnen.

Lollapalooza Chile
MUSIK

(www.lollapaloozacl.com) Die chilenische Version des berühmten Musikfestivals lockt (meist irgendwann im März) einheimische und internationale Acts in die Stadt.

Fiesta del Vino
WEIN

(www.fiestadelvinodepirque.cl) Steigt in Pirque und gehört zu den vielen Weinfesten, die Anfang April in Santiago stattfinden; mit traditioneller Küche und Folkloremusik.

Schlafen

Centro

Hostel Plaza de Armas
HOSTEL $

(☏ 02-671-4436; www.plazadearmashostel.com; Compañía de Jesus 960, Apt 607, Plaza de Armas; B 6000–10 000 Ch$, DZ 24 000 Ch$, DZ ohne Bad 20 000 Ch$; @ ☎; ⓂPlaza de Armas) Wer das geschäftige Apartmenthaus an der Hauptplaza von Santiago betritt, wähnt sich zunächst am falschen Ort. Doch dann geht's mit dem Aufzug hinauf in den 6. Stock, wo dieses überraschend fröhliche Hostel mit Mini-Schlafsälen, einer gut ausgestatteten Gemeinschaftsküche und tollen Balkonen mit Blick auf die Plaza de Armas aufwartet. Alles in allem eine solide Budgetoption.

Ecohostel
HOSTEL $

(☏ 02-222-6833; www.ecohostel.cl; General Jofré 349B, Barrio Estación Central; B/EZ/DZ ohne Bad 8000/15 000/21 000 Ch$; @ ☎; ⓂUniversidad Católica) Sowohl Backpacker als auch Familien, die es gern etwas entspannter mögen, lieben den personalisierten Service, die gemütlichen Sofas und die sonnige Veranda (inklusive Hängematten) dieses Hostels. Die Schlafsäle mit sechs bzw. acht Betten in einem umgebauten älteren Haus können mitunter etwas dunkel sein, die Stockbetten und Spinde sind aber groß und es gibt zahlreiche gut aufgeteilte Gemeinschaftsbäder. Zudem steht ein reiner Frauen-Schlafsaal zur Verfügung.

★CasAltura Boutique Hostel
HOSTEL $

(☏ 02-633-5076; www.casaltura.com; San Antonio 811; B/DZ 10 000/24 000 Ch$, EZ/DZ ohne Bad 18 000/28 000 Ch$; @ ☎; ⓂPuente Cal y Canto) Das elegante „Boutique-Hostel" ist dank Küchenmitbenutzung, hochwertiger Bettwäsche, einer Terrasse mit Blick auf den Parque Forestal und der Nähe zum Mercado Central bei Travellern sehr beliebt.

Barrios Lastarria & Bellas Artes

Andes Hostel & Apartments
HOSTEL $

(☏ 02-632-9990; www.andeshostel.com; Monjitas 506; B 15 100–16 400 Ch$, DZ ohne Bad 55 700/39 000 Ch$, Apt. 72 200 Ch$; @ ☎ ≋; ⓂBellas Artes) Pistaziengrüne Wände, Vorleger in Zebraoptik, bunt zusammengewürfelte Retro-Sofas und eine Bar mit Mosaiken sind nur einige der Pop-Art-Juwelen dieses zentral gelegenen Hostels. Die Schlafsäle mit vier bzw. sechs Betten können im Sommer ganz schön heiß werden. Wer eine Gruppe zusammenbekommt, für den lohnt es sich, etwas mehr für ein Andes Apartment im Block nebenan zu bezahlen.

Hostal Forestal
HOSTEL $

(☏ 02-638-1347; www.hostalforestal.cl; Coronel Santiago Bueras 120; B 6500–8000 Ch$, EZ ohne Bad 18 000 Ch$, DZ mit/ohne Bad 27 000/22 000 Ch$; @ ☎; ⓂBaquedano) Das Hostal Forestal besticht zwar durch seine gute Lage, ist aber etwas abgewohnt. Die Schlafsäle sind dunkel und ein kleines bisschen heruntergekommen. Zum Paket gehören eine Gemeinschaftsküche, ein Billardtisch und (natürlich) der genial zentrale Standort.

Bellavista

La Chimba HOSTEL $
(02-735-8978; www.lachimba.com; Ernesto Pinto Lagarrigue 262; B 11 000 Ch$, EZ/DZ 24 000/36 000 Ch$, ohne Bad 18 000/30 000 Ch$; @ 🛜; MBaquedano) Das riesige Wandbild verrät einem, dass man das Partyhostel in Bellavista erreicht hat. Es gibt eine coole, herrlich unpassend zusammengewürfelte Lounge zum Relaxen im Stil der 1950er-Jahre mit Kronleuchter und anderem Krimskrams aus diversen Jahrzehnten. Die Zimmer erinnern an Punkrock – etwas schmuddelig, aber irgendwie geschmackvoll. Im Hinterhof ist immer viel los und er eignet sich perfekt, um sich mit anderen Travellern auszutauschen.

Nomades Hostel HOSTEL $
(02-789-7600; Bellavista 0318; B/EZ 10 000/18 000 Ch$, DZ mit/ohne Bad 36 000/27 000 Ch$; MBaquedano) In diesem Hostel in Bellavista trifft modernes Design auf die architektonische Eleganz vergangener Zeit. Überall im Haus ist hervorragende Kunst zu bestaunen, es gibt eine kühle Veranda und eine tolle Gemeinschaftsküche, in der sich das Hostelleben abspielt. In den Schlafsälen finden fünf Personen Platz.

Bellavista Hostel HOSTEL $
(02-899-7145; www.bellavistahostel.com; Dardignac 0184; B 12 000 Ch$, EZ/DZ ohne Bad 12 000/30 000 Ch$; @ 🛜; MBaquedano) Das sehr gesellige Hostel ist ein Klassiker in Bellavista. Bunte Bilder zieren die grell gestrichenen Wände und die Graffitis lassen auf eine entspannte, künstlerische Atmosphäre schließen. Es gibt eine sehr coole Terrasse und zwei Küchen. Der einzige Haken ist, dass es etwas sauberer sein könnte. Die besten Bars und Clubs der Stadt befinden sich gleich um die Ecke und somit ist hier einiges los.

Barrios Brasil & Yungay

Happy House Hostel HOSTEL $
(02-688-4849; www.happyhousehostel.com; Moneda 1829; B/EZ/DZ ohne Bad 10 000/23 000/30 000 Ch$, EZ/DZ 36 000/40 000 Ch$; @ 🛜; MLos Héroes) Das beste Hostel im Barrio Brasil macht müde Traveller happy. Das Herrenhaus von 1910 hat eine traumhaft gestaltete Decke, abgefahrene moderne Details und unerwarteterweise auch einige Art-déco-Elemente. Es gibt einen Pool, eine Bar und einen Hinterhof, ein paar Schlafsäle und – sehr lohnenswert – auch private Zimmer.

La Casa Roja HOSTEL $
(02-696-4241; www.lacasaroja.cl; Agustinas 2113; B 8000–10 000 Ch$, DZ mit/ohne Bad 32 000/28 000 Ch$; @ 🛜 🏊; MRicardo Cumming) Mit ihrem Pool, den luftigen Veranden, einer Freiluftbar, Garten und einer großen, gut ausgestatteten Küche wird schnell klar, warum die von Australiern geführte Casa Roja ein echter Backpacker-Treff ist. Die überaus gesellige Atmosphäre ist nicht der einzige Pluspunkt: Die schwungvollen Treppen und sehr, sehr hohen, hübsch gestalteten Decken des liebevoll restaurierten Herrenhauses aus dem 19. Jh. versprühen jede Menge Charakter.

Providencia

Castillo Surfista Hostel HOSTEL $
(02-893-3350; www.castillosurfista.com; Maria Luisa Santander 0329; B 8500 Ch$, DZ ohne Bad 21 400–25 400 Ch$; @ 🛜; MBaquedano) Ein kalifornischer Surfer mit entspanntem Gemüt führt dieses renovierte Haus abseits der üblichen Touristengegend und hilft beim Einstieg in die örtliche Wellenreiterszene – er organisiert sogar Ganztagstrips zu unbekannteren Surfspots und besorgt Mietwohnmobile für Strandausflüge auf eigene Faust. Ansonsten gibt's hier saubere Gemeinschaftsbereiche und gemütliche Schlafsäle und Doppelzimmer.

Intiwasi Hotel BOUTIQUEHOTEL $$
(02-985-5285; www.intiwasihotel.com; Josue Smith Solar 380, Providencia; Zi. 85–90 US$; ❄ @ 🛜; MLos Leones) Das gemütliche Hotel in zentraler Lage ist eher eine Art Boutique-Hostel für Erwachsene. Die stolzen Besitzer helfen gern bei der Planung der Reiseroute und das Motto hier ist indigen-chilenisch: Intiwasi bedeutet auf Quechua „Haus der Sonne" und überall sind indigene Textilien, dunkles Holz und fröhliche Rot- und Orangetöne zu sehen. Die Zimmer haben LCD-TVs.

 Essen

Im Zentrum gibt's überall günstige Mittagsgerichte; die *barrios* Bellavista, Lastarria und Providencia eignen sich besser, um abends essen zu gehen.

Centro

★ Mercado Central SEAFOOD $
(Zentralmarkt; www.mercadocentral.cl; Ecke 21 de Mayo & San Pablo; ⏱ Imbissstände & Restaurants Mo–Fr 9–17, Sa & So 7–15.30 Uhr; MPuente Cal

y Canto) Santiagos Fischmarkt mit seinen schmiedeeisernen Ziergittern ist eine klassische Adresse für mittägliches Seafood oder den Kater killende Fischeintöpfe wie *caldillo de congrio* (Pablo Nerudas Lieblingsessen mit Tomaten und Kartoffeln). Am besten die touristischen Lokale in der Hallenmitte links liegen lassen und stattdessen die schlichten Minibuden am Rand besuchen!

Bar Nacional CHILENISCH $
(Huérfanos 1151; Hauptgerichte 3400–5500 Ch$; Mo-Sa 9-23 Uhr; M Plaza de Armas) Vom verchromten Tresen bis hin zu den betagten Kellnern ist dieser *fuente de soda* (Sodabrunnen; eine Art Diner-Bar) so altmodisch, wie es nur geht. Seit Jahren werden hier chilenische Spezialitäten wie *lomo a lo pobre* (Steak, Pommes und Spiegelei) serviert. Wer sich an Sandwiches hält, spart ein paar Hundert Pesos.

Empanadas Zunino BÄCKEREI $
(www.empanadaszunino.cl; Puente 801; Empanadas 650–800 Ch$; Mo-So 9-17 Uhr; M Puente Cal y Canto) Die klassische Bäckerei produziert ihre sensationellen Empanadas seit den 1930er-Jahren. Chilenische Gastro-Journalisten verliehen ihr kürzlich den zweiten Platz im Wettbewerb um Santiagos beste Empanadas.

El Naturista VEGETARISCH $
(www.elnaturista.cl; Paseo Huérfanos 1046; Gerichte 3400–5000 Ch$; Mo-Sa 9-22 Uhr; M Plaza de Armas) Dieser Laden für Vegetarier im Zentrum bietet neben einfachen, aber reichhaltigen Suppen auch Sandwiches, Salate, Pasteten, frisch gepresste Säfte, leichtes Frühstück und Fruchteis. Die nahe gelegene Filiale befindet sich an der Moneda 846.

Barrios Lastarria & Bellas Artes

Café Bistro de la Barra CAFÉ $
(JM de la Barra 455; Sandwiches 3500–7000 Ch$; Mo-Fr 9-21.30, Sa & So 10-21.30 Uhr; M Bellas Artes) Die abgewetzten Bodenfliesen, ein Samtsofa, 1940er-Swing und zu Leuchten umfunktionierte Tassen und Teekannen bieten eine skurrile, aber hübsche Kulisse für eines der besten Nachmittagstee- (*once*) und Brunch-Angebote der Stadt. Zu den deftigen Sandwiches gehören u. a. Croissants gefüllt mit Lachs oder Parmaschinken und Rucola auf einem knusprigen Olivenbrot. Nichtsdestotrotz unbedingt Platz für den Cheesecake mit Beeren lassen.

Tambo PERUANISCH $
(www.tambochile.cl; Lastarria 65; Hauptgerichte 5500–7700 Ch$; Mo-Sa 12-23 Uhr; M Universidad Católica) Das moderne peruanische Lokal liegt schön an einer von Lastarrias malerischsten Fußgängerzonen. Serviert werden pikante Speise- und Getränkevarianten, die die Chilenen inzwischen übernommen haben. Die traumhaften *ceviches* sollte man probieren! Die kulinarische Erkundung des Nachbarlandes beginnt man am besten mit einem leckeren Pisco Sour mit Maracuja.

Emporio La Rosa EISCREME $
(www.emporiolarosa.com; Merced 291; Eiscreme 900–1800 Ch$, Salate & Sandwiches 2500–3900 Ch$; Mo-Sa 9-23 Uhr; M Bellas Artes) Schoko-Chili, Rosenblüten oder Erdbeere mit schwarzem Pfeffer sind nur einige der Geschmacksvarianten in dieser Eisdiele mit extracremigem, hausgemachtem Eis, das erwiesenermaßen süchtig macht. Knusprige *pains au chocolat* und saftige Focaccia-Sandwiches sind zwei weitere Gründe, sich an einem der Chromtische niederzulassen.

Bellavista

Galindo CHILENISCH $
(www.galindo.cl; Dardignac 098; Hauptgerichte 2800–5800 Ch$; Mo-Sa 12-23 Uhr; M Baquedano) Neonschilder im Retrostil markieren diesen alteingesessenen Lokalfavoriten mit Holzverkleidungen an den Wänden. Die Bar ist meist voller lärmender, begeisterter Gäste – kein Wunder: Anders als in den teuren Restaurants drum herum dreht sich hier alles um leckere *parrilladas* (gemischtes Fleisch vom Grill) und herzhafte chilenische Klassiker wie *chorrillana* (Grillzwiebeln und Fleisch auf Pommes).

★ Peumayen CHILENISCH $$
(www.peumayenchile.cl; Constitución 136; Probiermenü 10 500 Ch$; Di-Sa 7-23, So 13-15 Uhr; M Baquedano) Der Neuling in Bellavista ist zweifellos eine der einzigartigsten kulinarischen Erfahrungen Chiles. Hier wird die chilenische Küche einem Innovationsprozess unterzogen, indem man sich auf die kulinarischen Wurzeln der Mapuche, der Bewohner der Osterinsel und der Quechua zurückbesinnt.

Barrio Brasil

★ Peluquería Francesa FRANZÖSISCH $
(Boulevard Lavaud; 02-682-5243; www.boulevardlavaud.cl; Compañía de Jesús 2789; Haupt-

gerichte 3300–7000 Ch$; Mo–Sa 12–23 Uhr; Ricardo Cumming) Eine der innovativen Dinnererfahrungen Santiagos. Der Name bedeutet „französischer Friseursalon" und eben dies war dieses elegante Eckgebäude von 1868 früher auch. Es verbreitet immer noch den Charme der vorletzten Jahrhundertwende und ist mit schrägen Antiquitäten (allesamt erwerbbar) eingerichtet. Am Wochenende tummeln sich hier abends hippe Einheimische, die das exzellente Seafood mit französischem Touch schätzen.

Platipus ASIATISCH $
(www.platipus.cl; Agustinas 2099; Sushi 2900–5900 Ch$; Mo–Sa abends; Ricardo Cumming) Kerzen tauchen die freiliegenden Backsteinmauern des ruhigen Sushi-Ladens in ein warmes Licht. Gäste sollten es nicht eilig haben; das Sushi und die *tablas* (Platten mit Fingerfood) sind die Wartezeit aber auf jeden Fall wert. Auch Vegetarier haben hier eine große Auswahl.

Las Vacas Gordas STEAK $
(Cienfuegos 280; Hauptgerichte 4000–7000 Ch$; Mo–Sa 12–23 Uhr; Ricardo Cumming) Steaks, Schweine- und Hühnerfleisch und Gemüse brutzeln auf dem Grill im vorderen Teil des lärmigen Hauptbereichs. Serviert wird das Essen von altmodischen Kellnern, die keine Miene verziehen. Das beliebte Lokal ist oft voll besetzt – darum reservieren oder früh erscheinen.

Providencia

El Huerto CAFÉ $
(www.elhuerto.cl; Orrego Luco 054; Hauptgerichte 5700–6100 Ch$; Mo–Sa 12–24 Uhr; Pedro de Valdivia) Die gesunden, meist vegetarischen Gerichte dieses urigen Restaurants sind sowohl bei hippen Einheimischen als auch, vor allem um die Mittagszeit, bei gut betuchten Damen extrem beliebt. Zu empfehlen sind die Eiweiß-Omeletts, die Erdbeer-Smoothies, die Quinoasalate und die äußerst leckeren Desserts; dazu einen *café au lait*.

Voraz Pizza PIZZA $
(www.vorazpizza.cl; Av Providencia 1321; 3300–4000 Ch$; Mo–Sa 12–23 Uhr; Manuel Montt) Die winzige Pizzeria serviert Bier aus Kleinbrauereien sowie Pizzas mit dünnem Boden und sehr gutem Preis-Leistungs-Verhältnis an Tischen unter freiem Himmel; das Essen wird auch nach Hause geliefert. Bonus für Veggis: Die Karte umfasst auch ein paar leckere vegetarische und vegane Optionen.

Liguria MEDITERRAN $$
(02-334-4346; www.liguria.cl; Av Pedro de Valdivia 47; Hauptgerichte 5300–9800 Ch$; Mo–Sa 12–23 Uhr; Pedro de Valdivia) In dieser örtlichen Gastro-Legende sind Bar und Bistro perfekt kombiniert. Schmorkaninchen und andere spezielle Angebote sind mit Kreide auf einer Tafel verzeichnet. Elegante, altmodische Kellner platzieren das Bestellte souverän auf den rot karierten Tischtüchern.

Aquí Está Coco CHILENISCH $$
(02-410-6200; www.aquiestacoco.cl; La Concepción 236; Hauptgerichte 9100–13 000 Ch$; Mo–Sa 12–23 Uhr; Pedro de Valdivia) Die kleine Villa wurde wunderschön mit umweltverträglichen Materialien restauriert und rekonstruiert. Nun beherbergt sie eines der trendigsten Restaurants von Providencia, das „Hier ist Coco". Coco ist der kreative Eigentümer, der hier Kunst und Kunsthandwerk von seinen Weltreisen zur Schau stellt (ganz zu schweigen von seinem großen kulinarischen Talent und seiner Leidenschaft für Wein).

Las Condes, Barrio El Golf & Vitacura

Café Melba CAFÉ $
(Don Carlos 2898; Sandwiches 2900 Ch$, Hauptgerichte 4000–7500 Ch$; 7–15 Uhr; Tobalaba) Das gemütliche Café unter der Leitung eines neuseeländischen Auswanderers serviert zum Frühstück (das es ganztägig gibt) u.a. Eier mit Speck, Muffins, Bagels und gigantische Becher Kaffee. Die üppig belegten Sandwiches und herzhafteren Gerichte (z.B. grünes Fischcurry oder Schweinemedaillons) vertilgen hiesige Bankangestellte gern zum Mittagessen. Spezialität des Hauses ist jedoch der gediegene Brunch.

Ausgehen & Nachtleben

Catedral COCKTAILBAR
(www.operacatedral.cl; Ecke JM de la Barra & Merced; Bellas Artes) Das Angebot des eleganten Ladens reicht weit über Bar-Snacks hinaus – Lust auf ein Glas Schampus mit violetter Crème brûlée? Die minimalistischen zweifarbigen Sofas, die glatte Wandtäfelung und die lauschige Musik stehen vor allem bei den 20- bis 40-Jährigen hoch im Kurs.

Santo Remedio COCKTAILBAR
(www.santoremedio.cl; Román Díaz 152; Mo–Fr 13–15.30 & 18.30–4, Sa & So, 13–15.30 & 20.30–4 Uhr; Manuel Montt) Das alte Haus mit

Schummerlicht und hohen Decken ist genau genommen ein Restaurant, das sich auf die Fahnen schreibt, aphrodisierend zu wirken. Das 20- bis 40-jährige Publikum schätzt aber vor allem das Programm an der Bar: Regelmäßig legen DJs auf, und es gibt starke, gut gemixte Cocktails.

Baires BAR
(Brasil 255; Ⓜ Ricardo Cumming) Obwohl das Baires eigentlich ein „Sushi-Club" ist, lockt das Nachtleben Gästescharen hierher: Selbst an werktäglichen Abenden füllen sich die Terrassentische schnell. Die Getränkekarte ist ellenlang; am Wochenende bringen DJs das obere Stockwerk in Schwung.

Boca Naríz WEINBAR
(☎ 02-638-9893; www.bocanariz.cl; Lastarria 276; Hauptgerichte 5000–9000 Ch$; ⊙ Mo–Sa 12–24, So 19–23 Uhr; Ⓜ Bellas Artes) Das *ceviche* mag auf dem Markt vielleicht besser schmecken, eine erlesenere Weinkarte findet sich jedoch so gut wie nirgendwo in Chile. Besonders schön sind die persönliche Atmosphäre, die Weinproben und das fantastische Flair. Reservierung empfohlen.

☆ Unterhaltung

Santiagos tolle Kulturzentren gehören zu den besten Adressen vor Ort für Livemusik, darstellende Kunst und Unterhaltungsshows. Dies gilt vor allem für das Centro Gabriela Mistral (S. 460), das Centro Cultural Palacio La Moneda (S. 459) und die Estación Mapocho (S. 459). Kulturevents sind oft gratis; Verzeichnisse findet man unter www.estoy.cl und auf den Webseiten der Zentren.

Livemusik

Bar Constitución LIVEMUSIK
(Constitución 62, Bellavista; ⊙ 20–4 Uhr; Ⓜ Baquedano) In Bellavistas coolster Nightlife-Location sind jeden Abend Bands und DJs am Werk. Das bunte, aber stets gute Musikprogramm der Bar umfasst u. a. Eletroclash, Garage, Nu-Folk, House und mehr. Auf der Webseite kann man vorab schauen, ob einen das jeweilige Programm interessiert.

Teatro Caupolicán LIVEMUSIK
(☎ 02-699-1556; www.teatrocaupolican.cl; San Diego 850; ⊙ 20–1 Uhr; Ⓜ Parque O'Higgins) Auf dieser Bühne sind schon lateinamerikanische Rocker wie das tolle Café Tacuba aus Mexiko, die argentinische Elektro-Tango-Band Bajofondo oder Oscar-Gewinner Jorge Drexler aus Uruguay aufgetreten. Auch internationale Acts wie Garbage und Snow Patrol spielen im Teatro Caupolicán.

La Batuta LIVEMUSIK
(www.batuta.cl; Jorge Washington 52, Ñuñoa; Ⓜ Plaza Egaña) Im Batuta tanzt das begeisterte Publikum im Grunde zu allem, was irgendwie alternativ angehaucht ist: zu Ska, *patchanka* (z. B. Manu Chao) und *cumbia chilombiana*, zu Rockabilly und Surfsound und zum Soundtrack von Coverbands und Goth-Rock.

Nachtclubs

Vor Mitternacht braucht man hier gar nicht aufzutauchen. Im Sommer haben viele Clubs geschlossen und feiern stattdessen mit ihrem Publikum am Strand.

Mito Urbano CLUB
(www.mitourbano.cl; Manuel Montt 350; Eintritt 4000–6000 Ch$; Ⓜ Manuel Montt) In dem fröhlichen Laden spiegeln Diskokugeln das Licht und werfen es auf gut aussehende Besucher zwischen 20 und 50, die zu chilenischem Pop und alten Hits tanzen. Salsakurse, Karaoke, Livejazz und andere Werbe-Specials sollen die Leute schon vor Mitternacht herlocken.

Darstellende Künste

Teatro Municipal THEATER
(☎ 02-463-1000; www.municipal.cl; Agustinas 794, Centro; Tickets ab 3000 Ch$; ⊙ Theaterkasse Mo–Fr 10–19, Sa & So bis 14 Uhr; Ⓜ Santa Lucía) Als Heimat des Ballet de Santiago ist der neoklassizistische Prachtbau die renommierteste Adresse vor Ort, wenn es um darstellende Kunst geht. Geboten werden hier auch Oper, Tango und Klassik auf Weltklasse-Niveau.

Centro Cultural Matucana 100 KUNSTZENTRUM
(☎ 02-946-9240; www.m100.cl; Matucana 100; Ticketpreise variieren; ⊙ 11–13 & 14–21 Uhr; Ⓜ Quinta Normal) GRATIS Das riesige, aus roten Ziegelsteinen erbaute Centro Cultural ist Santiagos angesagteste Veranstaltungsstätte für alternative Kunst. In einem früheren Leben diente es der Regierung als Lagerstätte und hat sich so einen rauen Look bewahrt. Im Zuge des 200-jährigen Bestehens Chiles wurde es renoviert und beherbergt nun eine Hangar-ähnliche Galerie mit Theater, wo Programmkino, Konzerte und andere Independent-Produktionen gezeigt werden.

Sport

Estadio Nacional FUSSBALL
(Nationalstadion; ☎ 02-238-8102; Av Grecia 2001, Ñuñoa; Ⓜ Irarrázaval) Chilenen sind im Großen

und Ganzen ziemlich stille Menschen – so lange, bis sie ein Fußballstadion betreten. Am spektakulärsten sind Spiele gegen Lokalrivalen wie Peru oder Argentinien. Dann hallt es durch das ganze Estadio Nacional: „Chi-Chi-Chi-Le-Le-Le! Viva Chile!".

Shoppen

Kleidung, Schuhe und Kaufhausartikel gibt's in Fußgängerzonen wie der Ahumada; noch günstiger wird's in Patronato auf der anderen Flussseite.

Zu Santiagos vornehmen riesigen Einkaufszentren, die weit außerhalb liegen und bei Einheimischen meist beliebter sind als bei Besuchern, gehören **Parque Arauco** (www.parquearauco.cl; Av Kennedy 5413; 10–21 Uhr; Manquehue) und **Alto Las Condes** (www.altolascondes.cl; Av Kennedy 9001, Las Condes; 10–22 Uhr).

★ Artesanías de Chile
KUNST & KUNSTHANDWERK

(02-235-2014; www.artesaniasdechile.cl; Plaza de la Ciudadanía 26; Mo–Sa 10–18 Uhr; La Moneda) Die Stiftung verkauft nicht nur Schmuck, Schnitzereien, Keramik- und Wollwaren zu vernünftigen Preisen, sondern leitet den Großteil des Erlöses direkt an die Produzenten weiter. Filialen sind überall in Santiago und in ganz Chile zu finden.

Galería Drugstore
MODE

(www.drugstore.cl; Av Providencia 2124, Providencia; Mo–Sa 10.30–20 Uhr; Los Leones) Auf den vier Stockwerken des eigenständigen Einkaufszentrums findet man Klamotten, die zu Hause wohl niemand hat. Neben mehreren winzigen Boutiquen von aufstrebenden Designern sind hier auch künstlerisch angehauchte Buchläden und Cafés untergebracht.

Centro de Exposición de Arte Indígena
KUNSTHANDWERK

(O'Higgins 499, Centro; Mo–Sa 10–18 Uhr; Santa Lucia) An diesen Ständen neben dem Eingang Terraza Neptuno zum Cerro Santa Lucía verkaufen indigene Kunsthandwerker eine kleine Auswahl an Waren, darunter Silberschmuck, Postkarten, Musikinstrumente und Mapuche-Wörterbücher.

Centro Artesanal Santa Lucía
KUNSTHANDWERK

(Ecke Carmen & Diagonal Paraguay, Centro; 10–19 Uhr; Santa Lucía) Es ist ganz schön weit hergeholt, diesen Markt mit Webereien und Lederwaren aus Massenproduktion als „Kunsthandwerksmarkt" zu bezeichnen – wer ein paar billige Souvenirs kaufen möchte, ist hier aber richtig. Panflöten, Silberschmuck und Sweater im Andenlook sind nur einige der hier angebotenen Produkte, mit denen man zu Hause zeigen kann: Ich war dort!

Flohmarkt
MARKT

(Mercado Matadero Franklin; Sa & So 9–19 Uhr; Franklin) Antiquitäten, Sammlerstücke und alten Kram findet man an den chaotischen Marktständen des berühmten Flohmarkts zwischen Bío Bío und Franklin. Es macht Spaß, sich durch das Durcheinander aus Retro-Sonnenbrillen, alten Brandygläsern, Cowboysporen, altmodischer Badebekleidung und ausgedienten Büchern zu wühlen.

Praktische Informationen

GEFAHREN & ÄRGERNISSE

Das relativ sichere Santiago leidet doch ziemlich unter Kleinkriminalität; vor allem im Bereich der Plaza de Armas, des Mercado Central, des Cerro Santa Lucía und des Cerro San Cristóbal heißt es wachsam sein. Organisierte Taschendiebbanden nehmen manchmal Nachtschwärmer an der Pío Nono (Bellavista) ins Visier. Kleinere Straßen des Barrio Brasil sind bei Dunkelheit teilweise zwielichtig.

GELD

Geldautomaten (Redbanc) gibt's in der ganzen Stadt.

Cambios Afex (02-636-9090; www.afex.cl; Agustinas 1050, Centro; Mo–Fr 9–18, Sa 10–14 Uhr; Universidad de Chile) Verlässliche Wechselstube mit Ablegern überall in der Stadt.

INTERNETZUGANG

Die Zahl der Internetcafés sinkt ständig. Viele Cafés und die meisten Hotels bieten ihren Kunden und Gästen inzwischen kostenloses WLAN.

MEDIZINISCHE VERSORGUNG

Clínica Alemana (02-2210-1111; http://portal.alemana.cl; Av Vitacura 5951, Santiago)
Hospital de Urgencia Asistencia Pública (02-568-1100; www.huap.cl; Av Portugal 125; 24 Std.; Universidad Católica) Größte Notaufnahme Santiagos.

NOTFALL

Feuerwehr (Bomberos; 132)
Polizei (Carabineros; 133)
Prefectura de Carabineros (Hauptpolizeiwache; 02-922-3660; O'Higgins 280, Centro)
Rettungsdienst (131)

POST

Post (800-267-736; www.correos.cl; Catedral 987, Plaza de Armas; Mo–Fr 8–22,

Sa bis 18 Uhr; Ⓜ Plaza de Armas) Hat weitere Filialen überall in der Stadt.

REISEBÜROS
Navimag (☏ 02-442-3120; www.navimag.cl; Av El Bosque Norte 0440, Piso 11; ⊙ Mo–Fr 9–18.30 Uhr; Ⓜ Tobalaba) Fährtickets für den chilenischen Teil Patagoniens sollten vorab gebucht werden.

TOURISTENINFORMATION
Sernatur (☏ 02-731-8336; www.chile.travel; Av Providencia 1550; ⊙ Mo–Fr 9–20, Sa bis 14 Uhr; 🕾; Ⓜ Manuel Montt) Hat Karten, Broschüren und Tipps auf Lager und kann bei der Buchung einer Weinguttour helfen.

❶ An- & Weiterreise

BUS
Verwirrend viele Busunternehmen bieten Verbindungen von Santiago nach Argentinien, Peru und ins restliche Chile. Abhängig vom jeweiligen Ziel fahren die Busse von verschiedenen Busbahnhöfen ab – unbedingt darauf achten, wohin man möchte.

Von Santiagos vier wichtigsten Busbahnhöfen kommt man nach Nord-, Süd- und Zentralchile. Die größten und verlässlichsten Firmen sind Tur Bus und Pullman Bus.

Der **Terminal San Borja** (O'Higgins 3250, San Borja 184; Ⓜ Estación Central) befindet sich am Ende des Einkaufszentrums neben dem Hauptbahnhof. Die Ticketschalter sind nach Regionen getrennt und die Ziele werden deutlich angezeigt. Sie liegen zwischen Arica im äußersten Norden und der *cordillera* (Bergkette) rund um Santiago.

Vom **Terminal de Buses Alameda** (Ecke O'Higgins & Jotabeche; Ⓜ Universidad de Santiago) aus bedienen **Tur Bus** (☏ 600-660-6600; www.turbus.cl) und **Pullman Bus** (☏ 600-320-3200; www.pullman.cl) viele verschiedene Ziele im Norden, Süden oder an der Küste.

Am **Terminal de Buses Sur** (O'Higgins 3850; Ⓜ Universidad de Santiago) starten die meisten Busse zur zentralen Küste, ins Ausland und in den Süden (Seengebiet, Chiloé).

Der **Terminal Los Héroes** (☏ 02-420-0099; Tucapel Jiménez 21; Ⓜ Los Héroes) liegt nahe der Alameda im Centro und ist weitaus praktischer sowie weniger chaotisch. Die meisten Busse folgen nordwärts der Carretera Panamericana, ein paar rollen aber auch nach Argentinien oder südwärts nach Temuco.

In der folgenden Tabelle sind für die wichtigsten Ziele jeweils die ungefähre Reisedauer und der einfache Streckenpreis in der einfachen *clásico*-Klasse oder der komfortablen *semi-cama*-Klasse (teilweise umklappbare Sitze) aufgeführt. Achtung: Die Preise variieren stark und steigen zur Urlaubszeit heftig an.

ZIEL	PREIS (CH$)	DAUER (STD.)
Antofagasta	30 000	19
Arica	45 900	30
Buenos Aires (Arg.)	81 000	22
Chillán	7900	5
Concepción	8000	6½
Copiapó	20 000	12
Iquique	37 400	25
La Serena	10 000	7
Mendoza (Arg.)	25 400	8
Osorno	21 800	12
Pucón	16 800	11
Puerto Montt	21 800	12
San Pedro de Atacama	40 600	23
Talca	5000	3½
Temuco	14 900	9½
Valdivia	16 900	10–11
Valparaíso	1900	2
Viña del Mar	1900	2¼

FLUGZEUG
Der Aeropuerto Internacional Arturo Merino Benítez (S. 582) in Pudahuel liegt 20 km nordwestlich vom Zentrum. Die nationalen Fluggesellschaften sind **LAN** (☏ 600-526-2000; www.lan.com), die die meisten Ziele anfliegt, und **Sky** (☏ 02-353-3100; Huérfanos 815, Centro; Ⓜ Plaza de Armas), die meist günstigere Ticketpreise anbietet. Die Preise für Flugtickets schwanken stark, sind aber immer günstiger, wenn man den Flug im Land selbst bucht.

ZUG
Die Fernzüge der gut organisierten chilenischen Verkehrsgesellschaft **Trenes Metropolitanos** (☏ 600-585-5000; www.tmsa.cl) starten in der **Estación Central** (O'Higgins 3170; Ⓜ Estación Central). Bahnreisen sind allgemein etwas langwieriger und teurer als Touren mit dem Bus. Allerdings kommt man mit den gut gewarteten Waggons im Allgemeinen pünktlich an.

TerraSur-Züge verbinden Santiago drei- bis fünfmal täglich mit Rancagua (5600 Ch$, 1 Std.), Curicó (ab 5600 Ch$, 2¼ Std.), Talca (ab 8000 Ch$, 3 Std.) und Chillán (8000 Ch$, 5½ Std.). Bei Online-Buchungen erhält man einen Rabatt von 10 %.

❶ Unterwegs vor Ort

AUTO & MOTORRAD
Es ist ziemlich stressig, in Santiago mit einem Mietwagen herumzufahren. Wer unbedingt ein eigenes Fahrzeug braucht, findet große Vermie-

DER WEG INS ZENTRUM

Zwei günstige, effiziente Buslinien verbinden den Flughafen mit dem Stadtzentrum: **Tur-Bus Aeropuerto** (☏ 600-660-6600; www.turbus.cl; 1550 Ch$) fährt zwischen 6 und 24 Uhr alle 15 Minuten und hält an der Metrostation Universidad de Santiago. **Buses Centropuerto** (☏ 02-601-9883; www.centropuerto.cl; Manuel Rodríguez 846; einfache Strecke/hin & zurück 1500/2900 Ch$; ⌚ 5.55–23.30 Uhr, alle 10–15 Min.) bietet einen ähnlichen Service zu bzw. ab den Metrostationen Los Héroes und Estación Central an. Die Fahrzeuge beider Firmen starten direkt vor der Ankunftshalle und halten auch an der Metrostation Pajaritos. Die Fahrt dauert etwa 40 Minuten.

Vorsicht ist bei Taxifahrten geboten: Die Fahrt ins Zentrum sollte eigentlich 16 000 Ch$ kosten, die Fahrer sind jedoch dafür berüchtigt, Touristen abzuzocken. Für einen Tür-zu-Tür-Service zum/vom Hotel empfiehlt sich daher das Unternehmen **Transvip** (☏ 02-677-3000; www.transvip.cl), das Minibusse (ab 6400 Ch$) oder Taxis (18 000 Ch$) vermittelt. Beim Schalter in der Ankunftshalle können Kunden bar oder per Kreditkarte bezahlen.

ter am Flughafen. Nützliche Details zum Fahren und Parken in Santiago liefert **Mietwagen in Chile** (www.mietwagen-in-chile.de), wo auch Leihvehikel angeboten werden.

BUS

Vor allem während der nächtlichen Metro-Betriebsruhe kommt man mit den Bussen von **Transantiago** (☏ 800-730-073; www.transantiago.cl) günstig und bequem durch die Stadt. Grün-weiße Fahrzeuge bedienen das Zentrum oder verbinden zwei Stadtteile. Die Lokalbusse in den Vororten haben jeweils eine andere Farbmarkierung; zudem geht ihrer Liniennummer stets ein Erkennungsbuchstabe voran (z. B. „C" bei den orangefarbenen Bussen von Las Condes und Vitacura).

Die meisten Busse folgen großen Straßen, wobei sich die weit auseinander liegenden Haltestellen oft an Metrostationen befinden. Achtung: Busfahrten lassen sich nur per Bip!-Chipkarte bezahlen, die in fast allen Metrostationen, aber nicht an Bord von Bussen erhältlich ist! Die Karte kostet 2700 Ch$, One-Way-Tickets kosten zwischen 640 und 720 Ch$, abhängig von der Tageszeit. Die Website von Transantiago informiert über alle Verkaufsstellen.

An Sonn- und Feiertagen profitiert man vom **Circuito Cultural Santiago** (www.transantiago.cl; ⌚ So & Feiertag 10–18.30 Uhr): Die Fahrzeuge, die auf dieser Bus-Rundroute ab der Estación Central verkehren, steuern die städtischen Hauptattraktionen an (Museen, Kulturzentren). Per Bip!-Karte wird eine normale Einzelfahrt bezahlt; der Chauffeur gibt dann ein Armband aus, das die Benutzung der Rundrouten-Busse (deutlich mit dem „Circuito Cultural" gekennzeichnet) beliebig oft gestattet.

METRO

Santiagos **Metro** (www.metrosantiago.cl; ⌚ Mo–Sa 6.30–23, So 8–23 Uhr) wird ständig ausgebaut und ist ein effizientes Fortbewegungsmittel. Auf der Webseite gibt's

herunterladbare Streckenpläne und einen präzisen Routenplaner. Bezahlen kann man direkt an der Schranke mit der Bip!-Karte, oder man holt sich einen Einzelfahrschein.

TAXI

Santiago hat zahllose schwarze Taxis mit gelben Dächern und Taxametern (Startpreis 250 Ch$ zzgl. 120 Ch$/200 m od. Wartemin.), die man generell sicher auf der Straße anhalten kann.

RUND UM SANTIAGO

Nationalparks, verschlafene Dörfer, verschneite Hänge im Winter und Höhenwanderrouten im Sommer ermöglichen es, schnell mal aus der Großstadt zu flüchten.

Valle de Maipo

Gleich südlich von Santiagos Zentrum liegt mit dem Valle de Maipo eine große Weinbauregion, die vor allem vollmundige Rote produziert und auf eigene Faust erkundbar ist: Vom Zentrum aus sind es mit öffentlichen Verkehrsmitteln maximal eineinhalb Stunden bis zu den beschriebenen Weingütern. Wer lieber mit einem kompetenten Führer auf die Suche nach seinem Lieblingswein geht, sollte die Touren von **Uncorked Wine Tours** (☏ 02-981-6242; www.uncorked.cl; halb-/ganztägige Tour 135/195 US$) versuchen: Man besucht drei Weingüter unter der Leitung eines englischsprachigen Guides und bekommt obendrein ein tolles Mittagessen. Empfehlenswert ist auch die Radtour von La Bicicleta Verde (S. 466), bei der man maximal 10 km weit zu Winzern in Santiagos Umland radelt.

Besuchenswert ist z. B. die **Viña Cousiño Macul** (☏ 02-351-4100; www.cousinomacul.cl;

Av Quilín 7100, Peñalolen; Touren 9000–18000 Ch$; ⊙ Touren auf Englisch Mo–Fr 11, 12, 15 & 16 auf Englisch, Sa 11 & 12 Uhr; Ⓜ Quinlín), wo man im Rahmen der Führungen den Kelterprozess und eine unterirdische *bodega* (Weinkeller) von 1872 besichtigt. Hin geht es zu Fuß (2,25 km) oder fix per Taxi ab der Metro.

Um die reizende **Viña Aquitania** (☏ 02-791-4500; www.aquitania.cl; Av Consistorial 5090; Tour & Weinprobe 8000–15 000 Ch$; ⊙ Mo–Fr 9–17 Uhr; nur nach Vereinbarung) am Fuß der Anden ab der Metrostation Grecia (Linie 4) zu erreichen, fährt man von der Haltestelle 6 mit dem Bus D07 Richtung Süden (Bip!-Karte erforderlich). Dann an der Kreuzung Av Los Presidentes/Consistorial aussteigen und noch 150 m nach Süden laufen!

Die noblen Weinproben der **Viña Almaviva** (☏ 02-270-4200; www.almavivawinery.com; Av Santa Rosa 821, Paradero 45, Puente Alto; Tour inkl.

SKIGEBIETE RUND UM SANTIAGO

Chiles Ski- und Snowboardgebiete haben von Juni bis Oktober geöffnet und bieten in der Vor- und Nachsaison günstigere Preise. Die meisten Pisten liegen über 3300 m hoch und sind baumlos, die Abfahrten und die Saison sind lang und der Schnee ist tief und trocken. Drei der größten Regionen befinden sich kaum eine Stunde von der Hauptstadt entfernt; eine vierte liegt etwa zwei Stunden entfernt an der Grenze zu Argentinien.

Santiagos vier beliebteste Skizentren sind El Colorado, Farellones, La Parva und Valle Nevado. Sie nehmen drei Täler der Mapocho-Schlucht ein – daher werden sie unter dem Namen Tres Valles zusammengefasst. Obwohl die Gebiete nur 30 bis 40 km nordöstlich von Santiago liegen, kann die Anfahrt wegen der oft verstopften Bergstraße recht lange dauern. Alle genannten Preise gelten für das Wochenende und die Hauptsaison (meist Anfang Juli–Mitte Aug.). Außerhalb davon bzw. werktags bekommt man kräftig Rabatt auf Skipässe und Hotelzimmer. Da es hier vor allem Schlepplifte gibt, bringen die Winterferien lange Warteschlangen mit sich; ansonsten sind die Besucherzahlen aber erträglich. Wer in mehreren Gebieten Ski bzw. Snowboard fahren möchte, sollte nach Kombitickets fragen.

El Colorado und **Farellones** (insgesamt 18 Lifte, 22 Abfahrten, 2430–3330 m) liegen ca. 45 km östlich der Hauptstadt und so nahe beieinander, dass sie als ein Ziel gelten. Wegen der mageren Après-Ski- und Restaurantszene kommen die meisten Chilenen nur als Tagesausflügler. Das **Centro de Ski El Colorado** (www.elcolorado.cl; Nevería 4680, Las Condes) informiert über die aktuellen Schnee- und Pistenbedingungen.

Nur 4 km von Farellones entfernt zielt das exklusive **La Parva** (30 Abfahrten, 2662–3630 m) auf chilenische Oberschichtfamilien ab. Aktuelle Infos erhält man bei **La Parva** (☏ 02-964-2100; www.laparva.cl; Büro Av El Bosque Norte 0177, 2. Stock, Las Condes, Santiago; Tagesskipass Erw./Kind 40 000/27 500 Ch$).

Weitere 14 km hinter Farellones beginnt Südamerikas größtes Skirevier: Das weitläufige **Valle Nevado** (☏ 02-477-7700; www.vallenevado.com; Av Vitacura 5250, Oficina 304, Santiago; Tagesskipass Erw./Kind 43 000/31 000 Ch$) bietet ca. 28 km² Pistenfläche und ist von Santiagos Skigebieten am besten in Schuss. Zudem hat es die schwierigsten Abfahrten (bis zu 3 km lang, 2805–3670 m).

Das ultrasteile **Portillo** (14 Lifte, 35 Abfahrten bis zu 2,4 km, 2590–3310 m) liegt 145 km nordöstlich der Hauptstadt an der argentinischen Grenze. Es ist einer der beliebtesten Skiorte Chiles und eine Klasse für sich: Die Nationalmannschaften Österreichs, Italiens und der USA trainieren hier im Sommer; zudem wurde in Portillo erstmals die Ski-Schallmauer von 200 km/h geknackt. Die örtliche **Inca Lodge** (☏ 02-263-0606; www.skiportillo.com; Zi. pro Woche VP 990 US$/Pers.; 🛜 🏊) hat Schlafsäle für junge Traveller; in der Nebensaison gibt es gute Sonderangebote. Aktuelle Infos sind bei **Portillo** (☏ 02-263-0606; www.skiportillo.cl; Tagesskipass Erw./Kind 39 000/26 000 Ch$) erhältlich.

An Skiort-Shuttles mangelt es wahrlich nicht. **KL Adventure** (☏ 02-217-9101; www.kladventure.com; Augusto Mira Fernández 14248, Las Condes, Santiago; Tres Valles hin & zurück 26 500 Ch$, mit Abholung am Hotel 37 000 Ch$) fährt um 8 Uhr nach Tres Valles; Rückfahrt ist um 17 Uhr. Zudem verleiht es Ausrüstung und bietet auch einen Shuttleservice nach Portillo (26 500 Ch$) an. **SkiTotal** (☏ 02-246-0156; www.skitotal.cl; Av Apoquindo 4900, Local 39-42, Las Condes, Santiago; einfache Strecke 13 000–15 000 Ch$) hat ebenfalls Leihausrüstung und ist beim Transport günstiger; Abfahrt 8 Uhr, Rückfahrt 17 Uhr.

1 Glas Wein 80 US$; ⊙ Mo–Fr 9–17 Uhr; nur nach Vereinbarung) erfordern Reservierung. Rund 1 km vom Hauptgebäude entfernt passiert Bus 207 (Start: Estación Mapocho) den Eingang zum Gelände.

Die Boutiquewinzerei ist die kultiviertere Schwester der **Viña Concha y Toro** (☏ 02-476-5269; www.conchaytoro.com; Virginia Subercaseaux 210, Pirque; Basistour & Weinprobe 8000 Ch$; ⊙10–17 Uhr) in Pirque, wo Führungen für ein größeres Publikum über die Weinproduktion im ganz großen Stil informieren. Und so geht's nach Pirque: Mit Metrolinie 4 bis zur Endstation (Plaza de Puente Alto) fahren, einen blauen Minibus mit „Pirque"-Schild im Fenster nehmen und dem Fahrer sagen, dass man zur Plaza Pirque oder zu Viña Concha y Toro möchte!

Cajón del Maipo

Üppiges Grün bedeckt die steilen Felswände dieser großartigen Schlucht, durch die der Río Maipo strömt. Sie beginnt nur 25 km südöstlich der Hauptstadt und ist am Wochenende ein beliebtes Ausflugsziel für *santiaguinos*, die ihre Zeit u. a. mit Rafting (Nov.–März), Skifahren (Juni–Sept.) und Reiten (ganzjährig) verbringen.

Der eigentliche Fluss besitzt nur wenige ruhige Bereiche und besteht hauptsächlich aus Stromschnellen der Kategorie III; Rafter gehen entsprechend oft über Bord. Die bewirtschaftete Pferderanch **Cascada de las Animas** (☏ 02-861-1303; www.cascada.net; Camino al Volcan 31087, Casilla 57, San Alfonso; Raftingtouren 21000 Ch$) ist zugleich ein privates Naturreservat und bietet auch Raftingtouren an. Die von erfahrenen Guides begleiteten Trips führen durch ein paar reizende Schluchten und enden schließlich in San Jose de Maipo. Die Aktions- und Pauschalangebote der Ranch beinhalten oft ein Mittagessen und die Benutzung des einladenden Pools. Zudem kann man die schattigen Picknickplätze aufsuchen oder im baumhausartigen Restaurant hoch oben auf einer Klippe über dem Fluss speisen. Im Angebot sind auch diverse Wandertouren und Ausritte.

Viele Besucher übernachten vor Ort in der **Cascada Lodge** (Stellplatz 10 000 Ch$/Pers., DZ mit/ohne Bad 40 000/25 000 Ch$, Hütte für 3/6/8 Pers. 60 000/95 000/120 000 Ch$). Zur Auswahl steht neben traumhaften Bungalow-Suiten und Holzhütten auch ein schattiger Zeltplatz.

Nur 93 km von Santiago entfernt belohnt der 3000 ha große **Monumento Natural El Morado** (www.conaf.cl/parques/monumento-natural-el-morado; Erw./Kind 2000/1000 Ch$; ⊙ Okt.–April 8.30–14.30 Uhr) Wanderer mit einer schönen Aussicht auf den 4490 m hohen Cerro El Morado an der Laguna El Morado. Hier, zwei Wanderstunden von den kleinen Thermalquellen Baños Morales entfernt, gibt's auch kostenlose Zeltstellplätze am See.

Das **Refugio Lo Valdés** (☏ Handy 9230-5930; www.refugiolovaldes.com; Refugio Alemán, Ruta G-25, Km 77; B 15 000 Ch$, DZ ab 48 000 Ch$), eine Berghütte mit einfachen, holzverkleideten Zimmern und Traumblick über den Cajón, ist ein beliebtes Wochenendziel. Das Restaurant auf dem Gelände ist für seine herzhaften Gerichte und *onces* bekannt. Rund 11 km weiter liegen, mit Blick auf das Tal, die terrassenförmigen Thermalquellen **Termas Valle de Colina** (☏ 02-985-2609; www.termasvalledecolina.com; Eintritt inkl. Stellplatz Erw./Kind 8000/4000 Ch$, DZ ohne Bad 30 000 Ch$; ⊙ Okt.–Feb.).

Um von Santiago nach San Alfonso zu kommen, nimmt man die Metrolinie 4 zum Busbahnhof Las Mercedes und steigt dort in Bus 72 (550 Ch$) - oder jeden anderen Bus mit der Kennzeichnung „San Alfonso". Manche Linien fahren zu den Baños Morales weiter (Jan.–März). Wer zur Cascada de las Animas will (ca. 1½ Std.), kann sich vom Busfahrer am Eingang zum Schutzgebiet absetzen lassen. Die Cascada de las Animas bietet auch private Van-Shuttles nach bzw. ab Santiago an (1–2 Pers. hin & zurück 70 000 Ch$).

Valparaíso

☏ 032 / 263 500 EW.

Dichter, Maler und Möchtegern-Philosophen zieht es seit Langem in die hektische Hafenstadt. Zusammen mit der stetig fluktuierenden Bewohnerschaft aus Seeleuten, Hafenarbeitern und Prostituierten haben sie dem kühnen, herrlich spontanen Valparaíso einen dynamischen Vibe à la „alles ist möglich" beschert. Zum Charme der Stadt trägt auch die malerisch verblasste Schönheit der chaotischen *cerros* (Hügel) bei, die zu den besten Exemplaren von Straßenkunst in Lateinamerika zählen. Das dortige Gewirr aus steilen, verwinkelten Straßen, Gassen und *escaleras* (Treppen) wird von zahllosen verfallenden Villen gesäumt. Es wird schnell klar, warum einige Besucher hier mehr Zeit verbringen als in Santiago.

Geschichte

Als führender Pazifikhandelshafen an der Seeroute rund um Kap Hoorn war Valparaíso eine Zwischenstation für ausländische Schiffe (u.a. für Walfänger). Zudem wurden die Beteiligten des kalifornischen Goldrauschs von hier aus mit chilenischem Weizen versorgt. Kaufleute und Kapital aus dem Ausland machten „Valpo" zum Finanzzentrum des Landes. Sein Niedergang begann mit dem Erdbeben von 1906 und der Eröffnung des Panamakanals 1914. Heute ist die Stadt als Zwischenhafen für Kreuzfahrtschiffe wieder wichtiger geworden; auch Chiles wachsende Obstexporte haben dem Hafen eine neue Blüte gebracht. Noch wichtiger ist die Tatsache, dass Valpo seit 1990 der Sitz des chilenischen Nationalkongresses ist und 2003 zur Kulturhauptstadt gewählt wurde. Die UNESCO besiegelte das Geschäft, indem sie die Stadt zum Welterbe erklärte und so die Touristenzahlen explodieren ließ.

⊙ Sehenswertes & Aktivitäten

Nicht nur wir behaupten das, sondern auch die UNESCO: Valparaíso ist eine einzige Sehenswürdigkeit. Am besten bummelt man hier einfach durch die Straßen und benutzt ein paar der 15 ratternden *ascensores* (Standseilbahnen; erb. 1883–1916), die einen hinauf in die Hügel und die verwinkelten Seitengassen bringen. Und bitte immer die Kamera bereit halten: Valpo verwandelt die meisten Besucher in Fotografen!

⊙ El Plan & El Puerto

Valparaísos ebener Geschäftsbezirk (El Plan) ist nicht so stimmungsvoll wie die Hügel darüber, beherbergt aber ein paar interessante Bauwerke.

Plaza Sotomayor PLATZ
Die Plaza Sotomayor wird vom palastartigen blauen **Edificio de la Comandancia Naval** (Marine-Kommandoquartier) dominiert. Das **Monumento a los Héroes de Iquique** in der Mitte des Platzes ist ein unterirdisches Ehrenmausoleum für die in Chiles Seeschlachten gefallenen Helden.

Congreso Nacional HISTORISCHES GEBÄUDE
(Ecke Av Pedro Montt & Rawson) Der umstrittene Nationalkongress gehört zu Valpos wenigen modernen Wahrzeichen und liegt im östlichen Teil von El Plan. Seine buchstäblichen wie legislativen Wurzeln liegen in der Ära Pinochet: Er wurde an der Stelle erbaut, an dem einst das Wohnhaus stand, in dem der Diktator als Kind lebte. Zudem erhielt der Kongress sein Mandat durch Pinochets Verfassung von 1980, die die Legislative von Santiago wegverlegte.

⊙ Cerros Concepción & Alegre

Ascensor Reina Victoria HISTORISCHE STÄTTE
(Fahrt 250 Ch$; ⊙ 7–23 Uhr) Verbindet die Av Elias mit dem Paseo Dimalow.

Ascensor Concepción HISTORISCHE STÄTTE
(Fahrt 300 Ch$; ⊙ 7–22 Uhr) Valpos älteste Standseilbahn, der Ascensor Concepción, fährt von der Prat in El Plan zum Paseo Gervasoni am Fuß des Cerro Concepción. Sie stammt aus dem Jahr 1883 und wurde ursprünglich mit Dampfkraft betrieben.

Museo de Bellas Artes MUSEUM
(Paseo Yugoslavo 166; Eintritt 2000 Ch$) Der weitläufige Jugendstilbau am westlichen Fuß des Cerro Alegre trägt den Namen Palacio Baburizza und beherbergt das Museo de Bellas Artes (Museum der Schönen Künste), in der eine recht gute Dauerausstellung sowie zahlreiche Details zu den ursprünglichen Besitzern des Palastes zu sehen sind.

⊙ Cerro Bellavista

Dieses ruhige Wohnviertel auf einem Hügel war lange ein Lieblingsort von Künstlern und Schriftstellern. Heute eröffnen hier ständig neue Hotels und Restaurants.

★ **La Sebastiana** HISTORISCHES GEBÄUDE
(☎ 032-225-6606; www.fundacionneruda.org; Ferrari 692; Erw./Kind & Senior 5000/1500 Ch$; ⊙ Jan. & Feb. Di–So 10.30-18.50 Uhr, März–Dez. Di–So 10.10–18 Uhr) Der berühmteste Künstler mit Wohnsitz in Bellavista war zweifellos Pablo Neruda, der sich das Silvesterfeuerwerk jedes Jahr aus seinem Haus La Sebastiana auf der Spitze des *cerro* ansah. Da man hier ab einer bestimmten Besucherzahl nicht mehr reinkommt, empfiehlt es sich, bereits am Morgen vorbeizuschauen.

Um hierherzukommen, muss man einen steilen, heftigen Fußmarsch bergauf in Kauf nehmen und die Kletterei geht auch im Gebäudeinneren weiter. Dafür wird man auf jedem Stockwerk mit einem atemberaubenden Hafenblick belohnt. Im Gegensatz zu den anderen Neruda-Häusern können Besucher hier nach Belieben umherschlendern und dabei alte Möbel aus den 1950er-Jahren, seine chaotische Galionsfigurensammlung,

Valparaíso

Glaskunst oder Kunstwerke seiner berühmten Freunde bewundern.

Gleich neben dem Haus hat die Fundación Neruda das Centro Cultural La Sebastiana errichtet, in dem eine kleine Ausstellungsfläche, ein Café sowie ein Souvenirgeschäft zu finden sind. Hierher gelangt man, indem man vom Ascensor Espíritu Santo der Héctor Calvo für 800 m bergan folgt. Alternativ steigt man auf der Serrano nahe der Plaza Sotomayor in El Plan oder am Platz oberhalb der Templeman auf dem Cerro Alegre in den grünen Bus O und steigt an Block 6900 der Av Alemania aus.

Valparaíso

⊙ Sehenswertes
1 Ascensor Concepción	C4
2 Ascensor Reina Victoria	C5
3 Edificio de la Comandancia Naval	B3
4 Monumento a los Héroes de Iquique	B3
5 Museo a Cielo Abierto	D6
6 Museo de Bellas Artes	B4
7 Museo Naval y Marítimo	A1
8 Plaza Sotomayor	B3

⊕ Aktivitäten, Kurse & Touren
9 Hafenrundfahrten	B3
10 Natalis Language Center	B3
11 Tours 4 Tips	B3

🛏 Schlafen
12 Casa Aventura	B4
13 Hostal Cerro Alegre	B4
14 Hostal Jacaranda	B5
15 La Nona	B5
16 Mm 450	B4
17 Pata Pata Hostel	B5
18 Vía Vía Hotel Art Deco	B5
19 Yellow House	A1

🍴 Essen
20 Café Vinilo	B5
21 Casino Social J Cruz	D6
22 Delicatessen Emporio	B4
23 Delicias Express	B4
24 La Cocó	A5
25 Norma's	B4
26 Puerto Escondido	B4

🍸 Ausgehen & Nachtleben
27 Cinzano	C4
28 Fauna	C5
29 La Piedra Feliz	C4
Viá Viá Café	(siehe 18)

Museo a Cielo Abierto MUSEUM
(Freiluftmuseum; Ecke Rudolph & Ramos; ⊙24 Std.) GRATIS Das Museo a Cielo Abierto säumt die unteren Straßen dieses *cerros*. Es besteht aus 20 klassischen farbenfrohen Wandbildern, die Kunststudenten der Universidad Católica zwischen 1969 und 1973 gemalt haben. Hinter der Plaza Victoria startet der **Ascensor Espíritu Santo** und fährt mitten hinein in den Kunstreigen.

⊙ Cerro Artilleria

Der freie Blick aufs Meer machte diesen südwestlichen Hügel zur strategisch günstig gelegenen Verteidigungsstellung.

Museo Naval y Marítimo MUSEUM
(Marine- & Seefahrtsmuseum; ☎032-243-7651; www.museonaval.cl; Paseo 21 de Mayo 45, Cerro Artillería; Erw./Kind 1000/300 Ch$; ⊙Di-So 10–18 Uhr) Einsatzbereite Kanonen stehen bis heute vor diesem Museum, das große Ausstellungsflächen dem chilenischen Sieg im Salpeterkrieg (1879–1884) widmet. Unter den anderen Stücken sind historische Gemälde, Uniformen, Schiffsmöbel, Schwerter, Navigationsinstrumente und Orden, die alle in hübschen Räumen entlang eines großen Innenhofs präsentiert werden. Der **Ascensor Artillería** (wegen Restaurierungsarbeiten geschl.) rattert von der Plaza Aduana aus hier herauf.

🎓 Kurse

Chilean Cuisine KOCHKURS
(☎Handy 6621-4626; www.cookingclasseschile.cl; Ort variiert; Kurse ab 37 000 Ch$/Pers.) Der dynamische Küchenchef nimmt die Teilnehmer des Kochkurses mit zum Zutatenkauf auf den Markt. Anschließend zeigt er ihnen, wie man Pisco Sours mixt, regionale Weine verkostet und ein klassisches chilenisches Menü kocht, das dann auch gegessen wird.

Natalis Language Center SPRACHKURS
(☎032-225-4849; www.natalislang.com; Plaza Justicia 45, 6. Stock, Oficina 602, El Plan; Kurse ab 90 000 Ch$/Woche, 3-tägige Schnellkurse 135 000 Ch$) Empfiehlt sich, wenn man schnell Erfolge sehen will.

🧭 Geführte Touren

★**Tours 4 Tips** STADTSPAZIERGANG
(www.tours4tips.com; Plaza Sotomayor, El Plan; ⊙10 & 15 Uhr) Einfach zur Plaza Sotomayor gehen, dort Ausschau nach den Stadtführern in ihren rot-weißen Shirts mitten auf der Plaza halten und sich auf eine freundliche Einführung in die Straßenkunst, die Kulturgeschichte und die Politik der Stadt freuen. Trinkgeld muss man nur geben, wenn einem die Führung gefallen hat. Dann sollten zwischen 5000 und 10 000 Ch$ drin sein.

Hafenrundfahrten BOOTSTOUR
(Muelle Prat; 30-minütige Tour 3000 Ch$; ⊙9.30–18.30 Uhr) Auf einer Bootstour geht es vorbei an gigantischen Kreuzfahrtschiffen oder Kriegsschiffen oder man kann ein paar Seelöwen beim Herumtollen im Hafen beobachten. Die Touren werden von verschiedenen Unternehmen angeboten, deshalb unbedingt die Preise vergleichen. In einer Gruppe spart man zusätzlich.

> **NICHT VERSÄUMEN**
>
> ### WANDBILDER IN VALPARAÍSO
>
> Wer durch Valpos kurvige, sich an die Hügel schmiegenden Straßen geht, sieht überall bunte Kunst im öffentlichen Raum. Das können Wandbilder von glamourösen Damen sein, aber auch politisch motivierte Graffiti auf Garagentoren. Beim Schlendern durch die Straßen sollte man nach dem Werk des chilenischen Künstlers Inti Ausschau halten. Anfang 2012 wurde sein riesiges Wandbild enthüllt, das über die Fassaden mehrerer benachbarter Gebäude reicht und vom Cerro Concepción aus sichtbar ist. Im Querformat zeigt es eine geheimnisvolle und teilweise fragmentierte Figur, die exotischen Schmuck trägt.

Feste & Events

Año Nuevo
NEUJAHR

Das spektakuläre Feuerwerk über dem Hafen zieht am 31. Dezember eines jeden Jahres Hunderttausende Zuschauer in die Stadt. Unterkünfte sollten deshalb weit im Voraus gebucht werden.

Schlafen

La Nona
B&B $

(Handy 6618-6186; www.bblanona.com; Galos 660, Cerro Alegre; EZ/DZ/3BZ 25 000/36 000/46 000 Ch$; ☎) Die Englisch sprechenden Besitzer dieses B&B sind ganz verrückt nach Valpo und geben sehr gern Insiderwissen an ihre Gäste weiter. Die Zimmer sind schlicht, aber sehr angenehm. Durch die Buntglasfenster und Oberlichter mutet alles sehr hell an und die zentrale Lage auf dem Cerro Alegre ist ein riesiger Pluspunkt. Nach einem Zimmer mit Ausblick fragen.

Yellow House
B&B $

(032-233-9435; www.theyellowhouse.cl; Capitán Muñoz Gamero 91, Cerro Artillería; Zi. mit/ohne Bad 38 000/25 000 Ch$; @☎) Der wirklich spektakuläre Blick auf den alten Hafen sowie die freundliche Betreuung, mit denen der chilenische Besitzer seine Gäste überhäuft, machen dieses ruhige B&B zu etwas Besonderem. Die gemütlichen, in Pastellfarben gestrichenen Zimmer sind mit dicken weißen Daunendecken ausgestattet. Den besten Blick bietet mit Abstand das Oceano-Zimmer. Der einzige Nachteil: Man ist hier relativ weit weg von der Action, den Restaurants und dem Nachtleben der beliebteren *cerros*.

Wer spät nachts ankommt, muss etwas vorsichtig sein.

Hostal Jacaranda
HOSTEL $

(032-327-7567; www.hostaljacaranda.blogspot.com; Urriola 636, Cerro Alegre; B/DZ ab 7000/20 000 Ch$; ☎) Das kleine, aber einladende und fröhliche Hostel liegt perfekt in einer belebten Ecke von Cerro Alegre. Es wird umweltbewusst betrieben (man beachte die Recyclingmaßnahmen) und hat eine Terrasse mit romantischer Abendbeleuchtung. Die äußerst auskunftsfreudigen Eigentümer zeigen einem auf höfliche Anfrage eventuell sogar die Zubereitung chilenischer Spezialitäten wie Pisco Sours oder Empanadas.

Pata Pata Hostel
HOSTEL $

(032-317-3153; www.patapatahostel.com; Templeman 657, Cerro Alegre; B 7500–10 000 Ch$, DZ ohne Bad 28 000 Ch$; ☎) Dies ist das jugendlichste Hostel in Valpo. Es liegt an einer malerischen, von Blumen gesäumten Treppe und versprüht ein positives Flair. Überall kann man entspannt zu Hintergrundmusik abhängen. Es ist nicht wirklich gut in Schuss (und steht damit der Stadt in nichts nach) und die Matratzen der Schlafsäle sind relativ weich.

Mm 450
HOSTEL $

(032-222-9919; www.mm450.cl; Lautaro Rosas 450, Cerro Alegre; B 14 080–17 850 Ch$, Zi. mit/ohne Bad 71 400/53 500 Ch$; ☎) Das „Boutiquehostel" hat einen modernen Look und sehr komfortable Schlafsäle mit neuen Matratzen und strahlendweißen Daunendecken. Zum Hostel gehören auch ein angesagtes Restaurant und ein Loungebereich, sodass hier immer was los ist. Trotz des tollen Innenhofs hat die Travellerszene das Mm450 – bisher jedenfalls – noch nicht für sich entdeckt. Es gibt keine Gemeinschaftsküche.

Hostal Cerro Alegre
B&B $

(032-327-0374; www.hostalcerroalegre.cl; Urriola 562, Cerro Alegre; B 12 000 Ch$, Zi. mit/ohne Bad 39 000/25 000 Ch$; ☎) Abgefahrene Antiquitäten, echte Ölgemälde des ehemaligen Besitzers und eine bunte Mischung aus Farben, Styles und Designs machen dies zu einer guten Option für unkonventionelle Traveller. Es gibt eine Gemeinschaftsküche und einen kleinen Aufenthaltsbereich. Der Schlafsaal hat gerade einmal drei Betten.

Casa Aventura
HOSTEL $

(032-275-5963; www.casaventura.cl; Pasaje Gálvez 11, Cerro Concepción; B/EZ/DZ ohne Bad 9000/17 000/25 000 Ch$; ☎) In diesem baufälligen

Haus ist eines der ältesten Hostels der Stadt untergebracht. Neben luftigen Schlafsälen in Pastelltönen findet man hier auch Doppelzimmer mit extrem hohen Decken und originalen Holzböden. Es gibt eine Gemeinschaftsküche, was jedoch fehlt ist eine kühle Terrasse oder große Gemeinschaftsbereiche.

Vía Vía Hotel Art Deco BOUTIQUEHOTEL $$
(032-319-2134; www.viaviacafe.cl; Almirante Montt 217, Cerro Alegre; Zi. 39 000–58 000 Ch$;) Ein freundliches belgisch-ecuadorianisches Paar leitet dieses Art-déco-Hotel mit abgerundeten Ecken, das bei einer künstlerisch und dichterisch angehauchten, Hornbrillen tragenden Klientel sehr beliebt ist. Die gerade einmal fünf Zimmer sorgen für eine gemütliche Atmosphäre. Sie sind spartanisch eingerichtet, aber recht luftig und die Bäder haben Solarduschen und elegante Steineelemente. Es gibt ein tolles Café im Erdgeschoss, in dem man auch noch nach Mitternacht bei Kerzenschein sitzen kann.

Essen

★ **Café Vinilo** CHILENISCH $
(Almirante Montt 448, Cerro Alegre; Hauptgerichte 5800–8500 Ch$) Die vielseitige Bar mit Restaurant ist gut durchdacht, skurril, esoterisch und außergewöhnlich sowie ein heißer Anwärter auf den Titel „beste Location Valpaísos". Am Abend stehen Gerichte wie frischer Lachs, Weißer Thun oder andere heimische Fischarten auf der Speisekarte, die kreativ und in leckeren Geschmackskombinationen zubereitet werden.

Delicatessen Emporio CHILENISCH $
(Urriola 383, Cerro Alegre; Mittagstisch 3900–5900 Ch$; Mo–Do 11–15, Fr & Sa bis 23 Uhr;) Die kleine Kantine bietet ein hochwertiges festes Mittagsmenü, das entweder aus einer Suppe oder einem Salat (nach Wahl), einem Hauptgericht wie Lachs aus frischem Fang oder hausgemachte Gnocchi in Toskana-Sauce und einem üppigen Dessert besteht. Die Küche ist halboffen. Man sieht also sofort, dass es hier sauber ist!

La Cocó SANDWICHES $
(www.lacoco-sangucheriaartesanal.blogspot.com; Monte Alegre 546, Cerro Alegre; Sandwiches 3800–5000 Ch$; Mo & Di geschl., So nur mittags;) Diese sanguchería artesanal („Sandwich-Werkstatt"), die bei hippen porteños (Einwohner Valparaísos) hoch im Kurs steht, ist ein echter Genuss: Ihre superleckeren Erzeugnisse sind üppig mit frischem Seafood (Räucherlachs mit scharfer Chorizo ist gerade sehr beliebt) oder Vegetarischem belegt. Abends ist hier mit Livemusik und Dichterlesungen auch immer was geboten.

Puerto Escondido CHILENISCH $
(www.puertoescondido.cl; Papudo 424; Hauptgerichte 3500–6200 Ch$) In einem malerischen alten Haus versteckt sich dieses familiengeführte Restaurant, auf dessen kurzer Speisekarte lecker zubereitete chilenische Klassiker wie *pastel de papas* (ein Kartoffelauflauf mit Hackfleisch) und andere Hausmannskost stehen, die man in modernen Restaurants nicht findet. Nicht nur das Essen, sondern auch das Ambiente ist hier herrlich bodenständig.

Norma's CHILENISCH $
(Almirante Montt 391, Cerro Alegre; Mittagstisch 4900–6900 Ch$; Mo geschl.) Vom Namen oder dem nichtssagenden Zugangsweg darf man sich hier nicht abschrecken lassen. Geht man die mächtige Treppe hinauf, erreicht man ein fröhliches, lässig-elegantes Lokal mit überraschend guten Mittagsmenüs, die zudem auch noch günstiger sind als die der meisten Konkurrenten in der Nachbarschaft. Das restaurierte, große Haus zieren immer noch das polierte Holz und die hübschen alten Fensterrahmen des Originalgebäudes.

Mercado Cardonal MARKT $
(Mercado Cardonal, 2. Stock, El Plan; Hauptgerichte 3500–5000 Ch$; 9–22 Uhr) Im größten Lebensmittelmarkt Valparaísos gibt's eine gute Auswahl an Ständen mit Seafood.

TOP 5: AUSBLICKE IN VALPO

➡ Paseo 21 de Mayo (Cerro Artillería): Blick auf Kräne und Container im Hafen

➡ Plaza Bismark (Cerro Carcel): Panoramablick auf die Bucht

➡ Mirador Diego Portales (Cerro Baron): weite Aussicht auf das bunte Häusergewirr in Valpos Zentrum

➡ Ende der Calle Merlet (Cerro Cordillera): die rostenden Dächer des Barrio El Puerto und die öffentlichen Gebäude der Plaza Sotomayor von oben

➡ Paseo Atkinson (Cerro Concepción): tagsüber ortstypische Häuser, abends das funkelnde Lichtermeer auf den Hügeln

NICHT VERSÄUMEN

ISLA NEGRA

Die spektakuläre Lage auf einem windumtosten Küstenkap macht schnell begreiflich, warum Isla Negra (Pablo Nerudas Haus; 035-461-284; www.fundacionneruda.org; Poeta Neruda s/n; Zugang nur im Rahmen einer Führung für 5000 Ch$; März–Dez. Di–So 10–18 Uhr, Jan. & Feb. Di–Fr 10–18, Sa & So 10–20 Uhr) der Lieblingsort Pablo Nerudas war. Dieser erbaute das Haus, nachdem er in den 1950er-Jahren reich geworden war. Nur wenige Tage nach dem Militärputsch von 1973 starb der Dichter und bald darauf stürmten Soldaten die „schwarze Insel" (Achtung: Es ist trotz des Namens gar keine!). Drinnen gibt's eine außergewöhnliche Sammlung von Bugsprieten, Buddelschiffen, Holzschnitzereien und nautischen Instrumenten zu sehen; draußen liegt Neruda neben seiner dritten Frau Matilde begraben. In der Hauptsaison ist Reservierung ein Muss.

Isla Negra liegt einen gemütlichen Halbtagesausflug von Valpo entfernt, von wo der **Pullman Bus Lago Peñuelas** (032-222-4025) am Busbahnhof alle 30 Min. abfährt (3200 Ch$, 1½ Std.). Ab dem Terminal de Buses Alameda in Santiago fährt **Pullman Bus** (600-320-3200; www.pullman.cl) direkt hierher (7500 Ch$, 1½ Std., alle 30 Min.).

Casino Social J Cruz — CHILENISCH $
(Condell 1466, El Plan; Hauptgerichte 4500–6000 Ch$) Graffiti bedeckt die Tischplatten und Fenster des winzigen Cafés, das sich in einem schmalen Durchgang in El Plan versteckt. Am besten ignoriert man die Karte und bestellt wie alle anderen den Hit des Hauses: *chorrillana*, ein Pommesberg unter einer Schicht aus gebratenem Schweinefleisch, Röstzwiebeln und Ei, soll hier erfunden worden sein. Abends halten Folkloresänger bis spät in die Nacht Ständchen.

Delicias Express — CHILENISCH $
(Urriola 358, Cerro Alegre; Empanadas 1000–1300 Ch$; 8–18 Uhr) Mit einer Auswahl von 60 verschiedenen knusprigen Empanada-Sorten und dem freundlichen Service ist das Delicias Express an der gesamten Küste eine der besten Adressen für Empanadas.

Ausgehen & Nachtleben

★ Viá Viá Café — CAFÉ
(032-319-2134; www.viaviacafe.cl; Almirante Montt 217, Cerro Alegre; 12–2 Uhr;) Unterhalb einer steilen Treppe und einem hoch aufragenden Wandbild liegt dieses Gartencafé, das vor Kreativität und positiver Energie strotzt. Manchmal wird hier Livemusik gespielt und zu den schlichten Gerichten wird eine gute Mischung aus belgischen Bieren und offenem chilenischem Wein serviert. Ein unverzichtbarer Stopp für alle, die eine Wandbilder- oder Kneipentour planen.

Cinzano — BAR
(www.barcinzano.cl; Plaza Aníbal Pinto 1182, El Plan; So geschl.) Trinker, Seeleute und Schnulzensänger quetschen sich seit 1896 in diese beengte Bar. Heute lauschen auch viele Touristen den alternden Musikern, die hier melodischen Tango und Bolero spielen, als ob es kein Morgen gäbe.

Fauna — BAR
(www.faunahotel.cl; Pasaje Dimalow 166, Cerro Alegre; 13–23 Uhr) Diese angesagte Lounge mit Bar und Restaurant, zu der auch ein Hotel gehört, hat eine der schönsten Dachterrassen der Stadt. Einheimische kommen gern hierher, um sich Bier aus Kleinbrauereien, Cocktails oder Wein schmecken zu lassen.

La Piedra Feliz — BAR, NACHTCLUB
(www.lapiedrafeliz.cl; Av Errázuriz 1054, El Plan; Eintritt ab 3000 Ch$; Di–So ab 21 Uhr) Jazz, Blues, Tango, Son, Salsa, Rock, Drinks, Essen, Kino: Das gewaltige Ufergebäude bietet wohl so ziemlich alles. Im Kellerclub La Salsa legen DJs bis 4 Uhr auf.

ⓘ Praktische Informationen

GEFAHREN & ÄRGERNISSE
Rund um den Mercado Central oder die Iglesia Matriz sind Kleinkriminalität und Raubüberfälle auf der Straße keine Seltenheit. Wer diese Bereiche erkunden will, sollte früh losziehen, schmale Gassen meiden und seine Wertsachen im Hostel zurücklassen. Nachts ist es ratsam, sich an vertrautes Terrain zu halten und unübersichtliche *escaleras* (Treppendurchgänge) zu meiden.

INFOS IM INTERNET
Valparaíso Map (www.valparaisomap.cl) Bester Stadtplan von Valparaíso.

INTERNETZUGANG
Viele Unterkünfte und Restaurants bieten kostenlosen Internetzugang oder WLAN.

MEDIEN
El Mercurio de Valparaíso (www.mercuriovalpo.cl) ist die größte Zeitung der Stadt.

MEDIZINISCHE VERSORGUNG
Hospital Carlos Van Buren (032-220-4000; Av Colón 2454, El Plan) Öffentliches Krankenhaus.

POST
Post (Prat 856, El Plan; Mo–Fr 9–18, Sa 10–13 Uhr)

TOURISTENINFORMATION
Touristeninformationskioske (032-293-9262; www.ciudaddevalparaiso.cl; Mo–Sa 10–14 & 15–18 Uhr) An diesen kleinen Infoständen in der Muelle Prat (gegenüber der Plaza Sotomayor, El Plan) und in der Plaza Aníbal Pinto (Ecke O'Higgins & Plaza Aníbal Pinto, El Plan) kann man sich einen Stadtplan holen und sich mit anderen Reisenden darum schlagen, wer als nächstes mit den Mitarbeitern am Schalter sprechen darf.

❶ An- & Weiterreise

Ankunfts- und Abfahrtspunkt aller wichtigen Fernverbindungen ist der **Terminal Rodoviario** Av Pedro Montt 2800, El Plan), der etwa 20 Blocks östlich der Innenstadt gegenüber vom Congreso Nacional liegt. Vor allem wenn man abends dort ankommt, sollte man daran denken, dass am Busbahnhof oft keine Taxis warten; wer zu seinem Hostel oder Hotel fahren möchte, muss daher eventuell ein Taxi per Telefon bestellen (am besten rechtzeitig vorab erledigen!). Wer zu Fuß vom Busbahnhof zum Zentrum will, folgt aus Sicherheitsgründen idealerweise einer großen Durchgangsstraße wie der Pedro Montt.

Tur Bus (600-660-6600; www.turbus.cl) pendelt jeden Tag regelmäßig zwischen Santiago und Valparaíso (2100–5000 Ch$, 2 Std.). Ab der Hauptstadt kann man leicht nach Nord-, Süd- und Ostchile weiterreisen.

Mendoza in Argentinien (29 800 Ch$, 8 Std.) ist mit Tur Bus oder **Cata Internacional** (800-122-2282; www.catainternacional.com) erreichbar.

Die städtische Verkehrsgesellschaft **Transporte Metropolitano Valparaíso** (TMV; www.tmv.cl) bedient Viña del Mar und die nördlichen Strandorte. Nach Reñaca geht's mit den orangefarbenen Bussen 607, 601 oder 605 (605 fährt weiter nach Concón). All diese Linien nehmen erst die Condell, dann die Yungay; weitere folgen der Av Errázuriz zu denselben Zielen.

❶ Unterwegs vor Ort

Valpos Zentrum und die *cerros* lassen sich am besten zu Fuß erkunden; Läuffaule fahren per *ascensor* oder *colectivo* (Sammeltaxi; 500 Ch$)

bergauf. *Micros* (Minibusse; 310–600 Ch$) sind nach bzw. ab Viña und in ganz Valpo unterwegs. Den Stadtverkehr umgehen kann man mit dem Pendlerzügen von **Metro Regional de Valparaíso** (Merval; 032-252-7633; www.merval.cl), die ab der **Estación Puerto** (Ecke Errázuriz & Urriola) und der **Estación Bellavista** (Ecke Errázuriz & Bellavista) nach Viña del Mar rollen.

Viña del Mar
032 / 287 000 EW.

Das saubere und ordentliche Viña del Mar bildet einen starken Kontrast zum charmanten Chaos im benachbarten Valparaíso. Schmucke, palmengesäumte Prachtstraßen und hübsche, weitläufige Parks haben Viña den Spitznamen Ciudad Jardin (Gartenstadt) eingebracht. Bis heute ist dies ein beliebtes Sommer- und Wochenendziel beuchter *santiaguinos* – trotz oft überfüllter Strände und des Humboldtstroms, der das Wasser für die meisten Gelegenheitsschwimmer zu kühl macht.

◉ Sehenswertes

Museo de Arqueología e Historia Francisco Fonck   MUSEUM
(032-268-6753; www.museofonck.cl; 4 Norte 784; Erw./Kind 2500/500 Ch$; Mo 10–14 & 15–18, Di–Sa 10–18, So 10–14 Uhr) Die original *moai* (Statuen der Osterinsel), die den Eingang des Museo de Arqueología e Historia Francisco Fonck bewachen, sind lediglich eine kleine Kostprobe der tollen Ausstellung archäologischer Funde von der Osterinsel, darunter Silberschmiedekunst der Mapuche und menschenähnliche Moche-Keramiken. Im Obergeschoss sind altmodische Insektenkästen und eine lebhafte Erklärung dazu zu finden, wie Schrumpfköpfe hergestellt werden (inklusive Anschauungsmaterial).

Parque Quinta Vergara   PARK
(Errázuriz 563; 7–18 Uhr) Nirgendwo passt der Spitzname Gartenstadt besser als in diesem herrlichen Landschaftspark, der über die Errázuriz am südlichen Ende der Libertad betreten wird. Einst gehörte er einer der berühmtesten Familien der Stadt, den Alvares-Vergaras.

🛏 Schlafen

Delirio Hostel   HOSTEL $
(032-262-5759; www.deliriohostel.com; Portales 131; B 6000–10 000 Ch$; @🛜) Der riesige, längliche Garten vor Viñas bestem Hostel bedeutet, dass man nicht unbedingt an

den Strand gehen muss, um unter freiem Himmel zu faulenzen. Es gibt zwar eine Gemeinschaftsküche, einen großen Aufenthaltsbereich drinnen sucht man allerdings vergebens. Dafür helfen die jungen Besitzer gern bei der Organisation von Aktivitäten, Führungen und Kneipentouren.

Vista Hermosa 26 HOTEL $
(032-266-0309; www.vistahermosa26.cl; Vista Hermosa; 26; EZ/DZ/3BZ 24 000/38 000/42 000 Ch$;) Polierte Holzfußböden und ein großer Kamin verleihen dem Loungebereich dieses ruhigen, aber freundlichen Hotels am Rande des Cerro Castillo würdevollen Charme. Besagter *cerro* gehört mit einem der architektonisch schönsten Gebäude der Stadt übrigens zum Pflichtprogramm. Die einfachen Zimmer bieten sehr viel Platz und somit ist das Vista Hermosa eine solide und komfortable Mittelklasseadresse.

Kalagen Hostel HOSTEL $
(032-299-1669; www.kalagenhostel.com; Av Valparaíso 618; B 7500–11 200 Ch$, DZ mit/ohne Bad inkl. Frühstück 37 000/24 900 Ch$;) Die stilvollen Schlafsäle und Doppelzimmer des fröhlichen, urbanen Hostels punkten mit bunter Bettwäsche, Hartholzböden und Papierlaternen im asiatischen Stil. Es besticht zwar nicht gerade durch Sauberkeit, dafür liegt es wunderbar zentral, hat eine Gemeinschaftsküche, einen Schlafsaal für Frauen und einen Aufenthaltsraum mit Fernseher. Die privaten Zimmer sind eigentlich auch ganz annehmbar.

Casa Olga B & B $$
(032-318-2972; www.casa-olga.com; 18 de Septiembre 31; DZ/Apt. 55 000/65 000 Ch$;) Ein großartiges B & B im Boutiquestil mit einer flotten, komplett in Weiß gehaltenen Innenausstattung, nagelneuen LCD-TVs und gemütlichen Doppelzimmern mit renovierten privaten Bädern. Es liegt praktisch direkt am Strand und unmittelbar außerhalb von Viña – je nach Reiseplanung ein Vor- oder ein Nachteil.

Essen & Ausgehen

Im verkehrsberuhigten Umkreis der Av Valparaíso tischen diverse Billiglokale u. a. Bier und Sandwiches auf; den Paseo Cousiño säumen gesellige Kneipen (z. T. mit Livemusik).

Panzoni ITALIENISCH $
(Paseo Cousiño 12-B; Hauptgerichte 3000–4800 Ch$) Eines der Restaurants mit dem besten Preis-Leistungs-Verhältnis in Viñas Zentrum. Das Panzoni serviert gute Pasta und hat einen freundlichen Service, was es zu einer beliebten Adresse zur Mittagszeit macht. Es versteckt sich etwas abseits in einem kleinen Durchgang.

Samoiedo SANDWICHES $
(032-268-1382; Valparaíso 637; Sandwiches 2500–4500 Ch$, Hauptgerichte 5000–7000 Ch$) Seit 50 Jahren treffen sich alte Herren mittags in dieser traditionellen *confitería* (Teestube), um bergeweise Steaks und Pommes oder üppig belegte Sandwiches zu vertilgen. An den Tischen draußen sitzt man deutlich angenehmer als im Innenraum, von dem es direkt in ein belebtes Einkaufszentrum geht.

Mercado del Mar CHILENISCH $$
(Av Perú s/n; 5500–9500 Ch$;) Auf keiner To-do-Liste für Viña sollte ein Sundowner im Mercado del Mar fehlen. Von der Terrasse mit Glasfront oberhalb der Mündung des Marga Marga hat man einen Panoramablick aufs Meer.

La Flor de Chile BAR
(www.laflordechile.cl; 8 Norte 601; Hauptgerichte 3000–6500 Ch$) Seit fast 100 Jahren genehmigen sich alte und junge *viñamarinos* in dieser herrlich altmodischen Bar dicht an dicht ihre *schops* (Bier vom Fass).

Café Journal CLUB
(Ecke Agua Santa & Alvares; Eintritt 3000 Ch$; Mi–Sa 22 Uhr–open end) In diesem unfassbar beliebten Club mit drei rappelvollen Tanzflächen wird vor allem Elektro-Musik gespielt.

Scratch CLUB
(www.scratch.cl; Quillota 898; Eintritt 2000–5000 Ch$) Ein riesiger Club, der sich vor allem bei Studenten und Einheimischen zwischen 20 und 30 Jahren allergrößter Beliebtheit erfreut. Hier wird bis um 5 Uhr morgens zu Reggaeton und DJ-Musik getanzt.

Praktische Informationen

Am Hauptplatz, der Plaza Vergara, haben mehrere Banken Geldautomaten aufgestellt.

Conaf (032-232-0210; www.conaf.cl; 3 Norte 541; Mo–Fr 8.30–17.30 Uhr) Hält Infos zu den Parks der Umgebung bereit, darunter der Parque Nacional La Campana.

Hospital Gustavo Fricke (032-265-2200; Alvares 1532) Viñas größtes öffentliches Krankenhaus liegt östlich des Zentrums.

Post (Plaza Vergara s/n; Mo–Fr 9–19, Sa 10–13 Uhr)

Städtische Touristeninformation (☎ 275-2000; www.visitevinadelmar.cl; Av Valparaíso 1055; ⊙ 9–18 Uhr) Verteilt einen recht guten Stadtplan und einen monatlichen Veranstaltungskalender.

ⓘ An- & Weiterreise

Budget (☎ 032-268-3420; www.budget.cl; 7 Norte 1023) empfiehlt sich für Mietwagen.

Fast alle Fernbusse (u. a. nach und ab Valparaíso) benutzen den **Rodoviario Viña del Mar** (☎ 032-275-2000; www.rodoviario.cl; Valparaíso 1055) vier Blocks östlich der Plaza Vergara.

Lokalbusse fahren nach Reñaca, Concón und zu anderen Strandorten im Norden (einfache Strecke je nach Endziel 1200–2200 Ch$). Sie starten an der Plaza Vergara und im Umkreis von Viñas Metrostation.

ⓘ Unterwegs vor Ort

Micros (Minibusse; 400–600 Ch$) rollen durch die Innenstadt und nach Valparaíso. Auch die Pendlerzüge von **Metro Regional de Valparaíso** (Merval; ☎ 032-252-7633; www.merval.cl) verbinden Viña del Mar und Valparaíso miteinander.

Rund um Viña del Mar

Nördlich von Viña del Mar schlängelt sich eine wunderschöne Küstenstraße durch diverse Strandorte, in denen viele Chilenen von Dezember bis Februar Urlaub machen. Mancherorts ragen hier hohe Bettenburgen auf, während anderswo rustikale Hütten neben den großen Sommerhäusern von Chiles reicher Prominenz stehen.

Gleich nördlich von Viña liegt **Reñaca**, wo Wanderer vom Felsen **Roca Oceanica** aus bei Sonnenuntergang einen traumhaften Pazifikblick genießen. Rund 15 km hinter Viña lockt **Concón** mit einfachen Seafood-Lokalen wie den **Las Deliciosas** (Av Borgoño 25370; Empanadas 900 Ch$), in dem exzellente Empanadas aufgetischt werden (Klassiker: Käse und Krebsfleisch).

Das weiter nördlich gelegene **Horcón** war Chiles erste Hippie-Hochburg. An der steilen Hauptstraße drängen sich bunt bemalte Bruchbuden bis hinunter zum kleinen Felsstrand, wo Fischerboote ein- und auslaufen. Heute herrscht hier immer noch ein Hauch von Love, Peace und Kommunenleben: Zu Sonnenuntergang versammeln sich am Strand oft einige Lebenskünstler mit Hunden, Gitarren und Alkoholischem in Papiertüten.

Rund 21 km nördlich von Horcón säumen die langen Sandstrände von **Maitencillo** die Küste über mehrere Kilometer. Die **Escuela de Surf Maitencillo** (☎ Handy 9238-4682; www.escueladesurfmaitencillo.cl; Av del Mar 1250; Gruppenkurs 16 000 Ch$/Pers.) bringt Travellern entspannt das Surfen bei. Die Restaurant-Bar **La Canasta** (www.hermansen.cl; Av del Mar 592; Hauptgerichte 5900–8800 Ch$; Hütte 77 000 Ch$) ist für Holzofenpizzas und natürlich für frischen Fisch berühmt.

Etwa 13 km nördlich von Maitencillo liegt das idyllische Nest **Cachagua** an der Nordspitze eines langen Strandbogens. Der nahe Felsen auf der anderen Buchtseite beheimatet eine Seelöwenkolonie und über 2000 Humboldt-Pinguine.

Noch einmal 35 km weiter nördlich erreicht man mit **Zapallar** den exklusivsten Strandort Chiles. Bis heute unberührte Strände werden hier von dicht bewaldeten Hängen flankiert. Im Voraus buchen! Das **El Chiringuito** (Caleta de Pescadores; Hauptgerichte 8200–12 400 Ch$) empfängt Gäste mit super Seafood, großen Fenstern zum Meer hin und Muschelschalenstückchen auf dem Boden.

Tur Bus (S. 473), Pullman (S. 473) und mehrere andere Busunternehmen verbinden Santiago direkt mit Zapallar. **Sol del Pacífico** (☎ 032-275-2030; www.soldelpacifico.cl) fährt ab Viña die Küste hinauf.

NÖRDLICHES CHILE

Weiter im Inland geht die Küste mit ihrem milden Klima, ihren Sonnenanbetern und Surfern in kaktusbewachsene Ebenen und trockene, in verschiedenen Rottönen gestreifte Berge über. Minen durchziehen diese erzreichen Riesen wie Narben. Der wichtigste Bodenschatz ist Kupfer – für Chiles Wirtschaftsmotor das reinste Benzin. Aber Leben gibt's auch: In den fruchtbaren Tälern werden *pisco*-Trauben, Papayas und Avocados angebaut. Bei klarem Wetter lässt sich der Himmel außergewöhnlich gut beobachten – kein Wunder, dass hier viele internationale Unternehmen ihre Teleskope und Funkanlagen stationiert haben! Die Atacama-Wüste, die trockenste Wüste der Welt, ist eine Zufluchtsstätte für Flamingos. Sie leben hier auf Salzlagunen inmitten einer seltsam geformten und mit Geysiren gesprenkelten Mondlandschaft, umgeben von schneebedeckten Bergen.

Der Norte Chico, auch „die Region der 10 000 Minen" genannt ist eine semiaride Übergangszone und reicht vom Valle Central bis zur Atacama-Wüste. Alte Kulturen

Südamerikas hinterließen diesem Land riesige Geoglyphen, die die kahlen Hügel überziehen. Das Volk der Aymara bebaut noch immer die *precordillera* (Ausläufer der Anden) und lässt Lamas und Alpakas im Hochland weiden. Wer sich von der Wüstenszenerie losreißt, kann die Mine von Chuquicamata erkunden, die noch in Betrieb ist, oder sich ins Getümmel der trockenen Küstenstädte stürzen.

In den Bergen Vorkehrungen gegen die Höhenkrankheit treffen und in den Wüstengebieten kein Leitungswasser trinken!

La Serena

051 / 198 200 EW.

Das friedvolle La Serena mit neokolonialer Architektur, schattigen Straßen und goldenen Stränden wird im Sommer zum angesagten Urlaubsort. Von Chiles zweitältester Stadt (gegr. 1544) führen kurze Abstecher zu charaktervollen Dörfern, sonnigen *pisco*-Weinbergen und internationalen Observatorien mit Möglichkeiten zum Sternegucken. Das nahe Coquimbo ist nicht so lieblich, hat dafür aber ein anständiges Nachtleben.

Sehenswertes & Aktivitäten

In der Region Serena sind diverse Ausflüge möglich, von Nationalparkbesuchen und *pisco*-Verkostungen reicht die Spannweite bis hin zu Astronomietouren bei Nacht. Örtliche Anbieter veranstalten ganztägige Touren zum Valle del Elqui, Parque Nacional Fray Jorge oder zur Reserva Nacional Pingüino de Humboldt. Empfehlenswert ist z. B. Elqui Valley Tour (051-221-4846; www.goelqui.com; Prat 567; Mo–Sa 9–18 Uhr).

La Serena hat stolze 29 Kirchen: An der Plaza de Armas erhebt sich die Iglesia Catedral (Plaza de Armas; 10–13 & 16–20 Uhr) von 1844, zwei Blocks weiter westlich die Iglesia Santo Domingo (Ecke Cordovez & Muñoz) aus der Mitte des 18. Jhs. Die steinerne Iglesia San Francisco (Balmaceda 640) im Kolonialstil stammt aus den frühen 1600er-Jahren.

Observatorio Turístico Collowara   STERNWARTE
(051-243-1419; www.collowara.cl; 599 Urmeneta St; Erw./Kind 5–12 Jahre 4500/3500 Ch$; Führungen 21, 22.30 & 24 Uhr) Die nagelneue Sternwarte wurde nur als Touristenattraktion erbaut, ernsthafte Weltraum-Forschung wird hier also nicht betrieben. Dennoch können Sternenfreunde durch ein 40-cm-Teleskop spähen. Eintrittskarten holt man sich am Ticketschalter im nahe gelegenen Andacollo. Dort bekommt man auch Infos über den Transport zur auf einem Hügel gelegenen Sternenwarte. Da die Führungen sehr spät stattfinden, kann man entweder in Andacollo übernachten oder sich ab La Serena einer organisierten Tour anschließen.

Museo Arqueológico   MUSEUM
(Ecke Cordovez & Cienfuegos; Erw./Kind 600/300 Ch$, So frei; Di–Fr 9.30–17.50, Sa 10–13 & 16–19, So 10–13 Uhr) In einem bogenförmigen Gebäude mit begrünter Veranda widmet sich dieses Museum dem ehrgeizigen Versuch, die präkolumbische Vergangenheit Chiles zu beleuchten. Zu den Highlights gehören eine Mumie der Atacameño, eine

---

ABSTECHER

NEBELWÄLDER & HEISSE QUELLEN

Der dichte Valdivianische Nebelwald des Parque Nacional Fray Jorge (Erw./Kind 2500/1000 Ch$; 9–17.30 Uhr) ist eine ökologische Insel in halbtrockener Landschaft. Rund 82 km westlich von Ovalle schützt das 400 ha große UNESCO-Biosphärenreservat eine einzigartige Vegetation, die feuchten Dunst als Wasserquelle nutzt. Öffentliche Verkehrsmittel fahren nicht zum Nationalpark, Agenturen in La Serena und Ovalle bieten jedoch geführte Touren an.

Termas de Socos ist eine winzige, versteckt liegende Quelle 1,5 km abseits der Panamericana bei Km 370. Für eine halbe Stunde Relaxen in einem dampfenden privaten Becken werden 4500 Ch$ fällig. Auch der Eintritt in das kühle Becken des öffentlichen Schwimmbads kostet für Nicht-Gäste 4500 Ch$. Direkt auf dem Gelände steht auch das reizende Hotel Termas Socos (053-198-2505; www.termasocos.cl; EZ/DZ 45 000/78 000 Ch$;) mitten in einer üppig grünen Umgebung mit einem privaten Thermalbad. Der nahe gelegene Camping Termas de Socos (053-263-1490; www.campingtermassocos.cl; Stellplatz 6000 Ch$/Pers.;) hat auch seine eigenen heißen Quellen und bietet Leihfahrräder.

Nördliches Chile (Norte Chico)

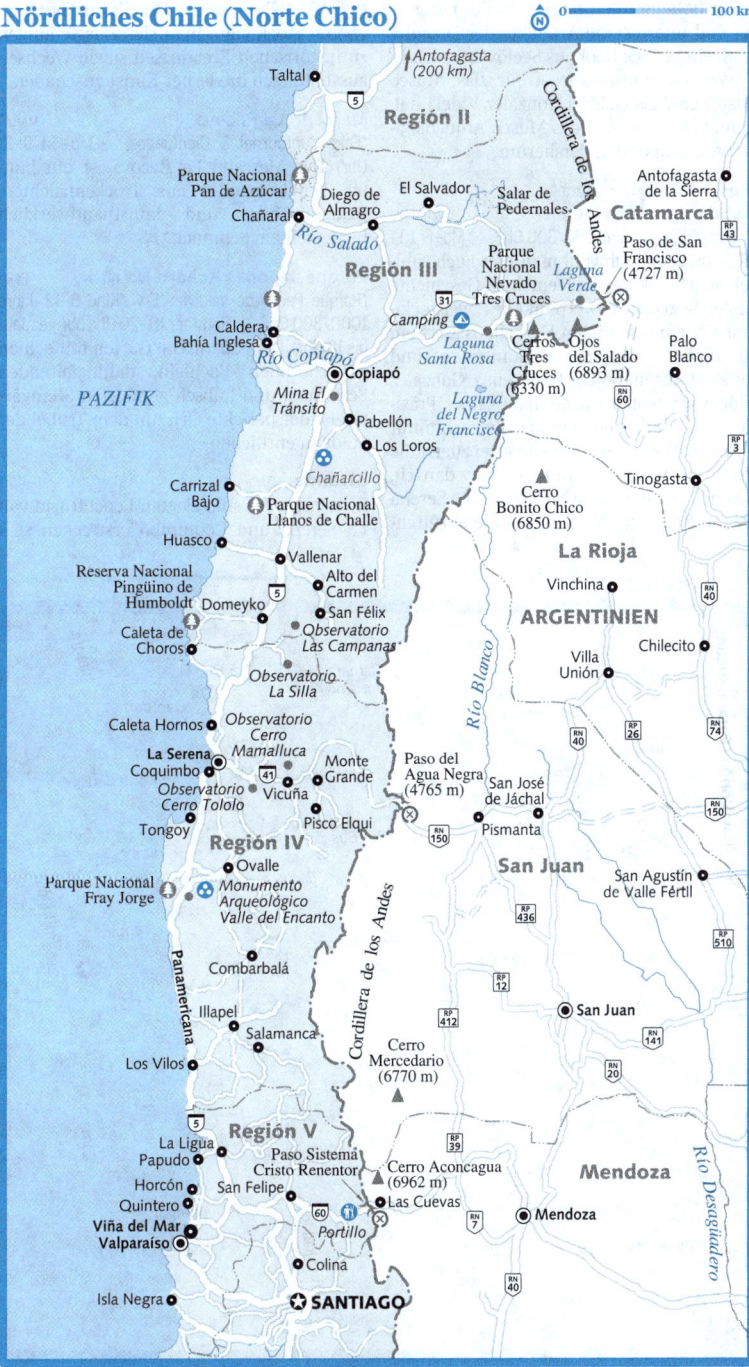

2,5 m hohe Statue (*moai*) von der Osterinsel und interessante Artefakte der Diaguita (z. B. ein kleines Boot aus Seelöwenhaut).

Wer ein Eintrittsticket für das Museo Histórico Casa Gabriel González Videla hat, kann kostenlos auch das Museo Arqueológico besuchen und andersherum.

Museo Histórico Casa Gabriel González Videla MUSEUM

(Matta 495; Erw./Kind 600/300 Ch$; ⏲ Mo–Fr 10–18, Sa bis 13 Uhr) Obwohl man hier auch zahlreiche Artefakte zur allgemeinen Geschichte findet, liegt der Schwerpunkt des zweistöckigen Museums in einem Herrnhaus aus dem 18. Jh. auf einem der bekanntesten (und umstrittensten) Söhne La Serenas. González Videla war von 1946 bis 1952 Chiles Präsident. Der gerissene Politiker übernahm mit Hilfe der Kommunistischen Partei zuerst die Macht, verbot diese dann aber kurz danach, was den Dichter Pablo Neruda aus La Serena weg und ins Exil trieb (wobei die ehrfürchtige Ausstellung solche Details auslässt). Im oberen Stock kann man sich Ausstellungen zu historischen Ereignissen sowie Wechselausstellungen moderner Kunst anschauen.

Mercado La Recova MARKT

(Ecke Cantournet & Cienfuegos; ⏲ Mo–Sa 9–21 Uhr) Der Mercado La Recova ist ein buntes Durcheinander aus Trockenfrüchten, Regenmachern und kunsthandwerklich hergestelltem Schmuck.

Parque Japones Kokoro No Niwa PARK

(Parque Pedro de Valdivia; Erw./Kind 5–12 Jahre 1000/300 Ch$; ⏲ Sommer 10–20 Uhr, übriges Jahr bis 18 Uhr) Der Japanische Garten mit seinen plätschernden Bächlein, dahingleitenden Schwänen und hübsch gepflegten Steingärten ist der perfekte Ort, um dem Trubel der Stadt zu entfliehen.

Strände

Zwischen dem stillgelegten Leuchtturm von La Serena und Coquimbo erstrecken sich

zahlreiche breite Sandstrände. Es gibt so viele davon, dass man während eines zweiwöchigen Urlaubs hier jeden Tag an einen anderen Strand gehen könnte. Leider herrschen hier starke Rippströmungen, sodass einige der Strände nicht zum Schwimmen, wohl aber zum Surfen geeignet sind. Sichere Schwimmstrände finden sich grundsätzlich südlich von Cuatro Esquinas.

Schlafen

★ Hostal El Punto HOSTEL $
(☏ 051-222-8474; www.hostalelpunto.cl; Bello 979; B/EZ/DZ ohne Bad 8500/17 000/18 000 Ch$, EZ 24 000–26 000 Ch$, DZ 26 000–30 000 Ch$; @ 🛜) La Serenas bestes Hostel wartet mit einem großem Zimmerspektrum, sonnenbeschienenen Terrassen, fröhlichen Mosaiken und Baumstamm-Tischen auf. Die Angestellten sprechen Deutsch und Englisch und versorgen die Gäste mit Reisetipps, geführten Touren, Leihfahrrädern, tollem Kuchen, Büchertausch u. a. Besonders in der Hauptsaison muss man bereits Monate im Voraus reservieren.

Hostal Tierra Diaguita HOSTEL $
(☏ 051-221-6608; www.fogoncasatamaya.cl; Eduardo de la Barra 440; EZ/DZ 34 000/40 000 Ch$, ohne Bad 28 000/32 000 Ch$; 🛜) In einem Haus im Kolonialstil verbirgt sich diese freundliche Unterkunft mit gepflegten Zimmern im Hauptgebäude und einigen wenigen im Hinterhaus. Letzteres ist durch den üppig grünen Garten zu erreichen. Gäste haben Zugang zu einer Gemeinschaftsküche und der reizenden Veranda. Kostenlose Extras sind z. B. Frühstück und Gepäckaufbewahrung. Auf dem Schild vor dem Haus steht „Casa Tamaya".

Maria's Casa PENSION $
(☏ 051-222-9282; www.hostalmariacasa.cl; Las Rojas 18; B/EZ/DZ ohne Bad 9000/15 000/ 18 000 Ch$; 🛜) Die familiengeführte Pension hat schlichte, gemütliche Zimmer im Cottagestil und im Garten hinter dem Haus kann man sogar zelten (3500 Ch$/Pers.). Picobello saubere Gemeinschaftsbäder, eine urige Landküche mit kostenlosem Tee und Kaffee, ein Wäscheservice und Leihfahrräder sind weitere Details, die Maria's Casa zu einer backpackerfreundlichen Unterkunft machen.

Essen

Ayawasi VEGETARISCH $
(Pedro Pablo Muñoz 566; Hauptgerichte 4000–6000 Ch$; ⊙ Mo-Sa 9–20 Uhr; 🌿) Einen kurzen Fußmarsch von der Plaza entfernt befindet sich diese kleine vegetarische Oase, in der es einen fantastischen Mittagstisch, leckere frisch gepresste Säfte und kreative Sandwiches und Salat gibt. Alles wird im schattigen Garten oder im gemütlichen Speisesaal serviert.

★ Kardamomo SEAFOOD $$
(Av del Mar 4000; Hauptgerichte 7000–11 000 Ch$; ⊙ Mo-Sa 12–23, So bis 16 Uhr; 🛜) Die Wände dieser tollen Location direkt am Strand sind mit allerlei Kunst übersät und im Hintergrund läuft ein ruhiger Musikmix. Das Kardamomo ist ein entspanntes und dennoch elegantes Meeresfrüchterestaurant, dessen Mittagsmenüs ein gutes Preis-Leistungs-Verhältnis bieten. Zudem gibt's eine große Speisekarte und gute Sushi-Platten.

Casona del 900 GRILL $$
(Av Francisco de Aguirre 431-443; Hauptgerichte 4500–9500 Ch$; ⊙ Mo-Sa 12–15 & 19–24 Uhr) In einer alten Bierfabrik ist heute dieses Steakhouse mit seinen hohen Decken und einem verglasten Garten untergebracht. Es versprüht jede Menge Charme und zieht mit seinen günstigen Grillplatten (18 900 Ch$ für 2 Pers. inkl. Wein) einheimische Fleischliebhaber an.

La Serena

⊙ Sehenswertes
1 Iglesia Catedral B1
2 Iglesia San Francisco C2
3 Iglesia Santo Domingo A2
4 Mercado La Recova C1
5 Museo Arqueológico C2
6 Museo Histórico Casa Gabriel González Videla B2
7 Parque Japones Kokoro No Niwa A2

⊙ Aktivitäten, Kurse & Touren
8 Elqui Valley Tour C1

⊙ Schlafen
9 Hostal El Punto A3
10 Hostal Tierra Diaguita B2
11 Maria's Casa A4

⊙ Essen
12 Ayawasi A2
13 Casona del 900 .... B2
14 Rapsodia B1

⊙ Ausgehen & Nachtleben
15 Cafe W B2

Rapsodia
INTERNATIONAL $$

(Prat 470; Hauptgerichte 6000–9500 Ch$; ⊙Mo–Mi 9–21, Do & Fr bis 23, Sa bis 18 Uhr) Die alte *casona* kredenzt eine Auswahl an günstigen Fleisch- und Seafood-Gerichten, eine Reihe gesunder Sandwiches sowie, an manchen Abenden, Livemusik. Die Innenräume grenzen an den Innenhof mit einer riesigen Palme.

Ausgehen & Unterhaltung

Rund um die Kreuzung von O'Higgins und Av Francisco de Aguirre gibt's brummende Studentenbars. Die Nachtclubs am Ufer in Richtung Coquimbo geben im Sommer Vollgas.

Cafe W
CAFÉ, BAR

(Eduardo de la Barra 435; Sandwiches 3000–6000 Ch$; ⊙Mo–Do 9–23, Fr & Sa bis 1 Uhr) Das Cafe hat eine große Holzterrasse mit Blick auf eine ruhige Straße und ist somit eine tolle Adresse für einen Kaffee oder einfach, um wieder zu Kräften zu kommen. Es gibt auch einige leckere Kuchen sowie eine gute Auswahl an Sandwiches. Gegen Abend verwandelt sich das Café in eine lebhafte Bar.

Praktische Informationen

An der Plaza gibt's überall Banken mit Geldautomaten, die rund um die Uhr in Betrieb sind.

Hospital Juan de Diós (☏051-223-3312; Balmaceda 916; ⊙24 Std.) Der Eingang zur Notfallaufnahme befindet sich an der Ecke Larraín Alcalde und Anfión Muñóz.

Sernatur (☏051-222-5199; www.turismoregiondecoquimbo.cl; Matta 461; ⊙Sommer 9–20 Uhr, Winter Mo–Fr 9–18, Sa 10–14 Uhr) Hervorragende Touristeninformation an der Plaza de Armas. Während der Sommermonate betreibt das städtische Tourismusbüro einen Informationskiosk an der Iglesia La Merced und einen weiteren im Leuchtturm am Strand.

An- & Weiterreise

BUS

Von La Serenas **Terminal de Buses** (☏051-222-4573; Ecke Amunátegui & Av El Santo) bieten Dutzende Busunternehmen Verbindungen entlang der Carretera Panamericana von Santiago nach Norden bis Arica an, darunter **Tur Bus** (☏051-221-9828; www.turbus.cl; Balmaceda 437) und **Pullman Bus** (☏051-221-8879; www.pullman.cl; Eduardo de la Barra 435).

Covalle Bus (☏051-221-3127; Infante 538) Covalle fährt Mendoza (34 000 Ch$, 12 Std.) und San Juan in Argentinien (34 000 Ch$, 18 Std.) an und fährt dabei über den Pass Libertadores. Abfahrt jeden Sonntag um 23 Uhr.

Via Elqui (☏051-231-2422; Ecke Juan de Dios Pení & Esmeralda) Verbindungen nach Vicuña (2500 Ch$, 1½ Std.), Ovalle (2500 Ch$, 2 Std.), Montegrande (3800 Ch$, 2 Std.) und Pisco Elqui (3800 Ch$, 2½ Std.).

ZIEL	PREIS (CH$)	DAUER (STD.)
Antofagasta	31 200	12
Arica	37 600	23
Calama	31 900	14
Copiapó	9000	5
Iquique	32 900	19
Santiago	10 800	6

FLUGZEUG

Der **Aeropuerto La Florida** (☏051-227-1870; www.aeropuertolaserena.com) liegt 5 km vom Zentrum La Serenas entfernt. **LAN** (☏600-526-2000; Balmaceda 406; ⊙Mo–Fr 9–14 & 15–18, Sa 10.30–13.30 Uhr) fliegt täglich nach Santiago (124 000 Ch$, 50 Min.) und Antofagasta (143 000 Ch$, 1¼ Std.).

Unterwegs vor Ort

Alleinreisende Frauen sollten in La Serena Taxifahrern gegenüber wachsam sein. Es gibt Berichte über sexuelle Übergriffe. Nur in die Fahrzeuge von Taxiunternehmen steigen.

Für Mietwagen empfehlen sich **Avis** (☏051-254-5300; Av Francisco de Aguirre 063; ⊙Mo–Fr 8.30–18.30, Sa bis 14 Uhr) oder **Econorent** (☏051-222-0113; Av Francisco de Aguirre 0135; ⊙Mo–Fr 8.30–18, Sa 9–14 Uhr).

Valle del Elqui

Das Herz der chilenischen *pisco*-Produktion ist auch für futuristische Sternwarten, die Suche nach kosmischen Energien, regelmäßige Ufo-Sichtungen, die Dichterin Gabriela Mistral und idyllische Dörfer berühmt. Dieses bezaubernde und verzauberte Tal gehört zu den Pflichtzielen in Norte Chico.

Vicuña

 051 / 25 100 EW.

Das ruhige, kleine Vicuña mit der schlichten Plaza und den dicht gedrängten Wohnhäusern ist ganz vom Geist der träumerischen Lyrik Gabriela Mistrals durchdrungen. Hier, nur 62 km östlich von La Serena, kann man gut ein bis zwei Tage in poetischer Atmosphäre verbringen. Dann geht es raus aufs Land, um in Avocados und Papayas zu schwelgen – und natürlich in den berühmten Trauben, aus denen der *pisco* gebrannt wird.

⊙ Sehenswertes & Aktivitäten

Observatorio Cerro Mamalluca
STERNWARTE
(☎051-267-0330; Erw./Kind 4500/2000 Ch$) Diese Sternwarte 9 km nordöstlich von Vicuña wurde für Hobby-Sternengucker gebaut und ist die Hauptattraktion im Valle del Elqui. Sie ist so beliebt, dass man bei einer Führung meist mit Horden anderer Besucher darum ringen muss, einen Blick durch das 30-cm-Teleskop auf Galaxien, Sternhaufen oder planetarische Nebel zu erhaschen.

Museo Gabriela Mistral
MUSEUM
(Av Gabriela Mistral 759; Erw./Kind & Senior 600/300 Ch$; ⊙ Di–Fr 10–17.45, Sa 10.30–18, So 10–14 Uhr) Dieses Museum zwischen Riquelme und Baquedano ist das Wahrzeichen der Stadt. Es ist eine greifbare Ode an eine der berühmtesten Persönlichkeiten der chilenischen Literatur. Gabriela Mistral kam 1889 als Lucila Godoy Alcayaga in Vicuña zur Welt. Vom neugebauten Geburtshaus aus Lehmziegeln bis hin zum Nobelpreis porträtiert das Museum ihr Leben (allerdings nur auf Spanisch). Einige Büsten stellen sie als besonders strenge Schullehrerin dar.

Planta Pisco Capel
PISQUERÍA
(Eintritt 1500 Ch$; ⊙ Jan. & Feb. 10–19.30 Uhr, März–Dez. bis 18 Uhr) Einen 20-minütigen Fußmarsch vom Zentrum entfernt befindet sich diese *pisquería*, in der zweisprachige Führungen (45 Min.) durch die Fabrik und das angeschlossene Museum angeboten werden. Im Rahmen der Führung gibt's auch ein paar spärliche Kostproben (für 10 000 Ch$ bekommt man die Premium-Tour und darf *pisco* allerbester Qualität probieren). Capel destilliert hier nicht nur seinen *pisco*, hier befindet sich auch die weltweit einzige Abfüllanlage. Um hierherzukommen, die Stadt in Richtung Südosten verlassen, die Brücke überqueren und dann nach links gehen.

Inti Runa
STERNWARTE
(☎Handy 9968-8577; www.observatorios.cl; Chacabuco 240; Führungen 8000 Ch$; ⊙ Juni–Aug. geschl.) Der deutsche Eigentümer des Sonnenobservatoriums bewahrt in seiner schmucken *casona* zwei der angeblich weltgrößten Sonnenteleskope auf. Vor Ort veranstaltet er einstündige Touren, die im Grunde darin bestehen, dass er Erklärungen liefert, während die Teilnehmer durch das Teleskop spähen.

Elki Magic
ABENTEUERSPORT
(☎Handy 7459-8357; www.elkimagic.com; Av Gabriela Mistral 472) Ein begeistertes französisch-chilenisches Paar leitet dieses Unternehmen, das geführte Downhilltouren (ab 15 000 Ch$), halb- oder ganztägige Van-Touren zu den Highlights des Tals (ab 15 000/25 000 Ch$, mit Mittagessen aus der Solarküche) und Ausflüge zu den Lagunen in der Nähe der Grenze zu Argentinien anbietet. Es werden auch Räder vermietet (7000 Ch$/Tag) und man erhält eine Karte des 16 km langen Trails durch die umliegenden Dörfer.

🛌 Schlafen

Alfa Aldea
PENSION $
(☎051-241-2441; www.alfaaldea.cl; La Vinita; EZ/DZ/Hütte für 5 Pers. 15 000/25 000/60 000 Ch$) Die Taxifahrt (2000 Ch$ oder ein 15-minü-

---

ABSTECHER

ERKUNDUNG DES ELQUI-TALS

Die charmanten Dörfer rund um Pisco Elqui erkundet man am besten mit einem Mietwagen oder mit Leihfahrrädern. Zu den Highlights zählt eine *pisco*-Verkostung (Traubenweinbrand) sowie der Besuch der *pisquera* **Fundo Los Nichos** (☎051-245-1085; www.fundolosnichos.cl; Führungen 3000 Ch$; ⊙ 10–18 Uhr), rund 3 km südlich von Pisco Elqui, in der seit 1868 Pisco auf traditionelle Art hergestellt wird.

Von hier geht's weiter zum **Kunsthandwerksmarkt Horcón** (☎051-245-1015; ⊙ Sommer 12–19.30 Uhr, übriges Jahr Di–So 13–18.30 Uhr) im Tal des gleichnamigen Dorfes. Ein Bummel lohnt sich: An den Bambusständen stapeln sich tolles Kunsthandwerk, Bio-Lebensmittel aus der Region und Kosmetikprodukte.

Fans der Literaturnobelpreisträgerin Gabriela Mistral sollten unbedingt ihrem einstigen Wohnhaus **Monte Grande** sowie der **Casa de la Cultura Gabriela Mistral** (Eintritt frei, Führung 1000 Ch$; ⊙ Mo–Fr 9–13 & 14–19 Uhr) einen kurzen Besuch abstatten. Letzteres ist ein Mix aus Kulturzentrum und Frauenkooperative, das Textil- und Kunstworkshops für unterbeschäftigte Frauen aus der Region veranstaltet. Hier halten Busse zwischen Vicuña und Pisco Elqui.

NICHT VERSÄUMEN

BAHÍA INGLESA

Das perfekte Ziel für echtes Strandvergnügen: Der reizende Küstenort Bahía Inglesa empfängt Besucher mit mediterranem Flair und einer herrlichen Strandpromenade. Es gibt einen langen, weißen Sandstreifen, und aus dem türkisfarbenen Wasser ragen einzelne Felsen empor. Benannt ist der Ort nach den britischen Piraten, die hier im 17. Jh. vor Anker lagen. Heute zählt Bahía Inglesa zu Nordchiles beliebtesten Ferienorten. Im Sommer geht es hier eher hektisch zu; die Nachsaison ist nicht nur ruhiger, sondern auch deutlich günstiger. Vor Ort geerntete Jakobsmuscheln, Austern und Seegrasblätter verfeinern das kulinarische Angebot.

Nautica La Rada (Handy 6846-4032; www.morroballena.cl) bietet Segeltörns, **Morro Ballena** (Handy 9886-3673; www.morroballena.cl; Sommer 9–18 Uhr, übriges Jahr variierende Öffnungszeiten) Kajaktrips auf dem kristallklaren Wasser an. Selbst wenn man sich eine Übernachtung im mondänen Coral de Bahia nicht leisten kann, sollte man sich hier doch ein Abendessen mit erlesenen Meeresfrüchten genehmigen und dabei den Blick auf den Strand genießen. Die **Oficina de Turismo** (Sommer Mo–Fr 10–21, Sa & So 11–21 Uhr, übriges Jahr tgl. 10–18 Uhr) bietet aktuelle Infos zu Campingmöglichkeiten, unberührten Stränden und Tagesausflügen in der Region.

Von Copiapó geht's mit dem Bus zuerst nach Caldera (3500 Ch$, 1 Std.). Von dessen Busbahnhof oder der Hauptplaza fahren schnelle *colectivos* nach Bahía Inglesa (1000 Ch$, 10 Min.).

---

tiger Fußweg) lohnt sich allemal, um in diesem fantastisch zwanglosen, familiengeführten *hostal* am Stadtrand zu übernachten. Es ist umgeben von Weinbergen und bietet einen unbezahlbaren Blick ins Tal und auf die umliegenden Berge. Die Zimmer sind einfach, aber sehr komfortabel. Die Stars (im wahrsten Sinne des Wortes) sind jedoch die hervorragenden **astronomischen Führungen** (051-241-2441; www.alfaaldea.cl; La Vinita; Erw./Kind 10 000/5000 Ch$), die hier vor Ort angeboten werden.

Hostal Valle Hermoso   PENSION $
(051-241-1206; www.hostalvallehermoso.com; Av Gabriela Mistral 706; EZ/DZ 19 000/30 000 Ch$;) Die alte *casona* aus Lehmziegeln mit Balken aus Fichtenholz und Fußböden aus Nussbaumholz ist eine tolle Übernachtungsoption. Sie bietet acht luftige und blitzblanke Zimmer, die rund um einen sonnigen Innenhof angeordnet sind. Die Angestellten sind herzlich und freundlich und es herrscht eine entspannte Atmosphäre. Man fühlt sich, als besuche man alte Freunde.

🍴 Essen

 **Chaski**   CHILENISCH $
(O'Higgins 159; Hauptgerichte 6500–8000 Ch$; Mo–Do 12–22, Sa bis 23, So bis 20 Uhr) Das winzige Restaurant wird von einem Diaguita-Paar geleitet und tischt die kreativste Küche im Elqui-Tal auf. Regionale Zutaten wie Quinoa, Ziegenfleisch oder Amarant werden hier pfiffig zubereitet und mit Andenkräutern verfeinert.

Frida   CAFÉ $
(Ecke Baquedano & Mistral; Sandwiches ca. 7000 Ch$; 9–23 Uhr) Das coolste Café in ganz Vicuña ist spärlich mit mexikanischem Nippes dekoriert (die Besitzer haben dort eine Zeit lang gelebt) und serviert einen superstarken Espresso und gute Sandwiches. Freitag ist Taco-Abend.

ℹ️ Praktische Informationen

Oficina de Información Turística (051-267-0308; www.munivicuna.cl; San Martín 275; Jan. & Feb. 8.30–20 Uhr, März–Dez. Mo–Fr 8.30–17.30, Sa 9–18, So 9–14 Uhr) In diesem städtischen Tourismusbüro gibt's einige Infos zur Geschichte und Gegenwart der Stadt.

ℹ️ Anreise & Unterwegs vor Ort

Vom Busbahnhof (Ecke Prat & O'Higgins) einen Block südlich der Plaza fahren Busse häufig nach La Serena (2000 Ch$, 1 Std.), Pisco Elqui (1500 Ch$, 50 Min.) und Monte Grande (1800 Ch$, 40 Min.); mit Expresso Norte geht's nach Santiago (12 000–17 000 Ch$, 7 Std., 2-mal tgl.). In La Serena ist die Zielauswahl größer.

Pisco Elqui

Das frühere Dorf La Unión ist ein ruhiges Refugium und wurde gezielt umbenannt, um das berühmteste Produkt der Region zu bewerben.

⊙ Sehenswertes & Aktivitäten

Distileria Pisco Mistral PISQUERA
(☏ 051-245-1358; www.destileriapiscomistral.cl; O'Higgins 746; Führungen ab 6000 Ch$; ⊗ Jan. & Feb. 12–19.00 Uhr, März–Dez. Di–So 10.30–18 Uhr) Die Anlage produziert die Premium-*pisco*-Marke Mistral. Die „Museumsführung" (1 Std.) gibt Einblicke in den Brennprozess; sie beinhaltet die Gratisverkostung von zwei *piscos* sowie ein Freigetränk im zugehörigen Restaurant mit gelegentlicher Livemusik.

Turismo Migrantes OUTDOOR-AKTIVITÄTEN
(☏ 051-245-1917; www.turismomigrantes.cl; O'Higgins s/n; ⊗ 10–14 & 15–19 Uhr) Bietet geführte Touren an.

🛏 Schlafen

Refugio del Angel CAMPING $
(☏ 051-245-1292; refugiodelangel@gmail.com; Stellplatz 6000 Ch$/Pers., Tagesnutzung 3000 Ch$) Dieses idyllische Plätzchen am Fluss hat auch Schwimmstellen, Bäder und einen kleinen Laden. Die Abzweigung liegt 200 m südlich der Plaza an der Manuel Rodríguez.

Hostal Triskel HOSTEL $
(☏ Handy 9419-8680; www.hostaltriskel.cl; Baquedano s/n; Zi. ohne Bad 15000 Ch$/Pers.; 🛜) Dieses reizende Haus aus Ziegelsteinen und Holz liegt oberhalb des Ortes am Hang. Es gibt sieben stilvolle und saubere Zimmer mit vier Gemeinschaftsbädern und einer Gemeinschaftsküche. Ein riesiger Feigenbaum sorgt im Hof für Schatten und es gibt einen Obstgarten mit vielen einsamen Winkeln, Verstecken und Hängematten. Hinzu kommen Leihfahrräder und ein Wäscheservice.

★ El Tesoro de Elqui HOTEL $$
(☏ 051-245-1069; www.tesoro-elqui.cl; Prat s/n; B 13000 Ch$, DZ 32000–50000 Ch$; 🛜 🏊) Diese ruhige Oase mit Zitronenbäumen und blühenden Weinranken in einem üppigen Garten liegt oberhalb des zentralen Platzes am Hang und wartet mit zehn Holzbungalows mit Terrassen auf. Im Restaurant gibt's guten Kaffee und Kuchen und wer möchte, bekommt in der kleinen Hütte am „Strand" neben dem Pool sogar eine Massage oder kann seine Aura reinwaschen lassen.

🍴 Essen & Ausgehen

El Rumor RESTAURANT, BAR $
(O'Higgins s/n; Hauptgerichte ca. 5000 Ch$; ⊗ 12 Uhr–open end) In dieser jazzigen Bar mit Restaurant an der Hauptstraße stadteinwärts kommen tolle Mittagsgerichte (5000 Ch$) und Riesensandwiches (4000–5000 Ch$) auf den Tisch. Abends werden dann 15 verschiedene Cocktailvariationen mit *pisco* serviert. Die winzige, farbenfrohe Location versprüht ein marokkanisches Flair und man bekommt im reizenden Garten mit Feuerstelle bis spät in die Nacht einen loungigen Sound und ab und zu auch Gitarrenmusik auf die Ohren.

ℹ An- & Weiterreise

Ab der Plaza pendeln Busse von Via Elqui (S. 490) den ganzen Tag über zwischen Pisco Elqui und Vicuña (1500 Ch$, 50 Min.).

ABSTECHER

PARQUE NACIONAL NEVADO TRES CRUCES

Der schwer zugängliche **Parque Nacional Nevado Tres Cruces** (Erw./Kind 6–12 Jahre 5000/1500 Ch$; ⊗ 8.30–18 Uhr) ist ebenso so schroff und schön wie die berühmteren, höher gelegenen Nationalparks weiter nördlich, verzeichnet aber nur einen Bruchteil von deren Besuchern. Abgesehen von schönen Gipfeln und tollen Klettermöglichkeiten gibt es hier eine vielfältige Tierwelt: Flamingos verbringen den Sommer in der Gegend, Vikunjas und Guanakos ziehen in großen Herden über die Hänge, an den Seen leben Riesen- und Rüsselblässhühner und ab und zu werden sogar Kondore oder Pumas gesichtet. Gleich außerhalb des Parks erhebt sich Chiles höchster Berg: Der **Ojos del Salado** (6893 m) ist nur 69 m niedriger als der Aconcagua und der weltweit höchste aktive Vulkan.

Da man sich auf dem Weg zum Park leicht verirren kann und öffentliche Verkehrsmittel nicht hierher fahren, sind geführte Touren ab Copiapó ratsam. Ein empfehlenswerter Anbieter maßgeschneiderter Jeeptouren durch die Region ist **Puna de Atacama** (☏ Handy 9051-3202; www.punadeatacama.com; O'Higgins 21; ⊗ Mo–Fr 9–13 & 15–18, Sa 9–13 Uhr). Übernachtungsinfos zum rustikalen **Refugio Laguna del Negro Francisico** (pro Nacht 12500 Ch$/Pers.) gibt's bei **Conaf** (☏ 052-221-3404; Juan Martínez 55; ⊗ Mo–Do 8.30–17.30, Fr bis 16.30 Uhr) in Copiapó.

Copiapó

☎ 052 / 154 900 EW.

Das einladende Copiapó hat Travellern wenig zu bieten, ist aber praktisch als Basis für Touren in die einsamen Berge an der argentinischen Grenze. Dort locken vor allem der atemberaubende Parque Nacional Nevado Tres Cruces, die Laguna Verde und der höchste aktive Vulkan des Planeten, der Ojos del Salado. Die Silberfunde im nahen Chañarcillo (1832) bescherten Copiapó mehrere Premieren: Südamerikas erste Eisenbahn sowie Chiles erste Telefon- und Telegrafenleitung.

Schlafen & Essen

Hotel El Sol HOTEL $
(☎ 052-221-5672; Rodríguez 550; EZ/DZ 22 000/ 28 000 Ch$; ☎) Ein freundliches, gelb gestrichenes Hotel mit einer Reihe einfacher, aber sauberer Zimmer zu einem guten Preis, nur einen kurzen Fußweg von der Plaza entfernt.

Café Colombia CAFÉ $
(Colipí 484; Snacks 1800 Ch$; ⊙ 9–21 Uhr) Mitten auf der Hauptplaza an der Mall Plaza Real liegt diese gute Adresse für echten Kaffee und gute Snacks. Von den Tischen am Gehweg kann man prima Leute beobachten.

Six Fusion FUSION $$
(Atacama 181; Hauptgerichte 7000–10 000 Ch$; ⊙ 12–15 & 20–1 Uhr; ☎) Die Spezialität dieses lockeren Restaurants ist seine hausgemachte Pasta, das Nebengeschäft mit Sushi ist aber auch nicht zu verachten. Six Fusion ist Teil einer Welle an innovativen, stylishen Restaurants, die in Copiapó in letzter Zeit eröffnet haben. Der schattige Hinterhof ist an einem sonnigen Tag ein ziemlich angesagter Ort.

ⓘ Praktische Informationen

Die Bankfilialen rund um die Plaza haben zahlreiche Geldautomaten.

Sernatur (☎ 052-221-2838; Los Carrera 691; ⊙ Sommer Mo–Fr 8.30–19.30, Sa & So 9–15 Uhr, übriges Jahr Mo–Fr 9–19, Sa 9–15 Uhr) Gut organisierte Touristeninformation an der Hauptplaza mit vielen englischsprachigen Broschüren und Infos.

ⓘ An- & Weiterreise

Der Aeropuerto Desierto de Atacama liegt 50 km nordwestlich von Copiapó. **LAN** (☎ 600- 526-2000; Colipí 484, Mall Plaza Real, Local A-102; ⊙ Mo–Fr 9–14 & 15–18, Sa 10.30–13.30 Uhr) fliegt täglich nach Santiago (178 800 Ch$, 1½ Std.); **Sky** (☎ 600-600-2828; www.skyair line.cl; O'Higgins 460) ist günstiger.

LOS 33

Rund 45 km nördlich von Copiapó liegt die San-José-Mine mitten in der Atacama-Wüste. Hier wurden 121 Jahre lang unbehelligt Gold und Kupfer gefördert. Dann kam es am Nachmittag des 5. August 2010 zu einem großen Einsturz, bei dem 33 Bergleute etwa 700 m unter der Erde eingeschlossen wurden. „Los 33", wie die Verschütteten bald genannt wurden, wurden zu den unfreiwilligen Superstars einer der am intensivsten übertragenen Rettungsaktionen der Fernsehgeschichte.

Aufgrund des immensen Drucks nahm Chiles Regierung den Minenbetreibern die Rettung aus der Hand. An der Aktion, die geschätzte 20 Mio. US$ kostete, waren u. a. internationale Tiefbohrteams und Experten der NASA beteiligt. Das live übertragene „Finale" am 13. Oktober 2010 dauerte fast 24 Stunden: Schätzungsweise 1 Mrd. Menschen in aller Welt sahen zu, wie endlich auch der letzte der 33 Männer durch einen schmalen Schacht hinauf in die Freiheit gehoben wurde.

Während die 33 Männer unter der Erde verschüttet waren, wurde ihr Schicksal zu einer Seifenoper aufgebauscht, die rund um die Uhr lief. Auf einen der Verschütteten warteten sogar die Ehefrau und die Geliebte. Nach 69 Tagen im stockfinsteren Schoß der Erde fanden sich die 33 Geretteten über Tage im Rampenlicht wieder. Sie wurden mit Geld und Geschenken überhäuft und zu einem All-inclusive-Trip nach Disneyland eingeladen. Mit den psychologischen Folgen haben die Überlebenden jedoch heute noch zu kämpfen.

Der Zwischenfall führte zu einer längst überfälligen Bergbaureform, in deren Zuge ein Jahr nach dem Unglück die Konvention zur Sicherheit im Bergbau der ILO (Internationale Arbeitsorganisation) angenommen wurde.

Im Jahr 2015 brachte die Großproduktion *69 Tage Hoffnung* mit Antonio Banderas den Leidensweg der Bergleute auf die Kinoleinwand. Ein faszinierender Bericht des Vorfalls liefert auch das 2014 erschienene Buch *Deep Down Dark* von Héctor Tobar.

Pullman Bus (052-221-2629; Colibrí 109) betreibt einen großen Busbahnhof und ein zentral gelegenes **Ticketbüro** (Ecke Chacabuco & Chañarcillo). Auch **Tur Bus** (052-223-8612; Chañarcillo 650) unterhält einen eigenen Busbahnhof und ein **Ticketbüro** (Colipí 510) in der Innenstadt (Tipp: Wer sein Busticket hier bucht, muss nicht so lange anstehen!). **Expreso Norte** (052-223-1176; Chañarcillo 655), **Buses Libac** (052-221-2237; Chañarcillo 655), **Flota Barrios** (052-221-3645; Chañarcillo 631) und andere Firmen teilen sich einen gemeinsamen Busbahnhof an der Chañarcillo. Viele Busse zu Zielen in der Wüste im Norden fahren nachts los.

Vom Busbahnhof an der Chacabuco starten auch *colectivos* nach Caldera/Bahía Inglesa (3500 Ch$, 1 Std.).

ZIEL	PREIS (CH$)	DAUER (STD.)
Antofagasta	10 800	8
Arica	21 900	16
Calama	12 900	10
Iquique	21 100	15
La Serena	10 000	5
Santiago	26 900	11

Parque Nacional Pan de Azúcar

Der kalte Humboldtstrom fließt entlang der Küste, die direkt in die Wüste übergeht, und schafft gute Lebensbedingungen für die gleichnamigen flinken Pinguine sowie viele andere Meereslebewesen. Die sehenswerten 44 000 ha des Nationalparks **Pan de Azúcar** (www.conaf.cl; Eintritt 5000 Ch$) umfassen weiße Sandstrände, geschützte Buchten, felsige Landzungen und Kakteenhügel.

Mietboote schippern rund um die **Isla Pan de Azúcar**, um einen Blick auf die 2000 Humboldtpinguine sowie Kormorane, Möwen, Ottern und Seelöwen zu erhaschen. Der Preis pro Person beginnt bei 5000 Ch$ (bei einer Mindestbelegung von 10 Pers.). In der Nebensaison kann es passieren, dass man das ganze Boot für 50 000 Ch$ mieten muss. Die Rundfahrten dauern 1½ Stunden und starten zwischen 10 und 18 Uhr im Sommer und bis 16 Uhr im Winter.

Auf der 2,5 km langen Wanderung **El Mirador** bekommt man Kakteen, Guanakos und Argentinische Kampffüchse zu Gesicht. In der Nähe verläuft der einfache, 4 km lange Pfad **Las Lomitas**.

An der Playa Piqueros und der Playa Soldado gibt's Campingmöglichkeiten für 2000 Ch$ pro Person mit Toiletten, Trinkwasser, Kaltwasserduschen und Tischen. Die umweltbewusste **Pan de Azúcar Lodge** (Handy 9444-5416; www.pandeazucarlodge.cl; Stellplatz 7000 Ch$/Pers., Hütte für 2/6/8 Pers. 60 000/80 000/100 000 Ch$) hat reizende Lehmziegelhütten mit Komplettausstattung.

Pan de Azúcar liegt 30 km nördlich von Chañaral und ist über eine gut ausgebaute Asphaltstraße erreichbar. Die meisten Besucher kommen im Rahmen einer geführten Tour oder mit Shuttles ab Caldera/Bahía Inglesa oder Copiapó hierher.

Antofagasta

055 / 338 000 EW.

Chiles zweitgrößte Stadt hat Einbahnstraßen, moderne Einkaufszentren und Einheimische, denen die harte Arbeit in den Knochen steckt. Nach seiner Gründung (1870) wurde Antofagasta als bequemster Zugang zum Landesinneren bedeutend.

Sehenswertes

Das **Barrio Histórico** zwischen der Plaza und dem alten Hafen zeugt mit viktorianischen oder georgianischen Gebäuden von der Blüte des Nitratabbaus. An der britisch angehauchten **Plaza Colón** steht mit dem **Torre Reloj** ein Nachbau des Big Ben. Rund um den belebten Fischmarkt namens **Terminal Pesquero** tummeln sich Seelöwen.

Das oft fotografierte Wahrzeichen **La Portada** ist ein großartiger Naturfelsbogen, der 20 km nördlich von Antofagasta aus dem offenen Meer ragt.

Schlafen & Essen

Wegen der vielen Bergleute wird das ohnehin kleine Unterkunftsangebot in den hiesigen Hotels noch kleiner.

Hotel San Marcos HOTEL $
(055-222-6303; www.hotelsanmarcos.cl; Latorre 2946; EZ/DZ 25 000/33 000 Ch$;) Ein vernünftiges Budgethotel am Rande des Zentrums mit einem guten Preis-Leistungs-Verhältnis und einem sehr freundlichen Service. Das riesige Frühstück entschädigt ein wenig für die hohen Zimmerpreise.

Bongo DINER $
(Baquedano 743; Tagesmenü ab 3000 Ch$, Hauptgerichte 2900–5100 Ch$; Mo-Sa 9–23 Uhr) Ein gut besuchtes Lokal mit dick gepolsterten Sitznischen, einem sauberen Zwischengeschoss und einer Speisekarte voller guter,

fettiger Gerichte für die Momente im Leben, in denen man nichts als ein frisch gezapftes Bier und einen Burger braucht. Bevor man sich einen Tisch sucht, muss am Tresen bestellt und bezahlt werden.

★ Cafe del Sol CHILENISCH $$

(www.cafedelsolchile.com; Esmeralda 2013; Mittagstisch 3500 Ch$, Hauptgerichte 7000–8000 Ch$; So geschl.) Die baufällige Eckkneipe mit Restaurant erwacht freitag- und samstagabends bei Livemusik und Tänzen aus der Andenregion zum Leben (3000 Ch$ Eintritt nach 23 Uhr). An den übrigen Abenden wird in dem gemütlichen, schwach beleuchteten und mit Holz verkleideten Ambiente eine gute Auswahl an Hauptgerichten serviert. Auch der Mittagstisch für 3500 Ch$ ist gut.

Praktische Informationen

Hospital Regional (055-265-6729; Av Argentina 1962) Medizinische Versorgung.

Sernatur (055-245-1818; Arturo Prat 384; Jan.–März Mo–Fr 8.30–19, Sa 10–14 Uhr, April–Dez. Mo–Fr 8.30–17.30 Uhr) Städtische Touristeninformation in praktischer Lage an der Plaza mit vielen Broschüren, die großzügig unter die Leute gebracht werden.

An- & Weiterreise

BUS

Am **Terminal de Buses Cardenal Carlos Oviedo** (055-248-4502; Av Pedro Aguirre Cerda 5750) starten die meisten Fernverbindungen. Beliebte Unternehmen sind u. a. **Condor/Flota Barrios** (055-226-2899; www.flotabarrios.cl; Av Pedro Aguirre Cerda 5750) und **Tur Bus** (055-222-0240; www.turbus.cl; Bolívar 468).

ZIEL	PREIS (CH$)	DAUER (STD.)
Arica	10 900	9
Calama	4000	3
Copiapó	7100	9
Iquique	7000	6
La Serena	11 200	12
Santiago	22 000	18

FLUGZEUG

Der Aeropuerto Cerro Moreno liegt 25 km nördlich von Antofagasta. **LAN** (600-526-2000; www.lanchile.com; Arturo Prat 445; Mo–Fr 9–18.30, Sa 10–13 Uhr) und **Sky** (600-600-2828; www.skyairline.cl; General Velasquez 890, Local 3) fliegen jeden Tag nonstop nach Santiago (90 000 Ch$, 2 Std.) oder Iquique (19 000 Ch$, 45 Min.).

Calama

055 / 138 600 EW.

Calama ist wie ein Kraftwerk, das jedes Jahr zahllose Lkw-Ladungen voller Geld aus dem Kupferabbau in die chilenische Wirtschaft pumpt. Seine Existenz ist untrennbar mit der gigantischen Chuquicamata-Mine verbunden. Für Traveller ist diese düstere Stadt aber nur ein Zwischenstopp auf dem Weg nach San Pedro de Atacama: Die überteuerten Dienstleistungen und *schops con piernas* (wie *cafés con piernas*, also spärlich bekleidete Damen, die Kaffee – bzw. in diesem Falle Bier – servieren) zielen klar auf Bergleute ab.

Schlafen & Essen

Hostal Abaroa HOTEL $

(057-294-1025; Abaroa 2128; EZ/DZ 28 000/36 000 Ch$, ohne Bad 15 000/20 000 Ch$;) Das neue, freundliche Hotel einige Blocks von der Plaza entfernt ist die beste Option in seiner Kategorie. Es bietet helle, saubere Zimmer, die entlang einer Veranda hinterm Haus liegen, und liegt praktisch für alle, die mit dem Bus kommen oder gehen. Auf Wunsch gibt's auch was zu essen.

Boccado INTERNATIONAL $

(Ecke Ramírez & Abaroa; Hauptgerichte 4500–8000 Ch$; 8–22 Uhr;) Das Lokal direkt an der Plaza hat alles zu bieten: gute Tagesmenüs, gesunde Salate und exzellenten Kaffee. Das Sahnehäubchen: eine leckere Auswahl an Eiscreme.

Mercado Central MARKT $

(Latorre; Tagesmenü 2200–2500 Ch$) Für eine schnelle, sättigende Mahlzeit sind die *cocinerías* (Schnellrestaurants) in diesem geschäftigen kleinen Markt zwischen Ramírez und Vargas eine gute Adresse.

Praktische Informationen

Hospital Carlos Cisternas (055-265-5700; Carlos Cisternas s/n) Fünf Blocks nördlich der Plaza 23 de Marzo.

Oficina Municipal de Información Turística (055-253-1707; www.calamacultural.cl; Latorre 1689; Mo–Fr 8.30–13 & 14–18 Uhr) Freundliche, hilfsbereite Mitarbeiter; hier kann man auch eine Chuqui-Tour buchen.

An- & Weiterreise

BUS

Busverbindungen nach Antofagasta bzw. Nachtbusse nach Iquique, Arica oder Santiago werden regelmäßig von **Condor Bus/Flota Barrios** (055-234-5883; www.condorbus.cl; Av Balmaceda 1852) und **Tur Bus** (055-268-8812; www.turbus.cl; Ramírez 1852) angeboten. Hinweis: Der Terminal von Tur Bus liegt eine kurze Taxifahrt (3000 Ch$) außerhalb des Zentrums.

Wer nach San Pedro de Atacama (3000 Ch$, 1 Std.) will, wendet sich an **Buses Frontera** (055-282-4269; Antofagasta 2046), **Buses Atacama 2000** (055-231-6664; Abaroa 2106) oder Tur Bus.

Da Busse ins Ausland immer ausgebucht sind, sollte man unbedingt so früh wie möglich reservieren. Für eine der wenigen wöchentlichen Busverbindungen nach Uyuni in Bolivien (12 000 Ch$, 9 Std.) fragt man bei Frontera und Buses Atacama 2000 nach. Verbindungen nach Salta und Jujuy in Argentinien werden von **Pullman Bus** (055-234-1282; www.pullmanbus.cl; Balmaceda 4155) und **Géminis** (055-289-2050; www.geminis.cl; Antofagasta 2239) mehrmals pro Woche angeboten.

ZIEL	PREIS (CH$)	DAUER (STD.)
Antofagasta	5600	3
Arica	8900	6
Iquique	17 700	6½
La Serena	22 800	14
Santiago	27 600	22

FLUGZEUG

LAN (600-526-2000; www.lanchile.com; Latorre 1726; Mo–Fr 9–13 & 15–18.45, Sa 9.15–13.15 Uhr) fliegt täglich vom Aeropuerto El Loa nach Santiago (90 000 Ch$); **Sky** (600-600-2828; www.skyairline.cl; Latorre 1499) ist oft günstiger.

Chuquicamata

Abraumhalden so hoch wie Berge, eine enorm tiefe Schlucht und hausgroße Lastwagen – das sind nur einige Beispiels für die unglaublichen Dimensionen, derentwegen Besucher in die Mine von Chuquicamata (alias „Chuqui") hinunterstarren. Dieser atemberaubende Abgrund wurde 16 km nördlich von Calama in den Wüstenboden geschürft und gehört zu den größten Tagebau-Kupferminen der Welt. Nach der Inbetriebnahme (1915) wurde Chuqui zuerst von der US-Firma Guggenheim Bros. und ab 1923 von der ebenfalls amerikanischen Anaconda Copper Mining Company geleitet; heute hat hier die staatliche Corporación del Cobre de Chile (Codelco) das Sagen.

Die Mine mit ihren 20 000 Arbeitern erzeugt eine permanente Staubfahne, die in der wolkenlosen Wüste über viele Kilometer sichtbar ist. Die elliptische Grube misst unglaubliche 8 km² und ist bis zu 1250 m tief.

Codelco (055-232-2122; visitas@codelco.cl; Ecke Av Granaderos & Central Sur, Calama; Führung gegen Spende; Buchung Mo–Fr 9–17 Uhr) bietet „Führungen" (Mo–Fr; auf Englisch & Spanisch) an, bei denen man größtenteils einfach in die Tiefe starrt und auf einem riesigen Grubenlaster mit über 3 m hohen Rädern herumklettert. Besuche lassen sich per Telefon und E-Mail arrangieren; Interessenten melden sich beim Oficina (Ecke Av Granaderos & Central Sur), müssen ihren Reisepass, festes Schuhwerk und lange Hosen mitbringen. Spenden sind freiwillig. Wegen hoher Nachfrage sollte man im Januar und Februar spätestens eine Woche vorher buchen.

CHE ÜBER CHUQUI

Chuqui war bereits riesengroß, als der junge Ernesto „Che" Guevara die Mine vor über 50 Jahren besuchte. Der spätere Revolutionär und sein Begleiter Alberto Granado hatten zu diesem Zeitpunkt die Hälfte ihres kultigen Südamerika-Motorradtrips absolviert, der durch *Die Reise des jungen Che* (Guevaras Reisetagebuch) verewigt werden sollte. Die Begegnung mit einem Kommunisten während der Fahrt nach Chuqui gilt allgemein als prägend für Ches erwachendes Politikbewusstsein. Somit sind seine Notizen zur eigentlichen Anlage (damals noch in amerikanischer Hand) besonders interessant.

San Pedro de Atacama

055 / 3900 EW.

Nord-Chiles Haupttouristenattraktion, die aus Lehmziegeln erbaute Oase San Pedro de Atacama (2438 m), liegt im Herzen einer der spektakulärsten Landschaften Nord-Chiles. Attraktive Ziele in der Nähe sind z. B. die größte Salzebene des Landes, Vulkane wie der kegelförmige Licancábur (5960 m), dampfende Geysirfelder und eine Vielzahl außerirdisch anmutender Fels- und cooler aufgeschichteter Landschaftsformationen.

San Pedro selbst liegt 106 km südöstlich von Calama und scheint kaum groß genug zu sein, um all die Traveller aufzunehmen: Rund um die hübsche Plaza mit Bäumen

Nördliches Chile (Norte Grande)

und einer bildschönen Kirche am Rand gibt's kaum mehr als eine Handvoll schmucker, staubiger Straßen. Eine wahre Flut an Pensionen, Restaurants und Reisebüros drängt sich entlang der staubigen Straßen und macht den Ort zu einer Art Disneyland aus Lehmziegeln.

Hier finden sich alle negativen Folgen einer schnellen Stadtentwicklung wie etwa hohe Preise und lustlose Touranbieter. Trotzdem herrscht hier mitunter auch eine unglaubliche Stille, eine süchtig machende Relax-Atmosphäre. Es gibt surreale Landschaften, Innenhöfe mit Lagerfeuern unter einem endlosen Sternenhimmel und Hostels mit Hängemattenschlafplätzen. Wenn man es schafft, die Sehenswürdigkeiten zu anderen Zeiten zu besuchen als die anderen Reisenden, ist San Pedro ein zauberhaftes Ziel.

◉ Sehenswertes

★ Museo Gustavo Le Paige   MUSEUM
(Le Paige 380; Erw./Student 2500/1000 Ch$; ◎ Mo-Fr 9-18, Sa & So 10-18 Uhr) Selbst wenn man eigentlich nicht gern ins Museum geht, sollte man für San Pedros hervorragendes Museo Gustavo Le Paige eine Ausnahme machen. Für Archäologen ist die Atacama-Wüste der Himmel auf Erden, da Artefakte aufgrund der fast völligen Abwesenheit von Regen über Millionen von Jahre erhalten bleiben. Und so ist dieses achteckige Museum bis obenhin vollgepackt mit faszinierenden Fundstücken wie etwa gut erhaltenen Keramiken und Textilien und einer außergewöhnlichen Sammlung von Schamanengeräten zum Aufbereiten, Einnehmen und Rauchen halluzinogener Pflanzen.

Iglesia San Pedro   KIRCHE
(Le Paige s/n) GRATIS Die schneeweiße Iglesia San Pedro ist eine schmucke, kleine Kolonialkirche, die mit traditionellen, heimischen Materialien erbaut wurde. Sie hat dicke Lehmziegelmauern, eine Decke aus *cardón* (Kaktusholz), das wie vertrocknete Reifenspuren aussieht, und anstelle von Nägeln wurden Lederriemen verwendet. Das Gebäude stammt aus dem 17. Jh., die Mauern, die man heute sieht, wurden aber 1745 errichtet, der Glockenturm stammt von 1890.

🏃 Aktivitäten

Das verwirrend große Angebot an Aktivitäten reicht von Faulenzen bis hin zu Extremsport. Die Qualität kann dabei stark variieren (manche Anbieter sagen kurzfristig ab oder haben keine sicheren Fahrzeuge), weshalb man sich an die empfohlenen Agenturen halten oder vor dem Buchen andere Traveller interviewen sollte.

Vulcano Expediciones   ABENTEUERSPORT
(✆ Handy 5363-6648; www.vulcanochile.com; Caracoles 317) Veranstaltet Wanderungen zu Vulkanen und Bergen, darunter Tagestouren zum Sairecabur (5971 m; 110 000 Ch$),

---

ABSTECHER

MIT DEM GELÄNDEWAGEN NACH UYUNI (BOLIVIEN)

Farbenprächtige Altiplano-Seen, Flamingos, Vulkane, skurrile Felsformationen à la Salvador Dalí und als berühmtestes Highlight die blendend weiße Salzebene von Uyuni: Wer nordöstlich von San Pedro de Atacama den abenteuerlichen Abstecher nach Bolivien unternimmt, wird mit diesen und mehr Attraktionen belohnt. Doch Vorsicht – das ist keine gemütliche Landpartie: Auf fünf begeisterte Traveller, die Uyuni den Höhepunkt ihrer Reise nennen, kommt immer einer, der sich über einen Alptraum-Trip beklagt.

Bei den dreitägigen Standardtouren überquert man die bolivianische Grenze bei Hito Cajón, passiert die Laguna Colorada und besucht den Salar de Uyuni. Die Tour endet dann im gleichnamigen Ort. Der gängige Preis (98 000 Ch$) beinhaltet die Fahrt in überfüllten Geländewagen, Übernachtungen in einfachen, oft bitterkalten Unterkünften sowie die Verpflegung. Gegen einen Aufpreis von etwa 23 000 Ch$ geht's am vierten Tag zurück nach San Pedro. Manche Anbieter fahren aber auch die dritte Nacht durch.

Unbedingt Getränke, Snacks, warme Klamotten und einen Schlafsack mitbringen. Traveller erledigen die chilenischen Grenzformalitäten in San Pedro und die bolivianischen bei der Ankunft in Uyuni. Wichtig: Die Eintrittsgebühren für die bolivianischen Parks (insgesamt ca. 17 000 Ch$) sind in den Pauschalpreisen der meisten Tourveranstalter nicht enthalten. Kein einziger Anbieter von Uyuni-Touren erntet durchgängig begeisterte Kritiken. Das beste Feedback von Travellern bekommt aber **Cordillera Traveler** (✆ 055-285-1291; www.cordilleratraveller.com; Toconao 447-B & Tocopilla 429-B).

San Pedro de Atacama

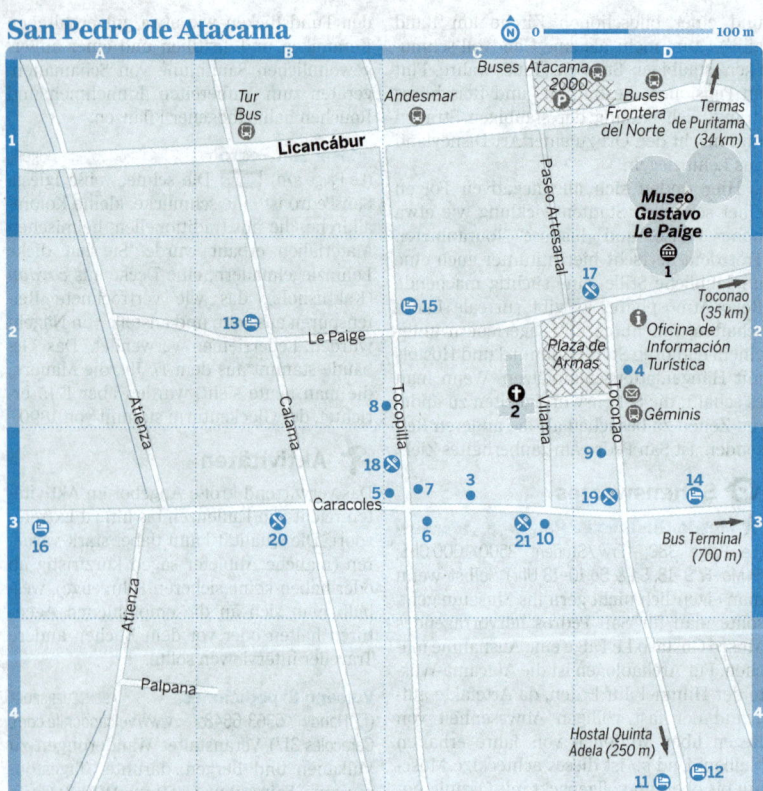

Lascar (5592 m; 100 000 Ch$) und Tocco (5604 m; 70 000 Ch$). Auf längeren Wandertouren besteigt man den Licancábur und den Llullaillaco. Im Angebot sind auch Downhill-Fahrten (20 000–35 000 Ch$) und es können Motorradtouren des Anbieters **On Safari** (www.onsafariatacama.com) vermittelt werden.

Rancho La Herradura REITEN
(055-285-1956; www.atacamahorseadventure.com; Tocopilla 406) Sightseeing-Ausritte gibt's bei mehreren Anbietern, darunter auch Rancho La Herradura. Auf dem Programm stehen verschiedene Routen von zwei Stunden Dauer für 15 000 Ch$ bis hin zu epischen zehntägigen Treks mit Camping. Einige Guides sprechen auch Deutsch, Englisch oder Französisch.

Atacama Inca Tour ABENTEUERSPORT
(055-285-1062; www.sandboardsanpedro.com; Toconao 421-A) Es gibt einige Agenturen, die Sandboarden anbieten, viele verkaufen dabei aber einfach einen von Atacama Inca Tour angebotenen Ausflug. Dieser Veranstalter ist aufgrund der Profibretter und der erfahrenen Lehrer auch die beste Adresse. Die Standardtouren (10 000 Ch$) dauern entweder von 9 bis 12 Uhr oder von 15 bis 19 Uhr. Sie beinhalten eine 20-minütige Einführung sowie eine DVD, auf der man seine Eskapaden noch einmal bewundern kann.

Geführte Touren

Die herkömmlichen Touren werden von Dutzenden Veranstaltern angeboten. Zu den seriösesten Optionen gehören **Cosmo-Andino Expediciones** (055-285-1069; www.cosmoandino.cl; Caracoles 259), das für hochwertige Touren bekannt ist, **Desert Adventure** (055-285-1067; www.desertadventure.cl; Ecke Caracoles & Tocopilla; Mo–Sa 9–13 & 15–19, So 9–13 Uhr) mit zweisprachigen Guides sowie **Terra Extreme** (055-285-1274; www.terraextreme.cl; Toconao s/n; 9–13 & 15–18 Uhr)

San Pedro de Atacama

◎ Highlights
1 Museo Gustavo Le Paige D2

◎ Sehenswertes
2 Iglesia San Pedro C2

⊕ Aktivitäten, Kurse & Touren
3 Ahlarkapin.. C3
4 Atacama Inca Tour D2
5 Cordillera Traveler C3
6 CosmoAndino Expediciones C3
7 Desert Adventure C3
8 Rancho La Herradura C2
9 Terra Extreme D3
10 Vulcano Expediciones C3

⊜ Schlafen
11 Hostal Edén Atacameño........................D4
12 Hostal La Ruca......................................D4
13 Hostal Sonchek.....................................B2
14 Hostelling International D3
15 Residencial Vilacoyo C2
16 Takha Takha Hotel & Camping.............A3

⊗ Essen
17 Cafe Peregrino.......................................D2
18 El Churruá..C3
19 El Toconar...D3
20 La Casona...B3
21 Salon de Te O2......................................C3

✎, das die Standardtouren mit seinen eigenen Fahrzeugen durchführt.

El-Tatio-Geysire GEFÜHRTE TOUR
(Tour 18 000–20 000 Ch$, Eintritt 5000 Ch$) Diese äußerst beliebte Tour verlässt San Pedro um 4 Uhr morgens, um den surrealen Anblick der Geysire bei Sonnenaufgang nicht zu verpassen. Zurück ist man dann zwischen 12 und 13 Uhr. Der Preis beinhaltet meist ein Frühstück und ein Bad in Thermalquellen.

Valle de la Luna GEFÜHRTE TOUR
(Tour 8000–10 000 Ch$, Eintritt 2000 Ch$) Los geht's in San Pedro am Nachmittag, um den Sonnenuntergang über dem Tal nicht zu verpassen; Rückkehr ist am frühen Abend. Schließt das Valle de la Luna, das Valle de la Muerte und die Tres Marías ein.

Tulor & Pukará de Quitor GEFÜHRTE TOUR
(Tour ca. 15 000 Ch$, Zugang 10 000 Ch$) Archäologische Halbtagsexkursionen (hin zw. 8 & 9, zurück zw. 13 & 15 Uhr) zu den beiden präkolumbischen Stätten.

Altiplano-Seen GEFÜHRTE TOUR
(Tour 15 000–30 000 Ch$, Zugang 5000 Ch$) Nach dem Start in San Pedro zwischen 7 und 8 Uhr beobachtet man zuerst die Flamingos der Laguna Chaxa im Salar de Atacama. Bis zur Rückkehr zwischen 16 und 19 Uhr stehen dann die Ortschaft Socaire, die Lagunas Miñiques und Miscanti, Toconao sowie die Quebrada de Jere auf dem Programm.

🛏 Schlafen

Da Wasser in San Pedro rar und nicht trinkbar ist, muss man selbst Mineralwasser kaufen und sollte entsprechend kurz duschen. Hinweis: Sogar außerhalb der Hauptsaison sind die hiesigen Zimmerpreise hoch.

Hostal Sonchek HOSTEL $
(☏ 055-285-1112; www.hostalsonchek.cl; Ecke Paige & Calama; B 8500 Ch$, DZ 36 000 Ch$, EZ/DZ ohne Bad 12 000/20 000 Ch$; 🕾) Lehmziegelmauern, strohgedeckte Dächer und Teppichböden prägen die Quartiere des reizenden Hostels mit kleinem, zentralem Innenhof. Zudem gibt's eine Gemeinschaftsküche, Gepäckaufbewahrung und hinter dem Haus einen kleinen Garten mit Tischtennisplatte und ein paar Hängematten. Die Gemeinschaftsbäder mit solarbeheizten Duschen gehören zu den saubersten im Ort. Neben Spanisch kommt man hier auch mit Englisch und Französisch durch.

Hostal Edén Atacameño HOSTEL $
(☏ 055-285-1154; hostaleden@gmail.com; Toconao 592; EZ/DZ 25 000/40 000 Ch$, ohne Bad 12 000/20 000 Ch$; @🕾) Dieses relaxte Hostel, dessen Zimmer um einige gesellige, mit Hängematten versehene Höfe mit vielen Sitzgelegenheiten liegen, bietet neben einer Gästeküche auch Wäscheservice und Gepäckaufbewahrung. Die Gemeinschaftsbäder sind sauber; die Preise für die Zimmer mit eigenem Bad enthalten auch ein Frühstück.

Residencial Vilacoyo PENSION $
(☏ 055-285-1006; vilacoyo@sanpedroatacama.com; Tocopilla 387; Zi. 10 000 Ch$/Pers.) Ein freundliches *residencial* ohne viel Schnickschnack, dafür aber mit einem süßen Hof mit Kieselsteinen und Hängematten, einer Küche und Gepäckaufbewahrung. Die gemeinschaftlichen Duschen haben nur zwischen 7 und 22 Uhr warmes Wasser.

Hostelling International HOSTEL $
(☏ 055-256-4683; hostelsanpedro@hotmail.com; Caracoles 360; B/EZ/DZ 7000/33 000/36 000 Ch$, EZ/DZ ohne Bad 20 000/23 000 Ch$; 🕾) Eine

> **ABENTEUER IN DER ATACAMA-WÜSTE**
>
> Einige Touren zu bisher wenig bekannten Ecken der Atacama werden immer beliebter – z. B. zu den kunterbunten Felsformationen des **Valle del Arcoiris** oder zu den **Lagunas Cejar** und **Ojos de Salar** mit Bademöglichkeiten (in den Lagunas Cejar kann man sich sogar treiben lassen wie auf dem Toten Meer). Ausflüge zum **Salar de Tara** auf 4310 m sind spektakulär, aber sehr anstrengend (ab San Pedro hin & zurück 200 km).

gesellige Unterkunft mit Schlafsälen (manche der Stockbetten sind fast 3 m hoch) und einigen Doppelzimmern, die um einen kleinen Hof angeordnet sind. Es gibt eine Gemeinschaftsküche, Schließfächer und die Möglichkeit, Touren zu buchen. Mitglieder von Hostelling International erhalten einen Rabatt von 2000 Ch$.

★ Hostal Quinta Adela   B&B $$
(☏ 055-285-1272; www.quintaadela.wix.com/quinta-adela; Toconao 624; Zi. ab 70 000 Ch$; @ 🛜) Das freundliche, familiengeführte B&B nur wenige Gehminuten außerhalb des Ortes wartet mit sieben Zimmer voller Charakter (jedes hat seinen eigenen Style) sowie einer schattigen Terrasse auf. Obendrein steht das Haus an einem weitläufigen Obstgarten mit Hängematten. Es gibt die Möglichkeit zur Gepäckaufbewahrung und die Check-in- und Check-out-Zeiten sind recht flexibel.

Hostal La Ruca   HOSTEL $$
(☏ 055-285-1568; www.larucahostal.cl; Toconao 513; EZ/DZ 37 000/50 000 Ch$; @ 🛜) Die bunten Tagesdecken und Wandbehänge in andinem Design verleihen den Zimmern dieses süßen Hostels einen netten rustikalen Touch. Die Bäder sind winzig, aber sauber und es gibt eine sonnige Veranda mit Hängematten und eine Gemeinschaftsküche. Überwacht wird das Ganze von den freundlichen Angestellten, die auch Englisch und etwas Deutsch sprechen.

Takha Takha Hotel & Camping   HOTEL, CAMPING $$
(☏ 055-285-1038; www.takhatakha.cl; Caracoles 101-A; Stellplatz 10 000 Ch$/Pers., EZ/DZ 38 400/50 000 Ch$, DZ ohne Bad 14 4000/30 000 Ch$; 🛜 🏊) Beliebte Option – für jeden ist was dabei – mit anständigen Stellplätzen, schlichten Budgetquartieren und blitzsauberen Mittelklassezimmern, die sich um einen großen Blumengarten mit Pool verteilen.

🍴 Essen & Ausgehen

Da Einrichtungen, die nur Alkohol ausschenken, gesetzlich verboten sind, konzentriert sich das Nachtleben auf die Lagerfeuer der Restaurants (Betrieb bis 1 Uhr).

Salon de Te O2   CAFÉ $
(Caracoles 295; Frühstück ab 2500 Ch$, Hauptgerichte ca. 5000 Ch$; ◷ 7–21 Uhr; 🛜) Höhepunkte dieses bunten Cafés unter der Leitung eines französisch-chilenischen Paares sind das sehr frühe Frühstück (ab 7 Uhr), großartige Quiches, saftige Fleischsandwiches und wunderbare Tartes. Im schattigen Hinterhof kann man einen gemütlichen Nachmittag verbringen.

Cafe Peregrino   CAFETERIA $
(Gustavo Le Paige 348; Frühstück ab 3000 Ch$, Sandwiches ca. 4000 Ch$; ◷ 9–20 Uhr; 🛜) Das reizendste Café der Stadt hat an der Plaza ein paar Bänke stehen, die strategisch so positioniert sind, dass man gut Leute beobachten kann. Drinnen gibt's nur vier Tische. Auf der Speisekarte finden sich Pizzas, Salate, Sandwiches, leckere Kuchen und Gebäck. Und, nicht zu vergessen, echter Espresso und Cappuccino!

El Toconar   INTERNATIONAL $
(Ecke Toconao & Caracoles; Hauptgerichte 4000–9000 Ch$; ◷ 12–1 Uhr) El Toconar verfügt über die beste Garten-Location der Stadt (mit Lagerfeuer für kühle Wüstennächte). Zudem gibt es eine umfangreiche Speisekarte, eine hervorragende Auswahl an Cocktails (z. B. *pisco sour* mit verschiedenen Wüstenkräutern), billiges Bier und eine Happy Hour.

El Churruá   PIZZERIA $
(Tocopillo 442; Hauptgerichte 5000–8000 Ch$; ◷ 12.30–23 Uhr) San Pedros beste Pizzas mit dünner Kruste findet man in diesem unscheinbaren kleinen Lokal abseits der Hauptstraße. Es gibt nur wenige Tische, das Warten lohnt aber. Laut Karte gibt's keinen Alkohol, die Angestellten spurten aber gern los und holen im Laden um die Ecke das, wonach es die Gäste dürstet.

★ La Casona   CHILENISCH $$
(www.lacasonadeatacama.cl; Caracoles 195; Mittagstisch 6000–7000 Ch$, Hauptgerichte 8000–10 000 Ch$; ◷ 12–1 Uhr; 🛜) In einem Speisesaal mit hohen Decken, Holzverkleidung

und einem Kamin aus Lehmziegeln in der Mitte werden hier brutzelnde *parrilladas* und chilenische Klassiker wie *pastel de choclo* (Maisauflauf) serviert. Die Liste der angebotenen chilenischen Weine ist lang und auf der kleinen Veranda kann man sein Mittagessen im Freien genießen.

❶ Praktische Informationen

Unbedingt genügend Pesos mit nach San Pedro bringen: Den drei Geldautomaten des Ortes (zwei auf der Caracoles und ein weiterer gegenüber dem Museum) gehen oft die Scheine aus! Wechselstuben mit meist miesen Konditionen säumen die Caracoles; auf der Hauptplaza gibt's Gratis-WLAN.

Oficina de Información Turística (☎ 055-285-1420; Ecke Toconao & Le Paige; ☉ 9–21 Uhr) Hilfreiches Tourismusbüro mit Tipps sowie Stadtplänen und Broschüren. Es liegt ein Infobuch aus, in dem Traveller aktuelles Feedback zu Touranbietern, Hostels, Restaurants, Transportunternehmen usw. hinterlassen können. Unbedingt einen Blick hinein werfen.

Post (Tocanao s/n) Die Adresse wechselt fast jährlich; deshalb am besten Einheimische fragen, wenn sie hier nicht zu finden ist.

Posta Médica (☎ 055-285-1010; Toconao s/n) Örtliche Klinik an der Plaza.

❶ An- & Weiterreise

Buses Atacama 2000 (Licancábur s/n; ☉ 8–19 Uhr) fährt regelmäßig nach Calama (2800 Ch$), wo ein weiterer Bus des Unternehmens nach Uyuni startet. **Buses Frontera del Norte** (Licancábur s/n) bedient neben Calama auch Arica (16 100 Ch$) und Iquique (15 000 Ch$).

Tur Bus (☎ 055-851-549; Licancábur 294) bietet stündliche Verbindungen nach Calama (3000 Ch$) an, wo Anschluss zu allen wichtigen Zielen in Chile besteht. **Andesmar** (☎ 055-259-2692; www.andesmar.com; Licancábur s/n) rollt pro Woche mehrmals nach Salta und Jujuy in Argentinien (ab 30 000 Ch$, 16 Std. mit Wartezeit an der Grenze). **Géminis** (☎ 055-892-049; Toconao 428) bedient auch Salta.

Mehrere Agenturen bieten Shuttles zum Flughafen Calama an. Dafür werden um die 16 500 Ch$ pro Person fällig.

Alle Busse halten in unmittelbarer Nähe der Plaza; ganz San Pedro ist zu Fuß erkundbar.

Rund um San Pedro de Atacama

Rund um San Pedro gibt es immer mehr zu sehen, als hier beschrieben werden kann. Es lohnt deshalb, einige Reisebüros abzuklappern und andere Traveller nach ihren Erfahrungen zu fragen. Im Folgenden sind die beliebtesten Attraktionen aufgeführt.

Die bröckelnden Ruinen der Festung **Pukará de Quitor** (Eintritt 3000 Ch$; ☉ Juni-Aug. 9–19.30 Uhr, Sept.–Mai bis 18 Uhr) aus dem 12. Jh. liegen 3 km nordwestlich von San Pedro de Atacama. Sie sind mit einem Leihfahrrad erreichbar und punkten mit einem tollen Blick auf das Oasenstädtchen. Nach weiteren 3 km beginnt rechts die **Quebrada del Diablo** (Teufelsschlucht), deren gewundener einspuriger Trail ein Traum für Mountainbiker ist.

STERNEGUCKEN IN DER WÜSTE

Rund 40 km östlich von San Pedro de Atacama liegt das flache Chajnantor-Plateau (5000 m) mit dem komplexesten Radioteleskop der Welt: Das **Atacama Large Millimeter/Submillimeter Array** (ALMA; spanisch für „Seele") besteht aus 66 Antennen, von denen die meisten einen Durchmesser von etwa 12 m haben. Dieses Feld aus „Weltraum-Ohren" simuliert ein einzelnes Teleskop mit unglaublichen 16 km Durchmesser. Damit lassen sich Weltraumobjekte aufspüren, die bis zu 100-mal schwächer leuchten als alles bislang Entdeckte. Vor dem Besuch das **ALMA Visitor Center** (☎ in Santiago 02-467-6416; www.almaobservatory.org; Hwy 23, Km 121; frei nach Online-Registrierung) kontaktieren. Der Eintritt ist frei, die Zahl der Besucher aber begrenzt; es gibt eine Online-Registrierung.

Das ALMA ist nur die allerneueste der topmodernen astronomischen Anlagen im Norden Chiles. Die klimatischen Bedingungen in dieser Ecke der Atacama-Wüste sind ideal zum Sternegucken – nicht nur dank wolkenloser Nächte, sondern auch wegen der berechenbaren Winde, die beständig vom Pazifik hereinwehen und nur minimale Turbulenzen verursachen. Dies ist für die Bildqualität elementar wichtig.

Ahlarkapin (☎ 099-579-7816; www.ahlarkapin.cl; Caracoles 151) bietet maßgeschneiderte Beobachtungstouren (max. 12 Pers.) mit Fokus auf der Anden-Kosmologie. Die zweistündigen Touren (Erw./Kind 15 000/10 000 Ch$) werden auf Spanisch und Englisch angeboten. Im Sommer starten sie jeden Abend um 21.30 Uhr (im Winter früher).

Rund 95 km nördlich von San Pedro de Atacama befindet sich mit dem berühmten **El Tatio** (Eintritt 5000 Ch$) das höchstgelegene Geysirfeld der Welt (4300 m). Bei Sonnenaufgang scheint man hier durch ein riesiges Dampfbad zu gehen: Umringt von Vulkanen schießen die 64 gurgelnden Geysire und zahllosen gashaltigen Fumarolen Dampf in den klaren, blauen Himmel über dem Altiplano. Die wirbelnden Dampfsäulen umhüllen Besucher wie in einer infernalen Vision Dantes; das Blubbern, Spritzen und Zischen klingt, als käme es aus einer ganzen Großküche voller fröhlich kochender Kessel. Wenn die Sonne steigt, krönen ihre gebündelten Strahlen die umliegenden Vulkane und erleuchten den wirbelnden Dampf. Unbedingt nach dem Zwiebelprinzip kleiden: In der Morgendämmerung ist es hier empfindlich kalt!

Abends ist der Sonnenuntergang im herrlichen **Valle de la Luna** (Eintritt Erw./Kind 3000/2000 Ch$; ⊙Sonnenaufgang–Sonnenuntergang) ein unvergessliches Erlebnis. Noch hechelnd vom Aufstieg sitzt man hier auf der Spitze einer riesigen Sanddüne und wird Zeuge eines spektakulären Wandels: Der ferne Ring aus Vulkanen, die geriffelte Cordillera de la Sal und die surreale Mondlandschaft des Tales erstrahlen plötzlich in intensiven Violett-, Rosa- oder Goldtönen. Das „Mondtal" verdankt seinen Namen dem mondartigen Terrain, das Wasser- und Winderosion über Jahrmillionen geformt haben. Es liegt am Nordende der Cordillera de la Sal, 15 km westlich von San Pedro de Atacama.

Die zerklüftete Kruste des **Salar de Atacama** wirkt, als ob Gott mit einem Pinsel herumgetupft hätte. Inmitten dieser rauen Kristalle 67 km südlich von San Pedro liegt eine Oase der Aktivität: In der überriechenden **Laguna Chaxa** (Eintritt 5000 Ch$), 67 km südlich von San Pedro, leben drei Flamingoarten (James-, Chile- und Andenflamingos), Regenpfeifer, Blesshühner und Enten.

Die vulkanischen Thermalquellen der **Termas de Puritama** (Eintritt Erw./Kind 15000/7000 Ch$; ⊙9.15–17.30 Uhr) 30 km nördlich der Stadt können mit dem Taxi oder im Rahmen einer geführten Tour erkundet werden. Die Wassertemperatur liegt bei ca. 33 °C und es gibt mehrere Becken und Wasserfälle.

Iquique

♪ 057 / 180 600 EW.

Vor den gelbbraunen Bergen der Küste wirkt das ins Meer hinausragende Iquique, als würde es auf einer Bühne präsentiert. Und tatsächlich hat die Stadt einige Dramen mitgemacht: Man lebte hier ursprünglich von Guano. Im 19. Jh. konnte die Stadt dank des lukrativen Nitrat-Booms herausgeputzt werden; danach verlor sie an Schwung. Heute setzt Iquique auf Kommerz und Tourismus – zu sehen an der zollfreien Mega-Shoppingzone, dem Glamour des funkelnden Kasinos und dem allgegenwärtigen Strandhotelbau. Die wahren Highlights sind jedoch die hübsche Architektur einiger Häuser im georgianischen Stil, die tollen Holzfassaden der Baquedano, der thermische Wind und die super Brandung.

⊙ Sehenswertes & Aktivitäten

Iquiques beliebtester Strand ist die **Playa Cavancha** mit guten Bade- und Bodysurf-Möglichkeiten. Die malerische **Playa Brava** weiter südlich (zu Fuß hingehen oder ein *colectivo* ab dem Zentrum nehmen) eignet sich wegen Rippströmungen und starker Brandung eher nur zum Sonnenbaden.

Im Winter, wenn die Wellen von Norden kommen, ist die beste Zeit zum Surfen und Bodysurfen, möglich ist es aber das ganze Jahr über. Am nördlichen Ende der Playa Cavancha ist der Wettbewerb um die guten morgendlichen Wellen nicht ganz so groß.

Playa Huaiquique am südlichen Stadtrand ist auch eine tolle Wahl, das Wasser ist weiter im Norden Richtung Arica aber wärmer.

Museo Corbeta Esmeralda   MUSEUM
(www.museoesmeralda.cl; Paseo Almirante Lynch; Eintritt 3000 Ch$; ⊙Di–So 10–13 & 14–18 Uhr) Diese Replik der gesunkenen Esmeralda ist Iquiques neuer ganzer Stolz: Im Salpeterkrieg forderte die Besatzung der kleinen chilenischen Korvette mutig die Panzerschiffe Perus heraus. Kapitän der echten Esmeralda war Arturo Prat (1848–1879), dem heute Hunderte Straßen, Plazas und Institutionen ihren Namen zu verdanken haben. Bei Führungen (für Englisch im Voraus buchen) werden das Deck, die Quartiere und der orangefarben beleuchtete Schiffsmotor besichtigt.

Plaza Prat   PLAZA
Auf Iquiques zentraler Plaza ist die übertriebene Pracht, die die Stadt im 19. Jh. prägte, kaum zu übersehen. Der ganze Stolz des Platzes ist der **Torre Reloj** (Uhrenturm) von 1877, der eher so aussieht, als sei er gebacken und dann mit Zucker glasiert als aus Stein erbaut worden. Der Pfad, der nach Süden

Iquique

⊙ Sehenswertes
1 Centro Cultural Palacio Astoreca B3
2 Museo Corbeta Esmeralda B1
3 Plaza Prat B2
4 Torre Reloj B2

⊕ Aktivitäten, Kurse & Touren
5 Magical Tour Chile B3
6 OC Travel B2
7 Vertical B5

🛏 Schlafen
8 Casa Baquedano B4
9 Hotel de La Plaza B3
10 Hotel Velero C2
11 La Casona 1920 .... C5

⊗ Essen
12 Cioccolata B2
13 Club Croata B2
14 El Tercer Ojito B4
15 El Wagón A2
16 M. Koo C3

⊖ Ausgehen & Nachtleben
17 Lobby Resto Bar B2
18 Mi Otra Casa B4

zum neoklassizistischen Teatro Municipal mit seinen Marmorstufen führt, ist von Springbrunnen gesäumt. In dem Theater werden schon seit 1890 Opern und Theaterstücke aufgeführt. Am Eingang zur Plaza steht eine schöne restaurierte Straßenbahn, die in der Hauptsaison ab und zu die Av Baquedano hinuntertuckert.

Centro Cultural Palacio Astoreca
HISTORISCHES GEBÄUDE

(O'Higgins 350; Di-Sa 10-18, So 11-14 Uhr) GRATIS Das Herrenhaus im georgianischen Stil hat mehrere Balkone und wurde 1904 für einen Nitratbaron gebaut. Heute ist es ein Kulturzentrum und birgt die zeitgenössischen Werke einheimischer Künstler. In den opulenten Innenräumen mit hohen Decken gibt's u.a. Holzarbeiten, Kronleuchter und einen riesigen Billardtisch zu sehen.

Altazor
ABENTEUERSPORT

(057-238-0110; www.altazor.cl; Vía 6, Manzana A, Sitio 3, Flugpark, Bajo Molle) Nur 500 m südlich der Universidad del Mar (südlich von Iquiques Innenstadt) bietet Altazor Gleitschirmkurse (42 500 Ch$/Tag inkl. Ausrüstung und Transport) an. Ein Schnupper-Tandemflug kostet 40 000 Ch$. Angeboten werden auch zweiwöchige Kurse sowie die Unterkunft im eigenen, gemütlichen Hostel. Erfahrene Gleitschirmflieger können hier auch Ausrüstung leihen oder ihre eigene reparieren lassen. Die Besitzer Philip und Marlene sprechen Deutsch, Englisch, Portugiesisch und Französisch.

Vertical
SURFEN

(057-237-6031; www.verticalst.cl; Av Arturo Prat 580) Dies ist der örtliche Surfertreff, der Ausrüstung sowohl verkauft als auch verleiht. Für einen Neoprenanzug und ein Brett muss man 12 000 Ch$ (2 Std.) berappen; braucht man nur eines von beidem werden noch 7500 Ch$ fällig. Privatunterricht gibt's ab 24 000 Ch$ (1½ Std.). Vertical bietet auch Surftouren außerhalb der Stadt sowie Sandboarding im Cerro Dragón an, das mit 25 000 Ch$ (3 Std.) zu Buche schlägt.

👉 Geführte Touren

Da viele Attraktionen in der Umgebung mit öffentlichen Verkehrsmitteln nur schwer erreichbar sind, bieten sich geführte Touren an. Im Sommer bewerben Agenturen ihre beliebtesten Angebote an Straßenständen an der Prat und der Baquedano. Beliebte Optionen sind Tagesausflüge zu den Oasenstädtchen Pica, La Tirana und Matilla, im Rahmen derer man auch die alten Nitratminen Humberstone und Santa Laura besucht (25 000 Ch$). Bei einer weiteren coolen Exkursion winkt ein Bad im Thermalwasser von Mamiña (27 000 Ch$).

OC Travel
GEFÜHRTE TOUR

(057-257-3260; www.octravel.cl; Luis Uribe 445, Oficina 2H) Bietet fast alle wichtigen Touren an, darunter auch den beliebten Tagesausflug nach Pica, bei dem auch Humberstone und Santa Laura besucht werden. Auch Tauchausflüge (38 000 Ch$) an der Playa Blanca und Radtouren stehen auf dem Programm, die sowohl durch die Stadt als auch zu den Stränden führen (38 000 Ch$, 6 Std.).

Magical Tour Chile
GEFÜHRTE TOUR

(057-221-7290; www.magicaltour.cl; Baquedano 1035; Ruta del Sol 25 000 Ch$/Pers., Aventura Isluga 50 000 Ch$/Pers.; Mo-Sa 10.30-20 Uhr) Veranstaltet manchmal gruselige Nachttouren zu den *salitreras* (Nitratminen). Los geht's um 20 Uhr, zurück ist man um ca. 2.30 Uhr. Mindestteilnehmerzahl: 10 Personen.

Llamatrekking
KULTUREXKURSION

(Handy 7898-6504; www.llamatrekking.cl) Einfache Ausritte zu umliegende Sehenswürdigkeiten mit Schwerpunkt auf die Aymara-Traditionen des Altiplano. Angeboten werden Tagestouren in nahe gelegene Dörfer, aber auch siebentägige Lamakarawanen.

🛌 Schlafen

Taxifahrer kassieren Provision von manchen Hotels – darum standhaft bleiben, wenn sie nicht so wollen wie man selbst, oder laufen. Nördlich von Iquique ist es möglich, kostenlos am Strand bei Pisagua und Cuya zu campen.

La Casona 1920
HOSTEL $

(057-241-3000; www.casonahostel.com; Barros Arana 1585; B 9000 Ch$, EZ/DZ ohne Bad 14 000/22 000 Ch$; @) Das coole, farbenfrohe Hostel in einer alten *casona* ist Iquiques angesagteste Unterkunft. Hier gibt's Schlafsäle (4-8 Betten), ein paar Doppelzimmer (teils mit Balkons zur Straße, teils mit Blick auf den Hinterhof), eine Gemeinschaftsküche, Poolbillard, Schließfächer, mehrsprachige Angestellte, wöchentliche Sushipartys mit Live-DJs, Salsakurse, Poker- und Filmabende.

Hotel Velero
HOTEL $

(057-234-8067; www.hotelvelero.cl; Latorre 596; EZ/DZ 20 000/30 000 Ch$, ohne Bad 14 000/

22 000 Ch$) Ein super aussehendes Hotel, nur einen kurzen Fußmarsch von der Plaza entfernt. Seinen Boutiqueanspruch kann es zwar nicht ganz erfüllen, die Zimmer sind aber geräumig und haben moderne Einrichtungen. Die Atmosphäre ist im gesamten Hotel durchweg ruhig. Vorab buchen.

Hotel de La Plaza HOTEL $
(057-241-9339; Baquedano 1025; EZ/DZ 20 000/33 000 Ch$; 🛜) Das Gebäude im georgianischen Stil steht an der Fußgängerzone und bietet in seinem Preissegment eines der besten Preis-Leistungs-Verhältnisse der Stadt. Die einladende Lobby hat ein großes Oberlicht, die komfortablen, mittelgroßen Zimmer liegen rund um einen Innenhof.

★ Casa Baquedano HOTEL $$
(057-234-7577; Baquedano 1470; EZ/DZ 35 000/40 000 Ch$; 🛜) Direkt am Ende der Fußgängerzone steht dieses etwas ältere Gebäude mit seinen tollen geräumigen Zimmern, die übergroße Betten, Minibar und moderne Bädern bieten. Die im Erdgeschoss haben zudem noch sehr hohe Decken. Der begrünte Hinterhof rundet das Bild ab.

✖ Essen

Club Croata CHILENISCH $
(Plaza Prat 310; Mittagstisch 4500 Ch$; ⊙ Mo-Sa 10-18 Uhr; 🛜) Das Restaurant an der Plaza mit seinen Bogenfenstern, kroatischen Wappen und einigen Tischen vor der Tür hat den besten Mittagstisch am Platz. Beinhaltet drei Gänge und ein Getränk.

Cioccolata CAFÉ $
(Pinto 487; Snacks 2000-4500 Ch$; ⊙ Mo-Sa 8-22 Uhr; 🛜) Das stilvolle Café beweist, dass Chilenen auch ganz gern einmal einen guten Espresso trinken. Es ist normalerweise proppenvoll und hat auch üppige Frühstücks- und Mittagsangebote, Sandwiches, köstliche Kuchen und Waffeln im Angebot.

M.Koo SÜSSIGKEITEN $
(Latorre 600; Snacks ab 700 Ch$; ⊙ Mo-Sa 8-20 Uhr) Bunter Eckladen, der für seine krümeligen *chumbeques* (für die Region typische süße Kekse) bekannt ist, deren Rezept wie ein Schatz gehütet wird. Im Angebot sind auch Snacks wie *humitas* (Mais-Tamales) und Empanadas.

★ El Wagón CHILENISCH $$
(Thompson 85; Hauptgerichte 8500-10 000 Ch$; ⊙ Mo-Sa 12-15 & 19-24 Uhr) Das Restaurant mit seinem rustikal eingerichteten Speisesaal hat es sich fast im Alleingang zur Aufgabe gemacht, die kulinarischen Traditionen der Region aufrechtzuerhalten. Serviert wird eine fantastische Auswahl an Seafood-Platten, deren Rezepte ihre Inspirationen mal aus Omas Kochbuch, mal von der typischen Hafen- und Minenarbeiterkost nehmen. Teuer, aber lohnenswert.

El Tercer Ojito INTERNATIONAL $$
(www.eltercerojito.cl; Lynch 1420; Mittagstisch unter der Woche 4500 Ch$, Hauptgerichte 7500-9000 Ch$; ⊙ Di-So 12-15, Di-Sa 19-23.30 Uhr; 🛜) Dank des riesigen Quarzklumpens vor der Tür ist dieses lässige Restaurant fast nicht zu übersehen. Serviert werden tolle vegetarische Gerichte, aber auch Fleischliebhaber kommen voll auf ihre Kosten. Das Repertoire basiert auf Inspirationen aus aller Welt und so gibt es z. B. peruanische Gerichte, Thai-Currys und manchmal auch Sushi. Im hübschen, von Bambus überwucherten Innenhof findet man neben Kakteen auch Wandgemälde.

🍷 Ausgehen & Nachtleben

Iquique hat ein lebendiges Nachtleben mit einigen entspannten Restaurant-Bars im Zentrum sowie Kneipen und Nachtclubs, die südlich der Stadt die Küste säumen.

Lobby Resto Bar BAR
(Gorostiaga 142; ⊙ Di-Sa ab 20 Uhr) Die reizende, unkonventionelle Restaurant-Bar hat vier kleine Räume und hinten eine loungeartige Veranda. Gäste freuen sich über die tollen Cocktails (z. B.: Raspirinha mit Himbeeren und Himbeerwodka), die Sushibar, DJ-Sounds am Wochenende, die *tablas* zum Teilen und die allabendliche Happy Hour.

Mi Otra Casa BAR
(Baquedano 1334; ⊙ Di-Sa 15-2 Uhr) Der ruhige, künstlerisch angehauchte Laden am äußersten Ende der Baquedano ist kunterbunt eingerichtet. Die Events reichen von Livemusik bis zu Dichterlesungen.

ℹ Praktische Informationen

Im Zentrum gibt's viele Geldautomaten; mehrere Wechselstuben tauschen Fremdwährungen und Reiseschecks.

Hospital Regional Dr Juan Noé (057-239-5555; Av Héroes de la Concepción 502) Zehn Blocks östlich der Plaza Condell.

Post (Bolívar 458)

Sernatur (057-241-9241; www.sernatur.cl; Pinto 436; ⊙ Sommer Mo-Sa 9-20, So 10-14

Uhr, übriges Jahr Mo–Fr 9–18 Uhr) Hier gibt's Infos, kostenlose Stadtpläne und Broschüren.

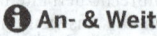 An- & Weiterreise

BUS

Die meisten Busse fahren am **Terminal Rodoviario** (057-242-7100; Lynch) ab. Viele der Busfirmen unterhalten auch Ticketbüros rund um den Mercado Centenario. Diverse Unternehmen wie **Expreso Norte** (057-257-3693; www.expresonorte.cl; Barros Arana 881), **Pullman** (057-242-9852; www.pullman.cl), **Ramos Cholele** (057-247-1628; www.ramoscholele.cl; Barros Arana 851) und **Tur Bus** (057-242-0634; www.turbus.cl; Mercado Centenario) fahren nach Nord-Chile und nach Santiago.

Für Busverbindungen nach La Paz in Bolivien (7000 Ch$, 12 Std.) empfiehlt sich **Lujan** (057-326-955; Esmeralda 999), das unter der Woche zweimal täglich ein Fahrzeuge dorthin schickt. Nach Peru kommt man am einfachsten, wenn man nach Arica (7000 Ch$) fährt und dort einen internationalen Anschlussbus nimmt.

ZIEL	PREIS (CH$)	DAUER (STD.)
Antofagasta	16 000	6
Arica	7000	4
Calama	10 000	6
Copiapó	30 000	14
La Serena	35 000	18
Santiago	45 000	24

FLUGZEUG

Der örtliche **Aeropuerto Diego Aracena** (057-242-6530; www.aeropuertodiegoaracena.cl) liegt 41 km südlich vom Zentrum (über die Ruta 1).

LAN (600-526-2000; www.lan.cl; Pinto 699; Mo–Fr 8.45–14 & 16–18.30, Sa 9.30–13 Uhr) fliegt täglich nach Arica (35 700 Ch$, 50 Min.), Antofagasta (19 500 Ch$, 50 Min.) und Santiago (120 500–200 000 Ch$, 2½ Std.). Etwas günstiger bedient **Sky** (600-600-2828; www.skyairline.cl; Tarapacá 530) ebenfalls Arica, Antofagasta und Santiago sowie weiter südlich gelegene Ziele.

Östlich von Iquique

Landeinwärts von Iquique sprenkeln Geisterstädte die Wüste. Das sind gruselige Überreste einst blühender Bergbausiedlungen, deren Bewohner das weiße Gold der Atacama abbauten: Nitrat. Unterwegs zeugen außerdem prähispanische Erdzeichnungen davon, dass hier vor Jahrhunderten schon Menschen waren. Noch weiter landeinwärts tauchen dann mehrere malerische Dörfer mit Thermalquellen in der Ödnis auf.

Falls man nur eine Attraktion außerhalb von Iquique besucht, sollte dies **Humberstone** (www.museodelsalitre.cl; Erw./Kind 2000/500 Ch$; 9–19 Uhr) 45 km weiter nordöstlich sein: Seit dem Ende des Nitrat-Booms vor langer Zeit ist diese Geisterstadt von 1872 nur noch ein gespenstisches Gerippe. Während ihrer Blütezeit in den 1940er-Jahren traten im hiesigen Theater Schauspieler aus Santiago auf, und Arbeiter konnten sich in einem riesigen gusseisernen Schwimmbecken erholen, das aus dem Rumpf eines geborgenen Schiffswracks angefertigt war. Hinzu kamen viele weitere Einrichtungen, die es bis heute in den wenigsten Kleinstädten gibt. Die Entwicklung synthetischer Nitrate führte 1960 zur endgültigen Schließung der *oficina*. Manche Gebäude sind heute renoviert, andere aber instabil – bitte vorsichtig erkunden! Wegen der Empfindlichkeit des noch Vorhandenen ist der Ort mittlerweile als UNESCO-Welterbestätte geschützt. Die skelettartigen Überreste der **Oficina Santa Laura** liegen 30 Gehminuten südwestlich. Ab der Ostseite des Mercado Centenario in Iquique fahren *colectivos* Richtung Pozo Almonte nach Humberstone; um zurück zu kommen, einfach zur Bushaltestelle am Ortseingang gehen und einen beliebigen Bus mit Kennzeichnung „Iquique" nehmen (2000 Ch$)!

Rund 14 km östlich von Huara ziert eine gigantische Erdzeichnung die Hänge des Cerro Unita: Mit 86 m ist **El Gigante de Atacama** (Riese der Atacama) die weltgrößte archäologische Darstellung eines Menschen; Experten datieren die Figur auf ca. 900 n.Chr. Aus dem blockartigen Kopf des mächtigen Schamanen scheinen Strahlen auszutreten; die dünnen Gliedmaßen umklammern einen Pfeil und einen Medizinbeutel. Den besten Blick auf die Figur hat man vom Fuß des Berges in einigen Hundert Meter Entfernung. Hierher geht's per Taxi oder geführter Tour.

Inmitten der trostlosen Atacama-Pampa säumen weitläufige Haine aus Tamarugos (*Prosopis tamarugo*) die Panamericana südlich von Pozo Almonte. Solche Wälder bedeckten einst Tausende Quadratkilometer, wurden aber beim Minenbau fast ganz abgeholzt. Heute stehen die Bäume unter dem Schutz der **Reserva Nacional Pampa del Tamarugal**. Dort gibt es außerdem an einem Hang bei **Pintados** (Erw./Kind 2000 Ch$/

frei; ⊙10–16 Uhr) 420 restaurierte Erdzeichnungen von Menschen, Lamas und geometrischen Mustern zu sehen. Pintados ist ein verfallener Nitratbahnhof mit Gebäuderuinen und rostendem Fuhrpark. Es liegt rund 4,5 km westlich der Panamaricana am Ende einer Schotterpiste, die fast genau gegenüber der östlichen Abzweigung nach Pica beginnt.

Wie ein grüngelber Tupfen auf einer staubigen Leinwand erstreckt sich **Pica** etwa 113 km südöstlich von Iquique. Berühmt ist die Oase wegen ihrer Pica-Limetten, deren säuerlicher Saft in jeden leckeren *pisco sour* gehört. Mit einem frischen Fruchtdrink in der Hand können Tagesausflügler vergnügt im Süßwasserschwimmbad **Cocha Resbaladero** (Eintritt 2000 Ch$; ⊙9–20 Uhr) planschen.

Rund 125 km östlich von Iquique – allerdings nicht an der Straße in Richtung Pica – liegt **Mamiña** mit Thermalquellen, einer Kirche aus dem 17. Jh. und der präkolumbischen Festung **Pukará del Cerro Inca**. Das seltsam gestufte Dorf besteht aus einem oberen und einem unteren Teil: Ersterer umgibt den Felsen mit der **Iglesia de San Marcos** von 1632; der Bereich mit den Thermalquellen liegt dagegen tief drunten im Tal.

Arica

📞 058 / 210 200 EW.

Das Klima im wunderbar entspannten Arica ist das ganze Jahr über warm und sonnig. Gegen Abend lockt die kühle Fußgängerzone zum Flanieren und nicht weit vom Zentrum entfernt finden sich ganz gute Strände mit zuckerbraunem Sand. Zudem gibt's hier einige halsbrecherische Wellen und bei El Morro kann man oben auf der Klippe ein Schlachtfeld aus dem Salpeterkrieg besichtigen. Vielleicht möchte man ja noch einen Tag dranhängen bevor es weiter in den wunderschönen Parque Nacional Lauca geht.

⊙ Sehenswertes & Aktivitäten

Ein Teil der 21 de Mayo ist eine Fußgängerzone.

★ Museo de Sitio Colón 10   MUSEUM
(Colón 10; Erw./Kind 2000/1000 Ch$; ⊙ Jan.-Feb. Di–So 10–19 Uhr, März–Dez. Di–So bis 18 Uhr) Das Minimuseum unterhalb von El Morro zeigt 32 ausgegrabene Chinchorro-Mumien an deren originalem Fundort. Sie wurden entdeckt, als ein Architekt dieses ehemalige Wohnhaus kaufte und es in ein Hotel umwandeln wollte. Unter einem Boden aus Glas sind die Körper exakt so ausgestellt, wie sie im Sand entdeckt wurden – in verschiedenen Positionen mit Mumienhüllen, Fellen und Seevogelfedern.

El Morro de Arica   AUSSICHTSPUNKT
Der imposante, kaffeefarbene Felsbrocken erhebt sich 110 m oberhalb der Stadt. Hier kann man die Stadt, den Hafen und das Meer von oben sehen und sich dabei einen tollen Überblick über die Umgebung verschaffen. An dieser Landzunge am Pazifik fand 1880 eine entscheidende Schlacht im ein Jahr später zu Ende gehenden Salpeterkrieg statt. Dabei griff die chilenische Armee El Morro an und eroberte es in weniger als einer Stunde von den peruanischen Truppen.

Catedral de San Marcos   KIRCHE
(San Marcos 260, Plaza Colón; ⊙Mo–Fr 8.30–21, Sa 11–13, So 9–13 & 19.30–21 Uhr) Die Kirche im gotischen Stil ist gleich für drei Dinge bekannt. Erstens wurde sie von dem Pariser Ingenieur Alexandre Gustave Eiffel entworfen, noch bevor dieser mit seinem Eiffelturm berühmt wurde. Zweitens wurde sie in den 1870er-Jahren in Eiffels Werkstatt in Paris hergestellt (auf Bestellung des peruanischen Präsidenten) und dann kurzerhand einmal um die Welt geschifft, um hier aufgestellt zu werden. Noch kurioser ist der Bau selbst: Die gesamte Kirche wurde aus Gusseisen gestanzt und geformt und dann mit Farbe lackiert.

Strände
Die besten Bade- und Relaxstrände, die südlich der Stadt die Av Comandante San Martín säumen, sind **Playa El Laucho** gleich hinter dem Club de Yates und die schöne, geschützte **Playa La Lisera** gleich daneben mit Umkleiden und Duschen.

Nördlich vom Zentrum ist der Sand gröber, aber sauberer als die Strände im Süden. An der 2 km entfernten **Playa Chinchorro** gibt's teure Restaurants und Jetski-Verleiher. Noch ein paar Kilometer weiter nördlich treffen sich Surfer an der **Playa Las Machas**, die mit Bus 12 oder 14 ab der 18 de Septiembre erreichbar ist (an der Ecke Av Antarctica/España aussteigen).

👉 Geführte Touren

Raíces Andinas   GEFÜHRTE TOUR
(📞 058-223-3305; www.ecotourexpediciones.cl; Héroes del Morro 632; ⊙ Mo–Sa 9–12 & 15–18 Uhr) Dieses gut organisierte Unternehmen ist auf mindestens zweitägige Touren spezialisiert – und diese sind sehr zu empfehlen, da sie

ein besseres Verständnis der hiesigen Kultur fördern. Im Angebot sind u. a. Expeditionen nach Sajama in Bolivien (über Lauca) oder Abenteuertrips zum Salar de Uyuni. Es gibt auch einige Leihfahrräder (8000 Ch$/Tag).

Chinchorro Expediciones BOOTSTOUR
(058-223-3404; chinchorroexpediciones@gmail.com; Muelle Pesquero; 8–16 Uhr) Dieser Anbieter ist auf marine Exkursionen spezialisiert und hat dreistündige Meeressafaris (mit Picknicken, Schwimmen und Kajakfahren) im Programm, die am Fischerkai starten. Hinzu kommen zweitägige Campingtrips im Jeep nach Caleta de Camarones mit Wanderungen zu unberührten Stränden, vergessenen Fischerdörfern und archäologischen Stätten.

Schlafen

Arica Surfhouse HOSTEL $
(058-231-2213; www.aricasurfhouse.cl; O'Higgins 661; B 12 000 Ch$, EZ/DZ 25 000/36 000 Ch$, ohne Bad 20 000/30 000 Ch$; @) Eines von Aricas besten Hostels und zugleich der örtliche Surfertreff. Es gibt eine Reihe von sauberen Zimmern, einen tollen Gemeinschaftsbereich im Freien, rund um die Uhr warmes Wasser und einen Wäscheservice. Im Winter wird sogar ein Shuttle-Service zum Strand angeboten und das Personal kann Surfkurse und Leihausrüstung vermitteln.

Hostal Jardín del Sol HOTEL $
(058-223-2795; www.hostaljardindelsol.cl; Sotomayor 848; EZ/DZ 15 000/29 000 Ch$; @) Dieses Hotel gibt es schon seit Jahr und Tag und dennoch wird es seinem Ruf als eine der besten Budgetoptionen der Stadt weiterhin gerecht. Die Zimmer sind klein, aber makellos sauber und haben Ventilatoren. Auf der grünen Veranda, der Terrasse im Obergeschoss, in der Gemeinschaftsküche und im Wohnzimmer trifft man immer einige Gäste an. Es gibt einen Büchertausch und viele Infos für Traveller.

El Buey Hostal HOSTEL $$
(058-232-5530; www.elbueyhostal.com; Punta del Este 605, La Lisera; B/EZ/DZ 14 000/20 000/45 000 Ch$; @) Das weiß verputzte Haus im mediterranen Stil steht zwischen den Wohnhäusern am Hang über der Playa La Lisera. Aricas coolste Strandunterkunft richtet sich mit seinen Hartholzböden, traumhaften Terrassen, dem Blick aufs Meer und der Dachterrasse mit Hängematten an Surfer mit Stil. Für 131 000 Ch$ kann man gleich eine ganze Etage mit Platz für acht Personen mieten.

Essen & Ausgehen

Traditionelle Mittagsgerichte mit Meeresfrüchten gibt's an der **Muelle Pesquero**, dem Fischerkai Aricas. Achtung: Das Leitungswasser der Stadt ist voller Chemie – darum immer Mineralwasser kaufen! Viele der angesagtesten Bars und Discos säumen die Playa Chinchorro.

Mata-Rangi SEAFOOD $
(Muelle Pesquero; Tagesmenü 4000–5000 Ch$, Hauptgerichte 5000–6500 Ch$; Mo-Sa 12–16 Uhr) In liebenswürdiger Bretterbuden-Atmosphäre am Hafen beim Fischerkai serviert das Mata-Rangi hervorragende Meeresfrüchtegerichte. Überall im luftigen Speisesaal und auf der kleinen Terrasse über dem Meer hängen Windspiele. Wer nicht auf einen Tisch warten möchte, sollte früh da sein.

Cafe del Mar CAFETERIA $
(21 de Mayo 260; Hauptgerichte 3000–5000 Ch$; Mo-Sa 9–22 Uhr;) Eine gute Auswahl an

---

ℹ️ EINREISE NACH PERU & BOLIVIEN

Von Arica (Chile) nach Tacna (Peru) gelangen Traveller per Zug, Bus oder *colectivo* (Sammeltaxi). Der Übergang bei Tacna (geöffnet Mo–Do 8–24, Fr–So 24 Std.) wird von Bussen mit internationalen Routen angefahren, die hier einfach über die Grenze fahren. Langstrecken bucht man am besten direkt in Tacna – da ist es günstiger. Zugpassagiere erledigen die Einwanderungs- und Zollformalitäten in den Bahnhöfen. Wichtig: Reisepass und Touristenkarte griffbereit halten und mitgeführtes Obst oder Gemüse vor dem Grenzübertritt aufessen. Peru liegt zeitmäßig eine Stunde hinter Chile.

Die beliebteste Route von Chile nach Bolivien führt über den Parque Nacional Lauca bzw. den Grenzübergang Chungara–Tambo Quemado (Einreisestelle 8–21 Uhr geöffnet). Die meisten internationalen Busse starten morgens. Alternativ nimmt man ein chilenisches Taxi von Putre nach Chungara, geht zu Fuß über die Grenze und sucht sich ein bolivianisches Nahverkehrsmittel in Tambo Quemado.

Infos zur Grenzüberquerung in entgegengesetzter Richtung finden sich auf S. 896.

Burgern, Sandwiches und Salaten und dazu einer der besten Kaffees der Stadt. Nebenan gibt's eine der besten Eiscremes Aricas.

★ Los Aleros de 21   CHILENISCH $$

(21 de Mayo 736; Hauptgerichte 7000–12 000 Ch$; ⊙Mo-Sa 12–15.30 & 19–23.30 Uhr; ☎) Eines der besseren Restaurants in Arica ist das Los Aleros de 21, das eine gute Auswahl an Fleisch und Seafood sowie einige Pasta- und Hühnchengerichte auftischt. Hat auch eine gute Weinkarte.

Así Sea Club   BAR

(San Marcos 251; ⊙Mi–Sa ab 21 Uhr) In einem großen historischen Stadthaus versteckt sich diese etwas protzige Bar mit einem Hinterhof und verschiedenen Räumen, die noch mit Originaldetails ausgestattet sind. Im Angebot sind verschiedene *tablas* (4200–9000 Ch$), Cocktails und chilenische Weine. Dazu gibt's Loungemusik.

ⓘ Praktische Informationen

Entlang der Fußgängerzone (21 de Mayo) gibt's zahlreiche Geldautomaten, die rund um die Uhr in Betrieb sind, sowie *cambios*.

Arica ist zwar sehr sicher, ist aber für seine Taschendiebe bekannt: An Busbahnhöfen und Stränden ist besondere Vorsicht geboten.

Hospital Dr Juan Noé (☎ 058-223-2242; 18 de Septiembre 1000) Etwas östlich des Stadtzentrums.

Post (Prat 305) In einer Gasse zwischen Pedro Montt und Prat.

Sernatur (☎ 058-225-2054; infoarica@sernatur.cl; San Marcos 101; ⊙Jan.–Feb. Mo–Fr 9–20, Sa 10–14 Uhr, März–Dez. 9–18 Uhr) Freundliche Filiale mit einigen Broschüren zu Tarapacá und anderen Regionen Chiles.

ⓘ An- & Weiterreise

BUS

Arica hat zwei Hauptbusbahnhöfe: Die meisten Unternehmen am **Terminal Rodoviario de Arica** (Terminal de Buses; ☎ 058-222-5202; Diego Portales 948) bedienen chilenische Ziele in Richtung Süden. Der **Terminal Internacional de Buses** (☎ 058-224-8709; Diego Portales 1002) nebenan wickelt internationale und ein paar regionale Verbindungen ab. Ab der Maipú oder San Marcos fährt *colectivo* 8 zu den Busbahnhöfen. Ein Taxi kostet um die 3000 Ch$.

Am Terminal Rodoviario de Arica sind einige Busunternehmen vertreten, die südwärts nach Santiago fahren. Zu den größten gehören Pullman, Flota Barrios, Ramos Cholele und Tur Bus.

La Paloma (☎ 058-222-2710; Riesco 2071) fährt direkt nach Putre (3500 Ch$, 1½ Std., 7 Uhr). Vom internationalen Terminal geht's mit **Adsubliata** (☎ 058-226-2495) nach Tacna in Peru (2000 Ch$, alle 30 Min.). **Chile Bus** (☎ 058-226-0505) ist die schnellste und bequemste Option, um nach La Paz in Bolivien zu kommen, **Trans Salvador** (☎ 058-224-6064) fährt aber günstiger dorthin. Auf dieser Route kann man sich unterwegs am Parque Nacional Lauca absetzen lassen, berappt aber wohl trotzdem den vollen Preis bis La Paz. **Buses Géminis** (☎ 058-351-465) im Hauptterminal schickt Fahrzeuge nach Salta und Jujuy in Argentinien (42 000 Ch$, mehrmals wöchentlich).

ZIEL	PREIS (CH$)	DAUER (STD.)
Antofagasta	18 000	10
Calama	15 000	9
Copiapó	24 000	18
Iquique	7000	4
La Paz, Bolivia	8000	9
La Serena	25 000	23
Santiago	30 000	27

FLUGZEUG

Der Flughafen Chacalluta liegt 18 km nördlich der Stadt. Mit **LAN** (☎ 600-526-2000; www.lan.com; Arturo Prat 391) geht's mehrmals täglich nach Santiago (225 000 Ch$, 2½ Std.). **Sky** (☎ 600 600-2828; www.skyairline.cl; 21 de Mayo 356) ist bei Inlandsflügen günstiger, startet aber seltener; fliegt auch nach La Paz in Bolivien.

ZUG

Estación Ferrocarril Arica-Tacna (☎ 097-633-2896; Av Máximo Lira 791) Züge nach Tacna (1200 Ch$, 1½ Std., Mo–Sa 9 & 19 Uhr) fahren von der Estación Ferrocarril Arica-Tacna ab.

Ruta 11 & Putre

An den kahlen Hängen des Lluta-Tals befinden sich Erdzeichnungen; außerdem liegen hier Poconchile mit seiner erdbebengeplagten Kirche aus dem 17. Jh. und die Ruinen der Festung Pukará de Copaquilla (erb. im 12. Jh.) am Rand einer Schlucht. Die Browningia-Kakteen dazwischen blühen nur einmal im Jahr für 24 Stunden – wer die Blüte bewundern kann, hat also sehr viel Glück.

In Poconchile bietet sich ein Abstecher zur leicht surrealen „Ökosiedlung" und Yogaschule Eco-Truly (☎ 096-875-0732; www.ecotrulyarica.cl; Sector Linderos, Km 29; Stellplatz 3000 Ch$/Pers., Zi. inkl. Frühstück 8000 Ch$) an, die mittags üppige Probiermenüs ohne Fleisch serviert (4000 Ch$).

Das Aymara-Dorf Putre (1980 Ew.; 3530 m) liegt 150 km nordöstlich von Arica und ist eine nette Zwischenstation zum Akklimatisieren. Hier gibt's eine Post und ein Callcenter, aber nur eine Bank – deshalb sollte man genügend Bares aus Arica mitbringen. Hauptstraße ist die Bacquedano.

In der ruhigen Dorfatmosphäre kann man zwischen uralten, mit Steinen befestigten Terrassenfeldern voller Luzerne und Oregano umherwandern. Unter den kolonialzeitlichen Bauten ist z. B. die restaurierte Iglesia de Putre (erb. 1670) aus Lehmziegeln. Beim fröhlichen Karneval im Februar gibt es hier jede Menge Livemusik – und explodierende Mehlbomben.

Flavio von Terrace Lodge & Tours (058-258-4275; www.terracelodge.com; Circunvalación 25) veranstaltet einige tolle Führungen zu versteckten Zielen in Putres direkter Umgebung oder auch weiter nördlich. Die stilvolle, umweltbewusste Terrace Lodge & Cafe (058-258-4275; www.terracelodge.com; Circunvalación 25; EZ/DZ 29000/34000 Ch$; @) ist zudem eine nette Unterkunft, wenn man ein paar Tage bleiben möchte. Preiswerte Übernachtungen gibt's in der Residencial La Paloma (058-222-2710; lapalomaputre@hotmail.com; O'Higgins 353; Zi. pro Pers. mit/ohne Bad 10000/8000 Ch$; P), die zwar heiße Duschen, dafür aber laute Zimmer hat.

Das ungezwungene Cantaverdi (Arturo Perez Canto 339; Mittagstisch 4500 Ch$, Hauptgerichte 4500–6500 Ch$; 12–22 Uhr) an der Hauptplaza bietet Hausmannskost, humitas, einen knisternden Kamin und WLAN. Kuchu Marka (Baquedano 351; Mittagstisch 4000 Ch$, Hauptgerichte ab 6000 Ch$; 12–22.30 Uhr) hat hochwertige Gerichte der Altiplano-Küche (z. B. Quinoa und Alpaca-Steaks) auf der Speisekarte stehen sowie guten Kaffee.

Achtung: In der Regenzeit (Mitte Dez.–Feb.) wird in Putre der Betrieb sehr stark gedrosselt!

Buses La Paloma (058-222-2710; Germán Riesco 2071) verbindet Arica täglich mit Putre (3500 Ch$; hin 7 Uhr, zurück 14 Uhr). Nahe dem Dorf halten zudem einige international verkehrende Busse auf der Route Arica–La Paz; die Weiterreise nach Bolivien ist jedoch mit den Ticketbüros an Aricas Busbahnhof abzustimmen.

Parque Nacional Lauca

Diesige Höhen, verschneite Vulkane, einsame Thermalquellen und schimmernde Seen machen diesen Nationalpark (1380 km², Höhendifferenz 3000–6300 m) zu einem echten Juwel. Hier, ungefähr 160 km nordöstlich von Arica, tummeln sich Vikunja-Herden, Viscachas und Vogelarten wie Flamingos, Riesenblässhühner oder Andenmöwen. Hinzu kommen eindrucksvolle kulturelle und archäologische Wahrzeichen.

Die hiesige Hauptattraktion ist der schimmernde, flache Lago Chungará (4517 m), der durch erkaltete Lavaströme entstanden ist, die das Schmelzwasser vom Volcán Parinacota (6350 m) aufstauen. Dessen herrlich verschneiter Kegel ragt unmittelbar nördlich des Sees empor. Die Laguna Cotacotani wurde inzwischen teilweise von Chiles nationaler Elektrizitätsgesellschaft trocken gelegt. Dennoch sieht man an ihren Ufern bis heute viele Vogelarten und vereinzelte Haine von *queñoa* (einer der Bäume, die noch in extremsten Höhen wachsen). Parinacota lädt mit Kopfsteinpflasterstraßen und weiß verputzten Lehmziegelhäusern zum Bummeln ein. Mit etwas Glück besorgt der Guide auch den Schlüssel für die unbestrittene Zier des schmucken Aymara-Nests – die kolonialzeitliche Kirche aus dem 17. Jh., die im Jahr 1789 wieder aufgebaut wurde.

Der Aussichtspunkt von Las Cuevas am westlichen Parkeingang wird durch eine Skulptur markiert, eine Art *zampoña* (Panflöte), die auf einer Treppe zu balancieren scheint. Im Rahmen mancher Touren kann man kurz in den hübschen Termas Jurasi (Erw./Kind 2000/1000 Ch$, tagsüber) plantschen, deren Thermalquellen und Schlammbäder sich rund 11 km nordöstlich von Putre in der Felslandschaft finden.

Ab Arica bieten einige Tourveranstalter auch kurze Tagesausflüge mit spätem Abendessen in Putre an (ab 20000 Ch$, hin ca. 7.30 Uhr, zurück ca. 20.30 Uhr). Doch Vorsicht: Da Arica auf Meereshöhe liegt, sind solche Blitztrips eine Garantie für die Höhenkrankheit *(soroche)*. Häufig wird einem beim Aufsteigen auf hohe Höhenlagen ohne angemessene Akklimatisierung schlecht. Am Vortag und am Reisetag selbst sind Rauchen, Alkohol oder übermäßiges Essen zu vermeiden. Wegen der längeren Akklimatisierungszeit stellen Touren mit mindestens einer Übernachtung in Putre eine deutlich bessere Option dar. Selbstfahrer brauchen Frostschutzmittel und genügend Reservesprit.

ZENTRALES CHILE

Viele Traveller lassen das chilenische Kernland mit seinen vielen Obstgärten und Weinbergen auf dem Weg in fernere Gefilde links liegen. Befände sich diese Region aber irgendwo anders auf der Welt, bekäme sie wohl deutlich mehr Aufmerksamkeit: Die überreichen Ernten im fruchtbaren Valle Central füllen Lebensmittelauslagen von Anchorage bis Tokio. Zudem winken hier Weinproben, tolle Ski- und Surfmöglichkeiten und unberührte Nationalparks.

Dieser Teil Chiles lag im Epizentrum des Erdbebens vom Februar 2010 – Städte wie Concepción, Talca und Curicó waren damals am stärksten betroffen. Obwohl sich die Region größtenteils wieder erholt hat, sieht man hier und da immer noch Spuren der Zerstörung.

Valle de Colchagua

Mit rund 20 Weingütern, die ihre Kellertüren für Besucher öffnen, ist das Colchagua-Tal die größte und etablierteste Weinbauregion des Landes. Mächtige Lehmböden, jede Menge Wasser, trockene Luft, strahlende Sonne und kühle Nächte lassen hier einige der besten roten Weintrauben Chiles sprießen. Viele Traveller auf Weinprobentour übernachten in Santa Cruz.

Santa Cruz

072

Chiles Winzerei- und Weintourenzentrum ist ein recht verschlafener Ort mit einem malerischen Hauptplatz. Auf Letzterem bringt die lebhafte **Fiesta de la Vendimia** (Weinlesefest) Anfang März kräftig Schwung in den Laden.

Die große, sehenswerte Sammlung des **Museo de Colchagua** (072-821-050; www.museocolchagua.cl; Errázuriz 145; Erw./Kind 7000/3000 Ch$; 10–19 Uhr) beinhaltet z. B. Waffen, religiöse Artefakte, Silbergegenstände der Mapuche, Ausrüstung der *huasos* (Cowboys) und menschenähnliche Keramikfiguren aus dem ganzen präkolumbischen Lateinamerika. Besonders interessant ist die Ausstellung *El Gran Rescate* (Die Große Rettung): Sie dokumentiert die Rettung der 33 Bergleute, die im Oktober 2010 rund 700 m unterhalb der San-José-Mine verschüttet worden waren.

Ruta del Vino (823-199; www.rutadelvino.cl; Plaza de Armas 298; Mo–Fr 9–18, Sa & So 10–18 Uhr) am Hauptplatz ist eine äußerst hilfreiche Infoquelle: Neben Details zu den regionalen Weingütern gibt's hier auch Verkostungstouren (ab 26 900 Ch$), die spätestens 48 Stunden vor Beginn reserviert werden müssen. Der Hin- und der Rückweg zu bzw. von den Winzereien sind jedoch jeweils nicht im Grundpreis enthalten – inklusive Mittagessen und Transport kostet eine ganze Tour daher mindestens 89 000 Ch$. Wer mit näher gelegenen Weingütern zufrieden ist, kann diese mit einem Taxi besuchen. In Santa Cruz sind keine Mietwagen erhältlich; eine Option besteht darin, mit einem Leihvehikel aus Santiago selbst durch die Rebenregion zu fahren (auch wenn man an einer geführten Tour teilnehmen möchte).

Vom **Busbahnhof** (Rafael Casanova 478) vier Blocks westlich der Stadt-Plaza fährt **Buses Nilahué** (www.busesnilahue.cl) zweimal pro Stunde nach Pichilemu (4000 Ch$, 3½ Std.) und Santiago (7000 Ch$, 4 Std.).

Weingüter des Colchagua-Tals

Erlesene Weingüter lassen sich gut im Rahmen einer geführten Tour mit Ruta del Vino erkunden. Wer eine Führung direkt beim Weingut buchen möchte, sollte dies frühzeitig tun. Ein Besuch bei **Viu Manent** (02-840-3181; www.viumanent.cl; Carretera del Vino, Km 37; Verkostung 10 000 Ch$; Führungen 10.30, 12, 15 & 16.30 Uhr) nahe Santa Cruz beinhaltet eine Fahrt per Pferdekutsche durch die Weinberge. Bei **Emiliana** (Handy 9225-5679; www.emiliana.cl; Camino Lo Moscoso s/n, Placilla; Führung zu biologisch-dynamischem Anbau inkl. 4 Probiergläschen 10 000 Ch$; Führungen 10.30, 11.30, 12.30, 14.30 & 16.30 Uhr) erhält man einen Einblick in biologisch-dynamische Anbaumethoden. **Lapostolle** (072-295-5330; www.lapostolle.com; Apalta Valley; Führung 20 000 Ch$, Mittagsmenü 40 000–60 000 Ch$, Zi. 1500 US$; 10.30–17.30 Uhr) bietet in seinem sechsstöckigen Komplex an einem Hügel über dem Valle Apalta eine exzellente Verkostungstour an.

Pichilemu

072 / 12 500 EW.

Wellengötter und -göttinnen surfen ganzjährig in der eiskalten Brandung vor Chiles inoffizieller Surferhauptstadt. Normalsterbliche Strandliebhaber zieht es hingegen nur von Dezember bis März an die langen schwarzen Sandstrände. Pichilemus entspannte Atmosphäre und wunderbare Wel-

Zentrales Chile

len lassen einen schnell begreifen, warum so viele Surfer hierherkommen.

„Pichis" westlichster Teil ragt hinaus ins Meer und bildet mit **La Puntilla** den am nächsten gelegenen Surfspot. Die **Escuela de Surf Manzana 54** (Handy 9574-5984; www.manzana54.cl; Av Costanera s/n; Tagesmiete Surfbrett & Ausrüstung 7000–8000 Ch$, 2-stündiger Surfkurs 10 000 Ch$) bietet hier Kurse und Leihausrüstung an. Richtung Nordosten säumt der ruhige Hauptstrand, die Playa Principal (Haupt-Strand), das Zentrum. Die längere, rauere **Playa Infiernillo** in Richtung Süden ist für schnelle Strömungen und gefährlichere Wellen bekannt. Die besten lokalen Surfmöglichkeiten bietet die **Punta de Lobos** in 6 km südlicher Luftlinie von Pichi; dorthin muss man jedoch selbst fahren oder trampen.

In der Stadt steht z. B. das hübsche und günstige **Hotel Chile España** (072-41-270; www.chileespana.cl; Av Ortúzar 255; EZ/DZ/3BZ 20 000/35 000/50 000 Ch$; @), in dem heu-

te vor allem ältere Touristen absteigen. Die schönen Hütten des weitläufigen **Cabañas Guzmán Lyon** (072-284-1068; www.cabanasguzmanlyon.cl; San Antonio 48; EZ/DZ/3BZ 40 000/45 000/55 000 Ch$;) gegenüber haben Privatveranden mit tollem Meer- und Seeblick. Im Sommer haben zudem günstige *residenciales* (Budgetunterkünfte) in ganz Pichi geöffnet. Unten nahe den Surfbreaks buhlen mehre Hostels um Gäste – darunter das **Pichilemu Surf Hostal** (Handy 9270-9555; www.surfhostal.com; Eugenio Diaz Lira 167; B/EZ/DZ inkl. Frühstück 13 000/30 000/45 000 Ch$;) Ebenfalls vor Ort: **El Puente Holandés** (Handy 9270-0955; Eugenio Díaz Lira 167; Hauptgerichte 3500–6900 Ch$; 9–23 Uhr, Juni-Aug. geschl.). Dessen Terrasse eignet sich ideal für ein Bierchen bei gegrilltem Wolfsbarsch oder zu Seafood-Ravioli.

Zurück in der Stadt serviert die Pizzeria **Pulpo** (Ortúzar 275; Hauptgerichte 6900–7900 Ch$, Mittagsmenü 2000–4000 Ch$; Do–So 12–1;) knusprig-dünne Pizzas. **La Casa**

de las Empanadas (Aníbal Pinto 268; Empanadas 1200–1900 Ch$) in der Stadt ist ein fröhlicher Take-away mit üppigen, leckeren Empanadas (z. B. *machas y queso* bzw. Amerikanische Schwertmuscheln und Käse).

Vom **Terminal de Buses** (072-841-709; Ecke Av Millaco & Los Alerces) an Pichilemus Rand fahren Busse regelmäßig nach Santiago (5500 Ch$, 4 Std.), Santa Cruz (3000 Ch$, 3 Std.) und San Fernando (4000 Ch$, 3½ Std.), wo Anschluss Richtung Norden oder Süden besteht.

Curicó
075 / 244 100 EW.

Das ruhige Curicó lockt Besucher an, die sich für die regionalen Weingüter und die herrliche Reserva Nacional Radal Siete Tazas interessieren. Die bekannteste Attraktion ist die hübsche **Plaza de Armas** mit Palmen, Andentannen, einem tollen schmiedeeisernen Musikpavillon aus dem frühen 20. Jh. und einer Holzstatue des Mapuche-Häuptlings Toqui Lautaro. Leider zerstörte das Erdbeben vom Februar 2010 bis zu 90 % der älteren Gebäude im historischen Zentrum.

Beim **Festival de la Vendimia** (Weinlesefest) im Frühherbst erwacht Curicó zum Leben. **Ruta del Vino Curicó** (075-232-8977; www.rutadelvinocurico.cl; Carmen 727, Hotel Raíces) organisiert Touren zu Weingütern in der Umgebung.

Das große **Hotel Prat** (075-231-1069; www.hotelpratcurico.cl; Peña 427; EZ/DZ 25 000/35 000 Ch$, mit Gemeinschaftsbad 15 000/25 000 Ch$; 🌐) ist eine günstige Übernachtungsoption nicht weit von der Plaza entfernt. Etwas mehr Komfort bietet das **Hostal Viñedos** (075-326-785; www.hostalvinedos.cl; Chacabuco 645; EZ/DZ/3BZ 30 000/40 000/45 000 Ch$; 🌐🍴) mit Weindekor, hellen Zimmern und federnden Betten. Es liegt außerhalb der Stadt in ländlicher Umgebung.

Der **Terminal de Buses** (Ecke Prat & Maipú) und der **Bahnhof** (Maipú 657) liegen vier Blocks westlich der Plaza de Armas. Täglich fahren sieben Züge nach Santiago (ab 5600 Ch$, 2¼ Std.) und Chillán (ab 8000 Ch$, 2½ Std.). Für Bustouren nach Santiago (3900 Ch$, 2½ Std., ca. alle 30 Min.) empfiehlt sich **Tur Bus** (600-660-6600; www.turbus.cl; Av Manso de Velasco 0106).

Um zur Reserva Nacional Radal Siete Tazas zu gelangen, fährt man vom Terminal de Buses Rurales gegenüber dem Hauptbusbahnhof mit **Buses Aquelarre** (075-314-307) nach Molina (500 Ch$, 35 Min., alle 5 Min.). Von Molina aus gibt's im Januar und Februar häufige Verbindungen zum Park.

Maule-Tal

Das Maule-Tal ist für Chiles Weinproduktion äußerst wichtig: Von hier stammen die allermeisten Exportweine des Landes (insbesondere vollmundiger Cabernet Sauvignon). Leider lag auch diese Gegend im Epizentrum des Erdbebens vom Februar 2010 – ein Winzer berichtete vom Verlust seines ganzen Lagerbestands (80 000 Flaschen), zahllose Weinbergarbeiter wurden obdachlos. Das nahegelegene Talca verlor seinen historischen Marktplatz, sein Krankenhaus und sein Museum.

Auch dank kommunalen Engagements hat sich die hiesige Weinindustrie zum Glück größtenteils wieder erholt. Viele Besucher nutzen Talca als Basis für Ausflüge zu den Weingütern und zur benachbarten Reserva Nacional Altos de Lircay.

Talca
071 / 189 500 EW.

Das 1690 gegründete Talca ist äußerst geschichtsträchtig: Hier wurde 1818 Chiles Unabhängigkeitserklärung unterzeichnet. Heute kennt man es vor allem als praktischen Ausgangspunkt für Touren zum Weinbaugebiet des Maule-Tals oder zur herrlichen Reserva Nacional Altos de Lircay. Vor Ort gibt's ein gutes Angebot an Dienstleistungseinrichtungen für Reisende (z. B. Unterkünfte, Restaurants) und wer mittags die sonnenverwöhnte Fußgängerzone entlangschlendert, darf sich über einen tollen Blick auf die Anden freuen.

Die gemütlichen, gut ausgestatteten Schindelhütten des **Cabañas Stella Bordestero** (071-235-545; www.turismostella.cl; 4 Poniente 1 Norte 1183; EZ/DZ/Hütte 22 000/30 000/48 000 Ch$, EZ/DZ ohne Bad 16 000/24 000 Ch$; ❄🌐🍴) stehen vier Blocks hinter der Plaza de Armas in einem grünen Garten. Das zauberhafte **Hostal Casa Chueca** (071-197-0096; www.trekkingchile.com/casachueca; Viña Andrea s/n, Sector Alto Lircay; B 12 500 Ch$, DZ 44 000–75 000 Ch$; 🌐🍴) draußen vor der Stadt ist ein Ziel für sich. Die gut informierten Eigentümer helfen bei der Planung von Wanderungen und Ausritten in der Reserva Nacional Altos de Lircay. Es kann vorab eine Abholung arrangiert werden.

Das zentral gelegene **La Buena Carne** (Ecke 6 Oriente & 1 Norte; Hauptgerichte 3000–5500 Ch$) ist ein modernes Steakhaus mit freundlichem Service. Es gibt offenen Wein und typische chilenische Grillplatten.

Hilfreiche Infos für Traveller gibt's bei **Sernatur** (www.chile.travel; 1 Oriente 1150; Mo–Fr 8.30–17.30 Uhr) auf der Hauptplaza.

Die Busse auf der Route zwischen Nord- und Süd-Chile halten an Talcas **Busbahnhof** (2 Sur 1920, Ecke 12 Oriente), elf Blocks östlich der Plaza, oder am nicht weit entfernt gelegenen **Tur-Bus-Terminal** (600-660-6600; www.turbus.cl; 3 Sur 1960). Auf dem Fahrplan stehen z. B. Chillán (4800 Ch$, 2 Std.), Puerto Montt (14 000 Ch$, 11 Std.) und Santiago (4500 Ch$, 3 Std.). In Curicó (1800 Ch$) können Buspassagiere auf dem Weg Richtung Pichilemu umsteigen. Buses Vilches bietet mehrmals täglich Verbindungen nach Vilches Alto (1400 Ch$, 1¼ Std.), dem Tor zur Reserva Nacional Altos de Lircay an. Jeweils acht Züge pro Tag fahren vom **EFE-Bahnhof** (11 Oriente 1000) nordwärts nach Santiago (ab 8000 Ch$, 2¾ Std.) und südwärts nach Chillán (8000 Ch$, 2 Std.).

Weingüter des Maule-Tals

Viele Weingüter können auf eigene Faust oder im Rahmen von geführten Touren von **Ruta del Vino** (08-157-9951; www.valledelmaule.cl; Av Circunvalación Oriente 1055, Casino Talca Hotel Lobby, Talca; Mo–Fr 9–18.30 Uhr) besucht werden. Eines von Chiles ersten Weingütern mit Öko-Zertifikat ist **Via Wines** (02-2355-9900; www.viawines.com; Fundo Las Chilcas s/n; Führung inkl. 3 Probiergläschen 10 000 Ch$; Mo–Sa 9–17 Uhr, Reservierung erforderlich), das köstlichen Sauvignon Blanc und Syrah keltert. Beim Weingut **Viña Balduzzi** (073-232-2138; www.balduzziwines.cl; Av Balmaceda 1189, San Javier; Führung inkl. 4 Probiergläschen ab 3600 Ch$; Mo–Sa 9–18 Uhr), das sich bereits in der vierten Generation in Familienbesitz befindet und von weitläufigen Gärten umgeben ist, ist keine Reservierung erforderlich.

Chillán

042 / 180 200 EW.

Während seiner ganzen turbulenten Geschichte wurde Chillán immer wieder von Erdbeben heimgesucht – so auch im Jahr 2010. Die ständig im Wiederaufbau begriffene Stadt ist nicht sonderlich interessant, bildet aber das Tor zu tollen Skigebieten und Wandertouren in den nahen Bergen.

Infolge des Erdbebens von 1939 stiftete Mexikos Regierung der Stadt die **Escuela México** (Av O'Higgins 250; Spenden willkommen; Mo–Fr 10–13.30 & 14–18, Sa & So 10–18 Uhr). Auf Bitten von Pablo Neruda schufen die mexikanischen Wandmaler David Alfaro Siqueiros und Xavier Guerrero hier spektakuläre Tribute an Persönlichkeiten der indigenen und kolonialzeitlichen Geschichte. In der Escuela herrscht bis heute Schulbetrieb – Spenden sind erbeten.

Der **Mercado de Chillán** (Mittagsmenüs 1500–3200 Ch$; 9–18 Uhr) gehört zu den besten Märkten Chiles und ist eine exzellente Adresse für preiswerte Mittagsgerichte wie die lokale Spezialität *longaniza* (Schweinswurst).

🛏 Schlafen & Essen

Hostal Canadá PENSION $
(042-234-515; Av Libertad 269; EZ/DZ 8000/16 000 Ch$;) Diese schlichte Pension wird von einem Mutter-Tochter-Gespann geführt. Umgeben von ausgefransten Blumendecken, abgenutzten Teppichen und klumpigen Kissen kommt es einem so vor, als übernachte man hier direkt bei den beiden daheim.

Hotel Bavaria PENSION $
(042-221-7235; www.hotelbavaria.cl; 18 de Septiembre 648; EZ/DZ 30 000/35 000 Ch$;) Dieses bayerische Landhaus mutet hier zwar etwas fehl am Platz an, ist aber genau das Richtige für alle, die dem Betondschungel Chilláns entfliehen möchten. Es ist eine ruhige Pension mit gemütlichen, wenn auch etwas alten Zimmern.

Arcoiris Vegetariano VEGETARISCH $
(El Roble 525; Buffet 5900 Ch$, Hauptgerichte 4000 Ch$; Mo–Sa 9–18.30 Uhr;) Ein gutes vegetarisches Restaurant mitten in Chiles Provinz? Unglaublich, aber wahr! Im Zimmer hinten gibt's mittags ein sättigendes Buffet mit Linsen, Bulgur und dergleichen, während im vorderen Teil Sandwiches und Kuchen serviert werden. Im Hintergrund hört man das Klirren von Windspielen und beruhigende Entspannungsmusik.

ℹ Praktische Informationen

Geldautomaten finden sich hier zuhauf. In den Fußgängerzonen der Innenstadt gibt's kostenloses WLAN.

Hospital Herminda Martín (042-208-221; Francisco Ramírez 10) Öffentliches Krankenhaus an der Ecke Av Argentina.

> **ABSTECHER**

> ### RESERVAS NACIONALES: RADAL SIETE TAZAS & ALTOS DE LIRCAY
>
> In der üppig grünen **Reserva Nacional Radal Siete Tazas** (☎071-222-4461; www.co naf.cl; Erw./Kind 4000/600 Ch$; ⊙Dez.–Feb. 8.30–20 Uhr, März–Nov. bis 17.30 Uhr) plätschert klares Wasser durch sieben Basaltbecken; das Spektakel endet mit einem 50 m hohen Wasserfall. Am **Camping Los Robles** (☎075-228-029; Stellplatz für 6 Pers. 8000 Ch$) beginnen zwei gut ausgeschilderte Rundwanderwege: der **Sendero el Coigüe** (1 km) und der **Sendero Los Chiquillanes** (7 km) mit Traumblick auf das Valle del Indio. Für beide Wege zusammen sollte man etwa vier Stunden einplanen. Im Parque Inglés betreibt die Conaf zwei **Campingplätze** (☎075-228-029; Stellplatz 1500 Ch$/Pers.) mit Kaltwasseranschluss. Der Park liegt 65 km von Curicó entfernt; im Januar und Februar fährt Buses Hernández regelmäßig von Molina zum Parque Inglés (1800 Ch$, 2½ Std.).
>
> Rund 65 km östlich von Talca kann man in der **Reserva Nacional Altos de Lircay** (www.conaf.cl/parques/reserva-nacional-altos-de-lircay; Erw./Kind 4000/600 Ch$; ⊙8–13 & 14–17.30 Uhr) sehr gut wandern, während Felsensittiche und andere einheimische Papageienarten schnatternd über einen hinwegflattern. Hier in den Andenausläufern gibt ein hilfsbereites Ranger-Team der Conaf-Parkverwaltung detaillierte Tipps zum Wandern und Campen vor Ort. Die wohl beste Wanderroute in ganz Zentral-Chile ist die Tageswanderung **Sendero Enladrillado**, die hinauf zu einem einzigartigen Basaltplateau (2300 m) mit atemberaubender Aussicht führt. Alternativ geht's auf dem kürzeren **Sendero Laguna** zu einem großartigen Bergsee (Laguna del Alto) auf 2000 m Höhe. Das Hostal Casa Chueca (S. 515) außerhalb von Talca bietet tolle geführte Tageswanderungen an.
>
> Rund 500 m hinter ihrem Verwaltungsbüro (*administración*) am Río Lircay betreibt die Conaf den ausgezeichneten **Camping Antahuara** (Stellplatz 10 000 Ch$). Etwa 5 km weiter liegt Vilches Alto, wohin Buses Vilches mehrmals täglich ab Talca fährt. Von Talca aus braucht man mit dem Auto etwa eineinhalb Stunden bis zum Park.

Sernatur (www.chile.travel; 18 de Septiembre 455; ⊙Mo–Fr 8.30–13.30 & 15–18 Uhr) Freundliche Angestellte versorgen Besucher mit Stadtplänen und Informationen zu Unterkünften und Transport.

❶ An- & Weiterreise

Im alten **Terminal de Buses Interregional** (Constitución 01) fünf Blocks westlich der Plaza de Armas hat **Tur Bus** (☎600-660-6600; www.turbus.cl) seinen Stützpunkt und schickt von hier Busse nach Talca (4000 Ch$, 2 Std.), Santiago (7000 Ch$, 6 Std.), Valparaíso (9000 Ch$, 8 Std.) und Temuco (9000 Ch$, 5 Std.). **Línea Azul** (www.buseslineaazul.cl) bietet die schnellste Verbindung nach Concepción (2200 Ch$, 1½ Std.).

Andere Fernbusse fahren ab dem Busbahnhof **Terminal María Teresa** (O'Higgins 010) gleich nördlich der Av Ecuador.

Stadt- und Regionalbusse nutzen den **Terminal de Buses Rurales** (Maipó 890) südlich der Maipó.

Nevados de Chillán & Valle Las Trancas

Die Südhänge des Volcán Chillán (3122 m) bilden die atemberaubende Kulisse für das **Nevados de Chillán Ski Center** (☎042-220-6100; www.nevadosdechillan.com; Tagesskipass Erw./Kind 35 000/23 000 Ch$), dessen 32 Abfahrten (bis zu 2,5 km lang) bis auf 1100 m hinunterführen. Im Sommer tummeln sich hier Wochenendwanderer. In der Nachsaison geht es an Werktagen jedoch sehr ruhig zu. Dann sollte man sein eigenes Picknick dabeihaben, genug Bargeld aus Chillán mitbringen und mit geschlossenen Hotels rechnen.

In den Thermalquellen von **Valle Hermoso** (www.nevadosdechillan.com; Erw./Kind 8000/6000 Ch$, Stellplatz 21 000 Ch$/Zelt; ⊙Thermalquellen 9–17 Uhr) lässt es sich wunderbar entspannen. Das **Chil'in Hosteria** (☎042-224-7075; www.chil-in.com; Ruta 55, Camino Termas de Chillán, Km 72; B/DZ ohne Bad 9000/22 000 Ch$; @ 🛜) im Stil einer Skihütte fungiert als Hostel und Pizzeria zugleich. Die fantastischen Schiffscontainer von **Ecobox Andino** (☎042-242-3134; www.ecoboxandino.cl; Camino a Shangri-Lá, km 0,2; Hütte 2–5 Pers. ab 120 000 Ch$, DZ 65 000 Ch$; 🛜♨) 🅿 bieten eine herklassige Übernachtungsoption, während die Après-Ski-Szene im **Snow Pub** (Camino Termas de Chillán, Ruta 55, Km 71; Hauptgerichte 3200–5000 Ch$; ⊙13 Uhr–open end) trifft.

Vom Terminal de Buses Rurales in Chillán fährt **Rembus** (☎042-222-9377; www.buses

Concepción

☎ 041 / 229 000 EW.

Concepción ist eine bedeutende und geschäftige Hafenstadt, die für ihre Universitäten und ihre Musikszene (viele der besten Rockbands Chiles kamen hier groß raus) bekannt ist. Es gibt eine energiegeladene, jugendliche und linksgerichtete Kunst-, Musik- und Kulturszene. Auch „Conce" hat stark unter dem Erdbeben vom Februar 2010 gelitten, aufgrund seiner wirtschaftlichen Bedeutung wurde es aber rasch wieder aufgebaut.

⊙ Sehenswertes

La Casa del Arte MUSEUM

(☎ 041-224-2567; Ecke Chacabuco & Paicaví, Barrio Universitario; ⊙ Di–Fr 10–18, Sa bis 17, So bis 14 Uhr) GRATIS Das riesige, höchst politische Wandbild *La Presencia de América Latina* ist das Highlight des universitären Kunstmuseums La Casa del Arte. Es stammt von dem mexikanischen Künstler Jorge González Camarena, ein Schützling des legendären Wandmalers José Clemente Orozco, und preist die indigene Bevölkerung Lateinamerikas sowie die Unabhängigkeit von kolonialen und imperialistischen Mächten.

🛏 Schlafen & Essen

Da Conces Unterkünfte eher auf Geschäftsleute als auf Backpacker abzielen, ist die Auswahl eher mager.

Hotel Alborada BOUTIQUEHOTEL $

(☎ 041-291-1121; www.hotelalborada.cl; Barros Arana 457; DZ ab 37 000 Ch$; ☏) Ein überraschend stilvolles, auf coole Weise minimalistisches neues Hotel in zentraler Lage. Die Gemeinschaftsbereiche sind in Weiß mit viel Glas und Spiegeln gehalten und eleganter als die Zimmer selbst, die zwar groß und komfortabel, aber eher standardmäßig sind.

Hostal Bianca HOSTEL $

(☎ 041-225-2103; www.hostalbianca.cl; Salas 643-C; EZ/DZ 22 500/29 900 Ch$, ohne Bad 15 900/26 500 Ch$; ☏) Conces beste Schnäppchen-Option bietet ein tolles Preis-Leistungs-Verhältnis. Es hat helle, neu renovierte (wenn auch recht kleine) Zimmer mit festen Betten und Kabel-TV.

★ Deli House CHILENISCH $

(www.delihouse.cl; Av Diagonal Pedro Aguirre Cerda 12-34; Hauptgerichte 3500–4800 Ch$; ☏) An den von viel Grün umgebenen Tischen am Straßenrand dieses entspannten Lokals kann man Kaffee, Sandwiches, Gourmetpizzas und die Happy Hour genießen und nebenbei die unkonventionelle universitäre Gemeinde beobachten.

ABSTECHER

PARQUES NACIONALES: LAGUNA DEL LAJA & NAHUELBUTA

Glitzerndes Herz des **Parque Nacional Laguna del Laja** (☎ 043-232-1086; http://www.conaf.cl/parques/parque-nacional-laguna-del-laja; Erw./Kind 1200/600 Ch$; ⊙ Dez.–April 8.30–20 Uhr, Mai–Nov. bis 18.30 Uhr) ist der hoch aufragende, schneebedeckte Kegel des Volcán Antuco (2985 m). Um dessen Fuß herum führt die tolle Trekkingroute **Sendero Sierra Velluda** (insgesamt 3 Tage); um einen Eindruck vom hiesigen Geschehen zu bekommen, reicht aber auch schon eine Tageswanderung. Das **Lagunillas** (☎ 043-232-1086; Stellplatz 10 000 Ch$, Hütte für 6 Pers. 30 000 Ch$) hat Zeltstellplätze und Hütten; der **Club de Esqui de los Ángeles** (☎ 043-232-2651; www.skiantuco.cl; Lifticket 20 000 Ch$) besitzt ein kleines Restaurant. Vom Terminal de Buses Rurales in Los Ángeles fahren Lokalbusse zum Dorf El Abanico (1600 Ch$, 1½ Std., 7-mal tgl.), das 11 km vom Parkeingang entfernt liegt (letzter Bus in die Gegenrichtung Mo–Sa 17.30, So 19.15 Uhr).

An den grünen Hängen des **Parque Nacional Nahuelbuta** (www.parquenahuelbuta.cl; Erw./Kind 4000/2000 Ch$; ⊙ 8.30–20 Uhr) wachsen bis zu 50 m hohe und 2 m dicke *araucaria* (Andentannen). In diesem tollen Revier für Wanderer und Mountainbiker kann auf dem **Camping Pehuenco** (www.parquenahuelbuta.cl; Stellplatz für 6 Pers. 12 000 Ch$) gezeltet werden. Am Terminal de Buses Rurales in Angol 35 km weiter östlich starten Busse gen Vegas Blancas (1700 Ch$, 1½ Std.) – je nach Linie montags, mittwochs und freitags oder an den Tagen dazwischen. Der letzte Bus verlässt Vegas Blancas meist um 18 Uhr. Wer nicht festsitzen will, sollte vorher noch einmal genau nachfragen.

❶ Praktische Informationen

Geldautomaten sind im Zentrum zuhauf zu finden.

Conaf (📞 041-262-4000; www.conaf.cl; Barros Arana 215; ⊙ Mo–Fr 8.30–13 & 14.30–17.30 Uhr) Überschaubare Infos zu Nationalparks und Naturschutzgebieten.

Hospital Regional (📞 041-220-8500; Ecke San Martín & Av Roosevelt) Öffentliches Krankenhaus.

Sernatur (📞 041-741-4145; www.chile.travel; Pinto 460; ⊙ Jan. & Feb. 8.30–20 Uhr, März–Dez. Mo–Fr 8.30–13 & 15–18 Uhr) Hat außer Broschüren nicht viel zu bieten.

❶ An- & Weiterreise

Fernbusse halten am **Terminal de Buses Collao** (Tegualda 860), 3 km östlich vom Zentrum von Concepción Zentrum. Der separate **Terminal Chillancito** (Camilo Henríquez 2565) liegt weiter nordöstlich in Verlängerung der Bulnes.

Unternehmen wie **Eme Bus** (📞 041-232-0094; www.emebus.cl), **Pullman Bus** (📞 600-320-3200; www.pullmanbus.cl) und **Tur Bus** (📞 600-660-6600; www.turbus.cl; Tucapel 530) fahren jeden Tag Dutzende Male nach Santiago (7000 Ch$). Tur Bus fährt auch nach Valparaíso und Richtung Süden nach Temuco (7100 Ch$), Valdivia (8000 Ch$) und Puerto Montt (9000 Ch$). **Línea Azul** (📞 042-203-800; www.buseslineaazul.cl) schickt regelmäßig Busse nach Chillán (2500 Ch$).

Los Ángeles

📞 043 / 170 000 EW.

Los Ángeles, 110 km südlich von Chillán gelegen, ist ein praktischer Ausgangspunkt für Touren zum Parque Nacional Laguna del Laja. Ansonsten fungiert die Stadt nur als reizloses Dienstleistungszentrum für Industrie und Landwirtschaft.

Eine Reihe von *residenciales* säumt die Caupolicán westlich der Plaza de Armas. Trotz ihres Erscheinungsbilds sind diese Budgetunterkünfte nicht wirklich billig. Da sie meist als Männerpensionen dienen, werden sich weibliche Reisende dort wahrscheinlich nicht sonderlich wohl fühlen. Das kürzlich renovierte **Hotel del Centro** (📞 043-236-961; www.hoteldelcentro.cl; Lautaro 539; EZ/DZ 31500/40 000 Ch$) ist da eine bessere Alternative. Im Zentrum gibt's zahlreiche legere Cafés.

Fernbusse nutzen den **Terminal Santa María** (Av Sor Vicenta 2051) am nordöstlichen Stadtrand. Der Busbahnhof von **Tur Bus** (📞 600-660-6600; www.turbus.cl) liegt in unmittelbarer Nähe. Vom **Terminal de Buses Rurales** (Terminal Santa Rita; Villagrán 501) geht's zum Dorf El Abanico, das 11 km vom Eingang des Parque Nacional Laguna del Laja entfernt liegt.

DAS SEENGEBIET

Je weiter man nach Süden kommt, desto grüner wird es. Schließlich erreicht man schneebedeckte Vulkane, die über grünen Hügeln und Seen thronen. Die idyllische Region ist ein perfektes Refugium – ideal, um einen Gang herunter zu schalten. Die nach den Chilenischen Araukarien benannte Region Araucanía ist das geografische Zentrum der Mapuche-Kultur. Das in den 1850er-Jahren von Deutschen kolonisierte Seengebiet weiter südlich hat sich bis heute einige deutsche Züge bewahrt.

Draußen vor den Türen der schindelgedeckten Häuser warten jede Menge Abenteuer: Man kann raften oder klettern, wandern oder in Thermalquellen hopsen, in Kolonialstädtchen *onces* mampfen oder mit einheimischen Siedlern Mate trinken. Gastfreundschaft ist die große Stärke der *sureños* (Südchilenen). Diese zu genießen, sollte man sich Zeit nehmen. Auch wenn sie die Einkaufszentren lieben, sind die meisten Stadtbewohner – etwa die Hälfte der Bevölkerung – von ihren ländlichen Wurzeln geprägt. Holzhacken und Marmeladekochen gehören nach wie vor zu ihrem Alltag. Hinter den Stadtgrenzen lockt die grüne Natur, deren Ruf man sich nicht entziehen sollte.

Die letzten Ausbrüche des Volcán Villarrica und des Volcán Calbuco könnten immer noch Auswirkungen auf die Aktivitäten rund um Pucón und Ensenada haben.

Temuco

📞 045 / 262 500 EW.

Eine grüne Plaza voller Palmen, der nette Mercado Municipal und die Verbindung zur Mapuche-Kultur machen Temuco zur besuchenswertesten aller Arbeiterstädte in Sur Chico. Wegen der guten Verkehrsverbindungen nach Santiago und zu Zielen in ganz Sur Chico sowie zu anderen Regionen ist dies auch der Verkehrsknotenpunkt der Gegend.

◉ Sehenswertes

Museo Regional de La Araucanía MUSEUM
(www.museoregionalaraucania.cl; Av Alemania 084; Erw./Kind 600/300 Ch$; ⊙ Di–Fr 9.30–17.30,

Das Seengebiet

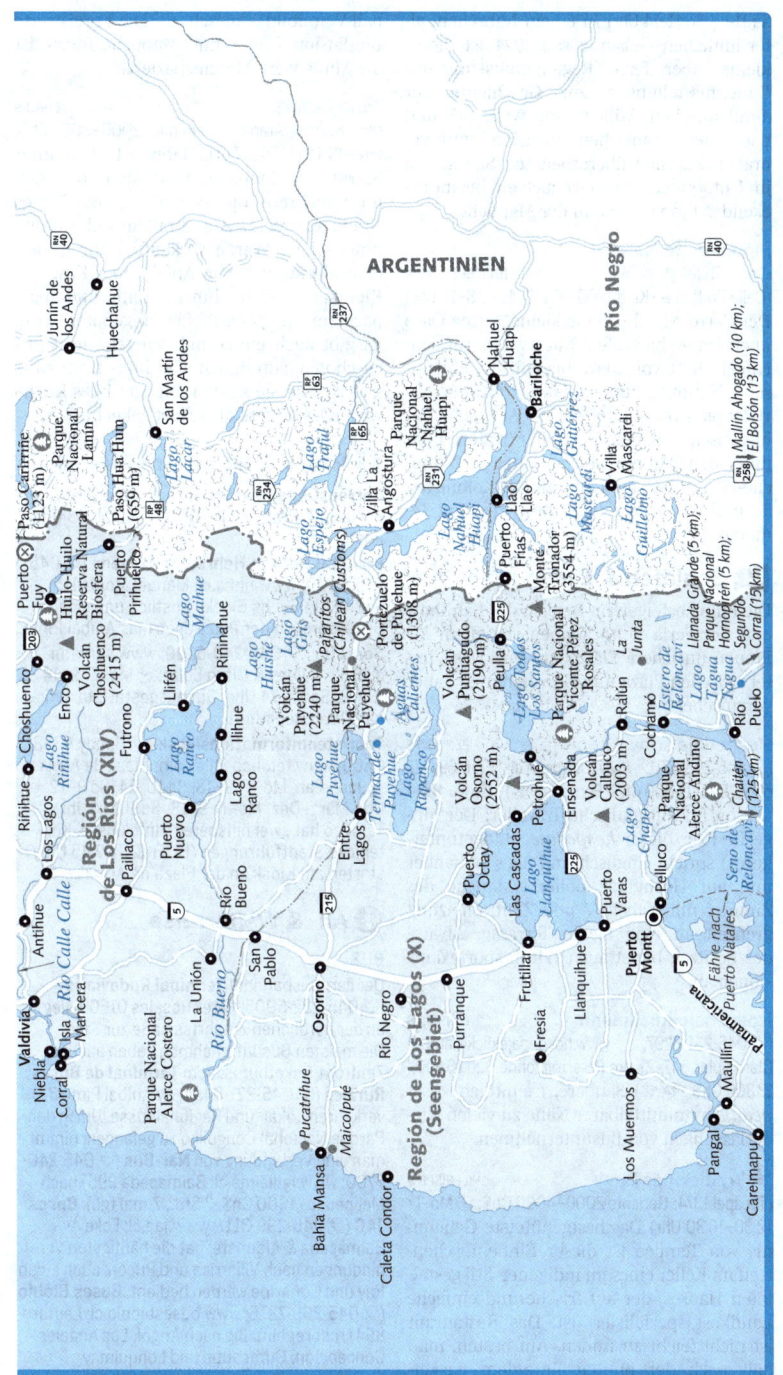

Sa 11–17, So 11–14 Uhr) In einem hübschen, altertümlichen Gebäude von 1924 ist dieses kleine, aber feine Regionalmuseum mit Dauerausstellungen zur Geschichte der araukanischen Völker vor, während und nach der spanischen Invasion untergebracht. Zur neu überarbeiteten Sammlung im Untergeschoss gehört auch ein beeindruckendes Einbaum-Kanu der Mapuche.

Monumento Natural Cerro Ñielol HISTORISCHE STÄTTE
(Calle Prat; Erw./Kind 1200/600 Ch$; 8–19 Uhr) Der Cerro Ñielol ist eine kleine, grüne Oase in einem 90 ha großen Naturwald. Auf dem Hügel blüht von März bis Juli die chilenische Nationalblume *copihue* (Chilenische Wachsglocke). Cerro Ñielol ist auch von historischer Bedeutung: Hier traten 1881, unter den Bäumen von La Patagua, Mapuche-Häuptlinge ihr Land an die Kolonisten ab und ermöglichten so die Gründung Temucos.

Schlafen & Essen

Die Billigabsteigen im Bereich des Bahnhofs und der Feria Pinto können vor allem für Frauen unsichere Plätzchen sein. Das Viertel zwischen Plaza und Universität ist daher vorzuziehen.

Hospedaje Tribu Piren PENSION $
(045-298-5711; www.tribupiren.cl; Prat 69; Zi. ohne Bad 15 000 Ch$/Pers.; @ 🛜) Eine tolle Option für ausländische Traveller: Der junge Besitzer dieser *hospedaje* (Budgetunterkunft) spricht Englisch und alles ist sauber und auf Hochglanz poliert. Manche der Zimmer mit Kabel-TV und Zentralheizung grenzen an eine kleine Terrasse. Alvaro, der Besitzer, bietet auch Wintersportexkursionen an.

Hospedaje Klickmann PENSION $
(045-274-8297; www.hospedajeklickmann.cl; Claro Solar 647; Zi. pro Pers. mit/ohne Bad 16 500/13 800 Ch$; @ 🛜) Saubere, freundliche *hospedaje* in unmittelbarer Nähe zu vielen Niederlassungen von Busunternehmen.

★ Tradiciones Zuny CHILENISCH $
(Tucapel 1374; Gerichte 2000–4000 Ch$; Mo–Fr 12.30–16.30 Uhr) Das bestgehütetste Geheimnis von Temuco ist dieser Einheimischentreff im Keller eines im indigenen Stil gestalteten Hauses, der auf frische und einfache Landkost spezialisiert ist. Das Restaurant ist nicht leicht zu finden. Am besten, man hält nach der bunten Ente/dem Basketball-Wandbild Ausschau. Die preiswerte Bio-Fusion-Küche mit Mapuche-Touch ist die Mühe wert. Hereinspaziert!

Feria Pinto MARKT $
(Av Barros Arana; Gerichte 2000–3000 Ch$; 8–19 Uhr) Die Feria Libre ist ein bunter Markt mit Mapuche-Produkten, der sich über mehrere Blocks entlang der Barros Arana erstreckt. Am Straßenrand werden praktischere Waren verkauft, während auf dem Markt alles, von Äpfeln über Käse aus Kleinkäsereien bis hin zu Honig und abgepacktem *merquén*-Pfeffer, angeboten wird. Es gibt auch einige höllisch scharfe Paprikaschoten, von denen allerdings nicht ganz klar ist, wer sie kaufen soll: In Chiles Küche wird alles andere als scharf gekocht.

🛈 Praktische Informationen

CorreosChile (www.correos.cl; Ecke Diego Portales & Prat; Mo–Fr 9–19, Sa bis 13 Uhr) Post.

Hospital Hernán Henríquez Aravena (045-255-9000; www.hhha.cl; Manuel Montt 115; 24 Std.) Sechs Blocks westlich und einen Block nördlich der Plaza de Armas Aníbal Pinto.

Sernatur (045-240-6200; www.sernatur.cl; Ecke Bulnes & Claro Solar; Mo–Fr 9–14 & 15–18, Sa 10–14 Uhr) Gut ausgestattete nationale Touristeninfo.

Touristeninformationskiosk (Handy 6238-0660; www.temucochile.com; Plaza de Armas; Jan.–Feb. Mo–Fr 9–18, Sa 10–14, So 9–12 Uhr, März–Dez. Mo–Fr 9–18, Sa 10–14 Uhr) Temuco hat zwei hilfsbereite Infokioske. Kostenlose Stadtführungen (Di, Fr & Sa 9.45 Uhr) starten am Kiosk an der Plaza de Armas.

🛈 An- & Weiterreise

BUS

Der Fernbusbahnhof **Terminal Rodoviario** (045-222-5005; Pérez Rosales 01609) liegt an der nördlichen Zufahrtsstraße zur Stadt. Die meisten Busunternehmen haben auch im Zentrum Ticketbüros. Vom **Terminal de Buses Rurales** (045-221-0494; Av Aníbal Pinto 32) verkehren Lokal- und Regionalbusse. Um in den Parque Nacional Conguillío zu gelangen, nimmt man eine Verbindung von **Nar-Bus** (045-240-7700; www.igillaima.cl; Balmaceda 995) nach Melipeuco (1900 Ch$, 2 Std., 7-mal tgl.). **Buses JAC** (045-299-3117; www.jac.cl; Ecke Av Balmaceda & Aldunate) hat die häufigsten Verbindungen nach Villarrica und Pucón; auch Lican Ray und Coñaripe werden bedient. **Buses Biobío** (045-265-7876; www.busesbiobio.cl; Lautaro 854) rollt regelmäßig nach Angol, Los Ángeles, Concepción, Curacautín und Lonquimay.

ZIEL	PREIS (CH$)	DAUER (STD.)
Chillán	8500	4
Concepción	7900	4½
Curacautín	1500	2
Neuquén, Arg.	17 000	12
Osorno	5300	4
Pucón	2900	2
Puerto Montt	6700	5
Santiago	12 000	9
Valdivia	4000	3

FLUGZEUG
Der Aeropuerto de La Araucanía liegt 6 km südlich der Stadt. **LAN** (✆ 600-526-2000; www.lan.com; Bulnes 687; ⊙ Mo–Fr 9–13.30 & 15–18.30, Sa 10–13 Uhr) fliegt nach Santiago (ab 155 000 Ch$); **Sky** (✆ 045-275-7300; www.skyairline.cl; Bulnes 677; ⊙ Mo–Fr 9–19, Sa 10–13 Uhr) ist günstiger.

Parque Nacional Conguillío

Der über 600 km² große **Parque Nacional Conguillío** (Erw./Kind 4500/2500 Ch$) mit seinem kleinen Skigebiet ist ein UNESCO-Biosphärenreservat. Neben den reizenden Araukarien bzw. Andentannen schützt der Park auch Bergseen, Schluchten und Urwälder. Das Herz bildet der Volcán Llaima (3125 m), der zuletzt am Neujahrstag 2008 ausbrach.

Wer die dicken Araukarienstämme sehen möchte, folgt dem **Sierra-Nevada-Pfad** (7 km, einfache Strecke 3 Std.) ab dem Parkplatz an der Playa Linda. Die Route **Cañadon Truful-Truful** (800 m, 30 Min.) führt durch die Schlucht des Río Truful-Truful, der bunte Gesteinsschichten freigelegt hat, die von den vielen Eruptionen des Llaima zeugen.

Das **Centro de Información Ambiental** (www.geachile.sernageomin.cl; Laguna Conguillío; ⊙ 8.30–21.30 Uhr; 16. Dez–März 8.30–13 & Apr–Dez 14.30–18 Uhr) der Conaf verkauft Wanderkarten an der **Laguna Conguillío**.

Schlafen

Sendas Conguillío   CAMPINGPLATZ, HÜTTEN **$**
(www.parquenacionalconguillio.cl; Stellplatz 5000–40 000 Ch$, Hütte ab 90 000 Ch$) Sendas Conguillío betreibt im Park rund um das Ufer des Lago Conguillío und am Nordwestufer der Laguna Captrén fünf Campingplätze mit Genehmigung von Conaf. Auf den Plätzen gibt's spezielle Campingbereiche für Backpacker (Stellplatz 5000 Ch$) und es sind auch komfortable Hütten verfügbar.

★**La Baita**   BOUTIQUELODGE **$$**
(✆ 045-258-1073; www.labaitaconguillio.cl; EZ/DZ 48 000/61 000 Ch$, Hütte 4/6 Pers. 58 000/70 000 Ch$) Direkt außerhalb des Parks an seiner Südgrenze befindet sich in einem unberührten Waldstück dieses Ökotourismusprojekt. Es gibt acht nette Hütten mit Brennöfen und Strom und Warmwasser aus Solarenergie, eine vom Duft von Räucherstäbchen durchdrungene, gemütliche Lodge mit Restaurants und sechs Zimmern, die mit Granitduschen und Waschbecken in abgefahrenem Design ausgestattet sind, zudem einen hübschen Massageraum und im Freien einen Whirlpool und eine Sauna.

An- & Weiterreise

Um zum Sector Los Paraguas zu gelangen, nimmt man ab dem Terminal de Buses Rurales in Temuco eine Verbindung von Vogabus nach Cherquenco (1400 Ch$, 1½ Std., Mo–Sa stündl.). Von dort sind es bis zur Skihütte dann noch 17 km zu Fuß oder per Anhalter.

Wer zum Nordeingang an der Laguna Captrén möchte, fährt mit **Buses Curacautín Express** (✆ 045-225-8125) nach Curacautín (800 Ch$, 1 Std., Mo & Fr 6, 9, 14 & 18, Di, Mi & Do 6 & 18 Uhr). Der Bus hält an der Parkgrenze bei Guardería Captrén. Von dort sind es zu Fuß noch 12 km bis zum Eingang des Parks.

Zum Südeingang bei Truful-Truful geht's ab Temuco mit **Nar-Bus** (✆ 045-211-611; www.narbus.cl) nach Melipeuco (1900 Ch$, 2 Std., 8-mal tgl.).

Villarrica

✆ 045 / 49 200 EW.

Diese Kleinstadt lebt und atmet wirklich: Villarrica ist nicht so charmant wie der benachbarte Ferienort Pucón, dafür aber bodenständiger und preiswerter. Zudem fehlen hier die lärmenden Karawanen von Pauschalurlaubern. Die *costanera* (Uferstraße) am See wurde nach dem Erdbeben von 2010 neu angelegt – hier kann man nett flanieren. Indigene Musik, rituelle Tänze und Ausstellungen von einheimischem Kunsthandwerk prägen die alljährliche **Muestra Cultural Mapuche** (Jan. & Feb.).

Aktivitäten

★**Aurora Austral Patagonia Husky**  HUNDESCHLITTENFAHRT
(✆ Handy 8901-4518; www.auroraaustral.com; Camino Villarrica–Panguipulli, Km 19,5) Rund 19 km

hinter Villarrica kommt an der Straße nach Lican Ray diese Schlittenhundezucht unter deutscher Leitung in Sicht. Über 50 supersüße Siberian und Alaskan Huskys warten hier nur darauf, Gästen eine unvergessliche Fahrt zu bescheren. Im Winter finden Tagestouren (65 000 Ch$) und eine wahrlich epische siebentägige Andenüberquerung (2 100 000 Ch$ all-inclusive) statt.

Im Sommer werden Ausflüge mit Grillen (6 km; 33 000 Ch$) und Husky-Trekking auf den Volcán Villarrica (48 000 Ch$) angeboten. Wahre Hundeliebhaber können auch übernachten. Es gibt drei sehr hübsche Hütten (40 000–60 000 Ch$). Man kann auch vier bis zwölf Wochen als freiwilliger Helfer hier leben.

Schlafen

Über ein halbes Dutzend Campingplätze säumt die Straße zwischen Villarrica und Pucón.

La Torre Suiza   HOSTEL $

(045-241-1213; www.torresuiza.com; Bilbao 969; B 10 000 Ch$, EZ/DZ ab 18 000/22 000 Ch$;) Dieser einstige Klassiker unter den Travellerunterkünften hat nun neue Besitzer und ein neues Management, das es nicht ganz leicht hat, den Hostel-Vibe aufrechtzuerhalten. Das Holzchalet mit der vollausgestatteten Küche ist aber auch weiterhin die beste Anlaufstelle, um Gleichgesinnte zu treffen.

Dennoch kann sich La Torre Suiza nicht auf seinen alten Lorbeeren ausruhen und es gibt einiges, was fehlt (Wasser zu kaufen, spätes Frühstück, Handseife auf der Toilette), das altmodische Flair hat aber Charme und die freundlichen neuen Besitzer arbeiten (hoffentlich) an einer Verbesserung.

Hostal Don Juan   GASTHAUS $

(045-241-1833; www.hostaldonjuan.cl; General Körner 770; EZ/DZ 28 000/35 000 Ch$, ohne Bad 20 000/27 000 Ch$; @) Das Don Juan ist bei Travellern auch wegen seines großen *fogón* (Freiluftofens) beliebt, der von freundlichen Besitzer selbst gebaut wurde. Zudem bieten einige Zimmer im 2. Stock einen tollen Ausblick auf den Vulkan.

Essen & Ausgehen

★ The Travellers   RESTAURANT-BAR $

(www.thetravellers.cl; Valentin Letelier 753; Hauptgerichte 4250–8500 Ch$; Mo–Sa 9–4 Uhr;) Ob China, Mexiko, Thailand, Indien oder Italien: Diese Restaurant-Bar schickt den Gaumen auf Weltreise und ist die Traveller-Adresse schlechthin. Seit seiner Renovierung existieren nun alte Albumcover und Postkarten von *amigos* aus der ganzen Welt neben modernen Motiven und einer neuen, großen Terrasse. Es gibt Reisetipps auf Deutsch und Englisch und während der ausgedehnten Happy Hour (18–22 Uhr) bekommt man vergünstigte Cocktails wie etwa die himmlischen Himbeermojitos.

El Sabio   PIZZA $

(www.elsabio.cl; Zegers 393; Pizza 5700–6900 Ch$; Mo–Sa 12.30–16 & 18.30–22 Uhr;) Hier hält ein freundliches argentinisches Paar den Laden am Laufen. Es gibt fantastische längliche Pizzas auf kleinen Schneidebrettern, die einen alle Vorurteile gegen Pizzerien in Chile vergessen lassen.

Huerto Azul   DESSERTS $

(www.huertoazul.cl; Henríquez 341; Desserts 800–4990 Ch$; 9.30–21.30 Uhr) Dieser fabelhafte Gourmetladen mit Eisdiele ist wirklich sehr, sehr *azul* (blau). Es ist eine ganz schöne Herausforderung, hier nicht einen Zuckerschock zu erleiden.

❶ Praktische Informationen

Hospital Villarrica (San Martín 460; 24 Std.) Kleines Krankenhaus im Ort.

Oficina de Turismo (045-220-6619; www.visitvillarrica.cl; Av Pedro de Valdivia 1070; Mo–Fr 8.30–13 & 14.30–18, Sa & So 10–16 Uhr) Städtisches Tourismusbüro mit hilfsbereitem Personal und vielen Broschüren.

❶ An- & Weiterreise

In Villarrica gibt es einen **Hauptbusbahnhof** (Av Pedro de Valdivia 621), einige Unternehmen haben aber separate Büros in der Nähe.

Buses JAC (045-246-7775; www.jac.cl; Bilbao 610) fährt alle 20 Minuten nach Pucón (800 Ch$, 45 Min.) und Temuco (1800 Ch$, 1 Std.). **Buses Coñaripe** (Handy 7125-8183) schickt den ganzen Tag über Busse nach Lican Ray (800 Ch$, 40 Min.) und Coñaripe (1100 Ch$, 1 Std.). Mehrere andere Unternehmen bedienen diese Ziele ab dem Hauptterminal.

An Letzterem startet **Igi Llaima** (045-241-2753; www.igillaima.cl) jeden Morgen in Richtung San Martín de los Andes in Argentinien (12 000 Ch$, 5 Std.), wo Anschluss nach Norden und Süden besteht.

Pucón

045 / 22 100 EW.

Pucón liegt am wunderschönen Lago Villarrica unter dem bedrohlich aufragenden Kegel des gleichnamigen Vulkans und gilt weltweit als ein Mekka für Abenteuersportler. Hier, wo sich einst im Sommer der wohlbehabendere Teil der Bevölkerung vergnügte, ist heute das ganze Jahr über eine Abenteuermaschinerie im Gang. Besonders überlaufen ist der Februar, den man aus diesem Grund auch meiden sollte. Die Stadt ist Ziel von Scharen an Touristen, Urlaubern aus Santiago, abenteuerlustigen Backpackern, New-Age-Spiritualisten und Öko-Pionieren gleichermaßen.

Der Volcán Villarrica brach im Jahr 2015 gleich mehrmals aus. Das Angebot an Aktivitäten hängt deshalb stark von der aktuellen Lage ab. Die Stadt ist leicht zu Fuß zu erkunden und die meisten Reiseanbieter und Dienstleistungen finden sich entlang der wichtigsten Geschäftsmeile, der Av O'Higgins. Die Fresia, die auf die Plaza führt, ist von Restaurants und Läden gesäumt. Kurz hinter der Plaza befindet sich auch schon der Strand.

🏃 Aktivitäten

Mountainbiken

Mountainbikes kann man in Pucón an jeder Ecke ausleihen. Am beliebtesten ist die Rundroute **Ojos de Caburgua**; wer diese absolvieren will, nimmt ca. 4 km östlich der Stadt die Abzweigung zum Flughafen und überquert den Río Trancura.

Rafting & Kajakfahren

Pucón ist gleichermaßen für Sport auf Fließgewässern und eine tolle Infrastruktur im Rafting- oder Kajakbereich bekannt. Die umliegenden Flüsse sind die folgenden (angegeben ist auch die jeweilige Klassifizierung der Stromschnellen): Unterer Trancura

Pucón

Pucón

🔵 Aktivitäten, Kurse & Touren
- 1 Aguaventura B1
- 2 Kayak Pucón B2
- 3 Politur C1

🟢 Schlafen
- 4 Chili Kiwi A2
- 5 iécole! C1

🟠 Essen
- 6 La Picada B3
- 7 Latitude 39° B1
- 8 Menta Negra D1
- 9 Supermercado Eltit B2
- 10 Trawen B2

🔵 Ausgehen & Nachtleben
- 11 Mama's & Tapas C1

(III), Oberer Trancura (IV), Liucura (II–III), Puesco (V) und Maichín (IV–V).

Wandern, Trekken & Klettern
Der hoch aufragende Volcán Villarrica war lange Zeit eine der Attraktionen. Seit er jedoch wieder aktiv ist, wurde der Zugang gesperrt. Reiseanbieter vermarkten seither Wanderungen rund um den nahegelegenen Volcán Quetrupillán; ein Anstieg von sechs Stunden.

Geführte Touren

★ Aguaventura OUTDOOR-AKTIVITÄTEN
(045-244-4246; www.aguaventura.com; Palguín 336; Dez.–März 8.30–22 Uhr, April–Nov. bis 20.8.30 Uhr) Dieser freundliche Anbieter unter französischer Leitung ist zentrale Anlaufstelle für alle Outdoor-Aktivitäten und hat gut ausgebildete Guides für Vulkantouren (danach gibt's ein gemeinsames Bier). Spezialisiert ist Aguaventura außerdem auf Wintersport und Kajakfahren, buchen kann man hier aber alles. Es gibt auch Leihausrüstung für jegliche Aktivitäten in den Bergen, auf dem Wasser und im Schnee (inkl. GoPros). Flüge und Fährticket können auch gebucht werden. Mitbesitzer Vincent hat ein neues Hostel eröffnet, das French Andes; einfach mal nach den Kapsel-Schlafsälen im japanischen Stil fragen.

Bike Pucón MOUNTAINBIKEN
(Handy 9579-4818; www.bikepucon.com) Bietet aufregende Downhill-Routen von 17 bis 20 km Länge an. Die Touren verlaufen auf sechs verschiedenen Trails (durch sehr rutschiges vulkanisches Terrain, Single-Tracks und alte Feuerschneisen). Nichts für Anfänger! Wer nur wenig Erfahrung hat, wird es zwar auch irgendwie den Berg hinunterschaffen, muss sich aber auf die eine oder andere Bekanntschaft mit dem Boden gefasst machen.

Politur RAFTEN
(045-244-1373; www.politur.cl; Av O'Higgins 635; 8.30–20.30 Uhr) Hat in der Vergangenheit einige Fehlentscheidungen beim Vulkantrekking getroffen, auf dem Gebiet Raften ist es aber der beste Anbieter im Ort.

Kayak Pucón KAJAKFAHREN
(Handy 9716-2347; www.kayakpucon.com; Av O'Higgins 211; Nov.–Mitte März 9–21 Uhr) Renommierter Kajaktourenveranstalter mit dreitägigen Kajakkursen (180 000 Ch) und mehrtägigen Expeditionen für erfahrenere Paddler. Wer weniger Kajakerfahrung hat, für den sind die halbtägigen Ducky-Touren (aufblasbares Boot für eine Person) auf Stromschnellen der Kategorie III eine gute Option (20 000 Ch$). Auch Raften für Kinder wird angeboten.

Schlafen

★ iécole! HOSTEL $
(045-244-1675; www.ecole.cl; Urrutia 592; B mit/ohne Bettwäsche 10 000/8000 Ch$, DZ/3BZ 30 000/36 000 Ch$, EZ/DZ/3BZ ohne Bad 18 000/20 000/30 000 Ch$; @) Das umweltbewusste, ruhige und künstlerisch angehauchte Hostel ist ein beliebter Treff für verantwortungsbewusste Traveller und eine Reiseerfahrung für sich. Es zählt schon lange zu den interessantesten Unterkünften Pucóns. Die Zimmer sind klein, sauber und komfortabel, die Wände sind jedoch recht dünn und auch die Geräusche aus dem begrünten Innenhof sind gut zu hören. Wilde Partys sind hier also tabu.

Chili Kiwi HOSTEL $
(045-244-9540; www.chilikiwihostel.com; Roberto Geis 355; B ab 9000 Ch$, Zi. ohne Bad ab 24 000 Ch$;) Das Chili Kiwi nimmt eine Top-Location auf einem Grundstück direkt am See ein und ist Pucóns geselligstes Hostel. Die begeisterten Besitzer – ein niederländisch-neuseeländisches Gespann – blicken auf viele Jahre Backpackererfahrung zurück, wodurch sie viele Ideen haben, die perfekt auf Traveller zugeschnitten sind. Es gibt mehrere Schlafsäle und private Zimmer (umgebaute Vans, Baumhäuser, Hütten), wobei die im Haupthaus die besten sind. Zudem gibt's mehr als genug Küchen und Gemeinschaftsbäder.

Elementos EcoHostel HOSTEL $
(045-244-1750; www.elementos-chile.com; Pasaje Las Rosas 640; B 800 Ch$, EZ/DZ 29 000/32 000 Ch$, ohne Bad 20 000/23 000 Ch$; @) Gerade einmal 15 entspannte Gehminuten vom Centro entfernt liegt dieses nachhaltige Hostel unter deutscher Führung, das von den umweltbewussten Leuten des Elementos-Reiseveranstalters betrieben wird. Überall finden sich umweltfreundliche Details, wie etwa LED-Beleuchtung, natürliche, vor Ort hergestellte Reinigungsmittel und biologisch abbaubare Seifen. Es gibt ein paar sehr große Privatzimmer und rustikale Schlafsäle. Das traumhafte Frühstück besteht konsequent aus landwirtschaftlichen Qualitätserzeugnissen aus der Region (3500 Ch$).

🍴 Essen

Trawen CHILENISCH, FUSION $
(www.trawen.cl; Av O'Higgins 311; Hauptgerichte 3600–10 300 Ch$; ⊙ 8.30–24 Uhr; 🕾) Diese altbewährte und beliebte Institution bietet eines der besten Preis-Leistungs-Verhältnisse unter den Restaurants vor Ort. Hierfür sorgen innovative Aromakombinationen und viele stets frisch gebackene Produkte. Unter den Highlights sind hervorragende, gutbürgerliche Frühstücksangebote, Wild im Speckmantel, gegrillter *merkén*-Oktopus und Salate aus dem eigenen zertifizierten Bio-Garten (der erste in Südchile). Hier treffen sich kreative Köpfe ebenso wie Bierfans: Das Trawen hat die beste Auswahl an traditionell gebrautem Bier in der Stadt.

La Picada CHILENISCH $
(Paraguay 215; Mittagstisch 3500 Ch$; ⊙ 12–15.30 Uhr, März–Nov. So geschl.) Dieses örtliche Geheimnis wurde gelüftet: Das Untergrund-Restaurant in irgendjemandes Wohnzimmer serviert einfache Mittagsmenüs wie Salate, *pastel de choclo, cazuelas* und Pasta. Ein Schild gibt es nicht. Einfach an die Tür klopfen.

Latitude 39° AMERIKANISCH $
(www.latitude39.cl; Gerónimo de Alderete 324; Burger 4600–6100 Ch$; ⊙ 11–23 Uhr; 🕾) Die aus Kalifornien stammenden Eigentümer dieses kürzlich vergrößerten Restaurants besetzen eine offensichtlich sehr beliebte örtliche Gringo-Nische. Die saftigen amerikanischen Burger sind ein Hit, besonders der Grand Prix (karamellisierte Zwiebeln, Speck, Erdnussbutter) und der Buddha-Burger (Sriracha-Mayo, asiatischer Krautsalat, Popcorn-Shrimp), aber auch die dicken Frühstücks-Burritos, die Fisch-Tacos, BLT-Sandwiches und alles andere, was man vielleicht von zu Hause vermisst, werden hier angeboten. Das Latitude 39° hat sich außerdem zu einem Happy-Hour-Treffpunkt für Ausländer entwickelt, bei dem es neben Bier auch jede Menge Gesellschaft gibt.

Menta Negra CAFÉ $
(www.emporiomentanegra.cl; O'Higgins 772; Tagesmenü 5500 Ch$; ⊙ 10–23.30 Uhr, April–Nov. So geschl.) An einem schönen Tag wird es einem schwer fallen, nicht einfach den ganzen Nachmittag im Hinterhof dieses künstlerisch angehauchten Cafés in der Sonne zu sitzen und die hausgemachten Gerichte und die für Pucón seltene Aussicht auf Natur (nicht Beton) zu genießen.

Supermercado Eltit SELBSTVERSORGER
(Av O'Higgins 336; ⊙ So–Do 8.30–22, Fr–Sa bis 22.30 Uhr) Lebensmittelgeschäft; tauscht auch US-Dollar und hat einen Geldautomaten.

🍷 Ausgehen & Nachtleben

Mama's & Tapas BAR, CLUB
(Av O'Higgins 597; Cocktails 3500–5500 Ch$; ⊙ Dez.–März 22–5 Uhr, April–Nov. ab 18 Uhr) Der schlicht als „Mama's" bekannte Laden ist seit Langem Pucóns populärste Ausgehadresse. Das Innere wurde von einem Akustikingenieur entworfen (Wand und Decke sind komplett aus Holz), was das Klangerlebnis natürlich unvergleichlich macht. Vor Mitternacht ist hier tote Hose, danach geht's aber in echter Clubmanier zur Sache.

ℹ️ Praktische Informationen

Mehrere Banken mit Geldautomaten säumen die Av O'Higgins. Achtung: Vor allem in strandnahen Bereichen nimmt die Kleinkriminalität immer weiter zu.

CorreosChile (www.correos.cl; Fresia 183; ⊙ Mo–Fr 9–13 & 14.30–18, Sa 9–12 Uhr) Post.

Hospital San Francisco (www.hospitalpucon.cl; Uruguay 325; ⊙ 24 Std.) Medizinische Versorgung.

Oficina de Turismo (☎ 045-229-3001; www.municipalidadpucon.cl; Ecke Av O'Higgins & Palguín; ⊙ 8.30–19 Uhr) Verteilt Berge an Broschüren; zumeist spricht mindestens ein Angestellter Englisch.

ℹ️ An- & Weiterreise

Nach und ab Santiago bestehen regelmäßige Busverbindungen (15 000–31 000 Ch$, 9½ Std.). **Tur Bus** (☎ 045-244-3328; www.turbus.com; Av O'Higgins 910; ⊙ 9–19 Uhr) östlich der Stadt und **Pullman Bus** (☎ 045-244-3331; www.pullman.cl; Palguín 555) im Zentrum empfehlen sich für alle chilenischen Destinationen.

Buses JAC (☎ 045-299-3183; www.jac.cl; Ecke Uruguay & Palguín) fährt nach Puerto Montt (9500 Ch$, 5 Std.), Valdivia (4500 Ch$, 3 Std.) und nach Temuco (2900 Ch$, 1 Std., alle 20 Min.). Am selben Busbahnhof starten **Minibuses Vipu-Ray** (☎ Handy 6835-5798; Palguín 550) und **Trans Curarrehue** (☎ 045-262-5168; Palguín 550) in kurzen Abständen nach Villarrica (800 Ch$, 30 Min.). Mit Buses JAC und **Buses Caburgua** (☎ Handy 9838-9047; Palguín 555) geht's zum Parque Nacional Huerquehue (2000 Ch$, 45 Min.). **Buses San Martín** (☎ 045-244-2798; Av Colo Colo 612) bedient zweimal pro Woche San Martín de los Andes in Argentinien (12 000 Ch$, 5 Std.) mit Halt in Junín. Diese Verbindung wird auch von **Igi Llaima** (☎ 045-244-4762; Ecke Palguín & Uruguay) angeboten.

❶ Unterwegs vor Ort

Pucón lässt sich sehr gut zu Fuß erkunden; diverse Reisebüros vermieten Autos – mitunter zu Kampfpreisen.

Rund um Pucón

Río-Liucura-Tal

Östlich von Pucón führt der Camino Pucón–Huife durch ein üppig grünes Tal mit zahllosen Thermalquellen, einem Schutzgebiet und tollem Blick auf den Río Liucura, der sich wie ein silbernes Band durch die Natur schlängelt.

Das Naturschutzgebiet **Santuario El Cañi** (www.santuariocani.cl; Km 21; Eintritt mit/ohne Guide 15 000/4000 Ch$) umfasst einen spektakulären, 400 ha großen Araukarien-Wald und wurde von Einheimischen eingerichtet, um der Holzindustrie einen Strich durch die Rechnung zu machen. Ein dreistündiger, 9 km langer Wanderweg führt steil bergan, belohnt aber mit einer tollen Aussicht. Eine Übernachtungsmöglichkeit im Park ist **La Loma Pucón** (Handy 8882-9845; www.lalomapucon.cl; Santuario El Cañi; Stellplatz 3000 Ch$/Pers., B/DZ 4000/20 000 Ch$). Ein Besuch in El Cañi kann auch von iécole! (S. 526) in Pucón organisiert werden.

Curarrehue

Diese Route führt in Richtung der argentinischen Grenze bei Mamuil Malal und verspricht Spaß abseits der befestigten Straße. Im ruhigen, farbenfrohen **Curarrehue** können Besucher in die Mapuche-Kultur eintauchen. Kurz vor dem Ort liegt die familiengeführte Mapuche-Farm Kila Leufu, die Besucher gern willkommen heißt. Das kleine, aber interessante Museum **Aldea Intercultural Trawupeyüm** (Héroes de la Concepción 21; 500 Ch$; Jan.–Feb. Mo–Fr 9–20, Sa & So ab 11 Uhr, März–Dez. Di–So 9–18 Uhr) beleuchtet die Kultur der Mapuche. Curarrehues wahre Attraktion ist die **Cocina Mapuche Mapu Lyagl** (Handy 8788-7188; anita.epulef@gmail.com; Camino al Curarrehue; Menü 5600 Ch$; Dez.–Feb. 13–18 Uhr, April–Nov. nur nach Reservierung;), wo ein Küchenchef mit Mapuche-Wurzeln saisonale Zutaten zu abenteuerlichen vegetarischen Probiermenüs verarbeitet. Zu den Köstlichkeiten aus der indigenen Küche gehört auch *mullokiñ* (in Quinoa gewendetes Bohnenmus). Die **Touristeninformation** (www.curarrehue. cl; O'Higgins s/n; Mitte Dez.–Mitte März 9–19 Uhr, Mitte März–Mitte Dez Mo–Do 9–17.20, Fr bis 16.20 Uhr) hat nur im Sommer geöffnet.

Parque Nacional Huerquehue

Nur 35 km hinter Pucón liegt der 12 500 ha große **Parque Nacional Huerquehue** (Erw./Kind 4500/2500 Ch$) mit reißenden Flüssen, Wasserfällen, Bergseen und Andentannen.

Der Rundwanderweg **Los Lagos** (7 km, hin & zurück 4 Std.) schlängelt sich durch dichte Wälder mit Lenga-Südbuchen zu einigen ursprünglichen, von Andentannen gesäumten Seen. Der **Cerro San Sebastián** (16 km, hin & zurück 7 Std.) gilt als die beste Wanderung in der Region La Araucanía. Vom Eingang des Parks geht es von 700 m hinauf auf 2000 m. Bei klarer Sicht hat man von oben Ausblick auf acht Vulkane und 14 Lagunen.

Conaf-Campingplätze gibt's am **Lago Tinquilco** (Stellplatz 15 000 Ch$) oder in **Renahue** (Stellplatz 15 000 Ch$). Die hervorragende, luxuriöse Lodge **Refugio Tinquilco** (Handy 9539-2728; www.tinquilco.cl; Camping 15 000 Ch$, B 14 000 Ch$, DZ mit/ohne Bad 35 900/28 900 Ch$, Hütte 50 000 Ch$; Juni–Aug. geschl.) befindet sich am unteren Startpunkt des Lago Verde Trails und bietet Extras wie eine Waldsauna, Kaffee aus der Stempelkanne und Mahlzeiten (8500 Ch$); wer will, kann aber auch selbst kochen.

Am Parkeingang gibt's beim von Conaf betriebenen **Centro de Informaciones Ambientales** (Handy 6157-4809; p.hueque hue@gmail.com; 10.30–14.30 & 16.30–19.30 Uhr) Karten und Infos.

Buses Caburgua (098-038-9047; Uruguay 540, Pucón) fährt nach Pucón (2000 Ch$, 1 Std., 3-mal tgl.). Viele Reisebüros veranstalten auch geführte Nationalparktouren. Buses Jac verkehrt auch zwischen dem Park und Pucón.

Parque Nacional Villarrica

Dieses herrliche Fleckchen Erde mit Vulkanen und Seen gehört zu den beliebtesten Parks Chiles. Die Highlights des 63 000 ha großen Nationalparks sind seine drei Vulkane: der Villarrica (2847 m), der Quetrupillán (2360 m) und ein Teil des Lanín (3747 m) an der Grenze zu Argentinien. Aufgrund der vulkanischen Aktivitäten 2015 wurden die Skilifte und Wanderwege am Volcán Villarrica gesperrt. Die Touristeninformation in Pucón hat aktuelle Infos zum Thema.

Lago Calafquén

Schwarze Sandstrände und Gärten locken Traveller zu diesem mit Inseln gesprenkelten See, der in der Nachsaison wie ausgestorben wirkt. Es gibt hier zwei Ortschaften: das schicke **Lican Ray** (30 km südlich von Villarrica) und das bodenständigere **Coñaripe** (22 km östlich von Lican Ray). Lican Ray ist winzig, mit einigen Campingplätzen rundherum. An der Hauptplaza in Coñaripe steht ein Touristenkiosk mit freundlichem Personal. Vom nördlichen Ortsrand führt eine Straße zu ein paar rustikalen Thermalbädern. Buses JAC (S. 527) schickt täglich mehrere Busse von Villarrica via Lican Ray (800 Ch$, 30 Min.) nach Coñaripe (1100 Ch$, 1 Std.) .

Valdivia

063 / 154 400 EW.

2007 wurde Valdivia zur Hauptstadt der neuen chilenischen Región de los Ríos (XIV) gekrönt. Zuvor hatten separatistische Stimmen jahrelang bemängelt, dass die Stadt trotz geografischer, geschichtlicher und kultureller Unterschiede in das Seengebiet integriert worden war. Valdivia ist das wichtigste Universitätszentrum im südlichen Chile. Entsprechend findet man hier viel Kunst, eine erfrischende Dosis jugendlicher Energie und Studentenpreise in vielen Hostels, Restaurants oder Bars.

Sehenswertes & Aktivitäten

Der Großteil des hiesigen Lebens spielt sich entlang der Av Costanera Arturo Prat ab. Die wichtigsten öffentlichen Gebäude stehen aber an der Plaza de la República.

★ Cervecería Kunstmann BRAUEREI
(063-229-2969; www.lacerveceria.cl; Ruta T-350 950; 12–24 Uhr) Auf der Isla Teja steht bei Km 5 an der Straße nach Niebla die beste Großbrauerei Südchiles. Führungen werden zwischen 12 und 23 Uhr angeboten (10 000 Ch$; Nov.–März) und beinhalten einen Bierkrug aus Glas (zum Mitnehmen) und eine Kostprobe (300 ml) des naturtrüben Torobayo direkt aus dem Kessel, das ausschließlich hier gebraut wird. Ein Pitcher kostet 7650 bis 8250 Ch$, ein Hauptgericht 2700 bis 9950 Ch$.

Feria Fluvial MARKT
(Av Prat s/n; 7–16 Uhr) Auf dem belebten Markt am Flussufer südlich der Valdivia-Brücke werden Fisch, Fleisch und Agrarprodukte verkauft. Die Seelöwen am Ufer haben hier ihr Paradies auf Erden entdeckt: Ein Ort, an dem man sich den ganzen Tag faul treiben lassen kann und an dem einem Touristen und Fischhändler die Reste des täglichen Fangs direkt vor die Nase werfen.

Museo Histórico y Antropológico MUSEUM
(Los Laureles 47; Eintritt 1500 Ch$; Jan.–5. Feb. 10–20 Uhr, März–4. Jan. 10–13 & 14–18 Uhr) Dieses Museum in einer schmucken Villa am Ufer auf der Isla Teja gehört zu den besten seiner Art im Land. Es zeigt eine große, gut beschilderte Sammlung von der präkolumbischen Zeit bis in die Gegenwart mit hervorragenden Ausstellungen zu indigenen Artefakten der Mapuche und Haushaltsgegenständen aus frühen deutschen Siedlungen.

Bootsfahrten

Flussbootsfahrten (6½ Std.) legen am Puerto Fluvial ab und führen an zahlreichen spanischen Forts aus dem 17. Jh. vorbei, die hier am Ufer verstreut liegen. Um etwas Geld zu sparen, kann man mit einem *colectivo* nach Niebla (Ecke Chacabuco und Yungay) fahren. Von dort legen täglich zwischen 8 und 20 Uhr alle 30 Minuten Fähren zur Isla Teja, nach Corral, zur Isla Mancera und zur Isla del Rey ab.

Reina Sofía BOOTSFAHRT
(063-220-7120; Bootsfahrt 16 000–18 000 Ch$) Ein empfehlenswerter (wenn auch etwas penetranter) Anbieter für Bootsrundfahrten in Valdivia. Er legt täglich um 13.30 Uhr am Puerto Fluvial am unteren Ende der Arauco ab.

Feste & Events

Noche de Valdivia KULTUREXKURSION
Das größte Happening des Jahres ist die Noche de Valdivia am dritten Samstag im Februar mit dekorierten Flussbooten und Feuerwerk.

Schlafen

Während des Semesters belegen Studenten die hiesigen Budgetunterkünfte. Im Sommer stehen die Chancen besser.

★ Airesbuenos Hostel & Permacultura HOSTEL $
(063-222-2202; www.airesbuenos.cl; Garcia Reyes 550; B/Zi. 10 000/28 000 Ch$; @)

Valdivia

Valdivia

⦿ Sehenswertes
1 Feria Fluvial A2
2 Museo Histórico y Antropológico A2

⊕ Aktivitäten, Kurse & Touren
3 Reina Sofía A2

🛏 Schlafen
4 Airesbuenos Hostel & Permacultura ... D3

5 Hostal Totem C1
6 Hostel Bosque Nativo C1

⊗ Essen
7 Café Moro B2
8 Entrelagos B2
9 La Última Frontera B3
10 Mercado Municipal B1

Das beste Hostel der Stadt wird von einem freundlichen Amerikaner aus Nordkalifornien betrieben, der diesen alteingesessenen Traveller-Favoriten in die umweltfreundlichste Übernachtungsoption in Sur Chico verwandelt hat. Dazu gehören Duschen mit von der Sonne erwärmtem Wasser, Regenwasserauffangbehälter, Permakultur, vertikale Gärten, ein Kompost und ägyptische Bambushandtücher. Das Hostel ist aber nicht nur nachhaltig, sondern hat auch komfortable, bunte Schlafsäle und einfache, schön hergerichtete Privatzimmer, die allerdings etwas klein ausgefallen sind.

Hostel Bosque Nativo   HOSTEL $
(063-243-3782; www.hostelnativo.cl; Pasaje Fresia 290; B 10 000 Ch$, EZ/DZ 19 000/26 000 Ch$, ohne Bad 17 000/22 000 Ch$; @🛜) Eine Nichtregierungsorganisation, die sich nachhaltige Forstwirtschaft auf die Fahnen geschrieben hat, betreibt dieses komfortable Hostel in einem Holzhaus, das sich am Ende einer Schotterpiste in einem Wohngebiet versteckt. Der Busbahnhof liegt in fußläufiger Entfernung.

Hostal Totem   PENSION $
(063-229-2849; www.turismototem.cl; Carlos Anwandter 425; EZ/DZ/3BZ 25 000/30 000/39 000 Ch$; @🛜) Unter den vielen Optionen entlang der von vielen Wohnhäusern gesäumten Durchgangsstraße Carlos Anwandter bietet diese Pension das beste Preis-Leistungs-Verhältnis. Obwohl die Hartholzböden des alten Hauses mit ihrem Quietschen alle Mühe geben, sucht man antiquierten Charme hier vergebens. Die elf sauberen Zimmer, der freundliche Besitzer (er spricht Englisch und Französisch) und

der sonnendurchflutete Frühstücksraum machen dies aber wieder wett.

🍴 Essen & Ausgehen

Die Isla Teja am gegenüberliegenden Flussufer gilt gerade als ultra-angesagtes Restaurantviertel. Das Nachtleben konzentriert sich vor allem auf die Esmeralda – da hat man die Qual der Wahl.

★ La Última Frontera   RESTAURANT-BAR $

(Pérez Rosales 787; Sandwiches 2800–4400 Ch$; ⊙ Mo–Sa 10–2 Uhr; 📶🍴) Die unkonventionelle Restaurant-Bar versteckt sich in einem ruhigen, restaurierten Herrenhaus und versprüht ein Flair, das im ganzen Sur Chico seinesgleichen sucht. Es bietet alles, was das Traveller-Herz begehrt: kreative Sandwiches, frische Säfte und etwa zwölf Biersorten aus lokalen Kleinbrauereien vom Fass (als erstes das Cuello Negro Stout probieren) sowie einige Flaschenbiere.

Nachts verwandelt sich das Última Frontera in die beste Bar weit und breit, was nicht zuletzt der hippen Künstlergemeinde Valdivias zu verdanken ist. Man kann sich in einem der kunstüberladenen Räume verlieren oder sich im neuen Innenhof mit Veranda ein kühles Bier genehmigen. Diese Location sollte man sich auf keinen Fall entgehen lassen.

Mercado Municipal   CHILENISCH $

(Prat s/n; Hauptgerichte 2500–4000 Ch$; ⊙ 9–21 Uhr) Üppige Potionen Fish & Chips oder *choritos al ajillo* (Knoblauch-Chili-Muscheln) auf drei Restaurantebenen mit Flussblick.

Café Moro   CHILENISCH $

(Paseo Libertad 174; Menü 3100 Ch$; ⊙ Mo–Fr 9.30–22, Sa 11–22 Uhr; 📶) Eine tolle Adresse für ein Mittagsmenü mit unschlagbarem Preis-Leistungs-Verhältnis. Hier trifft sich eine junggebliebene und bunt gemischte Klientel aus intellektuellen Hipstern und den Wissenschaftlern der WWF-Denkfabrik des Centro de Estudios Científicos in Valdifia, die abends dann vom Denken zum Trinken übergeht.

Entrelagos   CAFÉ $

(www.entrelagos.cl; Pérez Rosales 640; Sandwiches 3100–6400 Ch$; ⊙ Mo–Fr 9–21, Sa 10–21.30, So 11–21 Uhr) In dem klassischen *salón de té* (Teestube) treffen sich die Einwohner Valdivias, um in einem Schwätzchen bei köstlichem *café cortado* (Espresso mit Milch), Kuchen, Sandwiches und Crêpes. Die herzhaften Tagesmenüs und getoasteten Sandwiches sind genau das Richtige, wenn man auf der Suche nach einer sättigenden Mahlzeit ist. Vielleicht möchte man aber auch nur kurz der Wirklichkeit entfliehen: Die Teestube mit Stühlen im Pariser Stil könnte nicht unchilenischer sein. An einem Sonntag die Adresse schlechthin.

ℹ️ Praktische Informationen

Im Zentrum gibt's viele Geldautomaten und Internetcafés. Am Terminal de Buses befindet sich ein Touristeninformationskiosk.

Clínica Alemana (www.alemanavaldivia.cl; Beauchef 765; ⊙ 24 Std.) Besser, schneller und näher gelegen als das öffentliche Krankenhaus.

CorreosChile (www.correos.cl; O'Higgins 575; ⊙ Mo–Fr 9–19, Sa 9.30–13 Uhr) Post.

Sernatur (📞 063-223-9060; www.turismolosrios.cl; Prat s/n; ⊙ 9–21 Uhr) Hat sehr hilfreiche Ratschläge parat.

ℹ️ An- & Weiterreise

BUS

An Valdivias **Terminal de Buses** (📞 063-222-0498; www.terminalvaldivia.cl; Anfión Muñoz 360) besteht eine regelmäßig Verbindung zu Zielen zwischen Puerto Montt und Santiago. **Tur Bus** (📞 063-221-2430; www.turbus.cl) und **Pullman Bus** (📞 063-220-4660; www.pullman.cl) sind nur zwei unter vielen Busunternehmen, die zur Wahl stehen. **Buses JAC** (📞 063-221-3754; www.busjac.cl) fährt nach Villarrica, Pucón und Temuco. **Andesmar** (📞 063-222-4665; www.andesmar.com) bedient Bariloche in Argentinien.

ZIEL	PREIS (CH$)	DAUER (STD.)
Bariloche, Arg.	21 000	7
Castro	9500	7
Neuquén, Arg.	41 900	12
Osorno	5000	2
Panguipulli	2900	2¼
Pucón	4500	3
Puerto Montt	5000	3½
San Martín de los Andes, Arg.	13 000	8
Santiago	34 000	12
Temuco	4200	3½

FLUGZEUG

Der **Aeropuerto Pichoy** (📞 063-227-2294) liegt 32 km von Valdivia entfernt. **LAN** (📞 600-526-2000; www.lan.com; Maipú 271; ⊙ Mo–Fr 9–13 & 15.30–18, Sa 10–13 Uhr) startet täglich nach Santiago (80 000 Ch$, 2¼ Std.). **Sky** (📞 063-222-6280; www.skyairline.cl; Chaca-

ABSEITS DER ÜBLICHEN PFADE

DIE KÜSTE DER HUILLICHE

Die Huilliche an Osornos großartiger Küste sitzen quasi auf einer ethno-touristischen Goldmine: Ihre bisher unbekannten Gemeinden werden gerade erst von Besuchern entdeckt. Im Rahmen von mehrtägigen Touren, bei denen man durch Valdivianischen Regenwald zu einigen der tollsten Strände Chiles wandert, kann man vollständig in die hiesige Lebensart eintauchen. Übernachtet wird dabei in Privathäusern rund um **San Juan de la Costa** und das **Territorio Mapa Lahual** (www.mapulahual.cl), ein von einer indigenen Gemeinschaft bewohntes Schutzgebiet, zu dem auch die **Caleta Condor** gehört und das sich in Richtung Süden bis in die Provinz Río Negro erstreckt. Der Reiseveranstalter **Mawidan Tour Chile** (Handy 7771-7275; www.mawidan.com; Camino Cheuquemo, Km 1, Río Negro) pflegt gute Beziehungen zu den indigenen Gemeinden.

Die fünf herrlichen *caletas* (Buchten) rund um San Juan de la Costa sind mit dem Auto erreichbar und eignen sich bei Zeitmangel auch als Tagesziele ab Osorno. Unmittelbar vor der Küste der Dörfer **Bahía Mansa**, **Pucatrihue** und **Maicolpué** tummeln sich Delfine und Seelöwen, die bis an den Strand schwimmen, zwischen dessen Felsen Frauen nach den beiden Seetangarten *luga* und *cochayuyo* suchen, die dabei helfen, die lokale Wirtschaft zu unterstützen. Die beiden schönsten *caletas* sind **Manzano**, 20 km nördlich von Bahía Mansa, und **Tril-Tril**, 7 km südlich von Bahía Mansa.

---

buco 308; Mo-Fr 9-19, Sa 10-13 Uhr) ist günstiger, dafür muss man eventuell einen Zwischenstopp in Concepción in Kauf nehmen.

Osorno

064 / 151 900 EW.

Das belebte Osorno, der kommerzielle Motor der umliegenden Agrarregion, ist auch ein wichtiger Vekehrsknotenpunkt. Die meisten Traveller halten sich hier aber nicht lange auf.

Schlafen & Essen

Hostel Vermont HOSTEL $
(064-224-7030; www.hostelvermont.cl; Toribio Medina 2020; B 12 000 Ch$, EZ/DZ ohne Bad 20 000/30 000 Ch$, Hütte EZ/DZ/4BZ 25 000/35 000/50 000 Ch$; @) Das erste anständige Hostel Osornos wird von einer zweisprachigen Snowboarderin geleitet, die es nach dem Ort benannt hat, an dem sie einige Zeit gelebt hat, nämlich Burlington im US-Bundesstaat Vermont. Das Hostel bietet alles, was das Herz begehrt: Es ist freundlich, sauber und gut ausgestattet; es gibt aber auch ein paar Dinge, auf die man gut verzichten könnte, wie knarrende alte Fußböden und lärmende Mit-Traveller, was bedeutet, dass einem mitunter nachts der Schlaf geraubt wird.

Vom Busbahnhof geht man zwei Blocks nach Süden bis zur Juan MacKenna, dann fünf Blocks nach Osten bis zur Buenos Aires und dann noch einmal eineinhalb Blocks nach Süden bis zur Toribio Medina.

Hotel Villa Eduviges HOTEL $$
(064-223-5023; www.hoteleduviges.cl; Eduviges 856; EZ/DZ/3BZ ab 25 000/40 000/55 000 Ch$;) Eine komfortable Mittelklasseoption, die einen ganz entscheidenden Vorteil hat: Sie ist eine der wenigen Unterkünfte in der Región X, in der man auch als Alleinreisender in einem Doppelbett schlafen kann, ohne dafür den Preis eines Doppelzimmers bezahlen zu müssen. Es befindet sich in ruhiger Lage in einer Wohngegend südlich des Busbahnhofs und bietet große, wenn auch etwas altmodische Zimmer mit eigenen Bädern. Auch das Management ist sehr nett.

Café Central CAFÉ $
(O'Higgins 610; Hauptgerichte 2500-8000 Ch$; 8-24 Uhr) Das zweistöckige Central an der Plaza ist dank seines guten Kaffees, des Kunstmann-Biers vom Fass, der kolossalen Burger und seines Frühstücksangebots immer gut besucht. Es gibt auch eine Theke für Alleinreisende.

Mercado Municipal CHILENISCH $
(Ecke Prat & Errázuriz; 11-15 Uhr) Auf dem Mercado Municipal gibt's eine große Auswahl an Essensständen mit gutem und preiswertem Mittagessen.

An- & Weiterreise

Vom **Hauptbusbahnhof** (064-221-1120; Errázuriz 1400) aus, der fünf Blocks von der Plaza de Armas entfernt liegt, schicken **Pullman Bus** (064-231-8529; www.pullman.cl), **Tur Bus** (064-220-1526; www.turbus.cl) und viele weitere Unternehmen ihre Busse zu Überlandzielen und nach Argentinien. Die meisten Nordverbindungen entlang der Panamericana starten stündlich in Puerto Montt; nach Santiago geht's größtenteils über Nacht.

Queilen Bus (📞064-226-0025; www.queilenbus.cl) empfiehlt sich, wenn man nach Coyhaique oder Punta Arenas will. **Bus Norte** (📞064-223-2778; www.busnortechile.cl), **Andesmar** (📞064-223-3050; www.andesmar.com) und **Via Bariloche** (📞064-226-0025; www.viabariloche.com.ar) fahren täglich nach Bariloche und zu anderen Zielen in Argentinien.

Andere Lokal- und Regionalbusse nutzen den **Terminal Mercado Municipal** (Errázuriz zw. Arturo Prat & Cristóbal Colón) zwei Blocks westlich vom Hauptbusbahnhof. **Expreso Lago Puyehue** (📞064-224-3919; www.expresolagopuyehue.wix.com/buses-expreso) bedient Termas Puyehue/Aguas Calientes (2200 Ch$, 1¼ Std., stündl.). **Buses Río Negro** (📞064-223-6748) startet Richtung Caleta Condor (1200 Ch$, 45 Min.).

Um zu den Huilliche-Gemeinden von San Juan de la Costa (Bahía Mansa, Pucatrihue und Maicolpué) zu gelangen, steigt man in einen der Minibusse (1800 Ch$, 1¾ Std., stündl.), die an der **Feria Libre Ráhue** (Ecke Chillán & Temuco) starten. An der nordöstlichen Ecke von Errázuriz und Cristóbal Colón nimmt man Bus 1, 6 oder 10 (400 Ch$).

ZIEL	PREIS (CH$)	DAUER (STD.)
Ancud	6200	4
Bariloche, Arg.	16 000	5
Concepción	12 300	9
Coyhaique	40 000	20
Pucón	8400	4
Puerto Montt	2200	1¾
Punta Arenas	42 000	28
Santiago	20 000	12
Temuco	5800	3½
Valdivia	5800	1¾

Parque Nacional Puyehue

Als der Volcán Puyehue (2240 m) einen Tag nach dem Erdbeben von 1960 seine Spitze absprengte, wurde aus dem immergrünen Wald an seinen Hängen eine Einöde aus Sanddünen und Lava. 2011 brach der nahegelegene Cordon Caulle aus, dessen Asche bis nach Buenos Aires getragen wurde. Heute schützt der 107 000 ha große **Parque Nacional Puyehue** (www.parquepuyehue.cl) GRATIS diese tolle Landschaft der Gegensätze. **Termas Aguas Calientes** (www.termasaguascalientes.cl; Tagesnutzung ohne/mit Verpflegung 12 500/28 000 Ch$) ist ein schlichter Badeort mit Thermalquellen. Vom Conaf-Parkplatz aus findet man die Pocitos Termas (Eintritt frei) ca. 80 m hinter der Hängebrücke.

Das kleine Skigebiet **Centro de Esqui Antillanca** (📞064-224-2010; www.skiantillanca.cl; Büro: O'Higgins 1073, Osorno; Lifttickets 27 000 Ch$, Verleih 26 000–29 000 Ch$) liegt 18 km hinter Aguas Calientes an den Hängen des Volcán Casablanca (1990 m). Im Sommer führt ein Pfad hinauf zum Krater, wo ein Aussichtspunkt mit Blick auf die Bergkette aufwartet.

Bei **Anticura**, 17 km nordwestlich der Abzweigung nach Aguas Calientes, beginnen viele Wanderwege: Nette kurze Wanderungen führen jeweils zu einem Aussichtspunkt bzw. zum Wasserfall Salto del Indio. Etwa 2 km weiter westlich markiert das Privatgelände des Resorts **El Caulle** den südlichen Startpunkt der **Puyehue Traverse**, einer bekannten und beliebten drei- bis viertägigen Wanderung. **Patagonia Expeditions** (📞Handy 9104-8061; www.anticurachile.cl) bietet geführte Wanderungen an und betreibt den **Camping Catrué** (📞Handy 9104-8061; www.anticurachile.cl; Stellplatz 3500 Ch$, B 8000 Ch$, Hütte für 2/4/6 Pers. 35 000/42 000/52 000 Ch$) mit 18 Stellplätzen und voll ausgestatteten Hütten.

Frutillar

📞065 / 16 300 EW.

Frutillars geheimnisvoller Nimbus wurzelt im Erbe der im 19. Jh. eingewanderten Deutschen, das bis heute erhalten geblieben ist. Hierher kommt man, um die Atmosphäre eines einfacheren Lebens aufzusaugen, im See zu schwimmen, hausgemachten Kuchen zu essen und in Zimmern mit Spitzenvorhängen an den Fenstern zu schlafen. Manchen ist Frutillar für einen längeren Aufenthalt zu ruhig, andere sehen die Idylle als Alternative zum chaotischeren Puerto Varas.

Der Ort besteht aus zwei Teilen: Frutillar Alto ist eine schmucklose Arbeitersiedlung, während Bajo am Seeufer alle Touristenattraktionen birgt. Das **Teatro del Lago** (📞065-242-2900; www.teatrodellago.cl; Av Philippi 1000) ist ein Zentrum der Darstellenden Künste von Weltklasse und auf Pfählen über dem Wasser erbaut. Hier finden exzellente Livekonzerte statt. Das mitten in hübschen Gärten gelegene **Museo Colonial Alemán** (www.museoaustral.cl; Ecke Pérez Rosales & Prat; Eintritt 2500 Ch$; ⊙9–19.30 Uhr) ist ein rekonstruiertes Landgut mit Mühle und Schmiede.

Viele besuchen Frutillar im Rahmen eines Tagesausflugs ab Puerto Varas – Budgetunterkünfte sind hier rar. Die **Lavanda Casa de Te** (Handy 9269-1684; www.lavandacasadete.cl; Km 1,5 nach Quebrada Honda; Menü 13 000 Ch$; Jan.–Feb. 13–20 Uhr, April–Dez. Mo geschl.) auf einer Lavendelfarm gleich außerhalb des Ortes wird für Tee, hochwertige Lavendelprodukte und Mittagessen mit frischen Zutaten vom Bauernhof geschätzt. Im Grillrestaurant **Melí** (065-242-0766; www.emporiomeli.com; Camino Punta Larga, Km 1; Menü 8900–10 900 Ch$; Mo–Sa 12.30–16 & 19–23, So 10–18 Uhr;) liegt der Fokus auf der patagonischen Küche mit Salaten und geröstetem Lamm.

Von einem kleinen Parkplatz an der Pedro Montt nahe der Av Philippi starten Minibusse nach Puerto Varas (900 Ch$, 30 Min.), Puerto Montt (1800 Ch$, 1 Std.) und Osorno (900 Ch$, 40 Min.).

Puerto Varas

065 / 37 900 EW.

Wie Soldaten dräuen zwei verschneite Vulkane über dem malerischen Puerto Varas. Die Stadt liegt nur 23 km von Puerto Montt entfernt, ist aber in puncto Charme, Landschaft und Service-Einrichtungen eine ganz andere Welt. Sie wurde schon als das „nächste Pucón" beworben und bietet tolle Wassersportoptionen, vor allem Rafting und Kajakfahren. Doch auch klettern, angeln, wandern und Ski fahren kann man hier. Im Sommer herrscht Hochbetrieb, im Winter ist es dagegen still.

Sehenswertes & Aktivitäten

Bei einem gemütlichen Spaziergang lässt sich die deutsche Architektur aus dem 19. Jh. bewundern. Im Sommer können am See SUP-Bretter und Kajaks geliehen werden. Die Broschüren der Touristeninformation empfehlen einen Stadtspaziergang namens **Paseo Patrimonial**, der an zehn denkmalgeschützten Häusern vorbeiführt.

Geführte Touren

★ **Secret Patagonia** OUTDOOR-AKTIVITÄTEN (065-223-2921; www.secretpatagonia.com; San Pedro 311; Okt.–April 8–20 Uhr, Mai–Sept. 9-19 Uhr) Der umweltbewusste Verband, ein Zusammenschluss aus den vier kleineren Anbietern La Comarca, Ko'Kayak, Birds Chile und OpenTravel, ist Spezialist für maßgeschneiderte Abenteuertrips in wenig besuchte Ecken des Río-Puelo- und Cochamó-Tals oder zu weiter entfernten Zielen.

Unter den Highlights sind Wanderungen im Cochamó-Tal, lange Mountainbike-Touren (darunter ein 12-tägiger Singletrack-Trip von Bariloche nach Puerto Varas), Abstecher zu entlegenen französischen Refugien auf der Isla Las Bandurrias im Lago Las Rocas und Ausflüge in den Parque Tagua Tagua. Mehrtägige Ausritte zwischen Chile und Argentinien mit Übernachtungen bei Familien erweitern den kulturellen Horizont. Ihr neuester Hit: Trinken & Biken (allerdings nicht in dieser Reihenfolge!). Die Tour Bike & Beer ist eine 30 km lange Radtour, die am See entlangführt und viel Spaß verspricht. Krönender Abschluss ist eine Bierprobe in der Klein-

---

ABSTECHER

COCHAMÓ-TAL & RÍO-PUELO-TAL

Smaragdfarbene Flüsse und tiefe, ursprüngliche Täler sind nur zwei der Highlights in dieser herrlich entlegenen Region, die mittlerweile durch mehrere Staudammvorhaben bedroht wird. Etwas so Schönes sollte nicht überflutet, sondern geschützt werden! Bislang verzeichnen die schroffen, urigen Täler nur wenige Besucher.

Der hervorragende Outdoor-Anbieter **Campo Aventura** (Handy 9289-4318; www.campoaventura.cl) in Puerto Varas veranstaltet beliebte Ausritte, die von der eigenen Lodge am Fluss quer durchs Tal führen. Dabei liegt der Schwerpunkt gleichermaßen auf Kultur und Natur. Gäste des einzigartigen **Domo Camp** (Handy 6802-4275; www.andespatagonia.cl; Puelo Alto; DZ/3BZ/4BZ 50 000/60 000/70 000 Ch$, Hütte 50 000 Ch$; @) im kleinen Örtchen Río Puelo erwartet eine einzigartige Erfahrung: Sie nächtigen umgeben von Wald in coolen Kuppeln, die über Laufstege miteinander verbunden sind. Die Quartiere warten mit Schlafsäcken und offenen Kaminen auf; das Hausrestaurant akzeptiert auch Gäste, die nicht im Camp übernachten, und serviert hervorragende Mittagsmenüs. Der kleine Veranstalterverband Secret Patagonia bringt Abenteurer per Kajak, Mountainbike oder zu Fuß in beide Täler.

Puerto Varas

Puerto Varas

Aktivitäten, Kurse & Touren
- Ko'Kayak .... (siehe 1)
- 1 Secret Patagonia C3
- 2 TurisTour D4

Schlafen
- 3 Casa Margouya D3
- 4 Compass del Sur B1
- 5 Galpon Aíre Puro B1
- 6 Hostel Melmac Patagonia C4
- 7 Margouya Patagonia A4

Essen
- 8 Donde El Gordito B4
- 9 The Office D4

Ausgehen & Nachtleben
- 10 Caffé El Barrista D3
- 11 Garage D3

brauerei Chester Beer. Eine Gruppe besteht aus maximal zwölf Personen und jeder der Angestellten ist darauf aus, den Teilnehmern ein unvergessliches und nicht alltägliches Erlebnis zu bescheren und dabei den ökologischen Fußabdruck möglichst klein zu halten. Verleiht auch vollgefederte Mountainbikes.

Ko'Kayak RAFTEN, CANYONING
(☎ 065-223-3004; www.kokayak.cl; San Pedro 311; ⊙ Okt.–April 8–20 Uhr, Mai–Sept. 9–19 Uhr) Ein alteingesessener und beliebter Rafting-Spezialist. Bietet halbtägige Rafting-Touren (35 000 Ch$, 2-mal tgl.), Seekajakfahren (ganzer Tag/2 Tage 70 000/160 000 Ch$) sowie halbtätiges Canyoning (40 000 Ch$) an.

TurisTour OUTDOOR-AKTIVITÄTEN, GEFÜHRTE TOUR
(☎ 065-243-7127; www.turistour.cl; Del Salvador 72; ⊙ Mo–Fr 7.30–19, Sa & So 7–14 & 17–19 Uhr) Veranstaltet die Cruce de Lagos, eine Tour mit Bus und Boot über die majestätischen Flüsse und

Berge des Pérez Rosales Passes bis nach Bariloche in Argentinien und in die andere Richtung. Der Gesamtpreis liegt bei 280 US$, je nach Saison gibt's aber Rabatte und Kinder bezahlen nur die Hälfte. Die Touren werden das ganze Jahr über täglich angeboten, im Winter (Mai–Aug.) muss die 12-stündige Fahrt aber zwingend in Peulla für eine Übernachtung unterbrochen werden.

🛏 Schlafen

Casa Margouya HOSTEL $
(☏ 065-223-7640; www.margouya.com; Santa Rosa 318; B 10 000 Ch$, EZ/DZ ohne Bad 18 000/24 000 Ch$; @ 🛜) Das Hostel in französischer Hand liegt hervorragend und ist kleiner als viele seiner Konkurrenten. Zudem herrscht eine freundliche und gesellige Atmosphäre zwischen den Gästen. Es ist etwas hippiemäßig angehaucht... und laut.

Hostel Melmac Patagonia HOSTEL $
(☏ 065-223-0863; www.melmacpatagonia.com; Santa Rosa 608 Interior; B 13 000 Ch$, EZ/DZ ab 35 000/39 500 Ch$; @ 🛜) Dieses anheimelnde Hostel in perfekter Lage ist in einem Neubau oberhalb des Zentrums untergebracht und mit allen modernen Schikanen ausgestattet. Es gibt sogar auf traditionelle Weise vor Ort gebrautes Bier, das besonders gut auf der Veranda vor dem Haus schmeckt (das erste Bier ist kostenlos!). Ständiger Mitbewohner: Wall-E der Saugroboter.

Margouya Patagonia HOSTEL $
(☏ 065-223-7695; www.mapatagonia.com; Purisima 681; B 9000 Ch$, EZ/DZ ohne Bad 18 000/25 000 Ch$; @ 🛜) Das große historische Wohnhaus von 1932 steht unter Denkmalschutz und ist das netteste Hostel der Stadt. Seine Zimmer und Bäder sind ruhiger, viel größer und noch dazu preiswerter als die der meisten anderen Unterkünfte. Zudem gibt's hier noch jede Menge französisch-chilenische Gastfreundschaft. Die großen, hellen Schlafsäle haben nur neun Betten.

Vor Ort bieten auch eine eigene Sprachschule für Spanisch und ein Reisebüro für Aktivitäten in der Umgebung ihre Dienste an. Es gibt günstige Leihfahrräder, aber kein Frühstück.

Casa Azul HOSTEL $$
(☏ 065-223-2904; www.casaazul.net; Manzanal 66; B 10 000 Ch$, DZ 34 000 Ch$, EZ/DZ ohne Bad 18 000/26 000 Ch$; @ 🛜) Es ist schwer, einen Haken an diesem tadellos geführten Hostel unter deutsch-chilenischer Leitung zu finden, das in einem ruhigeren Wohnviertel gleich außerhalb des Zentrums liegt. Der traumhaft friedliche Garten mit Koi-Teich (und Bonsais) wird gestresste Gemüter im Handumdrehen entspannen. Die geräumigen Zimmer befinden sich in einwandfreiem Zustand und werden durch eine große Gästeküche und einen Gemeinschaftsbereich mit coolen Möbeln aus Ästen ergänzt.

Compass del Sur B & B $$
(☏ 065-233-2044; www.compassdelsur.cl; Klenner 467; Stellplatz 9000 Ch$, B 12 000 Ch$, EZ/DZ 32 000/42 000 Ch$, ohne Bad 27 000/30 000 Ch$; @ 🛜) Ein bezauberndes Haus im kolonialen Stil mit skandinavischem Touch und sehr freundlichen Angestellten oberhalb der Innenstadt, das über einen Fußweg mit zahlreichen Treppenstufen zu erreichen ist. Es bietet komfortable Betten und einige neue Regenduschen, die bei den Flashpackern, die man hier vorwiegend antrifft, äußerst gut ankommen.

Galpon Aíre Puro PENSION $$
(☏ Handy 9979-8009; www.galponairepuro.com; Ecke Decher & Independencia; EZ/DZ/Suite 34 000/48 000/60 000 Ch$; P @ 🛜) Die amerikanische Auswanderin Vicki Johnson – Köchin, Chocolatière und Expertin in Sachen „Schöne Dinge des Lebens" – hat diese riesige Scheune aus den 1920er-Jahren, die einst als Kartoffellager diente, in ihre eigenen Oase des guten Geschmacks umgewandelt. Sie hat ihren Laden für traditionell hergestellte Schokolade und ihr Café erweitert und hierher verlegt und bietet nun über einer Reihe cooler Büros zudem acht große Gästezimmer für den individuellen Reisenden an.

🍴 Essen

⭐ La Gringa AMERIKANISCH $
(www.lagringa.cl; Imperial 605; Hauptgerichte 3500–7900 Ch$; ⏱ Mo–Fr 8–20, Sa ab 10 Uhr; 🛜) 🌿 Dieses sympathische Lokal erinnert an ein Café an der US-Pazifikküste an einem regnerischen Tag. Die Chefin kommt aus Seattle und tischt traumhaft leckere Muffins und Gebäck, kreative Sandwiches (*pulled pork* mit Kaffeeglasur) und tolle Mittagsmenüs (6500 Ch$, 13–16 Uhr) auf. Die angebotenen Weine und Gourmetartikel aus traditioneller Herstellung eignen sich hervorragend für ein Picknick.

Donde El Gordito CHILENISCH, SEAFOOD $
(San Bernardo 560; Hauptgerichte 3900–8000 Ch$; ⏱ 12–16.30 & 18.30–22 Uhr, Juni ge-

schl.) Bodenständige, bei Einheimischen sehr beliebte anheimelnde Adresse für Seafood im Mercado Municipal. Das El Gordito stellt wunderbare Dinge mit Krabbensauce an. Reichhaltig, aber hervorragend.

The Office CAFÉ $
(San Juan 425, 2. Stock; Sandwiches 1990–5390 Ch$; Mo–Fr 8.30–20.30, Sa bis 22 Uhr;) Das künstlerisch angehauchte Café mit Blick auf die Plaza serviert voll beladene Gourmetsandwiches, die auch für zwei Personen reichen. Hinzu kommen Bio-Kaffee und günstige Steaks in einer stilvollen Location mit mehreren Räumen.

Ausgehen & Nachtleben

Caffé El Barrista CAFÉ
(www.elbarista.cl; Martínez 211; Kaffee 1400–2800 Ch$, Sandwiches 3500–6800 Ch$; 8–1 Uhr;) Das Café nach italienischem Vorbild serviert den besten Kaffee in Sur Chico. Die gesunden und preiswerten Mittagsangebote (6800 Ch$) und eine Auswahl an leckeren Sandwiches sorgen um die Mittagszeit für viel Zulauf. Am Abend verwandelt sich das Café in die überzeugendste Bar der Stadt mit einer gemischten Klientel aus den hier lebenden Guides und Expats.

Garage BAR
(Martínez 220; unterschiedl. Öffnungszeiten) Direkt neben der Copec-Tankstelle tummeln sich vor allem Alternative und Künstlertypen und das Programm reicht von spontanen Jazz-Sessions bis zu beschwingten Partys mit kolumbianischer Cumbia-Musik. Die Sache mit den Öffnungszeiten wird hier allerdings nicht so ernst genommen. Oft ist der Laden länger geöffnet als offiziell erlaubt, teilweise öffnet er gar nicht. Selbst die treu ergebene lokale Fangemeinde beschwert sich über diese Unzuverlässlichkeit.

Praktische Informationen

Im Zentrum gibt es zahlreiche Geldautomaten.
Clínica Alemana (www.alemanapv.cl; Otto Bader 810; 24 Std.) Nicht weit von der Stelle, wo die Del Salvador im Südwesten aus der Stadt führt.
Parque-Pumalín-Büro (065-225-1910; www.pumalinpark.org; Klenner 299; Mo–Fr 9–18 Uhr) Obwohl der Park in Nordpatagonien liegt, ist dies das offizielle Tourismusbüro für den Parque Pumalín.
Tourismusbüro (065-236-1146; www.ptovaras.cl; Del Salvador 320; Aug.–Mai 8.30–21.30 Uhr, April–Juli bis 19.30 Uhr) Hilfsbereit, mit Broschüren und kostenlosen Karten der Region.

An- & Weiterreise

Die meisten Fernbusse starten in Puerto Montt. Es gibt hier zwei Busbahnhöfe. **Cruz del Sur** (065-223-6969; www.busescruzdelsur.cl; San Francisco 1317; Büro 7–21.30 Uhr) eignet sich am besten für Verbindungen nach Chiloé und Punta Arenas; von hier fährt **Bus Norte** (065-223-4298; www.busnortechile.cl; Andrés Bello 304, 2. Stock, Büro) auch nach Bariloche in Argentinien. Der **Terminal Tur Bus** (065-223-3787; www.turbus.cl; Del Salvador 1093; Büro Mo–Fr 7–23.10, Sa & So7–13.50 & 16.30–23.10 Uhr) wird neben Tur Bus auch von JAC und Condor genutzt. Von hier starten viele Busse gen Norden, u. a. auch nach Santiago.

Minibusse von und nach Ensenada (1200 Ch$, 1 Std.), Petrohué (2500 Ch$, 1½ Std.), Puerto Montt (800 Ch$, 15 Min.), Cochamó (2500 Ch$, 1½ Std.) und Río Puelo (4000 Ch$, 3 Std.) halten alle an der Ecke Walker Martínez/San Bernardo. Busse nach Frutillar (900 Ch$, 30 Min.) fahren in der Av Gramado nahe der San Bernardo ab.

ZIEL	PREIS (CH$)	DAUER (STD.)
Ancud	5000	2½
Bariloche, Arg.	15 000	6
Castro	6500	4½
Osorno	2000	1¼
Pucón	9300	5½
Punta Arenas	40 000	18
Santiago	25 000	12
Temuco	6500	6
Valdivia	4500	3½

Ensenada

An einer malerischen Küstenstraße taucht 45 km hinter Puerto Varas das rustikale Ensenada auf. Hier gibt's kaum mehr als ein paar Restaurants, *hospedajes* und Abenteuer-Anbieter. Wem aber frische Luft wichtiger ist als ein schickes Zimmer, der übernachtet sicher gern in der schönen Landschaft mit Blick auf den Volcán Osorno und den Volcán Calbuco. Ein toller Stützpunkt ist das gemütliche **Hamilton's Place** (Handy 8466-4146; hamiltonsplaceensenada@gmail.com; Camino a Ensenada, Km 42; EZ/DZ 40 000/49 000 Ch$, ohne Bad 22 000/35 000 Ch$;), das von einer herzlichen brasilianisch-kanadischen Familie geführt wird und in dem es auch exzellentes Abendessen gibt. Wer den Osorno erklimmen oder an seinen Hängen

Skifahren möchte, gewinnt durch eine Übernachtung hier eine Stunde Schlaf.

Der Ausbruch des Volcán Calbuco im April 2015 hat dessen Erscheinungsbild verändert und die Umgebung mit einer Asche- und Schlackeschicht bedeckt. Mittlerweile werden aber die meisten touristischen Aktivitäten wieder angeboten.

Parque Nacional Vicente Pérez Rosales

In diesem Park voller blauer Seen und hoch aufragender Vulkane sind der Lago Todos Los Santos und der Volcán Osorno die Attraktionen. Doch es gibt noch viel mehr: Ein See folgt auf den nächsten, und auf beiden Seiten der sagenumwobenen Andenpassage dominieren Feuerberge das Panorama.

Die 251 000 ha des Parque Nacional Vicente Pérez Rosales schützen u. a. die schneebedeckten Vulkane Osorno (2652 m), Puntiagudo (2190 m) und Monte Tronador (3554 m). Die Ruta 225 endet 50 km östlich von Puerto Varas in Petrohué. Zum dortigen Parkeingang bestehen im Sommer regelmäßige Minibusverbindungen ab Puerto Varas (übriges Jahr nur 2-mal tgl.).

Rund 6 km vor Petrohué donnern die Saltos del Petrohué (Eintritt 1500 Ch$; 8.30–20 Uhr) über Basaltfelsen in die Tiefe. Im Dorf selbst findet man Strände und den Anleger für Cruce-de-Lagos-Bootstouren nach Peulla. Zudem beginnen hier einige Wanderwege: Vom bewaldeten, empfehlenswerten Conaf-Campingplatz (Handy 5791-4351; www.conaf.cl; Stellplatz für 1–5 Pers. 10 000 Ch$) führt eine unbefestigte Piste zum langen, schwarzen Strandsand der Playa Larga. Diese markiert wiederum den Anfang des Sendero Los Alerces, der weiter westlich auf den Sendero La Picada trifft. Über diesen sandigen Weg geht es dann hinauf zum Paso Desolación am Volcán Osorno, wo ein herrlicher Panoramablick auf den See und die Vulkane wartet. Da es keine Straße rund um den See gibt, sind die landeinwärts verlaufenden Pfade nur per Boot erreichbar.

Der Ausgangspunkt zum Wandern oder Skifahren am Volcán Osorno liegt in der Nähe von Ensenada. Das Centro de Ski y Montaña Volcán Osorno (065-566-624; www.volcanosorno.com; Liftticket halber/ganzer Tag 19 000/24 000 Ch$) hat zwei Lifte für Wintersportler und andere Gäste sowie einen Ski- und Snowboardverleih. Außerhalb der Hauptsaison kann man dennoch mit dem Skilift hinauffahren (14 000 Ch$), um das unglaublich malerische Panorama zu genießen. Alternativ wandert man hinauf.

Unterhalb der Pisten liegt das schicke Refugio Teski (065-256-6622; www.teski.cl; B mit Bettwäsche/Schlafsack 15 000/12 000 Ch$, Zi. ohne/mit Bad 35 000/47 000 Ch$;), das einen tollen Zugang zum Berg bietet. Mit einem Vorlauf von 24 Stunden kann man sich einen Whirlpool am Hang mieten (40 000 Ch/3 Std., inkl. *pisco sour* und Fingerfood), während der Happy Hour zwei Sundowner zum Preis von einem genießen und dann bis in die Nacht weiterbechern.

Die Hänge sind nur mit dem eigenen Fahrzeug oder im Rahmen einer Pauschaltour zu erreichen. Um das Skigebiet und das *refugio* zu erreichen, die Straße von Ensenada nach Puerto Octay bis zum Schild nehmen (ca. 3 km), dann der Nebenstrecke 10 km folgen.

Puerto Montt

065 / 218 900 EW.

Puerto Montt ist nicht nur die Hauptstadt des Seengebiets, sondern auch das staugeplagte und schnell wachsende Wirtschaftszentrum und die Verkehrsdrehscheibe der Region. Seine bemerkenswertesten Qualitäten sind die vielen Optionen zur Weiterreise. Ob per Flugzeug, Fähre, Bus oder Mietwagen – eine fast endlose Reihe toller Ziele ist von hier aus schnell und stressfrei zu erreichen. Mancher Traveller hat aber auch schon Gefallen an Puerto Montts ungehobelter chilenischer Arbeiter-Atmosphäre gefunden.

◉ Sehenswertes

Straßenstände an der Av Angelmó MARKT

(Av Angelmó) Entlang der belebten und abgasgeplagten Av Angelmó liegt eine schwindelerregende Mischung aus Kunsthandwerksständen, touristischen Seafood-Restaurants mit quäkenden Kellnern, die die Gäste an ihre Tische geleiten, und Straßenständen, die Werkzeuge, geräucherte Muscheln, *cochayuyo* (eine essbare Meerespflanze) und mysteriösen Nippes verkaufen. Man kann den Wahnsinn gern auf sich wirken lassen, sollte aber nicht zu lange stehen bleiben…

Essen und Kunsthandwerk von besserer Qualität finden sich 3 km weiter westlich des Zentrums am Ende der Straße im malerischen Fischereihafen Angelmó. Er ist leicht mit einem der häufig fahrenden Stadtbusse oder mit *colectivos* zu erreichen.

Casa del Arte Diego Rivera   GALERIE
(www.culturapuertomontt.cl; Quillota 116; ⊙ Mo–Fr 9–13 & 15–18.30 Uhr) GRATIS Dieses mexikanisch-chilenische Gemeinschaftsprojekt zeigt seit 1964 in der Sala Hardy Wistuba im Obergeschoss die Werke einheimischer Künstler, Bildhauer und Fotografen. Die Galerie hat auch ein kleines Café und eine exzellente Boutique.

Iglesia Catedral   KIRCHE
(Urmeneta s/n) Ältestes Gebäude der Stadt ist die Kathedrale, die 1856 komplett aus Patagonischer Zypresse erbaut wurde. Sie steht an der Plaza de Armas und ist eines der wenigen attraktiven Gebäude hier.

🛏 Schlafen

Casa Perla   PENSION $
(☎065-226-2104; www.casaperla.com; Trigal 312; Stellplatz 6000 Ch$/Pers., B 10 000 Ch$, Zi. ohne Bad 12 000 Ch$/Pers.; @ 🛜) Dank der mütterlichen Perla fühlt man sich in dem einladenden Privathaus wie ein Familienmitglied. Es gibt nur Gemeinschaftsbäder und Gäste haben Zugang zur Küche, in der Perla ihre Marmeladen einkocht und im Holzofen Brot bäckt. Die Casa Perla ist die gemütlichste, schrulligste Option in diesem Viertel. Es wird Deutsch und Englisch gesprochen

Hospedaje Vista al Mar   PENSION $
(☎065-225-5625; www.hospedajevistaalmar.cl; Vivar 1337; EZ/DZ 25 000/35 000 Ch$, ohne Bad 15 000/28 000 Ch$; @🛜) Dieser familiengeführte Traveller-Favorit ist eine der nettesten Privatpensionen und verfügt über sehr gepflegte Hartholzelemente, saubere Bäder, einen tollen Blick auf die Bucht und Kabel-TV in den Zimmern. Eliana sorgt für eine familiäre und freundliche Atmosphäre (sie ist hilfsbereit bis zum Gehtnichtmehr) und für chilenische Verhältnisse ist das Frühstück topp, mit Joghurt, Vollkornbrot, Kuchen, Muffins und (manchmal) echtem Kaffee.

House Rocco Backpacker   PENSION $
(☎065-227-2897; www.hospedajerocco.cl; Pudeto 233; B/EZ/DZ 12 000/25 000/30 000 Ch$; 🛜) Diese bei Travellern sehr beliebte Anlaufstelle in chilenisch-amerikanischer Hand fünf Blocks vom Navimag entfernt hat eine große, sonnige Küche, warme Wände und Decken aus Holz sowie Federbetten. Ein netter Bonus ist das hausgemachte Frühstück mit süßen Crêpes mit *manjar* (*dulce de leche*, ein Karamellaufstrich) und echtem Kaffee. Dennoch ist diese Pension etwas rustikaler als seine Wettbewerber. Die gutherzige Besitzerin Veronica ist aber Grund genug, hier zu wohnen.

🍴 Essen & Ausgehen

Sanito   CHILENISCH $
(www.sanito.cl; Copiapó 66; Menü 4000 Ch$; ⊙Mo–Fr 9–20 Uhr; 🛜🌱) Puerto Montts beste Adresse für gesunde und frische Hausmannskost in künstlerischer Atmosphäre. Jeden Tag sind ein Salat, eine Suppe und ein Menü (mit Saft und Kaffee/Tee) im Angebot, es gibt aber auch Salat und Sandwiches (2800–3500 Ch$) à la carte. Die Hintergrundmusik reicht von Arcade Fire bis zu 1970er-Soul.

Puerto Fritos   SEAFOOD $
(Presidente Ibañez 716, Mercado Municipal Presidente Ibañez; Hauptgerichte 2800–6700 Ch$; ⊙Mo–Sa 9.30–17.30, So 10–18 Uhr; 🛜) Da kann die Touristenmeile Angelmó einpacken. Hier liegt einem ganz Puerto Montt zu Füßen! Das schlichte, aber reizende Restaurant ist ein lokaler Geheimtipp und bietet den besten Blick auf die Stadt. Angesichts des hervorragenden *caldillo de mariscos* (Suppe mit Meeresfrüchten; 4200–4900 Ch$) und der köstlichen *ceviches* (4700–6500 Ch$) sind die 3000 Ch$ für die Taxifahrt gut investiert. Alle Zutaten kommen frisch vom bunten Markt unten in der Stadt.

★ Chile Picante   CHILENISCH $$
(☎Handy 8454-8923; www.chilepicanterestoran.cl; Vicente Pérez Rosales 567; Menu 8500 Ch$; ⊙Mo–Sa 11.30–15.30 & 19.30–22.30 Uhr; 🛜) Chefkoch Francisco Sánchez Luengo hat sich mit seinem anheimelndem Gourmetrestaurant, das einen anstrengenden (da bergan führenden) Fußmarsch von den meisten Budgetunterkünften entfernt liegt, einiges vorgenommen. Er bietet, neben einem weiten Blick auf Stadt und Meer, nur wenige täglich wechselnde Drei-Gänge-Menüs an, die alle hervorragend angerichtet sind und eine wahre Geschmacksexplosion der an diesem Tag auf dem Markt gekauften Zutaten versprechen.

Boule Bar   BAR
(Benavente 435; ⊙Mo–Fr 18–3, Sa 20–4 Uhr) Alte *Rolling-Stone*-Cover und anderer Musik-Krimskrams zieren die verschiedenen Räume dieser von Kerzenlicht erhellten Bar. Einige Tische und das Regal hinter dem Tresen sind aus Baumrinde gemacht. Es ist ein guter Ort, um bis spät in die Nacht mit Gleichgesinnten die gute Musikmischung zu genießen. Jeden Abend gibt's zahlreiche Cocktails bis 23 Uhr zum halben Preis.

Puerto Montt

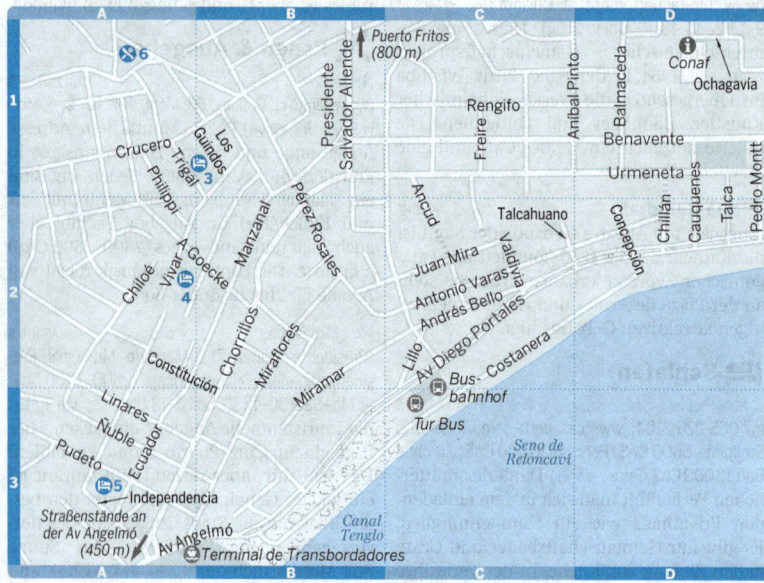

❶ Praktische Informationen

Es gibt viele Internetcafés und Geldautomaten. Bei Dunkelheit lauern rund um den Busbahnhof Kleinkriminelle! Daher dort und auch im Uferbereich wachsam sein und nie alleine herkommen.

Clinica Los Andes (www.clinandes.cl; Av Bellavista 123; ⊙ 24 Std.) Beste medizinische Versorgung in der Stadt.

Conaf (☏ 065-248-6102; Ochagaviá 458; ⊙ Mo–Do 9–12.45 & 14.30–17.30, Fr bis 16.30 Uhr) Hat Infos zu Nationalparks in der Nähe.

Sernatur (☏ 065-222-3016; www.sernatur.cl; San Martín 80; ⊙ Mo–Fr 8.30–17.30, Sa 9–15 Uhr) In westlicher Verlängerung der Plaza de Armas sowie am Ankunftsterminal am Flughafen (⊙ Mo–Fr 9–18 Uhr). Hat viele Broschüren; leider sprechen die Angestellten kaum Englisch.

❶ An- & Weiterreise

BUS

Puerto Montts renovierter **Busbahnhof** (☏ 065-228-3000; www.terminalpm.cl; Ecke Av Diego Portales & Lillo) am Ufer ist der größte Verkehrsknotenpunkt. Im Sommer sind Touren nach Punta Arenas und Bariloche (Argentinien) oft ausgebucht – rechtzeitig reservieren!

Minibusse fahren nach Puerto Varas (800 Ch$, 25 Min.) und Frutillar (1500 Ch$, 1 Std.). Alle Busse nach Cochamó (2500 Ch$, 2½ Std., 4-mal tgl.) rollen jeweils weiter nach Río Puelo (4000 Ch$).

Cruz del Sur (☏ 065-248-3144; www.buses cruzdelsur.cl) startet häufig Richtung Chiloé, **Tur Bus** (☏ 249-3401) täglich nach Valparaíso/Viña del Mar. Mit beiden Firmen sowie mit **Igi Llaima** (☏ 065-225-9320; www.igillaima.cl) und **Pullman Bus** (☏ 065-251-6561; www.pullman.cl) kommt man über diverse Großstädte nach Santiago.

Via Bariloche (☏ 065-223-3633; www.viaba riloche.com.ar) und **Andesmar** (☏ 065-228-0999; www.andesmar.com) bedienen täglich Bariloche und Cruz del Sur.

ZIEL	PREIS (CH$)	DAUER (STD.)
Ancud	4500	2½
Bariloche, Arg.	18 000	6
Castro	6200	4
Concepción	15 000	10
Coyhaique	36 000	24
Osorno	2500	1½
Pucón	9500	5½
Punta Arenas	45 000	30
Quellón	8000	6
Santiago	27 000	12–14
Temuco	6700	5
Valdivia	5000	3½
Valparaíso/ Viña del Mar	23 000	15

Puerto Montt

⊙ Sehenswertes
1 Casa del Arte Diego Rivera...................E1
2 Iglesia Catedral E1

🛌 Schlafen
3 Casa Perla...B1
4 Hospedaje Vista al Mar A2
5 House Rocco Backpacker A3

⊗ Essen
6 Chile Picante..A1
7 Sanito F2

🍺 Ausgehen & Nachtleben
8 Boule Bar E1

FLUGZEUG

LAN (📞 600-526-2000; O'Higgins 167, Local 1-B; ⊙ Mo–Fr 9–13.30 & 15–18.30; Sa 9.30–13.10 Uhr) fliegt jeden Tag mehrmals nach Punta Arenas (ab 145 000 Ch$, 2¼ Std.) und Balmaceda/Coyhaique (ab 112 000 Ch$, 1 Std.) sowie sehr oft nach Santiago (ab 185 000 Ch$, 1½ Std.). **Sky Airlines** (📞 600-600-2828; www.skyairline.cl; Ecke San Martín & Benavente; ⊙ Mo–Fr 9–19; Sa 10–13 Uhr) bedient Punta Arenas und Santiago etwas günstiger.

SCHIFF/FÄHRE

Puerto Montt ist der Haupthafen in Richtung Patagonien. Im **Terminal de Transbordadores** (Av Angelmó 2187) findet man Ticketschalter und Warteräume der Fährgesellschaften Navimag und Naviera Austral, die hier auch ein Büro unterhält. Am populärsten ist die Navimag-Fähre *Evangelistas,* die durch Chiles Fjorde von Puerto Montt nach Puerto Natales schippert (hin & zurück jeweils Fr, Boarding Do abends). Dieser Trip mit drei Übernachtungen an Bord lässt sich online sowie bei den Navimag-Büros in Santiago, Puerto Montt oder Puerto Natales buchen (www.navimag.com).

Hauptsaison ist von November bis März (Nachsaison April–Okt.). Die Ticketpreise beinhalten Vollpension; auf Wunsch gibt's auch vegetarisches Essen. Der Preis pro Nase variiert je nach Aussicht und Badoption (eigenes oder Gemeinschaftsbad). In der Hauptsaison sind Einzelkojen ab ca. 680 000 Ch$ pro Person zu haben (DZ ab 359 000 Ch$/Pers.). Das Mitnehmen von Autos, Fahr- und Motorrädern kostet extra. Auf der Südroute passiert man fotogene Gletscher wie den Pio XI, der Südamerikas mächtigster ist und so groß wie Santiago.

ℹ️ Unterwegs vor Ort

Der 16 km westlich der Stadt gelegene **Aeropuerto El Tepual** (📞 065-229-4161; www.aeropuertoeltepual.cl) wird stündlich von Shuttles von **Andrés Tour** (📞 065-225-6611; www.andrestur.com) bedient. Diese fahren am Busbahnhof ab (3000 Ch$). Mit zweitätiger Vorlaufzeit kann die Mietwagenfirma **Europcar** (📞 065-236-8216; Antonia Varas 162; ⊙ Mo–Fr 8–19, Sa bis 13.30 Uhr) bei der Beschaffung der notwendigen Dokumente behilflich sein, um Mietwagen mit nach Argentinien zu nehmen.

CHILOÉ

Beim Anblick der smaragdgrünen, nebelverhangenen Isla Grande de Chiloé spürt man sofort die geheimnisvolle Anziehungskraft, die von der Insel ausgeht. Die zweitgrößte Insel des Kontinents wird von einem Seefahrervolk mit einem starken Unabhängigkeitsgeist bevölkert, das sich in kultureller wie politischer Hinsicht stets dem Einfluss Santiagos widersetzt hat. Ihre historische Position als treue Anhängerin der spanischen Krone ist größtenteils auf den großen jesuitischen Einfluss zurückzuführen.

Bereits auf den ersten Blick lassen sich Unterschiede zur Architektur und Küche des Festlands erkennen: *tejuelas* (die gerühmten Holzschindeln der Chilote), *palafitos* (Uferhäuser auf Stelzen), über 150 typische Holzkirchen (14 davon sind UNESCO-Welterbestätten) und *curanto* (der bekannte Eintopf aus Fleisch, Kartoffeln und Mee-

Chiloé

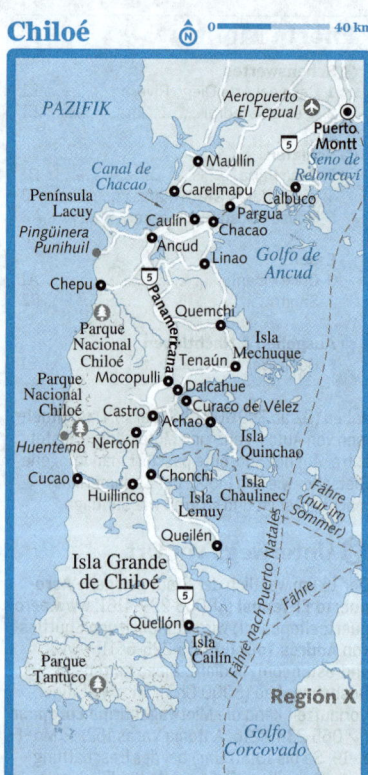

resfrüchten). Beim genaueren Hinsehen offenbart sich eine tiefe spirituelle Kultur, die auf einer ureigenen Mythologie von Hexen, Geisterschiffen und Waldwichteln beruht.

Die sanften Hügel, abgelegenen Nationalparks und dichten Wälder der windgepeitschten Landschaft geben Chiloé sein in Südamerika einzigartiges Gesicht. Die 180 km lange, aber nur 50 km breite Hauptinsel mit hügeligem, üppig grünem Weideland ist von mehr als 40 kleineren Eilanden umgeben. Die Siedlungen und Farmen konzentrieren sich auf die Ostseite; Walddickicht fast ohne Straßen säumt dagegen die Westküste am rauen Pazifik.

Ancud

065 / 40 800 EW.

Das belebte Ancud ist eine urbane, urig verwitterte Basis für Touren zu den Pinguinkolonien und für Wander- oder Seekajaktouren an der stürmischen, herrlichen Nordküste.

Sehenswertes

★ Centro de Visitantes Inmaculada Concepción   MUSEUM

(www.iglesiasdechiloe.cl; Errázuriz 227; empfohlene Spende 500 Ch$; Dez.–Feb. 10–19 Uhr, März–Nov. bis 18 Uhr) Auf keinen Fall sollte man auch nur eine von der UNESCO gewürdigten Kirchen Chiloés besuchen, ohne vorher in diesem hervorragenden Museum vorbeigeschaut zu haben. Es ist im ehemaligen Convento Inmaculada Concepción de Ancud von 1875 untergebracht und beherbergt maßstabsgetreue Holzmodelle aller 16 Kirchen, die die aufwändigen Holzarbeiten in deren Innern zeigen.

★ Museo Regional de Ancud   MUSEUM

(Museo Chilote; www.museoancud.cl; Libertad 370; Erw./Kind 600/300 Ch$; Jan. & Feb. 10–19.30 Uhr, März–Dez. Di–Fr 10–17.30, Sa & So 10–14 Uhr) Das exzellente Museo Regional Aurelio Bórquez Canobra, das manchmal auch Museo Chilote genannt wird, zeigt fantastische Ausstellungen, die die Geschichte der Insel beleuchten, darunter eine lebensgroße Nachbildung der *Ancud,* die einst durch die tückischen Fjorde der Magellanstraße fuhr, um Chiles südlichste Regionen in Besitz zu nehmen.

Fuerte San Antonio   FESTUNG

(Ecke Lord Cochrane & Baquedano; Mo–Fr 8.30–21, Sa & So 9–20 Uhr) GRATIS Während der Unabhängigkeitskriege war diese Festung aus dem frühen 19. Jh. der letzte spanische Außenposten in Chile. In ihren Ruinen kann man noch die Kanonenstellungen aus der späten Kolonialzeit sehen, die an der nordwestlichen Ecke der Stadt über dem Hafen liegen. Es gibt hier auch einen relativ abgelegenen Strand, die Playa Gruesa hinter der Nordmauer.

Geführte Touren

Viele örtliche Agenturen haben Minibustouren zu den Pinguinen des Monumento Natural Islotes de Puñihuil (ca. 17 000 Ch$) im Programm.

Austral Adventures   OUTDOOR-AKTIVITÄTEN

(065-262-5977; www.austral-adventures.com; Av Costanera 904) Die beste Adresse für englischsprachige Touren ab Ancud, die alle einen stark ökologischen Einschlag haben und tiefgründiger sind als die normalen Standardangebote. Auf dem Programm stehen u. a. ausgedehnte Ausflüge in die Natur (z. B. Pinguin-, Wal- und Vogelbeobachtungen oder Kajaktouren in der Bucht). Der

US-Amerikaner Britt Lewis ist der Besitzer und unfassbar nett und kompetent.

🛏️ Schlafen

⭐ 13 Lunas Hostel   HOSTEL $
(☎ 065-262-2106; www.13lunas.cl; Los Carrera 855; B ab 10 500 Ch$, EZ/DZ 19 000/33 000 Ch$; @ 🛜)
🍃 Das reizende Hostel mit seinen hilfsbereiten Angestellten ist die beste Option für Backpacker auf dem Sprung und obendrein nicht zu übersehen. Es liegt direkt gegenüber dem Busbahnhof von Cruz del Sur und passt mit seinem hellgrünen und gelben Motiv hervorragend zu Chiloé. Der junge und enthusiastische Besitzer Claudio spricht auch Englisch. Helle Holzböden, viel Tageslicht, Bäder wie in einem Hotel, ein schöner Rasen und die wunderbare Aussichtsterrasse sorgen für eine gemütliche Atmosphäre.

Chiloé Turismo Rural   FAMILIENUNTERBRINGUNG $
(www.chiloeturismorural.cl) 🍃 Chiloés Verband für Agrotourismus organisiert Exkursionen zu Bauern- und Fischergemeinden sowie zu Privatleuten in mehreren kleinen Ortschaften und abgelegenen ländlichen Außenposten, die Kost und Logis anbieten. Einen Katalog erhält man bei Sernatur.

Camping Arena Gruesa   CAMPING $
(☎ 065-262-3428; www.hotelarenagruesa.cl; Av Costanera Norte 290; Stellplatz 5000 Ch$/Pers., EZ/DZ inkl. Frühstück ab 20 080/36 000 Ch$; @ 🛜) Eine bessere Aussicht beim Campen im Ort ist kaum möglich: Das grasbewachsene, gut gepflegte Gelände mit Strom, Warmwasser am Abend, winzigen *refugios* für Regentage und hellen, überraschend sauberen Waschräumen liegt auf einer Klippe im Norden der Stadt. Bis zum Strand ist es zu Fuß nur eine Minute.

Hostal Mundo Nuevo   HOSTEL $$
(☎ 065-262-8383; www.hostalmundonuevo.cl; Costanera 748; B 13 000 Ch$, EZ/DZ/4BZ 32 000/43 000/54 000 Ch$, EZ/DZ ohne Bad 24 000/34 000 Ch$; @ 🛜) Diese Mittelklasseoption in Schweizer Hand tut nur so, als sei sie ein Hostel. Sie liegt nur einen Steinwurf vom Busbahnhof von Cruz der Sur entfernt und darf sich mit traumhaften Sonnenuntergängen über der Bucht von Ancud rühmen. Dafür steht extra eine große, bequeme Bank auf der in natürliches Licht getauchten Veranda bereit. Übernachtet wird in zwölf Privatzimmern und Schlafsälen mit sechs Betten.

Der neue Whirlpool im Freien (ab 12 000 Ch$ für bis zu 8 Pers.) muss einige Stunden im Voraus reserviert werden, was sich aber allemal lohnt.

🍴 Essen & Ausgehen

Mercado Gastronómico   MARKT $
(Dieciocho) Abseits der Dieciocho versteckt sich eine Reihe bodenständiger Marktstände, die *cazuela* (Eintopf mit Fleisch und Gemüse), *chupe* (Fischauflauf) und Mittagsmenüs für etwa 2000 bis 5000 Ch$ anbieten.

Retro's Pub   RESTAURANT-BAR $
(Ramírez 317; Hauptgerichte 4300–9000 Ch$, Pizza 9000–12 500 Ch$; ⏱ Mo–Fr 12–2, Sa 20–4 Uhr; 🛜) Keine andere Bar in Ancud ist so zeitlos wie das Retro's Pub, das einige Räume in einem gemütlichen Wohnhaus einnimmt. Auf der Speisekarte stehen jede Menge Tex-Mex-Gerichte sowie leckere Burger von der Größe Texas' (ohne Gabel keine Chance) mit Brötchen, die zumindest an Sauerteig erinnern, Steinofenpizza, Sandwichs und Pastagerichte. Alles wird frisch zubereitet und ist ein tolles Mittel gegen Heimweh.

Q'ilú   RESTAURANT-BAR $
(www.qilurestobar.blogspot.com; Ramírez 278; Hauptgerichte 3600–8000 Ch$; ⏱ Mo–Do 10–1, Fr & Sa bis 2 Uhr; 🛜) Die stylishe Restaurant-Bar, in der Hartholz-Elemente dominieren, bietet ein inhaltlich und geschmacklich sehr gutes *menú del día* (günstiges Tagesmenü; 3500 Ch$; bis 13 Uhr). Wie so viele Lokale in Ancud ist sie auch eine gute Adresse für ein paar Drinks.

Club Social Mehadier   BAR
(Baquedano 469; Bier 2500 Ch$; ⏱ 12–2 Uhr, So geschl.) Ein Veteran des Nachtlebens in Temuco hat vor Kurzem die wohl interessanteste und klassischste Bar Ancuds eröffnet. Sie ist in einem renovierten, für Chiloé typischen Schindelhaus untergebracht, das in den 1960er- und 1970er-Jahren einen Verein gleichen Namens beherbergte. Es gibt Fassbier aus Kleinbrauereien – Cuello Negro und Kross – sowie Sofas und andere Einrichtungsgegenstände im viktorianischen Stil, die zum Entspannen einladen. Zu essen gibt's Pizza und Pasta.

ℹ️ Praktische Informationen

Conaf (☎ 065-262-7520; Errázuriz 317; ⏱ Mo & Mi 9–12.50 & 14.30–17.30, Fr 9–12.50 & 14.30–16.30 Uhr) Infos zum Nationalpark.

Hospital de Ancud (www.hospitalancud.gov.cl; Almirante Latorre 301; ⏱ 24 Std.) An der Ecke Pedro Montt.

Sernatur (☏ 065-262-2800; www.sernatur.cl; Libertad 665; ⏱ Dez.–Feb. Mo–Fr 8.30–19, Sa & So 9.30–19 Uhr, März–Nov. Mo–Do bis 18, Fr 8.30–17 Uhr; 🛜) Dies ist die einzige offizielle Touristeninformation der Insel. Sie hat sehr hilfsbereites Personal, Broschüren, Stadtpläne, Unterkunftsverzeichnisse und WLAN.

ℹ An- & Weiterreise

Cruz del Sur (☏ 065-262-2265; www.buses cruzdelsur.cl; ⏱ Mo–Sa 6.30–10, So 7–20 Uhr) ist Eigentümer und Betreiber des Hauptbusbahnhofs (Terminal de Buses; Ecke Los Carreras & Cavada). Hier, fünf Gehminuten von Meer und Zentrum entfernt, besteht fast stündlich Verbindung zu weiter südlich gelegenen Zielen auf Chiloé. Bedient werden auch Santiago (17 000 Ch$, 17 Std., 3-mal tgl.) und andere Großstädte an der Panamericana Richtung Norden.

Zu ländlicheren Ecken im Osten Chiloés geht es ab dem kleineren Regionalbusbahnhof, der oberhalb des Bigger-Supermarkts an der Colo Colo liegt (Tickets direkt an Bord kaufen!).

Castro

☏ 065 / 41 600 EW.

Castro ist Chiloés hübsche und sehr eigene Hauptstadt. Der Lachs-Boom der letzten zehn Jahre hat das kitschige Inselleben vor Ort um moderne Mega-Supermärkte und Boutiquehotel bereichert. Manchmal wirkt diese Arbeiterstadt rau und wild; trotz komfortabler touristischer Infrastruktur ist der lokaltypischer Chilote-Charakter irgendwie erhalten geblieben. Dank der Lage im Herzen der Hauptinsel ist Castro eine ideale Basis für Touren zu weiter entfernten Attraktionen.

⦿ Sehenswertes

Unbedingt besichtigen sollte man die typischen *palafitos*, die bis heute von Castros bescheidenen Anfängen im Jahr 1567 zeugen. Von der Straße aus betrachtet scheinen sie ganz normale Häuser zu sein. Ihre aufs Wasser hinausragenden Rückseiten stehen jedoch auf Stelzen, die bei Flut zum Festmachen von Booten dienen. Die *palafitos* säumen vor allem die Costanera Pedro Montt nördlich der Stadt.

★ Iglesia San Francisco de Castro KIRCHE

(San Martín; ⏱ Jan. & Feb. 9.30–22 Uhr, März–Dez. 9.30–12.30 & 15.30–22.30 Uhr) Der Italiener Eduardo Provasoli wählte für sein Design der aufwändigen Iglesia San Francisco, einem der UNESCO-Juwele Chiloés, eine Mischung aus neugotischer und klassischer Architektur. Sie wurde 1912 fertiggestellt und ersetzte eine frühere Kirche, die niedergebrannt war (welche wiederum eine andere Kirche ersetzt hatte, die ebenfalls abgebrannt war).

Museo Regional de Castro MUSEUM

(Esmeralda 255; ⏱ Jan. & Feb. Mo–Fr 9.30–19, Sa 9.30–18.30, So 10.30–13 Uhr, März–Dez. Mo–Fr 9.30–13 & 15–18.30, Sa 9.30–13 Uhr) GRATIS Das einen halben Block von der Plaza de Armas entfernte Museum zeigt eine gut organisierte Sammlung aus Artefakten der Huilliche, Musikinstrumenten, traditionellen landwirtschaftlichen Geräten, Modellen von Chilote-Holzboten sowie Ausstellungsstücke zur Entwicklung der Ortschaften auf Chiloé. Die Schwarzweißfotos des Erdbebens von 1960 helfen dabei, die Ausmaße dieses tragischen Ereignisses besser zu verstehen.

⦿ Geführte Touren

★ Chiloétnico KULTUREXKURSION, ABENTEUERTOUR

(☏ 065-630-951; www.chiloetnico.cl; Ernesto Riquelme 1228) Sehr empfehlenswerte, mehrsprachige Agentur (man spricht Spanisch, Deutsch und Englisch), die die richtigen Dinge am richtigen Ort tut. Jata bietet Mountainbike- und Wandertouren im Parque Nacional Chiloé, im Parque Tantauco oder auf nahe gelegenen Inseln an. Zudem stehen Kulturexkursionen zu einigen der weniger bekannten UNESCO-gelisteten Kirchen Chiloés auf anderen Inseln auf dem Programm, auf denen der Tourismus noch nicht allzu lange angekommen ist.

Vermietet auch Campingausrüstung und Fahrräder.

Chiloé Natural KAJAKFAHREN

(☏ Handy 6319-7388; www.chiloenatural.com; Pedro Montt 210) 🌿 Eine extrem freundliche, umweltbewusste Agentur, die sich auf den Verleih von Kajaks (5000 Ch$/Std.) sowie halb-/mehrtägige Kajaktrips rund um Castro, aber auch weiter draußen (ab 3500 Ch$/Pers.) spezialisiert hat.

🛏 Schlafen

Hostal Cordillera PENSION $

(☏ 065-253-2247; www.hostalcordillera.cl; Barros Arana 175; EZ/DZ 18 000/35 000 Ch$, Zi. ohne Bad 15 000 Ch$/Pers.; @🛜) Wenn man sich vom Wetter so richtig runterziehen lässt, kommt die aufgedrehte Besitzerin dieses Traveller-Treffs, überschüttet einen mit mütterlicher Liebe und zaubert einem das Lächeln ins Gesicht zurück. Dazu gibt's Meerblick, große Bäder (im Obergeschoss wurden kürzlich zwei Bäder frisch renoviert), bequeme Betten, elektrische Heizkörper und Kabel-TV.

Palafito Hostel
HOSTEL $$

(065-253-1008; www.palafitohostel.com; Ernesto Riquelme 1210; B/EZ/DZ 15 000/30 000/42 000 Ch$; @) Dieses Flashpacker-Hostel an den Palafitos Gamboa mit himmlischem Blick über den Fiordo de Castro hat die Stadt bei seiner Neueröffnung 2008 völlig revolutioniert. Es war der Katalysator für einen Prozess, der Castro zu einem angesagten Traveller-Ziel gemacht hat. Die Schlafsäle hier sind teurer als anderswo, die Qualität (und die Schließfächer) gleichen den Mehrpreis jedoch aus. Zudem gibt's ein tolles Frühstück, eine Traumaussicht und ein cooles Flair.

Palafito 1326
BOUTIQUEHOTEL $$

(065-253-0053; www.palafito1326.cl; Ernesto Riquelme 1326; EZ/DZ ab 52 000/62 000 Ch$; @) Das Hotel im *palafito*-Stil folgt jener Chilote-Design-Ästhetik, die von Schnitzereien aus Myrten- oder Zypressenholz geprägt ist. Noble Elemente wie Wollüberwürfe aus Dalcahue zieren die zwölf recht kleinen Zimmer. Diejenigen mit Fjord-Blick geben einem das Gefühl, als würde man direkt über dem Wasser.

✕ Essen & Ausgehen

★ Hostalomera
CHILENISCH $

(www.hostalomera.com; Balmaceda 241; Menü 2800 Ch$; Mo-Sa 13-17 & Di-Sa 19-22 Uhr;) Derartig gutes Essen in solch einer coolen Atmosphäre für diesen Preis – das gibt es nirgendwo sonst. Wie das ohne Verluste möglich ist, bleibt ein echtes Rätsel, aber in diesem künstlerisch angehauchten Lokal werden mittags fünf außerordentlich leckere, selbst gekochte Menüs (inkl. Vorspeise und Saft) für schlappe 2800 Ch$ serviert.

Café del Puente
CAFÉ, FRÜHSTÜCK $

(Ernesto Riquelme 1180b; Hauptgerichte 1200–5200 Ch$; Di-So 9-21 Uhr;) Der ideale Muntermacher am Morgen (und zu jeder anderen Tageszeit). Das stimmungsvolle, himmelblau gestrichene Café/Teehaus über dem Wasser hält alles bereit, was Traveller mögen: Eier, Speck, Arme Ritter, Müsli, Vollkornbrot... Und noch dazu ist alles sogar sehr lecker! Es gibt Nachmittagstee und den ganzen Tag über klassische Sandwiches.

★ Mercadito
MODERN-CHILENISCH $$

(www.elmercaditodechiloe.cl; Pedro Montt 210; Hauptgerichte 6400–8200 Ch$; Mo-Mi 13-16 & 20-23 Uhr;) Dieses wundervoll winzige Lokal ist genau die richtige Adresse für Feinschmecker. Von Bauern der Region angebaute Zutaten werden auf kreative Weise zu herausragenden Gerichten verarbeitet, die einen vor die Qual der Wahl stellen: Krabben-Blätterteig-Wraps mit Wermut übergossen, Tempura-Seehecht auf Ackerbohnenmus, gefüllte Muschelnudeln mit Dickschaligen Trogmuscheln in Pil-Pil-Sauce. Die Gerichte sind größtenteils eher reichhaltig, das Sündigen lohnt sich aber.

Almud Bar
BAR

(Serrano 325; Bier aus Kleinbrauereien 2500–4000 Ch$; Mo-Do 18.30-2, Fr 19.30-3.30, Sa ab 20.30 Uhr) Dies ist die beste richtige Bar in Castro. Sie ist nach Chiloés Maßeinheit für Kartoffeln benannt und hat eine große Auswahl an Cocktails, Bier aus Kleinbrauereien, Sekt und etwas Kneipenessen auf der Karte stehen. Alles gute Gründe, um hier vorbeizuschauen.

ⓘ Praktische Informationen

Geldautomaten finden sich rund um die Plaza.

Conaf (065-253-2501; Gamboa 424; Mo-Do 9-13 & 14-18, Fr bis 17 Uhr) Das offizielle Amt für Chiles Parks hält eine begrenzte Anzahl an Infos zum Parque Nacional Chiloé bereit (auf Spanisch und Englisch).

CorreosChile (www.correos.cl; O'Higgins 388; Mo-Fr 9-13.30 & 15-18, Sa 9.30-12.30 Uhr) An der Westseite der Plaza de Armas.

Hospital de Castro (www.hospitalcastro.gov.cl; Freire 852)

Parque-Tantauco-Büro (065-263-3805; www.parquetantauco.cl; Panamericana Sur 1826; Jan. & Feb. 9-18 Uhr, März-Dez. Mo-Fr 9-18 Uhr) Offizielles Büro des Parque Tantauco.

Touristeninformation (065-254-7706; www.visitchiloe.cl; Plaza de Armas; Jan. & Feb. 10-21 Uhr, März-Dez. bis 19 Uhr) Ein großer Kiosk mit einigen hilfreichen Broschüren und Karten.

ⓘ An- & Weiterreise

BUS

Das zentral gelegene Castro ist Chiloés größte Verkehrsdrehscheibe. Am **Terminal de Buses Municipal** (San Martín) starten neben ein paar Fernbussen die meisten Linien zu kleineren Zielen auf der Insel. Von hier aus geht's z. B. nach Mocopulli (600 Ch$), Dalcahue (800 Ch$),

Chonchi (800 Ch$), zur Isla Quinchao (1400 Ch$) und nach Tenaún (1500 Ch$). Der Busbahnhof von **Cruz del Sur** (☏065-263-5152; www.busescruzdelsur.cl; San Martín 486) bedient vor allem Quellón und Ancud und hat mehr Fernverbindungen. Ziele sind u. a. Ancud (1500 Ch$, 1½ Std.), Puerto Montt (6200 Ch$, 4 Std.) und Temuco (12 000 Ch$, 10 Std.).

FLUGZEUG
Der brandneue **Aerodrómo Mocopulli** liegt 20 km nördlich der Stadt und dient dem gewerblichen Flugverkehr. **LAN** (☏065-263-2866; www.lan.com; O'Higgins 412; ⊗Mo–Fr 9–13 & 15–18.15, Sa 9.30–13.15 Uhr) fliegt von Santiago über Puerto Montt nach Castro.

SCHIFF/FÄHRE
Naveira Austral (☏065-263-5254; www.navieraustral.cl; Latorre 238) betreibt Sommerfähren nach/ab Chaitén (Jan. & Feb. So 24 Uhr). Die Preise reichen von 12 000 Ch$ (Sitzplatz) bis 25 700 Ch$ (Koje mit Fenster). Ein Fahrzeug kostet 82 000 Ch$.

Dalcahue & Isla Quinchao

Rund 20 km nordöstlich von Castro liegt Dalcahue mit der UNESCO-geschützten Kirche **Nuestra Señora de Los Dolores** aus dem 19. Jh. Der berühmte **Kunsthandwerksmarkt** (⊗Dez.–Feb. 9–18 Uhr, März–Nov. So 9–17 Uhr) hat das authentischste Angebot der Insel - gewebte Pullis, Socken und Hüte aus *oveja* (Schafswolle), die mit Naturpigmenten aus Wurzeln, Blättern und eisenreichem Schlamm gefärbt sind. Der Markt hat jeden Tag geöffnet, für einen Besuch empfiehlt sich aber der Sonntag. Das **Hostal Encanto Patagon** (☏065-264-1651; www.hostalencantopatagon.blogspot.com; Perdro Montt 148; B 8000 Ch$, Zi. ohne Bad 10 000 Ch$/Pers.; @🛜) hat Zimmer in einem bezaubernden, über 100 Jahre alten Chilote-Wohnhaus und serviert echte Hausmannskost.

Auf halber Strecke zwischen Dalcahue und Achao liegt **Curaco de Vélez** (gegr. 1660). Neben toller Chilote-Architektur gibt es dort eine großartige Freiluft-Austernbar am Strand. In Curaco halten Busse auf dem Weg zwischen Achao und Dalcahue.

Die Isla Quinchao südöstlich von Dalcahue ist eine der am besten zugänglichen Inseln und lohnt einen Tagesausflug. In ihrer größten Siedlung namens **Achao** steht Chiloés älteste Kirche: Die **Iglesia Santa María de Loreto** wird von Holzdübeln statt Nägeln zusammengehalten. Als Unterkunft empfiehlt sich die freundliche, familiengeführte Pension **Hospedaje Plaza** (☏065-266-1283; Amunátegui 20; EZ/DZ 8000/16 000 Ch$, ohne Bad 7000/14 000 Ch$), die in einem Wohnhaus untergebracht ist. Das **Mar y Velas** (Serrano 2; Hauptgerichte 4500–8000 Ch$; ⊗9–1 Uhr) direkt am Pier serviert Mies- und Venusmuscheln sowie kaltes Bier. Vom **Busbahnhof** (Ecke Miraflores & Zañartu) einen Block südlich der Kirche geht's täglich alle 15 bis 30 Minuten nach Dalcahue (1200 Ch$) und Castro (1600 Ch$).

Parque Nacional Chiloé

In diesem 430 km² großen **Nationalpark** (☏065-297-0724; Erw./Kind 1500/750 Ch$; ⊗Dez.–15. März 9–20.30, 16. März–Nov. 9–18.30 Uhr) rund 54 km westlich von Castro treffen immergrüne Wälder, aschfarbener Sand und der endlose Pazifik aufeinander. Er schützt viele Vogelarten, Darwin-Füchse und den scheuen Pudu (kleinster Hirsch der Welt). Besucher sind hier den Pazifikstürmen ausgesetzt und müssen mit viel Regen rechnen.

Als Parkeingang fungiert das Nest Cucao, wo gerade immer mehr Einrichtungen entstehen. Dahinter liegt der Sector Chanquín mit einem **Besucherzentrum** (⊗Dez.–15. März 9–20.30 Uhr, 16. März–Nov. 9–18.30 Uhr) der Conaf. Vorbei an umgekippten Baumstämmen windet sich der **Sendero Interpretivo El Tepual** (1 km) durch dichte Wälder. Über den **Sendero Dunas de Cucao** (2 km) geht's zu einer Reihe von Dünen hinter einem langen, weißen Sandstrand. Am beliebtesten ist der **Sendero Chanquín–Cole Cole** (25 km), der entlang der Küste und vorbei am Lago Huelde zum Río Cole-Cole führt. Der Pfad führt weiter nach Norden zum Río Anay (8 km) und durchquert dabei mehrere Myrtenhaine.

🛏 Schlafen & Essen

Die meisten Unterkünfte und Restaurants liegen hinter der Brücke, die Cucao mit Chiloé verbindet.

Cucao Home   PENSION $
(☏Handy 5400-5944; cucaohome@gmail.com; Laura Vera, Cucao; B 7000 Ch$, EZ/DZ ohne Bad 15 000/30 000 Ch$; @🛜) Ein junger Unternehmer aus Puerto Natales hat diese traditionelle Budgetoption in Cucao gemietet (die ehem. Hospedaje Paraiso) und sie backpackerfreundlich renoviert. Ein Bett im Schlafsaal ist hier so günstig wie nirgendwo sonst in der Stadt und es gibt ein

kleines Café. Die Pension in einem Haus mit verblasstem rosafarbenem Anstrich liegt ein paar Hundert Meter vor der Brücke und bietet obendrein einen fantastischen Blick auf den Fluss.

Camping Chanquín · CAMPING $

(Handy 9507-2559; contacto@parquechiloe.cl; Stellplatz 5000 Ch$/Pers., Hütte 60 000 Ch$) Im Park, 200 m hinter dem Besucherzentrum, liegt dieser Campingplatz mit guter Ausstattung und einem überdachten Bereich für Regenwetter. Die Hütten sind groß und wurden erst kürzlich renoviert.

★Palafito Cucao Hostel · HOTEL $$

(065-297-1164; www.hostelpalafitocucao.cl; Sector Chanqúin; B 15 000 Ch$, EZ/DZ/3BZ 40 000/50 000/70 000 Ch$; @) Das Schwesterhotel des Palafito 1326 und des Palafito Hostel in Castro steht den beiden anderen in Sachen Chic in nichts nach. Es bietet die besten und komfortabelsten Betten in Cucao, die entweder in stylishen Privatzimmern oder in den ebenso modernen Schlafsälen für sechs Personen stehen.

Es handelt sich um ein wunderschönes Hotel am Lago Cucao mit einem gemütlichen Gemeinschaftsbereich und Gemeinschaftsküche, einer netten Veranda mit Ausblick, die um das ganze Haus herum verläuft, und einem Whirlpool im Freien.

❶ An- & Weiterreise

Zwischen Castro und Cucao verkehren meist recht viele Linienbusse (1800 Ch$, 1 Std.) zu verschiedenen Zeiten.

Quellón

065 / 24 000 EW.

Wer am Ende der Carretera Panamericana einen Regenbogen und einen Goldtopf erwartet, wird enttäuscht sein, wenn er diese hässliche Hafenstadt erreicht – die meisten Besucher kommen nur wegen der Fährverbindung nach Chaitén hierher. Mit seinem aufmerksamen Personal, den hochwertigen Betten und den sauberen, hellen Zimmern bietet das **Hotel El Chico Leo** (065-268-1567; ligorina@hotmail.com; Costanera Pedro Montt 325; Zi. 15 000–28 000 Ch$/Pers., ohne Bad 9000 Ch$;) das beste Preis-Leistungs-Verhältnis. Mittags werden hier außerdem gute Seafood-Gerichte serviert. Gourmet-Sandwiches gibt's hingegen bei **Isla Sandwich** (Juan Ladrilleros 190; Sandwiches 3500–6500 Ch$; Mo–Fr 10.30–21, Sa 12–20 Uhr;).

Vom **Busbahnhof** (065-268-1284; Ecke Pedro Aguirre Cerda & Miramar) fahren Cruz del Sur und Transchiloé häufig nach Castro (2000 Ch$, 2 Std.). **Naviera Austral** (065-268-2207; www.navieraustral.cl; Pedro Montt 457; Mo–Fr 9–13 & 15–19, Sa 10–13 & 16–22 Uhr) schippert nach Chaitén (ab 15 500 Ch$, ganzjährig Do 3 Uhr).

NÖRDLICHES PATAGONIEN

Ein Netz aus Flüssen, Gipfeln und Gletschern bildete lange eine natürliche Grenze zwischen dem nördlichen Patagonien und dem Rest der Welt. Erst zur Zeit der Pinochet-Diktatur in den 1980er-Jahren wurde diese abgelegene Region effektiv durch die **Carretera Austral** (Hwy 7) ans übrige Land angebunden. Die Abgeschiedenheit hat dafür gesorgt, dass die Einheimischen sehr autark und im Einklang mit der Natur leben. *Quien se apura en la Patagonia pierde el tiempo* – wer sich in Patagonien beeilt, verschwendet seine Zeit, erklären die Einheimischen. In diesem Niemandsland jenseits des Seengebiets ist das Wetter der entscheidende Faktor. Also gar nicht erst hektisch werden: Verpasste Flüge, verspätete Fähren und Überflutungen gehören zum Alltag! Da sollte man es wie die Einheimischen machen – noch einen Mate-Tee aufsetzen und sich nett unterhalten.

Die Carretera Austral beginnt südlich von Puerto Montt und verbindet die weit verstreuten Ortschaften und Weiler bis hinunter nach Villa O'Higgins – eine Strecke von insgesamt etwas mehr als 1200 km. In der Hauptsaison (Mitte Dez.–Feb.) sind die Transportmöglichkeiten und Verbindungen wesentlich besser als im restlichen Jahr. Mit Bus- und Fährtouren lernt man die Region am besten kennen. Im Folgenden wird der Abschnitt zwischen dem Parque Pumalín und dem Lago General Carrera vorgestellt, es gibt jedoch noch viel mehr zu entdecken. Man sollte nicht zögern, die ausgetretenen Pfade zu verlassen: Die kleinen Dörfer entlang der Straße und die entlegensten Weiler Cochrane, Caleta Tortel und Villa O'Higgins lohnen auf jeden Fall eine Erkundungstour.

Parque Pumalín

Der **Parque Pumalín** (www.pumalinpark.org) GRATIS umfasst weitläufige gemäßigte Regen-

wälder, klare Flüsse, Küstenlandschaften und landwirtschaftliche Nutzflächen. Grün und ursprünglich lockt dieses bemerkenswerte Waldschutzprojekt interessierte Besucher aus aller Welt an. Das Gelände reicht grob von Hornopirén bis Chaitén und wurde vom US-Amerikaner Doug Tompkins ins Leben gerufen. Mit 288 900 ha ist es Chiles größter privater Park und gehört auch weltweit zu den größten seiner Art. Auf der hervorragenden Webseite gibt's weitere Infos.

Nach dem Ausbruch des Volcán Chaitén 2008 war der Park bis 2011 geschlossen. Die beliebteste Route ist – aus gutem Grund – der Trek zum **Cráter Volcán Chaitén**. Der fünfstündige Rundweg führt entlang des Weges, den die Eruption geschaffen hat, hinauf zum rauchenden Krater. Der **Sendero Cascadas** (hin & zurück 3 Std.) schlängelt sich durch dichte Wälder hinauf zu einem großen Wasserfall. Ko'Kayak (S. 535) veranstaltet Kajakausflüge durch die Fjords des Parque Pumalín. Die Besucherzentren und die Park-Webseite informieren über örtliche Campingplätze wie den **Camping Rio Gonzalo** (Caleta Gonzalo; Stellplatz 2500 Ch$/Pers.) nördlich von Chaitén am Ufer des Reñihué Fjord oder den reizenden, weitläufigen **Sector Amarillo** (Stellplatz 2500 Ch$/Pers.) südlich von Chaitén.

ⓘ Praktische Informationen

Centro de Visitantes (www.parquepumalin.cl; Caleta Gonzalo & El Amarillo; ⊙ Mo–Sa 9–19, So 10–16 Uhr) hat Broschüren, Fotos und Umweltinfos zum Park und verkauft kunsthandwerkliche Produkte aus der Region. Wenn es geschlossen hat, einfach im Café nachfragen.

Dann wird einem gern geöffnet. Auf der Webseite gibt's aktuelle Infos.

ⓘ An- & Weiterreise

In der Hauptsaison verbinden Fähren von **Naviera Austral** (☏ 065-270-431; www.taustral.cl; Passagier/Auto 10 000/64 000) Caleta Gonzalo zweimal täglich mit Hornopirén (5–6 Std.). Im Rahmen von Bus-Boot-Kombitouren zwischen Puerto Montt und Chaitén können sich Besucher auch am Park absetzen lassen (Details finden sich auf der Website).

Futaleufú

☏ 065 / 1800 EW.

Futaleufú mit seinen gerade mal 20 pastellfarbenen Häuserblocks liegt 155 km südöstlich von Chaitén. Das kalte, minzgrüne Wildwasser des gleichnamigen Flusses hat es berühmt gemacht. Doch das schlichte Bergstädtchen ist nicht nur ein Kajak- und Rafting-Mekka: Besucher können auch wandern, reiten und fliegenfischen. Bessere Straßen und immer mehr Pauschaltouristen bedeuten allerdings, dass dies kein Geheimtipp mehr ist – man beachte nur das Verhältnis von Teva-Trekkingsandalen zu wollenen *mantas* (Schals)! Dennoch bietet Futaleufú immer noch eine Menge Spaß.

ⓖ Geführte Touren

Einige Abschnitte des anspruchsvollen Flusses Futaleufú (kurz „Futa" oder „Fu") eignen sich nur für erfahrene Raftingsportler. Je nach gewähltem Anbieter und Leistungsumfang liegt der Startpreis für halbtägige

---

DER VOLCÁN CHAITÉN ERWACHT

Niemand hatte damit gerechnet, dass der Volcán Chaitén überhaupt je wieder ausbrechen würde. Das sollte sich aber schnell ändern: Am 2. Mai 2008 begann 10 km nordöstlich der gleichnamigen Stadt eine einen Monat andauernde Eruption mit einer 20 km hohen Aschesäule. Die Katastrophe löste Flutwellen aus und es entstand schwerer Schaden an Wohnhäusern, Straßen und Brücken, Tausende Tiere starben und die Asche wurde bis nach Buenos Aires getragen. Alle 4000 Einwohner Chaiténs wurden evakuiert.

Der Vulkan befindet sich im Parque Pumalín, von dessen Hauptstraße aus man den Feuerberg gut sehen kann. Einen atemberaubenden Ausblick auf den rauchenden Krater verspricht die Wanderung auf dem **Volcán Chaitén Crater Trail**. Er bietet wenig Schatten; deshalb sollte man die Wanderung im Sommer sehr früh oder sehr spät in Angriff nehmen. Am Nordosthang sieht man Wälder, die von pyroklastischen Strömen „versteinert" worden sind. Der nun teilweise bis zu 3 km große Krater birgt eine neue Reihe schnell entstandener Rhyolithkegel.

Dank unermüdlich arbeitender Ranger konnte der Park wieder hergerichtet und 2011 neu eröffnet werden. Bis heute wird der Volcán Chaitén ständig von Chiles Bergbau- und Geologiebehörde Sernageomin (www.sernageomin.cl) überwacht.

Raftingtrips, bekannt als Bridge to Bridge, bei 40 000 Ch$ pro Person.

Der Río Espolón mit Stromschnellen der Kategorie III ist dagegen ideal für Familien (15 000 Ch$/5 Std.) und Kajakanfänger. Alternativ sind auch Schlauchboottrips auf dem Lago Espolón möglich.

Bio Bio Expeditions OUTDOOR-AKTIVITÄTEN
(022-196-4258; www.bbxrafting.com) Ein echter Pionier in der Region. Die ökologisch orientierte Gruppe organisiert Touren auf dem Fluss, Ausritte und vieles mehr. Das Angebot ist immer stark nachgefragt, manchmal bekommt man aber auch noch was, wenn man einfach spontan auftaucht.

Expediciones Chile OUTDOOR-AKTIVITÄTEN
(065-562-639; www.exchile.com; Mistral 296) Ein sicherheitsbewusster Rafting-Veranstalter mit viel Erfahrung. Er ist auf einwöchige All-inclusive-Touren spezialisiert, hat aber auch Kajakfahren, Reiten und Mountainbike-Touren im Programm.

Schlafen & Essen

Las Natalias HOSTEL $
(Handy 9631-1330; www.hostallasnatalias.info; B/DZ/3BZ 10 000/24 000/30 000 Ch$, DZ ohne Bad 20 000 Ch$) Seinen Namen verdankt dieses freundliche Hostel seinen vier Generationen von Natalias. Ein gutes Angebot für Backpacker mit Tipps zu Outdoor-Aktivitäten. Es gibt genügend Gemeinschaftsbäder, einen großen Gemeinschaftsbereich, Bergblick und eine Gästeküche. Das Hostel befindet sich zu Fuß zehn Minuten vom Zentrum entfernt. Einfach die Cerda entlanggehen und den Schildern in die nordwestlichen Vororte folgen. Las Natalias liegt hinter dem Anstieg gleich auf der rechten Seite.

Camping Puerto Espolón CAMPING $
(Handy 7721-9239; http://lagoespolon.cl; Stellplatz 5000 Ch$/Pers., Hütte ab 35 000 Ch$; Jan. & Feb.;) Kurz vor dem Ortseingang flankieren Berge im Hintergrund den herrlich gelegenen Platz am sandigen Flussufer. Warmwasserduschen sind vorhanden. Die Gastgeber Anibal und Elma bieten auch *asados* (Barbecues; 10 000 Ch$/Pers.), sonstige Gerichte und einen Rabatt bei längerem Aufenthalt an.

Rincón de Mama CHILENISCH $
(065-272-1208; O'Higgins 465 Gasse; Hauptgerichte 6000 Ch$; Mo–Sa 11.30–14.30 & 18.30–22 Uhr) Das schlichte, in Zitrusfarben gehaltene Restaurant mit Plastiktischdecken gehört zu den besseren Adressen im Ort für Hausmannskost und freundlichen Service. Es liegt im zweiten Stock eines Hauses in einer geschäftigen Seitenstraße.

🛈 Praktische Informationen

Unbedingt ausreichend Bargeld mitbringen. Der einzige Geldautomat im Ort gehört zur **BancoEstado** (Ecke O'Higgins & Manuel Rodríguez) und akzeptiert nur Mastercard. Das hilfreiche **Tourismusbüro** (O'Higgins 536; 9–21 Uhr) hat Infos zu lokalen Wanderrouten.

🛈 An- & Weiterreise

Buses Becker (065-272-1360; www.buses becker.com; Ecke Balmaceda & Pratt; 9–13 & 15–19 Uhr) fährt jeden Freitag über Villa Santa Lucía (2 Std.), La Junta und Puyuhuapi nach Coyhaique (24 000 Ch$, 10 Std.). Cumbres Nevadas fährt Richtung Norden nach Chaitén (3000 Ch$, 3½ Std., Mo–Sa 11 & 14 Uhr). Frontera Sur bedient Palena (1200 Ch$, 2 Std., 3-mal wöchentl.).

TransAustral (065-721-360; Ecke Balmaceda & Pratt) steuert Puerto Montt (25 000 Ch$, 12 Std., Mi & So 8 Uhr, über Argentinien) an. Das Büro verkauft auch Flug- und Fährtickets von Chaitén nach Puerto Montt. Es lohnt sich, diese vorab zu kaufen.

Internationale Busse (065-272-1458; Cerda 436, Telefonica-Büro) in Richtung der argentinischen Grenze (2500 Ch$) fahren Montag und Freitag um 9 Uhr los. Der Grenzübergang bei Futaleufú ist viel schneller und effizienter als der Übergang bei Palena gegenüber dem argentinischen Grenzörtchen Carrenleufú.

Puyuhuapi

Inspiriert von den Abenteuern des Forschungsreisenden Hans Steffen gründeten vier deutsche Auswanderer 1935 diesen entlegenen Außenposten im Regenwald. Ihre landwirtschaftliche Kolonie wuchs durch Textilarbeiter aus Chiloé an, deren Fähigkeiten zum Erfolg der **Fábrica de Alfombras** (www.puyuhuapi.com; Aysen s/n; Gruppenführung 5000 Ch$) beitrugen. Diese bis heute aktive Teppichweberei wurde 1947 ebenfalls von Deutschen gegründet. Rund 6 km südlich von Puyuhuapi liegt das friedliche Thermalbad **Termas del Ventisquero** (067-231-4686; www.termasventisqueropuyuhuapi.cl; Eintritt 17 000 Ch$; Dez.-Feb. 9–23 Uhr, im Winter kürzer). Bei **Experiencia Austral** (Handy 7766-1524, Handy 8258-5799; www.experienciaus tral.com; Otto Uebel 36) kann man Kajaktouren auf dem Fjord oder eine geführte Wanderung im Parque Nacional Queulat buchen. Verleiht auch Fahrräder.

Die Unterkunft, in der man am meisten für sein Geld bekommt, ist das **Hostal Comuyhuapi** (Handy 7766-1984; www.comuy-huapi.cl; Llautureo 143; B/DZ 10 000/30 000 Ch$;). Die historische und gemütliche **Casa Ludwig** (067-232-5220; www.casaludwig.cl; Uebel 202; EZ/DZ 25 000/48 000 Ch$, ohne Bad ab 18 000/30 000 Ch$; Okt.–März) ist ein echtes Juwel mit Kamin und üppigem Frühstück am großen Gemeinschaftstisch. Das **El Muelle** (Handy 7654-3598; Otto Ubel s/n; Hauptgerichte 5000–8000 Ch$; Di–So 12–22 Uhr) tischt mittags mächtige Portionen mit frischem Seafood auf.

Weitere Infos hat das hilfsbereite **Tourismusbüro** (www.puertopuyuhuapi.cl; Otto Uebel s/n; Fr–Mi 10–13.30 & 15–20 Uhr). Busse zwischen Coyhaique und Chaitén setzen Passagiere auch in Puyuhuapi ab. Rückfahrtickets sollten frühestmöglich gekauft werden. **Buses Becker** (067-232-167) fährt mehrmals pro Woche nach Chaitén und Futaleufú. **Terra Austral** (Supermercado Nido de Puyes) und **Aguilas Patagonicas** (in Coyhaique 067-221-1288; http://aguilaspatagonicas.cl) fahren täglich um 6 Uhr in Richtung Coyhaique.

Parque Nacional Queulat

Im rauen, 1540 km² großen **Parque Nacional Queulat** (Eintritt 4000 Ch$; 8.30–17.30 Uhr) schlängeln sich Flüsse durch dichte Farn- und Scheinbuchenwälder. Langsam fließende Gletscher flankieren die steilen Fjordhänge des Parks. Vom **Centro de Información Ambiental** (8.30–17.30 Uhr) führt eine Wanderung (3 km) zu einem Aussichtspunkt mit Blick auf den **Ventisquero Colgante**, einen bläulichen Hängegletscher.

Gleich nördlich des Südeingangs bei Pudú (Km 170) führt ein dunstverhangener Pfad durch den dichten Wald im Tal des **Río de las Cascadas** bergauf. Er endet an einem Granitbecken, wo ein halbes Dutzend Wasserfälle von Gletschern herabplätschern.

Coyhaique

067 / 59 000 EW.

Das regionale Zentrum des ländlichen Aisén, Coyhaique, ist urban genug, um die neuesten Discos, Technik- und Shoppingtrends bieten zu können. Die inzwischen groß gewordene Rancher-Stadt liegt vor Felskuppen und verschneiten Gipfeln inmitten einer sanft gewellten Bergkette. Für Besucher ist sie der Startpunkt zu Abenteuern in der Einsamkeit – sei es Fliegenfischen, Eiswandern oder Reisen bis zum Ende der Carretera Austral. Wer frisch aus der Regenwaldwildnis des nördlichen Aisén kommt, empfindet Coyhaique eventuell als garstigen Rückfall in die Welt der Sattelschlepper und Wohnsiedlungen. Landarbeiter kommen, um in der Holz- oder Lachsindustrie zu arbeiten und verstärken so die wachsende städtische Masse.

Sehenswertes & Aktivitäten

Lago Elizalde SEE

Dieser See ist einer von mehreren idyllischen Bergseen rund um Coyhaique, die sich hervorragend zum Forellenangeln, Kajakfahren oder Relaxen am Ufer eignen. Er liegt 33 km von Coyhaique entfernt und ist per Bus ab dem Busbahnhof erreichbar.

Reserva Nacional Coyhaique PARK

(Eintritt 2000 Ch$) In der mit Lenga-, Coihue- und Antarktischen Scheinbuchen bewachsene Reserva Nacional Coyhaique gibt es auch noch einige kleine Seen und den Cerro Cinchao (1361 m). Der 2150 ha große Park liegt 5 km von Coyhaique entfernt (etwa 1½ Std. zu Fuß) und bietet einen schönen Blick auf die Stadt und die gewaltigen Basaltpfeiler des Cerro Macay in der Ferne. Aus Coyhaique folgt man der Baquedano nordwärts, überquert die Brücke und nimmt die Schotterpiste zur Rechten. Dieser steile Anstieg lässt sich am besten mit einem geländegängigen Fahrzeug bewältigen.

Geführte Touren

Casa del Turismo Rural KULTUREXKURSION

(Handy 7954-4794; www.casaturismorural.cl; Plaza de Armas; Mo–Fr 10.30–19.30, Sa 14–18 Uhr) Organisiert Privatunterkünfte auf dem Land und einheimische Guides für Ausritte, Wander- oder Angeltouren. Bietet auch Stadtspaziergänge und *asados* (Barbecues).

Schlafen

Patagonia Hostel HOSTEL $

(Handy 6240-6974; www.patagonia-hostel.com; Lautaro 667; B/DZ 14 000/34 000 Ch$; @) Das freundliche Hostel unter deutscher Führung punktet mit 2 m langen Betten und großen Kissen in stilvoll-minimalistischen Zimmern. Tee steht immer bereit und zum Frühstück gibt's u. a. Obst, Käse, Salami und Marmelade. Bietet auch Touren und Leihfahrräder (15 000 Ch$/Tag) an.

Residencial Mónica
PENSION $

(067-223-4302; Lillo 664; Zi. 12 000 Ch$/Pers.) Das förmliche Wohnhaus im Stil der 1960er-Jahre wurde gut instandgehalten und immer ausgebucht. Es herrscht eine herzliche Atmosphäre.

Camping La Alborada
CAMPING $

(067-223-8868; Coyhaique-Puerto Aysén, Km 1; Stellplatz 4000 Ch$/Pers.) Nur 1 km von der Stadt entfernt wartet dieser Campingplatz mit außergewöhnlich sauberen und (mit Dächern) geschützten Stellplätzen, Feuerstellen, Warmwasserduschen, Strom, vielen Waschräumen und separaten Waschbecken auf.

Patagonia Live
PENSION $$

(067-223-0892, Handy 9886-7982; www.hostalpatagonialive.cl; Lillo 826; EZ/DZ/2BZ 28 000/39 000/45 000 Ch$;) Victor beschert seinen Gästen in seinem makellosen Vorstadthaus einen warmen Empfang. Es gibt eine schöne Frühstücksecke und komfortable und moderne Zimmer. Wer seinen Beitrag zur Klimakompensation leistet, bekommt einen Rabatt. Es ist eine Liste lokaler Künstler verfügbar, die Besucher empfangen.

Essen

★ Mamma Gaucha
PIZZA $

(067-221-0721; www.mammagaucha.cl; Paseo Horn 47; Hauptgerichte 5000–9000 Ch$; Mo-Sa 10–1.30 Uhr) Das Mamma Gaucha kombiniert regionales Ambiente, ein anspruchsvolles Angebot und vernünftige Preise. Hier wird sogar der müdeste Krieger wieder munter. Decken aus Schilfrohr und Wände aus weiß getünchten Scheunenbrettern sorgen für ein bodenständiges Ambiente. Als Einstieg empfehlen sich Limonade mit frischer Minze, Bio-Wein oder ein La-Tropera-Bier. Hauptanziehungspunkt sind die Pizzen aus dem Lehmziegelofen, ebenso gut sind aber die hausgemachte Pasta und die Salate mit einheimischen Zutaten.

Cafe de Mayo
CAFÉ $

(Handy 9709-8632; 21 de Mayo 543; Hauptgerichte 3000–6000 Ch$; 9–22 Uhr;) Der beliebte Treffpunkt hat sich auf verschiedene Espresso-Variationen, Frühstück mit frischen Eiern vom Bauernhof und sättigende Gerichte wie *pastel de choclo* spezialisiert. Angeboten werden auch Sandwiches, Käseplatten und hausgemachter Kuchen. Serviert wird das Ganze entweder an den schattigen Tischen im Freien oder im gemütlichen Innern mit von der Decke herabhängenden Teekannen und Kamin.

Café Confluencia
INTERNATIONAL $

(067-224-5080; 21 de Mayo 544; Hauptgerichte 4000–7000 Ch$; So geschl.;) Das schicke Lokal serviert wunderbar üppige Salate, gesunde Hauptgerichte und auch das eine oder andere Pfannengericht sowie Tacos. Ein Highlight ist der *pisco sour* mit Minze, tagsüber empfehlen sich aber eher Tee und frische Säfte.

Café Holzer
CAFÉ $

(www.holzer.cl; Dussen 317; Kuchen 2000 Ch$; Di-Fr 9.30–21, Sa & So 10–21 Uhr;) Das winzige Café mit einer grasbewachsenen Veranda vor dem Haus ist bei den Einheimischen für seine süßen und koffeinhaltigen Angebote äußerst beliebt. Die Kuchen und Torten werden aus einer renommierten Bäckerei in Santiago eigens eingeflogen. Neben echtem Bohnenkaffee kann man hier auch Mate-Tee probieren. Dann weiß man endlich, warum alle so viel Aufsehens darum machen.

Casino de Bomberos
CHILENISCH $

(067-223-1437; Parra 365; Hauptgerichte 5000 Ch$; 12–15.30 Uhr) Eine interessante kulturelle Erfahrung… In der schlichten Kantine ohne Fenster laben sich unzählige Einheimische an Meeresfrüchten oder einem Steak mit Spiegelei.

Carnes Queulat
GRILL $$

(067-225-0507; www.carnesqueulat.cl; Ramón Freire 327; Hauptgerichte 5000–8000 Ch$; 13–15.30 & 19.30–23 Uhr) In einer kleinen Schotterstraße versteckt sich dieses freundliche, schlichte Restaurant, das die besten Steaks der Gegend serviert. Die Spezialität des Hauses, *carne a las brasas*, wird sorgsam über dem Holzfeuer gegrillt. Dazu passen am besten ein paar feurigscharfe hausgemachte Empanadas und ein *pisco sour* nach Geheimrezept.

Ausgehen

Cerveceria Arisca
BRAUEREIKNEIPE

(Baquedano 400; Di-Sa 12.30–15 & 19.30–23.30 Uhr) Traditionell gebrautes Bier in einer freundlichen und modernen Umgebung. Dazu passen z. B. *ceviche* oder hausgemachte Sandwiches mit Lammgeschnetzeltem (5000 Ch$) und Minz-Chimichurri.

Bajo Marquesina
SPORTBAR

(067-221-0720; bajo.marquesina@gmail.com; 21 de Mayo 306; Di-Fr 17–24, Sa & So 13.30–22

Uhr) Ganz großes Kino für Fußballliebhaber! Mit alten Fotos von patagonischen Cowboys beim Fußballspielen und Trikots von Fußballclubs aus ganz Chile ist diese Sportbar gleichzeitig ein tolles Fußballmuseum mit wunderbaren Reliquien aus längst vergangenen Zeiten. Am besten ist es, wenn man den netten Besitzer dazu noch in ein Gespräch verwickeln kann.

❶ Praktische Informationen

Internetcafés und Banken mit Geldautomaten säumen die Condell. Hier sollte man unbedingt Bares abheben: An der Carretera Austral ist dies einer der wenigen Orte mit Visa-Automaten.

Conaf (067-221-2109; Av Ogaña 1060; Mo–Sa 9–20, 10–18 Uhr) Hat Infos zu Parks und Naturschutzgebieten in der Umgebung.

Hospital Regional (067-221-9100; Ibar 68; 24 Std.) Rund um die Uhr geöffnete Notaufnahme.

Post (Lord Cochrane 202) Nahe der Plaza de Armas.

Sernatur (067-223-3949; www.recorreaysen.cl; Bulnes 35; Sommer Mo–Fr 9–21, Sa & So 10–21 Uhr) Hilfreiche Anlaufstelle mit Infos zu Aktivitäten, Unterkünften und Transportmöglichkeiten sowie Preisen. Hat auch Infos über die Region.

❶ An- & Weiterreise

BUS

Busse nutzen den **Busbahnhof** (067-225-8203; Ecke Lautaro & Magallanes) und verschiedene firmeneigene Terminals. Da sich die Fahrpläne ständig ändern, sollte man bei Sernatur nach den aktuellen Zeiten fragen. Die Fahrzeuge der folgenden Unternehmen brechen alle am normalen Busbahnhof auf.

In Richtung Norden geht's z. B. mit **Aguilas Patagonicas** (067-221-1288; www.aguilaspatagonicas.cl), **Transaustral** (067-223-2067), **Buses Becker** (067-223-2167; www.busesbecker.com; General Parra 335), **Transportes Terra Austral** (067-225-4355) oder **Queilen Bus** (067-224-0760). Für Ziele im Süden empfehlen sich **Acuario 13/Buses Sao Paulo** (067-252-2143, Handy 9874-8022) oder **Buses Don Carlos** (067-223-1981; Cruz 63).

ZIEL	PREIS (CH$)	DAUER (STD.)
Chaitén	24 000	9–11
Chile Chico	6000	3½ mit Fähre
Cochrane	13 000	7–10
Futaleufú	20 000	8–9
Puerto Montt	30 000	23
Puyuhuapi	8000	5

> **NICHT VERSÄUMEN**
>
> #### PARQUE NACIONAL PATAGONIA
>
> **Valle Chacabuco (Parque Nacional Patagonia)** GRATIS liegt 18 km nördlich von Cochrane und ist eine umgestaltete *estancia* (Ranch mit Weidevieh), auf deren Land Flamingos, Guanakos, *huemul* (bedrohter Andenhirsch), Pumas, Viscachas und Füchse leben. Conservacion Patagonica ist jene Nichtregierungsorganisation, die hinter dem Nationalpark-Projekt steht und die Initiative 2004 ins Leben rief. Valle Chacabuco umfasst eine Fläche von 69 000 ha und wird auch die Serengeti der Südhalbkugel genannt. Hier findet man patagonische Steppen, Wälder, Berge, Seen und Lagunen. Der Park erstreckt sich vom Río Baker bis zur argentinischen Grenze. Wer mit dem eigenen Fahrzeug unterwegs ist, kann hier am Paso Roballos nach Argentinien einreisen.

FLUGZEUG

Lan (600-526-2000; Parra 402) fliegt mehrmals täglich (vorrangig vormittags) vom Flughafen in Balmaceda nach Puerto Montt (100 000 Ch$) und Santiago (214 000 Ch$). Wer sein Ticket im Land kauft, kann mitunter richtig viel Geld sparen.

Flüge von **Sky Airline** (067-240-827; www.skyairline.cl; Arturo Prat 203) ab Santiago legen auf dem Weg nach Punta Arenas eine Zwischenlandung am Flughafen von Balmaceda ein.

Lago General Carrera

Der riesige See (224 000 ha) See gehört halb zu Argentinien (wo er Lago Buenos Aires genannt wird) und halb zu Chile. Er wirkt wie ein windgepeitschtes grünblaues Meer inmitten der Steppe Patagoniens. Auf den holprigen, kurvenreichen Straßen, die den See umgeben, fühlt man sich winzig und scheint nur im Schneckentempo voranzukommen. Eine tolle Route ist die Carretera Austral ab Coyhaique gen Süden, die um das westliche Seeufer herumführt.

Aus Richtung Coyhaique kommend stößt man kurz vor Balmaceda auf eine Abzweigung mit dem Schild „Cochrane", die nach rechts zur **Reserva Nacional Cerro Castillo** führt. Umgeben von Gletschern ragen dort die Spitzen des Cerro Castillo über etwa 180 000 ha Scheinbuchenwald empor und bilden ein wunderbares Ziel für Wanderungen. Im nahegelegenen Villa Cerro Castillo hat **Senderos Patagonia** (Handy 62-244-725; www.aysensenderospatagonia.com; B 11 000 Ch$) sehr gute zweisprachige Guides und ein neues Hostel.

Puerto Río Tranquilo am Westufer ist der Ausgangspunkt für die etwas günstigeren, von **Emtrex** (Handy 8259-4017; www.exploradores-sanrafael.cl; pro Pers. Tagestour/mit Übernachtung 140 000/220 000 Ch$) und **Destino Patagonia** (Handy 9158-6044; www.destinopatagonia.cl; ganzer Tag 140 000 Ch$/Pers.) angebotenen Touren zum atemberaubenden Glaciar San Rafael. Wenn das Wasser ruhig ist, kann man mit Booten die herrlichen Höhlen der **Capilla de Mármol** (Marmorkapelle) besuchen. Nördlich des Ortes führt eine holprige Straße vorbei an zahlreichen Gletschern zum **Parque Nacional Laguna San Rafael** und weiter Richtung Küste. Das reizende B&B **El Puesto** (Handy 6207-3794; www.elpuesto.cl; Pedro Lagos 258; EZ/DZ/3BZ 131/184/210 US$;) wird von einem professionellen Guide geleitet und fungiert als Basiscamp für Abenteurer. Beim **Camping Pudu** (Handy 8920-5085; www.puduexcursiones.cl; Stellplatz 6000 Ch$/Pers.; Dez.–März) gibt's sehr gute Stellplätze direkt am Ufer.

Rund 13 km östlich von Cruce El Maitén in **Puerto Guadal** gibt's Benzin und Proviant. Das Hostel und Öko-Camp **Destino No Turistico** (Handy 8756-7545; www.destino-noturistico.com; Camino Laguna La Manga, Km 1; Stellplatz 5500 Ch$/Pers., B/DZ 12 000/28 000 Ch$) bekommt begeisterte Kritiken und ist ein reizendes Refugium in ländlicher Umgebung.

Chile Chico
067 / 4600 EW.

Die achterbahnartig verlaufende Straße ab Puerto Guadal ist von Gold- und Silberminen gesäumt. Sie endet in Chile Chico, einer

---

ⓘ DURCH DIE HINTERTÜR NACH ARGENTINIEN

Unerschrockene Traveller können von Villa O'Higgins entlang des Südpatagonischen Eisfelds in den Parque Nacional Los Glaciares und nach El Chaltén in Argentinien reisen. Diese ein- bis dreitägige Tour ist zwischen November und April möglich. Proviant, Reisepass und Regenausrüstung mitbringen. Mit Verspätungen aufgrund schlechten Wetters oder technischer Probleme mit dem Boot muss man dabei stets rechnen. Deshalb sollte man immer etwas mehr Proviant und ein paar zusätzliche Pesos dabeihaben. Die Reise sieht folgendermaßen aus:

➜ Um 8 Uhr in Villa O'Higgins den Bus, der nach Puerto Bahamondez (2500 Ch$) fährt, nehmen.

➜ In den Katamaran *La Quetru* (44 000 Ch$, 4 Std., 1–3-mal wöchentl.) steigen, der von Villa O'Higgins nach Candelario Mansilla am Südufer des Lago O'Higgins schippert. Er legt meist samstags ab, montags und mittwochs gibt es manchmal aber ebenfalls Verbindungen. In Candelario Mansilla werden einfache Unterkünfte, geführte Wanderungen und Lastentiere angeboten. Hier erledigt man die chilenischen Zoll- und Ausreiseformalitäten.

➜ Zu Fuß oder mit dem Pferd geht's zur Laguna Redonda (2 Std.). Campen verboten.

➜ Weiter führt der Weg zu Fuß oder mit dem Pferd zur Laguna Larga (1½ Std.). Campen verboten.

➜ Zu Fuß oder mit dem Pferd geht es von dort zum Nordufer des Lago del Desierto (1½ Std.). Hier werden die argentinischen Zoll- und Einreiseformalitäten erledigt. Das Campen ist nur am Grenzposten erlaubt.

➜ Mit der Fähre fährt man vom Nord- zum Südufer des Lago del Desierto (480 AR$, 2¼ Std.). Alternativ kann man am Ufer entlangwandern (15 km, 5 Std.). Campen ist hier gestattet. Den aktuellen Zeitplan der Fähre kann man bei der argentinischen Zollbehörde erfragen.

➜ Mit dem Shuttlebus geht's dann ins 37 km entfernte El Chaltén (350 AR$, 1 Std.).

Weitere Infos erhält man bei El Mosco (S. 556) in Villa O'Higgins oder im Rancho Grande Hostel (S. 175) auf der argentinischen Seite.

sonnigen Oase mit windgepeitschten Pappeln und Obstgärten. Hier bestehen Busverbindungen nach Los Antiguos und zur Ruta 40 Richtung südargentinisches Patagonien. Die 60 km entfernte **Reserva Nacional Jeinimen** (Eintritt 2000 Ch$) ist ein echtes Juwel mit Flamingos und türkisfarbenen Bergseen. Bis auf ein paar Fahrzeuge von Touranbietern fahren aber kaum Verkehrsmittel dorthin. Eine gute Adresse dafür ist **Expeditions Patagonia** (Handy 8464-1067; www.expeditionspatagonia.com; O'Higgins 333, Galeria Municipal; 9–13 & 14.30–20 Uhr).

Zum Übernachten empfehlen sich das **Ñandu Camp** (Handy 6779-3390; www.nandu camp.com; O'Higgins 750; B 12 000 Ch$;), das auch hilfreiche Trekkinginfos bereithält, oder das belgische Bauernhaus **Hostería de la Patagonia** (067-241-1337, Handy 8159-2146; hdelapatagonia@gmail.com; Camino Internacional s/n; Stellplatz 4000 Ch$/Pers., EZ/DZ/3BZ 35 000/50 000/61 000 Ch$, Hütte 50 000 Ch$, ohne Bad 15 000 Ch$/Pers.;) mit charmanten Gartenzimmern.

Vor Ort gibt's eine hilfreiche **Oficina de Informacion Turistica** (067-241-1338; www.chilechico.cl; Ecke O'Higgins & Blest Ghana; Mo-Fr 8–13 & 14–17 Uhr) und eine Filiale der **BancoEstado** (González 112; Mo–Fr 9–14 Uhr), in der man Geld wechseln kann. Der Geldautomat nimmt nur Mastercard.

❶ An- & Weiterreise

Naviera Sotramin (067-223-7958; www.sotramin.cl; Muelle Chile Chico; Passagier/Fahrzeug 2000/17 700 Ch$) schickt fast an jedem Tag eine Fähre über den Lago General Carrera nach Puerto Ingeniero Ibáñez; eine beträchtliche Abkürzung, wenn man nach Coyhaique will.

Diverse Shuttle-Busse starten an der O'Higgins 420 und rollen über die Grenze nach Los Antiguos (2000 Ch$, 20 Min.), nur 9 km weiter östlich in Argentinien. Dort besteht Anschluss nach El Chaltén.

Busanbieter und Abfahrtszeiten ändern sich jedes Jahr. **Seguel** (067-243-1214; O'Higgins 394) und **Buses Eca** (067-243-1224) fahren nach Puerto Guadal (7000 Ch$, 2½ Std., Mo-Fr 16 bzw. 17 Uhr). **Costa Carrera** schickt seine Busse nach Puerto Río Tranquilo (14 000 Ch$, 4 Std., Di & Fr 11 Uhr).

Mit **Buses Acuña** (067-225-1579; Rodríguez 143) und **Buses Carolina** (067-241-1490; Büro an der Fähre) geht's mit Bus und Fähre nach Coyhaique (5000 Ch$, 3½ Std.); unbedingt vorab reservieren. Die erste Etappe bis nach Puerto Ibáñez wird mit einer Fähre von Naviera Sotramin zurückgelegt.

Nach Süden bis Villa O'Higgins

Das verträumte **Cochrane** ist ein alter Viehzucht-Außenposten und südlicher Verkehrsknotenpunkt der Carretera Austral. Obwohl es sich selbst nicht viel aus Tourismus macht, ist Cochrane das Tor zum neuen Parque Nacional Patagonia. Wer den nahen Calluco-Gletscher besuchen möchte, setzt sich am besten mit **Lord Patagonia** (Handy 8267-8115; www.lordpatagonia.cl; Lago Brown 388; Tagestour 50 000 Ch$) in Verbindung; dort werden geführte Touren organisiert. Zum Übernachten bietet sich das geräumige Blockhaus **Residencial Cero a Cero** (067-252-2158, Handy 7607-8155; ceroacero@gmail.com; Lago Brown 464; DZ 30 000 Ch$, Zi. ohne Bad 10 000 Ch$/Pers.;) an. Im **Cafe Tamango** (Handy 9158-4521; Esmeralda 464; Hauptgerichte 5000 Ch$; Mo-Sa 9–19.30 Uhr;) werden gute Sandwiches, herzhafte vegetarische Gerichte wie Linsenburger und hausgemachte Maronen-Eiscreme serviert. Der **Touristenkiosk** (www.cochranepatagonia.cl; Plaza de Armas; Jan.–März 9–13 & 14–21 Uhr) an der Plaza hält Busfahrpläne bereit, hat ansonsten aber nicht viel zu bieten.

Von Cochrane gibt es Busverbindungen nach Coyhaique (14 000 Ch$, 10 Std., tgl. 8 Uhr). Chile Chico wird dreimal pro Woche angefahren; unterwegs wird ein Zwischenstopp in Puerto Guadal eingelegt. Zwischen Caleta Tortel (7000 Ch$, 3 Std.) und Cochrane verkehren täglich mehrere Busse.

Man könnte einen ganzen Tag damit verbringen, die knarrenden Bohlenwege des sagenumwobenen Örtchens **Caleta Tortel** zu erkunden, das sich am Ufer des von Gletscherwasser gespeisten Meeresarms über dem milchigen Wasser erhebt. Das kleine Fischerdörfchen am Fuße eines Steilhangs wurde zum nationalen Denkmal ernannt und liegt an der Mündung des Río Baker zwischen zwei Eisfeldern. Die Straße endet am Ortsrand am hilfsbereiten **Touristenkiosk** (www.municipalidaddetortel.cl; Di–So 9–23 Uhr), der Karten sowie Infos zu Unterkünften und Busverbindungen bereithält. Im **Brisas del Sur** (Handy 5688-2723; valerialanderos@hotmail.com; Sector Playa Ancha; DZ 35 000 Ch$, Zi. ohne Bad 12 000 Ch$/Pers.;) gibt's gemütliche Zimmer. Wer jedoch so richtig in die Vollen gehen möchte, kann sich ein Zimmer in der stylishen Lodge **Entre Hielos** (Handy 9579-3779; www.entrehielostortel.cl; EZ/DZ 118/150 US$;) genehmigen, das auch private

Bootsfahrten zu den Gletschern arrangieren kann. Preiswerter sind die Bootstaxen, die vom Sector Rincon Touren durch die Bucht (10 000 Ch$) anbieten.

Obwohl Caleta Tortel nur vier Stunden von Villa O'Higgins über eine Straße und eine Fährverbindung entfernt liegt, gab es zum Zeitpunkt der Recherche noch keine Busverbindungen hierher.

Villa O'Higgins

Rauschende Flüsse und unberührte Waldstücke flankieren Teile der kurvigen Straße südlich von Caleta Tortel. Bei **Puerto Yungay** bringt eine kostenlose staatliche Fähre (www.barcazas.cl) Passagiere und Autos über den Mitchell Fjord zu den letzten 100 km der Carretera Austral. Die berühmte Straße endet im abgelegenen Dörfchen Villa O'Higgins, wo ein weiterer Ausbau bisher durch die gewaltige Gletscherbarriere des Südpatagonischen Eisfelds verhindert wurde. Das hält Hartgesottene jedoch nicht davon ab, per Fähre, zu Fuß und wieder mit der Fähre nach El Chaltén (Argentinien) weiterzureisen. **Villa O'Higgins Expediciones** (067-243-1821, Handy 8210-3191; www.villaohiggins.com) bietet bei rechtzeitiger Buchung Leihfahrräder, geführte Wanderungen und Ausritte an. Unmittelbar vor Villa O'Higgins liegt das freundliche **Ecocamp Tsonek** (Handy 7892-9695; www.tsonek.cl; Carretera Austral s/n; Stellplatz pro Pers./Radfahrer 4000/3000 Ch$; 🌐) 🍴 in einem zauberhaften Waldstück und bietet Zeltplätze an. **El Mosco** (067-243-1819; www.patagoniaelmosco.blogspot.com; Carretera Austral, Km 1240; Stellplatz 5000 Ch$/Pers., B 9000 Ch$, DZ 45 000 Ch$, EZ/DZ ohne Bad 18 000/30 000 Ch$) im Ort bietet nette Zimmer sowie aktuelle Infos über lokale Wanderrouten. Einen Geldautomaten gibt es hier nicht, also unbedingt ausreichend Bargeld mitbringen.

Buses Catalina fährt nach Cochrane (8000 Ch$, 6 Std., Mo & Fr 8 Uhr). In der Nachsaison gibt's weniger Verbindungen.

SÜDLICHES PATAGONIEN

Der Wind peitscht über das Land, die Berge sind gezackt und das Wasser plätschert glasklar dahin. Diese öde Gegend zog zuerst Missionare und Glücksritter aus Schottland, England und Kroatien an. Der Autor Francisco Coloane beschrieb diese als „mutige Männer, deren Herz aus nicht mehr als einer weiteren, geschlossenen Faust besteht." Es entstanden *estancias*. Auf diesen großen Rinder- oder Schafzucht-Ranches herrschte der Eigentümer bzw. Verwalter praktisch absolutistisch über die ortsansässigen Landarbeiter. Diese Tatsache und der bald folgende Wolle-Boom zogen so manche Folgen nach sich: Wenige verdienten sich auf Kosten der indigenen Bevölkerung eine goldene Nase. Krankheiten und Kriege rotteten die *indígenas* fast vollständig aus. Als der Wollpreis dann abstürzte und der Panamakanal dafür sorgte, dass der Schiffsverkehr Südamerika links liegen ließ, musste die Region schwere Einbußen hinnehmen.

Der Wert Patagoniens mag hart erkämpft gewesen und fast wieder verloren gegangen sein – aber jetzt ist einiges im Wandel. Früher bestand der Reichtum in Bodenschätzen und Vieh, heute besteht er in der Landschaft. Besucher lieben gerade die isolierte, geisterhafte Schönheit. Der Parque Nacional Torres del Paine ist die Hauptattraktion. Der Park gehört zu den schönsten des Kontinents und zieht jährlich Hunderttausende Besucher an.

Punta Arenas

061 / 130 100 EW.

Wenn diese sturmgepeitschten Straßen nur sprechen könnten: Die frühere Strafkolonie hat schon Bergleute, Robbenjäger, Seemänner, ausgehungerte Pioniere und durch den Wolle-Boom reich gewordene Dandys beherbergt. In den 1980er-Jahren begann hier die Ausbeutung einer der weltgrößten Kohlenwasserstoffreserven; daraus hat sich eine florierende petrochemische Industrie entwickelt. Heute ist Punta Arenas ein touristischer Mix aus Rauheit und Pracht.

◉ Sehenswertes

Plaza Muñoz Gamero PLATZ

Der zentrale Platz mit herrlichen Koniferen ist von opulenten Villen umgeben. An der Nordseite steht die **Casa Braun-Menéndez** (061-224-1489; Eintritt 1000 Ch$; Di-Fr 10.30–13 & 17–20.30, Sa 10.30–13 & 20–22, So 11–14 Uhr), in der der private Club de la Unión untergebracht ist, der auch die Kneipe im Untergeschoss nutzt (öffentlich zugänglich). Nicht weit entfernt steht ein **Denkmal**, das an den 400. Jahrestag der Seereise Magellans erinnert und 1920 vom Wollbaron José gestiftet wurde. Etwas weiter östlich steht das Gebäude der früheren **Sociedad**

Punta Arenas

Punta Arenas

⊙ Highlights
1 Cementerio Municipal D1

⊙ Sehenswertes
2 Casa Braun-Menéndez B4
3 Kathedrale B4
4 Museo Regional de Magallanes C4
5 Plaza Muñoz Gamero B4

⊙ Aktivitäten, Kurse & Touren
6 Turismo Aonikenk C3

⊙ Schlafen
7 Hospedaje Magallanes D2

8 Hostal Fitz Roy C4
9 Hostal Independencia A4
10 Hostal La Estancia D3
11 Ilaia Hotel B2

⊙ Essen
12 Café Almacen Tapiz C4
13 Kiosco Roca C4
14 La Marmita C3
15 La Mesita Grande C4
16 Mercado Municipal B5

⊙ Ausgehen & Nachtleben
17 Jekus C4

Menéndez Behety, das heute Turismo Comapa beherbergt. Die **Kathedrale** steht weiter westlich.

Museo Regional de Magallanes   MUSEUM

(Museo Regional Braun-Menéndez; ☎ 061-224-4216; www.museodemagallanes.cl; Magallanes 949; Eintritt 1000 Ch$; ⓘ Mi–Mo 10.30–17 Uhr, Mai–Dez. bis 14 Uhr) Die opulente, schön erhaltene Villa zeugt vom Aufstieg einer Pionierfamilie, die im späten 19. Jh. durch Schafzucht zu Reichtum gelangte. Gezeigt werden exquisite Originalmöbel im französischen Jugendstil, von aufwändig gearbeiteten Intarsienfußböden aus Holz bis hin zu chinesischen Vasen, und eine Ausstellung zur Regionalgeschichte (nach Broschüren in Englisch fragen). In den ehemaligen Bedienstetenquartieren lädt das Café im Untergeschoss dazu ein, bei einem *pisco sour* die ganze Pracht auf sich wirken zu lassen.

★ Cementerio Municipal   FRIEDHOF

(Haupteingang an der Av Bulnes 949; ⓘ 7.30–20 Uhr) GRATIS Einer der faszinierendsten Friedhöfe Südamerikas mit schlichten Einwanderergräbern, die direkt neben Prachtmausoleen wie dem des Wollbarons José Menéndez (laut Autor Bruce Chatwin eine maßstabsgetreue Replik des Nationaldenkmals für Viktor Emanuel II. in Rom) liegen. Hinter dem Tor des Haupteingangs kann man sich an einem Lageplan einen Überblick verschaffen.

Das Gelände nordöstlich der Plaza erreicht man problemlos in 15 Minuten zu Fuß oder mit allen *taxi colectivos*, die vor dem Museo Regional de Magallanes an der Magallanes abfahren.

👉 Geführte Touren

Lohnende Tagestrips könnten zu den ersten örtlichen Siedlungen bei Fuerte Bulnes und Puerto Hambre führen. Wenn man mehr Zeit zur Verfügung hat, ist das Monumento Natural Los Pingüinos mit seinen bestens gedeihenden Kolonien von Magellanpinguinen einen Besuch wert.

Turismo Aonikenk   GEFÜHRTE TOUREN

(☎ 061-222-8616; www.aonikenk.com; Magallanes 570) Empfehlenswerter Veranstalter mit mehrsprachigen Guides (auch Deutsch) und Wanderungen zum Kap Froward, Abstechern zur Königspinguinkolonie von Tierra del Fuego und günstigeren Individualtrips für erfahrene Outdoor-Fans. Hat auch Infos zur Estancia Yendegaia.

Turismo Pali Aike   GEFÜHRTE TOUREN

(☎ 061-261-5750; www.turismopaliaike.com) Empfehlenswerter Touranbieter.

🛏 Schlafen

Hospedaje Magallanes   B&B $

(☎ 061-222-8616; www.aonikenk.com; Magallanes 570; B/DZ ohne Bad 18 000/40 000 Ch$; @ 🛜) Diese tolle, günstige Option mit nur ein paar ruhigen Zimmern wird von einem deutsch-chilenischen Paar geleitet, das auch geführte Touren in Torres del Paine anbietet und vor Ort ein Reisebüro betreibt. Abends wird oft zusammen gegessen oder man grillt im Hinterhof neben der Kletterwand. Zum Frühstück gibt's dunkles Brot und starken Kaffee.

Hostal Fitz Roy   PENSION $

(☎ 061-224-0430; www.hostalfitzroy.com; Navarro 850; B 10 000 Ch$, DZ mit/ohne Bad 30 000/25 000 Ch$, Hütte für 5 Pers. 35 000 Ch$; @) Dieses Landhaus mitten in der Stadt hat große, preiswerte Zimmer und ein gemütliches, altmodisches Wohnzimmer, das dazu einlädt, in Büchern zu schmökern oder Seekarten zu studieren. Die Zimmer haben Telefon und TV.

Hostal Independencia   PENSION $

(☎ 061-222-7572; www.hostalindependencia.cl; Av Independencia 374; Stellplatz 2000 Ch$/Pers., B 7000 Ch$; @ 🛜) Eines der letzten traditionellen Backpacker-Refugien mit guten Preisen und geselliger Atmosphäre. Trotz der Unordnung sind die Zimmer halbwegs sauber. Es gibt Stellplätze, Leihräder und man kann die Küche mitbenutzen.

Hostal La Estancia   PENSION $

(☎ 061-224-9130; www.estancia.cl; O'Higgins 765; DZ 48 000 Ch$, B/EZ/DZ ohne Bad 12 500/20 000/38 000 Ch$; @ 🛜) Zentral gelegener Altbau mit großen Zimmern, Gewölbedecken und sauberen Gemeinschaftsbädern. Langzeitbesitzer Alex und Carmen helfen gern bei der Ausarbeitung der Reisepläne. Es gibt einen Büchertausch, Zugang zur Küche, einen Wäscheservice und Gepäckaufbewahrung.

★ Ilaia Hotel   BOUTIQUEHOTEL $$$

(☎ 061-272-3100; www.ilaia.cl; Carrera Pinto 351; EZ/DZ/3BZ ab 105/140/195 US$; 🛜) Das verspielte und moderne High-Concept-Boutiquehotel wird mit viel familiärer Herzlichkeit geleitet. Überall stehen schlaue Sprüche und die Zimmer sind einfach, aber schick und aus dem wunderbaren verglasten Wintergarten hat man einen großartigen Blick auf die Meerenge. Es gibt ein Shuttle zu einem Yogakurs und ein leckeres, gesundes Frühstück mit Chapati-Brot, hausgemachter Marmelade, Avocados, Joghurt und mehr. Einen Fernseher sucht man allerdings vergebens.

✖ Essen

Das hiesige Seafood ist eine wahre Gaumenfreude – vor allem die *centollas* (Königskrabben) und *erizos* (Seeigel).

Café Almacen Tapiz   CAFÉ $
(✆ Handy 8730-3481; www.cafetapiz.cl; Roca 912; Hauptgerichte 5000 Ch$; ◷ 9–21.30 Uhr; 🛜) Das lebhafte, mit Schindeln aus Zypressenholz verkleidete Café ist eine gute Adresse für eine stimmungsvolle Kaffeepause. Neben der köstlichen Schichttorte werden hier auch Salat und Fladenbrot-Sandwiches mit Ziegenkäse, Fleisch oder Röstgemüse serviert.

Mercado Municipal   MARKT $
(21 de Mayo 1465; ◷ 8–15 Uhr) Fisch- und Gemüsemarkt mit preiswerten *cocinerías* (Esslokalen) im 2. Stock. Tolle Anlaufstelle für günstige Gerichte mit Meeresfrüchten.

La Mesita Grande   PIZZA $
(✆ 061-224-4312; O'Higgins 1001; Hauptgerichte 3000–6000 Ch$; ◷ 12–23.30 Uhr) Wer sich nach leckerer italienischer Pizza sehnt, wird hier sehr wahrscheinlich sein Heimweh verlieren. Die moderne Pizzeria mit unverputzten Ziegelwänden serviert dünne, knusprige Pizzen mit Bio-Belägen und Bier aus lokalen Brauereien. Unbedingt noch etwas Platz für die hausgemachte Eiscreme lassen! Die Hauptniederlassung befindet sich in Puerto Natales.

Kiosco Roca   SANDWICHES $
(Roca 875; Snacks 500 Ch$; ◷ Mo–Fr 7–19, Sa 8–13 Uhr) Ein unwiderstehliches Lokal, in dem die Einheimischen geduldig darauf warten, einen Hocker an der Bar zu bekommen. Überall an den Wänden hängen Fanartikel des Fußballteams der Universidad de Chile. Serviert werden nur mundgerechte Sandwiches mit Chorizo oder Käse oder beidem. Am besten passt dazu ein Bananen-Milchshake.

★ La Marmita   CHILENISCH $$
(✆ 061-222-2056; www.marmitamaga.cl; Plaza Sampaio 678; Hauptgerichte 6000–12 000 Ch$; ◷ Mo–Sa 12.30–15 & 18.30–23.30 Uhr; 🍴) Das beliebte klassische Bistro ist für sein angenehmes, zwangloses Ambiente sowie das leckere Essen bekannt. Neben frischen Salaten und warmem Brot kommt hier auch Herzhaftes wie etwa Aufläufe oder Meeresfrüchte auf den Tisch, das an die gute chilenische Hausmannskost der Großmutter erinnert. Es gibt auch gute vegetarische Optionen und Gerichte zum Mitnehmen.

🍷 Ausgehen & Nachtleben

Jekus   PUB
(O'Higgins 1021; ◷ 18–3 Uhr) Drinks, Happy Hour, Karaoke und Fußball im Fernsehen machen dieses Restaurant zum beliebten Treffpunkt.

🛍 Shoppen

Zona Franca   ZOLLFREIE WAREN
(Zofri; Norte Zona Franca Punta Arenas, Km 3,5; ◷ Mo–Sa) Die riesige zollfreie Zone ist eine herausgeputzte Ansammlung von Läden, die durchaus einen Besuch lohnen, wenn man nach Elektroartikeln, Outdoor- und Fotoausrüstungen oder Computerzubehör sucht. Den ganzen Tag über pendeln *colectivos* entlang der Av Bulnes zwischen dem Zentrum und der Zona hin und her.

ℹ Praktische Informationen

In der Stadt befinden sich viele Geldautomaten und Internetcafés.

Conaf (✆ 061-223-0681; Bulnes 0309; ◷ Mo–Fr 9–17 Uhr) Infos zu den nahegelegenen Nationalparks.

Hospital Regional (✆ 061-220-5000; Ecke Arauco & Angamos)

Informationskiosk (✆ 061-220-0610; Plaza Muñoz Gamero; ◷ Dez.-Feb. Mo–Sa 8–19, So 9–19 Uhr) An der Südseite der Plaza.

Post (Bories 911) Einen Block nördlich der Plaza Muñoz Gamero.

Sernatur (✆ 061-224-1330; www.sernatur.cl; Navarro 999; ◷ Mo–Fr 8.30–20, Sa & So 10–19 Uhr) Unterkunfts- und Verkehrsmittelverzeichnisse sowie freundliches, kompetentes Personal (spricht mehrere Sprachen). In der Nachsaison kürzere Öffnungszeiten.

ℹ An- & Weiterreise

In den Touristeninformationen ist eine nützliche Broschüre mit Details zu allen örtlichen Verkehrsverbindungen erhältlich.

BUS
Busse starten an firmeneigenen Terminals, von denen die meisten maximal zwei Blocks von der Av Colón entfernt liegen. Es ist ratsam, Tickets spätestens einige Stunden (besser Tage) vor

Abfahrt zu kaufen. Die **Central de Pasajeros** (061-224-5811; Ecke Magallanes & Av Colón) kommt einem zentralen Buchungsbüro am nächsten.

Bus Sur (061-261-4224; www.bus-sur.cl; Av Colón 842) Puerto Natales.

Buses Fernández/Buses Pingüino (061-224-2313; www.busesfernandez.com; Sanhueza 745) Puerto Natales und Río Gallegos.

Buses Pacheco (061-224-2174; www.buses pacheco.com; Av Colón 900) Puerto Natales, Río Gallegos und Ushuaia.

Cruz del Sur (061-222-7970; www.buses cruzdelsur.cl; Sanhueza 745) Puerto Montt, Osorno und Chiloé.

ZIEL	PREIS (CH$)	DAUER (STD.)
Osorno	30 000	30
Puerto Natales	6000	3
Río Gallegos	12 000	5–8
Río Grande	25 000	7
Ushuaia	30 000	10

FLUGZEUG

Der Aeropuerto Presidente Carlos Ibáñez del Campo liegt 20 km nördlich der Stadt.

Aerovías DAP (061-261-6100; www.aerovias dap.cl; O'Higgins 891) November bis März; fliegt nach Porvenir (hin & zurück 55 000 Ch$, Mo–Sa mehrmals tgl.) und nach Puerto Williams (hin & zurück 143 000 Ch$, Mo–Sa 10 Uhr). Gepäck ist auf 10 kg pro Person begrenzt.

LanChile (061-224-1100; www.lan.com; Bories 884) Fliegt nach Santiago (hin & zurück 162 000 Ch$, mehrmals tgl.) mit Zwischenlandung in Puerto Montt (153 000 Ch$), sowie auf die Falklandinseln (hin & zurück 530 000 Ch$, Sa).

Sky Airline (061-271-0645; www.skyairline.cl; Roca 935) Verkehrt täglich zwischen Santiago und Punta Arenas und legt eine Zwischenlandung entweder in Puerto Montt oder in Concepción ein.

SCHIFF/FÄHRE

Transbordador Austral Broom (061-258-0089; www.tabsa.cl) Schickt täglich drei Fähren vom Fähranleger Tres Puentes nach Tierra del Fuego. Die Auto- und Passagierfähre nach/von Porvenir (Pers./Fahrzeug 6200/39 800 Ch$, 2½–4 Std.) legt meist morgens um 9 Uhr ab, startet aber manchmal auch nachmittags (s. Online-Fahrplan). Von Punta Arenas aus ist die Überfahrt bei Primera Angostura (1700/15 000 Ch$ pro Pers./Fahrzeug, 20 Min.) nordöstlich von Punta Arenas am schnellsten; hier wird zwischen 8.30 und 23.45 Uhr alle 90 Minuten übergesetzt.

Broom schippert nach Puerto Williams auf der Isla Navarino (Liegesitz/Koje 103 000/ 143 000 Ch$ inkl. Verpflegung, 30 Std., hin Do, zurück Sa, 3–4 mal monatl.).

❶ Unterwegs vor Ort

Vom Flughafen aus fahren Busse direkt nach Puerto Natales. Punta Arenas hat die niedrigsten Mietwagenpreise im ganzen chilenischen Patagonien; ein guter Anbieter ist **Adel Rent a Car/Localiza** (061-222-4819; www.adelrent acar.cl; Pedro Montt 962). Der Nationalpark Torres del Paine lässt sich prima mit dem Auto erkunden. Internationale Versicherungsauflagen machen Argentinientrips mit chilenischen Leihautos teuer.

Puerto Natales

061 / 18 000 EW.

Die pastellfarbenen Wellblechhäuser von Puerto Natales stehen dicht nebeneinander am Seno Última Esperanza (Última-Esperanza-Sund). In dem einst düsteren Fischereihafen tummeln sich heute Gore-Tex tragende Traveller auf dem Weg zum Top-Nationalpark des Kontinents. Die Stadt ist zwar kein Ziel an sich, aber eigentlich ganz nett: Das Flair des Südens ist herrlich, und die Besuchereinrichtungen werden immer besser.

◉ Sehenswertes & Aktivitäten

Museo Histórico MUSEUM
(061-241-1263; Bulnes 28; Eintritt 1000 Ch$; ⊙ Mo–Fr 8–19, Sa & So 10–13 & 15–19 Uhr) Archäologische Artefakte, ein Kanu der Yaghan, Bolas der Tehuelche und historische Fotos sorgen für einen Schnellkurs in Lokalgeschichte.

Mirador Dorotea WANDERN
(Eintritt 5000 Ch$) Eine Tageswanderung durch einen auf privatem Land gelegenen Wald mit Lenga-Südbuchen und einem traumhaften Blick auf Puerto Natales und das Gletschertal. Liegt weniger als 10 km von Natales entfernt. Dorotea ist der große Felsvorsprung gleich an der Ruta 9.

☞ Geführte Touren

Antares/Big Foot Patagonia ABENTEUERTOUR
(061-241-4611; www.antarespatagonia.com; Ave Pedro Montt/Costanera 161) Spezialisiert auf Torres del Paine. Kann Klettergenehmigungen und maßgeschneiderte Touren organisieren. Besitzt auch die Zulassung für Aktivitäten rund um den Lago Grey, wie etwa Eiswandern auf dem Grey-Gletscher oder Kajaktouren.

Baqueano Zamora
REITEN

(☎061-261-3530; www.baqueanozamora.cl; Baquedano 534) Veranstaltet empfehlenswerte Ausritte und Touren zu den Wildpferden von Torres del Paine.

Erratic Rock
ABENTEUERTOUR

(☎061-241-4317; www.erraticrock.com; Baquedano 719) Bietet geführte Touren im Torres del Paine sowie Alternativoptionen an und verleiht Ausrüstung. Alternativen sind z.B. Wanderungen am Cabo Froward, auf der Isla Navarino und zu weniger bekannten Zielen.

🛏 Schlafen

Viele Hostels verleihen Ausrüstungen und vermitteln Shuttles zum Nationalpark.

Singing Lamb
HOSTEL $

(☎061-241-0958; www.thesinginglamb.com; Arauco 779; B 22–30 US$, DZ 80 US$; @🛜) Das saubere, ökologisch geführte Hostel betreibt Recycling (inkl. Kompostierung von Biomüll), sammelt Regenwasser und nutzt Taschen aus Leinen. Die Preise für die Schlafsäle richten sich nach der Zahl der Betten (max. 9). Die Gemeinschaftsbereiche sind groß und es gibt nette Extras wie eine Zentralheizung und hausgemachtes Frühstück. Um hierherzukommen, hinter der Plaza O'Higgins einfach der Raimírez einen Block folgen.

Lili Patagonico's Hostal
HOSTEL $

(☎061-241-4063; www.lilipatagonicos.com; Arturo Prat 479; B 10 000 Ch$, DZ mit/ohne Bad 32 000/24 000 Ch$; @🛜) Weitläufiges Haus mit Kletterwand, diversen Schlafsälen und farbenfrohen Doppelzimmern, die mit Daunendecken und relativ neuen Bädern ausgestattet sind.

Hostal Dos Lagunas
PENSION $

(☎Handy 8162-7755; hostaldoslagunas@gmail.com; Ecke Barros Arana & Bories; B/DZ 12 000/30 000 Ch$; 🛜) Die aus Natales stammenden Besitzer Alejandro und Andrea sind sehr aufmerksam und verwöhnen ihre Gäste mit einem sättigenden Frühstück, gleichmäßigem Wasserdruck und Reisetipps. Die makellos saubere Pension ist eine der am längsten bestehenden Unterkünfte im Ort.

Hostal Nancy
PENSION $

(☎061-241-0022, Schlafsaal 061-241-4325; www.nataleslodge.cl; Raimírez 540; B 9000 Ch$, EZ/DZ/3BZ 15 000/32 000/36 000 Ch$; 🛜) Die herzliche Nancy ist mit ein Grund, warum die familiengeführte Pension bei Travellern so beliebt ist. Die Räumlichkeiten wurden kürzlich umgebaut; nun hat jedes Zimmer einen Fernseher und ein eigenes Bad. Im Anbau auf der anderen Straßenseite kann die Küche mitbenutzt werden. Ein familienfreundliches Ambiente mit Doppelbetten oder zwei Einzelbetten in den Zimmern.

★ We Are Patagonia
B&B $$

(☎Handy 7389-4802; www.wearepatagonia.com; Galvarino 745; Zi. mit/ohne Bad 70/60 US$; 🛜) Ein reizendes Kunsthotel in einem kleinen Haus mit minimalistischem nordischem Flair, Zentralheizung und einem schlichten Charme. Auf die Wände aufgestempelte Mantras überbringen – alles andere als unterschwellig – positive Botschaften. Das Frühstück ist für Champions gemacht und beinhaltet echten Kaffee, Obst, Haferflocken und Vollkornbrot.

Amerindia
B&B $$

(☎061-241-1945; www.hostelamerindia.com; Barros Arana 135; DZ mit/ohne Bad 45 000/35 000 Ch$, Apt. für 6 Pers. 80 000 Ch$; ⊘ Aug.–Juni; @🛜) Uriges, ruhiges Refugium mit Holzofen, schönen Webarbeiten und groben Holzbalken. Morgens gibt's Kuchen, Eier und Haferbrei im öffentlich zugänglichen Hauscafé, in dem man auch Bio-Schokolade, Tee und glutenfreie Lebensmittel bekommt. Vermietet auch Autos.

🍴 Essen & Ausgehen

La Mesita Grande
PIZZA $

(☎Handy 6141-1571; www.mesitagrande.cl; Arturo Prat 196; Pizza 5000–7000 Ch$; ⊘Mo–Sa 12.30–15 & 19–23.30, So 13–15 & 19–23.30 Uhr) Glückliche Gäste sitzen hier an einem langen, abgenutzten Gemeinschaftstisch und mampfen ausgezeichnete Pizzas mit dünnem Boden, prima Pasta und Bio-Salate.

Cafe Kaiken
CHILENISCH $

(☎Handy 8295-2036; Baquedano 699; Hauptgerichte 5000–7000 Ch$; ⊘Mo–Sa 13–15.30 & 18.30–23 Uhr) Mit gerade einmal fünf Tischen und einem Paar, das kocht, die Gäste bedient, aber trotzdem noch Zeit für ein Schwätzchen findet, ist das Cafe Kaiken ein sehr persönlicher Ort. Die Besitzer sind der Hektik Santiagos entflohen und bieten hier nun Gerichte wie schonend gegartes Lamm oder hausgemachte Ravioli mit Räucherlachs an, die die Wartezeit lohnen. Man sollte früh kommen, um noch einen Tisch zu ergattern und sich dann zurücklehnen und entschleunigen.

El Bote
CHILENISCH $

(☎061-241-0045; Bulnes 380; Tagesmenü 3500 Ch$; ⊘Mo–Sa 12–23.30 Uhr) Das schlichte Restaurant ist ein wahres Paradies für Liebhaber chilenischer Hausmannskost. Auf

Puerto Natales

den Tisch kommen Brathähnchen, Seafood-Aufläufe und hausgemachte Suppen. Etwas tiefer muss man für Gerichte mit Wild wie etwa Guanako oder Reh in die Tasche greifen. Ein einfacher, aber toller Nachtisch sind die Maronen mit Sahne.

El Living
CAFÉ $

(www.el-living.com; Arturo Prat 156; Hauptgerichte 4000–6000 Ch$; ⊗ Nov.–Mitte April Mo–Sa 11–22 Uhr;) Ein entspanntes Café mit Londoner Lounge-Feeling – eines der ersten seiner Art in Natales. Es gibt frische vegetarische, vegane und glutenfreie Gerichte, stapelweise europäische Illustrierte und einen versteckten Hinterhof mit ein paar Tischen im Freien.

Cangrejo Rojo
CAFÉ $$

(061-241-2436; Santiago Bueras 782; Hauptgerichte 6000–8500 Ch$; ⊗ Di–So 13.30–15 & 17.30–22 Uhr) Dieses niedliche Café in einem Wellblechbau ist unglaublich heimelig. Es gibt Kuchen, Eiscreme, Sandwiches und Feuer- bzw. Schmortöpfe (z. B. mit Seafood oder Lammkeulen) zu vernünftigen Preisen. Einfach der Baquedano südlich der Plaza O'Higgins vier Blocks bis zur Bueras folgen.

Afrigonia
FUSION $$

(061-241-2877; Eberhard 343; Hauptgerichte 10 000–14 000 Ch$; ⊗ 12.20–15 & 18.30–23 Uhr) Mit diesem großartigen, authentischen und romanischen Restaurant hat sich ein hart arbeitendes chilenisch-sambisches Paar einen Traum erfüllt. Das Angebot an afro-chilenischer Küche – Duftreis, frisches *ceviche* und mit Pfefferminze geröstetes Lamm – wird hier frisch und mit Sorgfalt zubereitet und unterscheidet sich von vielen weniger authentischen Optionen. Reservierung empfohlen.

Baguales
KLEINBRAUEREI

(www.cervezabaguales.cl; Bories 430; ⊗ 18–2.30 Uhr;) Hier haben sich ein paar Kletterfreunde mit der edlen Absicht zusammen-

Puerto Natales

Sehenswertes
1 Museo Histórico B2

Aktivitäten, Kurse & Touren
2 Antares/Big Foot Patagonia A1
3 Baqueano Zamora D3
4 Erratic Rock D3
5 Turismo 21 de Mayo C2

Schlafen
6 Amerindia B2
7 Hostal Dos Lagunas B2
8 Hostal Nancy D2
9 Lili Patagonico's Hostal C3
10 Singing Lamb D4
11 We Are Patagonia D3

Essen
12 Afrigonia B2
13 Cafe Kaiken D3
14 Cangrejo Rojo D4
15 El Bote B2
16 El Living C1
17 La Mesita Grande C2

Ausgehen & Nachtleben
18 Baguales B1

getan, vor Ort erstklassiges Qualitäts-Bier zu brauen – und das Ergebnis enttäuscht nicht. Das Baguales wurde mittlerweile auf den 2. Stock ausgeweitet, um dem Ansturm gerecht zu werden. Das typisch amerikanische Kneipenessen ist so lala.

ⓘ Praktische Informationen

Die meisten Banken der Stadt haben auch einen Geldautomaten. Das beste auch auf Englisch verfügbare Online-Regionalportal ist www.torresdelpaine.cl.
Conaf (☏ 061-241-1438; Baquedano 847; ⊕ Mo–Fr 8.30–12.45 & 14.30–17.30 Uhr) Büro der Nationalparkverwaltung.
Städtische Touristeninformation (☏ 061-261-4808; Plaza de Armas; ⊕ Di–So 8.30–12.30 & 14.30–18 Uhr) Die Touristeninformation ist im Museo Histórico und dem Rodoviario (Busbahnhof) zu finden und hat Unterkunftsverzeichnisse für die ganze Region.
Post (Eberhard 429)
Sernatur (☏ 061-241-2125; infonatales@sernatur.cl; Ave Pedro Montt/Costanera 19; ⊕ Mo–Fr 9–19, Sa & So 9.30–18 Uhr) Hat hilfreiche Stadtpläne und Karten der Region sowie während der Hauptsaison ein zweites Büro an der Plaza.

ⓘ An- & Weiterreise

BUS

Die Busse kommen am **Rodoviario** (Av España 1455) an, ein Busbahnhof am Stadtrand. Die Busunternehmen verkaufen ihre Tickets aber auch im Zentrum. Mindestens einen Tag vorher buchen, insbesondere wenn man früh morgens los möchte. In der Nebensaison ist das Angebot an Verbindungen stark reduziert.

Busse nach Torres del Paine fahren in Puerto Natales zwei- bis dreimal täglich gegen 8, 9 und 14.30 Uhr ab. Zu den Anbietern gehören **Buses Gomez** (☏ 061-241-5700; www.busesgomez.com; Arturo Prat 234), **Buses Pacheco** (☏ 061-241-4800; www.busespacheco.com; Ramírez 224) und **Buses JBA** (☏ 061-241-0242; Arturo Prat 258). Zur Mountain Lodge Paine Grande gelangt man in der Nebensaison mit dem Bus am Morgen, der rechtzeitig zur Abfahrt des Katamarans an der Anlegestelle ist. Die Tickets gelten für Transfers innerhalb des Parks. Die Fahrpläne ändern sich oft, deshalb die Abfahrtszeiten vorab noch einmal prüfen.

Bus Sur (☏ 061-261-4220; www.bus-sur.cl; Baquedano 668) und Buses Pacheco fahren nach Punta Arenas; Letzterer rollt auch bis nach Ushuaia. **Turismo Zaahj** (☏ 061-241-2260; www.turismozaahj.co.cl; Arturo Prat 236/270) und **Cootra** (☏ 061-241-2785; Baquedano 244) bedienen El Calafate.

ZIEL	PREIS (CH$)	DAUER (STD.)
El Calafate	15 000	5
Punta Arenas	6000	3
Torres del Paine	8000	2
Ushuaia	36 000	13

SCHIFF/FÄHRE

Navimag Ferries (☏ 061-241-1421, Rodoviario 061-241-1642; www.navimag.com; Ave Pedro Montt/Costanera 308, 2. Büro im Rodoviario; ⊕ Mo–Fr 9–13 & 14.30–18.30 Uhr) Die Reise mit der Navimag-Fähre durch die chilenischen Fjorde ist für viele Traveller einer der Höhepunkte ihrer Tour. Da diese viertägige Fahrt inzwischen sehr populär ist, empfiehlt es sich, rechtzeitig zu reservieren. Turismo Comapa oder Navimag informieren über die genauen Zeiten. Einfach ein paar Tage vor der wahrscheinlichen Ankunft anrufen.

ⓘ Unterwegs vor Ort

Viele Hostels verleihen Fahrräder. Mietwagen sind nur begrenzt verfügbar und obendrein teuer – in Punta Arenas oder Argentinien sind die Tarife besser.

Parque Nacional Torres del Paine

Fast senkrecht ragen die Granitnadeln der Torres del Paine (Türme von Paine) über 2000 m hoch aus der patagonischen Steppe empor. Sie dominieren die Landschaft des wahrscheinlich schönsten Nationalparks in Südamerika – 1810 km² groß und seit 1978 ein Biosphärenreservat der UNESCO. Die meisten Traveller kommen wegen der Hauptattraktion hierher; nach ihrer Ankunft stellen sie jedoch fest, dass hier noch mehr Highlights warten, die gleichermaßen eindrucksvoll sind (und obendrein weniger stark besucht): azurblaue Seen, gewundene Pfade durch smaragdgrüne Wälder, rauschende Flüsse mit wackligen Brücken und ein großer, strahlend blauer Gletscher.

Der Park beheimatet u. a. straußenartige Nandus, Andenkondore, Flamingos und viele weitere Vogelarten. Der größte Schutzerfolg besteht aber zweifellos darin, dass hier Guanakos in der offenen Steppe grasen, wo sich Pumas nicht unbemerkt anschleichen können. Nach über zehn Jahren des

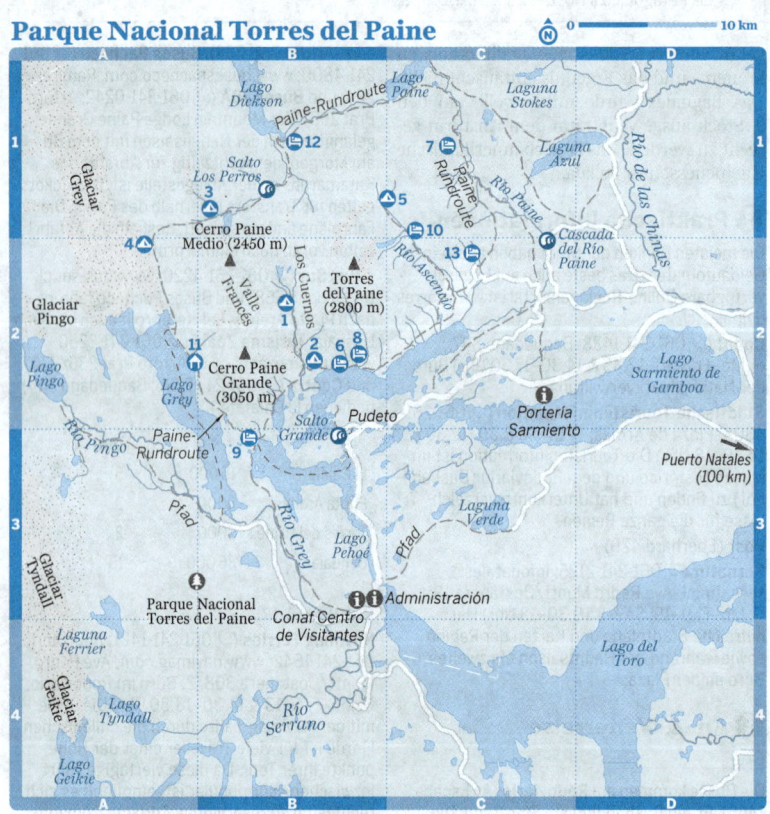

Parque Nacional Torres del Paine

Schlafen
1. Campamento Británico B2
2. Campamento Italiano B2
3. Campamento Los Perros B1
4. Campamento Paso A2
5. Campamento Torres C1
6. Domos El Francés B2
7. Domos El Serón C1
8. Domos Los Cuernos B2
9. Mountain Lodge Paine Grande B3
10. Refugio Chileno C1
11. Refugio Grey A2
12. Refugio Lago Dickson B1
13. Refugio Las Torres C2

effektiven Schutzes vor Wilderern zucken diese großen und immer weiter wachsenden Herden nicht einmal mehr zusammen, wenn sich ihnen Menschen oder Autos nähern.

An klaren Tagen genießt man überall Panoramablicke. Das Wetter ist aber unberechenbar, sodass die Gipfel auch stunden- oder tagelang in Wolken gehüllt sein können. Manche sagen, dass hier vier Jahreszeiten an einem Tag herrschen. Plötzliche Unwetter mit heftigsten Böen gehören zum rauen Begrüßungsritual. Somit sind hochwertige Schlechtwetterkleidung, ein synthetischer Schlafsack und eventuell ein gutes Zelt vonnöten. Für Übernachtungen in Hotels oder rustikalen Schutzhütten *(refugios)* muss rechtzeitig reserviert werden. Wer hier richtig wandern oder die anderen Aktivitäten ausprobieren will, sollte mindestens drei bis sieben Tage Aufenthalt einplanen.

Ende 2011 vernichtete ein verheerender Brand über 160 km² teilweise alten Waldes, tötete Tiere und zerstörte mehrere Parkgebäude. Ein ausländischer Besucher wurde dafür verantwortlich gemacht, die Katastrophe versehentlich beim illegalen Anzünden eines Lagerfeuers ausgelöst zu haben. Das betroffene Gebiet erstreckt sich größtenteils zwischen Pehoé und dem Refugio Grey. Dort verläuft fast die ganze Westroute der „W"-Wanderung. Obwohl der Panoramablick noch derselbe ist, wird der Wald Jahrhunderte zur Erholung brauchen. Bitte unbedingt verantwortungsvoll handeln und möglichst wenig Spuren hinterlassen! Denn man selbst ist nur einer von Hunderttausenden, die jährlich hierherkommen.

🏃 Aktivitäten

Wandern & Trekken

Zahllose Wanderer aus aller Welt pilgern zu den 2800 m hohen Granitgipfeln der Torres del Paine. Die meisten genießen einfach das Panorama an der Rund- oder „W"-Route und lassen andere schöne Pfade links liegen. Für die Rundroute (das „W" plus die Rückseite der Berge) braucht man sieben bis neun Tage. Das „W" allein dauert vier bis fünf Tage (der Name rührt übrigens vom groben Streckenverlauf her). Hinzu kommen noch ein bis zwei Tage für An- und Abreise.

Tourveranstalter in Puerto Natales offerieren geführte Treks, die alle Mahlzeiten und das Übernachten in *refugios* oder Hotels beinhalten. Für eine Tageswanderung, marschiert man von der Guardería Pudeto an der Hauptstraße des Parks zum mächtigen Wasserfall **Salto Grande** zwischen den Lagos Nordenskjöld und Pehoé. Eine weitere leichte Route (1 Std.) führt zum **Mirador Nordenskjöld**, einem Aussichtspunkt mit großartigem See- und Bergblick.

Das „W" WANDERN

Diese mehrtägige Wanderung ist der Klassiker schlechthin und schließt die Highlights des Parkt ein: den **Mirador Las Torres**, das **Valle Francés** und den **Lago Grey**. Wer das „W" im Westen beginnen möchte, nimmt den Katamaran über den Lago Pehoe bis zur Mountain Lodge Paine Grande, marschiert den ersten Teil bis zum Lago Grey und dreht dort zurück in Richtung Osten ab (2. Teil des „Ws"). Von West nach Ost ist die Wanderung ca. 71 km lang.

Die Rundroute WANDERN

Die längere Rundroute von 112 km ist top für alle, die die Einsamkeit lieben, eine traumhafte Aussicht suchen und vor ihren Kameraden, die „nur" den „W"-Kurs ablaufen, angeben wollen. Neben dem „W" umfasst die Rundroute auch die Rückseite des „Ws" zwischen dem Refugio Lago Grey und dem Refugio Las Torres. Dieser Abschnitt führt über den anspruchsvollen Paso John Gardner (1214 m, saisonal geschl.). Die Landschaft ist hier einsam und trostlos und dennoch wunderschön.

Kajakfahren

Mit dem Kajak kommt man nah an die Gletscher heran. **Indomita Big Foot** (📞 061-241-4525; www.indomitapatagonia.com) bietet im Sommer Touren (3 Std.) zwischen den Eisbergen im Lago Grey an.

Reiten

Baqueano Zamora (S. 561) bietet Ausritte zu den Seen Lago Pingo, Lago Paine und Lago Azul sowie zur Laguna Amarga an. Wer im Gebiet rund um die Torres reiten möchte, kontaktiert das **Hotel Las Torres** (📞 061-271-0050; www.lastorres.com) für Aktivitäten.

Gletscherwanderungen

Dies ist eine hervorragende Möglichkeit, ohne große Erfahrung durch die wunderbaren Eisformationen zu wandern. Antares/Big Foot Patagonia (S. 560) ist der einzige Anbieter, der die Genehmigung hat, im Park Gletscherwanderungen (90 000 Ch$) auf dem Grey-Gletscher anzubieten. Ausgangspunkt ist das Conaf-Haus (ehem. Refugio

ABSTECHER

PARQUE NACIONAL BERNARDO O'HIGGINS

Dieser Nationalpark mit seinen Gletschern ist bis heute buchstäblich unnahbar. Er ist ausschließlich mit einem Boot zu erreichen. **Turismo 21 de Mayo** (☎ 614420; www.turismo21demayo.com; Eberhard 560, Puerto Natales) organisiert ganztägige Touren zum Fuß des Glaciar Serrano. Die Teilnehmer essen auf der Estancia Balmaceda zu Mittag und schippern dann weiter den Río Serrano hinauf. Kostenpunkt: 100 000 Ch$.

Grey). Die fünfstündige Tour ist zwischen Oktober und Mai verfügbar. In der Hauptsaison geht's um 8.30 Uhr bzw. um 14.30 Uhr los.

Schlafen

Im Park gibt's kostenloses und kostenpflichtiges Campen. Die *refugios* bieten Zeltstellplätze für 4000 bis 8500 Ch$ pro Person an und vermieten auch Zelte (9500 Ch$/Nacht) und Schlafsäcke (5500 Ch$). In der Hauptsaison kann es jedoch Engpässe geben, weshalb eigene Ausrüstung sinnvoll ist. Kleine Kioske verkaufen Nudeln, Fertigsuppen und Flüssiggas zu hohen Preisen. Die Campingplätze sind meist von Mitte Oktober bis Mitte März geöffnet. Achtung: Auf den Campingplätzen treiben sich oft Nagetiere herum, die sich auch durch Zeltwände knabbern. Deshalb die Vorräte immer an einen Baum hängen.

Die Schlafsäle der *refugios* sind jeweils mit vier bis acht Betten ausgestattet. Zudem kann man die Küche mitbenutzen (nur zu bestimmten Zeiten), es gibt warme Duschen und Essen. Sollte ein *refugio* überbucht sein, stellt das Personal die notwendige Campingausrüstung bereit. Die meisten Hütten schließen Ende April. Eine weitere Übernachtungsoption, die immer weiter verbreitet ist, sind *domos* (Jurten).

Wer keine eigene Campingausrüstung mitbringen möchte, sollte vor allem in der Hauptsaison unbedingt rechtzeitig reservieren. Gebucht wird direkt bei den Unterkunftsbetreibern: **Vertice Patagonia** (☎ 061-241-2742; www.verticepatagonia.com; Bulnes 100) verwaltet neben der **Mountain Lodge Paine Grande** (☎ 061-241-2742; B ab 50 US$, inkl. VP 95 US$; @) auch die *refugios* **Grey** (☎ 061-241-2742; B ab 50 US$, inkl. VP 80 US$) und **Lago Dickson** (☎ 061-241-2742; B 35 US$, inkl. VP 80 US$; ⊙ Nov.–März) sowie den **Campamento Los Perros**. **Fantástico Sur** (☎ 061-261-4184; www.fantasticosur.com; Esmeralda 661; ⊙ Mo–Fr 9–13 & 15–18 Uhr) gehören die *refugios* **Las Torres** (☎ 061-261-4184; B 86 US$, inkl. VP 145 US$; ⊙ Sept.–April; @), **Chileno** (☎ 061-261-4184; B 55 US$, inkl. VP 114 US$; ⊙ Okt.–März) und **Domos El Francés** (☎ 061-261-4184; B 73 US$, inkl. VP 132 US$; ⊙ Okt.–März, variiert) sowie **Domos Los Cuernos** (☎ 061-261-4184; www.fantasticosur.com; B 66 US$, inkl. VP 125 US$; ⊙ Sept.–März, variiert) und **Domos El Serón** (☎ 061-261-4184; B 38 US$, inkl. VP 118 US$) mit den angegliederten Campingplätzen.

Die von der Conaf verwalteten Zeltplätze entlang der Wanderrouten sind kostenlos, aber sehr einfach. Es gibt weder Duschen noch Leihausrüstung. Dies gilt z. B. für das Campamento Británico, das Campamento Italiano, das Campamento Paso, das Campamento Torres sowie den Camping Guardas.

Zum Einchecken braucht man seinen Reisepass bzw. eine Fotokopie davon. Das Personal kann die nächste Reservierung per Funk bestätigen lassen. Angesichts der riesigen Besucherzahlen bleiben unerwartete Schwierigkeiten nicht aus. Der richtige Moment, um sich in Zen-Gelassenheit zu üben. Alle aufgeführten Preise sind Grundtarife; wer Leihbettwäsche dem eigenen Schlafsack vorzieht, bezahlt zusätzlich.

Praktische Informationen

Der Haupteingang mit Kasse ist die **Portería Sarmiento** (⊙ tagsüber). Rund 37 km davon entfernt informiert das **Conaf Centro de Visitantes** (⊙ Dez.–Feb. 9–20 Uhr) gut über die Parkökologie und den aktuellen Wegezustand. Auch die Website Torres del Paine (www.torresdelpaine.cl) liefert nützliche Details. Bei Erratic Rock (S. 561) finden Backpacker eine gute Online-Ausrüstungsliste.

An- & Weiterreise

An der Laguna Amarga, am Katamarananleger von Pudeto und an der Adminstración kann man sich von einem Shuttle-Bus (2500 Ch$) absetzen und abholen lassen.

Von Pudeto aus schippert der **Catamaran Hielos Patagónicos** (☎ 061-241-1380; info@hielospatagonicos.com; einfache Strecke/Rundtour 15 000/24 000 Ch$) zur Mountain Lodge Paine Grande (Dez.–Mitte März 9, 12.30 & 18 Uhr, Ende März & Nov. 12 & 18 Uhr, Sept., Okt & April 12 Uhr).

FEUERLAND (TIERRA DEL FUEGO)

Feuerland ist neblig, windig und feucht. Der chilenische Teil umfasst die Hälfte der Hauptinsel Isla Grande, die südlich davon gelegene Isla Navarino und eine Gruppe kleinerer Inseln, von denen viele unbewohnt sind. Mit nur 7000 Einwohnern ist dies die am dünnsten besiedelte Region Chiles. Porvenir gilt als wichtigste Stadt Feuerlands, sofern bei dieser Siedlung überhaupt noch von Stadt die Rede sein kann. Das Land jedenfalls hat einen rauen und wilden Charme: Wer sich bis in diese Breiten vorwagt, genießt auf jeden Fall die Einsamkeit am Ende der bewohnten Welt.

Isla Navarino

Ushuaia kann man getrost vergessen: Das Ende der Welt ist hier! Fohlen springen auf der Hauptstraße umher, und Jachten auf der Umrundung des Kap Hoorn suchen hier Zuflucht. Mit mehr als 150 km Wanderwege ist die Isla Navarino ein raues Backpackerparadies mit abgelegenen schiefergrauen Seen, Wäldern voller moosbewachsener *lenga*-Scheinbuchen und den zerklüfteten Felsnadeln der **Dientes de Navarino**. Die einzige Stadt ist die Marinesiedlung **Puerto Williams** (2500 Ew.), der offizielle Zugangshafen für Frachtschiffe auf dem Weg zum Kap Hoorn und zur Antarktis.

Sehenswertes & Aktivitäten

Museo Martín Gusinde — MUSEUM
(Ecke Araguay & Gusinde; Spende erbeten; ⊙ Di–Fr 9–13 & 15–18.30, Sa & So 15–18.30 Uhr, in der Nebensaison eingeschränkte Öffnungszeiten) Das hübsche Museum ehrt den deutschen Priester und Ethnografen, der von 1918 bis 1923 bei den Yahgan arbeitete. Die Schwerpunkte liegen auf der Ethnographie und der Naturgeschichte. In der Bibliothek gibt es einen öffentlichen WLAN-Zugang.

★ Dientes de Navarino — WANDERN
Dieser Rundweg wartet mit sagenhaften Blicken auf die schroffen, sturmumtosten Felsnadeln der Isla Navarino auf. Ausgangspunkt ist der *virgen*-Altar gleich außerhalb des Ortes. Die 53,5 km lange Route windet sich durch spektakuläre Natur und vorbei an abgeschiedenen Seen. Wer körperlich fit ist, schafft die Wanderung in den (relativ) trockenen Sommermonaten in vier Tagen. Der Weg ist nur minimal beschildert: GPS und eine Karte mit dem eingezeichneten Weg sind für die Navigation äußerst hilfreich.

Cerro Bandera — WANDERN
Auf diesem vierstündigen Rundweg – Teil des Circuito Navarino – hat man einen weiten Blick über den Beagle-Kanal. Die Tour führt steil bergauf durch *lenga*-Scheinbuchenwälder und über eine geröllbedeckte, windige Hügelkuppe, auf der eine chilenische Flagge weht.

🛏 Schlafen & Essen

Das Personal vieler örtlicher Unterkünfte bietet auch Mahlzeiten an und organisiert Inseltouren und Flughafen-Shuttles. Ein paar teure Supermärkte verkaufen Proviant.

Residencial Pusaki — PENSION $
(📱 Handy 9833-3248; pattypusaki@yahoo.es; Piloto Pardo 222; EZ/DZ 12 500/27 000 Ch$) Patty empfängt ihre Gäste mit ihrer schon fast legendären Herzlichkeit. Das gemütliche Haus hat komfortable tapezierte Zimmer mit privaten Bädern. Es gibt ein gemeinsames Abendessen, zu dem auch Nicht-Gäste erscheinen können.

Refugio El Padrino — HOSTEL $
(📱 061-262-1136, Handy 8438-0843; Costanera 276; Stellplatz 6000 Ch$/Pers., B 12 000 Ch$) Freundliches, sauberes und geselliges Selbstversorger-Hostel direkt am Kanal, das mit mehreren kleinen Schlafsälen aufwartet. Dank der energiegeladenen Cecilie ist das Refugio gleichzeitig auch Treffpunkt für ein geselliges Zusammensein.

Puerto Luisa Cafe — CAFÉ $
(📱 Handy 9934-0849; Costanera 317; Snacks 3000 Ch$; ⊙ Nov.–März Mo–Fr 10–20, Sa 7–20 Uhr) Gleich neben der Anlegestelle serviert diese freundliche Oase in gemütlicher Atmosphäre mit übergroßen Stühlen und tollem Meerblick verschiedenste Espresso-Variationen, Schokolade und Kuchen.

ℹ Praktische Informationen

Städtische Touristeninformation (📱 Handy 8383-2080; www.ptowilliams.cl/Turismo.html; Ecke Piloto Pardo & Arturo Prat; ⊙ Mo–Fr 8–13 & 14–17 Uhr) Hat Stadtpläne und Karten für Tageswanderungen sowie Infos zum Wetter und den Routen rund um den Lago Windhond und die Dientes de Navarino. Sie ist in einem kleinen Kiosk untergebracht.

Turismo Shila (📱 Handy 7897-2005; www.turismoshila.cl; O'Higgins 220) Sehr hilfreiche

Anlaufstelle für Wanderer. Kann einheimische Guides vermitteln, verleiht Campingausrüstung und Fahrräder (5000 Ch$/Tag) und hat Schneeschuhe, Angelausrüstung und GPS-Karten. Verkauft auch Bootstickets und kann Charterflüge nach Ushuaia organisieren.

❶ An- & Weiterreise

Puerto Williams ist per Flugzeug oder Schiff erreichbar. **Aerovias DAP** (☏ 061-262-1051; www.aeroviasdap.cl; Plaza de Ancla s/n; einfache Strecke 75 000 Ch$) fliegt ab Punta Arenas hierher (1¼ Std., Nov.–März Mo–Sa 11.30 Uhr, im Winter seltener).

Drei- bis viermal pro Monat schippert **Transbordador Austral Broom** (☏ 061-272-8100; www.tabsa.cl) von Punta Arenas (Bereich Tres Puentes) nach Puerto Williams.

Porvenir

Wer ein Stück traditionelles Feuerland kennenlernen möchte, ist in diesem Dorf mit verrosteten, blechverkleideten Häusern im viktorianischen Stil genau richtig: Besucher können sich durch den entspannten hiesigen Alltag treiben lassen und die nahen Buchten und Landschaften erkunden. Die einfachste Option, um die Königspinguinkolonie zu besuchen, ist im Rahmen eines Tagesausflugs ab Punta Arenas. Die **Hostería Yendegaia** (☏ 061-258-1919; www.hosteriayendegaia.com; Croacia 702; EZ/DZ/3BZ 25 000/40 000/55 000 Ch$; 🛜) ist eine tolle Unterkunft in einem historischen Wohnhaus à la Magellan. Neben einem üppigen Frühstück erwarten die Gäste hier Ausblicke auf die Meerenge und geräumige Zimmer mit dicken Daunendecken.

RAPA NUI (OSTERINSEL)

Die Osterinsel (Rapa Nui, wie sie von der indigenen polynesischen Bevölkerung genannt wird) ist mit keinem Ort der Welt zu vergleichen. Mit ihrer spannenden Geschichte, ihrer faszinierenden Kultur und ihrer magischen Landschaft erscheint diese winzige Insel fast so, als stamme sie aus einer anderen Welt. Rapa Nui ist ein wunderbar isoliertes, unverdorbenes Juwel, das nicht nur gefühlt furchtbar weit von Chile entfernt liegt (3700 km) – ganz zu schweigen vom Rest der Welt. Hier ist man als Traveller größtenteils alleine mit dem indigoblauen Meer und den geheimnisvollen *moai* (Riesenstatuen), die überall in der gespenstischen Landschaft stehen.

Der niederländische Admiral Jakob Roggeveen landete hier am Ostersonntag 1722 und gab der Insel ihren europäischen Namen. Die Insel wurde 1888 von Chile annektiert, aber weiterhin als private Schaffarm verpachtet, während die Ureinwohner, die Rapa Nui, sich bis 1953 nur in Hanga Roa frei bewegen durften. Erst in den 1960er-Jahren erhielten sie wieder Zugang zur gesamten Insel. Die heutigen Insulaner sprechen Spanisch und Rapa Nui, einen ostpolynesischen Dialekt. Zu den wichtigsten Phrasen zählen *iorana* (willkommen), *maururu* (danke), *pehe koe* (wie geht's dir?) und *riva riva* (gut).

Mit dem aufwendigen, farbenfrohen Festival **Tapati Rapa Nui** wird jedes Jahr im Februar die Kultur der Insel gefeiert. Die touristische Hauptsaison fällt in die Monate Januar bis März, die auch die wärmsten sind. In der Nebensaison geht es relativ ruhig zu. Für die Besichtigung der wichtigsten Stätten sollte man mindestens drei Tage einplanen. Wer vom chilenischen Festland aus nach Rapa Nui reist, muss die Uhren zwei Stunden zurückstellen, die Differenz zur Mitteleuropäischen Zeit beträgt im Sommerhalbjahr der südlichen Hemisphäre sechs Stunden, im Winterhalbjahr acht Stunden.

❶ An- & Weiterreise

LAN (☏ 032-210-0279; www.lan.com; Av Atamu Tekena s/n; ⊙ Mo–Fr 9–16.30, Sa bis 12.30 Uhr) ist die einzige Fluggesellschaft, die Flüge nach Rapa Nui anbietet. Es gibt Verbindungen ab/nach Santiago (600–900 US$, tgl.) sowie ab/nach Lima in Peru und Papeete auf Tahiti (2-mal wöchentl.).

❶ Unterwegs vor Ort

Rent a Car Insular (☏ 032-210-0480; www.rentainsular.cl; Av Atamu Tekena s/n; ⊙ 9–20 Uhr) verleiht Motorroller und -räder (ab 20 000 Ch$/Tag).

Hanga Roa

☏ 032 / 6700 EW.

Fast alle Hotels, Restaurants, Läden und Dienstleister befinden sich in Hanga Roa, dem einzigen Ort auf der Osterinsel.

⦿ Sehenswertes

Museo Antropológico Sebastián Englert MUSEUM
(☏ 032-255-1020; www.museorapanui.cl; Tahai s/n; ⊙ Di–Fr 9.30–17.30, Sa & So bis 12.30 Uhr) GRATIS

Rapa Nui (Osterinsel)

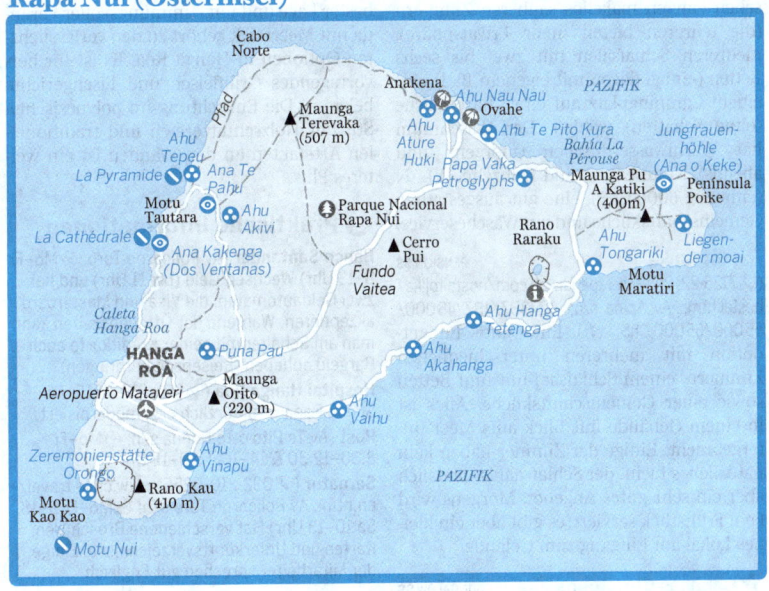

Das gut organisierte Museum bietet eine perfekte Einführung in die Geschichte und Kultur der Insel. Es zeigt Angelhaken aus Basalt, Speerspitzen aus Obsidian und andere Waffen sowie Hütten in Form von Bienenstöcken, die zeremoniellen Wohnstätten von Orongo und einen *moai*-Kopf mit rekonstruierten Augenfragmenten. Ebenfalls zu sehen sind Nachbildungen der Rongorongo-Tafeln, die mit winzigen Reihen winziger Symbole übersät sind, die an Hieroglyphen erinnern.

Caleta Hanga Roa & Ahu Tautira
ARCHÄOLOGISCHE STÄTTE

Wahrscheinlich stößt man bei **Ahu Tautira** (Av Te Pito o Te Henua), erstmals auf die *moai*: Hier, nahe der Caleta Hanga Roa, dem Fischereihafen am unteren Ende der Av Te Pito o Te Henua, stehen zwei tolle Exemplare auf einer Plattform.

Aktivitäten

Wanderer, Segler und Radfahrer haben hier hervorragende Möglichkeiten. Die ungehinderte Unterwassersicht und die spektakuläre Meereslandschaft machen die Osterinsel auch zu einem tollen Revier zum **Tauchen**. Empfehlenswert ist das **Mike Rapu Diving Center** (032-255-1055; www.mikerapu.cl; Caleta Hanga Roa s/n; Mo-Sa 8–18.30 Uhr). Alle Anbieter haben Schnorcheltouren nach Motu Nui im Programm.

Es gibt auch eine Reihe von Wegen, die zu einigen der schönsten Stätten führen und im Rahmen eines Ausrittes erkundet werden können. Dabei werden für eine Halbtagstour etwa 30 000 Ch$ fällig. Ein verlässlicher Veranstalter ist **Pantu** (032-210-0577; www.pikerauri.com; Sector Tahai s/n; Tour halber/ganzer Tag 35 000/75 000 Ch$; tgl. nach Reservierung).

Geführte Touren

Die Touren zahlreicher Veranstalter führen zu den bedeutendsten Inselattraktionen (halber/ganzer Tag ca. 25 000/42 000 Ch$). Einen guten Ruf haben z. B. **Aku Aku Turismo** (032-210-0770; www.akuakuturismo.cl; Av Tu'u Koihu s/n; 8.30–17 Uhr) und **Kia Koe Tour** (032-210-0852; www.kiakoetour.cl; Av Atamu Tekena s/n; 9–13 & 15–18 Uhr).

Schlafen

Wer in der Hauptsaison hier übernachten will, muss rechtzeitig reservieren. Die hiesigen Unterkünfte bieten normalerweise Flugplatz-Shuttles an.

Camping Mihinoa
CAMPING $

(032-255-1593; www.camping-mihinoa.com; Av Pont s/n; Stellplatz 5000 Ch$/Pers., B 10 000 Ch$,

DZ 20 000–30 000 Ch$; ⌂) Gäste können zwischen einigen makellos sauberen Zimmern (die teureren bieten mehr Privatsphäre), mehreren Schlafsälen mit zwei bis sechs Betten (einige davon mit eigenem Bad) und einem Campingplatz auf einer Rasenfläche (ohne Schatten) wählen. Der Waschraum hat Warmwasserduschen (morgens und abends). Nette Extras sind Leihzelte, WLAN (einmalig 5000 Ch$), eine gut ausgestattete Gemeinschaftsküche und ein Wäscheservice.

Hostal Tojika PENSION $$
(☏ 7125-2210; www.rapanuiweb.com/hostaltojika/hostal.htm; Av Apina s/n; DZ/3BZ/4BZ 45 000/55 000/65 000 Ch$; ⌂) Eine gute Budgetoption mit mehreren unterschiedlichen Zimmern, einem Schlafsaal mit fünf Betten sowie einer Gemeinschaftsküche. Alles ist in einem Gebäude mit Blick aufs Meer untergebracht. Einige der Zimmer haben kein natürliches Licht, der Schlafsaal ist preislich aber ein sehr gutes Angebot. Morgens wird kein Frühstück serviert, es gibt aber ein kleines Lokal am Eingang zum Gelände.

★ Cabañas Christophe BUNGALOW $$
(☏ 032-210-0826; www.cabanaschristophe.com; Av Policarpo Toro s/n; DZ 60 000–90 000 Ch$; ⌂) Diese bezaubernde Unterkunft bietet zweifellos das beste Preis-Leistungs-Verhältnis von Hanga Roa und besticht durch Charakter und Komfort. Es gibt drei schöne Bungalows mit Hartholzverkleidung und Vulkansteinen. Sie sind groß, gut ausgestattet – mit übergroßen Betten, Kochnischen und einer privaten Terrasse – und bieten viel natürliches Licht. Cabañas Christophe liegt am Anfang des Orongo-Weges, etwa 1,5 km vom Zentrum entfernt. Weit im Voraus buchen.

Essen & Ausgehen

Selbstversorger können in den Supermärkten an der Av Atamu Tekena einkaufen.

★ Mikafé CAFETERIA, SANDWICHES $
(Caleta Hanga Roa s/n; Eiscreme 1800–3200 Ch$, Sandwiches & Kuchen 3500–6000 Ch$; ⌂ Mo-Sa 9–20.30 Uhr) Unfassbar leckere *helados artesanales* (hausgemachte Eiscreme) und süchtig machender Bananenkuchen. Weitere verführerische Köstlichkeiten sind Sandwiches, Muffins und Brownies. Es gibt auch Frühstück (ab 3500 Ch$).

★ Te Moana CHILENISCH $$$
(☏ 032-255-1578; Av Policarpo Toro s/n; Hauptgerichte 10 000–21 000 Ch$; ⌂ Di–So 12.30–23 Uhr)

Das gut besuchte, gemütliche Restaurant in bester Lage und mit stimmungsvoller Veranda mit Meerblick gehört zu den verlässlichsten Optionen in Hanga Roa. Es ist für hervorragendes Grillfleisch und Fischgerichte bekannt. Die Einrichtung im polynesischen Stil mit Holzschnitzereien und traditionellen Artefakten an den Wänden ist ein weiteres Plus.

❶ Praktische Informationen

Banco Santander (Av Policarpo Toro; ⌂ Mo–Fr 8–13 Uhr) Wechselt Geld (bis 11 Uhr) und hat zwei Geldautomaten, die Visa und Mastercard akzeptieren. Während der Öffnungszeiten kann man am Schalter mit seiner Kreditkarte auch Bargeld abheben (Reisepass mitbringen).
Hospital Hanga Roa (☏ 032-210-0215; Av Simon Paoa s/n) Kürzlich erst modernisiert.
Post (Av Te Pito o Te Henua s/n; ⌂ Mo–Fr 8.30–12.30 & 14–16, Sa 9–12 Uhr)
Sernatur (☏ 032-210-0255; www.chile.travel/en.html; Av Policarpo Toro s/n; ⌂ Mo–Fr 9–18, Sa 10–13 Uhr) Hat verschiedene Broschüren, Karten und Unterkunftsverzeichnisse. Einige der Mitarbeiter sprechen gut Englisch.

Parque Nacional Rapa Nui

Dieser Nationalpark (www.conaf.cl; Erw./Kind 30 000/15 000 Ch$; ⌂ 9–16 Uhr) strotzt nur so vor Höhlen, *ahu* (Steinplattformen), umgestürzten *moai* und Felsbildern. Er bedeckt den Großteil Rapa Nuis und umfasst alle archäologischen Stätten. Der Eintritt muss an den Stätten Orongo oder Rano Raraku bezahlt werden. Bitte die Stätten immer respektieren: Es ist tabu, die *ahu* zu betreten und Steine von archäologischen Strukturen zu entfernen oder zu versetzen! Wer sich angemessen verhält, verdient das Lächeln der *moai*.

Der Zeremonienkomplex Ahu Tahai liegt einen kurzen Fußmarsch nördlich von Hanga Roa. Seine drei restaurierten *ahu* wirken zu Sonnenuntergang besonders schön. Rund 4 km nördlich stößt man auf den Ahu Tepeu mit mehreren umgestürzten *moai* und einem Dorf. Die Höhle Ana Kakenga ganz in der Nähe an der Küste hat zwei Fenster zur Seeseite. Die sieben *moai* des Ahu Akivi sind zum Meer hin ausgerichtet und damit einzigartig. Gleichzeitig wachen sie aber auch über ein Dorf – und zur Sonnwende starren sie genau in die untergehende Sonne hinein.

Weißer Sand, Wasser und Palmen prägen den Traumstrand von Anakena, der an zwei archäologische Stätten grenzt: den **Ahu Nau Nau** und den **Ahu Ature Huki**. Letzteren rekonstruierte Thor Heyerdahl zusammen mit einem Dutzend Inselbewohner.

Der beeindruckend große **Ahu Tongariki** ist der mächtigste seiner Art, der je am tobenden Meer gebaut wurde. 1960 demolierte ein Tsunami einige der 15 *moai* und spülte deren Haarknoten landeinwärts. Die japanische Firma Tadano behob den Schaden jedoch in den frühen 1990er-Jahren.

Die halb behauenen, verschütteten *moai* von **Rano Raraku** geben ein mystisches Bild ab. Dieser Ort wird auch „Kinderstube" genannt, da man die Statuen hier aus dem Hang des erloschenen Vulkans schlug. Es lohnt sich, durch das Puzzle aus 600 unvollendeten *moai* (bis 21 m hoch) zu laufen. Der schilfige Kratersee wird von einem Amphitheater aus stattlichen Köpfen umgeben.

Pflicht für Besucher sind der **Rano Kau** und sein Kratersee, ein Kessel mit *tortora*-Schilf. Rund 400 m höher findet sich die **Zeremonienstätte Orongo** (Erw./Kind 30 000/15 000 Ch$; ☉ 9–16 Uhr) auf einer Klippe. Hier fanden früher Rituale des Vogelkults statt – die Petroglyphen stellen den Vogelmann Tangata Manu und Make Make, den Gott der Inselbewohner, dar. Zum Rano Kau kann man laufen (7 km) oder radeln, sollte aber Trinkwasser mitnehmen.

CHILE VERSTEHEN

Chile aktuell

In Chile bewegt sich etwas – und in diesem Fall ist es glücklicherweise einmal nicht die Erde. Die ehemalige Präsidentin Michelle Bachelet hat das Ruder erneut übernommen und die Bekämpfung der Ungleichheit im Land zum Steckenpferd ihrer Amtszeit gemacht. Gleichzeitig steht Chile vor der Herausforderung eines ständig sinkenden Preises für Kupfer, dem Exportgut Nr. 1, was Chiles bislang stetes Wirtschaftswachstum ins Stocken geraten lässt. Viele fragen sich, wie das Land mit den anstehenden, massiven Reformen umgehen wird. Eines ist jedoch sicher: Der Status Quo wird in Zukunft nicht genug sein.

Ein Land strebt nach oben

Der Gran Torre Santiago wurde 2013 fertiggestellt und ist mit seinen 64 Stockwerken das höchste Gebäude des Kontinents. Es ist ein unverkennbares Symbol für Chiles neu entdecktes Selbstbewusstsein. Etwa zur selben Zeit wurde Chile als erstes Land Südamerikas Mitglied in der Organisation für wirtschaftliche Zusammenarbeit und Entwicklung (OECD). Dennoch gibt es noch Luft nach oben: Chile ist in der OECD das Land mit der größten Ungleichheit.

Die Hälfte des Reichtums des Landes befindet sich im Besitz von 1% der Bevölkerung. Die Zahl der Millionäre hat sich in den frühen 2000er-Jahren verdoppelt, aber 14,4% der Bevölkerung leben in Armut. Obwohl diese Armut in den letzten zehn Jahren um ein Drittel zurückgegangen ist, bemängeln Kritiker, dass noch viel mehr getan werden könnte. Es soll in die öffentliche Bildung und Gesundheitsversorgung investiert werden, zwei Bereiche, in denen die Öffentlichkeit in der Vergangenheit lautstark Verbesserungen gefordert hat.

Ob in der Stadt, ob arm, ob liberal, ob konservativ: Das ganze Land fordert eine Verbesserung seiner Situation. Während die Bürger mit einer gewissen Frustration über die Bedingungen dieser Verbesserungen verhandeln, darf man aber auch nicht vergessen, dass Chile in den letzten Jahren harte Zeiten durchgemacht hat. Im Februar 2010 traf ein Erdbeben der Stärke 8,8 die zentrale Küste mit der Gewalt von 10 000 Hiroshima-Bomben. Zusammen mit dem folgenden Tsunami war es für Hunderte Todesopfer und Schäden in Höhe von 30 Mrd. US$ verantwortlich. Doch schon zwei Monate später waren die betroffenen Schulen, Straßen, Häfen und Flughäfen wieder in Betrieb. Diese Erholung verdankte das Land größtenteils seinen Bürgern, die sich mangels offizieller Notfallpläne gegenseitig halfen.

Nur wenige Monate später wurde die Solidarität der chilenischen Bevölkerung durch das Grubenunglück in der San-José-Mine gestärkt, als das ganze Land den 33 Bergleuten, die 69 Tage unter der Erde ausgeharrt hatten und nun aus der Tiefe herausgeholt wurden, zujubelte. Im Jahr 2015 erschütterte ein weiteres Erdbeben der Stärke 8,3 vor der Küste und in der Nähe der Hafenstadt Coquimbo das Land. Es forderte fünf Todesopfer und löste einen Tsunami aus, woraufhin Millionen Menschen evakuiert wurden.

Schade, dass es keinen Preis für das zäheste Land der Welt gibt – Chile wäre ein ernsthafter Anwärter auf den Titel.

Geschichte

Frühgeschichte

Der ca. 12 500 Jahre alte, am Monte Verde in der Nähe von Puerto Montt entdeckte Fußabdruck ist das älteste bekannte Zeugnis menschlicher Besiedlung in Chile. Im Norden lebten die Völker der Aymara und der Atacameño schon vor der Inka-Epoche als Bauern und Hirten. Auch die Vertreter der El-Molle- und der Tiwanaku-Kultur, die mit ihren Erdzeichnungen ihre Spuren hinterlassen haben, gehören zu den in der Frühgeschichte dieser Region verwurzelten Völkern, ferner das Fischervolk der Chango an der Nordküste und die Diaguita, die in den Flusstälern im Landesinneren lebten.

Die Mapuche lebten von Wanderfeldbau in den südlichen Wäldern. Als einzige indigene Volksgruppe schafften sie es, sich der Herrschaft der Inka zu entziehen. Unterdessen lebten die Cunco als Fischer und Ackerbauern auf Chiloé und dem Festland. Im Süden mieden die Gruppen der Selk'nam und der Yaghan lange den Kontakt zu Europäern, die schließlich doch für deren fast völlige Vernichtung verantwortlich waren.

Kolonialzeit

1541 durchquerte der Konquistador Pedro de Valdivia mit seinen Männern die raue Atacama-Wüste und gründete im fruchtbaren Mapocho-Tal Santiago. Sie begründeten die berüchtigten *encomiendas:* ein Zwangsarbeitssystem, mit dem die relativ große sesshafte Bevölkerung im Norden ausgebeutet wurde. Im Süden gab es eine derartige Einverleibung der Ureinwohner nicht. Über 300 Jahre lang setzten sich die Mapuche gegen die Unterjochung durch die Europäer zur Wehr. Als die *encomiendas* an Bedeutung verloren, nahmen landwirtschaftlich geprägte Haziendas oder *fundos* (Farmen) ihren Platz ein. Bewirtschaftet wurden sie von Spaniern, die bereits in Südamerika geboren waren. Die *latifundios* (Landgüter) blieben teilweise bis in die 1960er-Jahre erhalten und wurden zur bestimmenden Kraft in der Gesellschaft.

Revolutionskrieg & Entstehung der Republik

Die spanische Kontrolle über den Handel im Vizekönigreich Peru provozierte in den Kolonien wachsenden Unmut. Überall in Südamerika entstanden Unabhängigkeitsbewegungen. 1818 gelang es dem Revolutionär José de San Martín, mit seiner Armee Santiago zu befreien. San Martín setzte in Chile eine nationale Regierung ein und erklärte den Chilenen Bernardo O'Higgins, den unehelichen Sohn eines Iren, zum *director supremo*, den mit diktatorischen Mitteln ausgestatteten ersten Führer eines unabhängigen Chile.

Die ersten fünf Jahre nach der Unabhängigkeit dominierte O'Higgins das politische Geschehen. Er setzte Reformen in Politik, Sozial- und Bildungswesen sowie Religion durch, verärgerte aber mit seinen radikalen und liberalen Maßnahmen die Großgrundbesitzer, die ihn schließlich zum Rücktritt zwangen. Danach regierte Diego Portales, der Geschäftsmann und Sprecher der Großgrundbesitzer, bis zu seiner Ermordung 1837 quasi diktatorisch. Seine 1833 verabschiedete autoritäre Verfassung auf der Grundlage des Gewohnheitsrechts bündelte die Macht in Santiago und etablierte den Katholizismus zur Staatsreligion.

Expansion & Entwicklung

Chiles Expansion begann mit dem Sieg über Peru und Bolivien im sogenannten Salpeterkrieg (1879–1883), in dessen Folge die Atacama-Wüste mit ihren Nitratvorkommen chilenisches Territorium wurde. Durch Verträge mit den Mapuche gelangten auch die südlichen Seengebiete unter die Kontrolle Chiles, das 1888 auch die abgelegene Rapa Nui (Osterinsel) annektierte.

Mithilfe von britischem, nordamerikanischem und deutschem Kapital verwandelte sich die Atacama-Wüste in eine wahre Goldgrube und der durch den Nitratabbau entstandene Reichtum kam auch dem Staatshaushalt zugute. Die Hafenstädte Antofagasta und Iquique, von denen aus das Nitrat verschifft wurde, boomten. Nachdem allerdings 1914 der Panamakanal eröffnet worden war, ließ der Schiffsverkehr rund ums Kap Hoorn nach. Die Erfindung von Düngern auf Erdölbasis tat ihr Übriges: Mineralnitrate waren zur Herstellung von Düngern überflüssig geworden.

Der Bergbau förderte die Entstehung einer Arbeiterklasse und einer Neureichenschicht, die beide die Macht der Großgrundbesitzer infrage stellten. Der 1886 gewählte Präsident José Manuel Balmaceda versuchte, das Problem der ungleichen Verteilung von Reichtum und Macht zu lösen, und entzündete damit eine Rebellion im Kongress. Es folgte ein Bürgerkrieg, der 10 000 Todesopfer forderte – darunter auch Balmaceda, der Selbstmord beging.

Umkämpfter Weg in die Moderne

Noch in den 1920er-Jahren lebten fast 75 % der Landbevölkerung auf den *latifundios*, in deren Besitz sich 80 % des nutzbaren Bodens befanden. Mit dem Ausbau der Industrie und des Dienstleistungssektors verbesserte sich die Lage der Arbeiter in den Städten, während sich die der Landarbeiter zuspitzte. Als Tagelöhner strömten diese dann in die Städte. Die Zeit zwischen 1930 und 1970 war von einem vielgesichtigen Kampf um eine Landreform geprägt.

Damals waren die Kupferminen, ein späterer Eckpfeiler der chilenischen Wirtschaft, noch in der Hand nordamerikanischer Unternehmen. Der 1964 gewählte reformerische Präsident Eduardo Frei setzte die Verstaatlichung dieses Wirtschaftszweigs durch. Der chilenische Staat erhielt einen Anteil von 50 % an den von US-Firmen kontrollierten Minen.

Die Regierung des Christdemokraten Frei war der politischen Rechten zu reformfreudig, der politischen Linken aber zu konservativ. Zu den vielen Gegnern Freis gehörten auch gewaltbereite Gruppen wie die linke Revolutionsbewegung MIR, die bei den Kohlekumpeln und den städtischen Tagelöhnern Unterstützung fand. Die Unruhen erfassten auch die Bauernschaft, die eine Landreform forderte. Und so gingen die chilenischen Christdemokraten, die letztlich an den Reformerwartungen in der Gesellschaft scheiterten, geschwächt in die Wahlen des Jahres 1970.

Die Präsidentschaft Allendes

Die Unidad Popular (UP; Volksfront) des sozialistischen Präsidentschaftskandidaten Salvador Allende versprach einen radikalen Wandel, die vollständige Verstaatlichung der Industrie und die Enteignung der *latifundios*. 1970 mit knapper Mehrheit gewählt, stellte Allende viele Privatunternehmen unter staatliche Kontrolle und initiierte eine massive Umverteilung der Einkommen. Doch Bauern, angesichts schleppender Agrarreformen in Aufruhr versetzt, besetzten Land – und die Verhältnisse in Chile destabilisierten sich zunehmend: Ernteausfälle, die Verstaatlichungspolitik und die freundlich gesinnte Haltung Chiles gegenüber Kuba provozierten ein Einmischen der USA. 1972 schließlich legten von Christdemokraten und der Nationalpartei unterstützte Streiks Chile lahm.

Nach einem zunächst gescheiterten Militärputsch im Juni 1973 sammelten die Widerständler ihre Kräfte. Doch am 11. September 1973 gelang dem bis dato relativ unbekannten General Augusto Pinochet ein *golpe de estado* (Putsch). Bei dem Putsch kamen Allende (angeblich durch Freitod) und Tausende seiner Anhänger ums Leben. Tausende Politiker und Sympathisanten aus dem linken Lager wurden interniert, in Santiagos Nationalstadion öffentlich verprügelt, gefoltert und ermordet. Hunderttausende flohen ins Exil.

Die Pinochet-Diktatur

Von 1973 bis 1989 stand General Pinochet an der Spitze einer brutalen Junta, die das Parlament auflöste, fast alle politischen Aktivitäten verbot und mit Dekreten regierte. 1980 nahm das unterdrückte chilenische Volk eine neue Verfassung an, die Pinochets Präsidentschaft bis 1989 verlängerte. Doch auch wenn unter Pinochet Chiles Wirtschaft wieder einen stabilen Wachstumskurs eingeschlagen hatte, scheiterte 1988 eine abermalige Verlängerung der Präsidentschaft des Diktators bis 1997. Im Januar 1989 schmiedeten im Vorfeld der Wahlen 17 Parteien ein Bündnis, die Concertación para la Democracia (Bündnis für Demokratie), deren Kandidat Patricio Aylwin haushoch siegte. Aylwins Präsidentschaft war aber in das Korsett der Pinochet-Verfassung gezwungen, die es unmöglich machte, den „Senator auf Lebenszeit" für seine Verbrechen zu belangen. Immerhin wurde der Rettig-Bericht veröffentlicht, der das Schicksal Tausender chilenischer Opfer der Pinochet-Diktatur dokumentierte.

Im September 1998 verhaftete die britische Polizei General Pinochet in London; zuvor hatte Spanien, das gegen den Diktator wegen Ermordung und Verschleppung spanischer Staatsbürger ermittelte, einen Auslieferungsantrag gestellt. Doch allen internationalen Protesten zum Trotz erklärten das britische Berufungsgericht (2000) und der Oberste Gerichtshof (2002) Pinochet für verhandlungsunfähig. Dieser kehrte nach Chile zurück, wo er 2006 starb. Sein Vermächtnis spaltet die Chilenen bis heute.

Die neue Kräfteverteilung

Im 21. Jh. verschoben sich in ganz Südamerika die politischen Kräfte nach links. In Chile spiegelte sich diese Tendenz 2000 in der Wahl des gemäßigten Linken Ricardo Lagos wider. Seine Nachfolgerin 2005 war Michelle Bachelet, die erste Frau auf dem Stuhl des chilenischen Staatspräsidenten, noch dazu als alleinerziehende Mutter, die vom Pinochet-Regime interniert und gefoltert worden war – plötzlich sah das konservative Chile entschieden progressiver aus.

Die erste Präsidentschaft Bachelets war jedoch von Spannungen innerhalb ihrer Regierungskoalition (La Concertación Democrática) geprägt, die eine erfolgreiche Durchsetzung von Reformen erschwerten. Krisen wie das Chaos infolge der Einführung eines neuen Transportsystems in Santiago, Korruptionsskandale und massive Studentenproteste kennzeichneten Bachelets schwierige erste Amtszeit.

Nach fast 20 Jahren liberaler Concertacíon-Herrschaft wählte das Land den konservativen Milliardär und Geschäftsmann Sebastián Piñera von der rechtsgerichteten Alianza por Chile. Obwohl Piñera zu Anfang seiner Amtszeit mit der erfolgreichen Abwicklung der Rettungsaktion bei Copiapó, bei der 33 verschüttete Bergleute befreit wurden, punkten konnte (siehe S. 494), stürzte seine Beliebtheit nach den von Studenten angeführten Bildungsprotesten (der „Chilenische Winter") im Jahr 2011 rapide ab. Seine Zustimmungsrate fiel teilweise sogar auf 26% und damit auf den niedrigsten Wert einer Regierung überhaupt seit Ende der Diktatur.

Politisches Erdbeben

Am frühen Morgen des 27. Februar 2010 bebte die Erde vor Zentralchiles Küste mit einer der höchsten jemals gemessenen Stärke: 8,8 auf der Richterskala. Das Beben richtete gewaltige Verwüstungen an, forderte 525 Todesopfer und löste Tsunamis aus, die den Archipiélago Juan Fernández und Teile der Küste trafen. Viele Wohnhäuser und Überlandstraßen wurden zerstört; Versicherungsgesellschaften veranschlagten einen Milliardenschaden. Nach anfänglichen Plünderungen in den betroffenen Gebieten wurde die Ordnung schnell wieder hergestellt. Bei Chiles alljährlicher Spendenaktion Teletón kamen beispiellose 39 Mrd. US$ für die Erdbebenopfer zusammen. Insgesamt wurde die Regierung für ihre schnelle Hilfeleistung gelobt; die Solidaritätswelle im chilenischen Volk stärkte den Nationalstolz.

Schöne neue Welt

Im ersten Jahrzehnt des 21. Jhs. stieg Chile dank der Rekordpreise für sein wichtigstes Exportgut Kupfer als Stern am Wirtschaftshimmel auf. Als die Weltwirtschaftskrise zuschlug, konnte Chile seine gute Stellung behaupten. Es war das erste Land Lateinamerikas, das ein Freihandelsabkommen mit den USA abschloss, obwohl China die USA als wichtigsten Handelspartner mittlerweile abgelöst hat. So sehr sich Chile auch um eine breitere Streuung bemüht: Kupfer macht immer noch stolze 60% seiner Exporte aus, wobei die Nachfrage aus China mittlerweile deutlich zurückgeht, was den einst unerschütterlichen Kurs des Peso ins Wanken bringt.

Durch die erneute Wahl Michelle Bachelets zog Chile 2013 die Reißleine. Die Wahlbeteiligung war dabei bemerkenswert niedrig, was darauf zurückzuführen ist, dass es die erste Präsidentschaftswahl war, bei der der Gang zur Urne nicht gesetzlich zwingend war. Durch die Wahl zogen auch junge Reformkandidaten wie Camila Vallejo und Giorgio Jackson – ehemalige Anführer der Studentenproteste – in den Kongress ein.

Auf dem beschwerlichen Weg zwischen finanziellen Höhen und nationalen Tiefen wird Chile wohl eine Neuausrichtung benötigen, um die wachsenden sozialen, ökologischen und wirtschaftlichen Probleme in den Griff zu bekommen. Solche Herausforderungen sind auf dem Weg des Fortschritts allerdings unumgänglich.

Kultur

Chile hatte jahrhundertelang kaum Kontakt zur Außenwelt und stand gleichzeitig sehr stark unter dem Einfluss der römisch-katholischen Kirche. Dies führte zu einem hohen Maß von kultureller Konformität und Konservatismus und die Unterdrückung und Zensur in der Diktatur Pinochets verschlimmerten diese Isolation weiter. Die radikalen sozialen Veränderungen, die sich in Chile gerade abspielen, machen die nationale Mentalität jedoch so agil wie nie zuvor.

Selbst die katholische Kirche bleibt von diesen Entwicklungen nicht unbeeindruckt und die ganze Gesellschaft öffnet sich dem

Fortschritt: Es werden liberale Gesetze erlassen und die konservativen Werte infrage gestellt. Nirgendwo ist dieser Trend offenkundiger als unter der urbanen Jugend, der Generationen Y und Z. Diese jungen Menschen sind die ersten, die ohne Zensur, Ausgangssperre oder sonstige Einschränkungen einer Diktatur aufgewachsen sind. Als Folge davon sind sie viel kritischer und lassen sich von möglichen Konsequenzen ihres Handels nicht so leicht entmutigen. Die Politik mag dies als eine Bedrohung ansehen, Chiles Jugend bezieht nun aber Stellung.

Diese Dynamik ist auch auf andere Regionen übergesprungen: In den Provinzen Magallanes und Aisén gibt es mittlerweile Proteste gegen höhere Kosten und eine allgemeine Vernachlässigung durch die Zentralregierung.

Bevölkerung

Die meisten Chilenen haben spanisch-indigene Wurzeln. Doch auch die Einwanderer kleinerer Zustromwellen sind hier heimisch geworden – vor allem Briten, Iren, Franzosen, Italiener, Kroaten und Palästinenser. Ab 1848 kamen zudem Deutsche ins Land und drückten dem Seengebiet ihren Stempel auf. In den nördlichen Anden leben rund 69 000 indigene Aymara und Atacameño; mit ca. 620 000 ist die Zahl der Mapuche fast zehnmal so hoch. Die etwa 3800 Rapa Nui der Osterinsel sind polynesischer Herkunft. Über ein Drittel der schätzungsweise 17,6 Mio. Chilenen wohnt in der Hauptstadt und deren Vororten.

Lebensart

Wer aus Peru oder Bolivien herüberkommt, wird sich vielleicht wundern, wohin das „stereotype Südamerika" verschwunden ist. Auf den ersten Blick wirkt der chilenische Lebensstil recht europäisch. Zwischen den höchsten und den niedrigsten Einkommen klafft jedoch eine gewaltige Lücke. Dies führt zu höchst unterschiedlichen Lebensstandards und einem überzogenen Klassenbewusstsein. Santiagos *cuicos* (Oberschichtler) leben mit mehreren Bediensteten komfortabel in schicken Apartmentblocks. Am anderen Ende der Skala stehen dagegen baufällige Buden ohne fließend Wasser.

Chilenen haben eine hohe Arbeitsmoral, sind aber stets für eine gute *carrete* (Party) zu haben. Die jungen Leute bleiben während ihrer Studenten- bzw. Ausbildungszeit meist von den Eltern abhängig und wohnen auch als Twens noch zu Hause.

Südamerikas berüchtigter *machismo* ist in Chile allgemein recht schwach ausgeprägt; Frauen genießen hier überall sehr viel Respekt. In puncto Schwule und Lesben gibt sich das Land jedoch immer noch ziemlich konservativ – alternative Lebensformen werden kaum öffentlich unterstützt.

Religion

Rund 55 % aller Chilenen sind Katholiken, 13 % sind Protestanten, 7 % gehören anderen Religionen an und 25 % sind Konfessionslose.

Kunst

Literatur

Das Land der Dichter verdankt seinen Ruf den Literaturnobelpreisträgern Gabriela Mistral und Pablo Neruda. Vicente Huidobro gilt als Mitbegründer der modernen spanischsprachigen Lyrik; Nicanor Parra führt diese Tradition fort.

International am bekanntesten ist die zeitgenössische Schriftstellerin Isabel Allende, die viele ihrer Geschichten in ihrer Heimat Chile spielen lässt. Zu den bedeutenden Literaten gehört auch José Donoso, dessen Roman *Die Toteninsel* das Leben unter der Diktatur durch die Augen eines heimgekehrten Exilanten erzählt. Antonio Skármeta schrieb den Roman *Mit brennender Geduld*, auf dem der oscarprämierte Film *Der Postmann* (1994) basiert. Von Luis Sepúlveda (geb. 1949) stammt Herausragendes wie *Patagonia Express* oder die Novelle *Der Alte, der Liebesromane las*.

Marcela Serrano (geb. 1951) gilt als beste der aktuellen lateinamerikanischen Autorinnen. Pedro Lemebel (geb. 1955) widmet sich Homosexualität, Geschlechtsumwandlungen und anderen umstrittenen Themen mit hohem Schockpotenzial. Weltweit wird Roberto Bolaño (1953–2003) als einer der besten Schriftsteller Lateinamerikas gefeiert. Die posthume Veröffentlichung seines fünfbändigen Romans *2666* machte ihn endgültig zum Kulthelden.

Kino

In den letzten Jahren hat sich das chilenische Kino dynamisch und vielfältig gezeigt.

Sebastián Silvas sozialkritischer Film *La nana – Die Perle* gewann 2009 zwei Sundance Awards. Der damals knapp über 20-jährige Nicolás López erfreute sein junges Publikum in *Promedio rojo* (2005) mit schwarzem Humor und Comic-Kultur. *Mi mejor enemigo* (2004) spielt während des Gebietsstreits mit Argentinien (1978) und erzählt von Feinden, die sich in Feuerland ziemlich nahe kommen. Andrés Woods *Hit Machuca, mein Freund* (2004) zeichnet das Erwachsenwerden im klassengeprägten und turbulenten Jahr 1973 nach. Der bejubelte Dokumentarfilmer Patricio Guzmán widmet sich den gesellschaftlichen Folgen der Diktatur z. B. mit dem faszinierenden Werk *La Memoria obstinada* (1997).

Der im Stil eines Dokumentarfilms gedrehte Streifen *180° South* (2010) erzählt von der Erkundungsreise eines Surfers durch Patagonien und macht dabei gleichzeitig auf Umweltprobleme aufmerksam. Im Jahr 2012 gewannen gleich zwei chilenische Streifen renommierte Preise beim Sundance Film Festival: *Violeta Parra* (Andrés Wood) porträtiert das Leben der gleichnamigen Folklorekünstlerin. *Joven y Alocada* ist eine provokante Geschichte über das Erwachsenwerden und das Regiedebüt von Marialy Rivas.

Die Komödie *Crystal Fairy & the Magical Cactus* (2013) spielt in Chile. Dabei verkörpert Schauspieler Michael Cera einen arroganten Touristen, der auf der Suche nach dem halluzinogenen San-Pedro-Kaktus ist. Im Jahr 2015 kam der Film *69 Tage Hoffnung* vom Produzenten Morris Mike Medavoy (u. a. *Black Swan*) in die Kinos, der die Geschichte der verschütteten chilenischen Bergleute (siehe S. 494) erzählt.

Essen & Trinken

Chilenische Küche

Die chilenische Küche basiert auf großartigem Ausgangsmaterial: Das Angebot auf den hiesigen Märkten reicht von Ziegenkäse, Avocados und frischen Kräutern bis hin zu sensationellem Seafood. Mit Brötchen, Marmelade und Instantkaffee oder Tee fällt das Frühstück recht mager aus. Im Laufe des Tages werden Essen und Trinken aber immer wichtiger: Schon mittags kann man bei einem herzhaften, günstigen *menú del día* (Tagesessen) wieder auftanken. Auf eine Suppe folgt dabei ein Hauptgericht mit Fisch oder Fleisch nebst Reis oder Gemüse. Die Märkte sind super, um diese traditionellen Menüs zu probieren. Auch in den schlichtesten Lokalen kann man das Bestellte mit scharfen Saucen und jeder Menge frischer Zitronenspalten aufpeppen.

Zu den beliebtesten Sandwiches gehören der reichhaltige *completo* (Hotdog mit Mayo, Avocado und Tomate) oder der *churrasco* (Steakbrötchen mit Avocado und Tomate). Bei den allgegenwärtigen Empanadas reicht die Palette von der klassischen Füllung mit *pino* (Rindfleisch) bis hin zu den köstlichen Seafood-Varianten an der Küste. Und auch ein paar von Chiles leckersten Spezialitäten gibt es am Strand – darunter *machas a la parmesana* (Amerikanische Schwertmuscheln, in Parmesan und Weißwein gebacken) oder aromatische Seafood-Eintöpfe wie *paila marina* und *caldillo de congrio* (bekanntermaßen Pablo Nerudas Lieblingsessen). Beim *chupe de mariscos* werden Krustentiere mit Butter, Brotkrumen und Käse überbacken.

Landesweit bekommt man herzhafte Klassiker wie *lomo a lo pobre* (Spiegeleier mit Pommes auf Steak), *pastel de choclo* (Maisauflauf) oder die Cholesterinbombe *chorrillana* (Zwiebeln, Spiegelei und gebratenes Rindfleisch auf einem Pommesberg).

Getränke

Chile und Peru behaupten von sich jeweils, neben dem starken Traubenweinbrand *pisco* auch den berühmten Cocktail *pisco sour* (*pisco* mit Zucker und frischem Zitronensaft) erfunden zu haben. Mit diesem säuerlichen Aperitif beginnen viele Chilenen ein gediegenes Mittag- oder Abendessen. Junge Chilenen schlürfen auf Partys gerne *piscolas* (*pisco* mit Cola).

Viel Sonne und gemäßigte Temperaturen machen Chile auch zum idealen Weinbauterrain. Cabernet Sauvignon rangiert hier immer noch ganz oben. Viele Traveller schwören jedoch auf einen anderen Roten: den Carménère, der ursprünglich aus Frankreich stammt und heute ausschließlich in Chile wächst. Mehr zu den hiesigen Weinregionen und -sorten erfährt man im Internet unter www.winesofchile.org.

Kunstmann und Cólonos sind die besten Biermarken des Landes; Fassbier wird *schop* genannt. Auf *bebidas* (Softdrinks) fahren alle Chilenen ab. Mit *mote con huesillo* verkaufen Straßenhändler einen erfrischenden Nektar aus Gerstenwasser und

Pfirsichen – ein einzigartiger Flüssigsnack, den man unbedingt mindestens einmal probiert haben sollte.

Instant-Nescafé ist eine landesweite Plage, jedoch bieten mittlerweile immer mehr Cafés *cafe en grano* („echten" Bohnenkaffee) an.

Sport

Fútbol (Fußball) ist der Zuschauersport mit den fanatischsten Fans. Bei der WM 2014 hat das chilenische Nationalteam erst gezeigt, was in ihm steckt. Seit den olympischen Medaillen von Nicolás Massú (Gold 2004) und Fernando González (Gold 2004, Silber 2008) ist aber auch Tennis immer beliebter geworden. Junge Chilenen mit dem entsprechenden Kleingeld frönen begeistert Individualsportarten wie Skifahren, Surfen oder Mountainbiken. Zur sommerlichen Rodeozeit treten auffällig gekleidete *huasos* (Cowboys) überall in halbmondförmigen Arenen gegeneinander an.

Natur & Umwelt

Geografie

Das Festland Chiles erstreckt sich über 4300 km von Peru bis zur Magellanstraße und ist durchschnittlich weniger als 200 km breit. Während die Küsten auf der Höhe des Meeresspiegels liegen, sind die Andengipfel über 6000 m hoch. Vulkane prägen das ganze Land, durch das in der Mitte eine Senke, das Valle Central, verläuft.

Das Festland Chiles hat eindeutig abgrenzbare Temperaturzonen und geografische Zonen, die von Norden nach Süden verlaufen und von Wüsten bis hin zu Eisfeldern reichen. Norte Grande erstreckt sich von der peruanischen Grenze bis nach Chañaral. Die Region wird von der Atacama-Wüste und dem *altiplano* (Hochebene der Anden) beherrscht. Norte Chico reicht von Chañaral bis zum Río Aconcagua. Hier gibt's Buschland und dichtere Wälder mit häufigen Niederschlägen, und der Bergbau weicht der Landwirtschaft, die in den großen Flusstälern betrieben wird.

Die breiteren Flusstäler von Zentralchile reichen vom Río Aconcagua nach Concepción und zum Río Biobío. Dies ist die Hauptregion für Landwirtschaft und Weinanbau. Die Verwaltungsregionen La Araucanía und Los Lagos (das Seengebiet) erstrecken sich südlich vom Río Biobío bis nach Palena. Das Gebiet ist von ausgedehnten Urwäldern und Seen geprägt. Dichte Wälder und ein Flickenteppich aus Weideland kennzeichnen Chiloé, die größte Insel des Landes. Patagonien hat nur schwer bestimmbare Grenzen. Für manche beginnt es mit der Carretera Austral, für andere im Aisénfjord. Von dort erstreckt es sich nach Süden zu den Campos de Hielo, den kontinentalen Eisfeldern, um an der Magallanstraße und bei Feuerland zu enden.

Flora & Fauna

Das von Ozean, Wüste und Bergen eingefasste Land bietet eine einzigartige Natur, die sich größtenteils eigenständig entwickelt und eine Reihe von endemischen Arten hervorgebracht hat.

In den Wüstenausläufern im Norden wachsen Kandelaberkakteen, die Wasser über den Nebel *(camanchaca)* aufnehmen. Zu den hier lebenden Tieren gehören Guanakos, Vikunjas und deren domestizierte Formen, die Lamas und Alpakas. Andere ungewöhnliche Tiere sind die schlaksigen Nandus (südamerikanischen Straußenvögel) und die pummeligen, zottelschwänzigen Viscachas (entfernte Verwandte der Chinchillas). Auch Vögel gibt es in Hülle und Fülle – von Andenmöwen und Riesenblässhühnern bis zu drei Flamingo-Arten.

Die Wälder im Süden sind bekannt für ihre Chilenischen Araukarien (Anden-Tannen, *pehuén*) und *alerces* (Patagonische Zypressen), von denen ein Exemplar der zweitälteste Baum der Welt ist. Zur vielfältigen Flora im Valdivianischen Regenwald gehört die *nalca* (Mammutblatt); die im Aussehen dem Rhabarber ähnliche Pflanze ist die größte ihrer Art. In den Anden streifen Pumas herum. Daneben gibt es im Süden einen schwindenden Bestand von *huemuls* (Andenhirschen). Die winzigen *pudú*-Hirsche leben in dichtem Wald, *bandurrias* (Weißhalsibisse) stelzen über die südlichen Weiden, und am Wegesrand zwitschern *chucaos* (Rotkehltapaculos). Eine Kolonie von Humboldt- und Magellan-Pinguinen bevölkert saisonal die Nordwestküste Chiloés.

Vom Seengebiet bis zur Provinz Magallanes ziehen sich grüne Hochwälder mit *nothofagus* (Scheinbuchen). Aufgrund der zurückgegangenen Regenfälle in den östlichen Ebenen von Magallanes und in Feuerland sind ausgedehnte Grasflächen entstanden. Inzwischen leben im Nationalpark Torres del Paine auch wieder die geschützten Guanakos, Punta Arenas ist die Heimat von Magellan-Pinguinen und Kormoranen. Vor der langen Küste Chiles tummeln sich diverse Meeressäuger wie Seelöwen, Otter, Pelzrobben und Wale.

Nationalparks & Naturschutzgebiete

Naturschutzgebiete machen 19 % der Landesfläche aus. Das ist eine stattliche Menge – allerdings sind in manchen dieser „Schutzgebiete" Abholzung und Staudämme erlaubt. Es handelt sich um sensible und fragile Ökosysteme, wilde, unberührte Natur, in der man ein paar der spektakulärsten und artenreichsten Landschaften des Kontinents vorfindet. Touristisch sind die chilenischen Nationalparks kaum erschlossen – eine Ausnahme bildet der Nationalpark Torres del Paine. Die Nationalparks und Naturschutzgebiete werden von der unterfinanzierten Corporación Nacional Forestal verwaltet. Ihr Schwerpunkt liegt auf Forstwirtschaft und Parkverwaltung, nicht auf Tourismus. Preisgünstige Landkarten und Broschüren bekommt man bei der Conaf (Corporación Nacional Forestal; 02-663-0000; www.conaf.cl; Bulnes 285, Centro; Mo–Do 9.30-17.30, Fr bis 16.30 Uhr; Toesca) in Santiago.

In Chile gibt's ungefähr 133 privat verwaltete Reservate, die insgesamt fast 4000 km² einnehmen. Großartig sind z. B. der Parque Pumalín in Nordpatagonien und El Cañi in der Nähe von Pucón (das erste Privatreservat des Landes). Zusätzlich sind noch große Projekte in Planung, z. B. der Parque Tantauco auf Chiloé und Valle Chacabuco (Nationalpark Patagoniens) unweit von Cochrane.

Im Folgenden sind ein paar beliebte, gut zu erreichende Nationalparks und Naturschutzgebiete aufgelistet:

Alerce Andino Bewahrt *alerce*-Bestände (Patagonische Zypressen) nahe Puerto Montt.

Altos del Lircay Reservat mit Blick auf die Andensenke und einem Rundweg zum Nationalpark Radal Siete Tazas.

Chiloé (S. 546) Bietet viele Sandstrände, Lagunen und sagenumwobene Wälder.

Conguillío (S. 523) Mischwälder mit Araukarien, Zypressen und Scheinbuchen im Umkreis des schneebedeckten aktiven Volcán Llaima.

Huerquehue (S. 528) In der Nähe von Pucón führen Wanderwege durch Araukarienwälder und gewähren einen tollen Blick auf den Volcán Villarrica.

Lauca (S. 512) Östlich von Arica liegt das Gebiet mit aktiven und inaktiven Vulkanen, klaren, blauen Seen, vielen Vögeln, *altiplano*-Dörfern und ausgedehnten Steppen.

Los Flamencos In und rund um San Pedro de Atacama; Reservat mit geschützten Salzseen und hoch gelegenen Lagunen, Flamingos, unheimlich anmutenden Wüstenlandschaften und Thermalquellen.

Nahuelbuta (S. 518) In der hoch gelegenen Küstengebirgskette stehen die größten noch vorhandenen Araukarienwälder *(pehuén)* unter Schutz.

Nevado Tres Cruces (S. 493) Östlich von Copiapó. Hier finden sich auch der namensgebende 6330 m hohe Gipfel und der 6893 m hohe Ojos del Salado.

Puyehue (S. 533) Der Nationalpark in der Nähe von Osorno hat viele tolle Thermalquellen und ein Familien-Skiresort. Ein beliebter Wanderweg führt durch vulkanische Wüste den Krater hinauf zu einem Gelände mit Thermalquellen und Geysiren.

Queulat (S. 551) An der Carretera Austral erstrecken sich mehr als 70 km unberührte Nadelwälder, Berge und Gletscher.

Torres del Paine (S. 564) Chiles Vorzeige-Nationalpark nahe Puerto Natales hat ein tolles Netz von Wanderwegen mit den berühmtesten Aussichtspunkten des Landes.

Vicente Pérez Rosales (S. 538) Zu Chiles zweitältestem Nationalpark gehören der spektakuläre Lago Todos los Santos und der Volcán Osorno.

Villarrica (S. 528) Die symmetrischen rauchenden Vulkankegel des Volcán Villarrica ziehen Wanderer, Snowboarder und Skifahrer an.

Umweltprobleme

Der Wirtschafts-Boom der letzten Jahren hat Chile sehr viele Umweltprobleme beschert. Santiago gehört zu den am stärksten verschmutzten Städten Amerikas. Weiter draußen werden Plantagen mit schnellwachsenden Exoten (z. B. Eukalyptus, Monterey-Kiefer) zunehmend zur Gefahr für die Wälder. Während des Tauziehens um ihren ökologischen und ökonomischen Wert sind zudem viele einheimische Baumarten stark durch Abholzung dezimiert worden. Wegen der vielen Flüsse und heftigen Regenfälle gilt Südchile als ideale Region für Staudammprojekte. Deshalb bekämpfen sich dort Baufirmen und Naturschützer, wobei die Regierung zwischen den Fronten steht. Die fortwährende Erweiterung der südchilenischen Lachsfarmen verschmutzt Gewässer, vernichtet deren Ökosysteme und verdrängt andere Fischarten. Der berüchtigte Waldbrand im Torres del Paine (2011 angeblich ohne Absicht von einem Camper ausgelöst) rückte die Unterfinanzierung der professionellen Brandbekämpfung ins öffentliche Bewusstsein.

PRAKTISCHES

❶ Allgemeine Informationen

AKTIVITÄTEN

Wer Gipfel an der Grenze besteigen möchte, z. B. die Payachatas oder den Ojos del Salado, benötigt dazu eine Genehmigung der chilenischen **Grenzbehörde** (Dirección de Fronteras y Límites; Difrol; ☎ 02-671-4110; www.difrol.cl; 4. Stock, Bandera 52, Santiago). Über deren Website lässt sich das Dokument schon vor der Reise beantragen.

BOTSCHAFTEN & KONSULATE

Argentinien (☎ 02-2582-2606; http://csigo.cancilleria.gov.ar/; Vicuña Mackenna 41, Santiago)

Bolivien (☎ 02-2232-8180; cgbolivia@manquehue.net; Av Santa María 2796, Santiago)

Brasilien (☎ 02-2698-2486; santiago.itamaraty.gov.br/; Ovalle 1665, Santiago)

Deutschland (☎ 02-2463-2500; www.santiago.diplo.de; Las Hualtatas 5677, Vitacura, Santiago)

Österreich (☎ 02-2223-4774; www.aussenministerium.at/botschaft/santiago-de-chile; 3. Stock Barros Errazuriz 1968, Providencia, Santiago)

Peru (☎ 02-2235-4600; conpersantiago@adsl.tie.cl; Padre Mariano 10, Oficina 309, Providencia, Santiago)

Schweiz (☎ 02-2928-0100; www.eda.admin.ch/countries/chile/de/home/vertretungen/botschaft.html; Piso 14, Américo Vespucio Sur 100, Las Condes, Santiago)

FEIERTAGE & FERIEN

Folgendes sind Chiles nationale Feiertage, an denen Behörden und Geschäfte geschlossen haben:

Año Nuevo (Neujahr) 1. Januar
Semana Santa (Osterwoche) März oder April
Día del Trabajo (Tag der Arbeit) 1. Mai
Glorias Navales (Gedenktag zur Seeschlacht von Iquique) 21. Mai
Corpus Christi (Fronleichnam) Mai oder Juni
Día de San Pedro y San Pablo (St. Peter & Paul) 29. Juni
Asunción de la Virgen (Mariä Himmelfahrt) 15. August
Día de Unidad Nacional (Tag der Nationalen Einheit) Immer am 1. Montag im September
Día de la Independencia Nacional (Unabhängigkeitstag) 18. September
Día del Ejército (Tag der Streitkräfte) 19. September
Día de la Raza (Tag des Kolumbus) 12. Oktober
Todo los Santos (Allerheiligen) 1. November
Inmaculada Concepción (Tag der Unbefleckten Empfängnis) 8. Dezember
Navidad (Weihnachten) 25. Dezember

FREIWILLIGENARBEIT

Experiment Chile (www.experiment.cl) kombiniert zweiwöchige Freiwilligenprogramme mit Sprachunterricht. Auch Schüler von Sprachschulen können sich oft ehrenamtlich engagieren. Die gemeinnützige Organisation **Un Techo Para Chile** (www.untechoparachile.cl) baut landesweit Wohnungen für einkommensschwache Familien.

GEFAHREN & ÄRGERNISSE

Im Vergleich zu anderen Ländern in Südamerika ist Chile bemerkenswert sicher. In großen Städten, an Busbahnhöfen und in Badeorten ist Kleinkriminalität jedoch ein Problem, also immer gut auf Hab und Gut aufpassen. In militärischen Einrichtungen ist das Fotografieren strengstens untersagt.

GELD

Chiles Währung ist der Peso (Ch$). Banknoten gibt's zu 500, 1000, 2000, 5000, 10 000 und 20 000 Ch$. Auf dem Land lassen sich größere Scheine ab 5000 Ch$ eventuell nur schwer wechseln. Wer Kleineres braucht, macht dann am besten ein entschuldigendes Gesicht und fragt ¿Tiene suelto? (Können Sie wechseln?).

Santiago hat die besten Wechselkurse und einen florierenden Markt für europäische Währungen. Der Peso war in den letzten Jahren recht stabil und eignet sich sehr gut für Transaktionen aller Art. In der touristischen Hauptsaison sinkt die örtliche Kaufkraft des US-Dollars.

Bargeld

Ein paar Banken tauschen Bargeld um (meist nur US-Dollar) – ebenso *casas de cambio* (Wechselstuben) in Santiago und in touristischeren Orten.

Geldautomaten

Über Chiles viele Geldautomaten *(Redbanc)* bekommt man Bares am schnellsten und bequemsten. Die eigene Bank erhebt aber pro Transaktion höchstwahrscheinlich eine Gebühr. Die meisten Geräte sind auch auf Englisch bedienbar – hierfür einfach zu Beginn des Vorgangs die Option *tarjeta extranjera* bzw. *foreign card* (ausländische Karte) wählen. Achtung: In San Pedro de Atacama, Pisco Elqui, Bahía Inglesa oder patagonischen Kleinstädten sollten sich Traveller niemals auf Geldautomaten verlassen!

Kreditkarten

Die meisten etablierten Geschäfte akzeptieren Kreditkarten; darauf sollte man sich aber nicht verlassen. Kunden haben eventuell die Gebühr (6%) zu übernehmen, die das Geschäft selbst bezahlen muss. Kreditkarten können auch nützlich sein, um „ausreichende finanzielle Mittel" bei der Einreise in ein anderes Land nachzuweisen.

Trinkgeld

In Restaurants sind 10 % Trinkgeld üblich. Taxifahrer erwarten keinen Obolus; Passagiere können den Betrag aber der Einfachheit halber aufrunden.

GESUNDHEIT

Die medizinische Versorgung in Santiago und anderen Städten ist im Allgemeinen gut, in abgelegenen Regionen kann es jedoch mitunter schwer sein, ärztliche Betreuung zu erhalten. Obwohl Chile recht gute öffentliche Krankenhäuser hat, werden sich Traveller in privaten *clínicas* am besten aufgehoben fühlen. Außer in der Atacama-Wüste kann Leitungswasser ruhigen Gewissens getrunken werden. Im Norden gibt's am häufigsten Probleme mit Höhenkrankheit und Dehydrierung. Durch das Ozonloch im Süden steigt die Sonnenbrandgefahr – dort unbedingt immer Sonnenschutzmittel verwenden und eine Sonnenbrille aufsetzen. Für die Einreise nach Chile sind keine Schutzimpfungen nötig.

PREISKATEGORIEN: ESSEN

Die folgenden Preise gelten für ein normales Hauptgericht.

$ unter 8000 Ch$
$$ 8000–14 000 Ch$
$$$ über 14 000 Ch$

INTERNETZUGANG

In den meisten Regionen gibt es hervorragende Internetverbindungen und WLAN-Zugang zu vernünftigen Preisen. In ländlichen Gebieten kann das WLAN teilweise recht langsam sein.

KARTEN & STADTPLÄNE

Das **Instituto Geográfico Militar** (☏ 02-2460-6800; www.igm.cl; Dieciocho 369, Centro; ⊙ Mo–Fr 8.30–13, 14–17 Uhr) nahe der Metrostation Toesca in Santiago verkauft seine topografischen Regionenkarten (Maßstab 1 : 50 000) auch online. Dieses Material ist zwar teilweise veraltet, aber für Wanderer am besten geeignet. Bei der Conaf in Santiago kann man Kopien von Nationalparkkarten anfertigen. Die Regionen- und Wanderkarten von JLM Mapas (Maßstab 1 : 50 000–1 : 500 000) sind nützlich, aber nicht 100 %ig genau.

Stadtpläne für Santiago gibt's bei **Map City** (www.mapcity.cl). Für Selbstfahrer empfiehlt sich ein Copec-Straßenatlas, der neben detaillierten Routenkarten auch separate Übersichtspläne zu vielen Dörfern, Groß- und Kleinstädten beinhaltet.

ÖFFNUNGSZEITEN

In den Beschreibungen sind jeweils die Öffnungszeiten in der Hauptsaison angegeben. In vielen Städten und Ortschaften auf dem Land haben Restaurants und andere Dienstleistungseinrichtungen sonntags nicht geöffnet; in der Nebensaison bleiben Touristeninformationen oft ganz geschlossen.

Banken Mo–Fr 9–14, teilweise Sa 10–13 Uhr

Behörden & Unternehmen Mo–Fr 9–18 Uhr

Museen Oft Mo geschl.

Geschäfte 10–20 Uhr; teilw. 13–15 Uhr geschl.

POST

Die hiesige Post namens **Correos de Chile** (☏ 800-267-736; www.correos.cl) ist relativ verlässlich, aber mitunter ziemlich langsam. Pakete kann man problemlos verschicken; allerdings muss eventuell ein Zollbeamter den Inhalt kontrollieren, bevor die Sendung am Schalter angenommen wird.

RECHTSFRAGEN

Chiles *carabineros* (Polizisten) gelten als höfliche Profis mit einem sehr hohem Berufsethos – daher bitte *nie* versuchen, einen Beamten zu bestechen! Bei Ordnungswidrigkeiten liegen die Bußgelder auf europäischem Niveau. Jeglicher Drogenbesitz, -konsum oder -handel gilt jedoch als schwere Straftat; auch bei weichen Drogen wie Cannabis ist mit strengen Geld- und Haftstrafen zu rechnen. Da die Polizei jederzeit Personenkontrollen durchführen kann, muss der Reisepass stets mitgeführt werden. Den Polizeinotruf erreicht man landesweit gratis unter ☏ 133.

SCHWULE & LESBISCHE REISENDE

Chile ist ein sehr konservatives und katholisch eingestelltes Land, wobei die Toleranz in letzter Zeit etwas an Boden gewinnen konnte. Seit 2015 gibt es in Chile den Acuerdo de Unión Civil, eine Art eingetragene Partnerschaft für gleichgeschlechtliche Paare. Santiago hat eine aktive Schwulenszene, die sich auf das Barrio Bellavista konzentriert. **Movil H** (Bewegung für die Integration und Befreiung Homosexueller; www.movilh.cl) setzt sich für die Rechte von Schwulen und Lesben ein. **Guia Gay Chile** (www.guiagay.cl) ist ein Verzeichnis mit Infos zu schwulenfreundlichem Nachtleben überall im Land.

TELEFON

Callcenter, bei denen man in Einzelkabinen telefonieren darf, werden immer schneller von Internetcafés mit Skype verdrängt.

Chiles Ländercode lautet 56; die meisten Festnetznummern sind sechs- oder siebenstellig. Tourveranstalter und Lodges in entlegenen Ecken verwenden Satellitentelefone mit der Vorwahl von Santiago.

Vor chilenischen Handynummern (achtstellig) stehen die Ziffern 09. Diese sind bei Festnetz- oder Skype-Anrufen auf Handys zu wählen, fallen aber bei reinen Mobilfunkverbindungen weg. Für Handytelefonate ins Festnetz braucht man die jeweilige Festnetzvorwahl. Handys sind vor Ort schon für 12 000 Ch$ erhältlich und lassen sich mit Prepaid-Telefonkarten aufladen.

Wer ein eigenes Handy mitbringen möchte, braucht ein SIM-entsperrtes GSM-Gerät, das auf 850 oder 1900 MHz sendet (US-Standard). In dieses kann dann eine SIM-Karte eines chilenischen Anbieters (z. B. Entel oder Movistar) eingesetzt werden; Guthabenkarten gibt's bei Kiosken.

TOILETTEN

Toilettenpapier wird nach Benutzung im Mülleimer entsorgt. Da es in öffentlichen Toiletten fast nie Toilettenpapier gibt, sollte man dieses immer selbst dabeihaben.

TOURISTENINFORMATION

Die staatliche Touristeninformation **Sernatur** (www.sernatur.cl) ist in Santiago und den meisten anderen Großstädten vertreten. Die kommunalen Infobüros vieler Kleinstädte sind meist am Hauptplatz oder Busbahnhof zu finden.

UNTERKUNFT

In Chile gibt es Übernachtungsoptionen für jeden Geldbeutel. Die Beschreibungen in diesem Kapitel sind nach den Präferenzen der Autorin unter Berücksichtigung des Preis-Leistungs-Verhältnisses geordnet. Sofern nicht anders angegeben, gelten die Preise in der Hauptsaison für Zimmer mit Frühstück und eigenem Bad. Manchmal bezahlt man für die Einzelbelegung eines Zimmers genauso viel wie für die Doppelbelegung. Zwischen Zimmern mit zwei Einzelbetten und Zimmern mit einem Doppelbett kann es auch Preisunterschiede geben, dabei ist letztere Variante oft teurer. WLAN ist weit verbreitet.

In Touristenorten können sich die Preise während der Hauptsaison (Ende Dez.–Mitte März) verdoppeln. Um Weihnachten, Silvester und Ostern steigen die Preise oft noch mehr an. Wer einen Rabatt aushandeln oder nach einem preiswerteren Zimmer fragen möchte, sollte dies bereits bei der Reservierung tun. Es ist nicht üblich und sogar verpönt, nach Ankunft billigere Preise herausschlagen zu wollen.

In vielen Hotels der Mittel- und Spitzenklasse kann man durch die Bezahlung in US-Dollar (bar oder mit Kreditkarte) auf ganz legale Weise die nervigen 19 % IVA (*impuesto de valor agregado*; Mehrwertsteuer) umgehen. Falls unklar sein sollte, ob sich eine Preisangabe inklusive oder exklusive Mehrwertsteuer versteht, sollte man unbedingt vor dem Bezahlen nachfragen. Manche Hotels ziehen die Steuer erst von der Rechnung ab, wenn man ausdrücklich darauf drängt. Theoretisch ist dieser Rabatt ausschließlich Gästen vorbehalten, die mit Dollar oder Kreditkarte bezahlen.

Wer ein Zimmer reservieren möchte, sollte wissen, dass kleine Unterkünfte in Chile oft nicht sehr schnell bei der Beantwortung von E-Mails sind. Schneller geht's per Telefon.

VERSICHERUNG

Eine gute Reiseversicherung mit umfassendem Schutz bei Verlust, Diebstahl und medizinischen Problemen sollte auch in Chile selbstverständlich sein. Achtung: Manche Policen schließen Abenteuersportarten von vorn herein aus! Daher immer das Kleingedruckte sorgfältig lesen und falls nötig den Vertrag entsprechend erweitern!

Die weltweit gültige Reiseversicherung unter www.lonelyplanet.com/travel-insurance kann jederzeit online abgeschlossen, erweitert und in Anspruch genommen werden – sogar, wenn man schon unterwegs ist.

VISA

EU-Bürger und Schweizer können visumfrei nach Chile einreisen. Der obligatorische Reisepass ist

---

PREISKATEGORIEN: SCHLAFEN

Folgende Preise gelten für ein Doppelzimmer in der Hauptsaison. Sofern nicht anderweitig vermerkt, beinhaltet der Preis Frühstück und ein eigenes Bad.

**$** unter 40 000 Ch$
**$$** 40 000–75 000 Ch$
**$$$** über 75 000 Ch$

z. B. für das Einlösen von Reisechecks oder das Einchecken in Hotels unbedingt notwendig.

Bei der Ankunft erhält man eine Touristenkarte mit 90 Tagen Gültigkeit. Möglichst nicht verlieren – die Karte muss bei der Ausreise vorgelegt werden! Sollte sie einem doch einmal abhanden kommen, ist die nächste Polizeiwache der beste Ansprechpartner.

ZEIT

Während des Großteils des Jahres liegt die Zeit in Chile sechs Stunden hinter der MEZ zurück. Da Sommer- bzw. Winterzeit in Europa und Chile aber nicht zum selben Zeitpunkt beginnen und enden, gibt es auch Zeiträume, in denen fünf Stunden Zeitunterschied zur MEZ bestehen.

ⓘ An- & Weiterreise

EINREISE

Die meisten Kurzzeit-Traveller fliegen nach Santiago. Wer einen ausgedehnten Südamerikatrip macht, erreicht Chile dagegen oft per Bus (ab Peru), Geländewagen (ab Bolivien) oder Bus und Schiff (ab Argentinien). Die Einreise geht normalerweise fix vonstatten, sofern der Pass bei Ankunft noch mindestens sechs Monate lang gültig ist.

Im Norden grenzt Chile an Peru und Bolivien. Mit Argentinien teilt sich das Land seine endlos lange Ostgrenze. Deren zahlreichen Übergänge werden aber nur vereinzelt von öffentlichen Verkehrsmitteln angefahren. Die meisten internationalen Busse starten am Terminal de Buses in Santiago.

Die Einreise nach Argentinien ist am unkompliziertesten: Mit einem Auslandsbus geht's einfach über die Grenze – kein Umsteigen, keine Gebühren. Obwohl die Grenzposten eigentlich nur tagsüber geöffnet haben, fahren einige Fernbusse auch nachts hinüber.

Flüge, Autos und Touren können online unter lonelyplanet.com/bookings gebucht werden.

AUTO & MOTORRAD

Für Fahrten nach Argentinien muss man eine spezielle Versicherung (ca. 20 000 Ch$/7 Tage) haben, die bei allen möglichen Agenturen abgeschlossen werden kann. Die Mietwagenausfuhr aus Chile ist eventuell mit Zusatzgebühren und verwirrendem Papierkram verbunden – am besten den jeweiligen Verleiher um Hilfe bitten!

BUS

Argentinien

Zwischen Chile und Argentinien gibt's 19 Grenzübergänge. Beliebte Routen sind folgende:
- Von Calama nach Jujuy und Salta
- Von La Serena nach San Juan
- Von Santiago oder Valparaíso nach Mendoza und Buenos Aires
- Von Temuco nach San Martín de los Andes
- Von Osorno nach Bariloche (über den Paso Cardenal Samoré)
- Von Puerto Ramírez nach Esquel
- Von Puerto Natales nach Río Turbio und El Calafate

Bolivien

Der befestigte Highway von Arica nach La Paz verbessert mittlerweile die Straßenverbindung zwischen Chile und Bolivien. Die Strecke Iquique–Colchane ist auch asphaltiert, deren Fortsetzung nach Oruro jedoch nicht. Auf beiden Routen verkehren Busse (mehr auf Ersterer).

Brasilien

Ab Santiago fahren entsprechende Fernbusse. Die Tour von São Paulo nach Santiago dauert mörderische 55 Stunden.

Peru

Die einzige Überlandroute (Tacna–Arica) ist per Bus, *colectivo*, Taxi oder Zug befahrbar.

FLUGZEUG

In Chile landen Flieger aus Europa, den USA oder den Nachbarländern. Internationale Verbindungen innerhalb Südamerikas sind meist teuer. Mitunter gibt's aber günstige Tickets (inkl. Rückflug) für Trips zwischen Santiago und Buenos Aires oder Lima.

Größter Flughafen des Landes ist der **Aeropuerto Internacional Arturo Merino Benítez** (www.aeropuertosantiago.cl) in Santiago. An manchen Regionalflughäfen besteht Verbindung in die Nachbarländer. Die Osterinsel (Rapa Nui) wird nur von LAN bedient. DAP Airlines pendelt zwischen Patagonien und Tierra del Fuego.

ⓘ Unterwegs vor Ort

AUTO & MOTORRAD

Mit einem eigenen Fahrzeug erreicht man entlegene Nationalparks und die meisten anderen Ziele abseits des Touristenpfads. Dies gilt vor allem in der Atacama-Wüste, entlang der Carretera Austral und auf Rapa Nui (Osterinsel). Trotz recht geringer Sicherheitsprobleme ist es ratsam, das Auto immer abzuschließen und keine Wertsachen darin zurückzulassen.

Führerschein

Zusätzlich zum nationalen Führerschein (obligatorisch) empfiehlt sich eine internationale Fahrerlaubnis (International Driving Permit; IDP). Letztere wird von manchen Autovermietern jedoch nicht verlangt.

BUS

Chiles Busnetz ist großartig: Zahllose Firmen buhlen mit verschiedenen *ofertas* (Saisonangeboten), Rabatten und Extras wie Videos an Bord um Passagiere. Die hiesigen Fernbusse sind komfortabel, schnell und pünktlich; alle haben Bordtoiletten und sichere Gepäckräume.

Als größte Gesellschaft bedient Tur Bus (S. 473) pünktlich alle Ecken Chiles. Auch der Hauptkonkurrent Pullman Bus (S. 473) hat ein Liniennetz in ganz Chile.

Pachamama by Bus (02-2688-8018; www.pachamamabybus.com; Agustinas 2113, Barrio Brasil, Santiago) zielt speziell auf Backpacker ab: Entlang der beiden Langstreckenrouten durch Nord- bzw. Südchile kann beliebig aus- und zugestiegen werden. Das ist nicht gerade günstig, bringt einen aber direkt zu vielen entlegenen Nationalparks und anderen Attraktionen, die mit öffentlichen Verkehrsmitteln nicht erreichbar sind.

FAHRRAD

Wer in Chile radeln will, braucht ein *todo terreno* (Mountainbike). Solche Drahtesel sind in touristischeren Groß- und Kleinstädten auszuleihen. Das Klima kann für Radler eine echte Herausforderung sein. Chilenische Autofahrer sind normalerweise rücksichtsvoll. Dennoch geht auf schmalen, zweispurigen Highways ohne Seitenstreifen durchaus eine Gefahr von überholenden Autos aus. Abseits der Carretera Austral gibt's in den meisten Siedlungen Fahrradwerkstätten.

FLUGZEUG

Zeitsparende Inlandsflüge sind erschwinglicher geworden und manchmal sogar billiger als Fahrten mit den komfortablen Fernbussen. Chiles größte Inlandsfluggesellschaften heißen **LAN** (600-526-2000; www.lan.com) und **Sky** (600-600-2828; www.skyairline.cl). Sky ist oft etwas günstiger.

GEFÜHRTE TOUREN

Abenteuertouranbieter sind in Chile wie Pilze aus dem Boden geschossen. Der Großteil davon ist in Santiago sowie saisonal an den jeweiligen Veranstaltungsorten der Trips vertreten. Das kompetente Personal vom **Chilean Travel Service** (CTS; 02-251-0400; www.ctsturismo.cl; Antonio Bellet 77, Providencia) spricht mehrere Sprachen. Über örtliche Reisebüros organisiert es Unterkünfte und geführte Touren im ganzen Land.

NAHVERKEHR

Taxis in Groß- und Kleinstädten haben Gebührenzähler oder Fixpreise zu bestimmten Zielen. Auf festen Routen verkehren entsprechend markierte *colectivos* (Sammeltaxis; Einzelfahrt ca. 400 Ch$). *Micros* sind deutlich nummerierte und gekennzeichnete Stadtbusse. Santiagos schnelle und benutzerfreundliche Metro verbindet die stark besuchten Viertel miteinander.

SCHIFF/FÄHRE

Katamarane und Auto-/Passagierfähren verbinden Puerto Montt mit Zielen an der Carretera Austral, darunter Caleta Gonzalo (Chaitén) und Coyhaique. Es gibt auch Katamarane und Fähren von Chaitén nach Quellón und Castro auf Chiloé.

Ein echtes Highlight ist die Fahrt von Puerto Montt nach Puerto Natales an Bord einer Navimag-Fähre. Tickets sollten bereits weit im Voraus über **Navimag** (065-243-2361; www.navimag.com; Angelmó 1735; Mo–Fr 9–13 & 14.30–18, Sa 11–13 Uhr) gebucht werden. Achtung: Dies ist kein Kreuzfahrtkahn, sondern ein für Touristen umgebauter Frachter.

Die malerische Kombitour Cruce de Lagos (12 Std.) führt per Schiff und Bus von Petrohué in Chile nach Bariloche in Argentinien.

ZUG

Passagierzüge der **Empresa de los Ferrocarriles del Estado** (www.efe.cl) rollen südwärts von Santiago nach Chillán und halten dabei an vielen Zwischenstationen (für aktuelle Infos s. Website).

Ecuador

Inhalt ➡
Quito 588
Nördl. Hochland 612
Südl. Hochland 629
El Oriente 640
Küste & Tiefland 649
Galápagosinseln 666
Ecuador verstehen ... 676
Praktisches 683

Top-Abenteuer

➡ Den Cotopaxi erklettern (S. 619)

➡ Wildwasserrafting bei Tena (S. 643)

➡ Mountainbiken am Chimborazo (S. 627)

➡ Nach Ingapirca trekken (S. 635)

➡ Wildtierbeobachtung auf den Galápagosinseln (S. 666)

Schön übernachten

➡ Secret Garden Cotopaxi (S. 619)

➡ La Luna (S. 615)

➡ Pululahua Hostel (S. 612)

➡ Black Sheep Inn (S. 621)

➡ Cuyabeno Lodge (S. 641)

Auf nach Ecuador!

Der Amazonas-Regenwald, schneebedeckte Berge, Tieflandnebelwälder und die Galápagosinseln bilden die Kulisse für die Abenteuer, die dieses kleine Andenland zu bieten hat. An einem Tag kann man zum Wildwasser-Rafting aufbrechen und am nächsten zum Gipfel eines 6000 m hohen Vulkans aufblicken, Trekkingtouren durch den *páramo* (Grassavanne im Hochland) unternehmen, vor der Westküste surfen, oder sich inmitten spektakulärer Landschaft entspannen.

Tierbeobachtung ist eine andere Möglichkeit, um Ecuador zu erleben: Dutzende Tier- und Pflanzenarten findet man nur hier. Selbst bei einem kurzen Abenteuer kann man von Baumkronen aus Affen fotografieren, im Pazifik mit Seelöwen schwimmen und in Nebelwäldern einige der 1600 Vogelarten sehen.

Ecuador bietet ein reiches kulturelles Erbe, von prachtvollen spanischen Kolonialzentren bis zu traditionellen Hochlandstädten, wo Kichwa-Märkte ebenso wie Barockkirchen aus dem 16. Jh. Teil der vielfältigen Landschaft sind.

Reisezeit
Quito

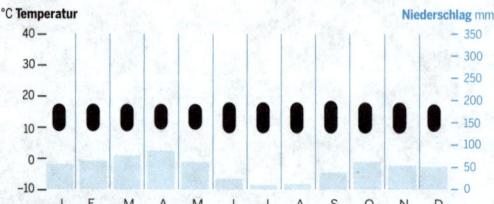

Juni–Sept. Perfektes Wetter für einen Besuch des Hochlands; weniger Regen und klarere Tage.

Okt. & Nov. Super, um den Amazon (El Oriente) zu besuchen: Die Flüsse sind passierbar.

Dez.–Mai Regenzeit an der Küste, zwischen den Schauern gibt's gute Strandtage.

Verkehrsmittel & -wege

Wichtige Grenzübergänge nach Peru gibt's in Tumbes/Aguas Verdes (bei der Küste), bei Macará und bei La Balsa (südlich von Vilcabamba); Traveller mit Zeit können über den Nuevo Rocafuerte nach Peru reisen. Der sicherste Grenzübergang nach Kolumbien (und der einzige empfehlenswerte) ist Tulcán–Ipiales, nordwestlich von Ibarra.

REISEROUTEN

Drei Wochen

Die Reise beginnt in Quito, wo man zwei Tage die Architektur der Altstadt bestaunt. Weiter geht sie gen Nordwesten zu den Nebelwäldern von Mindo und dann ostwärts nach Otavalo mit seinen Samstagsmärkten und Bergseen. Der nächste Stopp ist Coca, das Tor zum Amazonas, wo man einige Nächte in einer Regenwald-Lodge am unteren Río Napo verbringt. Auf dem Rückweg nach Quito locken Tena mit Wildwasser-Rafting und Baños mit Thermalbädern, Wasserfällen und toller Landschaft. Die Tour endet in den Anden nahe Cotopaxi oder Quilotoa.

Ein Monat

Von Quito fährt man westwärts Richtung Küste: Strandtage in Canoa, Walbeobachtung in Puerto López und Surfen in Montañita. Weiter geht's nach Guayaquil und von dort per Flieger eine Woche auf die Galápagosinseln mit Tierbeobachtung und Inselhopping. Zurück in Guayaquil reist man gen Osten nach Cuenca. In der Nähe liegen der Parque Nacional Cajas und die Inka-Ruinen von Ingapirca. Dann bricht man auf nach Loja im Süden, zum Nebelwald des Parque Nacional Podocarpus und nach Vilcabamba – eine gute Basis für Outdoor-Aktivitäten.

Essen & Trinken

- **Llapingachos** Pfannkuchen aus Kartoffeln und Käse, häufig serviert mit Spiegeleiern und gebratenem Fleisch
- **Seco de chivo** Ziegeneintopf
- **Locro de papa** Kartoffelsuppe mit Avocado und Käse
- **Churrasco** Gebratenes Rind, Spiegelei und Bratkartoffeln, Gemüse, Avocado- und Tomatenscheiben und Reis
- **Arroz con pollo** Reis mit kleinen Hühnchenstückchen
- **Cuy** Gegrilltes Meerschweinchen
- **Ceviche** Marinierte rohe Meeresfrüchte
- **Encocado** Garnelen oder Fisch in Kokossauce
- **Encebollado** Suppe aus Seafood und Zwiebeln, serviert mit *yuca* (Maniok) und *chifles* (Bananenchips) und Puffmais
- **Sopa marinera** Suppe mit Fisch, Meeresfrüchten, Garnelen und manchmal Krebsen

ÜBERBLICK

- **Geld** In Großstädten gibt es Geldautomaten, Kreditkarten werden nur in gehobeneren Einrichtungen akzeptiert
- **Sprache** Spanisch
- **Visa** Bürger der meisten Länder brauchen kein Visum
- **Währung** US-Dollar
- **Zeit** MEZ −6 Std.

Kurzinfos

- **Fläche** 283 560 km^2
- **Einwohner** 16 Mio.
- **Hauptstadt** Quito
- **Notfall** 131 (Rettungswagen)
- **Landesvorwahl** 593

Wechselkurse

Eurozone	1 €	1,12 US$
	1 US$	0,89 €
Schweiz	1 SFr	1,02 US$
	1 US$	0,98 SFr

Tagesbudget

- **Bett im Hostel** 7–10 US$
- **Abendessen mit zwei Gängen** 10 US$
- **Almuerzo (Festpreismittagsmenü)** 2,75 US$
- **Sechsstündige Busfahrt** 6 US$

Infos im Internet

- **Lonely Planet** (lonelyplanet.de)
- **Hip Ecuador** (www.hipecuador.com)
- **Tourismusministerium** (http://ecuador.travel)

Highlights

1 In die malerische **Altstadt** (S. 588) Quitos eintauchen, deren Kopfsteinpflasterstraßen eines der schönsten kolonialen Stadtzentren Lateinamerikas durchziehen

2 Bei der Übernachtung in einer Urwald-Lodge, bei Tierbeobachtungsexkursionen und beim Besuch indigener Dörfer das **Amazonasgebiet** (S. 640) erleben

3 Auf den spektakulären **Galápagosinseln** (S. 666) mit Seelöwen schnorcheln, Pinguine beobachten und Riesenschildkröten in die Augen blicken

4 In **Otavalo** (S. 614) auf einem der größten Open-Air-Märkte Südamerikas um handgearbeitete Schätze feilschen

5 Im hübschen **Mindo** (S. 612) im Nebelwald wandern, sich unter Wasserfällen abkühlen und an Seilrutschen über die Baumkronen fliegen

6 Hoch oben in den Anden auf dem **Quilotoa-Loop** (S. 621) an topasblauen Seen und friedlichen Dörfern vorbeiwandern

7 In der surferfreundlichen Stadt **Montañita** (S. 656) am Strand chillen

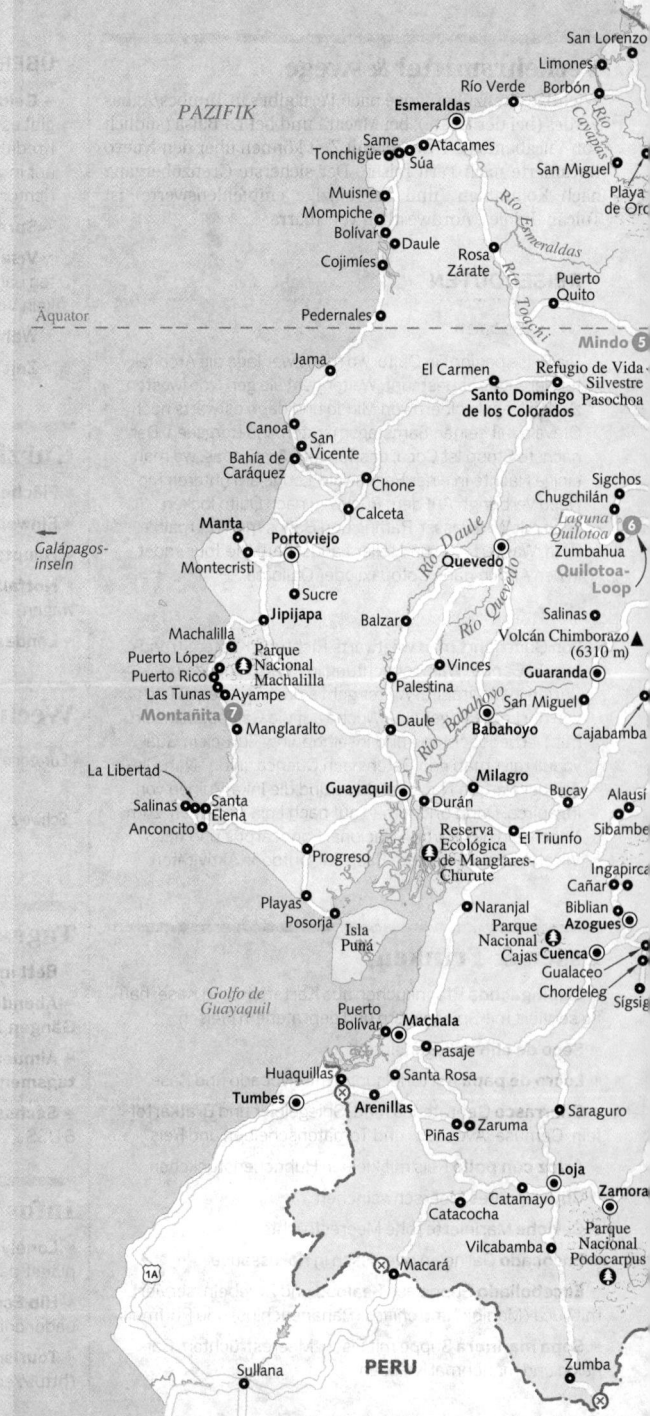

QUITO

♪ 02 / 1,7 MIO. EW.

Hoch in den Anden, zwischen spektakulären, nebelverhangenen Gipfeln, liegt Quito (2850 m). Die Stadt ist mit faszinierenden Museen und architektonischen Schätzen angefüllt und erstreckt sich auf dem Boden eines hohen Andentals ungefähr in Nord-Süd-Richtung. Das Juwel Quitos ist das historische Zentrum, die Altstadt. Die UNESCO-Welterbestätte ist mit Fassaden aus dem 17. Jh., malerischen Plazas und prächtigen Kirchen, die spanische, maurische und indigene Elemente verbinden, gespickt.

Gleich nördlich davon liegt Quitos „Neustadt", eine vollkommen andere Welt. Das Zentrum der Traveller-Szene ist La Mariscal, ein Gebiet, in dem sich Pensionen, Reisebüros, ethnische und internationale Restaurants und ein lebhaftes Nachtleben konzentrieren. Dies ist in der Tat „Gringolandia", wie einige Einheimische die Gegend nennen, obwohl auch zahlreiche *quiteños* (Einwohner von Quito) die Bars und Restaurants in Mariscal bevölkern.

Die Hauptstadt ist nach wie vor beliebt, um einen Spanischkurs zu besuchen und ein Weilchen zu bleiben – vielleicht sogar länger als geplant, wie etliche von der Stadt in den Bann gezogene Auswanderer bezeugen können.

◉ Sehenswertes

◉ Altstadt

Quito wurde vor Jahrhunderten von indigenen Kunsthandwerkern und Arbeitern gebaut, und seine geschichtsträchtigen Kirchen, Kapellen und Klöster sind legendär. In der geschäftigen Altstadt wimmelt es von redegewandten Straßenverkäufern, schlendernden Fußgängern, hupenden Taxis, schnaufenden Bussen und pfeifenden Polizisten, die versuchen, den Verkehr in den engen, verstopften Einbahnstraßen zu

Großraum Quito

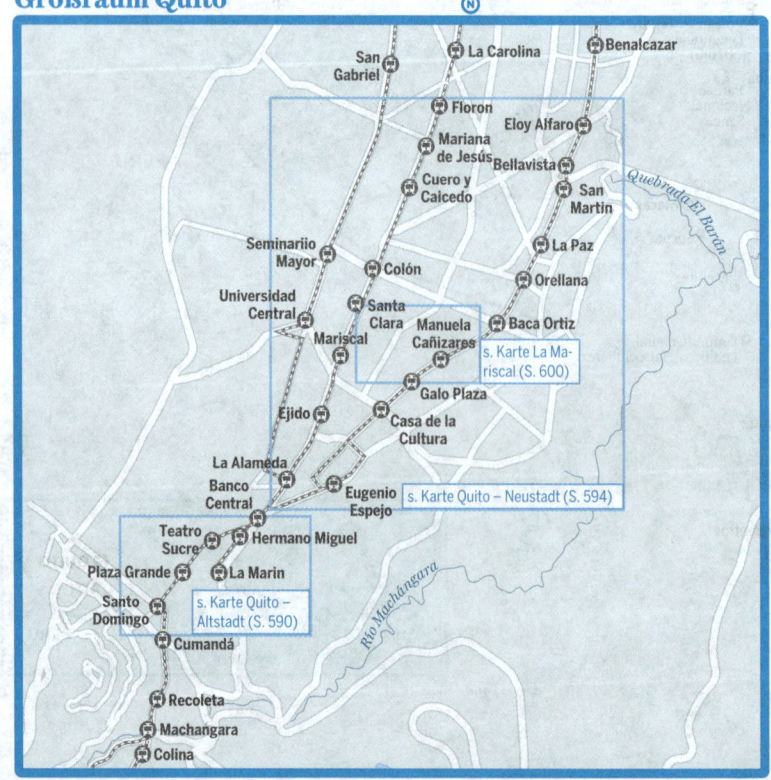

regeln. Sonntags zwischen 8 und 16 Uhr ist die Altstadt für Autos gesperrt.

Die Kirchen sind täglich geöffnet (meist bis 18 Uhr), doch sonntags sind sie mit Kirchgängern überfüllt. In der Regel schließen sie zwischen 13 und 15 Uhr zur Mittagspause.

Plaza Grande PLAZA
(Plaza de la Independencia; Karte S. 590) Im Rahmen von Rundgängen durch das koloniale Quito kommt man höchstwahrscheinlich einige Male an der Plaza Grande (früher bekannt als Plaza de la Independencia) vorbei. Auf den Bänken kann man wunderbar die Morgensonne in den Anden genießen und das allgemeine Gewusel beobachten.

Palacio del Gobierno GEBÄUDE
(Präsidentenpalast; Karte S. 590; Moreno; ⊙ Führungen 10, 11.30, 13, 14.30 & 16 Uhr) GRATIS Das weiße Gebäude an der Nordwestseite der Plaza ist der ecuadorianische Präsidentenpalast. Besucher können ihn im Rahmen einer Führung (auf Spanisch, manchmal auch auf Englisch) besichtigen, wobei sie einen Blick auf das glänzend gefärbte Mosaik werfen können, das Francisco de Orellanas Abstammung von den Amazonen zeigt, und auf ein paar der Palasträume. Der Präsident führt von hier seine Geschäfte, darum beschränkt sich die Besichtigung auf Räume, die nicht genutzt werden. Montags um 11 Uhr findet auf der Plaza der Wachwechsel statt.

Kathedrale KIRCHE
(Catedral Primaria; Karte S. 590; Plaza Grande; Eintritt 1,50 US$; ⊙ Mo-Sa 9-17.15 Uhr) An der Südwestseite der Plaza Grande steht Quitos Kathedrale. Sie ist zwar nicht die am stärksten verzierte aller Kirchen in der Altstadt, beherbergt aber einige faszinierende Arbeiten von Künstlern der Quito-Schule. Außerdem zu sehen ist das kunstvolle Grabmal von Mariscal Sucre, der Leitfigur der Unabhängigkeitsbewegung von Quito. Hinter dem Hauptaltar ist eine Tafel, die anzeigt, wo Präsident Gabriel García Moreno am 6. August 1875 starb. Nachdem er vor dem Palacio del Gobierno mit einer Machete aufgeschlitzt worden war, trug man ihn sterbend zur Kathedrale.

Palacio Arzobispal GEBÄUDE
(Palast des Erzbischofs; Karte S. 590; Chile) Der frühere Palast des Erzbischofs steht an der Nordostseite der Plaza und beherbergt heute zwischen der García Moreno und der Venezuela hinter seinem Säulengang eine Reihe kleiner Geschäfte und Restaurants. Am Wochenende gibt es im überdachten Hof häufig Konzerte.

Centro Cultural
Metropolitano KUNSTZENTRUM
(Karte S. 590; Ecke Moreno & Espejo; ⊙ Di-So 9-17 Uhr, Hof bis 19.30 Uhr) GRATIS Dieses wunderschön restaurierte Gebäude ganz in der Nähe der Plaza Grande beherbergt die Stadtbibliothek und Hörsäle und zeigt wechselnde moderne Kunstausstellungen. Der Standort ist geschichtsträchtig, denn hier befanden sich vermutlich in der vorspanischen Zeit einer von Atahualpas Palästen, von 1597 bis 1767 eine Jesuitenschule, in den späten 1700er-Jahren nach der Vertreibung der Jesuiten eine Kaserne sowie 1809 eine Stätte, an der königstreue Truppen eine Gruppe von Revolutionären festhielten, die sie ein Jahr später ermordeten.

★ Iglesia de la Compañía de Jesús KIRCHE
(Karte S. 590; www.fundacioniglesiadelacompania.org.ec; García Moreno & Sucre; Erw./Student 4/2 US$; ⊙ Mo-Fr 9.30-18.30, Sa bis 16 Uhr, So 12.30-16 Uhr) Mit ihren grüngoldenen Kuppeln ist die La Compañía de Jesús Quitos schmuckvollste Kirche und sticht aus der barocken Pracht der Altstadt heraus. Im Rahmen kostenloser Führungen auf Englisch oder Spanisch bekommen Besucher die einzigartigen Merkmale der Kirche erklärt, darunter ihre maurischen Elemente, die perfekte Symmetrie (bis zur *trompe l'oeil*-Treppe auf der Rückseite), die symbolischen Elemente (leuchtend rote Wände zum Gedenken an das Blut Christi) und ihren Synkretismus (ecuadorianische Pflanzen und indigene Gesichter, die sich entlang der Säulen verstecken).

Iglesia y Monasterio de
San Francisco KIRCHE, KLOSTER
(Karte S. 590; Cuenca nahe Sucre; ⊙ tgl. 7-11 Uhr, Mo-Do 15-18 Uhr) GRATIS Mit dem Bau des Klosters, des größten Kolonialgebäudes der Stadt, wurde 1534 begonnen, nur ein paar Wochen nach der Gründung von Quito. Er dauerte dann aber weitere 70 Jahre an. Obwohl große Teile der Kirche wegen Erdbebenschäden erneuert werden mussten, ist einiges noch original: In der **Kapelle des Señor Jesús del Gran Poder** rechts vom Hauptaltar sind noch die einstigen Fliesen erhalten. Der **Hauptaltar** selbst ist ein spektakuläres Beispiel barocker Schnitzkunst, viele der Räume weisen maurische Einflüsse auf.

Quito – Altstadt

El Museo Francisco MUSEUM
(Museo Fray Pedro Gocial; Karte S. 590; Cuenca 477 & Sucre; Eintritt 2 US$; ⊙ Mo–Sa 9–17.30, So bis 13 Uhr) Rechts vom Haupteingang der Iglesia de San Francisco und innerhalb des Geländes des Monasterio de San Francisco befindet sich dieses Museum, welches einige der schönsten Kunstwerke der Kirche, beispielsweise Gemälde, Skulpturen und Möbelstücke aus dem 16. Jh., die teilweise fantastisch gearbeitet und mit Tausenden kleinen Perlmuttstückchen verziert sind, ausstellt. Der Eintrittspreis beinhaltet Führungen in englischer oder spanischer Sprache.

Casa del Alabado MUSEUM
(Karte S. 590; ☏ 02-228-0940; www.alabado.org; Cuenca N1-41; Eintritt 4 US$; ⊙ 9.30–17.30 Uhr) Dieses private, modern gestaltete Museum in einem trutzig wirkenden Haus aus der Kolonialzeit präsentiert eine wirklich beeindruckende Sammlung vorkolumbischer Kunstwerke. Die Ausstellungsstücke sind nach Themen geordnet, z. B. „Schamanen" oder „Jenseits", und mit Erklärungen auf Englisch und Spanisch versehen (Audioguides erhältlich). Letztere erläutern die Ansichten der Ureinwohner, die in den schön gearbeiteten Keramiken und Schmuckstücken zum Ausdruck kommen.

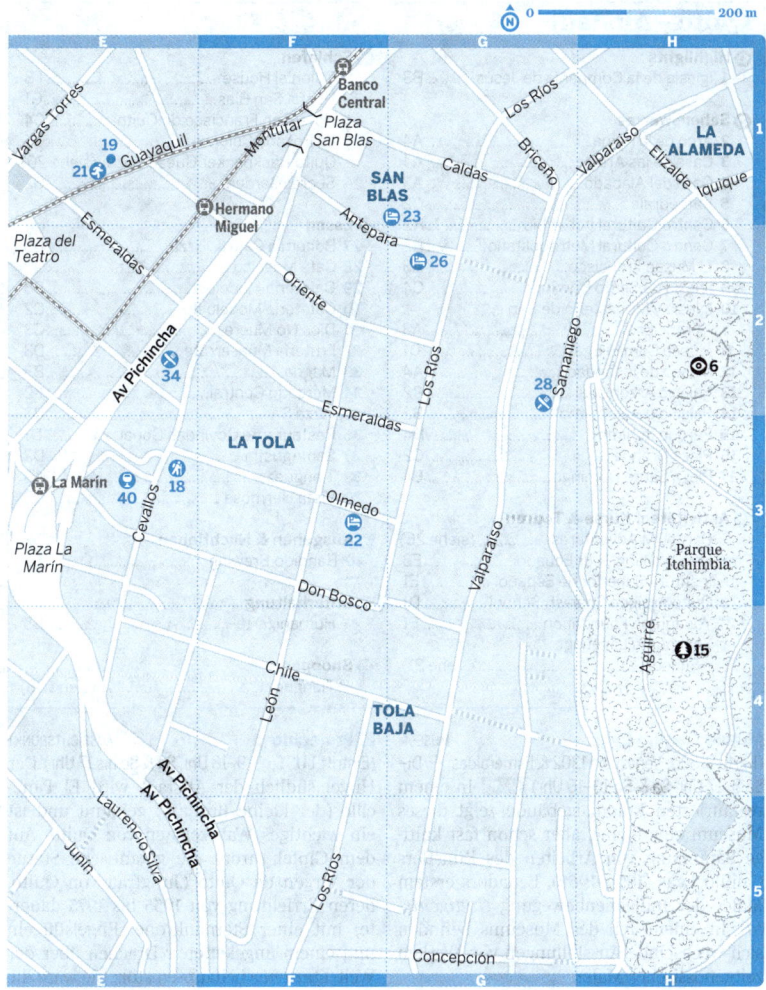

Museo de la Ciudad MUSEUM
(Karte S. 590; 02-295-3643; www.museociu
dadquito.gob.ec; García Moreno nahe Rocafuerte; Eintritt 3 US$; Di–So 9.30–16.30) Gleich hinter dem **Arco de la Reina** (Ecke García Moreno & Rocafuerte) aus dem 18. Jh., der zum Schutz der Kirchenbesucher gebaut wurde, zeigt dieses ausgezeichnete Museum Impressionen aus dem Alltag in Quito im Lauf der Jahrhunderte. Zu den Ausstellungsstücken gehören Dioramen, Modelle indigener Häuser und kolonialer Küchen. Auch das Gebäude selbst (ein ehemaliges Krankenhaus aus dem Jahr 1563) ist ein Kunstwerk. Im Eintritt enthalten ist eine Führung auf Spanisch. Es gibt aber auch Führungen auf Englisch und Französisch (zzgl. 4 US$).

Plaza Santo Domingo PLAZA
(Karte S. 590) Die Plaza Santo Domingo am Südwestende der Calle Guayaquil ist ein regelmäßig frequentierter Treffpunkt für Straßenkünstler. Scharen von *quiteños* versammeln sich auf der Plaza, um die Auftritte der schmollenden Clowns und Amateurzauberer zu sehen. Besonders schön ist die Plaza abends, wenn an der Südostseite die Kuppeln der **Iglesia de Santo Domingo** (Ecke Flores & Rocafuerte; 7–13 & 17–19 Uhr) GRATIS aus dem 17. Jh. mit Flutlicht angestrahlt werden.

Quito – Altstadt

◉ Highlights
1 Iglesia de la Compañía de Jesús B3

◉ Sehenswertes
- 2 Arco de la Reina A4
- 3 Casa de las Artes A4
- 4 Casa del Alabado A3
- 5 Kathedrale C2
- 6 Centro Cultural Itchimbia H2
- 7 Centro Cultural Metropolitano B2
- 8 El Museo Francisco A3
- 9 Iglesia de Santo Domingo C4
- 10 Iglesia y Monasterio de San Francisco A3
- 11 Museo Camilo Egas D1
- 12 Museo de la Ciudad A4
- 13 Palacio Arzobispal C2
- 14 Palacio del Gobierno B2
- 15 Parque Itchimbia H4
- 16 Plaza Grande C2
- 17 Plaza Santo Domingo B4

◉ Aktivitäten, Kurse & Touren
- CarpeDM Adventures .... (siehe 26)
- 18 Free Walking Tour Ecuador E3
- 19 Instituto Superíor de Español E1
- 20 Quito Antiguo Spanish School D1
- 21 Yanapuma Foundation E1
- Yanapuma Language School .... (siehe 21)

◉ Schlafen
- 22 Colonial House F3
- 23 Hostal San Blas G1
- 24 Hotel San Francisco de Quito C4
- 25 La Posada Colonial C5
- Quito Backpacker Guesthouse .. (siehe 26)
- 26 Secret Garden G2

◉ Essen
- 27 Bohemia Cafe & Pizza B5
- 28 Café Mosaico G2
- 29 Cafetería Modelo B3
- 30 Cafetería Modelo II C2
- 31 Dios No Muere C3
- 32 Frutería Monserrate D3
- 33 Magda B3
- 34 Mercado Central E2
- 35 Pizza SA C3
- 36 Restaurante Govindas Gopal D1
- 37 San Agustín D2
- 38 Tianguez A3
- 39 Vista Hermosa C2

◉ Ausgehen & Nachtleben
- 40 Bandido Brewing E3

◉ Unterhaltung
- 41 Humanizarte B5

◉ Shoppen
- Tianguez .... (siehe 38)

Museo Camilo Egas — MUSEUM
(Karte S. 590; Venezuela 1302 & Esmeraldas; Di-Sa 8–17 Uhr, Sa & So 10–16 Uhr) GRATIS In einem restaurierten Kolonialgebäude zeigt dieses Museum eine kleine, aber schon fast kultige Sammlung von Arbeiten des Künstlers Camilo Egas (1899–1962), Ecuadors erstem Maler der Indigenenbewegung *(indigenista)*. In einem Teil des Museums befinden sich wechselnde Ausstellungen von Werken zeitgenössischer Maler.

Basílica del Voto Nacional — KIRCHE
(Ecke Venezuela & Carchi; Eintritt Kirche/Turm 1/2 US$; 9–16.30 Uhr) Hoch oben auf einem Hügel im nordöstlichen Teil der Altstadt thront diese massive gotische Kirche, die von 1926 an über mehrere Jahrzehnte erbaut wurde. Statt Wasserspeiern ragen an der Seite der Kirche Schildkröten und Leguane hervor. Das Highlight sind die **Türme** der Basilika, die man besteigen kann, wenn man gute Nerven hat; beim Aufstieg geht es über eine wacklige Holzplanke im Innern des Hauptdachs und über ziemlich steile Treppen und Leitern (mit soliden Handläufen) in die Höhe.

El Panecillo — AUSSICHTSPUNKT
(Eintritt 1 US$; 9–18 Uhr, Sa & So bis 17 Uhr) Der Hügel südlich der Altstadt wird El Panecillo (der kleine Brotlaib) genannt und ist ein wichtiges Wahrzeichen von Quito. Auf dem Gipfel thront die gigantische Statue der Virgen de Quito (Jungfrau von Quito, deren Errichtung von 1955 bis 1975 dauerte) mit einer Sternenkrone, Engelsflügeln und einem angeketteten Drachen über der Welt. *Quiteños* behaupten stolz, sie wäre die weltweit einzige Madonna, die mit Flügeln dargestellt wird. Von oben hat man einen herrlichen Ausblick auf die weitläufige Stadt und die umgebenden Vulkane.

Parque Itchimbia — PARK, AUSSICHTSPUNKT
(Karte S. 590) Dieser von Gras geprägte Park hoch oben auf einem Hügel der Altstadt gewährt prächtige Aussichten auf die Stadt und ist der perfekte Platz, um das Picknick auszupacken, etwas Sonne zu tanken und den Blick zu genießen. Das Herz des Parks ist das **Centro Cultural Itchimbia** (Öffnungszeiten variieren) GRATIS, ein großes Glas- und Eisengebäude nach dem Modell des ursprünglichen städtischen Mercado Santa

Clara, wo regelmäßig Kunstausstellungen und kulturelle Veranstaltungen stattfinden. Der Park ist beliebt bei Joggern.

★ TelefériQo　　　　　　　　AUSSICHTSPUNKT
(Av Occidental nahe Av La Gasca; Eintritt 8,50 US$; ☉Mo-Fr 9-18 Uhr, Sa & So bis 20 Uhr) Spektakuläre Aussichten über die gebirgige Landschaft Quitos winken bei der Fahrt mit der Seilbahn, die 2,5 km (10 Min.) über die Hänge des Volcán Pichincha bis hinauf zum Cruz Loma fährt. Oben angekommen (auf „nur" 4100 m) kann man zum Gipfel des Rucu Pichincha (4680 m) wandern. Wer fit ist, schafft das in etwa drei Stunden. Man muss ein bisschen klettern und sollte sich vorab über die Sicherheitslage informieren.

⊙ Neustadt

★ Museo Nacional　　　　　　　MUSEUM
(Karte S. 594; Ecke Av Patria & Av 12 de Octubre; ☉Di-Fr 8.30-16.30 Uhr, Sa & So 10-16 Uhr) GRATIS In dem runden, auffallenden Glasbau der Casa de la Cultura Ecuatoriana befindet sich eine der landesweit größten Sammlungen ecuadorianischer Kunst mit wunderschönen vorspanischen und kolonialen religiösen Kunstwerken. Die Sala de Arqueología zeigt mehr als 1000 Keramikteile von 12 000 v. Chr. bis 1534 n. Chr., in der Sala de Oro (Goldzimmer) ist eine wunderschön strahlende, goldene Sonnenmaske zu sehen, und in der Sala de Arte Colonial (Raum mit kolonialer Kunst) finden sich meisterhafte Arbeiten der Quito-Schule.

Quito-Observatorium　　　　　MUSEUM
(Karte S. 594; Parque la Alameda; Eintritt 2 US$; ☉Di-So 10-17 Uhr) Das vierseitige Observatorium, 1864 von Präsident García Moreno eröffnet, ist das älteste auf dem ganzen Kontinent. Es beherbergt ein Museum mit Pendeln aus dem 19. Jh., Sextanten, Chronometern und anderen historischen Instrumenten und ist donnerstag- und freitagabends zur Sternbeobachtung geöffnet (jeweils 18 & 19.30 Uhr, Eintritt 3 US$) – das lohnt aber nur bei klarem Himmel. Das Observatorium befindet sich im kleinen Parque La Alameda.

Centro de Arte Contemporáneo　MUSEUM
(www.centrodeartecontemporaneo.gob.ec; Dávila & Venezuela; ☉Di-So 9-17:30 Uhr) GRATIS In einem schön restaurierten ehemaligen Militärkrankenhaus zeigt dieses tolle Museum hochmoderne Multimediaexponate sowie erstklassige moderne Kunstausstellungen, die in die Stadt kommen. Ein Café gibt es ebenfalls.

Parque La Carolina　　　　　　PARK
(Karte S. 594) Nördlich von Mariscal liegt der riesige Parque la Carolina. An den Wochenenden füllt er sich mit Familien, hier Ruderboot fahren, Fußball und Volleyball spielen und auf den Fahrradwegen trainieren.

Jardín Botánico　　　　　　　GARTEN
(Karte S. 594; www.jardinbotanicoquito.com; Erw./Kind 3,50/2 US$; ☉9-17 Uhr) Die beliebteste Attraktion im Parque Carolina ist dieser friedlich gelegene botanische Garten mit heimischen Biotopen, darunter *páramo* (Graslandschaft in den Höhenlagen der Anden), Nebelwald und Feuchtgebiete, außerdem ein *orquideario* (Orchideentreibhaus), einen ethnobotanischen Garten (mit Pflanzen, die die indigenen Völker nutzen) und einem Amazonasgewächshaus. Für die Kinder gibt's einen Spiel-/Entdeckungsbereich.

★ Museo Guayasamín　　　　　MUSEUM
(www.guayasamin.org; Calvache E18-94 & Chávez, Bellavista; Erw./Senior & Student/Kind 6/3 US$/frei, inkl. Capilla del Hombre; ☉Di-So 10-17 Uhr) Das Museum im früheren Wohnhaus des berühmten Malers Oswaldo Guayasamín (1919–1999) zeigt die größte Sammlung seiner Werke. Guayasamín war selbst leidenschaftlicher Sammler; das Museum präsentiert seine außergewöhnliche Sammlung von präkolumbischer Keramik, Knochen und Metallteilen.

Capilla del Hombre　　　　　KUNSTMUSEUM
(Kapelle des Menschen; www.guayasamin.org; Calvache E18-94 & Chávez, Bellavista; Erw./Senior & Student/Kind 6/3 US$/frei, inkl. Museo Guayasamín; ☉Di-So 10-17 Uhr) Ein paar Blocks entfernt vom Museo Guayasamín steht eines der wichtigsten Kunstwerke Südamerikas: Guayasamíns Capilla del Hombre. Die Frucht der größten Vision Guayasamíns, dieses gigantische Monument und Museum, ist ein Tribut an die Menschheit, an das Leid der indigenen Armen Lateinamerikas und an die Hoffnung auf eine bessere Welt. Es ist sehr bewegend und die Führungen (auf Englisch, Französisch & Spanisch, im Eintritt inkl.) sind empfehlenswert. Sie beginnen auf Anfrage während der Öffnungszeiten.

Mindalae – Museo Etnográfico de Artesanía de Ecuador　　　MUSEUM
(Karte S. 594; Reina Victoria N26-166 & La Niña; Eintritt 3 US$; ☉Mo-Sa 9-18 Uhr) Das kleine,

Quito – Neustadt

594

ECUADOR QUITO

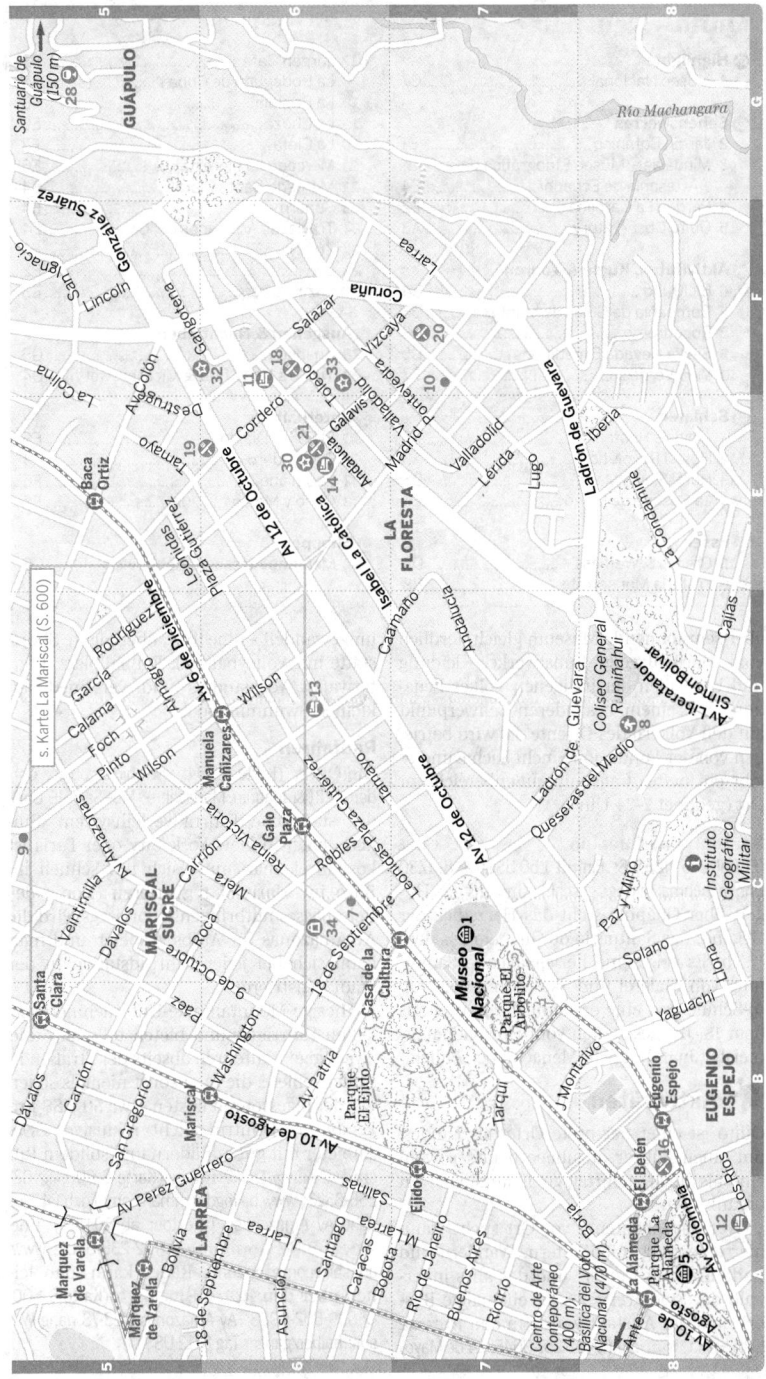

Quito – Neustadt

◎ Highlights
1 Museo Nacional C7

◎ Sehenswertes
2 Jardín Botánico E1
3 Mindalae – Museo Etnográfico de
   Artesanía de Ecuador E4
4 Parque La Carolina E2
5 Quito Observatory A8

◉ Aktivitäten, Kurse & Touren
6 BiciQuito C4
7 Compañía de Guías de Montaña C6
8 Rocódromo D8
9 Sierra Nevada Expeditions C5
10 Vida Verde F7

🛏 Schlafen
11 Aleida's Hostal F6
12 Hostel Revolution A8
13 Hotel Sierra Madre D6
14 La Casona de Mario E6

🍴 Essen
15 Crepes & Waffles D4
16 Frutería Monserrate B8

17 Jürgen Cafe F3
   La Bodeguita de Cuba .... (siehe 31)
18 La Briciola F6
19 La Choza E6
20 La Cleta F7
21 Mercado La Floresta E6
22 Mercado Santa Clara B4
23 Supermaxi E4
24 Traviesas Artesanos del Cafe F4
25 Z(inc) F4
26 Zao E2
27 Zazu E3

🍷 Ausgehen & Nachtleben
28 Ananké G5
29 Turtle's Head Pub & Microbrewery D4

🎭 Unterhaltung
30 El Pobre Diablo E6
31 El Veradero E4
32 La Juliana F6
33 Ocho y Medio F6

🛍 Shoppen
34 Mercado Artesanal La Mariscal C6

---

aber sehr lohnende Museum gleich nördlich vom Mariscal zeigt Kunstwerke, Kleidung und Utensilien der indigenen Völker Ecuadors, mit einem besonderen Schwerpunkt auf den Völkern des Oriente. Es wird betrieben von der Fundación Sinchi Sacha, und es gibt ein nettes Café mit Außenbereich vor Ort (geöffnet 7–24 Uhr).

Santuario de Guápulo   KIRCHE
(El Calvario N27-138; Eintritt 1,50 US$; ⊗8–17.30 Uhr, manchmal mittags geschl.) Am Fuß des Hügels über Guápulo steht das Herzstück der Gegend: das Santuario de Guápalo aus dem 17. Jh. Es zeigt eine hervorragende Sammlung von Malerei und Skulpturen der Quito-Schule und eine erstaunliche Kanzel aus dem 18. Jh., geschaffen vom Holzbildhauermeister Juan Bautista Menacho persönlich.

🏃 Aktivitäten

Quito ist einer der beste Orte des Landes, um einen Führer anzuheuern und sowohl ein- als auch mehrtägige Exkursionen zu organisieren.

Wer das Abenteuer vor Ort sucht, kann hier einen Tag mit Klettern, Wandern und Radfahren verbringen, und das alles innerhalb der Stadtgrenzen. Der ehemalige Busbahnhof der Altstadt wurde in den **Parque Urbano Qmandá** (⌨02-257-3645; 24 de Mayo) umgewandelt – eine tolle, überdachte Sportstätte mit Volleyballfeld, Fußballplatz, Kletterwand, Yogastudios und verschiedenen kleinen Swimmingpools.

Radfahren
BiciQuito (Karte S. 594; www.biciq.gob.ec; Cordero 1221 & Joaquin, Mariscal; ⊗Mo–Sa 7–19 Uhr), das städtische Fahrradverleihsystem ähnlich denen in New York City oder Paris ist kostenfrei, man muss sich nur schnell im Büro im Mariscal registrieren (Kopie des Reisepasses mitbringen!). Sonntags wird die Av Amazonas für Autos gesperrt, und man kann sich bei jeder Fahrradstation in der Stadt registrieren.

Hiesige Mountainbike-Unternehmen verleihen Fahrräder und bieten tolle ein- und zweitägige Radtouren abseits der Straßen in Andengebiete, die man sonst niemals sehen würde. Tagestouren kosten etwa 50 US$ pro Person, Parkeintritt nicht inklusive. Zwei Anbieter mit guten Rädern und solidem Ruf sind **Biking Dutchman** (Karte S. 600; ⌨02-256-8323; www.bikingdutchman.com; Foch E4-283 nahe Av Amazonas; Tagestour ab 50 US$) und **Arie's Bike Company** (⌨02-238-0802; www.ariesbikecompany.com). Räder kann man leihen über den **Retro Bici Club** (Karte S. 600; ⌨099-502-9088; Av Amazonas N23-78 nahe Wilson; halber/ganzer Tag 8/12 US$).

Klettern

Rocódromo KLETTERN
(Karte S. 600; Queseras del Medio s/n, La Vicentina; Eintritt 2 US$; ⊙ 8–19.30 Uhr) Die 25 m hohe Kletteranlage, die sich draußen gegenüber vom Coliseo General Rumiñahui befindet, hat mehr als ein Dutzend Kletterrouten an den Hauptwänden.

 Kurse

Tanzen

Academia Salsa & Merengue TANZ
(Karte S. 600; ☎ 02-222-0427; tropicaldancing@hotmail.com; Foch E4-256 & Av Amazonas; Privat-/Gruppenunterricht pro Std. 10/6 US$; ⊙ Mo–Fr 10–20 Uhr) Sylvia Garcia, eine Profitänzerin mit jahrzehntelanger Erfahrung, bietet in dieser Schule Unterricht in zahlreichen Stilen an.

Ritmo Salvaje TANZ
(Karte S. 600; ☎ 02-222-4603; García E5-45; Privatunterricht 10 US$; ⊙ Mo–Fr 10–20 Uhr) Diese kleine, beliebte Tanzschule hält donnerstags um 20 Uhr eine kostenlose Einführungsstunde ab. Am Freitag- und Samstagabend verwandelt sie sich in einen gut besuchten Salsa-Treff (Eintritt 3 US$ od. frei, wenn man Unterricht nimmt).

Sprache

Quito ist ein toller Ort, um Spanisch zu lernen. Man kann bei Gastfamilien wohnen, an organisierten Aktivitäten teilnehmen und Freiwilligenarbeiten verrichten. Die Preise für Gruppen-/Privatunterricht beginnen bei 8/10 US$ pro Stunde.

Ecole Idiomas SPRACHKURS
(Karte S. 600; ☎ 02-601-4757; www.ecoleidiomas.com; García E6-15 nahe Mera) Auf Konversation ausgelegte Gruppen- (7 US$/Std.) und private (10 US$/Std.) Spanischkurse in einem schönen, alten Gebäude mit Holzböden, einem Garten vorn und einem großen Lounge-Bereich hinten an einer geschäftigen Mariscal-Straße. Jeden Mittwoch werden Salsa-Kurse veranstaltet, und an einem Brett sind mit weiteren angebotenen Aktivitäten angeheftet.

Quito Antiguo Spanish School SPRACHKURS
(Karte S. 590; ☎ 02-228-8454; www.quitoantiguospanish.com; Venezuela 1129) In einem heruntergekommenen, etwas trostlosen Haus mitten im Centro Histórico bietet Quito Antiguo viele verschiedene Kurse (einschließlich Kurse für ältere Lernende), eine Auswahl von Ausflügen, kostengünstige Wohnungen und Aufenthalte in Gastfamilien an.

Yanapuma Language School SPRACHKURS
(Karte S. 590; ☎ 02-254-6709; www.yanapuma.org; Guayaquil N9-59 & Oriente) Diese hervorragende, von einer Stiftung geführte Schule befindet sich im Herzen des Centro Histórico in einem alten Gebäude mit lichtdurchflutetem Hof. Die Anmeldegebühr von 25 US$ sowie die Gewinne aus den Konversationskursen gehen an die Stiftung, die die nachhaltige Entwicklung von indigenen Gemeinden fördert. Dienstags gibt es Salsa-Kurse und mittwochs ecuadorianische Snacks.

Vida Verde SPRACHKURS
(Karte S. 594; ☎ 02-252-4333; www.vidaverde.com; Madrid E13-137 nahe Lugo, La Floresta) Eine empfehlenswerte Schule in Besitz von Ecuadorianern in einem luftigen, hellen umgebauten Wohnhaus mit Küche, Lounge und einer kleinen Leihbücherei in der Nähe der Universität. Wohnt man im Mariscal, liegt sie etwas abseits. Das Personal arrangiert auch Studienreisen in den Regenwald (bei Tena oder Coca) und an die Küste (Puerto López und Rio Muchacho Organic Farm bei Canoa). 10 % der Gewinne gehen an Umwelt- und Sozialprojekte in Ecuador.

Geführte Touren

Quito ist einer der Orte in Ecuador, an denen sich eine geführte Tour am leichtesten arrangieren lässt, ob es sich nun um eine Galápagoskreuzfahrt, eine Klettertour oder einen Urwaldtrip handelt. Auf jeden Fall sollte man werktags vorbeigehen, denn am Wochenende sind viele Büros geschlossen.

CarpeDM Adventures GEFÜHRTE TOUREN
(Karte S. 590; ☎ 02-295-4713; www.carpedm.ca; Antepara E4-70) Das CarpeDM bekommt sehr gute Noten für seine tollen Preise und das breite Tourangebot. Was die vom freundlichen, verlässlichen und sachkundigen Paul Parreno geleitete Agentur aber wirklich von vielen anderen abhebt, ist der Service. Für Leute mit wenig Zeit gibt es Tagestouren nach Cotopaxi, Otavalo und Mindo sowie Montag bis Freitag kostenlose Rundgänge durch die Altstadt. Das Büro befindet sich im Secret Garden Hostel im Stadtteil San Blas in der Altstadt.

Compañía de Guías de Montaña FELSENKLETTERN
(Karte S. 594; ☎ 02-290-1551; www.companiadeguias.com; Av 6 de Diciembre N20-50 & Washington) Erstklassiger Anbieter von Bergtouren. Alle

Guides sind Ausbilder der Asociación Ecuatoriana de Guías de Montaña (ASEGUIM; Ecuadorianische Gesellschaft der Bergführer) und sprechen mehrere Sprachen.

Condor Trek ABENTEUERTOUREN
(Karte S. 600; ☎ 02-222-6004; Reina Victoria N24-295) Seriöser Anbieter von geführten Klettertouren auf die meisten Gipfel in Ecuador.

Eos Ecuador GEFÜHRTE TOUREN
(Karte S. 600; ☎ 02-601-3560; www.eosecuador.travel; Av Amazonas N24-66 & Pinto) Eos bietet eine breite Palette von Kletter-, Wander-, Galápagos- und Amazonastouren an und organisiert die Unterbringung bei gemeinschaftsorientierten Tourismusinitiativen.

Gulliver GEFÜHRTE TOUREN
(Karte S. 600; ☎ 02-252-9297; www.gulliver.com.ec; Mera 24-156 nahe Calama) Geschätzter Anbieter für Trekking, Klettern, Mountainbiken und Reitausflüge in den Anden. Ausgezeichnete Preise, tägliche Abfahrten.

Happy Gringo GEFÜHRTE TOUREN
(☎ 02-512-3486; www.happygringo.com; Aldaz N34-155 nahe Portugal, Edificio Catalina Plaza, 2. Stock) Das Unternehmen in britischer und dänischer Hand ist auf Traveller mit mittlerem Budget ausgerichtet und organisiert wochen- bis monatelange individuelle Touren durch das Land, von den Galápagosinseln bis zum Amazonas. Das professionell geführte Happy Gringo ist eines der besten Touristikunternehmen der Stadt mit englischsprachigen Führern und privaten Fahrern.

Safari Tours GEFÜHRTE TOUREN
(Karte S. 600; ☎ 02-255-2505; www.safari.com.ec; Reina Victoria N25-33, 10. Stock, nahe Av Colon) Genießt einen Top-Ruf und ist schon lange im Geschäft. Safari Tours hat eine reihe verschiedener Touren und Trips im Programm, von Vulkanbesteigungen und Urwaldtrips bis zu Jeeptouren und individuellen Expeditionen abseits ausgetretener Pfade. Im Mariscal.

Sierra Nevada Expeditions ABENTEUERTOUR
(Karte S. 594; ☎ 02-255-3658; www.sierranevadatrek.com; Pinto 4E-152 nahe Cordero) Das Sierra Nevada, das schon lange im Geschäft ist, bietet Klettertouren und Raftingtrips auf Flüssen an. Der Besitzer Freddy Ramirez ist ein bekannter, sehr angesehener Bergführer.

Tropic GEFÜHRTE TOUREN
(☎ 888-207-8615; www.tropiceco.com; Pasaje Sanchez Melo nahe Av Galo Plaza Laso) Alteingesessene Agentur mit vielen drei- bis sechstägigen Touren zum Oriente, in die Anden und die Nebelwälder.

Yacu Amu Rafting ABENTEUERTOUR
(Karte S. 600; ☎ 02-290-4054; www.raftingecuador.com; Foch 746 nahe Mera) Ausgezeichneter Anbieter für Raftingabenteuer mit täglichen Abfahrten zum Río Toachi und zum Río Blanco und einigen anderen Optionen mit den Schwierigkeitsstufen III bis IV.

Free Walking Tour Ecuador WANDERTOUR
(Karte S. 590; www.freewalkingtourecuador.com; Cevallos N6-78) Einheimische ecuadorianische Führer laufen täglich (außer So) um 10.30 Uhr am Community Hostel in der Altstadt los. Das Ganze ist gratis, aber Trinkgeld wird erwartet.

🎉 Feste & Events

Mit der größten Party der Stadt wird am ersten Dezemberwochenende die Gründung Quitos gefeiert. Dann finden auf der Plaza de Toros täglich Stierkämpfe statt. Am Silvesterabend werden um Mitternacht in den Straßen lebensgroße Puppen (die oft Politiker darstellen) verbrannt. Der **Karneval** wird mit wüsten Wasserschlachten gefeiert, bei denen niemand verschont wird. Während der Osterwoche werden farbenprächtige Prozessionen veranstaltet.

🛏 Schlafen

Die meisten Traveller übernachten im Viertel Mariscal, um in der Nähe der vielen Bars, Cafés und Restaurants zu sein.

Straßenlärm kann bei vielen Unterkünften ein Problem sein, doch in Mariscal geht es besonders lärmig zu.

In der Altstadt gibt es zwar keine Thai-Restaurants und Bars mit in Ecuador lebenden Ausländern, dafür aber ein viel besseres koloniales Ambiente – hier fühlt man sich nicht wie in „Gringolandia".

Im hippen Viertel La Floresta, das an Mariscal angrenzt, gibt es ein paar einladende Unterkünfte.

🛏 Altstadt

⭐ **La Posada Colonial** PENSION $
(Karte S. 590; ☎ 02-228-2859; www.laposadacolonial.com; Paredes S1-49 & Rocafuerte; Zi. 11 US$/Pers.; @ 🛜) Perfekt für alle, die eine zwanglose, günstige Unterkunft in der Altstadt suchen, die kein Hostel ist – sie liegt sogar in Stolpernähe zu La Ronda! Die Zimmer

haben hohe Decken und Holzböden sowie meist mehrere Betten, was toll für Gruppen ist. Die Bäder sind eher kompakt. Es gibt eine kleine, unfertige Dachterrasse und eine Küche zur Mitbenutzung.

Quito Backpacker Guesthouse PENSION $
(Karte S. 590; ☏ 02-257-0459; www.quitobackpackerguesthouse.com; Ecke Oriente E3-108 & Léon, San Blas; B 7 US$, Zi. 20 US$, ohne Bad 9 US$; ☎) Eine gute Wahl für alle, die die Atmosphäre einer familienbetriebenen Pension zu Hostelpreisen suchen: Dieses große, kürzlich umgebaute Kolonialhaus im Viertel San Blas hat auf mehreren Stockwerken geräumige Zimmer mit hohen Decken und Holzböden. In jeder Etage ist eine Küche, und es gibt eine Dachterrasse mit Blick auf die Altstadt.

Secret Garden HOSTEL $
(Karte S. 590; ☏ 02-295-6704; www.secretgardenquito.com; Antepara E4-60, San Blas; B 11 US$, DZ 39 US$, ohne Bad 32 US$; @☎) In dem beliebten Hostel herrscht zweifellos Partyflair; Mauerblümchen oder Leute, die Privatsphäre brauchen, sollten woanders absteigen. Langzeitreisende, die in Quito in Bars arbeiten, und Leute auf Südamerikarundreise tauschen auf der Dachterrasse mit magischem Ausblick auf die Altstadt bei einem Bier Geschichten aus. Die Zimmer sind einfach, aber sauber und haben Holzböden.

Colonial House HOSTEL $
(Karte S. 590; ☏ 02-316-3350; www.colonialhousequito.com; Olmedo E-432 & Los Ríos; B 10 US$, Zi. 25 US$, ohne Bad 20 US$; @☎) Die Fassade ist vielleicht aus der Kolonialzeit, aber an dieser planlos gestalteten Pension ist sonst nichts stattlich, historisch oder elegant. Sie ist sogar ziemlich chaotisch, vor allem der vernachlässigte Garten, wo man campen oder mit Gewichten trainieren kann (die vielleicht jahrhundertealt sind). Die 16 Zimmer sind unterschiedlich eingerichtet sowie unterschiedlich ansprechend, aber alle haben (schiefe) Holzböden.

Hostal San Blas HOTEL $
(Karte S. 590; ☏ 02-228-9480; www.hostalsanblas.com.ec; Caldas E1-38, Plaza San Blas; EZ/DZ 15/24 US$, ohne Bad 13/20 US$) Das San Blas ist wegen seiner Lage an einem attraktiven Platz und der guten Anbindung an öffentliche Verkehrsmittel eine gute Option für alle, denen kleine, dunkle, fensterlose Zimmer nichts ausmachen (von den käsegelben Wänden abgesehen). Für das kleine Fitnessstudio nebenan bekommt man hier Rabatt.

Hostel Revolution PENSION $
(Karte S. 594; ☏ 02-254-6458; www.hostelrevolutionquito.com; Los Ríos N13-11 nahe Castro; B/EZ/DZ/3BZ 10/15/27/33 US$; @☎) Wer dem Zirkus in Mariscal entfliehen möchte, für den ist dieses relaxte Kolonialhaus eine tolle Option. Die Zimmer sind komfortabel, es gibt eine Gemeinschaftsküche, eine Terrasse mit Ausblick und eine farbenfrohe Bar mit Lounge, in der man andere Traveller treffen kann. Nur ein Block den Hügel hoch vom Parque La Alameda.

★Hotel San Francisco de Quito HOTEL $$
(Karte S. 590; ☏ 02-228-7758; www.sanfranciscodequito.com.ec; Sucre Oe3-17; EZ/DZ 32/51 US$; @☎) Ohne Übertreibung: Tritt man durch die mittelalterlich anmutende Eingangstür in den hellen, üppig bepflanzten Innenhof des historischen Hotels, fühlt man sich wie in ein anderes Jahrhundert versetzt, nämlich in das Jahr 1698, als dieses Haus ursprünglich gebaut wurde. Es gibt viele verschieden große und unterschiedlich aussehende Zimmer, aber alle haben Holzböden und sind gemütlich eingerichtet.

La Mariscal

Blue House PENSION $
(Karte S. 600; ☏ 02-222-3480; www.bluehousequito.com; Pinto E8-24; B 8 US$, DZ 30 US$, ohne Bad 24 US$; @☎) Die freundliche Pension hat acht nette Zimmer (vier Schlafsäle mit sechs bis acht Betten, vier Privatzimmer) mit Holzböden an einer ruhigen Straße. Es gibt eine betonierte Fläche vor dem Haus zum Grillen, eine gemütliche Lounge mit Kamin und eine Gästeküche.

Magic Bean PENSION $
(Karte S. 600; ☏ 02-256-6181; www.magicbeanquito.com; Foch E5-08 & Mera; B/EZ/DZ 14/28/36 US$; ☎) Das Magic Bean ist vor allem wegen seiner lebhaften Restaurants bekannt. Es hat nur vier Zimmer, die alle sehr ordentlich und hübsch eingerichtet sind. Nichts für Leute mit leichtem Schlaf: An den Wochenenden kann es sehr laut werden!

Casa Helbling PENSION $
(Karte S. 600; ☏ 02-222-6013; www.casahelbling.de; Veintimilla E8-152 nahe Av 6 de Diciembre; EZ/DZ 32/44 US$, ohne Bad 21/32 US$; @☎) Die Casa Helbling befindet sich in einem gemütlichen Haus im Kolonialstil im Mariscal und ist sauber, entspannt und freundlich. Es gibt eine Gästeküche, einen Waschservice und einen Gemeinschaftsbereich zum Chillen.

La Mariscal

El Cafecito
HOSTEL $

(Karte S. 600; 02-223-4862; www.cafecito.net; Cordero 1124; B 8 US$, Zi. 25 US$/Pers., ohne Bad 15 US$;) Diese Budgetoption in einem gelben Kolonialhaus mit Graffiti an der Außenwand ist beliebt, vor allem wegen der entspannten Atmosphäre und des charmanten Café-Restaurants. Die Schlafsäle mit Holzböden sind o.k., wenn auch klein und abgenutzt. Die klaustrophobischen Privatzimmer sollte man nicht nehmen.

Vibes
HOSTEL $

(Karte S. 600; 02-255-5154; www.vibesquito.com; Pinto nahe Av 6 de Diciembre; B 9 US$;) Das chaotische Hostel mit sieben Zimmern und Möbeln aus vierter Hand in einem umgebauten Kolonialhaus ist gut für Leute, die in Mariscal mit anderen Reisenden Party machen wollen. Sonntagmorgens wirkt es wie ein Verbindungshaus, das sich vom vorabendlichen Eklat erholt. Der Besitzer ist freundlich und entspannt, und es gibt eine Bar und einen Billardtisch.

★ Hostal El Arupo
PENSION $$

(Karte S. 600; 02-255-7543; www.hostalelarupo.com; Rodríguez E7-22; EZ/DZ/2BZ inkl. Frühstück 30/45/48 US$;) Eine gemütliche und heimelige Zuflucht vor dem Chaos auf der na-

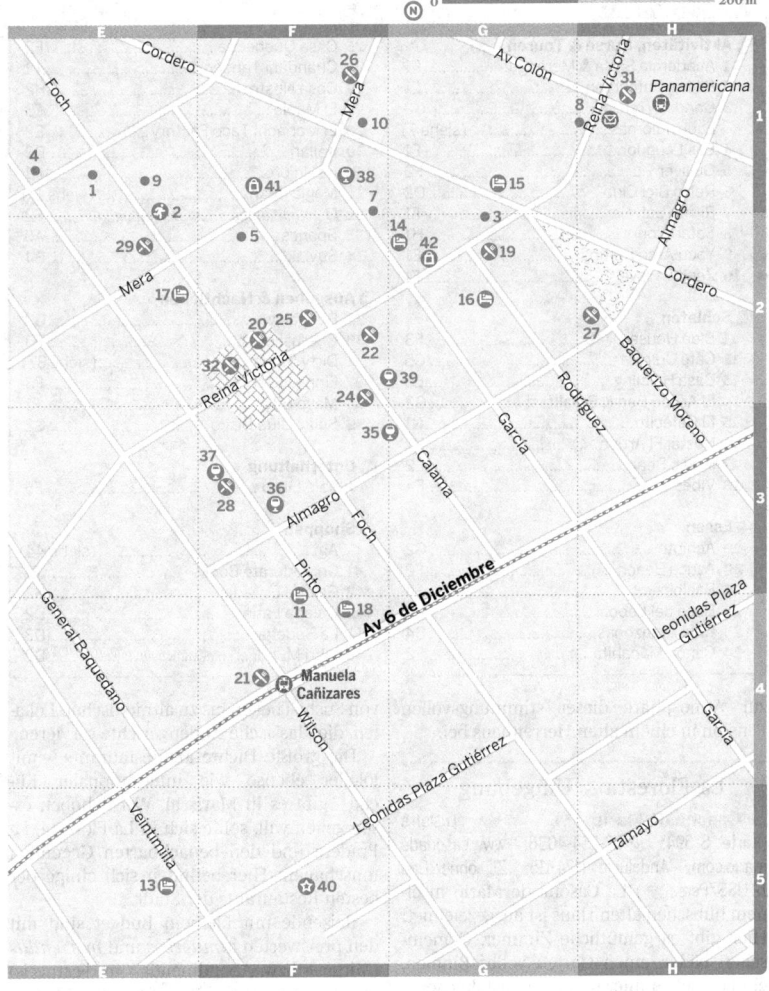

hen Plaza Foch: Das zur Pension umfunktionierte Haus ist makellos, nett dekoriert und hat vorn einen hübschen Hof. Die Zimmer besitzen dunkle Holzböden und feste Betten. Außerdem gibt es eine tolle Gemeinschaftsküche, wo Frühstück serviert wird, und eine kleine Lounge. Die Filiale **El Arupo Bed & Breakfast** (Karte S. 600; ☎02-252-3528; www.hostalelarupo.com; García E5-45; EZ/DZ 25/42 US$; P🛜) verfügt über kleinere Zimmer mit Holzböden und liegt in einem lauteren Block.

Hotel Sierra Madre PENSION $$
(Karte S. 594; ☎02-250-5687; www.hotelsierramadre.com; Veintimilla 464; EZ/DZ 66/79 US$; @🛜) Das Sierra Madre in einem schön restaurierten Kolonialgebäude hat 21 unterschiedlich große Zimmer. Die meisten sind mit Holzböden und ausgezeichneten Betten ausgestattet und in warmen Farben eingerichtet. Die besten Zimmer verfügen über Deckengewölbe und Veranden. Unten gibt es ein Restaurant.

★**Café Cultura** PENSION $$$
(Karte S. 600; ☎02-222-4271; www.cafecultura.com; Robles 513; EZ/DZ 100/122 US$; @🛜) Der Garten, knisternde Kamine, ein erstklassiges Restaurant und wunderschöne, mit Wandbildern geschmückte Zimmer tragen

La Mariscal

🔶 Aktivitäten, Kurse & Touren
1. Academia Salsa & Merengue E1
2. Biking Dutchman E1
3. Condor Trek.. G2
   Ecole Idiomas .... (siehe 7)
4. Eos Ecuador.. E1
5. Gulliver F2
6. Retro Bici Club D2
7. Ritmo Salvaje F1
8. Safari Tours H1
9. Yacu Amu Rafting E1
10. Zenith Travel F1

🛏 Schlafen
11. Blue House..F3
12. Café Cultura C5
13. Casa Helbling..E5
14. El Arupo Bed & Breakfast G2
15. El Cafecito...G1
16. Hostal El Arupo G2
17. Magic Bean E2
18. Vibes F4

🍴 Essen
19. Achiote G2
20. Azuca Beach F2
21. Baalbek F4
22. Boca del Lobo F2
23. Café Amazonas..C4
24. Canoa Manabita F2
25. Casa Quebecua F2
26. Chandani Tandoori..F1
27. Cosa Nostra H2
28. El Maple F3
29. El Mariachi Taco Factory E2
30. Kallari D2
31. La Union..H1
    Magic Bean .... (siehe 17)
32. Q F2
33. Spanes A5
34. Suvlaki...B4

🌙 Ausgehen & Nachtleben
35. Bungalow 6...G3
36. Cherusker F3
    Dirty Sanchez.. (siehe 37)
37. Finn McCool's F3
38. Mayo 68 .... F1
39. Selfie Club Disco G2

🎭 Unterhaltung
40. Café Libro F5

🛍 Shoppen
    Ag.. (siehe 44)
41. Confederate Books F1
42. Galería Ecuador G2
43. Galería Latina D2
44. La Bodega...D3
45. Libri Mundi D2

zur Atmosphäre dieser stimmungsvollen Pension in einem alten Herrenhaus bei.

🏠 La Floresta & Umgebung

La Casona de Mario PENSION $
(Karte S. 594; ☎02-254-4036; www.casonademario.com; Andalucía N24-115; Zi. ohne Bad 12 US$/Pers.; 📶) La Casona de Mario in einem hübschen alten Haus ist ausgezeichnet: Hier gibt es gemütliche Zimmer, Gemeinschaftsbäder, einen Garten voller Blumen, ein Fernsehzimmer und eine Gästeküche.

Aleida's Hostal PENSION $$
(Karte S. 594; ☎02-223-4570; www.aleidashostal.com.ec; Andalucía 559; EZ/DZ 28/45 US$, ohne Bad 19/34 US$; @📶) Die freundliche, familienbetriebene Pension in La Floresta hat komfortabel eingerichtete Zimmer mit Holzböden. Die besten (wie Nr. 15) gewähren eine tolle Aussicht, andere sind dunkel mit Fenstern nach innen.

🍴 Essen

Quito hat eine große, vielfältige Restaurantszene und bietet für jeden Geldbeutel und Geschmack etwas. Die Palette reicht von Sushi-Theken bis zu altmodischen Lokalen, die klassische Andengerichte servieren.

Die größte Dichte an Restaurants – mit lokaler ebenso wie internationaler Küche – gibt es in Mariscal. Wer gehoben essen gehen will, sollte sich in La Floresta, La Pradera und den benachbarten Gegenden umschauen: Hier befinden sich einige der besten Restaurants der Stadt.

Reisende mit kleinem Budget sind mit den preiswerten *almuerzos* und *meriendas* (Mittags- bzw. Abendmenüs zum Festpreis) gut beraten. Viele Restaurants schließen sonntags.

🏛 Altstadt

★ Bohemia Cafe & Pizza PIZZA $
(Karte S. 590; La Ronda; mittelgroße Pizza 12 US$) Man fühlt sich wie ein *quiteño* in diesem kleinen Lokal im lebhaften (am Wochenende abends) Viertel La Ronda, wenn der wunderbar dynamische Besitzer einen begrüßt, als würde man zur Familie gehören. Die Karte ist zwar kurz, aber es gibt ausgezeichnete Pizza und geschichtete Nachos aus selbst gemachten Maischips. Und 4 US$ für eine große *michelada*, ein Mix aus Bier,

Limette, Salz und verschiedenen Saucen, sind unschlagbar.

Mercado Central — MARKT $
(Karte S. 590; Av Pichincha; Gerichte 1,50–4 US$; ⊙Mo-Sa 8–16 Uhr, So bis 15 Uhr) Auf dem Mercado Central zwischen Esmeraldas und Manabí reihen sich Stände mit traditionellem Essen aneinander – einer billiger als der andere. Hier gibt es alles von *locro de papas* (Kartoffelsuppe mit Avocado und Käse) und Meeresfrüchten bis zu *yaguarlocro* (Kartoffel- und Blutwurstsuppe) und *fritada* (frittierte Schweinefleischstücke mit Maismehl).

Cafetería Modelo — ECUADORIANISCH $
(Karte S. 590; Ecke Sucre & García Moreno; Hauptgerichte 2–5 US$; ⊙Mo-Sa 8–20 Uhr, So bis 18 Uhr) Das 1950 eröffnete Modelo ist eines der ältesten Cafés der Stadt und ein tolles Lokal, um traditionelle Snacks wie *empanadas de verde* (Kochbananen-Empanadas), *quimbolitos* (süße, kuchenähnliche Maisklöße) und Tamales zu probieren. Die **Cafetería Modelo II** (Karte S. 590; Venezuela N6-19; Hauptgerichte 2–5 US$; ⊙Mo-Sa 8–20 Uhr, So bis 18 Uhr) bietet dieselben altertümlichen Insignien (und an manchen Wochenenden abends Livemusik) an der Venezuela.

Frutería Monserrate — ECUADORIANISCH $
(Karte S. 590; ☏02-258-3408; Espejo Oe2-12; Hauptgerichte 4 US$; ⊙Mo-Fr 8.30–20 Uhr, Sa & So 9–18 Uhr) Die hohe Decke, Backsteinmauern und Betonsäulen geben dem beliebten, relaxten Lokal eine industrielle Atmosphäre. Hier werden u. a. sättigendes Frühstück, Sandwiches, *ceviche* und leckere Obstsalate angeboten. Es gibt eine weitere **Frutería Monserrate** (Karte S. 590; Sodiro nahe Colombia; Hauptgerichte 2 US$; ⊙Mo-Fr 8–19.30, Sa & So 9–17 Uhr) an der Grenze zwischen Alt- und Neustadt, nördlich vom Parque La Alameda.

Restaurante Govindas Gopal — VEGETARISCH $
(Karte S. 590; Esmeraldas 853; Hauptgerichte 1,50 US$; ⊙Mo-Sa 9–15 Uhr; ☏) Krishna-Anhänger servieren ihre stolz 100 % vegetarische Küche mit leckeren, frischen Mittagsgerichten von einer wechselnden Karte sowie Joghurt und Müsli, Säfte und Süßes.

Magda — SUPERMARKT $
(Karte S. 590; Venezuela N3-62; ⊙Mo-Sa 8.30–19 Uhr, So 9–17 Uhr) Ein günstig gelegener Supermarkt mit großer Auswahl.

★ Dios No Muere — STEAKHAUS, INTERNATIONAL $$
(Karte S. 590; Ecke Junin & Flores; Hauptgerichte 5,50–17,50 US$; ⊙Mo-Sa 8–22 Uhr) Das exzentrisch gestaltete Restaurant gehört zu einem Kloster aus dem 17. Jh. Der Besitzer aus Louisiana ist zu Recht stolz wegen der Qualität der ecuadorianischen und internationalen Fleischgerichte, die in der Küche in der Ecke im Erdgeschoss zubereitet werden. Der Laden füllt sich schnell, da auf jedem der zwei winzigen Etagen nur zwei Tische stehen, dazu ein paar an der Straße.

San Agustín — ECUADORIANISCH $$
(Karte S. 590; Guayaquil N5-59; Hauptgerichte 6–9 US$; ⊙Mo-Fr 9.30–18 Uhr, Sa & So 10.30–16 Uhr; ☏) Kitschige religiöse Ikonen und altmodische Radios schmücken dieses Oldschool-Lokal, wo Geschäftsleuten klassische ecuadorianische Gerichte serviert werden. Empfehlenswert sind der tolle *seco de chivo* (Ziegeneintopf), *corvina* (Seebarsch) oder *arroz marinero* (Meeresfrüchtereis) und als Dessert traditionelle *helados de paila* (handgemachtes Eis in großen Kupferschalen).

Vista Hermosa — INTERNATIONAL $$
(Karte S. 590; ☏02-295-1401; Mejía 453, 5. OG; Hauptgerichte 10–13 US$; ⊙Mo-Sa 13–24, So bis 21 Uhr) Mit einem prächtigen Rundblick von der Dachterrasse über die Altstadt hält das sehr beliebte Vista Hermosa (Schöne Aussicht) in El Centro, was es verspricht. Die Livemusik, die von Donnerstag bis Samstag ab 20 Uhr geboten wird, macht es noch magischer. Zeitig da sein, um dem Andrang zuvorzukommen!

Café Mosaico — CAFÉ $$
(Karte S. 590; ☏02-254-2871; Samaniego N8-95; Hauptgerichte 9–16 US$; ⊙Mo-Mi 16–23; Do-So 13–23 Uhr) Im mit Wein berankten Mosaico in der Nähe des Parque Itchimbia, das für seine herrliche Aussicht berühmt ist, gibt's einen Mix aus ecuadorianischen und griechischen Gerichten. Die offene Terrasse ist der perfekte Ort für einen Drink zu Sonnenuntergang.

Tianguez — ECUADORIANISCH $$
(Karte S. 590; Plaza San Francisco; Hauptgerichte 6–14 US$; ⊙So-Do 9–19 Uhr, Fr & Sa bis 8–23 Uhr; ☏) Dieses Café mit Kunsthandwerksladen, das in den Steinbogen unter dem Monasterio de San Francisco versteckt liegt, bietet leckere Appetithappen (Tamales, Suppen, verschiedenes Grillfleisch), aber auch herzhafte Hauptgerichte. Die Tische auf der Plaza sind perfekt zum Leutegucken bei einem abendlichen *canelazo* (*aguardiente* mit heißem Cider mit Zimt) oder einem nachmittäglichen *té de coca* (Kokablatt-Tee).

Pizza SA
PIZZA $$

(Karte S. 590; Espejo Oe2-46; Pizza 8–16 US$; ⊙ Mo-Sa 12–21 Uhr, So bis 20 Uhr) Die lässige Pizzeria mit Tischen an einer Straße voller Restaurants gegenüber vom Teatro Bolívar backt überzeugende Pizzas mit mitteldickem Boden. Man kann sich auch Sandwiches, Salate und Calzones schmecken lassen.

La Mariscal

★ La Union
BÄCKEREI $

(Karte S. 600; Ecke Reina Victoria & Colón; Hauptgerichte 2–3 US$; ⊙ 6–22 Uhr) Das betriebsame La Union ist immer gut besucht. In den Glasauslagen liegen Croissants, Beerentorten und Eis, außerdem gibt es sättigende Sandwiches.

Suvlaki
GRIECHISCH $

(Karte S. 600; Av Amazonas N21-108; Hauptgerichte 4 US$; ⊙ Mo-Fr 8.30–19 Uhr, Sa bis 16 Uhr) Der legere Laden für leckere Grillspieße (das namensgebende Souvlaki) wird immer beliebter wegen des flinken Service, des fröhlichen Innenraums (natürlich mit Fotos von griechischen Kultobjekten) und des Außenbereichs.

Casa Quebecua
QUEBÉC $

(Karte S. 600; Calama nahe Reina Victoria; Hauptgerichte 5 US$; ⊙ Mo-Do 12–24 Uhr, Fr & Sa bis 2 Uhr) Der Besitzer aus Quebéc hatte wohl Heimweh nach dem cholesterinreichen Nationalgericht seines Heimatlandes und vielleicht der winterlichen Stimmung einer Blockhütte, weswegen er eine sättigende Poutine, d. h. Pommes, Käsebruch und Bratensauce, serviert, zubereitet mit einigen Extras wie Hühnchen und Steak. Kneipengänger im Mariscal kommen wegen der Burger und Hotdogs.

Chandani Tandoori
INDISCH $

(Karte S. 600; Mera 1333; Hauptgerichte 3,50–8 US$; ⊙ Mo-Sa 12–22 Uhr, So bis 16 Uhr; ⌘) Fröhliche Bollywood-Hits und das Zischen der Teller mit Tikka Masala sind der Soundtrack in diesem guten, günstigen und schlichten indischen Restaurant. Man hat die Wahl zwischen zwei Dutzend Fleisch- und Gemüsegerichten.

El Maple
VEGETARISCH $

(Karte S. 600; Pinto E7-68 nahe Almagro; Hauptgerichte 5–8 US$; ⊙ Mo & Di 12–21 Uhr, Mi-Sa bis 22.30 Uhr, So bis 18 Uhr; ⌘) Das äußerst beliebte Restaurant serviert gute vegetarische Küche mit internationalen Einflüssen (Tex-Mex-Burritos, asiatische Nudelgerichte, sahnige Pasta). Die festen Vier-Gänge-Menüs bieten ein gutes Preis-Leistungs-Verhältnis; die Säfte sind spitze.

Canoa Manabita
SEAFOOD $

(Karte S. 600; Calama 247; Hauptgerichte 6–8 US$; ⊙ Di-So 10–19 Uhr) Das lässige, unaufdringliche Lokal mit Picknicktischen ist bei den Einheimischen wegen der köstlichen *ceviche*, *cazeulas* (Meeresfrüchteeintöpfe), *encebollado* (Suppe mit Fisch, *yuca* und Zwiebeln) und anderen Meeresfrüchtegerichten extrem beliebt.

Spanes
KOLUMBIANISCH $

(Karte S. 600; Av Amazonas N20-51; Hauptgerichte 5–9 US$; ⊙ Mo-Sa 8–20 Uhr, So bis 17 Uhr; ⌘) Fastfood auf Kolumbianisch: Es gibt z. B. *arepas* und *ajiaco*, eine Spezialität aus Bogata aus drei Arten Kartoffeln mit Hühnchen und Mais, außerdem günstige und sättigende *almuerzos* (Mittagsmenüs).

Kallari
CAFÉ $

(Karte S. 600; www.kallari.com; Wilson E4-266 & Mera; Hauptgerichte 3–5 US$; ⊙ Mo-Fr 10–18 Uhr; ⌘) Bei der Kichwa-Kooperative aus Napo kann man frühstücken und zu Mittag essen, zudem gibt's die berühmten Schokoriegel.

Mercado Santa Clara
MARKT $

(Karte S. 594; Ecke Dávalos & Versalles; ⊙ 8–17 Uhr) Der wichtigste Lebensmittelmarkt in der Neustadt. Die Auswahl ist riesig, und es gibt Stände mit preiswertem Essen.

Supermaxi
SUPERMARKT $

(Karte S. 594; Ecke La Niña & Pinzón) Der größte und beste Supermarkt nahe Mariscal.

★ Crepes & Waffles
INTERNATIONAL, DESSERTS $$

(Karte S. 594; ☎ 02-250-0658; Ecke Orellana & La Rabida; Hauptgerichte 9–15 US$; ⊙ Mo-Sa 12–22 Uhr, So 9–21 Uhr; ⌘) Auf der Karte dieser Außenstelle einer südamerikanischen Kette mit weiteren Filialen in Quito stehen köstliche – sättigende – Eisbecher sowie mehr als zwei Dutzend Varianten süßer und pikanter Crêpes, Waffeln, Salate sowie konventionellere vegetarische Gerichte und Fleisch- und Meeresfrüchteteller. Es herrscht ein gehobeneres Flair; der Service ist sehr herzlich und gastfreundlich.

★ Cosa Nostra
ITALIENISCH $$

(Karte S. 600; ☎ 02-252-7145; Ecke Baquerizo Moreno & Almagro; Hauptgerichte 9–16 US$; ⊙ Di-So 12.30–15 & 18.30–22.30 Uhr; ⌘) Das Cosa Nostra ist in italienischem Besitz und verfügt über eine schöne Terrasse vorn sowie einen gemütlichen Speisesaal. Es gibt über 30 verschiedene, üppig belegte Pizzasorten direkt aus dem Lehmofen, wahrscheinlich die besten der Stadt. Gnocchi und Pasta sowie Tiramisu stehen ebenfalls auf der Karte.

Q INTERNATIONAL **$$**
(Karte S. 600; Plaza Foch; Hauptgerichte 5–15 US$; Mo–Do 6–24 Uhr, Fr & Sa bis 2 Uhr;) Modetypen und Fernseh-VIPs versammeln sich mitten in der Woche in diesem hippen Restaurant, in dem ein echter, lebender Kolibri („Q" steht für *quinde*, Spanisch für Kolibri) ein Nest in der Decke gebaut hat, deren Deko der Vegetation am Amazonas nachempfunden ist. An den meisten Abenden gibt's Livemusik, mittwochs Jazz und Blues. Samstags legt ein DJ chillige Beats auf.

Boca del Lobo INTERNATIONAL **$$**
(Karte S. 600; Calama 284; Hauptgerichte 8–14 US$; 17–1 Uhr) Hier genießt eine Mischung aus top gestylten Einheimischen und hübsch zurechtgemachten Travellern Gerichte wie Raclette, Crêpes, Sandwiches, Kuchen und süße Cocktails bei cooler Ambient-Musik. Die Deko ist Kitsch pur: Kugeln aus buntem Glas, leere Vogelkäfige und psychedelisch anmutende Gemälde.

Azuca Beach SEAFOOD **$$**
(Karte S. 600; Foch nahe Reina Victoria; Hauptgerichte 10–14 US$; So geschl.;) Jeder, vom Studenten bis zum Berufstätigen, pilgert in dieses coole, elegante Lokal an der belebten Plaza Foch. Gerichte aus Küstenregionen ganz Südamerikas, einschließlich verschiedener *ceviches*, sind unter den Highlights. Zur Lounge-Atmosphäre des Restaurants, das sich abends in eine beliebte Bar verwandelt, tragen auch die tropischen Cocktails (empfehlenswert: Mojitos mit Fruchtaromen und Caipirinhas), die mit Bambus verzierte Bar und die Palmen im Kübel bei.

Baalbek NAHÖSTLICH **$$**
(Karte S. 600; Av 6 de Diciembre & Wilson; Hauptgerichte 6–15 US$; So–Di 12–17 Uhr, Mi–Sa bis 22.30 Uhr) Authentische libanesische Gerichte werden in einem gemütlichen, modernen Speisesaal mit nahöstlichem Soundtrack und ebensolcher Ästhetik flott serviert. Es gibt auch halbe Portionen, man kann also teilen und mehr probieren.

La Bodeguita de Cuba KUBANISCH **$$**
(Karte S. 594; Reina Victoria 1721; Hauptgerichte 8 US$; Mo & Di 12–23 Uhr, Mi–Do bis 1 Uhr, Fr & Sa bis 2 Uhr) Mit dem warm beleuchteten Innenraum, graffitibesprühten Wänden und Tischen draußen ist das Lokal ein toller Ort, um kubanisches Essen und Lebensfreude zu genießen. Mittwoch- und donnerstagabends spielen Livebands (im benachbarten El Veradero gibt es am Wochenende Salsa-Abende).

Magic Bean INTERNATIONAL **$$**
(Karte S. 600; Foch E5-08; Hauptgerichte 6–12 US$; 8–23 Uhr;) Im Magic Bean ist es immer voll: Die Leute kommen wegen des Frühstücks und Mittagessens im amerikanischen Stil und genießen Säfte, Kaffee und Desserts auf der überdachten Terrasse.

El Mariachi Taco Factory MEXIKANISCH **$$**
(Karte S. 600; Foch nahe Mera; Hauptgerichte 7–9 US$) Bunte Tischdecken, Poster von mexikanischen Mariachis und Mauern im Lehmziegellook kreieren in dem soliden Mariscal-Restaurant einen Hauch von Atmosphäre aus dem alten Mexiko. Die Fajitas passen gut zu einer Frozen Margarita.

Café Amazonas ECUADORIANISCH **$$**
(Karte S. 600; Ecke Av Amazonas & Roca; Hauptgerichte 5–9 US$; Mo–Sa 7–21 Uhr, So bis 19 Uhr;

NICHT VERSÄUMEN

LA RONDA

Eine der größten Altstadt-Erfolgsgeschichten in den vergangenen Jahren ist die Restaurierung von La Ronda. Die schmale Gasse säumen farbenfrohe Gebäude, und Tafeln an den Wänden geben Erläuterungen zur Geschichte der Straße und den Künstlern, Schriftstellern und Politikern, die hier früher lebten (spanisch). Heute finden sich hier Restaurants, Cafés, Geschäfte und Galerien wie die großartige **Casa de las Artes** (Karte S. 590; Casa 989, La Ronda; Eintritt frei; Di–Do 10–19, Fr & Sa 10–22, So 11–15 Uhr) GRATIS. Trotzdem ist La Ronda wunderbar lokal und unprätentiös geblieben. Am meisten ist freitags- und samstagsabends los, wenn die Straßenverkäufer mit *canelazo* (*aguardiente* – Zuckerrohrschnaps – mit heißem Cidre und Zimt) dafür sorgen, dass allen warm bleibt, und aus den Fenstern der Restaurants Musik dringt.

⏏) Das Café hat eine treue Stammkundschaft, die wegen des *seco de chivo* (Ziegeneintopfs), der *locro de papas* (Kartoffelsuppe) und des anderen Soulfoods herkommt. An den Tischen draußen kann man gut Leute beobachten, und auf einem der kleinen Fernseher läuft immer Fußball.

Achiote ECUADORIANISCH $$$
(Karte S. 600; Ecke Rodriguez & Reina Victoria; Hauptgerichte 9–30 US$; ⊙12–22 Uhr) Ecuadorianische Gerichte mit spezieller Note in modernem Ambiente mit stimmungsvoller Beleuchtung. Die Empanadas, *ceviches*, Meeresfrüchteeintöpfe und *llapingachos* (Pfannkuchen aus Kartoffelpüree mit Käse) sind erste Sahne. Livemusik gibt's Donnerstag- bis Sonntagabend (ab 19 Uhr).

La Floresta & Umgebung

Traviesas Artesanos del Cafe CAFÉ $
(Karte S. 594; La Coruña N30-123 nahe Whymper; Hauptgerichte 5 US$; ⊙Mo–Fr 8–20 Uhr, Sa & So 10–20 Uhr; ⏏) Anspruchsvolle Kaffeetrinker und angehende Baristas sollten dieses freundliche, gehobene Café aufsuchen. Man kann sich die Braumethode aussuchen: übergießen, Filter, Chemex, Cafetière oder Aeropress. Während man wartet, kann man Sandwiches, Salate oder leckeren Käsekuchen futtern.

Mercado La Floresta MARKT $
(Karte S. 594; Ecke Galavis & Andalucía; ⊙Fr 9–16 Uhr) Kleiner, aber netter Obstmarkt im friedlichen Viertel Floresta.

★ Jürgen Cafe NIEDERLÄNDISCH $$
(Karte S. 594; Coruña N30-123 & Whymper, La Floresta; Hauptgerichte 6,50–10 US$; ⊙Mo–Sa 7–20 Uhr, So bis 2 Uhr) Jürgen Spelier, ein niederländischer Bäcker der vierten Generation, ist der Betreiber und Besitzer dieses entspannt-eleganten Restaurants, das voll und ganz nordeuropäisch wirkt, angefangen bei den klaren Linien und dem hellen Holz bis hin zu den *pannekoek*, der niederländischen Version von Pfannkuchen.

★ La Choza ECUADORIANISCH $$
(Karte S. 594; ☎02-223-0839; www.lachozaec.com; Av 12 de Octubre N24-551 nahe Cordero; Hauptgerichte 7–12 US$; ⊙Mo–Fr 12–16 Uhr & 18:30–22 Uhr, Sa & So 12–16 Uhr) Eines der besten Restaurants in Quito für traditionelle ecuadorianische Küche. Im La Choza bekommt man tellerweise *llapingachos* (Pfannkuchen aus Kartoffelpüree mit Käse), gegrillte *corvina* (Seebarsch) und Steak mit allem Drum und Dran in netter Umgebung auf bunten Tischdecken. Im Hintergrund läuft Musik aus den Anden.

La Briciola ITALIENISCH $$
(Karte S. 594; ☎02-254-5157; Toledo 1255; Hauptgerichte 10–13 US$; ⊙Mo–Sa 12.30–15 & 19.30–23 Uhr) Das seit Jahren beliebte Restaurant hat eine tolle, abwechslungsreiche Karte. Die Portionen sind groß, und der Wein ist günstig. Reservierung empfohlen.

La Cleta CAFÉ $
(Karte S. 594; Lugo N24-250; Pizza 4–12 US$; ⊙Mo–Sa 15–23 Uhr; ⏏) Fahrradfans sollten sich das kleine, clever gestaltete Café nicht entgehen lassen, denn hier besteht alles aus Fahrradteilen (Stühle, Barhocker, Tische, Hängelampen). In der Küche werden leckere Pizzas und Lasagne zubereitet, zu trinken gibt's Kaffee, Wein und anderes.

Z(inc) LOUNGE $$
(Karte S. 594; Rivet nahe Coruña; Hauptgerichte 10–16 US$; ⊙Mo–Sa 12–16 & 19–24 Uhr) Das Z(inc) ist sowohl Restaurant als auch Bar, und der mehrstöckige Innenbereich ist im Industriechick gestaltet: mit unbehandeltem Holz, dunklen Metallen, offenen Mauern und feuerbeschienenen Wänden. Erst schlürft man auf der vorderen Terrasse einen Litschi-Cocktail, bevor man drinnen Steinofenpizza, Mini-Filet-Burger, Tempura-Garnelen und andere, gut teilbare Gerichte genießt.

La Pradera & La Carolina

Zao ASIATISCH $$
(Karte S. 594; ☎02-252-3496; Av Alfaro N10-16 nahe San Salvador; Hauptgerichte 8–10 US$; ⊙Mo–So 12.30–15.30 Uhr, Mo–Sa 19–23.30 Uhr) Das geschäftige, mit geschnitzten Wandschirmen, Samurai-ähnlichen Statuen und leuchtenden Papierlaternen geschmückte Zao serviert Samosas, reichhaltige Nudelgerichte, Gemüsepfannen, Sushi und andere Leckerbissen aus Asien. Am Wochenende sorgt ein DJ abends für Partystimmung.

★ Zazu FUSION $$$
(Karte S. 594; ☎02-254-3559; www.zazuquito.com; Aguilera 331; Hauptgerichte 18–33 US$; ⊙Mo–Fr 12.30–24 Uhr, Sa 19–24 Uhr) Das Zazu, eines der besten Restaurants Quitos, serviert wunderschön angerichtete Seafood-Gerichte, Grillfleisch und *ceviches* in stilvollem Ambiente, das durch Ziegelsteine, Ambi-

ent-Electronica-Musik und eine einladende, von hinten beleuchtete Bar geschaffen wird. Der peruanische Chefkoch verbindet bei Gerichten wie Thunfisch mit Pistazienkruste, Wagyu-Tartar mit Gorgonzola-Mousse oder Meeresfrüchte-Bouillabaisse nahtlos östliche und westliche Küche.

 ## Ausgehen

Quitos *farra* (Nachtleben) konzentriert sich großteils in und um Mariscal, wo es an den meisten Abenden laut zugeht (und an Wochenenden sehr voll wird). Am Wochenende sollte man unbedingt abends auf der **La Ronda**, einer schmalen Kopfsteinpflastergasse in der Altstadt mit Bars und Restaurants, flanieren. Wer es entspannter und maßvoller mag, begibt sich zu einer der eleganteren Locations in La Floresta oder Guápulo.

Abends unbedingt den Pass bei sich tragen, falls man kontrolliert wird!

Cherusker BAR
(Karte S. 600; Ecke Pinto & Diego de Almagro; ⊙ Mo-Do 13-1, Fr & Sa bis 3 Uhr) Mit seinen leckeren selbst hergestellten Bieren, der freundlichen, unkonventionellen Atmosphäre und der lebhaften Terrasse vorn hat das Cherusker viele Stammkunden gewonnen. Es befindet sich in einem zweistöckigen roten Kolonialhaus. An den Wochenenden treten manchmal Bands auf.

Finn McCool's PUB
(Karte S. 600; Diego de Almagro nahe Pinto; ⊙ 17-2 Uhr) Hier flattert die irische Flagge im Wind: Der Laden ist in irischem Besitz und wird sowohl von Einheimischen als auch von Ausländern frequentiert, die hier Billard oder Kicker spielen, Kneipensnacks verzehren oder wegen der Mottoabende vorbeischauen (Pubquiz dienstags, Livebands oder Open-Mic donnerstags, Fußball, wenn ein Spiel läuft). Am Wochenende ist die Bewegungsfreiheit stark eingeschränkt.

Dirty Sanchez LOUNGE
(Karte S. 600; Pinto E7-38 nahe Reina Victoria) Die Lounge mit dem frechen Namen und der unkonventionellen Atmosphäre gehört Expats und ist mit vielen Kunstwerken geschmückt. Mit den guten Cocktails (und anständigem Kaffee), der besseren Musik und dem lockeren Publikum hebt sie sich von der Masse ab.

Bandido Brewing BRAUEREI/PUB
(Karte S. 590; Olmedo E1-136 nahe Cevallos, San Blas; ⊙ Mo-Sa 16-23 Uhr) Die Jungs aus Oregon produzieren ihr eigenes Craft-Bier, darunter das Macuipucuna Cloud Forest Coffee Porter mit lokal angebautem Kaffee. Das Bandido liegt in der Altstadt, wo es abends schon mal zwielichtig zugeht.

Bungalow 6 CLUB
(Karte S. 600; Ecke Calama & Diego de Almagro; ⊙ Mi-Sa 19-3 Uhr) Das Bungalow 6 ist der beliebteste Club bei Travellern wie Einheimischen, weswegen sich am Wochenende häufig Schlangen bilden. Mittwochs ist Ladies' Night (Mädels trinken bis 22 Uhr gratis). Es läuft ein guter Musikmix, die Tanzfläche ist klein, aber belebt, und oben gibt es viele bunt dekorierte Räume mit Kicker- und Billardtischen sowie eine kleine Terrasse.

Ananké LOUNGE
(Karte S. 594; Orellana 781, Guápulo) Einen Besuch wert ist diese stylische, warm beleuchtete Bar-Pizzeria mit kleinen, bunt dekorierten Räumlichkeiten in einem alten, zweistöckigen Haus. Auf die kleine Terrasse (mit Feuerstelle) und anderen netten Ecken kann man sich mit einem Cocktail und ein paar Freunden zurückziehen. Wenn sich der Nebel lichtet, blickt man herrlich über Guápulo.

Selfie Club Disco CLUB
(früher El Aguijón; Karte S. 600; Calama E7-35; Eintritt 5-10 US$; ⊙ Di-Sa 21-3 Uhr) In diesem offenen Club mit industriellem Ambiente tummeln sich vor allem Einheimische. Über der Tanzfläche läuft auf einem großen Screen Videokunst. Die DJs legen an den Wochenenden einen breiten Mix auf.

Mayo 68 CLUB
(Karte S. 600; García 662) Der kleine, beliebte Salsa-Club liegt günstig in Mariscal. Die meisten Besucher kommen aus der Gegend.

Turtle's Head Pub & Microbrewery BAR
(Karte S. 594; La Niña E4-451) Der Pub in schottischem Besitz serviert gute Biere aus Kleinbrauereien und Kneipensnacks, es gibt einen Kicker- und einen Billardtisch, und ab und zu treten Bands auf.

Unterhaltung

★ **El Pobre Diablo** LIVEMUSIK
(Karte S. 594; ☏ 02-223-5194; www.elpobrediablo.com; Isabel La Católica E12-06; ⊙ Mo-Sa 12-15 & 19-2 Uhr) Einheimische wie Auswanderer bezeichnen das El Pobre Diablo als eine der besten Adressen in Quito für Livemusik. Die Atmosphäre ist nett und entspannt, und fast jeden Abend treten ausgewählte

Musiker auf (Jazz, Blues, Weltmusik oder experimentellere Klänge). Es gibt köstliche Fusion-Küche, eine gute Cocktailkarte und tolle Stimmung.

La Juliana LIVEMUSIK
(Karte S. 594; Av 12 de Octubre nahe Coruña; Eintritt 10–20 US$; ⊗Do–Sa 22–2 Uhr) Das farbenfroh gestaltete La Juliana befindet sich in einem umfunktionierten alten Haus. Am Wochenende sorgt an den meisten Abenden Bands (Rock, Salsa, Merengue) dafür, dass sich die Tanzfläche gut füllt.

El Veradero LIVEMUSIK
(Karte S. 594; Ecke Reina Victoria & La Pinta) Dieser Club gehört zum Restaurant El Bodeguita de Cuba und verwandelt sich an Wochenenden abends in eine belebte Salsateca. Der Eintrittspreis lohnt sich vor allem, wenn die Besitzerin, eine begabte Kubanerin, auftritt.

Café Libro LIVEMUSIK
(Karte S. 600; ☎02-250-3214; www.cafelibro.com; Leonidas Plaza Gutiérrez N23-56; Eintritt 3–20 US$; ⊗Mo–Fr 12–14 Uhr, Di–Do 17–24 Uhr, Fr & Sa 16–2 Uhr) Livemusik, Lesungen, moderner Tanz, Tango, Jazz und andere Veranstaltungen locken ein kunstinteressiertes Publikum in dieses schon lange bestehende Café. Jazz-, Salsa- und Tango-Kurse (10 US$) werden angeboten, und man findet immer jemanden für eine Partie Schach oder Go.

Humanizarte TANZ
(Karte S. 590; ☎02-257-3486; fundacion_humanizarte@hotamil.com; Casa 707, La Ronda; Eintritt 5 US$; ⊗Fr & Sa ab 21 Uhr) Diese ausgezeichnete Theater- und Tanzgruppe, derzeit abends am Wochenende in La Ronda, zeigt Andentänze. Man kann auch nach Volkstanzkursen aus den Anden fragen.

Ocho y Medio KINO
(Karte S. 594; www.ochoymedio.net; Valladolid N24-353 & Vizcaya; ⊗Café 11–22.30 Uhr) Das Filmtheater in Floresta zeigt tolle Arthousefilme (oft auf Englisch) und veranstaltet manchmal Tanz- und Theateraufführungen und Konzerte. Zum Kino gehört ein Café.

🛍 Shoppen

Die Geschäfte in Mariscal verkaufen traditionelles Kunsthandwerk der indigenen Bevölkerung. Die Qualität ist oft hoch – der Preis aber auch.

Samstags und sonntags verwandelt sich der nördliche Teil des Parque El Ejido in den größten Kunsthandwerksmarkt Quitos und in eine Freiluftausstellung. Zwei Blocks weiter nördlich liegt der **Mercado Artesanal La Mariscal** (Karte S. 594; Washington zw. Mera & Reina Victoria; ⊗9–19 Uhr), ein ganzer Block mit Kunsthandwerksständen.

Abgesehen von Tianguez, das in der Altstadt liegt, befinden sich alle anderen hier aufgeführten Geschäfte in der Neustadt.

★ Galería Ecuador KUNSTHANDWERK, BÜCHER
(Karte S. 600; www.galeriaecuador.com; Victoria N24-263 nahe García) Der funkelnde zweistöckige Komplex abseits der Plaza Foch bietet sehr gute, von Ecuadorianern angefertigte Produkte an, z. B. Kunsthandwerk, Schmuck, Kleidung, CDs und leicht verdauliche Bücher sowie Schokolade, Wein und Likör (inkl. eines sanften Schoko-Elixiers). Das Café vor Ort ist sehr gut. Im Laden erhält man auch Infos und Karten.

Galería Latina KUNSTHANDWERK
(Karte S. 600; Mera N23-69) Die Galería Latina ist einer der besten Kunsthandwerks- und Klamottenläden in der Stadt und bietet eine große Auswahl wunderschön gearbeiteter Teile: Tagua-Schnitzereien, bunte Websachen aus den Anden, Textilien, Schmuck, Pullover und handgemachte Kleidung aus ganz Lateinamerika. Die Preise sind eher etwas höher, aber so ist das eben mit der Handwerkskunst.

Tianguez KUNSTHANDWERK
(Karte S. 590; Plaza San Francisco) Das Tianguez befindet sich beim gleichnamigen Café und ist Mitglied der Fair Trade Organization. Hier gibt's herausragendes Handwerk aus ganz Ecuador.

La Bodega KUNSTHANDWERK
(Karte S. 600; Mera N22-24) Das La Bodega gibt es schon seit über 30 Jahren. Es gibt unterschiedlichstes hochwertiges Kunsthandwerk, sowohl altes als auch neues.

Ag SCHMUCK
(Karte S. 600; ☎02-255-0276; Mera 614) Der von Hand gefertigte Silberschmuck aus ganz Südamerika ist herausragend. Außerdem stehen Antiquitäten zum Verkauf.

Confederate Books BÜCHER
(Karte S. 600; Ecke Calama & Mera) Viele Secondhand-Bücher auf Englisch und in anderen Sprachen.

Libri Mundi BÜCHER
(Karte S. 600; Mera 851; ⊗Mo–Fr 9–19 Uhr, Sa 9–14 & 15–18 Uhr) Einer von Quitos besten

Buchläden mit einer guten Auswahl englisch-, deutsch-, französisch- und spanischsprachiger Titel.

ⓘ Praktische Informationen

GEFAHREN & ÄRGERNISSE

Quito hat einen schlechten Ruf, was Raubüberfälle und Kleinkriminalität angeht. Traveller sollten einige Vorsichtsmaßnahmen ergreifen, um nicht zur Zielscheibe zu werden. Obwohl die Straßen in Mariscal sehr belebt sind, ist es nach Einbruch der Dunkelheit nach wie vor eine gefährliche Gegend. In der Plaza Foch ist zwar die Polizei präsent, doch ein paar Straßen weiter kommt es noch immer zu Überfällen. Nach Einbruch der Dunkelheit sollte man immer ein Taxi nehmen, auch für kurze Strecken. Die Sonntage, an denen normalerweise kaum jemand unterwegs ist, eignen sich nicht für einen Spaziergang.

Seit der Restaurierung der Altstadt und der Erhöhung der Polizeipräsenz ist das historische Zentrum bis etwa 22 Uhr im Großen und Ganzen sicher. Auf den Hügel El Panecillo sollte man nicht zu Fuß gehen, sondern mit dem Taxi fahren. (Für die Rückfahrt stehen oben etliche Taxis bereit.) Die Busse sind bei Taschendieben ein beliebtes Jagdrevier – immer gut aufs Gepäck achten! Rucksäcke und Handtaschen werden routiniert aufgeschlitzt oder geklaut, oft ohne dass deren Besitzer etwas merken. Wer ausgeraubt worden ist, sollte sich innerhalb von 48 Stunden entweder bei der Polizeiwache der Neustadt (☏ 02-254-3932; Reina Victoria N21-208 in der Nähe von Roca; ⓗ 24 Stunden) oder bei der in der Altstadt (Karte S. 590; ☏ 02-251-0896; Chile zwischen Moreno & Venezuela, Plaza Grande, ⓗ 10–18 Uhr) eine Bestätigung geben lassen.

Quito liegt auf 2850 m Höhe, und wer aus Gegenden auf Meereshöhe anreist, kann leicht außer Atem geraten und Kopfschmerzen oder einen trockenen Mund bekommen. Diese Symptome der *soroche* (Höhenkrankheit) legen sich in der Regel nach ein oder zwei Tagen. Um sie zu reduzieren, sollte man es zunächst sachte angehen lassen, viel Wasser trinken und auf Nikotin und Alkohol verzichten.

GELD

In der Neustadt gibt es an der Av Amazonas zwischen der Av Patria und der Av Orellana mehrere Banken und *casas de cambio* (Wechselstuben), außerdem befinden sich in der ganzen Stadt etliche Banken.

Banco de Guayaquil (Av Amazonas N22-147 bei Veintimilla) Geldautomat; löst auch Travellerschecks ein.

Banco de Guayaquil (Colón bei Reina Victoria) Geldautomat; wechselt Travellerschecks.

Banco del Pacífico (Ecke 12 de Octubre & Cordero) Geldautomat; löst auch Travellerschecks ein.

Banco del Pacífico (Ecke Guayaquil & Chile) Geldautomat und Einlösung von Travellerschecks.

Banco del Pichincha (Guayaquil zw. Olmedo & Manabí) Geldautomat; wechselt Travellerschecks.

Producambios (Av Amazonas 350, La Mariscal) Geldautomat; wechselt auch Travellerschecks.

Western Union (Av de la República) Geldtransfers aus dem Ausland, Geldautomat und Einlösung von Travellerschecks.

Western Union (Av Colón 1333) Geldtransfers aus dem Ausland, Geldautomat, Travellerscheckeinlösung.

INTERNETZUGANG

Viele Pensionen, Cafés, Restaurants und sogar öffentliche Parks bieten kostenlos WLAN an.

MEDIZINISCHE VERSORGUNG

Hospital Metropolitano (☏ 02-399-8000; www.hospitalmetropolitano.org; Mariana de Jesús nahe Arteta) Das beste Krankenhaus der Stadt. Westlich vom Parque la Carolina im Distrikt San Gabriel.

Hospital Voz Andes (☏ 02-226-2142; www.hospitalvozandes.org; Ecke Villalengua Oe2-37 & Av 10 de Agosto) Krankenhaus unter amerikanischer Leitung mit Ambulanz und Notaufnahme in der Nähe der Haltestelle Iñaquito nordwestlich vom Parque La Carolina.

NOTFALL

Feuerwehr (☏ 102)

Krankenwagen des Roten Kreuzes (☏ 131, ☏ 258-0598)

Notruf (☏ 911)

Polizei (☏ 101)

POST

Hauptpost (Karte S. 590; Reina Victoria & Colón; ⓗ Mo–Fr 8–19 Uhr, Sa & So bis 12 Uhr) Die Lage im Mariscal ist am günstigsten.

La Mariscal Postamt (Karte S. 600; Ecke Av Colón & Reina Victoria)

TOURISTENINFORMATION

Quito Touristeninformation (Corporación Metropolitana de Turismo; Karte S. 590; ☏ 02-257-2445; www.quito.com.ec; Venezuela nahe Chile; ⓗ Mo–Fr 9–18 Uhr, Sa bis 20 Uhr, So 10–17 Uhr; 🛈) Die Altstadtfiliale liegt günstig und ist hilfreich bei allgemeinen Fragen sowie in Sachen Wegbeschreibungen und Karten. Ein Kunsthandwerksladen namens Tienda el Qunde füllt die Hälfte des Geschäfts aus. Es gibt auch Führungen durch die Altstadt.

South American Explorers (SAE; Karte S. 594; 02-222-7235; www.saexplorers.org; Mariana de Jesus Oe3-32 & Ulloa, Mariana de Jesus;) Das Clubhaus dieser von Mitgliedern unterstützten, gemeinnützigen Organisation (weitere Standorte in Quito, Lima und Cuzco in Peru, Buenos Aires und dem Hauptbüro in Ithaca, New York) ist eine ergiebige Informationsquelle für Reisende, Abenteurer und Forscher etc. Das Personal hält mappenweise Tipps und Informationen rund um Lateinamerika bereit. Zehn Minuten zu Fuß westlich vom Parque La Carolina.

An- & Weiterreise

BUS

In Quito gibt es zwei Busbahnhöfe, die beide ziemlich weit vom Zentrum entfernt sind (mit öffentlichen Verkehrsmitteln sollte man mindestens eine Stunde einplanen, mit dem Taxi mindestens 30 Minuten).

Vom **Terminal Quitumbe** (02-398-8200; Cóndor Ñan & Sucre), 10 km südwestlich der Altstadt, fahren Busse in die zentralen und südlichen Anden, an die Küste und in den Oriente (z. B. nach Baños, Cuenca, Guayaquil, Coca sowie – von Otavalo abgesehen – zu den meisten für Reisende interessanten Zielen). Zum Busbahnhof fährt der Trole-Bus (C4); an der Endhaltestelle steigt man aus. Eine Taxifahrt vom/zum Busbahnhof kostet ca. 12 bis 15 US$.

Vom **Terminal Terrestre Carcelén** (02-396-1600; Eloy Alfaro) im Norden werden Otavalo, Ibarra, Santo Domingo, Tulcán und andere Ziele im Norden bedient. Zum Busbahnhof geht's mit dem Trole-Bus gen Norden zum Terminal La Y; dort steigt man in einen „Carapungo"-Bus um und sagt dem Fahrer, wohin man möchte, denn der Bus fährt einen Block vorm Busbahnhof vorbei. Das letzte Stück kann man zu Fuß gehen. Ein Taxi schlägt mit etwa 10 bis 12 US$ zu Buche.

Komfortable Busse von der Neustadt nach Guayaquil bieten **Panamericana** (Karte S. 600; 02-255-7134; Av Colón zw. Reina Victoria & Almagro) und **Transportes Ecuador** (Karte S. 600; 02-222-5315; Mera N21-44). Panamericana betreibt auch Fernbusse in andere Städte, darunter Machala, Loja, Cuenca, Manta und Esmeraldas.

Einige Busse zu Zielen in der Provinz Pichincha fahren an anderen Stellen ab. Busse der **Cooperativa Flor de Valle/Cayambe** (www.flordelvalle.com.ec) fahren täglich vom Ofelia-Busbahnhof im Norden Quitos nach Mindo (2,50 US$, 2½ Std.); zum Busbahnhof nimmt man den Metrobus bis zur Endhaltestelle.

Die folgende Tabelle zeigt die ungefähren Fahrpreise für die einfache Strecke sowie die Fahrzeit. Auf Fernverbindungen fahren auch teurere Luxusbusse.

ZIEL	PREIS (US$)	DAUER (STD.)
Ambato	2,50	2½
Atacames	9	7
Bahía de Caráquez	10	8
Baños	3,50	3
Coca	10	9 (über Loreto)
Cuenca	10–12	10–12
Esmeraldas	9	5–6
Guayaquil	7–10	8
Huaquillas	10	12
Ibarra	3	2½
Lago Agrio	8	7-8
Latacunga	1,50	2
Loja	14–17	14–15
Machala	10	10
Manta	10	8-9
Otavalo	2	2¼
Portoviejo	9	9
Puerto López	12	12
Puyo	6	5½
Riobamba	4	4
San Lorenzo	7	6½
Santo Domingo	3	3
Tena	6	5-6
Tulcán	5	5

FLUGZEUG

Quitos **Aeropuerto Mariscal Sucre** (02-395-4200; www.aeropuertoquito.aero) liegt 37 km östlich der Stadt. Linienflüge verbinden Quito mit Coca, Cuenca, Esmeraldas, den Galápagosinseln, Guayaquil, Lago Agrio, Loja, Macas, Machala, Manta und Tulcán. Alle Kontinentalflüge dauern weniger als eine Stunde und kosten pro Strecke etwa 70 bis 100 US$. Flüge zu den Galápagosinseln sind wesentlich teurer (Hin- & Rückflug ab 500 US$) und dauern von Quito dreieinviertel Stunden (inklusive eines Zwischenstopps in Guayaquil) und eineinhalb Stunden ab Guayaquil.

ZUG

Nach riesigen Investitionen werden mittels des revitalisierten Zugnetzwerks des Landes wieder Passagiere gemächlich durch das atemberaubende Höhenpanorama transportiert.

Tren Ecuador (www.trenecuador.com) hat vier Routen (Do-So) ab Quitos wunderschön renoviertem Bahnhof **Estación de Ferrocarril Chimbacalle**, der 2 km südlich der Altstadt liegt. Es gibt Züge nach Machachi (hin & zurück 15 US$), an den Fuß des Cotopaxi (hin & zurück 20 US$), nach Latacunga (hin & zurück 10 US$) und entlang der Vorzeigeroute **Tren Crucero**, die vier Tage und drei Nächte dauert und 450 km an der Küste von Guayaquil entlangführt (1270 US$).

Unterwegs vor Ort

BUS

Die Regionalbusse (0,25 US$) sind recht praktisch, aber in vollen Bussen sollte man auf seine Taschen aufpassen und sie nah am Körper tragen. Das Ziel der Busse steht auf einem Schild im Fenster (keine Liniennummern). Die Fahrer sagen einem in der Regel, welchen Bus man nehmen muss, falls man den falschen anhält.

TAXI

Taxis sind gelb und haben einen Aufkleber mit ihrer Nummer im Fenster. Die Fahrer benutzen nicht immer ein *taxímetro* (Taxameter). Am besten ist es, sich vor der Fahrt auf einen Preis zu einigen. Von Mariscal zur Altstadt bezahlt man normalerweise etwa 2 US$, spätabends und sonntags wird's teurer.

TROLE, ECOVÍA & METROBUS

In Quito gibt es drei elektrisch betriebene Buslinien: Trole, Ecovía und Metrobus. Alle fahren sie auf der Nord-Süd-Route entlang einer der drei Durchgangsstraßen von Quito und steuern bestimmte Stationen auf autofreien Straßen an. Deshalb sind sie schnell und effizient, aber meistens auch voll und ein beliebtes Revier von Taschendieben. Die Busse verkehren zwischen 6 und 0.30 Uhr etwa alle zehn Minuten (während der Hauptverkehrszeit öfter), der Fahrpreis beträgt 0,25 US$.

Der Trole fährt die Maldonado und die Av 10 de Agosto entlang. In der Altstadt nehmen die Busse gen Süden die westliche Route (entlang Guayaquil), die Busse Richtung Norden fahren auf der östlichen Strecke (entlang Montúfar und Pichincha). Der Ecovía verkehrt auf der Av 6 de Diciembre, der Metrobus auf der Av América.

ANKUNFT IN QUITO

Der Preis für eine Fahrt mit dem Taxi von Quitos Flughafen Mariscal Sucre in die Stadt rein ist fix und liegt bei 24 US$ nach Mariscal und 26 US$ in die Altstadt. Die Fahrt dauert zwischen 50 und 90 Minuten.

Aeroservicios (http://aeroservicios.com.ec; 8 US$) betreibt auch Express-Shuttle-Busse, die alle 30 Minuten vom neuen Flughafen zum alten Flughafen (8 km nördl. von La Mariscal) fahren. Von hier geht es mit dem Taxi für 8 bis 12 US$ nach La Mariscal oder in die Altstadt.

Die günstigste, aber auch unbequemste Option ist der öffentliche Bus (2 US$) ins oder vom Busbahnhof Rio Coca nördlich vom Mariscal. Zum Busbahnhof Rio Coca gelangt man über die Ecovia Richtung Norden (0,25 US$), die an der Avenida 6 de Diciembre entlangführt und eine Haltestelle in der Nähe vom Mariscal hat. Vom Mariscal bis Rio Coca dauert es 30 Minuten.

RUND UM QUITO

Mitad del Mundo & Umgebung

🎬 02

Am berühmtesten ist Ecuador wegen seiner Lage am Äquator. **Mitad del Mundo** (Mitte der Welt; www.mitaddelmundo.com; Eintritt 2 US$, Monument Eintritt 3 US$; ⊙Mo–Fr 9–18, Sa & So bis 19 Uhr), 22 km nördlich von Quito, ist der Ort, an dem Charles-Marie de la Condamine 1736 die Messungen vornahm, die bewiesen, dass hier der Äquator verläuft. Das errichtete Monument befindet sich zwar selbst nicht auf der Äquatorlinie (GPS-Berechnungen zufolge liegt die wahre geographische Breite von 0°00' ungefähr 300 m weiter nördlich), dennoch ist es ein beliebtes, wenngleich ziemlich touristisches Ausflugsziel. Sonntagnachmittags treten rund um die zentrale Plaza Salsa-Bands auf. Für das ethnografische Museum (und die Aussichtsplattform auf dem Dach), den Blick auf ein maßstabgerechtes Modell der Altstadt von Quito und andere Attraktionen muss man separat bezahlen. **Calima Tours** (☏239-4796; www.mitaddelmundotour.com; Wanderung 8 US$/Pers) befindet sich im Komplex und veranstaltet stündlich Touren nach Pululahua. Die Tour um 10 Uhr beinhaltet eine Wanderung um den Kraterrand. Um 15 Uhr veranstaltet Calima eine Tour nach **Rumicucho**, das eine kleine Stätte aus der Prä-Inka-Zeit ist, die gerade ausgegraben wird. Sie befindet sich 3,5 km nördlich von Mitad del Mundo. Die Tour beinhaltet einen Besuch im Haus eines Schamanen.

Ein paar Hundert Meter weiter nördlich steht das **Museo Solar Inti Ñan** (Erw./Kind 4/2 US$; ⊙9.30–17 Uhr), das mit der Atmosphäre eines Rummelplatzes Experimente zu Wasser und Energie zeigt. Ob es wirklich „wissenschaftliche" Experimente oder eigentlich nur Spielereien sind, kann jeder selbst entscheiden.

Auf dem Weg nach Calacalí, etwa 5 km nördlich von Mitad del Mundo, liegen der alte Vulkankrater und das geobotanische Reservat Pululahua. Der (morgendliche) Ausblick vom Kraterrand ist großartig, und wer mag, kann auch zu dem winzigen Dorf auf dem Kraterboden wandern. Im Pululahua Hostel (099-946-6636; www.pululahuahostal.com; Cabaña EZ/DZ ab 30/40 US$, ohne Bad 20/30 US$), einer umweltfreundlichen Pension mit einfachen, komfortablen Zimmern, kann man im Krater übernachten. Die leckeren Mahlzeiten (Mittag- od. Abendessen 10 US$) werden mit Zutaten vom Biobauernhof zubereitet. Gäste können Fahrräder (5 US$/Std.) und Pferde (10 US$/Std.) mieten.

In der Nähe des Kraterrands von Pululahua steht der burgähnliche Templo del Sol (Eintritt 3 US$; Di-So 10-17 Uhr), der Nachbau eines Inka-Tempels, inklusive präkolumbischer Relikte und Steinschnitzereien. Die Führungen (spanisch) sind ein wenig effekthascherisch und werden von einem prächtig herausgeputzten „Inka-Prinzen" geleitet, der auch über mutmaßliche alte Glaubensvorstellungen und Rituale spricht.

Nach Mitad del Mundo geht es von Quito mit dem Metrobus (0,25 US$) Richtung Norden bis zur Endhaltestelle, dem Busbahnhof Ofelia. Von hier fahren Busse nach Mitad del Mundo (0,15 US$). Die gesamte Fahrt dauert eine bis anderthalb Stunden. Der Bus hält direkt vor dem Eingang.

Die Busse fahren hinter dem Komplex weiter und können Fahrgäste an der Zufahrtsstraße nach Pululahua rauslassen – nach dem Mirador de Ventanillas (dem Aussichtspunkt, an dem der Wanderweg in den Krater beginnt) fragen!

Termas de Papallacta
02

Die Termas de Papallacta, eines der luxuriösesten und malerischen Thermalbäder Ecuadors, sind nach langen Reisetagen eine wahre Wohltat. Das balneario (Eintritt 8 US$; 6-22.30 Uhr, letzter Einlass 21 Uhr) verfügt über mehr als 25 Pools mit verschiedenen Wassertemperaturen, die von üppigem Rasen und orangeroten Blüten umgeben sind. Handtücher und Schließfächer sind vorhanden. Die zusätzlichen 11 US$ für den Besuch der Spa-Pools lohnen sich nicht wirklich.

Der 67 km (2 Std.) von Quito gelegene Komplex, der zum noblen Hotel Termas de Papallacta (in Papallacta 06-232-0042, in Quito 02-256-8989, 06-289-5060; www.papallacta.com.ec; Zi. für 1-3 Pers. 150-200 US$, Hütte für 6 Pers. 225 US$; P@) gehört, gibt einen tollen Tagesausflug von Quito ab. Billigere Unterkünfte gibt es außerhalb des Komplexes im Dorf Papallacta selbst, es ist aber kein Problem, nach Quito zurückzufahren. Am besten kommt man werktags, denn am Wochenende wird es richtig voll.

Alle Busse, die von Quito nach Baeza, Tena oder Lago Agrio fahren, können Fahrgäste in Papallacta absetzen. Wer direkt zum Komplex der Termas de Papallacta will, bittet den Fahrer, an der Straße zum Thermalbad anzuhalten, die 1,5 km vor dem Dorf liegt. Dort warten *camionetas* (Kleinlaster; 2 US$), die die holprige Straße hochfahren.

NÖRDLICHES HOCHLAND

Die steilen grünen Hügel, von Staub umwehten geschäftigen Provinzhauptstädte und kulturellen Reichtümer des nördlichen Hochlands liegen ein paar Fahrstunden nordöstlich von Quito. Wer auf dem Weg von oder nach Kolumbien ist, kommt zwangsläufig durch die Region, und hier gibt es vieles, das einen Zwischenstopp wert ist: Der berühmte Markt in Otavalo, der auf die Zeit vor den Inka zurückgeht, ist der größte Kunsthandwerksmarkt Südamerikas, und mehrere Kleinstädte sind für ihr Kunsthandwerk berühmt, darunter Holzschnitzereien und Ledererzeugnisse.

Nordwestlich von Quito liegen an den Westhängen der Anden die dunstigen Nebelwälder. Der größte Anziehungspunkt hier ist Mindo, ein friedliches kleines Dorf, das sich in ein angesagtes Ziel des Ökotourismus verwandelt hat und in dem Besucher die Tage mit Vogelbeobachtung, Wandern und Fluss-Tubing verbringen.

Mindo
02

Das winzige Mindo hat sich mit seiner atemberaubenden Lage inmitten steil aufsteigender Nebelwälder in einen Hotspot für Backpacker verwandelt und existiert inzwischen für den Tourismus. Das abseits der Hauptstraße von Mindo nach Quito nach Esmeraldas gelegene Mindo erreicht man nach einer dramatisch steilen, kurvenreichen Bergabfahrt, die vorbei an Dutzenden Hotels und Lodges hinunter ins verschlafene Stadtzentrum führt. Vogelbeobachter, Wanderer und Wochenendausflügler aus Quito und anderen Orten strömen scharenweise her, und die freundlichen Einwohner haben eine beeindruckende Infrastruktur geschaffen, durch die Besucher aktiv den Nebelwald genießen können, mit Schmetterlingsfarmen, Seilrutschen über den Baumkronen, Mountainbiken, Tubing und Orchideensammlungen.

⊙ Sehenswertes & Aktivitäten

Tarabita SEILBAHN
(Straße nach Cascada de Nambillo; Eintritt 5 US$; ⊙Di–So 8.30–16 Uhr) Diese einzigartige, von Hand betriebene Seilbahn fährt hoch über einem vegetationsreichen Flussbecken und dichtem Nebelwald rüber zum Bosque Protector Mindo-Nambillo. Dort führen Wanderwege zu verschiedenen Wasserfällen. Der Drahtkorb gleitet an Drahtseilen in 152 m Höhe über dem Boden – sicher nichts für Leute mit Höhenangst! Das Seilbahnticket beinhaltet eine Karte mit örtlichen Wanderrouten. Am nächsten zum Ankunftspunkt liegt die Cascada Nambillo (15 Min. zu Fuß). Die Hauptattraktion ist allerdings die Reihe von fünf Wasserfällen (1 Std. zu Fuß). Von Mindo aus fahren Taxis für 2 US$, oder man wandert angenehme 7 km bergauf.

Mariposas de Mindo SCHMETTERLINGSFARM
(☎02-224-2712; www.mariposasdemindo.com; Eintritt 5 US$; ⊙9–16 Uhr) In Mindo gibt es einige Schmetterlingsfarmen, aber dies ist die beste. Am besten kommt man zur wärmsten Tageszeit (ca. 11 Uhr), wenn die Schmetterlinge am aktivsten sind. Die Farm hat auch Unterkünfte und ein Restaurant.

Tubing
Die Tourveranstalter entlang der Av Quito bieten coole Fahrten ohne großen technischen Schnickschnack (min. 4 Pers. 6 US$/Pers.) den wogenden Río Mindo hinab an. Eine Gruppe von vier Teilnehmern trudelt auf einem Floß aus mehreren zusammengebundenen dicken Rettungsringen das Wildwasser hinab. Im Preis enthalten sind normalerweise der Transport, ein Schutzhelm, eine Rettungsweste und ein Guide, denn Tubing durch die Stromschnellen des Río Mindo kann recht gefährlich sein.

Seilrutschen (Ziplining)
Auf halbem Weg die Straße zur *tarabita* (Seilbahn) hinauf buhlen zwei konkurrierende Zipline-Unternehmen um adrenalinsüchtige Kunden. An ein Kabel über den Bäumen angegurtet, fliegt man hoch über die Baumkronen dahin – bei Regen sogar noch schneller. **Mindo Canopy Adventure** (☎09-453-0624; www.mindocanopy.com; 2½-stündige Rundtour 20 US$/Pers.), der ursprüngliche Anbieter, hat 13 verschiedene Seilrutschen von 20 bis 400 m Länge.

Vogelbeobachtung
Mindo ist mit seinen mehr als 400 bekannten Vogelarten ein wichtiges Zentrum für Vogelbeobachter geworden. Der aktuelle Preis für einen kompetenten, professionellen Führer liegt zwischen 80 und 220 US$ pro Tag. Empfohlene Guides, die Englisch sprechen, sind u. a. **Irman Arias** (☎099-170-8720; www.mindobirdguide.com), **Danny Jumbo** (☎099-328-0769) und **Julia Patiño** (☎088-616-2816, 390-0419; juliaguideofbird@yahoo.com).

🛏 Schlafen & Essen

Caskaffesu PENSION$
(☎099-386-7154, 02-217-0100; www.caskaffesu.com; Sixto Duran Ballen nahe Av Quito; Zi. 20 US$/Pers.; 🛜) Das Caskafessu wird von einem freundlichen amerikanisch-ecuadorianischen Paar geführt und ist eine schöne, entspannte Zuflucht abseits der Hauptstraße im Stadtzentrum. Die zwei Etagen mit bunt gestrichenen Zimmern aus Backstein vermitteln mediterranes Flair und umgeben einen kleinen Hofgarten.

La Casa de Cecilia HOSTEL$
(☎099-334-5393, 02-217-0243; www.lacasadececilia.com; Av 9 de Octubre; Zi. 7–10 US$/Pers.; 🛜) Der idyllische Hof – auch wenn er aus Beton ist – und die Lage am Fluss sind gut geeignet zum Abstandgewinnen und ein Ort zum Entspannen für alle, die sich auf den Irrgarten aus Stockbetten einlassen. In den zweistöckigen Nachbargebäuden gibt es mehrere Privatzimmer mit gutem Preis-Leistungs-Verhältnis. Auf der Hängematterrasse ist eine Outdoor-Feuerstelle und über dem Fluss eine Freiluftküche.

★ Beehive CAFÉ$
(www.thebeehivemindo.com; Sandwiches 5 US$; ⊙Mo–Do & So 8–20 Uhr, Fr & Sa bis 22 Uhr; 🛜) 🌿 Ingo und Genny, ein deutsch-ecuadorianisches Paar (mit zwei schwerfälligen Deutschen Doggen) führen das Beehive als

coolen Treff mit skandinavischem Design am Rand des Flusses. Das Smorgasbord mit Falafel, Hummus, Käse, Fleischbällchen, Würstchen, Salat und Kühlschrankresten ist die Spezialität des Hauses, aber Brownies, Kuchen und Kaffeegetränke sind auch gut.

Columpios SÄFTE, VEGETARISCH $
(Hauptgerichte 3 US$) In der Stadt ist die winzige Outdoor-Saftbar eher bekannt als schaukel-Lokal, da hier Schaukeln als Sitze fungieren. Es gibt *batidos*, Salate und Veggie-Burger. Ein paar Blocks entfernt vom Parque Central an der Straße zur *tarabita*.

El Quetzal ECUADORIANISCH $$
(www.elquetzaldemindo.com; Av 9 de Octubre; Hauptgerichte 6–15 US$; 8–23 Uhr;) Der wunderbar relaxte Coffeeshop mit Restaurant, der größte der Stadt, macht alles richtig: Er verkauft ausgezeichneten Kaffee sowie Kaffeebohnen und Schokolade aus einheimischer Produktion und bietet eine große Frühstücksauswahl, Sandwiches und täglich ein anderes ecuadorianisches Hauptgericht. Der US-amerikanische Eigentümer ist stolz auf seine lokal berühmten Brownies.

🛈 Praktische Informationen

In der Nähe des Parque Central gibt es einen Geldautomaten, aber er funktioniert nicht immer, man sollte also genug Bargeld mitbringen.
Centro Municipal de Información Turística (Avs Quito & 9 de Octubre) Eine hilfreiche Touristeninformation (nur spanisch) gegenüber vom Plaza Grande, die Karten und Tipps zu Wanderungen, Touren und Unterkünften hat.

🛈 An- & Weiterreise

Täglich fahren mehrere Busse nach Quito (3 US$, 2½ Std.) und nach Santo Domingo (3 US$, 3 Std.), von wo es weiter Richtung Küste geht. Andere Busse nach Quito oder an die Küste halten oben auf dem Hügel an der Kreuzung der Straße nach Mindo und der Schnellstraße.

Otavalo

06 / 52 700 EW.
Die freundliche, wohlhabende Stadt Otavalo (2550 m) ist für ihren riesigen Samstagsmarkt berühmt, auf dem traditionell gekleidete indigene Verkäufer den Heerscharen von Touristen, die jeden Samstag herbeiströmen, Kunsthandwerk verkaufen. Trotz der Beliebtheit des Marktes sind die *otavaleños* selbstbestimmt und ihrer ursprünglichen Kultur treu geblieben. Die Lage ist ausgesprochen grandios und das Ganze ein absolut faszinierendes Erlebnis.

👁 Sehenswertes

Kunsthandwerksmarkt MARKT
(Plaza de Ponchos;) Jeden Tag bieten Verkäufer auf der Plaza de Ponchos, dem Zentrum des Kunsthandwerksmarktes, Wollwaren an, z. B. Teppiche, Wandteppiche, Decken, Ponchos, Pullover, Schals, Handschuhe und Hüte, sowie bestickte Blusen, Hängematten, Schnitzereien, Perlen, Gemälde, gewebte Matten und Schmuck aus der Taguanuss an (auch bekannt als Steinnuss). Wirklich spannend wird es am Samstag, dem offiziellen Markttag, wenn sich der Markt in die angrenzenden Straßen und im halben Stadtzentrum ausbreitet.

Tiermarkt MARKT
(Panamericana; Sa 6–13 Uhr) Reisende haben wohl keine Verwendung für quiekende Ferkel, Säcke voller Meerschweinchen oder träge Kühe, aber dieser wöchentliche Markt lohnt sich wegen der Atmosphäre und des allgemeinen Chaos. Die Brücke am Ende des Colón überqueren und den Menschenmengen über die Panamericana folgen!

🏃 Aktivitäten

Rund um Otavalo gibt es tolle Wandermöglichkeiten, besonders im Gebiet der Lagunas de Mojanda.

⭐ **Runa Tupari Native Travel** KULTUR- & OUTDOOR-ABENTEUER
(292-2320; www.runatupari.com; Calle Sucre 14-15 y Quiroga) Verdientermaßen berühmt und angesehen arbeitet Runa Tupari mit indigenen Mestizen- und afro-ecuadorianischen Gemeinschaften zusammen und bietet Sightseeing, Wanderungen, Reit- und Fahrradtouren an. Ländliche Unterbringung bei Familien gibt es für 25 US$ pro Nacht, verschiedene Optionen für Freiwilligenjobber liegen bei 15 US$ pro Tag inklusive Zimmer und Verpflegung.

📖 Kurse

Otavalo ist ein guter Ort, um Spanisch zu lernen. Zu den empfehlenswertesten Sprachschulen mit Unterbringung bei Gastfamilien und Angeboten in Sachen Freiwilligenarbeit gehören **Mundo Andino** (06-292-1864; www.mandinospanishschool.com; Salinas 404 nahe Bolívar; Einzel-/Gruppenunterricht 6/4,50 US$/Std.) und **Instituto Superior de Español**

(Karte S. 590; 06-292-7354; www.instituto-su perior.net; Guayaquil N9-77 y Oriente St; Kurse ab 129 US$/Woche).

Feste & Events

Inti Raymi RELIGION

Das jahrtausendealte Fest zur Sommersonnenwende wird im ganzen nördlichen Hochland gefeiert, besonders aber in Otavalo, wo es mit dem Johannisfest (24. Juni) und dem Peter-und-Paul-Fest zusammenfällt.

Fiesta del Yamor KULTUR

Otavalos bekanntestes Festival findet in den ersten zwei Septemberwochen zu Ehren der Herbsternte statt. Eine gewählte Königin überwacht Prozessionen, es gibt Livemusik und Tanz, Feuerwerk und Hahnenkämpfe. Die feiernde Meute trinkt jede Menge *chicha de yamor* – sieben Sorten Mais werden langsam zusammen erhitzt, um dieses ungewöhnliche nichtalkoholische Getränk herzustellen (länger fermentierte Versionen enthalten Alkohol).

Schlafen

Freitags füllen sich die Pensionen, wer noch die Wahl haben will, sollte daher frühzeitig eintreffen.

★ **Hotel Riviera-Sucre** PENSION $

(06-292-0241; www.rivierasucre.com; Ecke García Moreno 380 & Roca; Zi. 18 US$/Pers.; @ 🕿) Die charmanten Zimmer mit hohen Decken, Holzböden und dem besten Preis-Leistungs-Verhältnis der Stadt umgeben einen schönen Innenhof mit einem königlichen Brunnen in der Mitte und schaukelnden Hängematten. In der Gemeinschaftsküche kann man Essen oder Kaffee zubereiten und das Ganze dann im Garten hinten genießen. Fürs Wochenende muss man reservieren.

Hotel Santa Fé 2 HOTEL $

(06-292-0161; www.hotelsantafeotavalo.com; Colón 507 & Sucre; Zi. 13 US$/Pers.; P 🕿) Wer Holz mag, wird von diesem Hotel im Stil des Südwestens begeistert sein, wenngleich die polierte Kunstholz-Deko glänzt wie Plastikblumen. Das originale, ältere **Hotel Santa Fé 1** (06-292-3640; Roca 7-34 & Moreno; Zi. 13 US$/Pers.) hat kleinere Zimmer mit Bädern, die für breitere Menschen ungünstig geschnitten sind.

Cabañas El Rocío PENSION $

(06-292-4606; rocioe@hotmail.com; Barrio San Juan; Zi. 11 US$/Pers.; P 🕿) Nicht abschrecken lassen von dem verblichenen Schild und der Straßenlage: Diese charmante Pension versteckt hinter ihrem abschreckenden Äußeren alpin anmutende Zimmer und Hütten nur einen kurzen Fußweg vom Zentrum von Otavalo entfernt.

Hostal Valle del Amanecer PENSION $

(06-292-0990; www.hostalvalledelamanecer.com; Ecke Roca & Quiroga; Zi. inkl. Frühstück 16 US$/Pers., ohne Bad 13 US$; 🕿) Sehr kleine Zimmer – nichts für Paare, die Abgeschiedenheit suchen – umgeben einen einladenden, mit Kies bedeckten Innenhof mit vielen Hängematten. Zur Pension gehört ein Restaurant, und für 8 US$ pro Tag kann man Fahrräder ausleihen.

★ **Hostal Doña Esther** PENSION $$

(06-292-0739; www.otavalohotel.com; Montalvo 4-44; EZ/DZ/3BZ 34/49/61 US$; @ 🕿) Das kleine Hotel im Kolonialstil, das Holländern gehört, ist gemütlich und hat hübsche Zimmer rund um einen mit Keramiken und Farnen geschmückten Innenhof. Das Personal ist nett, es gibt ein beliebtes Büchertauschregal und ein empfehlenswertes Restaurant.

★ **La Luna** PENSION $$

(099-829-4913; www.lalunaecuador.com; Stellplatz 8 US$, B 12 US$, EZ/DZ 30/45 US$, ohne Bad ab 22/36 US$; 🕿) Das La Luna liegt 4,5 km südlich von Otavalo an der Straße hinauf zu den Lagunas de Mojanda und bietet unbezahlbare Ausblicke für Sparfüchse. Man speist im gemütlichen Haupthaus, wo sich abends alle um den Kamin versammeln. Die Duschen sind warm; vier der Doppelzimmer haben eigene Bäder und Kamine. Für Wanderungen kann man Lunch-Pakete erhalten.

Rose Cottage HÜTTE $$

(099-772-8115; www.rosecottageecuador.com; B 14 US$, Zi. ab 40 US$, EZ/DZ ohne Bad 16/35 US$; 🕿) Das Rose Cottage ist eine gute Wahl, wenn man eine Budgetunterkunft in malerischer Landschaft sucht. Es liegt 3 km von Otavalo an einem steilen Hügel und bietet wunderschöne Ausblicke und eine große Auswahl von Übernachtungsmöglichkeiten, wodurch man das Andenpanorama genießen kann, aber noch in der Nähe von Otavalo ist.

Essen

★ **Cosecha Coffee Shop** CAFÉ, SANDWICHES $

(Jaramillo nahe Salinas; Sandwiches 5–7 US$; ⊙ 8–21 Uhr, Mo geschl.; 🕿) Das moderne Café mit

Otavalo

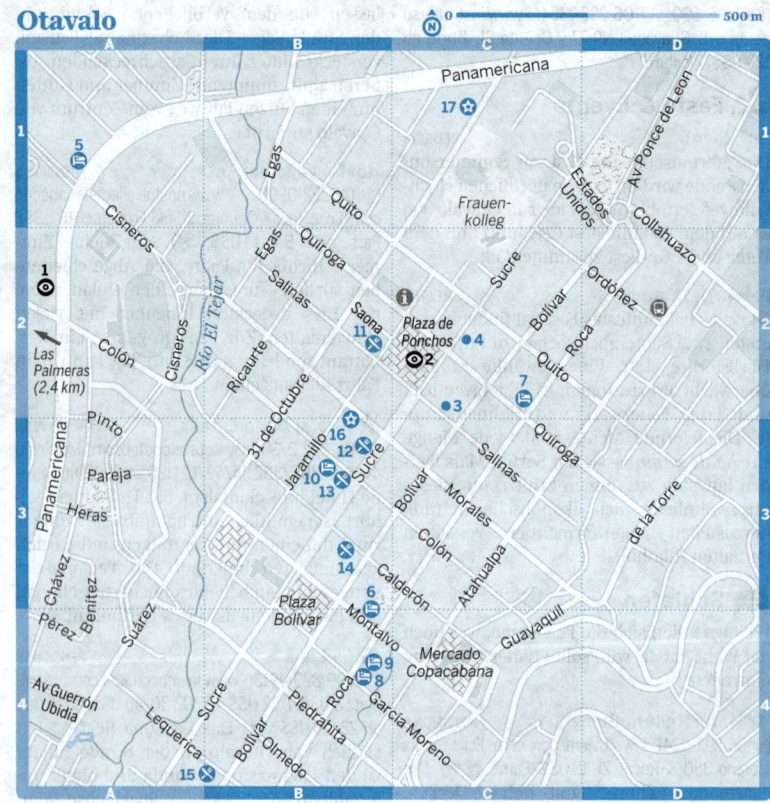

Backsteinmauern im Santa Fe-Stil und minimalistischem Design gehört einem amerikanischen Expat und würde in einem coolen Viertel von NYC nicht auffallen (es gibt sogar Bagels!). Sandwiches aus hausgemachter Focaccia werden mit lokalen Zutaten belegt; die Cappuccinos sind die besten der Stadt.

Taco Bello · MEXIKANISCH $

(Mejia 5-23; Hauptgerichte 2,50–4 US$; ⏰12–22 Uhr) Kein Witz, die Tacos, Burritos, Enchiladas und Fajitas sind schöner als die des amerikanischen Namensvetters dieses kleinen, einfachen Restaurants (das den Namen ehrlich verdient, da der Besitzer mal ein Taco Bell in den USA geleitet hat). Die Deko ist ein einzigartiger Mix aus Porträtaufnahmen von amerikanischen Schauspielerinnen, Sombreros und religiösen Bildern.

Oraibi · VEGETARSCH $

(Ecke Sucre & Colón; Hauptgerichte 3–10 US$; ⏰Mi–Sa 11–19 Uhr;) In einer alten Hacienda mitten im Zentrum findet man diese charmante Vegetarier-Oase. Im schick-rustikalen Ambiente kommen hier Pizzas, Sandwiches, Salate und Tortillas auf den Tisch. Draußen im großen Garten gibt's weiße Tischdecken, jede Menge Schatten und jeden Tag von 13 bis 16 Uhr live gespielte Andenmusik.

SISA · INTERNATIONAL $$

(📞06-292-5624; Calderón 4-9 nahe Sucre; Hauptgerichte 5–12 US$;) Ein schöner, dreistöckiger Komplex: Im Daily Grind im Erdgeschoss bekommt man guten Kaffee und Desserts, im 1. Stock Sandwiches und im 2. Stock internationale Standardgerichte, außerdem werden samstags und sonntags aktuelle Hollywood-Streifen und Avantgardefilme auf einer großen Leinwand gezeigt.

Mi Otavalito · ECUADORIANISCH $$

(Sucre 11-19; Hauptgerichte 6,50–11 US$; ⏰11.30–21 Uhr) Das Nachbarschaftsrestaurant in niedlichem, rustikalem Stil versorgt

Otavalo

Sehenswertes
1 Animal Market A2
2 Crafts Market C2

Aktivitäten, Kurse & Touren
3 Mundo Andino C2
4 Runa Tupari Native Travel C2

Schlafen
5 Cabañas El Rocío A1
6 Hostal Doña Esther B3
7 Hostal Valle del Amanecer C2
8 Hotel Riviera-Sucre B4
9 Hotel Santa Fé 1 .... B4
10 Hotel Santa Fé 2 .... B3

Essen
11 Cosecha Coffee Shop B2
12 Mi Otavalito B3
13 Oraibi B3
14 SISA B3
15 Taco Bello B4

Unterhaltung
16 Amauta B3
17 Peña La Jampa C1

Gruppen von ecuadorianischen und ausländischen Touristen. Die Zutaten für das Grillfleisch, die Forelle und die herzhaften Suppen sind angenehm frisch.

☆ Unterhaltung

Werktags schlummert Otavalo vor sich hin, aber am Wochenende kommen viele Feierlustige, vor allem junge *otavaleños*.

Peña La Jampa LIVEMUSIK
(Ecke Av 31 de Octubre & Panamericana; ⊙ Fr & Sa 19–3 Uhr) Ein ewiges Lieblingslokal der Einheimischen: In diesem Club läuft ein Mix aus Salsa, Merengue, *rock en español* und *folklórica* (Folkloremusik). Vor 23 Uhr geht es normalerweise nicht los.

Amauta LIVEMUSIK
(Morales 5-11 & Jaramillo; ⊙ Fr & Sa 20–4 Uhr) In diesem Kellerlokal im Stadtzentrum wird live Andenmusik gespielt, normalerweise nach 22 Uhr.

❶ Praktische Informationen

Touristeninformation (iTur; ☎ 06-292-7230; www.visitotavalo.com; Ecke Quiroga & Jaramillo; ⊙ Mo–Fr 8–18 Uhr) Das hilfsbereite Personal spricht etwas Englisch und empfiehlt Touren, Hotels und andere Aktivitäten. In demselben Gebäude sind Kunst-, Foto- und Geschichtsausstellungen untergebracht, und im 2. Stock stehen der Öffentlichkeit Computer zur Verfügung. In Zukunft vielleicht auch sonntags geöffnet.

❶ Anreise & Unterwegs vor Ort

Der **Busbahnhof** (Ecke Atahualpa & Ordoñez) liegt zwei Blocks nördlich von der Av Quito. Die einzigen Busse aus Quito (2 US$, 2½ Std.), die den Busbahnhof anfahren, sind die von Transportes Otavalo/Los Lagos. Andere Busgesellschaften setzen Fahrgäste auf der Fahrt nach Norden oder Süden an der Panamericana ab, von dort sind es zu Fuß zehn Minuten in die Stadt. Regelmäßige Busse fahren vom Terminal nach Ibarra (0,50 US$, 35 Min.).

Rund um Otavalo

🗺 06

Die mit Seen, Wanderpfaden und traditionellen indigenen Dörfern gespickte zauberhafte Region um Otavalo lädt zu Erkundungstouren ein, die Reisebüros in Otavalo helfen einem dabei mit der Organisation von Wanderungen oder Infos, wenn man sich einfach auf eigene Faust aufmachen möchte.

Eine Wanderung zu den herrlichen **Lagunas de Mojanda**, hoch oben im *páramo* und etwa 17 km südlich von Otavalo gelegen, ist unvergesslich. Taxifahrer verlangen für die einfache Strecke ab Otavalo um die 20 US$, aber man kann auch einen Trip über Rose Cottage (S. 615) organisieren lassen. Runa Tupari (S. 614) bietet geführte Wanderungen an, inklusive Transport.

Wie an einer Perlenschnur aufgereiht liegen entlang der Ostseite der Panamericana, einige Kilometer nördlich von Otavalo, die überwiegend von *indígenas* bewohnten Dörfer **Peguche**, **Ilumán** und **Agato**. Alle drei sind zu Fuß oder mit dem Nahverkehrsbus erreichbar. In Peguche steht das **Hostal Aya Huma** (☎ 06-269-0333; www.ayahuma.com; Los Corazos, Peguche; EZ/DZ/3Z/4Z 22/35/46/57 US$, B 7 US$, Stellplatz 4 US$/Pers.), ein wunderschön gelegenes, freundliches *hostal*, das gute und günstige Hausmannskost serviert (auch vegetarische Gerichte). Von dort aus bietet sich eine Wanderung zu dem hübschen **Wasserfall** 2 km südlich von Peguche an.

Auch die **Laguna de San Pablo** ist von Otavalo aus zu Fuß erreichbar. Einfach auf einem der Wege, die über Hügel hinter dem

Bahnhof führen, 3 km grob gen Südosten laufen, dann auf der befestigten Straße weitergehen, die einmal um den See herumführt!

Das Dorf Cotacachi, etwa 15 km nördlich von Otavalo gelegen, ist berühmt für seine Lederarbeiten, die in den Läden entlang der Hauptstraße verkauft werden. Es gibt dort einige Hotels, und ab Otavalo fahren stündlich Busse hierher.

Rund 12 km westlich von Cotacachi liegt der spektakuläre, kraterähnliche See Laguna Cuicocha inmitten eines erloschenen, erodierten Vulkans. Der See gehört zur Reserva Ecológica Cotacachi-Cayapas (See 1 US$, gesamter Park 2 US$), die zum Schutz des großen westlichen Andenwaldgebiets eingerichtet wurde, das sich vom Volcán Cotacachi (4939 m) bis zum Río Cayapas im Küstentiefland erstreckt. Ein Spaziergang um den See dauert ungefähr dreieinhalb bis fünf Stunden. Besucher können auch einen kurzen Bootstrip auf dem See genießen (pro 25 Min. 15 US$, am besten man teilt den Trip auf 6 Pers. auf). Man kann am See im Hostería Cuicocha (06-301-7219; www.cuicocha.org; inkl. Frühstück & Abendessen 55 US$/Pers., Hauptgerichte 4–9 US$; 🛜) verweilen und essen. Von Cotacachi nimmt man ein Taxi (einfache Strecke ca. 6 US$).

Ibarra

📞 06 / 140 000 EW.

Ibarra (2225 m), ist zwar gewachsen, was den einst kleinstädtischen Reiz seiner Kolonialarchitektur geschmälert hat, doch mit seinen grünen Plazas und Kopfsteinpflasterstraßen ist es nach wie vor eine schöne Stadt, besonders am Wochenende, wenn die Straßen nicht ganz so im Verkehr ersticken. Archäologische Fundstücke sowie Masken und Kostüme von örtlichen Festen zeigt das Centro Cultural (Ecke Sucre & Oviedo; ⏰ Mo–Fr 9–17 Uhr, Sa & So 10–16 Uhr) GRATIS.

Die alte Architektur und die schattigen Plazas der Stadt befinden sich nördlich vom Zentrum. Ibarras jüngste Touristenattraktion ist die restaurierte Bahnlinie. Von Mittwoch bis Sonntag fährt um 10.30 Uhr ein Zug vom Bahnhof (📞 295-0390; Espejo; hin & zurück 20 US$) nach Salinas. Die Fahrt dauert 90 Minuten (Rückfahrt um 16.30 Uhr).

🛏 Schlafen

Hotel Barcelona HOTEL $
(📞 06-260-0871; suarezmagdalena@yahoo.es; Flores 8-51 nahe Sánchez y Cifuentes; Zi. 10 US$/Pers., ohne Bad 8 US$; 🛜) Die unschöne Lobby dieses weiß getünchten, dreistöckigen Hotels am Parque La Merced ignoriert man einfach und ist dann angenehm überrascht von den großen Zimmern mit Holzböden und hohen Decken. Die Zimmer zum Park bekommen viel Licht, aber auch den frühmorgendlichen Lärm ab. Nicht wundern über Dinge wie Lichtschalter in der Dusche!

🍴 Essen

La Hacienda ECUADORIANISCH, INTERNATIONAL $
(Ecke Oviedo & Sucre; Hauptgerichte 4–8 US$; ⏰ Mo–Sa 8–22.30 Uhr) In dem freundlichen, wie eine Scheune gestalteten Feinkostladen nimmt man auf einer mit Heu gefüllten Sitzbank Platz. Spezialität des Hauses sind Baguettesandwiches, aber wer in Begleitung kommt, bestellt am besten eine Tapas-Platte (15 US$) für zwei bis drei Personen. Außerdem gibt es guten Kaffee (selten in Ibarra) und eine komplette Frühstückskarte.

ℹ️ EINREISE NACH KOLUMBIEN

Der Grenzübergang bei Rumichaca, 6,5 km nördlich von Tulcán, ist der wichtigste Zugang nach Kolumbien und momentan auch der einzige empfehlenswerte. Die Formalitäten an der Grenze, die jeden Tag von 6 bis 22 Uhr geöffnet ist, sind schnell erledigt. Der Übergang kostet nichts. Minibusse (0,80 US$) und Taxis (5 US$) verkehren regelmäßig zwischen der Grenze und dem Parque Ayora in Tulcán, der etwa fünf Blocks nördlich der Hauptplaza liegt. Die erste Stadt auf kolumbischer Seite, Ipiales, ist 2 km entfernt, man erreicht Ipiales leicht mit dem Taxi (1 US$).

Wer seine Reise in Tulcán unterbrechen muss, findet hier viele einfache, aber ausreichende Gästehäuser wie das Hotel Lumar (📞 06-298-7137; hotel_lumar@hotmail.com; Sucre nahe Pichincha; Zi. 16,50 US$/Pers.; 🛜). Von Tulcán fahren Direktbusse nach Ibarra (3 US$, 2½ Std.) und Quito (5 US$, 5 Std). Der Busbahnhof (Ecke Bolívar & Arellano) liegt 2,5 km südwestlich vom Stadtzentrum an der Straße nach Ibarra und ist per Stadtbus (0,25 US$) oder Taxi (etwa 1 US$) erreichbar.

Informationen zum Grenzübergang in die andere Richtung stehen auf S. 811.

☆ Unterhaltung

Café Arte LIVEMUSIK, FILM
(Salinas 5-43; ⊙ Fr & Sa 17–3 Uhr) Überraschenderweise findet man hier in Ibarra eine der besten Adressen für Livemusik in ganz Ecuador. Die Bands stammen teilweise aus so fernen Ländern wie Kuba und Spanien. Das Programm reicht von Jazz und Flamenco bis zu Rock. Die Shows beginnen freitags und samstags gegen 22 Uhr. Kinoabende, Tanzkurse und Kunstausstellungen finden hier ebenfalls regelmäßig statt.

❶ Praktische Informationen

Touristeninformation (iTur; ☏ 098-123-2789, 06-260-8489; www.touribarra.gob.ec; Ecke Oviedo & Sucre; ⊙ Mo & Di 15–17 Uhr, Mi–Fr 9.30–12.30 Uhr) Extrem hilfreiches Personal organisiert Gemeindetourismusaktivitäten, Bergsteiger- und Wandertouren. Wer Englisch spricht, sollte nach der sachkundigen Iriña Gomez fragen.

❶ An- & Weiterreise

BUS

Ibarras Busbahnhof liegt an der Av Teodoro Gómez nahe Espejo. Ein Taxi vom/zum Zentrum kostet 1 US$. Regelmäßig verkehren Busse nach Quito (3 US$, 2½ Std.), Guayaquil (10 US$, 10 Std.), Tulcán (3 US$, 2½ Std.) und Otavalo (0,50 US$, 35 Min.).

ZENTRALES HOCHLAND

Südlich von Quito passiert die Panamericana acht der zehn höchsten Gipfel des Landes – darunter die wie gemalt aussehende schneebedeckte Spitze des Volcán Cotopaxi und der gletscherbedeckte gigantische Volcán Chimborazo. Das zentrale Hochland ist ein Paradies für Trekkingfans und Bergsteiger. Selbst Anfänger können sich auf einige der höchsten Gipfel des Landes wagen. Man kann außerdem Wanderungen zu abgelegenen Andendörfern in der Nähe des Quilotoa Loop unternehmen, sich in Guaranda und Salinas an hausgemachtem Käse und an Schokolade laben, mit dem Rad von Baños aus bergab bis zum Oriente düsen, in spektakulären Nationalparks wandern gehen oder mit der Panoramabahn die berühmte Nariz del Diablo herunterbrausen. Im zentralen Hochland gib es winzige indigene Dörfer, und viele der traditionsreichsten Märkte des ganzen Landes finden hier statt.

Parque Nacional Cotopaxi

♪ 03

Das Herzstück des beliebtesten **Nationalparks** (☏ Mo–Fr 02-204-1520, Sa & So 099-498-0121; Eintritt 10 US$) von Ecuador ist der schneebedeckte und einfach beeindruckende **Volcán Cotopaxi** (5897 m), der zweithöchste Berg Ecuadors. Werktags, wenn der Park wie ausgestorben ist, können Naturfreunde die atemberaubende Szenerie fast allein genießen.

Im Park gibt es ein kleines Museum, ein Infozentrum, ein *refugio* (Bergsteigerhütte) und einige Camping- und Picknickbereiche. Der Haupteingang zum Park befindet sich hinter einer Abzweigung von der Panamericana, rund 30 km nördlich von Latacunga. Von da aus sind es noch 6 km bis nach **Control Caspi**, zur Station am Eingang. Alle Quito-Latacunga-Busse halten bei der Abzweigung. Zum Parkeingang folgt man den größeren unbefestigten Straßen (auch ausgeschildert). Bis zum Museum sind es noch etwa 9 km. Ungefähr 4 km hinter dem Museum liegt die **Laguna de Limpiopungo**, ein flacher Andensee auf 3830 m. Um ihn herum verläuft ein Weg, den man in rund einer halben Stunde schafft. Das *refugio* befindet sich etwa 12 km hinter dem See (und 1000 m oberhalb).

Wer hinter der Hütte *(refugio)* noch weiter will, braucht schnee- und eisfeste Kletterausrüstung und Erfahrung. Ausstatter in Quito (S. 597) und Latacunga (S. 620) bieten Touren zum Gipfel und Mountainbiketouren vom Cotopaxi bergab an.

Eine zweitägige Gipfeltour kostet pro Person um die 210 US$ ab Quito und 180 US$ ab Latacunga.

Eine der Unterkünfte in der Gegend mit dem besten Preis-Leistungs-Verhältnis ist das **Secret Garden Cotopaxi** (☏ 099-357-2714; www.secretgardencotopaxi.com; B/DZ inkl. 3 Mahlzeiten ab 38/76 US$). Die hübsche, aber rustikale Unterkunft auf dem Weg zum Nordeingang bietet großartige Aussichten (wenn der Himmel aufklart) und jede Menge Aktivitäten: wandern, reiten, mountainbiken. Man kann aber auch einfach in einer Hängematte relaxen, am Feuer sitzen oder sich im Whirlpool entspannen. Es ist möglich, den Transport ab Quito durch das Schwesterhostel Secret Garden (S. 599) organisieren zu lassen.

Am Fuß des Gipfels können Kletterer auch in der Bergsteigerhütte nächtigen.

Dort gibt es sogar eine Kochmöglichkeit, oder man bestellt das Essen im Restaurant.

Latacunga

03 / 87400 EW.

Die meisten Traveller stranden irgendwann in Latacunga, meist um von hier den Quilotoa-Loop zu beginnen, den morgendlichen Donnerstagsmarkt in Saquisilí zu besuchen oder sich in den Parque Nacional Cotopaxi aufzumachen. Wer aber ein bisschen verweilt, kann Lacatungas ruhiges, angenehmes historisches Zentrum entdecken.

Aktivitäten

Zahlreiche Reisebüros bieten Tagesausflüge oder zwei- bis dreitägige Klettertouren zum Cotopaxi (S. 619) an; diese kosten etwa 50 US$ pro Person, je nach Größe der Gruppe. Für zweitägige Klettertouren zum Cotopaxi bezahlt man ca. 180 US$ pro Person – den Gipfel nur mit einem qualifizierten, motivierten Führer in Angriff nehmen! Eine empfehlenswerte Agentur:

Tovar Expeditions ABENTEUERTOUREN
(03-281-1333; www.tovarexpeditions.com; Vivero 1-31, Hostal Tiana) Der freundliche, schon lange bestehende Veranstalter hat seinen Sitz im Hostal Tiana. Lizenziert von Ecuadors Tourismusbehörde.

Schlafen

Mittwochnachmittags füllen sich die Hotels schnell, denn am Donnerstagvormittag findet bei Saquisilí der Markt der indigenen Bevölkerung statt.

Hostal Tiana HOSTEL $
(03-281-0147; www.hostaltiana.com; Vivero 1-31; B 10 US$, Zi. 15 US$/Pers., ohne Bad 12 US$; @) Hier gibt's alles, was ein gutes Hostel haben muss: tolle Stimmung, coole Gemeinschaftsbereiche, um Geschichten auszutauschen, Küche, kostenloses Internet, Büchertausch, saubere Zimmer und Bäder, kostenlose Gepäckaufbewahrung, hilfreiche Informationen und Frühstück. Die Kolonialstil-Atmosphäre ist cool, doch wenn es um warmes Wasser zum Duschen geht, lassen die alten Rohre zu wünschen übrig.

Hotel Rosim HOTEL $
(03-280-0956; www.rodelu.com.ec; Quito 16-49; EZ/DZ 15/28 US$;) Diese Budgetunterkunft hat hohe Decken und originale Fußböden und legt großen Wert auf Sauberkeit. Alle Betten sind stabil und extralang. Kabel-TV und WLAN sind im Preis inbegriffen – damit ist das Hotel die Top-Adresse für Budget-Traveller, die Hostels lieber aus dem Weg gehen. Ein weiteres Plus ist, dass man Zugang zur Lobby des Rodelu-Hotels hat.

Essen

Latacungas traditionelle Spezialität ist die *chugchucara*, ein Teller mit leckerer *fritada* (gebratenes Schweinefleisch), *mote* (gekochter Mais) und verschiedenen Beilagen.

Chugchucaras
La Mamá Negra ECUADORIANISCH $
(Quijano y Ordoñez 1-67; Chugchucaras 6 US$; Di–So 10–19 Uhr) Es gibt einige *chugchucara*-Restaurants auf der Quijano y Ordoñez, ein paar Blocks südlich der Innenstadt, die alle familienfreundlich sind. La Mamá Negra ist eines der besten.

Guadalajara Grill MEXIKANISCH $
(Quijano y Ordoñez 5-110; Hauptgerichte 4–9 US$; 11–21 Uhr;) Das kleine, gut durchdachte Lokal ist das einzige mexikanische Restaurant der Stadt und bietet eine große Auswahl mexikanischer Klassiker, z. B. *flautas*, Nachos und *fajita*. Bedient wird man sehr langsam, aber die silbernen Libellen, die die Wände hochklettern sind wunderschön, und das Essen ist eine willkommene Abwechslung von all dem Schweinefleisch!

Pizzería Buona PIZZA $
(Orellana 1408; Pizzas 5–7 US$, Hauptgerichte 5–10 US$; 13–23 Uhr) Diese freundliche, einladende Pizzeria serviert schmackhafte Pizzastücke, etwas verkochte Pastagerichte und frische Salate. Der Speiseraum mit mehreren Ebenen ist mit schrägen Bildern vom Schiefen Turm von Pisa, gedämpft roten Wänden und einer ziemlich faszinierenden uralten Hacke geschmückt.

Praktische Informationen

Banco de Guayaquil (Maldonado 7-20) Bank mit Geldautomat.

An- & Weiterreise

Die aus Quito kommenden Busse (1,50 US$, 2 Std.) mit Endstation Latacunga halten am **Busbahnhof** (Panamericana). Wer mit einem Bus kommt, der nach Ambato oder Riobamba weiterfährt, muss an der Ecke 5 de Junio und Cotopaxi aussteigen, etwa fünf Blocks westlich der Panamericana. Die Busse Richtung Ambato (1 US$, 45 Min.) und Quito fahren am Busbahnhof ab.

Fahrgäste, die Richtung Süden nach Riobamba wollen, steigen in einen der vorbeifahrenden Busse an der Ecke 5 de Junio und Cotopaxi.

Transportes Cotopaxi fährt vom Busbahnhof aus stündlich den holperigen, aber spektakulären Weg bergab nach Quevedo (4 US$, 5½ Std.) via Zumbahua (2 US$, 2 Std.). Es gibt weitere Transportmöglichkeiten zu anderen Zielen auf dem Quilotoa-Loop.

Quilotoa-Loop

♪ 03

Auf den spektakulären, unbefestigten Straßen des Quilotoa-Loop entlangzurumpeln und zwischen den Andendörfern der Region umherzuwandern, verspricht, eines der aufregendsten Abenteuer in Ecuador zu sein. Die Nutzung öffentlicher Verkehrsmittel kann hier eine echte Qual sein, doch die Strapazen werden belohnt, etwa mit den Märkten im Hochland, dem tollen Kratersee Laguna Quilotoa, super Wanderwegen und traditionellen Hochlanddörfern. Man sollte für den Rundweg mindestens (!) drei Tage einplanen und warme Kleidung – es wird hier oben empfindlich kalt –, Wasser und Snacks mitbringen. Wer eine mehrere Tage dauernde Wanderung in der Region plant, sollte sich selbst den Gallen tun, den schweren Rucksack im Gästehaus in Latacunga zu lassen und nur das Notwendigste mitzuschleppen.

Von Latacunga nach Zumbahua

Westlich von Latacunga windet sich die Straße in die höhren Regionen des *páramo* hinauf und passiert nach etwa 45 km auf der Straße von Latacunga nach Zumbahua das Dörfchen Tigua, bekannt für auf Schafshautleinwänden gemalte, bunte Bilder, die das andine Leben darstellen. In der **Posada de Tigua** (♪ 03-281-4870; posadadetigua@yahoo.com; Vía Latacunga-Zumbahua km 49; B/Zi. inkl. Frühstück & Abendessen 25/35 US$/Pers.), einem noch bewirtschafteten Milchhof, findet man eine gemütliche Unterkunft. Außerdem kann man hier reiten.

15 km westlich von Tigua liegt das winzige Dorf Zumbahua, in dem ebenfalls samstags ein kleiner, aber faszinierender Markt abgehalten wird. Es ist von grün gefleckten Berggipfeln umgeben, eine perfekte Lage für spektakuläre Spaziergänge.

Die Unterkünfte und das Essen in Zumbahua sind schlicht. Freitags gibt's schnell keine Betten mehr, man sollte also früh kommen. Die beste Wahl ist das **Hotel Quilotoa** (Market Plaza; Zi. 8 US$) direkt am Hauptplatz.

Von Zumbahua nach Saquisilí

Von Zumbahua trudeln Busse und gemietete Trucks die 14 km unbefestigte Straße hinauf zu einer der überwältigendsten Sehenswürdigkeiten Ecuadors, der **Laguna Quilotoa**, einem atemberaubenden Vulkankratersee. In der Nähe des Kraterrands gibt es einige extrem schlichte, preiswerte Unterkünfte, die den freundlichen indigenen Einheimischen gehören. Einen warmen Schlafsack mitbringen! Die beste Unterkunft in der Nähe des Sees ist die **Hostería Alpaca Quilotoa** (♪ 099-212-5962; www.alpacaquilotoa.com; Zi. 25 US$/Pers.; @).

Etwa 14 km nördlich vom See liegt das winzige Dorf **Chugchilán**, das eine hervorragende Ausgangsbasis für Wanderungen ist und mit mehreren travellerfreundlichen Hotels aufwartet. Preise beinhalten Frühstück und Abendessen. Das **Hostal Mama Hilda** (♪ 03-270-8005; www.mamahilda.com; EZ/DZ inkl. Frühstück & Abendessen ab 30/60 US$; ☎) ist freundlich und bei Backpackern sehr beliebt. Am billigsten und schlichtesten ist das hinreißende **Hostal Cloud Forest** (♪ 03-270-8181; josecloudforest@gmail.com; B/EZ/DZ inkl. Frühstück & Abendessen 12/15/30 US$; @☎). Teurer, aber sehr gut bewertet ist das umweltfreundliche **Black Sheep Inn** (♪ 03-270-8077; www.blacksheepinn.com; B 35 US$, Zi. inkl. 3 Mahlzeiten 60–80 US$/Pers.; ☎)✦.

Zum hübschen Dorf **Isinliví**, etwa 14 km nordöstlich von Chugchilán und ganz dicht am Quilotoa-Loop gelegen, führen gute Wanderungen ab Chugchilán und ab Sigchos. Die Einwohner können den Weg zum in der Nähe gelegenen *pucarás* (Festung aus der Prä-Inka-Zeit) zeigen. **Llullu Llama** (♪ 03-281-4790; www.llullullama.com; B/Zi./Hütte pro Pers. inkl. Frühstück & Abendessen ab 18/21/30 US$)✦ ist ein bezauberndes altes Bauernhaus mit komfortablen Zimmern und einem Holzofen. Inklusive sind ein leckeres Abendessen und Frühstück.

Etwa 23 km nördlich von Chugchilán liegt das Dorf **Sigchos** mit ein paar schlichten Unterkünften. Von hier aus sind es rund 52 km Richtung Osten bis nach **Saquisilí**, wo einer der wichtigsten indigenen Märkte im Land stattfindet. Er wird donnerstagmorgens abgehalten. Zum Übernachten stehen ein paar günstige Unterkünfte ohne warmes Wasser zur Verfügung.

🛈 Anreise & Unterwegs vor Ort

Keiner der Busse fährt den kompletten Loop. Von Latacunga aus kommt man nur bis Chugchilán (4 US$, 4 Std.) – entweder im Uhrzeigersinn (via Zumbahua & Quilotoa) oder entgegengesetzt (via Saquisilí & Sigchos). Der Bus über Zumbahua verlässt den Busbahnhof von Latacunga täglich um 9.30 und 11.30 Uhr, erreicht Zumbahua gegen 11 und 13 Uhr und Laguna Quilotoa 30 Minuten später und kommt weitere 30 Minuten später in Chugchilán an. Über Sigchos geht's täglich um 10.30, 11.30 und 13 Uhr los.

Busse, die von Chugchilán aus über Zumbahua nach Latacunga zurückfahren, verlassen Chugchilán um 4 Uhr (guten Morgen!), erreichen Quilotoa gegen 5 Uhr und Zumbahua gegen 5.30 Uhr und kommen um 7.30 Uhr in Latacunga an; samstags geht's um 3 Uhr in Chugchilán los, sonntags um 6 und um 9 Uhr. Busse über Sigchos fahren samstags um 3 Uhr ab, kommen um 4 Uhr in Sigchos an und gegen 7 Uhr in Saquisilí und erreichen Latacunga gegen 7.30 Uhr; sonntags fährt der Bus um 4 und 12 Uhr los, aber man muss in Sigchos umsteigen.

Morgens fährt ein Milchlaster (1 US$) gegen 8 Uhr von Chugchilán nach Sigchos, der die Fahrgäste mitnimmt, die bis nach Sonnenaufgang im Bett bleiben. In Zumbahua können Trucks z. B. nach Laguna Quilotoa gemietet werden.

Man sollte sich in der Unterkunft die Abfahrtszeiten der Busse bestätigen lassen!

Baños

🎵 03 / 14 700 EW.

Die von üppig grünen Gipfeln gesäumte, mit dampfenden Thermalbädern und einem herrlichen Wasserfall gesegnete Stadt Baños (1800 m) gehört zu den verlockendsten und beliebtesten touristischen Reisezielen in Ecuador. Ecuadorianer und Fremde strömen hierher, um zu wandern, in die Bäder zu springen, mit Mountainbikes oder gemieteten Quads herumzudüsen, den Vulkan zu besichtigen, Partys zu feiern und sich mit der berühmten *melcocha* (zähes Toffee) die Zähne zu ruinieren. Trotz des touristischen Einflusses lohnt es sich, an diesem wundervollen Ort ein paar Tage zu verbringen.

Baños (1800 m) ist zugleich eine Durchgangsstation auf dem Weg, der über Puyo zum Urwald führt. Östlich von Baños fällt die Straße auf spektakuläre Weise ab vom oberen Amazonasbecken – ein Anblick, den man am besten von einem Mountainbike aus genießt, das man in der Stadt leiht.

Das jährliche Fest von Baños findet um den 16. Dezember herum statt.

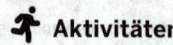 Aktivitäten

Baños, eine Kleinstadt in fantastischer Lage, wartet mit einer tollen Auswahl von Outdoor-Abenteuern und Thermalbädern auf, die für willkommene Erfrischungen nach einem anstrengenden Tag sorgen.

Thermalbäder

Ein Bad in einem der Thermalbäder gehört in Baños einfach dazu. Am schönsten ist es an Werktagen, denn dann herrscht hier kein Gedränge. Handtücher kann man normalerweise ausleihen, manchmal sind sie aber auch schon alle vergeben.

Las Piscinas de La Virgen   SCHWIMMEN
(Montalvo; Erw./Kind 2/1 US$; ⊙5–17 Uhr & 18–21.30 Uhr) Hier liegen die einzigen Thermalquellen in der Stadt selbst. Gebaut wurde das Bad 1928 als Gemeindeprojekt; es ist nach der Jungfrau Maria benannt, die angeblich hier war, um ihre Füße einzutauchen. Ein Becken ist kalt, eines warm und ein drittes 42 °C heiß.

Piscina El Salado   SCHWIMMEN
(Eintritt Tag/Nacht 3/4 US$; ⊙5–17 & 16–22 Uhr) Die besten Thermalquelle der Gegend, El Salado, entspringt 2,5 km entfernt von der Stadt in einer schönen Schlucht. Es gibt heiße, warme und kalte Becken; ein eisiger Fluss ist ganz in der Nähe.

Baños

⊙ Aktivitäten, Kurse & Touren
1 Baños Spanish Center C1
2 Expediciones Amazónicas A3
3 Geotours A3
4 Las Piscinas de La Virgen D3

⊟ Schlafen
5 Hostal Chimenea D3
6 Hostal Huillacuna C4
7 Hostal Plantas y Blanco C3
8 La Floresta Hotel A4
9 La Petite Auberge B4
10 Posada del Arte D4

⊗ Essen
11 Café Good B3
12 Café Mariane B4
13 Casa Hood B3
14 Mercado Central B3
15 Posada del Arte D4
16 Super Bodega B3
17 Tasca de Baños C3

⊙ Ausgehen & Nachtleben
18 Leprechaun B2
19 Stray Dog A3

Wandern & Trekken

Rund um Baños kann man herrlich wandern. Die Touristeninformation (S. 624) gibt eine grobe, aber nützliche Karte aus, auf der einige Wege in der Umgebung verzeichnet sind.

Vom Busbahnhof führt ein kurzer Pfad zur Puente San Francisco, die sich über den Río Pastaza spannt. Auf der anderen Flussseite kann man spazieren, so weit einen die Füße tragen.

Am südlichen Ende der Maldonado führt ein Fußweg zum Bellavista (dem Aussichtspunkt am weißen Kreuz hoch über Baños) und dann zur etwa zwei Stunden entfernten Siedlung Runtún. Von hier aus kann man eine Schleife zurück nach Baños laufen und kommt dort am Südende der Mera an. Dabei passiert man die Statue der Virgen del Agua Santa, die einen etwa halbstündigen Fußmarsch außerhalb der Stadt zu finden ist. Die ganze Wanderung dauert vier bis fünf Stunden.

Mountainbiken

Zahlreiche Anbieter vermieten Räder zu einem Preis zwischen 6 und 10 US$ pro Tag. An den Straßen südlich des Parque de la Basílica sind mehrere Ausrüster ansässig; man sollte die Sachen aber sorgfältig überprüfen. Der beste befestigte Weg führt über etwa 60 km nach Puyo und garantiert eine aufregende Abfahrt. Unbedingt stoppen sollte man am spektakulären Wasserfall Pailón del Diablo (Eintritt 1,50 US$), ungefähr 18 km von Baños entfernt. Bei der Stadt Shell werden die Pässe kontrolliert, also Papiere mitführen! Von Puyo (oder einer anderen Stelle an der Straße) kann man einen Bus zurück nach Baños nehmen – das Rad lässt sich auf dem Dach verstauen.

Kurse

Einzelsprachunterricht kostet ab etwa 7 US$ pro Stunde. (Unterricht in Kleingruppen ist etwas günstiger.) Schulen, die auch Gastfa-

Baños

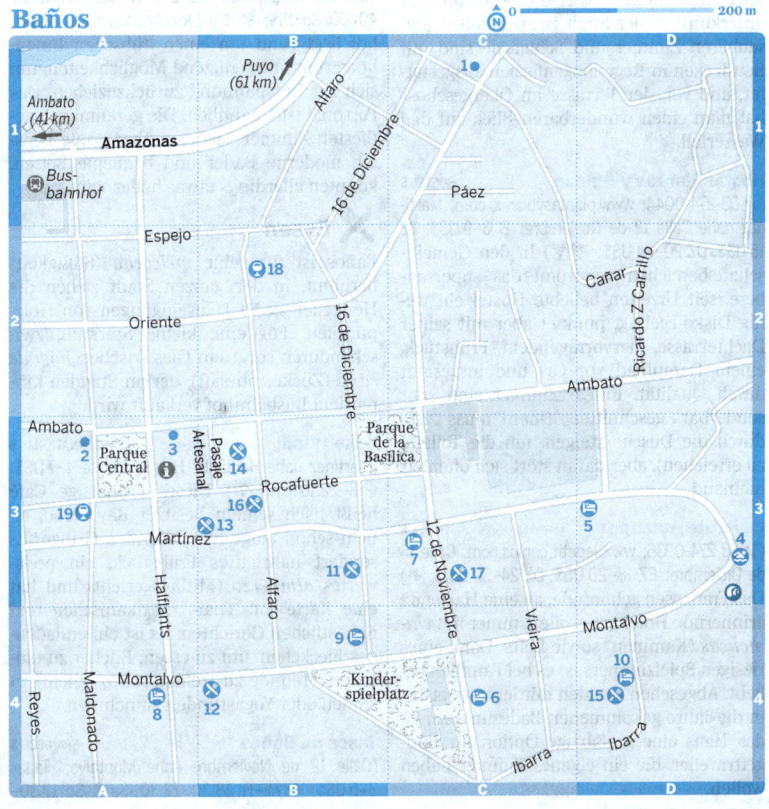

milienunterkünfte anbieten, sind z.B. das **Baños Spanish Center** (☏ 03-098-704-5072; www.spanishcenter.banios.com; Oriente & Cañar) und die **Raíces Spanish School** (☏ 274-1921; www.spanishlessons.org; Calle 16 de Diciembre & Pablo Suarez).

👉 Geführte Touren

Rafting, Urwaldtouren, Exkursionen in die benachbarten Nationalparks, Vulkanklettern, Canyoning, Puenting (eine Art Bungeejumping) und mehr bieten **Geo-tours** (☏ 03-274-1344; www.geotoursbanios.com; Ecke Ambato & Halflants) und **Expediciones Amazónicas** (☏ 098-513-8651; amazonicas2002@hotmail.com; Maldonado) an.

🛏 Schlafen

Hostal Chimenea   HOSTEL $
(☏ 03-274-2725; www.hostalchimenea.com; Martínez nahe Vieira; B/EZ/DZ ab 7,50/12/19 US$; @ 🛜 ♨) Die ziemlich düstere Rezeption lässt nicht vermuten, dass dieses von Lesern empfohlene Hostel die beste Budgetunterkunft in der Stadt ist. Die hellen und sauberen Zimmer und Schlafsäle sind mit Bettdecken in Regenbogenfarben ausgestattet, und von der Terrasse im Obergeschoss hat man einen wunderbaren Blick auf den Wasserfall.

Hostal Plantas y Blanco   HOSTEL $
(☏ 03-274-0044; www.plantasyblanco.com; Martínez nahe Calle 12 de Noviembre; B 6–9 US$, EZ 15 US$, DZ 20–24 US$; @ 🛜) In den Gemeinschaftsbereichen verströmt das supersaubere, seit Urzeiten beliebte Hostel ein wenig Disko-Feeling, punktet aber mit seiner Dachterrasse, hervorragendem Frühstück, einem Dampfbad vor Ort und insgesamt durch Qualität. Einige Zimmer sind sehr sonderbar geschnitten (man muss z.B. durch die Dusche steigen, um die Toilette zu erreichen), aber daran stört sich offenbar niemand.

La Petite Auberge   HOTEL $
(☏ 03-274-0936; www.lepetit.banios.com; Calle 16 de Diciembre; EZ 18–20 US$, DZ 24–32 US$; 🛜) Das Franzosen gehörende, an eine Hacienda erinnernde Hotel hat große Zimmer mit *chimeneas* (Kaminen) sowie Lofts. Dank eines riesigen Spielzimmers ist es bei Familien beliebt. Abgesehen von den mittlerweile etwas in die Jahre gekommenen Badezimmern ist das Haus eine großartige Option für Budgettraveller, die ein eigenes Zimmer haben wollen.

Hostal Huillacuna   HOTEL $
(☏ 03-274-2909; yojairatour@yahoo.com; Calle 12 de Noviembre; Zi. inkl. Frühstück 20 US$/Pers.; 🛜) Dieses Paradies für Kunstliebhaber beherbergt eine der besten Galerien der Stadt und hat einen großen, offenen Gemeinschaftsbereich mit Kunstwerken, Antiquitäten und einem Kamin. Die Zimmer sind schlicht, aber sauber, und dank der freundlichen Besitzer fühlt man sich gleich wie zu Hause.

Posada del Arte   BOUTIQUEHOTEL $$
(☏ 03-274-0083; www.posadadelarte.com; Ibarra; EZ 34–37 US$, DZ 65–70 US$, alle inkl. Frühstück; 🛜) Klein, aber fein: Das trifft definitiv auf die Posada del Arte zu, eine exquisite kleine Pension mit bunten, gemütlichen Zimmern, Holzböden, gigantischem Frühstück und Kunstwerken überall. Die mittelteuren und teuersten Zimmer bieten Aussicht, Letztere haben zusätzlich einen Kamin.

La Floresta Hotel   HOTEL $$
(☏ 03-274-1824; www.laflorestahotel.com; Ecke Montalvo & Halflants; EZ/DZ/3BZ inkl. Frühstück 40/60/85 US$; @ 🛜) Der komfortable Gasthof liegt rund um einen hübschen Innenhofgarten mit genügend Möglichkeiten, um sich zur Entspannung zurückzuziehen. Das Personal ist freundlich. Die geräumigen, gefliesten Zimmer verfügen über große Fenster, moderne Bäder und bequeme Betten, könnten allerdings etwas heller sein.

🍴 Essen

Baños ist für seine *melcocha* (Süßigkeit) berühmt, in der ganzen Stadt ziehen die Hersteller sie in Hauseingängen von Holzpflöcken. Für eine kleine Stärkung zwischendurch sorgt ein Glas frischen *jugo de caña* (Zuckerrohrsaft), der an Ständen hinter dem Busbahnhof verkauft wird.

Casa Hood   INTERNATIONAL $
(Martínez nahe Halflants; Hauptgerichte 4–7 US$; ⊗ 8–22.15 Uhr; 🛜) Dieses großartige Café heißt nach seinem Besitzer Ray Hood, einem schon lange hier lebenden Gringo. Es serviert nahrhaftes Frühstück, ein preiswertes *almuerzo* (Mittagsgericht) und hat eine Karte mit Thai-, mexikanischen und nahöstlichen Gerichten. Es ist ein einladendes Fleckchen, um zu essen, Bücher zu tauschen, Freunde zu treffen, *solito* (allein) zu chillen oder Yogastunden zu nehmen.

Tasca de Baños   SPANISCH $
(Calle 12 de Noviembre nahe Montalvo; Tapas 3–5 US$; ⊗ Mi-Fr 18.30–22.30, Sa & So 12.30–

16.30 & 18.30–22.30 Uhr) Es könnt schwierig werden, einen Tisch in diesem winzigen Tapasrestaurant zu erhaschen. Die Auswahl von kleinen Gerichten ist ausgezeichnet und umfasst neben den üblichen Lieblingsgerichten wie *tortilla española* auch andalusische Fleischbällchen und leckere Meeresfrüchtegerichte. Am besten mehrere zum Teilen bestellen!

Posada del Arte INTERNATIONAL $
(Ibarra; Hauptgerichte 3–7 US$; 8–22 Uhr) Genau wie das Hotel ist dieses Restaurant ein einladendes und gemütliches Fleckchen mit einem wärmenden Kamin. Es gibt ausgezeichnete internationale Gerichte, tolles Frühstück (einschließlich Tungurahua-Pfannkuchen – sie explodieren nicht!) und viele gute, kleine Snacks (gebratene *yuca* probieren!).

Café Good INTERNATIONAL $
(Calle 16 de Diciembre; Hauptgerichte 6–9 US$; 8–22 Uhr;) So wie die Hood-Lokale serviert das Good sehr gute vegetarische Gerichte mit gesundem braunem Reis sowie einige Hühnchen- und Fischgerichte.

Mercado Central MARKT $
(Alfaro & Rocafuerte; Mittagessen 2–3 US$; 7–18 Uhr) Eine verlässliche Adresse für frisches Obst und Gemüse.

Super Bodega SUPERMARKT $
(Alfaro nahe Rocafuerte; 8.30–20 Uhr) Der zentral gelegene Supermarkt ist ideal, um sich mit Vorräten einzudecken.

Café Mariane FRANZÖSISCH $$
(Montalvo; Hauptgerichte 7–11 US$; 11–23 Uhr) Die französisch-mediterrane Küche des Mariane sticht in Baños heraus. Die Käse- und Fleischfondues sind üppig – sogar für zwei Personen – und die Pasta- und Fleischgerichte sind ausgesprochen edel. Das Mariane ist ein beliebtes Lokal, darum muss man beim Service geduldig sein.

Ausgehen & Unterhaltung

Nachtleben in Baños bedeutet, in den hiesigen *peñas* (Folkmusikclubs) zu tanzen und in den Bars rumzuhängen. Die beste Gegend für einen Kneipenbummel ist der zwei Blocks lange Abschnitt entlang der Alfaro, nördlich der Ambato.

Leprechaun CLUB
(Alfaro zw. Oriente & Espejo; 20–2 Uhr) Der große Komplex ist einer der angesagtesten Orte der Stadt. Im Hinterhof gibt's ein Lagerfeuer, in der Mitte wird getanzt, und in der Salsateca nebenan steigen mittwochs bis samstags Salsa-Partys.

Stray Dog BRAUEREI
(Ecke Rocafuerte & Maldonado; Di–So 15–23 Uhr) Die einzige Brauerei-Bar in Baños hat überraschend gute selbst gebraute Biere, z. B. das leichte belgische Llamas' Breath und das kräftige Stray Dog Stout.

Praktische Informationen

Banco del Pichincha (Ecke Ambato & Halflants) Bank mit Geldautomat, tauscht Travellerschecks ein.
Touristeninformation (03-274-0483; mun_banos@andinanet.net; Halflants nahe Rocafuerte; Mo-Fr 8–12.30 & 14–17.30 Uhr) Viele Tipps, kostenlose Karten und Infos zu Notfallevakuierungen.

An- & Weiterreise

Von vielen Städten aus ist man schneller vor Ort, wenn man in Ambato umsteigt: Von dort fahren nämlich sehr regelmäßig Busse nach Baños (1 US$, 1 Std.).
Am **Busbahnhof** (Amazonas) in Baños fahren zahlreiche Busse nach Quito (3,50 US$, 3½ Std.), Puyo (2,50 US$, 2 Std.), Tena (4 US$, 5 Std.) und Coca (10 US$, 10 Std.).

Guaranda

03 / 31 000 EW.

Ein Riesenspaß ist schon allein die Anreise nach Guaranda. Der 99 km lange „Highway" von Ambato erreicht über 4000 m Höhe und passiert mit nur 5 km Abstand den Gletscher auf dem Volcán Chimborazo (6310 m).

Guaranda ist die Hauptstadt der Provinz Bolívar. Es ist klein, und hier passiert wenig, aber der hiesige Karneval ist berühmt. Zudem ist Guaranda ein guter Ausgangspunkt für Besuche in dem herrlichen Dörfchen Salinas.

Schlafen & Essen

Hostal Bolívar HOTEL $$
(03-298-0547; www.hotelbolivar.wordpress.com; Sucre 7-04; EZ/DZ 20/35 US$;) Eine gute Option für anspruchsvolle Reisende: Die Zimmer sind einladend und sauber, wenn auch etwas veraltet (bis auf die Flatscreens), und es gibt einen schönen Hof. Das zugehörige Restaurant hat gute *almuerzos* (Menü 2–3 US$). Das Hotel liegt zwei Blocks südlich vom Parque Simón Bolívar.

Los 7 Santos CAFÉ $
(Convención de 1884; Hauptgerichte 1–3 US$; ⊙ Mo-Sa 10–23 Uhr) Einen halben Block bergab vom Parque Simón Bolívar bietet das Los 7 Santos alles, was man von einem künstlerischen Café in Quito erwartet. Morgens gibt's Frühstück und den ganzen Tag kleine Sandwiches und *bocaditos* (Snacks).

❶ An- & Weiterreise

Der Busbahnhof liegt 1 km östlich vom Zentrum, gleich bei der Av de Carvajal. Busse fahren nach Ambato (2,10 US$, 2 Std.), Quito (5 US$, 5 Std.), Riobamba (2 US$, 2 Std.) und Guayaquil (4 US$, 5 Std.).

Salinas

📞 03 / 1000 EW.

In einer rauen, schönen Landschaft liegt 35 km nördlich von Guaranda das winzige Bergdorf Salinas, das für seine großartigen Käse, Salamis, die göttliche Schokolade und die grob gestrickten Pullover bekannt ist. Es bietet sich als interessanter Abstecher von der touristischen Hauptroute an und liegt sage und schreibe 3550 m hoch. Die **Touristeninformation** an der Hauptplaza organisiert Besuche bei den einzigartigen Kooperativen von Salinas.

Zwei Blocks oberhalb der Plaza liegt das **El Refugio** (📞 03-221-0044; www.salinerito.com; Zi. 14 US$/Pers.; 📶), eine hübsche Unterkunft mit Akzenten aus Holz, Ausblick auf die Stadt und einem lodernden Feuer in der Lobby. Es gehört der Gemeinde Salinas, die es auch betreibt.

La Minga Café (Hauptplaza; Hauptgerichte 4,50–10 US$; ⊙ 7.30–22 Uhr) liegt an der Hauptplaza und versorgt den ganzen Tag über Traveller und Einheimische.

Busse nach Salinas (0,25 US$, 1 Std.) fahren täglich um 6 und 7 Uhr sowie von Montag bis Freitag stündlich vom 10 bis 16 Uhr von der Plaza Roja in Guaranda ab. Busse nach Guaranda (0,25 US$, 1 Std.) starten

Riobamba

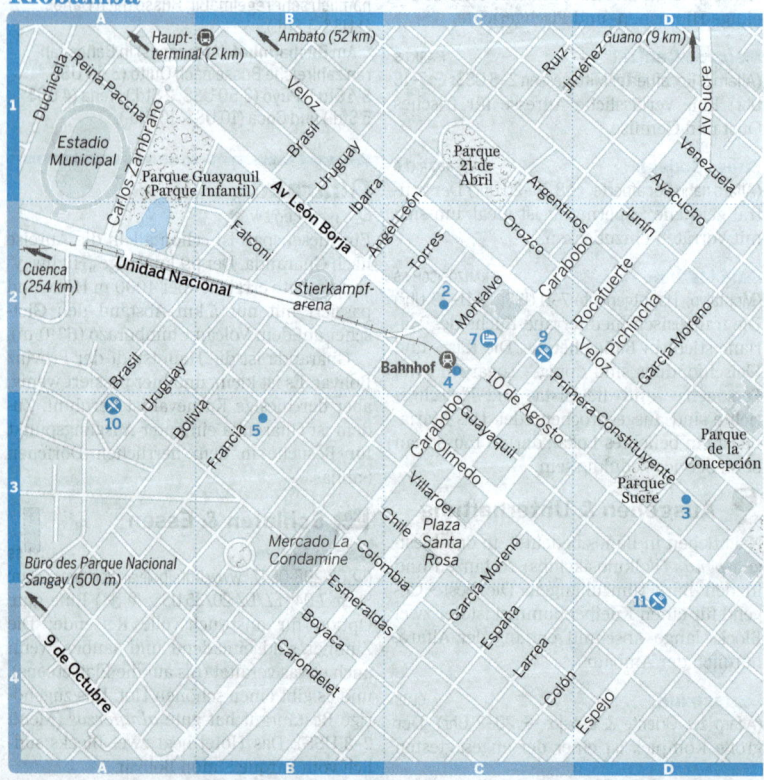

täglich um 11, 13 und 15 Uhr. Auch Sammeltaxis fahren regelmäßig (1 US$, 45 Min.).

Riobamba

📞 03 / 156 000 EW.

Riobamba (2750 m), das als „Sultan der Anden" gilt, ist eine altmodische traditionelle Stadt, die Reisende gleichermaßen langweilt und entzückt. Es ist verschlafen, mit seinen breiten Alleen und bunt durcheinandergewürfelten Geschäften in imposanten Steinhäusern aus dem 18. und 19. Jh. aber auch hübsch. Es ist außerdem einer der besten Orte, um Bergführer zu engagieren.

⦿ Sehenswertes

Mercado MARKT

Samstag ist Markttag – dann geht es in den Straßen von Riobamba sehr geschäftig zu, besonders in den Straßen nordöstlich vom Parque de la Concepción.

🏃 Aktivitäten

Dank der Nähe zum Volcán Chimborazo ist Riobamba eine der wichtigsten Bergsteigerstädte in ganz Ecuador. Zweitägige Touren zum Gipfel des Chimborazo beginnen preislich bei 260 US$ pro Nase inklusive Führer, Kletterausrüstung, Transport und der Mahlzeiten.

Mountainbiketouren sind ebenfalls beliebt, eine Tagestour kostet je nach Route pro Person mindestens 45 US$. Abfahrten von der Schutzhütte auf dem Chimborazo sind eine aufregende Variante, die Aussicht zu genießen.

Veloz Coronado Mountain Guides ABENTEUERTOUREN

(📞 03-296-0916; www.velozexpeditions.com; Chile 33-21 & Francia) Der Besitzer dieses ausgezeichneten und sehr erfahrenen Unternehmens für Bergtouren, Enrique Veloz, ist sozusagen eine historische Persönlichkeit in Ecuador, weil er mehr als 500-mal den Chimborazo bestiegen hat. Die Führer halten sich an hohe Sicherheitsstandards, erklimmen die meisten Gipfel im zentralen Hochland und bieten auch Kurse in Sachen Bergsteigen an.

Julio Verne Tour Operator ABENTEUERTOUREN

(📞 03-296-3436; www.julioverne-travel.com; Espectador 22-25) Diese angesehene Agentur mit holländisch-ecuadorianischen Besitzern bietet erschwingliche Zwei-Tages-Gipfeltouren auf den Chimborazo und andere Gipfel an sowie zum Oriente und auf die Galápagosinseln. Außerdem gibt es Downhill-Mountainbiking am Chimborazo.

Riobamba

⦿ **Sehenswertes**
  1 Mercado E2

✚ **Aktivitäten, Kurse & Touren**
  2 Julio Verne Tour Operator C2
  3 Pro Bici D3
  4 Tren del Hielo I C2
  5 Veloz Coronado Mountain
     Guides B3

🛏 **Schlafen**
  6 Hostal Oasis..F4
  7 Hotel Tren Dorado C2

🍴 **Essen**
  8 Colibrí F4
  9 El Delirio Restaurante C2
  10 La Abuela Rosa A3
  11 Mercado La Merced.......................... D4

Pro Bici
ABENTEUERTOUREN

(📞 03-295-1759; www.probici.com; Primera Constituyente & Larrea) Durch das Textilgeschäft gelangt man im 2. Stock zum Büro eines der besten Mountainbiketourveranstalters des Landes mit vieljähriger Erfahrung und ausgezeichneten Erfahrungsberichten von Kunden. Man kann Mountainbikes ausleihen (15–25 US$/Tag, je nach Rad) und erhält ausgezeichnete Karten, eine gute Sicherheitseinweisung und faszinierende Tagestouren (40–60 US$) zum Chimborazo, nach Atillo und Colta. Die freundlichen Besitzer sprechen Englisch.

🛏 Schlafen

⭐ Hostal Oasis
PENSION $

(📞 03-296-1210; www.oasishostelriobamba.com; Veloz 15-32; EZ/DZ 13/24 US$; P @ 🛜) Wenn es um Freundlichkeit, Preis-Leistungs-Verhältnis und Gemütlichkeit geht, ist diese Perle von einem Gästehaus kaum zu überbieten. Die Zimmer und Apartments liegen um einen Garten herum, es gibt eine Gemeinschaftsküche, eine Büchertauschbörse, und Gäste können kostenlose Telefonate in die USA und nach Kanada führen. Der einzige Haken ist, dass das *hostal* weit von der Innenstadt entfernt ist.

Hotel Tren Dorado
HOTEL $

(📞 03-296-4890; www.hoteltrendorado.com; Carabobo 22-35; Zi. 15 US$/Pers.; P 🛜) Nicht sehr überraschend, dass der „Goldene Zug" ganz in der Nähe des Bahnhofs liegt… An der düsteren Rezeption vorbei gelangen Gäste zu den makellosen, gemütlichen Zimmern, einer lustigen Terrasse und niedlichen Löwenbettdecken (roarrr!). Wer sich am Frühstücksbüfett bedienen möchte, zahlt 3 US$ extra. Es gibt immer heißes Wasser; die Fernseher sind groß.

🍴 Essen & Ausgehen

Colibrí
ECUADORIANISCH $

(Veloz 15-25; Frühstück 1,75 US$, Menüs 2–3 US$; ⏱ 7–20 Uhr) Das Zielpublikum in diesem hinreißenden kleinen Café mit bestem Preis-Leistungs-Verhältnis der Stadt sind internationale Backpacker. Das gesunde Frühstück beinhaltet Vollkornbrot und hält für den Vormittag locker satt. Die Menüs und Abendessen mit Fleisch, Pasta, Suppen und Dessert sind schlicht und lecker.

La Abuela Rosa
ECUADORIANISCH $

(Brasil & Esmeraldas; Hauptgerichte 1–3 US$; ⏱ Mo-Sa 16–21 Uhr) Im „Großmutter Rosa" gibt's *comida típica* (traditionelles ecuadorianisches Essen) und leckere Snacks, darunter Sandwiches, Schokolade und Käse. Freundlich, gemütlich und beliebt bei Einheimischen.

Mercado La Merced
MARKT $

(Mercado M Borja; Guayaquil zw. Espejo & Colón; Hauptgerichte 3 US$; ⏱ 7–18 Uhr) Die Ladys, die *hornado* (ganzes gegrilltes Schwein) verkaufen, schreien, um Aufmerksamkeit zu erregen, und bieten Probierhäppchen an. Wer dem Druck widerstehen kann und hart genug ist, neben gehäuteten Schweinchen Babes zu speisen, wird den Markt mögen. Das Schweinefleisch ist superfrisch. Samstags ist am meisten los.

El Delirio Restaurante
ECUADORIANISCH $$

(Primera Constituyente 28-16; Hauptgerichte 7–10 US$; ⏱ Di-So 12–22 Uhr) Das historische Denkmal wurde in ein Restaurant verwandelt und nach einem Gedicht vom großen Befreier Simón Bolívar benannt. Hier speist man *comida típica* bei Kerzenlicht und gediegener Atmosphäre. Der Service ist lahm, aber der Hof einfach unglaublich.

MIT DEM ZUG DURCH DIE ANDEN

Ecuadors Bahnsystem wurde in den letzten Jahren umfangreich saniert. Gegenwärtig fahren zwei verschiedene Touristenzüge ab Riobambas schön restauriertem **Bahnhof** (📞 1-800-873-637; www.trenecuador.com; Calle 10 de Agosto nahe Carabobo; Ticket 12 US$).

Der **Tren del Hielo** (hin & zurück 14 US$) fährt von Riobamba nach Urbina und zurück. Abfahrt ist donnerstags bis sonntags um 8 Uhr. An klaren Tagen bieten sich schöne Aussichten auf den Chimborazo. In Urbina kann man ein kleines Museum besuchen, das sich der Geschichte der *hieleros* (Männer, die das Eis von den Gletschern holten) widmet. Gegen 12 Uhr ist der Zug wieder zurück in Riobamba.

Der **Sendero de los Ancestros** (hin & zurück 17 US$) fährt 25 km von Riobamba nach Colta, wo man eine malerische Bootsfahrt auf dem Lago Colta machen und die Kirche Balbanera aus dem 16. Jh. besuchen kann. Der Zug fährt donnerstags bis sonntags um 12 Uhr in Riobamba ab und kehrt gegen 16 Uhr zurück.

ℹ Praktische Informationen

Banco de Guayaquil (Primera Constituyente) Bank mit Geldautomat.

Büro des Parque Nacional Sangay (📞 03-295-3041; parquesangay@andinanet.net; Av 9 de Octubre; ⊙ Mo–Fr 8–13 & 14–17 Uhr) Westlich vom Zentrum in der Nähe der Duchicela; hier gibt's Infos und Tickets zum Parque Nacional Sangay.

ℹ An- & Weiterreise

BUS

Der **Hauptbusbahnhof** (Av León Borja bei Av de la Prensa) liegt 2 km nordwestlich vom Zentrum. Busse fahren häufig nach Quito (4 US$, 4 Std.), Guayaquil (5 US$, 5 Std.) und Alausí (2 US$, 2 Std.) und seltener nach Cuenca (6 US$, 6 Std.). Mindestens ein Bus verkehrt morgens nach Machala (6,40 US$, 7 Std.). Nahverkehrsbusse fahren vom Busbahnhof über die Av León Borja ins Zentrum.

Abfahrt der Busse nach Baños (2 US$, 2 Std.) und in den Oriente ist am **Oriente-Busbahnhof** (Ecke Espejo & Luz Elisa Borja), gleich nordöstlich vom Stadtzentrum.

Volcán Chimborazo

Der erloschene Volcán Chimborazo ist nicht nur der höchste Berg Ecuadors, sein Gipfel (6310 m) ist dank der ellipsoiden Gestalt der Erde auch der Punkt, der am weitesten vom Erdmittelpunkt entfernt ist. Das sollte man mal den Mount-Everest-Fans flüstern! Der Berg gehört zur **Reserva de Producción de Fauna Chimborazo**, in dem sich auch der **Volcán Carihuairazo** (5020 m) befindet. Nebenbei bemerkt, man nennt es auch „faunaproduzierendes Naturschutzgebiet", weil hier Hunderte *vicuñas* (wildlebende Verwandte des Lamas) zu Hause sind. Wenn man den Park besichtigt, sieht man sie auf jeden Fall.

Die zwei kleinen Lodges an den unteren Hängen des Chimborazo sind interessante Unterkunftsoptionen, wenn man sich die Landschaft ansehen und etwas über die Kultur der Region lernen möchte. In der kleinen indigenen Gemeinde **Pulinguí San Pablo** (3900 m) an der Straße von Riobamba nach Guaranda gelegen, findet sich die schlichte Unterkunft **La Casa del Cóndor** (📞 099-8575-5031; Pulinguí San Pablo; B 12 US$, inkl. 3 Mahlzeiten 30 US$). Die Einheimischen hier bieten ihre Dienste als Führer an, man kann Mountainbikes mieten, und in der Region gibt's faszinierende Lehrwanderpfade.

In den beiden auf 4800 m bzw. 5000 m Höhe gelegenen **Schutzhütten** (B 10 US$) bekommt man eine Kleinigkeit zu essen und ein paar Tipps, bevor man sich zu einer nächtlichen Klettertour aufmacht.

Wer oberhalb der Schutzhütten klettern möchte, benötigt eine Ausrüstung für Schnee und Eis sowie Erfahrung im Bergsteigen; gleiches gilt für den Aufstieg auf den Carihuairazo. Von unerfahrenen Führern ist für eine Klettertour in dieser Höhe unbedingt abzuraten – so etwas ist kein Kinderspiel!

Zwischen den beiden Bergen kann man zudem herrlich wandern. Das Instituto Geográfico Militar (S. 686) in Quito hat topografische Karten der Region. Trocken ist es hier von Juni bis Ende September, die Nächte sind aber das ganze Jahr über sehr kalt.

Alausí

📞 03 / 8100 EW.

Die geschäftige Stadt Alausí (3323 m) zieht Besucher an, die einen Blick auf die berühmte **Nariz del Diablo** werfen wollen, eine der spektakulärsten Bahnstrecken Ecuadors.

Der Touristenzug (hin & zurück 30 US$) wird von einem Führer begleitet, der die Fahrt auf Spanisch und Englisch kommentiert; in Sibambe gibt es auch ein kleines Infozentrum, in dem Besucher Genaueres über den Bau der Bahnstrecke erfahren. Wer nicht gerade ein ausgewiesener Bahnfan ist, dürfte die 12 km lange Fahrt übersteuert finden. Gegenwärtig fahren die Züge von Dienstag bis Sonntag um 8, 11 und 14 Uhr in Alausí ab.

Sonntag ist der beste Tag, um die Stadt zu besuchen, denn dann findet der lebhafte Markt statt, der sich weit ausbreitet. In der Hauptstraße von Alausí (Av 5 de Junio) gibt es viele Hotels. Das angenehme **Hotel Europa** (📞03-293-0200; www.hoteleuropa.com.ec; Av 5 de Junio 175 bei Orozco; Zi. 18 US$/Pers., ohne Bad 10 US$; 🅿🛜) ist eine gute, zentrale Option. Etwa 3 km außerhalb der Stadt bietet die **Hostería Pircapamba** (📞03-293-0180; www.pircapamba.com; Zi. inkl. Frühstück 20 US$/Pers.) eine charmantere Lage mit tollem Ausblick.

Busse von und nach Riobamba (2 US$, 2 Std.) fahren stündlich; täglich gehen auch mehrere Busse nach Cuenca (5 US$, 4 Std.).

SÜDLICHES HOCHLAND

Wenn man auf der Panamericana bis ins südliche Hochland hinunterrollt, verschwinden die gigantischen, schneebedeckten Bergspitzen des zentralen Hochlands langsam aus dem Blickfeld. Das Klima wird milder, der Abstand zwischen den Städten größer, und langsam ziehen Siedlungen vorbei, in denen die Zeit stehengeblieben zu sein scheint. Cuenca – wohl die schönste Stadt Ecuadors – und das hübsche Loja sind die einzigen Städte von ansehnlicher Größe in dieser Region.

Zu weiteren Attraktionen hier zählt der mit Seen gesprenkelte Parque Nacional Cajas, in dem man toll wandern kann. Im Parque Nacional Podocarpus kann man Nebelwälder, tropische Feuchtwälder und den *páramo* am selben Ort erforschen. Vom entspannten Traveller-Treffpunkt Vilcabamba aus lassen sich die Tage mit Wander- und Reitausflügen durch traumhafte Berglandschaften verbringen, abends kehrt man zurück, nimmt ein heißes Bad und genießt köstliches Essen.

Cuenca

07 / 332000 EW.

Das bezaubernde Cuenca (2530 m) hat schmale Kopfsteinpflastergassen, weiß getünchte Häuser mit roten Ziegeln, schöne Plazas und Kirchen mit Kuppeln, dazu die Lage am grasbewachsenen Ufer des Río Tomebamba – alles äußerst beeindruckend. Und obwohl die drittgrößte Stadt Ecuadors tief in ihrer kolonialen Vergangenheit verankert ist, hat sie auch moderne Ecken. Internationale Restaurants, Kunstgalerien, coole Cafés und einladende Bars liegen verborgen hinter einer sagenhaften Architektur.

Sehenswertes

Ein hübscher Spaziergang führt hinunter zur 3 de Noviembre, einer von Kolonialgebäuden gesäumten Straße, die dem Nordufer des **Río Tomebamba** folgt.

Rund um die Plazoleta de la Cruz del Vado gibt's einige interessante Sehenswürdigkeiten, u.a. das **Prohibido Museo de Arte Extremo** (La Condamine 12-102; 12 Uhr–open end), eine Galerie mit Bar und Café für Gothic-Fans, und **Laura's Antiguidades y Curiosidades** (La Condamine 12-112; Mo-Fr 9–13 & 15–18 Uhr), das in einem Haus aus dem 19. Jh. ein buntes Sammelsurium von Kuriositäten und Kunstwerken zeigt.

★ **Museo del Banco Central „Pumapungo"** MUSEUM
(www.pumapungo.org; Larga zw. Arriaga & Huayna Capac; Di-Sa 8–17.30 Uhr) GRATIS Zum bedeutendsten Museum der Stadt gelangt man auf der Calle Larga Richtung Osten. Unten kann man tolle moderne Kunst bewundern, aber das Highlight findet man im 1. Stock. Hier beginnt eine umfangreiche Reise durch Ecuadors vielfältige indigene Kulturen, mit farbenfroh gestalteten Dioramen und Rekonstruktionen typischer Häuser. Im Mittelpunkt stehen Afro-Ecuadorianer aus der Provinz Esmeraldas, cowboymäßig lebende *montubios* (Küstenfarmer) aus dem westlichen Tiefland, verschiedene Volksgruppen aus dem Regenwald und alle größeren Hochlandgruppen.

Museo Manuel Agustín Landivar MUSEUM
(Ecke Larga 2-23 & Vega; Mo-Fr 9–13 & 15–18 Uhr) GRATIS Das Museum am Ostende der Calle Larga zeigt archäologische Artefakte und bietet Touren durch die **Ruinas de Todos Santos** an, die aus übereinander liegenden Ruinenschichten der Cañari, Inca und Spanier bestehen. Ohne Führer lässt sich das Ganze auch von unten von der Avenida de Todos Santos aus betrachten.

Parque Calderón PLAZA
Eine Seite dieses Parks bzw. der Plaza wird von der weiß getünchten „Alten Kathedrale" dominiert, auch bekannt als **El Sagrario**. Ihr Bau begann 1557, in dem Jahr, als Cuenca gegründet wurde; 1739 wurden ihre Türme von La Condamines Expedition als Triangulationspunkt genutzt, um die Form der Erde zu bestimmen. Inzwischen ist sie entweiht und dient als religiöses Museum und Veranstaltungsort.

Museo de Arte Moderno MUSEUM
(Ecke Mariscal Sucre & Talbot; Eintritt gegen Spende; Mo-Fr 9–17 Uhr, Sa & So bis 13 Uhr) Das amüsante Museum an der Südseite der Plaza de San Sebastián war früher eine Irrenanstalt. Heute beherbergt es eine hoch angesehene Sammlung ecuadorianischer und lateinamerikanischer Kunst.

★ **Museo de las Culturas Aborígenes** MUSEUM
(museoarq@etapaonline.net.ec; Larga 5-24; Eintritt 2 US$; Mo-Fr 9–18 Uhr, Sa bis 13 Uhr) Dieses Museum für indigene Kulturen zeigt über 5000 archäologische Artefakte, die von mehr als 20 prähispanischen Völkern Ecuadors stammen und bis zu 15000 Jahre alt sind. Das absolute Highlight ist jedoch die informative Führung, bei der man so unerwartete Gegenstände wie Kämme und Obsidianspiegel sowie weitere ausgefeilte Kochgeräte

anfassen darf und auch die Bedeutung der eindrucksvollen Designs erfährt.

🏃 Aktivitäten

Cuenca ist der ideale Ausgangspunkt, um die vielen Attraktionen wie den Parque Nacional Cajas, die Inka-Ruinen von Ingapirca und indigene Dörfer zu erkunden. Tagestouren kosten etwa 45 US$ pro Person. Auch Reitausflüge, Radtouren, Canyoning und andere Abenteuer lassen sich hier arrangieren.

Expediciones Apullacta   ABENTEUERTOUREN
(07-283-7815; www.apullacta.com; Gran Colombia 11-02, 1. Stock) Ein großer Anbieter, der Tagestouren nach Ingapirca (50 US$), zum Parque Nacional Cajas (55 US$) und in das Gebiet um Gualaceo (63 US$) sowie zu weiteren Zielen organisiert. Angeboten werden auch Inca-Trail-Touren über drei Tage und zwei Nächte (280 US$), außerdem Reisen über mehrere Tage in verschiedene Teile Ecuadors.

Terra Diversa Travel Center   TOUREN
(999-204-832, 07-282-3782; www.terradiversa.com; Larga nahe Cordero) Spezialisiert auf eintägige Radtouren und Reitausflüge sowie Reitabenteuer über Nacht, die man auf Haciendas oder im Zelt am Inca Trail nördlich von Ingapirca verbringt. Außerdem gibt es Touren zum Parque Nacional Cajas und dem Amazonas. Eine dreistündige Stadtführung durch Cuenca kostet 25 US$.

Kushiwaira   ÖKOTOUR
(07-244-0411, 099-747-6337; kushiwaira@gmail.com; 40 US$/Pers.) Dies ist eines der bestgeführten Gemeindetourismusprojekte in der Umgebung von Cuenca; auf Nachfrage werden Touren in die nahe Gemeinde Tarqui durchgeführt. Es gibt einzigartige Tagesausflüge mit Besichtigung eines Aufzuchtzentrums für *cuy* (Meerschweinchen), Vorführungen typischer Inka-Rituale, Picknicks mit Einheimischen usw. Die Touren starten am Carolina Bookstore (hier erfährt man auch, wann die nächste Führung losgeht).

🎓 Kurse

Cuenca ist ein toller Ort, um Spanisch zu lernen. Einzelunterricht kostet um die 10 US$ pro Stunde.

Centers for Interamerican Studies   SPRACHKURS
(CEDEI; 07-283-9003; www.cedei.org; Ecke Gran Colombia 11-02 & General Torres) Eine gemeinnützige Schule, die kurze und längere Kurse in Spanisch, Kichwa und Portugiesisch anbietet.

Sampere   SPRACHKURS
(07-282-3960; www.sampere.es; Hermano Miguel 3-43) Eine sehr empfehlenswerte und belebte Schule in spanischer Hand.

Simón Bolívar Spanish School   SPRACHKURS
(07-284-4555; www.simon-bolivar2.com; Luís Cordero 10-25) Bietet Unterkünfte bei Gastfamilien, Exkursionen sowie kostenlosen Salsa- und Kochunterricht an, wenn man einen Sprachkurs belegt.

🎉 Feste & Events

Cuenca feiert seine Unabhängigkeit als Stadt am 3. November mit einer großen Fiesta. Sehr farbenprächtig sind die Paraden zu Heiligabend. Auch die Gründung von Cuenca (10.–13. April) und Fronleichnam werden lebhaft gefeiert. Zum Karneval finden ausgelassene Wasserschlachten statt.

🛏 Schlafen

Cuenca hat ein tolles Hotelangebot, die Preise sind aber etwas höher als andernorts.

★ Hostal Yakumama   HOSTEL $
(07-283-4353; www.hostalyakumama.com; Cordero zw. Jaramillo & Vásquez; B ab 7 US$, DZ 29 US$, ohne Bad 20 US$; 📶) Angesichts der starken Konkurrenz ist es verdammt schwierig, an die Spitze der Backpacker-Unterkünfte von Cuenca zu gelangen, aber das Yakumama hat's geschafft. Die Besitzer wissen offenbar genau, wie ein tolles Hostel aussehen muss, angefangen bei den hellen, geräumigen Zehn-Betten-Schlafsälen über die liebevoll handbemalten Privatzimmer bis hin zu den coolen Gemeinschaftsecken (ein mit Wandgemälden und Pflanzen verzierter Patio und im Nebenzimmer ein Kickertisch).

Hostal Alternative   HOSTEL $
(07-408-4101; www.alternativehostal.com; Ecke Huayna Capac & Cacique Duma; B 9 US$, DZ ohne Bad 20 US$; 📶) Das neue funkelnde Hostel mit gruseligem Logo liegt etwas ab vom Schuss, hat aber reichlich Potenzial: Der moderne Achteckbau empfängt Gäste z. B. mit supersauberen Zimmern, Gemeinschaftsküche, Fernsehzimmer und toller Terrasse. Die kleinen und mittelgroßen Schlafsäle mit guten Matratzen bieten jede Menge Platz.

El Cafecito   HOSTEL $
(07-283-2337; www.cafecito.net; Vásquez 7-36; B 7,50 US$, Zi. 26 US$, ohne Bad 16 US$; 📶) Seit

Cuenca

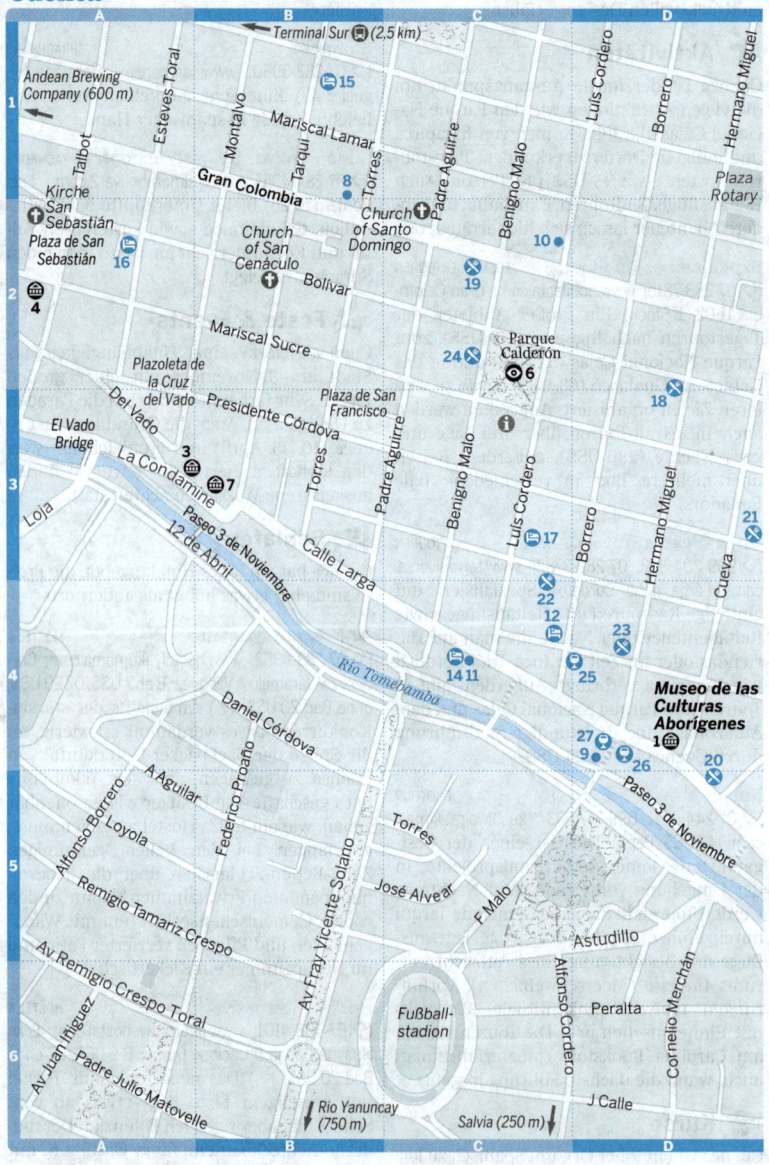

unserem letzten Besuch hat sich in dem altbewährten Backpacker-Liebling El Cafecito nicht viel verändert. Einerseits ist das gut (warum sollte man etwas Funktionierendes ändern? Wahrscheinlich bleibt es noch ewig Travellertreff Nummer eins), andererseits schlecht (die Zimmer sehen etwas mitgenommen aus, und andere Hostels in der Stadt haben es qualitativ längst überholt). Die Café-Bar im Patio ist immer noch einladend und stimmungsvoll, aber die Bewohner der angrenzenden Zimmer leiden bis in die Morgenstunden unter dem hohen Geräuschpegel.

ist hoch (manche sind zwar etwas dunkel, aber vier besitzen Terrassen mit Flussblick). Die Cafeteria mit den unverputzten Steinwänden, noblen Möbeln und ebenfalls Flussblick von der Terrasse ist ein nettes Plätzchen zum Frühstücken.

Hostal Posada del Angel B&B $$

(07-284-0695; www.hostalposadadelangel.com; Bolívar 14-11; EZ/DZ/3BZ inkl. Frühstück 42/68/75 US$; P@🖥) Das gelb-blaue B&B in einem – natürlich! – kolonialzeitlichen Haus bietet gemütliche Zimmer mit Kabel-TV und großen Betten. Die Räume hinter den Balkonen zum Innenhof haben hohe Decken, diverse andere in den ruhigen Außenbereichen (unsere Favoriten) erreicht man über eine schmale Holztreppe. Über die frühstückenden Gäste in der sonnigen Lobby wacht der namensgebende Engel.

Hostal Macondo HOTEL $$

(07-282-1700; http://hostalmacondo.com; Tarqui 11-64; EZ/DZ inkl. Frühstück 35/50 US$; 🖥) Das im Kolonialstil erbaute Hostal Macondo besitzt einen älteren vorderen Bereich mit blitzsauberen, palastartigen Zimmern und kleine, aber gemütliche Räume am Rand eines großen, sonnigen Gartens hinten. Dies ist eine der besten Unterkünfte der Stadt im mittleren Preissegment. Wer länger bleibt, freut sich über den Zugang zur gut ausgestatteten und sauberen Gästeküche. Darüber hinaus liebt jedermann das kontinentale Frühstück mit viel Kaffee.

🍴 Essen

★ Moliendo Café KOLUMBIANISCH $

(Vásquez 6-24; Hauptgerichte 3–6 US$; ⊙ Mo-Sa 12–21 Uhr; 🖥) Eines der besten kleinen Lokale von Ecuador – darum ist das Moliendo Café auch immer rappelvoll. Die herzhaften *arepas* (Maispfannkuchen) stammen ursprünglich von den nördlichen Nachbarn Ecuadors, sind hier aber Spezialität des Hauses. Das große Sortiment von Belägen reicht von Bohnen und Käse bis hin zu langsam gegartem Schweinefleisch. Dazu passt prima ein kaltes Bier oder ein starker Juan-Valdez-Kaffee.

Café Nucallacta CAFÉ $

(http://cafenucallacta.com; Larga 6-42 zw. Borrero & Hermano Miguel; leichte Gerichte 2–5 US$; ⊙ Mo-Sa 8–18 Uhr, So 9–13 Uhr; 🖥) Das beste Café in Cuenca. Hauptgrund zum Einkehren ist der Kaffee, der aus im Café von Hand gerösteten ecuadorianischen Kaffeebohnen

Hostal Casa de Barranco PENSION $$

(283-9763; www.casadelbarranco.com; Larga zw. Benigno Malo & Cordero; EZ/DZ/3BZ 29/44/58 US$) Diese erstaunliche Kolonialbleibe schmiegt sich an die hohen Felsen von El Barranco. Der Standard der Zimmer mit knarrenden Holzböden und Leselampen

Cuenca

⊙ Highlights
1. Museo de las Culturas Aborígenes................................D4
2. Museo del Banco Central „Pumapungo"........................F6

⊙ Sehenswertes
3. Laura's Antiguidades y Curiosidades..........................A3
4. Museo de Arte Moderno.................A2
5. Museo Manuel Agustín Landivar......E5
6. Parque Calderón............................C2
7. Prohibido Museo de Arte Extremo.......................................B3

⊙ Aktivitäten, Kurse & Touren
8. Centers for Interamerican Studies..B1
   Expediciones Apullacta................(siehe 8)
9. Sampere..D4
10. Simón Bolívar Spanish School.......C2
11. Terra Diversa Travel Center...........C4

⊙ Schlafen
12. El Cafecito....................................C4
13. Hostal Alternative........................F6
14. Hostal Casa de Barranco..............C4
15. Hostal Macondo...........................B1
16. Hostal Posada del Angel...............A2
17. Hostal Yakumama.........................C3

⊙ Essen
18. Café Austria.................................D2
19. Café Eucalyptus...........................C2
20. Café Nucallacta...........................D5
21. Fabiano's.....................................D3
22. Govinda's....................................C4
23. Moliendo Café..............................D4
24. Raymipampa................................C2

⊙ Ausgehen & Nachtleben
25. La Compañía................................D4
26. La Parola.....................................D4
27. Wunderbar..................................D4

---

gebraut wird – begleitet von fachmännischen Kommentaren zur ecuadorianischen Kaffeeindustrie vonseiten des gut informierten Besitzers. Darüber hinaus gibt es auch gutes Frühstück und Kuchen, und die Tische sind morgens im Handumdrehen besetzt.

Govinda's INTERNATIONAL $
(Jaramillo 7-27; Mittagsmenüs 2,50 US$, Hauptgerichte 4 US$; ⊙Mo-Sa 8.30–15 Uhr, Mi-Sa 18–22 Uhr; 🛜🌿) Pizzas, Linsen-Burger und etwas gutes Karma zum Runterspülen.

★ Salvia EUROPÄISCH $$
(☏ 093-951-3820; www.salviacuenca.com; Ecke Roberto Crespo Toral & Mora; Hauptgerichte 10–13 US$; ⊙Mi-Sa 12–15 & 18–21 Uhr, So 12–15 Uhr; P🛜) Das „O!" ist fester Bestandteil der lokalen Gastropubszene (streng genommen macht das Salvia schon die *gesamte* Szene aus). Das neue Restaurant mit britischem Besitzer, untergebracht in einem wunderschön renovierten Haus in der aufstrebenden „South Side" von Cuenca, punktet jetzt mit einer der besten Küchen der Stadt.

Raymipampa ECUADORIANISCH $$
(Benigno Malo 8-59; Hauptgerichte 5–11 US$; ⊙Mo-Fr 8.30–22.30, Sa & So ab 9.30 Uhr; 🛜) Diese Institution mit langen Öffnungszeiten ist bei Einheimischen und Travellern beliebt. Kulinarisch bewegt man sich hier zwischen ecuadorianischer Hausmannskost und Diner. Wer sich eine Bank auf der Empore sichert, kann einen Blick auf die ganze Bandbreite der ecuadorianischen Kochkunst werfen.

Café Eucalyptus INTERNATIONAL $$
(www.facebook.com/pages/Cafe-Eucalyptus/122414164525146; Gran Colombia 9-41; Hauptgerichte 6–23 US$; ⊙Mo-Do 12–22 Uhr, Fr & Sa bis 2 Uhr, So 17–22 Uhr; 🛜) Die lässige Karte des Eucalyptus verkündet unverblümt, dass „Zöllner, verrückte Busfahrer oder Fugliniendirektoren" hier nicht bedient werden. Alle anderen bekommen solide Leckereien aus Asien, Meeresfrüchte und internationale Gerichte an Tischen neben bollernden Kaminen serviert. An der tollen Bar werden viele verschiedene Wein- und Biersorten ausgeschenkt.

Café Austria EUROPÄISCH $$
(Ecke Hermano Miguel & Bolívar; Hauptgerichte 6–9 US$; ⊙9–22.30 Uhr; 🛜) Hält genau, was der Name verspricht: Die österreichische Hausmannskost, z.B. Gulasch und Strudel, sowie ein anständiger Espresso schmecken besonders himmlisch nach Tagen/Wochen *on the road*. Und die neue Location ist genauso travellerfreundlich wie die alte. Nur die Sachertorte ist noch ausbaufähig.

Fabiano's PIZZERIA $$
(Ecke Presidente Córdova & Cueva; Pizzas 6–17 US$; 🛜) Das einladende, familienfreundliche Fabiano's ist ein altbewährter Gringotreff, hat sich aber auch eine treue Anhängerschaft unter Ecuadorianern geschaffen. Die Pizzas sind großzügig bemessen und lecker, einen Versuch lohnt das Schlemmerfest namens Lasagne-Pizza. Das Schöne ist: Man muss es

auch nicht ausreizen, die Mitarbeiter packen einem etwaige Reste gern ein.

Ausgehen & Unterhaltung

Von Sonntag bis Mittwoch geht es in Cuenca eher ruhig zu. Die meisten Bars finden sich in der Calle Larga und in den nahe gelegenen Straßen Vásquez und Hermano Miguel.

La Compañía BRAUEREIKNEIPE
(Ecke Borrero & Vásquez) Cuencas erste Kleinbrauerei ist immer noch die beste (aber nur um Bierdeckelbreite) und versorgt junge Rockertypen anständig mit handgebrauten Stouts, irischen Ales oder kühlen Blonden.

Wunderbar BAR
(Escalinata 3-43; Mo–Do 11–24 Uhr, Fr & Sa bis 2 Uhr) Dieser Laden in österreichischem Besitz ist wunderbar für alle, die mit Freunden an den großen Holztischen einer klassischen Bar sitzen möchten. Es gibt Essen und auch eine Happy „Hour" von 11 bis 18 Uhr, außerdem einen Poolbillardtisch und Großbildschirme für Sportübertragungen.

La Parola LIVEMUSIK
(Ecke Larga & Hermano Miguel; Di–Sa 16.30–2 Uhr) Essen und Cocktails ergänzen das breite Livemusikangebot dieses Lokals oben auf den Felsen von Barranco. Das La Parola liegt direkt oberhalb der La-Escalinata-Treppe.

🛈 Praktische Informationen

Banco de Guayaquil (Mariscal Sucre nahe Borrero) Bank mit Geldautomat.
Banco del Pichincha (Ecke Solano & 12 de Abril) Bank mit Geldautomat.
Clínica Hospital Monte Sinaí (07-288-5595; www.hospitalmontesinai.org; Ecke Av Solano & Miguel Cordero) Eine ausgezeichnete Klinik, in der manche Mitarbeiter Englisch sprechen.
Touristeninformation (iTur; 07-282-1035; Mariscal Sucre bei Luís Cordero; Mo–Fr 8–20 Uhr, Sa 8.30–13.30 Uhr) Freundlich und hilfreich; englischsprachig.

🛈 An- & Weiterreise

BUS

Cuenca hat zwei Busbahnhöfe. Die meisten Busse fahren vom **Terminal Terrestre** (Av España) ab, der 1,5 km nordöstlich vom Zentrum liegt. Busse nach Guayaquil (8 US$) verkehren entweder über den Parque Nacional Cajas (3½ Std.) oder über Cañar (5½ Std.). Regelmäßig starten Busse nach Quito (10 US$, 10–12 Std.). Mehrere Busse rollen nach Machala (5,50 US$, 4 Std.), einige von ihnen fahren weiter nach Huaquillas (7 US$, 7 Std.). Auch nach Alausí (5 US$, 4 Std.) verkehren regelmäßig welche. Täglich starten einige Busse nach Loja (7,50 US$, 5½ Std.), Macas (8,50 US$) und zu anderen Städten im Oriente. Busse nach Gualaceo (0,80 US$, 1 Std.) fahren alle 30 Minuten.

Einige Busse (u. a. die zum Parque Nacional Cajas) fahren vom Terminal Sur ab, das 2,5 km westlich vom Zentrum liegt.

FLUGZEUG

Cuencas **Aeropuerto Mariscal Lamar** (Av España) ist 2 km vom Zentrum entfernt. **TAME** (07-288-9581/9097; www.tame.com.ec; Astudillo 2-22; Mo–Fr 8.30–13 & 14–18.30 Uhr, Sa 9.30–12.30) fliegt täglich nach Quito und Guayaquil, die Preise für Flüge zu beiden Städten liegen zwischen 80 und 120 US$.

🛈 Unterwegs vor Ort

Cuenca lässt sich problemlos zu Fuß erkunden. Eine Taxifahrt zum bzw. vom Busbahnhof oder Flughafen kostet ungefähr 2 US$. Vor dem Terminal Terrestre fahren Busse ins Zentrum (0,25 US$) ab.

Rund um Cuenca

Von kleinen indigenen Dörfern bis zu Thermalquellen und Wanderwegen: Von Cuenca aus kann man viele Exkursionsziele ansteuern.

Ingapirca

Ingapirca, die bedeutendste Inka-Stätte Ecuadors, wurde gegen Ende des 15. Jhs. während der Ausbreitung der Inka auf dem Gebiet des heutigen Ecuador errichtet. Die **Stätte** (Eintritt mit od. ohne Führung 6 US$; 8–18 Uhr), die 50 km nördlich von Cuenca liegt, wurde ohne Mörtel und mit polierten Steinen in der gleichen Technik gebaut, welche die Inka in Peru angewendet hatten. Ingapirca ist zwar nicht so beeindruckend wie die peruanischen Stätten, lohnt aber einen Besuch. Auf einer Führung (auf Englisch möglich) lernt man etwas über die Gestaltung und die Bedeutung der Ruinen.

Wer nicht viel Geld ausgeben will, kann vom Busbahnhof in Cuenca einen Direktbus von Transportes Cañar (2,50 US$, 2 Std.) nehmen. Abfahrt ist um 9 oder 12.20 Uhr, zurück nach Cuenca geht's um 13 und 15.45 Uhr. Häufiger, nämlich jede halbe Stunde, fahren Busse von Cuenca nach El Tambo, von dort geht es mit einem anderen Bus oder dem Taxi (5 US$) die letzten 8 km nach Ingapirca.

NICHT VERSÄUMEN

DER INKATRAIL NACH INGAPIRCA

Auf der drei Tage dauernden Wanderung nach Ingapirca trifft man wesentlich weniger Wanderer als auf dem Inkatrail nach Machu Picchu, aber es ist dennoch eine bemerkenswerte Tour. Ein Teil der schätzungsweise 40 km langen Strecke folgt der originalen Straße, die einst Cuzco mit Quito und Tomebamba (heute Cuenca) verband.

Der Startpunkt der Wanderung liegt im Dorf **Achupallas**, 23 km südöstlich von Alausí. Der Weg ist an manchen Stellen kaum noch zu erkennen oder ganz verschwunden, darum sollte man mit einem Kompass und drei topographischen Karten – von Alausí, Juncal und Cañar – im Maßstab 1:50 000 unterwegs sein, die man im **Instituto Geográfico Militar** (S. 686) in Quito bekommt.

Um nach Achupallas zu kommen, nimmt man einen der täglich verkehrenden Lastwagen von Alausí oder chartert (die zuverlässigere Version) für 10 bis 15 US$ pro einfache Strecke einen Taxi-Pick-up. Ansonsten kann man auch ab Alausí einen Bus nehmen, der auf der Panamericana Richtung Süden verkehrt und Fahrgäste in La Moya (auch als Guasuntos bekannt) absetzt; dort wartet man dann auf den Lastwagen nach Achupallas, 12 km über eine schmale, bergauf führende Straße entfernt. In Achupallas kann man für etwa 30 bis 40 US$ pro Tag einen Führer anheuern. Neben anderen Agenturen bietet **Julio Verne** (S. 627) in Riobamba Touren für ungefähr 320 US$ pro Nase an. Wer auf eigene Faust loszieht, sollte einen Wanderführer mitnehmen, z.B. *Ecuador: Climbing and Hiking Guide* von Rob Rachowiecki und Mark Thurber.

Gualaceo, Chordeleg & Sígsig

Die drei Dörfer, die berühmt sind für ihre Sonntagsmärkte, bilden zusammen ein tolles Tagesausflugsziel ab Cuenca. Wer früh losfährt, kann schon am Nachmittag wieder in Cuenca sein. Gualaceo hat den größten Markt mit Obst und Gemüse, Tieren und verschiedenen Haushaltswaren. Der Markt von Chordeleg, 5 km entfernt, ist kleiner und touristischer. Auf dem 25 km von Gualaceo entfernten Markt von Sígsig bietet sich die Gelegenheit, die Kunst der Panamahut-Hersteller zu bewundern.

Vom Busbahnhof in Cuenca fahren alle halbe Stunde Busse nach Gualaceo (0,80 US$, 1 Std.), Chordeleg (1 US$, 1 Std.) und Sígsig (1,25 US$, 1½ Std.). Wer nicht die Geduld aufbringt, auf einen der Busse zu warten, der kann die 5 km von Gualaceo nach Chordeleg problemlos auch zu Fuß bewältigen.

Parque Nacional Cajas

Der atemberaubend schöne, kühle, moorähnliche *páramo* des **Parque Nacional Cajas** (Cajas Nationalpark; 8–16.30 Uhr) GRATIS ist berühmt für seine vielen Seen und die großartigen Möglichkeiten zum Forellenfangen, Wildcampen und Wandern. Ein schöner Tagesausflug von Cuenca (nur 30 km entfernt)! **Campen** (Stellplatz 4 US$/Pers.) ist erlaubt, und es gibt eine kleine Hütte mit acht Feldbetten und einer Küche – das *refugio* ist aber oft belegt. In Cajas allein herumzuwandern, kann gefährlich werden – wegen der vielen Seen und des Nebels verliert man leicht die Orientierung. Am besten bis 16 Uhr zurück sein, denn dann wird der Nebel dichter! Die kürzeren Wanderwege sind gut gekennzeichnet. Topografische Karten im Hochglanzformat sind im Eintrittspreis enthalten.

Transporte-Occidental-Busse (1,25 US$, 1 Std.) fahren vom Terminal Sur in Cuenca (2,5 km westl. der Altstadt) um 6.15, 7, 8, 10, 12 Uhr und nachmittags ab. Für die Rückfahrt kann man dann einfach einen der vorbeifahrenden Busse Richtung Cuenca anhalten. Touranbieter in Cuenca haben tägliche Trips für 50 US$ pro Person im Programm.

Saraguro

07

Das verschlafene, kleine Saraguro, 165 km südlich von Cuenca ist Heimat der Saraguro, der wohlhabendsten indigenen Gruppe im gesamten südlichen Hochland. Die Saraguro lebten ursprünglich in der Titicacasee-Region in Peru, wurden aber im Zuge des bekannten Kolonialisierungssystems, das im Inka-Reich galt, zwangsweise umgesiedelt.

Man erkennt die Saraguro schnell an ihrer traditionellen Kleidung. Sowohl Männer als auch Frauen tragen flache weiße Filzhüte, deren Krempen an der Unterseite oft gefleckt sind.

Am besten besucht man Saraguro sonntags, denn dann kommen Saraguros aus der ländlichen Umgebung zum Markttag. Übernachten kann man im hübschen **Hostal Achik Wasi** (📞 07-220-0058; Intiñan, Barrio La Luz; Zi. inkl. Frühstück 20 US$/Pers.), das zehn Minuten außerhalb der Stadt liegt. Unvergessliche Aufenthalte bei Gastfamilien in nahen Dörfern organisiert **Operadora de Turismo Comunitario Saraurku** (📞 07-220-0331; www.turismosaraguro.com; Ecke 18 de Noviembre & Loja; ⊙ Mo–Fr 8.30–18 Uhr). Im von Ureinwohnern geführten **Mamá Cuchara** (Parque Central; Hauptgerichte 3 US$; ⊙ So–Fr 7–19 Uhr) gibt's leckeres Essen.

Jeder Bus von Cuenca Richtung Loja (5 US$, 3½ Std.) kann Fahrgäste einen Block von der Hauptplaza entfernt absetzen. Busse nach Loja (2,50 US$, 1½ Std.) fahren tagsüber stündlich.

Loja

📞 07 / 181 000 EW.

Dank seiner Nähe zum Oriente ist Loja (2100 m) mit einem wunderbar gemäßigten Klima gesegnet. Die Stadt ist für ihre Musiker (dank der bedeutenden Musikhochschule Lojas) und Parks berühmt. Davon abgesehen ist sie lärmgeplagt und geschäftig, doch im historischen Stadtzentrum kann man einen schönen Tag verbringen. Loja ist ein guter Ausgangspunkt, um den nahen Parque Nacional Podocarpus zu besuchen, und der wichtigste Stopp vor der Fahrt Richtung Süden nach Vilcabamba und Peru.

Von der **Virgen-de-Loja-Statue** (La Salle) hat man einen guten Ausblick. Die jährliche **Fiesta of the Virgen del Cisne** (20. August) wird mit großen Paraden und einer Landwirtschaftsmesse gefeiert.

🛌 Schlafen

Hotel Londres HOSTEL $
(📞 07-256-1936; Sucre 07-51; Zi. ohne Bad 6 US$/Pers.; 📶) Knarrende Holzböden und durchhängende Betten – schlichter geht's kaum, aber das Hotel ist eine altbewährte und beliebte Adresse mit sauberen Gemeinschaftsbädern und freundlichen, jungen Besitzern.

⭐ **Hosteria Quinta Montaña** HÜTTEN $$
(📞 07-257-8895; Barrio Colinas del Norte; EZ/DZ 25/45 US$; 🅿️ 🏊) Liegt in der Stadt, fühlt sich an wie auf dem Land: 2 km nördlich vom Busbahnhof sprenkeln die gepflegten Hütten der entspannten Hosteria Quinta Montaña einen steilen Hang. Auf dem Gelände gibt's ein hübsches Restaurant, einen schönen Pool und sogar eine Sauna. In der Hängematte zu schaukeln, mag im Urwald ganz normal zu sein, aber in Loja ist dieses Privileg mit Blick ins üppige Grün Gästen der Hosteria vorbehalten.

🍴 Essen & Ausgehen

El Tamal Lojano ECUADORIANISCH $
(18 de Noviembre 05-12; leichte Gerichte 1–4 US$, Mittagsmenüs 2 US$; ⊙ Mo–Sa 8–20 Uhr) Die *almuerzos* schmecken prima, aber der Hauptgrund für einen Besuch sind die köstlichen *quimbolitos*, *humitas*, *empanadas de verde* und *tamales lojanos*. Kurz gesagt: Hier sind sämtliche Küchenklassiker der Region Loja vertreten.

⭐ **Zarza Brewing Company** BRAUEREIKNEIPE
(Ecke Puerto Bolívar & Esmeraldas; ⊙ Mo–Sa abends) Zarzas im Viertel El Valle ist eine nagelneue Kleinbrauerei, die anscheinend bei Einheimischen genauso gut ankommt wie bei Expats. Der texanische Eigentümer kennt das Kleinbrauereigeschäft offenbar aus dem Effeff. Hier gibt's ein himmlisches Irish Stout und die wahrscheinlich schärfsten Barbecue-Rippchen Ecuadors – und häufig auch Livemusik. Die Taxifahrt hierher kostet 1 US$.

ℹ️ Praktische Informationen

Banco de Guayaquil (Eguiguren, nahe Valdivieso) Bank mit Geldautomat.

Clinica San Augustin (📞 07-258-7339; www.hospitalclinicasanagustin.com; Ecke 18 de Noviembre & Azuay) Krankenhaus, das auch Ausländern empfohlen werden kann.

Ministerio del Medio Ambiente (📞 07-257-9595/258-5927; Sucre 4-35, 2. Stock) Verwaltet den Parque Nacional Podocarpus; gut für Infos und einfache Karten.

Touristeninformation (iTur; 📞 07-258-1251/257-0485; Ecke Bolívar & Eguiguren; ⊙ Mo–Fr 8–18 Uhr, Sa 9–18 Uhr) Hilfreich, diverse Karten erhältlich.

ℹ️ An- & Weiterreise

Der Busbahnhof liegt 2 km nördlich des Zentrums. Täglich fahren mehrere Busse nach Quito (15–17 US$, 15 Std.), Macará (6 US$, 6 Std.), Guayaquil (10 US$, 9 Std.), Machala (6 US$, 5 Std.), Zamora (2,50 US$, 5 Std.) und Cuenca (7,50 US$, 5 Std.) sowie zu anderen Zielen.

> **EINREISE NACH PERU**
>
> Der Grenzübergang nach Peru via Macará ist ruhiger als der in Huaquillas und belebter als der in Zumba. Macará liegt 3 km vom eigentlichen Grenzübergang oder der *puente internacional* (internationale Brücke) entfernt. Die meisten Traveller kaufen bei **Loja International** (257-0505, 257-9014) Tickets für Direktbusse von Loja nach Piura in Peru. Es fahren täglich mehrere Busse ab Loja, halten an der Grenze, damit die Passagiere die Ein- und Ausreiseformalitäten erledigen können, und tuckern dann weiter nach Piura. Die gesamte Fahrt dauert neun Stunden und kostet 10 US$. Es gibt keine Grenzübergangsgebühren.
>
> Wer aus Macará kommt, fährt mit Transportes Loja Internacional (Lázaro Vaca an der Juvenal Jaramilla) oder Unión Cariamanga (Ecke Loja & Manuel E Rengel) nach Piura (3 US$, 3 Std.).
>
> Informationen zum Grenzübergang in die andere Richtung stehen auf S. 950.

Der Flughafen von Loja ist La Toma in Catamayo, 30 km westlich der Stadt. **TAME** (07-257-0248; www.tame.com.ec; Av Ortega nahe 24 de Mayo; Mo–Fr 8.30–13 & 14.30–18, Sa 9–13 Uhr) fliegt von Montag bis Samstag nach Quito und von Montag bis Freitag nach Guayaquil für ungefähr 80 US$ pro Strecke.

Vilcabambaturis betreibt schnelle Minibusse nach Vilcabamba (1,30 US$, 1 Std.). Außerdem fahren flottere *taxis colectivos* (Sammeltaxis; 2 US$, 45 Min.) vom **Taxistand Ruta 11 de Mayo** (An der Ecke zur Av Universitaria) ab, zehn Blocks südlich der Alonso de Mercadillo; man erreicht ihn mit dem Taxi.

Zamora

07 / 13 400 EW.

Friedlich schwitzt diese entspannte Urwaldstadt am tropischen Ufer des Río Zamora vor sich hin. Sie ist der beste Ausgangspunkt, um das grüne Tiefland des Parque Nacional Podocarpus zu erforschen. Auch wenn es geografisch zum Oriente gehört, ist Zamora mit dem Bus von Loja aus (2 Std.) besser zu erreichen als von anderen Städten im Urwald, da diese meist ziemlich weit im Norden liegen. Zu den ordentlichen Budgethotels in der Stadt gehören das **Hotel Chonta Dorada** (07-260-6384; Jaramillo nahe Amazonas; EZ/DZ 13/22 US$; P) und das **Hotel Betania** (07-260-7030; Francesco de Orellana; Zi. 15 US$/Pers.; P). Vogelbeobachter werden sich in einer Hütte in dem schönen privaten Schutzgebiet von **Copalinga** (099-347-7013; www.copalinga.com; Vía al Podocarpus, Km 3; Hütte pro Pers. EZ/DZ ab 55/84 US$, ohne Badezimmer 28–50 US$, inkl. Frühstück) außerhalb der Stadt wohlfühlen; hier kann man auch essen.

Wenn man mit dem Bus durch den Oriente gen Norden weiterfährt, findet man in den Kleinstädten Gualaquiza (5 Std.), Limón (ca. 9 Std.), Méndez und Sucúa einfache Hotels. Macas ist in 13 bis 15 Stunden zu erreichen.

Parque Nacional Podocarpus

Eines der artenreichsten Gebiete des Landes und ein herrlicher Park für Entdeckungstouren ist der **Parque Nacional Podocarpus** (Eintritt frei, Refugios 3 US$). Er schützt Lebensräume auf Höhen zwischen 3600 m im *páramo* in der Nähe von Loja und 1000 m in den dampfenden Regenwäldern bei Zamora. Die Topographie ist wunderbar ungezähmt und komplex, und der Park platzt vor lauter Pflanzen und Tieren aus allen Nähten. Namensgeber des Parque Nacional Podocarpus ist der Podocarpus – der einzige einheimische Nadelbaum Ecuadors.

Der Haupteingang zum Hochlandsektor des Parks befindet sich in **Cajanuma**, etwa 10 km südlich von Loja. Von dort führt ein Weg 8,5 km hinauf zur Ranger-Station und zu den Anfängen der Wanderwege. Für einen Tagesausflug am besten mit dem Taxi von Loja ganz bis nach oben fahren (ca. 10 US$), ein paar Stunden wandern und die 8,5 km bzw. zwei Stunden zu Fuß bis zur Hauptstraße zurückgehen, wo man in einen der vorbeifahrenden Busse einsteigen kann!

Für einen Besuch im tropischen Tieflandsektor fährt man nach Zamora. Von dort legt man die 6 km lange Schotterstraße bis zum **Bombuscaro-Eingang** mit dem Taxi (einfache Strecke 4 US$) oder zu Fuß zurück. Es gibt eine Ranger-Station, Wege, Bade-Optionen, Wasserfälle, einen **Campingplatz** (Eintritt frei) und eine kleine **Hütte** (3 US$/Pers.) ohne Matratzen. Von Vilcabamba aus ist der Zugang auch zu Pferd erreichbar.

Vilcabamba

07 / 4800 EW.

Vilcabamba (1500 m), auch Tal der Hundertjährigen genannt, ist für seine langlebigen

Bewohner berühmt. Zwar erleben nur noch wenige Einwohner ihren 100. Geburtstag, doch die meisten sind sich einig, dass ihr einfaches, stressfreies Leben in der schönen Andenlandschaft und frischen Luft einem langen Leben zuträglich ist. Backpacker machen hier halt, um die entspannte Atmosphäre in sich aufzunehmen und um zu wandern, zu reiten, das Essen zu genießen, sich massieren zu lassen und in den billigen Pensionen zu relaxen. Vilcabamba ist auch ein guter Zwischenstopp auf der Fahrt von oder nach Peru über Zumba.

Aktivitäten

In der Gegend kann man toll wandern. Die beliebteste Wanderung ist die auf den **Cerro Mandango** (allerdings gab es hier schon Raubüberfälle, darum vorher über die Sicherheitslage informieren und Wertsachen zu Hause lassen!). Die meisten naturkundigen Guides und Wanderreitführer berechnen etwa 35 US$ pro Tag.

In der Rumi-Wilco Ecolodge gibt es markierte Pfade mit Spazierlängen von einer bis drei Stunden (Drei-Tages-Pass 2 US$).

Caballos Gavilán   REITEN
(07-264-0256; gavilanhorse@yahoo.com; Sucre 10-30) Das äußerst empfehlenswerte Unternehmen wird von dem Neuseeländer Gavin geleitet, der seit Jahren hier lebt. Er begleitet zweistündige bis dreitägige Ausritte mit Übernachtung in seiner Schutzhütte nahe dem Park.

El Chino   FAHRRADVERLEIH
(Ecke Sucre & Agua de Hierro) Verleiht Fahrräder und Motorräder für 10 bzw. 50 US$ pro Tag. Für ein kleines bisschen mehr Geld werden auch Rad- bzw. Motorradtouren angeboten. Im Geschäft nebenan unbedingt die coolen Skulpturen aus Fahrradteilen bestaunen!

Schlafen

★Hostería Margarita   HOSTERIA $
(Ecke Jaramillo & Sucre; EZ/DZ inkl. Frühstück 15/30 US$; P※) Hinter den hohen weißen Mauern der Hosteria verbergen sich saubere Zimmer, die an ein gepflegtes englisches B&B erinnern, und ein toller Frühstücksraum mit Blick auf den üppig grünen Garten samt Pool. Anders als andere Adressen im Zentrum ist dies kein typischer Backpackertreff, aber günstiger als die meisten von jenen.

Hostal Jardín Escondido   HOSTEL $
(07-264-0281; www.jardin.ec; Sucre & Agua de Hierro; B/Zi. inkl. Frühstück 12,50/20 US$/Pers.; ※) Diese gute Budgetoption umgibt einen ruhigen Garten voller Singvögel. Alle Zimmer haben hohe Decken und große Bäder. Zum Frühstück gibt's hausgemachtes Brot und guten Kaffee. Der perfekte Ort, um andere Traveller kennenzulernen!

Rumi-Wilco Ecolodge   LODGE $
(www.rumiwilco.com; Zeltplatz 4 US$/Pers., 2-Pers.-Lehmziegelhaus/Hütte 7/14 US$/Pers.) Zehn Gehminuten auf einem Pfad am Fluss vom Busbahnhof entfernt warten auf den immergrünen 40 ha des Rumi-Wilco Nature Reserve Häuschen, Hütten und ein Zeltplatz.

★Hostería y Restaurante Izhcayluma   RESORT $$
(07-302-5162; www.izhcayluma.com; B 8,50 US$, EZ/DZ/3BZ 25/32/39 US$, ohne Bad 19/25/

ⓘ EINREISE NACH PERU

Etwa 125 km südlich von Vilcabamba, in der Nähe des abgelegenen Zumba, befindet sich dieser herrlich abgeschiedene Grenzübergang, bekannt als La Balsa. Von Vilcabamba (oder Loja) dauert die Reise nach San Ignacio (Peru) einen ganzen Tag; Letzteres ist der beste Ort für eine Übernachtung, bevor man weiterfährt. In Loja starten täglich mehrere Busse von **Transportes Nambija** (07-257-9018; Loja) und Sur Oriente nach Zumba; sie alle halten in Vilcabamba.

Ab Zumba verkehren jeden Tag mehrere *rancheras* (offene Trucks) zur Grenze bei La Balsa (2,75 US$, 1½–2½ Std.), wo man seinen Ausreisestempel bekommt. Es gibt keine Grenzübergangsgebühren. Bevor man loszieht, sollte man sich nach den Straßenverhältnissen zwischen Zumba und La Balsa erkundigen.

Auf der anderen Seite der „internationalen Brücke" in Peru stehen *taxis colectivos* (Sammeltaxis) nach San Ignacio (3 US$, 1½ Std.) bereit. In dieser Ortschaft kann man übernachten, bevor es weitergeht, zuerst nach Jaén (3 Std.), von dort nach Bagua Grande (1 Std.) und schließlich nach Chachapoyas (weitere 3 Std.), das die erste nennenswerte Stadt ist. Von Jaén aus erreicht man auch Chiclayo an der peruanischen Küste.

35 US$, Hütten DZ 59 US$; P 🛜 🍽) Das kultivierte Hügel-Refugium liegt 2 km südlich der Stadt. Die deutschen Besitzer servieren im Außenbereich deutsch-ecuadorianische Küche bei beeindruckendem Panoramablick. Im „ganzheitlichen Wellness-Raum" werden Massagen und andere Behandlungen angeboten. Die Hütten und Zimmer sind ruhig und geräumig, es gibt eine Bar und einen Swimmingpool.

🍴 Essen & Ausgehen

Midas Touch — FRÜHSTÜCK$
(Sucre 11-35; Frühstücks-/Mittagsgerichte 3–5 US$; ⊙ Mo, Mi & Do 8–17 Uhr, Fr–So 8–open end) Das frisch renovierte Lokal hat zwar den ganzen Tag geöffnet, aber das Highlight hier ist das geniale Frühstück. Besonders hohes Suchtpotenzial haben die Pfannkuchen mit Banane und Zimt sowie die „Kürbiseier". Ein toller Ort zum Abhängen.

⭐ Shanta's Bar — PIZZA $$
(Diego Vaca de la Vega; Hauptgerichte 6–10 US$; ⊙ Di–So 13–21 Uhr) Das Shanta's hat seit Jahren Favoritenstatus. In rustikalem Ambiente mit Sätteln als Barhocker und einem Barkeeper mit Schnurrbart im Fahrradlenkerformat gibt es Pizza und große Teller voller Froschschenkel. Einen Versuch wert ist der *licor de serpiente* (Schlangenschnaps).

Jardín Escondido — INTERNATIONAL $$
(www.jardin.ec; Sucre & Agua de Hierro; Hauptgerichte 5–10 US$; ⊙ 8–20.30 Uhr; 🛜 🅿) Mit den leckeren internationalen Gerichten (darunter auch köstliche vegetarische), die in diesem stimmungsvollen Open-Air-Restaurant serviert werden, kann man nichts falsch machen. Zu den großzügigen Frühstücken wird selbst gebackenes Brot gereicht.

ℹ An- & Weiterreise

Kleinbusse von Vilcabambaturis fahren stündlich nach Loja (1,30 US$, 1 Std.). Sammeltaxis nach Loja starten vom Busbahnhof und nehmen fünf Passagiere mit (2 US$, 45 Min.). Busse fahren täglich nach Zumba (6,50 US$, 5 Std.) in der Nähe der peruanischen Grenze.

EL ORIENTE

Der ecuadorianische Teil des Amazonasbeckens – auch bekannt als *El Oriente* – ist eines der aufregendsten Reiseziele des Landes. Hier können Traveller bei einer Kanutour auf Kaimane treffen, die in den Schwarzwasserlagunen lauern, Zweifinger-Faultiere und Brüllaffen erspähen, Piranhas fischen oder durch die wildeste Vegetation wandern, die sie je zu Gesicht bekommen werden. Wenn die Angst vor dem Leben da draußen mal überwunden ist, wiegt einen nachts die psychedelische Sinfonie der Insekten und Frösche in den Schlaf.

Der folgende Abschnitt beschreibt den Oriente von Norden nach Süden (Zamora und die südlichsten Städte der Region). In den nördlichen Oriente kommen mehr Traveller, während die Region südlich des Río Pastaza ziemlich einsam wirkt. Von Quito aus fahren häufig Busse nach Puyo, Tena, Coca und Lago Agrio. Von Cuenca aus verkehren Busse über Limón bis Macas. Die Busse aus der südlichen Hochlandstadt Loja fahren über Zamora nach Limón und weiter nach Macas. Von Macas führt eine Straße nach Puyo und zum nördlichen Oriente. Es ist auch möglich – wenngleich anstrengend – über den Río Napo nach Peru und an den Amazonas zu reisen.

Lago Agrio

📞 06 / 58 000 EW.

Wenn man nicht gerade auf hektische Grenzstädte steht, ist Lago für Traveller hauptsächlich als Ausgangspunkt zum nahen Naturreservat von Cuyabeno attraktiv. Von Lago aus eine Tour nach Cuyabeno zu buchen, kann schwierig sein: Die meisten haben die Tour im Voraus gebucht und reisen aus Quito an, die Führer tauchen auf, und am nächsten Morgen sind alle verschwunden.

Die indigenen Cofan bieten ausgezeichnete Ökotourismus-Expeditionen an. Nähere Informationen bekommt man bei **Noa'ike** (📞 06-2364287; noaike@hotmail.com; Via Quito, Km 3,5, Barrio la Libertad).

Wer über Nacht in der Stadt bleibt, kann das **Hotel D'Mario** (📞 06-283-0172; www.hoteldmario.com; Av Quito 263; EZ/DZ ab 15/30 US$; ❄🛜🍽) an der Hauptstraße ausprobieren, wo man auch alle anderen Einrichtungen findet. Im Hotel gibt es eine beliebte Pizzeria.

ℹ Praktische Informationen

Probleme mit Guerilla-Kämpfern aus Kolumbien, paramilitärischen Einheiten, die gegen Rebellen vorgehen, und Drogenschmugglern haben Lago Agrio zu einem für Reisende unsicheren Ort werden lassen. In Bars und Nebenstraßen kann es gefährlich werden, also besser auf der Hauptstraße bleiben und abends ein Taxi nehmen!

❶ An- & Weiterreise

Der Flughafen liegt 3 km östlich der Stadt; die Taxifahrt dorthin kostet 3 US$. **TAME** (📞06-283-0113; Orellani nahe 9 de Octubre) bietet tägliche Flüge nach Quito an; am besten im Voraus buchen!

Der Busbahnhof befindet sich etwa 2 km nordwestlich vom Zentrum. Nach Quito (8 US$, 8 Std.) bestehen regelmäßige Busverbindungen. Es fahren täglich ein oder zwei Busse (meist über Nacht) nach Tena (7 US$, 8 Std.), Cuenca, Guayaquil (14 US$, 14 Std.) und Machala.

Reserva de Producción Faunística Cuyabeno

Dieses herrliche, sich über 6034 km² erstreckende **Reservat** (www.reservacuyabeno.org) bewahrt der Regenwaldheimat der Siona, Secoya, Cofan, Quichua und Shuar. Außerdem schützt es die Wasserscheide des Río Cuyabeno, in dessen Regenwaldseen und Sümpfen faszinierende Wasserbewohner wie Flussdelfine, Seekühe, Kaimane und Anakondas leben. Es gibt hier jede Menge Affen und Vögel, und auch von Sichtungen von Tapiren, Nabelschweinen, Agutis und verschiedenen Katzenarten wurde schon berichtet. Obwohl es zahlreiche Ölkatastrophen gegeben hat, sind große Teile des Reservats unberührt geblieben und einen Besuch wert. Die meisten Besucher des Reservats kommen zur Cuyabeno Lodge. Die nächstgelegene Stadt ist Lago Agrio.

🛏 Schlafen

Cuyabeno Lodge   LODGE $$$
(4 Tage/3 Nächte 260–440 US$) Die sehr empfehlenswerte Lodge wird von **Neotropic Turis** (📞02-292-6153; www.neotropicturis.com; Los Shyris N36-188 nahe Naciones Unidas) 🅿 mit Sitz in Quito in enger Zusammenarbeit mit den ortsansässigen Siona betrieben. Die strohgedeckten Hütten liegen verstreut an einem Hang und bieten etwas Privatsphäre. Die meisten sind mit eigenem Bad und Warmwasser ausgestattet. Am preiswertesten sind aber die Schlafsäle mit je vier Betten und Gemeinschaftsbad.

Coca

📞06 / 45000 EW.

Coca, eine eher charmefreie Ölstadt (auch wenn es langsam besser wird), ist der Ausgangspunkt für viele Urwaldtouren. Ein schöner *malecón* (Hafenpromenade) führt am Flussufer entlang und ein neues Archäologiemuseum, das **MACCO** (Ecke Malecón & 9 de Octubre), zeigt Schätze aus der Region Orellana. Eine hübsche neue Hängebrücke überspannt den Río Napo, und ein neuer Park bringt ein bisschen Grün in Cocas betongeprägtes Zentrum.

🛏 Schlafen

Hotel San Fermin   HOTEL $
(📞06-288-0802; Ecke Quito & Bolívar; EZ/DZ ab 15/25 US$, ohne Bad 8/16 US$, Suite 32 US$; 🅿✱@🛜) Das freundliche, gut geführte Hotel bietet ein gutes Preis-Leistungs-Verhältnis. Die geräumigen, holzverkleideten Zimmer wurden kürzlich renoviert und sind mit TV, Schreibtischen und Ventilator bzw. Klimaanlage (zzgl. 7 US$) ausgestattet. Wenn möglich, ein Zimmer ganz oben nehmen – die sind am größten und hellsten!

Hotel Santa María   HOTEL $
(📞06-288-0287; Rocafuerte zw. Quito & Napo; Zi. 13 US$/Pers., DZ mit Klimaanlage 25 US$) Hat die billigsten akzeptablen Gästebetten der Stadt. Man muss aber aufpassen, dass man sich auf der Treppe zu den kleinen Zimmern nicht den Kopf an der niedrigen Decke stößt.

Hostería La Misión   HOTEL $$
(📞06-288-0260; hlamision@hotmail.com; Camilo de Torrano; EZ/DZ 34/50 US$; 🅿✱🛜≋) Das alteingesessene Hotel profitiert von seiner Lage direkt an der Ablegestelle der Boote zum Yasuni. Einige der sauberen, aber etwas muffigen Zimmer haben Aussicht auf den Río Napo. Alle sind mit Kabel-TV, Kühlschränken und modernen Bädern ausgestattet. Es gibt mehrere Swimmingpools, in denen immer lautstark Kinder herumtoben, aber keine Unterkunft ist für die Einschiffung zur Yasuni-Fahrt günstiger gelegen. Der Ausblick vom Uferrestaurant mit Bar ist der schönste, den Coca zu bieten hat.

🍴 Essen & Ausgehen

La Casa del Maito   FISCH $
(Espejo; Hauptgerichte 4–6 US$; ⌚7–18 Uhr) Das Lokal lockt mittags mit leckerem Fisch (meistens Tilapia und Piranha), der in Palmblättern auf dem Grill draußen zubereitet wird. Der freundliche Inhaber, Luis Duarte, ist auch als Guide tätig.

Papadan's   BAR
(Ecke Chimborazo & Napo; ⌚Mo-Sa 18 Uhr–open end) Die erste wirklich einladend aussehende Bar von Coca ist eine nagelneue *palapa*

mit erstklassigem Flussblick und richtig guten Cocktails.

❶ Praktische Informationen

Banco del Pichincha (Ecke Bolívar & Quito) Hat Geldautomaten – und Warteschlangen davor.

Touristeninformation (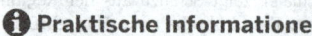 06-288-0532; www.orellanaturistica.gob.ec; Transportes Fluviales Orellana Bldg, Chimborazo; ⊙ Mo–Sa 7.30–12 & 14–16.30 Uhr) Die neue, hilfreiche Touristeninformation bietet Travellern kostenlosen Internetzugang und Tipps zum Transport zu den Lodges am Río Napo. Darüber hinaus finden hier Vorträge über die indigenen Volksgruppen und seltenen Tiere statt, die im Yasuní National Park leben. Die Angestellten sprechen kein Englisch, sind aber sehr freundlich.

❶ An- & Weiterreise

BUS

Coca hat einen neuen Busbahnhof 3 km nördlich der Stadt und ist per Taxi für 2 US$ zu erreichen. Es fahren mehrere Busse täglich nach Quito (10 US$, 10 Std.), Tena (7 US$, 4 Std.) und Lago Agrio (3 US$, 2 Std.). Seitlich offene Trucks, die *rancheras* oder *chivas*, fahren vom Markt in der Alejandro Labaka, zwei Blocks vom Fluss entfernt, zu Zielen zwischen Coca und Lago Agrio, sowie nach Río Tiputini im Süden.

FLUGZEUG

Der Flughafen befindet sich 2 km nördlich der Stadt. **TAME** (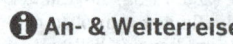 06-288-1078; Ecke Castillo & Quito; ⊙ Mo–Fr 9–13 & 14–18 Uhr, Sa 14–18 Uhr, So 9–13 Uhr) fliegt täglich nach Quito (einfache Strecke ca. 110 US$).

SCHIFF/FÄHRE

Sonntags, mittwochs, donnerstags und freitags fährt um 7 Uhr eine Passagierfähre von **Coop de Transportes Fluviales Orellana** (☎ 06-288-2582/0231; Chimborazo an der Anlegestelle) nach Nuevo Rocafuerte (15 US$, 10 Std.) an der peruanischen Grenze. Die Rückfahrt nach Coca von Nuevo Rocafuerte (17 Uhr) mit einem anderen Boot an den gleichen Tagen dauert zwischen zwölf und 14 Stunden. Obwohl zum Mittagessen meist angelegt wird, sollten Fährgäste sich Verpflegung mitbringen. Wer über den Fluss ankommt oder abreist, muss beim *capitanía* (Büro des Hafenmeisters) an den Kais den Pass vorlegen und sich registrieren lassen. Bei geführten Touren kümmert sich darum meist der Guide.

Nuevo Rocafuerte

☎ 06

Nuevo Rocafuerte ist für viele Leute nur ein kleiner, weit entfernter Punkt auf der Landkarte. Es liegt fünf Stunden flussabwärts von Pañacocha (von Coca 8–10 Std.) und ist der Endpunkt einer wirklich anstrengenden Reise zur peruanischen Grenze. Es gibt mehrere Unterkünfte, die beste ist das **Hotel Chimborazo** (☎ 06-233-2109; Zi. 7 US$/Pers.) mit sauberen, holzgetäfelten Zimmern.

Wer nach Peru will, sollte sich beim Ticketkauf für die Fahrt flussabwärts bei der Coop de Transportes Fluviales Orellana in

---

❶ EINREISE NACH PERU

Manchem Backpacker mag die Idee verlockend erscheinen, auf dem Río Napo den ganzen Weg nach Peru und zum Amazonas zu schippern, aber nur die kühnsten Traveller (mit massig Zeit) werden sich dieser Herausforderung gewachsen zeigen. Nuevo Rocafuerte liegt an der Grenze zu Peru, acht bis zehn Stunden flussabwärts von Coca. Es ist ein offizieller Grenzübergang nach Peru, aber es gibt keine Passagierschiffe und die Unterkünfte sind einfach.

Wenn man sein Ticket weiter unten am Fluss kauft, sollte man sich gleich bei der Coop de Transportes Fluviales Orellana in Coca nach den Telefonnummern der Frachtschiffe erkundigen, die vielleicht zwischen Pantoja und Iquitos pendeln. Das Wichtigste ist das Timing – und das ist ein Glücksspiel: Es kann sein, dass man in Pantoja hängen bleibt. Man sollte also ausreichend Wasserreinigungstabletten, Insektenschutz und Essen mitbringen. Außerdem sollte man sich bereits in Quito mit peruanischem Geld eindecken.

Die ecuadorianischen Ein- und Ausreiseformalitäten werden in Nuevo Rocafuerte erledigt, die für Peru sollte man am besten in Pantoja regeln (zur Not in Iquitos). Bootsfahrten von Nuevo Rocafuerte nach Pantoja kosten 70 US$ pro Boot. Frachtschiffe fahren von Pantoja nach Iquitos (3–5 Tage), wenn sie genug Fracht geladen haben und sich die Fahrt lohnt. Die Schiffe unterscheiden sich in der Qualität, aber wer lange auf eines gewartet hat, ist nicht wählerisch. In Pantoja gibt es ein Hotel, ein Lokal und eine Disko.

Stressfreier sind die von einigen Veranstaltern in Coca angebotenen Urwaldtouren, die im peruanischen Iquitos enden.

Coca auch gleich nach den Telefonnummern der Frachtschiffe erkundigen, die vielleicht nach Pantoja/Iquitos fahren.

Außerdem braucht man viel Geduld und darf nicht pingelig sein, um an Bord eines Frachtschiffes zu reisen. Man sollte Wasserreinigungstabletten, Insektenschutz, Proviant und peruanisches Geld mitnehmen. Stressfreier sind die von einigen Veranstaltern in Coca angebotenen Urwaldtouren, die im peruanischen Iquitos enden.

Parque Nacional Yasuní

Der größte Nationalpark (www.mdtf.undpo.org/yasuni; Eintritt 2 US$, Papageien-Lecken 20 US$) auf dem ecuadorianischen Festland ist ein 9620 km² großes Areal mit Feuchtgebieten, Mooren, Sümpfen, Seen, Flüssen und tropischem Regenwald. Er beherbergt vielfältige Regenwaldbiotope, Wildtiere und -pflanzen sowie einige Huaorani-Gemeinden. Leider verursachen Wilderer und die (zunehmende) Suche nach Öl beträchtliche Schäden.

Es ist schwierig, den Park auf eigene Faust zu besuchen, doch Veranstalter in Coca und Quito bieten Touren an. Im Park liegt auch das Napo Wildlife Center (S. 645).

Tena

📞 06 / 28 000 EW.

Ecuadors Rafting-Hauptstadt (518 m) liegt am Zusammenfluss zweier schöner Flüsse, des Río Tena und des Río Pano, und zieht Paddler aus der ganzen Welt an. Tena ist eine hübsche, entspannte Stadt, in der vor den Zugängen zu Hotelzimmern Kajaks herumliegen und in Pizzerias Wassersportler abhängen und über ihren Tag in den Stromschnellen diskutieren. Raftingtouren inmitten der eindrucksvollen Ur- und Nebelwaldlandschaft sorgen für einen gehörigen Adrenalinschub und können hier leicht arrangiert werden. Je nach Schwierigkeitsgrad kosten Tagestouren pro Person 50 bis 75 US$. Mehrere Veranstalter bieten interessante Regenwaldexkursionen an.

👁 Sehenswertes & Aktivitäten

Parque Amazónico ZOO
(zw. Ríos Pano & Tena; Eintritt 2 US$; ⊗ 8–17 Uhr) Auf der schicken neuen Fußgängerbrücke geht's ein Stück über den Fluss auf die 27 ha große Insel. Ein Weg führt an beschilderten einheimischen Pflanzen und an Tiergehegen vorbei, in denen man u. a. Tapire und Affen sehen kann. Ein echtes Urwalderlebnis ersetzt der Zoo natürlich nicht! Es lohnt sich, auf den hohen *mirador* im Park zu klettern, um die wunderschöne Umgebung von Tena zu bewundern.

⭐ **River People** RAFTING
(📞 06-288 7887/8384; http://riverpeopleecuador.com; Ecke Calles 15 de Noviembre & 9 de Octubre) Das Unternehmen der englischen Familie Dent ist ein erstklassiger Veranstalter, der beständig begeisterte Kritiken erntet. River People ist Pionier in Sachen Erschließung zuvor nicht befahrener Flussabschnitte in der Region. Das Unternehmen bietet Touren für erfahrene Rafter auf dem fernen Río Hollín an, bei denen die Teilnehmer nachts in unberührtem Regenwald kampieren.

Eine beliebte Tour ist die anstrengende zweitägige Abenteuerfahrt auf dem nahen Río Quijos, wo 2005 die Rafting-WM ausgetragen wurde.

👣 Geführte Touren

Juan Garces DSCHUNGELTOUREN
(📞 06-306-2907,098-461-4199;joseluisgarces2002 @yahoo.com) Geschäftsführer Juan Garces spricht fließend Englisch, Französisch und Kichwa und, was noch wichtiger ist, er kennt den Urwald wie seine Westentasche. Er bietet Kajaktouren, Besuche bei Schokoladenherstellern und Urwaldwanderungen an. Außerdem begleitet er Interessierte auf mehrtägigen Abenteuerfahrten flussabwärts Richtung peruanischer Grenze. Die Preise beginnen bei 50 US$ pro Person und Tag, mit Übernachtung in Juans kürzlich erbauter Sacha Sisa Lodge hinter Misahuallí kostet es natürlich etwas mehr.

🛏 Schlafen

⭐ **La Casa del Abuelo** PENSION $
(📞 06-288-8926; www.tomas-lodge.com; Calle Mera 628; EZ/DZ/3BZ 22/33/49,50 US$; 🅿 ❄ @ 🛜) Das hübsch aufgemöbelte Wohnhaus im Kolonialstil versteckt sich in einer ruhigen Straße. Nach rund sieben Jahren auf dem Markt hält „Opas Haus" immer noch locker seinen Platz unter den beliebtesten Unterkünften der Stadt. Die Gemeinschaftsbereiche sind voll regionalem Kunsthandwerk, und die Zimmer ähneln den Urwald-Lodges: Die hohen Decken lassen sie geräumig erscheinen. Kaffee gibt's kostenlos. Die Eigentümer haben auch eine ländliche Pension, die 5 km entfernt am Flussufer steht.

DEN AMAZONAS ERKUNDEN

Im Rahmen von organisierten Touren und beim Übernachten in Urwald-Lodges können Besucher mit der Natur auf Tuchfühlung gehen. Einige Einrichtungen werden von Ureinwohnern geführt und organisieren Ausflüge in die Dörfer der Gegend.

Am besten lässt sich eine Regenwaldtour in Quito arrangieren.

Geführte Touren

Amazon Wildlife Tours (06-288-0802; www.amazonwildlife.ec; Hotel San Fermin, Ecke Quito & Bolívar; pro Tag 100 US$/Pers.) Der beste Grund, um eine Urwaldtour von Coca aus zu organisieren: Amazon Wildlife Tours ist eine erfahrene Agentur, die eine ganze Reihe von Naturbeobachtungstouren im Programm hat, einschließlich einer besonderen Jaguarexpedition in den Yasuní National Park, Touren, bei denen die Teilnehmer Delfine im Amazonas beobachten können, und allgemeine Ausflüge, um Wildtiere im Reservat Limoncocha zu sehen.

Jorge Carriel (093-971-2597; loresalavarria84@hotmail.com; Ecke Alejandro Labaka & Camilo de Torrano; pro Tag 120 US$/Pers.) Jorge hat sich auf sechs- bis achttägige Abenteuertrips tief in den Regenwald hinein spezialisiert (aufgrund der dabei anfallenden Dieselkosten müssen Teilnehmer etwas tiefer in die Tasche greifen). Es geht hinab ins Gebiet von Nuevo Rocafuerte nahe der peruanischen Grenze, und zwar auf Schwarzwassernebenarmen, die bessere Chancen bieten, mehr der faszinierenden Tiere in freier Wildbahn zu sehen. Übernachtet wird in primitiven Regenwaldhütten.

Otobo's Amazon Safari (www.rainforestcamping.com; pro Nacht 200 US$/Pers.) Der Einheimische Huaorani Otobo und seine Familie betreiben diese entlegene Einrichtung am Río Cononaco mit Zelten auf Plattformen sowie einer strohgedeckten Lodge. Besucher können

---

★ Hostal Pakay HOSTEL $
(06-284-7449; oberhalb der Av Perimetral; B/EZ/DZ inkl. Frühstück 12/24/32 US$; P 🛜)
Ein Aufenthalt in dem von Wald umgebenen Hostal Pakay mit deutsch-ecuadorianischen Besitzern fühlt sich weniger nach Hostel in der Stadt, sondern mehr nach Urwald-Lodge an. Die Zimmer aus Holz sind so neu, dass sie noch nach Politur riechen. Kajakfahrer und Backpacker lieben die Terrasse zum Entspannen, und der Tourveranstalter im Haus ist gerade dabei, sich einen Namen zu machen. Das meiste Frühstücksobst wächst direkt im üppig grünen Garten.

Der steile Anstieg vom Busbahnhof dauert 20 Minuten, also lieber ein Taxi nehmen!

La Casa Blanca HOSTEL $
(06-264-8579; www.casablancatena.com; Ecke Churiyuyo & Ishpingo; B/EZ/DZ 12/25/40 US$; 1,5 km nordwestlich der Innenstadt strebt die idyllische, schmucke Casa Blanca danach, müde Rucksackreisende mit all dem zu verwöhnen, was sie in Hostels anderswo vergeblich suchten. Die traumhaft ausgestattete Küche, die großen Zimmer mit Otavalo-Wandbehängen, das eisgekühlte Bier, das man sich nehmen darf, wenn man dafür Geld liegen lässt, der Extraraum zum Bootsäubern, die Reiseagentur im Haus... hier scheint jemand echt an alles gedacht zu haben!

Brisa del Río PENSION $
(06-288-6444; Orellana; Zi. 15 US$/Pers., ohne Bad 9 US$; P ❄ 🛜 🏊) Selten sind Backpackerherbergen dermaßen sauber und günstig gelegen wie diese hier, die direkt am Fluss steht und mit einer Gästeküche und einem winzigen Badebecken aufwarten kann. Die Gemeinschaftsbäder sind sehr sauber, die Zimmer mit eigenem Bad verfügen auch über eine Klimaanlage.

🍴 Essen & Ausgehen

Wer Lust auf Ungewöhnliches hat, kann an den Grillständen an der Fußgängerbrücke neben Würsten und Hühnchen auch *guanta* (eine hiesige Nagetierart) probieren. Es gibt dort auch kaltes Bier und Tische am Ufer.

★ Café Tortuga INTERNATIONAL $
(Orellana; Snacks 1,50–5 US$; ⊙ Mo–Sa 7.30–19 Uhr, So bis 1 Uhr; 🛜) Alle Leute in der Stadt scheinen bei diesem immens beliebten, von einem Schweizer geführten Café am Fluss vorbeizuschauen, sei es wegen des großen Frühstücksangebots, der köstlichen *batidos* (Frucht-Shakes) oder wegen des Sortiments von Salaten, Sandwiches und Kuchen. Be-

mit einem einheimischen englischsprachigen Führer durch den Parque Nacional Yasuní wandern und Lagunen sowie ein Dorf in der Gegend besichtigen.

Luis Duarte (06-288-2285; cocaselva@hotmail.com) Bietet maßgeschneiderte Touren an, darunter Flussfahrten nach Peru oder Aufenthalte bei Huaorani-Familien. Man findet Luis in der La Casa del Maito.

Schlafen

Napo Wildlife Center (NWC; www.napowildlifecenter.com; EZ/DZ inkl. VP 3 Nächte 1379/ 1838 US$; @ 🛜) Die luxuriöse Lodge des Napo Wildlife Center versteckt sich am besten von allen im Parque Nacional Yasuní und bietet damit eine einmalig tolle Lage bei gleichzeitiger großer Nähe zu den Wildtieren – diese Kombination findet man selten. Das Ökotourismusprojekt gehört zu 100 % der Kichwa-Gemeinde von Añangu, die auch fast alle Mitarbeiter der Lodge stellt.

Yarina Lodge (www.yarinalodge.com; 2/3/4 Nächte 370/460/550 US$/Pers.) Etwa eine Stunde flussabwärts von Coca trifft der Río Manduro auf den Río Napo, und weitere zehn Minuten den Schwarzwasserstrom runter findet sich die Yarina Lodge, ein Bergcamp mit 26 Bambus-*cabañas* mit Strohdächern. Das Yarina ist auf Budgettraveller ausgerichtet und wirkt nicht so abgeschieden wie die Camps weiter flussabwärts, bietet aber einen guten Service sowie enthusiastische und professionelle englischsprachige Führer.

Sani Lodge (3 Nächte & 4 Tage Zelt/EZ/DZ 664/1092/1560 US$/Pers.; 🛜) Die Sani Lodge gehört der lokalen Sani-Gemeinschaft und ist eine der billigeren Optionen in der Gegend, doch im Gegensatz zu anderen bezahlbaren Lodges befindet sie sich tief im Regenwald und ist eine der am schönsten gelegenen Lodges in ganz Ecuador.

---

sonders beliebt ist das Tortuga bei Backpackern, weil man hier andere Traveller kennenlernen kann. Es gibt auch eine gute Büchertauschecke.

La Araña Bar Coctelería BAR
(Hauptplatz; ⊙ Mo–Do 17–24 Uhr, Fr & Sa bis 2 Uhr) Der beliebteste Treffpunkt zum Bechern und Zechen ist die raubeinige „Spinne" auf der anderen Uferseite direkt an der Fußgängerbrücke. Hier ist jeden Abend viel los, aber so richtig voll wird's an den Wochenenden, wenn Einheimische *und* Traveller kommen. Ein Kater ist zu erwarten.

ℹ Praktische Informationen

Banco del Austro (15 de Noviembre) Tauscht Travellerschecks nur morgens ein. Hat einen Geldautomaten.
Polizei(288-6101; Hauptplatz)
Touristeninformation (06-288-8046; Rueda; ⊙ Mo–Fr 7.30–17 Uhr) Das freundliche Personal tut sein Bestes, um bei allen Fragen weiterzuhelfen. Einige Mitarbeiter sprechen Englisch.

ℹ An- & Weiterreise

Der Busbahnhof liegt weniger als 1 km südlich des Hauptplatzes. Es fahren einige Busse täglich nach Quito (6 US$, 5 Std.), Lago Agrio (7, US$, 6 Std.), Coca (7 US$, 4 Std.), Baños (4 US$, 5 Std.) und Puyo (3 US$, 2½ Std.). Busse nach Misahuallí (1 US$, 1 Std.) starten stündlich vor dem Busbahnhof.

Misahuallí
06

Misahuallí, eine der verschlafensten Urwaldstädte im Oriente, liegt mitten im Grünen am Zusammenfluss zweier großer Flüsse. Die Stadt verfügt über beliebte Sandstrände und eine berühmte Affenhorde, die Besuchern sehr geschickt die Sonnenbrillen und Fotoapparate entreißt. Tierbeobachtungen sind hier zwar nicht der große Hit, doch dafür locken schöne Spaziergänge. Die Vielfalt von Regenwaldvögeln, tropischen Pflanzen, Ameisenarmeen und anderen Insekten ist riesig.

Im Ort gibt es keine Bank, also genug Bargeld mitbringen!

🏃 Aktivitäten

Die unbefestigten Straßen rund um Misahuallí bieten sich für gemütliche Spaziergänge zu den Dörfern ringsum an. Am in der Nähe gelegenen  kann man schwimmen und picknicken. Um zum Wasserfall zu kommen, besteigt man einen Bus von Misahuallí nach Puerto Napo und bittet den Fahrer, in Río Latas, etwa 20 Minuten hinter Misahuallí, zu halten. Dort fragt man nach dem *el camino a las cascadas* (Weg zum Wasserfall). Dann folgt man dem Fluss ca. 30 Minuten.

Geführte Touren

Wer Wildtiere sehen will, muss von Misahuallí schon ein ganzes Stück in die Ferne schweifen und sollte einen erfahrenen lizenzierten Führer anheuern (nicht die Schlepper von der Hauptplaza!). Touren dauern zwischen einem und zehn Tage; der Preis enthält in der Regel den Führer, Essen, Wasser, Unterkunft (die von Camping im Regenwald bis zu rustikalen Hütten reicht) und Gummistiefel. Die Kosten betragen pro Tag und Person zwischen 45 und 100 US$.

★ Teorumi ÖKOTOUR
(06-289-0213; www.teorumi.com; Tour 65 US$/Tag) Der Veranstalter arbeitet mit indigenen Gemeinden zusammen und ist daher eine ausgezeichnete Wahl für alle, die sich nicht nur für die Natur, sondern auch für die Kultur der indigenen Bevölkerung interessieren. Die Touren können auf die individuellen Interessen der Teilnehmer zugeschnitten werden, bei den meisten stehen aber Vogelbeobachtungen, Angeln, das Kennenlernen von Heilpflanzen und Urwaldwanderungen im Mittelpunkt. Weitere Aktivitäten sind Goldwäsche und Ausritte. Man spricht Englisch und Französisch. Das Büro ist am Hauptplatz.

Selva Verde ÖKOTOUR
(098-590-4101, 06-289-0165; www.selvaverde-misahualli.com; Tour 60–95 US$/Tag) Luís Zapata, ein Englisch sprechender Führer mit jahrelanger Erfahrung in der Region, betreibt diese empfohlene Touragentur mit Büro am Hauptplatz. Spezialität sind Touren auf den Flüssen und Besuche in indigenen Dörfern.

Schlafen & Essen

Unbedingt probieren sollte man die *maitos* (ganze Buntbarsche oder Hühnchen, die in Blätter gewickelt auf dem Kohlegrill gegart werden), die von Freitag bis Sonntag um die Mittagszeit an der Plaza gegrillt werden.

Hostal Shaw HOSTEL $
(06-289-0163; Zi. 10 US$/Pers.) In diesem freundlichen *hostal* auf der Plaza kommen Gäste in einfachen Zimmern mit Ventilator, Moskitonetzen und eigenem Bad mit Warmwasser unter. Im Café im Erdgeschoss, dem Lieblingstreffpunkt in Misahualli, gibt's Espresso, einen guten Bücheraustausch sowie morgens Pfannkuchen und vegetarische Gerichte.

Shiripuno Lodge URWALD-LODGE $
(06-289-0203; Zi. 15 US$/Pers., ohne Bad 10 US$) Ein paar Kilometer von der Stadt flussabwärts befindet sich die vom Tourveranstalter Teorumi betriebene Lodge mit Schwerpunkt auf gemeindebasiertem Tourismus. Die Besucher sind normalerweise Tourteilnehmer, aber es ist auch so eine angenehme Unterkunft. Sekundärwald umgibt die Hütten, und mitten auf dem Gelände liegt ein riesiger Felsblock, angeblich ein gefallener Meteorit, der eine bedeutende Rolle in der Kichwa-Mythologie spielt. Eine Kanufahrt von der Stadt hierher kostet 5 US$.

Hotel El Paisano PENSION $$
(06-289-0027; hotelelpaisano@yahoo.com; Ecke Riva deneyra & Tandalia; Zi. inkl. Frühstück 18 US$/Pers.; P@🛜) Die beliebte Travellerunterkunft gehört zu den charmanteren Herbergen der Stadt. Sie bietet helle Zimmer, Holzböden, Moskitonetze, Wäschedienst, morgens guten Kaffee und einen Bücheraustausch.

France-Amazonia PENSION $$
(06-289-0009; www.france-amazonia.com; Av Principal; Zi. inkl. Frühstück 18–24 US$/Pers., DZ 50 US$; P🛜≋) Die schattigen, strohgedeckten Hütten gleich außerhalb des Ortes am Fluss stehen um einen glitzernden Pool und eine sandige Feuerstelle herum. Die Betten sind klein, die Zimmer aber geräumig und angenehm rustikal. Im Garten gibt's viele Ecken, in denen man das angenehme Klima und das Rauschen des Flusses (über einen kleinen Weg erreichbar) genießen kann.

El Jardín ECUADORIANISCH $$
(Hauptgerichte 10–15 US$; ⊙10–16 & 18–22 Uhr; P🛜) Jenseits der Brücke, an der Straße nach La Punta, befindet sich das El Jardín, eine erfreuliche Neuerscheinung in der lokalen Restaurantszene. Im namensgebenden Garten voller Blumen werden riesige Platten mit Fleisch, *tilapia* (Flussfisch) und Meeresfrüchten aufgetragen.

Mittagsmenüs (*almuerzos*) und Abendmenüs (*meriendas*) kosten unter 3 US$.

❶ An- & Weiterreise

Busse nach Tena (1 US$, 1 Std.) fahren stündlich an der Plaza ab.

Jatun-Sacha-Bioreservat

Am Südufer des Río Napo, ca. 7 km östlich von Misahuallí, liegt das **Jatun-Sacha-Bioreservat** (☏099-490-8265, 243-2240/331-8156; www.jatunsacha.org; Psje Eugenio de Santillan N.34-248, Quito; Eintritt 6 US$), eine biologische Station und ein Regenwaldreservat mit Wanderwegen und einem 30 m hohen, schmalen Turm mit Blick über den Regenwald. Die Unterkünfte sind in erster Linie den Freiwilligen vorbehalten, doch wenn etwas frei ist, können Besucher in einer der rustikalen **Hütten** (inkl. 3 Mahlzeiten 30 US$/Pers.) übernachten.

Zum Jatun-Sacha-Bioreservat fahren die Busse von Tena Richtung Ahuano oder Santa Rosa – den Fahrer bitten, am Eingang anzuhalten! Es liegt 27 km östlich von Tena.

Puyo

☏03 / 36 500 EW.

Ein träger Fluss windet sich durch diesen Betonvorposten, teils friedliche Urwaldstadt, teils Handels- und Verwaltungszentrum. Auf den Straßen begegnet man Missionaren, Verkäufern mit ihren Wagen und Ureinwohnern aus entlegenen Gegenden des Amazonasgebiets. Am Rand der Stadt beginnt dichter Urwald, und in der Ferne ragen schneebedeckte Berge auf. Puyo ist ein guter Ausgangspunkt, um die Dörfer der Ureinwohner zu besuchen.

Die Marín und die Atahualpa sind die Hauptstraßen im Zentrum; hier gibt's die meisten Service-Einrichtungen.

◉ Sehenswertes & Aktivitäten

Parque Omaere PARK
(www.fundacionomaere.org; Kind/Erw. 1,50/3 US$; ⊙Di–So 9–17 Uhr) Weniger als 1 km nördlich vom Zentrum bietet der ethnobotanische Garten ein- bis zweistündige Führungen (im Eintrittspreis inkl.), meist durch indigene Guides, zu den Pflanzen des Regenwalds und zu indigenen Behausungen. Der Park wird von der Pflanzenkundlerin Teresa Shiki, die den Shuar angehört, und ihrem Biologen-Ehemann Chris Canaday geführt. Chris kennt sich top aus, bei Urwaldpflanzen genauso wie bei ökologischen Trockentoiletten. Teresa half bei der Gründung und Bepflanzung des Parks und stellt Naturheilmittel her.

Jardín Botáncio las Orquídeas BOTANISCHER GARTEN
(☏03-253-0305; Eintritt 5 US$; ⊙8–18 Uhr) Besucher schwärmen von diesem privat geführten botanischen Garten, der 15 Minuten südlich von Puyo an der Straße nach Macas liegt. Der enthusiastische Besitzer Omar Taeyu führt seine Besucher durch eine Landschaft voller Hügel mit üppigem Grün und voller Fischteiche; man erblickt wunderschöne Pflanzen und unzählige seltene Orchideen. Vorher telefonisch ankündigen, dass man kommt!

☞ Geführte Touren

Papangu Tours TOUR
(☏9955 04983; info@papangutours.com.ec; Ecke Calle 27 de Febrero & Sucre; Tour 3 Tage/2 Nächte ab 45 US$/Pers.) Dies ist eine von Einheimischen betriebene Agentur mit Schwerpunkt auf Gemeindetourismus. Sie hat Ausflüge nach Sarayaku (in eine Kichwa-Gemeinde) und Cueva de los Tayos (Shuar) im Programm. Die Führer stammen aus der Region und sprechen Spanisch und Kichwa. Ein Teil der Einnahmen fließt in die teilnehmenden Gemeinden. Der Anbieter wird von Lesern wärmstens empfohlen.

⌂ Schlafen

Hostal Las Palmas PENSION $
(☏03-288-4832; Ecke 20 de Julio & 4 de Enero; EZ/DZ inkl. Frühstück 25/40 US$; @) Das große gelbe Kolonialgebäude zielt auf etwas beuchtere Rucksackreisende ab. Zum Haus gehören gepflegte Grünanlagen, plappernde Papageien und geradezu unheimlich lebensechte Modelle von Regenwaldtieren. Die Zimmer sind hell und sauber. Im netten Café werden Wein, Kaffee und Snacks serviert. Gästen stehen Hängematten und Feuerstellen im Freien zur Verfügung.

Hotel Libertad HOTEL $
(☏03-288-3282; Ecke Orellana & Manzano; Zi. 8 US$/Pers.) Die Zimmer sind eher klein, aber alles ist gepflegt, und es gibt Warmwasser und TV. Angesichts des Preises ein Schnäppchen!

El Jardín HOTEL $$
(☏03-288-7770; http://eljardinrelax.com.ec; Paseo Turístico, Barrio Obrero; Zi. inkl. Frühstück 45 US$/Pers.; P@⊛) Das entzückende Hotel liegt 1 km von der Innenstadt direkt gegenüber dem Eingang zum Parque Omaere auf der anderen Seite der Fußgängerbrücke. Mit den zehn Zimmern in einem Holzhaus, verteilt auf zwei Etagen, und regionalem Kunsthandwerk wirkt es eher wie eine regenwald-Lodge als wie ein Hotel mitten in der Stadt.

✕ Essen

Escobar ECUADORIANISCH $
(Ecke Atahualpa & Marín; Hauptgerichte 4–8 US$; 9 Uhr–open end) Nur die Zeit wird zeigen, ob Puyo schon reif ist für das Escobar. In Quito jedenfalls hat die Kette sich frech in den coolsten Vierteln niedergelassen und *palapas* (rustikale, palmstrohgedeckte Unterstände) salonfähig gemacht. In dem ringsum offenen Bar-Restaurant im 1. Stock werden ecuadorianische Craft-Biere und Cocktails ausgeschenkt und Fleischstücke mit *patacones* (gebratenen Bananen), *yuca* (Maniok) oder Salaten serviert.

★ El Jardín ECUADORIANISCH $$
(03-288-7770; Paseo Turístico, Barrio Obrero; Hauptgerichte 8–16 US$; Mo-Sa 12–16 & 18–22 Uhr;) Wahrscheinlich wird nirgendwo im Oriente so gut gekocht wie in diesem stimmungsvollen Haus am Fluss auf dem Gelände des gleichnamigen Hotels, 1 km nördlich der Stadt. Die preisgekrönte Chefköchin und Inhaberin Sofia bereitet ein leckeres *pollo ishpingo* (Zimthähnchen; *ishpingo* ist eine aus dem Oriente stammende Zimtart) zu, dessen feiner, extravaganter Geschmack die Geschmacksknospen jubeln lässt.

ⓘ Praktische Informationen

Banco Pichincha (10 de Agosto zw. Atahualpa & Orellana) Die einzige verlässliche Bank, um Geld aus dem Automaten zu ziehen.

Büro der Huaorani-Gemeinde (Juan de Velasco & Tungurahua) Interessante Informationen zu der in der Region beheimateten Huaorani-Volksgruppe und Auskünfte zu Stippvisiten in den Gemeinden.

ⓘ An- & Weiterreise

Der Busbahnhof liegt 3 km außerhalb der Stadt; eine Taxifahrt sollte 1 US$ kosten. Busse fahren regelmäßig nach Baños (2,50 US$, 1½ Std.), Quito (5,50 US$, 5½ Std.), Macas (5 US$, 4 Std.) und Tena (3 US$, 2½ Std.).

Macas

07 / 19 000 EW.

Der gemächliche, gleichmäßige Rhythmus und die aufgeschlossenen Einwohner machen Macas zu einem einladenden Ziel für Traveller, außerdem ist es ein toller Ausgangspunkt für Ausflüge in fernere Gefilde. Macas liegt oberhalb des Ufers des wilden Río Upano. Hinter der Kathedrale der Stadt hat man einen tollen Blick auf den Fluss und das Río-Upano-Tal. An klaren Tagen ist sogar der oft rauchende Volcán Sangay zu sehen, der 40 km weiter nordwestlich aufragt.

☞ Geführte Touren

Die Shuar wollen keine Individualreisenden ohne einen Guide in ihren Dörfern haben. Mehrtägige Touren kosten 50 bis 80 US$ pro Tag.

Tsuirim Viajes TOUR
(07-270-1681; leosalgado18@gmail.com; Ecke Don Bosco & Sucre; Tour 50–70/Pers. & Tag) Hat eine ganze Reihe Regenwaldtouren im Programm, darunter Besuche bei Shuar-Gemeinden, welche mit schamanistischen Ritualen, Canyoning, Rafting, Tubing und Urwaldwanderungen. Der Eigentümer Leo Salgado ist in einer Shuar-Gemeinde aufgewachsen und kennt die Gegend daher gut.

🛏 Schlafen & Essen

Die *comedores* (Billiglokale) an der Comín nahe der Soasti verkaufen leckere *ayampacos*, eine lokale Spezialität aus dem Regenwald mit Fleisch oder Fisch, gegrillt in *bijao*-Blättern.

Hostal Casa Blanca HOTEL $
(07-270-0195; Soasti; Zi. inkl. Frühstück 15–35 US$;) Am ältesten und trotzdem am angenehmsten sind die Zimmer um den kleinen Pool im Garten hinter dem Haus. Die billigeren Quartiere haben keine Klimaanlage. Die beste Option im Stadtzentrum.

La Maravilla ECUADORIANISCH $
(Soasti nahe Sucre; Hauptgerichte 3–6 US$; Mo-Sa 16–24 Uhr) Die blaue *casita* ist mit Abstand die charmanteste Lokalität vor Ort. Hier steht von den blinkenden Lichtern auf der Veranda bis hin zu den roten Polstersesseln ganz das Ambiente im Vordergrund. Bei den *tablas* (Schneidebrettern) mit Fleisch, Käse und *yuca*- (Maniok-)Pommes kann man prima entspannen. Am Wochenende gibt's Livemusik aus den Anden, wodurch das Lokal auch die beste Option in der Stadt in Sachen Unterhaltung ist.

ⓘ An- & Weiterreise

TAME (07-270-4940; Flughafen Edmundo Carvajal) fliegt täglich nach Quito. Am Busbahnhof starten mehrmals täglich Busse nach Cuenca (8,50 US$, 8 Std.), Guayaquil (10 US$, 10 Std.) und Riobamba (5 US$, 5 Std.). Busse nach Puyo (6 US$, 3 Std.) fahren zehnmal pro Tag; manche tuckern auch weiter nach Tena.

PAZIFIKKÜSTE & TIEFLAND

Ecuador – das Land der lebhaften Andenmärkte, der Amazonasabenteuer und … der von Palmen gesäumten Strände? Die ecuadorianische Küste steht zwar bei den meisten Reisenden nicht sehr weit oben auf der To-do-Liste, doch mit ihrer Mischung aus Surferstädten, verträumten Fischerdörfern, den Walbeobachtungsmöglichkeiten im Süden und afroecuadorianischer Kultur im Norden ist sie einen Besuch wert. Allerdings sollte man das Wetter im Blick behalten: Regenzeit ist von Dezember bis Mai. Doch dies ist auch die sonnigste Zeit; die Sonne strahlt vor und nach den nachmittäglichen Schauern. Von Juni bis Ende November sind die Tage wärmer (bei kühlen Nächten), es ist aber oft bedeckt.

ⓘ An- & Weiterreise

Die meisten Küstenorte kann man von Quito aus in einem Tag erreichen. Wichtige Zugänge zur Küste sind Esmeraldas im Norden (ab Quito 6 Std.) und Puerto Lopez im Süden (ab Quito 10 Std. bzw. ab Guayaquil 4½ Std.). Ist die Küste erst einmal erreicht, ist die Weiterreise in beide Richtungen unkompliziert. Am schnellsten geht's per Flieger nach Manta an die Küste.

Esmeraldas

06 / 161 000 EW.

Die bedeutende Hafenstadt Esmeraldas besitzt eine große Ölraffinerie, ist lebhaft und laut und hat den Ruf, ein wenig zwielichtig zu sein. Für Traveller ist sie eigentlich nur ein notwendiger Zwischenstopp, weil sie hier den Bus wechseln können. Wer hier eine Nacht verweilen muss, findet mit dem **Hotel Central** (06-272-2502; Sucre 9-03; Zi. 17 US$/Pers.; ❄) eine recht gute Übernachtungsmöglichkeit vor.

Der Flughafen liegt 25 km entfernt an der Straße nach San Lorenzo; die Taxifahrt dorthin kostet ca. 7 US$. Die Fluggesellschaft **TAME** (06-272-6863; www.tame.com.ec; Calle 9 de Octubre nahe Bolívar; Mo–Fr 8–12.45 & 15–17.30 Uhr), die ein Büro in der Nähe der Plaza hat, fliegt täglich nach Quito (75 US$) und seltener nach Guayaquil (100 US$).

Busse verkehren ab dem Hauptbahnhof, der 4 km vom Stadtzentrum in Richtung Atacames liegt. Regelmäßig fahren sie nach Atacames (1 US$, 1 Std.), Quito (7,25 US$, 6 Std.), Mompiche (3,15 US$, 2½ Std.) und Guayaquil (9,20 US$, 9 Std.).

Atacames

06 / 16 800 EW.

Der lebendige Strandort Atacames verfügt über einen überfüllten Strand, lebhafte Pensionen und viele strohgedeckte Bars, aus denen Tag und Nacht Salsa und Reggaeton dröhnen – eine einzige endlose Party. Die meisten Traveller meiden diesen Ort.

Am Strand ist man nachts nicht sicher, es gab schon Berichte über Angriffe und Vergewaltigungen. In einsam gelegenen Strandabschnitten zwischen Atacames und Súa kam es bereits zu Raubüberfällen.

Busse halten im Stadtzentrum an der von Esmeraldas heranführenden Hauptstraße (am Motordreiradstand aussteigen!). Das Zentrum befindet sich auf der Inlandseite der Hauptstraße; zum Strand geht's über eine kleine Fußgängerbrücke über den Río Atacames oder mit dem Dreirad-„Ökotaxi" (1 US$). Die meisten Hotels und Bars liegen am *malecón*.

🛏 Schlafen & Essen

Es gibt diverse *ceviche*-Stände (marinierte rohe Meeresfrüchte) am Strand und an einigen zentralen Stellen entlang des *malecón*.

ERDBEBEN 2016

Am 16. April 2016 erschütterte ein verheerendes Erdbeben der Stärke 7,8 Ecuadors Nordküste. Es war das schlimmste Erdbeben, welches das Land seit 1979 erlebt hat; es gab etwa 650 Tote und mehr als 16 000 Verletzte. Das Epizentrum lag weniger als 30 km von den Städten Pedernales und Muisne entfernt, das Beben verursachte umfassende Schäden in den Provinzen Manabí, Esmeraldas und Guayas. Die Stadt Manta war am schwersten betroffen, das lebhafte Viertel Tarqui wurde komplett zerstört. Auch die Städte Pedernales, Canoa, Bahía de Caráquez, Muisne und Portoviejo hatten schwer zu leiden. Manche Häuserblocks waren so kaputt, dass sie aussahen wie nach einem Bombenangriff. Sogar noch in Guayaquil und Quito waren die Auswirkungen zu spüren. Die Kosten für den Wiederaufbau werden auf etwa 3 Mrd. US$ geschätzt.

Hotel Jennifer HOTEL $
(06-273-1055; in der Nähe des Malecón; EZ/DZ mit Warmwasser 12/25 US$, ohne Warmwasser 10/18 US$) In dieser einfachen, schnörkellosen Unterkunft stehen den Gästen saubere, spartanisch eingerichtete Zimmer mit relativ viel Licht (jedes Zimmer hat ein Fenster) zur Verfügung. Freundliches Personal.

Pizzeria D'Chris PIZZERIA $$
(Malecón; Pizza 7–11 US$) Die Pizzeria im 1. Stock gewährt besten Blick auf das feuchtfröhliche Treiben unten auf dem *malecón*. Sie verwöhnt die Gäste bei gedämpftem gelbem Licht an niedrigen Tischen mit Seilschaukeln mit dem besten Service und der knusperdünnsten Pizza der Stadt.

❶ An- & Weiterreise

Nach Esmeraldas (1 US$, 1 Std.) fahren regelmäßig Busse, ebenso Richtung Süden nach Súa (0,30 US$, 10 Min.), Same (0,30 US$, 15 Min.) und Muisne (1,50 US$, 1½ Std.). Transportes Occidentales und Aerotaxi haben ihre Büros in der Nähe der Schnellstraße und bedienen täglich Quito (8 US$, 7 Std.).

Súa
06

Dieses freundliche Fischerdorf 6 km südwestlich von Atacames ist sehr viel ruhiger als die partywütige Nachbarstadt. Seine sanfte Bucht eignet sich wunderbar zum Schwimmen, früh am Morgen ist sie allerdings voller Fischer.

Es gibt hier weniger Unterkünfte als in Atacames, dafür sind diese ruhiger und meist eher ihren Preis wert, sofern man sich nicht gerade ins Nachtleben stürzen möchte. Alle Quartiere haben nur Bäder mit Kaltwasseranschluss. Das **Hotel Chagra Ramos** (06-247-3106; hotelchagraramos@hotmail.com; Nordeite von Malecón; Zi. 3–16 US$/Pers.; P ❋) ist eine freundliche, windumtoste Institution der Stadt.

Same & Tonchigüe
06

Same (sprich: *sah*-mey) hat den schönsten Strand der Gegend, einen 3 km langen Streifen palmengesäumter Küste, der nur wenig bebaut ist. Das Dorf selbst, das 7 km südwestlich von Súa liegt, ist klein und hat nur einige (teurere) Pensionen und Restaurants zu bieten. An der Abzweigung, an der Sames Hauptstraße von der Küstenstraße abgeht, steht das **Azuca** (08-882-9581; azuca2@hotmail.com; Same; Zi. 10 US$/Pers.; ❋), in dem Gästen günstige holzverkleidete Zimmer und ein ordentliches Restaurant (Hauptgerichte 4–6 US$) zur Verfügung stehen. Das **El Acantilado** (06-302-7620; www.elacantilado.ec; EZ/DZ 55/75 US$; P ❋ ☰) etwa 1 km südlich von Same bietet oben auf den Klippen Hütten mit schönem Meerblick. Wer in der Stadt ist, sollte es sich nicht nehmen lassen, im **Seaflower Lateneus** (06-247-0369; Same; Hauptgerichte 10–25 US$; ⏱ 8–24 Uhr), dem wahrscheinlich besten Restaurant an der ecuadorianischen Pazifikküste, Meeresfrüchte zu schlemmen.

Das winzige Fischerdorf Tonchigüe liegt etwa 3 km hinter Same. Sein Strand ist eine Verlängerung des Strandes von Same. Das **Playa Escondida** (06-302-7496; www.playaescondida.com.ec; Corredor Turistico, Km 10; Hütte 25 US$/Pers., Tagesnutzung 5 US$; ❋) ✿ befindet sich 3 km westlich von Tonchigüe und 10 km die Straße nach Punta Galeras hinauf. Die schöne, abgelegene Unterkunft hat ein Restaurant und eine malerische Strandbucht; das Personal bietet Touren an.

Mompiche
05

Mompiche ist ein winziges Fischerdorf mit einem hübschen, breiten, 7 km langen Strand. Die Surfbedingungen sind hier mitunter hervorragend. Der Ort selbst besteht nur aus ein paar Sandstraßen, an denen einige einfache Pensionen und lässige Restaurants verstreut liegen, die vor allem auf Surfer und Backpacker abzielen. 2012 wurde ein edles Resort (das Decameron) fertiggestellt, und verschiedene weitere Bauprojekte sind im Dorf in Gang, doch für den Moment hat sich Mompiche seine friedliche, ruhige Atmosphäre bewahrt.

Die beliebteste Unterkunft ist die am Meer gelegene **Hostería Gabeal** (09-969-6543; mompiche_gabeal@hotmail.com; Zi./Stellplatz pro Pers. 15/5 US$; @ ❋), ein großer Komplex mit Bambushütten mit eigenem Bad, aber nur Kaltwasser. Man kann auch auf dem Rasen kampieren. Gute Mahlzeiten und eine Strandbar tragen zur Attraktivität der Hosteria bei. Etwa zehn Minuten den Strand entlang Richtung Norden liegt die von Deutschen geführte **Casa Yarumo** (098-867-2924; muska.saygili@gmail.com; 1 km nördl. von Mompiche am Strand; Hütte 15 US$/Pers.), ein nettes Refugium mit mehreren großen, schön gestalteten Zimmern im Strandhüttenstil. Wer dem Gedränge wirklich entfliehen will, sollte sich zum **Iruña** (☏ 099-947-2458; teremompiche@yahoo.com; DZ 40 US$, FZ ab 50 US$) aufmachen: Hier stehen Gästen geräumige Holzhütten zur Verfügung, die sich um ein Restaurant unter Palmen und einen Gemeinschaftsbereich gruppieren. Sie befinden sich 2,3 km weiter nördlich am Strand.

La Chillangua (10 m nördl. der T-Kreuzung; Hauptgerichte 5–8 US$; ⌚ 7–19 Uhr) ist ein Lokal mit Strohdach und Meerblick sowie leckeren Meeresfrüchtegerichten. Eine Straße entfernt vom Strand serviert das **La Facha** (100 m nördl. der T-Kreuzung; Hauptgerichte 5–8 US$; ⌚ 12–22 Uhr) leckere Burger, Salate und Sandwiches.

Mehrmals täglich fahren Busse über Same und Atacames von und nach Esmeraldas (4 US$, 3½ Std.).

Canoa

☏ 05 / 6800 EW.

Surfer, Fischer und Sonnenanbeter teilen sich diesen schönen Strand – und das Dorf wächst immer weiter. Besucher können hier surfen und am Strand spazieren gehen, aber auch Bootsfahrten arrangieren, Radtouren in der ländlichen Umgebung unternehmen und die **Río Muchacho Organic Farm** (☏ 05-258-8184; www.riomuchacho.com; via Canoa Jama 10 km) besuchen, die Kurse in nachhaltiger Landwirtschaft und Freiwilligenarbeit anbietet. Surfbretter kann man in vielen Pensionen und am Strand ausleihen (ca. 10 US$/Tag).

Schlafen

Coco Loco HOSTEL $
(☏ 09-924-63508; www.hostalcocoloco.com; B 7–9 US$, DZ 26 US$, ohne Bad 24 US$; 🛜) Die bei Backpackern sehr beliebte Unterkunft direkt am Strand verfügt über saubere Zimmer mit ziemlich weichen Matratzen und Möbeln aus Bambus sowie einen Garten mit Sand und Palmen vor dem Haus. Es gibt eine entspannte Happy-Hour, Grillabende (Do–So) und viele andere Aktivitäten.

Casa Shangri-La PENSION $
(☏ 099-146-8470; 100 m nördl. vom Ort an der Hauptstraße; Zi. 10 US$/Pers.; 🛜) Die fantastische Unterkunft wird von einem freundlichen Holländer geführt, der hier einen entspannten Surfertreff mit großem Garten, Tauchbecken, sehr hübschen Zimmern und einer superchilligen Atmosphäre geschaffen hat. Sie liegt einen kurzen Fußweg vom Ort entfernt, sodass die hiesigen Gäste nicht die ganze Nacht den Reggaeton der Strandbars im Ohr haben.

★**Hotel Bambu** HÜTTEN $$
(☏ 05-258-8017; www.hotelbambuecuador.com; am Nordende des Malecón; B/EZ/DZ 10/30/40 US$; 🛜) Das netteste Hotel vor Ort hat einen tollen Restaurant- und Barbereich mit Sandboden sowie Hütten mit Bambusdächern, Holzfensterläden, Moskitonetzen und wunderbaren Warmwasserduschen. Meerblick bieten nur einige von Letzteren, aber die meisten profitieren von der angenehm kühlen Strandbrise.

Essen

Surf Shack INTERNATIONAL $
(Malecón; Hauptgerichte 5–10 US$; ⌚ 8–24 Uhr; 🛜) Das Surf Shack versorgt ausländische Traveller in Partylaune mit Pizza, Burgern, deftigem Frühstück und einer großen Auswahl von Rum-Cocktails. *California Dreamin*-Surferatmosphäre in Perfektion!

Amalur SPANISCH $$
(www.amalurcanoa.com; am Fußballplatz; Hauptgerichte 6,50–10 US$; ⌚ 8–22 Uhr) Das hübsche, minimalistische Restaurant mit spanischem Chef („Amalur" ist baskisch und bedeutet „Mutter Erde") ist ein toller Ort, um essen zu gehen. Der Laden unterscheidet sich sehr von den anderen Lokalen, die man sonst in ecuadorianischen Dörfern findet. Er liegt zwei Häuserblocks vom Strand entfernt und bietet Ausblick auf den Fußballplatz.

An- & Weiterreise

Die Busse, die zwischen Bahía de Caráquez und Esmeraldas verkehren, halten alle in Canoa.

Bahía de Caráquez

Die kalkweißen Hochhäuser, roten Ziegeldächer, gepflegten Gärten und gefegten Bürgersteige sorgen dafür, dass die selbst ernannte „Ökostadt" sehr ordentlich wirkt. Heute recyceln die Marktbeschicker ihre Abfälle, die Bio-Shrimps-Farmen florieren, und an den Hängen werden überall Wiederaufforstungsprojekte durchgeführt. Es gibt verschiedene interessante Öko- und Kulturtouren, die sich lohnen, sowie einen kleinen Strand. Vogelfans sollten sich einen Besuch der **Isla Corazon** (302-9316; www.islacorazon.com; Eintritt inkl. 2-stündiger Führung ab 10 US$) nicht entgehen lassen. Dort werden geführte Touren durch die Mangroven veranstaltet, im Rahmen derer man vielleicht Fregattenvögel, verschiedene Reiherarten und andere Piepmätze erspäht. Die Insel, die 7 km östlich von San Vicente liegt, ist mit dem Bus (0,50 US$) oder Taxi (5 US$) erreichbar.

Die **Banco de Guayaquil** (Ecke Bolívar & Riofrío) hat einen Geldautomaten.

Geführte Touren

Die Tourveranstalter in Bahía haben sich dem Ökotourismus verschrieben und zeigen ihren Kunden die örtlichen Umweltprojekte. Es gibt auch Tagestouren zu den Islas Fragatas in der Chone-Mündung.

Bahía Dolphin Tours GEFÜHRTE TOUREN
(05-269-0257; www.bahiadolphintours.com; Virgílio Ratti 606, Casa Grande) Die archäologische Stätte von Chirije befindet sich im Besitz dieses Anbieters, der sowohl Tagesausflüge als auch längere Touren mit Übernachtung dorthin im Programm hat. Die Mitarbeiter schnüren zudem Tourpakete mit Übernachtung in Chirije und in Bahía, die Besuche in einer Panamahutwerkstatt, auf einer biologisch betriebenen Garnelenfarm, auf einer Fregattvogelinsel oder Stippvisiten bei anderen interessanten Stätten einschließen können. Die Führer sprechen Englisch, Französisch und Deutsch.

Schlafen

Centro Vacacional Life HÜTTEN $
(05-269-0496; Ecke Octavio Vitteri & Muñoz Dávila; Zi. 20 US$/Pers.;) Diese Anlage ist ideal für Familien. Die etwas anstaltsmäßig eingerichteten Hütten mit Küche und zwei Schlafzimmern bieten Platz für je fünf Personen. Außerdem gibt es hier einen Rasenspielplatz, einen Billardtisch und eine Tischtennisplatte.

Hotel La Herradura HOTEL $$
(05-269-0265; www.laherradurahotel.com; Bolívar 202; EZ/DZ ab 30/40 US$;) Das alte spanische Wohnhaus ist bis unters Dach mit Antiquitäten und Kunstwerken geschmückt und wurde liebevoll eingerichtet. Die Zimmer sind allerdings ziemlich heruntergekommen – Gäste dürften die Klobrillen schmerzlich vermissen. Dafür strotzt die Herberge vor Charme und besitzt eine Veranda mit kühler Brise.

Essen

D'Camaron SEAFOOD $
(Bolívar; Hauptgerichte 3–7 US$; 9–18 Uhr) Wie der Name schon vermuten lässt, sind Garnelen die Spezialität dieses lässigen Restaurants im Freien nahe dem Wasser. Mit gegrillten Garnelen und einem Cocktail in der Hand lässt sich die Meerbrise am besten genießen.

Arena Bar PIZZERIA $$
(Marañón; Hauptgerichte 4–8 US$; 17–24 Uhr) In dem freundlichen Lokal mit lässigem Surferdekor können Besucher es sich bei internationalen Rhythmen schmecken lassen. Die Pizzas sind gut, es stehen aber auch viele andere Optionen zur Wahl, beispielsweise ausgezeichnete Salate oder auch leckere Sandwiches.

Puerto Amistad INTERNATIONAL $$
(Malecón Santos; Hauptgerichte 6–12 US$; Mo-Sa 12–23 Uhr) Puerto Amistad ist bei den hier ansässigen Ausländern für seine leckeren Gerichte, starken Cocktails und die hübsche, luftige Terrasse über dem Wasser beliebt. Salate, herzhafte Crêpes, Quesadillas, Meeresfrüchtegerichte und Steaks sind hervorragend, und bedient wird man freundlich und professionell. Das etwas gehobenere Restaurant ist gleichzeitig Bahías Jachtclub und ein guter Ort, um Segler auf der Durchreise kennenzulernen.

An- & Weiterreise

Eine Brücke, die von Bahía über den Río Chone nach San Vicente führt, verbindet die Stadt mit der Nordküste; von Canoa aus ist sie nun leicht zu erreichen. Der Busbahnhof liegt 4 km östlich vom Zentrum. Von dort fahren regelmäßig Busse nach Manta (3 US$, 3 Std., 3-mal tgl.), Quito (7–10 US$, 8 Std., 4-mal tgl.), Guayaquil (8 US$, 6 Std., 7-mal tgl.) und Canoa (1 US$, 45 Min.).

Manta

05 / 221 000 EW.

Die größte Stadt der Provinz, Manta, ist eine geschäftige, florierende Hafenstadt mit Hochhäusern und ein paar Stadtstränden. Hierher kommen vor allem ecuadorianische Touristen. Manta ist auch ein wichtiges Zentrum der Fischerei- und Thunfischindustrie und daher nicht gerade ein Magnet für Besucher. Das Nachtleben ist hier ziemlich lebendig. Wer die Handwerksstadt Montecristi besuchen möchte, kommt wahrscheinlich durch Manta.

Manta

Sehenswertes

Playa Murciélago
STRAND

Dieser Strand ist weniger geschützt als die meisten Strände der Region und hat größere Wellen (auch wenn sie nicht riesig sind, gibt es doch einen starken Sog). Die Playa Murciélago ist der beliebteste Strand der Stadt, befindet sich ein paar Kilometer nordwestlich des Zentrums und ist gesäumt von Snackbars, Restaurants und Sonnenschirmverleihen.

Tarqui-Strand
STRAND

Am östlichen Ende dieses Sandstrands geht es früh am Morgen so emsig zu wie in einem Bienenstock, weil dann zahlreiche Fischverkäufer Hai, Thunfisch, Schwertfisch, Doraden und andere Fische feilbieten (deren Größe allerdings mit jedem Jahr weiter abnimmt). Hier befindet sich auch der sogenannte Parque del Marisco: jede Menge Stände, die direkt am Strand eine große Auswahl frischer Fisch- und Meeresfrüchtegerichte verkaufen, darunter auch die laut Einheimischen besten *ceviches* des ganzen Landes.

Museo del Banco Central
MUSEUM

(Malecón de Manta nahe Calle 20; Eintritt 1 US$; Di–Sa 9–17 Uhr, So 11–15 Uhr) Das komplett modernisierte Stadtmuseum stellt wertvolle Artefakte der präkolumbischen Manta-Kultur, eine Auswahl ecuadorianischer Gemälde und allerhand schrägen Fischereikrimskrams aus.

Manta

Sehenswertes
1 Museo del Banco Central A2
2 Playa Murciélago A1

Schlafen
3 Leo Hotel D3
4 Manakin A2

Essen
5 Beachcomber A2
6 Trovador Café D3

Schlafen

Die besten Locations, um etwas zu essen und abends auszugehen befinden sich in der Nähe der Playa Murciélago. In Tarqui sollte man nicht übernachten, da ist es nicht sehr sicher.

Leo Hotel
HOTEL $

(05-262-3159; Av 24 de Mayo; EZ/DZ 15/25 US$;) Das Leo gegenüber vom Busbahnhof bietet kleine, saubere Zimmer, manche ohne Fenster. Praktisch für diejenigen, die nur auf der Durchreise sind!

Manakin
PENSION$$

(☎05-262-0413; hostalmanakin@hotmail.com; Calle 17 & Av 21; EZ/DZ inkl. Frühstück 48/61 US$; ❄ 🛜) Fast im Herzen des Ausgehviertels befindet sich das Manakin, ein umgebautes einstöckiges Haus mit einem angenehm entspannten Flair. Die schmalen, adretten und wohlriechenden Zimmer sind hübsch eingerichtet, und das Haus hat einige nette Plätzchen zum Entspannen, beispielsweise die Terrasse vor dem Haus.

✖ Essen & Ausgehen

Das Zentrum des Nachtlebens der Stadt ist die Kreuzung Av Flavio Reyes und Calle 20, oberhalb der Playa Murciélago.

Trovador Café
CAFÉ $

(Av 3 & Calle 10; Hauptgerichte 2–5 US$; ⊙Mo-Sa 8–20 Uhr) In einer hübschen Fußgängerzone, nicht weit vom *malecón* entfernt, versteckt sich dieses Café, das schaumige Cappuccinos, Sandwiches und günstige Mittagsgerichte serviert. Es gibt Sitzgelegenheiten im Freien.

Beachcomber
STEAK $$

(Ecke Calle 20 & Flavio Reyes; Hauptgerichte 4-10 US$; ⊙18-24 Uhr) Das Lokal nahe dem Zentrum des Ausgehviertels ist beliebt wegen der Grillfleischgerichte, die man im üppigen Garten hinterm Haus oder auf der offenen Veranda vor dem Haus genießt.

❶ Praktische Informationen

Städtische Touristeninformation (☎05-262-2944; Av 3 N10-34; ⊙Mo-Fr 8–12:30 & 14:30-17 Uhr) Freundlich und hilfsbereit.

❶ An- & Weiterreise

Der Flughafen liegt 3 km östlich von Tarqui, eine Taxifahrt dorthin kostet etwa 2 US$. **TAME** (☎05-262-2006; Malecón de Manta) fliegt täglich nach Quito (um die 90 US$).

Busse fahren regelmäßig am Busbahnhof ab, der praktischerweise in Manta ist, einen Block entfernt vom *malecón*. Sie verkehren nach Montecristi (0,50 US$, 30 Minuten), Guayaquil (5 US$, 4 Std.), Quito (10 US$, 9 Std.), Bahía de Caráquez (3 US$, 2½ Std.), Puerto López (3 US$, 2½ Std.) und Montañita (5,50 US$, 3½ Std.).

Montecristi

☎05

Montecristi ist in der ganzen Welt als Herstellungsort der schönsten Strohhüte auf dem Planeten bekannt, die fälschlicherweise **Panamahüte** genannt werden. In Ecuador nennt man sie *sombreros de paja toquilla* (*toquilla*-Stroh ist ein Stroh mit feinen Fasern, das nur in dieser Region vorkommt). Doch wer einen echten *super-fino*, den feinsten, am dichtesten gewebten Hut von allen, haben möchte, muss das Geschäft und Wohnhaus von **José Chávez Franco** (Rocafuerte 386; ⊙7–19 Uhr) hinter der Kirche besuchen. Hier bekommt man so ein Schmuckstück für nicht einmal 100 US$; nirgendwo auf der Welt sind sie billiger. Von Manta fahren Busse in 30 Minuten nach Montecristi (0,50 US$). Auch Cuenca ist eine tolle Stadt, um Panamahüte zu kaufen.

Puerto López

☎05 / 16 000 EW.

Verwitterte blaue Fischerboote, die in der schönen, perfekt geformten Bucht auf den Wellen hüpfen, nette Hotels, ein paar hier lebende Ausländer, die vielen lächelnden Gesichter, die fröhlichen Cafés und das gemächliche Tempo machen es einem schwer, sich wieder von der Stadt zu trennen. Puerto López ist mit seiner unschlagbaren Lage in der Nähe des Parque Nacional Machalilla ein Muss auf jeder Küstentour.

Die **Banco del Pichincha** (Malecón Julio Izurieta) am Ufer verfügt über einen Geldautomaten.

❸ Geführte Touren

Zahlreiche Veranstalter bieten Touren zur Isla de la Plata im Parque Nacional Machalilla und/oder zum Festlandteil des Parks an. Die meisten verlangen für einen Trip zur Insel und für die saisonale Walbeobachtung 50 US$ pro Person (zzgl. 1 US$ Eintritt). Die lizenzierten Unternehmen haben bessere Boote und sind umfangreicher ausgestattet (etwa mit Schwimmwesten, Funkgerät und Sicherheitsausrüstung) als die nicht lizenzierten Führer, die die Tour für etwa die Hälfte des Preises anbieten.

Tourveranstalter mit gutem Ruf sind u. a. **Machalilla Tours** (☎05-230-0234; www.machalillatours.org; Malecón Julio Izurieta), die Inseltouren, Reitausflüge, Kajaktouren, Drachenfliegen und geführte Wanderungen durch den Urwald organisieren. Wer tauchen will, kann es bei **Exploramar Diving** (☎05-230-0123; www.exploradiving.com; Malecón Julio Izurieta) probieren. Surf- und Tauchpakete offeriert auch das **Hostal Yemayá** (☎05-

230-0122; www.hostalyemaya.com; Gral Córdova; Zi. 15 US$/Pers.; 🛜).

🛌 Schlafen

Hostal Maxima
PENSION $

(📞 05-230-0310; www.hotelmaxima.org; Gonzales Suarez nahe Machalilla; Zi. 10 US$/Pers., ohne Bad 7 US$; 🛜) Das preiswerte Hotel hat saubere, nette Zimmer und einen freundlichen, Englisch sprechenden Besitzer. An den graswachsenen Hof mit Hängematten grenzt eine offene Küche, wo sich Gäste etwas kochen können. Zelten ist auch möglich (4 US$/Pers.).

Hostal Monte Libano
PENSION $

(📞 05-230-0231; hostalmontelibano@yahoo.com; Malecón Julio Izurieta; DZ 30–40 US$, B/DZ ohne Bad ab 10/20 US$; ❄🛜) Das Monte Libano am südlichen Ende des Strandes (in der Nähe vom Pier) hat einfache, saubere Zimmer und eine freundliche, familiäre Atmosphäre. Es gibt eine Gästeküche und eine kleine Terrasse im oberen Stockwerk, auf der sich Hängematten befinden. Sehr begehrt ist das Zimmer in einem Baum. Maria, die Besitzerin, bietet auch Kochkurse an.

⭐ Hostería Mandála
HÜTTEN $$

(📞 05-230-0181; www.hosteriamandala.info; EZ/DZ ab 41/58 US$; @🛜) Die Anlage am Strand nördlich vom *malecón* ist sicher die netteste Unterkunft im Ort. Die Hütten verteilen sich über einen üppigen Blumengarten. Die Zimmer sind schlicht, rustikal, aber elegant eingerichtet. Holz, Bambus und farbenfrohe Stoffe machen sie zu zauberhaften, gemütlichen Refugien.

Hostería Itapoá
HOSTEL $$

(📞 05-230-0071; www.hosteriaitapoa.com; Malecón Julio Izurieta nahe Calle Abdon Calderon; EZ/DZ inkl. Frühstück ab 18/30 US$, B 10–13 US$; 🛜) In dieser freundlichen, familienbetriebenen Anlage versteckt sich eine Handvoll strohgedeckter Hütten um einen üppig grünen Garten. Die Zimmer sind ordentlich und funktional und mit Moskitonetzen ausgestattet. Das überdurchschnittliche Frühstück wird vorn im Café auf einer erhöhten Holzplattform am *malecón* serviert. Man kann Mountainbikes und Surfbretter mieten, und ein Englisch sprechender Biologe veranstaltet von hier aus Touren.

Essen

Am *malecón* gibt es traditionelle Meeresfrüchterestaurants mit Terrassen. Eines der beliebtesten ist das **Restaurant Carmita** (Malecón; Hauptgerichte 6–12 US$).

Restaurant Danica
ECUADORIANISCH $

(Malecón Julio Izurieta; Hauptgerichte 3,50 US$; ⏱19–22 Uhr) Trotz des Betonbodens und der Plastiktische ist das Freiluftlokal immer voll. Das Erfolgsgeheimnis: köstlicher Fisch, Garnelen, Hühnchen und Schweinekoteletts vom Holzkohlegrill. Man muss nur dem wabernden Rauch am Ufer folgen (in der Nähe der Banco del Pichincha).

Patacon Pisa'o
KOLUMBIANISCH $

(Gral Córdova; Hauptgerichte 5–8 US$; ⏱12–21.30 Uhr; 🛜) Das freundliche Lokal besteht nur aus ein paar Tischen unter freiem Himmel. Geboten werden köstliche kolumbianische Spezialitäten wie *arepas* (Maispfannkuchen) und das namensgebende Gericht: große, dünne, knusprig gebratene Kochbananen mit Fleischbelag nach Wahl. Guten Filterkaffee gibt's auch, und in der Hauptsaison wird schon zum Frühstück geöffnet.

Etnias Café
CAFÉ $

(Gral Córdova; Hauptgerichte 3–5 US$; ⏱ Mo-Sa 8–15 Uhr; 🛜) Das gemütliche Café in französischer Hand serviert gute Crêpes, Waffeln, Desserts und Eiskaffee.

Bellitalia
ITALIENISCH $$

(📞 099-617-5183; Juan Montalvo; Hauptgerichte 9–12 US$; ⏱ Mo-Sa 18–22 Uhr) In dem wunderbaren Restaurant kommt feine italienische Küche in einem romantischen, gartenähnlichen Ambiente auf die Tische. Das Bellitalia liegt einen Häuserblock landeinwärts vom Strand (bei der Hostería Itapoá um die Ecke). Unbedingt reservieren, vor allem fürs Wochenende!

Whale Cafe
INTERNATIONAL $$

(Café Bellena; Malecón Julio Izurieta; Hauptgerichte 8–11 US$; ⏱Di–Sa 17–21 Uhr; 🛜🍽) Das zauberhafte, von US-Amerikanern geführte und etwas erhöht gelegene Café serviert auf seinem Balkon thailändische Pfannengerichte, vegetarische Wraps, Taco-Salate, Spaghetti Bolognese sowie Hummus und Knoblauchtoast. Es liegt Richtung südliches Ende des *malecón*.

ℹ An- & Weiterreise

Der Busbahnhof liegt 2,5 km nördlich der Stadt (an der Straße nach Agua Blanca). Ein *mototaxi* (Motorrad-Riksha) kostet 0,50 US$ pro Person. Täglich fahren mehrere Busse nach Quito (12 US$, 11 Std.). Die Busse nach Jipijapa können

Fahrgäste am Eingang zum Nationalpark und an anderen Stellen an der Küste absetzen. Stündlich fahren Busse Richtung Süden nach Santa Elena, die Fahrgäste überall rauslassen können.

Parque Nacional Machalilla
📍05

Eingerichtet zum Schutz einsamer Strände und Korallenformationen, zweier vor der Küste gelegener Inseln, eines tropischen Trockenwalds, eines küstennahen Nebelwalds, archäologischer Stätten und von 200 km² Meer ist dies Ecuadors einziger **Nationalpark** GRATIS an der Küste. Ein wunderbares, einzigartiges Reiseziel! Der hier zu besichtigende tropische Trockenwald erstreckte sich früher entlang großer Teile der Pazifikküste Mittel- und Südamerikas, wurde aber fast bis zum Verschwinden abgeholzt. Zu den Pflanzen im Park gehören Kakteen, verschiedene Feigenarten und der riesige Kapok-Baum. Brüllaffen, Ameisenbären und etwa 200 Vogelarten leben im Inneren des Waldes, während die Küste von Fregattvögeln, Pelikanen und Tölpeln bewohnt wird, von denen einige auf den vor der Küste gelegenen Inseln in Kolonien nisten.

Die herrliche **Playa Los Frailes** liegt etwa 10 km nördlich von Puerto López, kurz vor der Stadt Machalilla. Umgeben von Landzungen, ist dieser Bilderbuchstrand einer der schönsten Ecuadors. Die Busse halten in der Nähe der Ranger-Station, von wo aus eine 3 km lange Straße und 4 km langer Wanderweg zum Strand führen. Es gibt jede Menge Seevögel. Campen ist erlaubt.

Die öde, von der Sonne versengte **Isla de la Plata**, eine Insel 40 km nordwestlich von Puerto López, ist ein Highlight des Parks, besonders von Mitte Juni bis September, wenn Buckelwale sich vor der Küste paaren und man dies von den Ausflugsbooten aus (Touren werden in Puerto López arrangiert) mit ziemlicher Sicherheit beobachten kann. Zur Walbeobachtungstour gehört meist eine geführte Wanderung. Die Fahrt zur Insel dauert mit einem Schnellboot etwa eine Stunde.

Vom Eingang auf der Festlandseite, 6 km nördlich von Puerto López, führt eine 5 km lange Schotterstraße nach **Agua Blanca** (Eintritt 5 US$). Der Eintritt beinhaltet den Besuch im faszinierenden kleinen **archäologischen Museum** (◉8–18 Uhr), gefolgt von einem Spaziergang durch den Ort zu einem schwefelhaltigen Teich. Dort kann man ins Wasser springen und sich mit heilendem Schlamm einreiben. Längere Trekking- und Reitausflüge, auch mit Übernachtung, können ebenfalls arrangiert werden.

Südlich von Puerto López
📍04

Dieser Küstenstreifen ist mit winzigen Fischerdörfern gesprenkelt und bietet breite Strände. Etwa 14 km südlich von Puerto López (direkt hinter dem Dorf Puerto Rico) liegen an der Landseite der Straße die mit Strohdächern gedeckten Bungalows der **Azuluna Eco-Lodge** (📞05-234-7093; www.azuluna-ecuador.com; Zi. ab 70 US$; ❋🛜), ein friedliches Fleckchen, um aufzutanken.

Das nächste Dorf Richtung Süden ist **Las Tunas**. Der Strand hier ist lang, breit und leer. Am Ufer steht die **Hosteria Tsafiki** (📞098-334-8759; www.tsafiki.com; Zi. inkl. Frühstück 25 US$/Pers.; 🛜), ein Komplex mit hübschen, zweistöckigen *cabañas* mit weißen lehmziegelartigen Wänden und blauen Zierelementen.

In **Ayampe**, wo der Río Ayampe in den Ozean mündet (starke Strömungen machen das Schwimmen hier schwierig), rücken die üppig grünen Hügel bis dicht an den Strand heran. Ein ecuadorianisch-amerikanisches Paar bietet im **La Buena Vida** (📞099-486-3985; www.suflabuenavida.com; B/EZ/DZ inkl. Frühstück 23/35/60 US$; ❋🛜) farbenfrohe Zimmer mit Meerblick. Die hübsche **Finca Punta Ayampe** (📞099-189-0982; www.fincapuntaayampe.com; Zi. 55–65 US$; 🛜) ist eine weitere ruhige Option. Die **Cabañas La Tortuga** (📞05-258-9363; www.latortuga.com.ec; Cabaña 20–30 US$; 🛜) bestehen aus einer Ansammlung verwitterter strohgedeckter Hütten am Strand mit zum Meer hin offenem Restaurant.

Etwa 22 km südlich von Ayampe (und nur 4 km nördlich von Montañita) liegt das Küstendorf **Olón**. Eine gute Basis, um alles auf sich wirken zu lassen, ist das italienische **La Mariposa** (📞04-278-8120; http://lamariposahostal.com; Calle 13 de Deciembre nahe Rosa Mística; Zi. 30–35 US$; 🛜), ein einfaches, aber einladendes Lokal einen Block vom Strand entfernt.

Montañita
📍04

Montañita ist mit den besten Surfwellen des Landes gesegnet – und mit mehr Budgethotels, als man zählen kann. Hier stehen alle Zeichen auf bloße Füße, weite Shorts, Brandung und die coole Surfszene. Für manche ist dies das Paradies – für andere ein Albtraum. Die Stadt wächst zwar schnell, ist aber so entspannt und freundlich wie eh und je. Die Banco de Guayaquil hat einen Geldautomaten, und es gibt mehrere Internetcafés.

🏄 Aktivitäten

Machalilla Tours (☏ 099-169-4213) an der Hauptstraße arrangiert Ausritte, Wanderungen durch den Regenwald und Fahrradtouren. Mehrere Läden in der Stadt vermieten auch Surfbretter.

Die **Montañita Spanish School** (☏ 206-0116; www.montanitaspanishschool.com; pro Person pro 20 Std. inkl. Anmeldegebühr 240 US$) oberhalb der Stadt ist eine hervorragende Sprachschule.

🛏 Schlafen

Für die Hauptsaison von Dezember bis April sollte man im Voraus buchen (und Ohrstöpsel mitbringen). In der Nebensaison sind die Preise niedriger, und es sind weniger Touristen vor Ort.

Hotel Hurvínek HOSTERÍA $
(☏ 04-206-0068; www.activeb.es/hurvinek; Calle 10 de Agosto; Zi. inkl. Frühstück 20 US$/Pers.; ✶) Die geräumigen Zimmer mit Ventilator dieser hellen und sonnigen Pension sind von den polierten Holzböden und den rustikalen Holzmöbeln bis zu den hübsch gefliesten Badezimmern sehr schön ausgeführt. Das Frühstücksbüfett wird im Lounge-Bereich im Erdgeschoss aufgebaut. Um zum Hurvínek zu kommen, nach dem Abbiegen von der Hauptstraße an der ersten Querstraße im Ort links fahren; das Haus liegt dann auf halber Höhe der Straße.

Hostal Mohica Sumpa PENSION $
(☏ 098-289-6109; hostalmohicasumpa@hotmail.com; Calle Principal; Zi. 20–30 US$; ✶) Die beiden zweistöckigen, strohgedeckten Gebäude haben eine erstklassige Lage mit Blick auf den Ozean am Ende der Calle Principal. Die Zimmer sind klein, einfach und aus Holz und Bambus gezimmert – für diejenigen mit Ausblick lohnt sich der Aufpreis.

Tiki Limbo HOSTEL $
(☏ 04-206-0019; www.tikilimbo.com; Zi. ab 15 US$/Pers.; ✶) Das Tiki Limbo übertrifft die Billigkonkurrenz in Sachen Stil: Die pastellfarbenen Zimmer sind mit Himmelbetten aus Bambus und Bettüberwürfen im Zebramuster ausgestattet. In der Lounge im 1. Stock können Gäste in Hängematten oder auf Liegestühlen relaxen. Außerdem werden Surfkurse angeboten.

Hostal Mama Cucha PENSION $
(☏ 04-206-0080; Zi. ab 10 US$/Pers.; ✶) Die gute Billigunterkunft mit ihren Wandbildern und bunten Wänden verfügt über einfache Zimmer und einen kleinen Hofgarten. Es ist ein freundliches, familiengeführtes Haus, in dem auch Fahrradtouren und Surfkurse organisiert werden.

Hostal Las Palmeras HOTEL $
(☏ 06-969-2134; Av 15 de Mayo; Zi. ab 12 US$/Pers.) Das Las Palmeras könnte zwar etwas Pflege gebrauchen, ist aber für Montañita eine preiswerte Option. Die Zimmer im weiß gestrichenen Lehmziegelgebäude hinten sind geräumig und mit Moskitonetzen, rustikalen Lampen und modernen Bädern ausgestattet (bei unserem Besuch gab's kein warmes Wasser). Es gibt einen kleinen Innenhof mit Liegestühlen, von wo aus das Krachen der Wellen zu hören ist.

Hostal Kundalini HOSTEL $$
(☏ 095 950-5007; www.hostalkundalini.com.ec; Zi. 40–50 US$; ✶) Das Kundalini direkt vor einem Surf-Break ist nicht mehr als ein strohgedecktes Gebäude auf einem Rasenstück mit Strandzugang. Es gibt vier kleine Zimmer mit Bambuswänden und -möbeln sowie privaten Hängematten.

Nativa Bambu HÜTTEN $$$
(☏ 04-206-0097; www.nativabambu.com; Hütte inkl. Frühstück ab 70 US$; ✶✶) Die ruhig gelegenen, strohgedeckten Holzhütten mit kleinen Veranden gewähren einen wunderbaren Blick über Montañita und das Meer dahinter. Das Nativa Bambu ist zudem bekannt für freundlichen, professionellen Service und hochwertige Ausstattung (gute Betten, Kaffeemaschinen, in einigen Hütten Pay-TV). Der beschilderte Eingang befindet sich an der Hauptstraße nahe der Calle Principal.

🍴 Essen & Ausgehen

In der Nähe des Strandes stehen Wagen, die billige Cocktails mit vielen Früchten verkaufen. Im **Lost Beach Club** (www.lostbeachclub.com; Malecón; ⏱ 22 Uhr–open end) einen Block weiter steigen große Tanzpartys. Auch das Hola Ola ist eine große Bar mit Livemusik und Tanz.

Kaffeina
INTERNATIONAL $

(Hauptgerichte 4–8 US$; Do-Mo 11–21 Uhr, Sa ab 16 Uhr;) Das winzige Café unter dänisch-ecuadorianischer Leitung serviert gesundes und köstliches hausgemachtes Essen, darunter Veggie-Burger, Pfannengerichte, Crêpes und Salate. Es liegt gleich hinter der Kirche.

Papillon
FRANZÖSISCH $

(Crêpes 3–10 US$; 8–22 Uhr;) Das Lokal an der Straße mit den Cocktail-Verkäufern (nicht weit vom Tiki Limbo) hat eine tolle Auswahl süßer und herzhafter Crêpes.

Tiki Limbo
INTERNATIONAL $$

(Hauptgerichte 7–14 US$; 8.30–24 Uhr;) Montañitas bestes Restaurant im Ortszentrum hat ein bunt gemischtes Angebot (Fajitas, Falafel, Burger, Garnelen in Sesamkruste, Meeresfrüchteplatten) und ein hübsches Ambiente mit Bambusmöbeln (und auch ein paar Lounge-Sofas, die gleichzeitig als Tisch dienen).

Hola Ola
INTERNATIONAL $$

(Hauptgerichte 7–14 US$; 8–24 Uhr) Das Hola Ola in israelischem Besitz ist ein zwangloses Lokal, das zu jeder Tageszeit gut für ein Essen oder einen Drink ist. Zum breiten Speisenangebot gehören Omeletts, Fish & Chips, Grillhühnchen, Pizza, *shawarma-* und Falafel-Wraps sowie guter Kaffee (echter Espresso) und Desserts.

An- & Weiterreise

Auf ihrer Fahrt nach Guayaquil (5,50 US$, 3½ Std.) im Süden halten täglich drei CLP-Busse in Montañita. Busse Richtung Süden nach Santa Elena (2 US$, 2 Std.) und La Libertad sowie Richtung Norden nach Puerto López (2,50 US$, 1 Std.) kommen alle 15 Minuten vorbei.

Guayaquil

04 / 2 400 000 EW.

Auch wenn es in Guayaquil heiß, laut und chaotisch zugeht, ist die Stadt seit ihren trübseligen Zeiten als von Verbrechen heimgesuchter Hafen weit vorangekommen. Die Umgestaltung des *malecón* mit Blick über den Río Guayas hat dabei geholfen, Guayaquil ein neues Gesicht zu verleihen. Das historische Stadtviertel Las Peñas sowie die wichtigste Verkehrsstraße von Guayaquil, die 9 de Octubre, wurden restauriert. In diesen Gebieten gibt's heute eine Menge zu entdecken. Wer allerdings großen Städten ohnehin nichts abgewinnen kann, wird sich vermutlich auch mit Guayaquil recht schwertun.

Die meisten Traveller übernachten im Stadtzentrum, das sich in Rasterform am Westufer des Río Guayas entlang ausbreitet. Die Hauptstraße von Osten nach Westen ist die 9 de Octubre. Die Promenade Malecón 2000 erstreckt sich am Ufer des Río Guayas von der Mercado Sur an der Südspitze bis zum Barrio Las Peñas und dem Cerro Santa Ana im Norden. Der Vorort Urdesa wird häufig wegen seiner Restaurants und des Nachtlebens aufgesucht; er liegt ungefähr 4 km nordwestlich und 1,5 km westlich vom Flughafen.

Sehenswertes & Aktivitäten

Malecón 2000

Nach der Ankunft sollte man erst mal hinunter zur Malecón 2000 genannten **Uferpromenade** (7–24 Uhr) gehen und einen Spaziergang am Río Guayas machen. Die Promenade, die sich 2,5 km entlang des Flusses erstreckt, ist das Vorzeigeprojekt der Sanierungsmaßnahmen in Guayaquil. Hier liegen Spielplätze, tropische Gärten, Restaurants und ein IMAX-Kino. Das Gebiet wird von der Polizei gut bewacht und ist in der Regel sicher, sogar abends.

Die geschäftige 9 de Octubre ist die größte Geschäftsstraße der Stadt; sie kreuzt den Malecón beim beeindruckenden Denkmal **La Rotonda**.

★ Museo Antropológico y de Arte Contemporáneo
MUSEUM

(MAAC; 04-230-9383; Ecke Malecón Simón Bolívar & Loja; Di-Fr 9–16.30 Uhr, Sa & So 10–16 Uhr) GRATIS Das Ende der Uferpromenade markiert das moderne MAAC, ein Museum für Anthropologie und Archäologie mit einer herausragenden ständigen Sammlung präkolumbischer Artefakte und Videos, die künstlerische Techniken alter Völker zeigen. Auf Wechselausstellungen werden Werke zeitgenössischer ecuadorianischer Künstler vorgestellt. Im MAAC gibt es auch ein modernes **Theater** (230-9400; www.maaccine.com; Eintritt 2 US$) mit 350 Plätzen, das für Theateraufführungen, Konzerte und Filmvorführungen genutzt wird, und einen Food-Court.

Las Peñas & Cerro Santa Ana

Diese beiden historischen Stadtviertel am nördlichen Ende des Malecón wurden so restauriert, dass sie nun mit ihren bunt gestrichenen Häusern, den Kopfsteinpflastergassen und allem Drum und Dran idealisierten idyllischen südamerikanischen Bergdörfern gleichen. Die Treppe, die durch Cerro Santa Ana an farbenfroh gestrichenen Häusern vorbei nach oben führt, wird von lässigen Restaurants und lokalen Bars gesäumt. Die Ausblicke von der Festung **Fortín del Cerro** (Fort des Hügels) auf dem Gipfel und vom **Leuchtturm** (◉10–22 Uhr) `GRATIS` sind grandios.

Rechts von der Treppe windet sich die historische Kopfsteinpflasterstraße **Numa Pompilio Llona** zwischen verwitternden eleganten Kolonialhäusern aus Holz hindurch, in einigen von ihnen befinden sich Galerien.

◉ Stadtzentrum

Ein Spaziergang auf der Hauptstraße, der 9 de Octubre, lohnt sich, um die kommerzielle Energie der Stadt zu erleben.

Museo Municipal MUSEUM
(☏04-252-4100; Sucre; ◉Di–Sa 9–17:30 Uhr) `GRATIS` Einen Block südlich vom Parque Bolívar finden sich dieses Museum und die städtische **Bibliothek**. Im archäologischen Saal im Erdgeschoss sind hauptsächlich Inka- und Prä-Inka-Keramiken ausgestellt, darunter mehrere Figürchen der Valdivia-Kultur (um 3200 v.Chr.), der ältesten Kultur im ecuadorianischen Raum. Ebenfalls im Erdgeschoss befindet sich die kolonialzeitliche Abteilung mit vielen religiösen Gemälden und ein paar Haushaltsgegenständen aus dieser Zeit. Im Obergeschoss liegen Säle zur modernen Kunst und zur Völkerkunde.

Museo Nahim Isaias MUSEUM
(Ecke Pichincha & Ballén; ◉Di–Fr 8.30–16 Uhr, Sa & So ab 10 Uhr) `GRATIS` Das Nahim Isaias an der Plaza de Administración zeigt eine sehr gute Sammlung von Skulpturen, Malereien und Artefakten aus der Kolonialzeit.

Iglesia de San Francisco KIRCHE
(9 de Octubre nahe Chile) Die eindrucksvollste Kirche der Stadt ist die Iglesia de San Francisco, die nach dem Brand von 1896 wieder aufgebaut und wunderschön restauriert worden ist.

◉ Parque Bolívar Area

Guayaquil ist vielleicht die einzige Stadt der Welt, in deren Zentrum **Landleguane**

> ### ⓘ GEFAHREN & ÄRGERNISSE IN GUAYAQUIL
>
> Das Stadtzentrum ist tagsüber sicher, doch nach Einbruch der Dunkelheit wird die Gegend eher zwielichtig. Auf dem Gelände des Busbahnhofs sollte man unbedingt gut auf sein Gepäck achten. Die Stadt hat ein anhaltendes Problem: Immer wieder gibt es Überfälle auf Menschen, die gerade Geld abgehoben haben. Wer gerade aus einer Bank kommt, sollte also zumindest in den nächsten paar Minuten ganz besonders vorsichtig sein.

leben, die manchmal eine Länge von mehr als einem Meter erreichen. Diese prähistorisch aussehenden Tiere (es ist allerdings eine andere Art als die auf den Galápagosinseln beheimatete) sind ein überraschender Anblick auf einem der berühmtesten Plätze von ganz Guayaquil, dem **Parque Bolívar**, der auch als Parque Seminario bezeichnet wird. Rund um die kleinen Ziergärten des Platzes sind mehrere Spitzenklassehotels zu finden.

◉ Malecón El Salado & Umgebung

Der Malecón El Salado ist eine Uferpromenade mit vielen Restaurants und Cafés, allerdings ist er viel kleiner als die bekanntere Promenade am Río Guayas. Für eine kurze Bootsfahrt in der von Mangroven gesäumten Flussmündung kann man sich problemlos ein **Ruderboot** (3,50 US$/30 Min.) ausleihen.

Museo Presley Norton MUSEUM
(☏04-229-3423; Av 9 de Octubre; ◉Di–Fr 9–17 Uhr, Sa & So 10–17 Uhr) `GRATIS` Das Museum mit einer eindrucksvollen Sammlung archäologischer Artefakte, darunter Töpferwaren und Figürchen der Ureinwohner Ecuadors, befindet sich in einer schön restaurierten Villa. Gelegentlich werden hier auch Konzerte veranstaltet und Filmvorführungen abgehalten.

🢂 Geführte Touren

Das Personal der folgenden empfehlenswerten Anbieter kann sowohl geführte Touren zu den Galápagosinseln als auch organisierte Ausflüge in die Umgebung der Stadt arrangieren.

Guayaquil – Zentrum

Centro Viajero TOUREN
(☎ 04-256-4034; www.centroviajero.com; Baquerizo Moreno 1119 nahe Av 9 de Octubre, Office 805, 7. Stock) Organisiert Galápagos-Pauschalreisen. Man spricht Spanisch, Englisch und Französisch; nach dem Manager, Douglas Chang, fragen!

Dreamkapture Travel TOUREN
(☎ 04-224-2909; www.dreamkapture.com; Alborada 12A etapa, Manzana 2, Villa 21, Juan Sixto Bernal) Gute Angebote für Kreuzfahrten zu den Galápagosinseln und zu anderen Touren. Man spricht hier Französisch, Spanisch und Englisch.

Guayaquil – Zentrum

◉ Highlights
1 Museo Antropológico y de Arte Contemporáneo D2

◉ Sehenswertes
2 Fortín del Cerro D1
3 Iglesia de San Francisco B5
4 Bibliothek A6
5 Leuchtturm D1
6 Museo Municipal A6
7 Museo Nahim Isaias B6

◉ Aktivitäten, Kurse & Touren
8 Centro Viajero A4
9 Galasam Tours B4
10 Historische Waggons C5

◉ Schlafen
11 Casa de Romero A5
12 Manso Boutique Hotel B5
13 Re Bed & Breakfast B4

◉ Essen
14 Artur's Café D1
15 Cocolon B5
16 Dulceria La Palma A5
17 Frutabar C3
Manso Mix .... (siehe 12)
18 Picanteria La Culata B3
19 Sweet & Coffee B5

◉ Ausgehen & Nachtleben
20 Bar El Colonial C3
21 Diva Nicotina D2
22 La Paleta D1
23 La Taberna D2
24 Rayuela D2

◉ Unterhaltung
MAAC Theater .... (siehe 1)

◉ Shoppen
25 El Mercado Artesanal Loja B2

Galasam Tours TOUREN
(☎ 04-230-4488; www.galasam.com.ec; Av 9 de Octubre 424, Grand Pasaje Bldg, Erdgeschoss, Office 9A) Bekannt für preisgünstige Galápagos-Kreuzfahrten, aber mit Vorsicht zu genießen.

Tangara Tours TOUREN
(☎ 04-228-2828; www.tangara-ecuador.com; Ciudadela Bolivariana, Ecke Manuela Sáenz & O'Leary, Block F, Casa 1) Hat seinen Sitz in der gleichnamigen Pension und ist sehr zu empfehlen für Tagestouren in die Umgebung, z.B. zum Reserva Ecológica Manglares Churute.

Tren Ecuador ZUGFAHRTEN
(☎ 1800-873-637; www.trenecuador.com; hin & zurück 22 US$; ⊙ Abfahrt Do–So 8 Uhr) Die ganztägige Zugfahrt führt von Durán nach Yaguachi und weiter nach Bucay, 88 km östlich von Guayaquil. In Bucay gibt es einen vierstündigen Aufenthalt, der mit diversen Outdoor-Aktivitäten verbracht werden kann, etwa mit Reiten, Mountainbiken und Wandern zu Wasserfällen (an denen auch Abseilen möglich ist). All das kostet extra. Am Bahnhof von Bucay warten entsprechende Anbieter.

Die Rückfahrt erfolgt mit dem Bus; Ankunft in Guayaquil ist gegen 17.30 Uhr. Der ganze Trip ist etwas touristisch (am Bahnhof von Bucay gibt's eine Tanzaufführung), aber es ist dennoch ein vergnüglicher Ausflug, der bei ecuadorianischen Urlaubern beliebt ist. Ein Taxi zum Abfahrtsbahnhof in Durán kostet vom Stadtzentrum aus 7 US$. Fahrkarten werden im **historischen Waggon** (⊙ Mo–Fr 10–18 Uhr, Sa & So bis 15:30 Uhr) am *malecón* verkauft.

Trips & Dreams TOUREN
(☎ 099-235-1335; www.tripsanddreams.com; Quísquis 305 nahe Rumichaca) Dieser sehr empfehlenswerte Veranstalter befindet sich im eigenen Hostal Suites Madrid. Man sollte nach Christopher Jimenez fragen, dem äußerst sachkundigen und freundlichen Manager. Organisiert werden Touren aller Art, besonders ermäßigte Fahrten zu den Galápagos-inseln.

✯ Feste & Events

In der letzten Juliwoche feiert die ganze Stadt den **Geburtstag von Simón Bolívar** (24. Juli) und den **Gründungstag von Guayaquil** (25. Juli). Die Hotels füllen sich schnell, und im Nahverkehr kommt es zu Unregelmäßigkeiten. Auch den **Unabhängigkeitstag** (9. Okt.) der Stadt und den **Día de la Raza** (12. Okt.) feiern die Bewohner Guayaquils groß. Silvester wird mit Freudenfeuern begangen.

🛏 Schlafen

Hostal Suites Madrid HOTEL $
(☎ 04-230-7804; www.hostalsuitesmadrid.com; Quísquis 305 nahe Rumichaca; Zi. mit Ventilator/Klimaanlage ab 25/30 US$; P ❋ @ ☎) Dieses blitzsaubere und sichere Refugium, nur zehn Minuten zu Fuß vom *malecón* entfernt, ist eines der wenigen auf ausländische

INSEL SANTAY

Die von Mangroven bedeckte Insel Santay wurde von den meisten Besuchern Guayaquils lange Zeit ignoriert. Seit sie unter Naturschutz gestellt wurde, entwickelt sie sich allmählich zu einem neuen Reiseziel. Santay ist Teil des Stadtbegrünungsprogramms der Regierung und Aushängeschild des jüngst eingeführten ökotouristischen Projekts „Guayaquil Ecológico". Über eine neue, autofreie Brücke erreichen Fußgänger und Radfahrer die Insel.

Die friedliche 22 km² große Insel im Río Guayas ist ein wohltuender Rückzugsort vom städtischen Treiben Guayaquils und zudem mit mehr als 128 Vogelarten ideal zur Vogelbeobachtung. In den trüben Gewässern lassen sich auch Kaimane blicken. Hölzerne Laufstege führen auf der Insel durch ein kleines Fischerdorf mit 230 Einwohnern (und ein paar einfachen Imbissangeboten). Eine zweite neue Fußgängerbrücke verbindet die Insel mit Durán.

Die 840 m lange Santay-Brücke befindet sich ein paar Kilometer südlich vom Malecón. Zu erreichen ist sie mit dem Metrovia-Bus bis zur Haltestelle Barrio Centenario, die zwei Blocks von der Brücke entfernt ist.

Besucher ausgerichteten Hotels in der Stadt. Es hat hohe Decken, eine Dachterrasse mit Computern für die Gäste und ist in bunten, fröhlichen Farben gehalten. Die Angestellten sind jederzeit hilfsbereit und sehr freundlich.

NucaPacha   HOSTEL $

(04-261-0553; www.nucapacha.com; Bálsamos Sur 308; B 11 US$, EZ/DZ 22/33 US$, ohne Bad 17/27 US$; @ 🛜 ≋) Das NucaPacha in einer stillen Straße in Urdesa hat eine einladende Terrasse und einen Pool, die von tropischen Bäumen umgeben sind (darunter Mango- und Papayabäume). Die Zimmer sind ziemlich schlicht (kahle Wände, Neon-Glühbirne, lauter Ventilator) und die Betten nicht sehr bequem, aber die Angestellten sind freundlich, und der Preis stimmt. Das Haus hat auch eine Gemeinschaftsküche. Touren werden ebenfalls angeboten.

Manso Boutique Hotel   HOTEL $$

(04-252-6644; www.manso.ec; Ecke Malecón Simón Bolívar & Aguirre; B 17 US$, Zi. 41–82 US$; ❄ @ 🛜) Die unschlagbare Lage am Malecón mal beiseite gelassen: Das Manso ist mindestens genauso sehr Hostel wie Boutiquehotel. Die Zimmer unterscheiden sich in Komfort und Stil: Die besten sind hell, luftig und mit etwas Farbe an der Wand und gerahmten Bildern aufgepeppt. Das Haus hat ein etwas alternatives Flair: Es gibt Yogakurse, Leihfahrräder und ein nettes Café mit Bio-Essen.

Re Bed & Breakfast   PENSION $$

(04-231-0111; www.rebandb.com; Junín 428 nahe Córdova, 2. Stock, Apt. D; B/EZ/DZ inkl. Frühstück 17/37/64 US$; ❄ 🛜) Die kleine Pension in einem Apartmenthaus besteht aus fünf einfachen Zimmern, die mit Schablonenzeichnungen, Pop-Art und bunten Vorhängen ausstaffiert sind. Es gibt eine Gästeküche, ein kleines Wohnzimmer mit viel natürlichem Licht und eine freundlich alternative Atmosphäre, in der sich jeder gleich heimisch fühlt.

Casa de Romero   B&B $$

(04-603-6244; www.hostelromero.com; Ecke Vélez 501 & Boyacá, 6. Stock; EZ/DZ inkl. Frühstück 28/45 US$; ❄ @ 🛜) Wer den Lebensstil der *guayaquileños* im Stadtzentrum kennenlernen will, kann es mit dieser freundlichen Unterkunft in einem Apartmenthochhaus probieren. Die Zimmer sind recht groß (alle bis auf eines haben ein eigenes Bad), und mehrere verfügen auch über einen Balkon. Es gibt auch einen schönen Lounge-Bereich und eine Küche (und eine Waschmaschine) für Gäste.

🍴 Essen

Im Zentrum der Stadt gibt es zahlreiche preiswerte Restaurants, darunter die zwanglosen *parrillas* (Grillrestaurants) nahe dem Parque del Centenario und die Fast-Food-Restaurants am Malecón 2000. Wer ganz gediegen essen möchte, kann in den Vorort Urdesa im Nordwesten fahren.

Frutabar   SAFTBAR $

(Malecón Simón Bolívar; Hauptgerichte 5–7 US$; ⊙ 9–24 Uhr) In der Restaurant-Bar mit Surferflair gibt's Gourmet-Sandwiches, Snacks und leckere tropische Fruchtsäfte und Cocktails. Prima für einen Drink zu Reggae- und Lounge-Beats!

Sweet & Coffee
CAFÉ $

(Ecke Carbo & Luque; Snacks 2–3,50 US$; ⊙ Mo-Fr 7.30–20.30 Uhr, Sa ab 9 Uhr, So 12–18 Uhr; 🛜) Ein beliebtes Café in dunklem Holz mit exzellenten Kuchen und Quiches (die *torta de jamón y queso* ist ziemlich gut). In der Avenida 9 de Octubre nahe dem Oro de Verde gibt's eine **Filiale** (Ecke 9 de Octubre & José de Antepara; Snacks 2–3,50 US$; ⊙ Mo-Fr 7.30–20.30 Uhr, Sa ab 9 Uhr, So 12–18 Uhr).

Dulceria La Palma
CAFÉ $

(Escobedo, zw. Vélez & Luque; ⊙ Mo-Sa 7.45–19 Uhr, So 8–17 Uhr) Das altmodische Café mit wirbelnden Deckenventilatoren und Schwarzweißfotos von Guayaquil ist eines der stimmungsvollsten Lokale im Zentrum, bestens geeignet für ein Frühstück oder für Snacks wie *cachitos* (knusprige Mini-Croissants; 0,11 US$) oder diverses Gebäck (alle 0,27 US$/Stück).

Mercado El Norte
ECUADORIANISCH $

(Ecke Baquerizo Moreno & Martínez; ⊙ Mo-Sa 9–19 Uhr, So 10–16 Uhr) Frisches Obst und Gemüse sowie preisgünstige Tagesgerichte gibt's auf diesem quirligen Markt in der Nähe des Mercado Artesanal Loja.

Picanteria La Culata
SEAFOOD $$

(Córdova zw. Mendiburo & Martínez; Hauptgerichte 4–9 US$; ⊙ Mo-Do 8–24 Uhr, Fr & Sa bis 2 Uhr) La Culata bringt einen Hauch Küste in die große Stadt und serviert exzellente *ceviches*, *encocados* (Garnelen oder Fisch in einer reichhaltigen, pikanten Kokossauce) und Reisgerichte mit Meeresfrüchten. Es ist ein entspanntes, halb offenes Restaurant (mit Wandbildern, die ein *cabaña*-Ambiente am Strand vortäuschen), das zu jeder Tages- und Nachtzeit gut besucht ist.

Cocolon
ECUADORIANISCH $$

(Av Carbo; Hauptgerichte 8–12 US$; ⊙ Mo-Sa 12–21 Uhr, So bis 17 Uhr) Das Cocolon gleich auf der anderen Seite des Vorplatzes der Iglesia de San Francisco ist modern, aber fröhlich eingerichtet und bekannt für seine ecuadorianischen Gerichte. *La ultima cena* (gegrillte Lende mit Reis, Bohnen und allem Drum und Dran) ist ein Klassiker. Mutige können die *guatita* probieren, einen Eintopf aus Kutteln und Kartoffeln in einer pikanten Erdnusssauce).

Manso Mix
FUSION-KÜCHE $$

(Ecke Malecón Simón Bolívar & Aguirre; Hauptgerichte 7–9 US$; ⊙ 8–22 Uhr; 🛜 ⚙) Das farbenfrohe Café im Manso Boutique Hotel serviert leckeres, gesundes Essen, beispielsweise Quinoa-Tortillas, Fisch in Kokossauce und Bohnen-Burger.

Artur's Café
INTERNATIONAL $$

(☎ 04-231-2230; Numa Pompilio Llona 127, Las Peñas; Hauptgerichte 6–9 US$; ⊙ So-Do 18–24 Uhr, Fr & Sa bis 2 Uhr) In dem alteingesessenen Lokal oberhalb des Río Guayas kommt unspektakuläres ecuadorianisches Essen auf den Tisch, aber es ist ein lebhafter Treffpunkt für einen abendlichen Drink, bevor es auf Tour durch Las Peñas geht. An den meisten Wochenenden gibt's Livemusik.

🍸 Ausgehen & Unterhaltung

Die *farra* (Nachtleben) tobt in der ganzen Stadt, doch einige der schönsten Bars finden sich in Las Peñas.

Rayuela
BAR

(Numa Pompilio Llona; ⊙ Di-So 9 Uhr–open end) Der hippe neue Laden mit Kerzenbeleuchtung hat eine Lounge-Atmosphäre, die genau das richtige Ambiente für ein paar Drinks mit Freunden ist. Gut gemixte Cocktails (7–9 US$) und leckere Snacks (Quesadillas, Tapas, Fondues) sind im Angebot, und donnerstagabends spielen Bands gedämpfte Musik. Der Mindestverzehr pro Person liegt bei 15 US$. Tagsüber gibt's Brunch und bis 20 Uhr zwei Drinks zum Preis von einem.

La Paleta
BAR

(Numa Pompilio Llona 174; ⊙ Di-Sa 21–2 Uhr) In der kleinen Lounge-Bar La Paleta mit ihren höhlenartigen Nischen, dem Hipster-Volk und der Ambient-Musik im Hintergrund lässt sich gut ein ganzer Abend verbringen. Es gibt Bier und Edel-Cocktails sowie Tapas.

Diva Nicotina
BAR

(Cerro Santa Ana; ⊙ Mo-Do 19–24 Uhr, Fr & Sa bis 2 Uhr) Im stimmungsvollen Diva Nicotina am Fuß des Hügels verkehren gut gelaunte junge Leute. Proppenvoll wird es, wenn's Livemusik gibt.

La Taberna
BAR

(Cerro Santa Ana) Die lebhafte Szenekneipe liegt in Las Peñas: die Treppen hoch und dann die erste Gasse links. Hier gibt's Salsa, fröhliche Gäste und viele Barcelona-Sporting-Club-Memorabilia: Überall hängen Trikots und alte Erinnerungsstücke.

Bar El Colonial
BAR

(Rocafuerte 623; ⊙ Mo-Do 16–24 Uhr, Fr & Sa bis 2 Uhr) Ein seit Langem bestehender Treff in der Zona Rosa mit Livemusik an den Wochenenden abends.

Shoppen

El Mercado Artesanal Loja MARKT
(Baquerizo Moreno; Mo–Sa 9–19 Uhr, So 10–17 Uhr) Der Kunsthandwerksmarkt hat eine große Auswahl von Kunsthandwerk aus Ecuador, z. B. Pullover im Otavalo-Stil, Panamahüte, geschnitzte Schachbretter und Gemälde aus Massenproduktion. Feilschen!

Praktische Informationen

GELD
Geldautomaten gibt es überall im Zentrum, besonders um die Plaza de la Merced.

MEDIZINISCHE VERSORGUNG
Clínica Kennedy (04-228-9666; Av del Periodista) Das Krankenhaus gehört zu den besseren in Guayaquil und liegt beim Einkaufszentrum Policentro im Vorort Kennedy. Die Avenida del Periodista wird auch San Jorge genannt.

NOTFALL
Cruz Roja (Rotes Kreuz) 131
Polizei 101

TOURISTENINFORMATION
Dirección Municipal de Turismo (04-232-4182; www.thisisecuador.com; Ecke Pichincha & Ballén, Museo Nahim Isaias; Di–Sa 9–17 Uhr) Die kleine Auskunft für Stadt- und Regionalinfos ist häufig nur mit einer Person besetzt, die zwar nett ist, aber nur Spanisch spricht.

An- & Weiterreise

BUS
Der Busbahnhof ist 2 km weiter entfernt als der Flughafen. Es gibt Busverbindungen in die meisten größeren Städte des Landes. Viele Busse fahren täglich nach Quito (10 US$, 7–10 Std.), Manta (7,50 US$, 4 Std.) und Cuenca (9 US$, 3½ Std.).

Mehrere Busunternehmen fahren vom Busbahnhof nach Machala (5 US$, 3 Std.) und Huaquillas (6 US$, 4 Std.) an der peruanischen Grenze. Am einfachsten erreicht man Peru jedoch mit einem der internationalen Busunternehmen. Am empfehlenswertesten ist **Cruz del Sur** (www.cruzdelsur.com.pe), das für 85 bis 100 US$ den ganzen Weg nach Lima (26 Std., Di, Mi, Fr & So 14 Uhr) fährt. Dann folgen **Expreso Internacional Ormeño** (04-214-0847; www.grupo-ormeno.com.pe/ormeno.php; Centro de Negocios El Terminal, Bahia Norte, Office 34, Bloque C), **Rutas de America** (223-8673; www.rutasenbus.com; Los Rios 3012 nahe Letamendi) und schließlich **Ormeño** (213-0379; www.cifainternacional.com), die täglich nach Lima (90 US$, 11.30 Uhr) fahren. Das Büro und der Busbahnhof von Ormeño befinden sich in der Avenida de las Américas, gleich nördlich vom Hauptbusbahnhof.

Diese Verbindungen sind sehr praktisch, denn man muss an der Grenze nicht aussteigen, um Grenzformalitäten zu erledigen.

FLUGZEUG
TAME (04-256-0728; www.tame.com.ec; Av 9 de Octubre 424, Gran Pasaje) und **LAN** (www.lan.com) fliegen täglich nach Quito (ab 80 US$, 1 Std.). TAME fliegt auch nach Cuenca (92 US$, 30 Min.) und Loja (75 US$, 45 Min.). LAN und TAME haben Flieger zur Isla Baltra und nach San Cristóbal auf den Galápagosinseln (Rundflug ab 400 US$, 1½ Std.).

Unterwegs vor Ort

BUS
Um vom Zentrum zum Busbahnhof zu kommen, gibt es zwei günstige Metrovia-Verbindungen, die den Terminal Rio Daule zum Ziel haben, der

---

EINREISE NACH PERU

Die ecuadorianische und die peruanische Einwanderungsbehörde liegen direkt nebeneinander, 4 km außerhalb von Huaquillas und 1 km abseits der Schnellstraße. Hier werden die Ein- und Ausreiseformalitäten erledigt, die alle gebührenfrei sind. Wer mit dem Bus anreist, steigt besser in Huaquillas aus und nimmt ein Taxi zu den Einwanderungsbehörden. Eine Taxifahrt kostet etwa 3 bis 5 US$ für die einfache Strecke. Nachdem man alles erledigt hat, fährt man zurück nach Huaquillas und überquert die Grenze zu Fuß über die kurze internationale Brücke.

Die peruanische Seite der Grenze ist berüchtigt. Also Augen aufhalten! Es empfiehlt sich, schon vor der Fahrt zur Grenze ein paar Dollars in Soles umzutauschen, damit man nicht abgezockt wird.

In Aguas Verdes, Peru, fahren *colectivos* und *mototaxis* (Motorrad-Rikschas; 5 S/ Pers.) nach Tumbes, wo es viele Hotels sowie Transportoptionen in den Süden gibt.

Informationen zum Grenzübergang in die andere Richtung stehen auf S. 951.

gegenüber vom Busbahnhof liegt. Praktische Haltestellen sind Avenida Quito (in der Nähe des Parque del Centenario) und Rocafuerte, einen Block nördlich der 9 de Octubre.

VOM/ZUM FLUGHAFEN

Der Flughafen liegt etwa 5 km nördlich vom Zentrum an der Avenida de las Américas. Der Busbahnhof befindet sich weitere 2 km nördlich vom Flughafen. Eine Taxifahrt ins Zentrum sollte von beiden aus ca. 5 US$ kosten.

Metrovia-Busse (0,25 US$) fahren von der gegenüberliegenden Straßenseite vor dem Flughafen ins Zentrum. Die Haltestelle „Plaza del Centenario" in der Avenida Quito ist die günstigste im Zentrum. Zurück zum Flughafen fährt der Metrovia-Bus einen Block südlich an der Avenida Quito ab.

TAXI

Eine Taxifahrt innerhalb des Stadtzentrums sollte nicht mehr als 1,50 US$ kosten, nach Urdesa werden etwa 3 bis 4 US$ fällig. Den Preis vor dem Einsteigen festmachen!

Machala

07 / 231 000 EW.

Machala, die selbst ernannte „Bananenhauptstadt der Welt" ist eine chaotische, aber ziemlich normale Stadt. Die meisten, die auf dem Weg von oder nach Peru sind, reisen hier durch, nur wenige bleiben länger als eine Nacht. Páez ist eine Fußgängerzone, die zwischen der Rocafuerte und 9 de Octubre liegt.

🛏 Schlafen & Essen

Für ein Festmahl aus frischen Meeresfrüchten lohnt sich die Fahrt nach Puerto Bolívar, 7 km Richtung Westen (mit dem Bus 1 oder 13 auf der Sucre oder aber per Taxi für 3 US$).

Hostal Saloah HOTEL $
(*07-293-4344; Colón 1818; EZ/DZ ab 20/24 US$; ❄@☎) Nur einige Schritte entfernt vom Sitz mehrerer Busunternehmen bietet das Saloah gute Zimmer, die ruhig, wenn auch ziemlich dunkel sind (wegen der winzigen Fenster und der trüben Beleuchtung). In allen vier Stockwerken gibt's auch eine größere, hellere, zur Straße ausgerichtete Suite, die den kleinen Aufpreis wert ist. Auch eine Dachterrasse ist vorhanden.

Hotel Bolívar Internacional HOTEL $
(*07-293-0727; Ecke Bolívar & Colón; EZ/DZ 20/30 US$; ❄☎) Das saubere, freundliche Hotel ist nur einen kurzen Fußweg von den Terminals mehrerer Busunternehmen entfernt. Einige der gefliesten Zimmer bieten Ausblick auf einen kleinen Park.

ℹ Praktische Informationen

Die **Touristeninformation** (Ecke Calle 9 de Mayo & Av 25th de Junio; ⊙ Mo–Sa 8–13 & 14.30–17 Uhr) hält Stadtpläne und Regionalkarten bereit. Ein paar Filialen der größeren Banken mit Geldautomaten finden sich rund um den Hauptplatz.

ℹ An- & Weiterreise

Der Flughafen liegt 1 km südwestlich vom Zentrum; ein Taxi dorthin kostet rund 1 US$. An Werktagen starten morgens Flugzeuge von TAME nach Quito (125 US$).

Einen zentralen Busbahnhof gibt es nicht. Busse von **CIFA** (Ecke Guayas & Bolívar) fahren regelmäßig von der 9 de Octubre, nahe Tarqui, nach Huaquillas (1,50 US$, 1½ Std.) an der peruanischen Grenze und nach Guayaquil (5 US$, 3 Std.). Auch **Rutas Orenses** (Rocafuerte nahe Tarqui) bedienen Guayaquil.

Panamericana (Colón nahe Bolívar) schickt täglich mehrere Busse nach Quito (11 US$, 10 Std.). **Transportes Cooperativa Loja** (Tarqui nahe Bolívar) fährt nach Loja (4,50 US$, 5 Std.).

Huaquillas

07 / 30 000 EW.

Huaquillas, das auf der peruanischen Seite Aguas Verdes genannt wird, ist die größte Grenzstadt an der peruanischen Grenze und liegt 80 km südlich von Machala. Es gibt kaum einen Grund, hier anzuhalten. Fast alles spielt sich an der Hauptstraße ab. Die ecuadorianischen Banken wechseln kein Geld, verfügen aber über Geldautomaten. Dafür tauschen die Geldwechsler, die mit der Aktentasche unterm Arm unterwegs sind, Geld; allerdings berichteten schon zahlreiche Reisende, dass sie übers Ohr gehauen wurden.

Das **Hotel Vanessa** (*07-299-6263; www. hotelvanessa-ec.com; Calle 1 de Mayo & Hualtaco; EZ/DZ ab 10/20 US$; ❄☎) ist eine gute Bleibe, falls man hier doch übernachten muss.

CIFA-Busse fahren regelmäßig nach Machala (2 US$, 1½ Std.) und fünfmal täglich nach Guayaquil (7 US$, 4 Std.). Abfahrt ist zwei Blocks vor dem Grenzübergang an der Hauptstraße. Panamericana betreibt nach Quito zehn Busse täglich (12 US$, 11 Std.). Azuay Internacional, das in der Teniente Cordovez zu finden ist, fährt viermal täglich nach Cuenca (7 US$, 5 Std.).

GALÁPAGOSINSELN

05 / 30 000 EW.

Eine Reise auf den Spuren von Charles Darwin (der 1835 hierher kam) zu den Galápagosinseln könnte einen dazu bringen, die Welt mit anderen Augen zu sehen. In dieser außergewöhnlichen Region fühlt man sich wie in einem Alternativuniversum, in irgendeiner merkwürdigen, utopischen Kolonie, die von Seelöwen – den Golden Retrievern der Galápagosinseln – organisiert wird und nach dem Partnerschaftsprinzip funktioniert. Was Besuchern so ungewöhnlich erscheint, ist die Furchtlosigkeit der berühmten Bewohner der Inseln. Die Blaufußtölpel, Seelöwen und prähistorisch aussehenden Landleguane benehmen sich allesamt, als wären die Menschen nichts weiter als lästige Paparazzi. Nirgendwo sonst kann man sich mit ihnen ein Duell im gegenseitigen Anstarren liefern und dabei verlieren!

Ein Besuch auf den Inseln ist allerdings teuer, und wer ihre Wunder wirklich erleben möchte, der muss eine Kreuzfahrt auf sich nehmen. Man kann vier der Inseln auch auf eigene Faust besuchen, aber dann verpasst man die Wildtiere und die vielen kleineren Inseln, die man im Rahmen einer Kreuzfahrt zu Gesicht bekommt.

Die wichtigste Insel ist die Isla Santa Cruz. An ihrer Südseite liegt Puerto Ayora, die größte Stadt der Galápagosinseln, von der aus die meisten Budgettouren starten. Hier gibt es viele Hotels und Restaurants. Nördlich von Santa Cruz, abgetrennt durch eine schmale Meerenge, befindet sich die Isla Baltra, Standort des größten Flughafens der Inseln. Ein öffentlicher Bus und eine Fähre verbinden den Flughafen von Baltra mit Puerto Ayora.

Die Isla San Cristóbal, die östlichste der Galápagosinseln, ist der Sitz der Provinzhauptstadt Puerto Baquerizo Moreno, wo es ebenfalls Hotels und einen Flughafen gibt. Die anderen bewohnten Inseln sind Isabela und Floreana. Zu beachten ist, dass die meisten Inseln zwei oder sogar drei Namen haben.

Umwelt

Die Galápagosinseln wurden 1959 zum Nationalpark erklärt. In den 1960er-Jahren begann der organisierte Tourismus, und in den 1990ern kamen bereits jährlich um die 60 000 Besucher in den Nationalpark. Heute besuchen jedes Jahr etwa 150 000 Menschen die Galápagosinseln, was für deren empfindliche Ökologie eine zusätzliche Belastung darstellt.

Andere Umweltprobleme sind Öllecks, die illegale Jagd auf Seelöwen, die als Köder benutzt werden sollen, der illegale Fang von Haien, Garnelen und anderen Meerestieren sowie die Einführung hier nicht heimischer Tiere. Trotz der Bemühungen um den Umweltschutz von Organisationen wie **Galapagos Conservancy** (www.galapagos.org) ist die Zukunft der Inseln ungewiss.

Praktisch & Konkret

Gebühren Vor dem Flug zu den Inseln müssen ausländische Besucher am Flughafen in Guayaquil oder Quito 10 US$ zahlen. Bei der Ankunft auf den Galápagosinseln müssen sie noch einmal 100 US$ (nur Barzahlung) an den Nationalpark abdrücken.

Hauptsaison Hauptsaison ist von Dezember bis Januar, um Ostern herum und von Juni bis August; zu diesen Zeiten kann es schwierig werden, preisgünstige Touren zu arrangieren.

Zeit Die Galápagosinseln liegen zeitlich eine Stunde hinter dem restlichen Ecuador zurück.

Aktuelles Die aktuellsten News zu den Inseln finden sich auf der News-Seite der **Charles Darwin Foundation** (www.darwinfoundation.org).

Kosten

Man sollte immer davon ausgehen, dass man mehr ausgibt als geplant. Die billigsten Bootstouren (Touristenklasse) kosten pro Tag etwa 200 US$, dazu kommen die Flugtickets und die 110 US$ Parkeintrittsgebühren. Zwischen September und November fallen die Preise um etwa 20 %, denn dann ist das Meer rau, und es herrscht weniger Betrieb. Man kann Geld sparen, indem man Tagestouren bucht, die größeren Städte als Stützpunkt wählt und mit dem Boot von Insel zu Insel fährt.

Unbedingt mitbringen!

Einige Dinge sind auf den Galápagosinseln nicht erhältlich (oder sehr teuer). Mittel gegen Seekrankheit, Sonnenschutz, Insektenschutz, Batterien, Toilettenartikel und Medikamente bringt man besser vom Festland mit.

Besucherstätten

Um den Park zu schützen, beschränken die Nationalparkbehörden den Zugang auf 50

Galápagosinseln

Äquator

PAZIFIK

- Roca Redonda
- Punta Albemarle
- Volcán Ecuador (610 m)
- Volcán Wolf (1707 m)
- Punta Vicente Roca
- Isla Fernandina (Narborough)
- Punta Espinosa
- Volcán La Cumbre (1463 m)
- Punta García
- Volcán Darwin (1280 m)
- Volcán Alcedo (1128 m)
- *Urbina Bay*
- Isla Isabela (Albemarle)
- Islas Marielas
- Punta Moreno
- Volcán Sierra Negra (1490 m)
- Santo Tomás
- Puerto Villamil
- Volcán Cerro Azul (1689 m)
- *Elizabeth Bay*
- Isla Tortuga

- Isla Pinta (Abingdon)
- Isla Marchena (Bindloe)
- Isla San Salvador (Santiago od. James)
- Cerro Cowan (905 m)
- Isla Bartolomé
- Rocas Bainbridge
- *James Bay*
- Isla Rábida (Jervis)
- *Caleta Tortuga Negra*
- Isla Pinzón (Duncan)
- Cerro Dragón
- *Los Gemelos Hochland*
- Santa Rosa
- El Chato Tortoise Reserve
- Puerto Ayora
- Puerto Velasco Ibarra
- Devil's Crown
- Isla Floreana (Santa María od. Charles)

- Isla Genovesa (Tower)
- Isla Seymour
- Isla Mosquera
- Isla Baltra
- Isla Santa Cruz (Indefatigable)
- Isla Plaza Sur
- Cerro Crocker (864 m)
- Isla Santa Fe (Barrington)
- *Lavaröhren*
- Charles Darwin Research Station & National Park Information Center
- *Bahía Academy Bay*
- *Bahía Tortuga*

PAZIFIK

- Punta Pitt
- Cerro San Joaquín (896 m)
- La Galapaguera
- Puerto Chino
- El Junco Lagoon
- Cerro Brujo
- Isla San Cristóbal (Chatham)
- *Caleta Tortuga*
- Isla Lobos
- Puerto Baquerizo Moreno
- Cerro de las Tijeretas
- El Progreso
- *Bahía Gardner*
- Punta Suárez
- Isla Española (Hood)

Äquator

ECUADOR

TIERWELT DER GALÁPAGOSINSELN

Ecuadors berühmter Archipel ist nach wie vor eines der besten Gebiete der Welt, um Wildtiere aus der Nähe zu beobachten, sowohl an Land als auch im Meer. Dies sind einige der Arten, denen man dort vielleicht begegnet:

Galápagosseelöwe Die ca. 50000 Seelöwen, die auf allen Inseln leben, sind die Lieblingssäugetiere der meisten Besucher. Die hübschen Tiere lagern oft auf Sandstränden und schwimmen manchmal sogar mit Schnorchlern und Schwimmern mit.

Galápagosseebär Der zurückgezogener lebende Verwandte des Seelöwen, der nur auf den Galápagosinseln vorkommt, hat eine dicke, isolierende Fellschicht. Im 19. Jh. wurde er fast bis zur Ausrottung gejagt, doch der Bestand erholte sich überraschend gut. Inzwischen gibt es ca. 30000 Tiere.

Galápagosriesenschildkröte Das berühmteste Reptil des Archipels ist die Galápagosriesenschildkröte (Galápagos ist das spanische Wort für Sattel), nach der die Inseln benannt sind. Die Vorfahren der Schildkröte trieben wahrscheinlich von Südamerika zu den Inseln. Die Tiere können mehrere Hundert Jahre alt werden.

Grüne Meeresschildkröte Ausgewachsene Grüne Meeresschildkröten sind riesig: Sie können bis zu 150 kg wiegen und 1 m lang werden. Man sieht sie an vielen Ankerstellen auftauchen, um Luft zu schnappen; Schnorchler begegnen ihnen besonders oft. Die Inseln sind für diese bedrohte Art die wichtigste Eiablagestelle im Ostpazifik.

Darwinfinken Alle Finken auf den Inseln sollen von einem gemeinsamen Vorfahren abstammen. Bei der Ankunft auf dem Archipel fanden die Tiere dieser Vorfahrenspezies eine Reihe unbesetzter ökologischer Nischen vor und entwickelten sich zu 13 Arten auseinander, darunter der Spechtfink, der Werkzeuge benutzt, und der blutsaugende Vampirfink.

Fregattenvögel Die beiden Fregattenvogelarten sind erstaunliche Flugkünstler, die hoch über den Küstenklippen auf thermischen Schichten dahingleiten. Die Vögel, die im Englischen auch man-o'-war bird (man-o'-war ist die Bezeichnung für ein Kriegsschiff) genannt werden, jagen manchmal kleinere Meeresvögel, bis diese ihre Beute fallen lassen, und holen sich jene dann noch in der Luft.

Blaufußtölpel Der Blaufußtölpel ist eine von vier Tölpelarten auf den Inseln. Während der Balzzeit hebt er zunächst langsam und würdevoll seine leuchtend blauen Füße an, dann wird er lebhafter, schlägt mit den Flügeln und streckt seinen Schnabel gen Himmel – eine

---

Besucherstätten, sowie die Städte und öffentlichen Areale. Alle anderen Gebiete sind gesperrt. Abgesehen von Orten, die in der Nähe von Puerto Ayora und Puerto Baquerizo Moren liegen, erreicht man die meisten Stätten nur per Boot. Normalerweise legt man in einem *panga* (Ruderboot) an. Es gibt „nasse" Landungen (die Fahrgäste hüpfen über Bord und waten durchs knietiefe Wasser an Land) und „trockene" (an Anlegestellen oder Klippen).

Geführte Touren

Die typischen Touren sind Bootstouren mit Übernachtung an Bord, es gibt aber auch Tagesausflüge (jeden Abend Rückkehr ins Hotel) und Touren mit Hotelübernachtung (auf verschiedenen Inseln). Zu den Preisen kommen immer die Nationalparkgebühren, die Flugtickets sowie abgefüllte Getränke und Trinkgelder hinzu. Neoprenanzüge kosten meistens auch extra (10 US$/Woche–5 US$/Tag).

Geführte Bootstouren

Die meisten Besucher gehen auf längere Bootstouren und schlafen an Bord. Fünf- bis achttägige Touren werden am häufigsten gebucht. Für die Galápagosinseln sollte man sich mindestens eine Woche Zeit nehmen, auch wenn fünf Tage vielleicht reichen, um das Wichtigste zu sehen. Wer die abseits gelegenen Inseln Isabela und Fernandina besuchen möchte, sollte acht Tage oder mehr einplanen. Gäste kommen bei einer vorgeplanten Tour am ersten Tag gegen Mittag mit dem Flugzeug vom Festland an. Da bleibt dann noch ein halber Tag auf den Galápagosinseln. Am letzten Tag muss man schon am Morgen am Flughafen sein. D.h. bei einer Fünftagetour hat man effektiv nur drei volle Tage auf den Inseln zur Verfügung.

hinreißende, wenn auch etwas clowneske Vorstellung. Er ist auch ein großartiger Fischjäger, der wie ein Pfeil ins Meer schießt.

Galápagosscharbe Neben dem Pinguin ist die Galápagosscharbe einer der Vögel, die nicht fliegen können. Die Art kommt nur auf den Galápagosinseln vor. Nachdem ihre Vorfahren den Archipel besiedelt hatten, auf dem es keine Raubtiere gab, verlor die Art im Lauf der Generationen die Flugfähigkeit. Heute gibt es nur noch etwa 700 Paare.

Galápagospinguin Vor langer Zeit folgte eine Gruppe Pinguine von der Antarktis der kühlen Humboldtströmung und ließ sich auf den Galápagosinseln nieder. Heute sind die Galápagospinguine die am weitesten nördlich lebenden Pinguine der Welt und gehören der einzigen Pinguinart an, die in den Tropen lebt.

Galápagosalbatros Der Galápagosalbatros ist bei ruhigem Wetter hilflos, er benötigt den Südostpassatwind, um zu den Futtergebieten zu gelangen. Der größte Vogel des Archipels (Gewicht 5 kg, Flügelspanne 2,4 m) ist die einzige Albatrosart, die am Äquator brütet.

Galápagosflamingo Der auffällige, unverkennbare Vogel mit dem hübschen rosa Federkleid gehört zur größten der fünf existierenden Flamingoarten.

Meerechse Die bemerkenswerte Meerechse, die als einzige Echse der Welt im Meer taucht, ist an den felsigen Küsten der Galápagosinseln weit verbreitet. Ihre Größe und Farbe variiert von Insel zu Insel; die größten Exemplare werden 1,5 m lang.

Galápagoslandleguan Ungeachtet seiner Größe und seiner angsteinflößenden Erscheinung ist der Landleguan, auch Drusenkopf genannt, ein harmloser Pflanzenfresser, der sich von fleischigen Opuntien (Feigenkakteen) ernährt. Männliche Tiere wiegen bis zu 13 kg und werden 1 m lang; sie verteidigen ihre Territorien in Kopfstoßkämpfen.

Lavaeidechsen Die Schildkröten und Leguane mögen berühmter sein, doch die Reptilien, die man am häufigsten auf den Inseln sieht, sind die verschiedenen Arten der Lavaeidechse. Oft huschen sie über Felsen, und manchmal lassen sie sich sogar auf dem Rücken von Leguanen nieder.

Rote Klippenkrabbe Diese in großer Zahl vorkommenden Meerestiere beeindrucken durch ihre spektakuläre Färbung. Die von englischen Seefahrern *Sally Lightfoot crab* genannten Krabben sprenkeln auf allen Inseln die Felsen und sind außerordentlich agil.

Tourboote gibt es verschiedene, von kleinen Jachten bis zu großen Schiffen. Der häufigste Bootstyp ist ein Motorsegler mit Platz für bis 20 Passagiere. Die vier Komfortklassen können grob so zusammengefasst werden: Economy (bis 200 US$), Touristenklasse (200–300 US$), erste Klasse (300–400 US$) und Luxusklasse (ab 400 US$).

Die sieben- oder achttägigen Economy-Touren finden meist auf kleinen Booten mit sechs bis zwölf Kojen in Doppel-, Dreier- oder Viererkabinen statt. Für Bettzeug ist gesorgt, und die Unterkünfte sind sauber, allerdings feucht und eng mit wenig Privatsphäre. Zu allen Mahlzeiten werden reichlich einfaches, aber frisches Essen und Saft serviert, und im Boot fährt ein Englisch sprechender Reiseführer mit.

Es gibt Toiletten und frisches Trinkwasser. Zum Waschen dienen Salzwasserschläuche an Deck oder auf einigen Booten auch Süßwasserduschen. Bei den vorgegebenen Reiserouten ist genügend Zeit für einen Besuch der zentral gelegenen Inseln und zur Beobachtung der Pflanzen und Tiere eingeplant.

Auf den Bootstouren kann einiges schiefgehen. Zuweilen gibt es umso häufiger Probleme, je billiger die Tour ist. Das heißt nicht, das teure Bootstouren immer reibungslos ablaufen, doch die Veranstalter sind oft sorgfältiger bei der Planung und reagieren schneller auf Beschwerden.

Manchmal funktioniert etwas nicht, und dann ist es schwierig, eine Erstattung zu bekommen. Immer wiederkehrende Beschwerden betreffen einen Wechsel des Bootes in letzter Minute (was laut Kleingedrucktem erlaubt ist), eine schlechte Crew, zu wenig abgefüllte Getränke, Änderungen der vereinbarten Route, mechanische Pannen, schlechte Schnorchelausrüstung,

Gestank, Insektenbefall und Überbuchung. Die Passagiere müssen sich Kabinen teilen; wer die Kabine nicht mit einer Person des anderen Geschlechts teilen möchte, sollte sich schriftlich geben lassen, dass dies nicht geschehen wird. Es gilt: Je billiger die Tour, desto weniger komfortabel sind die Boote und desto weniger fachkundig die Führer.

Im Voraus arrangierte Touren

Die meisten Traveller arrangieren ihre Touren in Quito oder Guayaquil. Man sollte sich mehrere Anbieter anschauen, um die Preise zu vergleichen und einen geeigneten Abfahrtstermin zu finden. Manchmal kann man sehr günstig auf einem großen Boot mitfahren, besonders, wenn nicht viel los ist. Die Agenturen senken lieber in letzter Minute die Preise, als Kojen frei zu lassen.

Empfehlenswerte Tourveranstalter sind Trips & Dreams (S. 706), ein ausgezeichneter Anbieter in Guayaquil, der oft gute Last-Minute-Angebote hat, sowie die folgenden:

Columbus Travel BOOTSTOUREN
(02-222-6612, in den USA 877-436-7512; www.columbusecuador.com) Hervorragender Kundenservice; kann je nach Budget und Reisedatum eine Reihe verschiedener Boote buchen.

Ecoventura BOOTSTOUREN
(02-283-9390, in den USA 800-633-7972; www.ecoventura.com) Einer der Pioniere in Sachen Umweltschutz und nachhaltigem Tourismus. Die Fahrten auf allen vier Booten, einschließlich der Tauchkreuzfahrten, sind sehr empfehlenswert.

Ecuador Adventure ABENTEUERTOUREN
(02-604-6800, in den USA 800-217-9414; www.ecuadoradventure.ec) Ist auf Touren mit Hotelübernachtung und verschiedenen Aktivitäten wie Wandern, Mountainbiken und Kajakfahren spezialisiert.

Happy Gringo Travel BOOTSTOUREN
(02-512-3486; www.happygringo.com) Ausgezeichnete Agentur, die eine große Auswahl von Booten buchen kann und *Last minute*-Angebote hat.

Sangay Touring BOOTSTOUREN
(02-222-1336; www.sangay.com) Ein erfahrener Veranstalter, der Touren auf über 60 Booten buchen kann.

An- & Weiterreise

Flugzeuge vom Festland steuern zwei Flughäfen an: die Isla Baltra, direkt nördlich von Santa Cruz, und die Isla San Cristóbal. Zu den Galápagosinseln fliegen die Fluggesellschaften **TAME** (www.tame.com.ec), **Avianca** (www.avianca.com) und **LAN** (www.lan.com). Alle außer Avianca fliegen täglich am Morgen von Quito über Guayaquil zum Flughafen der Isla Baltra (mit öffentlichen Verkehrsmitteln nur eine gute Stunde von Puerto Ayora entfernt) und mehrmals wöchentlich zum Flughafen San Cristóbal. Die Rückflüge finden jeweils am gleichen Tag am frühen Nachmittag statt. Anders als die anderen Fluglinien bietet Avianca Direktflüge von Quito nach Baltra an (sowie indirekte Flüge über Guayaquil). Die Flüge nach San Cristóbal gehen allerdings alle über Guayaquil.

Hin- und Rückflüge von Guayaquil kosten ab 360 US$ und von Quito ab 440 US$. Der letzte dauert dreieinhalb Stunden, da er einen Zwischenstopp in Guayaquil beinhaltet (nur Avianca bietet zweistündige Direktflüge an). Es ist auch möglich, den Hinflug von Quito und den Rückflug nach Guayaquil zu buchen oder umgekehrt. Oft ist es bequemer, auf dem Hinweg nach Baltra zu fliegen und zurück ab San Cristóbal oder umgekehrt. Sowohl in Quito als auch in Guayaquil muss man am Flughafen im Büro des Instituto Nacional Galápagos (Ingala) neben dem Ticketschalter eine Transitkontrollgebühr von 10 US$ zahlen; bei einigen im Voraus gebuchten Bootstouren ist diese Gebühr schon im Preis enthalten.

Die Flüge zu den Galapagosinseln sind manchmal komplett ausgebucht, darum sollte man sich rechtzeitig im Voraus um alles kümmern.

Unterwegs vor Ort

Die meisten Traveller besuchen die Inseln im Rahmen von organisierten Bootstouren, doch einige der Eilande lassen sich auch problemlos auf eigene Faust erkunden. Auf Santa Cruz, San Cristóbal, Isabela und Floreana gibt es überall Unterkünfte, und zu allen Inseln gelangt man auf Booten, die preiswert zwischen den Inseln verkehren, oder aber mit teureren Flügen. Wer die Inseln unabhängig von einer Bootstour besucht, kratzt allerdings nur an der Oberfläche der Naturwunder, die der Archipel zu bieten hat.

FLUGZEUG

Die kleinen Fluggesellschaften **Emetebe** (05-252-4978; Av Darwin nahe Tomás de Berlanga) und **Air Zab** (05-252-7261; Indefatigable nahe Av Charles Darwin) fliegen mit kleinen Passagierflugzeugen zwischen Baltra und Puerto Villamil (Isla Isabela), zwischen Baltra und Puerto Baquerizo Moreno (Isla San Cristóbal) sowie zwischen Puerto Baquerizo Moreno und Puerto Villamil. Tickets kosten pro Strecke etwa 150 US$ und man zahlt extra, wenn das Gewicht des Gepäcks die Grenze von 11 kg pro Nase übersteigt.

SCHIFF/FÄHRE

Private Schnellboote, die *lanchas* oder *fibras* (Kurzform für Fiberglasboot) genannt werden, bieten tägliche Fährverbindungen zwischen Santa Cruz und San Cristóbal, Santa Cruz und Isabela sowie Santa Cruz und Floreana (Direktverbindungen zwischen den Inseln San Cristóbal und Isabela gibt es nicht). Tickets für alle Strecken kosten 30 US$ und können einen Tag vorher oder am Tag der Fahrt gekauft werden. Dazu fragt man in Puerto Ayora, Puerto Baquerizo Moreno und Puerto Villamil einfach etwas herum.

Isla Santa Cruz

Die meisten Besucher sehen die Isla Santa Cruz (Die Rastlose) vor Puerto Ayora nur auf der Durchreise. Santa Cruz ist aber die bevölkerungsreichste Insel des Archipels und eigentlich selbst einen Besuch wert: Es gibt leicht zugängliche Strände, und das einsame Hochland wartet mit abenteuerlichen Aktivitäten abseits der ausgetretenen Pfade auf.

Puerto Ayora

Das saubere, kleine Puerto Ayora ist das wichtigste Zentrum der Galápagosinseln und das Herz der Tourismusindustrie. In dem freundlichen Städtchen kann man ein paar angenehme Tage verbringen, außerdem ist es der beste Ort auf den Inseln, um eine Bootstour zu arrangieren.

Sehenswertes

Die folgenden Stätten sind neben der Bahia Tortuga (Schildkrötenbucht) bei Reisegruppen, die den Ort besuchen, besonders beliebt. Man kann sie auch problemlos auf eigene Faust besuchen, sollte aber frühzeitig aufschlagen, um den Massen zuvorzukommen.

Charles Darwin Research Station   NATURSCHUTZGEBIET

(05-252-6146; www.darwinfoundation.org; 6-18 Uhr) Gleich nordöstlich der Stadt liegt dieses berühmte Naturschutzgebiet, in dem sich über 200 Wissenschaftler und Freiwillige mit Forschung und Naturschutz befassen. Das bekannteste Projekt ist ein Zuchtprogramm für Riesenschildkröten. Pfade durch die Trockenzonenvegetation führen an Schildkrötengehegen vorbei, in denen sich die Riesen aus der Nähe betrachten lassen. Es gibt auch ein **Babyschildkrötenhaus** mitsamt Brutkästen (sobald die Schildkröten 1,5 kg wiegen oder vier Jahre alt sind, werden sie auf ihren Heimatinseln ausgesetzt).

Tortuga Bay & Umgebung   STRAND

Wenn es um endlosen, schönen weißen Strand geht, ist dieser Sandstreifen einer der besten in Südamerika. Er befindet sich am Ende eines 2,5 km langen geteerten Pfads südwestlich von Puerto Ayora. Neben der Möglichkeit, zu schwimmen (eine Landzunge schützt vor der starken und gefährlichen Strömung auf der dem offenen Meer ausgesetzten Seite), zu surfen oder sich einfach nur zu sonnen, können auch Haie, Meerechsen, Pelikane und vereinzelt auch Flamingos beobachtet werden. Es gibt weder Trinkwasser noch andere Annehmlichkeiten. Vom Beginn des Weges (häufig genutzt von einheimischen Joggern), an dem man sich zwischen 6 und 18 Uhr eintragen muss, ist der Strand nach einem 30-minütigen Fußmarsch erreicht.

Wer die Tortuga Bay komplett entlangläuft, erreicht ganz hinten die Playa Mansa, eine malerische, von Mangroven gesäumte Lagune. Hier tummeln sich u.a. Meeresechsen, Braunpelikane und Blaureiher. In den nahen Dünen legen Meeresschildkröten ihre Eier. Das sanfte, flache Wasser ist ideal für Kinder. Kajaks werden verliehen.

Am Fuß des Hügels, an dem der Pfad zur Tortuga Bay beginnt, befindet sich das Centro Comunitaria de Educación Ambiental Miguel Cifuente Arias, in dem man viel über Umweltschutzmaßnahmen und über Probleme in Bezug auf die Gewässer rund um den Archipel erfährt. Zu erreichen ist das Zentrum nach einem 500 m langen Marsch die Straße ab Puerto Ayora entlang bis zu einem asphaltierten Pfad, der auf einer Hügelkuppe beginnt und bis zur Tortuga Bay verläuft. Kurz vor diesem Pfad auf dem Hügel befindet sich das Zentrum. In der Nähe ist ein neues Museum zur Ökologie der Galápagosinseln.

Las Grietas   SEE

Diese mit Wasser gefüllte Felsschlucht eignet sich gut zum Schwimmen und Schnorcheln. Talentierte und unerschrockene Einheimische klettern die fast senkrechten Felswände hinauf, um von oben ins Wasser zu springen. Mit dem Wassertaxi (0,60/Pers. 6-19 Uhr) geht's bis zur Anlegestelle des Restaurants Angermeyer Point, dann gelangt man am Finch Bay Hotel und an einer interessanten Salzgrube vorbei zu einem von Lavasteinen gesäumten Pfad, der zum See führt. Von der Anlegestelle sind es 700 m zu Fuß.

Laguna de las Ninfas — LAGUNE
GRATIS An der friedlichen Lagune gibt es einen kurzen Steg, von dem aus man die Mangroven betrachten und manchmal auch Stachelrochen, Babyhaie, Meeresschildkröten und andere Tiere entdecken kann.

Rancho Primicias — NATURRESERVAT
(Eintritt 3 US$; 8–17 Uhr) Neben El Chato befindet sich die private Farm der Familie Devine. Hier leben Dutzende Riesenschildkröten, und man kann ungehindert umherstreifen. Der Eingang liegt hinter Santa Rosa, abseits der Hauptstraße, die Einheimischen kennen den Weg. Nicht vergessen, jedes Gatter, durch das man geht, auch wieder zu schließen! In einem Café werden kalte Getränke und heißer Tee verkauft, der besonders willkommen ist, wenn einen der Nebel des Hochlands bis ins Mark abgekühlt hat.

Lavaröhren — TUNNEL
(Eintritt 3 US$; 8–17 Uhr) Die beeindruckenden unterirdischen Tunnel südöstlich des Ortes Santa Rosa sind über 1 km lang und entstanden, als sich die äußere Haut eines Lavastroms verfestigte. Als der Lavastrom verebbte, floss die geschmolzene Lava im Innern weiter und ließ eine feste Hülle in Form von Tunneln zurück. Da sie sich auf privatem Gelände befinden, können die Röhren ohne offiziellen Führer besichtigt werden. Die Tunnel sind elektrisch beleuchtet (man kann auch Taschenlampen oder Fackeln ausleihen). In Puerto Ayora werden geführte Touren angeboten.

🏃 Aktivitäten

Das beste Tauchcenter der Stadt ist **Scuba Iguana** (05-252-6497; www.scubaiguana.com; Av Darwin) in der Nähe des Friedhofs. Der übliche Preis für zwei Tauchgänge vom Boot aus liegt bei etwa 180 US$. Auch Kurse zum Erwerb des PADI-Zertifikats sind im Angebot.

👉 Geführte Touren

Es gibt eine große Auswahl von Tagestouren zum Schnorcheln sowie Landgänge zum Besuch der Tierreservate.

Albatros Tours — GEFÜHRTE TOUREN
(05-252-6948; albatrostours@gpsinter.net; Av Charles Darwin) Tagestrips zur Santa Cruz, Schnorchelausrüstung und Tauchausflüge.

Joybe Tours — GEFÜHRTE TOUREN
(05-252-4385; Av Baltra nahe Av Opuntia) Gute Angebote für *Last minute*-Bootsausflüge mit Übernachtung und Tagestouren.

Moonrise Travel — GEFÜHRTE TOUREN
(05-252-6402; www.galapagosmoonrise.com; Av Darwin) Die Agentur wird von einer Familie von Galápagosexperten und -führern betrieben, die Übernachtungen im Zelt auf ihrer privaten Ranch im Hochland arrangieren sowie Bootsausflüge und Tauchausflüge mit Übernachtungen an Bord oder in Hotels.

🛏 Schlafen

Die meisten Hotels sind innerhalb weniger Häuserblocks von der Avenida Charles Darwin (die Hauptstraße, die sich direkt am Ufer entlang schlängelt) zu finden.

Hostal Los Amigos — HOSTEL $
(05-252-6265; hostal.losamigos@gmail.com; Av Charles Darwin; EZ/DZ/4BZ ohne Bad 15/30/60 US$;) Wahrscheinlich die beste Budgetunterkunft im Ort. Die fehlenden eigenen Badezimmer (abgesehen von einem Vierbettzimmer) werden durch die zentrale Lage und die sauberen Zimmer mit Holzfußboden – die zugegebenermaßen klein sind – wettgemacht. Es gibt eine Küche und eine Lounge mit TV.

Galapagos Native — PENSION $$
(05-252-4730; www.galapagosnative.com.ec; Tomas de Berlanga nahe Av 12 de Febrero; EZ/DZ ab 25/30 US$) Die neue Unterkunft bietet für den Preis recht gute und saubere Zimmer mit Lehmziegelwänden. Die drei besten Zimmer sind hell und luftig und haben einen Balkon.

Hotel Gardner — HOTEL $$
(05-252-6979; Tomás de Berlanga; EZ/DZ ab 20/35 US$;) Das preisgünstige Gardner hat einfache Zimmer und eine überdachte Dachterrasse mit Liegesesseln und Hängematten.

Hotel Sir Francis Drake — HOTEL $$
(05-252-6221; www.sirfrancisdrakegalapagos.com; Av Baltry; EZ/DZ ab 25/30 US$;) Das Sir Francis Drake hinter einem kleinen Kaufhaus nur ein paar Schritte vom Pier entfernt ist für den Preis eines der besseren Hotels im Ort. Am besten sind die Zimmer ganz hinten im Erdgeschoss, sie verfügen nämlich über große Fenster, durch die viel natürliches Licht hineindringt. Als Gemeinschaftsbereiche dienen lediglich ein Innen-

hof ohne Sitzgelegenheit und ein einzelner Balkon.

 Essen

Eine Handvoll beliebter Kioske an der Charles Binford, direkt östlich der Av Padre Julio Herrera, verkauft *encocado* (Meeresfrüchteeintopf mit Kokosmilch), Hummer und gegrilltes Fleisch. An den Tischen im Freien herrscht eine fröhliche Stimmung.

El Atardecer del Nene SEAFOOD $$
(Av Darwin; Hauptgerichte 7–9 US$; ⊙Mo–Sa 17–20 Uhr) An den wenigen Plastiktischen im Freien neben dem Fischmarkt lassen sich überwiegend Einheimische nieder, die an unglaublich frischen Fisch und Hummer (nach Saison) schätzen. Das Ganze ist ein fröhliches Plätzchen mit Salsamusik und einer kühlen Meeresbrise.

Galápagos Deli DELI, PIZZERIA $$
(Tomás de Berlanga; Hauptgerichte 5–9 US$; ⊙Di–So 7–22 Uhr; 🛜) Wer von den typischen *almuerzos* (Mittagstisch) genug hat, kann sich in diesem eleganten und modernen Lokal eine Pizza aus dem Ziegelofen (klein 5 US$) oder ein erstklassiges Deli-Sandwich holen. Es gibt auch Fish & Chips, Espresso und leckeres Eis. Da sich der Laden in einem ruhigen Block versteckt, ist er so was wie ein Geheimtipp.

Casa del Lago Café Cultural CAFÉ $$
(Ecke Moisés Brito & Montalvo; Hauptgerichte 7–9 US$; ⊙Mo–Sa 7–19 Uhr; 🛜🚭) Das szenige Café hat drinnen und draußen ein paar Tische stehen. Es gibt hervorragende Frühstücke, Sandwiches, Empanadas und Salate sowie selbst gemachte Kuchen, Obstdrinks und Filterkaffee.

🛈 Praktische Informationen

Banco del Pacífico (Av Darwin nahe Los Colonos; ⊙Mo–Fr 8–15.30 Uhr, Sa 9.30–12.30 Uhr) Hat einen Geldautomaten und wechselt Reiseschecks. Es gibt zwei weitere Geldautomaten bei der Anlegestelle und vor dem Supermarkt Proinsular.

Cámara de Turismo (Touristeninformation; Av Darwin nahe Av 12 de Febrero; ⊙8–12:30 & 14:30–18 Uhr) Hat Hotelinformationen und Karten; einige Mitarbeiter sprechen Englisch. Hier alle Beschwerden über Boote, Touren, Führer oder Angestellte angeben!

🛈 An- & Weiterreise

Es empfiehlt sich, Flüge in den Büros von Avianca, **LAN** (☎05-269-2850; Av Charles Darwin; ⊙Mo–Sa 8–18 Uhr, So 10–13 Uhr) oder **TAME** (☎05-252-6527; Ecke Av Charles Darwin & Av 12 de Febrero; ⊙Mo–Fr 8–12 & 14–17 Uhr, Sa 8–13 Uhr) bestätigen zu lassen.

Wer auf eigene Faust unterwegs ist, nimmt vom Flughafen den kostenlosen Bus mit der Aufschrift „Muelle" auf die Isla Baltra zur Bootsanlegestelle (10 Min.), an der die Boote zur Isla Santa Cruz ablegen. Die Überfahrt nach Santa Cruz (1 US$) dauert zehn Minuten, dort wartet ein Citteg-Bus, der ins etwa eine Stunde entfernte Puerto Ayora (2 US$) fährt. Der Busbahnhof ist weitere 2 km von der Anlegestelle (und vom Zentrum) entfernt; ein Taxi kostet 1 US$. Für Taxifahrten von der Stadt zur Anlegestelle am Ende von Santa Cruz (wo man mit Fähre und Flughafenbus weiter zum Flughafen fahren kann) werden 18 US$ fällig.

Ankommende Flugpassagiere, die bereits eine Tour gebucht haben, werden am Flughafen von einem Besatzungsmitglied des Bootes abgeholt und per Bus, Boot und noch mal Bus nach Puerto Ayora begleitet.

Private Schnellboote fahren zweimal täglich um 7 und um 14 Uhr zur Isabela und nach San Cristóbal (30 US$, 2 Std.). Außerdem fährt ein Boot täglich um 8 Uhr zur Insel Floreana (30 US$, 2 Std.). Tickets gibt es in Reisebüros und dem kleinen Kiosk in der Nähe des Wassertaxianlegers.

Rund um Puerto Ayora

Bei Tourveranstaltern in Puerto Ayora kann man Tagestouren arrangieren.

Nördlich vom Bellavista führt ein Fußweg hinauf in die Berge, u. a. zum **Cerro Crocker** und anderen Hügeln und erloschenen Vulkanen. Dies ist eine schöne Möglichkeit, sich die heimischen Pflanzen und Tiere anzusehen. Vom Bellavista bis zum sichelförmigen Hügel Media Luna sind es etwa 6 km und weitere 3 km bis zum Fuß des Cerro Crocker. Da dies ein Nationalpark ist, braucht man einen Führer.

Die **Los Gemelos** genannten Zwillingskrater liegen 5 km hinter Santa Rosa. Eigentlich sind es Einsturzlöcher und keine Krater. Sie liegen inmitten von Scalesia-Wäldern. Hier sind oft Rubintyrannen zu sehen und manchmal auch Sumpfohreulen. Die Krater sind zwar keine 100 m von der Straße entfernt, doch sie liegen in dichter Vegetation verborgen, darum sollte man den Fahrer bitten, am Ausgangspunkt zu halten.

Das **El Chato Tortoise Reserve** (Eintritt 3 US$; ⊙8–17 Uhr) in der Nähe von Santa Rosa schützt Riesenschildkröten, die in freier Wildbahn leben. Man kann dieses Gebiet auch zu Pferd erkunden.

Isla San Cristóbal

Die Einheimischen nennen die Isla San Cristóbal die Kapitale des Paradieses, und da Puerto Baquerizo Moreno die Hauptstadt der Provinz Galápagos ist, trifft das sogar in gewisser Weise zu. Auf der Insel gibt es mehrere leicht zugängliche Stätten für Besucher, großartige Surfmöglichkeiten – und die hübsche, entspannte Hauptstadt selbst.

Puerto Baquerizo Moreno

Puerto Baquerizo Moreno wird häufig einfach Cristóbal genannt und ist eine kleine entspannte Stadt, die in der Hauptsaison voller Touristen ist und das übrige Jahr über im Winterschlaf liegt. Man kann hier auch Touren buchen, aber eigentlich ist es ein toller Ort, um einfach abzuschalten. Es gibt in der Nähe drei Weltklasse-Surf-Breaks.

Die faszinierenden Ausstellungen im modernen **Informationszentrum** (05-252-0358; 8–17 Uhr) GRATIS an der Nordseite der Bucht erläutern die Geschichte und die Bedeutung der Galápagosinseln besser als irgendeine andere Stätte auf den Inseln. Es gibt tolle Wege zu ruhigen Stränden, an denen man viele Meerechsen sieht.

Flugpassagiere, die in Puerto Baquerizo Moreno landen, brauchen etwa zehn Minuten zu Fuß bis in die Stadt.

Sehenswertes & Aktivitäten

La Lobería   STRAND

Südwestlich des Ortes führt eine Straße 2,5 km (etwa 30 Min. zu Fuß) bis zur La Lobería. An dem felsigen Strand liegen träge Seelöwen. Zum Surfen eignet er sich das ganze Jahr über und am Weg, der vom Strand weiterführt, gibt es viele Leguane. Wasser und Sonnenschutz nicht vergessen! Eine Taxifahrt hierher kostet etwa 3 US$, zurück geht's zu Fuß. Am Klippenpfad vom Strand sind Meeres- und Lavaechsen sowie in der Luft Fregattvögel zu sehen. Zu Fuß ist der Strand über die Avenida Alsacio Northia Richtung Flughafen zu erreichen, hinter dem Stadion (mit den Wandbildern) geht's nach links, dann die erste Straße nach rechts.

Sharksky Tours   SCHNORCHELN, TAUCHEN

(05-252-1188; www.sharksky.com; Av Darwin) Das Unternehmen hat eintägige Schnorchelausflüge (80 US$), Touren mit Hotelübernachtungen, Kajaktouren und Sporttauchen (2 Bootstauchgänge 160 US$) im Angebot.

Schlafen & Essen

Es gibt viele Restaurants mit preiswerten *almuerzos*. Unbedingt einen *batido* (Fruchtshake) in der **Cabaña Mi Grande** (Villamil; Hauptgerichte ca. 3 US$; 6–15 & 18–22 Uhr) probieren!

★ Casa de Laura Hostal   HOSTEL $

(05-252-0173; hostalcasadelaura@hotmail.com; Av de la Armada; Zi. 20 US$/Pers.; ❄@🔊) Das freundliche, familiengeführte Haus ist eine der preiswertesten Unterkünfte der Stadt. Das zweistöckige Gebäude aus Lehmziegeln verfügt über moderne Zimmer mit Warmwasseranschluss. Außerdem gibt es einen hübsch angelegten Hof und Hängematten im winzigen Kakteengarten neben dem Haus. Die Casa de Laura liegt am westlichen Ende der Avenida Charles Darwin.

Hostal San Francisco   PENSION $

(05-252-0304; Av Darwin; EZ/DZ 15/30 US$; 🔊) Das Hostal San Francisco, die beste von mehreren Budgetunterkünften am Wasser, hat einfache, aber saubere Zimmer mit Bad und Warmwasseranschluss sowie freundliche Besitzer, die auch den Laden im Erdgeschoss betreiben.

Casa Blanca   HOTEL $$

(05-252-0392; www.casablancagalapagos.com; Av Darwin; EZ/DZ inkl. Frühstück ab 50/70 US$; ❄🔊) Die beste Unterkunft im ganzen Ort: Das Gebäude aus weiß getünchten Lehmziegeln hat zauberhaft eingerichtete Zimmer mit Fliesenböden und liegt dazu noch am *malecón*, direkt gegenüber der Passagieranlegestelle. Somit hat man von den Zimmern mit Balkonen zum Meer hin eine traumhafte Aussicht. Es gibt sogar unter der Dachkuppel eine Suite mit eigenem Balkon.

Unterwegs in Puerto Baquerizo Moreno

Abgesehen von der Isla Lobos kann man die folgenden Stätten problemlos ohne Führer besuchen. Etwa 1,7 km nordöstlich von Puerto Baquerizo Moreno befindet sich der **Cerro de las Tijeretas** (Hügel des Fregattvogels). Man erreicht ihn über einen Pfad, von dem sich eine schöne Aussicht eröffnet. Unterwegs kommt man an einem Informationsbüro des Nationalparks vorbei. Auf der Seeseite kann man ausgezeichnet schnorcheln.

Für ungefähr 20 US$ hin und zurück fahren Taxis von Puerto Baquerizo Moreno zum landwirtschaftlichen Zentrum **El Progreso**, das etwa 8 km östlich liegt, am Fuß des Cerro San Joaquín (896 m), dem höchsten Punkt San Cristóbals. Von El Progreso aus kann man einen der ab und zu verkehrenden Busse zur **Lagune El Junco** nehmen (Alternativen: einen Jeep mieten oder die 10 km wandern). Der Süßwassersee liegt 700 m über dem Meeresspiegel und bietet eine sagenhafte Aussicht. Die Straße führt hinter dem See weiter und zweigt ab zum einsamen Strand bei **Puerto Chino**; mit Erlaubnis des **Nationalparkbüros** (☏ 252-0138; www.galapagospark.org) der Galápagosinseln in Puerto Baquerizo Moreno darf man hier campen. Die andere Abzweigung führt nach **La Galapaguera**, wo sich Riesenschildkröten beobachten lassen.

Ein Schiff gen Norden braucht von Puerto Baquerizo Moreno aus ungefähr eine Stunde bis zur winzigen, felsigen **Isla Lobos**. Sie ist eine wichtige Kolonie für Seelöwen und Blaufußtölpel und für Besucher der Isla San Cristóbal geöffnet (allerdings darf man sie nur mit Führer betreten). Über die Insel verläuft ein 300 m langer Pfad. Man kann hier einheimische Tropidurus-Echsen beobachten.

Etwa 4 km westlich der Stadt befindet sich der **Muro de las Lágrimas** (Mauer der Tränen), eine 100 m lange Mauer aus Lavasteinen, die unter schweren, unmenschlichen Bedingungen von Häftlingen einer Strafkolonie gebaut wurde. Die Strafkolonie wurde 1959 geschlossen, doch die Mauer erinnert noch heute an dieses dunkle Kapitel der Inselgeschichte. Unterkünfte auf der Insel bieten eine große Bandbreite an Touren auf und um die Insel an.

Das **Caleta Iguana Hotel & Surf Camp** (☏ 05-252-9405; www.iguanacove.com; Av Antonio Gil; B 23 US$, DZ mit/ohne Bad ab 90/68 US$, Zi. mit Aussicht 124–140 US$) ist mit seiner Strandbar, den Hängematten, Lagerfeuern, der Livemusik und der Terrasse Richtung Meer das Richtige für alle, die Lust auf lebhafte, entspannte Gesellschaft haben. Es liegt am westlichen Stadtrand am Strand. Eine der besten Budgetunterkünfte der Stadt ist das **La Brisa del Mar** (☏ 05-301-6800; Zi. mit Ventilator/Klimaanlage 15/20 US$), ein paar Blocks entfernt vom Hauptplatz (man kommt auf dem Weg zur Anlegestelle daran vorbei).

Am zentralen Platz an der Avenida Antonio Gill, zwischen Las Fragatas und 16 de Marzo, findet sich ein halbes Dutzend Restaurants.

Isla Isabela

Die Isla Isabela ist die größte Insel des Archipels und wartet mit dramatischen Landschaften und aktiven Vulkanen auf.

Die größte Stadt der selten besuchten Isla Isabela ist **Puerto Villamil**. Das schläfrige Städtchen besteht aus Sandstraßen und kleinen Wohnhäusern. Es liegt zwischen einem wunderschönen weißen Sandstrand und einer Lagune, in der Flamingos und Meerechsen leben. Das gesamte Trinkwasser der Stadt und der Insel wird mit dem Boot von der Isla Santa Cruz hergebracht.

Hinter dem Dorf und westlich davon liegt die **Lagune Villamil** (⊙ Weg 6–18 Uhr), die bekannt ist für ihre Meerechsen und Zugvögel, besonders die Watvögel – über 20 Arten wurden hier gesichtet. Ein 1 km langer Weg beginnt gleich hinter dem Hotel Iguana Crossing. Der hölzerne Steg führt vorbei an Mangroven und dichter Vegetation über die Lagune und endet im **Centro de Crianza de Tortugas** (Brutzentrum für Riesenschildkröten). Freiwillige Mitarbeiter erläutern die Anstrengungen, die hier unternommen werden, um den Bestand dieser Art auf der Isla Isabela zu vergrößern.

Floreana

Auf der Insel, die auch Isla Santa María genannt wird, leben kaum 100 Menschen, die meisten von ihnen nahe **Puerto Velasco Ibarra**, der einzigen Ortschaft der Insel. Hier befindet sich das **Hostal Wittmer** (☏ 05-253-5033; erikagarciawittmer@hotmail.com; EZ/DZ ab 30/60 US$) mit Zimmern zum Strand und privaten Balkonen. Das Haus wird von der Familie der verstorbenen Margaret Wittmer geführt, die als eine der ersten Siedlerinnen der Insel berühmt wurde. Weitere einfache, aber angenehme Optionen sind die **Casa de Huespedes Hildita** (☏ 05-253-5079; EZ/DZ 20/40 US$) und das **Hostal Santa Maria** (☏ 05-253-5022; malourdes.soria@hotmail.com; EZ/DZ inkl. Frühstück 35/70 US$; ☏). Mit Abstand das beste Restaurant auf Floreana ist das **Conchalagua** (Hauptgerichte 8–12 US$; ⊙ Di–So), das von der charmanten Señora Cruz geführt wird, die viele tolle Geschichten über das Heranwachsen auf der Insel auf Lager hat.

Viele Tourunternehmen in Santa Cruz verkaufen Trips nach Floreana als Tagesausflug, aber man sollte wissen, dass man vier

Stunden des Tages mit einer holprigen Bootsfahrt zubringt und den schönsten Teil der Erfahrung verpasst: In Ruhe die Schönheit dieser bezaubernden Insel in sich aufzunehmen. Es gibt viele Unterkünfte und keinen Grund, nicht hier zu bleiben.

ECUADOR VERSTEHEN

Ecuador aktuell

Bis vor Kurzem war Ecuador wirtschaftlich ein hoffnungsloser Fall, eine typische Bananenrepublik, die von Armut, wirtschaftlicher Ungleichheit und politischen Unruhen geprägt war – seit der Gründung der Republik im Jahr 1830 gab es über 80 Regierungswechsel. Doch in den vergangenen zehn Jahren erlebte das Land einen wichtigen Entwicklungsschub und investierte in großem Stil in Bildung, Gesundheitswesen und Infrastruktur. Für viele Ecuadorianer ist dies eine der hoffnungsvollsten und ermutigendsten Phasen der gesamten Geschichte des Landes.

Diese dramatische Kehrtwende ist zu großen Teilen Rafael Correa zu verdanken, dem beliebten jungen Präsidenten des Landes. Als „bürgerliche Revolution" bezeichnet Präsident Correa die großen Veränderungen, die über Ecuador hinweggefegt sind. Trotz dieser Übertreibung lässt sich der enorme Wohlstandszuwachs, den viele Bürger in der Regierungszeit Correas erlebten, kaum leugnen. Seit seinem Amtsantritt 2007 ist die Armutsrate dramatisch gesunken (von 45 % im Jahr 2006 auf 25 % im Jahr 2014), ebenso die Arbeitslosigkeit (auf unter 5 %), während die Gehälter gestiegen sind und die Inflation eingedämmt wurde. Die jährliche Wachstumsrate des Bruttoinlandsprodukts liegt bei beständigen 4 %. Unter Correa wurden die staatlichen Ausgaben für den öffentlichen Sektor nahezu verdoppelt (von 21 % im Jahr 2006 auf über 40 % im Jahr 2014), vor allem im Gesundheits- und Bildungswesen. Das Ergebnis: Die Kindersterblichkeit ging zurück und mit dem Bau neuer Schulen und Universitäten können mehr Schüler und Studenten als je zuvor Bildungseinrichtungen besuchen.

Im ganzen Land entstanden große Infrastrukturprojekte, darunter neue Wasserkraft-Talsperren, nagelneue Straßen und Brücken und der neue Flughafen von Quito. Weitere Vorhaben sind noch im Bau, etwa ein 23 km langes U-Bahn-Netz in Quito (das rund 1,6 Mrd. US$ kostet) und ein neuer Flughafen für Guayaquil. Eines der ambitioniertesten Projekte ist der Bau des Universitäts- und Forschungskomplexes Yachay, eines weitläufigen Campus, der in der nördlichen Provinz Imbabura entsteht. Das Gelände, als „Stadt des Wissens" bezeichnet (*yachay* ist das Kichwa-Wort für „Wissen"), ist etwa halb so groß wie Zürich und soll zum wichtigen Zentrum für Wissenschaft, Technologie und Innovation werden – vielleicht das nächste Silicon Valley, wenn alles wie geplant läuft.

Angesichts all dieser Entwicklungen überrascht es nicht, dass Correa weithin populär ist. Mit einer Zustimmungsrate, die zwischen 60 und 80 % schwankt, ist er einer der beliebtesten Regierungschefs Lateinamerikas und wohl der populärste Präsident in der Geschichte des Landes.

Geschichte

Das Land aus Feuer und Eis hat eine turbulente Geschichte hinter sich. Seit seiner Unabhängigkeit 1830 hat Ecuador unzählige Regierungswechsel und 20 Verfassungen gehabt (die letzte wurde 2008 entworfen). Verschärft wird die Unsicherheit des Andenstaats durch Rivalitäten, intern (das konservative, von der Kirche getragene Quito gegen das liberale, weltliche Guayaquil) wie extern (Grenzstreitigkeiten mit Peru und Kolumbien).

Die frühen Kulturen

Die ältesten Werkzeuge, die in Ecuador gefunden wurden, sind von 9000 v. Chr. Schon während der Steinzeit lebten also Völker in der Region. Die wichtigsten frühen Gemeinschaften bildeten sich entlang der Küste, in einer Landschaft, die sich eher zum Leben eignete als das karge Hochland. Die erste Kultur, die dauerhaft in Ecuador siedelte, war die Valdivia-Kultur. Sie entstand vor fast 6000 Jahren entlang der Küste der Halbinsel Santa Elena.

Bis zum 11. Jh. hatten sich in Ecuador zwei Hauptkulturen entwickelt: die expansionswütige Cara-Kultur an der Küste und die friedliebende Quitu-Kultur im Hochland. Die beiden Gruppen verschmolzen und wurden bekannt als die Quitu-Cara- oder Shyris-Zivilisation. Diese war bis ins 14. Jh.

hinein die treibende Kraft im Hochland, dann wurden die Puruhá aus dem zentralen Hochland immer mächtiger. Die dritte wichtige Gruppe waren die Cañari, die weiter südlich siedelten. Auf diese drei Kulturen trafen die Inka, als sie begannen, sich vom heutigen Peru aus Richtung Norden auszubreiten.

Das Land der vier Himmelsrichtungen

Bis Anfang des 15. Jhs. konzentrierte sich das Inka-Reich rund um Cusco in Peru. Das änderte sich während der Herrschaft des Inkas Pachacutec dramatisch, dessen expansionistische Politik die Erschaffung des riesigen Inka-Imperiums Tahuantinsuyo in Gang setzte. In Quechua (oder Quichua, wie die Sprache auch noch genannt wird) bedeutet dieser Name „Land der vier Himmelsrichtungen". Als die Inka Ecuador erreichten, war Tupác Yupanqui, Pachacutecs Nachfolger, ihr Herrscher. Sie trafen auf heftigen Widerstand sowohl der Cañari als auch der Quitu-Cara. In einem Kampf metzelten die Inka Tausende Cara nieder und warfen sie in der Nähe von Otavalo in einen See, dessen Wasser sich daraufhin rot gefärbt haben soll. Er wurde deshalb Laguna Yaguarcocha genannt: Blutsee.

Der Norden war viele Jahre lang unterjocht. Der Inka Tupac bekam einen Sohn mit einer Cañari-Prinzessin. Dieser Sohn, Huayna Capac, wuchs in Ecuador auf und folgte seinem Vater auf den Inka-Thron. Huayna Capác hatte seinerseits zwei Söhne: Atahualpa, der in Quito aufwuchs, und Huáscar, der in Cusco erzogen wurde.

Als Huayna Capác 1527 starb, vermachte er sein Reich nicht nach alter Sitte einem Sohn, sondern beiden. Zwischen den Söhnen entstand eine Rivalität, die schließlich in einen Bürgerkrieg mündete. Nach mehreren Jahren des Kampfes besiegte Atahualpa seinen Bruder Huáscar in der Nähe von Ambato im zentralen Ecuador. So regierte Atahualpa ein geschwächtes und noch immer geteiltes Inka-Reich, als Francisco Pizarro 1532 in Peru landete.

Das schmutzige Spiel der Spanier

Pizarros Vorstoß war schnell und dramatisch: Er instrumentalisierte die Zwietracht innerhalb des Inka-Reichs und zog viele ethnische Gruppen auf seine Seite, die nicht zu den Inka gehörten, sondern erst vor Kurzem von ihnen unterworfen worden waren. Das Ausschlaggebende aber war der Ausrüstungsunterschied der Gegner: Die Inka-Krieger kämpften zu Fuß gegen die berittenen, gepanzerten Conquistadores. Erstere waren Letzteren nicht gewachsen und wurden zu Tausenden abgeschlachtet. Innerhalb von drei Jahren erlangten die Spanier die Kontrolle über das ehemalige Inka-Reich – auch, indem sie die Inka-Herrscher bei mehreren Gelegenheiten betrogen.

Die neue Heimat

Ab 1535 verlief die Kolonialzeit ohne größere Aufstände der einheimischen Ecuadorianer. 1540 machte Francisco Pizarro seinen Bruder Gonzalo zum Gouverneur von Quito. In der Hoffnung, weiteres Gold zu finden, schickte Gonzalo seinen Leutnant Francisco de Orellana los, das Amazonasgebiet zu erkunden. Am Ende schipperten dieser und seine Mannen bis zum Atlantik und waren damit die ersten, die den gesamten Amazonas hinunterfuhren und den Kontinent durchquerten. Noch heute gedenkt man in Ecuador dieser Fahrt, die fast ein ganzes Jahr dauerte.

Während der ersten Jahrhunderte der Kolonialherrschaft war Lima in Peru der Regierungssitz Ecuadors. Ecuador war ursprünglich eine *gobernación* (Provinz) und wurde 1563 zur Real Audiencia de Quito (Königliche Audienz von Quito), wodurch es politisch bedeutender wurde. Die Audiencia gehörte zum Vizekönigreich Peru, 1739 wurde sie dann dem Vizekönigreich Kolumbien zugeführt, das damals Nueva Granada hieß.

Ecuador blieb während dieser Jahrhunderte eine friedliche Kolonie, in der Landwirtschaft und Künste florierten. Auf jedem heiligen Fleck der ursprünglichen Einwohner wurden Kirchen und Klöster erbaut und mit einzigartigen Schnitzereien und Malereien verziert, die das Ergebnis eines spanisch-indigenen Kunstmixes waren. Die sogenannte Escuela Quiteña (Quito-Schule) wird noch heute von den Besuchern Ecuadors bewundert. Sie hat sowohl die Kolonialgebäude dieser Zeit als auch Ecuadors einzigartige Kunstgeschichte sehr stark geprägt.

Die Kolonialherren führten ein angenehmes Leben, aber die indigenen Einwohner – und später die *mestizos* (Menschen mit spanischen *und* indigenen Wurzeln) – wurden unter deren Herrschaft schlecht behandelt. Das System der Zwangsarbeit wurde nicht nur geduldet, sondern noch unterstützt. Und so überrascht es nicht, dass die indigenen Gruppen im 18. Jh. mehrere Aufstände gegen die herrschenden Klassen der Spanier anzettelten. Soziale Unruhen und die Einrichtung von Kakao- und Zuckerplantagen im Nordwesten veranlassten Grundbesitzer, afrikanische Arbeitssklaven zu importieren. Der Großteil der reichen afro-ecuadorianischen Kultur, die man heute in der Provinz Esmeraldas findet, ist ein Erbe aus dieser Zeit.

Adiós, Spanien!

Der erste ernsthafte Versuch, sich von den Spaniern zu befreien, fand am 10. August 1809 statt. Er wurde von einer von Juan Pío Montúfar angeführten Partisanengruppe unternommen. Diese nahm Quito ein und installierte dort eine Regierung, aber die königstreuen Truppen erlangten innerhalb von nur 24 Tagen wieder die Kontrolle.

Ein Jahrzehnt später befreite Simón Bolívar, ein venezolanischer Nationalheld, auf seinem Marsch südwärts von Caracas Kolumbien. Bolívar unterstützte die Bewohner von Guayaquil, als sie am 9. Oktober 1820 ihre Unabhängigkeit erklärten. Es dauerte jedoch weitere zwei Jahre, bis Ecuador sich endgültig von der spanischen Herrschaft befreien konnte. Die entscheidende Schlacht fand am 24. Mai 1822 statt, als einer der besten Generäle Bolívars, Mariscal (Feldmarschall) Sucre, die Royalisten bei Pichincha besiegte und Quito einnahm.

Bolívars idealistischer Traum war es, ein vereintes Südamerika zu bilden. Er begann, Venezuela, Kolumbien und Ecuador zum unabhängigen Staat Großkolumbien zu verbinden. Der hatte aber nur acht Jahre Bestand, und im Jahr 1830 erlangte Ecuador die vollständige Unabhängigkeit. Im selben Jahr wurde ein Vertrag mit Peru unterzeichnet, der die Grenze zwischen den beiden Nationen festlegte.

Liberale gegen Konservative

Nachdem Ecuador von Spanien unabhängig war, nahm die Geschichte ihren Lauf: Die typisch lateinamerikanischen politischen Kämpfe zwischen Liberalen und Konservativen begannen. Quito entwickelte sich zum Hauptzentrum der kirchlich unterstützten Konservativen, während Guayaquil traditionell als liberal und sozialistisch angesehen wurde. Die Rivalität zwischen diesen Gruppen eskalierte oft und extrem gewalttätig: 1875 wurde der konservative Präsident García Moreno erschossen, und der liberale Präsident Eloy Alfaro wurde 1912 in Quito von Demonstranten getötet und öffentlich verbrannt. Die Rivalität zwischen den beiden Städten besteht auf sozialer Ebene noch heute. Mit der Zeit übernahm das Militär die Kontrolle, sodass Ecuador im 20. Jh. länger unter militärischer Herrschaft stand als unter ziviler.

Krieg mit Peru

1941 brach wegen Grenzstreitigkeiten ein Krieg mit Peru aus. Minister aus ganz Amerika trafen sich 1942 zu einer Konferenz und legten im Protokoll von Rio de Janeiro schließlich die Grenze neu fest. Ecuador hat diese Grenze nie anerkannt, und das führte immer wieder zu kleineren Auseinandersetzungen mit Peru. Die ernsthafteste war ein kurzer Krieg Anfang 1995, als mehrere Dutzend Soldaten auf beiden Seiten getötet wurden. Nach weiteren Kampfhandlungen im Jahr 1998 legten Peru und Ecuador den Konflikt schließlich bei, und Peru behielt den Großteil des strittigen Landes.

Jüngste politische Entwicklungen

Die jüngste demokratische Phase in Ecuador begann 1979 mit der Wahl von Präsident Jaime Roldos Aguilera. In den folgenden 20 Jahren wechselten sich Liberale und Konservative mit dem Regieren ab.

Aus der Wahl von 1998 ging Jamil Mahuad, ein ehemaliger Bürgermeister von Quito, als Sieger hervor und wurde auch sofort auf die Probe gestellt. Die verheerenden Folgen von El Niño und der schwächelnde Ölmarkt von 1997 und 1998 brachte die Wirtschaft 1999 ins Trudeln. Der Sucre, die ehemalige Währung von Ecuador, sackte bis Januar 2000 von etwa 7000 für 1 US$ auf 25 000 ab.

Als Mahuad seinen Plan vorstellte, die nationale Währung gegen den US-Dollar auszutauschen, brach im Land heftiger Protest aus. Am 21. Januar 2000 legten Demonstrationszüge die ganze Hauptstadt lahm. Die Protestler besetzten das ecuadorianische Kongressgebäude und zwangen Mahuad zum Rücktritt. Ihre Anführer waren Antonio Vargas, Coronel Lucio Gutiérrez und der ehemalige Präsident des obersten Gerichtshofs Carlos Solórzano, der die Präsidentschaft sofort an den ehemaligen Vizepräsidenten Gustavo Noboa übergab. Noboa setzte die „Dollarisierung" fort, und im September 2000 wurde der US-Dollar offizielle Landeswährung.

Präsidenten kommen und gehen

2002 folgte auf Präsident Noboa Lucio Gutiérrez, einst ein Anführer von Protesten. Das Wahlergebnis wurde von seinen populistischen Themen beeinflusst. Doch kurz nachdem er sein Amt angetreten hatte, nahm Gutiérrez Abstand von seinen radikalen Reformvorschlägen und führte, vom Weltwährungsfond ermuntert, Sparmaßnahmen durch, um die erheblichen Schulden des Landes in den Griff zu bekommen. 2004 entließ er zudem einen großen Teil des Obersten Gerichtshofs. Auf diese Weise wurde er seine Rivalen bei Gericht los und konnte die Verfassung so ändern, dass die Korruptionsvorwürfe gegen seinen früheren Verbündeten, den allgemein verachteten Ex-Präsidenten Antonio Bucaram, fallengelassen wurden. Als Konsequenz kam es in der Hauptstadt zu Protesten. Im April 2005 wählte der Kongress Gutiérrez schließlich ab und ersetzte ihn durch seinen Vizepräsidenten Alfredo Palacios. Aus dem Amt und ins Exil getrieben, kehrte Gutiérrez 2005 überraschend nach Ecuador zurück und erhob Anspruch, der rechtmäßige Führer des Landes zu sein. Er wurde sofort ins Gefängnis gesteckt, aber nach seiner Entlassung startete er eine Wahlkampagne für die Präsidentschaft. Seine politischen Tage waren jedoch gezählt. 2006 wurde Rafael Correa, in den USA ausgebildeter Ökonom und Finanzminister unter Palacios, zum Präsidenten gewählt.

Kultur

Bevölkerung

Von allen Ländern Südamerikas hat Ecuador die höchste Bevölkerungsdichte – etwa 52 Menschen leben auf 1 km². Trotzdem wirkt das Land noch immer sehr unberührt, denn mehr als 30% der Bevölkerung leben auf engstem Raum in den Städten Quito und Guayaquil und weitere 30% in anderen urbanen Gegenden Ecuadors. Fast die Hälfte der Menschen wohnt an der Küste (einschließlich der Galápagosinseln), und etwa 45% im Hochland. Der Rest lebt im Oriente, wo die Besiedlung langsam fortschreitet.

Mestizos sind etwa 65% der Ecuadorianer, 25% haben indigene Wurzeln, 7% spanische, und 3% sind Nachfahren von Afrikanern. Andere ethnische Gruppen machen weniger als 1% aus. Die meisten Menschen indigener Herkunft sprechen Quichua und leben im Hochland. Einige kleinere Gruppen sind im Tiefland anzutreffen.

Lebensart

Wie ein Ecuadorianer lebt, hängt von der Geografie und der Zugehörigkeit zu einer bestimmten Ethnie und Klasse ab. Eine arme *campesino-* (Kleinbauern-)Familie, die den mageren Vulkanboden im steilen Hochland bestellt, lebt ganz anders als eine Fischerfamilie an der Küste, die zwischen Mangroven in der Provinz Esmeraldas wohnt, und wieder anders als eine Familie aus den Slums von Guayaquil. Eine indigene Saraguro-Familie, die im südlichen Hochland Vieh aus Gemeinschaftsbesitz hütet, führt ein völlig anderes Leben als eine *quiteño*-Familie aus der Oberschicht, die drei Hausangestellte, alle neuesten Elektrogeräte und einen teuren Wagen in der Garage haben mag.

Etwa 40% der Ecuadorianer leben unterhalb des Existenzminimums. Die permanenten Sorgen der meisten Ecuadorianer gelten Brennmaterial und Nahrungsmitteln. Aber fast alle Traveller, die zum ersten Mal herkommen, stellen mit Erstaunen fest, dass selbst die ärmsten Ecuadorianer eine Offenheit ausstrahlen, eine Großzügigkeit und Zufriedenheit, die man in hoch entwickelten Ländern nur selten findet. Fiestas feiern alle mit Eifer, und manchmal kriegt man nachts kein Auge zu, weil nebenan lautstark eine Geburtstagsparty stattfindet.

Religion

Die römisch-katholische Konfession dominiert (80% der Bevölkerung gehören ihr an), daneben gibt's eine kleine Minderheit aus anderen Kirchen. Die indigenen Völker vermischen den Katholizismus gerne mit ihrem eigenen traditionellen Glauben.

Kunst

Musik

Die *música folklórica* (traditionelle Musik aus den Anden) hat einen unverwechselbaren, eindringlichen Klang. Im westlichen

Kulturkreis wurde sie durch Songs wie Paul Simons Version von *El Cóndor Pasa (If I Could)* populär. Die außerweltlich wirkende Qualität entsteht durch die Verwendung einer pentatonischen (Fünfton-)Tonleiter und präkolumbischer Blas- und Schlaginstrumente. Sie vermitteln einen Eindruck vom Leben im windgepeitschten *páramo*. Am besten hört man sich das Ganze in einer *peña* (Volksmusikverein oder Aufführung des Repertoires eines solchen) an.

Der Nordwesten Ecuadors, vor allem die Provinz Esmeraldas, ist berühmt für Marimba-Musik, ursprünglich der Sound der afro-ecuadorianischen Bevölkerung. Heute wird es immer schwieriger, sie live zu hören, denn viele Afro-Ecuadorianer sind auf Salsa oder andere Musikrichtungen umgestiegen.

Wenn es eine Musikform gibt, der man nicht entkommt, ist es Cumbia. Ihr Rhythmus erinnert an ein dreibeiniges trabendes Pferd. Ursprünglich stammt sie aus Kolumbien; die ecuadorianische Version klingt rauer, fast amateurhaft und melancholisch, und wird von einem elektronischen Keyboard dominiert. Busfahrer lieben das Zeug, vielleicht, weil es die Fahrten über die Nebenstraßen der Anden so seltsam schön untermalt.

Obwohl die meisten bei Ecuador eher an Folklore *(folklórica)* denken, ist der *pasillo* die populärste Volksmusik des Landes. Er hat sich aus dem Walzer heraus entwickelt. Seinen Anfang nahm der *pasillo* im 19. Jh., als Ecuador noch ein Teil von Gran Colombia (Großkolumbien) war. Die ergreifenden Lieder mit ihren melancholischen Melodien behandeln oft Themen, wie Enttäuschung, verlorene Liebe und die unstillbare Sehnsucht nach vergangenen Tagen. Die bekannteste Stimme des *pasillo* war Julio Jaramillo (1935-1978), der die Musikrichtung in ganz Lateinamerika bekannt gemacht hat.

In Sachen Jugendkultur ist der aus der Karibik stammende Reggaeton (eine Mischung aus puertoricanischem *bomba*, Dancehall und Hip-Hop) zu erwähnen – hierzu tanzen die Clubgänger in der Stadt. In Ecuador gibt's außerdem eine Reihe Latino-Pop-Künstler. Sänger wie der Teenie-Star Fausto Miño dominieren das Programm, das über den Äther ausgestrahlt wird.

Architektur

Viele Kirchen in Quito wurden während der Kolonialzeit erbaut, und die Architekten ließen sich von der Escuela Quiteña (Quitos Kunstschule) inspirieren. Außerdem lassen die Kirchen oft maurische Einflüsse erkennen, besonders was die Innendekoration betrifft. Der als *mudéjar* bekannte Stil spiegelt eine Bauweise wider, die sich zu Beginn des 12. Jhs. in Spanien entwickelte. Insgesamt ist die Architektur der kolonialen Kirchen überaus prunkvoll – Barock eben.

Viele Häuser aus der Kolonialzeit sind zweistöckig und haben verzierte Balkone am Obergeschoss. Die Wände sind weiß getüncht und die Dächer mit roten Ziegeln gedeckt. Die Altstädte von Quito und Cuenca sind von der UNESCO anerkannte Weltkulturdenkmäler. In beiden Orten gibt es wunderbar erhaltene koloniale Architektur in Hülle und Fülle.

Bildende Künste

Die religiöse Kunst der Kolonialzeit ist in vielen Kirchen und Museen zu bewundern, besonders in Quito. Sie stammt von indigenen Künstlern, die bei den spanischen Conquistadores in die Schule gingen. Sie übernahmen die religiösen Ideen der Spanier, ließen aber ihre eigenen Glaubensvorstellungen einfließen. So entstand eine einzigartige religiöse Kunst, bekannt als Escuela Quiteña. Die Quito-Schule ging mit der Unabhängigkeit verloren.

Das 19. Jh. wird als republikanische Periode bezeichnet. Typisch für die Kunst dieser Zeit ist der Formalismus. Lieblingsthemen waren Helden der Revolution, wichtige Mitglieder aus der High Society der neuen Republik und blühende Landschaften.

Im 20. Jh. entstand die indigene Schule, deren Leitthema die Unterdrückung der indigenen Bevölkerung von Ecuador ist. Wichtige Künstler der sogenannten *indigenista* sind Camilo Egas (1889-1962), Oswaldo Guayasamín (1919-1999), Eduardo Kingman (1913-1997) und Gonzalo Endara Crow (1936-1996). Besucher können (und sollten!) sich die Werke dieser Künstler in den Galerien und Museen von Quito ansehen. Die ehemaligen Wohnhäuser von Egas und Guayasamín (auch in Quito) sind heute Museen, die ihre Arbeiten ausstellen.

Essen & Trinken

Essen

Für viele Ecuadorianer ist das Mittagessen die wichtigste Mahlzeit des Tages. In einem billigen Restaurant gibt's ein ordentliches *almuerzo* (Mittagessen-Tagesangebot) bereits für 2,50 US$. Ein *almuerzo* besteht aus einer *sopa* (Suppe) und einem *segundo* (zweiter Gang), der meistens ein Eintopf mit viel Reis ist. Manchmal gibt es als *segundo* auch *pescado* (Fisch), *lentejas* (Linsen) oder *menestras* (in der Regel Bohneneintopf). Einige Restaurants servieren zusätzlich zu den beiden Gängen Salat, Saft und *postre* (Dessert).

Die *merienda* (Abendessen) ist ein festes Menü, das dem Mittagessen gleicht. Wer weder *almuerzo* noch *merienda* möchte, kann etwas von der Karte wählen – das ist dann aber immer etwas teurer.

Parrillas (oder *parrilladas*) sind Grillrestaurants. Hier gibt es Steaks, Schweinekoteletts, Hühnerbrust, Blutwurst, Leber und Kutteln (je nach Lokal gemischt oder jeweils einzeln).

Essen in *chifas* (chinesischen Restaurants) ist in der Regel billig. Neben diversen Standardgerichten servieren sie *chaulafan* (Reisgerichte) und *tallarines* (Nudelgerichte). Vegetarier können darauf vertrauen, dass sie in den *chifas* ein fleischloses Gericht bekommen.

Die Meeresfrüchte sind oft köstlich, besonders in den Provinzen Esmeraldas und Manabí. Die gängigsten Fischsorten sind *corvina* (eigentlich weißer Seebarsch, oft aber einfach weißer Fisch) und *trucha* (Forelle). *Ceviche*, rohe, in Zitrone marinierte Meeresfrüchte, die mit Puffmais und Zwiebelscheiben serviert werden, sind in ganz Ecuador beliebt. *Ceviche* gibt es in den Varianten *pescado* (Fisch), *camarones* (Garnelen), *concha* (Schalentiere) und *mixto* (gemischt). Leider ist schlecht zubereitete *ceviche* eine potenzielle Quelle von Cholera, darum sollte man im Zweifelsfall lieber darauf verzichten.

Es ist unmöglich, über die Küche des Hochlands zu sprechen, ohne den *maíz* (Mais), dieses hoch geschätzte Getreide, zu erwähnen. Er ist in seinen zahlreichen Varianten seit 1000 Jahren das Grundnahrungsmittel der Andenküche und bildet heute die Grundlage vieler Andenspezialitäten. Die Körner werden zu *tostada* (gerösteter Mais) geröstet, zu *cangil* (Puffmais) aufgepufft, sie werden gekocht und behandelt, um *mote* (gekochte und geschälte Maiskörner) zu machen, oder zu Maismehl gemahlen.

Und dann wären da natürlich noch die Kartoffeln: Sie stammen aus den Anden und sind aus der ecuadorianischen Küche ebenfalls nicht wegzudenken.

Getränke

Leitungswasser muss man desinfizieren, oder man kauft Wasser in Flaschen. Einige Apotheken, Cafés und eine wachsende Zahl von Pensionen erlauben Travellern, ihre Wasserflaschen an der hauseigenen Quelle mit gereinigtem Wasser zu füllen – eine gute Option für alle, die sich über die vielen leeren Flaschen Gedanken machen, die auf den Mülldeponien landen. *Agua con gas* bedeutet Wasser mit Kohlensäure, *agua sin gas* ohne.

Flüssiges in Flaschen ist günstig, und es gibt alle normalen alkoholfreien Getränke. Wer ein gekühltes Getränk haben möchte, bestellt es *helada*, sonst verlangt man *al clima*. Bloß nicht vergessen, *sin hielo* (ohne Eis) dazuzusagen, wenn man der Wasserquelle nicht wirklich traut!

Jugos (Säfte) bekommt man überall. Man sollte sich vergewissern, den *jugo puro* (pur) und nicht *con agua* (mit Wasser) zu bekommen. Die am weitesten verbreiteten Sorten sind *mora* (Brombeere), *tomate de árbol* (eine seltsam süchtig machende, einheimische Frucht), *naranja* (Orange), *toronja* (Grapefruit), *maracuyá* (Passionsfrucht), *piña* (Ananas), *sandía* (Wassermelone), *naranjilla* (eine einheimische Frucht, die ähnlich wie Bitterorange schmeckt) und Papaya.

Kaffee bekommt man in Ecuador fast überall, aber er ist nicht selten enttäuschend. Am gebräuchlichsten ist Instantkaffee, serviert *en leche* (mit Milch) oder *en agua* (mit Wasser). In den besseren Restaurants gibt's Espresso.

Té (Tee) wird normalerweise schwarz mit Zitrone und Zucker gereicht. *Té de hierbas* (Kräutertee) und heiße Schokolade sind ebenfalls beliebt.

Unter den alkoholischen Getränken sind die einheimischen *cervezas* (Biere) schmackhaft und günstig. Pils bekommt man in 650-ml-Flaschen, Club dagegen in 330-ml-Flaschen. Importbiere sind schwer zu finden.

Ron (Rum) ist in Ecuador günstig zu haben, aber nur manchmal ist er auch ordentlich. Der hiesige Branntwein *aguardiente* besteht aus Zuckerrohrdestillat – an den Geschmack muss man sich erst einmal gewöhnen...

Eines der beliebtesten Getränke in Quito ist der *canelazo*, er ähnelt einem heißen

Rum mit würzigem Geschmack. Er besteht aus *aguardiente*, Zimt und Zitronensaft und ist ein ideales Mittel gegen die Kühle der Hochlandnächte.

Natur & Umwelt

Geografie

Ecuador ist klein, doch auch eines der Länder mit der größten geografischen Vielfalt weltweit. Es lässt sich in drei Regionen teilen: Das Rückgrat bilden die Anden, westlich der Berge liegt das Küstentiefland, und im Osten schließt die Region Oriente den Regenwald des oberen Amazonasbeckens ein. Innerhalb von nur 200 km (so weit wie ein Kondor fliegt) kann man von Meeresspiegelhöhe auf schneebedeckte Gipfel klettern, die 6 km über dem Meeresboden liegen, und dann auf der Ostseite des Landes in den Regenwald hinabsteigen. Die Galápagosinseln liegen am Äquator, 1000 km westlich der ecuadorianischen Küste, und bilden eine der 21 Provinzen des Landes.

Tiere & Pflanzen

Ecuador ist eines der artenreichsten Länder der Welt und wird von Ökologen als *megadiversity hot spot* bezeichnet. Mehr als 20 000 Pflanzenarten kennt man hier, und jedes Jahr werden noch neue entdeckt. In ganz Nordamerika gibt es nur 17 000 Pflanzenarten. In den Tropen sind im Allgemeinen viel mehr Arten heimisch als in gemäßigten Zonen, doch ein weiterer Grund für die Artenvielfalt Ecuadors ist ganz einfach, dass es hier viele verschiedene Lebensräume gibt. Es liegt auf der Hand, dass in den Anden ganz andere Arten leben als im tropischen Regenwald, und mit den dazwischen liegenden Lebensräumen und den Küstengebieten ergeben sich sehr unterschiedliche Ökosysteme, eine Anhäufung von Leben, die Naturliebhaber aus der ganzen Welt fasziniert.

Vogelbeobachter strömen in Scharen wegen der großen Vielfalt der Vogelarten nach Ecuador – es sind um die 1600 Arten und damit etwa doppelt so viele, wie in Nordamerika, Europa oder Australien verzeichnet sind. Und Ecuador ist nicht nur ein Land der Vögel: Etwa 300 Säugetierarten kennt man hier, von den Affen am Amazonas bis hin zu den seltenen Brillenbären im Andenhochland.

Nationalparks

In Ecuador gibt's mehr als 30 Parks und Reservate, die unter dem Schutz der Regierung stehen. Neun davon sind Nationalparks; außerdem stehen viele Naturschutzgebiete unter privater Leitung. Insgesamt liegen 18 % des Landes in Schutzgebieten. Ecuadors erster *parque nacional* waren die Galápagosinseln, eingerichtet im Jahr 1959. Verstreut über das Festland von Ecuador befinden sich acht weitere Nationalparks. Zu den am stärksten besuchten gehören (von Norden nach Süden):

Parque Nacional Cotopaxi (S. 619) Mit seinem gewaltigen, eisbedeckten Gipfel ist der Volcán Cotopaxi das ganze Jahr über ein eindrucksvolles Ziel für Wanderer und Bergsteiger.

Parque Nacional Yasuní (S. 643) Steht für den Amazonasregenwald, große Flüsse und Lagunen. Mit seinen Kaimanen, Affen, Vögeln, Faultieren und vielen anderen Arten ist der Wald das ganze Jahr über einen Besuch wert.

Parque Nacional Machalilla (S. 656) Ein Trockenwald an der Küste. Die Strände und Inseln bzw. das Meer rundherum sind der Lebensraum von Walen, Seevögeln, Affen und Reptilien. Tolle Wandermöglichkeiten und Strände!

Parque Nacional Sangay (S. 629) Vulkane, *páramo* und Nebelwald sind das Zuhause von Brillenbären, Tapiren, Pumas und Ozeloten und bieten das ganze Jahr über Möglichkeiten zum Wandern, Klettern und Beobachten der Tiere und Pflanzen.

Parque Nacional Cajas (S. 636) Mit seinen schimmernden Seen und dem heidelandähnlichen *páramo*-Gebiet ist dieser Park im Hochland ein ideales Ziel für einen Abenteuerausflug von Cuenca aus.

Parque Nacional Podocarpus (S. 638) Hat alle Facetten vom Nebelwald bis zum Regenwald. Den malerischen Park im Süden erkundet man am besten von Loja, Zamora oder Vilcabamba aus.

In vielen Parks leben indigene Stämme, die schon lange da waren, bevor man das Gebiet zu einem Park erklärt hat. Bei den Oriente-Parks führten die indigenen Jagdgepflogenheiten (die sich noch stärker auswirken, weil die Gruppen in kleinere Gebiete zurückgedrängt und ihre Ressourcen beschnitten wurden) zum Konflikt mit den Parkschützern. Wie man diese Gebiete vor Öl- und Bauholzgewinnung oder Bergbau schützen, aber gleichzeitig die Rechte der indigenen Bevölkerung wahren soll, ist immer noch eine sehr schwierige Frage.

Der Eintritt zu allen Nationalparks mit Ausnahme der Galápagosinseln (Eintritt 110 US$) ist kostenlos.

Umweltprobleme

Ökologen zufolge hat Ecuador die höchste Abholzungsrate. Im Hochland ist fast der gesamte Waldbestand verschwunden, nur ein paar Fleckchen sind geblieben, meist in Naturschutzgebieten in privater Hand. Entlang der Küste sind die einst zahlreichen Mangrovenwälder beinahe ganz verschwunden, um künstlichen Garnelenbecken Platz zu machen.

Etwa 95 % der Wälder an den Westhängen und im Flachland wurden in landwirtschaftliche Flächen, meist Bananenplantagen, umgewandelt.

Große Teile des Regenwalds am ecuadorianischen Amazonas stehen zwar noch, sind aber stark von der Zerstückelung bedroht. Seit hier Öl entdeckt wurde, werden immer mehr Straßen angelegt, Kolonisten kommen, und die Zerstörung des Waldes hat exponentiell zugenommen. Die Hauptmotoren der Zerstörung sind Holzfällung, Viehhaltung und die Gewinnung von Öl und Mineralien.

Die indigenen Bewohner des Regenwälder – die von ihren Trinkwasser- und Nahrungslieferanten, den Flüssen, abhängig sind – sind ebenfalls erheblich betroffen: Ölrückstände, Chemikalien für die Ölbearbeitung, Erosion und Dünger verseuchen die Gewässer, töten die Fische und vergiften das zuvor trinkbare Nass. *Crude*, eine Dokumentation unter der Regie des US-Filmemachers Joe Berlinger, zeichnet ein verstörendes Porträt dieses Problems.

PRAKTISCHES

ⓘ Allgemeine Informationen

AKTIVITÄTEN

Wo soll man da anfangen? Ecuador hat so viele aufregende Aktivitäten zu bieten, dass garantiert auf jeder Liste etwas fehlen dürfte. Auf Kletterer warten die schneebedeckten Vulkangipfel des zentralen Hochlands, etwa der Chimborazo (ein Prachtexemplar von 6310 m) und der Cotopaxi (5897 m), die Bergsteiger aus der ganzen Welt anziehen. Führer und Ausrüstung organisiert man sich am einfachsten in Quito, Riobamba, Baños und Latacunga.

Oder wie wär's mit einer Wanderung? Die moorartige Landschaft des Parque Nacional Cajas, die Nebelwälder im Parque Nacional Podocarpus und in Mindo, der windgepeitschte *páramo* der Lagunas de Mojanda in der Nähe von Otavalo, die spektakuläre Quilota-Loop-Region in den Hochanden und die Trockenwälder im Parque Nacional Machalilla sind nur ein paar der ecuadorianischen Wanderziele.

Ecuador ist auch eines der attraktivsten Länder der Welt für Vogelliebhaber – über 1600 Arten wurden hier bereits registriert. Mindo, die untere Region des Río Napo am Amazonas und die Galápagosinseln sind einzigartig herrliche Gebiete, um Vögel zu beobachten.

Tena im Oriente ist Ecuadors Hauptstadt für Kajakfahrer und Rafter. Fahrten auf dem nahe gelegenen Río Napo (Klasse III) oder dem Río Misahuallí (Klasse IV+) lassen sich hier leicht arrangieren.

In Montañita und auf der Isla San Cristóbal auf den Galápagosinseln kann man toll surfen. Playas bietet einige ordentliche Breaks in der Nähe, man muss sich aber an die Einheimischen halten (Tipp: im Playas Club Surf probieren!), um sie zu finden. Die Galápagosinseln sind auch für ihre Tauch- und Schnorchelmöglichkeiten berühmt; dort locken Hammerhaie und Riesenmantas.

Mountainbiken wird immer beliebter; ein paar Ausrüster in Quito und Riobamba bieten denkwürdige Trips über anspruchsvolles Terrain (wie den Volcán Chimborazo) an. Zu Touren wie der dramatischen Abfahrt von Baños nach Puyo kann man auch auf eigene Faust aufbrechen. In Orten wie Baños, Vilcabamba und Riobamba werden Mountainbikes für 7 bis 10 US$ pro Tag vermietet; in diesen Städten sowie in Quito und Cuenca kann man an extremen Downhill-Tagestouren teilnehmen, die Veranstalter dort anbieten.

ARBEITEN IN ECUADOR

Offiziell benötigt man ein Arbeitsvisum, um in Ecuador einen Job zu bekommen. Englischlehrer werden manchmal in Quito oder Cuenca gesucht. Die Bezahlung ist eher gering, aber zum Leben reicht's. Im Tourismusbereich (Regenwald-Lodges, Tourenanbieter usw.) haben Arbeitswillige gute Chancen.

BOTSCHAFTEN & KONSULATE

Botschaften und Konsulate besucht man am besten vormittags.

Deutsche Botschaft (⌨ 02-297-0820; Naciones Unidas E10-44 an der República de El Salvador, Edificio Citiplaza, 11. Stock, Quito)

Deutsches Konsulat (04-220-6867/8; www.quito.diplo.de; Ecke Avs Las Monjas 10 & CJ Arosemena, Km 2,5, Edificio Berlín, Guayaquil)

Kolumbianische Botschaft (02-333-0268; http://quito.consulado.gov.co; Catalina Aldaz N34-131 nahe Portugal, 1. Stock, Quito)

Kolumbianisches Konsulat (04-263-0674; http://guayaquil.consulado.gov.co; Francisco de Orellana 111, World Trade Center, Tower B, 10. Stock, Guayaquil)

Kolumbianisches Konsulat (06-283-2114; http://nuevaloja.consulado.gov.co; Av Quito nahe Colombia, Edificio Moncada, 3. Stock, Lago Agrio)

Kolumbianisches Konsulat (06-298-0559; http://tulcan.consulado.gov.co; Calle Bolívar zw. Junín & Ayacucho, Tulcán; Mo–Fr 8–13 & 14.30–15.30 Uhr)

Österreichisches Konsulat (02-246-9700; Gaspar de Villaroel No. E9-53 zw. Av de los Shyris & 6 de Diciembre, Quito)

Österreichisches Konsulat (04-238-4886; Avenida Jorge Perez Concha 718 Circunvalacion Sur 718 Urdesa, Guayaquil)

Peruanische Botschaft (02-225-2582; www.embajadadelperu.org.ec; Av República de El Salvador 495 & Irlanda, Quito)

Peruanisches Konsulat (04-263-4014; www.consuladoperuguayaquil.com; Av Francisco de Orellana 501, 13. Stock, Guayaquil)

Peruanisches Konsulat (07-257-9068; Av Zoilo Rodriguez 03-05, Ciudadela Zamora, Loja)

Peruanisches Konsulat (07-293-7040; Urbanización Unioro Manzana 14, Villa 11, Machala)

Schweizerische Botschaft (02-243-4949; www.eda.admin.ch/quito; Av Amazonas N35-17 y Juan Pablo Sanz, Gebäude Xerox, 1. Stock, Quito)

Schweizerisches Generalkonsulat (04-268-1900; Av Juan Tanca Marengo, Km 1,8 & Santiago Castillo, Gebäude Conauto, 4. Stock, Guayaquil)

BÜCHER

In dem Band *Ecuador & Galápagosinseln* von Lonely Planet finden sich detaillierte Informationen über das Land.

Einen Einblick in die ecuadorianische Lebensweise entlang der Nordküste bekommt man in *Arm mit den Armen* von Moritz Thomsen. Joe Kanes *Krieger des Jaguars: Ein Indianerstamm verteidigt den Regenwald* beschreibt die Auswirkungen der Ölindustrie auf den ecuadorianischen Amazonas.

Auf den Spuren des Panamahuts: Eine wirklich ungewöhnliche Reise durch Ecuador von Tom Miller ist ein faszinierendes Buch über die Suche des Autors nach dem berühmtesten, aber falsch benannten ecuadorianischen Produkt, dem Panamahut. Literarischere (und surrealere) Eindrücke von Ecuador bieten Henri Michaux' *Ecuador: Reisetagebuch* und Kurt Vonneguts absurdes Buch *Galapagos*, das in einem futuristischen Guayaquil und auf den Inseln spielt.

> **PREISKATEGORIEN: ESSEN**
>
> Die folgenden Preiskategorien beziehen sich auf ein Hauptgericht . Wenn nicht anders angegeben, sind Servicegebühren und Steuern im Preis enthalten.
>
> **$** unter 7 US$
>
> **$$** 7 bis 14 US$
>
> **$$$** über 14 US$

FEIERTAGE & FERIEN

An den wichtigeren Feiertagen haben Banken, Büros und andere Institutionen geschlossen, und die öffentlichen Verkehrsmittel sind oft sehr voll, Busfahrkarten also im Voraus kaufen! Große Feiertage werden manchmal mehrere Tage lang um das eigentliche Datum herum gefeiert. Fällt ein Feiertag auf ein Wochenende, sind die Büros manchmal am vorangehenden Freitag oder am folgenden Montag geschlossen.

Neujahr 1. Januar

Dreikönig 6. Januar

Semana Santa (Osterwoche) März/April

Tag der Arbeit 1. Mai

Schlacht von Pichincha 24. Mai; erinnert an die entscheidende Schlacht, die 1822 zur Unabhängigkeit von Spanien führte.

Geburtstag von Simón Bolívar 24. Juli

Unabhängigkeitstag von Quito 10. August

Unabhängigkeitstag von Guayaquil 9. Oktober; bildet zusammen mit dem Nationalfeiertag am 12. Oktober ein wichtiges Fest in Guayaquil.

Kolumbustag/Día de la Raza 12. Oktober

Allerheiligen 1. November

Allerseelen 2. November; auf Friedhöfen werden Blumen niedergelegt.

Unabhängigkeitstag von Cuenca 3. November; wird verbunden mit den Nationalfeiertagen am 1. und 2. November, das bedeutsamste Fest des Jahres in Cuenca.

Heiligabend 24. Dezember

1. Weihnachtstag 25. Dezember

FREIWILLIGENARBEIT

Zahlreiche Organisationen beschäftigen Freiwillige; viele davon verlangen aber zumindest Grundkenntnisse im Spanischen, die Verpflichtung für einige Wochen oder Monate sowie Gebühren (300–600 US$/ Monat), um die Kosten für Unterkunft und Verpflegung zu decken.

Freiwillige können bei Naturschutzprojekten mitarbeiten, Straßenkindern helfen, Naturpfade bauen, Websites einrichten, im Gesundheitsbereich oder in der Landwirtschaft mithelfen – die Möglichkeiten sind schier endlos. Auch viele Regenwald-Lodges akzeptieren Freiwillige, aber nur für längere Aufenthalte. Um die Kosten gering zu halten, schaut man sich am besten nach der Ankunft in Ecuador vor Ort um. Viele Einrichtungen benötigen Freiwillige, die einfach bereit sind, hart zu arbeiten.

South American Explorers (S. 610) in Quito hat eine Abteilung für Freiwilligenarbeit, wo aktuelle Angebote veröffentlicht werden. Auf der Website des **Ecuador Explorer** (www.ecuadorexplorer.com) sind im Bereich Kleinanzeigen Organisationen aufgelistet, die Freiwillige suchen.

AmaZOOnico (www.amazoonicorescuecenter.com) Arbeit im Bereich Tierschutz.

Andean Bear Conservation Project (www.andeanbear.org) Bildet Freiwillige aus, um Bären zu überwachen.

Bosque Nublado Santa Lucia (www.santaluciaecuador.com) Arbeitet in den Bereichen Wiederaufforstung, Wegepflege, Bauprojekte und Englischunterricht.

FEVI (www.fevi.org) Die Stiftung für Interkulturelle Bildung & Kommunalen Freiwilligendienst arbeitet mit Kindern, älteren Menschen, Frauengruppen und indigenen Gemeinden.

Junto con los Niños (www.juconi.org.ec) Arbeit mit den Straßenkindern in den Slumgebieten von Guayaquil.

Merazonia (www.merazonia.org) Ein Refugium für verletzte Tiere.

New Era Galápagos Foundation (www.neweragalapagos.org) Nachhaltiger Tourismus auf den Galápagosinseln. Die Freiwilligen leben und arbeiten auf der Isla San Cristóbal.

Rainforest Concern (www.rainforestconcern.org) Gemeinnützige Organisation aus Großbritannien.

Reserva Biológica Los Cedros (www.reservaloscedros.org) In den Nebelwäldern der westlichen Andenhänge.

Río Muchacho Organic Farm (www.riomuchacho.com) Freiwilligenplätze in der Biolandwirtschaft.

Yanapuma Foundation (Karte S. 590; 02-228-7084; www.yanapuma.org; Guayaquil E9-59 nahe Oriente, Quito) Englischunterricht, Aufforstung, Hausbau und Reinigungsaktionen an der Küste.

FRAUEN UNTERWEGS

Im Allgemeinen werden alleinreisende weibliche Traveller Ecuador als sicher und angenehm erleben. Der Machismo blüht und gedeiht allerdings weiterhin: Ecuadorianische Männer flirten gern und pfeifen einzelnen Frauen hinterher. Frauen, die unerwünschte verbale Annäherungen eisern ignorieren, werden häufig mit Respekt behandelt.

An der Küste ist die Sprache eindeutiger. Alleinreisende weibliche Traveller sollten vorsichtig sein und Bars und Diskos, in denen sie offensichtlich angemacht werden, meiden. Außerdem sollten sie lieber ein Taxi nehmen statt zu laufen usw. Ein anzügliches Gespräch mit einem Mann, auch wenn es ironisch und lustig gemeint ist, schickt sich hier nicht – der Mann könnte dann nämlich davon ausgehen, dass frau nur das Eine möchte.

Wir haben aus Berichten von Frauen erfahren, dass sie auf geführten Touren belästigt wurden. Wer allein reist, sollte darum unbedingt ein bisschen nachforschen, bevor er eine Tour unternimmt: Wer führt die Tour, wer wird bei dem Ausflug noch dabei sein? In einigen Fällen ist es möglich, sich einer nur aus Frauen bestehenden Reisegruppe oder einem weiblichen Guide anzuschließen.

GEFAHREN & ÄRGERNISSE

Ecuador hat ein wachsendes Problem mit Kriminalität, und Reisende müssen gut aufpassen, dass sie nicht zu Opfern werden. In Quito und Guayaquil wurde schon von bewaffneten Raubüberfällen auf Touristen berichtet. Besonders schlimm ist es trotz der Polizeipräsenz im Viertel Mariscal in Quito. Nach Einbruch der Dunkelheit sollte man in Quito immer ein Taxi nehmen, auch wenn die Unterkunft nur ein paar Ecken entfernt liegt.

Sowohl Nahverkehrs- als auch Fernbusse sind beliebte Jagdgründe von Taschendieben. Es ist keine gute Idee, das Gepäck unter den Sitz zu schieben oder auf dem Rücken zu tragen, denn geschickte Diebe könnten es aufschlitzen und leeren, ohne dass man etwas bemerkt. Fast jedes Jahr werden ein paar Fernbusse nachts auf dem Weg von der oder zur Küste ausgeraubt. Nachtbusse, die durch die Provinzen Guayas und Manabí fahren, sollte man nach Möglichkeit nicht nehmen.

Räuber haben mittlerweile auch damit begonnen, Touristen auf dem Weg zu den Regenwald-Lodges im Oriente zu überfallen; außerdem kommt es in einigen Gebieten in der Nähe der Grenze zu Kolumbien gelegentlich zu Guerilla-Aktivitäten. Wer in diese Gegenden fährt, sollte sich vorher unbedingt über die Situation informieren.

Wie überall in Südamerika sollte man die üblichen Vorsichtsmaßnahmen ergreifen und z. B. im Gedränge etwa auf Märkten oder an Busbahnhöfen vor Taschendieben auf der Hut sein. Wer einem Raub zum Opfer fällt, sollte sich innerhalb von 48 Stunden eine *denuncia* (polizeiliche Anzeige) besorgen; danach werden Anzeigen nicht mehr bearbeitet.

GELD

Die ecuadorianische Währung war bis zum Jahr 2000 der Sucre; jetzt ist es der US-Dollar. Dieser Wechsel wird „Dollarisierung" genannt.

Bargeld

Die Scheine sind die gleichen, die man in den USA verwendet, und auch die Münzen sind, was Form, Größe und Material angeht, mit ihren US-amerikanischen Gegenstücken identisch. Statt amerikanischer Präsidenten zeigen Letztere jedoch Gesichter und Symbole aus Ecuador. Münzen aus den USA werden natürlich dennoch akzeptiert.

Wechselgeld zu bekommen, ist häufig ziemlich schwierig. Wenn man etwas Günstiges mit einem 20-US$-Schein (oder auch nur einem 10-US$-Schein) bezahlen möchte, endet das in der Regel damit, dass entweder man selbst oder der Verkäufer von Laden zu Laden rennt, bis ihm jemand etwas Kleingeld gibt. Wenn das niemand tut, hat man Pech. Man sollte Scheine immer wechseln, wenn sich die Möglichkeit bietet. Dazu macht man am besten ein sehr besorgtes Gesicht und fragt: ¿Tiene suelto? (Haben Sie Kleingeld?).

Feilschen

Auf Märkten für Nahrungsmittel und Kunsthandwerk wird Feilschen erwartet. Manchmal kann man in der Nebensaison in Hotels einen Rabatt aushandeln.

Geld wechseln

In Quito, Guayaquil und Cuenca lassen sich ausländische Währungen problemlos in US-Dollar umtauschen, und dort sind auch die Kurse die besten. An den meisten größeren Grenzübergängen kann man ebenfalls Geld wechseln. In manchen Regionen, vor allem im Oriente, ist es jedoch recht schwierig, Geld zu tauschen. Wechselstuben, genannt casas de cambio, sind in der Regel die beste Möglichkeit; Banken tauschen ebenfalls Geld, das geht aber meistens viel langsamer. Die Wechselkurse unterscheiden sich in den angegebenen Städten gewöhnlich um nicht mehr als 2 %.

Geldautomaten

Geldautomaten sind die einfachste Möglichkeit, an Bargeld zu kommen. Man findet sie in den meisten großen und manchmal auch in den kleineren Städten. Allerdings sind sie gelegentlich defekt. Die Banco del Pacífico und die Banco del Pichincha haben Geldautomaten für Mastercard/Cirrus, die Automaten der Banco de Guayaquil sind für Visa/Visa-Plus.

Kreditkarten

Kreditkarten sind eine gute Absicherung, werden aber nicht häufig akzeptiert. Händler, die Kreditkarten annehmen, schlagen auf die Rechnung oft 4 bis 10 % drauf – wenn man mit Bargeld bezahlt, kommt man also meist besser weg. Visa und Mastercard sind die am häufigsten akzeptierten Karten.

Reiseschecks

Nur sehr wenige Banken, Hotels oder Einzelhändler wechseln Reiseschecks – und wenn, dann meist nur gegen eine Gebühr von 2 bis 4 % –, darum sind diese in Ecuador wenig geeignet. Viel praktischer sind ein Vorrat an Bargeld in US-Dollar und eine Karte (und zur Sicherheit noch eine weitere Karte) für den Geldautomaten.

GESUNDHEIT

Medizinische Versorgung gibt's in großen Städten, in ländlichen Regionen können Ärzte aber schwer zu finden sein. Die meisten Ärzte und Krankenhäuser erwarten Barzahlung, unabhängig davon, ob man eine Krankenversicherung hat. Apotheken heißen in Ecuador farmacias.

Die größten Gesundheitsrisiken im Land sind die Höhenkrankheit, Malaria, Typhus und Gelbfieber.

INTERNETZUGANG

In allen außer den allerkleinsten Städten gibt es Internetcafés. Surfen kostet hier ungefähr 1 US$ pro Stunde, in kleinen Städten und auf den Galápagosinseln ist es allerdings teurer.

KARTEN & STADTPLÄNE

In den ecuadorianischen Buchläden wird eine begrenzte Auswahl von Karten von Ecuador geführt. Das beste Sortiment gibt's beim **Instituto Geográfico Militar** (IGM; Karte S. 594; 02-397-5129, 02-397-5100; www.igm.gob.ec; Seniergues E4-676, in der Nähe von Gral Telmo Paz y Miño; Kartenraum Mo–Do 8–16 Uhr, Fr 7–12.30 Uhr) in Quito.

ÖFFNUNGSZEITEN

Öffnungszeiten werden angegeben, wenn sie von den folgenden üblichen Zeiten abweichen.
Banken Mo–Fr 8–14 od. 8–16 Uhr
Bars Mo–Do 18–24 Uhr, Fr & Sa bis 2 Uhr, So geschl.
Geschäfte Mo–Fr 9–19 Uhr, Sa 9–12 Uhr
Postämter Mo–Fr 8–18 Uhr, Sa 8–13 Uhr
Restaurants Mo–Sa 10:30–23 Uhr
Telefonzentren tgl. 8–22 Uhr

RECHTSFRAGEN

Drogendelikte werden in Ecuador hart bestraft, selbst wenn nur eine kleine Menge illegaler Drogen (darunter Marihuana und Kokain) gefunden wird. Die Angeklagten verbringen oft Monate im Gefängnis, bevor sie vor Gericht gestellt werden. Und wenn sie verurteilt werden (wovon auszugehen ist), müssen sie mit mehreren Jahren Gefängnis rechnen.

Bei „Polizisten" in Zivil heißt es aufgepasst. Wer aber von einem uniformierten Beamten am helllichten Tag aufgefordert wird, sich auszuweisen, der muss seinen Pass auch sofort und ohne Diskussion vorzeigen.

Passiert ein Autounfall, sollten die beteiligten Fahrzeuge – außer wenn es eine wirklich kleine Sache war – an Ort und Stelle bleiben, bis die Polizei eintrifft und den Unfall aufnimmt. Wer einen Fußgänger verletzt, trägt dafür die Verantwortung und kann durchaus ins Gefängnis kommen, wenn er nicht für dessen medizinische Versorgung bezahlt – auch wenn er gar nicht der Unfallverursacher ist. Also unbedingt defensiv fahren!

REISEN MIT BEHINDERUNG

Leider gibt es in Ecuador so gut wie keine Infrastruktur für Reisende mit Behinderung.

SCHWULE & LESBEN

Ecuador ist vielleicht nicht der beste Ort, um seine Zuneigung zu einem gleichgeschlechtlichen Partner in der Öffentlichkeit zu zeigen. Bis 1997 war Homosexualität illegal. In Quito und Guayaquil gibt es im Untergrund eine Szene, doch von gelegentlichen Tanzveranstaltungen in einem Club mal abgesehen, ist sie schwer zu finden. **Zenith Travel** (Karte S. 600; 02-252-9993; www.zenithecuador.com; Mera N24-264 & Cordero) ist auf Touren für schwule und lesbische Traveller spezialisiert.

SPRACHE

Das Land ist eines der besten in Südamerika, um Spanisch zu lernen. Schulen, die Privatunterricht und Unterkunft bei Gastfamilien anbieten, gibt es in Quito und Cuenca und in geringerem Umfang auch in Otavalo und Baños. Privatunterricht kostet 7 bis 10 US$ pro Stunde, Gruppenunterricht ist billiger (etwa 5–6 US$/Std.).

STROM

Die Stromspannung in Ecuador beträgt 110 V bei 60 Hz Wechselstrom. Die Stecker haben zwei flache Stifte wie in Nordamerika.

TELEFON

Traveller, die ohne Handy oder WiFi-fähigen Laptop unterwegs sind, können in größeren Städten in einem Internetcafé Auslandsgespräche führen; die meisten sind mit Skype ausgestattet.

Es gibt auch viele öffentliche Telefonzellen. Für die Benutzung einiger benötigt man Telefonkarten, die man an Zeitungskiosken und anderen zentral gelegenen Einrichtungen bekommt, andere Telefone nehmen nur Münzen an. Außer in den allerbilligsten Hotels können Gäste Ortsgespräche auch von der Unterkunft aus führen.

Hotels, von denen aus man ins Ausland telefonieren kann, berechnen oft extrem hohe Gebühren.

Alle ecuadorianischen Telefonnummern sind siebenstellig, die erste Zahl (außer bei Handynummern) ist immer eine 2. Wenn man eine sechsstellige Telefonnummern genannt bekommt (was vorkommt), setzt man einfach eine 2 davor.

Von einem privaten Telefon in Ecuador erreicht man die internationale Vermittlung unter 116.

Die zweistelligen Vorwahlen (sie stehen hinter den Überschriften der Städte) sind je nach Provinz verschieden. Wer aus dem Ausland anruft, lässt die 0 bei der Vorwahl weg. Die ecuadorianische Landesvorwahl ist 593.

Handys

→ Handynummern haben in Ecuador immer die Vorwahl 09.

→ Wer sein eigenes Handy mitbringt, sollte wissen, dass in den Netzen von Claro und Movistar nur GMS-Handys mit 850 MHz (GSM 850) funktionieren, im Netz von Alegro Handys mit 1900 MHz (GSM 1900).

→ Die günstigste Variante ist der Kauf einer SIM-Karte (*chip* genannt; Preis ca. 5–7 US$) für eines der genannten Netze. Auf diese kann man durch den Kauf einer *tarjeta pregago* (Prepaid-Karte) des gewählten Anbieters ein Guthaben aufladen. Die Karten gibt's in vielen Minimärkten, Supermärkten und Apotheken.

TOILETTEN

Der Wasserdruck ist in Ecuador sehr niedrig. Toilettenpapier kann den Abfluss verstopfen, darum gehört es in den Abfalleimer. Das mag nicht sehr hygienisch wirken, ist aber viel besser als verstopfte Toiletten und übergelaufenes Wasser auf dem Fußboden. In teuren Hotels ist der Wasserdruck normalerweise aber ausreichend hoch.

Öffentliche Toiletten gibt es in der Regel auf Busbahnhöfen, Flughäfen und Restaurants. Toiletten heißen *servicios higiénicos* und sind mit „SS.HH" beschriftet. Wer im Restaurant die Toilette benutzen möchte, fragt nach dem *baño*. Toilettenpapier gibt es nur selten, man sollte besser immer etwas dabeihaben!

TOURISTENINFORMATION

Das von der Regierung geführte **Ministerio de Turismo** (http://ecuador.travel) ist auf nationaler Ebene für die Touristeninformation verantwortlich. Es eröffnet nach und nach Touristeninformationsbüros, die sogenannten **iTur**-Büros, in wichtigen Städten in ganz Ecuador.

South American Explorers (S. 610) hat in Quito ein Clubhaus.

UNTERKUNFT

An Unterkünften herrscht in Ecuador kein Mangel, aber während der wichtigsten Fiestas und am Abend vor einem Markttag kann dennoch schnell

> ### PREISKATEGORIEN: SCHLAFEN
>
> Die folgenden Preiskategorien beziehen sich auf ein Doppelzimmer in der Hauptsaison. Die Zimmerpreise gelten immer für Zimmer mit Bad. Ausnahmen sind bei der jeweiligen Unterkunft erwähnt.
>
> $ unter 30 US$
>
> $$ 30 bis 80 US$
>
> $$$ über 80 US$

alles ausgebucht sein. Man sollte deshalb doch im Voraus planen. Die meisten Hotels haben für Einzelzimmer gesonderte Preise, aber während der Hauptsaison richtet sich in manchen Städten am Strand der Preis nach der Bettenzahl im Zimmer, gleichgültig wie viele Personen einchecken. In den beliebten Resorts sind die Preise in der Hauptsaison (Juni–August, Mitte Dez.–Jan.) ungefähr um 30 % höher als das restliche Jahr über.

In Ecuador gibt's immer mehr Jugendherbergen und günstige *pensiones* (günstige Übernachtungsmöglichkeiten beim Familien). In abgelegenen Dörfern ist das Übernachten bei Familien eine Option.

VISA

Traveller aus der EU und der Schweiz benötigen für Ecuador kein Visum. Bei der Einreise wird ihnen eine T-3-Touristenkarte ausgestellt, die 90 Tage gültig ist. Stempel für nur 60 Tage erhält man selten, aber wer eine Weile im Land bleibt, sollte das nochmal überprüfen.

Alle Reisenden, die als Diplomaten, Flüchtlinge, Studenten, Arbeiter, Angestellte der Kirchen, Geschäftsleute, Freiwilligenarbeiter und Besucher auf Kulturaustausch ins Land kommen, benötigen ein Visum für Nichteinwanderer. Es sind verschiedene Einwanderervisa erhältlich. Die Visa muss man bei einer ecuadorianischen Botschaft ausstellen lassen, in Ecuador selbst ist das nicht möglich.

Offiziell muss man, um das Land betreten zu dürfen, ein Rückflugticket vorweisen können und genügend Geld, um den Aufenthalt zu finanzieren. An der Grenze wird jedoch selten nach derlei Belegen gefragt. Auch der internationale Impfpass wird nicht benötigt, aber einige Impfungen sind zu empfehlen, z. B. die gegen Gelbfieber.

Visaverlängerungen

Durch die strengen Bestimmungen sind Visaverlängerungen ausgesprochen schwierig geworden. Außer bei Reisenden aus Ländern der Andengemeinschaft können Touristenvisa nicht verlängert werden. Wer länger als 90 Tage im Land bleiben will, muss ein 12-IX-Visum beantragen; dies ist auch in Ecuador möglich, aber zeitaufwendiger. Im **Ministerio de Relaciones Exteriores** (02-299-3200; cancilleria.gob.ec; Carrión E1-76 & Av 10 de Agosto) in Quito bekommt man die nötigen Unterlagen für das 12-IX-Visum und kann die Gebühr von 230 US$ bezahlen. Auf keinen Fall sollte man warten, bis das alte Visum abgelaufen ist, denn für die Überschreitung der Gültigkeitsdauer können heftige Strafen anfallen: 200 bis 2000 US$!

ⓘ An- & Weiterreise

EINREISE NACH ECUADOR

Die Einreise nach Ecuador ist in der Regel unkompliziert; die Grenzbeamten fertigen Ankömmlinge effizient ab, gerade an den Flughäfen. An Landgrenzübergängen kann es ein wenig länger dauern, bis die Pässe kontrolliert werden, und sei es auch nur, weil die Grenzbeamten Zeit totzuschlagen haben. Offiziell muss man die Weiterreise und ausreichende Mittel für den Aufenthalt im Land nachweisen können, aber tatsächlich wird danach selten gefragt. In der Regel genügen der Nachweis von 20 US$ pro Tag oder eine Kreditkarte als Beleg für ausreichende Mittel. Internationale Fluglinien, die nach Quito fliegen, könnten allerdings ein Rück- oder Weiterflugticket oder ein Langzeit-Visum verlangen, ehe man ins Flugzeug steigen darf. Dies kommt zwar nicht oft vor, man sollte aber auf die Möglichkeit vorbereitet sein. Obwohl gesetzlich nicht vorgeschrieben, kann es passieren, dass bei der Einreise aus einem Gebiet, in dem Gelbfieber vorkommt, ein Nachweis einer Gelbfieberimpfung verlangt wird.

BUS

Mit den in Quito verkauften Tickets für grenzüberschreitende Fernbusse muss man an der Grenze oft den Bus wechseln. Meist ist es billiger und genauso simpel, ein Ticket bis zur Grenze zu kaufen und dort ein Ticket für die Weiterfahrt zu erwerben. Ausnahmen sind die internationalen Busse, die von Loja nach Piura in Peru (über Macará) fahren, sowie die Busse von Guayaquil nach Peru (über Huaquillas); diese Busse fahren durch; die Grenzbeamten kommen in der Regel in den Bus, um die Formalitäten zu erledigen. Dies sind die wichtigsten Routen zwischen Ecuador und Peru. Zumba, südlich von Vilcabamba, ist eine selten genutzte und landschaftlich schöne Alternative, um von/nach Peru zu reisen. Die wichtigste Busroute zwischen Kolumbien und Ecuador führt über Tulcán. Andere Grenzübergänge zwischen Kolumbien und Ecuador sind aus Sicherheitsgründen nicht empfehlenswert.

FLUGZEUG

Flughäfen & Fluggesellschaften

In Ecuador gibt es zwei internationale Flughäfen.

Der neue **Aeropuerto Internacional de Quito** (www.aeropuertoquito.aero) in Quito liegt etwa

38 km östlich vom Stadtzentrum. Guayaquils **Aeropuerto José Joaquín de Olmedo** (GYE; 04-216-9000; www.tagsa.aero; Av de las Américas s/n) ist nur ein paar Kilometer von der Innenstadt entfernt.

TAME (in Quito 02-396-6300; www.tame.com.ec) ist die größte Fluglinie Ecuadors. Sie hatte in den vergangenen Jahren ein gutes Sicherheitsprotokoll und besitzt eine moderne Flugzeugflotte von Boeing, Airbus und Embraer sowie mehrere Turboprop ATR-Maschinen.

Tickets

Am teuersten sind Tickets während der touristischen Hauptsaison von Mitte Juni bis Anfang September und von Dezember bis Mitte Januar. Es ist immer vorteilhaft, sich an ein Reisebüro zu wenden, das auf Lateinamerika spezialisiert ist.

SCHIFF/FÄHRE

Es ist möglich, aber nicht einfach, auf dem Río Napo, der bei Iquitos in den Amazonas mündet, von Ecuador aus nach Peru hinunterzuschippern. Die Grenzformalitäten sind dabei minimal, allerdings verkehren Boote nur unregelmäßig auf dieser Route. Rein geografisch ist es auch möglich, auf dem Río Putumayo nach Kolumbien und Peru zu reisen, aber diese Region ist wegen Drogenschmuggel und Terrorismus gefährlich und deswegen nicht empfehlenswert.

ⓘ Unterwegs vor Ort

In der Regel kommt man überall schnell und einfach hin. Das mit Abstand am häufigsten genutzte Verkehrsmittel ist der Bus, gefolgt vom Flugzeug. Mit dem Bus geht es in nur 18 Stunden von der kolumbianischen bis zur peruanischen Grenze. In den nördlichen Küstenmangrovenwäldern und im Oriente kommen Boote zum Einsatz.

Egal, welches Verkehrsmittel man nutzt, den Pass sollte man immer mitnehmen, sowohl zum Einsteigen als auch, um ihn bei Passkontrollen unterwegs zu zeigen. Reisende ohne gültigen Ausweis können festgenommen werden. Wer einen gültigen Pass hat, wird nur flüchtig kontrolliert. Bei Reisen nahe der Grenzen und im Oriente ist häufiger mit Passkontrollen zu rechnen.

AUTO & MOTORRAD

Kaum jemand mietet in Ecuador ein Auto, vor allem deshalb, weil das Reisen mit öffentlichen Verkehrsmitteln so einfach ist. Der ecuadorianische Automobilclub ist **Aneta** (1-800-556-677; www.aneta.org.ec); er bietet Mitgliedern einen Pannendienst rund um die Uhr. Einige Dienstleistungen stehen auch Mitgliedern ausländischer Automobilclubs zur Verfügung.

BUS

Busse sind die wichtigsten Verkehrsmittel in Ecuador, und Busfahren ist die einfachste

AUSREISESTEUER

In Ecuador beträgt die internationale Ausreisegebühr 25 US$, die aber immer in den Ticketpreisen enthalten sind und nicht am Flughafen gezahlt werden müssen.

Art, sich im Land zu bewegen. In den meisten Städten gibt es ein *terminal terrestre* (zentraler Busbahnhof) für Fernbusse, in einigen Städten fahren die Busse allerdings von unterschiedlichen Orten ab. Wer sich einen bestimmten Platz sichern will, kann die Fahrkarten am Busbahnhof im Voraus kaufen. An Ferienwochenenden kann es passieren, dass die Busse mehrere Tage im Voraus ausgebucht sind.

Wer wenig Gepäck hat, sollte dieses mit in den Bus nehmen. Andernfalls verstaut man es auf dem Dach oder im Gepäckfach und versucht, immer ein Auge darauf zu haben.

In den Fernbussen gibt es Toiletten. Die Fahrer machen aber normalerweise in akzeptablen Abständen eine 20-minütige Ess- und Toilettenpause. Wenn nicht, halten die Fahrer unterwegs mal an, damit die Fahrgäste den Straßenrand düngen können.

Nahverkehrsbusse sind meist langsam und überfüllt, die Fahrten aber spottbillig. In den meisten Städten kostet eine Fahrt etwa 0,25 US$. Lokalbusse fahren oft auch in Dörfer (eine tolle Möglichkeit, die Gegend zu erkunden!).

FLUGZEUG

Mit Ausnahme von Flügen zu den Galápagosinseln sind die meisten Inlandsflüge relativ billig. Die einfache Strecke kostet 70 bis 100 US$. Fast alle Flieger starten oder landen in Quito oder Guayaquil. Bei einigen Inlandsflügen hat man einen herrlichen Ausblick auf die schneebedeckten Anden – auf Flügen von Quito nach Guayaquil immer auf die linke Seite setzen!

In Ecuador gibt es die folgenden Inlandsfluggesellschaften:

Avianca (www.avianca.com) Flugverbindungen von Quito zur Isla Baltra und zur Isla San Cristóbal auf den Galápagosinseln. Avianca fliegt auch von Quito nach Coca und umgekehrt.

Emetebe (in Guayaquil 04-230-9209; www.emetebe.com.ec) Fluglinie mit Sitz auf den Galápagosinseln mit Flügen zwischen Isla Baltra, Isla San Cristóbal und Isla Isabela.

LAN (in Quito 1-800-842-526; www.lan.com) Fliegt von Quito nach Cuenca, Guayaquil und zu den Galápagosinseln (San Cristóbal & Isla Baltra, beide via Guayaquil).

TAME (www.tame.com.ec) Flugverbindungen mit Coca, Cuenca, Esmeraldas, Isla Baltra und

Isla San Cristóbal (Galápagosinseln), Guayaquil, Lago Agrio, Loja, Macas, Manta, Portoviejo, Quito und Tulcán sowie mit Cali (Kolumbien) und Manaos (Brasilien).

GEFÜHRTE TOUREN

Große Teile der Galápagosinseln kann man nur im Rahmen einer geführten Tour (d. h. einer Kreuzfahrt) besuchen. Viele Reisende entscheiden sich auch, den Amazonas auf einer organisierten Tour zu besuchen, denn diese Touren sind effizient, informativ und oft die einzige Möglichkeit, tief in den Regenwald zu gelangen.

LASTWAGEN

In abgelegenen Gegenden ersetzen oft *camiones* (Lastwagen) und *camionetas* (Pick-ups) die Busse. Wenn das Wetter o. k. ist, hat man von diesen Verkehrsmitteln aus einen tollen Ausblick – wenn nicht, sitzt man unter einer Plane und schluckt Staub. Pick-ups lassen sich auch chartern, falls man zu abgelegenen Stellen, etwa Bergsteigerhütten, möchte.

SCHIFF/FÄHRE

In einigen Gegenden ohne Straßen sind motorisierte Einbäume das einzige Verkehrsmittel. Fahrten mit den regelmäßig verkehrenden Booten sind günstig, aber nicht so billig wie Busfahrten in vergleichbaren Entfernungen. Es ist auch möglich, ein eigenes Boot mit Skipper zu chartern, dies ist jedoch extrem teuer. In der Region am unteren Río Napo von Coca bis Peru ist die Wahrscheinlichkeit am größten, dass man mit dem Boot fährt (wenn man so weit kommt).

TAXI

Taxifahrten sind recht billig. Den Fahrpreis muss man vor der Fahrt aushandeln, sonst zahlt man wahrscheinlich zu viel. Eine lange Fahrt in einer großen Stadt (Quito od. Guayaquil) sollte nicht mehr als 5 US$ kosten, eine kurze Strecke in einer Kleinstadt etwa 1 bis 2 US$. In Quito (wo der Mindestfahrpreis 1 US$ beträgt) schalten die Fahrer tagsüber manchmal die Taxameter an, anderswo ist dies aber die Ausnahme. An Wochenenden und nachts sind die Fahrpreise immer etwa 25 bis 50 % höher. Ein Taxi für den ganzen Tag dürfte um die 50 US$ kosten.

TRAMPEN

Trampen ist in Ecuador zwar möglich, aber nicht besonders praktikabel. Da die öffentlichen Verkehrsmittel recht billig sind und Lastwagen in entlegenen Gegenden auch als öffentliche Verkehrsmittel genutzt werden, ist es nicht einfach, eine kostenlose Mitfahrgelegenheit zu finden. Wenn ein Fahrer anhält, um Fahrgäste abzusetzen oder neue Passagiere einsteigen zu lassen, sollte man davon ausgehen, dass er Geld erwartet. Wenn man der einzige Fahrgast ist, hat der Fahrer vielleicht nur gehalten, um sich mal mit einem Ausländer zu unterhalten. Wer dennoch in ein Auto oder Lastwagen einsteigt, sollte sich des zwar kleinen, aber potenziellen Risikos bewusst sein.

ZUG

Zur großen Freude von Zugenthusiasten wurde Ecuadors Schienennetz endlich instandgesetzt. Leider ist es nicht hilfreich für Reisen, da die Strecken ausschließlich für touristische Tagesausflüge genutzt werden. Die Züge fahren meist am Wochenende auf kurzen Strecken, manchmal mit Rückfahrt per Bus. Am berühmtesten ist die spektakuläre Strecke, die von Alausí aus bergab an La Nariz del Diablo (Teufelsnase) vorbeiführt. Dieses dramatische Stück Schienenstrang zählte einst zu den Weltwundern des Eisenbahnbaus. Die zweite Strecke ist der Wochenendtrip von Quito zur Area Nacional de Recreación El Boliche bei Cotopaxi.

Weitere Züge fahren ab Durán (bei Guayaquil), Ibarra, Ambato, Riobamba und El Tambo (bei Ingapirca).

Fahrpläne, Fahrpreise und Streckeninformationen gibt es bei **Tren Ecuador** (www.trenecuador.com).

Französisch-Guayana

Inhalt ➡
Cayenne............ 694
Rémire-Montjoly.... 699
Cacao.............. 699
Naturschutzgebiete
Trésor & Kaw 699
Kourou............. 700
Îles du Salut 701
Französisch-Guayana
verstehen.......... 705
Praktisches 707

Gut essen
➡ Zentraler Markt (S. 694)
➡ Les Palmistes (S. 696)
➡ Sonntagsmarkt, Cacao (S. 699)
➡ Chez Félicia (S. 704)
➡ Auberge des Îles du Salut (S. 702)

Schön wandern
➡ Îles du Salut (S. 701)
➡ Zentrum von Cayenne (S. 695)
➡ Sentier Molokoï de Cacao (S. 699)
➡ Trésor (S. 699)

Auf nach Französisch-Guayana!
Französisch-Guayana ist ein kleines Land mit aufgehübschten kolonialzeitlichen Bauten, einer unheimlichen Vergangenheit als Sträflingskolonie und einer Tier- und Pflanzenwelt von einzigartiger Vielfalt. Das Land präsentiert sich als seltsame Mischung aus französischem Recht und feuchtem Regenwald. Nur ein paar Ziele längs der Küste sind leicht erreichbar; Reisen können sich als frustrierend schwierig und kostspielig erweisen. Als französisches Überseedépartement ist Französisch-Guayana eine der wohlhabendsten Gegenden Südamerikas: Frankreich mobilisiert große Summen, um sich eine stabile Basis für sein Raumfahrtzentrum zu bewahren. Doch selbst die europäische Großmacht ist außerstande, den gewaltigen Dschungel zu zähmen: In neuen Straßen bilden sich Schlaglöcher, Farne sprießen unkontrollierbar und indigene Völker, Maroons und Hmong-Flüchtlinge leben sehr traditionell. Mit dem westlich-urbanen Lebensstil scheint es – zumindest auf den ersten Blick – nur wenig gemeinsam zu haben.

Reisezeit
Cayenne

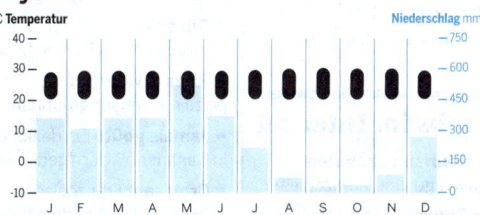

Jan.–Juni In diesen Monaten ist mit Nässe zu rechnen. Die stärksten Regenfälle gibt es im Mai.

Ende Jan.–März Der Karneval wird in Cayenne immer wild und ausgelassen gefeiert.

Juli–Sept. In der Trockenzeit regnet es weniger, doch das ganze Jahr über ist es warm und feucht.

AUF EINEN BLICK

→ **Geld** Geldautomaten gibt's in den größeren Städten; *cambios* (Wechselstuben) nur in Cayenne; Kreditkarten werden oft akzeptiert

→ **Sprachen** Französisch, Kreol

→ **Visa** Die Bürger der meisten Staaten brauchen für Aufenthalte bis zu 90 Tagen kein Visum

→ **Währung** Euro (€)

→ **Zeit** MEZ -5 Std.

Kurzinfos

→ **Fläche** 91 000 km²
→ **Bevölkerung** 250 400 Ew.
→ **Hauptstadt** Cayenne
→ **Notfall** ☏17
→ **Vorwahl** ☏594

Wechselkurse

Schweiz	1 SFr	0,91 €
	1 €	1,09 SFr

Tagesbudget

→ Pho im zentralen Markt in Cayenne 5 €

→ Hängematte in einer *carbet* (offene Hütte) 10 €

→ Mietwagen pro Tag 45 €

→ Führung im Camp de la Transportation 8 €

Infos im Internet

→ **Tourismuskomitee** (www.guyane-amazonie.fr)

→ **Guyane 1ère** (http://guyane.la1ere.fr)

→ **Guyane.fr** (www.guyane.fr)

Grenzübergänge

Französisch-Guayana hat einen Grenzübergang in Saint Georges, wo der Fluss Oyapock die Grenze mit Brasilien bildet, und in Saint Laurent, wo der Maroni der Grenzfluss mit Suriname ist. Beide Grenzübergänge überquert man per Boot, am Grenzübergang nach Brasilien wurde aber auch eine Brücke gebaut, die vielleicht bald eröffnet wird.

REISEROUTEN

Eine Woche

Los geht's in Cayenne, wo man den Markt besucht, herumschlendert und essen geht. Sonntags lohnt die Fahrt nach Cacao zum laotischen Markt. Wenn in Kourou ein Raketenstart geplant ist, wendet man sich telefonisch oder schriftlich ans Centre Spatial Guyanais, um die Erlaubnis zum Zuschauen zu bekommen. Außerdem besucht man die Îles du Salut und übernachtet dort (Achtung: Vor und nach Raketenstarts ist die Insel gesperrt). Die letzten ein oder zwei Tage widmet man dem Besuch der Gefangenenlanger in Saint Laurent du Maroni.

Zwei Wochen

Die erste Woche folgt man obiger Empfehlung, bleibt aber ein, zwei Tage länger auf der Îles du Salut. Daran schließt sich eine Tour nach Kaw an, wo man auf einer schwimmenden Lodge übernachtet und nach unzähligen Vogelarten Ausschau hält. Vor der Fahrt nach Saint Laurent du Maroni unternimmt man einen Abstecher nach Mana und Awala-Yalimopo, um die Schildkröten bei der Eiablage zu beobachten (wenn Saison ist) oder sich am Strand zu erholen.

Essen & Trinken

→ **Pho** Vietnamesische Suppe mit Rinderbrühe, Reisnudeln, vielen aromatischen Kräutern und Fleisch.

→ **Mie/Nasi goreng** Gebratene Nudeln/gebratener Reis auf javanische Art.

→ **Gibier** Wild, z. B. Capybara, Wildschwein und Aguti, wird legal gejagt; das Fleisch findet sich auf vielen Speisekarten.

→ **Pizza** In vielen großen Städten gibt's köstliche Holzofenpizza mit knusprig-dünnem Boden nach französischer Art.

→ **Jamais goûté** Ein delikater Süßwasserfisch, der am besten in Bananenblättern gedämpft zubereitet wird.

→ **Croissant** Französische Croissants und Baguettes sind sehr beliebt, besonders beim Frühstück.

→ **Ti'punch** Das karibische Getränk – wörtlich ein „kleiner Punsch" – besteht aus Rum, Zitronensaft und Zuckerrohrsirup.

→ **Frikassee** Reis, Bohnen und sautiertes Fleisch in einer Sauce, die im Gegensatz zum französischen Frikassee braun oder rot und mit Cayenne-Pfeffer gewürzt ist.

Highlights

1 Inmitten von Sand, Palmen und einer gruseligen Strafkolonie auf den **Îles du Salut** (S. 701) Robinson spielen

2 Einen der weltweit meistgenutzten Weltraumbahnhöfe, das **Centre Spatial Guyanais** (S. 699) bestaunen und mit etwas Glück einen Raketenstart beobachten

3 In der Hmong-Gemeinde **Cacao** (S. 699) laotische Leckereien schlemmen und tolle Stickereien bewundern

4 Am Strand von **Awala-Yalimopo** (S. 705) zuschauen, wie die dinosaurierartigen Lederschildkröten an Land kriechen und im Mondschein ihre Eier im Sand ablegen

5 Im **Les Palmistes** (S. 696), dem besten Café in Cayenne, ein kaltes Bier trinken und Leute beobachten

6 Im **Camp de la Transportation** (S. 702) die Geister der ehemaligen Sträflinge von St. Laurent du Maroni spüren

7 In **Kaw** (S. 699) auf einer Urwald-Lodge übernachten

Cayenne

64 300 EW.

Cayenne ist eine Stadt mit unzähligen Kulturen. Hier begegnen sich die Karibik, Südamerika und Europa in einer Welt, die von allen karibischen Farben geprägt ist. Kolonialzeitliche Häuser mit schmiedeeisernen Balkonen und Fensterläden in tropischen Rosa-, Gelb- und Türkistönen säumen die Straßen. Lebendige Märkte und ausgezeichnete brasilianische, kreolische, französische und chinesische Restaurants machen die Stadt zu einem Ort für Gaumenfreuden – hier will man sich keine Mahlzeit entgehen lassen. Außerhalb des Zentrums erinnern Schnellstraßen und Vorstadtsiedlungen daran, dass man auch hier im 21. Jh. lebt.

⊙ Sehenswertes

Cayenne lässt sich leicht innerhalb eines Tages zu Fuß erkunden. Das Zentrum des Geschehens bildet die von Cafés und Palmen gesäumte Place des Palmistes im Nordwesten. Die westlich davon gelegene Place Léopold Héder (auch Place Grenoble) ist der älteste Teil der Stadt. Nach der Siesta sollte man sich auf der Avenue du Général de Gaulle umtun, der Haupteinkaufsstraße, um Cayenne von seiner quirligsten Seite kennenzulernen. Die Place des Amandiers nahe der Küste ist ideal, um sich bei *pétanque* und Domino zu entspannen.

★ Zentraler Markt   MARKT

(Ecke Brassé & Ste. Rose; ⊙ Mi, Fr & Sa 4.30–13 Uhr) Auf dem Markt von Cayenne finden Kauflustige Unmengen indianischer Korbwaren, afrikanisch beeinflusster Malereien und Schnitzereien, preiswerter exotischer Gewürze und Suppenstände, an denen man das beste vietnamesische *pho* (5 €) der gesamten Guayanas bekommt. Die endlosen Gänge mit Obst- und Gemüseständen voller Daikon-Rettiche, Pok Choi und Boh-

Cayenne

nensprossen muten aber eher südostasiatisch als südamerikanisch an.

Musée Départemental · MUSEUM
(1 Rue de Rémire; Erw./Kind & Student 3 €/frei; ⊙ Mo 10–14 & 15–18, Mi–Fr 8–14 & 15–18, Sa 9–13.30 Uhr) Dieses zentral gelegene Museum wartet mit einem furchteinflößend großen, ausgestopften Mohrenkaiman und vielen anderen präparierten Tieren aus der Region, einer ethnobotanischen Ausstellung sowie einem klimatisierten „Schmetterlingsraum" auf. Im Obergeschoss befinden sich verschiedene Zeugnisse vom Leben in der alten Strafkolonie sowie allerhand kunsthandwerkliche Gegenstände amerikanischer Ureinwohner.

Botanischer Garten · PARK
(Blvd de la République) Im großen Botanischen Garten, der im Jahr 1879 angelegt und erst 2009 überholt wurde, wächst die tropische Flora Guayanas, darunter auch viele Palmenarten.

DER WEG INS ZENTRUM
Der international Flughafen Félix Eboué International Airport liegt ca. 16 km südwestlich von Cayenne. Man sollte erwägen, sich ein Taxi vom Flughafen in die Stadt mit anderen zu teilen (35–40 €, 20 Min.). Zum Flughafen kommt man günstiger, wenn man mit einem *taxi colectif* (Minibus) nach Matoury (2 €, 10 km, 15 Min.) fährt und für die restlichen 6 km ein Taxi nimmt.

Geführte Touren
Ohne erfahrenen Führer ist der unberührte Dschungel Französisch-Guayanas undurchdringlich und gefährlich. In Cayenne ansässige Agenturen veranstalten geführte Touren und heuern oft Guides aus dem ganzen Land an (natürlich gegen Provision). Zu den besseren Agenturen gehören die folgenden:

JAL Voyages · GEFÜHRTE TOUREN
(☎ 31-6820; www.jal-voyages.com; 26 Av du Général de Gaulle; ⊙ Mo–Fr 8.30–12 & 15–18, Sa 9.30–12 Uhr) Organisiert u.a. Halbtagestouren zum Gabriel Creek ab 30 €, einen beliebten Ausflug mit Übernachtung auf einer schwimmenden *carbet* in Kaw (ab 148 €) und viertägige Touren den Fluss Maroni hinunter.

Takari Tour · GEFÜHRTE TOUREN
(☎ 28-9555; www.takaritour.com; 17–19 Lalouette; ⊙ Mo–Fr 8.30–17.30, Sa 9–13 Uhr) Der älteste und renommierteste Veranstalter bietet mehrere Tagestouren an, darunter eine Bootstour zum mit Dschungel bedeckten Inselchen La Mer (ab 45 €), das 12 km vor der Küste liegt. Auch längere Exkursionen sind möglich, von zweiwöchigen Touren in den Wald (2405 €) bis hin zu Camping-Wochenendtrips nach Saül (ab 395 €).

Feste & Events

Carnaval · KARNEVAL
Der Karneval ist ein gigantisches, farbenfrohes Event. Die Festivitäten beginnen am Dreikönigstag und kulminieren in einer mehrtägigen rauschenden Party vor Aschermittwoch. Die Termine können im Januar, Februar oder März liegen.

Schlafen

Central Hôtel · HOTEL $
(☎ 25-6565; www.centralhotel-cayenne.fr; Ecke Molé & Becker; EZ/DZ 70/80 €; ❄ ⓦ) Das

Cayenne

◎ Highlights
1 Zentraler Markt B4

◎ Sehenswertes
2 Musée Départemental B3

◎ Aktivitäten, Kurse & Touren
3 JAL Voyages C3
4 Takari Tour D2

◎ Schlafen
5 Central Hôtel C3
6 Hotel Ket Tai E4
7 Mo Ti Koté F2

◎ Essen
8 Couleurs et Saveurs de Jo le Glacier D2
9 Imbissstände C2
10 Les Palmistes C3
11 Les Pyramides C3
12 Nath Cafe D2

◎ Ausgehen & Nachtleben
13 Cafe de la Gare D2
14 Le Cosmopolitan E3

◎ Praktisches
15 Office du Tourisme B3

zweckmäßige Central hat zwar nichts Außergewöhnliches zu bieten, ist aber mit seinen großen, bequemen und sauberen Zimmern, der Top-Lage und dem tollen Service dennoch das beste Hotel der Stadt.

Oyasamaïd
PENSION $

(☎31-5684; www.oyasamaid.com; Studio/DZ inkl. Frühstück ab 60/70 €; ❄♠❄) Diese französische Familienpension *à la Guianese* mit vier Zimmern ist freundlich, hell und makellos sauber. Die großen Zimmer sind mit Whirlpool-Badewannen ausgestattet und es gibt auch einen Pool. Vom Zentrum muss man ein kurzes Stück fahren, benötigt also ein Auto. Die Pension ist an der Route de la Madeleine ausgeschildert; die Schilder stehen in der Nähe des Kreisverkehrs und des Supermarkts Géant.

Mo Ti Koté
B&B $

(☎386-598; www.motikote.com; 42 Schoelcher; DZ 75–120 €; ❄♠) Die Suiten in diesem schön renovierten kreolischen Wohnhaus, die teilweise eine Küche, zwei Schlafzimmer oder sogar einen eigenen Garten haben, sind ein echtes Schnäppchen. Zentrale Lage und eine tolle Option für Familien (es kommen 10 € pro Kind hinzu).

Hotel Ket Tai
HOTEL $

(☎28-9777; 72 Blvd Jubelin; EZ/DZ/3BZ 46/56/65 €; ❄♠) Die Zimmer sind zwar klein, recht nichtssagend und optischer Einheitsbrei, doch das Hotel ist günstig und liegt relativ gut – und hier bekommt man oft noch ein Zimmer, wenn es anderswo schon voll ist.

✕ Essen

Am günstigsten kommt man weg, wenn man tagsüber auf dem Markt von Cayenne eine Nudelsuppe löffelt oder abends an einer der **Imbissbuden** (Place des Palmistes) auf der Place des Palmistes einen Burger (ca. 3 €) verdrückt. Kleine chinesische Läden mit Essen zum Mitnehmen sowie diverse Lebensmittelgeschäfte machen die Selbstversorgung zu einem Kinderspiel. Die besseren Restaurants bieten nicht selten Hervorragendes.

★ Couleurs et Saveurs de Jo le Glacier
EISCRME $

(Ecke 14 Juillet & Schoelcher; 1 Kugel 2 €; ⊙3Mo–Fr 15–20, Sa 12–20 Uhr; ❄♠) Hier werden unzählige Sorten leckeres Eis angeboten, beispielsweise *patawa* (eine Palmenfrucht), Citronella, Mokka oder Maracuja. Die Karte wechselt je nach Saison. Man kann das Gewünschte entweder gleich mitnehmen (dann wird es billiger) oder sich an einen der gemütlichen Tische im klimatisierten Geschäft setzen.

Nath Cafe
CAFÉ $

(33 Catayée; ⊙7–19 Uhr; ❄♠) Hier gibt es eine wohltuende Klimaanlage, Espresso, Tee, Bubble Tea, Smoothies und göttlichen Kuchen. Und die sanfte Musik und das Kaffeehausflair würden auch in eine Weltstadt passen.

★ Les Palmistes
FRANZÖSISCH $$

(12 Av du Général de Gaulle; Pizza ab 12 €, Hauptgerichte rund 20 €; ⊙Mo–Sa 6.30–1, So 10–23 Uhr; ♠) Das Palmistes ist das beste Lokal, um Leute auf der palmengesäumten Place des Palmistes zu beobachten. Es bietet ein perfektes karibisch-französisches Ambiente und man sitzt hier auf einer Holzterrasse mit schmiedeeisernem Geländer und gönnt sich dabei fantastische Salate, Crepes, Pizzen oder ein richtiges Hauptgericht. Dazu passt natürlich ein kühles Bier. Einfach herrlich!

La Kaz Kréòl KREOLISCH $$
(39-0697; 35 Av d'Estrées; Hauptgerichte 14–20 €; ⊙ Di–So mittags–14 & 18.30–22.30 Uhr) Cayennes bestes kreolisches Restaurant mit Sitzplätzen serviert in gemütlichem Ambiente ausgezeichneten gefüllten Maniok, Schmorgerichte mit Fleisch sowie Meeresfrüchte. Empfehlenswert ist auch das kreolische Frühstück (Sa & So).

Les Pyramides ORIENTALISCH $$
(Ecke Colomb & Malouet; Hauptgerichte 20 €; ⊙ Di–So 12–15 & 19–23 Uhr) Dieses tolle Restaurant mit nahöstlicher Küche serviert erstklassiges herzhaftes Couscous in großen Portionen.

Ausgehen & Unterhaltung

In den Bars und Clubs überall in Cayenne gibt's Livemusik, Wein und Rumpunsch in rauen Mengen. Und es gibt viel mehr Lokalitäten, als wir hier erwähnen können – man sollte sich deshalb einfach immer auch noch vor Ort schlau machen, was gerade so angesagt ist.

Reggae ist in einigen kleinen Clubs im Village Chinois angesagt. An der Avenue de la Liberté gibt's ein paar brasilianische und dominikanische Bars.

Cafe de la Gare BAR
(42 Av Léopold Héder; ⊙ Di–Sa 19.30–1 Uhr) Fröhliche Bar mit Livemusik und von Dienstag bis Freitag am frühen Abend Tanzunterricht im lokalen Stil.

Le Cosmopolitan BAR
(35-8566; 118 Av du Général de Gaulle; ⊙ Mo–Sa 17–1 Uhr) Trendiges Nachtlokal, in dem ein junges, gemischtes Publikum sich von Electronica und karibischer Musik einheizen lässt.

ⓘ Praktische Informationen

GEFAHREN & ÄRGERNISSE
Kleinkriminalität und Gewaltverbrechen sind weit verbreitet, hauptsächlich im Zusammenhang mit wachsenden Drogenproblemen. Abends sollte man nur in der Gruppe unterwegs sein oder ein Taxi nehmen. Wer ins Village Chinois (auch Chicago genannt), ein Gebiet südlich des Marktes, möchte, sollte unbedingt mit einem Taxi fahren.

GELD
Banken und Geldautomaten gibt's überall in der Stadt, aber Reiseschecks und Geld können nur in *cambios* (Wechselstuben) getauscht werden.
Global Transfer (64 Av du Général de Gaulle; ⊙ Mo–Fr 7.30–11 & 15–18, Sa 7.30–11 Uhr) zentral gelegen.

INTERNETZUGANG
Die meisten Hotels und viele französische Cafés und Restaurants bieten kostenloses W-LAN.

MEDIZINISCHE VERSORGUNG
Centre Hospitalier Cayenne (39-5050; 3 Av Flamboyants)

NOTFALL
Feuerwehr (18)
Polizei (17)

POST
Bureau de Poste (Rte de Baduel; ⊙ Mo–Fr 8–13 & 15–17 Uhr) Das zentrale Postamt der Stadt befindet sich in der Nähe des Botanischen Gartens.

TELEFON
Digicel bietet SIM-Karten für 20 € mit 5 € Startguthaben. Der bequemste Laden zum Kauf dieser Karte in Cayenne ist Alpha Connexion (25-0212; 2 Place du Coq). Aufladen kann man die Karte in Läden und Restaurants überall in der Stadt.

BUSSE AB CAYENNE

Minibusse fahren von montags bis freitags am **SMTC-Busbahnhof** (Fahrplanauskunft 25-4929; Ecke Rue du Cap Bernard & Molé) ab, sobald sie voll sind; am Wochenende verkehren weniger Busse. Weitere Infos findet man auf www.cg973.fr/Lignes-de-transport-prevues (wenngleich die Fahrpläne ungenau sind und einige Busse, speziell am Sonntag, vielleicht gar nicht fahren).

ZIEL	PREIS (€)	DAUER (STD.)	HÄUFIGKEIT (TGL.)
Kourou	15	1¼	4-mal
Regina	20	1½	8-mal
Sinnamary	15	2½	5-mal
St. Georges	30	5	8-mal
St. Laurent	30	4	1-mal

🛈 EINREISE NACH BRASILIEN

Der Weg zur Grenze
Von Cayenne starten Minibusse, sobald sie voll sind, Richtung Saint Georges (30 €, 5 Std.) an der Grenze zu Brasilien. Eventuell muss man in Regina umsteigen. Diese Verbindung ist die einzige Möglichkeit, mit öffentlichen Verkehrsmitteln zu Grenze zu kommen.

An der Grenze
Saint Georges ist ein Ausgangspunkt für Ausflüge in Dörfer indigener Völker und zu den Ruinen der Silberberg-Strafkolonie am Ufer des Oyapock – und das war's dann aber auch schon. Für den Besuch der Dörfer benötigt man eine Genehmigung der örtlichen Behörden und einen erfahrenen Führer, darum wendet man sich auch am besten an einen der Tourveranstalter in Cayenne. Sollte man über Nacht in Saint Georges festsitzen (was vielen Travellern passiert), kann man im beliebten Chez Modestine (📞 37-0013; modestine@wanadoo.fr; Place du Village, Rue Elie-Elfort; EZ/DZ ab 39/45 €; ❄) oder im ruhigeren Caz-Calé (📞 37-0054; Rue Elie-Elfort; EZ/DZ ab 50/55 €; ❄) unterkommen. Beim Zoll (Douane; 8–12 & 14–18 Uhr) am Flussufer in Saint Georges holt man sich einen Ausreisestempel. Eine gigantische Brücke sollte im Frühjahr 2013 eröffnet werden, war allerdings wegen diverser politischer Probleme bei Redaktionsschluss immer noch geschlossen. Einbäume bringen Fahrgäste für 4 € über den Fluss ins brasilianische Oiapoque (15 Min.).

Am Grenzübergang werden zwar keine Gebühren erhoben, Reisende vieler Nationalitäten benötigen für die Einreise nach Brasilien jedoch zunächst ein brasilianisches Visum.

Weiterreise
In Oiapoque angekommen sind es zehn Gehminuten vom Pier am Fluss zur brasilianischen Bundespolizei, wo man den brasilianischen Einreisestempel erhält. Täglich verkehren Busse (156 R$, 11–14 Std., morgens & nachmittags) und Flugzeuge zwischen Oiapoque und Macapá.

TOURISTENINFORMATION
Comité du Tourisme de la Guyane (📞 29-6500; www.tourisme-guyane.com; 12 Lalouette; ⊙ Mo–Fr 8–13 & 15–18, Sa 8–12 Uhr) Die Touristeninformation hat jede Menge Broschüren, Karten und Infos, allerdings hauptsächlich zu Französisch-Guayana insgesamt und weniger speziell zu Cayenne. Es sind immer Mitarbeiter da, die Fragen beantworten. Ein Infoschalter am Flughafen ist auch noch spät abends besetzt, wenn dann noch Flugzeuge landen.

Office du Tourisme (www.ville-cayenne-fr; 1 Rue de Rémire; ⊙ Mo–Fr 8.30–12 & 14–17, Sa 8.30–13 Uhr) Nützliche Touristeninformation mit vielen Infos zu Cayenne.

🛈 An- und Weiterreise
Internationale und Inlandsflüge starten vom internationalaen Flughafen **Aéroport international Félix Eboué** (Rochambeau; 📞 29-9700).

🛈 Unterwegs vor Ort
Zur Zeit der Recherche fuhren in Cayenne und Umgebung keine öffentlichen Busse.

AUTO
Für zwei oder mehr Personen kann ein Mietwagen günstiger sein als öffentliche Verkehrsmittel. Einige Autovermietungen haben Büros in Kourou, Saint Laurent du Maroni und am Flughafen (manche berechnen für die Abholung vom Flughafen jedoch einen Zuschlag von bis zu 25 €). Ein Kompaktwagen mit unbegrenzterc Kilometerzahl kostet ab 35 € pro Tag. Mit dem Mietwagen darf man nicht über die Grenze fahren.

Avis (📞 30-2522; www.avis.fr; 58 Blvd Jubelin) Hat auch ein Büro am Flughafen.

Budget (📞 35-1020; www.budget-guyane.com; Zone Galmot) Die Zone Galmot liegt am Stadtrand von Cayenne, unweit der Avenue Galmot; Budget hat auch ein Büro am Flughafen.

VOM/ZUM FLUGHAFEN
Der internationale Flughafen Félix Eboué liegt ungefähr 16 km südwestlich von Cayenne. Zum/vom Flughafen kommt man in erster Linie mit dem Taxi (35–40 €, 20 Min.).

TAXI
Die Grundgebühr für eine Taxifahrt beträgt 2 €; jeder gefahrene Kilometer kostet 0,85 €,

an Sonn- und Feiertagen sowie von 19–6 Uhr wird dann 1 € pro Kilometer fällig. Ein Taxistand befindet sich an der Südostecke der Place des Palmistes.

Rémire-Montjoly

20 700 EW.

Rémire-Montjoly, nur 8 km von Cayenne gelegen, besteht eigentlich aus zwei unabhängigen Ortschaften, fungiert aber als Kleinstadt. Die langen Strände gehören zu den schönsten des Landes.

Sehenswertes & Aktivitäten

Plage Montjoly STRAND

Am besten Strand der Gegend wird es am Wochenende und an Feiertagen voll, ansonsten präsentiert er sich aber fast menschenleer. Das Wasser ist flach und trüb, doch an einigen tieferen Stellen kann man ruhig ins Wasser springen. Insektenschutz mitbringen, denn es gibt Sandfliegen, die beißen.

Fort Diamant RUINE

(35-4110; Eintritt mit/ohne Führung 5/3 €) Die renovierten historischen Ruinen des Fort Diamant, einer alten Küstenbastion aus dem frühen 19. Jh., stehen an der Hauptstrandstraße.

Salines Trail WANDERN

Der einfache, 2,5 km lange Salines Trail beginnt am Ende der Rue St. Domenica und bietet tolle Ausblicke auf das Küsten-Marschland und das Meer.

Rorota Trail WANDERN

Ein einfacher, aber schöner, etwa 4 km langer Rundweg durch Wald und an Seen vorbei mit gelegentlichem Blick auf die Küste. Unterwegs sollte man nach Morpho-Schmetterlingen und Affen Ausschau halten.

Schlafen

Motel du Lac HOTEL $

(38-0800; moteldulac@orange.fr; Chemin Poupon, Rte de Montjoly; DZ 70 €; ❄ 🛜 🏊) Ein gut geführtes Hotel mit tollem Pool in der Nähe des Strandes Montjoly und eines ökologischen Schutzgebiets am See.

Cacao

950 EW.

Cacao liegt ungefähr 75 km südwestlich von Cayenne und ist ein kleines Stück Laos in den Hügeln Französisch-Guayanas. Es wartet mit sauberen Bächen, Gemüsefeldern und schlichten Holzhäusern auf Stelzen auf. Die Hmong, die in den 1970er-Jahren als Flüchtlinge aus Laos herkamen, schufen sich hier eine sichere, friedvolle neue Heimat. Für die Einheimischen aus Cayenne ist Cacao heute ein beliebtes Wochenendausflugsziel. Der Sonntag, der **Markttag**, ist am besten für eine Stippvisite geeignet, wenn man auf der Suche nach Stick- und Webarbeiten der Hmong ist und sich an unzähligen laotischen Leckereien satt essen möchte. Äußerst sehenswert ist auch das Museum **Le Planeur Bleu** (27-0034; cleplaneur bleu@wanadoo.fr; Erw./Kind bis 12 J. 12 €/frei; ⊙ So 9–13 & 14–16 Uhr & nach Vereinbarung), wo man sowohl lebendige als auch tote Schmetterlinge und Spinnen zu Gesicht bekommt. Besonders Wagemutige können hier sogar mit einer lebendigen Tarantel auf Tuchfühlung gehen.

Insekten und andere Tiere lassen sich wunderbar bei der Abenteuerwanderung über den 18 km langen **Sentier Molokoï** (Naturpfad Cacao Molokoï) beobachten. Dies ist einer der wenigen Wanderwege durch dichten Wald, den man auf eigene Faust bewältigen kann. Er verbindet die von rustikalem Chic geprägte **Auberge des Orpailleurs** (27-0622; www.auberge desorpailleurs.com; PK62, RN 2; Zi. ab 42 €/Pers., Hängemattenplatz 36 €/Pers. alle inkl. VP) an der Straße nach St. Georges mit dem schlichter gestalteten, auf diverse Aktivitäten ausgerichteten **Quimbe Kio** (27-0122; www.quimbe kio.com; Le Bourg de Cacao; 75 €, Hängemattenplatz 40 €, mit Hängematte 45 €, alle inkl. HP; 🛜) in Cacao. Beide *gîtes* (Gästehäuser) haben auch gute Restaurants und organisieren Touren in die Region. Viel Trinkwasser, Insektenschutzmittel und wasserdichte Kleidung dabeihaben! Am besten übernachtet man in der kleinen Schutzhütte (5 €/Pers.), die sich auf halber Strecke befindet. In den *gîtes* kann man Reservierungen tätigen sowie Karten und hilfreiche Tipps für die Wanderung erhalten.

Zum Zeitpunkt der Recherchen gab es keinen öffentlichen Bus in Cacao.

Naturschutzgebiete Trésor & Kaw

Das Naturschutzgebiet Trésor ist einer der am leichtesten zugänglichen Primärregenwälder Französisch-Guayanas, und in den angrenzenden Sümpfen des Naturschutzgebietes Kaw kann man hervorragend Kaimane (am besten nachts) und so spektakuläre Wasservögel wie Scharlachsichler beobachten. Das Naturschutzgebiet Trésor erreicht man mit dem Auto problemlos: Von Roura fährt man 17 km auf der D6 bis zum 1,75 km langen **botanischen Weg** (Eintritt frei) des Schutzgebietes, auf dem man eine reiche Artenvielfalt, eine Menge Urwaldatmosphäre und geschützte Tierarten entdecken kann.

Wer nach Kaw will, kann jedoch nur die halbe Strecke mit dem Auto zurücklegen, indem man von Trésor weitere 18 km auf der D6 fährt. Weiter bis ins Dorf kommt man nur mit einem Boot und gelangt daher eigentlich nur im Rahmen einer geführten Tour hin. Ein guter Anbieter ist JAL Voyages (S. 695). Die Übernachtung auf schwimmenden *carbets* des Tourveranstalters ist im Preis enthalten.

Kourou

24 000 EW.

Die kleine Stadt mit modernen Wohnblocks liegt auf einer Halbinsel mit Blick auf den Atlantischen Ozean und den Fluss Kourou. Einst war der Ort nicht mehr als eine Versorgungsstation für die Gefangenenlager im Hinterland und auf den Inseln vor der Küste. Heute scheint er nur zur Versorgung des Centre Spatial Guyanais (Raumfahrtzentrum Guayana), zu existieren, einer Anlage zum Bau und Abschuss von Satelliten, in der Tausende Menschen arbeiten. Im äußersten Osten der Stadt gibt es ein paar Strände, an denen man sonnenbaden kann, aber ansonsten ist Kourou hauptsächlich eine Durchgangsstation auf dem Weg zum Weltraumbahnhof oder eben jene Stelle, wo man ein Boot zu den Îles du Salut nimmt. Wer ein wenig vor Ort bleiben muss, sollte ins Vieux Bourg (Altstadt) gehen – denn dort kann man hervorragend essen und trinken.

◉ Sehenswertes

Centre Spatial Guyanais RAUMFAHRTZENTRUM
(CSG; ☏ 32-6123; www.cnes-csg.fr; ◉ Führungen Mo-Do 7.45 & 12.45, Fr 7.45 Uhr) GRATIS Aufgrund seiner Lage in der Nähe des Äquators und abseits von Tropensturmrouten und Erdbebenzonen sowie wegen seiner geringen Bevölkerungsdichte wurde Kourou 1964 als Standort des Centre Spatial Guyan ausgewählt. Das Zentrum wird vom Centre National d'Études Spatiales (CNES; www.cnes.fr) in Zusammenarbeit mit der Europäischen Raumfahrtbehörde (ESA, www.esa.int) und mit Arianespace (www.arianespace.com) betrieben. Inzwischen sind drei Startrampen in Betrieb und die Zahl der Starts ist auf über ein Dutzend pro Jahr gestiegen; das macht es leichter, den Besuch mit einem Raketenstart zu koordinieren.

Das Weltraumzentrum liegt näher an Äquator als jedes andere weltweit (in einer Entfernung von weniger als fünf Breitengraden); hier wirkt die Erddrehung wesentlich stärker als weiter im Norden oder Süden, sodass man den Katapulteffekt als Schubkraftverstärker nutzen kann – die Energieeffizienz beim Start ist deshalb um 17% besser als bei Startrampen, die weiter vom Äquator entfernt sind. Seit 1980 werden zwei Drittel aller kommerziellen Satelliten von Französisch-Guayana aus in die Erdumlaufbahn gebracht.

Auf der Website der ESA erfährt man, wann Raketenstarts angesetzt sind. Hier kann man seinen Platz an einer von mehreren Beobachtungsstellen innerhalb des Raumfahrtzentrums reservieren. Dazu meldet man sich einfach weit im Voraus per E-Mail an csg-accueil@cnes.fr mit vollem Namen, Adresse, Telefonnummer und Alter an. Die Beobachtung ist kostenlos, doch dürfen Jungendliche unter 16 Jahren sich nicht im Umkreis von 6 km um die Startrampe aufhalten, Kinder unter acht Jahren nicht im Umkreis von 12 km. Man kann die Starts auch ohne jede Reservierung erleben, wenn man sich an den Stränden von Kourou oder am 15 km westlich vom Stadtzentrum gelegenen Aussichtspunkt Carapa unter die Einheimischen mischt.

Raumfahrtfans lieben die kostenlosen dreistündigen Führungen im Weltraumbahnhof, bei denen man auch der gewaltigen Abschussrampe einen Besuch abstattet; die Führungen muss man vorab telefonisch reservieren und zum Besuch seinen Pass mitbringen. Manche Führungen finden auch auf Englisch oder Deutsch statt (beim Buchen danach fragen).

Musée de l'Espace MUSEUM
(Space Museum; Erw./Kind 5/3 €, mit Führung 7/4 €; ◉ Mo-Fr 8-18, Sa 14-18 Uhr) Das hervorragende Musée de l'Espace im Komplex des Raumfahrtzentrums sollte man sich nicht entgehen lassen. Die informativen Ausstellungen sind auf Englisch und Französisch

erklärt. Achtung: An den Tagen nach einem Raketenstart bleibt das Raumfahrtzentrum geschlossen.

🛏 Schlafen & Essen

In Kourou gibt's leider kaum günstige Unterkünfte. In beiden Budgetunterkünften ist die Rezeption von 12 bis 14 und 16 bis 18 Uhr besetzt. Wenig aufregende Restaurants, darunter viele chinesische Lokale sowie Pizzerien, verteilen sich in der Stadt.

Hotel Ballahou PENSION $
(📞 22-0022; http://pagesperso-orange.fr/ballahou; 1-3 Martial; DZ/Apt. 60/65 €; ❄🛜) Die besten Betten gibt's im einladenden Hotel Ballahou, nur einen kurzen Fußweg von den Stränden entfernt. Es kann schwer zu finden sein, doch der Besitzer holt Gäste in der Stadt ab. Man sollte lange im Voraus reservieren.

Le Gros Bec PENSION $
(📞 32-9191; hotel-legrosbec@wanadoo.fr; 56 Rue du De Floch; EZ/DZ/3BZ ab 75,50/83,50/92 €; ❄🛜) Die gleich neben dem Vieux Bourg gelegene Unterkunft bietet geräumige, doppelgeschossige Wohnstudios mit Kochnische.

❶ Praktische Informationen

Point Information Tourisme (📞 32-9833; Ponton Balourous; ⊙7.30–9 & 16.30–18 Uhr) Hier legen die Boote zur Îles du Salut ab.

❶ An- & Weiterreise

Viermal täglich fahren Busse zwischen Kourou und Cayenne (15 €, 1¼ Std.), fünfmal täglich nach Saint Laurent (30 €, 3 Std.). Die Autovermietung **Budget** (📞 32-4861; ZI Paracaibo) ist sowohl in Cayenne als auch in Kourou vertreten, sodass man für Mietwagen am Ende auch in der jeweils anderen Stadt abgeben kann – allerdings wird dafür eine recht heftige Gebühr fällig.

Îles du Salut

Die „Inseln der Erlösung" bedeuteten für jene Gefangenen, die seit der Zeit Napoleons III. vom französischen Staat hierher verbannt wurden, genau das Gegenteil. Die drei winzigen Inseln (Île du Diable, Île Royale und Île St. Joseph) liegen 15 km nördlich von Kourou in rauen, von Haien bevölkerten Gewässern und galten darum als fluchtsicher und besonders geeignet für politische Häftlinge, u. a. Alfred Dreyfus. Zwischen 1852 und 1947 starben auf den berüchtigten Inseln um die 80 000 Gefangene an Krankheiten oder unmenschlicher Behandlung, oder aber unter der Guillotine.

Seit Ende des Gefängnisbetriebs dienen die Inseln der Zerstreuung – man flüchtet quasi hierher. Auf der Île Royale, der einstigen Verwaltungszentrale des Straflagers, gibt's mehrere restaurierte Gefängnisgebäude, von denen eines als Gasthaus mit Übernachtungsmöglichkeit dient. Die kleinere Île St. Joseph mit ihren schaurigen Isolationszellen und dem Friedhof der Wachleute ist dagegen von Kokospalmen überwuchert.

Im alten **Haus des Direktors** (Eintritt frei; ⊙Di–So 14–16 Uhr) ist eine interessante englischsprachige Ausstellung zur Geschichte der Inseln zu sehen. Von hier starten auch die kostenlosen zweistündigen Führungen (in der Regel auf Französisch) über die Île

---

PAPILLON: FLUCHTKÜNSTLER ODER HOCHSTAPLER?

Von allen Gefangenen, die auf der berüchtigten Île du Diable (Teufelsinsel) einsaßen, erlangte lediglich der Franzose Alfred Dreyfus (der 1894 zu Unrecht wegen Landesverrats verurteilt wurde) annähernd den Bekanntheitsgrad von Henry Charrière. Charrière wurde berühmt-berüchtigt wegen seiner unglaublichen Erzählung über seine neun bemerkenswerten Fluchtversuche aus der verrufenen Strafkolonie in Französisch-Guayana. Charrière, der aufgrund eines Tatoos auf der Brust den Spitznamen Papillon (Schmetterling) trug, behauptet in seiner Autobiografie, dass er, nachdem er unschuldig wegen Mordes verurteilt und auf die Îles du Salut gebracht worden war, von dort flüchten konnte, indem er sich auf einen Sack voller Kokosnüsse ans Festland treiben ließ und sich dann mutig durch den malariaseuchten Urwald Richtung Osten durchschlug. So machte er sich selbst zu einem weltberühmten, geheimnisumwitterten Helden, der unter amerikanischen Ureinwohnern gelebt haben wollte und schließlich venezolanischer Staatsbürger wurde. Hollywood verfilmte Charrières Lebensgeschichte mit Steve McQueen in der Hauptrolle. Seine Autobiografie gilt heute allerdings weithin als Kompilation aus eigenen Erlebnissen und aus Geschichten anderer Insassen, die ihm im Gefängnis erzählt wurden.

Royale. Erstaunlicherweise sind die Inseln von einer reichen Artenvielfalt geprägt; hier leben z. B. Aras, Agutis, Kapuzineraffen und Meeresschildkröten. Wer Badesachen und Handtuch dabei hat, kann sich an dem herrlich weißen Sandstrand und in den seichten Schwimmlöchern auf St. Joseph eine kleine Auszeit nehmen. Das Centre Spatial Guyanais hat auf der Île Royale eine riesige Infrarotkamera installiert, und vor einem Raketenstart vom Weltraumbahnhof in Richtung Osten werden die Inseln evakuiert.

🛏 Schlafen & Essen

In den paradiesischen Uferzonen der Île Royale und der Île St. Joseph kann man umsonst campen (zu diesem Zweck sollte man aber unbedingt Insektenschutzmittel, ein Mückennetz und wasserfeste Kleidung mitbringen).

★ **Auberge des Îles du Salut** INN $$
(☏ 33-4530; Hängemattenplatz 10 €, „Wachquartier" ab 60 €, Haus des Direktors EZ/DZ 165/235 €) Der Empfangsbereich hat sich seit jenen Tagen, als hier die Häftlinge eintrafen, kaum verändert, aber die Zimmer in dem kunstvoll renovierten Haus des Direktors erinnern gleichwohl an einen schmissigen Bogart-Film. Wer eher die Erlebnisse von Papillon nachempfinden will, kann auch in den einfacheren Zimmern in den alten Wachquartieren (manche mit Terrasse) nächtigen oder aber seine Hängematte in den sanierten und frisch gestrichenen Schlafsälen des ehemaligen Gefängnisses aufhängen.

Man sollte keinesfalls abreisen, ohne zumindest einmal im Restaurant (Komplettmenü 26 €) gegessen zu haben: Denn hier gibt's wirklich die beste Fischsuppe (10 €) jenseits der Provence! Kochgelegenheiten stehen zwar nicht zur Verfügung, aber wer ausreichend Picknickvorräte mitbringt (und außerdem viel Trinkwaser, denn das Wasser auf den Inseln ist ungenießbar), lebt hier recht günstig.

ℹ An- & Weiterreise

Bequeme, abgasfreie Katamarane und Segelboote, die der Auberge gehören, darunter die **Îles du Salut** (☏ 32-3381; hin & zurück 48 €), und die **Tropic Alizés** (☏ 25-1010; www.ilesdesalute-guyane.com; hin & zurück 48 €), brauchen etwa 1½ bis zwei Stunden bis zu den Inseln. Die meisten Boote zu den Inseln fahren gegen 8 Uhr vom *ponton des pêcheurs* (Fischerdock, am Ende der Av Général de Gaulle) in Kourou ab und kehren zwischen 16 und 18 Uhr zurück. Auf der Tour bleibt man meistens über Mittag auf der Île Royale und besucht dann nachmittags die Île Saint Joseph, ehe es zurück nach Kourou geht. Man kann 48 bis 72 Stunden im Voraus telefonisch reservieren oder einfach gleich bei den Tourveranstaltern in Cayenne oder Kourou buchen.

St. Laurent du Maroni

40 600 EW.

St. Laurent ist eine interessante Kleinstadt mit ein paar der schönsten kolonialzeitlichen Bauten des Landes. Noch immer, auch noch ungefähr 60 Jahre nach Schließung des Straflagers, prägen die Gefängnisbauten und die Geister ihrer Insassen diesen Ort. Saint Laurent liegt am Ufer des Maroni (oder Marowijne), der die Grenze zu Suriname bildet, und ist daher auch ein Ausgangspunkt für Bootsausflüge zu Siedlungen von Maroons und indigenen Völkern. Der Ort ist besser auf den Tourismus eingestellt als jeder andere im Land – Cayenne eingeschlossen. Wer mit der Zeit etwas frustriert ist, dass das Reisen in Französisch-Guayana so kompliziert ist, findet hier endlich auch einmal einen Ort, wo sich diverse Aktivitäten wirklich erfrischend einfach organisieren lassen.

⊙ Sehenswertes & Aktivitäten

In der Touristeninformation bekommt man ausgezeichnete kostenlose Karten für Spaziergänge auf eigene Faust sowie Informationen zu allen in der Gegend angebotenen Aktivitäten.

Dort gibt es auch ein Kombiticket für den Besuch der Straflager Camp de la Transportation und Le Camp de la Relégation für 10 €.

★ **Camp de la Transportation** HISTORISCHE STÄTTE
(Führungen 8 €/Pers.; ⊙ Führungen Di-Sa 9.30, 11, 15 & 16.30, So 9.30 & 11 Uhr) Das gespenstische Camp de la Transportation, ein Durchgangslager, war das größte Gefängnis Französisch-Guayanas. Die Häftlinge kamen mit dem Boot hierher, und die Überfahrt über den Atlantik dauerte ganze 20 Tage. Die Touristeninformation bietet 1½-stündige Führungen an, die meisten Führer sprechen allerdings nur ganz wenig Englisch. In einer Zelle ist der Name Papillon eingeritzt, doch ob dies wirklich seine Zelle war, ist nicht sicher.

St. Laurent du Maroni

St. Laurent du Maroni

◉ Highlights
1 Camp de la Transportation B2

🛌 Schlafen
2 Amazonie Accueil B4
3 Hôtel La Tentiaire D2
4 Hôtel Star..C4

🍴 Essen
5 Chez Félicia...B3
6 Tipic Kreol C4

ⓘ Praktisches
7 Konsulat von Suriname.......................B4

Fleuve de Maroni FLUSS
(Tour ca. 45 €/halber Tag) Bei den Touren erkundet man indianische und Marron-Dörfer am Ufer des großen Flusses und in der Regel auch jene Insel, auf der die von *Papillon* erwähnte Leprakolonie untergebracht war; außerdem steht eine Wanderung durch den Dschungel an. Die Touristeninformation weiß, welcher der örtlichen Veranstalter gerade Flusstouren anbietet und kann einem auch Führer nennen, die Englisch sprechen. Agami ist eine tolle Option für eine Unterkunft.

Längere mehrtägige Touren geben Gelegenheit zu ausführlicheren Erkundungen. Sie beinhalten in der Regel eine oder mehrere Übernachtungen in der Hängematte in einer der traditionellen indianischen Hütten sowie die Gelegenheit, ortstypische Gerichte zu probieren.

Le Camp de la Relégation HISTORISCHE STÄTTE
(Saint Jean; 6 €/Pers.; ⊙ Führungen Sa & So 15.30 Uhr) Le Camp de la Relégation in Saint Jean, 17 km von Saint Laurent entfernt, ist ein weiteres ehemaliges Straflager. Besuchen kann man es im Rahmen von zweistündigen Führungen, die von der Touristeninformation angeboten werden. In den Gebäuden

lebten Gefangene, die wegen kleinerer Vergehen verurteilt wurden und mehr Freiheiten genossen. Daher ist die Atmosphäre hier nicht ganz so bedrückend wie in den anderen Straflagern Französisch-Guayanas. Zukünftig werden möglicherweise auch wieder an Wochenenden Führungen veranstaltet.

🛏 Schlafen & Essen

Mehrere kleine Lebensmittelläden und ein mittelgroßer Supermarkt bieten Selbstversorgern die Gelegenheit, sich mit Vorräten einzudecken. Auf dem **Lebensmittel- und Kunstgewerbemarkt** (Mi & Sa 5–13 Uhr) bekommt man an verschiedenen Ständen sättigendes *bami goreng* (gebratene Nudeln), *pho* (Nudelsuppe) oder aber französische Quiches, alles für jeweils rund 5 €.

★ Hôtel La Tentiaire   HOTEL $
(34-2600; tentiaire@wanadoo.fr; 12 Av Franklin Roosevelt; Zi. ab 63 €; ❄🛜🏊) Das renovierte Verwaltungsgebäude des Straflagers ist die beste Unterkunft im Zentrum. Sie hat tolle Zimmer mit Holzverzierungen. Einige Zimmer haben einen Balkon mit Blick auf den kleinen angrenzenden Park. Die Zimmer auf zwei Geschossen bieten bequem Platz für vierköpfige Familien.

Agami   HÄNGEMATTEN-LODGE $
(34-7403; PK 10; Platz mit/ohne Hängematte 15/10 €) Die Dominikanerin Carmen und ihr Mann vermieten in ihren Gärten voller Grapefruits und Bananen traditionelle indianische Hütten, in den man seine Hängematte aufhängen kann. Das zugehörige Restaurant serviert das beste traditionelle indigene Essen (Menü 20 €) weit und breit. Auch entspannte, angenehm untouristische Kanutouren werden hier zu vernünftigen Preisen angeboten. Das Agami liegt an der Straße nach Saint Jean, 10 km von St. Laurents Stadtzentrum entfernt.

Amazonie Accueil   HÄNGEMATTEN-LODGE $
(41-2350, 34-3612; am.ac@orange.fr; 3 Barrat; Platz für Hängematte 10 €, Leihhängematte 5 €; 🛜) In der zentral gelegenen, freundlichen Lodge kann man seine Hängematte aufhängen (oder eine ausleihen, falls man keine hat). Die Hängematten-Lodge hat einen Kiesboden und Platz für fünf Personen. Es gibt einen Frühstücksbereich und Gemeinschaftsbäder.

Hôtel Star   HOTEL $
(34-1084; 26 Thiers; Zi. ab 68 €; ❄🛜🏊) Da die Einrichtung des Hotels den Charme einer öffentlichen Schule hat und es in den Zimmern auch Schimmel gibt, sollte man hier eigentlich nur bleiben, wenn das Tentiaire voll ist.

Chez Félicia   KREOLISCH $
(23 Av du Général de Gaulle; Hauptgerichte 12–16 €; hmittags & abends, So abends geschl.) Das bei Einheimischen beliebte Restaurant mit karierten Tischtüchern, einer freundlichen Bedienung und zufriedenen Stammgästen bietet schmackhafte kreolische Gerichte (auch

---

ⓘ EINREISE NACH SURINAME

Der Weg zur Grenze
Der internationale Kai befindet sich 2 km südlich von Saint Laurent; man kann die Av Eboué hinuntergehen oder ein Taxi nehmen (4 €). Am Kai muss man sich sowohl beim Zoll als auch bei der Einreisebehörde Ausreisestempel holen. Die surinamische Touristenkarte und das Visum bekommt man inzwischen nicht nur in Cayenne, sondern auch im effizient arbeitenden **surinamischen Konsulat** (26 Catayée; Mo–Fr 8–12.30 & 14–18 Uhr) in Saint Laurent.

An der Grenze
Private *pirogues* (Einbäume; 4 €, 10 Min.) sind die einfachste Option. Sie legen den ganzen Tag je nach Nachfrage am Kai ab und setzen die Passagiere am Fähranleger in Albina in Suriname ab. Mehrmals täglich setzt auch die Autofähre **Bac La Gabrielle** (Passagier/Auto & Fahrer 10/40 €) innerhalb von 30 Minuten über den Fluss.

Weiterreise
Sammeltaxis (75 SR$, 2 Std.), Minibusse (30–40 SR$, 2½ Std.) und öffentliche Busse (8,50 SR$, 3 Std.) nach Paramaribo warten in Albina auf die Boote.

Infos zur Überquerung der Grenze in der entgegengesetzten Richtung stehen auf S. 1000.

mit Bushmeat). Die Portionen sind riesig; man kann sie sich auch teilen.

Tipic Kreol KREOLISCH $$
(Ecke Thiers & Tourtet; Hauptgerichte 13–22 €; ☺Mo–Sa abends, Di–So mittags) Bei diesem gut besuchten, zentral gelegenen Lokal sitzt man draußen und beobachtet die Leute oder speist intimer drinnen in dem mit Holzparkett ausgelegten und mit Pflanzen geschmückten Speisesaal. Das Essen – Bushmeat, Fisch, Fleisch, Steaks und Salate – ist schmackhaft und kommt in großen Portionen auf den Teller.

❶ Praktische Informationen

GELD
Banken mit Geldautomaten verteilen sich über die Stadt, aber keine davon tauscht Geld oder löst Reiseschecks ein. Wer Geld wechseln will, muss nach Cayenne fahren.

INTERNETZUGANG
WLAN ist weitverbreitet.

TOURISTENINFORMATION
Office du Tourisme (⏵34-2398; www.ot-saintlaurentdumaroni.fr; Esplanade Baudin; ☺8–12.30 & 14–18 Uhr) Hier lässt sich alles organisieren, was man in Saint Laurent du Maroni besichtigen oder unternehmen kann. Die Angestellten sprechen auch Englisch und verteilen kostenlose Stadtpläne.

❶ Anreise & Unterwegs vor Ort

Busse nach Cayenne (30 €, 250 km, 4 Std.) starten einmal täglich (außer Sonntag) vom *gare routière* (Busbahnhof) am Stadion. Die Abfahrtszeit erfährt man bei der Touristeninformation.
Budget (⏵34-0294; www.budget-guyane.com; 328 Av Gaston Monnerville; ab 45 €/Tag) berechnet für Einweg-Mietwagen, die man in Cayenne abgibt, eine Gebühr von 100 €.

Die breiten, von Kolonialgebäuden gesäumten Straßen von Saint Laurent sind ideal zum Herumschlendern.

Mana & Awala-Yalimopo

Etwa 50 km nordöstlich von Saint Laurent liegt das rustikale Dorf Mana (600 Ew.) mit einer besonders malerischen Uferfront am gleichnamigen Fluss, der als einer der schönsten und ursprünglichsten Flüsse im Norden Südamerikas gilt.

Übernachtungsgästen bietet das **Le Samana Hotel** (⏵27-8667; hotelsamana@orange.fr; 18 Aubert; DZ/Studio 60/70 €; P❋☎) in der Nähe des Kreisverkehrs bei der Einfahrt in die Stadt ein hervorragendes Preis-Leistungs-Verhältnis. Die französische Küche mit landestypischem Einschlag im **Le Buffalo** (⏵34-4280; 36 Javouhey; Hauptgerichte 15–25; € ☺Di–So 9.30–15 & ab 19 Uhr) sollte man sich nicht entgehen lassen.

In der **Post** (Rue Bastille) in Mana gibt es einen Geldautomaten, und die letzte Tankstelle, wenn man Richtung Osten fährt, befindet sich am Kreisverkehr an der Einfahrt nach Mana. Man erreicht diese Gegend nur mit dem Auto.

Amerikanische Ureinwohner bevölkern Awala-Yalimopo (1200 Ew.; 22 km nordwestlich von Mana) und die **Plage Les Hattes**. Der Strand ist eine der weltweit spektakulärsten Brutstätten für die gigantischen Lederschildkröten, die bis zu 600 kg schwer werden. Zwischen April und Juli legen sie ihre Eier ab, und zwischen Juli und September schlüpfen die Jungen. Es kommen so viele Schildkröten an Land, dass ein Biologe die Szene einst mit einer Panzerschlacht verglich.

Im **Maison de la Reserve Natural l'Amana** (⏵34-8404; Erw./Kind 2 €/frei; ☺Mo, Mi, Fr & Sa 8–12 & 14–18 , Di & Do 14–18 Uhr) gibt es ein kleines Museum, Informationen zur Biologie der Schildkröten und zwei Naturlehrpfade, die auf dem Grundstück beginnen.

Zu den Unterkünften in Awala-Yalimopo (im Voraus reservieren) zählt auch die einfache, saubere **L'Auberge de Jeunesse Simili** (⏵34-1625; ajs.simili@orange.fr; B 15 €, Hängemattenplatz mit/ohne Leihhängematte 15/7 €). Man sollte versuchen, für ein französisch-indianisches Mittag- oder Abendessen im **Yalimalé** (⏵34-3432; Gerichte 23 €; ☺So abend & Mo geschl.) zu reservieren; außerhalb der Schildkrötensaison ist es aber nur selten geöffnet.

FRANZÖSISCH-GUAYANA VERSTEHEN

Französisch-Guayana aktuell

Die Entwicklungen im Centre Spatial Guyanais (Raumfahrtzentrum Guayanas) in Kourou beherrschen die Schlagzeilen in Französisch-Guayana. Immer mehr Länder nutzen Kourou als Weltraumbahnhof.

2010 stimmte die Bevölkerung gegen eine stärkere Autonomie von Frankreich, das

Land wird also vermutlich auf absehbare Zeit ein Übersee-Département mit europäischen Zuwendungen bleiben.

Angesichts des steigenden Goldpreises nimmt der Goldabbau im Land zu, besonders im östlichen Grenzgebiet zu Brasilien. Die Regierung geht gegen die riesige illegale Goldindustrie vor, die z. B. tonnenweise umweltschädliches Quecksilber in die einst unberührten Flüsse Französisch-Guayanas kippt, und hat dabei auch einige Erfolge zu verzeichnen. Die langen, entlegenen und von Dschungel bedeckten Grenzen zu Suriname und Brasilien machen diesen Kampf aber außerordentlich schwierig.

Geschichte

1643 gründeten die Franzosen ihre erste Siedlung in Cayenne. Tropenkrankheiten und feindlich gesinnte Ureinwohner verhinderten jedoch, dass größere Plantagen angelegt werden konnten. Nach diversen Konflikten mit den Niederländern und den Briten und einer achtjährigen Besetzung durch Brasilien und Portugal gewann Frankreich schließlich wieder die Oberhand. Kurz darauf wurde die Sklaverei abgeschafft (1848), was die wenigen Plantagen an den Rand des Ruins brachte.

Ungefähr zur selben Zeit entschied sich Frankreich, in Guayana Sträflingslager aufzubauen. Dadurch, so meinte man, würden die Kosten der heimischen Gefängnisse gesenkt und die Weiterentwicklung der Kolonie vorangetrieben werden. Auf Befehl von Napoleon III. wurden 1852 die ersten Verurteilten hierher geschickt. Alle, die nach Ende ihrer Strafe noch am Leben waren, sollten noch genauso viele Jahre als Exilanten hier ausharren, wie ihre Strafe betragen hatte. Weil aber 90 % der Verurteilten an Malaria oder Gelbfieber starben, trug diese Maßnahme nur wenig zum erhofften Bevölkerungswachstum und zur Weiterentwicklung der Kolonie bei. Französisch-Guayana war allgemein berüchtigt für seinen brutalen und korrupten Strafvollzug. Das letzte Straflager wurde 1953 geschlossen.

1946 erhielt Guayana den Status eines französischen Übersee-Départements. Im Jahre 1964 begannen schließlich die Arbeiten am Centre Spatial Guyanais, was dem Land einen Zustrom von Wissenschaftlern, Ingenieuren, Technikern und Servicepersonal aus Europa und der ganzen Welt bescherte. So entwickelte sich Kourou zu einer modernen Stadt von beträchtlicher Größe, die 15 % des Wirtschaftsaufkommens des gesamten Landes einbringt. Die ersten Hmong-Flüchtlinge aus Laos trafen 1975 hier ein und siedelten sich hauptsächlich in den Ortschaften Cacao und Javouhey an. Heute machen sie etwa 1,5 % der gesamten Bevölkerung aus und bilden das Rückgrat der hiesigen Landwirtschaft: Rund 80 % aller landwirtschaftlichen Erträge des Übersee-Départements werden von ihnen erwirtschaftet.

Nacheinander haben französische Regierungen hier staatliche Arbeitsplätze geschaffen und Subventionen in Höhe von mehreren Milliarden bereitgestellt. Als Resultat herrscht in den städtischen Regionen ein nahezu europäischer Lebensstandard. Die ländlichen Gebiete sind allerdings wesentlich ärmer, und im Hinterland fristen viele Ureinwohner und Maroons noch immer ein sehr abgeschottetes, ziemlich kärgliches Dasein.

Kultur

Französisch-Guayana bietet einen überaus reizvollen Mix aus seiner durchaus mancherorts sichtbaren Vergangenheit, einer absolut sagenhaften Küche und der französischen Sprache, gepaart mit der unendlichen Weite und der großen ethnischen Vielfalt Amazoniens. Auch wenn das Leben in Cayenne und Kourou fast schon europäischen Zuschnitt hat, haben die meisten Menschen im Land mit finanziellen Problemen zu kämpfen und führen ein recht bescheidenes Leben.

Die Einwohner Französisch-Guayanas sind stolz auf ihre multikulturelle, von vielen Einflüssen geprägte Welt. Rund 38 % der Bevölkerung haben eine gemischt afrikanische (kreolische) Herkunft, 8 % sind Franzosen, 8 % stammen von Haiti, 6 % aus Suriname, 5 % von den Französischen Antillen, 5 % sind Chinesen und 5 % Brasilianer. Die übrigen Einwohner verteilen sich auf die Hmong, indianische sowie andere südamerikanische Ethnien.

Das Land ist vorwiegend katholisch geprägt, doch folgen die Maroons und die Indianer eigenen religiösen Traditionen. Die meisten Hmong sind ebenfalls Katholiken. Das wiederum geht auf den Einfluss der Ordensschwester Anne-Marie Javouhey zurück, die sie nach Französisch-Guayana brachte.

Natur & Umwelt

Französisch-Guayana grenzt im Osten und im Süden an Brasilien; die Flüsse Maroni und Litani bilden die Grenze nach Suriname.

Der Großteil der Einwohner lebt an der Atlantikküste, wo auch die meisten der wenigen Straßen Französisch-Guayanas zu finden sind. Mangrovensümpfe säumen fast die gesamte Küste, nur unterbrochen von ein paar Sandstränden. Das weitgehend unbewohnte, dicht bewaldete Landesinnere steigt langsam bis zu den Tumac-Humac-Bergen an der brasilianischen Grenze an.

PRAKTISCHES

ⓘ Allgemeine Informationen

AKTIVITÄTEN

Vögelbeobachten, Wandern und Kanufahren sind beliebte Aktivitäten in Französisch-Guayana. An den Stränden von Montjoly und Kourou sind Wassersportarten wie Windsurfen, Kitesurfen oder Segeln beliebte Freizeitvergnügen, doch kann man praktisch nirgendwo die erforderliche Ausrüstung mieten.

BOTSCHAFTEN & KONSULATE

Brasilianische Botschaft (☏ 29-6010; 444 Chemin St. Antoine, Cayenne) Abseits der Rue de Baduel.

Surinamisches Konsulat (☏ 28-2160; cg.sme.cay@wanadoo.fr; 3 Av Léopold Héder, Cayenne; ⊗ Mo–Fr 8.30–17.30 Uhr) Oft sehr voll, doch wenn man Glück hat, erhält man innerhalb weniger Minuten eine Touristenkarte. Eine kleineres und weniger überlaufenes Konsulat in Saint Laurent du Maroni (S. 702) bietet die gleichen Leistungen an.

Deutschland, Österreich und die Schweiz haben keine Vertretungen in Französisch-Guayana. Weil es jedoch zum französischen Staatsgebiet gehört, kann man sich auch an die entsprechende Landesvertretung in Frankreich wenden.

Deutsche Botschaft (☏ 0033-153-83-45-00; Ambassade de la République fédérale d'Allemagne; 28 Rue Marbeau, 75116 Paris (Besucheranschrift); Service Consulaire, BP 30221, 75364 Paris CEDEX 08 (Postanschrift))

Österreichische Botschaft (☏ 0033-140-63-30-63; 6 Rue Fabert, 75007 Paris)

Schweizer Botschaft (☏ 0033-149-55-67-00; par.vertretung@eda.admin.ch, Ambassade de Suisse; 142, Rue de Grenelle, 75007 Paris)

PREISKATEGORIEN ESSEN

Die folgenden Preiskategorien beziehen sich auf eine übliche Hauptgang einschließlich Service.

$ weniger als 12 €

$$ 12–20 €

$$$ mehr als 20 €

FEIERTAGE

Neujahr 1. Januar
Aschermittwoch Februar/März
Karfreitag/Ostermontag März/April
Tag der Arbeit 1. Mai
Französischer Nationalfeiertag 14. Juli
Allerheiligen 1. November
Allerseelen 2. November
Gedenktag des Ersten Weltkriegs (Veteranentag) 11. November
1. Weihnachtstag 25. Dezember

GEFAHREN & ÄRGERNISSE

In den größeren Ortschaften ist nachts Wachsamkeit geboten. In den letzten Jahren haben Gewalttaten und Drogenhandel überall im Land zugenommen, daher errichtet der Zoll oft Straßensperren an Küstenstraßen und kontrolliert Autos von Einheimischen und Ausländern.

Die Einheimischen trampen zwar im Gebiet um Cayenne und aus dem Westen nach Saint Laurent. Für Traveller ist das allerdings riskanter, da sie für leichte, mit Geld beladene Opfer gehalten werden könnten. Niemals nachts und nie auf der Straße von Régina nach Saint-Georges trampen, die gefährlich und abgelegen ist.

GELD

Französisch-Guayana ist eine der teuersten Regionen in Südamerika, da das Département zur Eurozone gehört und viele Waren aus Frankreich importiert werden. Die einzigen *cambios* (Wechselstuben) für den Tausch von Devisen sind in Cayenne, aber *guichets automatiques* (Geldautomaten) gibt's in den meisten mittleren und größeren Ortschaften.

Kreditkarten werden weithin akzeptiert. Mit einer Visa oder MasterCard kann man an *guichets automatiques*, welche an die Netzwerke von Plus oder Cirrus angeschlossen sind, Bargeld abheben. Und auch mit Eurocard oder Carte Bleu gibt's kaum Probleme.

GESUNDHEIT

Im Landesinneren treten gegen Chloroquin resistente Malariastämme auf, und Französisch-Guayana gilt als Gelbfieberregion. Wer während seines Aufenthalts eine Impfung braucht, wendet sich an das **Centre de Prévention et**

> ### PREISKATEGORIEN SCHLAFEN
>
> Die folgenden Preiskategorien beziehen sich auf ein Doppelzimmer mit Bad außerhalb der Karnevalssaison (Jan.–Feb./März). Wenn nicht anders angegeben, sind alle Steuern enthalten.
>
> **$** weniger als 85 €
> **$$** 85–150 €150
> **$$$** mehr als 150 €

de Vaccination (%30-2585; Rue des Pommes Rosas, Cayenne; ⊗Mo & Do 8.30–12 Uhr). Die medizinische Versorgung im Land ist ausgezeichnet, aber nur wenige Ärzte sprechen Englisch. In größeren Ortschaften ist das Leitungswasser von guter Qualität, anderswo sollte man auf abgefülltes oder abgekochtes Wasser zurückgreifen.

ÖFFNUNGSZEITEN
Viele Geschäfte schließen während der Mittagshitze. Die üblichen Öffnungszeiten sind von 8 bis 12 und von 14 bis 18 Uhr. Restaurants haben oft bis 14 Uhr geöffnet und dann noch einmal von 19 bis 22 Uhr oder länger geöffnet. Sonntags und manchmal auch montags kommt das gesamte Land zum Stillstand. Nachtclubs und Bars öffnen gegen 22 Uhr.

POST
Die Post ist sehr verlässlich, auch wenn alle Postsendungen über das französische Mutterland gehen. Damit Briefe in Französisch-Guayana ankommen, sollten sie an das Empfängerland „France" adressiert und zusätzlich mit der Postleitzahl von Französisch-Guayana versehen sein.

SPRACHE
Französisch ist die offizielle Landessprache, die die meisten Einwohner auch fließend beherrschen. Die kreolische Bevölkerung spricht untereinander das auf dem Französischen basierende *créole guyanais*, aber auch andere Kreolsprachen, die sich in der Umgangssprache vermischen. Die Hmong verwenden untereinander ihre angestammte Hmong-Sprache. Diverse indianische Sprachen sind bei den verschiedenen indigenen Stämmen in Gebrauch, und an der Grenze zu Suriname sprechen viele Maroons Sranantongo (die Umgangs-, aber nicht Amtssprache von Suriname).

STROM
Die Stecker sind dreipolige europäische Stecker. Die Netzspannung beträgt 220/127 V, 50 Hz.

TELEFON
SIM-Karten von Digicel sind in Cayenne, Kourou und Saint Laurent für 20 € (davon 5 € Guthaben) erhältlich. In Französisch-Guayana gibt's keine Ortsvorwahlen.

UNTERKUNFT
Die Hotels in Französisch-Guayana haben in der Regel wenig Charme, sind aber durchaus komfortabel. In den meisten Hotels gibt es Mitarbeiter, die etwas Englisch sprechen.

Zu den günstigsten Optionen zählen *gîtes* (Pensionen; Näheres erfährt man bei den Touristeninformationen) für Langzeitgäste in Cayenne, Kourou und Saint Laurent und rustikale *carbets* (offene Hütten) für Hängematten.

VISA
Reisende brauchen einen Reisepass. Auch der Nachweis über eine Gelbfieberimpfung muss unbedingt mitgeführt werden. Für Aufenthalte bis zu 90 Tagen brauchen EU-Bürger und Schweizer kein Visum.

Offiziell müssen alle Besucher, selbst Franzosen, ein Rückflug- oder Weiterreiseticket sowie den Nachweis über ausreichende Geldmittel für die Zeit des Aufenthalts vorlegen können.

❶ An- & Weiterreise

FLUGZEUG
Alle internationalen Fluggäste müssen über den internationalen Flughafen Félix Eboué in Cayenne (S. 698) einreisen.

Air Caraïbes (%29-3636; www.aircaraibes.com; Centre de Katoury, Rte Rocade) Flüge nach Paris. Die Rte Rocade geht von der D18 in Richtung Cayenne ab.

Air France (%29-8700; www.airfrance.gf; 17 Lalouette, Cayenne) Flüge nach Paris, Fort-de-France, Pointe-à-Pitre und Miami.

Air Guyane (%29-3630; www.airguyane.com; Félix Eboué International Airport) Flüge nach Saül und zu anderen Zielen in Französisch-Guayana sowie nach Paramaribo.

Suriname Airways (www.flyslm.com; airport) Flüge nach Belem und Paramaribo.

SCHIFF/FÄHRE
Von Saint Laurent du Maroni (im Westen) fahren Boote und Autofähren nach Suriname, außerdem verkehren Boote von Saint Georges de l'Oyapock (im Osten) nach Brasilien. Darüber hinaus gibt es auch noch eine – allerdings

> ### AUSREISESTEUER
>
> Für Flüge zu einem Ziel im Ausland beträgt die Ausreisesteuer 20 US$. Diese ist im Ticketpreis enthalten. Übrigens: Bei Flügen nach Paris fällt die Steuer nicht an, weil es sich um Inlandsflüge handelt.

gesperrte – Brücke, die vielleicht irgendwann einmal geöffnet werden wird).

ℹ Unterwegs vor Ort

Rundreisen ohne eigenes Auto sind in Französisch-Guayana viel schwieriger und kostspieliger als im französischen Mutterland, wo öffentliche Verkehrsmittel viel verbreiteter ist. So teuer das Mieten eines Autos auch ist, um im Land herumzukommen, ist es hier dennoch die kostengünstigste Möglichkeit.

AUTO

Die meisten Straßen sind zwar in außergewöhnlich gutem Zustand, doch manche Nebenstraßen können in der Regenzeit schwierig befahrbar sein – man sollte einen Ersatzreifen, zusätzliches Benzin und viel Zeit mitbringen. Bei Reisegruppen kann das gemeinsame Mieten eines Autos (ab 35 €/Tag) durchaus Geld sparen. Ein Internationaler Führerschein wird zwar empfohlen, ist aber nicht zwingend vorgeschrieben. Wer ein Auto mietet, muss mindestens 21 Jahre alt sein.

FLUGZEUG

Von Cayenne fliegen Kleinmaschinen von Air Guyane nach Saül.

SCHIFF/FÄHRE

Geführte Touren nutzen häufig den Wasserweg. Wer auf eigene Faust unterwegs ist, kann versuchen, in Kaw oder Saint Laurent ein Boot zu bekommen. Katamarane fahren zu den Îles du Salut.

Guyana

Inhalt ➡
Georgetown........713
Berbice............719
Nordwestküste......719
Kaieteur National
Park..............720
Iwokrama-
Regenwald.........720
Nördliche Rupununi-
Savanne............722
Südliche Rupununi-
Savanne............723
Guyana verstehen...725
Praktisches........727

Top-Abenteuer
➡ Dadanawa Ranch (S. 724)
➡ Kaieteur Falls (S. 720)
➡ Saddle Mountain (S. 724)
➡ Bushmasters (S. 724)

Beste Plätze zur Naturbeobachtung
➡ Caiman House (S. 722)
➡ Schildkröten am Shell Beach (S. 720)
➡ Rewa Eco-Lodge (S. 722)
➡ Karanambu Ranch (S. 723)

Auf nach Guyana!

Nur wenige Orte auf dieser Erde haben so viel echtes Abenteuer zu bieten wie das dicht bewaldete Guyana. Das Land ist geprägt von einer schwierigen Geschichte, politischer Instabilität und ethnischen Spannungen. Doch ungeachtet der Korruption und Misswirtschaft ist die multikulturelle Bevölkerung hier fröhlich und hoch motiviert, ihr Land zum besten Geheimtipp in Sachen Ökotourismus zu machen.

Die etwas heruntergekommene Hauptstadt Georgetown ist durch und durch karibisch und hat tolle Restaurants, einen quirligen Markt und ein pulsierendes Nachtleben. Weitab vom hauptstädtischen Rummel gehört das Landesinnere mit den Dörfern der amerikanischen Ureinwohner und der einzigartigen Tier-und Pflanzenwelt eindeutig zu Amazonien. Von den Eiablageplätzen der Meeresschildkröten an der Nordküste bis zu den verwegenen *vaqueros* (Cowboys) im Süden ist Guyana allemal eine Reise wert – trotz des Schlamms, der Schlaglöcher und der tropischen Hitze.

Reisezeit
Georgetown

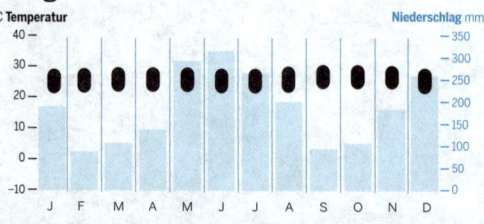

Mitte Nov.–Mitte Jan. An der Küste ist Regenzeit; viele im Ausland lebende Guyaner kommen heim.

Mai–Aug. Die Regenzeit im Inland und eine zweite an der Küste machen viele Straßen unpassierbar.

Ende Dez. Nur noch vereinzelt Regen im Landesinneren, der für angenehme Temperaturen sorgt.

Verkehrsmittel & -wege

Die einzigen legalen Grenzübergänge nach Guyana sind in Nieuw Nickerie in Suriname und Bonfim in Brasilien. Beide sind gut mit Minibussen erreichbar. Obwohl das Land im Westen eine lange Grenze zu Venezuela hat, ist der Grenzübertritt überall verboten und auch nicht zu empfehlen. Von der Hauptstadt Georgetown gehen Flüge nach Paramaribo, in die Karibik und nach Miami.

REISEROUTEN

Eine Woche

Nach einer Übernachtung in Georgetown fliegt man für einen Tag zu den fantastischen Kaieteur Falls. Dann fliegt oder fährt man weiter ins Landesinnere und bleibt für zwei Nächte im Ureinwohnerdorf der Surama. Danach geht es auf Straße und Fluss entweder zum Caiman House, um die Kaiman-Forscher zu unterstützen, oder nach Lethem, um die Wasserfälle und Dörfer der nahe gelegenen Kanuku Mountains zu erkunden.

Zwei Wochen

Die ersten Tage verbringt man wie oben beschrieben, bleibt aber für eine Nacht beim Baumwipfelpfad von Iwokrama, bevor man die Surama besucht. Nach dem Besuch des Caiman House geht es für die letzten Tage entweder in die Rewa Eco-Lodge, um Arapaimas, die größten Süßwasserfische der Welt, aufzuspüren, oder zu den *vaqueros* (Cowboys) auf der Dadanawa Ranch oder auf der Saddle Mountain Ranch in der südlichen Rupununi-Savanne.

Essen & Trinken

→ **Pepper Pot** (Pfeffertopf) Herzhafter Eintopf aus der indigenen Küche mit Wild und Maniok

→ **Cook-up Rice** (Reisgericht) Reis und Bohnen mit allem, was gerade zur Hand war

→ **Farine** Köstliches Maniokgericht; eine Beilage wie Reis

→ **Bake and Saltfish** Röstbrot mit eingesalzenem Kabeljau

→ **El Dorado Rum** Der 15 Jahre alte Tropfen zählt zu den weltweit besten Rumsorten. Die meisten Leute vergnügen sich aber mit dem billigeren, ebenfalls unbestreitbar guten fünf Jahre alten El Dorado.

→ **Roti** Weiches indisches Fladenbrot, das normalerweise zu diversen Fleisch- oder Gemüsecurrys gegessen wird

→ **Ox Heel Soup** (Ochsenfußsuppe) Sehr beliebte herzhafte karibische Suppe mit Schälerbsen, Gemüse, Klößchen und Ochsenfüßen

→ **Banks Beer** Das in Georgetown gebraute Bier gibt's in zwei köstlichen Sorten: Normal und Premium

ÜBERBLICK

→ **Geld** Nicht alle Geldautomaten akzeptieren ausländische Karten. Zahlung mit Kreditkarte ist nur selten möglich.

→ **Sprache** Englisch

→ **Visa** EU-Bürger und Schweizer benötigen kein Visum.

→ **Währung** Guyana-Dollar (G$), aber auch US-Dollar

→ **Zeit** MEZ –5 Std.

Kurzinfos

→ **Fläche** 215 000 km^2

→ **Bevölkerung** 799 613

→ **Hauptstadt** Georgetown

→ **Notfall** ☏ 911

→ **Landesvorwahl** ☏ 592

Wechselkurse

Eurozone	1 €	222 G$
	100 G$	0,41 €
Schweiz	1 SFr	203 G$
	100 G$	0,45 SFr

Tagesbudget

→ **Budget-Zi.** 35 US$

→ **Kleinbus von Georgetown nach Annai** 50 US$

→ **3 Mahlzeiten in einer Öko-Lodge** 22 US$

→ **Banks-Bier** 2 US$

Infos im Internet

→ **Guyana Tourism** (www.guyana-tourism.com)

→ **Stabroek News** (www.stabroeknews.com)

→ **Explore Guyana** (www.exploreguyana.org)

Highlights

1 Über den Rand des weltweit höchsten einstufigen Wasserfalls **Kaieteur** (S. 720) blicken

2 Auf den Flüssen der **Rupununi-Savanne** (S. 722) zwischen Riesenottern und Mohrenkaimanen herumpaddeln

3 Mit den *vaqueros* der **Dadanawa Ranch** (S. 724) das Vieh zusammentreiben

4 Bei einer Ökotour tief in den urtümlichen Regenwald von **Iwokrama** (S. 720) vordringen

5 Auf dem Weg zum **Shell Beach** (S. 720) durch Reisbauerndörfer fahren und Flüsse überqueren, in denen es vor Tieren nur so wimmelt

6 Bei der **Rewa Eco-Lodge** (S. 722) uralte Arapaimas, die weltweit größten Süßwasserfische, bestaunen

7 Rund um die traumhaft schöne Ranch **Saddle Mountain** (S. 724) reiten und nach riesigen Ameisenbären Ausschau halten

Georgetown

239 227 EW.

Die glorreichen Tage mögen zwar vorbei sein, aber die Stadt mit ihrem regelmäßig angelegten Straßenraster, den heruntergekommenen Gebäuden aus der Kolonialzeit und den verwilderten Parks strahlt mitten im Alltagschaos noch immer ein entspanntes Flair aus. Die Suche nach den hinter der geschundenen Fassade der Stadt verborgenen Schätzen – historische Monumente, eine lebendige Intellektuellenszene und fabelhafte Restaurants – ist ein wichtiger Teil des Abenteuers.

◉ Sehenswertes

Georgetown liegt am Ostufer der Mündung des Flusses Demerara in den Atlantik. Ein langer Deich schützt es vor Überflutungen, und ein holländisches Kanalsystem sorgt für die Entwässerung der Stadt, die eigentlich 2 m unterhalb des Meeresspiegels liegt.

Die Stadt ist in mehrere kleine Viertel aufgeteilt: Kingston (im Nordwesten), Cummingsburg, Alberttown, Queenstown und Newtown (im Zentrum), Robbstown, Lacytown, Stabroek und Bourda (südlich der Church St), Werk-en-Rust, Wortmanville, Charlestown und Le Repentir (noch weiter südlich), Thomas Lands (östlich) und Kitty (noch weiter östlich).

Die schönsten Gebäude aus dem 19. Jh. finden sich an der Main St und vor allem an der Ave of the Republic, gleich östlich des Demerara.

Kathedrale St. George   KIRCHE

(North Rd) Das eindrucksvollste Gebäude der Stadt ist die im gotischen Stil erbaute anglikanische Kathedrale, die angeblich das höchste Holzgebäude der Welt sein soll. Beim Bau der 1892 fertiggestellten Kirche kam einheimisches hartes Grünherzholz, eine Art Ebenholz, zum Einsatz.

Stabroek-Markt   MARKT

(Water St) Die gusseiserne Markthalle mit Wellblechdach und Uhrenturm gehört zu den markantesten Wahrzeichen der Stadt. Der hektische, farbenfrohe Markt wird schon seit Ende des 18. Jhs. abgehalten, die heutige Markthalle wurde 1880 errichtet. Der Besuch des Marktes ist ein Muss, auch wenn man wegen der vielen Taschendiebe keine Wertsachen mitbringen und stets ein wachsames Auge auf Tasche und Geldbeutel haben sollte.

Botanischer Garten   GARTEN

(Regent Rd) Für viele Vogelbeobachter gewährt der botanische Garten den ersten Einblick in die faszinierende Vogelwelt des Landes. Auf dem Gartengelände befindet sich auch ein kleiner **Zoo** (www.guyanazoo.org.gy; Ecke Regent Rd & Vlissengen Rd; Erw./Kind 200/100 G$; ◎ 7.30-17.30 Uhr) mit ein paar wenigen Tieren, die in erschreckend winzigen und schlecht gepflegten Käfigen gehalten werden.

Demerara Distillers   BRENNEREI

(✆ 256-5019; www.theeldoradorum.com; Plantation Diamaon, East Bank Demerara; Führung 3000 G$; ◎ Führung Mi & Do 9 & 13 Uhr & nach Vereinbarung) Im Rahmen der einstündigen Führung sieht man die Brennerei (mit dem weltweit letzten Coffey-Destillationsgerät aus Holz, das noch in Gebrauch ist), das Lagerhaus, das Heritage Center und den Souvenirladen.

Castellani House   MUSEUM

(Ecke Vlissengen Rd & Homestretch Ave; ◎ Mo-Fr 10-17, Sa 14-18 Uhr) GRATIS In dem prachtvollen Holzhaus von 1877 ist die Nationalgalerie untergebracht. In ihren Wechselausstellungen präsentiert sie oft die Werke von Künstlern aus der Region.

Promenade Garden   GARTEN

(Ecke Middle & Carmichael St) Tagsüber ist der Garten in Cummingsburg ein ruhiges Plätzchen, wo man relaxen, lesen oder sich an den schönen Blumen erfreuen kann. Heute ist es hier friedlich, aber im 19. Jh. wurden an dieser Stelle Sklaven exekutiert, die sich an den Aufständen beteiligt hatten.

Rathaus   GEBÄUDE

(Ecke Regent Rd & Ave of the Republic) Das unverkennbar neugotische Rathaus von 1868 ist eines der schönsten Gebäude in Georgetown. Von seinem 23 m hohen Turm hielten während der Kolonialzeit die Frauen Ausschau nach den Schiffen mit ihren Männern an Bord.

Nationalbibliothek   BIBLIOTHEK

(Ecke Ave of the Republic & Church St; ◎ Mo-Fr 8.30-17.30, Sa 9-13 Uhr) Andrew Carnegie baute 1909 die Nationalbibliothek. Sie birgt auch eine große Sammlung alter Bücher.

Nationalmuseum   MUSEUM

(Museum von Guyana; Ecke North Rd & Hincks St; ◎ Mo-Fr 9-17, Sa bis 12 Uhr) GRATIS Ein altmodisches Museum dokumentiert die kulturelle, soziale und politische Geschichte des

Georgetown

Landes mithilfe einiger recht sonderbarer Artefakte und sehr alter ausgestopfter Tiere.

Walter Roth Museum of Anthropology
MUSEUM
(61 Main St; ⏰ Mo–Fr 8–16.30 Uhr) GRATIS Das kleine Museum in einem luftigen, alten Gebäude zeigt viele Artefakte der in Guyana lebenden neun Indianerstämme.

👉 Geführte Touren

Es mag zwar möglich sein, das Landesinnere auf eigene Faust (und auf jeden Fall auf

Georgetown

◎ Sehenswertes
1. Botanischer Garten F5
2. Zoo des botanischen Gartens F5
3. Castellani House E5
4. Rathaus B5
5. Nationalbibliothek..................B4
6. Nationalmuseum....................A4
7. Promenade Garden B3
8. Kathedrale St. George............B4
9. Stabroek-Markt.....................A5
10. Walter Roth Museum of Anthropology...................B3

⊕ Aktivitäten, Kurse & Touren
11. Rainforest Tours B5
12. Wilderness Explorers D4

⊟ Schlafen
13. Cara Lodge D4
14. Rainforest B&B E4
15. Rima Guest House B3
16. Sleepin Guesthouse D4
17. Sleepin International Hotel......B6
18. Tropicana Hotel C4

⊗ Essen
19. Brasil Churrascaria & Pizzaria C5
20. German's................................A3
21. House of Flavors C5
22. New Thriving..........................A4
23. Oasis Café B4
24. Shanta's C3

⊙ Ausgehen & Nachtleben
25. 704 Sports Bar E3
26. Palm Court............................A3

⊙ Shoppen
27. Austin's Book Services E4

ⓘ Praktisches
28. DHL D4
29. Iwokrama Centre for Rainforest Conservation and Development Office B2
30. Heimatschutzministerium........B6
31. UPS C3

⊙ Transport
32. Caribbean Airlines B5
33. Carly's..................................E5
34. Suriname Airlines B2

Wilderness Explorers ABENTEUERTOUR
(☏ 227-7698; www.wilderness-explorers.com; 141 4th St) Der schon seit Langem existierende, zuverlässige Veranstalter hat massenweise Touren kreuz und quer durchs ganze Land im Programm, darunter auch solche zum Angeln und Wandern in abgelegenen Gebieten.

abenteuerliche Weise) zu erkunden, aber die meisten Traveller entscheiden sich doch für eine geführte Tour. Solche geführten Touren können Reisenden das Leben ordentlich erleichtern und jede Menge Zeit ersparen, kosten aber normalerweise auch eine ziemliche Stange Geld.

Evergreen Adventures Inc ABENTEUERTOUREN
(222-8053, 222-8050; www.evergreenadventuresgy.com; Ogle Aerodrome, Ogle, ECD) Die hervorragenden Touren werden individuell zusammengestellt. Da der Veranstalter ein Tochterunternehmen von Trans Guyana Airways ist, können hier auch Flüge und Lodges im ganzen Land gebucht werden.

Rainforest Tours ABENTEUERTOUREN
(231-5661; www.rftours.com; Lot 5, Ave of the Republic) Inhaber Frank Singh hat sich auf fünftägige Abenteuertouren zu den Kaieteur Falls (176 000 G$) spezialisiert.

Schlafen

Soweit nicht anders vermerkt, erheben alle folgenden Unterkünfte bei Kreditkartenzahlung eine Gebühr von 5 %.

Rima Guest House PENSION $
(225-7401; rima@networksgy.com; 92 Middle St; EZ/DZ/3BZ 5500/6500/9000 G$;) Die bei Backpackern beliebte familienbetriebene Pension verfügt über riesige Zimmer mit Gemeinschaftsbad in einem großen Haus aus der Kolonialzeit. Die Inhaber sind freundlich und hilfsbereit. Nur Barzahlung.

Sleepin International Hotel HOTEL $
(227-3446; www.sleepininternationalhotel.com; 24 Brickdam St; Zi. mit Ventilator 8300 G$, mit Klimaanlage 12 500–20 700 G$;) Das noblere der beiden Sleepin-Häuser in der Stadt hat ein großes Restaurant und einen Pool. Die Zimmer sind sauber, freundlich und modern eingerichtet, der Service ist sehr professionell.

Sleepin Guesthouse PENSION $
(231-7667; www.sleepinguesthouse.com; 151 Church St; Zi. mit Ventilator 7300 G$, mit Klimaanlage 9300–15 500 G$) Die zentral gelegene Pension hat saubere, moderne Zimmer mit Warmwasser und Fernseher, die ihren Preis absolut wert sind.

Tropicana Hotel PENSION $
(592 Hub; 226-4760, 226-4444; www.the592hub.com; 177 Waterloo St; DZ ohne/mit Bad ab 7200/8200 G$;) Das besser als „Jerries" bekannte Hotel hat seit 2015 einen neuen Besitzer. Zum Zeitpunkt unserer Recherche wurde das Hotel mit Restaurant und Bar im Western-Stil gründlich renoviert, wobei auch die Zimmer besser schallisoliert werden sollten. Obwohl es nun deutlich professioneller geführt wird, scheint es so wild und rustikal zu sein wie eh und je.

★**Rainforest B&B** B&B $$
(227-7800; www.rainforestbbguy.com; 272 Forshaw St; EZ/DZ/3BZ 14 500/18 600/22 800 G$;) Das großartige Wohnhaus mit vier Zimmern ist eine Mischung aus Galerie und botanischem Garten. Dabei ist diese Oase der Ruhe im Chaos von Georgetown sehr günstig gelegen und nur einen Katzensprung von allem entfernt. Die bezaubernden Besitzer Saeyeda und Jerry sind leidenschaftliche Tierschützer und Kunstliebhaber und sorgen dafür, dass ihre Gäste mit einem köstlichen Frühstück in den Tag starten.

Cara Lodge HOTEL $$$
(225-5301; www.carahotels.com; 294 Quamina St; DZ ab 23 000 G$;) Mit der kitschig überladenen Einrichtung und den mit Kunstwerken geschmückten Gängen erinnert das Hotel eher an die Villa eines Filmstars. Dafür sind die Zimmer klein und einfach. Zum Haus gehören auch ein altmodischer Ballsaal, eine Bar im Freien rund um einen 100 Jahre alten Mangobaum und ein weithin berühmtes, opulentes Nobelrestaurant im Erdgeschoss.

Essen

In Georgetown gibt's für wenig Kleingeld das beste Essen in den Guyanas. *Snackettes* sind kleine Lokale, in denen günstig Snacks serviert werden (in der Regel bestellt man an der Theke; das Essen wird einem an den Tisch gebracht). Selbstversorger finden überall in der Stadt Lebensmittelläden und Märkte.

★**Shanta's** INDISCH $
(225 Camp St; kleine Gerichte ab 500 G$; 8–18 Uhr) Schon seit mehr als einem halben Jahrhundert bewirtet das Shanta's ganz Georgetown mit den besten Rotis, Currys und *chokas* (geröstetes Gemüse) außerhalb Indiens. Unglaublich, dass so leckeres Essen so günstig sein kann – unbedingt alles probieren!

House of Flavors KARIBISCH $
(177 Charlotte St; kleine Gerichte ab 250 G$; Mo-Sa 6–21, So bis 16 Uhr) In dem vegetarischen Rastafari-Restaurant gibt's nur ein Gericht: hausgemachten Reis mit Bohnen, Gemüse und Mango-*achar* (mit Gewürzen sauer eingelegte Mango) in einem Flaschenkürbis. Das Lokal ist zugleich ein Musikladen, und die Gäste – viele mit eindrucksvollen Rastalocken – stehen auch schon mal Schlange.

German's KARIBISCH $
(8 New Market St; Hauptgericht ab 500 G$; Mo-Sa 10–16, So 10–15 Uhr) Hier gibt's jeden Mit-

tag Spezialitäten aus der Region wie Pepper Pot and Ox Heel Soup. Da die Gegend recht zwielichtig ist, sollte man unbedingt mit dem Taxi kommen.

Oasis Café   WESTLICH $$
(www.oasiscafegy.com; 125 Carmichael St; Snacks & Sandwiches 600–2000 G$; ⊘Mo–Do 7.30–18.30, Fr 7.30–20.30, Sa 9–21.30, So 10–18 Uhr; 🛜) Das Oasis ist eine echte Oase: Hier bekommt man richtigen Kaffee, und mittags gibt's eine Salat- und Vorspeisenbar, reichhaltige Desserts und obendrein WLAN. Zu empfehlen ist Bake and Saltfish (geröstetes Brot mit gesalzenem Kabeljau) zum Frühstück.

Nightcap   CAFÉ $$
(8 Pere St; Hauptgerichte 800–3000 G$; ⊘17–24 Uhr) In diesem anspruchsvollen, aber gemütlichen Lokal gibt es neben Getränken wie Espresso oder Kaffee-Martini auch leichte und gesunde Kost für Feinschmecker wie Sandwiches, Eiergerichte und Vegetarisches. Die Besitzerin und ehemalige Teilnehmerin der Wahl zur Miss World Candace Charles legt viel Wert auf Nachhaltigkeit.

New Thriving   CHINESISCH $$
(Ecke Main & Hope St; Hauptgerichte 1100–2500 G$; ⊘10.30–21.30 Uhr) Das Lokal ist extrem beliebt, zentral und schicker dekoriert als die meisten anderen besseren Restaurants in Georgetown. Wir finden das mittelmäßige chinesische Essen aber überteuert, auch wenn die Einheimischen den Laden empfehlen.

Brasil Churrascaria &
Pizzaria   BRASILIANISCH $$$
(208 Alexander St; 4000 G$/kg od. all you can eat 3500 G$; ⊘Mo–Sa 11–21 Uhr) Hier sind Fans riesiger Fleischportionen richtig. Nach Vorspeisen und Salat vom Büfett legen die Mitarbeiter das perfekt zubereitete Fleisch vom Grill direkt auf die Teller der Gäste. Die Pizzas sind ebenfalls toll.

Ausgehen & Unterhaltung

In der Sheriff St im Osten von Newtown reihen sich Bars, Diskos und Nachtclubs aneinander, in denen abends eine ausgelassene Kundschaft unterwegs ist. Hier ist zwar immer was los, aber es ist auch definitiv nicht die sicherste Gegend. Von der vor Kurzem eingeführten Sperrstunde um 2 Uhr sind die Einheimischen nicht gerade begeistert.

704 Sports Bar   BAR
(1 Lamaha St; ⊘12–2 Uhr) Die Bar ist nach dem Claim benannt, in dem das Gold für das Startkapital gefunden wurde. Die neue und sehr populäre Sportsbar befindet sich im 1. Stock, das Untergeschoss birgt einen ebenso beliebten Nachtclub.

Palm Court   BAR
(Main St; ⊘abends–2 Uhr) Mit mehr als 70 Jahren ist diese eine der ältesten Bars in Georgetown, doch sie zieht immer noch ein beeindruckend großes Publikum an. Sie eignet sich hervorragend als erste Station der nächtlichen Kneipentour, um noch etwas zu essen. Wenn DJs auflegen, wird Eintritt fällig.

Shoppen

Lokales Kunsthandwerk findet man in den Kiosken an der **Hibiscus Craft Plaza** vor der Post.

Austin's Book Services   BÜCHER
(190 Church St; ⊘Mo–Fr 8–16, Sa 8–13 Uhr) Bietet die größte Bücher- und Kartenauswahl.

ⓘ Praktische Informationen

GEFAHREN & ÄRGERNISSE
Auch wenn die Kriminalitätsrate in Georgetown höher ist als in den anderen Hauptstädten der Guayana-Länder, kann man sich in der Stadt sicher bewegen, ein gesundes Maß an Vorsicht vorausgesetzt: Stets auf die Umgebung achten, niemals Schmuck oder teuer aussehende Kleidung tragen! Und wer zu Fuß unterwegs ist, sollte auf keinen Fall mehr Bargeld als nötig dabeihaben. Außerdem sind einsame Straßen zu meiden, besonders am Wochenende, und abends fährt man besser mit dem Taxi (das ist hier ohnehin nicht so teuer).

GELD
Scotiabank (104 Carmichael St; ⊘Mo–Fr 8–18 Uhr) Die beste Bank am Ort akzeptiert Bankkarten aus aller Welt und zahlt Bargeld nach Vorlage der Kreditkarte aus. Es gibt weitere Filialen in der Stadt, darunter auch eine im

---

DER WEG INS ZENTRUM

Der Timeri-Bus (500 G$, 1 Std.) verkehrt zwischen dem internationalen Flughafen Cheddi Jagan und dem Timeri-Busbahnhof hinter dem Parlamentsgebäude im Zentrum von Georgetown. Mit dem Bus ist man zwar recht sicher unterwegs, aber nachts nimmt man doch besser ein Taxi (5000 G$). Wer frühmorgens einen Flug vom Cheddi Jagan International Airport erwischen muss, reserviert am Vortag ein Taxi.

> ### 🛈 EINREISE NACH SURINAME
>
> #### Der Weg zur Grenze
>
> Die Minibusse von **Champ** (☏ 629-6735) fahren von Georgetown bis zur Grenze und auch weiter bis nach Paramaribo (8000 G$, 9–12 Std.). Die Fahrgäste werden gegen 5 Uhr morgens abgeholt.
>
> #### An der Grenze
>
> Die Canawaima-Fähre nach Suriname (tgl. 10 & 12 Uhr; 25 Min.; einfache Strecke/hin & zurück pro Pers. 3200/4200 G$) legt am Moleson Creek ab und schippert über den Corantijn nach South Drain, 45 Minuten südlich von Nieuw Nickerie. Man sollte spätestens eine Stunde vor Abfahrt der Fähre da sein, um alle Pass- und Zollformalitäten zu erledigen. Es werden keine Gebühren verlangt. Die Öffnungszeiten des Einreisebüros sind auf die Abfahrt und Ankunft der Fähren abgestimmt.
>
> Für die Einreise nach Suriname benötigen die meisten Reisenden eine Suriname Tourist Card oder ein Visum, das von einem Konsulat oder der Botschaft Surinames ausgestellt wurde.
>
> #### Weiterreise
>
> Am Fähranleger in Suriname stehen Minibusse, die nach Nieuw Nickerie und Paramaribo fahren. Am besten tauscht man die Guyana-Dollar vor der Ausreise um, falls sie einem auf der anderen Seite des Flusses niemand abkaufen will. Vor dem Umtausch aber auf jeden Fall über den aktuellen Wechselkurs informieren!
>
> Suriname ist Guyana um eine Stunde voraus, sodass man nicht vergessen sollte, die Uhr um eine Stunde vorzustellen. Für Infos zum Grenzübertritt in umgekehrter Richtung, siehe S. 999.

Pegasus Hotel, die aber nur selten geöffnet hat, und einen Geldautomaten an der Ecke Robb St und Ave of the Republic.

INTERNETZUGANG

WLAN hat man fast überall, und normalerweise ist das kostenlos. In ganz Georgetown finden sich aber auch Internetcafés, wo man etwa 200 bis 400 G$ pro Stunde fürs Surfen hinlegt.

MEDIZINISCHE VERSORGUNG

St. Joseph's Mercy Hospital (☏ 227-2072; 130-132 Parade St) Zu dieser Privatklinik gehören eine rund um die Uhr geöffnete Notfallstation und eine Apotheke.

POST

Post (☏ 225-7071; Robb St) In der Hauptpoststelle geht es oft sehr hektisch zu.

TELEFON

Eine SIM-Karte der beiden einzigen Anbieter **Digicel** (☏ gebührenfrei 100; www.digicelguyana.com; Ecke Fort St & Barrack St) und **GT&T Cellink** (☏ 225-1513; www.cellinkgy.com; 79 Brickdam St) kostet jeweils 1000 G$, ein Gespräch ab 10 G$ pro Minute. Eigentlich dürfen nur Ortsansässige eine SIM-Karte erwerben, aber die freundlichen Verkäufer drücken meist ein Auge zu, wenn Traveller kommen. Den Pass wollen sie trotzdem sehen.

TOURISTENINFORMATION

Tourism & Hospitality Association of Guyana (THAG; ☏ 225-0807; 157 Waterloo St; ⊙ Mo–Fr 8–17 Uhr) Gibt den hilfreichen Reiseführer *Explore Guyana* heraus und hält Karten und Broschüren bereit.

An- & Weiterreise

BUS & KLEINBUS

Die preiswerten, stets überfüllten Kleinbusse fahren vom Stabroek-Markt zu den Orten an der Küste. Es gibt keine festen Abfahrtzeiten, denn die Fahrzeuge tuckern los, sobald sie voll besetzt sind. Eine Fahrt in die Umgebung von Georgetown kostet zwischen 80 und 300 G$.

FLUGZEUG

Viele internationale Flüge starten und landen auf dem Cheddi Jagan International Airport, 41 km südlich von Georgetown. Inlandsflüge und viele Flüge ins benachbarte Ausland starten vom Ogle International Airport näher an der Stadt.

Air Services Limited (☏ 222-4357; www.aslgy.com; Ogle Aerodrome) fliegt regelmäßig nach Lethem (46 600 G$), Kaieteur (30 000 G$) und zu vielen anderen Zielen im Landesinneren.

Caribbean Airlines (☏ 1800 744 2225; www.caribbean-airlines.com; 91-92 Ave of the Republic, Georgetown; ⊙ Mo–Fr 8–15.30, Sa

8.30–12 Uhr) bietet Flüge nach Trinidad mit Anschluss zu vielen anderen Reisezielen.
Roraima Airways (225-9648; www.roraima airways.com; R8 Eping Ave, Bel Air Park) Die Charterflüge gehen zumeist ins Landesinnere.
Suriname Airlines (225-4249; Büro am Cheddi Jagan Airport 261-2292; www.flyslm. com; Ecke Duke St & Barrack St) Fliegt nach Paramaribo, Orlando und Miami.
Trans Guyana Airways (TGA; 222-2525; http://transguyana.net; Ogle Aerodrome) bietet die meisten Flüge zu den meisten Zielen im ganzen Land (rund 35) sowie tägliche Flüge im Auftrag von Gum Air nach Paramaribo in Suriname (46 620 G$, 1 Std.). Die Gesellschaft gilt als die sicherste Fluglinie.

Unterwegs vor Ort

AUTO

Bei **Dolly's Auto Rental** (225-7126; www. dollysautorantal.com; 272 Bissessar Ave) und im **Sleepin Guesthouse** (S. 716) kann man Autos für 7000 G$ pro Tag mieten, doch das Fahren auf den schlechten Straßen voller Weidetiere und Kamikaze-Fahrer ist nicht angenehm.

TAXI

Im Zentrum von Georgetown ist man am einfachsten und sichersten in einem Taxi unterwegs; die Fahrt kostet 300 bis 500 G$ – auch nachts. Vom Personal des eigenen Hotels kann man sich bei einem verlässlichen Unternehmen ein Taxi bestellen lassen. Wer selbst ein Taxi heranwinkt, sollte nur in ein registriertes gelbes Taxi (Nummernschilder registrierter Taxis beginnen immer mit einem „H") steigen, das möglichst an der Seite mit dem Logo des jeweiligen Unternehmens gekennzeichnet ist.

Berbice

Der Eastern Hwy folgt dem Küstenstrich von Georgetown bis zur Grenze nach Suriname. Die Straße passiert eine unscheinbare Ortschaft nach der anderen und weist mehrere Gefahren auf: unzählige Schlaglöcher, lebensmüde Hunde, sich auf der Straße herumtreibendes Vieh und unweigerlich auch totgefahrene Tiere. In **Rosignol**, das von Georgetown aus in ungefähr zwei Stunden Fahrt zu erreichen ist, überquert man über die Pontonbrücke den Berbice nach **New Amsterdam**.

Die gesamte Küstenregion von Rosignol bis nach Corriverton nennt sich Berbice. Corriverton besteht aus den beiden kleinen, miteinander verschmolzenen Orten **Springlands** und **Skeldon**, die am Westufer des Corantijn an der Grenze zu Suriname liegen.

An der Public Rd, der lebendigen Hauptstraße von Corriverton, reihen sich Moscheen, Kirchen, Hindu-Tempel, Budgethotels, Lokale und Bars aneinander. Wie ihre heiligen Verwandten in Indien trotten Brahman-Rinder (Zebus) quer über den Markt. Übernachten kann man im sauberen, leicht zu findenden **Ritz** (335-3605; 171 Springlands; Zi. 4600–8000 G$;).

Die kleinen Ortschaften bergen kolonialzeitliche, heruntergekommene Gebäude. Ansonsten ist das Highlight in Berbice eine Fahrt in einem Tapir, dem einzigen Auto, das je in Guyana hergestellt wurde. Die nach dem schwerfälligsten und lethargischsten Tier in der Wildnis benannten schachtelartigen Autos werden von ihren stolzen Eigentümern schmuck hergerichtet und als Taxis genutzt, um Fahrgäste in der Gegend und von Ort zu Ort herumzukutschieren.

Busse und Tapire fahren von der Public Rd in Corriverton nach New Amsterdam und in entgegengesetzter Richtung zur Fähre nach Suriname am Moleson Creek. Wer die Mittags-Fähre erwischen will, muss vor 10 Uhr in Corriverton aufbrechen.

Nordwestküste

Wer auf dem Küstenhighway weiter nach Westen fährt, gelangt nach **Parika**. Von dort geht's per Boot südwärts zum lebendigen Bergwerksort **Bartica** (11 100 Ew.). In der Nähe von Bartica trifft der Essequibo auf den Mazaruni und die **Marshall-Fälle**, eine Reihe von Stromschnellen mit Wasserfall mitten im Urwald; man erreicht sie zu Fuß. Das **Arrowpoint Nature Resort** (225-9650; www.roraimaairways.com; pro Pers. inkl. VP & Aktivitäten ab 40 000 G$;) ist teuer, bietet aber jede Menge Aktivitäten und ist schön gelegen. Von dort aus kommt man leicht nach **Santa Mission**. Das Indio-Dorf ist ein beliebt bei Guyanern, die die Sitten und Bräuche der Kariben und Arawak kennenlernen wollen, z.B. wie Maniokbrot gemacht wird. Tourveranstalter bieten ab Georgetown diverse Tagesausflüge zu allen genannten Ortschaften an.

Das Westufer des Essequibo erreicht man mit dem Boot (1000 G$, 45 Min.; Sonnenaufgang–Sonnenuntergang, Abfahrt bei Vollbelegung) von **Parika** nach **Supernam**. Vom Essequibo Richtung Westen führt eine Küstenstraße durch friedvolle Reismühlen- und Bauerndörfer bis zur rund 50 km entfernten Ortschaft **Charity**; dort braucht man ein Boot, um weiterzukommen. Quer durch Flusslandschaften voller Vögel, Mangrovensümpfe und Savanne schippert man zum **Shell Beach**. Der Muschelstrand erstreckt sich ungefähr 140 km an der Küste in Richtung der Grenze zu Venezuela und ist ein beliebtes Eiablagegebiet für vier der acht Meeresschildkrötenarten, die es in Guyana gibt. Diese Region ist eine der ursprünglichsten an der gesamten südamerikanischen Küste. Die einzigen Anzeichen für menschliche Besiedlung sind provisorische Fischerhütten und kleine Siedlungen, in denen amerikanische Ureinwohner leben. Der **Waini Point** befindet sich in der Nähe der wunderschönen Ortschaft **Mabaruma** (700 Ew.) und ist der beste Ort zur Beobachtung von Scharlachibissen. Tourveranstalter in Georgetown helfen Travellern bei der Organisation einer Exkursion durch das Gebiet und organisieren Flüge oder Bootsfahrten direkt nach Mabaruma.

Kaieteur National Park

In diesem Gebiet findet man einen der eindrucksvollsten Wasserfälle der Welt, abgesehen von einigen amerikanischen Ureinwohnern keinerlei menschliche Besiedlung und die unendliche Artenvielfalt des Guyana-Schilds, einer massiven geologischen Formation, die von Regenwald und Savanne bedeckt ist. Obwohl das Gebiet 1929 zum Nationalpark erklärt wurde, gab es weiterhin Bemühungen seitens der Regierung und von Bergbauunternehmen, das Schutzgelände zu schmälern. Nach mehreren Vergrößerungen und Verkleinerungen umfasst der Nationalpark heute 627 km² Fläche. Inzwischen nimmt auch die Regierung den Naturschutz äußerst ernst, vor allem, weil die potenziellen Einnahmen aus dem Tourismus vor Ort davon abhängen, dass der Park intakt ist.

Sehenswertes

★ **Kaieteur Falls** WASSERFALL
(www.kaieteurpark.gov.gy) Egal, ob man schon bei den Wasserfällen von Salto Ángel oder Iguazú war, die Niagarafälle gesehen hat oder sich überhaupt nicht für Wasserfälle interessiert, der Kaieteur-Fall ist ein Muss. Mit rund 120 000 l Wasser, die über eine 250 m hohe Klippe stürzen, gilt er als der höchste einstufige Wasserfall. Und es ist wirklich ein unvergessliches Erlebnis, dieses Schauspiel mitten im dichtesten Urwald zu beobachten – und zwar ganz in Ruhe, ohne die großen Touristenmassen.

Je nach Jahreszeit ist der Wasserfall zwischen 76 und 122 m breit. Auf dem Weg zum Wasserfall lassen sich leuchtend rote Tiefland-Felsenhähne und winzige goldgelbe Frösche erspähen, die ein tödliches Gift produzieren und vor allem frühmorgens und in der Regenzeit zu beobachten sind.

Schlafen

Lodge LODGE
(3600 G$/Pers.) Die Zimmer der rustikalen Lodge beim Kaieteur-Fall müssen über die **National Parks Commission** (226-8082, 226-7974) gebucht werden. Essen und Getränke sind mitzubringen. Wer mit dem Flugzeug kommt, hat nur 10 kg Freigepäck!

An- & Weiterreise

In Georgetown bieten mehrere Tourveranstalter Tagesausflüge mit kleinen Flugzeugen zum Wasserfall an. Diese muss man frühzeitig buchen und dennoch flexibel sein. Am preiswertesten ist der Flug direkt zum Wasserfall mit **Air Services Limited** (S. 718). Täglich starten zwei Flieger, sodass man sich – mit einem Guide – zwei Stunden lang am Wasserfall aufhalten kann. Hin- und Rückflug kosten zusammen 30 000 G$. Die Touren der meisten Veranstalter führen gegen einen Aufpreis wahlweise auch zum Orinduik-Fall (einem großen, mehrstufigen Wasserfall mit Badebecken) oder zum Baganara Resort (auf einer Insel mit weißen Sandstränden mitten im Fluss Essequibo).

Zu den Angeboten mit mehr Abenteuer gehört die fünftägige Tour über Land nach Kaieteur (ab 176 000 G$) von **Rainforest Tours** (S. 716).

Iwokrama-Regenwald

Das 1996 gegründete **Iwokrama Centre for Rainforest Conservation and Development** ist ein einzigartiges Projekt zur Bewirtschaftung des tropischen Regenwalds und zur sozioökonomischen Entwicklung der amerikanischen Ureinwohner. Auf einer Fläche von 3710 km² unberührten Regenwalds lebt hier die weltweit größte Anzahl von Fisch- und Fledermausarten, die größte Raubkatze Südamerikas (Jaguar), der größte Süßwasserfisch der Welt (Arapaima) und die größten Otter, Fluss-Schildkröten, Ameisenbären, Schlangen, Nagetiere, Adler und Kaimane der Welt. Allerdings lassen sich all diese Tiere nur selten blicken.

Das **Büro des Iwokrama-Zentrums** (225-1504; www.iwokrama.org; 77 High St) in

VERKEHRSMITTEL & -WEGE IM LANDESINNEREN

Flugzeug

Die täglich verkehrenden Flieger von und nach Georgetown legen einen Zwischenstopp in Annai, Lethem und manchmal auch Karanambu ein. Zu ein paar anderen Zielen wie dem Feldlager von Iwokrama gibt es Charterflüge. Air Guyana, Air Services Limited und TGA fliegen zweimal täglich die Route Georgetown–Annai–Lethem–Georgetown. Nur der Vormittagsflug von TGA hat eine Zwischenlandung in Karanambu, und auch die nur auf Anfrage. Ein einfacher Flug zu jedem dieser Ziele kostet 25 000 G$.

Kleinbus

Täglich fahren Kleinbusse von Georgetown nach Lethem und wieder zurück. Nur in der Regenzeit fallen sie manchmal aus. Abfahrt in Georgetown und Lethem ist jeweils um 18 Uhr, die Fahrt dauert etwa 16 Stunden. Besonders empfehlenswert sind die Kleinbusse von **Carly's** (616-5984; Ecke Robb St & Oronoque St; einfache Strecke Georgetown–Lethem 10 000 G$). Die lange Fahrt auf staubigen und holprigen Straßen beinhaltet auch ein paar Stunden Schlaf in einem Hängemattenlager (Leihgebühr Hängematte 500 G$), die Fähre von Kurukupari um 6 Uhr morgens und mehrere Polizeikontrollen. Deshalb unbedingt warme Kleidung, den Pass und viel Geduld mitbringen! Bei Bedarf halten die Busse auch entlang der Hauptverbindungsstraße an, um Passagiere aufzugeben. Um tatsächlich mitgenommen zu werden, sollte man rechtzeitig im Voraus von der Lodge aus anrufen und einen Sitzplatz reservieren lassen.

Motorrad

Wer allein unterwegs ist, kann auf ein preiswerteres Motorrad ausweichen. Dafür muss man aber einen Einheimischen finden, der bereit ist, einen Reisenden mitzunehmen, wobei die Lodges gern behilflich sind. Dann darf man nur so wenig Gepäck haben, dass man es entweder auf dem Rücken tragen oder aufs Motorrad packen kann. Und schließlich sollte man einen sehr stabilen und gesunden Rücken haben, denn die Straßen sind *extrem* holprig. Pro Person kostet eine solche Fahrt von Lethem nach Dadanawa 12 000 G$ und vom Caiman House nach Karanambu 8000 G$.

Schiff & Geländewagen

Bei geführten und von den Lodges organisierten Touren erfolgt der Transfer mit teuren Geländewagen und Schiffen. Mit den hohen Preisen übervorteilen die Lodges ihre Gäste aber nicht, denn in der Rupununi-Savanne ist Benzin rar und deshalb teuer. Da diese Touren aber sehr komfortabel sind, nehmen die meisten Leute den Preis eben in Kauf. Im Folgenden einige Anhaltspunkte für den Preis einer Tour mit dem Geländewagen (einfache Strecke) mit bis zu vier Teilnehmern: von Annai nach Lethem 56 000 G$, von Annai nach Karanambu 90 000 G$ und von Lethem nach Dadanawa 50 000 G$. Die Fahrzeiten sind je nach Jahreszeit extrem unterschiedlich. Wegen der hohen Kosten unternimmt man diese Touren besser nur in der Gruppe.

Georgetown organisiert Anfahrt und Unterkunft im Regenwald. Zur Auswahl stehen Hütten am Fluss oder preiswerte Hängematten im **Feldlager** (Iwokrama-Basislager; EZ/DZ in Hütte 24 000/30 000 G$, Hängematte 5000 G$). Vollpension kostet 10 000 G$ extra pro Tag. Zu den individuell zusammengestellten Touren gehören Besuche in den Dörfern der südamerikanischen Ureinwohner, Wanderungen durch den Regenwald und Nachttouren zur Beobachtung von Kaimanen. Die angebotenen Aktivitäten kosten zwischen 2000 und 20 000 G$.

Nur 60 km südlich des Feldlagers befindet sich der **Iwokrama Canopy Walkway** (www.iwokramacanopywalkway.com; Tageskarte 5000 G$). Der Baumwipfelpfad besteht aus einer Reihe Hängebrücken in 30 m Höhe über dem Urwaldboden, von denen man direkt auf die hier heimischen Lorbeerbäume blickt und Guyana-Brüllaffen sowie unzählige Vögel sehen und vor allem hören kann. Ein Teil des Pfades musste vor Kurzem gesperrt werden, nachdem er durch einen Baum beschädigt wurde, ist aber hoffentlich bald repariert und wieder zugänglich. Davon abgesehen ist der

Baumwipfelpfad auf jeden Fall zugänglich. Wer das morgendliche Erwachen des Urwalds erleben will, übernachtet am besten im **Atta Rainforest Camp** (www.iwokramacanopywalkway.com; EZ/DZ pro Pers. 44000/36500 G$). Die gemütlichen Lehmhütten stehen nur 500 m vom Baumwipfelpfad entfernt. Vollpension kostet 12000 G$ zusätzlich pro Tag.

Nördliche Rupununi-Savanne

Die Rupununi-Savanne ähnelt den Ebenen Afrikas. Hier finden sich vereinzelte Dörfer der Ureinwohner, kleine Urwald-„Inseln" und eine unglaublich artenreiche Flora und Fauna. Die von goldfarbener Graslandschaft und Termitenhügeln geprägten Ebenen werden durchschnitten von Flüssen voller gigantischer Kaimane und mit den weltweit größten Wasserlilien *(Victoria amazonica)*. Dazu gesellen sich die unzähligen Vögel, die am Himmel umherschwirren. In der Rupununi-Region herrscht ein starkes Gemeinschaftsgefühl. Das Ganze wirkt wie eine Kleinstadt – nur dass diese eben 104400 km² groß ist.

Im Herzen der nördlichen Rupununi-Savanne liegt **Annai** (300 Ew.), ein Treffpunkt indigener Völker mit einer Polizeiwache und einem Flugfeld bei der Rock View Lodge.

🛏 Schlafen

Der Funkturm in Annai sorgt für gute Telefonverbindungen in der Region. Da viele Lodges auch über Internet und WLAN verfügen, können sie gut online gebucht werden. Allerdings dauert es oft mehrere Tage, bis die Betreiber endlich antworten.

Michelle's Island LODGE $
(639-5716; 3000 G$/Pers.) Die Lodge steht auf seiner schönen Urwaldinsel mitten im Fluss Essequibo. Die rustikalen, aber sauberen Hütten sind mit ordentlichen Matratzen, Moskitonetzen, unsteter Stromversorgung und gelegentlich fließendem Wasser ausgestattet. Dafür werden jede Menge Aktivitäten wie Urwaldwanderungen, Dorfbesichtigungen, Angeln und Touren zur Beobachtung von Kaimanen angeboten (ab 7000 G$). Eine köstliche lokale aber ostindische Mahlzeit kostet 1000 G$. Und Michelle ist einfach bezaubernd. Es gibt kein Internet, aber Telefon.

Rewa Eco-Lodge LODGE $
(www.rewaguyana.com; Hängematte/EZ/DZ ab 3000/4200/6000 G$; 🛜) 🍴 80 km flussaufwärts am Rupununi steht diese zauberhafte Lodge mitten im Urwald. Nur einen kurzen Fußmarsch entfernt befindet sich das hübsche, kleine Dorf Rewa mit seinen strohgedeckten Hütten. Zu den Aktivitäten gehören hier vor allem Sportangeln und die Beobachtung von Arapaimas, aber auch Wanderungen und Dorfbesichtigungen. Vollpension kostet 8400 G$ extra pro Person und Tag.

Pakaraima Mountain Inn LODGE $
(658-6523, 662-7235; sebastian.m.defreitas@hotmail.com; Annai; Hängematte/B 3000/7500 G$; 🛜) Die einfache, aber schöne Lodge liegt abseits der Hauptstraße, 20 Minuten westlich von Annai. Es gibt Zimmer, Hängematten und Essen (1500–2000 G$), alles mit tollem Blick auf die Savanne.

Surama LODGE $$
(www.suramaecolodge.com; Hütte inkl. VP & Aktivitäten ab 37500 G$/Pers.; @🛜) 🍴 Das Dorf Surama beeindruckt mit seinem würdevollen Umgang mit dem Tourismus. Lokale Guides führen die Besucher durch das Dorf und zeigen, wie hier der Alltag aussieht, z.B. wie Maniok verarbeitet wird und wofür welche Heilpflanzen genutzt werden. Im Angebot sind auch viele Wandertouren und Trips im Einbaum. Man übernachtet in einer schlichten, aber schönen Lodge, etwa 1 km vom Dorf entfernt.

Caiman House LODGE $$
(www.rupununilearners.com; Zi. inkl. VP 20000 G$/Pers.; 🛜) 🍴 Die hübsche Lodge mit großen Zimmern im Stil einer Ranch befindet sich mitten im lebhaften Dorf der Yupikari. Am Anfang war die Lodge nur eine Station zur Erforschung der Kaimane, doch mittlerweile wird die Forschungsarbeit mit den Einnahmen aus dem Tourismus finanziert. Besucher können sich (in der Trockenzeit) an der nächtlichen „Kaimanarbeit" beteiligen und dabei helfen, die Kaimane einzufangen und zu markieren. Wanderungen und Bootsfahrten auf dem Fluss werden ebenfalls angeboten.

Rock View Lodge LODGE $$$
(226-5412; www.rockviewlodge.com; Annai; EZ/DZ inkl. VP 37300/62100 G$; @🛜🏊) Die elegante Lodge im Stil einer Hazienda steht direkt an der schön in die Landschaft eingebetteten Landebahn von Annai. Dennoch ist sie so abgelegen, dass sich immer wieder Kolibris in die Zimmer verirren. Im benachbarten Oasis (S. 723), das vom gleichen Betreiber geführt wird, gibt es günstigere,

aber ebenso noble Bungalows, einfache Hängemattenlager und preiswertes Essen (Hauptgerichte 700–1200 G$). Allerdings ist die Lage direkt an der Straße nicht so schön. Beide Lodges organisieren Wanderungen, Dorfbesichtigungen und Ausritte.

Karanambu Ranch LODGE $$$
(www.karanambutrustandlodge.com; Bungalow inkl. Mahlzeiten & Aktivitäten 41 500 G$/Pers.; 🛜)
⚑ Rund 60 km südlich von Annai setzt das äußerst gastfreundliche Paar Salvador und Andrea die Arbeit der legendären Diane McTurk fort, die sich ganz der Rettung der riesigen Flussotter verschrieben hatte. Die geräumigen Hütten sind eine Mischung aus Ranch und amerikanischem Ureinwohnerdorf, die angebotenen Aktivitäten reichen von Vogelbeobachtung bis zum Aufspüren von Riesenameisenbären.

Südliche Rupununi-Savanne

Der größte Ort der Rupununi-Savanne ist **Lethem**, ein staubiges *vaquero*-Dorf an der Grenze zu Brasilien. Dank der brasilianischen Nachbarn, die zum Einkaufen preiswerter Lebensmittel über die Brücke kamen, erlebte es in den letzten Jahren einen wirtschaftlichen Aufschwung. Seit der Wechsel-

---

AUF EIGENE FAUST IN DER RUPUNUNI-SAVANNE UNTERWEGS

Da es immer mehr Unterkünfte an den wichtigsten öffentlichen Verkehrsverbindungen gibt, wird es immer einfacher, diese spektakuläre Gegend wesentlich preisgünstiger zu erkunden. Die folgende Tour mit Kleinbussen von Georgetown nach Lethem und zurück kann auch in umgekehrter Richtung unternommen werden. Um böse Überraschungen zu vermeiden, sollte man alle Unterkünfte im Voraus buchen.

Von Georgetown nach Kurukupari

Nach einer langen Nacht im Kleinbus bieten sich an diesem Fähranleger gleich zwei Unterkünfte an: Die beste Budgetoption Michelle's Island (S. 722) liegt direkt am Fluss und hat eine eigene Badestelle. Am anderen Ufer des Essequibo befindet sich das Iwokrama-Zentrum (S. 720), das mehr Komfort zu höheren Preisen bietet.

Von Kurukupari nach Annai

Annai ist nur 50 km vom Fähranleger in Kurukupari entfernt und bietet wiederum zwei Optionen: Das **Oasis** (📞226-5412; www.rockviewlodge.com; Bungalow/Hängematte 10 500/1000 G$; 🛜) ist eigentlich eine Raststätte mit Fernfahrer, hat aber günstige Hängematten zum Schlafen und erschwingliches Essen. So ist es ein gutes Basislager für die Erkundung der Umgebung. Eventuell kann man sogar ein Motorrad mieten. 20 Minuten westlich von Annai befindet sich das neuere und ansprechende Pakaraima Mountain Inn (S. 722). In landschaftlich reizvoller Lage hält das nette Familienunternehmen Betten und Hängematten bereit.

Von Annai nach Lethem

Lethem ist der größte Ort der Rupununi-Savanne und liegt 120 km von Annai entfernt an der brasilianischen Grenze. Hier hat man die Wahl zwischen dem beliebten Takutu Hotel mit einfachen Hängematten oder etwas teureren Zimmern und dem neuen, aber sehr einfachen **Rupununi Backpacker Hostel** (📞604-3231; EZ/DZ inkl. Frühstück 2000/3000 G$; 🛜), das direkt gegenüber dem Flugplatz liegt.

Rund um Lethem

In der Umgebung der staubigen und ansonsten recht uninteressanten *vaquero*-Stadt kann man recht viel unternehmen. Zur Auswahl stehen Camping- und Trekking-Touren in die nahen Kanuku Mountains (ab 12 500 G$/Pers.) und Tagestouren in ein Dorf der amerikanischen Ureinwohner. Dort kann man auch in kleinen, wenig besuchten Lodges übernachten, die von den Dorfbewohnern geführt werden. Ausführliche Infos zu den Unterkünften erteilen die **Visit Rupununi Tourist Information** (📞772-2227; Büro von Conservation International (CI); ⏰Mo–Fr 9.30–16.30, Sa 9.30–12.30 Uhr) und **Shirley & Son's Shop** (📞772-2085; ⏰8–23 Uhr). Bei beiden kann man auch buchen.

> ## ⓘ EINREISE NACH BRASILIEN
>
> ### An der Grenze
> Die von Brasilien gebaute Grenzbrücke – mit genialem Spurwechselsystem vom Linksverkehr in Guyana zum Rechtsverkehr in Brasilien – führt von Lethem über den Fluss Takutu ins brasilianische Bonfim. In den Einreisebüros auf beiden Seiten muss jeweils der Ausreise- bzw. Einreisestempel in den Pass. Gebühren gibt es keine, die Büros sind von 7 bis 15 Uhr geöffnet.
>
> Alle Einreisenden müssen eine Gelbfieberschutzimpfung vorweisen. Auf brasilianischer Seite wimmelt es von Geldwechslern, die nicht zu übersehen sind.
>
> ### Weiterreise
> Zwischen 7 und 14 Uhr fahren täglich fünf Busse nach Boa Vista (19 R$, 1¼ Std.). Die brasilianischen Zollbeamten sind sehr freundlich und geben gerne Auskunft über die genauen Abfahrtszeiten. In Boa Vista starten Flugzeuge und Busse ins ganze Land.

kurs für Brasilianer nicht mehr so günstig ist, versiegt dieser Strom allmählich. Neben den Schnäppchenjägern lockt die Region Goldsucher und Exzentriker an, die von der einzigartigen Tierwelt und ihrer Erhaltung besessen sind. Jedes Jahr zu Ostern strömen Hunderte Besucher zum Spektakel des Rupununi Rodeo in Lethem, das eindeutig von der Kultur der amerikanischen Ureinwohner geprägt ist. Das ganze Jahr über sehenswert sind die Wasserfälle der Gegend, mehrere Ranches und die Kooperative zur Verarbeitung von Cashew-Kernen.

Zur Zeit der Recherche befand sich der nächste Geldautomat, der ausländische Karten nahm, jenseits der Grenze in Bonfim.

🧭 Geführte Touren

Bushmasters ABENTEUERTOUREN
(📞 682-4175; www.bushmasters.co.uk; Lethem) Neben dem ein- oder zweiwöchigen Überlebenstraining im Urwald sind auch Cowboy-Urlaube, Reiterferien und Safaris in die Rupununi-Savanne im Angebot.

🛏 Schlafen & Essen

Die weiter von Lethem entfernten Lodges sind telefonisch kaum erreichbar und haben auch kein Internet, sodass die Buchung recht schwierig ist. Auf jeden Fall lange im Voraus planen!

In Lethem gibt es ein paar einfache Restaurants, die besten befinden sich rund um die Landebahn.

Takutu Hotel HOTEL $
(📞 772-2094; takutuhotel@gmail.com; Takutu Dr, Lethem; DZ ab 5200 G$; ❄@📶) Das beste Hotel in Lethem ist auch bei einheimischen Touristen sehr beliebt. Das Angebot reicht von preiswerten, sauberen Doppelzimmern mit Klimaanlage bis hin zu schicken Suiten und einer *benab*-Hütte mit Palmblätterdach, in der man für 1000 G$ in der Hängematte schlafen kann. Es gibt ein Restaurant und eine Bar, in der jeden Mittwochabend lautstarkes Karaoke stattfindet.

Saddle Mountain LODGE $$
(📞 604-5600; a.kenyon47@yahoo.com; pro Pers. inkl. Mahlzeiten & Aktivitäten 25 000 G$; 📶) Die kleine Lodge im Stil einer Ranch ist 80 km von Lethem entfernt und liegt herrlich auf einem Hügelkamm mit Blick auf die Savanne, Flüsse und Berge. Hier wird vor allem geritten, und zwar richtig und in vollem Galopp. Das von Tommy, Joan und ihren Töchtern zubereitete Essen ist fantastisch, und die Unterhaltung mit ihnen fast noch besser. Überall sind Wildtiere zu beobachten.

Dadanawa Ranch RANCH $$
(www.dadanawaranchguyana.com; Hängematte/B 5000/12 000 G$, Zi. inkl. Mahlzeiten & Aktivitäten 33 000 G$/Pers.) Die abgelegene Ranch der DuFrietas zu Füßen der Kanuku Mountains sieht aus wie ein Foto in *National Geographic*. Neben extremen Trekkingtouren auf den Spuren von Harpyien, Jaguaren und den erst vor Kurzem hier entdeckten schwarz-roten Kapuzenzeisigen gibt es die Option, auf der Ranch mitzuarbeiten und mitzureiten, wenn die Rinderherden nach Lethem getrieben werden. Die Zimmer im Gästehaus sind einfach und mit Moskitonetzen ausgestattet, besitzen aber den Charme der Cowboy-Romantik.

Wer nur die Hängematte oder das Schlafsaalbett gebucht hat, bezahlt fürs Frühstück 1000 G$ und fürs Abendessen 2000 G$ – ein echtes Schnäppchen.

Manari Ranch   LODGE $$
(☎ 668-2006; manariranch@gmail.com; pro Pers. inkl. Mahlzeiten 21 000 G$; 🛜) Der alte Familienbesitz ist gut 15 Minuten von Lethem entfernt und wurde von der bezaubernden, tatkräftigen Lisa Melville gründlich renoviert. So ist die gemütliche Ranch im Stil einer Hazienda nun wesentlich moderner als die anderen Ranches der Umgebung und hat einen tollen Pool. Die Atmosphäre ist äußerst entspannt, und die angebotenen Aktivitäten reichen von Reiten bis Kanufahren.

GUYANA VERSTEHEN

Guyana aktuell

Als Mitglied der Caricom (Karibischen Gemeinschaft) hat Guyana enge Beziehungen zu den Staaten der Karibik, insbesondere zu Trinidad und Tobago und zu Barbados. Dagegen sind die Beziehungen zu Venezuela angespannt, da der Streit über ein Meeresgebiet vor der Grenze der beiden Staaten immer noch nicht beigelegt ist. Deshalb gibt es auch keinen offiziellen Grenzübergang. Der Streit begann, als Exxon 2015 in diesem Gebiet riesige Erdölvorkommen entdeckte, die dem zwölffachen Wert der derzeitigen Wirtschaftsleistung Guyanas entsprechen sollen.

Nachdem 2015 David A. Granger zum Staatspräsidenten gewählt wurde, hofft die Bevölkerung nun auf eine bessere Zukunft ihres Landes. Schließlich versprach Granger, gegen Geldwäsche vorzugehen, die Verfassung zu reformieren und die hohe Kriminalitätsrate zu bekämpfen.

In den letzten Jahren profitierte die Oberschicht Guyanas vom Abbau der Gold- und Bauxitvorkommen sowie der Holzverarbeitung, doch der breiten Masse kam dieser Wohlstand nicht zugute. Viele Straßen sind immer noch nicht asphaltiert, und neben schlimmsten Elendsvierteln entstehen prachtvolle Häuser für die kleine Schicht der Neureichen. Auch wird der Druck ausländischer Investoren, vor allem aus China, immer stärker, die die „Erschließung der Ressourcen" in Guyana vorantreiben wollen. Dies steht jedoch im Widerspruch zu der seit Langem beschlossenen Selbstverpflichtung des Landes, den Regenwald zu schützen und zu bewahren.

Geschichte

Bevor die Niederländer Ende des 16. Jhs. nach Guyana kamen, bevölkerten die Stäm-

---

DIE TRAGÖDIE VON JONESTOWN

Am 18. November 1978 starben 913 Menschen (darunter mehr als 270 Kinder) in einer abgelegenen Ecke des guyanischen Regenwalds durch erzwungenen Selbstmord. Das schreckliche Ereignis, das als Jonestown-Massaker bekannt wurde, wirft bis heute einen dunklen Schatten auf den Ruf Guyanas.

In den 1950er-Jahren hatte sich unter der Führung von Jim Jones, einem charismatischen Amerikaner, ein religiöser Zusammenschluss namens „Die Sonnentempler" in Jonestown niedergelassen. Die Utopien Jones' von einer egalitären, landwirtschaftlich geprägten Kommune zogen Hunderte Anhänger an, doch in den 1960er-Jahre, als er seine Kirche nach San Francisco umsiedelte, wurde Jim Jones zunehmend paranoider, und die Glaubensgemeinschaft ähnelte mehr und mehr einer Sekte. Der nächste Schritt des Führers war die Umsiedlung der Gemeinschaft in den Busch Guyanas.

Als geflohene Mitglieder 1977 berichteten, Jones leite die Siedlung auf fragwürdige Weise, beschloss der US-Kongressabgeordnete Leo Ryan, Jones zusammen mit Journalisten und besorgten Angehörigen einen Besuch abzustatten. Die Besucher trafen auf mehrere verschreckte Mitglieder, die fliehen wollten, und Ryan, der Jones falsch einschätzte, wollte einige von ihnen mitnehmen. Daraufhin wurden er und vier Begleiter von Anhängern des Amerikaners auf dem Flugfeld Jonestown erschossen. In der folgenden Nacht befahl Jones seinen Anhängern, ein mit Zyankali versetztes Gebräu zu trinken. Viele nahmen das Gift, andere wurden erschossen oder mit durchgeschnittenen Kehlen aufgefunden. Auch sich selbst verschonte Jones nicht, oder er beauftragte jemanden mit seiner Ermordung.

Mit der grandiosen Dokumentation *Jonestown: The Life and Death of People's Temple* lieferte Regisseur Stanley Nelson 2006 einen modernen Erklärungsansatz für diese undurchsichtige Tragödie.

me der Kariben und Arawak das Land. Die Niederländer bauten hier eine Plantagenwirtschaft auf, die auf der Ausbeutung afrikanischer Sklaven beruhte. 1763 kam es zu einer Massenrevolte, die als Sklavenaufstand von Berbice in die Geschichte einging. Der Anführer der Rebellion, Kofi, ist bis heute ein Nationalheld in Guyana, obwohl der Aufstand der Sklaven zur Erlangung ihrer Freiheit letztlich scheiterte.

1796 übernahmen die Briten die Kontrolle über das Gebiet, und 1831 wurden die drei kolonialen Siedlungen Essequibo, Demerara und Berbice unter dem Namen „Britisch-Guyana" zusammengefasst. Nach Abschaffung der Sklaverei im Jahr 1834 weigerten sich die Afrikaner, gegen Entlohnung auf den Plantagen weiterzuarbeiten. Stattdessen gründeten viele ehemalige Sklaven ihre eigenen Dörfer im Busch und sind heute als Marrons bekannt. Durch den Mangel an Arbeitskräften mussten die Plantagen geschlossen oder zusammengelegt werden, die Zuckerindustrie konnte nur überleben, weil Vertragsarbeiter aus Portugal, Indien, China und anderen Ländern geholt wurden. Dies veränderte die Bevölkerungsstruktur erheblich.

Bis 1953 wurde Britisch-Guyana mehr oder weniger als Kolonie verwaltet, dann hat man die Selbstverwaltung eingeführt und Wahlen abgehalten. 1966 wurde die Region unter dem Namen „Guyana" ein unabhängiger Staat im britischen Commonwealth. Seit 1970 schließlich ist Guyana eine Republik mit einem gewählten Präsidenten.

Nach den wegen Unregelmäßigkeiten verschobenen Wahlen von 2001 setzten die Anhänger der Opposition in Georgetown ganze Häuserblocks in Brand. Es folgten wochenlange Straßenschlachten zwischen Demonstranten und Polizei. Zum Glück ist es zu solchen Gewaltausbrüchen in der Hauptstadt seitdem nicht mehr gekommen, doch die ethnischen Spannungen bestimmen weiterhin das Leben und die Politik in Guyana. Allerdings zeigen die Bemühungen der Schulen um mehr Toleranz erste Erfolge bei den Jugendlichen des Landes, und auch immer mehr Erwachsene erkennen, dass die Rassenkonflikte nur durch die Zusammenarbeit aller überwunden werden können.

Guyanas Wirtschaft basiert auf dem Export von Rohstoffen, in erster Linie Bauxit, aber auch von Gold, Holz, Zucker, Reis und Shrimps. Kleine Unternehmen sind zumeist im Besitz von Indo-Guyanern, während die Afro-Guyaner bis Ende der 1990er-Jahren die Politik beherrschten. Auch der derzeitige Präsident ist Afro-Guyaner.

Kultur

Die Kultur in Guyana ist von der Plantagenwirtschaft der Kolonialzeit geprägt. Durch die unwürdigen Bedingungen, unter denen die afrikanischen Sklaven leben mussten, wurde ihre Kultur – bis auf wenige Überreste – zerstört. Dagegen konnten die ostindischen Arbeiter, die später unter besseren Vorzeichen ins Land kamen, ihr kulturelles Erbe weitgehend bewahren. Die größten Gruppen amerikanischer Ureinwohner wie die Arawak, Kariben, Macushi und Wapishana, leben in ihren weit verstreuten Siedlungen im Landesinneren noch immer von dem, was das Land ihnen gibt. Besonders im Wahlkampf kochen das Misstrauen und die Spannungen zwischen den ethnischen Gruppen hoch. Dazu kommt noch der zunehmende Argwohn gegen die Brasilianer, die sich angeblich den Zugang zu den reichen Bodenschätzen Guyanas sichern wollen. Heute sind etwa 44% der Bevölkerung ostindischer, 30% afrikanischer und 17% gemischter Herkunft und 9% amerikanische Ureinwohner.

Rund 500 000 Guyaner leben im Ausland, die meisten in Kanada, Großbritannien, den USA und Trinidad und Tobago. Viele Guyaner befürchten daher, wohl zu Recht, die steigende Abwanderung von Fachkräften ins Ausland.

Die meisten Afro-Guyaner sind Christen und gehören in der Regel der anglikanischen Kirche an. Eine kleine Minderheit sind Muslime. Die Indo-Guyaner sind zumeist Hindus, eine recht große Minderheit aber Muslime. Die ansonsten üblichen Spannungen zwischen Hindus und Muslimen sind hier unbekannt. Seit der Unabhängigkeit bemüht sich das Land, die Feiertage aller großen Religionen zu berücksichtigen.

Natur & Umwelt

Durch Guyana fließen viele Flüsse; die drei wichtigsten Wasserwege sind (von Osten nach Westen) der Berbice, der Demerara und der Essequibo. In dem schmalen Tieflandstreifen an der Küste, an der es fast keine Sandstrände gibt, leben 90% der Bevölkerung, obwohl das Gebiet nur 4% der Gesamtfläche des Landes ausmacht. Die

Niederländer rangen das Küstensumpfland einst mithilfe von Entwässerungsgräben und Deichen dem Atlantik ab und machten es für die Landwirtschaft nutzbar.

Tropischer Regenwald bedeckt den größten Teil des Landesinneren, doch gibt es im Südwesten Guyanas, zwischen dem Fluss Rupununi und der brasilianischen Grenze, auch ausgedehnte Savannen.

Guyana ist die Heimat von über 2000 Tierarten, und die Wahrscheinlichkeit, einige der größeren und bekannteren – wie Mohrenkaimane, Große Ameisenbären, Brüllaffen, Nabelschweine, Capybaras, Riesenotter oder Tapire – zu erblicken, ist groß. Höchstwahrscheinlich wird man eine ganze Menge Affen zu sehen bekommen und mit Glück einen Jaguar oder eine Harpyie.

PRAKTISCHES

❶ Allgemeine Informationen

AKTIVITÄTEN

Das Landesinnere und die Küstenregionen bieten unzählige Möglichkeiten für Outdoor-Abenteuer: Man kann z. B. Raftingtrips auf den Flüssen unternehmen, wandern, Vögel und andere Tiere beobachten oder angeln. Der Gemeindetourismus ist immer mehr im Kommen, besonders in der Rupununi-Savanne. Die meisten Leute organisieren ihre Abenteuer über Tourveranstalter in Georgetown, aber auf eigene Faust loszuziehen, ist möglich.

BOTSCHAFTEN & KONSULATE

Die meisten Botschaften und Konsulate befinden sich in Georgetown. Deutschland und die Schweiz haben keine Vertretungen direkt in Guyana.

Brasilien (☎ 225-7970; bragetown@solutions 2000.net; 308-309 Church St) Die Ausstellung eines Visums dauert drei bis sieben Tage.

Deutschland (☎ +1 868 628 16 30; http://www.port-of-spain.diplo.de; 19 St. Clair Avenue, St. Clair, Port of Spain, Trinidad, W. I.) Sitzt in Trinidad & Tobago.

Österreich (☎ +592 231 40 71; 106 Laluni & New Garden Streets)

Schweiz (☎ +58 212 267 95 85; Centro Letonia, Torre Ing-Bank, Piso 15, Av. Eugenio Mendoza y San Felipe, La Castellana, Caracas 1060, Venezuela) Sitzt in Venezuela.

Suriname (☎ 226-9844; surnmemb@gol.net.gy; 54 New Garden St) Die Visa-Abteilung ist montags, mittwochs und freitags von 9 bis 11.30 Uhr geöffnet. Anträge für eine Tourist Card können von Montag bis Freitag zwischen 8.30 und 10.30 Uhr eingereicht und am gleichen Tag zwischen 13 und 15 Uhr abgeholt werden. Die Ausstellung eines Visums dauert ein bis fünf Tage, je nach Herkunftsland. Besucher werden nur in angemessener Kleidung empfangen, also nicht mit Flip-Flops oder ärmellosen Oberteilen kommen!

BÜCHER

Mit *Wilde Küste* hat John Gimlette einen interessanten Bericht von seiner Reise auf den Spuren der Landesgeschichte vorgelegt – ein absolutes Muss für jeden Besucher dieser Region! Das Buch enthält auch einige kürzere Kapitel über Suriname und Französisch-Guayana.

In seinem Buch *Ninety-Two Days* beschreibt Arthur Evelyn Waugh eine strapaziöse Reise von Georgetown quer durch die Rupununi-Savanne.

Mit *Journey to Nowhere: A New World Tragedy* liefert Shiva Naipaul einen bewegenden Bericht über den Massenselbstmord von Jonestown.

FEIERTAGE

Der Republic Day im Februar ist der wichtigste Feiertag und das größte Kulturevent. Von Bedeutung sind aber auch die hinduistischen und muslimischen Feiertage. Zum Amerindian Heritage Month (Sept.) finden Kulturveranstaltungen wie Kunsthandwerksausstellungen und Tanzvorführungen statt. Zu Ostern wird in Lethem jedes Jahr das Rupununi-Rodeo veranstaltet.

Neujahr 1. Januar

Tag der Republik (zum Gedenken an den Sklavenaufstand von 1763) 23. Februar

Phagwah (hinduistisches Neujahrsfest) März/April

Karfreitag/Ostermontag März/April

Tag der Arbeit 1. Mai

Emancipation Day (Tag der Sklavenbefreiung) 1. August

Diwali (hinduistisches Lichterfest) Oktober/November

1. Weihnachtsfeiertag 25. Dezember

2. Weihnachtsfeiertag 26. Dezember

Eid-al-Fitr Ende des Ramadan (Datum variiert).

FRAUEN UNTERWEGS

Angesichts von Guyanas Ruf, kein allzu sicheres Reiseland zu sein, sollten Frauen besonders auf der Hut sein und abends niemals ohne

---

PREISKATEGORIEN: ESSEN

Die folgenden Preise beziehen sich jeweils auf ein normales Hauptgericht.

$ unter 800 G$
$$ 800–2000 G$
$$$ über 2000 G$

MIT US-DOLLAR BEZAHLEN

Wer sich nicht allzu weit von den Touristenpfaden entfernt, kann in vielen Hotels, Lodges, Restaurants und in den Taxis zum Flughafen auch mit US-Dollar bezahlen. Der übliche Wechselkurs für die Umrechnung liegt bei 200 G$ für 1 US$, was in etwa dem von den Banken verwendeten Kurs entspricht. Für kurze Taxifahrten und kleine Einkäufe sollte man trotzdem immer einige Guyana-Dollar bei sich haben.

Begleitung ausgehen. Auch wer tagsüber in Georgetown allein unterwegs ist, ist gut beraten, wenn er sich an die belebten Viertel hält. Im Landesinneren werden Alleinreisende dagegen kaum Probleme haben.

GELD

Der Guyana-Dollar (G$) ist stabil und an den US-Dollar gekoppelt, der weitgehend ebenfalls akzeptiert wird. Man kann hier auch seine Euro loswerden. In gehobeneren Hotels und Restaurants kann man mit Kreditkarte zahlen (meist zzgl. 5 % Service-Gebühr), an Tankstellen und auch andernorts ist das nicht möglich. Wer mit der Kreditkarte Bares abheben will, geht am besten zur Scotiabank; deren Geldautomaten sind auch die einzigen, die ausländische Karten akzeptieren.

Geld wechseln kann man in Banken; allerdings gibt es in *cambios* (Wechselstuben) bessere Wechselkurse und weniger bürokratischen Papierkram. Gegen eine kleine Gebühr kann man manchmal auch in Hotels Geld umtauschen.

GESUNDHEIT

Für eine angemessene medizinische Versorgung ist in Georgetown gesorgt, zumindest in den Privatkliniken. In anderen Landesteilen gibt es allerdings nur wenige medizinische Einrichtungen. In Guyana grassiert die chloroquinresistente Malaria; eine weitere Gefahr ist das Denguefieber – vor allem im Landesinneren, aber auch in Georgetown. Traveller sollten sich daher unbedingt vor Stechmücken schützen und Malariaprophylaxe betreiben. Zudem werden Schutzimpfungen gegen Typhus, Hepatitis A, Diphtherie/Tetanus und Polio empfohlen. Guyana gilt als Gelbfieberregion; wer anschließend in ein anderes Land reist, muss oft eine Schutzimpfung vorweisen – das gilt auch bei der Einreise nach Guyana. Leitungswasser sollte man lieber nicht trinken, vor allem nicht in Georgetown. In Gegenden mit mangelnder Hygiene kam es in der Vergangenheit schon zu Cholera-Ausbrüchen. Vorsichtsmaßnahmen sind daher überall geboten.

INTERNETZUGANG

Die Internetcafés in Georgetown nehmen rund 600 G$ pro Stunde. Kostenloses WLAN ist weit verbreitet.

ÖFFNUNGSZEITEN

Die meisten Geschäfte öffnen gegen 8.30 Uhr und schließen gegen 16 Uhr, samstags sind die Läden nur den halben Tag oder gar nicht offen. Sonntags ist alles dicht – dann wirkt Georgetown wie eine Geisterstadt. Viele Restaurants servieren zwischen 11.30 und 15 Uhr Mittagessen und zwischen 18.30 und 22 Uhr Abendessen.

POST

Auf die Post ist hier wenig Verlass. Bei wichtigen Sendungen sollte man sich daher an **UPS** (Mercury Couriers; ☎ 227-1853; 210 Camp St) und **DHL** (USA Global Export; ☎ 225-7772; 50 E 5th St, Queenstown) in Georgetown halten.

SPRACHE

Englisch ist die Amtssprache, aber die meisten Einwohner sprechen es mit einem ganz eigenen Akzent und vielen Redewendungen, sodass es für Ausländer zunächst nahezu unverständlich ist. Die meisten Afroamerikaner sprechen Guyanisches Kreol, ein auf dem Englischen basierendes, aber mit Einflüssen aus anderen Sprachen durchmengtes Idiom, das mit einiger Übung für Menschen, die Englisch können, zu verstehen ist. Anders sieht es mit den indischen (vor allem Hindi und Urdu) sowie den vielen indigenen Sprachen aus, die im Land gesprochen werden.

STROM

In Guyana werden die zweipoligen Stecker der USA verwendet. Die Netzspannung beträgt 127 V bei 60 Hz.

TELEFON

SIM-Karten sind von verschiedenen regionalen Anbietern erhältlich. Im Allgemeinen sind in Hotels und Restaurants kostenlose Ortsgespräche möglich. In Guyana gibt es keine Ortsvorwahlen.

UNTERKUNFT

In Georgetown sind die billigsten Absteigen häufig Liebesnester, in denen Einheimische

PREISKATEGORIEN: SCHLAFEN

Wenn nicht anders angegeben, gelten die folgenden Preise für ein Doppelzimmer mit eigenem Bad:

$ unter 12 000 G$

$$ 12 000–30 000 G$

$$$ über 30 000 G$

stundenweise Zimmer anmieten – bei merkwürdig niedrigen Preisen ist also Vorsicht geboten. In der Stadt gibt es aber auch ein paar gute, saubere Pensionen, in denen man ein Zimmer mit Gemeinschaftsbad zu Preisen ab rund 6000 G$ bekommt. Die Lodges im Regenwald und die Ranches in der Savanne wirken auf den ersten Blick vielleicht teuer, doch sind häufig die Verpflegung und Aktivitäten im Preis mit enthalten – wirklich preisgünstig werden diese Unterkünfte dadurch aber auch nicht. Im Landesinneren ist die günstigste Option die Hängematte, und wer keine eigene Matte hat, kann eine für 1000 G$ zusätzlich mieten; der Platz in einer Hütte kostet pro Übernachtung zwischen 1000 und 2000 G$.

VISA

EU-Bürger und Bürger der Schweiz benötigen für die Einreise nach Guyana kein Visum (sicherheitshalber noch mal in der nächstgelegenen Botschaft oder im Konsulat nachfragen!), wohl aber einen Reisepass, der noch mindestens sechs Monate gültig ist. Bitte darauf achten, dass er bei der Einreise gestempelt wird! Wenn Neuankömmlinge ihr Rückreiseticket vorlegen, erhalten sie automatisch eine Touristenkarte mit 90 Tagen Gültigkeit. Österreichische Touristenkarten sind in letzter Zeit häufig willkürlich auf 30 Tage begrenzt worden, daher auf das handschriftliche Datum im Einreisestempel achten!

Auch ein internationaler Impfpass mit dem Nachweis einer Gelbfieberschutzimpfung ist erforderlich (auch wenn man wahrscheinlich gar nicht danach gefragt wird). Traveller sollten sich außerdem rechtzeitig um sämtliche anderen Schutzimpfungen kümmern.

Wer länger als 90 Tage bleiben möchte, wendet sich ans **Heimatschutzministerium** (226-2445; 6 Brickdam Rd, Georgetown; Mo–Fr 8–11.30 & 13–15 Uhr).

❶ An- & Weiterreise

Ganz im Süden Guyanas führt eine Brücke von Lethem ins brasilianische Boa Vista. Im Nordosten kann man mit der Fähre von Corriverton (Springlands) über den Moleson Creek nach Suriname übersetzen. Die einzige Verbindung zwischen Venezuela und Guyana ist die abgelegene, schwer befahrbare und gefährliche Straße zwischen Bochinche und Mabaruma; es gibt dort aber keinen öffentlichen Grenzübergang – deshalb fährt man besser über Brasilien.

Flugreisende landen in Guyana am Cheddi Jagan International Airport (www.cjairport-gy.

> ❶ **AUSREISESTEUER**
>
> Bei der Ausreise wird eine Steuer in Höhe von 20 US$ bzw. 4000 G$ fällig. Diese Steuer ist auch nicht im Flugpreis enthalten und muss direkt am Flughafen bezahlt werden.

com; East Coast Demerara) südlich der Hauptstadt oder am Ogle International Airport (222-41325; East Coast Demerara), der näher an der Stadt liegt und von kleineren Regionalfliegern bedient wird.

❶ Unterwegs vor Ort

AUTO

Mietwagen bekommt man in Georgetown, aber nicht am Flughafen (zumindest nicht zum Zeitpunkt unserer Recherchen). Dazu benötigt man eine Fahrerlaubnis, die man sich kostenlos in der Ankunftshalle des Cheddi Jagan International Airport besorgen kann (ein internationaler Führerschein ist nicht ausreichend!).

FLUGZEUG

Vom Ogle International Airport in Georgetown gehen Charterflüge zu Zielen im Landesinneren wie Annai, Kaieteur und Iwokrama.

KLEINBUS

Billige Ortsbusse verkehren auf bestimmten Strecken überall in Georgetown. Von Georgetown fahren Kleinbusse zu Zielen an der Küste (bis zu 1100 G$). Die einfache Fahrt von Georgetown nach Lethem kostet 10 000 G$.

SCHIFF/FÄHRE

Regelmäßig überqueren Fähren den Essequibo zwischen Charity und Bartica mit Zwischenstopp in Parika (von Georgetown über eine asphaltierte Straße erreichbar). Es existieren auch häufiger verkehrende Schnellboote (Wassertaxis), die Passagiere von Parika nach Bartica bringen.

TAXI

Viele Taxiunternehmen sind zwischen Georgetown und Orten an der Küste unterwegs. Sie sind allerdings viel teurer als Busse und Kleinbusse, können sich aber rechnen, wenn man in einer Gruppe reist. Ein Taxi von Georgetown zum Cheddi Jagan International Airport kostet 5000 G$.

Kolumbien

Inhalt ➧
Bogotá 734
Karibikküste 756
Amazonasbecken. . . .813
Kolumbien
verstehen. 820
Praktisches 826

Top-Abenteuer

➧ Wanderung zur Ciudad Perdida (S. 765)

➧ Höhlentour in Río Claro (S. 789)

➧ Die Paso-del-Conejo-Runde im PNN El Cocuy (S. 750)

➧ Rafting auf dem Río Suárez (S. 751)

➧ Trip nach Punta Gallinas (S. 767)

Top-Feste

➧ Carnaval de Barranquilla (S. 768)

➧ Festival de Música del Pacífico Petronio Álvarez (S. 799)

➧ Carnaval de Negros y Blancos (S. 811)

➧ Desfile de Yipao (S. 796)

➧ Feria de las Flores (S. 786)

Auf nach Kolumbien!

Kolumbien ist ein berauschender Cocktail mit der Essenz Südamerikas und einem Schuss Karibik. Mit den farbenfrohen Traditionen, den markanten Landschaften und den freundlichen Einheimischen bietet Kolumbien unglaublich vielfältige Erlebnisse, die magische Momente bescheren.

Am selben Tag kann man von den mit Gletschern bedeckten Andengipfeln zu den Stränden der kristallklaren Karibikküste oder von gewaltigen Sanddünen in den Regenwald reisen. Hinter den eindrucksvollen Panoramen bietet Kolumbien einen faszinierenden Mix aus Geschichte und Moderne: Imposante Ruinen und bezaubernde Kolonialstädte wetteifern um Aufmerksamkeit, während progressive Städte mit eleganten Restaurants und pulsierendem Nachtleben locken.

Dazu kommt die Vielfalt der indigenen, in Afrika verwurzelten und europäischen Kulturen – man versteht schnell, warum viele Besucher zurückkehren. Wer seine Vorurteile zu Hause lässt, wird in diesem leicht zugänglichen und spannenden Land immer wieder überrascht.

Reisezeit
Bogotá

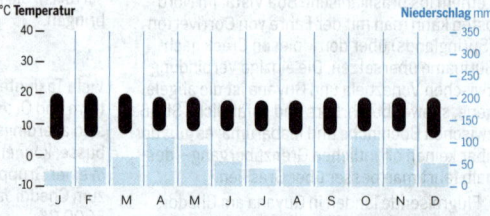

Feb. In den Anden- und Karibikregionen ist der Himmel blau – ideal für Outdoor-Aktivitäten.

Aug. & Sept. Kulturelle Hochsaison, u. a. mit der Feria de las Flores in Medellín.

Okt. & Nov. Regen vertreibt die Touristen, die Preise fallen; ideal für Trekking im Amazonasgebiet.

Verkehrsmittel & -wege

Stolz thront Kolumbien am nördlichsten Zipfel des Kontinents und ist damit ein strategischer Verbindungspunkt zwischen Süd- und Zentralamerika. Die Einreise nach Panama ist zwar nicht auf dem Landweg möglich, von Cartagena aus kann man aber per Schiffe hinkommen oder man setzt von Capurganá in Booten auf den Nachbarkontinent über.

Wichtige Landübergänge nach Venezuela sind Maicao im trockenen Guajira und Cúcuta am anderen Ende der Cordillera Oriental. Der wichtigste Grenzübergang nach Ecuador liegt bei Ipiales in der südlichen Bergregion Nariños.

Weiter im Süden, im Amazonasgebiet, gibt es in Leticia Grenzübergänge, die nach Brasilien und Peru führen.

REISEROUTEN

Eine Woche
Ausgangspunkt sind die romantischen Straßen des kolonialen Cartagenas. Dann geht es an der Karibikküste entlang zu den unweit der Sierra Nevada de Santa Marta gelegenen, von Regenwald gesäumten Stränden des Parque Nacional Natural Tayrona. Weiter im Süden stürzt man sich in einen Tag voller Outdoor-Abenteuer, bevor die Reise in der Hauptstadt Bogotá endet.

Zwei Wochen
Nach dem oben beschriebenen Programm geht es Richtung Süden nach San Agustín, um zu reiten und die beeindruckenden präkolumbischen Statuen zu sehen, die die Hügel bevölkern. Nächstes Ziel ist Salento, wo man durch die Kaffeeplantagen spaziert und lernt, die perfekte Tasse Kaffee zuzubereiten. Im nahen Valle de Cocora legt man den Kopf in den Nacken, um die hohen Wachspalmen zu bewundern, bevor man nach Medellín weiterreist, um mit den *paisas* (Menschen aus dem Nordwesten Kolumbiens), den aufgeschlossensten Bewohnern des Landes, zu feiern.

Essen & Trinken

→ **Bandeja paisa** Platte mit Wurst, Bohnen, Rinderhack, Schweineschwarte, Avocado, Eiern, Kochbananen und Reis

→ **Ajiaco Andine** Hühnersuppe mit Mais, mehreren Kartoffelsorten und lokalen Kräutern (*guasca*)

→ **Aguardiente** Alkoholisches Getränk mit Anisgeschmack, das wilde Nächte und einen schrecklichen Kater verursacht

→ **Tamale** Gehacktes Schweinefleisch mit Reis und Gemüse, das in Maisteig gewickelt und in Bananenblättern gedünstet wird und in sehr vielen regionalen Variationen zu finden ist

→ **Chocolate santafereño** Eine Tasse heiße Schokolade, zu der ein Stück Käse und Brot serviert werden

→ **Lulada** Erfrischendes, eisgekühltes Getränk aus dem Valle de Cauca mit zerdrückten Lulo-Früchten und Zitronen

→ **Hormigas culonas** Frittierte Ameisen aus Santander

AUF EINEN BLICK

→ **Währung** Kolumbianischer Peso (KOL$)

→ **Sprache** Spanisch

→ **Geld** Geldautomaten in den meisten Städten; Kreditkarten werden weithin akzeptiert.

→ **Visa** Für Aufenthalte bis max. 180 Tage brauchen EU-Bürger und Schweizer kein Visum.

→ **Zeit** MEZ−6 Std.

Kurzinfos

→ **Fläche** 1,14 Mio. km^2
→ **Bevölkerung** 47 Mio.
→ **Hauptstadt** Bogotá
→ **Notruf** 123
→ **Vorwahl** 57

Wechselkurse

Eurozone	1 €	3273 KOL$
	1000 KOL$	0,31 €
CH	1 SFr	2998 KOL$
	1000 KOL$	0,33 SFr

Tagesbudget

→ **Bett im Schlafsaal** 23500 KOL$

→ **Mittagsmenü** 8800 KOL$

→ **Bier** 4400–5800 KOL$

→ **Nahverkehrsbus** 1750 KOL$

Infos im Internet

→ **ProExport** (www.colombia.travel)

→ **El Tiempo** (www.eltiempo.com)

→ **Colombia Reports** (www.colombiareports.com)

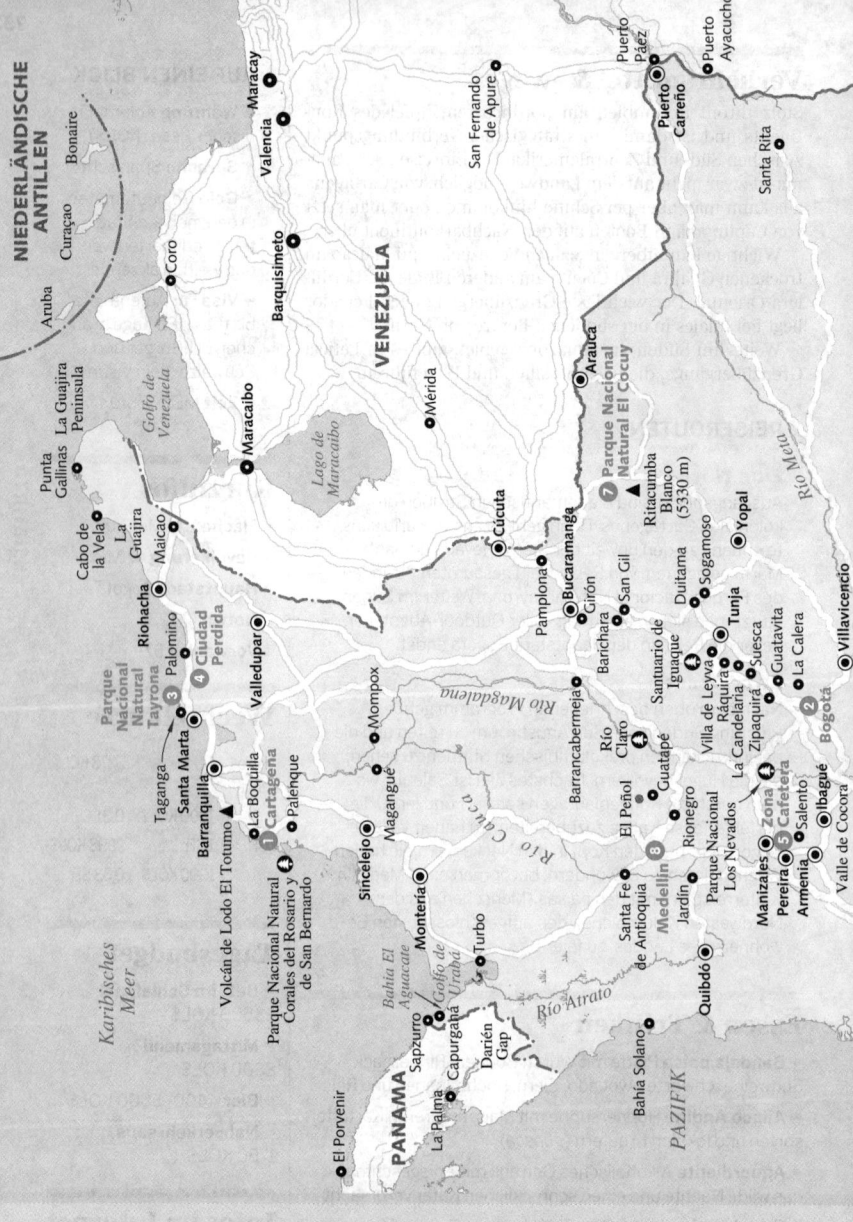

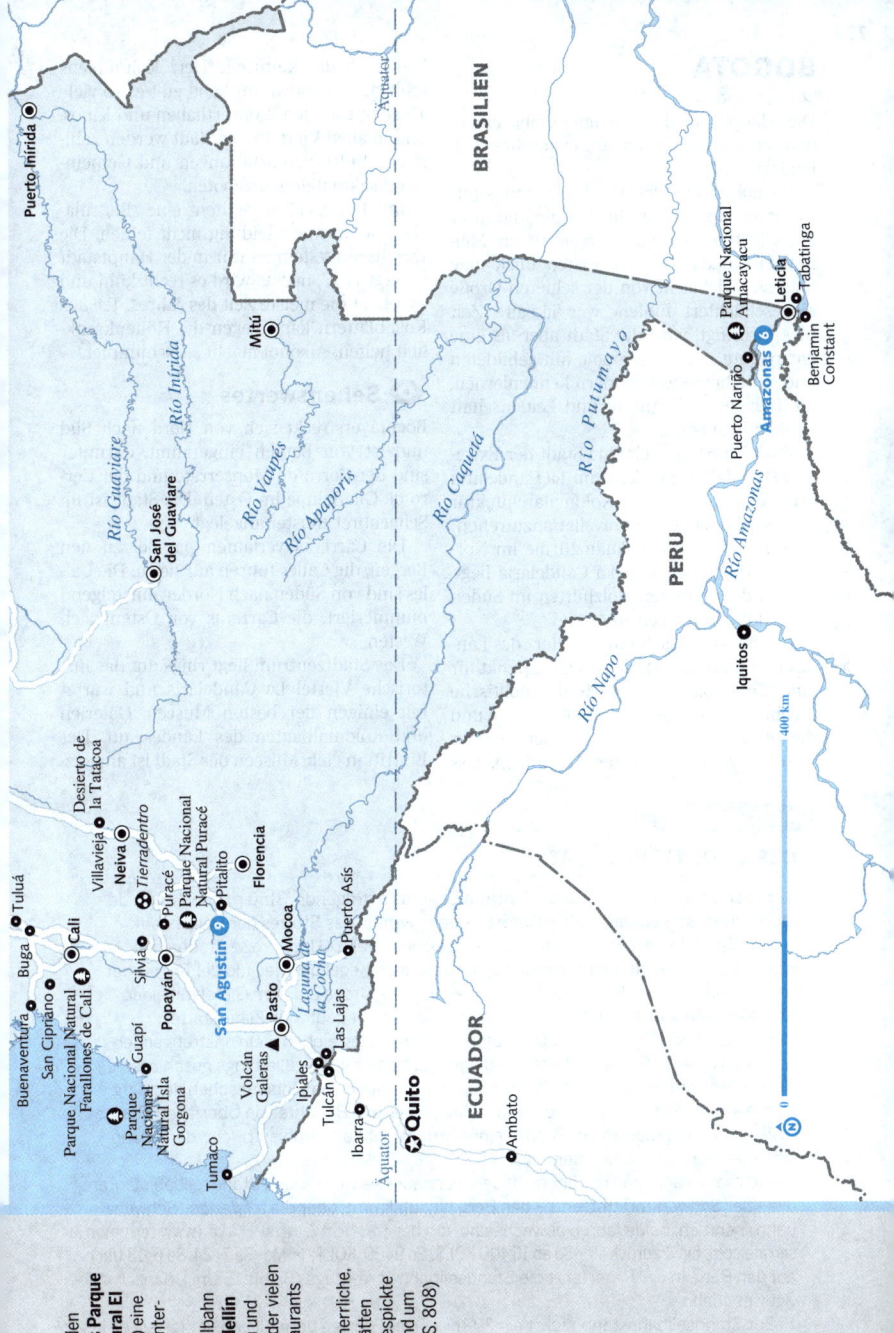

BOGOTÁ

📷 1 / 7,4 MIO. EW.

Die Hauptstadt Kolumbiens raubt einem den Atem – und das nicht nur mit ihrer Höhenlage.

Bogotá thront 2600 m hoch und straft mit ihrer Modernität, ihrem Chic und ihrer Fortschrittlichkeit alle vorgefertigten Meinungen Lügen. Auf den ersten Blick mag man sich vielleicht von der schieren Größe eingeschüchtert fühlen, wer längere Zeit hier verbringt, wird die Stadt aber als eine entspannte, coole Metropole mit gebildeten und stilsicheren Einwohnern kennenlernen, die Besucher mit Anmut und Leidenschaft willkommen heißt.

Zugleich ist es auch eine Stadt der Extreme: Das historische Zentrum La Candelaria mit seiner eleganten Kolonialarchitektur (hier sind die meisten Traveller anzutreffen) und die schillernden Finanztürme im Norden, in deren Schatten La Candelaria liegt, kehren den maroden Holzhütten im Süden der Stadt den Rücken zu.

Bogotá ist das geografische Herz des Landes und somit der ideale Ausgangspunkt für eine Kolumbienreise. Auch die politische Macht und die Finanzkraft sitzen hier und die *rolos* (wie Bogotás Einwohner genannt werden) werden einem gern bestätigen, dass hier auch das kulturelle Herz Kolumbiens schlägt. Nirgendwo im Land gibt es so viele Theater, Galerien, Konzerthallen und Kinos, und in allen Vierteln der Stadt werden zahlreiche Kulturveranstaltungen und Gemeinschaftsaktivitäten angeboten.

Im Reisegepäck sollten eine Regenjacke und warme Kleidung nicht fehlen. Die Durchschnittstemperatur in der Hauptstadt beträgt 14 °C, nachts wird es recht kühl und es regnet den Cerro des Stolzes die Zeit des Jahres. Tee aus Kokablättern kann gegen die Höhenkrankheit helfen, Alkohol macht sie schlimmer.

⊙ Sehenswertes

Bogotá erstreckt sich von Nord nach Süd und ist von Bergen eingerahmt, darunter sind der Cerro de Monserrate und der Cerro de Guadalupe im Osten. Die Stadt ist im Schachbrettmuster angelegt.

Die Carreras verlaufen parallel zu den Bergen, die Calles führen auf sie zu. Die Calles sind von Süden nach Norden aufsteigend nummeriert, die Carreras von Osten nach Westen.

Das Stadtzentrum liegt rings um das historische Viertel La Candelaria und wartet mit einigen der besten Museen, Galerien und Kolonialbauten des Landes auf. Der Eintritt in viele Museen der Stadt ist am letz-

---

NICHT VERSÄUMEN

CERRO DE MONSERRATE

Der hoch über dem historischen Zentrum Bogotás aufragende, 3150 m hohe Cerro de Monserrate ist mehr als nur ein Berg: Er ist ein Symbol des Stolzes der Hauptstadt.

Vom Gipfel bietet sich ein traumhafter Blick auf das 1700 km² große Stadtgebiet. An klaren Tagen erkennt man sogar den symmetrischen Kegel des Nevado del Tolima, der Teil der vulkanischen Bergkette Los Nevados ist. Die Kirche auf dem Gipfel mit einer Statue des Señor Caído (Gefallener Christus) ist eine bedeutende Pilgerstätte.

Man kann den Gipfel über 1500 Stufen auch zu Fuß erreichen – ein anstrengender Aufstieg von etwa 60 bis 90 Minuten; dienstags ist dieser Weg allerdings geschlossen. Am besten kommt man am Wochenende, wenn Scharen von Einheimischen den Berg erklimmen. An Wochentagen ist es recht ruhig und es gab Berichte von Überfällen. Dieses Risiko minimiert man, indem man in einer Gruppe geht und früh aufbricht, denn dann sind mehr Einheimische unterwegs.

Alternativ kann man mit der nicht sehr vertrauenserweckenden Standseilbahn fahren, die – der Schwerkraft trotzend – den Berg hinaufklimmt, oder die *teleférico* (Schwebebahn) nehmen; beide fahren abwechselnd von der **Station Monserrate** (www.cerromonserrate.com; hin & zurück Mo–Sa ab 16 400 KOL$, So 9400 KOL$; ⊙ Mo–Sa 7–24, So 6–18 Uhr) auf den Berg. In der Regel fährt die Standseilbahn vormittags (Sa bis 15 Uhr), danach die Schwebebahn.

Zur Standseilbahnstation führt ein 20-minütiger Fußweg bergauf von der Iglesia de las Aguas am Nordostrand von La Candelaria. Der Abschnitt zwischen der Quinta de Bolívar und der Station Monserrate ist für Überfälle berüchtigt, darum sollte man sich zu einer Gruppe zusammenschließen oder ein Taxi nehmen.

ten Sonntag im Monat frei, oft bilden sich davor dann lange Schlangen.

★ Museo del Oro — MUSEUM
(www.banrepcultural.org/museo-del-oro; Carrera 6 No 15-88; Mo-Sa 3000 KOL$, So frei; Di-Sa 9-18, So 10-16 Uhr) Das Goldmuseum, das berühmteste der Stadt und eines der faszinierendsten ganz Südamerikas, beherbergt über 55 000 Exponate aus Gold sowie andere Exponate, die aus allen bedeutenden prähispanische Kulturen Kolumbiens stammen. Die Räume auf drei Etagen folgen einer logischen Themenfolge und sind auf Spanisch und Englisch beschildert.

★ Museo Botero — MUSEUM
(www.banrepcultural.org/museo-botero; Calle 11 No 4-41; Mo & Mi-Sa 9-19, So 10-17 Uhr) GRATIS Das Highlight des riesigen Museumskomplexes der Banco de la República sind mehrere Säle auf zwei Etagen, die sich allerhand Rundlichem widmen: Händen, Orangen, Frauen, Männern mit Schnurrbart, Vögeln oder Führern der Fuerzas Armadas Revolucionarias de Colombia (FARC; Revolutionäre Streitkräfte Kolumbiens) – allesamt Motive der rustikalen Gemälde und Skulpturen des berühmtesten Künstlers des Landes, Fernando Botero (der seine Werke selbst stiftete).

★ Iglesia Museo de Santa Clara — KIRCHE
(www.museoiglesiasantaclara.gov.co; Carrera 8 No 8-91; Erw./Kind 3000/500 KOL$; Di-Fr 9-17, Sa & So 10-16 Uhr) Eine der am prächtigsten dekorierten Kirchen Bogotás und zugleich die älteste (neben der Iglesia de San Francisco) ist heute ein staatliches Museum. Angesichts der anderen Kirchen, die von hier aus zu sehen sind, gehen an dieser viele Besucher achtlos vorbei; sie ist aber grandios.

★ Iglesia de San Francisco — KIRCHE
(www.templodesanfrancisco.com; Ecke Av Jiménez & Carrera 7; Mo-Fr 6.30-22.30, Sa 6.30-12.30 & 16-18.30, So 7.30-13.30 & 16.30-19.30 Uhr) Die zwischen 1557 und 1621 erbaute Kirche des Hl. Franziskus, direkt westlich vom Museo del Oro, ist die älteste erhaltene Kirche der Stadt. Besonders interessant ist ihr außergewöhnliches vergoldetes Altargemälde aus dem 17. Jh., das größte und prunkvollste Kunstwerk seiner Art in der Stadt.

Plaza de Bolívar — PLAZA
(Plaza de Bolívar, zw. Calle 10 & 11) Die Plaza de Bolívar, das Herzstück der Altstadt, ist der selbstverständliche Ausgangspunkt, um Bogotá zu erkunden. In der Mitte des Platzes steht eine Bronzestatue von Simón Bolívar (gegossen 1846), ein Werk des italienischen Künstlers Pietro Tenerani. Sie war das erste öffentliche Denkmal der Stadt. Daneben tummeln sich Taubenschwärme, die sich im Umkreis von 50 m um den Platz einfach auf jeden stürzen – ein Hut ist da keine schlechte Idee!

Museo Nacional — MUSEUM
(Nationalmuseum; www.museonacional.gov.co; Carrera 7 No 28-66; Di-Sa 10-18, So bis 17 Uhr) GRATIS Das Museum befindet sich in einem großen Gebäude namens El Panóptico, das den Grundriss eines griechischen Kreuzes hat und 1874 vom englischen Architekten Thomas Reed als Gefängnis entworfen wurde. Beim Gang durch die (mehr oder weniger) chronologische Ausstellung zur Geschichte Kolumbiens spaziert man durch vergitterte Türen in Säle mit weißen Wänden. Das Museum ist nur auf Spanisch beschildert, doch auf allen Etagen liegen hilfreiche Texte auf Englisch aus, die man mitnehmen kann, um die Highlights zu finden.

Quinta de Bolívar — MUSEUM
(www.quintadebolivar.gov.co; Calle 20 No 2-91 Este; Erw./Kind 3000/1000 KOL$, So frei; Di-Fr 9-17, Sa & So 11-14 Uhr) Etwa 250 m unterhalb der Haltestelle Monserrate am Fuße des Cerro de Monserrate liegt dieses charmante historische Wohnhaus, das heute ein Museum ist. 1820 wurde Simon Bolívar diese um 1800 erbaute Villa als Dank für seine Dienste in der Freiheitsbewegung geschenkt. Er verbrachte hier im Lauf von neun Jahren 423 Tage. In den Zimmern sind Gegenstände aus dieser Zeit zu sehen, darunter Bolívars Schwert. Über die spätere Nutzung des Hauses als Nervenheilanstalt erfährt man weniger.

Mirador Torre Colpatria — AUSSICHTSPUNKT
(Carrera 7 No 24-89; Eintritt 4500 KOL$; Fr 18-21, Sa 14-20, So 11-17 Uhr) Von der offenen Terrasse in der 48. Etage des Colpatria Tower hat man eine hervorragende Aussicht auf die nicht mehr genutzte Stierkampfarena vor der Kulisse von Bürogebäuden und Bergen sowie einen Rundumblick über die Stadt. Der 162 m hohe Wolkenkratzer ist das höchste Gebäude Kolumbiens und wurde 1979 fertiggestellt.

Museo Histórico Policía — MUSEUM
(Museum der Polizeigeschichte; www.policia.gov.co; Calle 9 No 9-27; Di-So 8-17 Uhr) GRATIS Dieses überraschend interessante Museum verschafft Besuchern nicht nur Zugang ins

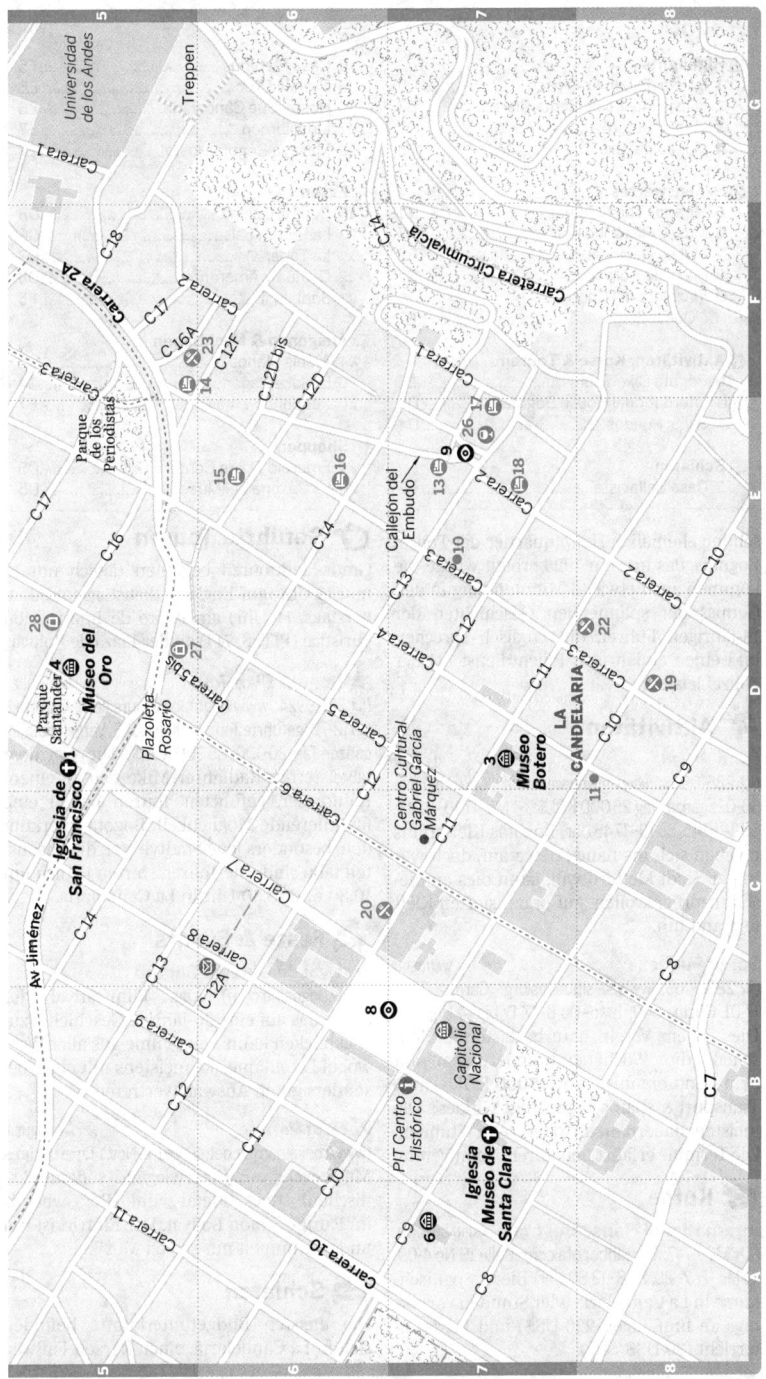

Bogotá

◎ Highlights
1 Iglesia de San Francisco D5
2 Iglesia Museo de Santa Clara B7
3 Museo Botero D7
4 Museo del Oro D5

◎ Sehenswertes
5 Mirador Torre Colpatria E1
6 Museo Histórico Policía A7
7 Museo Nacional B2
8 Plaza de Bolívar B7
9 Plazoleta del Chorro de
   Quevedo E7

◎ Aktivitäten, Kurse & Touren
10 Bogotá Bike Tours E7
11 International House Bogotá D8
12 Sal Si Puedes D4

◎ Schlafen
13 Casa Bellavista E7

14 Casa Platypus F5
15 Cranky Croc E6
16 Hostal Sue Candelaria E6
17 Lima Limon E7
18 Masaya Bogota Hostel E7

◎ Essen
19 Capital Cocina D8
20 La Puerta Falsa C6
21 La Tapería C3
22 Quinua y Amaranto D8
23 Sant Just F5

◎ Ausgehen & Nachtleben
24 A Seis Manos D2
25 El Goce Pagano G4
26 Pequeña Santa Fe E7

◎ Shoppen
27 Emerald Trade Center D5
28 La Casona del Museo D5

schöne ehemalige Hauptquartier der Polizei Bogotás, das im Jahr 1923 erbaut wurde, sie kommen auch etwa 45 Minuten lang in den Genuss der spannenden Geschichten der 18-jährigen Führer, die Englisch sprechen und einen einjährigen Pflichtdienst bei der Polizei leisten.

🏃 Aktivitäten

Gran Pared KLETTER
(281-0903; www.granpared.com; Carrera 7 No 50-02; ganzer Tag 25 000 KOL$; Mo-Fr 10-21.45, Sa 8-19.45, So 10-17.45 Uhr) Bogotás Kletterfans machen sich ins nahe Suesca auf, doch wer in der Stadt klettern will, kann dies an dieser anspruchsvollen, gut organisierten Kletterwand tun.

Sal Si Puedes WANDERN
(283-3765; www.salsipuedes.org; Carrera 7 No 17-01, Oficina 640; Mo-Do 8-17, Fr bis 14 Uhr) Dies ist ein Verein naturbegeisterter Menschen, die Wochenendwanderungen auf dem Land organisieren (45 000 KOL$, inkl. Transport & spanischsprachige Guides). Die meisten dauern neun oder zehn Stunden. Die Termine erfährt man direkt beim Verein.

📚 Kurse

International House Bogotá SPRACHKURSE
(336-4747; www.ihbogota.com; Calle 10 No 4-09; Mo-Fr 7-20, So 8-13.30 Uhr) Bietet Spanischkurse in La Candelaria (vier Stunden vormittags an fünf Tagen 220 US$) und Privatunterricht (30 US$/Std.).

🧭 Geführte Touren

Gratis-Stadttouren beginnen täglich um 10 und 15 Uhr (auf Englisch dienstags und donnerstags, 14 Uhr) am Punto de Información Turística (PIT; S. 744) an der Plaza de Bolívar.

★ Bogotá Bike Tours RADFAHREN
(281-9924; www.bogotabiketours.com; Carrera 3 No 12-72; geführte Tour 35 000 KOL$, Verleih halber/ganzer Tag 20 000/35 000 KOL$) Die von dem begeisterten Radfahrer Mike Caesar, einem Kalifornier, geführten Touren bieten eine faszinierende Möglichkeit, Bogotá zu erkunden, besonders jene Stadtviertel, die ansonsten tabu sind. Die Touren starten täglich um 10.30 und 13.30 Uhr in La Candelaria.

🎉 Feste & Events

Festival de Cine de Bogotá FILM
(www.bogocine.com) Das Filmfestival der Stadt, das auf eine 30-jährige Geschichte zurückblicken kann, zeigt Filme aus aller Welt, wobei Lateinamerika meistens mit einer besonders guten Auswahl vertreten ist.

Rock al Parque MUSIK
(www.rockalparque.net; Okt. & Nov.) Dreitägiges Musikevent mit (überwiegend südamerikanischen) Rock-/Metal-/Funk-/Reggaebands im Parque Simón Bolívar. Der Eintritt ist frei und es wimmelt nur so von Musikfans.

🛏 Schlafen

Die meisten Budgetunterkünfte befinden sich in La Candelaria, einen kurzen Fußweg von den historischen Sehenswürdigkeiten entfernt; wenn die Menschenmassen verschwinden, kann die Sicherheit allerdings ein Problem sein.

Unlängst haben einige neue Hostel in Chapinero, einer hippen Gegend mit lokalem Flair, sowie weiter nördlich in der Nähe der Zona Rosa eröffnet. Wer hier übernachtet, hat es zwar weiter zu den Museen und Attraktionen, findet dafür aber deutlich mehr Restaurants und Bars in der näheren Umgebung.

Cranky Croc HOSTEL $
(342-2438; www.crankycroc.com; Calle 12D No 3-46; B ab 23 000 KOL$, EZ/DZ/3BZ 56 000/74 000/105 000 KOL$, ohne Bad 66 000/90 000/120 000 KOL$; @) Eines unserer Lieblingshostels in Bogotá. Es wird von einem freundlichen Australier geleitet und hat sieben Zimmer, die um mehrere Gemeinschaftsbereiche angeordnet sind, darunter eine Küche in der Obhut eines Kochs, der auf Bestellung Frühstück und hervorragenden Kaffee serviert. Alle Betten in den Schlafsälen haben Schließfächer, Leselampen und eigene Steckdosen, um die Geräte zu laden. Und die frisch renovierten Bäder? Machen einen glauben, man sei in einem Boutiquehotel!

Lima Limon HOSTEL $
(281-1260; www.limalimonhostel.com.co; Carrera 1 No 12B-15; B ab 22 000 KOL$, EZ/DZ ohne Bad 40 000/60 000 KOL$, alle inkl. Frühstück; @) Das gemütliche Hostel liegt rund um einen Innenhof und verströmt viel Charakter. Weil es so klein ist und einen künstlerischen Touch hat, wirkt es eher wie ein WG-Haus und eigentlich nicht wie ein Großstadt-Hostel. In der großartigen Küche kann man gemeinsame Mahlzeiten zubereiten. Weitere Pluspunkte: Rund um die Uhr ist die Rezeption besetzt und gibt es warmes Wasser.

Hostal Sue Candelaria HOSTEL $
(344-2647; www.suecandelaria.com; Carrera 3 No 12C-18; B 23 000 KOL$, EZ/DZ ohne Bad 45 000/60 000 KOL$, Zi. 70 000 KOL$, alle inkl. Frühstück; @) Das freundliche, helle Sue Candelaria mit schönen Zimmern rund um einen hellen Hof im Kolonialstil gewinnt den Wettbewerb in Sachen prächtigste Tagesdecke. Die Privatzimmer sind allerdings winzig.

Casa Bellavista HOSTEL $
(334-1230; www.bellavistahostelbogota.com; Carrera 2 No 12B-31; B ab 18 000 KOL$, EZ/DZ 60 000/70 000 KOL$, alle inkl. Frühstück; @) Mit einem guten Preis-Leistungs-Verhältnis und viel traditionellem Charakter punktet diese kleine, familiengeführte Unterkunft in einem historischen Haus nur ein paar Schritte von der Plazoleta del Chorro de Quevedo. Über knarrende Hartholzböden geht's zu den farbenfrohen Schlafsälen mit eigenem Bad und zu den beiden großen Privatzimmern mit tollen alten Elementen, etwa original Bodenfliesen.

★ Masaya Bogota Hostel HOSTEL $$
(747-1848; www.masaya-experience.com; Carrera 2 No 12-48; B ab 20 000 KOL$, Zi. mit/ohne Bad

---

BOGOTÁ: EIN PARADIES FÜR RADFAHRER

Fahrradfahren ist eine der besten Optionen, sich in Bogotá fortzubewegen und dabei dem dichten Verkehr zu entgehen. In Bogotá gibt es etwa 375 km ausgewiesene Radspuren – damit ist dies eine der fahrradfreundlichsten Großstädte Südamerikas.

Doch die Stadt ruht sich nicht einfach auf ihrer tollen Infrastruktur für Radfahrer aus, denn jeden Sonntag gibt es zudem von 7 bis 14 Uhr die **Ciclovía** (www.idrd.gov.co): 120 km der großen Hauptstraßen der Stadt werden dann für den Verkehr gesperrt und Radfahrer übernehmen die Straßen. Stände, die Fruchtsäfte und Straßenessen verkaufen, sowie Künstler säumen die Strecken und sorgen für Festivalstimmung. Dies ist nur ein Beispiel dafür, wie diese progressive Stadt viele Metropolen in den Industrieländern in den Schatten stellt.

Weitere gesellige Radfahrten bietet der **Ciclopaseo**, eine abendliche Fahrt durch die Stadt mit zahlreichen Gleichgesinnten. Der Ciclopaseo folgt jede Woche einer anderen Route und besucht interessante Gegenden der Stadt, die man ansonsten vielleicht nicht zu Gesicht bekommen würde. Er findet jeden Mittwoch statt, Treffpunkt ist um 19 Uhr an der **Plaza CPM** (Carrera 10 an der Calle 96).

Wer mitradeln will, leiht sich ein Fahrrad im Hostel oder mietet bei Bogotá Bike Tours ein Luxusmodell.

ab 100 000/70 000 KOL$; @🛜) In diesem Hostel, das Franzosen gehört, wird Flashpacker-Luxus auf ein neues Niveau gehoben: Die bemerkenswert komfortablen Schlafsäle sind mit Vorhängen, Sitzsäcken und weichen Kissen und Bettdecken ausgestattet; die Privatzimmer haben Hotelqualität und verfügen über erstklassige Kleiderschränke und Flachbildf-TVs. Außerdem gibt's tolle Gemeinschaftsbereiche, richtig heiße Duschen mit hohem Wasserdruck und viele kulturelle Aktivitäten.

★ La Pinta · HOSTEL $$

(☎ 211-9526; www.lapinta.com.co; Calle 65 No 5-67; B ab 26 000 KOL$, EZ/DZ 90 000/120 000 KOL$, ohne Bad 70 000/96 000 KOL$; @🛜) In einem nicht ausgeschilderten Wohnhaus in toller Lage in Chapinero, nur wenige Schritte von La Séptima (Carrera 7), bietet dieses makellose Hostel einen fantastischen Garten hinterm Haus, große, moderne Bäder sowie Zimmer mit bunten Bettdecken und Hartholzböden. Beinahe wird hier schon das Niveau eines Boutiquehotels erreicht. Außerdem gibt's eine große Gemeinschaftsküche, einen gemütliche neue Bar und einen liebenswerten, etwas exzentrischen Hund.

Casa Platypus · PENSION $$

(☎ 281-1801; www.casaplatypus.com; Carrera 3 No 12F-28; B/EZ/DZ/3BZ 44 000/144 000/166 000/188 000 KOL$; @🛜) Diese gehobene Pension ist eine hervorragende Flashpacker-Option. Die einfachen Zimmer haben dunkle Holzböden und eigene Bäder sowie eine schmale Terrasse, von der man an Werktagen um 17 Uhr wunderbar die studentische Modenschau in der Straße darunter beobachten kann. Die wunderbare Dachterrasse wartet mit Blick zum Montserrat auf.

12:12 Hostel · HOSTEL $$

(☎ 467-2656; www.1212hostels.com; Calle 67 No 4-16; B 26 000–40 000 KOL$, Zi. 116 000 KOL$; @🛜) 🏷 Das kunstbeflissene neue Hostel verkörpert die progressive Szene von Chapinero Alto: recycelte Gegenstände wie alte Fahrräder, die wie eine fröhliche Kunstinstallation an den Wänden hängen, und ausrangierte Bücher, die statt Tapete die Wände pflastern, bilden das Rückgrat dieser designbewussten Unterkunft.

Chapinorte Bogotá · HOSTEL $$

(☎ 317-640-6716; www.chapinortehostelbogota.com; Calle 79 No 14-59, Apt. 402; EZ/DZ/3BZ 85 000/100 000/145 000 KOL$, ohne Bad 60 000/80 000/120 000 KOL$; @🛜) Eine großartige Option außerhalb von La Candelaria in einem unauffälligen Wohnhaus gleich hinter dem Nordrand von Chapinero. Ein freundlicher Spanier leitet die Pension mit acht stilvollen Zimmern auf zwei Etagen. Einige haben riesige Bäder und Kabelfernsehen und liegen rings um eine niedliche Kücheninsel im Wohnzimmer. Kein Frühstück.

🍴 Essen

In Tausenden Lokalen in ganz Bogotá kann man sich an einem *almuerzo corriente* (Mittagsmenü) satt essen. Nur wenige Restaurants im historischen Zentrum sind abends geöffnet, doch im Viertel Macarena, gleich im Norden, laden zahlreiche angesagte Lokale zum Essen ein. Die meisten teuren Restaurants der Stadt befinden sich in der Zona G, das nahe gelegene Chapinero bietet die kreativste Küche Bogotás. Auch in der Zona Rosa gibt's zahlreiche Möglichkeiten, zu essen, ehe man sich zu den Bars aufmacht.

Quinua y Amaranto · VEGETARISCH $

(www.blog.colombio.co/quinua-y-amaranto.html; Calle 11 No 2-95; Mittagsmenü 14 000 KOL$; ⊙ Sa & So 8–16, Di–Fr bis 19 Uhr; 🌱) Das charmante, von Frauen geleitete Lokal mit einer offenen Küche ist während der Woche komplett vegetarisch (am Wochenende gibt's oft Hühnersuppe) und serviert schmackhaftes Mittagessen, Empanadas, Salate und Kaffee. Eine kleine Auswahl an Kokosblättern, Gebäck und verlockendem traditionell hergestelltem Käse (samstags) runden das Angebot ab.

La Puerta Falsa · FAST FOOD $

(Calle 11 No 6-50; Süßigkeiten 1500–2000 KOL$, Snacks 3500–6300 KOL$; ⊙ Mo–Sa 7–21, So 8–19 Uhr) Dies ist der berühmteste Snack-Laden Bogotás. Die Auslagen mit kunterbunten Süßwaren locken die Kunden in das winzige Geschäft, das 1816 gegründet wurde. Einige klagten, dort wären nur noch Ausländer mit dem Lonely Planet unterm Arm anzutreffen, aber das sollte man nicht glauben – bei unserem letzten Besuch waren wir die einzigen Gringos.

Arbol de Pan · BÄCKEREI $

(Calle 66 No 4A-35; Backwaren 1500–6500 KOL$; ⊙ Mo–Sa 8–20 Uhr; 🛜) Das Frühstück im Hotel oder Hostel kann man ruhig mal vergessen, denn diese Biobäckerei bäckt täglich eine lange Reihe frischer Brote (Mehrkorn-, Dattel-, Hafer-Brot etc.) und jede Menge köstliches Gebäck. Es gibt auch herzhaftere Frühstücksgerichte wie mit pochierten Eiern, Schinken und Spinat gefüllten Croissants (12 500 KOL$).

La Areparia Venzolana   FAST FOOD $
(Calle 85 No 13-36; arepas 11 000–13 500 KOL$; ◉ Mo-Do 9–22, Fr & Sa bis 4 Uhr; 🔊) Fest verwurzeltes Fast-Food-Lokal direkt am Rand der Zona Rosa, in der hungrige Zecher auch noch spät in der Nacht etwas essen können. Die *arepas* (Maiskuchen) nach venezolanischer Art (besser als die kolumbianischen) sind mit Zutaten aller Art gefüllt.

★ Sant Just   FRANZÖSISCH $$
(Calle 16A No 2-73; Hauptgerichte 14 000–32 000 KOL$; ◉ Mo-Sa 12–16 Uhr; 🔊) 🌿 In diesem wunderbaren Café mit französischen Besitzern gibt's eine täglich wechselnde Karte, die auf einer Kreidetafel präsentiert wird. Was immer gerade im Angebot ist – frische Säfte, nachhaltig gefangene Meeresfrüchte, wunderbares Lamm mit schon fast aus der Mode geratenen Gemüsesorten wie *cubio* (eine Wurzel der Andenregion) –, es ist klasse, sowohl die Präsentation als auch der wunderbare Geschmack. Man sollte etwas Wartezeit einplanen. Nur Barzahlung.

★ Central Cevicheria   SEAFOOD $$
(☎ 644-7766; www.centralcevicheria.com; Carrera 13 No 85-14; Ceviche 17 800–19 800 KOL$; ◉ Mo-Mi 12–23, Do-Sa bis 24, So bis 22 Uhr; 🔊) Diese fröhliche, anspruchsvolle *cevichería* ist wirklich authentisch: Hier genießen die Reichen und Mächtigen herausragende *ceviches* (marinierte rohe Meeresfrüchte). Eingeteilt sind sie in die Kategorien „scharf" und „nicht scharf" mit jeweils einem Dutzend einfallsreicher Varianten. Reservierung empfohlen.

Capital Cocina   KOLUMBIANISCH $$
(Calle 10 No 2-99; Hauptgerichte 15 500–25 000 KOL$; ◉ Mo-Sa 12–15.30 & 18.30–22 Uhr) Gut möglich, dass man um einen Tisch in diesem hübschen Café kämpfen muss. Es serviert einige Varianten schlichter kolumbianischer Hausmannskost – Fisch des Tages, Schweinekotelett, Steak, *pollo suprema* –, die tatsächlich alles andere als schlicht sind. Das Tagesmenü mit drei Gängen ist angesichts der Kochkünste des Küchenchefs Juan Pablo ein echtes Schnäppchen, dazu gibt's Craftbiere sowie gute Weine und Kaffees aus einem renommierten Anbaugebiet.

Fazit: Capital Cocina ist schwer zu schlagen, wenn man abends in La Candelaria essen möchte!

La Tapería   TAPAS $$
(www.lataperia.co; Carrera 4A No 26D-12; Tapas 9900–27 000 KOL$; ◉ Mo-Fr 12–15 & 18 Uhr–open end, Sa 13–23, So bis 16 Uhr; 🔊) In dieser coolen Lounge im Loft-Stil in Macarena werden unter Leitung eines holländischen Musikfanatikers zur Freude aller Eingeweihten köstliche Tapas zubereitet, etwa Kirschtomaten mit Blauschimmelkäse in Schinken gewickelt, serviert mit einer Balsamico-Reduktion (unsere Lieblingstapa). Donnerstags und samstags gibt's Live-Flamenco, und freitags zieht die *musica del barrio* junge, unternehmungslustige Gäste an.

🍷 Ausgehen & Nachtleben

Die stimmungsvollsten Cafés und Kneipen der Stadt befinden sich in La Candelaria, wo die Drinks in alten Kolonialgebäuden mit Kaminen serviert werden. Am besten beginnt man den Abend draußen auf der **Plazoleta del Chorro de Quevedo** (Ecke Carrera 2 & Calle 12B) inmitten eines unkonventionellen Völkchens und umweht von einem Hauch von Marihuana.

Spätabends herrscht in der Zona Rosa nördlich des Zentrums zwischen den Carreras 11 und 15 und den Calles 81 und 84 am meisten Betrieb. Man sollte sich schick anziehen, damit man sich nicht fehl am Platz fühlt. In Chapinero gibt es ruhigere Optionen.

Pequeña Santa Fe   BAR
(Carrera 2 No 12B-14; canelazo 6500–7000 KOL$; ◉ 12–1 Uhr) Das gemütliche zweistöckige Wohnhaus mit einem Kamin neben der Bar und einem schummrig beleuchteten Obergeschoss steht neben der stimmungsvollen Plazoleta del Chorro de Quevedo. Es ist eine von mehreren tollen Bars, in denen man einen heißen Becher „*canelazo* Santa Fe" (ein Yerba-Buena-Tee mit *aguardiente*) oder ein Bier trinken kann.

Mi Tierra   BAR
(Calle 63 No 11-47; ◉ 18 Uhr–open end) In dieser freundlichen Bar in Chapinero, die an einen Flohmarkt erinnert, sucht man sich zwischen ausrangierten Schreibmaschinen, Sombreros, Elchköpfen, Musikinstrumenten und Fernsehern ein Plätzchen. Das Publikum ist entspannt, man muss sich also wegen der Sammlung alter Macheten keine Sorgen machen, und die Musik ist sorgfältig ausgewählt.

Taller de Té   TEEHAUS
(www.tallerdete.com; Calle 60A No 3A-38; Tee 3000–9000 KOL$; ◉ Mo-Sa 10–20 Uhr; 🔊) 🌿

> **NICHT VERSÄUMEN**
>
> **PARTY IN EINER PIÑATA**
>
> Die legendäre Bar-Restaurant-Kombination **Andrés Carne de Res** (☎863-7880; www.andrescarnederes.com; Calle 3 No 11A-56, Chía; Hauptgerichte 16 700–75 500 KOL$, Eintritt Fr & Sa 10 000–15 000 KOL$; ⊙Do–Sa 11–3, So bis 24 Uhr) ist nicht gerade ein typisch lateinamerikanisches Lokal. Der weitläufige, herrlich theatralische Komplex mutet an wie eine Kreuzung aus einer Show des Cirque du Soleil, dem besten Steakhouse der Welt und einer feucht-fröhlichen kolumbianischen Party. Jährlich verputzen hier über 250 000 Menschen 10 t Fleisch, bevor in den miteinander verbundenen Räumen und auf den Tanzflächen, die mit magisch anmutenden Elementen dekoriert sind, die Party beginnt. Um Mitternacht regiert hier endgültig der Wahnsinn: Hunderte durchgeknallter, aber freundlicher Einheimischer tanzen dann zu *vallenato* (kolumbianische Akkordeonmusik), Disco oder Cumbia auf den Tischen und versorgen jeden, der vorbeikommt, mit Rum.
>
> Der Haken ist die Lage in Chía – die Taxifahrt vom Zentrum kostet 70 000 KOL$. Das Hostal Sue Candelaria (S. 739) setzt an den Wochenenden einen Partybus ein. Inklusive Hin- und Rückfahrt, Eintritt und alkoholische Getränke kostet das 60 000 KOL$. Günstiger wird es, wenn man in der TransMilenio-Station Portal del Norte einen Bus nach Chía nimmt; die Busse fahren bis Mitternacht alle zwei Minuten (2300 KOL$, 30 Min.).

Dieses hinreißende Café, ein Unikum in Bogotá, ist etwas für leidenschaftliche Teetrinker. Die Besitzerin Laura bezieht über 50 Teesorten und Aufgussgetränke von Plantagen aus aller Welt und hat auch Mischungen mit kolumbianischen Tees. Zudem serviert sie organische, vegetarische und vegane Snacks aus handwerklicher Herstellung, die aus vertrauenswürdigen Quellen in ganz Kolumbien stammen und hervorragend zu den Tees passen.

Amor Perfecto CAFÉ

(www.amorperfectocafe.net; Carrera 4 No 66-46; Kaffee 3500–11 000 KOL$; ⊙Mo–Sa 8–21 Uhr; 🛜) Dieses schwer angesagte Kaffeehaus in Chapinero Alto wird eingefleischten Kaffeetrinkern besonders zusagen. Man wählt eine regionale kolumbianische Single-Origin-Spezialsorte aus, entscheidet sich für die Zubereitungsmethode (Chemex, Syphon, AeroPress oder Kaffeebereiter), und den Rest erledigt der überaus fachkundige Barista. Man kann auch zu einer Kaffeeprobe und zum Essen kommen. Hartholzböden und Nischen mit schicken roten Bänken ergänzen diese Triebfeder in der Koffeinszene der Stadt.

El Titicó BAR

(Calle 64 No 13-35; Eintritt 10 000 KOL$) Die elegante, von den klassischen *salsatecas* (Salsa-Clubs) im Süden des Landes inspirierte Bar liegt versteckt in Chapinero und bringt mit ihren plüschigen roten Nischen und der großen achteckigen Tanzfläche das Flair von Cali in die Hauptstadt. Der ideale Ort, um seine Salsa-Künste unter Beweis zu stellen.

Azahar Cafe CAFÉ

(www.azaharcoffee.com; Carrera 14 No 93A-48; Kaffee 3000–5000 KOL$; ⊙Mo–Sa 8–21, So 9–12 Uhr; 🛜) 🍃 Wegen des massiven Exports haben es Kaffeeliebhaber ziemlich schwer, in Kolumbien eine gute Tasse Kaffee aufzutreiben. Doch dieses Café meint es ernst und serviert Single-Origin- und Mikro-Lot-Kaffee, der auf alle Arten zubereitet wird, die echte Kaffeeliebhaber akzeptabel finden: AeroPress, Chemex und dergleichen.

El Goce Pagano CLUB

(www.elgocepagano.co; Carrera 1 No 20-04; ⊙Fr & Sa 19–3 Uhr) Die wilde Salsa- und Reggae-Bar in der Nähe der Universidad de Los Andes hat schon 40 Jahre auf dem Buckel und ist ein verrauchter Club mit DJs, in dem schwitzende Gäste aus ganz Kolumbien zu ethnischen Rhythmen tanzen.

A Seis Manos BAR

(Calle 22 No 8-60; Cocktails 8000–14 000 KOL$; ⊙8–23 Uhr; 🛜) Die coole, moderne Kombination aus Kulturzentrum und Bar im Industriestil, die an ein Lagerhaus erinnert, lockt kunstinteressierte Gäste an, die sich an den Gemeinschaftstischen vermischen. Sie essen, trinken, arbeiten, lesen, flirten und relaxen bei guten Mojitos und typischen Kneipengerichten.

Theatron CLUB

(www.theatron.co; Calle 58 No 10-32; ⊙Do–Sa 21 Uhr–open end) Das berühmte Theatron in einer kleinen Straße zwischen den Carreras 9 und 13 im Herzen von Chapinero war früher ein riesiges Filmtheater. Heute ziehen seine acht verschiedenen Bereiche (einige sind ausschließlich Männern vorbehalten) Schwule und Heteros gleichermaßen an – an den Wochenenden strömen bis zu 3000 Besucher hierher.

Armando Records CLUB
(www.armandorecords.org; Calle 85 No 14-46; Eintritt Do-Sa 15 000–20 000 KOL$; ⊗ Di-Sa 20–2.30 Uhr) Mehrere Jahre nach seiner Eröffnung ist dieser beliebte Club mit mehreren Ebenen noch immer groß in Mode. Das Armando All Stars in der zweiten Etage zieht mit seiner Crossover-Musik ein jugendliches Publikum an und hat auch einen Biergarten, in dem sich viele junge, aufgekratzte Gäste drängen. Auf der Retro-Dachterrasse in der vierten Etage prägt die Musik – etwa LCD Soundsystem oder Empire of the Sun – die Atmosphäre.

☆ Unterhaltung

In Bogotá gibt es mehr kulturelle Aktivitäten als in jeder anderen kolumbianischen Stadt. Veranstaltungstermine sind bei **Vive.In** (www.vive.in) aufgelistet. Infos und Kommentare zu Veranstaltungen auf Englisch stehen im kostenlosen monatlichen *City Paper*.

Kino

★ Cine Tonalá KINO, CLUB
(www.cinetonala.com; Carrera 6A No 35-27; Filme 7000–9000 KOL$; ⊗ Di-Sa 12–3 Uhr; 🕾) Das einzige Programmkino der Stadt zeigt lateinamerikanische und kolumbianische Streifen sowie internationale Kultfilme. Doch dieser Import aus Mexiko City lässt sich in keine Schublade einordnen. Das vielseitige Kulturzentrum in einer renovierten Villa aus den 1930er-Jahren in La Merced ist das neueste Refugium für Künstler, die die hippe Barszene, das hervorragende mexikanische Essen und die aufregenden Clubnächte zwischen Donnerstag und Samstag lieben.

Sport

Die großen Fußballrivalen der Stadt sind die **Millonarios** (www.millonarios.com.co) in blau-weiß und **Santa Fe** (www.independientesantafe.co) in rot-weiß.

Estadio El Campín STADION
(☏ 315-8726; Carrera 30 No 57-60) Das zentrale Fußballstadion ist das Estadio El Campín. Spiele finden mittwochabends und sonntagnachmittags statt. Karten kann man vor dem Spiel im Stadion kaufen.

🛍 Shoppen

La Casona del Museo KUNSTHANDWERK
(www.lacasonadelmuseo.com; Calle 16 No 5-24; ⊗ Mo-Sa 9–19, So 10–17 Uhr) Das alte Gebäude in der Nähe des Museo del Oro beherbergt eine bunte Gruppe Souvenirstände und zwei nette Cafés. Im La Fuente im oberen Level 1 kann man an einer sprudelnden Fontäne Kaffee trinken.

ℹ Praktische Informationen

GEFAHREN & ÄRGERNISSE

Wie in jeder Großstadt sind auch in Bogotá gesunder Menschenverstand und etwas Umsicht gefragt. Das Stadtzentrum einschließlich La Candelaria ist während der normalen Arbeitszeiten in der Regel sicher, doch wenn die Menschenmassen verschwunden sind, verschlech-

---

ℹ DER WEG INS ZENTRUM

Sowohl der Flughafen El Dorado als auch der Terminal Puente Aéreo sind über einen Shuttlebus zur nahen Haltestelle Portal El Dorado mit dem TransMilenio-Netz verbunden. Es gibt auch eine Buslinie, die vom Flughafen ohne Umsteigen in den Norden der Stadt fährt, dort kann man aber nicht bar zahlen. Wer keinen TransMilenio-Pass hat, muss daher trotzdem erst zur Haltestelle Portal El Dorado fahren, um ein Ticket für die Weiterfahrt zu kaufen.

Taxis von einem der beiden Terminals kosten mit Flughafenzuschlag etwa 25 000 bis 30 000 KOL$, die Fahrt in den Norden der Stadt bis zu 37 000 KOL$.

Vom Busbahnhof fahren keine Busse direkt ins Stadtzentrum. Stattdessen geht man am Ausgang von Zone 5 nach rechts und läuft 50 m bis zur Kreuzung, dort biegt man links ab und geht drei Blocks geradeaus bis zur Av Esperanza in der Nähe des Einkaufszentrum Salitre Plaza. Nach La Candelaria nimmt man die von Westen nach Osten fahrenden Busse 583 oder 236 mit dem Fahrziel „Germania". Wer nur leichtes Gepäck hat, kann vom Busbahnhof auch 1 km bis zur TransMilenio-Haltestelle El Tiempo laufen.

In der Zone 5 im Busbahnhof ist ein Taxischalter, wo man eine Quittung für die Fahrt in einem autorisierten Taxi erhält. Ein Taxi nach La Candelaria kostet ca. 12 500 KOL$.

tert sich die Situation und Überfälle sind keine Seltenheit. Man sollte nur in Gruppen unterwegs sein und sich an die großen Straßen halten. Taxis sind billig, mit Taxametern ausgestattet und sicher, und es gibt sie überall – wer sich unsicher fühlt, sollte sie nutzen. In überfüllten öffentlichen Verkehrsmitteln ist die Kriminalität deutlich gestiegen; auf Busfahrten sollte man immer auf der Hut vor Taschendieben sein.

GELD

Im **Emerald Trade Center** (Av Jiménez No 5-43; Mo–Fr 7.30–19, Sa 8–17 Uhr) gibt es zwei Wechselstuben.

Bancolombia (Carrera 8 No 12B-17) Löst Reiseschecks ein.

Western Union (www.westernunion.com; Calle 28 No 13-22, Local 28; Mo–Fr 9–17, Sa bis 13 Uhr) Hier kann man sich Geld schicken lassen.

MEDIZINISCHE VERSORGUNG

Fundación Santa Fe (603-0303; www.fsfb.org.co; Calle 119 No 7-75) Sehr professionelles Privatkrankenhaus.

NOTFALL

Notruf Krankenwagen 125. Polizei und Feuerwehr 123.

Touristenpolizei (280-9900) Zweisprachige Mitarbeiter.

POST

Post (4-72; Carrera 8 No 12A-03, La Candelaria; Mo–Fr 8–17.30, Sa 9–13 Uhr)

TOURISTENINFORMATION

Das **Instituto Distrital de Turismo** (800-012-7400; www.bogotaturismo.gov.co) betreibt die Puntos de Información Turística (PITs) in der gesamten Stadt, am Busbahnhof und am Flughafen.

PIT Centro Histórico (283-7115; Ecke Carrera 8 & Calle 10; 7–18 Uhr) Die Touristeninformation in der Casa de Comuneros an der Plaza de Bolívar veranstaltet dienstags und donnerstags um 14 Uhr Stadtführungen auf Englisch.

VISUMSINFORMATION

Migración Colombia (511-1150; www.migracioncolombia.gov.co; Calle 100 No 11B-27; Mo–Fr 8–16 Uhr) Erledigt Visaverlängerungen für Ausländer.

An- & Weiterreise

BUS

Der wichtigste Busbahnhof Bogotás, **La Terminal** (423-3630; www.terminaldetransporte.gov.co; Diagonal 23 No 69-11), liegt etwa 5 km westlich vom Zentrum im Stadtteil La Salitre. Er ist groß, praktisch und extrem gut organisiert. Es gibt eine Touristeninformation, Restaurants, Cafeterias, Duschen und Möglichkeiten zur Gepäckaufbewahrung. Auf der Website können alle Abfahrtszeiten nachgelesen werden.

Busse fahren beispielsweise zu diesen Zielen:

ZIEL	PREIS (KOL$)	DAUER (STD.)
Bucaramanga	40 000	9
Cali	59 000	9
Cartagena	140 000	22
Cúcuta	100 000	15
Ipiales	120 000	22
Medellín	55 000	9
Popayán	80 000	12
San Agustín	64 000	12
San Gil	35 000	7
Santa Marta	100 000	18
Villa de Leyva	23 000	4

FLUGZEUG

Bogotás Flughafen, der **Aeropuerto Internacional El Dorado** (www.elnuevodorado.com; Av El Dorado), liegt 13 km nordwestlich vom Stadtzentrum. Alle internationalen und fast alle Inlandsflüge starten und landen im riesigen neuen Terminal 1. Einige Flüge mit Avianca zu kleineren Orten im Inland nutzen das Puente Aéreo bzw. Terminal 2, das sich 1 km westlich vom Hauptgebäude befindet – vorsichtshalber noch mal aufs Ticket schauen!

Unterwegs vor Ort

BUS & BUSETA

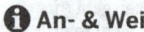
TransMilenio (www.transmilenio.gov.co) hat den öffentlichen Nahverkehr Bogotás revolutioniert: Riesige Busse brausen auf eigenen Fahrspuren durch die wichtigsten Verbindungsstraßen der Stadt. Es gibt zwölf Linien, die 112 km abdecken und an 144 speziellen Haltestellen halten. Die Busse sind günstig (Hauptverkehrszeit 1700 KOL$, sonst 1400 KOL$), fahren häufig und sind schnell; auf den meisten Linien verkehren sie von 5 bis ca. 0.15 Uhr. In den Stoßzeiten sind die Busse oft gerammelt voll. Vorsicht vor Taschendieben.

Die Tickets kauft man an den Haltestellen. Wer sich nicht jedes Mal anstellen will, kann verschiedene Mehrfahrtenkarten erwerben. Am praktischsten ist die *Tarjeta Cliente Frecuente* (2000 KOL$), auf der man bis zu 50 Fahrten aufladen kann. Man braucht ein wenig Übung, bis man das System durchschaut. Ein Fahrtenplaner steht im Internet auf der Seite www.surumbo.com.

Neben dem TransMilenio stemmen Busse und *busetas* (kleine Busse) den öffentlichen Nahverkehr Bogotás. Sie fahren mit Höchstgeschwindigkeit in der ganzen Stadt. Es gibt nur wenige

Bushaltestellen, man winkt die Fahrzeuge einfach heran. Der Einheitstarif (ca. 1500 KOL$, je nach Fahrzeugklasse) steht an der Tür oder der Windschutzscheibe.

TAXI

Bogotás effiziente, leuchtend gelbe Taxis sind alle mit einem Taxameter ausgestattet. Dieser zählt „Einheiten", die am Ende der Fahrt in den Fahrpreis umgerechnet werden. Beim Einsteigen sollte das Taxameter auf „25" stehen. Der Mindestfahrpreis liegt bei 50 Einheiten, was 3600 KOL$ entspricht. Normalerweise hängt auf der Rückseite des Beifahrersitzes eine Preistabelle. Nach Einbruch der Dunkelheit und am Wochenende wird ein Zuschlag von 1700 KOL$ fällig.

Aus Sicherheitsgründen sollte man möglichst keine Taxis auf der Straße heranwinken, sondern lieber ein Funktaxi rufen, etwa bei **Taxis Libres** (311-1111; www.taxislibres.com.co) oder **Taxi Express** (411-1111; www.4111111.co); wer ein Smartphone hat, kann auch die App Tappsi herunterladen.

RUND UM BOGOTÁ

Zipaquirá

1 / 101000 EW.

Eine der faszinierendsten Sehenswürdigkeiten Kolumbiens ist die atemberaubend schöne unterirdische **Salzkathedrale** (594-5959; www.catedraldesal.gov.co; Erw./Kind 28000/20500 KOL$; 9–17.30 Uhr) unweit der hübschen Stadt Zipaquirá, 50 km nördlich von Bogotá. Die Kathedrale entstand in einer alten Salzmine, die geradewegs in einen Berg außerhalb der Stadt gegraben wurde. Die Minen stammen aus der Muisca-Zeit und wurden immer intensiv ausgebeutet. Trotzdem werden die gigantischen Reserven noch weitere 500 Jahre reichen.

Die Kathedrale wurde 1995 für die Öffentlichkeit zugänglich gemacht. Sie ist 75 m lang und 18 m hoch und bietet 8400 Menschen Platz. Busse von Bogotá nach Zipaquirá (4300 KOL$, 1 Std.) fahren alle 10 Minuten an der nördlichen Endstation des TransMilenio (als Portal del Norte bekannt) ab. Die Fahrt mit dem TransMilenio vom Zentrum Bogotás bis zum Portal del Norte dauert 40 Minuten. Vom Zentrum Zipaquirás bis hinauf zu den Minen sind es zu Fuß 15 Minuten. Alternativ kann die Strecke mit dem **Turistren** (375-0557; www.turistren.com.co; hin & zurück Erw./Kind 43000/27000 KOL$) zurückgelegt werden, einem Dampfzug, der am Wochenende und während der Ferien zwischen Bogotá und Zipaquirá unterwegs ist. Der Zug fährt um 8.30 Uhr am **Bahnhof Sabana** (Calle 13 No 18–24) ab und hält um 9.20 Uhr kurz am Bahnhof Usaquen. Ankunft in Zipaquirá ist um 11.30 Uhr.

Suesca

1 / 14000 EW.

Suesca ist ein Zentrum für Abenteuersportler in der Nähe von Bogotá. Hier kann man klettern, Mountainbike fahren und Wildwasser-Raftingtouren unternehmen. Die Hauptattraktion sind die 4 km langen Guadalupe-Felsformationen am Río Bogotá, die bis zu 370 m hoch werden und etwa 400 verschiedene Kletterrouten aufweisen.

Der erfahrene Kletterer und Bergsteiger Rodrigo Arias von Colombia Trek (S. 750) ist ein toller Führer in dieser Gegend und kann mehrtägige Kletter-, Mountainbikeund Wanderexkursionen organisieren. Die Kletterschule **DeAlturas** (301-642-6809; www.dealturas.com) bietet fünftägige Kurse für 500000 KOL$ und Tagesklettertouren für 120000 KOL$ sowie Übernachtungsmöglichkeiten für 20000 KOL$ pro Person.

Das **El Vivac Hostal** (311-480-5034; www.elvivachostal.com; Stellplatz 15000 KOL$/Pers., B 25000 KOL$, DZ 70000 KOL$) liegt auf einer Farm und wird von einem einheimischen Naturschützer und Kletterpionier geleitet. Es organisiert Klettertouren und Leihräder.

Um nach Suesca zu kommen, fährt man mit der TransMilenio bis zu ihrem Nordbahnhof am Portal de Norte und steigt dort in einen Direktbus (5100 KOL$, 1 Std.).

NÖRDLICH VON BOGOTÁ

Dies ist das Herz Kolumbiens. Die Region mit ihren tiefen Schluchten, den reißenden Flüssen und hoch aufragenden Bergen wurde von den Konquistadoren zuerst besiedelt. Manche der Kolonialstädtchen stehen bis heute. Es ist auch das revolutionäre Zentrum des Landes: Hier trat Simón Bolívar im Entscheidungskampf um Kolumbiens Unabhängigkeit gegen Spanien an.

Die Bezirke (Regionen) Boyacá, Santander und Norte de Santander sind sehr touristenfreundlich: Sie lassen sich von Bogotá aus gut erreichen, da das Verkehrssystem hier optimal ausgebaut ist und häufig Busse fahren. Außerdem gibt's in diesem Gebiet viele

> ### ABSTECHER
>
> ### TUNJA
>
> Tunja, die frostige Hauptstadt von Boyacá, liegt auf 2820 m Höhe und hat eine schöne Kolonialarchitektur und elegante Villen zu bieten, die mit den einzigartigsten Kunstwerken Südamerikas verziert sind. Viele Traveller eilen auf dem Weg nach Villa de Leyva durch die Stadt hindurch, doch wer sich für Kolonialgeschichte und kunstvolle Kirchen interessiert, sollte hier ruhig ein oder zwei Tage verbringen.
>
> Die Kirchen der Stadt sind wegen ihres vom Islam beeinflussten Mudejarstils bekannt, der sich zwischen dem 12. und 16. Jh. im christlichen Spanien herausbildete. Besonders deutlich kommt er in den reich verzierten, gewölbten Kassettendecken zum Ausdruck.
>
> Die Iglesia y Convento de Santa Clara La Real (320-856-3658; Carrera 7 No 19-58; Eintritt 3000 KOL$; 8–12 & 14–18 Uhr) soll das erste Kloster in Nueva Granada gewesen sein und wurde in ein Museum umgebaut. Die Wände der einschiffigen Kirche schmücken zahlreiche Kunstwerke aus der Kolonialzeit. Andere sehenswerte Kirchen sind die Iglesia de Santo Domingo (Carrera 11 No 19-55) mit der üppig ausgeschmückten Capilla del Rosario links vom Eingang und der Templo Santa Barbara.
>
> Die charismatischste Unterkunft der Stadt ist das Hotel Casa Real (743-1764; www.hotelcasarealtunja.com; Calle 19 No 7-65; EZ/DZ 62 000/86 000 KOL$;) mit schick möblierten Zimmern, die rund um einen netten Innenhof angeordnet sind.
>
> Der Busbahnhof liegt an der Av Oriental, einen kurzen Fußweg südöstlich der Plaza de Bolívar. Busse nach Bogotá (19 000 KOL$, 3 Std.) starten alle 10 bis 15 Minuten. Busse nach Bucaramanga (35 000 KOL$, 7 Std.) fahren stündlich und halten unterwegs in San Gil (25 000 KOL$, 4½ Std.). Minibusse nach Villa de Leyva (6000 KOL$, 45 Min.) verkehren bis etwa 18.30 Uhr regelmäßig.

Sehenswürdigkeiten und Freizeitangebote, z. B. 450 Jahre alte Kolonialstädtchen, Handwerkermärkte, schweißtreibende Abenteuersportarten und spektakuläre Nationalparks.

Villa de Leyva

8 / 9600 EW.

Das bezaubernde koloniale Örtchen Villa de Leyva wurde 1945 zum Nationaldenkmal erklärt und bis heute in seinem ursprünglichen Zustand bewahrt. Moderne Architektur sucht man hier vergebens. Und wer auf seiner Reise nur Zeit für eine einzige koloniale Siedlung hat, ist in Villa de Leyva an der richtigen Adresse.

Der Ort wurde 1572 gegründet und ist viel mehr als nur ein begehbares Museum. Er hat ein gesundes, trockenes und mildes Klima, das viel wärmer ist als das im gerade einmal 39 km entfernten Tunja. Die unmittelbare Umgebung ist landschaftlich wunderschön und es gibt tolle Möglichkeiten zur Vogelbeobachtung, uralte Steindenkmäler und beeindruckende Wasserfälle. Hier kann man außerdem hervorragend essen und wandern und Naturliebhaber werden mit Leichtigkeit eine ganze Woche zu füllen wissen.

Villa de Leyva ist der Ort für all jene, die Entspannung und wärmere Temperaturen als im frostigen Bogotá suchen. Deshalb ist es ein beliebtes Ausflugsziel für die *bogotanos* (Bewohner von Bogotá), die an den Wochenenden die zahlreichen Hotels, Kunsthandwerksläden und auf Touristen ausgerichteten Restaurants überschwemmen. Wer früher in der Woche kommt, darf sich über günstige Angebote in den Hotels freuen.

◉ Sehenswertes

Die prächtige Plaza Mayor gehört zu den größten ihrer Art auf dem amerikanischen Kontinent. Der Platz mit seinen großen Pflastersteinen ist von hübschen, weiß getünchten Kolonialhäusern und einer bezaubernden Pfarrkirche (Plaza Mayor; Messe Mo, Mi, Do & Fr 18, Sa 12 & 19, So 7, 10, 12 & 19 Uhr) umgeben.

Die drei sorgfältig restaurierten Kolonialvillen Casa de Juan de Castellanos (Carrera 9 No 13-15), Casa Quintero (Ecke Carrera 9 & Calle 12) und Casona La Guaca (Carrera 9 No 13-57) auf der Carrera 9 (unmittelbar abseits der Plaza) sind einen Besuch wert. Sie beherbergen heute Cafés, Kunsthandwerksläden und Restaurants.

Samstags wird auf dem Platz drei Häuserblocks südöstlich der Plaza Mayor ein Markt abgehalten. Am schönsten und geschäftigsten ist er natürlich am Morgen.

★ Museo del Carmen MUSEUM
(Plazuela del Carmen; Eintritt 3000 KOL$; ⊙ Sa & So 10.30–13 & 14.30–17 Uhr) Das Museo del Carmen im gleichnamigen Kloster ist eines der besten kolumbianischen Museen für religiöse Kunst. Es besitzt wertvolle Gemälde, Holzschnitzereien, Altargemälde und andere religiöse Objekte aus der Zeit vom 16. Jh. bis zur Gegenwart.

Casa Museo de Luis Alberto Acuña MUSEUM
(www.museoacuna.com.co; Plaza Mayor; Eintritt Erw./Kind 4000/2000 KOL$; ⊙ 9–18 Uhr) Zeigt Werke eines der einflussreichsten Maler, Bildhauer, Schriftsteller und Historiker Kolumbiens, den ganz unterschiedliche Quellen, von der Mythologie der Muisca bis hin zu moderner Kunst, inspirierten. Das Museum befindet sich in der Villa, in der Acuña (1904–1993) in seinen letzten 15 Lebensjahren wohnte und ist die umfangreichste Sammlung seiner Werke in ganz Kolumbien.

Aktivitäten
Rund um Villa de Leyva lässt es sich wunderbar **wandern**. Verschiedene Wanderrouten führen an vielen der Attraktionen des Orts vorbei. Der Weg neben dem Renacer Guesthouse führt hinauf zu einem natürlichen Aussichtspunkt mit tollem Ausblick.

Die Gegend lässt sich auch prima mit dem **Rad** oder hoch zu **Ross** erkunden. Beides kann bei Touranbieter rund um den Ort organisiert werden. Fahrräder lassen sich für etwa 15 000/25 000 KOL$ pro halber/ganzer Tag mieten, für einen Ausritt werden 30 000 KOL$/Std. mit Führer fällig.

Geführte Touren
Die kleine Taxiflotte von Villa de Leyva bietet Ausflüge zu den verschiedenen Sehenswürdigkeiten rund um den Ort an. Die klassische Route führt zu El Fósil, der Estación Astronómica Muisca und zum Convento del Santo Ecce Homo. Kostenpunkt: etwa 75 000 KOL$ für bis zu vier Passagiere.

Colombian Highlands ÖKOTOUREN
(310-552-9079, 732-1201; www.colombianhighlands.com; Av Carrera 10 No 21-Finca Renacer) Der Biologe Oscar Gilède, zugleich Besitzer der Pension Renacer, leitet diese Agentur, die verschiedene eher ungewöhnliche Touren im Programm hat, darunter Ökotouren, Exkursionen in die Berge, Nachtwanderungen, Vogelbeobachtung, Abseilen, Canyoning, Höhlentouren und Wanderungen. Er verleiht auch Fahrräder und Pferde. Hier wird Englisch gesprochen.

Ciclotrip RADTOUREN
(320-899-4442; www.ciclotrip.com; Carrera 8 No 11-32; ⊙ Mo–Fr 8–17, Sa & So 8–20 Uhr) Der empfehlenswerte Fahrradveranstalter organisiert geführte Touren zu den üblichen Ausflugszielen, aber auch zu weniger bekannten Wasserfällen und interessanten Orten, darunter einem Weingut. Der Besitzer, Francisco, ist ein netter Typ und hat eine Erste-Hilfe- und Bergretter-Ausbildung. Tagestouren kosten 21 000 bis 50 000 KOL$, außerdem kann man hier Räder ausleihen.

Schlafen
Während der Ferienzeit und an langen Wochenenden schießen die Preise in die Höhe und die Zimmer werden knapp. Angegeben sind hier die Preise unter der Woche.

★ Renacer Guesthouse HOSTEL $
(732-1201, 311-308-3739; www.colombianhighlands.com; Av Carrera 10 No 21-Finca Renacer; Stellplatz pro Pers. mit eigenem/ohne eigenes Zelt 20 000/14 000 KOL$, B 22 000–24 000 KOL$, EZ/DZ ab 60 000/70 000 KOL$; @ 🛜 🏊) Dieses hinreißende „Boutiquehostel" liegt etwa 1,2 km nordöstlich der Plaza Mayor und ist ein Projekt des Biologen und außergewöhnlichen Tourguides Oscar Gilède von Colombian Highlands. Hier fühlt man sich überall wie zu Hause – ein gepflegter Garten, den Hängematten umringen, in der Gemeinschaftsküche im Freien mit Backsteinherd und in den blitzsauberen Schlafsälen und Zimmern.

Zona de Camping San Jorge CAMPING $
(732-0328; campingsanjorge@gmail.com; Vereda Roble; Stellplatz pro Pers. Haupt-/Nebensaison 17 000/15 000 KOL$; 🛜) Auf einer riesigen Wiese etwa 2 km nordöstlich der Stadt gibt es Stellplätze für 120 Zelte mit schönem Blick auf die Berge in der Umgebung. Zu den Annehmlichkeiten gehören ein kleines Restaurant und ein Laden sowie die sehr sauberen Bäder mit warmem Wasser.

Von der Plaza sind es 25 Gehminuten: Zunächst geht man die Carrera 9 am Museo Paleontológico vorbei Richtung Norden. An der T-Kreuzung biegt man rechts ab und dann sofort links in die gut ausgeschilderte Schotterstraße, die zum Zeltplatz führt.

Casa Viena HOSTEL $
(314-370-4776; www.casaviena.com; Carrera 10 No 19-114; B 15 000 KOL$, EZ/DZ ohne Bad

Villa de Leyva

Villa de Leyva

◎ Highlights
1 Museo del Carmen.................................B2
2 Plaza Mayor B3

◎ Sehenswertes
3 Casa de Juan de Castellanos C2
4 Casa Museo de Luis Alberto Acuña B2
5 Casa Quintero B3
6 Casona La Guaca C2
7 Iglesia Parroquial B3

✪ Aktivitäten, Kurse & Touren
8 Ciclotrip B4

✪ Essen
9 Don Salvador..D4
10 Restaurante Casa Blanca....................C3
11 Restaurante Estar de la Villa................C3

✪ Ausgehen & Nachtleben
12 La Cava de Don Fernando B2

28 000/38 000 KOL$, Zi. 45 000 KOL$; @ 🛜) Hans und seine Familie von der Casa Viena in Cartagena sind vor der Hitze der Karibik geflohen und haben diese kleine Pension gleich außerhalb des Dorfes eröffnet. Sie verbringen viel Zeit auf ihrer Farm in der Nähe, sodass die Atmosphäre darunter ein klein wenig gelitten hat, doch die vier einfachen Zimmer bieten immer noch eine preisgünstige Bleibe, ganz besonders für Langzeitgäste.

🍴 Essen & Ausgehen

Manche Restaurants haben nur am Wochenende geöffnet.

Restaurante
Estar de la Villa KOLUMBIANISCH $
(Calle 13 No 8-75; Menüs 10 000 KOL$; ⊙ Mo–Fr 9–17, Sa & So 8.30–20 Uhr) Das bodenständige, gradlinige und günstige Restaurant serviert täglich gesunde Tagesmenüs mit einer guten Prise mütterlicher Liebe. Es gibt auch eine

Karte, doch mit dem Tagesmenü liegt man eigentlich immer richtig, besonders wenn es *sopa de coli* (grüne Bananensuppe) gibt. Es versteckt sich im Luna Lunera Centro Comercial.

Don Salvador   KOLUMBIANISCH $

(Markt; Gerichte ab 7000 KOL$; Sa 6–16 Uhr) Regionale *boyacense*-Küche kann man auf Villas lebhaftem Samstagsmarkt probieren. An diesem Stand kocht Salvador die beste *mute* (Puffmaissuppe mit Rinderhaxe oder Hühnerkeule als Beilage) und *carne asada* (gegrilltes Steak) auf dem ganzen Markt.

Restaurante Casa Blanca   KOLUMBIANISCH $$

(Calle 13 No 7-16; Menüs 9500 KOL$, Hauptgerichte 15 000–25 500 KOL$; 8–21 Uhr) Eines der besseren günstigen Restaurants in der Stadt; man sollte sich auf Wartezeiten einstellen.

La Cava de Don Fernando   BAR

(Carrera 10 No 12-03; So–Do 14-1, Fr & Sa bis 2 Uhr;) Eine gemütliche Bar an einer Ecke der Plaza Mayor mit hervorragender Musik, stimmungsvollem Kerzenlicht und einer für die Stadt ziemlich guten Bierauswahl.

❶ Praktische Informationen

Rund um die Plaza gibt es mehrere Geldautomaten.

Touristeninformation (Oficina de Turismo; 732-0232; Carrera 9 No 13-11; Mo–Fr 8–12.30 & 14–18, Sa 8–18, So 9–17 Uhr) Kostenlose Stadtpläne und Broschüren sowie Infos auf Spanisch.

❶ An- & Weiterreise

Der Busbahnhof liegt drei Blocks südwestlich der Plaza Mayor an der Straße nach Tunja. Minibusse zwischen Tunja und Villa de Leyva fahren zwischen 5 und 17.45 Uhr alle 15 Minuten (6500 KOL$, 45 Min.). Zwischen 4.30 und 17 Uhr gibt es mehr als zwölf Direktbusse nach Bogotá (22 000 KOL$, 4 Std.). Nach San Gil sind die Verbindungen von Tunja besser als von Arcabuco.

Rund um Villa de Leyva

Hier findet man archäologische Überreste, Monumente aus der Kolonialzeit, Felszeichnungen, Höhlen, Seen, Wasserfälle und Fossilien. Zu den Sehenswürdigkeiten in unmittelbarer Nähe kann man gut zu Fuß gehen, ansonsten schnappt man sich ein Fahrrad oder ein Pferd.

El Fósil (www.museoelfosil.com; Erw./Kind 6000/4000 KOL$; 8–18 Uhr) ist ein beeindruckendes, 120 Mio. Jahre altes Fossil eines Baby-Kronosaurus. Es ist die weltweit vollständigste Versteinerung dieses prähistorischen Meeresreptils. Während das Fossil 7 m lang ist, maß das lebendige Tier sogar um die 12 m; der Schwanz ist nicht erhalten geblieben. Das Fossil befindet sich abseits der Straße nach Santa Sofía, 6 km westlich von Villa de Leyva. Zu Fuß ist es etwas über eine Stunde. Alternativ kann man auch den Bus nach Santa Sofía nehmen. Dieser hält 80 m vom Fossil entfernt.

Die **Estación Astronómica Muisca** (El Infiernito; Erw./Kind 6000/5000 KOL$; Di–So 9–12 & 14–17 Uhr) stammt aus den frühen Jahrhunderten unserer Zeitrechnung und wurde von den indigenen Völkern zur Bestimmung der Jahreszeiten genutzt. Von den Katholiken wurde es die „Kleine Hölle" genannt. Damit sollte den Eingeborenen (christliche) Gottesfurcht gelehrt werden und sie sollten die Stätte mit dem Teufel assoziieren. Die Stätte besteht aus großen zylinderförmigen Steinmonolithen, die in zwei parallel verlaufenden Linien in den Boden eingelassen sind. Durch die Vermessung der Länge der Schatten konnten die *indígenas* den Beginn der Anbausaison festlegen. Von El Fósil ist die Stätte zu Fuß in 25 Minuten erreicht.

Rund 16 km außerhalb des Ortes liegt der **Convento del Santo Ecce Homo** (Eintritt 5000 KOL$; Di–So 9–17 Uhr), der den weiten Weg zweifellos wert ist. Das große, aus Stein und Lehmziegeln erbaute Kloster mit seinem hübschen Hof wurde 1620 gegründet.

Santuario de Iguaque

Das 67,5 km² große **Naturschutzgebiet** (Kolumbianer/Ausländer 14 500/38 000 KOL$; 8–17 Uhr) Iguaque liegt an den von Nebel bedeckten Oberhängen einer imposanten Bergkette nordöstlich von Villa de Leyva und ist eine unberührte Wildnis, die dem indigenen Volk der Muisca heilig ist.

Das **Besucherzentrum** (B pro Pers. 38 000 KOL$, Stellplatz 10 000 KOL$/Pers.; 8–17 Uhr) liegt auf 2950 m Höhe, 3 km von der Straße zwischen Villa de Leyva und Arcabuco entfernt. Hier gibt's Essen sowie Übernachtungsmöglichkeiten (Schlafsaal) und die Eintrittsgebühr für den Park kann entrichtet werden. Warme Kleidung nicht vergessen.

Von Villa de Leyva fährt ein Bus nach Arcabuco (4000 KOL$). Nach 12 km steigt man in Casa de Peidra (auch als Los Naranjos bekannt) aus und geht zu Fuß zum Besucherzentrum (3 km). Der Fußweg vom Besucherzentrum hinauf zur Laguna de Iguaque dauert zwei bis drei Stunden.

Parque Nacional Natural El Cocuy

Mit schneebedeckten Gipfeln, funkelnden Bergseen und grünen Tälern gilt der **Parque Nacional Natural (PNN) El Cocuy** als eines der spektakulärsten Naturschutzgebiete Kolumbiens. Der Park liegt im höchstgelegenen Teil der Cordillera Oriental, deren höchster Gipfel der Ritacumba Blanco (5330 m) ist.

Die Bergkette ist recht kompakt und leicht zugänglich – Ausgangspunkte sind die Orte Güicán und El Cocuy im Norden von Boyacá. Der Park ist ideal für Trekkingtouren, auch wenn die Routen eher für erfahrene Wanderer geeignet sind. Im Park gibt's keine Besuchereinrichtungen, sodass man Lebensmittel und Ausrüstung einschließlich Schlafsack, warmer Kleidung und Zelt selbst mitbringen muss. Wer diese Ausrüstung nicht hat, dem bleibt nur die Erkundung der Berge in mehreren Tageswanderungen.

Die klassische Cocuy-Rundwanderung wurde von den Parkbehörden wegen Umweltschäden geschlossen, doch es gibt immer noch viele atemberaubende Trekkingtouren, darunter die spektakuläre Paso-del-Conejo-Rundwanderung, die vom Valle de Lagunillas zur Laguna Grande de la Sierra führt. Alle Besucher müssen sich in einem Büro der Parques Nacionales entweder in **Güicán** (789-7280; cocuy@parquenacionales.gov.co; Transversal 3 No 9-17; Kolumbianer/Ausländer 25 000/50 000 KOL$; 7–11.45 & 13–16.45 Uhr) oder in **El Cocuy** (789-0359; cocuy@parquesnacionales.gov.co; Calle 5A No 4-22; Kolumbianer/Ausländer 25 000/50 000 KOL$; 7–11.45 & 13–16.45 Uhr) melden, um ihre Route zu registrieren und den Eintritt in den Nationalpark bezahlen. Bei Wanderungen, die auf über 4000 m Höhe führen, muss man einen Versicherungsnachweis vorlegen oder die Versicherungsvariante des Parks erwerben.

Ein Guide ist keine Pflicht, wird aber dringend empfohlen. Führer können in einer der *cabañas* (Hütten) in der Nähe der Parkgrenzen oder bei **Ecoturismo Comunitario Sisuma** (321-345-7076; www.elcocuyboyaca.com) in El Cocuy angeheuert werden. Pro Tag zahlen Gruppen (bis 8 Pers.) um die 80 000 KOL$ für einen *campesino* (der einem nur den Weg zeigt) und Gruppen mit bis zu sechs Personen 100 000 bis 150 000 KOL$ für einen akkreditierten Wanderführer. Packtiere sind nun oberhalb von 4000 m verboten, man kann aber für 60 000 bis 80 000 KOL$ Träger verpflichten.

Der Kletterveteran Rodrigo Arias von **Colombia Trek** (320-339-3839; www.colombiatrek.com) ist ein erfahrener, sehr empfehlenswerter Guide, der Trekking- und Bergsteigertouren aller Art im Park organisiert.

San Gil

7 / 44 600 EW.

Nur wenige Kleinstädte sind es wert, dass man ihnen gleich mehrere Tage seiner kostbaren Zeit schenkt. San Gil, das pulsierende Zentrum von Kolumbiens aufkeimender Abenteuersport-Industrie, ist eine davon. Es kann hier auch passieren, dass auf dem mächtigen Río Suárez, der sich einiger der besten Stromschnellen (Kategorie 4+) Südamerikas rühmen kann, der Puls vor lauter Adrenalin mal kurz aussetzt.

San Gil ist bekannt für Rafting, Abseilen, *torrentismo* (Abseilen an einem Wasserfall), Reiten, Paragliding, Hydrospeeding, Höhlenklettern und Mountainbiken, es werden aber auch ruhigere Aktivitäten für Naturliebhaber angeboten, die die Aussicht ohne Herzrasen genießen möchten. Gerade einmal 30 Minuten außerhalb der Stadt gibt es fantastische Schwimmstellen, Wasserfälle, wunderschöne Flüsse und einfache, aber traumhafte Wanderungen.

San Gil bietet jedoch nicht nur einmalige Naturattraktionen, es ist auch ein hübsches und authentisches kolumbianisches Städtchen. Hier geht es ruhig und bescheiden zu und obwohl der Tourismus wichtig ist, hat er den Ort noch nicht vollkommen eingenommen. Daher treffen sich die Einheimischen am Abend auch weiterhin auf einen Drink unter den großen alten Ceiba-Bäumen. An der Plaza und auf dem Markt werden keine Souvenirs, sondern frisches Obst und Gemüse verkauft. All dies macht San Gil zu einem großartigen Ort, den viele Traveller gern schon früher auf ihrer Reise entdeckt hätten.

Sehenswertes

Innerhalb des Ortes

Parque El Gallineral PARK
(724-4372; Ecke Malecón & Calle 6; Eintritt Erw./Kind 5000/3000 KOL$; 8–17.30 Uhr) San Gils

Vorzeigestück ist der mystische Parque El Gallineral, ein 4 ha großer Park auf einer dreieckigen Insel zwischen zwei Armen der Quebrada Curití und des Río Fonce. Fast alle der 1876 Bäume sind mit den langen, silbrigen Wedeln der Tillandsie *barbas de viejo* (Altmännerbart) überwuchert, die von den Zweigen hängen und mit dem Laub einen lichtdurchlässigen Vorhang bilden, der das Sonnenlicht filtert. Der Anblick erinnert an eine Kulisse aus J. R. R. Tolkiens Mittelerde.

Außerhalb des Ortes

Cascadas de Juan Curi WASSERFALL
(Eintritt 7000–10 000 KOL$) An diesem spektakulären, 180 m hohen Wasserfall kann man in dem natürlichen Badebecken am unteren Ende schwimmen oder auf den Felsen relaxen. Adrenalinjunkies können sich auch die blanken Felsen hinunter abseilen; diese Aktivität kann man bei einem der Tourveranstalter buchen. Juan Curi liegt 22 km von San Gil an der Straße nach Charalá. Busse nach Charalá starten zweimal stündlich am örtlichen Busbahnhof.

Pescaderito OUTDOOR-AKTIVITÄTEN
GRATIS An diesen fünf kostenlosen Badebecken lässt sich prima der Tag vertrödeln. Das erste sollte man links liegen lassen, je weiter nach oben man kommt, desto besser werden die Becken. (Das fünfte ist am schönsten, ins dritte nicht springen!) Man erreicht sie, indem man vom lokalen Busbahnhof zum zentralen Platz von Curití (2400 KOL$, alle 15 Min.) fährt, vier Blocks (an der Kirche vorbei) läuft und dann der Straße aus der Stadt etwa 40 Minuten flussaufwärts folgt.

Aktivitäten

Es gibt eine Menge Anbieter von Abenteuertouren, die alle auch das beliebte Wildwasser-Rafting im Programm haben. Die standardmäßige, 10 km lange Tour auf dem Río Fonce (Kategorie 1-3) kostet 30 000 KOL$ pro Person und dauert 1½ Stunden. Der gefährliche und (mit-)reißende Río Suárez bietet Rafting von Weltklasse, und selbst alte Hasen auf dem Gebiet begegnen dem Fluss mit jeder Menge Respekt. Eine Tour dauert den ganzen Tag und kostet 125 000 KOL$.

Rund um San Gil warten auch mehrere tolle Höhlen darauf, erkundet zu werden. Die schönste ist die mit Wasser gefüllte Cueva Vaca. Die meisten Anbieter haben auch Ausritte, Paragliding, Abseilen, Felsklettern und Ökowanderungen im Programm. Viele Agenturen agieren lediglich als Vermittler für die wenigen lizenzierten Anbieter vor Ort.

★ **Colombian Bike Junkies** MOUNTAIN BIKING
(316-327-6101; www.colombianbikejunkies.com; inkl. Frühstück & Mittagessen 175 000 KOL$) Dieser Veranstalter von Extrem-Mountainbiking nach dem Vorbild des bolivianischen Gravity hat ecuadorianisch-kolumbianische Besitzer und bietet eine 50 km lange Downhill-Tour auf zwei Rädern durch den Cañon del Río Suárez – eine Überdosis Adrenalin sowie Essen von Gringo Mike's inklusive. Die Tour dauert einen ganzen Tag und führt durch malerische Landschaften. Wer keine gepolsterten Radfahrhosen hat, sollte erwägen, seine Hosen mit Haushaltsschwämmen auszustopfen!

Colombia Rafting Expeditions RAFTING
(724-5800; www.colombiarafting.com; Carrera 10 No 7-83; 8–18 Uhr) Der Rafting-Spezialist für den Río Suárez offeriert auch Hydrospeeding und Kajakfahren. Die zentraler gelegene Filiale des **Büros** (724 5800; www.colombiarafting.com; Calle 12 No 8-32; Mo–Sa 8-11 & 16-21 Uhr) ist lange geöffnet.

Macondo Adventures ABENTEUERSPORT
(724 8001; www.macondohostel.com; Carrera 8 No 10-35) Organisiert die üblichen Touren sowie eine großartige kulinarische Tour durch die Region, auf der man in den Genuss von lokalen Spezialitäten wie *cabra* (Ziege) und *carne oreada* (sonnengetrocknetes Rindfleisch) kommt.

Schlafen

Macondo Guesthouse HOSTEL $
(724-8001; www.macondohostel.com; Carrera 8 No 10-35; B 20 000–25 000 KOL$, EZ 55 000–65 000 KOL$, DZ 65 000–75 000 KOL$, EZ/DZ ohne Bad 45 000/55 000 KOL$; @ 🛜) Dieser Klassiker ist ein entspanntes, aber sicheres (Videoüberwachung) Hostel, in dem man sich ein wenig wie zu Besuch bei Freunden fühlt. Es hat einen wunderbaren grünen Hof mit einem Whirlpool für zehn Personen und verschiedene Schlafsäle und Privatzimmer, darunter drei modernisierte Doppelzimmer, die außerhalb der Hostel-Liga spielen. Es ist nicht die schickste Unterkunft, passt aber gut zum Flair von San Gil.

Hostal de la Nueva Baeza PENSION $
(724-2606; hostaldelanuevabaeza@hotmail.com; Calle 9 No 8-49; Zi. mit/ohne Klimaanlage 40 000/35 000 KOL$; ❄ 🛜) Frühaufsteher,

> ### HORMIGAS CULONAS: EIN HEISSER SNACK
>
> Auf der Reise durch das Departamento Santander sollte man unbedingt nach der eigentümlichen regionalen Delikatesse, der *hormiga culona* (zu Deutsch: Ameise mit dem fetten Hintern) Ausschau halten. Die riesigen, dunkelbraunen Blattschneiderameisen werden frittiert oder geröstet und dann in einem Stück gegessen – eine Tradition, die vom indigenen Volk der Guane übernommen wurde. Es werden nur die üppigen, fruchtbaren Prinzessinnen verzehrt, den einfachen Arbeiterameisen fehlt es einfach an den nötigen Kurven. Sie können auch in kleinen Läden überall in der Region gekauft werden, vor allem in Bucaramanga, San Gil und Barichara.

die auf der Suche nach einem komfortablen Zimmer in einem ruhigen Kolonialhaus ohne viel Wirbel sind, sollten diese Pension mit zehn Zimmern in Erwägung ziehen. Viel Service wird nicht geboten, doch die Zimmer haben gewölbte Bambusdecken, neue Flachbild-TVs und sehr schöne Bäder. Es ist zwar ein ganzes Stück teurer, doch dafür hört man morgens die Kirchenglocken läuten. In der Hochsaison steigen die Preise.

La Posada Familiar PENSION $
(724-8136; laposadafamiliar@hotmail.com; Carrera 10 No 8-55; Zi. 35 000 KOL$/Pers.; @ ☎) Señora Esperanza betüttert ihre Gäste in dieser sehr kolumbianischen Unterkunft, einer reizenden Pension mit sechs Zimmern, die um einen mit Pflanzen und einem sprudelnden Brunnen geschmückten Innenhof liegen. Die gepflegten Zimmer sind recht schlicht, haben aber moderne Bäder mit warmem Wasser, außerdem gibt's eine kleine, aber nette Gästeküche mit einem Holzwaschbecken.

Hostal Le Papillon HOSTEL $
(723-6350; hostallepapillon@hotmail.com; Calle 7 No 8-28; Stellplatz 10 000 KOL$/Pers., B 17 000 KOL$, EZ/DZ ohne Bad 25 000/40 000 KOL$; @ ☎) Eine gute Wahl für Pfennigfuchser ist dieses ruhige Hotel, das in einer stilleren Straße liegt als die meisten anderen. Es wird von einem netten kolumbianisch-schweizerischen Paar geführt und hat gute Schlafsäle, ein paar Privatzimmer mit Gemeinschaftsbädern und einen Rasenbereich für Zelte und Hängematten. Zwei niedliche Katzen und ein Hund sind die eigentlichen Herren im Haus. Man spricht Englisch und Französisch.

Sam's VIP HOSTEL $$
(724-2746; www.samshostel.com; Carrera 10 No 12-33; B 22 000 KOL$, EZ/DZ 60 000/80 000 KOL$, ohne Bad 40 000/60 000 KOL$; @ ☎ ☀) San Gils strahlendstes Hostel steht direkt an der Plaza und erhält massenweise Lob, weil es mit seinen Möbeln und der Gestaltung schon an Boutique-Niveau herankommt. Die Mitarbeiter sind sehr freundlich – man kann sie in den kleinen Pool mit herrlichem Bergblick oder auf einen Drink auf der Terrasse mit Blick auf die Plaza einladen. Außerdem gibt's eine fantastische Gästeküche im amerikanischen Vorstadt-Stil.

🍴 Essen

★ Gringo Mike's AMERIKANISCH $
(www.gringomikes.net; Calle 12 No 8-35; Burger 11 000–18 000 KOL$; ⊙ So–Do 8–12 & 17–22, Fr & Sa bis 23 Uhr; ☎) Hier schmeckt einfach alles! Das britisch-amerikanische Projekt begeistert heimwehkranke Traveller mit Gourmet-Burgern, Sandwichs mit viel Schinken, Frühstücks-Burritos und mit dem Kaffeebereiter gefiltertem Kaffee. Die Portionen sind wie in Amerika üppig bemessen. Die Liste der Highlights ist lang: der scharfe Jalapeño-Burger, der Mango-, Erdnuss- und Blauschimmelkäsesalat mit Garnelen oder der mexikanische Schinken-Burrito. Auch das Angebot an Cocktails und vegetarischen Gerichten ist klasse.

★ El Maná KOLUMBIANISCH $
(Calle 10 No 9-42; Menüs 11 500 KOL$; ⊙ Mo–Sa 11–15.30 & 18–20.30, So bis 15.30 Uhr) Es hat sich herumgesprochen, dass dies das beste kolumbianische Restaurant der Stadt ist, und es ist zu Recht beliebt. Man merkt den fantastischen Menüs – um die sieben stehen täglich zur Auswahl – an, dass sie mit Liebe gekocht sind. Sie bestehen aus traditionellen Gerichten wie Hühnchen in Pflaumensauce, *estofado de pollo* (Hühnereintopf) und gegrillter Bergforelle. Leider schließt es sehr früh, wer einen Tagesausflug macht, kommt möglicherweise zu spät.

Plaza de Mercado MARKT $
(Carrera 11; arepas 1500–1800 KOL$; ⊙ Mo–Mi 6–15, Do & So bis 14, Fr & Sa bis 16 Uhr) Auf diesem belebten Markt kann man wie die Einheimi-

schen essen und unter vielen *comidas corrientes*, Tamales und frisch gepressten Säften wählen. Besonders gut sind die gefüllten *arepas* an einem Kiosk im Mittelgang in der Nähe des Seiteneingangs in der Calle 13 – ein leckereres Frühstück dürfte man in der Stadt schwer finden.

Ausgehen & Nachtleben

Am meisten los ist am frühen Abend auf der Hauptplaza, wo hauptsächlich Bier getrunken wird.

La Habana BAR
(Carrera 9 No 11-68, Local 212; ⊕ So–Do 18–24, Fr &Sa 18–2 Uhr) Das versteckt in der 2. Etage des Centro Comercial Camino Real liegende La Habana ist ein echtes Juwel. Es ist nicht nur die beste Bar der Stadt, seine hohen Wände sind zudem mit Bildern einheimischer Künstler geschmückt.

La Isla BARS
(Vía San Gil-Bogotá, km 1) Die famose Tankstelle auf der Straße, die aus der Stadt herausführt, ist am späten Abend die angesagteste Adresse der Stadt. Hier gibt's das One Shot (laute, hippe Bar), die Caña Brava (Karaoke-Lounge) und das Rodeo (Latino-Corrover-Disco) sowie einen Food-Court, in dem viele Einheimische sitzen und trinken und wo man spätabends noch seinen Hunger stillen kann. Wer zeitig kommt, kann in dem mexikanischen Restaurant essen.

ⓘ Praktische Informationen

Rund um die Plaza gibt's Geldautomaten. Die Tourismus-Website der Stadt ist www.sangil.com.co.
4-72 (Carrera 10 No 10-50; ⊕ Mo–Fr 8–12 & 13–18, Sa 9–12 Uhr) Post.
Touristenplizei (☎ 350-304-5600; Carrera 11 an der Calle 7) Polizei.

ⓘ An- & Weiterreise

Der Hauptbusbahnhof für Fernbusse liegt 3 km westlich vom Zentrum an der Straße nach Bogotá. Stadtbusse verkehren regelmäßig zwischen dem Busbahnhof und dem Zentrum; mit dem Taxi kostet die Fahrt 3600 KOL$. Busse fahren häufig nach Bogotá (35 000 KOL$, 7 Std.) und Bucaramanga (15 000 KOL$, 3 Std.). Ein relativ direkter Bus von Copetran fährt nach Santa Marta (60 000 KOL$, 14 Std.) und verkauft auch Tickets bis nach Medellín (85 000 KOL$, 12 Std.), wenngleich man in Bucaramanga in einen anderen Bus umsteigen muss.

Minibusse über den Parque Nacional del Chicamocha nach Bucaramanga (15 000 KOL$, 3 Std.) starten bis 20 Uhr alle 20 Minuten vom **Cotrasangil-Büro** (☎ 724 3434; www.cootrasangil.co; Ecke Carrera 11 & Calle 8) am *malecón* (Uferstraße).

Busse nach Barichara (4200 KOL$, 40 Min.) starten zwischen 5 und 18.30 Uhr alle 30 Minuten am **Nahverkehrsbusbahnhof** (☎ 724-2155; www.cotrasangil.com; Ecke Calle 15 & Carrera 11) im Zentrum. Von hier fahren auch Busse nach Guane, Charalá und Curití.

Barichara

☎ 7 / 7400 EW.

Das winzige Barichara erinnert mit seinen hervorragend renovierten, 300 Jahren alten und blendend weiß gestrichenen Gebäuden und den stimmungsvollen, gepflasterten Straßen an ein Filmset. Wer am Wochenende vorbeikommt, muss den Ort mit den Besuchermassen aus Bogotá teilen. Unter der Woche kehrt Ruhe ein und viele Bars und Restaurants haben dann geschlossen.

Die aus Sandstein erbaute **Catedral de la Inmaculada Concepción** auf der Plaza Mayor stammt aus dem 18. Jh. und ist das größte und aufwendigste Gebäude im Ort. Die **Casa de la Cultura** (Calle 5 No 6-29; Eintritt 1000 KOL$; ⊕ Mi–Sa 8–12 & 14–18 Uhr) zeigt eine kleine Sammlung mit Fossilien sowie Töpferarbeiten des lokalen Guane-Volks.

Im 10 km nordwestlich gelegenen Dörfchen **Guane** scheint die Zeit stehen geblieben zu sein. Die hübsche, ländliche Kirche ist noch erhalten und es gibt ein Museum mit einer Fossiliensammlung und Artefakten der indigenen Guane.

🛌 Schlafen & Essen

⭐ **Tinto Hostel** HOSTEL $
(☎ 726-7725; www.hostaltintobarichara.com; Carrera 4 No 5-39; B ab 20 000 KOL$, EZ/DZ ab 40 000/60 000 KOL$; @ 🛰 ☒) Baricharas bestes Hotel befindet sich in einem tollen Haus mit mehreren Etagen. Es gibt drei Schlafsäle und drei Privatzimmer mit rustikalen Bädern, Gewölbedecken und warmem Wasser. Die Gemeinschaftsbereiche – eine Gästeküche mit künstlerischer Keramik, eine Lounge, einen Hängemattenbereich und eine Terrasse mit Blick auf die Stadt – sind allesamt hinreißend. Überall herrscht künstlerisches Flair. Ein schöner Ort, um zu verweilen.

Color de Hormiga Hostel HOSTEL $
(☎ 726-7156; www.colordehormiga.com; Calle 6 No 5-35; B/EZ/DZ 20 000/50 000/60 000 KOL$; 🛰) Das charmante Hostel zählt zu den besten

der Stadt. Die kleinen Zimmer mit grünen Akzenten liegen um einen bepflanzten Hof und warten mit Designelementen wie von der Decke hängenden Stühlen als Nachttische und mit modernen Bädern auf. Einziger Haken: die ungemütlich kalten Duschen mit nur einem Hahn.

★ Color de Hormiga Posada Campestre
PENSION $$

(315-297-1621; www.colordehormiga.com; Vereda San José; Zi. inkl. Frühstück 70 000 KOL$/Pers.; ⚹) Nachdem er jahrelang Santanders beliebtes gleichnamiges Restaurant geführt hatte, hing Koch „Jorge Hormiga" seine Schürze an den Nagel und wendete seine Aufmerksamkeit wieder seiner *finca* (Farm) auf dem Land zu. Die wundervolle Pension mit vier Zimmern liegt in einem 29 ha großen Naturschutzgebiet. Dort züchtet Jorge Tausende der berühmten regionalen *hormigas culonas* (essbare Blattschneiderameisen). Die rustikalen Zimmer haben Boutique-Betten, extravagante Bäder im Freien und Regenduschen.

Shambalá
VEGETARISCH $

(Carrera 7 No 6-20; Hauptgerichte 11 000-20 000 KOL$; ⊙Do-Di 12.30-16 & 18-21.30 Uhr; ⚹) Das winzige Café, das sich riesiger Beliebtheit erfreut, bereitet leckere Gerichte auf Wunsch zu, die überwiegend vegetarisch sind. Zur Wahl stehen Wraps, Reisgerichte und Pasta auf mediterrane, indische oder Thai-Art, optional zusätzlich mit Hühnchen oder Shrimps. Zum Herunterspülen gibt's tolle Säfte, Tees und dergleichen.

El Compa
KOLUMBIANISCH $

(Calle 5 No 4-48; Gerichte 8000-18 000 KOL$; ⊙8-18 Uhr) Das beste lokale Restaurant – weder prätentiös noch touristisch noch besonders serviceorientiert – bietet an die 15 solide kolumbianische Gerichte, darunter geschmackvolles *cabrito* (junge Ziege), *sobre barriga* (Flankensteak), Forelle, Hühnchen und *carne oreada* (sonnengetrocknetes Rindfleisch). Alle werden mit Beilagen wie Salat, *yuca*, *pepitoria* (Ziegeninnereien, Blut, gewürzter Reis – wir haben das mal ausgelassen!) oder Kartoffeln serviert.

7 Tigres
PIZZA $$

(Calle 6 No 10-24; Pizza 14 000-16 000 KOL$; ⊙Mo-Do 18-21.30, Fr-So 12-16 & 18-22 Uhr) Die Pizza mit dünner Kruste ist eine gute Traveller-Option. Am besten ist die Mediterranea mit Aubergine, Oliven, Tomaten, Oregano und Pesto.

ℹ An- & Weiterreise

Busse pendeln alle 45 Minuten zwischen Barichara und San Gil (4200 KO$, 40 Min.). Sie starten am **Cotrasangil-Bus-Büro** (726-7132; www.cotrasangil.com; Carrera 6 No 5-70) an der Plaza.

Außerdem fahren zwischen 5.30 und 17.45 Uhr regelmäßig Busse nach Guane (1800 KOL$, 15 Min.). Man kann aber auch zu Fuß gehen – einfach dem von Fossilien übersäten Camino Real folgen, der am nördlichen Ende der Calle 4 beginnt. Der Weg ist nicht besonders anstrengend, dennoch sollte man Wasser und einen Sonnenhut mitnehmen.

Parque Nacional del Chicamocha

Dieser sogenannte **Nationalpark** (www.parquenacionaldelchicamocha.com; Km 54 Via Bucaramanga-San Gil; Erw./Kind 17 000/11 000 KOL$; ⊙Mi-Fr 10-18, Sa & So 9-18 Uhr; ⚹) ist kein echter Park (in Kolumbien werden echte Nationalparks Parque Nacional Natural genannt), sondern eher ein glorifizierter Rastplatz in spektakulärer Lage und mit Blick über den Cañon del Chicamocha. Er trägt den Spitznamen „Panachi" und liegt an der Hauptroute zwischen San Gil und Bucaramanga, einer malerischen Bergstraße, die sich durch die karge Landschaft windet.

Die meisten Angebote im Park sind reine Zeit- und Geldverschwendung. Der einzige Grund, hierher zu kommen, ist die **Schlucht**. Es gibt einen Aussichtspunkt mit Rundumblick, die besten Schnappschüsse werden aber von den „Attraktionen" des Parks verschandelt. Den besten Ausblick bietet eine Fahrt mit der **Gondel** (teleférico; hin & zurück inkl. Parkeintritt 42 000 KOL$; ⊙Mi & Do 9-11 & 13-17.30, Fr-So 9-16.30 Uhr; ⚹). Diese fährt zuerst gemächlich in die Tiefe hinab, bevor sie auf der andern Seite der Schlucht wieder nach oben steigt. Wer mehr Action möchte, kann sich die Schlucht aber auch von einer Seilrutsche aus ansehen (22 000 KOL$).

Alle Busse, die zwischen San Gil und Bucaramanga hin und her fahren, halten hier. Am besten holt man sich am kleinen Fahrkartenschalter von Cotrasangil am Haupteingang gleich ein Ticket für die Hin- und Rückfahrt. Es besteht auch die Möglichkeit, in Bucaramanga einen Bus ins weniger touristische Mesa de Los Santos auf der anderen Seite der Schlucht zu nehmen und dort dann nur einen Einzelfahrschein für die teleférico (Gondel) zu lösen.

Bucaramanga

📍 7 / 524 000 EW.

Die Hauptstadt des Departamento de Santander ist ein modernes und emsiges Handels- und Industriezentrum mit einem angenehm milden Klima. Ihren Beinamen „Stadt der Parks" hat Bucaramanga den zahlreichen hübschen Grünflächen zu verdanken, besonders ansehnlich wird sie dadurch insgesamt allerdings trotzdem nicht. Die meisten Traveller legen hier auf ihrer Überlandfahrt an die Küste lediglich einen Zwischenstopp ein. Die freundlichen Einwohner Bucas und das pulsierende Nachtleben könnten den einen oder anderen Partygänger jedoch überzeugen, etwas länger zu bleiben als geplant.

👁 Sehenswertes

Museo Casa de Bolívar   MUSEUM
(Calle 37 No 12-15; Eintritt 2000 KOL$; ⊗ Mo-Fr 8-12 & 14-18, Sa 8-12 Uhr) Das Museum ist in einer Kolonialvilla untergebracht, in der Bolívar 1828 für zwei Monate wohnte, und zeigt verschiedene historische und archäologische Exponate, darunter Waffen, Dokumente, Gemälde sowie Mumien und Artefakte des Guane-Volks, das vor der Ankunft der Spanier in der Region lebte.

Catedral de la Sagrada Familia   KIRCHE
(Calle 36 No 19-56) Am Parque Santander steht Bucas bedeutendstes religiöses Gebäude, dessen Bau fast 100 Jahre dauerte. Das massive, stilistisch vielseitige Bauwerk hat schöne Buntglasfenster und eine Keramikkuppel, die aus Mexiko hergebracht wurde.

🏃 Aktivitäten

Wegen seiner spektakulären Landschaft und der günstigen Winde ist Bucaramanga ein beliebtes Ziel für Gleitschirmflieger.

Colombia Paragliding   PARAGLIDING
(📞 312-432-6266; www.colombiaparagliding.com; Km 2 Via Mesa Ruitoque) Die beliebteste Sportart in Bucaramanga ist Gleitschirmfliegen. Das Paragliding-Zentrum befindet sich oberhalb der Ruitoque-Mesa. Colombia Paragliding bietet 10-/20-/30-minütige Tandemflüge für 50 000/80 000/90 000 KOL$. Man kann auch an einem zwölftägigen Kurs teilnehmen, bei dem man eine internationale Lizenz als Paragliding-Pilot erwirbt. Der Besitzer/Ausbilder Richi spricht Englisch und ist in Buca sehr bekannt.

🛏 Schlafen

Kasa Guane Bucaramanga   HOSTEL $$
(📞 657-6960; www.kasaguane.com; Calle 49 No 28-21; B ab 23 000, EZ/DZ 65 000/85 000 KOL$, ohne

---

> ### ℹ️ EINREISE NACH VENEZUELA
>
> Die direkteste Route, um aus dem Landesinneren von Kolumbien nach Venezuela zu reisen, führt über Cúcuta in Norte de Santander. Zur Zeit der Recherche hatte die venezolanische Regierung den Grenzübergang bei Cúcuta nach längerer Schließung zeitweise für Fußgänger wieder geöffnet. Da der grenzübergreifende Handel für beide Seiten wichtig ist, wird die Grenze wahrscheinlich auch künftig nicht geschlossen bleiben, doch mit Spannungen muss man stets rechnen, daher sollte man sich vor der Reise unbedingt über die aktuelle Lage und die Möglichkeiten für Grenzübertritte informieren.
>
> Vom Busbahnhof in Cúcuta verkehren zwischen 5 und 18.30 Uhr Busse und *colectivos* (Sammeltaxis; 1400 KOL$) nach San Antonio del Táchira. Ein privates Taxi kostet etwa 12 000 KOL$. Den Ausreisestempel bekommt man bei **Migración Colombia** (📞 573-5210; www.migracioncolombia.gov.co; CENAF - Simón Bolívar) direkt links vor der Brücke. Von dort aus kann man zu Fuß über die Brücke gehen oder mit einem *mototaxi* (Motorradtaxi) fahren.
>
> Auf der venezolanischen Seite erledigt man die Einreiseformalitäten im SAIME-Büro im Einreisegebäude im Zentrum von San Antonio del Táchira (nicht im SAIME-Büro direkt an der Brücke). Am besten lässt man sich vom *mototaxi* direkt dorthin fahren.
>
> Bei der Einreise von Kolumbien nach Venezuela wird die Uhr 30 Minuten vorgestellt. Man sollte möglichst viel Geld in US-Dollars nach Venezuela mitnehmen, um es dort in Bolívares zu tauschen, um so die schlechten Wechselkurse der venezolanischen Geldautomaten zu umgehen.
>
> Von San Antonio fahren regelmäßig Busse nach San Cristóbal (40 BsF, 1 Std.), wo man Anschluss nach Caracas hat. Informationen zur Überquerung der kolumbianisch-venezolanischen Grenze von der anderen Seite aus gibt's auf S. 1078.

Bad 40 000/65 000 KOL$; @ 📶) Zwei hilfsbereite Engländer managen dieses bekannte Hostel (häufiger KGB genannt) in einem der nettesten Viertel der Stadt. Es bietet Schlafsäle und Privatzimmer, Bäder mit warmem Wasser (ja, echt!), Wäscheservice, Hängematten, ein Fernsehzimmer mit Satelliten-TV und eine Terrasse mit Billardtisch – und sogar angenehm duftende Seife!

Nest
HOSTEL $$

(📞 678-2722; www.thenesthostel.com; Km 2 Via Mesa Ruitoque; B/EZ/DZ pro Pers. 35 000/70 000/95 000 KOL$; @ 📶 ⛲) Dieses Hostel befindet sich neben dem Startplatz von Colombia Paragliding, eine 20-minütige Fahrt vom Zentrum entfernt, auf einem Hügel mit fantastischem Blick auf die Stadt. Die meisten Gäste sind Paragliding-Schüler, doch es ist auch eine gute Wahl für alle anderen, die Ruhe und Frieden suchen. Das Frühstück und der Wäscheservice sind im Preis enthalten, und die Gäste können eine wunderbare Küche und einen kleinen Pool nutzen.

🍴 Essen & Ausgehen

Cure Cuisine
LIBANESISCH $

(Carrera 37 No 41-08; Hauptgerichte 1500-6500 KOL$, Kombiteller 12 000–22 000 KOL$; ⏱11–22 Uhr) Kolumbianer mit libanesischen Wurzeln leisten gute Arbeit in diesem adretten nahöstlichen Restaurant, das eine Stufe besser als ein spröder Fast-Food-Laden ist. Falafel, Shawarma, Kibbeh, Taboulé, Baklava – alles im Angebot und mit einem hervorragenden Reis mit gerösteten Mandeln serviert. Besonders lecker sind die *fatayers* (kleine gebratene Pasteten) mit Käse- und Zwiebelfüllung.

★ Mercagán
STEAK $$

(www.mercaganparrilla.com; Carrera 33 No 42-12; Steaks 18 500–39 000 KOL$; ⏱Di, Mi & Fr 11.30–23, Mo & Do bis 15, So bis 16 Uhr) Die Steaks dieser traditionellen *parrilla* (Grillrestaurant) mit vier Filialen unter der Leitung von vier Brüdern werden oft als die besten Kolumbiens angepriesen. Tatsächlich sind sie so gut wie ihr Ruf: Perfekte Scheiben Fleisch von der eigenen Farm à 200, 300 oder 400 g (viel Glück damit!) werden auf brutzelnden Eisenplatten serviert.

Coffeehouse San Fernando
CAFÉ

(Carrera 29 No 41-40; Kaffee 2000–10 000 KOL$; ⏱10–20 Uhr; 📶) 🌿 Kaffee von der Mesa de Los Santos mit dem Zertifikat der Rainforest Alliance. Guter Espresso.

La Birrería 1516
BAR

(Carrera 36 No 43-46; Biere 4500–22 000 KOL$ ⏱Mo–Do 10–24, Fr & Sa bis 1.30 Uhr) Bei einer guten Auswahl importierter Standard- und heimischer Kleinbiere (das Fassbier des Hauses ist Tres Marías aus Bogotá) kann man es sich im luftigen Patio dieser niveauvollen Kneipe gemütlich machen. Das Essen ist allerdings nur durchschnittlich.

ℹ Praktische Informationen

Geldautomaten befinden sich in der Nähe des Parque Santander und in Sotomayor in der Carrera 29.

Touristenpolizei (📞 634-5507; www.imct.gov.co; Parque de Los Niños; ⏱8–12 & 14–19 Uhr) Die Touristenpolizei in der Biblioteca Pública Gabriel Turbay ist immer besetzt und erstaunlich gut. Es gibt Karten, Broschüren, ein wenig Englisch und große Hilfsbereitschaft. Puntos de Información Turística (PIT) befinden sich auch am Flughafen und am Busbahnhof.

ℹ An- & Weiterreise

Bucaramangas **Terminal TB** (📞 637-1000; www.terminalbucaramanga.com; Transversal Central Metropolitana) befindet sich südwestlich vom Zentrum auf halbem Weg nach Girón; Stadtbusse mit der Beschilderung „Terminal" fahren häufig von der Carrera 15 (1850 KOL$) hierher. Taxis kosten um die 8000 KOL$. Von hier fahren regelmäßig Busse nach Bogotá (70 000 KOL$, 10 Std.), Cartagena (90 000 KOL$, 12 Std.), Cúcuta (40 000 KOL$, 6 Std.) und Santa Marta (70 000 KOL$, 10 Std.).

Der Flughafen Palonegro liegt 30 km westlich auf einem Plateau oberhalb der Stadt in Lebrija. *Colectivos* kosten 10 000 KOL$ und starten in der Carrera 20 in der Nähe des Parque Santander. Ein Taxi vom Zentrum schlägt mit 32 000 KOL$ zu Buche.

KARIBIKKÜSTE

Kolumbiens Karibikküste ist ein von Sonne und Rum getränkter Spielplatz, der sich 1760 km lang vom Regenwald Dariéns im Westen bis hin zum beeindruckenden Ödland in La Guajira im wilden, wilden Osten erstreckt.

Bei all diesen verlockenden Aussichten – den unberührten Stränden, den Korallenriffen, dem unberührten Regenwald des Parque Nacional Natural Tyrona oder dem sagenhaften Regenwaldtreck zur uralten Ciudad Perdida, der verlorenen Stadt – liegt das größte Problem wohl darin, alles in einer Reise unterzubringen. Die Möglichkeit günstig zu tauchen, Taganga und die berauschende Kolonialstadt Cartagena – eines der schönsten und historisch bedeutendsten Reiseziele des Kontinents – all das zieht viele Reisende monatelang in den Bann.

Wer's lieber gelassener mag, darf Mompox nicht verpassen: Ein Plätzchen wie aus einem Roman von Gabriel García Márquez, das genausogut ein Freilichtmuseum sein könnte. Oder auch die lässigeren Ziele Sapzurro und Capurganá, wo sich die Zeit täglich im Sonnenuntergang verliert. Wem das zu entspannt ist, der kann dem Hängematten-Traumland auf Kolumbiens wildester Party, dem Carnaval de Barranquilla, entkommen: Ein einwöchiger, durchgeknallter Mardi Gras mit Tanz, Alkohol und Musik im Überfluss.

Die Küstenregion ist auch das Hauptreiseziel der Kolumbianer. Deshalb sind die meisten Menschen, die man dort trifft, in Ferienstimmung und immer bereit für die nächste Rumba. Viele kommen aber auch einfach nur zum Abschalten und Herumlümmeln dorthin.

Santa Marta

5 / 426 000 EW.

Nach Santa Marta reisen die Kolumbianer zum Sonnenbaden, um die Zehen in den Sand zu graben und um Rum zu genießen. Die koloniale Vergangenheit hat Santa Marta als eine der ältesten Städte des Kontinents bekannt gemacht. Zudem starb hier Simón Bolívar nach einem heldenhaften Versuch, aus Lateinamerika eine geeinte Republik zu machen.

Die frühere Anmut der Kolonialstadt wurde durch neue Betonbauten verdrängt, ihre Lage direkt am Meer macht sie jedoch auch weiterhin attraktiv, und laufende Sanierungsarbeiten geben ihr etwas von ihrem verlorengegangenen Charme zurück.

Die meisten Traveller zeigen Santa Marta die kalte Schulter und schlagen ihr Lager in Taganga auf oder fahren aus dem unspektakulären Zentrum der Stadt direkt weiter in den Parque Nacional Natural Tayrona. Wer ein paar Tage hier bleibt, wird aber merken, dass es durchaus feine Restaurants, hübsche Plätze und ein quirliges Nachtleben zu erkunden gibt. Santa Marta ist ein guter Ort, um seinen Ausflug in die Ciudad Perdida zu planen, die großartige prähispanische Stadt des Tayrona-Parks.

◉ Sehenswertes

Catedral KIRCHE
(Ecke Carrera 4 & Calle 17) Diese enorme, weiß getünchte Kirche behauptet von sich, die älteste Kolumbiens zu sein, doch tatsächlich wurden die Arbeiten erst gegen Ende des 18. Jhs. beendet, daher weist sie auch verschiedene Architekturstile auf. In der Kirche wird die Asche des Stadtgründers Rodrigo de Bastidas aufbewahrt (gleich links vom Eingang). Hier wurde 1830 Simón Bolívar beigesetzt, 1842 wurden seine sterblichen Überreste jedoch in seine Geburtsstadt Caracas gebracht.

> **ABSTECHER**
>
> ### MINCA
>
> Wer der Hitze am Strand entfliehen will, der sollte sich in dieses kleine Dorf mit großartigem Kaffee und guten Möglichkeiten zur Vogelbeobachtung aufmachen, das auf 600 m Höhe in der Sierra Nevada liegt. Hier geht es sehr ruhig und gemächlich zu, gleichzeitig ist der Ort aber ein beliebtes Ziel für Abenteuersportarten wie Mountainbiken, Tubing und Canyoning.
>
> Wer Lust auf Outdoor-Abenteuer hat, kann bei **Jungle Joe Minca Adventures** (317-308-5270; www.junglejoeminca.com) vielfältige Aktivitäten in den Bergen buchen.
>
> Die **Casa Elemento** (313-587-7677, 311-655-9207; www.casaelemento.com; oberhalb von Minca; B 25 000 KOL$, DZ ab 70 000 KOL$;) hoch oben in den Bergen ist eine gesellige Unterkunft mit traumhafter Aussicht – der perfekte Ort zum Relaxen. Die Fahrt mit einen *mototaxi* dauert 30 Minuten und kostet 15 000 KOL$. Eine schöne Aussicht bietet auch die näher am Ort gelegene **Casa Loma** (313-808-6134; www.casalominca.com; Hängematte 15 000 KOL$, Zi. ohne Bad ab 65 000 KOL$), eine schöne Budget-Lodge mit entspannter Atmosphäre.
>
> Minca erreicht man mit einem *colectivo* (7000 KOL$, 45 Min.) von der „estación Minca" an der Ecke Calle 11 und Carrera 12 in Santa Marta. Die ramponierten alten Fahrzeuge starten, wenn alle Sitze besetzt sind, wer es eilig hat, zahlt für alle vier Plätze.

Santa Marta

Museo del Oro MUSEUM
(Calle 14 No 1-37; ⊗11–18 Uhr) GRATIS Dieses Goldmuseum befindet sich in der schönen Kolonialvilla namens Casa de la Aduana (Zollhaus) und wurde erst im Jahr 2014 vollständig renoviert. Es zeigt seinen Besuchern eine interessante Sammlung von Objekten aus Tayrona, hauptsächlich bestehen dieses aus Keramik und Gold, und präsentiert außerdem diverse Artefakte der indigen Völker Kogi und Arhuaco. Sehenswert ist zudem auch das überaus beeindruckende Modell der Ciudad Perdida – besonders natürlich für all jene, die vorhaben, sie später noch zu besuchen.

Quinta de San Pedro Alejandrino MUSEUM
(☎433-1021; www.museobolivariano.org.co; Av Libertador; Erw./Kind 12000/10000 KOL$; ⊗9.30–16.30 Uhr) Auf dieser Hazienda am Rand der Stadt verbrachte Simón Bolívar seine letzten Lebenstage und starb dort auch. Damals gehörte die Hazienda einem spanischen Unterstützer der kolumbianischen Unabhängigkeitsbewegung. Er hatte Bolívar eingeladen, sich vor seiner geplanten Europareise in seinem Haus zu erholen. Auf dem Grundstück wurden mehrere Denkmäler zu Ehren Bolívars errichtet. Das imposanteste von ihnen ist das massive zentrale Bauwerk mit dem Namen **Altar de la Patria**.

Santa Marta

🔵 Sehenswertes
1 Catedral..D3
2 Museo del Oro B2

🟢 Aktivitäten, Kurse & Touren
3 Expotur.. C4
4 Magic Tours....................................D3

🔵 Schlafen
5 Aluna..D5
6 Hostel Masaya Santa Marta D3
7 La Brisa Loca..................................C2

🔴 Essen
8 Agave Azul......................................C3
9 El Bistró C4
10 Ouzo..B4
11 Radio Burger B4

🟠 Ausgehen & Nachtleben
12 Crabs... C4
13 La Puerta...B3

🛏️ Schlafen

Dreamer HOSTEL $

(📞 433-3264; www.thedreamerhostel.com; Diagonal 32, Los Trupillos, Mamatoco; B ab 20 000 KOL$, DZ ab 70 000 KOL$; ❄️ 📶 🏊) Ein Nobelhostel mit intelligentem Design, großer Küche und Zimmern, die um einen der besten Pools der Stadt liegen. Selbst die Schlafsäle haben eine Klimaanlage, ein sauberes Gemeinschaftsbad und gute Betten. Bei anspruchsvollen Travellern ist es unglaublich beliebt. Der italienische Besitzer ist auch in der Küche der Chef, und das Essen ist ebenfalls fantastisch.

Aluna HOSTEL $

(📞 432-4916; www.alunahotel.com; Calle 21 No 5-72; B 25 000 KOL$, EZ/DZ 70 000/90 000 KOL$, ohne Klimaanlage 50 000/70 000 KOL$; ❄️ 📶) Hübsches Hotel mit angenehm proportionierten Schlafsälen, gemütlichen Privatzimmern und großen, luftigen Gemeinschaftsbereichen. In der gut ausgestatteten Küche gibt's Schließfächer, und der beste Büchertausch an der Küste zeugt von intelligenten, belesenen Gästen. Man kann Besitzer Patrick auch nach seinem Grundstück im nahen Paso del Mango, einem Mekka für Vogelbeobachtung, fragen. Frühstück gibt's im Café im Erdgeschoss, es ist aber nicht im Preis enthalten.

⭐ Hostel Masaya Santa Marta BOUTIQUEHOSTEL $$

(📞 423-1770; www.masaya-experience.com; Carrera 14 No 4-80; B 22 000–33 000 KOL$, Zi. inkl. Frühstück 110 000–140 000 KOL$; ❄️ @ 📶 🏊) Dieser fabelhafte Newcomer in der Hostellandschaft ist kaum zu übertreffen. In der clever und stilvoll umgebauten mehrstöckigen alten Villa im Stadtzentrum gibt's mehrere supergünstige Schlafsäle und wunderschöne Privatzimmer für alle, die sich etwas mehr leisten können. Außerdem bietet das Hostel eine gut besuchte Dachbar, drei Tauchbecken, eine große Freiluft-Küche und tonnenweise Aktivitäten. Das Frühstück auf dem Dach kostet für Schlafsaalgäste 7500 KOL$. Die Mitarbeiter sind freundlich und kennen sich gut aus, und die Atmosphäre ist wirklich fantastisch.

La Brisa Loca HOSTEL $$

(📞 431-6121; www.labrisaloca.com; Calle 14 No 3-58; B mit/ohne Klimaanlage ab 35 000/20 000 KOL$, Zi. mit/ohne Bad 100 000/80 000 KOL$; ❄️ 📶 🏊) Die „verrückte Brise" ist das Hostel der Wahl für junge, partyfreudige Gäste, die hier die etwa 100 Betten belegen. In den Schlafsälen stehen zwischen vier und zehn Betten, außerdem gibt's verschiedene Privatzimmer. Alle Zimmer haben feste Betten, hohe Decken, alte Fliesen und Schließfächer im Zimmer, in denen man sogar sein Handy sicher laden kann, während man unterwegs ist.

🍴 Essen

Rund um die Budgetunterkünfte finden sich viele günstige Restaurants, besonders in der Calle 11 und 12 nahe dem Wasser, wo man sich für rund 6000 KOL$ ein Mittagessen gönnen kann.

⭐ Ouzo MEDITERRAN $$

(📞 423-0658; Carrera 3 No 19-29, Parque de los Novios; Hauptgerichte 17 000–38 000 KOL$; ⏰ Mo–Sa 18–23 Uhr; 📶) Das Ouzo hat eine übersichtliche, klassische griechische und italienische Karte, auf der erstklassige Holzofenpizza und gute Weine stehen. Der Tintenfisch wird zwei Stunden langsam in einer Brühe mit Knoblauch gegart und dann auf dem Grill scharf angebraten, um den Geschmack zu erhalten. Toller Service, zudem sorgt die fantastisch gestaltete Inneneinrichtung dafür, dass die Hitze in der Küche bleibt.

El Bistró INTERNATIONAL $$

(Calle 19 No 3-68; Hauptgerichte 18 000–30 000 KOL$; ⏰ 11–23 Uhr; 📶) Das charmante, neu eröffnete El Bistró fast direkt am Parque de los Novios hat eine komplett ins Englische übersetzte Karte mit Klassikern wie Steak Tatar, Lammhüfte, Filet Mignon und

ℹ️ EINREISE NACH VENEZUELA

Alle halbe Stunde fahren Busse von Santa Marta nach Maicao (25 000 KOL$, 4 Std.), wo man in ein *colectivo* nach Maracaibo (Venezuela) umsteigen kann. *Colectivos* starten zwischen etwa 5 und 15 Uhr regelmäßig und fahren bis zum Busbahnhof von Maracaibo. Maicao ist eine raue, zwielichtige Stadt, man sollte also Vorsicht walten lassen.

Die venezolanischen Einreiseformalitäten erledigt man in Paraguachón auf der venezolanischen Seite der Grenze. Man sollte vorher sichergehen, dass der Fahrer währenddessen wartet, denn die Einheimischen müssen diesen Prozess nicht durchlaufen. Auf der venezolanischen Seite stellt man die Uhren 30 Minuten vor.

Zur Zeit der Recherche hatte die venezolanische Regierung die Grenze nach längerer Schließung zeitweise wieder geöffnet. Da sich die Situation laufend ändern kann, sollte man sich auf jeden Fall über die aktuelle Situation informieren, ehe man Pläne macht.

---

vielen leckeren Fisch- und Meeresfrüchtegerichten. Die Portionen sind groß, und von den Tischen auf dem Bürgersteig aus kann man super das lebendige bunte Treiben beobachten.

Agave Azul MEXIKANISCH $$
(☎ 431-6121; Calle 14 No 3-58; Hauptgerichte 18 000–25 000; ⊕ Mo–Sa abends; 📶) Natürlich ist das nicht Mexiko. Doch wer hier in eine perfekte Tostada beißt, die mit so leckeren Zutaten wie dem zartesten Fleisch der Stadt, den süßesten, buttrigsten Avocados und einem herben, knackigen Salat gefüllt ist, könnte sich leicht in Mexiko wähnen. Das Essen wird fantastisch präsentiert. Auch die Steaks sind grandios.

Radio Burger BURGER $$
(Parque de los Novios; Hauptgerichte 15 000–25 000; ⊕ 17–23 Uhr; 📶) Das eigenwillige kleine Restaurant steht an der Stelle der allerersten Radiostation von Santa Marta, und diesem Fakt trägt es mit seinen vielen antiken Radios Rechnung. Die Burger sind köstlich und es gibt einen großen Sitzbereich im Freien direkt am Platz.

Ausgehen & Nachtleben

Am besten beginnt man den Abend im unlängst neu gestalteten Parque de los Novios, entweder in einer der kleinen Bars oder auf der Plaza selbst.

La Puerta CLUB
(Calle 17 No 2-29; ⊕ Di & Mi 18–1, Do–Sa bis 3 Uhr) Studenten und Gringos beäugen einander und geben sich auf wunderbar harmlose kolumbianische Art dem Alkohol hin. Salsa, Reggaeton, Hip-Hop und Funk bringen indes die Tanzfläche zum Beben. Die Windmaschinen sorgen dabei dafür, dass man selbst und die anderen Gäste dramatisch windzersaust und irgendwie viel attraktiver aussehen – besonders nach einer halben Flasche *aguardiente*.

Crabs BAR
(Calle 18 No 3-69; ⊕ Mi–Sa 20–3 Uhr) Eine immer gut besuchte Bar mit Billardtisch, Raucherterrasse im Freien, relativ günstigem Bier und einer Videoleinwand, die den eher zwielichtigen Gestalten der Rockmusik die Ehre erweist.

ℹ️ Praktische Informationen

4-72 (☎ 421-0180; Calle 22 No 2-08; ⊕ Mo–Fr 8–12 & 14–18, Sa bis 12 Uhr) Post.

Fondo de Promoción Turística de Santa Marta (☎ 422-7548; www.fonprotursantamarta.com; Calle 10 No 3-10, El Rodadero; ⊕ Mo–Fr 8–12 & 14–18, Sa bis 12 Uhr) Santa Martas Touristeninformation auf Mitgliedschaftsbasis hat die besten Infos für Traveller.

Policía Nacional (☎ 421-4264; Calle 22 No 1C-74)

ℹ️ An- & Weiterreise

FLUGZEUG
Der Flughafen liegt 16 km südlich der Stadt an der Straße nach Bogotá. Mit den Stadtbussen mit der Aufschrift „El Rodadero Aeropuerto" ist man in 45 Minuten dort.

BUS
Der Busbahnhof befindet sich am südöstlichen Stadtrand. In die Stadt fahren Nahverkehrsbusse, mit dem Taxi (6000 KOL$) geht's aber viel schneller.

Täglich fährt ein halbes Dutzend Busse nach Bogotá (80 000 KOL$, 18 Std.), seltener gibt es Verbindungen nach Bucaramanga (80 000 KOL$, 9 Std.). Busse nach Barranquilla (12 000 KOL$, 2 Std.) starten alle 15 bis 30 Minuten. Einige von ihnen fahren weiter nach Cartagena (25 000 KOL$, 4 Std.), falls nicht, hat man aber in Barranquilla immer sofort Anschluss.

Taganga

🎵 5 / 5000 EW.

Taganga ist ein winziges Fischerdörfchen, das noch nicht so recht weiß, wie ihm geschieht. Es liegt rund um eine glitzernde, türkisfarbene Bucht in Hufeisenform, nicht weit von Santa Marta entfernt. Ganz in der Nähe gibt es ein wunderschönes Korallenriff und seine Lage und der etwas andere Lebensrhythmus ziehen Tausende von Backpackern an. Taganga ist bekannt für günstige Tauch- und Übernachtungsmöglichkeiten, für die Leichtigkeit, mit der hier Kontakte geknüpft werden können, und für seine jugendlich-hedonistische Atmosphäre. Es ist auch ein guter Ausgangspunkt für Ausflüge in den nahen Parque Nacional Natural Tayrona oder die Ciudad Perdida.

Popularität hat aber auch Schattenseiten, und Taganga bleibt davon nicht verschont. Die Infrastruktur des Städtchens ist dem massiven Besucherstrom nicht gewachsen, weshalb beispielsweise die Müllentsorgung ein echtes Problem ist. Viele der immer noch armen Einwohner fühlen sich von den ausländischen Besuchern verdrängt. Hinzu kommt ein kleines, aber keineswegs unerhebliches Maß an Kleinkriminalität (vor allem am Strand und in den Hotelzimmern). Hier wird man zwangsläufig ernsthaft über die Folgen von unkontrolliertem Tourismus für kleine Gemeinden nachdenken.

Der Strand von Taganga ist dreckig, überfüllt und nicht gerade schön. Eine bessere, aber ebenfalls noch weit von einem Traumstrand entfernte Alternative ist die **Playa Grande**. Sie liegt eine kurze Strecke mit dem Boot entfernt.

🏃 Aktivitäten

Taganga ist einer der weltweit preiswertesten Orte, um ein PADI- (Professional Association of Diving Instructors) oder NAUI- (National Association of Underwater Instructors) Zertifikat zu erwerben. Ein viertägiger Open-Water-Kurs mit sechs Tauchgängen kostet ungefähr 600 000–750 000 KOL$. Wer einen Tauchschein hat, kann für etwa 150 000 KOL$ einen Tauchausflug mit zwei Tauchgängen, der kompletten Ausrüstung und einem Mittagessen buchen. Im Ort gibt's oftmals auch noch günstigere Angebote. Man sollte sich allerdings nicht nur vom Preis verleiten lassen. Gute Qualität und Sicherheit haben bei der Auswahl der

---

DIE RICHTIGE TAUCHSCHULE FINDEN

Bei der Wahl einer Tauchschule sollte man Folgendes berücksichtigen:

➡ Ist das Tauchzentrum von PADI oder NAUI anerkannt?

➡ Macht das Tauchzentrum einen organisierten und professionellen Eindruck?

➡ Befindet sich die Taucherausrüstung in gutem Zustand?

➡ Sind die notwendigen Dokumente in Ordnung?

➡ Wird man unter Wasser von einem geprüften Tauchlehrer begleitet?

➡ Wird derselbe Tauchlehrer auch die notwendigen Formulare fürs Sporttauchen und die Zertifikate unterschreiben?

➡ Ist im Preis ein Lehrbuch und ein Zertifikat für jeden Kurs, an dem man teilnimmt, enthalten?

➡ Wann wurden die Flaschen zum letzten Mal einer Druckprüfung unterzogen? Sie sollten alle 5 Jahre getestet werden.

➡ Darum bitten, die Luft in den Flaschen testen zu dürfen – sie muss geruchs- und geschmacksneutral sein.

➡ Wieviele Schüler kommen auf einen Tauchlehrer?

➡ Wie wird einem der theoretische Teil des Kurses nahegebracht?

➡ Sind die Boote des Betriebs mit zwei Motoren ausgestattet?

➡ Gibt es Sauerstoff an Bord?

➡ Wurde das Personal in der Verabreichung von Sauerstoff geprüft?

➡ Sind die Boote mit ausreichend gut instand gehaltenen Rettungswesten und mit Funk ausgerüstet?

Tauchschule nämlich immer noch oberste Priorität.

Aquarius Diving Club TAUCHEN
(422-2263; www.aquariusdivingclub.com; Calle 13 No 2-06) Ein Fünfsterne-PADI-Tauchzentrum mitten in der Stadt. Ein Tauchgang mit zwei Flaschen kostet 650 000 KOL$, ein Open-Water-Kurs, bei dem alles enthalten ist, 650 000 KOL$.

Poseidon Dive Center TAUCHEN
(421-9224; www.poseidondivecenter.com; Calle 18 No 1-69) Gut ausgestattete, erfahrene Tauchschule; Open-Water-Kurse kosten 720 000 KOL$.

Schlafen

Casa de Felipe HOSTEL $
(316-318-9158, 421-9120; www.lacasadefelipe.com; Carrera 5A No 19-13; B 20 000–23 000 KOL$, EZ/DZ ab 50 000/60 000 KOL$, Apt. 100 000 KOL$; @) Dieses Hostel unter französischer Leitung ist die beste Budgetunterkunft der Stadt. Es ist hier sehr sicher, nach Einbruch der Dunkelheit sollte man aber mit dem Taxi herkommen. Die Unterkunft befindet sich in einem schönen Haus auf einem grünen Grundstück oberhalb der Bucht und punktet mit tollen Mitarbeitern, netten Zimmern, einer guten Bar, einer Küche, Kabelfernsehen, vielen Hängematten, ausgezeichnetem Frühstück und netten Gästen aus aller Welt.

Divanga PENSION $$
(421-9092; www.divanga.com; Calle 12 No 4-07; B 32 000–44 000 KOL$, EZ/DZ pro Pers. inkl. Frühstück ab 74 000/94 000 KOL$;) Ein tolles Flair herrscht in dieser ebenfalls von Franzosen geführten Pension: Farbenfrohe Kunstwerke schmücken die Wände und Türen der Zimmer, von denen die meisten rund um einen Pool liegen. Es gibt eine Dachterrasse und eine Bar, in der eine frische Meeresbrise weht. Hier ist es ist ruhiger als in der Casa de Felipe; wenn Ruhe ganz oben auf der Wunschliste steht, sollte man hier übernachten.

Essen

Ganz hinten am Strand verkaufen Fischer zu akzeptablen Preisen kleine Thunfische, Makrelen, Barrakudas und Schnapper.

★ Babaganoush INTERNATIONAL $$
(Carrera 1C No 18-22; Hauptgerichte 15 000–25 000 KOL$; Mi-Mo 12–23 Uhr;) Das gemütliche Dachrestaurant mit tollem Blick auf die Bucht hat eine vielseitige Speisekarte, die viele Gäste immer wieder kommen lässt. Besonders empfehlenswert sind die herausragende Kürbissuppe, das perfekt zubereitete Filet Mignon und das geniale grüne Thai-Curry. Das Haus liegt die Hügel hinauf an der Straße nach Santa Marta.

Pachamama FRANZÖSISCH $$
(421-9486; Calle 16 No 1C-18; Hauptgerichte 15 000–30 000 KOL$; Mo-Sa 18–23 Uhr;) Das Pachamama liegt am Ende einer ruhigen Nebenstraße in einer ummauerten Anlage. Mit dem Südsee-Design und der lockeren Atmosphäre gleicht es einer Indoor-Strandbar, doch der französische Koch bietet eine der kreativsten Karten an der Küste. Die Kaiserhummer in Schinken und Estragon sind sensationell, und das Thunfisch-Carpaccio ist einfach perfekt!

❶ Praktische Informationen

Auf dem Pfad zur Playa Grande kommt es regelmäßig zu Raubüberfällen. Deshalb sollte man nichts mitnehmen, was man auf keinen Fall verlieren will. Der einzige Bancolombia-Geldautomat der Stadt ist auf außer Betrieb, man sollte also genug Bargeld mitbringen.

❶ An- & Weiterreise

Tagsüber kosten Taxis von Santa Marta nach Taganga 10 000 KOL$. Busse fahren alle 10 Minuten (1500 KOL$, 20 Min.). Einfach irgendwo entlang der Carrera 5 in Santa Marta einsteigen.

Täglich um 10 Uhr gibt es eine Bootsverbindung von Taganga nach Cabo San Juan de la Guía im Parque Nacional Natural Tayrona (45 000 KOL$, 1 Std.), Rückfahrt um 16 Uhr. An der Anlegestelle warten schon die Parkangestellten und sammeln das Eintrittsgeld für den Park ein.

Parque Nacional Natural Tayrona

Einer der beliebtesten Nationalparks Kolumbiens ist der **Parque Nacional Natural Tayrona** (Erw./bis 26 Jahre & Studenten 38 000/7500 KOL$), der sich in einer fast übernatürlich schönen Gegend befindet. Seine palmengesäumten Strände sind mit Felsblöcken übersät, die von den einst hier lebenden indigenen Tayrona verehrt wurden, nach denen der Park benannt ist. Mittlerweile ist der Parque Nacional Natural Tayrona ein Must-See für Reisende und bietet vielerlei Unterkünfte. Achtung: Viele der Strände werden von hinterhältigen Strömungen heimgesucht, die schon Hunderte von törichten Draufgängern in den Tod gerissen haben.

Im Park wurden einige Reste der Kultur der Tayrona entdeckt. Zu den wichtigsten gehören die Ruinen des prähispanischen Städtchens Pueblito.

Das Essen im Park ist sehr teuer und noch dazu schlecht. Wer länger bleibt, muss sich selbst versorgen. Am besten lässt man alles überflüssige Gepäck in einer Tüte im Hostel zurück und füllt seinen Rucksack stattdessen mit Lebensmitteln und Wasser. Die Mitnahme von Alkohol in den Park ist untersagt. Die Ranger durchsuchen das Gepäck bei der Ankunft.

Sehenswertes & Aktivitäten

Der Park ist mit dichtem Dschungel bewachsen, in dem zahllose Vögel, Eichhörnchen und Affen leben. Er kann perfekt zu Fuß erkundet werden. Man sollte früh am Morgen los, bevor es zu heiß wird, und immer genügend Wasser dabeihaben.

Der Haupteingang des Parks befindet sich in **El Zaíno**, an der Küstenstraße von Santa Marta nach Riohacha, wo man auch den Eintritt bezahlt. Von El Zaíno führt eine 6 km lange, geteerte Seitenstraße hinter dem Schildkrötenbrutplatz von **Castilletes** nach **Cañaveral**. In dem Ort befindet sich die Parkverwaltung, ein Campingplatz, lächerlich überteuerte, sogenannte „Ecohabs" (in Wirklichkeit sind das einfach nur strohgedeckte Ferienhäuschen) und ein Restaurant.

Von Cañaveral aus unternehmen die meisten Besucher einen 45-minütigen Spaziergang Richtung Westen nach **Arrecifes**, wo man preiswert übernachten und essen kann. Zudem ist die Küste hier spektakulär und überall liegen massive Felsblöcke verstreut. Wer viel Ausrüstung dabei hat, kann auch ein Pferd mieten (20 000 KOL$).

Wenn man von Arrecifes 20 Minuten in nordwestlicher Richtung am Strand entlangläuft, kommt man nach **La Aranilla**, wo es Snacks zu kaufen gibt. Der Sandstrand ist von gigantischen Felsen umgeben und liegt in einer winzigen Bucht, in deren Wasser sich das Licht mit einem leuchtenden, goldfarbenen Glanz spiegelt.

Gleich daneben liegt **La Piscina**, eine tiefe Bucht, die teilweise durch eine Felsenkette auf dem Meeresgrund von der offenen See abgetrennt ist. Nach weiteren 20 Minuten zu Fuß erreicht man **Cabo San Juan de la Guía**, ein wunderschönes Kap mit fantastischen Stränden und Aussichtsmöglichkeiten.

Vom Cabo führt ein malerischer Pfad in anderthalb Stunden hinauf nach **Pueblito**. Unterwegs erlebt man eine prächtige tropische Waldlandschaft. Von der Siedlung Pueblito ist nicht mehr viel erhalten, dennoch lohnt sich der Besuch, besonders für alle, die nicht vorhaben, zur Ciudad Perdida zu wandern. Unbedingt eine Taschenlampe und Ersatzbatterien mitnehmen und nach Einbruch der Dunkelheit auf Schlangen achten.

Ein weiterer Eingang zum Park ist Palangana, von wo aus man mit einem eigenen Fahrzeug über eine schlechte Straße zur **Bahía Neguanje** kommt. Von Neguanje fahren Boote zur **Playa Cristal**, einem traumhaften, von Palmen umringten Strand mit mehreren Restaurants, in denen man nach dem Schwimmen ein kaltes Bier trinken und frischen Fisch essen kann.

Schlafen & Essen

Die besten Budgetunterkünfte befinden sich rund um Arrecifes. Zwar eignet sich der Strand hier nicht zum Schwimmen, man ist aber nur einen kurzen Fußmarsch von mehreren ruhigen Buchten entfernt. Weitere beliebte, günstige Übernachtungsoptionen gibt's in Cabo San Juan de la Guía, das zwar wunderschöne Strände hat, aber auch laut und überfüllt ist.

Camping Castilletes CAMPING $
(☎ 313-653-1830; www.campingcastilletespnntayrona.blogspot.com; Stellplatz/Zelt pro Pers. 15 000/ 25 000 KOL$) Dieser Campingplatz an einem 1,5 km langen Strand ist zugleich der Ort im Park, an dem die meisten Meeresschildkröten ihre Eier ablegen. Am Strand kann man im September und Oktober schwimmen, in den anderen Monaten eignet er sich nur für sehr gute Schwimmer. Eine gute Wahl, wenn man einfach das Gepäck in die Ecke werfen und abhängen will.

Camping Don Pedro CAMPING $$
(☎ 317-253-3021, 315-320-8001; campingdonpedro @hotmail.com; Hängematte 12 000 KOL$, Stellplatz pro Pers. mit/ohne Zeltverleih 14 000/12 000 KOL$, cabañas inkl. Frühstück 100 000 KOL$) Die beste der drei Unterkünfte mit Restaurants in Arrecifes. Am besten erreicht man den Platz über einen 300 m langen Weg, der direkt vor Arrecifes vom Hauptweg abzweigt. Auf der großzügigen, sehr gepflegten Anlage stehen viele Obstbäume. Gäste können hier selbst kochen, es gibt aber auch hervorragendes

Parque Nacional Natural Tayrona

Essen, darunter erstklassigen frischen Fisch für durchschnittlich 12 000 KOL$. Die Begrüßung ist herzlich.

Camping Cabo San Juan del Guía CAMPING $$
(☎ 314-385-2546, 312-604-2941; www.cecabosanjuandelguia.com.co; Stellplatz 15 000 KOL$, Hängematte mit/ohne Aussicht 25 000/20 000 KOL$, Zi. 150 000 KOL$) Die meisten Backpacker landen auf diesem Campingplatz, auf dem in der Hochsaison eine Stimmung wie auf einem Musikfestival herrscht. Es gibt zwei schöne Strände, an denen man schwimmen kann, und ein Restaurant. Für 25 000 KOL$ kann man in Hängematten oberhalb des *mirador* (Aussichtspunkt) auf den Felsen oberhalb des Strandes übernachten – die Aussicht auf das Meer, die Strände und die Berge ist fantastisch.

ⓘ An- & Weiterreise

Busse mit dem Ziel Palomino fahren regelmäßig am Markt von Santa Marta ab und halten auch in El Zaíno (5000 KOL$, 1 Std.). Dort angekommen, steigt man entweder in einen der Jeeps, die zwischen Cañaveral und dem Eingang hin und her fahren (2000 KOL$, 10 Min.), oder man geht 45 Minuten zu Fuß.

Palomino

♫ 5 / 4000 EW.

Politisch gesehen liegt dieser liebenswürdige Karibikstrand nur eine kurze Busfahrt östlich des Parque Nacional Natural Tayrona in der Provinz La Guajira, rein geografisch und kulturell betrachtet gehört er aber eigentlich zur Sierra Nevada. Der Strand wird von zwei überwältigenden Flüssen eingerahmt und ist über das unscheinbare Örtchen Palomino zugänglich, das nicht viel mehr als eine Raststätte an der Schnellstraße ist.

Wer findet, dass die Strände von Taganga zu laut und zu schmutzig sind und der Parque Nacional Natural Tayrona mehr wie ein nach Marihuana duftender geselliger Club anmutet, der kann hier seinen Glauben an die einfachen Freuden des Lebens wieder stärken: an einsamen Stränden entlangschlendern, Fisch von Einheimischen kaufen, diesen über einem Lagerfeuer zubereiten und ihn bei Sonnenuntergang genüsslich verzehren.

Wegen der gefährlichen Strömungen ist das Schwimmen im Meer bei Palomino eine riskante Angelegenheit und oft sogar ganz unmöglich – man sollte immer extrem vorsichtig sein. Man kann sich aber in den flachen Flüssen abkühlen, die die Stadt flankieren und die von frischem Gebirgswasser gespeist werden und sich auch zum Paddeln eignen. Außerdem ist die Stadt ein toller Ausgangsort, um die seltener besuchten Gegenden der majestätischen Bergkette Sierra Nevada zu erkunden.

🛏 Schlafen & Essen

La Casa de Rosa CAMPING $
(☎ 315-445-9531; Stellplatz mit/ohne Zeltverleih 8000/6000 KOL$, Hängematte 8000 KOL$) Dies ist der einfachste Zeltplatz an der Küste – die Eimerduschen werden aus einem Brunnen gespeist. Die beiden augenzwinkernden Schwestern Milena und Paolina sind so zuckersüß wie *panela* (roher Zuckerrohrsaft) und bereiten Mittagessen zu, wenn man es morgens bestellt. Wenn Milena einen wirk-

lich mag, schlachtet sie vielleicht sogar ein Hähnchen.

Jaguar Azul   HOSTEL $
(☎ 313-800-9925313-800-9925; www.jaguarazulpalomino.com; B 20 000 KOL$, EZ/DZ 50 000/60 000 KOL$; 🛜) 🅿 Hier wird ein ganz ungewöhnlicher touristischer Ansatz gepflegt. Das Hostel befindet sich nicht am Strand, sondern auf der anderen Seite der Hauptstraße im Barrio Palomino, genannt La Sierrita. Die einfachen Zimmer sind mit Ventilator ausgestattet, es gibt eine Gemeinschaftsküche und einen großen Garten voller Obstbäume vor einer Gebirgskulisse.

★ Dreamer   HOSTEL $$
(www.thedreamerhostel.com; B 25 000 KOL$, DZ ab 110 000 KOL$; 🛜🏊) Das Team des ursprünglichen Dreamer in Santa Marta führt auch dieses hervorragende neue Hostel am Strand. Die gefliesten Unterkünfte mit Strohdach sind geräumig und liegen in einem großen Garten mit fantastischem Pool. Es herrscht eine gesellige Atmosphäre und viele Aktivitäten sorgen dafür, dass keine Langeweile aufkommt. Zudem gibt's eine gut besuchte Bar und ein erstklassiges Restaurant, in dem den ganzen Tag Betrieb ist.

Finca Escondida   HOSTEL $$
(☎ 310-456-3159, 315-610-9561; www.chillandsurfcolombia.com; Hängematte 15 000 KOL$, B 25 000 KOL$, Zi. ab 80 000 KOL$; 🛜) Ein freundliches internationales Team führt diesen großen Komplex am Strand mit ganz unterschiedlichen Zimmern. Die besten Zimmer sind riesig und haben große Balkons. Die Holzhäuser inmitten einer mit Obstbäumen bestandenen Anlage versprü-

men rustikales Flair. Das Hostel bietet zahlreiche Aktivitäten an, von Surfen bis Pilates, und steht bei Backpackern hoch im Kurs.

Suá   KOLUMBIANISCH $$
(Hauptgerichte 12 000–28 000 KOL$; ⏱ Mi–So 12–21 Uhr) Das Suá an der Hauptstraße durch die Stadt ist eines der wenigen Restaurants in Palomino, die nicht zu einem Hotel gehören. Das Essen ist einfallsreich, auf der komplett ins Englische übersetzten Karte stehen Spezialitäten wie Rotfeuerfisch in einer Kokos-, Orangen- und Ingwersauce, in Knoblauch, Meeressalz und Butter marinierte Garnelen oder Rinderlende in einer würzigen Rotweinsauce.

Das Suá ist schlecht ausgeschildert, es befindet sich gegenüber der Ayatawacoop-Tankstelle.

ⓘ An- & Weiterreise

Busse nach Palomino (7000 KOL$, 2½ Std.) fahren regelmäßig vom Markt in Santa Marta. Man steigt an der Tankstelle aus und geht 20 Minuten hinunter zum Strand oder nimmt ein *mototaxi* (2000 KOL$).

Ciudad Perdida

Die Ciudad Perdida (wörtlich „verlorene Stadt") ist eine der größten vorkolonialen Städte, die auf dem amerikanischen Kontinent entdeckt wurden. Sie wurde zwischen dem 11. und dem 14. Jh. am Nordhang der Sierra Nevada de Santa Marta erbaut und war, so vermutet man zumindest, das wichtigste urbane Zentrum der Tayrona. Während ihres Eroberungszuges löschten die Spanier die Tayrona aus, sodass deren Siedlungen von der üppigen tropischen Vegetation verschlungen wurden. Dieses Schicksal teilte auch die Ciudad Perdida vier Jahrhunderte lang, bis sie 1975 von Guaqueros (Plünderer von prähispanischen Gräbern) entdeckt wurde.

Die Ciudad Perdida liegt 950 bis 1300 m hoch, etwa 40 km südöstlich von Santa Marta. Der zentrale Teil der Stadt befindet sich auf einem Grat, von dem mehrere Steinpfade hinunterführen. Die Tyrona legten ungefähr 150 Steinterrassen an, die als Fundamente für die Häuser dienten. Außerdem wurde das Zentrum der Siedlung ursprünglich völlig von Bäumen befreit, bevor der Urwald es sich schließlich wieder zurückholte.

Obwohl die Ruinen natürlich faszinierend sind, sind bei diesem Trip buchstäblich der

Weg und die atemberaubende Landschaft das Ziel. Die stramme Wanderung dauert hin und zurück vier bis sechs Tage. Sie ist anstrengend, aber nicht übermäßig schwierig. Der Weg beginnt in El Mamey und führt am Río Buritaca entlang bergauf. Der Abschnitt zwischen Santa Marta und El Mamey wird mit einem Fahrzeug zurückgelegt.

Die Ciudad Perdida kann man nur im Rahmen einer organisierten Tour besuchen. Die Touren beginnen und enden in Santa Marta. Es gibt vier Anbieter, deren Touren sich kaum unterscheiden; bei geringer Nachfrage tun sie sich manchmal zusammen, um Gruppen zu bilden. Der offizielle Preis für die Touren ist 700 000 KOL$; zahlt man weniger, wird das Geld von der Gebühr für den Guide oder von dessen Kranken- oder Lebensversicherung abgezogen.

Im Preis enthalten sind der Transport, das Essen, die Unterkunft (meistens Matratzen mit Moskitonetzen; bei einigen Agenturen schläft man auch eine Nacht in Hängematten), Träger für das Essen, die Guides (die nur Spanisch sprechen) und alle nötigen Genehmigungen. Wenn man die Wanderung in weniger Tagen zurücklegt, wird es nicht billiger. Die meisten Gruppen unternehmen die Tour in vier Tagen, doch Touristen, die nicht ganz so fit sind und es lieber langsamer angehen lassen, nehmen sich oft fünf Tage Zeit. Das Maximum sind sechs Tage – wir empfehlen, die Wanderung an vier Tagen zu machen.

In der Regel benötigt man anderthalb Tage hinauf zur Ciudad Perdida, verbringt noch den Vormittag des dritten Tages dort und läuft dann einen Tagesmarsch – jedoch verteilt auf zwei Tage – wieder hinunter. Die gesamte Wanderung ist 40 km lang, unterwegs überquert man mehrere Flüsse.

Die Gruppen sind vier bis 15 Personen groß. Die Touren beginnen das ganze Jahr über, sobald eine Gruppe beisammen ist, in der Hochsaison in der Regel täglich. Das eigene Gepäck trägt jeder selbst. Unbedingt eine Taschenlampe, einen Wasserbehälter, Medikamente gegen Durchfall und Unmengen von Insektenschutzmittel mitnehmen. (Letzteres kann nicht stark genug betont werden!)

Unter den Tourveranstaltern sticht **Expotur** (420-7739; www.expotur-eco.com; Carrera 3 No 17-27, Santa Marta) mit seinem professionellen Herangehen und erstklassigem Kundenservice hervor, es ist auch das einzige Unternehmen, das Übersetzer mit den Gruppen mitschickt. **Magic Tour** (421-5820; Calle 16 No 4-41, Santa Marta) wird ebenfalls professionell geführt und hat sachkundige Guides.

Guajira-Halbinsel

Erwähnt man Kolumbianern gegenüber den Namen „La Guajira", so erntet man einen kritischen Blick. Diese abgelegene Halbinsel wird als der wilde, wilde Osten betrachtet. Ein Ort, der hinterm Mond rechts liegt. Aber die Halbinsel belohnt die Furchtlosen mit absoluter Ruhe und einer Landschaft, die auf dem gesamten Kontinent ihresgleichen sucht: eine endlose, unwirtliche Schönheit im sanften Glanz des wunderbaren Karibischen Meeres.

Riohacha (170 000 Ew.), die Hauptstadt von La Guajira, liegt 175 km nordöstlich von Santa Marta. Noch weiter östlich von hier zog es früher nur wenige Reisende, sofern sie nicht auf dem Weg zur venezolanischen Grenze waren. Für Traveller ist in Riohacha aber auch nicht viel geboten und die meisten halten hier auf ihrem Weg in die surreale Landschaft der Alta Guajira rund um Cabo de La Vela und Punta Gallinas erst gar nicht an.

Die lokale indigene Bevölkerung der Halbinsel, die Wayúu, hat den Ruf, ein zähes Volk zu sein. Dies geht auf die revolutionäre Zeit Simón Bolívars zurück. Damals unterstützten die Wayúu „El Libertador" und waren die einzigen Indigenas in Kolumbien, die Pferde reiten und Waffen abfeuern konnten. Sie lebten nie unter spanischer Herrschaft und 20 000 von ihnen bekämpften die Kolonisten mit Waffen, die von den Holländern und den Engländern ins Land geschmuggelt worden waren. So trugen sie ihren Teil zu Kolumbiens Unabhängigkeit bei.

Heute werden Besucher hier nicht mehr vertrieben. Ganz im Gegenteil: Der Tourismus steckt zwar noch in den Kinderschuhen, hält aber auch hier langsam Einzug und viele Wayúu öffnen ihre Türen für Gäste.

Cabo de la Vela
5 / 1500 EW.

Cabo de la Vela ist sicher nicht jedermanns Sache. Die Anreise mit öffentlichen Verkehrsmitteln besteht u.a. aus einer unbequemen Fahrt hinten auf einem Lkw, der womöglich auch noch in einem Wahnsinnstempo unterwegs ist und von einem Mann gelenkt wird, der keine Angst vor Verletzungen oder gar dem Tod zu kennen scheint. Eventuell verbringt er die Fahrt zudem damit, Bierdosen in einem einzigen Schluck hinunterzustürzen. Mit viel Glück ist wenigstens der Beifahrer so nüchtern, dass er bei diesem halsbrecherischen Tempo nicht aus dem Führerhaus fällt. Wir drücken die Daumen!

Die Landschaft ist von unerbittlichem Gestrüpp überwuchert und die kulinarische Spezialität ist *viche,* im eigenen Fett gegarte Ziege, die samt Innereien auf den Tisch kommt. Glücklicherweise ist Hummer hier günstig, frisch und in vorzüglicher Qualität zu bekommen. Auch macht das tiefblaue Karibische Meer, das die Küste mit ihren hübschen Klippen und verlassenen Sandstränden umspült, die raue Landschaft wieder wett – obendrein gibt es fantastische Sonnenuntergänge, die vom Leuchtturm aus beobachtet werden können.

◉ Sehenswertes

Wer sich nicht fürs Kitesurfen interessiert, für den gibt's in Cabo nicht viel zu tun, außer im Meer zu schwimmen und einen Spaziergang zum **El Faro** (Leuchtturm) zu machen, um den Sonnenuntergang zu beobachten. Vom Ort aus geht man etwa 45 Minuten, man kann aber auch mit einem Einheimischen feilschen und sich für etwa 30 000 KOL$ hin- und zurückfahren lassen. Viel Wasser, Insektenschutz und einen Sonnenhut mitnehmen!

Gleich hinter dem Leuchtturm liegt der **Ojo del Agua**, ein hübscher sichelförmiger Strand mit dunklem Sand, der von 5 m hohen Felsen umrahmt wird. Der Name stammt von dem kleinen Süßwasserbecken, das hier entdeckt wurde und für die Wayuu eine heilige Stäte ist.

Das Highlight der Gegend aber ist die **Playa del Pilón**, der mit Abstand schönste Strand in Cabo. Der rostbraune Sand liegt vor der Kulisse zerklüfteter Klippen, die in spektakulären Türkistönen leuchten, besonders bei Sonnenaufgang und Sonnenuntergang. Der 100 m hohe Hügel **Pilón de Azucar** erhebt sich über dem Strand und ist der malerischste Aussichtspunkt der Gegend: Die gesamte Alta Guajira breitet sich vor der Kulisse der fernen Bergkette Serranía del Carpintero vor einem aus.

🛏 Schlafen & Essen

Dank der *posadas-turísticas*-Regelung (Pensionen) der kolumbianischen Regierung kann man in Cabo bei nahezu jeder Wayúu-Familie übernachten. Bei den Unterkünften handelt es sich in den meisten Fällen um einfache Zimmer, Hängematten oder komfortablere *chinchorros* (vor Ort angefertigte Hängematten aus Wolle). Fast alle *posadas* haben auch Restaurants, deren Auswahl sich aber nicht groß unterscheidet: Fisch oder Ziege für 10 000 bis 15 000 KOL$ und Hummer zum Marktpreis.

Posada Pujuru PENSION $
(📞 300-279-5048, 310-659-4189; posadapujuru @gmail.com; Hängematte/chinchorro 10 000/ 15 000 KOL$, EZ/DZ 25 000/50 000 KOL$) Diese *posada ecoturística* bietet zehn solide Hütten als Privatzimmer sowie Gepäckschließfächer für jene Gäste, die in Hängematten übernachten. Die Generatoren laufen von 18 bis 22 Uhr, und das Restaurant (Hauptgerichte 10 000–15 000 KOL$) serviert leckeren *pargo rojo* (Nördlicher Schnapper); die Shrimps und der Reis sind allerdings fettig, davon lässt man lieber die Finger. Die Pension liegt am Meer.

Hostería Jarrinapi PENSION $
(📞 311-683-4281; Hängematte 15 000 KOL$, Zi. 35 000 KOL$/Pers., Hauptgerichte 15 000– 40 000 KOL$) Diese Pension liegt recht zentral und hat sehr gepflegte Gemeinschaftsbereiche und makellose Zimmer mit Fliesenböden (in dieser Gegend eine große Sache!). Die kleine Rezeption und das fließende Wasser sorgen dafür, dass man sich fast wie in einem echten Hotel fühlt. Die Generatoren arbeiten die ganze Nacht über, sodass der Ventilator läuft und man besser schlafen kann.

ℹ An- & Weiterreise

Von Riohacha aus fährt man mit einem *colectivo* von **Cootrauri** (📞 728-0000; Calle 15 No 5-39) bis nach Uribia (12 000 KOL$, 1 Std.). Abfahrt ist täglich zwischen 5 und 18 Uhr, und zwar sobald das Fahrzeug voll ist. Um in Uribia den Anschluss nach Cabo zu erwischen, muss man vor 13 Uhr in Riohacha losfahren. Normalerweise wissen die Fahrer, wohin man möchte, und verfrachten einen in Uribia sofort in ein geländegängiges Vehikel nach Cabo (12 000–15 000 KOL$, 2 Std.). Es kann zu einer kurzen Wartezeit kommen während man dabei zusieht, wie das Fahrzeug bis obenhin mit anderen Passagieren, Kisten und Ziegen beladen wird.

Punta Gallinas

Das buchstäbliche Ende der Reise ist Punta Gallinas, der nördlichste Punkt Südamerikas. Es liegt in einer der spektakulärsten Landschaften des Kontinents. Gewaltige

Sanddünen fallen hinab ins Karibische Meer, und die in fantastischen Farben schimmernde Buchten säumen grüne Mangroven, die einen schönen Kontrast zum gelben und roten Sand bilden.

Punta Gallinas ist aber auch eine der unwirtlichsten Gegenden Kolumbiens und macht es Travellern mit kleinem Budget nicht leicht. Hier leben nur acht Wayuu-Familien, von denen einige einfache Gästehäuser betreiben, die relativ weit voneinander entfernt liegen. Die besten sind das **Hospedaje Alexandra** (318-500-6942, 315-538-2718; hospedajealexandra@hotmail.com; Hängematte/chinchorro/cabaña pro Pers. 15 000/20 000/30 000 KOL$) mit toller Lage direkt an der Bahía Hondita und das **Hospedaje Luzmila** (312-626-8121, 312-647-9881; luzmilita10@gmail.com; Hängematte/chinchorro pro Pers. 15 000/20 000 KOL$, Zi. 30 000 KOL$ /Pers.), das eine fabelhafte Aussicht bietet.

Einen echten Eindruck von der unglaublich vielseitigen Landschaft bekommt man nur, wenn man die Gegend zu Fuß, mit dem Rad oder im Rahmen einer Tour erkundet. Unbedingt besuchen sollte man die **Playa Taroa**, einen geradezu magischen Strand, den man erreicht, indem man eine gigantische Sanddüne hinunter bis zum Wasser rutscht. Das Gefühl der Abgeschiedenheit ist einfach überwältigend.

Die Fahrt auf eigene Faust nach Punta Gallinas ist schwer zu organisieren und kann sehr kostspielig sein. Wenn die Nachfrage groß genug ist und der Straßenzustand in Ordnung ist, holen einen die Pensionen vielleicht mit einem Geländewagen von Cabo de la Vela ab. Die andere Option ist, mit einem Fahrzeug nach Puerto Bolívar zu fahren und dann zwei Stunden mit dem Boot über das Meer überzusetzen. In jedem Fall wird es umso günstiger, je größer die Gruppe ist.

Wer wenig Zeit hat, kann bei **Kai Ecotravel** (311-436-2830; www.kaiecotravel.com; Hotel Castillo del Mar, Calle 9A No 15-352) eine All-inclusive-Tour mit privaten Fahrzeugen und Besuchen bei vielen Stätten buchen.

Barranquilla
5 / 1,9 MIO. EW.

Barranquilla scheint aus einer einzigen langen, glühendheißen Blechlawine zu bestehen, die von Schwerindustrie und karibischen Sümpfen umgeben ist. Kolumbiens viertgrößte Stadt widmet sich fast ausschließlich dem Handel und dem Verladen von Waren und ein längerer Aufenthalt lohnt sich nur, wenn gerade der viertägige Karneval tobt.

Während des Mardi-Gras-Karnevals unmittelbar vor Aschermittwoch verwandelt sich Barranquilla in ein riesige Tollhaus, aus dem es kein Entkommen zu geben scheint. Ausgelassene Besucher aus ganz Kolumbien fallen in die Stadt ein und trinken, als ob es kein Morgen gäbe, während sie sich wilde Mehl- und Wasserbombenschlachten liefern. Ein Muss, wenn man gerade in der Nähe ist. Im Gewühl auf Taschendiebe achten. Mit einer Einwegkamera und funktionaler Kleidung ist man bestens ausgestattet. Unterkünfte im Voraus buchen.

Wenn man in Barranquilla landet und eine preiswerte Unterkunft sucht, eignet sich **The Meeting Point** (320-502-4459, 318-2599; ciampani@gmail.com; Carrera 61 No 68-100; B/Zi. 15 000/40 000 KOL$), ein freundliches Hostel mit familiärer Atmosphäre und klimatisierten Schlafsälen.

Cartagena
5 / 945 000. EW.

Eine Stadt wie aus dem Märchen, voller Romantik und Legenden und von überragender Schönheit – Cartagena de Indias ist die schönste Stadt Kolumbiens: gepflasterte Gässchen, über und über mit Bougainvilleen bewachsene, weitläufige Balkone und mächtige Kirchen, die ihre Schatten über üppig grüne Plazas werfen.

Cartagena wurde 1533 gegründet und avancierte schnell zum wichtigsten Hafen der Spanier an der Karibikküste. Zudem war es das Tor zum Norden des Kontinents. Schätze, die den Eingeborenen gestohlen wurden, lagerte man hier, bis die Galleeren das Raubgut nach Spanien bringen konnten. Der Ort zog Piraten an wie ein Magnet und erlebte allein im 16. Jh. fünf Belagerungen, wovon die bekannteste 1586 von Francis Drake angeführt wurde.

Daraufhin bauten die Spanier den Hafen zu einem unbezwingbaren Stützpunkt aus und umschlossen die Stadt mit meisterlich konstruierten Mauern und einer Reihe von Forts. Diese Befestigungsanlagen ließen Cartagena in den folgenden Belagerungen ungeschoren davonkommen.

Das heutige Cartagena ist stark angewachsen und von scheinbar endlosen Vororten umgeben. Es hat den größten Hafen Kolumbiens und ist ein wichtiges Industriezentrum. Nichtsdestotrotz hat sich die Altstadt hinter den beeindruckenden Mauern kaum verändert.

Cartagena ist heute auch ein exklusiver Badeort und mit Bocagrande und El Laguito, südlich der Altstadt, sind moderne Touristenviertel aus dem Boden gewachsen. Die meisten Backpacker bleiben jedoch im historischen Teil der Stadt.

Sehenswertes

Die wichtigste Sehenswürdigkeit Cartagenas ist die Altstadt und hier ganz besonders der von Mauern umgebene innere Teil, der aus den historischen Vierteln El Centro und San Diego mit ihren vielen wunderschönen Plätzen und mit Blumen übersäten Balkonen besteht. Fast jedes Sträßchen gibt mit all der Architektur aus dem 16. und 17. Jh. ein tolles Postkartenmotiv ab.

Getsemaní, das im äußeren Teil der befestigten Stadt liegt, ist nicht ganz so gut erhalten, aber die Straßen sind lebhafter und es gibt ein paar gute Bars sowie die bezaubernde Plaza Trinidad.

Die Altstadt ist von **Las Murallas** umgeben, den dicken Mauern, die einst als Schutzwall erbaut wurden. Die Bauarbeiten dazu begannen Ende des 16. Jhs. nach dem Angriff des Freibeuters Francis Drake. Bis dahin war Cartagena so gut wie ungeschützt.

Für viele Kirchen muss Eintritt bezahlt werden – wer ein knappes Budget hat, kann während des Gottesdiensts aber kostenlos einen kurzen Blick hineinwerfen. Meist wird die Messe irgendwann zwischen 17 und 18 Uhr gefeiert. Am letzten Sonntag im Monat ist der Eintritt zu vielen Museen kostenlos.

★ Castillo de San Felipe de Barajas FESTUNG
(Av Arévalo; Erw./Kind 17 000/8000 KOL$; ⊗8–18 Uhr) Das Castillo ist die größte Festung, die die Spanier je in einer ihrer Kolonien errichtet haben. Noch heute dominiert sie einen gesamten Stadtteil. Sie sollte auf jeden Fall die Nummer eins unter den Festungen sein, die man besucht. Die ursprüngliche Festung wurde 1630 in Auftrag gegeben und war noch recht klein. 1657 begann man mit dem Bau auf dem 40 m hohen Hügel San Lázaro. 1762 wurde die Festung umfangreich erweitert, sodass die mächtige Bastion nun den gesamten Hügel einnahm.

★ Palacio de la Inquisición MUSEUM
(Plaza de Bolívar; Erw./Kind 16 000/13 000 KOL$; ⊗9–18 Uhr) Heute mag der Palast der Inquisition eines der schönsten Gebäude der Stadt sein, doch in der Vergangenheit beherbergte es der berüchtigte Inquisition, deren blutige Aufgabe es war, im kolonialen Cartagena die Ketzerei auszurotten. Der Palast ist inzwischen ein Museum, das die finsteren Folterinstrumente der Inquisitoren ausstellt, von denen einige wirklich grauenvoll sind. Außerdem zeigt es präkolumbische Keramik sowie Exponate aus der Kolonialzeit und der Zeit der Unabhängigkeit, darunter Waffen, Gemälde, Möbel und Kirchenglocken.

Convento & Iglesia de
San Pedro Claver MUSEUM
(☏ 664-4991; Plaza de San Pedro Claver; Erw./Kind 9000/6000 KOL$; ⊗Mo-Fr 9.30–12 & 15–17 Uhr) Dieses Kloster gründeten die Jesuiten in der ersten Hälfte des 17. Jhs. Ursprünglich hieß es San Ignacio de Loyola, später wurde es zu Ehren des in Spanien geborenen Mönchs Pedro Claver (1580-1654) umbenannt, der im Kloster lebte und starb. Er wurde „Apostel der Schwarzen" und „Sklave der Sklaven" genannt und widmete sein Leben den Sklaven, die aus Afrika hergebracht wurden. Er war 1888 der erste Mensch, der in der Neuen Welt heiliggesprochen wurde.

Plaza de Bolívar PLAZA
Die grüne, schattige Plaza, die frühere Plaza de Inquisición, wird von einigen der elegantesten, mit Balkons versehenen Kolonialbauten der Stadt gesäumt. Sie ist eine der schönsten Plazas Cartagenas und bietet wunderbare Erholung von der karibischen Hitze. In der Mitte steht eine Statue von Simón Bolívar, nach dem der Platz benannt ist.

Convento de la Popa KIRCHE
(Erw./Kind 8000/6000 KOL$; ⊗8–18 Uhr) Auf dem höchsten Punkt der Stadt, einem 150 m hohen Hügel, erhebt sich dieses Kloster. In der Kapelle befindet sich eine schöne Figur der Virgen de la Candelaria, der Schutzherrin der Stadt, außerdem hat sie einen zauberhaften blumengeschmückten Patio. Eine gruselige Statue stellt den von einem Speer durchbohrten Padre Alonso García de Paredes dar, einen Priester, der zusammen mit fünf spanischen Soldaten ermordet wurde, als er versuchte, das Christentum zu verbreiten. Der Blick von hier über die gesamte Stadt ist einfach grandios.

Ein Taxi kostet einschließlich Wartezeit bis zu 40 000 KOL$; wer höflich, aber bestimmt mit dem Fahrer feilscht, kann diesen Preis vielleicht auch noch ein wenig herunterhandeln.

Cartagena (Altstadt)

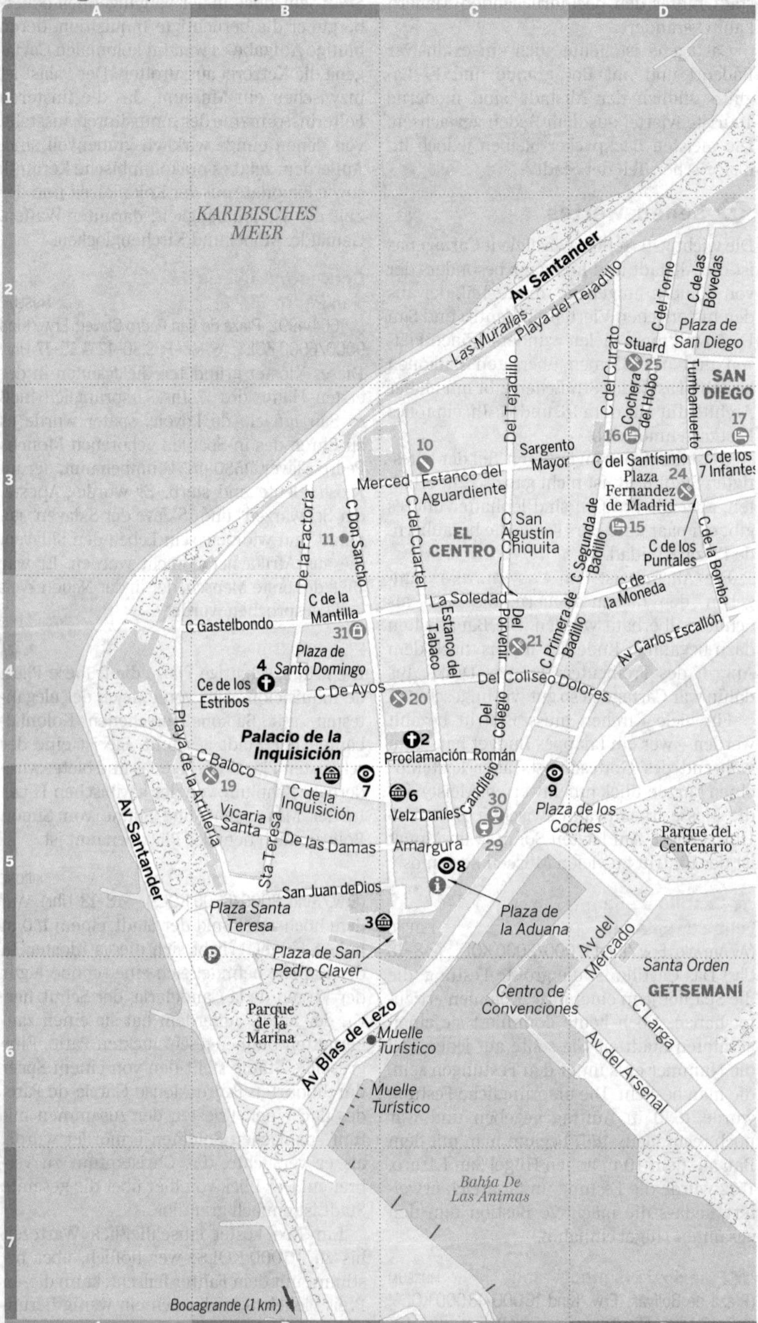

A
B
C
D
1
2
3
4
5
6
7
KARIBISCHES MEER
Av Santander
Las Murallas
Playa del Tejadillo
C del Torno
C de las Bóvedas
Plaza de San Diego
Stuard
25
SAN DIEGO
C del Curato
Cochera del Hobo
Tumbamuerto
17
16
Del Tejadillo
10
Sargento Mayor
C del Santísimo
C de los 7 Infantes
Plaza Fernandez de Madrid
24
Merced
Estanco del Aguardiente
C Don Sancho
De la Factoría
11
C del Cuartel
EL CENTRO
C San Agustín Chiquita
C Segunda de Badillo
15
C de los Puntales
C de la Bomba
C de la Mantilla
La Soledad
Del Porvenir
C de la Moneda
C Gastelbondo
31
Estanco del Tabaco
21
C Primera de Badillo
Av Carlos Escallón
Plaza de Santo Domingo
4
Ce de los Estribos
C De Ayos
20
Del Coliseo
Dolores
Del Colegio
Palacio de la Inquisición
2
Proclamación
Román
C Baloco
19
1
7
6
Candilejo
9
Playa de la Artillería
C de la Inquisición
Velz Daníes
30
Plaza de los Coches
Vicaria
Santa
De las Damas
Sta Teresa
Amargura
29
8
Parque del Centenario
Av Santander
San Juan deDios
Plaza Santa Teresa
3
Plaza de la Aduana
Plaza de San Pedro Claver
Av del Mercado
Santa Orden
GETSEMANÍ
Centro de Convenciones
C Larga
Parque de la Marina
Av Blas de Lezo
Muelle Turístico
Av del Arsenal
Muelle Turístico
Bahja De Las Animas
Bocagrande (1 km)
A
B
C
D

Iglesia de Santo Domingo — KIRCHE

(Plaza de Santo Domingo; Erw./Kind 12000/ 8000 KOL$; Di-Sa 9-19, So 12-20 Uhr) Santo Domingo soll die älteste Kirche der Stadt sein. Sie wurde 1539 ursprünglich an der Plaza de los Coches gebaut, fiel aber einem Brand zum Opfer und wurde 1552 am heutigen Standort neu errichtet. Das zentrale Kirchenschiff wurde besonders breit angelegt und mit einem schweren Dach bedeckt, doch anscheinend waren die Berechnungen fehlerhaft, denn bald darauf bildeten sich Risse im Gewölbe.

Puerta del Reloj — TOR

Das ursprünglich Boca del Puente genannte Tor war das Haupttor in die innerhalb der Stadtmauern liegende Innenstadt. Von Getsemaní führte eine Zugbrücke über den Festungsgraben zum Tor. Die Seitenbögen, die heute offene Fußwege sind, wurden früher als Kapelle und Waffenkammer genutzt. 1888 wurde der mit einer vierseitigen Uhr versehene Turm im republikanischen Stil ergänzt.

Catedral — KIRCHE

(Calle de los Santos de Piedra; Erw./Kind inkl. Audioguide 12000/800 KOL$; 10.30-19 Uhr; P) Mit dem Bau der Kathedrale Cartagenas begann man 1575, doch noch vor der Fertigstellung wurde sie 1586 von den Kanonen Francis Drakes zerstört. Erst 1612 wurde der Bau schließlich vollendet. Der erste Erzbischof von Cartagena sorgte zwischen 1912 und 1923 für Änderungen, so etwa ließ er die Kirche mit Gips verputzen und so anmalen, dass es wie Marmor aussah. Außerdem ließ er die Kuppel auf dem Turm bauen.

Plaza de la Aduana — PLAZA

Der größte und älteste Platz der Altstadt war früher ein Paradeplatz. Während der Kolonialzeit standen hier alle wichtigen Regierungs- und Verwaltungsgebäude. Das alte Königliche Zollhaus wurde restauriert und dient heute als Rathaus. In der Mitte des Platzes steht eine Statue von Christoph Columbus.

Museo del Oro Zenú — MUSEUM

(Plaza de Bolívar; Di-Sa 9-17, So 10-15 Uhr) GRATIS Dieses Museum ist quasi eine Miniaturversion des weltberühmten Museo del Oro in Bogotá. Es ist zwar klein, beherbergt aber eine faszinierende Sammlung von Gold und Keramik des Zenú-Volkes (auch Sinú genannt), das vor der spanischen Eroberung die Region der heutigen Departamentos Bolívar, Córdoba und Sucre und den Norden

Cartagena (Altstadt)

◎ Highlights
1 Palacio de la Inquisición B5

◎ Sehenswertes
2 Catedral C4
3 Convento & Iglesia de San Pedro
   Claver C5
4 Iglesia de Santo Domingo B4
5 Las Bóvedas E1
6 Museo del Oro Zenú C5
7 Plaza de Bolívar B5
8 Plaza de la Aduana C5
9 Puerta del Reloj C5

◎ Aktivitäten, Kurse & Touren
10 Diving Planet C3
11 Vélo Tours B3

◎ Schlafen
12 Casa Marco Polo E3
13 Casa Viena E5
14 Casa Villa Colonial F5
15 Chill House D3
16 El Genovés Hostal D3
17 El Viajero Cartagena D3
18 Media Luna Hostel E5

◎ Essen
19 Crepe Xpress B5
20 El Bistro C4
21 Espíritu Santo C4
22 Gastrolab Sur F5
23 Gato Negro E5
24 Girasoles D3
   I Balconi .... (siehe 28)
25 La Cevicheria D2
26 Restaurante Coroncoro E5

◎ Ausgehen & Nachtleben
27 Bazurto Social Club E5
28 Café Havana E5
29 Donde Fidel C5
30 Tu Candela C5

◎ Shoppen
31 Ábaco B4

von Antioquia bewohnte. Einige Stücke sind besonders fein und detailliert gearbeitet.

Mercado Bazurto — MARKT
(Av Pedro de Heredia; ⊙ 24 Std.) Cartagenas labyrinthischer Markt ist ein Angriff auf alle Sinne und nur etwas für abenteuerlustige Seelen. Er ist zugleich schmutzig und faszinierend. Wenn sich irgendetwas verkaufen lässt, dann wird es hier auch verkauft. In endlos wirkenden Reihen von Ständen werden Obst und Gemüse, Fleisch und Fisch angeboten, und es gibt viele Möglichkeiten, einen Snack zu essen oder ein gekühltes Getränk zu erstehen. Auf auffälligen Schmuck verzichtet man hier besser, und auch auf die Kamera und das Portemonnaie sollte man noch mehr achtgeben als sonst. Von der Altstadt nimmt man am besten ein Taxi (7000 KOL$), dann kann das Abenteuer beginnen.

Las Bóvedas — HISTORISCHES GEBÄUDE
(Playa del Tejadillo) Diese 23 Verliese wurden zwischen 1792 und 1796 in die 15 m dicke Stadtmauer hineingebaut. Sie waren das letzte große Bauvorhaben, das in der Kolonialzeit durchgeführt wurde, und dienten militärischen Zwecken. Die Spanier nutzten die Gewölbe als Lagerräume für Munition und Vorräte. Während der republikanischen Ära wurden sie später in ein Gefängnis verwandelt. Heute beherbergen sie recht touristische Kunsthandwerks- und Souvenirgeschäfte.

🏃 Aktivitäten

Cartagena hat sich zu einem wichtigen Tauchzentrum entwickelt. In Taganga sind die Preise allerdings viel günstiger.

Diving Planet — TAUCHEN
(☎ 300-815-7169, 320-230-1515; www.divingplanet.org; Calle Estanco del Aguardiente No 5-09) Die Fünfsterne-PADI-Tauchschule bietet Tauchgänge mit zwei Flaschen vor den Islas del Rosario, die inklusive Transport, Ausrüstung, Mittagessen und Tauchlehrer 300 000 KOL$ kosten. Bei Online-Buchung gibt's Rabatte.

Vélo Tours — RADTOUREN
(☎ 300-276-5036, 664-9714; Calle don Sancho; Touren pro Pers. 80 000–100 000 KOL$) Das innovative Unternehmen bietet Radtouren durch die Stadt und in der Nacht sowie Fahrten zu den Festungen und den nahen Küstenabschnitten. Außerdem verleiht es Räder (80 000 KOL$/24 Std.).

🎉 Feste & Events

Concurso Nacional de Belleza — SCHÖNHEITSWETTBEWERB
(www.srtacolombia.org) Am 11. November wird dieser Schönheitswettbewerb zu Ehren des Unabhängigkeitstages Cartagenas abgehalten. Der Höhepunkt des Ereignisses ist die Wahl der Miss Colombia, der Schönheitskönigin. Die Fiesta beginnt schon mehrere Tage vor dem eigentlichen Wettbewerb und

die Stadt gerät bei Straßentanz, Musik und Kostümparaden außer Rand und Band. Das auch Carnaval de Cartagena oder Fiestas del 11 de Noviembre genannte Fest ist die wichtigste jährliche Party der Stadt.

Schlafen

Die meisten Backpacker übernachten in Getsemaní. Das einstige Rotlichtviertel hat sich durch den Einzug der Travellerszene stark verändert: Heute gibt es hier wesentlich mehr Hostels, hippe Bars und Restaurants als billige Absteigen und Bordelle, und die Straßen sind überwiegend sicher. Auch innerhalb der Stadtmauern befinden sich mehrere Budgetunterkünfte.

Casa Viena   HOSTEL $

(664-5048; www.casaviena.com; Calle San Andrés No 30-53, Getsemaní; B 20 000, EZ/DZ 40 000/70 000 KOL$, EZ/DZ ohne Bad 35 000/50 000 KOL$; ❄@🛜) Traditionelles, von Österreichern geführtes Hostel in einer lauten Straße in Getsemaní – Ohrstöpsel sind hier unverzichtbar. Der gut gefüllte Schlafsaal ist eng und könnte einen neuen Anstrich vertragen, doch dafür gibt's kostenloses Internet und Gratiskaffee. Die Atmosphäre ist gesellig, und eine Küche können die Gäste ebenfalls nutzen – bessere Bedingungen dürfte man zu diesem Preis wohl weit und breit nicht finden.

Chill House   HOSTEL $

(660-2386; www.chillhousebackpackers.hostel.com; Calle de la Tablada, Parque Fernandez de Madrid, No 7-12, San Diego; B ab 21 000 KOL$, Zi. mit/ohne Klimaanlage 90 000/70 000 KOL$; ❄🛜) Ein günstigeres Bett im Herzen der Altstadt wird sich nicht auftreiben lassen, wenngleich es hier ziemlich beengt ist. Es geht sehr gesellig zu. Die Lobby ziert sonderbarerweise eine Waage. Das Hostel steht an einem schönen Platz, und in der Nähe gibt es mehrere gute, billige Restaurants, was praktisch ist, weil es im Hostel selbst nichts zu essen gibt.

★ Casa Marco Polo   BOUTIQUEHOTEL $$

(316-874-9478; casamarcopolo@hotmail.com; Calle de los 7 Infantes No 9-89; EZ/DZ/3BZ inkl. Frühstück 150 000/160 000/200 000 KOL$; ❄🛜) Eine fantastische Unterkunft in der Altstadt. Das schöne Privathaus ist ein wunderbar renoviertes und umgebautes Kolonialhaus mit drei individuell gestalteten Gästezimmern. Alle haben ein eigenes Bad, sind geschmackvoll mit traditioneller Kunst und Kunsthandwerk gestaltet und haben Zugang zu einer tollen Dachterrasse. Zudem gibt's sowohl warmes Wasser als auch morgens mit das beste Frühstück ganz Kolumbiens.

Casa Villa Colonial   HOTEL $$

(664-5421; www.casavillacolonial.com; Calle de la Media Luna No 10-89, Getsemaní; EZ/DZ 100 000/150 000 KOL$; ❄🛜) Ein fantastisches Schnäppchen: persönlicher Vierstern e-Service, schöne Gemeinschaftsbereiche mit bequemen Sofas und leise Klimaanlagen. Die besten Zimmer haben kleine Balkons, die auf den Hof gehen, es gibt eine Gästeküche und unbegrenzt tollen Kaffee.

El Genovés Hostal   HOSTEL $$

(646-0972; www.elgenoveshostal.com; Calle Cochera del Hobo No 38-27, San Diego; B 30 000-35 000 KOL$, Zi. ab 171 000 KOL$, alle inkl. Frühstück; ❄🛜) Dieses charmante, farbenfrohe Hostel ist eine willkommene Bereicherung der Hostelszene in San Diego. Es gibt einen Schlafsaal mit vier und einen mit zwölf Betten sowie mehrere Doppel- und Dreibettzimmer mit eigenem Bad. Es liegt um einen netten Pool und hat eine kleine Dachterrasse und eine komplett ausgestattete Gemeinschaftsküche.

Media Luna Hostel   HOSTEL $$

(664-3423; www.medialunahostel.com; Calle de la Media Luna No 10-46, Getsemaní; B mit/ohne Klimaanlage 35 000/30 000 KOL$, Zi. 120 000 KOL$; ❄@🛜) Dieses Boutiquehostel bildet eindeutig das Zentrum der Backpacker-Szene in Getsemaní. Seinen Dreh- und Angelpunkt hat es im großen Hof und auf der Dachterrasse, auf der jeden Mittwochabend die größte Party Cartagenas stattfindet. Die sauberen, gepflegten Zimmer sind mit frischer Bettwäsche und guten Matratzen ausgestattet. Wer feiern will, ist in diesem Hostel goldrichtig.

El Viajero Cartagena   HOSTEL $$

(660-2598; www.hostelcartagena.com; Calle de los 7 Infantes No 9-45; B ab 36 000 KOL$ DZ 170 000 KOL$, EZ/DZ ohne Bad 81 000/162 000 KOL$, alle inkl. Frühstück; ❄🛜) Das megabeliebte, große Backpacker-Hostel ist sowohl das am zentralsten gelegene als auch eines der geselligsten in der Innenstadt. Alle Zimmer haben eine Klimaanlage – angesichts der Hitze ein Traum, vor allem bei diesem Preis. Die Matratzen sind fest, die Küche ist gut organisiert und blitzsauber, und im netten offenen Innenhof geht es freundlich und gesellig zu.

🍴 Essen

In Cartagena kann man gut essen, besonders in den Restaurants der Spitzenklasse, doch es gibt auch viele preiswerte Lokale und an fast jeder Ecke interessantes Straßenessen. Eine lokale frittierte Spezialität sind *arepas de huevo* (frittierte Maisteigtaschen gefüllt mit einem Ei). Viele kleine *ceviche*-Stände verkaufen die lokale Variante dieses Klassikers sowie die nicht ganz so ansprechenden *coctel*, die mit Mayo und Ketchup bedeckt sind.

Dutzende Lokale in der ganzen Stadt servieren *almuerzos* für 8000 bis 10 000 KOL$. Zu den besten gehört das **Restaurante Coroncoro** (664-2648; Calle Tripita y Media No 31-28, Getsemaní; Hauptgerichte 7000–13 000 KOL$; 7.30–22 Uhr). Vegetarische Gerichte gibt's im **Girasoles** (664-5239; Calle de los Puntales No 37-01, San Diego; Menüs 7000 KOL$; Mo–Fr 7.30–18, Sa 8–16 Uhr). Auf der Plaza Trinidad verkaufen kleine Stände abends günstiges Straßenessen.

★ Gastrolab Sur — KARIBISCH, MEDITERRAN $
(Calle del Espiritu Santo No 29-140; Hauptgerichte 8000–16 000 KOL$; 17–23 Uhr) Dieses Juwel kann man leicht übersehen, wenn man nicht weiß, dass es da ist. Im schön beleuchteten Garten des Kulturzentrums Ciudad Móvil, des pulsierenden Herzens des wiederbelebten Viertels Getsemaní, serviert es köstliche *aranchinas* (Reisbällchen) in verschiedenen Varianten (am besten bestellt man das *tríptico*, eine Kombination aus allen drei), *bruschettas costeñas* und Pizza.

Die Mitarbeiter sind superfreundlich. Übrigens kann man hier auch wunderbar einfach nur etwas trinken.

★ Crepe Xpress — CRÊPERIE $
(Calle Baloco No 220; Crêpes 6000–12 000 KOL$; 16–22 Uhr) Diese charmante kleine Crêperie serviert perfekte Crêpes – außen knusprig, innen saftig. Die Kunden können sich ihre eigene Variante zusammenstellen, die mit Spinat, Käse und karamellisierten Zwiebeln dürfte aber schwer zu übertreffen sein. Die Suche nach besseren Crêpes in Cartagena kann man sich schenken – es gibt keine.

Espíritu Santo — KOLUMBIANISCH $
(Calle del Porvenir No 35-60; Hauptgerichte 10 000–14 000 KOL$; 11.30–15.30 Uhr) Von außen fällt es kaum auf, doch dieses unglaublich beliebte Mittagslokal erstreckt sich höhlenartig in die Tiefe, und oft hat es den Anschein, als ob mittags die halbe Stadt herkommt, um das einfache und verdammt leckere *comida corriente* zu essen. Typische Gerichte sind Fischfilet in Kokosmilch, Rinderbraten sowie einige ausgezeichnete Salate. Die Portionen sind groß und das Preis-Leistungs-Verzeichnis ist fantastisch.

Gato Negro — CAFÉ $
(660-0958; Calle San Andrés No 30-39, Getsemaní; Hauptgerichte 6000–9000 KOL$; Mo–Sa 7–2 Uhr) Ein beliebtes Lokal in Getsemaní, das sich auf einfache, aber gute Frühstücksmenüs wie Omeletts, Crêpes, Müsli und kontinentales Frühstück spezialisiert hat. Ein Mittagsmenü gibt es ebenfalls. Es befindet sich in einem Kolonialhaus, die Wände sind mit moderner Kunst geschmückt.

★ La Cevicheria — SEAFOOD $$
(664-5255; Calle Stuart No 7-14, San Diego; Hauptgerichte 20 000–60 000 KOL$; Mi–Mo 12–23 Uhr) Das Restaurant ist zwar winzig, doch seine *ceviches* sind die besten der Welt, und die Chili-Sauce würde sogar den Teufel vertreiben. Alle Gerichte sind schwungvoll und elegant zubereitet: Der Tintenfisch in Erdnuss-Sauce ist ebenso grandios wie der schwarze Tintenfisch-Reis oder die peruanische Fisch- und Shrimps-*ceviche*.

I Balconi — PIZZA $$
(660-9880; Calle del Guerrero No 29-146, 2. OG, Getsemaní; Pizzas 12 500–26 000 KOL$; Di–So 16–24 Uhr) Die beste Pizza der Stadt gibt's hier, über der Bar Havana. Der italienische Besitzer nimmt die Qualität der Zutaten so ernst, dass er einen einheimischen Käsehersteller rekrutiert hat und ihn in der Kunst der Produktion des perfekten Gorgonzolas und Parmesans unterwiesen hat. Das Ergebnis ist fantastisch. Der Service ist tadellos und die Wände des luftigen Gastraums schmücken coole Kunstwerke.

El Bistro — EUROPÄISCH $$
(664-1799; Calle de Ayos No 4-46, El Centro; Sandwiches ab 10 000 KOL$, Hauptgerichte 18 000–47 000 KOL$; Mo–Sa 9–23 Uhr) Ein charmantes, beliebtes Lokal, das frisches Brot verkauft und ein komplettes Speisenangebot hat. Die täglichen Mittagsmenüs bestehen aus einer Suppe und einem sättigenden Hauptgericht. Unbedingt probieren: die *limonada de coco* (Kokoslimonade).

🍷 Ausgehen & Nachtleben

★ Café Havana — CLUB
(Ecke Calles del Guerrero & de la Media Luna, Getsemaní; Eintritt 10 000 KOL$; Do–Sa 20–4, So 17–2 Uhr) Das Café Havana punktet in jeder

Hinsicht: Live-Salsa von kubanischen Musikern, starke Drinks, eine herrliche hufeisenförmige Bar, an der geniale Exzentriker sitzen, und kreisende Deckenventilatoren. Hierher kam Hillary Clinton 2012 während des Amerika-Gipfels, um zu feiern, und zu Recht, denn es ist immer noch die beste Bar der Stadt.

★ Bazurto Social Club CLUB
(www.bazurtosocialclub.com; Av del Centenario No 30-42; Eintritt 5000 KOL$; ⊙ Mi-Sa 19-3.30 Uhr) In diesem turbulenten Club tanzen die Einheimischen gemeinsam unter einem riesigen leuchtend roten Fisch zu Live-*champeta*-Musik; bei fantastischen Cocktails kann man dem neuesten Klatsch rund um Getsemaní lauschen. Die Musik ist klasse, und auch wer eigentlich keine Lust hat zu tanzen, findet sich nach ein paar Drinks möglicherweise auf der Tanzfläche wieder.

Tu Candela CLUB
(☏ 664-8787; El Portal de los Dulces No 32-25, El Centro; ⊙ 20-4 Uhr) Reggaeton, Vallenato, Merengue und guter Salsa erfüllen diesen Club. Das Tu Candela ist immer brechend voll, doch die Atmosphäre ist cool und alles scheint möglich. Hier begannen Barrack Obamas fehlgeleitete Secret-Service-Mitarbeiter ihre berüchtigten Ausflüge in die Welt des Kokains und der Prostitution. Man kapiert schnell, wie das geschehen konnte: Hier wimmelt's nur so von Prostituierten.

Den Eintritt kann man in der Bar auf die Drinks anrechnen lassen.

Donde Fidel BAR
(☏ 664-3127; El Portal de los Dulces No 32-09, El Centro; ⊙ 11-2 Uhr) Die fantastische Soundanlage und die außergewöhnliche Salsa-Sammlung von Don Fidel selbst haben schon gestandene Männer zum Weinen gebracht. Dies ist die Musik der Liebe, des Verlusts und der Wehklagen. In der Bar, einer Institution der Stadt, tanzen schmusende Pärchen in den Arkaden unter den Porträts des Besitzers und diverser Superstars. Von den Tischen auf der riesigen Terrasse kann man wunderbar Leute beobachten.

🛍 Shoppen

Ábaco BÜCHER
(☏ 664-8338; Ecke Calles de la Iglesia & de la Mantilla; ⊙ Mo-Sa 9-21, So 15-21 Uhr) Gute Auswahl an Büchern über Cartagena und eine kleine englischsprachige Abteilung, und es gibt auch alle Bücher von Gabriel García Márquez. Außerdem wird italienisches Bier, spanischer Wein und starker Espresso verkauft.

ℹ Praktische Informationen

In der Altstadt mangelt es an Geldautomaten, doch dafür gibt's viele in der Av Venezuela. Den „Geldwechslern", die durch die Stadt schwirren und fantastische Wechselkurse anbieten, geht man aus dem Weg – sie sind ausnahmslos gewiefte Betrüger.

4-72 (Calle 8B, Edificio Villa Anamaria, Local 1, Bocagrande; ⊙ Mo-Fr 8-17, Sa bis 12 Uhr) Post.

Hospital Naval de Cartagena (☏ 655-4306; Carrera 2 No 14-210, Bocagrande; ⊙ 24 Std.) Krankenhaus mit Dekompressionskammer.

Ministerio de Relaciones Exteriores (☏ 666-0172; Carrera 20B No 29-18, Pie de la Popa; ⊙ 8-12 $ 14-17 Uhr) Büro für Einreise und Visaverlängerungen; ca. 1 km außerhalb der Stadt. Einen halben Tag sollte man für sein Anliegen mindestens einplanen.

Touristeninformation (Turismo Cartagena de Indias; ☏ 660-1583; www.turismocartagena deindias.com; Plaza de la Aduana; ⊙ Mo-Sa 9-12 & 13-18, So 9-17 Uhr) Haupttouristeninformation mit freundlichen, hilfreichen Mitarbeitern, die Englisch sprechen. Außerdem gibt's kleine Infoschalter am Plaza de San Pedro Claver und am Plaza de los Coches sowie die Verwaltungsbüros am Muelle Turístico.

ℹ An- & Weiterreise

BUS
Nach Barranquilla oder Santa Marta kommt man am einfachsten vom **Berlinastur-Terminal** (www.berlinastur.com; abseits der Calle 47 & Carrera 3), das eine kurze Taxifahrt von der Altstadt entfernt ist. Von dort fahren von 5 bis 20 Uhr alle 20 Minuten klimatisierte Minibusse nach Barranquilla (18 000 KOL$, 2 Std.) und weiter nach Santa Marta (36 000 KOL$, 4 Std.).

Eine noch bessere, aber teurere Option für die Fahrt nach Santa Marta ist der Bus von **MarSol** (☏ 656-0302; www.transportesmarsol.net) zwischen Cartagena und Santa Marta (42 000 KOL$, 3 Std.). Er holt Fahrgäste von jedem Hotel oder Hostel ab, lässt Barranquilla komplett links liegen und setzt sie in Santa Marta wieder am gewünschten Hotel oder Hostel ab. Täglich fahren zwei Busse; man ruft einfach spätestens einen Tag vorher an, um einen Platz zu reservieren.

Busse zu allen anderen Zielen starten vom Hauptbusbahnhof am östlichen Stadtrand. Die Fahrt dorthin kann von der Altstadt bis zu eine Stunde dauern. Große, grün-rot gekennzeichnete klimatisierte Metrocar-Busse verkehren alle 15 bis 30 Minuten auf dieser Strecke (2500 KOL$, 40 Min.). Im Zentrum fahren sie an der Av Santander ab. Ein Taxi kostet etwa 15 000 KOL$.

Täglich fahren sechs Busse nach Bogotá (120 000 KOL$, 18 Std.) und sechs Busse nach Medellín (85 000 KOL$, 13 Std.). Ein Bus von **Caribe Express** (371-5132) steuert um 7 Uhr Mompox (50 000 KOL$, 8 Std.) an.

Wer nach Turbo möchte, nimmt einen der häufigen Busse nach Montería (55 000 KOL$, 4½ Std.) und steigt dort um. Man muss bis 11 Uhr abfahren, damit es mit dem Anschluss sicher klappt.

FLUGZEUG

Alle großen kolumbianischen Fluggesellschaften fliegen ab und nach Cartagena. Der Flughafen liegt im Vorort Crespo, 3 km nordöstlich der Altstadt, und wird häufig von Nahverkehrsbussen angesteuert. *Colectivos* (1500 KOL$) und angenehmere klimatisierte Shuttlebusse namens Metrocar (2000 KOL$) fahren vom Monumento a la India Catalina. Ein Taxi vom Zentrum zum Flughafen kostet 9000 bis 12 000 KOL$, vom Flughafen ins Zentrum gilt ein Festpreis von 10 000 KOL$.

SCHIFF/FÄHRE

Segelboote sind eine beliebte Möglichkeit, um nach Panama überzusetzen. Verschiedene Jachten fahren von Cartagena über den San-Blas-Archipel nach Panama und zurück, einen festen Fahrplan gibt es aber nicht. Die Fahrt dauert normalerweise fünf Tage und beinhaltet drei Tage auf den San-Blas-Inseln, um zu schnorcheln und andere Inseln zu besuchen. Die All-inclusive-Touren kosten in der Regel etwa 450 bis 650 US$; der Preis hängt aber von vielen verschiedenen Faktoren ab und variiert daher.

Die meisten Boote kommen in Panama in den Häfen Portobelo oder Porvenir an, einige auch in Colón, einer rauen Stadt, in der man überall nur mit dem Taxi hinfahren sollte. Von allen drei Häfen gelangt man problemlos nach Panama City.

Der Schiffsverkehr wurde in den letzten Jahren stark durch **Blue Sailing** (321-687-5333, 310-704-0425; www.bluesailing.net; Calle San Andrés No 30-47) verändert, eine kolumbianisch-amerikanisch geführte Agentur, die versucht, ein bis dato unreguliertes Geschäft zu legalisieren. Gegenwärtig repräsentiert Blue Sailing 22 Jachten und sorgt dafür, dass alle mit der nötigen Sicherheitsausrüstung für Fahrten über das Meer ausgestattet sind. Es überwacht die Standorte der Boote rund um die Uhr und arbeitet mit lizensierten Kapitänen zusammen. Es ist also zu empfehlen, die Tour mit einem Boot von Blue Sailing zu unternehmen, damit die Überfahrt sicher und legal ist. Normalerweise fährt selbst in der Nebensaison täglich ein Boot; man teilt Blue Sailing einfach per Mail das gewünschte Abfahrtsdatum mit; die Mitarbeiter versuchen dann, einen auf einem Boot unterzubringen.

Auch andere Agenturen in Cartagena bieten Überfahrten an, man sollte sich aber die Sicherheitsausrüstung und die Lizenz des Kapitäns zeigen lassen. Am besten fragt man ein wenig herum und recherchiert im Internet, um Bewertungen des Boots und der Crew zu finden, ehe man eine Überfahrt bucht.

Traveller, die keine fünf Tage Zeit haben, können mit der Fähre von **Ferry Xpress** (368-0000; www.ferryxpress.com), auf der 1000 Personen Platz finden (Sitz/Kajüte einfache Fahrt 99/155 US$, 18 Std.), von Cartagena nach Colón fahren. Die Fähren legen dienstags und donnerstags in Cartagena und montags und mittwochs in Colón ab. Sie nehmen auch Autos mit.

Rund um Cartagena

Islas del Rosario

Dieser Archipel etwa 35 km südwestlich von Cartagena besteht aus 27 kleinen Koralleninseln, darunter einige winzige Inselchen, die gerade groß genug für ein einzelnes Haus sind. Das gesamte Areal ist ein Schutzgebiet namens **Parque Nacional Corales del Rosario y de San Bernardo**. Leider haben warme Wasserströmungen das Korallensystem beschädigt, sodass das Tauchen hier nicht gerade fantastisch ist.

Bootstouren zwischen den Inseln haben eine lange Tradition. Die Boote starten das ganze Jahr über täglich zwischen 8 und 9 Uhr am Muelle Turístico (Turismo Cartagena de Indias) in Cartagena. Unterwegs besuchen sie mehrere Inseln und die Playa Blanca und kehren zwischen 16 und 18 Uhr zurück. Das Tourenbüro am *muelle* (Dock) verkauft Touren in großen Booten für ca. 70 000 KOL$, in einigen Budgethostels kann man auch günstigere Angebote finden – 40 000 KOL$ ist dort der übliche Preis. Von den unabhängigen Verkäufern, die versuchen, einem dieselbe Tour zum doppelten Preis anzudrehen, sollte man sich fernhalten. Das Mittagessen ist normalerweise im Preis enthalten, nicht aber der Eintritt in den Nationalpark und ins Aquarium auf einer der Inseln sowie die Hafensteuer. Die Details sollte man vor der Fahrt mit dem Tourveranstalter klären.

Playa Blanca

5

Dies ist einer der schönsten Strände in der Umgebung von Cartagena. Er befindet sich etwa 20 km südwestlich der Innenstadt auf der Isla de Barú, und die Bootstouren zu den Islas del Rosario legen hier in der Regel einen Stopp ein. Da direkt vor dem Strand ein Korallenriff beginnt, kann man hier sehr gut schnorcheln. Schnorchelausrüstung kann man für etwa 5000 KOL$ ausleihen.

Am Strand gibt es einige rustikale Unterkünfte. Die beste ist das freundliche **La Estrella** (312-602-9987; Hängematte 10 000, DZ ab 50 000 KOL$), das Zelte unter einem Strohdach, Hängematten mit Netzen und rustikale Hütten hat. Mehrere Restaurants servieren frischen Fisch und Reis für 20 000 KOL$.

Direktboote (25 000 KOL$, 1 Std.) fahren jeden Morgen außer sonntags zwischen 7.30 und 9.30 Uhr vom Mercado Bazurto in Cartagena zur Playa Blanca. Zurück kann man meistens für um die 10 000 KOL$ mit einem der Tourboote mitfahren, die von den Islas del Rosario zurückkommen.

Am günstigsten erreicht man den Strand, indem man mit einem Bus vom Mercado Bazurto nach Pasocaballos (1500 KOL$) fährt, mit einem Boot über den Fluss übersetzt (1500 KOL$) und ein *colectivo* oder *mototaxi* zur Playa Blanca (15 000 KOL$) anheuert. Für die gesamte Fahrt sollte man um die drei Stunden einplanen.

Volcán de Lodo El Totumo

Etwa 50 km nordöstlich von Cartagena liegt am Ufer der seichten Ciénaga del Totumo ein 15 m hoher Hügel, der wie ein Minivulkan aussieht. Allerdings spuckt dieser keine Lava, sondern Schlamm, der durch Gase herausgepresst wird, die sich unterirdisch durch die Zersetzung von organischem Material bilden.

Über eine speziell angefertigte Treppe kann man die Spitze des Hügels erklimmen, in den Krater hinabsteigen und dort ein lauwarmes Schlammbad nehmen (Eintritt 5000 KOL$). Der Schlamm enthält Mineralien, die für ihre therapeutische Wirkung bekannt sind. Nach dem Bad wird der Schlamm einfach in der *ciénaga* (Lagune) abgewaschen.

Eine Tour ist die mit Abstand bequemste und schnellste Möglichkeit, El Totumo zu besuchen, und übrigens auch nicht teurer als die Fahrt auf eigene Faust. Mehrere Tourveranstalter in Cartagena organisieren Minibustouren zum Vulkan (30 000 bis 40 000 KOL$, je nachdem, ob das Mittagessen enthalten ist): Die Touren kann man in fast allen Hotels buchen.

Mompox

5 / 42 600 EW.

Verloren auf einer Insel, irgendwo im Altwasser des schlammigen Río Magdalena, liegt Mompox – eine Stadt, in der Zeit und Raum keine Rolle zu spielen scheinen. Sie wurde 1537 gegründet und liegt 230 km südöstlich von Cartagena. Mompox wurde im Lauf der Zeit zu einer wichtigen Hafenstadt, da alle Waren aus Cartagena auf dem Weg ins Landesinnere hier vorbeikamen und man baute hier imposante Kirchen und viele luxuriöse Anwesen.

Gegen Ende des 19. Jhs. wurde der Schiffsverkehr auf einen anderen Arm des Río Magdalena verlegt, da der zuvor befahrene Teil verschlammte. Damit ging der Wohlstand der Stadt zur Neige. Mompox blieb isoliert zurück und hat sich seitdem kaum verändert. Heute gehört die Stadt zum Weltkulturerbe der UNESCO.

Am besten erkundet man Mompox in langen Spaziergängen. Der Großteil der Hauptstraßen wird von edlen, weißen Kolonialhäusern gesäumt, deren Fenster hinter charakteristischen Metallgittern versteckt sind. Man steht vor den imponierenden Toren und kann sich die hübschen, versteckten Innenhöfe regelrecht vorstellen. Sechs Kolonialkirchen vervollständigen das Bild. Sie sind allesamt eine Besichtigung wert, jedoch leider nur selten geöffnet. Ein Muss ist die **Iglesia de Santa Bárbara** (Carrera 1 & Calle). Ihr Turm wurde im maurischen Stil gestaltet und ist somit einzigartig in der religiösen Architektur Kolumbiens. Das **Museo de Arte Religioso** (Carrera 2 No 17-07; Eintritt 4000 KOP$; Di–Sa 8–11.45 & 14–16 Uhr) sollte man auch unbedingt besuchen.

Im Zentrum gibt's Geldautomaten.

Schlafen & Essen

Hostal La Casa del Viajero HOSTEL $
(684-0657; www.hotelenmompos.besaba.com; Carrera 2 No 13-54; B mit/ohne Klimaanlage 20 000/25 000 KOL$, Zi. 35 000 KOL$;) Der großzügige, freundliche Traveller-Treff bietet alles, was man für den Aufenthalt braucht: Gemeinschaftsküche, Patio mit Hängematte, zentrale Lage und geräumige Schlafsäle, einer davon mit tollem Balkon. Es gibt auch eine Karaoke-Anlage für lange Momposina-Abende.

★ **La Casa Amarilla** BOUTIQUEHOTEL $$
(310-606-4632, 685-6326; www.lacasaamarillamompos.com; Carrera 1 No 13-59; B/EZ/DZ/3B-

Z/4BZ/Suite inkl. Frühstück 25000/90000/ 145000/175000/200000/185000 KOL$; ❄🌐) Ein britischer Journalist und seine aus Momposina stammende Frau schufen dieses schöne Hotel in einer restaurierten Villa aus dem 17. Jh. mit Blick auf den Fluss. Es hat mehrere wunderbar stimmungsvolle Zimmer sowie mehrere geräumige Suiten im Obergeschoss, die ideal für ein paar romantische Tage sind.

Comedor Costeño KOLUMBIANISCH $

(Carrera 1 No 18-45; Hauptgerichte 7000 KOL$; ⏰7-17 Uhr) Das rustikale Restaurant am Fluss in der Marktgegend serviert wunderbare Menüs, darunter *bocachico*-Fisch in vielen Varianten. Das köstliche, gesunde Essen beinhaltet verschiedene Fleisch- und Fischgerichte, die mit hausgemachter *ají picante* (scharfer Pfeffersauce) gewürzt sind. Zum Mittagessen werden auch eine großartige Suppe, Salat und Brot serviert.

🛈 An- & Weiterreise

Mompox liegt ein gutes Stück abseits der Hauptrouten. Man erreicht es aber von der Küste über die Straße und den Fluss sowie von Bogotá über die Straße. Die meisten Besucher reisen aus Cartagena an. Ein Direktbus von Caribe Express fährt täglich um 7 Uhr in Cartagena ab (50000 KOL$, 8 Std.). Man kann auch mit einem regulären Bus nach Magangué (40000 KOL$, 4 Std.) fahren, dort in ein Boot nach Bodega (7000 KOL$, 20 Min., bis ca. 15 Uhr häufig) umsteigen und das letzte Stück nach Mompox mit dem *colectivo* (12000 KOL$, 40 Min.) zurücklegen.

Von Medellín fährt ein Direktbus von Copetran über Magangué nach Mompox (120000 KOL$, 10 Std.).

Wer aus Bogotá kommt, nimmt einen Nachtbus von El Banco, Magdalena (100000 KOL$, 14 Std.) und fährt mit dem Jeep weiter nach Mompox (35000 KOL$, 2 Std.).

Golfo de Urabá

Am fast unberührten Golfo de Urabá liegen charmante kleine Städte zwischen den mit dichtem Dschungel bewachsenen Bergen von Darién und der leuchtenden Karibischen See. Der größte Teil der Region ist unerschlossen, und abgesehen von den unglaublich relaxten Refugien Capurganá und Sapzurro direkt an der Grenze zu Panama ist die Sicherheit hier ein Problem. Das Tor zu dieser Gegend ist die schäbige Hafenstadt Turbo.

Turbo

🚌 4 / 139000 EW.

Turbo ist eine raue Hafenstadt und das Tor zu den entspannten Zufluchtsorten Capurganá und Sapzurro. Wer morgens das Boot zu diesen Orten nehmen möchte, muss in Turbo übernachten – außer man kommt mit dem Nachtbus aus Medellín.

🛏 Schlafen & Essen

Mehrere kleine, schwer zu unterscheidende Cafés säumen das Ufer am Hafen. Sie servieren von etwa 5 Uhr bis zum Einbruch der Dämmerung Essen.

Hotel El Velero HOTEL $$

(☎312-618-5768, 827-4173; Carrera 12 No 100-10; Zi. ab 80000 KOL$; ❄🌐) Dieses Hotel, die mit Sicherheit beste Unterkunft in Turbo, liegt nur wenige Schritte vom Hafen, von dem die Boote nach Capurganá fahren. Die Zimmer sind klein, aber komfortabel und mit frischer Bettwäsche und gut bestückten Minibars ausgestattet. Nach der langen Fahrt nach Turbo wähnt man sich hier fast im Paradies.

🛈 An- & Weiterreise

Um noch am selben Tag in Turbo anzukommen, fährt man in Cartagena vor 11 Uhr mit dem Bus bis nach Montería (55000 KOL$, 4½ Std.) und steigt dort nach Turbo (41000 KOL$, 4 Std.) um. Busse von und nach Medellín fahren von 5 bis 22 Uhr fast stündlich (62000 KOL$, 8 Std.).

Boote nach Capurganá/Sapzurro (55000– 60000 KOL$, 2½ Std.) legen täglich um 7 Uhr im Hafen ab. Die Boote sind schnell voll, sodass man, um sein Ticket zu kaufen, eine Stunde vorher da sein sollte (bzw. wenn möglich schon am Vortag). Die Fahrscheine sind nummeriert, und wer zuerst kommt, kann sich den besten Platz aussuchen. Die Überfahrt kann ganz schön ungemütlich werden. Am besten wählt man einen Sitz im hinteren Teil des Boots und versorgt sich im Hafen noch mit einem Plastikbeutel (1000 KOL$), um sein Gepäck vor der Gischt zu schützen. Eines Tages wird man über diese Fahrt sicher herzhaft lachen können – zumindest, wenn man sich unterwegs nicht die Zunge abbeißt oder die Zähne ausschlägt.

Capurganá

🚌 4 / 2000 EW.

Capurganá verkörpert das, was Taganga früher einmal war: ein abgelegener, karibischer Ort, in dem bei der Ankunft alles von einem abfällt. Dank seiner bunt gestrichenen Holzhäuser, des Fehlens von Autos und einer äußerst entspannten Atmosphäre macht sich hier schnell dieses gewisse Insel-Feeling breit. Kinder angeln am Nachmittag am Anlegesteg, Taxis gibt's in Form von Pferden mit Anhängern und die Einheimischen haben bei allem, was sie tun, die Ruhe weg.

Der Tourismus hier ist von All-Inclusive-Hotels dominiert, die sich vor allem auf Einheimische spezialisiert haben, wobei sich ein leichter Trend hin zu backpackerfreundlichen Unterkünften abzeichnet.

In unmittelbarer Nähe gibt's fantastische Möglichkeiten zur Tierbeobachtung, darunter vor allem Hunderte von Vogelarten und Scharen von Brüllaffen. In der Bucht kann man auch hervorragend angeln und nicht selten hat man einen richtig großen Fisch am Haken.

Adressangaben sucht man vergeblich, da es einfach keine gibt. Der Ort ist *winzig*.

🏃 Aktivitäten

Hier kann man in mehrerlei Hinsicht besser tauchen als in Taganga: Man benötigt keinen Neoprenanzug, die Korallen sind besser erhalten und näher an der Küste. Die Preise sind zwar höher, doch die Gruppen sind kleiner und es geht persönlicher zu. Tauchgänge mit zwei Flaschen kosten 170 000 bis 190 000 KOL$:

Dive & Green TAUCHEN
(311-578-4021, 316-781-6255; www.diveandgreen.com) Das beliebte PADI-Tauchzentrum befindet sich direkt neben der Ankunftsmole in Capurganá. Es bietet eine breite Palette an Kursen und Zertifikaten sowie preiswerte Zimmer für Taucher (25 000 KOL$/Pers.).

San Blas Tours GEFÜHRTE TOUREN
(321-505-5008; www.sanblasadventures.com) Bietet Touren zur Kuna Yala in Panama ab Sapzurro und Grenzüberquerungen, wenn man in diese Richtung will. Den Ausreisestempel muss man sich in Capurganá holen.

Wandern

Eine kurze, nicht sehr anspruchsvolle Wanderung führt durch den Dschungel nach Sapzurro, das nicht weit von Capurganá entfernt liegt. Der Weg ist gut ausgeschildert, sodass ein Guide überflüssig ist. Eine weitere beliebte Route durch den Dschungel führt nach **El Cielo**, das natürliche *piscinas* (Schwimmbecken) hat und somit eine willkommene Abkühlung bietet. **Aguacate**

> **NICHT VERSÄUMEN**
>
> ## ICH GLAUB, MICH TRITT EIN…ESEL
>
> In Kolumbien gibt es zahllose unterhaltsame Festivals, doch nur wenige sind derart bizarr wie das **Festival del Burro** (Eselsfest). Die farbenfrohe Veranstaltung wird in der Semana Santa (Karwoche) im kleinen Örtchen San Antero in Córdoba gefeiert. Auf dem fünftägigen Fest gibt's Konzerte, Tanzvorführungen und traditionelle Gerichte. Unbestrittener Höhepunkt ist jedoch der *desfile de burros disfrazados*, bei dem als Prominente verkleidete Esel in einer Parade durch die Stadt getrieben werden. Am Ende steht die Krönung zum König und zur Königin der Esel. Wer die Augen offen hält, kann vielleicht die vierbeinigen Doppelgänger von Shakira oder Barack Obama ausmachen. Kamera nicht vergessen – diese Schnappschüsse gibt's nur in Kolumbien!

bietet eine schöne Wanderung von einer Stunde. Da die Wege meist schlammig sind, sollte man auf alle Fälle Wander- oder Turnschuhe tragen.

🛏 Schlafen & Essen

⭐ Posada del Gecko PENSION $
(313-651-6435, 314-525-6037; www.posadadelgecko.com; EZ/DZ/3BZ/4BZ 25 000/70 000/95 000/120 000 KOL$; 🌐) Die einfachen Zimmer in dieser freundlichen Pension bieten ein tolles Preis-Leistungs-Verhältnis, es gibt aber auch schickere Zimmer mit Klimaanlage und eigenem Bad. Die Besitzer organisieren dreitägige Touren zu den San-Blas-Inseln für 185 US$. Die angeschlossene Bar serviert authentische Pizza und Pasta und ist mit seiner beeindruckenden Indie-Playlist auch ein schönes Fleckchen, um einfach nur etwas zu trinken.

Hostal Capurganá HOSTEL $
(316-482-3665; www.hostalcapurgana.net; Calle de Comercio; B 18 000, Zi. inkl. Frühstück 35 000 KOL$/Pers.) Diese hervorragende Unterkunft in der Hauptstraße, fast direkt hinter dem Hafen, hat sechs Zimmer mit Ventilator, eigenem Bad und Zugang zu einem hübschen Hofgarten. Sie ist die einzige Einrichtung der Stadt, die Kreditkarten akzeptiert, falls man nicht genug Bargeld mitgebracht hat. Die aufgeweckten Mitarbeiter

> ### ⓘ EINREISE NACH PANAMA
>
> Weil es keine Fernstraße durch den undurchdringlichen Tapón del Darién gibt, sind schon viele Träume von Überlandreisen geplatzt, stattdessen müssen Traveller lange Bootsfahrten oder teure Flüge von Kolumbien nach Panama in Kauf nehmen. Es gibt jedoch eine andere Route über den Golfo de Urabá, die zumindest dicht am Land entlangführt und jede Menge Abenteuer bietet.
>
> Die Route führt per Boot von Turbo nach Capurganá und von Capurganá per Boot nach Puerto Obaldia (Panama); von Puerto Obaldia geht es mit dem Flugzeug nach Panama City. Dies ist eine langsame, aber sichere und günstige Möglichkeit, von Südamerika nach Zentralamerika zu reisen. Wichtig zu wissen:
>
> → Die Gelbfieberimpfung muss aktuell sein, Panama verlangt dies.
>
> → Den kolumbianischen Ausreisestempel holt man sich am Tag vor der Fahrt nach Puerto Obaldia im kolumbianischen Büro der Migración (S. 744) in Capurganá. Der Ort ist hinreißend, darum sollte man hier übernachten.
>
> → Vom Hafen in Capurganá nimmt man ein Motorboot nach Puerto Obaldia (25 000 KOL$, 45 Min.), der ersten Stadt in Panama. Die Boote legen um 7.30 Uhr ab, man sollte aber um 7 Uhr an der Anlegestelle sein.
>
> → Den panamaischen Einreisestempel bekommt man bei der Ankunft bei den panamaischen Einreisebehörden. Von hier kann man mit **Air Panama** (✆ in Panama +507-316-9000; www.flyairpanama.com) weiter nach Panama City fliegen. Puerto Obaldia ist eine sehr unangenehme Stadt, man sollte unbedingt vor der Ausreise aus Kolumbien eine bestätigte Flugbuchung haben, damit man dort nicht die Flucht zurück nach Kolumbien ergreifen muss. Die panamaische Währung ist der US-Dollar.

sind auch gut darin, bei der Buchung der Weiterreise zu helfen.

Luz de Oriente   HOTEL $$
(✆ 310-371-4902; www.luzdeoriente.com; Playa Blanca; Zi. inkl. HP 72 000 KOL$/Pers.; ☎) Direkt am Hafen punktet das Luz de Oriente mit sauberen, ordentlichen Zimmern mit Ventilator, die alle Meerblick haben. In der Bar gibt's tollen Mojito, und man ist zugleich im Zentrum des Geschehens und nur einen Katzensprung vom Strand entfernt.

★ **Josefina's**   SEAFOOD $$
(Hauptgerichte 20 000–40 000 KOL$; ⊗ 12–21.30 Uhr) An der ganzen Küste wird man keine besseren Meeresfrüchte – und keine herzlichere Begrüßung – finden als bei Josefina's. Ihre Krabben in würziger Kokos-Cremesauce, die auf unglaublich knusprigen, hauchdünnen Kochbananenschälchen serviert werden, sind fantastisch, genau wie die *crema de camerón* (Shrimps-Cremesuppe) und ihre Variante der *langostinos* (Flusskrebse). Man findet Josefina in einer unscheinbaren Hütte am Hauptstrand von Capurganá.

ⓘ Praktische Informationen

Genügend Bargeld mitbringen – der nächste Geldautomat ist in Turbo!

Capurganá Tours (✆ 824-3173) In der freundlichen Agentur, in der Englisch gesprochen wird, kann man Flüge nach Panama ebenso wie Exkursionen in der Gegend buchen. Sie gibt Bargeld nach Vorlage der Kreditkarte aus, was sehr nützlich sein kann, da es in Capurganá keine Banken gibt, und kann die Weiterfahrt von Turbo aus in ganz Kolumbien arrangieren.

Migración Colombia (✆ 311-746-6234; www.migracioncolombia.gov.co; ⊗ Mo–Fr 8–17, Sa 9–16 Uhr) Einreise und Visaverlängerungen; etwa 1 km östlich der Altstadt.

ⓘ An- & Weiterreise

Es gibt nur zwei Möglichkeiten, um nach Capurganá und Sapzurro zu gelangen. Die günstigste Möglichkeit ist, von Turbo mit dem Boot zu fahren.

Searca (www.searca.com.co) und **TAC** (www.taccolombia.com) fliegen in der Nebensaison montags und freitags und in der Hauptsaison bis zu dreimal täglich nach Medellín (einfach 400 000 KOL$).

Sapzurro

✆ 4 / 1000 EW.

Sapzurro ist der Inbegriff dessen, was man sich unter einem typischen kleinen karibischen Örtchen vorstellt. In den engen Straßen rennen Kinder mit frischem Fisch herum, ältere Damen mit Lockenwicklern verkaufen Kokoseis und alte Männer spazieren im Schneckentempo umher. Die Strände sind unberührt und im umliegenden Regenwald leben zahllose wilde Tiere. Hier gibt's keine Autos, was ein echter Segen ist. Aber Achtung: Sobald die Dämmerung naht, schlagen Moskitos und Sandmücken oft erbarmungslos zu!

La Miel ist einer der hübschesten Strände in der Gegend. Er liegt von Sapzurro aus auf der anderen Seite des Hügels in Panama. Am Kontrollpunkt muss man seinen Pass vorzeigen, einen Ein- oder Ausreisestempel braucht man aber nicht.

🛏 Schlafen & Essen

In Sapzurro gibt es so gut wie keine Budgetunterkünfte, einige Hotels haben hingegen Angebote mit Halb- oder Vollpension. Wer nur wenig Geld zur Verfügung hat, sollte seine Verpflegung mitbringen und selbst kochen oder sich die frischen *patacones* (frittierte grüne Kochbananen) mit Unmengen an Käse genehmigen, die an der Anlegestelle verkauft werden.

Campamento Wittenberg HOTEL $
(☏ 311-436-6215; Hängematte 10 000 KOL$, Zi. 20 000 KOL$/Pers.) Ein freundliches Hotel direkt an der Grenze zu Panama. Es bietet einfache Zimmer, preiswertes, gesundes Frühstück, Angeltrips und Segelkurse. Der französische Besitzer lebt seit Jahren in Kolumbien und ist freundlich, professionell und sehr hilfsbereit.

Zingara PENSION $
(☏ 320-687-4678; www.hospedajesapzurrozingara.com; Zi. 25 000–45 000 KOL$/Pers; ☎) Die Besitzerin Clemencia sorgt dafür, dass man sich in dieser rustikalen Pension sofort willkommen fühlt. Die beiden Zimmer liegen auf der Bergseite und haben eigene Bäder, Moskitonetze und von Obstbäumen umringte Balkone. Das Zimmer oben für fünf Personen ist das beste: Vom riesigen Balkon bietet sich ein herrlicher Ausblick. Die Pension liegt an dem Pfad, der zum Aufstieg zur panamaischen Grenze führt.

La Gata Negra PENSION $
(☏ 320-610-5571; www.lagatanegra.net; Sapzurro; Zi. ohne Bad 20 000–45 000 KOL$/Pers) Das wunderschöne Holzhaus ein kurzes Stück hinter dem Strand ist unter italienischer Leitung. Die drei Zimmer haben Gemeinschaftsbäder und Ventilatoren. Die Preise schwanken je nach Saison und Zahl der Gäste: In der *cabaña* können vier Personen in einem Doppelbett und einem Doppelstockbett schlafen. Die hausgemachte italienische Küche ist dank des Besitzers Giovanni ein weiterer Pluspunkt.

Restaurante Doña Triny KOLUMBIANISCH $
(Menüs 17 000 KOL$; ⏱ 12–21 Uhr) Dieses Fischrestaurant gegenüber vom Anlegesteg der Boote gen Capurganá ist offensichtlich sehr beliebt, den hier drängen sich Einheimische und Besucher gleichermaßen. Zum Menü gehören eine Suppe, ein Fisch- oder Meeresfrüchte-Hauptgericht und ein Dessert.

SAN ANDRÉS & PROVIDENCIA

Die Inseln San Andrés und Providencia sind geprägt von ruhiger und idyllisch karibischer Lebensart. Die atemberaubenden Strände werden von türkisfarbenem Wasser umspült, unter dessen Oberfläche riesige, unberührte Korallenriffe liegen – hier befindet sich das zweitgrößte Barriereriff der nördlichen Hemisphäre. Wer auf der Suche nach Reggae, Rum, Sonne und Strand ist, der sollte durchaus in Erwägung ziehen, in die Vollen zu gehen und sich einen Abstecher hierher zu gönnen.

Diese kolumbianischen Gebiete liegen 150 km vor der Miskitoküste Nicaraguas und 800 km nordwestlich von Kolumbien. Beide Inseln weisen bei Essen, Sprache und Architektur einen ausgeprägten britischen Einfluss auf und sind beliebte Plätze zum Sporttauchen oder Schnorcheln. Die Regenzeit dauert von September bis Dezember, die Durchschnittstemperatur liegt zwischen 26° und 29°C und die Luftfeuchtigkeit ist hoch.

Ursprünglich erhoben die Spanier Anspruch auf die Inseln – bis 1631, als die Briten hier einfielen, schenkte man ihnen aber so gut wie keine Beachtung. Die Neuankömmlinge kolonisierten die Inseln und brachten afrikanische Sklaven hierher, die auf den Plantagen arbeiten mussten. Die afrokaribische Bevölkerung, die Nachkommen dieser Sklaven, die die Insel seither bewohnt, ist unter dem Namen Raizal bekannt.

ℹ An- & Weiterreise

Am besten kauft man sich auf dem Festland eine Touristenkarte (44 000 KOL$), ehe man für den Flug nach San Andrés eincheckt. Der Flughafen befindet sich in der Stadt San Andrés, zehn Gehminuten nordwestlich vom Zentrum;

ein Taxi/*mototaxi* kostet 10 000/5000 KOL$.
Avianca (512-3349; Av Colón, Edificio Onaissi, Stadt San Andrés; Mo–Fr 8–12 & 14–18, Sa 8–13 Uhr), **Copa** (512-7619; www.copaair.com; Sucursal Centro Comercial San Andrés, Stadt San Andrés; Mo–Fr 8–12 & 14–18, Sa 9–13 Uhr) und die Budgetfluggesellschaft **VivaColombia** (www.vivacolombia.co) fliegen von vielen großen kolumbianischen Städten her.

Satena (512-3139; www.satena.com; Gustavo Rojas Pinilla International Airport) fliegt in der Nebensaison zweimal täglich und in der Hauptsaison bei entsprechender Nachfrage bis zu sechsmal täglich zwischen San Andrés und Providencia (hin & zurück ab 400 000 KOL$).

Eine billigere Option ist die Überfahrt mit dem **Catamaran Sensation** (318-347-2336, 310-223-5403; Bay Point Bldg., Suite 6, Av Newball; einfache Fahrt 65 000 KOL$). Sie fährt in der Regel montags, mittwochs, freitags und sonntags um 7.30 Uhr in San Andrés ab und kehrt um 15.30 Uhr von Providencia zurück. Wer leicht seekrank wird, sollte besser fliegen, denn die Überfahrt ist oft sehr rau.

San Andrés

8 / 68 000 EW.

San Andres, die mit 12,5 km Länge und 3 km Breite größere der beiden Inseln, hat die stärker entwickelte touristische Infrastruktur. Die isolierten Strände sind wie aus dem Bilderbuch, das kommerzielle Zentrum der Stadt ist allerdings alles andere als hübsch. Alle Einrichtungen befinden sich in der Stadt San Andrés, dort gibt es eine **Touristeninformation** (Secretaría de Turismo; 513-0801; Av Newball, Stadt San Andrés; Mo–Fr 8–12 & 14–18 Uhr) und mehrere Geldautomaten.

Die beiden anderen kleinen Städte, La Loma in den Bergen im Inselinneren und San Luis an der Ostküste, sind weit weniger touristisch und weisen noch immer vereinzelt schöne englisch-karibische Holzgebäude auf. Der **Johnny Cay Natural Regional Park** ist ein geschütztes Koralleninselchen 1,5 km nördlich der Stadt San Andrés, das mit Kokospalmenhainen bewachsen und von einem hübschen weißen Sandstrand umgeben ist.

Wegen der schönen Korallenriffe rund um die Insel hat sich San Andrés zu einem wichtigen Tauchrevier mit über 35 Tauchspots entwickelt. Der **Banda Dive Shop** (513-1080; www.bandadiveshop.com; Hotel Lord Pierre, Av Colombia, Stadt San Andrés) ist ein freundliches Tauchzentrum, das Tauchgänge mit zwei Flaschen für 180 000 KOL$ und PADI-Open-Water-Kurse für 800 000 KOL$ anbietet.

Übernachten kann man bei einheimischen Raizal im **Cli's Place** (512-0591; lucianmhj@hotmail.com; Av 20 de Julio No 3-47; EZ/DZ/3BZ 70 000/130 000/180 000 KOL$;) oder in der **Posada Henry** (512-6150; libiadehenry@hotmail.com; Av 20 de Julio No 1-36; EZ/DZ 40 000/80 000 KOL$). Auch die geräumigen Zimmer im **Apartahotel Tres Casitas** (512-5813; www.apartahoteltrescasitas.com; Av Colombia No 1-60; Zi. inkl. HP 120 000 KOL$/Pers.;) sind eine gute Option, besonders, wenn man eins mit Balkon über dem Meer erwischt. Wer im Schlafsaal übernachten will, kann es im **El Viajero** (512-7497; www.elviajerohostels.com; Av 20 de Julio 3A-12; B/Zi. inkl. Frühstück 35 000/140 000 KOL$;) versuchen. In San Luis bietet die **Posada Nativa Green Sea** (512-6313, 317-751-4314; Harmony Hall Hill; Zi. 40 000 KOL$/Pers.;) ruhige, einfache Hütten mit Küche.

Der **Fisherman Place** (512-2774; Av Colombia; Hauptgerichte 15 000–50 000 KOL$; 12–16 Uhr) serviert unter freiem Himmel tollen Hummer. Gegenüber vom Club Náutico lockt **Miss Celia O'Neill Taste** (Av Colombia; Hauptgerichte 20 000-40 000; mittags & abends) mit lokalen Spezialitäten wie *rondon* (gedünstete Meeresfrüchte mit stärkehaltigem Gemüse in Kokossauce), geschmorten Krabben und Fisch. Nachtclubs befinden sich in der Stadt San Andrés am östlichen Ende der Av Colombia.

Providencia

8 / 5000 EW.

Providencia liegt 90 km nördlich von San Andrés und ist 7 km lang und 4 km breit. Es ist hier weniger kommerziell als auf der größeren Insel. Hier gibt's Dutzende kleine Dörfer mit bunten Holzhäusern. Die größte Stadt ist Santa Isabel, hier findet man auch die **Touristeninformation** (514-8054; Santa Isabel; Mo–Fr 9–12 & 14–17 Uhr) und einen Geldautomaten bei der **Banco de Bogotá** (Mo–Do 8–11:30 & 14–16 Uhr, Fr 8–11:30 & 14–16:30 Uhr).

Beim **Felipe Diving Shop** (514-8775; www.felipediving.com; Aguadulce), der von einem Raizal geleitet wird, kann man Tauchgänge und -kurse arrangieren. Nicht entgehen lassen sollte man sich die unglaublichen Rundblicke über das Karibische Meer im **El Pico Natural Regional Park.** Der beliebteste Wanderweg beginnt in Casabaja; dort kann man einen Guide anheuern oder nach dem Weg fragen. Wasser und Sonnenschutz mitnehmen!

Eine der günstigsten Unterkünfte ist das **Mr Mac** (316-567-6526, 316-695-9540; posadamistermack@hotmail.com; Aguadulce; Zi. pro Pers. inkl. Küche & Ventilator/Klimaanlage 50 000/70 000 KOL$) mit großen Zimmern direkt am Meer in der Gegend von Aguadulce. In Santa Isabel bietet das **Hotel Flaming Trees** (514-8049; Santa Isabel; EZ/DZ 60 000/120 000 KOL$; ❄) große Zimmer mit Kühlschrank, TV und lokaler Kunst.

Das **Blue Coral Pizza** (514-8224; Aguadulce; Hauptgerichte 15 000–40 000 KOL$; ⊙ Mi-Mo 17–22 Uhr) serviert Sandwichs, Pizza und typische Inselgerichte. Eine Extraausgabe lohnt sich im **Caribbean Place** (311-287-7238; Aguadulce; Hauptgerichte 30 000–75 000 KOL$; ⊙ Mo-Sa 12.30–16 & 19–22 Uhr), zu dessen Spezialitäten eine nur auf diesem Archipel heimische Krabbenart zählt. **Roland Roots Bar** (514-8417; Bahía Manzanillo; ⊙ 10–24, Fr & Sa bis 2 Uhr) ist eine ursprüngliche, stimmungsvolle Bambusstrandbar mit dröhnendem Reggae und starken Drinks.

NORDWESTLICHES KOLUMBIEN

Der Nordwesten von Kolumbien ist bergig, hat ein mildes Klima und fruchtbaren vulkanischen Boden, auf dem Millionen Blumen blühen, sowie grüne Kaffeefarmen, himmlische Nebelwälder und kleine, lebhafte Universitätsstädte voll hart arbeitender *paisas*, wie die Einheimischen hier genannt werden.

Antioquia ist der größte, reichste und am dichtesten besiedelte Bezirk der Gegend. Mittendrin liegt Medellín, eine strahlende, moderne und fortschrittliche Metropole, deren Einwohner im ganzen Land für ihren unabhängigen Unternehmergeist bekannt sind.

Im Süden von Antioquia erstreckt sich über Teile der Gebirgsketten Cordillera Occidental (Westkordillere) und der Cordillera Central (Zentralkordillere) die Zona Cafetera, Kolumbiens größtes Kaffeeanbaugebiet und Exporteur vieler koffeinbedingt schlafloser Nächte. Kaffee ist nach Öl der wirtschaftlich wichtigste Rohstoff und Kolumbien das drittgrößte Exportland.

Medellín

4 / 3 MIO EW.

Medellín, die Stadt der stolzesten Einwohner Kolumbiens, der *paisas*, meldet sich kraftvoll zurück. Dass dies früher die mörderischste Stadt der Welt war, ist heute nicht mehr zu spüren. Mit ihrem perfekten, immer frühlingshaften Klima, den eleganten Einkaufszentren, den tollen Restaurants und dem pulsierenden Nachtleben verführt die Stadt die Sinne. Man fühlt sich hier sofort wie daheim.

Medellín stand schon immer im Schatten von Cartagena und Bogotá, obwohl viele Besucher die Stadt mit viel Grün und beeindruckender öffentlicher Kunst entspannter als die erstere und einladender als die letztere finden. Es gibt dort Kultur, Klasse und die freundlichsten Einwohner Kolumbiens; kein Wunder, dass der Tourismus gedeiht.

In den 1990er-Jahren war Medellín ein Zentrum des weltweiten Drogenhandels. Motorradfahrende *sicarios* (Auftragskiller) mordeten im Auftrag des berüchtigsten Bürgers der Stadt: Drogenkönig Pablo Escobar. Er wird immer noch von manchen hier für seine Großzügigkeit gegenüber den Armen geschätzt. Escobar war so reich, dass er einmal sogar anbot, Kolumbiens Auslandsschulden zu begleichen und er zahlte seinen Killern 1000 US$ für jeden Polizisten, den sie töteten. Die Stadt war für Ausländer eine No-Go-Zone, bis zu jenem Tag 1993, an dem Escobar von Sicherheitskräften auf einem Dach in Medellín niedergeschossen wurde.

Heute werden die Motoren der lokalen Wirtschaft von Blumen, Kaffee und Textilien angetrieben – und den *paisas*, die für ihren Fleiß und den cleveren Geschäftssinn berühmt-berüchtigt sind. Dies wurde in den letzten Jahren durch die intelligente Planung und finanzielle Unterstützung einer innovativen, städtischen Infrastruktur unterstützt. Das Ergebnis ist eine saubere, moderne Stadt, die sich außerdem mit dem einzigen U-Bahn-Netz Kolumbiens brüsten kann: ein sauberes, graffitifreies, sicheres und bezahlbares öffentliches Nahverkehrssystem, das einen schnell und bequem von einem Ort zum anderen bringt. Die Seilbahn, die über die ärmeren Viertel hinwegschwebt, gehört ebenfalls zum neuen, friedlicheren Medellín und ist eine Fahrt wert.

Die stolze Eigenständigkeit der Stadt ist Folge ihrer Geschichte: Die Stadt wurde 1616 von europäischen Einwanderern gegründet, die hart arbeiteten und das Land bewirtschafteten. Medellín ist von üppigem, bergigem Terrain umgeben; das Nord- und das Südende ziehen sich bis in ein enges Tal und die hochaufragenden Gebäude sehen aus wie geometrisch angeordnete Sonnenblumen.

Medellín (Zentrum)

Aber Vorsicht: So hart wie die Menschen hier arbeiten, können sie auch feiern. Zieht man nachts mit *paisas* los, kann es sein, dass man bis Sonnenaufgang unterwegs ist.

◉ Sehenswertes

Abgesehen von einigen alten Kirchen ist die Kolonialarchitektur praktisch verschwunden.

Zwei Seilbahnlinien führen die Berge hinauf, von deren Gipfel aus man die ganze Stadt überblicken kann. Die Linie San Javier bietet die spektakulärsten Ausblicke, aber es ist ratsam, die ganze Strecke zu fahren und nicht zwischendurch auszusteigen, da sie durch einige der rauesten Viertel von Medellín hinwegführt.

★ Plazoleta de las Esculturas   PLAZA
(Plaza Botero; Karte S. 784) Auf diesem öffentlichen Platz vor dem Museo de Antioquia stehen 23 große Bronzeskulpturen des bekannten örtlichen Künstlers Fernando Botero. In der Stadt sind einige weitere Werke Boteros zu sehen, so die berühmte **La Gorda** vor der Banco de la República im Parque Berrío sowie drei Skulpturen im Parque San Antonio, darunter die **Pájaro de Paz** (Friedenstaube), die neben einer ehemaligen Skulptur steht, die bei einem terroristischen Bombenanschlag zerstört wurde.

★ Cerro Nutibara   AUSSICHTSPUNKT
Auf dem Gipfel dieses 80 m hohen Hügels 2 km südwestlich des Stadtzentrums steht das kitschige **Pueblito Paisa**, eine Miniaturversion einer typischen Antioquia-Siedlung. Die Aussicht von der angrenzenden Plattform ist grandios. Das kleine **Museo de la Ciudad** (Eintritt 1000 KOL$; ⏱10–18 Uhr) neben dem Aussichtspunkt widmet sich der Geschichte Medellíns und zeigt vor allem alte Fotos der Stadt.

Museo de Antioquia   MUSEUM
(Karte S. 784; ☎251-3636; www.museodeantioquia.org.co; Carrera 52 No 52-43; Eintritt

Medellín (Zentrum)

◎ Highlights
1 Plazoleta de las Esculturas B2

◎ Sehenswertes
2 Basílica de la Candelaria B3
3 Museo de Antioquia B2

✕ Essen
4 Salón Versalles.....................................C2

◎ Ausgehen & Nachtleben
5 Eslabon Prendido................................D3

◎ Unterhaltung
6 Teatro Lido C2

◎ Shoppen
7 Centro Artesanal Mi Viejo
 Pueblo..C2

10 000 KOL$; ◎ Mo–Sa 10–17.30, So bis 16.30 Uhr) Das zweitälteste Museum Kolumbiens (das älteste ist das Museo Nacional in Bogotá) ist auch eines der besten des Landes. Es befindet sich im Palacio Municipal, einem prächtigen Art-déco-Gebäude. Die Sammlung umfasst Exponate aus der präkolumbischen Epoche und aus der Kolonialzeit, moderne Kunst sowie Spenden eigener Werke von Fernando Botero, einem Sohn der Stadt.

Parque Arví PARK
(www.parquearvi.org; Veredas Mazo & Piedras Blancas, Santa Elena) ✎ Diese ausgedehnte, bergige Wildnis – ein großartiger Ort, um der Stadt zu entfliehen – erreicht man mit der fantastischen neuen Seilbahn Arví Metrocable (Linea L) ab der Umsteigestation Santo Domingo (einfach 4600 KOL$, 15 Min.). In dem 17,61 km² Schutzgebiet gibt's Wanderwege, Baumkronen-Seilrutschen, Seen und ein *mariposario* (Schmetterlingsareal).

Kostenlose geführte Spaziergänge beginnen von 10 bis 15 Uhr stündlich am Touristeninformationspunkt. Die Seilbahn ist montags für Wartungsarbeiten geschlossen.

Biblioteca España GEBÄUDE
(☏ 385-6717; Carrera 33B No 107A-100; ◎ Mo–Fr 8–19, So 11–17 Uhr) Die riesige Bibliothek, die sich hoch oben in den Bergen in einem der armen Stadtviertel befindet, ist eines der markantesten Wahrzeichen Medellíns und ein Symbol für die Erneuerung der Stadt. Zur Zeit der Recherche war das gesamte Gebäude in ein Schutznetz gehüllt, nachdem gravierende Baumängel entdeckt worden waren. Die Fahrt hier hinauf lohnt sich aber auch so, um einfach eine andere Seite der Stadt zu erleben und die Aussicht vom angrenzenden Park zu bewundern. Die Bibliothek steht neben der Metrocable-Umsteigestation Santo Domingo.

Jardin Botánico BOTANISCHER GARTEN
(www.botanicomedellin.org; Calle 73 No 51D-14; ◎ 9–17 Uhr) GRATIS Im 14 ha großen Botanischen Garten, einer der schönsten Grünflächen Medellíns, wachsen 600 Baum- und Pflanzenarten, außerdem gibt es einen See, ein Herbarium und ein Schmetterlingsareal. Hier kann man sich ein paar Stunden von der Hektik der Stadt erholen. Man erreicht ihn problemlos von der nahen Metrosation Universidad.

Basílica de la Candelaria KIRCHE
(Karte S. 784; Ecke Carrera 50 & Calle 51) Medellíns bedeutendste Kirche erhebt sich über dem Parque Berrío. Sie wurde 1770 an der Stelle einer früheren Holzkirche errichtet. Die in Deutschland gebaute Orgel brachte man mit dem Schiff den Río Magdalena hinauf und den Rest des Weges auf dem Pferderücken her.

✈ Aktivitäten

Zona de Vuclo PARAGLIDING
(☏ 388-1556, 312-832-5891; www.zonadevuelo.com; Km 5,6 Via San Pedro de los Milagros) Der erfahrene Veranstalter bietet Tandemflüge (85 000–105 000 KOL$) und 15-tägige Kurse (1,5 Mio. KOL$) an.

✎ Kurse

Universidad EAFIT SPRACHKURSE
(☏ 261-9399; www.eafit.edu.co; Carrera 49 No 7 Sur-50) Die private Universität veranstaltet Intensiv- und Halbintensivkurse in Spanisch in Gruppen. Einzelunterricht ist ebenfalls möglich.

◎ Geführte Touren

Paisa Road GEFÜHRTE TOUREN
(☏ 317-489-2629; www.paisaroad.com) Veranstaltet die Originaltour rund um Pablo Escobar (40 000 KOL$) sowie am Wochenende gesellige Besuche bei Fußballspielen (50 000 KOL$), bei denen man bei einem Spiel der kolumbianischen Liga zwischen leidenschaftlichen Fans sitzt.

Real City Tours GEFÜHRTE TOUREN
(☏ 319-262-2008; www.realcitytours.com) Das von enthusiastischen jungen Einheimischen geführte Unternehmen bietet einen kosten-

losen Spaziergang durchs Zentrum mit ausführlichen englischsprachigen Erläuterungen zur Geschichte vieler interessanter Punkte. Man sollte auf jeden Fall ein Trinkgeld geben. Es organisiert auch kostenpflichtige Führungen auf dem größten Markt der Stadt rund ums Thema Obst. Man muss online reservieren, um sich einen Platz zu sichern.

Feste & Events

Feria de las Flores
KULTUR
(www.feriadelasfloresmedellin.gov.co) Dieses einwöchige Fest im August ist das spektakulärste Event der Stadt. Das Highlight ist der Desfile de Silleteros, bei der 400 *campesinos* (Bauern) aus den Bergen in die Stadt strömen und mit *silletas* (große Körbe) voller Blumen auf dem Rücken in einer Parade durch die Straßen ziehen.

Alumbrado Navideño
RELIGION
Zu Weihnachten wird die Stadt mit Tausenden Lichtern entlang der Straßen und des Río Medellín festlich illuminiert.

Schlafen

Das Barrio El Poblado mit den Shoppingmalls, Bürohäusern und der Zona Rosa (Ausgehviertel) voller neonleuchtender Bars, Clubs und Restaurants saugt die meisten Gringos auf und die Gegend gilt inzwischen als neuer zentraler Distrikt. Der Bereich um „La 70" und Laureles ist eine weitere exklusive Gegend. Wer im turbulenten Zentrum wohnt, ist schnell bei den Sehenswürdigkeiten, abends ist es aber recht trostlos.

Casa Kiwi
HOSTEL $
(Karte S. 787; 268-2668; www.casakiwi.net; Carrera 36 No 7-10; B 20000–24000 KOL$, EZ/DZ 60000/80000 KOL$, ohne Bad 40000/60000 KOL$; @ 🛜) Mit seiner beneidenswerten Lage am Rand der Zona Rosa in El Poblado ist die Casa Kiwi eine beliebte Option bei allen, die Medellíns berühmtes Nachtleben entdecken wollen. Neben typischen Schlafsälen gibt es auch verschiedene elegante Privatzimmer. Zu den einladenden Gemeinschaftsbereichen gehören eine geräumige Terrasse mit Hängematten, ein kinosaalartiger Fernsehraum, ein Tauchbecken auf dem Dach, eine lebhafte Bar und eine tolle Terrasse mit Blick über die Straße.

Black Sheep
HOSTEL $
(Karte S. 787; 311-1589, 317-518-1369; www.blacksheepmedellin.com; Transversal 5A No 45-133; B 22000–25000 KOL$, EZ/DZ 60000/80000 KOL$, ohne Bad 50000/65000; @ 🛜) Das gut geführte Hostel liegt recht günstig in der Nähe der Metrostation Poblado. Die Atmosphäre ist angenehm gesellig, ohne lärmig zu sein. Das sachkundige Personal ist besonders gut beim Arrangieren von Aktivitäten und der Weiterreise. Begeisterte Bewertungen erhalten die im Hostel veranstalteten Spanischstunden.

Wandering Paisa
HOSTEL $
(436-6759; www.wanderingpaisahostel.com; Calle 44A No 68A-76; B 21000–25000 KOL$, EZ/DZ 55000/60000 KOL$; @ 🛜) Das dynamische Hotel in unmittelbarer Nähe zu den Bars und Restaurants der „La 70" ist eine tolle Wahl für alle, die die goldene Mitte zwischen den hellen Lichtern von El Poblado und dem chaotischen Stadtzentrum suchen. Es gibt eine kleine Bar und das enthusiastische Management organisiert ständig Events und Gruppenausflüge. Mit den Leihfahrrädern kann man die Umgebung erkunden.

61 Prado
PENSION $
(254-9743; www.61prado.com; Calle 61 No 50A-60; EZ/DZ/Suite 55000/75000/85000 KOL$; @ 🛜) Die elegante Unterkunft im historischen Stadtviertel Prado ist eine ausgezeichnete Basis, um die Sehenswürdigkeiten im Zentrum zu erkunden. Die sorgfältig renovierten Zimmer haben hohe Decken und einen künstlerischen Touch. Im schönen, von Kerzen erhellten Speiseraum werden Gerichte des hauseigenen Restaurants serviert. Gäste können auch die gut ausgestattete Küche nutzen.

Palm Tree Hostal
HOSTEL $
(444-7256; www.palmtreemedellin.com; Carrera 67 No 48D-63; B 25000 KOL$, Zi. ohne Bad 66000 KOL$; @ 🛜) In einem Mittelklasse-Viertel nahe der Metro und vieler günstiger Lokale hat das erste und älteste Backpackerhostel der Stadt einfache, aber komfortable Zimmer und freundliche Mitarbeiter.

Happy Buddha
HOSTEL $$
(Karte S. 782; 311-7744; www.thehappybuddha.co; Carrera 35 No 7-108; B/Zi./2BZ inkl. Frühstück 30000/110000/120000 KOL$; 🛜) Das neue Hostel am Rand der Zona Rosa in El Poblado punktet mit erstklassigen Einrichtungen und einem schicken, modernen Design und hat sich für Gäste, die sich sowohl ins Nachtleben stürzen als auch Komfort wollen, rasch zu einer beliebten Option entwickelt. Zu den Gemeinschaftsbereichen zählen eine nette Terrasse und eine Lounge mit Sofas, Tisch-

El Poblado

tennisplatte und Billardtisch. Zudem wird einmal pro Woche kostenlos gegrillt und das Hostel veranstaltet auch Tanzstunden.

✖ Essen

Im Zentrum gibt's jede Menge erschwinglicher Restaurants. Die Restaurants in El Poblado sind teurer. Selbstversorger sollten sich bei der **Plaza Minorista** (Ecke Carrera 57 & Calle 55) umschauen, einem großen, überdachten Markt mit frischem Obst und Gemüse.

★ Itaca
KOLUMBIANISCH $

(Carrera 42 No 54-60; Mittagsmenü 8500 KOL$, Hauptgerichte 10 000–25 000 KOL$; ⊘ Mo–Sa 12–15 & 18–22, So 12–17 Uhr) Es sieht zwar nach nichts aus, doch dieses winzige Restaurant am Rand des Zentrums bringt fantastische Gerichte voller Aromen auf den Tisch, und das zu Schnäppchenpreisen. Es gibt keine Karte, man sagt dem freundlichen Koch Juan Carlos einfach, was man möchte, und er bereitet aus seinen Zutaten, die frisch vom Markt kommen, eine moderne Version kolumbianischer Klassiker zu. Ein Schild gibt es auch nicht – nach der blauen Tür Ausschau halten!

Cafe Zorba
INTERNATIONAL $

(Karte S. 787; Calle 8 No 42-33; Pizza 11 500–18 500 KOL$; ⊘ 17–23.45 Uhr; 🔊) Am

El Poblado

🛌 Schlafen
1. Black Sheep A3
2. Casa Kiwi D3
3. Happy Buddha D3

✖ Essen
4. Cafe Zorba C3
5. El Taxista C2
6. Mondongos D2
7. Verdeo D3

🍸 Ausgehen & Nachtleben
8. Berlín C2
9. Calle 9 + 1 .... C2
10. Pergamino D3

Rand des Parque La Presidenta serviert dieses Café unter freiem Himmel erstklassige Pizza, Salate und Dips sowie köstliche Desserts und ist auch ein tolles Fleckchen für einen Drink nach dem Abendessen.

El Taxista
KOLUMBIANISCH $

(Karte S. 787; Carrera 43B No 10-22; Gerichte 6500 KOL$; ⊘ 7–16 Uhr) In diesem schnörkellosen Diner in der Nähe des Parque Poblado sitzen Händler Schulter an Schulter mit Geschäftsleuten. Es wird preisgünstige, leckere *paisa*-Küche serviert, die hektische Frauen in der winzigen Küche zubereiten.

Salón Versalles
KOLUMBIANISCH $

(Karte S. 784; www.versallesmedellin.com; Pasaje Junín 53-39; Gerichte 13 900 KOL$; Mo-Sa 7-21, So 8-18 Uhr) Diese für ihre lukullischen Empanadas nach argentinischer Art berühmte Institution der Stadt serviert auch gute Menüs und ist ein wunderbarer Ort, um sich von der Hektik des Zentrums zu erholen. Unter den Gästen sind Rentner, die aufs Geld schauen müssen, ebenso wie junge Unternehmer – allein, um die Kundschaft zu beobachten, lohnt der Besuch.

Verdeo
VEGETARISCH $$

(Karte S. 787; www.ricoverdeo.com; Carrera 35 No 8A-3; Hauptgerichte 14 500–21 800 KOL$; Di--So 12-22, Mo bis 16 Uhr;) Man muss kein Vegetarier sein, um die kreativen Gerichte in diesem coolen Poblado-Restaurant zu genießen zu. Es stehen köstliche vegetarische Schawarma, Burger, Ravioli und Salate zur Auswahl. Der zugehörige Lebensmittelladen verkauft Biogemüse, Tofu und anderes, das man in den Supermärkten vergeblich sucht.

Mondongos
KOLUMBIEN $$

(Karte S. 787; www.mondongos.com.co; Calle 10 No 38-38; Hauptgerichte 21 000–28 000 KOL$; Mo-Sa 11.30-21.30m So bis 20 Uhr) In dieses unscheinbare Restaurant strömen einheimische Familien, um sich an der *sopa de mondongo* (Kuttelsuppe) satt zu essen. Serviert wird sie mit Avocado, Banane, Zitrone und *arepas* (Maiskuchen), die je nach persönlicher Vorliebe in die Suppe kommen oder eingetunkt werden. Am schönsten ist es sonntags zum Mittagessen. Eine zweite Filiale befindet sich in „La 70":

Ausgehen & Nachtleben

In El Poblado wimmelt's nur so von Bars und Diskos voller feierlustiger Ausländer und Kolumbianer. Im Parque Periodista im Zentrum geht es rauer zu. Viele Clubs und Discos befinden sich im ehemaligen Industriegebiet Barrio Colombia und an der Autopista Sur.

Pergamino
CAFE

(Karte S. 787; www.pergamino.co; Carrera 37 No 8A-37; Mo-Fr 8-21, Sa 9-21 Uhr) Das Anstehen in diesem beliebten Café lohnt sich, denn der Kaffee ist der beste der Stadt. Es gibt eine große Auswahl an warmen und kalten Getränken, die alle mit erstklassigen Bohnen von kleinen Farmen aus der ganzen Welt zubereitet werden. Man kann auch Kaffee in Tüten zum Mitnehmen kaufen.

Son Havana
CLUB

(Carrera 73 No 44-56; Mi-Sa 20.30-3 Uhr) Gleich abseits der „La 70" herrscht in der besten Bar für leidenschaftliche Salsa-Fans eine tolle, irgendwie tropisch anmutende Stimmung. Die kleine Tanzfläche füllt sich so schnell, dass die meisten Gäste zwischen den Tischen tanzen. Es ist ziemlich dunkel, daher muss man sich keine Sorgen machen, wenn man nicht weiß, wie Salsa richtig getanzt wird. Donnerstags und samstags spielen Bands auf, dann ist es brechend voll.

Berlín
PUB

(Karte S. 787; 266-2905; Calle 10 No 41-65; 18-2 Uhr) Die einzige echte Kneipe in El Poblado, das Berlín, ist schummrig beleuchtet, hat einen Billardtisch und spielt Rock-Klassiker – ein angenehmer Kontrast zu den gleichförmigen Neon-Bars, die in der Gegend vorherrschen.

Eslabon Prendido
CLUB

(Papayera; Karte S. 784; Calle 53 No 42-55; 21-3 Uhr) In dieser unprätentiösen Salsa-Bar, die bei Backpackern und in der Stadt lebenden Ausländern unglaublich beliebt ist, ist dienstags und donnerstags, wenn Bands spielen, richtig viel los. Die Stimmung ist sehr gesellig, es macht nichts, wenn man keinen Tanzpartner mitbringt.

Calle 9 + 1
BAR

(Karte S. 787; Carrera 40 No 10-25; 21 Uhr-open end) Hipper, alternativer Treff rund um einen überdachten Hof, in dem DJs elektronische Independent-Musik auflegen und das Publikum eher kunstinteressiert ist – hier herrscht eine ganz andere Atmosphäre als in den typischen Bars in der Gegend von Parque Lleras.

Trilogia Bar
CLUB

(www.trilogiabar.com; Carrera 43G No 24-08; 20.30-3.30 Uhr) Wer einen turbulenten Abend erleben will, ist in diesem freundlichen Club im Barrio Colombia richtig. Hier spielen Bands auf einer sich drehenden Bühne Crossover-Musik, während die beschwipsten Einheimischen laut mitsingen. Am besten kommt man mit einer Gruppe und reserviert vorher über die Website, um eine Enttäuschung zu vermeiden.

☆ Unterhaltung

Medellín ist in der Ersten Liga des kolumbianischen Fußballs gut vertreten. Traditionelle Rivalen wie Atlético Nacional (www.atlnacional.com.co) und Independiente Me-

NICHT VERSÄUMEN

RÍO CLARO

Drei Stunden östlich von Medellín liegt die **Reserva Natural Cañón de Río Claro** (313-671-4459, 4-268-8855; www.rioclaroelrefugio.com; Km 152, Autopista Medellín-Bogotá; Eintritt 10 000 KOL$, Stellplatz 15 000 KOL$/Pers., Zi. pro Pers. inkl. drei Mahlzeiten 80 000–140 000 KOL$), ein ruhiger Fluss mit einem Bett aus Marmor, der durch eine spektakuläre, von Dschungel gesäumte Schlucht fließt. Hier kann man eine wunderbare Höhle besuchen, Wildwasser-Rafting oder Canyoning betreiben oder einfach schwimmen und an den Ufern entlangwandern, wo man sehr gut Vögel beobachten kann. Verrückte springen vom 15 m hohen Steilufer ins Wasser – Nachmachen auf eigene Gefahr!

Unbedingt besuchen sollte man die **Caverna de los Guácharos** (geführte Tour 20 000 KOL$), einen beeindruckenden Höhlenkomplex voller Guacharos (Fettschwalme), einem Bindeglied in der Evolution von den Fledermäusen zu den Vögeln. Man bekommt eine Schwimmweste und legt einen Teil des Weges schwimmend zurück.

Im Schutzgebiet gibt es mehrere Unterkünfte mit offenen Wänden und Blick auf den Dschungel. Am besten sind die Hütten, die 15 Gehminuten flussaufwärts vom Empfangsbereich auf einem Hügel liegen, in denen einen die Geräusche des Dschungels abends in den Schlaf wiegen und morgens aus dem Schlaf reißen. Unter der Woche kann man auch unangemeldet auftauchen, die Besitzer raten aber zu einer frühen Reservierung, speziell an Wochenenden und Feiertagen.

Wer knapp bei Kasse ist, kann in der nahe gelegenen Stadt Doradal übernachten, in der es mehrere billige Hotels gibt, und das Schutzgebiet auf einer Tagestour besuchen.

Mit Ausnahme einiger größerer Expresslinien setzen viele Busse, die von Medellín nach Bogotá unterwegs sind, Fahrgäste am Eingang in das Schutzgebiet ab. Aus allen anderen Richtungen fährt man zunächst nach Doradal, von wo Busse zum Haupttor fahren (5000 KOL$, 20 Min.).

---

dellín (DIM; www.dimoficial.com) spielen beide im **Estadio Atanasio Giradot**, während der **Envigado Fútbol Club** (www.envigadofutbolclub.net) in der südlichen Gemeinde Envigado aufläuft.

Teatro Lido KINO, THEATER
(Karte S. 784; 251-5334; www.medellincultura.gov.co; Carrera 48 Nr. 54-20) Das renovierte Theater am Parque de Bolívar bietet regelmäßig kostenlose Vorführungen von Dokumentar- und Arthouse-Filmen an und veranstaltet Konzerte und andere Events.

 Shoppen

**Centro Artesanal Mi
Viejo Pueblo** KUNSTHANDWERK
(Karte S. 787; Carrera 49 Nr. 53-20; Mo-Do 9-19.30, Fr & Sa bis 20, So 10-18 Uhr) Auf diesem recht touristisch ausgerichteten Kunsthandwerksmarkt findet man eine große Auswahl an ganz unterschiedlichen Souvenirs, einschließlich Hängematten, Taschen und traditioneller Kleidung.

❶ Praktische Informationen

In der ganzen Stadt gibt's zahlreiche Geldautomaten, so am Parque Berrío im Zentrum, in der Av El Poblado und am Parque Lleras.

Infos bekommt man in Medellín problemlos an den vielen Puntos de Información Turística (PITs), die mit höflichen und sachkundigen zweisprachigen Mitarbeitern besetzt sind. Neben den genannten gibt es auch Filialen in Pueblito Paisa und in den Flughäfen und Busbahnhöfen.

4-72 (Karte S. 787; Calle 10A No 41-11; Mo-Fr 8-12 & 13-18, Sa 9-12 Uhr) Post in El Poblado.

Clínica Las Vegas (315-9000; www.clinicalasvegas.com; Calle 2 Sur No 46-55) Privatklinik, deren Mitarbeiter etwas Englisch sprechen.

Migración Colombia (345-5500; www.migracioncolombia.gov.co; Calle 19 No 80A-40, Barrio Belén; Mo-Fr 8-16 Uhr) Die Anlaufstelle für Visaverlängerungen. Von El Poblado fährt man mit dem Bus Circular Sur 302/303 Richtung Süden die Av Las Vegas entlang.

PIT Plaza Botero (Karte S. 784; www.medellin.travel; Ecke Carrera 51 & Calle 53; Mo-Sa 8-17 Uhr) Touristeninformation gleich vor der Plazoleta de las Esculturas.

PIT Plaza Mayor (261-7277; www.medellin.travel; Calle 41 No 55-80; Mo-Fr 8-18 Uhr) Haupttouristeninformation, im Palacio de Exposiciones.

❶ An- & Weiterreise

BUS

In Medellín gibt es zwei Busbahnhöfe. Am Terminal del Norte, 2 km nördlich vom Zentrum, fahren Busse nach Norden, Osten und Südosten, u. a. nach Santa Fe de Antioquia (14 000 KOL$, 2 Std.), Bogotá (60 000 KOL$, 9 Std.), Cartagena (120 000 KOL$, 13 Std.) und Santa Marta (130 000 KOL$, 16 Std.). Mit der Metro leicht erreichbar (Ausstieg an Estación Caribe).

Der Terminal del Sur, 4 km südwestlich des Zentrums, bedient den Verkehr Richtung Westen und Süden, u. a. Manizales (35 000 KOL$, 5 Std.), Armenia (40 000 KOL$, 6 Std.), Pereira (35 000 KOL$, 5 Std.) und Cali (50 000 KOL$, 9 Std.). Von El Poblado mit dem Taxi (6000 KOL$) hinfahren.

Mehr Infos zu Zielen und Abfahrtszeiten unter www.terminalesmedellin.com.

FLUGZEUG
Der größte Flughafen Medellíns, der **Aeropuerto Internacional José María Córdoba** (www.aeropuertojosemariacordova.com; Rionegro, Medellín), liegt 35 km südöstlich der Stadt. Hier starten und landen alle internationalen und fast alle Inlandsflüge. Zwischen dem Zentrum und dem Flughafen (Abfahrt hinter dem Hotel Nutibara) fahren häufig Shuttlebusse (9000 KOL$, 1 Std.). Reguläre Taxis kosten 60 000 KOL$.

Einige regionale Flüge zu Zielen in Antioquia und den angrenzenden Departamentos nutzen den kleineren **Aeropuerto Olaya Herrera** neben dem Terminal Sur, eine kurze Taxifahrt von El Poblado entfernt.

Unterwegs vor Ort

BUS
Neben der U-Bahn fahren in der Stadt Busse und *busetas*. Die meisten Routen starten an der Av Oriental und am Parque Berrío, von wo aus man fast überall im Stadtgebiet hinkommt.

FAHRRAD
Medellín hat ein neues öffentliches, kostenloses Fahrradverleihsystems namens **Encicla** (www.encicla.gov.co). Besucher können gegen Vorlage ihres Passes Fahrräder für kurze Touren ausleihen. Ein Radwegenetz ist in der zweiten Phase des Projekts in Planung. Die Lage der Ausleihstationen ist auf der Website verzeichnet.

METRO
Medellíns **Metro** (www.metrodemedellin.gov.co; Einzelfahrschein 1900 KOL$; Mo–Sa 4.30–23, So 5–22 Uhr) fährt auf einer 26 km langen Nord-Süd-Strecke und einer 6 km langen Weststrecke und hat 27 Stationen. Die drei Metrocable-Seilbahnlinien führen von der Metro hinauf zu den ärmeren Barrios in den Hügeln und zum Parque Arví in Santa Elena.

TAXI
In Medellín fahren zahlreiche Taxis und alle sind mit Taxametern ausgestattet. Der Mindestfahrpreis beträgt 4700 KOL$. Ein Taxi vom Zentrum nach El Poblado kostet um die 10 000 KOL$.

Santa Fe de Antioquia
4 / 23 700 EW.

Santa Fe de Antioquia ist eine wunderschön erhaltene Kolonialstadt und ein lohnender Tagesausflug von Medellín aus. 1541 gegründet ist sie die älteste Stadt der Region. Während der spanischen Herrschaft war sie ein blühendes Zentrum und bis 1826 die Hauptstadt von Antioquia. Als Medellín Hauptstadt wurde, verlor sie ihre wirtschaftliche Bedeutung, entging somit aber auch der Abrissbirne des Fortschritts und durfte ihre engen Kopfsteingassen, hübschen Plazas und weißen Häuser behalten. Heute ist sie wegen des warmen Klimas ein beliebter Ausflugsort für die Städter aus Medellín.

◉ Sehenswertes

Die Stadt ist für ihre geschnitzten Holztüren und die blumenbepflanzten Höfe bekannt.

Puente de Occidente   BRÜCKE
Diese ungewöhnliche, 291 m lange Brücke über den Río Cauca liegt 5 km östlich der Stadt. Sie wurde 1895 fertiggestellt und war damals eine der ersten Hängebrücken in Amerika. Ihr Designer José María Villa war auch an der New Yorker Brooklyn Bridge beteiligt. Der 45-minütige Abstieg hinunter zur Brücke in der Hitze ist langweilig. Besser fährt man mit einem *tuk-tuk* (hin und zurück 15 000 KOL$). Der Fahrer wartet, während man über die Brücke geht.

Iglesia de Santa Bárbara   KIRCHE
(Ecke Calle 11 & Carrera 8; 17–18:30 Uhr & So Morgenmesse) Die interessanteste Kirche der Stadt, die Mitte des 18. Jhs. erbaute Iglesia de Santa Bárbara, hat eine schöne Barockfassade. Bemerkenswert, wenn auch vom Zahn der Zeit gezeichnet, ist der Altaraufsatz über dem Hochaltar.

Museo Juan del Corral   MUSEUM
(853-4605; Calle 11 No 9-77; 9a–12 & 14–17.30 Uhr, Mi geschl.) GRATIS Dieses Museum, das sich der Regionalgeschichte widmet, lohnt vor allem wegen der perfekt erhaltenen Kolonialvilla, in der es untergebracht ist.

✦ Feste & Events

Fiesta de los Diablitos   KULTUR
Das beliebteste Festival der Stadt findet immer an den letzten vier Tagen des Jahres

ABSTECHER

JARDÍN

Die selbst ernannte schönste Stadt in Antioquia, Jardín, ist eine bezaubernde ländliche Siedlung mit bunt gestrichenen zweistöckigen Häusern inmitten von kleinen Kaffeeplantagen, die an den steilen Hängen majestätischer grüner Berge kleben.

In den Bergen rings um die Stadt locken viele Attraktionen, darunter der **Cerro Cristo Rey**, ein Aussichtspunkt mit Panoramablick, zu dem eine moderne Seilbahn führt, und die **Cueva del Esplendor** (Eintritt 6000 KOL$), eine spektakuläre Höhle, durch deren Dach ein 10 m hoher Wasserfall schießt.

Das dynamische Outdoor-Unternehmen **Condor de Los Andes** (310-379-6069; condordelosandes@colombia.com; Carrera 6 No 1-100) organisiert fantastische Abenteueraktivitäten in der gesamten Region und betreibt ein tolles Hostel am Eingang zur Stadt. Eine andere gute Übernachtungsoption ist das **Balcones del Parque** (845-6844; www.balconesdelparque.com; Calle 9 No 2-75; Zi. pro Pers. inkl. Mahlzeiten 60–80 000 KOL$;) mit Zimmern direkt an der Plaza, die ein gutes Preis-Leistungs-Verhältnis bieten.

Täglich fahren etwa ein Dutzend Busse (18 000 KOL$, 3 Std.) vom südlichen Busbahnhof in Medellín nach Jardín. Wer auf dem Weg zur Zona Cafetera weiter im Süden ist, kann um 6.25 Uhr den Direktbus nach Manizales (37 000 KOL$, 5 Std.) von **Rapido Ochoa** (845-5051; Calle 8 No 5-24) nehmen.

statt. Neben Musik, Tanz und Paraden gibt es wie auf fast jedem Fest des Landes einen Schönheitswettbewerb.

🛏 Schlafen & Essen

An den Wochenenden steigen die Preise um 25 %.

Hotel Plaza   HOTEL $
(853-2851; Plaza Mayor; Zi. 35 000 KOL$/Pers.;) Angesichts der Lage in einem Kolonialgebäude am Hauptplatz ist das Preis-Leistungs-Verhältnis dieses Budgethotels spitzenmäßig. Die vor Kurzem renovierten Zimmer sind alles in allem recht angenehm, viele haben allerdings keine Fenster, und die Toilette steht praktisch mehr oder weniger in der Dusche.

Restaurante Portón del Parque   KOLUMBIANISCH $$
(853-3207; Calle 10 No 11-03; Hauptgerichte 22 000–28 000 KOL$; 12–20 Uhr) Dieses Restaurant in einem eleganten Kolonialhaus mit hohen Decken und einem blumengeschmückten Innenhof gilt weithin als das beste Lokal in der Stadt. Die Wände zieren einige recht schäbige Kunstwerke, doch die Küche bereitet sehr gutes traditionell kolumbianisches Essen, aber auch internationale Gerichte zu.

ℹ An- & Weiterreise

Busse/Minivans (10 000–14 000 KOL$, 2 Std.) fahren jede halbe Stunde zwischen Santa Fe und Medellíns Terminal del Norte.

Guatapé

4 / 4200 EW.

Die kleine Stadt Guatapé ist bei den *paisas* ein beliebtes Wochenendziel, wenn sie durch ihre Straßen wandeln und Fahrten auf dem künstlichen See El Embalse del Peñol unternehmen. An der Straße Richtung Stadt erhebt sich am See Piedra del Peñol ein riesiger Granitmonolith, auf den man hinaufklettern kann.

Ein Teil von Guatapé wurde 1970 geflutet, um den See anzulegen, der einen großen Teil des Stroms der Region liefert. Heute ist die Stadt bekannt für ihre netten Gassen; viele Häuser sind mit *zocalos* geschmückt (kunterbunte Flachreliefe). Ursprünglich wurden sie angefertigt, damit die Hühner nicht an die Mauern picken und die Kinder bei Ballspielen die Gebäude nicht beschädigen. Unter der Woche findet man hier niedrige Preise und Ruhe, an den Wochenenden eine feuchtfröhliche *paisa*-Sause.

👁 Sehenswertes

In der kopfsteingepflasterten **Calle de los Recuerdos**, die einen Block südlich vom Hauptplatz bergauf führt, kann man die schönsten Beispiele der hiesigen Fassadenmalerei bewundern.

Piedra del Peñol   AUSSICHTSPUNKT
(El Peñon de Guatapé; 10 000 KOL$/ Aufstieg; 8–17.40 Uhr) Ein 200 m hoher Granitmonolith am Rand der Embalse Guatapé. Auf einer Ziegel- und Mörteltreppe mit 659 Stu-

fen geht es in einer breiten Kerbe an der Seite nach oben. Vom Gipfel bietet sich ein herrliches Panorama der Region – zwischen weiten grünen Gebieten erstrecken sich die Seen wie Finger.

Casa del Arriero
BEMERKENSWERTES GEBÄUDE
(Carrera 28) Im ältesten Haus Guatapés wohnen noch immer Nachfahren der ursprünglichen Besitzer. Sie lassen die Vordertür meistens offen, sodass Besucher in den zentralen Innenhof spazieren können. Besonders schön sind die verzierten, bemalten Falttüren am Eingang. Ein für Guatapé sehr typisches Haus.

Aktivitäten

Bootsfahrten raus zu den Inseln in der Mitte des Sees sind hier die Hauptattraktion. Die großen Boote (10000 KOL$/Pers.) sind langsam, haben aber eine Bar und eine Tanzfläche. So bekommt man einen guten Einblick in das Phänomen der feiernden *paisas*. Die kleineren Boote (max. 6 Pers., 90000 KOL$) sind flexibler, wenn man bestimmte Ziele ansteuern will.

Schlafen & Essen

Guatapé bietet sich als tolle Tagestour von Medellín aus an, es gibt aber auch viele Unterkünfte in der Stadt, wenn man länger bleiben möchte.

Guatatur
HOTEL $$
(861-1212; www.hotelguatatur.com; EZ/DZ ab 50000/100000 KOL$, Suite 224000 KOL$;) Das recht preiswerte Resort in der Nähe der Plaza hat sich auf Wochenendpakete für Besucher aus Medellín spezialisiert und bietet unter der Woche oft tolle Schnäppchen. Mehrere Zimmer haben Seeblick, die Suiten warten mit Whirlpools und noch schönerem Blick auf den See auf.

Donde Sam
INDISCH, INTERNATIONAL $$
(Calle 32 No 31-57; Mittagsmenü 8000 KOL$; Hauptgerichte 18000–22000 KOL$; 9–21 Uhr) Dieses große Restaurant im zweiten Stock bietet einen tollen Blick auf den See und prima Essen. Im Angebot sind authentische, frisch zubereitete Klassiker der indischen und der Thai-Küche sowie einige italienische, chinesische und mexikanische Gerichte. Auch für Vegetarier ist gesorgt. Die Preise sind angesichts der Qualität günstig.

La Fogata
KOLUMBIANISCH $$
(Hauptgerichte 13000–20000 KOL$; 7–21 Uhr) Das beliebte Restaurant mit einem erhöhten Speisebereich im Freien liegt direkt gegenüber vom See. Hier gibt's ausgezeichnete *paisa*-Küche, darunter auch ein reichhaltiges Frühstück (9000 KOL$). Besonders gut sind die *trucha* (Forelle) und bei großem Hunger die *bandeja paisa*.

An- & Weiterreise

Busse von und nach Medellín (12000 KOL$, 2 Std.) fahren den ganzen Tag lang immer zur vollen Stunden vom nördlichen Busbahnhof ab. Bei der Ankunft in Guatapé sollte man gleich sein Rückfahrtticket kaufen, um sich einen Platz für die Heimfahrt zu sichern.

Die Piedra del Peñol besucht man am besten auf der Hinfahrt nach Guatapé, um Doppelfahrten zu vermeiden. Man steigt aber nicht in der Stadt Peñol aus, sondern bittet den Fahrer, einen bei „La Piedra" abzusetzen, zehn Fahrminuten weiter. Dort geht man die Straße, die um die Tankstelle herumführt (1 km) bis zum Parkplatz am Fuß des Felsens. Taxifahrer und Pferdebesitzer werden einem einreden wollen, dass es ein langer, anstrengender Aufstieg ist – doch der Weg ist zwar steil, aber nicht lang.

Manizales
6 / 388500 EW.

Diese wohlhabende Stadt in den Bergen hat mehrere Universitäten. Sie ist zwar nicht im eigentlichen Sinne schön, doch die gepflegten Straßen bilden einen eigentümlichen Kontrast zu vielen anderen kolumbianischen Städten. Das Klima ist frisch und kühl, und die Aura ernsthafter Gelehrsamkeit weicht, wenn die Sonne untergeht und die Studenten relaxen. Manizales wurde 1849 gegründet, ein Erdbeben machte es später aber dem Erdboden gleich. Von hier aus kann man Kaffeefarmen besuchen und ehrfürchtig den gletscherbedeckten Gipfel des aktiven Vulkans Nevado del Ruiz, eines der majestätischsten Berge Kolumbiens, bewundern.

Sehenswertes

Das Denkmal zu Ehren von El Libertador in der **Plaza de Bolívar** ist kurios: Rodrigo Arenas Betancur stellt ihn als Kondor auf einem Pferd dar.

★ Monumento a Los Colonizadores
DENKMAL
(Av 12 de Octubre, Chipre) Dieses massive Denkmal liegt auf einem Hügel im Viertel Chipre und ist den Gründern der Stadt gewidmet. Es wurde aus 50 t Bronze hergestellt, aber

die eigentliche Attraktion ist die spektakuläre Aussicht auf die Stadt und den Parque Nacional Natural (PNN) Los Nevados.

Catedral de Manizales KIRCHE
(Turmzugang Erw./Kind 10 000/7000 KOL$; ⊙ 9–20 Uhr) Die Südseite der Plaza de Bolívar wird von der seltsamen, aber eindrucksvollen Catedral de Manizales dominiert. 1929 begonnen und aus Stahlbeton erbaut, ist sie eine der ersten Kirchen dieser Art in Lateinamerika. Der Hauptturm ist 106 m hoch – der höchste Kirchturm des Landes! Von oben hat man einen tollen Blick auf die Stadt.

Los Yarumos PARK
(875-3110; Calle 61B No 15A-01; ⊙ Di-So 8.30–17.30 Uhr) Der 53 ha große Stadtpark bietet einen Panoramablick über die Stadt, Waldwege und Baumkronenpfade sowie diverse Abenteueraktivitäten, etwa eine geführte Wanderung zu vier kleinen Wasserfällen (2 Std., 8000 KOL$) und Abseilen (4 Std., 15 000 KOL$). Hier kann man aber auch einfach nur entspannen, am besten an einem klaren Nachmittag, wenn die Gipfel des PNN Los Nevados zu sehen sind.

Geführte Touren

Kumanday Adventures ABENTEUERTOUREN
(315-590-7294, 887-2682; www.kumanday.com; Calle 66 No 23B-40) Dieses Unternehmen mit komplettem Service hat seinen Sitz im gleichnamigen Hostel und veranstaltet Wanderungen im PNN Los Navados und Bergsteigertouren im ganzen Land, landschaftlich reizvolle Mountainbike-Touren durch nahe Kaffeefarmen und eine adrenalingeschwängerte Downhill-Fahrt vom Rand des Nevado del Ruiz (4050 m) hinunter nach Manizales. Auch dreitägige Radexkursionen durch die Anden sind im Programm. Außerdem verleiht es Bergsteigerausrüstung und Zelte.

Schlafen

Am besten übernachtet man in de Nähe der Zona Rosa bei der Cable Plaza. (Unbedingt den alten Seilbahnturm anschauen, von dem aus Waren über die Bergkämme transportiert wurden).

Mountain Hostels HOSTEL $
(887-0871, 887-4736; www.manizaleshostel.com; Calle 66 No 23B-91; B 20 000–23 000 KOL$, EZ/DZ/3BZ 60 000/65 000/90 000 KOL$;) Ein kurzes Stück von der Zona Rosa entfernt verteilt sich diese schöne Unterkunft auf zwei Gebäude. Das Hostel ist eines von wenigen, in denen sich Backpacker und kolumbianische Reisende vermischen, und hat mehrere Gemeinschaftsbereiche, darunter Patios mit Hängematten im hinteren Teil. Die Mitarbeiter helfen gern bei der Organisation von Aktivitäten in der Stadt und der Umgebung. Am komfortabelsten sind die Zimmer im Haus mit der Rezeption.

Kumanday Hostal HOSTEL $
(315-590-7294, 887-2682; www.kumanday.com; Calle 66 No 23B-40; B inkl. Frühstück 25 000 KOL$, EZ/DZ inkl. Frühstück 50 000/70 000 KOL$;) Freundliches, kompaktes Hotel in der Nähe der Zona rosa mit einfachen, aber sauberen und gemütlichen Zimmern.

Essen & Ausgehen

La Suiza BÄCKEREI $
(Carrera 23 No 26-57; Hauptgerichte 8500–17 500 KOL$; ⊙ Mo-Sa 9–20.30, So 10–19.30 Uhr) In der fabelhaften Bäckerei gibt's tollen Kuchen und sogar hausgemachte Schokolade. Sie bietet auch leckeres Frühstück und leichte Gerichte zum Mittagessen wie Pilz-Crêpes und Hühnchen-Sandwichs an. Eine weitere Filiale befindet sich unweit der Cable Plaza.

Rushi VEGETARISCH $
(Carrera 23C No 62-73; Gerichte 7000–9000 KOL$; ⊙ Mo-Sa 8–21 Uhr;) Das hippe vegetarische Restaurant serviert tolle Säfte und interessante fleischlose Gerichte, die in der offenen Küche vor den Augen der Gäste zubereitet werden. Das wechselnde Mittagsmenü bietet wirklich viel für den Preis.

Bar La Plaza BAR
(Carrera 23B No 64-80; ⊙ Mo-Mi 11–23, Do-Sa bis 2 Uhr) Eine gute Bar, um den Abend zu

---

RETROTOUREN: KOLUMBIENS CHIVAS

Halb LKW, halb Bus, ein Holzkörper und bunte Bemalung: *Chivas* sind mehr als nur ein Verkehrsmittel – sie sind Teil der kulturellen Identität Kolumbiens. Die an den Seiten offenen Arbeitstiere mit den harten Bänken sind schnell be- und entladen und waren früher das wichtigste Verkehrsmittel des Landes. Heute fahren sie in den Städten praktisch nur noch als *chivas rumberas* (eine Art Partybus), werden aber in ländlichen Regionen, besonders in bergigen Gegenden, noch als Transportmittel eingesetzt.

beginnen. Tagsüber ist sie ein Delikatessengeschäft, abends füllt sie sich schnell, und ab 21 Uhr muss man auf einen Tisch warten. Die Musik ist nicht zu laut, sodass man sich unterhalten kann. Die Atmosphäre ist von Studenten geprägt. Es gibt Gourmet-Sandwichs (5900–14 800 KOL$) und Snackteller mit edler Salami und Käse, die den Hunger in Schach halten, sowie gute Cocktails.

❶ Praktische Informationen

Die Gegend um den zentralen Markt gleich nördlich der Stadt ist bei Dieben beliebt, man sollte sie besser meiden.

An der Cable Plaza gibt's mehrere Geldautomaten.

4-72 (Carrera 23, No 60-36; ⊗ Mo–Fr 8–12 & 13–18, Sa 9–12 Uhr)

Touristeninformation (☏ 873-3901; www.ctm.gov.co; Ecke Carrera 22 & Calle 31; ⊗ 7–19 Uhr) Touristeninformation mit enthusiastischen Mitarbeitern und jeder Menge Karten und Broschüren.

❶ An- & Weiterreise

BUS

Manizales' heller und moderner **Busbahnhof** (☏ 878-7858; www.terminaldemanizales.com; Carrera 43 Nr. 65-100) ist über eine Seilbahn, die einen Panoramablick über die Stadt bietet, mit dem Zentrum verbunden (1500 KOL$). Wohnt man in der Nähe der Zona Rosa, ist es preiswerter und schneller, ein Taxi (6500 KOL$) direkt zur Unterkunft zu nehmen.

Busse fahren regelmäßig nach Bogotá (50 000 KOL$, 8 Std.), Medellín (35 000 KOL$, 5 Std.) und Cali (38 000 KOL$, 5 Std.). Viele Minibusse fahren nach Pereira (9000 KOL$, 1¼ Std.) und Armenia (17 000 KOL$, 2¼ Std.).

FLUGZEUG

Der **Aeropuerto La Nubia** (☏ 874-5451) liegt 8 km südöstlich vom Zentrum, abseits der Straße nach Bogotá. Man kommt mit dem Stadtbus nach La Enea dorthin und läuft dann noch fünf Minuten zu Fuß zum Terminal, oder man nimmt ein Taxi (10 000 KOL$). Der Flughafen ist wegen der Witterungsverhältnisse öfter geschlossen, man sollte also lieber keine zeitlich engen Anschlüsse buchen.

Rund um Manizales

Recinto del Pensamiento NATURSCHUTZGEBIET

(☏ 889-7073; www.recintodelpensamiento.com; Km 11, Vía al Magdalena; Eintritt mit/ohne telesilla 17 400/13 000 KOL$; ⊗ Di–So 9–16 Uhr) In diesem Naturschutzgebiet, das 11 km von Manizales im Nebelwald liegt, gibt's ein schönes *mariposario*, mehrere kurze Wanderwege durch einen Wald, in dem beeindruckende Orchideen wachsen, und einen medizinischen Kräutergarten. Desweiteren befinden sich hier Anpflanzungen von *guadua* und *chusqué* (zwei kolumbianischen Bambusarten) und sogar eine *telesilla* – eine Art Sessellift, der den Berghang hinauffährt, auf dem der Park liegt.

Hacienda Venecia FARM

(☏ 320-636-5719; www.haciendavenecia.com; Vereda el Rosario, San Peregrino; Haupthaus Zi. mit/ohne Bad 250 000/340 000 KOL$, Hostel B 30 000 KOL$, Zi. mit/ohne Bad 95 000/80 000 KOL$; ☀) Diese Hacienda hat zahlreiche Preise für ihren Kaffee gewonnen. Sie offeriert eine Kaffeetour (45 000 KOL$) in englischer Sprache, die eine informative Präsentation über kolumbianischen Kaffee, eine Einführung in die Kaffeeverkostung, Unterricht in der Kaffeezubereitung und einen Spaziergang durch die Plantage umfasst. Danach kann man den Pool nutzen, und für etwa 12 000 KOL$ wird ein typisches Mittagessen serviert. Der Transport von und zum Hotel in Manizales ist im Preis der Tour enthalten.

Hacienda Guayabal FARM

(☏ 314-772-4900; www.haciendaguayabal.com; Km 3, Vía Peaje Tarapacá, Chinchiná) Auf dieser gemächlichen Kaffeefarm in der Nähe von Chinchiná kann man wunderbar entspannen, umgeben von *cafetero*-Kultur. Es wird eine Kaffeetour (auf Spanisch/Englisch 30 000/35 000 KOL$) veranstaltet, die den Herstellungsprozess des Kaffees von der Pflanze bis zur Tasse nachverfolgt und etwas persönlicher ist als die von größeren Unternehmen angebotenen Touren. Die Führer sind sehr interessiert daran, ihr Wissen weiterzugeben. Man kann auch eine Tüte Kaffee als Souvenir kaufen.

Termales Tierra Viva THERMALBÄDER

(☏ 874-3089; www.termalestierraviva.com; Km 2, Vía Enea-Gallinazo; Eintritt 12 000–14 000 KOL$; ⊗ 9–23.30 Uhr) Dieser Thermalbadkomplex am Río Chinchiná gleich außerhalb der Stadt hat zwei Thermalbecken aus Felsgestein, die in einem hübschen Garten voller Kolibris und Schmetterlinge liegen. Außerdem gibt's ein hervorragendes Restaurant im Freien und ein kleines Spa, das Massagen anbietet. Unter der Woche ist es hier ruhig, doch am Wochenende kann es ziemlich überfüllt wirken.

Parque Nacional Natural Los Nevados

Dieser 583 km² große **Nationalpark** (www.parquesnacionales.gov.co; Kolumbianer/Ausländer 14 000/37 500 KOL$) erstreckt sich entlang einer Kette schneebedeckter Vulkangipfel und ermöglicht den Zugang zu einem der grandiosesten Gebiete der kolumbianischen Anden. Die unterschiedlichen Höhenlagen umfassen die gesamte Palette, von feuchtem Nebelwald über *páramos* (Hochgebirgsebenen) bis hin zu den Gletschern auf den Bergen. Die höchsten Gipfel sind von Nord nach Süd El Ruiz (5325 m), El Cisne (4750 m), Santa Isabel (4965 m), El Quindío (4750 m) und El Tolima (5215 m).

Zur Zeit der Recherche war der größte Teil des nördlichen Parkabschnitts rund um den Nevado del Ruiz wegen vulkanischer Aktivität geschlossen. Diese Einschränkungen könnten sich jedoch wieder ändern, daher sollte man sich in Manizales immer über die aktuelle Lage informieren, ehe man aufbricht.

Zum Glück der Naturfreunde ist der südliche Teil des Parks auch weiterhin geöffnet. Hier kann man atemberaubende Tages- und Mehrtageswanderungen unternehmen. Die Hauptzugangspunkte in den Park sind Potosi in der Nähe von Santa Rosa de Cabal, das Refugio La Pastora im Parque Ucumarí, wo ein 12 km langer Weg hinauf zur herrlichen Laguna del Otún beginnt, sowie das Valle de Cocora unweit von Salento, von wo aus ein Pfad hinauf zum *páramo* rund um den Paramillo del Quindío (4750 m) führt.

Zu den meisten Ausgangspunkten im Nationalpark fahren keine öffentlichen Verkehrsmittel. Es ist zwar möglich, vom Parque Ucumarí oder vom Valle de Cocora in den Park zu wandern, in der Regel ist es aber bequemer, in Manizales oder Salento eine Tour mit Guides und Transportmitteln zu organisieren.

Ecosistemas (312-705-7007, 880-8300; www.ecosistemastravel.com.co; Carrera 21 No 20-45) und Kumanday Adventures (S. 795) in Manizales bieten Tagestrips zum Nevado de Santa Isabel sowie mehrtägige Wanderungen durch den Park oder Besteigungen der Gipfel an. In Salento offeriert **Paramo Trek** (311-745-3761; paramotrek@gmail.com) Wanderungen im Park vom Valle de Cocora aus.

NICHT VERSÄUMEN

DIE HEISSEN QUELLEN VON RISARALDA

Die **Termales de Santa Rosa** (320-680-3615, 364-5500; www.termales.com.co; Eintritt Erw./Kind Fr–So 42 000/21 000 KOL$, Mo–Do 30 000/15 000 KOL$; 9–22 Uhr) liegen 9 km östlich von Santa Rosa de Cabal, einer Stadt an der Straße von Pereira nach Manizales. In der Nähe der Quellen wurde am Fuß eines 170 m hohen Wasserfalls ein Touristenkomplex mit Thermalbädern, Hotel, Restaurant und Bar gebaut. Hier kann man zwar übernachten, es ist aber überteuert.

Etwa 800 m den Berg hinunter stößt man auf das schlichtere, vom selben Management geführte **Balneario de Santa Rosa** (314-701-9361; www.termales.com.co; Eintritt Erw./Kind 32 000/16 000 KOL$; 9–22 Uhr), das von fantastischen Gärten umringt ist und unterhalb eines prächtigen Wasserfall liegt, der sich in ein halbes Dutzend verschiedener Ströme teilt. Wer in der Nähe übernachten will, kann es ein Stück weiter unten bei **Cabaña El Portal** (320-623-5315; Zi. 30 000 KOL$/Pers.) versuchen.

Städtische Busse zu den Thermalbädern (1300 KOL$, 45 Min.) fahren von 6 bis 18 Uhr alle zwei Stunden an der Hauptplaza in Santa Rosa de Cabal ab und kehren eine Stunde später vom Hotel Termales zurück.

In einem spektakulären nebligen Tal am Fuß des PNN Los Nevados, 18 km von Santa Rosa de Cabal, liegen die **Termales San Vicente** (www.sanvicente.com.co; Eintritt Erw./Kind 30 000/12 000 KOL$, Zi. pro Pers.inkl. Frühstück 74 000–198 00 KOL$0; 8–24 Uhr), die entspannteste Wahl für alle Wassernixen. Hier gibt es mehre Betonpools, Natursaunen und eine Seilrutsche, doch das eindeutige Highlight sind die *pozos de amor* – natürliche Badebecken in einem schnell fließenden Fluss inmitten üppiger Vegetation. Hier kann man in mehreren Unterkünften übernachten, die teuer, aber ihren Preis wert sind. Das **Buchungsbüro Termales San Vicente** (333-6157; Av Circunvalar No 15-62; Mo–Fr 8–17, Sa bis 15 Uhr) in Pereira bietet aber auch ausgesprochen günstige Tagestouren (60 000 KOL$) inklusive Fahrt, Eintritt, Mittagessen und einer Erfrischung.

Pereira

📞 6 / 457 100 EW.

Niemand kommt nach Pereira wegen der Architektur, wegen des Essens oder um zu entspannen. Auch die Kolumbianer nicht – sie kommen in die größte Stadt der Kaffeeregion, um Geschäfte und Geld zu machen. Auf den Straßen herrscht hektisches Geschäftstreiben, und nirgends kann man dem Trubel wirklich entfliehen. Doch wer eine freundliche, authentische Stadt abseits der Travellerroute sucht, in der er in die kolumbianische Kultur eintauchen kann, der ist in Pereira richtig.

Das kuriose Herzstück der Stadt heißt **Bolívar Desnudo** (Plaza Bolívar) und ist eine riesige Bronzeskulptur des El Libertador, der ohne Sattel sein Pferd Nevado reitet – und splitternackt ist. Er sieht aus, als würde er furios auf die große Kathedrale auf der anderen Seite der Plaza zufliegen.

Übernachten kann man im **Kolibri Hostel** (📞331-3955; www.kolibrihostel.com; Calle 4 No 16-35 KOL$; B 22 000 KOL$, Zi. mit/ohne Bad 65 000/50 000 KOL$; 📶), der wohl besten Budgetunterkunft der Stadt in fantastischer Lage gleich am Rand der Zona Rosa. Das **Grajales Autoservicios** (Carrera 8 No 21-60; Hauptgerichte 10 000 KOL$; ⏲24 Std.) ist ein Selbstbedienungsrestaurant mit tollem Essen und guter Frühstückskarte.

Der **Aeropuerto Matecaña** (📞314-8151) liegt 5 km westlich vom Stadtzentrum. Mit dem Stadtbus sind es 20 Minuten, ein Taxi kostet 12 000 KOL$. Der **Busbahnhof** (📞321-5834; Calle 17 No 23-157) befindet sich etwa 1,5 km südlich des Zentrums.

Armenia

📞 6 / 272 500 EW.

Genau wie Manizales und Pereira bietet diese Bezirkshauptstadt dem Besucher nur wenig Sehenswertes, aber sie ist das Tor zu einer Reihe von interessanten Sehenswürdigkeiten und einigen zauberhaften kleinen Städtchen im Bezirk Quindío.

Wenn man Zeit tot schlagen muss, geht man am besten ins **Museo del Oro Quimbaya** (📞749-8169; museoquimbaya@banrep.gov.co; Av. Bolívar 40N-80; ⏲Di-So 10-17 Uhr) GRATIS, ein kleines, aber interessantes Goldmuseum, 5 km nordöstlich vom Zentrum, an der Straße nach Pereira. Und wenn man das Glück hat, im Oktober dort zu sein, darf man sich die **Desfile de Yipao** (⏲Okt.) nicht entgehen lassen, bei der die klassischen Willys-Jeeps aus den Bergen heruntergefahren werden und voll beladen durch die Straßen der Stadt kurven – auf zwei Rädern!

Die **Casa Quimbaya** (📞732-3086; www.casaquimbaya.com; Calle 16N Nr. 14-92; B 23 000 KOL$, EZ/DZ 50 000/70 000 KOL$; @📶) ist ein gemütliches Hostel, das von freundlichen jungen Einheimischen geführt wird. Der **Busbahnhof** (www.terminaldearmenia.com; Calle 35 Nr. 20-68) liegt 1,5 km südwestlich vom Zentrum und der **Aeropuerto Internacional El Edén** (www.aeropuertoeleden.com) 18 km südwestlich von Armenia, in der Nähe der Stadt La Tebaida.

Salento

📞 6 / 7200 EW.

Nach den Betonburgen von Manizales, Pereira und Armenia ist Salento eine Erholung für die Sinne. Obwohl das Städtchen bei Kolumbianern und Besuchern aus dem Ausland sehr beliebt ist, hat es sich viel von seinem Kleinstadtcharakter bewahrt. Die sanft ansteigenden Hügel sind mit dichtem Wald bedeckt, der die Unebenheiten der Erde umfängt wie eine Mutter ihr Neugeborenes. Die Architektur der Stadt hingegen ist eine koloniale Postkarten-Fantasie. Die ruhigen Straßen säumen viele Läden, die Kunsthandwerk verkaufen, und es gibt etliche entspannte Bars, Cafés und Billardhallen.

Die Nähe zum atemberaubend schönen Valle de Cocora macht Salento zu einem begehrten Halt auf jedem Reiseplan durch Kolumbien, egal wie straff er ist. Während der Woche ist es ruhig, aber an den Wochenenden fallen Horden von Tagesausflüglern in die Stadt ein und der Hauptplatz ist voller Familien, die lachen, singen und tanzen.

⊙ Sehenswertes & Aktivitäten

Der charismatische Kaffeefarmer Don Elías bietet Touren auf seiner **Biofarm** (nahe Vereda Palestina; Tour 5000 KOL$) an. Die Farm erreicht man zu Fuß von der Stadt in 45 Minuten. Vom zentralen Park geht man einen Block nach Norden und dann Richtung Westen über die gelbe Brücke. Von dort geht es immer geradeaus – die Farm befindet sich ca. 200 m nach der Abzweigung nach El Ocaso.

Wer durch tropischen Anden-Nebelwald wandern will, macht sich auf nach **Kasaguadua** (📞313-889-8273; www.kasaguaduanaturalreserve.org), einem 14 ha großen, privaten Naturschutzgebiet, das ungefähr 2 km außerhalb der Stadt an der Straße nach El Ocaso liegt.

Reiten ist in Salento sehr beliebt, allerdings gab es einige Unfälle mit Touristen, die hier geritten sind. Man sollte mit einem erfahrenen Führer aufbrechen und prüfen, ob die eigene Versicherung Reiten abdeckt; wenn nicht, sollte man sicherstellen, dass der Führer eine Versicherung hat.

🛏 Schlafen

Tralala   HOSTEL $
(314-850-5543; www.hosteltralalasalento.com; Carrera 7 No 6-45; B 20 000–22 000 KOL$, EZ/DZ 50 000/65 000 KOL$, ohne Bad 40 000/50 000; 🛜) Dieses kleine, gut geführte Hostel in einem toll renovierten Kolonialhaus wurde eindeutig von jemandem auf die Beine gestellt, der genau weiß, was Traveller wollen. Es hat komfortable Matratzen, richtig heiße Duschen, zwei Küchen, eine große DVD-Sammlung, schnelles WLAN und sogar einen Gummistiefelverleih für schlammhaltige Wanderungen.

La Floresta Hostel   HOSTEL $
(759-3397; www.laflorestahostel.com; Carrera 5 No 10-11; B 18 000–20 000; EZ/DZ 54 000 KOL$, ohne Bad 34 000/44 000 KOL$; 🛜) Ein hervorragendes Preis-Leistungs-Verhältnis bietet dieses freundliche Hostel mit einheimischen Besitzern in einem neuen Gebäude, das vom Zentrum kommend direkt gegenüber von der gelben Brücke steht. Die Zimmer sind gut ausgestattet und bequem, und im großen Garten, in dem auch sein Zelt aufschlagen kann, gibt es Hängematten und einen Blick auf die Gegend. Außerdem kann man recht ordentliche Räder ausleihen, um die Gegend zu erkunden.

⭐ Ciudad de Segorbe   HOTEL $$
(759-3794; www.hostalciudaddesegorbe.com; Calle 5 No 4-06; EZ/DZ inkl. Frühstück 70 000/ 95 000 KOL$; P🛜) Eine hervorragende Unterkunft ist dieses Hotel in einem zweistöckigen Haus mit eleganten Zimmern, die über Holzböden und winzige Balkone mit Bergblick verfügen. Die wunderbar herzlichen spanisch-kolumbianischen Gastgeber machen dieses kleine, friedliche Hotel wirklich zu etwas Besonderem. Das sehr gute Frühstück wird im Innenhof serviert.

La Serrana   HOSTEL $$
(316-296-1890; www.laserrana.com.co; Km 1,5, Via Palestina; B 23 000–25 000; EZ/DZ 80 000/ 85 000 KOL$, ohne Bad 70 000/75 000 KOL$

P🛜) Dieses Hostel auf einer friedlichen Milchfarm auf einem Hügel mit tollem Blick über das Tal punktet mit erstklassigen Einrichtungen und einer fantastischen Atmosphäre. Das Restaurant bereitet gute und günstige Gerichte zu. Im hübschen Garten kann man sein Zelt aufbauen. Es gibt auch luxuriöse Zelte (1/2/3 Pers. 65 000/70 000/80 000 KOL$). Der 20-minütige Fußweg von der Stadt lohnt sich. Wer schweres Gepäck hat, kann einen Jeep anheuern (6000 KOL$).

🍴 Essen

Auf dem Hauptplatz verkaufen viele Stände und Kioske köstliche heimische Gerichte – z. B. hauchdünne *patacones* mit reichlich leckerem *hogao* (warmes Tomatenchutney) bestrichen, Hühnchengeschnetzeltes und Guacamole sowie hervorragende Forelle.

Rincón del Lucy   KOLUMBIANISCH $
(Carrera 6 No 4-02; Gerichte 6000 KOL$) An den tollen, aus Baumstämmen gezimmerten Tischen kann man das preiswerteste Menü der Stadt genießen: Fisch, Rindfleisch oder Hühnchen mit Reis, Bohnen, Kochbananen und einer Suppe.

La Eliana   INTERNATIONAL $
(Carrera 2 No 6-65; Hauptgerichte 10 000– 14 000 KOL$; ⊙12–21 Uhr) Serviert erstklassiges Frühstück sowie Gourmetpizza, Sandwichs und echte indische Currys, falls man mal Lust auf etwas anderes hat. die Portionen sind großzügig und die Preise angesichts der Qualität vernünftig. Tipp: Die köstlichen Orangen-Brownies probieren!

🍷 Ausgehen & Nachtleben

Am Hauptplatz gibt es reichlich Bars, in denen am Wochenende die Post abgeht. Einfach ausprobieren – sie sind alle gut.

Billar Danubio Hall   BAR
(Carrera 6 No 4-30; ⊙ Mo-Fr 8–24 Uhr, Sa & So bis 2 Uhr) Hier wird jedes Klischee einer lateinamerikanischen Kleinstadt erfüllt: Alte Männer in nicht ironisch gemeinten Ponchos und mit Cowboyhüten auf dem Kopf schlürfen *aguardiente* (Anisschnaps), spielen Domino und fangen unvermittelt an zu singen, sobald eine herzzerreißende Hymne mit persönlicher Bedeutung gespielt wird. Die Billar Danubio Hall ist eine klassische Männerbastion, Frauen werden dort zwar als Kuriosität betrachtet, doch die Herren sind Gentlemen durch und durch.

Café Jesús Martín CAFÉ
(www.cafejesusmartin.com; Carrera 6A No 6-14; ⊗8–20 Uhr) Das coole Café serviert spitzenmäßigen Espresso aus jenen Kaffeebohnen, die in der Fabrik des Besitzers geröstet und verarbeitet werden. Hier ist eindeutig die Oberklasse zu Hause, einheimischen Bauern wird man hier weniger begegnen. Wein, Bier und leichte Gerichte gibt es ebenfalls. Man kann sich auch nach den anspruchsvollen Kaffeeverkostungstouren erkundigen.

❶ An- & Weiterreise

Busse aus Armenia (3800 KOL$, 50 Min.) nach Salerno fahren bis 20 Uhr alle 20 bis 30 Minuten.

Zwischen Pereira und Salento (6000 KOL$, 1¼ Std.) fahren an Wochentagen täglich vier Busse. Am Wochenende verkehren viele Busse auf dieser Strecke. Alternativ kann man mit allen Bussen nach Armenia bis Los Flores fahren, die Straße überqueren und einen Bus von Armenia nach Salento heranwinken.

Valle de Cocora

Das Valle de Cocora, östlich von Salento, wirkt mit seinen breiten grünen Tälern und den schroffen Felsen ein wenig wie eine tropische Version der Schweiz. Man wird aber schnell daran erinnert, dass man nur ein paar Grad vom Äquator weg ist, wenn nach einem kurzen Fußweg an Cocora vorbei plötzlich Hügel auftauchen, die mit *palma de cera* (Wachspalmen) bedeckt sind. Die Bäume ragen über den Nebelwald hinaus, in dem sie gedeihen. Ein beinahe übersinnlich schöner Anblick.

Der spektakulärste Teil des Tals liegt östlich von Cocora. Geht man die Straße bergab bis zur Brücke über den Río Quindío (nur 5 Min. zu Fuß von den Restaurants entfernt), sieht man die ersten Exemplare dieser merkwürdigen 60 m hohen Palmen. Nach gut einer Stunde Fußmarsch erreicht man einen Wegweiser zur **Reserva Natural Acaime** (Eintritt 5000 KOL$ inkl. Erfrischung), der einen nach rechts leitet. Das ist die Heimat von vielen wunderschönen Kolibris – mindestens sechs Arten trifft man hier immer an, die in Dutzenden auf einmal vorbeischwirren. Der Eintritt beinhaltet eine frische heiße Tasse Kaffee oder *aguapanela* (Zuckerrohr und Wasser). Vor Ort gibt's auch einfache Schlafsäle (15 000 KOL$).

Zurück am Wegweiser geht man entweder denselben Weg zurück oder man nimmt den schwierigeren Aufstieg Richtung La Montaña, um eine von Kolumbiens atemberaubendsten Landschaften zu bewundern.

Sechs Jeeps pro Tag (3400 KOL$, 35 Min., 6.10, 7.30, 9.30, 11.30, 14 und 16 Uhr) fahren von der Plaza in Salento nach Cocora. Man sollte 15 Minuten vor Abfahrt da sein, um sich einen Platz zu sichern.

SÜDWESTLICHES KOLUMBIEN

Der Südwesten Kolumbiens kann einen schwindelig machen mit seinem Mix aus alter und moderner Kultur. Cali, die größte Stadt der Region, pulsiert vor tropischer Energie und Schwung; die eindrucksvollen Stätten von San Agustín und Tierradentro, eingebettet in majestätische Berglandschaften, sind angenehm und faszinierend, während die Desierto de la Tatacoa eine karge Besonderheit ist.

Die Kolonialstadt Popayán, der andere große Touristenmagnet, ist ein lebendiges Museum der spanischen Herrschaft, mit vielen kunstvollen Kirchen und einer gepflegten, entspannten Atmosphäre.

Bei Ipiales in Richtung Grenze zu Ecuador wird die Landschaft schwindelerregend und man spürt die Anden; hier fühlt man sich mehr wie in Ecuador als in Kolumbien. Die wunderschöne Laguna de la Cocha in Pasto und das Santuario de las Lajas, eine neogotische Kirche bei Ipiales, auf einer Brücke über einer weiten Schlucht erbaut, sind die Hauptattraktionen hier.

Cali

♪ 2 / 2,5 MIO. EW.

Cali ist Kolumbien pur. Die Lebendigkeit, die Hitze, der Verkehr, die Musik und das Essen verbinden sich hier zu einem herrlichen, benebelnden Dunst. Verglichen mit Popayáns Vornehmheit, Medellíns Stolz und Bogotás kultivierter Zurückhaltung versteckt sich Cali hinter einer Fassade – aber direkt dahinter findet man eine leidenschaftliche, rebellische kolumbianische Stadt, die gut zu einem sein wird, wenn man sich auf sie einlässt.

Die Stadt hat durchaus auch Sehenswertes zu bieten: Das künstlerische koloniale Viertel San Antonio mit seinem unkonventionellen Park eignet sich hervorragend für einen Spaziergang und es gibt einige erstklassige Bezirke zum Einkehren. Aber Calis hervorstechendste Eigenschaft sind zweifellos seine stolzen Bewohner, ein multiethnischer Mix, reich an afrokolumbianischem Erbe, für die es keinen größeren Segen gibt, als man *caleño* geboren zu sein.

Wenn Salsa die Musik der lateinamerikanischen Seele ist, dann überrascht es nicht, dass Cali, eine Arbeiterstadt, die schon einiges hinter sich hat, davon geradezu besessen ist. Salsa ist hier nicht nur Unterhaltung, es ist eine Lebenseinstellung. Wer noch nie die explosive, rebellische Kraft eines Salsaorchesters gespürt hat, bekommt hier die Chance dazu – das sollte man nicht verpassen.

In Cali scheint der Tourismus nicht so wichtig zu sein, aber das trägt zum Charme der Stadt bei. Cali braucht uns weniger, als man Cali braucht. Es ist eine hektische, harte und manchmal schmuddelige und unsichere Stadt, aber wenn es dunkel wird und die Temperaturen in den Straßen sinken, nutzen die Einheimischen die Nacht mit der Entschlossenheit von Menschen, die hart gearbeitet haben und feiern wollen, nein, *müssen*. Und man darf sich ihnen anschließen.

Sehenswertes

Museo Arqueológico la Merced — MUSEUM
(☎ 885-4665; Carrera 4 No 6-59; Erw./Kind 4000/2000 KOL$; ⊙ Mo-Sa 9-13 & 14-18 Uhr) Im früheren Kloster La Merced, dem ältesten Gebäude Calis, zeigt dieses interessante Museum eine Sammlung vorkolonialer Töpferei, die die großen Kulturen Zentral- und Südamerikas hinterlassen haben.

Iglesia de la Merced — KIRCHE
(Ecke Carrera 4 & Calle 7; ⊙ 6.30-10 & 16-19 Uhr) Dies ist die älteste Kirche der Stadt – mit dem Bau wurde um 1545 begonnen. Das schöne, weiß getünchte Gebäude im spanischen Kolonialstil ist eine bescheidene Holz- und Gipskonstruktion mit einem langen, schmalen Schiff. Den massiv vergoldeten barocken Hochaltar im Inneren krönt die Virgen de las Mercedes, die Schutzheilige der Stadt.

Museo de Arte Moderno La Tertulia — GALERIE
(☎ 893-2939; www.museolatertulia.com; Av Colombia 5 Oeste-105; Eintritt 4000 KOL$; ⊙ Di-Sa 10-18, So 14-18 Uhr) Zeigt Ausstellungen zeitgenössischer Malerei, Bildhauerei und Fotografie. Vom Zentrum sind es zu Fuß 15 Minuten am Río Cali entlang.

Iglesia de San Antonio — KIRCHE
Die kleine, 1747 erbaute Kirche steht westlich vom Zentrum auf einem Hügel namens Colina de San Antonio. Sie enthält wertvolle *tallas quiteñas*, Holzstatuen der Heiligen aus dem 17. Jh. in einem als Quito-Schule bekannten Stil. Vom Park rund um die Kirche hat man einen tollen Blick auf die Stadt.

Cristo Rey — DENKMAL
Vom Fuß der hoch aufragenden Christus-Statue auf dem Gipfel des Cerro las Cristales, die wie eine Miniaturversion des berühmten Denkmals in Río de Janeiro wirkt, bietet sich ein Panoramablick auf die Stadt. Die Hin- und Rückfahrt mit dem Taxi hier hoch kostet etwa 50000 KOL$. Es ist nicht ratsam, zu Fuß zu gehen.

Museo del Oro — MUSEUM
(Calle 7 No 4-69; ⊙ Di-Sa 10-17 Uhr) GRATIS Dieses Museum einen Block östlich von der Iglesia de la Merced zeigt eine schöne Sammlung von Gold und Keramik der Calima-Kultur.

Aktivitäten

Colombia Walking Tours — GEFÜHRTE TOUREN
(☎ 310-398-5513; www.colombiawalkingtours.com) GRATIS Eine Gruppe enthusiastischer junger Guides veranstaltet montags und freitags um 16 Uhr einen kostenlosen geführten Spaziergang im Stadtzentrum. Er beginnt vor der Iglesia de la Merced. Bei entsprechender Nachfrage sind auch mehrere andere Touren rund um Cali im Programm.

Kurse

Manicero — TANZ
(☎ 314-658-7457; Calle 5 No 39-71) Die Tanzschule bietet günstige Salsa-Gruppenkurse.

Feste & Events

★ Festival de Música del Pacífico Petronio Álvarez — MUSIK
(www.festivalpetronioalvarez.com;) Ein Festival für pazifische Musik, das stark von afrikanischen Rhythmen beeinflusst ist, die die vielen Sklaven mitgebracht haben, die einst die Pazifikküste bevölkerten. Die *caleños* kommen scharenweise, um rund um die Uhr zu tanzen und in rauen Mengen *arrechón* (ein süßes, traditionell hergestelltes alkoholisches Getränk) zu trinken. Findet im August statt.

Festival Mundial de Salsa — TANZ
(www.mundialdesalsa.com) Überaus beeindruckende, farbenfroh kostümierte Tänzer aus Cali und von weiter weg übernehmen bei diesem Salsa-Wettbewerb im September die Bühne.

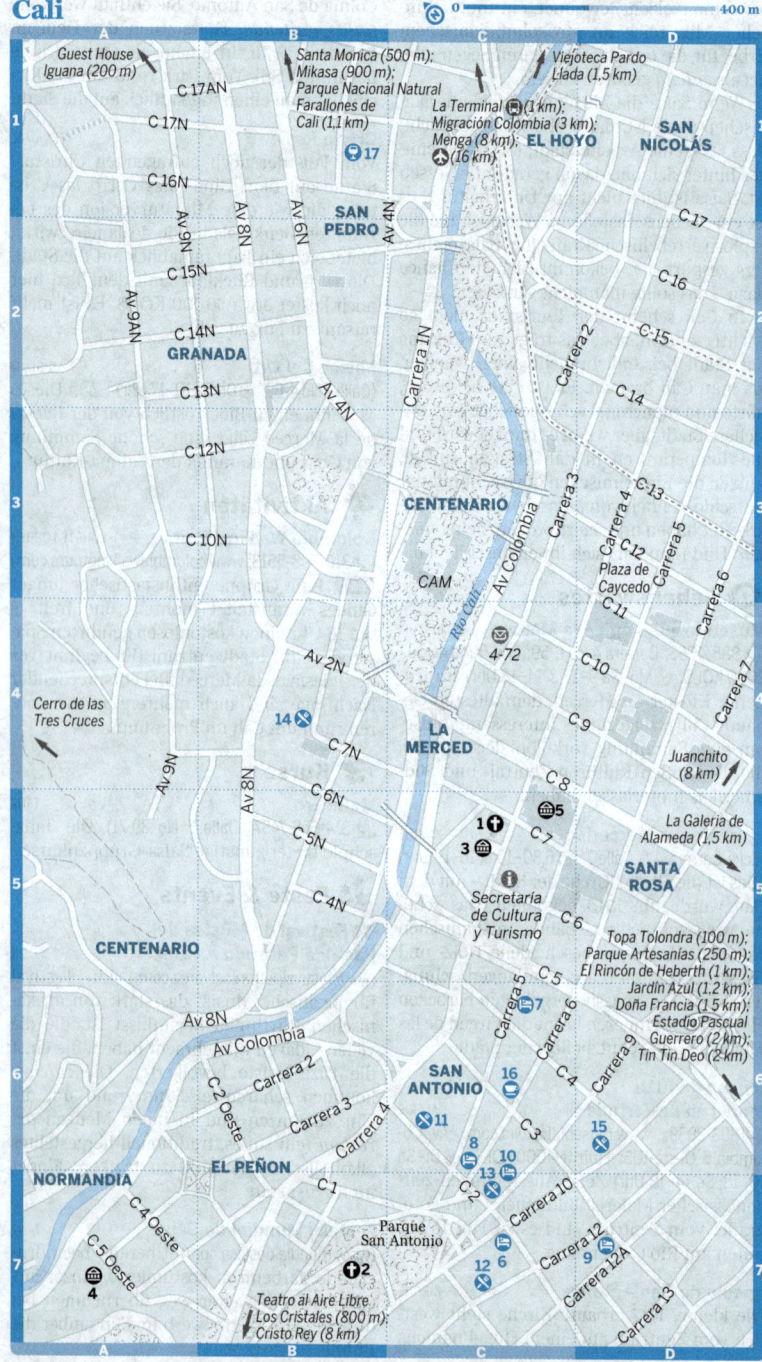

Cali

◎ Sehenswertes
1 Iglesia de la Merced C5
2 Iglesia de San Antonio B7
3 Museo Arqueológico la Merced C5
4 Museo de Arte Moderno La
   Tertulia A7
5 Museo del Oro C5

🛏 Schlafen
6 Café Tostaky C7
7 El Viajero C6
8 La Casa Café C6
9 La Maison Violette D7
10 Ruta Sur C6

✕ Essen
11 El Buen Alimento C6
12 El Zaguán de San Antonio C7
13 Lulodka C7
14 Platillos Voladores B4
15 Zahavi D6

🍷 Ausgehen & Nachtleben
16 Macondo C6
17 Zaperoco B1

✪ Unterhaltung
Cinemateca La Tertulia .... (siehe 4)

🛏 Schlafen

Wer es ruhiger mag, ist in San Antonio richtig, wer sich ins Nachtleben stürzen will, ist in Granada gut aufgehoben.

Guest House Iguana HOSTEL $
(☏ 382-5364; www.iguana.com.co; Av 9N No 22N-46; B 19 000–21 000 KOL$, EZ/DZ ohne Bad 50 000/60 000 KOL$, mit Bad 40 000/50 000 KOL$; @🛜) In diesem entspannten Hostel gibt's verschiedene Übernachtungsmöglichkeiten in zwei aneinander grenzenden Häusern, einen netten Gartenbereich, ein freundliches Management und mehrmals die Woche kostenlose Salsa-Kurse. Es liegt nördlich vom Zentrum, zu den Restaurants in Granada und Chipichape kann man laufen.

La Maison Violette HOSTEL $
(☏ 371-9837; www.maisonviolettehostel.com; Carrera 12A No 2A-117; B 23 000 KOL$, EZ/DZ 65 000/75 000 KOL$, Suite 85 000 KOL$; 🛜) Ein Neuzugang in San Antonio mit geschmackvoll dekorierten Zimmern, geräumigen Suiten und einer Dachterrasse mit Panoramaaussicht auf die Stadt.

Café Tostaky HOSTEL $
(☏ 893-0651; www.tostakycali.com; Carrera 10 No 1-76; B 20 000 KOL$, EZ/DZ ohne Bad 35 000/50 000 KOL$; @🛜) Mitten im Herzen von San Antonio hat dieses beliebte Hostel einfache, funktionale Zimmer, warmes Wasser und eine Gästeküche. Unten befindet sich ein cooles Café, in dem es Crêpes, Sandwichs und guten Kaffee gibt – es lohnt auch einen Besuch, wenn man hier nicht wohnt.

La Casa Café HOSTEL $
(☏ 893-7011; lacasacafecali@gmail.com; Carrera 6 No 2-13; B 18 000 KOL$, EZ/DZ ohne Bad 25 000/40 000 KOL$; @🛜) Wer Lust auf ein Hostel der alten Schule ohne Schnickschnack hat, sollte dieses unkonventionelle Café mit Bar in einem Kolonialgebäude ansteuern. Im zweiten Stock gibt es günstige Schlafsäle und Privatzimmer.

El Viajero HOSTEL $$
(☏ 893-8342; Carrera 5 No 4-56; B 23 000–25 000 KOL$, EZ/DZ mit Bad 75 000/100 000 KOL$, ohne Bad 47 000/88 000 KOL$; 🛜🏊) Das Viajero in einem renovierten Kolonialhaus ist bei jungen Travellern beliebt, die eine gesellige Stimmung suchen. Die Privatzimmer sind recht klein, doch der große Pool im hinteren Hof sorgt für Erfrischung, und in der angrenzenden Bar ist abends viel los. Regelmäßig finden kostenlose Tanzkurse statt.

Jardín Azul PENSION $$
(☏ 556-8380; www.jardinazul.com; Carrera 24A No 2A-59; Zi. 115 000–165 000 KOL$; 🛜🏊) Das tadellose kleine Hotel in einem umgebauten Haus auf einem Hügel in der Nähe des Kolonialviertels im Zentrum hat geräumige, helle Zimmer mit großen Betten und importierten Baumwolllaken. Einige Zimmer verfügen über eigene Balkone mit Blick auf die Stadt. Der kleine Pool liegt in einem hübschen Garten mit vielen Vögeln.

Ruta Sur HOSTEL $$
(☏ 893-6946; hostalrutasur@gmail.com; Carrera 9 No 2-41; EZ/DZ 75 000/95 000 KOL$) Das gemütliche, freundliche Hostel in San Antonio ist etwas für Traveller, die eine ruhige, zentral gelegene Unterkunft suchen. Die Zimmer sind geschmackvoll eingerichtet, die Bäder sind allerdings winzig.

✕ Essen

Das beste und günstigste Essen der Stadt gibt's wohl auf dem farbenfrohen lokalen Lebensmittelmarkt in Alameda, **La Galeria de Alameda** (Ecke Calle 8 & Carrera 26), wo viele kleine Mittagstheken Meeresfrüchte sowie *comidas típicas* (typische Gerichte) servieren.

NICHT VERSÄUMEN

SAN CIPRIANO

Versteckt im dichten Dschungel liegt San Cipriano, eine winzige afrokolumbische Stadt und ein kostengünstiges Ziel für Naturliebhaber. Ein kristallklarer Fluss fließt durch das Zentrum der Gemeinde – man kann flussaufwärts laufen und sich dann in einem Reifen zurücktreiben lassen oder sich in einem der vielen Wasserlöcher abkühlen.

Das Städtchen ist für seine Naturwunder bekannt, aber auch für die Art, wie man hinkommt: Da San Cipriano 15 km von der nächsten Straße entfernt ist und nur die Bahn von Cali nach Buenaventura ab und zu dort vorbeikommt, haben die Einwohner von Motorrädern angetriebene Draisinen erfunden, die rasend schnell durch den Dschungel sausen. Daher: Gut festhalten und Schuhe tragen, damit man notfalls abspringen kann.

Man kann das alles in einem Tagestripp von Cali aus schaffen, aber wozu die Eile? Es gibt viele sehr günstige Hotels hier, die alle 15 000 bis 25 000 KOL$ pro Person nehmen.

Von Cali aus bringt einen jeder Bus Richtung Buenaventura nach Córdoba (18 000 KOL$, 3 Std.), von da aus sind es 15 Minuten mit der Motorrad-Draisine (5000 KOL$).

El Buen Alimento VEGETARISCH $
(375-5738; Calle 2 No 4-53; Menüs 10 000 KOL$, Hauptgerichte 12 500–15 500 KOL$; Mo-Sa 11.30–22, So bis 17 Uhr;) Das hippe vegetarische Restaurant serviert hervorragende fleischfreie Versionen kolumbianischer Klassiker und kreative Fusiongerichte wie mexikanische Lasagne und tolle frische Fruchtsäfte.

Doña Francia EISCREME $
(Carrera 27 No 3-100; Snacks 2000–5000 KOL$; 8–19 Uhr) Eine Institution in der Stadt. Draußen genießt man auf den Bänken sensationelle Säfte, Sorbets und den wahrscheinlich besten *salpicón* (Obstsalat) ganz Kolumbiens. Das Lokal befindet sich einen Block östlich vom Parque del Perro.

Zahavi BÄCKEREI $
(Carrera 10 No 3-81; Gebäck 2000–6000 KOL$; Mo-Fr 11–20, Sa & So 8–19.30 Uhr) In der schicken Bäckerei in San Antonio gibt's ausgezeichneten Kaffee, reichhaltige, klebrige Brownies und sehr leckere Gourmet-Sandwichs.

★Lulodka FUSION $$
(Calle 2 No 6-17; Menüs 15 000 KOL$, Hauptgerichte 14 000–28 000 KOL$; Mo-Sa 10–15.30 & 18–23 Uhr) Etwas Besseres als das Essen dieses schicken Fusionrestaurants in einem hübschen Kolonialgebäude bekommt man nicht für seine Pesos. Die Gourmet-Menüs bestehen aus Suppe, Salat, Hauptgericht, frischem Saft und Dessert. Alles wird perfekt zubereitet, die Aromen und die Konsistenz sind sorgfältig abgestimmt. Probieren sollte man auch den namensgebenden „Lulodka", ein Getränk auf *lulo*-Basis mit Wodka.

El Zaguán de San Antonio KOLUMBIANISCH $$
(Carrera 12 No 1-29; Hauptgerichte 25 000 KOL$; 12–24 Uhr) Diese Institution serviert große Portionen traditionellen *vallecaucana*-Essens und tolle frische Säfte. Das Essen schmeckt hervorragend, doch der Hauptgrund für einen Besuch ist der fantastische Blick von der Dachterrasse, wo man prima sitzen und etwas trinken kann.

★Platillos Voladores FUSION $$$
(668-7750; www.platillosvoladores.com.co; Av 3N No 7-19; Hauptgerichte 27 000–45 000 KOL$; Mo-Fr 12–15 & 19–23, Sa 13–16 Uhr) Calis bestes gehobenes Restaurant offeriert eine interessante, vielfältige Karte mit wunderbar präsentierten Gourmetgerichten, in denen sich asiatische, europäische und lokale Einflüsse mischen. Man isst im Garten oder in einem der klimatisierten Gasträume. Dazu schmeckt ein Wein von der beeindruckenden Weinkarte am besten. Unbedingt reservieren!

🍷 Ausgehen & Nachtleben

Vom grünen Parque San Antonio hat man einen tollen Blick auf die Lichter der Stadt und es ist ein beliebter Platz für ein frühes Feierabendbier. Es gibt Dutzende kleiner Bars rund um den Parque del Perro.

Calis Tanzflächen sind nichts für Zartbesaitete oder steife Hüften – der Salsastil ist schneller und komplexer als überall sonst und erfordert viel Beinarbeit. Die exklusivsten Clubs sind im Norden. Die Calle 5 südlich des Flusses ist weniger schick.

★Zaperoco SALSACLUB
(www.zaperocobar.com; Av 5N No 16-46; Do-Sa 21 Uhr-open end) Wer nur eine einzige Salsa-

Bar in Cali besucht, sollte unbedingt das Zaperoco ansteuern. Hier legen die erfahrenen DJs reinen *salsa con golpe* („Salsa mit Schlag") von alten Schallplatten auf, während Reihen von Industrieventilatoren vergeblich versuchen, für Kühle zu sorgen. Irgendwo unter den Massen der sich bewegenden Glieder muss die Tanzfläche sein – wo genau, haben wir nie herausgefunden.

Hier kommt man garantiert ins Schwitzen – in einer Nacht im Zapaeroco verbrennt man mehr Kalorien als bei einem Halbmarathon in den Tropen.

Tin Tin Deo SALSACLUB
(www.tintindeocali.com; Calle 5 No 38-71; Do-Sa 20 Uhr–open end) Der kultige, unprätentiöse Salsa-Laden im zweiten Stock hat eine große Tanzfläche, die von Postern berühmter Salsa-Sänger umringt ist. Manchmal wirkt der Club wie eine Art Gringozirkus (vor allem donnerstags), er ist aber ein guter Ort für Tanzanfänger, um einen Fuß auf die Tanzfläche zu kriegen. Einen Tanzpartner muss man nicht mitbringen, unter den freundlichen Stammgästen finden sich viele Freiwillige.

El Rincón de Heberth BAR
(Carrera 24 No 5-32; Do-Sa 20-3 Uhr) Man sieht es der bescheidenen Salsabar in einem Laden in einer Einkaufsmeile nicht an, doch die tolle Musik und die entspannte Atmosphäre ziehen Scharen von Gästen an. Die meisten sitzen mit ihren Drinks draußen an der Straße, wo es frischer ist – bis irgendein bestimmter Song sie wieder hinein auf die dampfende Tanzfläche lockt.

Macondo CAFÉ
(Carrera 6 No 3-03; 11–23, So ab 16 Uhr) In diesem alteingesessenen Café in San Antonio gibt's guten Kaffee und eine breite Palette an Desserts. Außerdem serviert man hier bis spät abends Wein und Bier. Man sollte unbedingt einen der leckeren Cocktails probieren.

Topa Tolondra BAR
(Calle 5 Nr. 13-27; Do-Mo 18Uhr–open end) Einfache, kleine Salsabar mit netter Atmosphäre in der Nähe vom Loma de la Cruz. Die Tische wurden alle an die Wände geschoben, der Betonboden ist also frei für die Tänzer.

Mikasa BAR
(Calle 26N No 5AN-51; Do-Sa 21-3 Uhr) Eine Alternative für alle, die keinen Salsa im Blut haben, ist diese hippe Bar, in der gute DJs Musik aller Art auflegen. Es gibt eine Tanzfläche im Freien mit ausfahrbarem Dach und eine offene Terrasse im Obergeschoss. Vom militärisch wirkenden Sicherheitsteam sollte man sich nicht abschrecken lassen – drinnen geht es ganz entspannt zu.

☆ Unterhaltung

Cali hat zwei Fußballmannschaften: **Deportivo Cali** (www.deportivocali.co), das in der Nähe des Flughafens in Palmira zu Hause ist und in der ersten Liga kickt, und **América de Cali** (www.america.com.co), die im günstiger gelegenen Stadion **Estadio Pascual Guerrero** (Ecke Calle 5 & Carrera 34) in den unteren Ligen spielen.

Cinemateca La Tertulia KINO
(893-2939; www.museolatertulia.com; Av Colombia No 5 Oeste-105; Eintritt 5000 KOL$) Das Programmkino in einer Galerie zeigt in der Regel von Dienstag bis Sonntag täglich zwei Filme.

🛍 Shoppen

Parque Artesanías MARKT
(10–20 Uhr) Auf dem Loma de la Cruz findet einer der besten Märkte für *artesanía* (Kunsthandwerk) Kolumbiens statt. Man findet hier authentische, handgemachte Waren vom Amazonas, der Pazifikküste, den südlichen Anden und sogar aus Los Llanos.

ℹ Praktische Informationen

Cali hat raue Ecken, besonders südlich vom Fluss; östlich der Calle 5 sollte man möglichst nicht allein zu Fuß gehen. Am sichersten ist man mit dem Taxi unterwegs.

4-72 (Carrera 3 No 10-49; Mo-Fr 8-12 & 14-18, Sa 9-12 Uhr) Post.

Banco de Occidente (Av Colombia 2-72) Der sicherste Geldautomat in der Nähe von San Antonio. Die Banken im Zentrum sollte man nachts meiden.

Migración Colombia (397-3510; www.migracioncolombia.gov.co; Av 3N 50N-20, La Flora; Mo-Fr 8-12 & 14-17 Uhr) Für Visaverlängerungen.

Secretaría de Cultura y Turismo (885-6173; www.cali.gov.co/turista; Ecke Calle 6 & Carrera 4; Mo-Fr 8-12 & 14-17, Sa 10-14 Uhr) Städtische Touristeninformation.

ℹ An- & Weiterreise

BUS
Der Busbahnhof, **La Terminal** (www.terminalcali.com; Calle 30N Nr. 2AN-29), befindet sich 2 km nördlich des Zentrums. Es ist ein schweißtrei-

ABSTECHER

PAZIFIKKÜSTE

Kolumbiens Pazifikküste empfängt den sparsamen Reisenden nicht besonders herzlich. Die Infrastruktur ist dürftig, das Reisen improvisiert und teuer – vor allem per Schiff, Schnellboot und Kleinflugzeug – da sie nur eine Straße mit dem Inland verbindet (die Straße Cali–Buenaventura).

Aber die Dinge ändern sich. Die Sicherheit wurde deutlich verbessert und die einzigen Gebiete, die jetzt noch ab vom Schuss sind, sind die Bezirke Cauca und Nariño, südlich von Buenaventura, und Chocó, weit im Norden in der Nähe der Grenze zu Panama. Und obwohl die meisten Unterkünfte in diesen Gegenden immer noch vor allem auf reiche einheimische Touristen ausgerichtet sind, hat das erste Backpackerhostel in der Gegend von **El Valle** eröffnet und einige Anbieter um **Ladrilleros** im Valle de Cauca organisieren jetzt auch günstige Walbeobachtungstouren.

Auch der gemeinschaftsbasierte Tourismus startet. In Dörfern überall in Chocó gibt es Kooperativen von Führern, die Besucher für wenig Geld durch den Regenwald, an den Flüssen entlang oder in die Mangrovenwälder führen, während im Süden von El Valle Freiwillige bei einem wichtigen Schildkrötenschutzprogramm mithelfen können.

Für eine Reise an die Pazifikküste empfielt sich der Lonely Planet *Kolumbien*.

---

bender Marsch in Calis Hitze, besser man nimmt den Mio oder ein Taxi (8000 KOL$).

Busse fahren regelmäßig nach Bogotá (65000 KOL$, 10 Std.), Medellín (50000 KOL$, 9 Std.) und Pasto (40000 KOL$, 9 Std.). Busse nach Pasto lassen einen in Popayán raus (15000 KOL$, 3 Std.) oder man nimmt die stündlich fahrenden Minibusse (16000 KOL$, 2½ Std.). Außerdem gibt es regelmäßige Fahrten nach Armenia (21000 KOL$, 4 Std.), Pereira (24000 KOL$, 4 Std.) und Manizales (38000 KOL$, 5 Std.).

FLUGZEUG

Der Flughafen Palmaseca liegt 16 km nordöstlich der Stadt. Minibusse vom und zum Busbahnhof fahren bis etwa 20 Uhr alle zehn Minuten (5000 KOL$, 30 Min.) oder man nimmt ein Taxi (50000 KOL$).

ⓘ Unterwegs vor Ort

Das neue und das alte Zentrum kann man zu Fuß erkunden. Taxis in Cali haben Taxameter; aufpassen, dass der Fahrer es auch einschaltet. Das Taxameter zeigt „Einheiten" an, die die Strecke angeben. Der Mindestpreis liegt bei 4200 KOL$.

Calis System klimatisierter Busse, das **Mio** (www.mio.com.co), gleicht dem TransMilenio in Bogotá. Die empfehlenswerteste Route für Reisende startet nördlich des Busbahnhofs, führt am Fluss entlang, durch das Zentrum und entlang der Av. 5 bis zur Universidad del Valle. Eine einfache Fahrt kostet 1600 KOL$.

Popayán

♪ 2 / 266 000 EW.

Popayán ist ein Mysterium. Es ist eine entzückende, elegante Stadt – nach Cartagena die zweitschönste Kolonialstadt Kolumbiens. Es gibt dort sehr gutes und preiswertes Essen und lebhafte, junge Einwohner. Eigentlich müsste die Stadt boomen, da sie ein tolles Ziel für Budget-Reisende ist. Erstaunlicherweise kommen aber nur wenige.

Allerdings ist der Mangel an Besuchern für die, die sich die Mühe machen die Stadt kennenzulernen, ein Glücksfall. Sie ist ein vorbildliches Muster für die spanische Kolonialarchitektur: schneeweiße Häuser, alte Villen, die großartige Museen beherbergen, phänomenale Kirchen und eine zentrale Plaza. Auf dieser fächeln sich die Einheimischen in der Mittagshitze im Schatten von Palmen und tropischen Nadelhölzern kühle Luft zu. Die Stadt glänzt mit einer der besten Universitäten in Kolumbien und ist bekannt für ihre Kochtradition.

Nach der Gründung 1537 wurde Popayán schnell zu einem politischen, kulturellen und religiösen Zentrum. Zudem war es für die spanischen Plünderer, die den Kontinent um den Großteil seines Goldes erleichterten, einer der wichtigsten Zwischenstopps auf der Route von Quito nach Cartagena. Das milde Klima zog wohlhabende spanische Siedler an, die von ihren Zuckerrohrfarmen bei Cali herzogen. Während der Blütezeit der Stadt im 17. und 18. Jh. wurden mehrere imposante Kirchen und Klöster errichtet.

In nur 18 Sekunden wurde dies alles am 1. März 1983, vor der Gründonnerstagsprozession, von einem Erdbeben zerstört. Der Wiederaufbau dauerte über 20 Jahre, aber inzwischen sind alle Kirchen wieder im Originalzustand.

Heute ist die Stadt vor allem für die schaurige Prozession in der Karwoche bekannt: Dann werden riesige, kitschige Banner mit Bildern des Leidenswegs Christi von in mittelalterlichen Kostümen gekleideten Gläubigen durch die von Weihrauchwolken erfüllten Straßen getragen.

◉ Sehenswertes

Popayán hat einige der besten Museen Kolumbiens zu bieten. Die meisten sind in alten Kolonialvillen untergebracht.

Geht man die Carrera 6 nach Norden hinauf zum Fluß, sieht man dort zwei ungewöhnliche alte Brücken. Die kleinere, die **Puente de la Custodia**, wurde 1713 gebaut, damit die Priester den Kranken im nördlichen Armenviertel und den kirchlichen Segen bringen konnten. Etwa 160 Jahre später wurde die 178 m lange **Puente del Humilladero** mit ihren 12 Bögen gleich neben der alten Brücke gebaut – sie wird auch heute noch benutzt.

Iglesia de San Francisco   KIRCHE
(Ecke Carrera 9 & Calle 4; geführte Tour 2000 KOL$) Die größte Kolonialkirche der Stadt ist zugleich die ansprechendste. Sie hat einen schönen Hochaltar und sieben einzigartige Seitenaltäre. Beim Erdbeben im Jahr 1983 öffnete sich das Beinhaus und sechs nicht identifizierte Mumien kamen zum Vorschein. Zwei sind noch vorhanden; wenn Führer da sind, kann man sie auf der einstündigen geführten Tour durch die Kirche sehen. Im Büro links vom Eingang nachfragen.

El Morro de Tulcán   HÜGEL
Der Hügel hinter der Universität soll der Standort einer vorkolonialen Pyramide gewesen sein und bietet tolle Blicke auf die Stadt.

Casa Museo Mosquera   MUSEUM
(Calle 3 No 5-38; Eintritt 2000 KOL$; ⊙9–12 & 15–17 Uhr) Dieses interessante Museum befindet sich in einer Villa aus dem 18. Jh., in der einst General Tomás Cipriano de Mosquera lebte, der zwischen 1845 und 1867 viermal kolumbianischer Präsident war. Die französischen Kronleuchter im Esszimmer wurden größtenteils mit dem Maultier von der Karibik nach Popayán gebracht. In der Urne in der Wand wird Mosqueras Herz aufbewahrt.

Iglesia La Ermita   KIRCHE
(Ecke Calle 5 & Carrera 2) Popayáns älteste Kirche wurde 1546 erbaut. Ihr Besuch lohnt wegen der Fragmente alter Fresken, die nach dem Erdbeben hier entdeckt wurden.

⚡ Aktivitäten

Popayan Tours   ABENTEUERTOUREN
(☏831 7871; www.popayantours.com) Organisiert verschiedene Abenteuertouren in der Landschaft rings um Popayán, darunter eine Downhill-Fahrt mit dem Moutainbike von den Thermalquellen Coconuco aus.

✦ Feste & Events

Semana Santa   RELIGION
(Karwoche) Popayáns Osterfeierlichkeiten sind weltberühmt, besonders die nächtlichen Prozessionen am Gründonnerstag und Karfreitag. Tausende Gläubige und Touristen kommen von weither, um die religiösen Zeremonien und das dazugehörige Festival religiöser Musik zu erleben. Die Hotelpreise schießen in dieser Zeit in die Höhe und man muss rechtzeitig im Voraus buchen.

🛏 Schlafen

Während der Karwoche steigen die Preise in einigen Unterkünften drastisch an.

Hosteltrail   HOSTEL $
(☏831-7871; www.hosteltrail.com; Carrera 11 No 4-16; B 20 000, EZ/DZ mit Bad 45 000/65 000 KOL$, ohne Bad 35 000/50 000; @ 🛜) Popayáns beliebteste Budgetbleibe ist ein freundliches, modernes Haus am Rand des kolonialen Zentrums mit allem, was Traveller brauchen: schnelles WLAN, Express-Wäscheservice, eine komplett ausgestattete Küche und eifrige Mitarbeiter, die sich gut in der Stadt und Umgebung auskennen.

Parklife Hostel   HOSTEL $
(☏300-249-6240; www.parklifehostel.com; Calle 5 No 6-19; B 20 000 KOL$, EZ/DZ mit Bad 45 000/55 000 KOL$, ohne Bad ab 35 000/48 000 KOL$; @ 🛜) Es dürfte schwierig sein, ein besser gelegenes Hostel als das Parklife zu finden, denn es grenzt an die Mauer der Kathedrale an. Viele Originalelemente sind noch erhalten: Holzböden, Kronleuchter und antike Möbel. Zudem herrscht hier eine ganz besondere Atmosphäre – in der Gemeinschaftslounge kann man den Kirchenchor hören. Von den Vorderzimmern hat man einen großartigen Blick auf den Parque Caldas.

Hostel Caracol   HOSTEL $
(☏820-7335; www.hostelcaracol.com; Calle 4 No 2-21; B 20 000, EZ/DZ ohne Bad 35 000/50 000 KOL$; @ 🛜) Das gemütliche Hostel in einem renovierten Kolonialhaus wird gern von entspannten Individualreisenden besucht. Die kleinen, aber komfortablen Zim-

Popayán

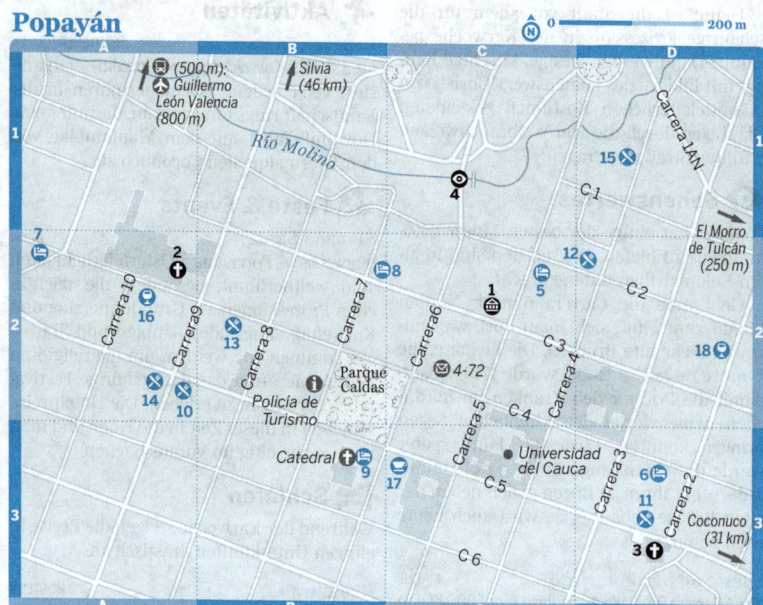

mer liegen um einen öffentlichen Hof. Im Hostel bekommt man Infos über Attraktionen und Veranstaltungen in der Stadt.

Casa Familiar Turística HOSTEL $
(☎824-4853; casafamiliarturistica@hotmail.com; Carrera 5 No 2-07; B 15 000 KOL$, EZ/DZ 30 000/35 000 KOL$; 🌐) Popayáns originelle Budget-Unterkunft ist die Option für all jene, die ins örtliche Leben eintauchen wollen, denn man teilt das Haus mit einer kolumbianischen Familie. Die Zimmer sind einfach, aber groß, und man kann die Küche benutzen.

★Hotel Los Balcones HOTEL $$
(☎824-2030; www.hotellosbalconespopayan.com; Carrera 7 No 2-75; EZ/DZ/Apt. 73 700/137 500/171 000 KOL$; @🌐) In diesem prächtigen Haus aus dem 18. Jh. führen 200 Jahre alte Steinstufen nach oben. Mit den alten Holzmöbeln, den ausgestopften Adlern und dem Labyrinth der Gänge wirkt es fast ein wenig mittelalterlich. In der Lobby hängen Grafiken von M. C. Escher neben einer Vitrine mit antiker Keramik sowie üppigen Ledermöbeln. Die Zimmer im Obergeschoss sind ruhiger.

✖ Essen

Viele Lokale im Zentrum bieten Mittagsmenüs schon ab 400 KOL$ an.

Mora Castilla CAFÉ $
(Calle 2 No 4-44; Snacks 2500–4000 KOL$; ⊙9-19 Uhr) Das winzige Café bereitet hervorragende traditionelle Snacks und Getränke zu, darunter *salpicón payanese* (Beerengetränk mit viel Eis), *champus* (Maisgetränk mit Früchten), Tamales und *carantantas* (geröstete Maischips). Wer immer noch Hunger hat, kann nebenan die berühmten *aplanchados* (flaches Gebäck) von Doña Chepa probieren.

Tienda Regional del Macizo KOLUMBIANISCH $
(Carrera 4 No 0-42; Gerichte 3500 KOL$; ⊙8-16 Uhr) Das kleine Café ist Teil einer Organisation, die die Bauern im Macizo Colombiano bei der Erschließung neuer Märkte unterstützt. Die unglaublich günstigen Mittagessen sind mit frischen Zutaten zubereitet und schmecken superlecker.

Tequila's MEXIKANISCH $
(Calle 5 No 9-25; Mittagsmenü 6500 KOL$, Hauptgerichte 10 000–20 000 KOL$; ⊙12-22 Uhr) Das von einem mexikanischen Einwanderer und seiner einheimischen Frau geführte kleine Restaurant im Zentrum serviert preiswerte mexikanische Gerichte.

La Fresa CAFÉ $
(Calle 5 No 8-89; Snacks 200–2000 KOL$; ⊙7-19 Uhr) Das La Fresa ist zwar ein schmuddeli-

Popayán

Sehenswertes
1 Casa Museo Mosquera C2
2 Iglesia de San Francisco A2
3 Iglesia La Ermita D3
4 Puente del Humilladero C1

Schlafen
5 Casa Familiar Turística C2
6 Hostel Caracol D3
7 Hosteltrail A2
8 Hotel Los Balcones B2
9 Parklife Hostel B3

Essen
10 La Fresa A2
11 La Semilla Escondida D3
12 Mora Castilla D2
13 Restaurante Italiano B2
14 Tequila's A2
15 Tienda Regional del Macizo D1

Ausgehen & Nachtleben
16 Bar La Iguana A2
17 Capriccio Café C3
18 Wipala D2

ger Eckladen mit ein paar Plastiktischen, aber in ganz Popayán bekannt für seine köstlichen *empanadas de pipián* (frittiertes Kartoffelgebäck). Die Einheimischen trinken dazu meistens *malta* (ein Malzgetränk).

Restaurante Italiano ITALIENISCH $$
(Calle 4 No 8-83; Hauptgerichte 15 000–26 000 KOL$; ◎12–22 Uhr) Tritt man durch die Saloontüren dieses italienischen Lokals in Schweizer Hand, bekommt man tolle Pizza und Pasta sowie authentisches Fondue für die kühlen Abende in den Bergen. Das Menü (7500 KOL$) ist eines der besten seiner Art in ganz Kolumbien.

La Semilla Escondida FRANZÖSISCH $$
(Calle 5 No 2-26; Hauptgerichte 10 000–25 000 KOL$; ◎Mo 12–15, Di-Sa 12–15 & 18–22 Uhr) Das helle Bistro in einer der ältesten Straßen der Stadt bereitet tolle herzhafte und süße Crêpes sowie Pastas zu. Das Gourmet-Menü (7700 KOL$) ist angesichts der Qualität ein fantastisches Schnäppchen.

Ausgehen & Unterhaltung

Wipala BAR
(Carrera 2 No 2-38; ◎Mo-Do 14.30–21.30, Fr & Sa bis 23.30 Uhr; 🛜) Coole Café-Bar mit kleinem Garten, die Biokaffee, *hervidos* (Früchtetee) und einen eigenen Energydrink aus Kokatee, Ingwer und Ginseng serviert. Es gibt auch tolle Veggieburger. Allein das Live-Programm lohnt sich – von Bauchtanz bis Rockmusik kann alles dabei sein.

Capriccio Café CAFÉ
(Calle 5 No 5-63; ◎Mo-Sa 9.30–12.30 & 14–20 Uhr) Beliebtes Café, das Kaffee aus Cauca röstet und tolle Eisgetränke zubereitet.

Bar La Iguana BAR
(Calle 4 No 9-67; ◎12 Uhr–open end) Der Ort, um Salsa zu tanzen. Manchmal spielen Bands.

🛈 Praktische Informationen

Rund um die Plaza gibt's viele Geldautomaten.
4-72 (Calle 4 No 5-74; ◎9–17 Uhr) Post.
Migración Colombia (☎823-1027; Calle 4N No 10B-66; ◎9–12 & 14–17 Uhr) Visaverlängerungen.
Policía de Turismo (☎822-0916; Carrera 7 No 4-36) Touristeninformation an der Hauptplaza.

🛈 An- & Weiterreise

BUS
Der Busbahnhof liegt 1 km nördlich vom Stadtzentrum. Nach Cali (16 000 KOL$, 3 Std.) fahren häufig Busse. Abends starten Direktbusse nach Bogotá (85 000 KOL$, 12 Std.) und Medellín (70 000 KOL$, 11 Std.).

Minibusse steuern regelmäßig San Agustín (30 000 KOL$, 5 Std.) an, nachts sollte man diese Route aber meiden. Busse nach Tierradentro (22 000 KOL$, 5 Std.) starten um 5, 8, 10.30, 13 und 15 Uhr. Der Bus um 10.30 Uhr fährt direkt bis zum Eingang des Museo Arqueológico.

Stündlich fahren Busse nach Pasto (32 000 KOL$, 6 Std.) und Ipiales (40 000 KOL$, 8 Std.). Die Sicherheitslage an der Straße von Popayán zur ecuadorianischen Grenze hat sich verbessert und Raubüberfälle sind stark zurückgegangen, doch die Nachtbusse müssen als Vorsichtsmaßnahme einen Teil der Fahrt immer noch im Konvoi zurücklegen. Am besten reist man tagsüber – wenn es sich machen lässt.

FLUGZEUG
Der Flughafen liegt gleich hinter dem Busbahnhof, 15 Gehminuten nördlich vom Stadtzentrum; die Fahrt mit dem Taxi kostet 5000 KOL$. Avianca fliegt dreimal täglich von und nach Bogotá.

Rund um Popayán

Silvia

☎2 / 31 500 EW.
Von den 68 indigenen Völkern Kolumbiens sind die Guambino am einfachsten zu er-

kennen. Ihre Sprache, ihre Tracht und ihre Gebräuche haben den Kolonialismus, die Unterdrückung und die Modernisierung unbeschadet überstanden. Jeden Dienstag kommen sie aus ihrem *resguardo* (Reservat), das etwa eine Stunde weiter im Osten liegt, nach Silvia herunter, um dort auf den Markt zu gehen: Sie verkaufen ihre Erzeugnisse, kaufen Werkzeug und Kleidung und vertreiben sich auf dem Hauptplatz dieser kleinen, eher unscheinbaren Stadt den Nachmittag.

Frauen und Männer tragen fließende, blaue Wollröcke, die bis zum Schienbein reichen und pink oder türkis eingefasst sind. Über die Schultern legen sie sich dünne, dunkle Wollponchos – wir sind hier in 2800 m Höhe und ihr Reservat liegt sogar noch höher. Schals sind omnipräsent und Männer und Frauen tragen eine Art Bowler aus Filz, in den manche in der Mitte einen Knick machen, sodass er eher aussieht wie ein Trilby. Ganz gleich wie man ihn trägt – der Hut gibt dem Ganzen etwas Verwegenes.

Die meisten der älteren Frauen tragen viele dünne Ketten um den Hals und haben immer eine Holznadel dabei, mit der sie Schaffließ, das sie in einer Netztasche mit sich herumtragen, zu Garn spinnen.

Die Kamera sollte am besten in der Tasche bleiben, sofern man unnötigen Ärger vermeiden möchte. Es kann frustrierend sein, dieses farbenfrohe Treiben nicht festhalten zu dürfen, jedoch führt dies schnell zu einem Spektakel und kann zudem beleidigend sein – Punkt!

Das Geschehen spielt sich auf der großen Plaza und dem südwestlich davon gelegenen Markt ab. Man darf hier aber kein großes Unterhaltungsprogramm erwarten. Silva ist eine Arbeiterstadt und die Menschen sind hier, um Geschäfte zu machen. Kunst- und Kunsthandwerkliches wird nur selten angeboten, und stößt man auf einen älteren Guambino, dann wird dieser eher um Stiefel und Töpfe feilschen oder aber munter ins Handy schwatzen, als für ein paar Münzen irgendwelche Weisheiten von sich zu geben.

Am besten unterhalten wird man von den umherziehenden Akrobaten, windigen Verkäufern, mogelnden Telepathen und den Zauberkünstlern und Mentalisten, die am Markttag auf der Plaza ihre Künste präsentieren. Während man so dasteht und die Shows der Scharlatane betrachtet, wird die kalte Bergluft vom dumpfen Läuten der Kirchenglocken erfüllt. Und dann wird man sich des lächelnden Gesicher der Guambino und der vielen lachenden Kolumbianer um einen herum erst richtig bewusst und fühlt sich plötzlich wie einer von ihnen.

Vom Busbahnhof in Popayán (7000 KOL$, 1½ Std.) fahren stündlich Busse nach Silvia. Am besten nimmt man den um 8 Uhr, damit man den Markt in vollem Gange erlebt.

San Agustín

♪ 8 / 11 000 EW.

Lange bevor die ersten Europäer den amerikanischen Kontinent erreichten, wurden die sanften Hügel um San Augustín von einem geheimnisvollen Volk bewohnt, die ihre Toten begruben und sie mit aus dem Vulkangestein herausgeschlagenen, atemberaubenden Statuen ehrten. Dieses von ihnen hinterlassene Vermächtnis bildet heute eine der wichtigsten archäologischen Stätten des Kontinents. Hunderte von freistehenden, monumentalen Statuen wurden neben den Gräbern von Stammesältesten eines inzwischen längst verschwundenen Volkes platziert. Es wurden auch Töpfereien und Objekte aus Gold gefunden, wobei ein Gros davon im Lauf der Jahrhunderte gestohlen wurde.

Die Kultur von San Agustín erlebte ihre Blütezeit zwischen dem 6. und 14. Jh. n. Chr. Die schönsten Skulpturen wurden erst in der letzten Phase der Entwicklung dieser Kultur angefertigt und sie war wahrscheinlich verschwunden, bevor die Spanier kamen. Die Statuen wurden erst Mitte des 18. Jhs. entdeckt.

Bis jetzt wurden mehr als 500 Statuen gefunden und ausgegraben. Die meisten haben eine menschenähnliche Gestalt – sie erinnern aber an maskierte Monster. Andere ähneln Tieren und stellen heilige Tiere, etwa Adler, Jaguar oder Frosch, dar. Die Statuen variieren in der Größe (ca. 20 cm–7 m), und in der Ausarbeitung der Details.

Heute zieht San Agustín Reisende mit seiner Geschichte und der friedlichen Atmosphäre an. Hinzu kommt, dass die Region für Ausländer sicherer geworden ist. Die Landschaft ist schön, die Preise sind niedrig und sowohl die Luft als auch das Licht sind glasklar: Es ist der perfekte Ort, um einfach mal zur Ruhe zu kommen.

◉ Sehenswertes & Aktivitäten

Die Statuen und Gräber verteilen sich auf einem weiten Gebiet zu beiden Seiten einer Schlucht, die der obere Río Magdalena gebildet hat. Wer im Parque Arqueológico oder

San Agustín

im Alto de Los Ídolos den Eintritt bezahlt hat, bekommt einen „Pass", der für beide Stätten an zwei aufeinanderfolgenden Tagen gilt.

In der Gegend befinden sich über ein Dutzend weiterer archäologischer Stätten, darunter El Tablón, La Chaquira, La Pelota und El Purutal – vier Stätten, die nahe genug beieinander liegen, um sie auf einer Tour zu besuchen. Die Wasserfälle Salto de Bordones und Salto del Mortiño sind ebenso beeindruckend wie El Estrecho, wo der Río Magdalena, der von hier bis in die Karibik fließt, dramatisch durch einen nur 2 m breiten Engpass rauscht.

★ Parque Arqueológico
ARCHÄOLOGISCHE STÄTTE

(www.icanh.gov.co; Erw./Student/Kind 20 000/10 000/5000 KOL$; ⊗ 8–16 Uhr) Der 78 ha große archäologische Park liegt 2,5 km westlich der Stadt San Agustín. Insgesamt stehen hier etwa 130 Statuen, die vor Ort gefunden wurden oder aber aus anderen Gegenden stammen, darunter einige der besten Beispiele der Bildhauerkunst aus San Agustín. Man sollte etwa drei Stunden für den Park einplanen. Seriöse Führer findet man rings ums Museum.

Alto de los Ídolos
ARCHÄOLOGISCHE STÄTTE

(Erw./Student/Kind 20 000/10 000/5000 KOL$; ⊗ 8–16 Uhr) Der zweitbedeutendste archäologische Park der Region liegt 4 km südwestlich von San José de Isnos (einem Weiler 26 km nordöstlich der Stadt San Agustín) auf der anderen Seite des Río Magdalena. Hier steht die größte Statue der Gegend; sie ist 7 m hoch, aber nur 4 m sind über dem Erdboden sichtbar.

Magdalena Rafting
RAFTING

(☏ 311-271-5333; www.magdalenarafting.com; Calle 5 No 16-04) Auf dem Río Magdalena kann man anspruchsvolle Wildwasser-Raftingtouren durch großartige Landschaften unternehmen. Magdalena Rafting bietet anderthalbstündige Touren (50 000 KOL$/Pers.) mit Stromschnellen der Klassen II bis III für Anfänger und Touren mit Stromschnellen der Klasse V (120 000 KOL$) für Profis mit viel Erfahrung. Die Mindestteilnehmerzahl pro Gruppe ist vier Personen. Kajakunterricht ist ebenfalls möglich.

👉 Geführte Touren

Die übliche Art und Weise, die Sehenswürdigkeiten von San Agustín zu besuchen (einmal abgesehen vom Parque Arqueológico), ist eine Tour per Jeep oder zu Pferd. Die Standard-Jeeptour umfasst El Estrecho, Alto de los Ídolos, Alto de las Piedras, Salto de Bordones und Salto de Mortiño. Sie dauert sieben bis acht Stunden und kostet 150 000 bis 180 000 KOL$ pro Fahrzeug; ein spezieller Führer ist darin nicht enthalten.

Reittouren können über die meisten Hotels organisiert werden. Einer der beliebtesten Ausflüge führt über El Tablón, La Chaquira, La Pelota und El Purutal. Pro Pferd kostet er ca. 30 000 KOL$, dazu kommen 60 000 KOL$ für den Führer. Ein empfehlenswerter Führer ist Francisco „Pacho" Muñoz (311-827-7972), der sich oft auf der Finca El Maco aufhält.

Schlafen

Im Stadtzentrum gibt's zahlreiche Budgethotels, von denen das familiengeführte Hipona Plaza (314-454-8497; www.hiponaplaza hotel.com; Calle 3 No 13-24; EZ/DZ 30 000/60 000 KOL$) das beste ist. Empfehlenswert ist auch das Residencias El Jardín (314-488-6220; Carrera 11 No 4-10; Zi. pro Pers. mit/ohne Bad 22 000/17 000 KOL$, cabaña EZ/DZ 30 000/50 000 KOL$; P❄) in der Nähe der Ankunftsstelle der Busse.

Die schönsten Unterkünfte sind die vielen keinen Hütten und *fincas* in den Bergen rings um die Stadt.

Finca El Maco   HOSTEL $
(320-375-5982, 837-3847; www.elmaco.ch; Stellplatz 10 000 KOL$/Pers., B 18 000 KOL$, EZ/DZ 44 000/63 000 KOL$; P@❄) Ruhiges Hostel mit verschiedenen Hütten in einem hübschen Garten. Im Restaurant gibt's selbstgemachten Biojoghurt und ein tolles Curry. Der Besitzer organisiert Touren in der gesamten Region. Zum Hostel folgt man der Straße zum Parque Arqueológico und biegt am Hotel Yalconia rechts ab, von dort geht es noch 400 m bergauf. Mit Gepäck nimmt man besser ein Taxi (7000 KOL$).

Casa de François   HOSTEL $
(837-3847; www.lacasadefrancois.com; Stellplatz 10 000 KOL$/Pers., B 19 000 KOL$, Zi. mit/ohne Bad 50 000/40 000 KOL$, cabaña 80 000 KOL$; ❄) Das kreative Öko-Hostel in einem Garten gleich oberhalb der Stadt mit Blick auf die Hügel ist aus Stampflehmwänden gebaut, in die Glasflaschen eingelassen sind. Vom luftigen, erhöhten Schlafsaal hat man einen fantastischen Ausblick. Es gibt eine geräumige Gemeinschaftsküche und das kleine Restaurant serviert gute Gerichte und Snacks.

Casa de Nelly   HOSTEL $
(310-215-9067; www.hotelcasadenelly.co; Vereda La Estrella; B 18 000 KOL$, EZ/DZ mit Bad 35 000/70 000 KOL$, ohne Bad 25 000/50 000 KOL$; P❄) Das älteste Hostel in San Agustín hat ein freundliches Management und komfortable Zimmer rund um einen der schönsten Gärten der Stadt. Es gibt einen großen Gemeinschaftsbereich mit einer offenen Feuerstelle und einem Grillbereich im Freien.

Essen

★ Donde Richard   KOLUMBIANISCH $$
(312-432-6399; Vía al Parque Arqueológico; Hauptgerichte 24 000 KOL$; Mi–Mo 8–18 Uhr) Das beste Essen der Stadt gibt's in diesem Grillrestaurant an der Straße zum Parque Arqueológico: Die großen Portionen erstklassiger Grill-, Steak- und Fischgerichte werden in der offenen Küche zubereitet. Ideal, um auf dem Rückweg vom Park etwas zu essen.

El Fogón   KOLUMBIANISCH $$
(320-834-5860; Calle 5 No 14-30; Hauptgerichte 18 000–20 000 KOL$; 7–21 Uhr) Das Fogón, eine Institution der Gegend, bringt große Portionen kolumbianischer Klassiker und ein ausgesprochen günstiges Menü (6000 KOL$) auf den Tisch. In der Nähe des Parque Arqueológico gibt es noch eine Filiale.

❶ Praktische Informationen

Banco de Bogotá (Calle 3 No 10-61) Zuverlässiger Geldautomat.

Oficina de Turismo (320-486-3896; Carrera 11 No 3-61; Mo–Fr 8–12 & 14–17 Uhr) Touristeninformation in der Casa de Cultura.

❶ An- & Weiterreise

Die Büros der Busunternehmen sind an der Ecke Calle 3 und Carrera 11 (Cuatro Vientos genannt). Reguläre Minibusse fahren nach Neiva (28 000 KOL$, 4 Std.), Popayán (30 000 KOL$, 5 Std.) und Cali (40 000 KOL$, 8 Std.). Nach Bogotá (50 000 KOL$, 11 Std.) fahren am frühen Morgen und frühen Abend mehrere Busse.

Wer es komfortabler mag, kann den Tür-zu-Tür-Service mit Kleinbussen von **Colombia on the Road** (837-3437; www.colombiaontheroad.com) nach Popayán (40 000 KOL$) und Cali (70 000 KOL$) nutzen.

Die Straße nach Popayán führt durch die spektakuläre *páramo*-Landschaft des Parque Nacional Natural Puracé. Nachts sollte man sie meiden, da von Raubüberfällen auf dieser Strecke berichtet wurde.

Wer nach Tierradentro reist, fährt zunächst nach Pitalito (6000 KOL$, 45 Min.) und steigt dort in einen Bus nach La Plata (25 000 KOL$, 2½ Std.) um, von wo aus Busse und *colectivos* nach San Andrés (10 000 KOL$, 2½ Std.) verkehren.

ⓘ EINREISE NACH ECUADOR

Die Straße nach Ecuador führt über Pasto und Ipiales, die Travellern nicht viel bieten. Ein Aufenthalt in Pasto lohnt sich eigentlich nur während des verrückten Festivals **Carnaval de Negros y Blancos** (Festival der Schwarzen und Weißen) am 4. und 5. Januar, wenn die gesamte Stadt sich mit Farbe, Ruß und Kalk bewirft – zur Erinnerung an ein Fest aus der Kolonialzeit, als Sklaven und ihre Herren für einen Tag die Gesichtsfarbe wechselten.

Die einzige Sehenswürdigkeit, die man nicht verpassen darf, ist die nahe gelegene **Laguna de la Cocha**, einen der schönsten Seen Kolumbiens. Sie wird von klapprigen Holzhäusern umringt, darunter viele Budgethotels und Restaurants, die frische Forelle servieren. Man kann ein Motorboot (25 000 KOL$/Std.) für bis zu acht Personen ausleihen und über den See düsen, um die **Isla Corota** (corota@parquesnacionales.gov.co; Eintritt 1000 KOL$) in der Mitte des Sees zu besuchen. *Colectivos* (4000 KOL$, 30 Min., 25 km) zum See fahren im Zentrum Pastos an der Plaza de Carnaval sowie hinter dem Hospital Departamental (Ecke Calle 22 und Carrera 7) ab.

Pastos einziges Backpacker-Hostel ist das **Koala Inn** (☏2-722-1101; hotelkoalainn@hotmail.com; Calle 18 No 22-37; EZ/DZ mit Bad 30 000/45 000 KOL$, ohne Bad 20 000/40 000 KOL$; ☎); es hat geräumige Zimmer, ist günstig, nett und zentral gelegen. Das **Hotel Sello Dorado** (☏2-721-3688; hotelsellodorado@hotmail.com; Calle 13 No14-19; EZ/DZ 30 000/40 000 KOL$; ☎) liegt nicht sehr romantisch, aber nur einen kurzen Fußweg vom Zentrum, außerdem ist das Preis-Leistungs-Verhältnis der komfortablen Zimmer fantastisch.

Nach **Ipiales**, einem wichtigen Grenzübergang nach Ecuador, sind es noch weitere 1½ Stunden auf der Panamericana. Es ist eine nüchterne Grenzstadt, der das berühmte, neogotische **Santuario de las Lajas** Glanz verleiht. Es ist nicht nötig, hier zu übernachten, um die Kirche zu besuchen. Man kann das Gepäck in der Gepäckaufbewahrung im Busbahnhof abgeben und mit einem *colectivo* (2000 KOL$, 20 Min.) zur Kirche fahren. Sie ist über einer Schlucht gebaut und es gibt auch eine Felswand, an der ein Einheimischer 1754 eine Erscheinung der Jungfrau gesehen haben will. Aus dem ganzen Land strömen Pilger her und schreiben der Jungfrau Tausende Wunder zu.

Wer in Ipiales übernachten will, sollte es im familiengeführten **Hotel Belmonte** (☏2-773-2771; Carrera 4 No 12-111; EZ/DZ 16 000/26 000 KOL$; ☎) versuchen, das einfache Zimmer hat. Etwas komfortabler ist das **Gran Hotel** (☏2-773-2131; granhotel_ipiales@hotmail.com; Carrera 5 No 21-100; EZ/DZ/3BZ 35 000/50 000/90 000 KOL$; ☎).

Der große Busbahnhof von Ipiales befindet sich rund 1 km nordöstlich vom Zentrum. Ins Stadtzentrum fahren Busse (1000 KOL$) und Taxis (3000 KOL$). Zu Fuß sollte man besser nicht gehen. Reguläre Busse fahren nach Bogotá (100 000 KOL$, 22 Std.) und Cali (45 000 KOL$, 11 Std.). Alle Busse halten nach acht Stunden in Popayán.

Colectivos fahren regelmäßig vom Busbahnhof und von der Marktgegend in der Nähe der Ecke Calle 14 und Carrera die 2,5 km bis zur Grenze in Rumichaca (1600 KOL$). Nachdem man zu Fuß die Grenze überquert hat, fährt man mit einem *colectivo* nach Tulcán (6 km). Auf den Strecken wird kolumbianisches und ecuadorianisches Geld akzeptiert.

Einzelheiten zur Überquerung dieses Grenzübergangs in der entgegengesetzten Richtung s. S. 618.

ⓘ Unterwegs vor Ort

Taxis haben festgelegte Preise, abhängig von der Zone, eine Liste hängt in den Fahrzeugen. Busse pendeln alle 15 Minuten zwischen der Stadt und dem Parque Arqueológico (1200 KOL$).

Tierradentro

☏2 / 600 EW.

Traveller, die die unwegsame Fahrt durch die Berge nach Tierradentro wagen, finden dort Ruhe, freundliche Einheimische und eine der wichtigsten und ehrfurchterregendsten archäologischen Stätten des gesamten Kontinents vor.

Unter den üppig grünen Feldern oberhalb des winzigen *pueblo* (Dorf) San Andrés de Pisimbalá verbergen sich Dutzende aufwendig gestalteter und dekorierter Grabstätten. Aus dem Vulkangestein gehauen und zurückgelassen wurden sie von einem Stamm indigener Kolumbianer, der nach Aussagen von Archäologen zwischen dem 7. und dem 9. Jh. existierte. Die heute hier lebenden Páez sagen, dass es zwischen ihnen und den

Erbauern der Gräber keine Verbindungen gibt, daher liegen die Ursprünge der Stätten weiter im Dunkeln.

Bisher wurden etwa 100 Gräber ausgemacht, außerdem fand man hier mehrere Dutzend Statuen, die den in San Augustín gefundenen ähneln.

Tierradentro hatte früher einen schlechten Ruf als Guerilla-Hochburg. Zwar kommt es in der Gegend gelegentlich immer noch zu Guerilla-Aktivitäten, doch Traveller dürften hier kaum Probleme haben. Man sollte sich in Popayán oder San Agustín über die aktuelle Lage informieren, ehe man aufbricht. Wegen der negativen Publicity wird man wahrscheinlich allein in der Stätte sein und die Gräber betrachten, den Kopf voller offener Fragen und die Taschen voller reifer Guaven, die man von den Bäumen am Wegesrand gepflückt hat.

Sehenswertes

Der **Parque Arqueológico** (Archaeological Park; 311-3900-324; www.icanh.gov.co; Erw./Student/Kind 20 000/10 000/5000 KOL$; 8–16 Uhr) besteht aus vier größeren archäologischen Stätten und zwei Museen. Die Tickets sind an zwei aufeinanderfolgenden Tagen und für alle Grabstätten und die zwei Museen gültig.

Es lohnt sich, die Museen zu besuchen, bevor man zu den Gräbern aufbricht. Im **Museo Arqueológico** befinden sich Keramikurnen, die in den Gräbern gefunden wurden. Das **Museo Etnográfico** zeigt Gegenstände und Artefakte der Páez.

Um einen Eindruck von den Gräbern zu bekommen, benötigt man mindestens einen halben Tag, daher sollte man spätestens um 12 Uhr hier sein. Einige Gräber sind beleuchtet, es ist aber sinnvoll, eine Taschenlampe mitzubringen.

Vom Museum führt ein 20-minütiger Spaziergang bergauf Richtung Norden nach **Segovia**, der bedeutendsten Grabstätte. Sie enthält 28 Gräber mit teilweise gut erhaltener Dekoration.

Andere Grabstätten sind **El Duende** (vier Gräber mit erhaltener Dekoration) und **Alto de San Andrés** (sechs Gräber, davon zwei mit der Originalbemalung). Oben auf einem Bergkamm befindet sich die abgelegenste Grabstätte, **El Aguacate**, mit einem Dutzend Gräber, von denen die meisten allerdings von *guaqueros* (Grabräubern) zerstört wurden. Statuen wurden in **El Tablón** zusammengetragen.

Im winzigen Dorf **San Andrés de Pisimbalá**, das 25 Gehminuten westlich von den Museen Tierradentros liegt, steht eine strohgedeckt **Lehmziegelkirche** (San Andres de Pisimbalá); die zur Zeit der Recherche von einem von Brandstiftern ausgelösten Brand zerstört war, aber restauriert werden soll.

Schlafen & Essen

Ob es nun daran liegt, dass man den ganzen Tag herumläuft, oder doch mehr an der kristallklaren Bergluft – einfach alles, was man hier isst und trinkt, schmeckt köstlich.

Am Eingang zu den Museen befinden sich mehrere billige *hospedajes* (Gasthäuser), die für einen kurzen Aufenthalt okay sind. Wer länger bleiben will, ist aber vielleicht in San Andrés de Pisimbalá besser aufgehoben.

Neben den unten aufgeführten Unterkünften lohnt es sich auch, diese hier anzuschauen: **Mi Casita** (312-764-1333; Tierradentro; Zi. 12 000 KOL$/Pers.), **Residencias y Restaurante Pisimbalá** (311-605-4835, 321-263-2334; Tierradentro; Zi. pro Pers. mit/ohne Bad 15 000/10 000 KOL$), **Residencia El Viajero** (321-349-4944; Calle 6 No 4-09, San Andrés de Pisimbalá; Zi. 12 000 KOL$/Pers.) und **Residencias Lucerna** (Tierradentro; Zi. 10 000 KOL$/Pers.).

★ La Portada PENSION $
(311-601-7884; laportadahotel.com; San Andrés de Pisimbalá; EZ/DZ 30 000/35 000 KOL$, ohne Bad 15 000/20 000 KOL$) Direkt an der Haltestelle der Busse in die Stadt bietet dieses Holzhaus große, saubere Zimmer mit Warmwasserbad im Erdgeschoss und billigere Zimmer mit Gemeinschaftsbad ohne Warmwasser im oberen Stock. Das luftige Restaurant serviert das beste Essen der Stadt – unbedingt das hausgemachte Eis probieren!

Hospedaje Tierradentro PENSION $
(313-651-3713; alorqui@hotmail.com; Tierradentro; Zi. 15 000 KOL$/Pers.) Die makellosen, frisch gestrichenen Zimmer in einem neuen Haus im Garten des Haupthauses bieten Privatsphäre für Budgetreisende.

Hotel El Refugio HOTEL $
(321-811-2395; hotelalbergueelrefugio@gmail.com; Tierradentro; EZ/DZ/3BZ 45 000/63 000/80 000 KOL$;) Die luxuriöseste Option der Gegend wird von der Gemeinde geführt. Das Hotel hat komfortable, etwas gewöhnliche Zimmer mit Bergblick und Kabel-TV sowie einen großen Pool.

❶ An- & Weiterreise

Bei der Ankunft in Tierradentro setzen die meisten Busse die Fahrgäste am El Crucero de San Andrés ab. Von dort sind es zu Fuß 20 Minuten bergauf zu den Museen von Tierradentro und weitere 20 Minuten nach San Andrés. Sehr unregelmäßig bedienen *colectivos* (1000 KOL$) diese Strecke, Alternativ kann man für 3000 KOL$ mit einem *mototaxi* fahren.

Ein Direktbus nach Popayán (22 000 KOL$, 4 Std.) fährt um 6 Uhr in San Andrés de Pisimbalá ab und kommt an den Museen vorbei. Weitere Busse nach Popayán (9, 11, 13 & 16 Uhr) starten am El Crucero de San Andrés.

Busse und Pickups fahren um 6.30, 8, 12 und 16 Uhr von San Andrés de Pisimbalá nach La Plata (10 000 KOL$, 2 Std.), wo man Anschluss nach Bogotá, Neiva (zur Desierto de la Tatacoa) und Pitalito (nach San Agustín) hat.

Desierto de la Tatacoa

Die 330 km² große Tatacoa-Wüste ist eine Kuriosität, denn sie ist von allen Seiten von Vegetation umgeben. Die Berggipfel um den Nevado de Huila bekommen den Großteil des Niederschlags ab, sodass Tatacoa ein trockenes Gebiet ist, in dem die Temperaturen bis auf 50°C steigen können. Es besteht aus verschiedenen Landschaftsformen, von erodierten Dünen aus grauem Sand bis hin zu außerirdisch anmutenden, aus rotem Fels geschnittenen Labyrinthen, und aus vielen verschiedenen Ökosystemen, wo Ziegen, Füchse und Gürteltiere zwischen den Kakteen herumspringen.

Die Hauptattraktion ist neben den prächtigen Panoramen das **Observatorio Astronómico de la Tatacoa** (📞 312-411-8166; www.tatacoa-astronomia.com; El Cusco; Sternenbeobachtung 10 000 KOL$; ☺ Besucherzentrum 10–21 Uhr). Wegen der fehlenden Lichtverschmutzung und der dünnen Luft eignet sich die Wüste sehr gut für astronomische Beobachtungen. Zwischen 19 und 21 Uhr zeigt der einheimische Astronom **Javier Fernando Rua Restrepo** (📞 310-465-6765) Besuchern mithilfe zweier dreibeiniger Teleskope den Sternenhimmel. Man sollte vorher anrufen und sich nach den Bedingungen erkundigen.

Tatacao befindet sich trotz der günstigen Lage auf halbem Weg zwischen Bogotá und San Agustín abseits der Touristenroute und hat kaum touristische Einrichtungen. Man erreicht die Wüste über die schläfrige Stadt Villavieja, deren Einwohner in einem fantastischen Singsang sprechen. In der Stadt gibt's mehrere kleine Hotels. Das beste ist das **Villa Paraiso** (📞 879-7727; hotelvillaparaiso villavieja@gmail.com; Calle 4 No 7-69, Villavieja; EZ/DZ 20 000/50 000 KOL$).

Wer die Tatacoa richtig erleben will, kann in einer der vielen schlichten *posadas* (Pensionen) in der Wüste unter Einheimischen übernachten. Etwa 400 m hinter dem Observatorium hat das **Estadero Doña Lilia** (📞 313-311-8828; Observatorio, 400 m E, Tatacoa; Zi. 25 000 KOL$/Pers.) komfortable Zimmer mit eindrucksvoller Aussicht und köstlichem Essen. Hinter dem Observatorium befindet sich ein großer **Zeltplatz** (📞 312-411-8166; Cusco, Tatacoa; Stellplatz 7000 KOL$/Pers.) für 40 Zelte. Hier kann man für 10 000 KOL$ auch Hängematten ausleihen und an den griechischen Säulen auf der Veranda aufhängen.

Die nobelste Unterkunft ist, 2 km hinter dem Observatorium gelegen, das **El Peñon de Constantino** (📞 317-698-8850, 310-255-5020; elpenonconstantino@hotmail.com; Observatorio, 2 km E, Tatacoa; Stellplatz/Hütte pro Pers. 10 000/25 000 KOL$, Luxuszelt DZ/3BZ 80 000/100 000 KOL$; ☒) im Stil einer Safari-Lodge. Es gibt Bambushütten, Leinwandzelte und einen Pool mit Felswänden, der von einer natürlichen Quelle gespeist wird.

❶ An- & Weiterreise

Kleinbusse pendeln von 5 bis 19 Uhr auf der 37 km langen Strecke zwischen Neiva und Villavieja (6000 KOL$, 1 Std.). Von Neiva fahren Linienbusse nach Bogotá (55 000 KOL$, 6 Std.) und San Agustín (30 000 KOL$, 4 Std.).

AMAZONASBECKEN

Das kolumbianische Amazonasgebiet nimmt ein Drittel des Landes ein und ist somit so groß wie Kalifornien. Infrastruktur ist aber so gut wie nicht vorhanden. Der größte Teil ist Regenwald, der von Flüssen durchzogen und dünn mit isoliert lebenden, indigenen Völkern besiedelt ist, von denen die meisten keinerlei Bezug zur „modernen" Welt haben.

Es ist schlicht unmöglich, sich auf den Anblick des Amazonasregenwalds vorzubereiten – da hilft weder ein Reiseführer noch ein Film. Allein die Größe geht über das Vorstellungsvermögen hinaus: 5,5 Mio. km². Blickt man aus einem Flugzeug auf die scheinbar unendlichen Wälder herab, kommt man sich vor wie auf einem anderen

Planeten. Es scheint fast, als würde sich der Wald über die Versuche der Menschen lustig machen, seine Größe zu erfassen. Mit einem Kanu hindurchzupaddeln ist ein beglückendes Gefühl, das einen jede Faser seines Körpers spüren lässt.

Wegen des enormen Umfangs ist das Ökosystem empfindlich, weshalb man die unvermeidbaren Einwirkungen, die man als Besucher ausübt, so gering wie möglich halten muss. Das bedeutet: wenn möglich kleine Boote benutzen, in Gruppen reisen, die öffentlichen Verkehrsmittel nutzen und bei Veranstaltern buchen, die die indigene Bevölkerung unterstützen.

Ein großer Teil des Amazonasgebiets ist von Guerrillatruppen und Kokafarmern besetzt, was das Reisen auf eigene Faust problematisch macht. Die Stadt Leticia, die nahe bei Peru und Brasilien liegt, und die umliegenden Grenzgebiete entlang des Amazonas sind aber sicher und relativ leicht zu erkunden.

Leticia

♪ 8 / 39 700 EW.

Leticia könnte als Endpunkt der Straße durch Kolumbien betrachtet werden, wäre es nicht über 800 km vom nächsten Highway entfernt. Es liegt in völliger Isolation im tiefen Süden des Landes. Hier gibt's kaltes Bier und gegrillten Fisch, gepflasterte Straßen und Internetcafés, hupende Mopeds, Geldautomaten, Nachtclubs, gemütliche Betten und Klimaanlagen. Doch nur ein paar Stunden von dieser eigentümlichen Stadt entfernt locken abenteuerliche Regenwaldtouren, faszinierende indigene Völker sowie Flora und Fauna soweit das Auge reicht.

Für viele Reisende ist Leticia lediglich ein kurzer Zwischenstopp auf ihrer Reiseroute – es gibt von hier aus Busverbindungen nach Iquitos (Peru) und Manaus (Brasilien) – dabei lohnt sich unbedingt auch eine eigene Reise hierher.

Leticia

Leticia liegt an der Grenze zwischen Kolumbien und Brasilien. Gleich hinter der Grenze im Süden liegt Tabatinga, eine ähnlich große brasilianische Stadt. Die beiden Städte verschmelzen regelrecht miteinander, und zwischen den beiden gibt's auch keinen Grenzübergang. Auf der Amazonasinsel, die Leticia und Tabatinga gegenüber liegt, befindet sich Santa Rosa, ein peruanisches Dorf.

Juli und August sind die einzigen relativ trockenen Monate. Am meisten Regen fällt zwischen Februar und April. Der Wasserspiegel des Amazonas ist zwischen Mai und Juni am höchsten und zwischen August und Oktober am niedrigsten. Der Unterschied kann bis zu 15 m betragen!

◉ Sehenswertes & Aktivitäten

Man kann über den **Markt** schlendern und am Ufer spazierengehen. Den **Parque Santander** besucht man am besten kurz vor Sonnenuntergang, wenn Tausende kreischender Papageien (hier *pericos* genannt) ihre Nachtquartiere in den Bäumen ansteuern – ein beeindruckendes Spektakel.

14 km von Leticia entfernt, über die einzige Straße der Region, erreicht man den **Río Tacana**, einen Fluss im Dschungel, in dem die Einheimischen gern baden. Er bietet sich auch für eine kurze Wanderung durch die Natur an.

★ **Mundo Amazónico**　　　　　　GARTEN
(592-6087, 321-472-4346; www.mundoamazonico.com; km 7,7, Via Tarapacá; geführte Touren 10 000 KOL$; 8–15 Uhr) Dieses 29 ha große Schutzgebiet wurde geschaffen, um die gefährdete Flora und Fauna des Amazonas zu schützen und dient zugleich als Umweltbildungszentrum. In dem weitläufigen botanischen Garten wachsen etwa 700 Pflanzen, die auf vier verschiedenen, 30 bis 45 Minuten dauernden Führungen (zu den Themen botanischer Garten, nachhaltige Prozesse, Kultur und das Aquarium) entdeckt werden können.

Museo Etnográfico Amazónico　　MUSEUM
(592 7729; Carrera 11 No 9-43; Mo–Fr 8.30–11.30 & 13.30–17, Sa 9–13 Uhr) Das kleine Museum im rosafarbenen Gebäude der Biblioteca del Banco de la República zeigt eine Sammlung indigener Exponate, darunter Musikinstrumente, Textilien, Werkzeuge, Keramik und Waffen sowie viele Zeremonienmasken. Alles ist auf Englisch beschriftet, sodass man eine gute Einführung in die indigenen Kulturen der Region erhält.

☞ Geführte Touren

Die echte Regenwalderfahrung macht man eigentlich abseits des Amazonas, und zwar stromaufwärts entlang seiner vielen Nebenarme. Je weiter man in die Wildnis vordringt, desto größer wird die Chance, Tiere in ihrem unberührten Lebensraum zu beobachten. Das ist aber nicht gerade billig.

Für einen günstigeren Einblick in den Regenwald ist es besser, einen Kurztrip mit Einheimischen ab der kleineren Stadt Puerto Nariño zu buchen. Sonnenschutz und Mückenspray nicht vergessen!

Regenwaldtouren

Auf Individualtourismus ist das Gebiet nicht so richtig ausgerichtet, da es kaum öffentliche Verkehrsmittel gibt und einsame Unterkünfte nicht auf spontane Gäste vorbereitet sind.

Der beste Weg, doch noch zu einer unabhängigen Reiseerfahrung zu kommen, ist, sich einen Guide zu suchen und eine eigene Route auszuknobeln. Die folgenden empfehlenswerten Unternehmen bieten flexible Ausflüge zu Wasser und über Land an. Für eine Tour tief in den Regenwald, einschließlich Krokodilbeobachtung, Piranha-Fischen, Delfinbeobachtung, Wanderungen und Flussfahrten sowie Transport, Essen und Unterkunft muss man schon ca. 250 000 bis 400 000 KOL$ pro Tag veranschlagen.

Amazon Jungle Trips　　　GEFÜHRTE TOUREN
(592-7377, 321-426-7757; www.amazonjungletrips.com.co; Av Internacional No 6-25) Mit über 25 Jahren Erfahrung bei Angeboten für Backpacker ist Amazon Jungle einer der ältesten und verlässlichsten Tourveranstalter Leticias. Der Besitzer Antonio Cruz Pérez spricht fließend Englisch und arrangiert maßge-

---

Leticia

◉ **Sehenswertes**
1　Museo Etnográfico Amazónico A2

◉ **Aktivitäten, Kurse & Touren**
2　Amazon Jungle Trips D3
3　Selvaventura C3

🛏 **Schlafen**
4　La Casa del Kurupira C3
5　La Jangada B2

🍴 **Essen**
6　El Santo Angel B1
7　La Cava Tropical C3
8　Viejo Tolima B3

schneiderte Touren, darunter Trips zu zwei sehr unterschiedlichen Schutzgebieten, die er selbst verwaltet: zur Reserva Natural Zacambú und zum Tupana Arü Ü.

Selvaventura GEFÜHRTE TOUREN
(592-3977, 311-287-1307; www.selvaventura.org; Carrera 9 No 6-85) Der Besitzer Felipe Ulloa spricht Englisch, Spanisch und Portugiesisch und kann verschiedene Dschungeltouren in den Ökosystemen Hochwald und *igapó* (Überschwemmungswald) arrangieren. Außerdem verkauft er Tickets für verschiedene Flusstouren nach Peru und Brasilien. Die Agentur nutzt das Dschungelcamp Maloka und das weniger abgelegene Agape (bei Km 10).

Schlafen

Leticia

La Casa del Kurupira HOSTEL $
(592-6160, 311-287-1307; www.casadelkurupira.com; Carrera 9 No 6-85; B 25 000 KOL$, DZ 75 000 KOL$, DZ ohne Bad 40 000–60 000 KOL$;) Das neue Hostel, das von den Besitzern der auf der anderen Straßenseite liegenden Agentur Selvaventura (deren Büro auch als Bar und sozialer Treff des Hostels fungiert) betrieben wird, ist sehr sauber, hell und modern. Es hat Deckenventilatoren und eine große Gemeinschaftsküche sowie eine Dachterrasse mit Hängematten zum Chillen. Wäscheservice kostet 10 000 KOL$, Frühstück gibt's für 70 000 KOL$.

Mahatu Jungle Hostel HOSTEL $
(311-539-1265; www.mahatu.org; Calle 7 No 1-40; B 25 000, EZ/DZ 60 000/70 000 KOL$;) Mit der Entdeckung des Dschungels von Leticia kann man gleich in diesem schönen Hotel beginnen: Es steht auf 5 ha Land mit Teichen voller Enten und Gänse, Scharen von *pericos* und vielen exotischen Bäume, darunter Cashewbäume, *asaí, cananguche* und *copasú*. Die Zimmer sind einfach und haben nur Ventilatoren und Gemeinschaftsbäder – man zahlt für die üppige Umgebung.

La Jangada PENSION $
(312-361-6506, 311-498-5447; lajangadaleticia@gmail.com; Carrera 9 No 8-106; B 25 000 KOL$, EZ/DZ 50 000/70 000 KOL$, ohne Bad 35 000/50 000 KOL$;) Eine hervorragende Pension, die von einem jungen schweizerisch-kolumbianischen Pärchen geführt wird. Der Schweizer hat mit seinem umweltfreundlichen pedalbetriebenen Boot 45 000 km auf Amazonasflüssen zurückgelegt; heute kann man damit Tagestouren unternehmen (ab 60 000 KOL$). Die Pension hat einen Schlafsaal mit fünf Betten und einem luftigen Balkon sowie ein paar Privatzimmer mit Ventilator.

Omshanty LODGE $
(311 489 8985; www.omshanty.com; Km 11 Via Tarapaca; B/EZ/DZ/3BZ/4BZ 15 000/40 000/60 000/80 000/95 000 KOL$) Das Omshanty liegt in dichtem Dschungel und gehört eigentlich gar nicht mehr zu Leticia, ist aber dennoch eine Option, wenn man ohnehin lieber die gesamte Zeit im Amazonasdschungel verbringen möchte. In den Hütten, die alle eine Küche für Selbstversorger haben, können bis zu vier Personen schlafen. Der freundliche Besitzer Kike spricht Englisch und organisiert Dschungelexkursionen.

Tabatinga

Novo Hotel HOTEL $
(3412-2846; novohoteltbt@hotmail.com; Rua Pedro Texeira 9; EZ/DZ/3BZ 50/70/90 R$;) Nur drei Blocks von der Porta da Feira entfernt eignet sich das freundliche, saubere Hotel bestens, wenn man ein frühes Boot erwischen will.

Essen

Die heimischen Fische *gamitana* und *pirarúcu* – die bis zu 300 kg wiegen – sind köstlich. Das beste preiswerte Essen bekommt man an den Grillbuden, die abends an der Ecke Av Internacional und Calle 7 stehen.

La Cava Tropical KOLUMBIANISCH $
(Carrera 9 No 8-22; Menüs 7000 KOL$; 10–18 Uhr;) Diese Open-Air-Restaurant ist das beliebteste Mittagsrestaurant der Einheimischen. Das Menü besteht aus einer Suppe (oft des geschmackvollen *sancocho*), einem kleinen Salat, einem Fleischgericht mit Bohnen oder Gemüse als Beilage und unbegrenzt frischem Saft, und das zu einem sehr vernünftigen Preis. Zur Mittagszeit kann es unter der Woche ziemlich voll werden. Es gibt auch einen klimatisierten Bereich!

Viejo Tolima KOLUMBIANISCH $
(Calle 8 No 10-20; Hauptgerichte 2500–15 000 KOL$; Mo-Sa 8–20 Uhr) In dem freundlichen, sauberen und stimmungsvollen Restaurant bekommt man hervorragendes Frühstück (leckere *caldos* – Suppen) sowie zu allen anderen Zeiten frische Fruchtsäfte und regionale Snacks.

DIE AMAZONASDELFINE

Die verspielten, intelligenten und rätselhaften Amazonasdelfine, die in der Gegend *bufeo* genannt werden (wegen des Geräuschs, das sie beim Auftauchen machen), sind faszinierende Tiere und gelten als gutes Omen.

Niemand weiß genau, wann oder wie sie dazu kamen, im Süßwasser zu leben. Vielleicht kamen sie vor etwa 15 Mio. Jahren aus dem Pazifik in den Amazonas oder vor 1,8 bis 5 Mio. Jahren aus dem Atlantik.

Ihr Gehirn ist 40 % größer als das des Menschen, und eines ihrer höchst spezialisierten Merkmale ist, dass ihr Halsknochen nicht mit der Wirbelsäule verwachsen ist, wodurch ihre Köpfe viel beweglicher sind. So können sie auch im überfluteten Regenwald nach Fischen jagen. Lokale Mythen besagen, dass sie nachts menschliche Formen annehmen und aus dem Wasser kommen, um die Mädchen zu schwängern.

Verantwortungsbewusste Führer verwenden niemals große Boote, um Delfine zu beobachten. Einige Touranstalter setzen Motoren mit 200 PS ein, deren Geräusch die Delfine jedoch unter Stress setzt. Ein *peque-peque*-Motor mit 10,5 PS ist völlig ausreichend. Man sollte darauf bestehen, dass der Führer nicht nah an die Delfine heranfährt, und niemals körperlich mit ihnen interagieren.

★ **El Santo Angel** INTERNATIONAL $$
(Carrera 10 No 11-119; Hauptgerichte 10–25000 KOL$; ⊙ Di–Sa 17–24, So 12–24 Uhr) Diese Neueröffnung hat die wohl vielfältigste und interessanteste Karte der Stadt, mit Wraps, Nachos, Salaten, Grillgerichten, Panini, Burgern und Pizza. Mit den innovativen Elementen und den netten Tischen im Freien (den sterilen Innenraum meidet man besser) ist es das vielleicht beste Restaurant Leticias.

❶ Praktische Informationen

GELD
Am besten wechselt man das Geld des Landes, das man verlässt, in Leticia bzw. Tabatinga. Wechselstuben befinden sich in der Calle 8 zwischen der Carrera 11 und dem Markt.
Banco de Bogotá (Ecke Carrera 10 & Calle 7) Geldautomat.

MEDIZINISCHE VERSORGUNG
San Rafael de Leticia Hospital (📞 592 7826; Carrera 10 No 13-78) Einziges Krankenhaus der Stadt.

NOTFALL
Polizei (📞 592-5060; Carrera 11 No 12-32) Zwischen den Calles 12 und 13.

POST
4-72 (Calle 8 No 9-56; ⊙ Mo–Fr 8–12 & 14–17 Uhr) Post.

TOURISTENINFORMATION
Touristeninformation (Secretaría de Turismo y Fronteras; 📞 592-7569; Calle 8 No 9-75; ⊙ Mo–Sa 7–12 & 14–17, Sa 7–12 Uhr) Freundlich, man spricht Englisch. Zu planmäßigen Flügen öffnet ein kleiner Schalter am Flughafen.

VISA
Kolumbianer und Ausländer dürfen ohne Visum oder Passkontrolle zwischen Leticia, Tabatinga und Benjamin Constant in Brasilien und Santa Rosa in Peru pendeln. Wenn man weiterreisen will, braucht man einen Ausreisestempel von Migración Colombia im Flughafen von Leticia.

Den Einreisestempel für Brasilien bekommt man bei der Policía Federal, in der Nähe des Krankenhauses in Tabatinga. Ist man nach Peru unterwegs, holt man sich seinen Stempel bei der Einwanderungsbehörde in Santa Rosa.

Braucht man eine Visumsverlängerung für Kolumbien, muss man keine Gebühr bezahlen. Man besorgt sich einen Ausreisestempel und fährt für einen Tag nach Brasilien oder Peru, bei der Rückkehr bekommt man einen frischen Einreisestempel bis zur erlaubten Höchstgrenze.

❶ An- & Weiterreise

FLUGZEUG
Reisende, die in Leticia landen, müssen eine Flughafensteuer von 20 000 KOL$ bezahlen.

Copa (www.copaairlines.com), **LAN** (www.lan.com; Alfredo Vásquez Cobo Airport) und **Avianca** (📞 592-6021; www.avianca.com; Alfredo Vásquez Cobo Airport; ⊙ Mo–Sa 8–13.30 & Mo–Fr 15–18 Uhr) fliegen täglich von Leticia nach Bogotá. **Trip** (www.voetrip.com.br) und **TAM** (www.tam.com.br) bringen Passagiere vom Tabatinga International Airport nach Manaus.

SCHIFF/FÄHRE
Von Leticia aus gibt's Verbindungen stromabwärts nach Manaus (Brasilien) oder stromaufwärts nach Iquitos (Peru).

Die Tickets für das Schnellboot nach Puerto Nariño und zum Parque Nacional Amacayacu bekommt man bei **Transportes Fluviales**

ℹ️ EINREISE NACH BRASILIEN & PERU

Leticia mag zwar mitten im Nirgendwo liegen, ist aber ein beliebter Ausgangspunkt, um nach Brasilien und Peru zu reisen. Die schnellste Route ist der Flug von Tabatinga nach Manaus in Brasilien. Schöner, aber langsamer ist die Bootsfahrt nach Manaus oder ins peruanische Iquitos, das mindestens genauso isoliert liegt wie Leticia.

Vom Fluvial de Tabatinga fahren jede Woche drei Boote nach Manaus. Sie legen dienstags, mittwochs und samstags um 12 Uhr ab, die Zollformalitäten und das Einsteigen beginnen aber schon um 9 Uhr. Die Boote halten flussabwärts in Benjamin Constant. Die Fahrt nach Manaus dauert drei Tage und vier Nächte und kostet 200 R$ in der eigenen Hängematte oder 800 bis 1000 R$ für zwei Passagiere in einer Doppelkabine. Das Essen ist im Preis enthalten. Snacks und abgefülltes Wasser sollte man mitbringen und immer ein Auge aufs Gepäck haben. Rápida Puma hat Schnellboote (430 R$, 30 Std.), die freitags und sonntags um 9 Uhr vom Porto Bras in Tabatinga ablegen. Das Einsteigen beginnt um 6.30 Uhr. Agenturen in Leticia verkaufen Tickets für beide Verbindungen.

Golfinho und Transtur setzen zwischen Santa Rosa und Iquitos moderne Hochgeschwindigkeits-Passagierboote ein. Sie fahren täglich außer montags um 5 Uhr ab. Die Fahrt kostet 70 US$ (oder 150 000 KOL$) und dauert etwa zehn Stunden. Tickets kann man in Leticia in den Büros in Tabatinga oder Selvaventura (S. 816) kaufen, die Einreiseformalitäten erledigt man am Tag vor der Fahrt. Vom peruanischen Iquitos geht es entweder per Flugzeug weiter oder mit dem Boot nach Pucallpa (5–7 Tage), von wo aus man über Land nach Lima und in andere Orte reisen kann.

Infos zur Fahrt über diesen Grenzübergang in der entgegengesetzten Richtung s. S. 974.

(📞 592-5999, 592-6711), in der Nähe des Marktes von Leticia. Los geht es um 8, 10 und 14 Uhr, die Fahrt dauert 2½ Stunden und kostet 29 000 KOL$.

ℹ️ Unterwegs vor Ort

Das *mototaxi* ist der König der Straßen von Leticia; eine kurze Fahrt im Zentrum kostet nachts 2000 KOL$. Man kann jeden heranwinken, der mit einem Extrahelm in der Hand rumkurvt. Es gibt zudem eine kleine Flotte Tuk-Tuks, die mal eben das Doppelte verlangen wie die Motorradtaxis. Normale Taxis sind hier teurer als anderswo in Kolumbien, die kurze Fahrt vom Flughafen in die Stadt kostet 8000 KOL$.

Reguläre Busse fahren tagsüber vom Parque Orellana bis Km 11 auf Leticias einziger Highway, der Via Tarapacá.

Minibusse (2000 KOL$) pendeln von morgens bis zum frühen Abend zwischen Leticia und Tabatinga. Boot-Taxis nach Santa Rosa (3000 KOL$, 10 Min.) findet man nahe des Marktes.

Parque Nacional Amacayacu

Der Parque Nacional Amacayacu umfasst 2935 km² Dschungel auf der Nordseite des Amazonas, etwa 55 km stromaufwärts von Leticia. Hier bieten sich viele Gelegenheiten zur Tierbeobachtung.

Die Konzession für die Einrichtungen hat eine Luxushotelkette erhalten. Zu haushohen Preisen offeriert sie eine klinisch reine Version des Regenwalderlebnisses für Besucher, die sich nicht die Schuhe schmutzig machen wollen. Der Preis für den Eintritt in den Park (Erw./Student unter 26 Jahren 38 000/7000 KOL$) und die Unterkunft (einfache Betten im Schlafsaal kosten je nach Saison 112 000 bis 210 000 KOL$) machen den Park für die meisten Budgetreisenden unerschwinglich.

Boote von Leticia nach Puerto Nariño setzen einen am Besucherzentrum des Parks ab. Zurück nach Leticia kommt man nicht so leicht – am besten ruft man Transportes Fluviales (S. 817) in Leticia an, um einen Sitz zu reservieren, ansonsten muss man sich an die Anlegestelle stellen und versuchen, ein vorbeifahrendes Schiff anzuhalten.

Puerto Nariño

📞 8 / 2000 EW.

Puerto Nariño, eine charmante kleine Stadt 60 km flussaufwärts von Leticia, ist eine reizvolle Kuriosität. Es ist die zweitgrößte Siedlung am kolumbianischen Amazonas, aber hier fahren keine Motorfahrzeuge und das ganze Regenwasser wird recycelt – genau wie der Müll. Die engen Sträßchen sind unglaublich sauber – das ist das Werk der *escobitas*, einer Reihe stolzer Frauen und Mädchen, die es sich zur Aufgabe gemacht haben, täglich für Ordnung und Sauberkeit zu sorgen.

⊙ Sehenswertes & Aktivitäten

Vom wackligen **Mirador Naipata** (Calle 4; Haupt-/Nebensaison 7000/5000 KOL$; ⊙ 6–17 Uhr) auf einem Hügel im Stadtzentrum bietet sich eine spektakuläre Aussicht auf die Stadt und den Wald ringsum. Im **Centro de Interpretación Natütama** (Eintritt 5000 KOL$; ⊙ Mi–Mo 9–17 Uhr) am Ufer zeigt ein faszinierendes Museum fast 100 Holzskulpturen, die Pflanzen und Tiere des Amazons darstellen. Am Flussufer befindet sich auch die **Fundacíon Omacha** (www.omacha.org) GRATIS, die sich dem Schutz der Flussdelfine und Seekühe verschrieben hat; die Mitarbeiter organisieren verschiedene Tierbeobachtungsaktivitäten.

Der **Lago Tarapoto**, etwa 10 km westlich von Puerto Nariño, ist ein ruhiger See, den man nur über den Fluss erreicht. Hier kann man Amazonasdelfine spielen sehen. Eine Halbtagstour zum See lässt sich formlos mit Einheimischen aus Puerto Nariño arrangieren (pro Boot für bis zu 4 Pers. 50 000 KOL$).

🛏 Schlafen & Essen

Malokas Napü PENSION $
(📞 314-235-3782; www.maiocanapo.com; Calle 4 No 5-72; Zi. pro Pers. mit/ohne Balkon 30 000/25 000 KOL$; @) Unser Lieblingshotel erinnert optisch und von der Atmosphäre an eine Art Baumhausfestung, denn es liegt in einem dicht bewaldeten Garten. Die Zimmer sind einfach, aber komfortabel. Sie sind mit den nötigsten Möbeln, Ventilator und Gemeinschaftsbädern (mit tollen erfrischenden Regenduschen) versehen, und alle Mitarbeiter sind unglaublich freundlich.

Cabañas del Friar CABAÑAS $
(📞 311-502-8592; altodelaguila@hotmail.com; Zi. 20 000 KOL$/Pers.) Etwa 15 Minuten westlich der Stadt leiten der berühmte Mönch Hector José Rivera und seine verrückten Affen dieses Dschungelrefugium auf einem Hügel mit Blick auf den Amazonas. Zum Komplex gehören mehrere sehr einfache Hütten, gemeinsam genutzte Sanitäranlagen und ein Aussichtsturm. Was den Aufenthalt hier so schön macht, sind die spannenden Begegnungen zwischen Affen, Hunden und Aras und die einzigartige isolierte Lage.

★**Las Margaritas** KOLUMBIANISCH $$
(Calle 6 No 6-80; Menüs 15 000 KOL$; ⊙ 8–21 Uhr) Das Las Margaritas, das sich beim Fußballplatz hinter einem Palisadenzaun unter einer riesigen *palapa* (Strohdach) versteckt, ist das beste Restaurant der Stadt. Hervorragende Gerichte werden auf traditionellem Tongeschirr serviert, etwa eine Auswahl köstlicher lokaler Spezialitäten. Alles schmeckt unglaublich gut. Wenn große Reisegruppen in der Stadt sind, kann es allerdings sehr voll sein.

ℹ Praktische Informationen

In Puerto Nariño gibt es weder Banken noch Geldautomaten, also genug Bargeld aus Leticia mitbringen!

ABSEITS DER ÜBLICHEN PFADE

SAN MARTÍN DE AMACAYACU

Es kann im kolumbianischen Amazonas schwierig sein, die ausgetretenen Pfade wirklich zu verlassen, besonders wenn man das mit dem Kennenlernen des Alltags der indigenen Bewohner der Region verbinden möchte. Eine Möglichkeit ist ein Besuch der wunderbaren **Casa Gregorio** (📞 310-279-8147, 311-201-8222; casagregorio@outlook.com; San Martin de Amacayacu; VP ab 170 000 KOL$/Pers.), eines kleinen, familiengeführten Hotels in der indigenen Tikuna-Gemeinde San Martín de Amacayacu, die inmitten majestätischer Flüsse und beeindruckenden Regenwalds liegt.

Im Preis enthalten sind Vollpension, Gummistiefel, Regenkleidung, Trinkwasser und diverse Aktivitäten in der Natur, Workshops und Flusstrips. Pro Person und Tag kostet der Aufenthalt zwischen 170 000 und 250 000 KOL$, je nach Aktivitäten und Zahl der Traveller (max. 4 Personen pro Gruppe).

Man muss im Voraus buchen, da man bei der Ankunft abgeholt werden muss. Von Leticia nimmt man eines der drei Boote, die täglich nach Puerto Nariño fahren und lässt sich an der Haltestelle Bocana Amacayacu absetzen, dort wird man von Mitarbeitern der Casa Gregorio abgeholt (30 000 KOL$/Pers.).

Touristeninformation (☎ 313-235-3687; Ecke Carrera 7 & Calle 5; ⊙ Mo–Sa 9–12 & 14–17 Uhr) In der *alcaldía* (Rathaus), außerdem gibt's gleich draußen am Fluss einen Kiosk.

❶ An- & Weiterreise

Um 7.30, 11 und 16 Uhr fahren Schnellboote von Puerto Nariño nach Leticia (29 000 KOL$, 2½ Std.). Man muss das Ticket vorher an der Verkaufsstelle am Hafen kaufen.

KOLUMBIEN VERSTEHEN

Kolumbien aktuell

Im ganzen Land beherrscht noch immer ein Thema die Gespräche: der andauernde Friedensprozess zwischen der Regierung und den Fuerzas Armadas Revolucionarias de Colombia (FARC).

Nach einem halben Jahrhundert des Konflikts trafen sich beide Seiten erstmals 2012 in Havanna, um über ein Ende der Feindseligkeiten zu sprechen. Präsident Juan Manuel Santos, der unter der Bevölkerung nur recht geringe Zustimmung genoß, machte die Frage zu seinem Schlüsselthema und schaffte 2014 die Wiederwahl, indem er jede Stimme für seine Partei zu einer „Stimme für den Frieden" stilisierte.

Doch während der Gespräche fortgesetzt wurden, kam es im Land weiterhin zu Gewalt, wenn auch in wesentlich geringerem Ausmaß als auf dem Höhepunkt des Konflikts.

Ab 2015 machte der Friedensprozess beträchtliche Fortschritte. Bei ihrer ersten Begegnung überhaupt trafen sich Präsident Santos und FARC-Führer Timichenko in Havanna zu einem symbolischen Handschlag. Beide Seiten kündigten ein Abkommen zur sogenannten Übergangsjustiz an, dem umstrittensten Thema der Gespräche, und vereinbarten, bis 2016 einen verbindlichen Friedensvertrag zu schließen.

Im September 2016 unterzeichneten die FARC und Santos dann nach langen Verhandlungen ein Friedensabkommen, das allerdings bei einer Volksabstimmung im Oktober mit knapper Mehrheit abgelehnt wurde. Straferleichterungen und die künftige politische Beteiligung von FARC-Mitgliedern hatten viele Menschen zu dieser Entscheidung bewogen. Kurz darauf wurde die Verleihung des Friedensnobelpreises an Präsident Santos angekündigt. Auch nach dem Referendum setzt er sich weiter für den Frieden ein.

Geschichte

Die Zeit vor Kolumbus

Die Ureinwohner Kolumbiens hinterließen drei wichtige prähistorische Stätten: San Agustín, Tierradentro und die Ciudad Perdida, zusammen mit den herrlichsten Goldarbeiten des Kontinents. Sie waren äußerst begabte Gold- und Metallschmiede. Ihre Leistungen können in ganz Kolumbien in den *museos del oro* (Goldmuseen) bestaunt werden. Das beste befindet sich in Bogotá.

Die über die ganze Andenregion und die Pazifik- und Karibikküste verteilten präkolumbischen Kulturen entwickelten sich unabhängig voneinander. Die wichtigsten waren die Calima-, Muisca-, Nariño-, Quimbaya-, San-Agustín-, Sinú-, Tayrona-, Tierradentro-, Tolima- und Tumaco-Kulturen.

Die Konquistadoren sind da!

Alonso de Ojeda war 1499 der erste Konquistador, der seinen Fuß auf kolumbianischen Boden setzte und feststellte, dass die Einheimischen Objekte aus Gold benutzten. Zwar wurden einige kurzlebige Siedlungen gegründet, doch erst 1525 legte Rodrigo de Bastidas den Grundstein zu Santa Marta, der ersten Stadt mit Bestand. 1533 gründete Pedro de Heredia Cartagena, das sich bald zum wichtigsten Handelszentrum entwickelte.

1536 stießen die Spanier ins Landesinnere vor, und zwar sowohl von Norden als auch von Süden. Jiménez de Quesada startete in Santa Marta, zwei Jahre später gründete er Santa Fe de Bogotá. Auf dem Weg dahin eroberte er Muisca, ein Schlag, der letztendlich den Untergang der alten Zivilisationen einläuten sollte.

Inzwischen desertierte Sebastián de Benalcázar aus Francisco Pizarros Armee, die das Inkareich eroberte, und startete von Ecuador aus eine Expedition. Er unterwarf den Südteil von Kolumbien und gründete unterwegs Popayán und Cali, bevor er schließlich 1539 Bogotá erreichte.

Unabhängigkeitskriege

Ende des 18. Jhs. artete die Unzufriedenheit mit der spanischen Herrschaft in Protesten aus und mündete schließlich – vor dem Hintergrund der Revolutionen in Frankreich und Nordamerika – in eine offene Rebellion. Als Napoléon 1808 Spanien einnahm und seinen eigenen Bruder auf den spanischen Thron setzte, weigerte sich die Kolonie, den neuen Monarchen anzuerkennen. Eine kolumbianische Stadt nach der anderen erklärte ihre Unabhängigkeit.

1812 landete Simón Bolívar, der zum Helden des Unabhängigkeitskampfs werden sollte, in Cartagena, wo er die Spanier angriff. In einem brillanten Feldzug zur Eroberung Venezuelas gewann er zwar sechs Schlachten, konnte aber Caracas nicht halten, weshalb er nach Cartagena zurückweichen musste. Zwischenzeitlich erlitt Napoléon sein Waterloo und Spanien hatte den Rücken frei, um seine Kolonien zurückzuerobern. 1817 wurde das Kolonialrecht wiederhergestellt.

Doch der Flächenbrand war nicht mehr zu löschen. Bolívar dachte gar nicht daran, die Waffen niederzulegen. Nachdem er eine Reiterarmee venezolanischer Llaneros (vergleichbar den Gauchos Argentiniens) rekrutiert hatte, marschierte er unterstützt von einer britischen Legion über die Anden nach Kolumbien. Die Unabhängigkeit wurde am 7. August 1819 in Boyacá gewonnen.

Unabhängigkeit & Bürgerkrieg

Zwei Jahre nach Erlangen der Unabhängigkeit setzten sich die Revolutionäre in Villa del Rosario (nahe Cúcuta) zusammen, um einen Plan für das neue Land auszutüfteln. Bereits hier kamen die beiden gegensätzlichen Strömungen der nächsten Jahre, Zentralismus versus Föderalismus, zum Vorschein. Bolívar, Verfechter einer zentralistischen Republik, konnte seinen Willen zunächst durchsetzen: Groß-Kolumbien, zu dem das heutige Ecuador, Kolumbien, Venezuela und Panama gehörten, entstand, und Bolívar wurde zum ersten Präsidenten des neuen Staates gewählt.

Doch schon mit dessen Gründung begann der Zerfall. Schnell zeichnete sich ab, dass eine zentrale Regierung nicht in der Lage war, ein solch großes und von vielen Unterschieden geprägtes Land zu regieren. Und so kam es, wie es kommen musste: 1830 teilte sich Groß-Kolumbien in drei separate Länder auf, Kolumbien formierte sich zu einem selbstständigen Staat.

Die zentralistische und die föderalistische Bewegung organisierten sich 1849 in zwei politischen Parteien: Die Konservativen gehörten der zentralistischen Ausrichtung an, die Liberalen der föderalistischen. Kolumbien wurde Schauplatz eines intensiv ausgefochtenen Konkurrenzkampfs zwischen den beiden Lagern, der im kompletten Chaos endete. Das Land taumelte von einer Unruhe zur nächsten. Acht Bürgerkriege brachen im 19. Jh. aus, zwischen 1863 und 1885 sah sich die Regierung mehr als 50 Aufständen gegenüber.

1899 verwandelte sich eine Revolte der Liberalen in einen ausgewachsenen Bürgerkrieg, dem „Krieg der 1000 Tage". Das Blutbad endete mit einem Sieg der Konservativen, 100 000 Menschen bezahlten ihn mit dem Leben. 1903 nutzten die USA die innere Zwietracht des Landes. Sie schürten eine Sezessionsbewegung in Panama, damals eine kolumbianische Provinz. Hintergrund: Mit der Gründung der neuen Republik kamen die USA dem Ziel näher, einen Kanal durch die mittelamerikanische Landenge zu bauen.

La Violencia

Nach einer kurzen Friedenszeit brach der Kampf zwischen Liberalen und Konservativen 1948 erneut aus. La Violencia, der grausamste von vielen Bürgerkriegen, blickt auf die erschreckende Bilanz von 300 000 Toten: Nachdem am 9. April 1948 Jorge Eliécer Gaitán, der charismatische, beliebte Führer der Liberalen, bei einem Attentat ermordet worden war, brachen in Bogotá Unruhen aus, die sich bald über das ganze Land ausbreiteten. Überall griffen die Liberalen zu den Waffen.

Bis 1953 hatten einige Gruppen liberaler Anhänger einen bedrohlichen Grad an Unabhängigkeit erreicht - der Partisanenkonflikt nahm revolutionäre Tendenzen an. Die Spitzen sowohl der Liberalen als auch der Konservativen Partei griffen zum letzten Mittel und unterstützten einen Staatsstreich, um das Heft wieder in die Hand zu bekommen und das Land zu befrieden. Der Putsch von General Gustavo Rojas Pinilla 1953 blieb die einzige militärische Intervention des 20. Jhs.

Und seiner Diktatur war keine allzu lange Lebensdauer beschieden: 1957 unterzeichneten die Vorsitzenden der beiden Parteien einen Pakt, ihre Macht zu teilen. Gleichzeitig unterdrückten sie alle politische Aktivität außerhalb der beiden Parteien und leisteten damit letztlich dem Entstehen neuer Guerillagruppen Vorschub.

Die Geburt von FARC & die Paramilitärs

Während der späten 1950er- und frühen 1960er-Jahre wurden in Kolumbien viele Guerillagruppen gegründet. Jede hatte ihre eigene Ideologie und ihre eigenen politischen und militärischen Strategien. Zu den wichtigsten – und gefährlichsten – gehören die FARC, die Ejército de Liberación Nacional (ELN; Nationale Befreiungsarmee) und das Movimiento 19 de Abril (M-19; Bewegung 19. April).

Bis 1982 wurden die Guerillas als Problem für die öffentliche Ordnung angesehen und von der Armee verfolgt. Präsident Belisario Betancur (1982–1986) war der erste, der direkte Verhandlungen mit den Guerillas eröffnete, in einem Versuch, sie in das politische Leben der Nation zu reintegrieren. Die Verhandlungen scheiterten jedoch und die Guerillas der M-19 stürmten im November 1985 den Justizpalast der Hauptstadt. Dabei kamen fast 100 Menschen ums Leben.

Die liberale Regierung unter Präsident Virgilio Barco (1986–1990) konnte die M-19 schließlich dazu bewegen, ihre Waffen niederzulegen und beteiligte sie am politischen Geschehen.

In den 1980er-Jahren formierte sich noch eine weitere Gruppe, die Autodefensas Unidas de Colombia (AUC; paramilitärische Gruppen Kolumbiens). Sie besteht aus paramilitärischen Todesschwadronen, die sich wiederum aus reichen Kolumbianern zusammensetzen, die ihren Landbesitz schützen wollen. Die AUC war für Dutzende Massaker verantwortlich. Sie soll sich während Uribes zweiter Amtszeit aufgelöst haben – viele Beobachter, u.a. auch von Human Rights Watch, glauben jedoch, dass die Abrüstung nur eine Täuschung war.

Gewalttaten wurden und werden von allen Seiten verübt. Dem UN-Flüchtlingsbeauftragten zufolge gibt es in Kolumbien 5 Mio. Binnenflüchtlinge (fast 10% der Bevölkerung). Der Grund liegt darin, dass die arme Landbevölkerung immer wieder ins Kreuzfeuer zwischen Guerillas, den Neoparamilitärs und der Armee gerät.

Weißes Gold

Die Kokain-Mafia entwickelte sich von ihren eher kleinen Anfängen in den frühen 1970er-Jahren in kürzester Zeit zu einer gigantischen Industrie mit ihren eigenen Plantagen, Labors, Logistik und Schutzdiensten.

So richtig boomte das Geschäft dann Anfang der 1980er-Jahre. Das Medellín-Kartell, geführt von Pablo Escobar, wurde zur führenden Organisation, deren Bosse unbescholten in Saus und Braus lebten. Sie gründeten sogar ihre eigene politische Partei und zwei Zeitungen, 1982 wurde Escobar in den Kongress gewählt.

1983 startete die Regierung schließlich eine Kampagne gegen den Drogenhandel, die sich nach und nach in einen regelrechten Krieg verwandelte. Im August 1989 erreichte der Krieg einen blutigen Höhepunkt, als Luis Carlos Galán, der Präsidentschaftskandidat der Liberalen für die Wahl 1990, ermordet wurde.

Die Wahl des liberalen Präsidenten César Gaviria (1990–1994) bescherte dem gebeutelten Land eine kurze Phase der Hoffnung. Nach längeren Verhandlungen, während derer auch in Verfassungszusatz das Verbot der Auslieferung von Kolumbianern neu regelte, gaben Escobar und die restlichen Kartell-Bosse auf und der Drogenterrorismus ließ nach. Escobar entkam jedoch seinem palastartigen Gefängnis, nachdem die Regierung auf stümperhafte Art versucht hatte, ihn an einen besser gesicherten Ort zu bringen. Eine Spezialeinheit mit 1500 Elitesoldaten jagte Escobar 499 Tage lang, bis man ihn am 2. Dezember 1993 in Medellín stellte und auf der Flucht erschoss.

Trotzdem ging der Drogenhandel ungestört weiter. Das von den Brüdern Rodríguez Orejuela geführte Cali-Kartell besetzte schnell die Lücke, die das Medellín-Kartell hinterlassen hatte, und wurde Kolumbiens größter Händler. Das Spiel wiederholte sich, als die Top-Bosse des Kartells 1995 gefangen genommen wurden. Auch danach blühte der Drogenhandel weiter; andere regionale Drogenkartelle, Paramilitärs und vor allem Guerillas, übernahmen die Rolle, die die beiden Mafiagruppen vorgegeben hatten.

1999 startete Präsident Andrés Pastrana den *Plan Colombia*, den die USA unterstützten. Dessen Ziel war es, die Kokapflanze in Kolumbien mit Pestiziden aus der Luft komplett auszurotten. Obwohl das Programm anfänglich auf dem Papier einige Erfolge erzielte (denn in der Anfangsphase wurde das kultivierte Land um etwa die Hälfte reduziert), brachte es auch fatale Auswirkungen auf die Umwelt mit sich. Verarmte Kokafarmer beispielsweise verlegten ihre Felder in

Nationalparks, in denen das Sprühen von Pestiziden verboten ist.

Der Drogen-Kampf in Kolumbien ist eine Sisyphosarbeit. Trotz der US-amerikanischen Hilfe von um die 8 Mrd. US$ zeigen die neuesten Zahlen, dass die Kokain-Produktion wieder ansteigt und Kolumbien immer noch Produzent Nummer eins in der Welt ist.

Präsident Álvaro Uribe

Der rechtspolitische Hardliner Álvaro Uribe wurde 2002 zum Präsidenten gewählt. Er erbte ein Land am Rande des Zusammenbruchs. Ein Schurkenstaat, geplagt von Sicherheitsproblemen. Viele Straßen im Land wurden von Rebellen blockiert und kontrolliert. Uribe versprach dem Volk entschiedene Militäraktionen gegen die Guerrillas und er hielt Wort. Plötzlich waren die Straßen wieder offen, voller Militärs und sicher.

Überaus populär trat Uribe 2006 seine zweite Amtszeit an, nachdem er eine Verfassungsänderung durchgeboxt hatte, die ihm eine Wiederwahl ermöglichte. Uribe wurde als Nationalheld gefeiert, doch schließlich wurde auch seine Präsidentschaft von Skandalen überschattet. 2008 wurden 60 Kongressmitglieder verhaftet oder wegen vermeintlicher „Parapolitik" (Verbindungen mit Paramilitärs) befragt.

Der größte Skandal ereignete sich im Oktober 2008, als Journalisten aufdeckten, dass Armeeangehörige Zivilisten getötet hatten, ihnen Rebellenuniformen anzogen und sie als Kampfopfer ausgegeben hatten, um Beförderungen oder Sonderurlaub zu bekommen. Schätzungen behaupten, dass die kolumbianische Armee während Uribes Präsidentschaft 3000 junge, ungebildete, sogenannte *falsos positivos* (falsche Positive) bzw. *campesinos* (Kleinbauern) umgebracht hat, was der UN-Sonderberichterstatter zu außergerichtlichen, willkürlichen Hinrichtungen Philip Alston als „systematisch" beschrieben hat. Als der Skandal offenkundig wurde, startete Uribe eine Säuberungsaktion in der Armee, aber Strafverfolgungen waren rar.

Anfang 2009 geriet das Uribe-Regime in weitere Schwierigkeiten, als das Magazin *Semana* berichtete, dass die Geheimpolizei des Landes, das Departamento Administrativo de Seguridad (DAS), die Telefone von Richtern, oppositionellen Politikern, Journalisten und Menschenrechtlern abgehört hatte.

FARC in der Defensive

Die letzten zehn Jahre waren eine verheerende Zeit für die FARC. Die bewaffnete Truppe hat die Hälfte ihrer Kämpfer und viele wichtige Führungspersonen durch eine Kombination aus Verlusten im Kampf und Ausstiegen aus der FARC verloren.

2008 wurde das Hauptdruckmittel der Rebellen, die französisch-kolumbianische Präsidentschaftskandidatin Ingrid Betancourt, die sechs Jahre zuvor gekidnappt worden war, in einem waghalsigen und gesetzlich fragwürdigen Überraschungsangriff von der Armee aus einem Lager im Regenwald befreit.

Aber den größten Schlag erlebte die Organisation im November 2011, als Soldaten den FARC-Führer und Chefideologen Alfonso Cano im ländlichen Cauca erschossen. Nur Tage nach dem Tod von Cano übernahm Rodrigo Londoño Echeverry, alias Timochenko, die Kontrolle über die Organisation und verkündete, dass der Kampf an allen Fronten weitergeführt werde. Hinter den Kulissen jedoch begann die ernsthaft geschwächte FARC Vorgespräche mit der Regierung und ein Jahr später saßen sie bei Friedensverhandlungen zusammen an einem Tisch.

Kultur

Jeder Reisende, der unvoreingenommen nach Kolumbien kommt, sagt dasselbe: Die Menschen sind unglaublich freundlich und hilfsbereit.

Kolumbien ist das drittbevölkerungsreichste Land Lateinamerikas. Seine bunt gemischte Bevölkerung entstand aus drei Hauptgruppen – indigene Menschen, Spanier und Afrikaner. 58% der Bevölkerung des Landes sind *mestizo* (Person mit spanisch-indigener Abstammung), andere Ethnien sind: 20% sind Weiße, 14% sind Nachfahren eines weißen und schwarzen Elternteils, 4% sind afrikanischer Herkunft, 3% Nachfahren eines afrikanischen und indigenen Elternteils und 1% sind Angehörige indigener Völker. Kolumbiens Einheimische sprechen etwa 65 Sprachen und fast 300 Dialekte, die zu verschiedenen Sprachfamilien gehören.

Die Spanne zwischen reich und arm ist in Kolumbien enorm. Die vermögendsten 10% des Landes kontrollieren 65% des Reichtums des Landes, während die ärmsten 10% die Kontrolle über weniger als 1% ausüben, Kolumbien ist demnach eines der Länder mit der größten Ungleichverteilung auf dem Kontinent. Obwohl die wachsende Wirtschaft der Nation eine Armutsminderung bewirkt hat, lebt fast immer noch etwa ein Drittel der Kolumbianer unterhalb der Armutsgrenze.

Kolumbianische Familien sind eng verbunden und helfen sich gegenseitig, und wie in den meisten südamerikanischen Ländern liebt man hier Kinder. Die meisten Paare, die zusammen leben, sind verheiratet, aber auch das ändert sich langsam.

Die Mehrzahl der Kolumbianer ist römisch-katholisch. Aber in den letzten zehn Jahren haben sich verschiedene protestantische Gemeinden ausgedehnt und es vor allem in ländlichen Gegenden geschafft, Millionen von Kolumbianern zu „bekehren".

Kunst

Bildende Künste

Die Kolonialzeit in Kolumbien wurde von der religiösen Kunst Spaniens dominiert. Der bekannteste koloniale Künstler war der in Bogotá geborene Gregorio Vásquez de Arce y Ceballos, der mehr als 500 Werke schuf, die in verschiedenen Kirchen und Museen im Land zu bewundern sind.

Zu den wichtigsten modernen Malern und Bildhauern gehören: Pedro Nel Gómez, bekannt für seine Wand- und Ölgemälde sowie Skulpturen, Luis Alberto Acuña, ein Maler und Bildhauer, der Motive aus der präkolumbischen Zeit verwendet, Alejandro Obregón, ein Maler mit Hang zu abstrakten Formen, Rodrigo Arenas Betancourt, Kolumbiens berühmtester Schöpfer von Denkmälern, und Fernando Botero, der international bekannteste kolumbianische Künstler. Jede korpulente Statue oder jedes beleibte Portrait in Kolumbien ist sehr wahrscheinlich von Botero.

Literatur

Während der Zeit der Unabhängigkeit und bis zum Zweiten Weltkrieg brachte Kolumbien nur wenige international bedeutsame Schriftsteller hervor, beispielsweise José Asunción Silva (1865–1896), den wahrscheinlich besten Dichter des Landes, der zudem auch als Vorreiter der Moderne in Lateinamerika gilt.

Ein Literaturboom nach dem Krieg katapultierte viele große lateinamerikanische Schriftsteller in die internationale Szene, darunter den Kolumbianer Gabriel García Márquez (1927–2014). Sein 1967 veröffentlichter Roman *Cien años de soledad* (Hundert Jahre Einsamkeit) wurde ein weltweiter Bestseller. Er vermischt Mythen, Träume und Realität und verblüfft den Leser mit einer neuen Form, den die Kritiker *realismo mágico* (magischer Realismus) tauften. 1982 erhielt „Gabo" den Nobelpreis für Literatur.

Es gibt verschiedene Zeitgenossen, die es verdienen, beachtet zu werden, darunter der Dichter, Romancier und Maler Héctor Rojas Herazo und Álvaro Mutis, der ein enger Freund von Gabo war.

Musik

Die Kolumbianer lieben Musik und sie ist bei jeder Reise durch das Land omnipräsent. Direkt nach dem Aufstehen wird die Musik, die so vielseitig ist wie das Land selbst, voll aufgedreht,.

Die Karibikküste ist die Wiege des *vallenato*, der (für manche Geschmäcker zu sehr) auf das europäische Akkordeon setzt. Es ist die beliebteste Musikrichtung in Kolumbien und wird nonstop in ohrenbetäubender Lautstärke in Fernbussen gespielt. Außerdem vibriert die Region von afrikanisch beeinflussten Rhythmen wie Cumbia, Kolumbiens berühmtestem Musikexport, *mapalé* und *champeta*, einer afro-elektronischen Fusion.

Die Musik der Pazifikküste, wie der *currulao*, ist noch mehr durch afrikanische Elemente beeinflusst und weist einen starken melodischen Trommelbeat auf, der von der *marimba de chonta*, auch bekannt als „Piano des Dschungels", herrührt.

Salsa liebt hier jeder, und sie ist nirgendwo beliebter als in Cali, das diese Musikrichtung einfach als eigene annektiert und viele großartige *salseros* hervorgebracht hat.

Die kolumbianische Andenmusik ist eindeutig von spanischen Rhythmen und Instrumenten beeinflusst und unterscheidet sich deutlich von den peruanischen und bolivianischen Entsprechungen.

Essen & Trinken

Obwohl sicher niemand wegen des Essens nach Kolumbien reist, ist es hier leicht, gut zu essen, vor allem wenn man einige der vielen regionalen Spezialitäten entdeckt.

Vielfalt gehört leider nicht zu den Eigenschaften des einfachsten Menüs *(comida corriente)*. Das Zwei-Gänge-Menü besteht aus einer *sopa* (Suppe) und einer *bandeja* (Hauptspeise). Ein *seco* (wortwörtlich „trocken") ist nur die Hauptspeise ohne Suppe. Mittags (12-14 Uhr) nennt sich das Ganze *almuerzo*, abends (nach 18 Uhr) wird es zur *comida*, aber es gibt dasselbe wie beim Mittagessen. Die *Almuerzos* und *comidas* sind die preiswerteste Art, den Hunger zu bekämpfen und kosten meistens zwischen 7000 und 10 000 KOL$. Das Frühstück ist nicht gerade aufsehenerregend, normalerweise gibt es *arepa* (gegrillter Maismehlfladen) und Eier.

Typische Gerichte an der Karibikküste enthalten meist Fisch, Kochbananen und Reis mit Kokosnuss, im Landesinneren sind Fleisch, Kartoffeln und Bohnen die Regel.

Kolumbianisches Essen bietet nicht viel Auswahl an Gemüse. In vielen Städten gibt's aber engagierte vegetarische Restaurants und die lokalen Märkte quellen über vor tollen frischen Produkten – vor allem die unglaublichen Früchte, von denen man manche nirgendwo anders finden wird, sollte man nicht verpassen. Unbedingt empfehlenswert: *guanábana* (Annona), *lulo*, *curuba*, *zapote*, *mamoncillo* (spanische Limette), *uchuva*, *granadilla*, *maracuyá* (Passionsfrucht), *tomate de árbol*, *borojó* (Tamarillo), *mamey* und *tamarindo* (Tamarinde).

Kaffee ist das Getränk Nummer eins – allerdings wird die Qualität in den meisten Lokalen echte Liebhaber nicht überzeugen. *Tinto*, eine kleine Tasse (schwachen) schwarzen Kaffee, gibt's überall. Andere Kaffeegetränke sind *perico* oder *pintado*, ein kleiner Milchkaffee, und *café con leche*, größer und mit mehr Milch.

Bier ist beliebt, billig und generell nicht schlecht. Kolumbianischen Wein dagegen sollte man tunlichst meiden. In ländlichen Gegenden sollte man selbstgemachte *chicha* und *guarapo* (vergorene Mais- oder Zuckerrohr-Drinks) probieren.

Sport

Fußball (*fútbol*) und Radsport sind die beliebtesten Publikumssportarten in Kolumbien. Kolumbianische Sportler nehmen in diesen zwei Bereichen regelmäßig an internationalen Wettkämpfen teil, beispielsweise der Fußballweltmeisterschaft und der Tour de France, und konnten schon einige Erfolge erzielen. In der nationalen Fußballliga finden das ganze Jahr über Spiele statt. Baseball wird eigentlich nur an der Karibikküste gespielt.

Tejo ist ein typisch kolumbianischer Sport, bei dem große Metallscheiben auf Papiertüten voller Schießpulver geworfen werden, jeder Treffer – ein Knall. Begleitet wird das Ganze normalerweise von unglaublichen Mengen an Bier.

Natur & Umwelt

Kolumbien ist ungefähr so groß wie Frankreich, Spanien und Portugal zusammen. Es nimmt den nordwestlichen Teil des Kontinents ein und ist das einzige südamerikanische Land mit Küsten sowohl am Pazifik (1448 km) als auch am Karibischen Meer (1760 km). Kolumbien grenzt an Panama, Venezuela, Brasilien, Peru und Ecuador.

Kolumbiens Geografie ist unglaublich vielfältig. Der Großteil der Bevölkerung lebt im westlichen Teil, der bergig und von drei Andenketten durchzogen ist (Cordillera Occidental, Cordillera Central und Cordillera Oriental), die ungefähr parallel von Norden nach Süden verlaufen. Mehr als die Hälfte des Gebiets liegt östlich der Anden und ist weites Tiefland, das in zwei Regionen unterteilt ist: die savannenartigen Los Llanos im Norden und das vom Regenwald bedeckte Amazonasbecken im Süden.

In keinem anderen Land gibt's mehr Pflanzen- und Tierarten pro Flächeneinheit als in Kolumbien. Diese Vielfalt spiegelt Kolumbiens zahlreiche Klimazonen und Mikroklimata wider, die viele verschiedene Lebensräume und biologische Inseln entstehen ließen, in denen sich Tiere und Pflanzen ganz unabhängig voneinander entwickeln konnten.

Kolumbien ist die Heimat für Jaguare, Ozelots, Pekaris (Nabelschweine), Tapire, Rotwild, Gürteltiere, Brillenbären und viele verschiedene Affenarten – nicht zu vergessen die ungefähr 350 weiteren Säugetierarten. Es gibt 1889 verzeichnete Vogelarten (fast ein Viertel der weltweit bekannten Arten), vom riesengroßen Andenkondor bis hin zum klitzekleinen Kolibri. Und auch Kolumbiens Pflanzenwelt weiß zu beeindrucken: Sie kann allein schon mit 3000 Orchideenarten aufwarten. Die nationalen Herbarien haben mehr als 130 000 Pflanzen klassifiziert.

PRAKTISCHES

ⓘ Allgemeine Informationen

AKTIVITÄTEN
Wanderer, die abgelegene Nationalparks besuchen wollen (inkl. PNN El Cocuy), müssen ihre Reiseroute vor Beginn ihrer Trekkingtour beim Büro der **Parques Nacionales** (www.parquesnacionales.gov.co) registrieren lassen.

ARBEITEN IN KOLUMBIEN
In Kolumbien ist es illegal zu arbeiten, wenn man nur ein Touristenvisum hat. Das bedeutet, man setzt sich der Gefahr aus, ausgewiesen zu werden – auch wenn das in der Praxis unwahrscheinlich ist.

Vielleicht findet man einen informellen Job als Englischlehrer, aber die Bezahlung wird kaum die eigenen Kosten decken. Professionell geführte Sprachschulen organisieren Arbeitsvisa für ihre Lehrer.

Manche Hostel- oder Barbesitzer bieten Backpackern Arbeit an, aber darüber sollte man besser zweimal nachdenken, da man dadurch den Kolumbianern einen Arbeitsplatz wegnimmt, den diese verzweifelt benötigen.

BOTSCHAFTEN & KONSULATE
Brasilianische Botschaft (☏ 1 218 0800; www.bogota.itamaraty.gov.br; Calle 93 No 14-20, Piso 8, Bogotá) Auch in Leticia (S. 816).
Ecuadorianisches Konsulat (☏ 1 212 6512; www.colombia.embajada.gob.ec; Calle 89 No 13-07, Bogotá) Auch in Ipiales (☏ 2 773 2292; Carrera 7 No 14-10).
Deutsche Botschaft (☏ 1 423 2600; www.bogota.diplo.de; Calle 110 No 9-25, 11. OG, Edificio Torre Empresarial Pacífic, Bogotá)
Österreichische Botschaft (☏ 1 321 5455, Cra. 9 No. 73-44, Of. 402, Bogotá D. C. CO-110221)
Panamaische Botschaft (☏ 1 257 5067; www.panamaenelexterior.gob.pa/bogota; Calle 92 No 7A-40, Bogotá) Auch in Barranquilla (☏ 5 360 1870; Carrera 57 No 72-25, Edificio Fincar 207-208),; Cali (☏ 2 486 1116; Av 6 No 25-58, Piso 3), Cartagena (☏ 5 655 1055; Carrera 1 No 10-10, Bocagrande), Medellín (☏ 4 312 4590; Calle 10 No 42-45, Oficina 266).
Peruanische Botschaft (☏ 1 746 2360; www.embajadadelperu.org.co; Calle 80A No 6-50, Bogotá) Auch in Leticia (☏ 8 592 7755; Calle 11 No 5-32).
Schweizer Botschaft (☏ 1 349 7230; www.eda.admin.ch/bogota, Embajada de Suiza, Cra. 9 No 74-08, Piso 11, Edificio Profinanzas, Bogotá)
Venezolanische Botschaft (☏ 1 644 5555; www.colombia.embajada.gob.ve; Carrera 11 No 87-51, 5. OG, Edificio Horizonte, Bogotá) Auch in Barranquilla (☏ 5 360 6285; Carrera 52 No 69-96), Cartagena (☏ 5 665 0382; Edificio Centro Executivo, Carrera 3 No 8-129, Piso 14), Cúcuta (☏ 7 579 1951; http://cucuta.consulado.gob.ve/ Av Camilo Daza bei der Calle 17, Cucutá), Medellín (☏ 4 444 0359; www.consulvenemedellin.org; Calle 32B No 69-59).

FEIERTAGE & FERIEN
Die folgenden Feiertage und speziellen Events werden in ganz Kolumbien gefeiert. Die mit einem Stern gekennzeichneten Feiertage werden – sofern sie nicht ohnehin auf einen Montag fallen – auf den darauffolgenden Montag verlegt. So wird ein langes Wochenende daraus, genannt *puente* (Brücke).

Es gibt drei Saisonzeiten, in denen die Kolumbianer besonders gern auf Reisen gehen: Ende Dezember bis Mitte Januar, die Karwoche, und Mitte Juni bis Mitte Juli. In dieser Zeit sind die Busse und die Flugzeuge voll, die Tickets teurer und die Hotels blitzschnell ausgebucht.

Año Nuevo (Neujahr) 1. Januar
Los Reyes Magos (Heilige Drei Könige) 6. Januar*
San José (Hl. Josef) 19. März
Jueves Santo (Gründonnerstag) März/April
Viernes Santo (Karfreitag) März/April
Día del Trabajador (Tag der Arbeit) 1. Mai
La Ascensión del Señor (Christi Himmelfahrt) Mai/Juni – unterschiedliche Daten
Corpus Cristi (Fronleichnam) Mai/Juni*
Sagrado Corazón de Jesús (Herz Jesu) Juni*
San Pedro y San Pablo (Peter & Paul) 29. Juni*
Día de la Independencia (Unabhängigkeitstag) 20. Juli
Batalla de Boyacá (Schlacht von Boyacá) 7. August
La Asunción de Nuestra Señora (Mariä Himmelfahrt) 15. August*
Día de la Raza (Entdeckung Amerikas) 12. Oktober*
Todos los Santos (Allerheiligen) 1. November*
Independencia de Cartagena (Unabhängigkeit von Cartagena) 11. November*
Inmaculada Concepción (Unbefleckte Empfängnis Mariä) 8. Dezember
Navidad (Weihnachten) 25. Dezember

FRAUEN UNTERWEGS
Normalerweise hat man als Frau beim Herumreisen in Kolumbiens Städten oder auch auf dem Land keine größeren Probleme. Kulturbedingt muss man hier natürlich etwas mehr Machogehabe aushalten als daheim: Männer flirten einen schon deshalb massiv an, weil man aus dem Ausland kommt.

Gegen unwillkommene Anmache hilft konservative Kleidung und auch ein billiger Ehering wirkt manchmal Wunder.

FREIWILLIGENARBEIT

Ehrenamtliche Arbeit von Ausländern steckt in Kolumbien noch in den Kinderschuhen, aber es gibt eine Reihe von Organisationen, die Reisende annehmen.

Tiempo de Juego (www.tiempodejuego.org) Freut sich über Freiwillige, die an sportbasierten Programmen für benachteiligte Kinder in Kolumbien teilnehmen.

Techo para mi País (www.techo.org) Beschäftigt Freiwillige in ihren Wohnungsbauprojekten und ihren Projekten für soziale Entwicklung in den verarmten städtischen Gegenden um Cali und Medellín.

Misión Gaia (www.misiongaia.org) Ein Umweltbildungsprojekt in der Sierra Nevada, das oft Freiwillige sucht.

GELD

Kolumbiens offizielle Währung ist der Kolumbianische Peso. Es gibt 50-, 100-, 200-, 500- und 1000-Peso-Münzen sowie Scheine zu 1000, 2000, 5000, 10 000, 20 000 und 50 000 Pesos. Kaum jemand hat jemals Wechselgeld, darum sollte man darauf achten, keine allzu großen Scheine zu haben. Gefälschte 50 000-Peso-Scheine erkennen Einheimische ziemlich leicht, für Touristen ist es nicht so einfach. Obwohl es in allen Städten möglich ist, Dollar, Euro und andere Währungen zu tauschen, kann man sich ganz gut auf Kolumbiens ausgedehntes Netz an Geldautomaten verlassen. Am besten hat man einen kleinen Geheimvorrat ausländischer Währung (US$ oder €) für den Notfall dabei.

Feilschen ist auf informelle Handelsgeschäfte und Dienste wie Märkte, Straßenstände und Taxis ohne Taxameter begrenzt.

Geldautomaten

Die Geldautomaten in den meisten Städten sind an das Netz von Cirrus (Mastercard) und Plus (Visa) angeschlossen, aber sie nehmen nicht immer jede ausländische Karte an. Die Geräte von ATH sind insgesamt betrachtet die verlässlichsten.

Geldwechsel

Die meisten großen Banken wechseln Bargeld und auch Reiseschecks (vor allem von Amex), obwohl diese hier eigentlich ziemlich ungebräuchlich sind. Am Besten bedient ist man mit Bancolombia.

Andere Währungen als US-Dollar wechselt man am besten in größeren Städten. Wichtig ist es, immer den originalen Pass dabei zu haben, keine Kopie.

Bargeld kann man auch in den *casas de cambio* (autorisierten Wechselstuben) wechseln, die es in fast allen größeren Städten und Grenzorten gibt. Sie sind sicher, schnell und der Wechselkurs ist ähnlich wie bei den Banken.

> **PREISKATEGORIEN ESSEN**
>
> Die folgenden Preiskategorien beziehen sich auf ein typisches Hauptgericht.
>
> $ weniger als 15 000 KOL$
>
> $$ 15 000–30 000 KOL$
>
> $$$ mehr als 30 000 KOL$

Auf der Straße sollte man Bargeld ausschließlich an der Grenze wechseln, wo es eventuell keine andere Alternative gibt.

Kreditkarten

Kreditkarten werden in städtischen Gebieten fast immer akzeptiert und die meisten Banken zahlen Vorschüsse in Pesos aus. Am besten fährt man in Kolumbien mit Visa, gefolgt von MasterCard.

GEFAHREN & ÄRGERNISSE

Wer seinen gesunden Menschenverstand einschaltet, ist als Reisender in Kolumbien viel sicherer als in Venezuela, Ecuador und Brasilien. Über Entführungen von Ausländern hört man heute fast gar nichts mehr, und Überfälle in Städten durch die FARC können nahezu ausgeschlossen werden.

Drogen

Wer in Kolumbien illegal Drogen konsumiert, finanziert direkt den bewaffneten Konflikt, der Hunderttausende Kolumbianer das Leben gekostet und Millionen weitere obdachlos gemacht hat. Kokain ist leicht zu bekommen und wird einem irgendwann auf der Reise auch sicher angeboten werden. Möchte man es ausprobieren, sollte man wissen, dass es viel stärker ist als das amerikanische oder europäische. Es ist gar nicht mal selten, dass es zu paranoiden Wahnvorstellungen, Herzrasen, Schlaganfällen oder Überdosen kommt. Ist man mit jemandem unterwegs, der eine Überdosis hat, muss man sofort den Notarzt rufen und den Sanitätern genau schildern, was passiert ist.

Burundanga ist ein großes Problem. Normalerweise wird es heimlich in einen Drink getan oder mithilfe einer Zigarette verabreicht. Es ist geschmack- und geruchlos und macht die Opfer bewusstlos. Man wacht ohne Erinnerung an die letzten Stunden auf, Geldbeutel und Wertsachen sind weg. Die Droge wird aus einem Nachtschattengewächs gewonnen, das überall in Kolumbien wächst. Also niemals von Fremden Drinks, Snacks oder Zigaretten annehmen, vor allem wenn man alleine reist – und besonders nicht in Bussen.

Guerrillas

Die Bedrohung für Reisende durch die Guerrilla ist so zurückgegangen, dass das Reisen in den meisten Gegenden von Kolumbien keine spezielle Planung mehr erfordert.

Die Kidnappingfälle, um Lösegeld zu erpressen, sind deutlich weniger geworden und 2012, kurz vor der Verkündung der Friedensverhandlungen mit der Regierung, hat die FARC öffentlich erklärt, keine Zivilisten mehr zu entführen. Die kleine Guerillagruppe ELN muss noch unterschreiben.

Zum Zeitpunkt der Recherche lagen die Hauptzonen des Konflikts im ländlichen Cauca, Chocó, Putumayo, Südwest-Nariño, in der Dschungelregion östlich der Anden (mit Ausnahme von Leticia) und den Grenzgebieten zu Venezuela in Norte de Santander und Arauca.

GESUNDHEIT

Kolumbien hat die besten medizinischen Einrichtungen in Südamerika, aber die sind keineswegs billig. Viele Privatkliniken fangen nicht mit der Behandlung an (außer in Notfällen), bis die Versicherung gezahlt hat oder eine Anzahlung getätigt wurde. Reiseversicherungsunterlagen bereit halten. Öffentliche Krankenhäuser sind immer überfüllt und sollten nur als letzter Ausweg gesehen werden.

In großen Städten kann man das Leitungswasser trinken, aber auf dem Land sollte man das Wasser abkochen oder mit Tabletten desinfizieren.

Gelbfieberimpfungen sind erforderlich für diejenigen, die verschiedene Nationalparks besuchen wollen, und können nach dem Besuch in Kolumbien auch am nächsten Reiseziel benötigt werden.

INTERNETZUGANG

Außer in La Guajira gab es an allen von uns besuchten Orten öffentlichen Internetzugang und fast jedes Backpackerhostel hat WLAN. Die Internetverbindungen sind in den größeren städtischen Zentren am sichersten, während sie in abgelegeneren Orten sehr langsam sein können. In der Regel surft man für 1500 bis 2000 KOL$ pro Stunde. An vielen öffentlichen Orten, einschließlich aller Stadtplätze in Antioquia, gibt's kostenloses WLAN.

KARTEN & STADTPLÄNE

Die größte Auswahl an Karten von Kolumbien verlegt und verkauft das **Instituto Geográfico Agustín Codazzi** (IGAC; ☎ 369 4000; www.igac.gov.co; Carrera 30 Nr. 48-51, Bogotá), die Kartenabteilung der Regierung. Gefaltete nationale Straßenkarten werden am Eingang der Mautstraßen verkauft. Sie sind sehr nützlich für die Reiseplanung abseits ausgetretener Pfade.

ÖFFNUNGSZEITEN

Die Arbeitstage sind in der Regel acht Stunden lang und gehen montags bis freitags von 8 bis 12 und von 14 bis 18 Uhr. Viele Büros in größeren Städten haben inzwischen den *jornada continua* eingeführt, einen Arbeitstag ohne Mittagspause, der zwei Stunden früher endet.

Banken Montag bis Freitag 9 bis 16 Uhr (in Bogotá bis 17 Uhr) und Samstag 9 bis 12 Uhr; die Zeiten können in manchen Städten und ländlichen Gebieten aber abweichend sein.

Geschäfte Montag bis Freitag 9 bis 17 Uhr, Samstag 9 bis 12 oder 17 Uhr; große Geschäfte und Supermärkte haben von Montag bis Freitag in der Regel bis 20 oder 21 Uhr geöffnet, einige öffnen auch am Sonntag.

Post In Bogotá in der Regel Montag bis Freitag 9 bis 17 Uhr (manchmal Samstagvormittag), anderswo sehr unterschiedlich.

Restaurants 8 Uhr (zum Frühstück) oder 12 Uhr (zum Mittagessen) bis 21 Uhr (kleinere Städte) oder 22 Uhr (Großstädte).

Unterhaltung Bars von 18 bis ca. 2 Uhr, Nachtclubs von Donnerstag bis Samstag von 21 oder 22 Uhr bis spät in die Nacht.

POST

Den offiziellen kolumbianischen Postdienst betreibt **4-72** (www.4-72.com.co). Die Postgebühren hier sind exorbitant – ein Brief in die USA kostet um die 10 000 KOL$. Um Päckchen oder Briefe aus Kolumbien zu schicken, muss man sich ausweisen, darum beim Gang zur Post den Pass nicht vergessen.

RECHTSFRAGEN

Wer in Kolumbien verhaftet wird, hat das Recht auf einen Anwalt. Hat man keinen, bekommt man einen Pflichtverteidiger gestellt (bezahlt von der Regierung). Es gilt die Unschuldsvermutung.

Bei vielen Touristen geht es um Drogen. Es ist illegal, Rauschmittel zu erwerben oder zu verkaufen. Der Besitz kleinerer Mengen Marihuana (22 g) und Kokain (1 g) für den persönlichen Gebrauch wurde von Santos' Regierung entkriminalisiert und die Polizei ist nicht länger befugt, Zivilisten in einer solchen Situation festzuhalten. Es gibt aber sicher einige Beamte, die versuchen werden, naive Besucher einzuschüchtern.

Wenn man nicht umhin kommt, Kontakt mit der Polizei zu haben, sollte man höflich bleiben und darum bitten, mit einem Mitglied der Touristenpolizei sprechen zu dürfen, die mit Sicherheit viel nachsichtiger ist als die schießwütigen Kollegen.

SCHWULE & LESBEN

Verglichen mit anderen lateinamerikanischen Nationen wird Homosexualität in Kolumbien durchaus toleriert. Bogotá hat die größte Schwulen-und Lesbengemeinde und die Schwulenszene wird hier am offensten gelebt. Im Viertel Chapinero gibt's Bars und Clubs. Auf www.gaycolombia.com findet man Infos zu Bars, Discos, Events, Aktivitäten, Veröffentlichungen und anderen Themen.

SPRACHKURSE

Kolumbien eignet sich gut, um Spanisch zu lernen. Das Spanisch, das in Kolumbien gesprochen wird, ist deutlich und leicht zu verstehen und in den großen Städten gibt es Sprachschulen.

Am intensivsten lernt man in den fachsprachlichen Kursen an einer von Kolumbiens größeren Universitäten. Dort können Langzeitvisa organisiert werden. Private Sprachschulen kosten oft mehr, aber erfordern weniger Einsatz.

STROM

In Kolumbien werden US-amerikanische Stecker mit zwei flachen Stiften verwendet. Aus der Steckdose kommen 110 V bei einer Frequenz von 60 Hz.

TELEFON

Die Festnetznummern haben sieben Stellen und die Ortsvorwahlen sind einzelne Ziffern. Will man von einem Handy aus eine Festnetznummer anrufen, muss man die „03" vor der Ortsvorwahl wählen.

Handynummern sind zehnstellig und haben keine Ortsvorwahl. Mobilfunknetze werden von Movistar, Claro und Tigo bereitgestellt. Claro bietet die beste Netzabdeckung. Eine SIM-Card gibt es für etwa 5000 KOL$.

Muss man innerhalb von Kolumbien einen Anruf tätigen, sollte man nach den Leuchtschildern mit der Aufschrift *minutos* an kleineren Läden Ausschau halten oder nach den umherlaufenden Verkäufern mit verschiedenen Handys, die an ihre Hemden gekettet sind, suchen. Ein Anruf kostet zwischen 150 und 300 KOL$ pro Minute.

Die Landesvorwahl für Kolumbien ist die 57. Viele Internetläden haben auch Kabinen für billige internationale Telefonate.

TOILETTEN

Öffentliche Toiletten sind in Kolumbien Mangelware und wenn man doch mal eine findet, muss man fast überall dafür bezahlen. Man bekommt einen kleinen Fetzen Toilettenpapier (es lohnt sich immer, eine Rolle dabei zu haben). In den meisten großen Shoppingzentren und den Museen gibt's kostenlose Toiletten.

TOURISTENINFORMATION

Kommunale Touristeninformationen in Bezirkshauptstädten und anderen Touristenzielen bieten alle Infos, die man braucht. In manchen Städten betreibt auch die Tourismuspolizei ein Büro. Das größte Informationsportal für Kolumbienreisende ist die hervorragende Seite www.colombia.travel.

UNTERKUNFT

Kolumbiens Backpackermarkt wächst täglich, und einhergehend damit gibt es auch immer mehr entsprechende Einrichtungen. Sogar kleinere, weniger besuchte Städte bieten jetzt Hostels mit Schlafsälen, Internet, WLAN, Wäscheservice und Reisetipps. Auf www.colombianhostels.com stehen einige der beliebtesten Hostels in jeder Stadt.

> ### PREISKATEGORIEN SCHLAFEN
>
> Die folgenden Preiskategorien beziehen sich auf ein Doppelzimmer mit eigenem Bad.
>
> $ weniger als 75 000 KOL$
>
> $$ 75 000–175 000 KOL$
>
> $$$ mehr als 175 000 KOL$

Während Schlafsäle die preiswerteste Übernachtungsmöglichkeit für Budgetreisende darstellen, sind die Privatzimmer in den Hostels in Kolumbien meist schicker und teurer als die auf Einheimische ausgerichteten Budgetoptionen. In den lokalen *hospedajes*, *residencias* und *posadas* ist es eigentlich immer möglich, billigere Zimmer zu finden, wenn auch mit weniger Komfort.

Hotels haben üblicherweise einen höheren Standard, und fast alle bieten Zimmer mit eigenem Bad, während es in den *residencias*, *hospedajes* und *posadas* häufig Gemeinschaftseinrichtungen gibt.

Motels vermieten Zimmer stundenweise. Sie sind eher am Stadtrand zu finden und normalerweise auffallend beschildert. Viele Kolumbianer leben bis zur Ehe zu Hause, darum checken Paare hier gern für ein paar Stunden Leidenschaft und Privatsphäre ein.

Campen gewinnt an Popularität, da es in Kolumbien immer sicherer wird. Dabei muss man aber beachten, dass der private Gebrauch von Armeeausrüstung verboten ist.

VERANTWORTUNGSBEWUSSTES REISEN

Beim Besuch von Nationalparks sollte man Führer aus der nächstgelegenen Gemeinde buchen, so schafft man nicht nur Jobs, man erfährt auch bedeutend mehr über das Gebiet als bei einer von der Stadt aus geplanten Tour.

Die einheimische Kultur und die Traditionen sollte man unbedingt respektieren – Leute erst fragen, bevor man sie fotografiert, und sich zu Gruppen nur dazugesellen, wenn man auch ausdrücklich eingeladen wurde. Einheimische Kunsthandwerker kann man unterstützen, indem man ihre Produkte direkt bei ihnen kauft, von Erzeugnissen aus Korallen, Schildkröten und Fossilien sollte man aber unbedingt die Finger lassen.

Die Kolumbianer reden selten über Politik und wenn, dann nur mit Freunden, und daran sollte man sich halten. Das Land ist durch den Konflikt polarisiert und viele Kolumbianer haben bereits am eigenen Leib Erfahrungen mit Gewalt gemacht. Man weiß nie wirklich, wem man gegenüber sitzt, oder wer der Unterhaltung zuhört. Es ist ein Leichtes, jemanden zu beleidigen, wenn man eine Tirade über die Regierung oder die Guerrillas loslässt.

VISA

Deutsche, schweizerische und österreichische Staatsbürger brauchen für die Einreise nach Kolumbien derzeit kein Visum. Bei der Reiseplanung empfiehlt es sich aber, das noch einmal nachzuprüfen, da sich die Visa-Bestimmungen immer wieder ändern.

Alle Besucher erhalten bei der Einreise an einem internationalen Flughafen oder an einem Grenzübergang von der Migración Colombia einen Stempel in den Reisepass. Man sollte unbedingt darauf achten, dass der Pass umgehend gestempelt wird. Der Stempel gibt an, wie viele Tage man im Land verweilen darf; 90 Tage ist die übliche Dauer. Ein Ticket zur Weiterreise ist gesetzlich vorgeschrieben und es kann sein, dass man es vorweisen muss. Verlässt man das Land, erhält man von der Einreisebehörde einen Ausreisestempel in den Pass. Auch hier überzeugt man sich sicherheitshalber, um spätere Probleme zu vermeiden.

Visaverlängerungen

Reisende sind berechtigt, ihren Aufenthalt in Kolumbien in Stufen von 30 Tagen bis zu einer Gesamtdauer von 6 Monaten in einem Jahr zu verlängern. Dafür zuständig ist die Immigrationsbehörde Migración Colombia in jeder Bezirkshauptstadt.

Die Verlängerung nennt sich „Prórroga de Permanencia". Man benötigt hierfür seinen Reisepass, zwei Fotokopien des Passes (Seite mit dem Foto sowie Seite mit dem Einreisestempel) und zwei Passfotos. Eventuell muss man auch ein Rückflugticket vorzeigen.

❶ An- & Weiterreise

Flüge, Mietwagen und Touren kann man auf der Seite lonelyplanet.com/bookings buchen.

FLUGHAFENSTEUER

Die Flughafensteuer für internationale Flüge aus Kolumbien beträgt 37 US$. Sie ist normalerweise aber bereits im Ticketpreis enthalten, man sollte also bei seiner Fluggesellschaft nachfragen. War man länger als zwei Monate in Kolumbien, dann wird auch eine weitere Ausreisesteuer von 38 US$ fällig. Diese zahlt man in der Regel am Flughafen in US-Dollar oder Pesos, möglicherweise ist sie aber ebenfalls im Ticketpreis enthalten.

FLUGZEUG

Dank seiner Lage in der nordwestlichen Ecke des Kontinents ist Kolumbien für Reisende, die aus den USA oder sogar aus Europa kommen, ein bequemes und verhältnismäßig günstiges Tor nach Südamerika. Trotz der geringen Entfernung sind Flüge zwischen Zentralamerika und Kolumbien aber relativ teuer.

Der größte internationale Flughafen Kolumbiens befindet sich in Bogotá, internationale Flüge steuern aber auch andere Städte wie Cartagena, Medellín und Cali an.

Nach Kolumbien fliegen viele große internationale Fluggesellschaften, darunter Air Canada, Air France, Iberia, United und American Airlines, Delta, Lufthansa sowie mehrere regionale Airlines. Die Billigfluggesellschaften Spirit und JetBlue bieten Direktflüge aus den USA nach Kolumbien, die ecuadorianische Budgetairline VivaColombia fliegt nach Panama, Quito und Lima.

FLÜSSE & MEER

Reguläre Flussschiffe verbinden Keticia am kolumbianischen Amazonas mit Iquitos in Peru und Manaus in Brasilien.

Zwischen Colón in Panama und Cartagena in Kolumbien fahren ein Passagierschiff und viele private Segelboote. Man kann auch von Capurganá/Sapzurro aus mit einem kleinen Boot von Kolumbien in die Region San Blas in Panama übersetzen.

AUF DEM LANDWEG

Fast alle Reisenden, die die Grenze zwischen Ecuador und Kolumbien überqueren, tun dies am Grenzübergang an der Carretera Panamericana zwischen Ipiales und Tulcán.

An der Grenze zwischen Kolumbien und Venezuela gibt es mehrere Grenzübergänge; wegen politischer Spannungen kam es in jüngerer Zeit allerdings zu Grenzschließungen, vor der Reise also über die aktuelle Lage informieren.

Die bei Travellern beliebteste Route über die Grenze führt über Cúcuta und San Antonio del Táchira an der Hauptstraße von Bogotá nach Caracas. Ein weiterer wichtiger Grenzübergang befindet sich in Paraguachón an der Straße von Maicao nach Maracaibo. Zwischen Maicao und Maracaibo fahren Sammeltaxis, zwischen Caragena und Caravas Direktbusse.

Einen Landweg von Kolumbien und Panama gibt es nicht, es ist aber möglich, ein Auto auf einem Frachtschiff zwischen beiden Ländern zu verschiffen. Die Lade- und Entladehäfen sind Colón und Cartagena.

❶ Unterwegs vor Ort

AUTO & MOTORRAD

Kolumbien mit dem eigenen Fahrzeug zu entdecken, wird immer einfacher. In einigen abgelegenen Teilen des Landes gibt es zwar weiterhin Sicherheitsbedenken, aber die größte Gefahr stellen heute die planlosen kolumbianischen Fahrer und die schockierenden Zustände mancher Straßen dar.

Fahrzeuge zu mieten, ist hier ziemlich teuer, und da die Taxis in den Städten billig und die Überlandbusse komfortabel sind, bringt das eigentlich auch nicht so viel.

Führerschein

Wer in Kolumbien selber fahren möchte, braucht theoretisch nur den Führerschein seines Heimatlandes, aber ein internationaler Führerschein erspart einem mögliche Diskussionen mit Verkehrspolizisten.

BUS

Busse sind das wichtigste Verkehrsmittel in Kolumbien. Das System ist gut organisiert und weitläufig; selbst die kleinsten Dörfer haben eine Anbindung. Es gibt alle möglichen Modelle, von der einfachen Klapperkiste bis hin zum modernen Luxusliner.

Die besten Busse bieten viel Beinfreiheit, Liegesitze, große Gepäckablagen und Toiletten. Warme Klamotten sind jedoch wichtig, da die Fahrer die Klimaanlage normalerweise voll aufdrehen.

Auf den Hauptrouten fahren die Busse häufig, daher ist eine Sitzplatzreservierung unnötig. An Orten abseits der Hauptrouten, wo der Bus nur wenige Male am Tag fährt, ist es dagegen besser, das Ticket einige Zeit vor der Abfahrt zu kaufen. Nur um Weihnachten und Ostern muss das Ticket wirklich im Voraus gebucht werden, da die Kolumbianer dann scharenweise in die Ferien fahren.

Colectivos sind eine Kreuzung zwischen einem Bus und einem Taxi. Normalerweise handelt es sich um große Autos (manchmal auch Jeeps oder Minibusse), die festgelegte, kurze und mittellange Strecken abfahren. Losgefahren wird, wenn das Auto voll ist, einen Fahrplan gibt es nicht. *Colectivos* sind eine gute Sache, wenn man lange auf den nächsten Bus warten muss oder in Eile ist.

Busreisen sind relativ günstig. Generell kann man sagen, das ein *climatizado* (Klimaanlage) um die 8000 KOL$ pro Stunde Fahrt kostet. Man sollte immer feilschen. Wenn die Nachfrage gering ist, kann man einen Rabatt vom Listenpreis erzielen.

FLUGZEUG

Kolumbiens hat ein gut ausgebautes System von Fluggesellschaften und ein zuverlässiges Inlandsflugnetz. Die meistgenutzten Passagierfluggesellschaften sind **Avianca** (📞 1 401 3434; www.avianca.com), **Copa** (📞 1 320 9090; www.copaair.com) und **LAN** (📞 1 800 094 9490; www.lan.com), die alle auch internationale Flüge durchführen. **Satena** (📞 1 800 091 2034; www.satena.com) bedient auch entlegenere Inlandsziele.

Die Budgetairline **VivaColombia** (📞 4 444 9489; www.vivacolombia.co) steuert immer mehr Städte im ganzen Land an.

Paraguay

Inhalt ➡

Asunción 835
Circuito Central 841
Südliches Paraguay . 844
Östliches Paraguay . 849
Nördliches
Paraguay 851
Der Chaco 854
Paraguay
verstehen.......... 857
Praktisches 862

Gut essen

- Paulista Grill (S. 839)
- Ciervo Blanco (S. 839)
- Milord (S. 846)
- Hiroshima (S. 846)
- Meshin (S. 856)

Schön übernachten

- Casa de la Y B&B (S. 844)
- Mbaracayú Eco-lodge (S. 851)
- Santa María Hotel (S. 848)
- Hotel Tirol (S. 847)
- Biologische Station Para La Tierra (S. 852)

Auf nach Paraquay!

Das selten besuchte und kaum bekannte Paraguay ist ein häufig missverstandenes Land. Obwohl es in der Mitte des Kontinents liegt, wird es von Reisenden allzu oft übergangen, weil sie glauben, dass es ohne „Mega-Attraktionen" nichts zu sehen gäbe. Aber das Land ist ideal für alle, die das authentische Südamerika abseits von Gringopfaden suchen.

Paraguay ist ein Land mit bemerkenswerten Gegensätzen: Es ist sowohl ländlich als auch hochentwickelt, man findet extreme Armut und obszönen Reichtum. Die Nation ist stolz auf ihre exotischen Naturreservate und die gewaltigen Staudämme; Pferde und Karren teilen sich die Straßen mit den Fahrzeugen mit dem Stern, und kleine Handwerksläden grenzen an glitzernde Einkaufszentren. Selbst die Ruinen der Jesuitenmissionen liegen nur wenige Kilometer von mondänen Kolonialstädten entfernt. Der dampfige, subtropische Atlantische Regenwald im Osten bildet einen starken Kontrast zur trockenen, dornigen Wildnis des Chaco, der Heimat der isolierten Mennoniten-Kolonien.

Reisezeit
Asunción

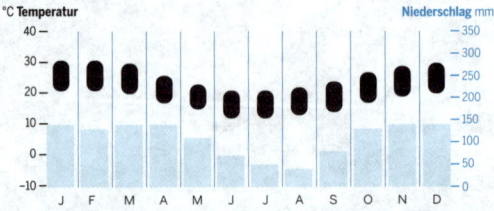

Feb. Völlig losgelöst den Karneval in Encarnación feiern.

Juli–Aug. Das angenehme Winterklima ist ideal für Reisen in den Chaco.

Dez. Am Día de la Virgen am 8. Dezember pilgern die Gläubigen zur Basilika von Caacupé.

Verkehrsmittel & -wege

Obwohl Paraguay im Zentrum des Kontinents liegt, wird es von Reisenden oft umgangen. Das Land ist von großen Flüssen nahezu umschlossen, daher sind die Grenzübergänge häufig Brücken mit Zollstationen. Die Hauptgrenzübergänge sind: von Foz do Iguaçu (Brasilien) nach Ciudad del Este, von Posadas (Argentinien) nach Encarnación und über die Ruta Trans-Chaco von Bolivien aus. Als Mitglieder der Mercosur, dem Gemeinsamen Markt Südamerikas, müssen Paraguayer bei der Ausreise nach Brasilien und Argentinien keine Zollvorschriften beachten. Ausländer dagegen schon.

REISEROUTEN

Zwei Wochen
Zuerst erkundet man das historische Asunción und macht Tagesausflüge nach Itauguá, Yaguarón, Caacupé und San Bernardino. Dann reist man zur Laguna Blanca im Osten, wo man in der Station Para la Tierra mitarbeiten kann, bevor es nach Ciudad del Este zum grandiosen Staudamm von Itaipú geht. Zur Einstimmung auf einige Tage Vogelbeobachtung in der Wildnis des Parque Nacional San Rafael verbringt man eine Nacht im Hotel Tirol mitten im Urwald. Zurück in der Zivilisation legt man noch einen Stopp in Encarnación ein, um von dort aus die Missionen der Jesuiten zu besuchen, bevor man über die internationale Brücke nach Posadas in Argentinien fährt.

Drei Wochen
Die ersten zwei Wochen verbringt man wie oben beschrieben, kehrt dann aber über Santa María de la Fe nach Asunción zurück und fährt nach Norden in die alte Kolonialstadt Concepción. Per Schiff geht es auf dem Río Paraguay weiter nach Bahía Negra und in den Pantanal. Als Kontrast dazu folgt der trockene Chaco mit den Mennoniten-Kolonien von Loma Plata und Filadelfia. Zum Schluss besucht man noch einen Nationalpark im Chaco, bevor man über die Ruta Trans-Chaco nach Bolivien fährt.

Essen & Trinken

→ **Asado** Dicke Scheiben gegrillten Rind- und Schweinefleischs, die zu jedem gesellschaftlichen Ereignis gehören

→ **Chipa** Käsebrötchen aus Maniokmehl

→ **Chipa guasú** Heißer Maiskuchen mit Käse und Zwiebeln

→ **Empanadas** Mit Hühnchen- oder Rindfleisch, Käse, Schinken etc. gefüllte Teigtaschen

→ **Locro** Maiseintopf

→ **Mbeyú** Pfannkuchen aus Maniokmehl mit Käse

→ **Queso Paraguay** Weichkäse aus Kuhmilch

→ **Sooyo** Dicke Suppe aus Hackfleisch, oft mit verlorenem Ei

→ **Tereré** Eisgekühlter Matetee, den es immer und überall gibt

ÜBERBLICK

→ **Währung** Guaraní (G)

→ **Amtssprachen** Spanisch, Guaraní

→ **Geld** Geldautomaten sind weit verbreitet, Kreditkarten werden nur selten akzeptiert

→ **Zeit** MEZ –5 Std.

Kurzinfos

→ **Fläche** 406 752 km^2
→ **Bevölkerung** 6,9 Mio.
→ **Hauptstadt** Asunción
→ **Notruf** 911
→ **Landesvorwahl** 595

Wechselkurse

Eurozone	1 €	6035 G
	1000 G	0,16 €
Schweiz	1 SFr	5555 G
	1000 G	0,17 SFr

Tagesbudget

→ **Bett im Hostel** 15 US$
→ **Abendessen** 7,50 US$
→ **Busticket** 15 US$

Infos im Internet

→ **FAUNA Paraguay** (www.faunaparaguay.com) informiert ausführlich über Tiere und die Natur.

→ **Senatur** (www.senatur.gov.py) Internetseite des Tourismusministeriums

→ **Discovering Paraguay** (http://discoveringparaguay.com) Infos zu Leben und Kultur in Paraguay

Highlights

❶ Beim **Karneval** in Encarnación (S. 846) bis zum Morgengrauen mitfeiern

❷ Im **Chaco** (S. 854) einen Jaguar im Gebüsch entdecken und unter dem Sternenzelt schlafen

❸ Mit Freiwilligenarbeit zur Erhaltung der friedlichen **Laguna Blanca** (S. 852) beitragen oder einfach am Strand faulenzen

❹ Im gefährdeten Atlantischen Regenwald im **Parque Nacional San Rafael** (S. 848) die Wildnis des artenreichsten Naturschutzgebiets von Paraguay erleben

❺ Die malerischen Überreste der **Jesuitenmissionen** (S. 848) entdecken

❻ Den **Itaipú-Damm** (S. 851) bestaunen, der zwar nur noch der zweitgrößte der Welt ist, aber immer noch unglaublich beeindruckt

❼ Die Tiere im kleinen paraguayischen Teil des **Pantanal** (S. 853) besuchen

❽ Den kunstvoll verzierten Innenraum der Franziskanerkirche in **Yaguarón** (S. 842) bewundern

ASUNCIÓN

🎵 021 / 2,54 MIO. EW.

Asunción ist nur schwer zu begreifen. Eigentlich ist die Stadt sehr schön und schlicht, mit original erhaltenen Gebäuden aus der Kolonialzeit und im Stil der Beaux Arts, schattigen Plätzen, Restaurants mit internationaler Küche und freundlichen Einwohnern. Auf der anderen Seite sind da die schicken Vororte, protzigen Einkaufszentren und vornehmen Nachtclubs. Trotz des starken Verkehrs und der vielen Abgase in der Altstadt ist Asunción eine der grünsten und liebenswertesten Hauptstädte Südamerikas, in der man sich rasch zurecht findet.

Offiziell hat die Stadt 2,5 Mio. Einwohner, doch tatsächlich scheinen wesentlich mehr Menschen hier zu leben. Die ausufernden Vororte reichen schon bis in die benachbarten Städte hinein.

🅞 Sehenswertes

☉ Zentrum

Panteón de los Héroes   HISTORISCHES GEBÄUDE
(Plaza de los Héroes; ⊙ Mo–Sa 6–18.30, So bis 12 Uhr) `GRATIS` Das lebhafte Zentrum in Asunción ist die Plaza de los Héroes, wo eine Militärwache im Panteón de los Héroes, einem Gebäude, das man gleich erkennt, die sterblichen Überreste von Mariscal Francisco Solano López und anderer Schlüsselfiguren aus Paraguays katastrophalen Kriegen bewacht.

Casa de la Independencia   MUSEUM
(www.casadelaindependencia.org.py; 14 de Mayo; ⊙ Mo–Fr 7–18.30, Sa 8–12 Uhr) `GRATIS` Die Casa de la Independencia stammt von 1772 und hier erklärte Paraguay 1811 als erstes Land des Kontinents seine Unabhängigkeit.

Palacio López   PALAST
(Paraguayo Independiente) Der imposante Palast ist der Sitz der Regierung. In den ersten Jahren der Unabhängigkeit konnte man bereits erschossen werden, wenn man das Gebäude nur von außen betrachtete!

Manzana de la Rivera   MUSEUM
(Ayolas 129; ⊙ 7–21 Uhr) `GRATIS` Genau gegenüber vom Palacio López, auf der anderen Straßenseite, liegt das Manzana de la Rivera, ein Komplex aus neun farbenfrohen, restaurierten Häusern. Das älteste ist die Casa Viola (1750), wo das **Museo Memoria de la Ciudad** die Geschichte von Asuncións städtischer Entwicklung präsentiert.

Cabildo   MUSEUM
(www.cabildoccr.gov.py; Plaza de Armas; ⊙ Di–Fr 9–19, Sa & So 10–17 Uhr) `GRATIS` In Ufernähe nördlich der Plaza de los Héroes steht das rosafarbene *cabildo*, das ehemalige Rathaus, in dem die Kolonialregierung ihren Sitz hatte. Heute ist es ein bedeutendes Kulturzentrum und Treffpunkt der unkonventionellen Intelligenz, in dem regelmäßig kulturelle Veranstaltungen und Ausstellungen einheimischer Künstler, Historiker und anderer Wissenschaftler stattfinden.

Estación Ferrocarril   MUSEUM
(Plaza Uruguaya; ⊙ Mo–Fr 7–17 Uhr) `GRATIS` Die Eisenbahnstrecke Asunción–Encarnación war die erste in Südamerika. Einer der ersten Züge dieser Strecke wird im alten Estación Ferrocarril (Bahnhof) ausgestellt, und zwar zusammen mit anderen Stücken aus dieser Zeit. Wenn man das Museum mal beiseite lässt, wird die Station heute eigentlich mehr für Konzerte und Vorträge genutzt als für alles andere.

☉ Vororte

Museo del Barro   MUSEUM
(www.museodelbarro.org; Grabadores del Cabichui s/n; ⊙ Mi–Do 15.30–20, Fr & Sa 9–12 & 15.30–20 Uhr) `GRATIS` Das Museo del Barro ist jedermanns Liebling – es stellt alles, von moderner Malerei über vorkoloniale und indigene Werke bis zu politisch angehauchten Karikaturen prominenter Paraguayaner, aus. Man

---

DER POMBERO

Das Volk der Guaraní kennt viele schillernde mythologische Figuren, doch keine scheint so real und allgegenwärtig zu sein wie der **Pombero**. Der bösartige Wicht soll klein gewachsen, muskulös und behaart sein. Da er vor allem nachts auftaucht, will er auch nur als Karai Pyhare (Herr der Nacht) bezeichnet werden. Ob merkwürdige Geräusche, verschwundene Gegenstände oder unglückliche Missgeschicke, für alles wird er verantwortlich gemacht. Der Pombero soll eine Vorliebe für junge Frauen, allein oder in Begleitung, haben und kann vom Objekt seiner Begierde nur mit einem Gläschen *caña* (Rum) oder Zigaretten abgelenkt werden. Deshalb die Gaben einfach am Straßenrand abstellen und schnellstmöglich verschwinden.

Asunción

nimmt von Oliva Bus Nr. 30 und steigt bei „Shopping del Sol" aus. Dann sind es nur noch drei Blocks, nahe der Callejón Canada.

Wer einfach im Bus sitzen bleibt, erreicht den **Parque Ñu Guazú**, mit seinen Seen und Spazierwegen ein netter Ort, um sich einen Nachmittag lang die Zeit zu vertreiben.

Jardín Botánico GARTEN
(Eintritt 5000 G für die Museen; ⏲ 7–19 Uhr; Museen Di–Fr 9–18, Sa & So bis 16 Uhr) Vom Zentrum aus führt die Av Artigas auf etwa 6 km Länge zum Jardín Botánico. Der frühere Herrensitz der regierenden López-Dynastie beherbergt heute den **Zoo** der Stadt, ein kleines Natur-

reservat und eine Reihe seltsamer Museen: ein kleines **naturgeschichtliches Museum** in Carlos Antonios bescheidenem Kolonialhaus und das **Museo Indigenista** in der früheren Villa seines Sohnes Francisco. Vom Cerro Corá aus fährt der Bus 24 oder 35.

Supermercado Ykua Bolaños GEDENKSTÄTTE
(Av Artigas) GRATIS Auf dem Weg zum Jardín Botánico kommt man an den Resten des Supermercado Ykua Bolaños vorbei, der im Jahr 2006 in den Blick der Weltöffentlichkeit geriet. Fast 1000 Menschen verbrannten darin, als der Eigentümer das Gebäude abriegelte, weil in der Küche ein kleines Feuer

Asunción

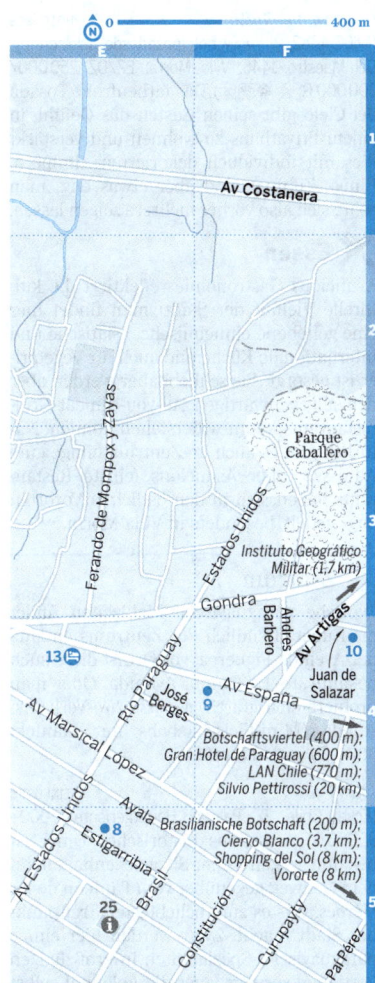

👁 Sehenswertes
1 Cabildo C2
2 Casa de la Independencia B3
3 Catedral Metropolitana.......................C3
4 Estación Ferrocarril D4
5 Manzana de la Rivera A2
6 Palacio López B1
7 Panteón de los Héroes B3

Aktivitäten, Kurse & Touren
8 Alianza Francesa..................................E5
9 Centro Cultural Paraguayo-
   Americano F4
10 Instituto Cultural Paraguayo
   Alemán F4

🛏 Schlafen
11 El Viajero Hostel & Suites B4
12 Hotel Miami C4
13 Palmas del Sol.....................................E4

🍴 Essen
14 Bar San Roque D4
15 Bellini B3
16 Confitería Bolsi....................................B3
17 La Vida Verde A2
18 Lido Bar B3
19 Taberna Española A3

🍷 Ausgehen & Nachtleben
20 904..D5
21 Britannia Pub.......................................D5

🎭 Unterhaltung
22 Teatro Municipal B3

🛍 Shoppen
23 Folklore C4
24 Markt..B3

ℹ Praktisches
25 Touring y Automóvil Club
   Paraguayo..E5

ℹ Transport
26 American Airlines................................B5

ausbrach. Der bewegende **Schrein** für die Verstorbenen ist einen Blick wert.

Cementerio de la Recoleta   FRIEDHOF
GRATIS Der Friedhof, 3 km östlich des Zentrums an der Av Mariscal López, ist ein Labyrinth aus Mausoleen – die Reichen Asuncións versuchten, sich mit letzten Ruhestätten auszustechen. Eliza Lynch, die verhasste Mätresse von Mariscal López, ist hier bestattet.

🛏 Schlafen

Die Unterkünfte sind hier teurer als anderswo im Land, aber es ist unwahrscheinlich, dass die Kosten das Budget sprengen.

🛏 Zentrum

Hotel Miami   HOTEL $
(📞44-4950; México 449; EZ/DZ 80 000/120 000 G; ❄) Die nüchterne Eingangshalle erinnert eher an ein Krankenhaus, doch das Hotel ist sauber, zentral gelegen und damit eine ganz ordentliche Budgetunterkunft.

El Nómada   HOTEL $$
(📞Mobil 0992-272946; www.hostel-asuncion-paraguay.com; Iturbe 1156; B 50 000–65 000 G, EZ/DZ inkl. Frühstück 95 000/180 000 G; ❄🛜❄) Die nette, farbenfrohe Budgetunterkunft in sehr

zentraler Lage wird auch wegen des einwandfreien Services sehr gelobt.

El Viajero Hostel & Suites — HOSTEL $$

(44-4563; www.elviajerohostels.com; Juan Alberdi 73; B 50 000–60 000 G, DZ 130 000–170 000 G jeweils inkl. Frühstück; ❄@🖥🏊) Das Hostel gehört zu einer erfolgreichen südamerikanischen Kette. Die Schlafsäle in einem Wohnhaus aus der Kolonialzeit sind klimatisiert, es gibt einen großen Garten und einen erfrischenden Pool. Die preiswerteren Zimmer sind mit Gemeinschaftsbad.

Palmas del Sol — HOTEL $$

(44-9485; www.hotelpalmasdelsol.com; Av España 202; EZ/DZ 170 000/231 000 G; ❄@🖥🏊) Obwohl es in einer lauten Straße im Zentrum steht, ist das Hotel eine Oase der Ruhe, nicht zuletzt dank des ruhigen Innenhofs. Die funktionalen Zimmer sind geschmackvoll eingerichtet, und das im Preis enthaltene Frühstück ist ein echter Genuss. Auf den Liegen am Pool kann man herrlich entspannen und fühlt sich meilenweit von der Straße und ihren Abgasen entfernt.

Gran Hotel del Paraguay — HOTEL $$$

(20-0051; www.granhoteldelparaguay.com.py; Ecke De la Residenta & Pucheu; EZ/DZ 350 000/430 000 G; ❄@🖥🏊) Der pompöse Luxus der Kolonialzeit ist nicht jedermanns Sache, doch in diesem alten Hotel soll im Juli 1860 erstmals die Nationalhymne des Landes erklungen sein.

🛏 Vororte

Portal del Sol — HOTEL $$

(60-9395; www.portaldelsol.com; Roa 1455; EZ/DZ 210 000/265 000 G; ❄@🖥🏊) Hier gibt es schöne Zimmer, ein riesiges Frühstück, einen netten Pool, ein gutes Restaurant und Flughafentransfer. Nahe des Shopping del Sol in einer vornehmen Wohngegend gelegen, ist dieses Hotel bei Gruppenreisenden sehr beliebt, man sollte also vorab buchen.

La Misión Hotel Boutique — BOUTIQUEHOTEL $$$

(62-1800; www.lamision.com.py; Eulogio Estigarribia 4990, Villa Morra; Zi. 1,1 Mio. G; ❄@🖥🏊) Das Boutiquehotel im charismatischen Jesuiten-Stil liegt in der Nähe des Einkaufszentrums Mariscal López. Die individuelle Ausstattung der Zimmer reicht von minimalistisch über klassisch und gemütlich bis zum Blümchendekor der achteckigen Zimmer. Am Wochenende gibt's 25% Ermäßigung auf alle Zimmer.

Posada del Cielo — HOTEL $$$

(66-4882; www.hotelposadasdelcielo.com.py; Del Maestro 1446, Villa Morra; EZ/DZ 250 000/300 000 G; ❄@🖥🏊) Das farbenfrohe Posada del Cielo gibt seinen Gästen das Gefühl, in einem Privathaus zu wohnen und verstärkt dies mit individuell dekorierten Zimmern. Einige Zimmer sind aber etwas eng, man sollte sich also vorher mehrere zeigen lassen.

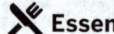 Essen

Asuncións Gastronomie reflektiert die kulturelle Vielfalt der Stadt: man findet hier eine gehobene einheimische, asiatische und internationale Küche und auch für Vegetarier ist gesorgt. Fleischliebhaber werden aber den allgegenwärtigen All-you-can-eat-Grillrestaurants kaum widerstehen können. Natürlich gibt es auch im Zentrum einige gute Adressen, aber Asuncións feinste Restaurants haben sich in den östlichen Vororten angesiedelt, besonders in Villa Morra.

🍴 Zentrum

Typische paraguayische Mahlzeiten findet man überall südlich des Zentrums entlang der Avenida Figueroa, vor Ort ist diese auch bekannt als La Quinta Avenida. Oder man probiert sich durch die *asadito*-Verkaufsstände (Mini-Fleischkebabs mit Maniok: 3000 G) in den Straßen.

Lido Bar — FEINKOST $

(Ecke Chile & Palma; Hauptgerichte 7000–35 000 G) Asuncións historisches Diner ist bekannt wegen seiner Sitzgelegenheiten auf dem Gehweg gegenüber vom Panteón de los Héroes, was es zum beliebtesten Treffpunkt der Stadt macht. Zwar werden hier einige paraguayische Spezialitäten in großzügigen Portionen serviert, aber die Lokalität selbst macht deutlich mehr her als das Essen.

Confitería Bolsi — INTERNATIONAL $$

(www.bolsi.com.py; Estrella 399; Hauptgerichte 25 000–85 000 G) Das alteingesessene Café ist wesentlich mehr als nur eine *confitería* (Konditorei), denn es serviert alles von Sandwiches bis zu Kaninchencurry und Knoblauchpizza – und das schon seit 1960. Unbedingt zu empfehlen ist das köstliche Fischgericht *surubí casa nostra*. Zudem ist das Café rund um die Uhr geöffnet.

Bellini — ITALIENISCH $$

(Palma auf Höhe 15 de Agosto; 28 000–32 000 G) Die in einer langen Schlange anstehenden Gäste suchen sich die Zutaten aus und schauen dann den Köchen zu, wie sie daraus leckere Gerichte mit frischer Pasta zubereiten. Völlig zu Recht ist dieses Restaurant äußerst beliebt.

La Vida Verde VEGETARISCH $$
(Palma auf Höhe 15 de Agosto; 35 000 G/kg; 🖉) Anhand der 32 verschiedenen „Gesichtern" an der Wand können die Gäste ihre aktuelle Stimmung bewerten. Nach dem Essen dürften alle glücklich und zufrieden aussehen. Jeden Tag gibt's ein vegetarisches Büfett mit leckeren chinesischen Gerichten, die allerdings nicht immer rein vegetarisch sind.

Bar San Roque INTERNATIONAL $$
(Ecke Tacuary & Ayala; Hauptgerichte 20 000–75 000 G) In dem freundlichen Wahrzeichen der Stadt herrscht eine Atmosphäre wie zu Beginn des 20. Jhs. In der Theke werden die frischen Produkte vom Bauernhof der Familie präsentiert. Die Weinkarte ist ebenso beeindruckend wie die leckeren Fisch- und Fleischgerichte. Auch der Service ist erstklassig, und für viele Einheimische ist das Lokal ein kulinarisches Muss.

Taberna Española SPANISCH $$$
(🖉 44-1743; Ayolas 631; Hauptgerichte 33 000–195 000 G) Ein bisschen Spanien mitten in Paraguay. Die quirlige Atmosphäre des „Ess-Museums", an dessen Decke Flaschen, Kochutensilien und Glocken baumeln, bildet die Kulisse für Tapas und Paellas, die ihr Geld wert sind.

🍴 Vororte

Sonntags geht man zum Essen am besten in eines der riesigen Einkaufszentren wie Mariscal López (S. 840) und Shopping del Sol (S. 840), die alle einen großen Food Court haben.

Ala Turk TÜRKISCH $$
(Hauptgerichte 20 000–35 000 G) Der von einer türkischen Familie geführte Imbisswagen mit ein paar Tischen auf der Straße bietet tolle Fleischspieße, fantastische Falafel und danach Wasserpfeifen zur Verdauung. Die freundliche und preiswerte Bude steht gleich um die Ecke vom Einkaufszentrum Mariscal López.

⭐**Paulista Grill** BRASILIANISCH $$$
(Ecke San Martín & Mariscal López, Villa Morra; Büfett 75 000 G) Das Restaurant ist für eines der besten All-you-can-eat-Büfetts der Stadt bekannt. Neben 15 verschiedenen Fleischsorten stehen Salate, Sushi und Nudelgerichte zur Wahl, gefolgt von exotischen Desserts. Und das Personal ist sehr aufmerksam.

⭐**Ciervo Blanco** BARBECUE $$$
(Ecke Flores & Radio Operadores del Chaco, Barrio Pinozá; Hauptgerichte 45 000–75 000 G) Wer das traditionelle Paraguay kennenlernen will, ist in diesem Restaurant südöstlich der Innenstadt genau richtig. Zu saftigem *asado* sorgen traditionelle Musik und Flaschentänze für Unterhaltung.

Le Sommelier FRANZÖSISCH $$$
(Ecke Roa & Irala; Hauptgerichte 55 000–90 000 G) Bei weitem nicht so hochtrabend wie der Name ist dieses kleine, gemütliche Restaurant mit einer sehr kreativen Speisekarte.

Hacienda Las Palomas MEXIKANISCH $$$
(Guido Spano 1481, Villa Morra; Hauptgerichte 55 000–80 000 G) In der Hazienda sind die starken Farben Mexikos ebenso präsent wie die stark gewürzten Gerichte. Diese werden in riesigen Portionen von freundlichen Bedienungen in dem erstklassigen, aber recht lässigen Restaurant serviert.

🍷 Ausgehen & Nachtleben

Einige Bars und alle Discos verlangen von Männern Eintritt (Frauen haben in der Regel freien Zutritt), wenn sie nach 22 Uhr kommen. Im Zentrum gibt es nur begrenzte Möglichkeiten zum Ausgehen und die meisten Glitzerschuppen liegen eine kurze Taxifahrt östlich der Innenstadt. Die anspruchsvollere (und natürlich teurere) Szene findet man im Paseo Carmelitas an der Av España.

Britannia Pub PUB
(Cerro Corá 851; ⊙ Di-So) Auf lässige Art hip, klimatisiert, mit internationalem Ambiente und mit Terrasse – das ist der „Brit Pub". Hier gibt's auch gute Snacks, und deshalb ist er bei Ausländern und Einheimischen gleichermaßen beliebt. Er hat sogar seine eigene Biermarke.

904 BAR
(Cerro Corá; Eintritt 10 000 G) Eine bodenständige Discokneipe mit Livemusik an fast jedem Abend, Fußball auf Großleinwand und Poolbillardtischen.

Seven CLUB
(República Argentina 222, in der Nähe vom Mariscal López; Eintritt 20 000 G) Die Disco-Bar der Stunde, wo die Schlaflosen bei Techno und House Party feiern, bis die Sonne aufgeht.

Coyote
CLUB

(Sucre 1655; Eintritt 40 000–80 000 G) Öffnet spät, schließt spät – diese lebhafte Disco ist für die Jungen, Reichen und Schönen, die gern bis zum Umfallen tanzen.

☆ Unterhaltung

Die großen Einkaufszentren der Stadt verfügen auch über Multiplex-Kinos, in denen oft Filme auf Englisch mit spanischen Untertiteln gezeigt werden. Eintrittskarten kosten ab 25 000 G aufwärts, am Wochenende ist es teurer. Das aktuelle Programm ist auf www.cines.com.py zu finden.

Während der Saison von März bis Oktober wird an mehreren Orten in Asunción Livemusik und Theater gespielt.

Teatro Municipal
THEATER

(Ecke Alberdi & Presidente Franco) Man sollte sich die Liste mit den Terminen ansehen.

🛍 Shoppen

Nirgends in Paraguay kann man besser Souvenirs jagen als in Asunción. Typische Mitbringsel sind ein *matero,* eine *bombilla* und ein *termos* (Becher, Strohhalm und Flasche) zum Trinken von *tereré* (Kräutertee), und diese Dinge gibt's wirklich überall in den verschiedensten Güteklassen. Im Erdgeschoss der Touristeninformation Senatur (S. 841) gibt's *artesanías* (Kunsthandwerk) aus dem ganzen Land, vom filigranen Silberschmuck aus Luque bis zu feiner *ñandutí* (Spitze).

Folklore
KUNSTHANDWERK

(Ecke Caballero & Estigarribia) Eine gute Adresse für hochwertiges paraguayisches Kunsthandwerk – wenn auch nicht gerade billig.

Markt
MARKT

(Plaza de los Héroes) Mit *ao po'i* oder *lienzo* (grob gewebter Baumwollstoff, Leinen), Bekleidung und anderer Handwerkskunst der Urbevölkerung im Angebot, dehnt sich der Markt am Wochenende beträchtlich aus.

Mercado Cuatro
MARKT

Der lebhafte Markt erstreckt sich über mehrere Häuserblocks zwischen der Av Francia und der Av Pettirossi. Hier wird von Lebensmitteln bis zu chinesischen Importwaren alles nur Denkbare verkauft.

Shopping del Sol
EINKAUFSZENTRUM

(Ecke Aviadores del Chaco & González) Dies ist das größte und nobelste Einkaufszentrum von Asunción.

Shopping Mariscal López
EINKAUFSZENTRUM

(Ecke Quesada & Charles de Gaulle) Das trendige Einkaufsparadies ist auch ein Wahrzeichen der Stadt.

ℹ Praktische Informationen

GEFAHREN & ÄRGERNISSE

Obwohl Asunción eine vergleichsweise sichere Stadt ist, sollte man auch hier immer ein Auge auf Gepäck und Wertsachen haben, vor allem an Bushaltestellen. An der Plaza Uruguaya und in den Straßen rund um die Palma sind nachts Prostituierte unterwegs. Männer sollten sich also nicht wundern, wenn sie dort angesprochen werden. Sonntags wird das Zentrum zur Geisterstadt.

GELD

Alle großen Banken haben Geldautomaten hier. Bei den meisten liegt das Bargeldbezugslimit bei 1 500 000 G pro Tag, zudem wird nicht selten eine Benutzungsgebühr von 25 000 G fällig. An der Palma und in den Nebenstraßen kommt man alle paar Meter an einem Geldwechsler vorbei, der „cambio" schreit; bessere Wechselkurse bieten allerdings die vielen *casas de cambio* (Wechselstuben) und Banken entlang dieser Straße. Geldautomaten und Wechselstuben gibt's auch am Busbahnhof und am Flughafen.

BUSSE AB ASUNCIÓN

ZIEL	PREIS (G)	DAUER (STD.)
Buenos Aires (Arg)	140 000–290 000	18–21
Ciudad del Este	40 000–75 000	4½–6
Concepción	55 000–70 000	4½–6
Encarnación	50 000–90 000	5–6
Filadelfia	70 000	8
Pilar	50 000–55 000	5–6
Rio de Janeiro (Bra)	450 000	30
Santa Cruz (Bol)	200 000–300 000	20–24
São Paulo (Bra)	230 000–400 000	18–20

MEDIZINISCHE VERSORGUNG
Hospital Bautista (⏵60-0171; Av República Argentina) Empfehlenswerte Privatklinik.

NOTFALL
Krankenwagen (⏵20-4800)
Polizei (⏵911)

POST, TELEFON & INTERNETZUGANG
In den weit verbreiteten *locutorios* (Call-Shops) kann man telefonieren und für rund 4000 G pro Stunde im Internet surfen. Einer dieser praktischen Läden befindet sich auch im Busbahnhof. WLAN ist ebenfalls weit verbreitet.
Auskunft (⏵112)
Hauptpost (Ecke Alberdi & Paraguayo Independiente; ⏲Mo–Fr 7–19 Uhr) in einem historischen Kolonialgebäude. Damit die Post auch wirklich ankommt, sollte man alles per *certificado* (Einschreiben) versenden.

TOURISTENINFORMATION
Auf der Internetseite www.quickguide.com.py findet man viele Infos über die Stadt. Zusätzlich erscheint regelmäßig ein ausgezeichnetes Magazin mit Infos zu aktuellen Veranstaltungen sowie Karten und Stadtplänen.
Senatur (⏵0800-11-3030; www.senatur.gov.py; Palma 468; ⏲7–19 Uhr) Hier gibt's nicht nur Infos über die Stadt, sondern es wird auch Kunsthandwerk aus der Region verkauft.

ⓘ An- & Weiterreise

BUS
Der Busbahnhof (⏵55-1740; www.mca.gov.py/toa.htm; Av República Argentina) von Asunción liegt ein paar Kilometer südöstlich der Innenstadt. Auf der Homepage findet man alle Fahrpläne und Preise. Tickets für Fernbusse sind bei den Busgesellschaften im 2. Stock erhältlich. Zum Busbahnhof fahren die Stadtbusse 8 und 31 über die Oliva, die Busse 14, 18.2 und 38 über die Haedo.

Keinesfalls sollte man sich von den lautstark ihre Ziele anpreisenden Verkäufern irritieren lassen, sondern in aller Ruhe die passende Busgesellschaft auswählen. Im Erdgeschoss befindet sich die Abfahrtshalle, im Untergeschoss (*subsuelo*) fahren die Busse zum Circuito Central ab.

FLUGZEUG
Der winzige Regionalflughafen von Asunción bietet Flugverbindungen in südamerikanische Städte wie Buenos Aires, Santiago de Chile, São Paulo und Santa Cruz, aber auch nach Miami und Madrid.

Aeropuerto Internacional Silvio Pettirossi (⏵64-5600) Der große internationale Flughafen liegt im Vorort Luque, 20 km östlich von Asunción.

ⓘ Unterwegs vor Ort

BUS
Lärmende Stadtbusse ohne Stoßdämpfer fahren im Kamikazestil (für 2300 G) beinahe überall hin, aber nur wenige auch nach 22 Uhr. Fast alle Stadtbusse beginnen ihre Route am westlichen Ende der Oliva und zeigen ihre Ziele an der Windschutzscheibe an.

ZUM/VOM FLUGHAFEN
Busse mit einem „Aeropuerto"-Schild fahren entlang der Av Aviadores del Chaco zwischen Flughafen und Zentrum. Flughafentaxis sind teuer (ab 100 000 G zum Stadtzentrum), aber wer sich draußen auf der Straße eines heranwinkt, zahlt die Hälfte.

TAXI
Taxis kosten annehmbare Gebühren, aber spät in der Nacht und sonntags wird ein Aufpreis fällig. Ein Taxi vom Zentrum zum Busbahnhof kostet etwa 50 000 G.

RUND UM ASUNCIÓN

Circuito Central

In den verschlafenen Dörfern rund um die Hauptstadt geht das Leben noch seinen althergebrachten, traditionellen Gang. Die von der Tourismusindustrie als „Circuito Central" beworbene Gegend besteht aus einer Reihe kleiner, bescheidener Dörfer, in deren Häusern aus der Kolonialzeit noch die traditionell lange Siesta gehalten wird. Ab und zu rumpelt ein Ochsen- oder Pferdekarren über die kopfsteingepflasterten Straßen.

Von Asunción können die Dörfer bequem in einem Tagesausflug besucht werden. Die regelmäßig verkehrenden Busse fahren von Bahnsteig 30 und 35 im *subsuelo* (Untergeschoss) des Busbahnhofs ab (5000–7000 G).

> ### ⓘ EINREISE NACH ARGENTINIEN
>
> Die Brücke San Ignacio de Ayolas verbindet Puerto Falcón mit Clorinda in Argentinien. An beiden Enden der Brücke befinden sich Zollstationen. Stadtbusse mit Fahrtziel Falcón fahren stündlich am Mercado Cuatro ab und über die Haltestelle in der Av República Argentina vor dem Busbahnhof von Asunción weiter bis zur Brücke. Die Fähre nach Clorinda ist für Touristen nicht zu empfehlen.

👁 Sehenswertes

★ Yaguarón KIRCHE

GRATIS Das Dorf 48 km südöstlich von Asunción ist für seine Franziskanerkirche (18. Jh.) bekannt, die man einfach gesehen haben muss. Das schlichte Äußere mit dem freistehenden Glockenturm aus Holz täuscht über die prachtvolle Innenausstattung mit Malereien und Schnitzereien hinweg. Mit diesen Meisterwerken religiöser Kunst gehört die Kirche zu den schmuckvollsten in Südamerika. Nach Yaguarón fährt stündlich ein Bus von San Buenaventura am Bahnsteig 30 im *subsuelo* des Busbahnhofs in Asunción ab.

Basilica de Caacupé KIRCHE

Paraguays Gegenstück zum Vatikan will so gar nicht in diese ruhige Provinzstadt passen. Doch jedes Jahr am 8. Dezember ist es mit der Ruhe vorbei. Dann strömen Massen von Pilgern aus dem ganzen Land zum Día de la Virgen, um der Jungfrau Maria zu huldigen und sie um Beistand zu bitten.

An diesem Tag versammeln sich gut 300 000 Gläubige auf dem Platz vor der Basilika und nehmen an der spektakulären Prozession im Kerzenschein teil.

Caacupé liegt etwa 54 km östlich von Asunción. Busse von Empresa Villa Serrana fahren alle 10 Minuten von Bahnsteig 35

Südliches & östliches Paraguay

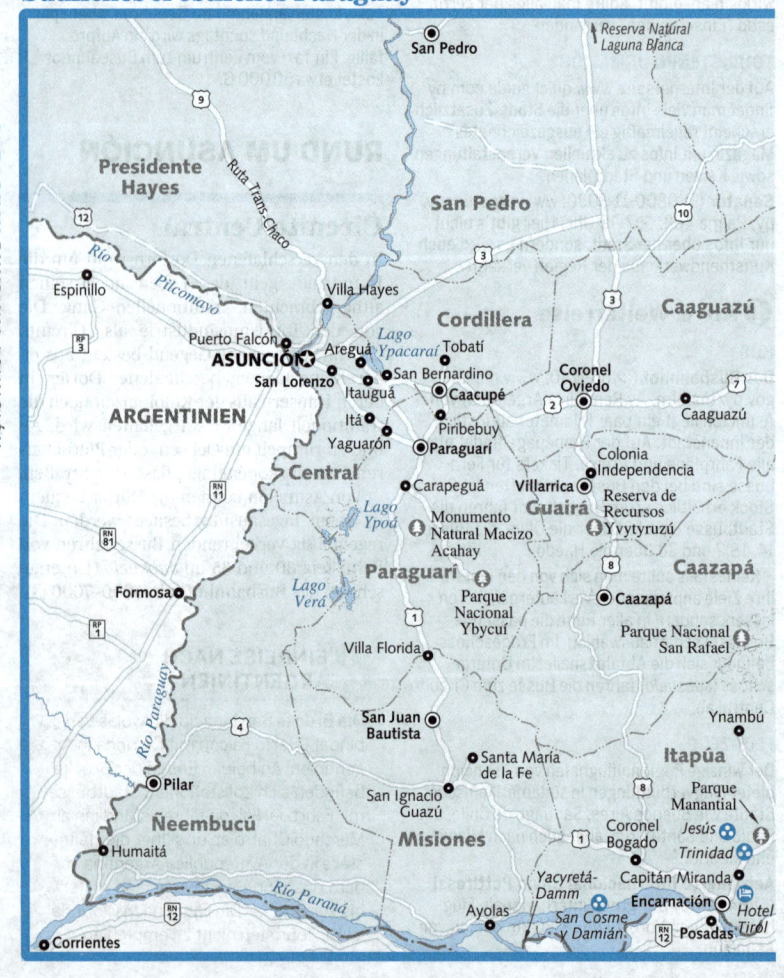

im Untergeschoss des Busbahnhofs von Asunción ab.

Itauguá
DORF

Die Frauen von Itauguá sind berühmt für ihre bunt gemusterten *ñandutí* (Klöppeldecken). Die Größe dieser einzigartigen Stücke reicht von kleinen Platzdeckchen bis zu großen Tagesdecken. Kleine Deckchen kosten nur ein paar Dollar, doch eine große Decke ist nicht unter 250 000 G zu haben. Im Juli feiert das Dorf das Festival de Ñandutí.

Die Busse in das 32 km entfernte Itauguá fahren etwa einmal pro Stunde vor dem Busbahnhof in Asunción ab.

Areguá
DORF

Das Dorf ist bekannt für seine Keramik, die massenweise in der Hauptstraße präsentiert wird. In den alten kopfsteingepflasterten Gassen stehen prächtige Kolonialhäuser, und auf einem Hügel thront die Dorfkirche mit traumhaftem Blick auf den Lago Yparacaí.

Die Busse in das 27 km entfernte Dorf fahren alle 30 Minuten in der Av República Argentina vor dem Busbahnhof in Asunción ab.

In der Hauptsaison verkehrt auch eine Fähre von San Bernardino nach Areguá.

Piribebuy
DORF

Der ländliche Ort war im Tripel-Allianz-Krieg (1865–1870) für kurze Zeit die Hauptstadt von Paraguay. Als Asunción eingenommen wurde, kam es 1869 zur berühmten Belagerung der Stadt, bei der sich eine Armee von Kindern unter Führung des Dorfschullehrers tapfer dem Überfall der Brasilianer widersetzte. Diese Heldentat ist in einem kleinen Museum dokumentiert.

Busse von Empresa fahren alle 45 Minuten von Bahnsteig 35 im *subsuelo* des Busbahnhofs in das 75 km südlich von Asunción gelegene Dorf.

San Bernardino
☎ 0512

Als bevorzugter Erholungsort der wohlhabenden Einwohner von Asunción ist das friedliche „San Ber" ein schicker Ort zum Entspannen und Feiern: Bars und Discos, teure Hotels und Restaurants säumen die schattigen, Kopfsteinpflasterstraßen am Ostufer des Lago Ypacaraí. Obwohl es recht nobel ist, lohnt es sich auch für Budgetreisende. In der Hauptsaison fahren Ausflugsboote auf dem See. Zum Baden ist er leider nicht geeignet, denn das Wasser ist stark verschmutzt.

🛏 Schlafen

Hostal Brisas del Mediterraneo HOSTEL $$
(☎ 23-2459; Ruta Kennedy; Zeltplatz 60 000 G, DZ 300 000 G; ❄ ≋) Das Hostel mit Campingplatz wird nicht nur wegen seiner tollen Lage am Seeufer gelobt. Die Einrichtungen sind ausgezeichnet, Frühstück ist im Preis enthalten. Zum Hostel fährt man einfach vom Copaco-Büro auf der kopfsteingepflasterten Ruta Kennedy 2 km am See entlang.

Hotel del Lago HOTEL $$$
(☎ 23-2201; Teniente Weiler 411; EZ/DZ 240 000/ 310 000 G; ❄ @ ☎ ≋) Das etwas heruntergekommene, aber romantische Hotel im Vik-

torianischen Stil steht an der Seeseite der Plaza. Es ist mit alten Möbeln vollgestopft und hat ganz unterschiedliche Zimmer.

ℹ️ An- & Weiterreise

Von Asunción aus fahren Cordillera-de-los-Altos-Busse stündlich am Gleis 35 ab (1½ Std.).

SÜDLICHES PARAGUAY

In der südlichsten Ecke Paraguays, östlich des Río Paraguay, finden sich einige der wichtigsten historischen Stätten des Landes. Die Jesuitenruinen, die Nationalparks und der verrückte Karneval machen diese Region zu einem facettenreichen Reiseziel.

Auf dem Weg von Asunción nach Encarnación passiert man die Stadt **Coronel Bogado**. Sie ist bekannt als „Capital de Chipa", – *chipa* ist ein Brot aus Maniokmehl, Eiern und Käse. Und nirgends bekommt man das beliebte Nationalgericht besser zubereitet als hier. Und dazu muss man noch nicht einmal aus steigen: Die Verkäufer bringen die Leckerei (2000 G) direkt an den Bus.

Encarnación

📞 071 / 150 000 EW.

„La Perla del Sur" ist die schönste Stadt Paraguays. Nach Fertigstellung der neuen *costanera* (Uferpromenade) mit einem tollen Strand am Fluss bezeichnet sich die „Hauptstadt des Karnevals" auch, recht ehrgeizig, als zweites Rio de Janeiro. Vor allem in den drückend heißen Sommermonaten wird die Stadt immer mehr zum festen Bestandteil im Besuchsprogramm der Touristen.

Deutlich weniger stolz ist die Stadt darauf, dass hier der Diktator Alfredo Stroessner geboren wurde. Sein **ehemaliges Wohnhaus** (Ecke Memmel & Carlos Antonio Lopez) hinter dem Busbahnhof ist heute eine private Universität.

👁 Sehenswertes & Aktivitäten

Im Zentrum kann man gut herumschlendern, aber zu sehen gibt's nicht allzuviel. Der nächste Weg führt an den Fluss.

⭐ Costanera & Strand STRAND

(Av Costanera) In den Sommermonaten drängen sich Einwohner und Touristen an neu angelegten Fluss-Strand der schicken Uferpromenade. Wem es hier zu voll ist, kann mit dem Taxi (30 000 G) zum ruhigeren Strand von Quiteria fahren.

Karumbés TOUR

(Cabañas; pro Person 10 000 G) Die *karumbés*, gelbe Pferdekutschen, die einst als City-Taxis dienten, eignen sich gut für Rundfahrten. An den Wochenenden sind sie kostenlos. Abfahrt am Busbahnhof.

🛏 Schlafen

Es gibt in Encarnación viele saubere Adressen zu vernünftigen Preisen. Auch die meisten günstigen Häuser haben Zimmer mit Klimaanlage (etwa zum doppelten Preis). Die Mehrkosten lohnen sich durchaus. Während des Carnaval sollte man im Voraus buchen, die Preise steigen in dieser Zeit beträchtlich.

⭐ Casa de la Y Bed & Breakfast B&B $

(📞0985-77-8198; casadelay@gmail.com http://casadelay.wix.com/casa-de-la-y; Carmen de Lara Castro 422; B 70 000 G, DZ/3BZ 180 000/250 000 G; ❄@📶) In der winzigen Privatunterkunft wird man von Inhaberin Doña Yolanda herzlich aufgenommen und mit leckeren, hausgemachten *comida típica* (25 000 G) verwöhnt. Im herrlichen Blumengarten kann man die Sonne bei einem Glas *tereré* genießen. Es gibt nur ein sehr großes, geschmackvolles Zwei- bis Dreibettzimmer mit gigantischem Bad und ein ebenfalls sehr großes, traditionell ausgestattetes Sechsbettzimmer, das sich auch gut für Familien eignet. Die Zimmer können nur per E-Mail gebucht werden. Mit der Küche, die den Gästen zur Verfügung steht, ist es die ideale Unterkunft für kleine Gruppen und Familien. Während des Karnevals gelten zwar die gleichen Preise, aber es muss noch länger im Voraus gebucht werden.

Kerana HOSTEL $$

(📞 0975-13-9593; www.keranahostel.com; Mallorquín 950; B 90 000 G, EZ/DZ 150 000/200 000 G) Das hübsche, saubere Hostel in der Nähe des Busbahnhofs liegt sehr zentral. In der Nebensaison gibt's immer günstige Angebote. Die Zimmer sind zwar recht klein, aber das Personal ist hochmotiviert. Eine Gästeküche ist ebenfalls vorhanden.

Colonial Hostel HOSTEL $$

(📞20-1500; Artigas 762; B 65 000 G, EZ/DZ 120 000/240 000 G, ohne Bad 90 000/180 000 G) Die gute Budgetunterkunft bietet eine Reihe einfacher, aber hübsch eingerichteter Zimmer in einem alten Kolonialhaus. Im Garten kann man auch campen.

Hotel de la Costa HOTEL $$$

(📞20-0590; Ecke Av Francia & Cerro Corá; EZ/DZ 178 000/312 000 G, Suite 476 000 G; ❄@📶♨)

Encarnación

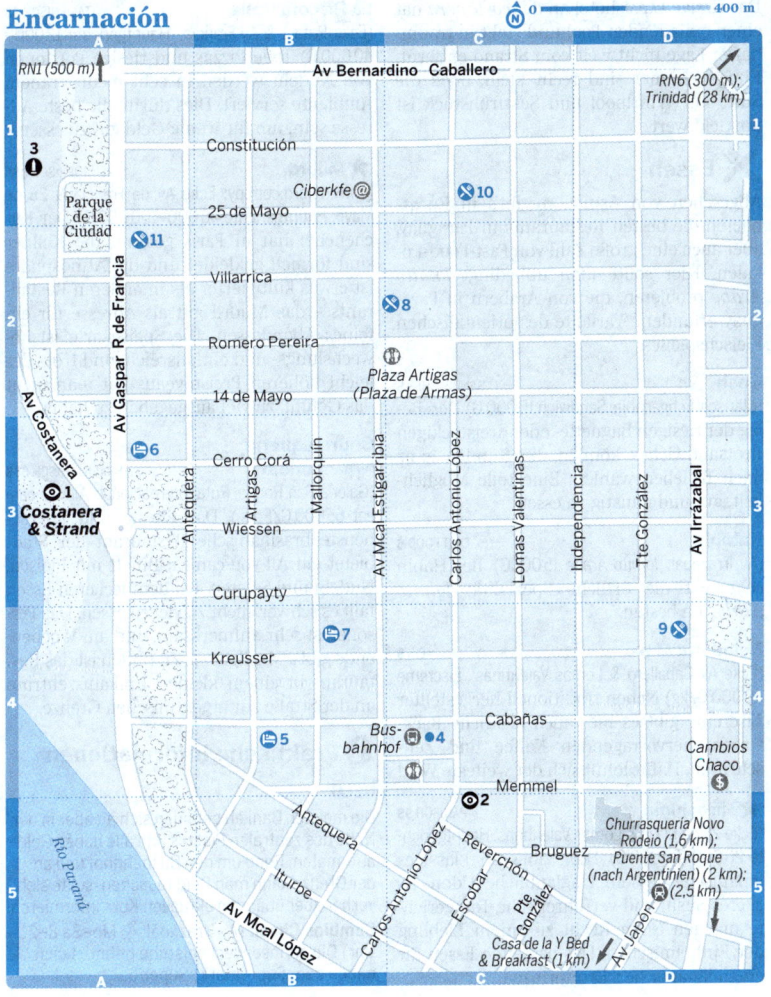

Encarnación

◉ Highlights
1 Costanera & Strand A3

◉ Sehenswertes
2 Ehemaliges Haus von Stroessner C5
3 Sambadromo Carnaval A1

◉ Aktivitäten, Kurse & Touren
4 Karumbés C4

◉ Schlafen
5 Colonial Hostel B4
6 Hotel de la Costa A3
7 Kerana B4

◉ Essen
8 Gosh C2
9 Habib's D4
10 Hiroshima C1
11 Milord A2

Das riesige Luxushotel an der *costanera* hat einen einladenden Pool und steht in traumhafter Lage nicht weit vom Strand entfernt. Einige Zimmer sind recht klein, doch die Suite mit Whirlpool und Sektfrühstück ist ihr Geld wert.

 Essen

Abgesehen von Asunción gibt's in Encarnación die besten Restaurants in Paraguay, aber auch eine große Zahl von Fast-Food-Lokalen. Hier sollte man unbedingt *lomito Arabe* probieren, die von Arabern in Paraguay erfundene Variante des orientalischen Fleischspießes.

Gosh SANDWICHES $

(Mariscal Estigarribia; Sandwich 15 000 G) Den Belag der riesigen Baguette- oder dreistöckigen Brotsandwiches können die Kunden ganz nach Belieben wählen. Eine tolle Möglichkeit, gut und günstig zu essen.

Habib´s FAST FOOD $

(Av Irrazabal; *lomito Arabe* 15 000 G) Bei Habib schmeckt die örtliche Spezialität *lomito Arabe* am besten.

Heladería Mako EIS $

(Ecke Av Caballero & Lomas Valentinas; Eiscreme 40 000 G/kg) Neben traditionell hergestellter Eiscreme gibt es hier auch köstliche Backwaren, hervorragenden Kaffee und Zeitschriften. Dafür lohnt sich der weiteste Weg!

★ Hiroshima JAPANISCH $$

(Ecke 25 de Mayo & Lomas Valentinas; Hauptgerichte 20 000–80 000 G) Hier gibt's erstklassiges japanisches Essen: Unglaubliche Udon, leckeres Sushi und verführerische Tofugerichte machen es zu Recht zu einem Liebling der Einheimischen. Das passende Essen für einen japanischen Kronprinzen.

La Piccola Italia ITALIENISCH $$

(Ecke Ruta 1 & Av Francia; Hauptgerichte 12 000–40 000 G) Tolle Pizzas und riesige Portionen von Nudeln werden in echt mediterranem Ambiente serviert. Dies dürfte die beste Adresse sein, um für wenig Geld gut zu essen.

★ Milord EUROPÄISCH $$$

(www.milord.com.py; Ecke Av de Francia & 25 de Mayo; Hauptgerichte 40 000–100 000 G) Der Küchenchef hat in Paris gelernt, die Kellner sind formell gekleidet und die Atmosphäre ist etwas kultivierter als in anderen Restaurants – das Milord gilt als Adresse für ein feines Abendessen. Die Speisekarte ist abwechslungs- und einfallsreich, und trotz des leicht höheren Preisniveaus hat man nicht das Gefühl, zu viel ausgegeben zu haben.

Churrasquería Novo Rodeio BRASILIANISCH $$$

(Galeria San Roque, Ruta Internacional; All-you-can-eat 65 000 G/Pers.) Das älteste und angesehenste brasilianische Restaurant der Stadt bietet ein All-you-can-eat-Büfett mit Fleisch, Nudeln und Salaten. Bei den leckeren Essen fällt es schwer, nicht zu viel zu essen. Das Personal ist sehr aufmerksam, und am Wochenende gibt's Musik dazu. Zu finden ist das Restaurant in einem kleinen Einkaufszentrum an der Straße zur argentinischen Grenze.

ⓘ Praktische Informationen

GELD

Die meisten Banken befinden sich an oder in der Nähe des zentralen Platzes und alle haben Geldautomaten. Rund um den Busbahnhof und an der Grenze kann man Geld tauschen, sollte sich vorher aber über den aktuellen Kurs informieren.

Cambios Chaco (Av Irrazábal; ⊙ Mo-Sa 8–21 Uhr) Die seriöse Wechselstube befindet sich neben dem Supermarkt Super 6.

KARNEVAL IN ENCARNACIÓN

Der paraguayische Carnaval ist bestimmt nicht so toll und berühmt wie der in Rio, doch junge Leute, die wild auf Party sind, haben hier vermutlich mehr Spaß. Viel nackte Haut, laute Musik und die ausgelassenen Menschenmassen sorgen für eine verrückte Partynacht. Ausgestattet mit *lanzanieves* (Sprühschnee) und einer Sonnenbrille (um das Zeug nicht in die Augen zu kriegen) sucht man sich einen Platz auf der Tribüne und lässt sich von der ungeheuren Feierlaune der Einheimischen anstecken.

Von Ende Januar bis Ende Februar ist inzwischen an jedem Wochenende Karneval, und zwar von Samstag bis Sonntagnacht. Das **Sambadromo** (Tribünenstraße für den Karneval) ist in der Av Costanera, der nächtlichen Amüsiermeile von Encarnación. Eintrittskarten (ab 60 000 G) werden im Vorverkauf überall in der Stadt oder, mit kleinem Aufschlag, abends von Schwarzmarkthändlern verkauft. Einlass ist ab 21 Uhr, aber los geht's erst gegen 22 Uhr. Um 2 Uhr morgens ist dann alles vorbei und die Massen strömen in die Discos.

> ### ⓘ EINREISE NACH ARGENTINIEN
>
> Vor dem Busbahnhof in Encarnación starten die Fernbusse (5000 G), die über die Puente San Roque nach Posadas in Argentinien fahren. Die Passagiere müssen auf beiden Seiten der Grenzbrücke aussteigen, um sich im Einwanderungsbüro den Aus- und Einreisestempel zu holen. Da die Busse nicht immer warten, sollte man sein Gepäck und die Fahrkarte unbedingt mitnehmen, um mit dem nächsten Bus weiterfahren zu können.
>
> Mit dem neuen, klimatisierten Zug (7000 G), der in der Av Von Winkel in der Nähe der Grenzbrücke abfährt, überquert man die Grenze am schnellsten. Oder man schippert mit einer der pittoresken Fähren (5000 G) über den Río Paraná. Sie verkehren zwischen dem östlichen Ende der *costanera* in Encarnación und der *costanera* von Posadas.
>
> Als Gruppe kann man mit einem Taxi für etwa 30 000 G bis zur paraguayischen Grenzstation an der Brücke fahren, doch für die Weiterfahrt auf die andere Seite der Brücke verlangen die Taxifahrer einen horrenden Preis.

INTERNETZUGANG
Ciberkfe (Mariscal Estigarribia auf Höhe Constitución; 4000 G/Std.)

TELEFON
Telefonzellen gibt's überall in der Stadt, vor allem aber rund um den Busbahnhof.

TOURISTENINFORMATION
Senatur (📞20-4800; Ecke Ruta 1 & Padre Bolik; ⊙Mo–Fr 8–18, Sa & So 8–12 Uhr) Das Büro der Touristeninformation ist am Ortseingang in einem großen Gebäude am westlichen Ende der *costanera*.

ⓘ An- & Weiterreise

Der **Busbahnhof** (📞20-2412; Cabañas) liegt ein paar Blocks nördlich der *costanera*. Von Encarnación nach Asunción (50 000–90 000 G, 5½ Std.) fahren regelmäßig Busse, La Encarnacena und Nuestra Señora de la Asunción bieten den besten Service. Letztere bieten zum gleichen Preis auch einen Minibus-Service an. Beinahe stündlich fahren Busse nach Osten bis Ciudad del Este (60 000–80 000 G, 6 Std.), allerdings halten sie häufig und die Fahrt ist fast schon schmerzhaft langsam.

Rund um Encarnación

Die Stadt ist ein hervorragendes Basislager für die Erkundung des südlichen Landesteils. Obwohl natürlich vor allem die Jesuitenmissionen locken, gibt es noch vieles mehr, was man hier unternehmen kann.

🏃 Aktivitäten

Yerba-Fabriken in Bella Vista   BESICHTIGUNG
GRATIS Schon bald nach der Ankunft in Paraguay ist der hohe Stellenwert von Yerba Mate in der hiesigen Kultur deutlich zu erkennen. Bei der Fabrikbesichtigung erfährt man alles über das Nationalgetränk vom Anbau auf den Plantagen über die Verarbeitung und Verpackung bis hin zur Zubereitung und Verkostung des fertigen Tees.

Die Besichtigung der Fabriken von Selecta und Pajarito organisiert die Touristeninformation in der Hauptstraße der Yerba-Mate-Hauptstadt Bella Vista, rund 40 km östlich von Encarnación. Vor dem Büro steht ein riesiger *matero* mit *bombilla*, der nicht zu übersehen ist. Bei der Besichtigung von Selecta wird auch das kleine Naturschutzgebiet des Unternehmens besucht.

Parque Manantial   FERIENPARK
(📞0755-23 2250; Eintritt 10 000 G, Camping 20 000 G, Pool 15 000 G/Tag; 🏊) Die grüne, dicht bewaldete Oase liegt an der Ruta 6 nahe der Stadt Hohenau, 35 km außerhalb von Encarnación. Es gibt ein hübsches, neues Hotel hier, in das sich aber nur wenige Touristen verirren, sodass man das 200 ha große Gelände mit Pools und Wanderwegen die meiste Zeit für sich alleine hat.

An Aktivitäten werden Reiten und Seilrutschen sowie Paddeln auf dem Fluss angeboten.

🛏 Schlafen

Hotel Tirol   HOTEL $$
(📞071-20-2388; www.hoteltirol.com.py; Ruta 6 in Capitán Miranda; EZ/DZ 210 000/260 000 G; @ 🛜 🏊) Das zeitlose Lieblingshotel des spanischen Königs besteht aus rotem Backstein und ist von 20 ha Feuchtwald umgeben. Doch nicht nur deshalb ist es ein schönes Ziel für einen Tagesausflug von Encarnación aus. Hier können mehr als 300 nachgewiesene Vogelarten beobachtet werden, und nach der Wanderung auf einem der herrlichen *senderos* (Naturpfaden) laden gleich vier Pools zur Abkühlung ein (Nichtgäste bezahlen 10 000 G).

ABSTECHER

SANTA MARÍA DE LA FE

Wer sich für die Geschichte der Jesuiten und ihre Missionen interessiert, muss unbedingt das **Museum für jesuitische Kunst** in Santa María de la Fe besuchen. Die indigenen Künstler, die die wunderbaren Schnitzereien schufen, lernten ihr Handwerk bei einem Jesuiten. Der Meister schnitzte ein Modell im Miniaturformat, das von den Schülern dann in voller Größe kopiert wurde. In dem Museum sind sowohl die Modelle als auch die fertigen Kunstwerke mit all ihren Unzulänglichkeiten zu sehen. Den Schlüssel zum Museum verwahrt das Santa María Hotel.

In Santa María lebte auch der berühmte französische Botaniker **Aimé Bonpland**, an den ein kleines Denkmal auf dem Dorfplatz erinnert. Die Brüllaffen, die in den Bäumen herumturnen, sind überraschend zutraulich.

Es ist nicht ganz einfach, Santa María mit öffentlichen Verkehrsmitteln zu erreichen. Am besten fährt man mit einem der Busse, die zwischen Asunción und Encarnación verkehren, und steigt in San Ignacio aus. Von dort geht's mit dem Taxi weiter. Oder man fährt mit dem einzigen Direktbus von Mariscal López, der um 11.45 Uhr in Asunción startet.

Das hübsche **Santa María Hotel** (☎ 0781-28-3311; www.santamariahotel.org; Zi. 140 000 G/Pers., VP 35 000 G) im Stil der Jesuiten steht am Dorfplatz. Die stimmungsvoll eingerichteten Zimmer schmücken Nachbildungen der jesuitischen Schnitzereien. Die sachkundigen Besitzer sind auch als Fremdenführer in der Region tätig und führen ihre Gäste durch das Jesuitenmuseum. Zudem engagieren sich die Hotelbesitzer in einer Reihe ausgezeichneter Sozialprojekte mit Schwerpunkt auf der Gleichberechtigung für Frauen. Diese Projekte stellen sie ihren Gästen gern und ausführlich vor.

Wer hier auch übernachten möchte, sollte in der Hochsaison (Okt.–Dez.) unbedingt im Voraus buchen. Zu allen anderen Zeiten sind dagegen oft Zimmer frei. Zum Hotel fährt der örtliche Bus 1y2 (nach Capitán Miranda) in der Av Artigas in Encarnación ab. Die Fahrt endet direkt vor dem Eingang zum Hotel. Zudem fahren Busse in Richtung Trinidad und Ciudad del Este am Hotel vorbei.

Die Jesuitenmissionen

Auf einem sattgrünen Hügel, 28 km nordöstlich von Encarnación, liegt **Trinidad**, Paraguays besterhaltene Jesuiten-*reducción* (Siedlung). In der Nähe des Tores kann man einen spanisch sprechenden Führer buchen (großzügiges Trinkgeld) oder herumschlendern, bis es dunkel wird und die atmosphärische Lichtshow genießen, welche die Geschichte dieses Ortes in Bildern auf die Mauern der Ruinen wirft.

Jesús, 12 km nördlich, ist eine fast vollständige Rekonstruktion der Jesuitenmission, die jedoch durch die Vertreibung der Jesuiten 1767 unterbrochen wurde.

Schwieriger zu erreichen ist **San Cosme y Damián**, 27 km südlich der Hauptstraße nach Asunción bei Kilometer 308 (etwa 57 km westlich von Encarnacion). Aber die Mühe lohnt sich: Hier war der Standort des astronomischen Observatoriums.

ℹ An- & Weiterreise

Von Encarnación fahren zwischen 6 und 19 Uhr regelmäßig Busse nach Trinidad (5000 G), aber auch alle Busse, die auf der Ruta 6 in Richtung Osten nach Ciudad del Este oder Hohenau fahren, kommen hier vorbei. Sobald das Kraftwerk auf der rechten Seite in Sicht kommt, muss man aussteigen. Die Eintrittskarte für eine *reducción* (35 000 G) gilt auch für alle anderen.

Ohne eigenes Fahrzeug ist es schwer, von Encarnación nach Jesús zu kommen, doch manchmal erwischt man sogar ein Taxi (15 000 G/Pers.). Ansonsten geht man 100 m an der *ruta* entlang bis zur Kreuzung mit der Abfahrt nach Jesús und wartet auf den Bus von Jesús nach Obligado, der eigentlich stündlich fährt (3000 G).

Wer die Mission von San Cosme besuchen und am gleichen Tag zurück nach Encarnación möchte, sollte den Bus nach San Cosmeña um 9.30 Uhr nehmen. Mit einem späteren Bus ist der Ausflug nicht an einem Tag zu schaffen. FAUNA Paraguay (S. 866) organisiert englischsprachige Tagestouren von Encarnación aus, bei denen alle drei Ruinenstätten kurz besichtigt werden.

Parque Nacional San Rafael

Im Nationalpark von San Rafael wird der letzte Teil des großartigen Atlantischen Regenwalds im Süden von Paraguay geschützt. In dieser üppig grünen, leicht zugänglichen

Wildnis leben nachweislich mehr als 430 Vogelarten sowie jede Menge exotischer Tierarten, die vom Aussterben bedroht sind.

Schlafen & Essen

Pro Cosara LODGE $
(0768-29-5046; http://procosara.org/es; Zi. inkl./ohne VP 150 000/70 000 G pro Pers.;) Die bezaubernde Lodge der freundlichen Familie Hostettler liegt mitten im Dschungel am Südende des Nationalparks. Hier befindet sich auch die Zentrale der örtlichen Umweltschutzorganisation Pro Cosara, die eine unerschöpfliche Informationsquelle zum Naturschutzgebiet ist. Die Anlage besteht aus gemütlichen Holzhütten mitten in einem Wald mit wunderbaren Wanderwegen und einem herrlichen See zum Baden.

Guyra Reta LODGE $$
(021-22-9097; www.guyra.org.py; Zi. 100 000 G/Pers., Mahlzeiten nach Vereinbarung 80 000 G/Pers.) Um zu dieser Lodge innerhalb des Nationalparks zu kommen, ist ein eigenes Fahrzeug mit Allradantrieb oder ein Führer erforderlich. Neben Pro Cosara sind die Schlafsäle dieser Lodge, die sich mitten auf grünem Weideland befindet, die einzige Unterkunft im Nationalpark. Sie muss lange im Voraus bei Guyra Paraguay in Asunción gebucht werden, vor allem wenn man auch Verpflegung wünscht.

An- & Weiterreise

Die klapprigen Busse von Pastoreo fahren täglich um 8 und 11.30 Uhr von Encarnación nach Ynambú, 12 km außerhalb des Parks (25 000 G, 3 Std.). Wer auf eigene Faust anreist, muss sich im Voraus darum kümmern, hier abgeholt zu werden. FAUNA Paraguay (S. 866) organisiert sehr empfehlenswerte All-inclusive-Touren zur Vogelbeobachtung im Park. In den drei- bis viertägigen Touren ab Encarnación sind auch Besuche in Pro Cosara und Guyra Reta enthalten.

ÖSTLICHES PARAGUAY

Das heute als Alto Paraná bekannte Gebiet war früher von undurchdringlichen Wäldern voller Tiere und Pflanzen bedeckt. Doch durch den Bau des zweitgrößten Damms der Welt hat sich hier alles verändert: Riesige Flächen unberührten Waldes wurden überflutet, Wasserfälle, vergleichbar mit den Iguazú-Fällen, verschwanden. Der Damm führte zur Erschließung dieser urzeitlichen Region: Eine Stadt mit dem Namen des verhassten Diktators wurde gegründet, und unzählige Bauern kamen ins Land mit der Absicht, die Reste der uralten Wälder in Sojafelder zu verwandeln.

Ciudad del Este

061 / 550 000 EW.

Die „Stadt des Ostens" hieß ursprünglich Puerto Presidente Stroessner zu Ehren des früheren Diktators des Landes. Ihren Spitznamen „Supermarkt Südamerikas" verdankt sie dem schwunghaften Handel mit Schmuggelware. Der Teil der Stadt, der sich direkt an der verkehrsreichen Grenze zu Brasilien befindet, ist sehr chaotisch und vermittelt einen eher abschreckenden ersten Eindruck von Paraguay. Doch allen, die über diese Grenze einreisen, sei versichert, dass dies für den Rest des Landes nicht zutrifft. Schon die Stadt selbst ist überraschend angenehm und bietet einige interessante Sehenswürdigkeiten in der Umgebung. Wer nur zum Shoppen herkommt, kann sich sofort ins Chaos stürzen und sich dem Kaufrausch hingeben.

Schlafen

Die meisten Unterkünfte der Stadt sind für Geschäftsreisende mit Spesenkonto gedacht. Die Unterkünfte der mittleren Preisklasse sind ihr Geld aber durchaus wert, vor allem angesichts der gigantischen Frühstücksbüfetts, die jeweils im Preis inbegriffen sind.

Hotel Tía Nancy HOTEL $
(50-2974; Ecke Garcete & Cruz del Chaco; Zi. mit Ventilator/Klimaanlage 80 000/100 000 G;) Die Zimmer des freundlichen Hotels in

> **ABSTECHER**
>
> ### PILAR
>
> Verborgen in der äußersten südwestlichen Ecke Paraguays, im zungenbrecherischen Departamento Ñeembucú (ausgesprochen: Nüimbuku), ermöglichen die staubigen Straßen von Pilar einen charmanten Einblick in das traditionelle Paraguay. Dieser Ort ist die Textilhauptstadt des Landes und die Stoffe sind in ganz Paraguay heiß begehrt. Traveller interessieren sich aber wahrscheinlich mehr für die Statuen der heimischen Tiere, die in der Stadt verstreut sind (mit dem Reiseführer in der Hand kann man eine Statuen-Tour machen).

ℹ️ EINREISE NACH BRASILIEN UND ARGENTINIEN

Der Grenzübergang nach Brasilien (Foz do Iguaçu) ist die Puente de la Amistad (Brücke der Freundschaft). Einwanderungsbüros befinden sich auf beiden Seiten der Brücke. Zwischen 6 und 19.30 Uhr fährt am Busbahnhof von Foz do Iguaçu alle 10 Minuten ein Bus nach Ciudad del Este (3 R$) ab. Da Reisende im Gegensatz zu den Einheimischen ihren Pass an der Grenze vorlegen müssen, sollte man den Fahrer bitten, bei den Einwanderungsbüros anzuhalten.

Die Einheimischen können auch mit der Autofähre direkt von Ciudad del Este nach Puerto Iguazú in Argentinien fahren, doch für Traveller kann es dann schwierig werden, die erforderlichen Ein- und Ausreisestempel zu bekommen. Oder man fährt mit der Fähre zuerst nach Brasilien und reist auf dem Landweg nach Argentinien ein. Das bedeutet aber die doppelten Zollformalitäten. Allerdings ist für die Einreise nach Brasilien kein Visum erforderlich, es sei denn, man will länger dort bleiben.

---

der Nähe des Busbahnhofs sind zwar recht dunkel, aber ruhig und ideal für einen Zwischenstopp. Für Paare ist es günstiger, denn die Preise gelten immer pro Zimmer.

Hotel Austria   HOTEL $$
(☏ 50-0883; www.hotelrestauranteaustria.com; Fernández 165; EZ/DZ 220000/245000 G; ❄@ 🛜) Das saubere Hotel im europäischen Stil hat geräumige Zimmer mit großem Bad und noch größerem Frühstück. Im ebenfalls hervorragenden Restaurant werden deutsche und österreichische Spezialitäten serviert.

Hotel Munich   HOTEL $$
(☏ 50-0347; Fernández 71; EZ/DZ 200000/ 240000 G; ❄@🛜) Das solide Mittelklasse-Hotel ist nur einen Katzensprung von der Grenze entfernt. Die großen, gemütlichen Zimmer haben auch Kabel-TV.

🍴 Essen

Besonders günstig isst man an den Ständen entlang der Capitán Miranda und Av Monseñor Rodriguez. An der Av del Lago reiht sich ein *rodízio*-Restaurant im brasilianischen Stil ans andere, bei denen dicke Fleischstücke serviert werden und wo man essen kann, bis man (fast) platzt.

Gugu's   CHINESISCH $$
(Ecke Boquerón & Jára; Hauptgerichte 27000– 55000 G; ⊙ Mo–Sa) Die schmackhaften Gerichte des guten chinesischen Restaurants sind ihr Geld durchaus wert, zumal die Portionen locker für zwei reichen.

SAX   BISTRO $$
(Av San Blás; Pizza ab 60000 G, Bistro-Gerichte ab 25000 G) Auf der Speisekarte des außergewöhnlichen Restaurants über dem trendigen SAX-Kaufhaus stehen Pizzas, Sushi und Bistrogerichte.

ℹ️ Praktische Informationen

GELD
Fliegende Geldwechsler sind vor allem rund um das Gebäude der Pioneros del Este in der Nähe der Grenze zu finden. Die Av Adrián Jara ist von Banken mit Geldautomaten gesäumt.

POST
Post (Ecke Alejo Garcia & Centro Democrático; ⊙ Mo–Fr 8–17, Sa 8–12 Uhr)

TOURISTENINFORMATION
Senatur-Büro (☏ 50-8810; Ecke Adrián Jara & Mcal Estigarribia; ⊙ tgl. 7–19 Uhr). Ein weiteres, kleineres Büro ist an der Grenzbrücke.

ℹ️ An- & Weiterreise

BUS
Der **Busbahnhof** (☏ 51-0421; Chaco Boreal) liegt etwa 2 km südlich des Zentrums. Stadtbusse (3000 G) verbinden ihn regelmäßig mit dem Zentrum und fahren weiter zur Grenze. Regelmäßig starten Busse nach Asunción (60000–120000 G, 4½–6 td.) und Encarnación (60000–80000 G, 5½ Std.). Pluma- und Sol-del-Paraguay-Busse fahren täglich nach São Paulo, Brasilien (240000 G, 17 Std.).

FLUGZEUG
Der kleine Aeropuerto Guaraní liegt an der Ruta 2, 30 km westlich der Stadt. Bei entsprechendem Bedarf legen die Flugzeuge auf dem Weg von Asunción nach Brasilien hier einen Stopp ein.

TAXI
Taxis sind ziemlich teuer – sie kosten etwa 30000–40000 G für die Fahrt ins Zentrum.

Rund um Ciudad del Este

Abgesehen von den Einkaufszentren befinden sich die meisten Sehenswürdigkeiten von Ciudad del Este außerhalb der Stadt.

⊙ Sehenswertes & Aktivitäten

Itaipú-Staudamm GEFÜHRTE TOUR
Paraguays Medien präsentieren gern ganze Fluten von Fakten und Zahlen zum Wasserkraftwerk Itaipú, dem zweitgrößten Staudamm der Welt (nach Chinas Drei-Schluchten-Damm). Itaipús Generatoren erzeugen fast 80 % des in Paraguay benötigten Stroms und liefern 25 % des brasilianischen Bedarfs. Befürworter des Kraftwerks geraten angesichts dieser Errungenschaft ins Schwärmen, lassen dabei aber die Kosten von 25 Mrd. US$ gern außer Acht und vermeiden es auch, die Folgen für die Umwelt zu erwähnen.

Der 1350 km² große, 220 m tiefe Stausee hat nämlich die Sete Quedas überschwemmt, eine Reihe von Wasserfällen, die noch eindrucksvoller waren als die Iguazú-Fälle. Kostenlose Führungen starten am Besucherzentrum nördlich von Ciudad del Este nahe der Ortschaft Hernandarias – Pass mitbringen! Alle Busse mit der Aufschrift „Hernandarias" (3000 G, alle 15 Min.) passieren den Staudamm sowie Flora und Fauna Itaipú Binacional. Die einfache Strecke mit dem Taxi kostet etwa 45 000 G (hin & zurück 70 000 G, inkl. Wartezeit).

Salto del Monday WASSERFALL
(Eintritt 5000 G) Der „Mon-da-Uh" ausgesprochene Wasserfall ist 10 km außerhalb von Ciudad del Este. Obwohl er beeindruckende 80 m hoch ist, steht er völlig im Schatten der nahen Iguazú-Wasserfälle jenseits der Grenze. Dabei ist der Monday durchaus einen Besuch wert, vor allem in der Dämmerung, wenn sich Tausende von Mauerseglern dort sammeln, bevor sie sich zu ihren Schlafplätzen auf den glitschigen Felsen hinter dem Wasserfall begeben.

Die Hin- und Rückfahrt mit dem Taxi kostet etwa 75 000 G (inkl. Wartezeit).

Monumento Bertoni DENKMAL
Der Schweizer Moisés Bertoni ließ sich mit seiner Familie im Dschungel Paraguays nieder und gründete dort eine Forschungsgemeinschaft. Jedem seiner Kinder übertrug er die Erforschung eines bestimmten Bereichs, und so leisteten die Bertonis einen wichtigen Beitrag zur Entwicklung der (zugegeben recht überschaubaren) wissenschaftlichen Forschungen im Paraguay des frühen 20. Jhs.

Am bekanntesten dürfte sein Sohn Winkelried sein, der als anerkannter Biologe eine Forschungsarbeit nach der anderen veröffentlichte, bis er mit Anfang 30 der Wissenschaft im Dschungel den Rücken kehrte und nach Asunción ging, um in einer Bank zu arbeiten. Das Denkmal ist das ehemalige Wohnhaus der Familie und beherbergt ein Museum, das die recht beträchtlichen Leistungen und Werke der Familie dokumentiert. Auskünfte zur Besichtigung des Hauses erteilt die Touristeninformation Senatur in Ciudad del Este (S. 850).

Mbaracayú Biosphärenreservat

Der WWF zeichnete es als einen der 100 weltweit wichtigsten Orte für die Artenvielfalt aus: das 70 000 ha große Mbaracayú Biosphärenreservat ist einer von Paraguays Naturschätzen. Es besteht zu etwa gleichen Teilen aus unberührtem Atlantischen Regenwald sowie *cerrado* (Savanne) und beheimatet mehr als 400 Vogelarten und eine ganze Reihe großer Säugetiere. Vogelbeobachter werden nach dem Nacktkehl-Glockenvogel (Paraguays Nationalvogel), dem seltenen Wellenohrspecht und dem gefährdeten Schwarzmaskenguan (*Pipile jacutinga*) Ausschau halten. Das Reservat ist auch Heimat für einen indigenen Aché-Stamm, der hier mit traditionellen Methoden jagen darf.

Dieses beispielhafte Reservat wird von der Fundación Moisés Bertoni (S. 865) geleitet. Man benötigt einen geländegängigen Wagen, wenn man selbst hinfahren möchte, oder man nimmt den Perla-del-Sur-Bus um 11.30 oder 23.30 Uhr von Asunción nach Villa Ygatimi (65 000 G, 8 Std.) und lässt sich von dort abholen.

🛏 Schlafen

★ Mbaracayú Eco-lodge LODGE $$
(☎ 0985-26-1080; Jejui-Mi; Eintritt Reservat 10 000 G, EZ/DZ 150 000/220 000 G, VP 40 000 G; ❄🛜) ✆ Die beste Öko-Lodge in Paraguay ist Teil eines innovativen Tourismusprojekts, das Bildung, Naturschutz, Frauenförderung und Tourismus miteinander verbindet. Geführt wird die Lodge von den Studentinnen der örtlichen Fakultät für Ökologie, die an der Rezeption sitzen, kochen, bedienen und putzen, um einen Abschluss als Hotelfachfrau zu erwerben.

NÖRDLICHES PARAGUAY

Die meisten Reisenden haben das nördliche Paraguay nicht auf dem Plan, aber die Kolonialstadt Concepción ist der beste Ort, um

> **NICHT VERSÄUMEN**
>
> ### RESERVA NATURAL LAGUNA BLANCA
>
> Die Laguna Blanca, ein unberührter, kristallklarer See, hat ihren Namen von dem atemberaubenden Sandstrand und ihrem Grund – aus der Luft betrachtet leuchtet er in reinem Weiß. Das den See umgebende *cerrado*-Habitat ist Heimat für seltene Vögel und Säugetiere wie den Mähnenwolf und die gefährdete Weißflügel-Nachtschwalbe, die hier eines von nur drei Brutgebieten weltweit hat.
>
> Um hierher zu kommen, nimmt man einen der regelmäßigen Busse von Asunción nach San Pedro oder Concepción und steigt in Santa Rosa del Aguaray aus (50 000 G, 5 Std.); Freiwillige werden von dort abgeholt. Normale Besucher nehmen einen der unregelmäßig fahrenden Regionalbusse nach Santa Barbara, die am Eingang zum Grundstück halten. Von dort sind es noch 3 km zu Fuß zu den Unterkünften. Die Santa-Barbara-Busse fahren um 10 Uhr, um 14.30 Uhr und manchmal auch um 17 Uhr ab (10 000 G, 1 Std.), man muss Asunción also vor 8 Uhr verlassen, wenn man nicht in Santa Rosa stranden will.
>
> Wer nicht nur faul am Strand liegen will, kann sich in der **Biologischen Station Para La Tierra** (0985-26-0074; www.paralatierra.org; Reserva Natural Laguna Blanca; 125 000 G inkl. VP, Ermäßigung bei längerem Aufenthalt) als freiwilliger Helfer engagieren. Die Station betreibt wissenschaftliche Forschungen, soziale Projekte und Programme zur Umwelterziehung. Außerdem bietet sie Unterkunft und Verpflegung.

auf ein Schiff zu gelangen, das nordwärts den Río Paraguay entlangfährt. Diese abgelegene Gegend ist voller Naturwunder und die Straße östlich von Pozo Colorado nach Concepción ist berühmt für ihren großen Tier- und Pflanzenreichtum.

Concepción

0331 / 90 000 EW.

Die „Perle des Nordens" ist eine friedvolle Stadt am Río Paraguay – mit hübschen Gebäuden aus dem frühen 20. Jh. und einem entspannten Ambiente. „Action" bedeutet in dieser Gegend, wenn ein Pferd mit einem Wagen voller Wassermelonen vorbeitrottet oder ein Schiff im Hafen einläuft. Flussfahrten sind Concepcións Magnet für Reisende – von kurzen Trips mit Einheimischen im Rahmen von Wochenendausflügen an die nahen Sandstrände bis hin zu abenteuerlichen Odysseen gen Norden und nach Brasilien.

Sehenswertes & Aktivitäten

In Estigarribia stehen große **Herrenhäuser**, die nun städtische Gebäude sind.

Maria Auxiliadora BAUWERK
(Agustín Pinedo) Der größte Blickfang der Stadt ist die enorme Statue der Maria Auxiliadora (Jungfrau Maria), die über dem nördlichen Ende der Hauptstraße aufragt.

Museo del Cuartel de la Villa Real MUSEUM
(Ecke Marie López & Cerro Cordillera; Mo–Sa 7–12 Uhr) GRATIS Wer der schläfrigen Atmosphäre der Stadt nicht verfällt, findet im Museum in den schön restaurierten Kasernen eine Ausstellung historischer Gegenstände und Kriegsutensilien.

Museo de Arqueología Industrial MUSEUM
(Agustín Pinedo) GRATIS Wer Maschinen toll findet, ist in diesem Freilichtmuseum mit einer Sammlung uralter industrieller und landwirtschaftlicher Maschinen gut aufgehoben.

Schlafen & Essen

Unterkünfte in Concepción sind teuer und oft das Geld nicht einmal wert. Am besten isst man auch im Hotel, es sei denn, man ist süchtig nach Brathähnchen. In diesem Fall geht man in eines der vielen Lokale in der Franco.

Hotel Frances HOTEL $$
(24-2383; Ecke Franco & CA López; EZ/DZ 130 000/190 000 G; ❄@≋) In dem hübschen Hotel ist alles sehr appetitlich: der bezaubernde Garten, das Frühstücksbüfett und das Restaurant insgesamt sowie die einzigartigen, handgefertigten Lampen in den Zimmern.

Concepción Palace HOTEL $$$
(24-1858; www.concepcionpalace.com.py; Mcal López 399; EZ/DZ 330 000/390 000 G; ❄@🌐≋) Bei Weitem das vornehmste Hotel der Stadt. Die stilvollen Zimmer mit Holz und Leder haben Erker, die den Blick über die staubigen Straßen freigeben. Ein beeindruckender Pool und das beste Restaurant der Stadt vervollständigen den Effekt.

ℹ️ An- & Weiterreise

BUS

Der **Busbahnhof** (📞 24-2744; Ecke Koff & Asunción) ist acht Straßen nördlich der Stadtmitte.

Die besten Verbindungen nach Asunción (80 000 G, 4½–6 Std.) bieten La Santaniana und La Concepciónera. Ihre Busse fahren aber auch nach Pedro Juan Caballero (35 000 G, 5 Std.) und Filadelfia (90 000 G, 6 Std.). Die Busse von NASA fahren täglich um 12.30 und 20 Uhr nach Ciudad del Este (100 000 G, 9 Std.).

Bahía Negra & der paraguayische Pantanal

Der paraguayische Pantanal (Pantanal Paraguayo) ist abgelegen, einsam und kaum besucht, doch wer bereit ist, die Anstrengung auf sich zu nehmen und mehr dafür zu bezahlen als im brasilianischen Teil, wird mit einer faszinierenden Landschaft, einem Abenteuer weit abseits der üblichen Pfade und einer ungeheuren Vielfalt an Tieren und Pflanzen belohnt. Da es hier so gut wie keine touristischen Einrichtungen gibt, ist man ganz auf sich alleine gestellt. Selbst einheimische Führer sucht man vergeblich.

Die wichtigste Zugangsmöglichkeit ist Bahía Negra. Hier gibt es zwar nicht viel zu sehen außer einer Militärbasis, doch der Besuch ist ein notwendiges Übel, um Flussreisen am Río Negro entlang zu organisieren. Wilde Tiere gibt's hier im Überfluss, Greif- und Wasservögel fliegen vom Flussufer auf, Sumpfhirsche grasen im Röhricht, und Kaimane und Wasserschweine sonnen sich auf freiliegenden Sandbänken.

🛏️ Schlafen & Essen

Aufgrund der Abgeschiedenheit gibt es in Bahía Negra nur wenige Unterkünfte, die völlig übertreuert sind. So kostet ein Zimmer in den heruntergekommenen Häusern der Hauptstraße ca. 50 000 G pro Person. Auch Essen ist schwer zu bekommen. Deshalb sollte man alles, was über Grundnahrungsmittel hinausgeht, mitbringen.

Tres Gigantes   LODGE $$

(📞 021-22-9097; 100 000 G/Pers. ohne Verpflegung) Das hübsche Holzhaus mit Ventilatoren und Blick auf den Río Negro ist die einzige Unterkunft im Pantanal. Die Bootsfahrt zu der westlich von Bahía Negra gelegenen Lodge dauert gut eine Stunde. Bei der Buchung über Guyra Paraguay in Asunción (S. 865) sollte man auch gleich die Bootsfahrt organisieren. Strom wird mit einem Generator erzeugt. Das ist teuer und muss extra bezahlt werden. Bei der Buchung sollte man sich auch nach der Verpflegung erkundigen. Ist diese vor Ort nicht möglich, muss man als selber mitbringen, kann aber zumindest die Küche benutzen.

ℹ️ An- & Weiterreise

Von Asunción fahren die unbequemen Busse von **Stel Turismo** (📞 021-551-647; Ecke Av

AUF DEM RÍO PARAGUAY IN DEN PANTANAL

Nördlich von Concepción windet sich der Río Paraguay langsam in Richtung des paraguayischen Pantanal. Im Gegensatz zum brasilianischen Pantanal verirrt sich kaum ein Reisender in diesen Teil des riesigen Sumpfgebiets. Und so sind die Leute auf dem Boot und die wilden Tiere die einzige Gesellschaft auf dieser Reise. Für die Bootsfahrt sollte man eine Hängematte und ein Moskitonetz mitbringen, und sich schnell ein gutes Plätzchen sichern, denn die Boote sind immer voller Einheimischer, die darauf auch übernachten. Auf einigen Booten gibt es auch einfache Kabinen (rund 30 000 G/Nacht), die aber lang im Voraus gebucht werden müssen. Essen muss man ebenfalls selber mitbringen.

Die Standardrouten führen von Concepción über Vallemí nach Fuerte Olimpo (letzte Möglichkeit, einen Ausreisestempel zu bekommen; besser und sicherer ist es, den Stempel schon in Asunción zu holen) und ins winzige Städtchen Bahía Negra an der Grenze zu Bolivien und Brasilien. Ein Ausreisestempel ist nur für die Weiterreise in Richtung Norden nach Brasilien oder Bolivien erforderlich. Wer in Paraguay bleibt, benötigt ihn nicht.

Zu den Booten, die von Concepción flussaufwärts nach Vallemí (65 000 G, 30 Std.) und weiter bis nach Bahía Negra (120 000 G, 2½–3 Tage) fahren, gehören die *Aquidabán* (Abfahrt Di 11 Uhr, Rückfahrt Fr) und die unregelmäßig verkehrende *Guaraní*, die nur alle zwei Wochen montagnachmittags über Vallemí bis nach Fuerte Olimpo schippert und donnerstags wieder zurückkehrt. Über den **Fahrplan** (📞 0331-24-2435) und die Verfügbarkeit der Boote sollte man sich im Voraus informieren, denn das ändert sich ständig.

> **ℹ️ EINREISE NACH BOLIVIEN**
>
> Auf paraguayischer Seite war die Ruta Trans-Chaco einmal durchgehend asphaltiert, doch mittlerweile ist sie ab Mariscal Estigarribia (der Zollstation bei Kilometer 510) in einem sehr schlechten Zustand. Dennoch wird sie von mehreren Bussen täglich auf ihrem Weg von Asunción nach Santa Cruz in Bolivien befahren. Abfahrt der Busse ist jeweils am frühen Abend. Offiziell dauert diese Fahrt (200 000–300 000 G) 24 Stunden, meist aber wesentlich länger.
>
> In den frühen Morgenstunden halten die Busse beim Zollamt in Mariscal Estagarribia an, damit sich die Passagiere ihren Ausreisestempel holen können, bevor sie ein paar Stunden später beim Fortín Infante Rivola die Grenze nach Bolivien überqueren. Dort befindet sich nur ein Grenzposten, bei dem es keinen Ausreisestempel gibt. Der bolivianische Grenzposten befindet sich erst im 60 km entfernten Ibibobo. Qualität und Service der nach Bolivien fahrenden Busse sind sehr unterschiedlich. Außerdem verteilen die einzelnen Unternehmen die Passagiere untereinander auf, sodass man nicht unbedingt auch mit dem Unternehmen fährt, bei dem man das Ticket gekauft hat.
>
> Da die Busse nach Bolivien nicht durch die Mennoniten-Kolonien fahren (obwohl dort auch Fahrkarten verkauft werden), muss man morgens in Filadelfia den NASA-Bus nach Mariscal Estigarribia nehmen und dort auf den Anschlussbus in den frühen Morgenstunden des nächsten Tages warten. Oder man organisiert die Reise so, dass die Rückkehr nach Asunción nicht allzu umständlich ist.

República Argentina & Av Fernando de la Mora in Asunción) einmal wöchentlich nach Bahía Negra (200 000 G, 18 Std.). Abfahrt ist donnerstags um 19 Uhr, die Rückfahrt ist samstags, sofern das Wetter und die Straßenverhältnisse es zulassen. Von Bahía Negra muss man mit dem Motorboot in die Wildnis des Patanal fahren, doch das Angebot ist beschränkt und teuer, denn die Benzinkosten in dieser abgelegenen Gegend sind extrem hoch. So kostet ein Boot mit Kapitän rund 350 000 G pro Tag plus die Kosten fürs Benzin.

Wer Zeit und Lust auf eine gemütliche Fahrt auf dem Fluss hat, fährt mit der langsamen Bummelfähre *Aquidabán* nach Bahía Negra (120 000 G, 2½–3 Tage). Sie legt dienstags um 11 Uhr in Concepción ab und kommt freitags zurück.

DER CHACO

Die massive Abholzung großer Flächen des Gran Chaco sorgten zuletzt für internationale Schlagzeilen. Auch wenn dies nichts an der Situation geändert hat, ist der Chaco immer noch eine faszinierende Landschaft mit einer besonders artenreichen Tierwelt. Die weite Ebene, die sich fast über die ganze westliche Hälfte Paraguays bis weit nach Argentinien und Bolivien hinein erstreckt, lässt sich grob in die sumpfigen Palmensavannen des Feuchten Chaco (die ersten 350 km westlich von Asunción) und die dornigen Buschwälder des Trockenen Chaco (der Rest) unterteilen.

Mitten hindurch führt die **Ruta Trans-Chaco**, von der man leicht Schwärme von Wasser- und Raubvögeln beobachten kann. Obwohl der Chaco mehr als 60 % der Gesamtfläche Paraguays einnimmt, leben hier nur 3 % der Bevölkerung. Waren dies früher vor allem indigene Jäger und Sammler, so ist der Mittlere Chaco heute von Siedlungen der Mennoniten geprägt.

Die Mennoniten-Kolonien

Von den drei mennonitischen Siedlungen im zentralen Chaco sind nur zwei mit öffentlichen Verkehrsmitteln zugänglich: Filadelfia und Loma Plata. Viele Besucher sind überrascht, wie klein diese beiden Städte sind. Zwar gibt's hier nicht viel mehr zu tun, als die einmalige Atmosphäre zu genießen, aber eine interessante kurze Pause ist damit garantiert. Die Siedlungen sind zudem ein guter Ausgangspunkt, um die Umgebung zu erkunden.

ℹ️ An- & Weiterreise

Busunternehmen haben ihre Büros entlang und in der Nähe der Av Hindenburg in Filadelfia. NASA fährt täglich nach Asunción (70 000 G, 8 Std.), und auch nach Concepción (90 000 G, 8 Std.) fährt täglich ein Bus. Busse nach/von Filadelfia fahren auf ihrer Route auch durch Loma Plata.

Da die meisten Einheimischen mit dem eigenen Auto unterwegs sind, sind Busreisen zwischen den Kolonien etwas knifflig umzusetzen. Der Nahverkehr ist unregelmäßig unterwegs, die Abfahrtszeiten liegen in den frühen Morgenstunden und am späten Abend.

Filadelfia

📞 0491 / 8000 EW. (IN DER KOLONIE)

Diese niedliche Siedlung, es ist das Verwaltungszentrum der Mennoniten-Kolonie Fernheim, wirkt wie ein Vorort von München, der von einer Sandwüste umgeben ist. Die staubige Av Hindenburg ist die Hauptstraße, aber ein richtiges Zentrum sucht man hier vergebens – das Herz des Ortes ist die riesige Molkereigenossenschaft.

⊙ Sehenswertes

Jakob Unger Museum — MUSEUM

(Av Hindenburg; ⊙ Mo-Fr 7–11.30 Uhr) GRATIS Das funkelnagelneue naturgeschichtliche Museum wurde nach dem berühmten Mennoniten-Naturforscher benannt und ist gerammelt voll mit ausgestopften Tieren.

Kolonistenmuseum — MUSEUM

(Av Hindenburg; ⊙ Mo-Fr 7–11.30 Uhr) GRATIS Das knarrende Holzhaus, das dieses Museum beherbergt, war früher das Hauptquartier der Kolonie. Man findet darin von allem etwas: von Infos über die mennonitische Geschichte über selbstgebastelte Flammenwerfer zur Heuschreckenbekämpfung bis hin zu den bunten Kopfbedeckungen der Nivaclé.

🛏 Schlafen & Essen

Hotel Florida — HOTEL $$

(📞 43-2151; www.hotelfloridachaco.com; Hindenburg 984; EZ 200 000–250 000 G, DZ 240 000–320 000 G; ✷ 🞋 🞋) Das typisch deutsche Hotel ist die schönste in Filadelfia. Die Preise richten sich nach „Neu" und „Alt", wobei die neuen Zimmer schöner und größer sind.

Girasol — BRASILIANISCH $$

(Unruh; Büfett 60 000 G) Das All-you-can-eat-Büfett besteht aus leckeren brasilianischen Grillgerichten.

Shoppen

Cooperativa Mennonita — SUPERMARKT

(Unruh Ecke Hindenburg) Der riesige, gut ausgestattete Cooperativa Mennonita-Supermarkt lohnt den Besuch – es ist bemerkenswert, wie viel unter dieses Dach passt. Traveller sind aber wahrscheinlich die einzigen, die hier bezahlen – die Mennoniten kaufen eher auf Kredit als dass sie in harter Währung zahlen.

ℹ Praktische Informationen

Touristeninformation (Av Hindenburg, Filadelfia; ⊙ Mo-Fr 7–11.30 Uhr) Informationen auf Englisch, Deutsch und Spanisch.

Loma Plata

📞 0492 / 12 500 EW. (KOLONIE)

Das Verwaltungszentrum der Mennoniten-Kolonie ist die älteste und traditionellste der mennonitischen Siedlungen. Der weitläufige Co-Operativa-Supermarkt ist wegen des Einblicks in das Leben der Mennoniten einen Besuch wert.

⊙ Sehenswertes

Museum für mennonitische Geschichte — MUSEUM

(Loma Plata); ⊙ Mo-Fr 8–12 Uhr) GRATIS Das ausgezeichnete kleine Museum mit Touristeninformation befindet sich in einem Komplex alter Pionierhäuser. In der interessanten

---

DIE MENNONITEN-KOLONIEN IM CHACO

Etwa 15 000 Mennoniten leben im Chaco. Laut ihrer eigenen Geschichtsschreibung wurden einst Mennoniten aus Kanada eingeladen, sich auf diesem Land, das sie als üppig grün erachteten, niederzulassen und es zu bewirtschaften; im Gegenzug bekamen sie ihre Grundrechte zugesagt: Religionsfreiheit, Befreiung vom Militärdienst, eine unabhängige Verwaltung ihrer Gemeinden, das Recht, Deutsch zu sprechen und ihre religiösen Bräuche auszuüben. Die harte Realität im unwirtlichen, trockenen Chaco war jedoch ein Schock für sie und ein großer Teil der ursprünglichen Siedler erlag Krankheiten, Hunger und Durst, während sie versuchten, hier Fuß zu fassen.

Auch anderswo in Paraguay findet man Mennoniten-Gemeinden, aber die Kolonien im Chaco sind für ihre Ausdauer, die sie in der „grünen Hölle" an den Tag legen, ebenso bekannt wie für ihren wirtschaftlichen Erfolg. So produzieren ihre Kooperativen u. a. den Großteil der Milchprodukte des Landes.

Heute gibt's drei Hauptkolonien im Chaco. Die älteste, **Menno**, wurde im Jahr 1927 von den ersten Siedlern gegründet und erstreckt sich um Loma Plata herum. **Fernheim** (Hauptstadt: Filadelfia) wurde 1930 von Flüchtlingen aus der Sowjetunion gegründet, und 1947 gründeten Deutsch-Ukrainer die Kolonie **Neuland** (Hauptstadt: Neu-Halbstadt).

> **NICHT VERSÄUMEN**
>
> **DIE TRANSCHACO RALLY**
>
> Die dreitägige, internationale **Transchaco Rally** (http://rally.com.py) im September gilt als eines der härtesten Autorennen der Welt. Wer in dieser Zeit in den Chaco reist, muss die Unterkunft lange im Voraus buchen.

Ausstellung wird die Geschichte der Kolonie anhand von Originalfotografien und -dokumenten erzählt. Das Museum befindet sich neben der örtlichen Cooperativa.

Schlafen & Essen

Loma Plata Inn — HOTEL $$
(25-3235; Eligio Ayala; EZ/DZ 200000/ 250000 G, Büfett 78000 G; ❄@📶) Das professionell geführte Hotel ist sehr gemütlich. Es ist die beste Unterkunft der Stadt und verfügt mit dem Chaco Grill auch über ein tolles, aber teures *rodízio*-Restaurant.

Hotel Mora — HOTEL $$
(25-2255; Sandstrasse 803; EZ/DZ 110000/ 200000 G; ❄@📶) Die schönen, blitzsauberen Zimmer befinden sich auf einem mit Gras bewachsenen Gelände.

★Meshin — CHINESISCH $$
(Loma Plata; Büfett 40000 G/kg) Trotz seiner Lage in der Nähe des Flugfeldes ist das Restaurant sehr gut und bietet wohl das beste chinesische Büfett im Land.

Rund um die Mennoniten-Kolonien

Ohne eigenes Fahrzeug oder Mietwagen lässt sich die Gegend außerhalb der mennonitischen Städte kaum erkunden. Wer es dennoch versucht, wird mit fantastischen Naturerlebnissen belohnt.

Sehenswertes & Aktivitäten

Laguna Capitán — TIERBEOBACHTUNG
Eine Reihe ephemerer Salzseen östlich von Loma Plata sind ein wichtiger Lebensraum für Zugvögel. Auch wenn einzelne Seen jahrelang ausgetrocknet sind, bevor sie sich nach einem starken Regen wieder füllen, finden die Vögel hier ihr Auskommen. Die Laguna Capitán ist am besten zugänglich.

Von Mai bis September ist es hier am schönsten, denn dann tummeln sich Scharen von exotischen Enten und Flamingos im See. Von Oktober bis Dezember sowie im März und April machen Wat- und Stelzvögel hier Station. Übernachten kann man in **Schlafsälen** (0983-34-4463; Zi. 50000 G/Pers.), die im Voraus gebucht werden müssen. Eine Küche steht auch zur Verfügung (50000 G/Tag).

Fortín Boquerón — MUSEUM
(Eintritt 5000 G; Di-Sa 8-18 Uhr) Fortín Boquerón war der Schauplatz einer entscheidenden Schlacht im Chaco-Krieg (1932–1935). Heute befinden sich dort ein Museum, ein Soldatenfriedhof und ein riesiges Denkmal, das aus den damaligen Verteidigungsanlagen und Schützengräben errichtet wurde. Die Anlage ist 65 km südlich der Abfahrt Cruce Los Pioneros von der Ruta Trans-Chaco.

Besonders bemerkenswert ist der ausgehöhlte *palo borracho*-Baum, in dem sich die Scharfschützen versteckten. Von vorne sieht man nur eine Art Spechtloch, und obwohl der Baum schon vor mehr als 70 Jahren ausgehöhlt wurde, lebt er immer noch.

Fortín Toledo — TIERBEOBACHTUNG
(www.cccipy.org; Eintritt 20000 G) In Fortín Toledo sind zwar auch noch die Schützengräben des Chaco-Krieges zu sehen, aber viel interessanter ist hier das Aufzuchtprojekt **Proyecto Taguá**. Der Taguá oder Chaco-Pekari sieht aus wie ein kleines Wildschwein und galt bis zur Wiederentdeckung in den 1970er-Jahren als ausgestorben. Das vom Zoo in San Diego initiierte Projekt dient der Zucht und Auswilderung der extrem scheuen und vom Aussterben bedrohten Tierart.

Außerdem leben hier noch die netten Halsbandpekaris und die gefährlich aussehenden Weißbartpekaris. So hat man hier die einmalige Gelegenheit, alle drei Arten von Nabelschweinen auf einmal zu sehen und miteinander vergleichen zu können. Auch der seltene Schwarzbauchspecht lässt sich manchmal blicken und vor allem hören.

Fortín Toledo erreicht man über die Abfahrt bei Kilometer 475 der Ruta Trans-Chaco. Danach folgt man noch für etwa 5 km den Pekari-Schildern. Es gibt eine **Unterkunft für Selbstversorger** (0985-10-7200; 80000 G/Pers.) in einem blitzblanken Haus, die im Voraus gebucht werden muss. Essen und Trinken müssen mitgebracht werden.

Nationalparks im Nordwesten

Früher war der **Parque Nacional Defensores del Chaco** die Heimat der nomadisch als Sammler lebenden Ayoreo, heute ist er bewaldetes Schwemmland. Sein höchster Punkt ist der einsam aufragende Cerro León (500 m). In dem dichten Dornenwald leben Großkatzen wie Jaguare und Pumas neben Tapiren und vielen Pekaris. Die zur Verfügung stehende kostenlose Unterkunft ist schrecklich, und man muss Essen und Trinken sowie Benzin für den Generator mitbringen. Der „Defensores" ist von Asunción weit entfernt (830 km), und die Straßen dorthin sind für normale Autos nicht passierbar. Reguläre öffentliche Verkehrsmittel fahren gar nicht hierher, und es ist auch keine gute Idee, ohne einen Führer aufzubrechen, ebensowenig, wenn man keinen Jeep als fahrbaren Untersatz hat.

Besser zugänglich ist der **Parque Nacional Teniente Agripino Enciso**, der eine bessere Infrastruktur zu bieten hat – es gibt ein Informationszentrum sowie ein Besucherhaus mit Küche und einigen klimatisierten Zimmern. Auch hier muss man Lebensmittel und Wasser selbst mitbringen.

Etwas weiter nördlich liegt der **Parque Nacional Médanos del Chaco**, in dem keine Unterkünfte zur Verfügung stehen und den man auch nicht ohne Führer besuchen sollte. Die Landschaft hier ist offener als im Enciso. Vogelbeobachter können sich auf die Suche nach heimischen Arten wie dem Schmucksteißhuhn und dem Tropfenfalken begeben.

Jeden Mittwoch fährt ein Minibus der NASA um 5 Uhr morgens von Mariscal Estigarribia nach Enciso (60 000 G, 15 Std.). Die Rückfahrt ist am gleichen Tag um 15 Uhr. Um diesen Minibus zu bekommen, fährt man am besten montagabends von Asunción mit einem Bus Richtung Santa Cruz und steigt in Mariscal aus (70 000 G, 8 Std.), wenn der Bus zur Erledigung der Grenzformalitäten anhält. In Mariscal Estigarribia gibt es ein halbwegs passables **Hotel** (Mobil 0975-513371; gegenüber dem Militärstützpunkt; EZ/DZ 120 000/180 000 G), das von dem unglaublich charismatischen (oder auch leicht verrückten) Dardo geführt wird. Allein wegen ihm lohnt es sich, hier zu übernachten. Sonst muss man eben einfach warten, bis die Sonne aufgeht.

PARAGUAY VERSTEHEN

Paraguay aktuell

Paraguay ist gegenwärtig so etwas wie ein Paria in Südamerika, nachdem es 2012 zu einer Reihe von Vorfällen kam, die ein Amtsenthebungsverfahren gegen den gewählten Präsidenten Fernando Lugo zur Folge hatten. Vizepräsident Federico Franco übernahm das Zepter nach einer politischen Auseinandersetzung, in deren Verlauf Lugo angeklagt und schuldig gesprochen wurde, seine Pflichten als Präsident zu sehr vernachlässigt zu haben, und zwar besonders im Hinblick auf die Handhabung von Streitereien über Landrechte. Doch die Kürze des Gerichtsprozesses, der weniger als 24 Stunden dauerte, sorgte international für Stirnrunzeln und führte dazu, dass die Nachbarländer Paraguay beschuldigten, den Prozess in antidemokratischer Weise geführt zu haben.

Der Mercosur, der gemeinsame Markt Südamerikas, bei dem Paraguay ebenfalls Mitglied ist, bezeichnete die Ereignisse offiziell als Staatsstreich; Argentinien, Brasilien und Uruguay weigerten sich, die Legitimität der Franco-Regierung anzuerkennen. Der Mercosur suspendierte die Mitgliedschaft Paraguays im Gemeinsamen Markt vorerst, eine Position, der später auch die Unasur (Union de Naciones Suramericanas) einstimmig folgte; in diesem Gremium sind alle südamerikanischen Länder Mitglied. Als Folge der Suspendierung Paraguays vom Mercosur wurde Venezuela als Vollmitglied anerkannt, Paraguay hatte zuvor gegen die Aufnahme des Landes gestimmt.

Verteidiger des Prozesses machten geltend, dass Paraguay seine demokratischen und souveränen Rechte ausgeübt hätte, wie sie in der Verfassung des Landes geregelt seien und nannten die Missbilligung der Nachbarländer die moderne Version eines Angriffs des Dreibunds.

Als im April 2013 die Wahlen endlich stattfanden, kam die Colorado-Partei unter dem Tabakmagnaten Horacio Cartes wieder an die Macht. Cartes versprach, Paraguay durch die Verbesserung der Infrastruktur in eine „neue Richtung" zu lenken, und kurbelte den wirtschaftlichen Aufschwung weiter an, indem er ausländische Investitionen ins Land holte. Dabei kamen aber Zweifel an seinen lauteren Absichten auf, denn er forderte die multinationalen Konzerne öffentlich dazu auf, „Paraguay zu nutzen und auszunutzen". Angesichts der ständigen Korruptionsskandale wegen der Verwicklung prominenter Politiker in den Drogenhandel (für die die Presse den Begriff *narcopoliticos* geprägt hat), der anhaltend massiven Abholzung des Chaco und der vielen Einschnitte in die von Präsident Lugo eingeführten Sozialprogramme hat die Regierung Cartes bis jetzt noch keines ihrer Versprechen bei der Amtsübernahme eingelöst.

Geschichte

Während seiner Expedition im Jahr 1537 gründete Pedro de Mendoza Asunción – und die Stadt wurde für fast ein halbes Jahrhundert die bedeutendste spanische Siedlung östlich der Anden, bis sich Buenos Aires vollständig etabliert hatte. Es verlor an Bedeutung als klar wurde, dass der Chaco den Durchgang zur sagenhaften „Stadt aus Gold" im heutigen Peru verwehrte.

Im frühen 17. Jh. gründeten Missionare der Jesuiten *reducciónes* (Niederlassungen/ Missionen) und brachten den eingeborenen Guaraní die europäische Kultur, neue Handwerkskünste, neue Getreidesorten und neue Anbaumethoden näher. Zum Zeitpunkt ihrer Vertreibung (die erfolgte, weil Madrid befürchtete, ihre Macht sei zu groß geworden) hatte sich der jesuitische Einfluss bereits ins heutige Bolivien, Brasilien und Argentinien ausgebreitet.

Die unblutige Revolution vom Mai 1811 brachte Paraguay die Ehre ein, als erstes südamerikanisches Land die Unabhängigkeit von Spanien zu erklären. Seit der Unabhängigkeit wurde die paraguayische Geschichte jedoch von einer Reihe von Diktatoren beherrscht, die die Richtung des Landes beeinflussten.

Dr. José Gaspar Rodríguez de Francia war der erste Führer des unabhängigen Paraguays. „El Supremo" wurde als stärkstes Mitglied der Próceres de Mayo (Gründungsväter) ausgewählt, zögerte jedoch ursprünglich, das Kommando zu übernehmen und bestand darauf, die Rolle nur solange zu akzeptieren, bis jemand Besseres gefunden wäre. Dieser Jemand tauchte jedoch nie auf und so regierte er bis zu seinem Tod im Jahr 1840. Francia riegelte die Landesgrenzen ab, um die wirtschaftliche Unabhängigkeit voranzubringen, enteignete Landbesitzer, Händler und selbst die Kirche und setzte den Staat als alleinige politische und wirtschaftliche Macht durch. Obwohl er umstritten war, wurde Paraguay unter seiner Herrschaft zur vorherrschenden Macht auf dem Kontinent.

Bis Anfang der 1860er-Jahre hatte Francias Nachfolger Carlos Antonio López Paraguays Isolation beendet, indem er Eisenbahnstrecken, ein Telegrafensystem, eine Schiffswerft und eine starke Armee aufbaute. Als er starb und die Macht an seinen Sohn Francisco Solano López überging, befand Paraguay sich in einer wichtigen Position. Verführt von seiner europäischen Erziehung, wollte Mariscal López unbedingt als Napoléon des amerikanischen Kontinents gesehen werden. Ihm zur Seite stand seine irische Kurtisane Eliza Lynch, die ihre eigenen Vorstellungen von der französischen High Society hatte. Ihr Traum, Asunción zu einem „Paris in Amerika" zu machen, verwandelte sie in eine unbeliebte Marie-Antoinette-Gestalt, und unter ihrer gemeinsamen Herrschaft verschlechterte sich der Zustand des Landes rapide.

Als Brasilien 1865 in Uruguay einmarschierte, wollte López die Gelegenheit ergreifen, sein militärisches Genie unter Beweis zu stellen und das deutlich kleinere Land vor dem Gegner zu retten. Um seine Armee zu Hilfe zu schicken, verlangte er die Erlaubnis, argentinisches Territorium zu durchqueren. Als Argentinien diese Erlaubnis verweigerte, erklärte er ihm ebenfalls den Krieg. Während Uruguay von den Brasilianern rasch überwältigt wurde, befand sich Paraguay plötzlich mit gleich drei seiner Nachbarn im Krieg. Der verheerende Krieg des Dreibunds hatte begonnen, und Paraguays Geschichte war an einem Wendepunkt angelangt. Die alliierten Kräfte waren den Paraguayern zehn zu eins überlegen und am Ende des Feldzugs kämpften zwölfjährige Jungen an der Front, nur mit Ackergeräten bewaffnet. Letztendlich hatte Paraguay die Hälfte seiner Bevölkerung und 26 % seines Staatsgebiets verloren.

Der nächste Krieg ließ nicht lange auf sich warten. Anfang des 20. Jhs., Paraguay hatte gerade mit politischen Umbrüchen zu kämpfen, begann Bolivien langsam in den Chaco einzudringen, was 1932 zum Ausbruch von Feindseligkeiten im großen Stil führte. Über die genauen Ursachen für den Chaco-Krieg wird gestritten, aber Boliviens Wunsch nach einem Seehafen (über den Río Paraguay) und Gerüchte über Ölvorkommen in der Gegend werden oft als Gründe genannt.

Im strapaziös heißen, trockenen Chaco war der Zugang zu Wasser der Schlüssel für den militärischen Erfolg, und der Krieg drehte sich um die Einnahme und Verteidigung der Trinkwasserquellen. Paraguay profitierte überdies von einer Bahnlinie, die die Briten erbaut hatten und die ihnen ermöglichte, die Truppen mit Nachschub aus Asunción zu versorgen. Die Briten hatten Bolivien schon früher davor gewarnt, sich

BÜCHER

At the Tomb of the Inflatable Pig von John Gimlette ist ein amüsanter Reisebericht mit sozialkritischen Kommentaren.

In der *Chronik der Guayaki* beschreibt Pierre Clastres dieses Nomadenvolk aus anthropologischer Sicht.

Historical Dictionary of Paraguay von Andrew Nickson ist das Standardwerk zur Geschichte des Landes.

Der eindrückliche Roman *Ich, der Allmächtige* über Paraguays Diktator Francia gilt allgemein als das beste Buch von Agusto Roa Bastos.

In seinem Fantasy-Roman *Land Without Evil* erzählt Matthew Pallamary vom Entstehen einer modernen Guaraní-Kultur und ihrem Kampf ums Überleben.

The Liberation of Little Heaven and Other Stories von Mark Jacobs ist eine Sammlung fiktiver Kurzgeschichten über Paraguay.

Der historische Roman *Die französische Geliebte: Eine Geschichte aus Paraguay* von Lily Tuck bezieht sich auf die Beziehung von Präsident Mariscal López zu Eliza Lynch und ihre Auswirkungen auf das Land.

Mehr über die zahlreichen Kriege Paraguays erfährt man in *Rebirth of the Paraguayan Republic* von Harris Gaylord Warren.

In *Menschensohn* erläutert der bekannteste paraguayische Autor Augusto Roa Bastos die konfliktreiche Geschichte seines Landes.

The Stroessner Era von Carlos Miranda behandelt Zeit und Person des Diktators.

---

mit einem Angriff auf die Bahnlinie einen weitaus gefährlicheren Feind zu machen. Demzufolge gelang es den paraguayischen Truppen, den zahlenmäßig überlegenen bolivianischen Kräften standzuhalten und sogar bis zur südbolivianischen Stadt Villamontes vorzudringen. Als die Sinnlosigkeit des Krieges immer offensichtlicher wurde, kam es 1935 zu einem Waffenstillstand. Es gab keinen klaren Sieger, aber 80 000 Tote.

Im folgenden Jahrzehnt versank Paraguay im Chaos, bevor ein kurzer Bürgerkrieg 1949 die Colorado-Partei an die Macht brachte. Nach einem Putsch 1954 wurde General Alfredo Stroessner Präsident. Seine brutale, 35 Jahre andauernde Militärherrschaft war gekennzeichnet von Unterdrückung und Terror und ist die längste Diktatur der südamerikanischen Geschichte. Vermeintliche politische Gegner wurden verfolgt, gefoltert und „verschwanden", Wahlen wurden gefälscht und Korruption wurde eine Art Industriezweig. Als Stroessner durch einen weiteren Staatsstreich entmachtet wurde, hatten 75 % der Paraguayer nie einen anderen Führer kennengelernt.

Stroessner wurde schließlich am 3. Februar 1989 ins Exil getrieben und im gleichen Jahr fanden in Paraguay die ersten demokratischen Wahlen statt. Sieger war der Colorado-Kandidat Andrés Rodríguez, der führende Kopf hinter dem Staatsstreich. Die Colorados gewannen auch alle folgenden Wahlen, bis ihre Macht schließlich durch die historischen Ereignisse vom April 2008 gebrochen wurde, bei denen Erzbischof Fernando Lugo, ein Mann ohne jede politische Erfahrung, zum Präsidenten der Republik gewählt wurde. Im Wahlkampf warb er für soziale Reformen, ein Ende der Korruption und Chancengleichheit für alle. Seine Machtbasis kam aus den zahlenmäßig überlegenen unteren Klassen – sein Wahlslogan „Paraguay Para Todos" (Paraguay für alle) traf bei den Wählern den richtigen Ton. Die Colorado-Partei versank im Chaos und so entstand zumindest das Gefühl, dass Korruption und soziale Ungerechtigkeit tatsächlich im Mülleimer der Geschichte landen könnten.

Präsident Lugos Regierung betrachtete sozialen und wirtschaftlichen Fortschritt als ein- und dasselbe und bemühte sich tatkräftig um engere Handelsbeziehungen zu den Nachbarländern. Seine Verbindung zu Evo Morales und dem inzwischen verstorbenen Hugo Chávez brachte ihm die Kritik seiner Gegner ein, aber deutliche innenpolitische Verbesserungen hielten die Kritiker in Schach. Im Jahr 2010 war die Wirtschaft Paraguays die am drittschnellsten wachsende der Welt, eine Neuverhandlung der überaus nachteiligen Verträge zum Bau des Itaipú-Staudamms war zu einem guten Abschluss gebracht worden und stellte jetzt sicher, dass Brasilien Paraguay einen fairen Preis für seinen Stromverbrauch zahlte, und schließlich war das Land dabei, sich aus dem roten Bereich der internationalen Korruptionstabellen zu entfernen.

Aber es gab auch Hindernisse, und Lugos Wahl hatte ihren Preis. Um eine Regierung bilden zu können, musste er eine unsichere Allianz mit einigen politischen Parteien aushandeln. Die größte davon, die Liberalen, stellten mit Federico Franco den Vizepräsidenten. Von Beginn an war die Beziehung zu den Liberalen und Franco von Spannungen geprägt, da sie immer größeren Einfluss in der Regierung forderten. Um die Dinge noch komplizierter zu machen, hatte die Colorado-Partei die Mehrheit im Senat behalten (der einer neuen Regierungspolitik zustimmen muss) und nutzte diese Macht um eigene Ansprüche anzumelden.

Nach einem Bruch in den Beziehungen im Jahr 2012 entzogen die Liberalen Lugo ihre Unterstützung und verbündeten sich mit ihren traditionellen Rivalen, den Colorados, um den Präsidenten seines Amtes zu entheben. Als offizielle Begründung wurde eine Störung der Sicherheit angegeben sowie die Unfähigkeit, die Probleme mit den Landrechten anzugehen. Über 80 % des Landes in Paraguay ist im Besitz von nur 1 % der Bevölkerung, und Lugo hatte versprochen, sich dieses jahrzehntewährenden sozialen Ungleichgewichts anzunehmen, indem er Land für die besitzlosen *campesinos* bereitstellen wollte. Das hatte die Landbesitzer gegen ihn aufgebracht, die ihn beschuldigten, er sei unfähig, ihre Interessen zu vertreten. Gleichzeitig hatte der fehlende Fortschritt die *campesino*-Gruppen mobilisiert, die darauf pochten, dass ihre Rechte respektiert wurden.

So lag Lugos Zukunft in den Händen eines Senats, der von eben jenen Parteien dominiert wurde, die ihn vertreiben wollten, und am 22. Juni 2012 wurde er in einem Schnellprozess schuldig gesprochen. Vizepräsident Franco wurde noch am gleichen Tag vereidigt.

Kultur

Etwa 95 % der Paraguayer gelten als *mestizos* (Menschen teils indigener, teils spanischer Abstammung). Spanisch ist die Geschäftssprache und in den größeren Städten vorherrschend, in der *campaña* (auf dem Land) dagegen wird mehr Guaraní gesprochen. Außerdem wird *Jopará* (eine Mischung aus beiden Sprachen) in manchen Medien verwendet. Etwa 5 % der Bevölkerung sind Abkömmlinge europäischer Einwanderer (hauptsächlich Ukrainer und Deutsche), mennonitische Bauern und indigene Stämme. Es gibt auch kleine, aber augenfällige asiatische, arabische und brasilianische Gemeinschaften, und zwar besonders im Süden und Osten des Landes.

Mehr als 95 % der Bevölkerung leben im östlichen Paraguay, nur die Hälfte in urbanen Gegenden. Laut UNICEF liegt die Alphabetisierungsrate bei 94 %, die Kindersterblichkeit bei 2 % und die durchschnittliche Lebenserwartung bei 72 Jahren. Das jährliche Bevölkerungswachstum beträgt 1,5 %.

Statistisch gesehen ist Paraguay das zweitärmste Land Südamerikas, doch wer durch die Städte wandelt, wird das vielleicht kaum glauben können. Reihenweise flitzen aufgemotzte Daimler umher, Nobelrestaurants sind zum Bersten voll und es gibt allerhand palastgroße Häuser. Im krassen Gegensatz dazu steht jedoch das Leben der armen Landbevölkerung: Die landlosen *campesinos* leben von der Hand in den Mund und werden von reichen Landbesitzern ausgebeutet, die die *latifundi*- (großer Landbesitz) Modelle anwenden, die schon seit langer Zeit einen schlechten Ruf haben. Diese Gruppe repräsentiert weiterhin die größte soziale Problematik des Landes.

Paraguayische Städte tragen häufig den Spitznamen „Hauptstadt der/des..." – je nach ihren auffallendsten Merkmalen oder Produkten. Encarnación z. B. wird auch „Capital de Carnaval" genannt, Coronel Bogado „Capital de Chipa" und Itauguá „Capital de Ñandutí".

Paraguayer sind bekanntermaßen locker und zu Recht berühmt für ihre Warmherzigkeit und Gastfreundschaft. Der angenehme Teil des Tages besteht darin, bei 40 °C im Schatten *tereré* zu schlürfen und gemütlich zu plaudern. Die *siesta* ist obligatorisch und erstreckt sich in manchen Gemeinden von mittags bis Sonnenuntergang. Der frühe Vormittag und die Abenddämmerung sind damit der geschäftigste Teil des Tages.

Auch wenn die Lage sich verbessert hat: Korruption ist immer noch alltäglich. Für Reisende zeigt sich das am ehesten in Gestalt der Polizei, die bei Gringos gerne Schmiergeld oder höhere Preise fordert.

Offiziell sind 90 % der Bevölkerung römisch-katholisch, aber es gibt viele Varianten des Volksglaubens, und Evangelikale sind auf dem Vormarsch. Die meisten Angehörigen der Urbevölkerung haben ihre Religionen bewahrt oder nur leicht angepasst, auch wenn sie nominell als Katholiken oder Evangelikale gelten.

Kunst

Viele Intellektuelle und Künstler beklagen, dass Kunst und Kultur von der Regierung nur wenig unterstützt werden. Viele Künstler, Musiker und Maler haben das Land deshalb verlassen, um anderswo aufzutreten und zu arbeiten. Trotzdem hat das Land einige bekannte Namen aufzuweisen.

Zu Paraguays größten Literaten gehören die Poetin und Essayistin Josefina Plá (1903–1999) und der Romanautor Augusto Roa Bastos, der 1990 den Cervantespreis gewann (er starb 2005 im Alter von 87 Jahren). Obwohl er viele Jahre im Exil verbracht hat, konzentrierte sich Bastos auf paraguayische Themen und Geschichte und konnte dabei auch aus seinen persönlichen Erfahrungen schöpfen. Zeitgenössische Autoren sind z. B. Nila López, der Dichter Jacobo A. Rauskin, Luis María Martínez, Ramón Silva Ruque Vallejos, Delfina Acosta und Susy Delgado.

Die Wurzeln der paraguayischen Musik liegen eindeutig in Europa. Die beliebtesten Instrumente sind die Gitarre und die Harfe, zu den traditionellen Tänzen gehören die schwungvollen *polkas galopadas* und der *danza de la botella*, bei dem die Tänzer Flaschen auf ihren Köpfen balancieren. Der Besuch von Theater und Oper ist eine Art Statussymbol der Wohlhabenden in Asunción, im Rest des Landes jedoch nicht üblich.

Essen

Saftiges Fleisch gibt's in rauen Mengen, und vor der argentinischen Konkurrenz muss es sich nicht verstecken. Die besten Stücke heißen *tapa de cuadril* (ähnelt dem Rumpsteak) und *corte americano* (T-Bone-Steak). Am häufigsten findet man jedoch die günstigeren Varianten: fettes *vacio* (Flanke) und zähe aber würzige *costillas* (Rippchen).

Getreide, besonders Mais, ist eine wichtige Zutat in traditionellen Speisen, und als Standardbeilage wird zu Mahlzeiten *mandioca* (Maniok) gereicht. *Chipa* (Brot aus Maniokmehl, Eiern und Käse) kann man überall kaufen; das beste gibt's in der südlich gelegenen Stadt Coronel Bogado. Und Empanadas sind eigentlich überall prima.

Die Paraguayer trinken beachtliche Mengen an *yerba maté* (Kräutertee), meist als eiskalten *tereré* (Eistee), angereichert mit vielen *yuyos* (Heilkräutern). An den Straßenständen wird *mosto* (Zuckerrohrsaft) verkauft. Das stark alkoholische Pendant dazu ist *caña* (Zuckerrohrschnaps). Die lokal produzierten Biere, vor allem Baviera und Pilsen, sind hervorragend.

Sport

Die Paraguayer sind verrückt nach *fútbol*. Es ist gang und gäbe, dass große Gruppen von Männern in den Bars ihr Pils trinken und dabei den Copa Libertadores im TV zusehen. Die beiden populärsten Fußballmannschaften, Olímpia und Cerro Porteño, sind die ewigen Konkurrenten im Land. International erreichte die Nationalmannschaft 2010 völlig überraschend das Viertelfinale der Weltmeisterschaft und wurde bei der Copa America 2011 Zweite. Tennis, Basketball, Volleyball, Jagen und Angeln sind ebenfalls beliebte Sportarten. Der Hauptsitz von **Conmebol** (021-65-0993; www.conmebol.com; Av Sudamericana, Km 12, Asunción), dem südamerikanischen Fußballverband, befindet sich in Luque, an der Straße zum Flughafen von Asunción. In dem Gebäude befindet sich auch ein beeindruckendes Museum zur Geschichte des Sports in Südamerika.

Natur & Umwelt

Das Land besteht aus zwei ganz unterschiedlichen Regionen, nämlich den Gebieten östlich und westlich des Río Paraguay. Das östliche Paraguay war, historisch gesehen, eigentlich ein Mosaik aus Atlantischem Regenwald und *carrado*, dem absolut einzigartigen Sumpfgebiet im Süden des Landes. Ein großer Anteil des ursprünglichen Habitats wurde in Ackerflächen umgewandelt, besonders in den Departamentos Itapúa und Alto Paraná, auch wenn Teile dieses unberührten und dennoch gefährdeten Gebiets noch übrig sind. Im Westen befindet sich der Gran Chaco, eine üppige Palmensavanne im unteren Teil (nasser Chaco) und ein trockener, dürrer, dorniger Wald (trockener Chaco) weiter nörlich und westlich. Der nordöstliche Chaco stellt den südlichen Ausläufer des großen Pantanal-Feuchtgebietes dar.

Tiere & Pflanzen

Die Flora und Fauna Paraguays ist sehr vielfältig. Im Osten des Landes setzt jedoch die immer höhere Dichte der ländlichen Bevölkerung der Tierwelt zu. Die recht einfach zu erspähenden Säugetiere sind am stärksten im größtenteils unbesiedelten Chaco vertreten, darunter verhältnismäßig viele Ameisenbären, Gürteltiere, Mähnenwölfe, Riesenottern, Flachlandtapire, Jaguare, Pumas – und Chaco-Pekaris, eine Nabelschweinart, von der man bislang immer nur subfossile Überreste gefunden hatte, bis sie Mitte der 1970er-Jahre vollkommen wohlauf im Chaco entdeckt wurde jahrhundertelang hatten sich die Tiere hier erfolgreich versteckt.

Auch die Vogelwelt ist ganz schön bunt: In Paraguay leben 713 verschiedene Vogelarten. Der Nationalvogel ist der Nacktkehl-Glockenvogel, er wurde benannt nach seinem auffallenden Lockruf. Aber ambitionierte Vogelbeobachter werden wahrscheinlich eher nach bedrohten, weniger verbreiteten Arten wie der Weißflügel-Nachtschwalbe, dem Gilbstärling, dem Wachtelsteißhuhn, dem Wellenohrspecht und dem Schwarzmaskenguan Ausschau halten. Auch Reptilien wie Kaimane und Anakondas sind recht weit verbreitet. Am ehesten wird man vermutlich auf die riesige Rokoko-Kröte stoßen, die, vom Licht angelockt, sogar bis in Stadtgebiete vordringt.

Nationalparks

Die Nationalparks von Paraguay sind zumeist weit abgelegen und entsprechend schlecht geschützt. In den meisten gibt es keinerlei Einrichtungen für Besucher, doch die hier genannten verfügen zumindest über die notwendigste Infrastruktur. Essen und Trinken muss man grundsätzlich selbst mitbringen. Daneben gibt es auch eine Reihe ausgezeichneter und gut geführter privater Naturschutzgebiete im ganzen Land.

SEAM TOURISTENINFORMATION
(021-61-5805; www.seam.gov.py; Av Madame Lynch 3500, Asunción; Mo–Fr 7–13 Uhr) Die Behörde ist für die Verwaltung der staatlichen Nationalparks zuständig.

Red de Conservación de Tierras Privadas TOURISTENINFORMATION
(021-67-4989; www.conservacionprivadapy.org; Ecke Viñuales & Mariscal López, Fernando de la Mora) Die Organisation kümmert sich um die privaten Naturschutzgebiete.

Umweltprobleme

Das Verschwinden des Atlantischen Regenwalds im Osten ist alarmierend. Der Wald wird für den Getreideanbau, vor allem Sojabohnen und Weizen, abgeholzt, und profitiert haben davon zumeist reiche Großgrundbesitzer. Der Bau des Wasserkraftwerks von Itaipú war heftig umstritten, und ein zweiter Damm bei Yacyretá in der Nähe von Ayolas hat die Flussufer der südlichen Landesgrenze für immer verändert.

Das drängendste Umweltproblem des Landes ist aber die rasante Abholzung der unberührten Wälder des Chaco. Die wirtschaftliche Stabilität des Landes und der technische Fortschritt ermöglichen Viehhaltung auch unter den schwierigen Bedingungen dieser Landschaft, und so nutzen die reichen Farmer die günstigen Grundstückspreise im Westen des Landes, um immer weitere *estancias* (Viehfarmen) aufzubauen. Die daraus resultierende Abholzung schreitet rapide voran und sorgt für internationale Schlagzeilen.

Desweiteren stellt die Arbeit an der Entwicklung von Sojabohnen, die im rauen Klima des Chaco gedeihen, eine ernsthafte Gefährdung der verbleibenden natürlichen Lebensräume für viele Tiere und Pflanzen dar. Denn der Anbau äußerst profitabler Monokulturen würde das empfindliche Ökosystem dauerhaft aus dem Gleichgewicht bringen.

PRAKTISCHES

Allgemeine Informationen

AKTIVITÄTEN
Die außerordentliche Artenvielfalt macht Paraguay zu einem Paradies für Ökotouristen und vor allem Vogelbeobachter.

BOTSCHAFTEN & KONSULATE
Die aktuelle Liste aller diplomatischen Vertretungen in Paraguay ist im Internet zu finden unter: www.mre.gov.py/v2/Contenido/334/representaciones-diplomaticas-extranjeras-en-paraguay. Die hier genannten Botschaften befinden sich alle in Asunción.

Argentinien (021-21-2320; Ecke España & Perú)

Bolivien (021-21-1430; Israel 309)

Brasilien (021-24-8400; Ecke Irrazábal & Eligio Ayala; Mo–Fr 7–12 Uhr) Es gibt auch ein Konsulat in Encarnación und in Ciudad del

Este (📞 061-50-0984; Pampliega 205; ⊙ Mo–Fr 7–12 Uhr).
Deutschland (📞 021-21-4009; Av Venezuela 241)
Österreich (Konsulat; 📞 021-22-5022; Av Espana 1522 Ecke Gral Santos)
Schweiz Keine diplomatische Vertretung in Paraguay, bei konsularischen Fragen ist die Botschaft in Buenos Aires (Arg) zuständig.

FEIERTAGE

An den folgenden Feiertagen bleiben Läden und Ämter geschlossen:
Año Nuevo (Neujahr) 1. Januar
Cerro Corá (Tag der Helden) 1. März
Semana Santa (Ostern) März/April, Datum variiert
Día de los Trabajadores (Tag der Arbeit) 1. Mai
Independencia Patria (Unabhängigkeitstag) 15. Mai
Paz del Chaco (Ende des Chacokriegs) 12. Juni
Fundación de Asunción (Tag der Gründung von Asunción) 15. August
Victoria de Boquerón (Schlacht von Boquerón) 29. September
Día de la Virgen (Tag der Unbefleckten Empfängnis) 8. Dezember
Navidad (Weihnachten) 25. Dezember

FRAUEN UNTERWEGS

Paraguay ist zwar auch für Frauen ziemlich sicher, Alleinreisende sollten aber dennoch auf der Hut sein. Junge Frauen ohne Begleitung werden schnell von paraguayischen Männern angemacht, vor allem, wenn Alkohol im Spiel ist. Das ist im Allgemeinen harmlos, frau sollte trotzdem freundlich, aber bestimmt darauf reagieren. Frauen sollten sich auch zurückhaltend kleiden, denn die paraguayischen Frauen zeigen kaum Haut, und ein allzu offenherziges Auftreten kann schnell zu Missverständnissen führen.

FREIWILLIGENARBEIT

Freiwilligenarbeit ist noch relativ neu in Paraguay, setzt sich aber immer mehr durch. Zu den Pionieren auf diesem Gebiet gehört Para la Tierra (S. 852) in Laguna Blanca, die preisgekrönte Projekte und Praktika für sozial engagierte, umweltbewusste Helfer anbieten.
Der Verband für Tourismus auf dem Land **Apatur** (📞 021-49-7028; www.turismorural.org.py) vermittelt Arbeitsstellen auf *estancias* (Viehfarmen), was manchmal aber etwas dauern kann.

GEFAHREN & ÄRGERNISSE

➡ Trotz anders lautender Meinungen, meist von Menschen, die noch nie in diesem Land waren, ist Paraguay für Reisende eines der sichersten Länder auf dem Kontinent. Mit Ausnahme von Ciudad del Este und gewissen Teilen von Asunción kann man gefahrlos durch die Städte bummeln, und das sogar abends.

➡ Der Chaco ist unwirtlich und seine Infrastruktur nicht gut ausgebaut; hier wird dringend empfohlen, einen Führer zu engagieren.

➡ Vorsicht beim Schwimmen: Manche Flüsse haben starke Strömungen.

GELD

Von der weltweiten Wirtschaftskrise ist in Paraguay dank des anhaltenden Soja-Booms nichts zu spüren. Der Guaraní ist weiterhin stabil und, in Dollar umgerechnet, gingen die Lebenshaltungskosten in den letzten 10 Jahren steil nach oben. Obwohl es immer noch ein recht preiswertes Reiseziel ist, finden viele Touristen, die erstmals in Paraguay sind, die Preise höher als erwartet.

Es gibt Banknoten im Wert von 2000, 5000, 10 000, 20 000, 50 000 und 100 000 G. Die zunehmend nutzlosen Münzen haben einen Wert von 50, 100, 500 und 1000 G. Dennoch sollte man immer möglichst viel Wechselgeld und kleine Banknoten bei sich haben.

Geldautomaten & Kreditkarten

➡ Die Geldautomaten in den großen und größeren Städten akzeptieren Karten von Visa, MasterCard und Cirrus, berechnen aber manchmal eine Bearbeitungsgebühr.

➡ Im Chaco gibt es Geldautomaten nur in den Mennoniten-Kolonien.

➡ Kreditkarten werden außerhalb der großen Städte nur selten akzeptiert und dann oft nur mit Aufschlag.

Geld wechseln

➡ In den großen Städten gibt's jede Menge *casas de cambio*, sodass sich ein Kursvergleich unbedingt lohnt.

➡ Die Geldwechsler auf der Straße bieten einen etwas schlechteren Kurs und nehmen nur Bargeld, können aber am Wochenende die Rettung sein. Unbedingt vorher über die Kurse informieren und den Wechselbetrag ausrechnen!

➡ Bevor man Paraguay verlässt, sollte man alle Guaraní ausgegeben oder eingewechselt haben, denn sonst bekommt man sie kaum mehr los.

GESUNDHEIT

In Paraguay gibt's für Besucher relativ wenig gesundheitliche Probleme. Private Krankenhäuser

---

PREISKATEGORIEN: ESSEN

Die folgenden Preise gelten jeweils für ein normales Hauptgericht.

$ unter 15 000 G

$$ 15 000–55 000 G

$$$ über 55 000 G

sind besser als staatliche – am besten sind die in Asunción, Ciudad del Este und Encarnación.

→ Gelegentlich gibt's kleinere Ausbrüche von Dengue-Fieber, aber keine Malaria.

→ In den Städten ist das Wasser trinkbar, auf dem Land sollte man es meiden. Im Chaco ist es mit Sicherhiet zu salzig.

→ Sonnenschutz, Hut und viele Wasserflaschen gehören in die Ausrüstung.

→ Billige Kondommarken sollte man meiden.

INTERNETZUGANG

In den größeren Städten ist das Internet weit verbreitet, in den kleineren Orten jedoch nicht. Eine Stunde Surfen kostet zwischen 3000 und 6000 G. WLAN ist in den größeren Städten allgemein üblich und steht in allen Hotels und den meisten Bars zur Verfügung (ist in der Regel aber mit Passwort geschützt).

KARTEN & STADTPLÄNE

Instituto Geográfico Militar (021-20-6344; Artigas 920, Asunción; Mo-Fr 7–17.30 Uhr) Das Institut verkauft sehr detaillierte, topografische Karten von nahezu allen Regionen des Landes.

Touring y Automóvil Club Paraguayo (021-21-0550; www.tacpy.com.py; Ecke 25 de Mayo & Brasil) Die Straßenkarten und Stadtpläne für Reisende sind zumeist bei Tankstellen erhältlich.

ÖFFNUNGSZEITEN

Banken Mo–Sa 8–13 Uhr – *casas de cambio* (Wechselstuben) haben länger geöffnet

Regierungsbehörden Mo–Fr 7–13 oder 14 Uhr

Restaurants 12–15 & 18–23 Uhr; viele haben montags geschlossen

Geschäfte/Läden Mo–Fr 8–12 & 14–19 Uhr sowie Sa vormittags

POST

→ Die paraguayische *correo* rühmt sich zwar als die beste Post des Kontinents, doch in der Realität gehen regelmäßig Sendungen verloren.

→ Wichtige Briefe sollten unbedingt gegen eine geringe Zusatzgebühr (4000 G) als *certificado* (Einschreiben) versandt werden.

→ Pakete müssen offen zur Post gebracht werden, damit der Inhalt überprüft werden kann. Danach darf man das Paket dann verschließen, muss das Material dafür aber selber mitbringen.

SCHWULE & LESBEN

Paraguay ist ein altmodisches Land mit konservativen Ansichten. Auch wenn die LGBT-Bewegung der Lesben, Schwulen, Bisexuellen, Transsexuellen und Transgender stetig wächst, sind hochrangige Politiker einschließlich des Präsidenten der klaren und übereinstimmenden Meinung, dass eine Reform der Gesetze zur Gleichberechtigung nicht notwendig ist. So ist auch die öffentliche Zurschaustellung von Zuneigung zwischen gleichgeschlechtlichen Paaren hier gänzlich unbekannt. Mittlerweile gibt es die eine oder andere Schwulenbar in Asunción, doch generell wird Homosexualität nicht akzeptiert.

SPRACHKURSE

Alianza Francesa (021-21-0503; Estigarribia 1039, Asunción)

Centro Cultural Paraguayo-Americano (021-22-4831; www.ccpa.edu.py; Av España 352, Asunción)

IDIPAR (021-44-7896; www.idipar.net; Manduvirá 963, Asunción) Die Schule bietet Spanisch- und Guaraní-Kurse an und bringt ihre Schüler in Gastfamilien unter.

Instituto Cultural Paraguayo Alemán (021-20-9060; Juan de Salazar 310, Asunción)

STROM

Stecker müssen zwei runde oder flache Pole und keinen Erdungspol haben. Die Stromspannung beträgt 220 V/50 Hz.

TELEFON

→ Seit der nahezu flächendeckenden Verbreitung von Handys verschwinden die privaten *locutorios* (Call-Shops) nach und nach, obwohl viele von ihnen auch Internetzugang anbieten.

→ Telefongespräche ins Ausland kosten mehr als 1 US$ pro Minute und sind auch nachts kaum preiswerter.

→ Dagegen sind Handytelefonate im Inland sehr günstig, und bei vielen Mobilfunkanbietern gibt es kostenlose SIM-Karten und sehr preiswerte Prepaidkarten (*saldo*). Allerdings kann man mit diesen Karten nur Gespräche oder Nachrichten aus dem Ausland empfangen, nicht aber selber ins Ausland telefonieren.

→ Die besten Mobilfunkanbieter sind Tigo, Personal und Claro. Ihre *tarjetas* (Karten) zum Aufladen gibt es an jedem Zeitungskiosk.

→ Die SIM-Karten von Claro können so formatiert werden, dass sie auch in Brasilien und Argentinien funktionieren.

→ Internationale Vermittlung: (0010)

→ Internationale Direktverbindung: (002)

TOILETTEN

→ Öffentliche Toiletten sind extrem selten zu finden. Immerhin haben die meisten Busbahnhöfe eine Toilette. Die Benutzung dieser meist stinkenden Toilette und etwas (zu wenig) Papier kostet 1500 G.

→ Man sollte möglichst immer die Toiletten in Restaurants und Hotels aufsuchen.

→ Und immer etwas Toilettenpapier dabei haben, das aber nicht in die Toilette geworfen werden darf.

→ Auch viele Busse haben eine Toilette (nicht für das große Geschäft!) an Bord, die der günstigeren Unternehmen in abgelegenen Gegenden aber auch nicht.

TOURISTENINFORMATION

Das Ministerium für Tourismus Senatur (S. 841) war in den letzten Jahren ziemlich aktiv, und so gibt es in Asunción und anderen größeren Städten jetzt hervorragende Touristeninformationen.

Asociación de Colonias Mennonitas del Paraguay (021-22-6059; www.acomepa.org; Ecke Colombia & Estados Unidos, Asunción) Hier sind Broschüren über die Mennoniten und ihre Siedlungen erhältlich. In den Büros in Loma Plata und Filadelfia gibt's weitere Infos.

UNTERKUNFT

Hotels und Hostels in den Städten bieten in der Regel ein gutes Preis-Leistungs-Verhältnis, denn die Zimmer sind mit Klimaanlage, eigenem Bad und WLAN ausgestattet. Die einfachen *residenciales* (Pensionen) sind zwar oft etwas heruntergekommen und veraltet, in der Regel aber sauber. Ganz am unteren Ende der Preisskala stehen die *hospedajes*, die aber auch recht zwielichtiges Publikum anziehen. Campingplätze gibt es so gut wie keine. Und da Grund und Boden meist in Privatbesitz ist, darf man auch ohne Genehmigung nicht zelten. Außerhalb der größeren Orte im Chaco muss man Essen, Trinken und Bettwäsche selber mitbringen.

VERANTWORTUNGSBEWUSSTES REISEN

→ Erzeugnisse aus heimischen Hölzern (wie *lapacho* und *palo santo*) oder aus Wildtieren sollte man nicht kaufen.

→ Besucher, die sich für Naturgeschichte und Naturschutz interessieren, können sich an Para la Tierra (S. 852), die **Fundación Moisés Bertoni** (021-60-8740; www.mbertoni.org.py; Argüello 208, Villa Morra, Asunción) oder **Guyra Paraguay** (021-22-9097; Gaetano Martino 215, Asunción) wenden.

VISA

Reisende aus der EU und der Schweiz benötigen für die Einreise nach Paraguay einen gültigen Reisepass, die von der Fluggesellschaft vor der Landung ausgeteilte „Internationale Einreisekarte" sowie das Formular mit der eidesstattlichen Erklärung, dass keine Pflanzen, tierische Lebensmittel oder Devisen im Wert von mehr als 10 000 US$ eingeführt werden.

Wer seinen Pass bei der Einreise nicht abstempeln lässt, muss bei der Ausreise ein Busgeld bezahlen.

Aktuelle Informationen gibt es auch bei der **Einwanderungsbehörde** (021-44-6673; Ecke Ayala & Caballero; Mo–Fr 7–13 Uhr) in Asunción.

PREISKATEGORIEN: SCHLAFEN

Die folgenden Preiskategorien gelten für ein Doppelzimmer mit Bad in der Hauptsaison. Wenn nicht anders angegeben, ist das Frühstück inbegriffen.

$ unter 150 000 G

$$ 150 000–300 000 G

$$$ über 300 000 G

ⓘ An- & Weiterreise

BUS

Die paraguayischen Grenzen zu passieren, kann quälend sein: In den Bus einsteigen, aussteigen, einsteigen ... Besonders aufpassen sollte, wer über Brasilien oder Argentinien einreist. Man muss den Busfahrer bitten, am Einreisebüro anzuhalten (für die Einheimischen meist nicht notwendig). Die Papiere sollten in Ordnung sein. Wer seinen Pass bei der Einreise nicht abstempeln lässt, muss bei der Ausreise ein Bußgeld bezahlen.

FLUGZEUG

Der größte internationale Flughafen von Paraguay ist der **Aeropuerto Silvio Pettirossi** (021-64-5600) in Luque, der Nachbarstadt von Asunción. Der Flughafen in Ciudad del Este bietet Verbindungen nach Asunción und in die großen Städte Brasiliens. Sofern nicht anders angegeben, befinden sich die Büros der folgenden Fluggesellschaften im Flughafen.

Fluglinien

Air Europa (www.aireuropa.com) verkehrt zweimal wöchentlich zwischen Asunción und Madrid.

American Airlines (www.aa.com; Independencia Nacional 557, Asunción) fliegt nach Miami.

Avianca (021-60-5708; www.avianca.com; Ecke Recalde & Dra Dávalos, Asunción) fliegt an den Wochenenden einmal täglich direkt nach Lima.

Copa Airlines (021-61-4300; www.copaair.com; Av Boggiani, Edificio Boggiani, Asunción) fliegt nach Panama City.

Gol (021-64-5553; www.voegol.com.br) fliegt von Ciudad del Este in verschiedene Städte Brasiliens.

LAN Chile (021-23-3487; www.lan.com; Ecke Juan de Salazar 791 & Washington, Asunción) fliegt nach Santiago de Chile.

TAM Mercosur (021-45-1535; www.tam.com.br; Oliva 761, Asunción) fliegt mehrmals täglich von und nach Buenos Aires (Arg), São Paulo (Bra), Santa Cruz (Bol) und Santiago de Chile sowie nach Ciudad del Este.

AUSREISESTEUER

Auf alle abgehenden Flüge wird eine Flughafensteuer von 40 US$ erhoben. Diese ist in der Regel im Flugpreis bereits enthalten. Wenn nicht, muss sie am Schalter neben dem Eingang zur Abflughalle bezahlt werden. Als Quittung erhält man einen Aufkleber auf das Flugticket.

SCHIFF/FÄHRE

Von Argentinien fahren Flussfähren nach Ciudad del Este und Encarnación. Mit viel Geduld, Hartnäckigkeit, Verhandlungsgeschick und reichlich Geld kommt man von Bahía Negra auch inoffiziell über den Fluss nach Brasilien und Bolivien.

❶ Unterwegs vor Ort

Wichtigste Verkehrsmittel sind Busse, die recht preiswert und zuverlässig sind. Eine Fahrt zwischen den größeren Städten des Landes dauert in der Regel nie länger als acht Stunden.

AUTO & MOTORRAD

In Paraguay ein Auto zu mieten (oder gar zu kaufen) ist recht teuer, kann sich für eine Gruppe aber lohnen. Der große Vorteil ist die Flexibilität, wobei die meisten Orte, die per Auto erreichbar sind, auch von Bussen angefahren werden. Abseits der großen *rutas* ist ein Fahrzeug mit Allradantrieb erforderlich (rund 150 US$/Tag). Allerdings sind im Mietpreis oft nur 100 Freikilometer enthalten und Benzin kostet gut die Hälfte mehr als in den Nachbarländern. Etwas günstiger wird es bei einer längeren Mietdauer.

Führerschein

Die meisten Autovermieter erkennen ausländische Führerscheine an. Es kann aber trotzdem nicht schaden, sich zusätzlich einen internationalen Führerschein zu besorgen, denn wenn man keinen vorweisen kann, wird schon mal ganz gern ein kleines Schmiergeld verlangt.

BUS

Die Qualität der Busse unterscheidet sich erheblich. Es gibt Luxusbusse mit TV, Klimaanlage und gemütlichen Liegesitzen, daneben aber auch „Sardinenbüchsen" mit schlechten Stoßdämpfern, Fenstern, die sich nicht öffnen lassen, und Gängen voller Fahrgäste, die unterwegs noch schnell eingesammelt wurden. In der Regel bekommt man das, was man bezahlt.

Größere Städte haben zentrale Busbahnhöfe, und anderswo kann man problemlos von einer Busgesellschaft zur anderen laufen.

FLUGZEUG

Fliegen spart Zeit, ist aber ziemlich teuer. Die Inlandsflüge zwischen Asunción und Ciudad del Este sind Teil der Verbindung nach Brasilien. Seit kurzem gibt es auch Charterflüge von der Hauptstadt nach Bahía Negra, dem Tor zum Pantanal. Einige wenige Charterflüge landen auch auf dem neuen Flughafen von Encarnación, der aber weit außerhalb der Stadt liegt und schlecht zu erreichen ist.

GEFÜHRTE TOUREN

DTP (☎ 021-22-1816; www.dtp.com.py; Gral Bruguez 353) Der Veranstalter mit Reisebüro organisiert die verschiedensten Touren.

FAUNA Paraguay (☎ 0985-74-6866; faunaparaguay@gmail.com; www.faunaparaguay.com) Die hervorragenden Ökotouren und Exkursionen in Naturparks und zur Vogelbeobachtung werden von ausgebildeten Biologen geführt. Buchung per E-Mail.

SCHIFF/FÄHRE

Mit dem Schiff kann man auf dem Río Paraguay quer durchs Land fahren. Auch der Pantanal ist nur mit dem Schiff zu erreichen.

TAXI

Die Taxen in Asunción haben Taxameter (wenn sie keines haben, steigt man besser gar nicht erst ein), in anderen Städten gibt's aber oftmals keine. Eine Fahrt innerhalb des Stadtbezirks sollte in Ciudad del Este eigentlich nicht mehr als 35 000 G und in anderen Städten nicht mehr als 25 000 G kosten (meist zahlt man jedoch weniger). Zwischen 22 und 5 Uhr nachts sowie an Sonn- und Feiertagen sind die Taxifahrer in Asunción berechtigt, einen *recargo* (Zuschlag) von 30% zu berechnen.

Peru

Inhalt ➡
Lima 869
Arequipa & Das
Canyonland 897
Titicacasee 906
Cusco & Das Heilige
Tal 913
Zentrales Hochland . .937
Die Nordküste 941
Huaraz & Die
Kordilleren 952
Amazonasbecken . . . 966
Peru verstehen 975
Praktisches 982

Gut essen

➡ Central (S. 881)

➡ Taita (S. 956)

➡ La Patarashca (S. 965)

➡ Al Frio y al Fuego (S. 971)

Schön übernachten

➡ Niños Hotel (S. 919)

➡ Loki del Mar (S. 951)

➡ Pachamama (S. 906)

➡ Ecopackers (S. 919)

➡ Backpacker's Family House (S. 879)

Auf nach Peru!

Willkommen in einem faszinierenden Land der Extreme. Perus Landschaften reichen von den Gletschern der Andengipfel über Küstenwüsten bis zu den Regenwäldern des Amazonasbeckens. Hier kann man sich tief in die Vergangenheit graben – ob in den von Schlingpflanzen umrankten Urwald-Tempeln, den windumtosten Wüstengräbern oder bei schamanischen Ritualen, die bis heute ausgeübt werden.

Um Peru zu entdecken, kann man die Standardroute wählen – an den Pazifikstränden der perfekten Welle nachjagen und an der Inka-Festung Machu Picchu enden – oder die ausgetretenen Pfade verlassen und abgeschiedene Ruinen im Norden oder eine Bootsfahrt auf dem Amazonas genießen. Die Tier- und Pflanzenwelt begeistert mit Andenkondoren und Tapiren, die durch den Regenwald streifen.

Aber wohin die Reise auch führen mag, man wird schnell feststellen, dass der peruanischen Kultur eine tief verwurzelte Lebenslust zu eigen ist. Kein Wunder, dass Peru ganz oben auf der Liste abenteuerlustiger Reisender steht.

Reisezeit

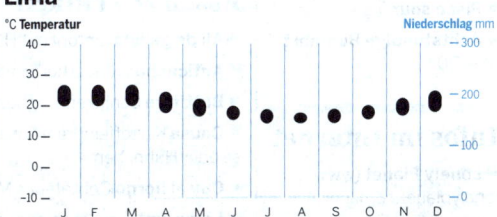

Dez.–März Die heißesten Monate; hervorragend zum Surfen und Sonnenbaden an der Küste.

Juni–Aug. Trockenzeit, ideal zum Wandern im Hochland der Anden und im Regenwald im Osten.

Sept.–Nov. & März–Mai Anständiges Reisewetter und weniger Touristen.

AUF EINEN BLICK

- **Geld** Geldautomaten gibt's überall, außer in kleinen Dörfern
- **Sprachen** Spanisch, Quechua, Aymara
- **Visa** EU-Bürger und Schweizer benötigen kein Visum
- **Währung** Nuevo Sol (S)
- **Zeit** MEZ –7/–6 Std. (Sommer/Winter)

Kurzinfos

- **Fläche** 1 285 220 km²
- **Bevölkerung** 31,1 Mio.
- **Hauptstadt** Lima
- **Notfall** ☏ 105 (Polizei)
- **Vorwahl** ☏ 51

Wechselkurse

Eurozone	1 €	3,74 S
	1 S	0,26 €
Schweiz	1 SFr	3,43 S
	1 S	0,28 SFr

Tagesbudget

- **Budgethotelzimmer** 85 S
- **Mittagsmenü** 15 S
- **Pisco sour** 9 S
- **Achtstündige Busfahrt** 35–100 S

Infos im Internet

- **Lonely Planet** (www.lonelyplanet.com/peru)
- **Offizielle Tourismus-Website Peru** (www.peru.info)
- **Living in Peru** (www.livinginperu.com)
- **Peru Links** (www.perulinks.com)

Verkehrsmittel & -wege

Über die Grenze kommt man über Tacna nach Arica (Chile), Huaquillas, Guayaquil und Macará (alle Ecuador), die von der Nordküste und vom Hochland über Tumbes, La Tina und Jaén zu erreichen sind, Copacabana und Desaguadero (Bolivien) am Titicacasee und in verschiedenen brasilianischen und bolivianischen Städten und Flusshäfen im Amazonasgebiet.

REISEROUTEN

Zwei Wochen

Der Urlaub beginnt mit der Erkundung der tollen Gastroszene, des Nachtlebens und der Museen in Lima. Dann geht's mit dem Boot nach Süden zu den Islas Ballestas. Nun lockt die Sandboarding-Oase Huacachina. Es folgt ein Flug über die Nazca-Linien, bevor es ins Landesinnere nach Arequipa zu einer Wanderungen durch die Schluchten des Cañón del Colca oder Cañón del Cotahuasi geht. Von hier steigt man nach Puno auf, von wo man mit dem Boot zum Titicacasee fahren kann. Im Anschluss geht's weiter nach Cusco mit seinen, Ruinen und Märkten. Die Reise endet mit einer Wanderung zum Machu Picchu über eine abenteuerliche Alternativroute.

Vier Wochen

Zunächst folgt man der Zwei-Wochen-Route. Von Cusco wagt man sich auf die 10-stündige Busfahrt nach Puerto Maldonado, wo man in einer Wildlife-Lodge im Amazonasbecken entspannen kann. Alternativ geht's für einen Besuch der Manu-Region von Cusco über Land. Zurück in Lima geht's nach Huaraz zu einer Wanderung rund um die schroffen Gipfel der Cordillera Blanca. Dann reist man mit dem Bus die Küste hinauf ins historische Trujillo und bestaunt die Ruinen des präkolumbischen Chan Chan und die Huacas del Sol y de la Luna. Der Urlaub endet am Meer im Trubel der Surferstadt Máncora.

Essen & Trinken

- **Aji de gallina** Eintopf mit Hühnchen und Walnüssen.
- **Anticuchos** Rinderherzen-Spieße, oft als Snack gegrillt.
- **Buttifara** Schinken-Baguette.
- **Causa** Kartoffelpüree-Auflauf mit Meeresfrüchten, Gemüse oder Hühnchen.
- **Cuy al horno** Gebratenes Meerschweinchen.
- **Lomo saltado** Gebratenes Steak mit Zwiebeln, Tomaten und Kartoffeln, mit Reis serviert.
- **Novoandina** Haute Cuisine mit Anden-Zutaten.
- **Rocoto relleno** Mit Hackfleisch gefüllte Paprika.
- **Pisco sour** Perus Nationalgetränk: scharfer Traubenschnaps mit Limettensaft, Zucker, Eiweiß und Bitter.

LIMA

♪ 01 / 7 606 000 EW.

Wenn Nebelschwaden über die kolonialen Fassaden und Hochhäuser ziehen, hinterlässt Lima einen ziemlich düsteren ersten Eindruck. Die peruanische Metropole verändert sich schnell und ist das Zuhause von fast einem Viertel der Landesbevölkerung, eine Tatsache, die besonders im laut dröhnenden Autohupen zum Ausdruck kommt. Die weitläufige Stadt, die sich über einer Küste aus zerklüfteten Klippen erhebt, ist nach Kairo die zweittrockenste Hauptstadt der Welt. Doch wenn man erst mal den Staub abgeklopft hat, wird man – wie fast alle, die länger hier bleiben – schnell zur Überzeugung gelangen, dass es in dieser modernen Stadt viel zu entdecken gibt, nicht zuletzt eine angesagte Kunstszene und Kulinarisches von Weltformat.

Lima galt früher als gefährliches Pflaster – die Sicherheit hat sich in den vergangenen Jahren aber stark verbessert. Miraflores und das koloniale Barranco eignen sich wunderbar für einen Spaziergang, auf dem man viele schön angelegte Gärten mit Meerblick sehen kann. Die *limeños* bevorzugen zwar ihre schicken Einkaufszentren, aber in der Stadt gibt's auch verfallende Inka-Pyramiden, die verblassende Pracht der spanischen Kolonialarchitektur und viele der besten Museen des Landes zu bestaunen. Wer dem großen Trubel entkommen möchte, kann am Wasser Meeresfrüchte zum Abendessen genießen, mit dem Gleitschirm von den Klippen von Miraflores segeln oder in den Bars und Clubs des unkonventionellen Barranco die Nacht zum Tag machen.

Geschichte

Als Francisco Pizarro Lima 1535 am katholischen Feiertag der Heiligen drei Könige gründete, taufte er sie „Stadt der Könige". In den frühen Jahren der spanischen Kolonialzeit wurde sie zur reichsten und wichtigs-

Großraum Lima

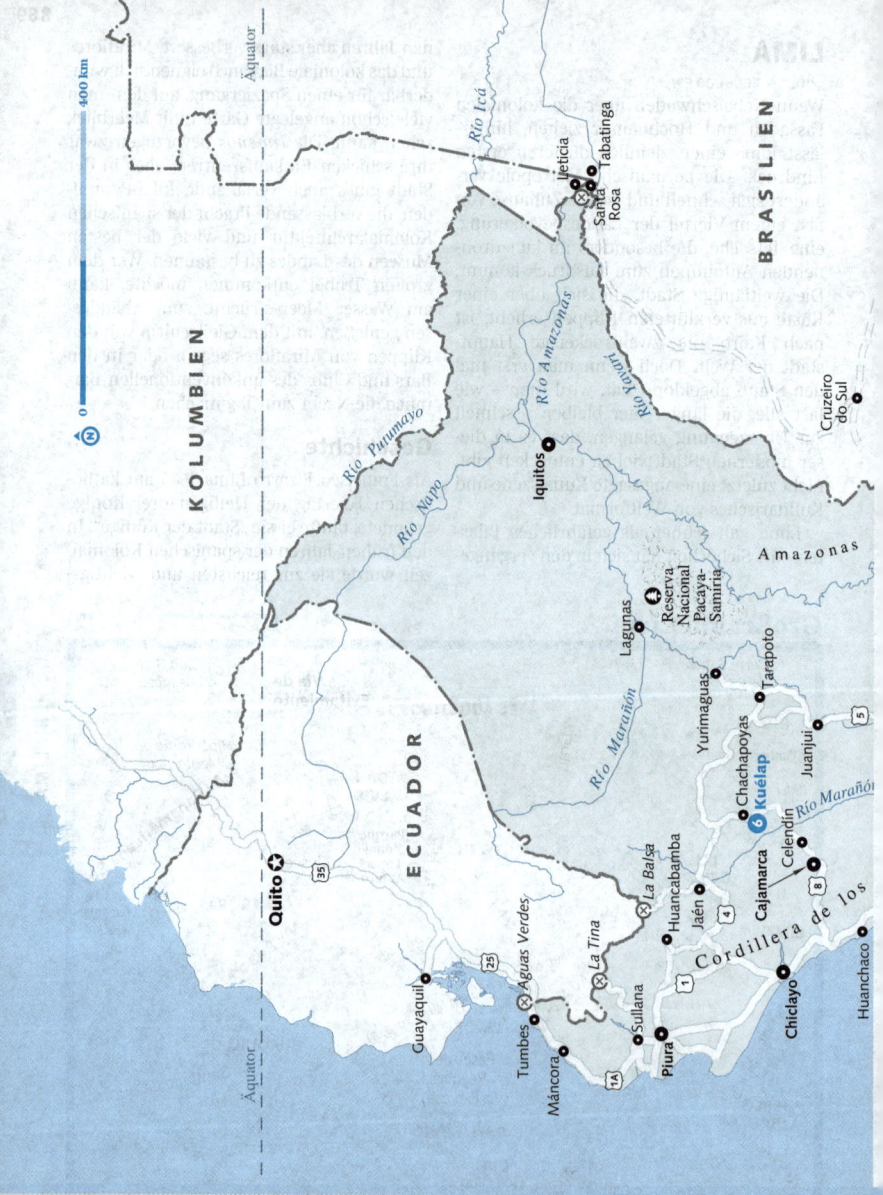

Highlights

❶ Den Initiationsritus bestehen und auf einem atemberaubenden Treck zu den im Nebelwald versteckten Inka-Ruinen von **Machu Picchu** (S. 931) wandern

❷ In **Cusco** (S. 914) in den Anden koloniale Pflasterstraßen erklimmen, historische Museen besuchen und über ehrfurchtgebietende Inka-Hügel spazieren

❸ Die von eindrucksvollen Vulkanen und tiefen Schluchten umgebene historische Stadt **Arequipa** (S. 897) auskundschaften

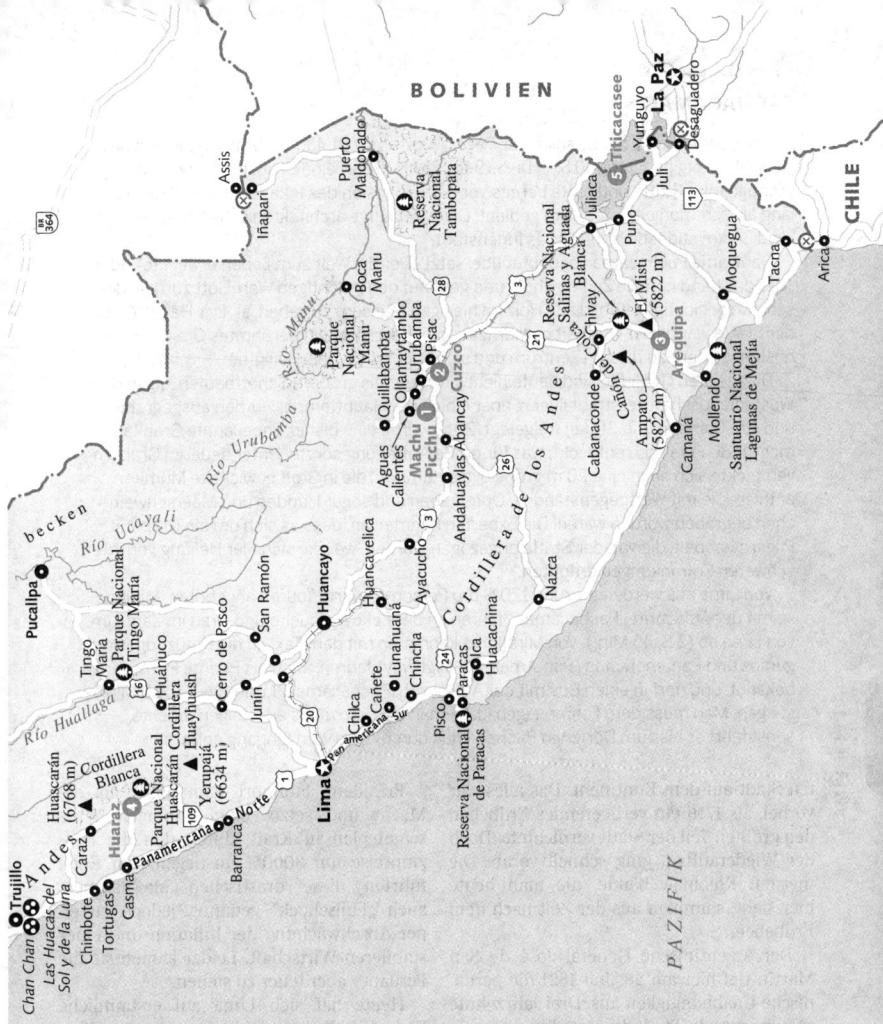

4 **Huaraz** (S. 953) und die **Cordillera Blanca** (S. 958) in Angriff nehmen, eine der spektakulärsten Gebirgsketten Südamerikas

5 Die Inseln im **Titicacasee** (S. 906) besuchen, der als der größte Hochgebirgssee der Welt gilt und sich über die peruanisch-bolivische Grenze erstreckt

6 **Kuélap** (S. 964) erkunden, eine riesige im Nebelwald verborgene Festung, die weit abseits ausgetretener Pfade liegt

ABSTECHER

PACHACAMAC

Zur Zeit der Ankunft der Spanier war **Pachacamac** (☎ 01-430-0168; http://pachacamac.perucultural.org.pe; Eintritt 10 S; ◎ Di–Sa 9–16, So bis 15 Uhr) eine Großstadt sowie eine wichtige Inka-Stätte und hatte bereits vor der Expansion des Inka-Reichs 1000 Jahre lang als zeremonielles Zentrum gedient. Der weitläufige architektonische Komplex liegt rund 30 km südöstlich von Limas Innenstadt.

Der Name Pachacámac bedeutet übersetzt „Der die Welt zum Leben erweckte" oder „Der das Land und die Zeit erschuf" und geht auf den mächtigen Wari-Gott zurück, dessen zweigesichtiges Abbild aus Holz im hiesigen Museum zu sehen ist. Der Haupttempel der Stätte war dieser Gottheit gewidmet und beherbergte ein berühmtes Orakel. Pilger reisten von fern zu diesem Zentrum und sein Friedhof galt als Heiligtum.

Die meisten Gebäude sind heute nicht viel mehr als größere Schutthaufen, die in der Wüstenlandschaft verstreut liegen, aber einige der Haupttempel wurden ausgegraben, und ihre Rampen und Stufen freigelegt. 2012 wurde eine bisher unbekannte Grabkammer für 80 Personen entdeckt, was für große Aufregung sorgte. Unter neueren Gräbern versteckte sich auch eine 20 m große ovale Kammer, die in Stoff gewickelte Mumien enthielt, die mit Wertgegenständen, Opfergaben und sogar Hunden und Meerschweinchen begraben worden waren. Die Experten nehmen an, dass es sich um ein Grab mit Pilgern handelt, die von der Stätte angezogen wurden, weil sie sich hier Heilung von ihren schweren Erkrankungen erhofften.

Von Lima aus werden für rund 120 S pro Person geführte Touren angeboten. Minibusse mit der Aufschrift „Pachacámac" fahren an der Ecke Ayacucho und Grau im Zentrum von Lima ab (2 S, 45 Min.). Von Miraflores kann man mit dem Taxi an die Kreuzung Angamos und Panamericana (Pan-American-Highway) fahren, auch als Puente Primavera bekannt, und dort in einen Bus mit der Aufschrift „Pachacámac/Lurín" (1–2 S, 30 Min.) steigen. Man muss dem Fahrer sagen, dass man bei den *ruinas* aussteigen möchte, sonst fährt er bis zum Dörfchen Pachacámac durch, 1 km vom Eingang entfernt.

---

ten Stadt auf dem Kontinent. Das alles war vorbei, als 1746 ein verheerendes Erdbeben den größten Teil der Stadt vernichtete. Doch der Wiederaufbau ging schnell voran. Die meisten Kolonialgebäude, die man heute hier sieht, stammen aus der Zeit nach dem Erdbeben.

Der argentinische General José de San Martín rief hier am 28. Juli 1821 die peruanische Unabhängigkeit aus. Drei Jahrzehnte später baute die Stadt die erste Eisenbahn in Südamerika. Im Zuge eines Krieges mit Chile wurde Lima 1881 angegriffen. Während der fast dreijährigen Besatzung raubten und zerstörten die Chilenen viele Schätze der Stadt.

Aufgrund der schnellen Industrialisierung und der Zuwanderung ländlicher Bevölkerung vor allem aus dem Hochland setzte in den 1920er-Jahren ein unerhörtes Bevölkerungswachstum ein. Die Migration war während den 1980er-Jahren besonders heftig, als bewaffnete Auseinandersetzungen viele aus den Anden vertrieben haben. In der Stadt schossen Slums wie Pilze aus dem Boden, die Kriminalität stieg und die Stadt erlebte eine Zeit des Zerfalls.

Präsident Fujimori kam 1990 an die Macht und setzte einen strengen Wirtschaftsplan in Kraft, durch den die Benzinpreise um 3000 % anstiegen. Am Ende führten diese drastischen Maßnahmen, auch „Fujischock" genannt, jedoch zu einer Abschwächung der Inflation und einer stabileren Wirtschaft. Leider kamen sie die Peruaner aber teuer zu stehen.

Heute hat sich Lima auf erstaunliche Weise erholt. Aufgrund einer robusten Wirtschaft und vielfältiger Verbesserungen dank großer Mühen auf städtischer Ebene sind die Straßen neu asphaltiert, die Parks gepflegt und die öffentlichen Bereiche viel sicherer – wodurch das kulturelle Leben und die Gastroszene neu erblühten.

◉ Sehenswertes

Das Zentrum Limas ist zwar die interessanteste, nicht aber die sicherste Gegend für eine Erkundungstour. Meist kann man problemlos zwischen der Plaza de Armas, Plaza San Martín und Plaza Grau und den Parkanlagen weiter südlich flanieren. Einige der besten Museen Limas sowie weitere Sehenswürdigkeiten liegen in den äußeren Vororten.

Das Herz von Limas Innenstadt (El Centro) ist die Plaza de Armas, die durch die geschäftige Fußgängerzone Jirón de la Unión mit der Plaza San Martín verbunden ist. San Isidro ist Limas modisch-elegantes Geschäftsviertel, und das moderne Miraflores bietet Hotels, Restaurants und Boutiquen der Spitzenklasse. Weiter südlich lockt im künstlerischen Viertel Barranco, das auf einer Klippe liegt, das heißeste Nachtleben der Stadt.

Museo de la Nación MUSEUM
(Museum der Nation; 01-476-9878; Av Javier Prado Este 2466, San Borja) Zum Zeitpunkt der Recherche war dieses Museum geschlossen, könnte aber schon bald wiedereröffnen; einfach mal bei iPerú (S. 885) nach dem aktuellen Stand fragen. In einem brutalistischen Betonklotz verschafft das Museum den Besuchern einen flüchtigen Überblick über Perus Zivilisationen, mit Chavín-Felsenreliefs, *quipus* der Inka (verknotete Seile, die zur Bestandsführung verwendet wurden) und kolonialen Artefakten. Ein Muss ist die Dauerausstellung Yuyanapaq. Die mit dem Quechua-Wort für „erinnern" betitelte bewegende Fotoausstellung über den sogenannten Bewaffneten Konflikt (1980–2000) wurde 2003 von Perus Kommission für Wahrheit und Versöhnung gestaltet.

★ Museo Larco MUSEUM
(01-461-1312; www.museolarco.org; Bolívar 1515, Pueblo Libre; Erw./Kind unter 15 Jahren 30/15 S; 9–22 Uhr) Dieses Museum in der Villa eines Vizekönigs aus dem 18. Jh. beherbergt eine der größten und besten Keramikausstellungen in Lima. Es wurde 1929 von dem Sammler präkolumbischer Gegenstände Rafael Larco Hoyle gegründet und zeigt über 50 000 Töpfe und Keramiken der Cupisnique-, Chimú-, Chancay-, Nazca- und Inka-Kulturen. Zu den Höhepunkten gehören die gran-

Lima & La Victoria

◉ Highlights
1 Museo de Arte de Lima B1

⊝ Schlafen
2 1900 Backpackers B1
3 Hostal Iquique A1

⊗ Essen
4 Cevichería la Choza Nautica A1

✪ Unterhaltung
5 Estadio Nacional C3
6 Las Brisas del Titicaca A2

Centro Histórico

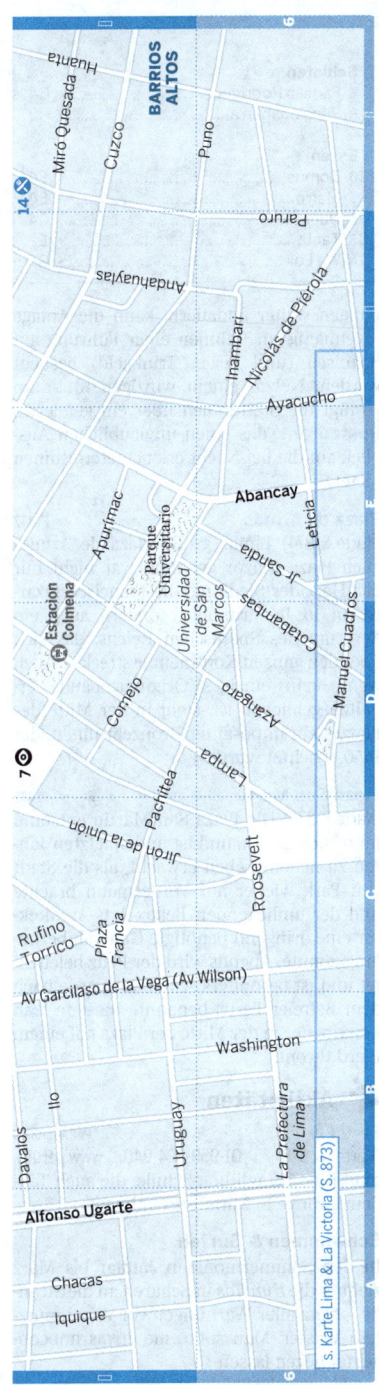

diosen Moche-Porträtgefäße, die in schlichten, aber dramatisch beleuchteten Vitrinen ausgestellt sind, und eine Wari-Webarbeit in einer der hinteren Galerien, die aus 398 Fäden pro Zoll besteht – ein Rekord.

★ Museo de Arte de Lima   MUSEUM
(Karte S. 873; ☎ 01-204-0000; www.mali.pe; Paseo Colón 125; Erw./Kind 12/4 S; ⊙ Di, Do & Fr 10–20, Sa & So bis 17 Uhr) Limas bestes Museum für bildende Kunst wird vor Ort nur MALI genannt und ist in einem imposanten Beaux-Arts-Gebäude untergebracht, das jüngst renoviert wurde. Die Ausstellungen reichen von präkolumbischer bis zu zeitgenössischer Kunst. Zu Sonderausstellungen werden Führungen angeboten. Sonntags kostet der Eintritt nur 1 S. In Barranco ist ein Schwester-Museum im Bau.

Museo de la Cultura Peruana   MUSEUM
(Museum der Peruanischen Kultur; Karte S. 874; ☎ 01-423-5892; www.limacultura.pe/directorio-cultural/museo-nacional-de-la-cultura-peruana; Alfonso Ugarte 650; Eintritt 5 S; ⊙ Di–Sa 10–17 Uhr) Etwa sechs Blocks westlich der Plaza San Martín an einer vielbefahrenen Hauptschlagader steht das Museo de la Cultura Peruana, eine wahre Schatzkammer peruanischer Volkskunst. Die Sammlung umfasst aufwändige *retablos* (religiöse Dioramen) aus Ayacucho, historische Tonwaren aus Puno und Arbeiten aus Federn aus dem Amazonasgebiet. Alle sind in einem Gebäude ausgestellt, dessen Fassade von präkolumbischer Architektur inspiriert wurde.

Museo de la Inquisición   MUSEUM
(Karte S. 874; ☎ 01-311-7777, Durchwahl 5160; www.congreso.gob.pe/museo.htm; Jirón Junín 548; ⊙ 9–17 Uhr) GRATIS Ein eleganter neoklassizistischer Bau an der Plaza Bolívar, in dem die Spanische Inquisition einst ihrer Arbeit nachging, beherbergt dieses winzige Museum. Im 19. Jh. wurde das Gebäude erweitert und zum peruanischen Senat umgebaut. Heute kann man durch den Keller streifen, in dem lustig-morbide Wachsfiguren auf Streckbänken ausgepeitscht werden – sehr zum Vergnügen der achtjährigen Besucher. Die alte Bibliothek im ersten Stock verfügt über eine bemerkenswerte barocke Holzdecke. Nach der obligatorischen halbstündigen Führung (auf Spanisch oder Englisch) können Besucher selbständig umherschlendern.

La Catedral de Lima   KIRCHE
(Karte S. 874; ☎ 01-427-9647; Museum 10 S; ⊙ Mo–Fr 9–17, Sa 10–13 Uhr) Diese Kathedrale

Centro Histórico

⊙ Sehenswertes
1 Gran Hotel Bolívar C4
2 La Catedral de Lima E3
3 Monasterio de San Francisco F3
4 Museo de la Cultura Peruana A4
5 Museo de la Inquisición F3
6 Plaza de Armas E3
7 Plaza San Martín D5

ⓛ Schlafen
8 Familia Rodríguez C4
9 Pensión Ibarra C2

ⓧ Essen
10 Domus E4
11 Metro E4
12 Queirolo C4
13 Tanta E2
14 Wa Lok G5

---

neben dem Palacio Arzobispal steht genau an der Stelle, die Pizarro 1535 für die erste Kirche der Stadt auserkoren hatte. Obwohl es über die Barockfassade verfügt, wurde das Gebäude mehrfach um- und neu gebaut: 1551 und 1622 sowie nach den Erdbeben 1687 und 1746. Die letzte umfassende Renovierung fand 1940 statt.

Monasterio de San Francisco KLOSTER
(Karte S.874; ☎01-426-7377; www.museocatacumbas.com; Ecke Lampa & Ancash; Erw./Kind unter 15 Jahren 7/1 S; ⊙9.30–17.30 Uhr) Dieses leuchtend gelbe Franziskanerkloster mit Kirche ist für seine von Knochen gesäumten **Katakomben** (die die Überreste von geschätzt 70 000 Menschen enthalten) und die bemerkenswerte **Bibliothek** bekannt, die 25 000 antike Texte umfasst, die teilweise aus der Zeit vor der Eroberung stammen. Im Eintritt ist eine 30-minütige Führung auf Englisch oder Spanisch enthalten, die beginnt, sobald genug Besucher versammelt sind.

Huaca Huallamarca RUINEN
(☎01-222-4124; Nicolás de Rivera 201, San Isidro; Erw./Kind 10/5 S; ⊙Di–So 9–17 Uhr) Die schlichte Huaca Huallamarca, eine aufwendig restaurierte Lehmpyramide, versteckt sich zwischen Wohntürmen und weitläufigen, teuren Anwesen. Sie wurde von der Lima-Kultur erbaut, etwa zwischen 200 und 500 n. Chr. Das kleine **Museum** der Stätte – mit eigener Mumie – erklärt Details zur Ausgrabung.

Huaca Pucllana RUINEN
(Karte S.878; ☎01-617-7138; Ecke Borgoño & Tarapacá; Erw./Student 12/5 S; ⊙9–16.30 Uhr) Diese *huaca*, eine restaurierte, aus Lehm erbaute Zeremonienstätte der Lima-Kultur, befindet sich in der Nähe des Óvalo Gutiérrez und stammt aus dem Jahr 400 n. Chr. 2010 gelang mit vier Wari-Mumien, die von Plünderern verschont geblieben waren, ein bedeutender Fund. Obwohl die Ausgrabungen weiter andauern, kann die Anlage regelmäßig im Rahmen einer Führung auf Spanisch (und gegen Trinkgeld) besucht werden. Neben einem winzigen **Museum** verfügt die Stätte auch über ein gefeiertes **Restaurant**, das einen unglaublichen Ausblick auf die bei Nacht erleuchteten Ruinen bietet.

Plaza de Armas PLATZ
(Karte S.874) Limas große Plaza de Armas, auch Plaza Mayor genannt, war nicht nur das Herz der Siedlung, die Francisco Pizarro im 16. Jh. gründete, sondern auch ein Zentrum des Spanischen Reichs, das sich über den ganzen Kontinent erstreckte. Auch wenn kein einziges Originalgebäude erhalten geblieben ist, steht in der Mitte des Platzes ein imposanter Bronzebrunnen, der 1650 errichtet wurde.

Plaza San Martín PLATZ
(Karte S.874) Die Plaza San Martín entstand im frühen 20. Jh. und ist in den letzten Jahren zu neuem Leben erwacht, als die Stadt den Park wieder auf Vordermann brachte und der umliegenden Beaux-Arts-Architektur eine dringend benötigte Generalüberholung gönnte. Abends wird der Platz beleuchtet und ist besonders schön. Er wurde nach dem Befreier Perus benannt, **José de San Martín**, der in der Mitte der Plaza auf einem Pferd thront.

🏃 Aktivitäten

Peru Fly PARAGLIDING
(Karte S.878; ☎01-959-524-940; www.perufly.com) Eine Paragliding-Schule, die auch Tandemsprünge in Miraflores anbietet.

Schwimmen & Surfen
In den Sommermonaten Januar bis März zieht es die *limeños* in Scharen an die Strände – trotz aller Warnungen vor verschmutztem Wasser. Man sollte nie etwas unbeobachtet liegen lassen.

Die besten Orte zum Surfen sind die **Punta Hermosa** und **San Bartolo**, wo es auch strandnahe Hotels gibt. Die **Punta Rocas** ist was für erfahrene Surfer und bietet ein einfaches Hotel. Die Bretter muss man in Lima kaufen oder leihen und dann mit einem Taxi herkarren.

Um zu den südlichen Stränden zu kommen, nimmt man vor dem Puente Primavera aus dem „San-Bartolo"-Bus (Taxi von Miraflores zur Brücke 7 S). Man steigt dann aus, wo man will, und läuft hinunter zu den Stränden, die meistens 1 bis 2 km von der Carr Panamericana (Pan-American Hwy) entfernt sind.

Fahrrad & Mountainbike fahren

Eine beliebte Radwanderung ist die 31 km lange Fahrt nach Pachacamac.

Bike Tours of Lima FAHRRADTOUR
(Karte S. 878; 01-445-3172; www.biketoursoflima.com; Bolívar 150, Miraflores; 3-stündige Tour 105 S; Mo-Sa 9-19 Uhr) Die Tagestouren durch Barranco, Miraflores und San Isidro und die Sonntagsausflüge ins Zentrum sind sehr zu empfehlen. Leihfahrräder sind ebenfalls erhältlich.

Perú Bike FAHRRADTOUR
(Karte S. 882; 01-260-8225; www.perubike.com; Punta Sal D7, Surco; Mo-Sa 9-13 & 16-20 Uhr) Empfehlenswerter Laden mit Reparaturservice. Die Mountainbike-Touren reichen von eher gemütlichen bis zu anspruchsvollen Routen einschließlich Downhill-Optionen und mehrtägige Ausflüge in die Anden und Urwaldgebiete.

Geführte Touren

Jorge Riveros Cayo GEFÜHRTE TOUR
(01-944-324-637; jorge.riveros.cayo@gmail.com) Ein Journalist, der fließend Englisch spricht, bietet empfehlenswerte Gastrotouren, Stadtausflüge und längere, maßgeschneiderte Trips mit kultureller Note an.

Feste & Events

Festival von Lima KULTUR
Feiert den Jahrestag der Gründung Limas am 18. Januar.

Feria de Santa Rosa de Lima RELIGION
Am 30. August ehrt dieses Fest Santa Rosa, die ehrwürdige Schutzheilige von Lima und ganz Amerika. Die Gläubigen besuchen das Santuario de Santa Rosa de Lima im Centro Historico. Von dort führt eine Prozession in die Heimatstadt der Heiligen, Santa Rosa de Quives in der Nähe von Lima.

Schlafen

Die *billigsten* Pensionen findet man vor allem im Zentrum Limas, die besten und beliebtesten eher in den teureren und sichereren Vierteln Miraflores und Barranco.

Zentrum

★1900 Backpackers HOSTEL $
(Karte S. 873; 01-424-3358; www.1900hostel.com; Av Garcilaso de la Vega 1588; B 25-37 S, EZ/DZ/3BZ inkl. Frühstück 62/87/130 S; @) Diese alte, von Gustave Eiffel entworfene Villa im Zentrum ist äußerst beliebt und wurde in modernem Design renoviert, wobei die Marmorböden und anderer Prunk aus dem vergangenen Jahrhundert erhalten geblieben sind. Für ein Hostel ist es schlichtumwerfend: Die Zimmer sind einfach, aber schick, mit dicht an dicht stehenden Stockbetten.

Es gibt eine winzige Küche und coole Gemeinschaftsbereiche, z. B. das Billardzimmer mit Bar und rotem Kronleuchter.

Familia Rodríguez GASTFAMILIE $
(Karte S. 874; 01-423-6465; jotajot@terra.com.pe; Nicolás de Piérola 730, No 201, Apt. 201; DZ inkl. Frühstück 70 S; @) Ein Gebäude aus dem frühen 20. Jh. westlich der Plaza San Martín beherbergt das weitläufige, alte Apartment mit Parkettfußboden und makellosen Bädern dieser ruhigen, sehr zu empfehlenden Unterkunft bei einer Gastfamilie. Alle Bäder werden gemeinschaftlich genutzt.

Pensión Ibarra PENSION
(Karte S. 874; 01-427-8603; pensionibarra@gmail.com; Tacna 359, Nr. 152, 14. St.; EZ/DZ ohne Bad ab 25/35 S;) Die hilfsbereiten Ibarra-Schwestern führen diese in einem maroden Wohnklotz aus Beton untergebrachte Pension mit sieben schlichten, aber sauberen Zimmern, die harte Betten haben. Es gibt eine Gemeinschaftsküche und einen Wäscheservice. Ein kleiner Balkon bietet Aussicht auf die lärmende Stadt.

Hostal Iquique HOTEL $
(Karte S. 873; 01-433-4724; www.hostaliquique.com; Iquique 758; EZ/DZ ohne Bad 54/90 S, EZ/DZ/3BZ inkl. Frühstück 75/96/132 S; @) Das empfehlenswerte Iquique ist schlicht, aber sauber und sicher, mit kleinen, dunklen Betonzimmern und renovierten Bädern mit heißen Duschen. Die Dachterrasse bietet ei-

Miraflores

878

Tanta (1,4 km);
Hueca Huallamarca (1,5 km)

Rainbow Peruvian Tours (400 m);
Französische Botschaft (1 km);
Cruz del Sur (2,4 km); Chilenische Botschaft (2,5 km);
Ecuadorianische Botschaft (2,6 km); iPerú (2,7 km);
Bolivianische Botschaft (3,7 km); Lima Zentrum (7,5 km)

El Pan de la Chola (650 m)

Tanta (250 m)

s. Karte Barranco (S. 882)

Miraflores

🟢 Sehenswertes
1 Huaca Pucllana C1

➕ Aktivitäten, Kurse & Touren
2 Bike Tours of Lima D5
3 Peru Fly B5

🛏 Schlafen
4 Backpacker's Family House A4
5 Ekeko Hostel C1
6 Flying Dog D4
7 Hitchhikers B4
8 Hostal El Patio D4
9 Inka Frog B3

🍴 Essen
10 Central D6
11 El Enano B2
12 El Punto Azul D5
13 El Rincón del Bigote B4
14 La Pascana de Madre Natura B2
15 Quattro D C2

16 Vivanda B3
17 Vivanda D4

🎭 Unterhaltung
18 Cocodrilo Verde C3

🛍 Shoppen
19 LarcoMar C6
20 Mercado Indio D2

ℹ Praktisches
21 Australische Botschaft D5
22 Banco de Crédito del Perú D5
23 Banco de Crédito del Perú C3
24 Brasilianische Botschaft B3
25 Kanadische Botschaft B4
26 Clínica Anglo-Americana A1
   iPerú .... (siehe 19)
27 Peru Rail D6
28 South American Explorers Club B3
29 Teleticket B1
30 Britische Botschaft D6

---

nen Billardtisch und die Gäste können die Gemeinschaftsküche nutzen. Kreditkarten werden akzeptiert.

🛏 Miraflores

Die Gegend rund um den Parque Kennedy ist das Zentrum der Gringos.

Backpacker's Family House   HOSTEL $
(Karte S. 878; ☎ 01-447-4572; www.backpackersfamilyhouse.com; Juan Moore 304; B/DZ inkl. Frühstück 47/126 S; @ 🛜) Ein kleines Ziegelgebäude mit Parkettboden, Graffiti-Wandgemälden und Spielspaß wie Tischkicker und Tischtennis. Das Hostel ist nicht überladen, aber ein bisschen heruntergekommen und es wäre schön, wenn die Betten etwas mehr Rückgrat hätten. Wir warnen: Die Bäder für die Zimmer im obersten Stock liegen eine Treppe tiefer.

Ekeko Hostel   HOSTEL $
(Karte S. 878; ☎ 01-635-5031; Garcia Calderon 274; B/EZ/DZ ohne Bad 31/50/93 S, DZ inkl. Frühstück 99 S; @ 🛜) Dieses geräumige Haus schmiegt sich in eine angenehme Mittelklassenachbarschaft und bietet eine riesige Küche mit überdimensioniertem Frühstückstisch sowie nicht standardmäßige Annehmlichkeiten wie Föhns. Gäste genießen den netten Garten und den guten Service.

Hitchhikers   HOSTEL $
(Karte S. 878; ☎ 01-242-3008; www.hhikersperu.com; Bolognesi 400; B/EZ/DZ ohne Bad 28/65/70 S, EZ/DZ inkl. Frühstück 70/84 S; @ 🛜) Dieses Hostel ist seit Langem im Geschäft und bietet eine große Auswahl an Zimmern in einer riesigen, hundert Jahre alten *casona*. Es ist sicher und schlaffreundlich und hat eine Lounge mit Kabel-TV und DVD-Bibliothek, während im kargen Hof eine Grillstelle und eine Tischtennisplatte warten. Wohnmobile (18 S) kann man hier ebenfalls abstellen. Insgesamt eine gute Wahl.

Flying Dog   HOSTEL $
(Karte S. 878; ☎ 01-444-5753; www.flyingdogperu.com; Lima 457; B 35 S, DZ mit/ohne Bad 115/135 S; @ 🛜) Dies ist das beste der vier Hostels von Flying Dog in Lima. Es bietet eine hübsche Gartenbar und einen Lounge-Bereich im 3. Stock mit weitschweifendem Blick auf den Parque Kennedy. Zwei Küchen sorgen für kürzere Schlangen beim Kochen und das inbegriffene Frühstück wird im Terrassenrestaurant auf der anderen Parkseite serviert. Das größte Haus von Flying Dog am anderen Ende des Parks ist ziemlich angestaubt und heruntergekommen.

Hostal El Patio   PENSION $$
(Karte S. 878; ☎ 01-444-2107; www.hostalelpatio.net; Ernesto Diez Canseco 341A; EZ/DZ inkl. Frühstück 126/156 S, EZ/DZ Superior 156/186 S; @ 🛜) Dieses Juwel unter den Pensionen liegt in einer ruhigen Nebenstraße nur wenige Schritte vom Parque Kennedy entfernt und wurde nach seinem von Blumen überfüllten Garten mit plätscherndem Brunnen benannt. Die fröh-

lichen Besitzer sprechen Englisch und Französisch und bieten kleine, makellose Zimmer mit gusseisernen Betten und Kunst im Kolonialstil. Ein paar Zimmer haben Küchenzeilen und Minikühlschränken. Auf der Website gibt's Sonderangebote.

Inka Frog
HOTEL $$
(Karte S. 878; 01-445-8979; www.inkafrog.com; Iglesias 271; EZ/DZ/3BZ inkl. Frühstück 170/201/263 S; @🛜) Diese Unterkunft bietet mit das beste Preis-Leistungsverhältnis in Lima und richtet sich an reifere Hostelgäste, die Privatzimmer bevorzugen. Die Atmosphäre ist unaufdringlich und freundlich und die großzügigen, makellosen Zimmer sind modern und mit Ventilatoren und Flachbild-TVs ausgestattet. Die Zimmer rund um den hübschen Dachgarten sind klimatisiert und kosten auch nicht mehr. Außerdem gibt's kostenlos Kaffee und gemütliche Sofas. Das Personal ist hilfsbereit und die Lage erfrischend ruhig.

Barranco

Backpackers Inn
HOSTEL $
(Karte S. 882; 01-247-1326; www.barrancobackpackersperu.com; Mariscal Castilla 260; B/2BZ inkl. Frühstück 37/109 S) Dieser Backpacker-Treff in britischer Hand ist in einer verwitterten, aber recht sauberen Villa in einer ruhigen Straße untergebracht und bietet 24-Stunden-Security. Die Schlafsäle sind geräumig und haben teilweise Meerblick. Es gibt eine Küche, acht Zimmer, Hilfe bei Ausflügen und Touren, ein TV-Zimmer und praktischen Zugang zur Bajada de Baños, die direkt zum Strand führt.

Hostal Kaminu
B&B $
(Karte S. 882; 01-252-8680; www.kaminu.com; Bajada de Baños 342; B 30–35 S, DZ inkl. Frühstück mit/ohne Bad 100/68 S; @) Die engen Zimmer in diesem weitläufigen Hostel gleichen Sardinenbüchsen. Es liegt mitten im Nachtleben von Barranco – mit allen Vor- und Nachteilen. Ein Höhepunkt ist die hübsche Dachterrasse.

★ 3B Barranco B & B
B&B $$
(Karte S. 882; 01-247-6915, 01-719-3868; www.3bhostal.com; Centenario 130; EZ/DZ inkl. Frühstück 230/250 S; @🛜) Cool, sauber und modern – diese serviceorientierte Unterkunft kann sich nur zu einem Favoriten aller Traveller entwickeln. Der Gemeinschaftsbereich ist mit an Warhol erinnernde Pastiche-Kunst dekoriert und führt zu 16 minimalistischen Zimmern mit plüschigen, leinenfarbenen Bettdecken, Waschtischen aus Granit und Fenstern, die sich zu Leuchtkästen mit gepflegtem Grün öffnen. Gutes Preis-Leistungs-Verhältnis.

Hostal Gémina
HOTEL $$
(Karte S. 882; 01-477-0712; http://hostalgemina.com; Av Grau 620; EZ/DZ/3BZ inkl. Frühstück 105/150/195 S; @🛜) Diese willkommene Überraschung versteckt sich in einem kleinen Einkaufszentrum und bietet 31 geräumige Einheiten im Stil der 1970er-Jahre – in perfektem Zustand und zufällig auch Retro. Es gibt einen großen Lounge-Bereich und saubere Zimmer mit TVs und folkloristischen Textilien. Kreditkarten werden akzeptiert.

✘ Essen

Limas Restaurantszene gehört zu den besten des Kontinents. Die meisten Gourmettempel warten in Miraflores. Das *ceviche* (rohe Meeresfrüchte, in Limettensaft, Zwiebeln und Gewürzen mariniert) ist hier fantastisch.

✘ Zentrum

Günstige Mittags-*menús* (feste Menüs) werden in den meisten örtlichen Restaurants angeboten. Das Barrio Chino (Chinatown) südöstlich der Plaza de Armas ist mit asiatischen Lokalen gesegnet.

Für Selbstversorger gibt's **Metro** (Karte S. 874; Cuzco 255; ◷9–22 Uhr).

Domus
PERUANISCH $
(Karte S. 874; 01-427-0525; Miró Quesada 410; 3-Gänge-*menús* 20 S; ◷Mo–Fr 7–17 Uhr) Ein restauriertes Herrenhaus aus dem 19. Jh. beherbergt dieses moderne, aber intime Zweiraum-Restaurant, das sich an Journalisten der nahen Büros von El Comercio richtet. Es gibt kein Essen à la Carte, nur ein täglich wechselndes Angebot mit gut zubereiteten peruanisch-italienischen Spezialitäten, zu denen immer eine vegetarische Alternative gehört. Frisch gepresste Säfte begleiten die ausgezeichneten Speisen. Tolles Preis-Leistungs-Verhältnis; höchst empfehlenswert.

Queirolo
PERUANISCH $
(Karte S. 874; 01-425-0421; Camaná 900; Hauptgerichte 12–38 S; ◷Mo–Sa 9.30–1 Uhr) Das von Weinflaschen gesäumte Queirolo ist bei Büroangestellten dank seiner günstigen *menús* beliebt, z. B. *papa rellena* (gefüllte Kartoffeln). Auch abends versammelt sich eine Gästeschar, wenn sich die Einheimischen

einen *chilcano de pisco* (*pisco* mit Ginger Ale und Limettensaft) gönnen und munter plaudern. Das Angebot zum Abendessen ist spärlich.

Cevichería la Choza Nautica CEVICHE $$
(Karte S. 873; 01-423-8087; www.chozanautica. com; Breña 204; *ceviches* 20–42 S, Hauptgerichte 19–45 S; Mo-Sa 8–23, So bis 21 Uhr) Ein überraschend heller Stern in einer eher schmuddeligen Gegend: Diese beliebte *cevichería*, in der Kellner mit Fliege das Essen servieren, bietet über ein Dutzend verschiedene *ceviches* und *tiraditos* (*ceviche* im japanischen Stil, ohne Zwiebeln). Außerdem gibt's eine große Auswahl an Suppen, Meeresfrüchten und Reisgerichten. An belebten Abenden spielt Livemusik.

Wa Lok CHINESISCH $$
(Karte S. 874; 01-447-1329, 01-427-2750; Paruro 878; Hauptgerichte 15–80 S; Mo-Sa 9–23, So bis 22 Uhr) Das Wa Lok serviert die frischesten, leichtesten Meeresfrüchte und gebratenen Reis, und das brutzelnde Fleisch kommt auf dampfenden Tellern an den Tisch. Es gehört zu den besten *chifas* (chinesischen Restaurants) in Chinatown. Auf der 16-seitigen kantonesischen Karte stehen Klöße, Nudeln, Wokgerichte und eine gute Auswahl vegetarischer Optionen (den Tofu-Schmortopf sollte man probieren). Die Portionen sind riesig – bloß nicht zu viel bestellen.

Tanta CAFE $$
(Karte S. 874; 01-428-3115; Pasaje de los Escribanos 142, Lima Centro; Hauptgerichte 21–6 S; Mo-Sa 9–22, So bis 18 Uhr) Das Tanta ist eines von mehreren zwanglosen Bistros der Gastón-Acurio-Kette und serviert peruanische Gerichte, Fusion-Pasta, Salatberge und Sandwiches. Es ist eine gute Adresse im Zentrum, wo die Auswahl eher dürftig ist. Das Essen ist insgesamt gut, aber die Desserts sind der wahre Hit: Unbedingt die himmlische Maracuja-Käsekuchen-Creme probieren. In **Miraflores** (01-447-8377; Av 28 de Julio 888) und **San Isidro** (01-421-9708; Pancho Fierro 115) gibt's weitere Filialen.

Miraflores

In kulinarischer Hinsicht mit Abstand das vielfältigste Viertel, mit Freiluftcafés und Pizzerien rund um den Parque Kennedy. Für Selbstversorger gibt's **Vivanda** (Karte S. 878; http://www.vivanda.com.pe; Benavides 487; 24 Std.); in der Av José Pardo ist eine weitere **Filiale** (Karte S. 878).

NICHT VERSÄUMEN

INNOVATIVE ANDEN-KÜCHE

Central (Karte S. 878; 01-242-8515; centralrestaurante.com.pe; Santa Isabel 376; Hauptgerichte 52–88 S; Mo-Fr 12.45–15.15 & 19.45–23.15 Uhr) Teils Restaurant, teils Labor – das Central erfindet die Anden-Küche neu und rettet uralte peruanische Nahrungsmittel, die man nirgendwo sonst findet. Ein Essen hier ist ein Erlebnis, das zeigen schon die zarten einheimischen Kartoffeln, die in essbarem Lehm serviert werden. Koch Virgilio Martinez möchte, das man die Anden wirklich schmeckt. Er hat in Europa und Asien in den besten Küchen gelernt, aber es ist seine kreative Arbeit hier, die wahrhaft verzaubert.

Meeresfrüchte – etwa der geschwärzte Oktopus als Vorspeise – sind das Highlight, aber auch die Klassiker überzeugen, z. B. Spanferkel mit eingelegtem Gemüse und scharfem Kürbis. Die Karte zieren nachhaltiger Fisch und Kräuter aus dem eigenen Dachgarten – hier ist eben alles ultrafrisch.

El Enano SANDWICHES $
(Karte S. 878; Chiclayo 699; Sandwiches 8–12 S; So-Do 6–1, Fr & Sa bis 3 Uhr) Man kann sich einen Hocker an der Freiluftbar sichern und den Meistern bei der Arbeit zusehen. Die Baguettes mit frisch gebratenem Hähnchen, Schinken, Truthahn und *chicharrón* werden mit marinierten Zwiebeln und Chilis garniert. Nach einem *pisco* zu viel sind sie ein sicheres Heilmittel. Außerdem werden exotische Säfte in großen Gläsern serviert.

El Pan de la Chola CAFE $
(Av La Mar 918; Hauptgerichte 8–18 S; Mo-Sa 8–22 Uhr) Vollkornbrot mit richtig knuspriger Kruste findet man in Südamerika noch wesentlich seltener als Gold. In diesem kleinen Ziegelcafé gibt's gleich vier köstliche Sorten und dazu Bio-Kaffee aus dem peruanischen Amazonasgebiet, griechischen Joghurt und Süßes. Man sitzt im europäischen Stil an großen Holztischen. Einfach ein Sandwich auswählen oder die Probierplatte mit Brot, Oliven, Hummus und Frischkäse teilen.

Quattro D EISCREME $
(Karte S. 878; 01-445-4228; Av Angamos Oeste 408; Hauptgerichte 18–32 S, Eiscreme ab 10 S;

⊘ Mo-Do 6.30–11.45, Fr & Sa bis 12.30, So 7–11 Uhr) Ein immer gut besuchtes Café, das warme, gegrillte Sandwiches, Pasta und andere Gerichte serviert. Dazu gibt's eine Diabetes auslösende Auswahl an Süßigkeiten und Eiscreme (einschließlich ein paar zuckerfreier Sorten).

La Pascana de Madre Natura CAFE $
(Karte S. 878; Chiclayo 815; ✐) Laden für Naturkost inklusive Bäckerei.

Las Mesitas PERUANISCH $
(Karte S. 882; ☎ 01-477-4199; Av Grau 341; Hauptgerichte 8–30 S; ⊘ 12–2 Uhr) Ein altmodischer

Laden mit wenig Ambiente, abgesehen vom Terrakottafliesenboden. Die Gäste kommen wegen der preiswerten peruanischen Klassiker hierher, vor allem für *ahi de gallina* (Hühnereintopf). Man kann sich aber auch einfach ein traditionelles Dessert schmecken lassen, etwa das wundervolle *suspiro limeño* (Süßes mit Karamell-Baiser).

El Punto Azul   CEVICHE $$

(Karte S. 878; 01-445-8078; San Martín 595; Hauptgerichte 22–40 S; 12–17 Uhr) Dieses angenehme Familienlokal erstrahlt in karibischem Blau und serviert frische *ceviches*, *tiraditos* und Reisgerichte in Familienportionen. Das Risotto mit Parmesan, Shrimps und *ají amarillo* (gelber Chili) sollte man probieren – und auf jeden Fall noch Platz für eines der herrlichen Desserts lassen. Es ist oft rappelvoll, also am besten vor 13 Uhr kommen, wenn man einen Tisch will. Ausgezeichnetes Preis-Leistungs-Verhältnis.

El Rincón del Bigote   CEVICHE $$

(Karte S. 878; José Galvez 529; Hauptgerichte 32–36 S; Di–So 12–16 Uhr) Früh kommen: Am Wochenende stehen Einheimische und Reisende für einen Tisch in diesem minimalistischen *ceviche*-Lokal an. Die Spezialität ist *almejas in su concha*. Diese marinierten Muscheln schmecken am besten mit knusprigen Yucca-Fritten und einer Flasche kaltem Pils – einfach himmlisch.

Barranco

Ein charmantes kleines Viertel, wenn man etwas essen möchte, am besten in der Passage unter der Puente de los Suspiros.

Burrito Bar   MEXIKANISCH $

(Karte S. 882; 987-352-120; Av Grau 113; Hauptgerichte 12–18 S; Di–Sa 13–23, So 12–17 Uhr) Der Londoner Stew hat diesen sensationellen mexikanischen Fast-Food-Laden erdacht, nachdem er auf YouTube Tortilla-Tutorials studiert hatte. Das Experiment war ein voller Erfolg: Die Fish-Tacos im Baja-Stil sind ebenso köstlich wie die frischen Salate und die durststillende Minze-Limetten-Limonade. Außerdem gibt's Sierra-Andina-Mikrobiere, und zum Nachtisch fällt die Wahl für das Schokoladen-*tamal* nicht schwer.

Cafe Bisetti   CAFE $

(Karte S. 882; 01-713-9565; Av Pedro de Osma 116; Kaffee 8–16 S; Mo–Fr 8–21, Sa 10–23, So 15–21 Uhr) Die Einheimischen parken gerne ihre Designer-Hunde vor diesem Rösterei-Café, das den vielleicht besten Caffe Latte der Stadt braut. Dazu passt perfekt das frische Gebäck oder ein Stück Bitterschokoladenkuchen. Die Kurse zur Kaffeeröstung und -verkostung sollte man sich auch mal anschauen.

La Canta Rana   CEVICHE $$

(Karte S. 882; 01-247-7274; Génova 101; Hauptgerichte 28–45 S; Di–Sa 8–23 Uhr) Dieses unprätentiöse Haus ist schon seit Jahren im Geschäft, in Flaggen gehüllt und von Einheimischen bevölkert, die aus 17 verschiedenen *ceviches* wählen können.

Ausgehen

Lima quillt vor Bars förmlich über: Von teureren Etablissements für die urbane Elite (in San Isidro) bis zu billigen, fröhlichen Läden (in Barranco) ist alles vorhanden. Auf der Plaza de Armas im Zentrum und in Miraflores locken zahlreiche Straßencafés. Miraflores bietet außerdem die Fußgängerzone San Ramón (auch bekannt als Calle Pizza). Sie liegt in einer billigen Wohngegend, in der sich touristische Pizzerias und Latino-Clubs um die Immobilien streiten – das ist die beste Gegend für eine günstige Kneipentour

---

Barranco

Aktivitäten, Kurse & Touren
1 Perú Bike...B6

Schlafen
2 3B Barranco B&B..................................C2
3 Backpackers Inn....................................C5
4 Hostal Gémina.......................................C3
5 Hostal Kaminu.......................................C5

Essen
6 Burrito Bar..C5
7 Cafe Bisetti...C5
8 La Canta Rana.......................................C4
9 Las Mesitas..C4

Ausgehen & Nachtleben
10 Ayahuasca..C4
11 Bar Piselli..C5
12 Santos...C5
13 Wahio's...D4

Unterhaltung
14 El Dragón..D2
15 La Noche..C4
16 Sargento Pimienta................................D3

(um die Ecke, in der Francisco de Paula Camino, gibt's angesagtere Läden). In Barranco kann man die ganze Nacht in den dicht an dicht liegenden Clubs in der Nähe des Parque Municipal und der Fußgängerzone Calle Carrión feiern.

Im Zentrum lohnt es sich, im Gran Hotel Bolívar (Karte S. 874) vorbeizuschauen und Perus Nationalcocktail zu genießen, den *pisco sour*. Freitag- und Samstagnacht ist Barranco voller Nachtschwärmer.

★ Ayahuasca COCKTAILBAR
(Karte S. 882; ☎01-247-6751; http://ayahuascarestobar.com; San Martín 130, Barranco; ⊙Mo–Sa 20 Uhr–open end) Diese Lounge in einer beeindruckend restaurierten *casona* erstrahlt mit dekorativer maurischer Architektur, die jedoch die wenigsten bewundern. Die meisten Gäste sind damit beschäftigt, alle anderen zu beobachten. Das hyper-reale Dekor umfasst auch ein Mobile aus Kostümen, die bei Ayacucho-Volkstänzen benutzt werden. Es gibt eine lange Liste zeitgenössischer *pisco*-Cocktails, etwa den leckeren Ayahuasca Sour mit der Urwaldfrucht *tambo* und Kokablättern.

Santos LOUNGE
(Karte S. 882; ☎01-247-4609; Jirón Zapita 203, Barranco; ⊙Mo–Do 17–1, Fr & Sa bis 3 Uhr; 🛜) Diese angesagte, geniale Bar mit mehreren Räumen und Balkon mit Meerblick (perfekt zum Leute beobachten) ist in einer knarrenden alten Villa untergebracht. Einheimische in den 20er- und 30er-Jahren beginnen hier ihre Partynacht mit Tapas und dem täglichen Zwei-für-den-Preis-von-einem-Special, das bis 21 Uhr gilt.

Wahio's BAR
(Karte S. 882; ☎01-477-4110; Plaza Espinosa, Barranco; ⊙Do–Sa) Eine große, lebhafte Bar mit hoher Dreadlocks-Dichte und einem klassischen Soundtrack aus Reggae, Ska und Dub, der ein junges Publikum anzieht.

Bar Piselli BAR
(Karte S. 882; ☎01-252-6750; Av 28 de Julio 297, Barranco; ⊙Mo–Do 10–23, Fr & Sa bis 3 Uhr) Diese tolle Bar erinnert an das alte Buenos Aires und schlägt in Sachen Ambiente alle um Längen. Donnerstags gibt's Livemusik, was oft darin endet, dass das Publikum lautstark peruanische Klassiker mitsingt.

☆ Unterhaltung

Viele Spitzenklassehotels im Zentrum und in San Isidro und Miraflores haben Casinos mit Spielautomaten.

La Noche LIVEMUSIK
(Karte S. 882; ☎01-247-1012; www.lanoche.pe; Av Bolognesi 307, Barranco) Diese bekannte Bar auf drei Ebenen ist der Laden für Rock-, Punk- und lateinamerikanische Konzerte in Lima – die Drinks könnten allerdings besser sein.

Cocodrilo Verde LIVEMUSIK
(Karte S. 878; ☎01-242-7583; www.cocodriloverde.com; Francisco de Paola 226; Mindestverzehr 25 S; ⊙Mo–Sa 18.30 Uhr–open end) Tolle Bands, von Popmusik über Jazz bis zu Bossa Nova – diese trendige Lounge ist ein Garant für eine gelungene Nacht.

Sargento Pimienta CLUB
(Karte S. 882; ☎01-247-3265; www.sargentopimienta.com.pe; Av Bolognesi 755, Barranco; Eintritt ab 15 S) Eine zuverlässige Adresse in Barranco. Der Name bedeutet „Sergeant Pepper" und dieser scheunenartige Club veranstaltet verschiedene Motto-Abende und bietet gelegentlich Livebands.

Las Brisas del Titicaca TRADITIONELLE MUSIK
(Karte S. 873; ☎01-715-6960; www.brisasdeltiticaca.com; Wakuski 168, Lima Centro; Eintritt ab 30 S) Eine gefeierte *folklórica*-Show in der Nähe der Plaza Bolognesi im Stadtzentrum in einer riesigen Räumlichkeit.

El Dragón LIVEMUSIK
(Karte S. 882; ☎01-715-5043; www.eldragon.com.pe; Av Nicolas de Pierola 168, Barranco; Eintritt bis zu 20 S; ⊙Do–Sa) Mit Livemusik oder DJs zieht dieser beliebte Laden eine bunte Gästeschar an, die sich über Latin Rock, *tropicalismo*, Soul und Funk freut.

Estadio Nacional STADION
(Karte S. 873; Lima Centro) *Fútbol* ist eine nationale Obsession. Perus Estadio Nacional abseits der *cuadras* 7 bis 9 am Paseo de la República ist Austragungsort der wichtigsten Spiele und anderer Events. Bei **Teleticket** (Karte S. 878; ☎01-613-8888; www.teleticket.com.pe) gibt's einen Veranstaltungskalender und Tickets.

🔒 Shoppen

Zu den Einkaufszentren gehört auch das unterirdische **LarcoMar** (Karte S. 872; Malecón de la Reserva 610) in spektakulärer Lage, das direkt in die Klippen am Meer gebaut wurde. Hier findet man hochwertiges Kunsthandwerk, Elektrogeräte, Fotozubehör, Outdoorausrüstung, Bücher und Musik.

Mercado Indio — MARKT
(Karte S. 872; Av Petit Thouars 5245, Miraflores) Die beste Adresse, wenn man nach präkolumbischen Tonwaren, Alpaka-Teppichen oder Kopien von Gemälden der Cusco-Schule sucht. Die Preise variieren, einfach mal umschauen.

Feria Artesanal — MARKT
(Av de la Marina, Pueblo Libre) Etwas billiger als der Mercado Indio ist dieser Kunsthandwerkermarkt in Pueblo Libre.

❶ Praktische Informationen

GEFAHREN & ÄRGERNISSE
Wie jede andere südamerikanische Großstadt ist auch Lima ein Ort der sehr Armen und sehr Reichen. Hier sind Verbrechen der Stoff, aus dem Legenden werden, aber in gewisser Hinsicht wurde die Gefährlichkeit der Stadt auch übertrieben. Die häufigste Straftat ist Diebstahl, und Leser berichten regelmäßig von Überfällen. Es ist unwahrscheinlich, dass man körperlichen Schaden nimmt, aber es ist trotzdem weise, den gesunden Menschenverstand walten zu lassen.

An den Stränden sollte man besonders vorsichtig sein. Hier kommt es oft zu gewalttätigen Übergriffen. Busbahnhöfe in benachteiligten Stadtvierteln sind für Diebstähle berüchtigt, deshalb sollte man das Ticket vorab kaufen und mit dem Taxi hinfahren. Auch vom Flughafen ist es viel sicherer und schneller ein Taxi zu nehmen.

GELD
Überall in Lima findet man 24-Stunden-Geldautomaten. Außerdem sind *casas de cambio* (Wechselstuben) über ganz Camaná im Zentrum von Lima und entlang der Larco in Miraflores verteilt. Auch grün-blau gewandete offizielle Geldwechsler (*cambistas*) sind auf Limas Straßen überall zu finden und sehr sicher. Man sollte sich jedoch ihren offiziellen Stempel auf die Geldscheine geben lassen, um sich vor Fälschern zu schützen.

Banco de Crédito del Perú (BCP; Karte S. 878; www.viabcp.com; Ecke Av José Larco & José Gonzales; ⊙ Mo–Fr 9-18.30, Sa 9.30–13 Uhr) Hat einen 24-Stunden-Geldautomat für Visa und Plus; führt außerdem Barauszahlungen für Visakarten durch und wechselt Reiseschecks von Amex, Citicorp und Visa. Die Filiale Central Lima (Karte S. 874; ☏ 427-5600; Ecke Lampa & Ucayali) verfügt über eine unglaubliche Buntglasdecke. Eine weitere Zweigstelle befindet sich in der José Pardo (Karte S. 878; ☏ 445-1259; Av José Pardo 491).

MEDIZINISCHE VERSORGUNG
Die folgenden Kliniken bieten Notfalldienste an, und ein Teil des Personals spricht Englisch:

Clínica Anglo-Americana (Karte S. 872; ☏ 616-8900; Salazar 350, San Isidro) Hat Impfstoffe gegen Gelbfieber und Tetantus vorrätig.

Clínica San Borja (☏ 01-475-4000; www.clinicasanborja.com.pe; Av Guardia Civil 337, San Borja) Eine weitere respektable Klinik mit kardiologischer Abteilung.

NOTFALL
Policía de Turismo (Touristenpolizei, Poltur; ☏ 01-225-8698; Av Javier Prado Este 2465, 5. St., San Borja; ⊙ 24 Std.) Hauptrevier der Policía Nacional (Nationalpolizei) im Museo de la Nación. Englisch sprechende Beamte erstellen Diebstahlberichte für Versicherungsansprüche oder die Rückerstattung von Reiseschecks. In sehr touristischen Gegenden sind die Poltur-Beamten gut an ihren weißen Hemden erkennbar.

POST
Federal Express (FedEx; Karte S. 878; ☏ 01-242-2280; www.fedex.com.pe; Pasaje Olaya 260, BSC Miraflores, Miraflores; ⊙ Mo–Fr 9–19, Sa 10–15 Uhr)

Hauptpost (Karte S. 874; ☏ 01-511-5000; www.serpost.com.pe; Pasaje Piura, Zentrum Lima; ⊙ Mo–Sa 8–21 Uhr) Hier kann man Postlagerndes abholen, aber der Service ist nicht 100% zuverlässig. Ausweis mitbringen.

Serpost (Karte S. 878; Av Petit Thouars 5201; ⊙ Mo–Fr 8–20.45, Sa 9–13.30, So 9–14 Uhr)

TOURISTENINFORMATION
iPerú (☏ 01-574-8000; Aeropuerto Internacional Jorge Chávez) Die seriöse staatliche

---

DER WEG IN DIE STADT

Vom **Aeropuerto Internacional Jorge Chávez** (☏ 01-517-3500, Flugpläne 01-511-6055; www.lap.com.pe) erreicht man Miraflores, Barranco oder San Isidro per Taxi (45–60 S, 30 Min.–1 Std. in der Rushhour – schneller ins Zentrum Limas). Viele Flüge landen früh morgens, deshalb sollte man das Hotel am besten vorab buchen. Alternativ kann man in ein *combi* (Minibus) von **La S** (Karte S. 878; ab 2,50 S/Pers.) steigen – mit einem riesigen „S" in der Windschutzscheibe gekennzeichnet –, die auf mehreren Routen nach Miraflores und noch weiter fahren. Vom Flughafen findet man sie in südlicher Fahrtrichtung an der Av Elmer Faucett. Zum Flughafen fahren die *combis* von La S Richtung Norden entlang der Av Petit Thouars und nach Osten entlang der Av Angamos in Miraflores.

Touristeninformation hält Stadtpläne und gute Tipps bereit und kann bei Beschwerden helfen. Die Filiale in Miraflores (Karte S. 878; ☎01-445-9400; LarcoMar; ⏱11–14 & 15–20 Uhr) ist winzig, am Wochenende aber sehr nützlich. Es gibt noch eine weitere in San Isidro (☎01-421-1627; Jorge Basadre 610; ⏱Mo–Fr 9–18 Uhr).

Peru Rail (Karte S. 878; ☎084-58-1414; www.perurail.com; LarcoMar; ⏱11–22 Uhr) Hier gibt's Informationen und Hilfe bei Buchungen für die Züge Cusco–Machu Picchu und Cusco–Puno.

South American Explorers Club (SAE; Karte S. 878; ☎447-7731; www.saexplorers.org; Enrique Palacios 956, Miraflores; ⏱Mo–Fr 9.30–16.30, Sa bis 13 Uhr) Der angesehene South American Explorers Club ist inzwischen mehr als drei Jahrzehnte alt und eine unerlässliche Quelle für Langzeitreisende, Journalisten und Wissenschaftler, die sich über längere Zeit in Peru, Ecuador, Bolivien und Argentinien aufhalten.

❶ An- & Weiterreise

BUS

In Lima gibt's keinen zentralen Busbahnhof. Jedes Unternehmen hat ein eigenes Büro und eigene Haltestellen, und viele sind rund um die Av Javier Prado Este in La Victoria zu finden. Andere liegen im Zentrum von Lima, mehrere Blocks östlich der Plaza Grau, gleich nördlich der Av Grau und südlich der Av 28 de Julio, an beiden Seiten des Paseo de la República. Man sollte sich unbedingt vergewissern, an welcher Haltestelle der Bus abfährt, wenn man ein Ticket kauft. Es gibt unzählige Unternehmen, und es kann nicht schaden, sich den Zustand der Busse anzuschauen, bevor man sich für eines von ihnen entscheidet.

Zu den größten Unternehmen gehören:

Civa (Karte S. 873; ☎01-418-1111; www.civa.com.pe; Ecke Av 28 de Julio & Paso de la Republica 569) Nach Arequipa, Cajamarca, Chachapoyas, Chiclayo, Cusco, Ilo, Máncora, Nazca, Piura, Puno, Tacna, Tarapoto, Trujillo und Tumbes. Das Unternehmen bietet auch luxuriösere Schlafbusse unter dem Namen **Excluciva** (www.excluciva.com) zu verschiedenen Küstenzielen an.

Cruz del Sur (www.cruzdelsur.com.pe; Av Javier Prado Este 1109) Eines der größten Unternehmen, das mit drei verschiedenen Busklassen die Küste – und Städte im Landesinneren wie Arequipa, Cusco, Huancayo und Huaraz – bedient: die günstigere Ideal und die luxuriöseren Optionen Imperial und Cruzero.

Móvil Tours (Karte S. 873; ☎01-716-8000; www.moviltours.com.pe; Paseo de la República 749) Nach Chachapoyas, Chiclayo, Huancayo, Huaraz und Tarapoto.

Soyuz (☎01-205-2370; www.soyuz.com.pe; Av México 333, La Victoria) Häufige Busse nach Cañete, Chincha, Ica and Nazca.

Ungefähre Ticketpreise

Die folgende Tabelle informiert über die ungefähren Preise für ein einfaches Ticket von Lima und die Fahrtdauer mit den besten Anbietern. Die Preise sind allgemeine Richtwerte für normale und Luxusbusse.

ZIEL	PREIS (S)	DAUER (STD.)
Arequipa	80–170	16–18
Ayacucho	70–160	9–11
Cajamarca	90–150	16
Chiclayo	60–125	12–14
Cusco	110–210	22–23
Huancayo	35–80	7–8
Huaraz	60–160	8
Ica	30–80	4½
Nazca	80–60	6–8
Piura	80–184	16
Puno	140–170	22
Tacna	115–190	18–22
Trujillo	40–125	9–10
Tumbes	80–200	20

FLUGZEUG

Limas **Aeropuerto Internacional Jorge Chávez** (S. 885) ist in Callao. Die Internationale Flughafensteuer (zahlbar in US-Dollar oder Nuevos Soles, nur bar) beträgt 31 US$, ist inzwischen aber meist im Ticketpreis enthalten. Bei Inlandsflügen ist die Steuer immer inbegriffen.

Studententickets können beim offiziellen ISIC-Büro **InteJ** (Karte S. 882; ☎01-247-3230; www.intej.org; San Martín 240, Barranco; ⏱Mo–Fr 9.30–12.45 & 14–17, Sa 9.30–12.45 Uhr) gebucht werden.

Viele internationale Fluglinien haben ein Büro in Lima. Folgende Airlines bieten Inlandsflüge an:

LAN (Karte S. 878; ☎01-213-8200; www.lan.com; Av José Pardo 513, Miraflores) LAN fliegt nach Arequipa, Chiclayo, Cusco, Iquitos, Juliaca, Piura, Puerto Maldonado, Tacna, Tarapoto und Trujillo. Außerdem werden Flüge zwischen Arequipa und Cusco, Arequipa und Juliaca, Arequipa und Tacna, Cusco und Juliaca sowie Cusco und Puerto Maldonado angeboten.

LC Peru (☎01-204-1313; www.lcperu.pe; Av Pablo Carriquirry 857, San Isidro) Fliegt mit kleineren Turboprop-Maschinen von Lima nach Andahuaylas, Ayacucho, Cajamarca, Huánuco, Huaraz, Iquitos und Huancayo (Jauja).

Star Perú (Karte S. 878; ☎01-705-9000; www.starperu.com; Av Espinar 331, Miraflores)

Flüge nach Ayacucho, Cusco, Huanuco, Iquitos, Pucallpa, Puerto Maldonado und Tarapoto.

ZUG

Zugverbindungen durch das Hochland nach Huancayo fahren in Limas **Estación Desamparados** (01-263-1515; Ancash 203) ab.

Unterwegs vor Ort

BUS

El Metropolitano, ein modernes System mit elektrischen Bussen, das sich über ganz Lima erstreckt, ist die schnellste und effizienteste Möglichkeit, ins Zentrum zu gelangen. Bisher gibt es nur wenige Routen, aber es bestehen Pläne, das Netz auf den Nordteil der Stadt auszuweiten. Die Ruta Troncal (1,50 S) führt durch Barranco, Miraflores und San Isidro zur Plaza Grau im Zentrum von Lima. Passagiere müssen sich eine *tarjeta inteligente*-Karte (4,50 S) kaufen, die dann pro Nutzung belastet wird.

Bei Minivans ist das Fahrtziel auf die Windschutzscheibe geklebt. *Combis* sind im Allgemeinen ziemlich langsam und überfüllt, aber unglaublich billig: die Preise reichen von 1 S bis 3 S, je nach Länge der Fahrt.

Die nützlichsten Routen verbinden das Zentrum Limas entlang der Av Arequipa oder des Paseo de la República mit Miraflores. Minibusse entlang der Garcilaso de la Vega (auch Av Wilson genannt) und der Av Arequipa sind mit „Todo Arequipa" oder „Larco/Schell/Miraflores" beschriftet, wenn sie nach Miraflores fahren, und entsprechend mit „Todo Arequipa" und „Wilson/Tacna", wenn sie aus Miraflores ins Zentrum von Lima fahren. Man kann entlang der Av José Larco oder Av Arequipa in Miraflores einsteigen.

Wer nach Barranco möchte, kann entlang der Av Arequipa nach einem Bus mit der Aufschrift „Chorrillos/Huaylas/Metro" Ausschau halten (auf einigen Schildern steht auch „Barranco"). Die Busse fahren auch auf der Diagonal, gleich westlich des Parque Kennedy in Miraflores.

ZUM/VOM FLUGHAFEN

Der Flughafen (S. 885) befindet sich in der Hafenstadt Callao, 12 km westlich des Zentrums.

Die offiziellen Taxis direkt vor dem Ausgang des Terminals verlangen 45 S bis 60 S in die Innenstadt und nach Miraflores. Taxis auf dem Parkplatz sind rund 10 S billiger, aber auch entschieden weniger sicher. Die meisten Hotels bieten außerdem einen etwas günstigeren Abholservice vom Flughafen an. Alternativ kann man nach Verlassen des Terminals auch 100 m nach links zum Fußgängertor gehen, dann rechts abbiegen und 100 m weiter an der Straße außerhalb des Flughafens in ein günstigeres inoffizielles Taxi oder ein *combi* nach Miraflores steigen. Im „Callao-Ate"-Minibus ist man richtig (nach dem roten „S" auf der Windschutzscheibe Ausschau halten oder sich mit seinem Spitznamen „La S" – ausgesprochen: „la e-se" – durchfragen); die Fahrt kostet 2 bis 3 S (mehr mit sperrigem Gepäck).

Eine ebenso zuverlässige wie sichere Option ist **Taxi Green** (01-484-4001; www.taxigreen.com.pe). Der wahnsinnige Verkehr und die Straßenarbeiten führen oft zu langen Verzögerungen, deshalb sollte man mindestens eine Stunde für die Fahrt zum/vom Flughafen einplanen.

Leider gibt's in Lima keinen zentralen Busbahnhof. Jedes Busunternehmen unterhält ein eigenes Büro und eigene Haltestellen, meist in den eher schäbigen Gegenden östlich des Zentrums – am besten mit dem Taxi fahren.

TAXI

Die Taxis haben keine Taxameter, deshalb sollte man den Preis unbedingt aushandeln, bevor man einsteigt. Hier einige (sehr grobe) Richtwerte: Eine Fahrt innerhalb von Miraflores kostet zwischen 5 und 10 S, von Miraflores ins Zentrum von Lima 15 bis 20 S, nach Barranco zwischen 5 und 10 S und nach San Isidro zwischen 7 und 14 S. Man kann auch über den Preis verhandeln, was während der Rush Hour allerdings schwieriger ist. Bei zwei oder mehr Fahrgästen sollte man klären, ob der Preis pro Person oder für die Fahrt gilt.

DIE SÜDKÜSTE

Wer die karge, neblige, knochentrockene Wüste an Perus Südküste erstmals erlebt, wird sich unausweichlich fragen: Wie kann man nur hier leben? Aber hier leben die Menschen nicht nur, sie blühen regelrecht auf, und das schon seit Jahrtausenden. Den Beweis liefern neben Icas Weinindustrie oder Chinchas afro-peruanischer Kultur auch die faszinierenden Nazca-Linien, eine bizarre Ansammlung gigantischer Geoglyphen, die in die Wüste gezeichnet wurden. Sie stammen aus der Zeit um 400–650 n. Chr. Auf der Paracas-Halbinsel wurden hingegen aufwendige Textilien ausgegraben, die bereits 1000 Jahre bevor Pachacuti die Inka aus Cusco führte gewebt wurden. Der Machu Picchu Trail zieht zwar die meiste Aufmerksamkeit in Südperu auf sich, aber es schlängelt sich auch noch ein weiterer, weniger bekannter „Gringo-Pfad" an der Südküste entlang, zu dessen obligatorischen Zwischenstopps das für seine Tier- und Pflanzenwelt bekannte Paracas sowie Nazca und die Wüstenoase Huacachina gehören.

Pisco

☎ 056 / 54 000 EW.

Pisco wurde im Jahr 2007 von einem Erdbeben erschüttert, das seine Infrastruktur zerstörte, aber nicht seine Lebensfreude. Trotzdem ist die Stadt noch immer dabei, sich zu erholen. Doch ungeachtet der erheblichen Schäden laufen die Geschäfte nach wie vor, und die Stadt wirbt gemeinsam mit dem nahen Strandressort El Chaco (Paracas) als Basislager für Ausflüge ins Paracas-Schutzgebiet und zu den Islas Ballestas um Besucher.

Pisco liegt 235 km südlich von Lima. Hier starten normalerweise die Erkundungstouren zu den Islas Ballestas mit ihrer reichen Flora und Fauna und zur Península de Paracas. Die Region ist aber auch von historischem und archäologischem Interesse: Hier bestand von 900 v. Chr. bis 200 n. Chr. eine der höchstentwickelten prä-Inka-Zivilisationen, die Paracas-Kultur.

◉ Sehenswertes & Aktivitäten

Nach dem Erdbeben bietet Piscos Hauptplatz, die **Plaza de Armas**, eine Mischung aus zerstörten und erhaltenen Bauten. Die **Reiterstatue von José de San Martín**, die trotzig ihr Schwert erhebt, fällt in letztere Kategorie. Der **Friedhof** bietet versteckte Geheimnisse: Hier ist auch die angebliche Vampirin und Engländerin Sarah Ellen Roberts aus dem 19. Jh. begraben, die damals ankündigte, nach 100 Jahren wieder aufzuerstehen. 1993 tat sie dies – zur allgemeinen Enttäuschung – jedoch nicht. Der Friedhof ist heute eine Gedenkstätte für die über 500 Opfer des Erdbebens von 2007.

Islas Ballestas

Die manchmal als „Galápagos des kleinen Mannes" bezeichneten Inseln bieten sich für einen geruhsamen Ausflug an. Die Bootstour dauert etwa eineinhalb Stunden: Unterwegs sieht man den dreizackigen **Kandelaber**, eine riesige Figur, die in einen Hügel geritzt wurde. Dann kreuzt man eine Stunde lang um die natürlichen Bögen und Höhlen der Inseln und beobachtet lärmende Seelöwen, die sich auf den Felsen räkeln. Auch Humboldtpinguine, chilenische Flamingos und Delfine bekommt man zu Gesicht. Die wichtigsten Guano produzierenden Vögel wie Kormorane, Tölpel und Pelikane sind hier in großen Kolonien zu sehen.

☞ Geführte Touren

Bootstouren zu den Islas Ballestas legen täglich um 7 Uhr ab (45 S plus 1 S Dock-Steuer). Von Pisco fahren Minibusse zum Hafen von Paracas, wo ein hübscher Uferbereich voller Restaurants und Straßenhändler wartet (unbedingt nach Vivianas *chocotejas* suchen: Diese in Karamell getränkten, mit Schokolade überzogenen Pekannüsse, eine Spezialität Icas, machen süchtig!). Auf den Booten gibt's keine Kabinen, also sollte man sich auf Wind, Gischt und Sonne einstellen. Ein Hut ist ebenfalls ratsam, da man nicht selten eine direkte Ladung Guano abkriegt. Man kann auch noch die weniger interessante Nachmittagstour zur Península de Paracas (25 S inkl. Islas Ballestas) anschließen, die kurz am Besucherzentrum und am Museum Halt macht (Eintritt nicht eingeschlossen) und an geologischen Formationen an der Küste vorbeirauscht.

Aproturpisco   TOUREN
(☎ 056-50-7156; aproturpisco@hotmail.com; San Francisco 112) Dieses entspannte, aber geschäftsmäßige Reiseunternehmen organisiert Ausflüge zu allen lokalen Sehenswürdigkeiten, einschließlich der Islas Ballestras (70 S) und sogar zu den Nazca-Linien (140 US$). Die Führer sprechen sechs Sprachen, einschließlich Hebräisch.

🛏 Schlafen

Viele Hotels holen ihre Gäste an der Abfahrt San Clemente auf der Carr Panamericana Sur ab.

Posada Hispana Hotel   HOTEL $
(☎ 056-53-6363; www.posadahispana.com; Bolognesi 236; EZ/DZ 50/70 S; P 🛜) Besser geht's nicht: Die Zimmer zieren lokaltypische Textilien und Akzente aus Hartholz, auf der Dachterrasse kann man prima entspannen und das Restaurant ist eines der besten der Stadt. Das Mittags-*menú* (festes Gericht) für 10 S wird in einem zweistöckigen Bambus-Speisesaal serviert.

Hostal La Casona   HOTEL $
(☎ 056-53-2703; www.hostallacasona.com; San Juan de Dios 252; EZ 60–70 S, DZ 70–90 S; P 🛜) Eine mächtige Holztür dient diesem einen halben Block von der Haupt-Plaza entfernten Hotel als leicht trügerischer Eingang. Es ist zwar sauber, aber nicht in allen Bereichen annähernd so grandios, wie die Tür vermuten lässt. Die Zimmer können etwas muffig sein, lassen sich aber schnell durchlüften.

Hostal Villa Manuelita   HOTEL $$
(☎ 056-53-5218; www.villamanuelitahotel.com; San Francisco 227; EZ/DZ/3BZ inkl. Frühstück 110/ 150/190 S; [P][@]) Auch wenn es nach dem Erdbeben umfassend renoviert werden musste, hat sich dieses Hotel die Grandesse seiner kolonialen Grundmauern erhalten. Außerdem liegt es sehr praktisch nur einen halben Block von der Plaza entfernt.

✕ Essen & Ausgehen

La Concha de Tus Mares   PERUANISCH $$
(Calle Muelle 992; Hauptgerichte 15–25 S) Alte Bilder von Pisco vor 2007 zieren die Wände dieses nostalgischen Hauses neben dem Colegio Alexander Von Humboldt, 1 km südlich des Zentrums. Der Fisch wird in großzügigen Portionen aufgetischt und von den Einheimischen gefeiert.

★ As de Oro's   PERUANISCH $$$
(www.asdeoros.com.pe; San Martín 472; Hauptgerichte 30–50 S; ⊙Di–So 12–24 Uhr) Apropos Phönix aus der Asche: Das schicke As de Oro serviert scharfes Kartoffelpüree mit Oktopus, Scholle mit Butter und Kapern und gegrillte Garnelen mit gebratenen Yucca und Sauce tartare, und das alles mit Blick auf einen kleinen Swimmingpool, während sich der Rest der Stadt erst langsam wieder berappelt.

Taberna de Don Jaime   BAR
(☎ 056-53-5023; San Martín 203; ⊙16–2 Uhr) Diese lärmende Taverne ist bei Einheimischen und Touristen beliebt. Sie präsentiert Weine kleiner Winzer sowie *piscos*, und am Wochenende tanzen die Massen bis in die frühen Morgenstunden zu Liveklängen von Latin bis Rock.

ℹ Praktische Informationen

Internetcafés und Banken mit 24-Stunden-Geldautomaten umringen die Hauptplaza.

GEFAHREN & ÄRGERNISSE
Nachdem das Erdbeben Pisco in die Knie gezwungen hatte, erlangte die Stadt rasch einen schlechten Ruf wegen ihre Kriminalität, aber der dunkle Schleier lichtet sich inzwischen allmählich wieder. Die von Geschäften gesäumten Straßen sind tagsüber kein Problem, und im Zentrum ist die Polizeipräsenz deutlich erkennbar. Trotzdem fährt man nach Einbruch der Dunkelheit lieber mit dem Taxi, besonders rund um die Busahlstellen und Marktplätze. Wer spät abends ankommt, kann den Fahrkartenverkäufer am Busbahnhof bitten, ein seriöses Taxi heranzuwinken.

ℹ Anreise & Unterwegs vor Ort

Pisco liegt 6 km westlich der Carr Panamericana Sur, und nur Busse mit Endstation Pisco fahren auch wirklich hierher. **Ormeño** (☎ 056-53-2764; San Francisco), **Flores** (☎ 056-79-6643; San Martín) und **Soyuz** (www.soyuz.com.pe; Av Ernesto R Diez Canseco 4) bieten täglich Verbindungen nach Lima im Norden sowie nach Ica, Nazca und Arequipa im Süden. Wer nicht mit einem Direktbus fährt, kann den Fahrer bitten, an der Ausfahrt San Clemente aussteigen zu dürfen, wo häufig schnelle *colectivos* (Sammeltaxis) warten, die die Passagiere zu Piscos zentraler Plaza de Armas (3 S, 10 Min.) oder nach Paracas (10 S, 20 Min.) bringen.

Man kann in Pisco auch in ein *combi* (1,50 S, 30 Min.) oder *colectivo* (2,50 S, 20 Min.) nach Paracas steigen; diese fahren häufig in der Nähe von Piscos zentralem Markt ab.

ZIEL	PREIS (S)	DAUER (STD.)
Arequipa	60–144	12–15
Ica	4–15	1½–2
Lima	28–76	4½
Nazca	17–35	4

Ica

☎ 056 / 220 000 EW.

Man könnte an schlimmeren Orten stranden als in Ica, der Hauptstadt des gleichnamigen Bezirks. Die lebendige Stadt bietet eine beeindruckende Wein- und *pisco*-Industrie, wilde Festivals und ein ausgezeichnetes Museum; die grüne Plaza ist auch nicht übel. Trotzdem steigen die meisten Reisenden im nahen Huacachina ab. Noch immer sind die Überreste einiger Gebäude zu sehen, die durch das Erdbeben 2007 zerstört wurden, aber ansonsten geht in Ica alles mehr oder weniger seinen gewohnten Gang.

⊙ Sehenswertes & Aktivitäten

Peruanische Weine und *piscos* kann man in den **bodegas** außerhalb der Stadt verkosten. Weiter entfernt finden sich Dutzende kleiner, familiengeführter Traditionsweingüter.

Museo Regional de Ica   MUSEUM
(Ayabaca cuadra 8; Eintritt 10 S; ⊙Mo–Fr 8–19, Sa & So 9–18 Uhr) Im Vorstadtviertel San Isidro spielt Ica seinen Trumpf aus, ein Museum, das auch einer dreimal so großen Stadt gut zu Gesichte stehen würde. Was Aufmachung und Design betrifft, kann es vielleicht nicht mit dem Smithsonian mithalten, aber die-

ses unaufdringliche Juwel präsentiert die beiden Schlüsselzivilisationen an Perus Südküste aus der Vor-Inka-Zeit: die Paracas- und die Nazca-Kultur. Erstere ist für ihre Textilien berühmt, Letztere für ihre Keramiken mit großem Wiedererkennungswert.

Bodega Tacama WEINVERKOSTUNG
(056-58-1030; www.tacama.com; Camino Real s/n, Tinguiña; Di–So 9.30–16.30 Uhr) GRATIS Vielleicht das professionellste und meistgefeierte Weingut in Ica: Tacama residiert in einer weitläufigen rosafarbenen Hacienda, in deren Hintergrund sich die Reihen der Weinreben erstrecken. Die Winzer meiden Perus Vorliebe für klebrig-süße Weine und produzieren ziemlich gute Chardonnays und Malbecs, die die Chilenen eines Tages womöglich in ihre Schranken verweisen könnten.

Bodega Vista Alegre WEINVERKOSTUNG
(www.vistaalegre.com.pe; Camino a La Tinguina, Km 2,5; Eintritt 5 S; Mo–Fr 8–12 & 13.45–16.45, Sa 7–13 Uhr) 3 km nordöstlich von Ica liegt der Distrikt La Tinguiña. Unter den kommerziellen Weingütern hier kann man dieses am einfachsten besuchen (Taxi einfache Strecke 5 S). Am besten kommt man morgens her, da das Weingut am Nachmittag manchmal geschlossen ist.

Feste & Events

Fiesta de la Vendimia ERNTE
Mitte März wird dieses berühmte Fest zur Traubenlese mit den verschiedensten Prozessionen, Schönheitswettbewerben, Hahnenkämpfen, Pferdeshows sowie Musik und Tanz und, natürlich, in Strömen fließendem *pisco* und Wein gefeiert.

El Señor de Luren RELIGION
Diese religiöse Pilgerreise Ende Oktober kulminiert in einem Feuerwerk und einer traditionellen Prozession der Gläubigen, die die ganze Nacht dauert.

Touristenwoche MUSIK, ESSEN
Die Touristenwoche lockt Mitte September mit Essen, Festen, Tanz und vielem mehr.

Schlafen

Die meisten Besucher übernachten im nahen Huacachina, das mit beliebteren Backpacker-Unterkünften aufwarten kann. Wer in Ica bleibt, kann aus Dutzenden deprimierenden Budget-Hotels wählen, die die Straßen östlich der Bushaltestellen und nördlich der Plaza säumen, vor allem die Tacna.

Hostal Soyuz HOTEL $
(056-22-4138; Manzanilla 130; EZ/DZ/3BZ 40/50/70 S; ❄) Diese bei später Ankunft oder früher Abfahrt praktische Alternative befindet sich direkt oberhalb des Soyuz-Busbahnhofs und bietet mit Teppichboden, Klimaanlage und Kabel-TV ausgestattete Zimmer. Aufgrund des Lärms von unten eignet sie sich aber nur für Tiefschläfer. Check-in ist am Busticketschalter.

Hotel Sol de Ica HOTEL $$
(056-23-6168; www.hotelsoldeica.com; Lima 265; EZ/DZ/3BZ inkl. Frühstücksbüfett 145/180/230 S; @ 🛜 ❄) Dieses dreistöckige zentrale Hotel liegt versteckt in einer langen, dunklen Passage hinter der Rezeption und hält mehr, als es anfangs verspricht. Die erstaunlich kleinen Zimmer überraschen mit natürlichen Holzakzenten, erstrahlen aber nicht richtig (vielleicht wegen der senfgelben Bettwäsche). Das Haus verfügt außerdem über einen großen Garten und einen Pool.

Essen

Mehrere Läden östlich der Hauptplaza verkaufen *tejas* (in Karamell gehüllte Süßigkeiten mit Frucht- und Nussgeschmack).

El Otro Peñoncito PERUANISCH, INTERNATIONAL $
(Bolívar 225; Hauptgerichte 9–26 S; Mo–Fr 8–24 Uhr; 🌱) Dieses historische Restaurant ist das charaktervollste in Ica und bietet eine vielfältige Karte mit peruanischen und internationalen Gerichten, darunter auch zahlreiche vegetarische Optionen. Die förmlichen Barkeeper hier mixen einen sensationellen *pisco sour*.

Plaza 125 PERUANISCH $
(Lima 125; Hauptgerichte 10–16 S, *menú* 14 S) Dieser schnelle Boxenstopp am Hauptplatz zaubert heimisches lomo saltado (gebratene Rinderstreifen mit Zwiebeln, Tomaten, Kartoffeln und Chili) und eher international angehauchte Hühnerfilets. Es ist bei Einheimischen in Eile extrem beliebt; das Mittagsmenü ist sehr preiswert.

Anita BÄCKEREI $$
(Libertad 135; Hauptgerichte 15–36 S, *menús* ab 12 S; 8–24 Uhr) O.k., die Kellner mit den Fliegen sind ein bisschen übertrieben (das hier ist nicht das Ritz), aber das Anita zaubert grandiose gefüllte Avocados und die Bäckereitheke lockt mit verschiedenen Kuchen, denen man nur schwer widerstehen kann. Mit Abstand das beste Restaurant am Hauptplatz.

🛈 Praktische Informationen

Rund um die Plaza haben Internetcafés bis spät abends geöffnet.

BCP (Plaza de Armas) Hat einen Visa/MasterCard-Geldautomaten und wechselt US-Dollar.

Hospital Regional de Ica (☏ 056-23-4798; www.hrica.gob.pe; Prolongación Ayabaca s/n; ⓗ 24 Std.) Bei Notfällen.

Polizei (☏ 056-23-5421; JJ Elias, 5. Block; ⓗ 24 Std.) Am Rand des Stadtzentrums.

Serpost (San Martín 521) Südwestlich der Plaza de Armas.

GEFAHREN & ÄRGERNISSE

Man sollte die üblichen Vorsichtsmaßnahmen gegen Diebstähle treffen, vor allem rund um Busbahnhöfe und Märkte.

🛈 An- & Weiterreise

Busunternehmen versammeln sich an der Lambayeque am Westende der Salverry und entlang der Manzanilla westlich der Lambayeque. Nach Lima bietet **Soyuz/PerúBus** (☏ 056-22-4138; www.soyuzonline.com.pe; Manzanilla 130) alle 10 bis 15 Minuten Verbindungen an, während weniger häufige Luxusbusse von **Cruz del Sur** (☏ 0-801-11111; www.cruzdelsur.com.pe; Lambayeque 140) und **Ormeño** (☏ 056-21-5600; www.grupo-ormeno.com.pe; Lambayeque s/n) nach Pisco fahren. Ormeño bietet Direktbusse, während andere Unternehmen Passagiere an der Abfahrt San Clemente auf der Panamericana abliefern. Die meisten Anbieter haben tagsüber täglich Direktverbindungen nach Nazca auf dem Fahrplan. Die Busse nach Arequipa und Cusco fahren meist über Nacht. Tacna (80 S, 15 Std.), nahe der chilenischen Grenze, wird von Ormeño angefahren.

ZIEL	PREIS (S)	DAUER (STD.)
Arequipa	50–144	12
Chincha	7–10	2
Lima	22–76	4½
Nazca	7–35	2½
Pisco	4–15	1½–2

Huacachina

☏ 056 / 200 EW.

Der Ort ist von gebirgsartigen Sanddünen umgeben, die über der malerischen Lagune (übrigens auf Perus 50-S-Schein abgebildet) sanft in die Stadt abfallen – nein, Huacachinas majestätische Szenerie lässt sich nicht leugnen. Nur 5 km westlich von Ica bietet diese friedvolle Oase anmutige Palmen, exotische Blumen und schöne alte Gebäude – allesamt Zeugnisse der einstigen Pracht dieses Resorts, das für die peruanische Elite erbaut wurde. Heute ist es ein sandiger Gringo-Spielplatz, auf dem Backpacker schon mal tagelang alles um sich herum vergessen.

🏃 Aktivitäten

Für 5 S pro Stunde kann man Sandboards leihen und damit über die unwiderstehlichen Dünen rutschen, surfen und purzeln. Aufregende achterbahnmäßige Sandbuggy-/Sandboardingtouren kosten 45 S (hinzu kommen noch 3,60 S „Sandsteuer"). Am besten geht man bei Sonnenuntergang, dann ist die Landschaft einfach wundervoll, viel besser als am Morgen. Alle *hostales* organisieren Touren.

🛏 Schlafen & Essen

Bei der Lagune kann man in den Dünen zelten – Schlafsack mitbringen. Wer Unterhaltung sucht, braucht nur der Musik zu folgen.

Casa de Arena   HOSTEL $

(☏ 056-21-5274; www.casadearena.net; Balneario de Huacachina; B 25 S, EZ/DZ 40/120 S, ohne Bad 35/100 S; @ 🛜 🏊) Das Arena hat einen wilden Ruf und weiß, wie man feiert. Die Zimmer gibt's mit oder ohne Bad – wer will oder muss, kann also knausern. Die laute Disconacht am Freitag kann ziemlich ausufernd werden. Wer's gern friedlicher mag, sollte woanders absteigen. Wer feiern will, ist hier aber goldrichtig.

★ Banana's Adventure   HOSTEL $$

(☏ 056-23-7129; bananasadventure@hotmail.com; Perotti s/n; Zi. pro Person inkl. Frühstück und Ausflug 75–110 S; 🛜 🏊) Diese gechillte Absteige an der Nordseite der Lagune bietet nur Pakete an. Sie umfassen ein Zimmer für die Nacht – man kann aus Vierbettzimmern mit sehr festen Matratzen oder eleganten Luxuszimmern mit Glas an allen Seiten und moderner Ausstattung wählen – sowie einen Ausflug mit Dünenbuggy-Fahrt und Sandboarding am folgenden Tag.

Das obligatorische Paketangebot passt sicher nicht allen, aber die riesigen Fenster, die spaßige Bar und der kleine Pool machen dieses Hostel zur besten Budgetoption der Stadt.

El Huacachinero Hotel   HOTEL $$

(☏ 056-21-7435; www.elhuacachinero.com; Perotti; EZ/DZ/3BZ inkl. Frühstück 176/202/265 S; ❄ 🛜 🏊) Das Huacachinero wurde jüngst modernisiert und bietet das (mit Abstand) schickste Restaurant der Oase, einen entspannten Poolbereich (ohne dröhnende Musik) und direkten Dünenzugang durch das hintere Tor, wenn man für einen steilen 45-Grad-Aufstieg bereit ist – einen Schritt vorwärts und zwei zurück, und irgendwann wird man mit dem Sonnenuntergang seines Lebens belohnt. Die angenehm rustikalen Zimmer bieten bequeme Betten und Korbakzente.

Hostal Curasi · HOTEL $$
(056-21-6989; www.huacachinacurasi.com; Balneario de Huacachina; EZ/DZ inkl. Frühstück 105/150 S; ⓘ☒) Diese friedliche Oase hat einen Garten mit Pool in der Mitte, in dem man sich an heißen Südküstentagen abkühlen kann. Die Tagesdecken lassen den Ozean in den Zimmern aufleben, die mit furchtbar kitschigen Ölgemälden dekoriert sind.

Desert Nights · INTERNATIONAL $
(Blvd de Huacachina; Hauptgerichte ab 15–25 S; ⓘ) Die Speisekarte mag vielleicht irgendwo sonst entlang des „Banana-Pancake-Trails" abgekupfert sein, aber in diesem internationalen Hostel mit anständigem und sehr beliebtem Café kann man prima andere Reisende kennenlernen. Der ausgezeichnete peruanische Kaffee ist im Schatten gewachsen und wird durch Erdnussbutter-Marmeladen-Sandwiches, Burger, Pizza und Brownies komplettiert.

ⓘ Praktische Informationen

Im El Huacanicero gibt's einen internationalen Geldautomaten.

GEFAHREN & ÄRGERNISSE

Huacachina ist zwar sicherer als Ica, aber kein Ort, an dem man leichtfertig sein könnte oder vergessen sollte, gut auf seine Besitztümer aufzupassen. Einigen Pensionen wird nachgesagt, ihre Gäste über den Tisch zu ziehen, und angeblich wurden junge Frauen dort mit eindeutigen Annäherungsversuchen belästigt. Bevor man ein Zimmer bucht, sollte man alle Optionen sorgfältig prüfen.

ⓘ An- & Weiterreise

Ein Taxi zwischen Ica und Huacachina kostet 6 bis 12 S.

Nazca

056 / 22 000 EW.

Knochentrocken und glühend heiß: Nazca war eine tote Wüstenstadt, bis der Flug des amerikanischen Wissenschaftlers Paul Kosok eine der faszinierendsten und geheimnisvollsten Leistungen des alten Perus bekannt machte – die weltberühmten Nazcalinien. 1939 brachte ein Routineflug über der kargen Region, auf dem die antiken Bewässerungssysteme erforscht werden sollten, die rätselhaften Linien im Sand ans Licht der Öffentlichkeit. Sie sehen aus, als hätten Riesen mit Mammutbäumen Graffiti in den Wüstenboden gekratzt. Heute sind die mysteriösen Linien eine UNESCO-Weltkulturerbestätte, die Scharen von Reisenden in die ansonsten nicht sehr bemerkenswerte kleine Stadt locken.

◉ Sehenswertes

Nazca-Linien · RUINEN
Die Nazca-Linien erstrecken sich über eine 500 km² große, trockene, von Felsbrocken übersäte Ebene in der Pampa Colorada (Rote Ebene) und gehören zu den großen archäologischen Mysterien der Welt. Die über 800 geraden Linien, 300 geometrischen Figuren (Geoglyphen) und 70 Tier- und Pflanzenzeichnungen (Biomorphe) sind vom Boden aus beinahe nicht zu erkennen. Von oben bilden sie jedoch ein atemberaubendes Netzwerk stilisierter Figuren und Kanäle, von denen viele von einer zentralen Achse ausgehen.

Museo Didáctico Antonini · MUSEUM
(056-52-3444; Av de la Cultura 600; Eintritt 20 S, Kameranutzung 5 S; ⓘ9–19 Uhr) Dieses ausgezeichnete Archäologiemuseum im Osten der Stadt hat einen Aquädukt im Garten und zeigt interessante Nachbildungen von Gräbern sowie eine wertvolle Sammlung mit Keramik-Panflöten und ein maßstabsgetreues Modell der Linien.

Abseits gelegene Stätten

Für einen Besuch der entlegenen archäologischen Stätten empfiehlt sich eine geführte Tour, da sich schon einige Raubüberfälle auf Besucher ereignet haben.

Bei den **Cantallo-Aquädukten** gleich außerhalb der Stadt kann man durch spiralförmige *ventanas* (Fenster) in das antike Gestein hinuntersteigen – eine feuchte, klaustrophobische Erfahrung.

Der beliebte **Friedhof von Chauchilla** (Eintritt 7,50 S; ⓘ8–14 Uhr), 30 km südlich von Nazca, wird jeden befriedigen, der das makabre Bedürfnis nach Knochen, Totenschädeln und Mumien hat. Eine unbefestigte Straße führt 25 km westlich nach **Cahua-**

chi, ein bedeutendes Zentrum der Nazca, das noch ausgegraben wird.

🏃 Aktivitäten

Cerro Blanco ABENTEUERTOUR
Da können alle anderen einpacken: Cerro Blanco, 14 km östlich von Nazca, ist die höchste Sanddüne der Welt. Sie ragt 2087 m über dem Meeresspiegel auf und misst – noch wichtiger – 1176 m vom Fuß bis zum Gipfel und ist damit höher als der höchste Berg in England und zahlreichen anderen Ländern. Wenn der Sand von Huacachina nicht jede Unterhose unwiederbringlich zerstören würde, könnte man hier wunderbar runterrutschen.

👉 Geführte Touren

Die Rundflüge über die Nazca-Linien sorgen für Kontroversen. 2010 stürzten innerhalb von acht Monaten zwei Kleinflugzeuge mit Besuchern ab, die einen *sobrevuelos* (Rundflug) gebucht hatten; insgesamt waren 13 Tote zu beklagen. Die Abstürze folgten auf einen Unfall im Jahr 2008, bei dem fünf französische Touristen tödlich verunglückt waren, sowie einen Zwischenfall 2009, als ein Flugzeug gezwungen war, auf der Carr Panamericana Sur notzulanden.

Als Reaktion auf diese Zwischenfälle wurden einige Änderungen vorgenommen: Alle Flugzeuge fliegen heute mit zwei Piloten, und die Preise sind gestiegen, um sicherzustellen, dass die Unternehmen nicht mit schlecht gewarteten Maschinen oder überfüllten Flügen zu sparen versuchen.

Es zahlt sich definitiv aus, bei der Wahl seines Rundflugunternehmens Sicherheit über den Preis zu stellen. Anbieter, die weniger als 80 US$ für den 30-minütigen Standardflug verlangen, sollte man meiden, und man sollte sich auch nicht scheuen, die Unternehmen nach ihren Sicherheitsvorkehrungen und Flugrichtlinien zu fragen. **Aeroparacas** (01-641-7000; www.aeroparacas.com) ist einer der besseren Anbieter. Weitere langjährige Unternehmen sind **Aerodiana** (01-447-6824; www.aerodiana.com.pe) und **Alas Peruanas** (056-52-2444; www.alasperuanas.com). Einige Länder, darunter auch Großbritannien und die USA, warnen auf den Internetseiten ihres Auswärtigen Amtes aber weiterhin vor diesen Rundflügen.

Da die kleinen Flugzeuge in der Luft ganz schön schwanken, kann sich einem schon

Nazca

🟠 Aktivitäten, Kurse & Touren
Alas Peruanas ....(siehe 1)
1 Alegría Tours B2

🔵 Schlafen
2 Hospedaje Yemayá C1
3 Hotel La Encantada C1
4 Hotel Nasca D2

5 Hotel Oro Viejo C1
6 Kunan Wasi Hotel D1

❌ Essen
7 La Encantada Cafe C2
8 La Taberna C2
9 Rico Pollo B2

mal der Magen umdrehen. Wer unter Reisekrankheit leidet, sollte darüber nachdenken, vorab Medikamente einzunehmen. Bei leichter Übelkeit kann es helfen, den Blick auf den Horizont zu richten.

Die meisten Unternehmen nutzen den **Flughafen María Reiche Neuman**, 4 km südwestlich von Nazca, aber man kann auch in Pisco oder Lima starten. Zusätzlich zum Preis für den Rundflug erhebt der Flugplatz normalerweise eine Abflugsteuer von 20 S.

Alegría Tours ABENTEUERTOUR
(056-52-3775; www.alegriatoursperu.com; Hotel Alegría, Lima 168) Ein Riesenanbieter, der alle üblichen Touren in der Gegend und einige Wanderungen abseits der ausgetretenen Pfade sowie Sandboarding anbietet. Die Touren sind für eine Person sehr teuer, deshalb am besten fragen, ob man sich anderen anschließen und so einen Gruppenrabatt ergattern kann. Alegría kann Führer organisieren, die Spanisch, Englisch und Französisch sprechen, mit Glück sogar Deutsch.

Schlafen

Kunan Wasi Hotel HOTEL $
(056-52-4069; www.kunanwasihotel.com; Arica 419; EZ/DZ/3BZ 70/90/120 S; @🛜) Picobello und sehr hell, und jedes Zimmer hat ein eigenes Farbthema. Das Kunan Wasi wird von der Englisch sprechenden Yesenia geführt. Das Haus ist superfreundlich und makellos sauber und die Gäste lieben die Terrasse ganz oben. Herzlich willkommen in diesem perfekt verpackten Nazca-Schnäppchen.

Hospedaje Yemayá HOTEL $
(056-52-3146; www.hospedajeyemaya.com; Callao 578; EZ/DZ 45/60 S, ohne Bad 30/45 S; @🛜) Eine unermüdlich gastfreundliche Familie kümmert sich hier um den steten Strom der Backpacker. Das Haus bietet vier Etagen mit kleinen, aber schönen Zimmern mit heißen Duschen und Kabel-TV. Außerdem gibt's eine gesellige Terrasse mit praktischer Waschmaschine und Trockner.

Hotel Nasca HOTEL $
(056-52-2085; marionasca13@hotmail.com; Lima 438; EZ/DZ/3BZ 35/45/65 S) Dieses Haus liegt preislich ganz am unteren Ende der Skala, aber die etwas älteren Besitzer sind sehr freundlich. Die Zimmer erinnern an Armeekasernen und bieten karge Einrichtungen, aber einige haben ein eigenes Bad.

★ Hotel Oro Viejo HOTEL $$
(056-52-2284; www.hoteloroviejo.net; Callao 483; EZ/DZ/3BZ/Suite inkl. Frühstücksbüfett 150/200/240/450 S; P✴@🛜🏊) Dieses ausgezeichnete Mittelklassehotel versprüht ein eindeutig orientalisches Flair und lockt mit offenen Gärten und flimmerndem Pool. Hier und da zieren landwirtschaftliche Artefakte die Gemeinschaftsbereiche und die Lounge, während die wunderbar duftenden Zimmer gemütlich, ruhig und entspannt sind. Am besten nach einem Zimmer nach hinten raus fragen.

Hotel La Encantada HOTEL $$
(056-52-2930; www.hotellaencantada.com.pe; Callao 592; EZ/DZ/3BZ 105/140/160 S; @🛜) Auch wenn die Zimmer ein wenig Ordnung vermissen lassen (sie rangieren kurz vor seliger Sauberkeit) bietet dieses recht moderne Hotel helle, frisch gestrichene Räume und vorn eine angenehme Terrasse.

Essen & Ausgehen

Westlich der Plaza de Armas ist die Bolognesi von Backpacker-Pizzerien, Restaurants und Bars gesäumt.

RÄTSEL IM SAND

Die Ehrfurcht einflößenden, uralten Nazcalinien entstanden dadurch, dass man die in der Sonne dunkel gewordenen Steinchen von der Wüstenoberfläche entfernte, um den helleren Boden darunter zum Vorschein kommen zu lassen. Aber wer hat das getan und zu welchem Zweck wurden die Linien angelegt, da sie doch nur aus der Luft zu erkennen sind? Maria Reiche, eine deutsche Mathematikerin und langjährige Erforscherin der Linien, stellte die Theorie auf, dass sie von den Paracas- und Nazcakulturen von 900 v. Chr. bis 600 n. Chr. angelegt und durch die Huari im 7. Jh. ergänzt wurden. Reiche glaubte, die Linien seien ein astronomischer Kalender, der mithilfe ausgefeilter Mathematik (und einem langen Seil) in die Wüste gescharrt wurde. Andere Theorien besagen, dass die Linien rituelle Wege waren, die zu einem Wasser- bzw. Fruchtbarkeitskult gehörten, oder dass es sich um Sportanlagen handele, um Landebahnen für Ufos oder um Darstellungen der Träume von Schamanen, die durch Halluzinogene ausgelöst worden sind. Wer weiß?

La Taberna
PERUANISCH **$**

(Lima 321; Hauptgerichte ab 15 S, *menú* 6 S; ⊙ Mittag- & Abendessen; 🍴) In diesem winzigen Lokal zeugen die Kritzeleien, die jeden Zentimeter Wand bedecken, von seiner Beliebtheit. Den scharfen Fisch mit Sauce und gemischten Schalentieren, *pescado a lo macho* (nein, das bedeutet ganz bestimmt nicht „Fisch für Machos"), sollte man probieren, aber es gibt auch mehrere vegetarische Optionen.

Rico Pollo
PERUANISCH **$**

(Lima 190; Hauptgerichte ab 12 S) Ein örtliches Mittagsessensphänomen. Dieses sehr billige, sehr überfüllte Hähnchenlokal serviert mit die besten Grillgerichte an der Südküste. Für 12 S bekommt man ein sättigendes Gericht aus Hähnchenbrust mit Fritten und Gemüse. Kuchen und Sandwiches sind ausgezeichnete Begleiter.

La Encantada Cafe
INTERNATIONAL **$$**

(www.hotellaencantada.com.pe; Bolognesi 282; Hauptgerichte 20–40 S) Einer der besten Läden auf dem „Boulevard" (Bolognesi). Das La Encantada erstrahlt in Nazcas angestaubtem Zentrum mit gut sortierter Weinliste, großartigem Kaffee und höflichem, freundlichem Personal. Auf der umfangreichen Speisekarte stehen europäisch Angehauchtes (Pasta etc.) und peruanische Lieblingsgerichte.

❶ Praktische Informationen

BCP (Lima 495) Hat einen Visa/MasterCard-Geldautomaten und wechselt US-Dollar.

DIRCETUR (Parque Bolognesi, 3. St.) Diese staatlich finanzierte Touristeninformation kann lokale Touranbieter empfehlen. Im Park selbst gibt's einen Infokiosk.

❶ Anreise & Unterwegs vor Ort

Die Busunternehmen sind am Westende der Calle Lima in der Nähe des *óvalo* versammelt. Busse nach Arequipa kommen normalerweise aus Lima, und wer einen Sitzplatz möchte, muss den Preis ab Lima bezahlen.

Die meisten Langstreckenverbindungen fahren am späten Nachmittag ab. **Cruz del Sur** (☏ 0801-11111; www.cruzdelsur.com.pe; Av Los Incas) and **Ormeño** (☏ 056-52-2058; www.grupo-ormeno.com.pe; Av Los Incas) sind in der Av Los Incas zu finden und unterhalten tägliche Luxusbusse nach Lima. Zwischenstationen wie Ica und Pisco erreicht man schneller mit kleineren *económico* (preiswerten) Unternehmen, etwa Flores und **Soyuz** (☏ 056-52-1464), die von der Av Los Incas alle 30 Minuten Busse nach Ica anbieten.

Nach Cusco nehmen mehrere Unternehmen die Strecke über Abancay auf der befestigten Straße Richtung Osten. Die Route verläuft in großer Höhe, deshalb kann es hier sehr kalt werden – warme Kleidung und (wer hat) ein Schlafsack an Bord können also nicht schaden. Außerdem gibt's Direktbusse von Cusco über Arequipa.

Nach Ica fahren schnelle *colectivos* (15 S, 2 Std.) und langsamere Minibusse in der Nähe der Tankstelle am *óvalo* ab – allerdings erst, wenn sie voll sind.

Ein Taxi aus dem Zentrum von Nazca zum 4 km entfernten Flugplatz kostet rund 4 S.

ZIEL	PREIS (S)	DAUER (STD.)
Arequipa	59–140	10–12
Cusco	80–140	14
Ica	30–65	2½
Lima	55–145	8
Pisco	5–15	1½–2
Tacna	70–165	15

Tacna

☏ 052 / 242 500 EW.

Die Strecke nach Tacna, Perus heldenhaftester Stadt, ist lang und staubig. Die Stadt sitzt unerschütterlich am Schwanzende der Carr Panamericana, fast 1300 km südöstlich von Lima. Dieser gut ausgebaute Grenzaußenposten wurde nach dem Pazifischen Krieg 1880 von Chile besetzt, aber 1929 zettelten die Bewohner der Stadt einen Grenzcoup an und stimmten dafür, in Perus offene Arme zurückzukehren. Man wird schnell feststellen, dass es in diesem Teil des Landes viel höflicher zugeht. Reisende halten dort meistens auf ihrem Weg nach Chile.

Die Landschaft rund um Tacna ist für ihre Olivenhaine, Obstgärten und *bodegas* (Weingüter) bekannt. Um die *bodegas* und Restaurants im Vorort Pocollay zu besichtigen, nimmt man am besten einen Bus oder einen *micro* entlang der Bolognesi (0,50 S; 10 Min.).

🛏 Schlafen

Die Zimmer sind übertreuert und sehr schnell ausgebucht, besonders am Wochenende.

Hostal Le Prince
HOTEL **$**

(☏ 052-42-1252; Zela 728; s/d S70/80; 🅿 🛜) Diesem ökonomisch-modernen Haus kann man nur schwer widerstehen, sofern man bereit ist, ein bisschen mehr lockerzumachen und in einem der schicksten Etablissements der Stadt absteigen möchte.

Dorado Hotel HOTEL $$
(☎ 052-41-5741; www.doradohoteltacna.com; Av Arias Aragüez 145; EZ/DZ/3BZ inkl. Frühstück 129/179/209 S; @ 🛜) Das Dorada präsentiert sich gern als Tacnas edelstes Hotel und ist eines dieser Häuser mit schweren Gardinen. In der Lobby glänzen blitzblanke Geländer und ein Page trägt das Gepäck aufs Zimmer. Es reicht zwar nicht ganz an die exklusive Klasse eines europäischen Hotels heran, aber das Dorado gibt sich wirklich alle Mühe, und das mit einigem Erfolg.

✕ Essen & Ausgehen

Pocollay ist dank seiner ländlichen Restaurants beliebt, die am Wochenende auch oft Livemusik bieten. Die kleinen Fußgängerzonen in der Libertad und Vigil sind das Epizentrum des begrenzten Nachtlebens von Tacna.

★ Café Da Vinci EUROPÄISCH $$
(Calle Arias Aragüez 122; Hauptgerichte 23–40 S; ⊙11–23 Uhr) Das Essen hat eine europäische Note und die Einrichtung setzt auf Holzverkleidungen, während das Personal mit Mona-Lisa-Lächeln fabelhafte Baguettes, Pizzas, großzügige Gläser Rotwein und anständige peruanische Gerichte serviert. Der Stolz des Hauses ist die echt italienische Espressomaschine.

Uros Restaurante FUSION $$
(www.restauranteuros.com; Av San Martín 608; Hauptgerichte 22–35 S) Tacnas Versuch von *novoandina* (peruanischer Nouvelle Cuisine) kommt ohne allzu viel Ehrgeiz aus, sieht man einmal von den (zugegebenermaßen sehr schönen) Fotos des Essens auf der Speisekarte.

ⓘ Praktische Informationen

Chilenische Pesos, Nuevos Soles und US-Dollar können problemlos gewechselt werden.

BCP (San Martín 574) Hat einen Visa/MasterCard-Geldautomaten und führt Barauszahlungen für Visa-Karten durch.

iPerú (☎ 052-42-5514; San Martín 491; ⊙ Mo-Fr 8.30–19.30, Sa bis 14.30 Uhr) Nationale Touristeninformation mit kostenlosen Informationen und Broschüren.

ⓘ Anreise & Unterwegs vor Ort

BUS

Die meisten Langstreckenverbindungen starten am Terminal Terrestre (Ausreisesteuer 1 S); ein Taxi aus dem Zentrum kostet 3 S. Die meisten Busse nach Lima lassen Passagiere auch in anderen Küstenstädten aussteigen, etwa in Nazca oder Ica. Komfortable Übernachtbusse von **Julsa** (☎ 24-7132) fahren über Desaguadero nach Puno. Nach Cusco muss man in Arequipa oder Puno umsteigen.

Zwischen 6 und 22 Uhr verkehren häufig Busse (10 S) vom internationalen Terminal auf der gegenüberliegenden Straßenseite von dem Terminal Terrestre nach Arica in Chile.

ZIEL	PREIS (S)	DAUER (STD.)
Arequipa	15–35	7
Cusco	60–125	17
Lima	50–144	18–22
Puno	25–45	10

ⓘ EINREISE NACH CHILE

Die Grenzformalitäten sind relativ unkompliziert. Es gibt drei Haupttransportmöglichkeiten: Zug, öffentlicher Bus oder *colectivo*, wobei sich Letzteres als das effektivste Transportmittel erwiesen hat. Die Fünf-Personen-Taxis werden von professionellen Unternehmen betrieben, die im internationalen Busbahnhof in Tacna einen Schalter haben. Sie verlangen rund 18 S für die 65 km nach Arica in Chile, mit Halt an beiden Grenzposten. Das Ganze läuft schnell und effizient – der Großteil des Papierkrams wird erledigt, bevor man ins Auto steigt. Die öffentlichen Busse sind billiger (10 S), aber auch langsamer, da man warten muss, bis alle Passagiere ausgestiegen und durch den Zoll gegangen sind.

Der chilenische Grenzposten ist von Sonntag bis Donnerstag von 8 bis 24 Uhr und freitags und samstags rund um die Uhr geöffnet. Bürger der EU und der Schweiz benötigen für Aufenthalte bis zu 90 Tagen kein Visum für die Einreise nach Chile.

Chile ist Peru eine Stunde voraus (2 Std. während der Sommerzeit vom letzten Sonntag im Okt. bis zum ersten Sonntag im April). Von Arica kann man (per Flugzeug oder Bus) weiter in den Süden Chiles oder nach Bolivien im Nordosten reisen.

Weitere Infos zu dieser Grenzüberquerung in die andere Richtung gibt's auf S. 510.

FLUGZEUG

Tacnas **Flughafen** (TCQ;) liegt 5 km westlich der Stadt. **LAN** (☏ 052-42-8346; www.lan.com; Apurímac 101; ⊙ Mo-Fr 8.30-19, Sa 9-14 Uhr) und **Peruvian Airlines** (www.peruvian.pe; Av Bolognesi 670) bieten täglich Passagierflüge nach Lima und einige saisonale Verbindungen nach Arequipa und Cusco.

ZUG

Die Züge zwischen dem **Bahnhof** (Av 2 de Mayo) von Tacna und Arica in Chile (10 S/2000 Ch$, 1½ Std.) sind die günstigste und charmanteste, aber auch die langsamste Möglichkeit, die Grenze zu überqueren. Bei der Ankunft bekommt man einen Einreisestempel. Die Verbindungen können ziemlich unregelmäßig sein und zu unpraktischen Zeiten abfahren: Am besten schaut man vorher am Bahnhof vorbei und erkundigt sich nach dem Fahrplan.

AREQUIPA & DAS CANYONLAND

Das koloniale Arequipa mit seinen erlesenen Museen, seiner Architektur und seinem Nachtleben ist von einer Landschaft umgeben, die zu den wildesten Perus gehört. Es ist ein Land mit aktiven Vulkanen, heißen Quellen, Wüsten in großer Höhe und den tiefsten Schluchten der Welt. Wer über Land zum Titicacasee und nach Cusco fährt, sollte hier auf jeden Fall einen Zwischenstopp einlegen.

Arequipa

☏ 054 / 969 300 EW.

Seit der Ankunft der Spanier 1540 wurde Arequipa beinahe jedes Jahrhundert von Vulkanausbrüchen und Erdbeben geschüttelt. Dieser Stadt mangelt es also ganz gewiss nicht an Dramatik. Der perfekt kegelförmige Vulkan El Misti (5822 m), der hinter der Kathedrale an der Plaza de Armas aufragt, wird links vom zerklüfteten Chachani (6075 m) und rechts vom Pichu Pichu (5571 m) flankiert. Gegenüber dieser majestätischen Berglandschaft stehen die grandiosen kolonialen Gebäude von Arequipa, die aus einem hellem Vulkangestein namens *sillar* bestehen, das in der Sonne ebenso glänzt wie auf Zelluloid. Trotz seiner Lage – man befindet sich immer noch in den Anden – bietet Arequipa ein kosmopolitisches Flair mit Pflastersteinen, Gourmetrestaurants und einem wilden Nachtleben. Schließlich handelt es sich hier um Perus zweitgrößte Stadt.

 Sehenswertes

Arequipa ist aufgrund der auffälligen Steinarbeiten, die die stattliche Plaza des Armas und die mächtige *sillar*-Kathedrale sowie zahlreiche weitere grandiose koloniale Kirchen, Klöster und Herrenhäuser zieren, als „die weiße Stadt" bekannt. Die **La Casa de Moral** und die **Casa Ricketts**, gut erhaltene Beispiele der letzteren Kategorie, sollte man sich nicht entgehen lassen.

Monasterio de Santa Catalina KLOSTER
(☏ 054-22-1213; www.santacatalina.org.pe; Santa Catalina 301; Eintritt 40 S; ⊙ Di & Do 8-17 Uhr, letzter Einlass 1 Std. vor Schließung) Auch wenn man schon eine Überdosis Kolonialgebäude intus hat sollte man dieses hier nicht verpassen. Es nimmt einen kompletten Block ein, wird von imposanten, hohen Mauern geschützt und gehört zu den faszinierendsten religiösen Gebäuden in Peru. Aber es ist nicht nur ein religiöses Gebäude: Die 20 000 m² große Anlage gleicht beinahe einer Zitadelle inmitten der Stadt. Sie wurde 1580 von der reichen Witwe Doña María de Guzmán gegründet. Der Eingang ist an der Südostecke.

Museo Santuarios Andinos MUSEUM
(☏ 054-20-0345; www.ucsm.edu.pe/santury; La Merced 110; Eintritt 20 S; ⊙ Mo-Sa 9-18, So bis 15 Uhr) Dieses theatralisch präsentierte Museum, das dem konservierten Körper einer gefrorenen „Mumie" gewidmet ist, und die obligatorische Tour (kostenlos, aber am Ende wird ein Trinkgeld erwartet) haben durchaus etwas Dramatisches an sich. Spoiler-Alarm: Der Höhepunkt ist der vage makabre Anblick der armen Juanita, ein 12-jähriges Inka-Mädchen, das in den 1450er-Jahren den Göttern geopfert wurde und nun unheimlich konserviert in einem gläsernen Kühlschrank ruht. Die Touren dauern rund eine Stunde und werden auf Spanisch, Englisch und Französisch angeboten.

Iglesia de La Compañía KIRCHE
(⊙ So-Fr 9-12.30 & So-Fr 15-18, Sa 11.30-12:30 & 15-18 Uhr) GRATIS Falls einem Arequipas Kathedrale zu groß vorkommt, ist diese kleine Jesuitenkirche in der Südostecke der Plaza de Armas ein interessantes Gegenstück – und klein kann ja auch schön sein. Die Fassade ist ein aufwendig gestaltetes Meisterwerk im churriguereskem Stil (Barock und noch ein bisschen obendrauf; der Stil entstand in

den 1660er-Jahren in Spanien). Der ebenso detailliert gestaltete Altar ist komplett mit Blattgold bedeckt, treibt den Stil noch etwas weiter und wird jedem vertraut sein, der die Kathedrale im spanischen Sevilla kennt.

Monasterio de la Recoleta KLOSTER
(La Recoleta 117; Eintritt 10 S; ⊙ tgl. 9–12 & 15–18, Mi & Fr bis 20 Uhr) Bücherfreunden wird die riesige Bibliothek dieses vermoderten Klosters gefallen, die mehr als 20 000 verstaubte Bücher und Landkarten umfasst; der älteste Band stammt aus dem Jahr 1494. Das Studium war ein wichtiger Bestandteil des Franziskanerordens. Die Bibliothek ist für beaufsichtigte Besuche geöffnet, einfach am Eingang fragen.

Außerdem findet man hier ein bekanntes Museum mit Artefakten aus dem Amazonasgebiet (einschließlich konservierter Dschungeltiere), die von den Missionaren zusammengetragen wurden, und einer umfassenden Sammlung mit Artefakten und religiöser Kunst der *escuela cuzqueña* (Cusco-Schule) aus Zeiten vor der Eroberung.

🏃 Aktivitäten

In Santa Catalina und Jerusalén gibt's Dutzende zweifelhafte Reisebüros, die über-

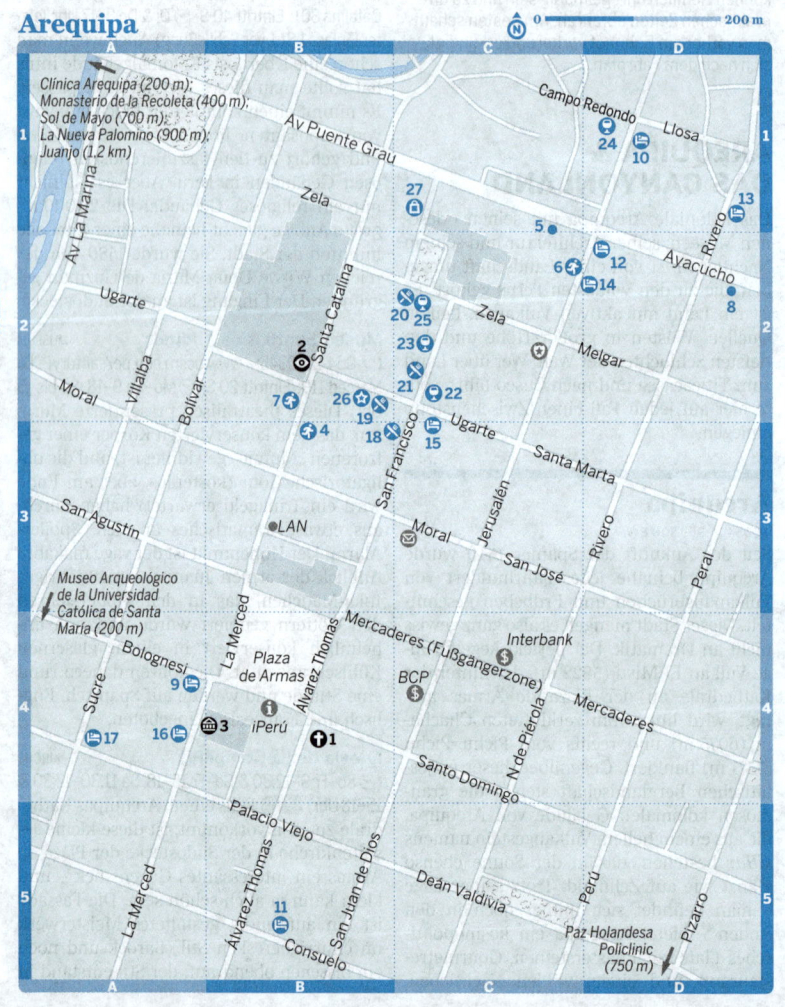

Arequipa

lange Bustouren rund um Arequipa, enttäuschend gehetzte Touren zum Cañón del Colca sowie Trekking-, Bergsteig- und Rafting-Trips anbieten. Alle wollen ein Stück vom lukrativen Kuchen, man sollte sich also unbedingt sorgfältig umhören.

Carlos Zárate Adventures ABENTEUERSPORT
(054-20-2461; www.zarateadventures.com; Santa Catalina 204, Oficina 3) Dieses hochprofessionelle Unternehmen wurde 1954 von Carlos Zárate gegründet, dem Urgroßvater des Klettersports in Arequipa. Einer von Zárates Söhnen, Miguel, war gemeinsam mit Archäologen 1995 für die Ausgrabung von Juanita, „der Jungfrau aus dem Eis" (S. 897), auf dem Berg Ampato verantwortlich. Heute wird die Firma von einem weiteren Sohn, dem erfahrenen Führer Carlos Zárate Flores, geführt und bietet verschiedene Wanderungen und Besteigungen aller lokalen Gipfel an.

Colca Trek ABENTEUERSPORT
(054-20-6217; www.colcatrek.com.pe; Jerusalén 401B) Colca Trek ist ein umweltbewusster Abenteuertouren-Anbieter mit eigenem Laden, der vom kompetenten, Englisch sprechenden Vlado Soto geführt wird. Neben Trekking-Touren organisiert er Bergsteiger-, Mountainbike-, und Rafting-Trips. Dies ist einer der wenigen Läden, die vernünftige topografische Karten der Gegend verkaufen und gleichzeitig eine sprudelnde Informationsquelle für alle, die die Umgebung auf eigene Faust erkunden wollen.

Naturaleza Activa ABENTEUERSPORT
(96-896-9544; naturactiva@yahoo.com; Santa Catalina 211) Ein Favorit bei allen, die nach Abenteuertouren suchen. Hier stehen eine große Auswahl an Trekking-, Kletter- und Mountainbike-Optionen zur Wahl. Ein großer Vorteil gegenüber einem Reisebüro ist, dass die Leute, mit denen man hier spricht, tatsächlich qualifizierte Führer sind, nicht nur Verkäufer, und daher alle Fragen kompetent beantworten können. Sie sprechen Englisch, Französisch und Deutsch.

Bergsteigen
Arequipa ist von grandiosen Bergen umgeben. Auch wenn viele Aufstiege in der Gegend technisch nicht besonders anspruchsvoll sind, sollte man sie nie auf die leichte Schulter nehmen. Zu den Gefahren gehören das extreme Wetter, die Höhe und der Wassermangel (man sollte pro Tag und Person 4 l Wasser mitnehmen). Die Peruanische Bergführervereinigung warnt vor zahlreichen ungeprüften und nicht ausgebildeten Führern. Bergsteiger sollten sich daher vorab in medizinischen Fragen und in Sachen Überleben in der Wildnis sehr gut informieren und immer ein Erste-Hilfe-Set dabei haben.

Der **El Misti** (5822 m) thront über Arequipa; sein Gipfel ist das beliebteste Kletterziel der Gegend. Man kann ihn auch allein in Angriff nehmen, aber wer mit einem Führer unterwegs ist, ist besser vor Diebstählen geschützt, die auf der Apurímac-Route hin und wieder vorkommen. Eine der beliebtesten Routen beginnt in Chiguata und steigt

Arequipa

Sehenswertes
1. Iglesia de La Compañía B4
2. Monasterio de Santa Catalina B2
3. Museo Santuarios Andinos B4

Aktivitäten, Kurse & Touren
4. Carlos Zárate Adventures B3
5. CEPESMA C1
6. Colca Trek C2
7. Naturaleza Activa B2
8. ROCIO D2

Schlafen
9. Casablanca Hostal A4
10. Hostal Núñez D1
11. Hotel Casona Solar B5
12. Hotel Real Arequipa D2
13. La Casa de Sillar D1
14. La Posada del Cacique D2
15. Le Foyer C3
16. Los Andes Bed & Breakfast A4
17. Point Hostel A4

Essen
18. Café Fez-Istanbul B3
19. Hatunpa B2
20. Zig Zag C2
21. Zingaro C2

Ausgehen & Nachtleben
22. Brujas Bar C2
23. Casona Forum C2
24. Chelawasi Public House D1
25. Split C2

Unterhaltung
26. Café Art Montréal B2

Shoppen
27. Fundo El Fierro C1

in acht anstrengenden Stunden auf rauen Wegen stetig zum Basislager (4500 m) hinauf. Von dort dauert es weitere acht Stunden zum Gipfel und wieder zurück. Für den Abstieg vom Basislager nach Chiguata benötigt man höchstens drei Stunden. Der Chachani (6075 m) ist einer der leichtesten Sechstausender der Welt, aber man braucht Steigeisen, einen Eispickel und einen guten Führer.

Rafting

Der Río Chili ist der meistbefahrene Fluss der Gegend, und eine Halbtagstour für Anfänger startet täglich von März bis November. Etwas weiter entfernt lockt der Río Majes mit Stromschnellen der Klasse II und III.

Das Casa de Mauro (959-383-9729; lacasademauromajes@hotmail.com; Ongoro, Km 5; Stellplatz 15 S/Pers., B 30 S) ist ein praktisches Basislager für Rafting-Ausflüge auf dem Majes. Man kann mit einem Bus von Transportes del Carpio vom Terminal Terrestre in Arequipa nach Aplao (12 S, 3 Std., stündl.) fahren und dann in ein *combi* (1,50 S) oder Taxi (15 S) ins Dorf Ongoro steigen, 190 Straßenkilometer westlich von Arequipa.

Wandern & Trekken

Die Agenturen bieten Touren abseits der ausgetretenen Pfade in das Canyonland rund um Arequipa an, aber wer den Cañón del Colca besuchen will, kann das auch auf eigene Faust tun. Die beste Zeit für den Trek ist von Mai bis November. Der Cañón del Colca hat ein paar verstreute Campingplätze, allerdings ist es verboten, am Cruz del Cóndor zu zelten. Unverzichtbare Wanderkarten und gut geführte Touren in den Cañón del Cotahuasi gibt's bei Colca Trek.

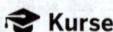 Kurse

Viele Schulen bieten Spanischkurse an (ca. 15–30 S/Std.).

CEPESMA SPRACHE
(054-95-996-1638; www.cepesmaidiomasceci.com; Av Puente Grau 108) Man kann Spanischkurse besuchen, die zwischen zwei (16 US$) und acht (64 US$) Stunden pro Tag dauern. Außerdem werden Koch- und Tanzkurse und Möglichkeiten zur Freiwilligenarbeit angeboten.

Juanjo SPRACHE
(www.spanishlanguageperu.com; Los Arces 257A, Distrito Cayma) Das Juanjo wird von Travellern empfohlen und bietet Eins-zu-Eins-Spanischkurse ab 350 S pro Woche, die auch eine kostenlose Salsa-Stunde oder einen Kochkurs beinhalten. Unterkünfte bei Gastfamilien und Freiwilligenarbeit können ebenfalls arrangiert werden.

ROCIO SPRACHE
(054-22-4568; www.spanish-peru.com; Ayacucho 208) Verlangt 18 S pro Stunde für Einzelkurse in Spanisch, während der Unterricht in kleinen Gruppen 290 S pro 20-Stunden-Woche kostet. Einfach bei Nummer 21 am Gemeinschaftseingang klingeln.

Feste & Events

Die *Arequipeños* sind ein stolzes Volk, und mit dem feurigen Fest zur Gründung ihrer Stadt am 15. August feiern sie immer wieder aufs Neue, dass ihre Stadt ganz anders ist als die Küstenstadt Lima.

Schlafen

Viele Budgetpensionen reihen sich entlang der Puente Grau westlich der Jerusalén aneinander.

La Casa de Sillar HOTEL $
(054-28-4249; www.lacasadesillar.com; Rivero 504; mit/ohne Bad EZ 45/35 S, DZ 70/60 S; @) Noch so eine Kolonialvilla mit dicken Mauern, die aus – wie der Name schon sagt – *sillar*-Stein aus El Misti erbaut wurde. Dieses Haus tut allerdings nicht so, als wäre es ein Boutique-Hotel, ist aber trotzdem ein großartiges Schnäppchen, vor allem, wenn man nichts gegen ein Gemeinschaftsbad hat. Riesige Landkarten und ein ebenso riesiger Fernseher zieren die Gemeinschaftslounge.

La Posada del Cacique HOSTEL $
(054-20-2170; Jerusalén 404; EZ/DZ/3BZ 30/50/60 S; @) Dieses Hostel im zweiten Stock bietet geräumige, sonnige Zimmer, eine gut ausgestattete Gemeinschaftsküche, zuverlässig heißes Wasser und einen ruhigen Sitzbereich auf dem Dach. Die Besitzer, Vater und Sohn, sind tolle Informationsquellen für die Gegend und sorgen dafür, dass sich die Gäste wie zu Hause fühlen.

Hotel Real Arequipa HOTEL $
(054-79-9248; hotelrealarequipa@hotmail.com; Jerusalén 412; Zi. mit/ohne Bad 70/40 S;) Die Zimmer sind schlicht und dunkel, aber es gibt eine saubere Küche – die perfekte Wahl, wenn man seine Soles beisammenhalten muss, aber nicht zu weit von der Plaza weg sein will.

Le Foyer
HOSTEL $

(☎ 054-28-6473; www.hlefoyer.com; Ugarte 114; EZ/DZ/3BZ mit Bad 75/95/115 S, B/DZ/3BZ ohne Bad 25/60/85 S, alle inkl. Frühstück; @ 🕾) Dieses billige, hostelartige Hotel mit Rundum-Veranda oben, auf der man das standardmäßige Frühstück mit Brot und Marmelade und Blick auf die geschäftige Calle Jerusalén genießen kann, hat definitiv einen Touch New Orleans. Die Zimmer sind nichts Besonderes, aber dank der Nähe zu vielen Restaurants (unten wartet ein verlockendes mexikanisches Lokal) und dem Nachtleben braucht man kein GPS, um das Herz des bunten Treibens zu finden.

Hostal Núñez
HOSTEL $

(☎ 054-21-8648; www.hotel-nunez.de; Jerusalén 528; EZ/DZ mit Bad 100/120 S, ohne Bad 50/80 S, alle inkl. Frühstück; 🕾) In einer Straße voller nicht ganz so toller Pensionen ist dieses sichere, freundliche Hostel immer voll von Gringos. Die bunten Zimmer mit rüschiger Einrichtung haben Kabel-TV, aber die Einzelzimmer sind etwas eng.

Los Andes Bed & Breakfast
HOTEL, B&B $

(☎ 054-33-0015; www.losandesarequipa.com; La Merced 123; EZ/DZ ohne Bad 31/50 S, mit Bad 48/72 S; @ 🕾) Die riesigen Zimmer und die weitläufige Gemeinschaftsküche dieses Hotels versprühen ein wenig Krankenhausflair, aber es ist bei Klettergruppen und Langzeitgästen beliebt. Die Preise sind gut und es hält jede Menge Informationen zur Umgebung bereit.

Point Hostel
HOSTEL $

(☎ 054-28-6920; www.thepointhostels.com; Palacio Viejo 325; B/DZ inkl. Frühstück 21/70 S; @ 🕾) Dies ist eines von fünf Point Hostels in Peru und verteilte sich auf zwei Häuserblocks am Hauptplatz. Es bietet einen beliebten Billardtisch und eine Bar. Aber Vorsicht: Hier steigen oft Leute ab, die gern feiern und nicht unbedingt schon um zehn ins Bett wollen.

★ Hotel Casona Solar
HOTEL $$

(☎ 054-22-8991; www.casonasolar.com; Consuelo 116; EZ/DZ/Suite 158/240/354 S; 🕾) In diesem wunderschönen „geheimen Garten", der – unglaublich, wenn man die Ruhe bedenkt – nur drei Blocks vom Hauptplatz entfernt liegt, kann man wie ein kolonialer *caballero* (Gentleman) wohnen. Die grandiosen Zimmer aus dem 18. Jh. sind aus mächtigen *sillar*-Steinen gehauen, einige mit Mezzanin-Schlafbereich. Die Extras (Wäscheservice am selben Tag, Busreservierungen, kostenloser Airline-Check-in) sind ebenso zauberhaft. Das beste Preis-Leistungs-Verhältnis der Stadt – vielleicht sogar in ganz Peru.

Casablanca Hostal
HOTEL $$

(☎ 054-22-1327; www.casablancahostal.com; Puente Bolognesi 104; EZ/DZ/3BZ inkl. Frühstück 95/145/200 S; @) Der „Frugale Traveller" der New York Times war nicht der einzige Budgetreisende, der darüber gestaunt hat, was er hier für sein Geld bekommt. Die Ecklage an der Haupt-Plaza ist perfekt und die wunderschönen Zimmer mit freigelegten *sillar*-Ziegelwänden sind groß genug, um ein Pferd darin zu halten (oder auch zwei). Der Service ist diskret und das Frühstück wird in einem hübschen, sonnendurchfluteten Café eingenommen.

✕ Essen

Trendige, teurere Restaurants findet man in der San Francisco, während die Pasaje Catedral von ein paar Freiluftcafés gesäumt ist. Preiswerte *picanterías* (zwanglose Lokale) gibt's im Zentrum und im Distrikt Yanahuara zuhauf. Sie servieren ein festes Mittagessen aus traditionellen Gerichten aus Arequipa, das man schon allein wegen der authentischen Atmosphäre probieren muss.

Café Fez-Istanbul
NAHOST $

(San Francisco 229; Hauptgerichte 9–14 S; ⊙ 9–24 Uhr) Der Name deutet auf zwei Städte hin, aber das Essen ist definitiv eher orientalisch als marokkanisch. Falafel sind der Favorit – im Crêpe oder als Sandwich – und werden in einer ziemlich trendigen Resto-Bar mit Zwischenebene serviert, von der aus man prima Leute gucken kann. Weitere Lieblingsgerichte sind Hummus, frische Pfannengerichte und verschiedene Sandwiches. Die Portionen haben eher Snack-Größe, aber das Ambiente ist cool.

Hatunpa
PERUANISCH $

(Ugarte 208; Gerichte 11–15 S; ⊙ Mo–Sa 12.30–21.30 Uhr) Mit nur vier Tischen und gewöhnlichen Kartoffeln als Hauptzutat klingt das Hatunpa wahrscheinlich nicht sehr vielversprechend, erfreut sich aber einer treuen und schnell wachsenden Fangemeinde. Der Trick? Die Kartoffeln stammen aus Peru und die *arequipeños* wissen nun mal, wie man sie mit fantasievollen Saucen und Begleitern aufpeppt, z. B. Alpaka, Chorizo oder Gemüse. Noch besser: Sie sind auch noch billig (und machen satt).

★ Zingaro
PERUANISCH $$
(www.zingaro-restaurante.com; San Francisco 309; Hauptgerichte 30–49 S; ⊙Mo-Sa 12–23 Uhr) In diesem alten *sillar*-Gebäude mit Holzbalkonen, Buntglas und hauseigenem Pianisten werden kulinarische Legenden geboren. Das Zingaro ist in Sachen gastronomischer Innovation ganz weit vorne, soll heißen: Es ist der ideale Ort, um *nouveau*-Interpretationen peruanischer Klassiker zu probieren – etwa Alpaka-Rippchen, *ceviche* oder vielleicht sogar das allererste *cuy* (Meerschweinchen).

Zig Zag
PERUANISCH $$
(☏054-20-6020; www.zigzagrestaurant.com; Zela 210; Hauptgerichte 33–45 S; ⊙12–24 Uhr) Gehoben, aber nicht abgehoben teuer: Das Zig Zag ist ein peruanisches Restaurant mit europäischen Einflüssen. Es befindet sich in einem zweistöckigen Kolonialgebäude mit einer Eisentreppe, die von Gustave Eiffel entworfen wurde (Mann, der Typ muss echt viel zu tun gehabt haben). Der Klassiker auf der Karte ist eine Fleischauswahl, die auf einem einzigartigen Vulkanstein-Grill mit verschiedenen Saucen serviert wird. Die Fondues sind ebenfalls gut.

La Nueva Palomino
PERUANISCH $$
(Leoncio Prado 122; Hauptgerichte 14–29 S; ⊙12–18 Uhr) Definitiv der Favorit der Einheimischen. Die Atmosphäre in dieser *picantería* ist zwanglos und kann sogar unter der Woche richtig stürmisch werden, wenn größere Familien oder Freundesgruppen einfallen, um lokale Spezialitäten zu genießen und Unmengen *chicha de jora* (vergorenes Maisbier) zu trinken. Das Restaurant befindet sich im Distrikt Yanahuara (2 km nordwestlich des Zentrums), östlich des *mirador* (Aussichtspunkt).

Ausgehen

Mehrere tolle Bars und Clubs sind gleich nördlich der Plaza an der Ecke San Francisco und Ugarte versammelt.

Split
KNEIPE
(Zela 207; ⊙Mo-Mi 17–1, Do-Sa 18–2 Uhr) Zwei Bars oben und unten (kein Erdgeschoss). Beide sind dunkel, eng und bei Einheimischen beliebt, die den Abend gern mit einem starken Drink beginnen, z. B. einem Misti Colodo, einer Piña Colada mit *pisco* oder einem der „Toxicos" genannten Mixgetränke, bei denen man nie weiß, welcher und wie viel Alkohol eigentlich drin ist. Außerdem gibt's hier Pizzas, Pasta und Crêpes.

Chelawasi Public House
MIKROBRAUEREI
(Campo Redondo 102; Bier 12 S; ⊙Do-Sa 16–24, So bis 22 Uhr) Keine Ahnung von Craft Beer? Die freundlichen kanadisch-peruanischen Besitzer führen gern durch die besten Biere aus Perus Mikrobrauereien und geben obendrein lokale Reisetipps. Arequipas erste Craft-Beer-Kneipe ist modern, aber unprätentiös und befindet sich im dorfähnlichen Viertel San Lázaro. Man kann sogar Pizza nebenan bestellen und sie an einem der handgefertigten Tische genießen.

Brujas Bar
BAR
(San Francisco 300; ⊙17 Uhr–open end) Nordisch anmutender Pub mit Union Jacks, Happy-Hour-Cocktails sowie jeder Menge Einheimischer und hier lebender Ausländer, die gern ein Schwätzchen halten.

ABSTECHER

YANAHUARA

Das friedliche Viertel Yanahuara bietet sich für einen abwechslungsreichen Abstecher vom Zentrum Arequipas an, da es auch zu Fuß gut erreichbar ist: auf der Av Puente Grau über die Puente Grau (Grau-Brücke) nach Westen gehen und dann für ein halbes Dutzend Blocks weiter auf der Av Ejército. Anschließend links auf die Av Lima abbiegen und ihr über fünf Blocks zu einer kleinen Plaza und einem *mirador* (Aussichtspunkt) folgen, der einen tollen Blick auf Arequipa und El Misti bietet.

Anschließend geht's auf der Av Jerusalén parallel zur Av Lima zurück. Kurz bevor man die Av Ejército erreicht, sieht man das bekannte Restaurant **Sol de Mayo** (☏054-25-4148; Jerusalén 207, Yanahuara; Hauptgerichte 28–50 S), in dem man sich ein leckeres Mittagessen mit typischem *arequipeño*-Essen gönnen kann. Der Spaziergang dauert insgesamt zwei Stunden. Ansonsten fahren entlang der Av Puente Grau alle paar Minuten *combis* (Minibusse) nach Yanahuara (1 S, 10 Minuten). Zurück ins Zentrum geht's dann von der Plaza in Yanahuara.

Casona Forum CLUB
(www.casonaforum.com; San Francisco 317) Fünf gute Gründe sprechen hier für eine lange Nacht an einem einzigen Ort: Dieses *sillar*-Gebäude beherbergt eine Kneipe (Retro), eine Billardhalle (Zero), eine Sofa-Bar (Chill Out), einen Nachtclub (Forum) und ein Restaurant (Terrasse).

☆ Unterhaltung

Café Art Montréal LIVEMUSIK
(Ugarte 210; ⊙ 17–1 Uhr) In dieser verrauchten, intimen kleinen Bar spielen hinten auf der Bühne Livebands. Sie würde auch als Treff für die Studenten-Bohème am Rive Gauche in Paris eine gute Figur abgeben.

🛍 Shoppen

Es gibt viele Kunsthandwerks- und Antiquitätenläden, vor allem rund um das Monasterio Santa Catalina.

Fundo El Fierro KUNSTHANDWERKERMARKT
(San Francisco 200; ⊙ Mo–Sa 9–20, So bis 14 Uhr) Der größte Kunsthandwerkermarkt der Stadt nimmt einen wunderschönen kolonialen *sillar*-Hof neben der Kirche San Francisco ein. Hier gibt's vor allem Kleidung, Gemälde, Kunst und Schmuck, aber man kann auch seltene Alpaka-Teppiche aus Cotahuasi kaufen. Im August findet hier eine Kunsthandwerkermesse mit speziellen Ständen statt.

❶ Praktische Informationen

GEFAHREN & ÄRGERNISSE

In Arequipa wird häufig von Gelegenheitsdiebstählen berichtet, und Reisende werden deshalb dringend aufgefordert, ihre Wertsachen zu verstecken. Nachts sollte man sich nicht unbedingt außerhalb der touristischen Gebiete aufhalten. Im Parque Selva Alegre nördlich des Zentrums muss man besonders vorsichtig sein, da es hier des Öfteren zu Überfällen kommt. Statt sich auf der Straße ein Taxi heranzuwinken, kann man auch sein Hostel oder seinen Touranbieter bitten, ein offizielles Taxi zu rufen; die größere Sicherheit ist den damit verbundenen Aufwand allemal wert.

GELD

Geldwechselmöglichkeiten findet man östlich der Plaza de Armas. Im Terminal Terrestre gibt's internationale Geldautomaten.
BCP (San Juan de Dios 125) Hat einen Visa-Geldautomaten und wechselt US-Dollar.
Interbank (Mercaderes 217) Hat einen internationalen Geldautomaten.

MEDIZINISCHE VERSORGUNG

Clínica Arequipa (☏ 054-25-3424, 054-25-3416; Bolognesi, nahe Puente Grau; ⊙ Mo–Fr 8–20, Sa bis 12.30 Uhr) Arequipas beste und teuerste Klinik.
Paz Holandesa Policlinic (☏ 054-43-2281; www.pazholandesa.com; Av Chávez 527; ⊙ Mo–Sa 8–20 Uhr) In dieser Reiseklinik braucht man einen Termin. Sie führt Impfungen durch und die Ärzte sprechen Englisch und Niederländisch. Der Gewinn wird dafür verwendet, weniger privilegierten peruanischen Kindern kostenlose medizinische Versorgung zu ermöglichen.

NOTFALL

Policía de Turismo (Touristenpolizei; ☏ 054-20-1258; Jerusalén 315-317; ⊙ 24 Std.) Kann helfen, wenn man einen offiziellen Diebstahlbericht für einen Versicherungsanspruch braucht.

POST

Serpost (Moral 118; ⊙ Mo–Sa 8–20, So 9–13 Uhr)

TOURISTENINFORMATION

iPerú (☏ 054-22-3265; iperuarequipa@promperu.gob.pe; Portal de la Municipalidad 110, Plaza de Armas; ⊙ Mo–Sa 9–18, So bis 13 Uhr) Staatlich unterstützte Quelle für objektive Informationen zu lokalen und regionalen Attraktionen. Es gibt auch eine Filiale am Flughafen (☏ 054-44-4564; 1. St., Haupthalle, Aeropuerto Rodríguez Ballón; ⊙ 10–19.30 Uhr).

❶ An- & Weiterreise

BUS

Die meisten Unternehmen fahren am Terminal Terrestre oder dem kleineren Busbahnhof Terrapuerto nebenan ab. Beide befinden sich 3 km südlich des Zentrums (Abreisesteuer 2 S).

Cruz del Sur (☏ 054-42-7375; www.cruzdelsur.com.pe), **Ormeño** (☏ 054-42-3855) und andere Anbieter unterhalten täglich mehrere Busse nach Lima, die meisten fahren nachmittags ab. Viele Busse halten unterwegs in Nazca und Ica, und einige Unternehmen bieten auch Übernachtbusse nach Cusco an.

Busse nach Puno verkehren häufig; da die Strecke für Unfälle berüchtigt ist, ist man am besten tagsüber unterwegs. Ormeño fährt weiter nach Desaguadero an der bolivianischen Grenze und nach La Paz (Bolivien). Cruz del Sur bietet die komfortabelsten Busse über Moquegua nach Tacna.

Wer in den Cañón del Colca möchte, kann in einen der selteneren täglichen Busse nach Chivay steigen, die nach Cabanaconde weiterfahren. Zu den empfehlenswerten Unternehmen gehören **Andalucía** (☏ 054-44-5089).

ZIEL	PREIS (S)	DAUER (STD.)
Cabanaconde	20	6
Chivay	15	3½
Cusco	70–135	6–11
Ica	45–120	11–15
Lima	80–160	14–17
Moquegua	18	4
Nazca	59–154	10–12
Pisco	40–144	15
Puno	20–90	6
Tacna	20–57	6

FLUGZEUG

Der Flughafen liegt 8 km nordwestlich des Zentrums. **LAN** (054-20-1100; Santa Catalina 118C) fliegt täglich nach Lima und Cusco. Ein Taxi ins Centro kostet 25 S. Es gibt weder Flughafenbusse noch Sammeltaxis. Man kann auch in ein *combi* mit der Aufschrift „Río Seco" oder „Zamacola" in der Av Puente Grau oder Ejército steigen, das einen in einer etwas dubiosen Nachbarschaft rund 700 m vom Eingang des Flughafens entfernt absetzt.

Unterwegs vor Ort

Combis und Minibusse fahren entlang der Bolívar Richtung Süden zum Terminal Terrestre (0,80 S, 25 Min.) neben dem Terrapuerto-Busbahnhof, aber die Fahrt durch die Marktgegend dauert ziemlich lang. Man sollte immer offiziell lizenzierte Taxiunternehmen wie **Tourismo Arequipa** (054-45-8888) und **Taxitel** (054-45-2020) nutzen, die bis zum Terminal Terrestre etwa 8 S kosten.

Colca

Der Río Colca hat mit 3191 m einen der tiefsten Canyons der Welt gegraben, nur der Cañón del Cotahuasi in unmittelbarer Nähe ist noch 163 m tiefer. Trekkingtouren sind bei Weitem die beste Methode, um das dörfliche Leben kennenzulernen, auch wenn die Straßen sehr staubig sind. Beim Gang durch die Dörfer unbedingt auf die klassische, mit Stickereien besetzte Kleidung und die Hüte der Frauen achten! Eine Anmerkung noch zum Thema Umwelt: Man sollte keinen Müll in die Mülleimer in der Schlucht werfen, denn sie quellen irgendwann über und die Einheimischen leeren sie einfach in den Fluss aus. Am besten nimmt man seinen Müll einfach wieder mit.

Die Straße von Arequipa steigt nach Norden hin durch die Reserva Nacional Salinas y Aguada Blanca an. Dort gibt's oft Vikunjas zu sehen, die bedrohten wilden Vettern der Lamas und Alpakas. Die Straße führt dann durch die öden *altiplano*, die andine Hochebene, zum höchsten Punkt bei rund 4800 m, bevor sie spektakulär hinunter nach Chivay stürzt.

Chivay

054 / 7700 EW.

Die Provinzhauptstadt am Anfang des Canyons ist eine kleiner, staubiger Verkehrsknotenpunkt. Man sollte viel peruanisches Bargeld dabeihaben, da nur wenige Läden US-Dollar oder Euro wechseln.

Sehenswertes & Aktivitäten

Astronomisches Observatorium OBSERVATORIUM
(Planetario; 054-53-1020; Huayna Cápac; Eintritt 25 S; April–Dez.) Dank keinerlei Lichtverschmutzung ist der Blick auf die Milchstraße ausgezeichnet. Das Hotel Casa Andina beherbergt ein winziges Observatorium, in dem allabendlich Himmelsschauen auf Spanisch und Englisch stattfinden. Im Preis ist eine 30-minütige Erklärung enthalten und man bekommt die Chance, durch das Teleskop zu schauen. Zwischen Januar und März ist es geschlossen, da der Nachthimmel dann nur selten klar ist.

Thermalquellen La Calera THERMALBÄDER
(Eintritt 15 S; 4.30–19 Uhr) Wer gerade erst mit dem Bus angekommen oder aus Arequipa angereist ist, kann sich auf dem 3 km langen Spaziergang zu den Thermalquellen von La Calera wunderbar akklimatisieren und anschließend die (überraschend flachen) Hänge der Schlucht im Freien bestaunen, während er in einem natürlich beheizten Becken liegt. Die Kulisse ist idyllisch und man wird außerdem von den johlenden Benutzern der Seilrutsche unterhalten, die über die Köpfe der Badenden hinwegsausen. *Colectivos* aus Chivay kosten 1 bis 2 S.

Schlafen

Obwohl die Stadt winzig ist, stehen in Chivay jede Menge *hostales* zur Wahl.

Hostal La Pascana HOTEL $
(054-53-1001; Siglo XX 106; EZ/DZ/3BZ inkl. Frühstück 50/70/100 S;) Das La Pascana ist ein schönes, altmodisches Haus, das sich nach ein paar Wandertagen durch den Canyon vermutlich luxuriös anfühlen wird. Die

schlichten Zimmer haben Bettdecken (Gott sei Dank!), das Personal ist freundlich und es gibt ein kleines, aber gutes Restaurant. Es liegt ein paar Stufen oberhalb der eher bescheidenen Pensionen und direkt neben der Plaza.

Hostal Estrella de David   PENSION $
(054-53-1233; Siglo XX 209; EZ/DZ/3BZ 30/40/60 S) Ein einfaches, sauberes *hospedaje* (kleine familiengeführte Pension) mit Bädern und ein paar Zimmern mit Kabel-TV. Es liegt ein paar Blocks von der Plaza entfernt Richtung Busbahnhof. Für Budgetreisende bieten sich die Einzelzimmer mit eher schäbigem Gemeinschaftsbad für 20 S an.

Colca Inn   HOTEL $$
(53-1111; www.hotelcolcainn.com; Salaverry 307; EZ/DZ inkl. Frühstück 75/101 S) Diese gut geführte Mittelklasseoption ist die komfortabelste der Stadt, wenn man sich nach zusätzlichen Annehmlichkeiten wie Heizungen und Hotelservice sehnt.

★ Hotel Pozo del Cielo   HOTEL $$$
(054-34-6547; www.pozodelcielo.com.pe; Calle Huascar s/n; DZ/Suite 310/637 S; ☎) Das Hotel „Himmelsbrunnen" sieht ein bisschen aus, als hätte Gaudí es entworfen. Es besteht nur aus niedrigen Türen, seltsam geformten Zimmern und sich windenden Passagen. Man erwartet beinahe, dass die sieben Zwerge auftauchen. Aber vom Surrealismus einmal abgesehen, ist alles prima – eine funktionelle, aber gemütliche Unterkunft, beinahe mit Boutique-Flair in den individuell gestalteten Zimmern und dem edlen *„mirador"*-Restaurant.

Casa Andina   BOUTIQUE-HOTEL $$$
(054-53-1020, 054-53-1022; www.casa-andina.com; Huayna Cápac; EZ/DZ inkl. Frühstück ab 250 S; ☎) Die absichtlich rustikalen Zimmer befinden sich in strohgedeckten Steinhütten auf einem schön gepflegten Anwesen. Das Beste sind die ungewöhnlichen Extras wie das Observatorium, Sauerstoff (falls man unter Sauerstoffmangel leidet und einem schon ganz schwindelig ist) und allabendliche Kulturshows, bei denen sich lokale Musiker und Künstler treffen und ein Schamane aus Coca-Blättern wahrsagt.

Essen

Innkas Café   PERUANISCH $
(Plaza de Armas 705; Hauptgerichte 12–20 S; ⊙ 7–22 Uhr) Dieses alte Gebäude mit gemütlichen

❶ BOLETO TURÍSTICO

Wer die Stätten in der Colca-Schlucht besuchen will, braucht ein *boleto turístico* (Touristenticket; 70 S), das an einem Kiosk an der Straße nach Arequipa gleich außerhalb von Chivay erhältlich ist. Wer mit einer organisierten Tour unterwegs ist, sei gewarnt: Im Tourpreis sind zusätzliche Gebühren in der Regel nicht enthalten. Wer alleine reist, kann sich auch in den meisten öffentlichen Bussen bei der Fahrt nach oder aus Chivay oder in Cabanaconde ein Ticket kaufen. Die eine Hälfte der Einnahmen aus den Ticketverkäufen kommt Arequipa für die allgemeine Instandhaltung der lokalen Touristenattraktionen zugute, während die andere Hälfte an die nationale Tourismusagentur geht.

Fensternischen wird von modernen Gasheizungen erwärmt (und die braucht man auch dringend). Vielleicht liegt es an der Höhe, aber das *lomo saltado* schmeckt hier so lecker, wie von Gastón Acurio gekocht. Das zuckersüße Personal passt zu den noch süßeren Kuchen und dem leckeren Kaffee.

Cusi Alina   PERUANISCH $$
(Plaza de Armas 201; Büfett 27 S; ✐) Eines von mehreren Restaurants in Chivay mit Mittagsbüfett, das eine gute Auswahl peruanischer Gerichte mit vielen vegetarischen Optionen bietet. Es ist bei Tourbussen beliebt, und man sollte vor 13 Uhr kommen, wenn man noch ein bisschen Ellenbogenfreiheit haben möchte.

❶ An- & Weiterreise

Der Busbahnhof ist etwa 15 Minuten zu Fuß von der Plaza entfernt. Täglich fahren neun Busse nach Arequipa (15 S, 3 Std.) und vier über Cruz del Cóndor nach Cabanaconde (5 S, 2½ Std.).

Von Chivay nach Cabanaconde

Die Hauptstraße folgt der Südseite des oberen Cañón del Colca und führt vorbei an mehreren malerischen Dörfern und einigen der weitläufigsten Präinka-Terrassen Perus. Eines der Dörfer ist das kulturell unversehrte **Yanque**, das eine hübsche Kirche aus dem 18. Jh. bietet. Ein 30-minütiger Spaziergang zum Fluss führt zu einigen Thermalquellen (Eintritt 3 S). Überall in der Stadt gibt's einfache Pensionen und Hotels.

Die Straße erreicht schließlich **Cruz del Cóndor** (Zutritt mit *boleto turístico*). Hier nisten Andenkondore in den schroffen Felsvorsprüngen, und manchmal sieht man sie auf den thermischen Strömungen vorübergleiten. Am ehesten bekommt man diese Vögel am frühen Morgen und späten Nachmittag zu Gesicht, aber man braucht dafür ein bisschen Glück.

Wer unabhängig reist und vorhat, vor der Weiterfahrt nach Cabanaconde in Cruz del Cóndor Halt zu machen, sollte Arequipa am besten mit dem fies frühen Bus um 1 Uhr nachts verlassen. Man ist dann bei Tagesanbruch in Cruz del Cóndor und hat noch genug Zeit für die Stadt, bevor es mit einem späteren Bus von Arequipa nach Cabanaconde geht. Später am Nachmittag sind diese Busse dann nur noch spärlich gesät, und manchmal hängt man mehrere Stunden in Cruz del Cóndor fest.

Cabanaconde

054 / 2400 EW.

Cabanaconde ist hervorragend als Basislager für einige der spektakulärsten Wanderungen durch den Canyon geeignet – darunter ist auch der beliebte zweitägige Trek hinunter nach Sangalle (die Oase) am Boden der Schlucht. Hier kann man in natürlichen Schwimmbecken baden (5 S) und in einfachen Bungalows oder auf Campingplätzen übernachten. Die Wanderung zurück macht ganz schön Durst; am besten drei bis vier Stunden einplanen.

Wer einen örtlichen Führer anheuern möchte, kann in seinem Hostel oder bei der *municipalidad* in Cabanaconde um Rat fragen. Der übliche Preis liegt bei 30 bis 60 S pro Tag. Außerdem bekommt man haufenweise Tipps zu anderen Wanderungen, etwa zu Wasserfällen, Geysiren, abgelegenen Dörfern oder archäologischen Stätten.

Das **Pachamama** (054-25-3879, 95-931-6322; www.pachamamahome.com; San Pedro 209; inkl. Frühstück B 25 S, DZ ohne/mit Bad 50/70 S; @) ist ein urgemütliches Plätzchen mit einfachen Schlafsälen und Zimmern und dem besten Lokal im Canyon: einer von Kerzenschein erleuchteten Pizzeria und Bar, die von hippen, Gitarre spielenden Brüdern aus Ayacucho geführt wird, die ihren Gästen einen fröhlichen Mitsing-Soundtrack liefern. Man kann sich ein Fahrrad ausleihen, in einer der Hängematten entspannen oder einfach das kosmopolitische Flair genießen. Das ist Reisen!

La Posada del Conde (054-40-0408, 054-83-0033; www.posadadelconde.com; San Pedro s/n; EZ/DZ inkl. Frühstück 95/128 S; 🕿) ist zwar schlicht, wartet aber dennoch mit ordentlichen Doppelzimmern auf.

Täglich fahren von der Plaza mehrere Busse nach Chivay (5 S, 2½ Std.) und Arequipa (17 S, 6 Std.) über Cruz del Cóndor.

TITICACASEE

Der Titicacasee (Lago Titicaca) liegt in 3808 m Höhe und nimmt eine Fläche von 8400 km² ein; damit gilt er als größter Hochlandsee der Welt. In dieser Höhe ist die Luft klar und das blendende Hochgebirgslicht durchflutet den *altiplano* und glitzert auf dem tiefen Wasser. Breite blaue Streifen erstrecken sich am Himmel, wobei der Horizont von da und dort aufragenden antiken Grabtürmen und verfallenen kolonialen Kirchen unterbrochen wird. Die Hafenstadt Puno ist ein gutes Basislager für die Erkundung der weit verstreuten Inseln des Titicacasees – sie reichen von den von Menschen geschaffenen faszinierenden Schilfinseln bis zu abgeschiedeneren, ländlichen Inseln, auf denen die Bewohner noch fast genauso leben wie vor Hunderten von Jahren.

Juliaca

051 / 220 000 EW.

Juliaca ist ein spröder, unfertiger Schandfleck inmitten einer schönen Landschaft mit weitem Himmel. Der Ort ist eigentlich eine Marktstadt und verfügt über den einzigen kommerziellen Flughafen des Departamentos, aber die meisten Reisenden lassen ihn nach der Gepäckausgabe direkt links liegen und steuern lieber die hübschere Nachbarstadt Puno am See an. Dank ihrer Lage in Grenznähe floriert in der Stadt der Handel – und der Schmuggel. Überfälle und Betrunkene auf den Straßen sind auch tagsüber keine Seltenheit.

Wer dringend eine Unterkunft sucht, kann im imposanten **Royal Inn Hotel** (051-32-1561; www.royalinnhoteles.com; San Román 158; EZ/DZ/3BZ inkl. Frühstück 315/330/420 S) absteigen, das mit neu renovierten Zimmern mit heißen Duschen, Heizung und Kabel-TV lockt und eines der besten Restaurants in Juliaca bietet (Hauptgerichte ab 20 S).

Der **Flughafen** (JUL; 051-32-4248) liegt 2 km westlich der Stadt. **LAN** (051-32-2228;

San Roman 125) bietet täglich Flüge nach/ von Lima, Arequipa und Cusco. Am besten nimmt man ein Taxi zum Flughafen (10 S). Die direkten Minibusse nach Puno (15 S, 45 Min.) warten normalerweise auf ankommende Flüge. Die preisverten Minibusse fahren an der Kreuzung Piérola und 8 de Noviembre nordöstlich der Plaza ab (3,50 S, 45 Min.).

Puno

051 / 141 100 EW.

In Puno gibt's nicht nur eine königliche Plaza, sondern auch zahlreiche Betonklötze und bröckelnde Ziegelhäuser, die mit den Hügeln zu verschmelzen scheinen – hier findet man schäbig-staubige ebenso wie freundliche Ecken. Es sind nur wenige Kolonialgebäude erhalten geblieben, und auf den Straßen der Stadt wimmelt es von geschäftigen Frauen, die die traditionellen mehrschichtigen Kleider und Filzhüte tragen. Am besten hüllt man sich ebenfalls in Schichten – die Nächte in Puno können bitterkalt sein, besonders im Winter, wenn die Temperaturen unter den Nullpunkt sinken.

Sehenswertes & Aktivitäten

Yavari HISTORISCHE STÄTTE
(051-36-9329; www.yavari.org; Eintritt gegen Spende; 8–13 & 15–17.30 Uhr) Das älteste Dampfschiff auf dem Titicacasee, die berühmte *Yavari*, hat sich von einem britischen Kampfschiff in ein Museum und ein empfehlenswertes B&B verwandelt, das Stockbetten und aufmerksames Personal unter der Leitung des Kapitäns bietet. Und nein, man muss wirklich kein Marinefan sein, um es zu genießen. Die *Yavari* liegt hinter dem Sonesta Posada Hotel del Inca vor Anker, etwa 5 km vom Zentrum Punos entfernt, und ist wahrscheinlich der ruhigste Ort der Stadt.

Museo Carlos Dreyer MUSEUM
(Conde de Lemos 289; Eintritt mit Englisch sprechendem Führer 15 S; Mo–Fr 9–19, Sa bis 13 Uhr) Dieses Museum beherbergt eine faszinierende Sammlung archäologischer Puno-Artefakte und -Kunst. Oben sind drei Mumien und ein lebensgroßer *chullpa* (Begräbnisturm) ausgestellt.

Das Museum befindet sich um die Ecke vom **Casa del Corregidor** (051-35-1921; www.casadelcorregidor.pe; Deustua 576; Mo–Sa 9–20, So 10–19 Uhr) GRATIS.

Coca Museum MUSEUM
(051-36-5087; Deza 301; Eintritt 5 S; 9–13 & 15–20 Uhr) Dieses winzige, skurrile und sehr interessante Museum informiert umfassend über die historischen, medizinischen und kulturellen Aspekte der Coca-Pflanze und ihrer vielfältigen Nutzung. Die Präsentation ist allerdings weniger interessant: Die (ausschließlich englischen) Textblöcke sind einfach an die Wand geklebt und dazwischen hängen Fotos und alte Coca-Cola-Werbung. Die Ausstellung mit traditioneller Kleidung lohnt aber einen Besuch.

Obwohl sich der Zusammenhang zwischen traditioneller Kleidung und Coca nicht ganz erschließt, erfährt man hier, welchen Sinn die Kostüme und Trachten bei Straßenumzügen haben.

Geführte Touren

Einige Leser empfanden die Insel-Hopping-Touren als enttäuschend, ja sogar ausbeuterisch, aber andere hatten viel Spaß. Am besten fragt man in seiner Pension nach einem örtlichen Führer, möglichst nach jemand, der Verbindungen zu den Inseln hat, und geht dann frühmorgens zu den Docks und steigt aufs nächste Boot. Oder man sucht sich sehr sorgfältig einen Touranbieter aus.

All Ways Travel KULTUREXKURSION
(051-35-3979; www.titicacaperu.com; 2. St. Deustua 576) Bietet sowohl klassische als auch „nicht touristische" Touren an.

Edgar Adventures KULTUREXKURSION
(051-35-3444; www.edgaradventures.com; Lima 328) Langjährige Agentur, die die Gemeinde positiv einbezieht.

Feste & Events

La Virgen de la Candelaria RELIGION
(Lichtmess; 2.–8. Feb.) Das spektakulärste Festival der Region erstreckt sich über mehrere Tage rund um das eigentliche Datum (Lichtmess) je nachdem, auf welchen Wochentag Lichtmess fällt. Liegt der Feiertag zwischen Sonntag und Dienstag, fangen die Feierlichkeiten schon am Samstag davor an. Fällt er hingegen zwischen Mittwoch und Freitag, beginnen die Feierlichkeiten am darauffolgenden Samstag.

Puno-Woche KULTUR
Ein riesiges Fest zur Feier der legendären Geburt von Manco Cápac, dem ersten Inka. Die Feierlichkeiten finden in der ersten No-

Arequipas Canyonland & Titicacasee

vemberwoche rund um den Puno-Tag (5. Nov.) statt.

Heilige Drei Könige
RELIGION

Am 6. Januar wird der Tag gefeiert, an dem die drei Weisen das Jesuskind besuchten. Vor jeder Kirche und auf der Plaza de Armas sieht man Frauen in traditioneller Kleidung, die Puppen für Kinder verkaufen, die diese während der Messe auf den Kirchenaltar legen können.

🛌 Schlafen

Inka's Rest HOSTEL $
(☏ 051-36-8720; www.inkasresthostel.com; Pasaje San Carlos 158; B/DZ inkl. Frühstück 23/70 S; @ 🛜) Dieses Hostel versteckt sich in einer kleinen Gasse und bekommt Bestnoten für den hervorragenden Service. Es ist sehr sauber und bietet Stockbetten mit Daunendecken, attraktive alte Fliesen und Parkettboden. Außerdem gibt's einen netten Frühstücksbereich, eine Gästeküche und ein Zimmer mit riesigem Flachbild-TVs. Die Privatzimmer sind weniger ansprechend. Man wird per Gegensprechanlage reingelassen, aber wer nachts ankommt, sollte sich ein Taxi nehmen.

Duque Inn HOTEL $
(☏ 051-20-5014; www.duqueinn.com; Ayaviri 152; EZ/DZ mit Bad 25/45 S, ohne Bad 20/35 S) Herzlich, aber ziemlich skurril. Diese Budgetoption ist mit Satinbettwäsche und Kerzenleuchtern aufgehübscht. Besitzer Ricardo Conde, ein Archäologe, ist exzentrisch, aber Gold wert und bietet kostenlose Touren an. Ein wirkliches Schnäppchen für Budgetreisende und echte Wanderer. Man findet das Hotel, wenn man der Ilave hinter der Huancané drei Blocks lang folgt und dann rechts auf die Ayaviri abbiegt. Wenn sie den endlosen Hügel sehen, gönnen sich aber viele Gäste ein Taxi.

Hostal Uros HOTEL $
(☏ 051-35-2141; Valcárcel 135; EZ/DZ/3BZ 30/50/75 S; @ 🛜) Ruhig, aber dicht am Ge-

schehen. In diesem freundlichen, preiswerten Hostel liegen die besten Zimmer auf den oberen Etagen. Auf dem geräumigen, lichtdurchfluteten Hof kann man Fahrräder und Motorräder abstellen. Am besten nach einem Zimmer mit Fenster fragen. Heizung kostet 10 S extra. Wer jeden Cent zwei Mal umdrehen muss, kann für 5 S pro Kopf weniger in einem Zimmer mit schmuddeligem Gemeinschaftsbad absteigen.

★ **Casa Panq'arani** B&B $$

(951-677-005, 051-36-4892; www.casapanqarani.com; Jr Arequipa 1086; EZ/2BZ/DZ inkl. Frühstück 80/135/145 S;) Dieses hübsche, traditionelle Puno-Haus mit Garten voller Blumen lockt mit einladenden Zimmern, die einen Balkon im 2. Stock säumen. Das wahre Highlight ist aber die unglaubliche Gastfreundschaft der Besitzer Adgar und Consuelo. Zimmer gibt's reichlich, alle mit gemütlichen Betten mit gehäkelten Tagesdecken und frischen Blumen. Außerdem findet man reichlich Platz zum Sonnenbaden. Consuelos *altiplano*-Gourmetessen (Gerichte 35 S mit Voranmeldung) sollte man sich nicht entgehen lassen.

Posada Luna Azul HOTEL $$

(95-159-0835; www.posadalunaazul.com; Cajamarca 242; EZ/DZ inkl. Frühstück 60/90 S;) Der Name, „Blauer Mond", beschwört Bilder einer gemütlichen, ruhigen Nacht herauf, und dieses kleine Hotel liegt so weit ab vom Lärm, dass sie tatsächlich wahr werden. Die kleinen, sauberen Zimmer sind mit Teppichboden, Flachbild-TVs und guter Heizung ausgestattet, dank der sie die ganze Nacht beeindruckend warm sind. Auch die Duschen sind leistungsstark und heiß. Endlich mal Wärme in Puno.

Hotel Italia HOTEL $$

(051-36-7706; www.hotelitaliaperu.com; Valcárcel 122; EZ/DZ/3BZ 110/150/190 S; @) Die heimeligen Zimmer haben Parkettboden, Kabel-TV, heiße Duschen und eine Heizung, aber die Qualität schwankt in diesem großen, recht beliebten Haus. Es bietet einen Hauch von Alter Welt, etwa in den altmodischen Telefonen, und dem altgedienten und ebenso herzlichen wie gepflegten Personal. Zum köstlichen Frühstücksbüfett gehören auch salzige schwarze Oliven und Punos spezielles dreieckiges Anisbrot. Kreditkarten werden akzeptiert.

🍴 Essen & Ausgehen

Viele Restaurants bewerben ihre *menús* nicht, weil sie günstiger sind, als à la carte zu bestellen. Die Einheimischen essen gern *pollo a la brasa* (Grillhähnchen) und die günstigen *menús* auf der Jirón Tacna zwischen Deustua und Libertad.

Wer einen preiswerten Snack sucht, kann einen *api* (heißer, süßer Maissaft) probieren – echte Seelennahrung, die entlang der Oquendo zwischen dem Parque Pino und dem *supermercado* vielfach zu finden ist. Am besten bestellt man sie mit einer dünnen, unglaublich leckeren frittierten Teigtasche.

Loving Hut VEGETARISCH $

(www.lovinghut.com; Choque Huanca 188; Hauptgerichte 15–18 S, menú 12 S; Mo–Sa 9–18 Uhr;) Hier gibt's sättigende vegetarische Gerichte im asiatischen und peruanischen Stil und in verschiedenen Varianten: mit Salat, glutenfrei, mit Sojafleisch oder braunem Reis. Den Quinoa-Burger oder die *anticu-*

Puno

Puno

◉ Sehenswertes
1. Casa del Corregidor B4
2. Coca Museum B2
3. Museo Carlos Dreyer B4

✪ Aktivitäten, Kurse & Touren
   All Ways Travel .... (siehe 1)
4. Edgar Adventures B3

⌂ Schlafen
5. Hostal Uros C2
6. Hotel Italia C2
7. Inka's Rest C3
8. Posada Luna Azul C4

⊗ Essen
9. Loving Hut D3
10. Machu Pizza B3
11. Mojsa B4
12. Ukuku's B3

⚘ Ausgehen & Nachtleben
13. Kamizaraky Rock Pub B3

---

chos veganos (vegane Rinderspieße) sollte man unbedingt versuchen. Die warme, ungesüßte Sojamilch oder der *mate* (Tee) aus dem Zapfhahn sind schon allein das *menú* wert.

Machu Pizza   PIZZA $
(☎ 95-139-0652; Arequipa 409; Hauptgerichte 8–18 S; ⊙ Mo–Sa 17.30–23, So bis 22 Uhr; ☑) Der Laden mag vielleicht nicht so authentisch sein wie das Kolosseum, aber die Aioli mit *ají* (Chili), die man auf die dünnrandige Pizza streichen kann, gibt eine köstliche peruanische Note. Die gedimmte Beleuchtung, die gemütliche Mezzanin-Ebene und das Zimmer hinten sind weitere Pluspunkte. Die Pizza wird in persönlicher Wunschgrö-

ße gebacken. Eine prima Wahl, egal, ob man allein oder mit seinem Lieblingsmenschen hier speist.

★ Mojsa
PERUANISCH $$

(☎ 051-36-3182; Jr. Lima 635; Hauptgerichte 22–30 S; ⊙ 12–21.3 Uhr) Das Mojsa ist bei Einheimischen und Travellern gleichermaßen beliebt und macht seinem Namen – Aymara für „köstlich" – alle Ehre. Die Karte mit peruanischen und internationalen Gerichten ist sehr gut durchdacht, beispielsweise innovative Forellen-Kreationen und Salat zum selber Zusammenstellen. Vor allen Gerichten werden frisches Brot und eine Schüssel mit lokalen Oliven serviert. Abends sind knusprig gebackene Steinofenpizzas im Angebot.

Ukuku's
PERUANISCH $$

(Grau 172, 2. St.; Hauptgerichte 20–27 S, Abendmenü 25 S; ⊙ 12–22 Uhr; 🛜🍴) Scharen von Travellern und Einheimischen strömen in dieses kuschelige Restaurant, das gutes lokales Essen und Gerichte aus den Anden serviert (unbedingt das Alpaka-Steak mit Bratäpfeln oder das Quinoa-Omelett probieren). Außerdem gibt's Pizzas, Pasta, vegetarisches Essen im asiatischen Stil und Espresso-Getränke. Zum festen Abendmenü gehört auch ein *pisco*.

Kamizaraky Rock Pub
PUB

(Grau 158) In Punos bitterkalten Nächten sind der Soundtrack aus Classic Rock, die mürrisch-coolen Barkeeper und die mit Likör verfeinerten Kaffeegetränke unerlässlich, um warm zu bleiben. Es fällt ziemlich schwer, hier wieder wegzugehen.

❶ Praktische Informationen

In der Stadt oder an der Grenze kann man Bolivianos wechseln.

Interbank (Lima 444) Globaler Geldautomat; wechselt Reiseschecks.

iPerú (☎ 051-36-5088; Plaza de Armas, Ecke Lima & Deustua; ⊙ Mo–Sa 9–18, So bis 13 Uhr) Punos hilfsbereite, gut informierte, mehrsprachige Touristeninformation. Unterhält auch Indecopi, die Agentur für Touristenschutz, die Beschwerden über Reisebüros und Hotels aufnimmt.

Touristenklinik Medicentro (☎ 051-36-5909, 951-62-0937; Moquegua 191; ⊙ 24 Std.) Das Personal spricht Englisch und Französisch und besucht Patienten auch im Hotel.

Policía de Turismo (Touristenpolizei; ☎ 051-35-3988; Deustua 558; ⊙ 24 Std.) Im Terminal Terrestre ist rund um die Uhr ein Polizeibeamter im Dienst – einfach fragen, wenn man Hilfe braucht.

Scotiabank (Jirón Lima 458) Geldautomat.

Serpost (Moquegua 267; ⊙ Mo–Sa 8–20 Uhr)

❶ Anreise & Unterwegs vor Ort

BUS

Der **Terminal Terrestre** (☎ 05-316-4737; Primero de Mayo 703) ist drei Blocks entlang der Ricardo Palma von der Av El Sol entfernt und wird von Punos Langstrecken-Unternehmen genutzt. Es gibt Direktverbindungen nach Lima, Arequipa und Cusco über Juliaca. *Económico*-Busse fahren sechsmal täglich über Moquegua nach Tacna.

Inka Express (☎ 051-36-5654; www.inkaexpress.com; Tacna 346) bietet jeden Morgen Luxus-Tourbusse nach Cusco (159 S). Im Preis sind Getränke und ein Englisch sprechender Reiseleiter inbegriffen, der über die Sehenswürdigkeiten informiert, die man unterwegs kurz besucht, darunter auch Pucará, Raqchi und Andahuayillas.

Minibusse nach Juliaca, zu den Städten am Seeufer und zur bolivianischen Grenze fahren am Terminal Zonal in der Simón Bolívar ab, ein paar Blocks nördlich des Terminal Terrestre.

Die im folgenden angegebenen Preise sind im Allgemeinen Richtwerte für normale und Luxusbusse.

ZIEL	PREIS (S)	DAUER (STD.)
Arequipa	25/75	5
Copacabana, Bolivien	25	3–4
Cusco	30/80	6–7
Juliaca	3,50/15	1
La Paz, Bolivien	50	6
Lima	140/170	18–21

FLUGZEUG

Der nächste Flughafen befindet sich in Juliaca. Zu den Airlines mit Filialen in Puno gehören auch **LAN** (☎ 051-36-7227; Tacna 299) und **Star Perú** (Jirón Lima 154).

TAXI

Eine kurze Taxifahrt in der Stadt kostet 4,50 S. Mototaxis (Motorrad-Rikschas) kosten 2,50 S und *triciclos* sind mit 2 S am billigsten – unbedingt vergewissern, dass der ausgehandelte Preis pro Fahrt gilt, nicht pro Person.

ZUG

Züge nach Cusco fahren um 8 Uhr am **Bahnhof** (☎ 051-36-9179; www.perurail.com; Av

> ### ⓘ EINREISE NACH BOLIVIEN
>
> Es gibt zwei Überlandrouten von Puno nach La Paz in Bolivien. Die Yunguyo-Route ist sicherer und einfacher und ermöglicht einen Zwischenstopp am Seeufer in Copacabana. Die Desaguadero-Route ist etwas schneller und preiswerter und lässt sich mit einem Besuch der Ruinen in Tiwanaku kombinieren. Man sollte sich vor Zollbeamten in Acht nehmen, die versuchen, eine illegale „Einreisesteuer" zu kassieren oder das Gepäck nach „falschen Dollars" zu durchsuchen, um sie zu konfiszieren.
>
> Bürger der EU und Schweizer Staatsbürger brauchen für einen Aufenthalt von bis zu 30 Tagen kein Visum und müssen daher auch keine Grenzgebühren bezahlen.
>
> Weitere Informationen zu dieser Grenzüberquerung in die andere Richtung gibt's auf S. 228.
>
> #### Über Yunguyo
>
> Am einfachsten ist die Reise nach Bolivien mit einem Unternehmen wie **Tour Peru** (☎ 051-20-6088; www.tourperu.com.pe; Tacna 285), das Touren über die Grenze anbietet; Tickets sollte man einen Tag vorab kaufen. Die Busse fahren um 7.30 Uhr ab, halten am peruanischen und bolivianischen Grenzposten und in Copacabana (25 S, 3–4 Std.), wo man in einen anderen Bus nach La Paz umsteigen kann (30 S, 3½ Std.). Die Behörden in Copacabana verlangen schon eine Besuchergebühr (1 S), wenn man nur die Stadtgrenze überschreitet.
>
> Alternativ kann man vom Terminal Zonal in Puno auch mit dem Minibus nach Yunguyo fahren (6,50 S, 2½ Std.), wo man ein Taxi für das letzte Stück zur Grenze nehmen kann (4 S). In Bolivien, das Peru eine Stunde voraus ist, ist der Grenzposten täglich von 8.30 bis 19 Uhr geöffnet. Von der Grenze sind es weitere 10 km nach Copacabana (*combis* 3 Bs).
>
> #### Über Desaguadero
>
> *Combis* fahren den ganzen Tag über vom Terminal Zonal in Puno nach Desaguadero (8 S, 2½ Std.). Man sollte möglichst vermeiden, die Nacht dort zu verbringen. Die Grenze ist von 8.30 bis 20.30 Uhr geöffnet, aber da Bolivien Peru eine Stunde voraus ist, sollte man die Grenze vor 19 Uhr peruanischer Zeit überqueren. Von Desaguadero fahren tagsüber viele Busse nach La Paz (30 Bs, 3 Std.), die auch die Abzweigung nach Tiwanaku passieren. In Desaguadero gibt's keine Geldautomaten, ggf. also Bargeld aus Puno mitbringen.

La Torre 224; ⓘ Mo–Fr 7–12 & 15–18, Sa 7–15 Uhr) in Puno ab und kommen um 18 Uhr an. Die Verbindungen werden von November bis März montags, mittwochs und samstags angeboten, von April bis Oktober auch freitags. Tickets gibt's online.

Rund um Puno

Sillustani

Auf den Hügeln auf der Halbinsel am Lago Umayo liegen die Ruinen dieser **Türme** (Eintritt 10 S). Vor der schroffen Landschaft sieht man sie schon von fern. Das Volk der Colla war ein kriegerischer Stamm, der Aymara sprach und seinen Adel in diesen beeindruckenden *chullpas* (Grabtürme) begrub, die aus massiven Steinblöcken erbaut wurden und eine Höhe von bis zu 12 m erreichten. Es gibt auch etwa 20 *altiplano*-Häuser von Einheimischen, die Besucher besichtigen können.

Reisebüros in Puno bieten dreieinhalbstündige Touren an (inkl. Eintritt 35 S), die täglich um etwa 14.30 Uhr beginnen. Wenn man auf eigene Faust fahren will, kann man einen Bus nach Juliaca nehmen und an der Abzweigung nach Sillustani aussteigen. Von dort fahren ab und zu *combis* (3 S, 20 Min.) zu den Ruinen.

Inseln im Titicacasee

Der einzige Weg, um den Titicacasee wirklich zu erkunden, besteht darin, ein paar Tage lang seine märchenhaften Inseln zu besuchen. Allerdings spürt man in vielen Gemeinden bereits negative Einflüsse des Tourismus. Man kann auch auf die bolivianische Seite hinüberwechseln, um die Isla del Sol von Copacabana aus zu besuchen.

Islas Uros

Die einzigartigen **schwimmenden Inseln** (Zutritt 8 S) der Uro – insgesamt etwa 50 Schilfinseln – sind inzwischen total kommerzialisiert. Dennoch: Nirgendwo gibt's etwas Vergleichbares. Die Inseln werden gebaut, indem immer wieder neue Schichten des schwimmenden *totora*-Schilfs, der an den seichten Stellen des Sees zuhauf wächst, aufeinandergelegt werden.

Durch Heiraten mit Aymara sprechenden Einheimischen sind die reinblütigen Uro ausgestorben. Sie waren immer ein kleiner Stamm und begannen ihre schwimmende Existenz schon vor Jahrhunderten, als sie vor den kriegerischen Colla und den Inka flüchteten. Heute leben noch einige Hundert Menschen auf den Inseln.

Das Leben der Uro ist mit dem Schilf regelrecht verwoben. Das Material wird benutzt, um Häuser und Boote zu bauen, außerdem für kunsthandwerkliche Arbeiten. Das Schilf von den Inseln wird regelmäßig von oben ergänzt, da es unten langsam verrottet. Deshalb ist der Boden auf den Inseln immer weich und federnd – Vorsicht!

Wer auf der Isla Khantati eine Unterkunft sucht, wird bei der unglaublich freundlichen **Cristina Suaña** (951-69-5121, 951-47-2355; uroskhantati@hotmail.com; Vollpension 180 S/Pers.) fündig, die auf Uros geboren wurde und für ihr Unternehmertum internationale Beachtung findet.

Die Fähren legen von 6 Uhr bis 16 Uhr mindestens einmal pro Stunde am Hafen von Uros ab (hin & zurück 10 S). Die gemeindeeigene Fähre fährt zwei Inseln nach dem Rotationsprinzip an. Fähren nach Taquile und Amantaní lassen die Passagiere auch in Uros aussteigen.

Isla Taquile

Diese 7 km² große **Insel** ist seit vielen tausend Jahren bewohnt. Sie wirkt oft wie eine eigene kleine Welt. Die Quechua sprechenden Inselbewohner haben ihren Lebensstil weitgehend unberührt von den Modernisierungen an Land beibehalten. Sie haben eine lange Tradition des Webens. Besonders sollte man auf die fest gewebten Wollhüte für Männer achten, die schlaffen Schlafmützen ähneln. Sie zeigen den sozialen Status an. Die Frauen tragen Röcke, die aus vielen Schichten bestehen, und bestickte Blusen.

Mehrere Hügel haben Präinka-Terrassen und kleine Ruinen, die sich schön vor dem Hintergrund der schneebedeckten bolivianischen Cordillera Real abzeichnen. Besucher können nach Lust und Laune herumwandern, was bei einer Tagestour aber nur dann geht, wenn man das Mittagessen auslässt; wenn möglich also am besten über Nacht bleiben. Gäste werden von den Inselbewohnern gleich bei dem Bogen begrüßt, der sich oben bei den steilen Stufen befindet, wenn man von der Anlegestelle hochkommt. Hier lassen sich Übernachtungen in Gastfamilien organisieren (20 S/Pers,). Allerdings hat der Tourismus die Landschaft ein wenig verändert. Wer eine unberührtere Gegend vorzieht, sollte lieber im nahen Amantaní übernachten, wo der Tourismus noch in den Kinderschuhen steckt und alles noch authentischer ist. Auf Taquile findet man einfache, aber saubere Betten und kaum sanitäre Anlagen; Decken werden gestellt, aber es ist eine gute Idee, einen Schlafsack und eine Taschenlampe mitzubringen.

Die meisten Läden und Restaurants auf der Insel schließen nachmittags, wenn die Reisegruppen abfahren. Wer dableibt, sollte also ein Abendessen bei der Gastfamilie vorbestellen. Frische Früchte von den Märkten in Puno werden als Geschenke gern angenommen. In den Läden kann man Getränke in Flaschen kaufen, doch es ist kein Fehler, ein paar Wasserreinigungstabletten oder Wasserfilter mitzubringen. Ebenfalls sinnvoll: kleine Banknoten – die Wechselmöglichkeiten sind hier sehr eingeschränkt – und extra Geld für Souvenirs.

Schiffe begeben sich täglich ab etwa 6.45 Uhr von Puno aus auf die unglaublich gemächliche Fahrt nach Taquile (Rundfahrt 30 S, 3 Std, Eintritt für die Insel 8 S); einige halten an den Islas Uros. Man sollte früh zur Anlegestelle kommen und das Fahrgeld direkt dem Kapitän in die Hand drücken. Das Schiff fährt am frühen Nachmittag zurück und kommt abends in Puno an. Wichtig sind Sonnenschutzcreme und Mittel gegen Insekten.

Reisebüros in Puno bieten zweitägige, geführte Touren für 50 S an (einige Touren mit schnelleren Booten können auch bis zu 180 S kosten).

CUSCO & DAS HEILIGE TAL

Als Herz des einst mächtigen Inka-Reichs steht Cusco ganz oben auf der Reisezielliste der meisten Traveller. Jedes Jahr schlägt die Stadt Hunderttausende in ihren Bann. Fasziniert von dem kolonialen Glanz, der sich auf den schweren steinernen Fundamenten der Inka entfaltet, pilgern sie in die hochgelegene, stolze Stadt. Nicht weit von ihr thront auf einem abgelegenen Bergrücken die größte Attraktion des Landes, die „verlorene" Stadt der Inka: Machu Picchu. Das Departamento Cusco bietet zudem beste Trekkingrouten und eine lange Liste bombastischer Fiestas und Karnevals, bei denen die heidnische Vergangenheit Perus mit den katholischen Ritualen und modernem lateinamerikanischem Chaos farbenprächtig verschmilzt.

Cusco

📱 084 / 427 000 EW.

Das ehrgeizige Cusco (Qosq'o in der Sprache der Quechua) thront auf 3300 m Höhe an einer Kreuzung, an der jahrhundertealte Anden-Traditionen auf das moderne peruanische Leben treffen. Als älteste, ständig bewohnte Stadt des Kontinents war sie einst die wichtigste Festung des Inka-Reichs und ist heute die unbestrittene archäologische Hauptstadt Südamerikas und eines der am besten erhaltenen lebenden Kolonialmuseen des Kontinents. Massive Inkamauern säumen die steilen, schmalen Pflasterstraßen und Plazas, auf denen sich die Nachfahren der Inka und der spanischen Konquistadoren drängen – sie hüpfen mit bunten traditionellen Waren inmitten des geschäftigen Trubels der modernen *cuzqueños* durch die Straßen und verdienen sich mit dem heutigen Lebenselixier, dem Tourismus, ihren Unterhalt. Und der ist wirklich überall.

Auch wenn Cusco kurz davor steht, von internationalen Besuchern komplett überrannt zu werden, lassen sich sein histori-

HINTER DEM REGENBOGEN

Die heißgeliebte Flagge der Stadt, die den *arco iris* (Regenbogen) zeigt, der den Inka heilig war, ist ein vertrauter Anblick auf der Plaza de Armas in Cusco. Man sollte sie aber nicht mit der internationalen Regenbogenfahne der Schwulenbewegung verwechseln, obwohl sie sich wirklich erstaunlich ähnlich sehen!

scher Charme und seine atemberaubende Lage nicht leugnen.

Geschichte

Cusco ist so sehr mit der Geschichte, mit Traditionen und Legenden verwoben, dass es manchmal schwerfällt zu erkennen, wo die Tatsachen aufhören und der Mythos beginnt. Der Legende zufolge wurde im 12. Jh. der erste Inka, Manco Capac (Manku Inka), vom Sonnengott Inti beauftragt, *qosq'o* (den Nabel der Welt) zu finden. Als Manku einen solchen Ort fand, gründete er die Stadt.

Der neunte Inka, Pachacutec, war nicht nur ein Kriegstreiber: Er erwies sich auch als anspruchsvoller Stadtentwickler. Er entwarf Cuscos berühmte Pumagestalt und leitete sogar Flüsse so um, dass sie durch die Stadt flossen. Zudem errichtete er den berühmten Tempel Qorikancha und seinen Palast an dem Platz, der heute Plaza de Armas heißt.

Nachdem der spanische Konquistador Francisco Pizarro den zwölften Inka, Atahualpa, hatte umbringen lassen, marschierte er 1533 nach Cusco und ernannte Manku Inka zum Marionettenherrscher. Schon nach wenigen Jahren rebellierte Manku und belagerte das von den Spaniern besetzte Cusco. Nur eine verzweifelte Schlacht bei Sacsayhuamán rettete die Spanier vor der Vernichtung. Manku wurde zum Rückzug nach Ollantaytambo und dann in den Urwald nach Vilcabamba gezwungen. Nachdem die Stadt wieder in der Hand der Spanier war, wurde sie zuerst geplündert und dann besiedelt. Danach aber wandten die Spanier, die ja Seefahrer waren, ihre Aufmerksamkeit dem an der Küste gelegenen Lima zu, was Cusco zu tiefster kolonialer Provinz werden ließ.

1650 und 1950 gab es Erdbeben in Cusco, und ein Aufstand der Indianer, der 1780 von Túpac Amaru II. angeführt wurde, scheiterte. Die Wiederentdeckung von Machu Picchu 1911 hat die Stadt jedoch weit mehr verändert als jedes andere Ereignis seit der Ankunft der Spanier.

◉ Sehenswertes

Studenten zahlen normalerweise nur den halben Eintrittspreis. Für die Besichtigung der meisten Stätten braucht man Cuscos offizielles **boleto turístico** (Touristenticket; Erw./Student unter 26 mit ISIC-Karte 130/70 S), das zehn Tage gültig ist. Zu den 17 enthaltenen Stätten gehören Saqsayhuamán,

Q'enqo, Pukapukara, Tambomachay, Pisac, Ollantaytambo, Chinchero und Moray sowie eine abendliche Vorstellung mit Anden-Tänzen und Livemusik im Centro Qosqo de Arte Nativo. Auch wenn man sich einige der inbegriffenen Attraktionen getrost sparen kann, kann man keine von ihnen ohne das Ticket besuchen. Es ist aber möglich, Tages-*boletos* für 70 S zu kaufen. Ein ähnliches Konzept gilt auch für die religiösen Stätten: der Circuito Religioso kostet 50 S und ist einen Monat lang gültig. Die *boletos turísticos* gibt's bei **Directur/Cosituc** (084-261-465; www.boletoturisticocusco.com; La Municipalidad, Büro 102, Av El Sol 103; Mo–Fr 8–18 Uhr) oder bei teilnehmenden Stätten außerhalb der Stadt.

Das Zentrum der Stadt befindet sich rund um die Plaza de Armas; die immer verstopfte Av El Sol ist die Hauptverkehrsader. Die Gasse abseits des Nordwestendes der Plaza ist die Procuradores (Steuereintreiber) und trägt den Spitznamen „Gringo-Gasse". Neben der Kathedrale klettert die Triunfo nach San Blas hinauf, Cuscos Künstler-*barrio* (Viertel).

Plaza de Armas PLATZ
Zu Inka-Zeiten hieß dieser Platz Plaza Huacaypata oder Aucaypata und war das Herz der Hauptstadt. Heute ist er das Nervenzentrum einer modernen Stadt. Normalerweise sind hier zwei Flaggen gehisst: die rot-weiße peruanische Flagge und die Regenbogen-Flagge von Tahuantinsuyo. Sie ist leicht mit der internationalen Regenbogenfahne der Schwulenbewegung zu verwechseln, repräsentiert aber die vier Teile des Inka-Reichs.

Qorikancha RUINE
(Plazoleta Santo Domingo; Eintritt 10 S; Mo–Sa 8.30–17.30, So 14–17 Uhr) Wer nur eine Sehenswürdigkeit in Cusco besuchen kann, sollte diese Inka-Ruinen wählen, die das Fundament der Kolonialkirche und des Konvents Santo Domingo bilden. Qorikancha war einst der reichste Tempel des Inka-Reichs. Alles, was heute noch erhalten ist, ist das meisterhafte Mauerwerk.

Museo de Arte Precolombino MUSEUM
(084-23-3210; http://map.perucultural.org.pe; Plazoleta Nazarenas 231; Eintritt 20 S; 9–22 Uhr) Dieses dramatisch präsentierte, präkolumbische Kunstmuseum ist in einer spanischen Kolonialvilla untergebracht und zeigt eine atemberaubend vielfältige, wenn auch eher kleine Ausstellung archäologischer Artefakte, die zuvor in den riesigen Lagerräumen des Museo Larco in Lima verschüttet lagen. Sie stammen aus der Zeit zwischen 1250 v. Chr. und 1532 n. Chr. und zeugen von den künstlerischen und kulturellen Errungenschaften vieler antiker Kulturen Perus. Die Exponate sind auf Spanisch, Englisch und Französisch beschriftet.

Museo Inka MUSEUM
(084-23-7380; Tucumán nahe Ataúd; Eintritt 10 S; Mo–Fr 8–18, Sa 9–16 Uhr) Das charmante, bescheidene Museo Inka liegt einen steilen Block nordöstlich der Plaza de Armas und ist das beste Museum der Stadt, wenn man sich für die Inka interessiert. Das renovierte Innere platzt vor Metall- und Goldarbeiten, Schmuck, Tonwaren, Textilien, Modellen und der weltgrößten Sammlung mit *queros* (zeremonielle Holztrinkgefäße der Inka) beinahe aus allen Nähten. Es gibt ausgezeichnete Erklärungstafeln auf Spanisch sowie Englisch sprechende Führer, die man meist gegen eine kleine Gebühr anheuern kann.

Choco Museo MUSEUM
(084-24-4765; www.chocomuseo.com; Garcilaso 210; 10.30–18.30 Uhr;) GRATIS Die durch die Luft schwebenden Schokoladendüfte hypnotisieren einen sofort. Das Museum selbst ist, ehrlich gesagt, eher schwach, aber das Beste in diesem Unternehmen in französischer Hand ist sowieso der Workshop zur Herstellung von Bio-Schokolade (70 S/Pers.). Man kann sich aber auch ein Fondue oder eine frische Tasse fair gehandelte heiße Schokolade schmecken lassen. Außerdem werden Schololadenfarm-Touren in der Nähe von Santa María angeboten. Multilingual und kinderfreundlich.

Iglesia de San Blas KIRCHE
(Plaza San Blas; Eintritt 10 S; Mo–Sa 10–18, So 14–18 Uhr) Diese schlichte Lehmkirche ist verhältnismäßig klein, aber der mit Blattgold bedeckte, barocke Hauptaltar gebietet Ehrfurcht. Die grandios geschnitzte Kanzel, die aus einem einzigen Baumstamm gefertigt ist, wurde schon als das schönste Beispiel für koloniale Holzschnitzereien in ganz Amerika bezeichnet.

Museo Quijote MUSEUM
(www.museoelquijote.com; Galería Banco la Nacion, Calle Almagro s/n; Mo–Fr 9–18, So 9–13 Uhr) GRATIS Dieses Museum für zeitgenössische Kunst befindet sich in Privatbesitz und logiert in einem neuen Zuhause in einer Bank.

Cuzco

Es zeigt eine durchdachte Sammlung mit Gemälden und Skulpturen, die von Volkskunst bis zu Makabrem reichen. Es bietet ausführliche Informationen zur peruanischen Kunstgeschichte des 20. Jhs., teilweise auch auf Englisch.

🏃 Aktivitäten

Eine Vielzahl von Outdoor-Unternehmen bietet in Cusco Trekking-, Rafting- und Mountainbike-Abenteuer an, aber auch Bergsteigen, Reiten und Paragliding stehen auf dem Programm. Viele von ihnen säumen die Plateros und die Santa Ana, aber Qualität und Zuverlässigkeit schwanken stark, deshalb sollte man sich vorab umfassend informieren.

Trekking

Die meisten Wanderer haben nur den Inkatrail im Kopf, aber rund um Cusco locken auch noch andere schwindelerregende Touren. Viele Agenturen organisieren Trips zu abgeschiedenen Inka-Ruinen, etwas nach Choquequirau und Vilcabamba und rund um Ausangate. Die Preise sind nicht fix. Am besten mal umhören und Fragen stellen (z. B.: Wie viele Personen pro Zelt? Wie viele Träger kommen mit? Wie sieht's bei Bedarf spezieller Ernährung aus?). Unbedingt die

Cuzco

⊙ Sehenswertes
- 1 Choco Museo B3
- 2 Iglesia de San Blas D2
- 3 Museo de Arte Precolombino C2
- 4 Museo Inka C2
- 5 Museo Quijote C3
- 6 Plaza de Armas B2
- 7 Qorikancha D4

⊙ Aktivitäten, Kurse & Touren
- 8 Apumayo B3
- 9 Apu's Peru C5
- 10 Excel Language Center B4
- 11 Llama Path B3
- 12 Milla Turismo D5
- 13 Party Bike D1
- 14 Peru Treks C5
- 15 San Blas Spanish School D2

⊙ Schlafen
- 16 Amaru Hostal D2
- 17 Ecopackers B2
- 18 Hostal Suecia I B2
- 19 Kuntur Wasi Cusco C1
- 20 La Encantada C1
- 21 Niños Hotel A2
- 22 Pantastico D2
- 23 Pariwana B4
- 24 Tika Wasi D1

⊙ Essen
- 25 Aldea Yanapay D2
- 26 Cafeteria 7&7 .... D1
- 27 Cicciolina C2
- 28 El Hada C1
- 29 Gato's Market C3
- 30 Granja Heidi D2
- 31 Jack's Café D2
- 32 La Bodega 138 .... C2
- 33 Market B3
- 34 Mega B4
- 35 Prasada C1
- 36 Trujillo Restaurant D4

⊙ Ausgehen & Nachtleben
- 37 Memoria B2
- 38 Norton Rats C3

⊙ Unterhaltung
- 39 Centro Qosqo de Arte Nativo D5
- 40 Km 0 .... D2
- 41 Ukuku's B2

⊙ Shoppen
- 42 Centro de Textiles Tradicionales del Cusco D5
- 43 Mercado San Pedro A4

komplette Leihausrüstung sorgfältig prüfen. South American Explorers (S. 922) verkauft topografische Karten und ist eine ausgezeichnete Quelle für unabhängige Infos.

Traveller strömen zu den folgenden Agenturen:

★ **Apu's Peru** WANDERN
(☎ 084-23-3691; www.apus-peru.com; Cuichipunco 366) Empfehlenswerter Anbieter für den Inkatrail, der auch konventionelle Touren im Programm hat. Verantwortungsvoll und bei Travellern beliebt.

★ **Journey Experience** ABENTEUERTOUR
(JOEX; ☎ 084-24-5642; www.joextravel.com; Av Tupac Amaru V-2-A, Progreso) Empfehlenswerter Anbieter für Wanderungen und kulturelle Aktivitäten.

Llama Path WANDERN
(☎ 084-24-0822; www.llamapath.com; San Juan de Dios 250) Freundliches, kleines Trekkingunternehmen, das von einigen Travellern gute Kritiken bekommt.

Peru Treks WANDERN
(☎ 084-22-2722; www.perutreks.com; Av Pardo 540) Bietet Wandertouren nach Machu Picchu an.

Rafting & Mountainbike fahren

Beliebte Rafting-Ausflüge führen zum **Río Urubamba**. Der Fluss ist nicht sonderlich wild, aber die Landschaft ist spektakulär, und der Ausflug bietet die Möglichkeit, einige der besten Inka-Ruinen rund um Cusco zu besuchen. Die Flüsse hier werden nicht reguliert. Wer lieber auf einem abgeschiedeneren Fluss paddeln möchte, sollte eine Tour mit einem der wirklich ausgezeichneten Anbieter buchen, die mit erfahrenen Rafting-Führern arbeiten und sich mit erster Hilfe auskennen, da man im Krankheitsfall

> **ⓘ VORAUSPLANEN: MACHU-PICCHU-TICKETS**
>
> Da man die Tickets für Machu Picchu nicht mehr online kaufen kann, sollte man sich rechtzeitig darum kümmern und sie über einen der autorisierten Anbieter unter www.machupicchu.gob.pe oder persönlich bei der Dirección Regional de Cultura in Cusco (S. 922) besorgen. Wer auch die begehrte Wanderung zum Huayna Picchu machen möchte, sollte sich noch früher um die Tickets kümmern.

oder im Falle eines Unfalls mehrere Tagesreisen von professioneller Hilfe entfernt ist. Gleiches gilt für Mountainbike-Ausflüge.

Der **Río Apurímac** wartet mit anspruchsvollen Stromschnellen in tiefen Schluchten auf und ist von geschütztem Regenwald umgeben, aber nur von Mai bis November befahrbar. Etwas wilder ist der technisch anspruchsvolle **Río Tambopata**, auf dem man von Juni bis Oktober fahren kann. Die Touren starten nördlich des Titicacasees und reichen bis zur Reserva Nacional Tambopata im Amazonasgebiet.

Wer Erfahrung hat, kann zwischen einigen grandiosen Mountainbikestrecken rund um das Heilige Tal und Abfahrten von Cusco in den Amazonas-Urwald wählen. Man sollte sein Leihfahrrad aber immer gründlich unter die Lupe nehmen und sicherstellen, dass man einen Helm, Flickzeug, eine Pumpe und Werkzeug bekommt.

Zu den renommierten Anbietern von Rafting- und Mountainbiketouren gehören:

Amazonas Explorer ABENTEUERTOUR
(084-25-2846; www.amazonas-explorer.com; Av Collasuyu 910, Miravalle) Veranstaltet ausgezeichnete 2- oder 10-tägige Mountainbike-Abenteuer. Toll für Familien; Kinderfahrräder sind ebenfalls erhältlich.

Apumayo RAFTING
(084-24-6018; www.apumayo.com; Jirón Ricardo Palma N-11, Urb Santa Monica) Dieser professionelle Anbieter nimmt auch internationale Vorabbuchungen für Trips zum Río Tambopata an und ist für Traveller mit Behinderungen ausgerüstet.

Party Bike ABENTEUERTOUR
(084-24-0399; www.partybiketravel.com; Carmen Alto 246) Von Travellern empfohlen; Downhill-Touren sowie Ausflüge ins Tal und durch Cusco.

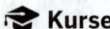 Kurse

Excel Language Center SPRACHKURSE
(084-23-5298; www.excel-spanishlanguageprograms-peru.org; Cruz Verde 336) Aufgrund seiner Professionalität sehr zu empfehlen.

Fairplay SPRACHKURSE
(984-78-9252; www.fairplay-peru.org; Pasaje Zavaleta C-5) Fairplay ist eine einzigartige NGO und bildet peruanische alleinerziehende Mütter aus, die dann Spanischkurse geben oder Gastunterkünfte eröffnen. Die Studenten bezahlen zwei Drittel der Kursgebühr direkt an ihre Lehrer. Es gibt nur Individualunterricht. Die Preise richten sich nach der Erfahrung des Lehrers.

San Blas Spanish School SPRACHKURS
(24-7898; www.spanishschoolperu.com; Carmen Bajo 224) Den Studenten gefällt die zwanglose Lernatmosphäre, die zur Lage der Schule im Herzen des trendigen San Blas passt.

Geführte Touren

In Cusco gibt's Hunderte eingetragener Reisebüros, aber keines ist zu 100 % zu empfehlen. Am besten hört man sich um. Cusco ist der perfekte Ort, um einen Ausflug in den Urwald zu organisieren, besonders in den Parque Nacional Manu – die Touren sind aber nicht billig. Einige Anbieter:

Chaski Ventura KULTUREXKURSION
(084-23-3952; www.chaskiventura.com; Manco Cápac 517) Ein Pionier des alternativen Gemeindetourismus mit ausgezeichneten Touren und Führern, der sich auch in der Gemeindeentwicklung engagiert. Zur Wahl stehen Urwald-Paketangebote, Übernachtungen in Gemeinden im Heiligen Tal und Machu Picchu. Das Personal spricht Französisch, Englisch und Spanisch.

Milla Turismo TOUR
(084-23-1710; www.millaturismo.com; Av Pardo 800) Seriöser konventioneller Touranbieter mit Reisebüroservice und empfehlenswerten Privattouren mit kenntnisreichen Fahrern.

Feste & Events

El Señor de los Temblores KULTUR
(Der Herr der Erdbeben) Diese Prozession am Montag vor Ostern geht auf das Erdbeben im Jahr 1650 zurück.

Q'oyoriti KULTUR
Die traditionelleren Anden-Riten dieses Fests, das am Dienstag vor Fronleichnam – Ende Mai oder Anfang Juni – am Fuß des Ausangate abgehalten wird, sind weit weniger bekannt als das spektakuläre Inti Raymi im Juni.

Fronleichnam RELIGION
Fronleichnam wird am neunten Donnerstag nach Ostern, meist Anfang Juni, mit fantastischen religiösen Prozessionen und Feierlichkeiten in der Kathedrale begangen.

Inti Raymi KULTUR
Cuscos wichtigstes Fest, das „Fest der Sonne", wird am 24. Juni gefeiert. Es zieht Touristen aus ganz Peru und aller Welt an,

und die ganze Stadt feiert auf den Straßen. Das Fest gipfelt in einer Nachstellung der Inka-Zeremonie zur Wintersonnenwende in Sacsaywamán. Trotz der Kommerzialisierung ist es einen Besuch wert. Die Straßentänze und Paraden sind genauso toll wie der historische Festumzug in Sacsaywamán.

Schlafen

Die Nebenstraßen nordwestlich der Plaza de Armas (besonders die Tigre, Tecsecocha und Suecia) platzen vor immer gleichen *hostales* beinahe aus allen Nähten. Budgetpensionen säumen außerdem die Plaza San Blas, aber man muss ganz schön keuchen und stöhnen, während man sich den Berg hochschleppt.

★ Ecopackers — HOSTEL $
(084-23-1800; www.ecopackersperu.com; Santa Teresa 375; B 35–52 S, DZ/Suite 120/165 S; @🛜) Dieser große Hafen für Backpacker, nur einen Steinwurf von der Plaza Regocijo entfernt, ist wohldurchdacht. Sie ist nicht die einzige Unterkunft mit allem Drum und Dran (Bar, Billardzimmer und Sonnenbaden), aber in Sachen Sauberkeit, Freundlichkeit und Serviceorientierung legt sie die Latte ganz weit hoch. Im Hof gibt's schöne Korb-Lounges und die robusten Betten sind extra lang. Mit 24-Stunden-Security.

Kuntur Wasi Cusco — PENSION $
(084-22-7570; www.hospedajekunturwasi.com; Tandapata 352; Zi. pro Person inkl. Frühstück 50 S) Ruhig und günstig – diese schlichte Pension überzeugt mit makellosen Zimmern, aufmerksamem Service und kostenlosem Frühstücksbüfett. Den Zimmern innen fehlt natürliches Licht, aber das Dekor ist angenehm und die Daunendecken gemütlich. Ein besseres Schnäppchen findet man nur schwer.

Pariwana — HOSTEL $
(084-23-3751; www.pariwana-hostel.com; Av Mesón de la Estrella 136; B 22–42 S, DZ/3BZ 150/195 S; @🛜) Trotz Spring-Break-Atmosphäre ist dieses neuere Hostel bemerkenswert sauber und gehört zu den besseren der Stadt. Es ist bei Studententypen beliebt, die sich auf Sitzsäcken lümmeln und im Hof des riesigen Kolonialbaus Pingpong spielen. In den Gemeinschaftsbereichen gibt's WLAN. Die Betten in den neueren Schlafsälen stehen in angemessenem Abstand und die Penthouse-Suite ist jeden Cent wert. Für die schicke Bar braucht man eine Einladung und im Haus gibt's auch ein Reisebüro.

Pantastico — PENSION $
(084-954-387; www.pan-tastico.com; Carmen Bajo 226; B 35 S, EZ/DZ 75/105 S, EZ/DZ/3BZ ohne Bad 50/90/120 S, alle inkl. Frühstück; @🛜) Diese Pension mit Bäckerei in französischer Hand versprüht freundliches Bohème-Flair. Der Wasserdruck stimmt, aber die Betten hängen ein bisschen durch. Zu den Highlights gehören dampfend frisches Brot vom 5 Uhr morgens und die vom Backofen ausstrahlende Restwärme. Kochkurse und Reisebüroservice gibt's auch. Das einzige Doppelzimmer mit Aussicht kostet 20 S mehr.

Hospedaje Turismo Caith — PENSION $
(084-23-3595; www.caith.org; Pasaje Sto Toribio N4, Urb Ucchullo Alto; EZ/DZ/3BZ inkl. Frühstück 80/150/190 S; 🛜) Dieses weitläufige Hostel im Bauernhausstil unterhält auch eine hauseigene Stiftung für Mädchen. Riesige Fenster und Balkone und Terrassen blicken Richtung Plaza de Armas, die nur 20 Fußminuten oder eine 5-minütige Taxifahrt entfernt ist. Es eignet sich prima für Familien und bietet große Zimmer und Kinderbetten; der Garten ist für Kinder der perfekte Ort zum Toben.

Hostal Suecia I — HOTEL $
(084-23-3282; www.hostalsuecia1.com; Suecia 332; EZ/DZ/3BZ inkl. Frühstück 90/120/150 S; 🛜) Die meisten Zimmer in dieser kleinen Pension sind schlicht, aber Lage und Personal sind phänomenal. Zudem gibt's einen geselligen Innenhof und die beiden neueren Doppelzimmer im oberen Stock (311 & 312) bieten ein gutes Preis-Leistungs-Verhältnis.

★ Niños Hotel — HOTEL $$
(084-23-1424; www.ninoshotel.com; Meloc 442; EZ ohne Bad 77 S, DZ ohne/mit Bad 170/155 S, 3BZ 244 S; @🛜) Dieses Hotel ist seit Langem beliebt und wird wärmstens empfohlen. Es wird von einer niederländischen gemeinnützigen Stiftung geführt, die weniger privilegierten Kindern in Cusco hilft. Das Niños ist in einem weitläufigen Kolonialbau mit sonnigem Innenhof untergebracht. Die renovierten Zimmer mit Deckenüberwürfen und tragbaren Heizern schmücken helle Zierleisten. In den kältesten Monaten kann man sich eine Wärmflasche mit ins Bett nehmen. Ein Schwesterhotel steht in der Fierro 476.

In der öffentlichen Cafeteria gibt's hausgemachte Kuchen und Brot sowie Lunchpakete. Frühstück ist nicht inklusive.

La Encantada — BOUTIQUE-HOTEL $$
(084-24-2206; www.encantadaperu.com; Tan-dapata 354; EZ/DZ inkl. Frühstück 278/340 S;

@ 🛜) Dieses moderne Boutique-Hotel mit Terrassengärten ist hell und freundlich und bietet einen Panoramablick von Balkonen mit Eisengeländern. Eine Wendeltreppe führt zu kleinen, geschmackvollen Zimmern mit weichen Laken und Doppelbetten. Im hauseigenen Spa können Wanderer ihre Wehwehchen wieder auskurieren. Aufgepasst: Check-out ist schon um 9 Uhr.

Tika Wasi
BOUTIQUE-HOTEL $$

(☎ 084-23-1609; www.tikawasi.com; Tandapata 491; EZ/DZ/3BZ inkl. Frühstück ab 163/195/226 S; 🛜) Hinter einer hohen Mauer bietet dieses moderne Hotel eine persönliche Alternative mit hellen, fantasievoll gestalteten Zimmern inklusive Familienfotos und kolonialen Akzenten. Sie blicken alle auf kleine, sonnige Terrassen, auf denen man prima entspannen kann. Zum Frühstück gibt's Büfett. Ausländer sollten daran denken, sich die Steuer vom Zimmerpreis abziehen zu lassen.

Amaru Hostal
HOTEL $$

(☎ 084-22-5933; www.amaruhostal.com; Cuesta San Blas 541; EZ/DZ/3BZ inkl. Frühstück 150/180/240 S; @🛜) Das Amaru ist in einem charaktervollen alten Genbäude in bester Lage untergebracht und verdientermaßen beliebt. Vor den gut gepflegten, aber stilmäßig etwas überholten Zimmern stehen Blumentöpfe. In manchen gibt's einen Schaukelstuhl, von dem aus man den Blick über die Dächer genießen kann. Die Zimmer am äußeren Hof sind laut, die hinten die neuesten.

🍴 Essen

In der Plateros und der Gringo Alley gibt's reihenweise günstiges Essen; hier kommt man mit unter 10 S davon. Wer *chicharrón* (frittierte Schweineschwarte) kosten möchte, sollte in die „Schweinestraße" Pampa del Castillo gehen.

Lebensmittel kann man im **Gato's Market** (Santa Catalina Ancha 377; ⊙9–23 Uhr) oder auf dem **Markt** (Mantas 119; ⊙8–23 Uhr) kaufen, aber beide sind übertreuert. Wer sich richtig eindecken möchte, ist im Supermarkt **Mega** (Ecke Matará & Ayacucho; ⊙Mo–Sa 10–20, So bis 18 Uhr) besser aufgehoben.

Aldea Yanapay
CAFÉ $

(☎ 084-25-5134; Ruinas 415, 2. St.; Mittagsbüfett 10 S, Hauptgerichte ab 22 S; ⊙9–23.30 Uhr; 🕹) Die ausgestopften Tiere, die Brettspiele und das Dekor beschwören perfekt den Zirkus herauf, dem man sich als Kind immer anschließen wollte. Das Aldea Yanapay richtet sich an Familien, dürfte aber allen mit Sinn für ein bisschen Quixote gefallen. Zu essen gibt's Burritos, Falafel und kleine frittierte Köstlichkeiten – und das vegetarische Mittagsbüfett ist sehr preiswert.

Der Gewinn geht an Projekte, die von ihren Eltern verlassenen Kindern helfen. Höchst empfehlenswert.

Jack's Café
CAFÉ $

(☎ 084-25-4606; Choquechaca 509; Hauptgerichte 12–26 S; ⊙7.30–23.30 Uhr) In diesem Lokal im westlichen Stil mit australischen Wurzeln stehen die Gäste oft bis auf die Straße Schlange. Für die Saftmixgetränke mit Pfefferminz oder Ingwer, den starken Kaffee und die turmhohen Eier mit Räucherlachs oder gebratenen Tomaten steht man gern aus dem Bett auf. Das Café-Essen, die Suppen und der gute Service sind auch toll.

Prasada
VEGETARISCH $

(☎ 084-25-3644; Qanchipata 269; Hauptgerichte 9–12 S; ⊙Mo–Fr 10–21, Sa & So 10–16 Uhr; 🕹) Hier kriegt man was für seine Pesos! Tacos, Tortilla-Suppe und Linsen-Burger mit frischen Beilagen kommen in großzügigen Portionen auf den Tisch. Dazu passt ein Glas frisch gepresster Saft oder Kombucha. Anschließend ist man mehr als bereit für den Aufstieg nach Sacsaywamán.

Cafeteria 7&7
CAFÉ $

(Tandapata s/n; Hauptgerichte 7–9 S; ⊙Mo–Sa 10–14 & 16–22, So bis 14 Uhr; 🛜) Eine tolle Ergänzung für das Viertel. Dieses schicke Café auf drei Ebenen punktet mit Stadtpanorama. Dank der etwas abgeschiedenen Lage ist es ruhig und lädt zum Chillen ein. Die Sitznischen in weißem Leder und die gute Auswahl hausgemachter deutscher Kuchen sind ein weiteres Plus. Zudem gibt's leichte Gerichte wie Quinoa-Salate und Espresso-Getränke, aber die Eisbecher sind auch nicht übel.

El Hada
EISCREME $

(Qanchipata 596; Eiscreme ab 10 S; ⊙8–19 Uhr) Serviert frisch zubereitete Waffeln mit einem Hauch Vanille und Zitronenschale, und das exotische Eis versetzt absolut jeden in Ekstase. Die Sorten reichen von indonesischem Zimt über Bitterschokolade bis zu Bratapfel und enttäuschen nie. Dazu einen schnellen *espress* – hier gibt's Bohnen von Café Bisetti, Perus bester Rösterei.

★ Cicciolina
INTERNATIONAL $$

(☎ 084-23-9510; Triunfo 393, 2. St.; Hauptgerichte 35–55 S; ⊙8 Uhr–open end) Das Cicciolina befindet sich im 2. Stock einer luftigen Kolonialvilla mit Hof und gehört schon seit Langem zu Cuscos besten Restaurants. Das vielfältige, stilvolle Essen ist göttlich. Als Vorspeise gibt's im Haus marinierte Oliven, dann folgen knusprige Polenta-Scheiben mit geräuchertem Hasen, riesige grüne Salate oder geschwärzten Oktopus sowie höchst befriedigende Hauptspeisen wie Pasta mit Tintenfisch, Rote-Beete-Ravioli und zartes Lamm. Der Service ist makellos und der Speisesaal warm beleuchtet.

★ La Bodega 138 — PIZZA $$
(📞 084-26-0272; Herrajes 138; Hauptgerichte 23–35 S; ⊙ Mo-Sa 18.30–23 Uhr) Manchmal hat man Heimweh nach schöner Atmosphäre, unkomplizierten Speisekarten und Craft Beer. Hier ist La Bodaga, ein fantastisch entspanntes Lokal, das im ehemaligen Zuhause der gastgebenden Familie untergebracht ist. Die Pizzas haben dünne Ränder und werden im Steinofen frisch und in Hülle und Fülle zubereitet, und das zu anständigen Preisen. Ein echtes Fundstück. Nur Barzahlung.

Trujillo Restaurant — PERUANISCH $$
(📞 084-233-465; Av Tullumayo 542, nahe Plaza Limacpampa; Hauptgerichte 17–37 S; ⊙ Mo-Sa 9–20, So bis 17 Uhr) Dieses einfache, makellose Lokal neben der Coricancha wird von einer nordperuanischen Familie geführt und serviert Klassiker wie *seco de cabrito* (Ziegeneintopf mit Bier und Koriander) und eine Vielzahl von *ceviches*. Dazu gibt's große Gläser mit *chicha morada* (alkoholfreies Maisgetränk). Das *aji de gallina* (cremiger Hähncheneintopf mit Reis und Kartoffeln) ist das beste in ganz Cusco.

Granja Heidi — CAFE $$
(📞 084-23-8383; Cuesta San Blas 525, 2. St.; Hauptgerichte 10–46 S; ⊙ Mo-Sa 11.30–21.30 Uhr) Dieses heimelige Alpencafé serviert gesundes Essen, das durchweg gut ist und teilweise von dem kleinen Hof des deutschen Besitzers stammt. Neben wunderbaren peruanischen Gerichten (*rocoto relleno* in vegetarischer Variante mit gefüllten Chilis und Erdnüssen) gibt's Crêpes und riesige Teller mit Suppe und Salaten. Unbedingt Platz fürs Dessert lassen.

Ausgehen

In den beliebten Backpacker-Bars, besonders rund um die Plaza de Armas, sollten sich Gäste beiderlei Geschlechts vor unerwünschten Drogen im Getränk vorsehen – nie das Glas loslassen und zweimal überlegen, ob man Gutscheine für kostenlose Drinks einlöst. Die Happy Hour beginnt schon um 13 Uhr.

Memoria — BAR
(📞 084-24-4111; Plateros 354; ⊙ 20 Uhr-open end) Eine schöne, elegante Bar mit aufmerksamen Barkeepern und Drinks, die nach mehr schmecken. Auf der Facebook-Seite erfährt man alles zu Livemusik von Jazz über Akustik bis Techno.

Norton Rats — KNEIPE
(Ecke Santa Catalina Angosta & Plaza de Armas, 2. St.; ⊙ 7 Uhr-open end) Diese unaufdringliche Einwandererbar mit Blick auf die Plaza de Armas wird von einem Motorradfreak geführt. Hier kann man prima Leute gucken, falls man einen Balkonplatz ergattert. Obwohl sie für ihre köstlichen 200-g-Burger bekannt ist, bietet sie auch Fernseher, Darts und Billard, damit man sich den nötigen Durst erarbeiten kann. Die Burritos lieber meiden. Happy Hour ist von 19 bis 21 Uhr.

☆ Unterhaltung

In verschiedenen Restaurants werden abends *folklórica*-Musik und Tanzshows geboten; die Preise liegen zwischen 50 und 60 S inklusive Büfett. Die meisten Livemusik-Veranstaltungen kosten keinen Eintritt.

★ Ukuku's — LIVEMUSIK
(📞 084-24-2951; Plateros 316; ⊙ 20 Uhr-open end) Dieser Laden ist in der Stadt allzeit beliebt. Das Ukuku spielt eine gewinnende Mischung aus Publikumslieblingen – Latin und Western Rock, Reggae und *reggaetón* (ein Mix aus puerto-ricanischem *bomba*, Dancehall und Hip-hop) – und hat oft Livebands zu Gast. Nach Mitternacht platzt es meist aus allen Nähten, dann zählt man hier genauso viele Peruaner wie ausländische Gäste. Die ideale Wahl für einen schweißtreibenden, spaßigen Tanzmarathon. Happy Hour ist von 20 bis 22.30 Uhr.

Centro Qosqo de Arte Nativo — DARSTELLENDE KÜNSTE
(📞 084-22-7901; www.boletoturisticocusco.net/arte-nativo.html; Av El Sol 604; Erw./Student unter 26 Jahren mit ISIC-Ausweis 130/70 S) Bietet allabendlich um 18.45 Uhr Aufführungen mit Musik und Tanz aus den Anden. Rein kommt man nur mit der Touristenkarte *boleto turístico*, die zehn Tage gültig ist und 16 andere Sehenswürdigkeiten und Veranstaltungen abdeckt.

Km 0 — LIVEMUSIK
(084-23-6009; Tandapata 100; Di–Sa 11 Uhr–open end, So & Mo 17 Uhr–open end) Diese lebendige Bar gleich abseits der Plaza San Blas hat von allem etwas. Sie serviert abends gutes thailändisches Essen und später gibt's jede Nacht Livemusik – lokale Musiker kommen nach ihren richtigen Gigs zum Jammen hierher. Happy Hour ist von 21 Uhr bis Mitternacht.

Shoppen

In Cusco findet man viele Kunsthandwerkerateliers und -läden, die Strickwaren, gewebte Textilien, bunte Keramik, Silberschmuck und mehr verkaufen. Galerien mit zeitgenössischer Kunst gibt's auch, und an Buchtauschbörsen mangelt es ebenfalls nicht.

Mercado San Pedro — MARKT
(Plazoleta San Pedro) Cuscos zentralen Markt muss man gesehen haben: Frösche (zur Steigerung der sexuellen Leistungsfähigkeit), Schweineköpfe für *caldo*, fässerweise Fruchtsäfte, gebratenes *lechón* (Spanferkel) und Tamales bilden nur einen kleinen Teil des kulinarischen Angebots. Am Rand gibt's typische Kleidung, Zaubersprüche, Räuchermittel und andere Kuriositäten, mit denen man sich stundenlang amüsieren kann.

Centro de Textiles Tradicionales del Cusco — KUNSTHANDWERK
(Av El Sol 603A; 7.30–20.30 Uhr) Diese gemeinnützige Organisation wurde 1996 gegründet und kämpft für das Überleben der traditionellen Webkunst. Mit etwas Glück sieht man im Laden eine Demonstration, die verschiedene Webtechniken mit all ihren Finger verknotenden Feinheiten vorstellt. Die erhältlichen Produkte sind sehr hochpreisig.

Praktische Informationen

GEFAHREN & ÄRGERNISSE
An Bahnhöfen und auf Festivals und Märkten treiben Taschendiebe ihr Unwesen. Am besten steigt man in ein offizielles Taxi (nach der Telefonnummer des Unternehmens auf dem Dach Ausschau halten), schließt die Türen und lässt keine weiteren Fahrgäste einsteigen. Wer spät abends aus einer Bar kommt, ist ebenso wie Wanderer, die vor Sonnenaufgang aufbrechen, am häufigsten von Überfällen betroffen, bei denen die Täter ihre Opfer würgen und sich dann die Beute schnappen. Drogendealer und die Polizei arbeiten bekanntermaßen zusammen, vor allem auf der Procuradores, und die Einheimischen warnen davor, dass man hier innerhalb weniger Minuten in einen Drogenhandel abschließen und verhaftet werden kann.

Wer von Meereshöhe aus einfliegt, kann von Höhenkrankheit betroffen sein – und das ist wirklich kein Spaß.

GELD
Viele Banken auf der Av El Sol und Geschäfte rund um die Plaza de Armas haben Geldautomaten. Im Hauptbusbahnhof gibt's einen internationalen Geldautomaten.

MEDIZINISCHE VERSORGUNG
Medizinische Einrichtungen sind begrenzt: für komplexere Eingriffe nach Lima fahren.

Clinica Pardo (084-24-0997; Av de la Cultura 710; 24 Std.) Gut ausgestattet und teuer – perfekt, wenn man eine Reiseversicherung hat.

Traveler's Clinic Cusco (084-22-1213; Puputi 148; 24 Std.) Eine Privatklinik mit schnellem zweisprachigem Service und Arzt in Bereitschaft. Kümmert sich hauptsächlich um Patienten mit Höhen- und Reisekrankheit. 10 Minuten zu Fuß von San Blas entfernt.

NOTFALL
Policía de Turismo (PolTur, Touristenpolizei; 084-23-5123; Plaza Túpac Amaru s/n; 24 Std.) Falls man bestohlen wird, muss man hier vorbeischauen und sich einen offiziellen Pollizeibericht für den Versicherungsanspruch besorgen.

POST
Serpost (Av El Sol 800; Mo–Sa 8–20 Uhr) Postlagerndes (*poste retante*) wird hier im Hauptpostamt gelagert; Ausweis mitbringen.

TOURISTENINFORMATION
Dirección Regional de Cultura Cusco (084-58-2030; www.drc-cusco.gob.pe; Av de La Cultura 238; Mo–Sa 7.15–18.30 Uhr) Ist für die Organisation des Tourismus in Cusco zuständig.

iPerú (084-25-2974; www.peru.travel; Portal de Harinas 177, Plaza de Armas; Mo–Fr 9–19, Sa & So bis 13 Uhr) Effizient und hilfsbereit. Ausgezeichnete Quelle für touristische Infos für die Region und das ganze Land. In einem angeschlossenen Bereich stehen überwachte Geldautomaten. Am Flughafen ist eine Zweigstelle (084-23-7364; 6–17 Uhr).

South American Explorers (SAE; 084-24-5484; www.saexplorers.org; Av Pardo 847; Mo–Fr 9.30–17, Sa bis 13 Uhr;) SAEs Clubhaus in Cusco verkauft gute Landkarten, Bücher und Broschüren und hält einen ganzen Berg an Reiseinformationen und Empfehlungen bereit. Außerdem gibt's WLAN, eine Bücherbörse und Fremdenzimmer. Auch Nicht-Mitglieder dürfen sich wöchentlichen Events anschließen und erhalten begrenzte Informationen zu Freiwilligenarbeit.

❶ An- & Weiterreise

BUS

International

Alle internationalen Verbindungen fahren am **Terminal Terrestre** (📞 084-22-4471; Vía de Evitamiento 429) ab, 2 km außerhalb der Stadt Richtung Flughafen. Man erreicht das Terminal per Taxi (14 S) oder zu Fuß über die Av El Sol. Direkt hinter dem Turm und der Statue von Pachacutec rechts abbiegen und der Bahnlinie in eine Nebenstraße folgen, die nach fünf Minuten zum Busbahnhof führt.

Wer nach Bolivien will, ist bei **Transporte Salvador** (📞 084-23-3680), **Littoral** (📞 24-8989), **Real Turismo** (📞 24-3540) oder **San Luis** (📞 22-3647) richtig, die Busse nach La Paz über Copacabana anbieten; alle fahren um 22 Uhr ab. **Tour Peru** (📞 084-23-6463; www.tourperu.com.pe) bietet die preiswertesten Verbindungen nach Copacabana; sie fahren täglich um 8 Uhr ab. **CIAL** (📞 in Lima 01-330-4225) fährt um 22.30 Uhr über Desaguadero nach La Paz (80 S, 12 Stunden). Dies ist der schnellste Weg nach La Paz.

Ormeño (📞 084-24-1426) fährt in die meisten südamerikanischen Hauptstädte.

Langstrecken

Busse in größere Städte fahren am Terminal Terrestre ab, Busse mit eher ungewöhnlichen Zielen nicht, daher sollte man sich vorher genau informieren.

Ormeño und **Cruz del Sur** (📞 084-74-0444; www.cruzdelsur.com.pe) bieten die sichersten und komfortabelsten Busse aller Anbieter. Unter den günstigeren Unternehmen haben **Wari** (📞 084-22-2694) und Tour Peru die besten Busse.

Es gibt stündlich Verbindungen nach Juliaca und Puno. Zu den preiswerten, langsamen Optionen gehören auch **Power** (📞 22-7777) und **Libertad** (📞 084-22-4571); sie sind praktisch, wenn man Städte entlang der Route besuchen will. Die Mittelklasseanbieter **Littoral** (📞 23-1155) und **CIAL** (📞 965-401-414) sind schneller und komfortabler.

Am angenehmsten ist die Reise nach Puno mit **Inka Express** (📞 084-24-7887; www.inkaexpress.com; Av 28 de Julio 211) oder **Turismo Mer** (📞 084-24-5171; www.turismomer.com; El Óvalo, Av La Paz A3), die jeden Morgen Luxusbusse anbieten.

Die meisten Verbindungen nach Arequipa starten zwischen 6 und 7 Uhr sowie 19 und 21.30 Uhr. Ormeño bietet um 9 Uhr einen Luxusbus.

Cruz del Sur, **CIVA** (📞 084-24-9961; www.civa.com.pe) und **Celtur** (📞 23-6075) haben relativ schmerzfreie Verbindungen nach Lima im Programm. Wari ist die beste unter den preiswerteren Optionen. Die meisten Busse nach Lima halten auch in Nazca (12 Std.) und Ica (14 Std.). Diese Busse fahren über Abancay und können in der Regenzeit von Verspätungen betroffen sein. Zwischen Januar und April lohnt es sich vielleicht, stattdessen über Arequipa (25–27 Std.) zu fahren.

Wer mit dem Bus nach Ayacucho reist, sollte all seine warmen Klamotten tragen, und wer einen Schlafsack hat, nimmt den am besten auch mit an Bord.

San Martín (📞 984-61-2520) und **Expreso Sagitário** (📞 22-9757) bieten Direktbusse nach Tacna (70 S, 17 Std.); Expreso Sagitário fährt auch nach Arequipa, Lima und Puno.

Einige Unternehmen fahren zwischen 15 und 16.30 Uhr nach Puerto Maldonado; CIVA ist wahrscheinlich die beste Wahl.

Busse nach Quillabamba über Santa María (hier nach Santa Teresa umsteigen) fahren an der Haltestelle Santiago ab, stramme 20 Minuten zu Fuß vom Zentrum entfernt. Abfahrt ist um 8, 10, 13 und 20 Uhr.

Busse von **Transportes Gallito de las Rocas** (📞 22-6895; Diagonal Angamos) fahren montags, mittwochs und freitags um 5 Uhr nach Pilcopata (20 S, 10–12 Std.). Das Büro befindet sich im ersten Block abseits der Av de la Cultura.

Die folgenden Preise sind im Allgemeinen Richtwerte für normale und Luxusbusse.

ZIEL	PREIS (S)	DAUER (STD.)
Arequipa	25/126	9–11
Ayacucho	65/95	14–16
Copacabana, Bolivien	60/80	10–15
Ica	100/190	14–16
Juliaca	30/40	5–6
La Paz, Bolivien	80/120	12
Lima	100/190	18–22
Nazca	100/140	13
Puerto Maldonado	50/70	10
Puno	20/70	6–7
Tacna	70/100	15

FLUGZEUG

Die meisten Flüge von Cuscos **Flughafen** (CUZ; 📞 084-22-2611), 2 km südöstlich des Zentrums, starten morgens.

Avianca (📞 0800-18-2222; www.avianca.com; Av El Sol 602; ⊙ Mo–Fr 8.30–19, Sa 9–14 Uhr)

Montag bis Samstag Verbindungen nach/aus Lima.

LAN (📞 084-25-5555; www.lan.com; Av El Sol 627B; ⊙ Mo–Sa 8.30–19, So bis 13 Uhr) Direktflüge nach Lima, Arequipa, Juliaca und Puerto Maldonado.

Peruvian Airlines (📞 084-25-4890; www.peruvianairlines.pe; Av El Sol 627-A; ⊙ Mo–Sa 9–19, So 9–12 Uhr)

Star Perú (📞 01-705-9000; www.starperu.com; Av El Sol 679; ⊙ Mo–Sa 9–13 & 15–18.30, So 9–12.30 Uhr)

ZUG

In Cusco gibt's zwei Bahnhöfe. Die **Estación Huanchac** (📞 084-28-1414; ⊙ Mo–Fr 7–17, Sa & So bis 24 Uhr) liegt nahe dem Ende der Av El Sol; von hier aus starten Züge nach Puno. Die Estación Poroy östlich der Stadt bietet Verbindungen nach Ollantaytambo und Machu Picchu.

Man kann von Cusco mit dem Taxi zur Estación Poroy (30 S) oder zum Bahnhof in Ollantaytambo (80 S) fahren.

Nach Ollantaytambo & Machu Picchu

Die einzige Möglichkeit, Aguas Calientes (und Machu Picchu) zu erreichen, ist die Fahrt mit dem Zug. Sie dauert rund drei Stunden. Momentan bieten zwei Unternehmen die Verbindung an; Inca Rail fährt aber nur in Ollantaytambo ab.

Die Preise können abhängig von der Abfahrtszeit variieren: Angenehmere Zeiten sind meist teurer. Die Züge sind schnell ausverkauft, vor allem zu Stoßzeiten, man sollte sein Ticket daher so weit wie möglich im Voraus kaufen.

Die schnellste „preiswertere" Verbindung führt von Cusco nach Aguas Calientes und mit dem *combi* nach Ollantaytambo, wo man dann in den Zug steigt.

Inca Rail (📞 084-25-2974; www.incarail.com; Portal de Panes 105, Plaza de Armas; ⊙ Mo–Fr 8–21, Sa 9–19, So bis 14 Uhr) Täglich drei Züge aus Ollantaytambo mit vier Serviceklassen. Kinder fahren entschieden günstiger. Umweltbewusste, nachhaltige Geschäftspraktiken.

Peru Rail (www.perurail.com; Estación Poroy; ⊙ Mo–Fr 7–17, Sa bis 12 Uhr) Die Vorzeige-Verbindung nach Aguas Calientes mit mehreren Abfahrten täglich von der Estación Poroy, 20 Minuten außerhalb von Cusco. Es gibt drei Verbindungskategorien: Expedition (einfache Strecke ab 223 S), Vistadome (einfache Strecke ab 261 S) und die Luxusversion Hiriam Bingham (einfache Strecke 1153 S). Letztere umfasst einen Brunch, Nachmittagstee, den Eintritt nach Machu Picchu und eine geführte Tour. Sie ist täglich außer sonntags erhältlich.

Nach Puno

Peru Rail Der Andean Explorer (Tickets 505 S) ist ein Luxuszug, der einen Aussichtswaggon mit gläsernen Wänden hat. Die Züge fahren von November bis März montags, mittwochs und samstags um 8 Uhr an der Estación Huanchac ab und treffen um 18 Uhr in Puno ein. Von April bis Oktober wird freitags eine zusätzliche Verbindung angeboten. Das Mittagessen ist inbegriffen.

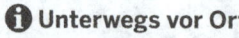 Unterwegs vor Ort

BUS & COLECTIVO

2014 begann die Regierung damit, die Nutzung von alten *colectivos* einzuschränken. Die Verbindungen ändern sich teilweise immer noch, wenn sie gestrichen oder reduziert werden.

Minibusse nach Pisac (4 S, eine Stunde) fahren häufig an den Haltestellen in der Av Tullumayo 207 und in der Puputi ab, gleich nördlich der Av de la Cultura.

Minibusse nach Urubamba (8 S, 1½ Stunden) und Ollantaytambo (12 S, 2 Stunden) über Chinchero (4 S, eine Stunde) fahren nahe der Puente Grau ab. Gleich um die Ecke, in der Pavitos, fahren schnellere *colectivos* ab, sobald sie voll sind. Es gibt Verbindungen nach Urubamba (7 S, eine Stunde) und Ollantaytambo (12 S, 2 Stunden) über Chinchero.

ZUM/VOM FLUGHAFEN

Entlang der Ayacucho fahren häufig *colectivos* bis fast direkt zum Flughafen (0,70 S). Ein offizielles Taxi ins/aus dem Zentrum kostet 20 bis 25 S. Man sollte sich vor inoffiziellen Taxis in Acht nehmen, die vor dem Terminal warten – Überfälle sind keine Seltenheit. Viele Unterkünfte bieten einen kostenlosen Abholservice vom Flughafen an.

TAXI

Fahrten in der Stadt kosten 5 S. Offizielle Taxis (an der erleuchteten Telefonnummer des Unternehmens auf dem Dach zu erkennen) sind viel sicherer als „Piraten"-Taxis (die nur einen Aufkleber im Fenster haben). Zuverlässig ist z. B. **AloCusco** (084-22-2222).

Rund um Cusco

Die archäologischen Stätten, die Cusco am nächsten liegen, sind **Sacsayhuamán**, **Q'enqo**, **Pukapukara** und **Tambomachay** – Zutritt bekommt man mit einem *boleto turístico*. Man nimmt einen Bus Richtung Pisac und steigt in Tambomachay aus, wo sich die am weitesten von Cusco entfernte Ruine befindet (und mit 3700 m auch die am höchsten gelegene). Von hier aus ist es eine 8 km lange Wanderung zurück nach Cusco. Auf dieser Strecke sind schon Überfälle auf Touristen vorgekommen, selbst bei Tageslicht; man sollte daher möglichst nur in einer Gruppe gehen und vor Einbruch der Dunkelheit zurück sein.

Sacsayhuamán

Der Name bedeutet „zufriedener Falke", auch wenn viele ihn sich lieber mit der Eselsbrücke „sexy woman" merken. Das ausgedehnte Areal liegt 2 km von Cusco entfernt. Man steigt die Treppen der steilen Resbalosa hoch, wendet sich nach der Iglesia de San Cristóbal nach rechts und geht bis zu einer Haarnadelkurve. Links sind steinerne Treppen, die auf einem Inkaweg nach oben führen.

Auch wenn Sacsayhuamán riesig zu sein scheint, so sind das, was die heutigen Besucher sehen, nur etwa 20 % des Originalkomplexes. Kurz nach der Eroberung rissen die Spanier die Mauern nieder und verwendeten die Steinblöcke, um ihre eigenen Häuser in Cusco zu bauen.

1536 erlebte die Festung eine der härtesten Schlachten zwischen den Spaniern und Manku Inka, der die Eroberer von Sacsayhuamán aus belagerte. Tausende Tote lagen nach der Niederlage des Inka auf der Wallstatt, was Schwärme von Andenkondore angelockt haben soll. An die Tragödie erinnern acht Kondore in Cuscos Wappen.

Am beeindruckendsten sind die dreistufigen Befestigungsanlagen. Der Inka Pachachutec hatte sich Cusco in der Form eines Pumas vorgestellt, mit Sacsayhuamán als Kopf und den 22 zickzackförmig angelegten Mauern als Zähnen. Der Paradeplatz wird bei den Inti-Raymi-Zeremonien benutzt.

Der Eintritt ist im *boleto turístico* inbegriffen.

Q'enqo

Der Name dieser kleinen Ruine bedeutet „Zickzack". Sie besteht aus einem großen Kalksteinfelsen, der von Nischen, Stufen und eingeritzten Symbolen überzogen ist. Darunter sind auch Kanäle, die vielleicht für rituelle Opfer mit *chicha* (Maisbier) oder sogar Blut benutzt wurden. Wer bis nach oben hinaufklettert, wird dort eine Fläche finden, die für Zeremonien genutzt wurde und in die man mühevoll Tierdarstellungen eingeritzt hat. Im Inneren kann man eine geheimnisvolle halbunterirdische Höhle besuchen, in der aus dem Fels gehauene Altäre zu sehen sind.

Die Stätte liegt 2 km von Sacsayhuamán entfernt, vom Tambomachay aus links.

Tambomachay & Pukapukara

Etwa 300 m von der Hauptstraße entfernt liegt **Tambomachay** (☉ Sonnenaufgang–Sonnenuntergang), ein sehr schön gestaltetes zeremonielles Bad, dessen Becken bis heute von klarem Wasser aus unterirdischen Brunnen gespeist werden, was ihm den Namen El Baño del Inca (das Bad des Inka) eingebracht hat. Auf der gegenüberliegenden Seite der Straße liegt die alles überragende Ruine von **Pukapukara**. Ihr Name bedeutet „rote Festung", auch wenn es eher eine Jagdhütte, eine Wachstation oder eine Raststätte für Reisende war. Von oben eröffnet sich eine herrliche Aussicht.

Das Heilige Tal der Inka

Das Valle Sagrado (Heiliges Tal) des Río Urubamba liegt – wie der Kondor fliegt, also Luftlinie – etwa 15 km nördlich von Cusco. Seine größten Attraktionen sind die stolzen Inkafestungen Pisac und Ollantaytambo, doch das Tal birgt auch etwas friedvollere Inkastätten, geschäftige Märkte und hoch gelegene Andendörfer. Die idyllische Landschaft kann man sehr gut mit Peter Frosts ausführlichem *Exploring Cusco* erforschen.

Pisac

📞 084 / 900 EW.

Es ist nicht schwer, dem Charme des sonnigen Pisac (2715 m) zu erliegen, einem lebendigen Kolonialdörfchen, das gerade einmal 33 km nordöstlich von Cusco am Fuße einer spektakulären Inka-Festung in einem Gebirgstal liegt. Seine Anziehungskraft wirkt sich auf alle aus: In den vergangenen Jahren ist ein reger Zustrom von Auswanderern und New-Age-Anhängern zu verzeichnen, die nach dem Shangri-La der Anden suchen.

☉ Sehenswertes & Aktivitäten

Pisac-Ruinen RUINEN

(*boleto turístico* Erw./Student unter 26 Jahren mit ISIC-Ausweis 130/70 S; ☉ Sonnenaufgang–Sonnenuntergang) Eine wirklich grandiose Stätte mit relativ wenigen Touristen. Diese Inka-Zitadelle thront auf einem Hügel hoch über dem Dorf auf einem dreieckigen Plateau mit tiefer Schlucht auf beiden Seiten. Man sollte mehrere Stunden für die Erkundung einplanen. Man erreicht die Stätte zu Fuß aus der Stadt über einen steilen, aber spektakulären

Rund um Cuzco

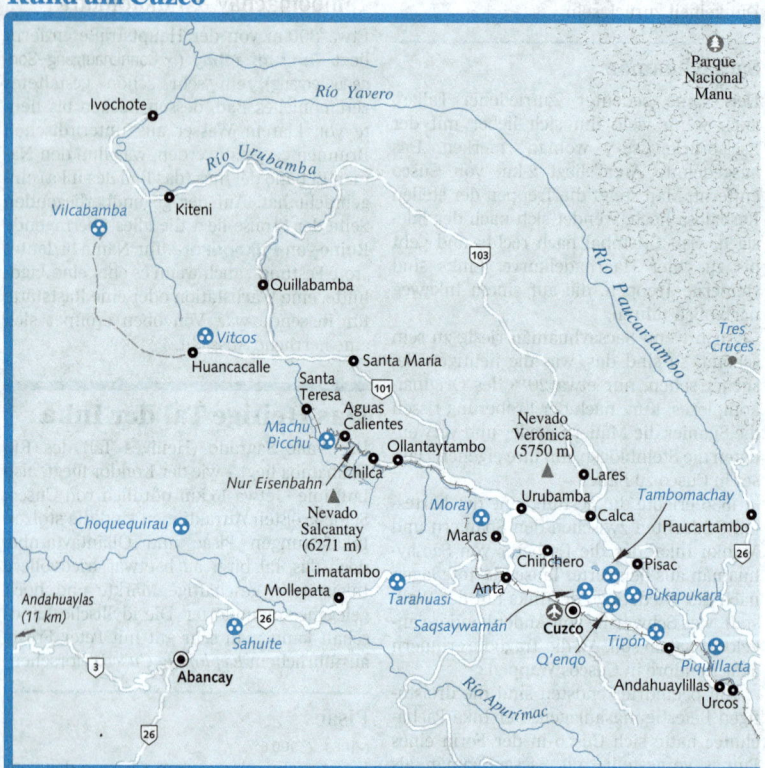

4 km langen Weg, der oberhalb der Westseite der Kirche beginnt. Der Anstieg dauert zwei Stunden, der Rückweg 1½. Die Mühe lohnt sich – und ist ein gutes Training für den Inkatrail! Man kann aber auch mit dem Taxi hochfahren und zurückwandern.

Schlafen

Hotel Pisac Quishu PENSION $
(☎ 084-43-6921; www.pisacinca.com; Vigil 242; EZ/DZ 50/100 S, ohne Bad 40/70 S, alle inkl. Frühstück; @ ☎) Ein kleines, fröhliches Familienunternehmen der freundlichen Gastgeberin Tatiana. Es bietet eine Handvoll bunter Zimmer rund um einen winzigen Innenhof und Küchennutzung. Eine größere, jüngst eröffnete Schwester-Pension erreicht man in zehn Minuten zu Fuß.

Hospedaje Beho PENSION $
(☎ 084-20-3001, 984-848-538; hospedajebehopisac@gmail.com; Intihuatana 113; EZ/DZ 40/80 S, ohne Bad 30/70 S; P ☎) Am Weg zu den Ruinen bietet diese familiengeführte Pension neben einem Kunsthandwerksladen sachliche Zimmer mit warmen Duschen. Der wilde, weitläufige Garten ist ein friedlicher Hafen nach all dem wahnsinnigen Trubel auf den Markstraßen direkt vor der Tür. Flughafentransfers und Leihwagen gibt's auch.

Kinsa Ccocha Inn HOTEL $
(☎ 084-20-3101; kinsaccocha_inn@hotmail.com; Arequipa 307A; EZ/DZ 60/80 S, 3BZ/4BZ ohne Bad 75/100 S; ☎) Im steinernen Hof dieser schlichten Unterkunft steht ein sehr fruchtbarer Feigenbaum. Die Atmosphäre ist sehr angenehm und das Haus bietet aufmerksame Details wie reichlich Steckdosen, gute Handtücher und kraftvolle heiße Duschen. Frühstück gibt's keines, aber ein angeschlossenes Café.

★ Pisac Inn B&B $$
(☎ 084-20-3062; www.pisacinn.com; Plaza de Armas; EZ/DZ/3BZ inkl. Frühstück 185/230/295 S;

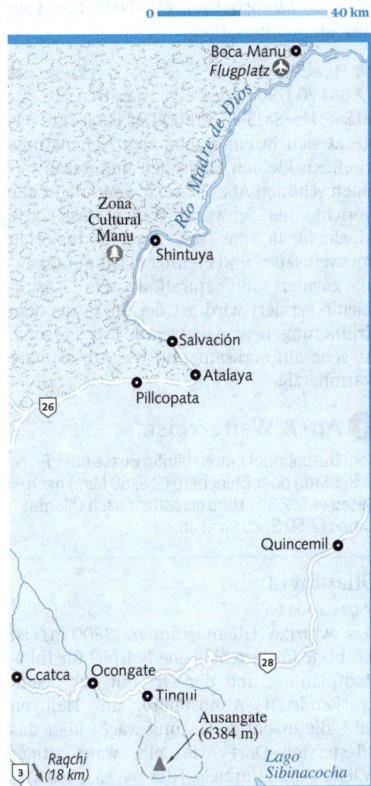

zu erreichen. Von der Plaza aus dauert der Fußweg bergauf 10 Minuten, aber *mototaxis* (dreirädrige Motorrad-Rikscha-Taxis) können Passagiere an der fünf Minuten entfernten Kapelle absetzen.

✖ Essen

Bäckereien mit riesigen Lehmöfen verkaufen in der Mariscal Castilla dampfend heiße Fladenbrote und Empanadas.

Restaurante Yoly · PERUANISCH $

(084-20-3114; Amazonas s/n; *menú* 5 S; ⊙ 6–22 Uhr) Dieses schlichte Lokal ist bei den Einheimischen sehr beliebt und serviert hausgemachte feste Menüs inklusive Suppe und Getränk.

Ulrike's Café · CAFE $$

(084-20-3195; Manuel Prado s/n; *menú* vegetarisch/mit Fleisch 22/25 S, Hauptgerichte ab 15–33 S; ⊙ 9–21 Uhr; 🕿 🍴) Dieses sonnige Café ist immer eine leckere Wahl. Es serviert ein tolles vegetarisches *menú* sowie hausgemachte Pasta und Käsekuchen, der auf der Zunge zergeht. Der luftige Rüblikuchen ist inzwischen legendär. Außerdem gibt's eine Bücherbörse, DVDs und spezielle Events. Das Personal spricht Englisch, Französisch und Deutsch.

Mullu · FUSION $$

(084-20-3073; www.mullu.pe; San Francisco s/n, 2. St.; Hauptgerichte 14–32 S; ⊙ 9–21 Uhr) Der Balkon ist vielleicht der beste Platz, um an Markttagen das Treiben auf der Plaza darunter zu beobachten. Die Speisekarte bietet entspannte, einladende Fusion (Thailand trifft das Amazonasgebiet und flirtet nebenbei mit dem peruanischen Hochland). Das traditionelle Lamm ist so zart, dass es vom Knochen fällt, und die Suppen und gemischten Säfte sind auch nicht übel.

🛍 Shoppen

Der Sonntagsmarkt beginnt am frühen Morgen. Gegen 10 Uhr laden die Tourbusse ihre Horden im ohnehin schon chaotischen Treiben ab, sodass das Gedränge aus Käufern und überlaufenen Kunsthandwerksständen noch größer wird. Auch wenn sich der Markt trotz allem noch eine traditionelle Note bewahrt hat, sind die Preise mittlerweile mit denen in den Läden in Cusco vergleichbar. Dienstags und donnerstags finden kleinere Märkte statt, und auf der Plaza gibt's täglich einen ausgezeichneten Kunsthandwerksmarkt.

(@ 🕿) Location, location, location! Dieses hübsche Plaza-Hotel bietet einen einladenden Innenhof und romantische Zimmer mit Daunenbettdecken, dunkelblauen Wänden und Anden-Dekor. Die Zimmer mit Doppelbett sind einen Hauch gehobener. Im Gegensatz zu anderen Hotels ist das Pisac Inn ganzjährig geöffnet und bietet in der Nebensaison tolle Rabatte. Aufgrund der Lage sind einige Zimmer früh morgens recht laut, wenn die Händler draußen aufbauen. Das Personal spricht Deutsch, Englisch und Französisch.

La Casa del Conde · PENSION $$

(084-78-7818; www.Cuscovalle.com; EZ/DZ/Suite inkl. Frühstück 185/247/309 S; 🕿) Die Gäste schwärmen von dieser hübschen Land-Pension, die sich in die von Blumen übersäten Hügel schmiegt. Das familiengeführte Haus strotzt vor Persönlichkeit und die hübschen Zimmer bieten Daunendecken, Heizungen und Kabel-TV. Es ist nicht mit einem Auto

ℹ An- & Weiterreise

Busse nach Urubamba (3 S, 1 Std.) und Cusco (5 S, 1 Std.) fahren in der Nähe der Brücke an der Plazoleta Leguiz und an der Av Amazonas ab.

Urubamba

📞 084 / 17 500 EW.

In Urubamba (2870 m) gibt's so gut wie nichts zu sehen. Es liegt an der Kreuzung der Hauptstraße des Tals mit der Straße, die über Chinchero zurück nach Cusco führt, und ist für alle, die durch das Heilige Tal wandeln möchten, ein unerlässliches Transportzentrum. An der *grifo* (Tankstelle) in der Hauptstraße, 1 km östlich des Busbahnhofs, gibt's einen internationalen Geldautomaten.

👁 Sehenswertes & Aktivitäten

Viele Outdoor-Aktivitäten, die von Cusco aus organisiert werden, finden in Urubamba statt, u.a. Reiten, Mountainbiken, Paragliding und Heißluftballonfahrten. Auf den Ausflügen besucht man auch oft die amphitheaterähnlichen Terrassen von **Moray** (Eintritt mit *boleto parcial* 70 S; ⊙ Sonnenaufgang-Sonnenuntergang) und **Salinas** (Eintritt 5 S), in denen seit der Zeit der Inka bereits Tausende Salzpfannen abgeerntet wurden; beide liegen ganz in der Nähe.

🛏 Schlafen & Essen

Los Jardines   HOTEL $

(📞 084-20-1331; www.losjardines.weebly.com; Jr Convención 459; EZ/DZ/3BZ 60/80/90 S) Dieses von Lesern empfohlene Familienhotel ist für seinen zuvorkommenden Service bekannt und in einem ummauerten Komplex mit großem Lehmgebäude und blühenden Gärten untergebracht. Man hat das Gefühl, die Stadt sei gar nicht da. Die Zimmer sind schlicht, aber sauber, einige mit großen Panoramafenstern. Das Frühstücksbüfett wird im Garten eingenommen und kostet extra (12 S). In Laufentfernung zur Plaza.

Hostal los Perales   PENSION $

(📞 084-20-1151; http://ecolodgeurubamba.com; Pasaje Arenales 102; Zi. 35 S/Pers.) Diese herzliche, familiengeführte Pension an einer versteckten Landstraße bietet preiswerte, schlichte Zimmer rund um einen hübschen, überwucherten Garten. Die älteren Besitzer sind reizend und servieren zum Frühstück Bananenpfannkuchen und Tomatenmarmelade vom eigenen Strauch. Man verirrt sich leicht, also am besten per *mototaxi* (dreirädriges Motorrad-Rikscha-Taxi; 1 S) vom Busbahnhof herfahren.

★ **Huacatay**   PERUANISCH $$

(📞 084-20-1790; Arica 620; Hauptgerichte 32–50 S; ⊙ Mo–Sa 13–21.30 Uhr) Das Huacatay versteckt sich in einer schmalen Nebenstraße in einem kleinen Häuschen und garantiert einen schönen Abend. Auch wenn nicht alle Gerichte ins Schwarze treffen: Das zarte Alpaka-Steak, das mit einer reduzierten Portweinsauce und cremigem Quinoa-Risotto, garniert mit spiralförmigem Kartoffelchip serviert wird, ist der Stoff, aus dem Erinnerungen gemacht sind. Das Personal ist sehr aufmerksam und die Atmosphäre warmherzig.

ℹ An- & Weiterreise

Vom Busbahnhof fahren häufig Busse über Pisac (4 S, 1 Std.) oder Chinchero (3 S, 50 Min.) nach Cusco (4 S, 2 Std.) und *colectivos* nach Ollantaytambo (2,50 S, 25 Min.) ab.

Ollantaytambo

📞 084 / 700 EW.

Das winzige Ollantaytambo (2800 m) ist das beste übrig gebliebene Beispiel für Inkastadtplanung und der Ort mit der beeindruckendsten Atmosphäre im Heiligen Tal - die mächtige Festung wacht über das Pflasterstein-Dorf wie ein wahrhaftiger Wächter des Himmels. Hier hat sich seit 700 Jahren nicht viel verändert. Es gibt auch keinen Internetzugang.

👁 Sehenswertes

Ollantaytambo-Ruinen   RUINEN

(⊙ 7–17 Uhr) Festung und Tempel in einem – diese spektakuläre Inka-Ruine erhebt sich über Ollantaytambo und eignet sich wunderbar für einen Halbtagsausflug. (Eintritt mit der Touristenkarte *boleto turístico*, 10 Tage lang und für 16 weitere Sehenswürdigkeiten in der Region gültig).

🛏 Schlafen

Casa de Wow   HOSTEL $

(📞 084-20-4010; www.casadewow.com; Patacalle s/n; B 62 S; EZ 124 S, DZ mit/ohne Bad 155/185 S; @ 🛜) Dieses heimelige kleine Zuhause fernab von daheim, wird von dem lokalen Künstler Wow geführt. Die Stockbetten sind gemütlich, und Pärchen ergattern mit etwas Glück das fantastische handgefertigte, königliche Inka-Bett (auch wenn die Balken bei diesem hier, im Gegensatz zum Original, von Seilen und nicht von Lama-Innereien zusammengehalten werden). Vor der Abreise kann man sich ins größte Gästebuch der Welt eintragen.

Chaska Wasi   HOSTEL $
(084-20-4045; www.hostalchaskawasi.com; Plaza de Armas s/n; B/DZ inkl. Frühstück 20/60 S; @ 🛜) Backpacker genießen die Gesellschaft der reizenden, hilfsbereiten Katy und ihres Katzenstamms. Die freundlichen, aber recht schlichten Zimmer mit elektrischen Duschen sind preiswert.

Hospedaje las Portadas   PENSION $
(084-20-4008; las.portadas@yahoo.com; Principal s/n; B 15 S, EZ/DZ 30/50 S, ohne Bad 20/35 S) Obwohl alle Touristen- und Nahverkehrsbusse direkt vor der Tür vorbeifahren, herrscht in dieser freundlichen, familiengeführten Pension himmlische Ruhe. Der blumige Innenhof wird von einem grünen Rasen und einer Dachterrasse zum Sternegucken ergänzt. Die Zimmer sind veraltet, die Kissen erschlafft, aber es ist trotzdem ein Schnäppchen.

★ Apu Lodge   LODGE $$
(084-79-7162; www.apulodge.com; Lari s/n; EZ/DZ/4BZ inkl. Frühstück 170/190/280 S; @ 🛜) Die Ruinen bilden den Hintergrund dieser modernen Lodge mit weiter Grünfläche. Das freundliche Personal und die Hilfsbereitschaft des schottischen Besitzers machen sie zu einem echten Juwel. Sie bietet zahlreiche gemütliche Zimmer mit heißen Powerduschen, die jeden Muskelkater lindern. In den Gemeinschaftsbereichen gibt's WLAN und zum Frühstück Joghurt, Müsli, frisches Obst und Eier.

🍴 Essen & Ausgehen

Hearts Café   CAFE $$
(084-20-4078; Ecke Ventiderio & Av Ferrocarril; Hauptgerichte 10–28 S; 7–21 Uhr; 🌱) Das Hearsts serviert gesundes, herzhaftes Essen, Bier, Wein und fabelhaften Kaffee. Es ist schon seit Langem im Geschäft und bietet einige Bio-Erzeugnisse sowie Lunchpakete für Ausflüge. *Huevos rancheros* (Spiegeleier mit Bohnen, auf einer Tortilla serviert) und ähnliche Gerichte zum Frühstück treffen den Gringo-Geschmack perfekt, und an den Tischen draußen in der Ecke kann man prima Leute gucken.

Ganso   BAR
(984-30-8499; Waqta s/n; 14 Uhr–open end) Baumhaus trifft Zirkus trifft Batman! Das halluzinatorische Dekor des winzigen, freundlichen Ganso treibt wohl so ziemlich jeden zum Trinken. Eine Feuerwehrstange und Schaukelsitze sind das Sahnehäubchen der Bar.

ℹ️ An- & Weiterreise

Gleich südöstlich der Plaza, neben dem Markt, fahren zwischen 6 und 17 Uhr oft *colectivos* zum Busbahnhof in Urubamba (2,50 S, 25 Min.). *Colectivos* (15 S, 1½ Std.) und Taxis (110 S) nach Cusco tummeln sich nur dann am Bahnhof, wenn gerade ein Zug ankommt. Alternativ kann man auch nach Urubamba fahren und dort umsteigen.

Züge nach Aguas Calientes sind von hier aus viel preiswerter als von Cusco aus.

Aguas Calientes
084 / 1000 EW.

Diese Stadt ist auch als Machu Picchu Pueblo bekannt und liegt in einer tiefen Schlucht unterhalb der Ruinen. Wie eine Insel ist Agauas Calientes von sämtlichen Straßen abgeschnitten und von steinernen Klippen, hoch aufragenden Nebelwäldern und zwei reißenden Flüssen förmlich eingekreist. Trotz dieser grandiosen Lage war Aguas Calientes schon immer eine Art Niemandsland mit großer Wanderbevölkerung, nachlässigem Service, der auf einmalige Kunden eingestellt ist, und einer architektonischen Tradition aus Beton und unfertigem Zement. Die Händler sind sehr aufdringlich, und das Ganze kann einem schnell zu viel werden. Am besten kommt man ohne große Erwartungen hierher.

Wer hier übernachtet, hat einen entscheidenden Vorteil: den frühen Zugang zu Machu Picchu, der ein wirklich guter Grund ist, hier abzusteigen.

👁 Sehenswertes & Aktivitäten

Museo de Sitio Manuel Chávez Ballón   MUSEUM
(Eintritt 22 S; 9–17 Uhr) Dieses Museum bietet ausgezeichnete Informationen – auf Spanisch und Englisch – zu archäologischen Ausgrabungen in Machu Picchu und zu den Baumethoden der Inka. Ein Besuch bietet sich vor oder nach einem Ausflug zu den Ruinen an, damit man gleich den passenden Kontext hat (und die Klimaanlage und die entspannende Musik genießen kann, wenn man nach Stunden in der Sonne von den Ruinen zurückkommt).

Las Termas   HEISSE QUELLEN

(Eintritt 10 S; ⏲ 5–20.30 Uhr) Ermattete Wanderer lindern bei einem Bad in den heißen Quellen der Stadt ihre Schmerzen und Wehwehchen. Man erreicht sie von den Bahnschienen in zehn Minuten zu Fuß über die Pachacutec. Die winzigen, natürlichen heißen Quellen, denen Aguas Calientes seinen Namen zu verdanken hat, sind ganz nett, aber bei Weitem nicht die besten der Gegend und am späten Vormittag ein bisschen schmutzig.

🛏 Schlafen

Alles ist völlig überteuert, aber in der Nebensaison gibt's Rabatte. Frühe Checkout-Zeiten sind die Norm.

Hospedaje los Caminantes   PENSION $
(☏ 084-21-1007; los-caminantes@hotmail.com; Av Imperio de los Incas 140; pro Person mit/ohne Bad 35/20 S; 🛜) Tolles Preis-Leistungs-Verhältnis. Diese große, mehrstöckige Pension bietet veraltete, aber saubere Zimmer mit Laminatfußoden. Außerdem gibt's zuverlässig heißes Wasser und ein paar Balkone. Das Pfeifen des Zugs um 7 Uhr morgens ist ein unverwechselbarer Weckruf. Das Frühstück ist im Zimmerpreis nicht enthalten, aber im unpassend gehobeneren Café im Haus erhältlich (8-10 S).

Supertramp Hostel   HOSTEL $
(☏ 084-43-5830; www.supertramp.com; Chaskatika s/n; B 30–34 S, DZ mit Gemeinschaftsbad 90 S, alle inkl. Frühstück; 🛜) Dieses empfehlenswerte, aber manchmal überfüllte Hostel ist in psychedelische Wandmalereien gehüllt und überzeugt mit gutem, hilfsbereitem Personal und einem kleinen angeschlossenen Café, in dem Salate und Gourmet-Burger serviert werden. Frühaufstehern wird um 4.30 Uhr ein Frühstück mit Eiern, Kaffee, Toast und Marmelade serviert. Gäste können sich am Bahnhof abholen lassen.

Städtischer Campingplatz   CAMPINGPLATZ $
(Stellplatz Zelt 15 S) Dieser kleine, charmante Campingplatz bietet Toiletten, Duschen und Kochmöglichkeiten zum Mieten. Er liegt 20 Minuten zu Fuß bergab außerhalb des Stadtzentrums an der Straße nach Machu Picchu vor der Brücke.

Aguas Calientes

🛏 Schlafen
1 Hospedaje los Caminantes A1
2 Hostal Muyurina C1
3 Supertramp Hostel D3

✖ Essen
4 Indio Feliz C1
5 La Boulangerie de Paris C2

Aguas Calientes

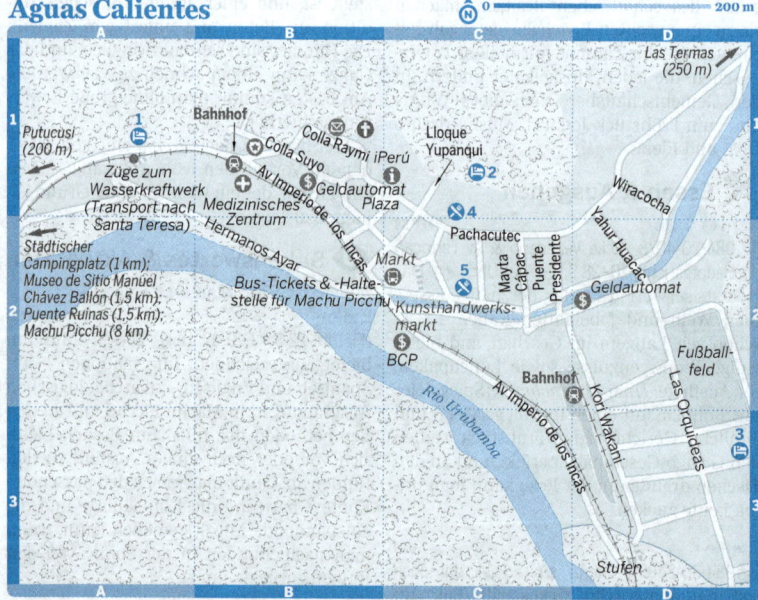

Hostal Muyurina HOTEL $$
(☏ 084-21-1339; www.hostalmuyurina.com; Lloque Yupanqui s/n; EZ/DZ/3BZ inkl. Frühstück 120/150/270 S; 🕾) Das Mayurina ist strahlend neu und gibt sich redlich Mühe – mit Erfolg: eine freundliche Option mit Telefonen und TVs auf den Zimmern.

🍴 Essen & Ausgehen

Touristische Restaurants (die alle praktisch identisch sind) reihen sich entlang der Eisenbahnschienen und der Pachacutec in Richtung der Themalquellen aneinander. In der Pachacutec findet man auch Backpacker-Bars mit längeren Öffnungszeiten, und es versteht sich von selbst, dass sie alle hartnäckig versuchen, Gäste anzulocken.

La Boulangerie de Paris BÄCKEREI $
(☏ 084-79-7798; Jr Sinchi Roca s/n; Snacks 3–10 S; ⊗ 5–21 Uhr; 🕾) Keine Ahnung, wie diese Franzosen hier gelandet sind, aber wir sind sehr dankbar dafür. Das kleine Café verkauft *pain au chocolat*, frische Croissants, Espresso-Getränke und Desserts mit einigen glutenfreien Alternativen. Man kann auch ein Lunchpaket bestellen.

★ Indio Feliz FRANZÖSISCH $$
(☏ 084-21-1090; Lloque Yupanqui 4; Hauptgerichte 34–48 S; ⊗ 11–22 Uhr) Gastfreundschaft ist die Stärke des französischen Kochs Patrik in diesem vielfach preisgekrönten Restaurant, aber auch das Essen enttäuscht nicht. Beginnen kann man mit einer *sopa criolla* (kräftige, geschmacksintensive klare Suppe, mit warmem Brot, hausgemachter Butter und auf Wunsch Chilis serviert). Auch die französische Küche zeigt ihren Einfluss, etwa in den Tomaten Provençal, den perfekt knusprigen Knoblauch-Kartoffeln oder dem Apfelkuchen, der auf der Zunge zergeht.

ⓘ Praktische Informationen

In der Nähe des **Machu-Picchu-Ticketbüros** ist eine hilfreiche Filiale von **iPerú** (☏ 084-21-1104; cuadra 1, Pachacutec; ⊗ Mo.–Sa. 9–13 & 14–18 Uhr, So. bis 13 Uhr). Wenn der Geldautomat am **BCP** (Av Imperio de los Incas s/n) kein Geld mehr hat, gibt's noch vier andere, einen davon in der Av Imperio de los Incas. Fremdwährungen und Reiseschecks können vielerorts zu unterschiedlichen Kursen gewechselt werden. Öffentliche Telefone und Internetcafés sind über die ganze Stadt verstreut, und ein kleines **Postamt** (Colla Raymi s/n) gibt's auch. Neben dem Eisenbahnschienen befindet sich ein **medizinisches Zentrum** (☏ 084-21-1005; Av Imperio de los Incas s/n; ⊗ Notfälle 24 Std.).

ⓘ Anreise & Unterwegs vor Ort

Aguas Calientes ist die letzte Eisenbahnstation vor Machu Picchu.

Peru Rail fährt täglich um 8.53, 14.55 und 21.50 Uhr nach Santa Teresa (45 Min.). Tickets (88 S) kann man nur am Bahnhof in Aguas Calientes am Tag der Abreise kaufen, aber die Züge fahren am Westrand der Stadt vor dem Polizeirevier ab. Man kann die Route auch als geführte Multisport-Tour buchen.

Machu Picchu

Für viele Besucher Perus, ja sogar Südamerikas, gehört ein Besuch der Inka-Stadt **Machu Picchu** (Erw. 128 S, mit Huiana Picchu 152 S; ⊗ Aguas Calientes Ticketbüro 5–22 Uhr; 🚉 von Aguas Calientes aus, dann weiter zu Fuß oder mit dem Bus) zu den heiß ersehnten Höhepunkten ihrer Reise. Die Lage der bekanntesten archäologischen Stätte des Kontinents ist spektakulär. Die einfallenden Spanier wurden der Ehrfurcht gebietenden Stadt nie ansichtig, die bis ins frühe 20. Jh. buchstäblich vergessen war.

Am vollsten ist es zwischen 10 und 14 Uhr. Von Ende März bis Anfang September – also in der Hauptsaison – strömen Tag für Tag 2500 Besucher hierher.

Geschichte

Über den wirklichen Zweck von Machu Picchu gibt es bis heute nur Spekulationen und gelehrte Vermutungen. Die Zitadelle wird in den Chroniken, die die spanischen Kolonialherren führten und die als die einzige niedergeschriebene Quelle der bis dahin nicht aufgezeichneten Geschichte der Inka dienten, nie erwähnt.

Abgesehen von den indigenen Quechua wusste niemand von der Existenz von Machu Picchu, bis der amerikanische Historiker Hiram Bingham die völlig überwucherten Ruinen 1911 entdeckte – ein Junge aus der Gegend hatte ihn hingeführt. Bingham suchte eigentlich die verlorene Stadt von Vilcabamba, das letzte Bollwerk der Inka, und dachte, er habe es mit Machu Picchu auch gefunden. Sein Buch *Inca Land: Explorations in the Highlands of Peru* wurde 1922 erstmals veröffentlicht. Man kann es beim Project Gutenberg (www.gutenberg.org) kostenlos auf Englisch herunterladen.

Trotz jüngerer Erforschung der „verlorenen" Stadt der Inka bleibt das Wissen um Machu Picchu bruchstückhaft. Manche glauben, die Festung sei in den letzten

Machu Picchu

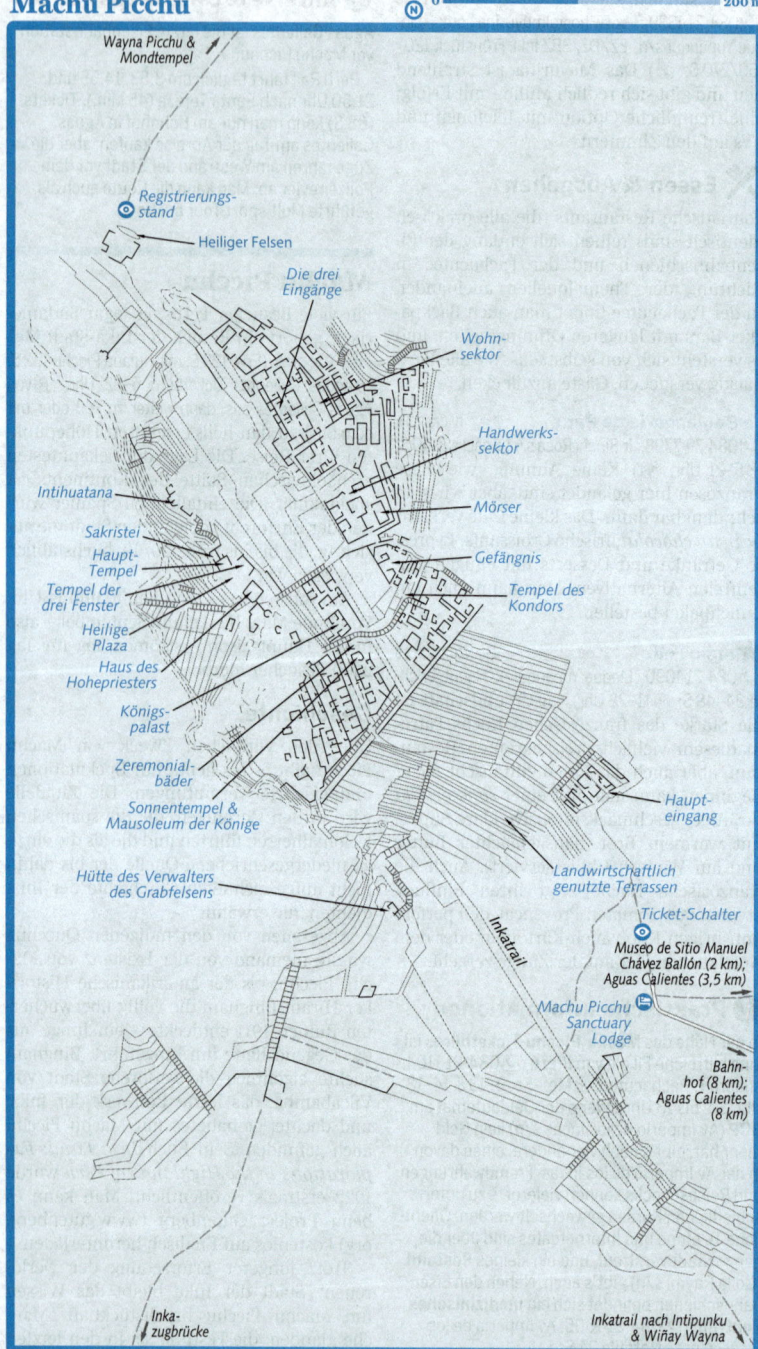

Jahren der Inka gegründet worden in dem Versuch, die Inkakultur zu erhalten und sie wieder zu neuer Macht zu führen. Andere vermuten, dass die Anlage bereits zur Zeit der spanischen Eroberung vergessen war, und wieder andere meinen, es handle sich um einen königlichen Schlupfwinkel, der bei der spanischen Invasion verlassen wurde.

Was auch immer davon stimmt, die außerordentlich hohe Qualität der Steinmetzarbeiten und Verzierungen zeugen davon, dass Machu Picchu als zeremonielles Zentrum sehr bedeutend gewesen sein muss. Und in gewissem Sinne ist es das noch immer: Alejandro Toledo, der erste Quechua sprechende Präsident indigener Herkunft, ließ sich hier 2001 farbenprächtig ins Amt einführen.

◉ Sehenswertes

Man darf keine großen Rucksäcke, Wasserflaschen und kein Essen zu den Ruinen mitbringen. Gleich vor dem Haupteingang gibt es einen Lagerraum für diese Dinge.

Vom Eingangstor führt ein schmaler Pfad zum labyrinthischen Haupteingang von Machu Picchu. Hat man ihn passiert, breitet sich die Anlage vor einem aus. Für das klassische Postkartenfoto der gesamten Anlage klettert man die Zickzacktreppen zur **Hütte des Verwalters des Grabfelsens** hinauf, eines der wenigen mit einem Strohdach restaurierten Gebäude und daher ein guter Unterschlupf bei Regen. Der Inkatrail mündet genau unterhalb dieser Hütte in die Anlage.

Von hier aus nimmt man die Stufen nach unten und geht auf der linken Seite der Plazas zu einigen Ruinen, zu denen auch der **Sonnentempel** gehört, ein sich verjüngender runder Turm, der ein paar der feinsten Steinmetzarbeiten von Machu Picchu aufweist. Der Tempel ist für Besucher nicht zugänglich, sie können aber von oben hineinschauen. Darunter befindet sich eine natürliche Felshöhle, in die die Inkasteinmetze sorgfältig einen Stufenaltar und Nischen für die Heiligtümer gemeißelt haben. Die Höhle ist als das **Mausoleum der Könige** bekannt, obwohl hier nie Mumien gefunden wurden.

Man steigt die Treppe über die 16 **Zeremonialbäder**, die von oben gespeist werden, hinauf und kommt zur **Heiligen Plaza**, von der aus sich ein herrlicher Blick auf das Urubambatal und die schneebedeckte Cordillera Vilcabamba eröffnet. Der **Tempel der drei Fenster** überblickt die Plaza.

Hinter der **Sakristei**, die durch zwei Felsen an ihrem Eingang gekennzeichnet ist – jeder hat angeblich 32 Ecken –, führt eine Treppe zum wichtigsten Heiligtum, dem auf einem kleinen Hügel gelegenen **Intihuatana** („Ort, an dem die Sonne angebunden wird"). Der behauene Stein oben wird häufig auch als Sonnenuhr bezeichnet, obwohl er mehr mit dem Ablauf der Jahreszeiten zu tun hat als mit der Tageszeit. Vor Jahren wurde er durch einen ungeschickten Kranfahrer, beim Versuch eine Bierwerbung anzubringen, beschädigt. Die Spanier zerstörten sonst die meisten dieser Heiligtümer, um damit die heidnische Blasphemie des Sonnenkults zu tilgen.

Hinter dem Intihuatana führt eine weitere Treppe zur zentralen **Plaza**, die den Zeremonialsektor von Machu Picchu von den eher weltlichen **Wohn-** und **Handwerkssektoren** trennt. Am unteren Ende dieses Gebiets liegt das **Gefängnis**, ein wahres Labyrinth aus Zellen, Nischen und Durchgängen. Das Herzstück dieses Bereichs ist der gemeißelte **Kopf eines Kondors**, die Felsen hinter ihm bilden dessen ausgestreckte Flügel.

🏃 Aktivitäten

Hinter den Ruinen liegt die steile Bergwand des **Wayna Picchu**. Es dauert 40–90 Minuten, den steilen Pfad zu erklimmen, aber auch wenn man wirklich ordentlich schnauft und keucht, bis man oben ist – die Mühen werden mit einer spektakulären Aussicht belohnt. Bei Regen sollte man aufpassen, da die Stufen gefährlich rutschig werden können.

Auf dem Weg auf den Wayna Picchu taucht links ein weiterer Pfad auf, der über Leitern und eine überhängende Höhle zum kleinen **Mondtempel** hinabsteigt. Von dort wiederum gelangt man über einen anderen steilen Anstieg auf den Wayna Picchu – der Rundweg dauert zwei Stunden.

Eine weitere Option ist die Wanderung zum Aussichtspunkt auf der **Inkazugbrücke**. Der flachere Weg beginnt an der Hütte des Verwalters des Grabfelsens: Ein schmaler Pfad klammert sich an die Klippen, die senkrecht ins Tal stürzen. Pro Strecke benötigt man knapp 30 Minuten.

ⓘ Praktische Informationen

Die Ruinen sind normalerweise von Sonnenaufgang bis Sonnenuntergang geöffnet. Tagestickets kosten 128/61 S pro Erw./Student mit

ISIC-Ausweis. Der Zugang zum Wayna Picchu ist täglich auf 400 Personen begrenzt – die ersten 200 in der Schlange werden um 7 Uhr eingelassen, die anderen 200 um 10 Uhr. Die Plätze sind schnell ausverkauft, deshalb sollte man dieses Extraticket (24 S) inklusive Eintritt mindestens einen Monat vorab durch einen Touranbieter kaufen, etwa bei der Dirección Regional de Cultura in Cusco (S. 922) oder beim INC-Büro in Aguas Calientes. An der Stätte selbst ist es nicht erhältlich.

ⓘ An & Weiterreise

Von Aguas Calientes fahren oft Busse nach Machu Picchu (Rundfahrt 72 S, 25 Min.). Diese starten zwischen 5.30 und 15.30 Uhr an einem Ticketbüro an der Hauptstraße. Die Rückkehr erfolgt, sobald die Busse komplett besetzt sind, der letzte fährt um 17.45 Uhr.

Die Alternative ist ein steiler Aufstieg die Serpentinenstraße von Aguas Calientes hinauf (8 km, 1½ Std.). Wer möchte, kann aber auch zu Fuß von Santa Teresa aus der Bahnlinie folgen.

Der Inkatrail

Diese viertägige Tour nach Machu Picchu ist die berühmteste Wanderroute in Südamerika. Tausende Backpacker machen sie jedes Jahr. Die Strecke ist zwar nur 43 km lang, aber der alte, von den Inka angelegte Pfad windet sich die Berge hinauf und hinunter und um sie herum und überquert dabei drei Pässe. Die Aussicht auf die verschneiten Gipfel und auf den Nebelwald kann fantastisch sein, und der Weg von einer an den Fels gebauten Ruine zur nächsten ist eine mystische, unvergessliche Erfahrung.

Den Inkatrail auf eigene Faust zu bewältigen, ist nicht erlaubt: Alle Wanderer müssen in organisierten Gruppen mit einem Führer gehen. Man muss seinen Pass (eine Kopie reicht nicht aus!) und gegebenenfalls auch seinen Studentenausweis dabeihaben und alle Papiere an den Checkpoints vorzeigen. In den Ruinen darf nichts liegen-

Inkatrail

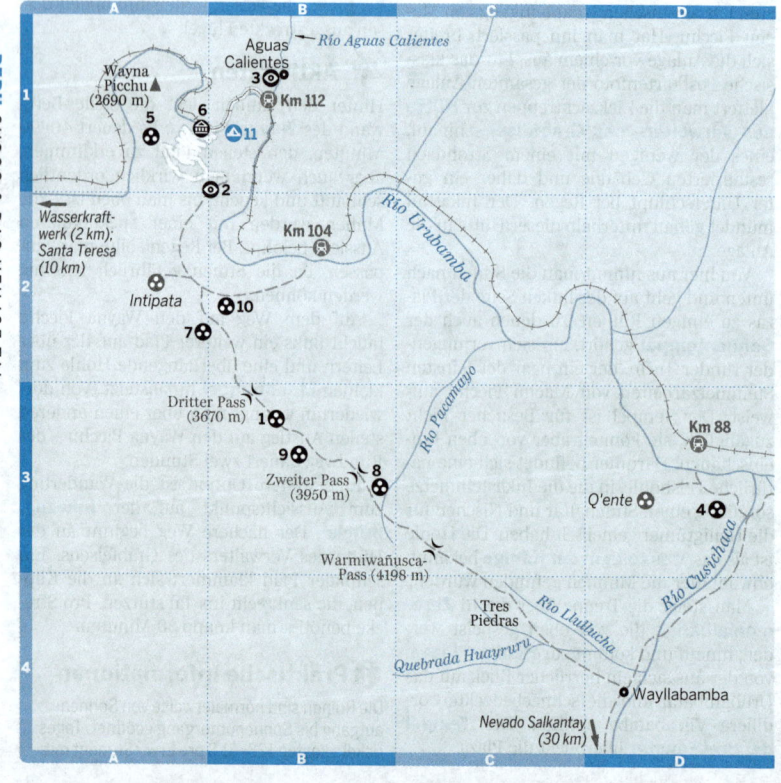

gelassen werden, sie dürfen natürlich auch nicht als Toiletten genutzt werden. Blumenpflücken ist im Nationalpark verboten, ebenso jede Art von Graffiti an Bäumen und Steinen!

Die Ausrüstung kann man in Cusco ausleihen. Während der Wanderung kann es nachts frostig werden, also unbedingt einen warmen Schlafsack mitnehmen! Auch feste Schuhe, Regensachen, Insektenschutzmittel, eine Taschenlampe, Wasserreinigungstabletten, kalorienreiche Snacks und einen Erste-Hilfe-Kasten sollte man nicht vergessen. Ein wenig Geld in peruanischer Währung (kleine Scheine) braucht man, um unterwegs Wasser und Snacks kaufen und den Führern, dem Koch und den Trägern Trinkgeld geben zu können (etwa 100 S, oder 130 S, wenn man einen persönlichen Träger hat). Und wer den Verkäufern in Ollantaytambo am ersten Morgen einen Wanderstock abkauft, wird auch das sicher nicht bereuen.

Geführte Touren

Außer im Februar, wenn der Wanderweg wegen Sanierungsarbeiten gesperrt wird, gibt es ganzjährig geführte Touren. Allerdings kann der Pfad in den feuchten Monaten (Dez.–März) recht rutschig und die Campingplätze schlammig werden. Auch wird der Blick auf die Berge dann oft von dicken Wolken behindert. Darum ist die Trockenzeit (Juni–Sept.) die beliebteste und auch von den meisten Besuchern genutzte Reisezeit. Um den größten Massen zu entgehen, empfiehlt sich der Besuch kurz vor oder direkt nach der Regenzeit, also im April oder Mai (jetzt ist die Flora am schönsten, Orchideen- und Vogelfreunde kommen voll auf ihre Kosten) oder zwischen September und November.

Die Tour-Preise reichen von 1650 bis 2020 US$ und mehr, zuzüglich Trinkgeld für Führer, Träger und Köche. Pro Tag dürfen maximal 500 Personen aufsteigen (inkl. Führer und Träger). Hier gilt: Wer zuerst kommt, mahlt zuerst. Man sollte sich Zeit nehmen, verschiedene Möglichkeiten gegeneinander abzuwägen, das lohnt sich. Ehe man sich festlegt, sollte man die Preise der verschiedenen Anbieter vergleichen. Eine internationale Reisekrankenversicherung speziell für Abenteuerreisen wird dringend empfohlen.

Für die Preise gilt: Die billigsten Anbieter geizen vielleicht mit den Löhnen für ihre Führer und Träger – was diese womöglich lustlos und wenig engagiert macht – oder sparen an der Ausrüstung (hier muss man vielleicht mit kaputten Zelten rechnen). Gleichzeitig gilt: Der teuerste Anbieter muss nicht der beste sein, besonders seit internationale Unternehmen örtliche Anbieter unter Vertrag nehmen – und kräftig mitver-

Inkatrail

Sehenswertes
1. Incatunnel B3
2. Intipunku B1
3. Las Termas B1
4. Llactapata D3
5. Machu Picchu A1
6. Museo de Sitio Manuel Chávez Ballón A1
7. Phuyupatamarka A2
8. Runkurakay B3
9. Sayaqmarca B3
10. Wiñay Wayna B2

Schlafen
11. Gemeindecampingplatz B1

DER INKATRAIL: DAS GUTE, DAS SCHLECHTE & DAS EKLIGE

Viele (einige sagen: zu viele) betrachten den Inkatrail als eine Art Initiationsritus, aber wie ist er wirklich? Hier sind die Fakten:

Das Gute

Neben der spektakulären Szenerie – atemberaubendes Gebirgspanorama, in Morgennebel getauchte Inkaruinen, moosbewachsene Nebelwälder und saftig grüner Urwald – erwarten einen unterwegs noch ein paar andere unerwartete Extras. Das Essen z. B. ist, gemessen an den Umständen, erstaunlich gut: Forelle, Lamm, Rind, Schwein und viele vegetarische Optionen bilden nur eine kleine Auswahl der schon an Gourmetküche grenzenden Speisen, die auf dem Trail serviert werden. Hut ab vor den Köchen! Auch die Campingausrüstung ist in gutem Zustand und kein billiges Zeug. An manchen Tagen gibt's sogar einen „Zeltservice", dann servieren die Führer das Heißgetränk der Wahl (Coca-Tee, Kaffee) gleich beim Wecken. Und natürlich sind auch die Träger nicht zu vergessen, die definitiv nicht von dieser Welt sind! Wer einen anheuert, wird die Freude an diesem Abenteuer um ein Vielfaches erhöhen, während es ohne ganz schnell ruiniert sein kann.

Das Schlechte

Unabhängig von der Jahreszeit wird es nachts mit ziemlicher Sicherheit kalt, mitunter sogar bitterkalt, auch im Sommer. Da die Toiletten meistens eine kleine Wanderung entfernt sind, kämpft man nachts nicht selten mit dem Dilemma: Geh ich oder geh ich nicht? Auch wenn die Zelte und Schlafsäcke wirklich gut sind, wird an den Matratzen ein bisschen gespart, und man vergisst nie, dass man auf dem Boden schläft. Und obwohl es unterwegs ordentliche Waschräume gibt, gehören Duschen vor dem dritten Tag nicht zum Gesamtkonzept – also Deo mitbringen.

Das Eklige

Es gibt eigentlich nur einen Aspekt dieses Treks, den man bemängeln kann: die Waschräume. Auch wenn sie in puncto Ausstattung viel besser sind als erwartet, sieht es in Sachen täglicher Reinigung katastrophal aus: Sie pendeln sich irgendwo zwischen europäischem Rock-Festival, zweiter Tag, und einem Nachtclub in Bangkok um 5 Uhr morgens ein. Mit einem Eimer Putzwasser und einem Schlauch könnte man hier wahre Wunder bewirken …

dienen wollen. Also: die Anbieter und ihre Serviceangebote vergleichen. Man sollte herausfinden, ob Englisch gesprochen wird (und wenn ja, wie gut), was alles zum Angebot gehört, wie groß die Gruppen sind und wie und womit der Transport organisiert wird. Eine Tour sollte auf jeden Fall Zelt, Essen, Koch, einen Ein-Tages-Besuch der Ruinenstadt sowie die Kosten für die Zug-Rückfahrt beinhalten.

Für Touren zwischen Mai und August sollte man mindestens sechs Monate im Voraus buchen. Außerhalb dieses Zeitraums genügen vielleicht auch nur wenige Wochen Vorlauf – sicher sein kann man da aber nicht.

Die Wanderung

Das Ganze ist kein Kinderspiel. Die Höhe und die scheinbar endlosen Anstiege, besonders am zweiten Tag, machen den Trek zu einer sehr anspruchsvollen Hochgebirgswanderung. Auch wenn die Höhenkrankheit nicht zwischen fit und unfit unterscheidet, stellen die langen, steilen Anstiege, die generell dünne Luft und die vielen kniebelastenden Stufen eine große Herausforderung für alle dar, die vielleicht nicht unbedingt in körperlicher Bestform sind. Wir wollen keinesfalls jemanden vom Inkatrail abhalten, aber man sollte wirklich keinen heiteren Sonntagsspaziergang erwarten.

Die meisten Agenturen fahren mit Minibussen zum Startpunkt des Trails hinter dem Dorf Chilca bei Piscakucho (Km 82). Nachdem man den Río Urubamba überquert und die Gebühren für den Trail und die Registrierung bezahlt hat, führt der Pfad langsam neben dem Fluss nach oben bis zur ersten archäologischen Stätte, **Llactapata**, bevor er dann nach Süden in ein Nebental des Río Cusichaca abfällt. Der Pfad nach Süden führt nach 7 km zum Dörfchen **Wayllabamba** (3100 m), wo man verschnaufen und die Aussicht auf den schneebedeckten Nevado Verónica (5750 m) genießen kann.

Dann überquert der Weg den Río Llullucha und führt neben dem Fluss steil nach oben. Die Gegend ist als **Tres Piedras** (Drei Steine) bekannt, und von hier aus geht es über 3 km sehr steil bergauf. Schließlich führt der Pfad auf den hohen kahlen Bergrücken von **Llulluchupampa**, wo die Ebene mit Campingplätzen übersät ist.

Von Llulluchupampa führt ein guter Weg auf der linken Talseite zwei Stunden lang hinauf nach **Warmiwañusca** (4198 m), auch bekannt unter dem Namen „Pass der toten Frau". Es ist der höchste und schwierigste Punkt der Wanderung, und viele Wanderer müssen hier nach Luft schnappen. Von Warmiwañusca geht es in einem langen Abstieg zum Fluss hinunter, wo sich bei **Paq'amayo** (3500 m) große Campingplätze finden. Der Trail überquert dann über eine kleine Fußgängerbrücke den Fluss und führt nach ca. einer Stunde Fußmarsch vom Fluss bergauf zur **Runkurakay** (eierförmiges Gebäude), einer runden Ruine mit einer schönen Aussicht.

Oberhalb von Runkurakay führt der Trail zu einem Vorgipfel, bevor er dann an zwei kleinen Seen vorbei zum zweiten Pass auf 3950 m Höhe ansteigt, der eine Aussicht auf die schneebedeckte Cordillera Vilcabamba ermöglicht. Dann geht es wieder hinunter zu den Ruinen von **Sayaqmarka** (dominante Stadt), einer eng konstruierten Anlage, die auf einem Bergsporn thront und eine unglaubliche Aussicht bietet, und noch weiter nach unten, wobei man einen Nebenfluss des Río Aobamba überquert.

Der Pfad führt über einen Inkadamm und wieder nach oben durch den Nebelwald und einen in den Fels gehauenen **Inkatunnel** zum dritten Pass auf 3670 m Höhe. Bald darauf erreicht man die schöne, gut restaurierte Ruine von **Phuyupatamarka** (Stadt über den Wolken; 3600 m). Die Anlage umfasst hübsche zeremonielle Bäder, durch die Wasser fließt.

Von Phuyupatamarka aus taucht der Weg auf schwindelerregende Weise nach unten in den Nebelwald ein, wobei er über unglaublich stabil gebaute Inkatreppen aus vielen Hundert Stufen führt, die liebevoll „Gringo Killer" genannt werden. Nach einem Tunnel geht es dann im Zickzack hinunter nach **Wiñay Wayna** (Huiñay Huayna).

Vom **Wiñay-Wayna-Wachposten** führt der Trail 1½ Stunden lang um einen Steilhang mit Nebelwald herum und erreicht dann **Intipunku** (Sonnentor; Checkpoint schließt gegen 15 Uhr), wo man das Glück haben kann, seinen ersten Blick auf das majestätische Machu Picchu werfen zu können, wenn man darauf wartet, bis die Sonne über die Bergspitzen klettert.

Der letzte triumphale Abstieg dauert 30 Minuten. Rucksäcke dürfen nicht in die Ruinen mitgenommen werden, und die Wächter stürzen sich auf die Wanderer, um das Gepäck zu prüfen und die Trail-Erlaubnis abzustempeln. Man kommt normalerweise vor den Zügen mit den Touristen an und kann daher die aufgekratzte Erschöpfung genießen, das Ziel erreicht zu haben, ohne sich durch die Massen drängen zu müssen.

ZENTRALES HOCHLAND

Die weitab vom üblichen Gringotrail gelegenen zentralen peruanischen Anden warten noch darauf, richtig erforscht zu werden. In den reizenden Kolonialstädtchen der Umgebung, die zu den am wenigsten verfälschten der Andenkette gehören, sind die Traditionen noch gegenwärtig. Eine Mischung aus geografischer Isolation, rauem Bergland und terroristischer Bedrohung – die maoistische Gruppe Sendero Luminoso entstand in Ayacucho – haben Reisen hierher Jahrzehnte lang sehr schwierig gemacht. Seit zehn Jahren ist es durch die größere politische Stabilität und verbesserte Verkehrsbedingungen für Traveller leichter geworden, dennoch bleibt ein Besuch dieser Gegend immer noch eine Herausforderung, allein schon wegen der hohen Pässe und der ermüdenden Busreisen.

Ayacucho

066 / 181 000 EW.

Als einstiges Epizentrum des entsetzlichen Kampfes Perus gegen den Terrorismus im eigenen Land war die faszinierende Kolonialstadt Ayacucho (2750 m) in den 1980er- und 1990er-Jahren für Reisende meist nicht zugänglich – und dies macht heute noch einen Großteil ihrer Anziehungskraft aus. Die moderne Stadt liegt im Herzen der Anden versteckt und klammert sich unerschütterlich an ihre traditionelle Vergangenheit: Die Feierlichkeiten während der Semana Santa

ALTERNATIVE ROUTEN NACH MACHU PICCHU

Die folgenden Alternativ-Routen nach Machu Picchu führen ebenfalls durch Inka-Gebiet und erfreuen sich zunehmender Beliebtheit. Normalerweise sind sie günstiger als die Anreise mit der Bahn und können wesentlich knapper gebucht werden.

Trekking

Valle Lares Trek Drei oder mehr Tage wandert man zwischen den Bauerndörfern im Heiligen Tal. Hier gibt's Thermalquellen, archäologische, in Terrassen angelegte Stätten, üppig umwachsene Teiche und Felsschluchten. Zum Schluss nimmt man in Ollantaytambo den Zug nach Aguas Calientes. Eher ein kultureller Hochgenuss als ein technischer: Der höchste Pass ist 4450 m hoch. Durchschnittspreis: 1580 S.

Salkantay Trek Ein anspruchsvoller Marsch über vier bis sieben Tage. Die beiden möglichen Routen sind jeweils rund 55 km lang. Die Mollepata–Huayllabamba-Route, auf der man den schneebedeckten Salkantay sieht, führt auf 4880 m und kann mit dem Inkatrail verknüpft werden (hierfür braucht man aber eine Genehmigung). Die Mollepata–Santa-Route führt durch La Playa und endet in Aguas Calientes. Durchschnittspreis: 1010 S.

Inca Jungle Trail Für besonders Sportliche (Bergwandern, Radfahren und Raften) ist diese geführte Tour über Santa Teresa nach Machu Picchu geeignet. Der 3-Tage-/2-Nächte-Trip kann für rund 975 S in Cusco gebucht werden und umfasst normalerweise eine geführte Tour durch die Inka-Stadt und ein Zugticket für die Rückreise nach Ollantaytambo.

Mit Bus/Bahn von Santa Teresa

Viele Besucher kommen über Santa Teresa nach Machu Picchu. Dieser Umweg kann bis zu zwei Tage in Anspruch nehmen (je nach Verfügbarkeit der Tickets und abhängig davon, wie früh man aufbricht). Die qualvolle Fahrerei ist bestimmt nicht jedermanns Sache, diese Alternative will also gut überlegt sein. Wer sich dafür entscheidet, nimmt im Westen Cuscos im Santiago Terminal einen Bus Richtung Quillabamba und steigt in Santa María (25–35 S, 4½ Std.) in einen *combi* oder *colectivo* nach Santa Teresa um (10 S, 1 Std.). Hier gibt's neben den Thermalquellen von Cocalmayo auch einfache Unterkünfte.

Bahnkarten nach Machu Picchu gibt's auf dieser Route ausschließlich im Ticketbüro der Santa Maria Peru Rail. Die Bahn fährt täglich um 7.54, 15 und 16.35 Uhr vom 8 km von Santa Teresa entfernten Wasserkraftwerk ab (einfache Strecke/hin und zurück 18/30 US$). Um einen *combi* zu erwischen (3 S, 25 Min.), sollte man schon eine Stunde vorher am Terminal sein. Die 13 km lange Bahnfahrt nach Aguas Calientes dauert 45 Minuten. Der günstigste, staubigste und verschwitzteste Weg nach Machu Picchu führt zu Fuß die Bahnschienen entlang. Dafür muss man allerdings vier Stunden Zeit einplanen.

---

beispielsweise gehören zu den schillerndsten und berühmtesten im Land. Ayacucho bietet jede Menge kolonialer Skurrilitäten, von versteckten Innenhöfen bis zu einer langen Reihe aufwendig gestalteter Kirchen aus dem 16., 17. und 18. Jh. (insgesamt 33).

◉ Sehenswertes

Im Zentrum stehen eine Kathedrale aus dem 17. Jh. sowie Dutzende Kirchen aus den vergangenen 300 Jahren und etliche alte Herrenhäuser am Hauptplatz.

★ **Kathedrale** KIRCHE
(Portal Municipal) Diese spektakuläre Kathedrale auf der Plaza de Armas stammt aus dem 17. Jh. und beherbergt ein Museum für religiöse Kunst. Die düstere Fassade bereitet einen nicht wirklich auf das aufwendig gestaltete Innere vor. Es präsentiert einen prächtigen Blattgold-Altar, der zu den besten Beispielen des Barock-Churrigueresque-Stils gehört, bei dem Friese und andere kunstfertige, spanisch inspirierte Elemente mit Einflüssen aus den Anden vermischt werden, die sich oft in der dargestellten Tier- und Pflanzenwelt zeigen.

★ **Museo de Arte Popular** MUSEUM
(Portal Independencia 72; ⊙ Mo–Fr 8–13 & 14–16-30 Uhr) GRATIS Die hier gezeigte populäre Kunst deckt das gesamte *ayacucheño-*

(Ureinwohner von Ayacucho) Spektrum ab: Silberarbeiten, gewebte Textilien und Wandteppiche, Stein- und Holzschnitzereien, Keramiken (Kirchenmodelle sind besonders beliebt) und die berühmten *retablos* (ornamentale religiöse Dioramen). Letztere sind bunte Holzkästen in verschiedenen Größen, die aufwendig gestaltete Pappmaché-Modelle enthalten, meist Szenen peuranischen Landlebens oder Jesus in der Krippe. Es gibt aber auch sehr interessante Versionen mit politischen oder sozialkritischen Statements. Fotografien zeigen, wie sich Ayacucho im 20. Jh. verändert hat. Die Öffnungszeiten ändern sich hier häufig.

★ Museo de la Memoria MUSEUM
(Prolongación Libertad 1229; Eintritt 2 S; ⊗ 9–13 & 15–17 Uhr) Die Lage ist ungewöhnlich: Ayacuchos fesselndstes Museum liegt 1,5 km nordwestlich des Zentrums und erinnert an die Auswirkungen, die der Sendero Luminoso (Leuchtende Pfad) auf Peru hatte – in der Stadt, die von dem Konflikt am schlimmsten betroffen war. Die schlichte Ausstellung (auf Spanisch) ist sehr bewegend. Sie umfasst Augenzeugenberichte zu den Schrecken, die sich damals zutrugen, und eine sehr ergreifende Fotomontage von Müttern, deren Kinder während der Kämpfe getötet wurden.

Wari-Ruinen RUINEN
(Huari; Eintritt 3 S; ⊗ 8–17.30 Uhr) Die weitläufigen Wari-Ruinen erstrecken sich entlang des von Kakteen bewachsenen Straßenrands über mehrere Kilometer. Wari war die Hauptstadt des Wari-Reichs, das den Inka um fünf Jahrhunderte vorausging.

🎉 Feste & Events

Semana Santa RELIGION
Perus schönstes religiöses Fest wird in der Woche vor Ostern gefeiert und zieht Besucher aus dem ganzen Land an. Die Zimmer der meisten Hotels sind schon weit im Voraus ausgebucht – deshalb unbedingt auch lange vorab reservieren. An der Touristeninformation gibt's eine Liste mit örtlichen Familien, die bei zu großem Andrang Unterkünfte vermieten.

🛏 Schlafen

Während der Semana Santa schießen die Preise in die Höhe.

Hostal Tres Máscaras PENSION $
(☎ 066-31-2921; hoteltresmascaras@yahoo.com; Tres Máscaras 194; EZ/DZ ohne Bad 30/50 S, mit Bad 53/70 S) Der hübsche ummauerte Garten und das freundliche Personal sorgen für einen angenehmen Aufenthalt. Die Zimmer Richtung Garten sind geräumig. Heißes Wasser gibt's morgens, später auf Anfrage. Ein Zimmer mit TV kostet 5 S extra. Für 7 bzw. 8 S gibt's kontinentales oder amerikanisches Frühstück.

Via Via HOTEL $
(☎ 066-31-7040; Bolognesi 720; EZ/DZ 95/125 S; P) Dieses hübsche, nicht ausgeschilderte Kolonialgebäude liegt rund 700 m vom Zentrum entfernt und wurde jüngst vom bekannten Unternehmen Via Via in der Stadtmitte übernommen. Die Lage ist ruhig, aber auf dem abendlichen Rückweg ins Hotel muss man durch ein paar dunkle Viertel laufen. Die Möbel in den Zimmern sind wunderschön, und einen grünen Garten gibt's auch.

Hostal Florida PENSION $
(☎ 066-31-2565; Cusco 310; EZ/DZ 35/50 S) Dieses travellerfreundliche *hostal* (Pension) mit entspanntem Garten bietet saubere Zimmer (die oben sind besser) mit Bad und TV, Warmwasser am Morgen und später auf Anfrage. Eine schlichte Cafeteria gibt's auch.

Hotel La Crillonesa HOTEL $
(☎ 066-31-2350; www.hotelcrillonesa.com; Nazareno 165; EZ/DZ ab 40/60 S) Ein beliebtes und hilfsbereites Hotel mit Dachterrasse mit malerischem Ausblick sowie TV-Raum, Touristeninformationen und rund um die Uhr Warmwasser. Die recht kleinen, sauberen Zimmer haben gemütliche Betten und im Allgemeinen funktionierendes Kabel-TV. Die besten sind die ganz oben.

★ Via Via HOTEL $$
(☎ 066-31-2834; www.viaviacafe.com/en/ayacucho; Portal Constitucion 4; EZ/DZ 115/150 S; 🛜) Das Via Via ist eine der einfallsreicheren Unterkünfte im Zentrum von Ayacucho. Die Lage an der Plaza ist beneidenswert und die cool, aber lebendig eingerichteten Zimmer widmen sich jeweils einem anderen Kontinent. Hier fühlt man sich, als wäre man in einer echten Oase gelandet: Alles spielt sich rund um einen vor Pflanzen überbordenden Innenhof ab. Das Personal spricht Englisch und Niederländisch und das beliebte Restaurant ist das Tüpfelchen auf dem I.

Hotel Sevilla HOTEL $$
(☎ 066-31-4388; www.hotelsevillaperu.com; Libertad 635; EZ inkl. Frühstück 75 S, DZ inkl. Frühstück

100–120 S; 🕿) Das Sevilla ist eines der nettesten, hellsten und preiswertesten Hotels in Ayacucho und backpackerfreundlicher als die meisten. In den vielen gemütlichen Zimmern gibt's einen Schreibtisch, eine Minibar und ein Mikrowellengerät. Die Zimmer versammeln sich etwas abseits der Straße um einen Innenhof. Unten wartet ein Restaurant und das Frühstück kann man im Cafe im obersten Stock mit tollem Blick auf die Stadt genießen.

✕ Essen

Zu den regionalen Spezialitäten gehört auch *puca picante*, ein curry-ähnlicher Kartoffeleintopf in pfeffriger Erdnusssauce mit Reis und *chicharrones* (gebratenen Schweinekoteletts). Der koloniale Innenhof des **Centro Turístico Cultural San Cristóbal** (Jirón 28 de Julio 178) ist voll von touristenfreundlichen Bars und Cafés. Etwas weiter lockt die Plaza Moré mit wahren Gourmet-Lokalen.

Café Miel — CAFE $
(Portal Constitución 4; Snacks ab 2 S; ⊙10–22 Uhr) Am besten gönnt man sich in diesem von Lesern empfohlenen Café ein Frühstück in einer freundlicher Atmosphäre, die seltsam an die eines englischen Tearoom erinnert. Wir sprechen von großartigem Obstsalat und dem vielleicht besten (frisch gebrühten) Kaffee in Ayacucho. Außerdem gibt's herzhaftes Mittagessen und phänomenalen Schokokuchen.

El Niño — PARRILLA $
(9 de Diciembre 205; Hauptgerichte um 15 S; ⊙11–14 & 17–23 Uhr) Das El Niño ist in einer Kolonialvilla mit geschütztem Innenhof untergebracht. Man hat Blick auf einen Garten und bekommt Spezialitäten vom Grill, aber auch einige peruanische Gerichte serviert. Die *parrillada* (Grillplatte) für eine Person ist lecker, reicht aber auch für zwei mittelstarke Esser. Eines der besten Restaurants der Stadt.

La Casona — PERUANISCH $
(Bellido 463; Hauptgerichte 12–35 S; ⊙7–22.30 Uhr) Dieses beliebte, stimmungsvolle Hofrestaurant wurde von mehreren Travellern wegen seiner großen Portionen empfohlen. Schwerpunkt sind peruanische Gerichte wie das ausgezeichnete *lomo saltado* (gebratene Rinderstreifen mit Zwiebeln, Tomaten, Kartoffeln und Chili). Oft gibt's auch regionale Spezialitäten.

Guilles — SANDWICHES $
(Bellido, zw. Garcilaso de la Vega & 9 de Diciembre; Sandwich & Saft 10–15 S; ⊙8–13 & 16–21 Uhr) Hier gibt's die besten Sandwiches und Smoothies in Ayacucho – wenn nicht sogar im ganzen zentralen Hochland.

★ **Via Via** — INTERNATIONAL $$
(🕿 066-31-2834; Portal Constitucion 4; Hauptgerichte 17–28 S; ⊙Mo-Do 10–22, Fr & Sa bis 24 Uhr; 🕿🍴) 🍴 Der obere Balkon des Via Via blickt auf die Plaza und bietet als extra Beilage den besten Ausblick in Ayacucho. Das Bio-Essen wird nach ethischen Gesichtspunkten zubereitet – aber keine Sorge: Hier wird peruanisch-europäische Fusion-Küche serviert, man findet also ganz sicher etwas, das satt macht. Z. B. *quinnoto* (Quinoa-Risotto) oder *salteado de alpaca* (gebratene Alpakastreifen mit Zwiebeln, Tomaten, Kartoffeln und Chili). Dazu schmeckt ein Glas frischer südamerikanischer Wein.

🍷 Ausgehen & Nachtleben

Taberna Magía Negra — BAR
(Jirón 9 de Diciembre 293; ⊙Mo-Sa 16–24 Uhr) Diesen Laden gibt's schon länger als die meisten anderen. Die heutige Jugend bevorzugt eher die neueren Läden, aber wer lokale Kunst, Bier, Pizza und tolle Musik mag, ist in dieser Bar-Galerie genau richtig.

Rock — CLUB
(Cáceres 1035; ⊙Mi-Sa 22–2 Uhr) Die lebendigste Disco am Platz ist in der Stadt nur als Maxxo bekannt. Hier gilt für Gringos wie Einheimische: sehen und gesehen werden. Im selben Block gibt's noch eine Disco, die hauptsächlich Salsa spielt.

🛍 Shoppen

Ayacucho ist für Kunsthandwerk berühmt. Der **Kunsthandwerkermarkt** (Independencia & Quinua) ist ein guter Anfang.

ℹ Praktische Informationen

BBVA Banco Continental (Portal Unión 28) Visa-Geldautomat.

Clínica de la Esperanza (🕿 066-31-2180; www.hospitalregionalayacucho.gob.pe; Independencia 355; ⊙8–20 Uhr) Das Personal spricht Englisch.

iPerú (🕿 066-31-8305; Ecke Cusco & Asamblea; ⊙Mo–Sa 9–18, So bis 13 Uhr) Eine der besten Touristeninformationen in Peru. Hilfreiche Tipps. Man spricht Englisch.

Policía de Turismo (🕿 066-31-7846; 2 de Mayo 100) Kümmert sich um Notfälle.

Serpost (Asamblea 293) 150 m von der Plaza de Armas entfernt.
Wari Tours (☏ 066-31-1415; Lima 138) Veranstaltet mehrsprachige Touren zu regionalen Zielen mit erfahrenen Führern. Halbtagstouren kosten rund 50 S.

❶ An- & Weiterreise

Der Flughafen liegt 4 km außerhalb des Stadtzentrums (Taxis kosten 10 S). **LC Peru** (☏ 066-31-2151; Jirón 9 de Diciembre 139) fliegt täglich um 6.45 Uhr nach Lima.

Die meisten Busse (zu Langstreckenzielen im Norden und Süden) kommen am Busbahnhof nördlich des Zentrums an und fahren auch dort ab. Er trägt den großen Namen **Terrapuerto Libertadores de America** (Terminal Terrestre; Ende der Perez de Cuellar). Busse von **Empresa Molina** (☏ 066-31-9989; 9 de Diciembre 473) und **Cruz del Sur** (☏ 066-31-2813; www.cruzdelsur.com.pe; Cáceres, zw. Libertad & Calle de la Vega) fahren nach Lima (40–90 S, 9 Std.); Letztere haben einen eigenen Bahnhof.

Inzwischen führt eine befestigte Straße ins nördlich gelegene Huancayo (30–40 S, 7 Std.), aber es gibt trotzdem noch gefährlich steile Abhänge, die viel zu schlecht gesichert sind. Wer nach Huánuco, Tingo María, Pucallpa oder Satipo möchte, muss in Huancayo umsteigen.

Richtung Südosten führt eine komplett befestigte Straße nach Andahuaylas (30 S, 6 Std.) und weiter nach Cusco (50–60 S, 14–15 Std.). Bislang haben aber nur wenige Unternehmen eine Lizenz für diese Route, wodurch die Auswahl begrenzt ist. Beide Strecken führen durch grandiose Landschaften und sind bei Tageslicht besonders lohnend.

DIE NORDKÜSTE

Die unruhige Nordküste ist ein Eldorado für Sonnenanbeter und Surfer. In ferner Vergangenheit lag hier das Zentrum der ältesten Zivilisation des Kontinents. Die lebhaften Dörfer aus der Kolonialzeit sind durchaus einen Besuch wert. In den Hotelresorts am Meer kann man die Seele baumeln lassen und Weltklasse-Surfer auf gewaltigen Wellen beobachten. Wenn man Richtung Equador reist, wird man feststellen, dass das Wetter besser wird, je weiter nördlich man kommt.

Trujillo

☏ 044 / 709 500 EW.

Francisco Pizarros Trujillo unterscheidet sich auffällig von anderen Städten in Nordperu. Hier hat die Kolonisation dauerhafte Spuren hinterlassen, sei es auf der riesigen, wunderschönen Plaza de Armas oder in den kleinen architektonischen Besonderheiten, die viele der in der Stadt verstreuten, bunten Kolonialgebäude zieren. 1534 von Pizarro gegründet und nach seiner Heimatstadt in Spanien benannt, wuchs Trujillo schnell zur größten Stadt in Nordperu heran, obwohl es für verschiedene Kulturen vor den Spaniern kein sehr fruchtbares Pflaster war. Ganz in der Nähe zeichnen sich die 1500 Jahre alten Moche-Pyramiden, Las Huacas del Sol y de la Luna, und die antike Chimú-Lehm-Metropole Chan Chan über der Wüstenlandschaft ab, beide stumme Zeugen einstiger Imperien, obwohl sie auf Sand und Schlamm erbaut wurden.

Wer die antike Kultur, aber nicht die lebendige Großstadt in sich aufsaugen möchte, kann im nahen kleinen Ort Huanchaco absteigen, einem einst friedvollen Fischerdorf, das heute ein reiner Urlaubsort mit Sonne, Meer und allem Drum und Dran ist.

◉ Sehenswertes

Eine **Kathedrale** aus dem 18. Jh. mit einer berühmten Basilika dominiert die Plaza de Armas.

Die vielen anderen eleganten kolonialen Kirchen und Herrenhäuser zeichnen sich durch gusseisernes Gitterwerk und Pastelltöne aus, die typisch für Trujillo sind. Die **Casa de la Emancipación** (Pizarro 610), der **Palacio Iturregui** (Pizarro 688; htägl. 9–17 Uhr) und die **Casa Ganoza Chopitea** (Independencia 630) mit ihrer Kunstgalerie und den beiden Löwen, die draußen Wache halten, sind einen Blick wert.

Museo Cassinelli   MUSEUM
(N de Piérola 607; Eintritt 7 S; ⊘ Mo-Sa 9–13 & 15–18 Uhr) Diese private archäologische Sammlung ist im Keller einer Repsol-Tankstelle untergebracht (die auf der Westseite der Kreuzung, nicht die auf der Ostseite) und wirklich faszinierend. Die Ausstellung umfasst rund 2000 Keramiken, die einer Sammlung italienischer Einwanderer entstammen und ganz sicher nicht unter dreckige Zapfsäulen gehören.

Museo de Arqueología   MUSEUM
(Junín 682; Eintritt 5 S; ⊘ Mo-Sa 9–17, So bis 13 Uhr) Dieses gut präsentierte Museum bietet einen Überblick über die peruanische Geschichte von 12 000 v.Chr. bis heute, mit Schwerpunkt auf den Moche-, Chimu- und

Trujillo

Inka-Zivilisationen sowie den weniger bekannten Cupisnique- und Salinar-Kulturen. Aber ein Besuch lohnt sich schon wegen des Gebäudes an sich: Die restaurierte Villa aus dem 17. Jh. ist als La Casa Risco bekannt und verfügt über imposante Säulen aus Zedernholz und schön bemalte Hofmauern.

👉 Geführte Touren

Chan Chan Tours KULTUREXKURSION
(📞 044-24-3016; chanchantourstrujillo@hotmail.com; Independencia 431; ⊙ 8–13 & 15–20 Uhr) Direkt an der Plaza de Armas. Diese renommierte Agentur organisiert Ausflüge nach Chan Chan und Moche Huacas Sol y de la Luna sowie zu weiter entfernten Zielen. Die Führer sprechen etwas Englisch.

🎉 Feste & Events

Der *marinera*-Tanz und die *caballos de paso* (Dressurvorführungen mit Pferden) gehören zu den Höhepunkten vieler Feierlichkeiten.

La Fiesta de la Marinera TANZ
Der nationale *marinera*-Wettbewerb findet in der letzten Januarwoche statt.

🛏 Schlafen

Viele Traveller ziehen das Strandflair im nahen Huanchaco vor.

Hostal Colonial HISTORISCHES HOTEL $
(📞 044-25-8261; www.hostalcolonial.com.pe; Independencia 618; B/EZ/DZ/3BZ 35/90/110/140 S; 📶) Diese geschmackvoll restaurierte, rosafarbene Kolonialvilla befindet sich in toller Lage nur einen Block von der Plaza de Armas entfernt. Das Haus ist die erste Adresse in der Mittel- und Budgetklasse. Es gehört zu HI und bietet Schlafsäle mit zwei bis fünf Räumen und jede Menge Privatzimmer, die sich über drei Etagen verteilen.

Munay Wasi Hostel PENSION $
(📞 044-23-1462; munaywasi@hotmail.com; Colón 250; B 35 S, EZ/DZ/3BZ ohne Bad inkl. Früh-

Trujillo

Sehenswertes
1 Casa de la Emancipación C3
2 Casa Ganoza Chopitea C2
3 Museo de Arqueología D3
4 Palacio Iturregui C3

Aktivitäten, Kurse & Touren
5 Chan Chan Tours A3

Schlafen
6 Hostal Colonial B2
7 Hostal el Ensueño B2
8 House-Lodge el Conde de Arce B3
9 Munay Wasi Hostel B1

Essen
10 Café Bar Museo C2
11 Chifa Heng Lung B4
12 Jugería San Agustín C4

Ausgehen & Nachtleben
13 El Celler de Cler B3
14 Picasso Lounge C3

---

stück 50/70/90 S; @ 🛜) Diese angenehme familiengeführte Pension verzaubert ihre Gäste mit einem netten Innenhof, acht Zimmern mit Warmwasser sowie einer kleinen Gemeinschaftslounge, einer Gästeküche und einer ganz anderen Atmosphäre als in den meisten anderen Häusern in Trujillo. Die Gemeinschaftsbäder sind neu renoviert.

House-Lodge el Conde de Arce   PENSION $
(🕿 044-29-5117; nathalyarrascue@hotmail.com; Independencia 577; B 20 S, EZ/DZ 45/60 S; 🛜) Diese schlichte, sichere Budgetunterkunft mit riesiger, wenn auch überfüllter Terrasse liegt mitten im Zentrum. Das ganze Haus ist ein einziges, schweißtreibendes Durcheinander, aber die Zimmer sind geräumig und blicken auf einen hellen Betoninnenhof. Es wird von der jungen, freundlichen, Englisch sprechenden Nathaly geführt, der Tochter des langjährigen Besitzers.

Hostal el Ensueño   PENSION $
(🕿 99-441-1131; www.elensuenohostal.com; Junín 336; EZ 50/60 S; 🛜) In dieser Pension ist es so heiß wie beim Teufel persönlich, aber zum Ausgleich klebt ein Jesus-Poster an der Wand. Die Zimmer sind genauso blitzeblank wie Petrus' Himmelspforte, mit gefliesten Böden und veralteten Möbeln. Unbedingt nach einem Zimmer mit Ventilator fragen.

✖ Essen

Jugería San Agustín   SAFT, SNACKS $
(Bolívar 526; Saft 2–5 S, Sandwiches 6–8 S; ⊙ Mo-Sa 8.30–13 & 16–20, So 9–13 Uhr) Dieser Laden ist dank der praktisch ununterbrochen bestehenden Schlange, die im Sommer bis um die Ecke reicht, leicht zu erkennen. Einheimische lieben die frischen Säfte, bei denen einem das Wasser im Munde zusammenläuft. Aber das ist noch nicht alles: Von den Sandwiches mit Hähnchen oder *lechón* (Spanferkel) und allem Drum und Dran berichtet man Freunden zu Hause gern per Postkarte.

Café Bar Museo   CAFE $
(Ecke Junín & Independencia; Hauptgerichte 6–15 S, Cocktails 18–22 S; ⊙ So geschl.) Dieser Favorit der Einheimischen sollte kein Geheimnis bleiben. Die hohen, holzverkleideten Wände sind mit Kunstpostern bedeckt und die klassische Maromorbar versprüht eine Mischung aus englischem Pub und Rive-Gauche-Café.

Chifa Heng Lung   CHINESISCH $
(🕿 044-24-3351; Pizarro 352; Hauptgerichte 10,50–42,50 S, menús 7–9,50 S; ⊙ bis 23.30 Uhr) Dieses Lokal gehört einer chinesischen Familie erfahrener Köche und ist eine etwas gehobenere, köstliche Option, die sich den peruanischen Gaumen schmackhaft angepasst hat. Die Karte bietet zwar eine vorhersehbare Liste kantonesischer Gerichte, aber viele Alternativen und Geschmacksrichtungen.

Mar Picante   PERUANISCH $$
(www.marpicante.com; Húsares de Junín 412; Hauptgerichte 18–30 S; ⊙ 10–17 Uhr) Wer nach Trujillo reist, ohne das *ceviche mixto*, das mit scharfen Beilagen serviert wird, in diesem von Bambus gesäumten Meeresfrüchte-Palast zu probieren, hat sein Leben nicht voll ausgekostet. Es besteht aus rohem Fisch, Krebsen, Muscheln und Zwiebeln, wie üblich in Limettensaft mariniert, serviert auf *yuca* und Süßkartoffeln mit geröstetem Mais (*canchas*) und Maiskolben.

🍷 Ausgehen

★ El Celler de Cler   PERUANISCH
(Ecke Gamarra & Independencia; Hauptgerichte 24–48 S; ⊙ 18–1 Uhr) Dieses stimmungsvolle Lokal ist der einzige Ort in Trujillo, an dem man das Abendessen (und einen der unglaublichen Cocktails) auf einem Balkon

im 2. Stock genießen kann. Er reicht einmal rundum und stammt aus dem frühen 19. Jh. Das Essen ist gehoben, u.a. Pasta und Grillgerichte, und wirklich köstlich. Die Einrichtung bestimmen Antiquitäten, die von einer amerikanischen Registrierkasse aus den 1950er-Jahren bis zu einer außergewöhnlichen Lampe aus Großbritannien aus der Zeit der Industriellen Revolution reichen.

Picasso Lounge BAR

(Bolivar 762) Diese Café-Bar im Shotgun-Stil gehört zu den trendigeren Läden in Trujillo und eignet sich perfekt für einen ersten Eindruck der zeitgenössischen lokalen Kunst. Die Ausstellungen wechseln alle zwei Monate. Wenn der Barkeeper Dienst hat (Do-Sa ab 20 Uhr), kann man aus einer vielseitigen Cocktailkarte mit einigen kreativen *pisco*-Drinks wählen.

Praktische Informationen

BCP (Gamarra 562) Bank mit Geldautomat.

Clínica Peruano Americana (044-24-2400; Mansiche 802) Die beste allgemeinmedizinische Versorgung in der Stadt, mit Englisch sprechenden Ärzten. Die Kosten richten sich nach den Mitteln des Patienten, man sollte also Bescheid sagen, wenn man nicht versichert ist.

iPerú (044-29-4561; www.peru.travel; Independencia 467, Oficina 106; Mo-Sa 9-18, So bis 14 Uhr) Hält touristische Infos und eine Liste zertifizierter Führer und Reisebüros bereit.

Policía de Turismo (044-29-1770; Independencia 572) Schockierend hilfsbereit. Die Touristenpolizei trägt weiße Hemden und ist in der Stadt immer präsent. Ein paar Beamte sprechen Englisch, Italienisch und/oder Französisch.

An- & Weiterreise

BUS

Busse sind oft voll, deshalb sollte man sein Ticket vorab kaufen und sich immer vergewissern, wo der Bus genau abfährt.

ZIEL	PREIS (S)	DAUER (STD.)
Cajamarca	16-135	6-7
Chachapoyas	65-85	15
Guayaquil (Ecu)	138-201	18
Huaraz	45-65	5-9
Lima	30-110	8-9
Máncora	30-70	8-9
Piura	25-45	6
Tarapoto	95-115	18
Tumbes	39-100	9-12

Cruz del Sur (0-801-11111; www.cruzdelsur.com.pe; Amazonas 437) Eines der größten und teuersten Busunternehmen in Peru. Cruz del Sur bietet täglich fünf Verbindungen nach Lima und sonntags, mittwochs und freitags um 23.45 nach Guayaquil. Im Zentrum befindet sich ein Ticketbüro (Gamarra 439; Mo-Sa 9-21 Uhr).

El Dorado (044-29-1778; Nicolás de Piérola 1070) Bietet fünfmal täglich (12.30, 20, 20.30, 22.20, 23 Uhr) Busse nach Piura und vier nach Máncora und Tumbes (12.30, 20, 20.30, 21 Uhr).

Línea (044-29-7000; www.linea.pe) Das Ticketbüro des Unternehmens (044-24-5181; Ecke San Martín & Obregoso; Mo-Sa 8-21 Uhr) liegt praktisch im historischen Zentrum, obwohl alle Busse am Busbahnhof (044-29-9666; Panamerica Sur 2855) abfahren; 5 S mit dem Taxi.

Móvil Tours (01-716-8000; www.moviltours.com.pe; Panamerica Sur 3955) Das Unternehmen ist auf sehr komfortable Langstreckenbusse für Touristenverbindungen spezialisiert. Fährt um 22 Uhr nach Lima und um 10, 21.40 und 22.20 Uhr nach Huaraz, wobei die letzten beiden Busse nach Caraz weiterfahren. Außerdem gibt's um 16.45 Uhr eine Verbindung nach Chachapoyas und um 15 Uhr nach Tarapato. Ein Taxi zum Busbahnhof kostet 5 S, aber man kann sich auch in der Av España ein mit rotem A gekennzeichnetes *combi* (California/Esperanza) schnappen und am Ovalo Larco aussteigen.

Ormeño (044-25-9782; Ejército 233) Unterhält zwei Nachtbusse nach Lima, um 19 Uhr und 22 Uhr, sowie einen Nachtbus (21 Uhr) nach Máncora und Tumbes, der nach Guayaquil an der ecuadorianischen Küste weiterfährt. Außerdem fährt montags und freitags um 22 Uhr ein Bus über Quito nach Bogotá in Kolumbien.

FLUGZEUG

Der Flughafen liegt 10 km nordwestlich der Stadt. Man erreicht ihn per Taxi (15-18 S) oder Bus nach Huanchaco mit einem anschließenden Fußweg von 1 km. **LAN** (044-22-1469; www.lan.com; Pizarro 340) bietet täglich drei Flüge nach/aus Lima. **Avianca** (0-800-1-8222; www.avianca.com; Real Plaza, César Vallejo Oeste 1345) fliegt dieselbe Strecke zweimal täglich für nur 150 S.

Unterwegs vor Ort

Weiß-gelb-orangefarbene *combis* fahren alle paar Minuten von La Huaca Esmeralda, Chan Chan und Huanchaco, entlang der España, Ejército und Industrial. Busse nach La Esperanza fahren die Panamericana in nordwestlicher Richtung nach La Huaca Arco Iris. Die Preise liegen bei 1,50 bis 2 S.

Ein Taxi vom Flughafen zum Stadtzentrum kostet 15 S.

Rund um Trujillo

Die Moche und die Chimú waren die beiden Kulturen, die Trujillo und sein Umland am meisten prägten, aber sie waren ganz sicher nicht die Einzigen – jedes Jahr werden neue Stätten ausgegraben.

Ein Kombiticket (Erw./Student 11/6 S) ist zwei Tage lang gültig und kann für Chan Chan im Museum gekauft werden. Dieses Ticket berechtigt auch zum Besuch der Huaca Esmeralda und der Huaca Arco Iris, zweier kleinerer Tempel der Gegend. Alle Stätten sind täglich von 9 bis 16 Uhr geöffnet.

Chan Chan

Chan Chan war einmal die größte präkolumbische Stadt in Amerika und die größte Lehmziegelstadt der Welt. Sie wurde um 1300 erbaut und muss einst ein strahlender Ort gewesen sein. Wenn man sich Chan Chan über die Panamericana nähert, ist es unmöglich, von der riesigen Fläche voller bröckelnder Lehmwände, die sich weit ins Land erstreckt, nicht beeindruckt zu sein.

In der Blütezeit des Chimú-Reichs lebten in Chan Chan etwa 60 000 Menschen. Es gab Tausende von Bauwerken – von mit Edelmetallen verzierten königlichen Palästen bis zu riesigen Grabhügeln. Obwohl die Inka das Chimú-Reich um 1460 eroberten, wurde die Stadt nicht geplündert. Das machten erst die vom Gold besessenen Spanier – und die *guaqueros* (Grabräuber) vollendeten ihre schmutzige Arbeit.

Die Chimú-Hauptstadt umfasste neun Bezirke oder königliche Komplexe. Der restaurierte **Tschudikomplex** liegt in der Nähe vom Eingang neben dem **Museum** an der Hauptstraße, etwa 500 m vor der Abzweigung nach Chan Chan. Die Wände von Tschudi waren über 10 m hoch und hatten beeindruckende Friese mit Fischen, Wellen und Meerestieren. Im Mausoleum wurde einst ein König mit einem Schatz aus zeremoniellen Beigaben für sein Leben nach dem Tod bestattet – und mit vielen geopferten Begleitern.

Minütlich fahren *combis* von Trujillo nach Chan Chan (1,50 S) vorbei an den Ecken España und Ejército sowie España und Industrial. Ein Taxi von Trujillo aus kostet 10 S.

ACHTUNG!

Es ist gefährlich, zwischen Chan Chan und Huanchaco über den Buenos-Aires-Strand zu gehen. Reisende wurden auch schon beim Besuch von archäologischen Stätten überfallen. Am besten reist man also in einer Gruppe, bleibt auf den Hauptwegen und geht immer schon früh am Tag los.

Las Huacas del Sol y de la Luna

Die **Mochetempel** (www.huacasdemoche.org.pe; Eintritt Tempel 10 S, Museum 5 S; ☺ 9–16 Uhr), ungefähr 10 km südöstlich von Trujillo gelegen, sind rund 700 Jahre älter als Chan Chan und werden der Monche-Periode zugeschrieben.

Die **Huaca del Sol** (Tempel der Sonne) ist Perus größtes präkolumbisches Bauwerk – um es zu errichten, wurde die unglaubliche Zahl von 140 Mio. Adobeziegel verwendet! Ursprünglich hatte die Pyramide mehrere Ebenen, die durch steile Treppen, große Rampen und Wände miteinander verbunden waren, die eine Neigung von 77° gegenüber der Horizontalen aufwiesen. Heute erinnert die Pyramide allerdings eher an einen riesigen Sandhaufen, doch allein ihre schiere Größe hinterlässt immer noch einen tiefen Eindruck.

Die kleinere Pyramide **Huaca de la Luna** (Tempel des Mondes) steckt voller kleiner Räume mit Keramiken, wertvollen Metallarbeiten und den wunderschönen mehrfarbigen Friesen, für die die Moche berühmt waren. Dank ihres Brauchs, alte Tempel unter neuen zu „begraben", sind sie gut erhalten geblieben und Archäologen schälen immer noch eine Schicht nach der anderen ab. Das **Museo Huacas de Moche** ist das sehnlichst erwartete Zuhause zahlreicher Ausgrabungsobjekte der Huacas del Sol y de la Luna.

Man sollte die Augen nach den haarlosen peruanischen Hunden offenhalten, die sich hier tummeln. Die Körpertemperatur der Tiere ist höher als die normaler Hunde, weshalb sie traditionell als Wärmespender für Menschen mit Arthritis verwendet werden!

Combis zu den Huacas del Sol y de la Luna fahren etwa alle 15 Minuten am Ovalo Grau in Trujillo vorbei, aber man kann auch ein Taxi nehmen (15 S).

Huanchaco

☎ 044 / 41 800 EW.

Einst muss der altmodische Fischerort Huanchaco, 12 km nordwestlich von Trujillo, mit all seinen zigarrenförmigen *totora*-Booten mit geschwungenem Bug und Heck, auch *caballitos* (kleine Pferde) genannt, in denen die Fischer den Wellen trotzten, ein unglaublicher Anblick gewesen sein. Heute gibt's an dem eher mittelmäßigen Strand nur noch wenige Besucher. Surfer und andere coole Typen haben Huanchaco übernommen und in ein etwas weniger am Nachtleben orientiertes Máncora verwandelt.

Wer zwischen den Besuchen der archäologischen Stätten rund um Trujillo noch mehr Sonne und Sand sucht, findet in Huanchaco ein lässiges Flair, das nur von Scharen blondierter Surfer (Dez.–April) und Horden wilder peruanischer Urlauber (am Wochenende) gestört wird.

🏃 Aktivitäten

Man kann bei mehreren Anbietern entlang der Hauptstraße Surfausrüstung leihen (30 S pro Tag für Neoprenanzug und Surfbrett) oder Unterricht nehmen (50 S für eine 90- bis 120-minütige Lektion).

Muchik Surf School — SURFEN
(☎ 044-63-3487; www.escueladetablamuchik.com; Av Victor Larco 650) Huanchacos dienstälteste Surfschule soll auch die zuverlässigste sein.

🛏 Schlafen

In der ganzen Stadt findet man Budgetoptionen. Falls es ein bestimmtes Restaurant oder einen Laden gibt, die man besonders mag, stehen die Chancen gut, dass dort auch Zimmer vermietet werden.

★ Naylamp — PENSION $
(☎ 044-46-1022; www.hostalnaylamp.com; Larco 1420; Camping 15–18 S, B/EZ/DZ 20/40/60 S; @ 🛜) Am Nordrand von Huanchaco und die beste unter den Budgetoptionen. Das Naylamp besteht aus einem Gebäude am Wasser und einem zweiten, größeren Haus dahinter. Die Budgetzimmer teilen sich eine große Terrasse mit Meerblick und der grüne Campingplatz bietet den perfekten Ausblick bei Sonnenuntergang. Zudem gibt's eine Küche, Wäscheservice, Hängematten und ein Café.

Hospedaje Oceano — PENSION $
(☎ 044-46-1653; www.hospedajeoceano1.com; Los Cerezes 105; Zi. 15 S/Pers.; @ 🛜) Diese unglaublich freundliche, familiengeführte Pension liegt ideal zwischen einer der grünsten und angenehmsten *plazoletas* der Stadt und dem Ozean. Hier fühlt man sich schon nach wenigen Minuten als Mitglied der Familie. Von draußen ist das Oceano von unzähligen ähnlichen peruanischen Pensionen nicht zu unterscheiden, aber die tollen mediterran inspirierten Zimmer bieten beim Abstellen des Gepäcks eine willkommene Überraschung.

La Casa Suiza — HOSTEL $
(☎ 044-63-9713; www.lacasasuiza.com; Los Pinos 308; B/EZ/DZ 25/35/85 S; @ 🛜) Die geräumigen, glänzenden Zimmer des „Schweizer Hauses" sind mit peruanischen Airbrush-Wandgemälden dekoriert. Das kleine Café unten serviert knusprig-krosse Pizza und von der Terrasse oben, auf der hin und wieder gegrillt wird, bietet sich ein schöner Ausblick. In diesem Hostel steigen weniger Surfer ab als in anderen Budgethäusern der Stadt, aber der Vibe ist trotzdem cool.

Surf Hostal Meri — HOSTEL $
(☎ 044-53-8675; www.surfhostelmeri.com; La Rivera 720; B/EZ/DZ 20/30/50 S; @ 🛜) Dieses rustikale Haus ist voller abgeschabter alter Möbel. Es liegt gegenüber vom Strand und versprüht ein vages Hippie-Flair, lässigen Gemeinschaftsgeist und Surfen-bis-zum-Umfallen-Vibes. Es ist gleichzeitig eine Surfschule und bietet jede Menge Plätze zum Abhängen, einschließlich ein paar toller Hängematten und sonnenüberfluteter Terrassen mit Meerblick. Das Restaurant serviert eine breite Mischung internationaler Lieblingsgerichte.

🍴 Essen

Am Strand von Huanchaco locken unzählige Meeresfrüchte-Restaurants. Das Essen ist im Allgemeinen recht gut, aber wer einen empfindlichen Magen hat, sollte sich vor allem in Acht nehmen, was nicht komplett gegart ist.

Otra Cosa — VEGETARISCH $
(Larco 921; Gerichte 6–13 S; ⏰ ab 8 Uhr; 🛜 🌱) Dieser niederländisch-peruanische Strandschuppen ist Huanchacos unerlässlicher Traveller-Treff und serviert leckere vegetarische Gerichte wie Falafel, Crêpes, spanische Tortillas, niederländischen Apfelkuchen und köstliche Burritos mit ordentlich Curry (von denen einer fast als Frühstücks-Burrito durchgeht). Der Kaffee ist ebenfalls ein Bio-Produkt. Das

Restaurant ist dafür bekannt, dass es sich sehr für die Gemeinde engagiert.

Restaurante

Mococho PERUANISCH, MEERESFRÜCHTE $$
(www.facebook.com/RestauranteMococho; Bolognesi 535; *menú* 45 S; ⊙13–15 Uhr, Mo geschl.) Dieses winzige Lokal liegt abgeschieden in einem ummauerten Garten. Hier lassen Don Victors Witwe und sein Sohn, Wen, seine Legende weiterleben. Es ist nicht billig, aber wunderbar frisch und ausgezeichnet, auch wenn's nach dem Essen ein Pfefferminz gibt.

El Caribe PERUANISCH $$
(Athualpa 150; Hauptgerichte 20–25 S; ⊙10–17 Uhr) Dieses Lokal ist bei den Einheimischen dank seiner Meeresfrüchte und der *comida criolla* (lokale Küche) zu fairen Preisen beliebt. Das *ceviche* kostet hier halb so viel wie in teureren Restaurants, aber doppelt so viel wie bei den billigsten – aber will man wirklich rohen Fisch für unter 10 S essen? Über das (*mero*) *ceviche* für mehrere Personen wurde schon im Magazin Saveur berichtet.

❶ An & Weiterreise

Combis fahren von der España (nahe der Industrial) in Trujillo zum Strand von Huanchaco (1,50 S). Eine Taxifahrt kostet 12 S.

Chiclayo

☎ 074 / 553 200 EW.

Das lebendige Chiclayo hat im 16. Jh. zwar zahlreiche spanische Missionare gesehen, aber *conquistadores* haben sich nie hierher verirrt. Was es an kolonialer Schönheit vermissen lässt, machen seine faszinierenden archäologischen Stätten mehr als wett. Die Moche, Sícan und Chimú haben sich alle in dieser Gegend ausgebreitet, sodass die vielseitige Stadt heute ein ausgezeichneter Ausgangsort für die Erkundung antiker Pyramiden, Gräber und Artefakte ist.

🧭 Geführte Touren

Moche Tours SIGHTSEEING-TOUR
(☎074-23-2184; www.mochetourschiclayo.com.pe; Calle 7 de Enero 638; ⊙Mo–Sa 8–20, So bis 12 Uhr) Sehr zu empfehlen; günstige tägliche Touren auf Spanisch oder Englisch.

🛏 Schlafen

Hostal Sicán HOTEL $
(☎074-20-8741; hsican@hotmail.com; Izaga 356; EZ/DZ/3BZ inkl. Frühstück 40/55/75 S; 🕾) Dieses ansprechende Haus erschafft mit poliertem Holz und gusseisernen Akzenten eine Illusion von Grandesse. Die Zimmer sind klein, gemütlich und kühl. Alle sind holzverkleidet und mit geschmackvoller Kunst und TVs ausgestattet. Eine tolle Wahl in einer der charmantesten Ziegelpflasterstraßen von Chiclayo.

Hospedaje San Lucas PENSION $
(☎074-20-6888; www.chiclayohostel.com; Aguirre 412; EZ/DZ 20/35 S; @ 🕾) Einfach, aber ordentlich und sauber. Diese Budgetoption macht seinem „Backpacker willkommen"-Motto alle Ehre. Von der obersten Etage bietet sich ein netter Blick auf die Stadt. Elektrisch beheizte Duschen gibt's auch, und lokal hergestellte Möbel aus Lorbeerholz geben dem Haus ein wenig Flair.

Hotel Paraíso HOTEL $$
(☎074-22-8161; www.hotelesparaiso.com.pe; Ruiz 1064; EZ/DZ inkl. Frühstück 100/110 S, Klimaanlage 30 S extra; ❋@🕾) Dieses preiswerte Hotel ist heller und freundlicher als seine direkten Nachbarn. Hier stimmt dank all der modernen Annehmlichkeiten, die sonst nur viel teurere Häuser bieten, das Preis-Leistungs-Verhältnis. Die makellosen, wenn auch zellenartigen Zimmer bieten anständige Möbel, heiße Duschen und Kabel-TV. Das Personal könnte allerdings mal einen Benimmkurs besuchen.

🍴 Essen & Ausgehen

El Pescador MEERESFRÜCHTE, PERUANISCH $
(San José 1236; Hauptgerichte 10–20 S; ⊙11–18 Uhr) Dieses kleine Geheimnis der Einheimischen lockt mit hervorragenden Meeresfrüchten und regionalen Spezialitäten zu lachhaften Preisen Gäste in Scharen an. Die *ceviches* sind genauso gut wie in Lokalen, die das Doppelte oder Dreifache verlangen. Die Sonderangebote am Wochenende, etwa *cabrito con frijoles* (Ziege mit Bohnen; Sa) und *arroz con pato* (Ente mit Reis; So) sind echte Schnäppchen.

Mi Tia BURGER $
(Aguirre 662; Burger 1–6 S) In diesem schlichten peruanischen Laden können die Schlangen ziemlich lang werden. Die Burger (mit jeder Menge Fritten) zum Mitnehmen sind quasi kostenlos (1–4 S) und erfreuen Sparfüchse. Wenn man sie sich vom stets lächelnden Personal neben landestypischen Klassikern an den Tisch servieren lässt, sind sie etwas teurer (2–6 S).

Restaurant Romana
PERUANISCH $$

(Balta 512; Hauptgerichte 13–25 S; ⊙ 7–1 Uhr; 📶)
Dieses beliebte Lokal serviert verschiedene lokale Favoriten. Mutige können das *chirimpico* zum Frühstück kosten: geschmorte Ziegenkutteln und Innereien, die jeden Kater kurieren – oder einen auslösen.

Tribal Lounge
BAR

(Lapoint 682; Cocktails 12–22 S; ⊙ Mo geschl.)
Eine richtige, echte Bar in Chiclayo! Dieser rockende Laden wird von einem Einheimischen geführt, der nach einem Jahrzehnt aus San Francisco in die Heimat zurückkehrte. Gute Cocktails und Livemusik (donnerstags Akustik, freitags Rock und samstags ab Mitternacht). Der perfekte Ort für eine feucht-fröhliche Nacht.

ⓘ Praktische Informationen

Internetcafés gibt's zuhauf. Im 600er-Block der Balta befinden sich mehrere Banken.

BCP (Balta 630) Mit 24-Stunden-Geldautomat für Visa und MasterCard.

Clínica del Pacífico (☎ 074-22-8585; www.clinicadelpacifico.com.pe; Ortiz 420) Die beste medizinische Versorgung der Stadt.

iPerú (Saenz Peña 838; ⊙ Mo–Fr 7–16.30 Uhr) Die beste Touristeninformation der Stadt. Weitere Filialen im Gebäude der Municipalidad de Chiclayo in der 823 Calle San José und im Museo de Tumbas Reales in Lambayeque. Falls sie geschlossen sind, einfach bei Tourenanbietern informieren.

Policía de Turismo (☎ 074-49-0892; Saenz Peña 830) Nützlich, wenn man ein Problem melden will.

ⓘ Anreise & Unterwegs vor Ort

BUS & COLECTIVO

Viele Busunternehmen sind an der Bolognesi, darunter **Cruz del Sur** (☎ 0-801-1111; www.cruzdelsur.com.pe; Bolognesi 888), **Línea** (☎ 074-23-2951; Bolognesi 638) und **Móvil Tours** (☎ 01-716-8000; www.moviltours.com.pe; Bolognesi 199). Hier einige Langstreckenverbindungen:

ZIEL	PREIS (S)	DAUER (STD.)
Cajamarca	16–40	6
Chachapoyas	30–50	10
Jaén	20–25	6
Lima	40–125	12–14
Máncora	30–35	6
Piura	15–21	3
Tarapoto	45–120	14
Tumbes	25–50	8

Vom Minibus-Terminal an der Kreuzung San José/Lora und Lora starten regelmäßig *combis* nach Lambayeque (1,50 S, 20 Min.). Die Busse nach Ferreñafe (2 S, 30 Min.) und Sipán (3,50 S, 15 Min.) fahren vom **Terminal de Microbuses Epsel** (Nicolás de Piérola, an der Oriente) ab. *Colectivos* starten in Prado bei Sáenz Peña. Die Busse nach Túcume fahren vom 13. Block der Leguia bei Óvalo del Pescador ab (2,50 S, 1 Std.).

FLUGZEUG

Der Flughafen liegt etwa 2 km südöstlich der Stadt (Taxi 5 S). **LAN** (☎ 074-27-4875; www.lan.com; Izaga 770) und (die günstigere) **Avianca** (☎ 0-800-1-8222; www.avianca.com; Cáceres 222, C.C. Real Plaza) bieten zweimal täglich Flüge nach Lima an. Letztere kosten manchmal nur 97 S.

Rund um Chiclayo

Touren zu den archäologischen Stätten kosten zwischen 45 und 60 S. Die Touren von **Reserva Ecológica Chaparrí** sind ausführlicher und umfassen geführte Wanderungen (130–140 S) durch das Schutzgebiet, bei denen man auch Tiere in den Schutzzentren besucht. Im Preis ist der Transport enthalten, Eintritte kosten aber extra.

Lambayeque

Das beeindruckende **Museo Tumbas Reales de Sipán** (www.museotumbasrealessipan.pe; Eintritt 10 S; ⊙ Di–So 9–17 Uhr) ist der ganze Stolz von Nordperu: ein echtes Weltklassemuseum (mit Ausnahme der nur spanischsprachigen Beschriftung), in dem die faszinierenden Königlichen Gräber von Sipán ausgestellt sind, u.a. das des Herrschers von Sipán selbst. Ebenfalls in Lambayeque befindet sich das **Brüning-Museum** (www.museobruning.com; Eintritt 8 S; ⊙ 9–17 Uhr), das archäologische Fundstücke der Kulturen der Chimú, der Moche, der Chavín und der Vicu zeigt.

Sipán

Die spannende Geschichte dieser **archäologischen Stätte** (Huaca Rayada; ☎ 074-80-0048; Eintritt 10 S; ⊙ 9–17 Uhr), 30 km südöstlich von Chiclayo gelegen, handelt von aufregenden vergrabenen Schätzen, *guaqueros*, einem Schwarzmarkt, der Polizei, Archäologen und mindestens einem Mord. Hunderte ausgezeichnete, unbezahlbare Artefakte wurden hier bereits gefunden, und

1987 entdeckte man außerdem die förmlich in Gold getränkte königliche Moche-Grabstätte des Herrschers von Sipán. 2009 eröffnete deshalb ein kleines, aber interessantes Museum, in dem die Funde aus dem Jahr 2007 zu sehen sind, als die Grabkammer des kriegerischen Priesters geöffnet wurde.

Ferreñafe

18 km nordöstlich von Chiclayo zeigt das **Museo Nacional Sicán** (Eintritt 8 S; ◉ Di–So 9–17 Uhr) Repliken von einigen der größten Gräber, die je in Südamerika gefunden wurden. Interessanterweise wurde der Herrscher von Sicán kopfüber beerdigt, in Fötusstellung und mit abgehacktem Kopf, dafür aber mit einem zuverlässigen Sicherheitssystem in Form von rotem, beim Einatmen giftigem Staub, der zur Abschreckung der *guaqueros* diente.

Túcume

Diese weniger bekannte **Stätte** (www.tucume.com; Eintritt 8 S; ◉ Di–So 8–16.30 Uhr) ist von einem spektakulären Klippen-*mirador* aus sichtbar, etwa 30 km nördlich von Lambayeque auf der Panamericana. Der Aufstieg lohnt sich: Oben winkt ein grandioser Panoramablick auf die weite Anlage aus verfallenen Mauern, Plazas und über zwei Dutzend Pyramiden.

Piura

☏ 073 / 387 200 EW.

Das sonnengetränkte Piura präsentiert sich inmitten der staubigen Steppenläufer der Desierto de Sechura als reines Verkehrszentrum für die Region. Hier gibt's also nicht viel zu tun, aber der Ort eignet sich ganz gut als Bremskissen auf der Reise von Nord nach Süd – ein paar Pflasterstraßen mit stimmungsvollen Häusern und Nordperus bestem Kunsthandwerksmarkt im nahen Catacaos sind nette Anreize.

◉ Sehenswertes & Aktivitäten

Catacaos DORF

Catacaos ist ein kleiner, lebendiger Ort 12 km südwestlich von Piura und die selbsternannte Hauptstadt der *artesanía* (Kunsthandwerk), ja der Region. Zu Recht: Der **Kunstmarkt** (◉ 10–16 Uhr) ist der beste in Nordperu. Er erstreckt sich über mehrere Blocks nahe der Plaza de Armas. Hier findet man ausgezeichnete Webarbeiten, filigranen Gold- und Silberschmuck, Holzschnitzereien, Keramik (einschließlich zahlreicher Stücke aus Chulucanas), Lederwaren und vieles mehr. Die beste Zeit für einen Besuch ist an den geschäftigen Wochenenden.

Combis und *colectivos* fahren von der Av Tacna in Piura häufig nach Catacaos (1,50– 2 S, 15 Min.).

🍴 Schlafen & Essen

Hospedaje Frente del Mar HOTEL $
(☏ 96-966-914; gleich nördlich der T-Kreuzung; EZ 35 S, DZ 70–100 S) Die beste Budgetoption der Stadt. Auf den Zimmern ist es heiß und die Betten sind ziemlich weich, aber das Hotel ist freundlich und sauber. Außerdem gibt's eine entspannte Terrasse mit Blick auf den Strand. Die neuen Zimmer im obersten Stock sind die besten.

★ Capuccino CAFE $$
(www.facebook.com/CapuccinoGourmet; Tacna 786; Hauptgerichte 22–45 S; ◉ So geschl.; 🛜)
Uns gefällt das: Dieses moderne Café serviert Gourmet-Sandwiches und -Salate, die sich prima zum Mittagessen eignen (auch wenn es dann schockierend leer ist). Für einen gediegeneren Abend mit edleren Gerichten und einer Flasche Wein ist man hier aber auch richtig.

ℹ An- & Weiterreise

BUS

Busse von **Cruz del Sur** (☏ 0-801-11111; www.cruzdelsur.com.pe; Ecke Bolognesi & Lima), **Tepsa** (☏ 01-617-9000; www.tepsa.com.pe; Loreto 1198), Línea, Ittsa und Transportes Chiclayo fahren nach Lima (59–135 S, 12–16 Std.). Für andere Ziele kann man es bei den im Folgenden aufgelisteten Unternehmen versuchen.

Wer nach Cajamarca und in die nördlichen Anden will, steigt am besten in Chiclayo um.

Combis nach Catacaos (1,50–2 S, 15 Min.) fahren östlich der Fußgängerbrücke San Miguel ab. Busse nach Huancabamba starten östlich der Stadt am **Terminal Terrestre Castilla** (Panamericana s/n); die 1 km lange Fahrt mit dem *mototaxi* kostet 3,50 S.

El Dorado (☏ 073-32-5875; www.transporteseldorado.com.pe; Cerro 1119) Unterhält zwischen 6.30 und 00.30 Uhr 14 Busse nach Tumbes, die in Máncora halten.

Ittsa (☏ 044-33-3982; www.ittsabus.com; Cerro 1142) Bietet Busse nach Trujillo (9, 13.30, 23.15 Uhr), Chimbote (23 Uhr) und einen *bus-cama* um 18 Uhr nach Lima.

Linea (☏ 073-30-3894; www.linea.pe; Cerro 1215) Stündlich zwischen 5 und 20 Uhr Busse

> **EINREISE NACH ECUADOR**
>
> Der Grenzstadt La Tina mangelt es an Hotels, aber die ecuadorianische Stadt Macará (3 km hinter der Grenze) bietet ein paar ordentliche Optionen. La Tina erreicht man den ganzen Tag über per *colectivo* (12 S, 2½ Std.) von Sullana, 40 km nördlich von Piura. Eine bessere Alternative ist Transportes Loja (073-30-5446; Sánchez Cerro, Km 1, Piura), die täglich drei Busse von Piura (9.30, 13 und 21 Uhr) bieten, die praktischerweise direkt hierher und weiter nach Loja in Ecuador (28 S, 8 Std.) fahren.
>
> Die Grenze befindet sich auf der internationalen Brücke über den Río Calvas und ist rund um die Uhr geöffnet. Die Formalitäten werden entspannt abgewickelt, solange die Unterlagen in Ordnung sind. Es gibt keine Banken; man kann an der Grenze oder in Macará Geld wechseln. Dank einer neuen Brücke und einer nagelneu renovierten Kontrollstation, bei der sich peruanische und ecuadorianische Zollbeamte dasselbe Gebäude auf der Brücke teilen, ist die Grenzüberquerung völlig problemlos.
>
> Bürger der EU und der Schweiz brauchen kein Visum für Aufenthalte bis zu 90 Tagen und müssen bei der Grenzüberquerung auch keine Gebühr bezahlen. Die meisten Reisenden erhalten einfach eine T3-Touristenkarte, die man bei der Ausreise wieder abgeben muss.
>
> Wer nach Ecuador einreist, findet an der Grenze Taxis (1 US$) und *colectivos* (0,50 US$), die nach Macará fahren. Dort befindet sich auch ein peruanisches Konsulat (07-269-4030; www.consuladoperumacara.com; Bolivar 134).
>
> Weitere Informationen zu dieser Grenzüberquerung in die andere Richtung gibt's auf S. 638.

nach Chiclayo und um 13.30 Uhr und 23 Uhr je einen Bus nach Trujillo.

Transportes Chiclayo (074-50-3548; www.transporteschiclayo.com; Cerro 1121) Stündliche Busse nach Chiclayo.

FLUGZEUG

Der Flughafen liegt 2 km südöstlich des Stadtzentrums. **LAN** (073-30-2145; www.lan.com; Grau 140), **Taca** (0-800-1-8222; www.avianca.com; Sánchez Cerro 234, CC Real Plaza) und **Peruvian Airlines** (011-716-6000; www.peruvian.pe; Libertad 777) bieten täglich Flüge nach/aus Lima.

Máncora

073 / 9700 EW.

Máncora ist zwar Perus wichtigstes Strandziel und kann auch mit einem der besten Strände in ganz Südamerika aufwarten, aber die Stadt selbst ist nicht viel mehr als ein glorifiziertes Surfer-Dorf mit schockierend rustikalen Unterkünften (die schickeren Optionen liegen in den Vororten). Sonnenschein und knapp 3 m hohe Wellen das ganze Jahr hindurch ziehen Scharen von Surfern an, die sich jedes Wochenende sonnenverbrannte Schulter an Schulter mit den Einheimischen drängeln. Von Dezember bis März wird's hier schwindelerregend wild und die Preise schießen in astronomische Höhen.

Aktivitäten

Zwar kann man das ganze Jahr über Surfen, die besten Wellen gibt's aber zwischen November und Februar. Am südlichen Ende des Strandes kann man Surfboards leihen (10 S/Std., 20 S/Tag). Empfehlenswert: **Máncora Beach** und **Lobitos**, 64 km südlich. Um den Preis für ein Taxi lässt sich feilschen (20–50 S).

Während der Kitesurfing-Saison (April–Nov.) erreicht der Wind bis zu 30 Knoten.

Laguna Surf Camp SURFEN
(99-401-5628; www.vivamancora.com/laguna-camp; Veraniego s/n) Die freundliche Pilar im Laguna Camp gibt für 60 S 90-minütigen Surfunterricht (einschließlich Leihboard).

Iguana Tours ABENTEUERTOUR
(073-63-2762; www.iguanastrips.com; Piura 245) Iguana organisiert für 180 S pro Person Ganztagsausflüge in den Trockenwald Los Pilares, bei denen man durch glitzernde Wasserfälle watet, schwimmt, reitet, in einem Schlammbad planscht und ein Mittagessen bekommt. Die üblichen Standardtouren gibt's auch.

Schlafen

Preiswerte Unterkünfte findet man hauptsächlich im Zentrum und am Südende des Strands.

★**Loki del Mar** HOSTEL $
(☏073-25-8484; www.lokihostel.com; Av Piura 262; B 28–39 S, Zi. 96 S, alle inkl. Frühstück; ❄@ 🛜🏊) Gesellige Traveller strömen in Scharen in die Mutter aller Strandhostels. Eigentlich ist das Loki del Mar eher ein Selbstversorger-Resort, das sich als Backpacker-Treff ausgibt. Das weißgetünchte Gebäude beherbergt geräumige Schlafsäle mit extrabreiten Betten und minimalistische Privatzimmer für alle, die Hostelflair mögen, aber auf gemeinschaftliches Schnarchen verzichten können.

Laguna Surf Camp BUNGALOW $
(☏99-401-5628; www.vivamancora.com/lagunacamp; Veraniego s/n; B/EZ/DZ 30/90/120 S, Bungalows 80–120 S; 🛜🏊) Diese entspannte Unterkunft ist ein verstecktes Schmuckstück und liegt einen Block abseits des Strands in ihrer eigenen rustikalen Oase. Die älteren Bambus-Bungalows im indonesischen Stil

> **ⓘ EINREISE NACH ECUADOR**
>
> Dubiose Praktiken am Grenzposten zwischen Ecuador und Peru in Aguas Verdes haben ihm den zweifelhaften Titel als „schlimmster Grenzübergang in Südamerika" eingebracht. Wir können das zwar nicht bestätigen, aber Wachsamkeit zahlt sich auf jeden Fall aus. Wer Geld wechseln muss, sollte dies nicht an der Grenze tun, da Betrüger und Falschgeld dort gleichermaßen verbreitet sind.
>
> Die peruanische Grenzstadt Aguas Verdes ist durch eine internationale Brücke über den Río Zarumilla mit der ecuadorianischen Grenzstadt Huaquillas verbunden. Ein neues Büro des **CEBAF** (Centro Binacional de Atención de Frontera; ⊘24 Std.) in Huaquillas bedeutet, dass man jetzt an der Grenzkontrolle aus dem Bus steigen, den Grenzbeamten seine peruanische Touristenkarte vorzeigen und dann ein paar Schritte weitergehen muss, um sich seinen Stempel für Ecuador abzuholen.
>
> Die letzte größere Stadt auf peruanischer Seite ist **Tumbes**, 107 km nördlich von Máncora. Hier kann man ganz gut eine Nacht verbringen und die umliegenden Mangroven und Naturreservate erkunden. **Preference Tours** (☏072-52-5518; turismomundial@hotmail.com; Grau 427; ⊘Mo–Sa 9–19.30, So bis 11 Uhr) organisiert Ausflüge. Auf der Plaza serviert **Sí Señor** (Bolívar 115; Hauptgerichte 15–35 S) die üblichen peruanischen Klassiker, und das **Hotel Roma** (☏072-52-4137; hotelromatumbes@hotmail.com; Bolognesi 425; EZ/DZ 45/70 S; 🛜) bietet WLAN, Kabel-TV, leistungsstarke Ventilatoren und heiße Duschen. In der Gegend sind Moskitos ein Problem und man sollte unbedingt vorab buchen – wegen der geschäftigen Grenze sind die Zimmer schnell ausgebucht.
>
> *Combis* verkehren entlang Máncoras Hauptstraße häufig nach Tumbes (10 S, 2 Std.). Von Lima aus bietet **Cruz del Sur** (☏0-801-11111; www.cruzdelsur.com.pe; Tumbes 319) die komfortabelsten Verbindungen nach Tumbes (60–175 S).
>
> Um sich vor Betrügern zu schützen, ist es eine gute Idee, mit einem Direktbus eines größeren Unternehmens aus Tumbes über die Grenze zu fahren, etwa Cruz del Sur, Civa, Ormeño oder **Cifa** (☏072-52-5120; www.cifainternacional.com; Tumbes 958); es gibt alle zwei Stunden Verbindungen nach Machala (12 S, 3 Std.) oder Guayaquil (25–118 S, 6 Std.) in Ecuador. Die billigsten Transportmöglichkeiten von Tumbes zur Grenze sind die colectivos (3,50 S, 25 Min.) und Minibusse (2 S, 40 Min.), die an verschiedenen Stellen abfahren, z.B. an der Ecke Puell und Tumbes oder Castilla und Feijoo, Letztere ist in der Nähe des Markts.
>
> Das **Büro der Einwanderungsbehörde** (☏072-56-1178; El Complejo; ⊘24 Std.) in Aguas Verdes ist 3 km von der Grenze entfernt. Wer mit dem öffentlichen Nahverkehr anreist, sollte wegen der Grenzformalitäten einen Abstecher dorthin machen. Mototaxis bringen einen anschließend zur Grenze (3 S).
>
> 3 km nördlich der Brücke ist auch die ecuadorianische Einwanderungsbehörde rund um die Uhr geöffnet. Für Ecuador fällt keine Einreisegebühr an, deshalb kann man allen Zollbeamten, die ihr Glück versuchen, höflich, aber bestimmt eine Abfuhr erteilen. Am besten nimmt man sich ein Taxi zur Brücke (2,50 US$). In Huaquillas gibt's ein paar schlichte Hotels, aber die meisten Traveller steigen direkt in einen Bus, der sie nach Machala bringt.
>
> Weitere Informationen zu dieser Grenzüberquerung in die andere Richtung gibt's auf S. 664.

stehen in einem hübschen sandigen Garten in der Nähe des Wassers und bieten jede Menge Schaukeln und schattige Hängematten für tagelange Entspannung. Die neuen Schlafsäle mit fünf Betten sind ein Segen für alle mit kleinem Budget.

Kokopelli   HOSTEL $
(☎ 073-25-8091; www.hostelkokopelli.com; Piura 209; B 32–40 S, Zi. 100 S, alle inkl. Frühstück; ❄ @ ⛶ ☆) Das heimeligste Hostel der Stadt gehört zu einer erfolgreichen peruanischen Hostel-Kette. Es bietet keinen Strandzugang, aber einen kleinen Pool, einen coolen Barbereich, farbenfrohe Schlafsäle mit freigelegten Ziegeln und drei Privatzimmer mit eigenem Safe – eine echte Seltenheit in peruanischen Hostels. Eine tolle Alternative, falls die erste Wahl schon ausgebucht ist.

Marcilia Beach Bungalows   BUNGALOW $$
(☎ 073-69-2902; www.marciliadevichayito.com; Antigua Panamericana, Km 1212; Zi. pro Person mit/ohne Meerblick 100/80 S, alle inkl. Frühstück; @ ☆) Ein freundliches, dreisprachiges peruanisches Pärchen hat diese rustikalen Bungalows am Vichayito-Strand nach jahrelanger Karriere auf Kreuzfahrtschiffen übernommen. Jeder verfügt über eine elektrisch beheizte Dusche und ein sehr nettes Bad, aber der wahre Knüller ist der Bungalow direkt am Meer: Wer den bucht, hat das Gefühl, der ganze Strandstreifen wäre sein ganz persönliches privates Paradies.

✘ Essen & Ausgehen

Meeresfrüchte stehen hier ganz oben, und die Gringo-Scharen haben zu Kreationen wie Frühstücksburritos und griechischen Salaten inspiriert. Frühstück findet man leicht, aber Mittagessen vor 13 Uhr sucht man vergeblich.

Angela's Place   FRÜHSTÜCK $
(Piura 396; Frühstück 6,50–14 S, Hauptgerichte 5–12 S; ⊙ ab 8 Uhr; ♪) Angela, die österreichische Brot-Zauberin, fing vor Jahren an, köstliches Brot aus Süßkartoffeln, *yuca* und Weizenmehl vom Fahrrad aus zu verkaufen. Heute bekommt man es in ihrem fröhlichen Café in der Hauptstraße, zusammen mit kreativen, sättigenden vegetarischen (und veganen) Gerichten, energiegeladenen Frühstückskombos und süßem Gebäck.

Green Eggs & Ham   FRÜHSTÜCK $
(Grau 503; Gerichte 15–18 S; ⊙ 7.30–16.30 Uhr) Dieses von dem US-amerikanischen Autor Dr. Seuss inspirierte Frühstückscafé ist kein bisschen albern. Gringos lieben es, weil das Frühstück (Pfannkuchen, French Toast, Bratkartoffeln) auch das schlimmste Heimweh heilt. Das schmeckt zwar alles lecker, aber der wahre Clou ist die Terrasse im 2. Stock – mit hohem Palmendach und direkt neben den brandenden Wellen.

★ La Sirena d'Juan   PERUANISCH $$
(☎ 073-25-8173; Piura 316; Hauptgerichte 30–35 S; ⊙ Di geschl.; ☆) Gut gemacht, Junge! Der einheimische Juan hat sein kleines Fischrestaurant in der Hauptstraße in das beste Restaurant Nordperus verwandelt. Das Highlight ist der Gelbflossenthunfisch frisch aus den Gewässern Máncoras, egal, ob als *tiradito* (eine Art peruanisches Sashimi) in gelbem Curry oder gegrillt mit einem Chutney aus Mango, *rocoto* und roter Paprika.

❶ Praktische Informationen

Die Av Piura ist von Internetcafés, Geldautomaten und *lavanderías* (Waschsalons) gesäumt. In der **Banco de la Nación** (Piura 625) kann man US-Dollars wechseln. Abends sollte man am Strand vorsichtig sein, da sich Taschendiebe als Jogger ausgeben und mit dem geklauten Handy davonrennen! Auf der Website www.vivamancora.com gibt's nützliche Informationen für Reisende.

❶ An & Weiterreise

Die meisten Busse Richtung Süden fahren von Tumbes nach Lima. Die häufig fahrenden *combis* nach Tumbes (10 S, 2 Std.) passieren die Hauptgeschäftsstraße von Máncora. **El Dorado** (☎ 073-25-8161; www.transporteseldorado.com.pe; Grau 213) bietet die häufigsten Fahrten zu südlicheren Zielen wie Piura (20–95 S), Chiclayo (39–100 S) und Trujillo an (30–87 S).

HUARAZ & DIE KORDILLEREN

Rund um Huaraz locken die Gebirgsregionen der Cordillera Blanca und der Cordillera Huayhuash mit Seen von der Farbe geschmolzener Topase. Sie liegen friedlich unter dem Gipfel, auf denen scheinbar jeden Moment eine Lawine losbrechen könnte – 22 prächtige Berge über 6000 m Höhe machen diese Gebirgskette zur weltweit höchsten außerhalb des Himalajas.

Sowohl Perus höchster Punkt, der 6768 m hohe Huascarán, als auch der wie gemalt wirkende 5999 m hohe Artesonraju (angeblich der Berg, den das Logo von Paramount Pictures zeigt) ragen hier über den Andendörfern und der netten Stadt Huaraz auf. Sie ist das Herz eines der wichtigsten Wander-, Mountainbike- und Klettergebiete Südamerikas. Die Ehrfurcht gebietende natürliche Schönheit von alledem ließe sich auch mit einer Million Superlative noch nicht angemessen beschreiben.

Huaraz

043 / 64 110 EW.

Die rastlose Abenteuerhauptstadt Huaraz in den Anden kommt dank ihrer gesegneten Lage inmitten einiger der schönsten Berge der Welt erst richtig zur Geltung. Auch wenn sie 1970 durch ein Erdbeben fast vollständig ausgelöscht wurde, hat sich Huaraz wieder erholt und zu Perus Meisterstück in Sachen „erhöhter Adrenalinspiegel" entwickelt, wobei Wander- und Bergsteigeabenteuer die Liste der nervenaufreibenden Aktivitäten anführen. In der Hochsaison (Mai–Sept.) wimmelt es hier von Adrenalinjunkies jeder Art, wohingegen die Stadt während des restlichen Jahres recht müde vor sich hinkrabbelt und viele Einwohner ihre Läden schließen und sich zu den Stränden aufmachen.

Sehenswertes

Museo Regional de Ancash MUSEUM
(Plaza de Armas; Erw./Kind 5/1 S; Di–Sa 8.30–17.15, So 9–14 Uhr) Das Museo Regional de Ancash zeigt eine der bedeutendsten Sammlungen antiker Steinskulpturen in Südamerika. Es ist klein, aber interessant, mit mehreren Mumien, einigen trepanierten Schädeln und einem Garten mit steinernen Monolithen aus der Recuay- (400 v. Chr.–600 n. Chr.) und der Wari-Kultur (600–1100 n. Chr.).

Monumento Nacional Wilkahuaín RUINE
(Erw./Student 5/2 S; Di–So 9–17 Uhr) Diese kleine Wari-Ruine 8 km nördlich von Huaraz ist erstaunlich gut erhalten und stammt aus der Zeit zwischen 600–900 n. Chr. Sie ist ein Nachbau des Tempels von Chavín im Tiwanaku-Stil. „Wilkahuaín" bedeutet „Haus des Enkels" auf Quechua. Der dreistöckige Tempel beherbergt sieben Räume auf jeder Etage, die ursprünglich Mumien-Bündel beherbergten. Die Leichen wurden mittels eines ausgeklügelten Systems aus Lüftungsschächten trocken gehalten. Die kleineren Ruinen von **Wilkahuaín Pequeno** sind ganz in der Nähe zu sehen.

Aktivitäten

Trekking & Bergsteigen

Die besten Wanderungen unternimmt man in der **Cordillera Blanca** im Parque Nacional Huascarán und in der Cordillera Huayhuash. Die gesamte Ausrüstung kann ausgeliehen oder gekauft werden. Dazu gehören unbedingt Karten, Wanderführer (in Buchform), Packtiere, *arrieros* (Fahrer) und einheimische Führer. Für einen All-inclusive-Wander- oder Kletterausflug muss man mit etwa 120 bis 150 S pro Person und Tag rechnen. Die geliehene Ausrüstung immer genau unter die Lupe nehmen!

Die Führer sollte man in der Casa de Guías (S. 957) auf ihre Registrierung hin überprüfen.

Skyline Adventures TREKKING, BERGSTEIGEN
(043-42-7097; www.skyline-adventures.com; Pasaje Industrial 137) Dieser Luxusanbieter gleich außerhalb von Huaraz wird wärmstens empfohlen und bietet Führer für Wanderungen und Bergsteigertouren sowie 6- und 12-tägige Bergsteigerkurse an.

Eco Ice Peru TREKKING
(www.ecoice-peru.com; Figueroa 1185; 8–18 Uhr) Diese neue Agentur wird von einem geselligen, leidenschaftlichen jungen Führer geleitet und erhält von Travellern Bestnoten für ihren Kundenservice. Die Wanderungen enden oft mit einem Abendessen im Haus des Besitzers in Huaraz.

Klettern

In der Cordillera Blanca – vor allem bei Chancos (in der Nähe von Marcará), Monterrey und Recuay – gibt's ideale Kletterreviere. Für eine große Wand, die einen tagelang beschäftigt, fährt man am besten zum berühmten Torre de Parón (alias Sphinx) bei der Laguna Parón, 32 km östlich von Caraz. Viele Agenturen, die Wanderungen organisieren, bieten auch Kletterausflüge an und verleihen Ausrüstung. Galaxia Expeditions (www.galaxia-expeditions.com) hat eine Kletterwand im Haus.

Mountainbike fahren

Mountain Bike Adventures MOUNTAINBIKEN
(043-2-4259; www.chakinaniperu.com; Lúcar y Torre 530, 2. St.; 9–13 & 15–20 Uhr) Mountain Bike Adventures ist schon seit einem Jahrzehnt im Geschäft und wird von Mountainbikern dank seiner guten Auswahl an Rädern, dem ebenso kompetenten wie freundlichen Personal und der guten Sicher-

Huaraz

heitsbilanz immer wieder gern gewählt. Das Unternehmen bietet geführte Touren an, die von leichten fünfstündigen Fahrten bis zu 12-tägigen Routen durch die Cordillera Blanca reichen. Preise beginnen bei rund 160 S für eine Tagestour.

👉 Geführte Touren

Mit dem Bus kommt man zur Ruine von Chavín de Huántar; eine andere Tour führt nach Yungay zu den wunderschönen Lagunas Llanganuco, von wo aus man einen fantastischen Blick auf Huascarán hat; ein drittes Ziel ist Caraz mit der malerischen Laguna Parón. Oder man fährt zu den riesigen *Puya raimondii* (die bis zu 100 Jahre alt und bis zu 10 m hoch werden können) und dem Gletscher bei Nevado Pastoruri. Ganztagestouren kosten 30 bis 45 S, zuzüglich Eintrittsgelder. Der Service richtet sich an Peruaner, Englisch ist nicht zu erwarten.

🎆 Feste & Events

El Señor de la Soledad KULTUR
Ab dem 3. Mai huldigt Huaraz seinem Schutzheiligen (dem Herrn der Einsamkeit). Das einwöchige Fest wird mit Feuerwerk, Musik, Tanz, Prozessionen mit aufwendigen Kostümen und jeder Menge Alkohol gefeiert.

det sich im selben Gebäude wie das Café Andino und lockt mit freundlichen Zimmern mit durchweg heimeligen Akzenten. Noch besser: Die Besitzer sind sehr nett und hilfsbereit – das hilft gegen Heimweh. Die Gäste teilen sich Bäder und heiße Duschen, und im oberen Stock gibt's einen Gemeinschaftsbereich mit kleiner Küche.

Jo's Place PENSION $
(043-42-5505; josplacehuaraz@hotmail.com; Villazón 278; Stellplatz 10 S/Pers., B 15 S, Zi. mit/ohne Bad 50/40 S; @ 🛜) Fröhliche Farbkleckse und ein weitläufiger Rasen machen diese preiswerte Pension mit schlichten, aber funktionalen Zimmern, die auf vier durch eine Wendeltreppe verbundene Etagen verteilt sind, zu einer guten Unterkunftsmöglichkeit. Auf Wunsch gibt's Englisches Frühstück. Wer keinen Luxus braucht, findet kaum was Billigeres.

Cayesh Guesthouse PENSION $
(043-42-8821; Morales 867; B 20 S, EZ/DZ 35/50 S, ohne Bad 30/40 S; 🛜) Eine solide Budgetoption, die einfache Zimmer mit komfortablen Betten und Küchennutzung bietet. Das Personal spricht fließend Englisch.

Albergue Benkawasi PENSION $
(043-43-3150; www.huarazbenkawasi.com; Parque Santa Rosa 928; B 25 S, EZ/DZ 50/70 S; @ 🛜) Das Benkawasi mit Fenstern aus Colaflaschenglas, Tagesdecken auf den Betten und Ziegelwänden versprüht das Flair eines Bergchalets aus den 1970er-Jahren. Der Besitzer und seine Englisch sprechende peruanisch-libanesische Frau sind jung und gut gelaunt, und die Unterkunft bietet ein ausgezeichnetes Preis-Leistungs-Verhältnis.

★ Albergue Churup BOUTIQUE-HOSTEL $$
(043-42-4200; www.churup.com; Figueroa 1257; B 30 S, EZ/DZ inkl. Frühstück 85/120 S; @ 🛜) Dieses äußerst beliebte, familiengeführte Hostel bekommt als Budgetunterkunft stets Bestnoten. Die makellosen, gemütlichen Zimmer teilen sich komfortable, bunte Lounges auf jedem Stock. Das Highlight des Hauses ist ein riesiger, von einem Kamin beheizter Gemeinschaftsbereich mit tollem 180-Grad-Panorama auf die Cordillera.

Olaza's Bed & Breakfast PENSION $$
(043-42-2529; www.olazas.com; Arguedas 1242; EZ/DZ/3BZ inkl. Frühstück 80/100/150 S; @) Dieses hübsche kleine Hotel mit großzügigen Bädern und gemütlichen Betten lockt obendrein mit einem großen Loungebereich

Festival de Andinismo BERGSTEIGEN
Dieses Fest findet jedes Jahr im Juni statt und zieht mit Wettbewerben und Ausstellungen Bergsteiger aus mehreren Ländern an.

🛏 Schlafen
Einheimische warten an Bushaltestellen, um Übernachtungen in ihren Häusern anzubieten; *hostales* tun dasselbe. Nicht bezahlen, bevor man das Zimmer gesehen hat.

Familia Meza Lodging PENSION $
(94-369-5908; Lúcar y Torre 538; Zi. 25 S/Pers.; 🛜) Diese charmante Familienpension befin-

Huaraz

🔵 Sehenswertes
1 Museo Regional de Ancash C4

🟢 Aktivitäten, Kurse & Touren
2 Eco Ice Peru F4
3 Mountain Bike Adventures C2

🛏 Schlafen
4 Albergue Benkawasi A5
5 Albergue Churup F4
6 Cayesh Guesthouse D3
   Familia Meza Lodging .... (siehe 3)
7 Olaza's Bed & Breakfast F4

🍴 Essen
   Café Andino .... (siehe 3)
8 California Café B4
9 Chili Heaven D3
10 La Brasa Roja C5
11 Rinconcito Mineiro D2
12 Taita D3

🍷 Ausgehen & Nachtleben
13 El Tambo D2
   Los 13 Buhos .... (siehe 9)
14 Tio Enrique C4

ℹ Praktisches
15 Casa de Guías C3
16 iPerú C3
17 Parque Nacional Huascarán (Büro) B5
   Policía de Turismo .... (siehe 16)

---

im oberen Stock und riesiger Panoramaterrasse. Der Besitzer ist eine echte Größe in der Trekking- und Tourismusszene von Huaraz. Er kann Tipps geben, ganz egal, wohin man möchte (sofern er da ist). Abholung vom Busbahnhof ist inklusive.

🍴 Essen

Café Andino
CAFÉ $

(www.cafeandino.com; Lúcar y Torre 530, 3. St.; Frühstück 8–24 S, Hauptgerichte 18–25 S; 📶🍴) Dieses moderne Café im obersten Stock bietet reichlich Platz und Licht sowie gemütliche Lounges, Kunst, Fotos, einen knisternden Kamin, Bücher und angesagte Musik – der ultimative Traveller-Treff in Südamerika. Frühstück (Belgische Waffeln, *huevos rancheros*) und lange vermisste Snacks (Nachos) gibt's hier den ganzen Tag. Der beste Ort in der Stadt für Infos zu Trekking in der Gegend.

Rustika
PERUANISCH $

(Ricardo Palma 200; Hauptgerichte 12–25 S; ⏰9.30–23.30 Uhr) Wer eine echte lokale Erfahrung machen will, sollte den Hügel zu diesem stimmungsvollen Restaurant besteigen, das aus Baumstämmen und Buntglas zusammengebaut wurde. Es seviert leckere traditionelle Gerichte, beispielsweise *ceviche* und grillte *cuy* (Meerschweinchen). Die Tische stehen in diversen Nischen und Winkeln, aber am schönsten isst man draußen auf der Terrasse mit tollem Blick auf die Berge und peruanischer Popmusik als Soundtrack.

Taita
PERUANISCH $

(Larrea y Laredo 633, 2. St.; Hauptgerichte 5,50–18 S; ⏰11–15 Uhr) In diesem stimmungsvollen Lokal wird ausgezeichnetes *chocho* serviert, die alpine Antwort auf *ceviche*, bei der der Fisch durch *lupine* (eine andinische Hülsenfrucht) ersetzt wird. Außerdem gibt's *ceviche*, *leche de tigre* (ceviche-Saft) und *chicharrónes* (frittierte Schweineschwarte). Immer die richtige Wahl.

Rinconcito Mineiro
PERUANISCH $

(Morales 757; Menü 8–16 S, Hauptgerichte 12–35 S; ⏰7–23 Uhr; 📶) Dieses beliebte Restaurant ist der Ort für traditionelle, günstige peruanische *menús* (feste Menüs). Auf der Tageskarte stehen rund zehn Optionen, etwa das ausgezeichnete *lomo saltado* (gebratene Rinderstreifen mit Zwiebeln, Tomaten, Kartoffeln und Chili), gegrillte Forelle, *ta-cu-tacu* (ein peruanisches Fusion-Gericht mit Reis, Bohnen und einem Protein) und Ähnliches.

California Café
FRÜHSTÜCK, CAFÉ $

(www.huaylas.com; Jiron 28 de Julio 562; Frühstück 13–25 S; ⏰7.30–18.30, So bis 14 Uhr; 📶) Dieser hippe Traveller-Magnet wird von einem Kalifornier geführt und serviert zu jeder Tageszeit Frühstück sowie leichtes Mittagessen und Salate – ein trendiger, gechillter Laden, in dem man gut ein paar Stunden verstreichen lassen kann. Man kann den ganzen Tag der grandiosen Weltmusik-Sammlung lauschen oder in einem von Hunderten Büchern schmökern, die in der Tauschbörse warten.

La Brasa Roja
PERUANISCH $

(Luzuriaga 915; Hauptgerichte 11,50–27 S; ⏰12–23 Uhr) Diese tolle *pollería* (auf Grillhähnchen spezialisiertes Restaurant) ist der ultimative Boxenstopp für alle mit kleinem Budget. Das Hähnchen ist nicht nur perfekt, es wird auch noch mit fünf – ruhig nachzählen: Es sind wirklich fünf! – statt der üblichen drei Saucen serviert (schwarze Olive und Senf legen einen Überraschungsauftritt hin). Die anderen Hauptgerichte sind mehr oder weniger zu empfehlen, aber mit etwas Glück spielt live ein Geiger – ehrlich!

★ Mi Comedia ITALIENISCH $$
(Centenario 351; Hauptgerichte 25–32 S; ⊙ Mo-Sa 17–23 Uhr) Pizzerias sind in Huaraz allgegenwärtig, aber wer einmal in diesem freundlichen Lokal gegessen hat, geht nie mehr woanders hin. Die Pizzas werden mitten im Gastraum zubereitet und alle mit köstlich-knusprigem Rand und farmfrischer Tomatensauce serviert. Ein paar ausgezeichnete Pastagerichte gibt's auch. Reservierung empfohlen!

Chili Heaven INDISCH, THAILÄNDISCH $$
(Parque Ginebra; Hauptgerichte 17–35 S; ⊙ 12–23 Uhr) Egal, ob man auf Indisch oder Thailändisch Lust hat, die feurigen Currys in diesem angesagten Laden lassen die Geschmacksknospen sofort explodieren und schütteln sie gewaltig durcheinander – bis man glaubt, man sei gestorben und in den Chili-Himmel (daher der Name) aufgefahren. Die hauseigene Sauce wird sogar in Flaschen abgefüllt. Ernstzunehmende Konkurrenz für die peruanische Küche.

Ausgehen

★ Los 13 Buhos BAR
(Parque Ginebra; ⊙ 11 Uhr–open end) Diese tolle, coole Café-Bar befindet sich im jüngst renovierten Parque Ginebra und ist der Hit. Der Besitzer, Lucho, war der erste Craft-Beer-Brauer in Huaraz und bietet fünf leckere Sorten an, darunter auch rote und schwarze Ales. Außerdem zaubert er thailändische Currys und fantastische feste Menüs. Dies ist die beste Bar der Stadt, wenn man ein kühles, hausgebrautes Blondes genießen oder eine von flüssigem Gold inspirierte Unterhaltung führen möchte.

El Tambo BAR, CLUB
(José de la Mar 776; ⊙ 21–4 Uhr) Wer mal wieder richtig abtanzen möchte, ist in der beliebtesten Disco der Stadt richtig. Hier gibt's Bäume auf der Tanzfläche und jede Menge Nischen und Ecken, in denen man sich verstecken kann. Sie ist bei *extranjeros* (Ausländern) und Peruanern gleichermaßen angesagt und die Musik reicht von Techno-*cumbia* über die Top 20, Salsa und Reggae bis zu so gut wie allem dazwischen.

Tio Enrique BAR
(Bolivar 572; ⊙ 17–23 Uhr) Wer Bier mag, wird diese gemütliche Kneipe mit Schweiz-Motto, langer Bar und Gemeinschaftstischen aus Kiefernholz ganz sicher lieben. Sie ist bei Hardcore-Kletterern beliebt und serviert rund drei Dutzend Sorten Importbier aus Großbritannien, Belgien und Deutschland sowie köstliche Grillwürste, die vom charismatischen, Schürze tragenden Besitzer direkt an der Tür gebrutzelt werden.

ⓘ Praktische Informationen

GEFAHREN & ÄRGERNISSE
Huaraz ist eine sichere Stadt mit geringer Verbrechensrate. Leider werden Wanderer und Reisende aber auch hier bestohlen, vor allem in der Gegend rund um den Mirador de Retaqeñua und die Ruinen von Wilkahuaín (manchmal auch Wilcawain geschrieben). Auch übermüdete Backpacker, die frühmorgens mit Übernachtbussen ankommen, sind beliebte Opfer der Diebe. Deshalb sollte man unbedingt immer wachsam bleiben und in einer Gruppe gehen oder ein Taxi rufen, um Probleme zu vermeiden.

GELD
BCP (Luzuriaga 691)
Interbank (José Sucre 687)

NOTFALL
Casa de Guías (☏ 043-42-1811; www.casadeguias.com.pe; Parque Ginebra 28G; ⊙ Mo-Fr 9-13 & 16-20, Sa 8-12 Uhr) Bietet Bergsicherheits- und Bergrettungskurse an und hält eine Liste mit international zertifizierten Führern bereit. Führt außerdem Rettungsaktionen durch, wenn Kletterer in Not geraten. Wer einen riskanten Aufstieg plant, sollte zuerst mit den Experten hier reden.
Policía de Turismo (☏ 043-42-1341; Luzuriaga 724; ⊙ 24 Std.) An der Westseite der Plaza de Armas.

POST
Serpost (Luzuriaga 702; ⊙ Mo-Fr 8.30–20, Sa bis 17.30 Uhr) Postamt.

TOURISTENINFORMATION
iPerú (☏ 043-42-8812; iperuhuaraz@promperu.gob.pe; Pasaje Atusparia, Oficina 1, Plaza de Armas; ⊙ Mo-Sa 9–18, So bis 13 Uhr) Allgemeine Touristeninformation, wenig Trekking-Hinweise.
Büro des Parque Nacional Huascarán (☏ 043-42-2086; www.sernanp.gob.pe; Sal y Rosas 555; ⊙ Mo-Fr 8.30–13 & 14.30–18, Sa bis 12 Uhr) Die Belegschaft kann kaum Auskünfte über den Park geben.

❶ An & Weiterreise

Der **Flughafen** von Huaraz befindet sich eigentlich in Anta, 23 km nördlich der Stadt. Ein Taxi dorthin kostet rund 40 S. **LC Perú** (043-42-4734; www.lcperu.pe; Luzuriaga 904) bietet tägliche Flüge um 5.30 Uhr von Lima aus an.

Abfahrt nach Lima ist meist am späten Vormittag oder am Abend. **Cruz del Sur** (043-42-8726; Bolívar 491) bietet Nonstop-Luxus-Busreisen an. **Móvil Tours** (043-42-2555; www.moviltours.com.pe; Confraternidad Internacional Oeste 451) bietet ebenfalls Komfort und hat ein **Ticketbüro** (Bolívar 452) in der Stadt.

Línea (043-42-6666; Bolívar 450) und Móvil Tours fahren direkt nach Chimbote und weiter nach Trujillo. Im **Yungay Express** (043-42-4377; Raimondi 930) erwartet die Reisenden eine anstrengende Fahrt über den beeindruckenden Cañón del Pato, der einem das Blut in den Adern gefrieren lässt oder über den 4225 m hohen Punta Callán nach Chimbote.

Der **Chavín Express** (42-8069; Cáceres 330) fährt nach Chavín de Huántar und weiter nach Huari.

Tagsüber fahren an der Quilcay-Brücke (Fitzcarrals) oft Minibusse nach Caraz und Yungay.

Im Folgenden einige Beispiele zu Fahrtzeiten und Preisen (die Preise variieren abhängig von der Ausstattung der Busse):

ZIEL	PREIS (S)	DAUER (STD.)
Caraz	6	1½
Chavín	12	2½
Chimbote	20–60	5–9
Huari	15	5
Lima	35–100	8
Trujillo	35–60	7
Yungay	5	1

Parque Nacional Huascarán

Dieser 3400 km² große **Nationalpark** liegt auf 4000 m Höhe, nimmt beinahe das gesamte Gebiet der Cordillera Blanca

Huaraz & die Kordilleren

ein und platzt vor malerischen Smaragdseen, grellbunten alpinen Wildblumen und roten *quenua*-Bäumen geradezu aus allen Nähten.

Für den beliebtesten Backpacker-Rundweg, den Santa-Cruz-Trek, benötigt man vier Tage. Er führt auch zum Punta-Unión-Pass (4760 m) hinauf, der die vielleicht beste Aussicht auf die Anden in ganz Peru bietet. Die gut ausgeschilderte Strecke führt vorbei an eisigen Wasserfällen und Seen, über moosige Wiesen und durch grüne Täler. *Colectivo*-Taxis fahren häufig von Caraz zum Anfang des Wanderwegs in Cashapampa (10 S, 1½ Std.).

Während Santa Cruz den Hauptanteil der Besucher anzieht, bieten Dutzende anderer Trekking-Möglichkeiten in der Cordillera Blanca atemberaubende, jedoch menschenleere Landschaften.

Man kann verschiedene Wege wählen – von Tageswanderungen bis zu anspruchsvollen zweiwöchigen Treks ist alles möglich. Viele Routen sind jedoch nicht klar ausgeschildert, sodass man am besten einen Führer oder eine sehr gute topografische Karte mitnimmt. Wer nur wenig Geld oder Zeit hat, kann auf die sensationelle Tageswanderung zur Laguna 69 ausweichen, die wunderschöne Ausblicke auf die überwältigende Bergwelt sowie großartige Wasserfälle bietet und in dem wie gemalt wirkenden blauen See ihren Höhepunkt findet, der dem Trek den Namen gegeben hat – ein grandioser Einblick in die phänomenale Landschaft dieser Gegend.

Im Nationalpark-Büro in Huaraz kann man sich mit seinem Reisepass anmelden und die Eintrittsgebühr für den Park bezahlen. Man kann sich auch an Kontrollstationen registrieren lassen und bezahlen, aber deren Öffnungszeiten variieren. Man sollte die Gebühr nicht umgehen oder sich darüber ärgern: Die Cordillera Blanca ist wirklich einer der atemberaubendsten Orte unseres Planeten. Einige Gemeinden am Beginn der Wanderwege, z. B. Cashapampa, verlangen mittlerweile eine zusätzliche Gebühr von etwa 10 S pro Person.

Wenn auch willkürlich angewandt, schreibt das Gesetz einen lizenzierten Führer für alle Wanderungen vor, es sei denn, man kann sich als Mitglied eines der von der UIAA akzeptierten Bergsteigerclubs ausweisen. Besonders streng wird diese Vorschrift bei allen bergsteigerischen Aktivitäten ausgelegt.

NÖRDLICHES HOCHLAND

Große Gebiete unerforschten Urwalds und nebelverhangener Bergzüge bewachen die Geheimnisse des nördlichen Hochlands von Peru. Hier erstrecken sich Andengipfel und Nebelwald von der Küste bis in den tiefsten Amazonas-Urwald. Diese Außenposten, in denen sich immer wieder Relikte von alten Kriegern und Inkakönigen finden, sind bis heute nur über ein paar unbefestigte, holprige Straßen mit dem Rest der Welt verbunden.

Cajamarca

076 / 246 536 EW.

Die kolonialen Pflasterstraßen von Cajamarca zeugen vom letzten Gefecht des mächtigen Inka-Reichs: Atahualpa, der letzte Inka, wurde hier von Francisco Pizarro besiegt und später auf dem Hauptplatz hingerichtet. Nur die atemberaubende Barock-, Gotik- und Renaissance-Architektur von Cajamarcas zahlreichen Kirchen ist heute noch erhalten. Die einzige Ausnahme bildet das Cuarto del Rescate, wo Atahualpa gefangen gehalten wurde – die letzte Inkaruine der Stadt. Heute bedeckt fruchtbares Farmland das gesamte Tal, das während der Regenzeit sogar noch grüner ist.

◉ Sehenswertes & Aktivitäten

Die folgenden zentral gelegenen Attraktionen sind von Dienstag bis Samstag offiziell von 9 bis 13 Uhr sowie von 15 bis 18 Uhr und sonntags nur von 15 bis 18 Uhr geöffnet. Sie haben keine offiziellen Adressen. Wer die Sehenswürdigkeiten besuchen möchte, muss beim **Instituto Nacional de Cultura** (El Complejo de Belén; Eintritt Erw./Student 7,50/4 S; ⊙ Di–So 9–13 & 15–18 Uhr) ein Ticket kaufen, das für alle Stätten gilt.

El Cuarto del Rescate RUINE
(Die Lösegeld-Kammer; Puga; Erw./Student 7,50/4 S; ⊙ Di & Mi 9–13, Do–Sa 9–20, So 9–13 Uhr) In der Cuarto del Rescate, dem einzigen Inka-Gebäude, das in Cajamarca noch steht, war der Inka-Herrscher Atahuala inhaftiert. Das kleine Zimmer verfügt über drei trapezförmige Türen und einige ähnlich geformte Nischen in den inneren Mauern – der typische Inka-Baustil. Besucher dürfen die Kammer nicht betreten, aber von draußen kann man die rote Linie sehen, die die ursprüngliche Decke des Baus markiert – und

bis zu der er mit Schätzen gefüllt werden musste, um Atahualpas Freilassung zu erwirken.

Museo de Arqueológico & Etnografía MUSEUM
(Ecke Belén y Commercio; Eintritt 5 S; ⊙ Di–Sa 9–13 & 15–18, So 9–13 Uhr) Dieses kleine, interessante Museum befindet sich im Antigua Hospital de Mujeres, nur wenige Meter vom El Complejo de Belén entfernt. Es zeigt Sammlungen mit präkolumbischen Tonwaren und Steinstatuen sowie Ausstellungen lokaler Trachten und Kleidung, Haushalts- und landwirtschaftlicher Geräte, Musikinstrumente und Kunsthandwerk aus Holz, Knochen, Leder und Stein.

Iglesia de San Francisco KIRCHE, MUSEUM
(Calle 2 de Mayo; Eintritt 5 S; ⊙ Mo–Fr 10–12 & 16–18, Sa 10–12 Uhr) Im Inneren der Iglesia de San Francisco findet man aufwendige Steinreliefs und dekadente Altäre. Ein Besuch des **Museo de Arte Religioso** (Museum für Religiöse Kunst) zeigt religiöse Gemälde indigener Künstler aus dem 17. Jh. sowie unheimliche **Katakomben**: In einem Raum sieht man die ordentlichen Gräber von Mönchen, in einem anderen die bloßen, formlos beerdigten Skelette, die vor Ort in indigenen Gräbern entdeckt wurden.

Cerro Santa Apolonia AUSSICHTSPUNKT
(Eintritt 1 S; ⊙ 7–19 Uhr) Dieser in einem Garten versteckte Aussichtspunkt blickt von Süd-

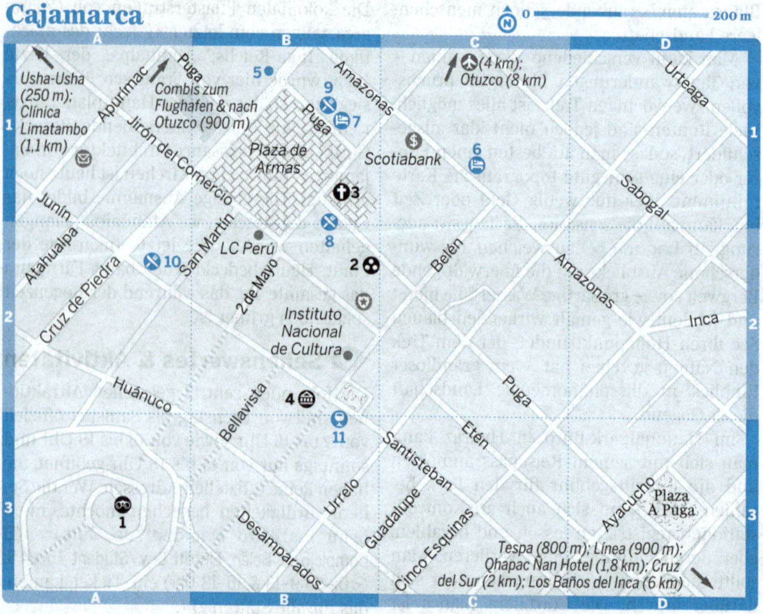

Cajamarca

⊙ Sehenswertes
1 Cerro Santa Apolonia A3
2 El Cuarto del Rescate B2
3 Iglesia de San Francisco B1
4 Museo de Arqueológico & Etnografía B2

⊕ Aktivitäten, Kurse & Touren
5 Clarín Tours B1
Mega Tours .... (siehe 7)

⊟ Schlafen
6 Hospedaje Los Jazmines C1
7 Hostal Plaza B1

⊗ Essen
8 Don Paco B1
9 Heladería Holanda B1
10 Sanguchon.com A2

⊙ Ausgehen & Nachtleben
11 Taita B3

westen über die Stadt und ist ein berühmtes Wahrzeichen, das leicht über die Treppe am Ende der Calle 2 de Mayo zu erreichen ist (einfach dem Pfad folgen, der sich rund um den Hügel schlängelt). Die prähispanischen Steinreliefs auf dem Gipfel stammen größtenteils aus der Inka-Zeit, aber einige sollen bis in die Chavín-Zeit zurückreichen.

Los Baños del Inca HEISSE QUELLEN
(Eintritt 2 S, privates Bad 4–6 S/Std., Sauna oder Massage 10–20 S; ⊙5–20 Uhr) Diese berühmten heißen Quellen, 6 km außerhalb von Cajamarca, sind von etwas zu viel Beton umgeben, um noch als natürliche Erfahrung durchzugehen, bleiben jedoch bei Besuchern und Einheimischen beliebt. Es gibt ein paar Gebäude mit Privatkabinen und einen nicht sonderlich einladenden großen Betonpool. Massagen werden auch angeboten.

Geführte Touren

Zu den Reisebüros gehören auch **Mega Tours** (076-34-1876; www.megatours.org; Puga 691) und **Clarín Tours** (076-36-6829; www.clarintours.com; Del Batán 161).

Feste & Events

Carnaval FEST
Die hiesigen Feierlichkeiten zum Carnaval gehören zu den beliebtesten und wildesten im Land. Sie finden an den letzten paar Tagen vor der Fastenzeit statt.

Schlafen

★Hospedaje Los Jazmines HOTEL $
(076-36-1812; www.hospedajelosjazmines.pe; Amazonas 775; EZ/DZ/2BZ mit Bad 50/80/110 S; ohne Bad 40/60/80 S; @ 🛜) 🅿 In einem Land, in dem koloniale Innenhöfe allgegenwärtig sind, ragt dieses freundliche Hotel dank seiner üppig grünen Version und noch weitläufigeren Gärten hinter dem Haus angenehm heraus. Die gemütlichen Zimmer, das kochend heiße Wasser und die tolle zentrale Lage sind weitere Pluspunkte, vor allem, wenn man weiß, dass der Gewinn ein Waisenhaus für behinderte Kinder in Baños de Inca am Leben erhält.

Hostal Plaza HOTEL $
(076-36-2058; Puga 669; EZ/DZ/3BZ 30/50/70 S; 🛜) Dieser Liebling der Budgettraveller nimmt eine riesige alte Kolonialvilla mit zwei Innenhöfen ein und steht direkt an der Plaza. Die zehn preiswerten Privatzimmer sind recht schlicht, aber bunt und kitschig dekoriert. Alle Zimmer haben Kabelfernsehen und rund um die Uhr Warmwasser.

Casa Mirita GASTFAMILIE $
(076-36-9361; www.casa-mirita.blogspot.com; Cáceres 1337; EZ ohne Bad 20 S, Zi. 30 S; @ 🛜) Diese schlichte Unterkunft bei einer Gastfamilie ist nur eine Fahrt mit dem *mototaxi* (dreirädriges Motorrad-Rikscha-Taxi; 3 S) entfernt und befindet sich in einer Wohngegend südöstlich des Zentrums. Sie ist für einen Langzeitaufenthalt interessant, falls man nicht mit den restlichen Gringos absteigen will. Zwei Schwestern – Mirita ist Köchin, Vicki arbeitet für die Tourismusbehörde – halten den Laden am Laufen. Die Zimmer sind rustikal und es gibt eine Küche; Mahlzeiten kosten 10 S.

Qhapac Ñan Hotel HOTEL $$
(956-037-357; www.qhapacnanhotel.com; Nogales, Villa Universitaria; EZ/DZ 120/170 S) Dieses neue Hotel liegt praktisch für die Büros der Busunternehmen in einer Wohngegend und bietet sehr komfortable, moderne Zimmer mit harten Betten, gut ausgestatteten Bädern und schnellem Internet. Der Service ist effizient und es gibt ein hauseigenes Restaurant.

Essen

Rund um Cajamarca gibt's jede Menge Rinder – und was soll man mit den ganzen Gehirnen machen? Essen! Die örtliche Spezialität ist unter der Bezeichnung *sesos* bekannt. Auch wer Süßes mag, wird fündig werden: Überall im Centro gibt's großartige Bäckereien.

Heladería Holanda DESSERTS $
(www.heladosholanda.com.pe; Puga 657; Eiscreme 2–4 S; ⊙9–19 Uhr) 🅿 Vorsicht, nicht den winzigen Eingang an der Plaza de Armas verpassen: Er führt zu einem großen, oranje-farbenen Café, das vielleicht das beste Eis in Nordperu verkauft. Hier wird man förmlich mit Probierhäppchen der rund 20 stets wechselnden Sorten überschüttet. Die besten sind die aus lokalem und regionalem Obst. Der niederländische Besitzer kauft sie direkt bei Familienhöfen mit Fairtrade-Philosophie.

Don Paco PERUANISCH $
(076-36-2655; Puga 726; festes Menü 8 S, Hauptgerichte 12–22 S; ⊙11–22 Uhr) Das Don Paca versteckt sich in der Nähe der Plaza und erfreut sich einer großen Fangemeinde aus

Anwohnern und hier lebenden Ausländern. Hier gibt's für jeden was, beispielsweise typisches Frühstück und tolle Versionen peruanischer Klassiker sowie eher gehobene *novocajamarquino* Gerichte (neue Cajamarca-Küche) wie Hähnchen-Cordon-Bleu mit andinischem Schinken und lokalem Käse in Granatapfelsauce oder die sehr zu empfehlende Entenbrust mit *sauco*- (Holunderbeeren-) Sauce.

Sanguchon.com FASTFOOD $
(www.sanguchon.com.pe; Junín 1137; Sandwiches 8,50–12 S; ⊙18–24 Uhr; ⬤) Dieser wilde, beliebte Hipster-Laden serviert Hamburger und Sandwiches und eine große Auswahl an „Fingerfood". Die Burger gibt's in 16 Variationen und mit einem halben Dutzend verschiedenen Saucen – die Kombinationsmöglichkeiten sind schlicht schwindelerregend. Das leckere Essen kommt wie gerufen – eine laute Bar gibt's hier nämlich auch noch.

🍷 Ausgehen & Unterhaltung

Die besten Bars sind rund um die Ecke Puga und Gálvez versammelt.

★ Usha-Usha BAR
(Puga 142; Eintritt 5 S; ⊙21 Uhr–open end) Wer gerne eine etwas intimere lokale Erfahrung machen möchte ist in dieser kleinen Kneipe richtig, die von dem exzentrischen einheimischen Musiker Jamie Valera geführt wird, dem das Kunststück gelungen ist, den winzigen Laden mit jeder Menge Charisma auszustatten. Er singt sich mit seinen Musikerfreunden die Seele aus dem Leib und die Gäste gehen mit unvergesslichen Reiseerinnerungen nach Hause.

Taita BAR
(Ecke Santisteban & Belén; ⊙Fr & Sa 20 Uhr–open end) Hier kann man sich in einem der Räume mit alten Möbeln ein lauschiges Plätzchen suchen und ein paar *pisco sours* genießen. Anschließend geht's in dieser stimmungsvollen Bar in der Belén ab auf die Tanzfläche im Innenhof.

Praktische Informationen

Clínica Limatambo (⌀0800-20-900; www.limatambo.com.pe; Puno 265) Die beste medizinische Versorgung; westlich der Stadt.
Policía de Turismo (Touristenpolizei; ⌀076-36-4515; Del Comercio 1013) Spezialbeamte, die sich um Verbrechen gegen Touristen kümmern.
Serpost (Apurimac 624; ⊙Mo–Sa 8–19 Uhr) Postamt.
Scotiabank (Amazonas 750)

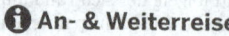 An- & Weiterreise

BUS

Die meisten Busbahnhöfe befinden sich zwischen dem zweiten und dritten Block der Atahualpa, 1,5 km südöstlich der Stadt an der Straße Richtung Los Baños del Inca.

Etliche Unternehmen bieten Fahrten nach Chiclayo (20–45 S, 6 Std.), Trujillo (20–40 S, 6 Std.) und Lima (80–136 S, 15 Std.) an. **Línea** (⌀076-34-0753; Atahualpa 316) und **Tepsa** (⌀076-36-3306; Sucre 422) haben komfortable Lima-Busse. Luxuriöse *bus-camas* nach Lima gibt's von **Cruz del Sur** (⌀076-36-2024; Atahualpa 884).

Línea bietet auch Busverbindungen nach Piura (45 S, 9 Std.) an. Sie führen über Chiclayo, von wo aus man nach Ecuador weiterreisen kann.

Einige Unternehmen fahren auch nach Celendín (10 S, 3½ Std.). Chachapoyas erreicht man von Chiclayo aus leichter.

FLUGZEUG

Der Flughafen liegt 4 km nördlich der Stadt. Nahverkehrsbusse nach Otuzco fahren mehrere Blocks nördlich der Plaza und am Flughafen vorbei (1 S); Taxis sind schneller (10 S), aber rikscha-artige *mototaxis* (3 S) gibt's auch. **LAN** (www.lan.com; Centro Commercial El Quinde) und **LC Perú** (⌀076-36-3115; www.lcperu.pe; Jirón del Comercio 1024) fliegen täglich nach Lima.

Chachapoyas

⌀041 / 28 730 EW.

Die Kolonialstadt Chachapoyas wirkt völlig fehl am Platz, sowohl als unwahrscheinliche Hauptstadt der Region Amazonas als auch angesichts der Tatsache, dass sie eher von Berglandschaft als von Urwald umgeben ist. Aber „Chacas" ist eine lebendige Marktstadt und der ideale Ausgangsort zur Erkundung der umliegenden Wasserfälle und Wanderrouten sowie von Kuélap: Diese grandiosen Ruinen wurden von einer wilden Nebelwald-Zivilisation zurückgelassen, die ab dem Jahr 800 bis zur Ankunft der Inka in den 1470er-Jahren hier herrschte.

Aktivitäten

Die Trockenzeit (Mai–Sept.) eignet sich zum Bergsteigen am Besten. Das gilt auch für den fünftägigen **Gran-Vilaya**-Trek zum Valle de Belén oder den Drei-Tages-Ausflug mit Pferden und zu Fuß zur **Laguna de los Cóndores**.

Geführte Touren

Tagestouren aus Chacas konzentrieren sich auf Kuélap. Reisebüros sind rund um die Plaza versammelt.

Turismo Explorer GEFÜHRTE TOUR
(041-47-8162; www.turismoexplorerperu.com; Grau 549) Dieses Unternehmen genießt einen guten Ruf unter Travellern und bietet kurze Touren und mehrtägige Wanderungen an. Die professionellen Führer sprechen hervorragend Englisch.

Schlafen

★ Chachapoyas Backpackers HOSTEL $
(041-47-8879; www.chachapoyasbackpackers.com; Calle 2 de Mayo 639; DZ/3BZ 60/90 S, B/EZ/DZ mit Gemeinschaftsbad 18/30/42 S; @ 🕾) Preiswerte, saubere Zimmer mit Küchennutzung in zentraler Lage: Dieses neue Hostel wird von einem freundlichen Pärchen geführt und ist schon jetzt ein Favorit der Budgettraveller. Der Besitzer und frühere Guide José ist extrem hilfsbereit und kompetent, was die Region betrifft. Er kann über seine Agentur Touren organisieren oder detaillierte Informationen liefern, wenn man alleine losziehen will.

Hostal Las Orquídeas PENSION $$
(041-47-8271; www.hostallasorquideas.com; Ayacucho 1231; EZ/DZ/3BZ inkl. Frühstück 80/110/120 S; @ 🕾) Diese teurere Pension bietet helle, offene Zimmer mit Fliesenböden. Der Gemeinschaftsbereich ist in fröhlichen Farben sowie Holz und kunstvollen Akzenten gehalten. Einige Zimmer sind ansprechender als andere. Die renovierten Zimmer der Vorderseite des Gebäudes haben Teppich an den Wänden und Bäder mit Granitplatten, auch wenn die TV-Geräte immer noch altmodisch sind.

Essen & Ausgehen

Man sollte unbedingt *juanes* (im *bijao*-Blatt gedünsteter Fisch, Rind oder Huhn mit Oliven) kosten, das hier mit *yuca* (Maniokknolle) statt Reis serviert wird.

El Tejado PERUANISCH $
(Santo Domingo 426; Hauptgerichte 15–25 S; ⊙12–16 Uhr) Dieses charmante kleine Lokal sieht von außen nach nicht viel aus, aber der hübsche Innenhof und Gastraum überzeugen. Es eignet sich prima zum Mittagessen, mit *menús* (feste Gerichte) für 8 S von Montag bis Freitag. Spezialität ist *tacu-tacu* (peruanisches Fusion-Gericht mit Reis und Bohnen), das hier in neun Variationen serviert wird.

Café Fusiones CAFE, FRÜHSTÜCK $
(www.cafefusiones.com; Ayacucho, Plaza de Armas; Frühstück 8–11 S, leichte Gerichte 4–15 S; ⊙7–13 & 14–21.30 Uhr; 🕾) 🌿 Die Traveller-Gemeinde trifft sich in diesem künstlerischen Café an der Plaza zu Bio-Kaffee und -Espresso, gutem Frühstück (einschließlich regionaler Optionen wie *juanes*), Linsen-Burgern und anderen leichten Gerichten. Außerdem gibt's eine Bücherbörse, ein Reisebüro und einen Fairtrade-Laden, der regionale Produkte verkauft.

Terra Mia Café FRÜHSTÜCK, PERUANISCH $
(Chincha Alta 557; Frühstück 12,50–13,50 S; ⊙7–22.30 Uhr; 🕾) Ein schickes Café mit der edelsten Espressomaschine der ganzen Stadt. Die wunderbare Karte bietet regionales und internationales Frühstück (ähm… Waffeln!) sowie Sandwiches und Salate, die in gemütlicher, sauberer Umgebung mit kolonialen Türbogen und Sitzkissen mit indigenen Motiven serviert werden. Der Service könnte allerdings entschieden besser sein.

Dulcería Santa Elena DESSERTS $
(Amazonas 800-804; Kuchen 2–5 S; ⊙8–21 Uhr) Der mürrische alte Mann hier serviert das beste Gebäck und die leckersten Kuchen der Stadt. Wenn er einen mag, gibt's vielleicht sogar was umsonst dazu.

★ La Reina BAR
(Ayacucho 520; ⊙Mo–Sa 9–13 & 15–1, So 19–24 Uhr) Ein künstlerischer Laden, in dem man den Abend mit exotischen Frucht- und speziellen Likören aus dem Amazonasgebiet begießen kann, die als Shots (1,50 S) oder im großen Glas (8 S) serviert werden. Man kann aus elf Sorten wählen, z.B. *mora* (Brombeer), die beliebteste und *maracuyá*, die beste. Außerdem gibt's sieben verschiedene *raíces* und *chuchuhuasi*, zwei notorische Aphrodisiaka aus dem Amazonasgebiet.

❶ Praktische Informationen

Die meisten der folgenden Orte befinden sich an der Plaza de Armas, ebenso wie Internetcafés und mehrere Läden, die Dollars wechseln.

BCP (Plaza Burgos) Wechselt US-Dollars und hat einen Geldautomaten.

iPerú (041-47-7292; iperuchachapoyas@promperu.gob.pe; Ortiz Arrieta 582; ⊙Mo–Sa

9–18, So is 13 Uhr) Bietet ausgezeichnete Karten, Transportinformationen und Empfehlungen.

Serpost (Salamanca 940; ⊗ Mo–Fr 8–13 & 14–19, Sa 8–13 Uhr) Postamt; im Marktbezirk.

❶ An & Weiterreise

Die Busse nach Chiclayo (30–55 S, 9 Std.) und Lima (80–135 S, 22 Std.) fahren über eine befestigte Straße außerhalb von Pedro Ruíz. Anbieter sind beispielsweise **Civa** (☏ 041-47-8048; cnr Ortiz Arrieta y Salamanca 956) und (bequemer) **Móvil Tours** (☏ 041-47-8545; Libertad 464).

Wer auf eigene Faust nach Kuélap will, muss sehr früh aufstehen und nimmt einige Strapazen auf sich. Der Bus von **Transportes Roller** (☏ 94-174-6658; Terminal Terrestre) fährt um 4 Uhr morgens nach Tingo Viejo, María und anschließend weiter nach La Marca. Dort liegen das Tickethäuschen und der Parkplatz, von dem aus der Bus um 6 Uhr die Rückfahrt antritt. Bis zu den Ruinen ist es nun noch ein 15-Minuten-Marsch. Es gibt aber auch häufig fahrende Minibusse und *colectivo taxis* nach Tingo Viejo und María, die vom 300er-Block der Grau abfahren. María liegt etwa zwei Stunden Fußmarsch entfernt, von Tingo Viejo aus läuft man fünf oder sechs Stunden.

Es gibt häufig fahrende *colectivos* nach Tingo Viejo (8 S, 45 Min.), die nach María weiterfahren (15 S, 2½ Std.). *Colectivos* fahren auch nach Pedro Ruíz (5 S, 45 Min.), von wo aus Busse nach Tarapoto gehen.

Wer sich für die Fahrt nach Kuélap oder in die Gegend um Chachapoyas und Leimebamba ein Taxi für einen Tag leistet, zahlt 150 S.

Kuélap

Diese fabelhafte Ruinen- und **Zitadellenstadt** (Erw./Kind 15/2 S; ⊗ 8–17 Uhr) in den Bergen südwestlich von Chachapoyas wird in Größe und Pracht nur noch von Machu Picchu übertroffen und ist die am besten erhaltene und dramatischste unter all den außergewöhnlichen archäologischen Stätten des Distrikts. Die monumentale Steinfestung der Zitadelle krönt einen zerklüfteten Kalksteinberg und bietet einen grandiosen Panoramablick auf das Land, das einst von den Chachapoya bewohnt wurde. Die Stätte wird von erstaunlich wenigen Menschen besucht, was sich allerdings mit dem vorgeschlagenen Bau einer Seilbahn ändern könnte. Wer es bis hierher schafft, erlebt eine der bedeutendsten und eindrucksvollsten präkolumbischen Ruinen in Südamerika.

🛏 Schlafen

Kuélap selbst bietet nur begrenzte Übernachtungsoptionen. Entlang eines matschigen Pfads, der von den Ruinen abgeht, gibt's aber ein paar schlichte *hospedajes* in Wohnhäusern. Am besten fragt man nach Doña Teodula oder Doña Juana – beide bieten einfache Zimmer mit kalten Duschen an; günstige Mahlzeiten können arrangiert werden. Es empfiehlt sich, einen eigenen Schlafsack mitzubringen.

Die nächsten, eine Stufe höheren Optionen befinden sich in dem kleinen Ort María, zwei Stunden zu Fuß von Kuélap entfernt und durch tägliche Minibusse mit Chachapoyas verbunden. Hier findet man ein halbes Dutzend ländlicher Unterkünfte in Form von charmanten, beinahe identischen *hospedajes* (Zimmer 15 S/Pers.). Alle bieten saubere, bescheidene Zimmer mit elektrisch erhitztem Warmwasser, und einige kochen für ihre Gäste herzhafte Gerichte für rund 10 S.

Tarapoto

☏ 042 / 73 015 EW.

Eine schwüle, lethargische Stadt im Regenwald. Tarapoto liegt zwischen dem tropischen Amazonasbecken und den verwitterten Ausläufern der Anden. Ohne die befestigte Straße zum Rest Perus wäre die Stadt genauso isoliert und verrückt wie Iquitos. Von hier aus kommt man leicht tiefer ins Amazonasgebiet – oder man begnügt sich mit dem leichter erreichbaren Urwald light direkt vor der Tür.

👉 Geführte Touren

Martín Zamora Tours GEFÜHRTE TOUREN
(☏ 042-52-5148; www.martinzamoratarapoto.com; Grau 233; ⊗ 8–13 & 16–19.30 Uhr) Der Anbieter in Tarapoto für Tagestouren, Kulturexpeditionen und längere Trips zu örtlichen Seen und Wasserfällen.

🛏 Schlafen

El Mirador PENSION $
(☏ 042-52-2177; www.elmiradortarapoto.com; San Pablo de la Cruz 517; EZ/DZ inkl. Frühstück 60/80 S, mit Klimaanlage 100/150 S; ❄ 🛜) Traveller schwärmen von dieser Budgetoption, wahrscheinlich wegen des einladenden Familien-Vibes. Aber vielleicht liegt es auch am ausgezeichneten Frühstück, das auf der

Terrasse mit Hängematten und Regenwaldblick serviert wird. Die Zimmer im Haupthaus liegen über dem Standard und haben Ventilatoren, heiße Duschen und Kabel-TV. Die im neuen Anbau sind geräumiger und bieten Klimaanlagen und leuchtend gelbe Bäder.

La Posada Inn PENSION $
(042-52-2234; laposada_inn@latinmail.com; San Martín 146; EZ/DZ inkl. Frühstück 60/80 S, mit Klimaanlage 75/100 S; ❋ 🛜) Dieses altmodische Hotel mit Balkondecken und einladender Holztreppe bietet eine bunte Zimmermischung: Einige haben Balkone, andere Klimaanlagen. Obwohl es mitten im Stadtzentrum liegt, ist das La Posada überraschenderweise herrlich ruhig.

La Patarashca PENSION $$
(042-52-7554; www.lapatarashca.com; De la Cruz 362; EZ/DZ inkl. Frühstück 90/140 S, mit Klimaanlage 100/190 S; ❋ 🛜 ≋) Diese beliebte Pension versteckt sich auf einem weitläufigen Anwesen mit urwaldartiger Fauna. Der Pool hat eine schöne Größe, die Gemeinschaftsbereiche sind geräumig und die gemütlichen Zimmer verteilen sich auf zwei Etagen und sind mit netten Möbeln und künstlerisch gefertigten Lampen ausgestattet, die ein heimeliges, einladendes Flair versprühen. Ein paar zänkische Aras erinnern daran, wo man ist. Das beste regionale Restaurant der Stadt ist über einen Fußweg erreichbar.

🍴 Essen & Ausgehen

⭐ **La Patarashca** PERUANISCH $$
(www.lapatarashca.com; Lamas 261; Hauptgerichte 19–38 S; ⊕12–23 Uhr; 🛜) Hervorragende regionale Küche aus dem Amazonasgebiet wird in diesem entspannten Restaurant im 2. Stock serviert. Den Salat mit *conchta* (dünne Streifen lokaler Palmherzen), Avocados und Vinaigrette sollte man probieren, aber auch die namensgebenden *patarashcas* – großzügige Portionen Riesengarnelen, serviert in einem warmen Bad aus Tomaten, süßen Paprika, Zwiebeln, Knoblauch und *sacha culantro* (Koriander), in ein *bijao*-Blatt gewickelt – sind eine gute Wahl.

Café d' Mundo ITALIENISCH $$
(Calle de Morey 157; Hauptgerichte 24–35 S, Pizza 16–18 S; ⊕18–24 Uhr) Diese dunkle, sexy Restaurant-Bar wird abends von stimmungsvollem Kerzenlicht erleuchtet. Man kann draußen oder drinnen in kuscheligen Lounges sitzen. Die gute Pizza ist besonders beliebt (am besten die Pizza Caprese mit Avocado probieren), aber die kleine Karte zieren auch interessante regionale Lasagne und Pasta. In der komplett ausgestatteten Bar kann man prima den Rest des Abends verbringen. Der Service spielt neben dem Essen und der Atmosphäre nur die zweite Geige.

⭐ **La Alternativa** BAR
(Grau 401; ⊕9–1 Uhr) Hier trinkt man wie in einer mittelalterlichen Apotheke oder einem Tarantino-Film: Ein Abend in diesem Bar entführt zurück in eine Zeit, in der Alkohol im wahrsten Sinne des Wortes Medizin (gegen körperliche Schmerzen, nicht gegen Seelenpein) und die Apotheke ein Ort des Vertrauens war, an dem man sich die Fläschchen abholte und einverleibte, auch wenn nur Gott allein wusste, was für ein Trank sich eigentlich darin befand.

Stonewasi Taberna BAR
(Lamas 218; ⊕12–3 Uhr) Andere Läden kommen und gehen, aber in dieser lokalen Institution in Tarapoto heißt es immer noch „sehen und gesehen werden". Die recycelten Nähtische am Straßenrand sind stets voll mit Gästen, *mototaxi*-Fahrern und den Wilden und Schönen der Stadt, die sich zu einer Mischung aus internationalem Rock und House drängen.

ℹ️ Praktische Informationen

BCP (Maynas 130) Hat Geldautomaten.
Clínica San Martín (San Martín 274; ⊕24 Std.) Die beste medizinische Versorgung in Kuélap.
Touristeninformation (042-52-6188; Hurtado s/n; ⊕7.30–13 Uhr) Die städtische Touristeninformation an der Plaza Mayor. Die örtliche Polizei übernimmt, wenn die Tourismusangestellten nach Hause gehen.

ℹ️ Anreise & Unterwegs vor Ort

Der **Flughafen** (TPP; 042-53-1165) liegt 3 km südwestlich des Zentrums. **LAN** (042-52-9318; www.lan.com; Hurtado 183) bietet täglich Flüge nach/aus Lima. **Star Perú** (042-52-8765; San Pablo de la Cruz 100; ⊕Mo–Fr 9–19, Sa bis 17, So bis 12 Uhr) fliegt täglich nach Lima.

Alle folgenden Unternehmen befinden sich im selben Block in der Salaverry im Distrikt Morales; eine Fahrt mit dem *mototaxi* aus dem Stadtzentrum kostet 2 S. Wer nach Chachapoyas will, muss in Pedro Ruiz umsteigen.

Eine kurze *mototaxi*-Fahrt in der Stadt kostet 2 S; zum Busbahnhof/Flughafen 3/5 S.

ZIEL	PREIS (S)	DAUER (STD.)
Chiclayo	50–80	14
Lima	90–165	26–30
Pedro Ruíz	40–45	7
Piura	60	16–17
Pucallpa	100	16–18
Tingo María	80	13
Trujillo	65–150	15–18
Yurimaguas	15–20	2½

Civa (042-52-2269; www.civa.com.pe; Salaverry 840) Unterhält um 15.10 Uhr einen komfortablen Bus nach Lima, der in Chiclayo und Trujillo hält.

Movil Tours (042-52-9193; www.moviltours.com.pe; Salaverry 880) Luxusbusse nach Lima fahren um 8 und 13 Uhr ab; um 15 Uhr gibt's eine Verbindung nach Trujillo und um 16 Uhr einen Bus nach Chiclayo.

Transmar Express (042-53-2392; Amoraca 117) Fährt montags, mittwochs und freitags um 10 Uhr über Juanjuí, Tocache Nuevo und Tingo María nach Pucallpa. Bietet auch billige Busse nach Lima.

AMAZONASBECKEN

Perus Amazonasbecken, von dichtem primären und sekundären Urwald umgeben, ist ebenso undurchdringlich wie verwirrend – eine exotische, isolierte Grenzregion, die zu allen Seiten hin aufregende Urwaldabenteuer bietet. Iquitos, die größte Stadt der Gegend, ist das Tor zu Expeditionen am Amazonas, wie man sie nur einmal erlebt. Aber auch die Einsamkeit und die Ende-der-Straße-Atmosphäre der Stadt sind ungeheuer faszinierend (auch wenn die Straße eigentlich schon in Yurimaguas endet). Von Pucallpa und Yurimaguas kann man mit langsamen Booten über die Wasserstraßen nach Iquitos fahren, das ansonsten nur auf dem Luftweg erreichbar ist. Der größte Stausee des Landes, die Reserva Nacional Pacaya-Samiria, ist größer als New Jersey und das Zuhause von 449 Vogelarten und Amazonasdelfinen.

Der weiter südlich gelegene Parque Nacional Manu gehört zum Weltnaturerbe der UNESCO. Er ist eines der ursprünglichsten Tarzan-Territorien weltweit – und einer der besten Orte in Südamerika, um die tropische Tier- und Pflanzenwelt zu erleben. Rund um Puerto Maldonado locken Urwald-Lodges an den Flüssen Madre de Dios und Tambopata (Letzterer liegt in der Reserva Nacional Tambopata): zwei weitere unberührte Orte in Peru, die sich wunderbar für Naturbeobachtungen und Urwaldabenteuer eignen.

Puerto Maldonado
082 / 56 000 EW.

Puerto Maldonado, das dieselgeschwängerte Zentrum der Region Madre de Dios, ist der baufällige Mittelpunkt des südlichen Amazonasgebietes Perus. Wäre hier kein Zugang zu einem der schönsten Regenwaldgebiete Südamerikas, wäre diese Stadt schon längst in Vergessenheit geraten. Der Ausbau der umstrittenen Interoceánica, der Verbindungsstraße zwischen Atlantik und Pazifik, brachte viel Handelsverkehr mit sich – und wird zur weiteren Zerstörung von natürlichem Lebensraum beitragen. Für die meisten Reisenden ist die Stadt ein Sprungbrett in ein wildes und exotisches Urwald-Abenteuer.

Geführte Touren

Wer vorab keine Fluss- oder Urwaldtour gebucht hat, kann sich an verschiedene einheimische Führer wenden. Manche sind sehr renommiert und erfahren, andere nur an schnellem Geld interessiert; erst umschauen und nie vorab für eine Tour bezahlen! Wenn man sich auf einen Preis geeinigt hat, sollte man sicherstellen, dass die Rückreise inbegriffen ist. Offiziell lizenzierte Führer verlangen um die 75–175 S pro Person und Tag (ohne Parkgebühren), je nach Ziel und Anzahl der Teilnehmer. Bootsfahrten – anders kommt man in der Regel nicht aus Puerto Maldonado raus – sind notorisch überteuert.

Rainforest Expeditions TOUREN
(082-57-2575; www.perunature.com; Av Aeropuerto, Km 6, CPM La Joya) Unterschiedliche Unterbringung in Regenwald-Hütten. Die Regenwald-Touren wie auch die günstige Unterbringung in Gastfamilien in Tambopata haben einen guten Ruf (ab 24 US$).

Schlafen

Man sollte sich vor überteuerten Preisen in Acht nehmen. Außerhalb der Stadt warten ein paar Regenwald-Lodges.

★ Tambopata Hostel HOSTEL **$**
(082-57-4201; www.tambopatahostel.com; Av 26 de Diciembre 234; B 30 S EZ mit/ohne Bad 50/40 S,

DZ mit/ohne Bad 80/70 S; (P)(?) Endlich hat Puerto Maldonado die Backpacker-Unterkunft, die es so dringend brauchte. Dieses saubere, entspannende Hostel bietet eine Mischung aus Privatzimmern und Schlafsälen, die an einen Garten mit Hängematten grenzen. Das gute Frühstück ist im Preis inbegriffen. Dank der Tafel im Gemeinschaftsraum kann man sogar seinen peruanischen Straßenslang aufpeppen.

Hospedaje Royal Inn PENSION $
(082-57-3464; Av 2 de Mayo 333; EZ/DZ mit Ventilator 35/50 S, DZ mit Klimaanlage 80 S; (?)) Eine gute Wahl mit großen, sauberen Zimmern mit Ventilator. Der Innenhof hat schon bessere Tage gesehen, aber man sollte trotzdem ein Zimmer nach hinten hinaus nehmen, da die Richtung Straße sehr laut sein können. In allen Zimmern gibt's Kabel-TV.

★ Anaconda Lodge LODGE $$
(082-79-2726; www.anacondajunglelodge.com; Av Aeropuerto, Km 6; EZ mit/ohne Bad 100/50 S, DZ mit/ohne Bad 160/80 S, 3BZ 220 S; (P)(?)(≋)) Ist dies das originellste Flughafenhotel in Südamerika? Diese Lodge schmiegt sich in den Kokon ihres eigenen Gartens und fühlt sich abgeschiedener an, als ihre Lage vermuten lassen würde. Es gibt acht Zwei-Zimmer-Bungalows mit Gemeinschaftsbad und vier Luxusbungalows mit privaten Bädern. Alle haben Moskitonetze.

Essen

Die regionale Küche bietet Spezialitäten wie *chilcano* (Fischsuppe mit Koriander) und *parrillada de la selva* (mariniertes Grillfleisch in *ají* (Chili)-Pekannuss-Sauce).

Los Gustitos del Cura DESSERTS $
(Loreto 258; Snacks 3–8 S; 8–22 Uhr) In dieser Konditorei mit schönem Hinterhof in französischer Hand gibt's süße Köstlichkeiten und die beste Eiscreme der Stadt. Außerdem stehen Sandwiches, Kuchen und Getränke zur Auswahl und man kann die Werke lokaler Künstler kaufen.

Puerto Maldonado

Schlafen
1 Hospedaje Royal Inn B2
2 Tambopata Hostel C2

Essen
3 Burgos's Restaurante D2
4 El Catamaran C2
5 Los Gustitos del Cura C2

Ausgehen & Nachtleben
6 Discoteca Witite C1
7 Tsaica C1

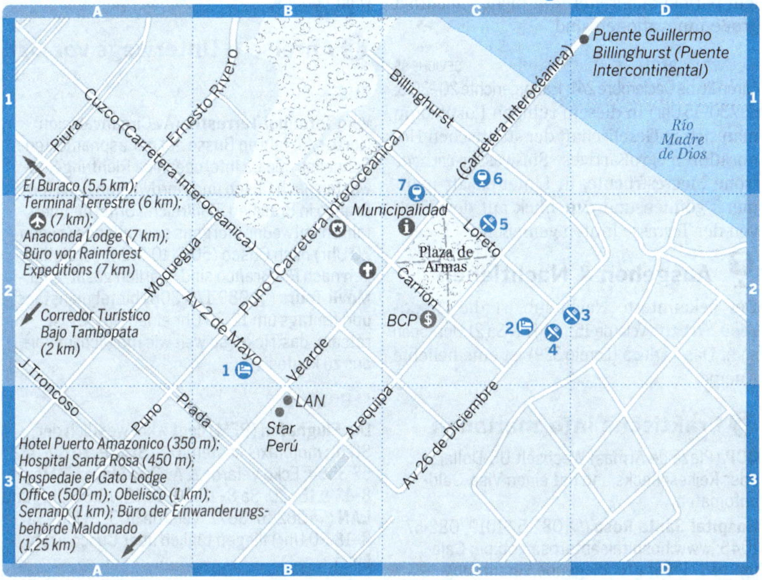

ⓘ EINREISE NACH BRASILIEN & BOLIVIEN

Die asphaltierte Interoceánica führt von Puerto Maldonado nach Iñapari an der brasilianischen Grenze. *Colectivos* nach Iñapari (30 S, 3 Std.) fahren ab, sobald sich vier Passagiere gefunden haben. Iberia, 170 km nördlich von Puerto Maldonado, und Iñapari, 70 km hinter Iberia, bieten ein paar schlichte Hotels. In Iñapari werden die Ausreiseformalitäten für Peru abgewickelt; hier kann man die Brücke nach Assis in Brasilien überqueren, wo es bessere Hotels und eine befestigte Straße über Brasiléia nach Rio Branco gibt.

In Puerto Maldonado kann man für eine Halbtagstour zur bolivianischen Grenze in Puerto Pardo für rund 340 S ein Boot anheuern. Billiger ist die Fahrt auf den seltenen Frachtschiffen. Man sollte sich unbedingt einen Ausreisestempel im **Büro der Einwanderungsbehörde** (082-57-1069; Av 15 de Agosto 658; Mo–Fr 8–13 & 14.30–16 Uhr) in Puerto Maldonado holen, bevor man Peru verlässt. In Puerto Heath, mit dem Boot nur wenige Minuten von Puerto Pardo entfernt, dauert es mehrere Tage (oder Wochen), ein (teures) Boot nach Riberalta zu organisieren, von wo es dann weitere Verbindungen auf dem Land- und Luftweg gibt. Am besten reist man in der Gruppe, um Kosten zu sparen, und meidet die Monate, in denen das Wasser zu niedrig ist. Eine weitere Option ist es, nach Brasiléia zu reisen und den Río Acre per Fähre oder über die Brücke nach Cobija auf der bolivianischen Seite zu überqueren, wo es Hotels und unregelmäßige Flüge gibt. In der Trockenzeit führt außerdem eine Schotterstraße weiter nach Riberalta.

★ **Burgos's Restaurante** PERUANISCH $$
(Ecke Av 26 de Diciembre & Loreto; Hauptgerichte 15–25 S; 11–16, 17–24 Uhr) Dieses Restaurant hat sich schnell zum besten in Puerto Maldonado entwickelt. Es bezeichnet sich selbst als Vertreter der Novo Amazonia Cuisine – so ähnlich wie Novo Andino, nur mit mutigen kulinarischen Varianten der Urwald-Gerichte –, aber trotz aller klangvoller Bezeichnungen gibt's hier hauptsächlich peruanische Amazonas-Klassiker, die vor allem perfekt zubereitet und nicht unbedingt große Innovationen sind.

El Catamaran CEVICHE $$
(Jirón 26 de Deciembre 241; Hauptgerichte 20–30 S; 7.30–15 Uhr) In diesem ruhigen Lokal kann man sich in Gesellschaft der städtischen Honoratioren großartiges Süßwasser-*ceviche* (rohe Meeresfrüchte, in Limettensaft mariniert) gönnen und den Blick auf den Fluss von der Terrasse hinten genießen.

🍷 Ausgehen & Nachtleben

Der bekannteste Nachtclub ist die **Discoteca Witite** (Velarde 151; Fr & Sa 21 Uhr–open end). Das **Tsaica** (Loreto 329) ist eine beliebte Kneipe.

ⓘ Praktische Informationen

BCP (Plaza de Armas) Wechselt US-Dollars oder Reiseschecks und hat einen Visa-Geldautomaten.

Hospital Santa Rosa (082-57-1019, 082-57-1046; www.hospitalsantarosa.gob.pe; Cajamarca 171) Für grundlegende Versorgung.

Sernanp (082-57-1247; www.sernanp.gob.pe/sernanp; Cajamarca zw. Ancash & Av 28 de Julio) Das Büro des Nationalparks hält Informationen bereit und kassiert die Eintrittsgebühren (in fast allen Fällen organisieren die Führer das). Der übliche Eintrittspreis zur Schutzzone der Reserva Nacional Tambopata kostet 30 S pro Tag bzw. 65 S für zwei oder drei Tage. Die Website ist nur auf Spanisch.

Touristen-Kiosk (Flughafen) Wird vom Ministerio de Industria y Turismo betrieben. Bietet begrenzte Informationen zu Touren und Regenwald-Lodges.

ⓘ Anreise & Unterwegs vor Ort

BUS

Vom **Terminal Terrestre** (Av Circunvalación Norte s/n) fahren Busse auf der asphaltierten Schnellstraße La Interoceánica Richtung Südwesten nach Cusco und Nordwesten nach Rio Branco in Brasilien. Zahlreiche Unternehmen fahren entweder morgens oder abends (gegen 20 Uhr) nach Cusco (50 S, 10 Std.). Verbindungen nach Rio Branco sind spärlich gesät, aber **Móvil Tours** (989-176-306) bietet dienstags und freitags um 12.30 Uhr einen Bus. Es ist ratsam, das Ticket so weit wie möglich im Voraus zu kaufen.

FLUGZEUG

Der **Flughafen** (PEM) liegt 7 km westlich der Stadt; mototaxis kosten 10 S. **Star Perú** (082-57-3564; Ecke Velarde & Av 2 de Mayo; Mo–Fr 8–13 & 16–20, Sa 8–18.30, So 12–18.30 Uhr) und **LAN** (082-57-3677; Velarde 503; Mo–Sa 8–18.30 Uhr) fliegen täglich über Cusco nach Lima.

Parque Nacional Manu

Der 20 000 km² große **Parque Nacional Manu** (Eintritt 150 S) gilt gemeinhin als das unberührteste und am besten erhaltene Regenwaldgebiet der Welt. Der Nationalpark gehört zum UNESCO-Weltnaturerbe und zu den besten Orten Südamerikas, um das Leben tropischer Wildtiere zu beobachten. Er beginnt in den östlichen Ausläufern der Anden und reicht hinunter bis ins Tiefland. Verteilt über die verschiedenen Höhenzonen des Regenwaldes leben hier rund 1000 Vogelarten, 13 verschiedene Affenarten, außerdem Gürteltiere, Wickelbären, Ozelots, Fluss-Schildkröten und Kaimane, unzählige Insektenarten, Reptilien und Amphibien, Jaguare, Tapire, Große und Kleine Ameisenbären, Wasserschweine, Pekaris, die bedrohten Riesenotter und – vielleicht am erstaunlichsten – indigene Stämme von Jägern und Sammlern, die noch nie Kontakt zur Außenwelt hatten!

Die beste Zeit für einen Besuch ist nach der Regenzeit (April-Nov.). Während der Regenmonate ist die Reise nach Manu beschwerlicher, auch wenn die meisten autorisierten Unternehmen durchaus auch dann (nasse) Touren veranstalten.

Es ist verboten, den Park ohne lizensierten Führer und ohne Genehmigung zu betreten. Letztere erhält man in den Reisebüros in Cusco. Transport, Unterkunft sowie Verpflegung gehören zum Angebot. Achtung: Nicht alle Veranstalter bieten Touren in den Park selbst an; hierfür haben nur acht Anbieter entsprechende Lizenzen! Die anderen bieten billigere „Manu-Touren" an, die nur durch Gebiete außerhalb des eigentlichen Schutzgebietes führen, bei denen man aber auch jede Menge wilde Tiere zu sehen bekommt.

Die Kosten richten sich danach, ob man mit dem Flugzeug oder über Land anreist. Sie variieren für vier- bis neuntägige Touren von 340 bis 1010 S pro Tag, abhängig davon, ob man Überlandfahrten macht oder All-inclusive-Angebote mit Flug bucht. Es empfiehlt sich früh zu buchen; man sollte aber flexibel sein, denn die Touren können sich auch mal um einen Tag verschieben. Zelten ist im Schutzgebiet selbst nicht erlaubt.

Individualreisende kommen auch ohne Tour in die Gegend, das ist aber zeitaufwändig und bisweilen sogar gefährlich. Wer alleine reisen will, kann mit dem Bus von Cusco über Pilcopata nach Shintuya (3 Std. hinter Pilcolpata) fahren. In Pilcolpata kann man auch den unregelmäßigen Schiffsverkehr nutzen. Auf dem Landweg sind Pannen an der Tagesordnung, auch kann es extrem voll werden. Oft kommt es zu Verspätungen. Während der Regenzeit (aber nicht nur dann) kommen Fahrzeuge schon mal von der Staße ab. Sicherer, bequemer und auch deutlich zuverlässiger sind auf jeden Fall die teureren Touristenbusse, die von den Unternehmen in Cusco angeboten werden.

Die Bootsreise den Alto Madre de Dios hinab zum Río Manu dauert fast einen Tag. Ein paar Minuten von dem Dorf Boca Manu entfernt ist eine Start- und Landebahn, die oft als Start- oder Endpunkt für kommerzielle Ausflüge in den Park genutzt wird.

Das Reservat ist gut geschützt und ein echtes Highlight, trotzdem kommen nur wenige Besucher hierher. Gefahr droht von drei Seiten: Drogenhändler, illegale Holzfäller und illegale Goldwäscher treiben hier ihr Unwesen.

Pucallpa

✆ 061 / 205 000 EW.

Eine Fahrt ins verfallene Pucallpa, der Hauptstadt des Bezirks Ucayali, ist wie ein Besuch bei den Schwiegereltern: Macht keinen Spaß, muss aber sein. Immerhin ist es schön, nach der langen Busfahrt von den kühlen Anden in den Tropen auszusteigen. Auch ist der Anblick des reißenden Río Ucayali über den recht schönen *malecón* (Uferstraße) beeindruckend. Hier sind Boote auf den ersten befahrbaren Nebenfluss des Amazonas in Richtung Iquitos unterwegs. In der Nähe von Yarinacocha kann man Dörfer der indigenen Bevölkerung besuchen.

🏃 Aktivitäten

Die meisten Aktivitäten spielen sich rund um den hübschen Altwassersee **Yarinacocha** ab, 10 km nordwestlich von Pucallpa. Hier kann man Kanu fahren, Tiere beobachten, die matriarchalischen Shipibo-Gemeinden und lokale Schamanen besuchen. Die meisten Bootstouren können direkt am Wasser gebucht werden. *Peki-peki*-Boote mit Fahrer kosten rund 20 S pro Stunde.

🛏 Schlafen

Hospedaje Komby PENSION $$
(✆ 061-59-2074, 061-57-1562; www.elkombypucallpa.com; Ucayali 360; EZ 65-80 S, DZ 85-130 S;

❄☕🍴) Für alle, die sich nicht zwischen Budgetklasse und Luxus entscheiden können, ist das Komby die richtige Wahl: Die Zimmer liegen irgendwo dazwischen. Sie sind insgesamt sauber, aber schlicht, und der kleine Pool ist ein Plus. Die höheren Preise gelten für Zimmer mit Klimaanlage.

❶ An- & Weiterreise

BUS

Mehrere Busunternehmen bieten Fahrten nach Lima an (70–90 S, 18–20 Std.), über Tingo María, Huánuco, Cerro de Pasco und Junín – auch wenn es auf dieser Strecke bereits bewaffnete Überfälle gab. **León de Huánuco** (☎061-57-5049; Tacna 765) startet um 8.30 Uhr nach Lima, um 13 Uhr (bus-cama) und um 17.30 Uhr. **Turismo Central** (☎061-60-0122) ist ebenfalls gut, mit einer Abfahrt morgens und zwei Fahrten am Nachmittag.

FLUGZEUG

Pucallpas **Flughafen** liegt 5 km nordwestlich der Stadt. Taxis/mototaxis verlangen 15/7 S für die Fahrt dorthin. Zurzeit stehen für **LAN** (Tarapacá 805) und **Star Perú** (☎061-59-0585; 7 de Junio 865) Verbindungen nach Lima auf dem Flugplan; die Letztgenannte fliegt auch direkt nach Iquitos.

SCHIFF/FÄHRE

Zur Zeit des Hochwassers (Jan.–April) fahren die Boote neben dem Parque San Martín ab. Wenn der Wasserspiegel sinkt, wandert der Anleger Richtung Nordosten und verteilt sich auf mehrere Stellen entlang des Ufers, u. a. auf den **Puerto Henry** (Manco Capác s/n). Das Anlegegebiet endet schließlich 3 km nordöstlich des Zentrums.

Die überfüllten Boote brauchen drei bis fünf Tage nach Iquitos (80–100 S). Die Passagiere können an Bord in Hängematten schlafen, die auf dem Markt in der 9 de Diciembre verkauft werden, oder wahlweise in zellenartigen Kabinen; einfache Mahlzeiten sind inklusive. In der Vergangenheit haben viele Reisende Tingo María als Zwischenstopp genutzt, aber das sollte man sich gut überlegen: Der Ort gilt in Peru als Urwald-Niemandsland, und mehrere Leser haben von bewaffneten Raubüberfällen und sogar Vergewaltigungen berichtet. Alleinreisende sollten sich für eine Kabine entscheiden, damit ihre Habseligkeiten in Sicherheit sind – und ein Schloss mitbringen!

Übrigens ist die Reise von Iquitos nach Pucallpa einfacher und besser organisiert als die in die andere Richtung!

❶ Unterwegs vor Ort

Mototaxis zum Flughafen oder nach Yarinacocha kosten rund 7 S, ein Taxi 10 S.

Iquitos

☎065 / 472 000 EW.

Iquitos ist die größte Stadt der Welt, die nicht auf dem Landweg, sondern nur mit dem Flugzeug oder dem Boot erreicht werden kann. Iquitos ist ein blühender, lebendiger Ort, und trotz all der widrigen Umstände macht die überschäumende Lebensfreude süchtig. Die Stadt ist für Einiges bekannt, das man in einer Regenwaldmetropole erwartet: Hohe Luftfeuchtigkeit, eine sexy Bevölkerung und eine Menge dort lebender Ausländer mit unterhaltsamem, vielleicht auch fragwürdigem Hintergrund.

Von Iquitos aus startet man zu Ausflügen entlang des berühmten Amazonas. Ein paar Tage sollte man aber auf jeden Fall in diesem wahnsinnigen Regenwald-Sodom verbringen.

👁 Sehenswertes & Aktivitäten

Casa de Fierro HISTORISCHES GEBÄUDE
(Eisernes Haus; Ecke Putumayo & Raymondi) Alle Reiseführer erwähnen das die „majestätische" Casa de Fierro (Eisernes Haus), die von Gustave Eiffel (ja, der mit dem Eiffelturm) entworfen wurde. Es wurde 1860 in Paris gebaut und um 1890 während der opulenten Zeit des Kautschuk-Booms Stück für Stück nach Iquitos importiert, um die Stadt zu verschönern. Es ist das einzige überlebende von ursprünglich drei importierten eisernen Häusern. Es erinnert an einen Haufen zusammengeschweißter Altmetallplatten und war früher einmal das Zuhause des Iquitos Clubs. Heute, in bescheideneren Zeiten, ist es ein Gemischtwarenladen.

★ **Belén** STADTVIERTEL
Am Südostrand der Stadt befindet sich die schwimmende Hüttenstadt Belén, die aus unzähligen auf Flößen erbauten Hütten besteht, die sich mit dem Fluss heben und senken. In den Monaten mit Niedrigwasser liegen die Flöße im Flussschlamm und sind dreckig und vermutlich gesundheitsgefährdend, aber die meiste Zeit des Jahres schwimmen sie im Fluss – ein ebenso bunter wie exotischer Anblick. 7000 Menschen leben hier, und Kanus fahren von Hütte zu Hütte, um Produkte aus dem Urwald zu verkaufen und Handel zu betreiben.

Pilpintuwasi Butterfly Farm NATURSCHUTZGEBIET
(☎065-23-2665; www.amazonanimalorphanage.org; Padre Cocha; Erw./Student 15/9 S; ⊙Di–

Sa 9–16 Uhr) Ein Besuch der faszinierenden Schmetterlingsfarm Pilpintuwasi ist höchst empfehlenswert. Eigentlich ist dies ein Schutz- und Brutzentrum für Amazonas-Schmetterlinge. Und Schmetterlinge gibt's hier auch jede Menge, z. B. den atemberaubend blauen *Morpho menelaus* und den unheimlich aussehenden Bananenfalter *(Caligo eurilochus)*. Die anderen exotischen Tiere der Farm stehen ihnen jedoch die Schau. Mehrere hinterlistige Affen, ein Tapir, ein Ameisenbär und Pedro Bello, ein majestätischer Jaguar, wurden als Waisen auf dem Gelände aufgezogen und leben hier geschützt.

Amazon Golf Club GOLF
(065-22-3730; www.amazongolfcourse.com; Quistacocha; inkl. Leihgolfschläger 75 S/Tag; 6–18 Uhr) Unglaublich, aber wahr: Hier kann man ein oder zwei Runden auf dem einzigen Golfkurs im Amazonasgebiet spielen. Er wurde 2004 von einer Gruppe nostalgischer Auswanderer gegründet. Der 2140 m lange Kurs wurde rund 15 km außerhalb von Iquitos auf Buschland erbaut und bietet nicht nur neun Greens, sondern auch ein Clubhaus aus Holz inklusive Bar. Loch 4 ist großartig: Man schlägt auf einer Insel ab, die von Wasser umschlossen ist, in dem sich Piranhas tummeln. Bloß nicht nach verlorenen Bällen angeln!

Geführte Touren

★ Dawn on the Amazon Tours & Cruises BOOTSFAHRT
(065-22-3730; www.dawnontheamazon.com; Malecón Maldonado 185; Tagesausflug inkl. Mittagessen 79 US$/Pers., mehrtägige Bootsfahrten ab 150 US$/Tag) Dieser kleine Laden hat das beste Angebot für unabhängige Traveller. Die Amazon I ist ein wunderschönes, 11 m langes Holzboot mit moderner Ausstattung, das wahlweise zu Tagestouren oder längeren Flussfahrten von bis zu zwei Wochen aufbricht. Zweisprachige Führer, alle Mahlzeiten und die Transfers sind inbegriffen. Man kann mit Gastgeber Bill Grimes und seiner erfahrenen Crew über den Amazones schippern oder durch die ruhigeren Nebenflüsse fahren (größere Kreuzfahrtschiffe bleiben gezwungenermaßen auf den Hauptwasserwegen).

Schlafen

Moskitos sind nur selten ein ernstes Problem, deshalb werden keine Netze zur Verfügung gestellt. Alle Zimmer sind, wenn nicht anders angegeben, mit Ventilator ausgestattet.

Flying Dog Hostel HOSTEL $
(in Lima 01-445-6745; www.flyingdogperu.com; Malecón Tarapaca, zw. Brasil & Ricardo Palma; B/WZ/DZ/3BZ inkl. Frühstück 26/75/90/99 S; @) Das Flying Dog gehört zu derselben Hostelkette, die man auch in Lima und Cusco findet, und liegt bei den traditionellen Backpacker-Unterkünften ganz vorne: saubere, helle Zimmer, heißes Wasser und eine Küche. Die Doppelzimmer sind für das, was man bekommt, einen Tick zu teuer, aber einige haben ein eigenes Bad.

La Casa Del Francés PENSION $
(065-23-1447; http://en.lacasadelfrances.com; Raimondi 183; B/EZ/DZ 20/45/60 S) Ein sicherer, von Hängematten durchzogener Hof führt zu dieser anständigen Budgetoption. Die kolonialen Zimmer sind nach Generationen von Backpackern schon etwas abgenutzt, aber nicht übel.

Essen

★ Belén Mercado MARKT $
(Ecke Prospero & Jirón 9 de Diciembre; *menús* ab 5 S) Auf den Märkten von Iquitos kann man prima essen, vor allem auf dem *mercado* in Belén, auf dem ein *menú* inklusive *jugo especial* („Dschungelsaft") nur 5 S kostet. Man sollte auch die Augen nach Spezialitäten offen halten – z. B. fleischigen Amazonaswürmern, *ishpa* (gedünstete Sábalo-Fischinnereien und -fett) oder *sikisapa* (gebratene Blattschneiderameisen; der Unterleib ist angeblich am leckersten) – und immer auf seine Wertsachen achten. Ein weiterer guter Markt mit günstigem Essen ist der **Mercado Central** (Lores cuadra 5).

Ivalú PERUANISCH $
(Lores 215; Snacks ab 3 S; 8 Uhr–früher Nachmittag) Einer der beliebtesten Läden für Säfte, Kuchen und *tamales* (Maiskuchen, gefüllt mit Hühnchen oder Fisch, in Urwaldblätter gewickelt). Am besten früh hingehen, bevor alles ausverkauft ist!

★ Al Frio y al Fuego FUSION $$
(965-607-474; www.alfrioyalfuego.com; Embarcadero Av La Marina 138; Hauptgerichte 20–40 S; Di–Sa 12–16 & 19–23, So 12–17 Uhr) Man kann mit dem Boot zu diesem schwimmenden Gourmet-Paradies fahren, das mitten in der Mündung des Río Itaya liegt, und das beste Essen der Stadt genießen. Der Schwerpunkt

ist Fisch (etwa köstliche *doncella*), aber die *parrillas* (Grillgerichte) sind auch sehr verlockend. Die angegebene Adresse ist die Bootsanlegestelle.

★ **Amazon Bistro** INTERNATIONAL $$
(Malecón Tarapaca 268; Frühstück 12 S, Hauptgerichte 20–40 S; ⊙6–24 Uhr; ☎) Diese Amazonas-Version einer New Yorker Frühstücksbar wurde vom belgischen Besitzer mit viel Liebe gestaltet und hat eine Mezzanin-Etage mit Blick auf den Hauptgastraum. Die Küche weigert sich, sich in eine Schublade stecken zu lassen: Hier gibt's auch argentinisches Steak, von den belgischen Einflüssen ganz zu schweigen, die in den Crêpes, dem *l'escargot* und der Auswahl an belgischen Bieren zum Vorschein kommen.

Dawn on the Amazon Café INTERNATIONAL $$
(Malecón Maldonado 185; Hauptgerichte 18–32 S; ⊙7.30–22 Uhr; ☎) Dieser Traveller-Magnet auf dem *malecón* mit verlockenden Tischen am Straßenrand bietet eine in Nordamerika, Peru, Spanien und (logisch) China unterteilte Speisekarte. Man kann reisen, wohin sich die Geschmacksknospen sehnen. Der gedämpfte Fisch ist sehr gut. Alle Zutaten sind ohne Glutamat, und auch für Gäste mit Glutenunverträglichkeit ist gesorgt.

🍷 Ausgehen

Arandú Bar BAR
(Malecón Maldonado 113; ⊙ open end) Die belebeste von mehreren dröhnenden *malecón*-Bars und perfekt zum Leutebeobachten. Hier gibt's immer laute Rock'n'Roll-Klassiker auf die Ohren.

Musmuqui BAR
(Raimondi 382; ⊙ So–Do bis 24, Fr & Sa bis 3 Uhr) Bei Einheimischen beliebte Bar auf zwei Ebenen mit einer großen Auswahl aphrodisierender Cocktails, die aus wundersamen Amazonas-Pflanzen gemixt werden.

❶ Praktische Informationen

GEFAHREN & ÄRGERNISSE

Vor Ort belästigen einen viele Schlepper oder selbsternannte Dschungelführer mit aggressiven, hartnäckigen und meist betrügerischen Geschäftsmaschen. Sie erhalten normalerweise Provisionen von Durchschnittsunterkünften und haben Berichten zufolge auch schon Touristen ausgeraubt. Somit wählt man am besten eigenständig und kontaktiert Hotels, Lodges oder Touranbieter direkt. Besondere Vorsicht bedingt das bitterarme Belén, wo Bagatelldiebstähle recht oft vorkommen. Nichtsdestotrotz kennt Iquitos fast keine Gewaltkriminalität.

GELD

Viele Banken wechseln Reiseschecks, tätigen Barauszahlungen auf Kreditkarten und haben Geldautomaten. Brasilianisches oder kolumbianisches Geld wechselt man am besten an der Grenze.

Iquitos

⦿ Sehenswertes
1 Casa de Fierro C3

❹ Aktivitäten, Kurse & Touren
2 Dawn on the Amazon Tours & Cruises D3

🛏 Schlafen
3 Flying Dog Hostel B5
4 La Casa Del Francés C2

🍴 Essen
5 Amazon Bistro C4
 Dawn on the Amazon Café ....(siehe 2)
6 Ivalú B4
7 Mercado Central A3

🍸 Ausgehen & Nachtleben
8 Arandú Bar C3
9 Musmuqui D1

BCP (Próspero & Putamayo) Hat einen sicheren Geldautomaten.

NOTFALL

Clínica Ana Stahl (☎ 065-25-2535; www.facebook.com/caas.iquitos; La Marina 285; ⊙ 24 Std.) Privatklinik, 2 km nördlich des Zentrums.

Policía de Turismo (☎ 965-935-932, 065-24-2081; Lores 834)

POST

Serpost (Arica 402; ⊙ Mo-Fr 8–18, Sa bis 17 Uhr)

TOURISTENINFORMATION

iPerú (☎ 065-23-6144; Napo 161; ⊙ Mo–Sa 9–18, So bis 13 Uhr) Am Flughafen (☎ 065-26-0251; Haupthalle, Flughafen Francisco Secada Vignetta; ⊙ wann immer Flüge landen/starten) gibt's auch eine Zweigstelle.

Büro der Reserva Nacional Pacaya-Samiria (☎ 065-60-7299; Pevas 339; ⊙ Mo–Fr 7–15 Uhr)

❶ An- & Weiterreise

FLUGZEUG

Der **Flughafen** liegt etwa 6 km südlich von Iquitos. **LAN** (☎ 23-2421; Próspero 232) startet täglich Richtung Lima; **Star Perú** (☎ 065-23-6208; Napo 260) bedient Lima, Pucallpa und Tarapoto. **Copa Airlines** (☎ in Panama 1-800-359-2672; www.copaair.com) fliegt zweimal pro Woche nach Panama-Stadt.

SCHIFF/FÄHRE

Die meisten Frachtboote starten 2,5 km nördlich vom Zentrum am **Puerto Masusa** (Los Rosales). Die Abfahrtszeiten findet man auf den Tafeln eines Büros, das kurz vor dem Hafeneingang am linken Rand der Los Rosales steht (nach „AquíRadio Masusa" Ausschau halten). Wichtig: Die Zeiten ändern sich oft über Nacht – viele Boote brechen erst Stunden oder Tage später auf. Flussaufwärts geht's nach Yurimaguas (3–6 Tage) und Pucallpa (4–7 Tage); Tickets (Hängematte/Kabine 100/180 S) gibt's direkt an Bord. Unbedingt vor dem Buchen zum Hafen gehen und die Boote in Augenschein nehmen! Die *Eduardos Nr. 1–6* gelten als komfortabelste Option nach Yurimaguas.

Henry Boats bedient die Route Iquitos–Pucallpa; der firmeneigene, besser organisierte **Hafen** (☎ 965-678-622; Av la Marina s/n; ⊙ 7–19 Uhr) liegt vergleichsweise näher zum Stadtzentrum.

Auf diesen Wasserstraßen brauchen Alleinreisende fast zwangsweise eine Kabine und ein Schloss, wenn sie ihre Wertsachen sicher verwahren wollen – letztere werden ohne ei-

> ### ℹ️ EINREISE NACH KOLUMBIEN & BRASILIEN
>
> Kolumbien, Brasilien und Peru bilden ein Dreiländereck. Auch mitten im Amazonasgebiet muss man sich an die Grenzformalitäten halten und die Beamten lassen einen nicht einreisen, wenn der Reisepass, die Touristenkarte oder das Visum nicht in Ordnung sind. Die Regelungen ändern sich immer wieder, aber die Kapitäne der Flussschiffe wissen, wo man hin muss. Man kann sich frei in den drei Ländern bewegen, solange man im Gebiet des Dreiländerecks bleibt. Bei der Ausreise aus Peru sollte man sich aber trotzdem einen Stempel beim peruanischen Grenzposten in Santa Rosa kurz vor der Grenze am Südufer des Flusses holen (Boote halten dafür an – einfach den Kapitän fragen).
>
> Von Iquitos legen Boote zur Grenze mit Brasilien und Kolumbien in **Puerto Masusa** ab. Ein paar Boote machen jede Woche die zweitägige Fahrt (65–80 S/Pers.). Sie halten unterwegs in Pevas (Hängemattenplatz 40 S, rund 15 Std.) und anderen Häfen. Die Boote gehen näher am Zentrum vor Anker, wenn das Wasser sehr hoch ist (Mai–Juli).
>
> Schnellboote ins Dreiländereck fahren vom winzigen Puerto Embarcadero in Iquitos täglich außer montags um 6 Uhr ab. Man kann das Ticket vorab im Schnellboot-Büro in der Raimondi nahe der Plaza Castilla kaufen. Die Fahrt kostet 170 S nach Pevas oder 200 S für den 10- bis 12-stündigen Trip nach Santa Rosa auf der peruanischen Seite, Mahlzeiten inklusive.
>
> Die größte Stadt ist Leticia (Kolumbien). Hier gibt's Hotels, Restaurants und ein Krankenhaus. Im **Büro der Einwanderungsbehörde** (🕗 8–12, 14–17 Uhr) kann man sich den Stempel für die offizielle Einreise nach Kolumbien abholen. Fähren aus Santa Rosa (8 S) treffen 15 Minuten später in Leticia ein. Von dort werden täglich Flüge nach Bogotá angeboten. Ansonsten kann man mit einem der seltenen Boote nach Puerto Asís am Río Putumayo fahren, aber die Reise dauert bis zu zwölf Tage. Von Puerto Asís fahren Busse ins Landesinnere von Kolumbien.
>
> Leticia ist durch eine Straße (ein kurzes Stück zu Fuß oder mit dem Taxi) mit Tabatinga (Brasilien) verbunden. In der Polizeiwache in Tabatinga bekommt man den offiziellen Einreisestempel für Brasilien. Dort gibt's auch einen Flughafen mit Verbindungen nach Manaus in Brasilien. Boote ins rund vier Tage entfernt liegende Manaus legen zwei Mal wöchentlich ein Stück den Fluss runter ab. Schnellboote fahren in Porto Brass ab; die Reise dauert drei Tage.
>
> Für Kolumbien und Brasilien benötigen EU-Bürger und Schweizer für Aufenthalte von bis zu 90 Tagen kein Visum.
>
> Weitere Informationen zu dieser Grenzüberquerung in die andere Richtung gibt's auf S. 818.

nen aufpassenden Begleiter so gut wie sicher gestohlen! Zudem nehmen die Boote keine Rücksicht auf das empfindliche Ökosystem des Amazonas und werfen ihren Müll direkt in den Fluss (selbst im Hafen).

ℹ️ Unterwegs vor Ort

Taxis (15 S) und *mototaxis* (8 S) starten am Flughafen, der wie andere nahe Ziele von Bussen und Lastwagen ab der Ecke Arica/9 de Diciembre bedient wird. Stadtfahrten per *motocarro* (Motorradriksha) kosten 1,50 bis 3 S.

Reserva Nacional Pacaya-Samiria

Zwischen Yurimaguas und Iquitos stoppen Boote normalerweise in **Lagunas**. Das entlegene Dorf hat keine Wechselstuben und nur ein kleines Essensangebot, ist aber ein Tor zur artenreichen **Reserva Nacional Pacaya-Samiria** (3-tägiger Pass 60 S). Dort leben z. B. Amazonas-Manatis, Kaimane, Flussdelphine, Schildkröten, Affen und viele Vogelarten. Besuche in der Regenzeit (Feb.–Mai) sollte man vermeiden. Zudem hängt das Naturerlebnis stark vom jeweiligen Führer ab; mit diesem trifft man sich daher am besten schon vorher. Ein sehr renommierter Guide-Verband ist **Estypel** (📞 065-40-1080; www.estypel.com.pe; Jr. Padre Lucero 1345, Lagunas). Der Tourpreis (pro Pers. 150 S/Tag) beinhaltet Unterkunft, Essen und Transport, nicht aber die Zugangsgebühr für den Park. An den meisten Wochentagen fahren Boote von Yurimaguas nach Lagunas (10–12 Std.). Beide Ortschaften bieten einfache Übernachtungsmöglichkeiten.

Achtung: In Lagunas ist es äußerst wichtig, die Abfahrtszeiten des jeweiligen Boots mehrfach selbst am Hafen zu checken und immer startbereit zu sein: Wer sich zwecks rechtzeitigen Erscheinens auf Angaben von Dritten verlässt, bleibt möglicherweise zurück!

PERU VERSTEHEN

Peru aktuell

Zwischen der brutalen Eroberung durch die Spanier, dem Chaos der frühen Republik und den aufeinanderfolgenden Diktaturen im Großteil des 20. Jhs. hat Peru kaum stabile Perioden erlebt. Das erste Jahrzehnt des neuen Jahrtausends verlief jedoch außergewöhnlich positiv. Seit 2003 ist die nationale Wirtschaft jedes Jahr gewachsen – u. a. dank ausländischer Investoren und weiterhin starker Exporte im Landwirtschafts-, Bergbau- oder Industriebereich. Auch der Tourismus spielt eine wichtige Rolle: Die Zahl der ausländischen Besucher hat sich zwischen 2003 und 2010 verdoppelt.

2011 wurde der frühere Armeeoffizier Ollanta Humala zum Präsidenten gewählt. Als Sohn eines Quechua-Arbeiteranwalts aus Ayacucho widmet sich Humala auch der sozialen Integration. So hat er gleich zu Anfang seiner Amtszeit verfügt, dass indigene Volksgruppen befragt werden müssen, bevor Rohstoffgewinnung (z. B. Bergbau) in deren Territorien durchgeführt werden soll.

Diese guten Zeiten haben die kulturelle Produktivität vor allem in puncto Essen gesteigert. Einheimische Starköche und Gastro-Festivals rücken eine der aufregendsten Küchen der Welt ins Rampenlicht. Die Inspirationswelle ist auch auf die Künstler übergeschwappt: Ein Musikmix aus Folklore und Elektro trifft hier auf eine blühende moderne Kunstszene.

Dennoch hat Peru weiterhin ernsthafte Probleme. Obwohl die Armutsquote seit 2002 um eindrucksvolle 23 % gesunken ist, liegt sie draußen auf dem Land noch immer um fast 50 % über dem nationalen Durchschnitt.

Zudem hat der Sendero Luminoso (Leuchtender Pfad) mithilfe des Drogenhandels ein gewisses Comeback geschafft: Nachdem die maoistische Guerillaorganisation das Land in den 1980er-Jahren an den Rand des Bürgerkriegs gebracht hatte, greift sie heute gelegentlich Polizisten oder große Industrieprojekte in den zentralen Anden an.

Mitte 2012 wurde die Stadt Cajamarca von Unruhen erschüttert. Die ausufernden Proteste gegen regionale Goldbergbaupläne gingen von Einheimischen aus, die eine potentielle Gefährdung ihrer Wasserressourcen befürchteten. Anlass zur Sorge gibt natürlich auch der Interoceánica Highway (Peru-Brasilien): Dieses Wunder der Ingenieurskunst führt nun quer durch das Amazonasbecken und könnte sich negativ auf eines der letzten großen Wildnisgebiete des Planeten auswirken.

Geschichte

Frühe Kulturen

Die Kultur der Inka ist nur die Spitze des archäologischen Eisbergs Peru.

Die ersten Einwohner des Landes waren lose verbundene Gruppen nomadischer Jäger, Fischer und Sammler, die in Höhlen lebten und furchterregende – heute ausgestorbene – Tiere wie Riesenfaultiere, Säbelzahntiger und Mastodons töteten. Die Domestizierung des Lamas, des Alpakas und des Meerschweinchens begann zwischen 7000 und 4000 v. Chr. Um 3000 v. Chr. wurden verschiedene Formen der Kartoffel zur Kulturpflanze – Peru rühmt sich, 4000 Arten zu besitzen.

Die Chavínperiode, wie sie in Chavín de Huántar bei Huaraz sichtbar wird, dauerte von etwa 1000 bis 300 v. Chr. Gekennzeichnet war sie durch weit verstreute, miteinander in geistigem Austausch stehende Siedlungen, ein gut entwickeltes Handwerk und kulturelle Vielfalt. Dennoch verschwand die Chavínkultur aus unerklärlichen Gründen um 300 v. Chr. Die nächsten 500 Jahre sahen Aufstieg und Niedergang der Paracaskultur südlich von Lima, die während ihres Bestehens einige der feinsten Textilgewebe in Amerika hervorbrachte.

Zwischen 100 und 700 n. Chr. erreichten Keramik, Metallverarbeitung und Textilproduktion neue Höhen der technischen Entwicklung. Die Moche erbauten ihre riesigen Pyramiden in der Gegend um Trujillo und in Sipán bei Chiclayo. Etwa zu dieser Zeit scharrten auch die Nazca ihre Linien in die Wüste, die heute noch ganze Armeen von Archäologen vor Rätsel stellen.

Von etwa 600 bis 1000 entstand das erste Reich, das nicht mehr regional begrenzt war, sondern eine weitreichende Eroberungspolitik verfolgte. Der Einfluss der Wari (Huari) aus dem Norden von Ayacucho ist bis heute fast überall in Peru sichtbar.

Im Lauf der nächsten vier Jahrhunderte erblühten mehrere Kulturen, darunter die der Chimú, die die Stadt Chan Chan bei Trujillo erbauten, und die der Chachapoyas, die die steinerne Festung von Kuélap errichteten. Am Titicacasee (Lago Titicaca) lebten mehrere kleinere kriegerische Hochlandstämme, die beispielsweise in Sillustani und Cutimbo beeindruckende runde Grabtürme hinterließen.

Das Inka-Reich & Die spanische Eroberung

Trotz ihres glorreichen Aufstiegs übten die Inka ihre Vorherrschaft nur ca. 100 Jahre lang aus. Die ersten acht Herrscher regierten vom 12. bis zum frühen 15. Jh. Doch erst der neunte Inka namens Pachacutec brachte das Reich erstmals auf den blutigen Geschmack der Expansion. Um 1438 führte wachsende Eroberungsgier das benachbarte Hochlandvolk der Chanka bis vor die Tore Cuscos. Der Inka Wiraqucha floh daraufhin in dem Glauben, dass sein kleines Reich verloren sei. Sein Sohn Pachacutec scharte jedoch die Inka-Armee um sich und vertrieb die Chanka in einer verzweifelten Schlacht.

Ermutigt durch diesen Sieg startete Pachacutec daraufhin eine erste Expansionswelle und unterwarf dabei auf Anhieb den Großteil der zentralen Anden. In den nächsten 25 Jahren wuchs das Inka-Reich immer weiter. Schließlich reichte es von den heutigen Grenzen zu Ecuador und Kolumbien bis zu den Wüsten Nordchiles. Parallel entstanden viele großartige Bergfestungen, darunter auch Machu Picchu.

Als die Europäer in die Neue Welt kamen, griffen Seuchen wie die Pocken von Mittelamerika und der Karibik nach Südamerika über. 1527 fiel der elfte Inka namens Huayna Capác einer solchen Epidemie zum Opfer. Zuvor hatte er das Reich zwischen seinen beiden Söhnen geteilt: Atahualpa war der Sohn einer Mutter aus Quito und erhielt den Norden. Der rein inkaische Cuzqueñan Huáscar bekam dagegen Cusco und den Süden. Diese Konstellation führte schließlich zu einem Bürgerkrieg, der den langsamen Niedergang des Inka-Reichs einläutete.

Um 1526 zog Francisco Pizarro von Panama aus Richtung Süden und stieß dabei schon bald auf die reichen Küstensiedlungen der Inka. So reiste er zurück nach Spanien, um Männer und Geld für die Eroberung aufzutreiben. Dann segelte er nach Ecuador und marschierte über Land ins peruanische Herz des Inka-Reichs. Als Pizarro 1532 nach Cajamarca kam, hatte Atahualpa gerade seinen Halbbruder Huáscar besiegt.

Das Aufeinandertreffen von Pizarro und Atahualpa sollte den Verlauf der südamerikanischen Geschichte verändern. Wenige Dutzend bewaffneter Konquistadoren lockten den Herrscher in einen Hinterhalt, nahmen ihn gefangen und töteten Tausende seiner unbewaffneten Gefolgsleute. Für seine Freilassung bot der Inka ein Lösegeld in Form von Gold und Silber aus Cusco an – darunter auch die goldenen Wandverkleidungen des Coricancha-Tempels.

Doch Pizarro hielt Atahualpa monatelang gefangen und erhöhte die Lösegeldforderungen immer weiter. Schließlich ließ er ihn nach einem Scheinprozess hinrichten und drang auf Cusco vor. Mit ihren Rüstungen und Stahlschwertern war die spanische Kavallerie praktisch nicht zu stoppen. Trotz gelegentlicher Aufstände musste sich das Inka-Reich immer tiefer in die Berge und den Dschungel zurückziehen. Seine Macht und Größe sollte es niemals wieder erreichen.

Das kolonialzeitliche Peru

1535 gründete Pizarro die Hauptstadt Lima. Jahrzehnte des Aufruhrs folgten: Die Peruaner wehrten sich gegen ihre Eroberer, während diese untereinander um die Kontrolle über die reiche Kolonie kämpften. 1541 wurde Pizarro von dem Konquistadoren Diego de Almagro getötet, dessen Hinrichtung er drei Jahre zuvor befohlen hatte. 1536 hatte Manco Cápac II. fast das ganze Hochland wieder unter seine Kontrolle gebracht. 1539 zog er sich jedoch in sein Regenwaldversteck Vilcabamba zurück, wo man ihn 1544 ermordete. Der Inka Túpac Amaru versuchte 1572 noch einmal, die Spanier zu vertreiben. Doch auch er wurde besiegt und exekutiert.

Für die nächsten 200 Jahre war Lima das politische, soziale und wirtschaftliche Zentrum der Anden, während Cusco zur tiefsten Provinz verkam. Das System der *encomienda* beutete die indigenen Peruaner aus, indem es Land und Sklaven an Siedler verteilte. 1780 führte dies zu einem Aufstand unter der Führung des selbsternannten Inka Túpac Amaru II. Die Revolte wurde jedoch niedergeschlagen und endete mit der grausamen Hinrichtung der Anführer.

Die Unabhängigkeit

Im frühen 19. Jh. war rebellisches Gedankengut auch unter den Kolonialherren verbreitet. Gründe dafür waren die hohen Steuern, die Spanien erhob, und der Wunsch, die reichen Rohstoffquellen des Landes selbst zu kontrollieren, angefangen bei *guano* (Exkremente von Seevögeln), das als Dünger genutzt wird.

Der Wandel kam aus zwei Richtungen. Nachdem er Argentinien und Chile von der spanischen Herrschaft befreit hatte, kam José de San Martín nach Lima und proklamierte 1821 die Unabhängigkeit Perus. Simón Bolívar hatte inzwischen Venezuela, Kolumbien und Ecuador befreit. San Martín und Bolívar trafen sich in Ecuador, und das Ergebnis dieses Treffens war, dass Bolívar weiter nach Peru zog. In Junín und Ayacucho wurden 1824 noch zwei weitere entscheidende Schlachten geschlagen, 1826 ergaben sich die Spanier endgültig.

Peru gewann 1866 einen kurzen Krieg gegen Spanien und verlor einen längeren mit Chile um die nitratreiche nördliche Atacamawüste (1879–1883). Chile annektierte einen beträchtlichen Teil der Küste im Süden Perus, gab aber einige Gebiete 1929 wieder zurück. Ein Jahrzehnt später kam es wegen eines anderen Grenzkonflikts zu einem Krieg mit Ecuador. Der Vertrag von 1942 gestand Peru das Gebiet nördlich des Río Marañón zu, doch Ecuador focht diesen an, und es kam alle paar Jahre zu kleineren Scharmützeln. Erst 1998 brachte ein Friedensvertrag ein Ende der Feindseligkeiten.

Moderne Zeiten

Auch wenn es in Peru gelegentlich Zeiten ziviler Herrschaft gab, sind doch Putsche und Militärdiktaturen das hervorstechende Merkmal der peruanischen Geschichte im 20. Jh.

In den späten 1980er-Jahren erlebte das Land eine Phase ernster sozialer Unruhen. Demonstrationen gegen die verhängnisvolle Wirtschaftspolitik von Präsident Alan García Pérez waren an der Tagesordnung – die Inflationsrate erreichte irgendwann 10 000 %! Seine erste Amtszeit war überschattet von terroristischen Anschlägen der maoistischen Organisation Sendero Luminoso (Leuchtender Pfad), die einen Guerillakrieg führte, dessen traurige Bilanz den Tod oder das „Verschwinden" von mindestens 40 000 Menschen – vor allem in den mittleren Anden – verzeichnet.

1990 wurde Alberto Fujimori, Sohn japanischer Einwanderer, zum Präsidenten gewählt. Seine strengen, halbdiktatorischen Regierungsmaßnahmen führten zu nie gekannten wirtschaftlichen Verbesserungen. Dank seiner großen Beliebtheit wurde Fujimori 1995 erneut gewählt (nachdem er die Verfassung rasch geändert hatte, um sich erneut zur Wahl stellen zu können), aber 1998 ließ die Unterstützung in der Bevölkerung nach. Im September 2000 wurde ein Video veröffentlicht, das Fujimoris Sicherheitschef dabei zeigt, wie er einen Kongressabgeordneten besticht. Fujimoris zehnjährige Präsidentschaft geriet in unkontrolliertes Schleudern. Mitten in diesem Skandal wurden ihm darüber hinaus Menschenrechtsverletzungen vorgeworfen, während er sich auf einer Staatsreise durch Asien befand. Er versteckte sich in Japan, das sich weigerte, die wiederholten Auslieferungsforderungen Perus zu erfüllen. 2005 wurde er während eines Aufenthalts in Chile verhaftet und 2007 an Peru ausgeliefert, wo er für die Anordnung illegaler Durchsuchungen sofort angeklagt und zu sechs Jahren Haft verurteilt wurde. 2009 wurde Fujimori für Verbrechen gegen die Menschlichkeit zu weiteren 25 Jahren Haft verurteilt. Er wurde des Mordes, der körperlichen Verletzung und der zweimaligen Erführung schuldig gesprochen.

Trotz des Schandflecks in der Familiengeschichte wurde Fujimoris Tochter Keiko im Jahr 2006 in einem Erdrutschsieg in den peruanischen Kongress gewählt. Als sie 2011 für das Präsidentenamt kandidierte, verlor sie jedoch knapp die Stichwahl gegen den früheren Armeeoffizier Ollanta Humala.

Humala hielt man zunächst für einen Populisten in bester Hugo-Chávez-Tradition (die Limaer Börse stürzte ab, als er gewählt wurde), aber seine Regierung hat sich als äußerst geschäftsfreundlich erwiesen. Auch wenn die Wirtschaft unter seiner Führung gut funktionierte, gerieten seine Beliebtheitswerte 2012 nach dem misslungenen Angriff auf ein Sendero-Luminoso-Lager im Hochland ins Trudeln. Erstaunlicherweise hat sich Humalas Zustimmungsquote im August 2015, in seinem letzten Jahr an der Macht, jedoch wieder erholt, obwohl (oder gerade weil) er als Reaktion auf einen gewalttätigen Konflikt zwischen lokalen Bauern und den Truppen der Kupfermine Tía María das Kriegsrecht für die Südküste ausrief.

Bei den Präsidentschaftswahlen 2016 setzte sich Pedro Pablo Kuczynski von der liberal-konservativen Partei Peruanos por el Kambio in einer Stichwahl gegen Keiko Fujimori durch und trat am 28. Juli des Jahres die Nachfolge von Humala an.

Kultur

Mit seiner Geografie (Wüste, Hochland und Dschungel) wird Peru gnadenlos als Land der Gegensätze beworben. Kontraste prägen auch das Leben der Einheimischen: Hier stößt man auf einen Mix aus Arm und Reich, Modern und Uralt, Ländlich und Urban, Indigen und Europäisch. Der Alltag in diesem Land kann hart oder richtig reich sein – so ist das seit Jahrhunderten.

Bevölkerung

Peru ist im Grunde eine bikulturelle Gesellschaft, die aus einem indigenen und einem europäisch beeinflussten Bevölkerungsteil besteht. Ein Teil der Peruaner spricht Spanisch und orientiert sich an der Tradition der *criollos* (Spanier, die hier während der Kolonialzeit geboren wurden). Diese Menschen sind entweder Weiße (15% der Gesamtbevölkerung) oder *mestizos,* also Menschen mit einer indigen-europäischen Abstammung (37%).

Rund 45% der Einheimischen sind *indígenas* (rein indigene Menschen); damit gehört Peru zu den drei südamerikanischen Ländern mit dem höchsten indigenen Bevölkerungsanteil. Unverhältnismäßig viele *indígenas* bewohnen ländliche Andenregionen und arbeiten in der Landwirtschaft. Die meisten davon sprechen Quechua und sind im Andenhochland zu Hause. Ein kleinerer Anteil spricht Aymara und lebt im Umkreis des Titicacasees. Das riesige Amazonasgebiet beheimatet weitere ethnische Gruppen mit einer Vielzahl von Sprachen.

Etwa 3% der Peruaner sind afrikanischer oder asiatischer Abkunft. Die Vorfahren der Afro-Peruaner wurden einst als Sklaven von den spanischen Konquistadoren hierher verschleppt.

Lebensart

Obwohl Peru vom Wirtschaftsboom der letzten Jahre profitiert hat, klafft hier immer noch eine Riesenlücke zwischen Arm und Reich – der monatliche Mindestverdienst liegt unter 200 US$. Nach einem UN-Bericht aus dem Jahr 2010 lebt fast ein Drittel der Bevölkerung unterhalb der Armutsgrenze; einer von zehn Peruanern hat nicht einmal 1 US$ pro Tag zur Verfügung. Obwohl die nationale Arbeitslosenquote offiziell nur 7,9% beträgt, haben vor allem sehr viele Großstadtbewohner keinen Job (in Lima geschätzte 42,5%).

Im ländlichen Raum kommen viele Arme nur per Subsistenzwirtschaft über die Runden; ihre traditionellen Lehmziegel- oder Wellblechhäuser haben oft keine Strom- und Wasserleitungen. In den Großstädten bleiben den Ärmsten der Armen nur Slumsiedlungen, während die Unter- und Mittelschicht in kleinen freistehenden Häusern oder Betonbunkern mit Mietwohnungen lebt. Die großen Einzelhäuser betuchterer Großstädter sind oft von hohen Mauern umgeben.

Für alle Gesellschaftsschichten gilt, dass meist mehrere Generationen unter einem Dach wohnen.

Religion

Über 81% der Peruaner sind römisch-katholisch (offizielle Religion). Viele *indígenas* geben sich äußerlich als Katholiken, kombinieren aber Kirchenfeste und heilige Zeremonien oft mit ihren traditionellen Glaubenselementen. Der Protestantismus hat heute einen Bevölkerungsanteil von etwa 13%.

Essen & Trinken

In Peru gehört „Fusion" schon lange zum kulinarischen Alltag. In den letzten 400 Jahren haben sich hier z. B. Eintöpfe nach Andenart mit asiatischen Woktechniken vermischt; spanische Reisgerichte sind auf amazonische Aromen getroffen. Das Ergebnis dieser mehrfachen Vermischung ist Perus berühmte *criollo* (kreolische) Küche. Über die letzten zehn Jahre hat eine Generation von jungen und experimentierfreudigen Innovatoren die lokaltypische Kost in gastronomische Höhen gehoben: Ihr *novoandina*-Ansatz interpretiert peruanische Gerichte mit den Mitteln der Haute Cuisine.

Das hiesige Essen ist eher pikant gewürzt; *ají* (Chilipulver) wird jedoch separat serviert. Wer's konventioneller mag, kann sich in eine *chifa* (chinesisches Lokal) oder *pollería* (Grillrestaurant) flüchten. Vegetarier finden ein immer größeres Angebot; auch die vielen einfallsreichen Kartoffelgerichte sind probierenswert. Die meisten Restaurants offerieren normalerweise mittags ein *menú del día* (Tagesmenü; 8–22 S) mit Suppe, Hauptgericht und oft auch Nachtisch. *Canchita* (peruanisches Popcorn) begleitet häufig den ersten Gang.

Incluye impuesto (IGV) bedeutet, dass die Rechnung eine Servicegebühr enthält. Bessere Restaurants addieren 18 % Steuer und 10 % Trinkgeld.

> **ACHTUNG!**
>
> Speisen, die aus ehemals oder aktuell bedrohten Tieren zubereitet wurden, sollte man ablehnen. Manchmal werden in Urwaldgebieten *chanco marino* (Delfin), *huevos de charapa* (Schildkröteneier), *paiche* (der größte Süßwasserfisch), Kaiman, *motelo* (Schildkröte) oder sogar *mono* (Affe) serviert.

Getränke

ALKOHOLFREIE GETRÄNKE

Agua mineral (Mineralwasser) gibt's *con gas* (mit Kohlensäure) oder *sin gas* (still). Zumindest einmal sollte man auch Perus Bestseller probieren: Die Inca Kola schmeckt nach Kaugummi und sprudelt wie Brause. *Jugos* (Fruchtshakes) sind überall erhältlich und werden von seriösen Herstellern mit gefiltertem Wasser gemixt; Varianten mit *leche* (Milch) gibt's ebenfalls. Das erfrischende Süßgetränk *chicha morada* basiert auf violettem Mais und enthält keine Kohlensäure. *Maté de coca* (Tee aus Kokablättern) wirkt Wunder bei höhenbedingten Problemen. Obwohl Peru seinen Kaffee weltweit exportiert, trinken viele Einheimische die Instant-Version. In Touristengebieten findet man nunmehr viele Cafés, die Espresso und Cappuccino servieren.

ALKOHOLISCHE GETRÄNKE

Peruanisches Bier ist entweder hell oder süß und dunkel (*malta* oder *cerveza negra*). Cusco und Arequipa sind sehr stolz auf ihre lokalen Brauerzeugnisse (Cuzqueña bzw. Arequipeña).

Das traditionelle *chicha* (Maisbier) des Hochlands stammt noch aus vorkolonialer Zeit. Es wird in Steinguttöpfen gelagert und in Andendörfern oder auf Märkten in großen Gläsern ausgeschenkt. Dieser selbstgemachte Trunk ist jedoch nicht im normalen Handel erhältlich und zudem wird nicht jeder von dessen Herstellung begeistert sein: Der Fermentierungsprozess beginnt damit, dass jemand den Mais kaut.

Peruanische Weine sind anständig, reichen aber nicht an chilenische oder argentinische Lesen heran. Das Nationalgetränk *pisco* (Schnaps aus weißen Trauben) schlürft man zumeist als Bestandteil eines *pisco-sour*-Cocktails (*pisco*, Eiweiß, Zitronensaft, Sirup, Bitter und zerstoßenes Eis). Im Dschungel ist *aguardiente* (Zuckerrohrschnaps mit Anis-Aroma) das Feuerwasser erster Wahl.

Sport

Obwohl sich Perus Nationalmannschaft seit 1982 nicht mehr für die Weltmeisterschaft qualifizieren konnte, hat *fútbol* (Fußball) hier viele fanatische Fans. Die berühmtesten Teams stammen fast alle aus der Hauptstadt: Beim traditionellen *clásico* (Klassiker) spielt Alianza Lima gegen Universitario (La U). Saison ist von Ende März bis November.

Auch Stierkämpfe sind Teil der Landeskultur: Die Plaza de Acho in Lima zieht internationale Torero-Talente an. Bei Festivals in entlegenen Andenregionen werden Kondore auf den Rücken von Bullen gebunden – ein Symbol des indigenen Kampfs gegen die spanischen Eroberer.

Kunst

Als früherer Teil indigener und europäischer Großreiche hat Peru eine vielfältige Kunst- und Kulturtradition. Ganz oben rangieren dabei wohl Musik (u. a. indigen), Malerei und Literatur. Letztere erregte 2010 viel Aufmerksamkeit, als der peruanische Romanautor Mario Vargas Llosa den Nobelpreis für Literatur erhielt.

Musik

Wie die Peruaner selbst ist auch ihre Musik ein interkontinentaler Mix. Sie vereint vorkoloniale Bambusflöten mit spanischen Saiteninstrumenten und einem fließend-perkussiven Rhythmus-Rückgrat aus Afrika. Im Großen und Ganzen ist der Sound meist recht regional geprägt: An der Küste hört man hauptsächlich afrikanisch beeinflusste *landós* mit pulsierenden Bass-Beats; parallel sind dort *criollo*-Walzer ein Muss auf jeder Tanzparty. Bei den indigenen *huaynos* der Anden erklingen vor allem hohe Töne aus Bambus-Blasinstrumenten.

Über die letzten paar Jahrzehnte hat sich der *huayno* mit Surfgitarren und der kolumbianischen Tanzmusik *cumbia* (ursprünglich afro-karibisch) zur ebenso tanzbaren *chicha* vermischt. Dieser Sound ist typisch für die Amazonasregion; zu den bekannten *chicha*-Bands gehören beispielsweise Los Shapis und Los Mirlos. Reine *cumbia* ist ebenfalls beliebt und wird u. a. von der aktuell angesagten Grupo 5 aus Chiclayo gespielt.

Die gitarrenlastige *música criolla* (*criollo*-Musik) der Küste hat ihre Wurzeln in Spanien und Afrika. Als berühmteste Variante peitscht der *vals peruano* (peruanische Walzer) viele komplexe Gitarrenmelodien im schnellen Dreivierteltakt voran. Unter den Legenden des Genres sind z. B. Lucha Reyes (1936–1973), Arturo „Zambo" Cavero (1940–2009) oder die Sängerin und Komponistin Chabuca Granda (1920–1983). Vor allem Cavero wird für seine raue Stimme und seine schwermütigen Interpretationen verehrt. Der *landó* ist nah mit diesem Musikstil verwandt, umfasst aber zusätzlich Frage-Antwort-Arrangements. Zu seinen bekanntesten Vertretern gehören die Sängerinnen Susana Baca (geb. 1944) und Eva Ayllón (geb. 1956).

Bildende Kunst

Während Perus berühmtester Kunstperiode (17.–18. Jh.) erschufen indigene und *mestizo*-Vertreter der Cusco-Schule zahllose religiöse Malereien – allerdings größtenteils anonym. Solche *cuzqueña*-Gemälde sind der Stolz vieler Hochlandkirchen.

Traditionelles Kunsthandwerk

Die Produktion von Kunsthandwerk und Folklorekunst in außergewöhnlichen Ausführungen hat in Peru eine lange Tradition. Interessant sind beispielsweise:

Religiöses Kunsthandwerk In allen Regionen massenhaft vorhanden; am spektakulärsten sind jedoch die *retablos* (3D-Dioramen) aus Ayacucho.

Textilien Landesweit findet man komplexe Webstoffe mit kunstvollen Menschenfiguren oder Geometriemustern. Ein paar der schönsten Exemplare gibt's im Gebiet rund um Cusco.

Töpferwaren Die großartigsten Töpfereierzeugnisse folgen der Tradition des präkolumbischen Moche-Volks, das an der Nordküste lebte. Sehr schön sind aber auch rundliche Chancay-Figuren aus sandfarbenem Ton (erhältlich auf Kunsthandwerksmärkten in Lima).

Literatur

Perus berühmtester Romanautor ist zweifellos Mario Vargas Llosa (geb. 1936), der 1990 ohne Erfolg für das Präsidentenamt kandidierte und 2010 den Literaturnobelpreis gewann. Seine komplexen Werke (z. B. *Die Stadt und die Hunde;* 1962) tauchen tief in die Gesellschaft, Politik und Kultur des Landes ein.

César Vallejo (1892–1938) gilt als Perus größter Poet. Er schrieb das Buch *Trilce* mit 77 avantgardistischen, existenzialistischen Gedichten und war bekannt dafür, die Grenzen des Spanischen auszuloten: Wenn ihm vorhandene Worte nicht ausreichten, erfand er welche.

José María Arguedas (1911–1969) und Ciro Alegría (1909–1967) wurden durch ihre Darstellungen indigener Dorfgemeinschaften bekannt. Die Starkarriere des peruanisch-amerikanischen Newcomers Daniel Alarcón (geb. 1977) begann 2007 mit seinem Erstlingsroman *Lost City Radio*.

Natur & Umwelt

Außer Peru haben nur wenige Länder eine derart wilde, unwirtliche und vielfältige Geografie. Südamerikas drittgrößte Nation (1 285 220 km^2) ist fünfmal so groß wie Großbritannien, fast doppelt so groß wie Texas und erreicht etwa ein Sechstel der Fläche Australiens. In den Tropen südlich des Äquators vereint Peru drei höchst unterschiedliche geografische Zonen: die trockene Pazifikküste, die schroffen Anden und ein gutes Stück des Amazonasbeckens.

Geografie

Der Küstenstreifen besteht vor allem aus Wüste, unterbrochen von Städten und Flüssen, die aus den Anden kommen und landwirtschaftlich nutzbare Oasen bilden. Die beste Straße des Landes, die Carr Panamericana, führt an der gesamten Küste Perus entlang – von Grenze zu Grenze.

Die Anden steigen von der Küste bereits 100 km landeinwärts schnell zu spektakulären Höhen von über 6000 m auf. Die meisten Berge sind zwischen 3000 und 4000 m hoch, und zerklüftete Gebirgsketten werden durch tiefe, Schwindel erregende Schluchten getrennt. Der Huascarán ist mit 6768 m Perus höchster Berg.

Die östlichen Anden bekommen mehr Regen ab als die trockenen westlichen Abhänge und sind deshalb mit Nebelwald bedeckt, der in den Regenwald des Amazonasbeckens übergeht.

Tiere & Pflanzen

Mit seinen riesigen Wüsten, den von Gletschern bedeckten Bergketten, dem tropischen Regenwald und fast jedem nur vorstellbaren Lebensraum dazwischen darf es nicht verwundern, dass Peru über eine große Vielfalt von Tieren und Pflanzen verfügt.

Vögel und Meerestiere kommen an der Küste zahlreich vor. Hier leben Seelöwenkolonien, Humboldtpinguine, chilenische Flamingos, peruanische Papageien, Inkaseeschwalben und endemische braune Tölpel. Zu den bemerkenswerten Vögeln gehören der majestätische Andenkondor, der Schmalschnabelsichler und eine Vielzahl von Kolibris. Das Hochland ist auch die Heimat der Kameloiden wie Lamas, Alpakas, Guanakos und Vikuñjas, während man im Nebelwald Jaguare, Tapire und die bedrohten Brillenbären findet.

Weiter unten, Richtung Amazonas, kann man mit etwas Glück die berühmten tropischen Vögel sehen: Papageien, Aras, Tukane und viele andere. Mehr als ein Dutzend Affenarten leben in Amazonien, außerdem Flussdelfine, Frösche und unzählige Fische sowie Insekten. Und Schlangen? Keine Panik. Es leben zwar viele Arten hier, aber meistens verstecken sie sich vor Menschen.

Nationalparks

Perus reiche Tierwelt wird in einem System aus Nationalparks und Naturreservaten geschützt; die 60 Gebiete nehmen rund 15 % der Landesfläche ein. Ihnen mangelt es jedoch dramatisch an der nötigen Infrastruktur und es wird immer wieder illegal gejagt und geangelt, Bäume gefällt und Bergbau betrieben.

TOP-SPOTS FÜR TIERBEOBACHTUNGEN

➡ **Parque Nacional Manu** (S. 969): Beste Chancen für Jaguar-, Tapir- und Affensichtungen im abgeschiedenen Regenwald.

➡ Das Küstenschutzgebiet **Islas Ballestas** (S. 888) mit Pinguinen, Flamingos und Seelöwen.

➡ Rund um **Iquitos** (S. 970) gibt's Baumwipfelpfade, Dschungellodges und Fahrten mit Flussbooten.

➡ **Parque Nacional Huascarán** (S. 958): Andenkondore und Vikunjas.

➡ Nahe **Puerto Maldonado** (S. 966): Capybaras und Aras.

➡ **Cañón del Colca** (S. 904): Einfachstes Beobachten von Andenkondoren.

➡ Der Altwassersee **Yarinacocha** (S. 969): Amazonasdelfine, riesige Leguane und zahllose Vogelarten.

➡ **Reserva Nacional Pacaya-Samiria** (S. 974): Einbaumtouren im unberührten, geschützten Regenwald.

➡ Umgebung von **Machu Picchu** (S. 931): Über 400 seltene und endemische Vogelarten.

Zu den Highlights gehören der Parque Nacional Huascarán, das perfekte Ziel für Wanderungen in der Cordillera Blanca, und der Parque Nacional Manu, der zu den artenreichsten Regenwäldern der Welt gehört und nordwestlich von Cusco liegt. Aber auch andere Schutzgebiete oder *reservas nacionales* und Naturparks – etwa der Cañon del Colca und der Titicacasee – sind einen Besuch wert.

Nach Jahrzehnten des Wartens sollte die Schutzzone Sierra del Divisor im August 2015 endlich zu Perus jüngstem Nationalpark ernannt werden. Darin werden 1,5 Mio. ha Regenwald an der brasilianischen Grenze mit all seiner einzigartigen Flora und Fauna und seinen indigenen Gemeinden geschützt.

Umweltprobleme

Beim Verwalten seiner natürlichen Ressourcen steht Peru vor großen Herausforderungen. Die schwache Exekutive und die unzugängliche Geografie begünstigen die hiesigen Umweltprobleme – vor allem Entwaldung, Erosion, Landschaftszersiedelung und industriebedingte Verschmutzung. Parallel wird fortwährend versucht, Kokaplantagen auf Andenhängen teilweise mit giftigen Entlaubungsmitteln zu zerstören. Zudem bedroht der Interoceánic Highway potentiell Tausende Quadratkilometer Regenwald im Herz des Amazonasgebiets.

ENTWALDUNG & WASSERVERSCHMUTZUNG

Perus Hochland wird wegen des Bedarfs an Feuerholz gerodet, der Regenwald für die Gewinnung wertvoller Harthölzer. Durch Landwirtschaft, Bergbau und Ölindustrie büßen beide Gebiete noch mehr Bewuchs ein. Diese Entwaldung hat jeweils zu sehr starker Bodenerosion geführt. Das Hochland leidet stark unter der Abholzung bzw. Überweidung seiner Wälder und *puna*-Graslandschaften; so verschlechtert sich die Bodenqualität dort sehr schnell. Das Roden des Amazonas-Regenwalds lässt Indikatorarten (z. B. Frösche) verschwinden, was ebenfalls in Erosion resultiert. Letztere senkt auch die Wasserqualität in dieser Region: Die Mikroorganismen am unteren Ende der Nahrungskette können nicht in verschlammtem Nass leben.

Weitere Probleme schafft z. B. die Wasserverschmutzung durch den Hochlandbergbau. Wegen gesundheitsschädlicher Abwässer herrscht heute oft Schwimmverbot an den Stränden in der Umgebung einiger Küstenstädte. Im Süden haben Wasserverschmutzung und Überfischung den Bestand an Humboldt-Pinguinen kontinuierlich dezimiert (seit den 1980er-Jahren um mehr als ein Drittel).

SCHUTZMASSNAHMEN

Ende 2014 unterzeichnete Peru ein Abkommen mit Norwegen und Deutschland, seine waldabhängigen Emissionen zu reduzieren und den Versuch zu unternehmen, bis 2021 kohlenstoffneutral zu werden. Norwegen hat zugesagt, bei nachweisbaren Ergebnissen bis zu 300 Mio. US$ zu zahlen.

Im Zuge dessen werden bereits einige positive Maßnahmen getroffen, um die Umwelt des Landes zu schützen. Beispielsweise haben sich die peruanische Regierung und private Interessenten innerhalb der Tourismusindustrie zusammengetan, um nachhaltige Reiseprojekte im Amazonasgebiet zu entwickeln.

PRAKTISCHES

Allgemeine Informationen

AKTIVITÄTEN

Die meisten Aktivitäten sind das ganze Jahr über möglich, doch manche Zeiten eignen sich besser als andere. Die Hauptsaison für die meisten Outdoor-Aktivitäten ist die Trockenzeit im Winter (Juni–Aug.). Trekking im Hochland ist in der Regenzeit – besonders von Dezember bis März, wenn der meiste Regen fällt – eine ziemlich schlammige Angelegenheit. Die heißeren Sommermonate eignen sich dagegen am besten fürs Schwimmen und Surfen an der Pazifikküste.

Aus Sicherheitsgründen sollte man die billigsten Agenturen und Ausstatter meiden. Für spezielle Aktivitäten ist es am besten, selbst gute Ausrüstung mitzubringen.

Für all jene, die gern Vögel beobachten, sind das Amazonasbecken, die Islas Ballestas und der Cañón del Colca gute Startpunkte.

Zum Thema Klettern: Der Huascarán (6768 m), Perus höchster Berg, ist nur etwas für Profis, aber in der Nähe von Huaraz und Arequipa gibt's auch viele einfacher zu bezwingende Gipfel. Fels- und Eisklettertouren kann man vor allem rund um Huaraz unternehmen.

Gute Downhills gesucht? Um Huaraz, Cusco und Arequipa gibt's sowohl einfache als auch schwierige Strecken für Mountainbiker.

Auch Paragliding ist in Peru im Kommen, besonders in Lima.

Wildwasserrafting-Agenturen in Cusco und Arequipa bieten eine Vielzahl von Tagesausflügen und längeren Unternehmungen (Kategorien III–IV und Stromschnellen) an. Es ist schon zu einigen tödlichen Unfällen gekommen – vorher also genau überlegen, welchem Anbieter man sein Leben anvertrauen möchte. Der beste Ort für Anfänger ist Lunahuaná.

Es ist kein Problem, Pferde zu leihen. Wer etwas Besonderes will, sollte einen Ritt auf den anmutigen peruanischen Paso-Fino-Pferden in der Nähe von Urubamba in Betracht ziehen.

Surfen hat in Peru viele Fans. Es gibt im Norden einige schöne Wellen, berühmt sind die bei Huanchaco, Máncora und gleich südlich von Lima. Etwas ganz anderes ist es, die gigantischen Dünen der Küstenwüste bei Huacachina und Nazca hinunter zu surfen.

Trekker, Stiefel einpacken! Der Abwechslungsreichtum der Trails in Peru ist umwerfend. Die Cordillera Blanca ist wegen ihrer Gipfel unübertroffen, ebenso überwältigt einen die Cordillera Huayhuash. Von einem Trek in Peru hat aber fast jeder gehört – dem weltberühmten Inkatrail nach Machu Picchu. Nur: Eben weil dieser bekannt ist wie ein bunter Hund, sollte man überlegen, ob man nicht eine alternative Strecke nach Machu Picchu wählt. Der spektakuläre Ausangate-Rundgang und die alten Ruinen im Nebelwald bei Chachapoyas gehören zu den weiteren interessanten Zielen. Noch eine Option stellen die tiefsten Canyons der Welt dar – der Cañón del Cotahuasi und der Cañón del Colca.

ARBEITEN IN PERU

Offiziell braucht man zum Arbeiten in Peru ein Visum, wenngleich sich manche Sprachschulen in Lima oder die Ausländer für Fremdsprachenunterricht (vor allem Englisch) einstellen, wenig um solche Bestimmungen scheren. Ohne Visum geht man jedoch einer illegalen Beschäftigung nach, und Lehrerjobs sind ohne die entsprechenden Papiere ohnehin zunehmend schwerer zu bekommen.

BOTSCHAFTEN & KONSULATE

Argentinien (☎ 01-433-3381; Av 28 de Julio 828, Lima 1)
Bolivien (☎ 01-440-2095; www.boliviaenperu.com; Los Castaños 235, San Isidro, Lima) In Puno ist ein Konsulat (☎ 051-35-1251; Fax 051-35-1251; Arequipa 136, 3. St.; ✆ Mo–Fr 8–16 Uhr).
Brasilien (Karte S. 878; ☎ 01-512-0830; www.embajadabrasil.org.pe; Av José Pardo 850, Miraflores, Lima 18)
Chile (☎ 01-710-2211; http://chileabroad.gov.cl/peru; Javier Prado Oeste 790, San Isidro, Lima 27)
Deutschland (☎ 01-203-5940; www.lima.diplo.de; Av Dionisio Derteano 144, 7. & 8. St., San Isidro, Lima)
Ecuador (☎ 01-212-4027; http://peru.embajada.gob.ec; Las Palmeras 356, San Isidro, Lima 27) In Tumbes ist ein Konsulat (☎ 072-52-5949; Bolívar 129, 3. St., Plaza de Armas).
Kolumbien (☎ 01-462-0294; http://peru.embajada.gov.co; Calle Clemente X, 335, San Isidro, Lima) In Iquitos ist ein Konsulat (☎ 065-23-1461; Calvo de Araujo 431).
Österreich (☎ 01-442-0503; www.bmeia.gv.at/oeb-lima/; 5. Stock, Aven Republica de Colombia 643, San Isidro, Lima 27)
Schweiz (☎ 01-264-0305; www.eda.admin.ch/lima; Av Salaverry 3240, San Isidro, Lima 27)

FEIERTAGE & FERIEN

An wichtigen Feiertagen sind die Banken, die Büros und andere Dienststellen geschlossen, die Hotels verdoppeln oder verdreifachen ihre Preise und die öffentlichen Nahverkehrsmittel sind brechend voll. Fiestas Patrias ist der größte Nationalfeiertag, dann ist das ganze Land auf Achse.

Año Nuevo (Neujahr) 1. Januar
Karfreitag März/April
Día del Trabajador (Tag der Arbeit) 1. Mai
Inti Raymi 24. Juni
Fiestas de San Pedro y San Pablo (Fest von Peter & Paul) 29. Juni
Fiestas Patrias (Nationalfeiertag der Unabhängigkeit) 28. und 29. Juli
Fiesta de Santa Rosa de Lima 30. August
Tag der Schlacht von Angamos 8. Oktober
Todos Santos (Allerheiligen) 1. November
Fiesta de la Purísima Concepción (Fest der unbefleckten Empfängnis) 8. Dezember
Navidad (Weihnachten) 25. Dezember

FRAUEN UNTERWEGS

Die meisten Frauen, die nach Peru reisen, haben nur wenige Probleme. Sie sollten sich aber innerlich darauf einstellen, dass sie Aufmerksamkeit erregen werden. Der Machismo ist in peruanischen Klein- und Großstädten gesund und munter. Neugierige Blicke, Pfeifen, Zischeln und *piropos* (freche, flirtende oder vulgäre „Komplimente") gehören zum Alltag. Die Provokationen zu ignorieren ist generell die beste Reaktion. Die meisten Männer lassen ihrem Geschwätz normalerweise nicht aggressiveres Verhalten folgen, außer sie fühlen sich von der Frau in ihrer Männlichkeit verletzt.

Wer Einheimische um Hilfe bittet, wird bemerken, dass die meisten Peruaner sich schützend vor alleinreisende Frauen stellen und mit Staunen und Besorgnis darauf reagieren, wenn man ihnen erzählt, ohne Mann oder Familie unterwegs zu sein. Wer von einem Fremden auf der Straße angesprochen wird, sollte nicht unbedingt stehenbleiben. Es ist auch nicht zu empfehlen, als Frau alleine in eine Bar zu gehen, und in archäologischen Anlagen gilt es selbst am Tage, besonders wachsam zu sein. Die Nutzung von Nachtbussen und nicht lizenzierten Taxis ist unbedingt zu meiden.

Abtreibungen sind in Peru illegal, es sei denn, sie retten das Leben der Mutter. Das **Instituto Peruano de Paternidad Responsable** (Inppares; ☎ 01-583-9012; www.inppares.org.pe) betreibt ein Dutzend sexualmedizinischer Kliniken für Frauen und Männer im ganzen Land.

FREIWILLIGENARBEIT

Die meisten Freiwilligenorganisationen verlangen Geld für das Programm, für die Unterkunft und die Verpflegung. Man sollte sich vor falschen Wohlfahrtsorganisationen und betrügerischen Programmen hüten. Spanische Sprachschulen wissen zumeist über aktuelle Möglichkeiten im Freiwilligenbereich Bescheid, und die Clubhäuser der South American Explorers haben Berichte aus erster Hand von Ausländern, die freiwillig in Lima oder Cusco tätig waren. **Pro-World Service Corps** (ProPeru; ☎ in den USA 877-429-6753, www.proworldsc.org) organisieren zwei- bis 26-wöchige kulturelle und akademische Hilfsdienste im Heiligen Tal. Sie stehen mit NGOs in ganz Peru in Verbindung.

Eine Auswahl von Organisationen in den deutschsprachigen Ländern:

Freiwilligenarbeit.de (www.freiwilligenarbeit.de) Freiwilligenarbeit-Portal, das Programme rund um den Planeten vorstellt.

TravelWorks (www.travelworks.de) Vermittelt Freiwilligenarbeit auf der ganzen Welt, auch in Peru.

GEFAHREN & ÄRGERNISSE

Auch in Peru kann es Belästigungen und Ärger geben. Vieles davon kann man aber durch vernünftiges Verhalten vermeiden.

Das häufigste Problem ist Diebstahl, meist Trickdiebstahl oder einfaches Wegreißen. Gewalttätige Überfälle sind selten, kommen aber auch vor. Vorsicht vor „Würgern und Greifern", vor allem in archäologischen Anlagen. Raubüberfälle und -morde gab es schon selbst auf bekannten Trekkingstrecken, besonders rund um Huaraz.

Nicht lizenzierten „Piraten"-Taxis sollte man mit Vorsicht begegnen, denn es ist schon vorgekommen, dass an „Express"-Entführungen beteiligt waren. Ratsam ist es auch, anstatt der billigen Übernachtbusse eher die teureren und besseren Busse zu nehmen, um so das Risiko eine Unfalls oder einer Entführung zu mindern.

Um Drogen unbedingt einen großen Bogen machen! Gringos, die sich darauf eingelassen haben, saßen für lange Zeit in peruanischen Gefängnissen ein. Jeder Tatverdächtige wird so lange für schuldig befunden, bis er seine Unschuld beweisen kann (das gilt auch bei Autounfällen, egal ob man der schuldige Fahrer ist oder nicht).

Während der Terrorismus in Peru ein Problem ist, ist der Drogenhandel weiterhin ein bedeutendes Geschäft. Um folgende Regionen, in denen sich der illegale peruanische Drogenanbau im Wesentlichen abspielt, sollte man einen großen Bogen machen: das Tal des Río Huallaga zwischen Tingo María und Juanjui und das Tal des Río Apurímac in der Nähe von Ayacucho. Derzeit sollte man keinesfalls Vilcabamba, Ivochote, Kiteni und dahinter liegende Gebiete besuchen; die Situation kann sich allerdings jederzeit ändern.

> ### PREISKATEGORIEN: ESSEN
>
> Die Restaurants sind je nach Vorliebe des Autors unter Berücksichtigung des Preis-Leistungs-Verhältnisses aufgelistet. Restaurants der Mittel- und Luxusklasse schlagen eine Servicegebühr von 10 % sowie 19 % Steuern auf. Die folgenden Preise gelten für ein Hauptgericht.
>
> $ unter 20 S
> $$ 20–60 S
> $$$ über 60 S

Nicht alle Minen und Blindgänger entlang der ecuadorianischen Grenze sind beseitigt worden. Darum nur die offiziellen Grenzübergänge benutzen und in Grenzgebieten die offiziellen Wege nicht verlassen.

Die *soroche* (Höhenkrankheit) kann tödlich enden.

GELD

Die Währung von Peru heißt Nuevo Sol (S), ein Nuevo Sol sind 100 Céntimos.

Bargeld

Banknoten sind im Wert von 10, 20, 50 und 100 S im Umlauf. Wer Geld wechselt, sollte immer um viele kleine Scheine bitten. Münzen gibt's zu 10, 20 und 50 Céntimos sowie zu 1, 2 und 5 S. US-Dollar werden in vielen Touristeneinrichtungen ebenfalls akzeptiert, doch für öffentliche Verkehrsmittel, billiges Essen, Gästehäuser etc. braucht man auch Nuevos Soles. Falschgeld ist allgemein ein großes Problem in Peru.

Geldautomaten

Die meisten Städte und auch manche kleinen Orte haben Geldautomaten, die rund um die Uhr zugänglich sind und Visa-, Maestro- und MasterCard-Karten akzeptieren. American Express und andere Systeme sind weniger weit verbreitet. Größere Flughäfen und Busbahnhöfe wie auch die Interbank- und BCP-Zweigstellen haben Geldautomaten, die fast alle ausländischen Karten annehmen. Es werden sowohl US-Dollar als auch peruanische Währung ausgegeben.

Geld wechseln

Andere Währungen als der US-Dollar und zunehmend auch der Euro werden nur in größeren Städten und mit hoher Kommission gewechselt. Abgegriffene, zerrissene und beschädigte Banknoten werden nicht akzeptiert. *Casas de cambio* haben länger geöffnet als Banken und bedienen die Kundschaft auch schneller. Offizielle Geldwechsler (*cambistas*) sind nützlich, wenn man außerhalb der Banköffnungszeiten oder an Grenzübergängen ohne Bank Geld umtauschen will. Man muss sich aber vor manipulierten Taschenrechnern, Falschgeld und sonstigen Tricks hüten.

Kreditkarten

Gehobenere Hotels, Restaurants und Läden akzeptieren *tarjetas de crédito* (Kreditkarten), verlangen aber gewöhnlich 7 % oder mehr Aufschlag. Man sollte auch damit rechnen, dass die eigene Kreditkartenfirma noch eine internationale Benutzungsgebühr aufschlägt (etwa 3 %).

INTERNETZUGANG

Internetcafés *(locutorios)* findet man in Peru an jeder Straßenecke. Selbst kleine Städte haben irgendwo eine kleine *cabina*. Der Zugang ist in den Städten schnell und günstig (etwa 1,50 S/

Std.), in ländlichen Gegenden aber oft unzuverlässig und teurer. Häufig bieten Internetcafés die Möglichkeiten „Internet zu Telefon" und „Internet zu Internet" (wie z. B. Skype) an.

REISEN MIT BEHINDERUNG

Peru bietet nur wenige Annehmlichkeiten für Traveller mit Behinderungen. Die offizielle nationale Tourismusorganisation PromPerú bietet unter „Special Interests" auf der englischen Version ihrer Website (www.peru.info) einen Link zu Accessible Tourism mit Berichten zu rollstuhlgerechten Hotels, Restaurants und Attraktionen in Lima, Cusco, Aguas Calientes, Iquitos und Trujillo.

KARTEN & STADTPLÄNE

Die beste Straßenkarte von Peru, *Mapa Vial* (1:2 000 000), wird von Lima 2000 herausgegeben und ist in vielen Buchläden erhältlich. Topografische Karten bekommt man bei vielen Outdoor-Anbietern in größeren Städten und Touristenzielen.

ÖFFNUNGSZEITEN

Die Geschäfte öffnen normalerweise um 9 oder 10 Uhr und schließen zwischen 18 und 20 Uhr. Eine zweistündige Mittagspause ist üblich. In großen Städten bleiben die Geschäfte manchmal auch über Mittag geöffnet, in Lima gibt's zudem Supermärkte, die rund um die Uhr Kunden empfangen. Banken haben gewöhnlich montags bis freitags von 9 bis 18 Uhr und samstags bis 13 Uhr geöffnet. Postämter und *casas de cambio* (Wechselstuben) besitzen sehr unterschiedliche Öffnungszeiten. Am Sonntag macht fast alles dicht.

POST

Serpost, das privatisierte Postunternehmen, arbeitet relativ effizient, ist aber teuer. Postkarten und Briefe nach Europa kosten auf dem Luftweg etwa 5 bis 6,50 S und benötigen von Lima aus ungefähr zwei Wochen, von Provinzstädten etwas länger.

Lista de correos (postlagernde Sendungen) können an jedes größere Postamt geschickt werden. South American Explorers empfangen Briefe und Pakete für Mitglieder und bewahren sie in ihren Clubhäusern in Lima und Cusco auf.

RECHTSFRAGEN

Es gibt Stationen der *policía de turismo* (Touristenpolizei) in mehr als einem Dutzend der wichtigen Städte. Normalerweise ist auch immer jemand da, der etwas Englisch spricht. Bestechung ist zwar illegal, dennoch können einzelne Polizisten (Mitglieder der Touristenpolizei miteinbegriffen) korrupt sein. Da die meisten Reisenden nichts mit der Verkehrspolizei zu tun haben, ist der Grenzübertritt zu Lande der Ort, an dem man von Travellern am ehesten erwartet, dass sie den Offiziellen eine kleine Dreingabe zahlen. Auch das ist verboten – wer Zeit, Kraft und Ausdauer hat, wird schließlich auch so hereingelassen.

SCHWULE & LESBEN

Peru ist ein streng konservatives, katholisches Land. Rechte für Homosexuelle in politischer oder gesetzlicher Hinsicht sind für die meisten Peruaner nicht einmal ein Thema. (Zur Information: Die Regenbogenfahne, die in der Gegend von Cusco zu sehen ist, ist keine Schwulenfahne – sie ist die Fahne des Inka-Reichs.) Wenn das Thema öffentlich aufkommt, ist die offizielle Reaktion meistens feindlich.

Küssen auf den Mund wird in der Öffentlichkeit nur selten gesehen, weder bei hetero- noch bei homosexuellen Paaren. Aber sonst können Peruaner mit ihren Freunden körperlich sehr vertraulich umgehen, deshalb sind Küsse auf die Wange oder ein *abrazo*, eine joviale Umarmung zwischen Männern, harmlos und alltäglich. Im Zweifelsfall an den Einheimischen ein Vorbild nehmen.

In Lima herrscht am meisten Toleranz Homosexuellen gegenüber, während Cusco, Arequipa und Trujillo immer noch überdurchschnittlich liberal sind. Lima hat die offenste Schwulenszene im Land. **Gayperu.com** (www.gayperu.pe), eine spanische Seite, informiert von Bars bis Saunen über alles. Die Reiseagentur **Rainbow Peruvian Tours** (☏ 01-215-6000; www.perurainbow.com; Río de Janeiro 216, Miraflores, Lima) wird von einem Schwulen geleitet und hat eine Website mit Infos und Tipps auf Englisch.

SPRACHE

Sprachschulen gibt's in Lima, Cusco, Arequipa, Huaraz, Puerto Maldonado und Huancayo.

STROM

Perus Stromnetz arbeitet mit 220 V und 60 Hz. In die zweilöchrigen Steckdosen passen oft die europäischen Stecker. Es empfiehlt sich jedoch, sicherheitshalber auch einen Adapter (US-Flachstecker) für Elektrogeräte dabeizuhaben.

TELEFON

Öffentliche Fernsprecher gibt's sogar in den winzigsten Städten. Die meisten sind Kartentelefone, aber viele funktionieren auch mit Münzen. Unter ☏ 109 erreicht man die peruanische Vermittlung, unter ☏ 108 die internationale Vermittlung, unter ☏ 103 die Auskunft. Internetcafés sind bei Orts-, Fern- und internationalen Gesprächen oft billiger als die Filialen der **Telefónica-Perú** (www.telefonica.com.pe).

Handys

In Peru funktionieren Triband-Handys der Standards GSM 1900, CDMA oder TDMA. Da sich der Mobilfunksektor aber sehr schnell verändert, ist vor dem Start eine entsprechende Recherche ratsam. Die Supermärkte größerer Städte haben Ständer mit Handys (ca. 50 S/Stück), in die sich peruanische SIM-Karten (ab 15 S) einsetzen lassen; diesbezüglich sind die Prepaid-Angebote von Claro sehr beliebt. In Großstädten und Touristenhochburgen gibt's mitunter auch Miethandys. Berg- und Dschungelregionen leiden teilweise unter schlechter Netzabdeckung.

Telefonkarten

Telefonkarten heißen *tarjetas telefónicas* und sind überall bei Straßenhändlern und an Kiosken erhältlich. Einige haben einen elektronischen Chip, aber bei den meisten muss man einen Code eingeben, um sie freizuschalten. Man wählt die drei Ziffern für die Verbindung, gibt dann den Code auf der Rückseite der Karte ein, hört sich eine spanische Ansage an, die über das Guthaben informiert, wählt die Nummer und wird schließlich verbunden. Am besten einfach mal herumfragen, welche Kartenanbieter den günstigsten Tarif haben.

Vorwahlen

Peru hat die Landesvorwahl ⏵51. Um ins Ausland zu telefonieren, muss man erst ⏵00, dann die Landesvorwahl, die Ortsvorwahl und schließlich die Telefonnummer wählen.

Jede Region Perus hat eine eigene Vorwahl, die mit einer 0 beginnt (⏵01 in Lima, 0 plus zwei weitere Ziffern in anderen Gegenden). Wer in Peru ein Ferngespräch führen möchte, muss die 0 der Bezirksvorwahl mitwählen. Wenn man aus dem Ausland in Peru anruft, wählt man die internationale Vorwahl (00), dann die Landesvorwahl (⏵51), die Ortsvorwahl ohne die 0 und schließlich die Telefonnummer.

TOILETTEN

Die peruanischen Sanitäranlagen lassen zu wünschen übrig. Selbst kleinste Mengen Toilettenpapier können das ganze System zum Erliegen bringen – deshalb sind für die Entsorgung des Papiers gewöhnlich kleine Plastikbehälter bereitgestellt. Außer in Museen, Restaurants, Hotels und Busbahnhöfen sind öffentliche Toiletten in Peru selten. Man sollte auch immer Toilettenpapier bei sich haben.

TOURISTENINFORMATION

Die offizielle Tourismuswebsite PromPerús (www.peru.info) bietet auch Informationen auf Deutsch. PromPerú unterhält außerdem die Touristeninformationen **iPerú** (⏵24-Std.-Hotline 01-574-8000; www.peru.travel/iperu.aspx) in Lima, Arequipa, Ayacucho, Chiclayo, Cusco, Huaraz, Iquitos, Piura, Puno, Tacna und Trujillo. Lokale Touristeninformationen sind in anderen Städten zu finden, die in diesem Buch beschrieben werden. Die Clubhäuser von South American Explorers in Lima und Cusco sind gute Informationsquellen für Reisende, aber als zahlendes Mitglied kann man dort mehr Hilfe erwarten.

UNTERKUNFT

Lima und das Touristenmekka Cusco sind die teuersten Orte in Peru. In der Hochsaison (Juni–Aug.), an den wichtigen Feiertagen und bei Festen sind die Unterkünfte meist voll und die Preise können sich verdreifachen. Ansonsten sind die Hochsaisonpreise, die hier angegeben sind, verhandelbar.

Von ausländischen Besuchern wird meist die Umsatzsteuer in Höhe von 10 % nicht verlangt. *Incluye impuesto* (IGV) bedeutet, dass der Servicezuschlag mit eingeschlossen ist. In den besseren Hotels können Steuern und Servicezuschlag zusammen 28 % betragen. Budgethotels haben normalerweise zumindest gelegentlich warme (häufiger: laue) Duschen. Zu den Betten in Schlafsälen gehören Gemeinschaftsbäder, während Einzel- und Doppelzimmer auch in *hostales* – also Pensionen, die nicht mit Backpackerhostels gleichzusetzen sind – eigene Bäder haben (sofern nichts anderes angegeben ist).

VERANTWORTUNGSBEWUSSTES REISEN

Archäologen liefern sich mit den *guaqueros* (Grabräubern) eine Schlacht, die sie wohl vor allem an der Küste leider verlieren werden. Man sollte auf keinen Fall original präkolumbische Artefakte kaufen und sich auch nicht an der Ausrottung der Wildtiere beteiligen, indem man Fleisch bedrohter Arten verzehrt oder Souvenirs kauft, die aus Häuten, Federn, Horn oder Schildkrötenpanzer gemacht sind.

Manche indigenen Gemeinden leben vom Tourismus; sie zu besuchen, kann ihre Projekte unterstützen, aber auch ihre traditionelle Kultur aushöhlen. Wer eine organisierte Tour mitmacht, sollte sich vergewissern, dass der Anbieter einen Bezug zur Region hat, und danach fragen, ob die Touren auch in irgendeiner Weise den besuchten Orten nutzen.

VISA

EU-Bürger und Schweizer können visumfrei nach Peru einreisen. Nach Ankunft sollte der

---

> **PREISKATEGORIEN: SCHLAFEN**
>
> Sofern nicht anders angegeben, gelten die folgenden Preiskategorien jeweils für ein Doppelzimmer mit eigenem Bad in der Hauptsaison.
>
> $ unter 85 S (inkl. Betten in Schlafsälen)
>
> $$ 85–250 S
>
> $$$ über 250 S

Reisepass noch mindestens sechs Monate lang gültig sein. Touristen erhalten zunächst eine Aufenthaltserlaubnis für 90 Tage, die in den Pass und eine separate Anden-Einreisekarte (Tarjeta Andina de Migración) eingestempelt wird. Achtung: Letztere ist bei Ausreise wieder abzugeben und wie der Reisepass ständig mitzuführen! Wer sich bei einer Personenkontrolle nicht ordnungsgemäß ausweisen kann, riskiert seine Verhaftung!

Die **Einwanderungsbehörden** (Oficinas de Migraciónes; www.migraciones.gob.pe; Spanisch & Englisch) stellen Ersatz bei Kartenverlust aus und sind auch für Aufenthaltsverlängerungen zuständig. Sie unterhalten Büros in Lima, Arequipa, Cusco, Iquitos, Puerto Maldonado, Puno und Trujillo sowie nahe den Grenzen zu Chile und Ecuador. Wer verlängern möchte (20 US$/30 Tage zzgl. Bearbeitungsgebühr 12,25 S), findet englischsprachige Formulare nebst Infos auf der Website (unter „Services to Foreign Nationals" und „Extension of Stay"). Pro Jahr sind zwei Verlängerungen erlaubt.

Aktuelle Einreiseinfos liefern beispielsweise die Links unter www.lonelyplanet.com; auch Vorbeisurfen beim eigenen Außenministerium ist durchaus sinnvoll.

❶ An- & Weiterreise

BUS, AUTO & MOTORRAD

Die wichtigsten Grenzübergänge: Tacna nach Chile; Tumbes, La Tina oder Jaén nach Ecuador; Copacabana oder Desaguadero am Titicacasee nach Bolivien. Brasilien erreicht man (wenn auch nicht so leicht) über Iñapari oder verschiedene andere Städte und Flusshäfen im Amazonasgebiet.

FLUGZEUG

Limas **Aeropuerto Internacional Jorge Chávez** (S. 885) ist das größte Luftkreuz in Richtung Andenländer, Europa, Latein- und Nordamerika.

SCHIFF/FÄHRE

Ab Iquitos folgen Flussboote dem Río Napo nach Coca (Ecuador; eine ziemlich langwierige Reise!) und dem Amazonas nach Leticia (Kolumbien) oder Tabatinga (Brasilien). Von Puerto Maldonado aus ist Bolivien mit einem Flussboot nur schwer erreichbar.

ZUG

Es gibt günstige, zweimal täglich fahrende Züge zwischen Tacna und Arica in Chile.

❶ Unterwegs vor Ort

Unterwegs sollte man immer den Reisepass und die Einreisekarte griffbereit (nicht im Gepäck vergraben) mit sich führen, da man bei Überlandfahrten an Polizeikontrollen vorbeikommt.

AUTO & MOTORRAD

Mit Ausnahme der Carr Panamericana und der neuen Straßen, die von der Küste ins Landesinnere führen, sind die Straßenverhältnisse im Allgemeinen ziemlich mies. Dazu kommen große Entfernungen und hohe Kosten für einen Mietwagen. Man sollte nie vergessen, dass die Beschilderung mangelhaft ist und die meisten Straßen bei alledem noch mautpflichtig sind. Für Langstrecken ein Privattaxi zu mieten, kostet unterm Strich nur wenig mehr als ein Leihwagen und hilft, viele Fallen zu umschiffen. Ein Motorrad zu leihen, lohnt sich nur in Urwaldstädten; in Cusco gibt's dafür ein paar Spezialisten.

Führerschein

Ein Führerschein aus dem eigenen Land genügt, um ein Auto zu mieten. Der Internationale Führerschein wird nur verlangt, wenn man in Peru länger als 30 Tage ein Auto fahren möchte.

BUS

Perus bekanntermaßen gefährliche Busse sind billig und fahren überall hin.

Wenig genutzte Strecken werden von alten Klapperkisten befahren, die bekannteren Ziele aber auch von Luxuslinien (mit pompösen Namen wie *imperial*), die allerdings auch zehnmal mehr kosten als die billigen *económico*-Busse. Bei langen Busreisen lohnt es sich, mehr zu zahlen, und sei es nur wegen der größeren Sicherheit. Manche Nachtlinien bieten *bus-camas* (Bettenbusse) mit Sitzen an, die man zu Liegesitzen umstellen kann. Was Sicherheit und Komfort betrifft, steht das Unternehmen **Cruz del Sur** an erster Stelle, von da an geht es stark bergab. Peruaner schwören auf **Oltursa** (☏ 01-708-5000; www.oltursa.com.pe).

Viele Städte haben heute zentrale Busbahnhöfe, in anderen ballen sich die Busgesellschaften im Bereich einiger Blöcke, in wieder anderen verteilen sie sich über die ganze Stadt. Reisebüros sind eine bequeme Möglichkeit, um Fahrkarten zu kaufen, aber sie lassen sich ihre Dienste auch gut bezahlen. Preiswerter ist es, die Karten direkt bei der Busgesellschaft zu holen, und zwar mindestens einen Tag vor der Reise. Fahrpläne und Preise ändern sich häufig. An höheren Feiertagen steigen die Preise, und die Fahrkarten können bereits einige Tage vorher ausverkauft sein. Die Busse an der Küste sind den ganzen Sommer über voll, vor allem sonntags.

Busse sind selten pünktlich und können während der Regenzeit aufgrund von Erdrutschen und gefährlichen Straßenzuständen mit enormen Verspätungen ankommen. Man sollte möglichst wenig Nachtbusse nehmen, weil sie häufiger in Unfälle verwickelt sind, öfter entführt werden und das Gepäck in ihnen schneller gestohlen wird. In den Bussen im Hochland kann es sehr kalt werden, deshalb sollte man dort immer warme Sachen dabeihaben. Langstreckenbusse

AUSREISESTEUER

Internationale Flughafensteuern sind inzwischen fast immer im Ticketpreis enthalten. Limas internationale Steuer beträgt 31 US$, zahlbar in US-Dollar oder Nuevos Soles (nur bar). Die Flughafensteuern für Inlandsflüge sind im Ticketpreis inbegriffen.

machen gewöhnlich Stopps für Mahlzeiten; Toiletten stehen keineswegs immer zur Verfügung. Manche Gesellschaften haben eigene Restaurants irgendwo mitten in der Pampa, wodurch man praktisch dazu gezwungen wird, dort zu essen. Man kann aber auch den Verkäufern, die in den Bus kommen, kleine Snacks abkaufen oder sein eigenes Essen und Trinken mitbringen.

FLUGZEUG

Die meisten Airlines fliegen von Lima in regionale Hauptstädte, aber die Verbindungen in Provinzstädte sind begrenzt. Die im Folgenden genannten Inlandsfluglinien sind die etabliertesten und zuverlässigsten.

Flüge am Morgen starten meist pünktlich. Man sollte bei Inlandsflügen mindestens eine Stunde vorher da sein (90 Min. in Lima, 2 Std. in Cusco). Die Flüge sind an Feiertagen und in den Ferien oft ausgebucht.

Avianca (Karte S. 878; ☏ 511-8222; www.avianca.com) Verbindungen zwischen Lima und Cusco.

Peruvian Airlines (www.peruvianairlines.pe) Fliegt nach Lima, Arequipa, Cusco, Piura, Iquitos und Tacna.

GEFÜHRTE TOUREN

Einige geschützte Gegenden, etwa der Inkatrail und der Parque Nacional Manu, können nur im Rahmen einer geführten Tour besucht werden. Weitere Outdoor-Aktivitäten, z. B. Wanderungen in den Anden oder Naturbeobachtungen am Amazonas, versprechen mit einem erfahrenen Führer ziemlich sicher noch lohnendere Erfahrungen.

NAHVERKEHR

Taxis haben meist keine Taxameter, weshalb man sich am besten bei den Einheimischen nach den üblichen Preisen erkundigt und dann mit den Fahrern verhandelt. Manche verlangen bei arglosen Ausländern oft den doppelten oder gar dreifachen Preis. Eine kurze Fahrt kostet in den meisten Städten 3 bis 5 S, in Lima 5 bis 8 S. Straßenhändler verkaufen überall in Peru fluoreszierende Taxiaufkleber, die sich jeder an die Windschutzscheibe kleben kann. Manche Fahrer dieser unerlaubten „Piraten"-Taxis haben sich als Komplizen von Verbrechern erwiesen, die die Passagiere überfallen und ausrauben; besonders häufig kommt so etwas in Arequipa vor. Sicherer, aber auch teurer ist es, offiziell registrierte Taxis zu nehmen, die telefonisch bestellt werden.

In manchen kleineren Städten sind *mototaxis* (motorisierte Rikschas) üblich. *Colectivos* (Minibusse oder Taxis, die sich mehrere Fahrgäste teilen) und Lastwagen (vor allem im Amazonasgebiet) verkehren zwischen nahegelegenen und nicht mehr ganz so nahegelegenen Zielen.

SCHIFF/FÄHRE

Kleine, langsame Motorboote fahren täglich von Puno aus die Inseln im Titicacasee an.

In Perus östlichem Tiefland dienen auf kleineren Flüssen *peki-pekis* – Kanus aus ausgehöhlten Baumstämmen, die mit einem Außenbordmotor angetrieben werden – als Wassertaxis. Wenn die Flüsse breiter werden, gibt's normalerweise auch größere Boote. Es ist die klassische Art, den Amazonas hinunterzureisen: Man schaukelt gemütlich in der Hängematte, während der Bananendampfer von einem grauhaarigen, alten Kapitän gesteuert wird. Man kann von Pucallpa oder Yurimaguas bis Iquitos schippern und dann weiter nach Kolumbien und Brasilien oder nach Ecuador. Die Schiffe sind nicht groß, aber sie haben zwei oder mehr Decks: Das untere Deck ist für die Fracht, das obere für die Passagiere und die Mannschaft. Es empfiehlt sich, eine eigene Hängematte dabeizuhaben. Einfaches Essen wird gestellt, aber man kann auch eigenes mitbringen. Um an Bord zu kommen, einfach zur Anlegestelle gehen und nach einem Schiff fragen, das zu dem Ort fährt, zu dem man will. Die Fahrt mit dem Kapitän (und niemand anderem) ausmachen. Die Abfahrtszeit hängt normalerweise davon ab, wie schnell das Schiff voll wird. Manchmal kann man schon während des Wartens auf dem Schiff schlafen und so Geld sparen.

ZUG

Zwei Bahngesellschaften verbinden Cusco und das Heilige Tal mit dem Ort Aguas Calientes bei Machu Picchu. Die **Peru Rail** (www.perurail.com) durchquert die malerische Landschaft zwischen Cusco und dem Titicacasee (3-mal wöchentl.).

Andere Züge rollen von Lima aus nach Huancayo und Huancavelica im Andenhochland.

Suriname

Inhalt ➡
Paramaribo 992
Oberlauf des
Suriname 998
Central Suriname Nature
Reserve 1000
Nieuw Nickerie 1001
Galibi Nature Reserve
& Coppename Nature
Reserve 1001
Suriname verstehen .1001
Praktisches 1002

Schön übernachten

➡ Kabalebo (S. 1001)

➡ Greenheart Hotel (S. 995)

➡ Awarradam (S. 999)

➡ Tei Wei (S. 999)

➡ Guesthouse TwenTy4 (S. 994)

Beste Tourenziele

➡ Raleighvallen (S. 1000)

➡ Palumeu (S. 998) & Awarradam (S. 999)

➡ Brownsberg Nature Reserve (S. 998)

➡ Commewijne (S. 997)

Auf nach Suriname!

Schwülwarmes Klima, zahlreiche Wasserläufe und etliche ethnische Gruppen prägen Suriname, das förmlich vor Leben vibriert. Ob in Paramaribo, der quirligen Hauptstadt aus der niederländischen Kolonialzeit, oder in den unergründlichen Urwäldern im Landesinneren – überall heißen die Nachkommen afrikanischer Sklaven, europäischer Kolonialherren, asiatischer Gastarbeiter und amerikanischer Ureinwohner die Besucher ihres winzigen Landes herzlich willkommen.

Die Hauptstadt ist voller interessanter Geschäfte und Restaurants und lebhafter Nachtclubs. Nur ein paar Stunden davon entfernt erstreckt sich eine Wildnis fernab jeglichen modernen Lebens. Dabei ist das Reisen dank der vielen Flüsse relativ einfach. Die unzähligen Sprachen erschweren zwar die Kommunikation, doch meistens ist jemand in der Nähe, der Englisch spricht. Und weil hier ebenso viele unterschiedliche kulinarische Traditionen aufeinandertreffen, ist die Küche genauso prickelnd und vielseitig wie das Land selbst.

Reisezeit
Paramaribo

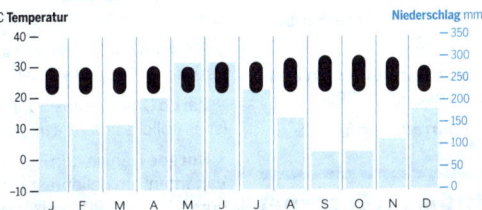

Feb.–April Die erste Trockenzeit ist kühler als die zweite und damit ideal zum Reisen.

Aug.–Nov. In der zweiten, heißeren Trockenzeit geht es lebendiger zu als in der ersten.

Dez.–Jan. In Paramaribo wird eine bombastische Silvesterparty veranstaltet.

AUF EINEN BLICK

→ **Währung** Suriname-Dollar (SR$)

→ **Sprachen** Niederländisch, Sranan Tongo (Surinaams/Taki Taki)

→ **Geld** Geldautomaten der Republic Bank; Kreditkarten werden kaum akzeptiert.

→ **Visa** Die obligatorische 90 Tage gültige Touristenkarte stellt die Botschaft von Suriname vor der Einreise aus.

→ **Zeit** GMT – 3 Std.

Kurzinfos

→ **Fläche** 163 800 km^2
→ **Bevölkerung** 581 444
→ **Hauptstadt** Paramaribo
→ **Notruf** ✆112
→ **Landesvorwahl** ✆597

Wechselkurse

Euro-Zone	1 €	8,38 SR$
	1 SR$	0,12 €
Schweiz	1 SFr	7,66
	1 SR$	0,13 SFr

Tagesbudget

→ **Pension in Paramaribo** 25 USR$
→ **Roti mit Hühnchen und Gemüse** 3,50 USR$
→ **Fahrrad/Tag** 5 USR$

Infos im Internet

→ **Suriname Tourism Foundation** (www.suriname-tourism.org)

→ **Suriname Online Tourist Guide** (www.suriname tourism.com)

Verkehrsmittel & -wege

Es gibt Grenzübergänge nach Corriverton (Guyana) und nach St. Laurent du Maroni (Französisch-Guayana). Man überquert die Grenze auf einem Boot, denn beide Übergänge liegen an mächtigen Flüssen. Im Süden grenzt Brasilien an Suriname, es existieren aber weder Straßen noch Grenzübergänge im undurchdringlichen Urwald.

REISEROUTEN

Eine Woche
In den ersten drei Tagen erkundet man zu Fuß oder mit dem Rad Paramaribo und die Plantagen am Commewijne. Einen Nachmittag sollte man für Delfinbeobachtungen einplanen. Wer dann noch Energie hat, tanzt in die Nacht hinein. Danach geht es ins Landesinnere, wo je nach Gusto die Raleighvallen (Wasserfälle), der Oberlauf des Suriname oder das Brownsberg Nature Reserve mit seiner Amazonas-Fauna und indigenen Kultur warten.

Zwei Wochen
Anstatt der drei letztgenannten Ziele kann man sich in der zweiten Woche auch mehr Zeit für den Oberlauf des Upper Suriname nehmen und entlang des Flusses von Insel zu Insel und Lodge zu Lodge reisen. Wer die Tour südwärts unternimmt, kann schnell und bequem mit dem Flugzeug nach Paramaribo zurückkehren. Wenn von April bis August Meeresschildkröten ihre Eier am Strand ablegen, sollte man den Besuch der Raleighvallen oder des Naturschutzgebiets von Brownsberg unbedingt durch eine Fahrt ins Galibi Nature Reserve ersetzen.

Essen & Trinken

→ **Pom** Kreolischer Eintopf mit *tayer*-Wurzel, Hühnchen, Zwiebeln und Gewürzen, zu einem leckeren Auflauf überbacken.

→ **Roti** Indisches Fladenbrot, das mit allen Arten von Currys aus Kartoffeln, Gemüse oder Rindfleisch gefüllt wird.

→ **Javanisches Essen** Die Gerichte und Suppen mit Reisnudeln sind gut und preiswert.

→ **Fisch** Im Landesinneren gehören Süßwasserfische (gebraten oder in Suppen serviert) zu den Grundnahrungsmitteln.

→ **Parbo** Das Bier aus Suriname ist recht gut; unter Freunden ist es üblich, sich eine *djogo* (Literflasche) zu teilen.

→ **Borgoe** Den besten Rum des Landes gibt es in unzähligen Varianten: am beliebtesten ist der umwerfend starke Mariënburg White mit 90 % Alkohol, der ohne Eigengeschmack ist und vor allem für Cocktails verwendet wird.

→ **Pastei** Kreolische Pastete mit Hühnchen, Erbsen, Möhren.

→ **Moksi-alesi** Reis mit gesalzenem Fleisch oder Fisch und Gemüse; unwiderstehlich ist die Variante mit Kokosmilch.

→ **Hagelslag** Niederländischer Brotbelag aus Schokostreuseln, der auf Toast zum Frühstück gegessen wird.

Highlights

① Am Oberlauf des Suriname (S. 998) in die Kultur der Marrons eintauchen, in Flüssen schwimmen oder einfach nur entspannen

② Mit dem Auto und dem Kanu 190 km durch Urwald, Savanne und an Marron-Dörfern vorbei zu den **Raleighvallen** (S. 1000), dem Tor zum Central Suriname Nature Reserve, fahren

③ An der Uferpromenade von **Paramaribo** (S. 992) bummeln und die stattlichen Kolonialhäuser bewundern

④ Mit dem Rad oder Boot den **Commewijne** (S. 997) erkunden und dabei nach rosa Amazonasdelfinen Ausschau halten

⑤ An den Stränden des **Galibi Nature Reserve** (S. 1001) die Lederschildkröten bei der Eiablage beobachten

⑥ Die Affen in den Wäldern rund um den geheimnisvollen See bei **Brownsberg** (S. 998) und **Brokopondo** (S. 998) beobachten

⑦ Im ruhigen **Palumeu** (S. 998) von den Stammesältesten der Ureinwohner alles über den Dschungel erfahren

Paramaribo

250 000 EW.

Amsterdam trifft auf den Wilden Westen: Paramaribo ist die munterste und beeindruckendste Hauptstadt der Guyanas. Schwarz-weiße Gebäude aus der niederländischen Kolonialzeit säumen grüne Plätze, die Aromen unterschiedlichster Gewürze aus indischen Roti-Imbissen vermischen sich mit den Abgasen und vor den düsteren holländischen Festungen verkaufen Marron-Künstler bunte Gemälde. Die Einwohner Paramaribos („Parbo" genannt) sind stolz auf ihre Multikulti-Stadt, in der Moscheen und Synagogen einträchtig nebeneinander stehen. Seit 2002 gehört die Altstadt zum UNESCO-Weltkulturerbe.

Sehenswertes & Aktivitäten

Für die Erkundung der Hauptstadt benötigt man zwei Tage. Wer vom Fort Zeelandia kommend die Waterkant südwestwärts entlangbummelt, kommt an imposanten Kolonialgebäuden vorbei, vorwiegend Kaufmannshäusern, die nach den Bränden von 1821 und 1832 errichtet wurden. In den landeinwärts führenden Straßen – vor allem in der Lim-a-Postraat – stehen viele alte Holzhäuser, von denen einige restauriert wurden, andere hingegen noch immer den Charme des Verfalls ausstrahlen. Besonders interessant sind die **Moschee Keizerstraat** (Keizerstraat), die größte Moschee in der Karibik, und die 1723 fertiggestellte, gewaltige **Neveh-Shalom-Synagoge** (Keizerstraat), die beide in der Keizerstraat stehen.

Hauptmarkt MARKT
(Waterkant; Mo–Sa 5–17 Uhr) Das Getümmel des Hauptmarktes ist nichts für schwache Nerven. Im Erdgeschoss wird Fleisch, Fisch, Obst und Gemüse gehandelt, im Obergeschoss befindet sich ein basarähnlicher Kleidermarkt. Ein extra Eingang im Westen der Waterkant führt zum „Witch's Market" (auch

Paramaribo

"Maroon Market"), wo Kräuter, Knochen, Muscheln und Zaubertränke verkauft werden. Fotografieren ist verboten. Die Märkte sollte man möglichst am Vormittag besuchen.

St. Peter & Paul KIRCHE
(Henk Arronstraat; ⊙ Mo–Fr 6–13.30, Sa 8–13, So 8.30–12 Uhr) Die wunderbar restaurierte Kirche ist den meisten als Kathedrale bekannt. Papst Franziskus verlieh ihr 2014 den Ehrentitel Basilica Minor ("kleinere Basilika"). Sie gilt als größte Holzkirche der westlichen Hemisphäre und ist mit meisterhaften Holz- und Schnitzkunstwerken ausgestattet. Es finden täglich Gottesdienste statt. Auf Anfrage auch englischsprachige Führungen.

Fort Zeelandia MUSEUM
(⊙ Di–So 9–17 Uhr, Führungen auf Niederländisch So 11 & 12.30 Uhr) Das sternförmige Fort Zeelandia aus dem 18. Jh. steht an der Stelle, an der sich die ersten Kolonisten niederließen. In der restaurierten Festung befindet sich das sehenswerte **Stichting Surinaams Museum** (☎ 42-5871; Eintritt 5 SR$ ⊙ Di–Sa 9–14, So 10–14 Uhr) mit Relikten aus der Kolonialzeit, im Stil der damaligen Zeit eingerichteten Räumen und Wechselausstellungen.

ReadyTex Art Gallery KUNSTMUSEUM
(Steenbakkerijstraat; ⊙ Mo–Fr 8–16.30, Sa 8.30–13.30 Uhr) GRATIS Auf fünf Stockwerken sind prachtvolle, farbenfrohe Skulpturen und Gemälde einheimischer Künstler ausgestellt. Ein Besuch lohnt sich auch im **Shop des ReadyTex-Museums** (44–48 Maagdenstraat; ⊙ Mo–Fr 8–16.30, Sa 8.30–13 Uhr) um die Ecke, der Kunsthandwerk und Souvenirs verkauft.

Paramaribo

⊙ Sehenswertes
- 1 Hauptmarkt C3
- 2 Fort Zeelandia E3
- 3 Moschee Keizerstraat C2
- 4 Neveh-Shalom-Synagoge C2
- 5 Onafhankelijkheidsplein E3
- 6 Palmentuin E2
- 7 Präsidentenpalais E3
- 8 ReadyTex Art Gallery C3
- 9 St. Peter & Paul D2
- Stichting Surinaams Museum ....(siehe 2)

Aktivitäten, Kurse & Touren
- Fietsen in Suriname .... (siehe 18)
- 10 METS C2
- 11 Orange Suriname C3
- 12 Orange Suriname F2

Schlafen
- 13 Eco-Resort F2
- 14 Greenheart Hotel E1
- 15 Guesthouse Albergo Alberga D3
- 16 Guesthouse TwenTy4 ....D2
- 17 Un Pied A Terre D1
- 18 Zus & Zo E2

Essen
- 19 Carili Roti E2
- 20 De Gadri E3
- 21 Restaurant Dumpling #1 ....B2
- 22 Souposo D1
- Zus & Zo .... (siehe 18)

Ausgehen & Nachtleben
- 23 Café-Bar 't Vat F2

Shoppen
- 24 ReadyTex-Museumsshop C3

Praktisches
- 25 Vreemdelingenpolitie C2

Transport
- 26 Wassertaxis D3

> **ⓘ EURO & DOLLAR**
>
> Die meisten Geschäfte in Paramaribo akzeptieren Euro und US-Dollar, viele Veranstalter und Pensionen geben ihre Preise gleich in Euro an. Zwar wird meistens korrekt umgerechnet, den aktuellen Wechselkurs sollte man dennoch kennen.

Onafhankelijkheidsplein PLATZ
Den zentralen „Unabhängigkeitsplatz" säumen so unterschiedliche Bauten wie das imposante **Präsidentenpalais** (Henk Arronstraat) aus dem 18. Jh., das nur am 25. November öffentlich zugänglich ist, und die vom Alter gezeichneten Gebäude der einstigen Kolonialregierung. Hinter dem Palais befindet sich der **Palmentuin** (Van Roseveltkade), ein schattiges Wäldchen aus meterhohen Königspalmen.

Het Surinaamsch Rumhuis BRENNEREI
(☏ 473-3344; www.rumhuis.sr; 18 Cornelis Jongbawstraat; Führung 1½/2 Std. 55/65 SR$; ⊙ 2-stündige Führung Di 9.30 Uhr, weitere Termine auf Anfrage) Die Führungen beginnen mit einem kräftigen Schluck Rum, bevor es in die Brennerei, das Rum-Museum und in den Verkostungsraum geht. Dort erfahren die Besucher, wie Rum fachmännisch verkostet wird. Zum Abschluss gibt's Cocktails auf der Terrasse. Bei den kürzeren Führungen wird die Brennerei nicht besichtigt.

☞ Geführte Touren

Surinames beispielhafte Nationalparks, Naturschutzgebiete und kulturelle Stätten lassen sich am einfachsten im Rahmen geführter Touren von in Paramaribo ansässigen Veranstaltern besuchen. Man sollte sich zwar umschauen, bevor man seine Wahl trifft, doch letztlich sind die Preise ähnlich und die meisten Agenturen arbeiten sowieso zusammen, um die Mindestteilnehmerzahl für eine Tour zusammenzukriegen. Alle Veranstalter verlangen bei Zahlung mit Kreditkarte eine Gebühr von 5%.

METS ÖKOTOUREN
(Movement for Eco-Tourism in Suriname; ☏ 47-7088; www.mets.sr; JF Nassylaan 2) 🍃 Die Erlöse der gut organisierten und sehr professionellen Naturschutzorganisation fließen in den Erhalt des Urwalds. Zu den diversen Ökotouren gehören u.a. mehrtägige Dschungeltrips durchs Landesinnere nach Palumeu und zum Gran Rio River (5 Tage jeweils ab 2200 SR$).

Orange Suriname GEFÜHRTE TOUREN
(☏ 42-6409; www.orangesuriname.com; Van Sommelsdijckstraat; ⊙ 9–18 Uhr) Die Mitarbeiter des professionellen Allround-Veranstalters sind äußerst kompetent und hilfsbereit. Ein zweites **Büro** (www.orangesuriname.com; Domineestraat 39; ⊙ Mo–Fr 8.30–16.40, Sa 9–13 Uhr) befindet sich in der Domineestraat.

Waterproof Suriname BOOTS- & ÖKOTOUREN
(☏ 96-2927; www.waterproofsuriname.com) Im Angebot sind entspannte Bootsfahrten zur Beobachtung von Amazonasdelfinen (100 SR$), bei denen teilweise auch durch die Plantagen am Commewijne gewandert wird; auf Tagestouren werden Meeresschildkröten in Galibi und Französisch-Guayana (650 SR$) beobachtet. Das Unternehmen hat kein Büro, holt seine Gäste aber im Hotel ab.

Cardy Adventures RADFAHREN
(☏ 42-2518; www.cardyadventures.com; Cornelis Jongbawstraat 31; Fahrrad 17–35 SR$/Tag; ⊙ Mo–Sa 8–19 Uhr) Veranstaltet Radtouren zu den Plantagen am Commewijne und längere Ausflüge ins Landesinnere (bis zu 10 Tage).

Fietsen in Suriname RADFAHREN
(☏ 52-0781; www.fietseninsuriname.com; Zus & Zo; Grote Combéweg 13A; Fahrradverleih 65–110 SR$/Tag) Toller Veranstalter von Radtouren; Fahrräder kann man hier ebenfalls leihen. Sehr nützlich ist die Fahrradkarte für 15 SR$. Geführte Tagestouren gibt's ab 95 SR$.

Stinasu GEFÜHRTE TOUREN
(Stichting Natuurbehoud Suriname; ☏ 47-6597; www.stinasu.sr; Cornelis Jongbawstraat 14) Die Naturschutzstiftung unterhält (oft reparaturbedürftige) Hütten und organisiert Ausflüge nach Brownsberg (ab 240 SR$), zu den Schildkrötenschutzgebieten Galibi und Matapica (ab 670 SR$) und zu Raleighvallen/Voltzberg/Foengoe Island (1800 SR$, 4 Tage).

🛌 Schlafen

★ Guesthouse TwenTy4 PENSION $
(☏ 42-0751; www.twenty4suriname.com; Jessurunstraat 24; Zi. mit/ohne Bad ab 130/85 SR$; ❄🛜) Frisch renoviert und blitzblank. Die Pension in einer ruhigen Straße im Zentrum ist die beste Unterkunft der Stadt. Es gibt nur Frühstück (18 SR$) und Bier. Das Personal des entspannten, gastfreundlichen Hauses hilft gerne bei der Planung von Unternehmungen.

Un Pied A Terre PENSION $
(☏ 47-0488, 0867-2551; www.un-pied-a-terre.org; Costerstraat 59; Zi. ab 120 SR$; ❄🛜) Das zau-

berhafte alte Haus mit abblätternder Farbe, knarrenden Holzfußböden und Lamellenjalousien in der Altstadt gehört auch zum Weltkulturerbe. Das Personal ist superfreundlich und hilft gerne bei der Planung und Buchung von Aktivitäten. Nur die Zimmer im Erdgeschoss haben Klimaanlage und ein eigenes Bad, doch die Zimmer in den oberen Stockwerken sind wesentlich schöner.

Zus & Zo PENSION $
(52-0905; www.zusenzosuriname.com; Grote Combéweg 13A; EZ/DZ/3BZ/4BZ 55/90/150/185 SR$; ❄☎) Die Zimmer des schönen, gastfreundlichen Hostels befinden sich im Obergeschoss eines alten Hauses im Kolonialstil. Es gibt ein Gemeinschaftsbad mit Warmwasser. Einige der Zimmer mit Ventilator oder Klimaanlage haben den gleichen Preis. Die Mitarbeiter können auch Touren und Ausflüge im ganzen Land organisieren. Im Erdgeschoss ist ein ausgezeichnetes Café.

Guesthouse Albergo Alberga PENSION $
(52-0050; www.guesthousealbergoalberga.com; Lim-a-Postraat 13; EZ/DZ 80/100 SR$, DZ mit Klimaanlage 140 SR$; ❄☎☀) Die alteingesessene Pension befindet sich in einem zauberhaften, wenn auch recht maroden Kolonialgebäude, das in einer fast vollständig erhaltenen Straße aus der Kolonialzeit steht und ebenfalls zum Weltkulturerbe gehört. Einige der Zimmer sind sehr groß. Der kleine Swimmingpool hinter dem Haus lädt zur Erholung nach einem langen Tag in der Stadt ein.

★ Greenheart Hotel HOTEL $$
(52-1360; www.greenheart-hotel.com; Costerstraat 68; EZ/DZ/3BZ/FZ inkl. Frühstück 210/300/390/480 SR$; ☎☀) Das nette Hotel in einem umgebauten Herrenhaus ist mit viel poliertem Hartholz versehen. Die Zimmer mit Galerie unterm Dach sind ideal für Familien. Überall gibt es einladende Gemeinschaftsbereiche, Frühstück und Abendessen (auf Anfrage) werden auf der Terrasse hinter dem Haus serviert. Der Swimmingpool könnte auch zu einem Luxushotel auf Bali gehören. Obwohl es im ganzen Haus keine Klimaanlage gibt, ist das Hotel ein Schnäppchen.

Eco-Resort HOTEL $$
(42-5522; www.ecoresortinn.com; Cornelis Jongbawstraat 16; Zi. inkl. Frühstück ab 300 SR$; ❄@☎☀) Was an diesem modernen, gut geführten Hotel „öko" sein soll, ist nicht ganz klar. Aber das Frühstücksbuffet, der Flughafentransfer (bei min. 2 Tagen Aufenthalt) und die Benutzung der schicken Einrichtungen des Hotels Torarica sind im Preis enthalten. Die teureren Zimmer mit „Flussblick" halten nicht ganz, was sie versprechen, liegen aber dichter am Wasser als die Standardzimmer.

✕ Essen

Touristen werden vor allem auf dem „Strip" gegenüber vom Hotel Torarica fündig, wo es Pfannkuchenläden sowie indonesische, kreolische und viele andere Restaurants für jeden Geldbeutel gibt. Im Zentrum isst man am günstigsten auf dem hektischen Central Market und an den indonesischen Ständen an der Waterkant. Auf der sehr nützlichen Website **Dining Out In Suriname** (www.eteninsuriname.com) findet man ausführliche Infos über Restaurants in Paramaribo.

Javanische Familienbetriebe, die nur abends geöffnet haben, säumen die ruhige Wohnstraße Blaugrond, zehn Minuten mit dem Taxi vom Stadtzentrum entfernt. Zu

---

BEIM DSCHUNGELFLUGHAFEN ÜBERNACHTEN

Surinames wichtigster Flughafen Zanderij liegt inmitten eines herrlichen Savannenwalds mit feinsandiger, weißer Erde und klaren, kalten Flüssen, die von herabfallenden Blättern tiefschwarz gefärbt werden. Unzählige Wildtiere sind hier zu Hause – Faultiere, Krallen- und Sakiaffen, riesige Ameisenbären und eine unglaubliche Vielzahl von Vögeln können gesichtet werden. Die Taxifahrt von und nach Paramaribo kostet 150 SR$. Günstiger sind der Flughafen-Shuttle oder der Minibus (ab der Haltestelle in der Maagdenstraat in Paramaribo) in das winzige Städtchen Zanderij, von wo es dann mit dem Taxi weitergeht.

Alternativ nutzt man die wenig bekannte, aber herrlich gelegene und gastfreundliche Anlage **Palulu Camping** (864-5223; www.surinamecamping.com; 80 SR$/Pers.) ⊘ oder den etwas nobleren Ferienpark **Colakreek** (47-2621; www.mets.sr; Hütte mit Hängematte/Zelt 50/95 SR$, Hütte 295 SR$); beide Unterkünfte liegen mitten im Dschungel und dennoch in der Nähe des Flughafens. Auch wer früh startet oder spät landet, sollte sich besser für diese Quartiere entscheiden – und weil's so schön ist, bleibt man vielleicht auch länger. Die Fahrt vom Flughafen zu den Unterkünften dauert 10 Minuten und kostet 50 SR$.

den bekanntesten zählen das Rena, Mirioso, Pawiro und Saoto, die wie alle anderen für wenig Geld köstliche Nudel- und Reisgerichte sowie Suppen servieren. Schon allein wegen der Atmosphäre lohnt sich die Fahrt in die Restaurantstraße.

De Gadri
KREOLISCH
(Zeelandiaweg 1; Hauptgerichte 15–32 SR$; Mo-Fr 8–22, Sa 11–22 Uhr) Das ruhige Restaurant im Freien mit Blick auf den Fluss hat das beste kreolische Essen der Stadt, das zudem von superfreundlichem Personal serviert wird. Unbedingt zu empfehlen ist die köstliche Tagessuppe mit Erdnüssen, Maniok oder Banane, zu der es gebratenes Hühnchen und den landestypischen Auflauf *pom* gibt.

Restaurant Dumpling #1
CHINESISCH $
(JF Nassylaan 12; Hauptgerichte 13–35 SR$; Di-So 7–14 & 17–23 Uhr) Nomen es omen. Unbedingt die saftigen Klöße und die anderen chinesischen Klassiker probieren!

Carili Roti
INDISCH $
(Julianastraat 6; Roti ab 12 SR$; Mo-Fr 6.15-14.30, Sa 6.45-13.30 Uhr) Bei Geschmack und Preis der Roti-Gerichte können die Kettenrestaurants in der Stadt nicht mithalten.

★ Souposo
FUSION $$
(Costerstraat 20A; Hauptgerichte 25–60 SR$; Di-Sa 10–23 Uhr) Essen der Spitzenklasse: köstliche Tagessuppen, Masala-Entenflügel-Confit, Pasta mit genialem Pesto, getrockneten Tomaten und selbst geräuchertem *bang bang* (Süßwasserfisch). Zum Brunch gibt's Omelette, frisch gepresste Säfte und Salate. Für den ebenso exquisiten Rahmen sorgt das schöne alte Haus in einem hübschen Garten.

Zus & Zo
INTERNATIONAL $$
(Grote Combéweg 13A; Hauptgerichte ab 30 SR$; 9–23 Uhr;) In puncto Essen und Cocktails ist diese Restaurantbar eine der besten Adressen in der Stadt. Das Angebot reicht von surinamischen Suppen über französische Quiche bis hin zu Burgern und Salaten. Gelegentlich gibt's auch Livemusik. Das Restaurant gehört zur gleichnamigen Pension.

Ausgehen & Unterhaltung

Kasinos gibt's in Paramaribo an fast jeder Ecke, beliebt sind sie bei Einheimischen und niederländischen Travellern. Man sollte sich eins von innen anschauen, um eine andere Seite der Stadt kennenzulernen. Paramaribo ist eine Partystadt, in der mittwochs bis samstags reges Nachtleben herrscht. Wer einen günstigen Drink mit Einheimischen genießen will, ist in den Freiluftläden nahe der Platte Brug an der Waterkant genau richtig.

Café-Bar 't Vat
BAR
(Kleine Waterstraat 1; Mo-Do 8–1, Fr 8–3, Sa 9–3, So 9–1 Uhr) Der Abend beginnt in der Café-Bar 't Vat, einer Open-Air-Location mit Café und gelegentlicher Livemusik.

Havana Lounge
CLUB
(40-2258; Hogerhuystraat 13) GRATIS Der derzeit angesagteste Club. Donnerstags ist er am besten, denn dann wird bis 1 Uhr Salsa gespielt und danach Reggae und Hip-Hop. Achtung: Fleischbeschau!

Praktische Informationen

GEFAHREN & ÄRGERNISSE
Nach Einbruch der Dunkelheit sollte man unbelebte Straßen und einsame Ecken meiden. Das Gebiet um den Palmentuin und die Watermolenstraat, die im Zentrum von der Waterkant durch die historische Altstadt führt, ist nachts besonders berüchtigt für Drogenhandel und Diebstähle. Rund um den Marktplatz sind auch tagsüber viele Taschendiebe unterwegs.

GELD
Die meisten großen Banken tauschen Geld, lösen Reiseschecks ein und nehmen Bargeldauszahlungen per Kreditkarte vor.
Republic Bank (Kerkplein 1) Die Geldautomaten akzeptieren die meisten internationalen Karten. Die Bank hat noch weitere Filialen in der Stadt.

INTERNETZUGANG
Die meisten Hotels und Pensionen haben kostenloses WLAN, ebenso viele Restaurants und Cafés der oberen Preisklasse.

MEDIZINISCHE VERSORGUNG
Academisch Ziekenhuis (AZ; 44-2222; Flustraat; Mo-Fr 18–22, Sa & So 9–22 Uhr)

ZWITSCHERWETTBEWERB

Sonntagmorgens vergnügen sich die Einwohner bei Singvogelwettbewerben auf dem Onafhankelijkheidsplein. Die Teilnehmer – überwiegend Männer – bringen ihren Lieblings-*twatwa* (Singvogel) mit, in der Regel Reisknacker, die sie im Landesinneren kaufen. Der Piepmatz mit dem lautesten Gesang trägt den Sieg davon. Dieser Wettbewerb ist eine Art Nationalsport und wirklich sehenswert.

Einziges Krankenhaus mit Notaufnahme; die kompetenten Allgemeinmediziner sprechen Englisch.

POST

Post (Korte Kerkstraat 1) Gegenüber der niederländisch-reformierten Kirche.

TELEFON

SIM-Karten gibt's bei **TeleSur** (S. 1003) und **Digicel** (S. 1003). Im Preis von 20 SR$ sind 5 SR$ Guthaben enthalten. Eine Minute kostet 0,75 SR$. Die Büros von Digicel sind besser organisiert als die von TeleSur.

❶ Touristeninformation

Touristeninformation (📞 47-9200; Waterkant 1; ⊙ Mo–Fr 9–15.30 Uhr) Freundliches, mehrsprachiges Personal, das Stadtpläne bereithält und bei Fragen zu fast jeder Aktivität in Suriname weiterhelfen kann.

❶ An- & Weiterreise

AUTO

Avis (📞 42-1567; www.avis.com) und **Budget** (📞 42-4631; www.budgetsuriname.com) haben Büros im Hotel Torarica und am Flughafen. Sie vermieten Klein- (ab 85 SR$/Tag) und Geländewagen.

BUS & MINIBUS

Minibusse nach Brownsberg und Atjona (50 - 70 SR$, 3 Std.) fahren an der Ecke Prinsenstraat/Saramacastraat ab, öffentliche Busse nach Nieuw Nickerie (20–40 SR$, 4 Std.) und zu anderen Zielen im Westen den ganzen Tag über an der Ecke Dr. Sophie Redmondstraat/Hofstraat. Wer sich von einem privaten Minibus abholen lassen will, bekommt im Hotel Preislisten der Unternehmen. Nach Albina fahren von der Waterkant am Fuß des Heiligenweg öffentliche Busse (8,50 SR$, 3 Std., 140 km, 1-mal/Std.) und Privatbusse (30 SR$, 3½ Std.), wenn sie voll sind. Es gibt Anschlüsse per Boot nach Albine und Nieuw Nickerie.

FLUGZEUG

Paramaribo hat zwei Flughäfen: den nahegelegenen Zorg-en-Hoop für Inlandsflüge und Flüge ins benachbarte Guyana, und den großen **Johan Pengel International Airport** (www.japi-airport.com), der im Allgemeinen als „Zanderij" bezeichnet wird und 45 km südlich der Hauptstadt liegt. Hier starten und landen alle Flüge ins Ausland.

TAXI

Die schnellen Taxis fungieren oft als Sammeltaxis. Es sind meist Kleinbusse, die bis zu acht Fahrgäste mitnehmen. Morgens sind sie schnell voll. Die Fahrt nach Albina kostet um die 70 SR$ pro Person, nach Nieuw Nickerie ca. 200 SR$. Man sollte sich im Hotel eine Liste der Fahrer geben und/oder ein Taxi rufen lassen.

VOM/ZUM FLUGHAFEN

Der Johan Pengel International Airport („Zanderij") liegt 45 km südlich von Paramaribo. Die Taxifahrt in die Stadt dauert eine Stunde und kostet 150 SR$. Die Fahrt mit dem Flughafen-Shuttle wird vom Hotel organisiert und kostet nur 75 SR$. Noch preiswerter sind die Minibusse, die – nur tagsüber – zwischen dem Heiligenweg in der Stadt und dem Flughafen Zanderij (7 SR$) sowie dem kleinen Flugplatz Zorg-en-Hoop (5 SR$) verkehren. Die Taxifahrt von Zorg-en-Hoop kostet etwa 25 SR$.

❶ Unterwegs vor Ort

BUS

Die meisten Busse fahren im Heiligenweg ab. Fahrpläne sind an den Busstationen und in den Unterkünften erhältlich.

FAHRRAD

In guter alter holländischer Tradition erkunden viele Leute Parbo und die Umgebung, also auch die Plantagen am Ufer des Suriname, mit dem Fiets. Helme trägt man hier selten, sie werden auch kaum vermietet. Fahrräder und Mountainbikes kosten 17 SR$ pro Tag.

TAXI

Taxis sind nicht teuer. Sie haben keinen Taxameter, Preise sind verhandelbar (Kurzstrecke ca. 10 SR$).

WASSERTAXI

Die schnellen und regelmäßig verkehrenden **Wassertaxis** (15 SR$) legen an der Platte Brug an der Waterkant südlich der Keizerstraat ab.

Commewijne

Gegenüber von Paramaribo sind die Ufer des Commewijne gesäumt von alten Plantagen, die Kanäle voneinander trennen. Überall befinden sich Überbleibsel von Gebäuden, in denen Kaffee, Kakao und Zuckerrohr verarbeitet wurden.

Viele Besucher leihen ein Rad und erkunden im Rahmen eines Tagesausflugs die gut markierten Strecken durch die Plantagen. Die beliebteste Route führt im Wassertaxi über die Flüsse Suriname und Commewijne nach **Frederiksdorp** (📞 45-3083; www.frederiksdorp.com; Zi. inkl. VP 190 SR$/Pers.). Der Plantagenkomplex wurde liebevoll restauriert und in ein Hotel mit Lokal umgebaut. Im

ABSEITS DER ÜBLICHEN PFADE

BEI DEN AMERIKANISCHEN UREINWOHNERN

Palumeu (47-7088; www.mets.sr; 4- bis 5-tägige Pauschalangebote ab 2580 SR$) Die extrem abgelegene Lodge am Ufer des atemberaubenden Boven Tapanahoni, unweit des Oberlaufs des Suriname, befindet sich mitten im Dorf Palumeu der Ureinwohner. Die Lodge wird von der Naturschutzorganisation METS zusammen mit den Dorfbewohnern betrieben. Übernachtet wird in gemütlichen Hütten mit Strohdach, im Angebot sind geführte Touren durchs Dorf und Wanderungen im Urwald. Erkundungen auf eigene Faust sind streng verboten. Die Mindestaufenthaltsdauer beträgt drei Nächte.

Fort Nieuw Amsterdam kann man Artefakte aus der Zeit des Sklavenhandels und ein Schleusensystem aus holländischer Fabrikation bewundern. Der schöne, gespenstisch marode **Peperpot Nature Park**, ca. 10 km von Parbo entfernt auf der anderen Seite der Brücke nach Meerzorg, ist ein beliebtes Ziel bei Vogelliebhabern. Bei Cardy Adventures (S. 994), Fietsen in Suriname (S. 994) und Paramaribos Touristeninformationscenter sind Karten und Streckeninfos erhältlich.

Geführte Touren

Zu den per Fahrrad erreichbaren Attraktionen gelangt man weniger schweißtreibend auch im Rahmen einer der beliebten Bootstouren. Die sind jedoch teuer und – weil man sich die Sucherei erspart – langweiliger.

Nördlich von Fort Nieuw Amsterdam befindet sich der ruhige und fast moskitofreie Strand **Matapica**, an dem zwischen April und August Meeresschildkröten an Land gehen. Bei vielen Touren kommt man auch hier vorbei. Die Boote fahren durch die Kanäle und die von Vögeln bevölkerten Sümpfe. Stinasu (S. 994) betreibt hier ein kleines Camp.

Beliebt sind auch Touren auf dem Commewijne, bei denen – besonders zu Sonnenuntergang – **Flussdelfine** beobachtet werden. Die meisten Bootstouren zu den Plantagen führen durch delfinreiche Gewässer, um den Passagieren einen Blick auf die Tiere zu ermöglichen. Es werden das ganze Jahr über Tagesausflüge angeboten, die auf Delfinbeobachtung ausgelegt sind.

Brownsberg Nature Reserve & Brokopondo

Die Verwaltung befindet sich auf dem Plateau oberhalb des Stausees Brokopondo und ist mit dem 100 km entfernten Paramaribo über eine Schotterstraße verbunden. Überall tummeln sich Affen – in den Baumkronen lärmende Rote Brüllaffen wie auch Satansaffen, die einen von oben beäugen. Stinasu (S. 994) hat bei der Parkverwaltung rustikale Hütten (ab 120 SR$) für Gruppen, Camping- (50 SR$) und Hängemattenplätze (30 SR$).

Der Brokopondo ist ein künstlicher Stausee. Er entstand 1964, als die Regierung einen Damm am Suriname baute, um Strom für die Bauxitverarbeitung zu gewinnen. Der Anblick der Sturmwolken, die über den 1550 km^2 großen See ziehen, ist atemraubend. Bei genauerem Hinsehen erkennt man aber auch, dass dieser eigentlich eine Art Baumfriedhof ist: Wo früher Waldboden war, ragen jetzt die toten Stämme der Regenwaldriesen aus dem Wasser. Zum Park gehört eine interessante Ausstellung, die erläutert, wie Tausende Menschen (überwiegend Marrons und Indios) und Hunderttausende Tiere für den Bau umgesiedelt wurden.

Brownsberg kann recht einfach auf eigene Faust erkundet werden. In Paramaribo steigt man an der Haltestelle in der Saramacastraat beim Zentralmarkt in einen Bus Richtung Atjoni und sagt dem Fahrer, er möge einen am Ort Brownsberg (60 SR$, 3 Std.) aussteigen lassen. Wer sich rechtzeitig darum kümmert, kann sich von Stinasu abholen und zum Park fahren lassen (70 SR$, 30 Min.). Mehrere Tourveranstalter in Paramaribo bieten lange Tagesausflüge nach Brownsberg an.

Oberlauf des Suriname

Hier übernachtet man in Lodges direkt am Fluss, die auf weißem Sandstrand mitten im Urwald stehen, und besucht die benachbarten Dörfer der Saamaka. Zum Programm gehören ein Bad im Fluss, Besuche bei den Ureinwohnern und in größeren Lodges abends Musik- und Tanzvorführungen. Wildtiere bekommt man kaum zu sehen, decken doch die Einheimischen ihren Fleischbedarf zumeist im Urwald. Wer mehr über die Kultur dieses Volkes erfahren möchte, sollte das interessante **Maroon Museum** (Marronmuseum der Saamaka; Kumalu; Eintritt 20 SR$; 10–15 Uhr) in Pikin Slee besuchen.

Auf der Internetseite von **Stichting Lodeholders Boven Suriname** (Vereinigung der Sarmaccanischen Lodge-Betreiber; www.upper-suriname.com) sind auf einer virtuellen Karte des Flusses alle Dörfer und Lodges verzeichnet. Leider ist die Seite nicht immer auf dem neuesten Stand.

Schlafen & Essen

★ Tei Wei — LODGE $
(85-6142, 859-1946; bertajaiso@gmail.com; Gunsi bei New Aurora; pro Pers. inkl. Mahlzeiten 85 SR$) Die von den derzeit 55 Bewohnern des winzigen, ursprünglichen Dorfes Gunsi geführte Lodge bietet den besten Einblick in die Kultur der Saamaka. Die Hütten mit Betten unter Moskitonetzen sind zwar einfach, aber sauber und haben fantastische Terrassen mit Hängematten und Blick auf den Fluss. Es gibt nur Gemeinschaftsbäder. Es werden Dorfbesichtigungen (50 SR$) und Regenwaldtouren mit Übernachtung (500 SR$/Gruppe) angeboten.

Botopassie — LODGE $$
(865-9702; www.botopasi.com; Botopasi; Hängematte/Zi./Hütte inkl. Mahlzeiten 115/160/180 SR$ pro Pers.; ⓢ) Die von Niederländern und Surinamern gemeinsam geführte kleine Lodge gegenüber dem lebhaften Saamaka-Städtchen Botopasi ist außerordentlich sauber und gemütlich. Die Bungalows haben ein eigenes Bad; alle Bäder sind mit Warmwasser ausgestattet. Gegessen wird auf der herrlichen Terrasse mit Blick auf den Fluss.

Pasensie — LODGE $$
(868-5572; pasensie.slee@gmail.com; Pikin Slee; pro Pers. inkl. Mahlzeiten 135 SR$; ⓢ) Die saubere Lodge liegt direkt am Fluss außerhalb von Pikin Slee. Sie ist ideal, um alles über die Kultur der Saamaka zu erfahren, denn sowohl das Maroon Museum als auch weitere Dörfer sind gut zu Fuß zu erreichen. Es gibt nur Gemeinschaftsbäder. Es werden u.a. Fahrten zum Museum (20 SR$) sowie halb- und ganztägige Regenwaldtouren (50/100 SR$ pro Gruppe) angeboten.

Kumalu Dream Island — LODGE $$
(886-7059; www.kumaludreamisland.com; Djumu; pro Pers. inkl. Mahlzeiten 125 SR$) Die mit Solarenergie betriebene Lodge auf einer Insel im Fluss ist eine der ältesten in dieser Gegend. Die recht großen Hütten haben ein eigenes Bad. Zu den Aktivitäten im Programm gehören eine Wanderung auf den sogenannten Ananasberg, der von wilden Ananaspflanzen bedeckt ist und einen spektakulären Blick auf den Urwald bietet.

★ Awarradam — LODGE $$$
(47-7088; www.mets.sr; bei Kajana; 4-tägiges Pauschalangebot mit 3 Übernachtungen inkl. Mahlzeiten und Aktivitäten 2500 SR$/Pers.) Die von der METS geführte Lodge ist extrem abgelegen, aber ein ideales Basislager für Touren in den Urwald und zu den Dörfern der Saamaka. Die Hütten sind sehr gemütlich; es gibt sogar einen Wellnessbereich. Mindestaufenthaltsdauer drei Nächte.

Anaula — LODGE $$$
(www.anoulanatureresort.com; bei New Aurora; 3-tägiges Pauschalangebot mit 2 Übernachtungen inkl. Transfer 900 SR$; ⓢ ⓢ) Auf einem weitläufigen, sehr gepflegten Gelände, das auf einer Flussinsel inmitten von Stromschnellen liegt, verteilen sich die gemütlichen Hütten rund um einen Swimmingpool. Trotz ihrer Beliebtheit ist die Lodge immer noch

---

ⓘ EINREISE NACH GUYANA

Anreise zur Grenze
Die Minibusse von Paramaribo über South Drain und Moleson Creek nach Georgetown (9–12 Std.) starten morgens um 5 Uhr; im Fahrpreis von rund 120 SR$ ist die Bootsüberfahrt nicht enthalten. Die Canawaima-Fähre (einfach/hin & zurück 48/65 SR$, 25 Min., tgl. 10 & 12 Uhr) verkehrt zwischen South Drain und Moleson Creek in Guyana. Bevor es an Bord geht, muss man sich beim surinamischen Zoll den Ausreisestempel holen. Die Geldwechsler an der Anlegestelle tauschen zu ordentlichen Kursen. Es gibt keine Ein- oder Ausreisegebühren; die Öffnungszeiten des Einwanderungsbüros sind auf die Fähre abgestimmt.

Weiterreise
Nachdem man den Zoll in Guyana passiert und den Einreisestempel im Pass hat, fährt man mit einem Minibus weiter nach Georgetown. Da Guyana in einer anderen Zeitzone liegt, muss man die Uhr um eine Stunde *zurückstellen*.

Für Infos zum Grenzübertritt in umgekehrter Richtung, siehe S. 718.

sehr ruhig. So bietet sie sich weniger für die Erkundung der Saamaka-Kultur an als vielmehr zum völligem Abschalten.

ⓘ An- & Weiterreise

Es werden jede Menge Bustouren zu den Lodges angeboten, die jedoch ebenso gut und wesentlich günstiger mit öffentlichen Verkehrsmitteln zu erreichen sind. Dies gilt vor allem für die Lodges in der Nähe von New Aurora, die, je nach Jahreszeit, nur eine ein- bis zweistündige Fahrt flussaufwärts von Atjoni entfernt sind. Eine Stunde weiter befinden sich die Lodges bei Pikin Slee und Botopasi, und nach weiteren zwei Stunden ist man in Djumu. Hier muss man eventuell übernachten, bevor es weiter nach Kajana geht.

Von Paramaribo nach Atjoni (20–50 SR$, 3½ Std.) fährt man am besten frühmorgens mit einem Minibusse, die am Busbahnhof in der Saramacastraat abfahren, sobald sie voll sind. Die meisten Lodges verweisen bei der Buchung auf einen Bootsbesitzer, der den Transfer übernimmt. Ansonsten kann man sich am Infoschalter nach einem Boot erkundigen. Die Fahrt nach New Aurora kostet etwa 50 SR$, nach Pikin Slee 75 SR$ usw. Zurück nach Paramaribo kann man auch von einem der vielen kleinen Flugplätze entlang des Flusses fliegen; manchmal sind noch Plätze in den Charterflugzeugen der Tourveranstalter frei. Alle Tickets sind bar zu bezahlen, da in dieser Gegend grundsätzlich keine Kreditkarten akzeptiert werden.

Central Suriname Nature Reserve

Mit 16 000 km² bedeckt dieses Naturschutzgebiet 12% der gesamten Landfläche Surinames. Es wurde 1998 mithilfe einer Spende von Conservation International in Höhe von 1 Mio. US$ eingerichtet. Rund 40% der im hier heimischen Tiere und Pflanzen sind nur in diesem Teil Südamerikas zu finden.

Die langen, recht flachen **Raleighvallen** (Raleigh-Wasserfälle) am oberen Coppename sind gut zwei Stunden flussaufwärts vom nächsten Marron-Dorf der Kwinti entfernt. Im und am Fluss leben seltene Tiere, z.B. Klammeraffen, Zitteraale und die blutroten Guyana-Klippenvögel. Die gut geführten Stinasu-Lodges (S. 994) auf **Foengoe Island** unweit der Wasserfälle sind nur mit dem Flugzeug oder im Rahmen einer geführten Tour (5 Std. mit dem Bus plus 2 Std. mit dem Boot) zu erreichen. Der **Voltzberg** ist ein 240 m hoher Granitfelsen, zu dem ein zwei-

---

ⓘ EINREISE NACH FRANZÖSISCH-GUAYANA

Anreise zur Grenze

Der Grenzort Albina (5000 Ew.) am Marowijne wurde beim Aufstand der Marrons in den 1980er-Jahren stark zerstört und ist immer noch nicht komplett wiederaufgebaut. Hier legen die Fähren nach St. Laurent du Maroni in Französisch-Guayana ab. Die Touren ausgenommen, die auf dem Weg zum Galibi Reserve hier vorbeikommen, gibt es keinen Grund, in dieser für ihre hohe Kriminalitätsrate berüchtigten Stadt länger als nötig zu verweilen.

Von Paramaribo fahren Sammeltaxis (75 SR$, 2 Std.), Minibusse (30–40 SR$, 2½ Std.) und öffentliche Busse (8,50 SR$, 3 Std.) ins Zentrum von Albina.

An der Grenze

Tagsüber legen bei Bedarf Motorboote am Fähranleger von Albina ab und bringen Passagiere ohne Auto über den Grenzfluss (20 SR$, 10 Min.). Die französisch-guayanische **Autofähre** (20 SR$/Pers., SR$160/Auto & Fahrer; ⊘ Mo–Fr 8 & 17, Sa 8.30 & 9.30, So 15 & 16 Uhr) überquert den Marowijne mehrmals täglich in 30 Minuten. Vom Fähranleger in St. Laurent du Maroni geht es dann per pedes in die Stadt (ca. 800 m), sofern man keine Abholung vereinbart hat. Ein- und Ausreisestempel gibt es im jeweiligen Einreisebüro an den beiden Fähranlegern. Es werden keine Gebühren verlangt.

Achtung: In St. Laurent du Maroni gibt es einen Geldautomaten, aber keine Wechselstube. Dafür wimmelt es am Fähranleger in Albina nur so von Geldwechslern. Wer hier Geld tauschen will, sollte sich vorher über die aktuellen Kurse informieren.

Weiterreise

Vom Busbahnhof in St. Laurent fahren die Busse nur unregelmäßig nach Cayenne. Da der öffentliche Nahverkehr in Französisch-Guayana generell sehr unzuverlässig und unpraktisch ist, empfiehlt es sich, ein Auto zu mieten.

Für Infos zum Grenzübertritt in umgekehrter Richtung, siehe S. 704.

einhalbstündiger Marsch durch den Regenwald führt. Der steile Anstieg wird mit einem atemberaubenden Rundumblick belohnt.

Kabalebo

★ **Kabalebo** LODGE $$$
(☎ 42-6532; www.kabalebo.com; All-inclusive-Standardpauschale mit 3 Übernachtungen ab 1300 SR$/Pers. ; ❄) Die abgelegene Lodge am gleichnamigen Fluss liegt mitten im unberührten Urwald ganz im Westen des Landes an der Grenze zu Guyana. Die Unterkünfte reichen vom preiswerten, naturnahen „Dschungelcamp" bis zu wunderbaren, äußerst luxuriösen Zimmern in einigen der schönsten Holzhäuser von Suriname. Ebenso vielfältig ist das Angebot an Aktivitäten, das Touren, Angeln, Beobachten von Tieren, Wandern und Kajakfahren umfasst.

Nieuw Nickerie

13 842 EW.

Die Grenzstadt mit ihren breiten Straßen, letzter Halt vor Guyana, war früher ein Zentrum für *balata* (Kautschuk). Heute werden hier Bananen und Reis angebaut und über den großen Hafen verschifft. Der Ort bietet sich als Ausgangspunkt für Erkundungen des Sumpfgebiets Bigi Pan an, wo Kaimane, Rote Ibisse und über 100 andere Vogelarten leben. Touren lassen sich problemlos von Paramaribo aus organisieren.

Das **Concord Hotel** (☎ 23-2345; Wilhelminastraat 3; DZ 105 SR$; ❄) ist eine kleine, saubere Bleibe im Motelstil. O.k für eine Nacht.

Alle Busse und Minibusse halten und starten am Markt. Nach Paramaribo fahren täglich zwei staatliche Busse (15 SR$, 4 Std., 6 & 13 Uhr). Sobald der erste Bus weg ist, vergibt ein Privatanbieter (20 SR$) die Plätze seines Busses und fährt los. Ein Taxi ist drei bis vier Stunden unterwegs (100 SR$/Pers.). Nach South Drain, wo es per Fähre nach Guyana geht, starten Minibusse (15 SR$) um 8 Uhr. Am besten reserviert man bereits am Vortag beim Fahrer einen Platz; das Personal der Unterkunft kann dabei helfen.

Galibi Nature Reserve & Coppename Nature Reserve

Galibi ist ein Schutzgebiet für unzählige Meeresschildkröten, u.a. für die riesigen Lederschildkröten, die hier zwischen April und August ihre Eier ablegen. Mit Genehmigung der hiesigen Kariben-Gemeinde kann man im Leihkanu von Albina aus hierher paddeln. Einfacher ist es aber im Rahmen einer von Stinasu organisierten Tour ab Paramaribo (S.994).

Das Coppename Nature Reserve an der Mündung des gleichnamigen Flusses ist die Heimat der vom Aussterben bedrohten Seekühe und ein Paradies für Vogelliebhaber. Stinasu organisiert auf Anfrage Ausflüge in das Gebiet.

SURINAME VERSTEHEN

Suriname aktuell

Seit 2010 ist Desiré Bouterse Präsident von Suriname; einst führte er einen Putsch an und herrschte während des Bürgerkriegs in den 1980er-Jahren mit Unterstützung des Militärs als Diktator. 2012 verabschiedete das surinamische Parlament ein Amnestiegesetz, wodurch Bouterse wegen der Dezember-Morde von 1982 nicht vor Gericht gestellt wurde. Trotz seiner Vergangenheit lieben die Surinamer ihren multiethnischen Präsidenten, vor allem die jüngeren Generationen, die den Bürgerkrieg nicht miterlebt hat.

Mit der Wahl von Bouterse, der 1999 der illegalen Einfuhr von mehr als 450 kg Kokain in die Niederlande überführt wurde, stellten diese ihre Hilfszahlungen an Suriname ein. Sobald er niederländischen Boden betritt, wandert er ins Gefängnis.

Surinames Wirtschaft basiert überwiegend auf dem Bauxitabbau, der 70 % der Deviseneinnahmen ausmacht. Die Landwirtschaft, vor allem Reis- und Bananenanbau, ist ein weiteres wichtiges Standbein, und auch die Fischindustrie wächst stetig. Das Land gibt sich zudem alle Mühe, den Ökotourismus im Landesinneren zu fördern.

Geschichte

Suriname war das letzte Überbleibsel eines einst großen niederländischen Herrschaftsgebiets in Südamerika. Im 19. Jh. kamen Inder und Indonesier (hier „Javanesen" genannt) als Vertragsarbeiter auf die Plantagen.

Trotz begrenzter Autonomie blieb Suriname bis lange Zeit Kolonie. Erst 1954 erhielt es den Status eines selbst verwalteten Staates, 1975 wurde es vollständig unabhängig.

Der vom Militär Desiré Bouterse angeführte Putsch von 1980 bescherte dem Land eine Diktatur. Später wurde Bouterse angeklagt, die Hinrichtung von 15 prominenten Oppositionellen in Fort Zeelandia angeordnet zu haben. Das Ereignis ging als Dezember-Morde von 1982 in die Geschichte ein. 1986 startete die Regierung eine Kampagne, um einen Aufstand der Marrons („Jungle Commando")unter der Führung von Ronnie Brunswijk niederzuschlagen. Viele REbellen mussten nach Französisch-Guayana fliehen, weil ihre Dörfer völlig zerstört wurden.

Die 1987 gewählte Zivilregierung wurde 1990 durch einen unblutigen Putsch wieder abgesetzt, ein Jahr später wurde erneut eine Zivilregierung unter Ronald Venetiaan gewählt. 1992 wurde dann ein Friedensvertrag mit dem „Jungle Commando" und weiteren bewaffneten Banden unterzeichnet.

Im Mai 2000 wurde Venetiaan wiedergewählt, er blieb bis 2010 im Amt. In dieser Zeit kämpfte das Suriname mit wirtschaftlichen Schwierigkeiten und Unruhen. 2006 lösten Überschwemmungen eine landesweite Katastrophe aus; fast 20 000 Menschen wurden obdachlos. Und 2009 wurden Regierungstruppen in die Goldminengegend bei Albina geschickt, um anti-chinesische und anti-brasilianische Proteste zu unterdrücken.

Kunst & Kultur

Suriname ist allen Kulturen gegenüber offen, seine Einwohner sind unglaublich freundlich und großzügig. In Paramaribo werden Toleranz und friedliches Zusammenleben großgeschrieben, religiös oder rassistisch motivierte Konflikte gibt es kaum. Angesichts der Tatsache, dass hier so viele verschiedene Volksgruppen auf engem Raum zusammenleben, ist dies bemerkenswert. Trotzdem ist das Leben der Marrons und der Indios im Landesinneren von Armut und geringeren Aussicht auf Bildung geprägt.

Viele Surinamer leben in den Niederlanden oder haben einige Zeit dort gelebt – einerseits wegen der besseren Wirtschaftslage, andererseits, um den Repressionen während der Militärdiktatur zu entgehen. Deshalb sind sie mit europäischen Trends vertraut.

Etwa 40 % der Bevölkerung gehören dem Christentum an, der Rest hängt teilweise traditionellen afrikanischen Glaubensrichtungen an. Hindus machen 26 % der Bevölkerung aus (die meisten stammen aus Ostindien), 19 % sind Muslime (indonesischer oder ostindischer Abstammung). Dazu kommen ein paar Buddhisten, Juden und Anhänger indigener Glaubensrichtungen. 37 % der Bevölkerung sind Inder, 31 % Kreolen, 15 % sind Indonesier, 10 % Marrons, 2 % Indios, 2 % Chinesen und 1 % Niederländer (die übrigen 2 % sind anderer Abstammung).

Manche Formen der hiesigen Kunst und Kultur stammen von den eingewanderten indonesischen Volksgruppen. Dazu zählt z. B. die Gamelan-Musik, die man bei bestimmten Events hört. Ansonsten erfreuen sich Besucher an den aufwendigen Korbflechtereien der Indios und den Holzschnitzereien der Marrons, welche als die fähigsten Schnitzer im tropischen Amerika gelten.

Natur & Umwelt

Suriname besteht aus einer Küstenregion und einem Gebiet mit dichtem Tropenwald und Savannen. Im Westen bildet der Corantijn (Corentyne in Guyana) die in den südlichsten Abschnitten umstrittene Grenze zu Guyana. Der Marowijne (Maroni) und der Litani bilden die Grenze zu Französisch-Guayana.

Die meisten Surinamer lebt in der Küstenebene am Atlantik, wo auch die meisten der wenigen Straßen des Landes zu finden sind. Durch den Afobaka-Staudamm ist einer der weltweit größten künstlichen Seen (1550 km^2) entstanden, der Brokopondo-Stausee am oberen Flusslauf des Suriname.

In den riesigen Regenwäldern Surinames leben die unterschiedlichsten Tiere, u. a. Jaguare, Mohrenkaimane, Agutis und Totenkopfäffchen; Vogelliebhaber werden ihre Freude an den vielen Vogelarten wie Warzenibissen und Harpyien haben.

PRAKTISCHES

ⓘ Allgemeine Informationen

AKTIVITÄTEN

Besonders beliebt in Suriname sind Erkundungen von Natur und Kultur im Landesinneren. Wohl nur selten bieten sich Urlaubern derartige Gelegenheiten, Vögel und andere Tiere zu beobachten, zumal einige der Arten hier endemisch sind oder in besonders großer Zahl vorkommen. Auch Möglichkeiten zum Wandern und Bootfahren gibt's zuhauf. Einzigartig ist die leicht zugängliche Kultur der Marrons. Viele Reisende sind per Drahtesel unterwegs – das geht allerdings nur in den Küstenregionen.

> **PREISKATEGORIEN: ESSEN**
>
> Die folgenden Preise gelten jeweils für ein normales Hauptgericht. Die meisten Restaurants berechnen eine Service-Gebühr von 10 %. Ist diese Gebühr nicht auf der Rechnung ausgewiesen, sollte man 10–15 % Trinkgeld geben.
>
> **$** unter 25 SR$
>
> **$$** 25–50 SR$
>
> **$$$** über 50 SR$

BÜCHER

Das bekannteste Buch über Suriname ist Mark Plotkins *Der Schatz der Wayana: Die Lehren der Schamanen im Amazonas-Regenwald*, in dem auch Wissenswertes über Brasilien, Venezuela, Guyana und Französisch-Guayana zu finden ist.

In Willoughbyland: England's Lost Colony erzählt Matthew Parker die europäisch geprägte Geschichte des Landes in der Kolonialzeit.

Cynthia McLeod ist wohl die bedeutendste Autorin historischer Romane in Suriname. So spielt *Die Schwestern von Surinam* im 18. Jh. auf den Zuckerplantagen des Landes.

BOTSCHAFTEN & KONSULATE

Die meisten Botschaften und Konsulate befinden sich in Paramaribo.

Brasilien (☏ 40-0200; www.brazil-embassy.net/suriname-paramaribo.html; Maratakkastraat 2, Zorg-en-Hoop)

Deutschland Honorarkonsul Cornelis Dilweg (☏ 44-2958; Dr. Sophie Redmondstraat 250, Paramaribo)

Frankreich (☏ 47-6455; www.ambafrance-sr.org; Henk Arronstraat 5-7, 2. Stock)

Guyana (☏ 47-7895; guyembassy@sr.net; Henk Arronstraat 82)

Österreich Honorarkonsulin Janine Ninon (☏ 42-0468; Henk Arronstraat 16, Paramaribo)

Schweiz Für Schweizer Bürger ist die Botschaft in Venezuela (S. 1109) zuständig.

FRAUEN UNTERWEGS

Besonders alleinreisende Frauen werden immer wieder von Männern belästigt, handfeste Übergriffe sind aber selten. Die ständigen Schnalz- und Schmatzgeräusche können zwar nerven und irritieren, werden aber am besten einfach ignoriert.

GELD

Die Landeswährung ist der Suriname-Dollar (SR$). Dennoch geben Geschäfte Preise oft in Euro oder US-Dollar an. Die meisten Banken akzeptieren die wichtigsten ausländischen Währungen, beim Umtausch von Guyana-Dollar und brasilianischen Real könnte man jedoch Probleme bekommen.

Die Republic-Bank-Geldautomaten sind am verlässlichsten. In RBC-Banken und einigen Hotels kann man Reisechecks einlösen und sich mit Kreditkarte Bares auszahlen lassen. Kreditkartenzahlung ist nur in großen Hotels und Reisebüros möglich (meistens gegen Gebühr).

GESUNDHEIT

Wer aus einer Gelbfieberregion einreist, muss eine Schutzimpfung nachweisen. In der Praxis wird man aber meistens nicht danach gefragt. Im Landesinneren grassieren Typhus und chloroquinresistente Malaria. Leitungswasser ist nur in Paramaribo trinkbar.

INTERNETZUGANG

Die meisten Pensionen und Hotels und einige Cafés haben kostenlose WLAN-Hotspots.

ÖFFNUNGSZEITEN

Die Geschäfte haben in der Regel werktags von 7.30 bis 15 Uhr geöffnet, manche öffnen auch samstags für ein paar Stunden. Die meisten Restaurants servieren zwischen 11 und 14.30 Uhr Mittagessen und zwischen 18 und 22 Uhr Abendessen. Ein paar Lokaliäten sind auch schon ab 8 Uhr zum Frühstück geöffnet.

SPRACHE

Niederländisch ist Amtssprache. Viele Menschen sprechen Sranan Tongo (ähnlich dem Kreol, auch Taki Taki genannt), was nach einer Eingewöhnungszeit recht gut zu verstehen ist, wenn man Englisch kann. Weitere Sprachen sind Hindi, Urdu, Javanisch, Mandarin, Kantonesisch und mehrere Marron- und Indio-Dialekte. Auch Englisch ist weit verbreitet.

STROM

Benutzt werden europäische Steckdosen für Stecker mit zwei runden Stiften. Die Netzspannung beträgt 110/220 V, 60 Hz.

TELEFON

Die staatliche Telefongesellschaft heißt **TeleSur** (Telecommunicatiebedrijf Suriname; Heiligenweg 1); in den Filialen sind auch SIM-Karten erhältlich. Allerdings ist der Service bei **Digicel** (Ecke Magdenstraat & Heiligenweg; ☉ Mo–Fr 8–16.30, Sa 8–13.30 Uhr) beim gleichem Preis (20 SR$) weitaus besser. In Suriname gibt's keine Ortsvorwahlen.

> **PREISKATEGORIEN: SCHLAFEN**
>
> Für ein Doppelzimmer mit Bad in der Hauptsaison:
>
> **$** unter 150 SR$
>
> **$$** 150–400 SR$
>
> **$$$** über 400 SR$

AUSREISESTEUER

Die Ausreisesteuer in Suriname beträgt 66 USR$ und ist zumeist schon im Ticketpreis enthalten.

UNTERKUNFT

In Paramaribo gibt es viele erschwingliche Hotels und Pensionen, in denen man ab etwa 80 SR$ übernachten kann. Die Unterkünfte Im Landesinneren reichen von recht rustikalen, einfachen Hütten bis zu luxuriösen Öko-Lodges.

VISA

Besucher aus Deutschland, Österreich und der Schweiz müssen bei der surinamischen Botschaft eine 90 Tage gültige Touristenkarte (35 US$) beantragen (zum Zeitpunkt der Recherchen war dies auch am Internationalen flughafen in Paramaribo möglich). Wer länger bleiben oder mehrmals einreisen will, braucht jedoch ein Visum. Je nach Aufenthaltsdauer und Anzahl der Einreisen muss man dafür zwischen 30 und 175 US$ hinblättern. Reisepässe müssen mindestens noch sechs Monate gültig sein. Aktuelle Infos und Botschaftsadressen finden sich unter unter www.surinameembassy.org.

Wer ein Visum oder eine Touristenkarte auf dem Postweg beantragt, muss mit einer Bearbeitungszeit von etwa vier Wochen rechnen. Die surinamischen Konsulate in Georgetown (Guyana) und Cayenne (Französisch-Guayana) stellen Touristenkarten in ein paar Stunden aus, auf ein Visum muss man bis zu fünf Werktage warten. Es werden ein Passfoto und ein Rückreiseticket benötigt.

Wer länger als 30 Tage in Suriname bleiben möchte, sollte sich innerhalb von acht Tagen nach Einreise bei der **Vreemdelingenpolitie** (Einwanderungsbehörde; 40-3609; Henk Arronstraat 1; ⊙ Mo–Fr 7–14 Uhr) in Paramaribo registrieren lassen.

ⓘ An- & Weiterreise

FLUGZEUG

Internationale Langstreckenflüge kommen auf dem veralteten Johan Pengl International Airport (oder einfach nur Zanderij) an, während Flugzeuge aus dem Inland und anderen Ländern Südamerikas zumeist auf dem Flughafen Zorg-en-Hoop landen. Folgende Fluggesellschaften sind in Paramaribo vertreten:

Blue Wings (43-0370; www.bluewingairlines.com; Zorg-en-Hoop) bietet Linien- und Charterflüge zu vielen Zielen im Inland an.

Caribbean Airlines (43-2700; Dr Sophie Redmondstraat 219)

Insel Air (40-3866; www.fly-inselair.com; Van't Hogerhuysstraat 9-11) fliegt regelmäßig nach Curaçao, wo es Anschlussflüge zu anderen Inseln der Karibik, in die USA und die Länder im Norden Südamerikas gibt.

KLM (47-2421; www.klm.com; Dr DE Mirandastraat 9) fliegt direkt nach Amsterdam.

Suriname Airlines (43-2700; www.slm.firm.sr; Dr Sophie Redmondstraat 219) hat Flüge zu allen möglichen Zielen, darunter Georgetown (Guyana), Cayenne (Französisch-Guayana), Trinidad, Curaçao, Belem (Brasilien), Panama City, Miami und Amsterdam.

SCHIFF/FÄHRE

Von Albina (im Osten Surinames) und Nieuw Nickerie (im Westen) fahren Schiffe bzw. Fähren über die Grenze nach Französisch-Guayana und Guyana.

ⓘ Unterwegs vor Ort

AUTO

In Suriname existieren nur wenig Straßen, und die sind meist in schlechtem Zustand. Die Straßen an der Küste und bis nach Brownsberg sind mit normalen Fahrzeugen befahrbar, für die Pisten im Landesinneren benötigt man jedoch einen Geländewagen. In Suriname herrscht Linksverkehr. Autofahrer brauchen einen internationalen Führerschein.

BUS & MINIBUS

Es gibt verschiedene öffentliche Verkehrsmittel (aufsteigend nach Preisen geordnet): fahrplanmäßig verkehrende staatliche Busse, private Minibusse, die von bestimmten Punkten abfahren, sobald sie voll sind, und Minibusse, die ihre Fahrgäste direkt vom Hotel abholen. Fahrten ins Landesinnere kosten erheblich mehr als die Strecken an der Küste.

FLUGZEUG

Kleine Flugzeuge bringen ihre Passagiere von Paramaribo zu abgelegenen Zielen, u. a. in einige Naturschutzgebiete.

SCHIFF/FÄHRE

Die Flüsse ermöglichen malerische Bootsausflüge in ansonsten unerreichbare Regionen im Landesinneren. Feste Fahrpläne gibt es nicht, die Preise sind verhandelbar. Fähren und Barkassen überqueren einige der großen Flüsse wie den Suriname und den Coppename.

TAXI

Sammeltaxis verkehren auf den Strecken entlang der Küste. Sie sind zwar erheblich teurer als Minibusse, dafür aber viel schneller. Die Taxipreise sind verhandelbar und erschwinglich. Achtung: Erst den Preis aushandeln, dann einsteigen!

Uruguay

Inhalt ➡
Montevideo 1008
Westliches
Uruguay 1016
Östliches Uruguay . . 1025
Uruguay verstehen. . 1033
Praktisches 1036

Gut essen

➡ Mercado del Puerto (S. 1014)
➡ Café Picasso (S. 1026)
➡ Don Joaquín (S. 1018)
➡ Resto-Pub 70 (S. 1032)
➡ Candy Bar (S. 1013)

Schön übernachten

➡ El Galope Horse Farm & Hostel (S. 1017)
➡ Estancia Panagea (S. 1024)
➡ Ukelele Hostel (S. 1012)
➡ Tas D'Viaje (S. 1027)
➡ El Diablo Tranquilo (S. 1032)
➡ Ah'Lo Hostel Boutique (S. 1020)

Auf nach Uruguay!

Mehr als je zuvor ist Uruguay ein Land, das seinem eigenen Rhythmus folgt. Die Nachbarländer mögen von einer Krise in die nächste schlittern, doch Uruguay geht der Zukunft entgegen wie viele seiner Bürger – gelassen und selbstsicher. Die sozialen Reformen machen Fortschritte, und wenngleich es immer was zu kritisieren gibt, scheint die Bevölkerung zufrieden.

Es war noch nie so einfach, in Uruguay zu reisen. Das tolle Hostelangebot, das Busnetz, die guten Restaurants und die vielen Campingplätze machen das Land zu einem Traumziel für Backpacker. Selbst an berühmten Zielen wie Colonia del Sacramento und Punta del Este gibt es außerhalb der absoluten Hauptsaison jede Menge günstige Unterkünfte.

Die Traveller kommen, um in Punta Promis zu sehen, den geschichtsträchtigen Hafen von Colonia zu besuchen, die Atlantikküste, die Strände mit der Brandung und das weite Binnenland zu erleben. Und sie bleiben wegen der Menschen – herzliche, offene Leute, die eine der fortschrittlichsten Gesellschaften Südamerikas geschaffen haben.

Reisezeit
Montevideo

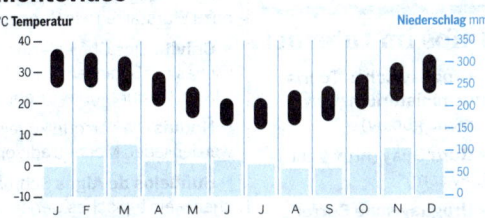

Jan. & Feb. Straßentheater und *candombe*-Trommeln prägen die Straßen Montevideos an Karneval.

März Tacuarembós Gaucho-Festival; weniger Traveller und niedrigere Preise am Atlantik.

Nov. Im Frühling laden die Thermalbäder in Salto und die *estancias* des Landes zu einem Besuch ein.

ÜBERBLICK

- **Geld** Geldautomaten gibt's überall; Kreditkarten werden weithin akzeptiert
- **Sprache** Spanisch
- **Visa** EU-Bürger und Schweizer brauchen kein Visum
- **Währung** Uruguayischer Peso ($U)
- **Zeit** MEZ −4 Std.

Kurzinfos

- **Fläche** 176 215 km²
- **Bevölkerung** 3,3 Mio.
- **Hauptstadt** Montevideo
- **Notfall** ☎ 911
- **Vorwahl** ☎ 598

Wechselkurse

Eurozone	1 €	32,23 $U
	100 $U	2,99 €
Schweiz	1 SFr	29,42 $U
	100 $U	3,27 SFr

Tagesbudget

- **Bett im Hostel** 15–25 $U
- **Vierstündige Busfahrt** 500 $U

Infos im Internet

- **Uruguayisches Tourismusministerium** (www.turismo.gub.uy)
- **Guru'Guay** (http://guruguay.com)
- **Uruguayische Surfer-Infos** (www.olasyvientos.com)

Verkehrsmittel & -wege

Die meisten Besucher, die aus Argentinien einreisen, kommen mit dem Boot, entweder aus Buenos Aires (nach Montevideo & Colonia del Sacramento) oder aus Tigre (nach Carmelo). Von den argentinischen Städten Colón, Gualeguaychú und Concordia kann man auch auf dem Landweg nach Uruguay reisen. Der am häufigsten genutzte Grenzübergang von Brasilien nach Uruguay ist Chuí/Chuy.

REISEROUTEN

Eine Woche

In nur einer Woche kann man nicht alles sehen, doch wenn man auf Zack ist, gelingt es trotzdem, die Highlights zu erleben. Am besten macht man sich am historischen Flusshafen von Colonia auf, um die Attraktionen Montevideos zu entdecken. Beide Städte lassen sich auch mit der Fähre von Buenos Aires aus erreichen. Von Montevideo geht's dann nordwärts entlang der Atlantikküste und zu einigen bekannten Badeorten: ins gediegene Piriápolis mit seinen 1930er-Jahre-Bauten, ins prächtige Punta del Este, ins abgeschiedene Cabo Polonio, ins Surferparadies La Paloma oder in das gemütliche Städtchen Punta del Diablo mit seinen Beachpartys. Alternativ folgt man dem Río Uruguay stromaufwärts Richtung Iguazú-Wasserfälle über Fray Bentos mit dem kuriosen Industriemuseum nach Salto zu den Thermalquellen.

Zwei Wochen

Wenn man eine Woche anhängt, absolviert man das Programm in gemächlicherem Tempo und macht noch einen Abstecher ins reizvolle, wenn auch weniger besuchte Landesinnere, wo die Traditionen der Gauchos noch lebendig sind.

Essen & Trinken

- **Asado** Uruguays allgegenwärtiges Nationalgericht aus diversen gegrillten Fleischsorten, meist Rind und Schwein, dazu Wurstarten wie Chorizo und *morcilla* (Blutwurst).
- **Chivito** Eine Cholesterinbombe in Form eines Steak-Sandwiches mit Schinken, Speck, Eiern, Käse, Salat, Tomaten, Oliven, Gewürzgurken, Pepperoni und Majo.
- **Ñoquis** Die Kartoffelkugeln, in Italien als Gnocchi bekannt, werden jeden Monat traditionell am 29. serviert.
- **Buñuelos de Algas** Schmackhafte frittierte Algenbällchen – ein typisches Gericht der Küste bei Rocha.
- **Chajá** Ein extrem süßer Pfirsich-Meringue-Biskuit aus Paysandú, gefüllt mit Buttercreme und Vanille-Essenz.
- **Medio y medio** Die erfrischende Mischung aus Schaum- und Weißwein erinnert an das Café Roldós in Montevideo.
- **Grappamiel** Italienischem Grappa ähnlicher, starker Tresterbrand, mit Bienenhonig gesüßt.

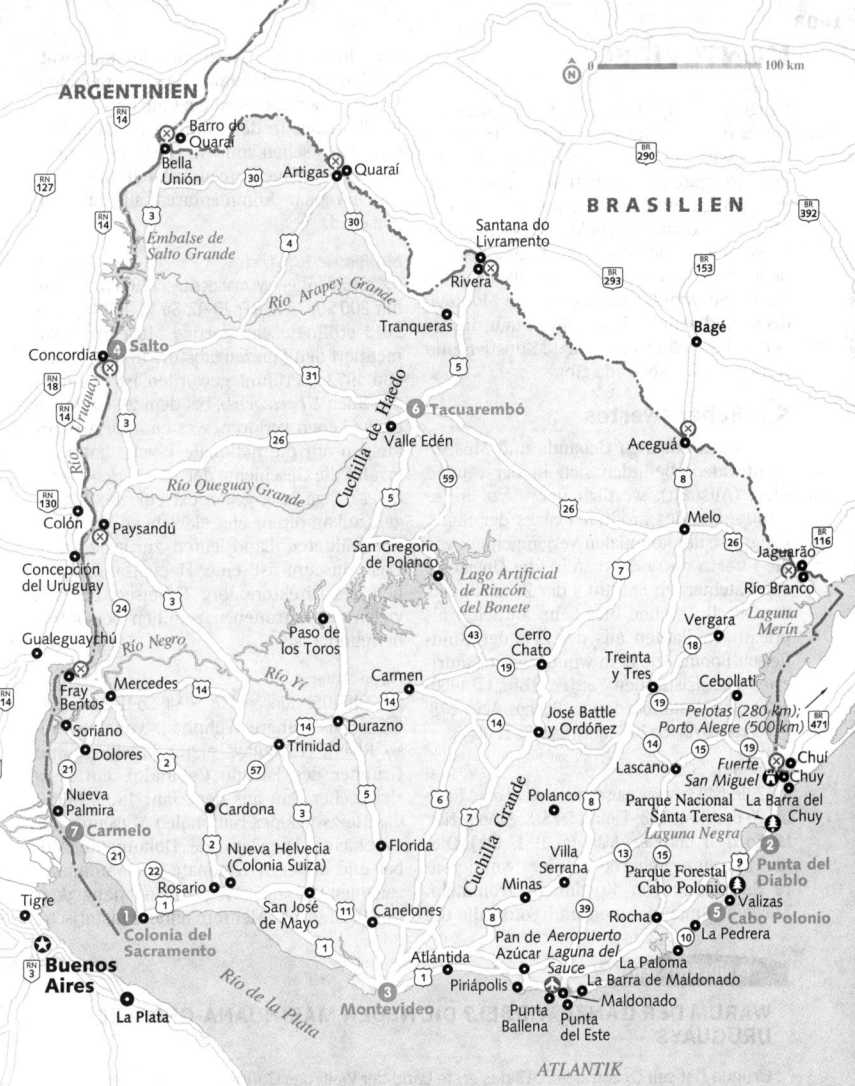

Highlights

① In den malerischen kopfsteingepflasterten Straßen von **Colonia del Sacramento** (S. 1016) tolle Schnappschüsse machen

② In **Punta del Diablo** (S. 1031) nahe der brasilianischen Grenze surfen oder am Strand ein Lagerfeuer machen

③ Im Rahmen des **Karnevals** (S. 1012) in Montevideo die Hüften zu *candombe*-Musik schwingen

④ Die vom Reisen müden Knochen in den wunderbaren **Thermalquellen rund um Salto** (S. 1023) wässern

⑤ Im entlegenen Hippie-Strandstädtchen **Cabo Polonio** (S. 1030) Seelöwen, Pinguinen und Walen begegnen

⑥ Auf einer *estancia* nahe **Tacuarembó** (S. 1024) auf dem Pferderücken Rinder durch die herrliche Landschaft treiben, die nur wenige Traveller je zu sehen bekommen

⑦ Mit dem Boot über das schöne Paraná-Delta in die entspannte, am Fluss gelegene Stadt **Carmelo** (S. 1020) fahren

MONTEVIDEO

1,3 MIO. EW.

Uruguays Hauptstadt und größte Stadt ist eines der Lieblingsziele vieler Traveller: klein genug, um die Stadt zu Fuß oder mit dem Fahrrad zu durchstreifen, aber doch groß genug, um in den Genuss einiger tolle Museen und eines turbulenten Nachtlebens zu kommen. Zudem locken entlang des Río de la Plata mehrere eindrucksvolle Strände. Junge *montevideanos* (Bewohner Montevideos) sind sehr stolz auf ihre Stadt, in der es eine besonders ausgeprägte Künstler- und Kunsthandwerkerszene gibt.

◉ Sehenswertes

Die interessantesten Gebäude und Museen Montevideos befinden sich in der Ciudad Vieja (Altstadt), westlich der **Plaza Independencia**, des größten Platzes der Stadt. Zeugnisse der kolonialen Vergangenheit wie die **Puerta de la Ciudadela**, die Überreste eines steinernen Stadttors der Zitadelle aus dem 18. Jh., stehen hier Seite an Seite mit prächtigen Bauten aus der Zeit des Rindfleisch-Booms wie dem wunderbar restaurierten klassizistischen **Teatro Solís** (☏1950-3323; www.teatrosolis.org.uy; Buenos Aires 678; ⓒ Führungen Di–So 16 & Mi, Fr, Sa & So 11 Uhr).

Museo del Carnaval   MUSEUM
(☏2916-5493; www.museodelcarnaval.org; Rambla 25 de Agosto 218; Eintritt 90 $U; ⓒ April–Nov. Mi–So 11–17 Uhr, Dez.–März tgl. 11–17 Uhr) Dieses Museum beherbergt eine wunderbare Sammlung von Kostümen, Trommeln, Masken, Tonaufnahmen und Fotos, die die über 100-jährige Geschichte des Karnevals in Montevideo dokumentieren. Hinter dem Museum befinden sich ein Café und ein Hof, wo Besucher in den Sommermonaten Vorstellungen sehen können. Die 2014 hinzugekommenen Touchscreen-Ausstellungen sind mit ein paar Kommentaren auf Englisch versehen.

Museo de los Andes   MUSEUM
(☏2916-9461; www.mandes.uy; 619 Rincón; Eintritt 200 $U; ⓒ Mo–Fr 10–17, Sa 10–15 Uhr) Das 2013 eröffnete einzigartige Museum dokumentiert den Flugzeugabsturz in den Anden von 1972 (berühmt geworden ist er durch das Buch *Überleben!*), bei dem 29 Uruguayer ihr Leben verloren, was enorme Auswirkungen auf die nationale Psyche hatte. Es erzählt die Geschichte der 16 Überlebenden, die 72 Tage lang gegen extreme Bedingungen ankämpften, ehe sie lebend zu ihren überwältigten Landsleuten zurückkehrten. Das Museum ist eine Herzensangelegenheit des Direktors Jörg Thomsen, der mit vielen der betroffenen Familien persönlich befreundet ist.

Casa Rivera   MUSEUM
(☏2915-1051; Rincón 437; ⓒ Mi–So 11–16.45 Uhr) GRATIS Das frühere Wohnhaus von Fructuoso Rivera (Uruguays erster Präsident und Gründer des Partido Colorado), ein klassizistischer Bau aus dem Jahr 1802, bildet das Herzstück des Nationalen Museums der Geschichte. Die Gemälde, Dokumente, Möbel und anderen Exponate der Sammlung zeichnen Uruguays Weg zur Unabhängigkeit im 19. Jh. nach. Mehrere andere historische

---

INSIDERWISSEN

WARUM DER GANZE WIRBEL? DIE NEUEN MARIHUANA-GESETZE URUGUAYS

Uruguay ist seit Dezember 2013 das erste Land der Welt, das Cannabis vollständig legalisiert hat. Uruguayer dürfen nun pro Jahr bis zu sechs Marihuana-Pflanzen für den eigenen Gebrauch anpflanzen, und sobald das Verteilungssystem landesweit steht, können sie bis zu 40 g pro Monat in örtlichen Apotheken kaufen.

    Überall dort, wo Rauchen erlaubt ist, ist es bereits legal, Marihuana zu rauchen – das gilt für alle, Ausländer eingeschlossen. Merkwürdigerweise dürfen Ausländer aber kein Gras kaufen.

    Was kann der Gringo, der Marihuana liebt, da machen? Eine naheliegende Möglichkeit ist es, in den hiesigen Hostels Uruguayer kennenzulernen. Wer mehr Geld hat, kann sich auch eine geführte Marihuana-Tour von **MVD High** (☏099-707302; mvdhigh.com; Tour 200–250 US$/Pers.) gönnen. Im Rahmen des psychedelischen Besichtigungsprogramms kann man an verschiedenen Orten rund um Montevideo „Proben nehmen" – etwa auf den Stufen des Parlaments, wo Uruguays Marihuana-Gesetze ursprünglich verabschiedet wurden.

KARNEVAL IN MONTEVIDEO

Wer denkt, dass Brasilien die einzige Karnevalshochburg Südamerikas ist, hat sich geirrt! Die Montevideanos legen jedes Jahr im Februar in großem Stil los, und einen ganzen Monat lang erfüllen Tanz und Musik die Stadt.

Nicht verpassen sollte man Anfang Februar den Desfile de las Llamadas, einen Umzug der *comparsas* (Karnevalsvereine der Stadtviertel), der an zwei Abenden durch die Straßen der Viertel Palermo und Barrio Sur gleich südöstlich vom Centro führt. Die *comparsas* bestehen aus *negros* (Menschen mit afrikanischen Wurzeln) und *lubolos* (Weiße, die ihre Gesichter zum Karneval schwarz färben, eine alte uruguayische Tradition). Rivalitäten zwischen den Stadtvierteln haben sich plötzlich erledigt, wenn eine Tanzgruppe nach der anderen zu den elektrisierenden Rhythmen der traditionellen afro-uruguayischen *candombe*-Trommeln umherwirbelt. Die Trommeln erklingen in drei Tonhöhen: *chico* (Sopran), *repique* (Kontra-Alt) und *piano* (Tenor). Das Herzstück der Paradestrecke ist die Isla de Flores zwischen den Straßen Salto und Gaboto. Zuschauer können für einen Stuhl auf dem Bürgersteig zahlen oder versuchen, einen Platz auf einem der Balkone mit Blick auf die Straße zu ergattern.

Ein weiterer wichtiger Bestandteil des Carnaval in Montevideo sind die *murgas*, organisierte Gruppen mit 15 bis 17 lustig gekleideten Künstlern, darunter drei Schlagzeuger, die originale Musiktheaterszenen aufführen, die oft satirisch sind und sich um politische Themen drehen. Alle *murgas* nutzen die gleichen drei Instrumente: *bombo* (Basstrommel), *redoblante* (Kleine Trommel) und *platillos* (Becken). Die *murgas* spielen überall in der Stadt und wetteifern den ganzen Februar hindurch auch im Teatro de Verano im Parque Rodó. Der Wettbewerb geht über drei Runden; eine Jury entscheidet, wer weiterkommt und wer ausscheidet.

Die faszinierende Geschichte des Karnevals in Montevideo ist sehr schön im städtischen Museo del Carnaval dokumentiert. Eine andere tolle Möglichkeit, außerhalb der Karnevalszeit den Karneval zu erleben, ist der Besuch einer der informellen *candombe*-Proben, die das ganze Jahr über spontan in den Stadtvierteln stattfinden. Zwei gute Gegenden für so etwas sind die Ecke der Isla de Flores und der Gaboto im Stadtviertel Palermo und der Parque Rodó, in dem sich die nur aus Frauen bestehende Gruppe La Melaza an der Ecke Blanes und Gonzalo Ramírez trifft und dann die San Salvador hinunterzieht. An beiden Orten beginnt das Trommeln sonntagabends gegen 19 Uhr.

Wohnhäuser in der Ciudad Vieja ganz in der Nähe gehören offiziell ebenfalls zum Museum, sind aber nur selten für Besucher zugänglich.

Museo del Gaucho MUSEUM
(2900-8764; Av 18 de Julio 998; Mo–Fr 10–16 Uhr) GRATIS Im prächtigen Palacio Heber vermittelt dieses Museum eloquent die tiefe Bindung zwischen den Gauchos, ihren Tieren und dem Land. Die großartige Sammlung historischer Exponate umfasst Reitzubehör, Silberarbeiten sowie skurrile *mates* und *bombillas* (Becher und Metall-Strohhalme mit Filter zum Trinken von Mate, einem bitteren rituellen Tee).

Museo Nacional de Artes Visuales MUSEUM
(MNAV; 2711-6124; www.mnav.gub.uy; Giribaldi 2283, Parque Rodó; Di, Mi & Fr 9–16, Do 14–16 Uhr) GRATIS Uruguays größte Gemäldesammlung ist in diesem Museum im Parque Rodó untergebracht. In den großen Sälen hängen Werke von Blanes, Cúneo, Figari, Gurvich, Torres García und anderen berühmten Uruguayern. Wer einige dieser Künstler näher kennenlernen möchte, kann das Museo Torres García (2916-2663; www.torresgarcia.org.uy; Sarandí 683; Eintritt 100 $U; Mo–Sa 10–18 Uhr), das Museo Figari (2915-7065; www.museofigari.gub.uy; Juan Carlos Gómez 1427; Di–Fr 13–18, Sa 10–14 Uhr) GRATIS und das Museo Gurvich (2915-7826; www.museogurvich.org; Sarandí 524; Eintritt 100 $U; Mo–Fr 10–18, Sa 11–15 Uhr) in der Ciudad Vieja sowie das Museo Blanes (2336-2248; blanes.montevideo.gub.uy; Av Millán 4015; Di–So 13–19 Uhr) GRATIS im Stadtviertel Prado nördlich vom Centro besuchen.

Museo del Fútbol MUSEUM
(2480-1259; www.estadiocentenario.com.uy/site/footballMuseum; Estadio Centenario, Av Ricaldoni s/n, Parque José Batlle y Ordóñez; Eintritt 150 $U; Mo–Fr 10–17 Uhr) Ein Muss für alle

Montevideo

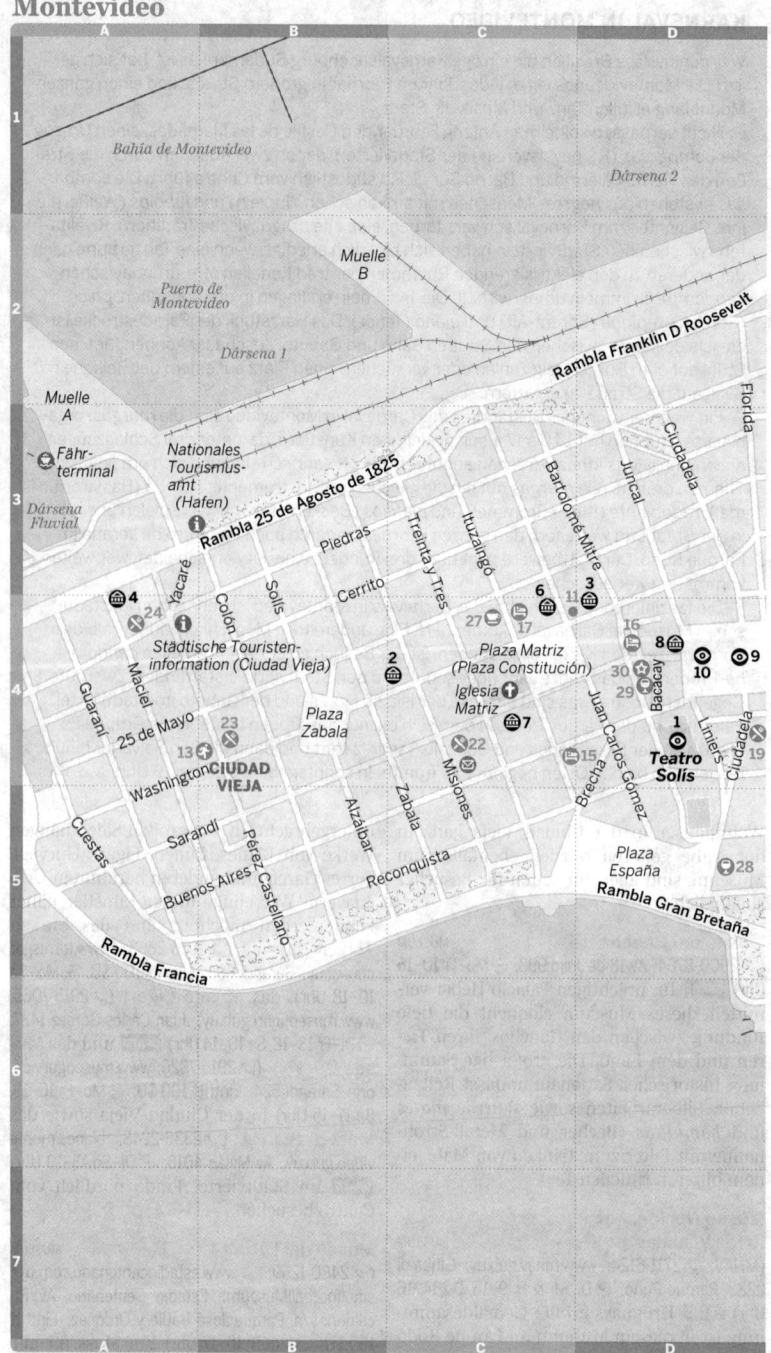

Montevideo

⊙ Highlights
1 Teatro Solís...D4

⊙ Sehenswertes
2 Casa Rivera..C4
3 Museo de los Andes D4
4 Museo del Carnaval A4
5 Museo del Gaucho F4
6 Museo Figari..C4
7 Museo Gurvich..C4
8 Museo Torres García...............................D4
9 Plaza Independencia D4
10 Puerta de la Ciudadela D4

⊕ Aktivitäten, Kurse & Touren
11 Academia Uruguay C4
12 Joventango H4
13 Orange Bike B4

⊙ Schlafen
14 Caballo Loco Hostel G4
15 Casa Sarandi Guesthouse C4
16 Hotel Palacio D4
17 Punto Berro Hostel Ciudad Vieja C4
18 Ukelele Hostel G5

⊙ Essen
19 Bar Tasende..D4
20 Candy Bar...H5
21 Comi.K E4
22 Estrecho C4
23 La Fonda B4
24 Mercado del Puerto...............................A4
25 Shawarma Ashot G4

⊙ Ausgehen & Nachtleben
26 Barón: la Barbería que Esconde un Secreto H4
27 Café Brasilero.......................................C4
28 La Ronda...D5
29 Shannon Irish Pub D4

⊙ Unterhaltung
30 El Pony Pisador.....................................D4
31 Fun Fun...E4
32 Sala Zitarrosa.......................................F4
Teatro Solís ....(siehe 1)

---

fútbol- (Fußball-)Fans ist dieses Museum, das Exponate von Uruguays WM-Siegen in den Jahren 1930 und 1950 zeigt. Besucher können sich auch die Tribünen anschauen.

🏃 Aktivitäten

Mit einem Leihfahrrad von **Orange Bike** (2908-8286; www.facebook.com/orange.bike.7; Pérez Castellano 1417bis; Leihfahrrad für 4/24 Std. 15/20 US$) kann man der Rambla am Flussufer entlang folgen. Der 20 km lange Weg für Fußgänger, Jogger und Fahrradfahrer führt am Parque Rodó, einem der beliebtesten Parks der Stadt, vorbei und folgt dann dem Ufer bis zu den Stränden östlich der Stadt: Punta Carretas, Pocitos, Buceo, Malvin und Carrasco.

🎓 Kurse

Academia Uruguay SPRACHKURS
(2915-2496; www.academiauruguay.com; Juan Carlos Gómez 1408; Gruppenkurse 245 US$/Woche, Einzelunterricht 30 US$/Std.) Spanischkurse mit Schwerpunkt auf Kultur in Form von Einzel- oder Gruppenunterricht. Die Schule vermittelt auch die Unterkunft bei Privatleuten, private Apartments und Freiwilligenjobs.

Joventango TANZKURS
(2901-5561; www.joventango.org; Aquiles Lanza 1290) Tangokurse für alle Levels, von Anfängern bis zu Könnern.

🎉 Feste & Events

Montevideos mehrwöchiger **Karneval**, das kulturelle Highlight des Jahres, ist viel lebendiger und länger als der in Buenos Aires. Er beginnt schon im Januar und endet manchmal erst im März.

Bei der Semana Criolla, die während der **Semana Santa** (Karwoche) im Parque Prado nördlich vom Zentrum stattfindet, führen Gauchos ihre Künste vor, außerdem gibt es *asados* (Barbecues) und ähnliche Events.

Am letzten September- oder ersten Oktoberwochenende zu den **Días del Patrimonio** (Nationale Tage des Denkmals) öffnen die Museen, Kirchen und historischen Wohnhäuser der Stadt ihre Türen kostenlos für Besucher.

🛏 Schlafen

★**Ukelele Hostel** HOSTEL $
(2902-7844; www.ukelelehostel.com; Maldonado 1183; B 16–22,50 US$, 2BZ 48–52 US$, DZ 50–60 US$; @🛜🏊) Das schöne Familienwohnhaus aus den 1920er-Jahren, das liebevoll in ein Hostel verwandelt wurde, hat hohe Decken, wunderbare Holzböden, historische Architekturelemente, eine eigene Bar auf dem Grundstück, ein gemütliches Musikzimmer und einen privaten Innenhof nach hinten, wo man relaxen kann. Dazu kommen das freundliche Personale und eine gute Mischung aus Schlafsälen und Privat-

zimmern – eine perfekte Budgetunterkunft mitten in der Stadt.

★ Hotel Palacio   HOTEL $
(☎ 2916-3612; www.hotelpalacio.com.uy; Bartolomé Mitre 1364; Zi. ohne/mit Balkon 45/50 US$; ❄ ⓦ) Falls in diesem alten familiengeführten Hotel eine Querstraße von der Plaza Matriz eines der beiden Zimmer im 6. Stock frei ist, sofort zuschlagen! Beide verfügen über eine Klimaanlage und Balkone mit herrlichem Blick über die Dächer der Altstadt. Doch auch die anderen Zimmer bieten mit ihren Holzböden, den Antiquitäten, dem historischen Fahrstuhl und dem traditionellen Service, der an eine altmodische europäische Pension erinnert, ein tolles Preis-Leistungs-Verhältnis. Kein Frühstück.

Caballo Loco Hostel   HOSTEL $
(☎ 2902-6494; www.caballolocohostel.com; Gutierrez Ruiz 1287; B 18–22 US$; ❄ ⓦ) Dieses neuere Hostel in einem renovierten historischen Gebäude punktet mit seiner unschlagbaren Lage im Zentrum, nur Schritte von der grünen Plaza Cagancha und der Bushaltestelle für die Busse zum städtischen Busbahnhof und zu den Stränden entfernt. Die sechs blitzsauberen Schlafsäle mit vier bis zehn Betten liegen rund um einen freundlichen, hohen Gemeinschaftsbereich mit Gästeküche, Billardtisch und Fernseh-Lounge. Weitere Pluspunkte sind die freundlichen Besitzer und die Leihfahrräder.

Punto Berro Hostel   HOSTEL $
(☎ 2707-7090; puntoberrohostel.com; Berro 1320, Pocitos; B 18–22 US$, EZ 32–45 US$, DZ 50–65 US$, 2BZ 54–65 US$; ⓦ) Nur zwei Blocks vom Strand im gehobenen Stadtviertel Pocitos bietet dieses Hostel saubere, helle Zimmer. Komfortable Sofas, eine gut ausgestattete Gästeküche und eine betagte Schmusekatze sorgen für eine gemütliche Atmosphäre. Unter gleicher Verwaltung steht auch das nicht ganz so urbane Schwestern-**Hostel** (☎ 2914-8600; puntoberrohostel.com; Ituzaingó 1436; B 16–22, DZ 50–60 US$; @ ⓦ) im Herzen der Altstadt, nur einen Katzensprung von der belebten Plaza Matriz gelegen.

★ Casa Sarandi Guesthouse   PENSION $$
(☎ 2400-6460; www.casasarandi.com; Buenos Aires 558, 3. Stock; Zi. ohne Frühstück 75 US$; ⓦ) Die drei hübschen Gästezimmer in diesem historischen Apartment einen Block südlich der Plaza Matriz teilen sich eine Gästeküche und ein Wohnzimmer, das mit lokalen Kunstwerken und Parkettboden eingerichtet ist. Man bucht im Voraus und vereinbart einen Termin mit den walisisch-argentinischen Besitzern, die einem den Schlüssel übergeben und jede Menge aktuelle Infos zu Restaurants, Unterhaltung und Verkehrsmitteln haben.

✖ Essen

★ Candy Bar   TAPAS, BURGER $
(☎ 2904-3179; www.facebook.com/CandyBarPalermo; Durazno 1402; Tapas 100 $U, 240–260 $U; ⊙ Di-Fr 12–15 & 19–1, Sa 12–16 & 20–3, So 12–18 Uhr) Auf dem Bürgersteig vor diesem fantastischen Restaurant stehen bunte Faltstühle unter einem ausladenden Ahornbaum, drinnen mixen die Köche Drinks, bereiten Essen zu und jonglieren hinter der Theke, über der künstlerische Lampen hängen, mit frisch gebackenem Brot. Auf der Karte überwiegen die recht preiswerten Tapas und Burger (sowohl mit Fleisch als auch vegetarisch), dazu gibt's Kleinbiere und Mixgetränke. Besonders beliebt ist der Sonntags-Brunch.

Shawarma Ashot   NAHÖSTLICH $
(www.facebook.com/ShawarmaAshot; Zelmar Michelini 1295; Sandwiches 130–220 $U; ⊙ Mo-Fr 11–17, Sa 12–16 Uhr) Die großartig zubereiteten Klassiker aus dem Nahen Osten, die es in diesem unauffälligen kleinen Lokals gibt, ziehen mittags scharenweise Gäste an. Eine Delikatesse ist die Spezialität am Samstag: uruguayisches Lamm mit Reis-Pilaw!

Bar Tasende   PIZZA $
(Ecke Ciudadela & San José; Pizzastücke 90 $U; ⊙ So-Do 10–1, Fr & Sa bis 2 Uhr) Die klassische Eckbar mit hoher Decke verwöhnt ihre Gäste seit 1931 mit ihrer Spezialität *muzzarella al tacho*, einfachen, aber leckeren Pizzastücken mit reichlich Mozarella – zu jeder Tageszeit der perfekte Snack zu einem Bierchen.

★ La Fonda   VEGAN, BIOESSEN $$
(☎ 097-300222; www.facebook.com/lafondamori; Pérez Castellano 1422; Hauptgerichte 300–370 $U; ⊙ Di-So 12–16 & Di-Sa 20–23 Uhr) Man kann sich einen Stuhl in der Fußgängerzone schnappen oder im hohen Innenraum mit Ziegelwänden Platz nehmen und den fröhlichen Köchen mit ihren wilden Frisuren dabei zuschauen, wie sie bei coolem Jazz beschwingt hausgemachte Pasta ausrollen, sorgfältig Spargelspitzen auf dem Risotto platzieren oder Zutaten aus den Kästen mit Bioprodukten nehmen, die die offene Küche

zieren. Das ständig wechselnde Speisenangebot ist mit Kreide auf eine Tafel geschrieben und umfasst immer auch ein veganes Gericht.

Estrecho
INTERNATIONAL $$

(Sarandí 460; Hauptgerichte 270–390 $U; ⊙ Mo-Fr 12–16 Uhr) Wenn man einen Platz an der langen Theke am Herd ergattert hat, kann man in diesem gemütlichen Mittagsrestaurant in der Ciudad Vieja zusehen, wie die Köche köstliche Tagesgerichte zubereiten. Auf der internationalen Karte des französischen Besitzers Bénédicte Buffard stehen Baguettes mit Steak oder Räucherlachs, diverse Sandwiches, frischer Fisch des Tages und himmlische Desserts.

Comi.K
BRASILIANISCH $$

(☏ 2902-4344; www.facebook.com/COMIKRestaurante; Av 18 de Julio 994, 2. Stock; Specials inkl. Getränk & Dessert 320 $U; ⊙ Mo-Fr 9–21, Sa 9–16 Uhr) Das Comi.K im 2. Stock des brasilianischen Kulturzentrums serviert in einem eleganten Salon mit hohen Decken und Buntglas recht preiswerte Menüs inklusive *feijoada* (klassischer brasilianischer Eintopf mit Fleisch und schwarzen Bohnen). Freitagabends erklingt meist lebhafte brasilianische Livemusik.

★ Mercado del Puerto
PARRILLA $$$

(www.mercadodelpuerto.com; Pérez Castellano; Hauptgerichte 260–700 $U; ⊙ ganzjährig tgl. 15–17 Uhr, Nov.–Feb. Di-fr bis 23 Uhr) Der umgebaute Markt direkt am Ufer in der Ciudad Vieja ist nach wie vor eine Institution der Stadt, auch wenn die immer häufiger im benachbarten Hafen anlegenden Kreuzfahrtschiffe die Preise stetig in die Höhe haben steigen lassen. Man sucht sich eine der vielen rappelvollen *parrillas* aus und schnappt sich einen Stuhl. Die pulsierende Energie des Marktes lässt sich am Wochenende am besten erleben.

Ausgehen

Das angesagteste Ausgehviertel in der Ciudad Vieja erstreckt sich entlang der Mitre zwischen den Straßen Buenos Aires und Sarandí. Zu den klassischen Bars der Gegend gehören das **Pony Pisador** (☏ 2915-7470; www.facebook.com/pony.pisador.1; Bartolomé Mitre 1324; ⊙ Mo-Fr 17 Uhr–open end, Sa & So 20 Uhr–open end) und das **Shannon Irish Pub** (www.theshannon.com.uy; Bartolomé Mitre 1318; ⊙ 19 Uhr–open end); in beiden gibt es relativ preiswerte Drinks, DJs und manchmal Livemusik. Eine weitere zunehmend beliebtere Ecke zum Ausgehen ist die Calle Jackson im Viertel Parque Rodó nördlich vom Centro.

★ Café Brasilero
CAFÉ

(www.cafebrasilero.com.uy; Ituzaingó 1447; ⊙ Mo-Fr 9–20, Sa 10–18 Uhr) Das historische Café aus dem Jahr 1877 mit dunkler Holztäfelung und historischen Fotos an den Wänden ist ein wunderbares Fleckchen für einen morgendlichen Kaffee oder einen Tee am Nachmittag. Hier kann man auch sehr gut zu Mittag essen, denn es gibt hier günstige *menus ejecutivos* (komplette Tagesmenüs) für 400 $U.

La Ronda
BAR

(Ciudadela 1182; ⊙ Mo-Sa 12 Uhr–open end, So 19 Uhr–open end) In dieser oft brechend vollen Bar sitzen die jungen Gäste auf den Fensterbrettern, die Wände im dunklen Inneren sind mit den Covers von Vintage-Alben gespickt, und an den Tischen auf dem Bürgersteig weht eine frische Brise von der Rambla.

Barón: la Barbería que Esconde un Secreto
COCKTAILBAR

(www.facebook.com/LaBarberiaQueEscondeUnSecreto; Santiago de Chile 1270; ⊙ Di-Sa 18–2 Uhr) Dieser „Frisörladen, der ein Geheimnis versteckt", eine winzige Cocktailbar, die sich hinter einer unscheinbaren Ladenfassade verbirgt, weckt Erinnerungen an die Tage

---

> **DER WEG INS ZENTRUM**
>
> Am günstigsten kommt man vom Flughafen Carrasco mit den Copsa-Bussen 700, 710 und 711 sowie mit den Cutcsa-Bussen C1 und C5 (51 $U, 40 Min.) in die Stadt; sie fahren zum **Terminal Suburbana** (☏ 1975; Ecke Río Branco & Galicia). Alternativ kann man die Cot-Direktbusse nehmen, die zwischen dem Flughafen und dem Busbahnhof Tres Cruces (159 $U, 30 Min.) pendeln. Ein Taxi vom Flughafen ins Stadtzentrum kostet je nach Stadtviertel 1050 bis 1420 $U.
>
> Vom Busbahnhof fährt der Nahverkehrsbus CA1 (19 $U) zu verschiedenen Orten im Centro und in der Ciudad Vieja. Fahrten in andere Stadtteile kosten 26 $U. Einen Streckenplan zum Anklicken findet man auf der Seite www.montevideobus.com.uy (spanisch).

🛈 EINREISE NACH ARGENTINIEN

Das beliebteste und praktischste Verkehrsmittel, um von Uruguay nach Argentinien zu reisen, sind die Fähren, die u. a. zwischen Montevideo und Buenos Aires, zwischen Colonia del Sacramento und Buenos Aires sowie zwischen Carmelo und Tigre, einem Vorort von Buenos Aires, verkehren. Die Einreiseformalitäten werden im Hafen erledigt, daher sollte man eine Stunde vor der Abfahrt da sein.

Weiter nördlich fahren Nahverkehrsbusse von Fray Bentos, Paysandú und Salto (Uruguay) über den Río Uruguay zu den gegenüberliegenden argentinischen Städten Gualeguaychú, Colón und Concordia. Die Einreiseformalitäten werden oft im Bus abgewickelt, und die Grenzübergänge sind in der Regel rund um die Uhr geöffnet.

---

der Prohibition in Amerika. Vorbei an historischen Frisörstühlen geht's zu einer versteckten Tür, die zu einer der coolsten und neuesten Bars der Stadt führt. (Übrigens kann man sich hier tatsächlich immer noch einen Haarschnitt verpassen lassen!)

Chopería Mastra KLEINBRAUEREI
(mastra.com.uy; Mercado Agrícola de Montevideo, Local 17; ⊗11–23 Uhr) Die gesellige Bar im Landwirtschaftsmarkt Montevideos ist das Aushängeschild der beliebten uruguayischen Kleinbrauerei Mastra. Ein Pint kostet 130 $U, doch angesichts der Dutzenden Sorten, die zur Auswahl stehen, entscheidet man sich vielleicht lieber für die *tabla degustación* (ein Probierset mit vier Bieren für 260 $U, nur an Werktagen erhältlich). Das Mastra hat unlängst mehrere weitere Filialen in der Stadt eröffnet, darunter eine in Pocitos (mastra.com.uy; Benito Blanco 1017, Pocitos; ⊗Mo–Sa 20–3 Uhr) in der Nähe des Strandes.

☆ Unterhaltung

★ Fun Fun LIVEMUSIK
(📞2904-4859; www.barfunfun.com; Soriano 922, Centro; ⊗Di–Sa 20.30 Uhr–open end) Seit 1895 serviert das trauliche, zwanglose Fun Fun sein berühmtes *uvita* (süßes Weingetränk), und auf der kleinen Bühne treten Tango- und andere Musiker auf. 2014 zog es vorübergehend in die Calle Soriano, soll aber nach Abschluss der Renovierungsarbeiten wieder an seinen traditionellen Standort im Mercado Central ziehen (etwa 2017).

Sala Zitarrosa THEATER
(📞2901-7303; www.salazitarrosa.com.uy; Av 18 de Julio 1012, Centro) Montevideos beste zwanglose Event-Location, um berühmte Musiker und Tänzer zu erleben, die Tango, Rock, Flamenco, Reggae und *zarzuela* (traditionelles spanisches Musiktheater) auf die Bühne bringen.

Teatro Solís THEATER
(📞1950-3323; www.teatrosolis.org.uy; Buenos Aires 678, Ciudad Vieja; Eintritt ab 75 $U) Die renommierteste Bühne der Stadt ist die Heimat des Philharmonischen Orchesters Montevideos und veranstaltet klassische, Jazz-, Tango- und andere Konzerte sowie Musikfestivals, Theater-, Ballett- und Opernaufführungen.

🛍 Shoppen

Auf der Plaza Constitución findet samstags ein schöner Flohmarkt statt.

Feria de Tristán Narvaja MARKT
(Tristán Narvaja, Cordón; ⊗So 9–16 Uhr) Der farbenfrohe Sonntagsmarkt wurde vor einer Dekade von italienischen Einwanderern ins Leben gerufen. Er erstreckt sich von der Av 18 de Julio entlang der Calle Tristán Narvaja nach Norden und bezieht auch mehrere Seitenstraßen mit ein. Hier finden sich viele improvisierte Stände mit gebrauchten Büchern, Musik, Kleidung, Schmuck, lebenden Tieren, Antiquitäten und Souvenirs.

🛈 Praktische Informationen

GELD
Die meisten Banken im Zentrum verfügen über Geldautomaten. In der Av 18 de Julio gibt es viele *casas de cambio* (Wechselstuben).

MEDIZINISCHE VERSORGUNG
Hospital Británico (📞2487-1020; www.hospitalbritanico.com.uy; Ecke Av Italia & Avelino Miranda) Sehr empfehlenswertes privates Krankenhaus mit Englisch sprechenden Ärzten; 2,5 km vom Zentrum entfernt.

NOTFALL
Krankenwagen (📞105)
Polizei (📞911)

TOURISTENINFORMATION
Städtische Touristeninformation (www.descubrimontevideo.uy) Centro (📞1950-1830;

Ecke Av 18 de Julio & Ejido; ⊙10–16 Uhr); Ciudad Vieja (✆2916-8434; Ecke Piedras & Pérez Castellanos; ⊙Mo-Fr 9–17 Uhr) Stadtpläne und allgemeine Informationen über Montevideo. Der Besucherführer zum Download ist auf Englisch, Spanisch und Portugiesisch erhältlich.

Nationales Tourismusministerium (✆2188-5100; www.turismo.gub.uy) Flughafen Carrasco (✆2604-0386; ⊙8–20 Uhr); Hafen (✆2188-5111; Rambla 25 de Agosto & Yacaré; ⊙Mo-Fr 9–17 Uhr); Busbahnhof Tres Cruces (✆2409-7399; Ecke Bulevar Artigas & Av Italia; ⊙8–20 Uhr) Infos zu Montevideo und Reisezielen in ganz Uruguay.

❶ An- & Weiterreise

BUS

Im städtischen **Busbahnhof Tres Cruces** (✆2401-8998; www.trescruces.com.uy; Ecke Bulevar Artigas & Av Italia) gibt es Restaurants, saubere Toiletten, eine Gepäckaufbewahrung, eine *casa de cambio* (Wechselstube) und Geldautomaten.

Täglich fahren Busse in verschiedene argentinische Städte, darunter Buenos Aires (1345 $U, 10 Std.) und Córdoba (2535 $U, 15 Std.).

Busse von **EGA** (✆2402-5164; www.ega.com.uy) bedienen Porto Alegre (2285 $U, 12 Std.) und Florianópolis (3475 $U, 18 Std.) sowie São Paulo in Brasilien (4895 $U, 28 Std.), Asunción in Paraguay (3730 $U, 21 Std.) und Santiago in Chile (4590 $U, 28 Std.).

Busfahrpreise

ZIEL	PREIS ($U)	DAUER (STD.)
Cabo Polonio	530	4½
Carmelo	424	3¼
Chuy	600	5
Colonia	318	2¾
La Paloma	424	3½
La Pedrera	442	4
Mercedes	494	4
Paysandú	671	4½
Piriápolis	177	1½
Punta del Diablo	530	5
Punta del Este	256	2¼
Salto	883	6½
Tacuarembó	689	4½

FLUGZEUG

Montevideos **internationaler Flughafen Carrasco** (✆2604-0272; www.aeropuertodecarrasco.com.uy) liegt 20 km östlich vom Zentrum.

SCHIFF/FÄHRE

Die Hochgeschwindigkeitsfähren von **Buquebus** (✆130; www.buquebus.com.uy) fahren von Montevideo direkt nach Buenos Aires (3320 $U, 2¼ Std.). **Seacat** (✆2915-0202; www.seacatcolonia.com.uy; Río Negro 1400; ⊙Mo-Fr 9–19, Sa 9–12 Uhr) und **Colonia Express** (✆2401-6666; www.coloniaexpress.com; Busbahnhof Tres Cruces, Ticketschalter 31A; ⊙5.30–22.30 Uhr) bieten langsamere, aber günstigere Kombinationen aus Bus- und Fährfahrt nach Buenos Aires über Colonia del Sacramento (998–1398 $U, 4¼ Std.).

Cacciola (✆2407-9657; www.cacciolaviajes.com; Busbahnhof Tres Cruces, Ticketschalter 25B; ⊙8.30–23.30 Uhr) im Busbahnhof bietet kombinierte Bus- und Fährfahrten nach Buenos Aires (850 $U, 8 Std.) über Carmelo und das argentinische Tigre (ein am Delta gelegener Vorort von Buenos Aires).

WESTLICHES URUGUAY

In vielerlei Hinsicht ist erst das Land westlich von Montevideo das echte Uruguay: Zwischen den kleinen Städten am Flussufer erstrecken sich majestätische Pampa und Weizenfelder. Alles ist weit entfernt von ausgelatschten Touristenrouten – bis auf den Superstar der Region: Colonia del Sacramento, dessen Charme Besucher aus der ganzen Welt anzieht.

Colonia del Sacramento

23 100 EW.

Man nehme ein paar kopfsteingepflasterte Straßen und malerische Plazas, füge eine faszinierende Geschichte hinzu und setze das Ganze an einen herrlichen Ort mit Blick auf den Río de la Plata. Das Ergebnis: eine große Touristenattraktion. Das kompakte historische Zentrum der Stadt, eine UNESCO-Welterbestätte, in dem es von netten Restaurants wimmelt, ist ein riesiger Magnet für die an den Wochenenden in Scharen herbeiströmenden Argentinier.

Die Portugiesen gründeten Colonia 1680, um Waren über den Río de la Plata nach Buenos Aires zu schmuggeln. 1762 eroberten die Spanier die Stadt und hielten sie bis 1777, als Steuerreformen schließlich die direkte Einfuhr ausländischer Waren nach Buenos Aires ermöglichten.

◉ Sehenswertes

Der Barrio Histórico beginnt am 1745 erbauten, restaurierten **Portón de Campo** (Manuel

Lobo), von wo eine mächtige Wehrmauer hinunter zum Fluss verläuft. Besonders malerische Fleckchen innerhalb der Mauern sind die kopfsteingepflasterten Straßen **Calle de los Suspiros** und **Paseo de San Gabriel** sowie die beiden Hauptplätze der Stadt, die **Plaza Mayor 25 de Mayo** und die **Plaza de Armas**. Ein anderer schöner Blick auf die Stadt bietet sich, wenn man zu dem grasbewachsenen Gelände hinter dem **Teatro Bastión del Carmen** (Rivadavia 223; ⊙12–20 Uhr) GRATIS geht.

Mit einem Kombiticket für 50 \$U kann man acht **historische Museen** (☏4523-1237; www.museoscolonia.com.uy; ⊙11.15–16.45 Uhr) der Stadt besuchen, darunter die beiden hier aufgeführten. Alle Museen haben die gleichen Öffnungszeiten, aber unterschiedliche Schließtage; genauere Infos stehen auf der Website.

Museo Portugués MUSEUM
(Plaza Mayor 25 de Mayo 180; Eintritt in 8 Museen 50 \$U; ⊙11.15–16.45 Uhr, Mi & Fr geschl.) In diesem schönen Haus sind Dinge aus der portugiesischen Periode zu sehen, darunter Porzellan, Möbel, Karten, der Stammbaum der Familie Lobo und das alte Steinschild, das einst den Portón de Campo schmückte.

Museo Municipal MUSEUM
(☏4522-7031; Plaza Mayor 25 de Mayo 77; Eintritt in 8 Museen 50 \$U; ⊙Mi–Mo 11.15–16.45 Uhr) Beherbergt eine breite Palette interessanter Exponate, darunter ein Walskelett, das riesige Steuerruder eines Schiffswracks, eine historische Zeitleiste und ein maßstabsgerechtes Modell von Colonia (ca. 1762).

Faro LEUCHTTURM
(Eintritt 25 \$U; ⊙11 Uhr–Sonnenuntergang) Eines der markantesten Wahrzeichen der Stadt, der Leuchtturm aus dem 19. Jh., gestattet eine tolle Aussicht auf die Altstadt und den Río de la Plata. Er steht inmitten der Ruinen des im 17. Jh. erbauten **Convento de San Francisco** (Plaza Mayor 25 de Mayo), ganz nah an der Südwestecke der Plaza Mayor 25 de Mayo.

Schlafen

An Budgethotels herrscht in Colonia Mangel, doch einige Hostels haben recht preiswerte Privatzimmer.

★El Viajero Hostel HOSTEL \$
(☏4522-2683; www.elviajerohostels.com/hostel-colonia; Washington Barbot 164; B 17–19 US\$, EZ/DZ 40/65 US\$; ❄@☎) Dieses Hostel ist heller, schicker und auch irgendwie gemütlicher als die Konkurrenz. Zudem bietet es Leihfahrräder, eine Bar für Gäste, Klimaanlage in allen Räumen, und die Lage zwei Blocks östlich der Plaza de Armas könnte nicht besser sein.

Remus-Art Hostel B&B \$
(☏9206-6985; www.facebook.com/remusarthostel; 18 de Julio 369; Zi. 60–65 \$U) In diesem neuen B&B im Haus der deutschen bildenden Künstlerin Christiane Brockmeier gibt's drei bequeme, farbenfrohe Zimmer mit Gemeinschaftsbad und einer großen Dachterrasse, auf der man sich sonnen, die überhängenden Äste des Ahornbaums berühren und sich ein eigens gekochtes Abendessen bei Kerzenschein (u. a. Spezialitäten wie Raclette und Fondue aus der Schweiz, wo Christiane 20 Jahre gelebt hat) schmecken lassen kann.

> **ABSTECHER**
>
> ### DAS LEBEN AUF DER ESTANCIA GÜNSTIG KENNENLERNEN
>
> #### El Galope Horse Farm & Hostel
> (☏099-105985; www.elgalope.com.uy; Colonia Suiza; B 25 US\$, DZ mit/ohne Bad 80/70 US\$; ❄) Was entsteht, wenn man eine touristische *estancia* und ein Hostel kreuzt? Das kann man in dieser einzigartigen Unterkunft auf dem Land herausfinden, die 115 km westlich von Montevideo und 60 km östlich von Colonia liegt. Die erfahrenen Weltenbummler Mónica und Miguel bieten ihren Gästen die Chance, einmal alles hinter sich zu lassen und ein paar Tage dem gemächlichen Rhythmus des Landlebens zu folgen.
>
> Die Reitexkursionen für Reiter aller Niveaus (Anfänger auf dem Farmgelände 40 US\$, längere Ausritte für erfahrene Reiter 80 US\$) werden gekonnt von Miguel selbst geführt. Zudem gibt es eine Sauna (8 US\$) und einen kleinen Pool, um am Ende des Tages die schmerzenden Muskeln zu verwöhnen. Das Frühstück ist im Preis enthalten; die anderen Mahlzeiten von Mittagessen über Fondue bis zu ausgewachsenen *asados* (Gegrilltes) gibt's auf Bestellung für 9 bis 15 US\$. Auf Wunsch werden Gäste mit dem Taxi von der Bushaltestelle im nahen Colonia Valdense abgeholt (10 US\$).

Colonia del Sacramento

Colonia del Sacramento

◎ Sehenswertes
1 Convento de San Francisco B3
2 Faro B3
3 Museo Municipal B3
4 Museo Portugués B3
5 Portón de Campo C3
6 Teatro Bastión del Carmen C1

🛏 Schlafen
7 El Viajero Hostel C2
8 Hostel del Río C2
9 Remus-Art Hostel D2

✕ Essen
10 Buen Suspiro B3
11 Don Joaquín C2
12 La Bodeguita B2

🍸 Ausgehen & Nachtleben
13 Barbot C2
14 El Drugstore B2
15 Papá Ramón A3

Hostel del Río
HOSTEL $

(☏ 4523-2870; www.hosteldelrio.com; Rivadavia 288; B 15–20 US$, DZ 61–108 US$) Schön gelegen am Rand der historischen Altstadt, bietet dieses neue Hostel blitzsaubere Vierbett- bis Sechsbettschlafsäle und Privatzimmer sowie eine Gästeküche und einen Patio hinter dem Haus. Die Atmosphäre ist etwas steril, doch die luftigen weißen Zimmer sind mit praktischen Extras wie individuellen Leselampen an den Stockbetten ausgestattet.

✕ Essen & Ausgehen

★ Don Joaquín
PIZZA $

(☏ 4522-4388; www.facebook.com/donjoaquinartesanalpizza; 18 de Julio 267; Pizzas 120–190 $U; ⊙ Di–So 20–24, Sa & So 12–15 Uhr) Nach 13 Jahren in Europa sind Yancí und Pierina mit echter neapolitanischer Pizza im Gepäck in ihre Heimatstadt Colonia zurückgekehrt. Das Ergebnis: ein freundliches Restaurant mit hohen Decken, in dem die Gäste zu-

11–24 Uhr) Das gemütliche Lokal mit niedrigen Holzbalken, wegen der man sich schon mal ducken muss, hat sich auf *picadas* (kleine Snacks, die mit einem Zahnstocher gegessen werden) spezialisiert. Zum Wein, der als Flasche oder glasweise serviert wird, kann man Spinat- und Porree-Tartes, Ricotta- und Walnuss-„Trüffeln", lokalen Käse, Würste, Suppen und Salate mampfen. Einen Tisch am Kamin sollte man im Winter vorher reservieren; im Sommer kann man im traulichen Patio hinter dem Lokal essen.

Papá Ramón BAR
(Misiones de los Tapes 49; Mi–Mo 11–13 Uhr) Die 2015 eröffnete freundliche Eckbar im Retro-Stil ist innen gefliest und kompakt, an den Tischen draußen auf dem Bürgersteig hat man zum Sonnenuntergang einen schönen Blick die kopfsteingepflasterte Straße hinunter zum Fluss. Die Bar wirbt mit ihren (für Colonia) recht günstigen kalten Bieren, Sandwiches, Empanadas und *platos del día* (Tagesgerichte unter 300 $U).

Barbot KLEINBRAUEREI
(4522-7268; www.facebook.com/barbotcerveceria; Washington Barbot 160; Mo–Do 18–2, Fr–So 12–4 Uhr) Ein Besuch dieser schicken Brauereikneipe (der ersten der Stadt, 2013 eröffnet), lohnt sich wegen der ständig wachsenden Palette von 15 Kleinbieren vom Fass; von den Barsnacks (Pizzas, *picadas* und mexikanische Gerichte) lässt man aber lieber die Finger.

El Drugstore COCKTAILBAR
(Portugal 174; 12–24 Uhr) Die touristische, aber witzige Eckbar hat gepunktete Tischdecken, eine leuchtend bunte Inneneinrichtung, Tische im Freien mit tollem Blick auf die Plaza de Armas sowie zwei historische Autos auf dem Kopfsteinpflaster, die gleichzeitig als romantische Locations fürs Abendessen dienen. Die Hälfte der 24-seitigen Karte ist den Getränken gewidmet, auf der anderen stehen annehmbare Tapas und internationale Gerichte (Hauptgerichte 180–500 $U). Häufig treten Gitarrenspieler auf.

Praktische Informationen

Banken konzentrieren sich entlang der Av General Flores.

BIT Welcome Center (4522-1072; www.bitcolonia.com; Odriozola 434; 9–18 Uhr) Uruguayas nationales Tourismusministerium betreibt dieses moderne „Willkommenszentrum" in einem schicken Gebäude mit Glaswän-

schauen können, wie der *pizzaiolo* (Pizzakoch) traumhafte Pizzas mit dünnem Boden und fantastischen hausgemachten Saucen zubereitet. Besonders lecker sind die Pizza Carbonara mit Käse, Ei und knusprigem Schinken und die Pizza Pescatore mit Muscheln und Shrimps.

La Bodeguita INTERNATIONAL $$
(www.labodeguita.net; Comercio 167; Minipizzas 140 $U, Gerichte 270–440 $U; Di–So 20–24, Sa & So 12.30–16 Uhr) Am besten schnappt man sich einen Tisch auf der sonnigen Terrasse mit zwei Ebenen und genießt den Flussblick, während man Sangria (260 $U/l) trinkt oder sich die auf einem Brett servierten Minipizzas, das Markenzeichen des Restaurants, schmecken lässt. Auf der Karte stehen auch Pasta, Salate, Steaks und *chivitos*.

Buen Suspiro SNACKS $$
(4522-6160; www.buensuspiro.com; Calle de los Suspiros 90; Picadas für 2 Pers. 255–830 $U;

den gegenüber dem Hafen. Es bietet Touristeninformationen, Touchscreen-Ausstellungen, ein Kunsthandwerksgeschäft und eine überteuerte Videopräsentation mit dem Titel *Welcome to Uruguay* (50 $U).

Touristeninformation (📞 4522-8506; www.coloniaturismo.com) Barrio Histórico (Manuel Lobo 224; ⊙ 9–18 Uhr) Busbahnhof (Ecke Manuel Lobo & Av FD Roosevelt; ⊙ 9–18 Uhr)

❶ An- & Weiterreise

BUS
Der **Busbahnhof** (Ecke Manuel Lobo & Av FD Roosevelt) befindet sich in der Nähe des Hafens.

Busfahrpreise

ZIEL	PREIS (UR$)	DAUER (STD.)
Carmelo	141	1¼
Mercedes	318	3½
Montevideo	318	2¾
Paysandú	583	6
Salto	795	8

SCHIFF/FÄHRE
Buquebus (📞 130; www.buquebus.com.uy; ⊙ 9–22 Uhr) betreibt langsame Boote (750 $U, 3¼ Std.) und täglich mindestens drei Schnellboote (1580 $U, 1¼ Std.) nach Buenos Aires. Die schnellen Boote von **Colonia Express** (📞 4522-9676; www.coloniaexpress.com.uy; Fährterminal; ⊙ 9–22 Uhr) und **Seacat** (📞 4522-2919; www.seacatcolonia.com.uy; Fährterminal; ⊙ 7.30–19 Uhr) brauchen eine Stunde und sind günstiger (798–1198 $U). Bei Vorausbuchung wird es deutlich billiger; genaue Infos stehen auf den Websites der Firmen. Die Einwanderungsbehörde sitzt im Hafen.

❶ Unterwegs vor Ort

In Colonia kann man zu Fuß gehen, doch auch Motorroller, Fahrräder und gasbetriebene Buggys sind beliebt. Zu den Leihfirmen gehören **Thrifty** (📞 4522-2939; www.thrifty.com.uy; Av General Flores 172; Fahrrad/Motorroller/Golfwagen pro Std. 6/12/17 US$, je 24 Std. 24/40/66 US$), **Multicar** (📞 4522-4893; www.multicar.com.uy; Manuel Lobo 505) und **Motorent** (📞 4522-9665; www.motorent.com.uy; Manuel Lobo 505).

COTUC-Busse (19 $U) fahren die Av General Flores ab und zu den Stränden im Norden.

Carmelo

17 800 EW.

Diese wunderbar entspannte Stadt am Fluss erreicht man nach einer der interessantesten (und günstigsten) Fährfahrten von Argentinien aus nach einer zweieinhalbstündigen Tour durch das Delta, die in Tigre, einem Vorort von Buenos Aires, beginnt.

Das Stadtzentrum liegt rund um die Plaza Independencia, sieben Blocks nördlich der Fähranleger. In einem großen Park auf der anderen Seite des *Arroyo* de las Vacas kann man zelten, schwimmen und das riesige Kasino besuchen. In der Umgebung der Stadt befinden sich mehrere renommierte Weingüter.

🛏 Schlafen & Essen

⭐ **Ah'Lo Hostel Boutique**   HOSTEL $
(📞 4542-0757; ahlo.com.uy; Treinta y Tres 270; B 18–23 US$, DZ 61–87 US$, DZ ohne Bad 46–55 US$, Suite 59–99 US$; ❄ 🛜) Das brandneue Hostel, ohne Frage die beste Unterkunft im Zentrum der Stadt, hält sein „Boutique"-Versprechen und hält überaus komfortable Zimmer mit gemütlichen Steppdecken, makellose Gemeinschaftsbäder und günstige Privatzimmer bereit. Es befindet sich in einem schön restaurierten Kolonialgebäude sieben Blocks vom Fährterminal und zwei Blocks vom Hauptplatz entfernt und bietet auch Leihfahrräder (10 US$/Tag) und Radtouren zu Weingütern in der Umgebung an.

Camping Náutico Carmelo   CAMPING $
(📞 4542-2058; dnhcarmelo@adinet.com.uy; Arroyo de las Vacas s/n; Stellplatz 322 $U, Dusche 49 $U/7 Min.) Südlich des Arroyo liegt dieser hübsche, von Bäumen beschattete Campingplatz mit Warmwasserduschen, der vor allem auf Bootstouristen ausgerichtet ist. Keine Reservierung möglich. Die Stellplätze sind groß genug für bis zu vier Personen.

Piccolino   URUGUAYAISCH $
(📞 4542-4850; Ecke 19 de Abril & Roosevelt; Gerichte 175–300 $U; ⊙ Mi–Mo 9–21 Uhr) In diesem Ecklokal mit Blick auf die zentrale Plaza der Stadt gibt's gute *chivitos*.

❶ Praktische Informationen

Die Banken konzentrieren sich in der Nähe der zentralen Plaza Independencia.
Casa de la Cultura (📞 4542-2001; carmeloturismo.com.uy; 19 de Abril 246; ⊙ März–Nov. 9–18 Uhr, Dez.–Feb. 9–19 Uhr) Drei Blocks südlich vom Hauptplatz und acht Blocks nordöstlich von den Bootsanlegestellen.

❶ An- & Weiterreise

Berruti (📞 4542-2504; www.berruttiturismo.com/horarios.htm; Uruguay 337) In der Straße

ABSTECHER

DER KLEINE RINDERBRÜHWÜRFEL, DER UM DIE GANZE WELT GING

Die Liebig's Extract of Meat Company gründete 1865 in der Nähe der Flussstadt Fray Bentos, 35 km westlich von Mercedes, ihre erste Fabrik in Südamerika. Daraus entwickelte sich rasch Uruguays wichtigster industrieller Komplex. Das von Briten geführte Unternehmen El Anglo übernahm den Betrieb in den 1920er-Jahren, und zu Beginn des Zweiten Weltkriegs beschäftigte die Fabrik 4000 Mitarbeiter und schlachtete pro Tag unglaubliche 2000 Rinder.

Wer die verlassene Fabrik heute sieht, würde niemals denken, dass ihr berühmtestes Produkt, der Oxo-Rinderbrühwürfel, einst eine Rolle im Leben von Million Menschen auf allen Kontinenten spielte. Oxo-Brühwürfel ernährten während des Zweiten Weltkriegs die Soldaten in den Schützengräben, Jules Vernes sang ihnen in seinem Buch *Reise um den Mond* ein Loblied, Stanley nahm sie mit auf seine Suche nach Livingston, und Scott und Hillary packten sie für ihre Tour in die Antarktis und auf den Mount Everest ein. Mehr als 25 000 Menschen aus über 60 Ländern arbeiteten in der Fabrik, die zu ihrer besten Zeit fast 150 verschiedene Produkte exportierte und praktisch das gesamten Rind außer dem Muhen verarbeitete.

Die frühere Fabrik, die im Juli 2015 zur jüngsten UNESCO-Welterbestätte Uruguays gekürt wurde, ist heute ein Museum, das **Museo de la Revolución Industrial** (museo.anglo@rionegro.gub.uy; Eintritt 40 $U, inkl. Führung 50–90 $U, Di Eintritt frei; ⊙ Di–So 9.30–17 Uhr). Dutzende bunte Ausstellungsstücke, von lustig bis berührend, lassen die Geschichte der Fabrik wunderbar lebendig werden: Auf einer gigantischen Rinderwaage können sich Schulklassen wiegen, und das alte Fabrikbüro im Obergeschoss wurde genau so belassen, wie man es bei der Schließung der Fabrik 1979 vorgefunden hatte, mit den abgewetzten Stellen im Fußboden, die ein Buchhalter gescharrt hatte, der jahrzehntelang am selben Schreibtisch saß. Vieles ist leider nur auf Spanisch ausgeschildert.

Bei den ein- bis zweistündigen Führungen (das Programm wechselt) gelangen die Besucher in das verschachtelte Labyrinth aus Gängen, Gehegen und verlassenen Schlachthäusern hinter dem Museum. Bei den 11-Uhr-Führungen am Donnerstag, Samstag und Sonntag können sie auch die Casa Grande besichtigen, eine Villa, in der früher der Fabrikdirektor lebte.

Die angrenzende Stadt Fray Bentos hat eine hübsche Uferpromenade und den südlichsten Landgrenzübergang über den Río Uruguay nach Argentinien. Man erreicht die Stadt von Mercedes (53 $U) in 45 Minuten, von Colonia (389 $U) oder Buenos Aires (1010 $U) in vier Stunden und von Montevideo (547 $U) in viereinhalb Stunden.

Uruguay; bietet die meisten Fahrten nach Colonia (141 $U, 1½ Std.).

Cacciola (☎ 4542-4282; www.cacciolaviajes.com; Wilson Ferreyra s/n; Carmelo–Tigre einfache Strecke 770 $U; ⊙ Ticketbüro 3.30–4.30 & 8.30–20 Uhr) Fährt nach Tigre (Vorort von Buenos Aires; 770 $U, 2½ Std.).

Chadre/Sabelin (☎ 4542-2987; www.agenciacentral.com.uy; 18 de Julio 411) An der Plaza Independencia; steuert Montevideo (424 $U, 3½ Std.), Paysandú (424 $U, 5 Std.) und Salto (636 $U, 7 Std.) an.

Mercedes

44 820 EW.

Die Hauptstadt des Departamentos Soriona ist ein Zentrum der Viehwirtschaft mit kopfsteingepflasterten Straßen und einer kleinen Fußgängerzone rund um die Kathedrale an der zentralen Plaza Independencia. Der schönste Teil der Stadt ist der begrünte Bereich am Südufer des Río Negro.

🛏 Schlafen & Essen

Camping Isla del Puerto CAMPING $
(☎ 9401-6049; Isla del Puerto; Stellplatz pro Pers./Zelt 24/78 $U) Der weitläufige Campingplatz der Stadt, einer der besten der Region, nimmt die Hälfte der Isla del Puerto im Río Negro ein, die durch eine Brücke mit dem Festland verbunden ist. Auf dem mit Sanitäranlagen ausgestatteten Platz kann man schwimmen und angeln.

⭐**Estancia La Sirena** ESTANCIA $$$
(☎ 4530-2271, 9953-2698; www.lasirena.com.uy/hosteria.html; Ruta 14, Km 4,5; pro Pers. inkl. Reiten, anderer Aktivitäten & HP/VP 110/135 US$) 15 km flussaufwärts von Mercedes liegt diese *estancia*, eine der ältesten und einladends-

ten Uruguays, inmitten einer weiten, hügeligen Landschaft. Das große, 1830 erbaute Ranch-Haus ist mit seinem gemütlichen Salon, den Feuerstellen und der abgeschiedenen Lage wie geschaffen, um zu entspannen, um sich am späten Nachmittag unter den Eukalyptusbäumen in Gespräche zu vertiefen, die Sterne zu beobachten und auf dem Pferderücken Exkursionen zum nahen Río Negro zu unternehmen. Die hausgemachten Mahlzeiten, die man hier bekommt, sind köstlich.

Martiniano Parrilla Gourmet PARRILLA $$
(4532-2649; Rambla Costanera s/n; Gerichte 190–390 $U; Di–So 12–15 & 19.30–24 Uhr) Der Laden hat eine tolle Lage am Fluss am unteren Ende der 18 de Julio. Auf der vielseitigen Karte finden sich hausgemachte Pasta und auf dem Grill zubereitete Fisch- und Fleischgerichte.

Praktische Informationen

Alle Banken befinden sich in der Nähe der Plaza Independencia.

Städtische Touristeninformation (4532-2201, Durchwahl 2501; turismo@soriano.gub.uy; Plaza El Rosedal, Av Asencio zw. Colón & Artigas; 8–18.30 Uhr) In einem verwitterten weißen Gebäude gegenüber der Brücke, die zum Campingplatz führt.

An- & Weiterreise

Vom modernen, klimatisierten **Busbahnhof** (Plaza General Artigas) fahren Busse nach Colonia (318 $U, 3 Std.), Montevideo (494, 4 Std.), Salto (491, Std.) und Buenos Aires (1010, 5 Std.). Die Plaza Independencia liegt zehn Blocks nördlich vom Busbahnhof; man läuft die Colón hinauf (die Plaza Artigas liegt rechter Hand) oder fährt mit dem nächsten Nahverkehrsbus.

Paysandú

78 900 EW.

Uruguays drittgrößte Stadt am Ostufer des Río Uruguay ist durch die Puente Internacional General Artigas mit der Ortschaft Colón in Argentinien verbunden. Für Besucher ist sie vor allem als Zwischenstopp auf dem Weg von oder nach Argentinien interessant. Wer die wildere Seite der Stadt erleben will, kommt in der Osterwoche zum jährlichen **Bierfestival** (www.facebook.com/SemanadelaCervezaPaysandu), wenn es jede Menge Livemusik, Freiluftkino und ein gewisses alkoholisches Getränk in rauen Mengen gibt.

Sehenswertes

Museo Histórico MUSEUM
(4722-6220 ext 247; Av Zorrilla de San Martín 874; Di–Sa 9–14, So bis 15 Uhr) GRATIS Das historische Museum zeigt faszinierende Bilder von den mehrfachen Belagerungen der Stadt im 19. Jh., darunter welche von der mit Einschüssen übersäten Fassade der Kathedrale und von geflüchteten Frauen, die das Bombardement der Stadt von einer Insel vor der Küste aus beobachten.

Schlafen & Essen

Die Touristeninformation hat eine Liste der *casas de familia* (Unterkünfte bei Familien), die einfache Übernachtungsmöglichkeiten anbieten.

Hotel Rafaela HOTEL $
(4722-4216; 18 de Julio 1181; EZ/DZ mit Ventilator & ohne Bad 650/850 $U, mit Klimaanlage & Bad 900/1150 $U;) Eine gute Budgetunterkunft gleich westlich vom Hauptplatz. Die Zimmer sind dunkel, aber geräumig, und einige haben eigene kleine Patios.

Pan Z URUGUAYISCH $$
(4722-9551; Ecke 18 de Julio & Setembrino Pereda; Gerichte 195–495 $U; 12–15 & 19–1 Uhr) Die beliebte „Panceta" serviert Steaks, Pizzas, *chivitos*, die mit allen nur denkbaren Zutaten hoch beladen sind, sowie schmackhafte Desserts, beispielsweise Erdbeerkuchen und Tiramisu.

El Bar PIZZA, URUGUAYISCH $$
(4723-7809; es-es.facebook.com/ElBarPaysandu; Ecke 18 de Julio & Herrera; Hauptgerichte 140–420 $U; 6.30 Uhr–open end) Mitten im Herzen der Stadt (einen Block westlich von der Plaza Constitución) offeriert diese Restaurant-Bar in einem Eckhaus den ganzen Tag Pizzas, Burger und typisch uruguayische Gerichte. Nach Einbruch der Dunkelheit verwandelt sie sich unmerklich in eine Bar, die besonders freitagabends, wenn Livemusik erklingt, rappelvoll wird.

Praktische Informationen

Banken mit Geldautomaten konzentrieren sich entlang der Straße 18 de Julio im Zentrum.

Touristeninformation Centro (4722-6220 ext 184; turismo@paysandu.gub.uy; 18 de Julio 1226; 9–19 Uhr); Flussufer (4722-9235; plandelacosta@paysandu.gub.uy; Av de Los Iracundos; 9–17 Uhr); Busbahnhof (Ecke Artigas & Av Zorrilla de San Martin; Dez.–April 7–13 Uhr, Mai–Nov. 12–18 Uhr) Das Hauptbüro steht an der Plaza Constitución, eine Filiale am Flussufer neben dem Museo de la Tradición.

ⓘ An- & Weiterreise

Vom **Busbahnhof** (4722-3225; Ecke Artigas & Av Zorrilla de San Martín) fahren Busse nach Colón, Argentinien (109 $U, 45 Min.), Buenos Aires (750 $U, 5 Std.) und zu anderen Zielen im Ausland. Inlandsbusse steuern Montevideo (679 $U, 4½ Std.) und Salto (217 $U, 2 Std.) an. Um vom Busbahnhof ins Zentrum zu kommen, läuft man die Zorilla de San Martín sieben Blocks nach Norden oder nimmt einen Copay-Bus (20 $U).

Salto

108 200 EW.

Salto, Uruguays zweitgrößte Stadt und der nördlichste Grenzübergang nach Argentinien, ist eine friedliche Stadt mit einigen Bauten aus dem 19. Jh. und einem hübschen Uferbereich am Fluss. Besucher kommen wegen der nahen Thermalquellen und wegen der Erholungsgebiete oberhalb des riesigen Wasserkraftwerks Salto Grande.

⊙ Sehenswertes & Aktivitäten

Museo del Hombre y la Tecnología MUSEUM
(Ecke Av Brasil & Zorrilla; ⊙ Feb.–Dez. Mo-Fr 13-19, Sa 14-19 Uhr) GRATIS In einem historischen Marktgebäude zeigt dieses Museum im Obergeschoss hervorragende Ausstellungen zur kulturellen Entwicklung und zur Geschichte und im Erdgeschoss eine kleine archäologische Sammlung.

🛏 Schlafen & Essen

Die Unterkünfte bei den nahe gelegenen Thermalquellen sind eine Alternative zur Übernachtung in der Stadt.

Hostal del Jardín HOTEL **$**
(4732-4274; www.hostaldeljardin.com.uy; Colón 47; EZ/DZ 800/1000 $U; ✱ 🗦) Das günstig in der Nähe des Hafens gelegene Hotel hat einfache, saubere Zimmer (die billigsten der Stadt), die wie bei einem Motel rund um einen Garten mit Rasen angeordnet sind.

La Caldera PARRILLA **$**
(Uruguay 221; Menüs 130-300 $U; ⊙ Di-So 11-15 Uhr & 20-24 Uhr) Diese *parrilla* mit sonniger Terrasse und einer lauen Brise, die vom Fluss herüberweht, ist ideal, um ein Mittagessen zu genießen. Abends lockt der behagliche Speiseraum mit dem knisternden Kaminfeuer, das für Stimmung sorgt.

La Trattoria URUGUAYISCH **$$**
(Uruguay 754; Gerichte 180-415 $U; ⊙ 12-2 Uhr) Die Einheimischen kommen in Scharen,

---

NICHT VERSÄUMEN

DIE THERMALQUELLEN VON SALTO

Rund um Salto blubbern etliche Thermalquellen.

Termas San Nicanor (4730-2209; www.sannicanor.com.uy; Ruta 3, Km 475; Stellplatz pro Pers. 200–250 US$, B 25–40 US$, DZ 100–150 US$, Hütte für 4 Pers. 180-230 US$; 🗦 ≋) Das Thermalbad mit der ruhigsten Atmosphäre in der Umgebung von Salto liegt in idyllischer Landschaft mit Kühen und Wasser, die ein wenig an die alten flämischen Gemälde erinnert. Es hat zwei riesige Thermalbecken im Freien, ein Restaurant und Unterkünfte für jeden Geldbeutel, darunter Zeltstellplätze, ganz einfache Schlafsäle, Hütten für vier Personen und Privatzimmer in einem *estancia*-Haus mit hohen Decken, großen Feuerstellen und Pfauen, die über das Gelände stolzieren.

Die Tageskarte (8–22 Uhr, nur Fr-Sa) kostet 150 $U (100 $U in der Nebensaison). Eine unbefestigte, 12 km lange Straße zweigt 10 km südlich von Salto von der Ruta 3 ab. Manchmal fahren **Shuttles** (Fahrer Martín Lombardo 099-732368; einfache Strecke 400 $U) von Salto (Ecke Larrañaga und Artigas) und von den Termas de Daymán nach San Nicanor. Der Fahrplan variiert; die Abfahrtszeit vorher telefonisch erfragen!

Termas de Daymán (4736-9711; www.termasdedayman.com; Eintritt 100 $U; ⊙ 9–21 Uhr) Die Termas de Daymán, ca. 8 km südlich von Salto, sind ein stark ausgebautes Thermalbad im Stil von Disneyland, einschließlich eines Wasserparks für Kinder. Sie sind bei Touristen aus Uruguay und Argentinien beliebt, die in Bademänteln die zwei Blocks lange Hauptstraße entlangspazieren. Komfortable Unterkunft gleich neben den Quellen bietet **La Posta del Daymán** (Campingplatz 4736-9094, Hotel 4736-9801; www.lapostadeldayman.com; Stellplatz 150 $U/Pers., Zi. inkl. Frühstück pro Pers. 1100–1550 $U; 🗦 ≋).

um in diesem Restaurant mit hoher Decke im Zentrum Fisch, Fleisch oder Pasta zu essen. Man kann im holzgetäfelten Gastraum speisen oder auf dem Bürgersteig an der belebten Calle Uruguay sitzen und Leute beobachten.

❶ Praktische Informationen

Casas de cambio und Banken konzentrieren sich im Zentrum in der Nähe der Ecke Uruguay und Lavalleja.
Touristeninformation (4733-4096; turismo@salto.gub.uy) **Busbahnhof** (Einkaufszentrum Salto, Ecke Ruta 3 & Av Bastille; 8–22 Uhr); Centro (Uruguay 1052; Mo–Sa 8–19 Uhr)

❶ An- & Weiterreise

Busse von Chadre/Agencia Central fahren von Montag bis Samstag nach Buenos Aires (1005 $U, 7 Std.) und Concordia in Argentinien (121 $U, 1 Std.). Inlandsbusse verkehren nach Montevideo (883 $U, 6½ Std.) und Paysandú (217 $U, 2 Std.). Nahverkehrsbus 1 fährt zwischen dem Busbahnhof und dem Stadtzentrum.

Vom Hafen am unteren Ende der Av Brasil fahren von Montag bis Samstag **Boote** (4733-2461) des Unternehmens Transporte Fluvial San Cristobal über den Fluss nach Concordia (160 $U, 15 Min.).

Tacuarembó & Umgebung

55000 EW.

Dies ist Gaucho-Land. Nicht das, auf dem „Gauchos" gegen Pesos posieren, sondern das echte, in dem hartgesottene Männer die weiten Hosen in die Stiefel stecken und an ihre Mütze tippen, wenn sie in den Dorfladen gehen.

Die Region soll auch die Heimat der Tangolegende Carlos Gardel sein. Im **Valle Edén**, einem üppigen Tal 24 km südwestlich von Tacuarembó, erhellt das **Museo Carlos Gardel** (099-107303; Eintritt 25 $U; Di–Sa 9.30–17.30 Uhr) verschiedene Facetten des Lebens des Sängers und zeigt auch die Geburtsurkunde, die den Uruguayern als Beweis dafür gilt, dass er aus der Gegend stammt – ein Anspruch, den Argentinien und Frankreich erbittert bestreiten!

◉ Sehenswertes

Museo del Indio y del Gaucho MUSEUM
(Ecke Flores & Artigas; Di–Sa 10–17 Uhr) GRATIS
Die Sammlung des Museums, das den Gauchos und indigenen Einwohnern Uruguays einen romantischen Tribut zollt, umfasst Stühle aus Leder und Kuhknochen, elegant gearbeitete Silbersporen und andere Gegenstände des ländlichen Lebens.

🎉 Feste & Events

Fiesta de la Patria Gaucha KULTUR
(www.patriagaucha.com.uy) Das farbenfrohe, authentische fünftägige Festival Anfang Mai zieht mit Vorführungen traditioneller Gaucho-Künste, Konzerten und anderen Aktivitäten Besucher aus dem ganzen Land an. Es findet nördlich der Stadt im Parque 25 de Agosto statt.

🛏 Schlafen & Essen

Im Zentrum gibt es preiswerte, aber schlichte Zimmer, z.B. im **Hospedaje Márfer** (4632-3324; Ituzaingó 211; EZ/DZ mit Bad 650/1150 $U, ohne Bad ab 390/780 $U, alle ohne Frühstück). Die nahe gelegenen *estancias* bieten einen aussagefähigeren und denkwürdigeren Einblick in die Gaucho-Kultur von Tacuarembó.

⭐**Estancia Panagea** ESTANCIA $$
(4630-2670, 9983-6149; panagea-uruguay.blogspot.com.uy; Ruta 31, Km 189; B pro Pers. inkl. VP, Farmaktivitäten, Reiten & Transport 60 US$) Eine spektakuläre Einführung in das uruguayische Landleben bietet diese 970 ha große bewirtschaftete *estancia* 40 km nordwestlich von Tacuarembó. Juan Manuel, der hier geboren wurde und aufwuchs, seine Schweizer Frau Susana und der Gaucho Bilingue laden die Gäste ein, sich in alle Farmaktivitäten einzubringen, von profanen wie dem Markieren und Impfen der Tiere bis zu den klassischen, dem Hüten und Treiben der Rinder vom Pferderücken aus.

Die Gäste schlafen in einfachen Mehrbettzimmern, bekommen drei hausgemachte Mahlzeiten (darunter Schinken und Eier vom holzbefeuerten Herd in Selbstbedienung), können zum Sonnenuntergang Basketball und Volleyball spielen und versammeln sich nachts an der Feuerstelle. Man sollte vorher anrufen, um den Termin abzustimmen und die Abholung vom Busbahnhof in Tacuarembó zu arrangieren.

⭐**Yvytu Itaty** ESTANCIA $$
(4630-8421, 099-837555; www.viviturismorural.com.uy; EZ inkl. VP, Farmaktivitäten & Reiten 2200 $U/Pers., 2 od. mehr Pers. 2000 $U/Pers.) Pedro und Nahir Clarigets unprätentiöse *estancia* im Ranch-Stil, 50 km südwestlich von Tacuarembó, ermöglicht einen unmittelbaren Eindruck vom echten Gaucho-Le-

ben. Gäste können Pedro und seine freundlichen Hütehunde auf der 636 ha großen bewirtschafteten Farm begleiten, bei den täglichen Arbeiten mithelfen und bei Sonnenuntergang im Patio Mate trinken, während sie sich auf Nahirs leckere Hausmannskost freuen.

Wer vorher anruft, erhält die Wegbeschreibung für die Fahrt oder kann die Abholung vom Busbahnhof in Tacuarembó (hin & zurück 1500 $U, beliebig viele Pers.) vereinbaren.

La Rueda PARRILLA $
(W Beltrán 251; Hauptgerichte 140–300 $U; ⊙ Mo-Sa 12–15 & 19–24, So 12–16 Uhr) Die Nachbarschafts-*parrilla* mit Strohdach und Gaucho-Utensilien an den Wänden erfreut sich bei den Einheimischen unverändert großer Beliebtheit.

Cabesas Bier BARGERICHTE $
(cabesasbier.uy/#brewpub; Sarandí 349; Bargerichte ab 200 $U; ⊙ Di-Sa 20 Uhr–open end) Eine der netten Überraschungen in Tacuarembó ist diese tolle kleine Kleinbrauerei, die acht verschiedene Kleinbiere vom Fass und dazu Pizza, *picadas* und andere Bargerichte serviert.

❶ Praktische Informationen

Banken konzentrieren sich im Zentrum in der Nähe der Plaza Colón.
Touristeninformation (☎ 4632-7144; tacuarembo.gub.uy; ⊙ Mo–Fr 8–19, Sa & So 8–12 Uhr) Gleich außerhalb des Busbahnhofs.

❶ An- & Weiterreise

Der **Busbahnhof** (☎ 4632-4441; Ecke Ruta 5 & Av Victorino Pereira) befindet sich 1 km nordöstlich der Stadt. Busse fahren nach Montevideo (689 $U, 4½ Std.) und Salto (512 $U, 4 Std.). Ein Taxi ins Zentrum kostet etwa 70 $U.

ÖSTLICHES URUGUAY

Dies ist das Erholungsgebiet für die Uruguayer (und bis zu einem gewissen Grad auch für Argentinier, Brasilianer, Chilenen und Spanier) – ein langer Küstenstreifen mit Stränden, der sich von Montevideo bis zur brasilianischen Grenze zieht und jedem etwas zu bieten hat, ob Partylöwen, Naturliebhaber oder Familien.

Die Konflikte zwischen Spanien und Portugal sowie zwischen Argentinien und Brasilien hinterließen im östlichen Uruguay einige historische Monumente wie die imposante Festung Santa Teresa. Landeinwärts liegt eine abwechslungsreiche Landschaft mit Palmensavannen, Lagunen und vogelreichen Sümpfen.

Im Hochsommer schießen die Preise in die Höhe, und die Strandstädte sind total überlaufen. Den Rest des Jahres ist man dort möglicherweise fast allein.

> **ABSTECHER**
>
> ## VALLE DE LUNAREJO
>
> Dieses herrliche Tal 95 km nördlich von Tacuarembó ist ein Ort von großartiger Ruhe und Abgeschiedenheit, in dem außer dem Zwitschern der Vögel und dem Plätschern des Wassers kein Geräusch zu hören ist.
>
> Besucher können in der bezaubernden **Posada Lunarejo** (☎ 4650-6400; www.posadalunarejo.com; Ruta 30, Km 238; Zi. pro Pers. inkl. VP Mo–Do 1700 $U, Fr–So 2000 $U) übernachten, einem restaurierten Gebäude von 1880. Sie liegt 2 km abseits der Ruta 30, 3 km vom Fluss und nur wenige Schritte entfernt von einer Vogelkolonie, in der es von *garzas* (Kranichen) und *espátulas rosadas* (Rosalöfflern) wimmelt. Das Personal der *posada* organisiert Wanderungen (200 $U, 3 Std.) und Ausritte (200 $U, 1 Std.) in der Umgebung.
>
> Am besten kommt man mit den Bussen von **CUT** (www.cutcorporacion.com.uy) ins Tal. Sie steuern das Valle del Lunarejo einmal täglich auf ihrer Fahrt von Montevideo über Tacuarembó nach Artigas an (Abfahrt in Montevideo 12 Uhr, 830 $U, 6 Std.; Abfahrt in Tacuarembó 16.50 Uhr, 141 $U, 1½ Std.). Nach vorheriger Absprache kann man sich von jemandem von der Posada Lunarejo vom Bus abholen lassen.

Piriápolis

8600 EW.

In den 1930er-Jahren baute der Unternehmer Francisco Piria das markante Hotel Argentino und eine saragenreiche Residenz, die unter dem Namen „Pirias Burg" bekannt wurde. So lockte er argentinische Touristen hierher. Heute ist der Ort eine preiswerte Alternative zu den Strandresorts weiter östlich und lockt vor allem Familien aus Montevideo für einen Kurzurlaub an.

Aber die Stadt hat ein großes Problem: Zwischen ihr und dem Strand liegt eine vierspurige Schnellstraße. Trotzdem: Wem es nichts ausmacht, mehrmals täglich über diese Schnellstraße zu sprinten, den erwarten herrlich sauberes Wasser und viele gute Plätzchen, um sein Handtuch auszubreiten.

Um spektakuläre Aussichten zu genießen, nimmt man am besten den **Sessellift** (Aerosilla; Erw./Kind 160/140 $U; ⊙ 10 Uhr-Sonnenuntergang) hinauf zum Cerro San Antonio.

🛏 Schlafen & Essen

Hostel de los Colores HOSTEL $
(☎ 4432-6188; www.hosteldeloscolores.com.uy; Simón del Pino, zw. Barrios & Reconquista; B 15–27 US$, DZ ab 47 US$; @ 🕿) Direkt gegenüber vom ziemlich Tristen HI-Hostel der Stadt mit 240 Betten bietet dieses saubere, bunte Hostel Schlafsäle mit vier und sechs Betten sowie ein Doppelzimmer und verleiht Fahrräder (400 $U/Tag) und Kajaks (500 $U/Tag).

Bungalows Margariteñas BUNGALOWS $
(☎ 4432-2245, 099-890038; www.margaritenias.com; Ecke Zufriategui & Piedras; DZ/3BZ/4BZ 60/65/70 US$; @ 🕿) Die Anlage in der Nähe des Busbahnhofs bietet gut ausgestattete und individuell eingerichtete Bungalows für zwei bis vier Personen. Die freundliche Besitzerin Corina spricht Englisch und holt ihre Gäste auf Wunsch von der Bushaltestelle ab.

★ **Café Picasso** SEAFOOD $$
(☎ 4432-2597; Ecke Rojas & Caseros; Gerichte 240–480 $U; ⊙ Dez.–April tgl. 12–15.30 & 20–23.30 Uhr, Mai–Nov. tgl. 12–15.30 & Fr & Sa 20–23.30 Uhr) Der Koch und Besitzer Carlos, der schon in den Siebzigern ist, hat seinen Carport und sein Vorderzimmer in einer Wohnstraße mehrere Blocks hinter dem Strand in ein informelles, bunt dekoriertes Restaurant mit Freiluftgrill verwandelt. Die Einheimischen lassen sich auf den Plastikstühlen nieder, schwatzen und hören Tango, während Carlos großartigen Fisch zubereitet, der an der uruguayischen Atlantikküste seinesgleichen sucht, und sonntags auch Paella (560 $U) auftischt.

ℹ Praktische Informationen

Die **Banco de la República** (Rambla de los Argentinos, zw. Sierra & Sanabria) am Ufer hat einen Geldautomaten.

Touristeninformation (☎ 4432-5055; www.destinopiriapolis.com; Rambla de los Argentinos; ⊙ April–Nov. 10–18 Uhr, Dez.–März 9–20 Uhr, Jan. & Feb. bis 24 Uhr) Hilfsbereite Mitarbeiter und öffentliche Toiletten; am Ufer in der Nähe des Hotel Argentino.

ℹ An- & Weiterreise

Der **Busbahnhof** (☎ 4432-4526; Ecke Misiones & Niza) ist drei Blocks vom Strand entfernt. Von hier verkehren Busse nach Montevideo (177 $U, 1½ Std.) und Punta del Este (116 $U, 50 Min.).

Rund um Piriápolis

Pan de Azúcar & Sierra de la Ánimas

6 km nördlich von Piriápolis führt ein Weg auf den **Cerro Pan de Azúcar** (389 m), den vierthöchsten Gipfel Uruguays, der von einem 35 m hohen Kreuz und einer auffälligen TV-Antenne gekrönt wird. Direkt darunter liegt die kleine **Reserva de Fauna Autóctona** (Ruta 37, Km 5; ⊙ 7–20.30 Uhr) GRATIS, in der einheimische Arten wie Capybaras und Graufüchse leben. Auf der anderen Seite der Schnellstraße kann man das **Castillo de Piria** (☎ 4432-3268; Ruta 37, Km 4; ⊙ April–Nov. Di-So 8–15.30 Uhr, Dez.–März bis 18 Uhr) GRATIS, besuchen, den exotischen und prächtigen ehemaligen Wohnsitz von Francisco Piria.

Zurück auf der Interbalnearia (Küstenschnellstraße), erreicht man nach 25 km von Piriápolis in Richtung Montevideo das private Naturschutzgebiet **Sierra de las Ánimas** (☎ nur SMS 094-419891; www.sierradelasanimas.com; Ruta 9, Km 86; Eintritt 80 $U; ⊙ Sa & So sowie Karneval & Karwoche 9 Uhr–Sonnenuntergang) 🚗 mit zwei schönen Wanderwegen. Einer führt zum 501 m hohen Gipfel (dem zweithöchsten Uruguays), der andere zum **Cañadón de los Espejos**, einer Reihe von Wasserfällen und natürlichen Badebecken. Wer mit dem Bus aus Montevideo kommt, steigt am Restaurant Parador Los Cardos aus und überquert die Straßen. Bei kaltem Wetter oder Regen sollte man sich per SMS vergewissern, dass auch geöffnet ist.

Punta del Este

6800 EW.

Also, das ist der Plan: den Körper bräunen, einölen, an Fitnessgeräten trainieren und sich dann in „Punta" an den Strand knallen. Und abends geht man dann aus und tanzt in einem der berühmten Clubs der Stadt.

Punta ist ein internationaler Badeort, in dem es vor Promis nur so wimmelt und der von Weihnachten bis zum Karneval von brasilianischen und argentinischen Touristen überlaufen ist. Außerhalb der Saison wirkt er ein wenig wie eine Geisterstadt, doch die Strände rund um die Stadt sind dann immer noch schön.

⊙ Sehenswertes & Aktivitäten

Surfshops wie **Sunvalleysurf** (☏ 4248-1388; www.sunvalleysurf.com; Parada 3, Playa Brava; ⊙11–19 Uhr) verleihen Surfboards und Neoprenanzüge. Im Sommer gibt's an der Playa Mansa Paragliding, Wasserski und Jet-Ski.

Stadtstrände STRÄNDE

Tagsüber sind die Strände der größte Magnet im sonnigen Punta. Auf der Westseite der Halbinsel (Río de la Plata) schlängelt sich die Rambla Gral Artigas an der ruhigen **Playa Mansa** vorbei, führt zum geschäftigen **Jachthafen**, in dem sich Boote, Restaurants und Nachtclubs drängen, und schlägt schließlich einen Bogen nach Osten zum offenen Atlantik. Auf der Ostseite der Halbinsel sind die Wellen und die Strömungen stärker, was sich im Namen **Playa Brava** (Wilder Strand) niederschlägt; die Surfer zieht es an die **Playa de los Ingleses** und die **Playa El Emir**.

Isla de Lobos INSEL

Auf dieser kleinen Insel etwa 10 km vor der Küste sind die zweitgrößte Seelöwenkolonie der Südhalbkugel (bei der letzten Zählung 200 000 Tiere) und Seebärenkolonien beheimatet, außerdem steht hier der höchste Leuchtturm Südamerikas. Die Insel ist ein Schutzgebiet und kann nur im Rahmen einer organisierten Tour besucht werden.

Isla Gorriti INSEL

Etwa alle halbe Stunde (HS tgl., NS nur Sa & So) fahren Boote vom Jachthafen in Punta del Este in 15 Minuten auf diese nahe Insel, die mit tollen Sandstränden, mehreren Restaurants und den Ruinen der Baterías de Santa Ana, einer im 18. Jh. erbauten Festung, aufwartet.

★ Casapueblo GALERIE

(☏ 4257-8041; carlospaezvilaro.com.uy/nuevo/museo-taller; Eintritt 220 $U; ⊙10 Uhr–Sonnenuntergang) Die skurril-verspielte, weiß in der Sonne leuchtende Villa und Kunstgalerie des uruguayischen Künstlers Carlos Páez Vilaró, deren neun Stockwerke sich eine Felsklippe hinunterziehen, steht oben auf

> **NICHT VERSÄUMEN**
>
> ## DIE HAND IM SAND
>
> **La Mano en la Arena** (Die Hand im Sand; Playa Brava), eine riesige Hand, die an der Playa Brava aus dem Sand ragt, ist Puntas berühmtestes Wahrzeichen. Die Eisen- und Zementskulptur des chilenischen Künstlers Mario Irarrázabal gewann 1982 bei einem Wettbewerb für Monumentalkunst den ersten Preis und ist seither nicht mehr aus Punta wegzudenken. Jahr für Jahr übt die Hand auf Tausende Besucher eine geradezu magnetische Anziehungskraft aus. Man kann hinaufklettern und von den Fingern springen oder für Fotos mit der Hand posieren. Sie befindet sich direkt südöstlich vom Busbahnhof.

der Punta Ballena, einer langen Landspitze 15 km westlich von Punta del Este. Besucher können fünf Räume besichtigen, einen Film über das Leben und die Reisen des Künstlers anschauen und von der Cafeteria und Bar oben die spektakuläre Aussicht genießt. Es gibt auch ein Hotel und ein Restaurant. Die Codesa-Busse der Línea 8 setzen einen an einer Kreuzung ab, von der man noch 2 km laufen muss.

🛏 Schlafen

Viele Unterkünfte in Punta schließen in der Nebensaison; die, die geöffnet bleiben, senken ihre Preise drastisch.

★ Tas D'Viaje Hostel HOSTEL $

(☏ 4244-8789; www.tasdviaje.com; Calle 24 zw. 28 & 29; B 15–35 US$, DZ 50–100 US$; ❄ @ ☏) Nur einen Block von der Playa El Emir bietet dieses Hostel nicht nur die beste Lage Puntas, sondern auch eine breite Unterkunftspalette, von preiswerten Schlafsälen mit Ventilator zu nagelneuen Suiten mit Klimaanlage, eigenem Bad, schönen Holzfußboden und Flachbildfernseher. Es gibt eine Frühstücksterrasse mit Meerblick, ein gemütliches Wohnzimmer mit Kamin, eine schöne Gästeküche und einen Patio mit Hängematten. Außerdem kann man Fahrräder und Surfbords ausleihen (jeweils 10 $U/Tag)

Trip Hostel HOSTEL $

(☏ 4248-8181; www.thetriphostel.com; Sader zw. Artigas & Francia; B 12–30 US$, DZ 50–80 US$; @ ☏) Das von drei uruguayischen Freunden gegründete kleine Hostel lockt mit viel

Punta del Este

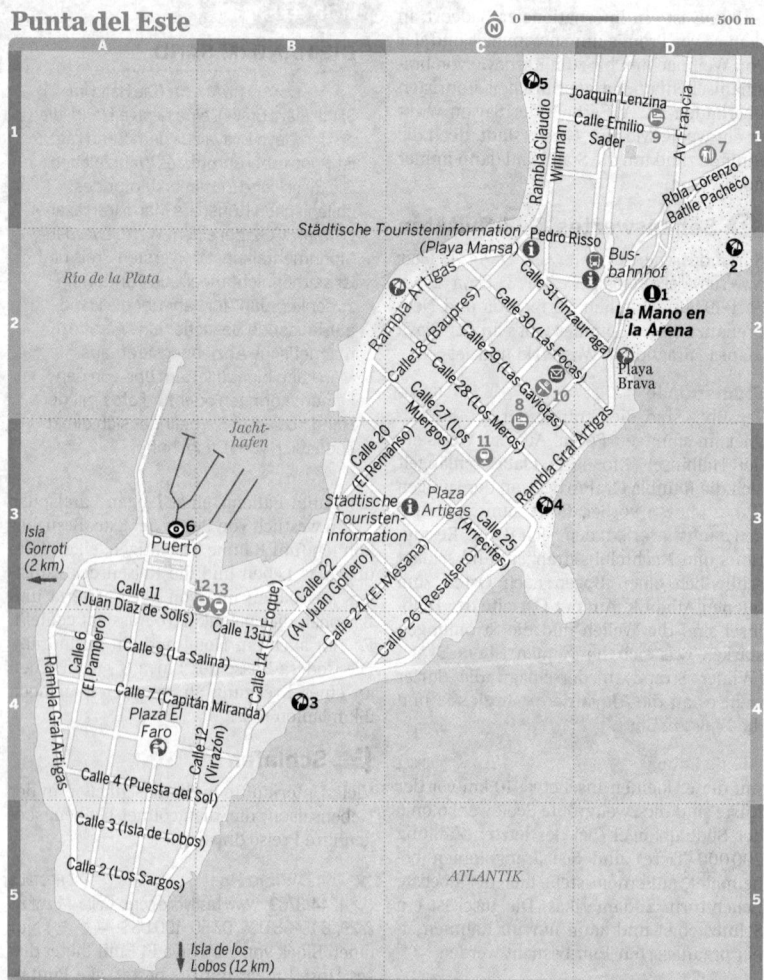

onda (gute Stimmung), einer gemütlichen Lounge, einer eigenen Bar, die Kleinbrauereibiere ausschenkt und einer Dachterrasse mit sechs selbst gezüchteten Cannabispflanzen (die neue legale Höchstmenge in Uruguay). Es steht in einer Anwohnerstraße einen fünfminütigen Fußweg vom Busbahnhof und den Stränden entfernt. Nicht zu empfehlen ist das einsame Privatzimmer, es hat keine Fenster – nichts für Klaustrophobiker!

La Lomita del Chingolo PENSION $
(✆ 099-758897, 4248-6980; www.lalomitadelchingolo.com; Las Acacias zw. Los Eucaliptus & Le Mans; B/DZ Dez. & März 20/40 US$, Jan. & Feb. 50/100 US$, April–Nov. 17/30 US$; @ 🛜) In einem Wohnviertel ca. 4 km nördlich vom Zentrum liegt diese entspannte Pension mit einem Sechsbett-Schlafsaal und fünf Privatzimmern. Die gastfreundlichen Besitzer Rodrigo und Alejandra bieten ihren Gästen Küchennutzung, ein leckeres Frühstück, spontane Barbecues im Hof und jede Menge Infos über die nähere Umgebung.

🍴 Essen & Ausgehen

Im Sommer ist Punta für seine Clubszene berühmt, die sich 10 km entlang der Strände nach Osten bis nach La Barra zieht. Auch außerhalb der Hauptsaison zwischen Weih-

Punta del Este

◎ Highlights
1 La Mano en la Arena D2

◎ Sehenswertes
2 Playa Brava D2
3 Playa de los Ingleses B4
4 Playa El Emir C3
5 Playa Mansa C1
6 Jachthafen A3

◎ Aktivitäten, Kurse & Touren
7 Sunvalleysurf D1

◎ Schlafen
8 Tas D'Viaje Hostel C2
9 Trip Hostel D1

◎ Essen
10 Rustic C2

◎ Ausgehen & Nachtleben
11 Capi Bar C3
12 Moby Dick B3
13 Soho B3

nachten und Karneval kann man im **Ocean Club** (www.facebook.com/OceanClubPunta; Rambla Batllé Parada 12; ⊙1–7 Uhr), einem der wenigen ganzjährig geöffneten Tanzclubs, bis zum Sonnenaufgang am Strand tanzen. Das angesagteste Ausgehviertel in der Stadt ist am Hafen. Bars und Clubs wie das **Soho** (www.facebook.com/SohoPuntaUy; Calle 13, zw. Calles 10 & 12; ⊙12–6 Uhr) und das **Moby Dick** (www.mobydick.com.uy; Calle 13, zw. Calles 10 & 12; ⊙Mo-Do 18–5, Fr 12–5 Uhr) sind das ganze Jahr über geöffnet, wenn genügend Gäste da sind; an Wochenenden gibt's manchmal Livemusik.

Rustic INTERNATIONAL $
(☎ 092-007457; www.facebook.com/Rusticbarpuntadeleste; Calle 29, zw. Gorlero & Calle 24; Hauptgerichte 150–350 $U; ⊙Mi-Mo 11–16, Fr & Sa auch 20–3 Uhr) Die rustikalen Holztische, die unverputzten Ziegelmauern, die Retro-Einrichtung und das bezahlbare, schmackhafte Essen machen das Rustic zu einem der beliebtesten Mittagsrestaurants der Halbinsel. Die freundlichen, jungen Besitzer Luciana und Sebastian bedienen die Gäste immer mit einem Lächeln und schwirren mit *chivitos*, *milanesas*, Quesadillas, Salaten und dem Fisch des Tages zwischen den Tischen umher. Es gibt ein Tagesmittagessen für 150 $U (130 $U zum Mitnehmen).

Capi Bar KNEIPE
(www.facebook.com/capipde; Calle 27, zw. Gorlero & Calle 24; ⊙12 Uhr–open end) Der erste Brauereipub einer Kleinbrauerei der Stadt, 2015 eröffnet, serviert sein eigenes hausgebrautes Capitán sowie Kleinbiere aus ganz Uruguay. Die traditionelle, schummrig beleuchtete Einrichtung lädt dazu ein, in aller Ruhe recht preiswerte Barsnacks wie Fish & Chips oder *rabas* (frittierte Calamari) zu essen.

ⓘ Orientierung

Punta liegt auf einer schmalen Halbinsel zwischen dem Río de la Plata und dem Atlantik. Die Stadt besteht aus zwei Teilen: Nördlich vom Hafen stehen die Hochhäuser des Hotelviertels, der südliche Bereich ist hauptsächlich Wohngebiet. Die Straßen tragen sowohl Namen als auch Nummern. Die Hauptgeschäftsstraße ist die Av Juan Gorlero (Calle 22).

Adressen an den *ramblas* (Uferboulevards) östlich und westlich der Stadt sind mit *paradas* (nummerierten Schildern) ausgewiesen.

ⓘ Praktische Informationen

Banken und *casas de cambio* befinden sich hauptsächlich entlang der Av Juan Gorlero.
Städtische Touristeninformation (☎ 4244-6510; www.maldonado.gub.uy; Plaza Artigas; ⊙ Mitte Dez.–Feb. 8–23 Uhr, übrige Zeit 11–17 Uhr) Touristeninformation mit allen Dienstleistungen und Hotelbuchungsschalter. Weitere Filialen befinden sich am Hafen, am Busbahnhof (☎ 4249-4042; ⊙ Mitte Dez.–Feb. 8–22 Uhr, übrige Zeit 11–17 Uhr) und an der Playa Mansa (☎ 4244-6519; Ecke Calles 18 & 31; ⊙ Mitte Dez.–März 9–22, übrige Zeit 11–17 Uhr).

ⓘ An- & Weiterreise

BUS
Vom **Busbahnhof** (☎ 4249-4042; Ecke Calle 32 & Bulevar Artigas) fahren täglich Dutzende Busse der Gesellschaften **COT** (www.cot.com.uy) und **Copsa** (www.copsa.com.uy) die Küste entlang nach Montevideo (266 $U, 2¼ Std.). Außerdem verkehren täglich zwei COT-Busse die Küste Richtung Nordosten entlang zur brasilianischen Grenze mit Halt in Rocha (187 $U, 1½ Std., Umsteigepunkt zur Weiterfahrt nach La Paloma, La Pedrera und Cabo Polonio) und Punta del Diablo (363 $U, 3 Std.).

Busse von **TTL** (www.ttl.com.br) bedienen Städte in Brasilien, darunter Porto Alegre (2340–3000 $U, 10 Std.), São Paulo (5010 $U, 28 Std.) und Florianópolis (nur im Sommer, 3555 $U, 16 Std.).

FLUGZEUG
Der Aeropuerto Internacional de Punta del Este befindet sich in Laguna del Sauce, 20 km westlich von Punta del Este. Internationale Direktflüge gibt es u. a. mit Aerolíneas Argentinas zum

ABSEITS DER ÜBLICHEN PFADE

REITEN IN DEN HÜGELN

Die Sierra de Rocha, auf halbem Weg zwischen Punta del Este und der brasilianischen Grenze, ist eine hinreißende Landschaft mit grauen Felsklippen, zwischen denen sich hügeliges Farmland erstreckt. **Caballos de Luz** (099-400446; www.caballosdeluz.com; Reitexkursionen ab 45 US$, EZ/DZ 40/50 US$, inkl. VP 95/170 US$) wird von dem mehrsprachigen österreichisch-uruguayischen Paar Lucie und Santiago geleitet und bietet Reitexkursionen durch die hügelige Landschaft, die von zwei Stunden bis zu einer Woche dauern. Drei köstliche vegetarische Mahlzeiten und die Übernachtung in zwei komfortablen strohgedeckten Pensionen sind im Preis enthalten. Auf Wunsch werden Gäste vom Busbahnhof in Rocha abgeholt (20 US$), man kann aber auch selbst hinfahren (vom Hwy 30 sind es ca. 30 Min.).

Aeroparque (AEP) in Buenos Aires und mit TAM nach São Paulo, Brasilien (GRU).

❶ Unterwegs vor Ort

Am bequemsten erreicht man den Flughafen von Pune del Este mit den Tür-zu-Tür-**Minivantransfers** (099-903433, 4223-0011; zw. Flughafen & Busbahnhof od. Hafen 220 $U, zw. Flughafen & Hotel 320 $U). Alternativ kann man mit allen Bussen nach Montevideo mitfahren und sich auf der Hauptschnellstraße (81) am Eingang zum Flughafen, 250 m vom Terminal entfernt, absetzen lassen.

Cabo Polonio

150 EW.

Cabo Polonio, eine der rausten Gegenden Uruguays und Heimat der zweitgrößten Seelöwenkolonie des Landes, liegt in einer fast unberührten Landschaft. Man stelle sich ein winziges Fischerdorf an einer windumtosten Küste vor, das von Sanddünen geschützt ist und von einem einsamen Leuchtturm überragt wird – das trifft es schon recht gut. 2009 wurde die Region zum Nationalpark erklärt und fällt unter die Zuständigkeit und den Schutz des uruguayischen SNAP-Programms. Trotz der zunehmenden Touristenzahl (und eines überdimensionierten schicken Eingangsportals, das 2012 errichtet wurde) bleibt Cabo Polonio eines der ursprünglichsten Küstendörfer des Landes. Es gibt keine Banken oder Geldautomaten, und elektrischer Strom aus Generatoren, Solar- und Windenergie steht nur begrenzt zur Verfügung.

Die Abzweigung von der Ruta 10 befindet sich nordöstlich von La Paloma bei Km 264,5.

🏃 Aktivitäten

⭐ **Cabalgatas Valiceras** REITEN
(099-574685; cabalgatasvaliceras.com.uy; Barra de Valizas) Der hervorragende Anbieter mit Sitz im nahen Barra de Valizas veranstaltet Reitexkursionen in den Nationalpark, durch die Dünen und entlang der Strände nördlich von Cabo Polonio, darunter auch Vollmondausritte.

Naturbeobachtung
In Cabo Polonio kann man ganzjährig hervorragend Tiere beobachten. Unter dem Leuchtturm tummeln sich südamerikanische Seelöwen *(Otaria flavescens)* und Südamerikanische Seebären *(Arctocephalus australis)* auf den Felsen. Von August bis Oktober kann man Südliche Glattwale (Südkaper) sehen, von Mai bis August sind Pinguine am Strand, und zwischen Januar und März tauchen gelegentlich Südliche See-Elefanten *(Mirounga leonina)* auf der nahe gelegenen Isla de la Raza auf.

🛏 Schlafen & Essen

Viejo Lobo Hostel HOSTEL $
(091-413013; www.viejolobohostel.com; B/DZ Dez.–Feb. 25/60 US$, März–Nov. 12,50/34 US$; 📶) An der sandigen Plaza, wo die Busse wenden, bietet dieses relativ neue Hostel drei Schlafsäle für vier bis sieben Personen sowie ein paar schlichte Doppelzimmer. Der Strom wird mit Solaranlagen und einer Windmühle erzeugt, WLAN gibt's nur eine Stunde am Abend (um die freundliche, Englisch sprechende Managerin Vicky zu zitieren: „Genug, um in Kontakt zu bleiben, aber nicht genug, um zum Zombie zu werden!").

Cabo Polonio Hostel HOSTEL $
(099-445943; www.cabopoloniohostel.com; B/DZ Mitte Dez.–Feb. 33/100 US$, übrige Monate 16/50 US$; ⊙ Okt.–April) Das rustikale Hotel am Strand, das unlängst um eine größere, hellere Küche und einen nagelneuen Schlafsaal mit Meerblick erweitert wurde, ist eine Institution Polonios. Es gibt einen Patio mit Hängematten und einen Holzofen

für stürmische Abende. Der alte Fernseher in den Dünen vor dem Haus und das eigens angefertigte NoFi-Logo versinnbildlichen die Low-Tech-Philosophie des Besitzers Alfredo: Hat man Polonio erreicht, dann sollte man entschleunigen und sich mal aus allem ausklinken.

Pancho Hostal del Cabo HOSTEL $

(☎ 095-412633; B Jan. & Feb. 30 US$, März–Dez. 11 US$) Panchos beliebtes Hostel, das auf zwei Etagen das Nötigste bietet, ist kaum zu verpassen: Man erkennt es am gelben Wellblechdach, das mit riesigen roten Buchstaben versehen ist. Vom Busbahnhof liegt es in Richtung Strand. Nette Extras sind eine geräumige neue Küche, ein Lounge-Bereich am Strand und der neue Schlafsaal im 2. Stock unter einem Spitzdach, dessen kleine Terrasse direkt aufs Meer geht.

El Club PARRILLA, INTERNATIONAL $$

(Hauptgerichte 200–400 $U; ⊙ Mitte Dez.–Ostern 11 Uhr–open end) Das jüngste Restaurant in Cabo Polonio ist mit Mosaiken und farbenfroh gestrichenen Möbeln eingerichtet und Ergebnis der kombinierten Anstrengungen der kolumbianischen Künstlerin Camila, ihres uruguayischen Partners Fernanto und des hoch angesehenen örtlichen Kochs Martín. Zu den Spezialitäten gehören gegrillter Fisch, handwerklich gebrautes Bier, Holzofenpizza und Fondue, das auf recycelten Blechdosen zubereitet wird. El Club ist zugleich ein sozialer Treffpunkt, wo man Schach spielt oder Livemusik hört.

❶ An- & Weiterreise

Täglich fahren zwei Busse des Unternehmens Rutas del Sol von Montevideo auf der Ruta 10 bis zum Eingangsportal von Cabo Polonio (530 $U, 4½ Std.). Dort steigt man in einen Gelände-Truck, der den holprigen Weg durch die Dünen in die Stadt zurücklegt (hin & zurück 170 $U, pro Strecke 30 Min.).

Punta del Diablo

750 EW.

Das einst verschlafene Fischerdorf in der Nähe der brasilianischen Grenze hat sich zu einem beliebten Sommerziel der Uruguayer und Argentinier und zum Epizentrum der uruguayischen Backpacker-Strandszene entwickelt. Mit seinen unauffälligen Holzhütten und den kurvigen, unbefestigten Straßen ist es das genaue Gegenstück zu

---

ABSTECHER

LA PALOMA & LA PEDRERA

Die Küstenstädte La Paloma und La Pedrera, 225 km östlich von Montevideo in der schönen, ländlichen Provinz Rocha gelegen, bieten einige der besten Surfmöglichkeiten des Landes. In La Paloma sorgt die Lage an der Spitze der Halbinsel für bemerkenswert beständige Wellen: Wenn die Dünung nicht von links kommt, dann kommt sie von rechts. La Pedrera befindet sich auf einer Klippe mit großartigem Strandblick und ist auch für seine lebhaften Karnevalsaktivitäten berühmt. Beide Städte füllen sich im Sommer mit jungen Uruguayern, sind aber in der Nebensaison ziemlich verschlafene Nester.

Der freundliche **Peteco Surf Shop** (www.facebook.com/peteco.surf; Av Nicolás Solari, zw. Av El Sirio & Av del Navío; ⊙ Do–Mo 10–20, Di & Mi bis 18 Uhr) in La Paloma verleiht die komplette Ausrüstung (Shortboards, Longboards, Bodyboards, Sandboards, Neoprenanzüge und Kajaks) und kann den Kontakt zu guten einheimischen Surflehrern herstellen. Die besten Surfstrände findet man bei Los Botes, Solari, Anaconda, La Aguada und La Pedrera.

In beiden Städten gibt's im Sommer viele Hostels. In La Paloma erfreut sich das surferfreundliche **La Balconada Hostel** (☎ 4479-6273; www.labalconadahostel.com.uy; Centauro s/n; B 18–35 $U, DZ mit Bad 60–80 US$, DZ ohne Bad 50–60 US$; ☎) einer beneidenswerten Lage nur Schritte vom Strand. Das **El Viajero Hostel** (☎ 4479-2252; www.elviajerolapedrera.com; Venteveo, zw. Pirincho & Zorzal; B 18–38 US$, DZ 60–120 US$; ⊙ Mitte Dez–Anfang Mai; @☎) in La Pedrera ist 200 m von der Bushaltestelle und 500 m vom Meer entfernt.

Busse von COT, Cynsa und Rutas del Sol fahren häufig von Montevideo nach La Paloma (424 $U, 4 Std.) und La Pedrera (442 $U, 4¼ Std.). Zusätzliche Busse verkehren zwischen den beiden Städten (53 $U, 15 Min.) und Richtung Nordosten zur Abzweigung nach Cabo Polonio (88–106 $U, 30–45 Min.).

Punta del Este und zieht ein entsprechendes Publikum an: naturverbundener und nicht annähernd so glamourös. In mehreren Wellen unkontrollierter Erschließung wurde im Hinterland und entlang der Küste ziemlich viel gebaut, doch die grandiose Küste und die entspannte Lebensart verströmen einen zeitlosen Reiz.

Im Winter gleicht Punta del Diablo einer Geisterstadt, doch wenn der Sommer kommt, steigt auch die Zahl der Menschen in der Stadt. Wer das Gedränge vermeiden will, sollte außerhalb der Hauptsaison von Weihnachten bis Februar kommen und vor allem nicht in der ersten Januarhälfte, denn dann verstopfen bis zu 30 000 Besucher die Stadt.

Vom traditionellen Stadtzentrum, einer sandigen „Plaza" 200 m landeinwärts vom Meer, führen schmale, unbefestigte Straßen in alle Himmelsrichtungen.

Sehenswertes & Aktivitäten

Tagsüber kann man am Hauptstrand der Stadt Surfboards und Pferde mieten oder eine einstündige Wanderung Richtung Norden zum Parque Nacional Santa Teresa unternehmen. Abends beobachtet man dann den Sonnenuntergang, entzündet spontan ein Lagerfeuer und macht bei Trommelsessions mit – so in etwa könnte hier ein Tag aussehen.

Schlafen & Essen

Im Dorf kann man viele private *cabañas* (Hütten) mieten. Im Internet sind andere Möglichkeiten unter www.portaldeldiablo.com.uy zu finden. Günstiges Essen gibt's an den Empanada-Ständen der Acosta-Schwestern in der Nähe des Hafens, die im Sommer täglich, in der Nebensaison nur am Wochenende geöffnet sind.

★ El Diablo Tranquilo   HOSTEL $

(4477-2519; www.eldiablotranquilo.com; Av Central; B 12-25 US$, DZ mit Bad 50-90 US$, DZ ohne Bad 38-70 US$; @ 🛜) Das teuflische Rot führt zu einem der schönsten Hostels Südamerikas, das unzählige Extras bietet, darunter Bereiche zum Chillen, Fahrrad- und Surfboard-Verleih, Yoga- und Spanischunterricht, Reitausflüge und PayPal-Bargeldvorschüsse. Die oberen Zimmer Im Playa-Suites-Anbau am Strand gewähren direkten Meerblick, und das turbulente Restaurant mit Bar offeriert Essen, Service am Strand und nächtliche Partys.

Hostel de la Viuda   HOSTEL $

(4477-2690; www.hosteldelaviuda.com; Ecke San Luis & Nueva Granada; B 18-29 US$, DZ 54-58 US$; @ 🛜 ≋) Das freundliche, familiengeführte La Viuda steht in einer einsamen, verlorenen Nebenstraße 2 km südwestlich vom Stadtzentrum. Diesen Nachteil macht es aber locker wieder wett: mit blitzsauberen Schlafsälen und Doppelzimmern, der kostenlosen Abholung vom Busbahnhof, einem Pool hinter dem Haus, einer großen Küche und einer Lounge, in der man an kühlen Abenden gemütlich Filme am Kamin schauen kann. Es liegt fünf lange Blocks landeinwärts von der Playa La Viuda, dem Strand im Süden von Punta del Diablo.

La Casa de las Boyas   HOSTEL $

(4477-2074; www.lacasadelasboyas.com.uy; Playa del Rivero; Weihnachten-Feb. B 18-55 US$, DZ 100-150 US$, übriges Jahr B/DZ/3BZ/4BZ ab 15/50/60/70 US$; @ 🛜 ≋) Nur einen Katzensprung vom Strand entfernt und zehn Gehminuten vom Busbahnhof nach Norden lockt dieses Hostel mit einem Pool, einer Gästeküche und 13 Schlafsälen unterschiedlicher Größe. Außerhalb der Hauptsaison werden die besseren Zimmer, die mit eigenem Bad, Küchenecke und Satellitenfernseher ausgestattet sind, als private Apartments vermietet.

★ Resto-Pub 70   ITALIENISCH $

(Hauptgerichte 200-280 $U; ⊙ Nov.-Ostern 12.30-16 & 19.30-23 Uhr) Eine italienische Familie aus dem Veneto führt dieses Restaurant am Hafen, das relativ preiswerte Pasta-Gerichte wie Lasagne *alle cipolle* (vegetarische Lasagne mit Walnüssen und karamellisierten Zwiebeln) und 50 offene Hausweine serviert. Nach dem Essen sollte man unbedingt die *cantucci con vino dolce* (Mandelbiskuits, die in süßen Wein gedippt werden) und den Limoncino (handwerklich hergestellter Likör aus aromatischen uruguayischen Zitronen) probieren.

Cero Stress   INTERNATIONAL $$

(Av de los Pescadores; Hauptgerichte 290-450 $U; ⊙ 12-17 & 19.30-24 Uhr; 🛜) Der mit Abstand größte Pluspunkt dieses zwanglosen Restaurants ist seine Terrasse mit Meerblick – sie ist einfach perfekt, um zum Sonnenuntergang einen Caipirinha (brasilianischer Cocktail mit Zuckerrohrschnaps) zu trinken, während man Pläne für den Abend schmiedet. Gelegentlich wird hier auch Livemusik gespielt.

ℹ️ EINREISE NACH BRASILIEN

Die ziemlich trostlose Grenzstadt Chuy (11 300 Ew., auf der brasilianischen Seite heißt sie Chuí) ist das wichtigste Tor von Uruguay nach Brasilien. Die Av Brasil/Uruguay, eine breite Straße, die von Geldwechslern und Verkäufern von CD-Raubkopien gesäumt wird, bildet die Grenze. Es gibt wenig Grund, hier länger zu verweilen, doch sollte man festsitzen, so ist das Etnico Hostel (✆4474-2281; etnicohostelchuy@gmail.com; Liber Seregni 299; B 400 $U, EZ/DZ 800/1200 $U; ❄@⚡) die beste Übernachtungsoption.

Die Zollbehörden Uruguays und Brasiliens liegen einige Kilometer voneinander entfernt auf der jeweiligen Seite der Grenze. Fernbusse von TTL (www.ttl.com.br) und EGA (www.ega.com.uy) halten auf ihrer internationalen Fahrt von Montevideo die Atlantikküste hinauf und von Punta del Este nach Porto Alegre, Florianópolis und São Paulo bei beiden Zollämtern.

COT- und Cynsa-Busse nach Punta del Diablo (88 $U, 1 Std.) und Montevideo (600 $U, 5 Std.) fahren in der Nähe der Ecke Brasil und Oliviera ab. Zwei Blocks weiter westlich an der Ecke Brasil und Mauro Silva starten Tureste-Busse landeinwärts nach Treinta e Tres (283 $U, 3 Std.), wo man Anschluss nach Tacuarembó hat (über Melo).

ℹ️ An- & Weiterreise

Rutas del Sol, COT und Cynsa bieten alle Verbindungen zum trostlosen neuen Busbahnhof von Punta del Diablo, 2,5 km westlich der Stadt. Zwischen Weihnachten und Karneval enden hier alle Busse, weiter in die Stadt geht's in fünf bis zehn Minuten mit einem Shuttle-Bus (25 $U) oder Taxi (100 $U). In der Nebensaison fahren einige Busse vom Busbahnhof weiter zur städtischen Plaza in der Nähe des Ufers.

Täglich steuern mehrere Direktbusse Montevideo (530 $U, 5 Std.) und Chuy an der brasilianischen Grenze (88 $U, 1 Std.) an; wer in andere Orte an der Küste will, muss in der Regel in Castillos (70 $U, 1 Std.) oder Rocha (177 $U, 1½ Std.) umsteigen.

Parque Nacional Santa Teresa

Dieser Küstenpark (✆4477-2101; sepae.web node.es; Ruta 9, Km 302; ⊙Dez.–März 8–20 Uhr, April–Nov. bis 18 Uhr) GRATIS, 35 km südlich von Chuy, ist eher von historischem Interesse als eine Naturattraktion. Beliebt ist er wegen seiner leeren Strände und der imposanten Hügelfestung Fortaleza de Santa Teresa (Eintritt 30 $U; ⊙⊙Dez.–März tgl. 10–19 Uhr, April–Nov. Mi–So 10–17 Uhr), mit deren Bau die Portugiesen 1762 begannen und die dann von den Spaniern eingenommen und vollendet wurde. Übernachten kann man auf verstreuten Campingplätzen (170–220 $U) im Wald mit einfachen Einrichtungen sowie in cabañas für vier bis sechs Personen (1400–4800 $U). Beim Hauptquartier des Parks gibt es u.a. eine Post, einen Supermarkt und ein Restaurant.

Zur Karnevalszeit ist der Park ziemlich überlaufen, ansonsten verteilen sich die Besucher aber gut. Busse von Punta del Diablo (47 $U, 15 Min.) setzen Fahrgäste am Hwy 9 bei Km 302 (1 km vom Hauptquartier des Parks über eine ebene Straße) oder bei Km 306 (1 km unterhalb der Festung) ab.

URUGUAY VERSTEHEN

Uruguay aktuell

Uruguays Kultur und Politik haben in den vergangenen Jahren erstaunliche Entwicklungen erlebt. Nach fast zwei Jahrhunderten, in denen sich die beiden traditionellen Parteien, die Blancos und die Colorados, gegenseitig an der Macht abwechselten, haben die Uruguayer 2004 und erneut 2009 und 2014 die linksgerichtete Frente Amplio (Breite Front) an die Macht gewählt. Die Regierung der Frente Amplio setzte in diesem Zeitraum zahlreiche soziale Veränderungen durch, darunter die Legalisierung von Marihuana, Abtreibungen und gleichgeschlechtlichen Ehe.

Viele dieser Veränderungen fielen in die fünfjährige Amtszeit von José Mujica (2010–2015), einem ehemaligen Guerillakämpfer, der während der Militärdiktatur in Uruguay 13 Jahre der Haft und Folter überlebte. Als Präsident war Mujica (liebevoll „Pepe" genannt) für seinen altmodischen Stil und seine Bescheidenheit bekannt – den größten Teil seines Gehalts spendete er Wohltätigkeitsorganisationen, und er weigerte sich, im Präsidentenpalast zu wohnen. Unter seiner Regierung kam es zu einem bedeutenden Rückgang der Armut und der Einkommensungleichheit und zu einem Anstieg des Pro-Kopf-Einkommens. Am Ende seiner Amtszeit hatte er eine Zustimmungsrate von 65 %.

Bei den Wahlen im Oktober 2014 kam die Frente Amplio erneut an die Macht, und der frühere Präsident Tabaré Vázquez übernahm zum zweiten Mal das Präsidentenamt, das er schon von 2005 bis 2010 innehatte. Unter seiner Führung hat sich Uruguay weiter gegen die herrschenden Verhältnisse gestemmt und sich 2015 für den Ausstieg aus den Verhandlungen über das weitreichende internationale Handelsabkommen TISA entschieden. Außerdem macht das Land Riesenschritte bei der Entwicklung erneuerbarer Energien. Uruguay rechnet damit, schon Ende 2016 den weltweit höchsten Anteil an Windenergie zu haben und will bis 2030 vollkommen klimaneutral sein.

Geschichte

Uruguays Ureinwohner waren die Charrúa an der Küste und die Guaraní, die nördlich vom Río Negro lebten. Die Charrúa, Jäger und Sammler, stoppten die frühe Besiedlung durch Europäer vorübergehend, als sie 1516 den spanischen Entdecker Juan de Solís und die meisten seiner Mitreisenden ermordeten. Ohnehin war die Gegend für die Spanier nicht besonders attraktiv, die die Tiefebenen entlang des Río de la Plata hauptsächlich als Zugangsroute zu den tiefer im Inland vermuteten Gold- und anderen Schätzen betrachteten.

Die ersten europäischen Siedler, die sich an der Banda Oriental (Ostküste) niederließen, waren Missionare der Jesuiten in der Nähe des heutigen Soriano am Río Uruguay. Danach kamen die Portugiesen, die das heutige Colonia 1680 als Brückenkopf für den Schmuggel von Waren nach Buenos Aires nutzten. Die Antwort der Spanier war 1726 der Bau einer eigenen Zitadelle in Montevideo. Das folgende Jahrhundert erlebte einen anhaltenden Kampf zwischen Spanien und Portugal um die Kontrolle über das Gebiet am Ostufer des Río de la Plata.

Napoleons Invasion der iberischen Halbinsel im frühen 19. Jh. führte zu einer Schwächung der Macht der Spanier und Portugiesen und zum Aufkommen starker Unabhängigkeitsbewegungen in der gesamten Region. Uruguays Nationalheld José Gervasio Artigas versuchte zunächst, mit mehreren Staaten im heutigen Argentinien und Brasilien Allianzen gegen die europäischen Mächte zu schmieden, musste schließlich aber nach Paraguay fliehen. Dort organisierte er den Widerstand neu und bildete die berühmten „33 Orientales", eine streitlustige Bande uruguayischer Patrioten unter Führung von General Juan Lavalleja, der am 19. April 1825 mit argentinischer Unterstützung den Río Uruguay überquerte und eine Kampagne für die Befreiung des heutigen Uruguay von der brasilianischen Kontrolle startete. 1828, nach dreijährigem Kampf, wurde Uruguay unter britischer Vermittlung als kleiner, unabhängiger Pufferstaat zwischen den aufstrebenden Kontinentalmächten Argentinien und Brasilien etabliert.

Sieben Jahrzehnte blieb Uruguays Unabhängigkeit fragil. Es kam zu einem Bürgerkrieg zwischen den beiden neuen politischen Parteien des Landes, den Colorados und den Blancos (benannt nach den roten bzw. weißen Streifen, die sie trugen). Argentinien belagerte von 1838 bis 1851 Montevideo, und Brasilien war eine beständige Bedrohung. Mit der Anerkennung der Unabhängigkeit Uruguays in der gesamten Region und dem Aufkommen einer starken Volkswirtschaft auf der Basis von Rinderzucht und Wollproduktion beruhigte sich die Lage schließlich in der zweiten Hälfte des 19. Jhs.

Im frühen 20. Jh. führte der visionäre Präsident José Batlle y Ordóñez große Neuerungen wie Pensionen, Kredite für Farmen, Arbeitslosenunterstützung und den Achtstundentag ein. Die Intervention des Staates führte zur Verstaatlichung zahlreicher Industrien, zur Entstehung neuer Wirtschaftszweige und zu einer Ära des allgemeinen Wohlstands. Batlles Reformen wurden jedoch größtenteils durch die Besteuerung der Viehwirtschaft finanziert, und als die Exporte in der Jahrhundertmitte zurückgingen, bröckelte auch der Wohlfahrtsstaat. In den frühen 1970er-Jahren begann eine Periode der Militärdiktaturen, während der Folter zur Routine wurde und über 60 000 Uruguayer willkürlich inhaftiert wurden, ehe das Land in den 1980er-Jahren in den Schoß der Demokratie zurückkehrte.

Kultur

In einem sind sich alle Uruguayer einig, nämlich darin, dass sie ganz anders sind als die *porteños* auf der anderen Seite des Flusses. Wo die Argentinier manchmal großspurig und sogar arrogant sind, bleiben die Uruguayer bescheiden und entspannt. Waren die einen immer eine regionale Großmacht, so haben die anderen immer im Schatten der Großmächte gelebt. Die Witze darüber, dass Punta del Este ein Vorort von Buenos Aires sei, findet auf dieser Seite der Grenze keiner besonders lustig. Dennoch gibt es jede Menge Gemeinsamkeiten: die allgegenwärtige Kunstbegeisterung, den italienischen Einfluss und das Gaucho-Erbe.

Die Uruguayer nehmen alles gern etwas leichter und sind stolz darauf, das Gegenteil der typischen heißblütigen Latinos zu sein. Der Sonntag gehört der Familie und den Freunden: Man wirft ein halbes Rind auf die *parrilla* (Grill), lehnt sich zurück und trinkt Mate. Das Bildungsniveau der Uruguayer ist hoch, und die Kluft zwischen Arm und Reich ist nicht so groß wie in den meisten anderen lateinamerikanischen Ländern.

Bevölkerung

Mit 3,3 Mio. Einwohnern ist Uruguay das kleinste spanischsprachige Land Südamerikas. Die Bevölkerung ist überwiegend weiß (88%); 8% sind *mestizos* (Mestizen; Menschen mit spanischen und indigenen Vorfahren) und 4% Schwarze. Indigene Einwohner gibt es praktisch gar nicht mehr. Die durchschnittliche Lebenserwartung (77 Jahre) ist eine der höchsten Lateinamerikas. Auch die Alphabetisierungsrate ist mit 98,5% hoch, während das Bevölkerungswachstum mit nur 0,27% gering ist. Die Bevölkerungsdichte liegt bei 19 Personen pro Quadratkilometer.

Religion

In Uruguay gibt es einen größeren Pro-Kopf-Anteil an selbst erklärten Atheisten als in allen anderen Ländern Lateinamerikas. Der Studie „American Religious Identification Survey" von 2014 zufolge betrachten sich nicht einmal die Hälfte der Uruguayer als religiös. 42% geben an, dass sie römisch-katholisch seien, 15% gehören anderen christlichen Kirchen an. Außerdem gibt es eine kleine jüdische Minderheit (weniger als 1% der Bevölkerung).

Sport

Die Uruguayer sind wie praktisch alle Lateinamerikaner total fußballverrückt. Uruguay gewann zweimal die Fußballweltmeisterschaft, darunter die erste WM überhaupt, die 1930 in Montevideo ausgetragen wurde. Die Nationalmannschaft (allgemein La Celeste genannt) überzeugt nach wie vor regelmäßig bei internationalen Wettkämpfen, gewann 2011 die Copa Americana und nahm 2014 an der WM in Brasilien teil.

Die beliebtesten Mannschaften des Landes sind Nacional und Peñarol aus Montevideo. **Fanáticos Fútbol Tours** (☏099-862325; www.futboltours.com.uy) in Montevideo veranstaltet maßgeschneiderte Touren rund um den Fußball und organisierte Besuche von Fußballspielen.

Kunst

Trotz seiner kleinen Bevölkerung weist Uruguay eine beeindruckende literarische und künstlerische Tradition auf. Zu den berühmtesten Schriftstellern des Landes gehören Juan Carlos Onetti und José Enrique Rodó; Letzterer ist für seinen berühmten Essay *Ariel* aus dem Jahr 1900 bekannt, der die nordamerikanischen den lateinamerikanischen Gesellschaften gegenüberstellt. Die meisten Uruguayer mögen den Journalisten Eduardo Galeano (1940–2015), Autor von *Die offenen Adern Lateinamerikas*.

Andere bedeutende zeitgenössische Schriftsteller sind der Journalist Hugo Burel, der Postmodernist Enrique Estrázulas, der aufstrebende Star Ignacio Alcuri und der vor einigen Jahren verstorbene Dichter, Essayist und Romancier Mario Benedetti.

Zu den bekanntesten Malern Uruguays zählen der bereits verstorbene Juan Manuel Blanes, Pedro Figari und Joaquín Torres García. Jedem von ihnen ist in Montevideo ein eigenes Museum gewidmet. Ein namhafter uruguayischer Bildhauer ist José Belloni, dessen lebensgroße Bronzen man in den Parks von Montevideo bewundern kann.

Die uruguayische Filmindustrie entwickelt sich gut. Zu den erfolgreichen Filmen zählt *Whisky* (2004), eine witzige schwarze Komödie, die in Montevideo und Piriápolis spielt, in Cannes einige Preise abräumte und vom nationalen Kritikerverband 2015 zum besten uruguayischen Film gewählt wurde. Theater ist ebenfalls beliebt, und Dramatiker wie Mauricio Rosencof erfreuen sich großer Bekanntheit.

Der Tango spielt in Montevideo eine große Rolle – Uruguay beansprucht, dass die Tangolegende Carlos Gardel ein Sohn des Landes ist, und einer der bekanntesten Tangos, *La Cumparsita*, stammt von dem Uruguayer Gerardo Matos Rodríguez. Während des Karnevals erklingen in den Straßen Montevideos die kräftigen Trommelschläge des *candombe*, eines afrikanischen Rhythmus, den ab 1750 Sklaven nach Uruguay mitbrachten. Auch andere Traditionen des Karnevals haben tiefe Wurzeln, etwa die *murgas*, satirische Musiktheatergruppen, die in der ganzen Stadt auftreten. Was die zeitgenössische Musikszene angeht, so haben mehrere uruguayische Rockbands auf beiden Seiten des Río de la Plata treue Fans, darunter Buitres, La Vela Puerca und No Te Va Gustar.

Essen & Trinken

In der uruguayischen Küche dreht sich alles um gegrilltes Fleisch. *Parrillas* (Restaurants, in denen große Fleischstücke über einem Holzfeuer gegrillt werden) sind allgegenwärtig, und *asados* (gemeinsames Grillen) am Wochenende haben sich zu einer nationalen Tradition entwickelt. *Chivitos* (hoch aufgetürmte Steak-Sandwiches mit unglaublich vielen Zutaten) erfreuen sich riesiger Beliebtheit, genau wie *chivitos al plato* (dieselben Zutaten, serviert mit Pommes anstelle von Brot).

Vegetariern bleibt oft nichts als die allgegenwärtigen Pizza und Pasta, allerdings gibt es auch vereinzelt vegetarische Restaurants. Der Fisch und die Meeresfrüchte an der Küste sind ausgezeichnet. Bei den Desserts spielen Baisers, *dulce de leche* (Milchkaramell), Karamellzucker und Vanillesauce eine große Rolle.

Das Leitungswasser kann man fast überall trinken. Die uruguayischen Weine (besonders die Tannats) sind hervorragend, und die einheimischen Biere (Patricia, Pilsen und Zillertal) kann man trinken. *Grappamiel* (Grappa mit Honig) ist ein weiteres in Uruguay beliebtes Getränk.

Die Uruguayer trinken noch mehr Mate (bitteres teeähnliches Aufgussgetränk, das aus Südamerika stammt) als die Argentinier – es gibt nichts Schöneres, als einen Nachmittag mit neuen Freunden zu verbringen und den Mate herumgehen zu lassen.

In großen Touristenorten wie Punta del Este und Colonia berechnen die Restaurants ein *cubierto* – eine kleine Grundgebühr, die theoretisch für den vor dem Essen angebotenen Brotkorb gedacht ist.

Umwelt

Uruguay mag zwar eines der kleinsten Länder Südamerikas sein, doch für europäische Maßstäbe ist es ziemlich groß – mit einer Fläche von 176 215 km² ist es immerhin größer als England und Wales zusammen oder als der US-amerikanische Bundesstaat Florida.

Die beiden größten Hügelketten im Landesinneren sind die Cuchilla de Haedo westlich von Tacuarembó und die Cuchilla Grande südlich von Melo; beide werden nirgends höher als 500 m. Die Gegend westlich von Montevideo ist flacher. Der Río Negro fließt durch die Mitte des Landes und bildet eine natürliche Grenze zwischen Nord und Süd. An der Atlantikküste gibt es beeindruckende Strände, Dünen, Landspitzen und Lagunen. Uruguays Steppen und Wälder erinnern an die argentinische Pampa oder an den Süden Brasiliens. Im Südosten entlang der brasilianischen Grenze gibt es kleinere Palmensavannen.

Die Vogelwelt in Uruguay ist sehr vielfältig, besonders an den Küstenlagunen der Provinz Rocha. Die meisten großen Landtiere sind verschwunden, doch manchmal flitzt der eine oder andere Nandu über die Steppen im Nordwesten Uruguays. An der Küste sind Wale, Robben und Seelöwen verbreitet.

PRAKTISCHES

Allgemeine Informationen

AKTIVITÄTEN

In Punta del Diablo, La Paloma, La Pedrera und Punta del Este gibt es hervorragende Wellen für Surfer, während man in Cabo Polonio und an den Küstenlagunen der Provinz Rocha großartig Wale bzw. Vögel beobachten kann. Die Strände in Punta del Este bieten Aktivitäten für gehobene Ansprüche wie Parasailing, Windsurfen und Jetskifahren.

Reiten ist im Landesinneren sehr beleibt und kann bei den meisten Touristen-*estancias* gebucht werden.

BOTSCHAFTEN & KONSULATE

Argentinien (2902-8166; eurug.cancilleria.gov.ar; Cuareim 1470); Konsulat (2902-8623; cmdeo.mrecic.gov.ar; WF Aldunate 1281)

Brasilien (2707-2119; montevideu.itamaraty.gov.br; Artigas 1394); Konsulat (2901-2024; cgmontevideu.itamaraty.gov.br; Convención 1343, 6th fl)

Deutsche Botschaft (2902-5222; www.montevideo.diplo.de; La Cumparsita 1435)
Österreich (2915-5431; Misiones 1381, Oficina 102, Montevideo)
Schweiz (2711-5545; Calle Ing. Federico Abadie, 2936/40 – Piso 11,Montevideo)

FEIERTAGE & FERIEN
Año Nuevo (Neujahr) 1. Januar
Día de Reyes (Dreikönigstag) 6. Januar
Semana de Turismo/Semana Santa (Karfreitag/Ostern) März oder April
Desembarco de los 33 (Rückkehr der 33 Exilanten) 1. April
Día del Trabajador (Tag der Arbeit) 1. Mai
Batalla de Las Piedras (Schlacht von Las Piedras) 18. Mai
Natalicio de Artigas (Artigas' Geburtstag) 19. Juni
Jura de la Constitución (Tag der Verfassung) 18. Juli
Día de la Independencia (Unabhängigkeitstag) 25. August
Día de la Raza (Tag des Kolumbus) 12. Oktober
Día de los Muertos (Allerseelen) 2. November
Navidad (Weihnachten) 25. Dezember

FRAUEN UNTERWEGS
Frauen werden generell mit Respekt behandelt, und allein zu reisen, ist hier sicherer als in vielen anderen lateinamerikanischen Ländern.

FREIWILLIGENARBEIT
Um als Freiwilliger in Uruguay zu arbeiten, sind in der Regel grundlegende Spanischkenntnisse Voraussetzung.
Karumbé (www.karumbe.org) Schutz der Meeresschildkröten im Parque Nacional Santa Teresa.

GELD
Die Währung ist der Uruguayische Peso ($U). Im Umlauf sind Geldscheine im Wert von 20, 50, 100, 200, 500, 1000 und 2000 $U sowie Münzen zu 1, 2, 5, 10 und 50 $U.

Geldautomaten
In allen Städten außer vielleicht den ganz kleinen im Landesinneren bekommt man an Geldautomaten problemlos Geld. Geldautomaten mit dem grünen Banred-Logo und dem blauen Redbrou-Logo akzeptieren alle großen internationalen Bankkarten. An Geldautomaten bekommt man immer ein Mehrfaches von 100 $U. Einige geben auch US-Dollar (ausgewiesen als US$) aus, aber nur als Mehrfaches von 100 US$.

Geldwechsel
In Montevideo, Colonia, in den Ferienorten am Atlantik und in Grenzstädten wie Chuy gibt es *casas de cambio* (Wechselstuben). Sie sind in der Regel länger geöffnet als Banken, der Wechselkurs ist oft aber etwas schlechter. Einen Schwarzmarkt für den Geldwechsel gibt es nicht.

> **PREISKATEGORIEN: ESSEN**
>
> Die folgenden Preisangaben gelten für ein Hauptgericht.
>
> $ unter 300 $U
> $$ 300–450 $U
> $$$ über 450 $U

Kreditkarten
Die meisten gehobenen Hotels, Restaurants und Geschäfte akzeptieren Kreditkarten.

Trinkgeld
➜ In Restaurants sollte man 10 % der Rechnungssumme geben.
➜ In Taxis rundet man den Fahrpreis um ein paar Pesos auf.

INTERNETZUGANG
In den größeren Städten sind WLAN-Hotspots und Internetcafés allgegenwärtig. Büros der staatlichen Telefongesellschaft Antel verkaufen SIM-Karten mit relativ günstigen Preismodellen für SIM-Lock-freie Handys.

ÖFFNUNGSZEITEN
Banken Mo–Fr 13–18 Uhr
Bars 18 Uhr–open end
Clubs 24 Uhr–open end
Geschäfte Mo–Sa 9–13 & 15–19 Uhr; in größeren Städten längere Öffnungszeiten
Restaurants 12–15 & 20–24 Uhr; einige öffnen um 8 Uhr fürs Frühstück

RECHTSFRAGEN
Uruguays Drogengesetze gehören zu den lockersten Lateinamerikas. Der Besitz kleiner Mengen Marihuana oder anderer Drogen für den persönlichen Gebrauch ist nicht strafbar, der Handel mit Drogen ist aber weiterhin verboten.

REISEN MIT BEHINDERUNG
Uruguay ergreift allmählich Maßnahmen für Reisende mit Behinderungen. So gibt es in Montevideo an gern besuchten Orten wie der Plaza Independencia und dem Teatro Solis neu gebaute Rampen und Behindertentoiletten, die Busse einiger Linien sind behindertengerecht *(accesibilidad universal)*, und immer mehr Geldautomaten sind für Sehbehinderte ausgestattet. Doch das sind nur die ersten Schritte. Nützliche Informationen für Behinderte findet man auf diversen spanischsprachigen Websites, darunter pronadis.mides.gub.uy, www.accesibilidad.gub.uy und www.discapacidaduruguay.org.

SCHWULE & LESBEN

Uruguay ist allgemein LSBT-freundlich. Als erstes lateinamerikanisches Land erkannte es 2008 gleichgeschlechtliche Lebensgemeinschaften an, und 2013 wurden gleichgeschlechtliche Ehen legalisiert. In Montevideo bekommt man die westentaschengroße **Friendly Map** (www.friendlymap.com.uy), die LSBT-freundliche Einrichtungen im ganzen Land auflistet.

STROM

Die Netzspannung in Uruguay beträgt wie in Argentinien 220 V (50 Hz). Es gibt verschiedene Steckertypen; am weitesten verbreitet ist der mit zwei runden Stiften und keinem Erdungsstift.

TELEFON

Uruguays Landesvorwahl ist die 598. **Antel** (www.antel.com.uy) ist die staatliche Telefongesellschaft und hat in jeder Stadt Filialen.

Alle uruguayischen Festnetznummern sind achtstellig und beginnen in Montevideo mit 2, überall sonst mit 4. Handynummern setzen sich aus einer dreistelligen Vorwahl (am häufigsten 099) und einer sechsstelligen Nummer zusammen. Bei Anrufen aus dem Ausland lässt man die Null am Anfang weg.

Handys

In Uruguay gibt es drei Mobilfunkgesellschaften: **Antel** (www.antel.com.uy), **Claro** (www.claro.com.uy) und **Movistar** (www.movistar.com.uy). Da die Roaming-Gebühren in der Regel hoch sind, bringen viele Traveller ein SIM-Lockfreies Handy mit (oder kaufen hier ein billiges) und legen eine örtliche Prepaid-SIM-Karte ein. SIM-Karten kann man problemlos in den Antel-Filialen kaufen und in Tankstellen, Einkaufszentren und Straßenkiosken in ganz Uruguay Guthaben nachladen.

TOURISTENINFORMATION

Das **Nationale Tourismusministerium** (Ministerio de Turismo y Deporte; www.turismo.gub.uy) hat zehn Büros im ganzen Land und gibt ausgezeichnete kostenlose Karten für alle 19 Provinzen Uruguays aus. Außerdem bekommt man dort spezielle Informationen zum Tourismus auf *estancias*, zum Karneval, zum Surfen und zu anderen für Reisende interessanten Themen. In vielen Städten gibt es auch eine städtische Touristeninformation an der Plaza und/oder am Busbahnhof.

UNTERKUNFT

Uruguay hat ein hervorragendes Netzwerk aus Hostels und Campingplätzen, besonders an der Atlantikküste. Andere günstige Unterkünfte sind *hospedajes* (Unterkunft im Haus von Familien) und *residenciales* (Budgethotels).

Posadas (Gasthäuser) gibt es in allen Preisklassen, oft sind sie gemütlicher als Hotels. Hotels werden entsprechend ihrer Ausstattung mit ein bis fünf Sternen klassifiziert.

In ländlichen *estancias turísticas* (mit den blauen Schildern des Nationalen Tourismusministeriums gekennzeichnet) kann man auf Farmen übernachten.

VERSICHERUNG

Weltweite Reiseversicherungen kann man auf www.lonelyplanet.com/travel-insurance abschließen. Sie lassen sich jederzeit online kaufen, erweitern und in Anspruch nehmen, auch während der Reise.

VISA

Deutsche, Österreicher und Schweizer brauchen kein Visum, sondern erhalten automatisch eine 90 Tage gültige Touristenkarte, die noch einmal um 90 Tage verlängert werden kann. Ein gültiger Reisepass ist aber in jedem Fall nötig. Bürger anderer Staaten benötigen möglicherweise ein Visum. Eine offizielle Liste der aktuellen Visabestimmungen nach Land steht auf der Website migracion.minterior.gub.uy.

ZEIT

In Uruguay gilt die MEZ minus vier Stunden, genau wie in Argentinien. Die Sommerzeit wurde 2015 wieder abgeschafft.

❶ An- & Weiterreise

BUS

➡ Von Montevideo fahren Direktbusse über die Brücke zwischen Fray Bentos und Gualeguaychú nach Buenos Aires, sie sind aber langsamer als die Kombination aus Bus und Fähre über den Río de la Plata. Zwei weitere Brücken am Río Uruguay verbinden Uruguay und Argentinien: von Paysandú nach Colón und von Salto nach Concordia.

➡ Nach Brasilien gibt es viele Grenzübergängen. Der am stärksten frequentierte ist der von Chuy nach Chuí mit Anschluss gen Norden nach Porto Alegre, Florianópolis und São Paulo.

> **PREISKATEGORIEN: SCHLAFEN**
>
> Die folgenden Preisangaben beziehen sich auf ein Doppelzimmer mit Bad in der Hauptsaison. Gut zu wissen: Die Preise werden in den meisten Unterkünften in US-Dollar und nicht in uruguayischen Pesos angegeben.
>
> $ unter 75 $U
>
> $$ 75–150 $U
>
> $$$ über 150 $U

→ Busse fahren in der Regel direkt über die Grenzübergänge; die Grenzformalitäten werden im Bus durchgeführt.

FLUGZEUG

→ Zu den internationalen Fluggesellschaften, die Direktflüge aus Nordamerika und Europa zum **Internationalen Flughafen Carrasco** (☎ 2604-0272; www.aeropuertodecarrasco.com.uy) in Montevideo anbieten, gehören American (ab Miami) sowie Iberia und Air Europa (ab Madrid). Bei den meisten anderen Flügen muss man in Buenos Aires oder São Paulo umsteigen.

→ Einige Direktflüge aus Argentinien und Brasilien landen auch auf dem **Internationalen Flughafen Punta del Este international** (Aeropuerto de Punta del Este; ☎ 4255-9777; www.puntadeleste.aero).

→ Die uruguayische Abflugsteuer ist immer automatisch im Ticketpreis enthalten.

SCHIFF/FÄHRE

Die meisten Besucher reisen mit der Fähre aus Buenos Aires nach Uruguay und kommen in Colonia, Montevideo oder Carmelo an.

❶ Unterwegs vor Ort

AUTO & MOTORRAD

→ Ein eigener fahrbarer Untersatz kann sehr praktisch sein, speziell im Landesinneren, wo Busse seltener fahren. Reisende, die weniger als 90 Tage im Land bleiben, müssen einen gültigen Führerschein ihres Heimatlands haben. Die uruguayischen Autofahrer sind sehr rücksichtsvoll, selbst im quirligen Montevideo geht es verglichen mit Buenos Aires geruhsam zu.

→ Aufgrund von gesetzlichen Bestimmungen kostet Benzin an allen Tankstellen das Gleiche, auch an den allgegenwärtigen staatlichen Ancap-Tankstellen. Für 1 l bleifreies Benzin zahlte man zur Zeit der Recherche 42,50 $U.

BUS

→ Uruguay ist das ideale Land, um mit dem Bus zu fahren. Die Busse sind komfortabel, die Straßen in gutem Zustand, auf den Hauptrouten (besonders an der Atlantikküste und am Río Uruguay) fahren die Busse häufig, und die Entfernungen sind kurz – weil Uruguay so klein ist, wird die längste Fahrt wohl höchstens sechs Stunden dauern. Viele Busgesellschaften bieten kostenloses WLAN in den Bussen, und an den meisten Busbahnhöfen gibt's Gepäckaufbewahrungen.

→ Außerhalb der Ferienzeiten ist eine Reservierung nicht nötig (bei vorherigem Ticketkauf hat man aber eine größere Sitzauswahl). Zu Stoßzeiten fahren manchmal mehrere Busse eines Unternehmens gleichzeitig, dann ist die Busnummer auf dem Ticket ausgewiesen; am besten fragt man nochmal den Fahrer, um sicherzugehen, dass man im richtigen Bus ist.

NAHVERKEHR

Die Taxis, *remises* (Funktaxis) und Nahverkehrsbusse ähneln den argentinischen. Die Taxis sind mit Taxametern ausgestattet, zwischen 22 und 6 Uhr sowie sonntags und an Feiertagen wird ein Zuschlag von 20 % fällig. Das Stadtbusnetz in Montevideo und in anderen städtischen Gebieten ist hervorragend. In kleineren Küstenstädten bilden *micros* (Minibusse) die Hauptsäule des Nahverkehrs.

Venezuela

Inhalt ➡

Caracas 1045
Der Nordwesten . . . 1064
Die Anden 1069
Der Nordosten 1078
Isla de Margarita . . 1082
Guayana. 1085
Gran Sabana 1093
Amazonas 1097
Venezuela
verstehen. 1100
Praktisches 1109

Gut essen

➡ Granja Natalia (S. 1061)
➡ Come a Casa (S. 1055)
➡ Madera Fina (S. 1066)
➡ El Canto de la Ballena (S. 1064)
➡ La Casa Bistro (S. 1056)

Schön übernachten

➡ Posada Casa Sol (S. 1074)
➡ Tepuy Lodge (S. 1091)
➡ La Casa del Mono (S. 1068)
➡ Posada La Casita (S. 1086)
➡ Alquimia Paria (S. 1080)

Auf nach Venezuela!

Das spektakuläre Venezuela weist ein paar der herrlichsten Landschaften Südamerikas auf – hat aber momentan auch ein massives Image-Problem: Hyperinflation hat hier den Lebensstandard gesenkt (u. a. durch mangelnde Grundversorgung der Bevölkerung), und der Alltag ist so gefährlich wie sonst nirgendwo auf dem Kontinent, vor allem in Caracas. Dennoch lässt sich Venezuela nach wie vor und bemerkenswert günstig besuchen: Mit US-Dollar in der Tasche fühlen sich Traveller vor Ort auf einmal gut betucht. Die Sicherheitslage ist natürlich ein Problem, sollte einen aber nicht von einem Trip abhalten – gute Planung vorausgesetzt.

Denn wer das Land besucht, wird reich belohnt: Nur wenige Regionen der Erde besitzen so viel natürliche Schönheit. So warten hier Andengipfel, karibische Küsten, idyllische Inseln und artenreiches Grasland – ganz zu schweigen vom feuchtwarmen Orinoco-Delta und dem höchsten Wasserfall der Welt. Und momentan kann man diese Erfahrung fürs Leben so ziemlich für sich allein machen.

Reisezeit

Caracas

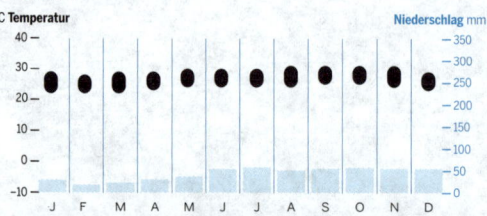

Mai–Nov. Die Regenzeit lässt den Salto Ángel und die Gran-Sabana-Fälle mächtig anschwellen.

Okt.–Nov. Leere Strände in der Nebensaison vor den Weihnachtsferien.

Feb./März Ganz Venezuela feiert Karneval (u. a. mit besonderen Festivals in manchen Großstädten).

Verkehrsmittel & -wege

Caracas ist Venezuales wichtigster Verkehrsknotenpunkt: Von hier aus besteht Flug- und Busverbindung in den Großteil des Landes. Von den vier Grenzübergängen nach Kolumbien wird die Küstenroute Maracaibo–Maicao am häufigsten von Ausländern genutzt. Dahinter rangiert die Andenstrecke zwischen San Antonio del Táchira und Cúcuta. Zwischen Brasilien und Venezuela gibt's nur eine Hauptverbindungsstraße. Von Manaus (Brasilien) führt diese über Boa Vista zum Grenzübergang bei Santa Elena de Uairén und dann weiter nach Ciudad Guayana. Bei der Alternativroute nach Brasilien folgt man dem entlegenen Südarm des Amazonas und dann dem Río Negro bis Manaus. Mangels Grenzübergang zwischen Venezuela und Guyana muss in diesem Fall ein Umweg über Brasilien genommen werden.

REISEROUTEN

Eine Woche
Eine Woche ist sehr kurz und reicht gerade mal für einen ersten Eindruck. Zuerst besucht man am besten das kolonialzeitliche Ciudad Bolívar und erkundet dessen historische Altstadt am mächtigen Río Orinoco. Von dort aus geht's dann per Flieger zum Lagunendorf Canaima mit Blick auf die markanten Tafelberge. Darauf folgen ein Bootstrip zum Fuß des Salto Ángel und eine Übernachtung im Urwald. Zum Schluss heißt's in Puerto Colombia oder Los Roques am Strand relaxen.

Ein Monat
Nach etwas Anden-Abenteuersport in Mérida geht's gen Osten per Safari durch Los Llanos. Anschließend fliegt man nach Canaima und besucht von Ciudad Bolívar aus den Salto Ángel. Danach empfehlen sich ein Outdoor-Abenteuer im Orinoco-Delta oder eine einwöchige Trekkingtour zum Roraima. Den Abschluss machen dann Schnorcheln und Sonnenbaden an den Sandstränden der Inselgruppe Los Roques oder an den unberührten Stränden der Península de Paria.

Essen & Trinken

→ **Arepa** Gegrillte Maismehlpfannkuchen mit Füllung (z. B. Käse oder Rindfleisch); beliebt als Schnellimbiss und Frühstücksgericht.

→ **Pabellón criollo** Venezuelas Nationalgericht aus Rinderhack, schwarzen Bohnen, Reis und Kochbananen.

→ **Polar-Bier** Gäbe es ein Nationalgetränk, wäre es dieses Bier in kleinen, eiskalten Flaschen.

→ **Kaffee** *Panaderías* (Bäckereien) servieren kleine Plastiktassen mit herrlich aromatischem Espresso aus einheimischen Bohnen.

→ **Schokolade** Venezuelas Schokolade zählt zu den besten der Welt, wird aber kaum exportiert.

ÜBERBLICK

→ **Geld** Immer auf dem Schwarzmarkt umtauschen – niemals Geldautomaten oder offizielle Wechselstuben benutzen!

→ **Sprachen** Spanisch; viele indigene Sprachen

→ **Visa** Max. 90-tägige Aufenthalte für EU-Bürger und Schweizer sind visumsfrei

→ **Währung** Bolívar Fuerte (BsF)

→ **Zeit** MEZ −5½ Std.

Kurzinfos

→ **Fläche** 912 050 km²
→ **Bevölkerung** 30,4 Mio.
→ **Hauptstadt** Caracas
→ **Notfall** 171
→ **Vorwahl** 58

Wechselkurse

Eurozone	1 €	11,21 BsF
	100 BsF	8,90 €
Schweiz	1 SFr	10,24 BsF
	100 BsF	9,74 SFr

Tagesbudget

→ **Budgetunterkunft** 5 US$
→ **Hauptgericht (abends)** 2 US$
→ **Dreitägige Tour zum Salto Ángel** 200 US$

Highlights

❶ Im Parque Nacional Canaima den welthöchsten Wasserfall bewundern: den **Salto Ángel** (S. 1088), der fast 1000 m in die Teife stürzt

❷ In **Mérida** (S. 1070), der Hauptstadt des Abenteuersports, bei Outdoor-Aktivitäten Adrenalinkicks erleben

❸ Durch die außerirdisch anmutende Mondlandschaft des Tafelbergs **Roraima** (S. 1093) wandern und dabei einzigartige Pflanzen bestaunen

❹ Auf den winzigen, unerschlossenen Inseln des **Archipiélago Los Roques** (S. 1061) schnorcheln, tauchen und an weißen Sandstränden relaxen

❺ In Venezuelas Cowboy-Land **Los Llanos** (S. 1077) auf grasbewachsenen Ebenen nach Capybaras (Wasserschweinen), Anacondas, Kaimanen und anderen Tieren Ausschau halten

❻ Delfine, Brüllaffen und Papageien im artenreichen **Delta del Orinoco** (S. 1089) beobachten

❼ In **Catatumbo** (S. 1071) einen Gang runterschalten und die weltberühmten Blitze über dem Maracaibo-See auf sich wirken lassen

❽ Abseits aller ausgetretenen Pfade die unberührten Strände der **Península de Paria** (S. 1080) erkunden

BEVOR ES LOSGEHT: WICHTIGE INFORMATIONEN ZU VENEZUELA

Momentan ist Venezuela kein einfaches Reiseland – spontane Abstecher sind daher keine gute Idee. Doch mit etwas Planung und viel gesundem Menschenverstand lassen sich hier dennoch lohnende Trips unternehmen. Folgende Infos sollten berücksichtigt werden:

Geld & Schwarzmarkt

Venezuelas Wirtschaft bricht gerade zusammen – hauptsächlich, weil die Regierung den Wert des Bolívar Fuerte (BsF) im Verhältnis zum US-Dollar komplett unrealistisch festgelegt hat (ca. 6:1). Dies hat zu Hyperinflation und einem blühenden Schwarzmarkt geführt. Auf Letzteren muss man gezwungenermaßen zurückgreifen, um eine Reise durch das Land bezahlbar zu machen. Auf dem Schwarzmarkt gibt's für 1 US$ den realistischen Gegenwert von 500 bis 700 BsF, wodurch Venezuela momentan zum spottbilligen Ziel wird. Ohne Schwarzmarkt sind Trips vor Ort schlicht nicht möglich. Somit braucht man unbedingt genügend Bares in US-Dollar. Eine Möglichkeit besteht darin, einen entsprechenden Betrag mitzubringen und gleich nach der Ankunft umzutauschen – alle Hotels und Reisebüros geben Hinweise zu Geldwechslern. Alternativ überweist man die Summe elektronisch an ein vertrauenswürdiges Reisebüro oder eine *posada* (Hotel bzw. Pension) und holt es dort ebenso gleich nach der Ankunft ab. Solcherlei Vorbereitung ist absolut essenziell: Ohne Schwarzmarkt werden sonst sogar Taxi- oder Busfahrten unbezahlbar teuer. Aufgrund des desaströsen offiziellen Wechselkurses sollten in Venezuela auch niemals Geldautomaten oder Kreditkarten benutzt werden.

Gefahren & Ärgernisse

Venezuela zählt zu den gefährlichsten Zielen in Südamerika – hier besteht ständig irgendein Risiko (vor allem in Form von Raubüberfällen). Wer auf der Hut ist, sorgsam plant und ein paar zusätzliche Vorsichtsmaßnahmen trifft, muss aber keinesfalls ganz auf einen Besuch verzichten. Das Risiko lässt sich minimieren, indem man z. B. Caracas meidet, bei Dunkelheit immer ein Taxi und nie öffentliche Busse nimmt und Telefone oder Kameras nicht auf der Straße benutzt. Zudem ist es ratsam, keine teuren Schmuckstücke oder Uhren zu tragen und sich vom Hotel bzw. Reisebüro am Busbahnhof oder Flughafen abholen zu lassen. Niemals mit inoffiziellen Taxis fahren, Geld bei Fremden umtauschen oder in Unterkünften übernachten, die nicht nachgewiesenermaßen sicher sind! Hinweise von Einheimischen stets ernst nehmen! Der Reisepass (inkl. Visumseite & Einreisestempel) sollte nie im Original, sondern nur als Kopie ständig mitgeführt werden. Diskretion erfordern die oft sehr großen Barsummen, die man wegen der schwachen Währung braucht (die größte venezolanische Banknote hat einen Wert von 0,20 US$).

Unterwegs vor Ort

Auch (sehr) erfahrene Individualreisende sollten in Venezuela unbedingt auf ein Reisebüro zurückgreifen: Reisebüros sind immer topaktuell informiert und buchen Inlandsreisen per Flugzeug oder Bus (vom Ausland aus jeweils unmöglich). Zudem helfen sie beim Geldumtausch und nehmen Überweisungen für Kunden entgegen. Momentan wird Venezuelas Inlandsflugnetz immer kleiner, was eine extreme Nachfrage und Überbuchungen zur Folge hat. Somit heißt's Inlandsflüge unbedingt mehrere Wochen im Voraus buchen und spätestens zwei (besser drei) Stunden vor dem geplanten Abflug überprüfen, ob man auch wirklich an Bord gehen kann. Venezolanische Fernbusse sind recht sicher; allerdings können Tickets mitunter nicht kurzfristig gekauft werden. Viele Traveller reisen per Taxi von Großstadt zu Großstadt: Die niedrigen Benzinpreise und der starke US-Dollar machen dies möglich. Taxis sind die sicherste Option für Überlandfahrten. In Caracas kann man die Metro bedenkenlos nutzen, sollte aber ganz auf Busfahrten verzichten.

Visa

EU-Bürger und Schweizer können sich 90 Tage lang visumfrei in Venezuela aufhalten. Benötigt wird dazu ein Reisepass mit noch mindestens sechs Monaten Gültigkeit bei Einreise. Die obligatorische Touristenkarte bei visumsfreier Einreise erhalten Flugpassagiere direkt an Bord. Bei Einreise auf dem See- oder Landweg ist die Karte jedoch eventuell schwieriger zu bekommen.

CARACAS

♪ 0212 / 5,2 MIO. EW.

Liebe auf den ersten Blick ist wohl ausgeschlossen: Venezuelas politische und kulturelle Hauptstadt ist eine weitläufige Metropole, die von Hektik, Dauerstau und Überbevölkerung geprägt ist. Auch Kriminalität und Umweltverschmutzung sind hier ziemlich stark präsent. Die meisten Stadtviertel sind wenig fußgängerfreundlich und oft auch sehr gefährlich – bei Dunkelheit sollte man grundsätzlich überall ein Taxi nehmen!

Viele Traveller lassen Caracas daher komplett links liegen. Doch das ist wirklich schade: Die Stadt liegt spektakulär im Schatten der urwaldbewachsenen Berge, die im Parque Nacional El Ávila emporragen. Die von dort herabziehenden Nebelschwaden sorgen vor Ort ganzjährig für ein angenehmes Klima. Zudem findet man in Caracas ein paar gute Museen und die besten Restaurants des Landes. Obendrein können Besucher einem reizenden Abendchor von *sapitos* (kleinen Fröschen) und zirpenden Grillen lauschen.

Die Sicherheitslage ist zweifellos der Hauptgrund für den Verzicht auf einen Aufenthalt hier und auch keinesfalls auf die leichte Schulter zu nehmen. Doch wer stets auf der Hut ist, vor dem Aufbruch zu allen unbekannten Zielen bei Einheimischen nachfragt und bei Dunkelheit grundsätzlich auf Taxis zurückgreift, dürfte kaum Probleme bekommen. Venezuelas raubeinige, aber faszinierende Hauptstadt ist bestimmt nichts für jedermann. Dafür beeindruckt sie ihre heutzutage wenigen Besucher fast immer umso mehr.

◉ Sehenswertes

Caracas erstreckt sich auf 20 km Länge entlang eines schmalen Küstentals und wird im Norden von den spektakulären Bergen des Parque Nacional El Ávila begrenzt. Die Steilhänge im Süden überzieht ein Mix aus modernen Vororten und *barrios* (Slum-Siedlungen). Die 8 km breite Innenstadt liegt zwischen den Vierteln El Silencio und Los Palos Grandes. Mehrere Museen verteilen sich rund um den Parque Central am Ostrand des historischen Zentrums. Die meisten Traveller zieht es in die zunehmend „sicheren" Gegenden im Bereich von Altamira und Los Palos Grandes: Dort gibt's jeweils viele anständige Unterkünfte und Restaurants.

◉ Innenstadt & Umgebung

Als Herz des ursprünglichen Caracas weist die historische Innenstadt immer noch Spuren aus der Kolonialzeit auf. Dennoch findet man hier auch viele neuere und teilweise fragwürdige Architektur aus dem letzten Jahrhundert. In dieser belebten Gegend warten ein paar lohnende historische Stätten (vor allem mit Bezug zu Simón Bolívar). Doch Achtung: Ab 18 Uhr leert sich das Zentrum und wird zu einem unsicheren Pflaster. Sogar tagsüber kann es hier zu gefährlichen Situationen kommen. Daher immer sehr wachsam sein!

Plaza Bolívar PLAZA

(Karte S. 1050; Ⓜ Capitolio, El Silencio) Das Herz der Altstadt, diese grüne Plaza, wird immer von *caraqueños* bevölkert, die sich in Gruppen zusammengekauert miteinander unterhalten. Kinder füttern hier die schwarzen Eichhörnchen in den Bäumen mit frischem Popcorn, während Händler am Platzrand *cepilladas* (geschabtes Eis) und Limonade verhökern. Afrikanische Tulpenbäume und Jararandas spenden überall Schatten. Vergoldete Cherubim-Statuen zieren die Springbrunnen in allen vier Platzecken.

Das obligatorische Reiterstandbild von Bolívar in der Platzmitte wurde in München gegossen, zerlegt nach Venezuela verschifft und 1874 schließlich enthüllt – zuvor war das Transportschiff im Bereich des Archipiélago los Roques untergegangen. Die Plaza ist außerdem ein beliebter Tummelplatz von politischen Visionären und religiösen Heilsbringern, die ihre leidenschaftlichen Reden vor dem gechillten Publikum halten. In den

---

ⓘ UM SIEBEN ECKEN

Eine Besonderheit in Caracas ist das seltsame System zur Benennung von Straßen: Hier werden nicht die jeweiligen Straßen benannt, sondern die *esquinas* (Straßenecken). Somit gelten Adressangaben von „Ecke zu Ecke". Beispiel: Piñango a Conde bedeutet, dass das betreffende Gebäude zwischen diesen beiden Ecken steht. Befindet es sich direkt an einer Ecke, wird nur diese genannt (z. B. Esq Conde). Außerdem gibt's normalerweise keine Hausnummern. Somit muss man wohl oder übel nach den entsprechenden Ecken suchen und sich dort umschauen.

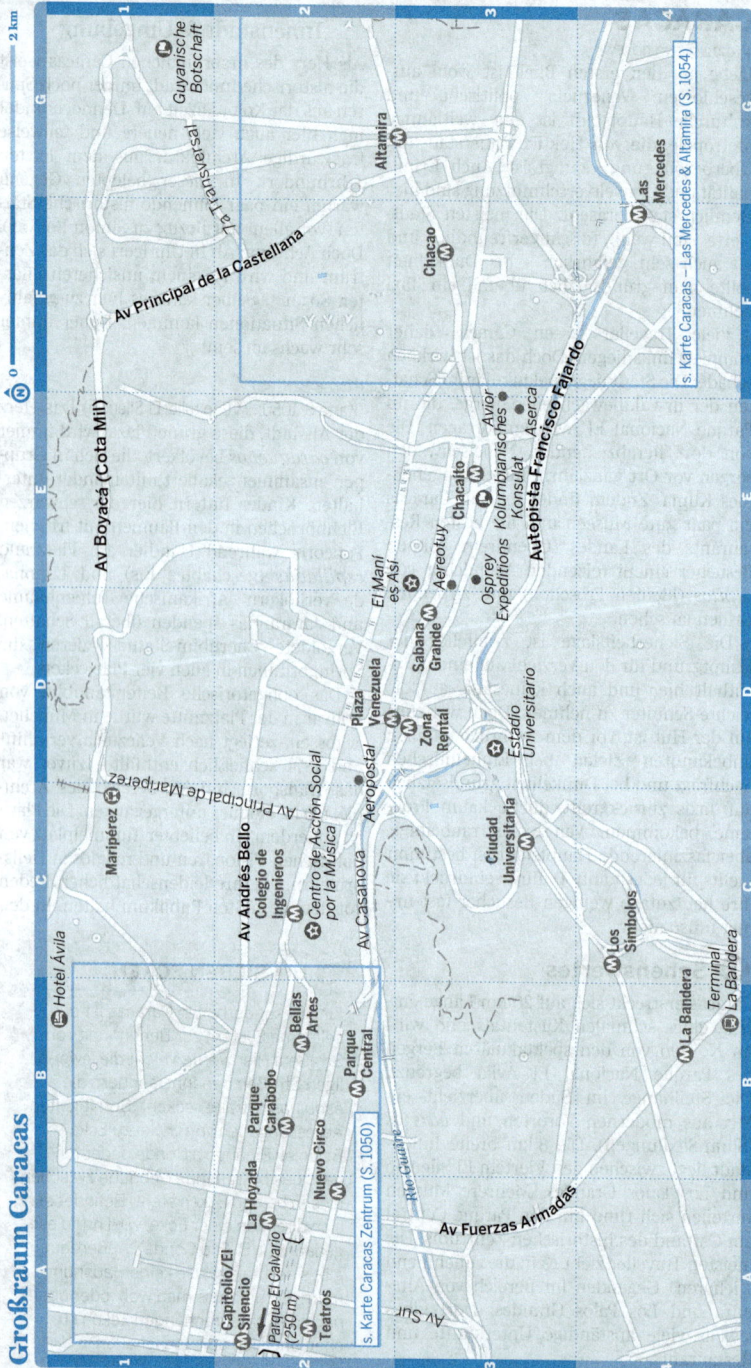

letzten Jahren sind hier vor allem Anhänger von Venezuelas linksgerichteter Regierung zugange: Neben Heiligen- oder Rockstarbildern verkaufen örtliche Stände auch Videos, Gemälde und Fotos des verstorbenen Hugo Chávez.

Catedral KIRCHE
(Karte S. 1050; ☎ 862-4963; Plaza Bolívar; ⊙ Mo-Fr 8-11.30 & 16-18, Sa & So 9-12 & 16.30-18 Uhr; Ⓜ Capitolio, El Silencio) GRATIS Die Kathedrale der Hauptstadt am Ostrand der Plaza Bolívar entstand Mitte des 16. Jhs. ursprünglich als schlichte Kapelle aus Lehmziegeln. Diese wich später einer größeren Kirche, die beim Erdbeben von 1641 zerstört wurde. Die neue Kathedrale (erb. 1665-1713) prunkt mit vielen tollen Blattgoldaltaren und reich verzierten Seitenkapellen. Die berühmteste davon ist der Familie Bolívar gewidmet und leicht an einer modernen Skulptur zu erkennen: dem großen Befreier, der seine Eltern und seine Braut betrauert.

Bolívar wurde hier getauft; der Taufstein steht aber mittlerweile in der Casa Natal de Bolívar. Im hinteren Bereich der Kapelle befindet sich ein sehenswertes Altarbild. Das weitläufige Innere mit fünf Schiffen und 32 Stützpfeilern wurde im späten 19. Jh. umfassend umgebaut.

Simón-Bolívar-Mausoleum MAUSOLEUM
(Karte S. 1050; Av Norte 1 nahe Av Oeste 13; ⊙ Di-So 9-16 Uhr; Ⓜ La Hoyada) GRATIS Chávez ließ Bolívar im Jahr 2010 exhumieren, um die genaue Todesursache festzustellen. Anschließend errichtete er seinem Helden dieses prachtvolle Mausoleum, das 2013 eröffnet wurde. Mit seiner Wellenform erinnert der kühne Bau in glänzendem Weiß (Gesamtkosten: 140 Mio. US$) entweder an die Ávila-Bergkette oder an eine 17 Stockwerke hohe Höllen-Skater-Rampe – man entscheide selbst. Selbst zu Chávez' Lebzeiten hat das Mausoleum großes Aufsehen erregt. Ein paar dreiste Experten behaupten zudem, dass sich Chávez hier selbst neben Bolívar begraben lassen wollte.

Besucher müssen sich angemessen kleiden. In Venezuela bedeutet dies Röcke für Frauen sowie lange Hosen und Hemden mit Kragen für Männer.

Casa Natal de Bolívar MUSEUM
(Bolívars Geburtsort; Karte S. 1050; ☎ 541-2563; San Jacinto a Traposos; ⊙ Mo-Fr 9-16.30, Sa & So 10-15 Uhr; Ⓜ La Hoyada) GRATIS Bolívars Begräbnis fand nur zwei Blocks entfernt von dem Haus statt, in dem er am 24. Juli 1783 geboren wurde. Die Innengestaltung zeugt von echter Leidenschaft: Mehrere große Wandgemälde von Tito Salas zeigen hier Szenen aus Bolívars Leben und heldenhaften Schlachten. Mit ihren Notebooks in der Hand lassen sich Einheimische gern vor kitschiger Kulisse unter dem Baum im Hinterhof fotografieren. Denn dort soll Bolívar von Simon Rodriguez das Lesen und Schreiben erlernt haben.

Museo Sacro de Caracas MUSEUM
(Karte S. 1050; ☎ 861-6562; Plaza Bolívar; Erw./Stud. 30/20 BsF; ⊙ Mo-Sa 9-16 Uhr; Ⓜ Capitolio, El Silencio) Auf dem alten Friedhof der Kathedrale ist dieses Museum in einem tadellos restaurierten Gebäude aus der Kolonialzeit untergebracht. Die kleine, aber erlesene Sammlung zeigt Sakralkunst. Ein niedriger Durchgang führt zum düsteren alten Kirchengefängnis, wo die sterblichen Überreste früherer Kirchenführer bis heute in verglasten Nischen zu sehen sind. Das Museum veranstaltet auch Konzerte und Vorträge. Das nette Café hinter dem Haus befindet sich in einer ehemaligen Kapelle der benachbarten Kathedrale.

Asamblea Nacional HISTORISCHES GEBÄUDE
(Capitolio Nacional; Karte S. 1050; ☎ 483-8240; abseits der Plaza Bolívar; ⊙ ✳ ✉ & So 8-12 Uhr; Ⓜ Capitolio, El Silencio) GRATIS Während seines Modernisierungswahns in den 1870er-Jahren gab Guzmán Blanco einen ehrgeizigen Parlamentssitz in Auftrag: die Nationalversammlung (früher Capitolio Nacional) im neoklassizistischen Stil, die gleich südwestlich der Plaza Bolívar einen ganzen Block in Beschlag nimmt. Dort befand sich ursprünglich ein Konvent, den der Diktator abreißen ließ, nachdem die Bewohner gewaltsam vertrieben worden waren. Am Wochenende kann der zweiteilige Komplex besichtigt werden.

Museo Bolivariano MUSEUM
(Karte S. 1050; ☎ 545-3396; San Jacinto a Traposos; ⊙ Mo-Fr 9-16.30, Sa & So 10-16 Uhr; Ⓜ La Hoyada) GRATIS Dieses Museum hat sich seinen Kolonialstil erfolgreich erhalten und zeigt diverse Erinnerungsstücke aus der Zeit des Unabhängigkeitskampfs (z. B. Musketen, Schwerter, Rasiersets). Zu sehen gibt's auch zahlreiche Porträts sowie Dokumente und Briefe, die Bolívar einst selbst verfasste. Morbider wirkt da der Sarg, in dem der tote Bolívar von Santa Marta in Kolumbien hierher gebracht wurde. Dasselbe gilt für die *arca cineraria* (Urnenbahre), auf der man seine Asche ins Panteón Nacional brachte.

Parque Central & Umgebung

Das künstlerische und kulturelle Herz der Hauptstadt ist gar kein Park, sondern eine Ansammlung von Hochhäusern aus Beton. Hier findet man ein halbes Dutzend Museen, zwei Kunstfilmkinos, die größte örtliche Konzerthalle und eines der besten Theater der Stadt. Viele Raubüberfälle (sogar am helllichten Tag) machen diese Gegend jedoch gefährlich. Daher extreme Vorsicht walten lassen und möglichst immer ein Taxi nehmen!

★ Museo de Arte Contemporáneo de Caracas MUSEUM
(Karte S. 1050; 573-8289; www.fmn.gob.ve; Parque Central; Di-Fr 9-17, Sa &So 10-17 Uhr; M Parque Central od. Belles Artes) GRATIS Das landesweit beste Museum für zeitgenössische Kunst befindet sich am östlichen Ende des Parque Central. Inmitten des Betondschungels ist es jedoch vielleicht etwas schwer zu finden. In den zwölf Sälen auf insgesamt fünf Stockwerken warten u. a. Werke vieler prominenter Künstler aus Venezuela (u. a. von Jesús Soto, der für seine kinetischen Arbeiten berühmt ist). Ausgestellt sind zudem zahlreiche Gemälde von internationalen Größen wie Picasso, Chagall, Mondrian oder Léger.

Galería de Arte Nacional MUSEUM
(Karte S. 1050; 578-8707; www.fmn.gob.ve; Av México s/n; Mo-Fr 9-17, Sa & So 10-17 Uhr; M Bellas Artes) GRATIS Der Bau von Venezuelas größtem Museum wurde 1989 begonnen, aber Mitte der 1990er-Jahre eingestellt. Architekt Carlos Gómez gab sich jedoch nicht geschlagen; so gingen die Arbeiten im Jahr 2006 endlich weiter. Seit seiner offiziellen Eröffnung (2009) zeigt das Museum insgesamt 7000 venezolanische Werke aus 500 Jahren. Stücke der bedeutendsten Künstler des Landes werden hier hübsch präsentiert – darunter auch das wichtigste Werk der Sammlung: *Miranda en La Carraca* (1896; Arturo Michelenas Porträt von Francisco Miranda).

Museo de Bellas Artes MUSEUM
(Karte S. 1050; 578-0275; www.fmn.gob.ve; Parque Central; Mo-Fr 9-16, SA & So 10-17 Uhr; M Bellas Artes) GRATIS Das schmucke und sehr geräumige Museum für bildende Kunst befindet sich in zwei Gebäuden des venezolanischen Architekten Carlos Raúl Villanueva. Eines davon ist ein moderner Zweckbau mit sechs Stockwerken. Das andere umgibt auf würdevolle Weise einen neoklassizistischen Innenhof mit Trauerweiden und einem Teich. Die Dauerausstellung zeigt neben kubistischen Werken auch Stücke aus Ägypten und China. Hinzu kommen 18 Säle mit größtenteils wechselnden Ausstellungen. Der kleine Museumsshop verkauft Kunst und Kunsthandwerk im zeitgenössischen Stil.

Sabana Grande & Umgebung

Rund 2 km östlich des Parque Central liegt das umtriebige Viertel Sabana Grande mit vielen Stundenmotels, Restaurants und Läden. Zahllose Einheimische unternehmen hier Marktbummel entlang des belebten **Boulevard de Sabana Grande** zwischen Plaza Venezuela und Plaza Chacaíto. Früher war Sabana Grande der backpackerfreundlichste Bezirk in Caracas. In den letzten Jahren haben die örtlichen Sicherheitsprobleme jedoch sehr stark zugenommen. Traveller sollten hier überhaupt nicht herumlaufen und zu jeder Tageszeit unbedingt ein Taxi nehmen.

Altamira & Los Palos Grandes

Östlich von Sabana Grande wirkt die Stadtlandschaft etwas schicker – vor allem in **La Castellana**, **Las Mercedes**, **Los Palos Grandes** und **Altamira**. Dort gibt's zwar nirgendwo Sehenswürdigkeiten, aber viele Restaurants, Bars und Unterkünfte. Zudem sind dies die bei Weitem sichersten Hauptstadtviertel: Herumlaufen bei Dunkelheit ist hier relativ gefahrlos möglich, sofern man vorsichtig ist und sich an belebte Straßen hält. Doch nicht vergessen: In Richtung Osten nehmen die sozialen Probleme sehr schnell und stark zu – am östlichen Stadtrand liegen ein paar der ärmsten *barrios* von ganz Caracas!

El Hatillo

El Hatillo war einst ein eigenständiges Dorf, gehört aber nun zum Stadtgebiet von Caracas. Rund 15 km südöstlich vom Zentrum tummeln sich hier am Wochenende zahlreiche Einwohner der dichter besiedelten Innenstadtbezirke. Ein Grund für diese Beliebtheit sind die Plazas und schmalen Straßen im früheren Ortskern: Deren Ränder werden von Restaurants, Kunstgalerien und Kunsthandwerksläden in bunt gestrichenen Gebäuden aus der Kolonialzeit gesäumt. Am

CARACAS: GEFAHREN & ÄRGERNISSE

Das arme Caracas hat einen furchtbaren Ruf: Die oft gefährliche Metropole ist für Diebstähle, Raubüberfälle und Entführungen berüchtigt. Besucher sollten hier niemals Gegenden erkunden, die nicht nachgewiesenermaßen relativ sicher sind. Alle *barrios* (Slum-Siedlungen) sind zu jeder Tageszeit absolut tabu! Doch auch viele andere Viertel von Caracas sind sogar tagsüber gefährlich für Fußgänger. Ein relativ geringes Risiko besteht im Gebiet zwischen Altamira und Los Palos Grandes. Doch außerhalb dieser „Sicherheitsoase" sollten Traveller niemals Wertgegenstände (z. B. Handys, Kameras, teure Schmuckstücke oder Uhren) offen bzw. sichtbar mitführen. Zudem ist es höchst ratsam, auf Rucksäcke und Shorts zu verzichten – denn beides kennzeichnet einen sofort als reichen Touristen. Und zumindest bei Dunkelheit grundsätzlich ein Taxi nehmen!

Trotz der örtlichen Situation ist das hervorragende Metronetz der Stadt allgemein eine recht sichere Sache. Benutzer sollten dennoch auf Nachtfahrten verzichten und müssen stets mit Taschendieben rechnen. Bitte niemals davon ausgehen, dass ein Viertel sicher ist, nur weil öffentliche Verkehrsmittel dorthin fahren: Die neuen Straßenbahnlinien zu den *barrios* sind definitiv nicht für neugierige Traveller gedacht! Da Stadtbusse in Caracas häufig von bewaffneten Räubern überfallen werden, sollte man auch dieses Verkehrsmittel grundsätzlich meiden.

Ein weiteres Risiko sind sogenannte „Express-Entführungen". Dabei werden die Opfer auf der Straße abgefangen, mit vorgehaltener Schusswaffe in ein Auto gezwungen und verschleppt. Anschließend müssen sie zur Lösegeldzahlung Angehörige kontaktieren. Nach dem Eingang des zumeist nicht sehr hohen Betrags kommt die entführte Person dann allgemein schnell wieder frei. Doch in psychologischer Hinsicht ist eine solche Erfahrung extrem erschütternd – darum möglichst niemals allein bei Dunkelheit herumlaufen (schon gar nicht auf menschenleeren Straßen)!

Nachmittag und frühen Abend herrscht in El Hatillo außerdem immer eine friedvolle Atmosphäre, in der Restaurant- bzw. Cafégäste entspannt dem „Gesang" von Grillen und *sapitos* lauschen. Für die Anreise unbedingt ein Taxi nehmen!

Geführte Touren

Leo Lameda Tours STADTSPAZIERGANG
(0412-998-1998; leo.lameda@gmail.com; Tagestour 60 US$) Bei diesen etwas unkonventionelleren Stadtspaziergängen erkundet man ein paar weniger stark besuchte Ecken von Caracas (z. B. den Uni-Campus und den Friedhof im Zentrum). Unterwegs gibt's viele aufschlussreiche Einblicke in die Hauptstadtgeschichte.

Zam Hernandez STADTSPAZIERGANG
(0414-201-7077; zamhernandez@gmail.com; Tagestour ab 45 US$) Zam ist ein professioneller Touristenführer und spricht hervorragend Englisch. Er kennt Caracas bzw. dessen historische Stätten wie seine Westentasche und leitet seine Touren mit viel Humor.

Sociedad Conservacionista Audubón de Venezuela VOGELBEOBACHTUNG
(SCAV; Karte S. 1054; 272-8708; www.audubonvenezuela.org) Diese Naturschutzorganisation veranstaltet Vogelbeobachtungen und geführte Wanderungen unter der Leitung von Experten. Neben Caracas und Umgebung werden dabei auch Nationalparks wie der Parque Nacional Henri Pittier erkundet.

Feste & Events

Weihnachten, Karneval und Ostern feiert Caracas am intensivsten. Dann haben alle Behörden bzw. Büros und die meisten Läden geschlossen, während Verkehrsmittel sehr stark genutzt werden.

Bereits während der Semana Santa (Heilige Woche vor Ostern) geht's vor allem in Chacao hoch her. In weiter draußen liegenden Bezirken mit traditioneller Prägung werden Feiertage meist schwungvoller begangen als in den Innenstadtvierteln. In El Hatillo finden das ganze Jahr über zusätzlich diverse Lokalfeste statt (u. a. am 3. Mai, 16. Juli & 4. September).

Schlafen

Bezüglich Backpackerfreundlichkeit galt Caracas jahrelang als eines der miesesten Ziele in ganz Südamerika – vor allem, weil es hier fast keine sicheren Budgetbleiben gab. Doch der momentan sehr vorteilhafte US-Dollar-Umtauschkurs auf dem Schwarzmarkt

Caracas Zentrum

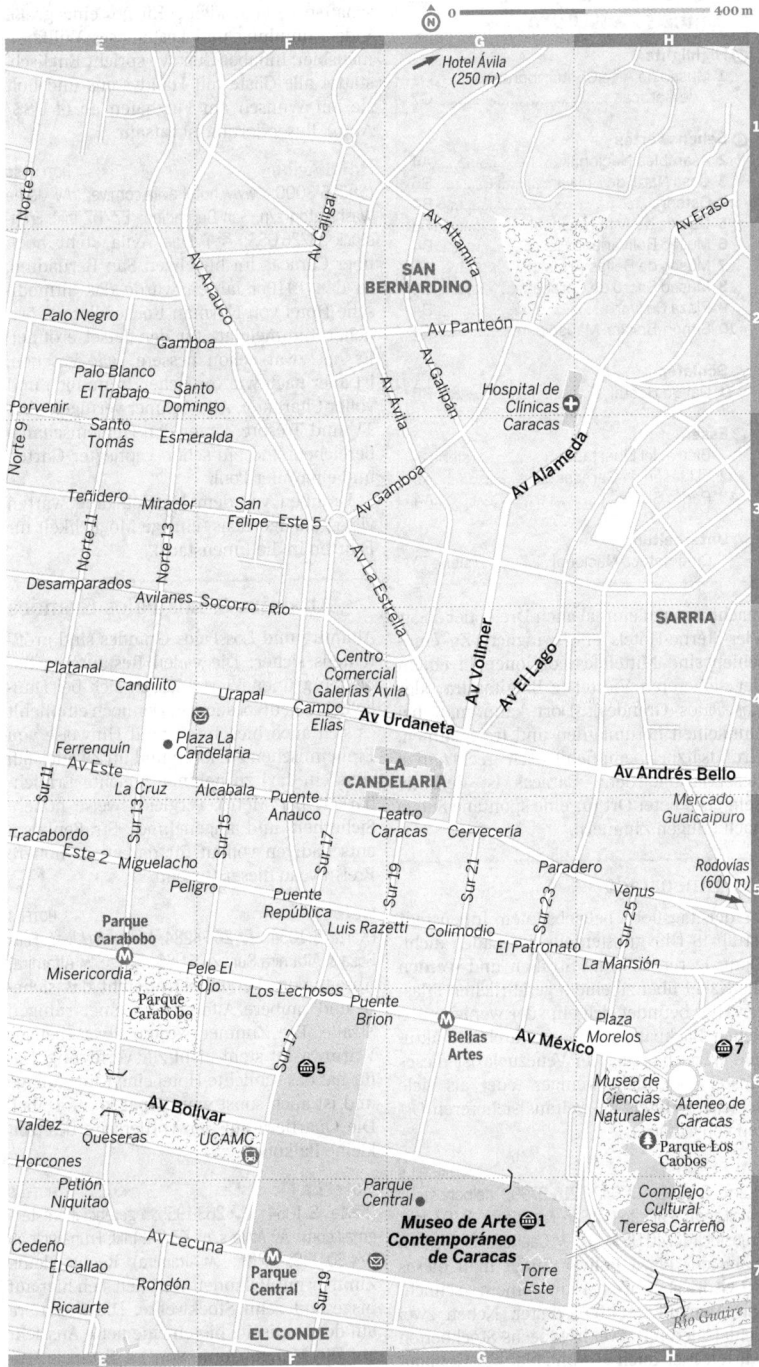

Caracas Zentrum

◉ Highlights
1 Museo de Arte Contemporáneo de Caracas G7

◉ Sehenswertes
2 Asamblea Nacional A4
3 Casa Natal de Bolívar B5
4 Catedral...B4
5 Galería de Arte Nacional F6
6 Museo Bolivariano B4
7 Museo de Bellas Artes H6
8 Museo Sacro de Caracas.....................B4
9 Plaza Bolívar.......................................B4
10 Simón-Bolívar-Mausoleum..................C1

◉ Schlafen
11 Dal Bo Hostal.......................................B5

◉ Essen
Bistro del Libertador .... (siehe 8)
12 El Méson de Caracas A3
13 Padre Sierra...A4

◉ Unterhaltung
Cinemateca Nacional .... (siehe 7)

macht nun auf einmal auch Drei- oder sogar Vier-Sterne-Hotels erschwinglich. Zu empfehlen sind Mittelklasseoptionen in einem der sichereren Viertel (z.B. Altamira oder Los Palos Grandes): Dort kann man bei Dunkelheit herumlaufen und freier atmen. Grundsätzlich empfiehlt sich rechtzeitige Reservierung, denn Caracas ist definitiv kein geeigneter Ort für eine spontane Suche nach billigen Zimmern.

🛏 Innenstadt

In der tagsüber betriebsamen Innenstadt ist ab 18 Uhr größtenteils der Laden dicht. Dann leeren sich die Straßen und werden die Nacht über zu einem gefährlichen Pflaster. Hier befindet sich eine der wenigen örtlichen Backpackerbleiben. Durch die aktuelle Wirtschaftslage in Venezuela ist dieses Hostel aber nicht weniger teuer als viele schickere Hotels im weitaus sichereren Osten von Caracas.

Dal Bo Hostal   HOSTEL $
(Karte S.1050; ☎0424-215-0799; dalbohostel@gmail.com; Pajaritos a San Francisco; B/DZ inkl. Frühstück 13/40 US$; 🛜; Ⓜ Capitolio, El Silencio) Nahe der Plaza Bolívar findet man dieses provisorische Hostel in einem schlichten Apartment ohne Fenster. Neben zwei Schlafsälen mit zwei bzw. sechs Stockbetten warten hier auch ein blitzblankes Gemeinschaftsbad, eine kleine Küche, eine große Videosammlung und kostenloses Willkommensbier. Inhaber Gustavo spricht Englisch, stattet alle Gäste mit Handys aus und holt sie auf Wunsch am Flughafen ab (4 US$/Auto). Reservierung ist ratsam.

Hotel Ávila   HOTEL $$$
(☎555-3000; www.hotel-avila.com.ve; Av Jorge Washington s/n, San Bernadino; EZ/DZ inkl. Frühstück 23/26 US$; 🛜) Das Ávila steht hoch über Caracas im hügeligen San Bernadino. In den 1940er-Jahren wurde das altmodische Hotel von Norman Rockefeller als örtlicher Tummelplatz für den Jetset eröffnet. Es hat zwar schon bessere Tage gesehen, ist aber nach wie vor sicher, freundlich und voller Charakter. Alle Zimmer verfügen über TV und Tresore. Unter den Gemeinschaftsbereichen sind ein schön gepflegter Garten und ein ovaler Pool.

Draußen vor dem Hoteleingang warten viele günstige Taxis (einzige Möglichkeit für Fahrten in die Innenstadt).

🛏 Altamira & Los Palos Grandes

Altamira und Los Palos Grandes sind größtenteils sicher: Die vielen Restaurants der beiden grünen Viertel lassen sich bei Dunkelheit zu Fuß besuchen. Dennoch empfiehlt es sich auch hier, immer auf Hinweise von Einheimischen zu hören und im Zweifelsfall stets ein Taxi zu nehmen. Leichte Erreichbarkeit per Metro, vergleichsweise höhere Sicherheit und angenehmes Straßenleben entschädigen vollauf für das etwas höhere Preisniveau dieser Gegend.

Hotel Altamira   HOTEL $
(Karte S.1054; ☎267-4284; Ecke Av José Félix Sosa & Altamira Sur; Zi. 5 US$; ❄🛜; Ⓜ Altamira) Abseits vom Verkehrslärm steht das sichere und saubere Altamira an einer ruhigen Straße. Die Zimmer wirken etwas betagt; Warmwasser steht nicht zur Verfügung. Dafür hat das schlichte Hotel eine Klimaanlage und ist auch sonst wunderbar komfortabel. Die Quartiere auf der Vorderseite besitzen kleine Balkone.

Hotel La Floresta   HOTEL $
(Karte S.1054; ☎263-1955; gerenciafloresta@gmail.com; Av Ávila s/n; EZ/DZ inkl. Frühstück ab 4/4,50 US$; ❄🛜; Ⓜ Altamira) Recht kleine Zimmer mit Balkonen verteilen sich hier auf insgesamt zehn Stockwerke. Die Quartiere auf der Nordseite bieten eine nette Aussicht auf die Mangobäume von La Estancia, zu-

dem sind sie ruhiger als die Varianten an der verkehrsreichen Hauptstraße. Die Lounge im Erdgeschoss serviert Gratisfrühstück à la Europa. Das benachbarte Café ist jedoch die bessere Alternative.

★ Pestana Suites Caracas HOTEL $$$
(Karte S. 1054; ☎208-1900; www.pestana.com; 1A Av; Zi. inkl. Frühstück ab 65 US$; ✳☎☎; Ⓜ Miranda) Das schicke Hochhaushotel ist sein Geld wert: Hier gibt's große, stilvolle und komfortable Zimmer mit super Aussicht. Zum Wohlfühlfaktor tragen auch die strengen Sicherheitsvorkehrungen bei. Nach einem Tag im Großstadtdschungel kann man prima im Infinity-Pool der Dachbar relaxen. Über Reisebüros lassen sich oft großzügige Rabatte ergattern.

Garden Suites BUSINESSHOTEL $$$
(Karte S. 1054; ☎266-9844; www.gardensuites.org; 5A Transversal zw. 4A Av & Los Granados; Suite inkl. Frühstück ab 37 US$; ✳☎; Ⓜ Altamira) Wer eine unauffällige Bleibe mit guten Sicherheitsvorkehrungen sucht, ist hier genau richtig: Dieses versteckte Hotel sieht wie ein normales Wohnhaus aus und hat kein auffälliges Schild. Viele der besten örtlichen Restaurants liegen in fußläufiger Entfernung. Alle Zimmer sind geräumig, komfortabel und gut in Schuss; sie verfügen jeweils über Wohnbereiche und einfache Kochecken.

🛏 Flughafen & Litoral Central

Viele Traveller nutzen Caracas nur zum Umsteigen am Flughafen und besuchen die eigentliche Stadt erst gar nicht. Nahe Maiquetía liegen die Küstenorte Catia La Mar und Macuto. Beide sind alles andere als charmant, punkten aber mit einigen guten und sicheren Unterkünften. Alle örtlichen Hotels organisieren Flughafen-Shuttles bei rechtzeitiger Benachrichtigung per E-Mail oder Telefon. Der Verkehr entlang der Küste ist tagsüber mitunter heftig; hektische morgendliche Trips vom Zentrum zum Flughafen sind aber weitaus stressiger. Flugpassagiere müssen mehrere Stunden vor dem Start einchecken (Auslands-/Inlandsflüge spätestens 3/2 Std.). Somit wäre es bei einem frühen Flieger blanker Wahnsinn, nicht in dieser Gegend zu übernachten.

Hotel Catimar HOTEL $
(☎351-9097; www.hotelcatimar.com; Av Principal de Puerto Viejo s/n, Catia La Mar; Zi. ab 7 US$; ✳@☎) Genau gegenüber vom Strand punktet dieses professionell geführte Hotel u. a. mit gutem Internetzugang, kostenlosen Flughafen-Shuttles, zu Schwänen gefalteten Handtüchern und super Meerblick vom Hausrestaurant. Die 75 Zimmer sind etwas düster, aber sauber und komfortabel.

Hostal Tanausu HOTEL $
(☎352-1704; hoteltanausu1@yahoo.es; Av Atlántida s/n, Catia La Mar; Zi. ab 7 US$; ✳☎) Das geschäftige Hotel an einer belebten Kreuzung wirkt wie ein kitschiges Motel (man beachte z. B. das seltsame Fliesen-Flickwerk in den Fluren). Dafür gibt's hier feste, neue Matratzen und eine *tasca* (Restaurant-Bar im spanischen Stil), die zwischen Baumreihen drei Mahlzeiten pro Tag serviert. Von manchen der fensterlosen Zimmer am oberen Korridor lässt man besser die Finger.

Hotel Playa Grande Caribe HOTEL $$
(☎350-2500; www.hotelplayagrandecaribe.com; Av Principal de Puerto Viejo s/n, Catia La Mar; Zi. ab 15 US$; ✳☎☎) Der Name ist Programm: Das Hotel liegt nur zehn Fahrtminuten vom Flughafen entfernt direkt am karibischen Meer. Die riesigen Zimmer entsprechen Suiten mit Meerblick, komplett weißer Einrichtung und gestärkter Bettwäsche. Die Gemeinschaftsbereiche haben allerdings schon bessere Tage gesehen.

🍴 Essen

In der Innenstadt gibt's viele Billigrestaurants sowie Straßenhändler, die *cachapas* (kleine Maismehlpfannkuchen) und *arepas* verkaufen – sehr praktisch beim Sightseeing. Abends speist es sich in Altamira und Los Palos Grandes am besten: Beide Viertel sind relativ sicher und für gute Küche bekannt.

🍴 Innenstadt

Padre Sierra VENEZOLANISCH $
(Karte S. 1050; Esq Padre Sierra; Hauptgerichte 1-3 US$; ⊙8-22 Uhr; Ⓜ Capitolio/El Silencio) Dieses Mittagslokal in praktischer Lage vor der Asamblea Nacional wirkt irgendwie trist. Trotzdem laben sich lärmende Scharen von Einheimischen hier gern an Pizzas und venezolanischen Gerichten, die so üppig wie preiswert sind.

El Méson de Caracas VENEZOLANISCH $
(Karte S. 1050; El Conde a Carmelitas; Hauptgerichte 1-5 US$; ⊙Mo-Sa 12-23 Uhr; Ⓜ Capitolio/El Silencio) In dieser altmodischen, ruhigen und fast schon versteckten Innenstadtoase hat die Eleganz des alten Caracas teilweise über-

Caracas – Las Mercedes & Altamira

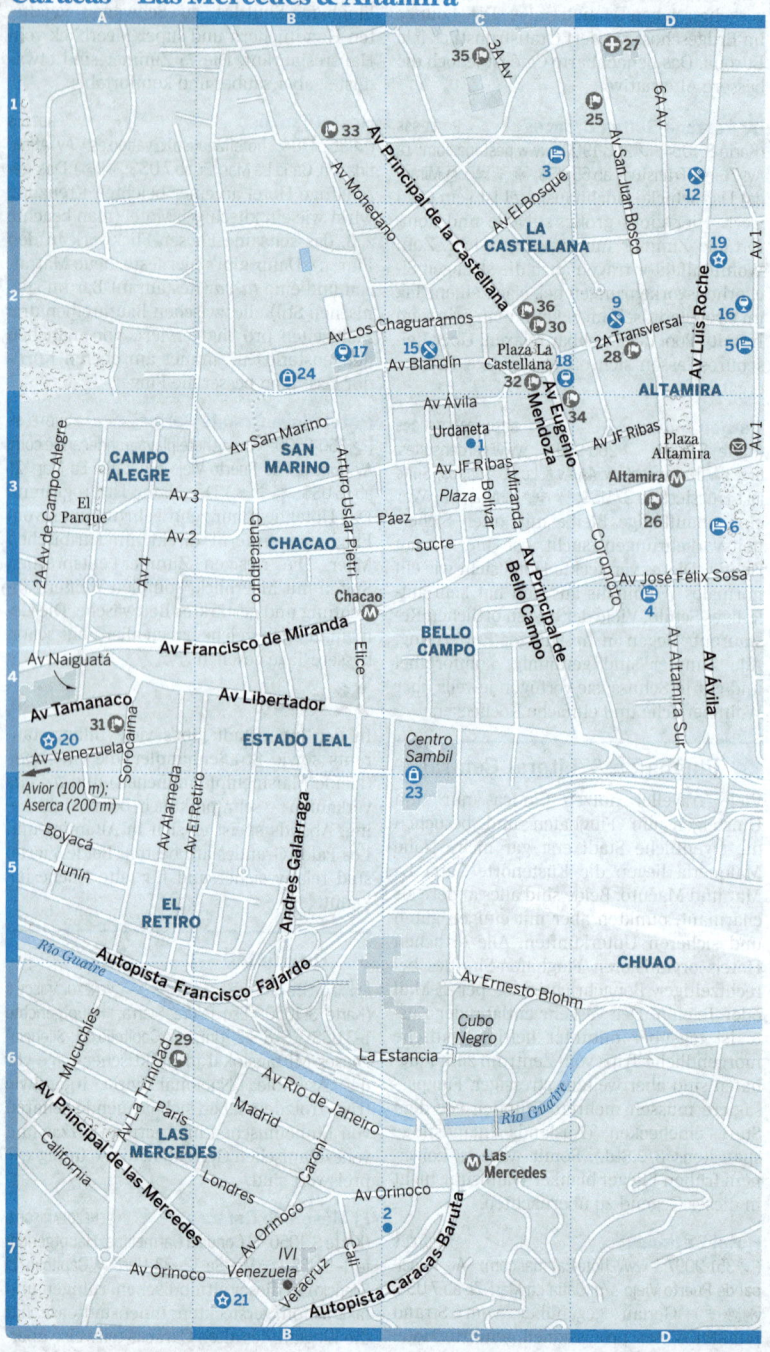

lebt. Hierfür sorgen u. a. Kellner im Smoking und eine Holzbar in klassischer Rechteckform. Seafood, Fisch und *ceviche* (rohe marinierte Meeresfrüchte) sind die Spezialitäten des Hauses. Auf der Karte stehen aber auch Fastfood und viele Fleischgerichte.

Bistro del Libertador CAFÉ $
(Karte S.1050; Esq Las Gradillas; Hauptgerichte 1–2 US$; 8–20 Uhr; ; Capitolio/El Silencio) Schicke Räumlichkeiten mit Klimaanlage, viel Tageslicht und Schachbrettboden heben dieses neue Café von seiner Konkurrenz ab. Dank zentraler Lage nahe den wichtigsten örtlichen Sehenswürdigkeiten eignet sich der Laden prima für ein leichtes Mittagessen (z. B. Salate, Sandwiches) oder Kaffee und Kuchen am Nachmittag.

Altamira & Los Palos Grandes

Arábica Coffee Bar CAFÉ $
(Karte S.1054; 286-3636; Av Andrés Bello s/n, Los Palos Grandes; Hauptgerichte 1–3 US$; Mo–Mi 7–23, Do–So 7–24 Uhr; ; Altamira) Das freundliche und ungemein beliebte Café serviert den wohl besten Kaffee der Stadt – basierend auf einer grandiosen Auswahl selbst gerösteter Bohnen, deren Duft praktisch durch den ganzen Block wabert. Im angenehmen Ambiente von maurisch angehauchten Räumlichkeiten mit schattiger Freiluftterrasse kann man hier z. B. auch frisch zubereitete Empanadas, super Backwaren und größere Gerichte genießen. Alle Zutaten stammen aus der Region.

Delicatesses Rey David FEINKOST $
(Karte S.1054; Transversal 4, Los Palos Grandes; Hauptgerichte 2–6 US$; 7–23 Uhr; ; Altamira) Die erlesene Riesenauswahl dieses (für örtliche Verhältnisse) sehr teuren Feinkostladens umfasst u. a. Obst, Gemüse und Schokolade. Das belebte Hausrestaurant kredenzt von koscheren Hotdogs bis hin zu Frühstückscroissants mit Räucherlachs und Ei alles Mögliche.

★**Come a Casa** ITALIENISCH $
(Karte S.1054; Av 1 & Transversal 1; Hauptgerichte 2–4 US$; Di 12–14.30, Mi & Do 12–19, Fr & Sa 12–22, So 13.30–16.30 Uhr; ; Altamira) Das sizilianische Restaurant im Herzen von Los Palos Grandes ist einem auf Anhieb sympathisch. Neben Tagesgerichten, tollen Salaten und interessanten Vorspeisen gibt's hier auch viele verschiedene Sorten Pasta und Risotto. Obendrein kann sogar super Regionalbier aus Venezuela bestellt werden – was

Caracas – Las Mercedes & Altamira

Aktivitäten, Kurse & Touren
1 Akanan Travel & Adventure ... C3
2 Sociedad Conservacionista Audubón de Venezuela ... C7

Schlafen
3 Garden Suites ... C1
4 Hotel Altamira ... D4
5 Hotel Altamira Suites ... D2
6 Hotel La Floresta ... D3
7 Pestana Suites Caracas ... F2

Essen
8 Arábica Coffee Bar ... E2
9 Café Il Botticello ... D2
10 Come a Casa ... E2
11 Delicatessen Rey David ... E1
12 El Barquero ... D1
13 La Casa Bistro ... E1
14 Pollo en Brasas El Coyuco ... E2
15 Restaurant Gran Horizonte ... C2

Ausgehen & Nachtleben
16 360° Roof Bar ... D2
17 Centro Comercial San Ignacio ... B2
18 El León ... C2

Unterhaltung
19 Celarg ... D2
20 Discovery Bar ... A4
21 Teatro Trasnocho Cultural ... B7

Shoppen
22 American Book Shop ... E3
   Centro Comercial Paseo Las Mercedes ... (siehe 21)
23 Centro Comercial Sambil ... C5
24 Centro Comercial San Ignacio ... B2

Praktisches
25 Brasilianisches Konsulat ... D1
26 Kanadische Botschaft ... D3
27 Clínica El Ávila ... D1
28 Niederländische Botschaft ... D2
29 Französische Botschaft ... A6
30 Deutsche Botschaft ... C2
31 Italienische Botschaft ... A4
32 Japanische Botschaft ... C2
33 Spanische Botschaft ... B1
34 Schweizerische Botschaft ... C3
35 Botschaft von Trinidad & Tobago ... C1
36 Britische Botschaft ... C2

---

all diejenigen final überzeugen dürfte, die von Polar Light die Nase voll haben.

★ La Casa Bistro INTERNATIONAL $
(Karte S.1054; Av 3 & Transversal 4, Los Palos Grandes; Hauptgerichte 2–5 US$; ⊗8–17 Uhr; ≋; MAltamira) Dieser glitzernde Tempel der kulinarischen Raffinesse ist im heruntergekommenen Caracas eine echte Besonderheit. Da das Lokal im Viertel extrem beliebt ist, muss man hier morgens oder mittags oft auf einen freien Tisch warten. Auf der internationalen Karte stehen z. B. hervorragende Salate, üppige Burger, Grillfleisch und leckere Pastrami-Sandwiches. Freundlicher und schneller Profi-Service.

El Barquero SEAFOOD $$
(Karte S.1054; ☎261-4645; Av Luis Roche s/n; Gerichte 3–8 US$; MAltamira) Das Restaurant aus der Zeit des alten Caracas ist für seine exzellenten Meeresfrüchte bekannt. Eigentliche Hauptattraktion ist jedoch das faszinierende Publikum an der belebten Bar: ein Haufen halbseidener Charaktere, die bestens in einen Film von David Lynch passen würden.

Café Il Botticello ITALIENISCH $
(Karte S.1054; ☎266-1618; 2A Transversal s/n; Gerichte 1–2 US$; ⊗Mo-Sa 12–15 & 18–22 Uhr; ≋; MAltamira) Buchstäblich eine echte Entdeckung: Dieses winzige Lokal zwischen Far-marebajas und Pirelli ist nur an seiner Markise mit den schmutziggelben Quasten zu erkennen. Wer an der Tür klingelt, kann sich drinnen an Pasta und prima Pizzen laben.

Pollo en Brasas El Coyuco FASTFOOD $
(Karte S.1054; ☎285-9354; Ecke Av 3 & 3A Transversal, Los Palos Grandes; halbes/ganzes Brathähnchen 1–3 US$; ⊗12–15 & 18–22 Uhr; MAltamira) Die klassische *pollería* in einer beliebten Restaurantpassage ist oft rappelvoll mit Einheimischen. Im rustikalen Ambiente einer Blockhütte gibt's hier lecker gewürzte Brathähnchen und Yucca.

Restaurant Gran Horizonte VENEZOLANISCH $
(Karte S.1054; Av Blandín s/n; Arepas & Cachapas 1–2 US$, Hauptgerichte 2–3 US$; ⊗24 Std.; MChacao) Die *arepera* (Snackbar) mit Kuhdekor liegt in der Nähe des Centro Comercial San Ignacio. Auf den Tisch kommen hier z. B. üppige Grillteller, leckere *arepas* (gefüllte Maismehlpfannkuchen) oder perfekte *cachapas* aus Zuckermais.

🍷 Ausgehen & Nachtleben

Das Nachtleben der Hauptstadt hat in den letzten Jahren enorm gelitten: Die sorglose Dekadenz von einst ist nüchternen Bedenken bezüglich der Sicherheit auf den Straßen gewichen. Selbst viele Einheimische gehen inzwischen gern früh aus dem Haus und sind vor Mitternacht wieder zurück. Dies hat sich unmittelbar auf die zur Verfügung stehenden Optionen ausgewirkt.

360° Roof Bar
BAR

(Karte S. 1054; ☎ 284-1874; 1A Av zw. 1A & 2A Transversal, Hotel Altamira Suites, Los Palos Grandes; ⏲17 Uhr–open end; Ⓜ Altamira) Die unglaubliche Freiluft-Lounge auf dem Dach des Altamira Suites (19. Stock) lockt Angehörige der Oberschicht an. In Hängematten und auf Sofas schlürfen Gäste hier entspannt ihre Cocktails bei atemberaubendem Panoramablick auf die Stadt (an klaren Abenden am schönsten). Hinauf geht's durch den hinteren Hoteleingang an der 1A Av; zuvor muss man jedoch einen Coolness-Check über sich ergehen lassen.

El León
BIERHALLE, PIZZERIA

(Karte S. 1054; ☎ 263-6014; Plaza La Castellana, La Castellana; Ⓜ Altamira) Auf der imposanten Betonterrasse dieser örtlichen Institution gibt's billiges Bier plus Pizza.

Centro Comercial San Ignacio
BAR

(Karte S. 1054; www.centrosanignacio.com; Ecke Blandín & Arturo Uslar Pietri; Ⓜ Altamira) Über ein Dutzend Nachtclubs und Bars erweckt dieses Einkaufszentrum abends zum Leben. Schick anziehen!

☆ Unterhaltung

Der Kunst- und Unterhaltungsteil der Tageszeitung *El Universal* (www.eluniversal.com/arte-y-entretenimiento) enthält einen aktuellen Veranstaltungskalender.

Livemusik

★ Discovery Bar
LIVEMUSIK

(Karte S. 1054; www.discoverybar.com.ve; Av Tamamaco s/n, Planta Baja; Eintritt frei–1,50 US$; ⏲ Di–Sa 21 Uhr–open end; Ⓜ Chacaito) Der bodenständige waschechte Independent-Schuppen beschallt sein Publikum mit Alternative-Rock, Reggae und Cumbia und ist einer der wenigen Läden in Caracas, die noch etwas Gegenkultur repräsentieren.

El Maní es Así
LIVEMUSIK

(☎ 763-6671; www.elmaniesasi.com; El Cristo nahe Av Francisco Solano López; Eintritt meist frei; ⏲ Mi–Sa 21 Uhr–open end; Ⓜ Sabana Grande) In einem der ältesten Salsa-Clubs der Stadt dreht sich alles um Tanzen zu Livemusik. Taxi nehmen!

Kulturzentren

Celarg
KINO, THEATER

(Centro de Estudios Latinoamericanos Rómulo Gallegos; Karte S. 1054; ☎ 285-2990; www.celarg.org.

ve; Ecke Av Luis Roche & 3A Transversal; ☎; Ⓜ Altamira) Das staatlich subventionierte Zentrum zeigt viele internationale Streifen mit spanischsprachigen Untertiteln. Zudem finden hier mitunter kostenlose Kinoabende (Wochenende) und Feste mit zeitgenössischen Kunstfilmen aus aller Welt statt. Wer Spanisch versteht, sollte sich auch unbedingt eine der hervorragenden Theatervorstellungen (Tickets z. T. nur 0,20 US$) anschauen.

Cinemateca Nacional
KINO

(Karte S. 1050; ☎ 576-1491; www.cinemateca.gob.ve/fcn; Galería de Arte Nacional, Bellas Artes, Plaza de Los Museos, Parque Los Caobos; Tickets max. 10 BsF; Ⓜ Bellas Artes) Das größte staatliche Kino des Landes zeigt allerlei venezolanische Filme sowie internationale Produktionen mit spanischsprachigen Untertiteln.

Centro de Acción Social por la Música
KLASSISCHE MUSIK

(Zentrum für Sozialarbeit mit Musik; ☎ 597-0511; www.fundamusical.org.ve; Blvd Amador Bendayán s/n, Quebrada Honda; Ⓜ Colegio de Ingenieros) GRATIS Im Sala Simón Bolívar gibt's hervorragende Gratiskonzerte mit klassischen Klängen zu hören. Dabei treten auch Musiker von Venezuelas weltbekanntem Jugendorchester-Programm (El Sistema) auf.

Teatro Trasnocho Cultural
KUNSTZENTRUM

(Karte S. 1054; ☎ 0212-993-1910; www.trasnochocultural.com; Av Principal de Las Mercedes s/n, Las Mercedes, Centro Comercial Paseo Las Mercedes; Ⓜ Las Mercedes) Das umtriebige Zentrum für moderne Kunst befindet sich im Kellergeschoss eines Einkaufszentrums. Es umfasst ein Theater, ein Kino, ein Yogastudio, eine schwulenfreundliche Trendbar und mehrere Cafés.

Sport

Estadio Universitario
BASEBALL

(Universitätsstadion; ☎ 0500-226-7366; Tickets 0,20–0,75 US$; Ⓜ Ciudad Universitaria) *Béisbol* (Baseball) ist der Lieblingssport der Venezolaner. In diesem Stadion mit 18 500 Plätzen spielt das Profiliga-Team der Leones de Caracas (Caracas-Löwen). Die Saison geht von Oktober bis Februar; Tickets gibt's jeweils bis zum Spielbeginn (normalerweise Di–Fr 19.30, Sa 18, So 16.30 Uhr).

🛍 Shoppen

In Caracas zählt Shoppen zu den beliebtesten Freizeitaktivitäten. Deshalb sind Einkaufszentren für die einheimische Mittelschicht sehr wichtig.

Centro Comercial Sambil EINKAUFSZENTRUM
(Karte S. 1054; ☎ 263-9323; www.sambilmall.com; Av Libertador s/n; ⊙ Mo–Sa 10–21, So 12–20 Uhr; Ⓜ Chacao) Wird als Südamerikas größtes Einkaufszentrum beworben und hat ein gigantisches Angebot.

**Centro Comercial Paseo
Las Mercedes** EINKAUFSZENTRUM
(Karte S. 1054; Av Principal de las Mercedes s/n; Ⓜ Las Mercedes) Nobles Einkaufszentrum mit Restaurants, einem Kino und einem hervorragenden Kulturzentrum.

**Centro Comercial
San Ignacio** EINKAUFSZENTRUM
(Karte S. 1054; www.centrosanignacio.com; Av Blandín s/n, La Castellana; Ⓜ Altamira) Eine der besten Nightlife-Adressen der Stadt.

American Book Shop BÜCHER
(Karte S. 1054; ☎ 285-8779; Centro Comercial Centro Plaza, Jardín level, Los Palos Grandes; Ⓜ Altamira) Anständige Auswahl von gebrauchten Büchern und englischsprachigen Titeln.

❶ Praktische Informationen
GEFAHREN & ÄRGERNISSE

Caracas hat – und das nicht zu Unrecht – einen ziemlich schlechten Ruf, was Straßenraub, Diebstahl und bewaffnete Überfälle angeht. Sabana Grande und die Innenstadt gelten diesbezüglich als gefährlichste Gegenden, tagsüber geht's hier aber meist recht sicher zu (bei großen Menschenansammlungen sollte man auf Taschendiebe achten). Altamira und Las Mercedes sind um einiges sicherer. Reisende sollten sich generell nur auf gut beleuchteten Straßen aufhalten und nach Einbruch der Dunkelheit Taxis benutzen. Auch empfiehlt es sich, stets ein Auge auf seine Umgebung haben, ohne dabei allerdings Panikattacken zu bekommen.

Eine Gefahr, die fast noch größer ist als die Kriminalität, stellt der Verkehr in Caracas dar, vor allem für Fußgänger. Autos und noch häufiger Motorräder ignorieren ganz selbstverständlich Verkehrssignale und sind oft mit einer beträchtlichen Geschwindigkeit unterwegs, um ihre Dominanz gegenüber allen ohne fahrbaren Untersatz zu zeigen. Beim Überqueren von Straßen sollte man darum niemals davon ausgehen, dass die Verkehrsteilnehmer für einen anhalten; am besten achtet man auf die anderen Fußgänger.

Am Flughafen von Caracas, insbesondere in der Ankunftshalle für internationale Flüge, gibt's jede Menge offiziell erscheinende, jedoch mehr als fragwürdige Gestalten, die Transportservice oder das Wechseln von Geld anbieten. In der Vergangenheit wurden Reisende, die inoffizielle Verkehrsmittel vom Flughafen aus benutzt haben, ausgeraubt oder „express-entführt" (dabei wird das Opfer festgehalten und gezwungen, an einem Geldautomaten Bares abzuheben). Wer den Transfer ab dem Flughafen nicht im Voraus organisiert hat, sollte ausschließlich die offiziellen Flughafentaxis (schwarze Ford Explorer mit gelben Aufschriften an den Türen) oder die Flughafenbusse benutzen. Am Flughafen (und an anderen Orten) kann man auf dem Schwarzmarkt Geld wechseln. Wer nicht über die Kurse informiert ist und nicht weiß, wie die Währung aussieht, wird gern über den Tisch gezogen.

Unbedingt immer den Reisepass bzw. eine Fotokopie desselben (inkl. Visumseite und Einreisestempel) mitführen: Die Polizei drangsaliert gern Ausländer ohne Ausweisdokumente!

GELD

In ganz Caracas sowie an den Flughafenterminals gibt es Filialen und Geldautomaten internationaler Banken. Auf diese sollte man aber jeweils nur im absoluten Notfall zurückgreifen: Aufgrund des offiziellen Wechselkurses ist dort abgehobenes Geld praktisch nichts wert. Somit empfiehlt es sich stets, Bares mithilfe eines Reisebüros oder Hotels auf dem Schwarzmarkt umzutauschen.

INTERNETZUGANG

In manchen Teilen von Caracas gibt es Internetcafés, viele örtliche Hotels und Restaurants warten mit WLAN auf. An den Flughafenterminals von Maiquetía steht nach der Sicherheitskontrolle jeweils ein kostenloser, aber auch sehr unzuverlässiger Drahtloszugang zur Verfügung. Gegen Vorlage des Reisepasses sind SIM-Karten mit Datenvolumen leicht bei Lokalfilialen von großen Mobilfunkanbietern erhältlich.

MEDIZINISCHE VERSORGUNG

Farmacias (Apotheken) können bei den meisten kleinen Wehwehchen helfen. In allen Stadtvierteln hat immer mindestens eine davon geöffnet (leicht am „Turno"-Leuchtschild zu erkennen). Verlässliche Apothekenketten mit Filialen in ganz Caracas sind z. B. Farmatodo und FarmAhorro.

Clínica El Ávila (Karte S. 1054; ☎ 276-1111; www.clinicaelavila.com; Ecke Av San Juan Bosco & 6A Transversal, Altamira; Ⓜ Altamira) Diese Klinik mit ein paar Englisch sprechenden Ärzten zählt zu den renommiertesten und am günstigsten gelegenen Krankenhäusern der Hauptstadt. Hier werden Patienten sowohl ambulant als auch stationär behandelt.

Hospital de Clínicas Caracas (Karte S. 1050; ☎ 508-6111; www.clinicaracas.com; Ecke Av Panteón & Alameda, San Bernardino) Hat ebenfalls einen guten Ruf.

NOTFALL

Das Personal der Notrufzentrale (☎ 171 für Polizei, Rettungsdienst und Feuerwehr) spricht kaum Englisch. Wer nicht gut Spanisch kann, sollte möglichst versuchen, Notrufe von hilfsbereiten Einheimischen vornehmen zu lassen.

POST

FedEx (205-3333; www.fedex.com/ve) Der internationale Kurierdienst ist auch in Caracas vertreten.

Ipostel (Karte S. 1054; Av Francisco de Miranda s/n, Altamira; Mo–Fr 8–12 & 13–16.30 Uhr) Unterhält Filialen u. a. in La Candelaria (Karte S. 1050; www.ipostel.gob.ve; Plaza La Candelaria) und im Parque Central (Karte S. 1050; Av Lecuna, Edif Mohedano).

REISEBÜROS

Akanan Travel & Adventure (Karte S. 1054; 0212-264-2769; www.akanan.com; Bolívar, Edif Grano de Oro, EG; Chacao) Das größte Reisebüro in Caracas ist nicht unbedingt günstig, überzeugt aber mit verlässlicher Qualität. Im Angebot sind z. B. Trekking-Trips zum Auyantepui und Roraima oder Radtouren von La Paragua nach Canaima.

Global Exchange (www.globalexchange.org/tours) Die US-Organisation mit Schwerpunkt auf sozialer Gerechtigkeit organisiert „Realitätstouren", bei denen man kommunale Aktivisten und Kulturbeauftragte trifft.

IVI Venezuela (Karte S. 1054; 992-3739; www.ivivenezuela.com; Av Principal de las Mercedes s/n, Residencia La Hacienda; Mo–Fr 8–18 Uhr) Verkauft u. a. vergünstigte Flugtickets für Studenten, Lehrer und Reisende unter 26 Jahren. Internationale Studenten- (ISIC), Lehrer- (ITIC) und Jugendherbergsausweise (HI Card) sind ebenfalls hier erhältlich.

Osprey Expeditions (0414-310-4491; www.ospreyexpeditions.com; Av Casanova nahe 2A Av de Bello Monte, Edificio La Paz, Büro 51, Sabana Grande, Caracas; Sabana Grande) Das hervorragende Reisebüro in venezolanischem Besitz ist darauf spezialisiert, Individualreisenden mit kleinem Geldbeutel beim Erkunden des Landes zu helfen. Das Personal spricht Englisch und bietet nützliche Dienstleistungen an (z. B. geführte Touren, Aktivitäten oder Buchung von Inlandsflügen und Verkehrsverbindungen).

TOURISTENINFORMATION

Inatur (355-2104, 355-1442; www.inatur.gob.ve; Flughafen Maiquetía; am Auslandsterminal 6–22 Uhr, am Inlandsterminal 7–20 Uhr) Verteilt kostenlose Stadtpläne bzw. Regionalkarten und hilft bei der Unterkunftssuche. Manchmal sind Angestellte mit Englisch- oder Französischkenntnissen anwesend.

 An- & Weiterreise

BUS

Caracas hat neben zwei modernen Fernbusterminals auch einen zentralen Busbahnhof für kürzere Fahrten in der Region. Rund 3 km

---

CARACAS: AN- & WEITERREISE

Der Hauptflughafen liegt 26 km nordwestlich vom Zentrum in Maiquetía. Als Verbindung zur Innenstadt führt eine Schnellstraße mit Tunneln und Brücken durch das Küstengebirge. Bei wenig Verkehr dauert die Fahrt etwa 45 Minuten (an schlechten Tagen bis zu 2 Std.). Fast alle örtlichen Hotels und Reisebüros organisieren Shuttles in die Stadt, was sich für Neuankömmlinge sehr empfiehlt. Tagsüber besteht am Flughafen keine Gefahr. Bei Dunkelheit sollte man sich aber niemals draußen vor den Terminals aufhalten.

Bus

Vom Inlandsterminal geht's mit staatlichen Flughafenbussen sicher und komfortabel zum Hotel Alba Caracas neben dem Parque Central (0,50 US$, 7–22.30 alle 30 Min., in Gegenrichtung 5.30–19 Uhr). Am Flughafen gibt's Bustickets im In- und Auslandsterminal. In Caracas sind sie bei einem Büro in der Einkaufspassage des Hotels erhältlich.

Busse der **UCAMC** (Karte S. 1050; 0212-576-9851; Sur 17 zw. Mexico & Av Lecuna) verbinden das Inlandsterminal mit der düsteren Endhaltestelle beim Parque Central (0,20 US$, 7–22.30 Uhr alle 30 Min.; in Gegenrichtung 5–17 Uhr), die unter der Av Bolívar an der Sur 17 liegt. Unterwegs wird z. B. auch die Plaza Miranda angesteuert. Bei viel Verkehr besteht die schnellste Option ab dem Flughafen darin, einen UCAMC-Bus zur Metrostation Gato Negro zu nehmen und dort zur U-Bahn umzusteigen – aber bitte nur bei Tageslicht!

Taxi

In beiden Terminals gibt's Kioske, die Tickets für offizielle Flughafentaxis ausgeben. Der aufgedruckte Fahrtpreis (z. B. 4–7 US$ zu Zielen im Zentrum) variiert je nach Ziel und Tageszeit. Bezahlt wird immer bar und direkt beim Fahrer. Niemals ein inoffizielles Taxi nehmen oder sich auf einen der Taxi-Schlepper im Ankunftsbereich einlassen: Raubüberfälle und Entführungen sind keine Seltenheit!

südlich vom Zentrum wickelt der **La Bandera** (Av Nueva Granada; M La Bandera) alle Fernverbindungen in den Westen und Südwesten des Landes ab. Unter seinen Einrichtungen sind computergestützte Ticketschalter, Telefonzellen, eine Gepäckaufbewahrung, ein Infoschalter und Restaurants. Der Terminal La Bandera liegt nur 300 m von der gleichnamigen Metrostation entfernt, ist aber am sichersten per Taxi erreichbar (tagsüber empfohlen, im Dunkeln Pflicht!). Wer unbedingt mit der Metro fahren will bzw. muss, nimmt den Ausgang Granada/Zuloaga, überquert die Straße und läuft dann nach links.

Der zweite große Fernbusbahnhof namens **Terminal de Oriente** (243-3253; Autopista Caracas-Guarenas) liegt 5 km hinter Petare und ca. 18 km vom Zentrum entfernt am Highway nach Barcelona. Hier, am Ostrand von Caracas, starten viele Busse in den Osten und Südosten Venezuelas. Hinzu kommen staatlich betriebene Fahrzeuge der **SITSSA** (0800-748-7720; www.sitssa.gob.ve), die das ganze Land etwa zum halben Preis bedienen. Um diese Option nutzen zu können, muss man sich jedoch bereits vor Öffnung der Ticketschalter (6 Uhr) anstellen.

Ab der Innenstadt ist das Terminal de Oriente mit Taxis (ca. 2 US$) und vielen Lokalbussen erreichbar. Eine weitere Möglichkeit sind Minibusse ab der Metrostation Petare (ca. 15 Min.).

Busse ab dem Terminal de Oriente

ZIEL	PREIS (US$)	DAUER (STD.)
Cartagena, Kolumbien	12	23
Ciudad Bolívar	2,50	9
Ciudad Guayana	2,50	10
Cumaná	1,50	6½
Río Caribe	2	9
Puerto La Cruz	1,25	5
Santa Elena	7	20
Santa Marta, Kolumbien	10	18

Busse ab dem Terminal La Bandera

ZIEL	PREIS (US$)	DAUER (STD.)
Barinas	2	8½
Coro	1,50	7
Maracaibo	2,50	10½
Maracay	1,25	1½
Mérida	3,25	13
San Cristóbal	3,50	13

FLUGZEUG

Der **Aeropuerto Internacional Simón Bolívar** (www.aeropuerto-maiquetia.com.ve;) befindet sich in Maiquetía in der Nähe des Hafens von La Guaira an der Karibikküste, 26 km vom Zentrum von Caracas entfernt. Meist wird der Flughafen einfach nur „Maiquetía" genannt. Es gibt drei Terminals, den **internationalen Terminal** (303-1526), den **Inlandsterminal** (303-1408) und einen kleinen Reserveterminal, der von kleineren Charterfluggesellschaften genutzt wird. Die zwei Hauptterminals sind 400 m (einen kurzen Fußmarsch) voneinander entfernt, die Distanz zum Reserveterminal ist in etwa dieselbe. Zwischen den Terminals gibt es keinen Shuttle-Service.

Direkt an den Terminals findet man die allermeisten Einrichtungen – darunter Touristeninformationen, Reisebüros, Autovermieter, Telefonshops, *casas de cambio* (offizielle Wechselstuben), Restaurants, Geldautomaten, Bank- und Postfilialen. Allerdings gibt's dort jeweils keine Gepäckaufbewahrung.

Wichtig bei Auslandsflügen: Aufgrund der teils langwierigen Sicherheitskontrollen spätestens drei Stunden vor Abflug erscheinen!

ⓘ Unterwegs vor Ort

AUTO & MOTORRAD

Das riesige Caracas kann auf Autofahrer einschüchternd wirken: Hier ist stets mit furchtbarem Dauerstau und entsprechend langen Fahrtzeiten zu rechnen (vor allem zu den Hauptverkehrszeiten). Doch mit einem GPS-Navigationsgerät und starken Nerven können sich Besucher durchaus auf die örtlichen Straßen wagen. Autovermieter findet man am Flughafen und im Zentrum. Doch Achtung: In Caracas sind Leihvehikel sind oft nur schwer zu bekommen und meist auch in ziemlich schlechtem Zustand!

BUS

Ein umfangreiches Lokalbusnetz bedient sowohl alle Vororte im Großraum Caracas als auch größere Gemeinden im Umkreis der Metropole. Auf Stadtrouten sind vor allem privat betriebene *carritos* (Kleinbusse) unterwegs. Diese werden jedoch häufig von bewaffneten Räuberbanden überfallen und sollten für Traveller tabu sein! Die städtischen Linienbusse von **Metrobus** gelten als weitaus sicherer. Sie kommen zwar nur so schnell voran wie der aktuelle Verkehr, steuern aber viele Ziele ohne Metro-Anschluss an – und das zum selben Preis. Allgemein gilt: Bei Dunkelheit niemals Busse benutzen!

TAXI

Taxis (erkennbar an Schildern mit Aufschrift „Taxi" oder „Libre") sind eine sehr günstige Option für Stadtfahrten und bei Dunkelheit das einzige sichere Verkehrsmittel. Da sie grundsätzlich keine Gebührenzähler haben, gilt es den Fahrtpreis immer im Voraus auszuhandeln – dabei kann ruhig gefeilscht werden. Traveller sollten ausschließlich weiße Taxis mit gelben Schildern benutzen und möglichst nur an Taxiständen einsteigen. Letztere sind in Caracas überall zu finden (insbesondere vor Einkaufszentren). Alternativ können viele Hotels und Restaurants einen vertrauenswürdigen Chauffeur vermitteln. Längere Trips durch die Stadt kosten etwa 0,50 US$, kürzere Strecken manchmal noch weniger.

U-BAHN

Das chaotische Caracas hat zum Glück seine sichere, schnelle, saubere und erschwingliche **Metro** (www.metrodecaracas.com.ve; ⊙ 5.30–23 Uhr). Dank des gut strukturierten Liniennetzes gelang man per U-Bahn recht stressfrei zu den meisten Hauptattraktionen und touristischen Einrichtungen der Stadt. Unabhängig vom Ziel kosten Einzelfahrten pauschal 4 BsF (weniger als 0,01 US$). Per *multiabono* (Mehrfachticket mit zehn Fahrten; 36 BsF bzw. 0,07 US$) lassen sich die Warteschlangen vor den Automaten angenehm umgehen.

Obwohl an Bord mitunter Taschendiebe auf eine günstige Gelegenheit lauern, gilt die Metro allgemein als ungefährlich. Bei Dunkelheit bzw. zu später Stunde sollte man sie trotzdem niemals nutzen und immer auf offizielle Taxis (die einzige wirklich sichere Option) zurückgreifen.

RUND UM CARACAS

Wer eine Pause vom Hauptstadtchaos braucht, findet in der Nähe einige interessante Ziele. Darunter ist z. B. die karibische Inselgruppe Los Roques, die ab Caracas am leichtesten erreichbar ist.

Parque Nacional El Ávila

Der Nationalpark, eine der größten Attraktionen im Großraum Caracas, erstreckt sich etwa 90 km entlang der Gebirgskette an der Küste nördlich der Stadt. Der höchste Gipfel ist der Pico Naiguatá (2765 m), das beliebteste Ausflugsziel ist aber der Pico El Ávila (2105 m), der über den *teleférico* (Seilbahn) zugänglich ist. Der Südhang der Gebirgskette, von der man auf Caracas blickt, ist nicht bewohnt; er wird von insgesamt etwa 200 km Wanderwege durchzogen. Die meisten Wege sind gut ausgeschildert, und es gibt zahlreiche Campingplätze.

Von Caracas aus führen mehrere Eingänge in den Park, die Wege dorthin liegen alle an der Av Boyacá, meist Cota Mil genannt, da sie auf einer Höhe von 1000 m verläuft (So 6–13 Uhr für den Verkehr geschl.; auch bei Radfahrern und Joggern beliebt). Aus Sicherheitsgründen ist es nicht zu empfehlen, allein zu wandern. Infos zu Campingmöglichkeiten geben die Parkmitarbeiter.

Hier kann man unzählige Halbtages- und Tageswanderungen unternehmen. Ein schöner Ausflug könnte mit einer Busfahrt vom östlichen Rand der Plaza de Francia in Altamira (beim Hotel Caracas Palace) zum Parkeingang von Sabas Nieves beginnen. Von dort führt ein 300 m langer Wanderweg zur Ranger-Station hinauf, wo ein angenehmer Naturpfad beginnt, der an der Südseite des Berges an zahlreichen Flüssen, Wasserfällen und Höhlen entlangführt. Ebenfalls in Sabas Nieves beginnt einer der vier wichtigsten Aufstiege zum Pico Oriental (2640 m) und zum Pico Naiguatá, den beiden höchsten Gipfeln des Nationalparks. Ein landschaftlich besonders reizvoller Weg führt entlang der Fila Maestra und auf dem Kamm des Ávila-Gebirges vom Pico de Ávila zum Pico Naiguatá. Von dort aus hat man einen sagenhaften Blick ins Tal von Caracas und auf das Karibische Meer.

Wandermuffel können vor dem Hotel Ávila (S. 1052) ein geländegängiges Jeeptaxi zum Bergdorf Galipan nehmen (hin & zurück 6 US$/Pers., 30 Min.). Nach der fast senkrechten Fahrt hinauf zum Gipfel hat man am Ziel eine unglaubliche Aussicht auf die Küste. Zudem werden Tagesausflügler dort von mehreren Restaurants verköstigt. Davon sind am besten sind das **Granja Natalia** (☏ 0414-272-3005, 0416-308-2800; http://granjanatalia.blogspot.de; Galipan; Hauptgerichte 5–8 US$; ⊙ 12–22 Uhr) und das **Recoveco** (☏ 0426-131-9786, 0424-144-6572; www.recoveco.com.ve; Galipan; Hauptgerichte 5–10 US$; ⊙ Mi-So 12–22 Uhr), die beide ein paar der leckersten Gerichte des ganzen Landes servieren. Wichtig: Rechtzeitige Tischreservierung ist Pflicht!

Archipiélago Los Roques

☏ 0237 / 1800 EW.

Los Roques lädt zum Insel-Hopping ein: Rund 160 km nördlich von Caracas liegen hier fast 300 schimmernde Sandinseln im aquamarinblauen Meer. Im Vergleich zum Festland sind die örtlichen Preise deutlich höher, da alles importiert werden muss. Für Taucher, Schnorchler und Fans unberührter Strände ist ein Trip jedoch jeden Bolívar wert. Die einzige Siedlung befindet sich auf der Hauptinsel Gran Roque und hat

> **NICHT VERSÄUMEN**
>
> ### DER TELEFÉRICO WARAIRAREPANO
>
> Hoch über Caracas schweben die Gondeln des Teleférico Warairarepano (Warairarepano-Seilbahn; 792-7050; www.ventel.gob.ve; Erw./Kind 0,50/0,20 US$; 22. Juli–15. Sept. Mo geschl., Di–Do 9.30–20, Fr & Sa 9.30–22, So 9.30–20 Uhr, 16. Sept.–21. Juli Di 12–20, Mi–So 10.30–20 Uhr) hinauf zum Gipfel des Pico El Ávila (2105 m). Bei der herrlichen Fahrt (4 km) in z. T. schwindelerregender Höhe schaut man auf dichte Tropenwälder, versteckte Wasserfälle und die ganze Hauptstadt.
>
> Oben schweift der Blick nicht nur über Caracas und das Valle del Tuy dahinter: In Richtung Norden reicht ein atemberaubendes Küstenpanorama über das karibische Meer hinweg bis zum Horizont. Rund um die Bergstation befindet sich eine Art Vergnügungspark mit Kinderspielplatz, 3D-Kino, Eislaufbahn und mehreren Restaurants. Entlang des Hauptwegs gibt's Kaffee, heißen Kakao und Snacks bei zahlreichen Verkaufsständen. Die Talstation Maripérez (980 m) liegt nahe der Av Boyacá und ist vom Zentrum aus am besten per Taxi erreichbar (1 US$).

nur ein paar autofreie Sandpisten – ein sehr angenehmer Kontrast zum Verkehrschaos und zur Überbevölkerung in den meisten anderen Städten Venezuelas. Der ganze Archipel und die umliegenden Gewässer (insg. 2211 km^2) wurden 1972 zum Nationalpark.

Die meisten Eilande sind unbewohnt und lassen sich von Gran Roque aus in einem Tagesausflug besuchen. Die Hauptinsel selbst hat einen wunderbaren Strand. Allerdings wird dieser auf ganzer Länge von Fischerbooten und anderen Kähnen in Beschlag genommen. Somit bleibt Strandliebhabern kaum etwas anderes übrig, als Tagestrips zu anderen Inseln zu unternehmen. Die artenreichen Umgebungsgewässer laden zum Tauchen und Schnorcheln ein. Zudem sorgen sie dafür, dass tolles, frisches Seafood auf den örtlichen Speisekarten steht.

Wer auf Gran Roque den Sonnenuntergang genießen will, steigt am besten zu die Leuchtturmruinen des Faro Holandés aus den 1870er-Jahren hinauf. Da Stromausfälle auf Los Roques keine Seltenheit sind, gehört unbedingt eine Taschenlampe mit ins Gepäck. Alle Besucher müssen bei der Ankunft eine Nationalparkgebühr von 0,75 US$ zahlen.

Aktivitäten

Tauchen & Wassersport

Das drittgrößte Riff der Welt macht Los Roques zu Venezuelas bestem Revier für Taucher und Schnorchler. Zu den schönsten Spots zählen Boca de Cote, Crasquí und Noronquises (wo man mit Meeresschildkröten schwimmen kann). In der näheren Umgebung von Gran Roque gibt's jedoch auch ein paar super Stellen. Bei Schnorchlern am beliebtesten ist die sogenannte *piscina* (wört. „Schwimmbecken") vor Francisquí de Arriba. Viele örtliche Läden und die meisten *posadas* verleihen Schnorchelausrüstung. Hiesige Tauchanbieter verlangen 95 US$ für Trips mit zwei Tauchgängen (inkl. Leihausrüstung & Shuttles). Auch Wind- und Kitesurfer finden auf Los Roques ideale Bedingungen.

Aquatics Diving Center   TAUCHEN
(0416-626-2326, 0412-626-2320; www.adclosroques.com; Plaza Bolívar) Zwei tägliche Tauchtrips plus Nachttauchen.

Arrecife   TAUCHEN
(0414-335-9355, 0412-249-5119; www.divevenezuela.com) Neben dem Büro von Inparques gibt's hier auch drei Tauchausflüge pro Tag sowie Schnorcheltrips und Kurse.

Ecobuzos   TAUCHEN
(0414-395-4208; www.ecobuzos.com) Anbieter nahe der Lagune, der mit jahrelanger Erfahrung, PADI-Kursen (inkl. Zertifikat) und guter Kommunikation auf Englisch punktet.

Play Los Roques   WASSERSPORT
(0414-905-5557; www.playlosroques.com) Ebenfalls neben dem Inparques-Büro ansässig; veranstaltet Ausflüge und verleiht Stehpaddelbretter (halber/ganzer Tag 5/10 US$).

Schlafen

Auf Los Roques sind Unterkünfte deutlich teurer als im übrigen Venezuela. Dennoch gibt's hier auch erschwingliche Optionen. Fotos plus Details zu *posadas* und Campingplätzen stehen unter www.los-roques.com/posadas.htm im Internet.

Camping

Auf Gran Roque und allen anderen Inseln innerhalb des Erholungsgebiets kann gratis gezeltet werden. Bei **Inparques** (0416-614-2297; www.infoinparques.com.ve; Mo–Fr 8–12 & 14–17 Uhr, Hauptsaison längere Öffnungszeiten) am äußersten Dorfrand bekommt man Infos und kostenlose Campinggenehmigungen. Zudem verwahrt das Büro auf Anfrage oft Reisepässe und Wertsachen. Wichtig: Offenes Feuer und Hängematten sind auf allen Inseln verboten! Der Oscar Shop (S. 1064) verleiht Zelte. Wer auf Gran Roque campt, kann die sanitären Anlagen der Pension Roquelusa benutzen (0,50 US$/Tag). In der Hauptsaison ist Duschen jedoch nur eingeschränkt möglich.

Posadas

Auf Gran Roque gibt's mehr als 60 *posadas* mit insgesamt ca. 500 Betten. Fast alle davon servieren auch Essen, zumindest Halbpension ist oft im Preis enthalten. Die örtlichen Preise zählen zu den höchsten des Landes und bleiben zumeist den Großteil des Jahres über gleich. Sehr stark steigen sie jedoch jeweils während der venezolanischen Urlaubsperioden (Weihnachten, Karneval, Semana Santa & Aug.–Mitte Sept.) – daher meidet man diese Zeiten besser. Wer in der Nebensaison spontan werktags anreist, kann vor allem bei längeren Aufenthalten um den Tarif feilschen. Wichtig: Wasser ist hier eine sehr wertvolle Ressource und sollte darum sparsam verwendet werden!

Posada Acquamarina PENSION $$$
(0412-310-1962; www.posada-acquamarina.com; Zi. inkl. VP 36 US$/Pers.;) Charmante Mittelklassepension mit marmorierten Mauern, tollen Gemeinschaftsbereichen (u. a. eine Dachterrasse), gefliesten Bädern und Extras wie TV oder Zimmertresoren.

El Botuto PENSION $$$
(0416-622-0061; www.posadaelbotuto.com; Zi. pro Pers. inkl. Frühstück/HP 16/23 US$;) Die Pension am Strand ist für ihren Spitzenservice und ihren geselligen Speiseraum bekannt. Die sechs luftigen und farbenfrohen Zimmer mit Freiluftduschen haben auch kleine Privatterrassen.

Ranchito Power PENSION $$$
(0414-291-9020; www.posadaranchitopower.com; Zi. inkl. Frühstück 65 US$/Pers.;) Die einfache, aber großartige, winzige Pension in italienischem Besitz verfügt über fünf saubere Zimmer mit Ventilator und Klimaanlage. Hinzu kommen eine nette Dachterrasse, eine Frühstücksecke und Pfannkuchen auf der Speisekarte.

Posada La Laguna PENSION $$$
(0424-262-7913; www.lalaguna.it; Zi. inkl. Frühstück 70 US$/Pers.;) Blaue Zementfußböden und strahlend weiße Wände verleihen der gemütlichen Pension in italienischem Besitz einen mediterranen Touch. Auf Anfrage bekommen Gäste ein tolles mehrgängiges Abendessen.

Doña Carmen PENSION $$$
(0414-318-4926, 221-1004; richardlosroques@hotmail.com; Plaza Bolívar; Zi. inkl. HP 25 US$/Pers.;) Die älteste *posada* der Insel liegt direkt am Strand. In den recht düsteren Zimmern mit Betonwänden wird man wohl nicht viel Zeit verbringen, sondern die geschmackvollen Gemeinschaftsbereiche und die Dachterrasse mit Meerblick bevorzugen.

Posada Karlin PENSION $$$
(0414-288-1654; posadakarlin@gmail.com; Zi. inkl. HP 14 US$/Pers.;) Diese Pension ist zwar recht reizlos, hat aber durch die im Preis enthaltene Halbpension vergleichsweise günstige Zimmer. Gäste teilen sich die Anlage mit den Kindern der Inhaber. Das sorgt zwar für viel Atmosphäre, reduziert aber zuweilen auch Ruhe und Frieden.

Essen & Ausgehen

Die meisten Besucher essen in ihren *posadas*. Über Selbstversorgung oder günstigere Restaurants lässt sich jedoch Bares sparen. Einige wenige *posadas* gestatten Gästen die Benutzung ihrer Küchen.

Nahe dem Büro von Inparques (S. 1063) finden Selbstversorger einen anständigen **Lebensmittelladen**. Die **Bäckerei** neben der Schule verkauft Wurstaufschnitt und frisches Brot.

Kiosko La Sirena FASTFOOD $
(Empanadas/Hauptgerichte 0,30/0,50 US$; 6–10, 12–14 & 18–24 Uhr) Bei kleinem Geldbeutel empfiehlt sich diese Imbissbude an der Lagune. Morgens gibt's hier Empanadas, abends Burger und Grillfleisch.

Las Guaras BARBECUE $
(halbes/ganzes Brathähnchen 1,50/3 US$, Parilla 1,50 US$; Di–Sa abends) Das Strandlokal hinter dem Posten der Guardia Nacional hat ein Schild aus Treibholz und serviert zwei Dinge verlässlich gut: Brathähnchen und *parilla* (Grillfleisch).

La Chuchera PIZZERIA $$
(221-1417; Plaza Bolívar; Hauptgerichte 3–5 US$; Di–So 12–22 Uhr;) Bei einem längeren

Aufenthalt wird man hier früher oder später die Bekanntschaft der meisten Einheimischen machen. Das Essen ist zwar ziemlich teuer, aber für örtliche Verhältnisse noch geradezu günstig. Die beliebten Pizzas kommen täglich ab 16 Uhr auf den Tisch. Wer nicht am Strand weilt, kann sich aber schon mittags an einer langen und einfallsreichen Karte erfreuen (Tipp: das Thunfisch-Tartar).

★ El Canto de la Ballena SEAFOOD $$$
(221-1160; www.cantodelaballena.com; Abendgerichte 14 US$; 18–22 Uhr) Der „Walgesang" im Dorfzentrum eignet sich super für ein Abendessen direkt am Strand. Das abwechslungs- und einfallsreiche Angebot von einheimischen Gerichten umfasst z. B. Tintenfisch-Carpaccio, herrlich frischen Fisch oder leckeres Maisbrot, das fast schon an Kuchen erinnert. Rechtzeitig reservieren!

Aquarena Cafe INTERNATIONAL $$$
(0414-131-1282; Hauptgerichte 5–10 US$; Di-So 9–24 Uhr, Küchenbetrieb ab 13 Uhr) Dieses Strandcafé kredenzt Sushi, gegarten Fisch, Hamburger, Pizzas und Salate unter wogenden Palmen. Angesichts der herrlichen Aussicht sieht man über die überzogenen Preise eventuell ganz gern hinweg.

❶ Praktische Informationen

Neben der Schule auf Gran Roque gibt's eine einfache Arztpraxis. Bei ernsthaften Gesundheitsproblemen bleibt aber nur die Rückreise nach Caracas.

Oscar Shop (0414-291-9160; oscarshop@hotmail.com) Der kleine Laden nahe dem Inselflugplatz fungiert auch als inoffizielle Touristeninformation. Zudem organisiert das Personal ganztägige Bootsausflüge und Boots-Shuttles zu den Inseln. Obendrein können hier Schnorchelausrüstung, Surfbretter, Liegestühle und Zelte (10 US$/Nacht) ausgeliehen werden.

❶ An- & Weiterreise

FLUGZEUG
Flüge von Caracas zu Los Roques (einfache Strecke ca. 30 Min.) sind meist ausgebucht und lassen sich am leichtesten über venezolanische Reisebüros reservieren: Die kleinen Gesellschaften auf dieser Route haben keine Online-Buchungssysteme. Die Gepäckbegrenzung liegt normalerweise bei nur 10 kg (Aufpreis bei Überschreitung).

Ab Caracas fliegen **Aereotuy** (S. 1115) und **Chapi Air** (0212-355-1965; reservaciones chapiair@gmail.com; Flughafen Maiquetía, Inlandsterminal) täglich zu den Inseln.

SCHIFF/FÄHRE
Zwischen dem venezolanischen Festland und Los Roques verkehren keine Passagierschiffe.

❶ Unterwegs vor Ort

Bootsbetreiber auf Gran Roque bringen Kunden zum gewählten Eiland und holen sie zur vereinbarten Zeit wieder dort ab. Die meisten Boote starten direkt neben dem Strandflugplatz am Hauptpier, wo man sich auch am besten nach Shuttles erkundigen kann (alternativ bei der eigenen *posada* nachfragen!). Die Preisspanne liegt zwischen 1 US$ pro Nase (hin & zurück) für Trips nach Fransisqui und bis zu 25 US$ pro Person für mehrtägige Inselrundfahrten.

DER NORDWESTEN

Der Nordwesten Venezuelas ist von Caracas aus leicht erreichbar. Hier warten Strände, Regenwälder, Wüsten, Höhlen, Wasserfälle, ein Dutzend Nationalparks und Südamerikas größter See. Der Parque Nacional Morrocoy lockt Besucher mit farbenfrohen Riffen, Stränden und einer Wüste à la Sahara, die sich nahe der kolonialzeitlichen Ortschaft Coro erstreckt. In Puerto Colombia hängen Backpacker gern zusammen mit Einheimischen bei ein paar Drinks ab. Zudem kann man dort in der Sonne brutzeln oder sein Fernglas zücken, um seltene Vögel zu beobachten.

Parque Nacional Henri Pittier
0243

Vom schroffen Küstengebirge erstreckt sich Venezuelas ältester Nationalpark (1078 km²) bis hinunter zu den herrlichen Stränden der Karibik. Hierbei bietet er Attraktionen für jeden Geschmack: eine glitzernde Küstenlinie, 600 Vogelarten, vegetationsreiche Berglandschaften mit verschlungenen Wanderpfaden und malerische Städtchen aus der Kolonialzeit, in denen leckeres Essen und komfortable *posadas* warten.

Zu den diversen Kleinstädten und Dörfern im Nationalpark geht's heute meist mit *por puestos* (Sammeltaxis; wörtl. etwa „pro Sitzplatz") oder Privattaxis. Die Anfahrt erfolgt dabei jeweils über die beiden einzigen befestigten Straßen des Parks (Verlauf von Norden nach Süden). Eine der größten und beliebtesten Siedlungen der Gegend liegt am Ende der östlichen Asphaltstraße: Als wichtigstes Besucherziel des Parks hat Puerto Colombia auch die meisten Einrichtungen. Das raubeinigere El Playón am Endabschnitt der westlichen Straße ist bei ausländischen Touristen weniger beliebt. Besucher beider Ortschaften müssen an Wochenenden oder Feiertagen mit Menschenmassen und starkem Verkehr rechnen. Zudem verursachen die schmalen Serpentinen bei der Anfahrt eventuell Übelkeit.

Puerto Colombia

In diesem ruhigen Städtchen aus der Kolonialzeit gibt es zahlreiche Restaurants und *posadas*. Die meisten Besucher hängen tagsüber am Strand ab und schlürfen abends *guarapita* (Zuckerrohrschnaps mit Maracujasaft und viel Zucker) unten am Wasser – am Wochenende öfter beim Klang von Trommelpartys. Hinweis: Einheimische bezeichnen die ganze Gegend samt Puerto Colombia als „Choroní" (auch Name der Ortschaft direkt vor Puerto Colombia).

An der Straße östlich des Ortes (5–10 Gehmin.) liegt der beliebteste Lokalstrand: Die 0,5 km lange **Playa Grande** im Schatten von Kokospalmen ist eine echte Schönheit. Allerdings muss man recht lange an ihr entlanglaufen, um ein ruhiges Fleckchen zu finden – was am Wochenende mitunter unmöglich ist. Achtung: Schwimmer sollten sich nicht in das oft unruhige Wasser wagen, wenn dies gerade niemand anderes tut! Am Eingang zur Playa stehen ein paar schlichte Imbissbuden. Theoretisch könnte man hier am Strand zelten oder seine Hängematte zwischen den Palmen aufspannen. Aus Sicherheitsgründen ist davon aber absolut abzuraten!

Was sowohl die Anfahrt als auch die Ruhe am Ziel anbelangt, ist es weitaus erbaulicher, per Boot (es gibt keine Straße) entlang der Küste zu den anderen Regionalstränden hinaufzuschippern. Unter diesen sind z. B. die Playa Aroa (1 US$, 15 Min.), die Playa Uricao (1,20 US$, 20 Min.), die Playa Aroa (1 US$, 15 Min.), die Playa Valle Seco (1,25 US$, 20 Min.; prima zum Schnorcheln), die Playa Chuao (1,50 US$, 30 Min.) und die Playa Cepe (2 US$, 45 Min.). Die genannten Preise verstehen sich jeweils pro Person und inklusive Rückfahrt.

Alle aufgeführten Strände sind weitaus weniger stark besucht als die Playa Grande und haben zumeist ein paar einfache Einrichtungen (z. B. Restaurants, Bars). Die Playa Chuao ist potenziell am interessantesten: Hier kann man sich an einem 1 km langen Traumstrand vergnügen und zudem vom Hafen aus per Shuttle-Bus ins Dorf fahren, um die berühmte einheimische Schokolade zu kaufen.

Schlafen

Casa Nova PENSION $
(951-5318; www.jungletrip.de; Parcellamiento San Antonio 7A; Zi./Apt. ab 7/11 US$; ✱@🛜🏊)
Von der Hauptstraße aus geht's über ein paar Holperstraßen zu dieser modernen Pension im Stil einer Hacienda. Die acht einfachen, aber sauberen und komfortablen Zimmer werden durch ein Familien-Apartment ergänzt. Hinzu kommen ein kleiner Pool und eine Gemeinschaftsküche. Inhaberin Claudia stammt aus Deutschland. Sie bereitet Gästen einen herzlichen Empfang und liefert auf Wunsch tolle Lokalinfos.

Nova Colonial PENSION $
(431-8757; www.choroni.net; Morillo 37; Zi./Apt. ab 3,50/9 US$; ✱@🛜🏊) Die freundliche und zentral gelegene *posada* befindet sich in einem umgebauten Haus aus der Kolonialzeit. Zur Auswahl stehen hier komfortable Zimmer mit Ventilator und ein paar geräu-

---

DIE SCHOKOLADENKÜSTE

Venezuelas berühmter Kakao wächst hauptsächlich rund um Chuao und auf dem Küstenstreifen des Parque Nacional Henri Pittier, wo auch die seltenste und begehrteste Sorte zu finden ist: Chocolatiers in aller Welt schätzen den feinen Geschmack des *criollo*, der praktisch keine Bitterstoffe enthält. In der ganzen Gegend trocknen große Mengen der feuerroten Bohnen auf Plantagen in der Sonne. Der *criollo* gilt als absolute Delikatesse und macht nur 5 bis 10 % der weltweiten Kakaoproduktion aus. Chuaos Einwohner bieten ihn in allen erdenklichen Variationen an (z. B. als heiße Schokolade, Schokoladeneis oder -likör). Für dieses wahrhaft süße Vergnügen lohnt sich ein Tagesausflug!

In Puerto Colombia empfiehlt sich das kleine **Coco Café Cacao** (José Maitín; ⊙9–22 Uhr) an einer Ecke der Plaza Bolívar: Der familiengeführte Laden verkauft neben Schokoladeneis, heißer Schokolade und Brownies auch Milchschokolade in einer bunten Verpackung aus recycelten Flugblättern der Regierung.

mige Apartments mit Klimaanlage. Weitere Pluspunkte sind die große Gemeinschafts- und die Aufenthaltsbereiche mit vielen Hängematten. Zum Recherchezeitpunkt wurde außerdem gerade ein neuer Pool hinter dem Haus vollendet.

Posada Casa Riqui Riqui PENSION $
(0416-709-6366, 991-1061; www.posadacasariquiriqui.com; Morillo 56; DZ/3BZ/4BZ/Apt. ab 6/7/8/12 US$; ❄🛜🏊) Nahe dem Posten der Guardia Nacional erinnert diese komfortable *posada* auf schön bepflanztem Gelände etwas an eine Hacienda. Die geschmackvollen Zimmer im 2. Stock sind am charakter- und stilvollsten, aber auch relativ klein. Hängematten, ein kleiner Pool und ein super Grillbereich laden zum Relaxen ein. Die Pension serviert kein Frühstück, hat aber eine neue Gemeinschaftsküche.

IguanAcción CAMPING $
(0424-741-6035; iguanaccion@hotmail.com; Parcellamiento San Antonio s/n; Hängematte & Zelt 1 US$/Pers., Zi. 2 US$/Pers.) Am Flussufer campt man hier reservierungsfrei in einem so heruntergekommen wie künstlerisch angehauchten Wunderland. Auf Gäste warten u. a. Seilrutschen, Bogengänge mit Fliesenmosaiken, abschließbare Spinde (eigenes Vorhängeschloss erforderl.) und eine einfache Küche. Die paar Zimmer im Hauptgebäude sind ziemlich unordentlich und dienen hauptsächlich als Gepäckaufbewahrung.

★ Posada La Bokaina PENSION $$
(0414-453-9220, 991-1291; www.labokaina.com; Hacienda El Portete, Sector La Bokaina 4; Zi. inkl. Frühstück 18 US$/Pers.; ❄🛜🏊) Ideal für Fans idyllischer Umgebungen: Dieses umgebaute Herrenhaus aus dem 17. Jh. versprüht seine Magie weit genug entfernt vom geschäftigen und oft lärmigen Dorfzentrum. Die zehn Zimmer umgeben bogenförmig einen Pool in einem großen Garten. Unter den Annehmlichkeiten sind z. B. Warmwasser, TV und Kühlschränke. Unbedingt einen Spaziergang zum angrenzenden Quasi-Privatstrand unternehmen: Dort lässt sich auch der Sonnenuntergang wunderbar genießen!

Hostal Casagrande BOUTIQUEHOTEL $$
(991-1251; www.hostalcasagrande.com.ve; Calle Morillo 33; DZ/3BZ/4BZ inkl. Frühstück 13/15,50/17 US$; ❄@🛜🏊) Das äußerst charaktervolle Hotel im Ortszentrum befindet sich in einem umgebauten Haus aus der Kolonialzeit. Drinnen gibt es viel geschmackvolle Kunst, einheimisches Kunsthandwerk und Antiquitäten. Herz des Ganzen ist ein Innenhof mit Pool. Ein paar alte Erbstücke verpassen den coolen und spartanischen Zimmern etwas Individualität. Der moderne Anbau ist bei venezolanischen Familien sehr beliebt. Kolonial wohnt es sich jedoch schöner.

🍴 Essen & Ausgehen

Für einen günstigen Happen zu später Stunde empfiehlt sich das halbe Dutzend Imbissbuden, das gegenüber vom *malecón* (Uferpromenade) an der Straße steht. Direkt vor dem Strand liegt ein kleiner Supermarkt namens **Abasto Colonial** an der Morillo - genauer gesagt in einem Innenhof, weshalb von außen erst mal nichts auf einen Supermarkt hindeutet.

Oasis VENEZOLANISCH, SEAFOOD $
(Trino Rangel s/n; Hauptgerichte 0,50–1 US$; ⊙mittags & abends) Günstiges Restaurant, das Pasta, Frischfisch und *pollo al gusto* (individuell zubereitete Brathähnchen) unter einem Blechdach serviert.

Paco's Pizza PIZZERIA $
(Trino Rangel s/n; Hauptgerichte 1,50–2,50 US$; ⊙morgens, mittags & abends; 🌿) Beliebter Italiener mit leckeren Pizzas mit dünnem Boden, selbst gemachter Pasta und super Ravioli.

Araguaneyes VENEZOLANISCH, SEAFOOD $
(Los Cocos 8; Hauptgerichte 1–4 US$, Frühstück 0,50–1 US$; ⊙8.30–21 Uhr) Internationale Gerichte und *criollo*-Küche (u. a. eine gute Auswahl an Frischfisch) auf einer Terrasse im Obergeschoss.

★ Madera Fina INTERNATIONAL $$
(991-1043; Hauptgerichte 2–5 US$; ⊙13–21.30 Uhr) Außerhalb des Dorfes scheint dieses Lokal wie ein strahlendes Traumbild aus der Vegetation aufzutauchen. Und traumhaft ist das Ganze tatsächlich: Unter den eindrucksvollen Speiseräumen und Freiluftbereichen ist auch ein wundervoller Aussichtspunkt mit Meerblick, der sich bestens eignet, um bei Sonnenuntergang einen Aperitif zu nehmen. Hauptattraktion ist jedoch das Essen – *ceviche* schmeckt hier so lecker wie die Beilagensalate. Reservierung ist ratsam.

Paco's Fish SEAFOOD $$
(991-1474; Los Cocos s/n; Hauptgerichte 4–6 US$; ⊙Do–So 13–23 Uhr) Der brandneue Mix aus *cevichería*, Seafood- und Fischres-

taurant ist die vielleicht schickste Adresse vor Ort. Für den Anfang empfiehlt sich eine der verschiedenen *ceviches*. Danach folgen dann z. B. Marlin-Risotto oder fangfrischer Fisch mit Thai-Garnelen vom Grill. Das ganze Ambiente ist sehr angenehm. Hierfür sorgen freundliches Personal, Kunst aus der Region an den Wänden und eine höchst willkommene Klimaanlage.

❶ An- & Weiterreise

Ab Caracas fahren die meisten Traveller mit privaten Verkehrsmitteln direkt nach Puerto Colombia (ca. 5 Std.). Busverbindung dorthin besteht am Interurbano-Terminal in Maracay (0,40 US$, 2¼ Std., alle 1–2 Std.; letzter Bus in Gegenrichtung ca. 18 Uhr, Wochenende später). *Por puestos* (Sammeltaxis; tagsüber/abends & Wochenende 1/1,25 US$, 1¾ Std.) sind schneller und verkehren regelmäßiger. Eine Anreise am Wochenende sollte vermieden werden, da der Verkehr auf der kurvigen Straße dann sehr stark und zähfließend ist.

Parque Nacional Morrocoy

♪ 0259

Der Nationalpark gehört zu den spektakulärsten Küstenlandschaften Venezuelas. Er erstreckt sich von einem Streifen auf dem Festland bis weit vor die Küste und umfasst eine Vielzahl von Inseln, Inselchen und Sandbänken. Viele dieser Inseln sind von weißen Sandstränden gesäumt und von Korallenriffen umgeben. Am beliebtesten ist die Insel Cayo Sombrero, die mit herrlichen, wenn auch zunehmend abgestorbenen Korallenriffen und einigen der besten Stränden unter schattigen Palmen aufwartet. Gut zum Schnorcheln sind auch Cayo Borracho, Playuela und Playuelita.

An den Wochenenden wird der Nationalpark ziemlich voll, aber werktags ist kaum etwas los. Absolutes Chaos herrscht an Feiertagen. Die Haupteingänge des Parks befinden sich in den Städten Tucacas und Chichirivche am südlichen und nördlichen Rand. Beide sind gleichermaßen unattraktiv; wer unbedingt übernachten muss, sollte dies aber in Chichiriviche tun.

❶ Unterwegs vor Ort

Von Tucacas und Chichiriviche aus schippern Boote (max. 8 Pers.) zu den Inseln. Die Skipper verlangen für Hin- und Rückfahrt einen Pauschalpreis. Es ist auch möglich, mehrere Trips miteinander zu kombinieren. Wenn das Boot nicht voll besetzt ist, heißt's hart verhandeln.

Coro

♪ 0268 / 260 000 EW.

In Coro weht immer eine angenehme Brise vom Meer. Die Stadt gehört zu Venezuelas schöneren Siedlungen aus der Kolonialzeit und ist das Tor zum Parque Nacional Médanos de Coro mit seinen herrlichen Dünen. Die meisten historischen Villen stehen an den Kopfsteinpflasterstraßen des Viertels **Zamora**, dessen Kolonialarchitektur landesweit ihresgleichen sucht. Seit 1993 gehört Coro auch zum Welterbe der UNESCO. Allerdings: Im Vergleich zu seinen Nachbarn Brasilien und Kolumbien hat Venezuela weitaus weniger Perlen aus der Kolonialzeit – auch Coro ist größtenteils so hektisch und modern wie alle anderen Großstädte des Landes. Super Budgetunterkünfte machen es jedoch zur prima Basis für Erkundungstouren in die Region (vor allem der Península de Paraguaná und der bergigen Sierra de San Luis). Zudem gibt's hier viele Studenten.

❂ Sehenswertes

Parque Nacional Médanos de Coro NATIONALPARK
Hypnotisch schimmernde Streifenmuster aus Sand und eine frische Brise: In diesem Nationalpark erstreckt sich eine spektakuläre Wüstenlandschaft mit bis zu 30 m hohen Dünen. Die beste Zeit für einen Besuch ist der späte Nachmittag, da dann die Sonne nicht mehr ganz so brennt. Um hierher zu kommen, nimmt man zunächst an der Calle 35 Falcón einen Bus in Richtung Carabobo und steigt 300 m hinter dem großen Monumento a la Federación aus. Danach geht's nordwärts entlang einer breiten Straße zu den Dünen (10 Gehmin.). Stressärmer sind jedoch geführte Touren (ca. 10 US$ inkl. Leihausrüstung & Shuttles), die von allen örtlichen *posadas* organisiert werden.

La Vela de Coro STRAND
Nordöstlich von Coro liegt diese kolonialzeitliche Hafenstadt, deren Strand mit orangefarbenen Felspfeilern und Blick auf ein halb versunkenes Wrack aufwartet. Die Anfahrt mit öffentlichen Verkehrsmitteln geht problemlos vonstatten: einfach an der Ecke Av Manuare und Rómulo Gallegos ein *por puesto* (0,10 US$, 20 Min.) nehmen!

☞ Geführte Touren

Geführte Tagestouren (20 US$/Pers., max. 4 Pers.) haben entweder die windige Wüste der Península de Paraguaná oder die Sierra de San Luis mit ihren kühleren Kiefernwäldern, Höhlen und markanten Dolinen zum Ziel. Organisiert werden solche Trips u. a. von **Araguato Expeditions** (0426-560-0924; www.araguato.org; Calle Zamora No 92) und **Eco Latino Adventures** (0416-469-2240, 251-1590; www.ecolatinoadventures.com; Federacion 16B). Alternativ kann man sich an Pensionen wie die Posada El Gallo oder La Casa de los Pájaros wenden. Sandboarden (halber Tag 7 US$/Pers. inkl. Leihbrett & Shuttles) ist ebenfalls im Angebot.

🛏 Schlafen

Unter Coros tollen Unterkünften sind auch mehrere hübsche *posadas* aus der Kolonialzeit.

La Casa de los Pájaros — PENSION $

(0416-668-1566, 252-8215; www.casadelospajaros.com.ve; Monzón nahe der Ampies; EZ/DZ/3BZ/4BZ 5/5/6,50/8 US$; ❄@ 🛜) Die Inhaber dieser Pension sind Architekten und haben ihr wunderbares Haus selbst errichtet. Die sechs Zimmer punkten mit hohen Decken, viel Tageslicht und kunstvollen Mosaiken in den Bädern. Das leckere Frühstück wird im Innenhof serviert. Roberto spricht Englisch und leitet auch geführte Touren durch die Region. Darunter sind z. B. Wanderungen zu den Sanddünen, Trips zur Península de Paraguaná und Ausflüge zu einer Ruinenstätte der 14 000 Jahre alten Taima-Taima-Zivilisation (20 km östl. von Coro).

Posada El Gallo — PENSION $

(252-9481; posadagallo@gmail.com; Federación 26; Zi. pro Pers. mit Ventilator & Gemeinschaftsbad/Klimaanlage & eigenem Bad 5/7 US$; @🛜) Diese farbenfrohe Pension mit freiliegenden Holzbalken und einer netten Terrasse befindet sich in einem restaurierten Gebäude aus der Kolonialzeit. Der Inhaber veranstaltet tolle Touren durch die Region (u. a. Sandboarden mit selbst hergestellten Brettern). Im Vorderbereich des Hauses betreibt er zudem ein eigenes Kunsthandwerksatelier – für den Fall, dass man sich spontan eine humorvolle Holzstatue von Mutter Theresa zulegen will.

Hotel Santa Ana — HOTEL $

(250-0111; www.hotelsantaana.com.ve; Urdaneta nahe der Manaure; EZ/DZ ab 8/10 US$; ❄@🛜) Keine Lust auf eine altmodische *posada*? Dann auf zu diesem funkelnagelneuen Hotel, das bei venezolanischen Wochenendausflüglern sehr beliebt ist! Die 50 Zimmer sind klein, aber modern und sauber. Die Gemeinschaftsbereiche wirken fesch und stilvoll, etwas Volkskunst belebt die Lobby. Ein kleiner Fitnessraum ist ebenfalls vorhanden.

★ La Casa del Mono — PENSION $$

(0146-469-2240, 251-1590; adrijana.mandl@gmail.com; Federación 16B; EZ/DZ 10/15 US$; ❄@🛜) Diese *posada* im Herzen der Altstadt zählt zu den attraktivsten in ganz Coro. Die engagierte Inhaberin Adrijana stammt aus Slowenien und beheimatet hier auch allerlei gerettete Tiere. Gäste können z. B. ein Bier an der ehrwürdigen Bar schlürfen, in der Gemeinschaftsküche ihr eigenes Abendessen kochen oder in den Hängematten im Hofgarten relaxen. Da fühlt man sich doch sehr schnell heimisch!

🍴 Essen

Die meisten örtlichen *posadas* servieren Essen auf Bestellung. Allerdings gibt's in

---

> **NICHT VERSÄUMEN**
>
> ### SANDBOARDEN IN CORO
>
> Nach scheinbar endlosem Aufstieg im knietiefen Sand erreicht man schließlich den Kamm der Düne. Dann kurz durchatmen, das Brett wachsen, die Füße festschnallen und lossausen – 100 m in wenigen Sekunden sind gar kein Problem! Trotz der Anstrengung (oder vielleicht genau deshalb) ist das Sandboarden auf der Landenge von Los Médanos so faszinierend, dass es zur Sucht werden kann.
>
> Dieser Sport erfordert lediglich ein Surfbrett, Sonnencreme und etwas Lebensfreude. Kenntnisse im Snowboarden sind zwar nützlich, aber keinesfalls obligatorisch. Wer das Gleichgewicht verliert, lässt sich einfach gefahrlos nach hinten in die weichen, endlosen Tiefen der *arena* (Sand) fallen. Zudem ist Sandboarden definitiv die beste Methode, um den Sonnenuntergang in Coro zu genießen.
>
> Alle örtlichen *posadas* und Reisebüros bieten Touren zu den Dünen an (inkl. Leihausrüstung & Shuttles). Alternativ kann man sich aber auch auf eigene Faust per Bus oder Taxi dorthin begeben.

Coro auch mehrere anständige Restaurants. Obwohl die Straßen bei Dunkelheit recht sicher sind, gelten auch hier die üblichen Vorsichtsmaßnahmen.

★ Pizzería La Barra del Jacal PIZZERIA $
(Ecke 29 Unión & Manaure; Gerichte 1,25–4 US$; ⓧ 12–24 Uhr; 🛜 🅿 👶) Das hübsche Freiluftlokal mit professionellem Service und Kinderspielbereich serviert neben Pizzas auch noch andere Gerichte. Zudem eignet es sich prima für ein erfrischendes Bier – vor allem abends, wenn ein laues Lüftchen die Hitze des Tages wegpustet.

Jengibre & Albahaca INTERNATIONAL $
(Ecke Av Josefa Camejo & Manaure; Hauptgerichte 1–2 US$; ⓧ Sa–Do 11.30–23, Fr 18.30–24 Uhr; 🛜) Das „Ingwer & Basilikum" ist das definitiv nobelste Restaurant der Stadt, hat aber ein überraschend gutes Preis-Leistungs-Verhältnis. Die Karte, auf der Bio-Burger, Caprese und Seafood-Pasta stehen, sucht im Großteil Venezuelas ihresgleichen. Man kann im klimatisierten Speiseraum oder aber auf der luftigen Terrasse essen. Am Wochenende wird oft Livemusik geboten.

Panadería La Gran Costa Nova BÄCKEREI $
(Av Manaure nahe der Zamora; Sandwiches/Backwaren 0,50/0,25 US$; ⓧ 6–21.30 Uhr) Die riesige Bäckerei ist zu jeder Tageszeit rappelvoll – und das ist kein Wunder: Neben leckerem Frühstück und Mittagessen bekommt man hier auch prima Snacks, Backwaren und Kaffee.

Restaurante Shangri La VEGETARISCH $
(Av Josefa Camejo s/n; Portion 0,50 US$; ⓧ Mo–Sa morgens & mittags; 🅿) Ein paar Blocks östlich vom Flughafen (der seltsamerweise sehr zentral liegt) serviert dieses kleine Lokal u. a. vegetarisches Frühstück und Mittagessen. Auf der täglich wechselnden Karte stehen auch diverse heilsame Kräutertees.

ⓘ An- & Weiterreise

BUS
Der **Terminal de Pasajeros** (Av Los Médanos) liegt 2 km östlich vom Zentrum und ist per Taxi (0,20 US$) oder mit Coros häufig verkehrenden Stadtbussen erreichbar. Die meisten Direktbusse nach Caracas (2 US$, 7 Std.) brechen abends auf. Der einzige Direktbus nach Mérida (4 US$, 13 Std.) nimmt die lange Route über Maracaibo.

Wer innerhalb eines (langen) Tages nach Santa Marta in Kolumbien reisen will, nimmt am frühen Morgen ein *por puesto* nach Maracaibo (1,50 US$, 3 Std.) und steigt dort um.

FLUGZEUG
Nur fünf Gehminuten nördlich der Altstadt liegt der **Aeropuerto Internacional José Leonardo Chirinos** (🅿 251-5290; Av Josefa Camejo) mitten im Zentrum. **Conviasa** (S. 1115) verbindet ihn dreimal pro Woche mit Caracas. Diese Flüge sind aber normalerweise schon Wochen im Voraus ausgebucht.

Adícora
🅿 0269

Die windige Kleinstadt an der Ostküste der Península de Paraguaná zählt zu Venezuelas Hochburgen des Wind- und Kitesurfens: Anfänger und Profis aus aller Welt schätzen die örtliche Brise sehr. So können Besucher hier auch Kurse belegen (Windsurfen ab 6 US$/Std., 2-tägiger Kitesurf-Kurs inkl. 8 Std. Unterricht 150 US$). Als beliebteste Ortschaft auf der Halbinsel bietet Adícora außerdem eine anständige Auswahl von Unterkünften und Restaurants. Obwohl die Touristenzahlen in den letzten Jahren sehr stark gesunken sind, gibt's hier immer noch ein paar sehr komfortable Bleiben. Dazu zählt z. B. die **Posada La Casa Rosada** (🅿 988-8004; www.posadalacasarosada.com; Malecón; Zi. 5 US$; ❄🛜) in einem wunderschön restaurierten Kolonialbau mit reizendem Hofgarten.

Auf der Route Adícora–Coro verkehren Busse (0,10 US$, 1 Std., 8-mal tgl.; letzte Abfahrt ca. 17 Uhr), *por puestos* (0,20 US$) und Taxis (ca. 10 US$).

DIE ANDEN

Das heißblütige Venezuela wird normalerweise nicht unbedingt mit verschneiten und windumtosten Gipfeln in Verbindung gebracht. Doch durch das Land verläuft das 400 km lange Nordende der Andenkette – gekrönt vom höchsten Berg der Nation (5007 m), der (wie sonst?) Pico Bolívar heißt. Wer kein Hardcore-Kraxler ist, kann sich hier an üppig grünen Tälern mit Nebelwäldern, Bächen und Wasserfällen erfreuen. Und an zauberhaften Bergdörfern, zu denen schmale Serpentinenstraßen führen.

Im Herzen der venezolanischen Anden wartet der Bundesstaat Mérida mit den landesweit höchsten Gipfeln und besten Einrichtungen für Touristen auf. Die gleichnamige Stadt zählt zu Südamerikas angesagtesten Zielen für Abenteuersportler. Zudem dient sie als Tor zu Los Llanos, deren Grasland eines von Venezuelas berühmtesten Revieren für Tierbeobachtungen ist. Obendrein ist Mérida eine der wenigen Regionen des Landes, die trotz der aktuellen Wirtschaftslage immer noch einen stetigen Besucherstrom verzeichnen. Die beiden anderen Andenstaaten (Trujillo & Táchira) sind weniger populär, bieten aber jede Menge Trekkingmöglichkeiten für wagemutige Traveller.

Mérida

0274 / 244 000 EW. / 1600 M

Venezuelas Hauptstadt des Abenteuersports ist fortschrittlich und wohlhabend. Ihre spektakuläre Lage in den Anden kombiniert sie mit jugendlicher Energie, Gelassenheit, Freundlichkeit, Kultiviertheit, Erschwinglichkeit und relativ hoher Sicherheit. Diese Atmosphäre resultiert u. a. aus der großen Universität, dem hier weit verbreiteten Outdoor-Sport und dem wunderbaren Klima, das Flachlandbewohner mit sonnig-luftigen Tagen und kühlen Nächten lockt. Aktiv veranlagte Besucher haben die Qual der Wahl: Mérida wartet mit zahllosen Möglichkeiten zum Wandern, Schluchteln, Mountainbiken, Raften und Gleitschirmfliegen (örtliche Spezialität) auf. Zudem ist die Stadt die beliebteste Ausgangsbasis für Tierbeobachtungen in Los Llanos und für „Blitztouren" nach Catatumbo.

In Sachen Kolonialarchitektur hat Mérida kaum etwas zu bieten. Dafür gibt's hier prima Unterkünfte, viele gute Restaurants und eine der besten Nightlife-Szenen des Landes – auch ein Grund, warum zahlreiche Backpacker vor Ort Station machen.

Sehenswertes

Teleférico SEILBAHN

(Parque Las Heroínas) Méridas berühmter *teleférico* (höchste und längste Seilbahn der Welt) wird seit Jahren generalüberholt. Venezuelas Regierung verschiebt die angekündigte Neueröffnung aber bislang immer wieder. Über vier Etappen führt die 12,5 km lange Strecke von der Talstation Barinitas (1577 m) in Mérida hinauf zum Gipfel des Pico Espejo (4765 m). Unterwegs genießt man eine atemberaubende Aussicht auf die Berge – vorausgesetzt, die Bahn geht irgendwann wieder in Betrieb.

Parque Las Heroínas PARK

Der kürzlich renovierte Platz vor der Seilbahn-Talstation im Zentrum ist ein beliebter Treffpunkt: Im Schatten von Bäumen hängen Einheimische hier gern vor den eindrucksvollen Springbrunnen ab. Abends sorgen Straßenmusiker, belebte Bars und junges Feiervolk dann für ordentlichen Betrieb.

Catedral de Mérida KIRCHE

(Ecke Av 4 Simón Bolívar & 22 Uzcategui) Diese gigantische Kirche basiert auf den Plänen der Kathedrale von Toledo (erb. im 17. Jh.) in Spanien. Die Bauarbeiten begannen im Jahr 1800, wurden aber erst 1958 abgeschlossen – und das wohl auch nur aufgrund einer Beschleunigung, um rechtzeitig zum 400. Stadtjubiläum fertig zu werden. Von der 22 Uzcategui aus sind die kunstvoll ausgeführten Wasserspeier gut zu sehen.

Aktivitäten

Nirgendwo in Südamerika sind Outdoor-Aktivitäten und Extremsport günstiger als in Mérida. So kommen bis heute Scharen von Hardcore-Adrenalinjunkies hierher. Doch das liegt nicht nur allein an den niedrigen Preisen, sondern auch am vielfältigen Angebot: Abenteurer schätzen die Region u. a. für die hervorragenden Möglichkeiten zum Klettern, Bergsteigen, Wandern, Reiten, Schluchteln und Seilrutschen. Fans von Vogelbeobachtungen und Rafting kommen ebenfalls auf ihre Kosten.

Gleitschirmfliegen

Gleitschirmfliegen *(parapente)* genießt in Mérida gewissermaßen Kultstatus: Bilder von Paraglidern zieren sogar die städtischen Müllwagen.

Die meisten Besucher unternehmen Tandemflüge mit Profi-Piloten – vorherige Erfahrung ist somit nicht erforderlich. Gestartet wird zumeist eine Jeepstunde von Mérida entfernt in Tierra Negra, wo man nach 20 bis 30 Minuten in der Luft etwa 850 m tiefer in Las González landet. Der Preis (ca. 25 US$) beinhaltet die gesamte Leihausrüstung, den Piloten und die Hinbzw. Rückfahrt per Jeep.

Wer richtig Blut geleckt hat, kann an zehntägigen Paragliding-Kursen (ca. 1200 US$) mit Theorieteil (auch auf Englisch möglich) und Flugpraxis (inkl. Alleinflüge) teilnehmen.

Gravity Tours ABENTEUERSPORT

(0424-760-8327, 251-1279; www.gravity-tours.com; Calle 24 zw. Av 7 & 8) Dieser renommierte Veranstalter überzeugt u. a. mit jungen und erfahrenen Guides. Inhaber Gustavo Viloria spricht fließend Englisch; zudem ist er als leidenschaftlicher und gewiefter Tierbeobachter auf Trips zu Los Llanos spezialisiert. Andere geführte Touren der Firma führen zum Roraima und zum Catatumbo. Gleitschirmfliegen, Rafting, Seilrutschen und Schluchteln sind hier ebenfalls im Angebot.

Xtreme Adventours ABENTEUERSPORT
(0424-702-3464, 252-7241; www.xatours.co.ve; 24 Rangel zw. Av 8 Paredes & Parque Las Heroínas) Die junge und abenteuerlustige Firma in venezolanischem Besitz ist nicht nur Méridas führender Gleitschirm-Anbieter, sondern hat auch Wandern, Mountainbiken, Quadfahren und Bungeespringen von Brücken im Programm. Hinzu kommt ein umfangreicher Buchungsservice für Unterkünfte, Flüge und geführte Touren.

Rafting & Canyoning

Auf ein paar Flüssen an den südlichen Andenhängen ist Rafting durch Stromschnellen der Kategorie II bis IV möglich – entweder im Rahmen einer Tour zu Los Llanos oder als separater Zweitagestrip (50–60 US$/Pers.) während der Regenzeit (Mai–Nov.).

Schluchteln bzw. Canyoning (Klettern, Abseilen und Wandern in Flusscanyons mit Wasserfällen) ist vor Ort ebenfalls sehr beliebt. In diesem Fall kosten Ganztagestrips etwa 25 bis 30 US$ pro Nase (inkl. Leihausrüstung & Shuttles).

Mountainbiken

Mehrere Touranbieter in Mérida organisieren auch Radtouren. Ein penibler Vergleich lohnt sich, da Mietpreis (5-10 US$/Tag) und Zustand der Drahtesel sehr stark variieren. Geführte Tagestrips kosten zumeist 20 bis 25 US$ pro Person (inkl. Guide & Leihfahrrad). Beliebt sind z. B. Rundfahrten zu den entlegenen Bergdörfern südlich von Mérida (Pueblos del Sur). Anspruchsvoller sind Touren hinauf zum El Refugio im Parque Nacional Sierra la Culata. Die rasante Talfahrt durch die Hochlandsteppe bringt dabei das Adrenalin auf dem Rückweg ordentlich in Wallung.

Kurse

Venezuela war früher für ein großes Angebot von Spanischkursen bekannt. Aufgrund der aktuellen Wirtschaftslage mussten aber viele Sprachschulen in den letzten Jahren

---

NICHT VERSÄUMEN

DIE ATEMBERAUBENDEN BLITZE VON CATATUMBO

An der Mündung des Río Catatumbo in den riesigen Lago de Maracaibo tritt ein faszinierendes Phänomen auf: das Relámpago de Catatumbo (Catatumbo-Gewitter), dessen ständig aufleuchtende Blitze kaum oder gar nicht von Donner begleitet werden. Der gespenstische elektrische Sturm ist mitunter so stark und konstant, dass man bei Dunkelheit oft ohne Lampe im Reiseführer lesen kann.

Das Spektakel ist nachts in der ganzen Region zu sehen (bei gutem Wetter sogar von Maracaibo oder San Cristóbal aus). Bei nächtlicher Anfahrt über die Route Maracaibo–San Cristóbal oder San Cristóbal–Valera gibt's bereits einen ersten Eindruck davon. Doch je näher man dem Ganzen kommt, desto beeindruckender wird es. Mit geführten Touren ab Mérida lässt sich das Catatumbo-Gewitter am leichtesten aus nächster Nähe bestaunen. Solche Trips beinhalten normalerweise eine nette Bootsfahrt, die dem Río Catatumbo ab Puerto Concha flussabwärts folgt; unterwegs kann man Kaimane, Brüllaffen und zahllose Vögel beobachten. Übernachtet wird dann in den Hängematten einer schlichten *posada*, die auf Stelzen am Lago de Maracaibo steht.

Bezüglich des Phänomens gibt es verschiedene Theorien – bislang konnte jedoch keine davon bewiesen werden. Die wahrscheinlichste Erklärung nennt als Grund die regionale Topografie, bei der 5000 m hohe Berge (die Anden) unmittelbar auf einen riesigen See auf Meereshöhe (Lago de Maracaibo) treffen. Dieses spektakuläre und direkte Nebeneinander ist weltweit einmalig. Experten zufolge wehen hier kalte Winde vom eisigen Hochland herab und prallen unten auf die feuchtwarme Luft über dem See. Dadurch werden Luftpartikel ionisiert, was wiederum die Blitze erzeugt – während der besten Besuchszeit (Sept.–Nov.) rund 150 bis 200 pro Minute.

Alle Reisebüros in Mérida organisieren Touren, bei denen man üblicherweise in einer von zwei ähnlich ausgestatteten *posadas* übernachtet.

Mérida

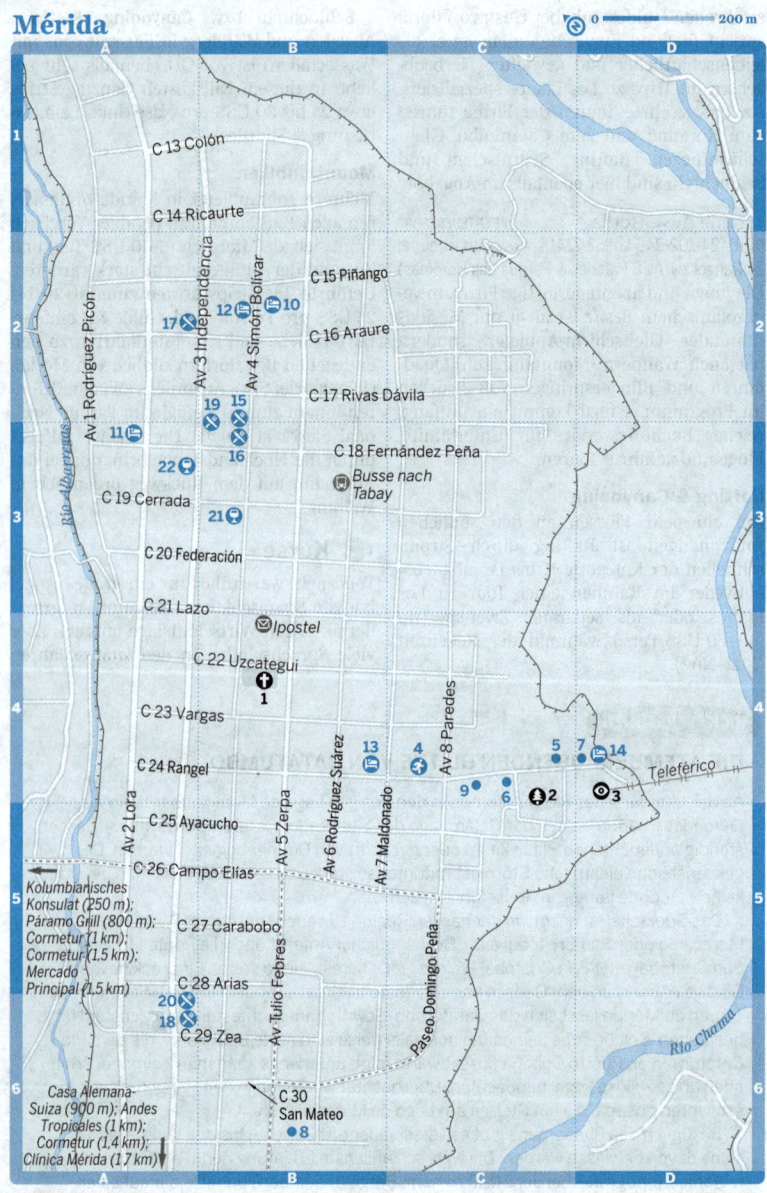

schließen. Viele Studenten und Dozenten geben aber Privatunterricht – Details liefern z. B. Schwarze Bretter in *posadas*.

★ **Jakera** SPRACHKURS
(☎ 0426-475-3178, 252-9577; www.jakera.com; 24 Rangel 8-205; Gruppenunterricht mit 20 Wochenstd. inkl. Unterkunft, Frühstück & Abendessen 325 US$) Die beliebte Spanischschule ist in der gemütlichen gleichnamigen *posada* ansässig. Ihr „mobiles Unterrichtsprogramm" nutzt u. a. die schattige Terrasse mit super Andenblick, umfasst aber auch Freiwilligenjobs und Abenteuertrips in ganz Venezuela.

Mérida

⊙ Sehenswertes
 1 Catedral de Mérida B4
 2 Parque Las Heroínas C4
 3 Teleférico D4

⊙ Aktivitäten, Kurse & Touren
 4 Gravity Tours C4
 5 Guaguanco Tours C4
 6 Guamanchi Expeditions C4
 7 Jakera D4
 8 Natoura Travel & Adventure
    Tours B6
 9 Xtreme Adventours C4

⊙ Schlafen
 10 La Casona de Margot B2
 11 Posada Alemania A3
 12 Posada Casa Sol B2
    Posada Guamanchi .... (siehe 6)
 13 Posada La Montaña B4
 14 Posada Patty D4

⊙ Essen
 15 Burger Bar B2
 16 El Vegetariano B3
 17 Guacamole A2
 18 Heladería Coromoto A6
 19 La Abadía B3
 20 La Sazón del Llano A6

⊙ Ausgehen & Nachtleben
 21 El Hoyo del Queque B3
 22 Gurten Café Poco Loco A3

🠖 Geführte Touren

Der Großteil der vielen örtlichen Touranbieter ist in der 24 Rangel und rund um den Parque Las Heroínas ansässig. Vor der Entscheidung für ein bestimmtes Unternehmen heißt es sorgfältig vergleichen und möglichst viele Details ermitteln (idealerweise auch durch Gespräche mit anderen Travellern). Sehr beliebt sind z. B. Bergwanderungen zum Pico Bolívar, Pico Humboldt oder Pico Pan de Azucar.

Richtig toll sind Tiersafaris, die Los Llanos von Mérida aus besuchen und meist als viertägige Trips (70–80 US$/Pers.) angeboten werden. Der Preis hängt von der Teilnehmerzahl sowie vom Qualitätsniveau der Verkehrsmittel, Guides und Unterkünfte ab. Zweitägige Exkursionen zum Relámpago de Catatumbo (Catatumbo-Gewitter) kosten rund 50 US$ pro Nase (inkl. 1 Nacht, aller Mahlzeiten & Shuttles).

Allgemein gilt: Der Preis bestimmt die Qualität. Bei wenig Zeit und/oder Geld ist rechtzeitige Reservierung ratsam, um die sichere Teilnahme an einer Gruppentour zu gewährleisten. Die meisten Anbieter buchen auch Flugtickets.

★ Andes Tropicales   GEFÜHRTE TOUR
(☎ 263-8633; www.andestropicales.org; Ecke Av 2 Lora & Calle 41) 🍃 Die gemeinnützige Stiftung organisiert Bergwanderungen zu entlegenen *mucuposadas* (einfache Gästehäuser; *mucu* bedeutet „Ort von…" im lokalen Dialekt).

★ Catatumbo Tour   GEFÜHRTE TOUR
(☎ 0414-756-2575; www.catatumbotour.com) 🍃 Der angesehene Naturforscher Alan Highton ist auf Touren nach Catatumbo spezialisiert. Teilnehmer seiner ganzjährig stattfindenden Trips übernachten in seiner einzigartigen *posada* am Maracaibo-See, die gegenüber der Siedlung Ologa inmitten herrlicher Natur auf Stelzen steht. Während der Trockenzeit (Dez.–April) leitet Alan zudem Los-Llanos-Safaris mit viel Leidenschaft und Sachkunde.

★ Natoura Travel & Adventure Tours   GEFÜHRTE TOUR
(☎ 0416-674-8442, 252-4075; www.natoura.com; 31 Junín nahe der Av Tulio Febres) José Luis Troconis spricht Englisch und ist Inhaber dieser so erfahrenen wie renommierten Firma. Die Bergwander- und Klettertouren für Kleingruppen haben einen sehr guten Ruf; gleiches gilt für die Qualität der dabei verwendeten Bergsteiger- und Campingausrüstung. Weitere Trips haben z. B. Los Llanos, die Gran Sabana und den Saltó Angel zum Ziel. Auf Wunsch organisiert Natoura auch Reisen durchs ganze Land.

Guaguanco Tours   GEFÜHRTE TOUR
(☎ 252-3709; www.aguaguanco.com.ve; 24 Rangel s/n) Die vielen verschiedenen Touren des erfahrenen Anbieters führen u. a. zu Los Llanos, zum Catatumbo, zu Kaffeeplantagen und zu regionalen Thermalquellen. Gleitschirmfliegen ist ebenfalls im Angebot.

Guamanchi Expeditions   GEFÜHRTE TOUR
(☎ 252-2080; www.guamanchi.com; 24 Rangel s/n) Bei diesem alteingesessenen, erfahrenen und gut ausgerüsteten Veranstalter liegt der Schwerpunkt auf Aktivitäten in den Bergen. Das große Angebot umfasst jedoch auch Kajakfahren, Vogelbeobachtungen, Radtouren und mehrtägige Trips zu Los Llanos.

🛏 Schlafen

Aus Méridas großem Unterkunftsangebot sticht eine tolle und erschwingliche *posada* besonders heraus: Die Posada Casa Sol enttäuscht ihre Gäste nie. Zur hiesigen Hauptsaison steigen überall die Preise.

★Posada Casa Sol BOUTIQUEHOTEL $
(☏ 252-4164; www.posadacasasol.com; Av 4 zw. 15 Piñango & 16 Araure; Zi. inkl. Frühstück 10 US$; @ 🛜) Farbenfrohe Volkskunst ziert dieses exquisite und luxuriöse Boutiquehotel mit großartigen Gemeinschaftsbereichen. Hier, in einem Herrenhaus aus der Kolonialzeit, gibt es außerdem Regenduschen und Wände mit Textur-Anstrich. Im zauberhaften Garten wird das Frühstück unter einem alten Avocadobaum serviert. Dank der deutschen Inhaberin Renate und ihrer venezolanischen Mitarbeiter fühlen sich Gäste stets rundum wohl.

Posada Guamanchi PENSION $
(☏ 252-2080; www.guamanchi.com; 24 Rangel No 8-86; B 2,50 US$, Zi. mit/ohne Bad 4/3 US$, 4BZ mit/ohne Bad 6/5 US$; 🛜) Die weitläufige *posada* im Stadtzentrum wird vom Touranbieter Guamanchi betrieben und ist bei dessen Kunden sehr beliebt. Die Zimmer im hinteren Bereich begeistern mit tollem Bergblick. Weitere Pluspunkte sind die Warmwasserbäder und die beiden Gästeküchen. Prima, um gleichgesinnte Traveller zu treffen!

Posada Alemania PENSION $
(☏ 252-4067; www.posadaalemania.com; Av 2 Lora No 17-76; B 1,20 US$, EZ/DZ ohne Bad 1,75/2,50 US$, DZ mit Bad 4 US$; @🛜) Die schlichte *posada* in venezolanischem Besitz ist beliebt und wunderbar günstig. Die vielen verschiedenen Quartiere (Schlafsäle plus Privatzimmer) umgeben einen zentralen Hofgarten und teilen sich eine große Küche hinter dem Haus. Gleichermaßen populär ist der hier ansässige Tourveranstalter, der von Bergsteigen bis hin zu Los-Llanos-Trips alles Mögliche organisiert.

Posada La Montaña PENSION $
(☏ 252-5977; www.posadalamontana.com; 24 Rangel zw. Av 6 & 7; EZ/DZ ¾ US$; 🛜) Die tollen Zimmer des großartigen Hauses aus der Kolonialzeit werden täglich gereinigt; zudem verfügen sie über Kühlschränke, Tresore und Nachttische mit dekorativen Mosaiken. Die Gemeinschaftsbereiche mit vielen Pflanzen sind allgemein sehr gut in Schuss. Das Restaurant im Erdgeschoss serviert drei Mahlzeiten pro Tag.

Casa Alemana-Suiza PENSION $
(☏ 263-6503; www.casa-alemana.com; Ecke Av 2 & Calle 38; EZ/DZ/3BZ/4BZ 3/4,50/6/8 US$; @🛜) Dieses große und stilvolle Gebäude steht abseits des stärker touristisch geprägten Stadtzentrums. Die Zimmer im Retrostil sind geräumig und ruhig. Zudem gibt's hier einen Pooltisch, eine Dachterrasse mit Bergblick und auf Anfrage auch Frühstück.

La Casona de Margot PENSION $
(☏ 252-3312; www.lacasonademargot.com; Av 4 Simón Bolívar s/n; Zi. ab 5 US$; 🛜) Die renovierten Zimmer rund um zwei attraktive Innenhöfe haben z. T. hohe Decken und bieten Platz für bis zu acht Personen. Warmwasser ist vorhanden, Frühstück wird hingegen nicht serviert.

Posada Patty PENSION $
(☏ 251-1052; claferlis_diana_24@hotmail.com; 24 Rangel s/n; B/Zi. ohne Bad 1,50/2 US$2) Freundlich-familiäre Backpacker-Bleibe mit schlichter Einrichtung, Küche und günstigem Wäscheservice. Die Mahlzeiten werden gemeinsam eingenommen.

 Essen

★Burger Bar BURGER $
(☏ 0414-175-9183; Av 4 Simon Bolívar zw. 17 Rivas Dávila & 18 Fernández Peña; Burger 1–2 US$; ⊙ 11.30–23.30 Uhr; 🛜) Diese Neueröffnung kredenzt eine höchst willkommene Auswahl von qualitativ hochwertigen Gourmet-Burgern (Fleischgarzustand: roh bis medium) in allerlei Varianten. Auf der Karte stehen zudem knusprige Brathähnchen, Panini und regionale Fassbiere. Auch die häufigen Kunstausstellungen und Konzerte machen den Laden zum insgesamt besten Lokal der Stadt.

Guacamole MEXIKANISCH $
(Av 3 Independencia zw. Calle 15 & 16; Hauptgerichte 1,50–4 US$; ⊙ Mo–Sa 18.30–23, So 17.30–22.30 Uhr) Das freundliche und recht charmante Guacamole ist eine angenehme kulinarische Abwechslung für alle, die schon länger in Venezuela weilen: In mehreren farbenfrohen Räumen gibt's hier alle möglichen Tex-Mex-Gerichte von Burritos bis hin zu Quesadillas.

La Abadía INTERNATIONAL $
(Av 3 Independencia s/n; Hauptgerichte 1–4 US$; ⊙ Di–So 15–22 Uhr; 🛜🍴) In einem stimmungsvollen Herrenhaus aus der Kolonialzeit kommen hier prima Salate, Fleisch- und Nudelgerichte auf den Tisch. Draußen und drinnen warten mehrere lauschige Separees auf Gäste. Hinzu kommt eine Cocktailbar in einem Gewölbekeller.

Páramo Grill — STEAK $

(244-9295; Av Cardenal Quintero s/n; Hauptgerichte 3-5 US$; 12-23 Uhr;) Diese lokale Berühmtheit mit großen Räumlichkeiten wirkt für örtliche Verhältnisse recht formell: Die Kellner tragen Smokings, Stierkampfszenen zieren die Wände. Das Fleisch ist mitunter etwas zu lange gegrillt – wer sein Steak blutig bis medium mag, sollte es *rare* bestellen. Das Restaurant liegt im neuen Stadtteil (Taxi ab dem Zentrum 0,50 US$).

La Sazón del Llano — VENEZOLANISCH, BÄCKEREI $

(Av 3 Independencia s/n; Menüs 1 US$; Cafeteria Mo-Sa 7-11 & 11.30-21 Uhr, Bäckerei Mo-Sa 6.30-21, So 7-14.30 Uhr) In dem Mix aus Bäckerei und Cafeteria tummeln sich stets viele glückliche Gäste. Neben internationaler Küche werden hier auch äußerst üppige *criollo*-Menüs mit vier Gängen aufgetischt. Die Bäckerei ist sonntags eine gute Wahl, da dann viele andere Lokale geschlossen haben.

Heladería Coromoto — EISCREME $

(Av 3 Independencia s/n; Eiskugel 0,25 US$; Di-So 14.15-21 Uhr) Diese Eisdiele hält mit über 900 Sorten (u. a. Polar-Bier, Lachs, Schwarzbohne) den aktuellen *Guinness*-Rekord. Es sind jedoch nicht alle Varianten gleichzeitig erhältlich.

Mercado Principal — MARKT $

(Av Las Américas s/n; 7-16 Uhr;) Im 2. Stock dieses Marktes gibt's ein paar der besten traditionellen Gerichte der Stadt. Zu empfehlen ist z. B. *pechuga rellena a la merideña* (panierte und frittierte Hähnchenbrust, gefüllt mit Schinken und Käse, serviert in Pilzsauce).

El Vegetariano — VEGETARISCH $

(Ecke Av 4 Simón Bolívar & 18 Fernández Peña; Menüs 0,50 US$; Mo-Sa 10-23 Uhr;) Das recht heruntergekommene, aber nichtsdestotrotz anständige Lokal serviert venezolanische Vegi-Küche in Form von täglich wechselnden Festpreismenüs. Gute Kuchen sind hier auch zu haben.

Ausgehen & Nachtleben

Viele Studenten und feierwütige Urlauber aus Venezuela machen Mérida zu einer lebenslustigen Stadt. Zentrum des örtlichen Nachtlebens ist der Parque Las Heroínas. Diverse Nachtclubs bzw. Bars befinden sich zudem in den *centros comerciales* (Einkaufszentren) der Viertel Viaducto, Mamayeya, Las Tapias und Alto Prado.

ABSTECHER

THERMALQUELLEN

Tabay Diese *aguas termales* (Thermalquellen) mit einem Betonpool (Fußmarsch 30 Min.) und einem Naturbecken (Fußmarsch weitere 30 Min.) liegen nur 12 km von Mérida entfernt. Ab der Av 6 Rodríguez Suárez fahren *busetas* (Kleinbusse) regelmäßig hierher.

La Musui (www.aguastermaleslamusui.blogspot.com) Um dieses 400 Jahre alte Andenstädtchen im Hochgebirge (3000 m) zu erreichen, nimmt man am besten frühmorgens eine *buseta* nach Mucuchíes (1¼ Std.) und dort ein Taxi bis zum Ziel (20 Min.). Von der Ortschaft aus führt ein Fußmarsch (ca. 1 Std.) hinauf zu einem ummauerten Naturbecken. Die letzte *buseta* nach Mérida verlässt Mucuchíes etwa um 16.30 Uhr. Es lohnt sich aber, das charmante Musui etwas länger zu erkunden und eventuell sogar in einer der vielen Unterkünfte zu übernachten.

★ El Hoyo del Queque — NACHTCLUB

(Ecke Av 4 Simón Bolívar & 19 Cerrada; Eintritt Do-Sa 1 US$; bis 1 Uhr) Salsa, Reggae und Pop von Livebands oder DJs sorgen dafür, dass der bekannte und ungemein coole Club immer gut besucht ist.

Gurten Café Poco Loco — SPORTSBAR

(Av 3 Independencia, zw. 18 Fernández Peña & 19 Cerrada) Bis zu später Stunde beschallt die Sportsbar ihre vielen Gäste mit Rock, Reggae und Salsa. Der Schweizer Inhaber liebt *fútbol* (Fußball) so sehr, dass dieser hier nonstop im TV läuft.

Praktische Informationen

MEDIZINISCHE VERSORGUNG

Clínica Mérida (263-6395, 263-0652; Av Urdaneta No 45-145)

POST

Ipostel (21 Lazo s/n)

TOURISTENINFORMATION

Cormetur (263-1603, 800-637-4300; cormeturpromocion@hotmail.com; Hauptbüro, Ecke Av Urdaneta & Calle 45; 7-19 Uhr) Eine der nützlichsten Touristeninformationen des Landes. Sowohl die gebührenfreie Info-Hotline als auch das Hauptbüro punkten mit Englisch sprechendem Personal. Auch am Busbahnhof (263-3952; Av Las Américas; 7-18 Uhr) und Mercado Principal (263-1570; Av Las Américas; 8–15, Di & So 8–13.30 Uhr) vertreten.

❶ An- & Weiterreise

BUS

Der Busbahnhof an der Av Las Américas liegt 3 km südwestlich vom Zentrum. Ab der Ecke 25 Ayacucho und Av 2 Lora ist er mit regelmäßig verkehrenden Stadtbussen erreichbar. Weitere Lokalbusse fahren den ganzen Tag über zum Flughafen in El Vigía (1 US$). Wer nach Ciudad Bolívar will, nimmt am besten einen Bus nach Barinas und steigt dort um.

FLUGZEUG

Direkt neben der Touristeninformation liegt Méridas **Flughafen** (Av Urdaneta), rund 2 km südwestlich der Plaza Bolívar. Bis auf eine kurzzeitige Wiederaufnahme des Betriebs (2013) ist er jedoch seit 2008 geschlossen. Am nächstgelegenen Flughafen in El Vigía (1 Std. Fahrt) besteht Direktverbindung nach Caracas. Eine weitere Option ist der Flughafen in Barinas (4 Std. Fahrt).

Transfers Mérida (0414-723-4680; www.transfersmerida.com.ve) schickt klimatisierte Vans (1,50 US$/Pers.) vom Centro Comercial Glorias Patrias zum Flughafen in El Vigía (in Gegenrichtung min. 5 Fahrgäste). Plätze müssen spätestens drei Tage im Voraus reserviert werden. Ein Taxi nach El Vigía kostet ca. 10 US$.

Busse ab Mérida

ZIEL	PREIS (US$)	DAUER (STD.)
Barinas	1,50	4
Caracas	3,25	13
Coro	4	13
Maracaibo	3	9
Maracay	3,50	11
San Cristóbal	1,25	5

Rund um Mérida

Das beliebteste Revier für Hochgebirgswanderungen in der Region ist der **Parque Nacional Sierra Nevada**. Nur 12 km östlich von Mérida erheben sich hier Venezuelas höchste Berge – darunter auch der Pico Bolívar (5007 m). Der höchste Gipfel des Landes ist bei Trekkern sehr beliebt und kann ohne Guide erklommen werden. Dazu nimmt man den Pfad, der grob dem Verlauf der Seilbahn folgt. Doch Vorsicht auf dem Abschnitt zwischen Loma Redonda und Pico Espejo: Mangels klarer Beschilderung besteht hier Verirrungsgefahr! Agenturen in Mérida bieten fünftägige Klettertouren am Pico Bolívar an (150 US$/Pers. inkl. 4 Nächte). Hochgebirgswanderer schätzen auch den **Pico Humboldt** (4942 m), der Venezuelas zweithöchster Berg ist und ebenfalls per Tour erklommen werden kann (4 Tage, 120 US$/Pers.).

Etwas weniger mühevoll gestaltet sich der Weg nach **Los Nevados**, einem reizenden Bergdorf auf etwa 2700 m Höhe: Zwischen 7 und 8 Uhr (Hauptsaison 12 Uhr) fahren vom Parque Las Heroínas in Mérida Jeeps hierher (4 US$, 4 Std.), wo einen einfache Unterkünfte sowie Lokale erwarten. Alternativ läuft man in einer Stunde zur *mucuposada* und Farm **Hacienda El Carrizal** (0274-789-5723; B 2 US$).

Auch im nördlich von Mérida gelegenen **Parque Nacional Sierra La Culata**, der besonders mit wüstenähnlicher Berglandschaft beeindruckt, lassen sich tolle Wandertouren unternehmen. Um hierher zu gelangen, fährt man mit einem *por puesto* nach La Culata (Abfahrt an der Ecke 19 Cerrada/Av 2 Lora) und läuft von dort aus drei bis vier Stunden bergauf zur einfachen Bergstation El Refugio auf etwa 3700 m. Am nächsten Tag macht man sich dann an den drei- bis vierstündigen Aufstieg zum **Pico Pan de Azúcar** (4660 m). Es lohnt sich, hier eine weitere Nacht zu verbringen, um die Thermalquellen und die kleinen Schwimmbecken zu erkunden. Das letzte *por puesto* nach Mérida fährt etwa um 16 Uhr. Einige Agenturen in Mérida organisieren dreitägige *all inclusive*-Trips zum Pan de Azúcar (90 US$/Pers.). Weitere tolle Wanderziele in der Region sind der **Pico El Águila** (4118 m), der **Paso del Cóndor** (4007 m) und der **Pico Mucuñuque** (4672 m).

Wer auf eigene Faust in den Parks übernachten will, braucht eine Genehmigung von **Inparques** – Büros gibt's in Mérida, Tabay und Los Nevados. Zudem sind Genehmigungen ohne Reservierung bei den Verwaltungen an den Parkeingängen erhältlich.

Eine der interessantesten (und dazu extrem sicheren) Optionen für Wanderungen abseits aller Touristenpfade sind die regionalen Routen zu indigenen Bergdörfern. Letztere liegen jeweils einen Tagesmarsch voneinander entfernt und bieten Übernachtungsmöglichkeiten in *mucuposadas* (B pro Pers. & Tag ohne/mit VP 2/3 US$). Hierbei kommt man in den Genuss von bequemen Betten, Warmwasserduschen und warmen Mahlzeiten. Der Weg durch Nebelwälder,

Weideland und Gletscherlandschaften kann auch ohne Führer in Angriff genommen werden (optionaler Guide ca. 10 US$/Tag).

Das Wegenetz zu den Dörfern geht u. a. auf Andes Tropicales (S. 1073) in Mérida zurück. Diese von der EU finanzierte Stiftung organisiert neben Übernachtungen in *mucuposadas* auch Wander-, Rad- und Jeeptouren. Zudem greift sie Individualreisenden gratis in puncto Planung unter die Arme. Dank des Stiftungsprojekts Pueblos del Sur (www.destinopueblosdelsur.com) können kulturell interessierte Traveller inzwischen auch die spektakulären Andendörfer südwestlich von Mérida erkunden.

Eine schöne Route ermöglicht Übernachtungen in der Mucuposada Michicaba (0274-511-8701, 0426-702-9467; Gavidia; B 2 US$), der Mucuposada El Carrizal (0273-511-6941; Carrizal; B 2 US$), der Mucuposada San José (0273-414-3502; San José; B 2 US$) und der Mucuposada Los Samanes (0273-400-1299; Santa María de Canaguá; B 2 US$). Ab Mérida lässt sich dieser Trip leicht mit öffentlichen Verkehrsmitteln bewältigen: einfach per Bus ostwärts zur 400 Jahre alten Stadt Mucuchíes fahren (0,75 US$, 1½ Std., 48 km) und einen Jeep nach Gavidia (1 Std.) nehmen. Am Ende lässt man sich dann von der Mucuposada Los Samanes zurückbringen oder wandert zum Highway (20 km) und nimmt ein *por puesto* nach Barinas.

San Cristóbal

0276 / 286 000 EW.

Dieses florierende Handelszentrum inmitten herrlich grüner Hügel profitiert von seiner Nähe zu Kolumbien (nur 40 km). Letztere sorgt hier jedoch seit ein paar Jahren auch für erhöhte Sicherheitsprobleme: Die Region ist für Drogen- bzw. Benzinschmuggel, paramilitärische Aktivitäten und häufige Straßenkriminalität berüchtigt. Die Stadt selbst liegt an einer von nur zwei Straßenverbindungen zwischen Venezuela und Kolumbien (die andere verläuft entlang der Karibikküste). Obwohl sie an sich kein Touristenziel ist, legen manche Traveller hier eine Übernachtungspause während einer langen Busreise ein – dank moderner, angenehmer Infrastruktur und freundlicher Einwohner ist das möglich. Im Januar lohnt sich jedoch ein etwas längerer Aufenthalt, wenn San Cristóbal zwei Wochen lang seine turbulente Feria de San Sebastián feiert.

🛏 Schlafen & Essen

Wer per Bus unterwegs ist und nur eine Budget-Bleibe für eine Nacht braucht, findet ein paar Straßen südlich vom Busbahnhof diverse einfache Hotels an der Calle 4. An der Av 5 und 7 gibt's mehrere Billiglokale mit chinesischer Küche (geöffnet bis 22 od. 23 Uhr).

MonCricket Hotel HOTEL $
(344-6204; www.moncrickethotel.com.ve; Carr 13 No 11-79, Ecke Calle 12; EZ/DZ inkl. Frühstück 8/10 US$; ❄🕾) Das moderne Hotel in zentraler Lage hat ausgesprochen hilfsbereites Personal und vermietet ein paar der komfortabelsten Zimmer der Stadt. Allerdings bekommen die geräumigen, farbenfrohen und blitzsauberen Quartiere auch recht viel Straßenlärm ab.

NICHT VERSÄUMEN

LOS LLANOS

Los Llanos sind eines der schönsten Ziele in Venezuela. Die riesige Savannenebene südlich der Anden ist auch die Heimat von Venezuelas Cowboys; die traditionelle *joropo*-Musik mit ihren scheppernden Harfenklängen stammt ebenfalls aus dieser Region. Obendrein ist hier der Artenreichtum landesweit am höchsten: Besucher können u. a. Kaimane, Capybaras (Wasserschweine), Piranhas, Anacondas, Ameisenbären und zahllose verschiedene Vögel bestaunen. Während der Regenzeit steht die halbe Landschaft unter Wasser – dann flüchten die Tiere zwar, sind aber immer noch allgegenwärtig. Hauptsaison für Beobachtungen ist die Trockenzeit (Mitte Nov.–April), wenn sich die Tiere rund um die Wasserstellen versammeln.

Tourveranstalter in Mérida bieten tolle Exkursionen an, bei denen es sich meist um viertägige *all inclusive*-Trips (200–300 US$) mit Rafting-Option (gegen Aufpreis) handelt.

Wichtig: Solche Beobachtungssafaris sollten sich keinesfalls negativ auf die Natur auswirken. Daher bitte niemals Guides auffordern, Tiere (inkl. Anacondas) absichtlich zu reizen oder gar zwecks „Präsentation" einzufangen!

> **ℹ EINREISE NACH KOLUMBIEN**
>
> Das geschäftige San Antonio del Táchira (Venezuela) liegt genau gegenüber der kolumbianischen Grenzstadt Cúcuta (12 km). Nach der Einreise nach Kolumbien muss die Uhr eine halbe Stunde zurückgestellt werden. Hinweis: Ende 2015 wurde dieser Grenzübergang aufgrund außenpolitischer Differenzen zwischen Venezuela und Kolumbien geschlossen. Vor eventueller Anreise sollte daher die aktuelle Situation ermittelt werden. Zum Recherchezeitpunkt rechneten jedoch Beobachter auf beiden Seiten mit einer zeitnahen Wiedereröffnung.
>
> Ab der Av Venezuela in San Antonio fahren Busse und *por puestos* regelmäßig zum Busbahnhof in Cúcuta. Wer Zeit sparen will, überquert die Brücke über den Río Táchira (eigentliche Grenze), holt sich beim Büro von Migración Colombia (rechts am Brückenende) seinen Einreisestempel und schaut dann auf kolumbianischen Boden nach einem Sammeltaxi. Der Fahrtpreis kann in Venezolanischen Bolívar oder Kolumbianischen Pesos bezahlt werden.
>
> In Cúcuta besteht regelmäßig Bus-und Flugverbindung zu allen kolumbianischen Großstädten.

Tienda Naturista Gustico VEGETARISCH $
(☏ 0416-579-0609; Calle 7 zw. Av 7 Isaias Medina Angarita & Carr 8; Hauptgerichte 1–2 US$; ⊗ Mo-Sa 8–18 Uhr; ✦) Vegetarisches Mittagslokal mit selbst gemachtem Joghurts, prima Säften und leckeren Snacks (u. a. Brot und Empanadas aus Vollkornmehl).

ℹ An- & Weiterreise

BUS

Am Busbahnhof besteht täglich mehr als zwölfmal Verbindung nach Caracas (2,50 US$, 13 Std.) – zumeist mit Nachtbussen, die nachmittags oder abends starten und dem El-Llano-Highway folgen. Normale Busse fahren nach Barinas (1,25 US$, 5 Std., 5.–18.30 Uhr stündl.).

Expresos Unidos schickt Busse nach Mérida (1,25 US$, 5 Std.), die von 5.30 bis 17 Uhr offiziell alle eineinhalb Stunden aufbrechen. Doch Vorsicht: Wenn alle Plätze belegt sind, geht's jeweils schon früher los. Wer den letzten Bus erwischen will, sollte sich daher spätestens um 18 Uhr einfinden. Bei den täglichen Linien-Nachtbussen nach Maracaibo (1,80 US$, 8 Std.) sollte man unbedingt darauf achten, dass diese die schnellere Strecke entlang des Panamerican Highway nehmen.

Minibuses fahren nach San Antonio del Táchira (0,25 US$, 1¼ Std., alle 10–15 Min.) an der kolumbianischen Grenze. Diese Route ist zwar landschaftlich wunderschön, aber auch sehr verkehrsreich. Bei Eile empfiehlt sich daher ein *por puesto* (0,50 US$).

FLUGZEUG

Der größte Regionalflughafen namens Aeropuerto Base Buenaventura Vivas liegt in Santo Domingo (1½ Std. Fahrt) und ist mit öffentlichen Verkehrsmitteln nicht direkt erreichbar (Taxi 10 US$).

DER NORDOSTEN

Venezuelas wenig bekannter und besuchter Nordosten ist ein wahres Mosaik aus Naturwundern: Diese Region wartet u. a. mit karibischen Stränden, Korallenriffen und spektakulären Bergen auf. Hinzu kommt mit La Isla Margarita die berühmteste Insel des Landes – früher ein Tummelplatz von ausländischen Travellern, aber heute übermäßig erschlossen und bei venezolanischen Urlaubern deutlich beliebter als bei Backpackern. Viel schöner und besuchenswerter (weil bislang größtenteils unerschlossen) sind z. B. die Península de Paria oder die Cueva del Guácharo. Gleiches gilt für die Insel und Strände des Parque Nacional Mochima. Nur im Nordosten Venezuelas betrat Kolumbus einst das südamerikanische Festland. Und wer in den Genuss eines Bootstrips entlang der herrlichen Península de Paria kommt, wird schnell verstehen, warum der Entdecker diese Gegend als „Paradies auf Erden" bezeichnete.

Parque Nacional Mochima
☏ 0293

Der Parque Nacional Mochima in den Bundesstaaten Anzoátegui und Sucre umfasst eine niedrige, trockene Berglandschaft, die zu hübschen Buchten und Stränden abfällt und sich bis zu den beeindruckenden, wüstenähnlichen Inseln vor der Küste erstreckt. Delfine sind hier kein ungewöhnlicher Anblick. Die besten Strände findet man auf den Inseln; man erreicht sie nach einer kurzen Fahrt mit dem Boot von Santa Fe, Mochima oder einem anderen Küstenort aus. Ein paar Inseln sind von Korallenriffen umgeben und bilden eine anständige Kulisse für Schnorchel- und Tauchausflüge. Wer gern seine Ruhe hat, sollte mitten in der Woche herkommen – an Wochenenden und im Sommer besuchen viele Einwohner naher Großstädte den Park. Die Ortschaften innerhalb des Parks sind sehr arm und nicht sehr sicher. Mochima ist diesbezüglich eine Ausnahme, hat aber keine attraktiven *posadas*.

Die **Playa Colorada** ist am Wochenende ein Tummelplatz von jungen venezolanischen Feierwütigen und Sonnenanbetern, aber werktags sehr ruhig. Die **Jakera Lodge** (✆ 995-5841; www.jakera.com; Hängematte/B inkl. Halbpension 3/5 US$; 🖥) eignet sich super, um andere aktiv veranlagte Traveller zu treffen. Sie vereint Schlafsäle, gemeinschaftliche Mahlzeiten und eine Spanisch-Sprachschule mit einem Trainingslager für Abenteuersportler. Zudem werden hier zahllose Canyoning, Tauch- und Kajaktrips angeboten. Sehr beliebt sind die ganztägigen Bootstouren mit Freiklettern auf der Isla de Mono. Die Lodge ist an ihrem gewellten Stahltor am Highway zu erkennen.

Santa Fe war früher ein beliebtes Backpackerziel, ist aber heute ziemlich unsicher. Doch das Städtchen hat einen super Strand und ist eine gute Basis für Bootsausflüge zu den unberührten Inselstränden im Parque Nacional Mochima. Beste örtliche Unterkunft ist **Le Petit Jardin** (✆ 0416-387-5093, 231-0036; www.lepetitjardin-mochima.com; Cochaima; EZ/DZ/3BZ inkl. Frühstück 15/20/25 US$; ❄🖥🏊) nur einen Block hinter dem Strand.

Im äußersten Osten des Nationalparks wartet **Mochima** am Ende einer kurvigen Straße mit tollem Meer- und Bergblick auf. Die herrlich gelegene Ortschaft wirkt inzwischen verwahrlost und heruntergekommen. Sie hat keine attraktiven Unterkünfte, ist aber eine gute Ausgangsbasis für die Erkundung der Inseln: Am Anleger starten ganztägig Barkassen, die Besucher zu diversen Eilanden bringen und später wieder dort abholen. Alternativ kann man ab Mochima auch Bootsrundfahrten zu mehreren verschiedenen Inseln unternehmen. Das örtliche **Restaurant Puerto Viejo** (Hauptgerichte 1–3 US$; ⊙Mi–Mo 12–20 Uhr) ist eine nette Option für Mittagsfisch direkt am Wasser.

Cueva del Guácharo

Venezuelas längste und schönste Höhle liegt 12 km von Caripe entfernt in Richtung Küste: Die eindrucksvolle **Cueva del Guácharo** (Eintritt 0,20 US$; ⊙Führungen Di–So 8–14 Uhr alle 20 Min., Juli & Aug. tgl.) ist ein 10 km langes System aus Gängen, Durchgängen und Grotten. In völliger Dunkelheit leben darin kreischende *guácharos* (Fettschwalme), die die Höhle nur nachts zwecks Nahrungssuche verlassen. Wie Fledermäuse benutzen diese Vögel ein „Ortungsradar" und lange Tasthaare, um sich im Dunkeln zu orientieren. Von August bis Dezember bevölkern schätzungsweise 10 000 bis 15 000 Exemplare die Höhle. Deren Gewirr aus Stalagtiten bzw. Stalagmiten beheimatet zudem Krebse, Fische und Nagetiere. Wer den Start der *guárachos* erleben will, nimmt abends ein Taxi zur dann geschlossenen Höhle oder zeltet gegen geringe Gebühr gegenüber vom Eingang. Aus diesem quellen die Vogelschwärme etwa um 18.30 heraus (Rückkehr ca. 4 Uhr).

Im Rahmen der obligatorischen Führungen (1½ Std.) besichtigt man insgesamt 1200 m der Höhle. Im August und/oder September kann jedoch Hochwasser die Tourstrecke auf 500 m verkürzen. Auf der anderen Straßenseite führt ein Fußmarsch (20 Min.) zum Salto La Paila, wo man in einem kühlen Naturbecken am Fuß eines bandförmigen Wasserfalls baden kann.

Die nahe Kleinstadt Caripe gewinnt Travellerherzen mit ihrer herrlichen Lage in den Bergen und mit freundlichen Einwohnern, die sich über Besucher zu freuen scheinen. Das **Hotel Samán** (✆ 0292-545-1183; www.hotelsaman.com; Av Chaumer 29; Zi. 5 US$; 🖥) ist die beste Ausgangsbasis für Trips zur Höhle und liegt zudem direkt neben einem guten Restaurant.

Per Bus ist Caripe nicht sonderlich leicht erreichbar. Linienbusse ab Maturín (0,50 US$, 2½ Std.) und Cumaná (0,50 US$, 2½ Std.) setzen Passagiere jedoch auf dem Weg in die Stadt am Höhleneingang ab. Ein Taxi von Caripe zur Höhle kostet 0,50 US$.

Río Caribe

✆ 0294 / 14 000 EW.

Von der früheren Pracht dieser alten Hafenstadt zeugen die einst mondänen Villen zwischen den schattigen Bäumen an der breiten Av Bermúdez: Río Caribe war früher ein Hauptumschlagplatz von Kakao und ist heute ein Paradebeispiel für verblasste Eleganz. Der ruhige Ferienort dient zudem als Sprungbrett zu den Traumstränden weiter östlich und als beste Ausgangsbasis für Trips zur großartigen Península de Paria. An der Plaza Bolívar sollten sich Besucher unbedingt die Kirche aus dem 18. Jh. anschauen. Ebenfalls interessant ist der Wochenendbetrieb auf der Plaza Sucre und entlang der Av Bermúdez, die näher in Richtung Strand liegt. Dennoch bitte die Hauptstraße niemals verlassen und bei Dunkelheit stets angemessen vorsichtig sein!

Schlafen & Essen

Posada Shalimar   PENSION $
(0414-762-8700, 646-1135; www.posada-shalimar.com; Av Bermúdez s/n; DZ/3BZ/4BZ 4/5/6 US$; ❄@🛜🏊) Komfortable und gut gepflegte Zimmer auf zwei Stockwerken umgeben hier einen arabisch angehauchten Innenhof mit bahnentauglichem schmalem Pool. Die Pension hat schon bessere Tage gesehen – zum Recherchezeitpunkt war das Poolwasser grün, da kein Chlor zur Verfügung stand. Ansonsten ist sie aber rundum charmant und eine super Basis für Erkundungstouren. Gäste können zudem Surfbretter ausleihen und an diversen geführten Touren teilnehmen.

Posada de Arlet   PENSION $
(646-1290; 24 Calle de Julio 22; EZ/DZ/3BZ/4BZ 4/5/7/8 US$; ❄@🛜) Nahe der Plaza Bolívar steht diese makellose *posada* in Schweizer Besitz. Die fröhlichen und hellen Zimmer (z. T. mit super Blick auf die Hügel) verteilen sich im Obergeschoss entlang einer luftigen Terrasse.

★ Alquimia Paria   PENSION $$
(0414-232-2693, 646-2126; www.alquimiaparia.com; Rivero 46; DZ/3BZ inkl. Frühstück 10/15 US$; ❄🛜) Vom Strand aus sind es nur fünf Gehminuten bis zu dieser neuen *posada*, deren Personal auch geführte Touren organisiert. Gleich abseits der charmanten Plaza Bolívar wurde hier eine marode Villa aus der Kolonialzeit sehr eindrucksvoll zur Pension umgebaut. Die fünf individuell eingerichteten Zimmer umgeben einen schmucken Innenhof mit vielen Pflanzen und haben eigene Bäder (aufgrund des Gebäudegrundrisses jeweils separat).

La Tasca de Luís   VENEZOLANISCH $
(Av Bermúdez s/n; Hauptgerichte 1,50–3,50 US$; ⊙11–21 Uhr; 🛜) Dieses *tasca*-Restaurant ist mit dunklem Holzmobiliar, einer altmodischen Bar und weißen Leuchtstoffröhren (wirken recht unpassend) eingerichtet. Neckisches Herzstück des Dekors ist ein an der Wand hängender Stierkopf, der von zwei Kälbern flankiert wird. Auf der abwechslungsreichen Karte stehen gute Gerichte mit Fleisch oder Seafood. Einen Versuch wert ist das *asado negro* (Auge eines runden Roastbeefs, in Rotweinsauce gegart).

Mi Cocina   VENEZOLANISCH $
(Juncal s/n; Hauptgerichte 1–2 US$; ⊙12–16 Uhr) Am Ende einer merkwürdigen Parallelstraße zur Av Bermúdez liegt diese kleine Oase mit Klimaanlage und hauseigenem Heiligenschrein. Die venezolanischen Standardgerichte (gebratener Frischfisch, Grillfleisch, Seafood-Eintopf) sind die besten der Stadt. Zu erkennen ist das Lokal an einem Schild mit der Aufschrift *Tasca Restaurant Aqui*.

Da More   ITALIENISCH $
(646-1622; Av Bermúdez 72; Hauptgerichte 1–2 US$; ⊙Di–So 12–21 Uhr; 🌿) Hier gibt es in ruhigem, luftigem Ambiente super Pizzas und leckere Pasta. Aufgrund der z. T. langen Wartezeiten bestellen viele Einheimische ihr Essen am Wochenende telefonisch vor. Wer will, kann seinen Pizzabelag auch selbst zusammenstellen. Kein Alkoholausschank.

🛈 An- & Weiterreise

Ab der Plaza Bolívar fährt täglich ein Bus nach Caracas (2 US$, 10 Std., 18 Uhr). Am kleinen Busbahnhof beim Hafen (Ende der Av Bermudez) starten Lokalbusse und *por puestos*, die Río Caribe mit anderen Städten auf der Península de Paria verbinden. Dazu gehört z. B. Carupano, das als größte Stadt der Halbinsel auch ein regionaler Verkehrsknotenpunkt mit Anschluss ins ganze Land ist. Da die öffentlichen Verkehrsverbindungen nach Río Caribe ziemlich langsam und unzuverlässig sind, bevorzugen die meisten Traveller eine Anreise per Privatvehikel.

Península de Paria

Nur auf der Península de Paria betrat Kolumbus einst wirklich das südamerikanische Festland. Heutige Besucher finden hier ein paar der schönsten und am wenigsten besuchten Fleckchen in ganz Venezuela: Dichter Urwald bedeckt die Berge im größtenteils unberührten Landesinneren der Halbinsel. Zahllose Strände mit weiß-goldenem Sand säumen den 50 km langen Küstenstreifen zwischen Río Caribe und San Juan de Unare. San Juan ist das letzte Küstendorf mit Straßenanschluss – dahinter kommt man nur noch per Boot weiter. Dies macht Trips zu weiter entfernten Dörfern wie Santa Isabel zum Abenteuer. Wichtig: Wer auf der Halbinsel übernachten will, sollte unbedingt Insektenspray dabeihaben. Und vor dem Schwimmen bitte immer erst bei Einheimischen nachfragen: An manchen Stränden lauern hier tückische Strömungen.

Vor dem Start in Richtung Strand sollten Schokoladenfans von Río Caribe aus noch einen entspannten Abstecher zum **Chocolates Paria** (411-8860; www.chocolatesdeparia.com.ve; Eintritt 1 US$; Mo–Sa 9–17 Uhr) unternehmen. Diese kleine Biokakaoplantage kultiviert ihre Bohnen im Schatten. Besucher können an Führungen (auch auf Deutsch, Englisch od. Französisch) teilnehmen und Schokolade mit unterschiedlichem Kakaogehalt verkosten. Hierher geht's per *por puestos* (0,05 US$, 15 Min.) zur Hacienda Bukare.

Playa Medina

Die halbmondförmige Playa Medina wird von hohen Palmen gesäumt und lädt mit perfekt sanfter Brandung zum Schwimmen ein. Vor Ort ist Camping verboten, und die einzige Unterkunft hat ziemlich hohe Preise. Daher besucht man diesen Strand am besten per Tagesausflug ab Río Caribe (sehr einfach möglich). Im Sommer tummeln sich hier jedoch zahlreiche einheimische Urlauber und Imbissverkäufer, was die Atmosphäre mitunter alles andere als paradiesisch macht.

Playa Pui Puy

Die breite Playa Pui Puy mit ihrem perfekten Sand erstreckt sich wunderschön vor einer Kulisse aus Bergen und Palmen. Neben kostenlosen Campingmöglichkeiten gibt's hier auch ein paar einfache *posadas* und Restaurants.

Schlafen

Posada Rincón de Pui Puy PENSION $
(0414-942-3625; Playa Pui Puy; Zi. pro Pers. ohne/mit VP 1,50/3 US$;) Direkt am Strand punktet diese charmante *posada* mit weitem Terrassenblick auf die Bucht. Bei den 20 farbenfrohen Zimmern reicht das Spektrum von winzig bis riesig. Die besten Quartiere haben riesige Privatbalkone.

Playa Querepare

Die Playa Querepare ist vor allem für die riesigen Meeresschildkröten bekannt, die hier in herrlicher Abgeschiedenheit ihre Eier ablegen (April–Aug.). Ein Naturschutzprojekt sammelt die Gelege in einer Aufzuchtstation am Strand. Im Rahmen geführter Nachttouren kann man die Rückkehr der Schildkröten ins Meer beobachten.

Schlafen

Campamento Querepare LODGE $
(0212-237-2648, 0245-261-4419; www.naturaraid.com; Playa Querepare; Zi. inkl. VP 4 US$) Die rustikale Strand-Lodge verfügt über 13 einfache Hütten und Zimmer mit Moskitonetzen. Über Natura Raid lassen sich Pauschalangebote mit Vollpension reservieren. Hinweis: Während der Schildkrötensaison gibt's hier keinen Strom!

San Juan de Las Galdonas

Dieses Küstendorf begeistert mit besonders schönen Stränden.

Schlafen

Posada Las Tres Carabelas PENSION $
(0294-411-2265; lastrescarabelas3@gmail.com; San Juan de las Galdonas; Zi. inkl. HP 5 US$/Pers.) Hoch über dem Strand liegt diese rustikale *posada* spektakulär auf einer Klippe – dementsprechend großartig ist der Meerblick. Neben 14 guten Zimmern mit Ventilatoren gibt's hier auch ein Hausrestaurant mit leckeren Gerichten (Tipp: die göttliche Fischsuppe).

An- & Weiterreise

Die regionalen Strände lassen sich am leichtesten per Bootstrip ab Río Caribe erkunden: Die Küstenstraße zur Playa Medina ist ziemlich schlecht; zur Playa Pui Puy wird die Fahrt dann zur Qual. Zudem endet die Straße in San Juan de Unare. Mit Booten besuchen (jeweils hin & zurück, max. 12 Pers./Boot) lassen sich die Playa Medina (7 US$, einfache Strecke 25 Min.), die Playa Pui Puy (12 US$, 40 Min.), San Juan de las Galdonas (20 US$, 2½ Std.) und Santa Isabel (30 US$, 2½ Std.).

Gegenüber der Tankstelle am südöstlichen Ende von Río Caribe brechen *por puesto*-Pick-ups morgens (Mo–Sa) zu den Dörfern Medina (0,05 US$), Pui Puy (0,10 US$) und San Juan de Las Galdonas (0,75 US$, 1½ Std.) auf. Allerdings fahren diese unregelmäßig verkehrenden Vehikel nicht bis zu den Stränden von Medina und Pui Puy hinaus. So muss man das letzte Stück zu Fuß zurücklegen (ca. 2,5 km, 30 Min.) oder das seltene Glück haben, ein örtliches *mototaxi* zu erwischen. *Posadas* in Río Caribe können Fahrer vermitteln und Bootstrips organisieren.

Im kleinen und recht tristen Güiria am äußersten Ende der Península de Paria bestand früher regelmäßig Fährverbindung nach Port of Spain (Trinidad & Tobago). Zum Recherchezeitpunkt war der Betrieb aber eingestellt. Hartnäckige Traveller werden wohl dennoch eine Überfahrtsmöglichkeit gen Trinidad finden, wenn sie lange genug vor Ort weilen.

ISLA DE MARGARITA

0295 / 462 000 EW.

Keine Frage: Die Isla de Margarita hat ein paar der schönsten Strände Venezuelas, und weiter landeinwärts erheben sich spektakuläre Berge erheben. Unkontrollierte Baumaßnahmen, verstopfte Straßen und Landschaftszersiedlung führen das Image vom Tropenparadies aber ad absurdum: Diese Insel enttäuscht mittlerweile sehr und profitiert lediglich immer noch von ihrem Ruf als Jetset-Ziel in den 1980er- bzw. 1990er-Jahren. Echte Strandfans sollten daher besser die Península de Paria, Los Roques oder Puerto Colombia besuchen. Nichtsdestotrotz ist die Isla de Margarita dank direkter Flugverbindung nach Caracas leicht erreichbar. Zudem gibt's hier viele günstige Hotels und die beste touristische Infrastruktur des Landes.

Die zersiedelte Umgebung von Porlamar (größte Inselstadt) ist bei venezolanischen Urlaubern sehr beliebt. Dementsprechend gibt's dort viele große Hotels, Strandbars und glamouröse Geschäfte. Die weitaus schöneren Ecken liegen anderswo: Die wahren Highlights des Eilands sind die Strandorte El Yaque und Juangriego, die Berge im Landesinneren sowie die noch größtenteils unberührte Península de Macanao.

❶ An- & Weiterreise

FLUGZEUG

Die meisten Traveller fliegen zum **Aeropuerto Internacional del Caribe General Santiago Mariño** (PMV; ☎ 400-5057; www.aeropuerto-margarita.gob.ve). Aufgrund geringer Nachfra-

Isla de Margarita

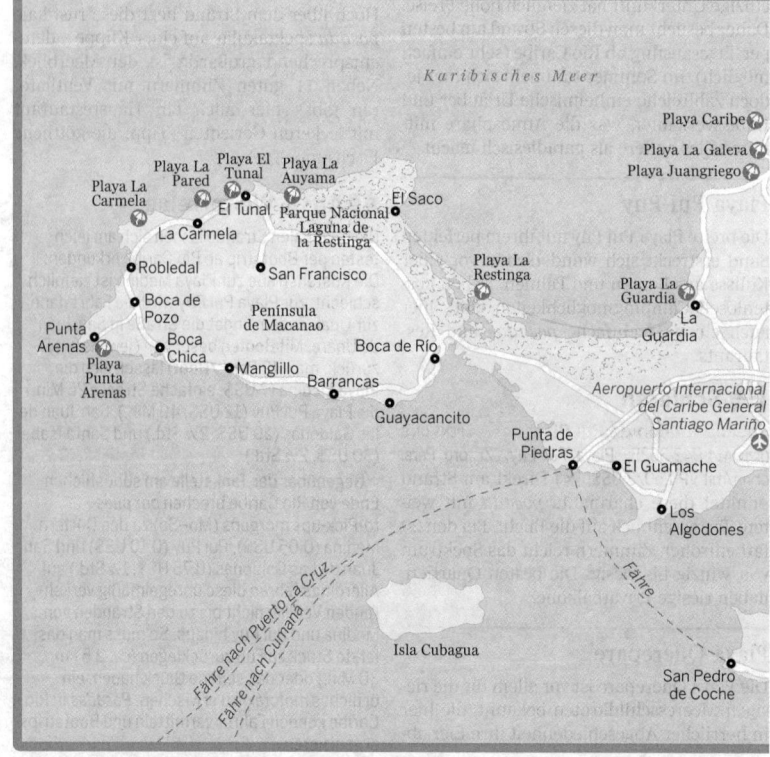

ge wurden die meisten Auslandsverbindungen zu diesem Flughafen inzwischen eingestellt. Nach wie vor besteht hier aber Inlandsverbindung nach Caracas, Barcelona und Puerto Ordaz. Zum Flughafen fahren keine Busse; offizielle Prepaid-Taxis bedienen die ganze Insel.

SCHIFF/FÄHRE

Rund 29 km westlich von Porlamar liegt der Fährhafen Punta de Piedras mit Anschluss nach Puerto La Cruz und Cumaná auf dem venezolanischen Festland. Von zwei benachbarten Terminals in Puerto La Cruz schippern die staatlichen Fährgesellschaften **Conferry** (0501-2663-3779; www.conferry.com; Av Llano Adentro) und **Gran Cacique/Naviarca** (0281-263-0935; www.grancacique.com.ve; Prolongación Paseo Colón; Mo-Fr 8–12 & 14–18, Sa 8–14 Uhr) zur Insel. Preise und Fahrtdauer sind dabei jeweils identisch (Passagier/Auto ca. 1/2 US$, 4½ Std.). Die Websites informieren über die genauen Ablegezeitpunkte.

In Punta de Piedras starten Kleinbusse nach Porlamar (0,10 US$, häufig) sowie Taxis nach El Yaque (1,50 US$) und Juangriego (3 US$).

Porlamar

0295 / 101500 EW.

Die größte Stadt der Insel ist eher ein Verkehrsknotenpunkt und Geschäftszentrum als ein Ziel für Individualreisende. Dennoch machen manche Traveller hier zwischendurch Station. Das historische Zentrum erstreckt sich rund um die Plaza Bolívar mit Schatten spendenden Bäumen. Allerdings hat sich Porlamar inzwischen so weit ostwärts ausgebreitet, dass es zusammen mit Los Robles und Pampatar einen hässlichen Schandfleck auf diesem Teil der Insel bildet. Achtung: Bei Dunkelheit aus Sicherheitsgründen nicht auf den örtlichen Straßen herumlaufen!

Schlafen & Essen

Casa Lutecia B&B $

(263-8526; Campos zw. Cedeño & Marcano; DZ/Suite inkl. Frühstück 4/6 US$;) Die mediterran angehauchte *posada* mit lehmfarbenen Wänden und einem Innenhof voller strahlend bunter Drillingsblumen ist die beste Bleibe in Porlamar. Unter einem Ziegeldach im spanischen Stil liegen komfortable Zimmer mit Moskitonetzen (z.T. auch mit Ventilator und Klimaanlage). Hinzu kommt ein himmlischer Dachpool. Das Personal spricht Französisch.

Hotel Jinama HOTEL $

(261-7186; Mariño zw. Maneiro & Zamora; Zi. ab 3 US$;) Vom netten Gemeinschaftsbereich des einfachen und fröhlichen Hotels schaut man auf die Straße. In den Zimmern entschädigen Kühlschränke und Kabel-TV für die recht dünnen Matratzen.

Restaurant Punto Criollo VENEZOLANISCH $$

(Igualdad 19 zw. Fraternidad & Fajardo; Hauptgerichte 1–2 US$; 10.30–22.30 Uhr;) Schlichtes großes Restaurant mit langer Karte (von allem etwas), umfangreicher Getränkeauswahl und eleganten Kellnern, die Fliege tragen.

Anreise & Unterwegs vor Ort

Vom **Kleinbusbahnhof** (Velásquez zw. Buenaventura & Meneses) vier Blocks westlich der Plaza Bolívar geht's westwärts u. a. nach El Yaque (bis 18 Uhr stündl.), Punta de Piedras (sehr häufig) und Macanao (wenn alle Plätze belegt sind). Die Fahrtpreise sind jeweils sehr niedrig.

Kleinbusse gen Pampatar, Juangriego und Playa El Agua starten an Haltestellen entlang des ersten bzw. zweiten Blocks nördlich der Plaza Bolívar.

El Yaque

☎ 0295 / 1500 EW.

Das umzäunte und bewachte El Yaque liegt gleich südlich vom Flughafen. Ruhiges Wasser und konstanter Wind schaffen hier perfekte Bedingungen für **Wind-** und **Kitesurfer**.

Mehrere Profi-Ausrüster am Strand verleihen Windsurfbretter (Std./Tag 0,50/4 US$). Windsurf-Kurse in verschiedenen Sprachen (ca. 3 US$/Std., Fortgeschrittenenkurs mit 10 Std. 25 US$) und Unterricht im Kitesurfen (ca. 5 US$/Std.) sind ebenfalls im Angebot.

Ein Taxi ab dem Flughafen oder ab Punta de Piedras kostet 1,50 US$. Kleinbusse fahren ab Porlamar nach El Yaque (0,10 US$, stündl.).

🛏 Schlafen & Essen

Teurere Hotels, Bars und Restaurants säumen den Strand am östlichen Ortsende. Kioske verkaufen sehr günstige *arepas* und Empanadas.

★ Stevie Wonderland BOUTIQUEHOTEL $$
(☎ 0414-790-5050, 872-6052; www.steviewonderland.com; Zi. inkl. Frühstück ab 9 US$; ❋@🛜☰) Das tolle, kleine Hotel in deutschem Besitz hat zwar einen leicht zweifelhaften Namen, lässt seine örtliche Konkurrenz aber weit hinter sich und ist bei Travellern sehr beliebt. Die neun blitzsauberen und stilvollen Zimmer bieten Zugang zum wunderbaren Garten mit Pool. Weitere Pluspunkte sind das großartige Frühstück und die super Lage in kurzer Gehentfernung zum Strand.

Surfhotel Jump'n Jibe PENSION $$$
(☎ 263-8396; www.jumpnjibe.com; Principal s/n; Zi./3BZ inkl. Frühstück 28/38 US$; ❋🛜) Die coole, ruhige Pension mit Palmengarten ist eine der besten Bleiben am Strand von El Yaque (der hier von einer kleinen Terrasse aus bewundert werden kann). Die besten der 17 blitzblanken Zimmer (u. a. ein Apartment) haben eigene Balkone zum Genuss des herrlichen Meerblicks.

Juangriego

☎ 0295 / 34 000 EW.

Der wunderschöne und dennoch bescheidene Badeort ist für seine traumhaften Sonnenuntergänge bekannt. An einer spektakulären Bucht im Norden der Insel gelegen, lädt er mit rustikalen Fischerbooten, eleganten Urlaubsjachten und stolzen Pelikanen zu entspannten Tagen am Strand ein. Die von den Einheimischen bevorzugte Playa La Galera ist zu Fuß zu erreichen, zur schönen Playa Caribe fährt man zehn Minuten mit dem Taxi. Wenn die Sonne über den am Horizont erkennbaren Gipfeln der Halbinsel Macanao untergeht, ist das Spektakel am besten von der Bergfestung **Fortín de la Galera** (☉ Sonnenaufgang–Sonnenuntergang) GRATIS aus zu beobachten.

Por puestos fahren von Porlamar zur Festung. Wer von Punta de Piedras (3 US$) oder dem Flughafen (2 US$) anreist, muss ein Taxi nehmen.

🛏 Schlafen & Essen

Erstaunlicherweise kann man am Busbahnhof, der zehn Gehminuten vom Strand entfernt ist, am günstigsten in der ganzen Stadt essen: Hier gibt's ein gutes Dutzend Imbissbuden. Gute Meeresfrüchterestaurants befinden sich direkt am Strand.

Hotel Patrick PENSION $
(☎ 253-6218; El Fuerte s/n; EZ/DZ/3BZ 5/7/9 US$; ❋@🛜☰) Der langjährige Dauerbrenner nicht weit vom Strand wird von einem freundlichen, redseligen Iren und seiner venezolanischen Frau geleitet. Die neun Zimmer sind farbenfroh und schön gestaltet, die im Obergeschoss bieten vom Balkon einen tollen Blick auf den Sonnenuntergang. Im Gemeinschaftsbereich laden Tische, Sofas, Hängematten, Billardtisch, Pool und eine beliebte Bar zum Entspannen ein.

El Caney PENSION $
(☎ 253-5059; elcaney1@hotmail.com; Guevara 17; EZ/DZ/3BZ/4BZ 4/5/6/7 US$; ❋🛜) Die farbenfrohe *posada* wird von einem kanadisch-peruanischen Paar geführt. Neben einer Gemeinschaftsküche gibt's eine mit Palmblättern überdachte Terrasse vor dem Haus und einen Swimmingpool mit Wasserfall.

Unterwegs auf der Insel

Etwa 50 Strände der Isla de Margarita sind groß genug für einen eigenen Namen. Hinzu kommen diverse namenlose Sandstreifen. Leider sind die besten Strände inzwischen fast alle mit Restaurants, Bars und anderen Einrichtungen zugebaut. Doch obwohl die Insel kein unberührtes Paradies mehr ist, lassen sich mit etwas Mühe immer noch relativ einsame Fleckchen finden.

Im Nationalpark mit der **Playa La Restinga** kann man mit Motorbooten durch enge Mangroventunnel und über offene Lagunen schippern (Tour für max. 5 Pers. 30/60 Min. 5/10 US$); der Kapitän holt einen dabei auf Wunsch später vom Strand ab. Die Strömung ist recht stark, der Blick auf die Berge von Macanao wunderschön. Der frühe Morgen ist die beste Zeit für Vogelbeobachtungen. Am Hafen gibt's Seafood und Bier.

Bunt gestreifte Häuser aus der Kolonialzeit säumen die schattige Badebucht der **Playa Zaragoza**. Eines davon birgt ein großartiges Boutiquehotel: die farbenfrohe **Posada Atlantic** (258-0061; www.posadaatlantic.com; Blvd Pedro González s/n, Playa Zaragoza; Zi. 300–350 BsF, Apt. 650 BsF) mit einem guten Restaurant, das Frühstück und Mittagessen (Hauptgerichte ab 62 BsF) serviert.

Die sensationelle **Playa La Pared** mit ihrer goldfarbenen Sandsichel weist gute Möglichkeiten zum Schwimmen auf. Zudem steht hier ein niedliches Strandrestaurant mit Strohdach.

Die **Playa El Agua** ist der betriebsamste Inselstrand und in den Ferien rappelvoll. Die hohen Wellen eignen sich allerdings eher zum Surfen als zum Schwimmen. Die örtlichen Unterkünfte sind allgemein eher teuer; an den weiter hinten gelegenen Straßen gibt's jedoch auch ein paar günstige Optionen.

Ebenfalls beliebt sind z. B. die **Playa Guacuco** und die **Playa Manzanillo**. Der vielleicht schönste und breiteste Strand der Insel ist die **Playa Puerto Cruz**, die trotz ihres strahlend weißen Sandes bislang nicht übermäßig erschlossen ist. An der **Playa Parguito** neben der Playa El Agua warten gute, kräftige Wellen und Leihbretter auf Surfer. Wer es menschenleer mag, besucht die kaum erschlossene **Península de Macanao**: Im wildesten Teil der Insel gibt's nur ein paar wenige Siedlungen.

GUAYANA

Im Südosten zeigt sich Venezuela von seiner exotischsten Seite. In der Region Guayana – nicht zu verwechseln mit dem Nachbarstaat Guyana – befinden sich mit dem Salto Ángel der höchste Wasserfall der Erde, der unglaublich üppige Parque Nacional Canaima, das Orinoco-Delta mit seiner beeindruckenden Artenvielfalt, der Río Caura, der venezolanische Amazonas und schließlich die Gran Sabana (Große Savanne), wo die topfebenen *tepui* (Tafelberge) aus dem grünem Hügelland aufragen. Viele Besucher kommen nur wegen dieser einmaligen Gegend nach Venezuela.

Hier leben auch die meisten indigenen Volksgruppen des Landes, die Warao, Pemón, Yanomami und viele andere, die zusammen gut 10% der Gesamtbevölkerung von Guayana ausmachen.

Ciudad Bolívar
0285

Die stolze Hauptstadt von Venezuelas größtem Bundesstaat blickt auf eine glanzvolle Geschichte als Zentrum des Unabhängigkeitskampfes zurück und macht aus diesem Stolz keinen Hehl. Das Casco Historico (historische Zentrum) ist eines der schönsten des ganzen Landes: Das großartige Viertel mit bunt gestrichenen Kolonialgebäuden, schattigen Plätzen und dem attraktiven Paseo Orinoco liegt direkt an Venezuelas größtem Fluss. Wer hier auf dem Weg zum Salto Ángel und Parque Nacional Canaima einen Zwischenstopp einlegt, bereut dies normalerweise nicht. Jenseits der Altstadt und des prachtvollen Paseo Orinoco ist Ciudad Bolívar jedoch recht hässlich.

Der Nationalheld Simón Bolívar kam 1817 in die Stadt, nachdem diese kurz zuvor von der spanischen Herrschaft befreit worden war, und koordinierte von hier aus die Militäraktionen, die die letzte Phase des Unabhängigkeitskriegs einläuteten. Die Stadt wurde zur provisorischen Hauptstadt des noch zu befreienden Landes erklärt. 1819 fand hier der Kongress von Angostura statt, bei dem die Schaffung der Republik Großkolumbien durch die Vereinigung von Venezuela, Kolumbien und Ecuador beschlossen wurde.

Nach Einbruch der Dunkelheit ist die Altstadt wie ausgestorben, und auch sonntags ist alles dicht. Nachts sollte man hier nicht allein unterwegs sein.

Sehenswertes

Mittelpunkt der Stadt ist die koloniale **Plaza Bolívar**. Die geschäftige Uferpromenade des **Paseo Orinoco** ist von Straßenständen und alten Häusern mit Säulengängen gesäumt, die teilweise noch aus der Zeit Simón Bolívars stammen. Vom Ufer des Río Orinoco oder speziellen Aussichtspunkten in der Stadt ist die zu Recht so genannte Insel **Pie-**

dra del Medio (wörtlich: Stein in der Mitte) zu sehen.

Flugzeug des Jimmie Angel WAHRZEICHEN
Vor dem Flughafen steht das restaurierte und historisch bedeutsame Flugzeug des Goldsuchers Jimmie Angel. Dieser landete 1937 oberhalb des später nach ihm benannten Salto Ángel (Angel-Wasserfall) und konnte nicht wieder starten. 1970 barg das venezolanische Militär die fliegende Kiste vom Gipfel des Berges.

Museo de Arte Moderno Jesús Soto MUSEUM
(632-0518; www.jr-soto.com; Ecke Av Germania & Briceño Iragorry; Di-Fr 9.30–17.30, Sa & So 10–17 Uhr) GRATIS Dieses hervorragende Museum im neuen Stadtteil ist am leichtesten per Taxi erreichbar. Neben vielen kinetischen Werken des international berühmten Künstlers Jesús Soto sind hier auch Wechselausstellungen zu sehen.

Geführte Touren

Ciudad Bolívar ist der Hauptausgangspunkt von Touren zum Salto Ángel (Canaima) und Río Caura. Dreitägige *all inclusive*-Trips zum Salto Ángel kosten 200 bis 300 US$. Inklusive Flug über den Salto Ángel und Bootsfahrt auf der Lagune bezahlt man für Tagesausflüge nach Canaima rund 120 US$ (min. 4 Pers.).

Fast alle Veranstalter vermarkten Trips zum Salto Ángel entweder über Excursiones Kavac oder Tiuna Tours (beide in Canaima ansässig). In puncto Preis und Qualität bestehen daher oft kaum Unterschiede zwischen verschiedenen Agenturen. Touren lassen sich auch über fast alle örtlichen *posadas* organisieren.

Gekko Tours GEFÜHRTE TOUR
(632-3223, 0414-854-5146; www.gekkotours-venezuela.de; Flughafenterminal) Das Team der Posada La Casita leitet auch dieses umweltbewusst arbeitende Tourunternehmen mit Rundumservice. Das große Angebot von Trips und Flügen deckt neben der Region auch das ganze Land ab. Der Schwerpunkt liegt dabei auf Canaima, Kavac, Roraima und der Gran Sabana.

Sapito Tours GEFÜHRTE TOUR
(0414-854-8234; www.sapitotours.com; Flughafenterminal) Vertritt Bernal Tours aus Canaima; die Exkursionen, Wanderungen und Touren aller Art haben sowohl die Gran Sabana als auch andere Gebiete zum Ziel.

Excursiones Salto Ángel GEFÜHRTE TOUR
(632-1904; www.saltoangel.com.ve; Libertad 31) Günstige Standardtouren zum Salto Ángel und zur Gran Sabana.

Schlafen

In Ciudad Bolívar gibt's einige zauberhafte *posadas*.

★ Posada Don Carlos PENSION $
(0424-958-8682; www.posada-doncarlos.com; Boyacá 26; Hängematte od. B im Freien 2 US$, Zi. mit Ventilator/Klimaanlage 4/6 US$; ❄@🛜) Die saubere *posada* mit sicheren Parkplätzen befindet sich in einem stimmungsvollen und wunderschön restaurierten Haus aus der Kolonialzeit. Neben zwei breiten Terrassen gibt's hier eine Küche, eine alte Bar und Essen auf Vorbestellung. Die klimatisierten Zimmer haben hohe Decken und mächtige Holztüren. Inhaber Martin veranstaltet obendrein Angeltouren plus Trips zum Río Caura oder Salto Ángel.

Posada Doña Carol PENSION $
(634-0989, 0426-999-5724; www.hosteltrail.com/posadadonacarol; Libertad 28; Zi. mit Ventilator & Gemeinschaftsbad 2 US$, Zi. mit Klimaanlage 4 US$; ❄@🛜) Die freundliche, ziemlich kitschige Pension im Stadtzentrum vermietet fünf einfache Zimmer. Unten muss man auf Außenfenster verzichten, während eines der Quartiere im Obergeschoss eine luftige Terrasse besitzt. Gäste können die Küche benutzen oder auf die leckere und günstige Hausmannskost von Doña Carol zurückgreifen.

Posada La Casita PENSION $$
(617-0832, 0414-856-2925; www.posada-la-casita.com; Av Ligia Pulido, Urbanización 24 de Julio; Stellplatz für Zelt & Hängematte 11 US$/Pers., EZ/DZ/3BZ/4BZ 20/26/30/34 US$; ❄@🛜🏊) In ländlicher Umgebung gleich außerhalb der Stadt lädt dieser freistehende Komplex zum erholsamen Relaxen am Pool ein. Für leichte Erreichbarkeit sorgt ein hauseigener Shuttle-Service, der Gäste gratis am Flughafen oder Busbahnhof abholt (24 Std.) und ansonsten auch in die Stadt bringt. Die hervorragenden Zimmer haben eigene Bäder. Zudem warten hier eine gesellige Atmosphäre, Getränke, gutes Essen und Touren zum Salto Ángel.

Posada Amor Patrio PENSION $$
(0414-854-4925; www.posadaamorpatrioaventura.com; Amor Patrio 30; Hängematte/DZ/3BZ mit Gemeinschaftsbad 10/19/27 US$; @🛜) Das 275 Jahre alte Haus gleich hinter der Kathedrale

Ciudad Bolívar

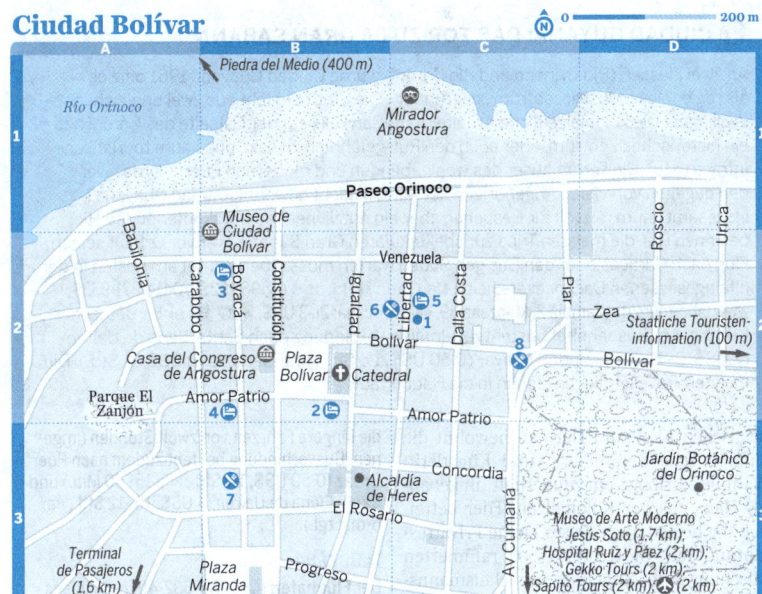

verfügt über fünf verspielte Zimmer nebst einer Gästeküche und Hängematten auf einer Dachterrasse. Der luftige Salon steht im Zeichen von kubanischem Jazz. Die Touren der hauseigenen Agentur führen zum Río Caura, zum Salto Ángel und zur Gran Sabana.

Posada Casa Grande de Angostura BOUTIQUEHOTEL $$$
(632-6706; www.cacaotravel.com; Ecke Venezuela & Boyacá; EZ/DZ/3BZ/Suite 20/24/28/40 US$; ✳@🛜❄) Diese noble Bleibe in einer umgebauten Kolonialvilla ist viel eher ein Boutiquehotel als eine schlichte *posada*. Im Vergleich zu den tollen Gemeinschaftsbereichen sind die Zimmer jedoch weniger reizvoll: Alle wirken ziemlich beengt und lassen den historischen Charme der Lobby vermissen. Dafür überzeugt die wunderbare Dachterrasse mit einem kleinen Pool und super Blick auf den Orinoco.

✖ Essen & Ausgehen

Ciudad Bolívar hat nur wenige Restaurants. Bis zum frühen Abend gibt's Straßenessen entlang der Flusspromenade. Nach Einbruch der Dunkelheit leert sich die Altstadt jedoch und bietet dann kaum Auswahl. Somit empfiehlt sich Abendessen in der gewählten *posada*.

Ciudad Bolívar

✪ Aktivitäten, Kurse & Touren
 1 Excursiones Salto Ángel C2

🛏 Schlafen
 2 Posada Amor Patrio B2
 3 Posada Casa Grande de
   Angostura B2
 4 Posada Don Carlos B2
 5 Posada Doña Carol C2

✖ Essen
 6 Boulevard C2
 7 En Casa de Wannia B3
 8 Tostadas Juancito's C2

Tostadas Juancito's VENEZOLANISCH $
(Ecke Av Cumaná & Bolívar; Arepas 0,50 US$; Menú 2 US$; ◷Mo–Sa 7–18 Uhr) Schon ewig treffen sich Einheimische an dieser belebten Ecke in dem Mix aus *arepera* und Snackbar.

Boulevard VENEZOLANISCH $
(Libertad s/n; Hauptgerichte 1–2 US$; ◷Mo–Sa 7–16 Uhr) Das schlichte Lokal verköstigt die Arbeiter der Stadt mit einfachem Frühstück und Mittagessen (z. B. Brathähnchen, gegrillter Fisch, Empanadas, *arepas*).

★ En Casa de Wannia INTERNATIONAL $$
(634-0494; Boyacá 40; Menú 6 US$; ◷Reservierung erforderlich) Zusammen mit ihrem

> ### ⓘ CIUDAD GUYANA: DAS TOR ZU LA GRAN SABANA
>
> An zwei Flüssen (Río Orinoco und Río Caroní) wurde Ciudad Guayana 1961 offiziell als regionales Industriezentrum „gegründet". Die Stadt besteht aus zwei ungleichen Zwillingen: Die kolonialzeitliche Arbeiterstadt San Félix auf der Ostseite des Caroní hat ein historisches Zentrum, aber auch den Ruf, gefährlich zu sein, und kaum touristische Infrastruktur. Die Fertighäuser des wohlhabenden und modernen Puerto Ordaz werden dagegen von vielen Angehörigen der Mittelschicht bewohnt. Ciudad Guayana ist insgesamt kaum reizvoll für Besucher, aber ein nützlicher Verkehrsknotenpunkt: Hier beginnen u. a. die meisten Trips zur spektakulären Gran Sabana. Wer vor Ort auf seinen Flug nach Caracas oder den Bus gen Süden warten muss, übernachtet am besten in der alteingesessenen Backpacker-Bleibe La Casa del Lobo (☏ 961-6286, 0414-871-9339; www.lobo-tours.de; Zambia 2, Manzana 39, Villa Africana; Zi. 3 US$; ✱ @ ☏) unter deutscher Leitung. Am Busbahnhof besteht regelmäßig Verbindung nach Santa Elena de Uairén (7 US$, 9–11 Std.), Ciudad Bolívar (0,50 US$, 1½ Std.) und Caracas (8 US$, 11 Std.). Die meisten Traveller fliegen jedoch in die Hauptstadt.

belgischen Ehemann Herman bewohnt die einheimische Keramikerin und Künstlerin Wannia Chiriboga ein zauberhaft umgebautes Haus aus der Kolonialzeit. Hier betreiben die beiden auch dieses kleine Privatrestaurant, das Gäste mit einer raffinierten Mischung aus einheimischer Hausmannskost und internationaler Küche verwöhnt. Die Inhaber sprechen etwas Englisch und Französisch. Rechtzeitige Reservierung per Telefon erforderlich.

ⓘ Praktische Informationen

MEDIZINISCHE VERSORGUNG

Hospital Ruiz y Páez (☏ 632-4146; Av Germania) Größtes Krankenhaus der Stadt.

ⓘ An- & Weiterreise

BUS

Der **Terminal de Pasajeros** (Ecke Av República & Av Sucre) befindet sich 2 km südlich des Stadtzentrums. Um dorthin zu gelangen, nimmt man ab dem Paseo Orinoco eine der nach Westen fahrenden *busetas* mit der Aufschrift „Terminal". Ganz in der Nähe ist auch der Busbahnhof von Rodovías, dessen Busse nach Caracas aber nicht am Terminal de Oriente ankommen und abfahren, sondern am günstiger gelegenen Busbahnhof in der Innenstadt.

Von hier aus fahren auch regelmäßig Nachtbusse nach Caracas (2,50 US$, 9 Std.). Die Busse, die direkt nach Valencia (3,50 US$, 10½ Std.) düsen, nehmen die kürzere Strecke durch die Llanos und umgehen damit Caracas. Wer ohne Zwischenstopp in Caracas in den Nordwesten Venezuelas oder in die Anden reisen möchte, sollte diese Route wählen.

Von den Bussen nach Puerto Ayacucho (3,50 US$, 10½–12 Std., mehrmals tgl.) sind nur ein paar klimatisiert. Per *directo*-Bus lässt sich die längere Fahrzeit von zwölf Stunden umgehen. Busverbindung besteht zudem nach Puerto Ordaz (0,50 US$, 1½ Std., alle 15–30 Min.) und Santa Elena de Uairén (4 US$, 10–12 Std., ca. 6-mal tgl.).

FLUGZEUG

Der **Flughafen** (☏ 0285-632-4978; Av Jesús Soto) liegt 2 km südöstlich des Flusses und ist vom Zentrum aus mit Stadtbussen erreichbar. Die täglichen Standardflieger nach Caracas starten in letzter Zeit ziemlich unregelmäßig. Viele Besucher fliegen inzwischen auch lieber nach Puerto Ordaz und nehmen dann ein Taxi nach Ciudad Bolívar. Die meisten örtlichen Flüge sind Chartertrips, die Kunden verschiedener Reisebüros nach Canaima bringen.

Salto Ángel (Angel-Wasserfälle)

Der Salto Ángel ist der höchste Wasserfall der Welt und die Touristenattraktion Nummer eins in Venezuela. Insgesamt ist er 979 m hoch, wobei das Wasser auf einer Länge von 807 m ohne Unterbrechung in die Tiefe stürzt – damit ist der Salto Ángel 16-mal höher als die Niagara-Fälle! Sein Ursprung befindet sich auf dem gewaltigen Auyan-Tepui, einem der höchsten *tepuis* überhaupt. Benannt ist er nicht (wie man annehmen könnte) nach einer überirdischen Erscheinung, sondern nach dem amerikanischen Buschpiloten Jimmie Angel, der 1937 auf der Suche nach Gold mit seinem Viersitzer-Flugzeug auf dem Auyan-Tepui landete. Die einheimischen Pémon sprechen vom Parakupá Vená (Wasserfall am höchsten Ort).

Der Fall befindet sich in einer abgeschiedenen, ursprünglichen und vegetationsreichen Gegend ohne Straßenanschluss. Wichtigster Ausgangspunkt von Besuchertouren ist Canaima, das rund 50 km weiter nordwestlich liegt. Das Dorf hat zwar ebenfalls keine Straßenverbindung ins übrige Land, wird aber ab Ciudad Bolívar und Puerto Ordaz von vielen Kleinflugzeugen angesteuert.

Trips zum Salto Ángel bestehen normalerweise aus zwei Etappen, wobei Canaima als Zwischenstation dient: Die meisten Traveller fliegen nach Canaima, nehmen dort ein Boot zum Wasserfall und übernachten dann nahe dessen Fuß in einem Hängemattencamp. Die Fahrt flussaufwärts, die Umgebung und der Aufenthalt im Camp sind so unvergesslich wie der Salto Ángel selbst. Alternativ starten sechssitzige Cessnas von Canaimas Flugplatz zu Rundflügen über den Auyan-Tepui und den Wasserfall (ca. 60–80 US$/Pers., 45 Min.). Bei genügend Zeit empfehlen sich beide Varianten: Das Erlebnis ist jeweils unvergleichlich spektakulär. Zudem bestaunt man das außergewöhnliche Naturwunder dann aus ganz verschiedenen Blickwinkeln.

Der Salto Ángel, der Auyan-Tepui, Canaima und dessen Umgebung liegen allesamt im 30 000 km² großen Parque Nacional Canaima. An Canaimas Flugplatz müssen

UNTERWEGS IM ORINOCO-DELTA

Brüllaffen begrüßen schreiend jeden neuen Morgen. Piranhas stürzen sich auf alles, was blutet. Schwärme von kreischenden Papageien versammeln sich in der Abenddämmerung. Und Wolken aus Fledermäusen verschlingen Insekten unter Millionen funkelnden Sternen. All dies macht die Flusslandschaft des Orinoco-Deltas (Delta del Orinoco) zum Spitzenrevier für Tierbeobachtungen.

Das tiefgrüne Labyrinth aus Inseln, Kanälen und Mangrovensümpfen ist mit knapp 30 000 km² etwa so groß wie Belgien. Als eines der weltweit größten Flussdeltas lädt es zu faszinierenden Erkundungen ein. Mischwald bedeckt den Großteil der Fläche. Von den verschiedenen Palmenarten ist die Buriti-Palme am weitesten verbreitet und auch am bedeutendsten: Sie liefert den Warao (indigene Bewohner des Deltas) nicht nur deren traditionelles Grundnahrungsmittel, sondern auch das Rohmaterial für Häuser, Kunsthandwerk, Werkzeug und Weinproduktion.

Ideal für Tierbeobachtungen im Delta ist die Trockenzeit (Jan.–Mai), wenn sich breite, orangerote Sandstrände entlang der Wasserläufe bilden. Während der Regenzeit (Aug. & Sept.) führen die Flüsse mehr Wasser, was Bootsfahrten erleichtert. Allerdings verteilen sich die Tiere dann auf größere Gebiete und sind schwerer zu erspähen.

Dreitägige *all inclusive*-Trips kosten 150 bis 200 US$. Beispiele für empfehlenswerte Veranstalter mit eigenen *campamentos* (Camps) im Delta:

Campamento Oridelta (0286-961-5526, 0414-868-2121; www.deltaorinoko.com.ve; inkl. VP & Shuttles 40 US$/Pers.) Organisiert Trips im Río-Grande-Bereich des Deltas und betreibt ein *campamento* in Piacoa. Inhaber Roger Ruffenach spricht Englisch, Deutsch und Französisch. Er ist ein Experte in Sachen örtliche Tierwelt und leitet seine Touren für maximal zehn Personen immer persönlich.

Cooperativa Osibu XIV (721-3840; campamentomaraisa@hotmail.com; Ecke Mariño & Pativilca; inkl. VP & Shuttles 35–45 US$/Pers.) Die Touren des alteingesessenen Familienbetriebs führen nach San Francisco de Guayo im äußersten Osten des Deltas. Zum Camp mit Betten in *cabañas* geht's per Boot (4 Std.). Mindestteilnehmerzahl sechs Personen.

Orinoco Eco Camp (0414-091-4844; www.orinoco-eco-camp.com; inkl. VP & Shuttles 30 US$/Pers.) Ist in der Reserva Nacional de Fauna Silvestre Gran Morichal aktiv und wird von Travellern empfohlen.

Orinoco Queen (0414-871-9339, 0286-961-6286; www.lobo-tours.de; inkl. VP & Shuttles 35 US$/Pers.) Neues Camp unter deutscher Leitung, das von Travellern begeisterte Kritiken erntet.

Viajes & Excursiones Turísticas Delta (0416-897-2285, 0287-721-0835; www.aventuraturisticadelta.com; Centurión 62, Tucupita; inkl. VP & Shuttles 20 US$/Pers.) Zählt zu den günstigsten Veranstaltern, da die Touren nur etwa halb so teuer wie bei der Konkurrenz sind. Das *campamento* in Pedernales hat jedoch nur Hängematten.

> **MAL WASSERFALL, MAL REINFALL**
>
> Je nach Jahreszeit führt der Salto Ángel (Angel-Wasserfall) unterschiedlich viel Wasser. Die Differenz kann teilweise extrem sein: In der Trockenzeit (Jan.–Mai) stürzt hier manchmal nur ein schmaler Strahl in die Tiefe und löst sich schon über dem Boden in Dunst auf. Dann ist auch eine Anreise per Boot unmöglich. In der Regenzeit verwandelt sich der Fall dagegen in ein Spektakel aus donnernden Wassermassen. Vor allem während der niederschlagsreichsten Monate (Aug. & Sept.) muss man dann aber mit hoher Regenwahrscheinlichkeit und getrübter Aussicht wegen Wolken rechnen.

alle Besucher eine Zugangsgebühr für den Nationalpark (1,50 US$) entrichten.

Canaima

0286 / 1500 EW.

Canaima ist vom Salto Ángel aus der nächstgelegene Ort. Das abgeschiedene indigene Dorf, das vielen Reisenden als Unterkunft und Basis für die Weiterreise dient, ist das Sprungbrett zur venezolanischen Attraktion schlechthin, aber auch schon der Ort an sich begeistert. Die Laguna de Canaima ist das Herzstück der Gegend und präsentiert sich als weitläufige Wasserlandschaft mit einem von Palmen gesäumten Strand, einer beeindruckenden Ansammlung von Wasserfällen – sieben Fälle, die eine perfekte Postkartenidylle bilden – und einer Kulisse aus mächtigen *tepuis*. Die meisten Touren zum Salto Ángel bestehen aus einer kurzen Bootsfahrt sowie einer Wanderung, bei der man hinter einige der Wasserfälle laufen und sich von rauschenden Wasservorhängen umgeben lassen kann. Die merkwürdigen Rosa- bzw. Orangetöne des Wassers resultieren aus einer hohen Tannin-Konzentration, die von zersetzten Pflanzen und Bäumen verursacht wird. Unbedingt zum wahrhaft spektakulären Aussichtspunkt oberhalb der Fälle hinaufsteigen!

Schwimmer sollten sich nicht zu weit vom Hauptstrand entfernen: Die mitunter sehr starke Strömung in der Nähe der Fälle und des Wasserkraftwerks hat bereits mehrere Todesopfer gefordert. Im Zweifelsfall daher immer vorher bei Einheimischen nachfragen!

Geführte Touren

Wer nach Canaima kommt, hat fast immer einen *all inclusive*-Trip gebucht: Selbst organisierte Touren sind nämlich deutlich stressiger und nur unwesentlich günstiger. Zudem ist es auch aufgrund der aktuellen Benzinrationierung gar keine gute Idee, ohne Tourbuchung spontan in Canaima aufzutauchen.

Angel-Eco Tours ÖKOTOUR
(0424-156-6162; www.angel-ecotours.com) Das beliebte Unternehmen unter britischer Leitung zählt zu den wenigen echten Ökotourismusanbietern im Canaima-Nationalpark. Zudem pflegt es ein hervorragendes Verhältnis zu den indigenen Pemón. Das Angebot deckt alle lohnenden Ziele im Umkreis von Canaima ab. So können Kunden z. B. den Salto Ángel besuchen oder bei sieben- bis zwölftägigen Trekkingtouren den Auyan-Tepui, den Kamadak-Wasserfall und das Kamarata-Tal erkunden.

Excursiones Kavac GEFÜHRTE TOUR
(0414-385-0165, 0416-285-9919; excursioneskavac@gmail.com) Die indigene Pemón-Gemeinde betreibt diese gute Firma, die neben einer *posada* in Canaima auch ein *campamento* am Salto Ángel unterhält. Touren zum Kamarata-Tal sind hier ebenfalls im Angebot.

Bernal Tours GEFÜHRTE TOUR
(0414-854-8234; www.bernaltours.com) Dieser Familienbetrieb hat seinen Hauptsitz auf einer Insel in der Laguna de Canaima – dort werden Tourteilnehmer vor und nach ihrem Trip verpflegt bzw. untergebracht. Hinzu kommt ein *campamento* auf der Isla Ratoncito gegenüber vom Salto Ángel.

Tiuna Tours GEFÜHRTE TOUR
(0286-962-4255, 0416-692-1536; tiunatours@hotmail.com) Der günstigste örtliche Touranbieter betreibt ein großes *campamento* in Canaima sowie ein weiteres Camp stromaufwärts am Zusammenfluss von Río Carrao und Río Aonda.

Schlafen

In Canaima gibt's etwa ein Dutzend *campamentos* und *posadas*, die zumeist den großen Tourveranstaltern gehören. Gäste bekommen dort jeweils Essen und werden am Flugplatz abgeholt. An der Lagune zu zelten, ist mittlerweile verboten. Die aufgeführten

Parque Nacional Canaima

Preise sind nur ganz grobe Richtwerte: Fast alle Besucher haben mehrtägige Pauschalangebote mit Flügen, Shuttles, Kost, Logis und einem Trip zum Salto Ángel gebucht. Nur wenige örtliche *posadas* geben daher standardmäßig Tarife für Einzelübernachtungen an.

Posada Wey Tepuy   PENSION $
(0416-185-7231; Zi. pro Pers. ohne/mit Essen 8/15 US$) Mit ihren schlichten und schlecht gepflegten Zimmern wirkt diese Pension ziemlich uncharmant. Dafür ist sie die billigste örtliche Bleibe und zählt auch in puncto Essen zu den günstigsten Optionen der Stadt. Zu finden ist die *posada* gegenüber der alten Schule im südlichen Ortsteil.

Campamento Churúm   PENSION $$
(0426-995-8533, 0416-899-3475; excursiones kavac@gmail.com; Zi. pro Pers. ohne/mit VP 15/21 US$; ❄🛜) Das saubere und komfortable Camp von Excursiones Kavac liegt gegenüber vom Fußballplatz. Die 30 Zimmer in zwei Gebäudeblocks haben jeweils Ventilatoren; in vier Fällen ist zusätzlich eine Klimaanlage vorhanden. Die schlichte, aber anständige Pension besitzt außerdem einen hübschen Garten. Zudem liegt sie in der eigentlichen Ortschaft und nicht draußen bei den Pauschaltour-Lodges an der Lagune.

★ Tepuy Lodge   PENSION $$$
(0426-391-3209, 0424-938-0393; seriko.c.a@ hotmail.com; Zi. inkl. VP 70 US$/Pers.; ❄🛜) Die lauschige, kleine Unterkunft an der Lagune ist komfortabel und wird professionell geleitet. Die zehn Quartiere in strohgedeckten Hütten teilen sich einen wunderbaren Garten und nette Gemeinschaftsbereiche (darunter ein Sandstrand mit Bademöglichkeit in der Lagune).

Campamento Parakaupa   LODGE $$$
(0289-808-9080; www.parakaupa.net; Zi. inkl. VP 65 US$; ❄🛜) Diese Lodge im nördlichen Ortsteil hält 20 Zimmer mit Ventilator und Klimaanlage bereit. Die Quartiere sind un-

terschiedlich groß bzw. attraktiv. Die riesige Flitterwochen-Suite hat einen eigenen Balkon mit Blick auf den Wasserfall. Auf dem weitläufigen Gelände befindet sich auch ein geräumiges Restaurant. Obwohl hier normalerweise größere Tourgruppen absteigen, werden auch Individualreisende akzeptiert.

Posada Morichal PENSION $$$
(0424-902-4901, 0416-985-4630; www.campamentomorichal.com.ve; Zi. pro Pers. ohne/mit VP 55/75 US$; ✻ ☎) In nächster Nähe zu Canaimas Flugplatz umgibt ein gut gepflegter Garten diese attraktive *posada* mit ruhiger Restaurant-Bar. Die neun Zimmer mit traditioneller Holzeinrichtung und Rattan-Decken sind so sauber wie komfortabel; zudem warten sie mit Warmwasser und netten Privatterrassen auf.

✖ Essen & Ausgehen

Alle örtlichen *posadas* servieren Essen, die meisten Besucher haben ohnehin ein Tourpaket mit Vollpension gebucht. Dennoch existieren vor Ort auch ein paar eigenständige Restaurants.

Mulatto LATEINAMERIKANISCH $
(Gerichte 2 US$; ⊙ Di–So 12–14 & 18.30–21 Uhr) Das Mulatto ist mitten im Ortszentrum gelegen. Ein traditionelles Strohdach schützt die Gäste dieses freundlichen und schlichten Freiluftrestaurants vor Sonne und eventuellem Regen. Auf den Tisch kommen hier Menüs zum Festpreis (mittags) und Pizzas (abends).

Mentanai KNEIPENESSEN $
(Hauptgerichte 1–2 US$; ⊙ Fr–So 18–23.30 Uhr, Aug.–Sept. längere Öffnungszeiten) Auf dem Gelände des Campamento Churúm liegt dieser kleine Sandwich- und Burgerschuppen im Herzen von Canaimas indigener Gemeinde. Neben einem Tisch für Poolbillard gibt's hier auch eine Bar, die Bier und Cuba Libres ausschenkt.

Bar Morichal BAR
(⊙ 18–23 Uhr) Die nette Bar an der Lagune ist Canaimas betriebsamste Ausgeh-Adresse. Bei traumhaftem Blick auf den Wasserfall treffen sich hier Einheimische und Touristen zu Sonnenuntergang, um kaltes Bier und Cocktails zu schlürfen.

ABSTECHER

DAS TAL VON KAMARATA

Das Kamarata-Tal auf der Gegenseite des gewaltigen Auyantepui ist eine Wunderwelt aus riesigen Wasserfällen, unberührten Regenwäldern und traditionellen Siedlungen von indigenen Einwohnern. Hier kann man den Parque Nacional Canaima weitab der Touristenscharen erkunden; sogar Wanderungen zum Salto Ángel sind möglich. Das Tal ist allerdings nur per Kleinflugzeug erreichbar.

Kamarata Die größte Siedlung der Gegend ist ein altes Pemón-Dorf am Río Akanán und wird als Ausgangspunkt für Trips zum Salto Ángel immer beliebter. Hier auf der Ostseite des Auyantepui warten ein paar einfache Unterkünfte und Restaurants. Die meisten Traveller übernachten im nahen Touristencamp in Kavac. Dorthin kommen sie entweder per pedes (2 Std.) oder mit dem kommunalen Shuttle-Jeep (kurze Fahrt über eine unbefestigte Straße).

Kavac Mit etwa 20 strohgedeckten *churuatas* (traditionelle Rundhütten) wirkt Kavac wie ein Musterdorf der Pemón. Am Fuß des Auyantepui genießt man hier eine tolle Aussicht in Richtung Gipfel. Hauptattraktion der Gegend ist die **Cueva de Kavac** – keine Höhle, sondern eine tiefe und schmale Schlucht mit einem Naturbecken unter einem Wasserfall. Wer diesen Ort erreichen will, muss den Canyon hinaufschwimmen.

Uruyén Dieses neuere *campamento* in kommunalem Besitz liegt ebenfalls am Fuß des großartigen Auyantepui – genauer an einem Flüsschen mit einem tollen Badeloch. Örtliches Highlight ist jedoch der leicht zu meisternde Fußmarsch zur **Cueva de Yurwan**: Etwa eine Wanderstunde vom Camp entfernt donnert in dieser atemberaubenden Schlucht ein spektakulärer Wasserfall zu Tal.

Angel-Eco Tours (S. 1090) und Osprey Expeditions (S. 1059) in Caracas, Excursiones Kavac (S. 1090) in Canaima sowie Gekko Tours (S. 1086) in Ciudad Bolívar helfen beim Planen bzw. Organisieren von allen möglichen Trips. Dies gilt z. B. für den elftägigen Abenteuertrek, der über den Auyantepui zum Salto Ángel führt.

🛈 Praktische Informationen

In Canaimas Zentrum findet sich ein Internetcafé. Die meisten *posadas* stellen WLAN für Gäste zur Verfügung.

Tienda Canaima (☏ 0414-884-0940) Der teure Laden in Flugplatznähe hat Canaimas größtes Angebot an Körperpflegeprodukten, Karten, Souvenirs und Lebensmitteln (u. a. Eis). Zudem kann man hier Münztelefone nutzen und Euro oder US-Dollar zu mittelmäßigen Konditionen umtauschen.

🛈 An- & Weiterreise

Unregelmäßig verkehren mehrere regionale Linien- bzw. Charterfluglinien zwischen Canaima und Ciudad Bolívar oder Puerto Ordaz. Da diese Flüge aber meist Teil von Pauschalangeboten sind, lassen sich reine Ticket-Tarife nur schwer angeben. Die Flugverbindung zwischen Canaima und Santa Elena de Uairén wurde inzwischen leider eingestellt.

GRAN SABANA

In der Gran Sabana erwarten den Besucher weitläufige Grassavannen, die sich vor dem unendlichen Himmel abzeichnen und von geradezu poetischer Schönheit sind. Hinter jeder Ecke sprudelt ein neuer Wasserfall, und *tepuis*, die für die Gegend so typischen Tafelberge, dominieren mit ihren beeindruckenden, majestätischen Plateaus den Horizont. Über 100 dieser Plateaus verteilen sich über das weite Gebiet von der kolumbianischen Grenze im Westen bis nach Guyana und Brasilien im Osten, die meisten findet man aber in der Gran Sabana. Einen der *tepuis*, den Roraima, kann man besteigen – ein außergewöhnliches Naturerlebnis.

Größte Siedlung ist das entlegene Nest Santa Elena de Uairén nahe der Grenze zu Brasilien. Den Rest der dünn besiedelten Region bevölkern hauptsächlich 30 000 indigene Pemón, die traditionell in fast 300 weit versprengten Dörfern leben.

🛈 Unterwegs vor Ort

Die faszinierende Region ist über den Highway Ciudad Guayana–Santa Elena de Uairén Hwy erreichbar. Allerdings sind öffentliche Verkehrsmittel auf dieser Strecke nur unregelmäßig unterwegs, was individuelle Trips ziemlich kompliziert und zeitaufwändig macht. Weitaus empfehlenswerter sind deshalb geführte Touren ab Ciudad Bolívar oder Santa Elena de Uairén. Wer sich dennoch selbst hinters Steuer schwingen will, sollte dies unbedingt rechtzeitig mithilfe eines Reisebüros oder einer örtlichen *posada* planen: Nicht nur aufgrund der aktuellen Benzinrationierung können Autotouren durch diesen Landesteil zur Herausforderung werden.

Bei Busreisen von Santa Elena de Uairén nach Ciudad Guayana (oder zu dahinter liegenden Zielen) gilt es zu beachten: Etwa eine Stunde vor Ciudad Guayana liegt bei Upata ein großer Kontrollposten am Highway. Dort wird oft das gesamte Gepäck aller Passagiere durchsucht, was die Reisezeit um eine Stunde verlängern kann.

Roraima

Der Roraima (2810 m), ein majestätischer Tafelberg, der in die Wolkendecke hineinragt, lockt Wanderer und Naturliebhaber auf der Suche nach Venezuelas authentischstem Naturerlebnis an. Die karge Landschaft wurde erst im Jahr 1884 entdeckt und wird seitdem intensiv von Botanikern untersucht. Bizarre Steinformationen, grazile Gewölbe, Wasserfälle, funkelnde Quarzablagerungen und fleischfressende Pflanzen prägen sie. Der häufige Nebel verstärkt die geheimnisvolle Atmosphäre noch.

Auch wenn der Aufstieg auf den Roraima im Gegensatz zu dem auf andere *tepuis* relativ einfach ist und keine Klettererfahrung voraussetzt, wird die Tour lang und anspruchsvoll sein. Wer jedoch einigermaßen fit und willensstark ist, schafft es auf den Gipfel. Man sollte sich auf Regen, lästige *puri puris* (quasi unsichtbare, stechende Insekten) und kalte Nächte in großer Höhe einstellen. Da die Zahl internationaler Besucher in den letzten Jahren stark abgenommen hat, zielt die Vermarktung des Roraima inzwischen stärker auf venezolanische Touristen ab. Leider hat dies dazu geführt, dass hier deutlich mehr Müll als früher herumliegt und der spezielle Status dieses atemberaubenden Ortes immer mehr missachtet wird. Somit sollten Traveller ihren Teil beitragen und allen gefundenen Müll mitnehmen. Zudem ist es angebracht, eventuelle Unwissende in der Reisegruppe auf die Wichtigkeit des sanften Tourismus hinzuweisen.

Den Roraima besteigen

Der mächtige Tafelberg liegt etwa 47 km östlich der Schnellstraße zwischen El Dorado und Santa Elena de Uairén, im Osten der Stadt San Francisco de Yuruaní. In dem kleinen Dorf Paraitepui 26 km östlich von San Francisco beginnt normalerweise die Klettertour, denn die Gipfelstürmer müssen sich im örtlichen Inparques-Büro registrieren, bevor sie aufbrechen.

Den gesetzlich vorgeschriebenen Guide vom Volk der Pemón kann man in Santa Elena de Uairén, San Francisco de Yuruaní oder Paraitepui anheuern. Die meisten Besucher buchen eine geführte Tour in Santa Elena de Uairén, wo die Veranstalter die Führer und Träger verpflichten und sich um Verpflegung, Transport und Ausrüstung kümmern. Auch wenn es billiger ist, die Tour von San Francisco de Yuruaní oder Paraitepui aus zu organisieren, sollte man sich immer über das Preis-Leistungs-Verhältnis im Klaren sein. Manche Reisende haben sich beklagt, dass die von ihnen angeheuerten Führer keinen Wert auf Sicherheit legten, unerfahren und sogar betrunken waren.

Der Marsch zum Gipfel dauert im Schnitt zwei bis drei Tage (reine Wanderzeit Aufstieg ca. 12 Std., Abstieg ca. 10 Std.). Unterwegs stehen diverse Campingplätze (mit Wasser) zur Verfügung: Der Río Tek liegt vier Stunden von Paraitepui entfernt, 30 Minuten später stößt man auf den Río Kukenán. Nach weiteren drei Stunden Aufstieg kommt die sogenannte *campamento base* (Basislager) am Fuß des Roraima in Sicht. Die steile vierstündige Wanderung zum Hochplateau ist der spektakulärste, aber auch anstrengendste Teil des Trips.

Auf dem Gipfel des Roraima wird in einem der rund ein Dutzend *hoteles* (Hotels) übernachtet. Dabei handelt es sich um halb offene Zeltplätze unter Felsüberhängen. Die Führer verteilen ihre Gruppen auf die jeweiligen Unterkünfte.

Wind und Regen formten im Lauf der Zeit die „Mondlandschaft" auf dem Hochplateau. Sie besteht u.a. aus Schluchten, Bächen und rosafarbenen Stränden. Hinzu kommen Aussichtspunkte und Gärten voller einzigartiger Blütenpflanzen. Häufig kriechen unheimliche Nebelschwaden langsam über den Gipfel. Auf den deutlich erkennbaren Pfaden weiter unten scheinen Führer beinahe überflüssig zu sein. Für die Orientierung auf dem labyrinthartigen Hochplateau erweisen sie sich aber als umso wertvoller. Wer zwei Nächte auf dem Roraima verbringt, kann mit seinem Führer in aller Ruhe ein paar der hiesigen Attraktionen abwandern, u.a. **El Foso**, ein kristallklares Wasserbecken in einer gigantischen Doline. Beim **Punto Triple** handelt es sich um das Dreiländereck zwischen Venezuela, Brasilien und Guyana. In einem kleinen Tal namens **Bahia de Cristal** glitzern unzählige Quarzkristalle, zudem eröffnet der Aussichtspunkt **La Ventana** (das Fenster) atemberaubende Ausblicke.

Das Ökosystem des *tepui* ist sehr empfindlich. Besucher müssen darum sämtliche Abfälle (auch Exkremente) wieder mitnehmen, und das Sammeln von Quarzsteinen ist streng verboten – am Ende jeder Tour werden bei Inparques die Taschen kontrolliert, und wer doch ein Souvenir hat mitgehen lassen, muss eine Geldstrafe zahlen.

Unbedingt ins Gepäck gehören gute Regenbekleidung, extra Socken, warme Klamotten, Insektenspray, Flip-Flops und eine Kamera. Ebenfalls Pflicht sind ausreichend große Kunststoffbeutel, um nasse und trockene Sachen zuverlässig trennen zu können.

Santa Elena de Uairén

0289 / 30 000 EW.

Im bodenständigen und belebten Santa Elena winken staubbedeckte Jeepfahrer ihren Bekannten zu. Das freundliche Grenzstädtchen ist der wichtigste Startpunkt von Wandertouren zum Roraima und auch eine gute Ausgangsbasis für die Erkundung der Gran Sabana. Zudem kommt hier jeder durch, der auf dem Landweg von Brasilien nach Venezuela einreist. Allerdings sind Restaurants, Unterkünfte und Touren hier deutlich teurer als im übrigen Land. Dies liegt daran, dass die lokale Wirtschaft mehr auf das benachbarte Brasilien und weniger auf die nächstgelegenen (aber dennoch weit entfernten) Städte in Venezuela ausgerichtet ist.

Santa Elena ist ziemlich sicher, hat aber einen blühenden Schwarzmarkt. Zudem wird hier viel geschmuggelt: Da die Benzinpreise in Brasilien 30-mal höher sind als in Venezuela, gibt's vor Ort kräftig was zu verdienen. So sind Polizei und Militär überall in der Stadt präsent. Für Traveller ist dies aber kein Grund zur Beunruhigung.

Geführte Touren

Die Veranstalter in Santa Elena organisieren ein-, zwei- und dreitägige Jeep-Touren durch die Gran Sabana, bei denen die meisten Sehenswürdigkeiten, insbesondere die Wasserfälle, besucht werden. Die Kosten belaufen sich auf 70 bis 100 US$ pro Person und Tag, abhängig von der Gruppegröße und davon, ob nur der Führer und die Fahrt oder auch Unterkunft und Verpflegung inklusive sind.

Die meisten Besucher interessieren sich für eine Tour zum Roraima, die normalerweise als sechstägige *all inclusive*-Tour für

Santa Elena de Uairén

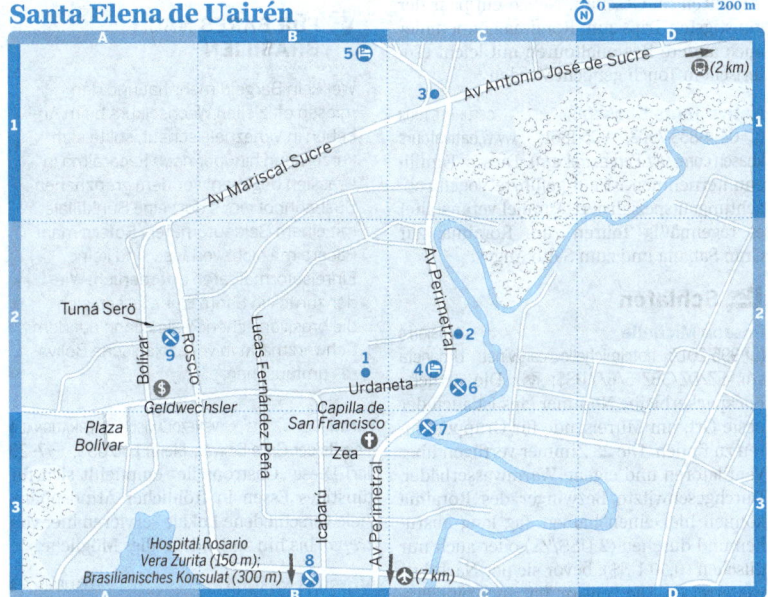

300 bis 400 US$ pro Nase (je nach Leistungsumfang) angeboten wird. Wenn man Ausrüstung und Verpflegung selbst mitbringt und keinen Träger benötigt, organisieren die meisten Veranstalter für 150 US$ einen Führer und den Transport nach Paraitepui, wo die Wanderung auf den Roraima beginnt. Bevor man sich für eine Tour auf den Roraima entscheidet, sollte man die Angebote hinsichtlich der Größe der Gruppen, des zahlenmäßigen Verhältnisses zwischen Wanderer und Führer, der Qualität der Ausrüstung und Ähnlichem vergleichen.

Die meisten Veranstalter gehen auch zum Salto Ángel und ins Orinoco-Delta.

Backpacker Tours ABENTEUERTOUR
(0414-886-7227, 995-1430; www.backpacker-tours.com; Urdaneta s/n) Santa Elenas führender Tourveranstalter offeriert u. a. die am besten organisierten und ausgerüsteten (sprich: auch teuersten) Trips zum Roraima. Das Unternehmen hat zudem Touren in die übrige Region im Programm und verleiht auch Mountainbikes.

Kamadac ABENTEUERTOUR
(0414-094-4341, 995-1408; www.kamadac.de; Urdaneta s/n) Diese Firma in deutsch-venezolanischem Besitz organisiert Standardtouren wie Trips durch die Gran Sabana oder sechstägige Aufstiege auf den Roraima. Sie hat aber auch

Santa Elena de Uairén

Aktivitäten, Kurse & Touren
Backpacker Tours .... (siehe 4)
1 Mystic Tours B2
2 Nativa Tours Khasen C2
3 Ruta Salvaje C1

Schlafen
4 Posada Backpacker Tours C2
5 Posada Los Pinos B1
Posada Michelle .... (siehe 4)

Essen
6 Alfredo's Restaurant C2
7 ServeKilo Nova Opção C3
8 Tienda Naturalista Griselda Luna B3
9 Tumá Serö A2

abenteuerlichere Optionen im Programm (z. B. zum Auyan- oder Akopán-Tepui).

Ruta Salvaje ABENTEUERSPORT
(0414-889-4164, 995-1134; www.rutasalvaje.com; Av Mariscal Sucre s/n) Die Touren von Ruta Salvaje führen u. a. zum Roraima und zur Gran Sabana. Hinzu kommen Rafting, Gleitschirmfliegen und Tagesausflüge zu diversen regionalen Attraktionen.

Mystic Tours GEFÜHRTE TOUR
(0424-912-3741, 416-1081; www.mystictours.com.ve; Urdaneta s/n) Mystic Tours ist seit über

20 Jahren im Geschäft. Neben ein paar der günstigsten Trips zum Roraima können hier auch andere Regionaltouren mit leicht esoterischem Touch gebucht werden.

Nativa Tours Khasen GEFÜHRTE TOUR
(0414-853-7903, 995-1861; www.nativatours khasen.com; Av Perimetral s/n) Dieses Familienunternehmen ist auf geführte Vogelbeobachtungen spezialisiert. Parallel veranstaltet es regelmäßig Touren zum Roraima, zur Gran Sabana und zum Salto Ángel.

Schlafen

Posada Michelle PENSION $
(995-2017; hotelmichelle@cantv.net; Urdaneta s/n; EZ/DZ/3BZ 5/6/7 US$;) Die örtliche Backpackerbleibe Nummer eins ist auch der beste Ort, um Mitreisende für Gruppentouren zu finden. Die 23 Zimmer verfügen über Ventilatoren und eigene Warmwasserbäder. Durchgeschwitzte Bezwinger des Roraima können hier einen halben Tag lang ausruhen und duschen (2 US$/Zi.) oder auch nur duschen (0,50 US$), bevor sie per Nachtbus weiterreisen. Die Pension hat auch eine einfache Küche.

Posada Backpacker Tours PENSION $
(995-1415; www.backpacker-tours.com; Urdaneta s/n; B/EZ/DZ/3BZ 4/6/7/8 US$;) Die einfache, aber freundliche *posada* in Santa Elenas Zentrum vermietet zwölf in fröhlichen Farben gestrichene Zimmer mit eigenen Bädern mit Warmwasseranschluss. Betreiber ist die Firma Backpacker Tours, deren Kunden bei Treks zum Roraima oft hier übernachten.

Posada Los Pinos PENSION $
(0289-995-1524, 0414-886-7227; www.back packer-tours.com; Los Pinos s/n; EZ/DZ/3BZ 8/10/12 US$;) Die hervorragende und äußerst komfortable Pension mit Mountainbike-Verleih bereitet Gästen einen herzlichen Empfang. In kurzer Laufentfernung zum Stadtzentrum gibt's hier farbenfrohe Zimmer mit Kühlschränken, TV und eigenen Bädern. Alle Quartiere befinden sich in einem großen Garten mit kleinem Pool.

Essen

ServeKilo Nova Opção BRASILIANISCH, BÜFETT $
(Av Perimetral s/n; Büfett 0,50 US$/kg; 11–15 Uhr;) Das brasilianische Restaurant verköstigt hungrige Wanderer seit fast 20 Jahren. Das leckere Büfett umfasst auch ein paar vegetarische Gerichte.

> **🛈 FÜR BARES NACH BRASILIEN**
>
> Wer kein Bargeld mehr hat und den miesen offiziellen Wechselkurs beim Abheben in Venezuela scheut, sollte sich kurzerhand hinüber nach Pacaraima in Brasilien begeben: Vor dem grenznahen Busbahnhof gibt's dort eine Bankfiliale mit einem Geldautomaten. Sofern man Pacaraima nicht verlässt, sind keine Einreiseformalitäten erforderlich. Wieder zurück in Santa Elena lassen sich die brasilianischen Reales dann auf dem Schwarzmarkt in venezolanische Bolívares umtauschen.

Tumá Serö VENEZOLANISCH, INTERNATIONAL $
(abseits der Calle Bolívar; Menú 1,50 US$; 7–20 Uhr) Diese „Gastromeile" empfiehlt sich für günstiges Essen in fröhlicher Atmosphäre. Viele verschiedene Lokale servieren hier von *arepas* bis hin zu Nudeln alles Mögliche.

Alfredo's Restaurant ITALIENISCH $
(995-1628; Av Perimetral s/n; Hauptgerichte 2-4 US$; Di-So 11–15 & 18–22 Uhr;) Das wohl beste Restaurant der Stadt ist sehr beliebt bei brasilianischen Besuchern, die sich über die niedrigen Preise freuen (für venezolanische Verhältnisse ist der Laden aber nicht sonderlich günstig). Auf der ungewöhnlich langen Karte stehen super Pasta, dicke Steaks und prima Pizzas aus dem Holzofen.

Tienda Naturalista Griselda Luna VEGETARISCH, MARKT $
(Icabarú s/n; Empanadas & Backwaren ab 0,35 US$; Mo-Sa 8–12 & 15–18 Uhr;) Vor dem Aufstieg am Roraima kann man hier Trockenobst, vegetarische Proteinspender, Naturjoghurt und super Vollkorngebäck mit Fruchtstücken einkaufen.

🛈 Praktische Informationen

An der Ecke Bolívar und Urdaneta (hier überall Cuatro Esquinas genannt) lassen sich Euro oder US-Dollar bei Geldwechslern umtauschen. Deren Wechselkurse gehören zu den besten des Landes. Doch wie überall in Venezuela ist das Schwarzmarkttreiben natürlich auch hier illegal. Wer auf Nummer sicher gehen will, organisiert den Geldumtausch daher besser über ein Reisebüro oder seine *posada*.

Hospital Rosario Vera Zurita (995-1155; Icabarú) Santa Elenas größtes Krankenhaus ist sehr einfach ausgestattet. Bei ernsthaften Problemen begibt man sich somit am besten nach Ciudad Guayana oder hinüber nach Brasilien.

❶ An- & Weiterreise

BUS & JEEP

Der Busbahnhof liegt ca. 2 km östlich vom Stadtzentrum am Highway nach Ciudad Guayana. Er ist nicht mit öffentlichen Verkehrsmitteln und daher nur per Taxi (0,50 US$) erreichbar. Alle Busse nach Ciudad Bolívar (4 US$, 10–12 Std., 10-mal tgl.) halten unterwegs in Ciudad Guayana. Manche davon fahren auch weiter nach Caracas (7 US$, 20 Std.).

FLUGZEUG

Santa Elenas Miniflugplatz liegt 7 km südwestlich der Stadt an der Straße in Richtung brasilianische Grenze. Momentan besteht hier keine Linienverbindung; selbst der unregelmäßige Cessna-Service ab Canaima wurde inzwischen eingestellt. Somit bleibt Travellern leider lediglich die mörderisch lange Überlandreise über Ciudad Guayana. Da gerade nur Chartermaschinen in Santa Elena landen, lohnt sich bei Gruppentrips ein Preisvergleich.

AMAZONAS

Der südlichste Bundesstaat Venezuelas wird von der Regenwaldlandschaft des Amazonas dominiert. Flüsse durchziehen das Gebiet, das nur dünn von indigenen Stämmen besiedelt ist, deren wichtigstes Fortbewegungsmittel der Einbaum (genannt *bongo*) darstellt. Es umfasst mit 180 000 km² ein Viertel Venezuelas, doch nur ein 1% der gesamten Bevölkerung lebt hier. Aktuell wird die Zahl der indigenen Bewohner auf 76 000 geschätzt – zusammengesetzt aus Mitgliedern von drei Hauptgruppen (Piaroa, Yanomami und Guajibo/Jivi) und verschiedenen kleineren Gemeinschaften.

Im Vergleich zum brasilianischen Amazonas hat der Amazonas-Abschnitt in Venezuela eine größere topographische Vielfalt zu bieten. Eines der markantesten Merkmale sind die *tepuis*; obwohl diese hier nicht ganz so zahlreich vertreten sind wie in der Gran Sabana, geben sie dem grünen Regenwaldteppich dennoch ein ganz besonderes Gesicht.

Im äußersten Süden des Amazonas, entlang der Grenze zu Brasilien, liegt die Serranía la Neblina, eine wenig erforschte Gebirgskette, in der man Südamerikas höchste Gipfel östlich der Anden findet.

Die beste Reisezeit ist zwischen Oktober und Dezember, weil die Flüsse dann genug Wasser für Bootsfahrten führen und die Regenfälle nicht mehr so stark sind.

❶ Unterwegs vor Ort

Da es in der Region fast keine Straßen gibt, geht es hier größtenteils nur per Schiff oder Flugzeug voran. Doch bis auf ein paar Kurzstreckenboote ab Puerto Ayacucho gibt's auf den Flüssen keinen regelmäßigen Passagierverkehr – individuelles Reisen wird dadurch schwierig bis unmöglich. Touranbieter in Puerto Ayacucho bringen Kunden allerdings fast überall hin. Somit bleibt einen praktisch nichts anderes übrig, als auf eine Agentur zurückzugreifen.

Puerto Ayacucho

📞 0248 / 91000 EW.

Die brütend heiße Ortschaft am Fluss ist die Hauptstadt und die einzige größere Stadt des Bundesstaates Amazonas. Heute verirren sich nur selten Reisende an diesen verregneten Ort, wo das Leben seinen trägen Gang geht und von Stromausfällen geprägt ist. Dabei ist die Stadt dank ihrer Lage an einem reizvollen Abschnitt des Orinoco, ein Stück flussabwärts der spektakulären Stromschnellen von Raudales Atures, ein wichtiger Ausgangspunkt für Touren in den unerschlossenen Bundesstaat Amazonas.

⊙ Sehenswertes

Ein Gefühl für die Stadt und ihre eng mit dem Fluss verbundene Geschichte ermöglicht der Blick aus der Vogelperspektive von einem der Hügel aus. So überschaut man vom **Cerro Perico** aus den Río Orinoco und die ganze Stadt. Vom Cerro El Zamoro, bes-

---

> **❶ EINREISE NACH BRASILIEN**
>
> Die Einreiseformalitäten für Venezuela und Brasilien werden direkt an der Grenze erledigt. Diese verläuft 15 km südlich von Santa Elena de Uairén und wird La Línea genannt. Ab Icabarú fahren *por puestos* zum Busbahnhof der brasilianischen Grenzstadt Pacaraima. Allerdings muss man für das ganze Fahrzeug bezahlen, wenn der Chauffeur so lange warten soll, bis alle Formalitäten bei den venezolanischen und brasilianischen Grenzbehörden erledigt sind. Eine Ausreisesteuer wird nicht fällig. Eine Gelbfieberimpfung ist für die Einreise nach Brasilien zwar nicht offiziell erforderlich, wird aber trotzdem empfohlen.

Puerto Ayacucho

Puerto Ayacucho

⊙ Sehenswertes
1 Mercado Indígena C2
2 Museo Etnológico de Amazonas C2

✪ Aktivitäten, Kurse & Touren
3 Cooperativa Coyote Tour C2

⊟ Schlafen
4 Hotel Cosmopolita C3
5 Residencia Internacional B2

✖ Essen
6 Mercadito D3
7 Panadería Las Tres Espigas C1
8 Restaurant Cherazad C3
9 Restaurant El Amir C2

✪ Unterhaltung
10 Sala Cinemateca Puerto
    Ayacucho C1

ser bekannt als **El Mirador**, kann man sich hingegen die sprudelnden Stromschnellen von Raudales Atures angucken.

Museo Etnológico de Amazonas MUSEUM
(Av Río Negro s/n; Eintritt 0,20 US$; ⊙ Di–Fr 8.30–11.30 & 14.30–18, Sa 9–12 & 15.30–18 Uhr) Die faszinierende Sammlung zur indigenen Kultur der Region umfasst persönliche Gegenstände und Modelle von Häusern der Piaroa, Guajibo, Ye'kwana und Yanomami.

Mercado Indígena MARKT
(Av Río Negro s/n) Auf dem Markt gegenüber dem Museum werden indigenes Kunsthandwerk und Samtmalerei verkauft. Interessanter sind die Flaschen mit scharfer *catara*-Sauce aus Blattschneiderameisen und die heilkräftigen Baumrinden und Kräuter.

☞ Geführte Touren

Beliebte Kurztouren führen z. B. stromaufwärts am Río Cuao entlang oder folgen dem

Río Sipapo und Autana hinauf zum Fuß des Cerro Autana (1248 m). In beiden Fällen kostet der dreitägige Trip mindestens 80 bis 100 US$ pro Person und Tag.

Jenseits von La Esmeralda beginnt der südöstlichste Teil des Amazonasgebiets, der fast ganz zum Parque Nacional Parima-Tapirapeco (Heimat der Yanomami) gehört und nur sehr eingeschränkt zugänglich ist: Besucher benötigen eine spezielle Genehmigung, die jedoch quasi nicht erhältlich ist. Viele Veranstalter umgehen dies, indem sie Kunden zu Yanomami-Dörfern am Río Siapa (Nebenfluss des Brazo Casiquiare) führen.

Für alle Touren sollte unbedingt rechtzeitig reserviert werden. Puerto Ayacucho verzeichnet heutzutage fast keine Touristen mehr; die meisten Veranstalter stellen ihre Trips individuell auf Kundenwunsch zusammen. Ausflüge zum Autana sind eher häufiger im Angebot. Im Rahmen von Tagestrips besucht man z. B. die präkolumbischen Felsbilder von Piedra Pintada oder einen gewaltigen Felsbrocken namens Piedra La Tortuga, der wie eine riesige Schildkröte aussieht. Ein weiteres Tagesziel ist der Parque Tobogan de la Selva mit seiner natürlichen „Wasserrutsche".

Cooperativa Coyote Tour GEFÜHRTE TOUR
(521-3750, 0414-486-2500; coyotexpedition@cantv.net; Av Aguerrevere s/n) Ist seit fast 25 Jahren im Geschäft und organisiert vor allem Dreitagestrips zum Autana oder Cuao. Hinzu kommen längere Touren und ein Buchungsservice für Flüge.

Expediciones Selvadentro GEFÜHRTE TOUR
(414-7458, 0414-487-3810; www.selvadentro.com; Vía Alto Carinagua s/n) Die langen Abenteuertouren zu weit entfernten Zielen finden an Bord des komfortablen Katamarans *Iguana* (17 m) mit Toilette und Küche statt.

Tadae GEFÜHRTE TOUR
(0414-486-5923, 0248 521-4882; www.tadaeaventura.wordpress.com) Bietet neben Standardtouren zum Autana oder Cuao auch Angeltouren und Rafting durch die Raudales Atures an.

Schlafen

Residencia Internacional PENSION $
(521-0242; Av Aguerrevere s/n; Zi. mit Ventilator/Klimaanlage 2/3 US$; ❊🕾) Die freundliche und familiengeführte Pension in einem ruhigen Wohngebiet ist bei Backpackern seit Langem beliebt. Die einfachen Zimmer entlang einer langen Veranda verfügen über Fernseher und sind allesamt sehr unterschiedlich. Gäste können zudem auf der Dachterrasse relaxen und die Küche mitbenutzen.

Hotel Apure HOTEL $
(521-4443; Fax 521-0049; Av Orinoco 28; Zi. 3–6 US$; ❊🕾) Das leicht steril wirkende, aber immerhin blitzsaubere Apure vermietet 17 geräumige Zimmer mit Klimaanlage und Kabel-TV. Zudem punktet es mit gemütlichen Aufenthaltsbereichen, einem spektakulären Eingangsportal aus Holz und einem recht angenehmen Restaurant im Untergeschoss.

Hotel Cosmopolita HOTEL $
(521-3037; Av Orinoco s/n; Zi. ab 4 US$; ❊🕾) Leicht langweiliges Hotel in zentraler Lage. Auf drei Etagen gibt es hier komfortable Zimmer im Business-Stil, die jeweils über Telefon, TV und Kühlschrank verfügen.

Essen

Von etwa 16 bis 6 Uhr verkaufen Imbissstände ihre Gerichte vor dem Hotel Cosmopolita. Für ein günstiges Abendessen empfiehlt sich dort vor allem ein *pepito cubano*: Diese Riesensandwiches mit üppigem Belag (Ei, Schinken, Käse, Gemüse, Kartoffelchips) schwimmen in Sauce und reichen locker für zwei Personen.

Restaurant Cherazad INTERNATIONAL $
(Ecke Av Aguerrevere & Río Negro; Hauptgerichte 2–3 US$; ⊙ Mo–Sa mittags & abends) Dieses Lokal mit den vielen Vorhängen zählt zu den besten der Stadt. Auf der recht langen Karte stehen neben Nudeln, Steak und Fisch auch nahöstliche Gerichte.

Panadería Las Tres Espigas BÄCKEREI $
(Av Río Negro s/n; Backwaren ab 0,20 US$; ⊙ Mo–Sa 6–20, So 6–12 Uhr; ❊) Dank vier leistungsstarker Klimageräte stärken sich Morgengäste hier in angenehm kühlen Räumlichkeiten mit Backwaren und starkem Kaffee.

Restaurant El Amir NAHÖSTLICH $
(Av Orinoco s/n; Hauptgerichte 1–2 US$; ⊙ Mo–Sa mittags & abends; 🍴) Familiengeführter Lokalfavorit mit guten Falafeln und leckerem Joghurt.

Mercadito MARKT $
(Av Orinoco s/n) Dieses Labyrinth aus günstigen Imbissständen empfiehlt sich auch für einen Happen auf die Schnelle (z. B. Empa-

nadas). Eine Alternative sind die schlichten *criollo*-Restaurants an der nahe gelegenen Av Amazonas.

☆ Unterhaltung

Sala Cinemateca Puerto Ayacucho KINO
(www.cinemateca.gob.ve; Atabapo s/n) Staatlich subventioniertes Programmkino, das internationale Filme mit spanischsprachigen Untertiteln zeigt.

❶ Praktische Informationen

SAIME (Av Aguerrevere s/n; ⊙ Mo–Fr 8–12 & 13–16 Uhr) Bei Ein- oder Ausreise über das Amazonasgebiet wird der Reisepass hier abgestempelt. Eine Ausreisesteuer ist nicht zu entrichten.

❶ An- & Weiterreise

BUS
Der kleine Busbahnhof liegt 6 km östlich vom Zentrum am Stadtrand. Ab Av 23 de Enero wird er von Lokalbussen bedient – allerdings wie die übrige Stadt so selten, dass hier jedermann auf Taxis zurückgreift. Den ganzen Tag über fahren *busetas* regelmäßig nach Ciudad Bolívar (3,50 US$, 10½–12 Std.). Parallel rollen Busse nach San Fernando de Apure (2 US$, 7 Std., 8-mal tgl. bis 15 Uhr), wo Busanschluss nach Caracas, Maracay, Valencia, Barinas und San Cristóbal besteht.

FLUGZEUG
Rund 6 km südöstlich der Stadt liegt der Flugplatz, von dem Conviasa dreimal pro Woche gen Caracas startet. Die kleine Regionalgesellschaft **Wayumi** (✆ 521-0635; Evelio Roa) schickt Linien- und Chartermaschinen zu ein paar Siedlungen im Amazonas-Regenwald.

SCHIFF/FÄHRE
Transporte Fluvial La Roca (✆ 809-1595; Av Orinoco, Pasaje Orinoco, Centro Comercial Rapagna) Schippert täglich nach San Fernando de Atabapo (2,50 US$, 2½ Std.).

VENEZUELA VERSTEHEN

Venezuela aktuell

Seit dem Tod des früheren Präsidenten Hugo Chávez (März 2013) ist die Lage vor Ort ausgesprochen schlecht: Venezuela war einst ein internationaler Vorreiter in Sachen Sozialismus sowie eine der wohlhabendsten und sichersten Nationen Südamerikas. Heute steht das Land jedoch am Rande des wirtschaftlichen Zusammenbruchs und zählt zweifellos zu den ärmsten und gefährlichsten Regionen des Kontinents. Grassierende Korruption, schwache Regierungsführung, ausufernde Kriminalität, die weltweit höchste Inflationsrate und stets endlose Warteschlangen vor Supermärkten oder Apotheken prägen nun den Alltag. Die Einheimischen schütteln zumeist einfach den Kopf, wenn die unvermeidliche Diskussion über Politik beginnt: Auf dieses Thema wird hier oft nur noch mit Verzweiflung (abgemildert durch den typisch trockenen Humor der Venezolaner) reagiert.

Der aktuelle Präsident Nicolás Maduro war zuvor Chávez' Stellvertreter und vorgesehener Nachfolger. Seit dem Tod seines Amtsvorgängers führt er dessen Politik größtenteils fort – allerdings ganz ohne das typische Charisma, das stets elementar für Hugos Beliebtheit und Anziehungskraft war. Tatsächlich hat sich Maduro bislang kaum politisch profiliert. Einzige Ausnahmen waren die Inhaftierung mehrerer politischer Gegner und außenpolitische Provokationen gegen Kolumbien. Letztere wurden 2015 auf dramatische Weise zum Bumerang und ließen einige Kritiker in Südamerika öffentlich an Maduros Eignung für das Präsidentenamt zweifeln.

Bei den Parlamentswahlen im Dezember 2015 gewann die Opposition seit Chávez' Machtübernahme (1999) erstmals eine Mehrheit. Allerdings muss sich erst noch herausstellen, ob dies die vom Chavismus dominierte Politiklandschaft in Venezuela langfristig bzw. deutlich verändern kann.

Dagegen spricht vor allem die 13-jährige Gefängnisstrafe, die im September 2015 gegen den Oppositionsführer Leopoldo López verhängt wurde: López soll 2014 während regierungsfeindlicher Proteste zur Gewalt aufgerufen haben und sitzt momentan in Einzelhaft. Er wird von Amnesty International als politischer Häftling bezeichnet und ist als Venezuelas populärster Politiker (Beliebtheitsgrad über 50 %) das aktuell größte Problem von Präsident Maduro.

Parallel hat sich der Alltag der allermeisten Venezolaner in den letzten Jahren dramatisch verändert: Viele Einheimische verdienen nun schlicht Geld, indem sie vor staatlichen Läden ganztägig für Lebensmittel oder Verbrauchsartikel (z. B. Toilettenpapier) anstehen und diese dann möglichst gewinnbringend auf dem Schwarzmarkt verkaufen. Solche sogenannten *bachacos*

(Ameisen) bilden landesweit endlose Warteschlangen – in Venezuelas heutiger Gesellschaft wird unterschieden zwischen Anstehern und Leuten, die andere fürs Anstehen bezahlen. Die staatlichen Monatsgehälter betragen inzwischen umgerechnet kaum mehr als 20 US$. So sind Korruption und Schwarzarbeit oft die einzigen Möglichkeiten, um hier noch einigermaßen über die Runden zu kommen.

Eventuell wird ein politischer Wandel in Venezuela irgendwann friedlich per Wahlurne oder vielleicht sogar von der Regierung Maduro freiwillig eingeleitet. Doch leider ist gerade viel eher damit zu rechnen, dass die von der Politik schon zu lange enttäuschte und zunehmend wütende Bevölkerung früher oder später gewaltsam auf die Barrikaden geht.

Geschichte

Präkolumbische Periode

Es gibt Anzeichen dafür, dass Menschen bereits vor 10 000 Jahren den Nordwesten Venezuelas besiedelten. Um ca. 1000 n. Chr. entstanden dauerhafte landwirtschaftliche Nutzflächen in Verbindung mit den ersten ganzjährig bewohnten Siedlungen. Ehemalige Nomadenvölker entwickelten sich allmählich zu größeren Kulturgemeinschaften. Diese gehörten zu den drei wichtigsten Sprachfamilien: den Kariben, den Arawak und den Chibcha. Während der spanischen Eroberung am Ende des 15. Jhs. bewohnten ca. 300 000 bis 400 000 Angehörige indigener Völker das Gebiet des heutigen Venezuela.

Die Stämme der Timote Cuica (aus der Sprachfamilie der Chibcha) hatten von allen präkolumbischen Völkern Venezuelas auf technologischem Gebiet die Nase vorn. In den Anden entwickelten sie hochmoderne Anbaumethoden mit Bewässerungskanälen und Terrassenfeldern. Aus diversen Fundstücken lässt sich schließen, dass diese Stämme auch äußerst geschickte Handwerker in ihren Reihen hatten. Im ganzen Land zeigen Museen Beispiele für ihre wunderbare Töpferkunst.

Spanische Eroberung

Christoph Kolumbus setzte als erster Europäer seinen Fuß auf venezolanischen Boden. Der Entdecker betrat das südamerikanische Festland einzig und allein hier: Bei seiner dritten Reise in die Neue Welt (1498) ankerte er gleich gegenüber von Trinidad an der Ostspitze der Península de Paria, die er ursprünglich für eine weitere Insel hielt. Die gigantische Mündung des Río Orinoco ließ ihn dann jedoch auf eine weitaus größere Entdeckung schließen.

Ein Jahr später segelte der Spanier Alonso de Ojeda zusammen mit dem Italiener Amerigo Vespucci zur Península de la Guajira am Westrand des heutigen Venezuela hinauf. Bei der Einfahrt in den Lago de Maracaibo erblickten die Spanier sogenannte *palafitos* (schilfgedeckte Stelzenhäuser) der indigenen Bevölkerung am Seeufer. Vielleicht nicht ganz ohne Sarkasmus nannten sie diese Siedlung „Venezuela" (Klein-Venedig) und gaben damit dem späteren Land seinen Namen. Als erste spanische Siedlung auf venezolanischem Boden entstand Nueva Cádiz um 1500 auf der kleinen Insel Cubagua, die gleich südlich der Isla de Margarita liegt. Die älteste noch existierende Stadt Venezuelas heißt Cumaná (gegr. 1521) und liegt unmittelbar südlich der Isla Cubagua auf dem Festland.

Simón Bolívar & die Unabhängigkeit

Während der Kolonialzeit dämmerte Venezuela größtenteils im Schatten des spanischen Weltreichs vor sich hin. Zu Beginn des 19. Jhs. gewann das Land dann aber an Bedeutung, denn es schenkte Lateinamerika einen seiner größten Helden: Simón Bolívar. Der in Caracas geborene Bolívar vertrieb an der Spitze seiner Truppen die spanischen Besatzer endgültig aus Südamerika. Bis heute gilt er als Hauptverantwortlicher für das Ende der Kolonialherrschaft bis zu den Grenzen von Argentinien.

Bolívar schwang sich zum Führer der Revolution auf, die 1806 begonnen hatte. Seine ersten Versuche, die Spanier in seinem Heimatland zu besiegen, scheiterten jedoch. Daher zog sich Bolívar zuerst nach Kolumbien und dann nach Jamaika zurück, um seine letzten Schachzüge zu planen. 1817 führte er 5000 britische Söldner zusammen mit einer Reiterarmee von Los Llanos aus über die Anden und besiegte die Spanier in der Schlacht von Boyacá, wodurch Kolumbien unabhängig wurde. Vier Monate später rief der Kongress von Angostura in der gleichnamigen Stadt (dem heutigen Ciudad Bolívar) einen neuen Staat namens Gran Colombia

(Großkolumbien) aus. Er bestand aus Kolumbien (inkl. dem heutigen Panama), Venezuela und Ecuador – obwohl die beiden letzteren noch immer unter spanischer Kontrolle standen.

Im Juni 1821 besiegelte die Schlacht von Carabobo Bolívars endgültigen Sieg über die spanischen Truppen. Dennoch kämpften die Royalisten in den folgenden zwei Jahren von Puerto Cabello aus weiterhin einen ziemlich sinnlosen Kampf. Großkolumbien existierte nur für ein Jahrzehnt, bevor es in drei separate Staaten zerfiel. So wurde Bolívars Traum von einer vereinten Republik bereits vor seinem Tod im Jahr 1830 zerstört.

Das Land der Caudillos

Auf seinem Totenbett gab Bolívar diese Erklärung ab: „Amerika ist unregierbar. Wer sich der Revolution verschreibt, pflügt das Meer. Dieses Land wird unweigerlich in die Hände einer enthemmten Masse geraten, um dann an verkappte kleine Tyrannen aller Farben und Rassen zu fallen." Leider lag er mit dieser Prophezeiung alles andere als falsch. Nach der Unabhängigkeit wurde Venezuela beinahe 100 Jahre lang von diversen *caudillos* (Machthabern) regiert. Erst 1947 trat die erste demokratisch gewählte Regierung ihre Amtszeit an.

Der erste *caudillo* namens General José Antonio Páez kontrollierte das Land 18 Jahre lang (1830–1848). Trotz seiner gnadenlosen Herrschaft erreichte er eine gewisse politische Stabilität und stärkte außerdem die schwache Wirtschaft. In der folgenden Periode kam es zu einer nahezu ununterbrochenen Reihe von Bürgerkriegen. Erst ein weiterer Diktator – General Antonio Guzmán Blanco – konnte dem ein Ende bereiten, und er regierte ebenfalls 18 Jahre lang (1870–1888). Er startete u.a. ein groß angelegtes Reformprogramm mit einer neuen Verfassung. Dies sorgte vorübergehend für Stabilität im Land. Dennoch machte er sich mit seinen despotischen Methoden viele Feinde. Als er zurücktrat, begann in Venezuela erneut der Bürgerkrieg.

Das schwarze Gold

Die erste Hälfte des 20. Jhs. wurde von fünf aufeinander folgenden Militärmachthabern dominiert. Alle stammten aus dem Andenstaat Táchira. Am längsten regierte General Juan Vicente Gómez, der auch am grausamsten war. Er kam 1908 an die Macht und blieb bis zu seinem Tod im Jahre 1935 im Amt. Gómez entmachtete das Parlament und erstickte auf seinem Weg zur Alleinherrschaft jegliche Opposition im Keim.

Dank einer Reihe von Ölfunden in den 1910er-Jahren konnte das Gómez-Regime die nationale Wirtschaft kräftig ankurbeln. Ende der 1920er-Jahre war Venezuela größter Erdölexporteur der Welt, was nicht nur die wirtschaftliche Erholung förderte: Vielmehr konnte die Regierung Venezuelas Auslandsschulden komplett begleichen.

Doch wie in den meisten anderen Erdölländern bekam die Bevölkerung so gut wie nichts von den Profiten ab. Die meisten Einwohner lebten weiterhin in Armut. Durch das schnelle Ölgeld wurde zudem die Landwirtschaft vernachlässigt; stattdessen entstanden andere Produktionszweige. Es war einfacher, nahezu alle Waren aus dem Ausland zu importieren. Dies ging zwar eine Weile gut, erwies sich aber auf Dauer als unzureichend.

Nach einem kurzen Flirt mit der Demokratie und einer neuen Verfassung kam es 1947 zum unausweichlichen Putsch. Es folgte die Ära von Colonel Marcos Pérez Jiménez. Kaum an der Macht, zerschlug er die Opposition. Ölgelder flossen in öffentliche Einrichtungen und die Sanierung von Caracas. Dabei machte sich Jimenéz nicht gerade viele Freunde.

Coups & Korruption

1958 jagte eine Koalition aus Zivilisten und Militäroffizieren den Diktator Jimenéz aus dem Amt. Mit Rómulo Betancourt als gewähltem Präsidenten kehrte das Land zur Demokratie zurück. Betancourt bekam breite Unterstützung von der Bevölkerung und brachte als erstes demokratisch gewähltes Staatsoberhaupt eine komplette fünfjährige Amtszeit hinter sich. Trotz des Übergangs zur Demokratie driftete das Land an den rechten Rand des politischen Spektrums ab.

Die Profite aus dem Ölexport brachten die folgenden Regierungen recht gut durch die 1970er-Jahre. Die Fördermengen wurden ständig erhöht. Noch bedeutender war die Vervierfachung des Ölpreises nach dem Arabisch-Israelischen Krieg von 1973. Venezuela zog daraufhin die Spendierhosen an: In Caracas und Maracaibo schossen moderne Wolkenkratzer aus dem Boden, ergänzt durch den Import einer Vielzahl von Luxusgütern. Doch Hochmut kommt vor dem Fall: Am Ende der 1970er-Jahre war die Wirtschaftskrise bereits im vollen Gang. Während der 1980er-Jahre verschlechterte sich die wirtschaftliche Situation immer mehr.

1989 gab die Regierung vom Internationalen Währungsfonds geforderte Sparmaßnahmen bekannt, und gestiegene Transportkosten führten zu Protesten; diese *caracazo*, eine Serie landesweiter Aufstände, wurden militärisch niedergeschlagen, wobei Hunderte – vielleicht auch Tausende – Zivilisten ihr Leben verloren. Die daraus resultierende Instabilität führte 1992 zu zwei gescheiterten Staatsstreichen. Ein zuvor unbekannter Fallschirmjäger namens Colonel Hugo Chávez Frías führte den ersten Putschversuch im Februar an. Für die zweite Aktion im November waren Nachwuchsoffiziere der Luftwaffe verantwortlich. Bei der filmreifen Luftschlacht über Caracas flogen Kampfflugzeuge zwischen den Hochhäusern hindurch. Beide Putschversuche forderten zahlreiche Todesopfer.

Bis Mitte der 1990er-Jahre hatte die Regierung mit Korruption, Bankkonkursen und Kreditausfällen zu kämpfen. 1995 musste Venezuela die Landeswährung um mehr als 70 % abwerten. Ende 1998 lebten zwei Drittel der 23 Mio. Einwohner unterhalb der Armutsgrenze.

Linksruck

Im Politzirkus gibt es nichts Besseres als ein spektakuläres Comeback. 1998 wurde Hugo Chávez zum Präsidenten gewählt. Der Anführer des ersten Putschversuchs von 1992 war 1994 begnadigt worden und hatte sogleich eine aggressive populistische Kampagne gestartet: Indem er sich selbst mit Bolívar verglich, versprach Chávez den Ärmsten der Armen Unterstützung und Almosen. Außerdem sprach er sich gegen eine freie Marktwirtschaft nach amerikanischem Vorbild aus. Stattdessen stellte er großspurig – wenn auch relativ undurchsichtig – eine „friedliche und demokratische Sozialrevolution" in Aussicht.

Diese „Sozialrevolution" war jedoch alles andere als friedlich. Kurz nach der Amtsübernahme nahm Chávez die Umformulierung der Verfassung in Angriff. Das neue Dokument wurde im Dezember 1999 durch eine Volksabstimmung verabschiedet und verlieh dem Präsidenten zusätzliche und weitreichende Machtbefugnisse. 2001 löste die Einführung diverser neuer Justizdekrete wütende Massenproteste aus. Diese weiteten sich im April 2002 zu einem gigantischen und gewalttätigen Streik aus, der schließlich in einem Staatsstreich gipfelte. Dahinter steckten Militärführer, die von einer Wirtschaftslobby finanziert wurden. Daraufhin sah sich Chávez zum Rücktritt gezwungen – nur um die Regierungsgeschäfte zwei Tage später wieder aufzunehmen. Dies goss weiteres Wasser auf die Mühlen seiner Gegner.

Während die Spannungen in der Bevölkerung wuchsen, rief die Opposition im Dezember 2002 zum Generalstreik auf. Dadurch sollte der Präsident endgültig abgesetzt werden. Der landesweite Streik legte die ganze Nation lahm – darunter auch die lebenswichtige Erdölindustrie und einen Großteil des privaten Geschäftssektors. Nach 63 Tagen blies die Opposition den Streik schließlich ab. Die Proteste hatten Venezuela 7,6 % seines Bruttoinlandsproduktes gekostet und die Erdölindustrie nachhaltig geschädigt. Chávez erwies sich als Stehaufmännchen und verkündete seinen Sieg.

Sozialismus im 21. Jh.

Die politische Lage blieb weiterhin unsicher, bis Chávez 2004 ein Amtsenthebungsreferendum für sich entscheiden und seine Macht festigen konnte. Seine Wiederwahl im Jahr 2006 gelang relativ mühelos. Im Jahr darauf scheiterte ein Referendum über die unbegrenzte Wiederwahl des Präsidenten. Doch 2009 gewann Chávez schließlich einen Volksentscheid bezüglich einer Verfassungsänderung, die diese ermöglichte.

Chávez erweiterte seinen Einfluss auch über die Grenzen von Venezuela hinaus. So pflegte er z. B. gute Beziehungen zu Ölstaaten im Nahen Osten sowie zu China, das allgemein zu einem immer wichtigeren Handelspartner für Südamerika wird. Zudem ging Chávez auf linksgerichtete Regierungschefs auf dem eigenen Kontinent zu und tat sich z. B. mit Fidel Castro (Kuba) oder Evo Morales (Bolivien) zusammen. Parallel läutete er eine diplomatische Eiszeit im Verhältnis zu den USA ein. Bis heute bestehen außerdem Konflikte zwischen Venezuela und dem benachbarten Kolumbien – Grund hierfür sind Anschuldigungen, dass Venezuela die FARC (Fuerzas Armadas Revolucionarias de Colombia; Kolumbiens bedeutendste Rebellenorganisation) unterstützt und deren Guerillas Unterschlupf gewährt habe.

Chávez' Befürworter hoben seine Programme und Projekte für arme Bevölkerungsschichten hervor. Unter diesen waren

u. a. die staatlich finanzierten *misiones* (Missionen) mit kostenloser medizinischer Versorgung, subventionierten Lebensmitteln und Bildungsprogrammen für erwachsene Analphabeten. Hinzu kamen Initiativen zur Neuverteilung von Land, wobei große Besitztümer aufgeteilt und Kleinbauern überlassen wurden. Chávez' Gegner kritisierten wiederum die Zentralisierung der Macht, die Intoleranz gegenüber politisch Andersdenkenden, die großzügige Verwendung von Staatsgeldern für die Regierungspartei und die Abschreckung internationaler Investoren durch Verstaatlichung.

Die Zeit nach Chávez

Chávez' Präsidentschaft war von zahlreichen Krisen und dem langsamen Zusammenbruch der nationalen Wirtschaft geprägt. Dennoch schien seine Position nach zehn Jahren an der Macht unantastbar zu sein: Während dieser Zeit hatten praktisch nur „Chavistas" die Chance auf eine politische Karriere. Nach Einführung der unbegrenzten Wiederwahl wurde Chávez 2012 zum dritten Mal zum Präsidenten gewählt – allerdings mit deutlich geringerer Mehrheit und trotz langanhaltender Gerüchte über seine Krebserkrankung. Letztere wurde bereits 2011 diagnostiziert, aber vor der Wahl nicht offiziell bekanntgegeben. Tatsächlich war Chávez im Vorfeld der Wahl kaum öffentlich aufgetreten und hatte sich monatelang in Kuba behandeln lassen. Er musste sogar seine dritte Amtseinführung absagen und starb schließlich am 5. März 2013.

Im April 2013 trat dann der bisherige Vizepräsident Nicolás Maduro (von Chávez kurz vor dessen Tod zum Nachfolger erkoren) das höchste Staatsamt in Venezuela an. Angesichts von Maduros minimalem Vorsprung bei der vorangegangenen Nachwahl wurde deren Fairness vom Gegenkandidaten Henrique Capriles Radonski stark angezweifelt. Seitdem hat Maduro (ein früherer Busfahrer und Gewerkschaftsführer) kaum Spuren in Venezuelas Nationalbewusstsein hinterlassen, während Chávez' Image und Rhetorik weiterhin die politische Szene des Landes dominieren.

Kultur

Venezuela ist zutiefst patriotisch und stolz auf seine Geschichte. So werden der Unabhängigkeitskrieg und Simón Bolívars Heldentaten hier immer noch überall im kollektiven Gedächtnis gehalten. Zudem liebt das Land auch den Auftritt auf der Weltbühne: Ob erneuter Gewinn der Miss-Universe-Wahlen oder bedeutender Baseball-Sieg – die Venezolaner lassen garantiert eine lautstarke Party steigen.

Verglichen mit manchen südamerikanischen Nachbarländern hat die örtliche Gegenwartskultur jedoch nur wenige charakteristische Elemente. Viele führen dies darauf zurück, dass Venezuela als Erdölstaat fast immer nur ausländische Waren konsumiert hat und auf Eigenproduktion kaum angewiesen war bzw. auf diese größtenteils verzichtet hat. Neben Erdöl bringt das Land

---

TANZ DER TEUFEL

Beim Fest der **Diablos Danzantes (Tanzende Teufel)** wirbeln Hunderte Tänzer mit roten Teufelskostümen und diabolischen Masken zu Trommelklängen durch die Straßen. Das wilde Spektakel findet landesweit am Tag vor Fronleichnam (60 Tage nach Ostern; ein Donnerstag im Mai oder Juni) sowie an dem Feiertag selbst statt.

Doch warum ausgerechnet Teufel an einem bedeutenden Feiertag in solch einem katholischen Land? Das Ganze soll den Kampf zwischen Gut und Böse symbolisieren. Zum Schluss ergeben sich die verkleideten Teufel immer der Kirche – was bedeutet, dass das Gute letztendlich immer siegt.

Das Fest vermischt spanische und afrikanische Traditionen. Sein Ursprung liegt im spanischen Andalusien, wo Teufelsmasken und -abbildungen einst Teil der mittelalterlichen Feierlichkeiten zu Fronleichnam waren. Als diese Elemente im kolonialzeitlichen Venezuela Einzug hielten, wurden sie von afrikanischen Sklaven übernommen, die selbst traditionelle Maskenfeste feierten. Zusätzlich wurden afrikanische Musik und Tänze integriert. Landesweit am bekanntesten sind die Teufelstänze bzw. -masken in San Francisco de Yare und Chuao.

Mangels Direktverbindung zwischen Caracas und San Francisco de Yare lässt man seinen Trip am besten von einem Reisebüro organisieren.

aber noch weitere Rohstoffe sowie jede Menge Talent hervor (vor allem Schönheitsköniginnen und Baseballspieler).

Trotz aller Probleme und Spannungen zeichnen sich die Venezolaner durch Lebensfreude, Humor, Offenheit und Kontaktfreudigkeit aus. Sie erklären Ausländer im Nu zum *chamo* (Kumpel) und unterhalten sich gern – insbesondere auch über die aktuelle Krise im politischen und wirtschaftlichen Bereich. Wer hier einen einzigen Befürworter der Regierungspolitik findet, hat quasi eine bedeutende anthropologische Entdeckung gemacht! Besucher fühlen sich landesweit eigentlich nie einsam (vor allem nicht, wenn sie etwas Spanisch sprechen): Irgendwo ist immer eine Rumba im Gange.

> **ⓘ OHNE WORTE**
>
> → Ein leichtes und schnelles Rümpfen der Nase (wie ein Kaninchen) bedeutet „Hä?" oder „Wie bitte?"
>
> → Wenn Venezolaner einen Händler nach Preisen fragen oder auf einen gewünschten Artikel zeigen möchten, drehen sie den Kopf mit geschürzten Lippen in die entsprechende Richtung.

Bevölkerung

Venezuelas Bevölkerung ist jung (50 % unter 27 Jahren) und lebt größtenteils in Städten (90 %). Mit gerade mal 32 Einwohnern pro Quadratkilometer ist die Bevölkerungsdichte recht gering. Allerdings verteilen sich die Menschen hier ungleichmäßig: Über ein Fünftel aller Venezolaner wohnt in Caracas, während z. B. Los Llanos und Guyana nur sehr dünn besiedelt sind.

Etwa 70 % der Einheimischen vereinen europäische, indigene und afrikanische Wurzeln (bzw. mindestens zwei davon). Die übrigen 30 % sind Europäer (ca. 20 %), Afrikaner (8 %) oder Angehörige indigener Stämme (3 %). Letztere bestehen wiederum aus 24 unterschiedlichen Volksgruppen, deren Mitglieder (insgesamt ca. 725 000) über das ganze Land verteilt und immer noch weitab von der modernen Gesellschaft leben.

Lebensart

Das Klima und die beengten Wohnverhältnisse bescheren dem Land ein recht umtriebiges öffentliches Leben – viele Aktivitäten finden hier im Freien statt. So sieht man auf örtlichen Straßen z. B. oft Menschengruppen, die ihr Bierchen zum Sound eines voll aufgedrehten Autoradios schlürfen. Auch ansonsten ist Lärm in Venezuela ein ständiger Begleiter: Dröhnende Musik, mörderisch laute Hupen und schreiende Straßenhändler können die Einheimischen nicht aus der Ruhe bringen.

Außer im Straßenverkehr scheinen es die Venezolaner nur sehr selten eilig zu haben. Angepasst an das tropische Klima geht das Leben hier allgemein einen recht gemächlichen Gang. Dies gilt auch im geschäftlichen Bereich. So kann es durchaus passieren, dass man als Kunde erst bedient wird, wenn der Plausch mit Kollegen beendet oder das Fernsehprogramm nicht mehr so interessant ist.

In Venezuela ist die Kluft zwischen Arm und Reich sehr groß; etwa 30 % der Bevölkerung leben unterhalb der Armutsgrenze. Allerdings haben staatliche Hilfsprogramme die Bildung und medizinische Versorgung vieler Venezolaner verbessert. Frauen stellen etwa ein Drittel aller hiesigen Arbeitskräfte. Aktuell verdienen die allermeisten Einheimischen jedoch ihren Lebensunterhalt im Rahmen der steuerfreien Schattenwirtschaft, indem sie vor allem Gebrauchsgüter auf dem Schwarzmarkt kaufen und wieder verkaufen.

Religion

Etwa 95 % aller Venezolaner sind (zumindest offiziell) römisch-katholisch. Bis heute ist Venezuela ein ziemlich konservatives Land, in dem die katholische Kirche und deren kultureller Einfluss von allen Gesellschaftsschichten respektiert werden. Dennoch sind Gottesdienste hier allgemein relativ schwach besucht. Zudem sind die Beziehungen zwischen katholischer Kirche und linksgerichteter Regierung seit Jahren angespannt.

Viele indigene Volksgruppen sind zum Katholizismus konvertiert; nur ein paar isoliert lebende Stämme praktizieren immer noch ihre traditionellen Glaubensriten. Evangelikale Christen konkurrieren mit den Katholiken um Neumitglieder und machen landesweit immer mehr Boden gut. Venezuelas kleine jüdische und muslimische Gemeinden leben hauptsächlich in Caracas.

Kunst

Literatur

Der Klassiker der lateinamerikanischen Kolonialliteratur bezüglich des Umgangs der

Spanier mit der indigenen Bevölkerung und gleichzeitig ein Dokument der frühen Geschichte Venezuelas ist *Brevísima relación de la destrucción de las Indias Occidentales* (Kurzgefasster Bericht von der Verwüstung der Westindischen Länder), der 1542 von Fray Bartolomé de las Casas verfasst wurde.

Was zeitgenössische Literatur betrifft, gilt *El falso cuaderno de Narciso Espejo* (Das falsche Notizbuch von Narciso Espejo, 1950) aus der Mitte des 20. Jhs. von Guillermo Meneses (1911–1978) als bahnbrechender, experimenteller Roman. Ein weiteres einflussreiches Werk ist Adriano Gonzalez Leons (1931–2008) energiegeladener, dem magischen Realismus zugeordneter Roman *País portátil* (Tragbares Land, 1968), in dem das ländliche Venezuela dem Großstadtdschungel von Caracas gegenübergestellt wird.

Ein weiterer empfehlenswerter Autor der Gegenwartsliteratur ist Ednodio Quintero. Sein Werk *La danza del jaguar* (Der Tanz des Jaguars, 1991) wurde neben weiteren Werken in mehrere Sprachen übersetzt. Andere wichtige Figuren in der literarischen Szene Venezuelas sind Teresa de la Parra, Antonia Palacios, Carlos Noguera und Orlando Chirinos.

Kino

Venezuelas kleine Filmindustrie hat ein paar bemerkenswerte Streifen produziert. Aufgrund der Wirtschaftskrise wurde die Filmförderung jedoch inzwischen größtenteils eingestellt.

Die größten Wellen in der venezolanischen Kinolandschaft hat 2005 *Secuestro Express* von Jonathan Jakubowicz geschlagen. Der Film, der von der Regierung für die negative Darstellung Caracas' kritisiert wurde, setzt sich mit den Themen Kriminalität, Armut, Gewalt, Drogen und Klassendenken in der Hauptstadt auseinander. Er brach sämtliche Kinorekorde nationaler Produktionen und war der erste venezolanische Film, der von einem bedeutenden Hollywoodstudio vermarktet wurde.

Wer tiefere Einblicke in die venezolanische Filmlandschaft gewinnen möchte, sollte sich ein paar Filme anschauen, z. B. die folgenden: *Oriana* (Regie: Fina Torres, 1985) handelt von einem Mädchen, dessen Leben durch einen Sommeraufenthalt auf der am Meer gelegenen Hacienda seiner Familie entscheidend geprägt wird. *Huelepega* (Regie: Elia Schneider, 1999) illustriert mit echten Straßenkindern als Darstellern die Kindheit auf den Straßen von Caracas. *Amaneció de golpe* (Regie: Carlos Azpúrua, 1999) handelt davon, wie sich Chávez in die politische Landschaft katapultierte, und *Manuela Saenz* (Regie: Diego Risquez, 2000) erzählt die Geschichte des Unabhängigkeitskriegs aus Sicht der Geliebten Bolívars.

Ebenfalls empfehlenswert ist der Dokumentarfilm *The Revolution Will Not Be Televised*, der von irischen Filmemachern gedreht wurde, die sich zum Zeitpunkt des Militärputschs im Jahr 2002 im Präsidentenpalast befanden.

Musik

Musik ist in Venezuela allgegenwärtig. Das Land gilt traditionell eigentlich nicht als großer Produzent eigener Musik, doch laut Gesetz muss mittlerweile mindestens die Hälfte der im Radio gespielten Musik von venezolanischen Künstlern stammen, und wiederum die Hälfte davon muss „traditionell" sein. Dieses Gesetz erwies sich als Segen für venezolanische Musiker. Zu den beliebtesten Musikstilen gehören Salsa, Merengue und Reggaeton, *vallenato* aus Kolumbien sowie Pop, Rock, Hip-Hop und House aus Nordamerika und Europa. Der König der venezolanischen Salsa ist Oscar D'León (geb. 1943).

Die beliebteste traditionelle Musik ist der *joropo* aus Los Llanos, auch *música llanera* genannt. Der *joropo* besteht üblicherweise aus Gesang, der von einer Harfe, einer *cuatro* (kleine, viersaitige Gitarre) und Maracas (Rumbakugeln) begleitet wird.

Caracas ist eine Hochburg des Latin-Pop und des *rock en español*. Letzterer kombiniert die Energie lateinamerikanischer Rhythmen mit internationalem (Alternative-)Rock. Die berühmtesten Vertreter dieser Musikrichtung sind die mit einem Grammy ausgezeichneten Los Amigos Invisibles.

El Sistema (das System) ist der Spitzname eines 1975 initiierten Orchesterprogramms für Jugendliche aus einkommensschwachen Familien, das landesweit zu einem Klassik-Boom geführt und zahllose Nachwuchsmusiker gefördert hat. Als bekanntestes Sistema-Ensemble tritt das Orquesta Sinfónica Simón Bolívar in aller Welt auf.

Bildende Künste

In Venezuela gibt es eine bedeutende zeitgenössische Kunstszene. Moderne Werke zieren die Straßen und öffentlichen Gebäude von Caracas, außerdem bietet die Hauptstadt einige äußerst bemerkenswerte Galerien.

Ende des 19. Jhs. entstand durch die Fördergelder der Regierung Guzmán Blanco erstmals im großen Stil Kunst im öffentlichen Raum. Der talentierteste Maler dieser Periode – und einer der besten in Venezuelas Kunstgeschichte – war Martín Tovar y Tovar (1827–1902). Ein paar seiner schönsten Gemälde zeigen historische Ereignisse. Die Bilder sind im Asamblea Nacional von Caracas ausgestellt.

Heute boomen die Bildenden Künste. Besonders schön sind u. a. die Arbeiten des Malers Carlos Zerpa und die abgefahrenen Ideen von José Antonio Hernández Díez (Foto-, Video- und Installationskunst). Hinzu kommen die symbolträchtigen Gemälde, Collagen und Skulpturen Miguel von Dangels. Traveller können sich noch mehr tolle Stücke im Museum der Zeitgenössischen Kunst in Caracas ansehen.

Als Venezuelas zeitgenössischer Künstler Nummer eins gelangte Jesús Soto (1923–2005) zu internationalem Ruhm. Mit seinen Werken (vor allem Skulpturen mit beweglichen Teilen) übte er einen gewaltigen Einfluss auf die kinetische Kunstszene aus. Die größte Sammlung zu Sotos Lebenswerk zeigt das ihm gewidmete Museum im Ciudad Bolívar.

Essen & Trinken

Essen

Alles in allem ist das kulinarische Angebot in Venezuela äußerst günstig. Allerdings variiert die Qualität des Essens sehr stark, und das Angebot ist oft begrenzt: Viele Restaurants servieren nur ein paar Standardgerichte mit Fleisch oder Fisch. Deutlich mehr Qualität und Auswahl gibt's jedoch allgemein in Großstädten (u. a. Caracas) sowie an Orten, die bei gut betuchten Einheimischen und Ausländern beliebt sind (z. B. Los Roques).

Die Wirtschaftskrise in Venezuela lässt eigentlich mitteltuere oder sogar teure Lokale nun oft für Budgetreisende erschwinglich werden. Eine noch günstigere und nach wie vor gute Option sind Restaurants mit einem *menú del día* oder *menú ejecutivo* (Festpreis- bzw. Tagesmenü mit Hauptgericht und Suppe). Alternativ füllen *pollo en brasa* (Brathähnchen) und venezolanische Klassiker wie *pabellón criollo, arepas, cachapas* oder Empanadas den Magen jeweils für wenig Geld.

Falls die eigene Unterkunft kein Frühstück serviert, sind die allgegenwärtigen *panaderías* (Bäckereien) am praktischsten: Dort gibt's Sandwiches, Backwaren, Joghurt und Espresso in geselliger Atmosphäre.

Obwohl Fleisch in Venezuela gern und viel gegessen wird, findet man in den meisten Großstädten nun auch ein paar vegetarische Restaurants. Viele chinesische, nahöstliche und italienische Lokale servieren ebenfalls einige vegetarische Gerichte. Ansonsten sind *arepas* oder Empanadas ohne totes Tier zumeist eine ganz gute Wahl. Gutes Frischgemüse ist landesweit aber oft rar.

Fast alle Restaurants und Bars erheben standardmäßig eine Servicegebühr (10 % des Rechnungsbetrags). In schickeren Schuppen ist ein kleines Trinkgeld üblich.

Im Inneren aller Restaurants ist das Rauchen per Gesetz verboten; die meisten Lokale untersagen das Qualmen jedoch komplett (z. B. auch in Freiluftbereichen).

Im Folgenden sind einige venezolanische Nationalgerichte sowie internationale Gerichte mit abweichenden Bezeichnungen auf Spanisch aufgeführt:

arepa (a·re·pa) – kleine gegrillte Maismehlfladen mit verschiedenen Füllungen

cachapa (ka·scha·pa) – größere flache Maismehlpfannkuchen mit Schinken- und/oder Käsefüllung

cachito (ka·schih·to) – heiße Croissants mit einer Füllung aus Schinkenwürfeln

cambur (kam·buhr) – Banane

caraota (ka·ra·o·ta) – Schwarzbohne

casabe (ka·sa·be) – riesiges Fladenbrot aus Yucca-Mehl; Grundnahrungsmittel indigener Volksgruppen

Empanada (em·pa·na·da) – frittierte Maismehl-Teigtaschen mit verschiedenen Füllungen

hallaca (a·ja·ka) – Maismehlteig mit Hackfleisch und Gemüse, in Bananenblättern gedünstet; ähnlich wie mexikanische *tamales*

lechosa (le·scho·sa) – Papaya

pabellón criollo (pa·be·jon krih·o·joh) – Rinderhack, Reis, Schwarzbohnen, Käse und gebratene Kochbananen; Venezuelas Nationalgericht

papelón (pa·pe·lon) – grober brauner Zucker; wird auch für Getränke verwendet

parchita (par·schih·ta) – Maracuja

parrilla (pa·rih·ja) – gemischter Grillteller

patilla (pa·tih·ja) – Wassermelone

quesillo (ke·sih·jo) – Karamellpudding

teta (te·ta) – gefrorener Fruchtsaft in einer Plastikhülle; wird wie Eis gelutscht

Getränke

In Venezuela bekommt man überall guten und starken Espresso. Zur Auswahl stehen u. a. *café negro* (schwarzer Kaffee), *café marrón* (50 % Milch, 50 % Kaffee) und *café con leche* (Milchkaffee).

Restaurants, Cafés und sogar manche Obstläden servieren viele verschiedene Fruchtsäfte. Diese gibt's als *batidos* (pur oder mit Wasser verdünnt) und als *merengadas* (mit Milch).

Das beliebteste alkoholische Getränk ist *cerveza* (Bier) – vor allem Polar und Solera (gehört ebenfalls zu Polar). Der Gerstensaft wird fast überall eisgekühlt in Dosen oder kleinen Flaschen verkauft. Ende 2015 litt Venezuela jedoch unter starker Bierknappheit, da Polar die Produktion in zwei Brauereien eingestellt hatte. Die Gründe hierfür waren Mangel an Gerste und ein anhaltender Disput mit der Regierung. Bei Spirituosen sind *ron* (Rum) und Whiskey am beliebtesten.

Sport

Fußball? Wen interessiert schon Fußball? In Venezuela regiert König *béisbol* (Baseball). Danach kommt *básquetbol* (Basketball, das hier auch *básquet* oder *balon-cesto* heißt) und erst dann folgt *fútbol* (Fußball), dessen Profiliga von August bis Mai spielt. Bei der indigenen Bevölkerung steht der Fußball dagegen immer noch an erster Stelle und wird auch landesweit immer beliebter.

Natur & Umwelt

Geografie

Venezuela ist etwa doppelt so groß wie Kalifornien und besteht aus vielen verschiedenen Regionen. Es vereint die vier bedeutendsten Landschaftsformen Südamerikas miteinander – Amazonas-Regenwälder, die Anden, Savannen und Strände.

Durch das Land verlaufen zwei Bergketten: Die Cordillera de la Costa trennt das Tal von Caracas vom karibischen Meer. In den nördlichen Ausläufern der Anden ragen die höchsten Gipfel nahe Mérida empor.

Der Orinoco (2150 km) ist Venezuelas größter Strom; der ganze Flusslauf liegt innerhalb der Landesgrenzen. Zur Region Guayana südlich des Orinoco gehören das Einzugsgebiet des Río Caura, fast undurchdringliche Amazonas-Regenwälder und sonnenverbrannte, riesige Savannen. Zahllose *tepuis* (Tafelberge) verleihen der rauen Landschaft Guyanas ein einzigartiges Gesicht.

Vor Venezuelas Karibikküste (2813 km) erstreckt sich ein 900 000 km² großes Meeresgebiet mit vielen kleinen und großen Inseln. Am größten und bekanntesten ist die Isla de Margarita – gleich gefolgt vom weitaus weniger erschlossenen Archipiélago Los Roques.

Tiere & Pflanzen

Genauso großartig und vielfältig wie Venezuelas Landschaft ist die örtliche Tierwelt: Hier tummeln sich insgesamt 341 Reptilienarten (u. a. Anacondas, Kaimane), 284 Amphibienarten, 1791 Fischarten, 351 Säugetierarten (z. B. Capybaras) und allerlei Wirbellose (u. a. Schmetterlinge). Obendrein ist das Land ein Paradies für Piepmatzfreunde: Von den 1417 Vogelarten (ca. 20 % aller weltweit bekannten Federträger) sind 48 endemisch. Zudem liegt Venezuela auf einer wichtigen Wanderroute von Zugvögeln.

Nationalparks & Naturschutzgebiete

Venezuelas Nationalparks umfassen viele verschiedene Landschaftsformen wie immergrüne Berge, Strände, tropische Inseln, Korallenriffe, Hochplateaus und Regenwälder. Die Nationalparks – beispielsweise Canaima, Los Roques, Mochima, Henri Pittier, El Ávila und Morrocoy – gehören zu Venezuelas beliebtesten Touristenzielen. Manche Parks sind leicht zu erreichen und werden dementsprechend von unzähligen Einheimischen besucht. Hauptsächlich während der Ferien und an Wochenenden strömen Reisende in die Schutzgebiete an der Küste und draußen im Meer. Andere Parks hat man dafür fast für sich allein. Nur wenige Nationalparks besitzen Einrichtungen für Touristen, meistens sind sie aber nicht besonders ausgeprägt.

Etwa die Hälfte des Landes steht nach nationaler Gesetzgebung unter Naturschutz. Viele dieser Gebiete sind Nationalparks und Naturdenkmäler, daneben gibt's Naturschutzgebiete, Biosphärenreservate und Wälder.

Umweltprobleme

Venezuelas offensichtlichste Umweltprobleme resultieren aus nicht existenter Abfallentsorgung und Wiederverwertung: Landesweit wird Müll einfach mitten in Städten, am Straßenrand oder in der einsamen Natur abgeladen. Abwässer werden manchmal ungeklärt ins Meer oder in andere Gewässer eingeleitet. Eine klare Umweltpolitik gibt es nicht; außerhalb von Nationalparks achtet kaum jemand auf Umweltschutz. Die Probleme bei Abfallentsorgung und Umweltverschmutzung sind zumeist direkte Folgen der Überbevölkerung in städtischen Gebieten. Zu den Ursachen zählen außerdem Slum-Siedlungen, mangelhafte Planung und fehlende öffentliche Gelder. So wird der immer rasanteren Entwicklung kaum Einhalt geboten.

Weitere große Umweltprobleme sind Wilderei und illegaler Handel mit Tieren oder Pflanzen – beides ist in vielen Landesteilen und sogar in Schutzgebieten weit verbreitet. Schwierigkeiten bestehen zudem bei der Lebensmittelsicherheit. Zwei Drittel aller in Venezuela konsumierten Lebensmittel werden importiert; die Landwirtschaft beschränkt sich fast ausschließlich auf Viehzucht. Und da wäre natürlich auch noch die unvermeidliche Umweltverschmutzung durch die Ölraffinerien und den Bergbau.

PRAKTISCHES

Allgemeine Informationen

BOTSCHAFTEN & KONSULATE

Sofern nicht anders angegeben, befinden sich die folgenden Botschaften alle in Caracas. Brasilien und Kolumbien unterhalten zusätzlich Konsulate in weiteren Landesteilen, um Überlandreisenden mit Visumbedarf entgegen zu kommen. Visumanträge für Brasilien erfordern zwei Passfotos und den Nachweis einer Gelbfieberimpfung.

Brasilien Caracas (Karte S. 1054; 0212-956-7800; http://cgcaracas.itamaraty.gov.br/; Av San Juan Bosco zw. 5A & 6A Transversal); Santa Elena de Uairén (995-1256; Antonio José de Sucre s/n, Edificio Galeno; Mo–Fr 8–14 Uhr)

Deutschland (Karte S. 1054; 0212-219-2500; www.caracas.diplo.de; Av Principal de la Castellana s/n, Torre La Castellana; Altamira)

Guyana (0212-267-7095; 2A Av zw. 9A & 10A Transversal, Quinta Los Tutis, Altamira)

Kolumbien Caracas (0212-951-3631; http://caracas.consulado.gov.co; Guaicaipuro s/n, El Rosal; Chacaito); Puerto Ayacucho (521-0789; http://puertoayacucho.consulado.gov.co; Calle Yacapana, Quinta Beatriz 5; Mo–Fr 8–13 Uhr); Mérida (0274-245-9724; http://merida.consulado.gov.co; Av de las Américas s/n)

Österreich (0212-999-1211; https://www.bmeia.gv.at/botschaft/caracas.html; Edificio Torre D&D, Piso PT, Oficina PTN, Av Orinoco, Eingang an der Calle Mucuchíes y Perijá, Las Mercedes)

Schweiz (Karte S. 1054; 0212-267-9585; www.eda.admin.ch/caracas; Av Eugenio Mendoza nahe San Felipe, Centro Letonia, Torre Ing-Bank, La Castellana; Altamira)

Trinidad & Tobago (Karte S. 1054; 0212-261-3748; 3A Av zw. 6A & 7A Transversal, Quinta Poshika, Altamira; Altamira)

BÜCHER

Der deutsche Geograf und Botaniker Alexander von Humboldt beschreibt im zweiten Band von *Reise in die Aequinoctial-Gegenden des neuen Continents (1799–1804)* seine Beobachtungstouren durch verschiedene Landesteile. *The Search for El Dorado* von John Hemming gibt faszinierende Einblicke in die Kolonialisierung Venezuelas.

Für seinen Roman *Die verlorene Welt* ließ sich Sir Arthur Conan Doyle vom Roraima-Tepui inspirieren. *Venezuela: A Century of Change* von Judith Ewell gibt einen umfassenden Überblick über die venezolanische Geschichte im 20. Jh. *The History of Venezuela* von H. Micheal Tarver und Julia Frederick beschäftigt sich in Kurzform mit der Zeit zwischen der ersten Ankunft von Kolumbus und der Präsidentschaft von Chávez.

Zu Chávez und seiner „Bolivarischen Revolution" gibt's zahlreiche Veröffentlichungen. Allerdings beziehen diese oft vehement Stellung für oder gegen Chávez. Einen aktuellen und objektiven Ansatz verfolgt z. B. *Comandante: The Life and Legacy of Hugo Chávez* von Rory Carroll.

Für passionierte Vogelbeobachter empfehlen sich u. a. *A Guide to the Birds of Venezuela* von Rodolphe Meyer de Schauensee und William H. Phelps, *Birds of Venezuela* von Steven Hilty oder *Birding in Venezuela* von Mary Lou Goodwin.

FEIERTAGE & FERIEN

In Venezuela spielt der Katholizismus eine große Rolle, darum richten sich viele Feiertage nach dem Kirchenkalender. Weihnachten, Karneval, Ostern und Fronleichnam werden im ganzen Land gefeiert. Zudem haben die Namenstage verschiedener Heiliger eine Bedeutung, jedes Dorf und jede Stadt hat einen eigenen Schutzpatron und feiert dessen Namenstag.

Venezolaner nehmen ihren Urlaub meist über Weihnachten, Karneval, in der Semana Santa („Heilige Woche" vor Ostern) und im Juli und August. Zu diesen Zeiten sollten sich Reisende rechtzeitig um eine Unterkunft kümmern, da freie Zimmer möglicherweise kaum zu finden sind (vor allem in beliebten Ferienorten). Andererseits bringen die Urlauber zusätzlich Schwung in die Feste.

Offizielle Feiertage:

Neujahr 1. Januar
Karneval Montag und Dienstag vor Aschermittwoch (Feb./März)
Ostern Gründonnerstag und Karfreitag (März/April)
Tag der Unabhängigkeitserklärung 19. April
Tag der Arbeit 1. Mai
Tag der Schlacht von Carabobo 24. Juni
Unabhängigkeitstag 5. Juli
Bolívars Geburtstag 24. Juli
Entdeckung Amerikas 12. Oktober
Weihnachten 25. Dezember

FRAUEN UNTERWEGS

Wie fast alle lateinamerikanischen Länder wird auch Venezuela in gesellschaftlicher Hinsicht von Männern dominiert. Frauen werden hier ständig gefragt, ob sie verheiratet sind und Kinder haben. Touristinnen sollten auf Aufmerksamkeit, Neugier und Anmache seitens männlicher Venezolaner gefasst sein. Diese zeigen ihre „Bewunderung" oft ungeniert durch Pfiffe, Schmeicheleien und anzügliche Bemerkungen. Solcherlei unerwünschte Aufmerksamkeit ignoriert frau am besten einfach; zudem empfehlen sich unauffällige Klamotten. Venezolanerinnen ziehen sich zwar gern körperbetont an, sind sich aber ihrer Umgebung und deren Gefahren vergleichsweise viel stärker bewusst. Angesichts der schlimmen Sicherheitslage sollten insbesondere Touristinnen bei Dunkelheit grundsätzlich auf Taxis zurückgreifen und niemals allein auf der Straße herumlaufen.

PREISKATEGORIEN: ESSEN

Die folgenden Angaben gelten für ein normales Hauptgericht.

$ unter 3 US$
$$ 3–6 US$
$$$ über 6 US$

GEFAHREN & ÄRGERNISSE

Keine Frage: Venezuela ist alles andere als ein sicheres Reiseland. Entführungen, Diebstähle und Raubüberfälle machen vor allem Großstädte wie Caracas zum äußerst gefährlichen Pflaster. Trotzdem: Wer seinen gesunden Menschenverstand benutzt und auf Einheimische hört, kann das Risiko minimieren und höchstwahrscheinlich einen problemlosen Aufenthalt genießen.

→ Es ist sehr wichtig, die Umgebung stets genau im Auge zu behalten und möglichst keinerlei Wohlstandsanzeichen zur Schau zu stellen. Konkret: Keine großen Kameras oder Rucksäcke mit sich herumschleppen, auf öffentliche Smartphone-Nutzung verzichten und weder Schmuckstücke noch Uhren von hohem Wert tragen! Diebstähle sind in Großstädten und Ballungszentren häufiger als draußen auf dem Land, können aber überall vorkommen.

→ Caracas ist definitiv der gefährlichste Ort in Venezuela: Hier sollten Besucher auf der Straße immer sehr vorsichtig sein und bei Dunkelheit grundsätzlich ein Taxi nehmen! Auch im übrigen Land ist es ratsam, immer bei vertrauenswürdigen Einheimischen nach der aktuellen Sicherheitslage zu fragen. Im Zweifelsfall sind Taxis immer und überall die sicherste Option.

→ Besucher sollten zudem daran denken, dass Venezuelas Polizisten nicht immer wirklich vertrauenswürdig sind. Daher nicht einfach blind die Anweisungen oder Forderungen dieser Autoritätspersonen akzeptieren! Berichten zufolge wurden Traveller auch schon bei Kontrollen an Flughäfen und Grenzübergängen vom Sicherheitspersonal bestohlen.

→ In Venezuela herrscht zudem ein gewisser Wahn in puncto Ausweispflicht: Eine *cédula* (venezolanischer Personalausweis), dessen Nummer oder ein gültiger Reisepass (bei Ausländern) sind hier oft für die einfachsten geschäftlichen Transaktionen erforderlich. Auch aus diesem Grund sollte man seinen Reisepass bzw. eine Kopie desselben (inkl. Visumseite!) stets mit sich führen. Wer sich nicht ausweisen kann, muss eventuell Fragen zu seiner Identität auf einer Polizeiwache beantworten.

→ Grenzüberschreitender Drogenschmuggel und die Anwesenheit von FARC-Guerillas machen die Grenze zu Kolumbien generell gefährlich. Bei Überlandtrips nach oder ab Kolumbien ist es daher ratsam, die Grenzregionen auf beiden Seiten schnellstmöglich zu durchqueren. Hinweis: Zum Zeitpunkt der Recherche war die Grenze zu Kolumbien gerade aufgrund außenpolitischer Streitigkeiten geschlossen. Inzwischen ist sie aber höchstwahrscheinlich wieder geöffnet.

GELD
Bargeld

Der Umgang mit Venezuelas *bolívar fuerte* (starker Bolivar – wie ironisch!) ist anstrengend:

Da der größte Geldschein (100 BsF) einen Wert von gerade mal 0,20 US$ hat, muss man riesige Geldbündel mit sich herumschleppen. Die kaum kaufkräftigen Banknoten und Münzen haben einen Wert von 2, 5, 10, 20, 50 oder 100 BsF. Außerhalb der Landesgrenzen ist venezolanische Währung nicht erhältlich.

Geldautomaten

Vor den allgegenwärtigen *cajeros automáticos* (Geldautomaten) stehen oft Warteschlangen. Aufgrund des superschlechten offiziellen Wechselkurses sollten Traveller aber unbedingt überall auf die Automatenbenutzung verzichten.

Kreditkarten

In Venezuela niemals Kreditkarten benutzen: Bei allen Transaktionen gilt der vernichtende offizielle Wechselkurs!

Schwarzmarkt

Venezuelas Schwarzmarkt (*mercado negro* oder *dólar paralelo*) ist keinesfalls so zweifelhaft, wie seine Bezeichnung vermuten lassen könnte – und obendrein für Besucher ein absolutes Muss. Allerdings ist es stets ratsam, die aktuellen Bedingungen vorab beim gewählten Hotel oder Reisebüro zu erfragen. Idealerweise organisiert man den Geldumtausch im Voraus und versucht es nicht an einem Flughafen, weil dort die Gefahr von Abzocke sehr hoch ist (vor allem mit gefälschten Quittungen am Flughafen Maiquetía).

Websites wie www.dollar.nu informieren über die aktuellen Wechselkurse auf dem Schwarzmarkt. Dessen Benutzung ist offiziell illegal; real verfolgt die Regierung aber lediglich professionelle Devisenhändler. Dennoch sollte man möglichst diskret vorgehen und den Umtausch im Hotelzimmer oder in einem privaten Büro erledigen. Da die größte Banknote (100 BsF) einen Wert von gerade mal 0,20 US$ hat, muss man damit rechnen, einen ganzen Wäschesack voll Bolivar zu erhalten.

Die meisten etablierten *posadas* und Tourveranstalter akzeptieren Online-Überweisungen auf ein internationales Bankkonto. Manche geben auch Bares zum Schwarzmarktkurs an Gäste aus. Für solche Dienstleistungen wird aber nicht offiziell geworben.

Trinkgeld

→ Die meisten Restaurants erheben eine Servicegebühr (10 % des Gesamtbetrags) und zeichnen diese deutlich auf ihren Rechnungen aus. Falls die Gebühr nicht automatisch enthalten ist, wird man darauf oft ziemlich unverfroren hingewiesen.

→ In schickeren Lokalen ist zusätzlich zur Servicegebühr ein Trinkgeld von 5 bis 10 % üblich, aber nicht obligatorisch.

→ Taxifahrer bekommen normalerweise kein Trinkgeld, sofern sie nicht beim Tragen des Gepäcks helfen.

ⓘ WICHTIGE PREISWARNUNG!

Venezuelas Regierung hält den Bolívar Fuerte auf einem künstlich hohen Wechselkurs gegenüber dem US-Dollar. Dies hat absurderweise dazu geführt, dass nun alle Touristen auf den Schwarzmarkt angewiesen sind. Zum Zeitpunkt der Recherche lag der offizielle Wechselkurs wie in den Jahren zuvor fest bei 6,3:1 (BsF/US$), während man auf der Straße zwischen 500 und 700 BsF für einen US-Dollar bekam. Mit anderen Worten: Geldumtausch bei Banken und Abheben oder gar Bezahlen per Kreditkarte sind stets mit mörderisch schlechten Konditionen verbunden! Wer in Venezuela nicht pleitegehen will, muss daher unbedingt auf den Schwarzmarkt zurückgreifen. Aufgrund des unbeständigen Bolívar werden Preise vor Ort oft in US-Dollar angegeben. Als Berechnungsgrundlage für Preise verwendet dieses Buch nicht den offiziellen Wechselkurs, sondern einen moderaten Schwarzmarktkurs von 500:1 (BsF/US$). Infolgedessen kostet ein Bett für 5 US$ konkret 2500 BsF (das wären 397 US$ bei offiziellem Wechselkurs!).

Auf zwei Arten lassen sich US-Dollar sinnvoll ins Land bringen: Einerseits kann man einen entsprechenden Barbetrag einführen und auf dem örtlichen Schwarzmarkt umtauschen (dazu frägt man am besten im Voraus beim Hotel oder Reisebüro nach). Andererseits besteht die Möglichkeit, US-Dollar an eine vertrauenswürdige *posada* oder an ein Reisebüro zu überweisen und sich dort die Bolívares bei Ankunft bar übergeben zu lassen. Die Wechselkurse der kolumbianischen und brasilianischen Währung sind nicht staatlich kontrolliert. Wer auf dem Landweg aus Kolumbien oder Brasilien einreist, sollte daher Bargeld in diesen Ländern am Automaten abheben und es dann an der Grenze oder in der nächstgelegenen Stadt auf dem venezolanischen Schwarzmarkt umtauschen.

Zudem hat Venezuela eine der weltweit höchsten Inflationsraten und leidet daher ständig unter heftigen Preisschwankungen. Alle Preisangaben in diesem Buch verstehen sich somit nur als grobe Richtwerte.

→ Wieviel man z. B. Hotelangestellten, Tauchlehrern oder Guides spendieren will, bleibt einem selbst überlassen. Auch in diesen Fällen ist Trinkgeld nicht obligatorisch, aber immer willkommen. Und sind wir mal ehrlich: Aufgrund der aktuellen Wirtschaftslage in Venezuela ist der eigene Geldbeutel doch randvoll mit Bolívares!

Wechselstuben

In Venezuela lassen sich vielerorts Euro, US-Dollar, Brasilianische Reales und Kolumbianische Pesos umtauschen. US-Dollar werden am häufigsten akzeptiert und bringen auch die besten Konditionen. Aufgrund des miesen Wechselkurses sollten Traveller jedoch niemals auf *casas de cambio* (offizielle Wechselstuben) zurückgreifen.

GESUNDHEIT

Venezuela hat zahlreiche Apotheken, Kliniken und Krankenhäuser. Gute medizinische Versorgung ist in Caracas gegeben, in ländlichen Raum aber eventuell rar. Wer ins Krankenhaus muss, findet in der Hauptstadt die weitaus besten Bedingungen vor. Öffentliche Krankenhäuser und Kliniken sind kostenlos; private Einrichtungen behandeln Patienten allerdings vergleichsweise besser. Apotheken kümmern sich direkt um kleinere Wehwechen: Sie dürfen Injektionen vornehmen und führen alle möglichen Medikamente. In den letzten Jahren haben jedoch auch Venezuelas Apotheken unter ausbleibendem Nachschub gelitten. Alle benötigten Arzneien sollten daher unbedingt in ausreichender Menge selbst mitgebracht werden!

In manchen tropischen Gebieten werden Malaria und Dengue-Fieber von Mücken übertragen. Die Stiche bzw. Bisse anderer Insekten infizieren einen zwar nicht unbedingt mit Krankheiten, können aber dennoch höchst unangenehm sein. Venezuelas Leitungswasser eignet sich zwar zum Zähneputzen, sollte aber nicht getrunken werden.

Ansonsten bestehen hier dieselben Gesundheitsrisiken wie in anderen Ländern: Sonnenbrand, Straßenverkehr und verdorbenes Essen.

INTERNETZUGANG

Drahtloser Internetzugang ist landesweit überall vorhanden (Ausnahme: extrem abgeschiedene Lodges im Regenwald) und in fast allen Hotels bzw. *posadas* kostenlos. Letzteres gilt auch in zahlreichen Restaurants und Cafés. Das staatlich subventionierte Gratis-WLAN auf öffentlichen Plätzen funktioniert häufig nicht. Traveller ohne Smartphone oder Laptop können in vielen *posadas* auf Gästecomputer zurückgreifen. In den meisten Städten gibt's zudem immer noch gute alte Internetcafés (heutzutage allerdings immer weniger).

KINDER

Gemäß dem venezolanischen Jugendschutzgesetz müssen Kinder, die nicht mit beiden Elternteilen unterwegs sind, eine Kopie ihrer Geburtsurkunde und eine notariell beglaubigte Reiseerlaubnis des nicht mitreisenden Elternteils mitführen. Alleinerziehende, Verwitwete und gleichgeschlechtliche Elternpaare sollten sich in ihrem jeweiligen Heimatland nach allen erforderlichen Dokumenten für ihre Kinder erkundigen.

ÖFFNUNGSZEITEN

Theoretisch wird in Venezuela von Montag bis Freitag jeweils acht Stunden lang gearbeitet (8–12 & 14–18 Uhr). In Wirklichkeit ist hier aber oft schon früher Feierabend. Bis auf Museen, *panaderías* und manche Restaurants hat sonntags fast alles geschlossen.

Banken Mo–Fr 8.30–15.30 Uhr
Restaurants Mo–Sa 12–21 od. 23 Uhr
Läden & Geschäfte Mo–Fr 9–18 od. 19 Uhr, Sa identisch od. 9–13 Uhr

POST

Ipostel, der postalische Dienst von Venezuela, hat überall im Land Büros. Manche von ihnen sind an staatliche Büros angeschlossen, die Puntos de Gestión Centralizada (zentrale Verwaltungsbüros) genannt werden. Sie sind werktags von 8.30 bis 11.30 und von 13.30 bis 17 Uhr geöffnet, allerdings gibt's regionale Abweichungen. Die Ämter in größeren Städten haben manchmal länger sowie samstags geöffnet.

Die Zustellung in Venezuela ist sehr unzuverlässig und langsam: Postsendungen kommen – wenn überhaupt – oft erst nach einem Monat an. Um etwas Wichtiges oder Eiliges zu verschicken, sollte man auf verlässliche internationale Express-Zusteller zurückgreifen.

RECHTSFRAGEN

Venezuelas Polizei sollte man gleichzeitig mit Respekt und einer gehörigen Portion Vorsicht begegnen: Korruption, Amtsmissbrauch und Anwendung übermäßiger Gewalt sind hier leider keine Seltenheit. Wer seinen Reisepass bzw. eine Fotokopie davon (inkl. Visumseite) stets bei sich trägt, wird sich die dreistesten Aufforderungen zur Schmiergeldzahlung vom Hals halten können. Ansonsten gilt es stets höflich und ruhig zu bleiben. Zudem ist es ratsam, vor einem Anruf bei der eigenen Botschaft zunächst das gewählte Hotel oder Reisebüro zwecks Problemlösung zu kontaktieren.

Bei Reisen durch Venezuela ist täglich mit mehreren Kontrollen zu rechnen: An den meisten Stadteingängen befinden sich Straßensperren mit Checkpoints. Dort gibt's aber kaum Probleme, sofern man seinen Reisepass griffbereit hat.

Achtung: Venezuelas Strafen für Drogenschmuggel, -besitz und -konsum gehören zu den härtesten in Südamerika. In den Gefängnissen des Landes herrscht absolute Anarchie. Diplomatische Vertreter des eigenen Heimatlandes können nicht viel mehr tun, als einen dort zu besuchen.

SCHWULE & LESBEN

Homosexualität ist in Venezuela zwar nicht illegal, wird aber von der größtenteils katholischen Gesellschaft zumeist kritisch beäugt. In kleineren Städten und ländlichen Gegenden ist stets entsprechende Diskretion angebracht. Gleichzeitig gibt's aber auch vergleichsweise tolerantere Ecken. Caracas hat die größte schwul-lesbische Gemeinde und die offenste Homosexuellenszene des Landes. In der Hauptstadt findet zudem jeden Juni eine Schwulenparade mit Zehntausenden Teilnehmern statt.

Schwulenfreundliche Bars und Discos sind zumeist mit dem Codewort *en* (oder *de*) *ambiente* gekennzeichnet. Kontakt wird heutzutage aber meist online hergestellt.

SPRACHKURSE

Sprachschulen gibt's in den meisten Großstädten des Landes. Aufgrund der Sicherheits- und Wirtschaftslage hat die Schülerzahl in den letzten Jahren aber deutlich erkennbar abgenommen. Das attraktive Mérida bleibt jedoch weiterhin ein beliebtes Pflaster für Spanischkurse. Hierfür sorgen u. a. die erschwinglichen Preise, die große Universität und die jung-dynamische Einwohnerschaft.

STROM

Die Netzspannung in Venezuela beträgt 110 V bei 60 Hz. Die Stecker entsprechen dem US-Standard.

TELEFON

Bei längeren Aufenthalten in Venezuela kann sich der Kauf einer einheimischen SIM-Karte für das eigene Handy lohnen. Miteinander konkurrierende Mobilfunkanbieter sind z. B. in allen Einkaufszentren vertreten. Die Netzabdeckung von Movilnet, Movistar und Digitel ist jeweils hervorragend (inkl. G3 in Ballungsräumen). Wie die meisten geschäftlichen Transaktionen vor Ort erfordert auch der Kauf einer SIM-Karte einen gültigen Reisepass. Venezuela gehört zu den lateinamerikanischen Ländern mit den meisten Handys pro Einwohner. Die Tarife sind hier extrem niedrig.

Alle venezolanischen Telefonnummern sind siebenstellig; die vierstelligen Ortsvorwahlen beginnen stets mit einer Null. Alle Handynummern haben eine Ortsvorwahl mit ☏ 04 am Anfang. Venezuelas Ländercode lautet ☏ 58. Wer aus dem Ausland nach Venezuela telefonieren möchte, wählt nacheinander den Ländercode des eigenen Heimatlandes, Venezuelas Ländercode (☏ 58), die Ortsvorwahl (ohne Null am Anfang) und schließlich die Anschlussnummer. Auslandsgespräche ab Venezuela beginnen mit dem Eingeben der internationalen Vorwahl (☏ 00); dann folgen Ländercode, Ortsvorwahl und Anschlussnummer.

TOILETTEN

In Venezuela sind öffentliche Örtchen rar und oft auch nicht standardmäßig mit Seife und/oder Toilettenpapier versehen (letzteres gibt's manchmal gegen geringe Gebühr). Allgemein empfehlen sich daher die Toiletten von Restaurants, Hotels, Museen, Einkaufszentren und Busbahnhöfen. Und immer dran denken: Benutztes Toilettenpapier nicht hinunterspülen, sondern in den dafür vorgesehenen Behälter werfen!

TOURISTENINFORMATION

Venezuelas staatliche Tourismusbehörde namens **Inatur** (www.mintur.gob.ve/mintur/inatur) ist in Caracas ansässig und am Flughafen Maiquetía mehrfach vertreten. Außerhalb der Hauptstadt muss man sich an regionale Touristeninformationen von unterschiedlicher Qualität wenden. Broschüren, Stadtpläne und Personal mit Englischkenntnissen gibt's dort jedoch jeweils kaum. Tourveranstalter und *posadas* sind daher immer die besten Quellen für aktuelle Infos.

Nützliche Websites:

Today Venezuela (www.todayvenezuela.com)
El Universal (www.eluniversal.com/english)
Venezuelan Politics & Human Rights (www.venezuelablog.tumblr.com)

UNTERKUNFT

Wer US-Dollar auf dem venezolanischen Schwarzmarkt umtauscht, wird sich plötzlich unglaublich reich fühlen. Dies macht die meisten örtlichen Hotels momentan auch für Budgetreisende erschwinglich: Zum Zeitpunkt der Recherche waren Zimmer für maximal 10 US$ fast überall zu bekommen (was sich aber natürlich auch irgendwann wieder ändern kann).

Selbst im bekanntermaßen Backpackern gegenüber unfreundlichen Caracas kann man derzeit komfortable Quartiere für maximal 15 US$ pro Übernachtung auftreiben. Vor allem die Hauptsaison (Juli & Aug.) sowie Feiertags- bzw. Festivalzeiten (Weihnachten, Karneval, Semana Santa) lassen die einheimische Nach-

---

PREISKATEGORIEN: SCHLAFEN

Die folgenden Angaben gelten für ein Doppelzimmer mit eigenem Bad in der Hauptsaison.

$ unter 10 US$
$$ 10–20 US$
$$$ über 20 US$

frage jedoch kräftig steigen – dann gibt's in den Strandorten jeweils kaum noch freie Zimmer. Campingplätze sind landesweit rar. Wildes Campen draußen auf dem Land ist zwar möglich, erfordert aber stets extreme Vorsicht – niemals das Zelt unbeaufsichtigt lassen! Aufgrund des allgemeinen Mangels an Privatsphäre fungieren Venezuelas städtische Billighotels tagsüber oft als Stundenhotels. Solche Unterkünfte sind nicht zwangsläufig anrüchig und warten selbst am allerunterten Ende der Preisskala immer noch mit Handtüchern plus Seife auf.

Überall am beliebtesten sind *posadas*: Diese familiengeführten Kleinpensionen haben normalerweise mehr Charakter als Hotels und punkten auch mit persönlicherem Service. Sie fallen zumeist in den Budgetbereich; allerdings gibt's auch ein paar Mittel- und Spitzenklasseoptionen.

In ländlichen und teilweise sogar in sehr abgeschiedenen Gebieten findet man außerdem sogenannte *campamentos* (wörtl. „Camp"; nicht zu verwechseln mit Campingplätzen). Hierbei reicht das Spektrum von rustikalen Schuppen mit Hängematten bis zu noblen Land-Lodges mit Pool und eigener Landepiste. Die meisten *campamentos* bestehen jedoch aus diversen *cabanas* (Hütten) und einem Restaurant. Kost und Logis gehen meist mit Tourangeboten einher (manchmal auch im Rahmen von All-Inclusive-Paketen).

Wie in den meisten Entwicklungsländern sind die Unterkunftspreise auch in Venezuela variabel und ändern sich je nach Wochentag oder der Laune des Verhandlungspartners. Viele *posadas* (vor allem mit ausländischen Inhabern) akzeptieren diskret Barbeträge bzw. Überweisungen in Euro oder US-Dollar.

Zahlreiche venezolanische Unterkünfte haben E-Mail-Adressen oder Websites. Allerdings werden Anfragen und Reservierungswünsche oft zu spät oder gar nicht beantwortet – daher möglichst immer rechtzeitig anrufen!

VISA
EU-Bürger und Schweizer können sich maximal 90 Tage lang visumfrei in Venezuela aufhalten. Voraussetzung hierfür ist ein gültiger Reisepass, der bei der Einreise einfach abgestempelt wird. Weitere Details zu Einreisebestimmungen gibt's unter www.eeuu.embajada.gob.ve und auf der Website des eigenen Außenministeriums.

ZEIT
Venezuela hat keine Sommerzeit und liegt in einer eigenen Zeitzone (MEZ –5½ Std.).

❶ An- & Weiterreise

BUS, AUTO & MOTORRAD
An allen Grenzübergängen müssen Fahrzeugpassagiere zwecks Passkontrolle aussteigen. Bei der Ausreise auf dem Landweg wird manchmal eine geringe Ausreistesteuer fällig (allerdings nicht, wenn man über Santa Elena de Uairén nach Brasilien fährt).

FLUGZEUG
Fast alle ausländischen Besucher landen auf dem **Aeropuerto Internacional Simón Bolívar** (www.aeropuerto-maiquetia.com.ve), der 26 km außerhalb von Caracas in Maiquetía liegt. Internationale Verbindungen zu anderen venezolanischen Flughäfen bestanden zum Zeitpunkt der Recherche jeweils nur unregelmäßig.

Aufgrund seiner Lage im Norden Südamerikas ist Venezuela von Nordamerika aus sehr schnell erreichbar. Dies macht das Land zum praktischen Tor Richtung Süden. Allerdings hat sich die Zahl der Flüge zwischen den USA und Venezuela inzwischen aufgrund eines Streits über den Flugverkehr zwischen den beiden Ländern stark reduziert. In Venezuela starten auch Auslandsflüge zu diversen Großstädten in Europa, Südamerika und der Karibik.

Die nationale Fluggesellschaft heißt Conviasa.

SCHIFF/FÄHRE
Der Linienfährverkehr zwischen Venezuela und den Niederländischen Antillen oder Trinidad und Tobago ruht momentan komplett. Wer geduldig an regionalen Häfen wartet, findet aber eventuell eine Möglichkeit zur Überfahrt.

❶ Unterwegs vor Ort

AUTO & MOTORRAD
Die Teilnahme am venezolanischen Straßenverkehr ist mit jeder Art von Führerschein möglich. Das Straßennetz ist recht umfangreich und zumeist gut in Schuss. An den zahlreich vorhandenen Tankstellen ist das Benzin so billig wie sonst kaum auf der Welt: Eine Tankfüllung kostet nicht einmal 1 US$. Allerdings empfiehlt sich stets eine sorgsame Planung in puncto Sprit, da viele Regionen die maximalen Abgabemengen zwecks Abschreckung von Schmugglern begrenzen. Zudem ist auch das eigentliche Fahren in Venzuela eine große Herausforderung: Ampeln werden hier immer und überall ignoriert, Tempolimits haben höchstens theoretische Bedeutung. Und die Polizei hält Autofahrer gern willkürlich wegen angeblicher Verstöße an, um Schmiergeld zu kassieren.

Die Fahrzeugeinfuhr nach Venezuela bzw. Südamerika generell bedeutet stets einen hohen Aufwand in puncto Zeit, Geld und Formalitäten. Die meisten Traveller verzichten deshalb darauf – eine Auto-Ausleihe vor Ort ist vergleichsweise viel stressfreier und günstiger. In allen venezolanischen Großstädten sind große internationale Vermieter vertreten. Aufgrund der aktuellen Wirtschaftslage sind die Fuhrparks aber mittlerweile sehr klein und die Fahrzeuge in äußerst schlechtem Zustand; zudem sind die Mietpreise nicht gerade niedrig. Aber wenigstens schlägt das Benzin kaum zu Buche. Wichtig: Wenn die gewählte Unterkunft keine Parkmöglichkeiten bietet, sollte das Vehikel grundsätzlich auf einem bewachten Parkplatz abgestellt werden!

BUS

Generell verlässliche und spottbillige Busse sind Venezuelas Hauptverkehrsmittel. Allerdings ist die Nachfrage nach Tickets oft sehr hoch; zudem werden auch Busreisen momentan immer gefährlicher.

Das Fahrzeugspektrum reicht von knatternden Klapperkisten bis zu topaktuellen Modellen. Alle großen Gesellschaften betreiben komfortable, aber oft übertrieben stark klimatisierte Busse der Kategorie *servicio ejecutivo* (Business-Klasse). Diese verkehren auf allen wichtigen Überlandrouten und sind das bedeutendste Bindeglied zwischen Venezuelas Großstädten.

Caracas ist Venezuelas wichtigster Verkehrsknotenpunkt – hier besteht Busverbindung in fast alle Ecken des Landes. Die extrem günstigen SITSSA-Busse sind stets schon kurz nach Schalteröffnung ausgebucht. Doch ansonsten reicht es normalerweise, Tickets für Hauptrouten ein paar Stunden vor Abfahrt zu kaufen. Dies gilt allerdings nicht an Feiertagen und auch nicht bei Bussen, die nur einmal täglich fahren.

Por puestos (Mittelding zwischen Bus und Taxi) bedienen viele regionale Kurzstrecken. Diese Fahrzeuge sind meist große alte US-Straßenkreuzer (manchmal auch Minibusse), die festen Routen folgen und starten, sobald sie voll sind. *Por puestos* sind zwar 40 bis 80 % teurer als normale Busse, aber vergleichsweise schneller und oft auch regelmäßiger unterwegs.

Buspassagiere sollten ihren Reisepass stets griffbereit haben und in allen klimatisierten Fahrzeugen warme Bekleidung tragen. Ohrstöpsel helfen gegen laut aufgedrehte Autoradios in Kleinbussen. Als Sicherheitsmaßnahme nehmen manche Ferngesellschaften ihre Passagiere vor der Abfahrt auf Video auf. An den meisten Busbahnhöfen ist eine geringe Ausreisesteuer beim Kiosk zu bezahlen. Die Quittung gibt man anschließend dem Fahrer des jeweiligen Busses oder *por puestos*.

FLUGZEUG

In Venezuela gibt's einige einheimische Fluglinien und eigentlich auch ein recht großes Inlandsnetz. Chronischer Ersatzteilmangel hält jedoch immer mehr Maschinen dauerhaft am Boden. Dadurch werden die Routen immer seltener bedient und verfügbare Tickets so noch begehrter. Zudem sind mehrere praktische Flughäfen (z. B. Mérida oder Santa Elena de Uairén) momentan geschlossen.

Als Venezuelas größter Airport bedient der Flughafen Caracas bzw. Maiquetía auch die meisten Inlandsziele (vor allem Porlamar, Maracaibo und Puerto Ordaz bzw. Ciudad Guayana). Am beliebtesten bei Travellern sind El Vigía (nahe Mérida), Ciudad Bolívar, Canaima, Porlamar und Los Roques.

Diverse Regionalgesellschaften steuern auch abgelegene Landepisten auf Linien- oder Charterbasis an. In Canaima und auf Los Roques sind jeweils Flotten von Kleinflugzeugen (u. a. Cessnas) stationiert, die Passagiere für mehrere kleine Gesellschaften transportieren. Diese Flüge lassen sich jedoch normalerweise nicht aus dem Ausland und nur über Reisebüros buchen.

Flüge innerhalb Venezuelas sind zwar recht günstig, aber leider auch wenig verlässlich und sehr oft von Verzögerungen oder Ausfällen geplagt. Wer rechtzeitig einen Auslandsflug erwischen will bzw. muss, sollte daher möglichst nie einen vorangehenden Inlandsflug für denselben Tag buchen! Außerdem sind venezolanische Inlandsflüge häufig überbucht. Somit ist es immer sehr wichtig, spätestens drei Stunden vor einem Inlandsflug zu ermitteln, ob man auch wirklich an Bord gehen kann.

Inlandsfluglinien

Aeropostal (✆ 0800-284-6637, 0212-708-6220; www.aeropostal.com; Av Paseo Colón, Torre Polar Oeste, EG, Plaza Venezuela, Caracas; Ⓜ Plaza Venezuela) Bedient Maracaibo, Porlamar und Puerto Ordaz.

Aereotuy (LTA; ✆ 0212-212-3110; www.tuy.com; Blvd de Sabana Grande, Edif Sabana Grande, 5. Stock, Caracas; Ⓜ Sabana Grande) Steuert die Touristenhochburgen Canaima, Los Roques und Porlamar an.

Aserca (✆ 0212-905-5333; www.asercaairlines.com; Guaicaipuro, Edif Taeca, EG, Caracas; Ⓜ Chacaíto) Fliegt u. a. nach Barcelona, Maracaibo und Porlamar.

Avior (✆ 213-0600; www.avior.com.ve; Av Venezuela, Torre Clement, EG, El Rosal, Caracas; Ⓜ Chacaíto) Bedient z. B. Porlamar und Puerto Ordaz.

Conviasa (✆ 0500-266-8427, 578-4767; www.conviasa.aero; Ecke Av Sur 25 & México, Hotel Alba Caracas; Ⓜ Parque Central) Staatliche Gesellschaft, die z. B. nach Barinas, El Vigía,

---

ⓘ AUSREISESTEUER

Bei allen Flügen vom oder zum Aeropuerto Internacional Simón Bolívar (Achtung: gilt nur bei diesem Flughafen) ist die Ausreisesteuer bereits im Ticketpreis enthalten und muss daher nicht mehr direkt am Flughafen bezahlt werden. An allen anderen Flughäfen muss man den meist sehr geringen Steuerbetrag in Bolívar immer noch extra vor Ort entrichten.

Maracaibo, Puerto Ayacucho, Puerto Ordaz und Karibik startet.

Laser (☏ 0212-202-0106; www.laser.com.ve; Av Francisco de Miranda, Torre Bazar Bolivar, Piso 8, Caracas; Ⓜ La California) Verbindet Caracas mit Porlamar, El Vigía und Aruba.

Rutaca (☏ 0212-237-9317, 0800-788-2221; www.rutaca.com.ve; Av Francisco de Miranda, Centro Seguros La Paz, Caracas; Ⓜ Los Cortijos) Schickt Maschinen nach Canaima, Ciudad Bolívar, Porlamar, Puerto Ordaz und Santo Domingo.

Venezolana (Karte S. 1054; ☏ 0261-730-2907; www.ravsa.com.ve; Centro Comercial Centro Plaza, Mezzanina, Los Palos Grandes, Caracas; Ⓜ Altamira) Bedient Cumaná, Santo Domingo, Porlamar, Maracaibo und Ziele in der Karibik.

GEFÜHRTE TOUREN

Auch wer als Individualreisender noch nie eine geführte Tour gebucht hat, wird in Venezuela oft auf Gruppenreisen zurückgreifen: Riesige Landesteile (z. B. das Orinoco-Delta oder das Amazonasbecken) sind mit öffentlichen Verkehrsmitteln nicht zugänglich. Zudem ist der Besuch weit verstreuter Sehenswürdigkeiten in großen Regionen (z. B. der Gran Sabana) für Alleinreisende oft zu unpraktisch, zeitaufwändig und teuer. Geführte Touren sind in Venezuela daher Standard.

Eine Tourbuchung im Voraus kann manchmal sinnvoll sein (z. B. wenn verschiedene Touren in kurzer Zeit geplant sind). Meistens ist es aber am günstigsten, das Ganze direkt in der jeweiligen Region sowie möglichst nahe am gewählten Ziel zu arrangieren.

Auch überzeugteste Einzelkämpfer werden normalerweise nicht umhin kommen, zumindest bei Buchungen auf Reisebüros zurückzugreifen. Diese reservieren aber nicht nur Verkehrsmittel und Inlandsflüge (vom Ausland aus meist nur sehr schwer möglich), sondern sorgen auch für sicheren Geldumtausch. Zudem helfen sie einem dabei, Mitreisende für Ausflüge oder Langstreckenfahrten mit dem Taxi zu finden.

NAHVERKEHR
Bus & U-Bahn

Alle größeren und großen Städte haben eigene Nahverkehrsnetze, die u. a. von spottbilligen Klein- bzw. Minibussen (je nach Region *busetas*, *carros*, *carritos*, *micros* oder *camionetas* genannt) bedient werden. In vielen größeren Städten schlängeln sich zudem *por puestos* schneller als Busse durch den chaotischen Verkehr. Caracas hat auch ein ausgedehntes U-Bahn-Netz. Die Lokalbusse der Hauptstadt sind jedoch sehr gefährlich, da sie oft von bewaffneten Straßenräubern überfallen werden.

Taxi

Wann immer möglich, sollten Traveller auf Venezuelas extrem günstige Taxis zurückgreifen. Dies gilt vor allem für Fahrten zwischen Busbahnhof und Stadtzentrum, bei denen man all sein Gepäck dabei hat. Mangels Gebührenzählern ist der Fahrtpreis immer vorab mit dem Fahrer auszuhandeln. Infos zu angemessenen Taxi-Tarifen sollten rechtzeitig bei unabhängigen Personen (z. B. Rezeptionisten in Hotels oder Angestellten von Busbahnhöfen) eingeholt werden.

Mit einem neonfarbigen Aufkleber auf der Frontscheibe lässt sich jedes venezolanische Auto in ein Taxi verwandeln. Solche inoffiziellen Taxis werden *piratas* genannt und können in den meisten Fällen bedenkenlos genutzt werden. Bei Dunkelheit ist es jedoch stets besser, über ein Hotel bzw. Restaurant einen vertrauenswürdigen Fahrer oder ein offizielles *línea*-Taxi zu bestellen. Tatsächlich sind Venezuelas Taxis so dermaßen günstig, dass viele Traveller damit auch längere Überlandfahrten unternehmen.

PRIVATTAXIS

Aufgrund der Wirtschaftslage in Venezuela greifen Traveller bei langen Strecken (z. B. zwischen Großstädten) derzeit sehr oft auf private Verkehrsmittel zurück. Solche Langstreckentaxis werden von Reisebüros und *posadas* vermittelt. Vor allem für Reisegruppen sind sie eine zwar vergleichsweise teurere, aber immer noch erschwingliche Option. Weitere Vorteile sind die höhere Verlässlichkeit, Sicherheit und Reisegeschwindigkeit.

SCHIFF/FÄHRE

Von Venezuelas Inseln ist nur die Isla de Margarita per Linienfähre erreichbar.

Als wichtigster Wasserweg ins Landesinnere ist der Orinoco zwischen seiner Mündung und Puerto Ayacucho schiffbar. Auf dieser Strecke verkehren Passagierboote im begrenzten Linienbetrieb.

Südamerika verstehen

SÜDAMERIKA AKTUELL **1118**
Es sind hellere Tage gekommen, die eine wachsende Wirtschaft und mehr soziale Gerechtigkeit mit sich gebracht haben. Aber Umweltprobleme und Korruption gibt es nach wie vor.

GESCHICHTE **1120**
Ein Blick auf die Dinge, die Südamerika zu dem machten, was es ist: von der Kolonisation über die Sklaverei bis hin zu den Militärdiktaturen.

BEVÖLKERUNG & KULTUR................. **1127**
Ein Porträt des südamerikanischen Kontinents, der auch von Multikulti, Religion, Lifestyle und Musik geprägt ist.

Südamerika aktuell

Optimismus liegt in der Luft über Südamerika – denn es gibt hier inzwischen eine größer werdende Mittelklasse, sinkende Armutsraten und starke Volkswirtschaften. Lohnungleichheiten haben abgenommen und die soziale Gerechtigkeit scheint das Thema schlechthin zu sein, seit man sich auf dem Kontinent politisch mehr nach links orientiert hat. Trotzdem, die Herausforderungen bleiben gewaltig, vor allem im Bereich der Korruption. Zudem könnten die wirtschaftlich guten Zeiten bald wieder vorbei sein, etwa wegen der Talfahrt der Ölpreise.

Top-Filme
Die Reise des jungen Che (2004) Eine Reise, die einen Revolutionär hervorgebracht hat.
Central Station (1998) Walter Salles' bewegende Geschichte eines obdachlosen Jungen und einer älteren Frau auf ihrer Reise durch Brasilien.
Fitzcarraldo (1982) Werner Herzogs wilde Geschichte eines Mannes, der vom Bau eines Opernhauses im Dschungel besessen ist.
Mission (1986) Jesuitenmissionare bei den indigenen Guaraní in den spanisch-kontrollierten Kolonien.
City of God (2002) Fernando Meirelles' kraftvolles Porträt des Lebens in einer von Rios Favelas.

Top-Bücher
Die versunkene Stadt Z (David Grann) Fesselnde Reise in den Regenwald Amazoniens auf den Spuren des verschollenen Entdeckers Colonel Fawcett.
In Patagonien (Bruce Chatwin) Stimmungsvolles Buch über Patagoniens Geschichte und Nimbus.
Hundert Jahre Einsamkeit (Gabriel García Márquez) Magisch-realistisches Meisterwerk.
Tante Julia und der Kunstschreiber (Mario Vargas Llosa) Eine unkonventionelle Liebesgeschichte.
Gabriela wie Zimt und Nelken (Jorge Amado) Köstliche Geschichte, die in Bahia spielt – das Werk von Brasiliens größtem Schriftsteller.

Ein neuer Morgen

Die Tage sind heller geworden in Südamerika. Es ist noch nicht lange her, dass Militärdiktaturen und repressive Regimes über weite Teile des Kontinents herrschten. Glücklicherweise sind blutige Coups, Guerillakriege und galoppierende Inflation inzwischen Vergangenheit, und die Finsternis, die über Südamerika zu hängen schien, ist verschwunden (abgesehen von Venezuela, wo sich die Wirtschaft im freien Fall befindet). Anstelle rechtsgerichteter Regimes früherer Tage hat sich Südamerika in Richtung Frieden und Wohlstand bewegt, mit einer Führung, für die soziale Verantwortung Bedeutung hat, der die Wichtigkeit wirtschaftlichen Wachstums bewusst ist und die entsprechend handelt. Progressive Politiker wie der ehemalige brasilianische Präsident Lula haben bewiesen, dass man die Wirtschaft ankurbeln *und* Menschen aus der Armut holen kann. Die Einkommensungleichheit ist rückläufig, nicht nur in Brasilien, sondern in ganz Südamerika. Die Mittelschicht wächst und weniger Menschen als je zuvor leben in extremer Armut.

Überwundene Schranken

Mit den ersten weiblichen Präsidenten Südamerikas wurden Schranken abgebaut (und den Machos ein Schlag versetzt). Mit Cristina Kirchner in Argentinien, Dilma Rousseff in Brasilien und Michelle Bachelet in Chile standen Präsidentinnen schon einigen der größten Volkswirtschaften Südamerikas vor. Apropos historische Wahlen: Evo Morales (jetzt in der dritten Amtszeit) verdient als der erste Präsident Boliviens mit indigenen Wurzeln besondere Erwähnung. Genau wie Alejandro Toledo, der schon 2001 Perus erster indigener Präsident wurde.

Auch in anderen Bereichen gab es in den letzten Jahren wichtige Entwicklungen. In Argentinien, Brasilien und Uruguay wurde die gleichgeschlechtliche Ehe zugelassen und in drei weiteren Ländern (Chile, Kolumbien und Ecuador) die gleichgeschlechtliche Lebenspartnerschaft. Die gleichgeschlechtliche Ehe gibt es auch in Französisch-Guayana, einer Übersee-Region Frankreichs.

Soziale- & Umweltgefahren

Nicht alles in Südamerika ist Friede, Freude, Eierkuchen. Trotz des wirtschaftlichen Aufschwungs haben nicht alle profitiert: Die ländliche Armut bleibt ein ernstes Problem. Noch immer mangelt es dort an Nahrung, Gesundheitsversorgung und sauberem Wasser. Nach wie vor lebt einer von sieben Südamerikanern in extremer Armut und hat weniger als 2,50 US$ am Tag.

Bezüglich der Umwelt gibt es gute und schlechte Nachrichten. Zu den positiven Entwicklungen gehört, dass die Abholzung des Regenwalds in den letzten zwei Jahrzehnten zurückgegangen ist. Doch bald wird in Ecuadors Parque Nacional Yasuní, einem unberührten Amazonasgebiet, mit der Förderung von Öl begonnen, da sich hier die landesweit größten Reserven befinden. Der Bau von Zufahrtsstraßen und Pipelines – und die Gefahr von Ölverschmutzungen – könnte für Yasuní verheerend sein. Im brasilianischen Amazonasgebiet ist der Bau des gigantischen Belo-Monte-Staudamms fast abgeschlossen. Mindestens 450 km² Wald werden überflutet werden, weshalb rund 12 000 Menschen umsiedeln müssen. Der mächtige Fluss Xingu wird über eine Strecke von 100 km austrocknen, einschließlich des Teils, der neben dem Paquiçamba-Gebiet, der Heimat der indigenen Juruna, verläuft. Experten befürchten, dass die Entwässerung Dutzende Fisch- und andere Arten bedroht, darunter viele, die es nirgendwo sonst auf der Welt gibt.

In Peru hat die Produktion von Koka und Kokain nicht nur schwerwiegende soziale Folgen, auch Perus Umwelt nimmt durch die Abholzung in entlegenen Anbaugebieten und wegen der chemischen Kontamination, die mit der Herstellung einhergeht, Schaden. Der Amazonas wird inzwischen auch von der Transoceánica, einer Überlandhandelsroute, durchquert, die Peru mit Brasilien verbindet. Abgesehen von wirtschaftlichen Aspekten herrscht große Sorge wegen der Auswirkungen, die diese Straße auf den biologisch reichsten Regenwald der Welt haben könnte.

Korruptionsskandale

Korruption in Staat und Wirtschaft ist weiterhin sehr verbreitet. In Brasilien kam 2014 einer der größten Skandale in der Geschichte des Landes ans Licht, als eine verdeckte Ermittlung einen gigantischen, 3 Mrd. US$ schweren Bestechungsfall aufdeckte, der landesweite Proteste zur Folge hatte und Präsidentin Dilma Rousseff im Frühjahr 2016 ein Amtsenthebungsverfahren einbrachte. In Argentinien wurde die ehemalige Präsidentin Cristina Kirchner mit dem Verdacht konfrontiert, sie und ihr verstorbener Mann (der vor ihr Präsident war) hätten sich auf Kosten der Steuerzahler bereichert. Ähnliches gilt für die chilenische Präsidentin Michelle Bachelet: Auch sie ist in einen Korruptionsskandal verwickelt, bei dem es um den Machtmissbrauch ihres Sohnes geht, und der ihre Popularitätswerte sinken ließ.

BEVÖLKERUNG: 395 MIO.

FLÄCHE: 18 MIO. KM²

BIP PRO KOPF: 8720 US$

ARBEITSLOSENQUOTE: 7,5%

INFLATIONSRATE: 7,2%

Gäbe es nur 100 Südamerikaner, wären …

45 Weiße (europäischer Abstammung)
31 Mestizen (indigener & europäischer Abstammung)
17 Schwarze oder Mulatten (afrikanischer Abstammung)
7 Indigene (indigener Abstammung)

Religionen
(% der Bevölkerung)

81 Römisch-Katholisch   8 Protestantisch

6 Atheisten   5 Andere

Einwohner pro km²

BOLIVIEN   BRASILIEN   KOLUMBIEN

≈ 10 Einwohner

Geschichte

Südamerika blickt auf eine lange und bewegte Geschichte zurück. Hier entstand eines der größten Reiche der Menschheitsgeschichte, dem die Europäer nach ihrer Ankunft ein Ende bereitet haben. Auch wurden Millionen von Männern, Frauen und Kindern als Sklaven aus Afrika hierher gebracht. Der Drang nach Unabhängigkeit befreite den Kontinent zwar von der Fremdherrschaft, trug aber wenig dazu bei, die große Kluft zwischen Arm und Reich zu überbrücken. Noch im späteren 20. Jh. scheiterten Bewegungen für soziale Gerechtigkeit in vielen südamerikanischen Ländern an Militärdiktaturen.

Ureinwohner

In den 1950er-Jahren erforschte der Norweger Thor Heyerdahl bei der Überquerung des Pazifiks die Osterinsel; sie wurde zum Kern seiner Thesen zu den südamerikanischen Ursprüngen der polynesischen Zivilisation. Mehr erfährt man in seinen Büchern Aku-Aku. Das Geheimnis der Osterinsel und Kon-Tiki – Ein Floss treibt über den Pazifik.

Es gibt unterschiedliche Theorien, die erklären zu versuchen, wie die ersten Menschen nach Amerika gekommen sind. Bis vor Kurzem wurde allgemein angenommen, dass die ersten Siedler aus dem heutigen Sibirien über eine Landbrücke über die Beringstraße nach Alaska gekommen sind. Einige Wissenschaftler datieren diese epische Migration auf einen Zeitraum vor etwa 14 000 Jahren. In den vergangenen Jahrzehnten fanden sich allerdings Belege, die auf eine wesentlich frühere Besiedlung der südlichen Regionen Südamerikas hindeuten und die die Landbrücken-Theorie in Frage gestellt haben. Womöglich zogen die Steinzeitmenschen vor bereits 23 000 Jahren zu Fuß oder in Booten an der Küste entlang nach Süden. In Monte Verde in Chile haben Wissenschaftler einige der ältesten unstrittigen Beweise menschlicher Besiedlung in Nord- und Südamerika entdeckt. Offenbar waren jene frühen Völker Seeleute (oder zumindest Liebhaber von Meeresfrüchten): Unter den gefundenen Artefakten fanden sich zehn verschiedene Algenarten.

Die Ureinwohner waren nomadische Jäger und Sammler die in kleinen Gruppen lebten. Die Landwirtschaft entwickelte sich wahrscheinlich um 5000 v. Chr. mit der Kultivierung von Maniok und Süßkartoffeln im Wanderfeldbau. Etwa zur gleichen Zeit begannen Menschen im Hochland, Pflanzen anzubauen, von denen auch Saatgut für das Folgejahr geerntet wurde; die ersten Tiere, darunter das Lama, wurden domestiziert. Eine der wichtigsten südamerikanischen landwirtschaftlichen Nutzpflanzen ist die genügsame, aber vielseitige Kartoffel,

ZEITLEISTE	14 000–23 000 v. Chr.	5. Jt. v. Chr.	1. Hälfte des 3. Jt. v. Chr.
	In einer der größten Migrationen der Geschichte erreichen Menschen aus Asien, vermutlich über die Bering-Landbrücke, Amerika.	Die Menschen Südamerikas beginnen mit dem Anbau von Kürbissen und Bohnen und züchten und domestizieren Lamas.	Mit Caral etwa 200 km nördlich des heutigen Lima wird die älteste bisher bekannte Stadtsiedlung Amerikas bevölkert. Schätzungen zufolge lebten hier in ihrer Blütezeit 1000 bis 3000 Menschen.

die im Andenhochland kultiviert wurde. Heute werden dort mehr als 6000 Kartoffelsorten angebaut.

Die ersten komplexeren Gesellschaften entwickelten sich in den Tälern der peruanischen Küsten, allerdings war ihr Wachstum nicht nachhaltig. Es wird vermutet, dass die Bevölkerungszahl in einigen dieser Täler durch die zur Verfügung stehende Anbaufläche begrenzt war. Weitere Expansion war nur dann möglich, wenn sich die Bewohner in die Nachbartäler ausbreiteten. Das setzte voraus, dass diese Gesellschaften sich organisieren und Veränderungen zulassen mussten – und bereit waren, andere Gebiete zu erobern. Und so trat ein, was sich bei der europäischen Kolonisation wiederholen sollte: Aus Eroberern wurden Herrscher, aus Eroberten Untertanen und es bildeten sich soziale und wirtschaftliche Hierarchien in diesen frühen Staaten und deren Nachfolgegebilden aus.

Aus diesen Anfängen gingen schließlich große Zivilisationen hervor, so z. B. das Wari-Reich im zentralen Hochland Perus, die Kultur der Tiahuanaco im Hochland Boliviens und der Chimú an der Nordküste Perus sowie das Inka-Reich von Cuzco.

Das Reich der Inka

Der Legende nach wurde die Inka-Kultur geboren, als Manco Cápac und seine Schwester Mama Ocllo, beides Kinder der Sonne, dem Titicacasee entstiegen, um im Cuzco-Tal eine Zivilisation zu erschaffen. Ob Manco Cápac mit einer historischen Person gleichzusetzen ist, ist (zumindest) umstritten. Tatsache ist jedoch, dass die Inka-Zivilisation irgendwann im 12. Jh. in der Gegend von Cuzco gegründet wurde. Die Herrschaft der ersten paar Inka-Könige verläuft weitgehend wenig bemerkenswert, für ein paar Jahrhunderte blieb das Inka-Reich ein kleiner, regionaler Staat.

Die Chinchorro mumifizierten ihre Toten schon etwa 2000 Jahre vor den Ägyptern. Die älteste bekannte Mumie stammt aus der Zeit um 5050 v. Chr.

SIEDLUNGEN IM AMAZONASBECKEN

Neue Entdeckungen ändern unsere Vorstellungen über präkolumbische Gesellschaften. Bislang hielt man das Amazonasbecken für eine Wildnis, die als nicht geeignet erschien, größeren Bevölkerungsgruppen eine Lebensgrundlage zu bieten. Inzwischen vermutet man jedoch, dass es Heimat von Moundbuilders (wörtlich: Erdhügelbauer) war, in deren Siedlungen bis zu 100 000 Einwohner gelebt haben könnten. Mindestens 12 % des nicht überschwemmten Amazonaswaldes sind anthropogenen Ursprungs, wurden also direkt oder indirekt durch den Menschen verändert. Beweise für Landwirtschaft im Regenwald reichen bis zu 4000 Jahren zurück. Bis zu 140 verschiedene Pflanzenarten wurden angebaut. Anthropologen haben gar Belege dafür gefunden, dass frühe Völker komplexe Landwirtschaftstechniken anwendeten, um die Erde mit an Mikroorganismen reicher *terra preta* (schwarzer Erde) aufzubessern.

300 v. Chr.–600 n. Chr.	1493	1494	1548
Die Menschen der Nazca-Kultur im heutigen Peru legen in einer der trockensten Gegenden Südamerikas Bewässerungskanäle an und scharren mysteriöse Linien in den Wüstenboden.	Huayna Cápac (11. Inka-König) beginnt seine Herrschaft und breitet sein riesiges Reich bis nach Kolumbien aus. Sein vorzeitiger Tod 1525 – vermutlich durch Pocken – hinterlässt ein zweigeteiltes Königreich.	Spanien und Portugal unterzeichnen den Vertrag von Tordesillas, in dem sie die neu entdeckten Länder der Neuen Welt untereinander aufteilen. Die östliche Hälfte Südamerikas wird Portugal „gehören".	Mit den Missionaren und Konquistadoren gelangen auch Weinreben nach Chile. Heute gibt es in Chile mehr als 120 Weingüter, die ihrer Produkte international vermarkten.

> **Historische Lektüre**
>
> *1491: New Revelations of the Americas before Columbus* (Charles C. Mann)
>
> *Last Days of the Incas* (Kim MacQuarrie)
>
> *Die offenen Adern Lateinamerikas* (Eduardo Galeano)
>
> *Prisoner without a Name, Cell without a Number* (Jacobo Timerman)

Das änderte sich im frühen 15. Jh., als es Yupanqui, dem neunten Inka-Herrscher, entgegen aller Widrigkeiten gelang, Cuzco gegen die eindringenden Chanka zu verteidigten. Nach seinem Sieg gab er sich den großspurigen neuen Namen Pachacutec (Weltenveränderer) und verbrachte die folgenden 25 Jahre damit, einen Großteil der Anden unter seine Herrschaft zu bringen. An deren Ende hatten sich die Inka von einer kleinen regionalen Macht im Cuzco-Tal zu einem etwa 10 Mio. Menschen umfassenden Großreich gewandelt, das als Tawantinsuyo (Reich der vier Weltgegenden) bekannt wurde. Das Königreich erstreckte sich über den Großteil des heutigen Peru sowie über Teile von Ecuador, Bolivien und Chile, es überzog die Anden mit einem mehr als 8000 km langen Straßennetz und kontrollierte die Völker von rund 100 verschiedenen Kulturen und 20 verschiedenen Sprachgruppen für etwa ein Jahrhundert. Das ist umso erstaunlicher, bedenkt man, dass das Volk der Inka als eigene Ethnie niemals mehr als etwa 100 000 Menschen umfasste.

Angeblich folgte Pachacutec bei der Gestaltung von Cuzco der Form eines Puma und ließ fabelhafte Steindenkmäler zu Ehren der Siege der Inka errichten, darunter Sacsayhuamán, die Tempel-Festung in Ollantaytambo, und möglicherweise auch Machu Picchu. Zudem baute er das Straßennetz aus, entwickelte den Terrassenanbau und machte Quechua zur Lingua franca.

Die Ankunft der Portugiesen

Portugiesische Entdecker waren die ersten Europäer, die auf dem südamerikanischen Kontinent Fuß fassten. Im Jahr 1500 ging eine Flotte von zwölf portugiesischen Schiffen mit fast 1200 Männern in der Nähe des heutigen Porto Seguro vor Anker. Sie errichteten ein Kreuz und hielten eine Messe in dem Land, das sie Terra da Vera Cruz (Land des wahren Kreuzes) tauften, bevor sie wieder in See stachen. Im Laufe des nächsten Jahrhunderts gründeten die Portugiesen Küstensiedlungen im heutigen Salvador, Rio de Janeiro und an anderen Küstenabschnitten. Dort holzten sie den sehr einträglichen *pau brasil* (Brasilholz) ab, einen Baum, der dem Land seinen Namen gab.

In den folgenden Jahrhunderte sah sich die indigene Bevölkerung einem Vier-Fronten-Krieg ausgesetzt, die Angriffe erfolgten auf einer physischen, territorialen, kulturellen und biologischen Ebene. Viele Völker fielen den *bandeirantes* zum Opfer, Expeditionstrupps, die im 17. und 18. Jh. das brasilianische Landesinnere erkundeten und dabei die Siedlungen der Einheimischen plünderten und brandschatzten. Wer einem solchen Schicksal entkam, wurde von den Krankheiten niedergestreckt, die im Schlepptau der Europäer nach Südamerika gelangten und gegen die die einheimische Bevölkerung nicht resistent war. Andere verloren ihr Leben auf den Zuckerplantagen.

> Der französische Philosoph Jean-Jacques Rousseau begründete seinen optimistischen Blick auf die menschliche Natur (Konzept vom „Edlen Wilden") zum Teil auf frühe portugiesische Beschreibungen von Eingeborenen als „unschuldig, mild und friedliebend".

Ab 1550	1568–1773	1807	1819
Angesichts eines Mangels an Arbeitskräften importiert Portugal afrikanische Sklaven nach Brasilien. Überall in der langsam wachsenden Kolonie entstehen Sklavenmärkte unter freiem Himmel.	Der Orden der Jesuiten ist wichtigster Akteur der Missionierung und Hispanisierung der indigenen Bevölkerung. Letztlich gerät er in den Konflikt mit der Krone und wird 1773 vom Papst aufgehoben.	Napoleon besetzt Portugal. Der portugiesische Prinzregent (der spätere João VI.) und sein gesamter 15 000-köpfiger Hofstaat fliehen nach Brasilien. Die königlichen Kassen ergießen ihren Reichtum über Rio.	Simón Bolívar besiegt mit einer Armee aus Venezolanern und Mitstreitern aus Neugranada (heutiges Kolumbien) die spanische Armee bei Boyacá. Die Republik Großkolumbien wird gegründet.

Die Eroberung des Inkareichs

Während die Portugiesen um die Kontrolle über die östliche Hälfte des Kontinents kämpften, richteten die Spanier ihren Blick auf die Pazifikküste Südamerikas. Gerüchte über goldene Pracht im Landesinneren veranlassten Francisco Pizarro, eine Erkundungsreise zur Nordküste von Peru anzutreten. Dort, in der Nähe von Tumbes, wurden er und seine Leute von freundlichen Einheimischen mit Fleisch, Obst, Fisch und Maisbier empfangen. Zu ihrer Freude stießen die Spanier schnell in der Stadt auf Silber und Gold in Hülle und Fülle. Zügig fuhren sie nach Spanien zurück, um königliche Unterstützung für eine größere Expedition zu erbitten.

Im September 1532 kehrten sie mit einer Schiffsladung Waffen, Pferden und Sklaven sowie einem Bataillon von 168 Mann zurück. Tumbes, die reiche Stadt, die Pizarro nur vier Jahre zuvor besucht hatte, war inzwischen von Epidemien und dem jüngsten Inka-Bürgerkrieg verwüstet worden. Atahualpa hatte sich unterdessen von Quito nach Cuzco aufgemacht, um den in zähem Kampf eroberten Thron zu besteigen. Bei der Ankunft der Spanier befand er sich in der Hochlandsiedlung von Cajamarca und genoss die Mineralbäder der Gegend.

Pizarro begriff schnell, dass sich das Reich in einem zerbrechlichen Zustand befand. Er und seine Männer machten sich auf nach Cajamarca und traten Atahualpa mit königlichen Grüßen und dem Versprechen auf Brüderlichkeit gegenüber. Doch den höflichen Ouvertüren folgte schnell ein Überraschungsangriff, dem Tausende Inka zum Opfer fielen und der für Atahualpa in der Gefangenschaft endete. Mit ihren Pferden, ihren Rüstungen und der Wucht ihrer Feuerwaffen und Schwerter waren die Spanier praktisch unbesiegbar für Kämpfer, die nur mit Knüppeln, Schlingen und Helmen aus Korbgeflecht ausgerüstet waren.

In dem Versuch, seine Freiheit wiederzuerlangen, bot Atahualpa den Spaniern Gold und Silber an – der Anfang einer der berühmtesten Lösegeldübergaben der Geschichte. Die Inka versuchten, einen ganzen Raum mit dem kostbaren Zeug zu füllen, um die Gier der Spanier zu befriedigen, doch war diese unstillbar. Die Spanier hielten den 31-jährigen Atahualpa für acht Monate fest, bevor sie ihn auf der Garrotte hinrichteten.

Von dieser schicksalhaften Begegnung sollte sich das Reich der Inka niemals wieder erholen. Der Ankunft der Spanier folgte ein katastrophaler Zusammenbruch der indigenen Gesellschaft. Schätzungen zufolge schrumpfte die einheimische Bevölkerung von etwa 10 Mio. Menschen bei Pizarros Ankunft innerhalb eines Jahrhunderts auf 600 000.

Die Afrikaner

Zwischen 1500 und 1866 fielen rund 12,5 Mio. Menschen in die Hände europäischer Sklavenhändler, etwa 10,7 Mio. überlebten die mör-

---

> Auf dem Höhepunkt ihrer Macht herrschten die Inka über mehr als 12 Mio. Menschen, die auf einer Fläche von rund 1 Mio. km² lebten.

> Das mit dem Pulitzer-Preis ausgezeichnete Buch *Arm und Reich. Die Schicksale menschlicher Gesellschaften* von Jared Diamond ist eine umsichtige Untersuchung der Gründe dafür, dass einige europäische Gesellschaften über so viele andere gesiegt haben. Die Schlacht um Cajamarca und Atahualpas Gefangennahme durch die Spanier werden ausführlich besprochen.

1830	1831–1836	1865–1870	1879–1884
Großkolumbien spaltet sich auf in Kolumbien (einschließlich des heutigen Panama), Ecuador und Venezuela. Bolívar entschließt sich, ins Exil zu gehen; er stirbt in Santa Marta in Kolumbien.	Die HMS *Beagle* ist auf Forschungsreise um Südamerika unterwegs. Mit an Bord: Charles Darwin. Statt der geplanten zwei Jahre dauert die Expedition fünf Jahre und gibt Darwin Anregungen zu seiner Evolutionstheorie.	Brasilien, das mit Uruguay und Argentinien verbündet ist, führt den Triple-Allianz-Krieg gegen Paraguay. Der blutigste Konflikt Südamerikas fordert unzählige Tote und löscht die Hälfte der Bevölkerung Paraguays aus.	Chile führt wegen reicher Nitratvorkommen in der Atacama-Wüste Krieg gegen Peru und Bolivien. Bolivien verliert im sogenannten Salpeterkrieg seine Küste, Peru seine südlichste Region Tarapacá.

derische Reise nach Amerika. Nur ein Bruchteil von ihnen – ungefähr 500 000 – gelangten nach Nordamerika, die Mehrheit wurde hingegen nach Lateinamerika und in die Karibik verschleppt, allein bis zu 6 Mio. nach Brasilien, wo auf die meisten von ihnen die zermürbende Arbeit auf den Zuckerrohrplantagen wartete. Man hatte sie den unterschiedlichsten Stämmen in Angola, Mosambik und Guinea sowie im Sudan und im Kongo entrissen. Doch was auch immer ihre Ursprünge und Kulturen waren, ihr Ziel war immer dasselbe: ein Sklavenmarkt wie Salvadors Pelourinho oder Beléms Mercado Ver-o-Peso. Kleinere Gruppen von Afrikanern wurden nach Peru, Kolumbien, in die Guyanas und in die Karibik gebracht.

Für all diejenigen, die die Verschleppung überlebten, war die Ankunft in der Neuen Welt erst der Beginn ihrer Qualen. Das Leben eines Sklaven war bestimmt von Brutalität und Demütigung. Gütige Herren blieben die seltene Ausnahme, die Arbeit auf den Plantagen war unerbittlich. Die Sklaven wurden gezwungen, am Tag bis zu 17 Stunden zu schuften, bevor sie in ihre armseligen und schmutzigen *senzala* (Sklavenquartiere) zurückgetrieben wurden, wo sich nicht selten 200 Sklaven eine winzige Unterkunft teilen mussten. Hygiene gab es hier ebenso wenig wie Hoffnung für die Afrikaner, ihre Heimat jemals wiederzusehen. Ruhr, Fleckfieber, Gelbfieber, Malaria, Tuberkulose und Skorbut waren an der Tagesordnung, Unterernährung allgegenwärtig.

Auch die Syphilis plagte die Sklavenbevölkerung, die von ihren Herren nicht nur auf den Feldern, sondern auch sexuell ausgebeutet wurde. Sexuelle Beziehungen zwischen Herren und Sklavinnen waren so gängig, dass bald eine große Bevölkerungsgruppe mit gemischter afrikanisch-europäischer Abstammung entstand. Abseits der Plantagen herrschte Mangel an weißen Frauen, viele ärmere unter den weißen Siedlern lebten mit schwarzen oder indigenen Frauen zusammen.

Nicht selten gelang es Sklaven, ihren Herren zu entfliehen. Sie fanden sich zu *quilombos* zusammen, Siedlungen entlaufener Sklaven, die es bald überall im Land gab. In der bekanntesten dieser Niederlassungen, Palmares, die fast das gesamte 17. Jh. überdauerte, lebten etwa 20 000 Menschen, bevor sie von den Portugiesen zerstört wurde.

Zwischen 1816 und 1831 wurde in den meisten Ländern Südamerikas die Sklaverei verboten, in Brasilien erst 1888. Es überrascht kaum, dass die entsprechenden Gesetze keinen großen unmittelbaren Unterschied auf das Wohlergehen der 800 000 freigelassenen Sklaven hatte, von denen die meisten ungelernte Arbeiter und Analphabeten waren. Tausende fanden sich ohne jede staatliche Unterstützung auf der Straße wieder. Viele starben, andere überfluteten die brasilianischen Ballungszentren und vergrößerten die ersten Slums der Städte. Auch heute noch gehören die Nachfahren der afrikanischen Sklaven zu den ärmsten Gruppen im Land, die zudem kaum in den Genuss von Bildung kommen.

Einer der brasilianischen Volkshelden ist Chico Rei, ein afrikanischer König, der versklavt und gezwungen wurde, in den Minen zu arbeiten, dem es aber gelang, seine Freiheit und später die seines Stammes zu erkaufen.

1888	1890er-Jahre	1967	1970
In Brasilien wird die Sklaverei abgeschafft – und somit auch im letzten Land der Neuen Welt. Unterzeichnerin des Gesetzes ist Isabella von Brasilien, die viele Schwarze als „Erlöserin" bewundern.	Mit der Abschaffung der Sklaverei öffnet Brasilien seine Grenzen, um seinen Bedarf an Arbeitskräften zu decken. Millionen wandern aus Italien, Portugal, Spanien, Deutschland, Japan und anderen Ländern ein.	Nachdem er es nicht geschafft hat, einen Bauernaufstand in Bolivien zu entfachen, wird der argentinische Revolutionär Ernesto „Che" Guevara im Dorf La Higuera von einem US-Soldaten hingerichtet.	Ein Erdbeben der Stärke 7,7 im Norden Perus kostet fast 80 000 Menschen das Leben, 140 000 sind verletzt, weitere 500 000 verlieren ihr Zuhause.

Unabhängigkeit

Zu Beginn des 19. Jhs. wuchs die Unzufriedenheit der *criollos* (in der Neuen Welt geborene Nachkommen europäischer Eltern) in vielen spanischen Kolonien gegenüber der spanischen Krone. Die fehlenden Möglichkeiten, sich selbst zu verwalten, und die hohen Abgaben Richtung Spanien ließen schließlich den Ruf nach Unabhängigkeit auf dem ganzen Kontinent immer lauter werden. Der argentinische Unabhängigkeitskämpfer José de San Martín führte im Jahr 1818 Aufstände in Argentinien und Chile an, bevor er 1821 die Küste entlang nach Lima segelte. Aus der entgegengesetzten Richtung machte sich Simón Bolívar auf den Weg, der Revolutionär und „El Libertador" (Befreier) von Venezuela, Kolumbien und Ecuador.

Im Jahr 1822 kam es schließlich in Guayaquil in Ecuador zu einer geschichtsträchtigen Begegnung der beiden berühmten Revolutionäre: Der eher unpolitische San Martín traf auf Bolívar, der ausgeprägte politische Ambitionen hatte. San Martín erwog aus Sorge, Peru könne zerfallen, die Berufung eines mit großer Macht ausgestatteten Führers oder gar Monarchen, während Bolívar auf eine konstitutionelle Republik bestand. In komplizierten Verhandlungen, die zu Verstimmungen in beiden Lagern führten, setzte sich schließlich Bolívar durch. San Martín kehrte in den Süden zurück. Doch die folgenden Entwicklungen enttäuschten letztlich beide. Rasch breiteten sich *caudillos* (lokale Kriegsherren) aus, ein Vorgeschmack auf das, was im Wesentlichen Südamerikas Geschichte im 19. Jh. bestimmen sollte.

Wie in so vielen Belangen ging Brasilien auch in puncto Unabhängigkeit seinen eigenen Weg. Im Gegensatz zu anderen Länder in der Neuen Welt lebte in Brasilien zu Beginn des 19. Jhs. ein europäischer Monarch: Der portugiesischen Königsfamilie war es gelungen, gerade noch rechtzeitig nach Brasilien zu flüchten, bevor Napoleon 1807 Portugal besetzte. Der Prinzregent – und zukünftige König Johann (João) VI. – verliebte sich in die Stadt Rio de Janeiro und machte sie zur Hauptstadt des Vereinigten Königreichs von Portugal, Brasilien und der Algarves. Seine Zuneigung für Brasilien war so stark, dass er auch nach Napoleons Niederlage bei Waterloo (1815) zunächst nicht nach Portugal zurückkehrte; nur sehr widerwillig trat er erst 1821 die Reise zurück nach Europa an. Seinen Sohn Peter beließ er allerdings als Regenten in Rio. Als das portugiesische Parlament Brasiliens früheren Status als abhängige Kolonie wiederherzustellen versuchte, weigerte sich Peter, erklärte die Unabhängigkeit Brasiliens vom Mutterland und ernannte sich selbst zum Kaiser Peter I. Portugal war längst zu schwach, gegen sein Lieblingskind in die Schlacht zu ziehen: So erlangte Brasilien 1822 seine Souveränität, ohne dass ein Tropfen Blut vergossen wurde.

> Die erste Favela (Slum bzw. Elendsviertel) entstand in Rio im Jahre 1897, doch erst seit 1994 werden diese Gemeinden auf Karten verzeichnet. Heute gibt es über 600 von ihnen.

1970
Chiles Salvador Allende wird der erste demokratisch gewählte marxistische Präsident der Welt. Radikale soziale Reformen folgen. Die Einkommen werden massiv umverteilt, viele private Unternehmen verstaatlicht.

1973–1989
Nach einem Militärputsch übernimmt General Augusto Pinochet in Chile die Macht. Er löst den Kongress auf, verbietet fast alle politischen Aktivitäten und regiert per Dekret.

1976–1983
Unter der Führung von General Jorge Videla übernimmt eine Militärjunta die Kontrolle über Argentinien. Es beginnt der „Schmutzige Krieg" – innerhalb von sieben Jahren „verschwinden" schätzungsweise 30 000 Menschen.

1992
Zum 500. Jahrestag der Ankunft von Kolumbus verlangen Tausende indigener Demonstranten während eines Protestmarschs in Quito eine Landreform. Nach Verhandlungen erhalten sie 2,5 Mio. ha im Amazonsgebiet.

Das 20. Jahrhundert

Im 20. Jh. erlebte Südamerika turbulente Zeiten, geprägt von politischen Wirren und wirtschaftlichen Krisen, die Militärdiktaturen den Weg ebneten. Die sozialen Unruhen, die der Weltwirtschaftskrise von 1929 folgten, gab der militärischen Führung vieler Länder die Gelegenheit, die Macht zu ergreifen. In Argentinien putschte sich der profaschistische General José Félix Uriburu 1930 an die Spitze des Staates und begründete damit die Década Infame, das Berüchtigte Jahrzehnt. Ebenfalls in den 1930er-Jahren kam es zu militärischen Staatsstreichen und der Machtübernahme repressiver Regimes in Peru und Chile. In Brasilien begann die Ära des autokratischen Getulio Vargas, oppositionelle Parteien wurden verboten, Medien drangsaliert und Gegner eingesperrt.

Dies war nur der Auftakt, es folgten weit schrecklichere Diktaturen. Besonders die 1960er- und 1970er-Jahre brachten finstere Zeiten für den Kontinent, Militärjuntas herrschten in Argentinien, Bolivien, Brasilien, Chile, Paraguay, Peru, Suriname und Uruguay. Von Studenten und Arbeitern angeführte Bewegungen, die für soziale Gerechtigkeit eintraten, wurden mit zunehmender Brutalität von den Machthabern unterdrückt.

Im Argentinien der späten 1960er- und 1970er-Jahre mündeten Proteste der Bevölkerung in Unruhen. Bewaffnete Guerilla-Organisationen entstanden als radikale Gegner des Militärs, der Oligarchien und des US-amerikanischen Einflusses in Lateinamerika. 1976 erlangte der Armeegeneral Jorge Rafael Videla die Macht. Es folgten sieben blutige Jahre, die als „Schmutziger Krieg" traurige Berühmtheit erlangten. Im ganzen Land gingen Sicherheitskräfte gegen mutmaßliche Linke vor, von denen viele gefoltert und getötet wurden. Bis zu 30 000 Menschen sind während jener Säuberungen „verschwunden" – d. h., sie wurden ermordet.

In Chile keimte mit der Wahl des sozialistischen Kandidaten Salvador Allende im Jahr 1970 neue Hoffnung auf eine bessere Zukunft auf, die aber mit Augusto Pinochets Staatsstreich im Jahr 1973 ihr jähes Ende fand. Er hielt sich bis 1989 an der Macht und sollte Lateinamerikas berüchtigtster Diktator werden. Tausende, die im Verdacht standen, eine linke Gesinnung zu haben, kamen in Gefangenschaft und wurden gefoltert und hingerichtet. Hunderttausende flohen aus dem Land.

Unterdessen gaben sich auch in Brasilien zwischen 1964 und 1984 wechselnde Militärdiktatoren die Klinke in die Hand. Wenngleich diese nicht mit der gleichen Brutalität wie ihre Pendants in Chile und Argentinien agierten, so prägten doch auch sie im größten Land Südamerikas eine Periode, in der abweichende Meinungen unterdrückt, Parteien verboten und die Medien gleichgeschaltet wurden. Erst in den frühen 1990er-Jahren kehrte die Demokratie in die meisten Länder Südamerikas zurück. Und mit ihr die Hoffnung vieler Menschen auf ein besseres Leben.

In Liberators: Latin America's Struggle for Independence (2002) erzählt Robert Harvey sehr gut lesbar die epische Geschichte des kolonialen Lateinamerika mit seinen überlebensgroßen Helden und Abenteurern wie O'Higgins, San Martín und Lord Cochrane.

In seinem zauberhaften wie realistischen Roman Hundert Jahre Einsamkeit (1967) erzählt Gabriel García Márquez von der Brutalität liberal-konservativer Rivalitäten und Vendettas. Den Rahmen der Geschichte bilden Konflikte, die sich von 1885 bis 1902 im fiktiven Dorf Macondo zutragen.

1998
Hugo Chavez wird Präsident von Venezuela. Er investiert in Sozialprogramme, verstaatlicht aber auch Industriezweige, zentralisiert die Macht und unterdrückt gegensätzliche Meinungen.

2001/02
In Folge einer gewaltigen Finanzkrise erreicht die Arbeitslosigkeit in Argentinien 18,3 %. Die Regierung erklärt zunächst den Staatsbankrott und entwertet weniger später den Argentinischen Peso.

2014
Brasilien ist Ausrichter der FIFA Fußball-Weltmeisterschaft 2014. Für das Ereignis, das in zwölf Städten im ganzen Land stattfindet, werden rund 12 Mrd. US-Dollar investiert.

2015
Papst Franziskus besucht Bolivien und bittet demütig um Vergebung für die schweren Sünden, die gegen die indigenen Völker Amerikas im Namen Gottes begangen wurden.

Bevölkerung & Kultur

Die südamerikanische Kultur ist sehr vielschichtig. Die Religion ist ein Schlüsselelement des Kontinent, auf dem Christentum, indigene und afrikanische Glaubensrichtungen die Identität geformt haben. Südamerika ist außerdem der Geburtsort vieler großartiger Musikgenres, darunter Samba, Tango, Andenmusik und zahlreiche andere regionale Musikrichtungen. Religion und Musik vereinen die Bevölkerung zwar über sozioökonomische Grenzen hinweg, doch in der stark gegliederten Gesellschaft herrscht noch immer eine riesige Kluft zwischen Reich und Arm.

Multikulturelle Gesellschaften

Südamerika ist erstaunlich vielfältig. Der Kontinent wurde von den Ureinwohnern, den europäischen Kolonialisten und den afrikanischen Sklaven, die auf den Plantagen und in den Minen der Neuen Welt arbeiteten, geprägt. Ihre Kulturen haben sich von Land zu Land ganz unterschiedlich stark vermischt, und damit ist auch die Bevölkerung entsprechend mehr oder weniger homogen.

Auch Einwanderer haben zur komplexen ethnischen Zusammensetzung Südamerikas beigetragen. Jahrzentelang waren die USA ein Hauptziel südamerikanischer Migranten. Heute wandern viel mehr Menschen in andere Länder auf dem eigenen Kontinent aus; die größte Zahl an Einwanderern aus den Nachbarländern verzeichnen Brasilien, Argentinien und Chile. Zudem hat jedes der dreizehn Länder Südamerikas seine eigene komplexe Dynamik. Ecuador etwa hat nur 16 Mio. Einwohner, doch ca. 2 Mio. Ecuadorianer leben in den USA, Italien und Spanien (wo sie die größte lateinamerikanische Einwanderergruppe bilden). Andererseits kamen in den 1980er- und 1990er-Jahren auch Kolumbianer, die vor den Konflikten in ihrem Land flohen, sowie Peruaner auf der Suche nach besseren Jobs nach Ecuador. Die Situation ändert sich aber wieder: Seit 2008 kehren immer mehr Ecuadorianer aus dem Ausland in die Heimat zurück, weil sich die Arbeitsmöglichkeiten im eigenen Land verbessert haben.

Im 19. Jh. erlebten Brasilien und Argentinien eine Masseneinwanderung aus Europa: Spanier, Italiener, Deutsche und Osteuropäer bildeten die größten Immigrantengruppen, die in die Neue Welt zogen. Brasilien begrüßte aber auch Einwanderer aus Japan, Portugal und dem Nahen Osten. Sie arbeiteten in vielen Bereichen, von Kaffeeplantagen und Landwirtschaft bis zur Schwerindustrie in den rasant wachsenden Städten des Kontinents. Bis ins 20. Jh. kamen immer wieder neue Einwanderer, darunter Juden auf der Flucht vor der Verfolgung durch die Nationalsozialisten, später Nationalsozialisten, die sich den Kriegsverbrechertribunalen entziehen wollten, aber auch Italiener und andere, die nach dem Krieg ihren zerstörten Heimatstädten den Rücken kehrten.

Lebensstile

Fast überall in Südamerika klafft ein gähnender Abgrund zwischen Arm und Reich. Von ihren europäischen Ahnen, den Gründern von Kolonialreichen und Sklavenbesitzern, übernahmen die modernen Südamerika-

---

Im Amazonasregenwald leben noch immer Dutzende unkontaktierte indigene Gruppen. 2007 erschienen in einem Dorf in Pará plötzlich 89 Metyktire – die erste Begegnung seit 1950 mit dieser Gruppe, die man schon für ausgestorben gehalten hatte.

Einer der ungewöhnlichsten Oberhäupter im Amazonasgebiet ist der inzwischen über 50-jährige „Gringo-Häuptling" Randy Borman. Der Sohn amerikanischer Missionare, die im Amazonas lebten, ist heute einer der einflussreichsten Häuptlinge der Cofán. Er spricht fließend Cofán und hat dem Stamm geholfen, bedeutende Landkonzessionen zu erringen.

ner eine stark in Schichten unterteilte Gesellschaft, und die entmutigende Kluft zwischen den Armen und den Wohlhabenden existiert bis heute, sowohl auf dem Land als auch in den Städten. Die unterste Schicht bilden diejenigen, die für Niedriglöhne in den Städten arbeiten oder auf dem Land ein karges Leben fristen und oft kaum genug zu essen haben. Die arme Landbevölkerung ist für die städtische Mittel- und Oberschicht praktisch unsichtbar.

Domesticas (Dienstmädchen), der erste Film von Fernando Meirelles, taucht in das Leben von fünf Frauen ein, die als *domesticas* arbeiten und schafft ein fesselndes Porträt einer oft übersehenen Unterschicht Brasiliens.

Die Mittel- und Oberschicht lebt in schönen Wohnungen oder Häusern, ausgestattet mit allem Komfort der westlichen Welt, etwa gute Gesundheitsversorgung in Privatkliniken, Autos, Urlaubsreisen und die neuesten elektronischen Geräte (wenngleich iPhones und Laptops hier teurer sind). Wegen der niedrigen Löhne haben viele Haushalte, selbst in der Mittelklasse, ein Dienstmädchen. Wer es sich leisten kann, lebt abgeschottet in streng bewachten Gebäuden oder geschlossenen Wohnanlagen.

Am größten ist diese Kluft in sehr armen Ländern wie Bolivien, wo die Hälfte der Bevölkerung unterhalb der Armutsgrenze lebt. Dort haben viele Menschen weder fließendes Wasser noch Strom oder Heizung, und Kinder sind ständig von Krankheit bedroht – die meisten Todesfälle bei Kindern stehen im Zusammenhang mit Unterernährung und Armut.

Doch es gibt auch gute Nachrichten. Einem aktuellen Bericht des Pew Research Center zufolge ist die Armutsrate im vergangenen Jahrzehnt von insgesamt 17 % auf 7 % gefallen. Im selben Zeitraum ist die Mittelschicht deutlich gewachsen (von 16 % auf 27 % der Bevölkerung). Hierzu hat vor allem eine Politik der Einkommensumverteilung beigetragen, die gleichzeitig dazu beigetragen hat, dass die Kluft zwischen Arm und Reich abnahm.

Religion
Christentum

In Südamerika dominiert die römisch-katholische Kirche, ein Erbe der frühen spanischen und portugiesischen Siedler. Die Zahl der Anhänger ist von Region zu Region unterschiedlich, und auch von Land zu Land ist die Situation komplex. In Argentinien bezeichnen sich etwa 92 % der Bevölkerung als Katholiken, doch nicht einmal 20 % praktizieren den Glauben regelmäßig. Im Durchschnitt sind 70 % oder mehr der Einwohner jedes Landes römisch-katholisch. Ihr Anteil schrumpft von Jahr zu Jahr, und viele Gläubige, besonders in den Städten, kommen nur noch zur Taufe, zur Hauchzeit und zur Beerdigung in die Kirche. Nichtsdestotrotz ist der starke Einfluss der Kirche überall unübersehbar. Fast in jeder Stadt und jedem Dorf gibt es eine Hauptkirche oder Kathedrale, und der Kalender ist mit katholischen Feiertagen und Festlichkeiten prall gefüllt.

Ein peruanischer Priester, Gustavo Gutiérrez, formulierte 1971 als Erster die Prinzipien der Befreiungstheologie, die die christliche Theorie mit sozialer Gerechtigkeit verbindet. Heute lehrt er in den USA.

Gleichzeitig erleben die Kirchen der evangelikalen Christen einen Boom. In ganz Südamerika, besonders in armen Gegenden, wo die Menschen besonders verzweifelt sind, stehen einfache, erst vor Kurzem erbaute Kirchen, die mit Gläubigen gefüllt sind. Besonders erfolgreich waren die Evangelikalen bei der Bekehrung von Katholiken, die von der persönlicheren Beziehung zu Gott und dem direkteren Rat in Fragen der Gesundheit, des Arbeitslebens und der moralischen Lebensführung angezogen werden. Besonders viele neue Anhänger hat die charismatische Pfingstkirche, bei der die Heilung von Kranken durch Gott, die Zungenrede und das Empfangen direkter Botschaften von Gott eine besonders große Rolle spielen. Angesichts des gegenwärtigen Wachstums der evangelikalen Kirchen gibt es schon Schätzungen, dass die meisten Südamerikaner im Jahr 2050 Protestanten sein werden.

Indigene Religionen

Unter der indigenen Bevölkerung war der Übertritt zur katholischen Konfession oft ein cleverer Trick, um im Verborgenen ihrem traditionellen Glauben folgen zu können, der nur vordergründig von der Kirche verboten war.

In Teilen im Inneren des Kontinents wie dem Amazonasgebiet und der Andenregion florieren Schamanismus und Animismus noch immer. Es gibt auch einen starken Glauben an mächtige Geister, die die natürliche Welt bewohnen – den Himmel, die Berge, Blitz und Donner und den Wind. Einige Gruppen wie die Aymara in den Anden praktizieren eine Religion des Synkretismus und beten gleichzeitig die indigenen Götter und die katholischen Heiligen an. Sie besuchen vielleicht die Messe, Taufen und katholische Heiligenfeste, erweisen zur Erntezeit aber auch Pachamama (Mutter Erde) die Ehre. Das alte Inka-Fest Inti Raymi (Fest der Sonne) wird in einigen Teilen der Anden mit großer Inbrunst gefeiert. Es findet zum Gedenken an den mythischen Ursprung der Inka zur Zeit der Wintersonnenwende (Ende Juni) statt.

Afrikanische Religionen

Sklaven brachten auch einige westafrikanische Religionen mit in die Neue Welt, die sich im Lauf der Jahrhunderte an die neue Kultur anpassten. Die bekannteste und konventionellste dieser Religionen ist der Candomblé, der mit Sklaven der Volksgruppen Nago, Yoruba und Jeje nach Brasilien kam. Später schlug er in Bahia Wurzeln und wird dort heute noch praktiziert. Das Wort Candomblé bezeichnet einen Tanz zu Ehren der Götter, und tranceähnliches Tanzen ist tatsächlich ein wesentlicher Bestandteil der Religion. Afrobrasilianische Rituale werden von einem/einer Candomblé-Priester/in geleitet, dem *pai de santo* oder *mãe de santo* (wörtlich „Vater der Heiligen" oder „Mutter der Heiligen"). Der Candomblé wird im *casa de santo* oder *terreiro* (Haus des Gebets) praktiziert.

Im Zentrum der Religion stehen die Orisha. Wie die Götter der griechischen Mythologie hat jede/jeder Orisha eine individuelle Persönlichkeit und Geschichte. Es gibt zwar männliche und weibliche Orishas, einige können sich jedoch von einem Geschlecht ins andere verwandeln, z. B. Logunedé, der Sohn zweier männlicher Götter, oder Oxumaré, der sechs Monate des Jahres männlich ist und die anderen sechs Monate weiblich. (Da überrascht es nicht, dass der Candomblé der Homosexualität und Bisexualität gegenüber viel toleranter ist als andere Religionen).

Die Anhänger des Candomblé glauben, dass über jeden Menschen eine ganz spezielle Gottheit wacht, und sie bringen ihrem/ihrer jeweiligen Orisha Essen und andere Gaben dar.

Musik

Tango

In ganz Südamerika spielt Musik bei Festen eine Schlüsselrolle, und in vielen Städten ist sie auch Dreh- und Angelpunkt des Nachtlebens. Der Tango ist eng mit Buenos Aires verbunden (aber auch mit dem weniger bekannten Montevideo in Uruguay). Er entstand Ende des 19. Jhs. in den argentinischen Bordellen. Salonfähig wurde er jedoch erst in den 1920er- und 1930er-Jahren, nachdem Carlos Gardel mitgeholfen hatte, die Songs populär zu machen. Gardel wurde zwar in Frankreich geboren, doch im Alter von drei Jahren brachte ihn seine mittellose alleinerziehende Mutter nach Buenos Aires. In seiner Jugend unterhielt er mit seinem leidenschaftlichen Gesang die Nachbarn, später machte er erfolgreich als Sänger Karriere und brachte den Tango im Alleingang aus den Wohnzimmern auf die Bühnen der Welt. Auf dem Höhepunkt seiner Karrie-

---

Die vielleicht groovigste der zahllosen peruanische Musikrichtungen ist die afroperuanische Musik von der Küste. Einen hervorragenden Einstieg in diese Musik bietet das von David Byrne produzierte Sammelalbum *Afro-Peruvian Classics: The Soul of Black Peru*.

re kam er tragisch bei einem Flugzeugabsturz ums Leben und wurde weltweit betrauert.

Ein weiterer Pionier der Tangowelt war Astor Piazzolla, der das Genre von den Tanzsälen in die Konzertsäle brachte. Der sogenannte Tango Nuevo entstand in den 1950er-Jahren und machte sich mit seiner Mischung aus Jazz und klassischen Elementen und den neuen Formen der melodischen Strukturen einen Namen. Piazzolla ebnete auch dem in den 1970er-Jahren aufkommenden Tango Fusion den Weg, der heute in der Musik von Electrotango-Gruppen wie dem Gotan Project Bajofondo Tango Club und Tanghetto weiterlebt.

> Die Cumbia Villera ist ein relative neues musikalisches Phänomen: eine Fusion aus Cumbia und Gangsta-Rap-Posen mit Punk- und Reggae-Anklängen. Sie entstand in den Slums von Buenos Aires und ihre aggressiven Texte handeln von Marginalisierung, Armut, Drogen, Sex und der argentinischen Wirtschaftskrise.

Samba & Bossa Nova

Die moderne brasilianische Musik entstand im Wesentlichen mit der Geburt des Samba, der erstmals im frühen 20. Jh. in einem Stadtviertel von Rio in der Nähe des heutigen Viertels Praça Onze erklang. Einwanderer aus Bahia bildeten hier eine enge Gemeinschaft, die die traditionellen afrikanischen Gebräuche pflegte – Musik, Tanz und die Religion Candomblé. Diese Atmosphäre förderte Talente wie Pixinguinha, einen der Gründerväter des Samba, und Donga, einen der Komponisten des ersten aufgenommen Samba-Lieds „Pelo Telefone" (1917), das beim damals noch in den Kinderschuhen steckenden Karneval ein Riesenerfolg war.

Der Samba entwickelte sich in den Wohnhäusern und *botequims* (Nachbarschaftsbars) rund um Rio weiter. Die 1930er-Jahre gelten als das goldene Zeitalter des Samba. Anspruchsvolle Texter wie Dorival Caymmi und Noel Rosa schrieben beliebte, sentimentale Texte, die eher die Melodie als den Rhythmus betonten und damit bereits die Ankunft des coolen Bossa Nova ankündigten. Die 1930er-Jahre waren zugleich die Blütezeit der Sambalieder, die für den Karneval geschrieben wurden.

In den 1950er-Jahren kam der Bossa Nova (wörtlich „neue Welle") auf, der eine neue Ära der brasilianischen Musik einleitete. Seine Begründer, der Songwriter und Komponist Antônio Carlos (Tom) Jobim und der Gitarrist João Gilberto, die mit dem Texter und Dichter Vinícius de Moraes zusammenarbeiteten, verlangsamten das Tempo und änderten den Grundrhythmus des Samba, um einen intimeren, harmonischeren

PROTESTSONGS

Als im 20. Jh. Militärdiktaturen riesige Teile Südamerikas kontrollierten, erlebte der Kontinent eine dunkle Ära. Einige mutige Sänger und Liedermacher erhoben ihre Stimme gegen die Unterdrückung, klagten die begangenen Gräueltaten an und standen an der Spitze des Rufs nach sozialer Gerechtigkeit. Die politisch progressive Volksmusik des *nueva canción* (wörtlich „Neues Lied"), die in den 1960er-Jahren in Lateinamerika entstand, erreichte in Chile unter der Diktatur Pinochets einen Höhepunkt und breitete sich rasch in andere Länder aus. Der Sänger Víctor Jara, der von Frieden und sozialer Gerechtigkeit sang, bezahlte für seine aufrechte Haltung mit dem Leben: Er wurde 1973 vom chilenischen Militär gefoltert und ermordet.

Mercedes Sosa war eine der führenden Persönlichkeiten der Protestbewegung in Argentinien und wurde für ihre mutigen Auftritte als „die Stimme der Menschen ohne Stimme" bekannt. Damit machte sie sich die argentinische Militärführung zum Feind, die sie 1979 aus dem Land verbannte. Sie kehrte 1982 kurz vor dem Zusammenbruch des Militärregimes zurück.

Eine der einflussreichsten Persönlichkeiten der Protestbewegung gegen die Militärdiktatur in Brasilien (die von 1964–1984 herrschte) war Chico Buarque, der als einer der besten Liedermacher des Landes gilt. Seine poetischen Texte waren clever geschrieben und nutzten verschlüsselte Analogien, die die Zensoren des Militärs oft nicht bemerkten. Lieder wie „A Pesar de Você" (Trotz euch) wurden nationale Protestlieder im Kampf für soziale Gerechtigkeit.

Sound zu schaffen. Der Bossa Nova wurde auch mit der neuen Klasse der Brasilianer mit Universitätsabschluss in Verbindung gebracht. Seine Texte spiegeln die optimistische Stimmung der Mittelklasse in den 1950er-Jahren wider. Nur ein Jahrzehnt später feierte er riesige internationale Erfolge.

Andenmusik

Die schwermütige, heisere Musik, die Gruppen auf der gesamten Westhälfte des Kontinents spielen, von Chile bis hinauf nach Venezuela, entspringt der Volksmusik der Anden. Ihre Wurzeln reichen zurück bis in die Präinkazeit, als Musik hauptsächlich bei religiösen Zeremonien gespielt wurde. Sie galt als eine heilige Kunst mit Beziehungen zur Götterwelt und man ehrte damit die Geister, von denen man glaubte, dass sie die natürlich Welt bewohnen.

Der musikalische Stil variiert von Region zu Region und die Tonleitern umfassen vier, fünf, sechs oder sieben Töne, doch die Instrumente ähneln sich oft. Die allgegenwärtige Panflöte ist meistens aus Bambus gefertigt und besteht aus einer einfachen oder einer Doppelreihe hohler Röhrchen. Es gibt sie in unzähligen Größen. Begleitet wird sie oft von der kleineren, flötenähnlichen *quena*, einer Basstrommel und einem Saiteninstrument (ein europäischer Einfluss) wie dem zehnsaitigen *charango*, das einer Mandoline ähnelt.

Ehe die Spanier kamen, prägten Blas- und Schlaginstrumente die Musik, passend zu den feurigen Vulkanen der Region und den schaurigen Stürmen, die über das Hochland fegten.

Bossa Nova: The Story of the Brazilian Music that Seduced the World von Ruy Castro ist ein großartiges Buch, das die pulsierende Musik vor der Kulisse des Rio der 1950er-Jahre einfängt.

Praktische Informationen

ALLGEMEINE INFORMATIONEN..1134
Arbeiten in Südamerika............1134
Botschaften & Konsulate...............1134
Ermäßigungen 1134
Frauen unterwegs 1134
Fotografieren...........1135
Freiwilligenarbeit 1135
Gefahren & Ärgernisse ..1136
Geld 1138
Internetzugang..........1139
Karten & Stadtpläne 1139
Öffnungszeiten.........1139
Post...................1139
Rechtsfragen...........1139
Reisen mit Behinderung............1140
Sprachkurse 1140
Strom.................1140
Schwule & Lesben 1140
Telefon 1140
Toiletten...............1141
Touristeninformation....1141
Unterkunft.............1141
Visa & Einreisegebühren.1142
Versicherung...........1142
Zeit 1143
Zoll 1143

VERKEHRSMITTEL- & WEGE 1144
AN- & WEITERREISE 1144
UNTERWEGS VOR ORT..1145

GESUNDHEIT 1152
VOR DER REISE.........1152
IN SÜDAMERIKA........1153

SPRACHE.........1158
PORTUGIESISCH 1158
SPANISCH 1163

Allgemeine Informationen

Arbeiten in Südamerika

Abgesehen von Englisch-/ Deutschunterricht oder -nachhilfe gibt's in Südamerika nur wenige, schlecht bezahlte und oftmals sogar illegale Arbeitsmöglichkeiten. Sogar Nachhilfe ist trotz guter Stundenlöhne meistens wenig lukrativ, weil es einige Zeit dauert, einen Kundenstamm aufzubauen. Die besten Gelegenheiten, Englisch zu unterrichten, bieten sich in den größeren Städten. Obwohl man dabei nicht viel auf die Seite bekommt, kann man den Aufenthalt so zumindest ein wenig in die Länge ziehen. Andere Jobs findet man möglicherweise als qualifizierter Fremdenführer oder in Touristenrestaurants und -bars. Viele Leute arbeiten in Lodges und Gasthäusern, die ausländische Besitzer haben.

Hier einige hervorragende Websites zum Thema:

Dave's ESL Café (www.eslcafé.com) Messageboards, Jobbörse, Unterrichtsideen, Informationen, Links und mehr.

Deutsch als Fremdsprache (www.deutsch-als-fremdsprache.de) Internetservice für den Unterricht „Deutsch als Fremdsprache" mit vielen Infos sowie Austausch- und Jobbörsen.

EnglishClub.com (www.englishclub.com) Großartige englischsprachige Quelle für ESL-Lehrer und -Schüler.

TEFL Net (www.tefl.net) Eine weitere ausführliche englischsprachige Onlinequelle für Lehrer von den Machern von English-Club.com.

Zentralstelle für das Auslandsschulwesen (www.auslandsschulwesen.de) Vermittelt Lehr- und Fachkräfte an Auslandsschulen.

Botschaften & Konsulate

Besucher eines südamerikanischen Landes sollten unbedingt wissen, was die eigene Botschaft (die Botschaft jenes Landes, dessen Staatsbürgerschaft man besitzt) kann oder nicht kann. Generell bieten Botschaften wenig Hilfe in Notfällen, die auch nur im Entferntesten selbst verschuldet sind. Reisende sollten daher nicht vergessen, dass sie den Gesetzen des besuchten Landes unterliegen. Botschaften haben kein Mitleid mit Touristen, die im Gefängnis landen, weil sie eine Straftat begangen haben, auch wenn der Tatbestand im Heimatland nicht strafbar ist.

In echten Notfällen bekommt man vielleicht etwas Hilfe – aber nur, wenn alle anderen Möglichkeiten ausgeschöpft sind. Wem beispielsweise das gesamte Geld und alle Dokumente gestohlen werden, der bekommt Hilfe beim Ausstellen eines neuen Passes. Ein Darlehen für die Weiterreise steht aber absolut außer Frage.

Botschafts- und Konsulatsadressen sowie -telefonnummern sind in den einzelnen Länderkapiteln jeweils im Abschnitt „Allgemeine Informationen" aufgeführt.

Ermäßigungen

Eine Mitgliedskarte von Hostelling International-American Youth Hostel (HI-USA) kann in Brasilien und Chile (und teilweise auch in Argentinien und Uruguay) nützlich sein, da es dort viele HI-Hostels gibt und andere Unterkünfte in der Regel teurer sind. In anderen Ländern sind preiswerte Hotels und *pensiones* normalerweise billiger als HI-Hostels.

Mit einer ISIC-Karte (Internationaler Studentenausweis) gibt's häufig ermäßigte Eintritte in archäologischen Stätten und Museen und manchmal verbilligte Bus-, Zug- oder Flugtickets. In weniger entwickelten Ländern sind Studentenrabatte selten, außer für teure Eintritte, z. B. zu Machu Picchu (50 % Ermäßigung für ISIC-Karteninhaber unter 26 Jahren). In manchen Ländern, etwa Argentinien, reicht meist ein Ausweis der Uni, um von Ermäßigungen zu profitieren.

Frauen unterwegs

In Südamerika wird jede alleinreisende Frau früher oder später zum Objekt der Neugierde – manchmal im positiven, manchmal im negativen Sinne. Unangenehmen Situationen aus dem Weg zu gehen, ist eine einfache und wirkungsvolle Selbstverteidigungsstrategie. In der Andenregion, vor allem in kleineren Orten und ländlichen Gebieten, ist es die Norm, sich bedeckt zu kleiden und ebenso zu verhalten. In Brasilien und den liberaleren Ländern im Süden des Kontinents sind die Standards weniger streng (vor allem in Strandorten).

Machista-(Macho-)Attitüden, die Stolz und Männlichkeit betonen sollen, sind unter südamerikanischen Männern weit verbreitet (deutlich weniger übrigens in der indigenen Bevölkerung). Oft drücken sich solche Einstellungen in Prahlerei und übertriebener Aufmerksamkeit gegenüber Frauen aus. Durch schnippische und herablassende Kommentare oder andere scharfe Reaktionen auf unerwünschte Annäherungsversuche fühlen sich manche Männer bedroht und reagieren eventuell sogar aggressiv. Die meisten Frauen finden es unkomplizierter, schnell einen Ehemann zu erfinden und den Stolz des Romeos intakt zu lassen – vor allem vor Publikum.

Vereinzelt gab es Berichte von Frauen, die von südamerikanischen Männern vergewaltigt wurden. Frauen, die in abgelegenen oder einsamen Gegenden trekken oder an Touren teilnehmen, sollten besonders vorsichtig sein. In einigen Fällen wurden Tourteilnehmerinnen von ihren Führern bedrängt – es lohnt sich also, Identität und Ruf eines Reiseführers oder -veranstalters doppelt und dreifach zu prüfen. Reisende sollten auch bedenken, dass in Bars und anderswo schon Drogen in Form von Getränken, Zigaretten oder Pillen verabreicht bekamen. Die Polizei ist bei Vergewaltigungsdelikten nicht immer hilfreich – wird eine einheimische Frau vergewaltigt, sorgt ihre Familie normalerweise für Rache, und nicht die Polizei. Die Touristenpolizei hat vielleicht etwas mehr Verständnis, aber es ist möglicherweise besser, einen Arzt aufzusuchen und die eigene Botschaft zu informieren, ehe man zur Polizei geht.

Tampons sind in kleineren Ortschaften normalerweise kaum aufzutreiben, deshalb ist es ratsam, sich vor der Abreise oder in größeren Städten damit einzudecken. Die Antibabypille ist außerhalb von Großstädten nur schwer zu bekommen, deshalb empfiehlt es sich, auch davon genug von Zuhause mitzubringen. Wer keine ausreichende Anzahl von Packungen mitbringen kann, sollte eine Originalverpackung dabeihaben, damit ein Apotheker das entsprechende südamerikanische Produkt ermitteln und ausgeben kann.

Fotografieren

Einschränkungen

An manchen touristischen Stätten muss fürs Fotografieren eine Gebühr bezahlt werden. Das Fotografieren von militärischen Anlagen, Militärangehörigen und sensiblen Einrichtungen wie Polizeiwachen sollte man tunlichst unterlassen – weil es meistens verboten ist und weil es einen schlimmstenfalls sogar in Lebensgefahr bringen kann. In den meisten Kirchen ist Fotografieren mit Blitzlicht verboten, in manchen ganz untersagt.

Leute fotografieren

Wenn man einzelne Personen fotografieren will, immer vorher um Erlaubnis fragen, vor allem, wenn es sich um Menschen aus der indigenen Bevölkerung handelt. Ob man den Fotografierten etwas Geld gibt, bleibt einem selber überlassen. Meistens werden die Personen einem aber sagen, was sie für ein Foto verlangen.

Freiwilligenarbeit

Wer Freiwilligenarbeit leisten will, findet unzählige lokale Organisationen, die einen gern vermitteln, doch schaut man sich besser nach der Ankunft im Land selber um. Eine gute Anlaufstelle sind spanische Sprachschulen (vor allem in Quito, Cuenca oder Cuzco); viele davon können für Freiwillige den Kontakt zu den jeweiligen Organisationen herstellen, die Hilfskräfte benötigen.

Wer lieber etwas vor Reiseantritt vereinbaren will, muss beachten, dass die meisten Freiwilligenorganisationen Gebühren erheben, die recht happig sind (manchmal bis zu 1500 US$ für zwei Wochen – ohne Flugkosten). Diese Gebühr dient zur Finanzierung der Unterkunft, des Personals der Organisation, der Pacht- und Internetgebühren sowie dergleichen mehr.

Hier ein paar Stellen für den Start der Recherche:

Amerispan (www.amerispan.com/volunteer_intern) Freiwilligenarbeit und Praktika in Argentinien, Bolivien, Brasilien, Chile, Ecuador und Peru.

Cross Cultural Solutions (www.crossculturalsolutions.org) Freiwilligenarbeit mit Schwerpunkt interkulturelle Kontakte in Brasilien und Peru.

Europäisch-Lateinamerikanische Gesellschaft (www.elg-online.de) Widmet sich dem Wirtschafts-, Wissenschafts- und Kulturaustausch zwischen Europa und Lateinamerika, vor allem durch das Organisieren von Praktika, Famulaturen, Sprachreisen und anderen Weiterbildungsmaßnahmen.

Go Abroad (www.goabroad.com) Eine umfangreiche Auflistung von Freiwilligenprojekten.

Idealist.org (www.idealist.org) Die Datenbank von Action Without Borders umfasst Tausende von Freiwilligentätigkeiten weltweit. Eine erstklassige Quelle.

Praktikawelten (www.praktikawelten.de) Praktika und Freiwilligenarbeit in verschiedenen Branchen in Guatemala, Mexiko, Ecuador, Peru und Argentinien, mit Sprachkurs.

Rainforest Concern (www.rainforestconcern.org) Diese gemeinnützige britische Organisation bietet Stellen in Waldregionen verschiedener südamerikanischer Länder an. Die Freiwilligen müssen eine (erschwingliche) wöchentliche Gebühr zahlen.

Travel Works (www.travelworks.de) Arbeitsurlaube und Freiwilligenarbeit.

Transitions Abroad (www.transitionsabroad.com) Nützliches Portal für bezahlte und unbezahlte Arbeit.

UN Volunteers (www.unv.org) Die Vereinten Nationen vermitteln weltweit Stellen für Freiwillige in Entwicklungs- und Friedensprojekten.

Volunteer Latin America (www.volunteerlatinamerica.com) Interessante Programme in ganz Lateinamerika.

Working Abroad (www.workingabroad.com) Stellen für Freiwillige und Teilnehmerberichte.

Gefahren & Ärgernisse

Das Reisen in Südamerika birgt zwar Gefahren, aber wenn man ein paar Vorsichtsmaßnahmen beachtet, kann man ernsthaften Problemen recht sicher aus dem Weg gehen. Die häufigsten Gefahren sind rücksichtslose Autofahrer, die Umweltverschmutzung, das Feuerwerk bei Fiestas und herabbaumelnde Objekte, an denen sich Unachtsame den Kopf stoßen können.

Abzocke

Ein beliebter Trick besteht darin, jemanden mit ekligen Substanzen (Senf, Vogelkot, menschliche Exkremente) zu bewerfen oder zu beschmieren. Gleich kümmert sich eine helfende Hand um den Schaden, während ein anderer das Opfer bestiehlt. In anderen Fällen „findet" jemand Geld auf der Straße und versucht, es einem „zurückzugeben". Angebliche Traveller erzählen einem haarsträubende Geschichten über Missgeschicke, um einem Geld zu entlocken, und falsche Polizisten verhängen an Ort und Stelle zu bezahlende „Geldstrafen". Besondere Vorsicht ist geboten, wenn mehrere „Polizisten" in Zivil das Gepäck durchsuchen, die Personaldokumente, die Reiseschecks oder das Bargeld prüfen wollen. Hier sollte man darauf bestehen, dass eine solche Untersuchung nur in einer offiziellen Polizeiwache oder im Beisein eines uniformierten Polizisten durchgeführt wird, und sich dem Ansinnen widersetzen, in ein Taxi oder ein Privatauto einzusteigen. Diebe arbeiten oft zu mehreren – die einen lenken ab, die anderen greifen zu. Wachsamkeit ist der beste Schutz.

Diebstahl

Diebstahl kann ein Problem sein, aber man sollte nicht vergessen, dass auch andere Traveller Gauner sein können – wo viele Backpacker unterwegs sind, empfiehlt es sich deshalb, aufzupassen. Hier einige Vorschläge zur Abwehr von Langfingern:

➡ Ein kleines Schloss eignet sich, um bei Bedarf die Hosteltür und Reißverschlüsse von Rucksäcken zu sichern. Wer keines zur Hand hat, sichert die Reißverschlüsse zur Abschreckung und damit das Öffnen länger dauert mit Drahtverschlüssen, Büroklammern und Sicherheitsnadeln.

➡ Hoteltüren immer abschließen, auch wenn man nur kurz den Flur hinuntergeht.

➡ Geldgürtel und deren Inhalt immer verbergen, am besten unter der Kleidung.

➡ Wechselgeld immer getrennt vom Reisebudget (Kreditkarten, Reiseschecks, Tickets usw.) aufbewahren.

➡ In Bussen besteht die Gefahr, dass das Gepäck aufgeschlitzt und der Inhalt entwendet wird. Daher seine Besitzstücke genau im Blick behalten – die Tasche ist unter dem Sitz, über dem Kopf oder zwischen den Beinen nicht sicher untergebracht, sondern sollte möglichst auf den Schoß genommen werden. Besondere Vorsicht ist im Gedränge von Märkten oder an Busbahnhöfen geboten; das sind die beliebtesten Arbeitsplätze von Taschendieben.

➡ Bei der Erkundung von Städten empfiehlt es sich, für den notwendigen Krimskrams statt eines kleinen Rucksacks lieber eine Plastiktüte mitzunehmen, die Langfingern weniger interessant erscheint.

Drogen

Mit Marihuana und Kokain werden in manchen Teilen Südamerikas große Geschäfte gemacht. Diese Drogen sind zwar vielerorts zu bekommen, aber überall illegal (mit Ausnahme Marihuanas in Uruguay; s. S. 1008). Wer sich auf Drogen einlässt, muss damit rechnen, im Gefängnis zu landen oder ein noch schlimmeres Schicksal zu erleiden. Derartige Risiken sind am allerbesten zu umgehen, indem man die Finger komplett von allen illegalen Substanzen lässt!

Achtung: Drogen werden manchmal auch eingesetzt, um Traveller zu erpressen oder zu bestechen. Somit ist es sehr ratsam, bereits jeglichen Wortwechsel mit Drogendealern zu vermeiden. In Gegenden mit florierendem Drogenhandel sollte man diesen demonstrativ ignorieren.

In Bolivien und Peru werden Kokablätter traditionell gekaut oder dem *maté de coca* (Tee mit Kokablättern) zugesetzt, um die Symptome der Höhenkrankheit abzumildern. Wer sich darauf einlässt, sollte daran denken, dass Kokablätter nirgendwo über internationale Grenzen ausgeführt werden dürfen!

Drogen in Nahrungsmitteln

Lonely Planet-Leser haben berichtet, dass sie Essen von Fremden annahmen, damit unter Drogen gesetzt und anschließend ausgeraubt wurden.

Sehr vorsichtig sollte man in Bars sein – es ist schon vorgekommen, dass Traveller betäubt und anschließend vergewaltigt oder ausgeraubt wurden. Daher immer ein Auge auf sein Getränk haben und beim Schließen von neuen Bekanntschaften umsichtig bleiben!

Entführungen

Wenn man ein Taxi nimmt, ist Vorsicht geboten. In manchen Städten wächst die Gefahr, Opfer einer Entführung zu werden. Der Fahrgast wird in ein abgelegenes Viertel verschleppt und festgehalten, während Komplizen mit der Kreditkarte das Konto leeren; gelegentlich kommt es auch zu Überfällen. Wo diese Gefahr besonders groß ist, ist den einzelnen Länderkapiteln zu entnehmen. Um sicherzugehen, sollte man sich von seiner Unterkunft ein Taxi rufen lassen, statt eines auf der Straße heranzuwinken. Am Flughafen sollte man lieber ein offizielles Taxi nehmen als eines, das draußen auf Kundschaft wartet. Niemals in ein Fahrzeug steigen, in dem schon ein anderer Fahrgast sitzt.

Geführte Touren

Unmengen spannender Aktivitäten sind in Südamerika im Angebot – von Rafting bis hin zu Mountainbiketouren. Man sollte sich aber gründlich über den Veranstalter erkundigen, ehe man sich einer Tour anschließt. Schlecht gewartete Ausrüstung und nachlässige, schlecht vorbereitete Führer haben schon manchen Travellern das Leben gekostet. Es ist nicht klug, seine Entscheidung für einen Anbieter allein vom Preis abhängig zu machen. In Bolivien sind beispielsweise Bergwerkstouren in Potosí, Fahrradausflüge im Umland von La Paz und Jeepexkursionen zum Salar de Uyuní so populär geworden, dass manche Veranstalter alle Sicherheitsstandards in den Wind schlagen. Man sollte mit anderen Travellern sprechen, die gestellte Ausrüstung prüfen und die Führer kennenlernen, ehe man sich einer Tour anschließt.

Krisenherde

Manche Teile Südamerikas sind gefährlicher als andere. In einigen Ländern bzw. Regionen ist besondere Vorsicht geboten, ohne dass jedoch auf Reisen dorthin komplett verzichtet werden muss. Ein besonders hohes Risiko besteht in Venezuela (vor allem in Caracas und entlang der ganzen Grenze zu Kolumbien). Kolumbien ist heute sicherer als noch vor einigen Jahren; bestimmte Regionen sollte man dort aber nach wie vor meiden. In Ecuadors nördlicher Grenzregion (besonders der Oriente) besteht Gefahr durch Guerilla-Aktivitäten. Vor allem in Peru kam es an entlegenen oder sogar gut erschlossenen archäologischen Stätten auch schon zu Übergriffen auf Traveller – daher vor dem Start immer die aktuelle Lage sorgsam ermitteln! La Paz (Bolivien), Caracas (Venezuela), Quito (Ecuador), Rio und São Paulo (Brasilien) sind jeweils berühmt-berüchtigt für Gewalt gegen Touristen.

Naturkatastrophen

Der Pazifische Feuerring zieht sich entlang der Küsten Ostasiens, Alaskas und des gesamten amerikanischen Kontinents entlang bis hinunter nach Feuerland. Damit säumt die gigantische Vulkankette auch die gesamte Pazifikküste Südamerikas. Da sich Vulkanausbrüche oft vorher ankündigen, sind sie in den meisten Fällen kein unmittelbares Sicherheitsrisiko für Reisende. Allerdings ist die seismische Aktivität am Feuerring auch für Erdbeben verantwortlich. Und die sind in Südamerika keine Seltenheit – sie treten hier oft völlig unerwartet auf und können immense Schäden anrichten. Das letzte große Beben der Region (Stärke 8,3) erschütterte Chiles Nordküste am 16. September 2015. 1 Mio. Menschen mussten evakuiert werden, „nur" zehn Menschen kamen ums Leben (was angesichts der Stärke des Erdbebens schon fast einem Wunder gleicht). In den Anden sind Gebäude größtenteils kaum gegen seismische Aktivität gesichert; besonders empfindlich sind Bauten aus Lehmziegeln. Wer in ein Erdbeben gerät, sollte Schutz unter einem Türsturz oder Tisch suchen – und auf keinen Fall ins Freie flüchten!

Polizei & Militär

Mancherorts wird man erleben, dass Polizisten die unbedeutendsten Regelungen geltend machen, um Schmiergelder einzuheimsen.

Wird man von ein paar „Beamten in Zivil" angehalten, sollte man auf keinen Fall in ihren Wagen steigen, ihnen Dokumente irgendeiner Art aushändigen oder zeigen, wie viel Geld man dabei hat. Falls die Polizisten „echt" zu sein scheinen, sollte man darauf bestehen, zu Fuß zur nächsten Polizeiwache zu gehen.

Das Militär hat oft erstaunlich viel Macht, selbst in Ländern mit Zivilregierung. Am besten ist es, militärische Einrichtungen zu meiden; mitunter wird man Warnhinweise entdecken („Nicht anhalten und nicht fotografieren – die Wache hat Anweisung zu schießen"). Sollte sich ein Staatsstreich oder ein Putsch ereignen, treten Notstandsgesetze in Kraft und die Bürgerrechte werden ausgesetzt. Man sollte nie ohne Ausweis vor die Tür gehen und dafür Sorge tragen, dass ein Angehöriger über

> **STAATLICHE REISEINFORMATIONEN**
>
> Diese staatlichen Websites geben auch für die südamerikanischen Länder allgemeine Sicherheitstipps und informieren über potenziell gefährliche Gebiete:
>
> ➸ Deutschland (www.auswaertiges-amt.de)
> ➸ Österreich (www.bmeia.gv.at)
> ➸ Schweiz (www.eda.admin.ch)

den aktuellen Aufenthaltsort informiert ist. Die Botschaften und Konsulate liefern nützliche Informationen.

Geld

Die Preise in diesem Band sind in der jeweiligen Landeswährung angegeben. In Ecuador wird mit US-Dollar bezahlt, in Französisch-Guayana mit Euro. Infos zu Wechselkursen gibt's unter www.xe.com.

Bargeld

Es ist sinnvoll, ein Bündel US-Dollar als Reserve dabeizuhaben (am besten in 20-Dollar-Scheinen oder in kleineren Einheiten; 100-Dollar-Scheine sind schwer zu wechseln); in ganz Südamerika eignet sich diese Währung am besten zum Tauschen. Wenn man eine Landesgrenze überquert, empfiehlt es sich, direkt ein wenig Bargeld zu wechseln. Ramponierte Geldscheine werden manchmal nicht angenommen, man sollte also versuchen, möglichst neue Noten zu ergattern.

In manchen Ländern, insbesondere in ländlichen Regionen, kann das Thema *cambio* (Geld wechseln) zu einem echten Problem werden. Manche Ladenbesitzer nehmen keine großen Geldscheine an, sei es, dass sie tatsächlich kein Rückgeld haben oder es nicht herausrücken wollen. Deshalb sollte man versuchen, größere Noten in gut besuchten Restaurants oder größeren Geschäften loszuwerden bzw. sie bei Banken gegen kleinere Geldscheine einzutauschen.

Betrug

Leider ist in Brasilien das Klonen von Bankkarten an Geldautomaten ein großes Problem – bevor man sich dessen bewusst wird, ist das Konto abgeräumt. Ein vollkommener Schutz ist nahezu unmöglich, aber im Brasilien-Kapitel sind einige Tipps aufgelistet, die helfen, das Risiko zu minimieren.

Feilschen

Zu feilschen ist in Südamerika völlig normal, beispielsweise dann, wenn man längere Zeit in ein und demselben Hostel bleiben oder Kunsthandwerk auf einem Markt kaufen möchte. In den Andenländern ist Feilschen beinahe so etwas wie ein Sport, bei dem die Grundregeln Geduld, Humor und respektvolles Verhalten sind. Im Südkegel (Cono Sur) – unter diesem Begriff werden Argentinien, Chile, Uruguay und Teile von Brasilien und Paraguay zusammengefasst – ist Feilschen dagegen weit weniger üblich. Wenn man handelt, sollte man stets daran denken, dass es vor allem um den Spaß an der Interaktion geht und dass das Ergebnis für beide Seiten zufriedenstellend sein muss – sprich: Der Verkäufer sollte einen nicht ausnehmen und der Käufer sollte seinerseits einen realistischen Preis anvisieren.

Geldautomaten

In den meisten größeren Ortschaften und Städten gibt's Geldautomaten. Dort Geld zu ziehen, ist meist die bequemste und günstigste Art, an Bares zu kommen. Die Wechselkurse sind normalerweise genauso gut oder schlecht wie in den Banken und Wechselstuben. Viele Geldautomaten gehören zum Cirrus- oder Plus-Netz; üblicherweise wird in den einzelnen Ländern einer dieser beiden Verbunde präferiert. Wird die Bankkarte vom Automaten geschluckt, bleibt einem oft nichts anderes übrig, als die eigene Bank zu kontaktieren, um die Karte sperren zu lassen. Das passiert nur selten, dennoch ist es nicht dumm, für den Fall der Fälle eine zweite Bankkarte dabeizuhaben, die an ein anderes Konto gebunden ist.

Falls möglich, eröffnet man ein Konto bei einer Bank, die keine oder nur geringe Gebühren (1–2%) für Auslandsabhebungen berechnet. Bevor man sich auf die Reise macht, sollte man seine Bank über die Reisepläne informieren – so verhindert man, dass die Bank Auslandsabhebungen sperrt, während man unterwegs ist.

Viele Geldautomaten verlangen auch bei der Verwendung von Kreditkarten die Eingabe der vierstelligen PIN – man sollte sich diese daher unbedingt einprägen.

Geldwechsler

Reiseschecks und ausländische Währungen können in *casas de cambio* (Wechselstuben) oder Banken getauscht werden. Die Wechselkurse unterscheiden sich kaum, aber die *casas de cambio* sind schneller, weniger bürokratisch und länger geöffnet.

Es empfiehlt sich, mit US-Dollar zu reisen, obwohl *casas de cambio* und Banken in Hauptstädten auch Euro tauschen. Es ist aber in kleineren Städten oder auf der Straße so gut wie unmöglich, Euro zu tauschen.

Kreditkarten

Die bekannten Kreditkarten werden in den meisten großen Geschäften, Reisebüros sowie besseren Hotels und Restaurants akzeptiert. Einkäufe mit Kreditkarten kosten oft einen zusätzlichen *recargo* (Aufschlag) in Höhe von 2 bis 10%, aber solche Aufschläge werden auf dem Kreditkartenkonto normalerweise zu recht günstigen Wechselkursen berechnet. Einige Banken geben Barauszahlungen auf Kreditkarte. Die am breitesten akzeptierte Kreditkarte ist Visa, gefolgt von MasterCard.

Reiseschecks

Reiseschecks sind um einiges unpraktischer als Bankkarten, und man wird eventuell Probleme haben, sie einzulösen – selbst in Banken. Darüber hinaus sind die Gebühren hoch (3–10%). Am ehesten akzeptiert werden American-Express-Reiseschecks, gefolgt von Visa, Thomas Cook und Citibank. Damit die Schecks im Fall eines Diebstahls ersetzt werden können, sollte man sich die Schecknummern notieren und die Rechnung (im Original) an einem sicheren Ort aufbewahren. Aber selbst wenn man alle notwendigen Unterlagen beisammen hat, kann es lange dauern, bis die Schecks ersetzt werden.

Schwarzmarkt

Mittlerweile sind die offiziellen Wechselkurse in den meisten südamerikanischen Ländern recht realistisch, sodass der Schwarzmarkt zunehmend an Bedeutung verliert. Der *mercado negro* ist aber nützlich, wenn man z. B. eine abgelegene Grenze überquert und die nächste offizielle Wechselstube oder Bank weit entfernt ist. Manche Traveller tauschen außerhalb der Öffnungszeiten Geld auf der Straße, doch eigentlich ist das kaum noch notwendig, weil es fast überall Geldautomaten gibt. Die einzige Ausnahme bildet Venezuela: Wer dort auf dem Schwarzmarkt Bargeld tauscht, bekommt das Doppelte oder noch mehr vom offiziellen Wechselkurs.

Die Geldwechsler auf der Straße arbeiten zum Teil legal und zum Teil illegal (und werden selbst dann oft geduldet). So oder so, man muss definitiv auf der Hut sein. Häufig bekommt man z. B. etwas weniger als den vereinbarten Betrag ausgezahlt. Wenn man sich beschwert, nehmen die Betrüger das Geldbündel zurück, fügen die fehlenden Scheine hinzu und lassen gleichzeitig ein paar der größeren Banknoten verschwinden. Manchmal werden die Händler auch versuchen, ihre Kunden abzulenken (sie weisen dann z. B. auf die Polizei hin oder auf irgendeine andere „Gefahr"), oder sie benutzen einen manipulierten Taschenrechner. Achtung: Oft werden gefälschte, schmutzige oder rissige Noten verteilt.

Internetzugang

WLAN ist überall weit verbreitet und in vielen Cafés, Hostels oder Pensionen sogar kostenlos. Internetcafés werden dagegen immer seltener. Sofern man noch eines gefunden hat, liegen die Preise zwischen 1 und 2 US$ pro Stunde (in Brasilien, Argentinien und Chile ab 6 US$/Std.).

Karten & Stadtpläne

International Travel Maps & Books (www.itmb.com) produziert eine Reihe von ausgezeichneten Mittel- und Südamerikakarten. Für den ganzen Kontinent gibt's eine verlässliche dreiteilige Karte im Maßstab 1 : 4 000 000. Die Karten sind für unterwegs zu unhandlich, helfen aber bei der Reiseplanung. Detailkarten gibt's für das Amazonasbecken, Ecuador, Bolivien und Venezuela.

Für ganz Südamerika gibt's unzählige Karten – einfach in einem gut sortierten Karten- oder Reisebuchladen fragen. **South American Explorers** (www.saexplorers.org) hat viele Karten, darunter Topografie- und Regionalkarten sowie Stadtpläne. Landkarten und Stadtpläne gibt's auch im **Landkartenshop** (www.landkartenshop.de).

Öffnungszeiten

Allgemein sind die Geschäfte montags bis freitags von 8 oder 9 Uhr bis 20 oder 21 Uhr geöffnet, um die Mittagszeit wird meist eine zweistündige Pause eingelegt. Viele Läden sind auch samstags geöffnet, wenngleich nicht ganz so lang. In Banken kann meist nur von montags bis freitags Geld gewechselt werden. Sonntags haben üblicherweise alle Geschäfte zu. In den Andenländern wird tendenziell früher Feierabend gemacht als anderswo.

Post

Post ins Ausland ist oftmals teuer. Wichtige Briefe und Pakete sollten per Einschreiben mit Rückschein verschickt werden, sonst gehen sie vielleicht verloren. Pakete zu versenden, kann nervig sein: Oft muss ein *aduana*-(Zoll-)Beamter den Inhalt prüfen, bevor ein Postmitarbeiter das Paket annimmt. Deshalb sollte man es nicht vor der Überprüfung zukleben. Viele Postämter haben Paketschalter, meist mit der Aufschrift *encomiendas* (Pakete). Oft werden Auslandspakete nicht in der Hauptpost, sondern in einem anderen Gebäude aufgegeben.

UPS, FedEx, DHL und andere private Kurierdienste sind in manchen Ländern vertreten, aber um ein Vielfaches teurer.

Rechtsfragen

Auf städtischen Polizeiwachen sind Englisch sprechende Dolmetscher eine Seltenheit; in den meisten Fällen müssen Reisende entweder die Landessprache sprechen oder sich selbst um einen Übersetzer kümmern. In einigen Städten gibt's einen Service der Touristenpolizei, der oft sehr nützlich ist.

Kopien (besser noch: beglaubigte Kopien) von Pässen und Flugtickets sowie Abschriften von Kreditkarten- und Reisescheckummern sind von unschätzbarem Wert, wenn Verlorenes ersetzt werden muss. Passersatzanträge werden normalerweise an das Heimatland weitergeleitet, deshalb ist es sinnvoll, eine Passkopie bei jemandem zu Hause zu deponieren.

Reisen mit Behinderung

Im Großen und Ganzen ist Südamerika für Reisende mit Behinderung nicht gut gerüstet. In den weiter entwickelten Ländern im Süden – vor allem in Chile, Argentinien und den größeren Städten Brasiliens – ist die Situation aber etwas besser. Generell sind billige Unterkünfte wahrscheinlich nur unzureichend ausgestattet, Busfahrten sind zwar nicht unmöglich, aber Flüge bieten sich eher an. Gut erschlossene Attraktionen sind besser zugänglich als Ziele abseits der Touristenströme. Die folgenden Websites sind gute Ausgangspunkte für die Internetrecherche:

Access-able Travel Source (www.access-able. com) Website mit einigen guten allgemeinen Reisetipps, aber nur wenigen speziellen Infos zu Südamerika.

Emerging Horizons (www. emerginghorizons.com) Onlinemagazin mit guten Artikeln und Kolumnen voller nützlicher Ratschläge.

Mobility International (www.miusa.org) Diese US-amerikanische Organisation bietet Reiseberatung und Bildungsaustauschprogramme für Behinderte an – kein schlechter Weg, Südamerika kennenzulernen.

Mobility International Schweiz (www.mis-ch.ch) Sammlung weltweiter „barrierefreier" Reiseinformationen mit Forum und umfassender Infothek.

Sprachkurse

In vielen südamerikanischen Städten werden Spanischkurse angeboten – die besten in Cuzco (Peru), Arequipa (Peru), in Quito und Cuenca (Ecuador) und in Buenos Aires. Portugiesisch lässt sich prima in Rio de Janeiro lernen. Für Quechua und Aymara ist Cochabamba (Bolivien) oder Cuzco die beste Adresse.

Strom

Die Stromspannung ist in Südamerika nicht überall einheitlich; sie reicht von 100 bis 240 V. Am häufigsten sind Steckdosen für flachpolige Stecker nach amerikanischer Art bzw. für Stecker mit runden Polen nach europäischer Art. Details findet man in den jeweiligen Länderkapiteln unter „Allgemeine Informationen".

Schwule & Lesben

Die tolerantesten Städte sind Buenos Aires, Rio de Janeiro und São Paulo. Aber auch Salvador (Brasilien), Bogotá und (in etwas geringerem Maße) Santiago verfügen über eine lebendige Szene. Andernorts, wo ein Kuss zwischen gleichgeschlechtlichen Partnern eventuell Aufsehen erregt, sollte man es den Einheimischen gleichtun: durch diskretes Verhalten unangenehmen Situationen vorbeugen.

Zwar gibt's immer mehr Publikationen und Websites zum Thema Schwulen- und Lesbenreisen, doch wenige liefern Tipps speziell für Südamerika. Eine Ausnahme ist **Purple Roofs** (www. purpleroofs.com). Hier stehen Adressen von Unterkünften in Südamerika, in denen Homosexuelle ausdrücklich willkommen sind.

Telefon

Skype und andere Arten der Internettelefonie eignen sich am besten für Auslandsgespräche. Wer das normale Festnetz nutzen will, kommt mit einer Telefonkarte am günstigsten weg.

Eine Alternative sind Direktwahl-Services mit speziellen Zugangscodes, wobei die Gebühren vom Konto zu Hause abgebucht werden. Die einzelnen Telefongesellschaften in den verschiedenen Ländern haben jeweils andere Zugangscodes. So empfiehlt es sich, beim eigenen Telefonanbieter rechtzeitig ein Verzeichnis mit den entsprechenden Nummern für Südamerika zu besorgen.

Mobiltelefone

Die südamerikanischen Handynummern haben oftmals eine andere Vorwahl als die Festnetznummern. Ein Handy anzurufen ist immer teurer (manchmal sogar sehr viel teurer) als einen Festnetzanschluss.

Wer ein Mobiltelefon mit auf die Reise nehmen möchte, ist mit einem GSM-Telefon (Tri- oder Quadband) am besten beraten. Man kann sich auch in den jeweiligen Reiseländern Prepaid-SIM-Karten zulegen; um diese benutzen zu können, benötigt man ein Handy ohne SIM-Lock. Man kann aber auch einfach ein Handy bei der Ankunft vor Ort kaufen (billige kosten rund 30 US$).

Wer auf seine Reise sein iPhone oder ein anderes Smartphone mitnehmen will, sollte möglicherweise ein internationales Pauschalangebot buchen, um die sonst vielleicht auflaufenden exorbitanten Roaminggebühren besonders für mobiles Internet zu minimieren. Man sollte nicht vergessen, dass man mit Skype oder einem anderen VoIP-Telefondienst kostenlos oder sehr günstig ins Ausland telefonieren kann, ohne WLAN aber Kosten für die Internetverbindung dazukommen.

Telefonkarten

Von Skype einmal abgesehen ist es am günstigsten, Auslandsgespräche mit einer Telefonkarte zu tätigen, die in Kiosken und anderen Läden verkauft wird. Manchmal kostet ein Gespräch so nach Europa gerade mal 0,05 US$ pro Minute! Das einzig Unpraktische ist, dass man ein privates Telefon braucht oder z. B. einen Kioskbesitzer darum bitten muss, sein Telefon benutzen zu dürfen.

Toiletten

Es gibt zwei Toilettenregeln für Südamerika: Erstens sollte man immer eigenes Toilettenpapier dabeihaben und nie etwas davon in die Kloschüssel werfen. Nur die Kanalisationen der recht weit entwickelten Länder können das Toilettenpapier verkraften, und in Südamerika müssen alle Papierprodukte in Abfalleimer entsorgt werden. Zweitens sollte man öffentliche Toiletten immer sofort benutzen, wenn es möglich ist – denn man weiß nie, wann sich die nächste Gelegenheit ergibt. Menschen, die vor Toiletten Klopapier anbieten, gibt man Geld dafür.

Touristeninformation

Alle südamerikanischen Länder haben staatlich betriebene Touristeninformationen. Deren Qualität und Angebot variieren aber sehr stark. Dieses Buch nennt jeweils alle vor Ort vorhandenen Büros.

South American Explorers (SAE; www.saexplorers.org) SAE zählt zu den hilfreichsten Organisationen für Südamerikareisende. Die 1977 gegründete Einrichtung fungiert als Informationszentrum für Traveller, Abenteurer und Forscher. Neben wissenschaftlicher Feldforschung und Expeditionen (z. B. Bergsteigen) unterstützt sie auch den Naturschutz und die soziale Entwicklung in Lateinamerika. In Lima, Cuzco, Quito und nahe Limache in Zentralchile unterhält SAE spezielle Clubhäuser für Traveller. In großartiger Atmosphäre warten dort jeweils auch umfangreiche Bibliotheken mit Büchern, Karten und Reiseberichten. Die Organisation verkauft auch selbst Karten, Bücher und andere Dinge (erhältlich direkt vor Ort oder per Versandservice).

Wer Jahresmitglied wird (Einzelpers./Paar 60/90 US$), kann die Einrichtungen bzw. Dienstleistungen aller Clubhäuser in Anspruch nehmen (u. a. Internetzugang, Bibliothek, Gepäckaufbewahrung, Postservice, Büchertauschbörse, Reiseberichte). Zudem erhalten Mitglieder Rabatt bei zahlreichen Hotels und Reiseanbietern. Die Clubhäuser organisieren obendrein Workshops, Spanisch-Sprachkurse, Ausflüge und andere Events.

Unterkunft

Die Preise sind von Land zu Land verschieden; prinzipiell sind die Andenländer (vor allem Bolivien) am günstigsten (ab ca. 10 US$/Nacht), Brasilien, Chile, Argentinien und die Guyanas am teuersten (ab 30 US$).

Camping

Camping bietet sich insbesondere in Parks und Schutzgebieten an und ist praktisch und preiswert, besonders wenn man in teureren Ländern wie Chile unterwegs ist. Wer campen will, sollte die erforderliche Ausrüstung mitbringen. In großen Städten kann man zwar Campingausrüstungen kaufen, aber das Angebot ist beschränkt und teuer. In Gegenden, in denen viel gecampt und getrekkt wird (z. B. im argentinischen Seengebiet, in Mendoza und in Huaraz), wird Equipment verliehen, aber die Qualität lässt oft zu wünschen übrig.

Eine Alternative zum Campen ist die Übernachtung in *refugios* (einfache Hütten in Parks und Reservaten), die normalerweise einfache Betten und die Möglichkeit der Küchenmitbenutzung anbieten. Bergsteiger übernachten bei ihrem Gipfelsturm meistens zwangsläufig in einem *refugio*.

Hostels

Albergues (Hostels) werden immer beliebter in Südamerika und sind, genau wie in anderen Teilen der Welt, ein erstklassiger Treffpunkt für Reisende. Offizielle *albergues juveniles* (Jugendherbergen) sind eher die Ausnahme; die meisten Hostels heißen Touristen jeden Alters willkommen und gehören nicht zur Hostelling-International-Gruppe (HI).

Hotels

Angebote und Bezeichnungen der hiesigen Hotels variieren enorm. Die teuersten Unterkünfte sind die eigentlichen *hoteles* (Hotels). Etwas preiswerter sind die *hostales* (kleine Hotels oder Pensionen). Am billigsten sind *hospedajes*, *casas de huéspedes*, *residenciales*, *alojamientos* und *pensiones*. Pensiones bieten Zimmer, die mit einem Bett (inklusive Bettdecke

> **ONLINE BUCHEN**
>
> Weitere Tipps von Lonely Planet Autoren gibt's im Internet auf www.lonelyplanet.com/hotels. Hier findet man unabhängige Kritiken sowie Empfehlungen für gute Unterkünfte. Und das Beste daran ist: Man kann online buchen.

und hoffentlich sauberem Laken), möglicherweise Tisch und Stuhl und manchmal mit Ventilator ausgestattet sind; Duschen und Toiletten teilt man sich in der Regel mit anderen Gästen, Warmwasser gibt es oft nicht. Obwohl die Sauberkeit stark variiert, sind viele Unterkünfte bemerkenswert reinlich. In einigen Gegenden, vor allem in Südchile, sind die preiswertesten Unterkünfte oft die sehr gastfreundlichen *casas familiares* (Familienhäuser).

In Brasilien, Argentinien und einigen anderen Ländern ist das Frühstück häufig im Preis enthalten.

Die Warmwasserversorgung ist oft unzuverlässig oder auf bestimmte Tageszeiten beschränkt. Es lohnt sich, nachzufragen und gegebenenfalls etwas mehr zu bezahlen – vor allem im Hochland und im tiefsten Süden des Kontinents, wo es definitiv sehr kalt wird.

Beim Duschen sollte man sich vor dem elektrischen Duschkopf in Acht nehmen, einer unschuldig aussehenden Armatur, die kaltes Wasser mit einem elektrischen Element aufheizt. Wer keinen Schlag bekommen will, sollte den Duschkopf und andere Dinge aus Metall auf keinen Fall berühren, während das Wasser läuft. Solche elektrischen Schläge sind zwar nicht stark genug, um einen durchs Zimmer zu schleudern, aber eben auch nicht gerade angenehm. Die Preise in den Abschnitten „Schlafen" beziehen sich auf Zimmer mit Gemeinschaftsbädern oder auf Zimmer mit eigenem Bad. Wo nicht zwischen diesen Optionen unterschieden wird, gehört in der Regel ein eigenes Bad zum Zimmer.

Visa & Einreisegebühren

Traveller aus einigen Ländern benötigen für die Einreise in manche südamerikanische Staaten ein Visum. In diesem Fall sollten Anträge rechtzeitig bei einer diplomatischen Vertretung des jeweiligen Landes in der Heimat gestellt werden. EU-Bürger und Schweizer benötigen zur Einreise in den meisten Fällen jedoch nur einen mindestens noch sechs Monate gültigen Reisepass! Bei visumsfreier Einreise erhält man normalerweise eine Touristenkarte (Details finden sich in den jeweiligen Länderkapiteln). Diese sowie alle anderen Ein- oder Ausreisekarten immer sorgfältig aufbewahren – bei Verlust drohen Komplikationen und hohe Bußgelder!

Außerdem ist es ratsam, immer ein paar Passfotos für eventuell nötige Visumanträge vor Ort im Gepäck zu haben: Wer für einen visumspflichtigen Grenzübertritt nicht alle erforderlichen Dokumente hat, muss damit rechnen, zum nächsten Konsulat zurückzureisen zu müssen. Auch Fluglinien lassen Passagiere ohne ein ggf. benötigtes Visum für das jeweilige Zielland normalerweise nicht an Bord. Ein Visum allein ist übrigens immer noch keine Garantie für eine erfolgreiche Einreise: Ohne „ausreichende Geldmittel" oder ein Rückflug- bzw. Anschlussticket kann es ebenfalls vorkommen, dass einem der Grenzübertritt verweigert wird.

Ausreichende Mittel

Ausreichende Mittel sind rein formell zwar erforderlich, allerdings wird nur selten nach ihnen gefragt. Das Fehlen ausreichender Mittel kann dazu führen, dass Beamte die Länge des Aufenthaltes kürzen. Sobald man jedoch in das Land eingereist ist, kann man sein Visum in der Regel durch das Zücken einer Kreditkarten verlängern.

Weiter- oder Rückreisetickets

Viele Länder verlangen ein Rückreiseticket (z. B. Guyana), bevor sie die Ein- oder Weiterreise gestatten oder einen Inlandsflug erlauben. Diese Bestimmung kann eine Plage für diejenigen sein, die auf dem Luftweg in ein Land einreisen und auf dem Landweg durch andere Länder weiterreisen möchten. Nicht an jeder Grenze wird auf der Vorlage des Tickets beharrt, an südamerikanischen Binnengrenzen kommt es eher selten vor – oft reicht es schon, gut gekleidet und freundlich aufzutreten.

In jedem Fall gilt aber, dass man sich vor Reiseantritt über die einzelnen Einreisebestimmungen informieren sollte, denn diese können sich auch kurzfristig ändern. Hilfreiche Websites dazu findet man im Kasten auf S. 1138.

Versicherung

Eine Reiseversicherung, die Diebstahl, Verlust, Unfall und Krankheit abdeckt, ist unbedingt zu empfehlen. Zu vielen Policen gibt's eine Karte mit einer gebührenfreien Nummer, unter der man rund um die Uhr Hilfe erhält; diese sollte man immer bei sich tragen. Einige Policen ersetzen auch fehlgeleitetes oder verloren gegangenes Gepäck. Eine Gepäckversicherung ist ihr Geld wert und sorgt für Seelenfrieden. Reisende sollten sich aber vor allem vergewissern, dass die schlimmsten Schreckensszenarien abgedeckt sind: Notfallbehandlungen, Evakuierungen und Rückführungen. Einige Policen schließen „risikobehaftete Aktivitäten" ausdrücklich aus, z. B. Tauchen, Motorradfahren oder sogar Trekken. Wer solche Sportarten auf der Agenda hat, sollte sich für eine andere Police entscheiden.

Es gibt unzählige Versicherungsvarianten – Reisebüros können meistens Empfehlungen dazu abgeben. Die Policen von Studentenreisebüros bieten normalerweise gute Leistungen. Falls eine Police niedrigere und höhere Preisoptionen für medizinische Behandlungen bietet, sollte die niedrigere für Südamerika ausreichen: Medizinische Kosten sind hier nicht annähernd so hoch wie anderswo auf der Welt.

Wer eine Gepäckversicherung hat und einen Schadensfall melden will, wird von der Versicherungsgesellschaft eventuell aufgefordert, nachzuweisen, dass der gestohlene oder verlorene Gegenstand auch wirklich auf der Reise dabei war. Normalerweise muss man innerhalb von 24 Stunden die Versicherung per Luftpost informieren und den Verlust oder Diebstahl der Polizei vor Ort melden. Außerdem ist eine Liste der gestohlenen Gegenstände und ihres Wertes anzufertigen. Auf der Polizeiwache wird ein Formular für eine *denuncia* (Anzeige) ausgefüllt, von dem man eine Kopie für die Versicherung erhält.

Eine weltweite Reiseversicherung gibt's z. B. auf www.lonelyplanet.com/bookings. Online kann man diese jederzeit abschließen, Leistungen anfordern und die Versicherung erweitern – und das gilt auch dann noch, wenn man bereits unterwegs ist.

Zeit

Südamerika hat vier Zeitzonen. In Chile und Teilen Brasiliens gilt von Oktober bis Februar/März die Sommerzeit.

Zoll

Die Zollbestimmungen unterscheiden sich leicht von Land zu Land, aber in der Regel können Reisende ihr persönliches Hab und Gut, Kameras, Laptops, tragbare Elektrogeräte und sonstige Reiseausrüstung ohne Probleme mitbringen.

Alle Länder verbieten die Ausfuhr (und die Heimatländer die Einfuhr) von archäologischen Artefakten, und Güter, die aus Teilen gefährdeter Tierarten bestehen. Traveller sollten außerdem besser keine Pflanzen, Samen, Früchte und Frischfleischprodukte über die Grenzen transportieren.

Verkehrsmittel- & wege

AN- & WEITERREISE

Einreise

Der Reisepass sollte mindestens sechs Monate über das Ende der geplanten Reise hinaus gültig sein und noch viele freie Seiten enthalten, auf denen stempelfreudige Beamte ihre Einträge machen können. Wenn man sich in einer Stadt aufhält, reicht es manchmal, eine Fotokopie des Passes mitzuführen und das Original im Hotel zu lassen; sobald man aber irgendwohin weiterreist oder auch nur mit einem Bus über die Stadtgrenze fährt, sollte man immer das Original dabeihaben.

Auf dem Landweg

Aus Nordamerika gelangt man über Land nur bis Panama. Eine Straßenverbindung weiter nach Kolumbien gibt es nicht, denn die Carretera Panamericana endet in der großen Wildnis der Provinz Darién im südöstlichen Panama. Die straßenlose Ecke zwischen Mittel- und Südamerika ist als „Tapón del Darién" (Darién-Hindernis) bekannt. Früher war es schwierig, aber möglich, diese Lücke in einem Trekking-Abenteuer mit einheimischen Führern zu überwinden, doch seit Ende der 1990er-Jahre ist diese Möglichkeit vor allem auf der kolumbianischen Seite zu gefährlich geworden. Die Region wird praktisch von Guerrillas kontrolliert und ist als absolut unsicher einzustufen.

Bus

Am billigsten, aber eben auch am zeitaufwendigsten passiert man eine Grenze in Südamerika, indem man mit einem regionalen Bus bis zur Grenze fährt, dort die Einreiseformalitäten erledigt

---

REISEN & KLIMAWANDEL

Der Klimawandel stellt eine ernste Bedrohung für unsere Ökosysteme dar. Zu diesem Problem tragen Flugreisen immer stärker bei. Lonely Planet sieht im Reisen grundsätzlich einen Gewinn, ist sich aber der Tatsache bewusst, dass jeder seinen Teil dazu beitragen muss, die globale Erwärmung zu verringern.

Fast jede Art der motorisierten Fortbewegung erzeugt CO_2, doch Flugzeuge sind mit Abstand die schlimmsten Klimakiller – wegen der großen Entfernungen und der entsprechend großen CO_2-Mengen, aber auch, weil sie diese Treibhausgase direkt in hohen Schichten der Atmosphäre freisetzen. Die Zahlen sind erschreckend: Zwei Personen, die von Europa in die USA und wieder zurück fliegen, erhöhen den Treibhauseffekt in demselben Maße wie ein durchschnittlicher Haushalt in einem ganzen Jahr.

Die englische Website www.climatecare.org und die deutsche Internetseite www.atmosfair.de bieten CO_2-Rechner. Damit kann jeder ermitteln, wie viele Treibhausgase seine Reise produziert. Das Programm errechnet den zum Ausgleich erforderlichen Betrag, mit dem der Reisende nachhaltige Projekte zur Reduzierung der globalen Erwärmung unterstützen kann, z. B. Projekte in Indien, Honduras, Kasachstan und Uganda.

Lonely Planet unterstützt gemeinsam mit Rough Guides und anderen Partnern aus der Reisebranche das CO_2-Ausgleichs-Programm von climatecare.org. Alle Reisen von Mitarbeitern und Autoren von Lonely Planet werden ausgeglichen. Weitere Informationen gibt's auf www.lonelyplanet.com.

und dann auf der anderen Seite mit einem anderen Bus seine Reise fortsetzt. Wenn man ein paar Stunden sparen will, kann es sich anbieten, einen internationalen Bus zu nehmen, der Großstädte in benachbarten Ländern miteinander verbindet.

Grenzübergänge

In Südamerika gibt es viele Grenzübergänge, sodass man auf dem Weg zu seinem Ziel kaum größere Umwege in Kauf nehmen muss. Das gilt ganz besonders für Reisen zwischen Argentinien und Chile, an deren 3500 km langer gemeinsamer Grenze es – vor allem auch in Patagonien – etliche Übergänge gibt. Die meisten Grenzstellen befinden sich an Straßen oder Brücken, es gibt aber auch einige, an denen man mit Fähren übersetzt, z. B. am Río de la Plata zwischen Buenos Aires und Uruguay, an mehreren Seen zwischen Argentinien und Chile sowie am Titicacasee zwischen Bolivien und Peru.

Angesichts der Zunahme von Individualreisenden sind die Grenzpolizisten mittlerweile selbst an abgelegenen Ecken des Kontinents an Backpacker gewöhnt. Gleichwohl tut man sich an den Grenzen immer leichter, wenn man nicht zu verrratzt wirkt, die Grenzer mit Respekt behandelt und sie auf Spanisch oder Portugiesisch grüßt. Falls man auf einen Beamten trifft, der versucht, ein wenig Schmiergeld für die Erlaubnis zur Einreise abzuzwacken (was gelegentlich vorkommt), sollte man Haltung bewahren. Wenn es sich (wie meist) nur um eine kleine Summe handelt, lohnt es sich nicht, dagegen etwas zu unternehmen. Meist ist die Grenzpolizei aber höflich und bereitet Travellern keine Probleme.

Bevor man sich auf den Weg zu einer Grenze macht, muss man sich immer darüber informieren, ob man ein Visum braucht!

Übers Meer

Eine der beliebtesten Arten, von Süd- nach Mittelamerika zu kommen, ist die Überfahrt auf einem ausländischen Segelboot von Cartagena zu den San-Blas-Inseln; einige Boote segeln noch weiter nach Colón (Panama). Die übliche Passage dauert vier bis sechs Tage und kostet 375–600 US$. Gute Infoquellen zu angesetzten Fahrten und freien Kabinen sind **Casa Viena** (Karte S. 770, ☎ 05-664-6242; www.casaviena.com; Calle San Andrés 30-53, Getsemaní) in Cartagena und **Captain Jack's** (www.captainjackpanama.com; Hostel Portobelo, Calle Guinea, Portobelo, Colón) in Portobelo, Panama. Bevor man sich einer solchen Tour anschließt, sollte man recherchieren: Es gibt viele unseriöse Anbieter, einige Kähne sind schon gesunken.

Ein günstigerer Weg, von Kolumbien nach Panama zu gelangen, ist die Fahrt mit einem kleinen Boot von Capurgana nach Puerto Obaldia, von wo aus man einen Inlandsflug nach Panama City nehmen oder über die San-Blas-Inseln weiterreisen kann.

Offiziell benötigt man sowohl für Panama, als auch für Kolumbien ein Weiterreise- oder Rückflugticket. In Kolumbien wird das eventuell nicht allzu streng gesehen, wer aber auf Nummer sicher gehen möchte, sollte vor allem auf der panamaischen Seite ausreichende Geldmittel und entsprechende Tickets dabeihaben – Traveller, die das eine oder andere nicht vorweisen konnten, sind schon abgewiesen worden.

Gelegentlich wird auch von Piratenangriffe vor der südamerikanischen Küste berichtet, meist aus der Karibik.

UNTERWEGS VOR ORT

Ob in einer klapprigen *chiva* (offener Bus) an der Küste Ecuadors, an Bord eines Motorkanus auf dem Amazonas, oder in einem Kleinflugzeug hoch über den Anden – die Fahrt von A nach B machen einen großen Teil des Reizes einer Südamerikareise aus.

Auto & Motorrad

Autofahren in Südamerika ist nervenaufreibend und nicht ungefährlich, hat aber seine Vorteile: Mit einem eigenen Fahrzeug können auch abgelegene Orte besucht werden, die mit öffentlichen Verkehrsmitteln nicht erreichbar sind (besonders Nationalparks). In bestimmten Regionen (z. B. Patagonien oder anderen Teilen Chiles oder Argentiniens) lohnt es sich auf jeden Fall, für kurze Zeit ein Auto zu mieten.

Bevor man sich in Südamerika hinters Steuer schwingen kann, gibt's jedoch einiges zu organisieren. Zuallererst sollten sich Autofahrer zusätzlich zu ihrer gültigen Fahrerlaubnis einen internationalen Führerschein besorgen. Auch die Fahrzeugsicherheit kann auf dem ganzen Kontinent zum Problem werden. Wertgegenstände haben auch in (selbstverständlich) abgeschlossenen Autos nichts verloren. Parkplätze sind Mangelware oder gleich gar nicht vorhanden. Traveller sollten auch aufpassen, wo sie ihren fahrbaren Untersatz abstellen – sonst ist der nachher weg.

Das eigene Auto einführen

Das Verschiffen des eigenen Autos oder Motorrads nach Südamerika ist extrem kostspielig und erfordert sorgfältige Planung. Spätestens einen Monat vor der Abreise sollte die Organisation komplett stehen. Diebe räumen Fahrzeuge mit Vorliebe auf hoher See aus. Deshalb sollten vor dem Verladen sämtliche Anbauteile (Radkappen, Scheibenwischer, Rückspiegel usw.) entfernt werden und der Innenraum völlig leer sein. Fahrzeuge in Containern zu verschiffen, ist sicherer, aber teurer. Motorradfahrer kommen oft günstiger weg.

Bei Überlandfahrten von den USA nach Südamerika muss bedacht werden, dass es zwischen Panama und Kolumbien keine Straßen gibt. Weiter gen Süden geht's nur, wenn das Auto per Schiff um den Tapón del Darién, die Lücke in der Panamericana, herummanövriert wird.

Führerschein

Wer in Südamerika fahren möchte, muss einen Internationalen Führerschein bzw. eine Inter-American Driving Permit beantragen (in Uruguay wird nur Letztere akzeptiert). Gegen Vorlage eines gültigen Führerscheins stellen Automobilclubs das Dokument aus (ca. 15 €).

Kaufen

Bei langen Aufenthalten in Südamerika kann es sich rechnen, ein Auto zu kaufen und vor der Abreise wieder zu verkaufen. Dadurch kommt man oft günstiger weg als mit einem Mietwagen. Andererseits bergen Gebrauchtwagen immer Risiken für Geldbeutel und Gesundheit (vor allem wegen der holperigen Straßen). Außerdem kann einen die mit dem Autokauf verbundene Bürokratie in den Wahnsinn treiben.

Wer sich ein eigenes Fahrzeug zulegen möchte, sollte sich in Argentinien, Brasilien oder Chile umsehen. Aber auch hier schwingt der Amtsschimmel nur langsam die Hufe. Dass man der rechtmäßige Besitzer ist, lässt man sich besser von einem Notar bestätigen, denn die Behörden brauchen eine Weile, um den Fahrzeugbrief umzuschreiben. Wenn's um den Grenzübertritt geht, gibt's mit in Südamerika erworbenen Fahrzeugen manchmal Probleme.

Wer auf dem Festland über die Grenze möchte, braucht offiziell ein *carnet de passage* (oder *libreta de pasos por aduana*; Zollabfertigungsschein), auch wenn dieses Dokument wahrscheinlich kein Mensch sehen will. Wie man es am besten beantragt, erfährt man bei den großen Automobilverbänden im deutschsprachigen Raum (z. B. ADAC).

Mieten

In den Hauptstädten und Metropolen sowie an den wichtigsten Flughäfen des Kontinents gibt es Niederlassungen internationaler Autovermieter wie Hertz, Avis oder Budget. Die Tarife von kleineren lokalen Anbietern sind jedoch meist günstiger. Um einen Wagen zu mieten, muss der Fahrer mindestens 25 Jahre alt sein sowie einen Führerschein und eine Kreditkarte haben. Manche Firmen verleihen auch Fahrzeuge an unter 25-Jährige, verlangen aber eine Gebühr dafür. Nicht alle Firmen erlauben es, dass man mit ihren Wagen ins Ausland fährt; dieser Punkt muss bei entsprechenden Plänen vorab geklärt werden.

Die Preise variieren stark (ca. 30–60 € pro Tag), und es ist generell clever, sich mit ein paar anderen Travellern zusammenzutun, um die Kosten zu teilen. Die vergleichsweise hohen Ausgaben für den Wagen relativieren sich schnell, wenn man ihn nutzt, um zu günstigen Zeltplätzen zu gelangen, besonders in den teureren Ländern im Süden des Kontinents.

Verkehrsregeln

In Südamerika wird – Guyana und Suriname ausgenommen – auf der rechten Straßenseite gefahren. Verkehrsregeln werden häufig ignoriert, Verstöße so gut wie nie verfolgt. Der Straßenzustand ist oft katastrophal. Viele Fahrer (besonders in Argentinien und Brasilien) verhalten sich äußerst rücksichtslos und fordern Unfälle geradezu heraus. Achtung: Bei Nacht ist es auf der Straße gefährlicher als tagsüber, nicht nur weil es dunkel ist, sondern auch weil dann viele Zeitgenossen unterwegs sind, die übermüdet sind und/oder schon einiges intus haben.

Verkehrsschilder sind entweder nicht vorhanden oder führen Ortsunkundige in die Irre. Da helfen nur Humor und Geduld. In unübersichtlichen Kurven lässt sich das Unfallrisiko durch Hupen reduzieren; auf einspurigen Straßen hat meist derjenige Vorfahrt, der bergaufwärts fährt. Wenn Äste oder Felsen auf der Straße liegen, sollte man sofort bremsen: Das kann nämlich bedeuten, dass sich direkt voraus ein Pannenfahrzeug, Erdrutsch oder sonstiges Hindernis befindet. Auch mit Rüttelschwellen muss gerechnet werden. Durchgeschaukelt werden Autofahrer dadurch meist mitten im Stadtzentrum, aber manchmal auch völlig unerwartet irgendwo auf dem Highway.

Versicherung

Die Kfz-Versicherung von zu Hause deckt keine Fahrten mit Mietwagen im südamerikanischen Ausland ab. Kunden von Autovermietungen sollten sich daher vergewissern, dass der Zusatz *seguro* (Versicherung) im Vertrag enthalten ist. Bei Unfällen mit Personenschäden wandern die Beteiligten in ganz Südamerika häufig ins Gefängnis, bis der Fall geklärt ist – wer schuld ist, spielt dabei keine Rolle. Kleine Blechschäden regelt man am besten vor Ort, ohne die Polizei oder die Versicherung einzuschalten.

Bus

Auf dem gesamten Kontinent ist das Busnetz recht dicht. Aber: Die Straßen und die Fahrzeuge sind von sehr unterschiedlicher Qualität … Und das gilt eigentlich auch für die Fahrer.

Der Straßenzustand hängt stark von der Jahreszeit ab: Was in der Trockenzeit eine gewaltige rote Staubwüste ist, verwandelt sich in der Regenzeit in einen riesigen Schlammsee. In Argentinien, Uruguay, Ecuador und im größten Teil von Venezuela sind die Fahrbahnen allgemein in besserem Zustand, ebenso an der Küste und im Süden Brasiliens. Chile und Argentinien haben die besten Straßen und außerdem die komfortabelsten und verlässlichsten Busse in ganz Südamerika.

Die meisten größeren Städte und Siedlungen haben ein *terminal de autobuses* oder *terminal de ómnibus* (Busbahnhof; in Brasilien *rodoviária*, in Ecuador *terminal terrestre* genannt). Häufig liegen Busbahnhöfe am Stadtrand und sind nur mit Nahverkehrsbussen oder Taxis erreichbar. Zu den größten und besten Terminals gehören Restaurants, Läden, Duschen und weitere praktische Einrichtungen. In ihrer (oft hässlichen) Umgebung finden sich meist günstige Unterkünfte und Lokale. Bei „Dorfterminals" in ländlichen Gebieten handelt es sich oft um unbefestigte Flächen, auf denen klapprige Vehikel stehen. Männer kündigen schreiend die Fahrtziele an – da heißt es die Ohren spitzen.

Diverse Städte haben gleich mehrere Busbahnhöfe (für verschiedene Routen), und manchmal besitzt jede Busgesellschaft ihr eigenes Terminal. Dies ist besonders unpraktisch und betrifft vor allem Kleinstädte in Kolumbien, Ecuador und Peru.

Klassen

Vor allem in den Andenländern tuckern häufig aufs Wesentliche reduzierte Busse auf profillosen Reifen durch die Gegend. Wegen der harten Federung werden vor allem Traveller im hinteren Teil eine aufrüttelnde Fahrt erleben. Wenn alle Plätze besetzt sind, wird anschließend der Mittelgang gnadenlos vollgestopft. Die Ladung auf dem Dach ist meistens noch einmal halb so hoch wie der Bus; ab und zu reisen sogar Ziegen oder Schweine in luftiger Höhe mit. All das mag eine gewisse Skepsis hervorrufen, doch letztendlich kommt man dennoch mit heiler Haut ans Ziel. Verschiedene Busklassen existieren in der Regel nicht (ausgenommen bei Fernbussen); daher müssen Traveller wohl oder übel mit dem fahren, was gerade zur Verfügung steht.

Andererseits rollen echte „Luxusliner" die Hauptrouten entlang (z. B. in Argentinien, Brasilien, Chile, Kolumbien, Uruguay, Venezuela oder sogar Bolivien). Die teuersten Tickets garantieren normalerweise umklappbare Liegesitze, Verpflegung, Getränke und Videofilme. Je nach Land haben die verschiedenen Busklassen sehr unterschiedliche Bezeichnungen. Bei *coche camas* oder *buscamas* (wörtl. „Busbetten") handelt es sich um luxuriöse Nachtbusse, die auf den meisten Fernreiserouten in Argentinien, Chile und Peru unterwegs sind; in Brasilien heißen diese Gefährte *leito* (Schlafkoje).

Preise

Für Busreisen in den Andenländern können Traveller ungefähr 0,75 € pro Stunde veranschlagen. Die besseren Leistungen (1. Klasse oder *coche cama*) können doppelt so teuer sein wie eine Fahrt in normalen Bussen. Allerdings entfällt bei Nachtbussen die Suche nach einem Hotelzimmer, was wiederum dem Geldbeutel zugute kommt.

Reservierungen

Zu den Haupturlaubszeiten sollten Tickets grundsätzlich im Voraus gekauft werden (im Cono Sur betrifft das die Monate Januar bis März und in ganz Südamerika die Osterwoche und die Ferienwochenenden). Im Idealfall haben Busgesellschaften eigene Ticketschalter in den großen Terminals; Tafeln informieren über Routen, Abfahrtszeiten und Preise. Die Plätze tragen Nummern und können im Voraus gebucht werden. Wenn das nicht der Fall ist, reicht es meist aus, wenn man eine Stunde vor der Abfahrt am Busbahnhof erscheint. Dann lässt sich fast immer ein freies Plätzchen an Bord ergattern.

Gefahren & Ärgernisse

Jeder, der eine Busreise durch Südamerika unternommen hat, kann Geschichten über haarsträubende Trips und durchgeknallte Fahrer zum Besten geben. Und ja, es kommt gelegentlich zu Unfällen. Selbst Luxusbusse sind dagegen nicht gefeit: Auch die Fahrzeuge renommierter Gesellschaften werden manchmal in Unglücke verwickelt. Einige Straßen – besonders durch die Anden – sind Pisten voller Risiken. Wer sich ein paar Mal ins Flugzeug setzt, kann sich manche Panikattacke ersparen.

Fahrrad

Mit dem Drahtesel durch Südamerika zu cruisen, ist eine anstrengende, aber sehr lohnende Alternative zu öffentlichen Verkehrsmitteln. Der bessere Straßenzustand in Argentinien und Chile macht Trips durch die Länder des Cono Sur attraktiv. Zu diesem „Südkegel" gehören neben Argentinien, Chile und Uruguay auch Teile Brasiliens und Paraguays. Aber eigentlich kann der gesamte Kontinent per Fahrrad – genauer gesagt Mountainbike – erkundet werden. Touringräder eignen sich für befestigte Fahrbahnen, die spektakulären Straßen in den Anden können allerdings nur mit einem *todo terreno* (Mountainbike) in Angriff genommen werden.

Ausgeschilderte Strecken oder feste Routen über Landesgrenzen hinweg sucht man vergeblich. Zähe Mountainbiker haben sich bereits über die kompletten Anden gequält und ein paar wenige sind schon quer über beide Kontinente von Nord- nach Südamerika gestrampelt. Verkehrsregeln kann man getrost vergessen – Hauptsache, man schwimmt mit dem Verkehr auf der rechten Fahrbahnseite. Es lohnt sich, gute Karten mit Nebenstrecken aufzutreiben – derart ausgerüstet haben Radler die beneidenswerte Möglichkeit, die ausgetretenen Touristenpfade zu verlassen.

Travellern wird empfohlen, ihr eigenes Gefährt zu verwenden. Südamerikanische Räder geben schnell mal den Geist auf, Importbikes kosten ein Vermögen. Fahrradwerkstätten gibt's sogar im kleinsten Nest – die gerade benötigten Ersatzteile sind aber so gut wie nie auf Lager. Vor der Abreise sollte man sich deshalb alle notwendigen Mechanikerfähigkeiten und Standardersatzteile zulegen. Ein einfaches Reparaturkit enthält u. a. Ersatzspeichen, einen Speichenschlüssel und mehrere Flickpads. Hinzu kommen eine Kettenzange, Schläuche, Ersatzzüge und ein spezielles Multitool für Fahrräder. Manche Radler deponieren ein paar Ersatzreifen bei ihren Angehörigen in der Heimat und lassen sie sich bei Bedarf zuschicken.

Wer Südamerika per Drahtesel erkunden möchte, sollte auf widrige Witterung vorbereitet sein (heftiger Regen, Sturm), außerdem muss man die extreme Höhe in den Anden, schlechte Straßen und rücksichtslose Kraftfahrer – die größte Gefahr für Radler – bedenken. Eine entsprechende Sicherheitsausrüstung (Reflektoren, Rückspiegel, Helm usw.) wird daher dringend empfohlen. Auch Langfinger sind ein großes Ärgernis – Traveller sollten ihr Fahrrad und ihr Gepäck mitnehmen oder abschließen (oder auch jemanden suchen, der gegen Bezahlung darauf aufpasst). Und über Nacht sollte das Bike besser mit ins Hotelzimmer.

Flugzeug

Besonders die Andenländer (Bolivien, Ecuador und Peru) haben ein dichtes Netz von Inlandsflügen mit erfrischend niedrigen Preisen. Nach 18 Stunden und 350 km Busfahrt über halsbrecherische Hochgebirgsstraßen entscheidet man sich irgendwann fürs Flugzeug.

Doch das hat ebenfalls Schattenseiten: Die Flughäfen liegen oft weit entfernt vom Stadtzentrum und sind nicht immer mit öffentlichen Verkehrsmitteln zu erreichen. Dann ist man auf Taxis angewiesen – und die Fahrten *zum* Flughafen sind oft wesentlich teurer als die *vom* Flughafen sonstwohin. Da wäre auch noch die Flughafensteuer: Bei Auslandsflügen werden immer höhere Beträge fällig. Und wer Sicherheitsbedenken hegt, schaut sich das Feature „Fatal Events by Airline" auf der Website www.airsafe.com an.

Inlandsflüge sollten besser nicht zu knapp auf anschließende Auslandsflüge abgestimmt werden (und umgekehrt). Am besten lässt man sich sämtliche Flüge 48 Stunden vor der Abreise nochmals bestätigen und plant mehr Zeit vor dem Start am Flughafen ein.

Flugpässe

Inhaber eines Flugpasses können in einem Land oder einer Region innerhalb eines bestimmten Zeitraums zu einem Pauschalpreis eine bestimmte Anzahl von Flügen in Anspruch nehmen. Die Pässe sind eine günstige Option, wenn man in kurzer Zeit lange Strecken zurücklegen möchte, haben jedoch auch Nachteile. Sie lassen einem z. B. mitunter keinerlei Spielräume – hat man den ersten Flug absolviert, ist man an einen festen Reiseplan gebunden. Und Änderungen vorzunehmen, kostet Geld. Manchmal dürfen solche Tickets auch nur genutzt werden, wenn man an Bord eines Fliegers aus dem Ausland im jeweiligen Land ankommt; es ist also nicht möglich, auf dem Landweg einzureisen und den Pass dann erst zu benutzen. Hinzu kommt, dass Bürger mancher Länder vom Kauf eines Flugpasses ausgenommen sind.

FÜR MEHRERE LÄNDER

Es gibt ein paar spezielle Südamerika-Pässe, mit denen man ein bisschen sparen kann – vorausgesetzt, es stört einen nicht, an einen festen Reise- bzw. Flugplan gebunden zu sein. Man kauft eine bestimmte Anzahl Meilen und kann dann innerhalb von ein paar festgelegten Ländern von Stadt zu Stadt fliegen. Die Konditionen sind unterschiedlich, doch meist müssen die Flüge innerhalb eines Zeitraums von 30 Tagen bis zwölf Monaten wahrgenommen werden. Wenn man mit einer anderen Fluggesellschaft nach Südamerika reist als der, die den gewählten Flugpass anbietet, wird man für diesen mehr bezahlen müssen (oder bekommt erst gar keinen).

South American Pass (www.aerolineas.com.ar) Aerolíneas Argentinas bieten diesen Pass an, der für Flüge in Argentinien, Bolivien, Südbrasilien, Chile, Kolumbien, Paraguay, Peru, Uruguay und Venezuela gültig ist.

Gol Mercosul Airpass (www.voegol.com.br) Dieser Flugpass deckt Brasilien, Argentinien, Bolivien, Chile, Paraguay und Uruguay ab.

Lan South American Airpass (www.lan.com) Beinhaltet Flüge zu Zielen in Argentinien, Bolivien, Südbrasilien, Chile, Kolumbien, Ecuador, Peru, Uruguay und Venezuela.

One World Alliance Visit South America Airpass (www.oneworld.com) Für Argentinien, Bolivien, Südbrasilien, Chile, Kolumbien, Ecuador, Peru, Uruguay und Venezuela.

LATAM South American Airpass (www.latamapairpass.com) Eines der besten Netz-

AUSGEWÄHLTE FLUGPREISE

Wenn nicht anders angegeben, ist der Preis für einen einfachen Flug in der Zwischensaison genannt, so wie man ihn in Südamerika buchen kann. Wer recherchiert, kann auch günstigere Angebote finden. Manchmal ist ein Ticket für Hin- und Rückflug (*ida y vuelta*) günstiger als der Kauf von einfachen Tickets – Nachfragen lohnt sich!

START	ZIEL	PREISEN (US$)
Asunción	Buenos Aires	305
Bogotá	Quito	308
Buenos Aires	Santiago	230
Buenos Aires	Ushuaia	240
Guayaquil	Galápagosinseln	375 (hin & zurück)
Guayaquil	Lima	405
Lima	La Paz	315
Punta Arenas	Santiago	415
Quito	Galápagosinseln	440 (hin & zurück)
Rio de Janeiro	Buenos Aires	405
Rio de Janeiro	Manaus	250–500
Rio de Janeiro	Montevideo	325
Rio de Janeiro	Santa Cruz, Bolivien	300
Salvador	Rio de Janeiro	175
Santa Cruz, Bolivien	Florianópolis	340
Santiago	Rapa Nui (Osterinsel)	970–1420 (hin & zurück)
Santiago	La Paz	150
Santiago	Lima	470–650

werke des Kontinents, deckt Flugziele in Argentinien, Bolivien, Brasilien, Chile, Paraguay, Peru, Uruguay und Venezuela ab.

FÜR EINZELNE LÄNDER
Die meisten Flugpässe gelten nur für Flüge innerhalb eines Landes und werden in der Regel mit einem Rundreiseticket durch dieses Land gekauft. Die meisten Flugpässe sind nur außerhalb des entsprechenden Landes erhältlich – in Reisebüros nachfragen! Inlandsflugpässe gibt es in Argentinien, Brasilien und Chile.

Nahverkehr

Ganz Südamerika kann sich dichter und zuverlässiger Regional- und Stadtbusnetze rühmen. In vielen Ländern können Busse einfach auf der Straße angehalten werden. Wer die offizielle Haltestelle findet, ist auf der sicheren Seite, andernfalls kann man dem Fahrer auch ein Zeichen geben, sobald ein Bus in die gewünschte Richtung vorbeifährt. Keine Angst: Die meisten Fahrer sind sehr hilfsbereit und weisen Travellern gerne den Weg zum richtigen Bus.

Wie in den meisten größeren Städten treiben auch in Südamerika Langfinger in überfüllten Bussen und Metros ihr Unwesen. In rappelvollen öffentlichen Verkehrsmitteln sollte man daher immer auf der Hut sein. Wer sein ganzes Gepäck dabeihat, macht um überfüllte Nahverkehrsmittel am besten einen großen Bogen.

In den meisten (aber nicht allen) Großstädten sind Taxis mit Taxametern ausgestattet. Fahrgäste sollten darauf bestehen, dass der Fahrer das Gerät auch benutzt. Bei Droschken ohne Taxameter muss der Fahrpreis grundsätzlich *vor* dem Einsteigen ausgehandelt werden. Neben Fahrten am Sonntag sind auch Trips nach 21 Uhr in der Regel deutlich teurer.

Schiff/Fähre

Südamerika bietet eine Menge Gelegenheiten zum Reisen zu Wasser, von Kreuzfahrten durch die mystischen Fjorde des chilenischen Patagoniens über Flussfahrten den Amazonas hinauf bis hin zu Touren in motorisierten Einbäumen, die durch die Mangrovensümpfe an der Küste Ecuadors schippern. In puncto Sicherheit müssen sich Traveller normalerweise keine Gedanken machen; dies gilt besonders für die renommierten Fährbetreiber und Kreuzfahrtanbieter in Chile und Argentinien. Lediglich mit Touristenbooten auf den Galápagosinseln gab es in letzter Zeit ein paar Probleme. Im Lauf der letzten Jahre sind einige sogar gesunken – man sollte also ein bisschen recherchieren, bevor man eine Bootstour bucht.

Flüsse

Langstreckenfahrten auf Südamerikas großen Strömen (z. B. Amazonas oder Orinoco) sind zwar möglich, wesentlich idyllischer sind jedoch Ausflüge auf kleineren Flüssen (z. B. Mamoré oder Beni) – hier fahren die Boote nahe am Ufer entlang, sodass die Passagiere die einheimische Tierwelt aus nächster Nähe hören und sehen können. Auf dem Amazonas hingegen wird man das Ufer eher selten sehen. Außerdem ist die Gegend am Unterlauf des Stroms dicht besiedelt, während auf dem Oberlauf mittlerweile weniger Passagierboote unterwegs sind als früher. Dies gilt auch für Bolivien, wo Flussfahrten seltener geworden sind; viele Reisende nehmen lieber schnell den Flieger.

Was Größe und Ausstattung angeht, gibt es bei den Flussdampfern gewaltige Unterschiede. Vor dem Ticketkauf lohnt es sich deshalb, die Preise zu vergleichen und die Kähne genau unter die Lupe zu nehmen. Passagiere sollten sich alle Details exakt auf ihrem Ticket auflisten lassen. Flussabwärts geht's zwar schneller voran als gegen die Strömung, flussaufwärts fahrende Schiffe bewegen sich aber meist näher am Ufer, sodass man mehr von der Landschaft sieht. Wie lange die Fahrt von einem zum anderen Hafen dauert, lässt sich so gut wie nicht vorausberechnen; Flusstrips eignen sich daher am besten für Traveller, die es nicht sonderlich eilig haben.

Die Verpflegung – tonnenweise Reis mit Bohnen, manchmal etwas Fleisch – ist normalerweise im Ticketpreis enthalten. Es ist aber empfehlenswert, sich zusätzlich mit Trinkwasser in Flaschen, Obst und Snacks einzudecken. Das erste Abendessen an Bord wird häufig separat berechnet. Meistens werden auch an Bord Getränke und Lebensmittel verkauft – allerdings zu Wucherpreisen, was einkalkuliert werden sollte. Auch ein guter Insektenschutz ist wichtig.

Wer nicht in einer Kabine übernachtet, braucht eine Hängematte und ein Seil, um sie aufzuspannen. Vor dem Wind und der Kühle bei Nacht schützt man sich am besten mit einem Schlafsack. Normalerweise gibt's zwei Klassen von Hängemattenplätzen: Die auf dem Oberdeck sind etwas teurer, doch das lohnt sich: Dort ist es viel schöner. Traveller sollten sich mindestens eine Stunden vor dem Auslaufen an Bord einfinden, um einen guten Hängemattenplatz in einiger Entfernung von Maschinenlärm und Toilettenmief zu ergattern.

Auf den oft überfüllten Schiffen treiben Diebe ihr Unwesen. Auf keinen Fall darf das Gepäck ungesichert in einem Spind verstaut werden – ein eigenes Vorhängeschloss schafft Abhilfe. Außerdem ist es nicht ratsam, sein Gepäck irgendwelchen Mannschaftsmitgliedern anzuvertrauen, es sei denn, man ist sicher, dass es sich auch tatsächlich um welche handelt. Denn mittlerweile haben Betrüger diese Masche für sich entdeckt.

Meer

Die bekannteste und zugleich schönste Meerkreuzfahrt Südamerikas erlebt man an Bord einer Fähre von **Navimag** (☏022-442-3120; www.navimag.cl; Av El Bosque Norte 0440, Piso 11, Santiago; Mo–Fr 9-6.30 Uhr). Sie führt entlang der chilenischen Küste von Puerto Montt hinunter nach Puerto Natales. In manchen Ländern sind kürzere Schiffsreisen zu Inseln in Festlandsnähe möglich, z. B. zur Ilha Grande und Ilha de Santa Catarina (Brasilien), Isla Grande de Chiloé (Chile) oder zur Isla Grande de Tierra del Fuego (Argentinien). Zu weiter entfernten Eilanden wird normalerweise nur geflogen. In den Mangrovensümpfen an der Küste Ecuadors fungieren motorisierte Einbäume als öffentliche Verkehrsmittel.

Seen

In ganz Südchile und -argentinien sind herrliche (wenn auch teure) Seekreuzfahrten im Angebot. Ausflugskähne sind zwischen Bolivien und Peru unterwegs. Zu den beliebtesten Optionen zählen:

➜ Von Copacabana (Bolivien) zur Isla del Sol und zur Isla de la Luna im Titicacasee

➜ Über den Lago General Carrera (Chile) von Chile Chico nach Puerto Ingeniero Ibáñez (Chile)

➜ Von Puerto Montt oder Puerto Varas (Chile) nach Bariloche (Argentinien)

➜ Von Puno (Peru) zu den Inseln im Titicacasee

Trampen

Überall auf der Welt ist das Trampen mit gewissen Risiken verbunden. Wer den Daumen ausstreckt, sollte wissen, worauf er sich einlässt. Die Gefahr für Leib und Leben lässt sich verringern, indem man mindestens zu zweit unterwegs ist und Dritte über das jeweilige Ziel informiert.

Reisen per Anhalter ist auf dem ganzen Kontinent möglich, kostenlos kommt man so allerdings nur in Argentinien, Chile, Uruguay und manchen brasilianischen Regionen voran. Auf dem restlichen Kontinent wird Trampen als Variante des Nahverkehrs betrachtet – vor allem dann, wenn Busverbindungen nur unregelmäßig bestehen oder gar nicht vorhanden sind, wird eine Bezahlung fällig. Auf manchen Routen können Traveller quasi zum Festpreis trampen. Am besten erkundigt man sich bei anderen Passagieren, was diese bezahlen. Die Beträge entsprechen normalerweise den Buspreisen oder liegen etwas darunter. Wer auf der Rampe eines Lastwagens mitfährt, hat zwar eine tolle Aussicht, sollte aber bei Fahrten über den *altiplano* (Anden-Hochebene mit Peru, Bolivien, Chile und Argentinien) oder durch den *páramo* (feuchte Hochlandsteppe) in warmen Klamotten stecken – sobald nämlich die Sonne untergeht oder sich hinter den Wolken versteckt, wird's hier bitterkalt.

Es ist nicht notwendig, am Straßenrand zu stehen und den Daumen auszustrecken – es sei denn, die Gelegenheit ist gerade günstig. Beinahe jede Siedlung hat einen zentralen Lastwagenhof (oft in Marktnähe), wo man sich nach einem passenden Gefährt umsehen und sich bei den Fahrern nach den Preisen erkundigen kann. Spätestens 30 Minuten vor der vereinbarten Abfahrtszeit sollten Tramper dann bereitstehen. Wer eine Mitfahrgelegenheit sucht, kann sich auch an den *servicentros* (Tankstellen) am Rand der Großstädte auf die Lauer legen. Hier tanken die Fahrer ihre Brummis auf.

Weitere Infos zum Trampen in Südamerika gibt's auf der Website von **Digihitch** (www.digihitch.com).

Zug

Züge verschwinden langsam aus der südamerikanischen Landschaft, mehrere spektakuläre Routen werden jedoch nach wie vor befahren. Ecuador investiert stark in den Wiederaufbau alter Strecken. Ab 2014 sollte es wieder möglich sein, Guayaquil per Zug von Quito aus direkt zu erreichen. Auch Uruguay schickt sich an, alte Strecken zu reaktivieren, doch wird die Umsetzung dieser Pläne noch Jahre dauern.

Eine nostalgische Eisenbahnfahrt durch wundervolle Landschaften versprechen u. a. folgende Strecken:

Curitiba–Paranaguá (Brasilien) Brasiliens schönste Bahnstrecke windet sich über steile Hänge hinunter zur Küstenebene und beschert Passagieren dabei eine unvergessliche Aussicht.

Oruro–Uyuni–Tupiza–Villazón (Bolivien) Die Hauptstrecke ab Oruro setzt sich hinter Uyuni südwärts bis nach Tupiza fort. Auch dieses malerische Teilstück begeistert mit einer herrlichen Schluchtenlandschaft. Endstation ist in Villazón an der argentinischen Grenze.

Puno–Juliaca–Cuzco (Peru) Dieser Zug tuckert während der Hauptsaison vom Ufer des Titicacasees hinauf zu einem Pass auf 4600 m Höhe, jedoch nur, wenn ganze Reisegruppen buchen. Die Abfahrtszeiten lassen sich kaum voraussagen. Wenn der Zug denn fährt, können auch Einzelreisende an Bord gehen.

Riobamba–Sibambe (Ecuador) Einer der immer häufiger werdenden kurzen Zugausflüge für Touristen führt zur berühmt-berüchtigten Nariz del Diablo (Teufelsnase), einer berauschend steilen Abfahrt über enge Spitzkehren.

Salta–La Polvorilla (Argentinien) Beim Aufstieg zur *puna* (Andenhochfläche) überwindet der Tren a las Nubes (Zug zu den Wolken) Spitzkehren, Tunnels und mörderische Brücken. Leider sind die Abfahrtszeiten seeehr flexibel.

Uyuni (Bolivien)–Calama (Chile) Montags um 3 Uhr tuckert ein Zug fünf Stunden lang westwärts bis nach Avaroa an der chilenischen Grenze. Man überquert diese nach Ollagüe, wo man möglicherweise einige Stunden mit Formalitäten aufgehalten wird. Anschließend geht es mit einem anderen Zug weiter nach Calama (6 Std.). Die gesamte Reise kann bis zu 24 Stunden dauern, aber die spektakuläre Aussicht macht die Unbequemlichkeiten allemal wieder wett.

In den Andenländern sind verschiedene Arten von Passagierzügen unterwegs. Beim relativ schnellen *ferrobus* handelt es sich um ein dieselgetriebenes Schienenfahrzeug mit einem oder zwei Waggons. Der „Schienenbus" transportiert Passagiere von A nach B, hält allerdings unterwegs nicht. An Bord bekommt man auch etwas zu essen. Diese Option ist zwar am teuersten, ist aber eigentlich eine tolle Wahl.

Ähnlich wie ein normaler Zug wird ein *tren rápido* von einer Diesel- oder Dampflokomotive gezogen. Wie der Name schon sagt, ist ein solcher „Schnellzug" recht fix unterwegs und hält nur selten – und ist außerdem günstiger als ein *ferrobus*. Gewöhnliche Passagierzüge (manchmal auch *expresos* genannt) fahren langsamer, sind billiger und halten unterwegs an den meisten Bahnhöfen. Im Normalfall gibt es zwei Klassen, die 1. Klasse ist allerdings im Allgemeinen hoffnungslos überfüllt. Und zu guter Letzt wären da noch die *mixtos* (Mischung aus Passagier- und Güterzug); sie transportieren absolut alles und jeden, halten an jeder Wiesenblume, brauchen ewig und sind vor allem eines: einfach unschlagbar günstig.

Die wenigen verbliebenen Personenzüge in Chile und Argentinien sind im Großen und Ganzen etwas moderner und immer noch günstiger als Flüge. In der Salon- und Pullmanklasse reist es sich äußerst angenehm. Wer *economia* oder *turista* wählt, schont den Geldbeutel – den höchsten Komfort bietet aber die *cama*-Klasse (Schlafwagen).

Gesundheit

Vorsorge ist bei einem Aufenthalt in Südamerika der Schlüssel zur Gesundheit. Traveller, die sich vor der Reise die empfohlenen Impfungen verabreichen lassen und mit gesundem Menschenverstand Vorkehrungen treffen, bekommen meist höchstens ein bisschen Durchfall.

VOR DER REISE

Alle notwendigen Medikamente sollten in ihrer etikettierten Originalverpackung mitgebracht werden. Außerdem ist es sinnvoll, einen unterschriebenen und datierten Brief des eigenen Arztes mitzuführen, in dem alle Angaben zum Gesundheitszustand und zu verordneten Medikamenten (mitsamt deren generischen Namen) aufgelistet sind. Wer Spritzen oder Kanülen mitführt, sollte sich deren medizinische Notwendigkeit auf jeden Fall schriftlich von einem Arzt bestätigen lassen.

Versicherung

Weil die normale Krankenversicherung meist keinen ausreichenden Schutz bietet, ist unbedingt eine entsprechende Auslandskrankenversicherung nötig. Wichtig ist, zu wissen, ob die Versicherung die medizinischen Leistungen direkt bezahlt, oder ob man das Geld erst einmal auslegen muss und später zurückbekommt. Achtung: In vielen Ländern erwarten Ärzte ihr Honorar in bar!

Empfohlene Impfungen

Die meisten Impfungen sind erst ungefähr zwei Wochen nach der Verabreichung voll wirksam. Traveller sollten ihren Arzt daher mindestens vier bis acht Wochen vor der Abreise aufsuchen, sich beraten lassen und um einen international gültigen Impfpass bitten. In diesem gelben Büchlein sind alle absolvierten Impfungen vermerkt. Das Dokument ist obligatorisch in Ländern, die bei der Einreise auf den Nachweis einer Gelbfieberschutzimpfung bestehen. Aber auch sonst ist der Internationale Impfpass auf Reisen grundsätzlich sinnvoll.

Die Gelbfieberschutzimpfung ist die einzige vorgeschriebene Prophylaxemaßnahme, wenn man aus einer afrikanischen oder amerikanischen Gelbfieberregion einreist. Nur Französisch-Guayana verlangt von allen Touristen eine Gelbfieberimpfung. Zusätzlich sind weitere Impfungen empfehlenswert, s. Kasten (S. 1153).

Reiseapotheke

→ Antibiotikum gegen Durchfall (z. B. Ciprofloxacin)
→ Antihistaminika gegen Heuschnupfen und andere allergische Reaktionen
→ Aspirin oder Paracetamol (in Südamerika besser bekannt als „Acetaminophen")
→ DEET-haltiges Insektenschutzmittel
→ Diamox oder ein anderes Acetazolamid gegen Höhenkrankheit
→ „Durchfallstopper" (z. B. Loperamid)
→ eine antibakterielle Salbe für Schnitt- und Schürfwunden (z. B. Povidon-Iod)
→ Entzündungshemmer (z. B. Ibuprofen)
→ Fieberthermometer
→ Jodtabletten zur Wasserreinigung (außer bei Schwangerschaft oder Schilddrüsenproblemen)
→ Permethrinhaltiges Insektenspray für Kleidung, Zelte und Moskitonetze
→ Pflaster und Tape für Verbände
→ Rehydrationstabletten oder -lösungen
→ Scheren, Pinzette, Sicherheitsnadeln
→ Steroid- oder Kortisonsalbe gegen allergische, juckende Ausschläge (beispielsweise durch Kontakt mit Giftefeu)
→ Sonnenschutzmittel in ausreichender Menge
→ Taschenmesser
→ Verbandszeug, Mullbinden

Infos im Internet

Im Internet wimmelt es nur so von Informationen zum Thema Gesundheit auf Reisen. Die **Weltgesundheitsorganisation (WHO)** (www.who.int/ith) gibt ein hervorragendes Buch namens *International Travel and Health* heraus, das jährlich überarbeitet wird und im Internet für 12 US$ als Pdf zum Herunterladen zur Verfügung steht. Erste Infos auf Deutsch gibt's z. B. auf der Seite des deutschen, des österreichischen und des schweizerischen Tropeninstituts (www.tropeninstitut.de, www.tropeninstitut.at, www.swisstph.ch). Eine weitere gute Informationsquelle ist **TravelMED** (www.travelmed.de); hier bekommt man umfassende, aktuelle Gesundheitstipps zu sämtlichen Reiseländern.

Ansonsten sollten Traveller auf jeden Fall auch die Hinweise auf den Reiseseiten ihres jeweiligen Gesundheits- oder Außenministeriums beachten:

Deutschland (www.auswaertiges-amt.de)
Österreich (www.bmeia.gv.at)
Schweiz (www.eda.admin.ch)

IN SÜDAMERIKA

Medizinische Versorgung & Kosten

Vernünftige medizinische Einrichtungen sind in kleineren Städten selten und im ländlichen Raum so gut wie gar nicht zu finden. Viele Ärzte und Krankenhäuser erwarten ihr Honorar in bar – ob man nun eine Auslandskrankenversicherung hat oder nicht. Wer lebensbedrohliche Gesundheitsprobleme bekommt, wird sich höchstwahrscheinlich in ein Land mit bestmöglicher medizinischer Versorgung ausfliegen lassen wollen. Dafür kommen schnell Zehntausende Euro zusammen. Deshalb sollten Traveller vor der Abreise unbedingt checken, ob ihre Krankenversicherung die Kosten für Überführungsflüge aus medizinischen Gründen übernimmt. Weitere Infos gibt's auf den Reiseseiten der Außenministerien.

Infektionskrankheiten

Denguefieber

Beim Denguefieber handelt es sich um eine Virusinfektion, die in ganz Südamerika grassiert. Dengue wird von Gelbfiebermücken übertragen. Diese Insekten stillen ihren Blutdurst vor allem tagsüber und sind normalerweise in der Nähe menschlicher Siedlungen zu finden (oft auch in Gebäuden). Die

EMPFOHLENE IMPFUNGEN

IMPFUNG	EMPFOHLEN FÜR	DOSIERUNG	MÖGLICHE NEBENWIRKUNGEN
Windpocken	Reisende, die noch keine Windpocken hatten	2-mal, mit 1-monatiger Pause	Fieber, leichte Form von Windpocken
Hepatitis A	Alle Reisenden	1-mal vor Reisebeginn; Auffrischung 6–12 Monate später	Schmerzen an der Einstichstelle; Kopf- & Gliederschmerzen
Hepatitis B	Langzeitreisende mit engem Kontakt zu Einheimischen	3-mal innerhalb von 6 Monaten	Schmerzen an der Einstichstelle; leichtes Fieber
Masern	Reisende, die nach 1956 geboren wurden und nur eine Masern-Impfung bekommen haben	1-mal	Fieber, Ausschlag, Gelenkschmerzen; allergische Reaktionen
Tollwut	Reisende mit Kontakt mit Tieren und ohne Zugang zu medizinischer Versorgung	3-mal über einen Zeitraum von 3–4 Wochen	Schmerzen an der Einstichstelle; Kopf- & Gliederschmerzen
Tetanus-Diphtherie	Reisende ohne Auffrischung seit 10 Jahren	Eine Impfung hält 10 Jahre vor	Schmerzen an der Einstichstelle
Typhus	Alle Reisenden	4 Schluckimpfungen, 1 Kapsel alle 2 Tage	Bauchschmerzen, Übelkeit, Ausschlag
Gelbfieber	Reisende in Urwaldgegenden unterhalb von 2300 m Höhe	Eine Impfung hält 10 Jahre vor	Kopf- & Gliederschmerzen; schwere Reaktionen sind selten

Moskitos legen ihre Eier gern in künstlichen Wasserbehältern ab (z. B. in Gläsern, Fässern, Dosen, Zisternen, Metalltrommeln, Kunststoffkanistern, ausrangierten Autoreifen usw.). Deshalb tritt Denguefieber besonders häufig in dicht besiedelten Stadtgebieten auf.

Denguefieber äußert sich normalerweise in grippeartigen Symptomen wie Fieber, Muskel-, Gelenk- und Kopfschmerzen, Übelkeit und Erbrechen, oft gefolgt von Ausschlägen. Die körperlichen Beschwerden sind zwar eine Weile lang ziemlich unangenehm, doch die meisten Patienten sind nach ein paar Tagen wieder fit.

Die Behandlungsmöglichkeiten für Denguefieber beschränken sich auf das Verabreichen von Schmerzmitteln (Acetaminophen/Paracetamol oder Tylenol) und eine ausreichende Flüssigkeitszufuhr. In schweren Fällen sind eventuell Krankenhausaufenthalte mit Infusionen und unterstützenden Therapien nötig. Schutzimpfungen gibt's keine; vorbeugen lässt sich am besten durch ausreichenden Schutz vor Insekten.

Man sollte sich immer darüber informieren, ob in dem Gebiet, das man besuchen will, das Fieber aktuell grassiert. Aktuelle Infos liefert die Website des **CDC** (wwwnc.cdc.gov/travel).

Gelbfieber

Gelbfieber ist eine lebensbedrohliche Virusinfektion. Sie wird in Waldgebieten von Moskitos übertragen. Die Krankheit beginnt zunächst mit grippeähnlichen Symptomen wie Fieber, Schüttelfrost, Kopf- und Rückenschmerzen, Muskelkrämpfen, Appetitlosigkeit, Übelkeit und Erbrechen. Normalerweise verschwinden diese Krankheitszeichen nach ein paar Tagen wieder. Bei einem Sechstel aller Patienten kommt es jedoch zu einer zweiten und weitaus gefährlicheren Krankheitsphase: Diese geht mit Fieberanfällen, Erbrechen, Apathie, Gelbsucht, Nierenversagen und Blutstürzen einher. In der Hälfte aller Fälle führt dies zum Tod. Außer einer entsprechenden Prophylaxe gibt es keinerlei Behandlungsmöglichkeiten.

Gelbfieberschutzimpfungen werden ausschließlich in offiziellen Impfzentren verabreicht. Die Eintragung im Internationalen Impfpass (gelbes Büchlein) gilt als offizieller Nachweis. Die Injektion muss mindestens zehn Tage vor der Einreise in ein potenzielles Gelbfiebergebiet erfolgen und schützt für ca. zehn Jahre. Die Nebenwirkungen sind vergleichsweise schwach und beschränken sich auf Kopf- und Muskelschmerzen, leichtes Fieber oder Wundschmerz an der Einstichstelle. In extrem seltenen Fällen kam es zu lebensbedrohlichen Reaktionen. Verglichen mit dem Risiko, das eine Gelbfieberinfektion birgt, ist das Risiko bei Schutzimpfungen verschwindend gering. Deshalb sollten sich Traveller auf jeden Fall pieksen lassen.

Ein ausreichender Schutz vor Moskitostichen ist dennoch unbedingt nötig.

Malaria

Malaria grassiert in allen Ländern Südamerikas (außer in Chile, Uruguay und auf den Falklandinseln). Die Krankheit wird durch Moskitos übertragen, die ihre Opfer normalerweise bei Dunkelheit heimsuchen. Hauptsympton sind heftigste Fieberanfälle, oft zusammen mit Schüttelfrost, Schweißausbrüchen, Kopf- und Gliederschmerzen, Schwächeanfällen, Erbrechen und Durchfall. In schwerwiegenden Fällen wird das zentrale Nervensystem angegriffen. Das kann über Wahnvorstellungen, Orientierungslosigkeit und Koma bis hin zum Tod führen.

Insgesamt sind drei Malariamedikamente erhältlich, die alle gleichermaßen wirksam sind. Mefloquin (Lariam) muss einmal wöchentlich in einer Dosis von 250 mg eingenommen werden, und zwar von einer bis zwei Wochen vor der Abreise an bis vier Wochen nach der Rückkehr. Das Problem bei diesem Medikament ist, dass ein bestimmter Prozentsatz von Patienten (die Zahl ist umstritten) neuropsychatrische Begleiterscheinungen zeigt, die harmlos bis ernsthaft sein können. Das neue Kombinationsmedikament mit den Wirkstoffen Atovaquon und Proguanil (Malarone) wird einmal täglich zu einer Mahlzeit eingenommen. Die Prophylaxe beginnt zwei Tage vor der Abreise und endet eine Woche nach der Rückkehr. Die Nebenwirkungen sind nur leicht. Die dritte Alternative – Doxycyclin – kann übermäßige Sonnenempfindlichkeit hervorrufen.

Ein ausreichender Schutz gegen Moskitostiche ist mindestens genauso wichtig wie die eigentliche Malariaprophylaxe, denn keines der angegebenen Medikamente ist zu 100 % sicher.

Wer sich auf Reisen fernab aller medizinischen Einrichtungen aufhält, sollte zusätzlich Medikamente zur Eigenbehandlung mitführen. Diese sind ausschließlich für den Notfall bestimmt, wenn sich Malariasymptome (z. B. heftige Fieberanfälle) zeigen und kein Arzt in der Nähe ist. Man kann z. B. drei Tage lang jeweils vier Malarone-Tabletten auf einmal einnehmen. Das geht allerdings nicht, wenn Malarone bereits zur Vorbeugung verwendet wurde. Alternativ kommt eine Kombination aus Chinin (650 mg; 3-mal tgl.) und Doxycyclin (100 mg; 2-mal tgl.) in Frage. Beide Medikamente müssen eine Woche lang eingenommen werden. Bei Selbstmedikamentierung sollte man unbedingt so schnell wie möglich ärztliche Hilfe suchen!

Zum Arzt sollte man auch gehen, wenn nach der Heimkehr Fieberanfälle auftreten (Symptome treten zuweilen erst nach Monaten auf).

Tollwut

Der Tollwutvirus befällt Gehirn und Rückenmark, was so gut wie immer tödlich endet. Er findet sich im Speichel infizierter Tiere und wird meist durch Bisse übertragen. Eine Infektion ist aber auch möglich, wenn verseuchter Tierspeichel in bereits vorhandene Hautwunden eindringt. Die Tollwut kommt in ganz Südamerika vor.

Schutzimpfungen gegen Tollwut sind sicher, aber relativ teuer. Die komplette Prophylaxe besteht aus drei Injektionen und wird hauptsächlich für Tierfreunde und Höhlenforscher empfohlen. Bei Tollwutverdacht wird eine Kombination aus Tollwutimpfstoff und Antikörpern gespritzt. Dieses Notfallmedikament wirkt zuverlässig, muss aber nach einem Biss sofort verabreicht werden. Für die meisten Traveller ist eine Tollwutschutzimpfung überflüssig.

Sämtliche Biss- und Kratzwunden müssen augenblicklich und sorgfältig mit genügend Wasser und Seife ausgewaschen werden. Anschließend entscheidet der örtliche Gesundheitsbehörde, ob weitere Maßnahmen notwendig sind oder nicht.

Typhus

Typhus wird durch Lebensmittel oder Trinkwasser übertragen, die mit einer Salmonellenart namens *salmonella typhi* verseucht sind. Typhus geht fast immer mit Fieber einher. Weitere Symptome sind Kopfschmerzen, Übelkeit, Muskelkrämpfe, Schwindel, Appetitlosigkeit, Brechreiz und Bauchschmerzen. Hinzu kommen manchmal Durchfall oder Verstopfung. In schweren Fällen können Darmdurchbrüche, innere Blutungen, Verwirrtheit oder Wahnvorstellungen auftreten. Ganz wenige Betroffene fallen anschließend ins Koma.

Wer nicht ausschließlich in großen Hotels und Restaurants essen will, sollte sich gegen Typhus impfen lassen.

Für die Behandlung von Typhus werden normalerweise Antibiotika der Quinolongruppe verwendet, z.B. Ciprofloxacin (Cipro) oder Levofloxacin (Levaquin). Viele Traveller haben diese Medikamente sowieso gegen Durchfallerkrankungen dabei. Wer sich selbst gegen Typhus behandelt, kann gleich noch ein paar Malariapillen einwerfen: Die Symptome beider Krankheiten lassen sich manchmal kaum unterscheiden.

Andere Infektionen

CHAGAS-KRANKHEIT

Die Chagas-Krankheit wird von Raubwanzen übertragen. Diese Parasiten siedeln in den Mauern und Dächern heruntergekommener Gebäude in Süd- und Mittelamerika. Nur ganz wenige Traveller erkranken an Chagas. Dennoch ist beim Übernachten in baufälligen Gebäuden Vorsicht geboten – besonders dann, wenn diese aus Lehm, Ziegeln oder Stroh bestehen. In einem solchen Fall schützt man sich am besten mit einem dichten Moskitonetz und einem guten Insektenabwehrmittel.

GNATHOSTOMIASE

Gnathostomiasis befällt das Verdauungssystem. Die Parasiten gelangen durch den Genuss von rohem oder unzureichend erhitztem Süßwasserfisch, aber auch von *ceviche* (marinierten rohen Meeresfrüchten) in den Körper.

LEISHMANIOSE

Leishmaniose kommt in den Gebirgsregionen und Urwäldern sämtlicher südamerikanischer Länder (ausgenommen Chile, Uruguay und Falklandinseln) vor. Die Überträger sind Sandfliegen, die nur ca. ein Drittel der Größe von Moskitos erreichen. Bei leichten Formen der Leishmaniose treten an den betroffenen Hautstellen sich langsam ausbreitende Geschwüre auf. Seltener werden zusätzlich auch Rückenmark, Leber und Milz befallen. Impfungen gibt's leider keine. Vor Sandfliegen schützt man sich wie vor Moskitos – mit einer Ausnahme: Die Maschen des Netzes müssen wesentlich dichter sein (min. 7 Löcher/cm).

Gesundheitsrisiken

Durchfallerkrankungen

Es gilt überall: Hände weg von Leitungswasser – es sei denn, es wurde abgekocht, gefiltert, oder chemisch desinfiziert (z.B. mit Jodtabletten)! Früchte oder Gemüse sollten grundsätzlich nur gekocht oder geschält verzehrt werden. Auch von nicht pasteurisierten Milchprodukten geht eine gewisse Gefahr aus. Auf Märkten und an Imbissständen auf der Straße ist besondere Vorsicht geboten.

Akutem Durchfall begegnet man am besten mit der Aufnahme von ausreichend Flüssigkeit – eine Rehydrationslösung mit jeder Menge Salz und Zucker ist ideal. Allerdings könnte man auch den Wunsch nach einem Antibiotikum verspüren, wenn man innerhalb von 24 Stunden mehr als drei wässrige Entleerungen hinter sich hat und auch noch weitere Symptome auftreten, z.B. Fieber, Krämpfe, Übelkeit, Erbrechen oder allgemeines Unwohlsein. Hier helfen beispielsweise Quinolon oder Ciprofloxacin sehr gut; „Durchfallstopper" (z.B. Loperamid) hingegen bekämpfen nur die Symptome, nicht die Ursache. Loperamid sollte nicht eingenommen werden, wenn Blut im Stuhl ist oder man Fieber hat. Wenn kein Antibiotikum anschlägt, muss man unverzüglich einen Arzt aufsuchen!

Hitzschlag

Zum Schutz vor zu viel Sonne sollten Traveller die Mittagshitze so gut wie möglich meiden. Auf die Nase gehört eine Sonnenbrille und auf den Kopf ein Sonnenhut mit breiter Krempe. Sunblocker mit UVA- und UVB-Schutz (min. Lichtschutzfaktor 15, besser aber höher) geben dem Sonnenbrand keine Chance. Bei großer Hitze ist es sehr wichtig, das Trinken nicht zu vergessen und körperliche Anstrengung weitgehend zu vermeiden.

Höhenkrankheit

Die Höhenkrankheit kann auftreten, wenn man sehr schnell in Höhenlagen von über 2500 m aufsteigt. Auch körperliche Fitness schützt nicht davor. Wer einmal an der Höhenkrankheit gelitten hat, wird auf ein weiteres Erlebnis dieser Art dankend verzichten. Das Risiko steigt proportional zur Aufstiegsgeschwindigkeit, Höhe und Kraftanstrengung. Zu den Symptomen gehören Kopfschmerzen, Übelkeit, Erbrechen und Benommenheit, manchmal auch Unwohlsein, Schlaf- und Appetitlosigkeit. Im schlimmsten Fall füllen sich die Lungen mit Gewebsflüssigkeit (Hochgebirgslungenödem), oder es kommt zu einer Hirnschwellung (Hochgebirgshirnödem).

Bei Hochgebirgstouren sollte man sich nicht überanstrengen, keinen Alkohol trinken und leichte Mahlzeiten zu sich nehmen.

Wenn die Symptome stärker werden oder nicht sofort wieder verschwinden, muss unverzüglich ein Arzt aufgesucht werden. Die Höhenkrankheit ist eine ernste Sache: Schwere Formen können tödlich sein.

Insektenbisse & -stiche

Vor blutdürstigen Moskitos schützen lange Ärmel und Hosenbeine, Hüte und geschlossene Schuhe (keine Sandalen!). Gute Insektenabwehrmittel enthalten DEET. Mit ihnen können freiliegende Hautpartien und Kleidungsstücke geschützt werden. Der Kontakt mit Augen, Mund, Wunden oder gereizter Haut ist aber zu vermeiden. Produkte mit einer niedrigen DEET-Konzentration wirken zwar gut, aber wesentlich kürzer. Bei Erwachsenen und Kindern über zwölf Jahren sollte der DEET-Anteil zwischen 25 und 35 % liegen (reicht für ca. 6 Std.). Für Kinder zwischen zwei und zwölf Jahren sind nur DEET-Produkte mit einem Wirkstoffanteil von maximal 10 % geeignet. Bei sparsamer Anwendung hält der Effekt ca. drei Stunden an. Kleinkinder unter zwei Jahren sollten niemals mit DEET-Produkten in Kontakt kommen.

Es gibt auch Insektenabwehrmittel auf pflanzlicher Basis (z. B. mit Eukalyptus- oder Sojaöl). Diese Produkte schützen durchaus, wirken aber nur eineinhalb bis zwei Stunden. DEET-haltige Insektenmittel sind in Gebieten mit hohem Malaria- oder Gelbfieberrisiko auf jeden Fall vorzuziehen. Produkte auf Zitronengrasbasis taugen nichts.

Zusätzlich können Reisende ihre Kleidungsstücke, Schuhe, Zelte und Moskitonetze mit Permethrin imprägnieren. Eine solche Behandlung ist eine sichere Sache. Permethrin wirkt mindestens zwei Wochen lang und überlebt sogar mehrere Waschgänge. Direkter Hautkontakt ist jedoch zu vermeiden.

Kälte & Unterkühlung

Im Andenhochland kann die Kälte zum ernsthaften Problem werden (vor allem nachts). Wer hierher kommt, sollte warme, trockene Kleidung tragen, sich ausreichend bewegen und genügend Nahrung und Trinkwasser zu sich nehmen. Ausreichende Ruhephasen sind ebenfalls sehr wichtig. Alkohol, Koffein und Tabakwaren sollten tabu sein. Vorsicht: Sollte jemand aus der Gruppe unkoordinierte, unverständliche Laute von sich geben, können dies die ersten Anzeichen der Höhenkrankheit sein!

Eine Unterkühlung entsteht immer dann, wenn der Körper schneller Wärme verliert, als er produzieren kann und die durchschnittliche Körpertemperatur dadurch sinkt. Bei Hochgebirgstouren und langen Busfahrten in Bergregionen ist also Vorsicht geboten (vor allem nachts). In den Anden müssen Traveller stets auf Regen, Wind und Kälte vorbereitet sein – selbst wenn es nur ein kurzer Besuch sein soll. Am besten kleidet man sich nach dem Zwiebelprinzip. Eine Kopfbedeckung ist wichtig. Mit einer Unterkühlung gehen u. a. Erschöpfung, Benommenheit und Zittern einher. Schwere Fälle äußern sich in vermindertem Sprechvermögen, irrationalem oder gewalttätigem Verhalten und Lethargie. Manche Betroffenen leiden an schleppendem Gang, Muskelkrämpfen und Schwächeanfällen oder machen sich mit lautstarken Wutausbrüchen bemerkbar.

Bei einer leichten Unterkühlung sollte der Patient zunächst vor Wind und Regen in Sicherheit gebracht werden. Dann wird er bei Bedarf mit warmer und trockener Kleidung versehen und bekommt was Warmes zu trinken – ohne Alkohol! Hochkalorische, leicht verdauliche Nahrungsmittel füllen die Energiespeicher wieder auf. Auf keinen Fall versuchen, den Unterkühlten durch Abreiben aufzuwärmen! Stattdessen soll sich der Betroffene durch langsame Bewegungen selbst wieder aufwärmen.

Parasiten

Darmparasiten gibt es in ganz Südamerika. Zu den häufigsten Krankmachern zählen Cyclosporen, Amöben und Isosporen. Eine Bandwurmart namens *taenia solium* verursacht chronische Hirninfektionen (Cysticercose). Wer Lebensmittel und Getränke sorgfältig auswählt, kann das Infektionsrisiko enorm senken. Zudem sollte man nur Restaurants und Marktstände besuchen, in bzw. an denen viel Betrieb ist – wo reger Verkehr herrscht, liegt das Essen nie lange herum.

Schistosomiasis-Parasiten befallen in erster Linie die Blutgefäße der Leber. Diese Krankheit tritt immer wieder in Brasilien, Suriname und der nördlichen Landesmitte von Venezuela auf. Wasserschnecken fungieren als Zwischenwirte, deshalb kann man sich z. B. beim Schwimmen, Waten, Baden oder Wäschewaschen im Süßwasser anstecken. In betroffenen Gebieten macht man daher um Süßwasserspeicher (Seen, Teiche, Bäche und Flüsse) besser einen Bogen.

Die Larven des Fuchs- oder Hundebandwurms (Echinokokken) schädigen die Leber. Diese Parasiten kommen in vielen Ländern vor (vor allem in Peru und Uruguay) und suchen besonders Personen heim, die engen Kontakt zu Schafen haben. Lungenegel (Paragonimus) verstecken sich gern in rohen Schalentieren. Erkrankungsfälle gab es bereits in Ecuador, Peru und Venezuela.

Tierbisse

Reisende sollten nie versuchen, Tiere zu streicheln, zu füttern oder mit ihnen zu spielen – außer Haustiere, die nachgewiesenermaßen keine Infektionskrankheiten haben.

Jede Biss- oder Kratzwunde, die auf das Konto von Säugetieren geht (in diese Kategorie fallen auch Fledermäuse), sollte unverzüglich und gründlich mit sehr viel Wasser und Seife gereinigt werden. Anschließend ist die Wunde mit einem Antiseptikum (z. B. Jod oder Alkohol) zu desinfizieren. Bei Tollwutverdacht muss die örtliche Gesundheitsbehörde so schnell wie möglich kontaktiert werden, um gegebenenfalls eine Notfallbehandlung einleiten zu können – egal, ob der Betroffene bereits gegen Tollwut geimpft ist oder nicht.

In manchen südamerikanischen Regionen besteht auch eine Gefahr durch Giftschlangen und Blutegel. Wenn eine Giftschlange zugebissen hat, sollte das Opfer erst einmal ruhig gelagert werden. Dann ist es angezeigt, jenen Körperteil mit der Bisswunde zu fixieren – und danach nichts wie los zur nächsten medizinischen Einrichtung! Mittlerweile raten Mediziner übrigens davon ab, die betroffenen Körperstellen fest abzubinden.

Trinkwasser

Leitungswasser ist in Südamerika grundsätzlich mit größter Vorsicht zu genießen. Wasser lässt sich am effektivsten reinigen, indem man es mindestens eine Minute lang abkocht (3 Min. sollten es in Höhen über 2000 m sein).

Andere Methoden, Wasser aufzubereiten, sind die Benutzung von Wasserentkeimern, die mit ultraviolettem Licht funktionieren (z. B. SteriPEN), Jodtabletten und Wasserfiltern.

Sprache

Lateinamerikanisches Spanisch wird fast überall in Südamerika gesprochen; Ausnahmen sind Brasilien (dort ist Portugiesisch die Amtssprache) sowie die Guyanas (vor allem mit Französisch, Niederländisch, Englisch).

PORTUGIESISCH

Charakteristisch für das brasilianische Portugiesisch sind Nasalvokale, bei denen die Laute durch die Nase zu entweichen scheinen. Im Portugiesischen werden Vokale, auf die ein nasaler Konsonant (*m* oder *n*) folgt oder die mit einer Tilde versehen sind (z. B. *ã*), nasal ausgesprochen. In den hier aufgeführten Aussprachehilfen sind Nasalvokale zur Verdeutlichung in der Lautschrift mit *ng* gekennzeichnet. Die Aussprache der Konsonanten ähnelt oft der im Deutschen. Darüber hinaus wird *rr* stark gerollt, *zh* wie ein stimmhaftes „sch", *ly* wie das „ll" in Million und *ny* wie in „Canyon" ausgesprochen. Wer die blaue Lautschrift wie das Deutsche liest, wird verstanden. Betonte Silben sind kursiv gedruckt.

Wenn nötig, sind maskuline und feminine Formen aufgeführt. Diese sind durch einen Schrägstrich voneinander getrennt, wobei die männliche Form zuerst aufgelistet ist, z. B. *obrigado/obrigada* (m/f).

Konversation & Nützliches

Hallo.	*Olá.*	o·*la*
Auf Wiedersehen.	*Tchau.*	chau

> **MEHR INFOS?**
>
> Noch besser kommt man mit dem Reise-Sprachführer *Spanisch* von Lonely Planet durch Südamerika. Man bekommt ihn im Buchhandel und unter **http://shop.lonelyplanet.de**.

Wie geht's?	*Como vai?*	*ko*·mo vai
Gut, und Ihnen?	*Bem, e você?*	beng e vo·*se*
Entschuldigung?	*Com licença?*	kom lie·*seng*·sa
Entschuldigung.	*Desculpa.*	des·*kul*·pa
Bitte.	*Por favor.*	por fa·*vorr*
Danke.	*Obrigado/ Obrigada* (m/f)	o·brie·*ga*·do/ o·brie·*ga*·da
Gern geschehen.	*De nada.*	de *na*·da
Ja./Nein.	*Sim./Não.*	siem/naung

Wie heißen Sie?
Qual é o seu nome? — kwau e o *se*·u *no*·me

Ich heiße …
Meu nome é… — *me*·u *no*·me e …

Sprechen Sie Englisch?
Você fala inglês? — vo·*se* fa·la ieng·*gles*

Ich verstehe nicht.
Não entendo. — naung eng·*teng*·do

Essen & Trinken

Ich hätte gerne die Speisekarte, bitte.
Eu queria o cardápio, por. — e·u ke·*rie*·a o kar·*da*·pyo porr

Was können Sie empfehlen?
O que você recomenda? — o ke vo·*se* he ko·*meng*·da

Haben Sie vegetarisches Essen?
Você tem comida vegetariana? — vo·se teng ko·*mie*·da ve·zhe·ta·rie·a·na

Ich esse kein (rotes Fleisch).
Eu não como (carne vermelha). — e·u naung *ko*·mo (*kar*·ne verr·*me*·lya)

Das war köstlich!
Estava delicioso! — es·*ta*·va de·lie·sie·o·zo

Prost!
Saúde! — sa·*u*·de

Die Rechnung, bitte.
Por favor traga a conta. — porr fa·*vorr* tra·ga a *kong*·ta

Ich hätte gern einen Tisch für ...	Eu gostaria uma mesa para ...	e·u gos·taa·rie·a u·ma me·za pa·ra ...
(8) Uhr	(às oito) horas	(as oi·to) o·ras
(2) Personen	(duas) pessoas	(du·as) pe·so·as

Wichtige Begriffe

Abendessen	jantar	jang·tarr
Essen	comida	ko·mie·da
Flasche	garrafa	ga·ha·fa
Frühstück	café da manhã	ka·fe da ma·nyang
Gabel	garfo	gar·fo
Glas	copo	ko·po
Hauptgänge	pratos principais	pra·tos prieng·sie·pais
heiß (warm)	quente	keng·te
(zu) kalt	(demais) frio	(jie·mais) frie·o
Kindermenü	cardápio de crianças	kar·da·pyo de krie·ang·sas
Löffel	colher	ko·lyer
Messer	faca	fa·ka
mit	com	kong
Mittagessen	almoço	au·mo·so
ohne	sem	seng
Restaurant	restaurante	hes·tau·rang·te
Schüssel	tigela	tie·zhe·la
Teller	prato	pra·to
Vorspeise	aperitivos	a·pe·rie·tie·vos

Fleisch & Fisch

Ente	pato	pa·to
Fisch	peixe	pey·she
Garnele	camarão	ka·ma·raung
Hühnchen	frango	frang·go
Hummer	lagosta	la·gos·ta
Kalb	bezerro	be·ze·ho
Lamm	ovelha	o·ve·lya
Pute	perú	pe·ru
Rindfleisch	bife	bie·fe
Schweinefleisch	porco	porr·ko
Thunfisch	atum	a·tung

Getränke

Bier	cerveja	serr·ve·zha
Kaffee	café	ka·fe
Milch	leite	lei·te
Rotwein	vinho tinto	vie·nyo tieng·to

MUSTERSÄTZE

Um sich im Portugiesischen zu verständigen, einfach folgende Mustersätze mit Wörtern eigener Wahl kombinieren:

Wann geht (der nächste Flug)?
Quando é (o próximo vôo)? — kwang·do e (o pro·sie·mo vo·o)

Wo ist (die Touristeninformation)?
Onde fica (a secretaria de turismo)? — ong·de fie·ka (a se·kre·ta·rie·a de tu·ries·mo)

Wo kann ich (ein Ticket kaufen)?
Onde posso (comprar passagem)? — ong·de po·so (kong·prar pa·sa·zheng)

Haben Sie (eine Karte)?
Você tem (um mapa)? — vo·se teng (um ma·pa)

Gibt es (eine Toilette)?
Tem (banheiro)? — teng (ba·nyei·ro)

Ich hätte gern (einen Kaffee).
Eu gostaria de (um café). — e·u gos·ta·rie·a de (um ka·fe)

Ich möchte (ein Auto mieten).
Eu gostaria de (alugar um carro). — e·u gos·ta·rie·a de (a·lu·garr um ka·ho)

Kann ich (eintreten)?
Posso (entrar)? — po·so (eng·trarr)

Können Sie (mir) bitte (helfen)?
Você poderia (me) (ajudar), por favor? — vo·se po·de·rie·a (me) (a·zhu·darr) por fa·vorr

Brauche ich (ein Visum)?
Necessito (obter visto)? — ne·se·sie·to (o·bie·terr vies·to)

(Orangen-) Saft	suco (de laranja)	su·ko (de la·rang·zha)
Tee	chá	sha
(Mineral-) Wasser	água (mineral)	a·gwa (mie·ne·rau)
Weißwein	vinho branco	vie·nyo brang·ko

Obst & Gemüse

Ananas	abacaxi	a·ba·ka·shie
Avocado	abacate	a·ba·ka·te
Apfel	maçã	ma·sang
Aprikose	damasco	da·mas·ko
Banane	banana	ba·na·na
Blumenkohl	couve flor	ko·ve flor
Bohne	feijão	fei·zhoung
Erbse	ervilha	err·vie·lya
Erdbeere	morango	mo·rang·go

Gemüse	legumes	le·gu·mes
Gurke	pepino	pe·pie·no
Karotte	cenoura	se·no·ra
Kartoffel	batata	ba·ta·ta
Kirsche	cereja	se·re·zha
Kohl	repolho	he·po·lyo
Kürbis	abóbora	a·bo·bo·ra
Limette	limão	lie·maung
Linse	lentilha	leng·tie·lya
Mais	milho	mie·lyo
Nuss	noz	noz
Obst	frutas	fru·tas
Orange	laranja	la·rang·zha
Paprika (schote)	pimentão	pie·meng·taung
Pfirsich	pêssego	pe·se·go
Pflaume	ameixa	a·mey·sha
Pilz	cogumelo	ko·gu·me·lo
Rote Bete	beterraba	be·te·ha·ba
Salatkopf	alface	au·fa·se
Spargel	aspargo	as·parr·go
Spinat	espinafre	es·pie·na·fre
Tomate	tomate	to·ma·te
Trauben	uvas	uvas
Wassermelone	melancia	me·lang·sie·a
Zwiebel	cebola	se·bo·la

Sonstiges

Brot	pão	paung
Butter	manteiga	mang·tei·ga
Eier	ovos	o·vos
Essig	vinagre	vie·na·gre
Honig	mel	mel
Käse	queijo	kei·zho
Marmelade	geléia	zhe·le·ya
Öl	óleo	o·lyo
Pasta	massas	ma·sas
Pfeffer	pimenta	pie·meng·ta
Reis	arroz	a·hos
Salz	sal	sau
Zucker	açúcar	a·su·karr

Schilder – Portugiesisch

Banheiro	Toilette
Entrada	Eingang
(Não) Tem Vaga	(kein) freies Zimmer
Pronto Socorro	Notfallstation
Saída	Ausgang

Notfälle

Hilfe!
Socorro! — so·ko·ho

Lassen Sie mich in Ruhe!
Me deixe em paz! — me dei·she eng pas

Rufen Sie die Polizei!
Chame a polícia! — sha·me a po·lie·sya

Rufen Sie einen Arzt!
Chame um médico! — sha·me um me·die·ko

Ich habe mich verlaufen.
Estou perdido/perdida. (m/f) — es·to perr·die·do/perr·die·da

Ich bin krank.
Estou doente. — es·to do·eng·te

Ich bin allergisch gegen (Antibiotika).
Tenho alergia à (antibióticos). — te·nyo a·lerr·zhie·a a (ang·tie·bie·o·tie·kos)

Wo ist die Toilette?
Onde tem um banheiro? — on·de teng um ba·nyay·ro

Shoppen & Service

Ich würde gerne ... kaufen.
Gostaria de comprar ... — gos·ta·rie·a de kong·prarr

Ich schaue mich nur um.
Estou só olhando. — es·to so o·iang·do

Darf ich es ansehen?
Posso ver? — po·so verr

Haben Sie noch andere?
Você tem outros? — vo·se teng o·tros

Wie viel kostet es?
Quanto custa? — kwan·to kus·ta

Das ist mir zu teuer.
Está muito caro. — es·ta mwieng·to ka·ro

Können Sie den Preis senken?
Pode baixar o preço? — po·de bai·sharr o pre·so

Da ist ein Fehler auf der Rechnung.
Houve um erro na conta. — o·ve um e·ho na kong·ta

Geldautomat	caixa automático	kai·sha au·to·ma·tie·ko
Markt	mercado	merr·ka·do
Post	correio	ko·hay·o
Touristeninformation	secretaria de turismo	se·kre·ta·rie·a de tu·ries·mo

Uhrzeit & Datum

Wie viel Uhr ist es?
Que horas são? — ke o·ras saung

Es ist (10) Uhr.
São (dez) horas. saung (des) *o*·ras

Halb (11).
(Dez) e meia. (des) e *mei*·a

Morgen	manhã	ma·*nyang*
Nachmittag	tarde	tar·de
Abend	noite	*noi*·te
gestern	ontem	*ong*·teng
heute	hoje	*o*·she
morgen	amanhã	a·ma·*nyang*
Montag	segunda-feira	se·*gung*·da·*fei*·ra
Dienstag	terça-feira	*terr*·sa·*fei*·ra
Mittwoch	quarta-feira	*kwarr*·ta·*fei*·ra
Donnerstag	quinta-feira	*kieng*·ta·*fei*·ra
Freitag	sexta-feira	*ses*·ta *fei*·ra
Samstag	sábado	*sa*·ba·do
Sonntag	domingo	do·*mieng*·go
Januar	janeiro	zha·*nei*·ro
Februar	fevereiro	fe·ve·*rei*·ro
März	março	*marr*·so
April	abril	a·*brie*·o
Mai	maio	*ma*·yo
Juni	junho	*zhu*·nyo
Juli	julho	*zhu*·lyo
August	agosto	a·*gos*·to
September	setembro	se·*teng*·bro
Oktober	outubro	o·*tu*·bro
November	novembro	no·*veng*·bro
Dezember	dezembro	de·*zeng*·bro

Unterkunft

Haben Sie ein Einzel-/Doppelzimmer?
Tem um quarto teng um *kwarr*·to
de solteiro/ de sol·*tei*·ro/
casal? ka·*zau*

Wie viel kostet es pro Nacht/Person?
Quanto custa *kwang*·to *kus*·ta
por noite/ porr *noi*·te/
pessoa? pe·*so*·a

Ist Frühstück inbegriffen?
Inclui café da ieng·*klu*·ie ka·*fe* da
manhã? ma·*nyang*

Campingplatz	local para acampamento	lo·*kau* pa·ra a·*kang*·pa·*meng*·to
Hotel	hotel	o·*tel*

Fragewörter – Portugiesisch
Wie?	Como?	*ko*·mo
Was?	Que?	ke
Wann?	Quando?	*kwang*·do
Wo?	Onde?	*ong*·de
Wer?	Quem?	keng
Warum?	Por que?	porr ke

Jugend-herberge	albergue juventude	au·*berr*·ge zhu·veng·*tu*·de
Pension	hospedaria	os·pe·da·*rie*·a
Bad	banheiro	ba·*nyei*·ro
Bett	cama	*ka*·ma
Fenster	janela	zha·*ne*·la
Klimaanlage	ar condicionado	arr kong·die·*syo*·na·do

Verkehrsmittel & -wege

Auto & Fahrrad

Ich möchte ein(en) ... mieten	Gostaria de alugar...	gos·ta·*rie*·a de a·lu·*garr*...
Jeep	um carro quatro por quatro	um *ka*·ho *kwa*·tro porr *kwa*·tro
Fahrrad	uma bicicleta	*u*·ma bie·sie·*kle*·ta
Auto	um carro	um *ka*·ho
Motorrad	uma motocicleta	*u*·ma mo·to·sie·*kle*·ta
Benzin	gasolina	ga·zo·*lie*·na
Diesel	diesel	*die*·sel
Helm	capacete	ka·pa·*se*·te
Kindersitz	cadeira de criança	ka·*dei*·ra de krie·*ang*·sa
LKW	caminhão	ka·mie·*nyaung*
Mechaniker	mecânico	me·*ka*·nie·ko
trampen	pegar carona	pe·*garr* ka·*ro*·na
Tankstelle	posto de gasolina	*pos*·to de ga·zo·*lie*·na

Ist das die Straße nach ...?
Esta é a estrada *es*·ta e a es·*tra*·da
para ...? *pa*·ra ...

Kann ich hier parken?
Posso estacionar aqui? *po*·so es·ta·syo·*narr* a·*kie*

Das Auto hat eine Panne.
O carro quebrou. o *ka*·ho ke·*bro*

Ich hatte einen Unfall.
Sofri um acidente. so·*frie* um a·sie·*deng*·te

Zahlen – Portugiesisch

1	um	um
2	dois	dois
3	três	tres
4	quatro	kwa·tro
5	cinco	sieng·ko
6	seis	seis
7	sete	se·te
8	oito	oi·to
9	nove	naw·ve
10	dez	dez
20	vinte	vieng·te
30	trinta	trieng·ta
40	quarenta	kwa·reng·ta
50	cinquenta	sien·kweng·ta
60	sessenta	se·seng·ta
70	setenta	se·teng·ta
80	oitenta	oy·teng·ta
90	noventa	no·veng·taa
100	cem	seng
1000	mil	mie·u

Ich habe kein Benzin mehr.
Estou sem gasolina. es·to seng ga·zo·lie·na

Ich habe einen Platten.
Meu pneu furou. me·u pie·ne·u fu·ro

Öffentliche Verkehrsmittel

Bus	ônibus	o·nie·bus
Fähre	barco	barr·ko
Flugzeug	avião	a·vie·owng
Zug	trem	treng
erster	primeiro	prie·mei·ro
letzter	último	ul·tie·mo
nächster	próximo	pro·sie·mo
Bahnhof	estação de trem	es·ta·saung de treng
Bushaltestelle	ponto de ônibus	pong·to de o·nie·bus
Fahrplan	horário	o·ra·ryo
Fensterplatz	lugar na janela	lu·garr na zha·ne·la
Flughafen	aeroporto	a·e·ro·porr·to
Gangplatz	lugar no corredor	lu·garr no ko·he·dorr
storniert	cancelado	kang·se·la·do
Ticketbüro	bilheteria	bie·lye·te·re·a
verspätet	atrasado	a·tra·za·do
ein Ticket ...	uma passagem de...	uma pa·sa·zheng de...
1. Klasse	primeira classe	prie·mei·ra kla·se
2. Klasse	segunda classe	se·gum·da kla·se
für eine einfache Fahrt	idai	e·da
für hin & zurück	ida e volta	ie·da e vol·ta

Hält er in...?
Ele para em...? e·le pa·ra eng

Welche Haltestelle ist das?
Que estação é esta? ke es·ta·saung e es·ta

Wann fährt er ab/kommt er an?
A que horas sai/chega? a ke o·ras sai/she·ga

Bitte geben Sie mir Bescheid, wenn wir in ... ankommen.
Por favor me avise quando chegarmos à ... porr fa·vor me a·vie·ze kwang·do she·garr·mos a

Ich möchte hier aussteigen.
Gostaria de saltar aqui. gos·ta·rie·a de sau·tarr a·kie

Wegbeschreibungen

Wo ist...?
Onde fica...? ong·de fie·ka...

Wie lautet die Adresse?
Qual é o endereço? kwau e o eng·de·re·so

Können Sie das bitte aufschreiben?
Você poderia escrever num papel, por favor? vo·se po·de·rie·a es·kre·verr num pa·pel porr fa·vorr

Können Sie mir das (auf der Karte) zeigen?
Você poderia me mostrar (no mapa)? vo·se po·de·rie·a me mos·trarr (no ma·pa)

an der Ampel	no sinal de trânsito	no sie·nau de trang·zie·to
an der Ecke	à esquina	a es·kie·na
vor ...	na frente de...	na freng·te de...
hinter ...	atrás...	a·traz...
nahe ...	perto...	perr·to...
neben ...	ao lado de...	au la·do de...
gegenüber ...	do lado oposto	do la·do o·pos·to...
rechts	à direita	a die·rei·ta
geradeaus	em frente	eng freng·te

SPANISCH

Die Aussprache des lateinamerikanischen Spanisch ist recht einfach, da die meisten Laute auch im Deutschen zu finden sind. Betonte Silben sind kursiv gedruckt.

Das kh ist ein kehliger Laut (wie „ch" in „Koch"), v und b entsprechen im Deutschen einem weichen „v" (eine Mischung aus „v" und „b") und das r wird gerollt. Im lateinamerikanischen Spanisch gibt es einige Variationen, am auffälligsten ist dabei die Aussprache der Konsonanten ll und y. In unseren Aussprachehilfen sind sie als j dargestellt, da sie in den meisten Ländern Lateinamerikas einem „j" (wie in „Jahr") entsprechen. In manchen Teilen des Kontinents werden sie wie das „ll" in „Million" ausgesprochen, in Argentinien, Uruguay und dem Hochland Ecuadors hingegen wie ein stimmhaftes oder stimmloses „sch". Maskuline/feminine Formen sind mit „m"/„f" gekennzeichnet.

Konversation & Nützliches

Hallo.	Hola.	o·la
Auf Wiedersehen.	Adiós.	a·dios
Wie geht's?	¿Qué tal?	ke tal
Gut, danke.	Bien, gracias.	bien gra·sias
Entschuldigung?	Perdón.	per·don
Entschuldigung.	Lo siento.	lo sien·to
Bitte.	Por favor.	por fa·vor
Danke.	Gracias.	gra·sias
Gern geschehen.	De nada.	de na·da
Ja.	Sí.	sie
Nein.	No.	no

Ich heiße ...
Me llamo ...   me ja·mo ...

Wie heißen Sie/heißt du?
¿Cómo se llama Usted?   ko·mo se ja·ma u·ste
¿Cómo te llamas?   ko·mo te ja·mas

Sprechen Sie/Sprichst du Englisch?
¿Habla inglés?   a·bla ien·gles
¿Hablas inglés?   a·blas ien·gles

Ich verstehe nicht.
Yo no entiendo.   yo no en·tien·do

Essen & Trinken

Kann ich bitte die Speisekarte sehen?
¿Puedo ver el menú,   pwe·do ver el me·nu
por favor?   por fa·vor

Was können Sie empfehlen?
¿Qué recomienda?   ke re·ko·myen·da

Haben Sie vegetarisches Essen?
¿Tienen comida   tye·nen ko·mie·da
vegetariana?   ve·khe·ta·rya·na

Ich esse kein (rotes Fleisch).
No como (carne roja).   no ko·mo (kar·ne ro·kha)

Das war köstlich!
¡Estaba buenísimo!   es·ta·ba bwe·nie·sie·mo

Prost!
¡Salud!   sa·lu

Die Rechnung, bitte.
La cuenta, por favor.   la kwen·ta por fa·vor

Ich hätte gern einen Tisch für ...	Quisiera una mesa para ...	kie·sye·ra u·na me·sa pa·ra ...
(8) Uhr	las (ocho)	las (o·cho)
(2) Personen	(dos) personas	(dos) per·so·nas

Wichtige Begriffe

Abendessen	cena	se·na
Essen	comida	ko·mie·da
Flasche	botella	bo·te·ja
Frühstück	desayuno	de·sa·ju·no
Gabel	tenedor	te·ne·dor
Glas	vaso	va·so
Hauptgang	segundo plato	se·gun·do pla·to
heiß (warm)	caliente	kal·ien·te
(zu) kalt	(muy) frío	(mul) frie·o
Kindermenü	menú infantil	me·nu ien·fan·tiel
Löffel	cuchara	ku·cha·ra
Messer	cuchillo	ku·chie·jo
mit	con	kon
Mittagessen	comida	ko·mie·da
ohne	sin	sien
Restaurant	restaurante	res·tau·ran·te
Schüssel	bol	bol
Teller	plato	pla·to
Vorspeise	aperitivos	a·pe·rie·tie·vo

Schilder – Spanisch

Abierto	Offen
Cerrado	Geschlossen
Entrada	Eingang
Hombres/Varones	Männer
Mujeres/Damas	Frauen
Prohibido	Verboten
Salida/Saída	Ausgang
Servicios/Baños/Banheiro	Toilette

MUSTERSÄTZE

Um sich zu verständigen, die Mustersätze mit Wörtern nach Wahl kombinieren:

Wann geht (der nächste Flug)?
¿Cuándo sale (el próximo vuelo)?
kwan·do sa·le (el prok·sie·mo vue·lo)

Wo ist (der Bahnhof)?
¿Dónde está (la estación)?
don·de es·ta (la es·ta·sion)

Wo kann ich (ein Ticket kaufen)?
¿Dónde puedo (comprar un billete)?
don·de pwe·do (kom·prar un bie·je·te)

Haben Sie (eine Karte)?
¿Tiene (un mapa)?
tie·ne (un ma·pa)

Gibt es (eine Toilette)?
¿Hay (servicios)?
ai (ser·vie·sios)

Ich hätte gern (einen Kaffee).
Quisiera (un café).
kie·sie·ra (un ka·fe)

Ich möchte (ein Auto mieten).
Quisiera (alquilar un coche).
kie·sie·ra (al·kie·lar un ko·che)

Kann ich (eintreten)?
¿Se puede (entrar)?
se pwe·de (en·trar)

Können Sie (mir) bitte (helfen)? ¿Puede Puede (ayudarme), por favor?
pwe·de (a·ju·dar·me) por fa·vor

Brauche ich (ein Visum)?
¿Necesito (obtener un visado)?
ne·se·sie·to (ob·te·ner un vie·sa·do)

Fleisch & Fisch

Ente	pato	pa·to
Fisch	pescado	pes·ka·do
Garnelen	camarones	ka·ma·ro·nes
Hühnchen	pollo	po·jo
Hummer	langosta	lan·gos·ta
Kalb	ternera	ter·ne·ra
Lamm	cordero	kor·de·ro
Pute	pavo	pa·vo
Rindfleisch	carne de vaca	kar·ne de va·ka
Schweinefleisch	cerdo	ser·do
Thunfisch	atún	a·tun

Getränke

Bier	cerveza	ser·ve·sa
Kaffee	café	ka·fe
Milch	leche	le·che
Rotwein	vino tinto	vie·no tien·to
(Orangen-) Saft	zumo (de naranja)	su·mo (de na·ran·kha)
Tee	té	te
(Mineral-) Wasser	agua (mineral)	a·gwa (mie·ne·ral)
Weißwein	vino blanco	vie·no blan·ko

Obst & Gemüse

Ananas	piña	pie·nja
Apfel	manzana	man·sa·na
Aprikose	albaricoque	al·ba·rie·ko·ke
Artischocke	alcachofa	al·ka·cho·fa
Banane	plátano	pla·ta·no
Bohnen	judías	khu·die·as
Erbsen	guisantes	gie·san·tes
Erdbeere	fresa	fre·sa
Gemüse	verdura	ver·du·ra
Gurke	pepino	pe·pie·no
Karotte	zanahoria	sa·na·o·rja
Kartoffel	patata	pa·ta·ta
Kirsche	cereza	se·re·sa
Kohl	col	kol
Kürbis	calabaza	ka·la·ba·sa
Limette	limón	lie·mon
Linsen	lentejas	len·te·khas
Mais	maíz	ma·ies
Nüsse	nueces	nue·ses
Obst	fruta	fru·ta
Orange	naranja	na·ran·kha
Paprika(schote)	pimiento	pie·mjen·to
Pfirsich	melocotón	me·lo·ko·ton
Pflaume	ciruela	sier·ue·la
Pilz	champiñón	cham·pie·njon
Rote Bete	remolacha	re·mo·la·cha
Sellerie	apio	a·pjo
Spargel	espárragos	es·pa·ra·gos
Spinat	espinacas	es·pie·na·kas
Tomate	tomate	to·ma·te
Traube	uvas	u·vas
Salatkopf	lechuga	le·chu·ga
Wassermelone	sandía	san·die·a
Zwiebel	cebolla	se·bo·ja

Sonstiges

Brot	pan	pan
Butter	mantequilla	man·te·kie·ja
Ei	huevo	ue·vo
Essig	vinagre	vie·na·gre
Honig	miel	mjel
Käse	queso	ke·so

Marmelade	mermelada	mer·me·*la*·da
Öl	aceite	a·*sei*·te
Pasta	pasta	*pas*·ta
Pfeffer	pimienta	pie·*mjen*·ta
Reis	arroz	a·ros
Salz	sal	sal
Zucker	azúcar	a·*su*·kar

Notfälle

Hilfe! *¡Socorro!* so·*ko*·ro
Gehen Sie weg! *¡Vete!* ve·te
Rufen Sie …! *¡Llame a …!* *ja*·me a …
  einen Arzt *un médico* un *me*·die·ko
  die Polizei *la policía* la po·lie·*sie*·a

Ich habe mich verlaufen.
Estoy perdido/a. es·*toy* per·*die*·do/a (m/f)

Ich bin krank.
Estoy enfermo/a. es·*toi* en·*fer*·mo/a (m/f)

Ich bin allergisch gegen (Antibiotika).
Soy alérgico/a a (los soi a·*ler*·khie·ko/a a (los
antibióticos). an·tie·*bio*·tie·kos) (m/f)

Wo ist die Toilette?
¿Dónde están los baños? don·de es·*tan* los *ba*·njos

Shoppen & Service

Ich würde gern … kaufen.
Quisiera comprar … kie·*sje*·ra kom·*prar* …

Ich schaue mich nur um.
Sólo estoy mirando. *so*·lo es·*toi* mie·*ran*·do

Darf ich es ansehen?
¿Puedo verlo? *pwe*·do *ver*·lo

Das gefällt mir nicht.
No me gusta. no me *gus*·ta

Wie viel kostet es?
¿Cuánto cuesta? *kwan*·to *kwes*·ta

Das ist zu teuer.
Es muy caro. es mui *ka*·ro

Können Sie den Preis senken?
¿Podría bajar un po·*drie*·a ba·*khar* un
poco el precio? *po*·ko el *pre*·sio

Auf der Rechnung ist ein Fehler.
Hay un error ai un e·*ror*
en la cuenta. en la *kwen*·ta

Geldautomat	cajero	ka·*khe*·ro
	automático	au·to·*ma*·tie·ko
Markt	mercado	mer·*ka*·do
Post	correos	ko·*re*·os
Touristen-information	oficina de turismo	o·fie·*sie*·na de tu·*ries*·mo

Uhrzeit & Datum

Wie spät ist es?
¿Qué hora es? ke o·ra es

Es ist (10) Uhr.
Son (las diez). son (las djes)

Es ist halb (zwei).
Es (la una) y es (la *u*·na) ie
media. *me*·dia

Morgen	mañana	ma·*nja*·na
Nachmittag	tarde	*tar*·de
Abend	noche	*no*·che
gestern	ayer	a·*yer*
heute	hoy	oi
morgen	mañana	ma·*nja*·na
Montag	lunes	*lu*·nes
Dienstag	martes	*mar*·tes
Mittwoch	miércoles	*mier*·ko·les
Donnerstag	jueves	*khue*·ves
Freitag	viernes	*vier*·nes
Samstag	sábado	*sa*·ba·do
Sonntag	domingo	do·*mien*·go
Januar	enero	e·*ne*·ro
Februar	febrero	fe·*bre*·ro
März	marzo	*mar*·so
April	abril	a·*briel*
Mai	mayo	*ma*·jo
Juni	junio	*khun*·io
Juli	julio	*khul*·io
August	agosto	a·*gos*·to
September	septiembre	sep·*tiem*·bre
Oktober	octubre	ok·*tu*·bre
November	noviembre	no·*viem*·bre
Dezember	diciembre	die·*siem*·bre

Unterkunft

Ich hätte gerne ein Einzel-/Doppelzimmer.
Quisiera una habitación kie·*sie*·ra u·na a·bie·ta·sion
individual/ ien·die·vie·*dual*/
doble. *do*·ble

Fragewörter – Spanisch

Wie?	¿Cómo?	*ko*·mo
Was?	¿Qué?	ke
Wann?	¿Cuándo?	*kwan*·do
Wo?	¿Dónde?	*don*·de
Wer?	¿Quién?	kien
Warum?	¿Por qué?	por ke

Zahlen – Spanisch

1	uno	u·no
2	dos	dos
3	tres	tres
4	cuatro	kwa·tro
5	cinco	sien·ko
6	seis	seis
7	siete	sje·te
8	ocho	o·cho
9	nueve	nwe·ve
10	diez	dies
20	veinte	vain·te
30	treinta	train·ta
40	cuarenta	kwa·ren·ta
50	cincuenta	sien·kwen·ta
60	sesenta	se·sen·ta
70	setenta	se·ten·ta
80	ochenta	o·chen·ta
90	noventa	no·ven·ta
100	cien	sien
1000	mil	miel

Wie viel kostet es pro Nacht/Person?
¿Cuánto cuesta por noche/persona? — kwan·to kwes·ta por no·che/per·so·na

Ist Frühstück inbegriffen?
¿Incluye el desayuno? — ien·klu·ye el de·sa·ju·no

Bad	baño	ba·njo
Bett	cama	ka·ma
Campingplatz	terreno de cámping	te·re·no de kam·pieng
Fenster	ventana	ven·ta·na
Hotel	hotel	o·tel
Jugend-herberge	albergue juvenil	al·ber·ge khu·ve·niel
Klimaanlage	aire acondi-cionado	ai·re a·kon·die·sio·na·do
Pension	pensión	pen·sion

Verkehrsmittel & -wege
Auto & Fahrrad

Ich möchte ein(en)…mieten.	Quisiera alquilar…	kie·sie·ra al·kie·lar…
Jeep	un todo-terreno	un to·do-te·re·no
Fahrrad	una bicicleta	u·na bie·sie·kle·ta
Auto	un coche	un ko·che
Motorrad	una moto	u·na mo·to

Benzin	gasolina	ga·so·lie·na
Diesel	petróleo	pet·ro·le·o
Helm	casco	kas·ko
Kindersitz	asiento de seguridad para niños	a·sien·to de se·gu·rie·da pa·ra nie·nyos
LKW	camion	ka·mion
Mechaniker	mecánico	me·ka·nie·ko
Tankstelle	gasolinera	ga·so·lie·ne·ra
trampen	hacer botella	a·ser bo·te·ja

Ist das die Straße nach…?
¿Se va a… por esta carretera? — se va a … por es·ta ka·re·te·ra

Kann ich hier parken?
¿Puedo aparcar aquí? — pwe·do a·par·kar a·kie

Das Auto hat eine Panne.
El coche se ha averiado. — el ko·che se a a·ve·ria·do

Ich hatte einen Unfall.
He tenido un accidente. — e te·nie·do un ak·sie·den·te

Ich habe kein Benzin mehr.
Me he quedado sin gasolina. — me e ke·da·do sien ga·so·lie·na

Ich habe einen Platten.
Se me pinchó una rueda. — se me pien·cho u·na rue·da

Öffentliche Verkehrsmittel

Bus	autobús	au·to·bus
Fähre	barco	bar·ko
Flugzeug	avión	a·vjon
Zug	tren	tren
erster	primero	prie·me·ro
letzter	último	ul·tie·mo
nächster	próximo	prok·sie·mo
Bahnhof	estación de trenes	es·ta·sion de tre·nes
Bushaltestelle	parada de autobuses	pa·ra·da de au·to·bu·ses
Fahrplan	horario	o·ra·rio
Fensterplatz	asiento junto a la ventana	a·sien·to khun·to a la ven·ta·na
Flughafen	aeropuerto	a·e·ro·pwer·to
Gangplatz	asiento de pasillo	a·sien·to de pa·sie·jo
storniert	cancelado	kan·se·la·do
Ticketbüro	taquilla	ta·kie·ja
verspätet	retrasado	re·tra·sa·do
Ein Ticket…, bitte.	Un billete de…, por favor.	un bie·je·te de… por fa·vor
für die 1. Klasse	primera clase	prie·me·ra kla·se

für die 2. Klasse	segunda clase	se·gun·da kla·se
für eine einfache Fahrt	ida	ie·da
für hin & zurück	ida vuelta	ie·da ie vuel·ta

Hält er in …?
¿Para en …? pa·ra en …

Welche Haltestelle ist das?
¿Cuál es esta parada? kwal es es·ta pa·ra·da

Wan kommt er an/fährt er ab?
¿A qué hora llega/ sale? a ke o·ra je·ga/sa·le

Bitte sagen Sie mir Bescheid, wenn wir in … ankommen.
¿Puede avisarme pwe·de a·vie·sar·me
cuando lleguemos a …? kwan·do je·ge·mos a …

Ich möchte hier aussteigen.
Quiero bajarme aquí. kye·ro ba·khar·me a·kie

Wegbeschreibungen

Wo ist …?
¿Dónde está …? don·de es·ta …

Wie lautet die Adresse?
¿Cuál es la dirección? kwal es la die·rek·sion

Können Sie das bitte aufschreiben?
¿Puede pwe·de
escribirlo, es·krie·bier·lo
por favor? por fa·vor

Können Sie mir das (auf der Karte) zeigen?
¿Me lo puede me lo pwe·de
indicar (en ien·die·kar (en
el mapa)? el ma·pa)

an der Ampel	en el semáforo	en el se·ma·fo·ro
an der Ecke	en la esquina	en la es·kie·na
gegenüber …	frente a …	fren·te a …
geradeaus	todo recto	to·do rek·to
hinter …	detrás de …	de·tras de …
links	izquierda	ies·kier·da
nahe	cerca	ser·ka
neben …	al lado de …	al la·do de …
rechts	derecha	de·re·cha
vor …	enfrente de …	en·fren·te de …

AYMARA & QUECHUA

Die folgende Auswahl von Wörtern aus den Sprachen Aymara und Quechua ist bei Reisen durch die Anden recht nützlich. Aymara wird vom Stamm der Aymara gesprochen, die im Hochland Boliviens und Perus und angrenzenden Gebieten in Chile und Argentinien leben.

Bei dem hier dargestellten Quechua handelt es sich um den Dialekt aus Cusco, der normalerweise in den gesamten Anden hilfreich ist. Ausnahme ist Ecuador: Das dortige „Quichua" unterscheidet sich von allen Variationen am meisten vom Cusco-Dialekt.

Unten ist nach dem deutschen Begriff zuerst die Übersetzung ins Aymara und dann ins Quechua aufgelistet. Die Ausspracheregeln beider Sprachen ähneln denen des Spanischen. Ein Apostroph (') steht für einen Knacklaut, also den „Nichtlaut" zwischen „u-o".

Hallo.	Kamisaraki.	Napaykullayki.
Bitte.	Mirá.	Allichu.
Danke.	Yuspagara.	Yusulipayki.
Ja/Nein.	Jisa/Janiwa.	Ari/Mana.

Wie sagen Sie …?
Cun sañasauca'ha …?
Imainata nincha chaita …?

Es heißt …
Ucan sutipa'h … Chaipa'g sutin'ha …

Bitte wiederholen Sie das.
Uastata sita. Ua'manta niway.

Wie viel?
K'gauka? Maik'ata'g?

Essen	manka	mikíuy
Fluss	jawira	mayu
Mutter	taica	mama
Vater	auqui	tayta
Schneebedeckter Berggipfel	kollu	riti-orko
Wasser	uma	yacu
1	maya	u'
2	paya	iskai
3	quimsa	quinsa
4	pusi	tahua
5	pesca	phiska
6	zo'hta	so'gta
7	pakalko	khanchis
8	quimsakalko	pusa'g
9	yatunca	iskon
10	tunca	chunca

GLOSSAR

Wenn nicht anders angegeben, sind die hier genannten Begriffe im ganzen spanischsprachigen Südamerika anwendbar, es gibt aber regionale Varianten. Ausdrücke, die nur in bestimmten Ländern verwendet werden, sind mit der jeweiligen Landesabkürzung versehen. (Portugiesische Ausdrücke etwa, die nur in Brasilien benutzt werden, sind mit „Bra" gekennzeichnet.)

aduana – Zoll

aguardiente – Zuckerrohrschnaps oder ähnliches Getränk

ají – Chiliart

albergue – Hostel

alcaldía – Rathaus; quasi gleichbedeutend mit *municipalidad*

almuerzo – Mittagessen; meist ein günstiges Gericht zum Festpreis

alojamiento – üblicherweise eine preiswerte Unterkunft mit Gemeinschaftsbad und -toilette

altiplano – Andenhochland in Peru, Bolivien, Chile und Argentinien

apartamento – Apartment oder Wohnung; (Bra) Hotelzimmer mit eigenem Bad

artesanía – Kunsthandwerk; Kunsthandwerksladen

asado/a – gegrillt; (Arg) Grillparty, meist ein sommerliches Familienfest

ascensor – Aufzug

asunceño/a – in Asunción geborene/lebende Person

audiencia – kolonialer Verwaltungsbezirk

ayahuasca – halluzinogenes Gebräu aus weinartigen Getränken mit Inhaltsstoffen aus dem Regenwald

Aymara – indigener Stamm im Hochland Boliviens, Perus und Chiles (auch *Kolla* genannt); bezeichnet auch dessen Sprache

balneario – Badeort oder Strand

baños – Badezimmer

barrio – Stadtviertel, Bezirk oder Vorort; (Ven) Slumsiedlung, (Bra) auch *bairro*

bloco – (Bra) Gruppe von Musikern und Tänzern, die bei Karnevalsparaden durch die Straßen zieht

bodega – Winzerei oder Weinkeller

bus-cama – wörtlich „Bus-Bett"; äußerst komfortabler Bustyp mit vollständig zurückklappbaren Sitzen; auch *coche-cama* genannt

cabaña – Blockhütte

cabildo – Rathaus aus der Kolonialzeit

cachaça – (Bra) Nationalgetränk; Rum aus Zuckerrohr, der auch *pinga* genannt und im ganzen Land von unzähligen kleinen Brennereien produziert wird

cachoeira – (Bra) Wasserfall

caipirinha – (Bra) Nationalcocktail

calle – Straße

cambista – Geldwechsler auf der Straße

camino – Straße, Pfad, Weg

camión – Lastwagen mit offener Ladefläche; beliebtes Nahverkehrsmittel in den Andenstaaten

camioneta – Pickup oder anderer Kleinlastwagen; Nahverkehrsmittel in den Andenstaaten

campamento – Zeltplatz

campesino/a – Landbewohner, der von der Landwirtschaft lebt; Bauer

caña – Rum

Candomblé – (Bra) afro-brasilianische Religion in Bahia

capoeira – (Bra) tänzerische Kampfkunst, die einst von Sklaven in Bahia entwickelt wurde

Carnaval – läutet in ganz Lateinamerika die Fastenzeit ein

casa de cambio – offizielle Wechselstube zum Umtauschen ausländischer Währungen

casa de familia – schlichte Unterkunft bei einer Familie

casa de huésped – wörtlich „Gästehaus"; Gäste dieser günstigen Unterkunft dürfen meist Küche, Garten und Waschküche mitbenutzen

casona – großes Haus/Anwesen; allgemeiner Begriff für Gebäude aus der Kolonialzeit

catarata – Wasserfall

Caudillo – regionaler Despot im Südamerika des 19. Jhs.

cazuela – herzhaftes Schmorgericht

cena – Abendessen, häufig günstiges Komplettmenü

cerro – Hügel oder sehr hoher Andengipfel

certificado – als Einschreiben gekennzeichnete Post

cerveza – Bier

ceviche – marinierte rohe Meeresfrüchte; können Cholera- oder Gnathostomose-Erreger enthalten

charango – traditionelles Saiteninstrument der Andenländer mit einem Gürteltierpanzer als Klangkörper

chicha – in den Andenländern beliebtes (häufig alkoholhaltiges) Getränk; wird u. a. aus Maniok, Süßkartoffeln oder Mais gewonnen

chifa – chinesisches Restaurant; der Begriff wird vor allem in Peru, Bolivien und Ecuador verwendet

chiva – (Kol) einfacher Überlandbus mit Holzsitzen

churrasquería – Grillrestaurant; in Brasilien *churrascaria*

cocalero – Kokabauer

coche-cama – s. *bus-cama*

colectivo – bezeichnet je nach Land entweder einen Bus, einen Kleinbus oder ein Sammeltaxi

combi – Klein- oder Minibus, auch *micro* genannt

comedor – einfaches Lokal oder Speiseraum eines Hotels

comida corriente – (Kol) einfaches Menü

confitería – Café, in dem Kaffee, Tee, Desserts und einfache Gerichte serviert werden

cordillera – Gebirgszug

correo – Postamt; (Bra) auch *correio*

costanera – eine am Meer, einem Fluss oder einem See entlangführende Straße im südlichen Teil des Kontinents

costeño – Küstenbewohner

criollo/a – eigentlich ein Spanier, der im Südamerika der Kolonialzeit geboren wurde; heutzutage Südamerikaner mit europäischen Wurzeln

cumbia – von Blas- und Schlaginstrumenten geprägter Musikstil, mit Salsa, Merengue und Lambada verwandt

curanto – chilenischer Eintopf mit Meeresfrüchten

cuy – gegrilltes Meerschweinchen; traditionelles Essen in den Anden

denuncia – eidesstattliche Erklärung oder Aussage, normalerweise im Zusammenhang mit Diebstählen oder Raubüberfällen

edificio – Gebäude

esquina – Straßenecke (Abkürzung: „esq")

estancia – riesige Weidefarm für Rinder oder Schafe; wird von ortsansässigen Arbeitskräften unter der Leitung des Eigentümers oder Geschäftsführers *(estanciero)* bewirtschaftet

FARC – Fuerzas Armadas Revolucionarias de Colombia (Revolutionäre Streitkräfte Kolumbiens); Guerrilla-Bewegung

farmacia – Apotheke

favela – (Bra) Ghetto oder Slumsiedlung

fazenda – (Bra) große Ranch oder Farm; entspricht in etwa einer *hacienda*

ferrobus – Passagierzugtyp

ferrocarril – Eisenbahn

ferroviária – (Bra) Bahnhof

ferta – Werbeangebot für Flug- oder Busreisen, häufig saisonabhängig

flota – Flotte; bezeichnet oft ein Busunternehmen für Langstrecken

fútbol – Fußball, (Bra) auch *fútebol*

gaucho – (Arg, Uru) Cowboy, Viehhüter; (Bra) auch *gaúcho*

golpe de estado – Staatsstreich

gringo/a – in ganz Lateinamerika gebräuchlicher Begriff für einen Ausländer oder eine Person mit heller Haut- und Haarfarbe; eigentlich nicht unbedingt abwertend gemeint

guanaco – Wildform des Lamas

guaraná – Strauch aus dem Amazonas, dessen Früchten magische und heilende Kräfte nachgesagt werden; (Bra) ein beliebtes Erfrischungsgetränk

Guaraní – indigene Stämme Argentiniens, Brasiliens, Boliviens und Paraguays; bezeichnet auch deren Sprache

hacienda – weitläufiger Landsitz, auf dem meist Ortsansässige für den Besitzer *(hacendado)* arbeiten; (Chi) auch *fundo*

hidroviária – Anlegesteg für Schiffe

hospedaje – günstige Unterkunft mit Gemeinschaftsbad; meist bei Familien, die ein Gästezimmer bereitstellen

hostal – kleines Hotel oder Gasthaus

huaso – Cowboy

humita – eine Art Tamale/Teigtasche aus süßem Mais

iglesia – Kirche; (Bra) auch *igreja*

Inka – indigener Volksstamm der Zentralanden zur Zeit der spanischen Eroberung; bezeichnet sowohl den Volksstamm als auch dessen Anführer

indígena – Ureinwohner Amerikas; indigene Person

isla – Insel; (Bra) auch *ilha*

lago – See

laguna – Lagune; flacher See

lanchero – Bootsführer

latifundio – weitläufiger Landbesitz, z.B. *hacienda* oder *estancia* für Viehzucht

lavandería – Waschsalon

leito – (Bra) komfortabler Nacht-Expressbus

licuado – Fruchtshake, der mit Milch oder Wasser zubereitet wird

lista de correos – postlagernde Sendung

locutorio – kleines Telefonzentrum

machismo – übertriebener männlicher Stolz eines Lateinamerikaners

malecón – Strandpromenade

Mapuche – indigener Volksstamm in Nord-Patagonien

marisquería – Fischrestaurant

maté – s. *yerba maté*

mate de coca – Tee aus Kokablättern

menú del día – günstiges Tagesmenü

mercado – Markt

mercado negro – Schwarzmarkt

mestizo/a – Person mit spanisch-indigener Abstammung

micro – Klein- oder Minibus; wird auch oft als *combi* bezeichnet

migración – Einwanderungsbehörde

minuta – (Arg, Par, Uru) schneller Snack

mirador – Aussichtspunkt; meistens auf einem Hügel, oft auch auf Gebäuden

moai – riesige Steinstatuen auf der Osterinsel

mototaxi – (Per) dreirädrige Motorradrikscha, auch *motocarro*

mudéjar – Architekturstil mit maurischen Einflüssen, der Anfang des 12. Jhs. in Spanien entstand

mulato/a – Person von afrikanisch-europäischer Abstammung

municipalidad – Stadt oder Rathaus

museo – Museum, (Bra) auch *museu*

música criolla – kreolische Musik

música folklórica – traditionelle Andenmusik

nevado – schneebedeckter Gipfel

oficina – Büro (Abkürzung: „of")

onces – Zwischenmahlzeit am Morgen oder Nachmittag, Snack

Pachamama – Mutter Erde, Gottheit der indigenen Volksstämme aus den Anden

panadería – Bäckerei

panama – Leichter, traditioneller Strohhut mit Ursprung in Ecuador

parada oder **paradero** – Bushaltestelle

páramo – feuchte Hochlandsteppe der nördlichen Andenländer

parque nacional – Nationalpark

parrilla oder **parrillada** – geröstetes oder gegrilltes Fleisch; bezeichnet außerdem ein Steakhaus und den eigentlichen Grill

paseo – Allee, Promenade

patio de comidas – Restaurantbereich

peatonal – Fußgängerzone

pehuén – Andentanne im südlichen Lateinamerika

peña – Club/Bar mit spontanen Folkloreveranstaltungen oder Bezeichnung für ein solches Event

pensión – günstige Unterkunft für Kurzaufenthalte in einem Privathaus, manchmal auch für längere Aufenthalte

piropo – sexistische Bemerkung, von relativ harmlos bis zu extrem geschmacklos

pisco – Schnaps aus weißen Trauben und peruanisches Nationalgetränk, wird meist als *pisco sour* serviert

Planalto – riesiges Hochplateau, bedeckt weite Teile Südbrasiliens

pollería – Restaurant, das Grillhähnchen serviert

por puesto – (Ven) Sammeltaxi oder Kleinbus

posada – kleine familiengeführte Pension; bezeichnet manchmal aber auch ein Hotel; (Bra) auch *pousada*

prato feito – (Bra) wörtlich „Fertigteller" oder „Tagesteller"; normalerweise eine sehr üppige und dazu sehr preiswerte Mahlzeit

precordillera – Hügel der Andenausläufer

pucará – indigene Andenfestung

puna – Andenhochland, normalerweise oberhalb 3000 m

quebrada – enge, normalerweise trockene Schlucht

Quechua – indigene Sprache des Andenhochlands mit Blütezeit während der Inkaherrschaft; ist heute noch weit verbreitet; (Ecu) auch „Quichua"

quena – einfache Flöte aus Schilfrohr

quinoa – reisähnliches Getreide der Anden; Grundnahrungsmittel während der Periode vor der Entdeckung Amerikas

rancho – ländliches Haus

recargo – Aufschlag; wird oft beim Bezahlen per Kreditkarte fällig

reducción – der Begriff bezeichnete im kolonialen Lateinamerika die Konzentration indigener Volksstämme in zentralen Siedlungen, die die politische Kontrolle und die religiöse Unterweisung erleichtern sollte; wird auch als *congregación* bezeichnet

refugio – eine ziemlich einfache Unterkunft in Nationalparks oder abgelegenen Gegenden

reggaeton – beliebter Musikstil aus der Karibik, der lateinamerikanische Rhythmen mit Rap-Elementen verbindet

remise – (Arg) Taxi, das telefonisch gerufen wird

residencial – preiswerte Unterkunft, allerdings nur während der Saison; *residenciales* sind ausschließlich für Kurzaufenthalte vorgesehen

río – Fluss; (Bra) auch *rio*

rodoferroviária – (Bra) Kombination aus Bahnhof und Busbahnhof

rodoviária – (Bra) Bus-bahnhof

ruta – Strecke oder Schnellstraße

s/n – *sin número*; die Abkürzung weist auf Adressen ohne eine eigene Hausnummer hin

salar – Salzsee oder Salzebene, meist im Andenhochland oder dem argentinischen Patagonien

salsoteca – Salsaclub

salteña – Pastete mit Fleisch oder Gemüse; normalerweise eine schärfere Empanadavariante

Semana Santa – Karwoche; sie wird in ganz Südamerika gefeiert

Sendero Luminoso – Leuchtender Pfad; Perus maoistische Terroristenvereinigung, die in den späten 1980er-Jahren einen Guerilla-Krieg führte

serrano – Bergbewohner

siesta – lange Nachmittagspause zum Essen und oftmals auch für ein Nickerchen

soroche – Höhenkrankheit

Sranan Tongo – in Suriname weit verbreitete Kreolsprache; auch „Surinaams"

suco – (Bra) Fruchtsaft; Saftbar

tasca – Bar-Restaurant im spanischen Stil

teleférico – Seilbahn

telenovela – TV-Seifenoper

tenedor libre – (Arg) „All-You-Can-Eat"-Restaurant

tepui – Tafelberg mit einer absolut einzigartigen Pflanzenwelt

termas – heiße Quellen

terminal de ómnibus – Busbahnhof; auch *terminal terrestre* genannt

tinto – Rotwein; (Kol) kleiner schwarzer Kaffee

todo terreno – Mountainbike

torrentismo – sich an einem Wasserfall abseilen

totora – Schilfrohrart; wird als Baumaterial verwendet

Vaquero – Cowboy; *vaqueiro* (Bra)

vicuña – Wildform der Lamas und Alpacas; lebt in den südlichen Zentralanden

yerba maté – „paraguayischer Tee" *(Ilex paraguariensis)*; er wird sehr regelmäßig in Argentinien, Paraguay und Uruguay, jedoch auch in Brasilien getrunken

zampoña – eine Art Panflöte; das Instrument ist ganz typisch für die traditionelle Folkloremusik der Andenregionen

zona franca – zollfreie Zone

Hinter den Kulissen

WIR FREUEN UNS ÜBER EIN FEEDBACK

Post von Travellern zu bekommen, ist für uns ungemein hilfreich – Kritik und Anregungen halten uns auf dem Laufenden und helfen, unsere Bücher zu verbessern. Unser reiseerfahrenes Team liest alle Zuschriften ganz genau, um zu erfahren, was an unseren Reiseführern gut und was schlecht ist. Wir können solche Post zwar nicht individuell beantworten, aber jedes Feedback wird garantiert schnurstracks an die jeweiligen Autoren weitergeleitet, rechtzeitig vor der nächsten Nachauflage.

Wer Ideen, Erfahrungen und Korrekturhinweise zum Reiseführer mitteilen möchte, hat die Möglichkeit dazu auf www.lonelyplanet.com/contact/guidebook_feedback/new. Anmerkungen speziell zur deutschen Ausgabe erreichen uns über www.lonelyplanet.de/kontakt.

Hinweis: Da wir Beiträge möglicherweise in Lonely Planet Produkten (Reiseführer, Websites, digitale Medien) veröffentlichen, ggf. auch in gekürzter Form, bitten wir um Mitteilung, falls ein Kommentar nicht veröffentlicht oder ein Name nicht genannt werden soll. Wer Näheres über unsere Datenschutzpolitik wissen will, erfährt das unter www.lonelyplanet.com/privacy.

DANK VON LONELY PLANET

Vielen Dank den Reisenden, die uns nach der letzten Auflage des Reiseführers zahlreiche hilfreiche Hinweise, nützliche Ratschläge und interessante Anekdoten schickten:

Aaron Strathearn, Adeline Jeancler, Alan Maher, Alex Curry, Analisa Areyan, Angie Jones, Antony Reed, Bernard Tarkali, Bob Domhof, Brian Sincock, Cagdas Citirikkaya, Lisbeth Nørholm, Carly Richardson, Caspar Höyng, Charlotte Stichele, Christian Schuhmann, Cortney Cooper, Cristobal Lamarca, Daniel Badenas, Debbie Spicer, Dee McCombie, Don Plimer, Douglas Burton, Elaine Kesten, Elena Morris, Ellen Brookes, Ellis Polin, Emma Sealey, Emma Townsin, Florian Hoefliger, Frank Thomson, Gorgonio Ruiz, Gu Xu, Hannah Small, Helen Rossdale, Helene Wallach, Henry Twinch, Janet Clough, John Hunkler, Jon Wisloff, Josh Hollick-Kenyon, Katja Rantala, Katryn Mercer, Ken Bastiaensen, Kristen Kiely, Lai Fatt, Lars Jensen, Lisbeth Nørholm, Louise Gungaram, Maria Cortese, Mark Candey, Martin Hellwagner, Matt Elliott, Mónica Puma, Nicholas McPhee, Nicola Mitchell, Ofir Magdaci, Omar Medina, Peter Westöö, Rachel Saum, Reinhold Grawe, Ricardo Blasco, Robert Moltmaker, Rory O'Brien, Rosie Fowler, Rosie Leutzinger, Sara Lopes, Stefan Lissinna, Steve Mirro, Teresa Meadows, Thijs Plegt, Tobias van Leijsen, Uwe Lask, Zahyra Ceballos

DANK DER AUTOREN

Regis St. Louis

Ich danke den unzähligen Einheimischen, den ortsansässigen Ausländern und deren Freunden für ihre Tipps und Infos. Mein besonderer Dank gilt Christopher Jimenez in Guayaquil, John und Eva in Quito, Claudio Cruz und Aura wegen Floreana, Christoph Köhncke, dafür, dass er sein Wissen über Floreana mit mir geteilt hat, Jacqueline Bruns wegen Isabela und meinen Schiffskameraden auf der *Eden* Ryan, Sarah, Kara, Owian, Amy, Nat, Havard und Mette. Wie immer geht großer Dank an meine Verbündeten Cassandra samt Töchter, Magdalena und Genevieve, die mich durch Brasilien begleitet haben.

Sandra Bao

Dies war das erste Mal, dass ich nach Buenos Aires zurückgekehrt bin, ohne meine Patentante Elsa Mallarini zu besuchen, die kurz zuvor von uns gegangen ist. Ihre freundlichen Arme und ihr Lächeln werde ich vermissen. Vielen

Dank an Graciela und Silvia Guzmán, Lucas Markowiecki, Lisa Macht, Sylvia Zapiola, Madi Lang, Jed Rothenburg, Ivan Carrasco und Claudina Galiñarez (und Familie). *Cariños* meinen Eltern, Fung und David Bao, Bruder Daniel und schließlich *mucho cariños* meinem Mann, Ben Greensfelder.

Celeste Brash
In Guyana gilt mein Dank Kayla, Justin und Sebastian DeFreitas, Rustom, Leroy, Vanda, Shirley, Michelle, Lisa, Joan, Fernando, Salvador, Andrea und Loverboy. In Suriname danke ich Kooksie, Bert, Paul und Joke und Peter sowie in Französisch-Guayana meinem wunderbaren Reisekumpel Eileen Smith.

Gregor Clark
Muchisimas gracias und *muito obrigado* an die vielen Brasilianern, Uruguayer und dort lebenden Ausländer, die ihre Liebe zum Land und ihr Wissen mit mir geteilt haben, vor allem Maira, Alex, Gloria, Tino, Miguel, Monica, Karen, Pasca, Alain, Youri, Cecilia, Juan Manuel, Susana, Bilingue, Lucia und Rodney. In der Heimat *abrazos* an Gaen, Meigan und Chloe, die das Nachhausekommen immer zum Highlight jeder Reise machen.

Alex Egerton
In Kolumbien gilt mein Dank den üblichen Verdächtigen: Olga Mosquera, Laura Cahnspeyer, Oscar Gilède, Melissa Montoya, Nicolas Solorzano, Richard, Felipe GoForIt, Tyler, Alexa und Oscar Payan – *abrazos para todos*. Ein besonderes Dankeschön an meine Kollegen Kevin Raub, Tom Masters und MaSovaida für ihre wundervolle Unterstützung. Und vielen Dank an Kent '¿Q mas?' und Warren für den Schreibblock.

Brian Klupfel
Wie immer gilt mein Dank Goyo, für Freundschaft und weisen Rat, und für den einen oder anderen Job. Danke MaSovaida für das Vertrauen, das sie in mich gesetzt hat. Danke auch meinen Kollegen, den Autoren Michael und Paul, für ihren Input. Danke Ximena von Casa Fusion für das Networking, Michael Dirninger von Andes Expeditions für die Infos zum Bergsteigen und das erstaunliche Wiener Dessert. Danke Tjalle Boorsma von Armonia, Ruth von Bird Bolivien und Rodrigo Mariaca von Chalalan für die Förderung meiner Vogel-Besessenheit. Danke Derren von Gravity Extreme für Informationen in Hülle und Fülle, Jane und Dianne von Lonely Planet für ihre Geduld während sie mir CMS beigebracht haben, Roscio Ugartche in La Paz für Freundlichkeit und Restaurant-Tipps, Stacey und Peggy für ihre Hilfe in New York, und vor allem meiner Familie und Eli, die mich immer ermutigt und Zuhause auf mich gewartet haben.

Tom Masters
Ben Rodríguez und seinem Team bei Osprey Expeditions in Caracas bin ich äußerst dankbar dafür, dass sie mir bei meinem Aufenthalt in Venezuela bei jeder Etappe mit Rat und Tat zur Seite standen. Ebenfalls großen Dank schulde ich Paul Stanley von Angel Eco-Tours, der sich viel Zeit dafür genommen hat, dieses Kapitel zu lesen und Änderungen und Ergänzungen vorzuschlagen. Weitere Dankeschöns gehen in Venezuela an Claudia und Francisco in Choroní, Gustavo Viloria von Gravity Tours in Catatumbo, Renate und José Luis von Casa del Sol und Alan Highton von Catatumbo Tours in Mérida, José Yepez Vera in Canaima, Carlos Acosta in Caracas, John Carlos für seine Fahrdienste, und den Dutzenden *posada*-Besitzern, Reisebüromitarbeitern und Mitreisenden, denen ich begegnet bin.

Carolyn McCarthy
Vielen Dank dem Chefautor Regis St. Louis und den vielen anderen, die mir bei meinen Recherchen behilflich gewesen sind.

Kevin Raub
Zunächst möchte ich meiner Frau Adriana Schmidt Raub danken, die ihr Bestes ge-

ÜBER DIESES BUCH

Dies ist die 4. deutschsprachige Auflage von *Südamerika für wenig Geld*, basierend auf der mittlerweile 13. englischen Auflage von *South America on a Shoestring*, recherchiert und geschrieben von Regis St. Louis, Sandra Bao, Celeste Brash, Gregor Clark, Alex Egerton, Brian Kluepfel, Tom Masters, Carolyn McCarthy, Kevin Raub, Paul Smith, Phillip Tang und Lucas Vidgen.

Dieser Reiseführer wurde von folgenden Personen betreut:

Projektredakteur
MaSovaida Morgan

Produktredakteur
Kate James

Leitender Kartograf
Mark Griffiths

Layoutdesign
Virginia Moreno

Kartografieassistenz
Julie Dodkins, Valentina Kremenchutskaya, James Leversha

Redaktionsassistenz
Michelle Bennett, Nigel Chin, Bruce Evans, Kate Evans, Helen Koehne, Kellie Langdon, Charlotte Orr, Christopher Pitts

Umschlagrecherche
Naomi Parker

Dank an Paul Harding, Indra Kilfovle, Claire Murphy, Kirsten Rawlings, Dianne Schallmeier, Angela Tinson, Maureen Wheeler, Amanda Williamson

geben hat, mir den brasilianischen Tanz zu lehren, wenn mir Straßensperren in die Quere kamen (obwohl ich nicht tanzen kann!). Danke auch an MaSovaida Morgan und an meine Mitverschworenen beim Schreiben dieses Buches, Regis St. Louis und Gregor Clark, sowie für die Unterstützung unterwegs: Malu Sabatino, Daniella Barbosa, Helena Costa, Rodrigo Angel, Ion David, Kely Zimath, Thiago Luiz, Marcia Gazola, Edu Passarelli, Vanessa Carvalho, Mario Saraiva, Craig Smith und Lucas Mello.

Paul Smith

Mein Dank gilt allen, die mich während meiner Recherchen vor Ort so großzügig mit ihrem Wissen und ihrer Zeit unterstützt haben. Ein besonderes Dankeschön gilt Christine Hostettler (Pro Cosara) und Karina Atkinson (Para La Tierra) für ihre Gastfreundschaft und ihre großartige Arbeit für den Naturschutz, und schließlich Carol und Shawn, die immer wieder dafür sorgen, dass es mehr Spaß macht, nach Hause zurückzukehren, als fern von dort zu sein!

Phillip Tang

Dank denen, die in meiner Nähe geblieben sind (virtuell oder buchstäblich), obwohl ich weit weg war: Lisa N'paisan, Shane, Lee, Vek Lewis, Wendy Risteska, Ben und Waimei Garcia-Lee, Craig Burgess, Jocsan L. Alfaro, Anna Glayzer, Geraldine Galvaing und Ernesto A. Alanis Cataño.

Lucas Vidgen

Nochmals vielen Dank den Argentinier dafür, ein Land geschaffen zu haben, in dem es eine Freude ist, zu reisen und zu arbeiten. Guillermo Santos gilt mein besonderer Dank, weil er mit größtem Einsatz dafür gesorgt hat, dass ich meine Ziele vor Ort erreichen konnte. Danke auch „Peluca" Dominguez für die sehr hilfreiche Geschichtsstunde über San Marcos, und América für ein erstaunliches Jahr am Ende eines erstaunlichen Jahrzehnts, und Sofía und Teresa, weil ihr für mich da wart, auch bei meiner Rückkehr.

QUELLENNACHWEIS

Die Klimakarten stammen von Peel MC, Finlayson BL & McMahon TA (2007) *Updated World Map of the Köppen-Geiger Climate Classification*, erschienen in der Zeitschrift *Hydrology and Earth System Sciences*, Ausgabe 11, 163344.

Titelfoto: Hellroter Ara, Parque Nacional Yasuní, Ecuador; Danita Delimont Stock/AWL. ©

Register

ABKÜRZUNGEN

Arg	Argentinien
Bol	Bolivien
Bra	Brasilien
Chi	Chile
Ecu	Ecuador
FG	Französisch-Guayana
Guy	Guyana
Kol	Kolumbien
Par	Paraguay
Per	Peru
Sur	Suriname
Uru	Uruguay
Ven	Venezuela

A

Abholzung 683
Abseilen
 Bonito (Bra) 376
 Mérida (Ven) 1071
 San Gil (Kol) 750
Abzocke 1136
Aché (Volk) 851
Achupallas (Ecu) 636
Adícora (Ven) 1069
Aguas Calientes (Per) 929, **930**
Aktivitäten 23, 25, 45, *siehe auch einzelne Aktivitäten, siehe einzelne Länder*
Alausí (Ecu) 629
Algodoal (Bra) 423
Allende, Salvador 1126
Alta Gracia (Arg.) 114
Alter do Chão (Bra) 426
Amazonasbecken 11, **11**
 Bolivien 276, **278**
 Brasilien 419
 Ecuador 640, 644
 Kolumbien 813

Map Pages **000**
Photo Pages **000**

Peru 966
Venezuela 1097
Anden 30, *siehe auch einzelne Länder*
Angeln
 Capurganá (Kol) 779
 Georgetown (Guy) 715
 Parque Nacional Lanín (Arg) 154
 Villa Gesell (Arg) 136
Angel-Wasserfälle (Ven) 1088
Antarktis 187
Anticura (Chi) 533
Antofagasta (Chi) 495
An- & Weiterreise 19, 1144
Arawak (Volk) 719
Arbeiten 1134
Archäologische Stätten 22, *siehe auch Inka-Stätten*
 Bóvedas Históricas Uspallata (Arg) 147
 Chan Chan (Per) 945
 Ciudad Perdida (Kol) 765
 Cusco (Per) 924
 El Fuerte (Bol) 275
 Ferreñafe (Per) 949
 Huaca Pucllana (Per) 876
 Kuélap (Per) 964
 Nazca-Linien (Per) 892
 Parque Cretácico (Bol) 260
 Parque Nacional Rapa Nui (Chi) 570
 San Agustín (Kol) 808
 Sillustani (Per) 912
 Sipán (Per) 948
 Tierradentro (Kol) 811
 Tilcara (Arg) 131
 Túcume (Per) 949
Archipiélago Los Roques (Ven) 1061
Architektur 22
 Brasilien 441
 Ecuador 680
Areguá (Par) 843
Arequipa (Per) 897, **898**

Argentinien 51, 56, **58**, **84**, **109**, **141**
 Aktivitäten 195
 An- & Weiterreise 200
 Arbeiten 195
 Bevölkerung 190
 Botschaften 195
 Essen 57
 Feiertage & Ferien 196
 Frauen unterwegs 196
 Freiwilligenarbeit 196
 Gefahren & Ärgernisse 196
 Geführte Touren 201
 Geld 197
 Geografie 193
 Geschäftszeiten 198
 Geschichte 187
 Gesundheit 197
 Getränke 193
 Grenzübergänge 95, 102, 133, 200
 Highlights 58
 Indigene Bevölkerung 190
 Inflation 196
 Infos im Internet 57
 Internetzugang 198
 Klima 56
 Konsulate 195
 Kosten 55, 197, 198, 199
 Kultur 190
 Kunst 191
 Lesbische Reisende 198
 Nationalparks 194
 Öffnungszeiten 198
 Politik 186
 Post 198
 Radfahren 200
 Rechtsfragen 198
 Reisekosten 57, 197, 198
 Reiserouten 57
 Reisezeit 56
 Religion 191
 Schwule Reisende 198
 Sport 193
 Sprache 198

Strom 198
Telefon 199
Tiere & Pflanzen 194
Toiletten 199
Touristeninformation 199
Umwelt 193
Unterkunft 56
Unterwegs vor Ort 200
Visa 200
Währung 57
Wechselkurse 57
Wetter 56
Arica (Chi) 509
Armenia (Kol) 796
Arraial d'Ajuda (Bra) 393
Asunción (Par) 835, **836**
 An- & Weiterreise 841
 Ausgehen 839
 Essen 838
 Gefahren & Ärgernisse 840
 Medizinische Versorgung 841
 Nachtleben 839
 Sehenswertes 835
 Shoppen 840
 Touristeninformation 841
 Unterhaltung 840
 Unterkunft 837
 Unterwegs vor Ort 841
Atacames (Ecu) 649
Atins (Bra) 417
Auto, Reisen mit dem
 Argentinien (Unterwegs vor Ort) 200
 Bolivien (An- & Weiterreise) 300
 Brasilien (An- & Weiterreise) 452
 Brasilien (Unterwegs vor Ort) 453
 Ecuador (Unterwegs vor Ort) 689
 Französisch-Guayana (Unterwegs vor Ort) 709
 Guyana (Unterwegs vor Ort) 729

Paraguay (Unterwegs vor Ort) 866
Peru (An- & Weiterreise) 987
Peru (Unterwegs vor Ort) 987
Südamerika (Unterwegs vor Ort) 1145
Suriname (Unterwegs vor Ort) 1004
Uruguay (Unterwegs vor Ort) 1039
Venezuela (Unterwegs vor Ort) 1114
Awala-Yalimapo (FG) 705
Ayacucho (Per) 937

B
Bachelet, Michelle 571
Bahía Blanca (Arg) 138
Bahía de Caráquez (Ecu) 651
Bahía Negra (Par) 853
Bañado la Estrella (Arg) 100
Baños (Ecu) 622, **623**
Barichara (Kol) 753
Bariloche (Arg) 157, **158**
Barranquilla (Kol) 768
Barreirinhas (Bra) 417
Basílica de Caacupé (Par) 842
Behinderung, Reisen mit 1140
Belém (Bra) 420, **420**
Belo Horizonte (Bra) 344
Berbice (Guy) 719
Bergsteigen *siehe* Klettern & Bergsteigen
Bildhauerei
 Kolumbien 824
 Venezuela 1106
Biocentro Güembe (Bol) 271
Bogotá (Kol) 734, **736**
 Aktivitäten 738
 An- & Weiterreise 744
 Ausgehen 741
 Essen 740
 Feste & Events 738
 Gefahren & Ärgernisse 743
 Geführte Touren 738
 Medizinische Versorgung 744
 Nachtleben 741

Sehenswertes 734
Shoppen 743
Touristeninformation 744
Unterhaltung 743
Unterkunft 738
Unterwegs vor Ort 744
Bolívar, Simón 287, 821, 977, 1101, 1125
Bolivien 51, 202, **204, 238**
 Aktivitäten 294
 An- & Weiterreise 300
 Arbeit 295
 Bevölkerung 291
 Botschaften 295
 Essen 291
 Feiertage & Ferien 295
 Fotografie 295
 Frauen unterwegs 296
 Freiwilligenarbeit 296
 Gefahren & Ärgernisse 259, 296
 Geführte Touren 301
 Geld 296
 Geldautomaten 297
 Geschichte 286
 Gesundheit 297
 Grenzübergänge 228, 246, 251, 272, 283
 Handys 298
 Highlights 204
 Indigene Bevölkerung 289, 291
 Infos im Internet 203
 Internetzugang 297
 Karten 297
 Klima 202
 Konsulate 295
 Kosten 203, 295, 299
 Kultur 290
 Kunst 291
 Lesbische Reisende 298
 Musik 291
 Nationalparks & Naturschutzgebiete 294
 Öffnungszeiten 298
 Politik 285
 Post 298
 Rechtsfragen 298
 Reiserouten 203
 Religion 291
 Schwule Reisende 298
 Sport 292
 Strom 298
 Telefon 298
 Tiere & Pflanzen 293
 Toiletten 299
 Touristeninformation 299

Trampen 302
Umwelt 292
Unterkunft 202, 299
Unterwegs vor Ort 301
Visa 300
Währung 203
Wechselkurse 203
Wetter 202
Wirtschaft 285
Bonito (Bra) 376
Botschaften 1134
Bouterse, Desiré 1001
Brasília (Bra) 365, **367**
Brasilien 52, 303, **306, 330, 353, 366, 380, 418**
 Aktivitäten 446
 An- & Weiterreise 304, 452
 Arbeit 446
 Bevölkerung 440
 Botschaften 447
 Essen 303, 304
 Feiertage & Ferien 447
 Frauen unterwegs 447
 Freiwilligenarbeit 448
 Gefahren & Ärgernisse 433, 448, 449
 Geführte Touren 370, 454
 Geld 448
 Geschichte 437
 Gesundheit 448
 Getränke 443
 Grenzübergänge 364, 379, 431, 432, 435, 436, 452
 Highlights 306
 Indigene Bevölkerung 437
 Internetzugang 449
 Infos im Internet 304
 Karten & Stadtpläne 449
 Klima 303
 Konsulate 447
 Kosten 304, 447, 451
 Kultur 440
 Kunst 441
 Lesbische Reisende 449
 Nationalparks & Naturschutzgebiete 445
 Öffnungszeiten 449
 Politik 436
 Post 449
 Rechtsfragen 449
 Reiserouten 304
 Religion 441
 Schwule Reisende 449

Sport 444
Sprache 450
Strände 303
Strom 450
Telefon 450
Tiere & Pflanzen 445
Toiletten 451
Touristeninformation 451
Umwelt 444
Unterkunft 451
Unterwegs vor Ort 454
Visa 451
Währung 304
Wechselkurse 304
Wetter 303
Brokopondo (Sur) 998
Brownsberg Nature Reserve (Sur) 998
Bucaramanga (Kol) 755
Bücher 19
 Geschichte 1122, 1123, 1126
Buenos Aires (Arg) 12, **12**, 59, **60, 62, 68**
 Aktivitäten 67
 An- & Weiterreise 82
 Ausgehen 75
 Essen 72
 Feste & Events 69
 Gefahren & Ärgernisse 79
 Geführte Touren 67
 Highlights 61
 Internetzugang 81
 Sehenswertes 59
 Shoppen 79
 Touristeninformation 81
 Unterhaltung 78
 Unterkunft 69
 Unterwegs vor Ort 80, 82
Bus, Reisen mit dem
 Argentinien (Unterwegs vor Ort) 200
 Ecuador (An- & Weiterreise) 688
 Ecuador (Unterwegs vor Ort) 689
 Kolumbien (Unterwegs vor Ort) 831
 Paraguay (An- & Weiterreise) 865
 Paraguay (Unterwegs vor Ort) 866
 Peru (An- & Weiterreise) 987
 Peru (Unterwegs vor Ort) 987

Verweise auf Karten **000**
Verweise auf Fotos **000**

Südamerika (An- & Weiterreise) 1144
Suriname (Unterwegs vor Ort) 1004
Uruguay (An- & Weiterreise) 1038
Uruguay (Unterwegs vor Ort) 1039
Búzios (Bra) 330

C

Cabanaconde (Per) 906
Cabo de la Vela (Kol) 766
Cabo Polonio (Uru) 1030
Cachi (Arg) 123
Cafayate (Arg) 120, **122**
Cajamarca (Per) 959, **960**
Cajón del Maipo (Chi) 476
Calama (Chi) 496
Caleta Tortel (Chi) 555
Cali (Kol) 798, **800**
Camping 1141
Campo Grande (Bra) 375
Canaima (Ven) 1090
Cannabis 1008
Canoa (Ecu) 651
Canoa Quebrada (Bra) 406
Capilla del Monte (Arg) 114
Capurganá (Kol) 778
Caracas (Ven) 1045, **1046**, **1050**, **1054**
  An- & Weiterreise 1059
  Ausgehen 1056
  Essen 1053
  Feste & Events 1049
  Gefahren & Ärgernisse 1049, 1058
  Geführte Touren 1049
  Internetzugang 1058
  Medizinische Versorgung 1058
  Nachtleben 1056
  Sehenswertes 1045
  Shoppen 1057
  Touristeninformation 1059
  Unterhaltung 1057
  Unterkunft 1049
  Unterwegs vor Ort 1060
Caraíva (Bra) 395
Carmelo (Uru) 1020
Carnaval *siehe* Karneval
Carretera Austral (Chi) 547, **548**
Cartagena (Kol) 13, 16, 768, **770**
Castro (Chi) 544
Cayenne (FG) 694, **694**

Central Suriname Nature Reserve (Sur) 17, **17**, 1000
Cerro de Monserrate (Kol) 734
Chachapoyas (Per) 962
Chaco-Krieg 288, 858
Chaco (Par) 854
Chagas-Krankheit 1155
Chan Chan (Per) 945
Charrière, Henry 701
Chávez, Hugo 1103
Chiclayo (Per) 947
Chile 52, 456, **458**, **487**, **498**, **514**, **548**
  Aktivitäten 579
  An- & Weiterreise 582
  Bevölkerung 575
  Botschaften 579
  Essen 456, 457, 576
  Feiertage 579
  Flora & Fauna 577
  Freiwilligenarbeit 579
  Gefahren & Ärgernisse 579
  Geld 579
  Geschichte 572
  Gesundheit 580
  Grenzübergänge 457, 510, 554
  Highlights 458
  Indigene Bevölkerung 532
  Infos im Internet 457
  Internetzugang 580
  Karten 580
  Klima 456
  Konsulate 579
  Kosten 457, 580, 581
  Kultur 574
  Kunst 575
  Lesbische Reisende 581
  Nationalparks & Naturschutzgebiete 578
  Öffnungszeiten 580
  Politik 571
  Post 580
  Preise 580, 581
  Radfahren 583
  Rechtsfragen 580
  Reiserouten 457
  Religion 575
  Schwule Reisende 581
  Skigebiete 475
  Sport 577
  Sprache 463
  Telefon 581
  Toiletten 581

  Touristeninformation 581
  Umwelt 578
  Unterkunft 581
  Unterwegs vor Ort 582
  Versicherung 581
  Visa 581
  Währung 457
  Wechselkurse 457
  Wetter 456
Chile Chico (Chi) 554
Chilenische Bergleute, Rettung der 494
Chillán (Chi) 516
Chiloé (Chi) 541, **542**
Chimú (Volk) 976
Chivay (Per) 904
Chulumani (Bol) 235
Chuquicamata (Chi) 497
Circuito Central (Par) 841
Ciudad Bolívar (Ven) 1085, **1087**
Ciudad del Este (Par) 849
Coca 255
Coca (Ecu) 641
Cochabamba (Bol) 254, **256**
Cochamó-Tal (Chi) 534
Cochrane (Chi) 555
Colchagua-Tal (Chi) 513
Colonia del Sacramento (Uru) 15, **15**, 1016, **1018**
Commewijne (Sur) 997
Comodoro Rivadavia (Arg) 173
Concepción (Chi) 518
Concepción (Par) 852
Copacabana (Bol) 223, **226**
Copacabana (Bra) 308, 319, 322, 325
Copiapó (Chi) 494
Coppename Nature Reserve (Sur) 1001
Cordillera Blanca (Per) 953
Cordillera de los Frailes (Bol) 265
Córdoba (Arg) 108, **110**
Coroico (Bol) 232
Coro (Ven) 1067
Correa, Rafael 676
Corrientes (Arg) 97
Corumbá (Bra) 378
Coyhaique (Chi) 551
Cuenca (Ecu) 630, **632**
Cueva del Guácharo (Ven) 1079
Cuiabá (Bra) 372

Curaco de Vélez (Chi) 546
Curarrehue (Chi) 528
Curicó (Chi) 515
Cusco (Per) 914, **916**
  Aktivitäten 916
  An- & Weiterreise 923
  Ausgehen 921
  Essen 920
  Feste & Events 918
  Gefahren & Ärgernisse 922
  Geführte Touren 918
  Geschichte 914
  Medizinische Versorgung 922
  Sehenswertes 914
  Shoppen 922
  Touristeninformation 922
  Unterhaltung 921
  Unterkunft 919
  Unterwegs vor Ort 924

D

Dalcahue (Chi) 546
Delfine 817
Denguefieber 1153
Desierto de la Tatacoa (Kol) 813
Diebstahl 1136
Dinosaurier 153, 171
Drogen 1136, 1137, *siehe auch* Cannabis
  Kolumbien 822
Duarte, Eva 188
Durchfall 1155

E

Ecuador 52, 584, **586**
  Aktivitäten 683
  An- & Weiterreise 585
  Arbeit 683
  Architektur 680
  Bevölkerung 679
  Botschaften 683
  Essen 680
  Feiertage & Ferien 684
  Frauen unterwegs 685
  Freiwilligenarbeit 684
  Gefahren & Ärgernisse 659, 685
  Geführte Touren 668, 690
  Geld 686
  Geografie 682
  Geschichte 676
  Gesundheit 686
  Getränke 681

Grenzübergänge 638, 642, 664
Highlights 586
Indigene Bevölkerung 679
Infos im Internet 585
Internetzugang 686
Karten 686
Klima 584
Konsulate 683
Kosten 585, 684, 688
Kultur 679
Kunst 679
Lesbische Reisende 687
Literatur 679
Malerei 680
Nationalparks & Naturschutzgebiete 682
Öffnungszeiten 686
Pflanzen 682
Politik 676
Rechtsfragen 686
Reisekosten 585, 684, 688
Reiserouten 585
Religion 679
Schwule Reisende 687
Sprache 687
Strom 687
Telefon 687
Tiere & Pflanzen 668, 682
Toiletten 687
Touristeninformation 687
Umwelt 683
Unterkunft 584
Unterwegs vor Ort 689
Visa 688
Währung 585
Wechselkurse 585
Wetter 584
Wirtschaft 676
Einwanderung 1127
El Bolsón (Arg) 162
El Calafate (Arg) 176, **177**
El Chaltén (Arg) 174
El Tatio (Chi) 504
El Yaque (Ven) 1084
Encarnación (Par) 16, **16**, 844, **845**
Ensenada (Chi) 537
Entführungen 1137
Ermäßigungen 1134
Escobar, Pablo 822

Verweise auf Karten **000**
Verweise auf Fotos **000**

Esmeraldas (Ecu) 649
Esquel (Arg) 164
Essen
 Ecuador 680
 Guyana 711
 Kolumbien 731
 Uruguay 1006
Evita 188

F

Fahrradfahren 1147, *siehe auch* Mountainbiken, Radfahren
Falklandkrieg 189
FARC 823
favelas 317
Feilschen 21, 1138
 Argentinien 197
 Ecuador 686
Ferreñafe (Per) 949
Feste & Events 24, 25, 37 *siehe auch* Karneval
 Film 28, 134, 137
Festival del Burro (Kol) 779
Festival Mundial de Tango 27
Feuerland (Chi) 567
Fiesta de la Virgen de la Candelaria 25
Filadelfia (Par) 855
Film 1118
 Argentinien 191
 Brasilien 441
 Chile 575
 Venezuela 1106
 Feste & Events 28, 134, 137
Floreana (Ecu) 675
Florianópolis (Bra) 356
Flugpässe 1148
Flugzeug, Reisen mit dem
 Argentinien (An- & Weiterreise) 200
 Argentinien (Unterwegs vor Ort) 201
 Bolivien (An- & Weiterreise) 300
 Bolivien (Unterwegs vor Ort) 301
 Brasilien (An- & Weiterreise) 453
 Ecuador (An- & Weiterreise) 688
 Ecuador (Unterwegs vor Ort) 689
 Französisch-Guayana (An- & Weiterreise) 708

Französisch-Guayana (Unterwegs vor Ort) 709
Guyana (Unterwegs vor Ort) 721, 729
Kolumbien (An- & Weiterreise) 830
Kolumbien (Unterwegs vor Ort) 831
Paraguay (An- & Weiterreise) 865
Paraguay (Unterwegs vor Ort) 866
Peru (An- & Weiterreise) 987
Peru (Unterwegs vor Ort) 988
Südamerika (Unterwegs vor Ort) 1148
Suriname (An- & Weiterreise) 1004
Suriname (Unterwegs vor Ort) 1004
Uruguay (An- & Weiterreise) 1039
Venezuela (An- & Weiterreise) 1114
Venezuela (Unterwegs vor Ort) 1115
Formosa (Arg) 100
Fortaleza (Bra) 407, **408**
Fotografieren 1135
Foz do Iguaçu (Bra) 361, **363**
Franco, Federico 857
Französisch-Guayana 691, **693**
 Aktivitäten 707
 An- & Weiterreise 708
 Bevölkerung 706
 Botschaften 707
 Essen 691
 Feiertage & Ferien 707
 Gefahren & Ärgernisse 707
 Geld 707
 Geschichte 706
 Gesundheit 707
 Grenzübergänge 692, 698, 704
 Highlights 693
 Impfungen 707, 708
 Infos im Internet 692
 Klima 691
 Konsulate 707
 Kosten 692, 707, 708
 Kultur 706
 Natur & Umwelt 707
 Öffnungszeiten 708
 Post 708

Reisekosten 692, 707, 708
Reiserouten 692
Reisezeit 691
Religion 706
Sprache 708
Strom 708
Telefon 708
Umwelt 707
Unterkunft 708
Unterwegs vor Ort 709
Visa 708
Währung 692
Wechselkurse 692
Wetter 691
Frauen unterwegs 1134
Fray Bentos (Uru) 1021
Freiwilligenarbeit 1135
Frutillar (Chi) 533
Führerschein 1146
Fujimori, Alberto 977
Futaleufú (Chi) 549

G

Gaiman (Arg) 172
Galápagosinseln (Ecu) 666, **667**
Galibi Nature Reserve (Sur) 1001
Gefahren & Ärgernisse 21, 1136
 Bolivien 207, 296
 Bus, Reisen mit dem 1147
 Caracas (Ven) 1058
 Chile 579
 Minentouren 266
 Peru 984
 Rio de Janeiro (Bra) 327
 São Paulo (Bra) 343
 Trampen 1150
 Venezuela 1044, 1110
Geführte Touren 1137, *siehe auch einzelne Länder, einzelne Städte*, Regenwaldtouren
Gelbfieber 1154
Geld 19, 1138
Geldautomaten 1138
 Brasilien 449
 Ecuador 686
Georgetown (Guy) 713, **714**
 An- & Weiterreise 718
 Ausgehen 717
 Essen 716
 Gefahren & Ärgernisse 717

Internetzugang 718
Medizinische Versorgung 718
Sehenswertes 713
Shoppen 717
Touristeninformation 718
Unterhaltung 717
Unterkunft 716
Unterwegs vor Ort 717
Geschichte 1120 *siehe auch einzelne Länder*
Glaciar Perito Moreno (Arg) 13, **13**, 179
Gleitschirmfliegen *siehe* Paragliding
Gnathostomiase 1155
Golfo de Urabá (Kol) 778
Gran Sabana (Ven) 1093
Grenzübergänge 1145
 Argentinien 57
 Argentinien–Bolivien 133
 Argentinien–Brasilien 95
 Argentinien–Chile 200
 Argentinien–Paraguay 102
 Bolivien–Argentinien 251
 Bolivien–Brasilien 272, 283
 Bolivien–Chile 246
 Bolivien–Peru 228
 Brasilien–Argentinien 364
 Brasilien–Bolivien 379, 435, 436
 Brasilien–Guyana 431
 Brasilien–Kolumbien 432
 Brasilien–Paraguay 364
 Brasilien–Peru 432, 436
 Brasilien–Venezuela 431
 Chile–Argentinien 554
 Chile–Bolivien 510
 Chile–Peru 510
 Ecuador–Kolumbien 618
 Ecuador–Peru 638, 639, 642, 664
 Französisch-Guayana–Brasilien 698
 Französisch-Guayana–Suriname 704
 Guyana–Brasilien 724
 Guyana–Suriname 718
 Kolumbien–Brasilien 818
 Kolumbien–Ecuador 811
 Kolumbien–Panama 780
 Kolumbien–Peru 818

Kolumbien–Venezuela 755, 760
Paraguay–Argentinien 841, 847, 850
Paraguay–Bolivien 854
Paraguay–Brasilien 850
Peru–Bolivien 912, 968
Peru–Brasilien 968, 974
Peru–Chile 896
Peru–Ecuador 950, 951
Peru–Kolumbien 974
Suriname–Französisch-Guayana 1000
Suriname–Guyana 999
Uruguay–Argentinien 1015
Uruguay–Brasilien 1033
Venezuela–Brasilien 1097
Venezuela–Kolumbien 1078
Guajará-Mirim (Bra) 435
Guajibo 1098
Guajira-Halbinsel (Kol) 766
Gualeguaychú (Arg) 94
Guambino 807
Guaranda (Ecu) 625
Guatapé (Kol) 791
Guayana (Ven) 1085
Guayaquil (Ecu) 658, **660**
Guerrillas
 Kolumbien 827
 Peru 977
Guevara, Ernesto 114
Guyana 53, 710, **712**
 Aktivitäten 727
 An- & Weiterreise 729
 Bevölkerung 726
 Botschaften 727
 Bücher 727
 Essen 711
 Feiertage & Ferien 727
 Frauen unterwegs 727
 Geld 728
 Geschichte 725
 Gesundheit 728
 Grenzübergänge 711, 718
 Highlights 712
 Infos im Internet 711
 Internetzugang 728
 Konsulate 727
 Klima 710
 Kosten 711, 727, 728
 Kultur 726
 Natur & Umwelt 726
 Öffnungszeiten 728
 Politik 725

Post 728
Reisekosten 711, 727
Reiserouten 711
Religion 726
Sprache 728
Strom 728
Telefon 728
Umwelt 726
Unterkunft 728
Unterwegs vor Ort 729
Visa 729
Währung 711
Wechselkurse 711
Wetter 710

H
Handys *siehe* Mobiltelefone
Hanga Roa (Chi) 568
Heiliges Tal der Inka (Per) 925
Heiße Quellen *siehe* Thermalquellen
Hitzschlag 1156
Hmong 706
Höhenkrankheit 1156
 Bolivien 297
 Inkatrail (Per) 936
Höhlen & Grotten
 Caverna de los Guácharos (Kol) 789
 Cueva del Esplendor (Kol) 791
 Cueva del Guácharo (Ven) 1079
 Gruta de San Pedro (Bol) 236
 Roteiro da Caverna Aroe Jari e Lagoa Azul (Bra) 374
 San Gil (Kol) 750
hormiga culona 752
Hostels 1141
Hotels 1141
Huacachina (Per) 891
Huanchaco (Per) 946
Huaquillas (Ecu) 665
Huaraz (Per) 953, **954**
Huilliche (Volk) 532
Humahuaca 132
Humaitá (Bra) 309
Humala, Ollanta 975, 977

I
Ibarra (Ecu) 618
Ica (Per) 889
Iguazú-Fälle (Arg) 14, **14**, 107
Iguazú-Fälle (Bra) 361

Ilha de Marajó (Bra) 424
Ilha de Santa Catarina (Bra) 356, **357**
Ilha do Mel (Bra) 355
Ilha Grande (Bra) 332
Ilhéus (Bra) 391
Impfungen 1152, 1153
Indigene Bevölkerung 1129
 Arawak 719
 Bolivien 289
 Chile 532
 Guambino 807
 Guaraní 188
 Kariben 719
 Mapuche 152
 Pehuenche 150
 Quechua 913
 Querandí 188
 Saraguro 636
 Wari (Huari) 976
 Yámana 188
Infos im Internet 19
 Gesundheit 1153
Ingapirca 635
Inka 1121
Inka-Reich 677, 914, 976
Inka-Stätten
 Cajamarca (Per) 959
 Cusco (Per) 914
 Inkatrail (Per) 934
 Isla de Sol (Bol) 229
 Machu Picchu (Per) 11, **11**, 931
 Ollantaytambo (Per) 928
 Pachacámac (Per) 872
 Pisac (Per) 925
 Pukapukara (Per) 924
 Q'enqo (Per) 924
 Sacsayhuamán (Per) 924
 Tambomachay (Per) 924
Inkatrail
 Ecuador 636
 Peru 934, **934**
Insel Santay (Ecu) 662
Internetzugang 1139
Inti Raymi 26
Ipanema (Bra) 305, 317, 322, 324
Iquique (Chi) 504, **505**
Iquitos (Per) 970, **972**
Isla de los Pájaros (Arg) 170
Isla del Sol (Bol) 229, **230**
Isla de Margarita (Ven) 1082, **1082**
Isla Isabela (Ecu) 675
Isla Navarino (Chi) 567

Isla Quinchao (Chi) 546
Isla San Cristóbal (Ecu) 674
Isla Santa Cruz (Ecu) 671
Islas Ballestas (Per) 888
Islas del Rosario (Kol) 776
Islas Flotantes (Per) 913
Isla Taquile (Per) 913
Itacaré (Bra) 390
Itaipú-Staudamm (Par) 851
Itauguá (Par) 843
Iwokrama-Regenwald (Guy) 720

J
Jamaraquá (Bra) 426
Jardín (Kol) 791
Jatun-Sacha-Bioreservat (Ecu) 647
Jericoacoara (Bra) 411
Jesuitenmissionen (Par) 848
Jesús María (Arg) 114
Jesús (Par) 848
Jones, Jim 725
Jonestown (Guy) 725
Jonestown-Massaker 725
Juangriego (Ven) 1084
Juliaca (Per) 906
Junín De Los Andes (Arg) 154

K
Kabalebo (Sur) 1001
Kaieteur National Park (Guy) 720
Kajakfahren *siehe* Kanu- & Kajafahren
Kakao 1065
Kamarata, Tal von (Ven) 1092
Kamarata (Ven) 1092
Kanu- & Kajakfahren
 Praia da Pipa (Bra) 403
 Trinidad (Bol) 283
Kariben 719
Karneval 25
 Argentinien 94
 Encarnación (Par) 846
 Montevideo (Uru) 1009
 Oruro (Bol) 240
 Recife (Bra) 398
 Rio de Janeiro (Bra) 316
 Salvador (Bra) 384

Verweise auf Karten **000**
Verweise auf Fotos **000**

Karten 1139
Kavac (Ven) 1092
Kino *siehe* Film
Kirchner, Cristina Fernández de 190
Kleidung 20
Klettern & Bergsteigen 48
 Cordillera Blanca (Per) 953
 Machu Picchu (Per) 933
 Parque Nacional Cotopaxi (Ecu) 619
 Parque Nacional Los Glaciares (Arg) 174
 Riobamba (Ecu) 627
 Roraima (Ven) 1093
 Volcán Cotopaxi (Ecu) 620
Klima 18
Kokablätter 1136, *siehe auch* Coca
Kolumbien 53, 730, **732**
 Aktivitäten 826
 An- & Weiterreise 830
 Arbeit 826
 Botschaften 826
 Essen 731, 752
 Ferien & Feiertage 826
 Feste & Events 730
 Frauen unterwegs 826
 Freiwilligenarbeit 827
 Gefahren & Ärgernisse 827
 Geld 827
 Geschichte 820
 Gesundheit 828
 Grenzübergänge 755, 760, 780, 811, 830
 Highlights 732
 Infos im Internet 731
 Internetzugang 828
 Karten 828
 Klima 730
 Konsulate 826
 Kosten 731, 827, 829
 Kultur 823
 Kunst 824
 Natur & Umwelt 825
 Öffnungszeiten 828
 Politik 820
 Post 828
 Rechtsfragen 828
 Reisekosten 731, 827, 829
 Reiserouten 731
 Sport 825
 Sprachkurse 829
 Strom 829
 Telefon 829

 Toiletten 829
 Touristeninformation 829
 Umwelt 825
 Unterkunft 829
 Unterwegs vor Ort 830
 Verantwortungsbewusst reisen 829
 Visa 830
 Währung 731
 Wechselkurse 731
 Wetter 730
Konquistadoren 287, 976
Konsulate 1134
Kordilleren
 Bolivien 232
 Peru 952, **958**
Korruption 1119
Kourou (FG) 700
Kreditkarten
 Bolivien 297
 Brasilien 449
 Kolumbien 827
Krieg des Dreibunds 858
Kuczynski, Pedro Pablo 978
Kuélap (Per) 964
Kunst *siehe einzelne Länder*

L
Lago Agrio (Ecu) 640
Lago Calafquén (Chi) 529
Lago General Carrera (Chi) 553
La Gran Sabana (Ven) 1088
Lagunas de Kari Kari (Bol) 270
La Loma (Kol) 782
Lambayeque (Per) 948
Landminen 984
La Paloma (Uru) 1031
La Paz (Bol) 206, **206, 208, 212**
 Aktivitäten 211
 An- & Weiterreise 221
 Ausgehen 218
 Essen 216
 Feste & Events 215
 Gefahren & Ärgernisse 207
 Geführte Touren 215
 Geld 220
 Kurse 214
 Medizinische Versorgung 220
 Nachtleben 218
 Sehenswertes 206

 Shoppen 219
 Touristeninformation 221
 Unterhaltung 219
 Unterkunft 215
 Unterwegs vor Ort 222
La Pedrera (Uru) 1031
La Quiaca (Arg) 133
La Rioja (Arg) 115
La Serena (Chi) 486, **488**
Las Leñas (Arg) 151
Las Lomitas (Arg) 100
Latacunga (Ecu) 620
Leishmaniose 1155
Lesbische Reisende 27, 1140
 Peru 985
 Rio de Janeiro (Bra) 324
Lethem (Guy) 723
Leticia (Kol) 814, **814**
Lima (Per) 869, **869, 873, 874, 878, 882**
 Aktivitäten 876
 An- & Weiterreise 886
 Ausgehen 883
 Essen 880
 Gefahren & Ärgernisse 885
 Geführte Touren 877
 Geschichte 869
 Medizinische Versorgung 885
 Sehenswertes 872
 Shoppen 884
 Touristeninformation 885
 Unterhaltung 884
 Unterkunft 877
 Unterwegs vor Ort 887
Literatur 19, 1118
 Argentinien 191
 Kolumbien 824
 Peru 980
 Venezuela 1105
Loja (Ecu) 637
Loma Plata (Par) 855
Los Ángeles (Chi) 519
Los Antiguos (Arg) 173
Los Lagos (Bol) 282
Los Llanos (Ven) 1077
Los Penitentes (Arg) 148

M
Macas (Ecu) 648
Maceió (Bra) 395
Machala (Ecu) 665
Machu Picchu (Per) 11, **11**, 931, **932**, 938
Macri, Mauricio 186

Maguarí (Bra) 426
Malargüe (Arg) 150
Malaria 1154
Malerei
  Ecuador 680
  Kolumbien 824
  Peru 980
  Venezuela 1106
Mana (FG) 705
Manaus (Bra) 427, **428**
Máncora (Per) 950
Manizales (Kol) 792
Manta (Ecu) 652, **653**
Mapuche 152
Mar del Plata (Arg) 133
Marihuana 1008, 1136
Märkte
  Arequipa (Per) 903
  Asunción (Par) 840
  Cali (Kol) 803
  Cayenne (FG) 694
  Chillán (Chi) 516
  Cusco (Per) 922
  Guayaquil (Ecu) 664
  Indigene Märkte (Ecu) 621
  Kunsthandwerk (Kol) 808
  Kunsthandwerk (Arg) 162
  Lebensmittel 636
  Lima (Per) 885
  Otavalo (Ecu) 14, **15**, 614
  Piura (Per) 949
  Puerto Ayacucho (Ven) 1098
  Puerto Montt (Chi) 538
  Quito (Ecu) 608
  Riobamba (Ecu) 627
  San Salvador de Jujuy (Arg) 130
  Santiago (Chi) 472
  São Luís (Bra) 414
  São Paulo (Bra) 335
  Tiere 636
  Villa Gessell (Arg) 136
Maroons 702
Marrons 726, 1002
Maule-Tal (Chi) 515
Mbaracayú Biosphärenreservat (Par) 851
Medellín (Kol) 783, **784, 787**
Mendoza (Arg) 142, **144**
Mennoniten (Par) 854, 855
Mérida (Ven) 1070, **1072**
Militär 1137
Mindo (Ecu) 612

Minentouren 268
Misahuallí (Ecu) 645
Mitad del Mundo (Ecu) 611
Mobiltelefone 1140, *siehe auch* Telefon *unter einzelne Länder*
Mompiche (Ecu) 650
Mompox (Kol) 777
Montañita (Ecu) 656
Montecristi (Ecu) 654
Montevideo (Uru) 1008, **1010**
  Aktivitäten 1012
  An- & Weiterreise 1016
  Ausgehen 1014
  Essen 1013
  Feste & Events 1012
  Medizinische Versorgung 1015
  Sehenswertes 1008
  Shoppen 1015
  Touristeninformation 1015
  Unterhaltung 1015
  Unterkunft 1012
Monumento Natural El Morado (Chi) 476
Morales, Evo 285, 290
Morro de São Paulo (Bra) 389
Motorrad, Reisen mit dem
  Bolivien (An- & Weiterreise) 300
  Paraguay (Unterwegs vor Ort) 866
  Peru (An- & Weiterreise) 987
  Peru (Unterwegs vor Ort) 987
  Südamerika (Unterwegs vor Ort) 1145
  Unterwegs vor Ort (Guy) 721
  Unterwegs vor Ort (Uru) 1039
Mountainbiken 47 *siehe auch* Radfahren
  Cordillera (Per) 953
  Cusco (Per) 917
  Las Leñas (Arg) 151
  Lima (Per) 877
  Mérida (Ven) 1071
  Riobamba (Ecu) 627
  San Gil (Kol) 751
  San Martín de los Andes (Arg) 155
Musik 19, 1129
  Argentinien 192
  Brasilien 442
  Feste & Events 25, 26, 28

Paraguay 861
Peru 979
Venezuela 1106

N
Natal (Bra) 404
Nationalparks & Naturschutzgebiete
  Argentinien 194
  Bolivien 294
  Brasilien 445
  Chile 578
  Ecuador 682
  Paraguay 862
  Peru 981
  Venezuela 1108
Naturbeobachtung *siehe auch* Tierbeobachtung
  Brownsberg Nature Reserve (Sur) 998
  Cabo Polonio (Uru) 1030
  Galápagosinseln (Ecu) 668
  Galibi Nature Reserve (Sur) 1001
  Puerto Ayora (Ecu) 671
  Reserva de Producción Faunística Cuyabeno (Ecu) 641
Naturschutzgebiet Kaw (FG) 699
Naturschutzgebiet Trésor (FG) 699
Nazca-Linien (Per) 892
Nazca (Per) 892, **893**
Neuquén (Arg) 153
Nevados de Chillán (Chi) 517
Nieuw Nickerie (Sur) 1001
Nuevo Rocafuerte (Ecu) 642

O
Ökotourismus 722
Olinda (Bra) 400, **401**
Ollantaytambo (Per) 928
Olón (Ecu) 656
Orinoco-Delta (Ven) 1089
Oruro (Bol) 239, **240**
Osorno (Chi) 532
Osterinsel (Chi) 568, **569**
Otavalo (Ecu) 14, **15**, 614, **616**
Ouro Preto (Bra) 347, **349**

P
Pachacámac (Per) 872
Palomino (Kol) 764

Pampastouren 277
Panamahüte 654
Pantanal (Bra) 369, **371**
Pantanal Paraguayo (Par) 853
Papillon 701
Paragliding
  Bucaramanga (Kol) 755
  La Paz (Bol) 214
  Mérida (Ven) 1070
  San Gil (Kol) 750
  Urubamba (Per) 928
Paraguay 53, 832, **834, 842**
  Aktivitäten 862
  An- & Weiterreise 833, 865
  Bevölkerung 860
  Botschaften 862
  Bücher 859, 861
  Essen 832, 833, 861
  Feiertage 863
  Frauen unterwegs 863
  Freiwilligenarbeit 863
  Führerschein 866
  Gefahren & Ärgernisse 863
  Geführte Touren 866
  Geld 863
  Geschichte 858
  Gesundheit 863
  Grenzübergänge 841, 847, 850, 854, 865
  Highlights 834
  Infos im Internet 833
  Internetzugang 864
  Karten & Stadtpläne 864
  Klima 832
  Konsulate 862
  Kultur 860
  Kunst 861
  Lesbische Reisende 864
  Nationalparks & Naturschutzgebiete 862
  Natur & Umwelt 861
  Öffnungszeiten 864
  Politik 857
  Reisekosten 833, 863, 865
  Reiserouten 833
  Religion 860
  Schwule Reisende 864
  Sport 861
  Strom 864
  Telefon 864
  Tiere 862
  Toiletten 864
  Unterkunft 865

Unterwegs vor Ort 866
Verantwortungsbewusstes Reisen 865
Visa 865
Währung 833
Wechselkurse 833
Wetter 832
Wirtschaft 857
Paramaribo (Sur) 992, **992**
 Aktivitäten 992
 An- & Weiterreise 997
 Ausgehen 996
 Essen 995
 Gefahren & Ärgernisse 996
 Geführte Touren 994
 Medizinische Versorgung 997
 Nachtleben 996
 Sehenswertes 992
 Touristeninformation 997
 Unterhaltung 996
 Unterkunft 994
 Unterwegs vor Ort 997
Paraná (Arg) 94
Paranaguá (Bra) 354
Parque Estadual da Serra dos Pireneus (Bra) 368
Parque Nacional Amacayacu (Kol) 818
Parque Nacional Bernardo O'Higgins (Chi) 566
Parque Nacional Cajas (Ecu) 636
Parque Nacional Canaima (Ven) 1089, **1091**
Parque Nacional Chaco (Arg) 89
Parque Nacional Chiloé (Chi) 546
Parque Nacional Conguillío (Chi) 523
Parque Nacional Cotopaxi (Ecu) 619
Parque Nacional da Chapada dos Veadeiros (Bra) 368
Parque Nacional Defensores del Chaco (Par) 856
Parque Nacional del Chicamocha (Kol) 754
Parque Nacional dos Lençóis Maranhenses (Bra) 412

Verweise auf Karten **000**
Verweise auf Fotos **000**

Parque Nacional e Área de Uso Múltiple Amboró (Bol) 276
Parque Nacional El Ávila (Ven) 1061
Parque Nacional El Palmar (Arg) 89
Parque Nacional Henri Pittier (Ven) 1064
Parque Nacional Huascarán (Per) 958
Parque Nacional Huerquehue (Chi) 528
Parque Nacional Iguazú (Arg) 107
Parque Nacional Laguna del Laja (Chi) 518
Parque Nacional Lanín (Arg) 154
Parque Nacional Lauca (Chi) 512
Parque Nacional Lihué Calel (Arg) 142
Parque Nacional Los Alerces (Arg) 166
Parque Nacional Machalilla (Ecu) 656
Parque Nacional Madidi (Bol) 281
Parque Nacional Manu (Per) 969
Parque Nacional Marinho de Fernando de Noronha (Bra) 399
Parque Nacional Médanos de Coro (Ven) 1067
Parque Nacional Médanos del Chaco (Par) 857
Parque Nacional Mochima (Ven) 1078
Parque Nacional Morrocoy (Ven) 1067
Parque Nacional Nahuelbuta (Chi) 518
Parque Nacional Natural El Cocuy (Kol) 750
Parque Nacional Natural Los Nevados (Kol) 795
Parque Nacional Natural Tayrona (Kol) 762, **764**
Parque Nacional Nevado Tres Cruces (Chi) 493
Parque Nacional Noel Kempff Mercado (Bol) 275
Parque Nacional Pan de Azúcar (Chi) 495
Parque Nacional Patagonia (Chi) 553
Parque Nacional Podocarpus (Ecu) 638
Parque Nacional Puyehue (Chi) 533

Parque Nacional Queulat (Chi) 551
Parque Nacional Rapa Nui (Chi) 570
Parque Nacional Río Pilcomayo (Arg) 89
Parque Nacional San Rafael (Par) 848
Parque Nacional Santa Teresa (Uru) 1033
Parque Nacional Sierra de las Quijadas (Arg) 142
Parque Nacional Sierra Nevada (Ven) 1076
Parque Nacional Tayrona (Kol) 762
Parque Nacional Teniente Agripino Enciso (Par) 857
Parque Nacional Tierra del Fuego (Arg) 186
Parque Nacional Torres del Paine (Chi) 15, **15**, 564, **564**
Parque Nacional Tunari (Bol) 259
Parque Nacional Vicente Pérez Rosales (Chi) 538
Parque Nacional Villarrica (Chi) 528
Parque Nacional Yasuní (Ecu) 643
Parque Provincial Ernesto Tornquist (Arg) 140
Parque Provincial Ischigualasto (Arg) 150
Parque Pumalín (Chi) 547
Patagonien (Arg) 166, **167**
Paysandú (Uru) 1022
Península de Paria (Ven) 1080
Pereira (Kol) 796
Perito-Moreno-Gletscher (Arg) 13, **13**, 179
Perón, Juan & Eva 188
Peru 53, 867, **870**
 Aktivitäten 982
 An- & Weiterreise 987
 Arbeiten 983
 Behinderung, Reisen mit 985
 Bevölkerung 978
 Botschaften 983
 Essen 868, 978
 Feiertage 983
 Ferien 983
 Frauen unterwegs 983
 Freiwilligenarbeit 983
 Führerschein 987
 Gefahren & Ärgernisse 889, 892, 903, 945, 973, 984

 Geführte Touren 988
 Geld 984
 Geografie 980
 Geschichte 975
 Getränke 979
 Grenzübergänge 868, 896, 950, 951, 968, 987
 Highlights 870
 Infos im Internet 868
 Internetzugang 984
 Karten 985
 Konsulate 983
 Kosten 868, 984
 Kultur 978
 Kunst 979
 Lesbische Reisende 985
 Nationalparks & Naturschutzgebiete 981
 Öffnungszeiten 985
 Politik 975
 Post 985
 Rechtsfragen 985
 Reiserouten 868
 Religion 978
 Schwule Reisende 985
 Sport 979
 Sprache 985
 Strom 985
 Telefon 985
 Tiere & Pflanzen 981
 Toiletten 986
 Touristeninformation 986
 Umweltprobleme 981
 Unterkunft 986
 Unterwegs vor Ort 987
 Verantwortungsbewusst reisen 986
 Visa 986
 Währung 868
 Wechselkurse 868
 Wirtschaft 975
Piaroa (Volk) 1098
Pichilemu (Chi) 513
Pichincha (Arg) 88
Pilar (Par) 849
Pinamar (Arg) 137
Pirenópolis (Bra) 368
Piriápolis (Uru) 1025
Piribebuy (Par) 843
Pisac (Per) 925
Pisco (Per) 888
Piura (Per) 949
Politik 1118
Polizei 1137
Popayán (Kol) 804, **806**
Porlamar (Ven) 1083
Porto Alegre (Bra) 358, **360**

Porto Seguro (Bra) 392
Porto Velho (Bra) 434
Portugiesisch 450, 1158
Porvenir (Chi) 568
Posadas (Arg) 101
Post 1139
Potosí (Bol) 265, **267**
Praça Mauá (Bra) 309
Praia da Pipa (Bra) 403
Preise 1134
Providencia (Kol) 781, 782
Pucallpa (Per) 969
Pucón (Chi) 524, **525**
Puente del Inca (Arg) 148
Puerto Ayacucho (Ven) 1097, **1098**
Puerto Ayora (Ecu) 671
Puerto Baquerizo Moreno (Ecu) 674
Puerto Colombia (Ven) 1065
Puerto Iguazú (Arg) 104, **105**
Puerto López (Ecu) 654
Puerto Madryn (Arg) 166, **168**
Puerto Maldonado (Per) 966, **967**
Puerto Montt (Chi) 538, **540**
Puerto Nariño (Kol) 818
Puerto Natales (Chi) 560, **562**
Puerto Varas (Chi) 534, **535**
Puerto Velasco Ibarra (Ecu) 675
Pukapukara (Per) 924
Puno (Per) 907, **910**
Punta Arenas (Chi) 556, **557**
Punta del Diablo (Uru) 1031
Punta del Este (Uru) 1026, **1028**
Punta Gallinas (Kol) 767
Putre (Chi) 512
Puyo (Ecu) 647
Puyuhuapi (Chi) 550

Q

Q'enqo (Per) 924
Quebrada de Cafayate (Arg) 122
Quebrada de Humahuaca (Arg) 130
Quechua 913
Quellón (Chi) 547
Quilmes (Arg) 123

Quilotoa-Loop (Ecu) 621
Quito (Ecu) 588, **588, 590, 594, 600**
 Aktivitäten 596
 An- & Weiterreise 610
 Ausgehen 607
 Essen 602
 Feste & Events 598
 Gefahren & Ärgernisse 609
 Geführte Touren 597
 Internetzugang 609
 Medizinische Versorgung 609
 Sehenswertes 588, 605
 Shoppen 608
 Touristeninformation 610
 Unterhaltung 607
 Unterkunft 598
 Unterwegs vor Ort 611

R

Radfahren, *siehe auch* Mountainbiken
 Argentinien 200
 Bogotá (Kol) 739
 Lima (Per) 877
 Mendoza (Arg) 147
 Paramaribo (Sur) 994
 Quito (Ecu) 596
 Rio de Janeiro (Bra) 309, 329
 Tafí del Valle (Arg) 119
 Villa de Leyva (Kol) 747
Rafting 48
 Arequipa (Per) 900
 Baños (Ecu) 623
 Bariloche (Arg) 158
 Cajón del Maipo (Chi) 476
 Futaleufú (Chi) 550
 Mérida (Ven) 1071
 San Agustín (Kol) 809
 San Gil (Kol) 751
 Tena (Ecu) 643
Raleighvallen (Sur) 1000
Rapa Nui (Osterinsel) (Chi) 568, **569**
Rechtsfragen 1139
Recife (Bra) 396, **397**
Recinto del Pensamiento (Kol) 794
Recoleta (Arg) 65
Regenwaldtouren
 Bolivien 277
 Brasilien 315, 420
 Ecuador 644
 Kolumbien 815

Reisekosten 39
Reiseplanung
 Gepäck 20, 43
 Grundwissen 18
 Infos im Internet 19
 Reisekosten 19
 Reiserouten 29
 Reisezeit 18, 25, 37
 Südamerika im Überblick 51
 Veranstaltungskalender 25
Reiserouten 29
 Bolivien 203
 Ecuador 585
 Santiago 459
 Uruguay 1006
Reiten
 Las Leñas (Arg) 151
 San Gil (Kol) 750
 Trinidad (Bol) 283
 Tupiza (Bolivien) 249
 Urubamba (Per) 928
 Villa de Leyva (Kol) 747
Religion 1119, 1128, *siehe auch einzelne Länder*
Rémire-Montjoly (FG) 699
Reserva de Producción Faunística Cuyabeno (Ecu) 641
Reserva Ecológica Costanera Sur (Arg) 61
Reserva Ecológica Vargem Grande (Bra) 368
Reserva Faunística Península Valdés (Arg) 170
Reserva Nacional Altos de Lircay (Chi) 517
Reserva Nacional Cerro Castillo (Chi) 553
Reserva Nacional Coyhaique (Chi) 551
Reserva Nacional Pacaya-Samiria (Per) 974
Reserva Nacional Radal Siete Tazas (Chi) 517
Reserva Natural Cañón de Río Claro (Kol) 789
Reserva Provincial Esteros del Iberá (Arg) 95
Resistencia (Arg) 99
Riobamba (Ecu) **626**, 627
Rio Branco (Bra) 435
Río Caribe (Ven) 1079
Río Catatumbo (Ven) 1071
Rio de Janeiro (Bra) 12, **12,** 305, **308, 310, 314, 318, 320**
 Aktivitäten 315
 An- & Weiterreise 328

Ausgehen 324
Essen 321
Feste & Events 316
Gefahren & Ärgernisse 327
Geführte Touren 315
Karneval 316
Medizinische Versorgung 328
Sehenswertes 305
Shoppen 327
Sport 327
Touristeninformation 328
Unterhaltung 325
Unterkunft 317
Unterwegs vor Ort 328
Río-Liucura-Tal (Chi) 528
Río-Puelo-Tal (Chi) 534
Risaralda (Kol) 795
Rodeo 26
Roraima (Ven) 1093
Rosario (Arg) 85, **86**
Rousseff, Dilma 437, 440
Rupununi-Savanne (Guy) 722
Rurrenabaque (Bol) 277, **280**
Ruta 11 (Chi) 511

S

Sacsayhuamán (Per) 924
Saint Georges (FG) 698
Saint Laurent du Maroni (FG) 702
Salar de Atacaman (Chi) 504
Salar de Uyuni (Bol) 13, **13**, 248
Salento (Kol) 796
Salinas (Ecu) 626
Salpeterkrieg 287
Salsa 824
Salta (Arg) 124, **126**
Salto Ángel (Ven) 17, **17**, 1088
Salto (Uru) 1023
Salvador (Bra) 379, **382**
Salzebenen
 Reserva Faunística Península Valdés (Arg) 170
 Salar de Atacaman (Chi) 504
 Salar de Uyuni (Bol) 13, **13**, 248
Samaipata (Bol) 275
Samba 326
Same (Ecu) 650

San Agustín de Valle Fértil (Arg) 150
San Agustín (Kol) 808, **809**
San Andrés (Kol) 781
San Antonio del Táchira (Ven) 1078
San Bernardino (Par) 843
San Cipriano (Kol) 802
San Cristóbal (Ven) 1077
Sandboarden 891
San Gil (Kol) 750
San Ignacio de Moxos (Bol) 282
San Ignacio Mini (Arg) 103
San Juan (Arg) 149
San Luis (Kol) 782
San Martín de los Andes (Arg) 155
San Pedro de Atacama (Chi) 497, **500**
San Salvador de Jujuy (Arg) 128, **129**
Santa Cruz (Bol) 270
Santa Cruz (Chi) 513
Santa Elena de Uairén (Ven) 1094, **1095**
Santa Fe (Arg) 90, **91**
Santa Fe de Antioquia (Kol) 790
Santa María de la Fe (Par) 848
Santa Marta (Kol) 757, **758**
Santarém (Bra) 425
Santiago (Chi) 458, **460, 464**
 Aktivitäten 466
 An- & Weiterreise 473
 Ausgehen 470
 Essen 468
 Feste & Events 467
 Gefahren & Ärgernisse 472
 Geführte Touren 466
 Kurse 466
 Medizinische Versorgung 472
 Nachtleben 470
 Reiserouten 459
 Sehenswertes 458
 Shoppen 472
 Touristeninformation 473
 Unterhaltung 471
 Unterkunft 467
 Unterwegs vor Ort 473

Verweise auf Karten **000**
Verweise auf Fotos **000**

Santiago del Estero (Arg) 116
Santo Amaro (Bra) 417
Santo Ângelo (Bra) 362
Santuario de Iguaque (Kol) 749
Santuário Ecológico de Pipa (Bra) 403
São Luís (Bra) 414, **415**
São Paulo (Bra) 335, **336, 338**
 Aktivitäten 335
 An- & Weiterreise 344
 Ausgehen 341
 Essen 339
 Gefahren & Ärgernisse 343
 Medizinische Versorgung 343
 Sehenswertes 335
 Touristeninformation 343
 Unterhaltung 342
 Unterkunft 338
 Unterwegs vor Ort 344
Sapzurro (Kol) 780
Saquisilí (Ecu) 621
Saraguro (Volk) 636
Schiff, Reisen mit dem
 Amazonas 417
 Bolivien (Unterwegs vor Ort) 302
 Brasilien (An- & Weiterreise) 453
 Brasilien (Unterwegs vor Ort) 454
 Chile (Unterwegs vor Ort) 583
 Ecuador (An- & Weiterreise) 689
 Ecuador (Unterwegs vor Ort) 690
 Französisch-Guayana (An- & Weiterreise) 708
 Französisch-Guayana (Unterwegs vor Ort) 709
 Guyana (Unterwegs vor Ort) 721, 729
 Kolumbien (An- & Weiterreise) 830
 Paraguay (An- & Weiterreise) 866
 Paraguay (Unterwegs vor Ort) 866
 Peru (An- & Weiterreise) 987
 Peru (Unterwegs vor Ort) 988
 Südamerika (An- & Weiterreise) 1145

Südamerika (Unterwegs vor Ort) 1149
Suriname (An- & Weiterreise) 1004
Suriname (Unterwegs vor Ort) 1004
Uruguay (An- & Weiterreise) 1039
Venezuela (An- & Weiterreise) 1114
Venezuela (Unterwegs vor Ort) 1116
Schmutziger Krieg 1126
Schwarzmarkt 1058, 1139
Schwimmen
 Lençóis (Bra) 387
 Lima (Per) 876
 Villa Gesell (Arg) 136
Schwule Reisende 27, 1140
Peru 985
 Rio de Janeiro (Bra) 324
Seengebiet (Chi) 519, **520**
Seengebiet (Arg) 151, **152**
Semana Santa 25
Sendero Luminoso 975
Shuar 648
Sicherheit siehe Gefahren und Ärgernisse
Sierra de las Ánima (Uru) 1026
Sierra de la Ventana (Arg) 139
Sigchos (Ecu) 621
Sillustani (Per) 912
Sipán (Per) 948
Skifahren & Snowboarden 50
 Las Lenas (Arg) 151
 Los Penitentes (Arg) 148
 Malargüe (Arg) 150
 Nevados de Chillán (Chi) 517
 Parque Nacional Nahuel Huapi (Arg) 162
 Parque Nacional Puyehue (Chi) 533
 San Martín de los Andes (Arg) 155
 Santiago (Chi) 475
 Volcán Osorno (Chi) 538
Sklavenhandel 1123
Sklaverei 726
Snowboarden siehe Skifahren & Snowboarden
Sonnentempler 725
Sorata (Bol) 235
Spanisch 1163
Sport siehe einzelne Länder
Sprache 21, 1158
 Argentinien 198
 Aymara 1167

 Kurse 1140
 Portugiesisch 450, 1158
 Quechua 1167
 Spanisch 1163
Sprachkurse
 Arequipa (Per) 900
 Baños (Ecu) 623
 Bariloche (Arg) 158
 Bogotá (Kol) 738
 Brasilien 450
 Buenos Aires (Arg) 67
 Córdoba (Arg) 111
 Cuenca (Ecu) 631
 Cusco (Per) 918
 La Paz (Bol) 214
 Medellín 785
 Mérida (Ven) 1071
 Montevideo (Uru) 1012
 Peru 985
 Quito (Ecu) 597
 Rosario (Arg) 87
 Santiago (Chi) 466
 Sucre (Bol) 261
St. Laurent du Maroni (FG) 702, **703**
Strände 22, 37
 Atacames (Ecu) 649
 Brasilien 303
 Búzios (Bra) 330
 Cayo Sombrero (Ven) 1067
 Copacabana (Bra) 308
 Ipanema (Bra) 305
 Isla de Margarita (Ven) 1084
 Juangriego (Ven) 1084
 La Lobería (Ecu) 674
 La Vela de Coro (Ven) 1067
 Maceió (Bra) 395
 Manta (Ecu) 653
 Natal (Bra) 404
 Palomino (Kol) 764
 Parque Nacional Machalilla (Ecu) 656
 Parque Nacional Tayrona (Kol) 762
 Playa Medina (Ven) 1081
 Playa Querepare (Ven) 1081
 Praia da Pipa (Bra) 403
 Puerto Colombia (Ven) 1065
 Punta del Diablo (Uru) 1032
 Punta del Este (Uru) 1027
 Sapzurro (Kol) 781
 Tortuga Bay (Ecu) 671
 Villa Gesell (Arg) 136

Strom 1140
Súa (Ecu) 650
Sucre (Bol) 260, **262**
Südlicher Altiplano (Bol) 237
Suesca (Col) 745
Surfen 38, 49
 Canoa (Ecu) 651
 Huanchaco (Per) 946
 Ilha do Mel (Bra) 355
 Itacaré (Bra) 390
 Lima (Per) 876
 Máncora (Per) 950
 Praia da Pipa (Bra) 403
Suriname 54, 989, **991**
 Aktivitäten 1002
 An- & Weiterreise 990
 Bevölkerung 1002
 Botschaften 1003
 Bücher 1003
 Essen 990
 Frauen unterwegs 1003
 Geld 1003
 Geschichte 1001
 Gesundheit 1003
 Grenzübergänge 990, 999, 1000,
 Highlights 991
 Internetzugang 1003
 Infos im Internet 990
 Konsulate 1003
 Kosten 990, 1003
 Klima 989
 Kultur 1002
 Natur & Umwelt 1002
 Öffnungszeiten 1003
 Politik 1001
 Preise 990, 1003
 Reiserouten 990
 Religion 1002
 Sprache 1003
 Strom 1003
 Telefon 1003
 Tiere & Pflanzen 1002
 Umwelt 1002
 Unterkunft 989, 1004
 Unterwegs vor Ort 1004
 Visa 1004
 Währung 990
 Wechselkurse 990
 Wetter 989
 Wirtschaft 1001
Suriname (Fluss; Sur) 998

T

Tacna (Per) 895
Tacuarembó (Uru) 1024
Tafí del Valle (Arg) 119
Taganga (Kol) 761
Talca (Chi) 515
Tambomachay (Per) 924
Tango 192, 1129
 Feste & Events 27
 Kurse 67, 111, 1012
 Uruguay 1035
 Vorführungen 78
Tanz
 Bolivien 291
 Feste & Events 25
 Kurse 326
Tarabuco (Bol) 265
Tarapoto (Per) 964
Tarija (Bol) 252
Tauchen & Schnorcheln
 Archipiélago Los Roques (Ven) 1062
 Capurganá (Kol) 779
 Isla San Cristóbal (Ecu) 674
 Parque Nacional Mochima (Ven) 1078
 Puerto Baquerizo Moreno (Ecu) 674
 Taganga (Kol) 761
Taxi, Reisen mit dem
 Argentinien 201
 Ecuador 690
 Guyana 729
 Paraguay 866
 Peru 988
 Suriname 1004
Teleférico Warairarepano (Ven) 1062
Telefon 1140, *siehe auch einzelne Länder*
Temuco (Chi) 519
Tena (Ecu) 643
Termas de Papallacta (Ecu) 612
Theater 25
Thermalquellen
 Baños (Ecu) 622
 Baños Morales (Chi) 476
 Cajamarca (Per) 961
 Chivay 904
 La Musui (Ven) 1075
 Oruro (Bol) 239
 Potosí (Bol) 270
 Tabay (Ven) 1075
 Termas Aguas Calientes (Chi) 533
 Termas de Papallacta (Ecu) 612
 Termas de Puritama (Chi) 504
 Termas de Socos (Chi) 486
Tierbeobachtung 46
 Ancud (Chi) 542
 Bahía Negra (Par) 853
 Capurganá (Kol) 779
 Commewijne (Sur) 998
 Ecuador 682
 Floresta Nacional (FLONA) Do Tapajós (Bra) 426
 Fortín Toledo (Par) 856
 Isla San Cristóbal (Ecu) 675
 Islas Ballestas (Per) 888
 Laguna Capitán (Par) 856
 Los Llanos (Ven) 1077
 Manaus (Bra) 429, 432
 Orinoco-Delta (Ven) 1089
 Pantanal (Bra) 370
 Paraguay 862
 Parque Nacional Amacayacu (Kol) 819
 Parque Nacional Madidi (Bol) 281
 Reserva Nacional Pacaya-Samiria (Per) 974
 Rupununi-Savanne (Guy) 722
 Tierra del Fuego (Feuerland) (Arg) 181, **182**, 567
Tierradentro (Kol) 811
Tigre (Arg) 83
Tilcara (Arg) 131
Tiradentes (Bra) 350
Titicacasee
 Bolivien 13, **13**, 223, **224**
 Peru 906, **908**
Tiwanaku (Bol) 222
Toiletten 1141, *siehe auch einzelne Länder*
Tollwut 1155
Tonchigüe (Ecu) 650
Torres del Paine (Chi) 15, **15**, 564, **564**
Touristeninformation 1141, *siehe auch einzelne Länder, einzelne Städte*
Trampen 1150
 Argentinien 201
 Brasilien 455
 Ecuador 690
Trancoso (Bra) 394
Transchaco Rally 856
Trelew (Arg) 171
Trinidad (Bol) 282
Trinidad (Par) 848
Trujillo (Per) 941, **942**
Tubing 613
Tucumán (Arg) 117
Túcume (Per) 949
Tunja (Kol) 746
Tupiza (Bol) 249
Turbo (Kol) 778
Typhus 1155

U

Umwelt 1119
UNESCO-Welterbestätten
 Galápagosinseln (Ecu) 666
 Paramaribo (Sur) 992
 Quebrada de Humahuaca (Arg) 130
Unterkühlung 1156
Unterwegs vor Ort 18
Uribe, Álvaro 823
Urubamba (Per) 928
Uruguay 54, 1005, **1007**
 Aktivitäten 1036
 An- & Weiterreise 1039
 Behinderung, Reisen mit 1037
 Bevölkerung 1035
 Botschaften 1036
 Essen 1005, 1006, 1036
 Ferien & Feiertage 1037
 Frauen unterwegs 1037
 Geld 1037
 Geschichte 1034
 Grenzübergänge 1006, 1015, 1033
 Highlights 1007
 Internetzugang 1037
 Infos im Internet 1006
 Klima 1005
 Konsulate 1036
 Kosten 1006, 1037, 1038
 Kultur 1034
 Kunst 1035
 Lesbische Reisende 1038
 Öffnungszeiten 1037
 Politik 1033
 Rechtsfragen 1037
 Reisekosten 1006, 1038
 Religion 1035
 Schwule Reisende 1038
 Sport 1035
 Strom 1038
 Telefon 1038
 Touristeninformation 1038
 Umwelt 1036
 Unterkunft 1005, 1038
 Unterwegs vor Ort 1039
 Visa 1038

Währung 1006
Wechselkurse 1006
Wetter 1005
Uruyén (Ven) 1092
Ushuaia (Arg) 181, **184**
Uspallata (Arg) 147
Uyuni (Bol) 243, **245**

V
Valdivia (Chi) 529, **530**
Valle Chacabuco (Chi) 553
Valle de Cocora (Kol) 798
Valle de la Luna (Chi) 504
Valle del Elquí (Chi) 490
Valle de Maipo (Chi) 474
Valles Calchaquíes (Arg) 123
Valparaíso (Chi) 476, **478**
Venezuela 1040, **1042**
  An- & Weiterreise 1114
  Bevölkerung 1105
  Bildhauerei 1106
  Botschaften 1109
  Bücher 1109
  Essen 1107
  Feiertage & Ferien 1109
  Feste & Events 1109
  Frauen unterwegs 1110
  Gefahren & Ärgernisse 1044, 1058, 1110
  Geführte Touren 1116
  Geld 1110
  Geschichte 1101
  Gesundheit 1112
  Grenzübergänge 1041, 1114
  Highlights 1042
  Internetzugang 1112
  Klima 1040
  Konsulate 1109
  Kosten 1041, 1110, 1113
  Kultur 1104
  Kunst 1105
  Lesbische Reisende 1113
  Literatur 1105
  Malerei 1106
  Musik 1106
  Nationalparks & Naturschutzgebiete 1108
  Natur & Umwelt 1108
  Öffnungszeiten 1112
  Politik 1100
  Post 1112
  Preise 1041, 1110, 1113

Verweise auf Karten **000**
Verweise auf Fotos **000**

Rechtsfragen 1112
Reiserouten 1041
Religion 1105
Schwule Reisende 1113
Sport 1108
Sprache 1113
Strom 1113
Telefon 1113
Toiletten 1113
Touristeninformation 1113
Umwelt 1108
Unterkunft 1113
Unterwegs vor Ort 1114
Visa 1044, 1114
Währung 1041
Wechselkurse 1041
Wetter 1040
Verantwortungsbewusstes Reisen
  Paraguay 865
  Peru 986
Verhalten 1135
Verkehrsregeln 1146
Versicherung 1142
  Auto 1146
  Krankenversicherung 1152
Vilcabamba (Ecu) 638
Villa Carlos Paz (Arg) 114
Villa de Leyva (Kol) 746, **748**
Villa General Belgrano (Arg) 114
Villa la Angostura (Arg) 156
Villa O'Higgins (Chi) 556
Villarrica (Chi) 523
Villazón (Bol) 251
Viña del Mar (Chi) 483
Visa 19, 1142, siehe auch einzelne Länder
Vogelbeobachtung
  Área Natural Protegida Punta Tombo (Arg) 172
  Bahía de Caráquez (Ecu) 651
  Bonito (Bra) 377
  Chaco (Par) 854
  Coppename Nature Reserve (Sur) 1001
  Foz do Iguaçu (Bra) 362
  Insel Santay (Ecu) 662
  Isla Isabela (Ecu) 675
  Mbaracayú Biosphärenreservat (Par) 851
  Minca (Kol) 757
  Mindo (Ecu) 613

Parque Nacional Machalilla (Ecu) 656
Parque Nacional Madidi (Bol) 281
Parque Nacional San Rafael (Par) 848
Reserva Natural Cañon de Río Claro (Col) 789
Reserva Provincial Esteros del Iberá (Arg) 96
Santa Cruz (Bol) 271
Vulkane
  Volcán Chaitén (Chi) 549
  Volcán Chimborazo (Ecu) 629
  Volcán Cotopaxi (Ecu) 619
  Volcán Osorno (Chi) 538
  Volcán Puyehue (Chi) 533
  Volcán Villarrica (Chi) 526

W
Walbeobachtung 656
Wandern & Trekken 24, 45
  Arequipa (Per) 900
  Baños (Ecu) 623
  Cañón del Colca (Per) 904
  Capurganá (Kol) 779
  Chachapoyas (Per) 962
  Cordilleras (Bol) 236
  Cusco (Per) 917
  El Chaltén (Arg) 174
  Georgetown (Guy) 715
  Ilha de Santa Catarina (Bra) 356
  Ingapirca (Ecu) 636
  Inkatrail (Per) 934
  Isla Navarino (Chi) 567
  La Paz (Bol) 213
  Las Leñas (Arg) 151
  Lençóis (Bra) 387
  Machu Picchu (Per) 938
  Mérida (Ven) 1076
  Parque Nacional da Chapada Diamantina (Bra) 388
  Parque Nacional Huascarán (Per) 958
  Parque Nacional Iguazú (Arg) 108
  Parque Nacional Lanín (Arg) 154
  Quilotoa-Loop (Ecu) 621
  Río-Puelo-Tal (Chi) 534

Sierra de las Ánimas (Uru) 1026
Vilcabamba (Ecu) 639
Villa de Leyva (Kol) 747
Wasserfälle
  Iguazú-Fälle (Arg) 14, **14**, 107
  Iguazú-Fälle (Bra) 361
  Kaieteur-Fall (Guy) 720
  Salto Ángel (Ven) 17, **17**, 1088
  Salto del Monday (Par) 851
  Saltos del Petrohué (Chi) 538
Wayúu 766
Weingüter
  Argentinien 147
  El Valle de la Concepción (Bol) 254
  Ica (Per) 889
Wetter 25, siehe auch einzelne Länder
Wirtschaft 1119, siehe auch einzelne Länder

X
Xapúri (Bra) 436

Y
Yanahuara (Per) 902
Yanomami 1098
Yapeyú (Arg) 96
Yungas (Bol) 232

Z
Zamora (Ecu) 638
Zeit 1143
Zika-Virus 448
Zipaquirá (Kol) 745
Zoll 1143
Zug, Reisen mit dem
  Argentinien (Unterwegs vor Ort) 201
  Bolivien (An- & Weiterreise) 301
  Bolivien (Unterwegs vor Ort) 302
  Brasilien (Unterwegs vor Ort) 455
  Ecuador (Unterwegs vor Ort) 628, 690
  Peru (An- & Weiterreise) 987
  Peru (Unterwegs vor Ort) 988
  Südamerika (Unterwegs vor Ort) 1151
Zumbahua (Ecu) 621

NOTIZEN

Kartenlegende

Sehenswertes
- Strand
- Vogelschutzgebiet
- buddhistisch
- Schloss/Palast
- christlich
- konfuzianisch
- hinduistisch
- islamisch
- jainistisch
- jüdisch
- Denkmal
- Museum/Galerie/historisches Gebäude
- Ruine
- Sento-Bad/Onsen
- schintoistisch
- sikhistisch
- taoistisch
- Weingut/Weinberg
- Zoo/Tierschutzgebiet
- andere Sehenswürdigkeit

Aktivitäten, Kurse & Touren
- bodysurfen
- tauchen
- Kanu/Kajak fahren
- Kurs/Tour
- Ski fahren
- schnorcheln
- surfen
- Schwimmbecken
- wandern
- windsurfen
- andere Aktivität

Schlafen
- Unterkunft
- Camping

Essen
- Lokal

Ausgehen & Nachtleben
- Bar/Kneipe
- Café

Unterhaltung
- Unterhaltung

Shoppen
- Shoppen

Praktisches
- Bank
- Botschaft/Konsulat
- Krankenhaus/Arzt
- Internetzugang
- Polizei
- Post
- Telefon
- Toilette
- Touristeninformation
- andere Einrichtung

Geografisches
- Strand
- Hütte/Unterstand
- Leuchtturm
- Aussichtspunkt
- Berg/Vulkan
- Oase
- Park
- Pass
- Picknickplatz
- Wasserfall

Städte
- Hauptstadt (Staat)
- Hauptstadt (Bundesland/Provinz)
- Großstadt
- Kleinstadt/Ort

Verkehrsmittel
- Flughafen
- BART-Station
- Grenzübergang
- T-Station (Boston)
- Bus
- Seilbahn/Gondelbahn
- Fahrrad
- Fähre
- Metro/Muni-Station
- Einschienenbahn
- Parkplatz
- Tankstelle
- U-Bahn/SkyTrain-Station
- Taxi
- Bahnhof/Zug
- Straßenbahn
- U-Bahnhof
- anderes Verkehrsmittel

Achtung: Nicht alle der abgebildeten Symbole werden auf den Karten im Buch verwendet

Verkehrswege
- Mautstraße
- Autobahn
- Hauptstraße
- Landstraße
- Verbindungsstraße
- sonstige Straße
- unbefestigte Straße
- Straße im Bau
- Platz/Promenade
- Treppe
- Tunnel
- Fußgänger-Überführung
- Stadtspaziergang
- Abstecher (Stadtspaziergang)
- Pfad/Wanderweg

Grenzen
- Internationale Grenze
- Bundesstaat/Provinz
- umstrittene Grenze
- Region/Vorort
- Meerespark
- Klippen
- Mauer

Gewässer
- Fluss/Bach
- periodischer Fluss
- Kanal
- Wasser
- Trocken-/Salz-/periodischer See
- Riff

Gebietsformen
- Flughafen/Startbahn
- Strand/Wüste
- Friedhof (christlich)
- Friedhof
- Gletscher
- Watt
- Park/Wald
- Sehenswürdigkeit (Gebäude)
- Sportgelände
- Sumpf/Mangrove

DIE AUTOREN

Regis St. Louis
Hauptautor, Ecuador, Reiseplanung, Südamerika verstehen, Praktische Informationen Nach seiner ersten Andenreise 1999 kehrte Regis nach Hause zurück, verkaufte seinen gesamten Besitz und brach zu einer klassischen Rundreise durch Südamerika auf. Seither ist er unzählige Male dorthin zurückgekehrt, hat miserable Straßen mit dem Auto, dem Fahrrad oder auf dem Pferd gemeistert, Andengipfel erklommen (die kleineren) und sich auch auf Spanisch oder Portugiesisch durchgeschlagen. Bei seiner letzten Reise hat er die Galápagosinseln per Fahrrad, vom Kajak und vom Boot aus erkundet, sich mit Geschichtenerzählern auf der bezaubernden Insel Floreana angefreundet und die tropische Stadt Guayaquil neu kennen- und lieben gelernt. Regis ist der Hauptautor der Lonely Planet Bände *Ecuador & Galápagosinseln* und *Brasilien* und hat an mehr als 50 weiteren Bänden mitgearbeitet. Wenn er nicht unterwegs ist, lebt er in New Orleans.

Sandra Bao
Argentinien (Buenos Aires) Sandra wurde als Tochter chinesisch-amerikanischer Eltern in Argentinien geboren und hat mehr als 60 Länder bereist. Mittlerweile lebt sie im Nordwesten der USA, ist aber stolz, eine *porteña* (gebürtig in Buenos Aires) zu sein, und kehrt oft nach Argentinien zurück, um zu erfahren, wie der Peso steht, und um ihre Steakquote wieder zu erhöhen. In den vergangenen 15 Jahren hat Sandra Texte für Dutzende anderer Lonely Planet Bände geschrieben.

Mehr über Sandra gibt's hier:
http://auth.lonelyplanet.com/profiles/sandrabao

Celeste Brash
Französisch-Guayana, Guyana, Suriname Celeste Brash war an über 50 Lonely Planet Bänden beteiligt. Obwohl der Südpazifik und Südostasien ihre Spezialität sind, gehören auch die abenteuerlichen Guyanas inzwischen zu ihren Lieblingen. Wenn sie nicht gerade irgendwo unterwegs ist, lebt sie in Portland, Oregon, wandert, schlemmt, tanzt und schreibt über ihre fünf Jahre auf einem Korallenatoll. Weitere Infos auf www.celestebrash.com.

Gregor Clark
Brasilien (Der Nordosten, Der Norden), Uruguay In den vergangenen 25 Jahren hat Gregor Südamerika von oben bis unten bereist und dabei während seiner Arbeiten an den letzten drei Auflagen dieses Bandes eine spezielle Vorliebe für Brasilien und Uruguay entwickelt. Einige der besonderen Erlebnisse auf seinen Reisen waren Begegnungen mit Wildtieren, Wanderungen in Brasilien mit seinen zwei Töchtern im Teenageralter und das Leben als Cowboy auf dem Pferderücken, umgeben von den Weiten Uruguays. Er hat an zwei Dutzend weiteren Lonely Planet Titeln mitgearbeitet, darunter *Brasilien*, *Argentinien*, *Frankreich* und *Italien*. Er lebt in Vermont (USA).

Mehr von Gregor gibt's unter:
http://auth.lonelyplanet.com/profiles/gregorclark

Alex Egerton
Kolumbien Alex ist Journalist und hat mehr als ein Jahrzehnt in Lateinamerika gearbeitet, wobei er sich von Mexiko bis Argentinien oft abseits bekannter Pfade bewegt hat. Derzeit lebt er im Süden Kolumbiens und bereist ausgiebig das Land, über das er für viele Publikationen schreibt. Wenn er nicht unterwegs ist, um für einen Reiseführer zu recherchieren, zieht es ihn zum oberen Amazonas, nach Chocó und in die Berge. Gelegentlich feilt er auch daheim an seiner *tejo*-Technik.

Brian Kluepfel
Bolivien Brian hat die Wende zum 21. Jh. in La Paz verbracht und für die inzwischen eingestellte großartige *Bolivian Times* gearbeitet. Später ist er zurückgekehrt, um Musiker für ein Buch (*The Charango Road*) zu interviewen. 2006 hat er den Lonely Planet *Bolivia* mit Beiträgen über Kultur bereichert. Zu den Highlights seiner Reise gehörten die Vögel am Amazonas, mit *sonsos* vollgestopft zu werden, der Prado zur RushHour und der Abstieg von einem Berg in La Paz (mitsamt Gleitschirm).

Tom Masters
Venezuela Tom hat Venezuela seit seiner ersten Reise dorthin als Rucksacktourist ausgiebig erkundet und war einer der Autoren des Lonely Planet Bandes *Venezuela* von 2010. Bei seiner Rückkehr für die Aktualisierung von *Südamerika für wenig Geld* erlebte Tom das Land so gastfreundlich, vergnüglich und umwerfend schön wie immer, trotz des schlechten Rufes in Sachen Sicherheit und wirtschaftlicher Probleme. Tom lebt in Berlin und ist im Netz unter www.tommasters.net zu finden.

Carolyn McCarthy
Argentinien (Esquel, Patagonien, Tierra del Fuego), Chile Carolyn McCarthy hat mehr als ein Jahrzehnt mit der Erkundung Patagoniens verbracht – da kommt schon einiges an *maté*, kaputten Windschutzscheiben und Trips nach Plan B zusammen. Carolyn ist auf Lateinamerika und den Westen der USA spezialisiert und hat an mehr als 30 Titeln von Lonely Planet mitgearbeitet, darunter *Chile, Panama, Trekking in the Patagonian Andes, Argentinien, Peru, Colorado, USA Südwesten* und einem Band über US-Nationalparks. Ihre Texte erschienen u. a. bei *National Geographic, Outside* und im *BBC Magazine*. Auf Instagram (@masmerquen) und Twitter (@Roaming McC) kann man sie auf ihren Reisen begleiten.

Kevin Raub
Brasilien (Rio de Janeiro, Der Südosten, Der Süden, Der zentrale Westen) Kevin Raub wuchs in Atlanta auf und arbeitete zunächst als Musikjournalist für die Magazine *Men's Journal* und *Rolling Stone* in New York. Dann wurde ihm der Rock'n'Roll-Rummel aber zu viel, und er ging als Reiseschriftsteller nach Brasilien. Dort hat er jetzt 21 von 26 brasilianischen Staaten auf der Suche nach höchster Caipirinha-Glückseligkeit durchreist. Während der FIFA-WM 2014 in Brasilien war er Lonely Planets Mann vor Ort. Der vorliegende ist Kevins 36. Lonely Planet Reiseführer. Auf Twitter kann man ihm unter @RaubOnTheRoad folgen.

Mehr über Kevin gibt's unter:
http://auth.lonelyplanet.com/profiles/kraub

Paul Smith
Paraguay Paraguay ist Südamerikas vergessene Ecke. Weil er seit zwölf Jahren in dem Land lebt und hier als Biologe/Reiseschriftsteller arbeitet, darf man Paul glauben, wenn er sagt, dass er Paraguay besser kennt als viele andere. 2006 hat Paul für Lonely Planet an zahlreichen Reiseführern mitgearbeitet, vor allem über Südamerika – eine Region, die ihn begeistert. Er lebt in Encarnación mit seiner Frau Carol und seinem Sohn Shawn, Paraguays zukünftigem Lionel Messi.

Phillip Tang
Peru Ein Abschluss in lateinamerikanischen Studien brachte Phillip Tang einst in diese Ecke der Welt. Mehr als zehn Jahre sind seit damals vergangen und ihm stockt noch immer der Atem (im wahrsten Sinne des Wortes), wenn er an eine Schlucht in Colca oder das Meer in Miraflores denkt. Er schreibt über das Reisen in zwei Regionen, denen sein Herz gehört: Asien und Lateinamerika. Außerdem hat Phillip zu Lonely Planet Bänden zu *China, Japan, Korea, Peru* und *Mexiko* beigetragen. Die Insta-Fotos von dieser Reise gibt's auf philliptang.co.uk

Lucas Vidgen
Argentinien (Nordosten, Nordwesten, Atlantikküste, Zentralargentinien, Seengebiet) Das erste Mal besuchte Lucas Argentinien im Jahr 2001 und war sofort von den üppigen Landschaften und den kosmopolitischen Städten verzaubert. Die gewaltigen Mengen von erstklassigem Rindfleisch und Wein blieben ihm zudem auch nicht verborgen. Lucas hat zu einer Vielzahl von Lonely Planet Titeln beigetragen, darunter diverse Ausgaben über *Argentinien* und *Südamerika*. Derzeit lebt er abwechselnd in seiner Heimatstadt Melbourne in Australien und seinem zweiten Zuhause im bergigen Quetzaltenango in Guatemala.

DIE LONELY PLANET STORY

Ein ziemlich mitgenommenes, altes Auto, ein paar Dollar in der Tasche und eine Vorliebe für Abenteuer – 1972 war das alles, was Tony und Maureen Wheeler für die Reise ihres Lebens brauchten, die sie durch Europa und Asien bis nach Australien führte. Die Tour dauerte einige Monate, und am Ende saßen die beiden – pleite, aber voller Inspiration – an ihrem Küchentisch und schrieben ihren ersten Reiseführer *Across Asia on the Cheap*. Innerhalb einer Woche hatten sie 1500 Exemplare verkauft. Lonely Planet war geboren.

Heute hat der Verlag Büros in Melbourne, London und Oakland und mehr als 600 Mitarbeiter und Autoren. Und alle teilen Tonys Überzeugung: „Ein guter Reiseführer sollte drei Dinge tun: informieren, bilden und unterhalten."

Lonely Planet Global Limited
Unit E, Digital Court,
The Digital Hub,
Rainsford Street,
Dublin 8,
Ireland

Verlag der deutschen Ausgabe:
MAIRDUMONT, Marco-Polo-Str. 1, 73760 Ostfildern,
www.lonelyplanet.de, www.mairdumont.com
lonelyplanet-online@mairdumont.com

Chefredakteurin deutsche Ausgabe: Birgit Borowski

Übersetzung: Berna Ercan, Tobias Ewert, Derek Frey, Karen Gerwig, Marion Gref-Timm, Gabriela Huber Martins, Laura Leibold, Britt Maaß, Dr. Christian Rochow

An früheren Auflagen haben außerdem mitgewirkt: Julie Bacher, Dorothee Büttgen, Anne Cappel, Stefanie Gross, Eva-Maria Hilble, Christina Jacobs, Claudia Keilig, Anna Kranz, Jürgen Kucklinski, Marion Matthäus, Thomas Pampuch, Ute Perchtold, Marion Reuter, Claudia Riefert, Andrea Schleipen, Dr. Frauke Sonnabend, Erwin Tivig, Katja Weber

Redaktion: Annegret Gellweiler, Frank J. Müller, Olaf Rappold, Julia Wilhelm (red.sign, Stuttgart)

Redaktionsassistenz: Alessandra Balsamo, Regina Fürsich, Annika Häfner, Sylvia Scheider-Schopf (red.sign, Stuttgart)

Satz: Gerhard Junker, Sylvia Scheider-Schopf (red.sign, Stuttgart)

Südamerika für wenig Geld
4. deutsche Auflage Februar 2017, übersetzt von *South America on a shoestring*,
13th edition, Oktober 2016,
Lonely Planet Global Limited

Deutsche Ausgabe © Lonely Planet Global Limited, Februar 2017

Fotos © wie angegeben 2016

Printed in Poland

Obwohl die Autoren und Lonely Planet alle Anstrengungen bei der Recherche und bei der Produktion dieses Reiseführers unternommen haben, können wir keine Garantie für die Richtigkeit und Vollständigkeit dieses Inhalts geben. Deswegen können wir auch keine Haftung für eventuell entstandenen Schaden übernehmen.

MIX
Papier aus verantwortungsvollen Quellen
FSC® C018236

www.fsc.org

Alle Rechte vorbehalten. Das Werk einschließlich all seiner Teile ist urheberrechtlich geschützt und darf weder kopiert, vervielfältigt, nachgeahmt oder in anderen Medien gespeichert werden, noch darf es in irgendeiner Form oder mit irgendwelchen Mitteln – elektronisch, mechanisch oder in irgendeiner anderen Weise – weiterverarbeitet werden. Es ist nicht gestattet, auch nur Teile dieser Publikation zu verkaufen oder zu vermitteln, ohne schriftliche Genehmigung des Herausgebers. Lonely Planet und das Lonely Planet Logo sind eingetragene Marken von Lonely Planet und sind im US-Patentamt sowie in Markenbüros in anderen Ländern registriert. Lonely Planet gestattet den Gebrauch seines Namens oder seines Logos durch kommerzielle Unternehmen wie Einzelhändler, Restaurants oder Hotels nicht. Informieren Sie uns im Fall von Missbrauch: www.lonelyplanet.com/ip.